Indien-Handbuch

Wir danken folgenden Personen, die uns freundlicherweise beim *Indien-Handbuch* unterstützt haben:

Titelbild:
Sara-Jane Cleland (Frauen in Pushkar, dem heiligen Ort in Rajasthan)

Weitere Fotos:
Chris Beall, Paul Beinssen, Sara-Jane Cleland, Michelle Coxall, Rob van Driesum, Greg Elms, Hugh Finlay, Greg Herriman, Sally Hone, Richard l'Anson, Markus Lehtipuu, Leanne Logan, Avinash Pasricha, Peter Ryder, Bryn Thomas und Tony Wheeler

Illustrationen:
Trudi Canavan, Margaret Jung und Tamsin Wilson

Landkarten und Stadtpläne:
Adam McCrow, Sandra, Smythe, Louise Keppie, Sally Woodward, Chris Lee Ack und Chris Love

Ein besonderer Dank gilt Dr. med. Thimm Furian aus Stuttgart, der den Abschnitt über die Gesundheit in Einführungsteil fachlich durchgesehen hat.

Für Tips und Hinweise, die in dieser Auflage berücksichtigt worden sind, danken wir ganz herzlich:
Dieter Baltruschat, Carmen Böhmer, Sylvia Ehringer, Cluas D. von der Fink, Eugen Hieber, Stefan Kiesow, Ral Knochner, Markus Konzett, Manfred Maronde, Kirsten Meckel, Helga Saielli, Petra Wendeler

HUGH FINLAY, TONY WHEELER, BRYN THOMAS,
MICHELLE COXALL, LEANNE LOGAN, GEERT COLE
UND PRAKASH A. RAJ

Indien-
Handbuch

VERLAG GISELA E. WALTHER
BREMEN

Copyright © für die deutsche Ausgabe:
Verlag Gisela E. Walther, Bremen
5, vollständig überarbeitete und aktualisierte Auflage 1997

Titel der englischsprachigen Originalausgabe:
India - a travel survival kit,
erschienen im Verlag Lonely Planet Publications, Hawthorn, Victoria 3122, Australien

Copyright © für Text sowie Landkarten und Stadtpläne: Lonely Planet Publications
Copyright © für die Fotos: die Fotografen

Übersetzung:
Gisela E. Walther, Felicitas Menz und Barbara Schween-Radseck

Deutsche Bearbeitung:
Udo Schwark

Satz:
Udo Schwark

Druck:
Schintz Druck, Bremen
Printed in Germany

ISBN 3-923550-53-7

INHALTSVERZEICHNIS

INHALTSVERZEICHNIS

INHALTSVERZEICHNIS

VORWORT

Indien - so kann man oft hören - ist kein Land, sondern ein Kontinent. Ein Kontinent, auf dem man von Norden nach Süden und von Westen nach Osten die unterschiedlichsten Menschen treffen, die verschiedensten Sprachen hören und vielerlei Sitten und Bräuche kennenlernen kann.

Auch die Landschaften wechseln stets und stellen sich als ein Kaleidoskop grundverschiedener Gegenden dar.

Es gibt nur wenige Länder auf dieser Erde, die all dies zu bieten haben. Unvergeßlich sind die Eindrücke, die Indien vermittelt; sie gehen unter die Haut. Ganz gleich, ob Sie fasziniert oder schockiert sind, vergessen kann man Indien nach einer Reise nicht mehr. Es ist nicht einfach, Indien in den Griff zu bekommen, und nicht wenige Indienbesucher setzen sich sicher dankbar wieder in ihren bequemen Flugzeugsessel, weil sie nach den gegensätzlichen Eindrücken fliehen wollen. Den-

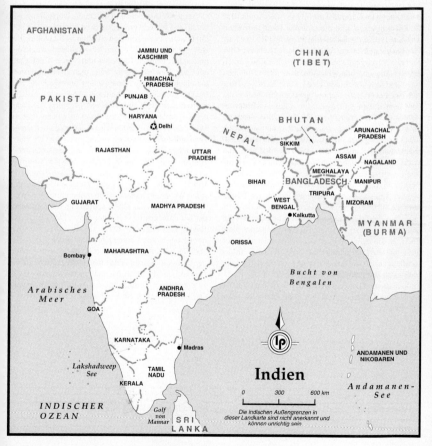

9

noch bleiben die Erlebnisse während einer Indienreise haften, und vielleicht sitzen auch Sie bereits nach einem Jahr wieder in einer Maschine, die Sie erneut nach Indien bringt.

Der Grund hierfür liegt in der unendlichen Vielfalt, in der Indien sich den Besuchern darstellt. Es sind die riesigen Entfernungen, die beeindrucken, aber auch das Menschengewirr, die prächtigen Paläste und die erschütternde Armut. Weite Ebenen erstrecken sich ebenso gesichtslos über Hunderte von Kilometern, wie das gewaltige Bergmassiv des Himalaja majestätisch alles überragt. Das Essen kann hervorragend wie einfallslos sein, die öffentlichen Verkehrsmittel so aufregend wie unbequem und langweilig. In Indien ist nichts genauso, wie Sie es erwarten.

Indien ist aber auch weit davon entfernt, ein Land zu sein, das einfach zu bereisen ist. Die Verkehrsmittel lassen häufig zu wünschen übrig. Auch die Armut wird Sie tief bedrücken, und die indische Bürokratie kann manchmal sogar die Ruhe eines indischen Heiligen ins Wanken geraten lassen. Selbst der hartgesottenste Globetrotter wird irgendwann während seiner Reise durch Indien völlig am Ende sein. Aber trotz allem ist Indien eine - und sicher nicht nur eine - Reise wert.

Auf einen einfachen Nenner gebracht hat Indien die Form eines auf die Spitze gestellten Dreiecks, in dessen Norden sich die Gebirgskette des Himalaja erhebt. Zu ihr gehören die erhabene tibetische Region von Ladakh sowie die stolzen, schönen Himalaja-Gebiete von Kaschmir, Himachal Pradesh, der Garwhal Himal von Uttar Pradesh sowie die Gegenden von Darjeeling und Sikkim. Nach Süden schließt sich dann das flache Ganges-Becken an, in dessen Nordwesten der farbenprächtige und verhältnismäßig wohlhabende Punjab, die Hauptstadt Delhi sowie die wichtigen Touristenorte Agra (mit dem Taj Mahal), Khajuraho, Varanasi und der heilige Ganges liegen. Ganz im Norden grenzt diese Ebene an den Golf von Bengalen. Dort findet man auch die von Menschen wimmelnde Stadt Kalkutta, in der sich das ganze Elend und all die gravierenden Probleme Indiens zu summieren scheinen.

Südlich dieser Ebene schließt sich das Dekkan-Plateau an. Der aufmerksame Reisende spürt hier noch heute den Aufstieg und den Zerfall der früheren Hindu- und Moslem-Königreiche. Hier liegt auch die Weltstadt Bombay, erbaut von den Briten als den Nachfolgern der Könige. Will man Indiens Geschichte erzählen, so kommt man nicht umhin, auch die ständig miteinander rivalisierenden Könige zu erwähnen. Klar erkennbar ist dies heute noch an Orten wie Bijapur, Mandu, Golconda sowie anderen zentralen Orten in Mittelindien. Bleibt schließlich noch der feuchtere Süden Indiens. Hier konnte der Islam nur zögernd Fuß fassen. Der noch heute vorherrschende Hinduismus wurde stark geprägt durch Einflüsse von außen, ist hier aber auch besonders überschwenglich anzutreffen. Die Tempelstädte im Süden Indiens sind gegenüber denen im Norden grundverschieden und wesentlich farbenprächtiger.

Für jeden Indienbesucher wird Indien das sein, was er aus seiner Reise macht und welche Zielvorstellungen er bereits vor seiner Abreise hat. Sind Sie nur an Tempeln interessiert, dann kommen Sie hier voll auf Ihre Kosten, denn Tempel gibt es im Überfluß, und zwar in den unterschiedlichsten Baustilen und Typen. Genug, um am Ende verwirrt zu sein, wenn man nicht gut dosiert. Geschichtsfanatiker werden eine Unmenge Forts, verlassene Städte, Ruinen, Schlachtfelder und Denkmäler vorfinden, alle mit ihrer eigenen Geschichte. Und auch derjenige, der nur am Strand liegen möchte, hat die Qual der Wahl; zufrieden wird in jedem Falle auch der fanatischste Sonnenanbeter sein. Indien hält aber auch für Bergfreunde und Wanderer ein breitgefächertes Angebot feil. Die Möglichkeiten sind vielfältig, und unvergeßlich sind ganz sicher Trekking-Touren im Himalaja. Diese Bergwelt umschließt noch immer einsame Wege und nahezu wilde, unberührte Gegenden. Wer aber Indien nur sehen, spüren und fühlen möchte, der hat dazu genug Gelegenheiten: in den erfüllten Bussen und Zügen, in denen das Reisen sicher nicht immer ein reines Vergnügen ist, in denen sich Indien aber doch hautnah offeriert. Eine Indienreise schließt dies alles ein. Dorthin fährt man nicht einfach, um nur zu verreisen oder um sich nur etwas anzuschauen. Indien ist die Reiseerfahrung total, ein Angriff auf Sinne und Gefühle, aber auch ein Land, das man nie vergißt.

IST DIESES BUCH NOCH AKTUELL?

Überall, wo Menschen zusammenleben, herrschen Wandel und Bewegung, insbesondere dort, wo die „Zivilisation" das Leben bestimmt. Die ständige Veränderung hat auch Indien erfaßt. Deshalb sind unseren Bemühungen, dieses Buch so genau wie möglich zu gestalten, Grenzen gesetzt. Denn laufend verändern sich Daten und Fakten, die zwar auf den ersten Blick als Details erscheinen, für den geplanten Reiseverlauf aber doch von großer Bedeutung sind.

Daher möchten wir Sie bitten, uns Veränderungen, die Sie vor oder während Ihrer Reise durch Indien bemerken, mitzuteilen. Das werden in erster Linie gestiegene Preise, können aber auch Naturereignisse und Baudenkmäler sein, die in diesem Buch unerwähnt blieben, sowie Einrichtungen, die nicht mehr bestehen oder für Reisende an Wert verloren haben, und Situationen, die insbesondere von weiblichen Reisenden Aufmerksamkeit erfordern. In jedem Fall sind wir für Ihren Hinweis dankbar.

Unser Interesse liegt außerdem bei den Landkarten. Wir waren bemüht, sie so genau wie möglich zu halten. Dennoch können Sie bei ihrem Gebrauch auf Ungenauigkeiten stoßen oder bestimmte Angaben vermissen; dann sind Ihre Ergänzungen für uns von großer Bedeutung. Dies gilt auch für den Fall, daß Ihrer Meinung nach weitere Karten in das Buch aufgenommen werden sollten, worum wir dann bei der folgenden Auflage bemüht sein werden.

Ihre Briefe aus Indien sind uns sehr willkommen, auch Ihre Eindrücke und Erlebnisse. Sie helfen uns sehr, wenn Sie Ihre Angaben genau und ausführlich niederschreiben. Tun Sie dies am besten gleich vor Ort, denn schon bei der Aufzeichnung erinnern Sie sich unter der Flut von Eindrücken nur noch ungenau. Am einfachsten verfahren Sie, wenn Sie sich alles sofort in Ihrem *Indien-Handbuch* notieren und uns später eine Zusammenfassung zusenden.

Da dieses Buch so oft wie möglich überarbeitet und neu aufgelegt wird, kommen Ihre Beiträge in kurzer Zeit vielen Reisenden wieder zugute. Denn so, wie dieses Buch Ihnen - hoffentlich - eine Hilfe war, soll es auch weiterhin eine Unterstützung für die Individualreisenden sein, die zu annehmbaren Preisen reisen und zudem über ihr Gastland über das Übliche hinaus Aufschluß gewinnen möchten.

Wenn Sie Wesentliches zur Ergänzung beitragen, werden Sie von der Neuauflage, in der Sie namentlich genannt sein werden, ein Freiexemplar erhalten.

Ihre Briefe richten Sie bitte an:

Verlag Gisela E. Walther
Oppenheimerstraße 26
D-28307 Bremen

WIR WÜNSCHEN IHNEN EINE GUTE REISE UND EINE GESUNDE HEIMKEHR!

VORWORT

EINFÜHRUNG

Indien ist heute eines der wenigen Länder der Welt, dessen soziale und religiöse Strukturen, die die Identität der Nation bestimmen, seit nunmehr wenigstens 4000 Jahren intakt geblieben sind - und das trotz Invasionen, Hungersnöten, religiöser Verfolgung, politischer Aufstände und zahlreicher anderer Faktoren, die einen Wandel auslösen können. Es als ein Land der Kontraste zu bezeichnen bedeutet nur, ein ins Auge fallendes Charakteristikum zu nennen. Es gibt viele Länder, die man aufgrund der in ihnen lebenden verschiedenen Bevölkerungsgruppen, Sprachen, Religionen, Landschaften und Traditionen ebenfalls als solche bezeichnen könnte, aber in kaum einem anderen Staat ist die Skala der Unterschiede so breit wie in Indien.

Je mehr die Technik weiter und weiter in die verschiedenen Ebenen des Landes vordringt, desto eher sind Veränderungen unvermeidbar, aber das ländliche Indien hat sich im Prinzip im Laufe der Jahrtausende kaum verändert. So flexibel seine sozialen und religiösen Institutionen auf der einen Seite auch sein mögen, so haben sie sich auf der anderen Seite doch als so statisch erwiesen, daß sie bisher allen Versuchen radikaler Veränderungen oder ihrer Zerstörung trotzen konnten. Selbst in den schnellebigen Städten wie Bombay, Bangalore und Delhi, die eine völlige Wandlung in Ansichten und Lebensstil erkennen zu lassen scheinen, ist diese nur oberflächlich. Die Wahrheiten, Loyalitäten und Verpflichtungen der vergangenen Zeitalter sind es noch immer, die das Leben der Menschen bestimmen.

Es gibt wahrscheinlich kein anderes Land, in dem die Religion so untrennbar mit jedem Aspekt des Lebens verbunden ist. Bis man dies versteht, kann es ein langer Weg mit vielen Fallgruben sein, insbesondere dann, wenn man mit westlichen liberalen Traditionen groß geworden ist, die auf der Logik basieren. Für solche Menschen kann die „indische Logik" häufig bizarr, verworren und sogar ärgerlich erscheinen. In der ihr eigenen Art umfaßt sie jedoch eine einzigartige Kosmologie, die sowohl mystisch und komplex als auch faszinierend ist.

Man sollte dabei nicht vergessen, daß in Indien zwei der großen Religionen dieser Welt (Hinduismus und Buddhismus) sowie eine der Religionen mit ganz geringer Anhängerschaft (Jainismus) gegründet wurden. Hier gibt es aber auch einige der wenigen verbliebenen Gemeinden der Parsen, der Anhänger Zarathrustras.

Der moderne indische Staat selbst blickt nur auf eine relativ kurze Vergangenheit zurück und ist aus dem Wunsch des Volkes entstanden, sich vom Joch der Kolonialherrschaft zu befreien. Selbst die mächtigsten alten indischen Zivilisationen erstreckten sich nur über Teilbereiche des heutigen Indien, bei dem es sich eher um einen Staat der Vielfalt als der Einheit handelt. Gelegentlich heißt es, es gebe viele Indien. Was die ethnische Herkunft, die Sprachen oder die Landschaft angeht, so ist dies zweifelsfrei richtig und behindert in einigen Fällen die Bildung eines nationalen Bewußtseins. Dabei muß man sich aber daran erinnern, daß Indien bereits seit fast 50 Jahren der größte demokratische Staat der Welt ist.

GESCHICHTE

Kultur des Indus-Tales: Indiens erste große Kultur erblühte ungefähr 1000 Jahre lang von 2500 v. Chr. an entlang des Indus, dessen Tal zum heutigen Pakistan gehört. Die beiden Städte Mohenjodaro und Harappa waren Zentren dieser Kultur, in der sich eine erstaunliche Gesellschaft entwickelte. Die damaligen Hauptstädte wurden erst in unserem Jahrhundert entdeckt. Nach und nach legte man auch weitere kleine Städte wie Lothal (bei Ahmedabad) frei.
Die Ursprünge des Hinduismus lassen sich bis zu dieser ersten Zivilisation zurückverfolgen. Darin waren die Herrscher eher Priester als Könige. Sie standen

mit den Göttern in Kontakt, gaben gesellschaftliche Regeln vor und bestimmten auch in anderen Bereichen, z. B. bei der Frage des Landbesitzes. Tonfiguren, die an Stätten in diesem Gebiet gefunden wurden, lassen auf die Anbetung einer Muttergottheit (später in Kali personifiziert) sowie eines männlichen, dreigesichtigen Gottes in der Stellung eines sitzenden Yogi und in Begleitung von vier Tieren (der prähistorische Shiva) schließen. Es wurden auch schwarze Steinsäulen gefunden (ein phallisches Symbol, das ebenfalls Shiva zugeordnet wird). Schon zu dieser Zeit müssen einige Tiere als heilig gegolten haben, so das

Buckelrind (das später zu Shivas Reittier wurde). Die traditionelle hinduistische Furcht vor Verunreinigung und die Notwendigkeit ritueller Waschungen wird auch aus dem komplizierten System der Wasserversorgung deutlich, das man in Harappa gefunden hat. Es muß sogar eine Art organisierte Müllabfuhr gegeben haben! Vergleichsweise wenig ist über die Entwicklung und schließlich den Niedergang dieser Zivilisation bekannt. Ihre Schrift konnte noch nicht entziffert werden. Auch hat man noch keine Erklärung dafür gefunden, warum eine derart hochstehende Zivilisation nach dem Einfall der Arier so schnell zusammengebrochen ist.

Erste Invasionen und Aufstieg der Religionen: Die arischen Invasoren zogen zwischen 1500 und 2000 v. Chr. von Zentralasien nach Süden. Schließlich beherrschten sie das gesamte nördliche Indien bis zum Berggürtel von Vindhya und vertrieben die Ureinwohner (die Drawiden) nach Süden. Sie brachten auch ihre Naturgötter mit, von denen jene des Feuers und des Kampfes den höchsten Rang hatten, aber ebenfalls die Rinderzucht und die Sitte, Fleisch zu essen. Im 8. Jahrhundert v. Chr. konnte jedoch die Priesterkaste ihre Vormacht wieder herstellen und dafür sorgen, daß die Naturgötter abgesetzt oder in der Vorstellung von der universalen Seele (Brahman) absorbiert wurden, die mit der *atman*, der individuellen Seele, identisch war. Diese Ereignisse werden in der Literatur der damaligen Zeit als Sieg von Brahma über Indra (zu Anfang die Göttin der Nahrung und des Rechts, später jedoch des Donners und der Schlacht) dargestellt. Indra führte, wie es scheint, ein bizarres Doppelleben. In einer Phase des Mondes war sie eine Frau und wurde dann über Nacht für die nächste Mondphase zum Mann. In dieser Periode des Übergangs (1500 bis 1200 v. Chr.) wurden auch die heiligen Schriften der Hindus, die *Veden*, geschrieben.

Die soziale Ordnung, die die Assimilation der Arier widerspiegelte, und die Vormacht der Priester wurden durch das Kastensystem gefestigt, das bis in den heutigen Tag hinein ungeachtet der Versuche der Zentralregierung, den Status jener am Ende der Skala zu verbessern, Bestand hat. Die Kontrolle über die Gesellschaftsordnung wurde durch extrem strenge Regeln aufrechterhalten, die die Stellung der Brahmanen (Priester) sichern sollten. Komplizierte Tabus regelten Heirat, Kost, Reisemodalitäten, Essens- und Trinkregeln sowie Umgangsformen. Innerhalb des Systems schuf sich jede Kaste ihr eigenes System von Vorschriften, um ihre übergeordnete Stellung gegenüber den von ihr als untergeordnet angesehenen Kasten geltend zu machen. Wer diese Regeln verletzte, wurde aus der Kaste ausgestoßen und vertrieben. Die Priester konnten jedoch nicht alles durchsetzen. Trotz der Strenge, die bei Fragen der Achtung von Priestern und jedes tierischen Lebens galt, mußte man die Tradition der Arier, Fleisch zu essen, in Kauf nehmen. Auf diese Zeit geht die heute noch bestehende grobe Teilung in Fleisch essende Nordinder und eher vegetarische Südinder zurück.

In der Zeit, als die Arier ihre Herrschaft in Nordindien festigen konnten, entging das indische Kernland gerade de noch zwei weiteren Invasionen aus dem Westen. Die erste wurde vom Perserkönig Darius angeführt (521-486 v. Chr.), der seinem Reich den Punjab und Sind angliederte, hier jedoch seinen Vormarsch stoppte. Im Jahre 326 v. Chr. erreichte Alexander der Große in seinem legendären Marsch von Griechenland ebenfalls Indien. Seine Truppen weigerten sich allerdings, weiter als bis zum Beas zu marschieren, der östlichsten Grenze der Eroberungen des persischen Reiches, das er wiederum gewonnen hatte. So kehrte er zurück, ohne seine Herrschaft auf Indien selbst auszudehnen. Seine Anwesenheit hinterließ ihre Spuren am dauerhaftesten in der Entwicklung der Gandhara-Kunstrichtung, bei der es sich um eine komplizierte Mischung aus künstlerischen Idealen Griechenlands und den damals neuen religiösen Überzeugungen des Buddhismus handelte.

Der Buddhismus entstand zeitgleich mit dem Jainismus um ca. 500 v. Chr. Er stellte für den Hinduismus die größte Herausforderung dar. Beide Glaubensrichtungen lehnen die *Veden* als heilige Schriften ab und verurtei-

Krishna und Radha - erotische Tempelkunst

len das Kastenwesen. Die Jains verleugneten jedoch anders als die Buddhisten niemals ihr hinduistisches Erbe. Ihr Glaube konnte sich aber nie über Indien hinaus ausdehnen.

Der Buddhismus brachte dagegen eine radikale Erschütterung der geistigen und gesellschaftlichen Struktur des Hinduismus mit sich. Er konnte durch die Konvertierung Ashokas, der ihn zur Staatsreligion erklärte, ein enormes Ansteigen seiner Anhängerzahlen verzeichnen. Nach und nach verlor diese Religion jedoch den Kontakt mit dem einfachen Volk und daher an Bedeutung, während der Hinduismus zwischen 200 und 800 n. Chr. eine Renaissance erlebte. Diese basierte auf der Anbetung eines personifizierten Gottes, wie man sie heute bei verschiedenen Sekten findet, die sich auf Rama und Krishna berufen (*avataars*, Inkarnationen von Vishnu). Buddha, der größte geistige Führer Indiens, jedoch war zu bedeutend gewesen, als daß man ihn hätte beiseite lassen und vergessen können. Er wurde in den hinduistische Pantheon als eine weitere Inkarnation Vishnus eingegliedert. Dies ist ein ganz deutliches Beispiel dafür, wie der Hinduismus geistige Konkurrenten und seine Götter verleugnende Ideologien absorbiert hat.

Die Maurya und Ashoka: Zwei Jahrhunderte, bevor Alexander der Große seinen langen Marsch gen Osten antrat, hatte sich im Norden Indiens ein Königreich zu entwickeln begonnen. Die Bewohner dieses Königreiches waren es, die das Vakuum, das Alexander bei seinem Rückzug hinterließ, ausfüllten. Das war im Jahre 321 v. Chr., als das Reich des Chandragupta Maurya an Macht gewann. Die damalige Hauptstadt war dort, wo heute Patna liegt. Von dort aus weitete sich das Reich der Maurya über ganz Nordindien aus. Sie installierten ein unbewegliches, aber gut organisiertes Imperium mit einer riesigen Armee, deren Angehörige unmittelbar vom Herrscher entlohnt wurden. Es entstand aber auch eine leistungsfähige Verwaltung, deren Mitarbeiter für die Eintreibung von Steuern und anderen Abgaben sowie das Abführen von landwirtschaftlichen Erzeugnissen ein Auge auf jedermann warfen. Wer versuchte, sich der Besteuerung zu entziehen, mußte mit hohen Strafen rechnen. Außerdem wurde ein ausgedehntes Netz mit Spionen eingerichtet. Dennoch war Korruption weit verbreitet. Das Leben der einfachen Bauern aber blieb unvermindert hart.

Seine Blütezeit erlebte dieses Königreich unter dem Herrscher Ashoka, der im Jahre 262 v. Chr. zum Buddhismus übertrat. Wie groß sein Reich war, ist an den vielen Säulen und in Fels gehauenen Edikten zu erkennen, die sich in weiten Teilen Nordindiens finden. Diese unter Ashoka erlassenen Edikte sowie die unter seiner Herrschaft errichteten Säulen finden Interessierte in Delhi, in Gujarat, in Orissa, in Sarnath (Bihar) sowie in Sanchi (Madhya Pradesh).

Ashoka ließ aber auch Missionen ins Ausland unternehmen. In Sri Lanka wird er noch immer verehrt, weil er seinen Bruder als Missionar aussandte, um den Buddhismus auf dieser Insel zu verbreiten. Unter Ashoka erlebte die Kunst, insbesondere die Bildhauerei, eine große Förderung. Sein Emblem, das früher viele Kapitelle von Säulen schmückte, ist heute das Siegel des modernen Staates Indien. Während Ashokas Regentschaft wurden vermutlich mehr Provinzen Indiens durch die Maurya kontrolliert, als dies jemals vor der britischen Herrschaft der Fall war. Mit Ashokas Tod im Jahre 232 v. Chr. zerfiel das Reich schrittweise und brach 184 v. Chr. zusammen.

Die Zeit bis zu den Gupta: In der Folgezeit entstanden neue Reiche, die aber ebenso schnell wieder von der Bildfläche verschwanden. Die Nachfolger der Königreiche Alexanders des Großen im Nordosten weiteten ihre Macht bis in den Punjab aus, die sich später zum Königreich Gandharan entwickelte. Im Südosten und Osten breiteten sich die Andhra oder Telugu weiter landeinwärts aus, während das ehemalige Reich der Maurya von den Sunga ersetzt wurde, die in der Zeit von 184 bis 70 v. Chr. herrschten. Sie führten das Werk Ashokas fort, vollendeten viele buddhistische Bauten und schufen die Höhlentempel in Mittelindien. Das war die Zeit des „Kleinen Fahrzeugs" (Hinayana), in der Buddha selbst nie abgebildet, auf ihn aber durch Symbole wie Stupas, Fußabdrücke, Bäume oder Elefanten angespielt wurde. Obwohl man diese Form des Buddhismus wahrscheinlich bis 400 n. Chr. beibehielt, entwickelte sich bereits sein 100 n. Chr. die Lehre des „Großen Fahrzeugs" oder der Mahayana-Buddhismus. Im Jahre 319 n. Chr. gründete Chandragupta II. das Reich Gupta; das war der erste Schritt zum Kaiserreich der Gupta. Seine Nachfolger drangen vom Norden Indiens her weiter vor, zunächst von Patna aus, dann auch von anderen Hauptstädten im Norden, wie zum Beispiel Ayodhya. Das Kaiserreich der Gupta legte den Grundstein für die Gupta vom Jahre 455 n. Chr., deren Existenz noch bis 606 n. Chr. zu verfolgen ist. Auch während der Regentschaft der Gupta wurden die schönen Künste gepflegt, deren Kostbarkeiten heute noch in Ajanta, Ellora, Sanchi und Sarnath zu bewundern sind. Ein goldenes Zeitalter erlebten unter den Gupta auch die Dichtung und die Poesie. Als sich die Ära der Gupta dem Ende zuneigte, schwand auch der Einfluß des Buddhismus und Jainismus. Wieder einmal fand der Hinduismus mehr Anhänger.

Jäh änderte sich das Blatt der Geschichte aber wieder, als die „weißen Hunnen" einfielen, die zwar zunächst noch von den Gupta zurückgeschlagen wurden, später aber doch erfolgreich waren. Zuvor hatten die Hunnen schon die Gandhara aus der nordöstlichen Region, nahe Peshawar, nach Kaschmir vertrieben. Indiens Norden zerbröckelte in viele einzelne hinduistische Königreiche und wurde auch nicht wieder vereinigt. Dies gelang erst, als die Moslems eindrangen.

Die Vorgänge im Süden: Im Verlauf der indischen Geschichte hat sich gezeigt, daß Ereignisse in einem Teil des Landes häufig die anderen Provinzen überhaupt nicht berührten. Das Entstehen und der Zerfall der vielen Königreiche im Norden wirkten sich auf Südindien überhaupt nicht aus. Während der Buddhismus, und zu einem geringeren Teil auch der Jainismus, den Hinduismus in Nord- und Mittelindien verdrängte, blieb er im Süden die bedeutendste Religion.

Die gesunde und gut funktionierende Wirtschaft im Süden basierte auf den außerordentlich guten Handelsbeziehungen mit anderen Ländern. So pflegten die Ägypter und später auch die Römer einen lebhaften Handel mit Südindien. Später wurde der Handel sogar noch ausgebaut, und zwar mit Teilen vom südostasiatischen Raum. Eine Zeit lang hatte der Buddhismus und später auch der Hinduismus auf den indonesischen Inseln einen guten Nährboden mit der Folge, daß die Bevölkerung dieses Gebietes voller Respekt und Ergebenheit auf den Subkontinent als den kulturellen Mentor schaute. Daher wird das *Ramayana*, das wohl bekannteste hinduistische Epos, auch in südostasiatischen Ländern in vielen Variationen immer noch erzählt. Heute ist allerdings nur noch die Insel Bali ein hinduistisches Bollwerk. Auch wenn dort der Hinduismus als solcher noch klar zu erkennen ist, hat die Isolation vom Heimatland dieser Religion auf Bali doch zu bemerkenswerten Modifikationen im hinduistischen Glauben geführt.

Fremde Einflüsse wirkten sich aber auch auf Südindien aus und hinterließen dort Spuren. Im Jahre 52 n. Chr. soll der Apostel St. Thomas in Kerala angekommen sein, wo bis heute ein starker christlicher Einschlag zu spüren ist.

Zu den größten Reichen, die sich im Süden bildeten, sind die der Chola, der Panya, der Chera, der Chalukya und der Pallava zu zählen. Von ihnen waren die Chalukya auf die Region Dekkan fixiert und dehnten sich im Laufe ihrer Herrschaft sogar noch weiter nach Norden aus. Von ihrer Hauptstadt Badami in Karnataka aus regierten sie von 550 bis 753 n. Chr. und unterlagen dann den Rashtrakuten, erhoben sich aber im Jahre 972 noch einmal und blieben bis 1190 an der Macht. Weiter südlich waren die Pallava Vorreiter der drawidischen Architektur, eines äußerst überschwenglichen, fast barocken Stils. Sie brachten diesen Stil auch nach Java in Indonesien, nach Thailand und nach Kambodscha. Nachfolger der Pallava wurden 850 n. Chr. die Chola. Ihre architektonischen Fähigkeiten standen denen der Pallava in nichts nach, wie an den Tempeln in Thanjavur zu bewundern ist. Auch sie streckten ihre Fühler nach

Übersee aus und kontrollierten während der Herrschaft von Raja Raja (985 bis 1014 n. Chr.) fast das gesamte Südindien, das Gebiet des Dekkan, das heutige Sri Lanka, Teile der malaiischen Halbinsel und das auf Sumatra beheimatete Königreich Srivijaya.

Frühe moslemische Invasionen: Während im Süden hinduistische Königreiche die Macht besaßen und im Norden der Buddhismus verblaßte, begann sich bereits die moslemische Welle aus dem Nahen Osten in Richtung Indien zu bewegen. In weniger als einem Jahrhundert nach dem Tod des Propheten Mohammed kam es bereits zu Angriffen der Araber auf die Region Sind und sogar Gujarat.

Offensichtlich wurde diese Absicht auf dem Subkontinent Indien erstmals durch den Angriff von Mahmud auf Ghazni. Diese historische Stadt Ghazni ist heute eine schmuddelige kleine Ortschaft zwischen Kabul und Kandahar in Afghanistan. Mahmud überfiel sie seit dem Jahr 1001 n. Chr. mit schöner Regelmäßigkeit einmal im Jahr. Seine Soldaten fielen dann auch in Indien ein, zerstörten die Tempel der „Ungläubigen" und nahmen alles mit, was beweglich und wertvoll war. Einer seiner Nachfolger nahm sogar Varanasi ein. Die Eroberungszüge endeten 1038 n. Chr., als türkische Seldjuken auf der Bildfläche erschienen, eifrig darauf erpicht, ihr Reich weiter nach Osten auszudehnen, und Ghazni eroberten.

Diese frühen Angriffe waren jedoch eher Raubzüge als das Bemühen, in Indien Fuß zu fassen. Erst 1192 waren die Moslems in der Lage, Siedlungen in Indien zu gründen. In diesem Jahr fiel nämlich Mohammed von Ghori aus in Indien ein und bekam Ajmer in die Hände, nachdem er vorher schon seine Macht über den Punjab ausgedehnt hatte. Nur ein Jahr später wurde diese erfolgreiche Eroberungsserie durch den General Qutbud-Din fortgesetzt, der zunächst Varanasi und Delhi bezwang. Nachdem Mohammed von Ghori im Jahr 1206 ermordet worden war, wurde Qutb-ud-Din der erste Sultan von Delhi. Innerhalb von 20 Jahren brachten die Moslems das ganze Ganges-Becken unter ihre Kontrolle. Sehr beständig waren die Sultane von Delhi leider nicht, denn wann immer ein neuer Sultan an die Macht kam, wuchs oder zerfiel das neu erkämpfte Terrain, je nachdem, wie stark oder schwach die Persönlichkeit des jeweiligen Sultans war.

Mutiger wurde erst Ala-ud-Din, denn er durchbrach 1297 die Grenzen im Süden und drang bis Gujarat vor, seine Truppen sogar noch weiter. Feste Siedlungen errichteten sie allerdings nicht. Mohammed Tughlaq hatte 1338 die Idee, eine Hauptstadt von Delhi nach Daulatabad weiter im Süden zu verlegen, und zwar in die Nähe von Aurangabad in Maharashtra. Die Umsiedlung war nicht von langer Dauer, denn man zog bald wieder zurück in den Norden. Kurze Zeit später,

LEANNE LOGAN

MICHELLE COXALL

LEANNE LOGAN

PAUL BEINSSEN

PAUL BEINSSEN

Indien hat viele Gesichter

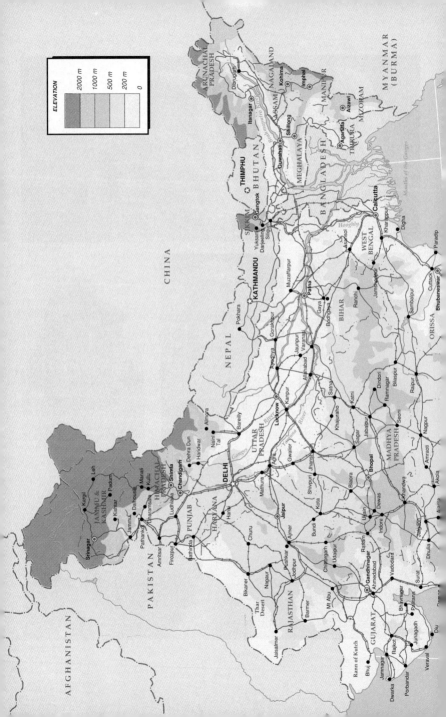

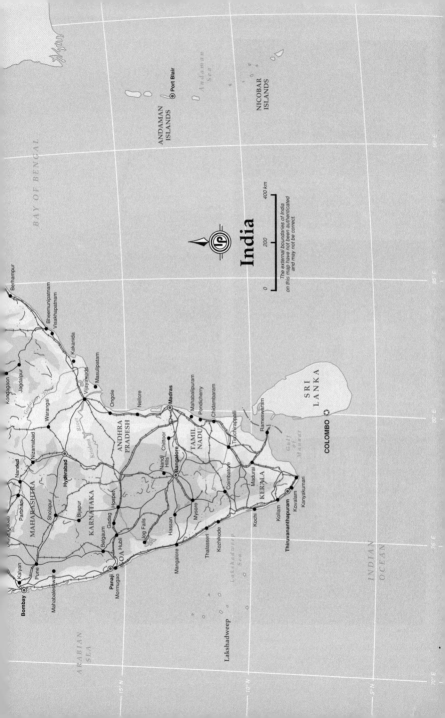

SALLY HONE

CHRIS BEALL

CHRIS BEALL

CHRIS BEALL

Oben links: Palast von Wankaner (Gujarat)
Oben rechts: Teeplantage in Darjeeling (West-Bengalen)
Unten links: Chorten Do-Drul in Gangtok (Sikkim)
Unten rechts: Straßenverkäufer in Jaipur (Rajasthan)

als sich hier das Bahmani-Königreich entwickelt und sich das Sultanat von Delhi noch weiter in den Norden begeben hatte und an Macht verlor, fiel Timur (Tamerlan) in einem verheerenden Angriff von Samarkand her in dieses Gebiet ein (1398). Von diesem Zeitpunkt an gehörte den Moslems die Region, bis sie durch ein anderes moslemisches Königreich ersetzt wurde, nämlich durch das der mächtigen Moguln.

Die Moslems waren besondere Invasoren. Anders als frühere Besatzer behielten sie ihre eigene Identität. Die Mißachtung „ungläubiger" Untertanen verhinderte ihre Absorbierung in das bestehende religiöse und gesellschaftliche System des Hinduismus. Trotzdem überlebte der Hinduismus, so daß der Islam in Indien eine recht unfruchtbare Erde für Konvertierungen fand. Im Indien des 20. Jahrhunderts waren nach mehr als 800jähriger moslemischer Herrschaft nur 25 Prozent der Gesamtbevölkerung zum Islam übergetreten.

Die Moslems konnten ihrerseits nicht ohne die Unterstützung durch Hindus regieren, so daß viele Hindus an der Verwaltung des Reiches beteiligt waren. So kam es zur Entwicklung einer gemeinsamen Sprache, des Urdu, bei dem es sich um eine Kombination aus persischem Vokabular und hinduistischer Grammatik handelt, wobei die arabisch-persische Schrift verwendet wird. Es ist noch heute die übliche Sprache großer Gebiete im nördlichen Indien und in Pakistan.

Weitere Entwicklung im Süden: Auch während des langsamen Vordringens der Moslems im Norden ging der Süden seine eigenen Wege. Ebenso, wie die Arier bei ihren Invasionen nie bis in den Süden zogen, waren auch die ersten Moslems bei dem Versuch, Südindien zu kontrollieren, wenig erfolgreich. Zwischen 1000 und 1300 n. Chr. blühte die Hoysala-Dynastie mit ihren Zentren in Belur, Halebid und Somnathpur, war aber nach einem räuberischen Einfall von Mohammed Tughlaq im Jahre 1328 und den folgenden Angriffen der vereinigten hinduistischen Königreiche dem Untergang geweiht.

Zwei andere große Königreiche entstanden nördlich des heutigen Karnataka, und zwar ein moslemisches und ein hinduistisches Reich. Das hinduistische Königreich von Vijayanagar wurde 1336 mit der Hauptstadt Hampi gegründet und war in der Zeit, in der die moslemischen Sultane von Delhi den Norden dominierten, wahrscheinlich eines der stärksten und mächtigsten hinduistischen Königreiche in ganz Indien. Zur gleichen Zeit entwickelte sich aber auch das moslemische Königreich von Bahmani, verlor aber durch eine Aufsplitterung in fünf kleinere Reiche, nämlich Berar, Ahmednagar, Bijapur, Golconda und Ahmedabad, im Jahre 1489 an Bedeutung. Im Jahre 1520 fiel Bijapur, weil es von den Herrschern von Vijayanagar vereinnahmt wurde. Viel Freude hatten sie aber daran nicht,

denn bereits 1565 schlossen sich die moslemischen Königreiche zusammen und zerstörten Vijayanagar in der Schlacht von Talikota. Später fielen auch die Königreiche von Bahmani dem Machthunger der Moguln zum Opfer.

Die Moguln: Diese Herrscher strahlten mit ihrer Persönlichkeit häufig noch über den Tod hinaus in der Architektur, der Kunst und der Literatur prägend auf das Land aus und gewannen nach und nach die Macht über ganz Indien. Dies geschah in einem Ausmaß, wie es sonst nur noch unter Ashoka und den Briten der Fall war. Der Aufstieg der Moguln war kometenhaft. Ebenso zügig verblaßte ihr Stern aber auch. Aus der Vielzahl der Moguln ragen nur sechs hervor, die sich profilierten. Nach Aurangzeb sind sie nur noch als Titelträger zu bezeichnen.

Im allgemeinen beschränkten sich die Moguln nicht nur auf das Regieren, sondern sie besaßen auch eine Leidenschaft für das Bauen. Als ihr berühmtestes Bauwerk ist das unter Shah Jahan errichtete Taj Mahal bekannt, das wirklich als ein Weltwunder angesehen werden kann. Auch Dichtung und Kunst wurden von den Moguln gefördert, so daß die Pracht und Erhabenheit ihrer Paläste frühe europäische Besucher verblüffte.

Die sechs bedeutendsten Moguln und die Zeiträume ihrer Herrschaft waren

Babur	1527-1530
Humayun	1530-1556
Akbar	1556-1605
Jehangir	1605-1627
Shah Jahan	1627-1658
Aurangzeb	1658-1707

Babur, der ein Nachfahre sowohl von Timur als auch von Genghis Khan war, marschierte im Jahre 1525 von seiner Hauptstadt Kabul in Afghanistan aus in den Punjab ein, um den Sultan von Delhi bei Panipat zu schlagen. Dieser erste Erfolg war aber noch keine Initialzündung für die völlige Zerstörung der Gegner der Moguln, denn im Jahre 1540 war der Herrschaft der Moguln ein abruptes, wenn auch nur vorübergehendes Ende beschieden, als Sher Shah den Mogul Humayun, den zweitgrößten aller Moguln, besiegte. 15 Jahre mußte er ins Exil, bis er schließlich auf seinen Thron zurückkehrte. Um 1560 herum gelang es dann seinem Sohn und Nachfolger Akbar, sein Reich endgültig und vollständig unter Kontrolle zu bekommen. Er war bereits mit 14 Jahren inthronisiert worden.

Möglicherweise war Akbar der größte aller Moguln. Er besaß nicht nur die Fähigkeit, alles Militärische, was damals für ein Reich von größter Wichtigkeit war, genau zu planen und auszubauen, sondern er war auch

Kaiser Akbar herrschte von 1556 bis 1605 und war wahrscheinlich der bedeutendste der Moguln, die Nordindien drei Jahrhunderte lang dominierten

ein äußerst gebildeter Mann, der sich durch Weisheit und Fairneß auszeichnete. Er erkannte, was seine Vorgänger nicht begriffen hatten, daß nämlich die Zahl der Hindus in Indien viel zu groß war, um sie einfach unterjochen zu können. Klug ging er so vor, daß er die Hindus in sein Reich integrierte und sich sogar ihr Wissen zunutze machte, indem er sie als Berater, Generäle und Verwalter einsetzte. Akbars besonderes Interesse galt den Religionen. Viele Stunden lang diskutierte er mit Experten, nicht nur seiner eigenen Glaubensrichtung, sondern auch mit Fachleuten anderer Religionen, zum Beispiel mit Christen und Parsen. Schließlich ersann er sogar eine eigene Religion, die ein Konglomerat aller Religionen war, gemischt nach dem Gesichtspunkt, was wohl das Beste in jeder Glaubensrichtung sei.

Akbars Nachfolger war Jehangir, der die Toleranz seines Vaters anderen Religionen gegenüber beibehielt, aber auch Vorteile aus der Stabilität seines Reiches in Anspruch nahm und die meiste Zeit während seiner Herrschaft in dem von ihm so geliebten Kaschmir verbrachte. Möglicherweise ist er auch während einer Reise dorthin gestorben. Sein Grab befindet sich in Lahore im heutigen Pakistan. Shah Jahan, der nächste Mogul, der seine Macht als Herrscher dadurch sicherte, daß er alle männlichen Verwandten in Seitenlinien seiner Familie exekutieren ließ, war eher auf Agra und Delhi fixiert. Während seiner Regentschaft entstanden einige der lebendigsten und dauerhaftesten Baudenkmäler aus der Zeit der Moguln. Am bekanntesten ist natürlich das Taj Mahal, aber es ist lediglich ein Denkmal von vielen, die Shah Jahan errichten ließ. So wird denn auch von einigen Wissenschaftlern behaup-

tet, daß gerade dieser Hang zum überschwenglichen Bauen der Grund dafür war, daß sein Sohn Aurangzeb vorzeitig den Thron bestieg, um seinen architektonischen Extravaganzen Einhalt zu gebieten. Shah Jahan ließ auch von der religiösen Toleranz seines Vorgängers Akbar zugunsten des Islam ab. Dennoch geschah es während seiner Herrschaft, daß den Briten im Jahre 1639 eingeräumt wurde, in Madras einen Handelsstützpunkt zu gründen.

Aurangzeb, der letzte der großen Moguln, setzte die ihm zur Verfügung stehenden Mittel vor allem für die Erweiterung des Reiches ein. Es sollten jedoch die seinen Untertanen für die Militärausgaben und seinen blinden religiösen Eifer auferlegten hohen Steuern sein, die schließlich seinen Sturz bewirkten. Während seiner Herrschaft begann der innere Verfall des Reiches, als Luxus und das leichte Leben den Mut und die Moral des Adels und der Heerführer aushöhlten. Sein strenger und puritanischer Glaube brachte ihn dazu, zahlreiche hinduistische Tempel zu zerstören und an der gleichen Stelle Moscheen zu errichten. Damit bewirkte er, daß gerade die von ihm abfielen, die eine so bedeutende Rolle in seiner Verwaltung spielten.

Es sollte nicht lange dauern, bis in zahlreichen Gebieten Aufstände ausbrachen. Mit dem Tod von Aurangzeb im Jahre 1707 erlebte das Reich der Moguln einen rapiden Niedergang. „Mogulnkaiser" existierten zwar noch bis zur Zeit des Aufstandes der Inder, als die Briten den letzten ins Exil verbannten und seine Söhne hinrichteten, es handelte sich jedoch um Kaiser ohne Reich. Die schlichte Grabstätte von Aurangzeb in Rauza, unweit von Aurangabad, steht in scharfem Kontrast zu

Shah Jahan, der von 1627 bis 1658 an der Macht war, hatte eine Passion für das Bauen. Auf ihn geht eines der beeindruckendsten Bauwerke der Welt zurück - das Taj Mahal.

den großartigen Grabstätten seiner mogulischen Vorgänger.

Nach der Abschaffung der Mogulherrschaft bestanden einige kleinere Reiche über einen längeren Zeitraum weiter. So tolerierten die Briten das Reich des Vizekönigs von Hyderabad, das bis zur Unabhängigkeit Indiens bestand. Dagegen regierten die Nabobs von Avadh im Norden recht exzentrisch, pompös und zudem schlecht, bis die Briten diesem Treiben 1854 ein Ende setzten und den letzten Nabob in den Ruhestand versetzten. In Bengalen kollidierte auf recht unkluge Weise der Mogul bereits früher mit den Briten, so daß er 1757 in dem berühmten Kampf von Plassey unterlag.

Rajputen und Marathen: So ganz nahtlos ging die Macht der Mogul auf andere, stärkere Potentaten aber nicht über. Sie schwand aufgrund einer ganzen Reihe von Faktoren und einer Reihe anderer Herrscher einfach. Während der gesamten Herrschaft der Moguln hielten sich im Norden Indiens starke hinduistische Kräfte, vor allem die Rajputen. Beheimatet waren die Rajputen vornehmlich in Rajasthan. Als Angehörige einer Kriegerkaste und als tapfere Prinzen und Fürstensöhne fanden sie in der indischen Geschichte einen ähnlichen Platz wie die galanten Ritter in England. Sie widersetzten sich jedem, der es wagte, seinen Fuß auf indischen Boden zu setzen. Niemals waren sie in irgendeiner Weise vereint oder organisiert, und wenn die Rajputen nicht gerade in kriegerische Auseinandersetzungen mit Fremden verwickelt waren, dann kämpften sie gegeneinander. Unter den Mogulen gehörten sie der Armee des jeweiligen Herrschers an, deren fähigste Generäle Rajputen waren.

Die Marathen gewannen unter Shivaji an Bedeutung, der zwischen 1646 und 1680 in Kriegen Bravourstücke und andere Heldentaten überall in der Mitte Indiens vollbrachte. Noch heute berichten wandernde Erzähler, die in Indien von Dorf zu Dorf ziehen, von seinen Erfolgen. Einen besonderen Bekanntheitsgrad besitzt er immer noch in Maharashtra, wo die wildesten und bekanntesten Großtaten stattfanden. Verehrt wird Shivaji aber nicht nur wegen seiner Eroberungen und seiner mutigen Konfrontationen mit den Moguln, sondern auch deshalb, weil er der niedrigsten Sudra-Kaste angehörte und durch seinen Mut bewies, daß man in Indien nicht unbedingt ein Kshatriya sein muß, um ein bedeutender Führer zu werden. Shivaji wurde sogar einmal von Mogul gefangengenommen und nach Agra zurückgebracht, aber natürlich konnte er entkommen und weitere Abenteuer bestehen.

Weniger erfolgreich war dagegen sein Sohn. Er wurde unter Aurangzeb gefangengenommen, geblendet und schließlich hingerichtet. Aus nicht schlechterem Holz war sein Enkel geschnitzt. Aber der war für die Marathen keine Führerpersönlichkeit. Dennoch behauptete sich der Stamm der Marathen auch noch unter den Peshwas, die als Staatsminister durch Erbfolge die wirklich Mächtigen im damaligen Indien waren. Schritt für Schritt stießen sie in immer mehr Verwaltungsgremien vor, denn die Herrschaft der Moguln geriet mehr und mehr ins Wanken. Zunächst infiltrierten sie das Heer mit ihren Leuten und drangen dann auch in die Verwaltung der Landgebiete vor, die sie schließlich regelrecht kontrollierten.

Als gar noch Nadir, der Schah von Persien, im Jahre 1739 Delhi in Schutt und Asche legte, wurde die abnehmende Macht der Moguln weiter geschwächt. Aber 1761 traf es dann bei Panipat auch die Marathen. Dort, wo 200 Jahre vorher der siegreiche Babur nach seiner erfolgreichen Schlacht den Grundstein für die Herrschaft der Moguln gelegt hatte, wurden nun die Marathen von Ahmad Shah Durani geschlagen. Ihrer Expansion in Richtung Westen wurde so ein Riegel vorgeschoben. Aber trotzdem behielten sie die Kontrolle über Mittelindien und ihre Region, die unter der Bezeichnung Malwa bekannt ist. Dem Untergang war dieses Reich dennoch geweiht, denn den Briten, einer der letzten imperialistischen Mächte, hatten sie nichts entgegenzusetzen.

Ausweitung der britischen Macht: Die Briten waren weder die ersten Europäer in Indien, noch verließen sie als letzte das Land. Dies blieb den Portugiesen vorbehalten. 1498 erreichte nämlich Vasco da Gama die indische Küste dort, wo das heutige Kerala liegt, nachdem er das afrikanische Kap der Guten Hoffnung umsegelt hatte. Da die Portugiesen auf dieser Route allein waren, blieben sie stolz und ungestört ein Jahrhundert lang die alleinigen Kontrolleure des gesamten Handels zwischen Europa und Indien. Im Jahre 1510 kaperten sie dann Goa, eine Enklave in Indien, die sie ununterbrochen bis 1961 hielten, 14 Jahre nach dem Zeitpunkt, als die Engländer ihre Zelte in Indien abbrachen. In den besten Zeiten war Goa so reich, daß es als „Lissabon des Ostens" angesehen wurde. Auf lange Zeit gesehen hatten die Portugiesen jedoch einfach nicht die Möglichkeiten, ein weltweites Reich aufrechtzuerhalten, und wurden nach der Ankunft von Briten, Franzosen und Niederländern schnell übertroffen.

Die Briten errichteten ihren ersten Handelsposten 1612 in Surat (Gujarat). Königin Elizabeth I. hatte nämlich bereits 1600 einer Londoner Handelsgesellschaft per Vertrag das Monopol für den Handel zwischen Indien und England eingeräumt. 250 Jahre lang hatte dann nicht die britische Regierung in Indien das Sagen, sondern die East India Company, die sich aufgrund dieses Vertrages ausweitete. Weitere Handelsposten wurden 1640 an der östlichen Küste in Madras eröffnet, 1668 in Bombay und 1690 in Kalkutta. Aber die Briten und die Portugiesen waren nicht die einzigen Europäer, die sich in Indien breitmachten.

Auch die Holländer hatten Handelsvertretungen dort, und 1672 ließen sich die Franzosen in Pondicherry nieder. Dies war ebenfalls eine Enklave, die sie nach portugiesischem Muster auch länger hielten als die Briten.

Nun war der Boden bereitet für ein Jahrhundert der Rivalität zwischen Engländern und Franzosen bei der Kontrolle über den Handel mit Indien. Daher eroberten die Franzosen 1746 Madras, gaben es aber 1749 wieder zurück. In der Folgezeit bestimmten Intrigen das Verhältnis zwischen den Imperialmächten. Wann immer die Briten Streit mit einem einheimischen Regenten hatten, konnten sie sicher sein, daß die Franzosen diesen mit Waffen, Soldaten oder auch nur mit ihrer reichhaltigen Erfahrung unterstützten. Im Jahre 1756 griff Suraj-ud-Daula, der Nabob von Bengalen, Kalkutta an und schockierte die stolzen Briten durch dieses Ereignis außerordentlich. Ein Jahr danach eroberte Robert Clive Kalkutta für England zurück und besiegte Suraj-ud-Daula mitsamt seinen französischen Mitstreitern in der Schlacht von Plassey. Dies war nicht nur eine Ausweitung britischer Macht, sondern stutzte auch dem französischen Einfluß in Indien die Flügel. Dieser Sieg war der Anfang einer langen Zeit, in der Mitglieder der East India Company ungezügelt Geld verdienen konnten, bis die englische Regierung das Unternehmen im 19. Jahrhundert übernahm.

Indien selbst befand sich zu diesem Zeitpunkt im Umbruch. Grund dafür war das Vakuum, das durch den Zerfall des Mogul-Reiches entstand. Einzig und allein die Marathen waren in der Lage, diese Lücke zu füllen. Sie stellten aber eher die Herrscher einer Ansammlung kleinerer Königreiche dar, die manchmal einen gemeinsamen Nenner fanden, häufig aber auch nicht. Im Süden, wo der Einfluß der Moguln nie so groß gewesen war, bestimmten Rivalitäten zwischen den Briten und Franzosen das Geschehen. Dort wurde jeweils ein Herrscher gegen den anderen ausgespielt.

Das wurde nie deutlicher als durch die Serie der Kriege von Mysore. Im 4. Krieg von Mysore (1789-1799) wurde Sultan Tipu, der die Briten immer wieder gereizt hatte, bei Srirangapatnam getötet. Der britischen Vorherrschaft wurde damit ein weiteres Tor geöffnet. Der lang andauernde Kampf der Briten mit den Marathen endete erst 1803 und ließ lediglich den Punjab außerhalb britischer Kontrolle. Nach zwei Kriegen gegen die Sikhs bekamen die Engländer im Jahre 1849 aber auch diesen Teil Indiens in die Hände.

Es war auch in dieser Zeit, daß die Grenzen von Nepal nach einer Serie von Kämpfen zwischen den Briten und Gurkhas im Jahre 1814 festgelegt wurden. Zwar waren zunächst die Gurkhas erfolgreich, aber zwei Jahre später, als die Engländer in Richtung Kathmandu marschierten, waren sie gezwungen, Frieden zu schließen. Als Preis für den Frieden mußten die Nepali die Provinzen Kuamon und Shimla abtreten. Allerdings schützte der Respekt der Briten vor den militärischen Leistungen der Gurkhas Nepal vor der Eingliederung in das indische Reich und führte letztlich zur Schaffung von Gurkha-Regimentern in der britischen Armee. Ihre Fühler streckten die Briten sogar nach Nepal aus, das sie zwar besiegten, aber nicht annektierten, und nach Burma, das sie in ihre Herrschaft einbezogen.

Britisch Indien: Zu Beginn des 19. Jahrhunderts hatten die Engländer es endgültig geschafft, ganz Indien in ihre Gewalt zu bekommen. Zu großen Teilen lag dies daran, daß wegen der Unfähigkeit der Moguln eine schmerzliche Lücke entstanden war. Die Engländer hielten es wie der erfolgreiche Akbar und erkannten die schwachen Stellen. Ihnen ging es in Indien einzig und allein um das Geldverdienen. Die Kultur, die Religion und den Glauben ließen sie völlig außer acht. Man sagte den neuen Kolonialherren nach, daß sie sich solange nicht um die Religion eines Inders kümmerten, wie er ihnen eine gute Tasse Tee zubereiten konnte. Darüber hinaus verfügten die Briten über eine disziplinierte, einsatzfähige Armee und scharfsinnige politische Berater. Die handelten einseitige Verträge aus, die den Engländern, sofern die Inder sich als unfähig erweisen sollten, das Interventionsrecht sogar in lokalen Angelegenheiten einräumten. Wann eine einheimische Verwaltung unfähig war, bestimmten die Engländer.

Auch unter englischer Kolonialherrschaft blieb Indien ein Vielstaatenland, in dem viele Provinzen dem Papier nach zwar unabhängig waren, in der Praxis aber unter strenger britischer Kontrolle standen. An der Strategie der kleinen Staaten oder Fürstentümer, beherrscht von Maharadschas, Nabobs oder ähnlichen Potentaten, änderte sich bis zur Unabhängigkeit auch nichts. Erst dann wurden sie für Indien ein weiteres Problem. Die britischen Wirtschaftsinteressen lagen bei der Förderung von Eisen und Kohle, der Entwicklung des Anbaus von Tee, Kaffee und Baumwolle sowie beim Bau des weitverzweigten indischen Eisenbahnnetzes. Sie unternahmen auch gewaltige Anstrengungen beim Bau von Bewässerungsanlagen, die in der Landwirtschaft eine Revolution brachten.

In den Bereichen Verwaltung und Rechtsprechung hinterließ England dem Subkontinent Indien ein gut funktionierendes und hervorragend aufgebautes System. Die allgemein befürchtete und dennoch so geliebte Bürokratie, die Indien von den Briten mit in die Wiege gelegt bekam, mag negativ sein, aber sie verhalf Indien immerhin dazu, nach der Unabhängigkeit eine bessere Organisation sowie eine besser arbeitende und weniger korrupte Verwaltung als viele andere ehemalige Kolonialgebiete verfügbar zu haben.

Dafür war aber auch ein Preis zu bezahlen, denn Kolonien werden nicht aus Nächstenliebe gegründet. So drängten sehr schnell billige Textilien aus den damals aufstrebenden Textilfabriken in England nach Indien und legten dadurch die Produktion in den einheimischen indischen Betrieben völlig lahm. Die Engländer verboten auch die uralte indische Sitte, nach der die Witwe sich zusammen mit ihrem verstorbenen Mann auf dem Scheiterhaufen verbrennen ließ (*sati*), und förderten in den Provinzen das System des *zamindar* (Steuerpacht). Die im Ausland lebenden Grundbesitzer erleichterten die Last der Verwaltung und das Eintreiben der Steuern für die Briten, trugen aber auch zur Verarmung der ausgelaugten und landlosen Bauern in weiten Teilen Indiens bei.

Während der britischen Verwaltung wurde auch die englische Sprache als Amtssprache eingeführt. In einem so großen Land mit einer verwirrenden Vielfalt an Sprachen dient diese Gemeinsamkeit auch heute noch zur nationalen Verständigung. Die britische Unterkühlung ließ es nicht selten dazu kommen, daß die Inder auf Abstand gehalten wurden oder sie sich den Briten gar nicht erst näherten.

Aufstand der Inder: Im Jahre 1857, weniger als ein halbes Jahrhundert nachdem die Engländer Indien völlig unter Kontrolle bekommen hatten, erlitten sie ihren ersten Rückschlag. Bis zum heutigen Tage ist noch nicht ganz geklärt, worin die Gründe lagen, die zum Aufstand gegen die Briten führten. Es kann noch nicht einmal klar bestimmt werden, ob es wirklich der Unabhängigkeitskrieg war, der alles einleitete, oder lediglich eine einfache Meuterei. Vermutlich waren es viele Gründe, zum Beispiel die heruntergewirtschaftete Verwaltung sowie die Unfähigkeit örtlicher Würdenträger. Der einzige erkennbare Grund war allerdings - ob Sie es glauben oder nicht - die Einführung neuer Gewehrmodelle. Glaubt man einem Gerücht, dann wurden diese besagten Gewehre an die Truppen verteilt, in denen neben Hindus auch viele Moslems ihren Dienst versahen. Die neuen Waffen waren aber mit Rinder- und Schweinetalg eingefettet, ein Greuel für Hindus und Moslems. Die Schweine waren nach Ansicht der Moslems unrein und die Rinder wiederum den Hindus heilig.

Die Engländer nahmen die Gerüchte, die sie über diese Ereignisse erfuhren, entweder nicht ernst oder waren beim Reagieren zu langsam, und einen Fehler wollten sie sich schon gar nicht eingestehen. Dies alles war aber der besagte Tropfen, der das Faß zum Überlaufen brachte, denn Indien war voller Haß gegenüber den ungeliebten Eroberern, und ein zwar noch unsicheres Nationalgefühl fand immer mehr Nährboden im Volk. Zögernder Beginn war der nur locker koordinierte Aufstand indischer Bataillone der bengalischen Armee. Von den insgesamt 74 Bataillonen verhielten sich nur sieben den Briten gegenüber loyal (eines davon war

ein Gurkha-Bataillon aus Nepal). 20 wurden entwaffnet, und die restlichen 47 probten den Aufstand. Er brach in Meerut (nahe Delhi) aus, und schon bald sprang der Funke auch auf das übrige Nordindien über. Unvorstellbare Massaker und Grausamkeiten spielten sich dabei auf beiden Seiten ab. Zermürbende Belagerungen und hinhaltende Verteidigungen waren auf beiden Seiten an der Tagesordnung. Am Schluß erstarb der Aufstand eher, als daß er ein schlüssiges Ende fand. Über den Norden Indiens hinaus kamen diese Unruhen sowieso nicht. Obwohl genügend fähige indische Führer vorhanden waren, gab es nie eine Zusammenfassung aller Kräfte oder gar ein gemeinsames Ziel.

Die Zeit nach dem Aufstand: Zwei Schritte unternahmen die Briten nach dem Aufstand. Zunächst waren sie klug genug, nicht nach Sündenböcken zu suchen oder Rachefeldzüge zu führen. Rache und Kriegsbeute waren eher eine inoffizielle Sache und fanden auf anderer Ebene statt. Der zweite Schritt war die Liquidation der East India Company. Die Verwaltung des Landes ging über Nacht in die Hände der britischen Regierung über. Das Ende des Jahrhunderts war aber auch die Blütezeit des britischen Imperiums, in dem die Sonne nie unterging und an dessen Himmel Indien einer der glänzendsten Sterne war.

Parallel dazu ebneten aber zwei andere Entwicklungen Ende des 19. Jahrhunderts Indiens Weg zur Unabhängigkeit. Zunächst waren die Briten immer häufiger willens, Inder in die Verantwortlichkeit zu nehmen, und taten dies auch, so daß häufig Inder Entscheidungen fällten, wo früher nur Engländer das Sagen hatten. Mehr und mehr faßte auch die Demokratie in Indien Fuß, obwohl die britische Regierung noch überall ihre Hand im Spiel hatte. Bei den zivilen Behörden wurde es immer mehr Indern möglich, auch höhere Posten zu bekleiden, statt sie ausschließlich den Kolonialherren vorzubehalten.

Zur selben Zeit trat der Hinduismus in eine weitere seiner periodisch auftretenden Phasen der Blüte und Erneuerung. In der Zeit der Herrschaft von Moguln und der frühen britischen Verwaltung hatte er nach und nach einen großen Teil seiner Anziehungskraft auf die Massen verloren, sei es auch nur, weil die alten, einst großen hinduistischen Königreiche einen Niedergang erlebt hatten. Es war zweifelsohne die Zeit gekommen, um die Religion wieder in die Gegenwart zu holen und ihre Bedeutung für das einfache Volk wieder herzustellen. Die Hauptprotagonisten bei dieser Entwicklung waren Reformer wie Ram Mohan Roy, Ramakrishna und Swami Vivekanada, der weitreichende Veränderungen in der hinduistischen Gesellschaft erreichte und den Weg zu dem hinduistischen Glauben von heute ebnete. Andere Reformer wie Sri Aurobindo versuchten, die hinduistische Philosophie mit der sich rapide entwickelnden Wissenschaft und ihren Erkenntnissen in Einklang zu bringen.

Das Auftauchen von religiösen Gruppen zu Beginn des 20. Jahrhunderts, die ihre Wurzeln sowohl im Hinduismus als auch in der vorchristlichen Mystik suchten, ging vor allem auf den Einfluß dieser Reformer zurück. Gruppierungen wie die Theosophische Gesellschaft von Annie Besant und ihrem Guru Krishnamurti haben ihren Ursprung in dieser Zeit. Selbst Aleister Crowley ist diesen Männern, die der hinduistischen Philosophie und Mystik wieder zu mehr Popularität verholfen haben, zu Dank verpflichtet.

Der Weg zur Unabhängigkeit: Um die Jahrhundertwende flackerte die Opposition gegen die britische Herrschaft erneut auf. Der Kongreß, der zu dem Zweck gegründet worden war, Indien einen gewissen Grad der Selbstverwaltung einzuräumen, drängte unruhig nach Eigenständigkeit. Auch außerhalb des Kongresses wuchsen der Unmut und die Forderung nach Unabhängigkeit; einzelne Hitzköpfe waren nicht immer zimperlich in der Wahl ihrer Mittel, um an ihr Ziel zu gelangen. Als sich die Engländer immer mehr in die Verteidigung gedrängt fühlten, suchten sie schließlich nach einem Weg, Indien in die Unabhängigkeit zu entlassen. Dieser Weg sollte dem ähneln, den sie in Kanada und Australien gegangen waren. Der Erste Weltkrieg änderte nichts an diesem Plan, denn die Ereignisse in der Türkei,

Mahatma Gandhi wird oft als Vater der Nation bezeichnet. Er verbrachte viele Jahre seines Lebens mit Kampagnen gegen die Briten, bei denen er als Aktionen den *satyagraha* (passiven Widerstand) bevorzugte.

einem moslemischen Land, waren ein Signal auch für viele indische Moslems. Nach Kriegsende sah es ernster aus als je zuvor, und als Führer der Unabhängigkeitsbewegung gewann Mahatma Gandhi immer mehr an Bedeutung. Sein alles überstrahlender Stern ging über Indien auf.

Im Jahre 1915 kehrte Mohandas Gandhi aus Südafrika zurück. Er hatte dort als Rechtsanwalt praktiziert. In Indien verschrieb er sich voll und ganz der Aufgabe, die Rassendiskriminierung zu beseitigen, der sich viele indische Siedler gegenübergestellt sahen. Sehr bald aber steckte er sich ein noch größeres Ziel: die Unabhängigkeit seines Landes. Dies vor allem nach dem grausamen Massaker von Amritsar im Jahre 1919, als Angehörige der britischen Armee das Feuer auf eine unbewaffnete Gruppe von protestierenden Indern eröffnet hatten. Gandhi, der sich nun Mahatma (Große Seele) nannte, beschritt den Weg des passiven Widerstandes oder des *satyagraha* gegen die englische Vorherrschaft. Größtes Anliegen war ihm zunächst, den Unabhängigkeitskampf von der Ebene des Mittelstandes herunterzuholen und ihn in einen Kampf der Bauern und der Dorfbevölkerung umzuwandeln. Gandhi rief eine Bewegung ins Leben, die zum Ziel hatte, die ungerechte Salzsteuer abzuschaffen, forderte zum Boykott englischer Textilien auf und war ständiger Gast in den Gefängnissen der Engländer, denn die Behörden fanden immer wieder Gründe, ihn festzusetzen.

Leider folgten nicht alle seinem Beispiel des gewaltlosen Widerstandes und der völligen Aufgabe der Zusammenarbeit mit den Kolonialisten, so daß es zeitweise auch ein bitterer und blutiger Kampf wurde. Dennoch, die Kongreßpartei und Mahatma Gandhi waren auf dem Vormarsch, aber vor dem Ende des Zweiten Weltkrieges war kein Ende in Sicht. Der Krieg jedoch versetzte dem Kolonialismus einen tödlichen Stoß und sorgte dafür, daß der Mythos von der Überlegenheit der Europäer endgültig unterging. England hatte nicht länger die Macht und auch nicht den Wunsch, ein so riesiges Reich aufrechtzuerhalten. Innerhalb des Landes entstand allerdings ein neues Problem. Die große moslemische Minderheit hatte begriffen, daß ein unabhängiges Indien auch ein hinduistisches sein würde und daß, ganz abgesehen von dem sehr fairen Gandhi, die anderen Mitglieder im Kongreß nicht gewillt sein würden, die Macht zu teilen.

Unabhängigkeit: Der Sieg der Labour Party im Juli 1945 bei den Wahlen in England brachte Politiker an die Macht, die begriffen, daß die Suche nach einer Lösung für die Indien-Frage vordringlich war.

Jedoch führten die Wahlen in Indien selbst zu einer unheilvollen Entwicklung und zu einem alarmierenden Anwachsen der Zersplitterung. Das Land zeigte sich deutlich nach rein religiösen Lagern geteilt, bei denen die Moslem-Liga unter der Führung von Muhammed Ali Jinnah für die überwältigende Mehrheit der Moslems sprach und die Kongreßpartei unter der Führung von Jawaharlal Nehru die hinduistische Bevölkerung führte. Mahatma Gandhi blieb für die Kongreßpartei zwar die Vaterfigur, hatte jedoch kein offizielles Amt inne. Wie die Ereignisse zeigen sollten, schwand zudem sein politischer Einfluß.

„Ich will Indien geteilt oder zerstört", waren die Worte von Jinnah. Diese nicht zu Kompromissen bereite Forderung sowie Jinnahs egoistischer Wille zur Macht über eine von Indien getrennte Nation und das Verlangen der Kongreßpartei nach einem unabhängigen Groß-Indien sollten die größten Hindernisse zur Gewährung der Unabhängigkeit durch Großbritannien sein. Mit jedem Tag stieg zugleich die Wahrscheinlichkeit von Auseinandersetzungen zwischen den beiden Gruppen und Blutvergießen. Zu Beginn des Jahres 1946 bemühte sich eine britische Kommission vergeblich, die beiden feindlichen Parteien zu einen. Indien steuerte nun immer dichter einem Bürgerkrieg entgegen. Im August 1946 war es soweit: Die Moslems riefen zum „Direct Action Day" auf, einem unmittelbaren Angriff, in dessen grausamen Verlauf in Kalkutta unzählige Hindus ihr Leben lassen mußten. Dies nahmen die Hindus zum Anlaß, einen ebenso fürchterlichen Rachefeldzug zu führen. Da alle Versuche, beide Seiten zur Einsicht zu bringen, scheiterten, faßte die britische Regierung im Februar 1947 einen schnellen Entschluß. Der damalige Vizekönig, Lord Wavell, sollte durch Lord Louis Mountbatten ersetzt und die Unabhängigkeit im Juni 1948 endlich Realität werden.

Aber im Gebiet des Punjab im Norden war inzwischen bereits das Chaos ausgebrochen, und in Bengalen drohte das gleiche. Der neue Vizekönig unternahm einen letzten verzweifelten Versuch, die Gegner zu versöhnen und sie davon zu überzeugen, daß ein geeintes Indien eine gute Sache sei. Aber man blieb uneinsichtig, vor allem Jinnah, und schweren Herzens mußte man der Teilung Indiens zustimmen. Nur Gandhi stand fest und unerschütterlich mit seiner Meinung da, lieber einen Bürgerkrieg und ein totales Chaos in Kauf zu nehmen als Indiens Teilung.

Eine saubere Teilung des Landes schien zur schier unlösbaren Aufgabe zu werden. Obwohl es reine moslemische Gebiete und reine hinduistische Gebiete gab, existierten aber auch Regionen, in denen die Bevölkerung zu gleichen Teilen einer der beiden Religionen angehörte. Viel schlimmer war es mit den Gebieten, in denen isolierte Inseln mit Moslems umgeben waren von Hindus. So richtig klar wird die Unmöglichkeit einer solchen Teilung dadurch, daß Indien nach der endgültigen Teilung immer noch der Staat mit der drittgrößten moslemischen Bevölkerung blieb. Nur in Indonesien und Pakistan lebten noch mehr Moslems. Indien zählt

auch heute noch zu seiner Bevölkerung mehr Moslems als irgendein arabisches Land oder die Türkei oder der Iran.

Leider war das Schlimme, daß sich die Moslems an den gegenüberliegenden Seiten des Landes konzentriert hatten. Pakistan hätte somit einen westlichen sowie einen östlichen Teil gehabt und ein feindliches Indien in seiner Mitte. Die Instabilität dieses Staatswesens war offensichtlich. Dennoch dauerte es 25 Jahre, bis die vorausgesagte Teilung Wirklichkeit wurde und aus Ost-Pakistan das heutige Bangladesch entstand. Hinzu kam, daß die Sikhs das Gefühl bekommen mußten, ihr „Heimatland" werde geteilt.

Weitere Probleme tauchten erst nach der Unabhängigkeit auf. Pakistan litt unter dem Mangel an Verwaltungskräften und geistigen Führern, mit denen Indien so reichlich versorgt war. Das waren Menschen mit Berufen, die Moslems üblicherweise nicht ausgeübt hatten. Weitere Berufe wie die der Geldverleiher und die der „Unberührbaren" mit ihren Schmutzarbeiten waren ebenfalls rein hinduistisch gewesen.

Lord Mountbatten entschloß sich zum schnellen Handeln und bestimmte als Tag der Unabhängigkeit den 14. August 1947. Die Historiker zerbrechen sich seitdem die Köpfe darüber, ob nicht viel Blutvergießen hätte verhindert werden können, wenn der recht impulsive und selbstgefällige Mountbatten nicht so übereilt gehandelt hätte.

Nachdem die Entscheidung aber gefällt war, das Land zu teilen, zog dies endlose weitere Entscheidungen nach sich; nicht zuletzt diejenige, wo überhaupt die Trennungslinie zu verlaufen habe. Eines war klar: Würde man die Entscheidung einheimischen Schiedsrichtern überlassen, würden auf beiden Seiten kämpferische Maßnahmen dagegen aufflackern. Daher übertrug man

Auch Jawaharlal Nehru, Indiens erster Premierminister, war vor der Unabhängigkeit von Großbritannien in den dreißiger und vierziger Jahren stark gegen die Engländer im Einsatz.

diese schier unlösbare Aufgabe britischen Fachleuten, die schon vor Beginn ihrer Tätigkeit wußten, daß sie - wie immer sie sich auch entschieden - einer Unzahl von Menschen Unrecht tun müßten. Am schwierigsten war die Aufgabe in Bengalen und im Punjab. Früher war Kalkutta, mit einer moslemischen Mehrheit unter der Bevölkerung, mit seinen Hafenanlagen und Jutefabriken von Ost-Bengalen abgetrennt. Folge war, daß eine Majorität von Moslems mit einer Juteproduktion als Hauptindustriezweig vorhanden war, aber ohne eine einzige Jutefabrik für die Weiterverarbeitung und ohne einen günstigen Hafen für den Export.

Größer noch waren die Probleme im Punjab, wo der Widerstand seinen absoluten Höhepunkt erreicht hatte. Der Punjab war eines der fruchtbarsten und wirtschaftlich gesündesten Gebiete des ganzen Landes und war sowohl von Moslems (55 %) als auch von Hindus (30 %) bewohnt, aber auch von einer ganzen Reihe Sikhs. Daher war klar, daß das Problem Punjab und die zu ziehende Grenze alle Voraussetzungen für ein in die Geschichte eingehendes Unheil in sich bergen würden. Nur wenige Tage nach der Unabhängigkeit wurde die neue Grenze bekanntgegeben, und schon erhoben sich Massen dagegen. Das folgende Blutbad war viel grausamer, als es Pessimisten je erwartet hatten. In ganz Indien brach eine Zeit der Flüchtlingsströme an: Moslems zogen nach Pakistan und Hindus nach Indien. Im Punjab war diese Völkerbewegung am stärksten.

Die neue Grenzlinie verlief genau auf halber Strecke zwischen den beiden größten Städten des Punjab: Lahore und Amritsar. Vor der Unabhängigkeit hatte Lahore eine Bevölkerung von etwa 1,2 Millionen Einwohnern; darin waren ca. 500 000 Hindus und 100 000 Sikhs enthalten. Als sich die Stürme der großen Flüchtlingsbewegungen gelegt hatten, verblieben ganze 1000 Hindus und Sikhs in Lahore.

Viele Monate lang fand quer durch den Punjab der größte Exodus seit Menschengedenken statt. Vollbesetzte Züge mit Moslems, auf der Flucht nach Westen, erlebten Angst und Schrecken, weil die Züge unterwegs angehalten wurden und Hindus sowie Sikhs die Fahrgäste regelrecht abschlachteten. Aber die von Osten her flüchtenden Hindus und Sikhs erlitten unter dem aufgebrachten moslemischen Mob das gleiche Schicksal. Die schnell in das Krisengebiet entsandte Armee war überhaupt nicht in der Lage, Ordnung zu schaffen. Manchmal war sie sogar bereit, an dem Gemetzel der Partisanen teilzunehmen. Am Ende dieser Schreckensperiode im Punjab hatten 10 Millionen Menschen ihre Heimat verlassen. Viel schlimmer aber war noch, daß auch nach sehr vorsichtigen Schätzungen etwa eine viertel Million Menschen getötet worden war. Es kann in Wirklichkeit auch über eine halbe Million gewesen sein. Eine weitere Million war aus Bengalen auf der

Flucht, vorwiegend Hindus auf dem Weg nach Westen, weil sich die wenigen Moslems von West-Bengalen nach Ost-Pakistan in Sicherheit brachten.

Die Spaltung des Punjab war keineswegs der alleinige Grund für das Blutbad. Weiteres Kopfzerbrechen bereitete den Verantwortlichen, daß sich während der britischen Ära viele kleinere Fürstentümer erhalten konnten. Sie galt es in ein unabhängiges Indien und Pakistan zu integrieren. Garantien von weitreichenden und umfassenden Ausmaßen trugen dazu bei, die meisten Potentaten davon zu überzeugen, daß ein Anschluß an einen der neuen Staaten das Beste sei. Zum Zeitpunkt der Unabhängigkeit blieb der Anschluß von drei Enklaven an eines der Länder allerdings ungelöst. Ein Staat war Kaschmir, mit einer vornehmlich moslemischen Bevölkerung, aber einem hinduistischen Maharadscha. Als sich dieser Maharadscha im Oktober 1948 aber immer noch nicht für Indien oder Pakistan entscheiden konnte, überschritt eine plündernde Pathanen-Armee die Grenze von Pakistan her. Ihre Absicht war es, nach Srinagar vorzustoßen und Kaschmir zu annektieren, ohne einen offenen Konflikt zwischen Indien und Pakistan heraufzubeschwören. Schlechte Karten aber hatten die Pakistani deshalb, weil sie den pöbelnden Pathanen die eroberten Gebiete zur Plünderung freigegeben hatten, um sie so noch mehr zu motivieren. Die Plünderer nahmen diese Aufforderung allzu ernst und hielten sich deswegen unterwegs länger auf, als dies gut war. Das gab den Indern Zeit, ihrerseits Soldaten nach Srinagar zu entsenden, um eine Einnahme der Stadt durch die pakistanische Armee zu verhindern. Der bis dahin noch unentschlossene Maharadscha stimmte nun einem Anschluß an Indien zu, was wiederum einen kurzen indisch-pakistanischen Krieg auslöste.

Helfer in der Not waren UN-Truppen. Sie marschierten nach Kaschmir ein, aber das Problem blieb ungelöst. Kaschmir ist bis heute zwischen beiden Staaten ein schwelendes Problem. Wegen der moslemischen Mehrheit und der geographischen Gegebenheiten gehört Kaschmir einwandfrei zu Pakistan. Dies wird auch von einem großen Teil der Bevölkerung so gesehen. Aber Kaschmir ist Kaschmir, und Indien verstand es bisher sehr geschickt und konsequent, eine längst versprochene Volksbefragung zu umgehen. So sind Indien und Pakistan bis heute durch eine Demarkationslinie geteilt, die keine der beiden Seiten als offizielle Grenze anerkennt.

Ein besonders tragisches Ereignis während des Unabhängigkeitskampfes muß noch hervorgehoben werden. Am 30. Januar 1948 fiel Gandhi dem Attentat eines hinduistischen Fanatikers zum Opfer. Gandhi war bis zu seinem Tod zutiefst unzufrieden mit der Teilung Indiens und erschüttert durch das dadurch ausgelöste Blutvergießen.

Unabhängiges Indien: Seit Erlangung der Unabhängigkeit unternahm Indien Riesenschritte nach vorn, sah sich aber auch enormen Problemen gegenübergestellt. Hilfreich war jedoch, daß Indien nicht wie so viele andere Länder der Dritten Welt, die durch Diktaturen geknechtet sowie in die Knie gezwungen worden waren und Militärregierungen oder Invasionen über sich ergehen lassen müssen, geschwächt war, sondern sich auf eine starke Regierung und ihre Institutionen verlassen konnte. Wirtschaftlich verzeichnet Indien fühlbare Fortschritte, besonders im Bereich der Landwirtschaft. Und die indische Wirtschaft erkämpfte sich im Lauf der Jahre sogar den 10. Platz unter den Industrienationen.

Jawaharlal Nehru, Indiens erster Premierminister, versuchte eine strenge Politik der Blockfreiheit zu verfolgen. Er wurde neben Tito (Jugoslawien) und Sukarno (Indonesien) weltweit als einer der wichtigsten Führer in der Bewegung der Blockfreien anerkannt. Obwohl Indien im allgemeinen freundschaftliche Beziehungen zur alten Kolonialmacht beibehielt und sich dafür entschied, dem Commonwealth beizutreten, näherte sich das Land mehr und mehr der früheren UdSSR an - teils wegen der Konflikte mit China und teils wegen der Unterstützung des Erzfeindes Pakistan durch die USA. 1965 und 1971 kam es zu weiteren Auseinandersetzungen mit Pakistan, von denen sich eine aus dem schwer lösbaren Streit um Kaschmir ergab, während die andere über Bangladesch geführt wurde.

1962 brach zudem ein Grenzkrieg mit China in der Nord-East Frontier Agency (NEFA), der heutigen Nordostregion, und in Ladakh aus. Er sollte den Verlust von Aksai Chin (Ladakh) und kleineren Gebieten der Nordostregion zur Folge haben. Indien erhebt noch

---

Wußten Sie das?

In einem so großen und vielfältigen Land wie Indien, in dem das Sonderbare und das Wunderbare noch sonderbarer und noch wunderbarer sind als überall anders, ist es nicht erstaunlich, daß dieses Land zahlreiche Weltrekorde hält - wenn auch einige davon von eher zweifelhaftem Wert sind.

Mit seiner riesigen Bevölkerung hält es natürlich eine Reihe von Rekorden, die mit Menschenansammlungen usw. in Verbindung stehen. Die größte Ansammlung soll beim Kumbh Mela in Allahabad im Jahre 1989 15 Millionen Teilnehmer umfaßt haben. Ebenfalls 15 Millionen Menschen sollen 1969 an der Bestattung des Premierministers von Tamil Nadu teilgenommen haben. Der größte einzelne Arbeitgeber auf der ganzen Welt ist die indische Eisenbahn mit 1 642 121 Beschäftigten auf der Lohnliste. Die South Point High School in Kalkutta ist mit 11 683 Schülern die größte derartige Institution. In der größten Demokratie der Welt wurden auch bei den Wahlen zum Lok Sabha 1989 einige Rekorde aufgestellt: 304 126 600 Wähler gaben ihre Stimme für 291 Parteien ab, denen 543 Sitze im Parlament zur Verfügung stehen, und das in 593 000 Stimmlokalen im ganzen Land!

Indien hat auch seinen Anteil an größten, längsten und höchsten Dingen. Hero Cycles im Punjab ist die größte Fabrik der Welt, denn 1989 stellte das Unternehmen nicht weniger als 2 936 073 Einzelteile her. Der längste Bahnsteig der Welt (833 m) befindet sich in Kharagpur in West-Bengalen. Die State Bank of India verfügt über die meisten Filialen, von denen 12 203 über das ganze Land verstreut sind. Der nasseste Ort der Erde befindet sich ebenfalls in Indien. In Cherrapunji in Meghalaya fielen innerhalb eines Jahres beachtliche 26,46 Meter Niederschlag. Und der Popstar Lata Mangeshkar hält den Rekord mit den meisten Aufnahmen, nämlich über 30 000 Songs in 20 indischen Sprachen.

Etwas Bizarres und einfach Dummes? Ja, Indien kann auch damit aufwarten. Indien hält den Rekord im Dauerreden (360 Stunden), im Stehen auf einem Bein (34 Stunden), im Klatschen (58 Stunden und 9 Minuten), im Nonstop-Singen (11 100 Tage, noch im Ansteigen begriffen), im Dauer-Maschineschreiben (123 Stunden), im Stillstehen (über 17 Jahre!), im Kriechen (1400 km), im Nonstop-Sologesang (262 Stunden), im Pfeifen (45 Stunden und 20 Minuten) und im Gehen mit einer vollen Milchflasche auf dem Kopf (65 km).

Indien besitzt auch den Baum mit der größten Krone - einen Banyan-Baum im Botanischen Garten von Kalkutta, der über 1,2 Hektar bedeckt. Die höchste Brücke der Welt (5600 m) gehört zur Straße von Manali nach Leh. Es überrascht nicht, daß die am häufigsten genutzte Brücke der Welt, die Howrah-Brücke, in Kalkutta steht und an jedem Tag von fast 60 000 Fahrzeugen und unzähligen Fußgängern überquert wird. Der höchste freistehende Steinturm der Welt ist der Qutab Minar in Delhi mit 72,5 Metern.

Indische Katastrophen, sowohl von der Natur verursachte als auch andere, erscheinen ebenfalls in Rekordbüchern. Niemand kann Bhopal vergessen, wo 4000 Menschen starben und wenigstens 200 000 andere verletzt wurden. 1888 wurden 246 Menschen in einem Hagelsturm getötet, und wenigstens 5000 kamen bei einem Dammbruch in Gujarat im Jahre 1979 ums Leben.

Zum Schluß noch ein Rekord, der kaum gebrochen werden kann. Es handelt sich um einen Mann aus Pune, der 1966 vor Gericht einen Prozeß gewann, den ein Vorfahre 761 Jahre zuvor angestrengt hatte. Das ist indische Bürokratie in Reinkultur!

heute Anspruch auf diese Gebiete, insbesondere wegen des weiter stark ansteigenden Bevölkerungswachstums.

Indiras Indien: Politisch war Indiens größtes Problem seit Erlangung der Unabhängigkeit der Personenkult, mit dem sich die Regierenden umgaben. Praktisch gab es seitdem lediglich zwei Premierminister: Nehru und seine Tochter Indira Gandhi (ohne verwandtschaftliche Beziehungen zu Mahatma Gandhi). Nachdem Indira Gandhi 1966 die Wahlen gewonnen hatte, sah sie sich 1975 einer starken Opposition und ernsthaften Unruhen gegenübergestellt. Ihre Antwort bestand daraus, daß sie den nationalen Ausnahmezustand ausrief. Der führt in vielen Ländern leicht zu einer Diktatur. Während der Zeit dieses Notstandes beschritt sie viele Wege guter, aber auch schlechter Politik. Befreit von sämtlichen sonst so lästigen und einengenden parlamentarischen Zwängen bekam sie die Inflation bemerkenswert schnell und gut in den Griff, kurbelte die Wirtschaft an und erhöhte entschlossen die Leistungsfähigkeit des Landes. Auf der Negativseite konnten ihre Gegner verbuchen, daß sie leider allzu oft in die Schranken gewiesen wurden, denn die Gerichte Indiens wurden zu reinen Marionettentheatern. Der Presse wurden Fesseln angelegt, und mehr als einmal beobachtete man Andeutungen der Selbstverherrlichung, wie es zum Beispiel der verhängnisvolle Plan eines

„Volksautos" von Sanjay Gandhi bewies. Ein ähnlich unglückseliges Programm waren die von der Regierung erzwungenen Sterilisationen, ebenfalls eine Idee ihres Sohnes Sanjay, die ungeheuren Ärger nach sich zog.

Obwohl Gerüchte über die Unzufriedenheit des Volkes durch das Land zogen, von denen Indira Gandhi sehr wohl wußte, entschied sie sich dafür, 1977 Wahlen auszurufen. Ihr Sohn Sanjay hatte dringend von diesen Wahlen abgeraten, und sein Rat stellte sich als weise heraus, denn Frau Gandhi erlitt mit ihrer Kongreßpartei eine bittere Niederlage. Die schnell gegründete Janata-Partei konnte als Volkspartei einen Wahlsieg feiern.

Die Janata-Partei jedoch war auch nur eine Koalition, die sich leider nur eines auf das Banner geschrieben: Indira und ihre teilweise umbenannte Kongreßpartei (Indira) zu bekämpfen. Nach der gewonnenen Wahl besaß sie kein Konzept. Ihr Führer, Moraji Desai, schien nichts anderes im Auge zu haben, als die Kühe zu schützen, den Alkohol zu verbannen und Wert darauf zu legen, sein tägliches Glas Urin pünktlich zu trinken. Er versuchte erst gar nicht, die Probleme des Landes anzupacken. So stieg die Inflationsrate wieder in die Höhe, Unruhen nahmen zu und die Wirtschaft stagnierte. Es wunderte niemanden, daß Janata Ende 1979 in Ungnade fiel und die Wahlen von 1980 Indira Gandhi wieder an die Macht kommen ließen; diesmal allerdings gestärkt durch eine Mehrheit wie nie zuvor.

Indien in den achtziger Jahren: Wenn man ihre erfolglosen Versuche betrachtet, mit regionalen Unruhen, den gewalttätigen Angriffen auf Unberührbare, zahlreichen Fällen von brutalem Vorgehen der Polizei oder Korruption sowie Aufständen im Nordosten und im Punjab umzugehen, schien Frau Gandhi ihr politisches Gespür mehr und mehr verloren zu haben. Ihr Sohn und politischer Erbe, der nicht allzu beliebte Sanjay, kam beim Absturz in einem Sportflugzeug ums Leben. 1984 wurde Frau Gandhi selbst von ihren Sikh-Leibwächtern umgebracht. Dabei handelte es sich ganz offensichtlich um einen Racheakt für ihre zuvor getroffene und als nicht unbedingt glücklich beurteilte Entscheidung, die indische Armee einzusetzen, um bewaffnete radikale Sikhs aus dem Goldenen Tempel in Amritsar zu verjagen.

Die radikalen Sikhs forderten einen unabhängigen Staat der Khalistan genannt werden sollte. Ungeachtet der Frage, ob ein solches Land ohne Zugang zum Meer zwischen einem ihm gegenüber feindlich eingestellter Pakistan und einem nicht sehr freundlich gesonnener Indien lebensfähig wäre, zog die Entscheidung vor India Gandhi, den höchsten Tempel der Sikhs zu entweihen, eine Katastrophe nach sich. Es folgten Aufstände sowie ein erhebliches Problem in der Armee selbst (in der die Sikhs einen bedeutenden Anteil an der

Indira Gandhi, die erste Frau in Indien als Premierminister, genießt immer noch außerordentlich hohe Wertschätzung. Ihr Haus in Delhi, in dem sie von einem ihrer eigenen Leibwächter ermordet wurde, ist heute ein sehr beliebtes Museum.

Offizieren stellen), und es blieb ein scheinbar unauslöschliches Gemisch aus Haß und Mißtrauen im Punjab zurück, bei dem seither jeder Lösungsversuch scheiterte.

In den Zwischenzeit wurde Indira Gandhis Sohn Rajiv, der bis zum Tod seines jüngeren Bruders Pilot bei Indian Airlines gewesen war, rasch zum nächsten Thronerben und sollte bald mit einer überwältigenden Mehrheit und breiter Unterstützung der Bevölkerung an die Macht gelangen.

Obwohl er sich zuvor nicht für Politik interessiert hatte, brachte Rajiv Gandhi dem Land eine neue, pragmatische Politik. Ausländische Investitionen und die Verwendung moderner Technologien wurden unterstützt, Importbeschränkungen gelockert und zahlreiche neue Industriebetriebe gegründet. Dies kam zweifelsohne der Mittelklasse zugute und schuf zahlreiche Arbeitsplätze für jene, die von ihrem Land vertrieben und auf der Suche nach Arbeit in die Städte gezogen waren. Ob es sich jedoch um eine langfristig positive Politik für Indien gehandelt hat, ist noch fraglich. Sie führte Indien zweifelsohne in die neunziger Jahre und heraus aus seiner teils selbstgewählten Isolations- und Protektionspolitik im Welthandel, brachte jedoch keinen Fortschritt auf dem ländlichen Sektor.

Darüber hinaus scheiterte Rajiv bei dem Versuch, die Unruhen in Punjab und in Kaschmir zu beenden. Während seiner Regierungszeit wurden auch die indischen Streitkräfte in Auseinandersetzungen im benachbarten Sri Lanka hineingezogen, die von tamilischen Separatisten mit der Forderung nach einem eigenen Staat verursacht worden waren. Unterstützt wurden die Tamilen Sri Lankas für alle erkennbar von den Brüdern auf dem Festland. Schließlich nahm das Bild von Rajiv durch Polizeiaktionen in Tamil Nadu Schaden, bei denen versucht wurde, jegliche Sympathisantenbewegung auszurotten und den Strom von Waffen und Ausrüstung zu stoppen.

Darüber hinaus gab es noch den Bofors-Skandal, der seiner Regierung anhing. Dabei ging es um Bestechungsgelder, die an mehrere Regierungsmitglieder gezahlt worden waren, um einen Vertrag zur Lieferung und Herstellung von schwerer Artillerie aus Schweden für die Armee zu sichern. Angeblich soll sogar Rajiv oder zumindest seine in Italien geborene Frau Sonja derartige Bestechungsgelder erhalten haben. Die Affäre wurde niemals ganz ans Tageslicht gebracht und wäre beinahe für die Regierung unter der Führung von Narasimha Rao noch zum Verhängnis geworden, als Außenminister Mahavsingh Solanski 1992 zurücktreten mußte, nachdem einiges darauf hindeutete, daß er versucht hatte, in der Schweiz Richter zur Einstellung ihrer Untersuchungen über verschiedene Bankkonten zu bringen, auf denen man die besagten Bestechungsgelder vermutete. Es scheint unwahrscheinlich, daß die Wahrheit jemals ans Licht kommt, aber es sieht doch sehr danach aus, als würde das Ganze an höherer Stelle verdeckt gehalten.

Nach den Wahlen vom November 1989 konnte die Kongreßpartei (I) von Rajiv Gandhi allein keine Regierung mehr bilden, auch wenn sie noch immer von allen Einzelparteien die meisten Stimmen auf sich vereinigte. Daraufhin bildete sich eine Regierung der Nationalen Front, die sich aus fünf Parteien, darunter auch der hinduistisch-fundamentalistischen Bharatiya Janata (BJP), zusammensetzte. Wie die vorangegangenen Versuche, eine Regierung der nationalen Einheit aus Minderheitenparteien mit krass unterschiedlichen Standpunkten zu bilden, hielt auch diese Front nicht lange, so daß Neuwahlen angekündigt werden mußten.

Während des Wahlkampfes sollte es zur Katastrophe kommen. Bei einer Wahlkampfreise durch Tamil Nadu wurden Rajiv Gandhi und zahlreiche seiner Helfer sowie eine Reihe von Zuschauern von einer Bombe zerfetzt, die eine Anhängerin der Tamil Tigers bei sich getragen hatte (die bei der Explosion selbst ebenfalls getötet wurde). Der Mord war zweifelsohne im voraus geplant gewesen und führte bei einem massiven Polizeieinsatz zu einer Schießerei mit Tamilenführern auf dem Festland und zur Verhaftung verschiedener anderer Personen. In der Zwischenzeit übernahm der siebzigjährige Narasimha Rao die Führung der Kongreßpartei (I) und führte sie bei den Wahlen zum Sieg. Unmittelbar nach dem Mord an Rajiv Gandhi gab es Versuche, seine Frau Sonja zur Übernahme der Führung zu bewegen. Die machte jedoch deutlich, daß sie daran nur wenig Interesse hatte.

Vor kurzem war ihr Name jedoch wieder im Gespräch. Obwohl sie weiterhin nicht an der Führung der Kongreßpartei (I) interessiert zu sein scheint (zumindest derzeit nicht), ist klar, daß sie eine mächtige Frau mit Einfluß hinter den Kulissen ist.

Indien heute: Auch wenn es sich bei Narasimha Rao um kein politisches Schwergewicht handelt, so zeigte er sich beim politischen Überleben und wenn es darum ging, der häufig beißenden und gelegentlich skurrilen Kritik der Opposition an der Behandlung der Bofors-Affäre zu begegnen, doch bemerkenswert geschickt. Es ist auf jeden Fall deutlich geworden, daß er die Entschlossenheit von Rajiv Gandhi teilt, Indien (wenn nötig, auch mit nicht gerade zimperlichen Mitteln) in die wirtschaftliche Realität der neunziger Jahre zu bringen, insbesondere nach dem Zusammenbruch der Sowjetunion, des alten Verbündeten Indiens, die das Land auch materiell unterstützt hatte.

Nach Jahren des Dahindämmerns hinter Zollschranken und eines etwas unrealistischen Wechselkurses der Rupie wurde der Wirtschaft 1992 ein enormer Anstoß gegeben, als Finanzminister Manmohan Singh den riesigen Schritt zu einer teilweise freigegebenen Rupie gegenüber einem Korb von „harten Währungen" wagte und den Import von Gold durch im Ausland lebende Inder zuließ. Er verkündete zudem eine Reihe von Preissteigerungen in unwirtschaftlichen, vom Staat geführten Unternehmen, insbesondere bei der Eisenbahn. Sicherlich machte ihn dies bei den schlecht bezahlten Arbeitern in den städtischen Gebieten nicht beliebter, insbesondere nicht bei den Pendlern, aber er sorgte ganz sicher dafür, daß Schwarzhandel und Korruption, die man immer mit den Staatsunternehmen in Verbindung gebracht hatte, weniger attraktiv wurden. Es wurden zudem diplomatische Initiativen für eine Verbesserung der Beziehungen zum Westen unternommen.

Auf der anderen Seite gehört zu dem Erbe, das Rao angetreten hat, eine Reihe von kaum lösbaren Problemen, die die Fähigkeiten seiner Regierung bereits auf die Probe gestellt haben.

Es sind zwar, wenn auch unter schwierigen Umständen, Wahlen im Punjab abgehalten wurden, bei denen die Kongreßpartei (I) auf der Ebene des Bundesstaates ihre Macht erhalten konnte, die Oppositionsparteien der Sikhs boykottierten jedoch die Wahl, und Kämpfer für ein unabhängiges Khalistan drohten damit, jeden zu erschießen, der seine Stimme abgeben würde. Die Wahlbeteiligung war deshalb extrem niedrig, aber die Regierung des Punjab war in der Lage, auch bei einer derart geringen Anzahl von Wählerstimmen ein gewisses Maß an Glaubwürdigkeit zu erzielen.

Die Kaschmir-Frage ist seit Anfang der neunziger Jahre wieder verstärkt in die Öffentlichkeit gelangt, nachdem es auf beiden Seiten der Demarkationslinie zu Demonstrationen gekommen war und eine alarmierende Zunahme von Aktivitäten der Guerillabewegung Jammu & Kashmir Liberation Front (JKLF) im Kaschmir-Tal zu verzeichnen war. Es bestehen kaum Zweifel, daß Pakistan die Kämpfer auf der indischen Seite der „Grenze" (die natürlich negiert wird) ermutigt und finanziell sowie mit Waffen unterstützt hat. Gleichzeitig scheint jedoch das übereifrige Vorgehen der indischen Armee ebenfalls in besonderer Weise für den Zulauf zu den militanten Flügel verantwortlich gewesen zu sein. Gegenseitige Verdächtigungen brachten Indien und Pakistan Anfang des Jahres 1992 wieder einmal an die Schwelle eines Krieges. Er wurde erst in letzter Minute nach Gesprächen der Führer beider Länder in der Schweiz sowie einer Intervention der pakistanischen Armee abgewendet, die verhinderte, daß radikale Kaschmiri die Demarkationslinie überquerten.

Auf der anderen Seite hat sich die Unterstützung der militanten Kaschmiri auf beiden Seiten der „Grenze" durch Pakistan als Eigentor erwiesen. Anfang 1992 erklärten nämlich militante Kaschmiri und ihre Anhänger in beiden Ländern, daß sie die völlige Unabhängig-

keit sowohl von Indien als auch von Pakistan fordern. Die Erfüllung dieser neuen Forderung wird sowohl von Indien als auch von Pakistan abgelehnt, aber nach den Entwicklungen in der früheren UdSSR und im ehemaligen Jugoslawien sowie in Afghanistan, die wohl allen noch gut in Erinnerung sind, kann man nichts mehr ausschließen.

Ein weiteres Problem, mit dem sich Rao konfrontiert sieht, sind die bereits lange währenden Konflikte in zahlreichen Bundesstaaten des Nordostens. Seit vielen Jahren unterstehen einige von ihnen - insbesondere Nagaland und Assam - direkt der Zentralregierung, auch wenn es Zeiträume gab, in denen ein Parlament auf der Ebene des jeweiligen Staates funktionsfähig war. Die größte Bedrohung für die Regierung ist die United Liberation Front of Assam (ULFA), die die Regierung beschuldigt, die Ressourcen (insbesondere Erdöl) von Assam auszubeuten, jedoch gleichzeitig die Entwicklung in dieser Region zu vernachlässigen. Die Guerilla konnte die Bewegungsfreiheit der Regierungstruppen viele Jahre lang beschränken, bis es 1992 zu einer massiven militärischen Operation kam (der „Operation Rhino"), durch die die Widerstandskämpfer an den Verhandlungstisch gezwungen wurden. Die Gespräche waren jedoch ergebnislos, so daß der Konflikt weiter brodelt.

Eine Lösung des Konfliktes um Nagaland ist ebenfalls nicht näher gerückt. Hinzu kommt, daß Arunal Pradesh ein neuer Brennpunkt der Probleme im Nordosten zu werden verspricht. In Arunal Pradesh fordern nämlich die mächtigen Interessenverbände der Studenten und der Premierminister von der Kongreßpartei (I) die Ausweisung aller „Ausländer" aus Indien, wobei sie im Grunde genommen die Bangladeschi meinen. Diese Forderung ist erhoben worden, obwohl viele dieser „Ausländer" bereits seit 30 Jahren oder länger in Indien leben und in Indien von der Regierung des Bundesstaates Assam als Flüchtlinge angesiedelt worden waren, nachdem ihre Heimat im damaligen Ost-Pakistan nach dem Bau eines Wasserkraftwerkes überflutet wurde. In der damaligen Zeit gehörte auch Arunal Pradesh noch zu Assam, gemeinsam bekannt als Nordöstliche Grenzagentur.

Weitere separatistische Bewegungen sind in Bihar und West-Bengalen (Jharkhand) sowie im Bezirk Darjeeling von West-Bengalen (Gorkhaland) aufgetreten, vor kurzem aber auch noch im nördlichen Teil von Uttar Pradesh (Uttarakhand), wo es im Jahre 1994 zu blutigen Zusammenstößen zwischen Demonstranten und der Polizei kam.

Die Probleme in Bihar gehen noch auf die Tage der Briten zurück, die das *Zamindar*-System unterstützt hatten. Einst mag es sich dabei um eine praktische und effiziente (gleichzeitig jedoch auch ausbeuterische und ungerechte) Methode gehandelt haben, um Steuern einzutreiben und aufrechtzuerhalten, was die Regierungsmacht für „Recht und Gesetz" hielt. Es hat sich daraus jedoch eine indische Mafia entwickelt. So gut wie jeder in diesem Staat, von Politikern über Polizeibeamte bis zu Behördenangestellten, arbeitet auf der Basis von Bestechungsgeldern oder - wenn das nicht geht - auf der Grundlage von Gewalt und Mord. Jeder, der waghalsig genug ist, Rückgrat zu zeigen und Kritik an jenen zu üben, die Macht, Geld oder Einfluß besitzen, bewegt sich auf gefährlichem Boden. Diese Situation herrscht bereits seit Jahren, und dennoch hat sich heute auf der Ebene der Zentralregierung noch niemand je ernsthaft beschlossen, dieses Problem anzugreifen.

In Uttar Pradesh resultieren die Probleme aus der Praxis, einen großen Teil der Arbeitsplätze im Öffentlichen Dienst Angehörigen der sogenannten Klasse der Rückständigen vorzuenthalten.

Gurus und Religion

Bei dem Stellenwert, den die Religionen in Indien besitzen, ist es durchaus kein Wunder, daß so viele Reisende mit ihnen in Berührung kommen wollen. Es gibt im Land nämlich alle möglichen Ashrams und Gurus.

Ein bekanntes Guru-Zentrum ist seit langem Rishikesh in Uttar Pradesh, besonders seit der Zeit, als auch die Beatles dem Yogi Maharishi Mahesh einen Besuch abstatteten. Noch heute ist der Ort beliebt. Das Zentrum der Hare-Krishna-Bewegung ist Vrindaban bei Mathura, gelegen zwischen Delhi und Agra. Muktananda hatte, bevor er starb, seinen Ashram in Ganeshpuri unweit von Bombay, aber nach seinem Tod ist ein heftiger Streit um die Nachfolge entbrannt. Der ist inzwischen beendet. Die Theosophische Gesellschaft und die Krishnamurty-Stiftung haben ihr Hauptquartier in Madras aufgeschlagen. Nicht weit entfernt, in Pondicherry, befinden sich der Ashram von Sri Aurobindo und der Ableger Auroville. Überall in Indien hat die Ramakrishna-Mission Stützpunkte eingerichtet, obgleich der Sitz dieser Vereinigung Kalkutta ist.

In Puttaparthi, unweit von Bangalore, lebt Sai Baba, während Brahma Kumaris' Raja Yogi (Prajapita Brahma) sich in Mt. Abu niederließ. Einer der berühmtesten ist der Rajneesh-Ashram in Pune (nun umbenannt in Osho-Ashram). Er zieht immer noch Anhänger zu Tausenden an. Seit dem Tod von Rajneesh haben jedoch viele seiner Anhänger begonnen, in hellen Scharen zum Ashram von Poonjaji in Lucknow zu strömen. Sein Aufstieg zum Ruhm war geradezu kometenhaft. Poonjaji selbst ist ein Schüler von Ramana Maharishi, dessen Ashram sich in Tiruvannamalai in Tamil Nadu befindet.

Es gibt noch unzählige weitere Gruppen und Sekten, aber einen Guru werden Sie in Indien ganz sicher nicht zu sehen bekommen. Das ist Maharaji der Divine Light Mission. Er lebt derzeit in den USA und ist ständig mit Flugzeugen in der Welt unterwegs, um über Feierlichkeiten und Versammlungen zu präsidieren.

In Bodhgaya hat es eine Reihe von Aktivitäten zum Bau von Klöstern gegeben. Das Root-Institut dort ist eine von Leuten aus dem Westen betriebene Einrichtung, in der Kurse im Buddhismus und im Meditieren angeboten werden und die eine zunehmende Zahl von Besuchern aus dem Westen anzieht. Hier verbringt auch der Dalai Lama im Winter einen Monat, während andere Tibeter sich fast den ganzen Winter über hier aufhalten. Im Ort hat sich sogar schon so etwas wie eine „Szene" entwickelt. Zu erwähnen ist aber auch, daß der Dalai Lama in Dharamsala lebt. Dort kann man den tibetischen Buddhismus besser studieren.

Bewegung	Ort
Diverse	Rishikesh (Uttar Pradesh)
Hare-Krishna-Bewegung	Vrindaban (Uttar Pradesh)
Poonjaji	Lucknow (Uttar Pradesh)
Theosophische Gesellschaft	Madras (Tamil Nadu)
Krishnamurty-Stiftung	Madras (Tamil Nadu)
Ramana Maharishi	Tiruvannamalai (Tamil Nadu)
Ramakrishna	Kalkutta (West-Bengalen)
Sri Aurobindo	Pondicherry (Tamil Nadu)
Sai Baba	Puttaparthi (Andhra Pradesh)
Raja Yoga	Mt. Abu (Rajasthan)
Osho	Pune (Maharashtra)
Tibetischer Buddhismus	Dharamsala (Himachal Pradesh)
Buddhismus	Bodhgaya (Bihar)

Poonjaji

EINFÜHRUNG

Die größten Kopfschmerzen bereitet der Zentralregierung wahrscheinlich der zunehmende Regionalismus - dieser potentiell explosive Konflikt zwischen verschiedenen religiösen Gruppen, insbesondere zwischen Hindus und Moslems. Ayodhya ist zum letzten Synonym für den Ruf zu den Waffen geworden. Diese kleine Stadt in der Mitte von Uttar Pradesh wird von Hindus als Geburtsort von Rama verehrt, weshalb hier auch zahlreiche hinduistische Tempel errichtet wurden. Während der Herrschaft der Moguln ließen die Kaiser jedoch einige Tempel niederreißen und an gleicher Stelle Moscheen bauen. Es wird behauptet, daß eine der Moscheen, die Babri Masjid, an der Stelle errichtet wurde, an der früher ein Rama-Tempel stand.

Fundamentalisten unter den Hindus riefen daher dazu auf, die Moschee zu zerstören und dort einen neuen Rama-Tempel zu bauen. Fast alle, die politisches Kapital aus dieser Geschichte schlagen wollten, vertieften den Streit, besonders jedoch die BJP, die die Regierung in Uttar Pradesh stellte, sowie ihre paramilitärische Schwesterorganisation, die Rashtriya Swayamsevak Sangh (RSS). Bei der BJP handelt es sich um den kompromißlosen Verfechter eines Wiedererstarkens des Hinduismus, so daß kaum Zweifel daran bestehen, daß sie den Konflikt am Leben erhalten will, ganz gleich, welche Folgen das hat. Eine der Konsequenzen davon ist, daß 1992 kaum ein Tag verging, an dem die Zeitungen nicht von Auseinandersetzungen oder Unruhen berichteten. Schließlich wurde die Moschee im Dezember 1992 von Hindus zerstört, was sofort in mehreren Städten zu Unruhen und 200 Toten führte.

Im Laufe des folgenden Jahres erhielt die BJP eine enorme Unterstützung von Seiten der vorwiegend von Hindus bevölkerten nördlichen Staaten. Eine Zeit lang sah es sogar so aus, als ob die BJP sogar die wichtigste politische Partei der neunziger Jahre werden würde. Obwohl das Problem Ayodhya noch nicht gelöst ist, konnte die BJP aus ihrer Popularität, die sie zweifelsohne genießt, jedoch keinen Nutzen ziehen. Nach Wahlen in den Bundesstaaten gegen Ende des Jahres 1993 verlor sie ihre Regierungsmehrheit in drei von vier Staaten und erhielt sie sich im vierten (Rajasthan) nur knapp. In Wahlen in den Bundesstaaten Anfang 1995 schaffte sie es, die Regierung in Maharashtra zu bilden, mußte dafür aber eine Koalition mit einer anderen fundamentalistischen Partei, der Shiv Sena, eingehen. Der Fall Ayodhya ist zur Zeit vor dem Obersten Gerichtshof von Uttar Pradesh anhängig.

Religiös motivierte Gewalttaten konnten nicht dadurch entschärft werden, daß man Arbeitsplätze im Öffentlichen Dienst und an Universitäten gezielt an Angehörige der sogenannten „rückständigen Klassen" vergab,

womit Inder niedriger Kasten gemeint sind. Diese Art der Politik wurde quer durch alle Parteien betrieben, da man mit solchen Versprechungen viele Wählerstimmen gewinnen konnte, allerdings erntete man dadurch auch Gewaltausbrüche im ganzen Land, wie vor kurzem erst in Uttar Pradesh, wo Studenten und andere Hindus dagegen protestierten. Dieses System benachteiligt darüber hinaus auch die Moslems der niedrigeren Klassen, da sie sich nicht für die Arbeitsplätze qualifizieren können, die alle bereits von Hindus niedriger Kasten besetzt sind.

Diese Praxis der Reservierung von Arbeitsplätzen für bestimmte Personengruppen hat mittlerweile viel von dem zerstört, wofür einst Menschen wie Mahatma Gandhi eingetreten sind, der unermüdlich dafür arbeitete, das Los der sozial Schwachen zu verbessern. Wieder einmal steht die Klasse im Vordergrund. Den einzigen Lichtblick in diesem ganzen Komplex bildet die Tatsache, daß je mehr die Liberalisierung der Wirtschaft voranschreitet, desto mehr sich der private Sektor gegenüber dem öffentlichen vergrößert und desto mehr solchen Praktiken der Boden entzogen wird.

Gegen Ende des Jahres 1994 mußte Raos Kongreßpartei (I) in den Staaten Andhra Pradesh (Raos Heimatstaat) und Karnataka (hier sank die Zahl der Sitze für seine Partei von 178 auf 35) eine verheerende Wahlniederlage einstecken. Es ist schwer, die Gründe für diesen Vertrauensverlust bei den Wählern herauszufinden, aber teilweise ist es sicherlich eine Reaktion auf die andauernden Skandale und vielleicht auch auf die Wirtschaftspolitik. Die Liberalisierung in der Wirtschaft gewinnt zwar an Schwung, jedoch haben die Reduzierung der Subventionen für die Landwirtschaft im Zusammenspiel mit einer hohen Inflationsrate (derzeit bei etwa 11 %) das Leben für Millionen von Kleinbauern und Arbeitern noch zusätzlich erschwert.

Neben all diesen Problemen sollte man nicht aus den Augen verlieren, daß die Hälfte aller Menschen auf unserer Welt, die in einer Demokratie beheimatet sind, in Indien leben und daß es sich, wie schon 1977 bewiesen, bei diesem Land um eine Demokratie handelt, die sich zu wehren weiß. Darüber hinaus gelingt es Indien ungeachtet aller Bevölkerungsprobleme, Armut, Korruption und allem politischen Opportunismus, seine Bevölkerung ohne Nahrungsmittelimporte aus eigener Kraft zu ernähren, und ist fast ohne Hilfe aus dem Ausland in der Lage, Hi-Tech-Produkte herzustellen. Indien besitzt eine freie und durchaus kritische Presse und läßt es nur in Ausnahmefällen zu Schwierigkeiten mit Sicherheitskräften oder Zollbeamten kommen. Dies alles ist weitaus mehr, als man von manch anderem Land behaupten kann.

DAS LAND

Indien besitzt eine Gesamtlandfläche von 3 287 263 Quadratkilometern. Im Norden des Landes bildet die langgestreckte Gebirgskette des Himalaja eine natürliche Grenze. Zum Himalaja gehören die höchsten Berge der Erde. Sie verlaufen von Südost nach Nordwest durch Indiens Norden und sind die Grenze zu China. Angelehnt an den mächtigen Himalaja sind die Gebiete von Bhutan im Osten, Nepal in der Mitte sowie Darjeeling, das der nördlichste Teil von Uttar Pradesh ist, Himachal Pradesh sowie Jammu und Kaschmir.

Der Himalaja ist kein einzelner Gebirgszug, sondern zu ihm gehören mehrere Gebirgsketten mit unvorstellbar schönen Tälern. Das Kullu-Tal in Himachal Pradesh und das Kaschmir-Tal von Jammu und Kaschmir sind beides Himalaja-Täler, desgleichen das Kathmandu-Tal in Nepal. Mit einer Höhe von 8598 Metern ist der Kanchenjunga Indiens höchster Berg. Vor der Einverleibung von Sikkim - und somit auch des Kanchenjunga - war das der 7817 m hohe Nanda Devi. An den Himalaja schließt sich das hohe, trockene und kahle tibetische Plateau an. In Ladakh gehört ein kleiner Teil dieses Plateaus zu Indien.

Mit den Siwalik-Bergen enden die Gebirgszüge des Himalaja im Süden recht abrupt, und es beginnt die weite Ebene im nördlichen Indien. Im krassen Gegensatz zu der erhabenen Bergwelt stellt sich die Ebene überwältigend flach dar. Die wenigen Erhebungen fallen kaum ins Gewicht, denn auf der gesamten Strecke zwischen Delhi und dem Golf von Bengalen fällt die Ebene nur um 200 m ab. Der mächtige Ganges mit seiner Quelle im Himalaja ist nicht nur Indiens bedeutendster Fluß, sondern er bewässert zugleich weite Teile der nördlichen Ebene. Auch der Brahmaputra zählt zu den großen Flüssen im Norden; er kommt aus der Nordost-Ecke des Landes. Im Nordwesten entspringt der Indus. Er fließt durch Ladakh, also indisches Hoheitsgebiet, wendet sich dann aber Pakistan zu und wird dort zum bedeutendsten Fluß des Landes. Südlich dieser Ebene erhebt sich das Land zu einem riesigen Plateau, dem Dekkan. Dieses Plateau ist auf beiden Seiten eingerahmt von kleineren Gebirgszügen, die parallel zur Ost- und Westküste verlaufen. Die West-Ghats sind höher und haben einen breiteren Küstenstreifen als die Ost-Ghats. Beide Gebirgszüge treffen ganz im Süden aufeinander, nämlich in den Nilgiri-Bergen. In den Westlichen Ghats liegen auch die Gebirgsorte Matheran und Mahabaleshwar (nahe Bombay) sowie Ooty und Kodaikanal in den Nilgiri-Bergen. Die wichtigsten Flüsse des Südens sind der Godavari und der Krishna. Beide entspringen im östlichen Teil der West-Ghats und streben dann quer durch den Dekkan der See an der Ostküste zu.

Auch die nordöstliche Grenze Indiens ist durch Ausläufer des Himalaja gekennzeichnet, die das Land von Myanmar (Burma) trennen. In dieser Region windet sich die Grenze um Bangladesch herum, einem flachen Land im Delta des Ganges und des Brahmaputra, und reicht an der Ostseite fast bis an das Meer heran.

Im Westen grenzt Indien mit drei Provinzen an Pakistan. Ganz im Norden, im heiß umstrittenen Gebiet von Kaschmir, trennen die Gebirgszüge des Himalaja beide Länder. Der Himalaja fällt dann zur Punjab-Ebene hin ab, und diese mündet schließlich in die Große Thar-Wüste. Sie bildet im Osten von Rajasthan ein Gebiet von unsagbarer Schönheit, aber auch von hoffnungsloser Unfruchtbarkeit. Schließlich wird Indien durch seine Provinz Gujarat mit dem außergewöhnlichen Marschland des Rann of Kutch von seinem Nachbarn Pakistan getrennt. Der Rann dörrt in der Trockenzeit völlig aus und hinterläßt einsame Salzinseln in einer unendlich weiten Ebene, wächst aber in der Regenzeit zu einem gewaltigen Binnenmeer an.

KLIMA

Die enormen Ausmaße dieses Subkontinents bringen es mit sich, daß die klimatischen Verhältnisse im Norden in gar keinem Zusammenhang mit dem Klima des Südens stehen. Treibt die unerträgliche Hitze im Süden die Menschen fast zur Verzweiflung, warten die Bewohner von Ladakh noch immer auf die Schneeschmelze, um die Pässe überqueren zu können. Im Grunde genommen lassen sich in Indien drei Jahreszeiten unterscheiden: die heiße, die feuchte und die kalte. Die beste Jahreszeit für einen Besuch ist der Winter (von November bis Februar). Eine Ausnahme bildet die nördliche Himalaya-Region, wo der späte Frühling und der Sommer (April bis August) die besten Zeiten sind. Einzelheiten über die klimatischen Gegebenheiten lassen sich der Klimatabelle entnehmen.

Heiße Jahreszeit: In den nördlichen Ebenen Indiens nimmt die Hitze etwa von Februar an ständig zu, bis sie

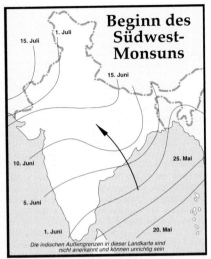

Beginn des Südwest-Monsuns

15. Juli
1. Juli
15. Juni
10. Juni
25. Mai
5. Juni
1. Juni
20. Mai

Die indischen Außengrenzen in dieser Landkarte sind nicht anerkannt und können unrichtig sein

Zeit in Meereshöhe aufzuhalten. Anfang Juni gibt der sich zurückziehende Schnee auch die letzten Pässe nach Ladakh frei und ermöglicht die Einreise auf dem Landweg. Für Trekking-Touren in nördlichen Indien ist dies die beste Jahreszeit.

Feuchte Jahreszeit: Ist der lang ersehnte Monsun endlich da, tritt er nicht plötzlich von einem bestimmten Tag an auf. Er hält seinen Einzug vielmehr nach einer Reihe von Vorankündigungen. Dann allerdings, so um den 1. Juni herum, macht sich der Monsun mit gewisser Regelmäßigkeit zunächst im Süden bemerkbar, bis er schließlich Anfang Juli das ganze Land bis zum Norden hin erfaßt hat. Es ist auch nicht so, daß der Monsun die große Abkühlung bringt. Vielmehr wird die heiße, trockene und staubige Witterung gegen eine heiße, feuchte und schlammige Zeit eingetauscht. Dennoch ist der Monsun eine Erleichterung für alle - Mensch, Tier, Natur. Besonders für die Bauern, die jetzt ihre arbeitsreichste Zeit des Jahres vor sich haben, weil sie nun die Felder für den Reisanbau aufbereiten müssen. Während des Monsuns regnet es durchaus nicht dauernd und auch nicht den ganzen Tag über. Es regnet zwar täglich, aber meist nur für eine kurze Zeit. Dann schüttet es aber auch gleich kübelweise vom Himmel. Kurz danach steht aber wieder strahlend die Sonne am Himmel, und alles ist frisch und angenehm.

Der übliche Monsun zieht von Südwesten her auf, allerdings wird die südöstliche Küste von einem kurzen und erstaunlich feuchten Nordost-Monsun gestreift, der Regen von Mitte Oktober bis Ende Dezember mit sich bringt.

Bestimmte Gegenden sind während des Monsuns sogar besonders reizvoll, wie z. B. Rajasthan mit seinen unendlich vielen Palästen inmitten von Seen. Die Monsunzeit ist auch eine gute Jahreszeit für Wanderungen im nordwestlichen indischen Himalaja, und zwar ganz anders als in Nepal, wo die beste Zeit für Wanderungen beginnt, wenn der Monsun vorüber ist.

Obgleich der Monsun ein belebendes und nicht wegzudenkendes Ereignis in Indien ist, birgt er doch oftmals auch den Tod in sich. Fast jedes Jahr wiederholen sich die Schreckensmeldungen von verheerenden Fluten, durch die Tausende heimat- und obdachlos werden. Die Flüsse reißen mit ihren gewaltigen Wassermassen

schließlich im April und Mai alles Leben erlahmen läßt. Temperaturen von 45 Grad sind in Mittelindien durchaus an der Tagesordnung. Im Sommer 1994 haben die Temperaturen in Delhi sogar fast 50 Grad erreicht. Damit einher gehen Trockenheit und Staub, so daß man allmählich alles nur noch wie durch einen Dunstschleier wahrnimmt.

Ende Mai setzt der Monsun mit kurzen Regenschauern, tobenden Gewitterstürmen und Sandstürmen ein, die den Tag zur Nacht werden lassen. Geht die heiße Jahreszeit ihrem Ende entgegen, sind auch die Menschen geschafft. Sie sind lustlos und müde, ihre Geduld wird auf eine harte Probe gestellt.

Wer es sich leisten kann, flieht in dieser Zeit aus den Ebenen in höher gelegene Orte. Kaschmir und das Kullu-Tal zeigen sich dann in ihrer vollen Schönheit, und in den Bergorten im Himalaja sowie Bundesstaaten wie Sikkim ist dann Hochsaison. Die Bergorte weiter südlich wie Mt. Abu in Rajasthan, Matheran in Maharashtra und Ooty in Tamil Nadu liegen zwar noch nicht hoch genug, um wirklich Abkühlung zu bringen, eignen sich aber immer noch besser, als sich zu dieser

Jahreszeiten		
Deutsch	**Hindi**	**Zeitraum**
Frühling	Vasanta	Mitte März bis Mitte Mai
Heiße Jahreszeit	Grishma	Mitte Mai bis Mitte Juli
Feuchte Jahreszeit	Varsha	Anfang Juli bis Mitte Sept.
Herbst	Sharada	Mitte Sept. bis Mitte Nov.
Winter	Hemanta	Mitte Nov. bis Mitte Jan.
Kalte Jahreszeit	Shishira	Mitte Jan. bis Mitte März

Anmerkung zur Klimatabelle: Die obere Zahl gibt die monatliche Durchschnitts-Mindesttemperatur in Grad Celsius an. Es folgt darunter die monatliche Durchschnitts-Höchsttemperatur. In der dritten Reihe findet man die monatliche Regenmenge in Millimetern. Die Zahlen sind über einen längeren Zeitraum verglichen worden. Auf welcher Höhe die einzelnen Orte liegen, ergibt sich aus den Angaben unter dem jeweiligen Ortsnamen.

Ort	Jan.	Feb.	März	April	Mai	Juni	Juli	Aug.	Sept.	Okt.	Nov.	Dez.
			Durchschnittliche Temperaturen und Regenfälle									
Agra	7	10	16	22	27	30	27	26	24	19	12	8
	22	26	32	38	42	41	35	33	33	33	30	24
	16	9	11	5	10	60	210	263	152	24	2	4
Bangalore	15	17	19	21	21	20	19	19	19	19	17	15
	27	30	32	32	33	29	27	27	28	28	26	26
	3	10	6	46	117	80	117	147	143	185	54	16
Bombay	19	20	23	25	27	26	25	25	25	25	23	21
	29	30	31	32	33	32	30	30	30	32	32	31
	2	1	-	3	16	520	710	439	297	88	21	2
Darjeeling	3	4	8	11	13	15	15	15	15	12	7	4
	9	11	15	18	19	19	20	20	20	19	15	12
	22	27	52	109	187	522	713	573	419	116	14	5
Delhi	7	10	15	21	27	29	27	26	25	19	12	8
	21	24	30	36	41	40	35	34	34	33	30	23
	25	22	17	7	8	65	211	173	150	31	1	5
Goa	19	20	23	25	27	25	24	24	24	23	22	21
	31	32	32	33	33	31	29	29	29	31	33	33
	2	-	4	17	18	500	892	341	277	122	20	37
Jaipur	8	11	15	21	26	27	26	24	23	18	12	9
	22	25	31	37	41	39	34	32	33	33	29	24
	14	8	9	4	10	54	193	239	90	19	3	4
Jaisalmer	8	11	17	21	26	27	27	26	25	20	13	9
	24	28	32	38	42	41	38	36	36	36	31	26
	2	1	3	2	5	7	90	86	14	1	5	2
Jodhpur	9	12	17	22	27	29	27	25	24	20	14	11
	25	28	33	38	42	40	36	33	35	36	31	27
	7	5	2	2	6	31	122	145	47	7	3	1
Kalkutta	14	17	22	25	27	27	26	26	26	24	18	14
	27	30	34	36	36	34	32	32	32	32	30	27
	14	24	·27	43	121	259	301	306	290	160	35	3
Kochi	23	24	26	26	26	24	24	24	24	24	24	24
	31	31	31	31	31	29	28	28	28	29	30	30
	10	34	50	140	364	756	572	386	235	333	184	37
Leh/Ladakh	-14	-12	-6	-1	3	7	10	10	5	-1	-7	- 11
	-3	1	6	12	17	21	25	24	21	14	8	2
	12	9	12	7	7	4	16	20	12	7	3	8
Lucknow	9	11	16	22	27	28	27	26	23	20	13	9
	23	26	33	38	41	39	34	33	33	33	29	25
	24	17	9	6	12	94	299	302	182	40	1	6
Madras	20	21	24	26	28	28	26	26	25	25	23	21
	29	31	33	35	38	37	35	35	34	32	29	28
	24	7	15	25	52	53	84	124	118	267	309	139
Mysore	16	18	20	21	21	20	20	20	19	20	18	17
	28	31	34	34	33	29	27	28	29	28	27	27
	3	6	12	68	156	61	72	80	116	180	67	15
Shimla	2	4	7	15	15	17	16	15	14	10	7	4
	9	10	14	19	23	24	21	20	20	18	15	11
	66	50	61	38	54	147	420	385	195	45	7	24
Srinagar	-2	-1	4	7	11	14	18	18	13	6	0	-2
	4	8	13	19	25	29	31	30	28	23	16	9
	73	72	100	78	63	30	61	63	32	29	18	36
Thiruvanan-thapuram	22	23	24	25	25	24	23	23	23	23	23	22
	31	32	33	32	32	29	29	29	30	30	30	31
	20	20	44	122	249	331	215	164	123	271	207	73
Udaipur (577 m)	8	10	15	20	25	25	24	23	22	19	11	8
	24	26	32	36	38	36	31	29	31	32	29	26
	9	4	3	3	5	87	197	207	120	16	6	3
Udhagaman-dalam (Ooty)	5	6	8	10	11	11	11	11	10	10	8	6
	20	21	22	22	22	18	10	17	18	19	19	20
	26	12	30	109	173	139	177	128	110	213	127	59
Varanasi	9	11	17	22	27	28	26	26	25	21	13	9
	23	27	33	39	41	39	33	32	32	32	29	25
	23	8	14	1	8	102	346	240	261	38	15	2

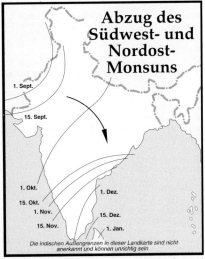

Abzug des Südwest- und Nordost-Monsuns

1. Sept.

15. Sept.

1. Okt.

15. Okt.

1. Nov.

15. Nov.

1. Dez.

15. Dez.

1. Jan.

Die indischen Außengrenzen in dieser Landkarte sind nicht anerkannt und können unrichtig sein

Kalte Jahreszeit: Um den Oktober herum verabschiedet sich der Monsun. Dies ist dann auch die beste Jahreszeit in Indien. Die Natur ist noch mit einem grünen Kleid überzogen, alles ist üppig, und man wird nicht täglich vom Regen naß. Angenehm sind dann auch die Temperaturen - nicht zu heiß und nicht zu kalt. Die Luft im Himalaja ist dann klar, so daß - zumindest in den frühen Morgenstunden - gute Fernsicht besteht.

Mit ständig sinkenden Temperaturen werden im Norden auch die Nächte kühler. In Delhi und in anderen Städten im Norden sind die Nächte im Dezember und Januar frisch. Noch weiter im Norden kann man zu dieser Zeit schon nicht mehr nur von kühlen Nächten reden, dann ist es dort schlichtweg kalt. Der Schnee bringt den Indern aber ein bißchen von dem Vergnügen des Skilaufens. Aus diesem Grund erfreuen sich ein paar Gegenden im äußersten Norden wie das Kullu-Tal einer weiteren Jahreszeit, nämlich des Winters.

Ganz im Süden hingegen, wo es nie richtig kühl wird, gehen die Temperaturen auf eine angenehme Wärme zurück und sind nicht mehr ganz so hoch. Dann, ab etwa ab Februar, steigen sie allmählich wieder an, und ehe man sich versieht, ist man erneut mitten in der schier unerträglichen Hitze.

dann Straßen und Eisenbahnstränge mit sich fort, und auch die Flugpläne geraten durcheinander. Dadurch wird das Reisen während des Monsuns schwerer.

FLORA UND FAUNA

Die nun folgende Beschreibung der Flora und Fauna in Indien wurde ursprünglich von Murray D. Bruce und Constance S. Leap Bruce verfaßt.

Konzepte zum Schutz des Waldes und der Tierwelt sind in Indien nicht neu. Hier erfreut sich die Tierwelt schon seit langer Zeit einer privilegierten Stellung, was ihren Schutz anbetrifft, die aus den religiösen Idealen und Gefühlen resultiert.

Die frühe indische Literatur, wie die hinduistischen Epen, die buddhistischen *Jatakas*, das *Panchatantra* und die Jain-Schriften, lehrt, daß selbst niedrigen Formen des tierischen Lebens gegenüber Respekt und Verzicht auf Gewalt entgegengebracht werden müssen. Zudem stehen viele der Götter mit bestimmten Tieren in Verbindung: Brahma mit dem Rotwild, Vishnu mit dem Löwen und der Kobra, Shiva mit dem Bullen, und Ganesh, das ewige Symbol der Weisheit, ist halb Mann und halb Elefant. Die frühesten bis heute erhaltenen indischen Gesetze, die aus dem 3. Jahrhundert v. Chr. stammen, als Kaiser Ashoka das Edikt der fünf Säulen verfaßte, verbieten die Schlachtung von verschiedenen Tieren und das Niederbrennen von Wäldern.

Leider ist in der jüngeren, turbulenten Geschichte Indiens viel von dieser Tradition verlorengegangen. Die extensive Jagd, die von britischen Kolonialbeamten und indischen Rajas betrieben wurde, die Abholzung von großen Waldgebieten, um Agrarland zu gewinnen, die Verfügbarkeit von Schußwaffen, starke Pestizide und die ständig steigende Bevölkerung Indiens hatten und haben katastrophale Auswirkungen auf die Umwelt. Nur noch rund 10 % des Landes sind von Wald bedeckt, und nur ca. 4 % sind als Nationalparks oder Naturschutzgebiete ausgewiesen. In den vergangenen Jahrzehnten hat die Regierung jedoch ernsthafte Schritte in Richtung einer Umweltpolitik in Angriff genommen und mehr als 350 Naturparks, Naturschutzgebiete und Reserve eingerichtet.

Die Vielfalt Indiens beim Klima und bei der Topographie spiegelt sich auch in der reichhaltigen Flora und Fauna wider. Indien ist bekannt für seine Tiger, Elefanten und Nashörner, aber das sind nur drei von mehr als 500 Arten an Säugetieren. Für ihre Erhaltung wurden viele Schutzgebiete eingerichtet. Für einige Tiere kam diese Entwicklung jedoch zu spät. Der indische Gepard beispielsweise wurde zuletzt im Jahre 1948 gesichtet.

Auch einer Vielzahl von Rotwild- und Antilopenarten bietet Indien Lebensraum. Diese leben heute jedoch praktisch ausschließlich in geschützten Gebieten, da sie mit den Nutztieren in Konkurrenz standen und von deren Krankheiten betroffen wurden. Hierzu gehören die grazile indische Gazelle (*chinkara*), die indische Antilope, die winzig kleine Antilope mit vier Hörnern (*chowsingha*), der große und unschön aussehende blaue Bulle (*nilgai*), der sehr schnell ist, das seltene Sumpfrotwild (*barasingha*), der Sambar, die größte indische Rotwildart, das schön gefleckte Rotwild (*chital*), das im allgemeinen in ganzen Herden zu sehen ist, das größte Rotwild, das die Rinde der Bäume schält (*muntjac*), und das winzige Mäuserotwild (*chevrotain*).

Man bekommt in Indien auch wilde Büffel, große indische Rinder (*gaur*), zottelige Faultiere, Streifenhyänen, Wildschweine, Schakale, indische Füchse, Wölfe sowie den indischen Windhund (*dhole*) zu Gesicht, der einem riesigen Fuchs ähnelt, jedoch in Gruppen in den Wäldern auftritt. Zu den kleineren in Indien verbreiteten Säugetieren gehören die Mungos, die als Schlangentöter bekannt sind, sowie riesige Eichhörnchen.

Zu den in Indien beheimateten Katzenarten gehören Leoparden und Panther, kurzschwänzige Dschungelkatzen und die schönen Leopardenkatzen. Auch mehrere Affenarten können beobachtet werden. Hier sind der Rhesus-Makake, der Bonnet-Makake (nur im Süden) und der langschwänzige gemeine Langur am meisten verbreitet.

Indien ist ferner mit über 2000 Arten und Unterarten von Vögeln gesegnet. Die vielfältige Vogelwelt in den Wäldern umfaßt große Nashornvögel, Schlangenadler, Fischeulen und den eleganten Nationalvogel, den Pfau. Wasservögel wie Reiher, Ibisse, Störche, Kraniche, Pelikane und andere sind nicht nur in den Nationalparks zu sehen, sondern auch in zahlreichen besonderen Schutzgebieten für Wasservögel. Diese Schutzgebiete umfassen große Brutgebiete und sind zudem von großer Bedeutung für die unzähligen Zugvögel, die jährlich nach Indien kommen.

In Indien leben aber auch über 500 Arten von Reptilien und Amphibien, darunter die prachtvolle Königskobra, andere große Schlangen wie die Python, Krokodile, große Süßwasserschildkröten und Warane. Es gibt hier zudem 30 000 Insektenarten, u. a. auch riesige, farbenprächtige Schmetterlinge.

Die Vegetation des Landes reicht von trockenen Wüstenbüschen bis hin zu alpinen Weiden. Bis heute wurden 15 000 verschiedene Pflanzen registriert.

Viele der Tierschutzgebiete und einige Nationalparks wurden in den früheren Jagdrevieren der britischen und indischen Aristokratie eingerichtet. Häufig bieten sie einer besonderen Tierart Lebensraum, so z. B. dem asiatischen Löwen im Schutzgebiet Gir, dem indischen Nashorn in Kaziranga, dem Elefanten in Periyar und

dem Tiger in Kanha und Corbett. Andere Gebiete wurden unter Naturschutz gestellt, um einzigartige Lebensräume wie die tropischen Regenwald des Tieflandes oder die Mangrovenwälder in den Sunderbans zu bewahren.

Geographisch läßt sich Indien in drei Hauptgebiete unterteilen, jedes davon wieder in viele Unterregionen und mit vielen ganz typischen klimatischen Unterschieden. Die wichtigsten Nationalparks, Tierschutzgebiete und sonstige Reservate sind weiter unten beschrieben. Auf sie und weitere Schutzgebiet wird in den einzelnen Kapiteln dieses Buches noch näher eingegangen.

NATIONALPARKS UND TIERSCHUTZGEBIETE

Nationalparks und andere geschützte Gebiete in Indien werden von den einzelnen Bundesstaaten verwaltet. Oft wird für solche Regionen als Teil der touristischen Attraktionen Indiens geworben. Um mehr Besucher anzuziehen, werden die Straßen, die übrigen Verkehrsverbindungen, die Übernachtungsmöglichkeiten usw. kontinuierlich ausgebaut und verbessert. Wann immer möglich, sollten Sie bereits im voraus die Fahrt in ein und die Unterkunft in einem Schutzgebiet über eines der örtlichen Fremdenverkehrsbüros oder ein staatliches Fremdenverkehrsamt buchen, insbesondere in den Grenzgebieten. Für den Besuch solcher Gegenden werden verschiedene Gebühren erhoben (für den Eintritt, für das Fotografieren usw.). Diese sind im allgemeinen bei vorherigen Buchungen im Gesamtpreis bereits enthalten. Eine Buchung schließt teils auch die Verpflegung ein. In einigen Fällen müssen Sie jedoch Ihren Proviant selbst mitnehmen, den man dann für Sie zubereitet.

Einige Parks bieten Gästehäuser im modernen Stil mit Elektrizität, während man in anderen nur in Dak-Hütten übernachten kann. Im allgemeinen besteht jedoch die Möglichkeit, Fahrten mit einem Kleinbus oder Jeep zu unternehmen. In einigen hat man auch die Gelegenheit, eine Bootsfahrt zu unternehmen, um sich den Tieren unbemerkt nähern zu können. Zudem bieten Hochsitze und Verstecke häufig die Möglichkeit, Tiere aus der Nähe zu beobachten und zu fotografieren.

NATIONALPARKS UND TIERSCHUTZGEBIETE IN NORDINDIEN

Nordindien ist eine Region der Extreme, die von den schneebedeckten Gipfeln und tiefen Tälern des Himalaja bis zu flachen Ebenen und tropischem Tiefland reichen.

Tierschutzgebiet Dachigam (Kaschmir): Ein sehr malerisches Tal mit einem breiten, sich windenden Fluß wurde hier zum Naturschutzgebiet erklärt. Die umliegenden Berge bieten dem seltenen Kaschmirhirsch (*hangul*) sowie Schwarz- und Braunbären Lebensraum. Hier kann man auch Moschushirsche sehen, eine kleine Gattung, die wegen der Moschusdrüsen der männlichen Tiere häufig gejagt wurde und von der man glaubte, sie sei wertvoll bei der Behandlung von Impotenz. Moschus ist auch ein wichtiges Exportgut für die europäische Parfümindustrie. Die instabile Lage in Kaschmir hat aber dazu beigetragen, daß die Tiere im Schutzgebiet ernsthaft vom Aussterben bedroht sind. Es liegt 22 Straßenkilometer von Srinagar entfernt und ist (wenn Kaschmir zugänglich ist) mit Sicherheit einen Besuch wert. Die beste Zeit dafür liegt zwischen Juni und Juli.

Nationalpark Tal der Blumen (Uttar Pradesh): Dieser „Garten auf dem Dach der Welt" liegt im Norden von Uttar Pradesh unweit von Badrinath auf einer Höhe von 3500 m. Wenn im berühmten Tal der Blumen Blütezeit ist, genießt man ein unvergeßliches Erlebnis. Leider hat das Gebiet unter einem starken Tourismus gelitten und ist zeitweise geschlossen. Die beste Zeit für einen Besuch sind die Monate von Juni bis August.

Ganges-Ebene: Einer der berühmtesten Nationalparks Asiens liegt in dieser Region. Er umfaßt das flache Schwemmland des Indus, des Ganges und des Brahmaputra - ein riesiges Gebiet mit ebenem Land, das sich vom Arabischen Meer bis zur Bucht von Bengalen erstreckt und die Himalaja-Region von der eigentlichen südlichen Halbinsel trennt. Das Klima variiert erheblich und reicht von den sandigen Wüsten Rajasthans und Gujarats mit Temperaturen von bis zu 50

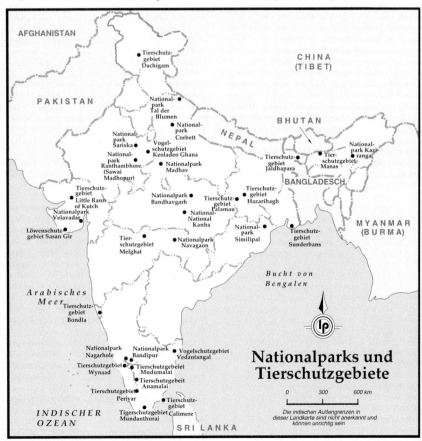

Nationalparks und Tierschutzgebiete

0   300   600 km

Die indischen Außengrenzen in dieser Landkarte sind nicht anerkannt und können unrichtig sein

Grad bis zu dem kühlen Hochland von Assam, wo der jährliche Niederschlag 15 m erreichen kann. Das ist vielleicht die nasseste Gegend auf der ganzen Erde.

Nationalpark Corbett (Uttar Pradesh): Dieser Nationalpark ist berühmt für seine Tiger, aber dennoch nicht das beste Ziel, um Tiger zu Gesicht zu bekommen. Sowohl Kanha in Madhya Pradesh als auch Ranthambhore in Rajasthan eignen sich dafür besser. Andere Tiere wie Leoparden, Wildschweine, Elefanten und Faultiere leben hier ebenfalls. Es gibt im Park zwar zahlreiche Beobachtungsstände, das Fotografieren ist jedoch nur tagsüber erlaubt. Der Park bietet eine großartige Szenerie, die von Sal-Wäldern (riesigen Hartholzbäumen, die an Teak erinnern) bis zu weiten Flußtälern reicht. Die Ufer des Ramganga laden zudem zu ruhigem Verweilen und zum Fischen ein. Ein bißchen touristisch ist dieser Park schon, aber dennoch einen Besuch wert. Die beste Zeit dafür sind die Monate November bis Mai.

Tierschutzgebiet Hazaribagh (Bihar): Die sanften, bewaldeten Berge sind der Lebensraum großer Rotwildherden sowie von Tigern und Leoparden. Am besten besucht man die Region in der Zeit von Februar bis März.

Tierschutzgebiet Palamau (Bihar): Kleiner als Hazaribagh, bietet dieses Reservat trotzdem eine reiche Tierwelt, darunter Tiger, Leoparden, Elefanten, Gaurs, Sambare, Chital, Nilgai und Muntjac, Rhesus-Makaken, Langure und (selten) auch Wölfe. Das Gebiet liegt 150 km südlich von Ranchi. Bungalows werden in Betla vermietet. Die schönsten Monate für einen Besuch sind Februar und März.

Tierschutzgebiet Sunderbans (West-Bengalen): Die weiten Mangrovenwälder des Ganges-Deltas sind ein wichtiger Lebensraum für den bengalischen Tiger. Das Reservat liegt südöstlich von Kalkutta an der Grenze zu Bangladesch und schützt den größten Mangrovenwald in Indien. Leider besteht hier keine Möglichkeit, einen Tiger zu erblicken, es sei denn, man wird von einem aufgefressen. Wegen einiger bösartiger Tiger bringen die Parkwächter nämlich keine Touristen in die schmalen Kanäle, in denen man eine dieser großen Katzen sehen könnte.

Hier bietet sich außerdem die Chance, andere Wildtiere wie die Fischkatze zu beobachten, die am Rand des Wassers auf Fischjagd geht. Auch die Vogelwelt ist wunderschön. Die Region ist allerdings nur mit einem gemieteten Boot zu erreichen. Ein Besuch ist vor allem im Februar und im März zu empfehlen.

Tierschutzgebiet Jaldhapara (West-Bengalen): Der tropische Wald, der sich von Südostasien her erstreckt, endet in dieser Region. Wer weiter in Richtung Osten reist, hat die beste Möglichkeit, indische Nashörner, Elefanten und andere Wildtiere zu beobachten. Das Naturschutzgebiet umfaßt eine Fläche von 100 Quadratkilometern mit grünem Wald und Grasland, das von dem breiten Flußbett des Torsa durchschnitten wird. Es liegt 224 km von Darjeeling entfernt und ist über Siliguri und Jalpaiguri zu erreichen. Der nächste Bahnhof ist in Hashimara. Ein Rest House gibt es in Jaldhapara. Die beste Zeit für einen Besuch sind die Monate März bis Mai.

Tierschutzgebiet Manas (Assam): Diese schöne Region an der Grenze zu Bhutan wird durch die Wasserscheide der Flüsse Manas, Hakua und Beki begrenzt. Die Bungalows in Mothanguri am Ufer des Manas bieten einen schönen Blick auf die von Dschungel bedeckten Berge. Angelegte Wege führen in den nahegelegenen Wald und folgen dem Flußufer. Versuchen Sie, eine Bootsfahrt zu organisieren. Die Steppe bietet außer für den Tiger auch noch Lebensraum für wilde Büffel, Elefanten, Sambare, Sumpfwild und andere Tierarten. Den seltenen und schönen goldenen Langur können Sie vielleicht auf der nach Bhutan weisenden Seite des Manas erspähen. Leider ist das Schutzgebiet in der letzten Zeit als Zufluchtsstätte für Bodo-Rebellen benutzt worden, wobei ein großer Teil der Infrastruktur beschädigt oder zerstört worden ist. Für einen Besuch besonders zu empfehlen sind der Januar, der Februar und der März.

Nationalpark Kaziranga (Assam): Dieser Nationalpark ist der bekannteste Ort, an dem man noch das einhörnige indische Nashorn sehen kann, das als Großwild bei der Jagd und wegen seines bei chinesischen Apothekern beliebten Horns fast bis zur Ausrottung verfolgt wurde. Als Maßnahme gegen die Wilderei in diesem Nationalpark ist vor kurzem geplant worden, einen Teil der Tiere in das Grasland des Terai im Nationalpark Dudhwa in Uttar Paradesh umzusiedeln. Der Plan ist jedoch noch nicht in die Tat umgesetzt worden, so daß die Aussichten für das Nashörner in diesem Park nicht gerade rosig sind.

Der Park wird von hohem Grasbewuchs (bis zu 6 Meter) und *jheels* (Sumpfgebieten) dominiert. Der erste Anblick eines Nashorns ist immer eindrucksvoll und furchtgebietend, da diese Tiere bis zu zwei Metern Höhe und ein Gewicht von mehr als zwei Tonnen erreichen können. Trotz des unbeholfenen Aussehens sind Nashörner unglaublich agile und schnelle Tiere. Es kann jedoch schwierig sein, sie in dem hohen Gras zu entdecken. Halten Sie nach Reihern und anderen Vögeln Ausschau, die die gepanzerten Rücken der Nashörner als Sattel verwenden, und lauschen Sie nach dem knarrenden Geräusch eines großen Tieres, wenn es durch das Gras stapft. Den besten Blick hat man wahrscheinlich bei den *jheels*, nämlich dort, wo die Nashörner baden. Die günstigste Zeit, sie zu beobachten, sind der Februar und der März.

Nationalparks Sariska und Ranthambhore (Rajasthan): Beide Regionen gewähren gute Möglichkeiten, um die wild lebenden Tiere der indischen Ebenen kennenzulernen. Das Tierschutzgebiet Sariska ist für gute Möglichkeiten zur Beobachtung der nächtlichen Tierwelt und der Nilgai-Herden bekannt. Leider ist der Park in der letzten Zeit vermehrt das Ziel von lauten und rücksichtslosen Touristen geworden, die anscheinend wenig Verständnis dafür aufbringen, wofür sie eigentlich in den Park gekommen sind. Illegale Ausbeutung von Bodenschätzen stellt ebenfalls ein Bedrohung dar. Ranthambhore (auch Sawai Madhopur genannt) ist kleiner, so daß die Tiere nicht selten leichter zu sehen sind. Hier gibt es auch Seen mit Krokodilen. Jedoch leidet auch dieser Nationalpark, weil sein Ruf als Ziel, um Tiger zu Gesicht bekommen zu können, immer mehr Touristen anzieht. Es wird daher immer schwerer, in Ranthambhore einen Tiger zu erblicken. Hinzu kommt, daß nach einem Bericht in dem Magazin *BBC World* (Januar/Februar 1993) korrupte Beamte das illegale Wildern erlaubt haben, was dazu geführt hat, daß der Bestand an Tigern schnell kleiner geworden ist. Das Schutzgebiet liegt an der Eisenbahnstrecke von Delhi nach Bombay, und zwar auf Straßen ca. 160 km südlich von Jaipur. Die beste Zeit für einen Besuch sind die Monate Februar bis Juni (Sariska) sowie November bis Mai (Ranthambhore).

Vogelschutzgebiet Keoladeo Ghana (Rajasthan): Hierbei handelt es sich um das bekannteste und von Touristen am häufigsten besuchte Vogelschutzgebiet Indiens. Im allgemeinen wird es Bharatpur genannt. Hier brüten zahlreiche Wasservögel, und hier machen auch Tausende von Zugvögeln aus Sibirien und China, darunter Reiher, Störche, Kraniche und Gänse, Station. Die vielen Wege und Pfade durch das Gebiet tragen dazu bei, die Vögel, Rotwild und andere Tierarten beobachten zu können. Das Gebiet liegt ebenfalls an der Eisenbahnlinie von Delhi nach Bombay. Ein Besuch lohnt sich insbesondere in der Zeit von September bis Februar.

Nationalpark Gir (Gujarat): Diese bewaldete Oase in einer Wüste, die wegen der letzten überlebenden Asiatischen Löwen berühmt ist (ca. 250 Tiere), bietet auch einer großen Vielfalt anderer Wildtiere Lebensraum, insbesondere dem *chowsingha* und den Krokodilen, die im Kamaleshwar-See leben. Der See und andere Wasserstellen sind gute Ziele, um die Tierwelt zu beobachten. In der Monsunzeit von Mitte Mai bis Mitte

Oktober ist der Park geschlossen. Eine Reise hierher ist vor allem von Dezember bis April zu empfehlen.

Nationalpark Velavadar (Gujarat): Dieser Park, gelegen 65 km nördlich von Bhavnagar, schützt das reiche Grasland in der Delta-Region an der Westseite des Golfs von Khambhat (Cambay). Die wichtigste Attraktion ist eine große Konzentration der schönen Hirschziegenantilopen. Besucher können in einer Parkunterkunft nächtigen. Die schönsten Monate für einen Besuch sind Oktober bis Juni.

Tierschutzgebiet Little Rann of Kutch (Gujarat): Dieses Naturschutzgebiet wurde zum Schutz der Wüstenregion im nordwestlichen Gujarat eingerichtet. Hier ist eine Vielzahl von Wüstentieren zu finden, insbesondere die noch überlebenden Herden des indischen Wildesels (*khur*), Wölfe und Caracal (eine große, helle Katze mit buschigen Ohren). Zu erreichen ist der Park über Bhuj. Zu empfehlen sind die Monate Oktober bis Juni.

Nationalpark Madhav (Madhya Pradesh): Eine malerische Landschaft mit offenen Wäldern um einen See ist hier in der Nähe von Gwalior unter Naturschutz gestellt worden. Es bestehen gute Möglichkeiten zum Fotografieren verschiedener Wildarten, darunter auch des *chinkara*, des *chowsingha* und des *nilgai*. Tiger und Leoparden sind hier ebenfalls anzutreffen. Der Park läßt sich am besten in der Zeit von Februar bis Mai besuchen.

Nationalpark Kanha (Madhya Pradesh): Der Nationalpark Kanha ist eines der spektakulärsten und aufregendsten Naturschutzgebiete in Indien. Das gilt sowohl hinsichtlich der Vielfalt als auch hinsichtlich der Zahl der hier lebenden Tiere. Er wurde ursprünglich geschaffen, um eine seltene Art von Sumpfwild, den Zackenhirsch (*barasingha*), zu schützen, ist jedoch auch ein wichtiger Lebensraum für Tiger, Chital, Hirschziegenantilopen, Gaurs, Leoparden und Hyänen. Vom 1. Juli bis zum 31. Oktober jeden Jahres ist der Park geschlossen. Am günstigsten für eine Reise hierher sind die Monate März und April, aber einige Tiere sieht man in der gesamten Saison von November bis Mai.

Nationalpark Bandhavgarh (Madhya Pradesh): Obwohl kleiner und weniger touristisch als der von Kanha, ist die Lage dieses Nationalparks mit einem alten Fort auf Klippen oberhalb der Ebene sehr beeindruckend. Obwohl der Park nicht zum „Projekt Tiger" gehört, sind auch hier gelegentlich Tiger zu sehen. Vom 1. Juli bis zu 31. Oktober jeden Jahres ist auch er geschlossen. Am günstigsten für einen Besuch ist die Zeit von November bis April.

Nationalpark Similipal (Orissa): Ein weites und schönes Gebiet wurde unter Schutz gestellt, um den größten Sal-Wald Indiens zu bewahren. Das Reservat bietet eine großartige Landschaft und eine Vielzahl von Tieren, darunter Tiger (angeblich etwa 80 davon), Elefanten, Leoparden, Sambare, Chital, Muntjac und Chevrotain. Da auch dieser Nationalpark von Juli bis Oktober nicht zugänglich ist, empfiehlt sich ein Besuch des Reservates von November bis Juni.

NATIONALPARKS UND TIERSCHUTZGEBIETE IN SÜDINDIEN

Hier erstreckt sich die Halbinsel Dekkan, die die Form eines dreieckigen Plateaus mit einer Höhe von 300 bis 900 m aufweist, durchzogen von Flüssen und Gipfeln sowie Bergketten, darunter den Westlichen und Östlichen Ghats. Sie bilden eine natürliche Schranke für den Monsun und haben Regionen mit hoher Feuchtigkeit und umfangreichem Niederschlag entstehen lassen. Das gilt auch für die Malabar-Küste, wo in der Ebene noch grüner, tropischer Regenwald vorherrscht, wobei die Regionen im Windschatten der Berge trockener sind.

Nationalpark Sanjay Gandhi (Maharashtra): Dieser 104 Quadratkilometer große Park, der früher unter dem Namen Borivilli bekannt war, dient dem Schutz eines bedeutenden und malerischen Gebietes in der Nähe von Bombay. Zu den kleinsten Arten der Tierwelt, die hier beobachtet werden können, gehören unzählige verschiedene Wasservögel. Die beste Zeit für einen Besuch sind die Monate Oktober bis Juni.

Nationalpark Taroba (Maharashtra): Dieser große Park umfaßt Teakwälder und einen See, an dem man nachts eine reiche Tierwelt beobachten kann. Dazu gehören Tiger, Leoparden, Gaurs, Nilgai, Sambare und Chital. Das Schutzgebiet liegt 45 km von Chandrapur entfernt, und zwar südwestlich vom Nationalpark Kanha. Hier besteht auch die Möglichkeit, Übernach-

---

Probleme bei der Tierwelt

Indien unternimmt lobenswerte Versuche, seine gefährdeten Tier- und Pflanzenarten durch die Schaffung von Reservaten zu schützen, doch drohen Geldgier und Korruption den Erfolg dieser Anstrengungen zu zerstören. Man schätzt, daß seit 1990 in Ranthambhore (Rajasthan) über 20 Tiger gewildert wurden. Nachdem den Tieren das Fell abgezogen wurde, blieb der Rest den Insekten und Aasfressern, die nur die Knochen übrigließen. Diese fanden unvermeidlich den Weg nach China, wo sie die Grundlage für „Tigerwein" bilden, dem heilende Kräfte zugesprochen werden. Tigerpenisse sind zudem wegen ihrer angeblich aphrodisiakischen Wirkung begehrt. Fell und Klauen bringen in Nepal bis zu 6000 US $ ein.

Nationalparks und andere Schutzgebiet stellen für Wilderer lukrative Jagdgründe dar. Häufig werden in den Reservaten von dafür auch noch schlecht bezahlten Wärtern nur die Hauptwege kontrolliert, so daß sich Wilderer in Schutzgebieten ohne große Angst vor Entdeckung bewegen können. Im Juli 1992 wurde Badia, einer der engagierten und gewissenhaften Wildhüter in Ranthambhore, brutal ermordet - wahrscheinlich von Wilderern, die aber bis heute nicht überführt werden konnten. Man geht mittlerweile davon aus, daß sich richtige Banden gebildet haben, die ihr Betätigungsgebiet bis nach Madhya Pradesh ausgedehnt haben, wo in letzter Zeit über 40 Tiger höchstwahrscheinlich erschossen wurden. Diese Tiger wurden auf sogenannten Safaris an Menschen gewöhnt, was sie zu einem einfachen Ziel für die Wilderer werden läßt. Alle Anstrengungen, die Tiere so nicht zu dressieren, werden bislang von den örtlichen Ausflugsunternehmern zunichte gemacht, die um ihre Geschäfte fürchten.

Die Wirtschaft bedroht Indiens Natur auf ganz andere Weise. Riesige Gebiete, die eigentlich als Schutzgebiete ausgewiesen waren, wurden für Bergbaubetriebe wieder freigegeben. Die Indian Aluminium Company beispielsweise beansprucht einen Teil des Bisonreservates von Radhnagari, um dort Bauxit abzubauen. Ein Drittel des Naturschutzgebietes Melghat wurde für den Bau eines Staudammes geopfert. Folgende Gesichtspunkte bedrohen ebenfalls den Schutz der Natur: die Konzentration auf die Probleme der Tiger aufgrund deren andere, ebenfalls wichtige Schutzprojekte vernachlässigt werden, die fehlende Zusammenarbeit unter staatlichen Stellen, ungenügendes Personal, unzureichende Mittel und zu wenig Infrastruktur und der Mißbrauch einiger Parks (z. B. Manas in Assam) als Zufluchtsort für militante und andere zweifelhafte Personen. Hinzu kommt insbesondere in neuerer Zeit noch der zunehmende Touristenstrom, der sich über ökologisch empfindliche Gebiete ergießt. Dieses Problem hat in einigen Parks bereits zu drastischen Maßnahmen geführt, um die Anzahl der Besucher in Grenzen zu halten. Daher wurden z. B. im Nationalpark Corbett Teile für Besucher ganz gesperrt, während in Ranthambhore nur eine begrenzte Zahl von Autos den Park befahren darf. Ohne gemeinsame Anstrengungen auf seiten der Naturschützer in Zusammenwirken mit dem entschiedenen Willen der Regierung, den Naturschutz zu unterstützen, werden Museen die letzte Heimat für Indiens wilde Tiere abgeben und ausgestopfte Tiger sowie Löwen dann der letzte Rest von dem einstmals reichen Naturerbe Indiens sein.

tungen im Nationalpark zu arrangieren. Zu empfehlen ist ein Besuch insbesondere von März bis Mai.

Tierschutzgebiet Periyar (Kerala): Dieser große und malerische Park entstand um einen Stausee herum und ist wegen seiner vielen Elefanten bekannt, die man leicht sieht, wenn man mit einem Boot über den See fährt.

Daneben sind noch gelegentlich Gaurs, indische Wildhunde und Nilgiri-Langure zu sehen, aber auch Otter, große Schildkröten und eine reiche Vogelwelt, zu der auch die Nashornvögel gehören. Am Rande des Gewässers haben Sie vielleicht die Möglichkeit, die blitzenden, schimmernden Farben verschiedener Arten von Eisvögeln oder sogar eine Fischeule zu entdecken. Die beste Zeit dafür sind die Monate Februar bis Mai.

Nationalpark Jawahar: Vor nicht allzu langer Zeit wurde der Vorschlag laut, den Nationalpark Bandipur (Karnataka), den Nationalpark Nagarhole (Karnataka), das Tierschutzgebiet Mudumulai (Tamil Nadu) und das Tierschutzgebiet Wynaad (Kerala) zusammenzufassen. Am Schnittpunkt der Westlichen Ghats, der Nilgiri-Berge und des Dekkan-Plateaus gelegen, wird durch die Zusammenschließung dieser aneinander grenzenden Gebiete die größte Elefantenpopulation Indiens geschützt, wie auch eines der größten bewaldeten Gebiete im Süden. Die verschiedenen Mischwälder und das Terrain bieten auch einer großen Vielfalt anderer Tiere Lebensraum und Schutz, darunter dem Leoparden, dem Gaur, dem Sambar, dem Chital, dem Muntjac, dem Chevrotain, den Bonnet-Makaken und den Rieseneichhörnchen.

Die ausgesprochen reiche Vogelwelt schließt auch viele spektakuläre Arten wie Nashornvögel, Sittiche und asiatische Paradies-Fliegenfänger ein. Die beiden beliebtesten Gebiete sind die Reservate von Bandipur und Mudumulai. Die sollten Sie bei einer Reise in den Süden Indiens nicht versäumen. Am besten für einen Besuch geeignet sind die Monate Januar bis Juni.

Vogelschutzgebiet Vedantangal (Tamil Nadu): Gelegen ca. 35 km südlich von Chengalpattu, ist dieses Schutzgebiet eines der spektakulärsten Brutplätze für Wasservögel in ganz Indien. Hierher kommen Kormorane, Silberreiher, Löffelreiher, andere Reiher, Störche, Ibisse, Seetaucher und Pelikane, um je nach Monsun von Oktober oder November bis März etwa sechs Monate lang zu nisten und zu brüten. Auf dem Höhepunkt der Brutzeit (im Dezember und Januar) kann man in diesem Schutzgebiet 30 000 Vögel auf einmal sehen. Viele andere Arten von Zugvögeln kommen von Zeit zu Zeit ebenfalls in dieses Reservat.

Tierschutzgebiet Calimere (Tamil Nadu): Auch als Kodikkarai bekannt, liegt dieses Schutzgebiet an der Küste 90 km südöstlich von Thanjavur in einem Feuchtgebiet hinaus zur Palk-Straße, die Indien und Sri Lanka voneinander trennt. Es ist berühmt für seine großen Schwärme von durchziehenden Wasservögeln, insbesondere Flamingos, die sich hier in jedem Winter einfinden. Blackbucks, geflecktes Wild und Wildschweine sind hier ebenfalls zu sehen. Von April bis Juni spielt sich allerdings nicht viel ab. Die bedeutendste Regenzeit dauert von Oktober bis Dezember. Beste Besuchszeit: von November bis Januar.

Tigerschutzgebiet Mundanthurai (Tamil Nadu): Mundanthurai liegt in den Bergen unweit der Grenze zu Kerala. Es ist in erster Linie ein Schutzgebiet für Tiger, aber auch bekannt wegen der Chital, der Sambare und der seltenen Löwenschwanzmakaken. Tiger werden offensichtlich nur noch sehr selten gesichtet. Die beste Zeit für einen Besuch ist von Januar bis März, auch wenn das Schutzgebiet das ganze Jahr über geöffnet ist.

Tierschutzgebiet Anamalai (Tamil Nadu): Dieses Tierschutzgebiet liegt an den Hängen der Westlichen Ghats entlang der Grenze zwischen Tamil Nadu und Kerala. Obwohl vor kurzem in Tierschutzgebiet Indira Gandhi umbenannt, verwenden die meisten Leute noch den ursprünglichen Namen. Es umfaßt nahezu 100 Quadratkilometer und ist die Heimat von Elefanten, Tigern, Panthern, geflecktem Wild, Wildschweinen, Bären, Stachelschweinen und Zivetkatzen.

Im Herzen dieses wunderschönen bewaldeten Gebietes liegt der Parambikulam-Stausee, eine riesige Wasserfläche, die bis Kerala hineinreicht.

STAAT UND VERWALTUNG

Indien verfügt über ein parlamentarisches System, das Gemeinsamkeiten mit dem System der USA besitzt. Es gibt zwei Häuser des Parlaments - ein Unterhaus, bekannt als das Lok Sabha (Haus des Volkes), und ein Oberhaus mit der Bezeichnung Rajya Sabha (Bundesrat). Das Unterhaus setzt sich ohne den Sprecher aus 544 Abgeordneten zusammen, die bis auf zwei von der Bevölkerung nach dem Verhältniswahlrecht gewählt werden. Wahlen zum Lok Sabha finden alle fünf Jahre statt, es sei denn, die Regierung ruft bereits vorher

Neuwahlen aus. Wahlberechtigt sind alle Inder über 18 Jahren.

Von den 544 Sitzen sind 125 den Unberührbaren und Stammesgruppen (vgl. weiter unten im Abschnitt über die Inder) vorbehalten. Dem Oberhaus gehören 244 Abgeordnete an. Das Unterhaus kann in Indien aufgelöst werden, was beim Oberhaus nicht möglich ist.

Die indischen Bundesstaaten besitzen auch noch eigene gesetzgebende Versammlungen (Vidhan Sabha). Staatsoberhaupt ist der Staatspräsident. Er wird von einem Wahlmännergremium gewählt, das sich aus Mitgliedern des Ober- und Unterhauses sowie der Parlamente der Bundesstaaten zusammensetzt. Der Staatspräsident ist lediglich eine Galionsfigur, während der Premierminister die Macht ausübt.

Die Zuständigkeiten für die Verwaltung liegen entweder in den Händen der Zentralregierung oder sind Ländersache und sind in der Verfassung festgelegt. So ist die Zentralregierung z. B. zuständig für Verteidigung, auswärtige Angelegenheiten, Währung und Kredit, Verkehrswesen, Zölle, Steuern. Die Bereiche Polizei, Erziehung, Landwirtschaft und Industrie sowie Gesundheitswesen sind Ländersache. Es gibt auch Angelegenheiten, die sowohl von den Länderregierungen als auch von der Zentralregierung behandelt werden.

Die Zentralregierung besitzt zudem das umstrittene Recht, die Macht auch in jedem Bundesstaat auszuüben, falls die Lage in dem entsprechenden Staat als sehr schwierig angesehen wird. Diese sogenannte Präsidentenherrschaft ist in den letzten Jahren in mehreren Fällen durchgesetzt worden, sei es, weil „Recht und Gesetz nicht mehr gewahrt werden konnten" - das gilt insbesondere im Punjab von 1985 bis 1992, in Kaschmir 1990 und in Assam 1991 -, oder sei es aufgrund eines politischen Patts wie 1991 in Goa, Tamil Nadu, Pondicherry, Haryana sowie Meghalaya und 1992 in Nagaland. Von diesen Staaten unterstehen Kaschmir, Meghalaya und Nagaland noch immer der Zentralregierung. Bei der derzeitigen Mitte-Links-Regierung unter der Führung von Dewe Gowda handelt es sich um eine Minderheitsregierung, da die Kongreßpartei (I) von Rao bei den Wahlen 1995 die absolute Mehrheit verfehlte. Die Sitzverteilung im indischen Unterhaus, dem Lok Sabha, sah Mitte 1996 wie folgt aus: Kongreßpartei (I) 258, BJP 118, Janata Dal 39, CPI (M) 36, CPI 14, Unabhängige und Sonstige. Trotz starker Wellenbewegungen bei der Beliebtheit konnte die radikal-hin-

duistische Nationalistische Partei, die BJP, bei den letzten Wahlen große Gewinne erzielen. Sie ist jetzt auf Bundesebene die stärkste Oppositionspartei und die Partei, die in Gujarat die Macht in den Händen hält. Sie regierte bis zur Zerstörung der Babri-Moschee in Ayodhya und der Auflösung der Regierung dieser Bundesstaaten auch in Uttar Pradesh, Madhya Pradesh, Himachal Pradesh und Rajasthan. Bei den Wahlen in den Bundesstaaten in den Jahren 1994 und 1995 konnte die BJP die Macht in Gujarat verteidigen, schaffe aber anderswo die gesteckten Ziele nicht.

Nationalflagge und Nationalhymne: Die Nationalflagge wird als Trikolore bezeichnet. Sie weist drei horizontale Farbstreifen auf: oben orange, dann weiß und unten dunkelgrün. Das *Chakhra*-Rad der Mitte der Fahne beruht auf einem Motiv, das auf der berühmten Ashoka-Säule in Sarnath zu sehen ist.

Der Text der Nationalhymne stammt aus einem Hindi-Gedicht von Rabindranath Tagore:

Jana-gana-mana-adhinayaka java he
Bharat-bhagya-vidhata
Punjaba-Sindhu-Gujarata-Maratha
Dravida-Utkala-Banga
Vindhya-Himachala-Yamuna-Ganga
Uchchhala-Jaladhi-taranga
Tava Subha name jage, Tava subha asisa mage,
Gahe tava jaya-gatha.
Jana-gana-magala-dayaka, jaya he
Bharata-bhagya-vidhata
Jaya he, jaya he, jaya he
Jaya jaya jaya, jaya he.

Ins Deutsche übersetzt heißt dies sinngemäß:

Du bist der Herrscher über den Geist aller Menschen,
Herr über das Schicksal Indiens.
Dein Name rührt die Herzen von Punjab,
Sind, Gujarat und Maratha
von Drawid und Orissa und Bengalen.
Er tönt als Echo von den Bergen der Vindhyas und des Himalaja,
mischt sich mit der Musik von Jamuna und Ganges
und wird von den Wogen des Indischen Ozeans gesungen.
Sie beten für den Segen und singen Dir Lob,
Das Heil aller Menschen ruht in Deiner Hand,
Du Herr über das Schicksal von Indien,
Sieg, Sieg, Sieg sei Dir.

WIRTSCHAFT

Obwohl Indien vorwiegend ein Agrarland ist, erreichte es in den letzten Jahren mit seinen Fertigungsbetrieben auch einen guten Platz unter den Industrienationen der Welt. Die Wirtschaftsreformen in den letzten Jahren haben Indien in die Lage versetzt, Anziehungskraft auf multinationale Unternehmen auszuüben, die einen Schritt auf den riesigen indischen Markt planen.

Landwirtschaft: Die Landwirtschaft, die so lange der Hauptpfeiler der indischen Wirtschaft gewesen ist, macht heute nur noch 20 % des Bruttosozialprodukts aus. Gleichzeitig entfallen auf sie aber 50 % aller Arbeitsplätze. Nach der Erlangung der Unabhängigkeit war Indien einige Jahre lang auf ausländische Hilfe zur Deckung des Nahrungsmittelbedarfs der Bevölkerung angewiesen. In den letzten 30 Jahren ist die Produktion jedoch stetig gestiegen, vor allem durch sehr viel größere Gebiete, die heute bewässert werden, und aufgrund von ertragreichen Pflanzenarten sowie dem weit verbreiteten Einsatz von Dünge- und Pflanzenschutzmitteln. Das Land verfügt über große Lagerbestände an Getreide und exportiert sogar etwas davon.

Die wichtigsten Erzeugnisse sind Reis (jährlich 75 Millionen Tonnen) und Weizen (55 Millionen Tonnen). Im Export stehen jedoch Tee und Kaffee an der Spitze. Indien ist der weltweit größte Erzeuger von Tee mit einer jährlichen Produktion von ca. 740 Millionen Kilogramm, von denen etwa 200 Millionen exportiert werden. Praktisch der gesamte indische Tee stammt aus den Staaten Assam, West-Bengalen, Kerala und Tamil Nadu. Indien hat auch einen Anteil von rund 30 % am Weltmarkt bei Gewürzen und exportiert davon etwa 120 000 Tonnen jährlich.

Weitere bedeutende landwirtschaftliche Erzeugnisse für den Binnenmarkt sind Gummi mit einer Produktion von rund 400 000 Tonnen und Kokosnüsse, von denen pro Jahr fast eine Milliarde geerntet werden.

Industrie: Viele Jahre lang unterlag der Industriesektor einer strengen Kontrolle durch die Zentralregierung. Der Umfang der Interventionen der Regierung hat jedoch in den letzten zehn Jahren merklich abgenommen. Seit Narasimha Rao Mitte 1991 weitreichende wirtschaftliche Reformen initiierte, fließen ausländische Investitionen in das Land. Im Jahre 1994 hat die internationale Finanzwelt Indien „entdeckt" und seitdem nicht nur auf Rekordniveau Geld in indi-

schen Unternehmen investiert, sondern viele multinationale Gesellschaften haben Niederlassungen im Land gegründet, um Vorteile aus der verbesserten finanziellen Großwetterlage zu ziehen.

Ein Grund für den Eifer ausländischer Unternehmen, sich in Indien zu betätigen, ist es, Zugang zu den 300 Millionen Indern zu erhalten, die jährlich ein Einkommen von mehr als 700 US $ erzielen, und an die 100 Millionen Inder heranzukommen, die sogar mehr als 1400 US $ pro Jahr verdienen. Beide Gruppen verfügen über Mittel, um sich davon Konsumgüter zu kaufen.

Nach rein wirtschaftlichen Maßstäben waren die Ergebnisse der Wirtschaftsreformen beeindruckend, denn das Wirtschaftswachstum erreichte mit Rekorden bei den Exporten und Devisenreserven von 1994 bis 1995 nicht weniger als 5,5 %. Wie vorauszusehen war, hat sich das auf die 40 % der Bevölkerung, die unterhalb der Armutsgrenze lebt, kaum ausgewirkt. Außerdem droht die Inflation (derzeit 11 %) außer Kontrolle zu geraten. Trotz der Existenz einer großen Mittelklasse beträgt das Bruttosozialprodukt pro Kopf der Gesamtbevölkerung nur 12 000 Rs jährlich oder ca. 35 Rs pro Tag.

Obwohl die Situation sich verbessert, arbeiten die meisten Industriebetriebe noch auf der Basis von überholten Technologien und veralteter Ausstattung hoffnungslos ineffizient, wobei minderwertige Waren produziert werden, die nicht für den Export geeignet sind, die Arbeitsplätze häufig gefährlich sind und die Umweltverschmutzung ein unvorstellbares Ausmaß erreicht. Praktisch alles, was man in indischen Geschäften findet, stammt noch aus einheimischer Produktion. Das ist bemerkenswert, wenn man bedenkt, daß das Land nur eine kaum diversifizierte Industrie besaß, als es die Unabhängigkeit erlangte.

Textilien machen 25 % der Exporte aus, aber Maschinenbau, Schiffsbau und Chemie sowie zunehmend Hochtechnologie wie Computer-Software sind für den Export ebenfalls von Bedeutung. Die wichtigsten Importgüter sind Erdölprodukte, die ca. 25 % der Einfuhren ausmachen.

DIE INDER

Indien ist nach China das Land mit der zweitgrößten Bevölkerungszahl. 1961 lebten hier 439 Millionen Menschen, 1971 bereits 547 Millionen. Im Jahr 1981 war die Bevölkerung schon auf 687 Millionen Menschen und 1991 auf 843 Millionen angestiegen. Man schätzt, daß in Indien im Jahre 1995 bereits 930 Millionen Einwohner beheimatet waren. Trotz einer umfangreichen Ge-

burtenkontrolle wächst die Bevölkerung mit etwa 2,5 % pro Jahr noch immer viel zu schnell. Auch wenn Indien über eine Vielzahl von Großstädten verfügt, so gehören die Bewohner dennoch in der Mehrzahl zur Landbevölkerung. Schätzungen zufolge leben nämlich nur ca. 230 Millionen Inder in Städten. Bei der wachsenden Industrialisierung dauert die Landflucht allerdings an.

Die indische Bevölkerung ist alles andere als homogen. Auch den Außenstehenden fallen einige Merkmale leicht ins Auge: Da sind z. B. die relativ kleinen Bengalen im Osten, die größeren und hellhäutigen Menschen von Mittel- und Nordindien, die Bewohner von Kaschmir mit ihren deutlich asiatischen Zügen, die Tibeter aus Ladakh, Sikkim und dem Norden von Himachal Pradesh sowie die dunkelhäutigen Tamilen des Südens. Es grenzt fast an ein Wunder, daß die Zentralregierung es trotz all dieser regionalen Unterschiede schaffte, indische Gemeinsamkeiten herauszufinden und so erfolgreich ein indisches Ethos zu schaffen und ein Nationalbewußtsein zu wecken.

Obwohl die Mehrheit der indischen Bevölkerung aus Anhängern des Hinduismus besteht, finden sich auch große Minderheiten anderer Religionen. Hierzu rechnen vor allem die rund 105 Millionen Moslems, die Indien zu einem der größten moslemischen Länder der Erde machen.

Die Christen vereinen etwa 22 Millionen, die Sikhs etwa 18 Millionen, die Buddhisten 6,6 Millionen und die Jains 4,5 Millionen Menschen. Ungefähr 7 % der Bevölkerung werden bestimmten Stämmen zugerechnet, die sich überall verstreut im Lande angesiedelt haben, mit besonderen Schwerpunkten in der Nordost-

ecke des Landes sowie in Bihar, Orissa, Madhya Pradesh und Andhra Pradesh.

Die Alphabetisierungsrate beträgt landesweit 53 % und ist seit 1981 von damals 44 % gestiegen. Dabei können Männer mit 64 % im allgemeinen eher schreiben und lesen als Frauen (39 %). Allerdings schwankt die Alphabetisierungsrate stark von Bundesstaat zu Bundesstaat und beträgt in Kerala 91 %, während in Bihar nur 38 % der Einwohner schreiben und lesen können. Unter den Unberührbaren und Angehörigen von Stammesgruppen ist die Alphabetisierungsrate besonders niedrig und beträgt dort bei Männern nur 28 % und bei Frauen nur 9 %.

Geburtenkontrolle: Anfang der siebziger Jahre kam es zu einen großangelegten Blitzfeldzug zur Geburtenkontrolle, bei dem Werbesprüche und Plakate im ganzen Land zu sehen waren. Hierzu gehörte auch die berühmte (berüchtigte) Kampagne, die mit dem Motto „Transistorradio gegen Sterilisation" begann. Ernster war die kurze Kampagne zur Zeit des Notstandes, als Truppen von Sterilisatoren das Land terrorisierten und die Menschen Angst hatten, nach Einbruch der Dunkelheit noch aus dem Haus zu gehen. Diese gefährliche Kampagne, bei der über das Ziel weit hinausgeschossen wurde, hat das Programm zur Geburtenkontrolle in Indien um Jahre zurückgeworfen.

Erst Mitte der achtziger Jahre wurde das Thema der Geburtenkontrolle für die Regierung wieder wichtig, als Rajiv Gandhi dem Land das ehrgeizige Ziel von 1,3 Milliarden Indern im Jahre 2050 setzte.

Auch wenn Erfolge bei der Senkung der Geburtenrate zu erkennen sind, ist die Realität alles andere als erfolgversprechend. Viele Experten versichern, daß die Lösung des Problems der Bevölkerungsexplosion in einer verbesserten Ausbildung der Frauen bestehe, insbesondere in den ländlichen Gebieten. Frauen, die lesen und schreiben können und in einem Beruf ausgebildet sind, werden weit besser in der Lage sein, die Notwendigkeit einer Begrenzung der Zahl der Familienmitglieder und der Bevölkerung insgesamt einzusehen. Ein weiterer bedeutender Faktor, um den Wusch nach einer großen Familie zu mindern, ist die Senkung der Säuglingssterblichkeit. Solange Kinder Sicherheit im Alter bedeuten und männliche Erben so sehr gewünscht werden, ist es schwer, das Bevölkerungswachstum zu begrenzen.

Auch wenn die Bildung der Frauen ein wichtiger Teil des Programms ist, liegt der Schwerpunkt wiederum auf der Sterilisierung, wobei Frauen die Hauptzielgruppe sind. Es scheint, daß die Männer unwillig sind, sich sterilisieren zu lassen.

In den einzelnen Regionen werden Sozialarbeiter angehalten, „Freiwillige" für den Eingriff zu finden, wobei ihnen als Anreiz eine kleine Prämie für jede Person, die

---

Indiens Millionenstädte

Fast 30 % aller Inder wohnen in städtischen Gebieten. Daher ist es nicht erstaunlich, daß es im Land 20 Städte mit einer Million Einwohner oder mehr gibt. Das sind

Stadt	Einwohner in Millionen
Bombay	14,5
Kalkutta	12,0
Delhi	10,1
Madras	5,7
Hyderabad	4,7
Bangalore	4,5
Ahmedabad	3,6
Pune	2,7
Kanpur	2,3
Lucknow	1,8
Nagpur	1,8
Jaipur	1,7
Surat	1,6
Bhopal	1,2
Coimbatore	1,2
Indore	1,2
Madurai	1,2
Patna	1,2
Vadodara	1,2
Varanasi	1,2
Ludhiana	1,1
Visakhapatnam	1,1

sie dazu ermutigt haben, gezahlt wird. Auch jede Person, die sich sterilisieren läßt, enthält ein geringes Entgelt.

Ein weiterer Teil bei der Verbesserung einer Familienplanung ist der Einsatz der Medien - insbesondere des Fernsehens. Dabei wird eine Familie mit zwei Kindern als Ideal dargestellt und die Verwendung von Verhütungsmitteln, insbesondere Kondomen, propagiert.

Kasten: Verwirrend und in geheimnisvolles Dunkel gehüllt, das sind Indiens Kasten. Bei Reisenden sind sie Anlaß zu immer neuen Gesprächen und Diskussionen. Wie entstanden sie überhaupt, wie konnten sie über einen so langen Zeitraum hinweg bestehen bleiben? Und schließlich die vielen Probleme, die sie mit sich bringen. Die Anfänge des Kastenwesens sind verschwommen, aber man kann wohl davon ausgehen, daß sie von den Brahmanen oder Priestern geschaffen wurden, um deren Überlegenheit zu untermauern. Später weitete sich das Kastensystem bei der Einwanderung der Arier aus, die sich den einheimischen präarischen Indern überlegen fühlten. Mit der Zeit nahmen die Kasten feste Formen an und bildeten vier unterschiedliche Klassen, jede von ihnen mit eigenen Gesetzen für die Verhaltensweise.

Ganz oben rangiert die Klasse der Brahmanen. Zu ihnen gehören die Priester, und in ihren Händen liegt richterliche Macht, wenn es sich um Recht oder Unrecht bei Fragen zur Religion und zu den Kasten handelt. In der Kaste darunter finden sich die Kshatriyas als Soldaten und Verwaltungsbeamte, gefolgt von den Vaisyas, zu denen Künstler und Händler gehören. Schließlich und endlich kommen die Sudras; sie sind Bauern oder in der Landwirtschaft Tätige. Erklärt werden die vier Kasten oft auch wie folgt: Aus Brahmas Mund entsprangen die Brahmanen, seine Arme sind die Kshatriyas, die Oberschenkel bilden die Vaisyas und seine Füße die Sudras.

Weit unterhalb dieser vier Kasten rangiert eine fünfte Gruppe, die der Unberührbaren, die eigentlich gar keiner Kaste angehören, aber als „Scheduled Castes" bezeichnet werden. Den Unberührbaren obliegen minderwertige und degradierende Arbeiten. Es gab eine Zeit, in der es die Hindus der höheren Kasten in schieres Grauen versetzte, wenn einer dieser Unberührbaren denselben Tempel besuchte wie sie, sie berührte oder sich nur den eigene Schatten mit einem dieser Ausgestoßenen kreuzte. Geschah dies doch, dann hatte man sich beschmutzt. Erst eine strenge Säuberungsaktion durch vorgeschriebene Rituale brachte die nötige Reinigung.

Wenn auch das Kastensystem in den vergangenen Jahren etwas von seiner Strenge und Bedeutung eingebüßt hat, so geht von ihm dennoch auch heute noch eine nicht zu unterschätzende Macht aus, die den Alltag Indiens prägt. Dies gilt ganz besonders in den unteren Bevölkerungsschichten, d. h. bei Menschen mit unzureichender Schulbildung. Gandhi war es ein großes Anliegen, die Gruppe der Unberührbaren aus ihrer Isolation herauszuholen. Unter anderem ging die Umbenennung oder besser der Wiedereinführung der Bezeichnung „Harijans" auf seine Initiative zurück. Für ihn waren die Unberührbaren wieder die „Kinder Gottes". Vor kurzem hat aber auch der Begriff „Harijans" seine wohlwollende Bedeutung verloren und wurde im offiziellen Schriftverkehr in Madhya Pradesh sogar verboten. Der Begriff, den die Angehörigen dieser Gruppe selbst vorziehen, ist „Dalit", was übersetzt etwa „Unterdrückte" oder „Mit den Füßen getretene" bedeutet.

In diesem Zusammenhang muß aber auch erwähnt werden, daß die Zugehörigkeit zu einer bestimmten Kaste nicht unbedingt damit einherging und -geht, daß man einer bestimmten Berufsgruppe oder einer bestimmten Schicht angehört, wie es ja vergleichsweise auch nicht zutrifft, daß ein Farbiger immer arm oder Analphabet ist. Viele Brahmanen sind arme Bauern, und vor vielen hundert Jahren war der Führer der Marathen, Shivaji, ein Sudra. Auch später waren die Führer der Marathen nie Brahmanen. Trotzdem kontrollierten die Marathen nach dem Verfall der Mogulreiche weite Teile Indiens. Verallgemeinernd läßt sich aber sagen, daß gut situierte Inder meist einer höheren Kaste angehören und der Inder, der eine Toilette im Hotel säubert, ein Dalit ist. Immerhin war es aber den indischen Tageszeitungen Schlagzeilen wert, als Indian Airlines das erste Stewardess aus der Gruppe der Unberührbaren einstellte.

Wie erkennt man nun, welcher Kaste ein Inder angehört? Das ist schwierig, es sei denn, Sie kennen den Beruf Ihres Gegenüber. Übt die Person eine entwürdigende Arbeit aus, fegt sie Straßen oder arbeitet sie unter menschenunwürdigen Bedingungen in der Lederverarbeitung, dann können Sie fast sicher sein, daß sie der Gruppe der Harijans angehört. Treffen Sie dagegen einen Menschen mit bloßem Oberkörper, der ein heiliges Tuch über eine Schulter geworfen hat, ist er sicher ein Angehöriger einer höheren Kaste. Die Parsen tragen die gleiche Kleidung. Gehört aber ein indischer Staatsangehöriger zu den Sikhs oder ist er Moslem oder Christ, dann entfällt die Klassifizierung nach Kasten.

In mancher Hinsicht funktionieren die Kasten heute als inoffizielle Gewerkschaften, die sich untereinander respektieren. Die einzelnen Kasten sind jedoch oft nochmals unterteilt. So putzt sicher der eine nur Messing, ein anderer nur Silber. Obwohl viele der alten Gesetze in jüngster Zeit aufgehoben wurden, ist es für viele Inder einer höheren Kaste auch heute noch undenkbar, daß eine Person einer niedrigeren Kaste ihr Essen zubereitet. Mehr und mehr sind diese Regeln heute allerdings eine Sache des Bildungsstandes. Ein gebildeter Inder gibt ohne Zögern auch einem Angehörigen einer niedrigeren Kaste die Hand, und zwar auch, wenn es sich um die klassenlosen Unberührbaren handelt. Ebenfalls verlor die Tatsache an Gewicht, daß Inder, die auswanderten und damit die Zugehörigkeit zu ihrer Kaste verloren, zu Hause dann Ausgestoßene sind. Insoweit hat sich viel geändert. Oft tritt sogar das Gegenteil ein, nämlich dann, wenn ein Inder mit einem Abschluß an einer ausländischen Universität zurückkehrt.

Das Kastensystem bedeutet für Indien noch immer eine riesige Last. Während der letzten Jahre kam es gegen Unberührbare und Angehörige der sogenannten Backward-Klassen (den Angehörigen von Stämmen und solchen Personen, die aufgrund von kastenunabhängigen Gründen arm oder schlecht ausgebildet sind) zu zahlreichen Gewalttätigkeiten. Um das Los dieser Menschen zu verbessern, hat die Regierung für sie eine sehr große Zahl von Arbeitsplätzen im öffentlichen Sektor, von Parlamentssitzen und von Studienplätzen reserviert. Das Ergebnis dieser Politik, bei der nahezu 60 % aller Arbeitsplätze für Angehörige dieser Gruppen reserviert sind, ist, daß viele gut ausgebildete Menschen einen bestimmten Arbeitsplatz nicht bekommen können, den sie eigentlich sehr gut ausfüllen könnten. Im Jahre 1994 haben einige Bundesstaaten (wie Karnataka) in dem Versuch, die Unterstützung durch die Massen zu gewinnen, die Quote noch weiter erhöht. 1991 und erneut 1994 kam es wegen der Anhebung dieser Quoten zu ernsten Protesten. Sie waren in Gujarat, Uttar Pradesh, Delhi und Haryana am gewalttätigsten. Bei den Protesten im Jahre 1991 kamen zudem mindestens 100 Personen bei öffentlichen Selbstmorden ums Leben, während zahlreiche andere bei Selbstmordversuchen schwer verletzt wurden.

Verfolgt man dieses Problem zurück bis in das Mittelalter, so war es auch in Europa damals ein Ideal, Menschen an ihrem Platz zu halten. Bauern hatten ihren Acker zu bewirtschaften, gehorsam zu sein, hart zu arbeiten und ihr Eigentum zusammenzuhalten. Dann war das Himmelreich ihnen gewiß. Vielleicht hat sich das Kastensystem in ähnlicher Weise entwickelt. Das Leben kann noch so erdrückend sein, es ist das Karma, einer bestimmten Kaste anzugehören. Nimm es an, sei gefügig, und du wirst in deinem nächsten Leben bessere Bedingungen vorfinden und genießen! Nach diesem Grundsatz bestimmt sich auch heute noch das Leben in großen Teilen der indischen Gesellschaft.

Stammesgruppen: Für die meisten Menschen ist es eine Überraschung zu erfahren, daß mehr als 50 Millionen Inder Stammesgemeinschaften angehören, die sich von der großen Masse der hinduistischen Kastengesellschaft unterscheiden. Diese Aadivasi, wie sie in Indien genannt werden, haben ihre Ursprünge bereits in der Zeit vor den vedischen Ariern und den Drawiden im Süden. Tausende von Jahren lebten sie ungestört in den Bergen in dicht bewaldeten Regionen, die von den Bauern der dynamischeren Bevölkerungsgruppen als unattraktiv angesehen wurden. Viele sprechen noch heute Stammesdialekte, die von den politisch dominierenden Hindus nicht verstanden werden, und folgen archaischen Bräuchen, die sowohl den Hindus als auch den Moslems fremd sind.

Auch wenn es offensichtlich in einigen Gegenden Kontakte zwischen diesen Stämmen und den hinduistischen Dorfbewohnern der Ebenen gab, führte dies nur selten zu Reibungen, da kaum oder gar keine Konkurrenz im Hinblick auf Ressourcen oder Land bestand. All dies änderte sich dramatisch mit der verbesserten Kommunikation und Infrastruktur, die vorher nicht oder nur schwer zugängliche Gebiete der Stämme für andere Bevölkerungsgruppen öffneten. Das rapide Wachstum der indischen Bevölkerung führte zu dem steigenden Druck auf die bessere Ausnutzung der Ressourcen. In einem Zeitraum von nur 40 Jahren nahm man dem überwiegenden Teil der Stämme das Land ihrer Ahnen ab und machte sie selbst zu verarmten Arbeitern, die von jedermann ausgebeutet wurden. Die einzige Region, in der dies nicht geschehen ist und in der auch heute noch Stammesgemeinschaften selbstbestimmt leben, ist Arunachal Pradesh im äußersten Nordosten von Indien. Nur hier kann man sagen, daß die Stämme vom Kontakt mit der modernen Welt profitiert und sich dennoch ihre eigene Kultur bewahrt haben.

Überall anders in Indien, insbesondere in Madhya Pradesh, Andhra Pradesh und Bihar, hat die schockierende Geschichte der Ausbeutung, Enteignung und einer weit verbreiteten Hungersnot mit stillschweigendem Einverständnis, wenn nicht sogar mit Ermutigung offizieller Stellen stattgefunden. Das ist eine Tatsache, die die Regierung jedoch am liebsten vergessen würde und deren Existenz sie vehement bestreitet. Statt dessen verweist sie auf die Millionen von Rupien, die, wie sie sagt, in Projekte zur Verbesserung der Lebenssituation von Ureinwohnern der Region investiert wurden. Obwohl ein Teil der Hilfsgelder bei ihnen ankommt, wird ein großer Teil davon noch auf dem Weg dorthin durch verschiedene Arten der Korruption beiseite geschafft.

Es ist unwahrscheinlich, daß man sich unter dem Druck, mehr Land zu erhalten, wirklich bemühen wird, die Situation der Stämme auf dem indischen Subkontinent zu verbessern. Weit wahrscheinlicher ist es, daß der Zerfall ihrer Kulturen und Traditionen sich fortsetzen wird, bis sie schließlich als Stämme verschwunden sind.

KULTUR

FRAUEN IN DER GESELLSCHAFT

Indien ist ein Land großer Entbehrungen, wobei die Menschen, die darunter am meisten zu leiden haben, in aller Regel die Frauen sind. Es ist bittere Ironie, daß in der gleichen Zeit, in der Indiens Premierministerin als mächtigste Frau der Welt gelten konnte, 75% der indischen Frauen nur ungenügend ausgebildet waren und wenig Rechte besaßen, dafür aber anstrengende und schlecht bezahlte Arbeit verrichten mußten und wenig Aussicht auf bessere Zeiten haben konnten.

Die Probleme einer indischen Frau beginnen bereits mit ihrer Geburt. Selbst heute noch sind Jungen erwünschter als Mädchen, da Jungen später ihren Eltern im Alter Sicherheit bieten können und weiblicher Nachwuchs traditionellerweise selbst nach der Heirat im Haus der Eltern bleibt. Mädchen gelten für ihre Familien als Belastung, nicht nur, weil sie mit der Heirat ins Haus der Schwiegereltern wechseln, sondern auch, weil eine adäquate Mitgift gezahlt werden muß. Aus all dem folgt, daß Mädchen, wenn die Lebensmittel knapp werden, nur ungenügend gefüttert werden und auch ihre Ausbildung vernachlässigt wird. Der Wunsch nach einem Jungen ist so groß, daß Kliniken in Indien normalerweise Schwangerschaftsuntersuchungen durchführen, um das Geschlecht des Fötus zu bestimmen, und anschließend in vielen Fällen ein weiblicher Fötus abgetrieben wird. Auch wenn solche Praktiken heute gesetzlich verboten sind, muß man davon ausgehen, daß sie trotzdem weiterhin üblich sind.

Arrangierte Ehen sind auch heute noch eher die Norm als die Ausnahme. Ein Mädchen, das in einem Dorf aufgewachsen ist, wird oft genug schon im frühen Jugendalter mit einem Mann verheiratet, den es noch nie gesehen hat. Es muß dann in seinem Dorf leben, wo man von dem Mädchen erwartet, daß es nicht nur Handarbeiten verrichtet (für etwa die Hälfte des Gehaltes, das ein Mann für identische Arbeit bekommen würde), sondern auch noch Kinder großzieht und den Haushalt führt. Die Haushaltsführung bedeutet häufig auch eine tägliche Strecke von mehreren Kilometern zur Wasserstelle und zurück, wie auch zum Holz holen und zum Futter sammeln für die Nutztiere. Falls der Ehemann Land besitzt, hat die Frau daran keinerlei Besitzansprüche. Ferner ist Gewalt in der Ehe absolut üblich, wobei der Mann es als sein Recht empfindet, seine Ehefrau schlagen zu dürfen. In verschiedener Hinsicht ist ihr Status nicht besser als der eines Sklaven.

Für die in Städten lebenden Frauen der Mittelklasse ist das Leben materiell gesehen weitaus bequemer, doch Unterdrückung kommt auch dort vor. Zwar legt man in Städten bei Frauen größeren Wert auf eine vernünftige Ausbildung, aber die soll dazu dienen, ihre Heiratschancen zu erhöhen. Wenn städtische Frauen erst verheiratet ist, reduziert sich ihr einziger Daseinszweck auf Kinder und Haushalt. Wie auch bei ihren auf dem Land lebenden Geschlechtsgenossinnen können, wenn sie den in sie gesetzten Erwartungen nicht genügen, die Konsequenzen sehr hart sein. Auch in dieser Gesellschaftsschicht reicht es für eine Tragödie schon aus, wenn eine Frau ihren Schwiegereltern keinen Enkelsohn schenken kann, nicht zuletzt deshalb, weil die Praxis der Selbstverbrennung immer noch ausgeübt wird. Täglich berichten Zeitungen von „Unglücksfällen", bei denen Frauen in Küchenfeuern verbrannt sind, normalerweise ausgelöst durch „verschüttetes" Kerosin. Der Hauptteil dieser Todesfälle besteht allerdings entweder aus Selbstmorden - verzweifelte Frauen, die dem Druck der Schwiegereltern nicht länger standhalten konnten - oder aus Morden durch von den Schwiegereltern gedungene Mörder, um so für den Sohn den Weg frei zu machen für eine ihrer Meinung nach erfolgversprechendere Wiederheirat.

Eine verheiratete Frau stößt auf noch größere Schwierigkeiten, wenn sie sich von ihrem Ehemann scheiden lassen möchte. Auch wenn die Verfassung geschiedenen (und verwitweten) Frauen eine Wiederheirat gestattet, finden sich doch nur wenige in einer gesellschaftlichen Stellung, die ihnen dies auch ermöglicht - einfach deshalb, weil sie von der Gesellschaft geächtet werden. Sogar die eigenen Familien von solchen Frauen stellen sich gegen sie, sobald sie eine Scheidung wollen. Hinzu kommt, daß kein soziales Netz besteht, das sie auffangen könnte. Eine Heirat in Indien gründet sich meistens nicht auf der Liebe zwischen zwei Personen, sondern dient der gesellschaftlichen Verknüpfung zweier Menschen und deren Familien. Es liegt dann in der Verantwortung der beiden Eheleute, diese Verknüpfung trotz eventueller Hindernisse bestehen zu lassen. Falls die Ehe schief geht, leidet zwar der Ruf von beiden, sowohl von Ehemann als auch von Ehefrau, der Fall der Frau ist jedoch viel tiefer. Die Scheidungsraten in Indien sind daher sehr niedrig, was niemanden erstaunen wird.

All dies bildet die düsteren Seiten des Lebens von Frauen in Indien, es gibt jedoch auch positive Aspekte.

In den letzten zehn Jahren konnte die Frauenbewegung den Status der Frauen in Indien verbessern. Auch wenn so gut wie alle Berufe noch sehr stark von Männern dominiert werden, gelangen den Frauen doch Fortschritte. Beispielsweise wurde 1993 die erste Frau beim Militär aufgenommen, und auch etwa 10 % der Abgeordneten sind Frauen. Zwei hochgestellte berufstätige Frauen der neueren Zeit waren bzw. sind einmal natürlich die frühere Premierministerin Indira Gandhi und Kiran Bedi, am Anfang Indiens erster weiblicher Polizeioffizier, später stellvertretende Polizeipräsidentin in Delhi und heute Leiterin von Delhis größtem Gefängnis Tihar Jail.

Für die Frauen auf dem Land ist eine solche Entwicklung viel schwieriger, doch auch dort haben Gruppen wie die SEWA (Self Employed Women's Association) gezeigt, was möglich ist. Hier haben sich arme Frauen und Frauen der niedrigen Kasten, die nur niederste Arbeiten wie z. B. das Durchstöbern von Müllkippen nach Papierabfällen verrichten dürfen, in Vereinigungen organisiert, die ihnen zumindest etwas Unterstützung im Kampf gegen Diskriminierung und Ausbeutung gewähren können. Die SEWA hat darüber hinaus eine Bank gegründet, die vielen armen Frauen das erste Mal die Möglichkeit bietet, Ersparnisse anzusammeln, da die normalen Banken keine Geldgeschäfte mit Leuten tätigen, die normalerweise nur über derart geringe Mittel verfügen (weitere Informationen vgl. Exkurs über die SEWA im Kapitel über Gujarat).

Die Einstellung in Indien gegenüber Frauen ändert sich zwar allmählich, doch werden noch Jahrzehnte vergehen, bis eine Frau mit dem Mann auf annähernd gleicher Stufe stehen kann. Derzeit beschränkt sich die Kraft der meisten Frauen noch auf die Einflußnahme bei allen familiären Belangen und bleibt daher weitestgehend unsichtbar.

HEIRAT

Das Kastensystem ist bei der Wahl des Ehepartners noch intakt. Es genügt, nur einige der „Heiratsanzeigen" zu lesen, die an vielen Stellen zu finden sind, darunter auch in den nationalen Sonntagszeitungen (und heutzutage sogar im Internet!), um festzustellen, daß eine Heirat über die Kastenschranken hinweg, selbst unter den wohlhabenden und gebildeten Indern oder Angehörigen hoher Kasten, praktisch nicht vorkommt. Die Mehrzahl der Hochzeiten wird von den Eltern organisiert, auch wenn „Liebesheiraten" zunehmend Verbreitung finden, vor allem in den Großstädten.

Wenn ein Ehepaar eine Partnerin für den Sohn oder einen Partner für die Tochter aussucht, werden dabei verschiedenen Faktoren berücksichtigt. Natürlich hat die Kastenzugehörigkeit Vorrang, aber es werden darüber hinaus auch Schönheit und physische Mängel oder Vorzüge berücksichtigt. Die Heiratsanzeigen können in dieser Hinsicht von brutaler Offenheit sein. Zusätzlich wird häufig noch ein Horoskop für den Partner oder die Partnerin in spe eingeholt. Viele potentielle Ehen wurden nur verworfen, weil die astrologischen Zeichen nicht vielversprechend waren. Die finanzielle Lage wird ebenfalls berücksichtigt.

Ein weiterer Punkt bei einer Heirat ist die unglückselige Tradition der Mitgift. Ursprünglich handelte es sich dabei um ein Geschenk der Brauteltern an die Braut, damit diese einen eigenen Besitz hatte und in die Lage versetzt wurde, ihren Töchtern ebenfalls eine Mitgift zukommen zu lassen. Heute ist daraus jedoch eine Statusfrage der Familie der Braut geworden. Je höher die Mitgift und je festlicher die Hochzeitsfeier, desto größer ist das Prestige für die Familie.

Auch wenn die Praxis der Mitgift offiziell verboten wurde, wird sie bei den meisten Eheschließungen doch noch erwartet. Für ärmere Familien kann daher eine Heirat zu einer riesigen finanziellen Last werden. Viele Familien haben Geld geliehen, um entweder die Mitgift ihrer Töchter finanzieren oder aber eine verschwenderische Hochzeit ausrichten zu können (oder sogar beides), wobei im allgemeinen Wucherzinsen zu zahlen sind. Am Ende stehen sie bis zu ihrem Tod bei den gefürchteten Geldverleihern in der Schuld oder werden Leibeigenen vergleichbare Arbeiter.

Die Höhe der erwarteten Mitgift variiert, ist jedoch nie gering. Bestimmend sind vor allem der Bildungsgrad und der soziale Status des jungen Mannes. Eine Mitgift von wenigstens 20 000 US $ wird von der Familie einer jungen Frau erwartet, die hofft, einen Absolventen einer ausländischen Universität, einen Doktor oder einen anderen hochbezahlten Spezialisten zu heiraten. Eine „Grüne Karte" (eine unbefristete Aufenthaltsgenehmigung für die USA) ist ebenfalls sehr gefragt. Wer eine solche besitzt, kann eine hohe Summe verlangen. Das offizielle Mindestalter zum Heiraten beträgt in Indien 18 Jahre, wird jedoch weitgehend ignoriert. 8 % der Mädchen zwischen 10 und 14 Jahren und fast 50 % aller Inderinnen zwischen 15 und 19 Jahren sind bereits verheiratet, auch wenn das durchschnittliche Heiratsalter für Frauen 18,3 und für Männer 23,3 Jahre beträgt. Die Jungfräulichkeit ist von großer Bedeutung und wird bei den erwarteten Attributen der Frau in Heiratsanzeigen häufig aufgeführt.

INDISCHE KLEIDUNG

Nicht wenige Indienreisende beginnen schon unterwegs mit dem Tragen indischer Kleidung, denn es zeigt sich, daß die beliebteste Kleidung in der westlichen Welt - Jeans und T-Shirt - doch nicht für alle Gegenden Indiens ideal ist. Das bekannteste aller indischen Kleidungsstücke ist wohl der Sari. Er kann von fast allen Frauen, auch von denen aus der westlichen Welt, getragen werden. Dieses zudem äußerst anmutige Gewand besteht nur aus einer einzigen Stoffbahn, ein wenig breiter als ein Meter und zwischen fünf und neun Meter lang. Er wird ohne jegliche Hilfsmittel wie Knöpfe, Nadeln oder Schlaufen getragen. Die recht knapp geschneiderte kleine Bluse, die unter dem Sari getragen wird, heißt *choli*. Das eine Ende des Saris, das über die Schulter der Trägerin geschlagen wird, wird *pallav* oder *palloo* genannt.

Saris sind aber für Frauen in Indien nicht die einzigen Bekleidungsstücke. So tragen die Kaschmiri- und Sikh-Frauen weite Hosen, die einem Schlafanzug ähneln. Diese Hosen heißen *salwars*, und über ihnen tragen die Sikh-Frauen eine lose flatternde Tunika, die *kameez*. Die *churidhar* ähnelt der *salwar*, ist aber enger geschnitten. Hierzu trägt man als Oberteil ein kragenloses oder ein höchstens mit einem Mandarinkragen ausgestattetes Hemd, das *kurta* genannt wird und ein Kleidungsstück ist, das sowohl von Männern als auch Frauen getragen wird und im Westen ebenfalls beliebt ist.

Die Mehrheit der indischen Bevölkerung trägt zwar immer noch die traditionelle Kleidung. Langsam setzt sich aber auch bei den Indern die westliche Kleidung durch. Blickt man einmal in den Anzeigenteil einer Zeitung, dann stellt man fest, daß die Hersteller der Textilbranche sehr stark für die westliche Garderobe, bestehend aus Anzug und Hemd, werben. Hierbei hat man den konventionellen Anzug samt Oberhemd, alles natürlich maßgeschneidert, im Auge.

Der traditionelle *lungi*, der früher nur im Süden beheimatet war, wo er auch seinen Ursprung hatte, wird heute sowohl von Männern als auch von Frauen getragen. Er besteht aus einem Stück Stoff, das wie ein Sarong getragen wird. Ein *lungi* kann man hochrollen, sollte aber wieder heruntergelassen werden, wenn man sitzt oder wenn man ein Haus oder einen Tempel betritt. Ein *dhoti* dagegen ist ein etwas formelleres Kleidungsstück. Die einem Schlafanzug ähnelnden Hosen, die die Landbevölkerung trägt, heißen *langa*. Die gestreiften Pyjamaanzüge sind zwar sehr bequem, werden aber hinlänglich als Kleidungsstücke unterer Bevölkerungsschichten angesehen. Ganz sicher ist man damit nicht richtig für einen Besuch in einem teuren Restaurant oder gar im privaten Rahmen angezogen.

Hinzu kommen unendlich viele religiös bedingte und regionale Trachten, wie die außerordentlich prächtigen Hemden aus Rajasthan und die Kleider aus anderen farbenfrohen Stoffen. In Ladakh tragen die Frauen wunderschöne tibetische Trachten mit hohen Hüten. Die Männer tragen dort lange Gewänder, die wie ein Talar aussehen. Die Moslemfrauen verhüllen sich nahezu völlig und sind nicht sehr modebewußt, ganz im Gegensatz zu den Frauen, die dem Hinduismus angehören. Die ganz traditionsbewußten Moslems tragen die alles bedeckende, wie ein Zelt anmutende *burkha*.

SPORT

Indiens Nationalsport ist Kricket. Aber die indische Variante dieser Sportart beinhaltet einige Eigenarten und Besonderheiten, die dem indischen Temperament entsprechen. Sie werden auf Ihrer Reise, sofern diese in die Kricketsaison fällt, australische oder englische Mannschaften treffen, die gegen indische Konkurrenten spielen. Während eines Kampfes werden Sie an jeder Straßenecke auf Menschentrauben stoßen, die gebannt am Lautsprecher eines Transistorradios hängen, um die neuesten Ergebnisse zu hören. Spiele zwischen Indien und Pakistan sind nicht selten mit Auseinandersetzungen verbunden. Dies zeigt die immer noch bestehende Spannung zwischen den beiden Ländern.

Indien ist aber auch eines der Länder mit den besten Hockeyspielern und hat in dieser Sportart bei Olympischen Spielen mehrere Goldmedaillen gewonnen. Auch der Fußball hat viele Anhänger, insbesondere in Kalkutta.

SPRACHE

Da es noch immer keine „indische" Sprache gibt, konnte sich Englisch als Amtssprache halten und wird auch weithin gesprochen. Dies ist um so erstaunlicher, als die Briten ja schon seit mehr als 40 Jahren nicht mehr im Land sind. Englisch ist auch immer noch die offizielle Sprache in der Rechtsprechung. Daneben gibt es aber eine große Zahl von anderen Sprachen, wobei die Grenzen häufig im Hinblick auf die jeweils vorherrschende Sprache gezogen wurden. Nach der Verfassung sind in Indien 18 bedeutendere Sprachen anerkannt, die sich in zwei Gruppen unterteilen lassen: die indischen oder indo-arischen und die drawidischen. Daneben sind im Land bei der Volkszählung im Jahre 1991 mehr als 1600 unbedeutendere Sprachen und Dialekte festgestellt worden. Das Ausmaß der möglichen Mißverständnisse und des Sichnicht-Verstehens kann nicht deutlicher unterstrichen werden.

Die indischen oder indo-arischen Sprachen sind ein Zweig der indo-europäischen Sprachen (zu denen auch Deutsch und Englisch gehören) und waren die Sprachen der Bewohner von Zentralasien, die in das

Die 18 wichtigsten Sprachen in Indien

Hindi: Hindi ist die wichtigste Sprache in Indien, auch wenn sie nur von ca. 20 % der indischen Gesamtbevölkerung gesprochen wird, hauptsächlich im sogenannten Hindi-Gürtel, zu dem Bihar, Madhya Pradesh, Rajasthan und Uttar Pradesh gehören.

Assamesisch: Das ist die Amtssprache von Assam, die von ca. 60 % der Bevölkerung gesprochen wird. Sie geht bis auf das 13. Jahrhundert zurück.

Bengali: Es wird von fast 200 Millionen Menschen (überwiegend im heutigen Bangladesch) gesprochen und ist außerdem die Amtssprache in West-Bengalen. Im 13. Jahrhundert entwickelte es sich zur Sprache.

Gujarati: Amtssprache in Gujarat

Kannada: Amtssprache von Karnataka, die von ca. 65 % der Bevölkerung dieses Bundesstaates gesprochen wird.

Kaschmiri: Etwa 55 % der Bürger von Jammu und Kaschmir sprechen dieses Idiom. Es handelt sich um eine indische Sprache, die in persisch-arabischer Schrift geschrieben wird.

Konkani: Konkani ist eine drawidische Sprache, die insbesondere von den Einwohnern in der Region Goa gesprochen wird.

Malayalam: Eine drawidische Sprache, die Amtssprache in Kerala ist.

Manipuri: Eine indische Sprache in der Nordostregion

Marathi: Diese indische Sprache geht auf das 13. Jahrhundert zurück und ist Amtssprache in Maharashtra.

Nepali: Nepali ist die vorherrschende Sprache in Sikkim, wo rund 75 % der Einwohner ethnisch Nepali sind.

Oriya: Ebenfalls eine indische Sprache, die als Amtssprache von Orissa von 87 % der Bevölkerung dieses Bundesstaates gesprochen wird.

Punjabi: Auch das Punjabi, die Amtssprache des Punjab, gehört zu den indischen Sprachen. Ursprünglich in derselben Schrift wie das Hindi aufgezeichnet, verwendet man im Punjabi heute eine Schrift aus dem 16. Jahrhundert, das Gurumukhi, das von dem Sikh-Guru Angad geschaffen wurde.

Sanskrit: Hierbei handelt es sich um eine der ältesten Sprachen der Welt und die Sprache des klassischen Indien. Alle *Veden* und die klassische Literatur wie das *Mahabharata* und das *Ramayana* wurden in dieser indischen Sprache verfaßt.

Sindhi: Eine nicht unerhebliche Zahl von Menschen mit der Muttersprache Sindhi lebt im heutigen Pakistan, der größere Teil jedoch in Indien. In Pakistan verwendet man dabei eine persisch-arabische Schrift, in Indien die Devanagari-Schrift.

Tamil: Diese alte drawidische Sprache ist mindestens 2000 Jahre alt und wird von wenigstens 65 Millionen Menschen gesprochen.

Telugu: Telugu ist die am häufigsten gesprochene drawidische Sprache. Sie ist Amtssprache in Andhra Pradesh.

Urdu: Urdu ist die Amtssprache in Jammu und Kaschmir. Wie das Hindi entstand es im frühen Delhi. Während das Hindi vor allem von der hinduistischen Bevölkerung angenommen wurde, verbreitete sich das Urdu vor allem bei den Moslems, so daß es in arabisch-persischer Schrift geschrieben wird und viele Wörter persischer Herkunft beinhaltet.

Gebiet einfielen, das heute Indien ausmacht. Die drawidischen Sprachen dagegen waren schon immer im südlichen Indien zu Hause, auch wenn sie im Laufe der Zeit vom Sanskrit und Hindi beeinflußt wurden.

Die meisten in Indien verbreiteten Sprachen kennen auch eine eigene Schrift, die meistens zusammen mit Englisch benutzt wird. In einigen Staaten jedoch wie Gujarat wird man kaum ein einziges Wort in Englisch lesen können, während in Himachal Pradesh fast alles auch in Englisch geschrieben wird. Ein Beispiel für die unterschiedlichen Schriftarten findet man auf Banknoten im Wert von 5 Rs oder mehr, auf denen 15 Sprachen vertreten sind. Das sind von oben Assamesisch, Bengali, Gujarati, Kannada, Kaschmiri, Malayalam, Hindi (Devanagari), Oriya, Punjabi, Rajasthani, Tamil, Telugu und Urdu.

In jüngster Vergangenheit wurden viele Anstrengungen unternommen, um Hindi als Nationalsprache zu fördern und Englisch Schritt für Schritt zu verdrängen. Ein dicker Bremsklotz auf diesem Gebiet ist jedoch die Tatsache, daß Hindi vornehmlich im Norden gesprochen wird und außerdem mit anderen Sprachen im Norden Indiens verwandt ist, dagegen nur wenige Verbindungen zu den drawidischen Sprachen des Südens hat, so daß im Süden Indiens kaum Hindi gesprochen wird. Daher ist es verständlich, daß vom Süden auch der größte Widerstand gegen die Einführung von Hindi als Landessprache kam. Dort unterstützt die Bevölkerung mehrheitlich die englische Sprache.

Für viele gebildete Inder ist Englisch sowieso die Muttersprache, und für einen weiteren, nicht unbeträchtlichen Teil der Bevölkerung, der ohnehin mehr als eine Sprache beherrscht, ist Englisch die zweite Sprache, noch vor einer weiteren Sprache aus Indien. So wird denn auch ein Reisender nicht vor allzu große Probleme gestellt, wenn er ein paar Brocken Englisch kann. Schließlich müssen viele Inder selbst auf diese Sprache zurückgreifen, wenn sie sich untereinander verständigen wollen. Dennoch ist es immer ganz gut, wenn man auch einige Brocken in Landessprachen beherrscht.

HINDI

Eine ausführliche Aufstellung mit Wörtern und Sätzen in Hindi können Sie dem *walk & talk Sprachführer Indien* (Thomas Schreiber Verlag, München) entnehmen.

Hallo,	namaste
auf Wiedersehen	
Entschuldigen Sie	maaf kijiyeh
bitte	meharbani seh
ja	haan
nein	nahin

groß	bherra
klein	chhota
heute	aaj
Tag	din
Nacht	raat
Woche	haftah
Monat	mahina
Jahr	saal
Medizin	dava-ee
Eis	baraf
Ei	aanda
Frucht	phal
Gemüse	sabzi
Zucker	chini
Butter	makkhan
Reis	chaval
Wasser	paani
Tee	chai
Kaffee	kaafi
Milch	dudh

Sprechen Sie Englisch?
Kya aap angrezi samajhte hain?
Ich verstehe nicht.
Meri samajh men nahin aaya.
Wo ist ein Hotel?
Hotal kahan hai?
Wie weit ist ... entfernt?
... kitni duur hai?
Wie gelange ich nach ...?
... kojane ke liyeh kaiseh jaana parega?
wieviel?
kitneh paiseh? oder *kitneh hai?*
Das ist teuer.
Yeh bahut mehnga hai.
Zeigen Sie mir bitte die Speisekarte.
Mujheh minu dikhaiyeh.
Die Rechnung bitte!
Bill de dijiyeh!
Wie heißen Sie?
Aapka shubh naam kya hai?
Wie spät ist es?
Kitneh bajeh hain?
Komm her!
Idhar aaiyee!
Wie geht es Ihnen?
Aap kaiseh hain?
Danke, sehr gut.
Bahut acha, shukriya.

Sehr vorsichtig sollten Sie mit dem Wort acha umgehen, dem üblichen Ausdruck für „in Ordnung" oder „O.K.".
Es kann nämlich auch „O.K., ich habe verstanden, aber es ist nicht in Ordnung" bedeuten.

TAMIL

Für Hindi wird zwar als Nationalsprache immer mehr geworben, aber damit kommt man im Süden des Subkontinents nicht allzu weit. Dort dominiert Tamil (auch wenn Englisch vielfach ebenfalls gesprochen wird). Tamil ist eine viel schwerer zu erlernende Sprache, in der auch die Aussprache nicht einfach ist.

Hallo	*vanakkam*
auf Wiedersehen	*sendru varugiren*
Entschuldigen Sie	*mannithu kollungal*
bitte	*dhayasu seidhu*
ja	*aaman*
nein	*illai*

groß	*periaydhu*
klein	*siriyadhu*
heute	*indru*
Tag	*pagal*
Nacht	*iravu* oder *rathiri*
Woche	*vaaram*
Monat	*maadham*
Jahr	*aandu*
Medizin	*marandhu*
Eis	*panikkatti*
Ei	*muttai*
Frucht	*pazhlam*
Gemüse	*kaaikari*
Zucker	*sarkarai* oder *seeni*
Butter	*vennai*
Reis	*saadham* oder *soru*
Wasser	*thanner*
Tee	*thenneer*
Kaffee	*kapi*
Milch	*paal*

Sprechen Sie Englisch?
Neengal aangilam pesuveergala?
Ich verstehe nicht.
Yenakku puriyavillai.
Wo ist ein Hotel?
Hotel yenge irrukindradhu?
Wie weit ist ... entfernt?
Yevallavu dhooram ...?
Wie gelange ich nach ...?
Haan yeppadi selvadhu ...?
wieviel?
yevvallvu?
Das ist teuer.
Idhu vilai adhigam.
Zeigen Sie mir bitte die Speisekarte.
Saapatu patiyalai kamiungal.
Die Rechnung bitte!
Vilai rasidhai kodungal.
Wie heißen Sie?

Ungal peyar yenna?
Wie spät ist es?
Ippoludhu mani yevallavu?
Wie geht es Ihnen?
Neengal nalama?
Danke, sehr gut.
Nandri, nandraga irukkindren.

ZAHLEN

Eine Eigenart unseres Zahlungssystems ist, daß wir in Zehner-, Hunderter-, Tausender-, Millionen- und Milliarden-Schritten rechnen. Das indische Zahlensystem folgt dem nicht ganz. Man rechnet in Zehnern, Hundertern, Tausendern, Hunderttausendern und Zehnmillionen. So sind Hunderttausend in der indischen Bezeichnung *lakh*, und 10 Millionen sind *crore*.
Diese beiden Ausdrücke werden auch dann gebraucht, wenn die Unterhaltung in Englisch geführt wird, also anstelle der englischen Bezeichnung. Daher stoßen Sie in Indien auf die Bezeichnung zehn *lakh* anstelle von einer Million, und *crore* steht dann für 10 Millionen. Dem entsprechend werden auch die Zahlen anders geschrieben: 3 00 000 (drei *lakh*) und nicht 300 000 (dreihunderttausend) oder 1 05 000 (ein *crore*, fünf *lakh*) und nicht 10 500 000 (zehn Millionen fünfhundert Tausend). Wenn Sie unterwegs hören, daß ein Gegenstand fünf *crore* oder zehn *lakh* wert ist, dann sind Rupien gemeint.
Wenn man in Hindi von 10 bis 100 zählt, gibt es kein System, nach dem diese Zahlen zusammengesetzt werden. Sie sind alle verschieden.

		Hindi	Tamil
1		*ek*	*onru*
2		*do*	*irandu*
3		*tin*	*moonru*
4		*char*	*naangu*
5		*panch*	*ainthu*
6		*chhe*	*aaru*
7		*saat*	*ezhu*
8		*aath*	*ettu*
9		*nau*	*onpathu*
10		*das*	*pathu*
11		*gyaranh*	*padhinondru*
12		*baranh*	*pannirendu*
13		*teranh*	*padhimundru*
14		*chodanh*	*padhiaangu*
15		*pandranh*	*padhinainthu*
16		*solanh*	*padhiaaqru*
17		*statranh*	*padhinezhu*
18		*aaththaranh*	*padhinettu*
19		*unnis*	*patthonpattu*
20		*bis*	*irubadhu*
21		*ikkis*	*irubadhiondru*
22		*bais*	*irubadhirandu*

23	*teis*	*irubadhi-moonru*	60	*saath*	*arubathu*
24	*chobis*	*irubadhi-naangu*	65	*painsath*	*arubathi-ainthu*
25	*pachis*	*rubadhiainthu*	70	*sattar*	*ezhbathu*
26	*chhabis*	*irubadhiaaru*	75	*pachhattar*	*ezhubathi-ainthu*
27	*sattais*	*irubadhiezhu*	80	*assi*	*enbathu*
28	*athais*	*irubadhiettu*	85	*pachasi*	*enabathi-ainthu*
29	*unnattis*	*irubadhion-pathu*	90	*nabbe*	*thonooru*
30	*tis*	*muppathu*	95	*pachanabbe*	*thonootri-ainthu*
35	*paintis*	*muppathi-ainthu*	100	*so*	*nooru*
40	*chalis*	*narpathu*	200	*do so*	*irunooru*
45	*paintalis*	*narpathi-ainthu*	1000	*ek hazaar*	*aayiram*
			2000	*do hazaar*	*irandaayi-ram*
50	*panchas*	*aimbathu*			
55	*pachpan*	*aimbathi-ainthu*	100 000	*lakh*	*lacham*
			10 000 000	*crore*	*kodi*

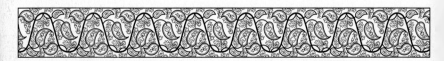

HEILIGES INDIEN

In Indien ist ein ganzes Kaleidoskop von Religionen vertreten. Kaum ein anderes Land dieser Erde hat mehr unterschiedliche Religionen und Sekten aufzubieten als Indien. Sieht man davon ab, daß in Indien ohnehin fast alle großen Weltreligionen vertreten sind, so muß zusätzlich berücksichtigt werden, daß dieses Land auch die Geburtsstätte zweier großer Weltreligionen war, nämlich des Hinduismus und des Buddhismus. Ferner ist Indien die Heimat einer der wichtigsten und ältesten Religionen (Zoroastrismus) und die Heimat einer Religion, die einmalig für Indien ist (Jainismus).

Vorhergehende Seite: Kreatives Genie - Jain-Tempel in Khajuraho (Foto: Bryn Thomas)

Oben: Gläubige vor einem Schrein in einem Tempel in Madurai (Tamil Nadu)

Unten: Frauen beten während des Kanwachot-Festes in Varanasi (Uttar Pradesh) für das Wohlergehen ihrer Ehemänner

SARA-JANE CLELAND

SARA-JANE CLELAND

54

HINDUISMUS

Indiens bedeutendste Religion, der Hinduismus, vereinigt rund 80 % der Bevölkerung durch seinen Glauben. Das sind über 670 Millionen Menschen. Nur in Nepal, auf der indonesischen Insel Bali, auf der Insel Mauritius im Indischen Ozean und möglicherweise in Fidschi sind die Hindus ebenfalls die größte Glaubensgemeinschaft. In Asien ist der Hinduismus von der Zahl der Anhänger die bedeutendste Religion. Er ist aber auch eine der ältesten noch bestehenden Religionen, deren Wurzeln sich bis 1000 Jahre vor Christi Geburt zurückverfolgen lassen.

Die Menschen des Indus-Tales entwickelten damals eine Religion, die eine enge Verwandtschaft zum heutigen Hinduismus erkennen läßt. Auch die Einflüsse der Drawiden aus dem Süden und der Arier, die etwa 1500 v. Chr. in den Norden Indiens einfielen, prägten damals diese Religion mit. Als um 1000 v. Chr. herum die vedischen Schriften auftauchten, gaben sie dem Hinduismus erstmals einen erkennbaren Rahmen.

Der Hinduismus stützt sich auf eine Reihe von heiligen Büchern. Die wichtigsten von ihnen sind die vier *Veden* („Göttliches Wissen"), auf denen die hinduistische Philosophie beruht. Die *Upanishaden* sind in den *Veden* enthalten. Sie befassen sich mit der metaphysischen Natur des Universums und der Seele. Das *Mahabharata* (Der große Krieg der Bharaten) ist ein episches Gedicht, das über 220 000 Zeilen umfaßt. Es beschreibt die Schlacht zwischen den Kauravas

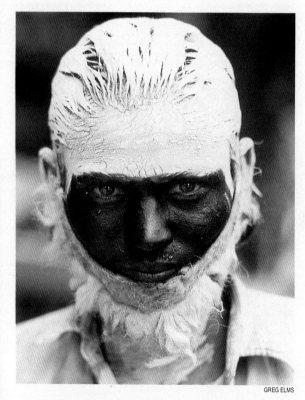

GREG ELMS

Ein Gläubiger in Jaipur, maskiert als Hanuman, der Affengott und treuer Begleiter von Rama

55

und den Pandavas, den Nachkommen der Lunar. Zu diesem Werk gehört auch die Geschichte von Rama, auf der das wahrscheinlich berühmteste hinduistische Epos, das *Ramayana*, basiert. Das *Ramayana* wird von den Hindus hoch geschätzt, vielleicht deshalb, weil ein Vers in der Einführung besagt, daß der, „der das heilige lebensspendende *Ramayana* liest und wiederholt, von allen Sünden befreit ist und mit all seinen Nachfahren in den höchsten Himmel erhoben wird". Das *Bhagawad Gita* erzählt eine berühmte Episode aus dem *Mahabharata*, in der Krishna Arjuna seine Philosophie darlegt.

Eines haben sie alle gemeinsam, nämlich daß alle Hindus eine Reihe von Wiedergeburten und Wiederverkörperungen durchwandern müssen, die irgendwann einmal zur endgültigen Erlösung (*moksha*) führen. Erst durch einen Zyklus von Wiedergeburten, dessen Häufigkeit sich nach den guten Taten im Lebens eines Hindus richtet, wird diese geistige Erlösung früher oder später erreicht. Entscheidender Faktor dieses Kreislaufes ist das Karma, die guten und bösen Taten des Menschen, die schicksalsbestimmend im gegenwärtigen Leben und für zukünftige Geburten sind. Als Träger des Karma wird von Geburt zu Geburt nach hinduistischem Glauben ein feinstofflicher Körper angenommen, der bereits bei der Zeugung in den Mutterleib eingeht. Es haben also schlechte Taten und Handlungen ein böses Karma zur Folge. Dies wiederum führt zu einer Wiedergeburt auf einer niedrigeren Stufe. Demgegenüber werden gute Taten und ein einwandfreies Leben mit einem guten Karma belohnt, was zur Wiedergeburt auf einer höheren Stufe führt und den Hindu einen Schritt näher zur erstrebten endgültigen Erlösung bringt. Damit gekoppelt ist eine geringere Anzahl von Wiedergeburten.

Das Dharma oder auch die natürlichen Gesetze sind die in der Religion begründeten sittlichen Gebote, besonders die Pflichten innerhalb der einzelnen Kasten. Die Dharmas bestimmen das soziale Verhalten sowie das ethische und geistige Verhalten eines jeden Hindus sein Leben lang. Es gibt drei Kategorien des Dharma: zunächst die Übereinstimmung mit der Ewigkeit, die das ganze Universum mit einbezieht, dann das Dharma, welches die Kasten selbst sowie die Beziehungen der Kasten untereinander regelt, und drittens schließlich der moralische Kodex eines jeden Hindus, den er lebenslang befolgen sollte.

Der Hinduismus basiert auf drei Grundregeln: den ständigen Zeremonien zur Reinigung und dem Dienen der Gottheiten, der Leichenverbrennung und dem Kastensystem. Es gibt vier Hauptkasten: die der Brahmanen oder die Priesterklassen, die der Kshatriyas oder die Krieger-

Frühmorgendliche Andacht in Varanasi

PAUL BEINSSEN

klasse (aus ihr gingen auch die Könige hervor), die der Vaisyas, die aus Händlern und Bauern besteht, und schließlich die der Sudras als unterste Klasse, denen unwürdige Arbeiten, aber auch das Handwerk zukommen. Außerhalb aller Klassen finden sich die Dalits (früher Harijans) oder Unberührbaren; ihnen obliegen die schlimmsten Aufgaben, wie das Straßenkehren, das Reinigen der Toiletten, das Leichenverbrennen oder das Arbeiten in der Lederindustrie.

Der Hinduismus ist keine Religion der Bekehrung, da man zu ihr nicht konvertieren kann. Man wird als Hindu geboren, ein späteres Übertreten ist unmöglich. Ähnlich verhält es sich aber auch bei den Kasten. Die Hindus werden in einer Kaste geboten; das Überwechseln in eine andere Kaste ist nicht möglich. Die Zugehörigkeit zu einer Kaste behält man sein ganzes Leben bei. Dennoch besitzt der Hinduismus eine große Anziehungskraft auf Menschen aus der westlichen Welt, und Indien exportiert reichlich und erfolgreich Gurus.

Hinduistische Götter

Den Bewohnern der westlichen Welt fällt das Eindringen in den Hinduismus und das Verstehen dieser Religion nicht allzu leicht, besonders deshalb nicht, weil eine verwirrende Vielzahl von Göttern und Gottheiten auf die Interessierten einstürmt. Vereinfachend kann man aber sagen, daß sie lediglich bildhafte Darstellungen der vielen Erscheinungsformen eines Gottes sind. Der allgegenwärtige Gott hat normalerweise nur drei Erscheinungsformen: als Brahma als Schöpfer, als Vishnu als Erhalter und als Shiva als Zerstörer und Erneuerer. Diese drei Gottheiten werden meistens mit vier Armen dargestellt. Nur bei Brahma kommt noch hinzu, daß er vier Köpfe besitzt. Sie sollen aufzeigen, daß er alles erblickt und überblickt. Den vier *Veden* sagt man nach, sie seien aus Brahmas Mund gehaucht worden.

Zu jeder Gottheit gehören ein Tier, auf dem sie sich fortbewegt. Natürlich hat jeder Gott auch einen Gefährten. Dieser wiederum ist ebenfalls mit besonderen Attributen und Fähigkeiten ausgestattet. Darüber hinaus haben die Götter ihre eigenen Symbole, die sie in ihren Händen halten. Dies erleichtert den Unkundigen das Herausfinden, um welche Darstellung es sich handelt, denn mit einer Gottheit sind immer auch ihre Tiere, auf denen sie sich fortbewegen, und ihre Symbole abgebildet. Die Begleiterin von Brahma ist Sarasvati, die Göttin der Weisheit. Sie reitet auf einem weißen Schwan und hält ein Saiteninstrument in ihren Händen (*vina*).

GREG ELMS

Links: Ganesh schmückt ein Haus in Jaisalmer (Rajasthan)

Unten: Vishnu, die Quelle des Lebens

Vishnu, der Erhalter und Bewahrer, wird üblicherweise in einer seiner Verkörperungen gezeigt, in denen er auf die Erde kam. Insgesamt hat Vishnu bereits neunmal die Erde besucht. Sein 10. Besuch steht noch aus. Dann soll er als Kalki herniedersteigen, auf einem Roß reitend, um die Welt von Bösewichtern zu befreien. Bei seinen früheren Besuchen nahm er u. a. die Gestalt von Tieren an (Fisch, Schildkröte, Eber, Mann-Löwe [Narsingh]), wählte aber für seine siebente Wiedergeburt die Gestalt des Rama, der Personifizierung des Helden. Seine Taten sind im *Ramayana* verewigt worden. Rama schuf auch viele Untergottheiten, wie z. B. seinen treuen Helfer Hanuman, den Affengott. Wegen seiner treuen Charaktereigenschaften dient Hanuman häufig in Form eines Abbildes als Schutzgott am Eingang von Forts oder Palästen. Natürlich haben die Gottheiten auch nach ihrer Wiedergeburt Gefährten; zu Rama gehörte die Göttin Sita. Während seines achten Besuchs der Erde schlüpfte Vishnu in die Haut von Krishna. Er wurde von Bauern großgezogen und ist heute ein verehrter Held der einfachen Arbeiter. In die Geschichte ging er aber nicht nur wegen seiner Heldentaten ein, sondern auch wegen seiner Liebesabenteuer mit den *gopis*, den Hirtenmädchen. Seine Gefährtinnen sind Radha, das Oberhaupt der *gopis*, Rukmani und Satyabhama. Krishna wird meist mit blauer Körperfarbe und auf einer Flöte spielend dargestellt. Vishnus letzte Inkarnation war bei seinem neunten Besuch auf der Erde die als Buddha. Dies war möglicherweise ein geschickter Schachzug, um die buddhistischen Splittergruppen mit dem Hinduismus zu vereinigen.

GREG ELMS

57

EINFÜHRUNG

Taucht Vishnu aber in seiner Form als Vishnu auf und nicht in einer seiner vielen Inkarnationen, dann ruht er auf einem Diwan. Dieser besteht aus gewundenen Giftschlangen. In seinen Händen hält Vishnu dann vier Symbole: eine Schneckenmuschel, einen Lotos, eine Keule und einen Diskus. Als Fortbewegungsmittel dient Vishnu die Kreatur Garuda, zur Hälfte Mann und zur anderen Hälfte Adler. Der Garuda ist ein treuer Helfer und Vollbringer guter Taten, hat aber eine tiefe Abneigung gegenüber Schlangen. Indonesien taufte übrigens die nationale Fluggesellschaft auf den Namen Garuda. Gefährtin Vishnus ist die wunderschöne Lakshmi (auch Laxmi genannt). Sie kam aus der See und ist Göttin des Reichtums und des Glücks.

CHRIS BEALL

Oben: Die farbenfreudigen Götter, Göttinnen, Tiere und mystischen Figuren, die den Shree-Meenakshi-Tempel in Madurai bedecken, ziehen Pilger und Touristen gleichermaßen an.

Mitte: Mit Girlanden, an denen Totenschädel hängen, und ausgestattet mit einem Appetit auf Opfer ist Kali eine der grimmigsten Gottheiten im Pantheon der Hindus.

Unten: Shiva, der Zerstörer und Schöpfer

SALLY HONE

GREG ELMS

Shiva, als Gott des Zerstörens, aber auch des Erneuerns, wird unter dem Phallussymbol (*lingam*) verehrt. Er reitet auf dem Stier Nandi, und seinen geflochtenen Haaren sagt man nach, sie hätten Ganga, die Göttin des Flusses Ganges, in sich. Dem Schrifttum nach soll Shiva im Himalaja leben und einen großen Teil seiner Zeit mit dem Genuß von Drogen verbringen. Auf der Stirn hat er ein drittes Auge und trägt einen Dreizack. Bekannt ist Shiva aber auch als Nataraja, der gewaltige Tänzer. Sein Tanz führt zum Weltuntergang, wobei die Erde geschaffen wurde. Shivas Gefährtin ist Parvati, die Schöne. Trotzdem hat auch sie eine Schattenseite, mit der sie als Durga, die Schreckliche, erscheint. Tritt sie in dieser Rolle auf, hält sie in ihren zehn Händen Waffen und reitet auf einem Tiger. In ihrer grausigen Gestalt als Kali, die Schwarze, fordert sie Opfer und trägt eine Kette aus Schädeln. Kali befaßt sich hauptsächlich mit der zerstörerischen Seite von Shivas Persönlichkeit.

58

HUGH FINLAY

TONY WHEELER

TONY WHEELER

Außen links: Heilige Symbole an einem Schrein auf der Spitze eines Berges in Gujarat

Oben: Nandi, der Bulle, beim Ausruhen in Mysore (Karnataka)

Mitte: Chamunda, die Manifestation von Durga auf einem Tiger

Unten: Ganesh mit dem Elefantenkopf, der beliebte Gott des Wohlstands und der Weisheit

Shiva und Parvati haben zwei Kinder. Ganesh mit seinem Elefantenkopf ist der Gott des Reichtums sowie der Weisheit und vermutlich auch einer der beliebtesten Götter. Seinen Elefantenkopf verdankt Ganesh dem ungezügelten Temperament seines Vaters Shiva. Als er nämlich von einer langen Reise heimkehrte, fand er Parvati mit einem jungen Mann im Zimmer vor. Vor Wut dachte er über nichts mehr nach, auch nicht darüber, daß ja sein eigener Sohn inzwischen herangewachsen war. Shiva hackte ihm kurzerhand den Kopf ab. Später zwang ihn Parvati dazu, seinen Sohn wieder zum Leben zu erwecken. Dies war aber nur dadurch möglich, daß er ihm den Kopf des ersten Lebewesens aufsetzte, das ihm begegnete. Und das war zufällig ein Elefant. Das Fahrzeug von Ganesh ist eine Ratte. Shivas und Parvatis zweiter Sohn ist Kartikkaya, der Kriegsgott.

Es gibt aber auch noch eine Vielzahl weniger wichtiger Göttinnen und Götter. Die Tempel sind immer dem einen oder anderen geweiht. Erstaunlich ist die Tatsache, daß nur wenige Tempel Brahma zu Ehren erbaut wurden. Insgesamt gibt es in Indien wahrscheinlich nicht mehr als einen für Brahma (in Pushkar im Bundesstaat Rajasthan). Die meisten Hindus sind Anhänger entweder von Vishnu (Vishnuiten) oder Shiva (Shivaiten). Die Kuh ist das heilige Tier der Hindus.

GREG ELMS

SARA-JANE CLELAND

Sadhus

Ein Sadhu ist ein Mensch auf der Suche nach einer neuen geistigen Welt. Sadhus zu erkennen fällt nicht schwer, da sie meistens halbnackt, staubbedeckt sowie mit verfilzten Haaren und Bärten herumlaufen. Die wenigen Kleidungsstücke, die Sadhus tragen, sind meistens safrangelb.

Wandeln diese Sadhus auf Shivas Wegen, dann tragen sie häufig sein Symbol, den Dreizack.

Nicht selten ist ein Sadhu ein Mensch, der sich entschloß, Geschäft und Familie zu verlassen, alles über Bord zu werfen und in die geistige Welt einzudringen. Vielleicht war er in seinem früheren Leben ein Dorfpostbote oder ein tüchtiger Geschäftsmann.

Die Sadhus sind Meister der Kasteiung und Selbstdemütigung. Sie wandern durch ganz Indien, treffen sich gelegentlich zu Pilgerungen oder anderen religiösen Versammlungen. Unter den Mitläufern finden sich hin und wieder auch gewöhnliche Bettler, die auf dieser Welle mitreiten und ihr Leben so einfacher bestreiten. Die meisten Sadhus sind jedoch ernsthaft bei der Sache und verinnerlicht auf ihrer Suche nach der angestrebten neuen Welt.

MARKUS LEHTIPUU

Diese und folgende Seite: Bekleidet mit safrangelben Gewändern oder mit Asche beschmiert und zu erkennen an den verfilzten Haaren sowie an der Schüssel zum Betteln, ziehen die Sadhus auf der Suche nach der angestrebten geistigen Welt ohne Heimat umher.

SARA-JANE CLELAND

RICHARD I'ANSON

SARA-JANE CLELAND

GREG ELMS

RICHARD I'ANSON

BRYN THOMAS

Hinduistische Hochzeiten

Hinduistische Hochzeiten sind normalerweise farbenprächtige, verschwenderisch ausgestattete Zeremonien. Riesige Beträge werden dann vom Brautvater ausgegeben, um eine Hochzeit zu inszenieren, die sowohl seinem Status als auch dem der Familie des Bräutigams entspricht. Die Tatsache, daß er zu solchen Ausgaben vielleicht gar nicht in der Lage sein könnte, interessiert hierbei wenig.

Bei einer typischen Hochzeit treffen sich beide Familien mit all ihren Verwandten an einem günstigen Tag und machen sich über Getränke und Verpflegung her. Die Braut bleibt oft bis zum Beginn der eigentlichen Zeremonie außer Sichtweite im Haus. Dann kommt der Bräutigam (*barr*) mit großartiger Aufmachung und oftmals hoch zu Roß durch die Straßen paradiert und trägt zu diesem Anlaß die *sehra* (traditionelle Girlande). Die Parade wird von einer Musikkapelle in wilder Uniform begleitet (derart unwichtige Details wie Melodie, Harmonie oder Rhythmus werden hierbei kaum beachtet...), wobei das ganze Spektakel von mitgeführten Lichtstangen beleuchtet wird und Männer baumhohe Gestelle aus verzweigten Röhren tragen, deren Kabel alle zusammen zu einem riesigen und gefährlichen Strang zusammenlaufen. Der führt zu einem Generator, der am Ende der Prozession auf einem Lastwagen oder einer Fahrrad-Rikscha mitgeführt wird. Diese Art Parade ist als *baraat* bekannt.

Die eigentliche Hochzeitszeremonie findet rund um ein *havan* (heiliges Feuer) statt, das das Brautpaar siebenmal umrunden muß, nachdem der Priester beiden ein *tika* auf die Stirn appliziert hat.

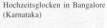

Hochzeitsglocken in Bangalore (Karnataka)

Oben Die Braut und der Bräutigam müssen warten, bis ein Priester auf ihrer Stirn ein *tika* angebracht hat und sie anschließend um ein heiliges Feuer gehen.

Unten links: Keine Hochzeit wäre komplett ohne die Musik einer Kapelle.

Unten rechts: Der Bräutigam reitet aus, um seine Braut in Empfang zu nehmen.

GREG ELMS

GREG ELMS

GREG ELMS

MICHELLE COXALL

MICHELLE COXALL

MICHELLE COXALL

MICHELLE COXALL

Gegenüberliegende Seite: Eingehüllt in Rot und Gold beobachtet ein Hochzeitsgast in McLeod Ganj in Himachal Pradesh die Feierlichkeiten. Das Zeichen auf der Stirn zeigt an, daß diese Frau verheiratet ist.

Oben links: Unrasiert und beschmiert mit einer gelben Paste bereitet sich der Bräutigam auf eine rituelle Reinigung vor. Mit seiner rechten Hand hält er einen einfachen Bogen und mit seiner linken Hand einen Pfeil. Auf dem Rücken trägt er einen Köcher.

Oben rechts: Auf dem Balkon des Hauses, in dem die Hochzeit gefeiert wird, drängen sich Frauen und Kinder, um einen Blick auf die rituelle Reinigung des Bräutigams werfen zu können.

Unten: Ein Hochzeitsgast stellt einen auserlesenen Nasenring zur Schau.

Tika

Als *tika* werden die Markierungen auf der Stirn bezeichnet, mit denen sich die meisten erwachsenen hinduistischen (und manchmal auch christlichen) Frauen schmücken. Bei Männern nennt man diese Markierung eigentlich *tilak*, auch wenn heute das Wort *tika* für beide Geschlechter gebräuchlich geworden ist. Das *tika* kann vielerlei Form haben und wird entweder von der Person, die es trägt, selbst aufgemalt, kann aber auch durch einen Tempelpriester als Zeichen der Segnung angebracht worden sein.

Die Markierung wird normalerweise mit Hilfe einer zinnoberroten Paste (*sindoor*), einer weißen Sandelholzpaste oder von Asche (*vibhuti*) aufgemalt und dient auch zur Kennzeichnung verschiedener Sekten. Es gibt zwar die vielfältigsten Formen, doch können sie grob in zwei Hauptgruppen unterteilt werden: Drei horizontale Streifen weisen darauf hin, daß ihr Träger ein Shivaite (Anhänger Shivas) ist, während vertikale Streifen auf einen Vishnuiten (Anhänger Vishnus) hindeuten. Der mittlere Fleck auf der Stirn eines Vishnuiten ist normalerweise rot und repräsentiert das Strahlen der Göttin Lakshmi (die Frau Vishnus in seiner Inkarnation als Narayan).

Den kleinen Kreis, den sich eine verheiratete Frau auf ihrer Stirn befestigt, nennt man *bindi* (Null). Solche Kreise werden normalerweise fertig auf dem Markt eingekauft und sind heute zu einem modischen Accessoire geworden, das je nach Gelegenheit alle möglichen Formen und Farben annehmen kann. Eine große Vielfalt an bereits benutzten *bindi* kann man häufig an den Spiegeln in Hotelbadezimmern entdecken.

Diese Pulver in kräftigen Farben in einem Laden im Devarajan-Markt von Mysore werden verwendet, um die ganz typischen Stirnzeichen herstellen zu können, die als *tika* bekannt sind.

GREG ELMS

SARA-JANE CLELAND

GREG ELMS

Oben links: Ein *tika* uf der Stirn einer Frau aus Südindien. Die Stirnzeichen können aus vielen verschiedenen Formen bestehen.

Oben rechts und unten links: *Tika*-Pulver wird in vielen verschiedenen Schattierungen und Farben hergestellt.

Unten rechts: Swami Bambola aus Varanasi

GREG ELMS

GREG ELMS

Heilige Kühe

Man zählt in Indien rund 200 Millionen Rinder. Sie sind für die indische Landwirtschaft von vitaler Bedeutung, denn sie ziehen die Karren der Bauern zum Markt oder die Pflüge auf den Feldern. Ihr durch die Religion bedingter Schutz mag darauf zurückzuführen sein, daß man Schlachtungen in Dürreperioden oder zu Zeiten von Hungersnöten verhindern wollte, da die Rinder später nur schwer wieder zu ersetzen waren. In der Milchwirtschaft Indiens sind sie ebenfalls von einiger Bedeutung.

Alles geschmückt ... Eine Kuh in bester Aufmachung beim Pongal-Fest in Mahabalipuram (Tamil Nadu)

GREG ELMS

HUGH FINLAY

PAUL BEINSSEN

Einer der erstaunlichsten Anblicke, insbesondere für Besucher, die zum ersten Mal nach Indien gekommen sind, sind die vielen Kühe, die in jedem kleinen Ort und jeder Großstadt umherlaufen. Sie scheinen vollständig blind gegenüber den großen Tata-Bussen zu sein, die mit 100 km/h Geschwindigkeit auf diese Tiere zurasen. Vermutlich haben sie gelernt, daß die Busfahrer dennoch alles unternehmen, um einen Zusammenstoß mit einem Rind und die Beeinträchtigung ihres Karma zu vermeiden, die ein solcher Unfall zur Folge hätte (vom Bus ganz abgesehen). In den Städten sind die Kühe unfreiwillige Helfer der für die Müllbeseitigung zuständigen Behörden. Wenn sie nicht gerade durch die Straßen ziehen und Pappe kauen, kann man beobachten, wie sie in Betonkästen nach Gemüseabfällen suchen.

PAUL BEINSSEN

Oben links und rechts: In Rajasthan streifen Kühe frei in den verwinkelten Straßen und schattigen Innenhöfen von Jaisalmer umher.

Unten: Eine Kuh mit ihrem Kalb beim Ausruhen in Varanasi.

PAUL BEINSSEN

Heilige Städte der Hindus

Eine Handvoll der vielen heiligen Städte in Indien ist besonders heilig. Berühmt sind in dieser Hinsicht Varanasi und Kanchipuram, während andere wie Dwarka außerhalb von Indien relativ unbekannt sind. Die besonders heiligen Städte sind im allgemeinen entweder Shiva oder Vishnu geweiht. Dazu gehören auch Rameswaram und Kanyakumari in Tamil Nadu, Puri in Orissa sowie Badrinath und Haridwar in Uttar Pradesh. Pilgerungen nach Badrinath, Puri, Rameswaram und Dwarka decken alle vier Ecken (Norden, Osten, Süden und Westen) Indiens ab.

PAUL BEINSSEN

HUGH FINLAY

Szenen aus Varanasi

Gegenüberliegende Seite: Boote gleiten an einem eingesunkenen Tempel vorüber.

Oben links: Ein Straßenverkäufer bietet am Dasaswamedh-Ghat Opfergaben an.

Oben rechts: Der Ganges - Elixir des Lebens

Unten links: Hinduistischer Gläubiger bei tiefer innerer Einkehr.

Unten rechts: Ein Bad im Ganges

CHRIS BEALL

SARA-JANE CLELAND

71

Hinduistische Feste

Pongal: Anläßlich des Endes der Erntezeit begehen die Tamilen dieses Fest am ersten Tag des tamilischen Monats Thai, der in die Mitte des Monats Januar fällt. Die Feierlichkeiten dauern vier Tage und beinhalten auch das Überkochen eines Topfes mit *pongal*, einer Mischung aus Reis, Zucker, *dhal* und Milch. Das ist ein Symbol für Glück und Wohlstand. Am dritten Tag wird das Vieh gewaschen, geschmückt und sogar bemalt und dann mit *pongal* gefüttert. In Andhra Pradesh wird dieses Fest Makar Sankranti genannt.

Vasant Panchami: Das bemerkenswerteste Ereignis dieses Frühjahrsfestes, das am 5. Tag des Monats Magha (im Januar) begangen wird, ist bei vielen Leuten das Anlegen gelber Kleidung. In einigen Orten jedoch, insbesondere in West-Bengalen, wird dieses Fest zu Ehren von Saraswati, der Göttin des Lernens, begangen. Dann legt man Bücher, Musikinstrumente und andere Gegenstände, die mit den Künsten in Verbindung stehen, vor Abbildungen dieser Göttin nieder, damit sie gesegnet werden.

Shivaratri: Dieser Fastentag im Februar oder März ist dem Gott Shiva gewidmet. Seine Anhänger glauben, daß es an diesem Tag war, als der den *tandava* tanzte. Die Prozessionen zu den Tempeln werden abgelöst vom Singen der Mantras und von der Salbung der *lingams* (Phallussymbole).

GREG ELMS

Oben: Bauern aus Madurai bedanken sich beim Pongal-Fest für eine gute Ernte.

Unten links: Tänzer wiegen sich zu den Schlägen einer Trommel.

Unten rechts: Eine Frau legt letzte Hand bei festlichen Dekorationen an.

GREG ELMS

GREG ELMS

PAUL BEINSSEN

SARA-JANE CLELAND

Oben: Teilnehmer am Holi-Fest in Hampi (Zentral-Karnataka), bespritzt mit gefärbtem Wasser und beschmiert mit farbigem Puder.

Unten: Ein Fest mit einem Feuer zu Ehren des Geburtstags von Rama in Rishikesh (Uttar Pradesh).

Holi: Dies ist eines der bedeutendsten Feste der Hindus. Mit ihm feiern sie die Ankunft des Frühlings, indem sie gefärbtes Wasser oder Puder (*gulal*) über sich gießen und streuen. Leider wird dieses Fest in einigen Orten mit viel Tourismus auch zum Anlaß genommen, Ausländer zu übergießen und bestreuen. Ziehen Sie daher an diesem Tag nicht Ihre beste Kleidung an, und seien Sie darauf vorbereitet, sich zu ducken! In der Nacht vor dem Holi-Fest werden Freudenfeuer angezündet, um so symbolisch die Vernichtung des teuflischen Dämonen Holika zu demonstrieren. Dieses Fest wird im Januar oder Februar überwiegend im Norden Indiens gefeiert. Da es im Süden des Landes kein Winterende im klimatischen Sinne zu feiern gibt, ist es dort nicht so verbreitet.
In Maharashtra nennt man dieses Fest Rangapanchami und begeht es mit Gesängen und Tänzen.

Gangaur: Bei diesem Fest in Rajasthan werden Shiva und Parvati geehrt. Die Frauen in Rajasthan tragen dann ihre farbenfreudigsten Kleider und sind in der Nähe der Abbildungen von Shiva beim Tanzen, Beten und Singen zu sehen. Begangen wird das Fest im März.

Ramanavami: An diesem Tag im März oder April wird in den Tempeln in ganz Indien die Geburt von Rama gefeiert, einer Inkarnation von Vishnu. In der Woche vor dem Ramanavami wird häufig das *Ramayana* gelesen und aufgeführt.

EINFÜHRUNG

Rath Yatra (Wagenfest): Vom Tempel in Puri (Orissa) aus beginnt im Juni oder Juli der große Tempelwagen des Lord Jagannath seine würdevolle Fahrt. Ähnliche Feste, aber längst nicht so prunkvoll, finden auch in anderen Städten statt, insbesondere im drawidischen Süden. Lord Jagannath ist einer von Krishnas Namen. Die bedeutendste Prozession in Puri soll an Krishnas Reise nach Mathura erinnern, bei der er eine Woche lang seine Tante besuchte. Mitgeführt werden auch Heiligenbilder seines Bruders Balarama und seiner Schwester Subhadra.

Teej: Dies ist ein weiteres Fest in Rajasthan, mit dem im Juni oder Juli der Beginn des Monsun gefeiert wird. Dann trägt man Abbildungen der Göttin Parvati durch die Straßen und singt und tanzt.

Naag Panchami: Dieses Fest wird zu Ehren von Ananta gefeiert. Sie ist die Weltenschlange und Symbol der Unendlichkeit, auf deren gewundenen Körper Gott Vishnu sich gelegentlich ausruhte. Aus diesem Anlaß werden vor Schlangenabbildungen Opfer dargebracht, und Schlangenbeschwörer dürften um diese Zeit mit ihrem Geschäft zufrieden sein. Den Schlangen sagt man die Macht über den Monsunregen nach; zudem sollen sie das Böse von den Häusern fernhalten. Begangen wird das Fest im Juli oder August.

Raksha Bandhan (Narial Purnima): Am Tag des Vollmonds im hinduistischen Monat Sravana (Juli oder August) befestigen Mädchen an den Handgelenken ihrer Brüder Amulette, die *rakhis* genannt werden, damit sie im kommenden Jahr beschützt werden. Die Brüder übergeben ihren Schwestern Geschenke. Einige Leuten beten an diesem Tag auch die vedische Meeresgöttin Varuna an. Dabei werden Kokosnüsse ins Meer geworfen.

Rechts: Ein prächtig geschmückter Elefant, der Teilnehmer am Teej durch die Straßen von Jaipur (Rajasthan) trägt.

Unten: Eine willkommene Erleichterung von der Hitze - der Beginn des Monsuns, gefeiert in Jaisalmer während des Teej-Festes.

GREG ELMS

GREG ELMS

74

Ganesh Chaturthi: Dieser Feiertag am 4. Tag des hinduistischen Monats Bhadra (August oder September) ist dem beliebten Gott Ganesh mit dem Elefantenkopf geweiht. Er wird in vielen Teilen Indiens begangen, mit besonderer Hingabe aber in Maharashtra. In jedem Dorf werden dann Schreine errichtet und Bildnisse von Ganesh aus Lehm aufgestellt. Ständig kann man dann auch Feuerwerkskörper explodieren hören. Außerdem kauft jede Familie eine Lehmfigur von Ganesh, bringt sie in ihr Haus und verehrt sie eine bestimmte Zeit lang, bis sie in einem See, in einem Wasserbecken oder im Meer versenkt wird.

Weil Ganesh als der Gott der Weisheit und des Wohlstandes angesehen wird, gilt Ganesh Chaturthi als der glückbringendste Tag des Jahres. Es wird als Unglück angesehen, an diesem Tag zum Mond zu sehen.

Janmastami: Die ist der Gedenktag zur Geburt Krishnas, der mit ausgelassener Fröhlichkeit begangen wird - ganz im Einklang mit Krishnas so vielfältigem Leben. Dieser Tag ist zwar landesweit ein Nationalfeiertag, aber besondere Zentren sind Agra, Bombay und Mathura, Krishnas Geburtsort. An diesem Tag (im August oder September) fasten gläubige Hindus bis Mitternacht.

Shravan Purnima: Nach eintägigem Fasten ersetzen die Angehörigen höherer Hindu-Kasten an diesem Tag den heiligen Faden, den sie stets um ihre linke Schulter tragen. Begangen wird der Feiertag im August oder September.

HUGH FINLAY

Oben: Während eines besonderen Festes zu seinen Ehren wird durch die Straßen von Badami (Nord-Karnataka) eine Figur von Ganesh getragen.

Unten links: Feierlichkeiten zu Ehren des Geburtstages von Krishna in Delhi.

Unten rechts: Gläubige bespritzen eine Statue von Vasudeva, Krishnas Vater, mit Wasser.

SALLY HONE

SALLY HONE

75

SARA-JANE CLELAND

Unmittelbar vor dem Diwali beten Frauen während des Karwachot-Festes für das Wohlergehen ihrer Ehemänner.

Dussehra: Dieses in Indien außerordentlich populäre Fest dauert 10 Tage und beginnt am ersten Tag des hinduistischen Monats Asvina (September oder Oktober). Mit ihm wird der Sieg der Göttin Durga über den Dämonen Mahishaspura mit dem Büffelkopf gefeiert. Die Festlichkeiten erreichen ihren Höhepunkt mit der Verbrennung von großen Abbildungen des Dämonenkönigs Ravana sowie seiner Mitstreiter als Symbol für den Triumph des Guten über das Böse. In Delhi sind diese Feierlichkeiten bekannt unter der Bezeichnung Ram Lila. Dort lebt durch Darstellungen des *Ramayana* Überliefertes wieder auf. Auch Feuerwerke finden statt. In Mysore und Ahmedabad gedenkt man dieses Ereignisses durch prächtige Prozessionen. In West-Bengalen ist dieses Fest unter der Bezeichnung Durga Puja bekannt, während es in Gujarat Navaratra (Fest der neun Nächte) heißt. In Kullu (Nordindien) begeht man dieses Fest etwas später als überall sonst in Indien. Dort ist es ein äußerst farbenprächtiges und fröhliches Fest, durch das das Kullu-Tal jeden davon überzeugt, warum es den Beinamen „Tal der Götter" trägt.

Diwali (oder Deepavali): Dies ist das fröhlichste Fest im hinduistischen Kalender, begangen am 15. Tag des Kartika (Oktober oder November). Nachts brennen dann unzählige Öllampen, um Rama den Heimweg aus dem Exil zu erleichtern. Heutzutage ist dieses Fest aber teilweise auch Lakshmi (besonders in Bombay) sowie Kali (in Kalkutta) geweiht. Alles in allem dauert das Fest fünf Tage. Am ersten Tag werden alle Häuser gründlich gereinigt und die Treppenstufen mit umfangreichen *rangolis* (Muster aus Kreide) geschmückt. Der erste Tag ist zugleich der Beginn eines neuen Geschäftsjahres. Der zweite Tag ist Krishnas Sieg über Narakusara, den legendären Tyrannen, geweiht. Im Süden nimmt man an diesem Tag vor der Morgendämmerung ein Ölbad und zieht anschließend neue Kleidungsstücke an. Den dritten Tag verbringt man mit der Anbetung von Lakshmi, der Glücksgöttin. Traditionell ist dies auch der Tag, an dem in vielen Unternehmen das neue Geschäftsjahr beginnt. Am vierten Tag wird des freundlichen, wenngleich hochnäsigen Dämonen Bali gedacht, den Vishnu auf seinen Platz berief. Am fünften Tag besuchen die Männer ihre Schwestern, um ihnen die *tika* auf die Stirn zu geben. Diwali ist inzwischen auch das Fest der Süßigkeiten geworden, bei dem die Familien Süßigkeiten austauschen. Das wurde im Laufe der Zeit genauso zu einer Tradition wie das Anzünden von Öllampen und das Abbrennen von Feuerwerkskörpern. Von den Jains wird Diwali als Neujahrstag begangen.

Govardhana Puja: Ein hinduistisches Fest, das der Kuh, nach hinduistischem Glauben dem heiligsten aller Tiere, geweiht ist und im Oktober oder November stattfindet.

GREG ELMS

Oben: Frau in Festkleidung und mit Schmuck in Jaipur

Unten links: Eine Familie in West-Bengalen bereitet vor dem Kilkat-Tempel Opfergaben anläßlich des Neujahrsfestes vor

Unten rechts: Karwachot-Fest

RICHARD I'ANSON

SARA-JANE CLELAND

CHRIS BEALL

BUDDHISMUS

Obwohl nur etwa 6,6 Millionen Buddhisten in Indien leben, spielt diese Religion im Land dennoch eine bedeutende Rolle, denn ihre Geburtsstätte war Indien. Und vieles erinnert noch heute an historische Begebenheiten aus der Entstehungsgeschichte des Buddhismus. Genau genommen ist der Buddhismus eigentlich gar keine Religion, da nicht alles auf einen Gott ausgerichtet ist. Vielmehr ist der Buddhismus eine philosophische Lehre und ein Moralkodex. Seine Gründung fällt etwa in die Zeit um das Jahr 500 v. Chr. Damals wurde Siddharta Gautama, von Geburt aus ein Prinz, in Nordindien erleuchtet. Er war auch nicht der erste Buddha, sondern der vierte, und man erwartet, daß Gautama Buddha nicht der letzte Erleuchtete sein wird. Dem buddhistischen Glauben zufolge ist die Erleuchtung das Höchste, was ein menschliches Wesen überhaupt erreichen kann, und irgendwann einmal wird die ganze Menschheit sich diesem Ziel endgültig nähern.

Da es kein überliefertes Schrifttum von Buddha gibt und sich der Buddhismus später noch spaltete, gibt es heute zwei Hauptrichtungen des Buddhismus. Im Theravada-Buddhismus

CHRIS BEALL

CHRIS BEALL

Gegenüberliegende Seite: In einem Kloster in Sikkim beschäftigen sich ein Mönch und ein Novize einen Moment lang miteinander

Oben: Am Kloster Rumtek in Sikkim dreht ein Pilger die Gebetsmühlen

Unten: Mönche am Kloster Tikse in Ladakh bei einer Unterhaltung

(Lehre der Ältesten), auch Hinayana (Kleines Fahrzeug) genannt, versucht jeder, für sich allein den Weg in das Nirwana (Verwehen, Verlöschen) zu finden. Anders verhält sich dies in der Glaubensrichtung des Mahayana (Großes Fahrzeug), in der man daran glaubt, daß es nur mit der gemeinsamen Anstrengung aller Gläubigen zu schaffen ist, am Ende die Erlösung zu erreichen. So meinen denn auch viele, daß die weniger strenge und weniger asketische Lehre der Mahayana-Schule der bequemere Weg zur Erlösung sei. Die Lehre des Großen Fahrzeuges wird vorwiegend in Vietnam, Japan und bei den chinesischen Buddhisten praktiziert, während Anhänger der Lehre des Kleinen Fahrzeuges vornehmlich in Sri Lanka, Myanmar (Burma), Kambodscha und Thailand zu finden sind. Daneben bestehen weitere mystische Untergruppen des Buddhismus, wie zum Beispiel der Tantrismus in Tibet, dessen Geheimriten man in Ladakh und in anderen nordindischen Orten verfolgen kann.

Buddha entsagte dem weltlichen Leben, um sich auf die Suche nach der Erleuchtung zu begeben, war aber, im Gegensatz zu anderen Propheten, der Meinung, daß der Hungertod nicht zur Erleuchtung führen werde. Daher entwickelte er die Lehre von einem goldenen Mittelweg, nämlich der Mäßigung in jeder Hinsicht. Buddha lehrte, daß Leben dem Leiden gleichzusetzen sei, daß aber das Leiden aus unseren Wünschen und Begierden und der Illusion resultiere. Diese Begehren seien lebenswichtig. Buddha suchte einen Weg zur Lösung des Problems des Leidens. Folgte man dem „edlen, achtteiligen Pfad" (rechte Anschauung, rechtes Wollen, rechtes Reden, rechtes Tun, rechtes Leben, rechtes Streben, rechtes Gedenken und rechtes Sichversenken), würden diese Wünsche allmählich vergehen und würde ein Zustand des Nirwana erreicht. In diesem Stadium seien alle Begehren verschwunden, und man sei frei von allem Irrglauben. Um die Erlösung aber zu erreichen, habe man einen mühevollen Weg hinter sich zu bringen, bis schließlich so viel Reinheit erzielt sei, daß eine Wiederkehr in die Welt des Leidens unnötig werde. Der Weg durch diesen Kreislauf ist das Karma und nicht einfach Schicksal. Karma ist ein Gesetz von Ursache und Wirkung, denn die Taten und das Verhalten in einem Leben bestimmen die Rolle und den Weg, den man im nächsten Leben gehen muß.

Oben rechts: Seit der Restaurierung in den sechziger Jahren nach einem Erdbeben kann man sich im Kloster Rumtek farbenfreudige Wandgemälde ansehen

Unten links: Über den Eingang zum Kloster wachen Gottheiten

Unten rechts: Klosterschüler im Kloster Dali von Darjeeling beim Studium heiliger Schriften als Vorbereitung, um Mönch zu werden

ROB VAN DRIESUM

RICHARD I'ANSON

RICHARD I'ANSON

BRYN THOMAS

BRYN THOMAS

RICHARD I'ANSON

BRYN THOMAS

Oben links: Diese japanische Pagode in Rajgir (Bihar) ist eine der vielen Pagoden, die in Indien von Ländern mit einem großen Anteil an Buddhisten erbaut wurden

Oben rechts: Detail einer goldenen Buddha-Figur, die von Japan nach Indien gebracht wurde

Unten links: Mani-Steine wie diese in Manali (Himachal Pradesh) sind von Gläubigen mit Mantras versehen worden

Unten rechts: Über einen Paß in Rajgir (Bihar) flattern Gebetsfahnen

Eine Blütezeit erlebte der Buddhismus in Indien unter dem großen Herrscher Ashoka. Sein Reich dehnte sich weit über den Subkontinent aus und verbreitete diese Religion. Während seiner Regentschaft sandte er auch Missionare in andere Länder der Erde, und von seinem eigenen Sohn sagt man, er habe den Buddhismus nach Sri Lanka gebracht. Später konzentrierte sich der Buddhismus aber doch auf Indien, da er die großen Massen nie in sich vereinen konnte. Mit dem Wiederaufleben des Hinduismus ging der Buddhismus nach und nach in der älteren Religion auf, so daß Buddha heute für Hindus lediglich eine weitere Inkarnation von Vishnu ist.

In seinen Glanzzeiten entstanden aber imponierende Bauten, die man überall dort findet, wo der Buddhismus damals Fuß faßte. Die frühe Form des Buddhismus, der Theravada-Buddhismus, der nicht an eine menschliche Gestalt des Buddha glaubte, stellte seine Gegenwart nur in buddhistischer Kunst oder Architektur dar, aber auch durch Symbole, wie beispielsweise durch den Feigenbaum (unter ihm wurde Buddha eines Nachts erleuchtet) und den Elefanten, von dem seine Mutter kurz vor seiner Geburt träumte und der so das „Rad des Lebens" in Bewegung setzte. Heute stellen aber sogar Theravada-Buddhisten Abbildungen von Buddha her.

EINFÜHRUNG

Oben links: Tibetische Malerei-
en begleiten Gläubige entlang
eines Fußweges in Dalhousie
(Himachal Pradesh)

Oben rechts: Ein Kaufmann versorgt die Pilger, die sich zum
Tso-Pema-Fest am Rewalsar-See
in Himachal Pradesh begeben

Unten links: Tempelzeremonie
in Ladakh

Unten rechts: Durch das Drehen
seiner Gebetsmühle sorgt ein
Pilger am Rewalsar-See dafür,
daß das Wort Buddhas vom
Wind fortgetragen wird

HUGH FINLAY

HUGH FINLAY

RICHARD I'ANSON

HUGH FINLAY

82

Buddhistische Feste

Tso-Pema: Das Tso-Pema ist ein Pilgerfest am Rewalsar-See in Himachal Pradesh. Besonders große Bedeutung hat es im Jahr des Affen, das sich alle 12 Jahre wiederholt (zum nächsten Mal im Jahre 2004). Im wahrsten Sinne des Wortes Tausende von Pilgern begeben sich dann auf eine Pilgerung zu diesem See, an dem in einem Kloster Seine Heiligkeit der Dalai Lama Gebete spricht. Anschließend wird der gesamte See umrundet. Das Tso-Pema ist ein sehr farbenfreudiges Fest.

Buddha Jayanti: Gleich drei wichtige Daten aus dem Leben von Buddha werden beim „Fest der dreifachen Segnung" an diesem Tag gefeiert: seine Geburt, seine Erleuchtung und sein Erreichen des Nirwana. Dann finden in Gangtok (Sikkim) und anderen Orten Prozessionen statt, bei denen Mönche heilige Schriften durch die Straßen tragen. Das Fest fällt auf den Vollmondtag im vierten Monat nach dem Mondkalender (Ende Mai oder Anfang Juni).

Drukpa Teshi: Mit diesem Fest wird der ersten Unterrichtungen seiner Schüler durch Buddha gedacht. Es findet am vierten Tag des sechsten Monats (im August) statt.

RICHARD I'ANSON

RICHARD I'ANSON

HUGH FINLAY

Oben: Festlichkeiten am Khechepari-Kloster in Sikkim

Unten links: Bei Hemis-Fest in Ladakh sind mit auserlesenen Masken verkleidete Tänzer und unzählige Zuschauer zu sehen

Unten rechts: Straßenverkäufer beim Tso-Pema-Fest

HUGH FINLAY

ISLAM

Die Moslems, Anhänger des Islam, sind Indiens größte religiöse Minderheit. Mit etwa 105 Millionen Anhängern machen sie fast 10 % der Gesamtbevölkerung Indiens aus. Dadurch wird Indien zu einer der bedeutendsten islamischen Nationen der Erde. Indien hatte bereits zwei moslemische Präsidenten sowie einige Minister und Kabinettsmitglieder. Der Islam ist die jüngste und weitverbreitetste Religion Asiens. Sein Einfluß ist vom Mittelmeerraum bis hinüber nach Indien zu spüren. Aber selbst in Bangladesch, Malaysia und Indonesien ist der Islam die bedeutendste Religion.

Der Gründer des Islam, der Prophet Mohammed, wurde 570 n. Chr. in Mekka, heute Saudi-Arabien, geboren. Seine erste Offenbarung durch Allah (Gott) hatte er im Jahre 610. Diese und später folgende Offenbarungen sind im Heiligen Buch der Moslems, dem Koran, zusammengetragen worden. Da ihm der Sinn seines Lebens offenbart wurde, begann er mit der Verdammung der Anbetung von Mekka, was er als Götzendienst ansah. Die Moslems sind strikte Monotheisten und glauben, daß schon eine Darstellung ihres Gottes durch Bilder eine Sünde ist. Die moslemischen Lehren stimmen in vielem mit dem Alten Testament überein, und Moses sowie Jesus werden als moslemische Propheten eingegliedert. Allerdings wird Jesus nicht als Sohn Gottes anerkannt.

Als Mohammed scharfe Angriffe auf den Götzendienst und die örtliche Geschäftswelt losließ, wurde er mit seinen Anhängern im Jahre 622 aus der Stadt gewiesen. Als Zufluchtsort wählten sie Medina, die „Stadt des Propheten". Etwa um 630 herum waren sie stark genug, um zurück nach Mekka zu marschieren und die Stadt einzunehmen. Ganz erstaunlich ist jedoch, daß Mohammed bereits 632 starb und er es geschafft hat, innerhalb von zwei Jahrzehnten den größten Teil Arabiens dem Islam zuzuführen.

SALLY HONE

Gegenüberliegende Seite: Ein Moslem vor der Ahmed-Shah-Moschee in Ahmedabad (Gujarat) im Koran vertieft

Links: Morgengebet während des moslemischen Baqr-id- (Id-ul-Asha-) Festes im Stadtteil Nizam-uddin von Delhi

SARA-JANE CLELAND

BRYN THOMAS

Das Taj Mahal in Agra, erbaut zwischen 1631 und 1653 von Kaiser Shah Jahan zur Erinnerung an seine Ehefrau Mumtaz, ist aus jedem Blickwinkel anmutig

CHRIS BEALL

PETER RYDER

HUGH FINLAY

HUGH FINLAY

Der Islam ist mehr als nur eine Religion. Er erlegt seinen Anhängern auf, die Lehre in alle Welt zu tragen. In den nachfolgenden Jahrhunderten weitete sich der Islam über drei Kontinente aus. Die Araber, erste Anhänger dieses Glaubens, standen in dem Ruf, skrupellose Gegner zu sein, aber auch beachtenswerte Anführer. Für viele Völker war dies Grund genug, sich ihnen zu unterwerfen. So fiel es den Moslems gar nicht schwer, sich das zerbröckelnde byzantinische Reich einzuverleiben. Die dort lebenden Menschen sahen ohnehin keinen großen Sinn darin, einem fernen christlichen Herrn zu dienen.

Über einen Zeitraum von hundert Jahren drangen die Anhänger des Islam nur nach Westen vor, bis sie im Jahre 732 bei Poitiers in Frankreich zum Stillstand gezwungen und verdrängt wurden. Die Ausbreitung nach Osten dauerte allerdings mehrere Jahrhunderte. Der Islam verhalf auch dem persischen Reich wieder zu Ruhm, das durch die ständigen Auseinandersetzungen mit dem byzantinischen Reich geschwächt war. 711 war nicht nur das Jahr, in dem die Moslems bis nach Spanien vordrangen, sondern zu diesem Zeitpunkt schickten sie auch ihre berühmten Segelschiffe, die Dhaus, den Indus flußaufwärts bis in das Innere Indiens. Obwohl dies damals eher noch ein zufälliger Überfall war als eine gezielte Invasion, war er doch ein Vorstoß, der folgenschwer sein sollte. Im 12. Jahrhundert fiel nämlich Indiens Norden völlig in die Hände der Moslems. Schließlich und endlich kontrollierte das Reich der Moguln die größten Teile des indischen Subkontinents. Indien wurde somit zum Sprungbrett der Moslems in den südostasiatischen Raum, denn die indischen Händler waren stets auf der Suche nach neuen Märkten und brachten den Islam mit.

Bereits zu einem frühen Zeitpunkt erlitt der Islam eine Zersplitterung, die noch heute besteht. Der dritte Kalif, Nachfolger von Mohammed, wurde nämlich ermordet, und ihm folgte Ali, der Schwiegersohn des großen Propheten, im Jahre 656. Auch Ali fiel einem Meuchelmord zum Opfer (661). Drahtzieher war der Gouverneur von Syrien, der sich dann auch selbst als Kalif einsetzte und dabei die Nachfahren von Ali außer acht ließ. Die meisten Moslems sind heute Sunniten, Nachfahren und Anhänger dieses Kalifen. Die restlichen Moslems sind Schiiten, Nachfahren von Ali und Anhänger seiner Lehren.

Ein Übertritt in die Welt des Islam ist leicht zu vollziehen. Man sagt nur: „Es gibt keinen Gott außer Allah, und Mohammed ist sein Prophet", und schon ist man Moslem. Freitag ist der heilige Tag bei den Moslems, und die größte Moschee einer jeden Stadt ist denn auch die Jama Masjid oder Freitagsmoschee. Das erstrebenswerte Ziel eines jeden Moslems ist eine Pilgerreise nach Mekka (*hajj*) und dadurch ein *hajji* (Mekka-Pilger) zu werden.

Oben links: Gitterwerk schmückt das Grab von Safdarjang in Delhi aus der Mitte des 18. Jahrhunderts

Oben rechts: Halbedelsteine eingelegt in Marmor am Taj Mahal

87

Seltsam mutet es an, daß der Islam, der sich mit einer solchen Macht über die Erde ausbreitete, heute so schwerfällig ist und ohne Wandel blieb. So sind in der islamischen Gesellschaft die Frauen zwar nicht völlig Bürger zweiter Klasse, aber ganz sicher sind sie ein anderer Typ Bürger innerhalb der Gemeinschaft der Moslems. Obwohl der Islam lange Zeit Indien kontrollierte, gelang es ihm doch nicht, in die Gemeinschaft der Hindus oder gar in die Religion des Hinduismus einzudringen. Übertritte zum Islam wurden höchstens von Angehörigen der unteren Kasten vorgenommen. Dies wiederum hatte zur Folge, daß Pakistan nach der Abtrennung von Indien nicht über ein so tüchtiges Heer von Beamten verfügte, das in Indien so außerordentlich hilfreich eingesetzt werden konnte. Obwohl die Zahl der zum Islam Übergetretenen gering blieb, ist der moslemische Einfluß in Indien dennoch weithin sichtbar, nämlich in der Architektur, in der Kunst und im Essen.

CHRIS BEALL

Sufismus

Der Sufismus ist ein Zweig der islamischen Philosophie, der seine Grundlage in dem Glauben hat, daß Abstinenz, Selbstverleugnung und Toleranz - sogar anderen Religionen gegenüber - der richtige Weg zur Vereinigung mit Gott sind. Diese religiöse Toleranz unterscheidet den Sufismus sehr vom traditionellen islamischen Glauben und hat in einigen Ländern zur Verfolgung seiner Anhänger geführt. In Indien allerdings zieht diese Glaubensrichtung viele Inder aus allen Religionen an und gewinnt an Popularität.

Die Sufis glauben auch, daß die Erlangung einer Ekstase ähnlich einer Trance sie näher zu Gott bringt. Musik und Tanz spielen daher in ihrem Leben eine große Rolle. *Qawwali*-Musik (rhythmische, hingebungsvoll gespielte Lieder mit Urdu-Versen, gewöhnlich mit Harmoniumbegleitung) ist auch im heutigen Indien noch an den *dargahs* (Heiligengräbern) von Sufi-Heiligen der Chisti-Sekte zu hören. Bei solchen Gelegenheiten versetzen sich Derwische (Heilige Männer der Sufi) derart in Trance, daß sie sich wie wahnsinnig drehen.

Oben: Das Grab von Shaikh Salim Chisthi in der Dargah-Moschee von Fatehpur Sikri ist ein Pilgerziel von Frauen, die sich wünschen, Kinder gebären zu können

Unten: Einzelheit an der Quwwat-ul-Moschee, der ersten in Delhi

HUGH FINLAY

Islamische Feiertage

Ramadan: Dieses wichtigste Fest der Moslems dauert 30 Tage jeweils von Sonnenaufgang bis Sonnenuntergang und schreibt während dieser Stunden das Fasten vor. In diesem Monat wurde nach moslemischem Glauben dem Propheten Mohammed in Mekka der Koran offenbart. Der Ramadan beginnt wieder um den 10. Januar 1997, um den 31. Dezember 1997 und um den 20. Dezember 1998.

Id-ul-Fitr: An diesem Tag wird feierlich das Ende des Ramadan begangen.

Id-ul-Zuhara: Ein moslemisches Fest, geweiht dem Gedenken daran, daß Abraham seinen Sohn Ismael opfern wollte. Es wird mit Gebeten und Feierlichkeiten begangen, und zwar 1997 im Mai und 1998 im April.

Muharram: 10 Tage dauert dieses Fest und soll an das Martyrium von Mohammeds Enkel Imam Hussain erinnern. Begangen wird es 1997 im Mai und 1998 im April.

Milad-un-Nabi: Des Geburtstages von Mohammed gedenkt man in den Jahren 1997 und 1998 im Juli.

Oben: Grab des Sufi-Heiligen Shaikh Hazrat Nizam-ud-din Aulia in Delhi

Unten links: Süßigkeitenverkäufer beim moslemischen Baqr-id-Fest im Stadtteil Nizamuddin von Delhi

Unten rechts: Anhänger des Sufismus am Schrein von Shaikh Hazrat Nizam-ud-din Aulia

HUGH FINLAY

SALLY HONE

HUGH FINLAY

GREG ELMS

SIKHISMUS

Die rund 18 Millionen Anhänger dieser Glaubensgemeinschaft haben sich vornehmlich im Punjab angesiedelt. Man sieht sie aber auch in anderen Teilen Indiens. Ihre Anhänger sind die am leichtesten erkennbare Gruppe unter den Angehörigen der verschiedenen Religionen in Indien. Der Guru Gobind Singh führte nämlich fünf Symbole ein, damit sich die Männer der Sikh-Gruppe untereinander erkennen können. Diese fünf Symbole, bekannt als *kakkars*, sind im einzelnen: *kesha* (langes, ungeschnittenes Haar als Symbol für die Heiligkeit), *kangha* (der Kamm aus Holz oder Elfenbein als Symbol für die Sauberkeit), *kuchha* (kurze Unterhosen als Symbol für die Wachsamkeit), *kara* (ein stählernes Armband als Symbol für die Bestimmtheit) und *kirtipan* (ein Schwert als Symbol für Bereitschaft zur Verteidigung der Schwachen). Wegen des Verbotes, sich je die Haare zu schneiden, tragen die Sikhs diese zu einem Knoten zusammengeschlungen und aufgesteckt sowie unter einem Turban verborgen. Das Tragen von kurzen Unterhosen und eines Schwertes geht auf die militante Vergangenheit der Sikhs zurück. Denn sie wollten nicht wegen ihres Lendentuches (*dhoti*) straucheln und auch nicht ohne Waffe gefangengenommen werden. Das Schwert wird heute aber häufig nur noch als Symbol getragen, z. B. als Verzierung des Kammes. Das Stahlarmband ist aber auch praktisch, denn es dient zugleich als Flaschenöffner. Mit ihren Bärten und Turbanen sowie ihrer aufrechten, fast militärischen Haltung sind sie nicht zu übersehen und leicht zu erkennen.

GREG ELMS

GREG ELMS

Gegenüberliegende Seite: Sikh-Pilger in Amritsar (Punjab)

Oben: Amritsar ist benannt nach dem Teich um den Goldenen Tempel herum

Unten: Silhouette des Goldenen Tempels, des größten Heiligtums der Sikhs, bei Sonnenuntergang

EINFÜHRUNG

GREG ELMS

Im Goldenen Tempel in Amritsar: Gebete und Pilger

RICHARD I'ANSON

GREG ELMS

Gegründet wurde diese Religion von dem Guru Nanak, der 1469 geboren worden ist. Eigentlich beabsichtigte er, eine Religion zu schaffen, die sich aus den besten Merkmalen des Hinduismus und des Islam zusammensetzt. In den Grundlagen des Sikh-Glaubens zeigen sich Ähnlichkeiten mit dem Hinduismus, allerdings mit den außerordentlich wichtigen Abwandlungen, daß die Sikhs das Kastensystem abschafften und erklärte Gegner dieses Systems sind und daß keine Pilgerungen zu heiligen Flüssen unternehmen. Gegen Pilgerungen zu heiligen Plätzen haben sie allerdings nichts.

Sie treffen sich zu heiligen Zeremonien in ihren Tempeln (*gurdwaras*) und taufen ihre Kinder erst in einem Alter, von dem sie annehmen, daß die Kinder die Religion und die Taufzeremonie auch verstehen. Die Aufnahme in die Gemeinschaft mit ihrer besonderen Taufzeremonie heißt bei den Sikhs *pahul*. Die Toten werden verbrannt. Das heilige Buch der Sikhs ist das *Granth Sahib*. Es enthält die Lehren aller zehn Sikh-Gurus, von denen der letzte 1708 gestorben ist, sowie moslemische und hinduistische Schriften.

Im 16. Jahrhundert bekam der Sikhismus militante Züge. Verantwortlich dafür war der Guru Gobind Singh. Es war ein verzweifelter Versuch, die Sikhs von der Verfolgung zu befreien, unter der sie damals litten. In dieser Zeit wurde eine Bruderschaft mit dem Namen Khalsa gegründet, in die alle eintreten mußten, die Sikhs werden wollten. Seitdem tragen alle Sikhs zusätzlich den Namen Singh, was übersetzt „Löwe" heißt. Allerdings bedeutet das nicht, daß alle Inder mit dem Beinamen Singh auch Sikhs sind. Viele Rajputen tragen ebenfalls diesen Beinamen.

Die Sikhs glauben an einen einzigen Gott und verabscheuen das Götzentum. In vorbildlicher Weise praktizieren sie Toleranz und Nächstenliebe; ihre Gastfreundschaft geht so weit, daß sie jedem Fremden Unterkunft in ihren Tempeln gewähren. Durch ihre besondere Einstellung zum Leben gehören sie zu der höheren Schicht in Indien. Einen besonders guten Ruf haben sie in der Technik. Sie sind Spezialisten im Bedienen und Warten von Maschinen, ganz gleich, ob es Auto-Rikschas oder Jumbo-Jets sind.

Derzeit ist der Punjab allerdings Gegenstand eines Kampfes, weil eine Minderheit von Sikhs für dieses Gebiet eine größere Autonomie fordert. Einige militante Sikhs gehen sogar so weit, daß sie für einen unabhängigen Staat kämpfen, der Khalistan heißen soll. Eine Lösung dieses Problems ist nicht in Sicht.

Sikhistische Feste

Baisakhi: Dieses Fest der Sikhs erinnert an den Tag, an dem Guru Gobind Singh die Khalsa, die Bruderschaft der Sikhs, gründete, die die fünf *kakkars* als Teil ihres Verhaltenskodex annahm. Dann wird in den *gurdwaras* der ganze *Granth Sahib* vorgelesen und anschließend in einer Prozession herumgetragen. Am Abend folgen Festessen und Tänze. Das Fest fällt in den April oder Mai.

Nanak Jayanti: Feiertag am Geburtstag des Gurus Nanak, des Begründers der Sikh-Religion. Er wird begangen durch das Verlesen von Gebeten und durch feierliche Prozessionen, besonders in Amritsar und Patna (April oder Mai).

SALLY HONE

SALLY HONE

Oben: Sikh-Frauen beim Gottesdienst mit Gesang in einem *gurdwara*

Unten: Das Granth Sahib, die geistliche Anleitung der Siks, in Delhi

93

BRYN THOMAS

JAINISMUS

Der Jainismus hat viele Gemeinsamkeiten mit dem Buddhismus. Gegründet wurde er um 500 v. Chr. durch Mahavira, den 24. und letzten Propheten der Jains. Diese Propheten sind auch unter der Bezeichnung *tirthankars* bekannt, was soviel wie „Finder des Pfades" bedeutet. Heute gibt es etwa 4,5 Millionen Jains über ganz Indien verstreut, aber vorwiegend im Westen und Südwesten. Die Anhänger dieser Glaubensrichtung sind häufig kluge und erfolgreiche Geschäftsleute. Ihr Einfluß ist im Verhältnis zu ihrer Mitgliederzahl unverhältnismäßig hoch. Die Religion entstand ursprünglich als Reformbewegung gegen die Dominanz von Priestern und die komplizierten Rituale des Brahmanentums. Abgelehnt wurde auch das Kastenwesen. Der Jainismus geht davon aus, daß das Universum immer bestand und nicht erst durch eine Gottheit erschaffen wurde. Seine Anhänger glauben ferner an eine Wiedergeburt und an eine geistige Erlösung (*moksha*). Die wird erreicht, indem man auf den durch die *tirthankars* aufgezeigten Pfaden wandelt. Eine wesentliche Grundlage dieser Glaubensrichtung besteht aus dem *ahimsa*, der Achtung vor allem Lebenden und dem Vermeiden jeglicher Verletzung eines Lebewesens. Daher sind die Jains strikte Vegetarier, und einige Mönche der Jains bedecken sogar ihren Mund mit einem Stück Stoff, um sicherzugehen, daß sie nicht versehentlich ein Insekt verschlucken.

LEANNE LOGAN

Gegenüberliegende Seite: In einem Jain-Tempel

Diese Seite: Schrein von Sravanabelagola (Karnataka)

HUGH FINLAY

Oben: Jain-Tempel in Khajuraho
(Madhya Pradesh)

Unten: Jain-Tempel in Jaisalmer

BRYN THOMAS

GREG ELMS

Die Jains sind in zwei Sekten gespalten: die Schwetambaras („Weißgekleidete") und die
Digambaras („Luftgekleidete"). Die Digambaras legen einen weitaus höheren Wert auf ein
asketisches Leben. Daher auch ihr Name, der in Sanskrit soviel bedeutet wie „die in Luft
Gekleideten", denn sie verachten jeglichen materiellen Besitz und laufen unbekleidet herum.
Die Digambaras sind vorwiegend Mönche, halten sich nackt aber nur im Gebiet eines Klosters
auf. Der berühmte Tempel von Sravanabelagola im Bundesstaat Karnataka ist übrigens ein
Digambara-Tempel.

Die Jains bauten außergewöhnliche Tempelkomplexe, bemerkenswert deshalb, weil sie meist
aus einer Ansammlung ähnlicher Gebäude bestehen. Häufig besitzen die Tempel unzählige
Säulen, von denen nicht einmal zwei gleich sind. Die auffallendste „Tempelstadt" der Jains
befindet sich in Palitana im östlichen Gujarat, die einer Festung auf der Spitze eines Berges
ähnelt und Hunderte von wunderschönen Tempeln enthält. In Sravanabelagola in Karnataka,
weiter im Süden und eigentlich nur ein Dorf, befindet sich eine weitere heilige Stätte der Jains.

Jainistische Feste

Mahavir Jayanti: Mit diesem wichtigen Fest der Jains wird an die Geburt von Mahavira
erinnert. Begangen wird es im März oder April.

Oben links und unten rechts: Details in der Dilwara-Gruppe der Jain-Tempel unweit von Mt. Abu (Rajasthan). Dort war es, wo die Bearbeitung von Marmor ihre unübertroffenen Höhepunkte erreichte.

Oben rechts: Restaurierungsarbeiten an einem Jain-Tempel in Amar Sagar (Rajasthan)

Unten links: Jain-Tempel in Kalkutta

HUGH FINLAY

GREG HERRIMAN

RICHARD I'ANSON

HUGH FINLAY

ZOROASTRISMUS

Der Zoroastrismus ist eine der ältesten Religionen der Welt und wurde im 6. oder 7. Jahrhundert vor Christus durch den Propheten Zarathustra (Zoroaster) in Persien gegründet. Geboren wurde Zarathustra in Mazar-i-Sharif, das im heutigen Afghanistan liegt. In seiner Blütezeit erstreckte sich das Einflußgebiet des Zoroastrismus von Indien bis in den Mittelmeerraum. Heute beschränkt er sich auf die Städte Shiraz im Iran, Karachi in Pakistan und Bombay in Indien. Die Anhänger des Zoroastrismus sind die Parsen, die so benannt wurden, weil sie nach Indien flohen, als sie in Persien der Verfolgung ausgesetzt waren.

Der Zoroastrismus gehört zu den ersten Religionen, die sich zu einem einzigen allmächtigen und unsichtbaren Gott bekannten. Ihre Heilige Schrift ist die *Zend-Awesta*. Sie ist gekennzeichnet durch einen ethisch orientierten Dualismus, nämlich mit dem guten Gott Ahura Mazda und dem bösen Geist Angra Manju. Ahura Mazda ist der Gott des Lichtes und wird durch das Feuer symbolisiert. Die Menschen unterstützen nach Ansicht der Parsen den Kampf des guten Gottes über das Böse durch folgende Leitsätze: *humata* (gute Gedanken), *hukta* (gute Worte) und *huvarshta* (gute Taten).

Ihre Zeremonien halten die Parsen in Feuertempeln ab. Sie tragen dabei ein *sadra* (heiliges Hemd) und ein *kasti* (heiliges Tuch). Dürfen Kinder diese beiden heiligen Kleidungsstücke erstmals anziehen, dann geschieht dies im Rahmen einer Zeremonie (*navjote*). In den Tempeln brennt ein ewiges Feuer, dessen Flamme sie als ein Gottessymbol verehren, hingegen nicht das Feuer selbst. Da die Parsen an die Reinheit der Elemente glauben, nehmen sie Abstand von Totenverbrennungen und Bestattungen, denn damit würden sie ja das Feuer, die Erde, die Luft und das Wasser verunreinigen. Daher übergeben sie ihre Toten in „Türmen des Schweigens" den Geiern, die in kürzester Zeit nur noch die Knochen übriglassen.

Obwohl in Bombay nur ca. 85 000 Parsen leben, spielen sie eine nicht unbedeutende Rolle in Handel sowie Industrie und haben viele Wohltäter in ihren Reihen. Ihr Einfluß ist weitaus größer, als ihre geringe Anzahl vermuten läßt. Sie waren auch hilfreiche Verbindungsleute im Kontakt zwischen Indien und Pakistan, wenn sich die Verhandlungen zwischen diesen beiden Staaten wieder einmal festgefahren hatten. Wegen der sehr strengen Regeln, nach denen ein Parse nur eine Parsin heiraten darf und nur derjenige ein Parse ist, dessen beide Elternteile Parsen sind, nimmt die Zahl der Anhänger dieser Religion langsam, aber stetig ab.

CHRISTENTUM UND JUDENTUM

In Indien leben auch etwa 22 Millionen Christen. Christliche Gemeinden bestehen in Goa seit der Zeit, seit der auch in Europa Christen beheimatet sind. Der Apostel Thomas soll 54 n. Chr. nach Kerala gelangt sein und hier den Grundstein für das Christentum gelegt haben. Die Portugiesen waren in Goa, im Gegensatz zu den Engländern, recht eifrig damit beschäftigt, dem Land ihren Glauben aufzudrücken. Dies stand dem Eifer beim Geschäftemachen in nichts nach. Sie hinterließen in Goa eine starke christliche Gemeinde. Generell aber war das Christentum nicht sehr erfolgreich in Indien, jedenfalls nicht unter dem Aspekt der Übertritte zur christlichen Kirche. Geschah dies doch, so gehörten die Überläufer meist einer niedrigen indischen Kaste an. Dennoch gibt es zwei kleine Bundesstaaten (Mizoram und Nagaland), in denen eine christliche Mehrheit lebt. Ferner sind ein Viertel der Bevölkerung von Kerala und ein Drittel der Bevölkerung von Goa christlich. Die christlichen Feiertage Karfreitag und Weihnachten werden auch in Indien begangen.

In einigen Städten bestehen auch kleine jüdische Gemeinden. Eine bedeutendere Rolle aber spielen die Juden in Kochi (Cochin) in Kerala. Sie behaupten nämlich, daß bereits im Jahre 587 v. Chr. Vorfahren dorthin kamen.

Reich verziertes Inneres einer
Kirche in Kerala (Südindien)

TONY WHEELER

GREG ELMS

Oben: Kirche der Unbefleckten Empfängnis in Goa. Der Katholizismus in Goa ist ein Erbe aus der Zeit der portugiesischen Herrschaft.

Unten von links: Synagoge aus dem 16. Jahrhundert im Judenviertel von Cochin (Kerala), Christuskirche in Shimla und Kirche des Hl. Cajetan in Alt-Goa

Rückseite: Zwei Mädchen posieren vor der Figur von Krishna, des Gottes des Universums, am Jagannath-Tempel in Neu-Delhi. Während des jährlichen Rath Yatra (Wagenfestes), das zu Ehren von Krishna begangen wird, werden riesige Wagen vom Tempel weg durch die Straßen gezogen. Dieses Ereignis zieht Tausende von Pilgern zum Jagannath-Tempel in Puri (Orissa).

GREG ELMS

BRYN THOMAS

BRYN THOMAS

PRAKTISCHE HINWEISE

EINREISEBESTIMMUNGEN

Um nach Indien einreisen zu dürfen, brauchen so gut wie alle Ausländer, auch Deutsche, Österreicher und Schweizer, ein Visum. Die Anträge werden (theoretisch) umgehend bearbeitet und die Visa ohne große Schwierigkeiten ausgestellt.

Touristenvisa werden in unterschiedlichen Arten erteilt: mit einer Gültigkeit von 15 Tage für eine ein- oder zweimalige Einreise (spätestens 15 Tage nach Ausstellung), mit einer Gültigkeit von drei Monaten für mehrfache Einreisen (spätestens drei Monate nach Ausstellung und nicht verlängerbar) sowie mit einer Gültigkeit von sechs Monaten für mehrfache Einreisen (spätestens sechs Monate nach der Ausstellung). Für das letzte Visum bedeutet das, daß es, wenn man nach Indien erst fünf Monate nach der Erteilung einreist, nur noch zu einem Aufenthalt von längstens einem Monat berechtigt und nicht mehr von einem halben Jahr. Dagegen kann man mit einem soeben ausgestellten Visum volle sechs Monate in Indien bleiben.

Wir haben viele Briefe von Lesern erhalten, die von diesen Regelungen verwirrt worden sind und geglaubt haben, daß man mit einem sechs Monate gültigen Touristenvisum automatisch auch sechs Monate in Indien bleiben dürfe. Verlängern lassen sich nach der Ankunft im Land nur die sechs Monate ab Ausstellung gültigen Touristenvisa.

Die Kosten für ein Visum hängen von der Staatsbürgerschaft der Antragsteller abzuhängen. Derzeit müssen Deutsche für ein drei Monate gültiges Visum mit der Berechtigung zur wiederholten Einreise 35 DM und für ein sechs Monate gültiges Visum, ebenfalls mit der Berechtigung zur beliebig häufigen Einreise, 70 DM bezahlen.

Bei der Erteilung von Touristenvisa ist das indische Hochkommissariat im pakistanischen Islamabad recht tüchtig. Wenn man dort ein Visum beantragt und im Heimatland ebenfalls eine diplomatische Vertretung Indiens besteht, kann es aber durchaus sein, daß vom indischen Hochkommissariat vor der Erteilung des Visums zunächst ein Fax an die indische Botschaft im Heimatland geschickt wird, um klären zu lassen, ob der Antragsteller möglicherweise ein Dieb ist, von der Polizei gesucht wird oder aus anderen Gründen in Indien unerwünscht ist. Dieser Vorgang kann durchaus ein paar Tage dauern. Natürlich hat der Antragsteller auch die Kosten für das Fax zu bezahlen.

Indische Botschaften und Konsulate: Im deutschsprachigen Raum und in seinen Nachbarländern ist Indien mit folgenden Botschaften und Konsulaten vertreten:

Bangladesch

    Dhaka, 120 Road 2, Dhanmodi Residential Area (Tel. 02/50 36 06, Fax 86 36 66),

    Chittagong, O. R. Nizam Road 1253/1256 (Tel. 031/21 10 07, Fax 22 51 78),

Bhutan

    Thimpu, India House Estate (Tel. 0975/2 21 62, Fax 2 31 95),

Deutschland

    Konsularabteilung der indischen Botschaft in 53113 Bonn, Baunscheidtstraße 7 (Tel. 02 28/ 5 40 51 32),

    Außenstelle der indischen Botschaft in 13156 Berlin, Majakowski-Ring 55 (Tel. 030/4 80 01 78 und 4 82 71 21),

    Indisches Generalkonsulat in 60318 Frankfurt/Main, Mittelweg 49 (Tel. 069/15 30 05 45 und 15 30 05 13),

    Indisches Generalkonsulat in 20095 Hamburg, Raboisen 6 (Tel. 040/33 80 36),

Myanmar

    Merchant Street 545-547, Yangoon (Tel. 01/8 25 50, Fax 8 95 62),

Nepal

    Lainchaur, Kathmandu (Tel. 071/41 19 40, Fax 41 31 32),

Österreich

    Indische Botschaft in 1015 Wien, Kärntner Ring 2 a (Tel. 01/5 05 86 66-69),

Pakistan

    Diplomatic Enclave G, Islamabad (Tel. 051/81 43 71, Fax 82 07 42),

    Fatima Jinnah Road 3, India House, Karachi (Tel. 021/52 22 75, Fax 5 68 09 29),

Schweiz

    Indische Botschaft in 3008 Bern, Effingerstr. 45 (Tel. 031/3 82 31 11, Fax 031/3 82 26 87),

    Indisches Generalkonsulat, 9 rue du Valois, 1212 Genf (Tel. 022/7 32 08 59),

Sri Lanka

    Galle Road 36-38, Colombo 3 (Tel. 01/42 16 05, Fax 44 64 03),

Thailand

    46 Soi 23 (Prasarnmitr), Sukhumvit Road, Bangkok (Tel. 02/2 58 03 00, Fax 2 58 46 27),

Bumruangrat Road 113, Chiang Mai (Tel. 053/24 30 66, Fax 24 78 79).

Visaverlängerungen: In Indien lassen sich nur die sechs Monate gültigen Touristenvisa verlängern. Wenn man sich vom Tag der Ausstellung des Visums noch später als 180 Tage in Indien aufhalten willen (unabhängig vom Tag der Einreise), muß man sich ein paar Tage Zeit nehmen, um die Aufenthaltserlaubnis verlängern zu lassen. Verlängerungen von Touristenvisa werden nicht routinemäßig bewilligt. Wenn man bereits volle sechs Monate im Land gewesen ist, kann es schwer werden, eine Verlängerung der Aufenthaltserlaubnis zu erhalten, und dann möglicherweise auch nur noch für einen weiteren Monat. Hat man sich dagegen noch keine vollen sechs Monate in Indien aufgehalten, sind die Aussichten viel besser. Für eine Verlängerung der Aufenthaltserlaubnis um einem Monat muß man eine Gebühr von 600-800 Rs bezahlen und vier Paßbilder mitbringen.

Wenn man länger als vier Monate in Indien bleiben will, muß man sich überdies vor der Ausreise eine Steuerbescheinigung besorgen (vgl. weiter unten).

Ausländerbehörden: Verlängerungen einer Aufenthaltserlaubnis und Sondergenehmigungen für Sikkim, die Andamanen und Nikobaren sowie die Lakshadweep-Inseln erteilen die Ausländerbehörden (Foreigners' Registration Offices). Die wichtigsten davon sind:

Bombay
Special Branch II, Annexe 2, Office of the Commissioner of Police (Greater Bombay), Dadabhoy Naoroji Road (Tel. 022/2 62 04 46),

Delhi
Hans Bhawan, Tilak Bridge (Tel. 011/3 31 94 89),

Kalkutta
Acharya J. C. Bose Road 237 (Tel. 033/ 2 47 33 01),

Madras
Shastri Bhavan Annexe, Haddows Road 26 (Tel. 044/8 27 82 10).

Visa können aber auch in allen Hauptstädten der einzelnen Bundesstaaten verlängert werden. Dort muß man sich an das jeweilige Polizeipräsidium (Office of the Superintendent of Police) wenden.

Steuerbescheinigung: Wie bereits im Abschnitt über die Visa erwähnt, verlangt Indien bei einem Aufenthalt von mehr als vier Monaten bei der Ausreise eine Steuerbescheinigung. Damit soll den Behörden gegenüber bewiesen werden, daß man selbst genügend Mittel hatte und nicht arbeitete oder gar bestimmte Sachen verkaufte.

Im Grunde genommen braucht man dafür nur die Auslandsabteilung eines der Finanzämter in Delhi, Kalkutta, Madras oder Bombay (Foreign Section of the Income Tax Department) aufzusuchen und dort seinen Reisepaß mit dem verlängerten Visum und einigen Bankbescheinigungen, die Geldumtausch bestätigen, vorzulegen. Mit den Quittungen von Banken soll nachgewiesen werden, daß man auch wirklich Devisen in Rupien eingetauscht hat. Dann hat man nur noch ein Formular auszufüllen und ist im allgemeinen in 10 Minuten, längstens aber nach einer Stunde, fertig. Diese Steuerbescheinigung wird - wenn überhaupt - nur bei der Ausreise verlangt.

SONDERGENEHMIGUNGEN

Auch wenn man ein indisches Visum in seinem Reisepaß hat, darf man nicht in alle Gebiete Indiens einreisen. Für bestimmte Regionen sind Sondergenehmigungen (Special Permits) erforderlich. Hierauf wird in den jeweiligen Kapiteln dieses Buches hingewiesen. Dennoch bereits an dieser Stelle einige Erläuterungen:

Andamanen: Wer mit einem Flugzeug auf die Andamanen fliegt, erhält eine Genehmigung für einen Aufenthalt von bis zu 30 Tagen bei der Ankunft auf dem Flughafen von Port Blair. Wenn man diese Inseln mit einem Schiff besuchen will, benötigt man eine vorherige Genehmigung, denn ohne eine solche Genehmigung kann man noch nicht einmal eine Fahrkarte für die Schiffspassage kaufen. Die Genehmigungen sind in einem indischen Konsulat oder einer indischen Botschaft im Ausland, beim Ministry of Home Affairs in Delhi und in den Ausländerbehörden in Madras sowie Kalkutta erhältlich.

Die Erteilung einer Sondergenehmigung für einen Besuch der Andamanen kann in Delhi mehrere Tage dauern, während das in Kalkutta und Madras im allgemeinen in wenigen Stunden geschieht. Wenn man plant, während seiner Indienreise möglicherweise auch die Andamanen zu besuchen, ist es ratsam, eine Sondergenehmigung für diese Inseln bereits zusammen mit dem Visum für Indien zu beantragen. Das kostet nicht mehr und kann später Zeit sparen helfen.

Bhutan: Offiziell ist diese abgelegene Himalaja-Region ein unabhängiger Staat. Dennoch kontrolliert Indien die Außenpolitik und viele andere Angelegenheiten dieses Staates. Visumanträge sind zu stellen beim Director of Tourism, Ministry of Finance, Tachichho Dzong, Thimpu, Bhutan, oder bei der Bhutan Foreign Mission, Chandragupta Marg, Delhi 110021, Indien (Tel. 60 92 17).

Gleichzeitig müssen Transitgenehmigungen beantragt werden für die Reise durch Gebiete mit Einreisebeschränkung. Stellen Sie Ihren Antrag ca. 8 Wochen vorher. Aber trotz allem erhalten Sie das Visum für Bhutan und die Sondergenehmigungen vermutlich nur, wenn Sie eine einflußreiche Person bei den indischen Behörden oder aus der Aristokratie von Bhutan kennen. Für Reisen nach Bhutan auf dem Landweg werden nur sehr wenige Genehmigungen erteilt. Die einzige Möglichkeit, diese Einschränkung zu umgehen, ist die Teilnahme an einer Pauschalreise. Und die ist nicht gerade billig.

Lakshadweep-Inseln: Eine Erlaubnis zum Besuch dieser Inseln westlich und südwestlich von Kerala zu erhalten ist sehr problematisch. Derzeit ist für Ausländer nur eine der Inseln zugänglich. Einzelheiten kann man dem Abschnitt über die Lakshadweep-Inseln am Ende des Kapitels über Kerala entnehmen.

Nordöstliches Gebiet: Auch für einige der abgelegenen Bundesstaaten im Nordosten Indiens benötigt man eine Sondergenehmigung. Und selbst, wenn man die erhält, darf man nicht überall hin. Ferner sollte man nicht bis zur Genehmigung den Atem anhalten, wenn man die beantragt hat, denn wenn man die überhaupt erhält, kann es Monate dauern. Hilfreich kann ein Empfehlungsschreiben von einem einflußreichen Inder sein, der politisch über Durchsetzungsvermögen verfügt.

Grundsätzlich sind die einzigen Staaten in dieser Region, für die es sich lohnt, eine Sondergenehmigung zu beantragen, Assam, Meghalaya und Tripura, aber selbst die können kurzfristig wieder für Ausländer gesperrt werden. Derzeit kann die dafür zuständige Behörde in Kalkutta Sondergenehmigungen für Meghalaya sofort nur für Gruppen von mindestens vier Personen ausstellen, wenn die zusammen reisen. Einzelreisende brauchen eine Genehmigung aus Delhi, die man dort persönlich beantragen muß. Die Genehmigungen berechtigen zu einer Transitfahrt durch den Westen von Assam bis Guwahati, aber man darf dort nicht übernachten. Anfang 1992 war Assam für kurze Zeit für Ausländer zugänglich, wurde aber bald wieder gesperrt.

Die übrigen Bundesstaaten im Nordosten sind derzeit für Ausländer vollständig gesperrt, auch wenn die Regierung von Arunachal Pradesh versucht, von der Zentralregierung die Berechtigung zu erhalten, dieses Gebiet für Ausländer zu öffnen. Sollte das gelingen, muß man eine Sondergenehmigung über das Arunachal House in Kalkutta beantragen.

Sikkim: Sondergenehmigungen für Sikkim werden - wenn sie überhaupt noch erforderlich sind - entweder sofort oder innerhalb weniger Stunden ausgestellt. Das hängt davon ab, wo man eine solche beantragt. Weitere Einzelheiten dazu finden Sie im Kapitel über Sikkim.

EINREISEBESTIMMUNGEN FÜR NACHBARLÄNDER

Sofern Sie auch noch umliegende Länder besuchen möchten, interessieren Sie sicher auch die Visumbestimmungen dieser Staaten.

Myanmar (Burma): Schnell und verläßlich erhält man ein Visum für dieses Land in der Botschaft in Delhi. Aber auch dort wird ein Visum nur für einen Aufenthalt von vier Wochen erteilt. Ein Konsulat von Myanmar gibt es dagegen in Kalkutta nicht, jedoch in Kathmandu und in Dhaka (Bangladesch).

Nepal: Die nepalische Botschaft in Delhi finden Sie in der Barakhamba Road, nahe dem Connaught Place, und nicht weit draußen in Chanakyapuri, wo die meisten anderen Botschaften liegen. Sie ist montags bis freitags von 10 bis 13 Uhr geöffnet. Die Erteilung eines 30 Tage gültigen Visums für eine einzige Einreise dauert 24 Stunden und kostet 25 US $ (zahlbar in Rupien). Ein Visum für 30 Tage bekommt man für 25 US $ auch bei der Ankunft in Nepal. Dies kann man später auch noch verlängern lassen, aber dazu sind ein Formularkrieg und stundenlanges Warten zu bewältigen. Am besten ist es, sich das Visum vorher zu besorgen.

Außer der Botschaft in Delhi gibt es auch noch ein Konsulat von Nepal in Kalkutta. Dort werden Visa für Nepal auf der Stelle erteilt. Dafür braucht man ein Paßbild und muß ebenfalls 25 US $ in Rupien bezahlen.

Sri Lanka: Für Deutsche, Österreicher und Schweizer ist für einen Aufenthalt von bis zu 30 Tagen kein Visum erforderlich. Diplomatische Vertretungen findet man in Delhi, Bombay und Madras.

Thailand: Für einen Aufenthalt von bis zu 30 Tagen ist bei Einreise mit einem Flugzeug für Deutsche, Österreicher und Schweizer kein Visum erforderlich. Wer länger in Thailand bleiben will, kann ein Visum in den diplomatischen Vertretungen von Thailand in Delhi und Kalkutta beantragen. Die Visa für einen Aufenthalt von bis zu 30 Tagen kosten ca. 10 US $ und werden innerhalb von 24 Stunden ausgestellt. Sie können in Thailand verlängert werden.

BOTSCHAFTEN AUSLÄNDISCHER STAATEN IN INDIEN

Staaten, die diplomatische Beziehungen zu Indien unterhalten, sind im allgemeinen mit einer Botschaft in Delhi vertreten. Viele von ihnen haben zudem in anderen größeren Städten wie Bombay, Madras oder Kalkutta auch Konsulate eingerichtet. Einzelheiten können Sie den Abschnitten über die jeweilige Stadt entnehmen.

REISEDOKUMENTE

Für eine Reise nach Indien braucht man einen Reisepaß; er ist das wichtigste Reisedokument. Sie sollten Ihren Reisepaß immer bei sich haben und ihn nicht nach der Ankunft irgendwo in einem Safe hinterlegen. Leser berichteten nämlich von Festnahmen, weil ausländische Besucher bei Polizeikontrollen ihre Reisepässe nicht vorlegen konnten. Es dauerte in diesen Fällen bis zu vier Tage, bis Bekannte die Reisepässe aus einer fernen Stadt herbeigeschafft hatten.

Ein internationales Impfzeugnis - wenn auch für Indien nicht erforderlich - könnte bei einer Weiterreise nötig sein. Studentenausweise sind heutzutage fast wertlos, denn viele Vergünstigungen, die früher bei Vorlage dieser Ausweise galten, wurden aufgehoben und durch Jugendtarife ersetzt. Bestimmte Rabatte sind an das Lebensalter gebunden. Wenn Sie aber die Möglichkeit haben, sich einen Studentenausweis zu besorgen, oder gar selbst einen besitzen, dann nehmen Sie ihn mit. Ähnlich verhält es sich mit dem Jugendherbergsausweis. Er wird in Indiens Jugendherbergen kaum verlangt, aber Sie zahlen etwas weniger, wenn Sie einen solchen Ausweis vorlegen können.

Selbst hinter das Steuer eines Autos zu kommen, wird in Indien schwierig sein. Wenn Sie dies aber doch unbestimmt anstreben, dann lassen Sie sich schon zu Hause einen Internationalen Führerschein ausstellen. Das ist auch deshalb sinnvoll, weil man heutzutage leicht ein Motorrad mieten kann, insbesondere in Goa, und dafür ist ein Internationaler Führerschein durchaus nützlich. Er kann auch zur Identifizierung verwendet werden, beispielsweise beim Mieten eines Fahrrades. Nützlich ist es außerdem, einige Paßfotos für den Fall bei sich zu haben, daß Sie ein Visum beantragen oder verlängern lassen müssen. Geht Ihr Vorrat an Paßfotos zur Neige, dann suchen Sie ein Fotostudio in Indien auf. Die indischen Fotografen stellen sehr gute Porträts zu niedrigen Preisen her.

ZOLLBESTIMMUNGEN

Für die Einreise nach Indien gelten die üblichen Zollbestimmungen, die es erlauben, ohne Zollgebühren eine Flasche Whisky und 200 Zigaretten mitzubringen. Außerdem darf man alle Arten von technischen Wundern aus dem Westen nach Indien einführen, wobei allerdings größere dieser Gegenstände wie Videokameras in ein Formular mit der Bezeichnung „Tourist Baggage Re-Export" eingetragen werden müssen, um sicherzustellen, daß sie auch wieder mit zurück nach Hause genommen werden. Normale Fotoapparate müssen nicht deklariert werden, auch wenn man mehr als einen davon bei sich hat.

Wissen muß man noch, daß man bei der Einreise aus Nepal keine Waren zollfrei nach Indien einführen darf.

GELD

Die indische Rupie (Rs) ist unterteilt in 100 Paise (p). Im Umlauf sind Münzen im Wert von 5, 10, 20, 25 und 50 Paise sowie einer Rupie und zwei sowie fünf Rupien (selten) und Noten über 1, 2, 5, 10, 20, 50, 100 und 500 Rs.

Die Ein- und Ausfuhr indischer Währung ist nicht gestattet. Unbegrenzt dagegen dürfen westliche Währungen eingeführt werden, und zwar sowohl Reiseschecks als auch Bargeld. Die Devisen sind jedoch bei der Einreise zu deklarieren, wenn sie den Wert von 10 000 US $ übersteigen.

Die Rupie ist seit einiger Zeit eine voll und ganz konvertierbare Währung, was zur Folge hat, daß die Wechselkurse zur Rupie vom Markt gebildet und nicht von der indischen Regierung festgesetzt werden. Aus diesem Grund ist auch nicht mehr viel vom früheren Schwarzmarkt übrig geblieben, auch wenn man beim Wechseln von Devisen auf der Straße für US-Dollar oder Deutsche Mark in bar vielleicht die eine oder andere Rupie mehr als in einer Bank erhält. In den bedeutendsten Orten mit viel Tourismus wird Ausländern ständig angeboten, auf der Straße Geld zu wechseln. Davon Gebrauch zu machen ist zwar kaum riskant, aber es ist immer noch illegal. Der größte Vorteil dabei ist, daß das Geldwechseln viel schneller vonstatten geht als in einer Bank. Wenn man sich entschließt, auf diese Weise Geld zu wechseln, dann sollte man das nicht in aller Öffentlichkeit, sondern irgendwo abseits der Straßen tun. Die besten Wechselkurse erhält man dabei für Banknoten im Wert von 100 US $.

In allen indischen Großstädten kann man ohne Schwierigkeiten Bargeld oder Reiseschecks in den wichtigsten Fremdwährungen in Rupien eintauschen. Außerhalb der Großstädte ist es ratsam, nur US-Dollar oder englische Pfund zum Umtausch bei sich zu haben. Thomas Cook und American Express sind in Indien die bekann-

---

Wollen Sie mein Geld oder nicht?

So etwas Einfaches wie das Geldwechseln kann häufig zur Farce werden. In dem bedeutenden Touristenort Varanasi beispielsweise wechselt die Hauptstelle der State Bank of India zwar viele verschiedene Währungen in bar, Reiseschecks aber nur in US-Dollar und Pfund. Einige andere Filialen der State Bank of India akzeptieren zum Wechseln entweder nur Bargeld oder nur Reiseschecks. Bei anderen Banken wie der Bank of Baroda und der State Bank of Benares ist es das gleiche. Hinzu kommt, daß eine Bank, die nach Vorlage einer Kreditkarte Rupien in bar auszahlt, keineswegs wie selbstverständlich auch Reiseschecks oder Devisen in bar wechselt. Und nur selten erhält man gegen Vorlage von Reiseschecks in Deutscher Mark Rupien ausgezahlt.

Indische Banknoten

Banknoten sind in Indien wesentlich länger im Umlauf als bei uns. Besonders die Banknoten mit einem niedrigen Wert sind äußerst schäbig. Sie können jedoch durchaus in der Mitte ein Loch aufweisen (was bei den meisten der Fall ist, weil sie neu gebündelt und dann in der Mitte geheftet werden) und sind dennoch in Ordnung. Nur eine Beschädigung am oberen oder unteren Rand darf nicht sein. Eine solche Note nimmt Ihnen keiner ab. Selbst beim Fehlen nur einer kleinen Ecke wird man eine indische Banknote kaum wieder los. Häufig bleibt Ihnen nichts anderes übrig, als das Ganze gar nicht so eng zu sehen oder sich selbst eine Gelegenheit zu suchen, es wieder auszugeben. Hierfür bieten sich Trinkgelder oder das Bezahlen bei Behörden an. Eine besondere Freude ist es mir immer, wenn ich vor der Rückreise die dann fällige Flughafengebühr von 300 Rs in lauter einzelnen, stark beschädigten Scheinen über eine Rupie hinblättern kann. Allerdings schrieb uns gerade ein Leser und teilte uns mit, daß er einige Schwierigkeiten hatte, als er das ebenfalls versuchte, und es einiger Mühe bedurfte, bevor diese Scheine angenommen wurden. Beschädigte indische Banknoten kann man in einigen Banken auch an besonderen Schaltern gegen unbeschädigte umtauschen. Aber wer geht in Indien schon gern öfter als unbedingt notwendig in eine Bank?

---

testen Reiseschecks. Beide Organisationen sind zudem mit einer Reihe von Zweigstellen im Land vertreten.

Auch wenn es normalerweise kein Problem ist, Reiseschecks zu wechseln, ist es am besten, welche von den bekanntesten Organisationen wie American Express, Visa, Thomas Cook, Citibank oder Barclays mitzunehmen, weil die Einlösung von Reiseschecks unbekannterer Organisationen zu Schwierigkeiten führen kann. Es kommt auch vor, daß eine Bank Reiseschecks einer bestimmten Organisation, insbesondere von American Express, Visa oder Citibank, nicht annimmt. Daher ist zu empfehlen, Reiseschecks von mehreren Organisationen bei sich zu haben.

Außerhalb der Großstädte ist die State Bank of India die Bank, in der man am besten Geld wechselt. Es kann aber auch vorkommen, daß man von einer Zweigstelle der State Bank of India zu einer anderen Bank geschickt wird, beispielsweise zur Bank of India, zur Punjab National Bank oder zur Bank of Baroda.

Viele Reisende begehen übrigens den Fehler, sich ihre Reiseschecks in zu kleinen Stückelungen ausstellen zu lassen. Die werden nämlich nur dann benötigt, wenn man in kurzer Zeit von Land zu Land hastet oder man kurz vor der Heimreise nur noch einen geringen Betrag eintauschen will. Ansonsten sollte man während seines Aufenthaltes ruhig soviel eintauschen, wie man mit sich herumtragen möchte. Gerade in Indien nimmt das Umtauschen von Geld eine derartig lange Zeit in Anspruch, daß man das Geldwechseln am besten auf ganz wenige Male reduziert. Dies gilt auch in den Großstädten. In kleineren Städten - dies können auch größere Orte, aber mit wenig Anziehungskraft auf Touristen sein - dauert dieser Vorgang eine Ewigkeit. Ob Sie es glauben oder nicht: Das Eintauschen eines einzigen Reiseschecks kann in einigen Orten mehrere Stunden dauern. Aber nicht nur der Umtausch bedeutet Zeitverlust. Auch das Herausfinden, welche Bank überhaupt umtauscht, ist ein Programm für einige Stunden. Lösung des Problems ist: so selten wie möglich umtauschen und dann auch nur in Großstädten und bei Großbanken.

Wechselkurse: Bei Drucklegung dieses Buches wurden beim Geldwechseln für eine Deutsche Mark 23 Rs und für einen US-Dollar 32 Rs zugrunde gelegt.

Wechselquittungen: Alle Devisen müssen offiziell bei Banken und anerkannten Geldwechslern eingetauscht werden, wo eigentlich eine Wechselquittung über die Transaktion ausgefüllt werden muß.

In Banken erhält man normalerweise unaufgefordert eine Wechselquittung, aber manchmal wird sie auch nicht ausgestellt. Wechselquittungen sind aus verschiedenen Gründen nützlich, insbesondere dann, wenn man bei seiner Ausreise Geld zurücktauschen möchte. Ein weiterer Grund dafür, Wechselquittungen ausfüllen zu lassen und sorgfältig zu hüten, ist der, daß man evtl. länger als vier Monate in Indien bleiben will und sich dann eine Steuerbescheinigung besorgen muß. Die wiederum wird nur erteilt, wenn man nachweisen kann, daß man während seines Aufenthaltes auch laufend Geld gewechselt hat und nicht etwa in Indien einer Arbeit nachgegangen ist und Geld verdient hat.

Kreditkarten: Kreditkarten werden in Indien weitgehend anerkannt, insbesondere von Diners Club, Eurocard/Mastercard, American Express und Visa. Mit Kreditkarten von American Express, Eurocard/Mastercard und Visa kann man sogar Bargeld erhalten. Mit einer Kreditkarte von American Express kann man auch in jedem Büro dieses Unternehmens Reiseschecks in US-Dollar oder englischen Pfund erhalten. Außerdem erhalten Inhaber einer Kreditkarte von American Express in den Zweigstellen dieser Organisation gegen einen persönlichen Scheck Rupien in bar. Wenn man ausdrücklich danach fragt, kann man einen solchen Scheck auch noch in einer der Zweigstellen von American Express erhalten.

Geldüberweisungen: Lassen Sie es während Ihres Aufenthaltes in Indien nicht dazu kommen, daß Ihnen das Geld ausgeht, es sei denn, Sie haben eine Kreditkarte bei sich und können damit Reisechecks oder Bargeld erhalten. Geldüberweisungen durch das Bankensystem können nämlich ganz schön zeitraubend sein. Wenn man dafür in Indien eine ausländische Bank in einer Großstadt wie Thomas Cook oder American Express in Anspruch nimmt, mag eine Geldüberweisung noch relativ schnell über die Bühne gehen. Überall sonst kann das durchaus 14 Tage dauern und mit vielen Mühen verbunden sein.

Muß eine Geldüberweisung nach Indien sein, dann geben Sie die Bank, die Zweigstelle und die Adresse, wohin es zu überweisen ist, genau an. Zu den ausländischen Banken, die auch in Indien vertreten sind, gehören unter anderen die Niederlassungen der Bank of America, der Chartered Bank, der Banque Nationale de Paris, der Citibank und insbesondere der ANZ Grindlays Bank, die Zweigstellen sowohl in kleineren als auch in größeren Städten unterhält.

Reisekosten: Es ist nahezu unmöglich, die Kosten für eine Reise nach Indien genau anzugeben. Der Gesamtbetrag hängt davon ab, wie Sie reisen, wo Sie wohnen, was Sie essen und vor allem, wie schnell Sie reisen. Wenn zwei Personen auf der gleichen Route durch Indien reisen, geben sie dennoch unterschiedlich viel aus, nämlich dann, wenn eine Person doppelt so schnell reist wie die andere. Aalt ist jemand eine Woche am Traumstrand von Goa und verbringt seine Zeit mit dem Beobachten der anrollenden Wellen, senkt dies die Reisekosten drastisch.

Mit welcher Reisekasse auch immer Sie sich entscheiden nach Indien zu fahren, Sie können versichert sein, daß Sie in diesem Land für Ihr Geld mehr erhalten als in den meisten anderen Ländern.

Tatsache ist: Wenn Sie in Indien vornehmlich teure Hotels ansteuern und überall hinfliegen, um in kurzer Zeit möglichst viel von Indien zu sehen, dann können Sie auch in Indien viel Geld ausgeben, denn es gibt genug Hotels, in denen eine Übernachtung pro Tag 50 US $ und mehr kostet. Einige berechnen für ein Zimmer sogar über 100 US $. Auf der anderen Seite ergibt sich folgende Rechnung: Schränken Sie sich ein und versuchen Sie, sparsam zu leben, in Schlafsälen oder kleinen, billigen Hotels zu übernachten, in den Zügen grundsätzlich nur die 2. Klasse zu benutzen und es zu lernen, nur von Dhal und Reis zu leben, dann wird es möglich sein, mit 7 US $ pro Tag auszukommen.

Die meisten Reisenden werden sich für den goldenen Mittelweg entscheiden. Wenn Sie in annehmbaren Touristenhotels übernachten (zum Beispiel mit dem Standard, den die Touristen-Bungalows in vielen Provinzen bieten), dann können Sie mit einem sauberen, aber einfachen Zimmer rechnen. Dies wird meistens sogar noch einen Ventilator unter der Decke und ein eigenes Bad haben. Wer meistens in normalen Restaurants ißt

und nur ab und an einmal ein ausgefallenes Lokal aufsucht, wenn sich dies in einer Großstadt anbietet, kann auch hierbei sparen. Sparen ist auch möglich beim Reisen durch Indien. Kürzere Strecken kann man gut in der 2. Klasse hinter sich bringen. Die 1. Klasse sollte man nur für die langen Touren aufheben, die man sowieso im Schlafwagen zurücklegt. Auch Taxis sollten von kostenbewußten Reisenden nur in Ausnahmefällen benutzt werden; es bieten sich ja immer die preiswerteren Busse oder Rikschas an. Wenn Sie das berücksichtigen, werden Sie für Ihren Indienaufenthalt pro Tag einen Betrag von 15 bis 25 US $ benötigen. Ob das reicht, hängt einzig und allein von Ihnen ab.

Wie überall in Asien bekommen Sie auch in Indien für das, was Sie bezahlen, mehr als Zuhause, so daß es häufig gar nicht in eine Relation zu bringen ist, wenn man sich unterwegs mal etwas Besseres gönnt. Warum soll man sich nicht während der Reise einmal etwas von dem Luxus im Raj-Stil leisten, der nun einmal den Reiz Indiens mit ausmacht? Vielleicht ärgern Sie sich nach Rückkehr Zuhause darüber, daß Sie sich diesen Luxus und ein besonderes Erlebnis versagten.

Bakschisch: In den meisten asiatischen Ländern sind Trinkgelder unbekannt. Indien ist allerdings eine Ausnahme. Nur ist der Grund für Trinkgelder in Indien ein anderer, als wir es im Westen gewohnt sind. Hier drückt das Wort „baksheesh" alles aus. Sie geben nämlich in Indien ein Trinkgeld weniger für den guten Service, sondern eher deshalb, weil Sie einen guten Service bekommen möchten.

Ein wohlüberlegtes Bakschisch öffnet geschlossene Türen, läßt verschwundene Briefe wieder auftauchen und auch andere kleine Wunder geschehen. Trinkgelder sind nicht nötig in Taxis oder kleinen Restaurants. Wenn Sie aber bestimmte Leistungen immer wieder in Anspruch nehmen müssen, dann bestimmt das Trinkgeld am Anfang die Art und Weise, wie anschließend alles gehandhabt wird. War es zu klein, dann werden Sie feststellen, daß der Service in Ihrem Hotel zunehmend schlechter wird. Achten Sie aber stets darauf, daß auch das Trinkgeld in einer gewissen Relation bleibt. Geben Sie dem Wunsch nach einem Trinkgeld unbefangen nach, könnten die Forderungen später leicht ins Uferlose gehen. Fragen Sie sich immer, ob es angebracht ist, bevor Sie ein Trinkgeld aushändigen. In Touristenrestaurants oder -hotels, wo für die Bedienung ohnehin ein Zuschlag im Preis enthalten ist, sind 10 % als Trinkgeld durchaus in Ordnung. In kleineren Lokalen, wo Trinkgelder nicht immer erwartet werden, reichen ein paar Rupien aus. Hier wird auf den Rechnungsbetrag also nicht prozentual ein Trinkgeld aufgeschlagen. Gepäckträger in Hotels erhalten normalerweise pro Gepäckstück etwa eine Rupie. Als Trinkgeld sind auch 1-2 Rs üblich, wenn jemand auf ein

Fahrrad aufpaßt, oder 10 Rs für einen Gepäckträger auf einem Bahnhof oder für einen Schaffner in einem Zug, wenn die unerwartete Wunder vollbracht haben. Zwischen 5 und 15 Rs Trinkgeld gibt man einem Mitarbeiter in einem Hotel, wenn der etwas Besonderes erledigt hat.

Viele Besucher aus dem Westen finden diesen Aspekt des Reisens in Indien den nervenaufreibendsten - das ständige Fragen nach einem Bakschisch und die Erwartung, daß man - weil man Ausländer ist - für alles ein Trinkgeld gibt. Aus indischer Sicht sind Trinkgelder jedoch ein integraler Teil des Systems. Sie wurden nicht einfach eingeführt, um sie Touristen aus den Taschen zu ziehen. Nehmen Sie sich einmal die Zeit und beobachten Sie, wie Inder (selbst die, die offensichtlich nicht besonders reich sind) sich in Situationen verhalten, in denen ein Trinkgeld erwartet wird. Sie geben immer etwas, denn es wird erwartet und auf beiden Seiten akzeptiert.

Auch wenn Sie sich selbst nicht für reich halten, denken Sie daran, wie ein Inder, der im Monat 500 Rs verdient, Sie sieht. Ausländer, die ihre ganze Zeit damit verbringen, gegen das System mit den Trinkgeldern anzukämpfen, anstatt sich damit abzufinden, werden sich ständig mit den scharfen und unangenehmen Argumenten von Leuten über etwas auseinandersetzen müssen, was letztlich nur ein paar Pfennige ausmacht. Niemand wäre so naiv zu behaupten, daß alle Forderungen von Trinkgeld oder die verlangten Beträge der Höhe nach berechtigt sind. Aber wenn Sie sich damit abfinden können, daß die Dinge in Indien nun mal so sind, und angemessene Trinkgelder geben, sind die Aussichten größer, daß Sie das Gefühl bekommen, viele Dinge gelingen damit viel leichter.

Auch wenn die meisten Leute glauben, Bakschisch sei gleichbedeutend mit Trinkgeld, ist Bakschisch auch ein Almosen für Bettler. Wohin auch immer man in Indien kommen mag, man wird immer auch mit Bettlern konfrontiert sein, viele davon (häufig behindert oder fürchterlich verkrüppelt) echt in richtiger Not, andere wie Kinder mit der Frage nach ein paar Rupien oder einem Kugelschreiber sicher nicht.

In den Treffpunkten von Rucksackreisenden machen immer alle möglichen Geschichten von Bettlern ihre Runden, viele davon ohne ein Fünkchen Wahrheitsgehalt. Geschichten von Bettlern, die in Wirklichkeit Rupien-Millionäre seien, von Menschen (normalerweise Kindern), die absichtlich verkrüppelt worden seien, um als Bettler Mitleid zu erregen, sowie von einer „Bettler-Mafia" sind dabei durchaus üblich.

Es ist eine Frage der persönlichen Einstellung, wie man mit dem Thema Bettler und Bakschisch umgeht. Einige Leute sind der Auffassung, am besten gebe man Bettlern gar nichts, weil sie durch Gaben nur zum weiteren Betteln „ermutigt" würden, und spenden lieber Mutter Teresa oder einer anderen wohltätigen Organisation etwas. Andere geben Bettlern etwas Kleingeld, wenn sie so etwas gerade bei sich haben. Es gibt leider aber auch Leute, die bei dieser Frage völlig abseits stehen und unter keinen Umständen etwas spenden. Es liegt also an einem selbst, wie man sich verhält.

Wie immer man sich gegenüber Bettlern auf den Straßen verhält, den Brigaden von Kindern, die einem immer mit dem Ruf „one pen, one pen" nachlaufen, sollte man die kalte Schulter zeigen.

WAS MAN MITNEHMEN SOLLTE

Auch bei Reisen nach Indien kommt die allgemeine Regel für Traveller zur Anwendung: Nehmen Sie so wenig wie möglich mit. Es ist immer besser festzustellen, daß man etwas nicht mit hat, als daß man zuviel mit hat und es nicht los wird. Im Süden von Indien können Sie das ganze Jahr über mit einem „hemdsärmeligen" Wetter rechnen, während es im Norden so kühl werden kann, daß man unbedingt einen Pullover oder eine Jacke benötigt. Jedenfalls gilt dies dort für die Winterabende. Ganz im Norden nähern sich dann die Temperaturen dem Gefrierpunkt. In dieser Zeit werden dort alles anziehen, was Sie mithaben.

Bedenken Sie, daß in Indien Kleidung einfach und preiswert erstanden werden kann. Sie können sich Garderobe von der Stange kaufen oder in einer der vielen Schneidereien billig anfertigen lassen. Die Großstädte haben ein vielfältiges Angebot an Modischem zu bieten, das mittlerweile auch den Westen erobert hat, aber in Indien fast zu dem Preis in Rupien eingekauft werden kann, der zu Hause in Mark oder Franken verlangt wird. Ein Bekleidungsstück sollten Sie sich sofort nach der Ankunft in Indien anfertigen lassen: eine der leichten Hosen, die wie Schlafanzughosen aussehen. Schnell werden Sie herausfinden, daß sie viel angenehmer zu tragen sind als Jeans, und der Preis liegt bei ein paar Rupien.

Auf angemessene Kleidung legt man in Indien besonderen Wert, genauso wie in anderen asiatischen Ländern. Daran, daß Männer - und Frauen - aus westlichen Ländern gern Shorts tragen, hat man sich weder gewöhnt noch hält es für eine Eigenart der Europäer. Aber kurze Hosen sollten dennoch nicht zu knapp sein. Das Tragen von kurzen Hosen und T-Shirts bei formelleren Anlässen ist aber auf jeden Fall unhöflich. Das Gepäck für eine Reise nach Indien sollte u. a. enthalten:

Unterwäsche und Badehose oder Badeanzug,
eine Baumwollhose,
Shorts,
ein Baumwollhemd (für Frauen),
einige T-Shirts oder kurzärmelige Hemden,
einen Pullover für kühle Abende,
ein Paar Turnschuhe oder feste Schuhe sowie Socken,

Dhobi Wallahs

Wenn man in Indien herumreist, ist es kaum notwendig, mehr als eine Garnitur Wäsche zum Wechseln bei sich zu haben. Denn täglich klopft ein dienstbarer Geist an Ihre Zimmertür, um die arg verstaubte und unansehnliche Kleidung des Vortages abzuholen. Es ist fast ein Wunder, daß Sie diese verschwitzten und unappetitlichen Stücke am Abend des gleichen Tages frisch, sauber und gebügelt zurückerhalten. So liebevoll behandelt, wie es dank Technik und Chemie in heimischen Gefilden kaum der Fall sein dürfte. Dafür bezahlt man dann kaum mehr als ein paar Rupien. Was aber geschah mit Ihrer Wäsche zwischen dem Abholen und der Rückgabe?

Eines steht fest: Mit einer Waschmaschine kam sie ganz sicher nicht in Berührung. Zunächst wird alles, was gewaschen werden soll, zu einem Dhobi Ghat getragen. Ein Ghat ist ein Platz, an dem Wasser verfügbar ist, und ein Dhobi ist ein Wäscher. Daraus ergibt sich, das ein Dhobi Ghat der Ort ist, an dem Wäscher ihren Beruf ausüben. In den Großstädten nimmt ein Dhobi Ghat erstaunliche Ausmaße an, an dem Hunderte von Dhobis ihrer Beschäftigung nachgehen und Tausende von Kleidungsstücken bearbeitet werden.

Zunächst werden die Kleidungsstücke nach Farben sortiert: all die weißen Hemden zusammen, die grauen Hosen, die roten Röcke, die Blue Jeans usw. Nun ist der Zeitpunkt gekommen, an dem in der westlichen Welt entweder alles hoffnungslos durcheinander wäre oder ein Computer eingesetzt werden müßte. Die Kleidungsstücke werden dann für einige Stunden in Seifenwasser gelegt. Danach wird der Schmutz buchstäblich aus ihnen herausgeschlagen. Keine noch so ausgeklügelte Waschmaschine mit vielen Waschprogrammen zaubert die Wäsche so sauber wie ein erfahrener Dhobi. Allerdings hat man das Gefühl, die Kleider seien nach mehrmaliger Behandlung durch einen Dhobi etwas dünner geworden. Knöpfe zerbrechen leicht bei dieser Waschart, nehmen Sie sich einige Ersatzknöpfe mit.

Sind sie sauber gewaschen, werden die Kleidungsstücke auf kilometerlangen Wäscheleinen der indischen Sonne ausgesetzt und dann zu den Unterständen gebracht, wo die „Heimbügler" ihrem Dienst nachgehen. Hunderte pressen die Eisen mit einem Geschick auf Jeans, Hemden usw., daß Sie Ihre Wäsche zurückbekommen wie niemals zuvor. Aber man beschränkt sich mit dem Bügeln nicht nur auf Jeans und Hemden. Nein, hier wird alles gebügelt, auch die Socken und Unterwäsche. Alles kommt fein mit einer Bügelfalte zurück. Aber erst jetzt beginnt das indische Wunder. Zwischen den Tausenden und Abertausenden von Stücken werden Ihre Socken, Ihre Unterhosen, Ihre Hemden herausgepickt und finden den Weg zurück in Ihr Hotelzimmer. Interessiert Sie, wie das geschieht? Dann lassen Sie sich sagen, daß es eine Markierung gibt, die nur den Dhobis bekannt ist und die dem großen Durcheinander ein gutes Ende bereitet. Man erzählt sich sogar, daß durch diese sagenhafte „Dhobi-Markierung" Diebe ausfindig gemacht werden konnten.

Sandalen,
eine leichte Jacke oder Regenzeug und
eine Garnitur „Ausgeh-Kleidung".

Außerdem sollte man Waschzeug, Medikamente, Nähzeug, eine Sonnenbrille und ein Vorhängeschloß mitnehmen. Wenn Sie beabsichtigen, Ihre Wäsche selbst zu waschen, empfiehlt sich auch die Mitnahme einer Wäscheleine und einiger Wäscheklammern. Eine ganze Reihe von Lesern hat vorgeschlagen, zudem kleine Geschenke wie Kugelschreiber (sehr beliebt), Kämme, Süßigkeiten usw. für Inder, insbesondere für Kinder, mitzunehmen, die sich freundlich oder hilfsbereit gezeigt haben. Ein weiterer Gegenstand, den man für die Mitnahme in Erwägung ziehen sollte, ist ein Schirm, der in der Monsunzeit von unschätzbarem Wert ist (vgl. auch Abschnitt über Verschiedenes weiter unten).

Schlafsack: Es ist zwar sehr lästig, einen Schlafsack mit sich herumzutragen, aber er ist äußerst nützlich, um im Notfall darin zu schlafen (z. B. wenn die Bettwäsche im Hotel einmal nicht so einwandfrei ist). Auch als Kissen bei langen Zugfahrten oder als Sitz während langer Wartezeiten auf Bahnsteigen und als Decke in

Hotels (die man selten bekommt) eignet sich ein Schlafsack.

Beabsichtigen Sie, im Norden auf eine Trekking-Tour zu gehen, dann ist ein Schlafsack unerläßlich. In Indien ist das Ausleihen einer Trekking-Ausrüstung allerdings nicht so einfach wie in Nepal. Sehr nützlich kann ein Leinenschlafsack sein, wie er in Europa in Jugendherbergen benutzt werden muß. Das gilt insbesondere dann, wenn man nachts mit der Eisenbahn unterwegs ist oder der Bettwäsche in einem Hotel nicht vertraut. Weil Moskitonetze ebenfalls selten sind, wird ein eigener Leinenschlafsack oder ein eigenes Bettlaken auch dazu beitragen, sich Moskitos vom Leib zu halten. Einige erfahrene Traveller schwören übrigens auf eine Plastikplane. Sie soll unter anderem vor Flöhen in unsauberen Hotelbetten schützen. Andere haben aufblasbare Kissen als nützliche Gegenstände empfohlen, die für etwa 30 Rs fast überall erhältlich sind.

Toilettenpapier: Die Abwasserleitungen in Indien sind im allgemeinen bereits überbeansprucht genug, ohne auch noch Toilettenpapier verkraften zu müssen. Wenn man dennoch nicht zur indischen Methode übergehen und einen Krug mit Wasser und die linke Hand benutzen mag, ist Toilettenpapier bis auf die kleinsten Orte fast überall im Land erhältlich. In einigen Toiletten findet man sogar einen kleinen Behälter für benutztes Toilettenpapier.

Toilettenartikel: Seife, Zahnpasta und andere Toilettenartikel sind überall in Indien in reicher Auswahl erhältlich. Allerdings ist es wert, einen Gummistöpsel für Waschbeckenabflüsse bei sich zu haben, denn die gibt es in billigen Hotels nur selten. Eine Nagelbürste kann ebenfalls sehr nützlich sein. Tampons für Frauen sind auch in den größeren indischen Städten erhältlich. Damenbinden lassen sich jedoch leichter kaufen.

Auf Rasierzeug können Männer beim Packen für eine Reise nach Indien verzichten. Eines der Vergnügen bei einer Reise nach Indien ist nämlich alle paar Tage eine Rasur durch einen Friseur. Seit AIDS sich auch in Indien immer weiter ausbreitet, sollte man sich dafür aber einen Frisiersalon aussuchen, der sauber aussieht, und einen Friseur am Straßenrand meiden. Außerdem empfiehlt es sich, darauf zu bestehen, daß beim Rasieren eine bisher unbenutzte Rasierklinge verwendet wird. Für nur wenige Rupien erhält man beim Rasieren durch eine Friseur eine umfassende Behandlung. Mehrere Arbeitsgänge gehören dazu, bis schließlich als krönender Abschluß die Einbalsamierung mit Rasierwasser ansteht. Die Düfte werden allerdings kaum Ihren Vorstellungen entsprechen. Manchmal reicht man den Kunden auch noch ein dampfendes Frotteetuch und pudert sie hinterher mit Talkum ein. Wenn man nicht schnell genug ist, wird man anschließend feststellen, daß der Friseur auch noch die Kopfhaut massieren will.

Gepäckstück: Sie werden sich sicher auch fragen, was für ein Gepäckstück Sie nach Indien mitnehmen sollen. Nun, für Traveller mit wenig Geld wird es sicher ein Rucksack sein. Er hat sich fast überall als praktisch erwiesen. Viele Rucksäcke sind heutzutage abschließbar, aber man kann, um einen Rucksack ein wenig besser gegen Diebe abzusichern, auch Schlaufen annähen, mit denen man dann dank eines Vorhängeschlosses die Öffnung sichern kann. Wenn man für seine Indienreise einen neuen Rucksack kaufen will, dann lohnt es, etwas mehr für einen strapazierfähigen, qualitativ hochwertigen auszugeben, weil dann die Wahrscheinlichkeit größer ist, daß er auch den Belastungen einer Reise in Indien standhält.

Eine Alternative ist eine große, weiche Umhängetasche mit Reißverschluß und Schultergurt zum Tragen. So etwas eignet sich augenscheinlich allerdings nicht, wenn man beabsichtigt, in Indien Trekking-Touren zu unternehmen. Koffer sind - jedenfalls in Indien - jedoch nur etwas für Angehörige des Jet Set.

Im Gepäckstück sollte man alles einzeln in Plastiktüten verpacken, um etwas Ordnung zu erhalten. Zudem eignen sich Plastiktüten vorzüglich, um seine Gegenstände trocken zu halten, wenn Regen auf das Gepäckstück fällt.

Verschiedenes: Es ist immer wieder erstaunlich, welche Gegenstände man plötzlich unterwegs vermißt. Dazu gehört auch ein Vorhängeschloß, das manchmal sogar unerläßlich ist. In den meisten einfachen Unterkünften und einer ganzen Reihe von Mittelklassehotels sind an den Zimmertüren nämlich nur ein Haken und ein Vorhängeschloß angebracht. Um das Gewissen zu beruhigen, ist es wesentlich besser, ein eigenes Schloß zu benutzen als eines vom Hotel. Verwendungsmöglichkeiten für ein Schloß gibt es viele. Damit läßt sich z. B. das Gepäck an den Schlaufen unter den Betten in Schlafwagen von Zügen befestigen, was zwar keine absolute Sicherheit gegen Diebstahl bietet, aber auf Diebe abschreckend wirkt. Ganz ordentliche Schlösser kann man auch in Indien zum Preis von 25 bis 50 Rs kaufen. Dann ist da noch der Gummistopfen für die Abflüsse in Waschbecken und Badewannen. Haben Sie schon einmal versucht, Wäsche in einem Waschbecken ohne Stopfen für den Abfluß zu waschen? In der größten Not hilft dann nur noch ein Strumpf, der notdürftig den Abfluß verschließt. Schließlich ist noch das Taschenmesser (Schweizer Armeemesser) zu erwähnen. Es eignet sich für fast alles, besonders aber zum Schälen von Früchten. Einige erfahrene Traveller singen auch ein Loblied auf einen kleinen Tauchsieder, um selbst Wasser abkochen zu können. Ein Sarong ist ebenfalls ganz nützlich. Er kann als Bettlaken, als Bekleidungsstück, in Notfällen als Handtuch, am Strand als Unterlage und in Zügen als Kopfkissen benutzt werden.

Auch Insektenschutzmittel können außerordentlich nützlich sein. Gegen Moskitos helfen die elektrischen Geräte, die überall in Indien angeboten werden. Weil Stromausfälle im Land durchaus üblich sind und Straßenbeleuchtung selten ist, kann man auch eine Taschenlampe und Kerzen gut gebrauchen. Auch ein Moskitonetz kann sich je nach Gegend und Jahreszeit in Indien als sehr nützlich erweisen. Ein kleiner Gummikeil als Türstopper war der Vorschlag eines Lesers, der dabei hilft, daß Türen entweder geöffnet oder geschlossen bleiben. Wenn Sie eine Brille tragen, dann bringen Sie nach Indien vorsorglich auch die Verschreibung mit, damit im Notfalle Ersatz angefertigt werden kann. Haben Sie nämlich Ihre Brille verloren oder sind die Gläser beschädigt oder zerstört worden, läßt sich eine neue in Indien sehr billig, qualitativ hochwertig (zumindest in den Großstädten) und schnell anfertigen. Allerdings kann die Qualität einer in Indien gefertigten Brille durchaus zweifelhaft sein. Ohropax kann hilfreich für Leute mit leichtem Schlaf sein. Aber auch Besucher, die normalerweise einen guten Schlaf haben, können in Indien vom Krach in einigen Hotels gestört werden.

Das heiße Klima in Indien erfordert besondere Vorsichtsmaßnahmen. Wichtig ist zunächst eine Kopfbedeckung gegen die Sonneneinstrahlung. Begeben Sie sich in der heißen Zeit in Indien ins Freie, dann ist der Vergleich nicht abwegig, daß Sie der Sonne Ihren Kopf als Amboß darbieten. Eigentlich spüren Sie die Sonne gar nicht besonders. Sie ist aber da und berührt Sie negativ. Wichtig ist auch der Rat, stets eine Flasche mit einem Getränk bei sich zu haben. Und wenn Sie nicht gerade Wasser aus Flaschen trinken, brauchen Sie auch ein Wasserentkeimungsmittel. Notwendig ist auch zumindest ein Kleidungsstück mit langen Ärmeln, insbesondere dann, wenn Sie mit einem Fahrrad längere Touren unternehmen wollen.

Sonnenschutzmittel mit hohem Lichtschutzfaktor sind übrigens auch in Indien relativ einfach erhältlich, insbesondere in Ferienorten am Meer. Aber sie sind dort teuer.

INFORMATIONEN

Fremdenverkehrsämter in Indien: Innerhalb Indiens ist die Zuständigkeit der Touristenbüros unübersichtlich, da die Abgrenzung zwischen den staatlichen Fremdenverkehrsämtern und den Büros der Provinzen unklar ist und sich manchmal überlappt. Denn in vielen Orten unterhält das nationale Touristenorganisation wie auch die jeweilige Provinz ein Büro, was nicht selten zu Verwirrung führt. Nur ist es häufig so, daß das nationale Büro wesentlich besser ausgerüstet ist als das Büro der Provinz. Büros der staatlichen indischen Fremdenverkehrsorganisation finden Sie in:

Agra
    The Mall 191 (Tel. 0562/36 33 77),
Aurangabad
    Krishna Vilas, Station Road (Tel. 02432/3 12 17),
Bangalore
    Kentucky Fried Chicken Building, Church Street 48 (Tel. 080/5 58 95 17),
Bhubaneswar
    B. J. N. Nagar B 21 (Tel. 0674/41 22 03),
Bombay
    Maharishi Karve Road 123, Churchgate (Tel. 022/ 2 03 29 32),
Delhi
    Janpath 88 (Tel. 011/3 32 00 05),
Hyderabad
    Sandozi Building, Himayat Nagar 26 (Tel. 0842/ 63 00 37),
Jaipur
    Hotel Rajasthan State (Tel. 0141/37 22 00),
Kalkutta
    Shakespeare Sarani 4 (Tel. 033/2 42 14 02 und 2 42 35 21),
Khajuraho
    in der Nähe der westlichen Tempel (Tel. 076861/ 20 47),

Kochi (Cochin)
    Willingdon Island (Tel. 0484/66 83 52),
Madras
    Anna Salai 154 (Tel. 044/8 52 42 95),
Panaji (Goa)
    Communidade Building, Church Square (Tel. 0832/ 4 34 12),
Patna
    Tourist Bhavan, Beer Chand Patel Marg (Tel. 0612/ 22 67 21),
Shillong
    Tirot Singh Syiem Road, Police Bazaar (Tel. 0364/ 2 56 32),
Varanasi
    The Mall 15 B (Tel. 0542/4 37 44).

Die Touristenbüros der Bundesstaaten sind sehr unterschiedlich. Einige sind hervorragend, andere unbrauchbar. In einigen Provinzen betreiben diese Büros eine Kette von Touristen-Bungalows, die im allgemeinen gute Unterkünfte zu vernünftigen Preisen darstellen. Die Provinzen sind jeweils auch mit einem Büro bei den Touristen-Bungalows vertreten.

Die Kommunikation zwischen beiden Institutionen, der nationalen und der provinziellen, scheint überhaupt nicht zu klappen. Dies führt häufig zu Überschneidungen. So produzieren z. B. das nationale Touristenbüro und das Touristenbüro der Provinz eine Broschüre über den Ort A, aber beide haben keine Unterlagen über den Ort B greifbar. Und damit die Verwirrung noch größer wird, wird auch noch unterschieden zwischen dem Government of India Tourist Office und der Indian Tourism Development Corporation (ITDC). Die letztere Organisation ist aber eher mit der Durchführung des Tourismus in Indien befaßt als damit, nur zu informieren. Dies sieht in der Praxis so aus, daß die ITDC den Bus für eine Gruppenreise stellt, für die das Tourist Office die Karten verkauft. Ferner unterhält die ITDC eine Kette von Hotels und Gästehäusern, die über ganz Indien verteilt sind. Sie werden unter dem Namen Ashoka geführt.

Indische Fremdenverkehrsämter im Ausland: Indiens nationales Fremdenverkehrsamt (Government of India Department of Tourism) unterhält eine ganze Reihe von Touristenbüros im Ausland, wo man Broschüren, Hefte und einige Informationen über Indien bekommen kann. Diese Unterlagen sind meist sehr gut und von hohem Informationswert, so daß sich die Anforderung lohnt. Hier sind die Adressen der indischen Verkehrsämter in Deutschland und der Schweiz:
Deutschland
    Staatliches Indisches Verkehrsbüro, Baseler Str. 48, 60329 Frankfurt/Main, Tel. 069/24 29 49-0, Fax 069/24 29 49 77,

Schweiz
1-3 Rue de Chantepoulet, 1201 Genf, Tel. 022/
7 32 18 13, Fax 022/7 31 56 60.

ÖFFNUNGSZEITEN
Zu den Frühaufstehern gehören die Mitarbeiter in den Geschäften, Büros und Postämtern in Indien nicht gerade. Im allgemeinen sind Geschäfte montags bis freitags von 10 bis 17 Uhr geöffnet, einige Behörden jedoch außer montags bis freitags nur an jedem zweiten Samstag und einige Geschäfte außer montags bis freitags an Samstagen nur vormittags. Postämter sind montags bis freitags von 10 bis 17 Uhr und samstags vormittags geöffnet. Hauptpostämter in Großstädten haben allerdings andere Öffnungszeiten, z. B. in Delhi von 8 bis 18 Uhr. Banken sind montags bis freitags nur zwischen 8 und 14 Uhr geöffnet und samstags geschlossen. Sonntags sind Geschäfte und Büros im allgemeinen ebenfalls geschlossen.

POST
Das indische Postwesen und alles, was mit den postlagernden Sendungen (poste restante) zusammenhängt, ist im allgemeinen sehr gut. Erwarten Sie Post, so werden Sie die Briefe oder Karten meistens auch erhalten, und geben Sie Post auf, dann können Sie davon ausgehen, daß sie auch ordnungsgemäß ankommt. Wer eine Kreditkarte von American Express besitzt, kann sich in den Großstädten auch der Dienste dieses Unternehmens bedienen, denn dorthin können Sie sich Postsendungen schicken lassen. Aber die Post in Indien ist durchaus konkurrenzfähig.
Postlagernde Briefe nach Indien sollten folgendermaßen adressiert werden:
SCHMIDT, Frieda
poste restante
GPO (GPO = Hauptpostamt)
(und hier die betreffende Stadt
eintragen)

Viele angeblich verlorengegangene Briefe liegen nur falsch sortiert unter dem Anfangsbuchstaben des Vornamens. Fragen Sie in einem solchen Falle also immer auch, ob Ihre Post sich vielleicht in dem Stapel befindet, in dem die Sendungen mit dem Anfangsbuchstaben Ihres Vornamens liegen.
Briefmarken kann man oft auch in guten Hotels kaufen. Das erspart das Schlangestehen in den häufig überfüllten Postämtern.

Postgebühren: Der Versand eines Aerogramms und einer Postkarte kostet 6,50 Rs und eines Luftpostbriefes 12 Rs.

Versand eines Päckchens oder Pakets: Wer immer Erfahrungen auf diesem Gebiet gesammelt hat, weiß,

daß mindestens ein Vormittag oder ein Nachmittag an Zeit mitzubringen ist.
Um die Prozedur etwas zu verkürzen, gehen Sie am besten wie folgt vor:
1. Gehen Sie mit dem Päckchen zu einem Schneider und bitten Sie ihn, es in billigen Stoff einzunähen. Das Einnähen von Sendungen wird auch vor größeren Postämtern angeboten. Handeln Sie aber zuvor den Preis aus.
2. Begeben Sie sich nun mit Ihrem Päckchen zum Postamt und lassen Sie sich die Zollerklärungen aushändigen. Füllen Sie die aus und kleben Sie eine davon auf das Päckchen. Um lästiges Nachprüfen am Zielort zu umgehen, deklarieren Sie den Inhalt am besten als Geschenk (*gift*). Seien Sie zudem vorsichtig bei der Angabe des Wertes der Sendung. Wenn Sie mehr als 1000 Rs angeben, wird Ihr Päckchen oder Paket nicht ohne Bescheinigung einer Bank angenommen. Sie können sich sicher vorstellen, welche Schwierigkeiten damit verbunden sind, solch eine Bescheinigung zu erhalten, so daß es sich empfiehlt, den Wert mit weniger als 1000 Rs anzugeben.
3. Lassen Sie nun das Päckchen am Paketschalter wiegen und frankieren.
Wenn Sie aus Indien Bücher oder andere Drucksachen versenden wollen, können sie als „Bookpost" verschickt werden, was deutlich billiger als in einem Päckchen oder Paket ist. Allerdings muß dann die Sendung in einer ganz bestimmten Weise verpackt sein. Entweder muß sie unterwegs für Kontrollen geöffnet werden können oder in braunem Papier oder in einem braunen Karton so verpackt und mit Bindfaden verschnürt sein, daß der Inhalt von außen sichtbar bleibt. Für solche Büchersendungen sind Zollinhaltserklärungen nicht notwendig.
Selbst wenn Sie alles nach diesem Verfahren handhaben, kann die Prozedur zwei Stunden dauern. Jede andere Möglichkeit ist viel zeitraubender. Dann können Sie sich an einem solchen Tag nichts anderes mehr vornehmen.
Vorsicht ist übrigens angebracht in Geschäften, in denen angeboten wird, die gekauften Waren nach Hause zu schicken. Bei den Government Emporiums klappt dies verläßlich. Leider mußten aber viele andere Käufer Gegenteiliges erfahren, weil das Gekaufte zu Hause nie ankam und Nachforschungen sowieso unnütz sind. Kam doch ein Paket an, so hatte es häufig einen völlig anderen Inhalt - natürlich ohne Wert!
Päckchen und Pakete in der Gegenrichtung aus der Heimat nach Indien zu schicken ist ebenfalls riskant. Rechnen Sie lieber nicht damit, daß etwas Größeres als ein Brief jemals ankommt. Man darf aber auch nicht erwarten, in Indien einen Brief zu erhalten, wenn feststellbar ist, daß sich in ihm etwas Wertvolles befindet.

Feiertage

Wegen der religiösen und regionalen Unterschiede gibt es in Indien eine große Anzahl von Festen und Feiertagen. Die meisten folgen dem Mondkalender und wechseln daher nach dem Gregorianischen Kalender von Jahr zu Jahr, insbesondere die moslemischen Feiertage, die am Ende dieses Abschnittes aufgeführt sind.

In der folgenden Aufstellung sind nur die nationalen Feiertage aufgeführt. Daneben gibt es noch eine ganze Reihe örtlicher und regionaler festlicher Begebenheiten. Religiöse Feste sind nur dann aufgeführt, wenn sie auf einen Feiertag fallen. Diese und weitere religiöse Feste sind ausführlich im Abschnitt über das heilige Indien weiter oben im Einführungsteil beschrieben.

Januar

Tag der Republik (Republic Day): Der Tag der Republik am 26. Januar ist der Jahrestag, an dem Indien die Verkündung der Republik im Jahre 1950 feiert. In allen Provinzhauptstädten finden dann besondere Feierlichkeiten statt, besonders in Delhi. Dort wird eine farbenprächtige Militärparade veranstaltet. Als Teil der Feierlichkeiten zum Tag der Republik wird drei Tage später vor dem Rashtrapati Bhavan, dem Amtssitz des indischen Präsidenten in Neu-Delhi, die Zeremonie des Beating of the Retreat abgehalten.

Februar-März

Holi: Ein hinduistisches Fest, an dem die Menschen in Indien das Ende des Winters dadurch zum Ausdruck bringen, daß sie gefärbtes Wasser und farbiges Puder übereinander schütten. In Maharashtra heißt dieses Fest Rangapanchami und wird mit Tänzen und Gesängen begangen.

März-April

Mahavir Jayanti: Ein Feiertag der Jains zur Erinnerung an den Geburtstag von Mahavira, den Begründer des Jainismus.

Ramanayami: An diesem Feiertag wird der Geburt von Rama, einer Inkarnation von Vishnu, gedacht.

Karfreitag (Good Friday): Der christliche Feiertag Karfreitag wird auch in Indien gefeiert.

Buddha Jayanti: Sowohl die Geburt als auch die Erleuchtung und das Erreichen des Nirwana Buddhas begeht man an diesem Tag.

August

Unabhängigkeitstag (Independence Day): Dies ist am 15. August der Gedenktag zur Erlangung der Unabhängigkeit von den Briten im Jahre 1947. Aus diesem Anlaß richtet der indische Premierminister eine Grußadresse vom Festungswall des Roten Forts in Delhi an das Volk.

August-September

Jammashtami: Feiertag zur Wiederkehr des Geburtstages von Krishna.

September-Oktober

Dussehra: Dieses zehntägige Fest beginnt am ersten Tag des hinduistischen Monats Asvina mit Feierlichkeiten zur Erinnerung an Durgas Sieg über den Dämonen Mahishasura mit dem Büffelkopf.

Gandhi Jayanti: Gandhis Geburtstag am 2. Oktober, den man durch feierliche Gebete am Raj Ghat in Delhi begeht. An diesem Ort wurde Gandhi eingeäschert.

Oktober-November

Diwali oder Deepavali: Ein hinduistisches Fest, das am 15. Tag des Kartika begangen wird.

Govardhana Puja: Ein weiteres hinduistisches Fest, das dem heiligsten aller Tiere, der Kuh, gewidmet ist.

November-Dezember

Nanak Jayanti: Geburtstag von Guru Nanak, dem Gründer des Sikhismus.

Weihnachten: Auch in Indien ist dieser Tag ein Feiertag.

Moslemische Feiertage

Die Daten dieser Feiertage stimmen mit dem Gregorianischen Kalender nicht überein und finden danach jedes Jahr 11 Tage früher als im Vorjahr statt.

Id-ul-Fitr: An diesem Tag wird feierlich das Ende des Ramadan, des moslemischen Monats des Fastens, begangen. Er fällt im Jahre 1997 auf den 8. Februar und im Jahre 1998 auf den 29. Januar.

Id-ul-Zuhara: Ein Fest, geweiht dem Gedenken daran, daß Abraham seinen Sohn Ismael opfern wollte. Es wird mit Gebeten und Feierlichkeiten begangen, und zwar 1997 am 9. April und 1998 am 30. März.

Muharram: 10 Tage dauert dieses Fest und soll an das Martyrium von Mohammeds Enkel Imam Hussain erinnern.
Begangen wird es 1997 am 9. Mai und 1998 am 29. April.

Milad-un-Nabi: Des Geburtstages von Mohammed gedenkt man im Jahre 1997 am 18. Juli und im Jahre 1998 am 7. Juli.

TELEKOMMUNIKATION

Das Telefonnetz in Indien ist im allgemeinen sehr gut.

Die meisten Telefone sind an das STD/ISD-Netz angeschlossen, was es ermöglicht, daß Orts-, Fern- und Auslandsgespräche selbst von den kleinsten Orten problemlos geführt werden können.

Überall, wohin Sie kommen, werden Sie private STD/ISD-Telefonzellen finden, aus denen man Orts-, Fern- und Auslandsgespräche durch Selbstwahl führen kann. Solche Telefonapparate findet man normalerweise in Läden und anderen Unternehmen. Sie sind an großen Schildern mit der Aufschrift „STD/ISD" leicht zu erkennen. Ein Gebührenzähler läßt erkennen, wie teuer ein Telefongespräch wird. Außerdem erhält man nach dem Gespräch einen Ausdruck mit den angefallenen Gebühren. Damit braucht man beim Inhaber des Geschäfts nur noch zu bezahlen - schnell, problemlos und sehr viel leichter als in der noch nicht weit zurückliegenden Zeit, in der es nicht ungewöhnlich war, daß man einen ganzen Abend in einem Fernmeldeamt zubringen mußte, bis eine gewünschte Verbindung zustande kam. Selbstwahlgespräche ins Ausland von solchen Telefonapparaten kosten etwa 70 Rs pro Minute, abhängig davon, in welches Land man telefoniert. Die Vorwahl für Auslandsgespräche ist 00, so daß man für ein Telefongespräch nach Deutschland zunächst 00, dann die Länderkennzahl 49, anschließend die Ortsvorwahl in Deutschland ohne 0 und danach die Rufnummer des Anschlusses wählen muß.

Man kann aber auch Gebrauch von einem Service machen, bei dem eine Vermittlung im Ausland angerufen und von dort zum gewünschten Anschluß durchgestellt wird. Das ist auch als R-Gespräch oder durch

Indischer Mondkalender und die entsprechenden Monate nach dem Gregorianischen Kalender:

Chaitra	März-April
Vaishaka	April-Mai
Jyaistha	Mai-Juni
Asadha	Juni-Juli
Sravana	Juli-August
Bhadra	August-September
Asvina	September-Oktober
Kartika	Oktober-November
Aghan	November-Dezember
Pausa	Dezember-Januar
Magha	Januar-Februar
Phalguna	Februar-März

Zahlung mittels einer Kreditkarte möglich, allerdings nicht immer leicht. Außerdem muß man sich vor solchen Telefongesprächen in Hotels hüten, weil die nicht selten für die Verbindung zur Vermittlung extrem hohe Gebühren verlangen. Wenn man auf diese Weise ins Ausland telefonieren möchte, kann man jedoch auch in Schwierigkeiten geraten, weil sich der Inhaber eines Geschäfts mit einem öffentlichen Telefonapparat nur mühsam davon überzeugen läßt, daß die Gebühr für das Telefongespräch nicht bei ihm bezahlt wird. Erreichbar sind bisher

	Rufnummer der Vermittlung
Australien	0006117
Deutschland	0004917
Großbritannien	0004417
Italien	0003917
Japan	0008117
Kanada	000167
Neuseeland	0006417
Niederlande	0003117
Singapur	0006517
Spanien	0003417
Taiwan	00088617
Thailand	0006617
USA	000117

Wenn man auf diese Weise ein R-Gespräch von Indien nach Deutschland führen will, kostet das für die ersten drei Minuten 22,50 DM und für jede weitere Minute 3,22 DM.

In vielen Geschäften mit einem STD/ISD-Anschluß ist auch ein Faxgerät für die öffentliche Benutzung vorhanden.

Daneben hat die indische Regierung in vier der größten Städte des Landes moderne, rund um die Uhr geöffnete Kommunikationszentren eingerichtet. Die können ebenfalls ganz hilfreich sein.

Geführt werden diese Einrichtungen von der staatlichen Firma Videsh Sanchar Nigam Ltd (VSN) und stehen zur Verfügung in
Bombay
Videsh Sanchar Bhavan, Mahatma Gandhi Road, Tel. (022) 62 40 01, Fax (022) 2 62 40 27,
Delhi
Videsh Sanchar Bhavan, Bangla Sahib Road, Neu-Delhi, Tel. (011) 3 74 67 69, Fax (011) 3 74 67 69,

113

EINFÜHRUNG

Kalkutta

Poddar Court, Ravindra Sarani 18, Tel. (033) 30 32 66, Fax (033) 30 32 18,

Madras

Videsh Sanchar Bhavan, Swami Sivananda Salai 5, Tel. (044) 56 19 94, Fax (044) 58 38 38.

Ähnliche Einrichtungen bestehen auch in den Hauptstädten anderer indischer Bundesstaaten, aber die sind im allgemeinen nur von 8 bis 20 Uhr geöffnet (nicht Tag und Nacht).

ZEIT

Indien ist der Mitteleuropäischen Zeit (MEZ) um $4^1/2$ Stunden voraus. Abgekürzt wird diese Zeit mit IST (Indian Standard Time), auch wenn viele Inder davon überzeugt sind, daß die Abkürzung für Indian Strechable Time steht.

STROM

Die Stromspannung beträgt 230-240 Volt bei einer Frequenz von 50 Hertz (Wechselstrom). Elektrizität ist fast überall in Indien verfügbar. Allerdings muß man in vielen Gebieten mit Stromausfall und Stromsperren rechnen. Die Steckdosen passen für Stecker mit drei runden Stiften, ähnlich denen in Europa (aber nicht identisch). Europäische Stecker passen zwar in indische Steckdosen, aber weil die europäischen Stecker etwas dünner sind, passen sie nicht genau, so daß eine Stromverbindung nicht immer zustande kommt.

Man kann übrigens für 30 Rs kleine Geräte kaufen, mit denen man sich im Notfall Tee oder Kaffee auch bei Stromausfall kochen kann. Für 70 Rs erhält man in Indien auch elektrische Moskitovernichter. Sie funktionieren in der Weise, daß in ihnen Tabletten mit Chemikalien schmelzen und einen für Moskitos tödlichen Dampf erzeugen. Davon gibt es im Land viele verschiedene Arten, einige mit so drolligen Markennamen wie „Good Knight".

BÜCHER

Indien ist ein hervorragendes Land zum Lesen, denn es

gibt eine Menge Literatur über das Land, man hat während der schier endlosen Bus- und Bahnfahrten viel Zeit zum Lesen, und wenn man in die großen Städte kommt, findet man überdies viele Buchhandlungen, in denen sich Lesestoff kaufen läßt.

Indien ist eines der größten Länder, in denen Bücher in englischer Sprache verlegt werden. Nach den USA und nach Großbritannien ist es mit Kanada und Australien ein bedeutendes Land mit englischsprachiger Literatur. Man findet daher in Indien eine große Zahl von Büchern über indische Verlagen, die in Europa nicht zu haben sind.

Indische Verlage drucken zudem preisgünstig Bestseller aus dem Westen zu deutlich günstigeren Preisen als im Westen nach. Ein dicker Roman beispielsweise von Leon Uris oder Arthur Hailey, ideal für eine lange Zugfahrt, kostet in Indien weniger als drei US-Dollar. Vergleichen Sie das einmal mit den Preisen für Bücher zu Hause. Der beliebteste westliche Autor in Indien ist wahrscheinlich P. G. Wodehouse, wofür das Buch *Weiter so, Jeeves* eine Erklärung ist.

Erst vor kurzem erschienene britische und amerikanische Bücher erreichen den indischen Buchmarkt erstaunlich schnell und nur geringfügig teurer als im Ursprungsland. Wenn ein Bestseller in Europa und Amerika in Indien merkbar Anklang findet, veröffentlicht der Verlag meistens schnell auch eine Taschenbuchausgabe, um möglichen Raubdrucken zuvorzukommen. Der Roman *Stadt der Freude*, ein Roman über Kalkutta und in Europa ein Bestseller, wurde in Indien bereits als Taschenbuch verkauft, bevor die gebundene Ausgabe Australien erreichte.

Die im folgenden empfohlenen Bücher sind nur ein paar von vielen interessanten über Indien, die sich leicht besorgen lassen sollten. Natürlich gibt es darüber hinaus auch viele weitere Bücher über Indien, die bei den Verlagen bereits vergriffen sind, aber in einigen Buchhandlungen noch erhältlich sein mögen. Außerdem sind viele Bildbände über Indien veröffentlicht worden - ideal zum Appetit holen oder um sich nach der Rückkehr noch einmal vom Zauber Indiens in den

---

Indische Standardzeit

Es ist überraschend, daß in einem so riesigen Land wie Indien nur eine Zeitzone gilt. Das ist ein Überbleibsel aus der Zeit der Briten, denn um so einfach wie möglich daran zu haben, entschieden sich die Kolonialherren dafür, im gesamten Land über nur eine einzige Zeitzone zu verfügen.

Der Ausgangspunkt, der dafür benutzt wurde, war Allahabad in Uttar Pradesh. Das erweist sich für die meisten Orte auch heute noch als durchaus sinnvoll, ist aber beim Tageslicht ein Alptraum, wenn man ganz im Osten des Landes lebt. In Assam und auf den Andamanen beispielsweise geht daher die Sonne schon um 4 Uhr morgens auf und gegen 17 Uhr bereits wieder unter. Das bedeutet, daß ein durchschnittlicher Büroangestellter, der etwa um 10 Uhr mit seiner Arbeit beginnt, dann schon einen halben Tag hinter sich hat und eigentlich reif für ein Nachmittagsschläfchen ist.

Die Überlegung, das Land in zwei Zeitzonen aufzuteilen, ist vor kurzem im Parlament diskutiert worden, scheint aber unter der Rubrik „zu schwer" vertagt worden zu sein. Das mag keine schlechte Idee gewesen sein, denn der Umfang des Chaos ist derzeit schon groß genug.

Bann ziehen zu lassen. Indien hat auch eine ganze Reihe von Kochbüchern entstehen lassen. Wenn man in die Geheimnisse der Curry-Gerichte und all der fremden Gewürze eindringen möchte, sollte es keine Schwierigkeiten bereiten, dafür die richtigen Anleitungen zu finden. Die indische Kunst hat ebenfalls zum Erscheinen von Büchern aller Art über dieses Thema geführt. Das gilt aber auch für die Politik, die Wirtschaft und die Umwelt in Indien.

Romane: Viele Autoren haben die Gelegenheit genutzt, als Schauplätze für ihre Bücher ein so farbenfreudiges Land wie Indien zu wählen. Rudyard Kipling beispielsweise ist mit Büchern wie *Kim* und *Die gespenstische Rikscha* der Interpret des viktorianischen Englands in Indien par excellence. In dem Buch *Auf der Suche nach Indien* fängt E. M. Forster den Zusammenstoß des Nichtbegreifens zwischen den Engländern und Indern geradezu perfekt ein. Ein sehr gut lesbares Buch.

Erst vor viel kürzerer Zeit, aber erneut der Frage des Warums zwischen Engländern und Indern nachgehend, die einerseits so unterschiedlich, andererseits aber auch so ähnlich sind, ist das Buch *Hitze und Staub* von Ruth Prawer Jhabvala erschienen. Die zeitgenössische Erzählerin dieser Legende beschreibt fehlerlos auch das Indien der Rucksackreisenden. Weitere Bücher dieser Schriftstellerin sind nicht weniger beeindruckend.

Wahrscheinlich der Roman mit dem meisten Lob in der letzten Zeit war *Mitternachtskinder* von Salman Rushdie, der dafür den Booker-Preis erhielt. Das Buch erzählt die Geschichte der Kinder, die wie das moderne Indien auch, um Schlag Mitternacht einer Nacht im August 1947 geboren wurden, und wie das Leben eines der „Mitternachtskinder" unentwirrbar mit Ereignissen in Indien verwoben ist. *Scham und Schande*, das folgende Buch von Rushdie, wurde im modernen Pakistan angesiedelt. Seine zynische Beschreibung der Herrschenden in Indien und Pakistan nach der Unabhängigkeit in diesen beiden Romanen hat das Selbstbewußtsein einiger Leute fast schon überstrapaziert. Sein Roman *Satanische Verse* hat sogar die Leidenschaften von Moslems in Brand gesetzt und dazu geführt, daß der inzwischen verstorbene Ayatollah Khomeini die Todesstrafe gegen ihn verhängt hat. Dieses Buch ist in Indien verboten.

Der Roman *Eine gute Partie* von Vikram Seth hat alle Aussichten, ein Klassiker zu werden. Er spielt im gerade erst unabhängig gewordenen Indien der fünfziger Jahre und handelt von der Suche einer hinduistischen Mutter nach einem passenden Ehemann für ihre Tochter. Das Buch spricht die meisten Aspekte der indischen Kultur an, aber auch wichtige Themen der damaligen Zeit wie die Abschaffung des *Zamindar*-Systems, die Folgen der Teilung, hinduistisch-moslemische Konflikte und allgemeinen Wahlen. Es lohnt, sich durch dieses Buch zu lesen, auch wenn die 1400 Seiten zusätzlich im Gepäck ganz schön schwer werden können. Die Bücher *Der Skorpion* und *Die Türme des Schweigens* von Paul Scott sind zwei weitere Romane mit dem Schauplatz Indien. Der große Bestseller unter den Romanen in den letzten Jahren mit der Handlung in Indien war jedoch der Wälzer *Palast der Winde* von M. M. Kaye. Teilweise Romantik wie in Frauenzeitschriften, enthält das Buch aber auch einige interessante Ansätze zu Indien.

Nektar in einem Sieb nennt sich ein interessanter Bericht von Kamala Markandaya über das Leben der Frauen im ländlichen Indien. Über das Buch *Stadt der Freude*, das 1986 ein Bestseller sowohl in Europa als auch in Indien war und das auch verfilmt worden ist, sind Einzelheiten im Kapitel über Kalkutta enthalten.

Kushwant Singh ist einer der indischen Autoren und Journalisten, deren Bücher am häufigsten gedruckt werden. Allerdings scheint er genauso viele Gegner wie Anhänger zu haben. Eines seiner letzten Werke heißt schlicht *Delhi*. Dieser Roman spannt einen Bogen über 600 Jahre und bringt Leben in die Geschichte von Delhi durch die Augen von Dichtern, Prinzen und Kaisern. Das Buch ist geistreich gewürzt mit kurzen Kapiteln zur Unterteilung, in denen der Autor seine weitschweifige Affäre mit einer *hijda* (zwitterhaften) Hure und seine altersbestimmten sowie nachsichtigen Aktivitäten beschreibt, die seiner Libido übel mitspielen. Das faßt der Autor so zusammen: „Die Geschichte versorgte mich mit einem Skelett. Ich bedeckte es mit Fleisch und injizierte ihm Blut sowie eine ganze Menge Sperma." Ein lebendiges und lesenswertes Buch!

Kushwant Singh hat auch das quälende Buch *Train to Pakistan* über den Völkermord bei der Teilung, das humorvolle *India - An Introduction* sowie eine Sammlung von Kurzgeschichten, veröffentlicht als gebundenes Buch, geschrieben, von denen einige wirklich hervorragend sind. Die letzten drei Bücher sind in deutschen Übersetzungen allerdings bisher nicht erschienen.

Ebenfalls sehr bekannt und hoch angesehen sind die Bücher von R. K. Narayan. Viele davon spielen in dem fiktiven Ort Malgudi und ermöglichen einen Eindruck vom indischen Dorfleben sowie einen Einblick in indisches Dorfleben. Sie lassen sich ausgezeichnet lesen. Seine bekanntesten Werke sind *Swami & His Friends, The Financial Expert, The Guide, Waiting for the Mahatma* und *Malgudi Days*, alle ebenfalls bisher ohne deutschsprachige Übersetzung.

Wenn man Papierbrei in einer Mischung wie in der Fernsehserie *Dallas* mit dubiosen Finanztransaktionen, Altwerden und Sex im Sitzungssaal unter den Augen der Elite der Börse von Bombay vorzieht, dann sollte man nach den besseren Alternativen zu Schundromanen von Shobha De Ausschau halten. Einer der letzten war das Buch *Sisters*.

Länderkunde: Die Bücher *Das Erbe der Großmoguln* und *Indien* von Hans Walter Berg sind hervorragende Einführungen in das Reisen in Indien. Die Beobachtungen und Empfindungen bei Reisen in Indien ergeben eine lebendige Vorstellung davon, was sich in diesem Land wirklich ereignet.

Die Bestseller-Eisenbahn-Odyssee *Der große Eisenbahn-Basar* von Paul Theroux führt die Leser hinauf und hinunter durch Indien mit der Bahn (und durch den Rest von Asien) und verlegt die ganze Welt in einen einzigen Eisenbahnwaggon. Fesselnd an diesem Buch, wie an den meisten solcher Bücher, sind gleichermaßen die Einblicke in die Vorstellungen des Autors wie in die Vorstellungen der Menschen, die er bei seinen Reisen traf. Das Buch *Slow Boat to China* von Gavon Young bewegt sich auf der gleichen Ebene, diesmal aber von einem Boot aus. *Slowly Down the Ganges* von Eric Newby ist ein weiterer Reisebericht, dieser fast an der Grenze zum nackten Masochismus.

Das Buch *Narmada oder Geschichten vom menschlichen Herzen* von Gita Mehta hat zu Recht den Untertitel „Die Vermarktung des mythischen Ostens" erhalten. Es beschreibt zynisch den unvermeidlichen und übermütigen Zusammenstoß zwischen Indien mit Blick nach Westen auf der Suche nach Technologie und neuen Methoden sowie dem Westen mit Blick nach Osten auf der Suche nach Weisheit und Erleuchtung.

Indien - Ein Kontinent im Umbruch nennt sich ein Buch von Gerhard Schweizer. Das ist ein sehr gut lesbares Buch über das Zeitgeschehen in Indien.

Delhi ist auch das Thema von William Dalrymple in seinem englischsprachigen Buch *City of Djinns*. Mit dem Untertitel *Ein Jahr in Delhi* ergründet das Buch die faszinierende - und in vielerlei Hinsicht weitgehend übersehene - Geschichte der Stadt. Dalrymple kann bei seinen Spaziergängen in Delhi mit ein paar Überraschungen aufwarten. Außerdem ist das Buch so leicht lesbar, daß auch Leute, die sich sonst überhaupt nicht für Geschichte interessieren, ihre Freude daran haben werden.

Ved Mehta hat eine Reihe von interessanten Büchern über persönliche Blicke auf Indien geschrieben. *Walking the Indian Streets* ist ein dünner und gut lesbarer Bericht über den Kulturschock, den er erlitt, als er nach jahrelanger Abwesenheit nach Indien zurückkehrte. *Portrait of India* ist vom gleichen Autor.

Ronald Segal, ein Inder aus Südafrika, hat das Buch *The Crisis of India* geschrieben und darin dargelegt, daß Spiritualität keineswegs immer wichtiger als ein voller Magen ist. Das Buch *The Gunny Sack* von M. G. Vassanji befaßt sich mit dem gleichen Thema, diesmal aus dem Blickwinkel einer Gruppe von Familien aus

Gujarat, die in der Kolonialzeit nach Ostafrika ausgewandert war, aber weiter Verbindung mit Indien hielt. Dieses Buch ist ein guter Lesestoff und von einigen Literaturkritikern als „Afrikas Antwort auf die *Mitternachtskinder*" bezeichnet worden.

Von Hilary Ward ist unter dem Titel *Third Class Ticket* ein interessanter Bericht über den Kulturschock erschienen, den eine Gruppe von bengalischen Dorfbewohnern erlitt, als sie das erste Mal ihr Land kennenlernte. *Unveiling India* von Anees Jung ist eine zeitgenössische Dokumentation über die Frauen in Indien. Außerdem hat Sarah Lloyd unter dem Titel *Eine indische Liebe* einen interessanten und erstaunlich unsentimentalen Bericht über das Leben einer englischen Frau in kleinen Dörfern im Punjab und in Uttar Pradesh veröffentlicht.

Als Einschätzung der Stellung von Frauen in der indischen Gesellschaft lohnt es, sich das Buch *Hundert Söhne sollst du haben* von Elisabeth Bumiller zu besorgen. Die Autorin hat Ende der achtziger Jahre $3^1/2$ Jahre in Indien gelebt und in dieser Zeit indische Frauen aus allen Gesellschaftsschichten befragt. Ihr Buch vermittelt einige ausgezeichnete Einblicke in die Misere der Frauen im allgemeinen und der Frauen auf dem Lande im besonderen, insbesondere im Hinblick auf arrangierte Eheschließungen, Selbstverbrennung (*sati*) und Kindestötung von Mädchen.

Regen-Raga von Alexander Frater ist der Bericht eines Engländers über eine Reise von Kovalam in Kerala nach Norden bis nach Cherrapunji in Meghalaya, zu einem der regenreichsten Orte auf der ganzen Welt, und das immer mit dem Beginn des Monsuns, wenn er über das ganze Land nach Norden zieht. Das Buch ermöglicht einen faszinierenden Eindruck von der Bedeutung des Monsuns und dessen Auswirkungen auf die Menschen in Indien.

Ein weiterer interessanter Bericht über die Reisen des Autors durch Bihar und in Dörfer von Stammesgruppen in Orissa ist das Buch *Goddess in the Stones* von Norman Lewis.

Kein Überblick über persönliche Einblicke in Indien kann die beiden kontrovers beurteilten Bücher *Dunkle Gegenden* und *Indien - Ein Land in Aufruhr* von V. S. Naipaul ignorieren. Naipaul, geboren auf Trinidad, aber indischer Herkunft, berichtet in seinem ersten Buch davon, wie Indien, bevor er es kennengelernt und besucht habe, ihn gequält habe und welche Auswirkungen sich auf ihn ergeben hätten, nachdem er schließlich in sein Mutterland gereist sei. Es kann durchaus sein, daß man beim Lesen des Buches Übereinstimmungen mit den Erfahrungen feststellt, die man in Indien selbst gesammelt hat. In seinem zweiten Buch schreibt Naipaul über Indiens erfolglose Suche nach einer neuen Aufgabe und Bedeutung für seine Zivilisationen.

Geschichte: Wenn man sich eingehend mit der indischen Geschichte beschäftigen möchte, dann sollte man Ausschau nach dem Buch *Geschichte Indiens* von Hermann Kulke und Dietmar Rothermund halten. Streckenweise ist der Band etwas trocken geschrieben, aber wenn man Wert auf eine einigermaßen ausführliche Beschreibung der indischen Geschichte legt, lohnt es, ihn sich anzuschaffen. Nicht ganz so gewichtig ist das Taschenbuch *Indien - Geschichte eines Subkontinents* von Ainslie T. Embree.

Das englischsprachige Buch *The Wonder that was India* von A. L. Basham enthält detaillierte Beschreibungen der indischen Zivilisationen, der Ursprünge des Kastenwesens und der gesellschaftlichen Verhaltensweisen sowie ausführliche Informationen über den Hinduismus, den Buddhismus und andere Religionen in Indien. Sehr informative Abhandlungen über die Kunst und Architektur in Indien kann man in diesem Buch ebenfalls lesen. Es enthält überdies viel Hintergrundmaterial über das alte Indien, ohne dabei zu wissenschaftlich zu werden.

The Great Mutiny - India 1857 von Christopher Hibbert ist eine einbändige Beschreibung der häufig schauerlichen Ereignisse bei der Meuterei im letzten Jahrhundert. Das gut lesbare Buch ist mit zeitgenössischen Fotografien illustriert.

Ein erfreuliches Buch ist *Plain Tales from the Raj*, herausgegeben von Charles Allen und entstanden nach der ebenso erfreulichen Reihe von Rundfunksendungen mit dem gleichen Titel. Es besteht aus der Wiedergabe einer Reihe von Interviews mit Leuten, die in der Zeit des britischen Indien auf beiden Seiten des Tisches beteiligt waren. Das Buch ist leicht lesbar und voller faszinierender kleiner Einblicke in das Leben während der Kolonialzeit.

Das Buch *Die Moguln* des britischen Historikers Bamber Gascoigne ist eine ausgezeichnete Kombination aus interessanten Texten zur indischen Geschichte und großen Farbfotos. Es ist seinen Preis in Indien von 500 Rs durchaus wert.

Von Tariq Ali ist unter dem Titel *Die Nehrus und die Gandhis* ein sehr gut lesbarer Bericht über die Geschichte dieser beiden Familien und damit über Indien in diesem Jahrhundert erschienen.

Eines der Bestseller in Indien ist das Buch *Um Mitternacht die Freiheit*. Die beiden Autoren Larry Collins und Dominique Lapierre haben zwar auch beim Publikum gleich beliebte Bücher über geschichtliche Ereignisse geschrieben, aber es gibt wohl kaum eine fesselndere Reihe von Ereignissen wie die, die zur Entlassung Indiens in die Unabhängigkeit im Jahre 1947 geführt haben. In Indien kann man das Buch unter dem Titel *Freedom at Midnight* in einer preisgünstigen Taschenbuchausgabe von Bell Books (Vikas Publishing, Delhi, 1976) kaufen.

Einen strahlenden, wenn auch teilweise schmeichlerischen Einblick in das vergeistigte und extravagante Leben dieser Potentaten während der Zeit der Kolonialherren und seit der Unabhängigkeit vermittelt Ann Morrow in ihrem Buch *Highness - the Maharajas of India.*

Einen guten Einblick in das Land seit der Unabhängigkeit ermöglicht auch das Buch *From Raj to Rajiv - 40 Years of Indian Independence*. Geschrieben worden ist es von den Indienkennern und früheren BBC-Korrespondenten Mark Tully und Zareer Masani.

Mit zwei derzeit aktuellen Ereignissen befassen sich die Bücher *Bhopal - the Lessons of a Tragedy* von Sanjoy Hazarika und *Riot after Riot - Reports on Caste & Communal Violence in India* von M. J. Akbar, die es beide wert sind, gelesen zu werden.

Schließlich ist für Leute, die sich mit der andauernden und häufig schockierenden und traurigen Geschichte der Behandlung von Stammesgruppen in Indien befassen wollen, das Buch *Tribes in India - the Struggle for Survival* von Christoph von Fürer-Haimendorf erschienen.

Autobiography of an Unknown Indian und *Thy Hand, Great Anarch! - India 1921-1952* sind zwei autobiographische Bücher von Nirad Choudhuri, einem der prominentesten zeitgenössischen Schriftsteller des Landes. Das sind ausgezeichnete Werke über die Geschichte und Kultur des modernen Indien.

Religion: Wenn man Indiens Religionen besser verstehen lernen möchte, bieten sich zum Lesen viele Bücher an. Die englische Reihe der Penguin-Taschenbücher gehört mit zu den besten und ist im allgemeinen auch in Indien erhältlich. In deutscher Sprache bringt es das Taschenbuch *Stichpunkt Hinduismus* von Thomas Schweer kurz und knapp auf den Punkt. Wenn man einmal die heiligen Bücher der Hindus lesen möchte, ist das in deutscher Sprache ebenfalls möglich: *Die Upanischaden* und *Das Bhagavad Gita*. *Lebensweisheit des Hinduismus*, herausgegeben von Marion Meisig, ist eine interessante Sammlung von Auszügen aus den heiligen Büchern der Hindus. Dieses Buch ist ganz gut zu lesen, wenn man nicht die Gesamtwerke mag.

Unter dem Titel *Die indische Götterwelt* ist als Taschenbuch ein Handbuch über die hinduistischen Pantheon erschienen. Wie der Name bereits andeutet, ist das Buch in der Art eines Lexikons gegliedert und die beste Quelle zum Entwirren des Who is Who im Hinduismus. Außerdem gibt es noch das Buch *Lexikon des Hinduismus*, eine Enzyklopädie in Taschenbuchausgabe.

In mehreren Taschenbuchausgaben sind auch Übersetzungen des *Koran* erschienen. Um sich einige Einblicke in den Buddhismus zu verschaffen, eignet sich das Buch *Buddhistisches Denken* von Edward Conze. Das

EINFÜHRUNG

Buch *Christentum und Weltreligionen*, herausgegeben u. a. von Hans Küng, ist eine gut lesbare Zusammenfassung über die verschiedenen Religionen, auf die man in Indien stößt, auch über das Christentum.

Eine ausgezeichnete, ausführliche und sachliche Einführung in das Wirken der 16 bekanntesten Gurus und religiösen Lehrer in Indien ist das erst vor kurzem erschienene Buch *Guru - the Search for Enlightenment* von John Mitchimer, das in Indien für 150 Rs gekauft werden kann. Dieses Buch ist unverzichtbar für alle, die sich für die Bedeutung und die Beiträge der Gurus zum derzeitigen Denken interessieren.

Reiseführer: Zum ersten Mal 1859 veröffentlicht, ist die 22. Auflage *von A Handbook for Travellers in India, Pakistan, Nepal, Bangladesh & Sri Lanka* (John Murray, London, 1975) etwas, was ganz selten geworden ist - ein viktorianischer Reiseführer. Wenn man sich stark für Architektur interessiert und sich den hohen Preis leisten kann, dann sollte man sich ein Exemplar dieses unendlich detaillierten Reiseführers besorgen. Leider ist es in der Art der guten alten viktorianischen Reiseführer nach Routen gegliedert, was das Lesen etwas erschwert, aber die damit verbundenen Mühen lohnen sich. Mit diesem Reiseführer in der Hand stößt man in Indien auf eine Menge Orte, wo die britische Armee gespielt hat, und auf mehr als nur ein paar Statuen von Königin Viktoria, wenn die nicht inzwischen durch Statuen von Mahatma Gandhi ersetzt worden sind.

Hervorragende Foto-Essays über den Subkontinent sind die APA Guides *Rajasthan* und *Indien*, in deutscher Sprache vertrieben von Langenscheidt. Beide sind von einem erfahrenem Team von Autoren verfaßt, viele davon Inder. Auch wenn der Text und die Fotos im allgemeinen ausgezeichnet sind, ist der praktische Teil am Ende extrem wenig nützlich. Die Nelles-Reiseführer *Indien Nord* und *Indien Süd* sind ähnliche allgemeine Reiseführer mit guten Fotos und guten Texten, aber ebenfalls nur ganz knappen praktischen Informationen.

Es wird aber auch in Indien eine ganze Reihe von Reiseführern veröffentlicht. Viele davon sind ihr Geld allemal wert und beschreiben bestimmte Sehenswürdigkeiten (z. B. die Höhlen von Ajanta und Ellora oder Sanchi) viel detaillierter, als es im *Indien-Handbuch* möglich ist. Insbesondere die Führer, die der Archaeological Survey of India veröffentlicht hat, sind sehr gut. Viele andere in Indien erschienene Reiseführer zeichnen sich durch eine amüsanten Umgang mit der englischen Sprache aus. Ein weiterer guter Führer, diesmal für die bemalten *havelis* (Herrenhäuser von Kaufleuten) in einem kleinen Gebiet in Rajasthan, ist das Buch *The Guide to Painted Towns of Shekhawati* von Ilay Cooper, in dem sogar Stadtpläne der Region

enthalten sind. Kaufen kann man es in Buchhandlungen in Jaipur.

Bücher über die Tierwelt in Indien sind nur schwer zu bekommen. Wer Vögel beobachten möchte, findet dafür vielleicht das englischsprachige Buch *Collins Handguide to the Birds of the Indian Subcontinent* nützlich. Es enthält zwar nicht Beschreibungen aller Vogelarten, aber die besten Illustrationen, so daß man es als Ornithologe wird brauchen können. Als Besucher in Kaschmir und Sikkim wird das Buch *Birds of Nepal* hilfreich sein, das auch Informationen über diese beiden Gebiete enthält. Der APA-Band *Indien - Erlebnis Natur* ist wertvoll, wenn man das Schwergewicht seiner Reise nach Indien auf den Besuch von Nationalparks legt.

Eisenbahnfreunde werden sich an dem Buch *India by Rail* von Royston Elliston erfreuen, von dem im Conrad Stein Verlag, Kiel, auch eine deutschsprachige Ausgabe unter dem Titel *Indien per Bahn* veröffentlicht worden war, die aber beim Verlag inzwischen vergriffen ist.

Auch für ein Nachbarland Indiens sind im Verlag Gisela E. Walther Reiseführer erschienen, und zwar das *Nepal-Handbuch* (die deutschsprachige Ausgabe von *Nepal - a travel survival kit* aus dem Verlag Lonely Planet Publications) sowie das *Wanderhandbuch Nepal* (die deutschsprachige Ausgabe von *Trekking in the Nepal Himalaya*, ebenfalls vom Verlag Lonely Planet Publications). Nur in englischer Sprache sind vom Verlag Lonely Planet Publications ferner die Reiseführer *Trekking in the Indian Himalaya* sowie für weitere Nachbarländer Indiens *Pakistan - a travel survival kit*, *Bangladesh - a travel survival kit*, *Myanmar (Burma) - a travel survival kit*, *Sri Lanka - a travel survival kit* und *Maldives & Islands of the East Indian Ocean - a travel survival kit* erschienen. Schließlich gibt es vom Verlag Lonely Planet Publications in englischer Sprache auch noch einen Stadtführer, den *City Guide Delhi*.

Weitere empfehlenswerte Bücher: Leser haben zahlreiche weitere Bücher wie *Eating the Indian Air* von John Morris, *The Gorgeous East* von Rupert Croft-Cooke, *Delhi is Far Away* sowie *The Grand Trunk Road* von John Wiles und Bücher von Jan und Rumer Godden empfohlen. Lesenswert, wenn man nach Jaipur will, ist ferner *A Princess Remembers* von Gayatri Devi. In dem Buch *Unter der Sonne von Coorg* beschreibt die irische Wanderin Dervla Murphy ihren Weg nach Süden. Außerdem gibt es einige wunderschöne indische Comics, die sich mit der hinduistischen Mythologie und der indischen Geschichte befassen. Schließlich sei auf das Buch *An Indian Summer* von James Cameron hingewiesen, den autobiographischen Bericht über die Erlangung der Unabhängigkeit und über Südindien.

Sprachführer: Der beste Sprachführer für eine Reise nach Indien ist der *walk & talk Sprachführer Indien* (Thomas Schreiber Verlag, München), der in jeder Lebenslage nützlich ist und Hilfestellung für alle nur denkbaren Situationen in Englisch, Hindi, Tamil, Bengali und sogar Nepali bietet. Den indischen Subkontinent hat zudem der Verlag Peter Rump, Bielefeld, mit den Kauderwelsch-Sprechführern *Bengali für Globetrotter*, *Hindi für Globetrotter* und *Tamil für Globetrotter* ganz gut abgedeckt.

LANDKARTEN

Im *India Travel Atlas* aus dem Verlag Lonely Planet Publications ist das Land auf über 100 Kartenseiten aufgeteilt, wodurch ein von anderen Landkarten unerreichter Detaillierungsgrad ermöglicht wird. Der Reiseatlas enthält auch Erläuterungen in deutscher Sprache und ist mit einem Register versehen, in dem alle Orte verzeichnet sind. Das Format ermöglicht es, daß man leicht mit dem Reiseatlas umgehen kann, auch in Bussen und Zügen. Insgesamt gesehen enthält der *India Travel Atlas* Unmengen von Details auch über kleine Orte und Dörfer und hilft dadurch, daß man auf den langen Bus- und Bahnfahrten immer genau weiß, wo man sich gerade befindet. Zu beziehen ist der *India Travel Atlas* von Lonely Planet Publications in Deutschland zum Preis von ca. 44 DM zuzüglich Versandkosten beim Brettschneider Fernreisebedarf (Feldkirchener Str. 2, 85551 Heimstätten, Tel. 089/99 02 03 30, Fax 089/99 02 03 31).

FILM

Indische Filme: Die indische Filmindustrie ist, wenn man von der bloßen Quantität ausgeht, die größte in der Welt. 1992 wurden 836 Filme als bei der Zensur registriert gezählt! Es gibt mehr als 12 000 Kinos im Land und wenigstens fünfmal so viele „Video-Hallen". Der überwiegende Teil der Produktion besteht aus durchschnittlichen „Masala-Filmen" - preiswerten Melodramen, die auf drei grundlegenden Zutaten basieren: Liebe, Gewalt und Musik. Die meisten von ihnen sind einfach schrecklich, bieten aber den Massen eine preiswerte Flucht aus der Realität und eine Möglichkeit zum Träumen.

Abgesehen von all diesem Schund wurden in Indien aber auch von hervorragenden Produzenten einige wunderschöne Filme gedreht, vor allem von Satyaijit Ray. Ray wurde in den fünfziger Jahren mit seinem Film *Pather Panchali* bekannt, der internationale Anerkennung erhielt. In den folgenden 40 Jahren drehte er durchweg weitere ausgezeichnete Filme und erhielt kurz vor seinem Tod 1992 einen Oscar, der dem Schwerkranken in Kalkutta an seinem Bett überreicht wurde. Seine besten Werke sind *Pather Panchali*, *Apur Sansar*, *Ashani Sanket* und *Jana Aranya*.

Auf den Straßen von Bombay wurde von Meera Nair ein ausgezeichneter Film mit dem Titel *Salaam Bombay* gedreht. Er behandelt das Schicksal der Straßenkinder in Bombay und wurde 1989 in Cannes mit der Goldenen Kamera ausgezeichnet.

Weitere bemerkenswerte indische Filmemacher sind Mrinal Sen, Rotwik Ghatak, Shaji N. Karuns, Adoor und Aravindan.

Ausländische Filme: Im Lauf der Jahre ist eine ganze Reihe von ausländischen Filmen entstanden, die sich

Indische Landkarten

Landkarten von Indien „richtig" zu zeichnen kann richtiges Kopfzerbrechen bereiten. Anfang 1995 wurden nämlich in Indien alle importierten Landkarten von Indien und sogar die *Encyclopaedia Britannica* verboten, weil die indische Regierung es nicht mochte, wie darin die Grenzen des Landes verzeichnet waren. Wir hatten mit diesem Buch die gleichen Schwierigkeiten. Das Hauptproblem ist Kaschmir, das Pakistan vollständig für sich in Anspruch nimmt, das Indien vollständig für sich in Anspruch nimmt und durch das in Wirklichkeit in der Mitte eine „Kontrolllinie" mit indischen Truppen auf der einen und pakistanischen Truppen auf der anderen Seite verläuft. Das Verzeichnen der Kontrolllinie reicht der indischen Regierung nicht aus, denn die besteht darauf, daß das gesamte Gebiet als Teil Indiens gezeigt und außerdem noch ein Widerrufsvorbehalt angegeben wird, möglicherweise für den Fall, daß die indische Regierung beschließt, die Grenzen noch weiter hinauszuschieben. Bisher haben wir bei den Landkarten in diesem Buch immer den Hinweis „Erklärung der indischen Regierung: Die Außengrenzen Indiens sind weder korrekt noch anerkannt" hinzugefügt. Aber auf halbem Weg der Laufzeit der letzten Auflage befand die indische Regierung, daß das nicht ausreichend sei. Der Hinweis auf eine *Erklärung* der indischen Regierung konnte vielleicht in dem Sinne verstanden werden, daß nur die indische Regierung die Erklärung glaube. Daher mußten wir die letzte Auflage für den indischen Markt mit einem neuen Widerrufsvorbehalt nachdrucken. Die Absurdität der Bestimmung ist auch daran zu erkennen, daß selbst in Landkarten von Geschichtsbüchern über Indien während der Zeit von Kaiser Ashoka vor zweitausend Jahren ein Widerrufsvorbehalt aufzunehmen ist. Dabei braucht man sich in Indien nur eine Nachrichtensendung im Fernsehprogramm der BBC anzuschauen und sieht dabei Landkarten von Indien, zu denen die indische Regierung keine Erklärungen abgeben kann. Dazu sagt man in Indien, beim Anblick solcher Landkarten müßten indische Politiker entweder die Augen schließen oder das Fernsehgerät ausschalten!

Die Königin der Banditen

Die Geschichte von Phoolan Devi, der Königin der *dacoits*, ist eine so außergewöhnlich Saga von Gewalt, Sex, Ritterlichkeit und Rache, daß sich dagegen selbst die üppigsten Hollywood-Schinken bescheiden ausnehmen. Die ungeheure Geschichte beginnt in einem abgelegen Dorf in Uttar Pradesh, erreicht ihren Höhepunkt in den tiefen Schluchten des Chambal-Tales in Madhya Pradesh und erlebt ihren Epilog in einem modernen Häuserblock im städtischen Delhi.

Phoolan Devi stammt aus einer niedrigen Kaste und heiratete mit elf Jahren einen 23 Jahre älteren Mann. Damit begann ein 15jähriges Trauma aus Angst und Vergewaltigung in den Händen ihres Mannes, von Landbesitzern der Oberklasse, der Polizei und einer Bande von Gesetzlosen (als *dacoits* bekannt). Sie wurde selbst zur Anführerin einer solchen Bande und erlangte traurige Berühmtheit, als sie bei einer einzigen Gelegenheit 22 ihrer Peiniger tötete. Als sie das ganze Land terrorisierte und eine Spur des Todes hinterließ, hatten ihre Taten geradezu mystische Ausmaße.

Schließlich wurde sie in die Schluchten des Chambal-Tals gebracht und unterwarf sich dort in einer im Fernsehen übertragenen öffentlichen Zeremonie, bei der sie ihr Gewehr vor einem Bild Mahatma Gandhis, des Vertreters der Gewaltlosigkeit, und Durgas, der leidenschaftlichen Göttin der Strenge und Tapferkeit, niederlegte, Recht und Gesetz.

Nach einer elfjährigen Haftstrafe ist Phoolans Bekehrung zur Ehrbarkeit jetzt vollbracht. Heute lebt sie in einem Apartment in Delhi und ist der Liebling aller stimmenhungrigen Politiker. Sie spricht auf Versammlungen, wo sie ihre Vorstellungen von gesellschaftlichen Veränderungen und Gefängnisreformen präsentieren kann. Phoolan Devi ist heute auf Titelblättern präsent, Thema von Dissertationen und Titelfigur des international anerkannten Films *Bandit Queen*. Sie vereint in ihrer neuen Rolle nationale Berühmtheit, hinduistische Mythologie, Politik und Filmruhm - nicht schlecht für jemanden, gegen den 55 Verfahren wegen krimineller Handlungen anhängig sind.

mit Indien beschäftigen. Halten Sie beispielsweise Ausschau nach einer Vorführung des zweiteiligen Films *Phantom India* von Louis Malle. Mit einer Dauer von insgesamt etwa sieben Stunden gibt dieser Film einen faszinierenden tiefen Einblick in das Indien von heute. Teilweise ergeht er sich zwar in Selbstmitleid und ist auch schon etwas überholt, aber als allgemeiner Überblick ist er nicht zu schlagen. In Indien ist seine Vorführung übrigens verboten. Der australische Fernsehsender ABC TV hat zwei ausgezeichnete Dokumentarserien über Indien hergestellt, von denen eine den Titel *Journey into India* trägt und die andere als *Journey into the Himalayas* bezeichnet wurde. Beide Serien sind sehenswert, insbesondere die erste, wenn sich eine Gelegenheit bietet, sie sich anzusehen.

Natürlich war auch das epische Werk *Gandhi* ein bedeutender Film über Indien, der dafür gesorgt hat, daß eine Reihe von neuen Büchern über Mahatma Gandhi veröffentlicht und alte neu aufgelegt wurden. Auch *Heat & Dust* ist ein ausgezeichneter Film über Indien, wie auch *A Passage to India* und *Far Pavilions*. Lapierres Buch *Stadt der Freude* (*City of Joy*) wurde in einem extra dafür erbauten Slum verfilmt. Mit dem Regisseur Roland Joffe (der auch Regisseur des Films *Killing Fields* war) und dem männlichen Hauptdarsteller Patrick Swayze hat der Film viel Unmut der Regierung von West-Bengalen auf sich gezogen, die der Auffassung war, der Film vermittele nur einmal mehr einen herablassenden Blick auf die Armen in Indien. Die Filmkritik jedoch sah das im allgemeinen ganz anders.

MEDIEN

Zeitungen und Zeitschriften: Es gibt zwar eine ganze Reihe von englischsprachigen Tageszeitungen in Indien, aber das ist keine Boulevardpresse (auch wenn einmal wöchentlich ein Revolverblatt ebenfalls erscheint). Zu den englischsprachigen Tageszeitungen gehören die *Times of India*, die *Hindustan Times*, der *Indian Express* und der *Statesman*. Viele Leute glauben, daß davon der *Indian Express* die beste Zeitung sei. Die *Times* erscheint in Bombay, der *Statesman* in Kalkutta. Von beiden werden aber auch viele Regionalausgaben herausgegeben. Im übrigen ist die *Times of India* die größte englischsprachige Tageszeitung mit einer täglichen Auflage von 643 000 Exemplaren. Die größte Tageszeitung in Indien überhaupt ist die in Malayalam erscheinende *Malayala Manorama* mit einer Auflage von 692 000 Exemplaren täglich.

Die Berichterstattung über internationale Ereignisse ist ganz gut. Wenn über Neuigkeiten aus dem Inland berichtet wird, insbesondere über Politik und Wirtschaft, sind die Berichte mit vielen Abkürzungen und indischen Begriffen gefüllt, für die vergleichbare Begriffe in Englisch nicht zur Verfügung stehen, so daß nicht Eingeweihte kaum etwas verstehen. Eine Ausnahme, der *Independent*, wird in Bombay veröffentlicht. Das ist eine ausgezeichnete Zeitung, in der man auch Berichte über das Ausland findet.

Bisher sind alle indischen Zeitungen und Zeitschriften im Besitz von Indern, allerdings hat es vor kurzem eine heftige Debatte über das Pro und Kontra dafür gegeben, auch Ausländern die Veröffentlichung von Zeitungen und Zeitschriften in Indien zu erlauben. Rupert Murdoch ist einer von einer Reihe von Leuten, die gern einen Fuß in die Tür zum indischen Zeitungsmarkt erhalten möchten.

Es gibt aber auch eine Vielzahl von informationsreichen Wochenzeitschriften, die eine große Zahl von Themen ausführlich behandeln und sich sowohl gut für lange Zugfahrten eignen als auch einen Einblick in das Indien von heute ermöglichen. Die beste davon ist wahrscheinlich *Frontline*, aber *India Today*, *The Week*, *Sunday* und *Illustrated Weekly of India* sind ebenfalls ganz gut. Sie ist meist in Buchhandlungen und an den Zeitungsständen in den großen Bahnhöfen und Busstationen erhältlich. Aber wie in den Tageszeitungen wird man auch in den Wochenzeitschriften kaum Berichte über Ereignisse im Ausland lesen können. Was man darin findet, sind Berichte und Fotografien, die - auch wenn sie interessant und von großer regionaler Bedeutung sind - in einer Zeitung oder Zeitschrift in Europa kaum veröffentlicht würden. Interessant sind sie jedoch wegen des Blickwinkels, aus dem sie politische und soziale Themen von weltweiter Bedeutung behandeln.

Daneben gibt es noch Dutzende weiterer indischer Magazine in englischer Sprache. Aber die meisten sind für Europäer weniger reizvoll und uninteressant. Zu lange benötigt ein Ausländer, um mit all den Geheimnissen um indische Filmstars vertraut zu machen und an indischen Filmfan-Magazinen Gefallen zu finden. Ganz im Gegensatz dazu stehen die indischen Frauenzeitschriften. Sie haben wenig mit den oberflächlichen Illustrierten der westlichen Welt gemeinsam und sind äußerst lesenswert. Die bekannteste davon ist wahrscheinlich *Femina*. Außerdem erscheint das Magazin *Debonair*, das sich eher an Herren wendet. Es enthält ziemlich zahme Fotos indischer Schönheiten, die graziös ihre Saris fallen lassen.

Wenn man sich für die Hauptbeschäftigung der Inder, den Sport, interessiert, dann kann man eine unglaubliche Vielfalt von Sportmagazinen lesen, aber außer über Tennis und Kricket wird darin über Sportereignisse im Ausland nur wenig berichtet.

Time und *Newsweek* sind nur in den Großstädten erhältlich und scheinen, wenn man sich erst einmal an indische Preise gewöhnt hat, sehr teuer zu sein. Ab und zu findet man in Großstädten und Luxushotels auch Zeitungen wie die *Herald Tribune* sowie den *Guardian* und Zeitschriften wie den *Spiegel* sowie vergleichbare Magazine aus England, Frankreich und Italien, aber die sind in Indien ebenfalls sehr teuer.

Eines werden Sie in Indien schnell herausfinden: Zeitungen und Zeitschriften werden in indischen Zügen und Bussen Eigentum der Öffentlichkeit. Wenn Sie eine jungfräuliche Ausgabe von *Time* neben sich gelegt haben, damit auf einer langen Eisenbahnfahrt die Zeit

schneller vergeht und noch nicht der richtige Augenblick gekommen ist, um mit dem Lesen zu beginnen, kann es geschehen, daß ein Mitreisender das Heft erblickt und erwartet, daß es ihm ausgehändigt wird. Wenn das geschieht, wird es herumgereicht werden, bis Sie es zurückfordern, weil Sie Ihr Ziel erreicht haben und aussteigen wollen. Sollte Sie so etwas stören, dann lassen Sie Lesestoff nicht sehen, bevor Sie anfangen wollen, darin zu lesen.

Rundfunk und Fernsehen: Eine Revolution im Fernsehen war die Einführung von Satellitenprogrammen. Es ist erstaunlich, daß man nun auch in Indien selbst in den abgelegensten Dörfern Satellitenschüsseln sehen kann. Das Ergebnis ist, daß Zuschauer sich nun das Fernsehprogramm von BBC und, übertragen aus Hongkong, Murdochs Fernsehsender Star TV, Prime Sports und V (ein Musikprogrammm ähnlich wie MTV) ansehen können. Daneben wird über Kabel auch noch Z TV, ein Programm in Hindi, verbreitet. Nun können also sogar die Inder verfolgen, was sich bei den Nachbarn tut. Doordarshan, der nationale Sender, der vor der Einführung von Satellitenprogrammen die Zuschauer in Indien mit seinen trockenen, langweiligen und im allgemeinen furchtbaren Programmen plagte, hat seine Sendungen inzwischen ebenfalls modernisiert und bietet nun einige ganz gute Sendungen.

Im übrigen stehen in den meisten Mittelklasse- und in allen Luxushotels in jedem Zimmer auch Fernsehgeräte, mit denen man die Wahl zwischen Satellitenprogrammen und Sendungen von Doordarshan hat.

FILMEN UND FOTOGRAFIEREN

Farbnegativfilme sind heute fast überall in Indien zu bekommen. Auch das Entwickeln und die Fertigung von Abzügen sind kein Problem mehr. Das ist meist auch recht preiswert und qualitativ ebenfalls annehmbar. Ein Farbnegativfilm vom Typ Kodak 100 mit 36 Aufnahmen kostet in Indien etwa 140 Rs. Für das Entwickeln eines Farbnegativfilmes muß man etwa 25 Rs und für jeden Abzug rund 5 Rs bezahlen.

Wer Dias möchte, muß solche Filme mitbringen, und zwar genügend, denn Indien bietet unendlich viele reizvolle Motive. Findet man in Indien einmal Diafilme, sind sie meist sehr teuer. Die Entwicklung ist hingegen problemlos möglich, die Qualität ganz gut. Für einen Diafilm von Fujichrome mit 36 Aufnahmen werden in Indien etwa 240 Rs und für das Entwickeln und Rahmen mit Papprahmen ca. 100 Rs sowie für das Entwickeln und Rahmen mit Plastikrahmen 150 Rs berechnet.

Filme von Kodak und anderen Herstellern, bei denen das Entwickeln im Preis enthalten ist, müssen zum Entwickeln ins Ausland geschickt werden. So bleibt es Ihnen überlassen, ob Sie Ihre Filme zum Entwickeln

> **Gute Ausblicke und gute Fotos**
>
> Wenn man gern einen guten Blick auf einen Ort oder eine größere Stadt werfen möchte, eignen sich Moscheen hervorragend. Ein Beispiel dafür ist die Jama Masjid in Delhi, aber in kleineren Orten ist so etwas kostenlos, wodurch die ausgeprägte indische Gastfreundschaft zum Ausdruck kommt. Im Herzen des alten Ujjain steht ebenfalls eine große Moschee. Ich ging darauf zu, allein in der Hoffnung, einen Blick in das Innere werfen zu dürfen. Aber der freundliche Wärter nahm mich mit hinauf auf das Minarett und ermahnte mich vorher sogar noch, meinen Fotoapparat nicht zu vergessen. Der Ausblick von oben war wunderschön! Das wird einem nicht auf dem Minarett jeder Moschee garantiert, aber wenn man an herrlichen Ausblicken und Luftaufnahmen interessiert ist, dann schmerzt ein Versuch nicht.
>
> Peter Christensen (Kanada)

sofort nach Hause schicken oder sie bis zum Ende der Reise bei sich tragen. Die Filmhersteller weisen oft darauf hin, daß belichtete Filme besser sofort entwickelt werden. Das ist aber nicht unbedingt nötig. Die Qualität bleibt ohne Beeinträchtigung sogar in der heißen Jahreszeit in Indien über Monate erhalten. Wenn Sie allerdings sehr lange noch mit belichteten Filmen reisen wollen, ohne sie entwickeln zu lassen, sollten Sie in speziellen Büchern nachlesen, wie man den Schutz von belichteten Filmen erhöhen kann.

Die vielen Fotogeschäfte in Indien sind durchaus in der Lage, kleinere Reparaturen auszuführen, wenn Sie Probleme mit Ihrer Kamera haben.

Dagegen bereitet das Fotografieren selbst einige Schwierigkeiten. In der trockenen Jahreszeit verhindert der Dunst scharfe und kontrastreiche Aufnahmen. Nicht immer gelingt eine gewünschte Aufnahme dann in gewohnter Güte. Alles sieht verwaschen und flach aus, auch wenn Sie einen Filter benutzen. In den Bergen sollten Sie die extrem klare Luft und die Lichtintensität berücksichtigen, die die Aufnahmen leicht überbelichtet erscheinen lassen. Im allgemeinen fotografiert man in Indien am besten am frühen Morgen und am späten Nachmittag.

Auch bei der Wahl der Motive ist in Indien einiges zu beachten. Alle militärischen Anlagen fallen unter ein Fotografierverbot. Dazu können auch Brücken, Flughäfen und Bahnhöfe gehören. Sind Sie sich einmal nicht ganz sicher, dann fragen Sie besser jemanden. Im allgemeinen lassen sich die Inder gern ablichten. Vorsicht ist nur bei Moslemfrauen geboten. Auch hier gilt: Im Zweifelsfalle fragen!

GESUNDHEIT

Der Gesundheitszustand auf einer Reise durch Indien hängt von den Vorbereitungen zu Hause, der Gesundheitsvorsorge während der Reise und davon ab, wie man ein medizinisches Problem oder einen Notfall behandelt, das bzw. der unterwegs auftritt. Wenn auch die folgende Liste der möglichen Gefahren recht beängstigend aussieht, haben doch nur wenige Reisende, die einige einfache Vorsichtsmaßnahmen treffen, bei ausreichender Information mit wenig mehr als mit einer Magenverstimmung zu kämpfen.

HANDBÜCHER FÜR DIE GESUNDHEIT UNTERWEGS

Zu diesem Thema ist eine Reihe von Veröffentlichungen erschienen. Dazu gehören:

Ratgeber für Reisen in die Tropen von John Hatt (Verlag Gisela E. Walther, Bremen, 2. Auflage 1987). Dieses Buch ist wahrscheinlich das beste allgemeine Handbuch zum Mitnehmen, denn es ist kompakt, aber gleichzeitig sehr detailliert, gut gegliedert und enthält auch zahlreiche Tips für Situationen, die man in Deutschland, Österreich oder der Schweiz kaum erlebt.

Wo es keinen Arzt gibt von David Werner (Rump-Verlag, Bielefeld, 1985) ist ein sehr detailliertes Handbuch, dessen Zielgruppe eigentlich eher Menschen sind, die in ein Entwicklungsland reisen, um dort zu arbeiten (z.B. als Entwicklungshelfer), als Durchschnittsreisende.

Gesund unterwegs - Medizinisches Reisehandbuch von Johannes Müller und Peter Müller (rororo Taschenbuch Band 7583, 1989) eignet sich als Ergänzung zu dem Buch von David Werner und enthält auch etliche Ratschläge für die Behandlung von Erkrankungen und Verletzungen, die man sich beispielsweise auf einer Wanderung zuziehen kann.

Reisen mit Kindern von Angelika Tausch-Fiedler und Roland Fiedler (Ullstein-Taschenbuch Band 34461, 1988) enthält grundlegende Ratschläge für Gesundheitsfragen bei kleineren Kindern auf Reisen.

VORBEREITUNGEN VOR DER ABREISE
Krankenversicherung: Es ist ratsam, eine Reiseversicherung für Diebstahl, Verlust und die Behandlungskosten bei Krankheit abzuschließen. Es gibt eine

Vielzahl von derartigen Versicherungen, über die man in Reisebüros beraten wird. Einige Versicherungen bieten Policen mit niedrigerem und höherem Versicherungsschutz für die Kosten einer medizinischen Behandlung an. Die Policen mit einem höheren Versicherungsschutz sind hauptsächlich für Länder wie die USA gedacht, wo die medizinische Versorgung sehr teuer ist.

Bevor Sie eine Reiseversicherung abschließen, lesen Sie genau das Kleingedruckte. Wichtig sind folgende Gesichtspunkte:

Einige Versicherungen schließen Versicherungsschutz für „gefährliche Aktivitäten" ausdrücklich aus. Dazu können möglicherweise auch das Tauchen, das Motorradfahren mit einem in Indien erworbenen Führerschein und die Teilnahme an einer Trekking-Tour gehören. Wenn Sie derartige Unternehmungen beabsichtigen, ist eine solche Versicherung für Sie nicht geeignet.

Achten Sie darauf, ob die Krankenversicherung bei einer Erkrankung die Arzt- und Krankenhauskosten direkt bezahlt, so daß Sie nicht erst das Geld auslegen und hinterher von der Versicherung zurückfordern müssen. Bei einigen Versicherungen müssen Sie zudem in einer Zentrale in Ihrem Heimatland anrufen, um eine Einschätzung Ihres Problems vornehmen und prüfen lassen zu können, ob und inwieweit Versicherungsschutz besteht.

Prüfen Sie ferner, ob die Versicherung die Kosten für den Krankentransport nach Hause, im Notfall auch in einem Flugzeug, trägt. Wenn Sie sich auf der Rückreise in einem öffentlichen Verkehrsmittel (Flugzeug, Bus, Eisenbahn) ausstrecken müssen, dann brauchen Sie zwei oder noch mehr Sitze, und das muß jemand bezahlen!

Informationen über die Gesundheit auf Reisen: In Deutschland kann man Informationen über vorbeugende gesundheitliche Maßnahmen für Reisen nach Asien von einem Ansagedienst des Auswärtigen Amtes abrufen (Tel. 0228/17 15 24). Außerdem erstellt das Centrum für Reisemedizin auf schriftliche oder telefonische Anforderung für 18 DM einen ausführlichen „Gesundheitsbrief" mit Informationen über Impfungen sowie Arten, Ansteckungsgefahren und Symptome möglicher Krankheiten am Reiseziel (Centrum für Reisemedizin, Oberrather Straße 10, 40472 Düsseldorf, Tel. 0211/90 42 90). Mitglieder der Barmer Ersatzkasse können sich dafür in einer Geschäftsstelle einen Gutschein besorgen und erhalten den „Gesundheitsbrief" dann kostenlos.

Individuelle Reiseberatungen führt die impf- und reisemedizinische Ambulanz des Instituts für Sport- und Präventivmedizin Stuttgart (Martin-Luther-Str. 3, 70372 Stuttgart, Tel. 0711/55 35-177, Fax 0711/55 35-181)

durch, die sozusagen maßgeschneiderte Impfpläne und Prophylaxe-Empfehlungen für die jeweils geplante Reise sowie allgemeine Empfehlungen zur Hygiene, Reiseapotheke usw. beinhalten. Für Mitglieder der GEK ist dieser Service kostenlos (Gutschein in allen Geschäftsstellen der GEK). Leser dieses Buches, die nicht Mitglieder der GEK sind, erhalten diesen Service zum Preis von 17 DM, wenn sie den Gutschein und Fragebogen im Anhang benutzen.

Reiseapotheke: Es empfiehlt sich, eine kleine, einfache Reiseapotheke mitzunehmen, die folgendes enthalten sollte:

Fieber und Schmerzen
    Acetylsalicylsäure (z. B. Aspirin) oder Paracetamol (z. B. ASS von Ratiopharm)
    Butylscopolaminiumbromid (z. B. Buscopan) bei Koliken
    Fieberthermometer

Antibiotika
    Chinolon, z. B. Ciprofloxacon (Ciprobay), u. a. gegen schweren Durchfall und Lungenentzündung
    Penizillin-Kombinationspräparat, z. B. Amoxicillin und Clavulansäure (Augmentan)
    Chloroquin (Weimerquin, Resochin) gegen Malaria
    Mefloquin (Lariam) gegen Malaria
    evtl. Doxycyclin bzw. Tetracyclin

Durchfall
    Elektrolytlösung (z. B. Santalyt)
    Loperamidhydrochlorid (z. B. Imodium)

Übelkeit, Erbrechen und Reisekrankheit
    Metoclopramid (z. B. Paspertin)
    Elektrolytlösung (z. B. Santalyt)

Erste Hilfe
    Pflaster
    Kompressen
    Mullbinden
    Elastische Binde
    Klebestreifen
    Schere
    Pinzette
    Desinfektionsmittel

Mittel zur Vorbeugung
    Wasserdesinfektionsmittel auf Silberbasis (z. B. Micropur)
    Wasserfilter (z. B. von Katadyn)
    Malariaprophylaxe (entsprechend der Empfehlung)
    Sonnenschutzmittel
    Mückenschutz (auf chemischer Basis wie Autan, Anti-Brumm, Off und Kick sowie Moskitonetz)

Sonstiges
Augentropfen (z. B. Otriven)
Nasentropfen (z. B. Otriven)

Am besten nimmt man, wenn überhaupt erforderlich, Antibiotika nur unter ärztlicher Aufsicht ein. Nehmen Sie nur die empfohlene Dosis in den vorgeschriebenen Abständen ein und führen Sie die Behandlung auch nach dem Abklingen der Symptome wie beschrieben fort. Setzen Sie außerdem die Anwendung von Antibiotika ab, wenn Sie eine ernste Reaktion feststellen, und nehmen Sie derartige Medikamente auf keinen Fall ein, wenn Sie nicht sicher sind, ob es sich um das richtige Mittel handelt.

Wenn in Indien ein bestimmtes Medikament überhaupt erhältlich ist, wird es ohne ärztliche Verschreibung verkauft und ist viel billiger als in Europa. Seien Sie jedoch beim Kauf von Medikamenten in Entwicklungsländern vorsichtig, insbesondere dann, wenn das Verfalldatum bereits überschritten ist oder die Arznei nicht so gelagert worden ist, wie es der Hersteller vorgeschrieben hat. Der Vertrieb von nachgemachten Medikamenten ist ebenfalls üblich. Außerdem ist es durchaus möglich, daß Medikamente, die in Europa zur Einnahme nicht mehr empfohlen werden oder gar aus dem Verkehr gezogen worden sind, in Entwicklungsländern noch verwendet werden.

Im übrigen ist es in vielen Ländern eine gute Idee, nicht gebrauchte Arzneimittel, Spritzen usw. in einem Krankenhaus zurückzulassen, statt sie wieder mit zurück nach Hause zu nehmen

In Europa sind inzwischen mehrere sogenannte AIDS-Ausrüstungen erhältlich, die alles enthalten, was man bei Blutübertragungen und Injektionen benötigt. Wenn Sie beabsichtigen, sich lange Zeit in Indien oder abseits der üblichen Reiserouten aufzuhalten, ist die Mitnahme eine gute Idee. Aber sogar in Städten mit vielen Touristen wie Jaisalmer in Rajasthan sind die medizinischen Einrichtungen äußerst einfach, so daß eine eigene sterile Ausrüstung nützlich sein könnte, wenn man in einen Unfall verwickelt und in ein Krankenhaus eingeliefert worden ist. Damit eine solche Ausrüstung bei einer Blutübertragung nützlich ist, braucht man aber auch das Plastikröhrchen, durch das das Blut aus dem Behälter oder der Flasche läuft, und eine intravenöse Nadel wie die sogenannte Venenverweilkanüle (z. B. Braunüle). In einigen dieser AIDS-Ausrüstungen ist zwar ein Plastikröhrchen enthalten, nicht aber eine intravenöse Nadel.

Weitere Vorbereitungen: Stellen Sie sicher, daß Sie bei Reiseantritt gesund und Ihre Zähne in Ordnung sind. Ein Besuch bei einem Zahnarzt in Indien gehört mit Sicherheit nicht zu dem, was Sie sich unter einem Vergnügen vorstellen.

Wer Brillenträger ist, dem wird geraten, eine Ersatzbrille sowie das Rezept für seine Brille mitzunehmen. Der Verlust einer Brille kann zu einem Problem führen, auch wenn man in vielen Orten schnell, preiswert und gut eine neue Sehhilfe erhält.

Falls Sie über längere Zeit oder ständig bestimmte Medikamente einnehmen müssen, sind Sie gut beraten, genug davon mitzunehmen, denn möglicherweise sind sie in Indien nicht erhältlich. Es empfiehlt sich, auch den Beipackzettel bei sich zu haben, da die Wirkstoffe im Ausland eher bekannt sind als die Markennamen und die Kenntnis der Wirkstoffe es erleichtert, einen gleichwertigen Ersatz zu finden. Es ist zudem eine gute Idee, ein Rezept mitzunehmen, um nachweisen zu können, daß Sie ein bestimmtes Medikament legal benötigen, da überraschend viele Medikamente, die in einem Land rezeptfrei erhältlich sind, in einem anderen Land verschreibungspflichtig oder sogar verboten sind.

Impfungen: Impfungen sorgen für einen Schutz gegen bestimmte Krankheiten, denen man auf seiner Reise begegnen könnte. Für einige Länder sind solche Impfungen zwar nicht vorgeschrieben, aber je weiter man sich von den ausgetretenen Pfaden der Touristen entfernt, desto notwendiger ist es, Vorsichtsmaßnahmen zu ergreifen. Dabei ist es wichtig, den Unterschied zwischen Impfungen, die für bestimmte Gebiete empfohlen werden, und gesetzlich vorgeschriebenen Impfungen zu kennen. Die Zahl der Impfungen, die nach internationalen Gesundheitsvorschriften vorgenommen werden mußten, ist in den letzten 10 Jahren drastisch gesunken. Derzeit ist eine Impfung gegen Gelbfieber die einzige, die unter bestimmten Voraussetzungen vorgeschrieben ist. Einer solchen Impfung muß man sich aber nur dann unterziehen, wenn man aus einem Gebiet mit Gelbfieber einreisen will.

Gelegentlich sehen sich Touristen bürokratischen Problemen wegen einer Impfung gegen Cholera ausgesetzt, auch wenn offiziell alle Länder auf eine solche Impfung als Voraussetzung für die Einreise inzwischen verzichtet haben. Aus Indien sind derartige Schwierigkeiten jedoch bisher nicht bekannt geworden.

Auf der anderen Seite ist eine Reihe von Impfungen für Reisen in bestimmten Gebieten durchaus zu empfehlen. Sie mögen zwar nicht gesetzlich vorgeschrieben sein, sind aber zum eigenen Schutz nützlich.

Alle Impfungen sollten in einen internationalen Impfpaß eingetragen werden, den man bei seinem Arzt oder seiner Ärztin oder in einem Gesundheitsamt erhält.

Wenn Sie sich impfen lassen wollen, dann planen Sie Ihre Impfungen rechtzeitig im voraus, denn als Vorbeugung gegen einige Krankheiten sind bis zu drei Impfungen in einem gewissem Abstand voneinander notwendig. Deshalb sollte man sich über empfehlenswerte Impfungen mindestens sechs Wochen vor Reiseantritt beraten lassen.

Die meisten Reisenden aus westlichen Ländern wurden zwar bereits gegen verschiedene Krankheiten während ihrer Kindheit geimpft, möglicherweise empfiehlt Ihr Arzt oder Ihre Ärztin jedoch Wiederholungsimpfungen gegen Diphtherie, Wundstarrkrampf (Tetanus) oder Kinderlähmung, da diese Krankheiten in vielen Entwicklungsländern noch weit verbreitet sind. Der Zeitraum, für den nach einer Impfung Schutz besteht, ist sehr unterschiedlich. Frauen sollten zudem berücksichtigen, daß einige Impfungen bei Schwangerschaft nicht vorgenommen werden dürfen.

In mehreren Ländern kann man sich auf den Flughäfen oder in den Gesundheitsämtern impfen lassen. Im übrigen geben Reisebüros und Fluggesellschaften Auskunft über die Stellen, die Impfungen vornehmen.

Impfungen sind gegen folgende Krankheiten möglich:

Pocken

Die Pocken sind weltweit ausgerottet, so daß eine Impfung gegen Pocken nicht mehr erforderlich ist.

Cholera

Eine Impfung gegen Cholera ist in keinem Land mehr gesetzlich vorgeschrieben, aber gelegentlich entstehen bei Grenzübergängen bürokratische Probleme, wenn man keinen Nachweis einer Impfung gegen Cholera vorlegen kann. Davon ist aus Indien allerdings bisher nichts zu hören gewesen, so daß auch auf eine Impfung gegen diese Krankheit verzichtet werden kann.

Wundstarrkrampf (Tetanus) und Diphtherie

In Deutschland, Österreich und der Schweiz hat fast jeder in seiner Kindheit bereits eine Grundimmunisierung gegen Wundstarrkrampf bestehend aus drei Impfungen erhalten. Daher ist nur noch alle 10 Jahre eine Auffrischungsimpfung erforderlich. Die einmalige Auffrischungsimpfung reicht aber auch aus, wenn der Abstand bis zur nächsten Auffrischungsimpfung einmal etwas mehr als 10 Jahre beträgt.

Typhus

Die in Deutschland, Österreich und der Schweiz übliche Schluckimpfung gegen Typhus ist relativ nebenwirkungsarm und besteht aus der Einnahme von drei Kapseln, verteilt über sechs Tage. Sie schützt ein bis zwei Jahre und ist für alle Reisenden nützlich. Neuerdings gibt es aber auch eine einmalige gespritzte Impfung gegen Typhus. Bei der Schluckimpfung sind Nebenwirkungen im allgemeinen seltener als bei der Injektion, aber auch dabei treten gelegentlich Magenkrämpfe auf.

Reisegelbsucht (Hepatitis A)

Gegen Hepatitis A ist seit einigen Jahren eine sehr gut wirksame und verträgliche Impfung mit aktivem Impfstoff möglich. Sie besteht aus einer Injektion vor der Abreise. Soll der Impfschutz für einen Zeitraum von 10 Jahren andauern, ist nach sechs bis zwölf Monaten noch eine Auffrischungsimpfung nötig.

Das vorher übliche Gamma-Globulin gegen Hepatitis A ist nur noch für extrem kurzfristige Reisen sowie bei Allergien gegen die Inhaltsstoffe der Impfung mit aktivem Impfstoff angezeigt. Die Schutzwirkung ist geringer als bei einer Impfung mit aktivem Impfstoff und dauert auch nur längstens sechs Monate nach der Impfung an.

GRUNDREGELN

Die wichtigste Gesundheitsregel bei der Verpflegung ist es, beim Essen und Trinken Vorsicht walten zu lassen. Reisedurchfall ist die häufigste Erkrankung auf Reisen (an dem bei zweiwöchigen Reisen zwischen 30 und 50 % aller Leute einmal leiden), zumeist jedoch relativ harmlos. Werden Sie deshalb aber nicht übervorsichtig, denn das Probieren der typischen Speisen eines Landes ist schließlich Teil der auf einer Reise gesammelten Erfahrungen.

Wasser: Die wichtigste Regel ist, kein Leitungswasser zu trinken. Auch Eis muß man meiden. Wenn man nicht sicher sein kann, ob Trinkwasser abgekocht wurde, muß man immer davon ausgehen, daß das nicht geschehen ist. Bekannte Marken von Trinkwasser in verschlossenen Flaschen sind im allgemeinen unbedenklich, auch wenn man schon gehört hat, daß in einigen Orten solche Flaschen wieder mit Leitungswasser aufgefüllt worden sind. Daher darf man Wasser nur aus Behältern mit unbeschädigten Plastikverschlüssen trinken, nicht aber mit Kronenkorken und Korken. Lassen Sie auch Vorsicht bei Fruchtsäften walten, insbesondere dann, wenn Wasser hinzugefügt wurde. Milch sollte ebenfalls mit Mißtrauen betrachtet werden, weil sie häufig nicht pasteurisiert wurde. Gekochte Milch kann man dagegen, wenn sie hygienisch aufbewahrt wurde, bedenkenlos trinken. Auch Joghurt begegnet keinen Bedenken. Tee und Kaffee sollten in Ordnung sein, wenn das Wasser bei der Zubereitung lange genug gekocht hat, damit es sauber wird.

Wasseraufbereitung: Die einfachste Art, um Wasser ungefährlich zu machen, ist das Kochen. Theoretisch reicht eine Brodeldauer von 10 Minuten, was allerdings nur selten geschieht. Denken Sie auch daran, daß Wasser in zunehmender Höhe bei immer niedrigeren Temperaturen kocht, weshalb nicht immer gewährleistet ist, daß auch wirklich alle Erreger abgetötet werden. Einfaches Filtern entfernt nicht alle gefährlichen Substanzen aus dem Wasser, so daß man in Gegenden, in denen ein Abkochen des Wassers nicht möglich ist, das Wasser am besten auf chemischem Wege reinigt. Chlortabletten töten einige, aber nicht alle Krankheitserreger ab. Jod ist zwar ziemlich zuverlässig beim Reinigen von Wasser und in Form von Tabletten erhältlich, aber bei der Benutzung müssen Sie genauestens die Gebrauchsanweisung befolgen und daran denken, daß die Einnahme von zu viel Jod schädlich sein kann.

Wenn Ihnen keine Jodtabletten zur Verfügung stehen, können Sie auch eine Tinktur mit 2 % Jod oder Jodkristalle verwenden. Vier Tropfen Jodtinktur pro Liter klaren Wassers ist die empfohlene Dosierung. Dann muß man das Wasser 20 bis 30 Minuten stehen lassen, bevor es trinkbar ist. Die Verwendung von Jodkristallen ist hingegen weitaus komplizierter, denn man muß daraus zuerst eine Jodlösung herstellen. Jod verliert seine Wirkung, wenn es in Kontakt mit Luft oder Feuchtigkeit kommt. Bewahren Sie es also in einem dicht verschlossenen Gefäß auf. Geschmackspulver überdecken den Geschmack von chemisch behandeltem Wasser, was insbesondere beim Reisen mit Kindern ganz günstig ist.

Am wenigsten beeinträchtigen Desinfektionsmittel auf Silberbasis den Geschmack. Zudem bleibt auf diese Weise behandeltes Wasser tagelang trinkbar. Der einzige Nachteil dieser Art von Wasseraufbereitung ist, daß dabei Parasiten nur unzureichend abgetötet werden, so daß das Wasser vorher gefiltert werden sollte.

Essen: Nach einer alten Redewendung aus der Kolonialzeit heißt es, daß man Lebensmittel essen darf, wenn man sie kochen, sieden oder abschälen kann, und man sie anderenfalls besser vergißt. Daher sollten Salate und Früchte mit reinem Wasser abgewaschen oder besser noch geschält werden. Aber selbst dann ist man vor Amöbenzysten nicht sicher, weil die sich nicht abwaschen lassen. Eis ist im allgemeinen in Ordnung, wenn es sich um eine bekannte Marke handelt. Hüten Sie sich jedoch vor den Straßenverkäufern mit einer Eiscreme, die aufgetaut und wieder gefroren wurde. Auch wenn es am sichersten ist, gekochte Nahrungsmittel zu sich zu nehmen, gilt dies nicht mehr, wenn das Essen bereits wieder abgekühlt ist oder aufgewärmt wurde. Seien Sie zudem sehr vorsichtig beim Genuß von Meeresfrüchten wie Muscheln und Austern, die genauso wie rohes Fleisch, insbesondere als Hackfleisch, am besten gemieden werden. Das Garen von Meeresfrüchten macht sie keineswegs zum unbedenklichen Verzehr genießbar.

Ernährung: Wenn Ihre Verpflegung schlecht ist oder nicht in ausreichender Menge zur Verfügung steht, während Sie schnell reisen, oder wenn Sie einfach keinen Appetit verspüren, besteht die Gefahr, daß Sie bald Gewicht verlieren und sich gesundheitlichen Risiken aussetzen.

Achten Sie daher darauf, daß Ihre Ernährung ausgewogen ist. Eier, Bohnen, Linsen (in Indien *dhal*) und

Nüsse sind gute Lebensmittel, um sich mit Protein zu versorgen. Obst, das Sie schälen können, z.b. Bananen, Apfelsinen oder Mandarinen, sind sichere und gute Vitaminlieferanten. Versuchen Sie ferner, viel Getreide (Reis) und Brot zu essen. Man sollte sich zudem immer vor Augen halten, daß gekochte Gerichte weniger Infektionsgefahren bergen als rohe, aber verkochte Nahrungsmittel einen großen Teil ihrer wichtigen Nährstoffe verloren haben. Wer sich nicht ausgewogen ernährt oder zu wenig ißt, sollte Vitamin- und Eisenpräparate einnehmen.

Angesichts des heißen Klimas in Indien müssen Sie auch genug trinken. Verlassen Sie sich nicht nur auf Ihr Durstgefühl. Das Fehlen des Drangs, Wasser zu lassen, oder dunkelgelber Urin sind Warnzeichen. Auf langen Fahrten sollten Sie stets eine Wasserflasche bei sich haben.

Ausgiebiges Schwitzen kann zu einem Verlust von Salz im Körper und damit zu Muskelkrämpfen führen. Salztabletten als vorbeugende Maßnahme sind jedoch nicht zu empfehlen und eignen sich höchstens zur Behandlung von Hitzekrankheiten.

Gesundheit: Die normale Körpertemperatur beträgt 37° C. Mehr als zwei Grad darüber sind bereits als hohes Fieber zu bezeichnen. Die normale Pulsfrequenz eines Erwachsenen liegt zwischen 60 und 80 Schlägen pro Minute, bei Kindern zwischen 80 und 100 und bei Säuglingen zwischen 100 und 140 Schlägen. Sie sollten in der Lage sein, Ihren Pulsschlag und Ihre Temperatur zu messen. Eine allgemeine Regel besagt, daß die Pulsfrequenz um 20 Schläge pro Minute bei jedem Grad Fieber mehr ansteigt.

In westlichen Ländern mit sauberem Leitungswasser und ausgezeichneten sanitären Einrichtungen wird ein guter Gesundheitszustand häufig als selbstverständlich angesehen. Früher, als das Gesundheitswesen noch nicht so gut war wie heute, wurden aber bestimmte Verhaltensmaßregeln beim Essen und Trinken stärker beachtet als heute, beispielsweise das Waschen der Hände vor jeder Mahlzeit. Unterwegs in Gegenden mit niedrigem Hygienestandard muß man sich dessen bewußt sein und sich mit seinen Verhaltensweisen anpassen.

Dazu gehört auch, daß man seine Zähne besser mit gereinigtem Wasser statt mit Leitungswasser putzt. Vermeiden Sie zudem klimatische Extreme. Bleiben Sie der Sonne fern, wenn es heiß ist, und ziehen Sie sich warm an, wenn es kalt ist. Es ist auch wichtig, sich vernünftig anzuziehen. Wer barfuß läuft, kann sich eine Wurminfektion zuziehen. Insektenstiche lassen sich vermeiden, wenn man beim Auftreten von Insekten die nackte Haut bedeckt, die Fenster oder sein Bett mit einem Insektennetz schützt und mückenabweisende Mittel verwendet.

ERKRANKUNGEN UND IHRE BEHANDLUNG

Mögliche gesundheitliche Probleme können in verschiedene Bereiche unterteilt werden. Zunächst sind da die Probleme, die durch Extreme bei Temperaturen, Höhe oder Bewegung hervorgerufen werden können.

Dann gibt es die Beschwerden und Krankheiten, die durch unhygienische Verhältnisse, Insektenstiche sowie körperliche Kontakte zu Tieren und Menschen verursacht werden. Und außerdem können auch einfache Schnitte, Bisse und Kratzer Schwierigkeiten bereiten.

Weil eine Selbstdiagnose und eine Selbstbehandlung riskant sein können, sollten Sie bei Anzeichen einer Erkrankung, wo immer dies möglich ist, ärztliche Hilfe in Anspruch nehmen. Auch wenn in diesem Abschnitt Behandlungshinweise vorhanden sind, empfiehlt es sich, davon nur in Notfällen Gebrauch zu machen. Ferner ist es ratsam, vor der Verwendung von Medikamenten ärztliche Ratschläge einzuholen, wo und wann immer das möglich ist.

In einer Botschaft oder in einem Konsulat kann man normalerweise erfahren, wo solche ärztliche Hilfe möglich ist. Das gilt auch für Fünf-Sterne-Hotels, auch wenn in ihnen oft nur Ärzte mit Fünf-Sterne-Preisen empfohlen werden. Aber dann wird eine abgeschlossene Reisekrankenversicherung auch erst richtig nützlich. Im übrigen ist in einigen Teilen Indiens die ärztliche Versorgung so schlecht, daß man sich bei einem ernsten Leiden mit dem nächsten Flugzeug in eine Gegend begibt, in der die medizinischen Behandlungsmöglichkeiten besser sind.

ERKRANKUNGEN AUFGRUND KLIMATISCHER UND GEOGRAPHISCHER GEGEBENHEITEN

Sonnenbrand: In den Tropen und auf größeren Höhen kann man sich erstaunlich schnell einen Sonnenbrand zuziehen, auch wenn der Himmel bedeckt ist. Daher empfiehlt es sich, ein Sonnenschutzmittel mit einem hohen Lichtschutzfaktor zu verwenden und besonders auf die Körperteile zu achten, die normalerweise der Sonne nicht ausgesetzt werden (z.B. die Füße). Eine Kopfbedeckung bietet zusätzlichen Schutz. Sie sollten zudem Zinksalbe oder eine andere Creme für Nase und Lippen verwenden. Gegen einen leichten Sonnenbrand hilft Calamin-Lotion.

Hitzepickel: Hitzepickel sind ein juckender Ausschlag, der durch einen Schweißstau in den Poren entsteht. Anfällig für Hitzepickel sind meist Neuankömmlinge in einem warmen Land, deren Poren sich noch nicht auf das verstärkte Schwitzen umgestellt haben. Sich kühl halten und häufiges Baden oder Duschen hilft, ebenso Körperpuder oder der Aufenthalt in Räumen mit Klimaanlagen.

Erschöpfung vor Hitze: Flüssigkeits- oder Salzmangel sowie Fehlfunktionen der Schweißdrüsen können zu einer Hitzeerschöpfung führen. Nehmen Sie sich daher beim Akklimatisieren an hohe Temperaturen Zeit und achten Sie darauf, daß Sie immer ausreichend Flüssigkeit zu sich nehmen. Ferner ist wichtig, nicht zu enge Kleidung und eine Kopfbedeckung mit einem breiten Rand zu tragen. Außerdem darf man in solchen Fällen nichts unternehmen, was körperliche Anstrengungen erfordert.

Salzmangel macht sich durch Symptome wie Müdigkeit, Abgespanntheit, Kopfschmerzen, Schwindelgefühle und Muskelkrämpfe bemerkbar. Die Behandlung von Hitzeerschöpfung richtet sich nach der jeweiligen Ursache. Zunächst ist bei den Betroffenen immer ein schattiges und kühles Plätzchen wichtig. Dort können vorsichtige Kühlung mit Wasser und flaches Liegen schon helfen. Die weitere Behandlung hängt von der Ursache ab und besteht bei Wasser- und Salzmangel aus der Wiederzufuhr von Wasser (mit oder ohne Mineralstoffen). Bei einer Fehlfunktion der Schweißdrüsen, die auch noch nach Wochen oder Monaten in den Subtropen und Tropen auftreten kann, hilft letztlich nur die Abreise in eine Gegend mit gemäßigtem Klima.

Hitzschlag: Diese ernste, gelegentlich sogar tödliche Krankheit kann auftreten, wenn das Vermögen des Körpers, seine Temperatur zu regeln, zusammenbricht und die Körpertemperatur auf gefährliche Höhen ansteigt. Lange, anhaltende Perioden in der Hitze können anfällig für einen Hitzschlag machen. Man sollte, um dem vorzubeugen, u. a. exzessiven Alkoholgenuß und anstrengende Tätigkeiten vermeiden, wenn man gerade erst in einem heißen Klima angekommen ist.

Die Symptome sind Unwohlsein, mäßiges oder gar kein Schwitzen und eine hohe Körpertemperatur (39 bis 41 Grad). Hört das Schwitzen auf, wird die Haut stark durchblutet und rot. Schwere, dröhnende Kopfschmerzen und ein Mangel an Koordinationsvermögen treten ebenfalls auf. Zum Krankheitsbild können zudem Verwirrung oder Aggressivität gehören. Eine Einweisung in ein Krankenhaus ist bei solchen Symptomen unbedingt notwendig. In der Zwischenzeit sollte der oder die Betroffene sofort aus der Sonne gebracht, ausgezogen, mit einem nassen Tuch oder Handtuch bedeckt und ständig mit frischer Luft versorgt werden.

Pilzinfektionen: Pilzinfektionen, die bei Hitze öfter als sonst vorkommen, treten am häufigsten am Kopf, zwischen den Zehen oder Fingern sowie in der Leistengegend und manchmal sogar am ganzen Körper auf (Scherpilzflechte). Die Scherpilzflechte wird durch infizierte Tiere oder beim Gehen über feuchten Boden, z. B. in Duschen, übertragen.

Um Pilzinfektionen zu vermeiden, empfiehlt sich das Tragen von loser, bequemer Kleidung aus Naturfasern, die man häufig waschen und sorgsam trocknen sollte. Wer sich infiziert hat, sollte die betroffene Hautfläche täglich mit einer desinfizierenden oder medizinischen Seife reinigen und sehr gut abspülen. Dann ist ein Puder gegen Pilzbefall aufzutragen, z. B. das weitverbreitete Mittel Tinaderm. Versuchen Sie die infizierten Hautflächen so oft wie möglich der Luft oder der Sonne auszusetzen. Waschen Sie alle Handtücher und die Unterwäsche in heißem Wasser und wechseln Sie sie häufig.

Kälte: Zu viel Kälte ist genauso gefährlich wie zu viel Hitze, insbesondere dann, wenn die Kälte zur Unterkühlung führt. Wenn Sie in größeren Höhen Wanderungen unternehmen oder auch nur eine längere Busfahrt über die Berge planen, insbesondere nachts, dann seien Sie darauf vorbereitet.

Unterkühlung: Zu Unterkühlung kommt es, wenn der Körper schneller Wärme verliert als er erzeugen kann und die Körpertemperatur sinkt. Der Übergang von sehr kalt bis gefährlich kalt geht bei einer Kombination von Wind, nasser Kleidung, Erschöpfung und Hunger erstaunlich schnell, selbst wenn die Lufttemperatur über dem Gefrierpunkt liegt. Am besten trägt man mehrere Kleidungsstücke übereinander. Seide, Wolle und einige der neuen Synthetikfasern eignen sich sehr gut zur Isolierung. Eine Kopfbedeckung ist wichtig, da ein großer Teil der Körperwärme über den Kopf abgegeben wird. Eine gute, wasserdichte äußere Schicht ist unerläßlich, da es lebenswichtig ist, trocken zu bleiben. Die Symptome einer Unterkühlung sind Erschöpfung, taube Haut (insbesondere an Zehen und Fingern), Zittern, Sprachstörungen, irrationales oder aggressives Verhalten, Teilnahmslosigkeit, Stolpern, Schwindelgefühl, Muskelkrämpfe und plötzliche Energieausbrüche. Das irrationale Verhalten kann so weit gehen, daß die Erkrankten behaupten, ihnen sei heiß, und versuchen, ihre Kleidung auszuziehen.
Um eine leichte Unterkühlung zu behandeln, muß man sich zuerst aus Wind oder Regen begeben und anschließend die nasse Kleidung ablegen und durch trockene, warme ersetzen. Dann sollte man warme Getränke (keinen Alkohol) zu sich nehmen. Reiben Sie die Haut des Opfers aber nicht ab. Es ist besser, wenn es sich langsam selbst wieder aufwärmt. Diese Maßnahmen sollten ausreichen, um das Anfangsstadium einer Unterkühlung zu behandeln. Das frühe Erkennen und die frühe Behandlung einer leichten Unterkühlung sind die einzigen Möglichkeiten, eine ernste Unterkühlung zu verhindern.

Höhenkrankheit: Die akute Höhenkrankheit tritt in großen Höhen auf und kann tödlich enden. Der Mangel an Sauerstoff in hohen Lagen macht sich bei fast allen Menschen auf die eine oder andere Art und Weise bemerkbar.
Um sich gegen die Höhenkrankheit zu schützen, kann man eine Reihe von Vorsichtsmaßnahmen treffen: Steigen Sie langsam auf und legen Sie häufig Ruhetage ein, indem Sie sich bei jedem Höhenunterschied von 1000 Metern sich zwei oder drei Tage ausruhen. Wenn man auf diese Weise bei Bergwanderungen große Höhen erreicht, tritt die Akklimatisierung nach und nach ein, so daß die Gefahr, sich die Höhenkrankheit zuzuziehen, geringer ist als bei Leuten, die von niedrigen Lagen in große Höhen einfliegen.
Trinken Sie reichlich Flüssigkeit, denn die Bergluft ist trocken und führt zum Feuchtigkeitsverlust schon beim Atmen.
Essen Sie nur leicht, aber dafür Gerichte mit vielen Kohlehydraten, um Kraft zu sammeln.
Meiden Sie Alkohol, weil der das Risiko erhöhen kann, viel Flüssigkeit zu verlieren.
Meiden Sie Beruhigungsmittel.
Die Gefahr einer Höhenkrankheit nimmt ab ca. 3000 Metern über dem Meeresspiegel rasch zu. Sie äußert sich durch Kopfschmerzen, Schwindelgefühl, Müdigkeit und Kopfschmerzen. Im weiteren Verlauf können auch Schlaf- und Appetitlosigkeit auftreten und die Urinmenge abnehmen.
Im fortgeschrittenen Stadium kommt es dann zu Atemnot, Husten mit schaumigem Auswurf, allgemeiner Schwäche, Teilnahmslosigkeit, Erbrechen, Koordinationsstörungen, Halluzinationen und Bewußtlosigkeit, alles Ausdruck eines Höhen-Lungen- oder Hirnödems.
Jedes dieser Symptome allein ist eine Warnung. Leichte Symptome einer Höhenkrankheit verschwinden im allgemeinen nach etwa einem Tag. Sollten die Symptome jedoch fortbestehen oder sich sogar noch verschlimmern, dann ist die einzige Behandlungsmöglichkeit ein Abstieg. Dabei können 500 Meter schon etwas ausmachen.
Es gibt keine allgemeine Regel dafür, welche Höhe zu hoch ist. Es sind tödliche Fälle von Höhenkrankheit schon bei 3000 Metern aufgetreten, auch wenn die Höhenkrankheit sich im allgemeinen erst in Höhen ab 3500 bis 4500 Metern bemerkbar macht. Bei einem Aufstieg empfiehlt sich immer, noch eine Nacht auf einer niedrigeren Höhenlage zu verbringen und die höchste Lage am Tag darauf zu erreichen.

Reisekrankheit: Leichte Mahlzeiten vor und während einer Reise können die Wahrscheinlichkeit mindern, reisekrank zu werden. Suchen Sie sich einen Platz mit möglichst wenigen Schwankungen, z.B. in der Nähe einer Tragfläche, wenn Sie fliegen, unweit der Mitte eines Schiffes oder ungefähr in der Mitte eines Busses. Im allgemeinen hilft frische Luft, während Lesen oder

Zigarettenrauch zu vermeiden sind. Medikamente gegen die Reisekrankheit, die Müdigkeit verursachen können, müssen vor Antritt der Fahrt eingenommen werden. Wenn Sie sich bereits krank fühlen, ist es zu spät. Ingwer ist ein natürliches Mittel gegen die Reisekrankheit und in Kapseln erhältlich (vgl. auch Abschnitt über die Reiseapotheke).

Auswirkungen von Zeitverschiebungen (Jet Lag): Der Jet Leg tritt auf, wenn man mit einem Flugzeug mehr als drei Zeitzonen überquert, wobei im allgemeinen jede Zeitzone einen Zeitunterschied von einer Stunde ausmacht. Er wirkt sich deshalb aus, weil viele Funktionen des menschlichen Körpers (wie die Temperatur, der Pulsschlag sowie die Entleerung der Blase sowie des Darmes) nach einem inneren 24-Stunden-Rhythmus (der inneren Uhr) reguliert werden. Wenn man in kurzer lange Strecken bewältigt, braucht der Körper Zeit, um sich an die „neue Zeit" am Ziel anzupassen, und macht sich davor mit Müdigkeit, Verwirrtheit, Schlaflosigkeit, Ängstlichkeit, verminderter Konzentrationsfähigkeit und Appetitlosigkeit bemerkbar. Diese Auswirkungen verschwinden im allgemeinen innerhalb von drei Tagen nach der Ankunft, aber es gibt auch Möglichkeiten, sie vorher zu verringern.

Dazu gehört, daß man sich vor der Abreise ein paar Tage lang ausruht und lange Abende sowie Aufregungen in letzter Minute wie das Besorgen von Reiseschecks, eines Reisepasses usw. meidet.

Empfehlenswert ist ferner, sich einen Flug auszusuchen, bei dem der Schlafmangel so gering wie möglich ist. Das bedeutet bei einer Ankunft spät am Tag, daß man sich bald schlafen legen kann. Bei sehr langen Flügen kann man zudem in Erwägung ziehen, unterwegs die Reise zu unterbrechen.

Außerdem sollte man während des Fluges ausgiebiges Essen (was dem Magen aufbläht) und Alkohol (der für Flüssigkeitsverlust sorgt) meiden. Statt dessen ist es ratsam, nichtalkoholische Getränke ohne Kohlensäure wie Fruchtsäfte und Wasser zu trinken.

Auch auf das Rauchen sollte man verzichten, weil dadurch der Sauerstoff in der Flugzeugkabine noch weiter verringert und mehr Müdigkeit heraufbeschworen wird.

Schließlich empfiehlt es sich, bequeme Kleidung zu tragen sowie eine Schlafmaske und Ohrstöpsel mitzubringen, die dazu beitragen, leichter Schlaf zu finden.

INFEKTIONSKRANKHEITEN

Durchfall: Unterschiedliches Wasser, eine andere Nahrung oder ein Klimawechsel können bereits einen Durchfall verursachen. Schwerwiegender sind Durchfälle aufgrund von infizierter Nahrung und verunreinigten Wassers. Trotz aller Vorkehrungen können Sie einen leichten „Reisedurchfall" erleiden, der jedoch bei Frem-

den typisch ist. Einige schnelle Gänge zur Toilette ohne andere Symptome sind jedoch kein Grund zur Beunruhigung. Ein mittlerer Durchfall mit einem halben Dutzend Darmentleerungen ist schon ernster zu nehmen.

Der Wasserverlust ist dabei das gefährlichste Problem, insbesondere bei Kindern, bei denen ein Flüssigkeitsverlust recht schnell eintreten kann. Die Wiederzufuhr von Flüssigkeit ist bei der Behandlung an erster Stelle zu nennen. Schwacher schwarzer Tee mit ein wenig Zucker, Sodawasser oder Limonaden, denen man die Kohlensäure genommen hat und die mit Wasser verdünnt worden sind, leisten gute Dienste. Bei schweren Durchfällen ist eine besondere Lösung (vgl. Abschnitt über die Reiseapotheke) notwendig, um die verlorenen Mineralien und das Salz zu ersetzen. Es empfiehlt sich außerdem, bei der Genesung zu einer gewürzarmen Kost überzugehen.

Lomotil oder Imodium können Erleichterung von den Symptomen schaffen, auch wenn sie das Problem an sich nicht lösen. Für Kinder ist Imodium vorzuziehen. Sie sollten diese Medikamente nur verwenden, wenn es absolut notwendig ist, beispielsweise wenn Sie gezwungen sind zu reisen. Sie dürfen jedoch nicht bei hohem Fieber oder bei starken Flüssigkeitsverlusten angewendet werden.

Schwere Durchfälle sollte man besser nicht sogleich durch die Einnahme von Antibiotika behandeln wollen. Statt dessen ist es wichtig, in solchen Fällen ärztliche Hilfe in Anspruch zu nehmen und die Ursache für den schweren Durchfall feststellen zu lassen.

Giardiasis: Diese Darmkrankheit wird durch mikroskopisch kleine Geißeltierchen hervorgerufen und mit verunreinigtem Wasser übertragen. Die Symptome sind Magenkrämpfe, Übelkeit, ein aufgeblähter Bauch, faul riechender Durchfall und häufiges Lassen von Winden. Giardiasis kann auch erst mehrere Wochen nach der Infektion akut werden. Die Symptome verschwinden möglicherweise für einige Tage und treten dann erneut auf. Das kann sich über mehrere Wochen hinziehen. Als medikamentöse Behandlung ist die Einnahme von Tinidazol zu empfehlen, die jedoch nur unter ärztlicher Aufsicht erfolgen sollte.

Ruhr: Diese ernste Krankheit wird durch infizierte Nahrung oder infiziertes Wasser übertragen und ist durch schweren Durchfall, häufig mit Blut oder Schleim, gekennzeichnet. Es gibt zwei Arten der Ruhr. Für die durch Bakterien verursachte Form sind hohes Fieber sowie ein rasches Fortschreiten der Krankheit, Kopfschmerzen, Erbrechen und Magenschmerzen charakteristisch. Im allgemeinen dauert diese Form der Ruhr längstens eine Woche, ist jedoch in höchstem Maße ansteckend.

EINFÜHRUNG

Die Amöbenruhr entwickelt sich schleichender und wird nicht immer von Fieber oder Erbrechen begleitet, ist jedoch eine schwerere Krankheit, da sie nicht auf die akuten Anzeichen begrenzt bleibt, sondern bis zur Behandlung andauert und lange bestehen bleiben kann. Zur Feststellung der Art der Ruhr ist eine Stuhluntersuchung notwendig, so daß schnellstens medizinischer Rat eingeholt werden sollte. Für den Notfall sollten Sie sich merken, daß sich gegen die von Bazillen verursachte Ruhr viele Antibiotika (z. B. Ciprofloxacin) bewährt haben und gegen Amöbenruhr Metronidazol verschrieben wird.

Cholera: Eine der ernstesten Durchfallerkrankungen ist Cholera, oft mit tödlichem Ausgang. Obwohl Cholera in Indien nicht mehr sehr verbreitet ist, sind vorbeugende Maßnahmen gegen die Krankheit doch noch zu empfehlen. Cholera-Anfälle sind durch plötzlichen Durchfall mit sogenanntem „Reiswasserstuhl", Erbrechen, Muskelkrämpfe und extreme Schwäche gekennzeichnet. Bei solchen Symptomen ist auf jeden Fall medizinische Hilfe erforderlich. Aber vorab sollte man den hohen Wasserverlust behandeln, denn der ist erheblich.

Bakterielle Magen-Darm-Entzündung: Die Magen-Darm-Grippe (Gastro-Enteritis) wird durch Bakterien und Viren verursacht. Charakteristische Anzeichen der Krankheit sind Magenkrämpfe, Durchfall und gelegentliches Erbrechen sowie leichtes Fieber. Die einzige Behandlungsmethode besteht darin, viel zu trinken.

Gelbsucht (Hepatitis): Gelbsucht (Hepatitis) ist ein allgemeiner Begriff für eine Leberentzündung. Dafür gibt es viele Gründe, von denen Drogen- sowie Alkoholgenuß und Infektionen nur einige sind.

Die Entdeckung von neuen Abarten hat zu einer Unterscheidung nach Buchstaben mit Hepatitis A, B, C, D, E und Gerüchten zufolge auch schon G geführt. Diese Buchstaben bezeichnen bestimmte Urheber, die die von Viren verursachte Gelbsucht hervorrufen. Die Gelbsucht ist eine Infektion der Leber, die zu einer gelben Verfärbung der Haut, Fieber, Teilnahmslosigkeit und Problemen mit der Verdauung führen können. Es können aber auch durchaus überhaupt keine Symptome der Gelbsucht auftreten, so daß eine infizierte Person gar nicht bemerkt, daß sie an dieser Krankheit leidet. Auf Reisen sollte man sich über die Ausbreitung von Gelbsucht nicht verrückt machen lassen, zumal die Hepatitis D, E und G (bisher) ziemlich selten vorkommen und die folgenden Vorsichtsmaßnahmen gegen die Hepatitis A, B und C ausreichen sollten, um daran nicht zu erkranken.

Die einzelnen Arten der Gelbsucht lassen sich auf der Grundlage, wie sie verbreitet werden, in zwei Gruppen unterteilen. Der erste Weg führt über verunreinigtes Essen und Wasser (Hepatitis A und E), der zweite über Blut und andere Körperflüssigkeiten (Hepatitis B, C und D).

Die Hepatitis A ist in vielen Ländern, vor allem in solchen mit einem niedrigen Hygienestandard, weit verbreitet. Die meisten Menschen in Entwicklungsländern haben sich bereits als Kind infiziert und entwickeln meistens keine Symptome, bauen aber eine lebenslange Immunität auf. Diese Krankheit stellt für ausländische Besucher eine ernsthafte Gefahr dar, denn Menschen aus Industrienationen kommen mit diesem Erreger zu Hause normalerweise nicht in Berührung.

Die ersten Anzeichen für eine Erkrankung an Gelbsucht sind Fieber, Frösteln, Kopfschmerzen, Müdigkeit, Schwächegefühl und Schmerzen. Später folgen Appetitlosigkeit, Übelkeit, Erbrechen, Bauchschmerzen, dunkler Urin, heller Stuhl und eine gelbliche Haut. Im allgemeinen verfärbt sich zuerst das Weiße der Augäpfel gelblich. Bei solchen Symptomen ist es empfehlenswert, ärztlichen Rat einzuholen, aber im allgemeinen kann man nicht viel unternehmen, wenn man von Ruhe, vermehrter Flüssigkeitsaufnahme, leichter Kost und dem Vermeiden von fetten Nahrungsmitteln absieht. Wer einmal an einer Gelbsucht erkrankt war, sollte einige Monate danach keinen Alkohol trinken, da die Gelbsucht die Leber angreift und diese eine Zeit zur Regenerierung benötigt.

Die Erreger werden über verunreinigtes Wasser, durch Schalentiere, die wiederum durch Abwässer infiziert wurden, und durch Speisen, die von Händlern mit einem niedrigen Hygienestandard verkauft werden, übertragen.

Wenn Sie darauf achten, was Sie essen und trinken, haben Sie schon etwas zur Vorbeugung unternommen. Allerdings ist der Virus sehr ansteckend, so daß man bei einem Verdacht auf Ansteckung zusätzliche Maßnahmen ergreifen sollte. Hierfür stehen prinzipiell zwei verschiedene Arten von Impfstoffen zur Verfügung: ein passiver Impfstoff und ein aktiver Totimpfstoff.

Die Impfung mit dem aktiven Totimpfstoff ist einerseits sehr gut wirksam, während andererseits Nebenwirkungen relativ gering sind, so daß die Impfung sehr zu empfehlen ist. Neuerdings besteht sie nur noch aus einer einzigen Immunisierung, die mindestens eine Woche vor der Abreise vorgenommen werden sollte und bei dem damit Geimpften fast vollständig zu einem ausreichenden Schutz für etwa ein Jahr führt. Eine Auffrischungsimpfung nach sechs bis zwölf Monaten bewirkt nach den bisherigen Erkenntnissen vermutlich einen Impfschutz für mindestsns zehn Jahre.

Die vor der Einführung von Impfungen mit aktivem Totimpfstoff weit verbreiteten passiven Impfungen mit sogenannten Gamma-Globulinen sind heute bei rechtzeitiger Planung weitgehend überflüssig. Sie kommen nur noch bei extrem kurzfristigen Abreisen (innerhalb von fünf Tagen), bei festgestellter Unverträglichkeit von Inhaltsstoffen des aktiven Totimpfstoffes und bei einigen Grunderkrankungen in Betracht, da Schutzwirkung nur zu 50-70 % besteht und auch nur für einige Wochen oder Monate andauert.

Der Virus der Hepatitis E wurde erst kürzlich entdeckt. Man weiß daher noch nicht viel über ihn. Er taucht eher in Entwicklungsländern auf und verursacht normalerweise einen abgeschwächten Krankheitsverlauf, kann aber bei Schwangeren sehr gefährlich werden.

Die einzige Vorsichtsmaßregel besteht in der Warnung vor verunreinigtem Wasser, denn für diesen speziellen Hepatitis-Erreger gibt es Impfstoffe bisher nicht. Derzeit geht von diesem Virus aber für Reisende noch keine große Gefahr aus.

Auch die Hepatitis B ist eine weitverbreitete Krankheit, an der weltweit etwa 300 Millionen Menschen chronisch erkrankt sind. Die Hepatitis B, die auch Serum-Hepatitis genannt wird, kann durch infiziertes Blut, Blutprodukte oder Körperflüssigkeiten übertragen werden, z. B. durch sexuelle Kontakte, unsterilisierte Nadeln oder Bluttransfusionen. Ebenfalls ein Ansteckungsrisiko bergen das Anbringen von Tätowierungern, Naßrasuren bei Frisören und Besuche bei Leuten, die Ohrläppchen durchstechen. Die Symptome der Hepatitis von Typ B sind denen vom Typ A sehr ähnlich, fallen allerdings schwerer aus und können zu irreparablen Leberschäden und sogar zu Leberkrebs führen. Behandlungsmöglichkeiten bei Hepatitis B sind erst in Ansätzen vorhanden, so daß sich bei entsprechender Indizierung als Vorbeugung eine Impfung empfiehlt. Die ist allerdings nicht billig. Damit sind als sinnvoller Impfschutz je nach Hersteller des Impfstoffes drei bis vier Impfungen in sechs bis zwölf Monaten notwendig. Ein nicht ganz so umfassender Impfschutz wird mit zwei Impfungen gegen Hepatitis B im Abstand von einem Monat erreicht.

Alle Personen, die mit Blut oder anderen Körperflüssigkeiten in Berührung kommen könnten, sei es aus beruflichen Gründen oder bei Sexualkontakten mit der einheimischen Bevölkerung, sollten sich der Impfung gegen Hepatitis B unterziehen, vor allem, wenn sie beabsichtigen, längere Zeit in Indien zu bleiben.

Die Hepatitis C wird von einer ebenfalls erst kürzlich entdeckten Virusart verursacht. Es scheint, daß sie noch schneller als die Hepatitis B zu Lebererkrankungen führt.

Der Virus wird über Blut übertragen, sei es bei Bluttransfusionen oder mit weitergereichten Nadeln. Der einzige Schutz besteht in einer Vermeidung dessen, da es Impfstoffe noch nicht gibt.

Die Hepatitis D, häufig als „Delta-Virus" bezeichnet, taucht nur als Folgeinfektion bei einem chronischen Verlauf der Hepatitis B auf. Sie wird über Blut und Körperflüssigkeiten übertragen. Auch gegen diese Art der Gelbsucht besteht noch keine Impfung. Daher ist Vorbeugung der beste Schutz. Das Risiko für Reisende, an Hepatitis D zu erkranken, ist jedoch als gering einzuschätzen.

Typhus: Typhus wird durch eine Infektion mit einer Salmonellenart hervorgerufen, die entgegen der weitverbreiteten Meinung zunächst keine Durchfallserkrankung ist, sondern ein schweres, fieberhaftes Krankheitsbild, manchmal lebensbedrohend, verursacht.

Diese Krankheit kommt weltweit vor, häufiger jedoch in subtropischen und tropischen Gebieten. Je wärmer und unhygienischer eine Gegend ist, desto häufiger tritt die Infektion mit der Salmonellenart auf, die Typhus auslöst.

Das dafür verantwortliche Bakterium befällt nur Menschen, wobei es von einem ausgeschieden und von einem anderen über den Mund wieder aufgenommen wird. Zwar sind im Grunde genommen auch (direkte) Schmierinfektionen möglich, aber meistens werden diese Bakterien mit Nahrungsmitteln aufgenommen und können dann je nach Menge der Erreger und körperlicher Verfassung zum Typhus führen. Neben dem Genuß von Lebensmitteln mit Darminhalt können auch schmutzige Hände und Fliegen zur Verbreitung beitragen.

Die Zeit zwischen einer Infektion und dem Auftreten der ersten Symptome beträgt zwischen 3 und 60 Tagen. Die erste Woche einer Erkrankung an Typhus ist geprägt von einer schrittweisen Erhöhung der Körpertemperatur, einem relativ langsamen Pulsschlag, Kopfschmerzen und starkem Krankheitsgefühl mit Teilnahmslosigkeit und Gewichtsabnahme. Daneben können aber auch auf den ersten Blick so unverständliche Symptome wie Heiserkeit, Halsschmerzen und trockener Husten hinzukommen. Die Krankheit ist übrigens nach dem griechischen Wort *typhos* (Nebel) benannt worden, weil als Symptom häufig auch Benommenheit auftritt. Recht typisch sind ferner nicht näher bestimmbare Bauchbeschwerden und Verstopfung, also genau das Gegenteil von Durchfall.

In der zweiten Woche bleibt das Fieber noch hoch, während die Bauchbeschwerden in teilweise heftige Bauchschmerzen übergehen, die sich nicht selten im rechten Unterbauch lokalisieren lassen. Außerdem schwellen die Leber und die Milz an. Ferner werden auf der Haut 2-5 mm große, rosafarbene Flecken sichtbar, die auf Druck hin abnehmen. In der dritten Krankheitswoche kann die Verstopfung in „Erbsbreistuhl" übergehen, begleitet von Komplikationen, beispielsweise zunehmenden Bewußtseinsstörungen und gelegentlichen Darmdurchbrüchen und Darmblutungen mit Bauchfellentzündung, die letztlich zum Tod führen können.

Trotz guter Behandlung sind Rückfälle bei den Symptomen möglich.

Zur Vorbeugung stehen im Grunde genommen zwei Impfstoffe zur Verfügung: ein schon seit einigen Jahren erhältlicher Schluckimpfstoff, von dem dreimal je eine Kapsel lebender, aber ungefährlicher Bakterien im Abstand von jeweils zwei Tagen einzunehmen sind, sowie ein - seit kurzem auch in Deutschland erhältlicher - einmalig zu spritzender Totimpfstoff. Beide Impfstoffe bieten Schutz zu 60-80 %, der Schluckimpfstoff für ein bis zwei Jahre, der gespritzte Impfstoff für ca. drei Jahre. Die Nebenwirkungen sind gering, wobei der Schluckimpfstoff schon wegen der nicht erforderlichen Hautverletzung durch eine Nadel besser abschneidet.

Um den Impferfolg nicht zu gefährden, sollten während der Dauer der Schluckimpfung und in der Zeit bis eine Woche nach Beendigung daneben weder Antibiotika noch Medikamente zur Malaria-Prophylaxe eingenommen werden.

Darüber hinaus muß natürlich auf Hygiene bei der Verpflegung geachtet werden. In Wasser, Eis und trockener Umgebung können die Typhus verursachenden Bakterien mehrere Wochen überleben und sich in bestimmten Nahrungsmitteln wie Muscheln, Austern und anderen Meeresfrüchten sogar noch vermehren.

Die Behandlung von Typhus stützt sich in erster Linie auf im allgemeinen gut wirksame Antibiotika (Ciprofloxacin) sowie eine weitere „systemorientierte" Behandlung. Sind Komplikationen wie Darmdurchbrüche aufgetreten, muß operiert werden. Von Bedeutung ist auch, daß an Typhus Erkrankte nach einer Behandlung mit Antibiotika noch monatelang im Stuhl die Bakterien ausscheiden.

Pest: Zwar ist es 1994 in Surat (Gujarat) zum Ausbruch der Pest gekommen, aber das Risiko, als ausländischer Besucher in Indien daran ebenfalls zu erkranken, ist minimal.

Hirnhautentzündung durch Meningokokken (Meningokokken-Meningitis): Diese Krankheit kommt auch in Indien vor.

Bergwanderer in ländlichen Gebieten sollten deshalb besonders vorsichtig sein, denn angesteckt wird man durch engen Kontakt zu Menschen, in deren Nase und Rachen sich die Krankheitserreger befinden und die diese durch Husten oder Niesen weitergeben. Diese Leute wissen wahrscheinlich gar nicht, daß sie die Erreger mit sich herumtragen. Berghütten, in denen Trekker übernachten, sind Orte, an denen sich Infektionen am schnellsten ausbreiten. Sie kommen aber auch bei anderen Menschenansammlungen, z. B. auf Märkten und bei Versammlungen, vor.

Diese äußerst ernste Krankheit greift das Gehirn an und kann tödlich verlaufen. Ein vereinzelter fleckiger Ausschlag, Fieber, schwere Kopfschmerzen, Lichtempfindlichkeit und Nackensteife, die ein Vorbeugen des Kopfes unmöglich macht, sind die ersten Symptome. Der Tod kann innerhalb von wenigen Stunden eintreten, so daß eine sofortige ärztliche Behandlung wichtig ist.

Gegen Hirnhautentzündung kann man sich impfen lassen, wobei die Impfung bei guter Verträglichkeit drei Jahre lang wirkt.

Tuberkulose (TB): Auch wenn die Tuberkulose in vielen Entwicklungsländern weit verbreitet ist, stellt sie für Besucher doch kein großes Risiko dar. Kleine Kinder sind allerdings anfälliger für diese Krankheit als Erwachsene. Eine Impfung von Kleinkindern unter 6 Monaten mit negativem Tine-Test, die mit in gefährdete Gebiete reisen, ist deshalb eine sinnvolle Vorsichtsmaßnahme. Tuberkulose wird im allgemeinen durch Husten oder durch die Aufnahme von nicht pasteurisierten Milchprodukten infizierter Kühe übertragen. Abgekochte Milch birgt jedoch keine Infektionsgefahr. Auch das Säuern der Milch zur Joghurt- oder Käseherstellung tötet die Bazillen ab.

Diphtherie: Die Diphtherie ist eine weltweit verbreitete Infektion mit einem bestimmten Bakterium, das vorwiegend durch Tröpfchen oder Hautverletzungen übertragen wird und üblicherweise zu Erkrankungen in bestimmten Körperpartien, insbesondere im Nasen-, Rachen- und Kehlkopfbereich, sowie seltener zu Hauterkrankungen führt. Auf den ganzen Körper verteilte Komplikationen, z. B. Herzmuskelentzündung, Lähmungen sowie Leber- und Nierenschäden, sind ebenfalls möglich, kommen aber nicht so oft vor.

Da gegen diese Erkrankung wirkungsvoll geimpft werden kann, sind heutzutage nur für die Diphtherie kleine Ausbrüche in begrenzten Bevölkerungskreisen typisch. Bei der letzten, kleineren Epidemie in Deutschland lag die Zahl der daran Gestorbenen bei 22 %. Da es wegen Impfmüdigkeit immer mal wieder zu einem Ausbruch von Diphtherie kommt, ist diese Krankheit erneut weltweit auf dem Vormarsch. Dadurch besteht auch die Gefahr, daß Diphtherie wieder verstärkt nach Mitteleuropa eingeschleppt wird, zumal dagegen nur noch etwa 50 % der Kinder und teilweise nur noch 20 % der Erwachsenen geimpft sind.

Dabei muß der Impfschutz keineswegs lückenhaft sein, da der Impfstoff gegen Diphtherie in Verbindung mit dem Impfstoff gegen Wundstarrkrampf (Tetanus) eingenommen werden kann, was leider viel zu selten geschieht.

Das sich das Diphtherie verursachende Bakterium auch unbemerkt im Rachen gesunder Personen aufhalten kann, ist eine Infektion keineswegs allein von Kontakt mit einem Erkrankten abhängig.

Geschlechtskrankheiten: Diese Krankheiten werden beim sexuellen Kontakt mit einem infizierten Partner oder einer infizierten Partnerin übertragen. Vollständige Sicherheit bietet nur Abstinenz, aber auch Kondome vermindern das Risiko einer Ansteckung deutlich. Die Gonorrhöe (Tripper) und die Syphilis sind unter dieser Krankheitsgruppe am verbreitetsten, bei denen häufige Symptome Entzündungen, Bläschen oder Ausschlag im Genitalbereich, Ausfluß oder Schmerzen beim Wasserlassen sind. Bei Frauen können die Anzeichen weniger ausgeprägt oder gar nicht erkennbar sein. Die Symptome der Syphilis verschwinden schließlich völlig, aber die Krankheit bleibt bestehen und kann in späteren Jahren zu schwerwiegenden Gesundheitsstörungen führen. Syphilis und Gonorrhöe werden mit Antibiotika behandelt.

Es gibt zahlreiche andere Geschlechtskrankheiten, für die in den meisten Fällen effektive Behandlungsmöglichkeiten zur Verfügung stehen. Das gilt jedoch leider zur Zeit noch nicht für Bläschenausschlag (Herpes) und AIDS.

HIV und AIDS: Der Virus HIV kann sich bis zur Erkrankung an AIDS entwickeln. AIDS ist in vielen Ländern ein großes Problem und sollte alle Besucher zur Vorsicht veranlassen. Bei jedem Kontakt mit fremdem Blut, mit Blutprodukten und mit anderen Körperflüssigkeiten setzt man sich dem Risiko aus, sich den HIV-Virus zuzuziehen. In vielen Entwicklungsländern wird er insbesondere beim Geschlechtsverkehr heterosexueller Paare übertragen. Das ist dort ganz anders als in westlichen Industrienationen, wo die Übertragung insbesondere bei Geschlechtsverkehr zwischen homosexuellen und bisexuellen Männern sowie bei der Verwendung unsauberer Nadeln durch Drogenkonsumenten vorkommt. Die besten Möglichkeiten, eine Ansteckung mit dem HIV-Virus und eine Erkrankung an AIDS zu vermeiden, sind die sexuelle Abstinenz, die Monogamie oder der Gebrauch von Kondomen. Im übrigen ist es unmöglich, ohne Blutuntersuchung herauszufinden, ob eine eigentlich gesund aussehende Person nicht auch HIV-positiv ist.

Die Krankheit kann aber auch bei der Transfusion von infiziertem Blut (viele Entwicklungsländer können es sich nicht leisten, Blut zu untersuchen) und durch nicht sterile Spritzen übertragen werden. Impfungen, Akupunktur, Tätowierungen sowie das Durchstechen von Ohren und Nasen sind ebenfalls potentielle Gefahren, wie auch der intravenöse Drogenmißbrauch, wenn die verwendeten Spritzen und Nadeln nicht sauber sind. Wer eine Injektion benötigt, sollte in einer Apotheke eine neue Spritze kaufen und sie in die Arztpraxis mitbringen.

Die Angst vor dem HIV-Virus darf aber dennoch eine ärztliche Behandlung aus ernsthaften medizinischen Gründen nicht verhindern. Selbst wenn dabei das Risiko einer Ansteckung besteht, ist es eigentlich ziemlich klein.

Im übrigen ist die Lage bei AIDS in Indien durchaus ernst. Nach einem vor kurzem in der *Navbharat Times* erschienenen Artikel sind schätzungsweise 30 % der 100 000 Prostituierten in Bombay HIV-positiv. Ferner ergab eine Untersuchung von Lastwagenfahrern, daß auch 25 % von ihnen angesteckt waren und die meisten davon noch nicht einmal etwas von AIDS gehört hatten.

Würmer: In den meisten ländlichen Gebieten der Tropen sind diese Parasiten weit verbreitet, so daß es keine schlechte Idee ist, beim Auftreten irgendwelcher Beschwerden nach der Rückkehr in die Heimat eine Stuhluntersuchung vornehmen zu lassen. Die Parasiten können sich in ungewaschenem Gemüse und in nicht genug gegartem Fleisch befinden, jedoch auch über die Haut aufgenommen werden. Eine Infektion muß nicht sofort sichtbar werden. Auch wenn Wurmbefall im allgemeinen keine sehr ernste Krankheit ist, kann er doch schwerwiegende gesundheitliche Probleme nach sich ziehen, wenn er unbehandelt bleibt. Um das Problem auf den Punkt zu bringen, ist eine Stuhluntersuchung notwendig. Wurmmittel sind in Indien häufig rezeptfrei erhältlich.

Wundstarrkrampf (Tetanus): Diese Krankheit, die einen tödlichen Ausgang haben kann, ist weltweit verbreitet, jedoch vermehrt in tropischen Gebieten. Sie ist nur schwer zu behandeln, einer Infektion kann jedoch durch eine Impfung vorgebeugt werden. Wundstarrkrampf tritt auf, wenn eine Wunde mit einem Bazillus infiziert wird, der unter anderem in Staub, Erde und Exkrementen überleben kann. Aus diesem Grunde sollte man alle Schnittwunden, Einstiche oder Tierbisse reinigen. Die ersten Anzeichen können ein geschwollener oder steif werdender Kiefer und Nacken sein, gefolgt von schmerzhaften Verkrampfungen des Kiefers und des gesamten Körpers.

Tollwut: Tollwut entsteht durch einen Biß oder eine Kratzwunde eines infizierten Tieres. Insbesondere Hunde sind als Überträger von Tollwut bekannt. Jeder Biß oder Kratzer eines Säugetiers sollte sofort und gründlich gereinigt werden. Man sollte sich sogar möglichst nach jedem Lecken durch ein Säugetier gründlich waschen. Bürsten mit Seife unter fließendem Wasser und die nachfolgende Reinigung mit Alkohol sind die richtigen Maßnahmen. Falls die Möglichkeit besteht, daß das Tier, das gebissen oder gekratzt hat, tollwütig sein könnte, muß sofort ein Arzt oder eine Ärztin aufgesucht werden. Selbst wenn das Tier nicht an Tollwut erkrankt ist, müssen Bisse gründlich behandelt werden, da sie sich infizieren oder einen Wundstarrkrampf auslösen können. Eine Tollwutimpfung ist heute möglich und sollte in Betracht gezogen werden, falls Sie sich in einem Gebiet mit einer höheren Tollwutgefahr aufhalten.

DURCH INSEKTEN VERURSACHTE KRANKHEITEN

Malaria: Diese schwere Krankheit wird von Moskitos übertragen.

Wer in ein Gebiet reist, in dem Malaria auftritt (in Indien überall bis auf das Gebiet im Himalaja), dem ist zu raten, unbedingt eine Malaria-Prophylaxe zu treffen. Die Symptome der Krankheit sind Kopfschmerzen, Fieber, Frösteln und Schwitzen. Sie können abklingen und erneut wieder auftreten. Ohne Behandlung kann Malaria sich verschlimmern und schließlich zum Tod führen.

Mittel gegen Malaria schützen zwar nicht davor, angesteckt zu werden, töten aber die Parasiten in einem bestimmten Stadium ihrer Entwicklung.

Man unterscheidet zwischen einer Reihe von verschiedenen Arten der Malaria. Die, die am meisten zu Besorgnis Anlaß gibt, ist die Malaria tropica. Sie ist verantwortlich für die sehr ernste zelebrale Malaria. Die Malaria tropica ist in vielen unter dieser Krankheit leidenden Gegenden der Welt, darunter Afrika, Südostasien und Papua-Neuguinea, die vorherrschende Art. Im Gegensatz zur landläufigen Auffassung ist die zelebrale Malaria aber keine neue Art.

Das Problem in den letzten Jahren war die zunehmende Resistenz der Erreger gegen die üblichen Anti-Malaria-Mittel wie Chloroquin und Proguanil. Daher sind für Gegenden mit Resistenz gegen Chloroquin und andere Medikamente mit mehreren Wirkstoffen neuere Mittel wie Mefloquin (Lariam) und - derzeit nur für bestimmte Gebiete in Thailand -Doxycliclin (Vibramycin und Doryx) empfohlen worden. Daher sollte man vor dem Besuch in einem Gebiet mit Malaria den Rat von Fachleuten suchen, weil viele Faktoren zu bedenken sind, bevor man sich für eine bestimmte Art der Malaria-Prophylaxe entscheidet. Dazu gehören die Gegend, die man besuchen will, das Risiko, sich Malaria übertragenden Moskitos auszusetzen, der gegenwärtige Gesundheitszustand, das Lebensalter und das möglicherweise Vorliegen einer Schwangerschaft. Wichtig ist ferner, sich über die Nebenwirkungen zu informieren, so daß man Vor- und Nachteile einer Prophylaxe abwägen kann. Außerdem ist von Bedeutung, daß man sich genau an die vorgesehene Dosierung des verschriebenen Mittels hält, denn es haben schon Leute täglich die Dosis eingenommen, die pro Woche vorgesehen war. Wenn man sich über die Dosis für die Vorbeugung beraten läßt, sollte man sich vor einer Reise abseits einer ordentlichen ärztlichen Versorgung auch erklären lassen, welche Dosis im Falle einer Erkrankung an Malaria zur Behandlung erforderlich ist. Am wichtigsten sind die folgenden Gesichtspunkte:

1. Die Vorbeugung muß zu allererst aus Maßnahmen zur Verhinderung von Malaria bestehen. Da die Moskitos Malaria-Erreger von Sonnenuntergang bis Sonnenaufgang übertragen, ist es ratsam,

in dieser Zeit keine Kleidungsstücke mit kräftigen Farben anzuziehen,

in Gegenden, in denen Malaria übertragende Moskitos vorkommen, lange Hosen und Hemden oder Blusen mit langen Ärmeln zu tragen,

mückenabweisende Mittel zu verwenden (z. B. Autan), bei kleinen Kindern jedoch nur vorsichtig, während man darauf bei Säuglingen ganz verzichten und statt dessen besondere Moskitonetze (engmaschig und möglicherweise auch noch imprägniert) verwenden sollte,

stark riechende Parfums und Rasierwasser zu meiden und

ein Moskitonetz zu benutzen, wobei es sich vielleicht lohnt, ein eigenes mitzunehmen.

2. Auch wenn kein Mittel gegen Malaria vollständig davor schützt, sich diese Krankheit zuzuziehen, reduziert die Einnahme des am besten passenden Mittels das Risiko, an Malaria zu erkranken, doch deutlich.

3. Malaria läßt sich durch eine einfache Blutuntersuchung feststellen. Die Symptome reichen von Fieber, Frösteln sowie Schwitzen über Kopfschmerzen und Schmerzen im Unterleib bis zu einem vagen Gefühl des Krankseins, so daß man sich, wenn man vermutet, an Malaria erkrankt zu sein, so schnell wie möglich untersuchen lassen sollte.

Im Gegensatz zur allgemeinen Meinung leidet man, wenn man sich Malaria zugezogen hat, keineswegs sein ganzes Leben lang an dieser Krankheit. Zwei der Malaria auslösenden Parasiten können durchaus schlafend in der Leber vorhanden sein und dann durch eine bestimmte Medizin ausgerottet werden. Zusammenfassend läßt sich sagen, daß Malaria heilbar ist, wenn man sofort ärztliche Hilfe in Anspruch nimmt, sobald Anzeichen für diese Krankheit aufgetreten sind.

Dengue-Fieber: Für diese ebenfalls von Moskitos verbreitete Krankheit stehen keine Mittel zur Prophylaxe zur Verfügung. Die wichtigste Vorsichtsmaßnahme ist die Vermeidung von Moskitostichen. Ein plötzliches Auftreten von Fieber, Kopfschmerzen und schweren Gelenk- und Muskelschmerzen stellt das erste Anzeichen dar. Im allgemeinen klingt das Fieber nach wenigen Tagen ab, so daß die Genesung beginnt, auch wenn dann noch ein Ausschlag am Rumpf auftreten kann. Komplikationen kommen im allgemeinen nicht vor, allerdings kann die vollständige Genesung bis zu einen Monat und länger dauern.

Fleckfieber: Fleckfieber wird durch Läuse, Milben und Zecken übertragen. Die ersten Anzeichen sind eine schwere Erkältung, gefolgt von Fieber, Frösteln, Kopfschmerzen und Muskelschmerzen sowie einem Ausschlag am ganzen Körper. Häufig bilden sich eine große und schmerzende Wunde an der Bißstelle und eine schmerzende Schwellung an der nächstgelegenen Lymphe. Als Vorbeugung kann ein starkes Mittel zur Insektenabwehr gute Dienste leisten. Wer in einem Gebiet mit Zeckenbefall ausgedehntere Wanderungen unternimmt, ist gut beraten, Stiefel anzuziehen und seine Hose mit zeckenabweisenden Mitteln zu imprägnieren.

Japanische Enzephalitis: Die Japanische Enzephalitis wird durch einen Virus verursacht, der nicht nur in Japan, sondern in weiten Teilen Asiens verbreitet ist. Er ist verwandt mit den Viren, die das Gelbfieber und das Dengue-Fieber auslösen. Besonders betroffen sind ländliche Teile Südostasiens und Südasiens, z. B. in China, Indien, Thailand, Vietnam und Indonesien. Das Auftreten der Japanischen Enzephalitis unterliegt saisonalen Schwankungen. Es kommen gelegentlich aber auch stärkere Ausbrüche vor, die eine besondere Beachtung erfordern.

Übertragen wird die Japanische Enzephalitis durch Stechmücken. Typische Brutgebiete dieser Mücken sind Gegenden mit ausgeprägter Wasserwirtschaft (z. B. Reisfelder) und Viehwirtschaft (z. B. Schweinezucht), was aber nicht heißt, das sie nur dort vorkommen. Das Erregerreservoir bilden Vögel, Nagetiere, Haustiere und Menschen. In Gebieten, in denen der Virus verbreitet ist, wird er bei etwa einem von 200 Mückenstichen übertragen.

Wenn nach einer Infektion die Erkrankung an Japanischer Enzephalitis auftritt, was glücklicherweise nicht immer der Fall ist, kommt es zunächst nach etwa 7-14 Tagen zu einem Verlauf ähnlich wie bei einer Grippe mit Fieber sowie Kopf- und Gliederschmerzen. Am Anfang kann die Krankheit wie eine akute Vergiftung erscheinen, was gelegentlich Fehldiagnosen zur Folge hat. Mit den genannten Symptomen heilt die Japanische Enzephalitis häufig ohne weitere Folgen aus.

Bei einem schweren Verlauf kann sie jedoch auch schon am Ende der ersten Woche tödlich enden. Dann tritt eine Entzündung der Hirnhäute und des Gehirns auf, was sich in starken Kopfschmerzen, Lichtempfindlichkeit, Nackensteife, Lähmungen und Bewußtseinstrübungen äußert. Bei einem solchen Verlauf sind Dauerschäden mit psychischen Veränderungen und Schädigungen des Nerven sowie des Gehirns nicht selten. In rund 30 % der Fälle, bei denen auch das Gehirn betroffen ist, endet die Japanische Enzephalitis mit dem Tod. Besonders gefährdet sind bei dieser Krankheit Kinder und ältere Menschen.

Diagnostizieren läßt sich die Japanische Enzephalitis durch klinische Untersuchungen. Dabei ist ein Antikörpernachweis aus dem Blut möglich, aber das ist eine aufwendige und teure Untersuchung, die in vielen Entwicklungsländern gar nicht durchführbar ist.

Da eine gezielte Behandlung der Japanischen Enzephalitis bisher nicht möglich ist, stellt neben vorbeugenden Maßnahmen gegen Mücken eine Impfung der einzige Schutz dar. Die Behandlungsmöglichkeiten nach einer Erkrankung beschränken sich auf symptomatische Maßnahmen wie z. B. Fiebersenkung, Bettruhe usw.

SCHNITTE, BISSE UND STICHE

Schnitte und Kratzer: Hautverletzungen können sich in heißem Klima leicht entzünden und heilen dann nur schwer. Behandeln Sie daher jede Verletzung, vorwiegend an den Wundrändern, mit einer antiseptischen Lösung. Damit sich die Wunde nicht weiter infiziert, legen Sie dann einen lockeren Verband oder ein Wundpflaster an. Schnitte durch Korallen heilen etwas schlechter, da die Korallen ein schwaches Gift in die Wunde abgeben. Verletzungen durch Korallen lassen sich jedoch vermeiden, wenn man bei Spaziergängen über die Riffe Schuhe trägt. Wenn man sich dennoch einmal Schnitte zugezogen hat, sollten sie sorgfältig gereinigt werden.

Bisse und Stiche: Bienen- und Wespenstiche sind normalerweise eher schmerzhaft als gefährlich. Naßkalte Alkoholumschläge oder Eispackungen lindern den Schmerz und die Schwellung. Einige Spinnen sind zwar giftig, aber normalerweise sind ihre Bisse nur selten tödlich. Skorpionbisse sind sehr schmerzhaft und nicht immer zu vermeiden, denn Skorpione verstecken sich häufig in Schuhen oder Kleidungsstücken. Mehrere Meerestiere können Menschen ebenfalls gefährliche Stiche oder Bisse zufügen und nicht zum Verzehr geeignet.

Schlangenbisse: Um die Gefahr, von einer Schlange gebissen zu werden, soweit wie möglich zu verringern, sollten Sie immer Stiefel, Strümpfe und lange Hosen tragen, wenn Sie durch Gestrüpp gehen, in dem sich Schlangen aufhalten könnten. Stecken Sie Ihre Hände auch nicht in Löcher oder Spalten, und seien Sie vorsichtig beim Sammeln von Feuerholz.

An einem Schlangenbiß stirbt man nur selten, denn es besteht die Möglichkeit, einen Schlangenbiß mit einem „Gegengift" zu behandeln. Wichtig ist, das Opfer nach einem Biß ruhig zu halten. Der Körperteil mit dem Biß sollte mit einer Schiene versehen werden, um ihn ruhigzustellen. Dann sollte man so schnell wie möglich ärztliche Hilfe in Anspruch nehmen. Bringen Sie, wenn möglich, die tote Schlange mit, damit der Arzt oder die Ärztin das entsprechende Gegengift finden kann. Aber versuchen Sie nicht, die Schlange zu fangen, wenn auch nur die geringste Möglichkeit besteht, daß sie nochmals beißt. Aderpressen, Einschneiden, Abbinden und Giftaussaugen werden heute aus guten Gründen nicht mehr empfohlen.

Bettwanzen und Läuse: Bettwanzen leben an verschiedenen Orten, jedoch vorwiegend in verschmutzten Matratzen und Betten. Blutflecken auf der Bettwäsche oder an den Wänden am Bett sollten als Indiz dafür genommen werden, daß man besser ein anderes Hotel aufsucht. Bettwanzen hinterlassen juckende Bißstellen in einer klaren Reihe. Eine Salbe gegen den Juckreiz kann gute Dienste leisten.

Läuse verursachen Jucken und Unbehagen. Sie nisten sich im Haar (Kopfläuse), in der Kleidung (Kleiderläuse) oder in der Körperbehaarung ein (Filzläuse). Die Parasiten werden durch direkten Kontakt mit infizierten Personen übertragen, aber auch durch die gemeinsame Benutzung von Kämmen, Kleidung und Ähnlichem. Puder oder Shampoo gegen Läuse hilft gründlich. Die befallenen Kleidungsstücke sollten in sehr heißem Wasser gewaschen werden.

Blutegel und Zecken: Blutegel gibt es in feuchten Regenwäldern. Sie setzen sich auf der Haut von Menschen fest und saugen dann Blut. Wanderer werden häufig von ihnen befallen, sei es an den Beinen oder daß sie sogar in die Schuhe gelangen. Salz oder das brennende Ende einer Zigarette sind Mittel, um sie zum Abfallen zu bringen. Versuchen Sie nicht, die Egel hinauszuziehen, da der Biß sich dann leichter infiziert. Ein Insektenschutzmittel kann sie eher fernhalten. Vaseline, Alkohol und Öl bringen Zecken dazu, wieder von ihren Opfern abzulassen. Wenn man in einem Gebiet mit Zecken gewandert ist, sollte man anschließend seinen Körper nach Zeckenbissen absuchen, weil Zecken auch das Fleckfieber übertragen können.

FRAUENKRANKHEITEN

Gynäkologie: Schlechte Ernährung, geringere Abwehrkräfte aufgrund von Antibiotika gegen Magenverstimmungen und selbst die Antibabypille können bei Reisen in heiße Länder eine vaginale Infektion begünstigen. Es empfiehlt sich deshalb, besonders auf Hygiene zu achten sowie Röcke oder weite Hosen und Baumwollunterwäsche zu tragen.

Pilzinfektionen, die durch einen juckenden Ausschlag und einen manchmal nach Hefe riechenden Ausfluß gekennzeichnet sind, lassen sich mit Joghurt, Essig oder Zitronensaft-Duschen beheben. Die übliche medikamentöse Behandlung besteht aus der Verabreichung von Nystatin-Zäpfchen. Ernster zu nehmen ist eine Trichomonaden-Infektion. Die Symptome hierfür sind Ausfluß und Brennen beim Wasserlassen. Der Sexualpartner muß ebenfalls behandelt werden. Falls Essigund Wasserduschen nicht wirksam sind, sollte ärztlicher Rat eingeholt werden.

Schwangerschaft: Die meisten Fehlgeburten treten während der ersten drei Monate einer Schwangerschaft auf, so daß die bei Schwangeren die gefährlichste Zeit für eine Reise sind. In den letzten drei Monaten sollte man sich nur in vernünftiger Entfernung zu einer guten ärztlichen Versorgung aufhalten. Auch Babies, die bereits in der 24. Schwangerschaftswoche geboren wurden, haben eine gute Überlebenschance, allerdings nur in einem guten, modernen Krankenhaus.

Insgesamt gesehen sollten schwangere Europäerinnen nicht in subtropische und tropische Gebiete reisen. Das gleiche ist zu raten, wenn in einem solchen Gebiet eine Schwangerschaft geplant ist oder nicht ausgeschlossen werden kann.

Das gilt insbesondere im Hinblick auf Impfungen, weil dafür eine sinnvolle reisemedizinische Vorbereitung nicht möglich ist. Für viele nützliche Impfungen fehlt nämlich bisher die ärztliche Erfahrung, um fruchtschädigende Einflüsse von Impfungen ausschließen zu können, insbesondere bei Impfungen gegen Gelbfieber, Cholera, Typhus, Diphtherie, Meninkokken-Meningitis, Japanische Enzephalitis B und bei der Impfung mit aktivem Impfstoff gegen die Hepatitis A. Als unbedenklich gelten nur Impfungen gegen Wundstarrkrampf (Tetanus), Kinderlähmung, Hepatitis B und die Impfung mit passiven Impfstoff gegen Hepatitis A.

Eine medizinische Malaria-Prophylaxe ist für Schwangere ebenfalls nicht zu empfehlen. Andererseits ist eine Malaria sowohl für eine Schwangere als auch für das heranwachsende Kind außerordentlich gefährlich und muß unbedingt vermieden werden, zumal die Behandlung einer Malaria ebenfalls nicht ungefährlich ist. Ist bei einer Schwangerschaft eine Reise in ein malariagefährdetes Gebiet dennoch nicht zu umgehen, wird sich der beratende Arzt oder die beratende Ärztin in den meisten Fällen für eine Prophylaxe entscheiden, da das Risiko bei einer Infektion und bei der anschließenden Behandlung im Vergleich zu den relativ geringen Risiken einer Prophylaxe mit Chloroquin- und Proguanil-Präparaten wesentlich größer ist. Nach Angaben der Weltgesundheitsorganisation kann in absoluten Extremsituationen nach dem vierten Schwangerschaftsmonat auch eine Prophylaxe mit Mefloquin durchgeführt werden.

Aus den genannten Gründen stehen Ärzten bei der Erkrankung von Schwangeren an Malaria auch keine Behandlungsmöglichkeiten zur Verfügung. Wenn Fieber auftritt, muß schnellstmöglich ärztliche Hilfe in Anspruch genommen und dann im Einzelfall weiter entschieden werden. Bei unausweichlichen Aufenthalten von Schwangeren in malariagefährdeten Gebieten ist es natürlich dringend zu empfehlen, peinlichst auf einen guten Mückenschutz zu achten.

Flugreisen bergen ebenfalls Risiken für einen Fötus. Wegen der vermehrten Strahlenbelastung in Flugzeugen sollte im ersten Drittel einer Schwangerschaft keine Flugreise angetreten werden. Ab einen Monat vor dem errechneten Geburtstermin ist es sogar selbstverständlich, daß keine Flugreise mehr unternommen wird, denn ein Flugzeug ist kein Kreißsaal! Auch bis sieben Tage nach einer Entbindung ist es ratsam, von einer Flugreise abzusehen. Zudem sind Fluggesellschaften sehr zurückhaltend, wenn Schwangere über 36 Jahre Flugreisen unternehmen wollen.

Frauen auf Reisen stellen häufig fest, daß ihre Periode unregelmäßig eintritt oder sogar ganz ausbleibt. Dabei muß man sich im klaren sein, daß eine ausbleibende Periode auf Reisen nicht unbedingt eine Schwangerschaft bedeutet. Auch in Indien gibt es in vielen kleinen Orten und größeren Städten Gesundheitsstationen und Familienplanungskliniken, in denen man Rat einholen und seinen Urin untersuchen lassen kann, um festzustellen, ob eine Schwangerschaft vorliegt oder nicht.

KRANKENHÄUSER

Obwohl es in Indien auch ein paar ausgezeichnete Krankenhäuser wie das Christian Medical College Hospital in Vellore (Tamil Nadu), das Breach Candy Hospital in Bombay und das All India Institute of Medical Sciences in Delhi gibt, ist in den meisten indischen Städten nicht die ärztliche Versorgung gewährleistet, die man in Europa gewohnt ist. Normalerweise sind die medizinischen Einrichtungen in Krankenhäusern, die von westlichen Missionaren geleitet werden, besser als die in staatlichen Krankenhäusern, in denen lange Schlangen von Wartenden üblich sind. Wenn man nicht gerade an einer sehr ungewöhnlichen Krankheit leidet, sind die christlichen Krankenhäuser die besten Ziele, um sich in einem Notfall behandeln zu lassen.

In Indien gibt es aber auch viele fähige Ärzte mit eigenen Privatkliniken, die ganz gut und in einigen Fällen so gut wie überall sonst in der zivilisierten Welt sind. Die übliche Beratungs- und Behandlungsgebühr in einem Krankenhaus beträgt 80 Rs, bei der Behandlung durch einen Facharzt 200 Rs. Für den Hausbesuch eines Arztes muß man rund 100 Rs bezahlen.

FRAUEN AUF REISEN IN INDIEN

Ausländische Frauen auf Reisen in Indien sind von indischen Männern schon immer als frei und leicht zu erobern angesehen worden. Dieses Verhalten beruhte darauf, daß sie glaubten, alles in den im Fernsehen gezeigten billigen Seifenopern sei wahr. Frauen sind belästigt, angestarrt, in Hotelzimmern beobachtet und oft betastet worden, auch wenn die jeweilige Situation selten bedrohlich war.

In der letzten Zeit jedoch ist die Lage für Frauen auf Reisen in Indien schwerer geworden, insbesondere deshalb, weil die „sexuelle Revolution", die vor 25 Jahren in Europa stattfand, nun auch Indien erreicht hat. Filme und Magazine sind nun viel deutlicher, und die weitverbreitete Werbung für Kondome auf Reklametafeln enthält nicht selten auch Auszüge aus dem *Kama Sutra* und Darstellungen von nackten oder halbnackten Frauen und Männern. Auch bei indischen Männern der Mittelschicht hat sich die Auffassung verdichtet, daß Sex vor oder außerhalb einer Ehe weniger ein Tabu als in der Vergangenheit sei. Daher werden ausländische Frauen mehr denn je als leicht zu haben angesehen.

Bei genauerem Hinschauen werden ausländische Frauen in Indien selbst bemerken, was richtig oder falsch ist. So sind die leichten Baumwollröcke, die sich die weiblichen Reisenden gern in Indien kaufen, in Wirklichkeit Unterröcke für Saris. Darin auf der Straße herumzulaufen bedeutet, daß man nicht korrekt angezogen ist. Indische Bräuche untersagen auch ärmellose Blusen,

zu kurze Röcke und natürlich das Fehlen eines BH. Bedenken Sie bitte auch, daß es Frauen nur im Staat Kerala gestattet ist, *lungis* zu tragen.

Wenn die aufdringlichen Blicke eines Inders auch noch so nerven, schauen Sie in keinem Fall zurück, denn dies würde als Aufforderung gewertet. Drehen Sie sich lieber abrupt um und ignorieren Sie die Blicke. Außerdem kann in solchen Situationen eine Brille mit dunklen Gläsern hilfreich sein. Weitere Belästigungen, denen man begegnen kann, sind obszöne Bemerkungen, ungewollte Berührungen und Verhöhnungen, insbesondere durch Gruppen von Jugendlichen.

Die indischen Männer sehen auch eine sinnlos-alberne Unterhaltung als Aufforderung an. Grenzen Sie also Gespräche mit Indern auf das Notwendigste ein. Rutscht Ihnen gar ein Inder unterwegs zu dicht heran, dann können Sie davon ausgehen, daß dies nicht unbeabsichtigt geschieht. Machen Sie dann in einem bestimmenden Ton deutlich, daß er diese Art Annäherung bitte unterlassen möge, wird es helfen. Vermeiden Sie jede Art einer direkten Berührung, stellen Sie ein Gepäckstück zwischen Ihren Nachbarn und sich. Hilft auch dies nicht, dann suchen Sie sich einen anderen Platz. Ihnen steht aber auch durchaus das Recht zu, ihn fortzuschicken.

Wenn man in Bussen und Zügen im Süden (insbesondere in ländlichen Gebieten von Tamil Nadu) unterwegs ist, kommt es aber auch vor, daß einheimische Männer sich scheuen, neben einer ausländischen Frau Platz zu nehmen. Selbst wenn man als ausländische Frau einem im überfüllten Gang stehenden Inder einen Sitz neben sich anbietet, ist es durchaus nicht ungewöhnlich, daß er mit dem Kopf schüttelt und so etwas murmelt wie „Ich steige an der nächsten Haltestelle aus". Dabei spielt es meistens keine Rolle, daß die nächste Haltestelle noch zwei Stunden Fahrt oder länger entfernt ist.

Umgekehrt kann es aber auch passieren, daß eine indische Frau aus einem ländlichen Gebiet in einem Verkehrsmittel lieber steht, als sich neben einen ausländischen Mann zu setzen.

Es muß aber auch gesagt werden, daß dann, wenn man sich von Gegenden mit vielen Touristen entfernt, die Probleme mit sexuellen Belästigungen immer seltener werden. Im Süden des Landes geht es ohnehin in dieser Beziehung etwas gelassener zu als im Norden.

In Indien eine Frau zu sein hat aber auch Vorteile. So gibt es für Frauen an Fahrkartenschaltern der Bahn besondere Schalter und in Zügen Sonderkontingente bei den Sitz- oder Schlafwagenplätzen. Diese Sonderwagen für Damen sind häufig ganz leer, manchmal aber auch von schreienden Kindern mitbelegt. Auch Kinos und ähnliche Institutionen haben manchmal Sonderregelungen für Damen.

GEFAHREN UND ÄRGERNISSE

DIEBSTÄHLE

Wird Ihnen in Indien etwas gestohlen, entstehen Unannehmlichkeiten. Nicht so sehr, weil Indien ein Land voller Diebe ist, sondern eher wegen der Tatsache, daß endlose Formalitäten auf Sie zukommen, wenn Sie auf Ersatz bestehen. Wird Ihnen gar der Paß gestohlen, müssen Sie möglicherweise eine lange Strecke bis zur Botschaft oder zum Konsulat zurücklegen. Reiseschecks lassen sich nach Verlust ersetzen; dennoch sollten Sie alles dafür tun, um Diebstähle zu vermeiden. Dies beginnt damit, daß Sie immer Ihr Zimmer verriegeln, insbesondere in kleineren Hotels. Dies möglichst mit einem eigenen Schloß.

Lassen Sie die wichtigen Dokumente (z. B. Paß, Tikkets, Impfzeugnis, Geld, Reiseschecks) nie im Hotelzimmer. Die sollten immer am Körper getragen werden. Dies läßt sich bequem erreichen mit einer festen Ledertasche am Gürtel, einem Brustbeutel oder Innentaschen in Hosen. Bei Nachtfahrten sollten Sie diese Dinge stets am Körper tragen und die Gepäckstücke am Gepäcknetz mit einem Schloß sichern. In einigen neueren Zügen sind unter den Sitzen auch schon Schlaufen angebracht worden, an denen man seine Sachen befestigen kann. Laufen Sie niemals mit einer Umhängetasche herum, in der sich Ihre Wertsachen befinden. Besondere Vorsicht ist in den überfüllten öffentlichen Verkehrsmitteln geboten. Die flinken Diebe in Bombay haben sich nämlich auf Rasierklingen spezialisiert, mit denen sie Taschen aufschlitzen.

Die Diebe konzentrieren ihre Aktivitäten natürlich auch auf Züge, in denen viele Touristen mitfahren. In dieser Beziehung besonders berüchtigt ist die Verbindung mit dem *Shatabdi Express* von Delhi nach Agra, aber auch in den Zügen von Delhi nach Jaipur, von Varanasi nach Kalkutta, von Delhi nach Bombay, von Jodhpur nach Jaisalmer und von Agra nach Varanasi ist man vor

Dieben nicht sicher. Aber nicht nur in den Zügen, sondern auch zu den Ankunfts- und Abfahrtszeiten, wenn auf den Bahnhöfen vermehrtes Gedränge herrscht, sollten Sie wachsam sein. Ein beliebter Trick ist, daß genau in dem Augenblick, wenn der Zug anrollt, das Gepäck eines Touristen aus dem anfahrenden Zug geworfen wird, einem Kumpanen des Diebes in die Arme; der Dieb selbst springt dann schnell ab.

Verschont bleiben auch nicht die Flughäfen, besonders bei nächtlicher Ankunft internationaler Flüge. Die Gauner wissen, daß die Wachsamkeit von Passagieren durch lange Flüge und zunehmende Müdigkeit herabgesetzt ist.

Von Zeit zu Zeit kommen auch immer mal wieder Episoden mit Drogen vor. Da trifft man nette Menschen unterwegs in Bahn, Bus oder einer Stadt, kommt mit ihnen ins Gespräch und wird zu einer Tasse Tee oder einem ähnlichen Getränk eingeladen. Stunden später aber wacht man dann mit Kopfschmerzen auf und muß entdecken, daß das gesamte Gepäck und vor allem die Wertsachen verschwunden sind. Trinken Sie daher niemals ein Ihnen spendiertes Getränk, auch wenn der Gastgeber noch so freundlich ist, insbesondere dann nicht, wenn Sie allein reisen.

Achten Sie aber auch auf Ihre Mitreisenden. Leider gibt es mehr als ein paar Rucksackreisende, die ihre Kasse mit fremdem Geld aufbessern. Gegenden wie Goa sind ein besonders gefährdetes Gebiet. Schnell sind Ihre Wertsachen verschwunden, während Sie sich wohlig in den Wellen tummeln.

Bedenken Sie ferner, daß ganz besonders Rucksäcke relativ einfach zu durchsuchen sind. Bewahren Sie daher nie Wertsachen im Rucksack auf, vor allem nicht bei Flügen. Es gibt genug Sachen, die für einen Dieb sicher nicht von hohem Wert sein mögen, für Sie und Ihre weitere Reise aber sehr wichtig sind. Erwähnt seien nur die belichteten Filme! In solchen Fällen hilft zwar keine Reisegepäckversicherung; diese kann aber trotzdem sinnvoll sein, z. B. beim Diebstahl einer Kamera.

Wenn Ihnen etwas gestohlen wurde, dann gehen Sie zur Polizei und erstatten Sie eine Anzeige. Eine Bestätigung der Anzeige braucht man nämlich, um den Schaden von einer Versicherung ersetzt zu bekommen. Leider sind Polizisten in Indien im allgemeinen bei der Erstattung einer Diebstahlsanzeige wenig hilfsbereit und manchmal sogar richtig abweisend, weil sie den Eindruck gewonnen haben, daß man wahrheitswidrig eine Anzeige erstattet, nur um die Versicherung betrügen zu können. Es ist aber auch möglich, daß in einigen Fällen Polizisten mit Dieben zusammenarbeiten.

Versicherungsgesellschaften sind trotz der vollmundigen Versprechungen über den umfassenden Versicherungsschutz und eine umgehende Erstattung bei Schadensfällen genauso mißtrauisch wie manche indischen Polizisten und versuchen mit Tricks, die Erstattung von Schäden zu umgehen.

Gestohlene Reiseschecks: Trifft Sie das Unglück eines Diebstahls doch, so erleichtern einige Vorsichtsmaßnahmen dennoch Ihre Lage. Grundsätzlich werden alle Reiseschecks ersetzt. Dies hilft Ihnen aber zum Zeitpunkt des Diebstahls herzlich wenig, wenn Sie nämlich erst zu Hause bei Ihrer Bank den Ersatz beantragen können. Alles, was Sie benötigen, ist sofortiger Ersatz. Und außerdem: Was tun Sie, wenn Sie einen Tag oder auch mehrere Tage erst verbringen müssen, um das nächste Büro oder die nächste Bank aufzusuchen? Einzige Antwort darauf ist die, stets eine eiserne Reserve an Geld an einem ganz anderen Platz verfügbar zu haben. Am gleichen Ort sollten auch die Nummern Ihrer Reiseschecks und die Nummern Ihres Reisepasses und Flugscheines vermerkt sein.

American Express sagt von sich, daß sie überall und umgehend verlorene Reiseschecks ihrer Firma ersetzt. Immer mehr geschädigte Reisende machen aber die Erfahrung, daß dem nicht so ist, es sei denn, man trifft einige Vorsorgemaßnahmen. Wenn man die Quittung über den Kauf nicht vorlegen kann, wird der sofortige Ersatz verlorener oder gestohlener Reiseschecks von American Express schwierig. Es ist offensichtlich, daß die Quittung über den Kauf der Reiseschecks getrennt

von den eigentlichen Reiseschecks aufbewahrt werden muß. Das Aufbewahren einer Fotokopie der Quittung an noch einer anderen Stelle schmerzt sicher auch nicht besonders. Dann bestehen gute Aussichten, bei Verlust oder Diebstahl sofort zumindest einen Teilbetrag ersetzt zu bekommen und den Rest dann, wenn American Express bei der ausstellenden Bank überprüft hat, daß Sie wirklich der Eigentümer der Reiseschecks sind. American Express hat übrigens in Delhi einen Telefonanschluß eingerichtet (011/6 87 50 50), über den man innerhalb von 24 Stunden nach Verlust oder Diebstahl von Reiseschecks diese Organisation benachrichtigen muß.

Ein anderer Leser schrieb uns, daß er erst nach Wochen das Fehlen einiger Reiseschecks bemerkte, da man lediglich einige Schecks aus der Mitte heraus gestohlen hatte. Dies alles später zu erklären, dürfte schwer sein, und - was noch härter trifft - der Gauner hat genügend Zeit, die Schecks einzulösen, bevor Sie die sperren lassen konnten.

Drogen: Lange Zeit war Indien ein Land, in dem man alle Arten illegaler Drogen (insbesondere Marihuana und Haschisch) ohne größere Schwierigkeiten konsumieren konnte. Sie waren billig, leicht erhältlich und ohne großes Risiko zu genießen. Heute sieht das anders aus. Auch wenn Rauschgift noch weithin erhältlich ist, ist das Risiko doch gleichzeitig unzweifelhaft gestiegen. Zur Zeit vegetieren einige Ausländer in Goa im Gefängnis dahin und warten auf ihren Prozeß. Viele von ihnen behaupten, daß sie unschuldig seien und daß ihnen die Drogen (in den meisten Fällen eine unerhebliche Menge) untergeschoben wurden.

Nach indischem Recht liegt die Beweislast jedoch bei den Angeklagten, denen es fast unmöglich ist zu beweisen, daß sie unschuldig sind. Zudem ist die Polizei häufig korrupt und bezahlt „Zeugenaussagen", um Beweise zu haben. Wer im Zusammenhang mit Drogen verurteilt wird, muß mit langen Gefängnisstrafen rechnen (das Minimum beträgt 10 Jahre), selbst wenn es sich nur um geringe Mengen von Drogen gehandelt hat. Bei Drogendelikten gibt es auch keine Möglichkeit des Straferlasses oder der vorzeitigen Haftentlassung unter Auflagen.

Wer also in Indien Drogen nimmt, sollte sich des Risikos bewußt sein.

EHRENAMTLICHE TÄTIGKEITEN

Zahlreiche Wohlfahrts- und internationale Hilfsorganisationen besitzen Zweigstellen auch in Indien. Selbst wenn dort vorwiegend Einheimische arbeiten, gibt es

für Ausländer einige Möglichkeiten der Mitarbeit. Aber auch dann, wenn Sie vielleicht in Indien für einige Zeit eine ehrenamtliche Aufgabe finden, werden sie wahrscheinlich von größerem Nutzen für die jeweilige Organisation sein, wenn Sie dieser zuvor schreiben und, sollte man Sie benötigen, für einen längeren Zeitraum dort tätig sind. Eine Woche in einem Krankenhaus kann vielleicht dazu beitragen, ein wenig Ihr Gewissen zu beruhigen, Sie werden jedoch in Wirklichkeit so nicht viel mehr unternehmen können, als den Menschen, die dort arbeiten, im Weg zu stehen.

Einige Bereiche der ehrenamtlichen Arbeit scheinen für freiwillige Helfer interessanter zu sein als andere. Einer davon berichtete, daß es nicht schwer sei, Helfer für die Betreuung von Babies in dem Waisenhaus zu finden, in dem er arbeitet, aber nur wenige wollten sich um schwerbehinderte Erwachsene kümmern.

Informationen über in Indien tätige Wohlfahrtsorganisationen können Sie bei den Hauptstellen in Ihrem Heimatland erhalten. Wer eine längerfristige Mitarbeit plant, kann sich an folgende Organisationen wenden und sich entsprechende Ansprechpartner nennen lassen:

Arbeitsgemeinschaft für Entwicklungshilfe e. V.
(Katholischer Entwicklungsdienst)
Theodor-Hürth-Str. 2-6, 50679 Köln, Tel. 0221/8 89 60

Arbeitskreis Lernen und Helfen in Übersee e. V.
Thomas-Mann-Str. 52, 53111 Bonn, Tel. 0228/63 44 24

Centrum für internationale Migration und Entwicklung (CIM)
Barckhausstr. 16, 60325 Frankfurt/Main, Tel. 069/71 91 21-0

Deutsche Gesellschaft für Technische Zusammenarbeit GmbH

Dag-Hammerskjöld-Weg 1, 65760 Eschborn, Tel. 06196/790

Deutscher Entwicklungsdienst GmbH
Kladower Damm 299, 14089 Berlin, Tel. 030/3 65 09-0

Deutscher Freiwilligendienst in Übersee e. V.
Argelanderstr. 50, 53115 Bonn, Tel. 0228/21 59 00

Dienste in Übersee e. V.
(Evangelischer Entwicklungsdienst)
Nikolaus-Otto-Str. 13, 70771 Leinfelden-Echterdingen, Tel. 0711/79 89-0

Eirene - Internationaler Christlicher Friedensdienst e. V.
Engerser Str. 74 b, 56564 Neuwied, Tel. 02631/8 37 90

Internationale Jugendgemeinschaftsdienste e. V.
Kaiserstr. 43, 53113 Bonn, Tel. 0228/22 10 01

Jugendgemeinschaftsdienste - Jugendreisen der Deutschen Kolpingfamilie e. V.
Kolpingplatz 5-11, 50667 Köln, Tel. 0221/2 03 82 14

Komitee Cap Anamur/Deutsche Notärzte e. V.
Kupferstr. 7, 53842 Troisdorf, Tel. 02241/4 60 20

Nothelfergemeinschaft der Freunde e. V.
Auf der Körnerwiese 5, 60322 Frankfurt/Main, Tel. 069/59 95 57

Service Civil International e. V.
Blücherstr. 14, 53115 Bonn, Tel. 0228/21 20 86
Gerbergasse 21a, CH-3000 Bern 13, Tel. 031/3 11 77 27

Weltfriedensdienst e. V.
Hedemannstr. 14, 10969 Berlin, Tel. 030/2 51 05 16

Tips findet man aber auch in dem Buch *Jobben weltweit - Arbeiten und helfen*, erschienen im Verlag Interconnections, Freiburg.

HÖHEPUNKTE EINER REISE DURCH INDIEN

Indien hat fast alles zu bieten, was Sie sich für Ihren Urlaub wünschen, ganz gleich, ob dies Strände, Forts, aufregende Reiseabenteuer, phantastische Vorführungen sind oder einfach die Suche nach sich selbst ist. Nachstehend sind einige der Ziele in Indien genannt, die man besuchen kann.

Strände: Nur ganz wenige Besucher kommen nach Indien, um sich faul an einen Strand zu legen. Dafür hat das Land viel zuviel zu bieten. Dennoch gibt es eine ganze Anzahl herrlicher Strände, die zum Verweilen einladen. Wem gerade danach zumute ist, ein paar Ruhetage einzulegen, sollte dies auch tun. An der Westküste, ganz im Süden von Kerala, liegt Kovalam, und etwas weiter nördlich bietet Goa gleich eine ganze Reihe herrlicher Strände mit weichem, weißem Sand,

sanften Wellen und wehenden Palmen. Genauso, wie es auf Postkarten immer dargestellt wird. Wenn Sie diese Gegend bereits zu stark kommerzialisiert finden, dann ist die kleine, früher portugiesische Insel Diu vor der südlichen Küste von Saurashtra (Gujarat) zu empfehlen. Gegenüber, an der Ostküste, lädt Mahabalipuram in Tamil Nadu zum Verweilen ein. Vom Strandtempel dehnen sich die Strände bis hin nach Madras aus. Reizvoll sind auch die Unterkünfte dort. In Orissa ist der Stand von Gopalpur-on-Sea sauber und ruhig.

Auch wenn sie nicht gerade leicht zugänglich sind, könnten einige der Strände auf Inseln der Andamanen glatt aus Prospekten für Ferien in der Karibik stammen. Hier findet man weißen Korallensand, kristallklares Wasser sowie Fische und Korallen in vielen Farben.

Bergerholungsorte

Auch wenn die Briten das Konzept mit den Bergerholungsorten bekannt gemacht haben, können sie doch nicht beanspruchen, es erfunden zu haben. Schon zur Zeit der Moguln zogen sich die Kaiser in den Himalaja zurück, um der Hitze der Hochsommers in den Ebenen zu entfliehen. Ihr bevorzugtes Gebiet war Kaschmir.

Im 19. Jahrhundert erkundeten britische Truppen das Land und stellten fest, daß in den kühleren Berggebieten weit weniger Krankheiten auftraten. Daher wurden 1819 in Shimla ein Krankenhaus eröffnet und der erste Bergerholungsort gegründet. Als die britische Präsenz in Indien zunahm, errichtete man weitere Bergerholungsorte und begann damit, Frauen und Kinder in den Sommermonaten dorthin zu bringen. Schließlich entwickelten sich die Orte zu zeitweiligen Hauptstädten, weil die gesamte Regierungsmaschinerie im Sommer in die Berge zog. Dabei wurde Darjeeling zur Sommerhauptstadt von Kalkutta und Shimla zu der von Delhi.

Das kühlere Klima war mit Sicherheit gesünder, aber hier schienen sich die meisten Ausländer auch mit schweren Formen des Heimwehs zu infizieren, so daß sie ihre Bergerholungsorte zu kleinen Stückchen Englands machten und Bungalows bauten, denen sie Namen wie Earls Court, Windamere oder Windsor Cottage gaben. In der Sommersaison entwickelten sich die Bergerholungsorte zu bedeutenden Zentren des gesellschaftlichen Lebens mit Bällen, Theatervorstellungen und endlosen Runden von Dinner-Parties. Die wichtigste Straße in jedem dieser Orte war für alle Fahrzeuge gesperrt. Diese sogenannte Mall war - solange es keine Inder waren - nur für Fußgänger zugänglich.

Heute sind die meisten dieser Bergerholungsorte Ferienziele für Touristen der indischen Mittelklasse (häufig in ihren Flitterwochen). Auch wenn sie nur noch zerfallene Schatten der einstigen Elite-Domizile darstellen, lohnen sie in jedem Fall einen Besuch. Schon die Anreise ist häufig interessant - nicht selten mit einer Schmalspurbahn (z.B. nach Shimla, Darjeeling und Matheran). Einige Bergerholungsorte wurden um Seen herum erbaut. Das gilt für Naini Tal und Kodaikanal. Von den meisten Orten aus hat man einen phantastischen Blick und gute Wandermöglichkeiten über die umliegenden Bergkämme.

Strand	Staat
Kovalam	Kerala
Goa	
Diu	Gujarat
Mahabalipuram	Tamil Nadu
Konark	Orissa
Gopalpur-on-Sea	Orissa
Andamanen	

Überbleibsel aus der Zeit der britischen Herrschaft:
Die Briten haben Indien vor fast 50 Jahren verlassen, aber ihre Spuren sind noch nicht verwelt. Noch immer gibt es Plätze und Orte, an denen Sie einen englischen Einfluß gar nicht vermuten würden. Zunächst sind weite Bereiche der indischen Regierung, der Bürokratie, der Verwaltung, des Sports (die Inder sind wie verrückt nach Kricket!) und die Medien durch und durch britisch. Aber der Einfluß der Engländer macht sich auch bei ungewöhnlicheren, erfreulicheren und amüsanteren Dingen bemerkbar.

Kann etwas britischer sein als die Hausboote auf dem Dal-See? Auf ihnen glänzt alles in Chintz, selbst die übertrieben prächtigen Armsessel. Oder die Residenz in Lucknow, wo die Briten 1857 gegen die verdammten Meuterer aushielten? Und wie ist es mit einem echten englischen Nachmittagstee in den Gleneary's Tea Rooms in Darjeeling? Anschließend kann man sich zu einem Cocktail vor das offene Feuer im Hotel Windamere zurückziehen und dort auf den Gong warten, mit dem zum Abendessen gebeten wird. Man kann aber auch im verblassenden edwardischen Glanz im Hotel Metropole in Mysore oder in der Atmosphäre wie im ländlichen England im Hotel Woodlands in Udhagamandalam (Ooty) übernachten. Noch besser ist das Hotel Fernhill Palace, ebenfalls in Ooty.

Der Tollygunge Club in Kalkutta wird von einem Briten geführt und ist ebenfalls ein hervorragendes Quartier. Weitere sehr britische Institutionen sind der Bahnhof Victoria Terminus in Bombay und die von Lutyens entworfenen Parlamentsgebäude in Delhi. Der Boat Club in Naini Tal ist ein alter britischer Club mit einem Ballsaal am Ufer des Sees, der seinerzeit ausschließlich Briten mit blauem Blut vorbehalten war (dem berühmten britischen Jäger Jim Corbett, der in Naini Tal geboren worden ist, wurde die Mitgliedschaft verweigert). Im Gymkhana Club in Darjeeling kann man noch die echten Billardtische sehen, Geister von Rajs kennenlernen und Spinnweben bewundern. Noch nostalgischer als all das ist vielleicht die St. Paul-Kathedrale in Kalkutta, vollgestopft mit Gegenständen zur Erinnerung an die Briten, die sie nicht mit nach Hause genommen haben. Ein Buntglasfenster von Burne Jones kann man sich hier ebenfalls ansehen.

Sehenswürdigkeit	Ort
Victoria Memorial	Kalkutta (West-Bengalen)
Tollygunge Club	Kalkutta (West-Bengalen)
St. Paul-Kathedrale	Kalkutta (West-Bengalen)
Gleneary's Tea Rooms	Darjeeling (West-Bengalen)
Hotel Windamere	Darjeeling (West-Bengalen)
Gymkhana Club	Darjeeling (West-Bengalen)
Palast des Maharadscha	Mysore (Karnataka)
Hotel Metropole	Mysore (Karnataka)

Kamel auf dem Kamelmarkt in Pushkar (Rajasthan). Kamele sind in dem Bundesstaat Rajasthan mit den vielen Wüsten immer noch bedeutende Transportmittel. Unter den Besuchern von Jaisalmer im Westen dieses Bundesstaates ist die Teilnahme an einer Kamelsafari zudem eine sehr beliebte Freizeitbeschäftigung.

Lalitha-Palast	Mysore (Karnataka)
Fernhill Palace	Udhagamandalam (Tamil Nadu)
Hotel Woodlands	Udhagamandalam (Tamil Nadu)
Hausboote	Dal-See (Kaschmir)
Hotel Brijraj Bhawan	Kota (Rajasthan)
Bahnhof Victoria	Bombay (Maharashtra)
Parlamentsgebäude	Neu-Delhi
Residenz	Lucknow (Uttar Pradesh)
Boat Club Naini Tal	Naini Tal (Uttar Pradesh)

Freak-Zentren: Jahrelang war Indien das Ziel herumziehender Hippies, und irgendwie hat sich von den berühmten sechziger Jahren in Indien bis heute etwas halten können. Treffpunkt der Freaks war immer schon in ganz besonderem Maße Goa, denn die Strände sind zu jeder Jahreszeit traumhaft. Immer zur Vollmondzeit strömt ein Teil der Freaks hierher. Und Weihnachten scheint Goa fast alle Freaks zu beherbergen. Gelegentlich finden an den Stränden von Goa „Säuberungen" statt, durch die sich viele Freaks aber nicht stören lassen. Einige Dickschädel jedoch fanden das unpassend und zogen in abgelegenere Gegenden wie Arambol (im äußersten Norden von Goa) oder über die Grenze in das nördliche Karnataka.

Weiter im Süden, in Kovalam, ziehen die herrlichen Strände ebenfalls Leute aus dieser Szene an. Etwas weniger bevölkert von Angehörigen dieser Gruppe ist der heilige See von Pushkar in Rajasthan. Der tibetische Einfluß von Kathmandu hat ja schließlich auch anzie-

hend gewirkt, warum sollte sich dies nicht für Indien ebenfalls ermöglichen lassen? So findet man denn auch in Dharamsala und Manali in Himachal Pradesh Langzeittouristen.

Varanasi und der heilige Ganges können ebenfalls von sich behaupten, das Ziel vieler Freaks zu sein, genauso wie Mysore im Süden. Hampi, die Hauptstadt des Königreiches Vijayanagar, liegt zwar auch an der gängigen Route, wird aber längst nicht von so vielen Freaks heimgesucht. Und schließlich und endlich trifft man sich auch in Mahabalipuram, südlich von Madras an der Ostküste. Denn Tempel und herrliche Strände sind eine gute Kombination, um Freaks anzuziehen.

Ort	Staat
	Goa
Pushkar	Rajasthan
Kovalam	Kerala
Dharamsala	Himachal Pradesh
Manali	Himachal Pradesh
Hampi	Karnataka
Puri	Orissa
Mahabalipuram	Tamil Nadu

Farbenprächtige Ereignisse: Indien ist ein Land der Festlichkeiten. Daher sollte man, sofern möglich, zu bestimmten Zeiten an bestimmten Orten sein. Beginnen wir mit den Feierlichkeiten zum Tag der Republik in Delhi, der jedes Jahr im Januar gefeiert wird. Hier bestimmen Elefanten, farbenprächtige Prozessionen und Militärparaden das Bild.

Ebenfalls Anfang des Jahres wird das Wüstenfest (Desert Festival) in Jaisalmer in Rajasthan gefeiert.

Im Juni/Juli findet in Puri das große Wagenfest (Rath Yatra) statt. Dann unternimmt der riesige Tempelwagen mit Lord Jagannath seine jährliche Fahrt, gezogen von Tausenden von begeisterten Anhängern.

In Kerala ist eines der bedeutendsten Ereignisse das Schlangenbootrennen um den Nehru Cup in den Backwaters von Alappuzha (Alleppey), das am zweiten Sonntag im August ausgetragen wird.

Im September/Oktober begibt man sich am besten auf den Weg in die Berge, um sich in Kullu das Festival der Götter nicht entgehen zu lassen. Dies ist Teil des Dussehra-Festes, das am spektakulärsten in Mysore gefeiert wird. Der November bringt den riesigen und farbenprächtigen Kamelmarkt von Pushkar in Rajasthan. Das Jahr endet damit, daß der pflichtbewußte Tourist im Dezember zum Weihnachtsfest nach Goa eilt.

Weitere Einzelheiten über Feierlichkeiten kann man dem Abschnitt über Feste weiter oben bei den praktischen Hinweisen und dem Abschnitt über das heilige Indien, ebenfalls weiter oben im Einführungsteil, entnehmen.

Fest	Ort
Tag der Republik	Delhi
Wüstenfest	Jaisalmer (Rajasthan)
Wagenfest	Puri (Orissa)
Schlangenbootrennen	Alappuzha (Kerala)
Dussehra	Mysore (Karnataka)
Festival der Götter	Kullu (Himachal Pradesh)
Kamelmarkt	Pushkar (Rajasthan)
Weihnachten	Goa

Verlassene Städte: In dem so übervölkerten Indien gibt es eine ganze Reihe von Orten, wo vor längerer Zeit große Siedlungen aufgegeben wurden. Am berühmtesten ist wohl Fatehpur Sikri bei Agra. Gegründet wurde die Stadt von Akbar. In nicht weniger als 20 Jahren wurde sie erbaut und anschließend verlassen.

Ebenso beeindruckend ist Hampi, das Zentrum des Königreiches Vijayanagar. Nicht weit davon entfernt befinden sich die alten Zentren Aihole und Badami. Die nachfolgend aufgeführten großen Forts sind zugleich verlassene Städte.

Stätte	Staat
Fatehpur Sikri	Uttar Pradesh
Hampi	Karnataka
Aihole und Badami	Karnataka

Große Forts: Von der bewegten Geschichte Indiens erzählen heute noch die vielen Forts, von denen die meisten jedoch inzwischen verlassen sind. Bedeutend ist das Rote Fort in Delhi, aber das Fort in Agra steht

ihm kaum nach und erinnert mit seiner massiven Bauweise sowie durch seine Höhe an die Macht der Moguln. Ein bißchen weiter südlich stößt man auf das riesige und uneinnehmbare Fort Gwalior. Die Rajputen besaßen eine solche Begabung zum Bau dieser Forts wie niemand sonst. Sie errichteten diese in allen Formen und Größen, jedes mit seiner eigenen Geschichte. Das Fort von Chittorgarh ist tragisch, während die Forts von Bundi und Kota verfallen, das Fort von Jodhpur mächtig sowie hoch und das Fort Amber einfach wunderschön sind. Das in Jaisalmer schließlich besticht durch seine Romantik.

Etwas abgelegen und weiter westlich in Gujarat kann man sich die beeindruckenden Forts von Junagadh und Bhuj ansehen, die von den herrschenden Prinzen von Saurashtra errichtet wurden.

Weiter südlich liegt das Fort Mandu, ein weiteres beeindruckendes Bauwerk in bezug auf Größe und Architektur, aber mit einer tragischen Geschichte behaftet. Noch weiter südlich findet man das Fort Daulatabad mit seiner Geschichte von Macht und Ehrgeiz, aber auch ein wenig mit dem Gefühl, daß ein Fort in diesen Ausmaßen eigentlich gar nicht hätte gebaut werden müssen. Es wurde ohnehin schnell wieder aufgegeben. Zu den wichtigsten Forts im Süden gehören die von Bijapur und Golconda.

Natürlich hatten auch die europäischen Invasoren ihre Forts. In Goa, Bassein, Daman und Diu können Sie sich portugiesische Befestigungsanlagen ansehen, von denen die letzte die beeindruckendste ist. Auch die Engländer haben ihren Anteil an diesen Bauten. Das Fort St. George in Madras kann man besichtigen und hat sogar noch ein Museum zu bieten. Von den Franzosen, Holländern und Dänen erbaute Festungen sind leider weitgehend nur noch Ruinen.

Fort	Staat
Rotes Fort	Delhi
Agra	Uttar Pradesh
Chittorgarh	Rajasthan
Bundi	Rajasthan
Kota	Rajasthan
Jodhpur	Rajasthan
Amber	Rajasthan
Jaisalmer	Rajasthan
Junagadh	Gujarat
Bhuj	Gujarat
Daman	Gujarat
Diu	Gujarat
Mandu	Madhya Pradesh
Gwalior	Madhya Pradesh
Daulatabad	Maharashtra
Bassein	Maharashtra
Bijapur	Karnataka
Golconda, Hyderabad	Andhra Pradesh
Warangal	Andhra Pradesh

Chapora	Goa
Aguada	Goa
St. George, Madras	Tamil Nadu

Auf Gandhis Spuren: Vielleicht haben auch Sie den großartigen Film *Gandhi* gesehen und wollen Ihren Indienbesuch dazu nutzen, einmal einige der im Film erwähnten und gezeigten Stätten aufzusuchen. Beginnen können Sie in seinem Geburtsort Porbandar und in Rajkot, wo er den größten Teil seiner Kindheit verbrachte. Aus Südafrika zurückgekehrt, ging er nach Bombay und besuchte die Stadt bei verschiedenen Gelegenheiten immer wieder. Das Massaker von 2000 friedlichen Demonstranten, eines der entscheidenden Momente im Unabhängigkeitskampf, fand in Amritsar statt. Während vieler Jahre hatte Gandhi seinen Ashram in Sabarmati, auf der anderen Flußseite gegenüber von Ahmedabad. In den dreißiger Jahren gründete Gandhi

den Ashram Sevagram in Wardha und verbrachte dort mehr als 15 Jahre. Heute ist das ein Museum. Die Briten internierten ihn im Aga-Khan-Palast in Pune. Schließlich wurde er im Garten der wohlhabenden Familie Birla in Neu-Delhi ermordet und danach am Raj Ghat verbrannt. Seine Asche wurde schließlich in Jabalpur in Madhya Pradesh im Fluß Narmada verstreut.

Sehenswürdigkeit	Ort
Kirti Mandir	Porbandar (Gujarat)
Kaba Gandhi	Rajkot (Gujarat)
Mani Bhavan	Bombay (Maharashtra)
Jalianwala Bagh	Amritsar (Punjab)
Ashram Sabarmati	Ahmedabad (Gujarat)
Ashram Sevagram	Wardha (Maharashtra)
Aga-Khan-Palast	Pune (Maharashtra)
Raj Ghat	Neu-Delhi
Jabalpur	Madhya Pradesh

VORSCHLÄGE FÜR REISEROUTEN

Bei einer solch verwirrenden Vielfalt an sehenswerten Dingen und Orten in Indien kann es schwierig werden, sich zu entscheiden, was man in der zur Verfügung stehenden Zeit kennenlernen will.

Die folgenden Vorschläge für Reiserouten gehen von einem einmonatigen Aufenthalt in Indien aus. Dabei wird der Schwerpunkt jeweils auf eine Region gelegt. Die Vorschläge sollen dabei helfen, die zur Verfügung Zeit optimal zu nutzen.

Wir sind dabei auch davon ausgegangen, daß Sie nicht den größten Teil Ihrer Zeit mit der Fahrt von einem zum anderen Ort verbringen wollen. Es scheint nämlich, daß viele, die zum ersten Mal Indien besuchen, den Fehler begehen, in zu kurzer Zeit zu viel sehen zu wollen, und am Ende nur erschöpft und frustriert sind.

Die Farben Rajasthans

Delhi - Agra - Bharatpur - Jaipur - Shekhawati - Bikaner - Jaisalmer - Jodhpur - Pushkar - Bundi - Chittorgarh - Udaipur - Aurangabad (Höhlen von Ajanta und Ellora) - Bombay

Diese Route ermöglicht einen Einblick in fast alles - Mogul-Architektur, darunter natürlich das Taj Mahal, die Tierwelt, die Wüste, Hindu-Tempel, Hippie-Treffpunkte, Überschwenglichkeit der Rajputen, ungewöhnliche islamische Architektur sowie phantastische buddhistische Gemälde und Skulpturen in den Höhlen von Ajanta und Ellora.

In Bombay und Delhi kann man jeweils eine Woche bleiben, auch wenn einige Tage im allgemeinen ausreichen. Auf dieser Route reist man am besten mit Bussen und Zügen, kann die Strecke von Udaipur nach Aurangabad aber auch mit einem Flugzeug zurücklegen.

Moguln, Jains und die Portugiesen (Indiens Westen)

Delhi - Agra - Jaipur - Pushkar - Jodhpur - Ranakhpur - Udaipur - Bhuj - Rajkot - Junagadh - Sasan Gir - Diu - Palitana - Ahmedabad - Bombay

Gujarat bietet die Chance, die üblichen Touristenrouten zu verlassen, und lohnt in jedem Fall einen Besuch. Diese Rundreise schließt nicht nur Rajasthan ein, sondern auch das Interessanteste, was Gujarat zu bieten hat: die Stammeskulturen von Rann und Kutch im äußersten Westen des Staates, die befestigte Stadt Junagadh (mit mehreren schönen Gebäuden, einer uralten Geschichte und den großartigen Jain-Tempeln auf dem Berg Girnar), Sasan Gir (die letzte Heimat des Asiatischen Löwen), Diu (die alte portugiesische Enklave mit ihren ausgezeichneten Stränden), Palitana (eine weitere Stadt mit Hügeln und Jain-Tempeln) sowie Ahmedabad, die geschäftige Großstadt, in der sich neben anderem auch der Gandhi-Ashram befindet. Bereisen läßt sich dieses Gebiet am besten mit Bussen und Zügen.

Kernland der Hindus und Moguln

Delhi - Jaipur - Agra - Varanasi - Khajuraho - Jhansi - Sanchi - Mandu - Aurangabad - Bombay

Madhya Pradesh ist ein weiterer Staat, der zu großen Teilen nur selten von Touristen besucht wird, jedoch genug Sehenswertes bietet, damit eine Reise dorthin lohnt.

Natürlich sind die hinduistischen Tempel von Khajuraho die größte Attraktion, aber auch in Sanchi und Mandu gibt es schöne Beispiele buddhistischer, hinduistischer und afghanischer Architektur.

Varanasi, einer der heiligsten Orte des Landes, Agra mit dem unvergleichlichen Taj Mahal sowie die Höhlen von Ajanta und Ellora sind weitere Sehenswürdigkeiten auf dieser Route.

Bergerholungsorte und der Himalaja

Delhi - Dalhousie - Dharamsala - Shimla - Manali - Leh - (Srinagar) - Delhi

In diesem Teil des Landes reist man im allgemeinen mit Bussen und aufgrund der geographischen Gegebenheiten langsam. Wer im Sommer in Indien ist, wenn die Hitze in der Ebene unerträglich wird, wird diese Route als sehr schön empfinden. Zudem ist die Straße von Manali nach Leh nur einige Monate im Jahr geöffnet, nämlich im Sommer, wenn der Schnee geschmolzen ist.

Die Bergerholungsorte Shimla und Dalhousie wurden in einer Zeit gegründet, die heute bereits Geschichte ist. Bei Dharamsala handelt es sich um ein faszinierendes kulturelles Zentrum, in dem das im Exil lebende Oberhaupt der Tibeter, Seine Heiligkeit der Dalai Lama, wohnt. Manali im Kullu-Tal ist einfach einer der schönsten Orte in ganz Indien.

Die zwei Tage dauernde Busreise von Manali nach Leh hoch oben auf dem tibetischen Plateau ist zweifelsohne unglaublich hart, aber auch unvergeßlich. Sie führt über eine der höchsten befahrbaren Straßen auf der Welt. Leh ist die Hauptstadt von Ladakh und das Zentrum einer weiteren einzigartigen Himalaja-Kultur.

Falls sich die Lage im von Unruhen betroffenen Kaschmir wieder etwas beruhigt haben sollte, ist auch ein Besuch von Srinagar und ein Kennenlernen der Hausboote auf dem Dal-See ein unvergeßliches Erlebnis. Sonst haben Sie aber auch die Möglichkeit, von Leh mit einem Flugzeug direkt nach Delhi zurückzufliegen.

Bergwanderer und Abenteurer finden an verschiedenen Stellen auf dieser Route ebenfalls genügend Interessantes. Manali ist Ausgangspunkt für Dutzende von Wanderrouten, wobei einige mehrere Tage und andere Wochen in Anspruch nehmen und bis zu so entlegenen Gebieten wie zum Zanskar-Tal führen. Leh ist ebenfalls ein beliebter Ausgangspunkt für Bergwanderungen und ein Ausflug in das Markha-Tal eine beliebte Strecke. Trekking-Agenturen in Manali und Leh organisieren dafür alles, was man sich wünscht, man kann jedoch die Organisation auch selbst in die Hand nehmen.

Paläste, Tempel und heilige Städte

Delhi - Jaipur - Agra - Jhansi - Khajuraho - Jabalpur - Kanha- Varanasi - Kalkutta

Auf dieser Route sieht man ein wenig von Rajasthan, darunter auch das Taj Mahal, und erreicht von Jhansi aus mit einem Bus die berühmten Tempel von Khajuraho. Es lohnt sich jedoch, die Fahrt zunächst in Orchha zu unterbrechen, das 18 km von Jhansi entfernt ist, um sich diese gut erhaltene alte Stadt mit Palästen und Tempeln anzusehen. Von Khajuraho ist man in drei Stunden in Satna und gelangt von dort aus mit einem Zug nach Jabalpur. Hier kann man mit einem Schiff an Marmorfelsen vorbeifahren. Das nächste Ziel ist der Nationalpark Kanha, in dem die Aussichten, einen Tiger zu Gesicht zu bekommen, ganz gut sind. Dann geht es zurück nach Jabalpur und mit einem Zug zur heiligen Stadt Varanasi. Von Varanasi aus bestehen direkte Zugverbindungen nach Kalkutta, das zu den faszinierendsten Städten des Landes gehört.

Flugpaß-Route

Delhi - Agra - Khajuraho - Varanasi - Bhubaneswar - Kalkutta - Andamanen und Nikobaren - Darjeeling (Bagdogra) - Delhi

Mit einem Rundflugschein zum Preis von 500 US $ sind Entfernungen kein Thema mehr. Dann kann man innerhalb von drei Wochen so viele Orte besuchen, wie man mag. Die hier vorgeschlagene Route enthält einige exotischere und abgelegenere Orte, aber auch die Sehenswürdigkeiten wie das Taj Mahal, auf die man keinesfalls verzichten sollte. Von Delhi geht es zuerst nach Agra, am nächsten Tag weiter nach Khajuraho und dann zwei Tage später nach Varanasi. Das nächste Ziel ist die Tempelstadt Bhubaneswar. Von hier aus fliegt man weiter nach Kalkutta. Am frühen Morgen geht dann eine Maschine nach Port Blair, der Hauptstadt der Andamanen und Nikobaren, wobei vier bis fünf Tage für diese nur selten von Touristen besuchten tropischen Paradiese vorgesehen werden sollten. Wenn Sie am Tag des Abflugs noch zusahen, wie die Sonne über dem Ozean aufging, dann werden Sie am Abend, nachdem Sie in Kalkutta das Flugzeug gewechselt haben, den Sonnenuntergang über dem Himalaja in Darjeeling bewundern.

Tempel und alte Monumente (Indiens Mitte und Süden)

Madras - Kanchipuram - Mahabalipuram - Pondicherry - Kumbakonam - Thanjavur - Tiruchirappalli - Madurai - Kodaikanal - Udhagamandalam (Ooty) - Mysore - Bangalore - Belur, Halebid und Sravanabelagola - Hampi - Badami - Bijapur - Bombay

Diese Route beinhaltet einen kleinen Abschnitt des modernen Indien sowie einen bei Touristen beliebten Ferienort am Meer, einen Schimmer des alten französischen Indien sowie einen Besuch von Auroville und einige Tage im an die Berge grenzenden Tamil Nadu und Kerala. Man reist mit öffentlichen Bussen und Zügen sowie mit Ausflugsbussen der Fremdenverkehrsämter für eintägige Touren von Mysore bzw. Bangalore zu den Tempelstädten Belur, Halebid und Sravanabelagola.

Tempel und Strände (Indiens Süden)

Madras - Mahabalipuram - Pondicherry - Thanjavur - Tiruchirappalli - Madurai - Kanyakumari - Thiruvananthapuram - Kovalam Beach - Kollam - Alappuzha - Kochi - Bangalore - Mysore - Hampi - Bijapur - Bombay

Diese Route ist eine Variante der oben genannten Strekke, bei der Sie weit mehr vom südlichen Indien sehen, zudem das tropische Paradies von Kerala mit seinen Stränden und Backwatern kennenlernen, sich Kathakali-Tänze anschauen und historische indo-europäische Vereinigungen besuchen können. Sie schließt auch die Besichtigung der wichtigsten Tempelkomplexe von Tamil Nadu, den Besuch eines Bergerholungsortes, der Paläste von Mysore, der Vijayanagar-Ruinen in Hampi und der moslemischen Prachtbauten von Bijapur ein. Dabei reist man mit Zügen, Bussen und Schiffen. Wenn während der Reise die Zeit knapp wird, besteht die Möglichkeit, von Bangalore nach Bombay mit einem Flugzeug zurückzukehren.

UNTERKÜNFTE

Indien bietet neben den üblichen Hotels eine sehr breite Skala von Unterkünften. Hier seien einige b-nannt:

Jugendherbergen: Die indischen Jugendherbergen (Hostelling International - HI) sind im allgemeinen sehr preiswert und manchmal mit ausgefallenen Einrichtungen hervorragend ausgestattet. Leider liegen sie aber meist außerhalb der Städte und sind manchmal auch noch sehr schwer zu erreichen. Der Nachweis einer Mitgliedschaft in einem Jugendherbergsverband, wie dies in einigen anderen Ländern der Fall ist, wird nicht unbedingt gefordert. Mit einem Jugendherbergsausweis bezahlt man lediglich etwas weniger. Der Übernachtungspreis für Mitglieder eines Jugendherbergsverbandes beträgt etwa 15 Rs und für Nichtmitglieder ca. 20 Rs. Auch so lästige Einschränkungen wie vorgeschriebene An- und Abfahrtszeiten, Stromabschaltung oder Schließung tagsüber gibt es in indischen Jugendherbergen nicht.

Zu den staatliche Jugendherbergen gehören:

Delhi
  Nyaya Marg, Chanakyapuri (Tel. 011/3 01 62 85)
Goa
  Jugendherberge in Panaji (Tel. 4 54 33)
Gujarat
  Jugendherberge, Sektor 16, Gandhinagar (Tel. 02712/2 23 64)
Himachal Pradesh
  Jugendherberge, Bus Stand, Dalhousie
Jammu und Kaschmir
  Jugendherberge Patnitop, c/o Fremdenverkehrsamt, Kud
Maharashtra
  Jugendherberge, Padampura, Station Road, Aurangabad (Tel. 02432/2 98 01)

Orissa
  Jugendherberge, Sea Beach, Puri (Tel. 06752/2 24 24 24)
Rajasthan
  Jugendherberge, SMS-Stadion, Bhagwandas Road, Jaipur (Tel. 6 75 76)
Tamil Nadu
  Jugendherberge, Indira Nagar, Madras (Tel. 41 28 82)
  Jugendherberge, Solaithandam Kuppam, Pondicherry
Uttar Pradesh
  Jugendherberge, Malli Tal, unweit vom Ardwell Camp, The Mall, Naini Tal (Tel. 05942/25 13)
  Mahatma Gandhi Road, Agra
West-Bengalen
  Jugendherberge, Dr. Zakir Hussain Road 16, Darjeeling (Tel. 0354/22 90)

Daneben gibt es auch noch einige vom jeweiligen Bundesstaat geführte Jugendherbergen. In Tamil Nadu beispielsweise findet man solche Jugendherbergen in Mahabalipuram, Madras, Rameswaram, Kanyakumari, Kodaikanal, Mudumalai und Ooty.

Staatliche Unterkünfte: Diese Art Unterkünfte entstand in der Zeit der britischen Besatzung. Die damalige Regierung ließ im ganzen Land Unterkünfte errichten, in denen die Beamten auf ihren Dienstreisen wohnen konnten. Sie tragen Bezeichnungen wie Rest Houses, Dak Bungalows, Circuit Houses, PWD (Public Works Departments) Bungalows, Forest Rest Houses usw. Sie sind auch heute noch vorwiegend den Mitarbeitern der Regierung vorbehalten. Einige sind aber, sofern Zimmer frei sind, auch für Touristen geöffnet. Um sie irgendwie einordnen zu können, läßt sich sagen, daß die

Dak Bungalows meist sehr einfach sind; manchmal haben sie noch nicht einmal Elektrizität im Hause und liegen meist abgelegen. Die Rest Houses sind eine Klasse besser. Es führen aber die Circuit Houses, die jedoch nur von wichtigen Persönlichkeiten benutzt werden dürfen.

Touristen-Bungalows: Diese - meist staatlichen - Bungalows dienen als Ersatz für die älteren Regierungshäuser. Die Touristen-Bungalows sind in der Regel sehr gut geführt und meist auch ihr Geld wert. Dies gilt auch, obwohl in den letzten Jahren die Übernachtungspreise in einigen Bundesstaaten erheblich gestiegen sind. Häufig sind Schlafsäle vorhanden, aber daneben auch Zimmer. Die Preise für ein Bett im Schlafsaal liegen etwa bei 30-40 Rs und für ein Doppelzimmer bei 100-250 Rs. Die Zimmer sind sehr gepflegt und enthalten einen Ventilator und ein Bad. Manchmal findet man auch teurere klimatisierte Zimmer. Fast immer gehören ein Restaurant oder ein Speisesaal zu diesen Touristen-

---

Besonders schöne Unterkünfte

Indien hat einige ausgefallene und traumhafte Hotels zu bieten, aber auch eine ganze Anzahl verlauster und dreckiger Unterkünfte. Ein Mittelding sind die vielen Hotels nach internationalem Standard und mit einem ganz anständigen Service. Sie erfüllen zwar nicht immer alle Wünsche und decken sich nicht mit unseren Vorstellungen, aber leider steht der Preis immer vorne an in der Kalkulation. Es würde schwer fallen, ein anderes Hotel als das Lake Palace in Udaipur zu finden, wenn es um Ausstattung, Anlage usw. geht. Vokabeln wie romantisch, elegant und originell treffen hier uneingeschränkt zu. Aber auch überall sonst in Rajasthan gibt es Paläste und Festungen, die früheren Herrschern von Prinzentümern oder anderen Adeligen gehören. Viele davon wurden in Hotels umgewandelt und sind ausgezeichnete Quartiere für Übernachtungen. Palasthotels findet man daher auch in Samode, Bharatpur, Mandawa, Jodhpur, Bikaner, Mt. Abu und Jaipur.

Auch die Hausboote in Kaschmir (wenn es dort für Touristen sicher ist) sind wahrlich ein Reisevergnügen. Es gibt sie in fast allen Preiskategorien. In der Ausstattung reichen sie von den ganz einfachen „Doonga-Booten" bis hin zu „Fünf-Sterne-Luxus-Booten" mit Fernsehgerät.

Das elegante Hotel Taj Mahal Intercontinental in Bombay ist vielleicht das beste in ganz Indien. Selbst wenn Sie dort nicht wohnen, sollten Sie der klimatisierten Halle einen Besuch abstatten. Die Lage ist Grund genug dafür, daß man in dieser so pompösen Umgebung immer auch Rucksacktouristen entdeckt.

Weiter im Süden, im früheren Prinzenstaat Mysore (heute Karnataka), findet man in der Stadt Mysore das Hotel Metropole und das Hotel Ashok Radisson Lalitha Palace. Und in Udhagamandalam ist das Hotel Fernhill Palace berühmt.

Die staatlichen Touristenbüros unterhalten eine Reihe von hervorragenden Touristen-Bungalows fast über ganz Indien verstreut. Sie haben den Vorteil, daß sie sehr günstig liegen und preiswert sind.

Bei Rucksackreisenden sind das wunderbare alte Broadlands in Madras und das gleich gut geführte Hotel Z in Puri beliebt. In Kochi (Cochin) war das Hotel Bolghatty Palace, erbaut 1744, früher ein holländischer Palast und später eine britische Residenz. Heute ist es ein preiswertes Quartier. Das Hotel Sheesh Mahal in einem Flügel des Jehangir Mahal-Palastes in Orchha ist ganz sicher ebenfalls einen Besuch wert.

Der Tollygunge Club in Kalkutta wird immer noch von einem Briten geführt und ist ein erstaunliches Quartier. Dieses Clubhotel war früher das Herrenhaus in der Mitte einer großen Indigo-Plantage, die heute als Golfplatz für Wettkämpfe genutzt wird. Wenn man hier am Schwimmbecken mit einem kalten Bier oder einem Sandwich in der Hand sitzt, kann man kaum glauben, daß man sich in Kalkutta aufhält. Der Tolly (wie der Club liebevoll genannt wird) ist nun der Spielplatz für die Elite der Stadt.

Hotel	Ort
Hotel Lake Palace	Udaipur (Rajasthan)
Hausboote	Dal-See (Kaschmir)
Hotel Taj Mahal Intercontinental	Bombay (Maharashtra)
Hotel Broadlands	Madras (Tamil Nadu)
Hotel Fernhill Palace	Udhagamandalam (Tamil Nadu)
Hotel Metropole	Mysore (Karnataka)
Hotel Lalitha Palace	Mysore (Karnataka)
Hotel Z	Puri (Orissa)
Hotel Bolghatty Palace	Kochi (Kerala)
Sheesh Mahal	Orchha (Madhya Pradesh)
Bikaner House	Mt. Abu (Rajasthan)
Tollygunge Club	Kalkutta (West-Bengalen)

Bungalows. Besonders gut sind diese Unterkünfte in Tamil Nadu (wo sie Hotels Tamil Nadu genannt werden), in Karnataka (Hotels Mayura) und in Rajasthan. Darüber hinaus finden Sie aber auch in fast allen anderen Provinzen Städte mit diesen Bungalows. Sie sind meist das beste Angebot für eine Übernachtung. Der größte Nachteil ist, daß - wie bei staatlich geführten Unternehmen fast überall - die Mitarbeiter zu weniger als 100 % motiviert sein können. Manchmal sind sie sogar richtig faul und den Gästen gegenüber unverschämt. Auch die Unterhaltung der Unterkünfte ist gelegentlich nicht so, wie sie sein sollte.

In den Touristen-Bungalows und vielen anderen staatlichen Institutionen, z. B. bei der Eisenbahn, finden Sie eine weitere indische Kuriosität: das Beschwerdebuch. Darin darf jeder Gast all seine Ärgernisse verewigen. Von Zeit zu Zeit taucht ein Vorgesetzter auf und kontrolliert das Beschwerdebuch. Findet er allzu viel Negatives, wird der Manager zur Ordnung gerufen. Den Gast versetzt dieses Beschwerdebuch aber bei Auseinandersetzungen mit der Hotelleitung in die angenehme Lage, ein Druckmittel in der Hand zu haben, denn vor negativen Eintragungen haben Günstlinge richtig Angst. Und wenn Sie selbst nichts Ärgerliches einzutragen haben, liest sich dieses besondere „Gästebuch" manchmal recht amüsant.

Ruheräume der Eisenbahn: Die Ruheräume der Eisenbahn (Railway Retiring Rooms) unterscheiden sich lediglich durch ihre Lage an Bahnhöfen von normalen Hotels. Um dort übernachten zu können, wird eine Eisenbahnkarte gefordert. Bei Touristen tut es manchmal auch die Tourist Introduction Card oder der Indrail-Paß. Die Zimmer sind ausgezeichnet für diejenigen, die mit einem Zug weiterreisen wollen, nur manchmal etwas laut, wenn es sich um einen größeren Bahnhof handelt. Sie sind meist nicht nur recht preiswert, sondern häufig auch noch wirklich ihr Geld wert. Auf einigen Bahnhöfen sind diese Ruheräume der Eisenbahn so pompös ausgestattet, daß man aus einem einzigen Zimmer ein ganzes Appartement schaffen könnte. Sie sind normalerweise ihr Geld allemal wert und werden jeweils für 24 Stunden Dauer vermietet. Das größte Problem ist es, ein Bett zu erhalten, weil die Ruheräume sehr beliebt und daher häufig voll belegt sind.

Warteräume der Eisenbahn: Für den Fall, daß Sie gar keine andere Unterkunft bekommen oder sich noch ein wenig ausruhen wollen, bevor der Zug beispielsweise um 2 Uhr nachts abfährt, bieten sich diese Warteräume an. Ihr müdes Haupt dürfen Sie hier kostenlos ausruhen lassen. Es ist allerdings schwierig, ohne entsprechende Fahrkarte in den normalerweise leeren Warteraum der 1. Klasse zu gelangen und nicht in dem überfüllten und wenig einladenden Warteraum der 2. Klasse bleiben zu müssen. Hierfür benötigen Sie eigentlich eine Fahrkarte für die 1. Klasse, aber mit ein wenig Glück, einem Indrail-Paß für die 2. Klasse oder allein wegen des ausländischen Aussehens gelingt es vielleicht doch, in den Warteraum der 1. Klasse hineinzukommen. In einigen Orten wird aber die Fahrkarte richtig geprüft.

Preisgünstige Hotels: In Indien gibt es überall auch preisgünstige Hotels, die von ekelhaften, kaum bewohnbaren Löchern (allerdings auch mit ganz niedrigen Übernachtungspreisen) bis hin zu Häusern mit annehmbarer Ausstattung sowie dennoch vernünftigen Preisen reichen. Ventilatoren, Moskitonetze über den Betten, eine eigene Toilette oder ein eigenes Bad gehören sogar zu Doppelzimmern, für die man nur 120 Rs zu zahlen hat, häufig sogar weniger.

Immer wieder werden Sie unterwegs bei Hotels auf die Bezeichnung „Western" oder „Indian" stoßen. Die Unterschiede sind fast unbedeutend. Dennoch gehören die Hotels mit der Bezeichnung „Western" eher zur teureren Klasse, und die mit der Bezeichnung „Indian" können der preiswerten Kategorie zugerechnet werden. Sie sind meistens auch einfacher und ökonomischer eingerichtet. Den besten Beweis, mit welchem Standard Sie in einem Hotel rechnen können, liefert Ihnen aber die Toilette. Die „Western"-Hotels sind fast immer mit einer Sitztoilette ausgerüstet und die der Kategorie „Indian" lediglich, jedenfalls bis auf wenige Ausnahmen, mit indischen Toiletten, die nur in Hockstellung zu benutzen sind, also im asiatischen Stil. Dies ist aber nur eine Faustregel, denn es gibt natürlich auch gute, saubere Hotels mit indischen Toiletten und abscheulich schmutzige Hotels mit Toiletten im westlichen Stil. In einigen Unterkünften findet man sogar die abscheulichen Mischungen aus beiden, die im Grunde genommen nichts anderes sind als westliche Toiletten mit Stellen für die Füße an den Seiten der Schüssel.

Die meisten Übernachtungspreise beziehen sich auf Einzel- oder Doppelzimmer. Viele Hotels stellen aber auf entsprechende Anfrage hin ein drittes Bett in einem Doppelzimmer auf und berechnen etwa 25 % mehr dafür. In kleineren Hotels kann man manchmal auch etwas herunterhandeln, vorausgesetzt, Sie wollen dies in Anbetracht der niedrigen Preise überhaupt tun. Dem steht aber auch die Tatsache gegenüber, daß diese Hotels ihre Preise anheben, sobald ein Engpaß bei den Hotelbetten entsteht.

In den meisten Hotels, nicht nur in den billigen, werden die Zimmer für jeweils 24 Stunden vermietet. Das kann ganz angenehm sein, denn wenn man beispielsweise ein Zimmer um 20 Uhr bezieht, kann man darin bis zum folgenden Tag um 20 Uhr bleiben. Umgekehrt kann es aber auch unbequem sein, sein Zimmer bis 8 Uhr räumen zu müssen, wenn man am Vortag bereits um 8 Uhr morgens eingezogen ist. Es kommen jedoch auch bedeutende regionale Abweichungen vor. In einigen Hotels muß man sein Zimmer am Abreisetag bis 12 Uhr verlassen haben, in Bergerholungsorten oftmals bereits bis 9 Uhr (manchmal schon bis 7 Uhr!). Fragen Sie daher am besten immer, wie lange Sie in Ihrem Zimmer am Abreisetag bleiben dürfen. Wenn man normalerweise bis zu einer bestimmten Uhrzeit aus seinem Zimmer wieder ausgezogen sein muß, besteht in den meisten Hotels auch die Möglichkeit, für den halben Übernachtungspreis noch einige Stunden länger zu bleiben.

Teure Hotels: Hotels mit internationalem Standard sind nicht überall in Indien zu finden. Mit ihren klimatisierten Zimmern und Swimming Pools findet man sie vorwiegend in den Touristenzentren und in Großstädten. Der Hotelgruppe Taj gehören einige der protzigsten Hotels von ganz Indien, wie etwa das Hotel Taj Mahal Intercontinental in Bombay, das romantische Hotel Rambagh Palace in Jaipur und das Hotel Lake Palace in Udaipur sowie andere Anlagen wie das Taj Coromandel in Madras, das Fort Aguada Beach Resort in Goa und das Hotel Malabar in Kochi (Cochin). Die Oberoi-Kette ist wohl außerhalb Indiens genauso bekannt wie in Indien selbst. Zu den kleineren in dieser Branche ist die Clarks-Gruppe zu zählen. Sie betreibt unter anderem die beliebten Hotels in Varanasi und Agra, um nur zwei zu nennen. Zwei weitere Hotelketten sind die Welcom Group (verbunden mit Sheraton), die Ritz-Kette, die Casino-Kette und die Air India angeschlossene Centaur-Gruppe.

Auch die staatliche ITDC-Gruppe gehört zu diesen Hotelketten. Meist tragen die Hotels den Zusatz „Ashok" in ihrer Bezeichnung. Sie finden diese Hotels in nahezu jeder größeren indischen Stadt, auch in kleineren wie Sanchi oder Konark, wo dann allerdings die Zahl der Betten nicht allzu groß ist. Wegen schlechter Führung, der hohen Verluste und des unzureichenden Standards wurden die ITDC-Hotels in jüngster Zeit sehr kritisiert. Zwar wurde eine Privatisierung als ein Schritt zum Erzielen von Gewinnen und zur Verbesserung des Service erörtert, aber das muß erst noch geschehen. Bis dahin bleibt der Standard unverändert.

In den meisten der teuren Hotels muß man sein Zimmer am Abreisetag bis Mittag wieder geräumt haben.

Im übrigen kann es möglich sein, für Zimmer mit Klimaanlage im Dezember und Januar eine Ermäßigung auszuhandeln, weil eine Klimatisierung dann oft nicht notwendig ist.

Familienaufenthalte: Der Aufenthalt in einer indischen Familie kann eine richtige Bereicherung sein. Er ist ein Wechsel vom Umgang mit Leuten, die ausschließlich mit Touristen zu tun haben. Außerdem ist das Kennenlernen der Unterschiede und Absonderlich-

keiten im täglichen Leben in Indien durchaus interessant.

Unterkünfte in Familien auf offizieller Basis werden in Rajasthan vermittelt, allerdings nur in den Städten Jaipur, Jodhpur und Udaipur. Die Kosten betragen ab 150 Rs und hängen davon ab, was geboten wird. Die Fremdenverkehrsämter in diesen drei Städten verfügen über ausführliche Aufstellungen mit den Namen der Familien, die so etwas anbieten. Das System ist als „Paying Guest Scheme" bekannt und wird von der Rajasthan Tourism Development Corporation organisiert. In Madras und Bombay sind Familienaufenthalte als Paying Guest Accommodation bekannt.

Weitere Übernachtungsmöglichkeiten: In vielen Großstädten finden Sie auch Häuser des Christlichen Vereins Junger Männer (YMCA) und des Christlichen Vereins Junger Frauen (YWCA). Auch von ihnen sind einige recht modern eingerichtet und gut ausgestattet, dafür aber auch etwas teurer. Sie sind trotzdem den Preis wert. Hinzu kommen die Herbergen der Heilsarmee, insbesondere diejenigen von Bombay, Kalkutta und Madras. Erwähnt seien ferner die wenigen Campingplätze in Indien. Aber Reisende mit eigenen Fahrzeugen brauchen trotzdem keine Sorge zu haben, denn sie finden meist Aufnahme in kleinen Hotels, zu denen ein Garten gehört. Dort dürfen sie häufig entweder den Wagen stehen lassen oder ihr Zelt aufschlagen.

Kostenlose Unterkunft bieten nach althergebrachter Tradition auch einige Sikh-Tempel, wo die Gastfreundschaft oberstes Gebot ist und man Fremde gern aufnimmt. Die Tempel der Sikhs sind sicher äußerst interessante Übernachtungsorte. Dennoch sollte man sparsam mit diesem freundlichen Angebot umgehen, um die Bereitschaft der Sikhs, Gäste aufzunehmen, nicht unnötig zu strapazieren und anderen Reisenden wegen unhöflichen und aufdringlichen Verhaltens die Aufnahme nicht unmöglich zu machen. In vielen Pilgerorten bieten die *dharamsalas* und *choultries* einen Schlafplatz an. Die sind in erster Linie für Pilger bestimmt, aber auch Traveller sind willkommen. Wichtig sind diese Unterkünfte besonders in so abgelegenen Orten wie Ranakhpur in Rajasthan. Der Nachteil dabei ist, daß in die Unterkünfte (insbesondere *choultries* der Jains) keine Gegenstände aus Leder mitgenommen werden dürfen.

Steuern und Zuschläge für Bedienung: Die meisten indischen Bundesstaaten erheben auf Kosten für Hotelübernachtungen (und Restaurantbesuche) eine Vielzahl von Steuern. In den meisten ganz einfachen Hotels wird man eine solche Steuer nicht gesondert zu bezahlen brauchen. Aber sobald man an das obere Ende der einfachen Hotels und in den Bereich der Mittelklasse- und Luxushotels gelangt, muß man sie zusätzlich bezahlen. Als Daumenregel kann man davon ausgehen, daß auf alles über 250 Rs 10 % (manchmal auch nur 5 %) Steuern fällig werden. In den meisten Mittelklasse- und allen Luxushotels wird man um 10 % Steuern nicht herumkommen.

Ein weiterer üblicher Betrag neben den Steuern ist der Zuschlag für Bedienung, im allgemeinen 10 %. In einigen Hotels wird er nur für Verpflegung, Zimmerservice und Telefonbenutzung erhoben, nicht aber auf den eigentlichen Zimmerpreis. In anderen muß man damit rechnen, daß 10 % Zuschlag für Bedienung auf alle Teile der Rechnung erhoben werden. Wenn Sie versuchen wollen, Ihre Kosten niedrig zu halten, dann lassen Sie die Ausgaben für Essen und Telefongespräche in Ihrem Hotel nicht auf die Rechnung für die Übernachtungen setzen, sondern bezahlen Sie die gleich. Alle in diesem Buch genannten Preise sind, wenn nicht anders angegeben, die Grundpreise. Steuern und Zuschläge für Bedienung kommen noch hinzu.

Saisonale Abweichungen: In beliebten Feriengebieten (Bergerholungsorte, Strände sowie im Dreieck zwischen Delhi, Agra und Rajasthan) erhöhen die Hoteliers ihre Preise in der Hochsaison gegenüber der Nebensaison um das Zwei- oder Dreifache.

Wann Hoch- und Nebensaison ist, hängt vom jeweiligen Ort ab. An den Stränden und im Dreieck zwischen Delhi, Agra und Rajasthan ist Hochsaison einen Monat vor und zwei Monate nach Weihnachten. In den Bergerholungsorten und Kaschmir ist es normalerweise von April bis Juli, wenn es in der Ebene unerträglich heiß wird. In einigen Orten und einigen Hotels werden die Preise für eine kurze Zeit um Weihnachten und Neujahr oder während bedeutender Feiertage wie Diwali und Dussehra noch einmal erhöht.

Auf der anderen Seite können die Preise in normalerweise teuren Hotels in der Nebensaison erstaunlich niedrig sein.

Schlepper: Ganze Heerscharen von Schleppern gehen in allen größeren Städten Indiens ihrem Geschäft nach. Hiervon sind Agra, Jaipur und Varanasi sowie die internationalen Flughäfen in Indien ganz besonders betroffen. Häufig sind sie Rikscha-Wallahs, die Besucher bei der Ankunft am Bahnhof oder an der Bushaltestelle gleich abfangen. Ihre Technik ist einfach: Sie bringen neue Gäste zum Hotel A und kassieren dort sofort eine Provision. Von dem Hotel B, das eigentlich das Ziel der Neuankömmlinge war, ist gar nicht mehr die Rede. Das Problem dabei ist nur, daß man in einem Hotel landet, in dem man gar nicht wollte, das aber mehr Provision zahlt. Da einige kleinere Hotels dazu übergingen, überhaupt keine Provision mehr zu zahlen, erzählt der Schlepper Ihnen sicher über das von Ihnen genannte Hotel entweder Greuelgeschichten oder er behauptet, es sei belegt, werde renoviert, hätte nachgelassen oder sei sogar überflutet. In 9 von 10 Fällen werden Sie gerade diese Begründung zu hören bekommen. Trotz all der Kritik gegenüber den Schleppern sind sie auch manchmal nützlich. Kommt man nämlich in einer Stadt an, wo gerade ein großes Fest gefeiert wird oder Hochsaison ist, besteht kaum eine Möglichkeit, ein Hotelbett zu finden. Springen Sie in diesem Fall in die nächstbeste Rikscha, sagen Sie dem Fahrer, welche Preisvorstellung Sie haben, und er setzt sich zielsicher in Bewegung. Er weiß genau, wo noch freie Kapazitäten sind. Und wenn die Zimmersuche nicht überaus lange dauert, dann zahlen Sie ihm für seine Hilfe nicht zuviel, denn man darf nicht vergessen, daß er ja auch vom Hotel noch seine Provision bekommt.

ESSEN

Die indische Küche steckt voller Überraschungen und Köstlichkeiten. Dennoch werden Sie hin und wieder von den angebotenen Gerichten enttäuscht sein. In kleineren Orten ist die Auswahl an Mahlzeiten nicht sehr groß, und nicht selten läuft es auf Reis, breiiges Gemüse und *dhal* hinaus. Dagegen ist das Angebot in den Großstädten vielfältig und ausgezeichnet.

Im Gegensatz zur landläufigen Meinung sind nicht alle Hindus Vegetarier. Strenge Vegetarier sind nur die Inder im Süden, denn bis dort gelangte der Einfluß der fleischverzehrenden Arier und Moslems nicht. Aber selbst wenn in den meisten Landesteilen Fleisch gegessen wird, ist es in Indien nicht immer ein Genuß. Die Fleischqualität läßt oft zu wünschen übrig, und man ist

daher geneigt zu vermuten, daß die Hühnchen nicht des Verzehrs wegen geschlachtet wurden, sondern den Hungertod starben. Hinzu kommt, daß die hygienischen Gegebenheiten nicht immer ideal und gesundheitsfördernd sind. Rindfleisch ist natürlich tabu, denn Kühe sind ja heilig. Dies führt zu interessanten indischen Varianten, wie z. B. dem „Hammelburger". Wenn irgendwo in Indien Steak angeboten wird, besteht es meistens aus Büffelfleisch. Für die Moslems ist das Schweinefleisch verboten, das deshalb nur in Gegenden mit bedeutenden christlichen Gemeinden wie Goa und bei Tibetern in Himachal Pradesh und Sikkim erhältlich ist. Daher läuft es immer wieder darauf hinaus, daß man in Indien mehr Vegetarisches ißt als zu Hause.

Auch wenn man durch ganz Indien reisen kann, ohne ein einziges Curry-Gericht zu essen, lassen indische Versuche, die westliche Küche zu interpretieren, Europäern die Haare zu Berge stehen. In kleineren Orten ist es besser, bei indischen Speisen zu bleiben.

Wohlschmeckend und preiswert sind auch die Mahlzeiten in den Zügen. Hinzu kommt, daß man ja an den meisten Haltestellen eines Zuges von ganzen Heerscharen von Essen- und Getränkeverkäufern überrannt wird. Sie respektieren auch die nächtlichen Stunden der Ruhe nicht, so daß ihr fröhliches und lebhaftes „Chai, Chai" oder „Ah, Coffeecoffeecoffe" auch Sie aus dem ohnehin durch das Rattern des Zuges gestörten Schlaf reißt. Das Durcheinander, das die Reisenden auf allen Bahnhöfen umfängt, sobald ein Zug steht, ist für jeden immer wieder faszinierend und eines der bleibenden Erlebnisse einer Reise nach Indien.

Sollten Sie während der Reise irgendwann einmal in die Situation geraten, daß Sie wegen des indischen Essens physisch oder psychisch dem Tiefpunkt nahe sind, dann lassen Sie sich nicht entmutigen. Es gibt eine Reihe von Ausweichmöglichkeiten. Wer mit einer kleinen Reisekasse durch Indien kommen muß, stellt sehr schnell fest, daß er an Gewicht verliert und lethargisch sowie ausgelaugt wird. Um dem abzuhelfen, muß man seinen Proteinbedarf auffüllen. Dies ist relativ einfach möglich durch vermehrten Verzehr von Eiern, die in ausreichender Zahl überall erhältlich sind. Außerdem sollten Sie dann vermehrt Bananen, Mandarinen oder Erdnüsse essen. An Bahnhöfen und auf Märkten bekommen Sie die immer. Ganz vorsichtige Traveller haben immer einige Vitamintabletten im Gepäck.

Eine weitere Möglichkeit ist, sich ab und an einmal ein großartiges Mahl in einem teureren Hotelrestaurant zu leisten, auch wenn Sie sonst einfach reisen. Vergleichen Sie den Preis für das Menü dort mit dem, was Sie sonst ausgeben, wird er Ihnen astronomisch hoch erscheinen. Aber denken Sie an die Preise zu Hause. Ihr Gewissen wird sich dann schnell beruhigen.

Beträchtliche Unterschiede in der Verpflegung gibt es zwischen Nord und Süd. Dies liegt teilweise an den klimatischen Gegebenheiten und zum anderen an den historischen Einflüssen. Wie bereits erwähnt, wird im Norden wesentlich mehr Fleisch gegessen, und die Gerichte sind oft „á la Mogul" (geschrieben häufig „Mughlai"). Dies bedeutet, daß die Gerichte enger mit der Küche des Nahen Ostens und Zentralasiens verwandt sind. Das Schwergewicht liegt hier mehr auf den Gewürzen und nicht nur auf dem scharfen Chilli. Im Norden wird auch mehr Getreide und Brot als Reis gegessen.

Der Süden dagegen unterliegt strikteren vegetarischen Regeln. Es wird viel mehr Reis gegessen, und die Curry-Gerichte scheinen noch schärfer zu sein. Eine weitere Eigenart der südlichen Vegetarierküche ist,

daß man zum Essen kein Besteck bekommt, denn es wird nur mit der Hand, und zwar ohne Ausnahme mit der rechten Hand, gegessen. Das Essen mit den Fingern vom Teller aufzupicken erfordert zwar einige Praxis, die aber schnell erworben wird. Man sagt dieser Art zu essen nach, daß sie einem ein besseres „Gefühl" für das Gericht vermittelt, das für die südindische Küche unerläßlich ist, und zwar so unerläßlich, wie Aroma und Zubereitung wichtig für andere Küchen sind. Darüber hinaus bringt diese Art zu essen Ihnen noch die Sicherheit, nicht mit Bestecken in Berührung zu kommen, die möglicherweise nicht einwandfrei sauber gespült worden sind.

Bei den meisten einfachen Restaurants in Indien (genannt *dhabas* oder *bhojanalyas*) befindet sich die Feuerstelle direkt vor dem Haus, so daß man die Möglichkeit hat zu begutachten, wie die Mahlzeiten zubereitet werden. Das Gemüse liegt den ganzen Tag über in siedendem Wasser, für Europäer mit dem Gefühl verbunden, daß es total ausgekocht und labberig ist. An diesen einfachen Essensplätzen erhalten die Gäste *dhal* (Linsensauce mit Curry) meistens kostenlos. Gezahlt wird lediglich für *chapatis, parathas, puris* und Reis. Eine bescheidene Mahlzeit können Sie sich schon aus gekochtem Gemüse, *dhal* und ein paar *chapatis* zusammenstellen und bezahlen doch nur rund 15 Rs. Abwechslungsreicher läßt sich ein solches einfaches Essen gestalten, indem Sie von allem nur die halbe Menge bestellen, dafür aber mehrere Dinge nehmen. Fügen Sie gar noch Chutney und Zwiebeln hinzu, die kostenlos abgegeben werden, dann bekommen Sie eine reichhaltige vegetarische Mahlzeit bereits für 30 Rs. Für ein Fleischgericht zahlen Sie etwa 40 Rs. In den Restaurants an Bahnhöfen oder in einfachen Gaststätten müssen Sie unbedingt die Rechnung überprüfen. Stimmt sie nicht, können Sie ruhig reklamieren.

Am anderen - oberen - Ende des Preisgefüges in indischen Restaurants finden sich Speisen in den Fünf-Sterne-Hotels. Sie grenzen an Luxus und sind, gemessen am westlichen Standard, erstaunlich preiswert. Man hat sich nur in Indien schnell an die niedrigen Preise gewöhnt, so daß 10 oder 15 US $ für eine Mahlzeit enorm hoch zu sein scheinen. Unterziehen Sie sich aber einmal der Mühe festzustellen, was eine Mahlzeit in den allerorts vorhandenen freundlichen Hilton-Hotels kostet. In vielen der Häuser internationaler Hotelketten wie dem Hotel Malabar in Kochi (Cochin), dem Taj Mahal Intercontinental in Bombay, dem Connemara in Madras und dem Umaid Bhawan Palace in Jodhpur werden Gerichte im Buffet-Stil angeboten, von denen man so viel essen kann, wie man schafft.

Ein Lokal, in dem jeder Besucher der Gegend einmal gut ißt, ist das Restaurant im Lake Palace in Udaipur, wo man für etwa 10 US $ die erstaunlichste Auswahl an indischen Gerichten in einer der luxuriösesten Umgebungen des ganzen Landes genießen kann. In diesem Preis sind auch noch Tanzvorführungen und das Übersetzen mit einem Boot enthalten. Reisenden mit wenig Geld bringt ein Besuch dieses Luxusrestaurants eine willkommene Abwechslung nach dem tagelangen Genuß von *dhal* und Reis.

Zu guter Letzt noch ein paar Tips für den Umgang mit Curry. Sie werden ohnehin nach einiger Zeit auch die schärfsten Curry-Gerichte verkraften und allmählich die westliche Küche als fad empfinden. Ist eine Mahlzeit dennoch einmal sehr scharf gewürzt und scheint Ihr Mund eine einzige Feuersbrunst zu sein, dann lassen Sie auf jeden Fall die Finger von Wasser. Das hilft dann nämlich mit Sicherheit am wenigsten. Viel besser sind dann Joghurt (*curd* oder *dahin*) oder Früchte; sie bekämpfen die Ursache schneller und wirksamer.

Curry und Gewürze: Ob Sie es glauben oder nicht, in Indien gibt es so etwas wie Curry nicht. Das ist ein englischer Begriff und ein Wort, mit dem das ganze Spektrum des Würzens indischer Gerichte umschrieben wird. Übrigens ist *carhi* ein Gericht aus Gujarat, nach dem man aber nicht in Kuamon fragen sollte, denn dort ist es ein sehr grobes Wort.

Obgleich nicht alle Speisen in Indien Curry-Gerichte sind, so ist Curry dennoch die Grundlage der indischen Küche. Curry muß auch nicht so scharf sein, daß einem der Mund zu brennen scheint, obwohl dies häufig genug der Fall ist. Curry ist auch nicht etwas, was abgepackt in kleinen Mengen gekauft wird. Das Geheimrezept der indischen Küchenchefs und Hausfrauen ist die Mixtur aus bis zu 25 verschiedenen Gewürzen, die das Curry-Puder ausmachen. Normalerweise sind frische Gewürze die Grundlage, die man in einem Mörser mit Hilfe eines Stößels zerkleinert. Dieses Werkzeug nennen die Inder *sil-vatta*. Wie die Gewürze jeweils gemischt werden, ist das Geheimnis der Köche. Sie stellen sich so durch eigene Kombinationen ihre *masalas* (Mischungen) her. So ist zum Beispiel *garam masala* (scharfe Mischung) eine Kombination aus Zwiebeln, Zimt, Kardamom, Koriandersamen und Pfefferkörnern.

Sehr beliebt sind auch Mischungen, die Safran enthalten. Safran ist ein sehr teures Gewürz und wird aus den Staubgefäßen bestimmter Krokusblumen gewonnen. Safran verleiht dem Reis die brillante gelbe Farbe und den delikaten Geschmack. Das ist auch ein hervorragendes Mitbringsel, denn in Indien kostet eine Packung mit 5 g Safran etwa 35 Rs, während man dafür sonst etwa das Zehnfache bezahlen muß. Turmeric dagegen dient eher zur Farbgestaltung sowie zur Konservierung und hat einen besonderen Geruch und Geschmack. Chilli ist die Grundlage für alles. Ganz gleich, ob getrocknet oder frisch hinzugefügt, er verleiht einer Speise die besondere Schärfe. Zwei Arten dieser Pflan-

ze stehen zur Verfügung: rote und grüne, von denen die grünen Chillis die schärferen sind. Ingwer als Zutat ist gut für den gesamten Verdauungstrakt, während viele *masalas* noch Koriander enthalten, weil angeblich der Körper durch ihn abgekühlt wird. Das strenge, aber auch süße Kardamom findet in vielen Nachspeisen sowie in Fleischgerichten Verwendung. Weitere Gewürzmischungen und Aromastoffe enthalten Muskatnüsse, Zimt, Mohn, Kümmel, Kreuzkümmel, Muskatblüten, Knoblauch und Nelken.

Brot und Getreide: Ohne jeden Zweifel ist der Reis Indiens Hauptnahrungsmittel, der auch im ganzen Land gegessen wird. Aber nur im Süden ist er von entscheidender Bedeutung. Den besten Reis bekommt man im Norden, dies wird allgemein anerkannt. Denn dort wächst im Tal von Dehra Dun der Basmati-Reis. Er hat längliche Körner, ist gelblich und hat einen leicht süßlichen (*bas*) Geruch. Im Norden, wo Weizen das Grundnahrungsmittel ist, wird Reis durch eine ganze Reihe von Brotsorten ergänzt, die *rotis* oder *chapatis* heißen. Im Punjab wird ein *roti* jedoch *phulka* oder *fulka* genannt. Westliches Toastbrot in Scheiben ist ebenfalls so gut wie überall erhältlich und schmeckt im allgemeinen ganz gut.

Die indischen Brotsorten lassen an Vielfalt kaum einen Wunsch offen und sind meist sehr schmackhaft. Die einfachsten Sorten sind *chapati* und *roti*, hergestellt aus Wasser sowie Mehl und gebraten wie ein Pfannkuchen auf einer heißen Platte, die *tawa* genannt wird. Fügt man Butter oder ein wenig Öl hinzu, wird daraus ein *paratha*. Man kennt auch *parathas*, die mit Erbsen oder Tomaten gefüllt sind. In Fett gebraten entsteht hieraus im Norden ein *puri* und im Osten ein *luchi*. Wenn man in Indien Brot in einem Tonofen (*tandoori*) brät, erhält man ein *naan*. Wie immer man es aber zubereitet, Brot schmeckt in Indien ausgezeichnet. *Chapati* und *paratha* benutzt man im übrigen, um damit sein Curry-Gericht in den Mund zu befördern.

Im Süden stellt man aus Linsen- und Reismehl papierdünne Pfannkuchen her, die dort *dosa* heißen, das aber auch überall sonst in Indien anzutreffen ist. Diese Pfannkuchen werden gern um Gemüse mit Curry gewickelt. Das Ganze nennt man dann *masala dosa*, übrigens eine hervorragende Zwischenmahlzeit.

Findet man die Bezeichnung *idli* auf einer Speisekarte, dann verbirgt sich dahinter eine Art südindischer Reiskloß. Er wird häufig mit einer scharfen Joghurtsoße (*dahi idli*), gewürzten Linsen oder Chutney serviert. Das ist im Süden Indiens eine beliebte Speise zum Frühstück. *Papadums* sind krosse Waffeln, die als Beilage zu *thalis* und anderen Gerichten gereicht werden. Ein *uttapam* ist wie ein *dosa*.

In der näheren Umgebung der Jama Masjid von Delhi werden Sie als Besonderheit an den Verkaufsständen riesige *chapatis* entdecken, bekannt als *rumali* (Taschentuchbrot). Interessant ist beim Brot noch, daß die Hindus ihre t*awa* konkav und die Moslems ihre konvex benutzen.

Grundgerichte: Curry kann viel bedeuten, so unter anderem Gemüse, Fleisch (meist Huhn oder Lamm) oder Fisch, aber stets sind die Zutaten in *ghee* gebraten, einem ausgelassenen Butterfett oder Pflanzenöl. Im Norden wie im Süden bekommen Sie dazu Reis gereicht, im Norden außerdem noch verschiedene Brotsorten.

Es gibt noch einige dem Curry verwandte Gerichte, jedenfalls sind sie dies nach unserem westlichen Geschmack. *Vindaloos* haben eine Essigmarinade und sind zudem meist etwas schärfer gewürzt als die Curry-Gerichte. Ein beliebtes Essen in Goa ist *pork vindaloo*. *Kormas* sind reichhaltige und gehaltvolle Mahlzeiten, die geschmort sind und Fleisch oder Gemüse enthalten können. *Navratan korma* ist ein gutschmeckendes Gericht, bei dessen Zubereitung Nüsse verwendet werden, während als *malai kofta* ein gehaltvolles, auf Sahne beruhendes Essen bezeichnet wird. *Doopiaza* bedeutet wörtlich „zwei Zwiebeln" und ist in Wahrheit eine Art *korma*, dem aber während zweier bestimmter Phasen der Zubereitung Zwiebeln zugefügt werden.

Das Grundnahrungsmittel Indiens schlechthin könnte aber *dhal* sein. *Dhal* wird bei fast allen Gerichten serviert, egal ob dies ein Curry ist oder ein ganz einfaches Mahl mit *chapatis* oder Reis. In sehr kleinen Orten sind *dhal* und Reis nicht selten die einzigen Gerichte auf der Speisekarte. In Bengalen gilt das meistverbreitete *Dhal*-Gericht das gelbliche *arhar*, während es im Punjab das schwarze *urad* ist. Die ge-

wöhnlichen grünen Linsen werden übrigens *moong* genannt, während man weiße Bohnen als *rajmaa* bezeichnet.

Weitere Grundgerichte sind *mattar panir* (Erbsen und Käse in einer Sauce), *saag gosht* (Fleisch mit Spinat), *alu dam* (Kartoffel-Curry), *palak panir* (Spinat und Käse) und *alu chhole* (scharf gewürzte süß-saure Kichererbsen mit Kartoffelscheiben). Weißkohl wird als *paat gobi* und Blumenkohl als *phuul gobi* bezeichnet, während man unter *brinjal* Auberginen und unter *mattar* Erbsen versteht.

Tandoori und Biriyani: *Tandoori*-Gerichte sind eine nordindische Spezialität und gehen auf den Lehmofen zurück, in dem die Mahlzeit gekocht wird, nachdem sie in eine Soße aus Gewürzen und Joghurt gelegt wurde. *Tandoori*-Gerichte, besonders *Tandoori*-Huhn, sind nicht ganz so scharf gewürzt wie die Curry-Mahlzeiten und munden in der Regel phantastisch.

Ein weiteres Gericht aus dem Norden, aber mogulischer Herkunft, ist *biriyani*. Besonders gut schmeckt *Biriyani*-Huhn. Beim *biriyani* wird das Huhn oder anderes Fleisch mit einem schmackhaften, orangefarbenen Reis gemischt, dem manchmal noch Nüsse oder getrocknete Früchte beigegeben werden.

Ein *Pulao*-Gericht ist eine einfachere Variante des *biriyani*. Man findet es auch in anderen asiatischen Ländern westlkas von Indien. Wer immer die vorgefaßte Meinung vertrat, daß indische Gerichte immer nur Curries und stets scharf gewürzt seien, der wird von den *Tandoori*- und *Biriyani*-Gerichten überrascht sein.

Regionale Spezialitäten: *Rogan josh* ist ein einfaches Curry-Lamm-Gericht aus dem Norden und aus Kasch-

---

Indische Speisekarten

Ein besonderes Vergnügen bereitet den Lesern indischer Speisekarten die Art und Weise, wie darin mit der englischen Sprache umgegangen wird. Fast alle Indienreisenden werden zumindest einige Brocken Englisch beherrschen, da sie ja auch die Speisekarten lesen können müssen. Dies erfordert jedoch eine besondere Kombinationsgabe, wenn statt Cornflakes Cornflaks (als ob man damit schießen könnte!) angeboten werden. Es wird sicher einige Zeit dauern, bis Sie wissen, welche der vielen Teesorten und Arten der Zubereitung Sie am liebsten mögen. Lustig wird es, wenn Sie „Aggs" als Eggs, also Eier, identifizieren müssen, und verstehen, daß „Bolid Eggs" Boiled Eggs, d. h. gekochte Eier, sind. Und sollten Sie gar zum Frühstück Porridge essen wollen, dann steht auf der Speisekarte vielleicht „Pordge" oder „Porch with Hunney" und bedeutet das gleiche.

Ähnlich lustig verhält es sich auch mit den Suppen. Da wird nämlich eine Zwiebelsuppe schnell zu einer „Onion Soap". Oder wie wär's mit einer „Crap Soup"? Um nicht nur indische Gerichte auf seiner Speisekarte zu haben, bot ein Wirt nicht nur „Napoleon Spaghetti" an, sondern auch „Stalin Spaghetti". Und wer nur eine leichte Zwischenmahlzeit in Form eines Sandwiches sucht, der bekommt oft einen harten Brocken zum Kauen vorgesetzt, nämlich eine „Sandwitsch" (Sandhexe).

Besonders aparte Gerichte bieten auch die Chinesen an. Da werden aber in Indien Frühlingsrollen zu „Spring Rolos" sowie Pilze zu „Mashrooms", und als Reisgerichte bietet man „Plane fried Rice" und „Park fried Rice" an. Die schmackhaften Lychees verwandeln sich schnell zu „Leeches", die dann allerdings weniger appetitlich sein dürften, denn das sind Blutegel.

Und zu den schlimmsten Irrtümern gehört wohl, was ein Leser in einer Speisekarte entdeckte: „Fried Children" anstelle von Fried Chicken.

mir, wo es auch seinen Ursprung hat. Eine weitere Spezialität aus Kaschmir ist *gushtaba*, kräftig gewürzte Fleischklöße, die in einer Joghurtsoße gekocht wurden. Ebenfalls im Norden beheimatet ist *chicken makhanwala*, eine reichhaltige Mahlzeit, die in Buttersoße gegart wird.

In vielen Küstenregionen werden hervorragende Fischgerichte serviert, besonders in Bombay. wo *pomfret*, ein der Flunder ähnelnder Fisch, gern gegessen wird. Ebenfalls beliebt in Bombay ist die „*Bombay duck*". Dies ist aber keinesfalls ein Entengericht, sondern ein weiteres Fischgericht. In Bombay beheimatet ist auch *dhansak*, eine Spezialität der Parsen. Für diese Mahlzeit kocht man Huhn oder Lamm zusammen mit Curry-Linsen und gedünstetem Reis. Weiter südlich, in Goa, gibt es hervorragende Fisch- und Garnelengerichte, und in Kerala hat sich Kochi (Cochin) als Spezialität ebenfalls die Garnelen vorbehalten.

Auch die beliebten Kebabas im Norden Indiens sprechen dafür, daß zentralasiatischer Einfluß auf die indische Küche ausgeübt wurde. Sie finden diese Gerichte in vielen Abwandlungen in ganz Nordindien. Die beiden Grundformen dieser Spezialität sind *seekh* (aufgespießt) und *shami* (eingerollt). In Kalkutta sind *kati kebabs* eine Spezialität. Ein anderes bengalisches Gericht ist *dahin maach*, ein Fischgericht mit Curry in Joghurtsoße, die mit Ingwer und Gelbwurz (Turmeric) verfeinert wird. Weiter im Süden sollten Sie einmal *haleen* probieren, gemahlenen Weizen mit einer vorsichtig gewürzten Hammelfleischsoße.

Lucknow ist berühmt wegen des breiten Spektrums an Kebabs und des *dum pukht*, der „Kunst" des Dampfkochens, bei der Fleisch und Gemüse in verschlossenen Tontöpfen zubereitet werden.

Beilagen: Zu indischen Gerichten gehört immer eine ganze Anzahl von Beilagen. Eine der beliebtesten ist wohl *dahin* - Curd oder Joghurt. Er besitzt die sehr nützliche Eigenschaft, scharf gewürzte Curry-Speisen zu neutralisieren. Dies kann entweder dadurch geschehen, daß man den Joghurt mit dem Gericht mischt oder - wenn bereits alles zu spät ist und der Mund bereits wie Feuer brennt - ihn anschließend ißt. Curd wird häufig als Nachtisch gegessen, taucht aber auch in dem beliebten Getränk *lassi* auf. Sehr begehrt ist auch eine andere Beilage, die *raita* heißt. Sie besteht ebenfalls aus Curd und ist vermischt mit rohem oder gekochtem Gemüse, vorwiegend Gurken (ähnlich dem griechischen Tzatziki) oder Tomaten.

Sabzi ist ein Curry-Gericht mit Gemüse, und wenn Sie *baingan bartha* bestellen, dann verbirgt sich dahinter ein Püree aus Auberginen. Weniger ein Gericht als eine Suppe ist *mulligatawny*. Das ist nichts anderes als eine dünnere und mildere Curry-Mahlzeit. Als Chutney bezeichnet man eingelegtes Gemüse oder eingelegte Früchte. Es stellt die Standardwürze für ein Curry-Gericht dar.

Thali: Ein Thali ist in ganz Indien ein Gericht für alle Gelegenheiten. Ursprünglich war es nur im Süden bekannt, trat inzwischen aber seinen Siegeszug über ganz Indien an, so daß Sie Thalis oder „Tellergerichte" (vegetarisch oder nichtvegetarisch) in Restaurants im ganzen Land auf den Speisekarten finden. Häufig wird auf Restaurants mit solchen Gerichten nur durch ein Hinweisschild mit der Aufschrift „Meals" aufmerksam gemacht. Hinzu kommen noch einige regionale Varianten. Dazu gehört das üppige und süße Gujarati-Thali. Seinen Namen trägt es wegen des Tellers, auf dem es serviert wird. Dieser Teller besteht aus Metall und ist unterteilt in eine Anzahl kleinerer Schalen, die man *katoris* nennt. Einfache Ausführungen haben auch schlichte Vertiefungen in der Platte, und in der noch einfacheren Ausführung besteht die Platte nur aus einem großen, frischen Bananenblatt. Thali besteht immer aus einer Reihe von verschiedenen Gemüsesorten,

---

Verwirrung

Man hatte uns gesagt, daß wir im Tea House, nicht weit vom Ende der Straße, wirklich gut essen könnten. Es schien keinen Namen zu haben, wir konnten es jedoch an den Tischen im Garten erkennen. Wir waren uns sicher, es gefunden zu haben, und setzten uns in den gepflegten Garten. Die Bedienung war allerdings offensichtlich nicht die stärkste Seite dieses Restaurants, da wir niemand ausmachen konnten, der eine Bestellung entgegennehmen würde. Schließlich erschien ein Mann und fragte uns (wie wir fanden, ziemlich barsch), was wir wünschten. Nachdem wir *dhal*, *chapatis* und Omeletts bestellt hatten, war er für lange Zeit verschwunden. Als er schließlich wieder herauskam, sagten wir ihm, daß wir den Zug bekommen müßten und er sich bitte beeilen möge. Ohne zu antworten servierte er daraufhin das Essen und stampfte ins Haus zurück. Als wir gegessen hatten (wobei das Essen nicht allzu gut gewesen war), fragte ich ihn nach der Rechnung, woraufhin er „100 Rupien" antwortete, was wirklich hoch war. Als ich ihm das sagte, holte er tief Luft, als falle es ihm schwer, seine Fassung zu bewahren, und sagte: „Mein Herr, Sie sind ein sehr ungehobelter Mann! Sie betreten einfach mein Haus, fragen nach etwas zu essen, beschweren sich über die Wartezeit, während ich meinen Diener schicken muß, um es herbeizuschaffen, und behaupten dann, ich würde Sie übervorteilen!"
Das Restaurant, das wir gesucht hatten, lag natürlich ein Stück weiter die Straße hinunter.

Chris Jenney (Großbritannien)

Ein interessantes Frühstück

Als wir nach Mitternacht ankamen, waren die Ruheräume der Bahn bereits voll, so daß wir unsere Schlafsäcke auf einem verlassenen Bahnsteig ausrollen mußten. Weil es eine lange, anstrengende Reise gewesen war, schliefen wir sofort ein. Als wir wieder aufwachten, war der Bahnhof voller Menschen, und ein Kellner stand vor uns, um uns zu fragen, was wir frühstücken wollten. Wir sagten, wir würden in ein paar Minuten in die Cafeteria kommen, aber er bestand darauf, daß wir dablieben und er uns das Frühstück an das „Bett" bringen würde. Zehn Minuten später erschien er mit Tabletts voll beladen mit Cornflakes, Eiern, Toast sowie Kaffee und blieb bei uns, als wir zu Füßen der Pendler, die am frühen Morgen auf dem Weg zu ihren Arbeitsplätzen waren, frühstückten.

Es war, wenn man davon absieht, daß die Cornflakes in Butterfett gebraten waren, ein phantastischer Start in den Tag.

Chris Jenney (Großbritannien)

Gewürzen, *puris*, *papadums* oder *chapatis* und einem Berg Reis. Zu einer etwas phantasievolleren Variante dieses Gerichtes könnte zusätzlich *pataa* gehören. Dann sind nämlich in einem Blatt Früchte und Nüsse eingewickelt. Dazu gehört ferner eine Schale Curd und manchmal auch ein kleiner Nachtisch oder *paan*.

Die Thali-Gerichte sind immer schmackhaft und aus guten Zutaten bereitet. Für Reisende mit wenig Geld besitzen sie noch zwei weitere Pluspunkte: Sie sind preiswert und sättigen. Man bekommt die Thalis schon ab 8 Rs. Nimmt man teure Hotels aus, sind sie selten teurer als 30 Rs. Sättigend sind die Thalis deshalb, weil man davon essen kann, soviel man will. Beginnt sich nämlich Ihr Teller zu leeren, dann ist schnell ein dienstbarer Geist zur Stelle und füllt Reis und die sonstigen Bestandteile nach. Bestecke dürfen Sie zum Essen nicht erwarten. Ein Thali wird mit den Fingern gegessen; nur zum *dahin* oder *dhal* bekommen Sie einen Löffel. Waschen Sie sich stets vor dem Genuß eines Thalis gründlich die Hände. Einen Wasserhahn oder auch eine andere Gelegenheit zum Händewaschen finden Sie in jedem Thali-Restaurant vor.

Kleine Imbisse: *Samosa* ist ein in Dreiecksform in Teig gebackenes Curry-Gemüse. Als *bhujias* oder *pakoras* bezeichnet man wie ein Bissen große Stücke Gemüse, die in einen Rührteig aus Kichererbsen getaucht und dann gebraten wurden. Zusammen mit *samosas* gehören sie zu den beliebtesten kleinen Imbissen im ganzen Land.

In Bombay können Sie von radfahrenden Händlern als kleinen Snack *bhelpuri* kaufen. Man findet diesen Imbiß aber auch in Ferienorten im ganzen Land. Gewürzte Kichererbsen kauft man als *chana*, serviert zusammen mit *puris*. Wer gern Suppen ißt, freut sich vielleicht über die *sambhar*, gekocht aus Linsen und anderen Gemüsesorten. Sie hat einen sauren Geschmack nach Tamarinde. Der Sammelbegriff für alle kleinen Imbisse ist *chaat*, während man als *namkin* verschiedenes abgepacktes Knabberzeug mit Gewürzen bezeichnet, auch wenn ein Kellner, bei dem ich so etwas bestellte, es *bitings* nannte.

Europäische Gerichte: Wer einmal auf die indische Küche verzichten und Gewohntes oder jedenfalls der heimischen Küche Ähnelndes essen möchte, muß sich ein wenig umsehen. Ihr Magen wird sich am meisten über das indische Frühstück beschweren, denn ein *idli* (Reiskloß) ist nach unseren Vorstellungen nicht unbedingt ein Frühstück. Glücklicherweise ist das Frühstück aber auch die Mahlzeit, bei der Sie eine Annäherung an heimische Essensgewohnheiten am einfachsten erreichen können. Sie bekommen nämlich auch in Indien so viele Arten zubereiteter Eier, daß kaum noch Wünsche offen bleiben, egal ob gebraten oder als Omelett serviert.

Toast und Marmelade lassen sich ebenfalls fast überall auftreiben, und manchmal bekommt man sogar Cornflakes und heiße Milch. Beachten Sie aber bei den indischen Cornflakes, daß sie nicht allzu viel gemein haben mit dem Produkt des Herrn Kellog. Irgendwann müssen auch einmal Schotten in Indien gewesen sein, denn zur Frühstückszeit taucht das unvermeidliche Porridge ebenfalls auf. Verlangen Sie im Restaurant „Toast und Marmelade", dann sprechen Sie sehr langsam und deutlich, denn sonst versteht man „toast and aarmlet" und serviert Ihnen Toast und Omelett.

Eine gute alte Sitte aus der Raj-Zeit hat sich ebenfalls erhalten: die Frühstückspause, hier *tiffin* genannt. Heute bedeutet diese Bezeichnung eine kleine Zwischenmahlzeit. Eine einzige Essensgewohnheit aus dem Westen, die von den Indern übernommen wurde, ist der Verzehr von Pommes Frites. Leider ist das Bestellen von Pommes Frites eine unsichere Sache, denn manchmal schmecken sie ausgezeichnet und manchmal scheußlich. Übrigens nennen einige indische Köche die Bratkartoffelscheiben „Chinese potatoes". Auch die Bezeichnung „Finger Chips" ist weit verbreitet.

Weitere Gerichte: Außer indischen sind oft auch andere asiatische Speisen erhältlich. Das ist nicht zuletzt darauf zurückzuführen, daß in Indien immer noch eine kleine chinesische Bevölkerungsgruppe lebt, insbesondere in Kalkutta und Bombay. Chinesische Restaurants findet man in den größeren Städten, von denen gerade Bombay und Bangalore ausgezeichnetes chinesisches Essen zu bieten haben.

Anderswo findet man chinesische Gerichte (oder das, was Inder darunter verstehen) auf den Speisekarten der meisten Restaurants der mittleren und oberen Preisklasse. Was serviert wird, ist meistens unvorhersehbar, aber die Gerichte sind normalerweise mild und schwer verdaulich.

Im Norden, wo sich nach der Invasion der Chinesen in ihrem Land viele Tibeter niederließen, kann man in Orten wie Darjeeling, Dharamsala, Gangtok, Kalimpong und Manali auch tibetische Gerichte probieren.

In den größten Städten des Landes, die auch als Tore nach Indien dienen, sowie in anderen Großstädten wie Bangalore werden zudem Speisen aus anderen Ländern immer üblicher, beispielsweise die französische, die thailändische und die italienische Küche. Meistens werden solche Gerichte nur in den Luxushotels angeboten, wo die Preise dem entsprechend sind.

Nachspeisen und Süßigkeiten: Zweifelsohne essen die Inder gern Süßes, denn das Angebot an süßen Nachspeisen und anderen Leckereien ist groß. Die Desserts basieren dem Grunde nach auf Reis oder Milch und bestehen aus unterschiedlich interessanten Dingen in süßem Sirup oder gleich süßem Gebäck. Meistens ist Nachtisch aber gleich fürchterlich süß.

Weit verbreitet als Nachtisch ist *kulfi*, eine leckere Süßigkeit mit Pistaziengeschmack, ähnlich wie Eis. Man bekommt aber auch in ganz Indien normales Speiseeis. Die bekanntesten Marken und Sorten wie Vadelal, Go Cool, Kwality und Havmor sind gesundheitlich unbedenklich und schmecken sehr gut. Berühmt und beliebt ist auch eine andere Süßigkeit - *ras gullas*. Das sind kleine Bälle aus Käsecreme, die mit Rosenwasser abgeschmeckt sind.

Die *gulaab jamuns* sind ganz typische „Kleinigkeiten in Sirup". Sie sind gebraten, hergestellt aus angedickter erhitzter Milch (bekannt als *khoya*) und gewürzt mit Kardamom sowie Rosenwasser. Und wem nach Pfannkuchen mit Sirup ist, der fragt am besten nach *jalebi*. Als *ladu* bezeichnet man kleine gelbe Bällchen, die aus dem Mehl von Kichererbsen hergestellt wurden.

Barfi ist eine weitere Speise aus *khoya* und in Geschmacksrichtungen wie Kokosnuß, Pistazien, Schokolade und Mandeln erhältlich. In Kalkutta liebt man besonders die Milchspeise *sandesh*, im Süden dagegen *payasam*. Das ist gekochte Milch mit zerkleinerten Cashew-Nüssen, Getreideflocken und Zucker. Darüber werden Rosinen gestreut. *Firnee* ist ein Reispudding mit Mandeln, Rosinen und Pistazien.

Serviert werden viele dieser indischen süßen Kostbarkeiten in hauchdünnem Silberpapier. Werfen Sie das nicht fort, denn es ist eßbar. Über Geschäfte, die Schlek-

kereien anbieten, werden Sie nicht zu klagen brauchen, es gibt sie zur Genüge. Die Preise bewegen sich zwischen 40 und 60 Rs pro Kilo, aber Sie dürfen ohne Scheu auch 100 oder 50 Gramm verlangen. Ist Ihnen dies auch noch zuviel, dann bitten Sie darum, für eine Rupie Süßigkeiten zu bekommen. Häufig kann man in diesen Geschäften auch *dahi* (Curd) kaufen. Es eignet sich als Nachtisch oder zum Abmildern allzu scharfer Curry-Gerichte. Was an Süßigkeiten im einzelnen alles auf Sie zukommt, ist gar nicht zu beschreiben. Am besten, Sie probieren einiges selbst. Ein einziges mag noch erwähnt sein: *halwa*. Das ist ein durchsichtiges, recht farbenfroh schillerndes Süßgemisch, ähnlich wie türkischer Honig.

Obst: Wem die meisten indischen Nachspeisen zu süß sind, der kann auf die große Auswahl an indischem Obst zurückgreifen. Das Angebot reicht von tropischen Genüssen im Süden bis zu Äpfeln, Aprikosen und anderen Früchten aus gemäßigten Klimazonen im Norden. Zu den einheimischen Früchten gehören auch Kirschen und Erdbeeren in Kaschmir sowie Aprikosen in Ladakh und Himachal Pradesh. Äpfel findet man im gesamten Nordwesten, aber insbesondere im Kullu-Tal von Himachal Pradesh.

Melonen sind ebenfalls weithin erhältlich. Das gilt vorwiegend für Wassermelonen, die gute Durstlöscher sind, wenn man dem Leitungswasser nicht traut und von den Limonaden genug hat. Wenn Sie ein Stück Wassermelone essen wollen, dann versuchen Sie, die erste Scheibe zu erhalten, bevor die Frucht von Fliegen bedeckt wird. Grüne Kokosnüsse sind noch besser und werden vor allem im Süden an zahlreichen Ständen an den Straßenecken in den Städten verkauft. Wenn Sie die Milch ausgetrunken haben, spaltet der Verkäufer die Nuß auf und schneidet eine Scheibe von der äußeren Schale ab, die als Werkzeug zum Auslöffeln des Fruchtfleisches dient.

Bengalischer Zuckerbäcker

Mangos sind sehr lecker und im Sommer ebenfalls in vielen Orten erhältlich. Auch Bananen findet man so gut wie überall in Indien, vor allem im Süden. Ananas gibt es in West-Bengalen und Kerala, wie auch andernorts. Apfelsinen findet man nicht überall (wenn auch in Kerala und überall in der Ganges-Ebene in großer Zahl), aber Tangerinen sind in Zentralindien vor allem in den heißen Monaten weithin zu bekommen. Man kann davon an einem Tag eine unglaubliche Menge essen.

Indisch kochen: Wer nach der Rückkehr auch zu Hause weiter indisch essen will, kann auf einige Bücher zurückgreifen, in denen die Zubereitung indischer Gerichte beschrieben wird. *Indian Cookery* von Dharamjit Singh (Penguin, London 1970) bietet eine gute Einführung in diese Kunst im Taschenbuchformat. Auch Premila Lal gehört zu den führenden Verfassern von Kochbüchern. Ihre Bücher sind in Indien vielerorts zu bekommen. Das Problem besteht darin, daß die Zutaten nur mit ihren einheimischen Namen angegeben werden, so daß viele Gerichte nur mit Aufwand oder gar nicht gekocht werden können, wenn man nicht genau weiß, was man benötigt. Charmaine Solomons *Asian Cookbook* (Summit Books) ist ebenfalls ausgezeichnet und enthält nicht nur indische Gerichte, sondern auch solche aus anderen asiatischen Ländern.

Paan: Eine indische Mahlzeit sollte stilecht mit *paan* beendet werden. Darunter versteht man eine Mischung aus Gewürzen, die mit Betelnuß gekaut wird. Bei der Betelnuß, die in ganz Ostasien vorkommt, handelt es sich um eine leicht berauschende und abhängig machende Nuß, die allerdings ohne Zusätze kaum eßbar ist. Nach einer Mahlzeit wird *paan* als mildes Abführmittel gekaut.

Paan-Verkäufer verfügen über eine ganze Sammlung von kleinen Tellern, Schachteln und Behältern, in denen sie entweder *sadha* (bitteres) oder *mitha* (süßes) *paan* mischen. Zutaten können neben der Betelnuß selbst Limonenpaste, ein Puder namens *catachu*, verschiedene Gewürze und bei teurem *paan* sogar eine Prise Opium sein. Das Ganze wird in ein eßbares Blatt eingewickelt, das man in den Mund schiebt und kaut. Wenn man damit fertig ist, spuckt man die Überreste aus und hinterläßt so einen weiteren roten Fleck auf dem Straßenpflaster. Wer über einen längeren Zeitraum so etwas kaut, wird schließlich rot-schwarze Zähne bekommen und sogar betelnußabhängig werden. Wenn man es nur gelegentlich genießt, richtet Betel jedoch keinen Schaden an.

GETRÄNKE

Nichtalkoholische Getränke: Erstaunlicherweise ist nicht Tee das wichtigste Getränk in Indien, wie dies in

Afghanistan und im Iran der Fall ist. Für die Inder ist dies allerdings schlecht, denn es wird so viel Tee angebaut, daß es schier unverständlich ist, wie sie ein so scheußliches, zu süßes, milchig-trübes Gebräu daraus kochen können. Dennoch findet es auch bei Besuchern aus dem Ausland Abnehmer und ist zudem billig. Auf Bahnhöfen wird Tee häufig in kleinen Tontassen serviert, die man, wenn sie leer sind, einfach auf den Boden wirft.

Wer sich für dieses Getränk nicht entscheiden kann, versucht es besser mit Tray Tea. Dann bekommt man nämlich den aufgebrühten Tee, die Milch und den Zucker getrennt. Somit sind Sie in der Lage, sich den Tee ganz nach Ihrem Geschmack zu mischen. Wenn man nicht ausdrücklich etwas anderes bestellt, bekommt man nämlich den sogenannten Mixed Tea, bei dem kaltes Wasser mit Tee, Milch und Zucker in einen Topf getan und das Ganze dann zum Kochen gebracht wurde. Danach zieht das Gebräu eine Weile. Das Ergebnis ist zuweilen überwältigend.

Tee ist im Norden des Landes beliebter, während im Süden mehr Kaffee getrunken wird. Im Norden eine Tasse ordentlichen Kaffee zu erhalten ist so gut wie unmöglich. Selbst in teuren Restaurants wird fast ausschließlich Pulverkaffee verwendet. Die Zweigstellen vom Indian Coffee House gehören zu den wenigen Lokalen, in denen ganz gut schmeckender Kaffee serviert wird.

Dem Wasser in Indien ist in den Großstädten Chlor beigefügt, so daß es ohne Gefahr getrunken werden kann. Wer jedoch gerade erst in Indien angekommen ist, für den wird wahrscheinlich bereits die Umstellung von den Gewohnten auf dieses Wasser zu einem leichten Durchfall führen.

Außerhalb der Städte ist man auf sich selbst gestellt. Einige Besucher Indiens trinken überall das Wasser und werden dennoch nie krank, während andere vorsichtiger sind und trotzdem erkranken. Prinzipiell sollten Sie in kleineren Orten kein Wasser aus der Leitung trinken, wenn es nicht abgekocht ist, und auch die Straßenkarren der Wasserverkäufer meiden, denn die Qualität dieses Wassers ist nicht nur fraglich, sondern die Gläser werden häufig auch nur flüchtig ausgespült. Selbst in den besseren Hotels und Restaurants ist das Wasser im allgemeinen nur gefiltert und nicht abgekocht. Die verwendeten Filter halten jedoch nur Gröberes ab, aber keine Bakterien. Das Wasser ist in der Trockenzeit im allgemeinen ungefährlicher als in der Monsunzeit, in der es wirklich eine gesundheitliche Gefahr darstellen kann.

Die meisten Reisenden verwenden in Indien Wasserentkeimungstabletten oder Filter oder meiden fließendes Wasser ganz, indem sie nur Sodawasser, Bisleri und alkoholfreie Limonaden usw. aus Flaschen trinken. Wasserentkeimungstabletten (z. B. Micropur) sind in

Paan-Wallahs

In Indien ist, wie die Wände und Böden mit vielen roten Flecken zeigen, das Kauen von *paan* eine Art nationale Leidenschaft. Selbst im kleinsten Dorf gibt es einen *Paan*-Wallah, der mit gekreuzten Beinen vor einem Stapel von *Paan*-Blättern und Büchsen mit verschiedenen Zutaten in einem Laden sitzt, bei dem es sich häufig um kaum mehr als eine Nische in einer Mauer handelt.

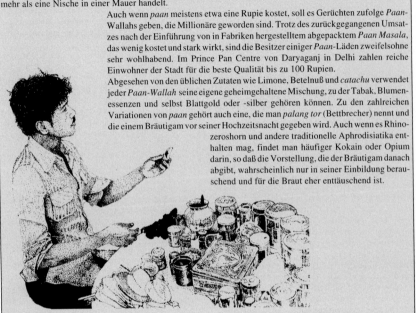

Auch wenn *paan* meistens etwa eine Rupie kostet, soll es Gerüchten zufolge *Paan*-Wallahs geben, die Millionäre geworden sind. Trotz des zurückgegangenen Umsatzes nach der Einführung von in Fabriken hergestelltem abgepacktem *Paan Masala*, das wenig kostet und stark wirkt, sind die Besitzer einiger *Paan*-Läden zweifelsohne sehr wohlhabend. Im Prince Pan Centre von Daryaganj in Delhi zahlen reiche Einwohner der Stadt für die beste Qualität bis zu 100 Rupien.

Abgesehen von den üblichen Zutaten wie Limone, Betelnuß und *catachu* verwendet jeder *Paan-Wallah* seine eigene geheimgehaltene Mischung, zu der Tabak, Blumenessenzen und selbst Blattgold oder -silber gehören können. Zu den zahlreichen Variationen von *paan* gehört auch eine, die man *palang tor* (Bettbrecher) nennt und die einem Bräutigam vor seiner Hochzeitsnacht gegeben wird. Auch wenn es Rhinozeroshorn und andere traditionelle Aphrodisiatika enthalten mag, findet man häufiger Kokain oder Opium darin, so daß die Vorstellung, die der Bräutigam danach abgibt, wahrscheinlich nur in seiner Einbildung berauschend und für die Braut eher enttäuschend ist.

Europa in Apotheken und Ausrüstungsgeschäften erhältlich, jedoch nicht in Indien. Die meisten Tabletten töten zwar keine amöbischen Zysten ab (die Gelbsucht, Giardiasis oder Amöbenruhr verursachen), sind jedoch ausreichend, um Leitungswasser trinkbar zu machen. Jodlösungen oder - noch praktischer - Jodtabletten töten auch jene Amöben ab und sind notwendig, wenn Sie wandern und dann Wasser aus einem Bach trinken möchten. In jedem Fall schmeckt chemisch gereinigtes Wasser stark wie das Wasser in Schwimmbädern.

Die meisten Besucher Indiens meiden heutzutage Leitungswasser ganz und halten sich an Mineralwasser. Es ist in Plastikflaschen mit einem Liter Inhalt fast in allen Orten erhältlich. Der Preis schwankt zwischen 12 und 30 Rs, liegt aber im Durchschnitt bei 18 Rs. Verkauft wird Mineralwasser unter den Marken Bisleri, India King, Officer's Choice, Honeydew und Aqua Safe. So gut wie alle erhältlichen Mineralwässer bestehen in Wirklichkeit aus behandeltem Leitungswasser. Bei einer kürzlich vorgenommenen Untersuchung stellte sich heraus, daß 65 % davon nicht vollständig sauber und in

einigen Fällen sogar schlechter als das Wasser aus Wasserleitungen waren. Wenn man dennoch bei Trinkwasser aus Flaschen bleibt, werden die meisten gesundheitlichen Probleme gleichwohl auf andere Gründe zurückzuführen sein, beispielsweise das Essen, unsaubere Utensilien, unsaubere Hände usw. (vgl. Abschnitt über die Gesundheit weiter oben in diesem Kapitel).

In Flaschen abgefüllte alkoholfreie Getränke sind in bezug auf das dabei verwendete Wasser ungefährlich. Nur der hohe Zuckeranteil birgt Gefahren in sich. Coca Cola mußte übrigens vor einigen Jahren die Herstellung und den Vertrieb seiner Getränke in Indien aufgeben, weil man dem Unternehmen eine unzureichende Zusammenarbeit mit der Regierung vorwarf. Aber nun sind sowohl Coca Cola als auch Pepsi Cola auch in Indien wieder vertreten. Es gibt im Land jedoch auch eine Reihe von ähnlichen alkoholfreien Getränken mit Namen wie Campa Cola, Thums Up, Limca, Gold Spot und Doble Seven. Sie kosten in Flaschen mit 250 ml Inhalt etwa 7 Rs (in Restaurants mehr) und sind sehr süß.

Bier

Indiens Klima bringt es mit sich, daß nur wenige Besucher des Landes am Ende eines heißen, staubigen Tages oder in einem Strandcafé bei Sonnenuntergang nicht gern einen Tropfen dieses bernsteinfarbenen Nektars zu sich nehmen. Davon gibt es zahlreiche verschiedene Sorten, von denen einige nur regional und andere landesweit angeboten werden.

Was den Geschmack, die Qualität der Zutaten, die Beliebtheit und die landesweite Verbreitung betrifft, sind die fünf Flaschenbiere an der Spitze Kingfisher, UB Export Lager, Kalyani Black Label, Black Knight und London Pilsner, die allesamt ca. 5 % Alkohol enthalten. Nur in bestimmten Regionen erhältlich, jedoch genauso gut sind Goa Pilsner Dry, Hamburg Pils, Khajuraho und Haywards. Faßbier (im allgemeinen Kingfisher oder London Pilsner) findet in den großen Städten ebenfalls zunehmend Verbreitung. Gelegentlich stößt man auch noch auf lokale Biere, deren Qualität von ganz in Ordnung bis ungenießbar reichen kann. Eine Einschätzung solcher Biere lautete: „Wie der Unrat nach einer Party ohne die Zigarettenkippen."

Starkbiere oder Bockbiere (um 8 % Alkohol) mit gefährlichen Namen wie Bullet, Hit und Knock Out führen in Indien ganz sicher zu einem Kater und sollten daher nur in Maßen getrunken werden.

Da die meisten Biere Lagerbiere sind, sollten sie immer so kalt wie möglich getrunken werden. Dem wird von den Barbesitzern häufig keine Rechnung getragen, so daß Sie zunächst die Temperatur der Flasche prüfen sollten, bevor Sie dem Kellner erlauben, sie zu öffnen. Einige Biere, insbesondere die stärkeren, sind ohnehin anders als eiskalt völlig ungenießbar.

Bier und andere alkoholische Getränke wurden in Indien immer als Luxus betrachtet und werden sowohl von der hinduistischen als auch von der moslemischen Elite mißbilligt. Aus diesem Grund wurden sie von den Regierungen der meisten Bundesstaaten (mit Ausnahme jener von Pondicherry, Sikkim und Goa) mit hohen Steuern belegt, so daß der Preis für eine Flasche Bier drei- bis viermal so hoch ist wie der für ein Thali.

Trotz der relativ hohen Preise für Bier nehmen der Bierkonsum und - wenn man von Gujarat und Andhra Pradesh absieht, wo Alkoholverbot gilt - die Zahl der Bars weiter zu. Weil während der sechziger Jahre in vielen indischen Bundesstaaten eine Prohibition in Kraft war, lebt das Gesetz (insbesondere in Tamil Nadu) abgemildert noch in der Form von „permit rooms" fort, die so dunkel sind, daß man noch nicht einmal sehen kann, was im Glas vor einem steht. Überall herrscht der Eindruck vor, daß man lieber nicht in so schändliche Aktivitäten wie dem Trinken von Bier verwickelt sein möchte. In anderen Gegenden Indiens herrscht eine weit aufgeklärtere Atmosphäre, so daß auch die Bars gut beleuchtet sind, dort moderne Musik gespielt wird und sie ein Treffpunkt des gesellschaftlichen Lebens sind. Es gelten jedoch trotz allem Sperrstunden, was zur Folge hat, daß Bier im allgemeinen nur von 11.00 bis 15.00 Uhr und von 17.00 bis 21.00 Uhr ausgeschenkt wird, also dann, wenn man auch essen kann.

Weder Pondicherry noch Sikkim und Goa haben allerdings jemals den Beifall unnachgiebiger Prohibitionisten erfahren, denn hier erhält man nicht nur die billigsten Biere (nur 18 Rs), sondern hier gibt es auch keine Sperrstunden. Nur die Bereitschaft der Mitarbeiter in den Bars, wach zu bleiben, bestimmt, wann geschlossen wird.

In den meisten nichtvegetarischen Restaurants werden heute auch alkoholische Getränke ausgeschenkt, in vegetarischen Restaurants jedoch niemals. Sie bleiben jenen vorbehalten, die derartige unreine Dinge meiden.

Eine erfreuliche Abwechslung ist dann Apfelsaft, der für 4 Rs pro Glas an Obstständen auf vielen Bahnhöfen verkauft wird. Gut sind auch die kleinen Kartons mit verschiedenen Fruchtsäften. Für einen Preis von jeweils 6 Rs sind sie ausgezeichnet, aber für den Geschmack von Europäern ebenfalls ein wenig zu süß.

Auch Kokosnußmilch aus jungen grünen Kokosnüssen ist ein beliebtes Getränk, vorwiegend im Süden des Landes. Eine andere Alternative zu den alkoholfreien Getränken in Flaschen ist Sodawasser, das unter den Markennamen Bisleri, Spencer's und anderen in Indien weit verbreitet ist. Es wird nicht nur in größeren Flaschen mit mehr Inhalt verkauft, sondern ist auch billiger (im allgemeinen um 3,50 Rs). Mit Sodawasser und ausgepreßten Zitronen läßt sich übrigens gefahrlos ein ausgezeichnetes Getränk mixen.

Falooda ist ein beliebtes Getränk, das aus Milch, Nüssen, Sahne und Fadennudeln besteht. Schließlich gibt es noch *lassi*, das so kühle, erfrischende und leckere Joghurtgetränk.

Alkoholische Getränke: Alkohol ist relativ teuer. Eine einzige Flasche indisches Bier kostet 23 bis (in schikken Hotels) 160 Rs. Der Durchschnittspreis liegt bei 40-60 Rs. In einigen Gegenden wie Goa, Sikkim und Pondicherry ist Bier ganz billig, während es in anderen ganz schön teuer ist. Die indischen Biere haben schwungvolle Namen wie Golden Eagle, Rosy Pelican, Cannon Extra Strong, Bullet, Black Label, Knock Out, Turbo, Kingfisher, Guru oder Punjab. So ganz schlecht sind die Biere in Indien nicht, sofern man sie gekühlt bekommt, aber etwas schal schmecken sie doch. Trinken

Sie auch nicht zu viel davon auf einmal, wenn Sie nicht am nächsten Morgen total verwirrt und mit heftigen Kopfschmerzen aufwachen wollen. Im übrigen werden im indischen Bier Konservierungsmittel verwendet (vorwiegend Sulfatdioxid), um „Auswirkungen des Klimas auf die Qualität zu bekämpfen".

Im Land produziertes Bier und Nachahmungen anderer westlicher alkoholische Getränke sind bekannt als IMFL. Diese Abkürzung steht für die englische Bezeichnung Indian Made Foreign Liquor, bedeutet also die indische Produktion ausländischer Alkoholika. Dazu gehören auch schottischer Whisky und Weinbrand unter einer ganzen Reihe von unterschiedlichen Markennamen. Der Geschmack reicht von fürchterlich wie ein Desinfektionsmittel bis ganz ordentlich. Wenn Sie in Indien solche Spirituosen kaufen, dann greifen Sie immer zu den besten Marken.

Mit der zunehmenden Deregulierung in der Wirtschaft ist es wahrscheinlich, daß in naher Zukunft auch bekannte ausländische Biersorten und Spirituosen in Indien erhältlich sein werden.

Einheimische alkoholische Getränke dagegen sind bekannt als Country Liquor - einheimische Alkoholika. Zu denen gehören auch Toddy, der nur mittelmäßig

alkoholisch zu nennende Extrakt aus den Blüten von Kokospalmen, sowie Feni, ein Getränk, das aus vergorenen Cashew-Nüssen oder Kokosnüssen hergestellt wird. Beide Arten sind im Geschmack sehr unterschiedlich.

Arrak ist ein Getränk, das viele Bauern (und die besten Busfahrer) trinken, um sich im wahrsten Sinne des Wortes zu besaufen. Das ist ein klarer, destillierter Reisschnaps, der ohne Vorwarnung in den Kopf steigt. Seien Sie damit vorsichtig und trinken Sie davon nur aus einer Flasche, deren Inhalt in einer staatlichen Destillerie hergestellt wurde. Konsumieren Sie Arrak in Indien niemals aus anderen Quellen, denn jedes Jahr sterben oder erblinden in Indien Hunderte, weil sie Arrak aus illegaler Herstellung getrunken haben. Wie man bereits vermuten kann, enthält Arrak Methylalkohol.

Die einzigen indischen Bundesstaaten, in denen Alkoholverbot besteht, sind Gujarat und Andhra Pradesh. Dort sind Bier und Spirituosen für keinen Preis erhältlich. Die einzigen Ausnahmen bilden die teuren Hotels, und selbst dort darf man Alkohol nur in seinem Zimmer trinken. Bars gibt es in diesen beiden Bundesstaaten nicht.

EINKÄUFE

Es fällt schwer, durch Indien zu reisen und nicht all die schönen Erzeugnisse zu kaufen, die man überall entdeckt. Aber die würden ja bereits in den ersten Tagen das Gepäck so überladen, daß man für den Rest der Reise einen Gepäckträger benötigte. Entschließen Sie sich aber doch zum Kauf des einen oder anderen Souvenirs, dann gilt folgende knallharte Regel: handeln und nochmals handeln! Um zunächst einmal überhaupt eine Vorstellung vom wirklichen Preis zu bekommen, verschafft man sich am besten auf den staatlichen Märkten einen Überblick. Wer in Delhi ist, hat hierzu eine besonders gute Gelegenheit. Auch in den Central Cottage Industries Emporiums, die es in Delhi, Bombay, Kalkutta, Madras, Bangalore und Hyderabad gibt, können Sie sich informieren und bekommen außerdem noch einen guten Überblick über all die Produkte des Subkontinents. Dort sind die Preise festgeschrieben, so daß Sie einen Anhalt bekommen, wie weit Sie später vor Ort noch den Preis bei einem Händler drücken können.

Die goldene Regel, die auf allen Reisen zur Anwendung kommt, heißt auch hier, daß man sich vor dem Kauf zunächst sachkundig macht und eine gewisse Liebe zu den Dingen entwickelt, die man mit nach Hause nehmen will. Ein schneller, übereilter Kauf bringt häufig später eine große Enttäuschung.

Seien Sie vorsichtig bei Einkäufen mit Versand ins Heimatland. Es kommt immer wieder vor, daß die Zusicherung abgegeben wird, der Preis schließe die Versandkosten ins Heimatland sowie alle Zollgebühren und Auslieferungskosten mit ein. Häufig trifft das jedoch nicht zu, so daß man nicht selten erst zu einem großen Flughafen und dort zum Zollamt fahren (der bis zu 20 % vom Wert der gelieferten Gegenstände ausmachen kann) und Bearbeitungsgebühren der Fluggesellschaft oder Spedition (bis zu 10 % vom Wert der Waren) bezahlen muß.

Teppiche: Es mag Sie nicht überraschen, daß Indien mehr Teppiche produziert und exportiert als der Iran. Aber vielleicht erstaunt es Sie zu erfahren, daß diese Teppiche denen aus Persien häufig an Qualität nicht nachstehen. Noch lange bevor die Moguln in Indien die Herrschaft übernahmen, brachte man aus dem alten Persien die Technik des Teppichknüpfens und auch die Muster nach Kaschmir. So richtig zum Erblühen kam diese Kunst erst unter den Moguln, und heute ist Kaschmir übersät von kleinen Teppichherstellern. In Delhi, Bombay, Kalkutta, Madras und sogar in Kovalam sowie in Kaschmir sitzen aber auch viele Teppichhändler.

Die persischen Motive sind weiter ausgeschmückt und in die Kaschmirteppiche mit eingearbeitet worden. Als Material wird entweder reine Wolle oder Wolle mit einem kleinen Anteil Seide verwandt. Die Mischung aus Wolle und Seide verhilft den Teppichen zu einem edlen Schimmer. Die reinen Seidenteppiche dienen eher zur Dekoration als zum täglichen Gebrauch. Für einen Teppich in der Größe von 1,50 x 3 m muß man mindestens 5000 Rs veranschlagen. Und seien Sie nicht erschrocken, wenn der Preis sich inzwischen verdoppelt hat. Andere Gebiete, in denen Teppiche hergestellt werden, sind Badhoi und Mirzapur in Uttar Pradesh sowie Warangal und Eluru in Andhra Pradesh. Aus Kaschmir und Rajasthan kommen die derben *numdas*. Die sind

---

Warnung

In Orten mit vielen Touristen, wie beispielsweise in Agra, Jaipur, Varanasi, Delhi und Kalkutta, sollten Sie sich vor den Zwischenhändlern hüten. Oder nennt man sie besser Schlepper? Die haben ein wachsames und geschultes Auge, um Touristen zu „ihren" Herstellern oder Großhändlern zu führen, von denen sie eine Provision bekommen. Diesen Betrag bezahlen Sie mit, denn er steckt in dem Preis mit drin, den Sie bezahlen. Und fallen Sie auch nicht auf die noch so schönen Versprechungen herein, mit denen man Ihnen weismachen möchte, daß man Sie in die eigene Familie einlädt, zu einem Freund bringt oder gar zu einem besonders preiswerten Hersteller. Dies sind Märchen, nichts weiter.

Was auch immer man Ihnen erzählen mag, wenn Sie ein Rikscha-Fahrer oder ein Schlepper zu einem bestimmten Ziel geleitet, sei es ein Hotel, ein Geschäft mit kunsthandwerklichen Waren, ein Markt oder sogar ein Restaurant, wird sich der Preis, den Sie dort bezahlen müssen, erhöhen. Das kann bis zu 50 % ausmachen, so daß es sich empfiehlt, solche Ziele immer allein anzusteuern. Unterschätzen Sie aber auch nicht die Hartnäckigkeit solcher Leute. Ich habe von einem plötzlich erkrankten Besucher gehört, der in Agra in einer Fahrrad-Rikscha fast zusammenbrach und zu einem Arzt gefahren werden wollte, statt dessen aber in einem Laden mit Marmorwaren landete, und dem der Rikscha-Fahrer versicherte, dort praktiziere ein Arzt! Die Verkaufstechnik mit hohem Druck auf die Kunden sowohl der Schlepper als auch der Ladeninhaber ist in Indien die beste auf der ganzen Welt. Sollten Sie ein Geschäft verlassen, ohne etwas gekauft zu haben, ist der Ärger der Verkäufer nur vorgetäuscht. Beim nächsten Mal, wenn Sie wieder dorthingehen, werden alle lächeln und die Preise dramatisch gesunken sein.

Eine weitere Falle, in die viele ausländische Besucher in Indien stolpern, ist ein Kauf mit einer Kreditkarte. Dann kann es geschehen, daß dem Ausländer erzählt wird, der Preis für die gekauften Waren werde auf dem Konto nicht belastet, bevor die Waren zu Hause angekommen sind, und sei es erst in drei Monaten. Das ist eine glatte Lüge. Kein Händler wird jemandem auch nur eine Postkarte schicken, bevor er nicht das Geld in voller Höhe erhalten hat. Daher ist es nicht ungewöhnlich, daß bei Einkäufen mit einer Kreditkarte der Händler seiner Bank in Delhi ein Telex schickt und dafür sorgt, daß der Rechnungsbetrag seinem Konto binnen 48 Stunden gutgeschrieben wird.

Hüten muß man sich auch vor Geschäften, in denen eine Kreditkarte zunächst mit in ein Hinterzimmer genommen und dann von dort mit dem Beleg zum Unterschreiben zurückgebracht wird. Es ist nämlich schon vorgekommen, daß bei solchen Gelegenheiten mehr Belege als einer ausgefüllt und mit der nach der Kreditkarte gefälschten Unterschrift eingelöst worden sind. Verlangen Sie daher bei Käufen mit einer Kreditkarte immer, daß der Beleg vor Ihren Augen ausgefüllt wird.

Wenn Sie die Geschichten glauben, denen zufolge man in Indien gekaufte Sachen irgendwo im Ausland mit Gewinn wieder verkaufen könne, dann beweisen Sie nur einmal mehr die Richtigkeit des Sprichworts, nach dem man Dumme leicht um ihr Geld bringen kann. Edelsteine und Teppiche sind beliebte Waren für dieses Spiel. Wenn man sich darauf einläßt, wird einem erzählt, daß man solche Sachen in Europa, Amerika und Australien für ein Vielfaches des Einkaufspreises wieder losschlagen könne. Manchmal erhält man sogar noch (fiktive) Adressen von Händlern, die bereit seien, solche Steine abzunehmen. Außerdem kommt es vor, daß Briefe vorgelegt werden, vorzugsweise von anderen ausländischen Besuchern in Indien, denen zufolge die Briefschreiber Edelsteine mit hohem Gewinn hätten wieder verkaufen können. Alles Schwindel!

In Wirklichkeit sind die Edelsteine und Teppiche bei solchen Geschäften nur einen Bruchteil dessen wert, was man dafür bezahlt hat. Lassen Sie sich Ihr Urteilsvermögen nicht vernebeln. Wie es scheint, müssen die Warnungen vor derartigen Geschichten in jeder Auflage vom *Indien-Handbuch* länger und ausführlicher werden. Dabei erhalten wir eine ganze Reihe von Briefen, in denen von Betrügereien berichtet wird, vor denen wir bereits seit langem gewarnt haben.

Auch wenn an solchen unehrlichen Geschäften nur eine Minderheit von Händlern beteiligt ist, zahlen so gut wie alle an Schlepper Provisionen. Daher muß man Einkäufe sorgfältig vornehmen und sich dabei Zeit lassen, auskennen und hart handeln. Viel Glück!

Kinderarbeit und „Lächelnder Teppich"

In Indien arbeiten Hunderttausende von Kindern, alle arm und so gut wie alle ohne Schulbildung, in Fabriken im ganzen Land. Das geschieht trotz des Gesetzes zum Verbot und zur Regulierung der Kinderarbeit von 1986, nach dem die Beschäftigung von Kindern unter 14 Jahren in gefährlichen Wirtschaftszweigen verboten ist.

In Teppichwebereien arbeiten schätzungsweise 300 000 Kinder, vorwiegend im Bundesstaat Uttar Pradesh. Nach solchen Kindern besteht eine große Nachfrage, weil ihre kleinen, gewandten Finger ideal für das Weben von komplizierten Mustern sind und weil sie - natürlich - als junge Arbeitskräfte nur schlecht entlohnt werden.

Die Bedingungen, unter denen die Kinder arbeiten, sind im allgemeinen grauenhaft - bis zu 16 Stunden Arbeitszeit täglich, schlechte Beleuchtung und gesundheitsgefährliche Arbeitsplätze sind die Regel.

In dem Bemühen, eine solche Ausbeutung von Kindern zu bekämpfen, haben die Jugendhilfsorganisation UNICEF, der Indo-deutsche Werberat für Exporte (IGEP) und andere nichtstaatliche Organisationen den Aufkleber „Lächelnder Teppich" geschaffen, einen Aufkleber für jeden Teppich, der ohne Kinderarbeit hergestellt worden ist. Ihr Gewicht in die Waagschale für dieses Projekt hat auch die South Asian Coalition Against Child Servitude (SACACS) geworfen. Alle diese Körperschaften werben dafür, den Export von durch Kinderarbeit hergestellten indischen Teppichen zu verbieten.

Wie vorauszusehen war, kam es zu Widerstand gegen den Aufkleber von Seiten der Hersteller sowie Exporteure von Teppichen, aber auch der Regierung. Die stellten sich auf den Standpunkt, es finden nur unzureichende Kontrollen im Wirtschaftszweig der Teppichhersteller statt, so daß wegen zu weniger Inspektionen eine legitime Grundlage für einen solchen Aufkleber fehle. Dennoch hat die Gruppe der Organisationen die Unterstützung deutscher Teppichimporteure, die sich bereit erklärt haben, 1 % mehr für ihre Teppiche zu bezahlen, damit von diesem Geld ein Fonds zur Hilfe der arbeitenden Kinder gegründet werden kann.

Trotz der Opposition erzielt das Programm gegen Kinderarbeit immer mehr Glaubwürdigkeit, zumal sich immer mehr Hersteller von Teppichen damit verbunden fühlen. Auch wenn er ganz sicher nicht zur einer Beendigung der Kinderarbeit in Indien führt, ist der Aufkleber „Lächelnder Teppich" ein großer Fortschritt auf dem Weg dorthin.

sehr rustikal und besitzen nicht die Feinheit der anderen Teppiche. In der Gegend des Himalaja und in Uttar Pradesh stellt man die *daris* her. Das sind kleine Brükken, bei denen Kette und Schuß aus Baumwolle bestehen. Die *gabbas* aus Kaschmir sind ebenfalls kleine Brücken mit Verzierungen. Besonders farbenfroh sind die kleinen Teppiche, die die tibetischen Flüchtlinge, die nach Indien entkamen, herstellen. Einen solchen Vorleger in der Größe von 1 x 1,50 m bekommen Sie bereits für 1000 Rs. Zwei der besten Orte, um so etwas zu kaufen, sind Darjeeling und Gangtok.

Wenn Sie nicht selbst Kenner sind, dann lassen Sie sich besser von einem Fachmann beraten oder kaufen einen Teppich bei einem seriösen Händler. Dies ist besonders wichtig, wenn Sie einen größeren Betrag ausgeben wollen. Beobachten Sie vor Ihrer Reise bereits den Markt in Ihrer Heimat, denn die Fachhändler außerhalb von Indien verkaufen indische Teppiche häufig zu Preisen, wie man sie in Indien selbst kaum aushandeln kann.

Pappmaché: Kunsthandwerk aus Pappmaché ist wohl am typischsten aus der Region Kaschmir. In der Grundform werden die Gegenstände einheitlich hergestellt. Erst dann beginnt man in vielen verschiedenen Arbeitsgängen mit dem Auftragen der unterschiedlichen Farbschichten, bis schließlich das recht komplizierte Muster fertig ist. Die Preise sind abhängig von der Ausgestaltung der Muster und davon, wie viele Goldplättchen verarbeitet wurden. Zu den Gegenständen, die aus Pappmaché hergestellt werden, gehören Vasen, Tassen, Behälter, Schmuckkästchen, Briefständer, Tische, Lampen, Untersetzer, Aschenbecher und dergleichen mehr. Eine einfache Vase erhalten Sie vielleicht schon für nur 25 Rs. Für eine sehr aufwendige und große Vase müssen Sie dagegen gut und gerne 1000 Rs bezahlen.

Keramik: Rajasthan ist die Heimat der weißlasierten Keramikartikel mit den handgemalten blauen Blumenmustern. Sie sind bestechend allein durch die Schlichtheit der Motive. Darstellungen von Göttern und Kinderspielzeug aus Terrakotta stellt man in Bihar her.

Metallarbeiten: Kupfer und Messing sind in Indien beliebte und begehrte Metalle bei der Herstellung von Schmuck. Aber auch Schalen, Vasen, Bierkrüge mit Deckel und Aschenbecher werden in Bombay und anderen Zentren hergestellt. In Rajasthan und Uttar Pradesh legt man in die Messingartikel noch sehr schöne Muster ein. Hierzu bedient man sich vornehmlich der Farben rot, grün und blau. *Bidhri* ist ein Kunstgewerbegegenstand aus dem nordöstlichen Karnataka und aus Andhra Pradesh. Dort hat man sich darauf spezialisiert, Silber in eine Legierung für Geschütze (Kanonenmetall) einzuarbeiten (vgl. Abschnitt über Bidar am Ende des Kapitels über Karnataka). Auf diese Weise werden vor allem *Hookah*-Pfeifen, Lampenständer und Schmuckkästchen gefertigt.

Schmuck: Da die meisten Inderinnen einen großen Teil ihres Vermögens in Schmuck anlegen, ist es nicht weiter verwunderlich, daß das Angebot entsprechend vielfältig ist. Dem westlich geprägten Geschmack entspricht besonders der schwere, volkstümliche Schmuck aus Rajasthan. Diesen Schmuck finden Sie überall in Indien, aber natürlich die größte Auswahl in Rajasthan selbst. Ganz im Norden gibt es den tibetischen Schmuck. Er ist noch klotziger und weitaus folkloristischer als der in Rajasthan.

Wenn Sie auf der anderen Seite richtig feinen Schmuck suchen, werden Sie den in Indien ebenfalls finden, wenn auch für Damen, die sich gern mit edlem Schmuck kleiden, in Indien kaum etwas dabei sein dürfte. Die indischen Juweliere wissen nicht, wann sie aufhören müssen, und haben kein Konzept dafür, wann sie für elegante Einfachheit über das Ziel hinausschießen.

Lederarbeiten: Natürlich sind die indischen Lederarbeiten nicht aus Rinderhaut, sondern aus der Haut von Büffeln, Kamelen, Ziegen oder ähnlichen Tieren. Aus diesem Material stellt man vor allem die *chappals* her, die im ganzen Land verbreiteten Sandalen. In den Kunsthandwerksläden von Delhi finden Sie kunstvoll aus Leder gefertigte Taschen, Koffer und andere Gegenstände.

In Kaschmir können Sie Lederschuhe und Stiefel kaufen, meist von einer bemerkenswerten Qualität. Die Jacken und Mäntel dagegen, die man in Kaschmir ebenfalls aus Leder herstellt, sind von weniger guter Qualität.

Die wichtigste Stadt im ganzen Land für Lederarbeiten ist Kanpur in Uttar Pradesh.

Textilien: Noch immer ist die Textilindustrie Indiens wichtigster Wirtschaftszweig. Von den Textilerzeugnissen sind 40 % von sehr einfacher Qualität und zum Verbleib im Lande bestimmt. Bekannt sind diese Stoffe unter der Bezeichnung *khadi*. Staatliche Geschäfte, in denen man solche Textilien kaufen kann (bekannt als Khadi Gramodyog), gibt es im ganzen Land. Sie sind gute Ziele, um handgefertigte Sachen aus in Heimarbeit hergestellten Stoffen zu kaufen. Dazu gehören die beliebten „Nehru-Jacken" und die *kurta pajama*. Bettdecken, Tischwäsche, Kissenbezüge und Stoffe sind ebenfalls beliebte Souvenirs.

Indien bietet eine unendliche Vielfalt an Stoffarten, Herstellungsmethoden und modischen Akzenten. So werden die schweren Stoffe aus Gujarat und Rajasthan an den Außenkanten zusätzlich mit kleinen Spiegeln und Perlen verziert. Spiegel und Perlen werden aber nicht nur für die Kleiderherstellung benötigt, sondern finden auch Verwendung für ausgestopftes Kinderspielzeug und Wandbehänge. Die gefärbten Textilien sind ebenfalls in Rajasthan zu Hause.

In Kaschmir verarbeitet man die verzierten Stoffe zu Hemden und Anzügen. Die feinen Schals aus der Pashmina-Ziegenwolle sind beliebte Einkäufe im Kullu-Tal. Aus dem Punjab kommen dagegen die *Phulkari*-Bettdecken und -Wandbehänge. Eine andere Stadt, in der Stickereien hergestellt werden, ist Barmer in der Nähe der pakistanischen Grenze und südwestlich von Jaisalmer in Rajasthan. Die Batikkunst ist noch nicht allzu lange in Indien anzutreffen und wurde aus Indonesien übernommen. Überraschend schnell eroberte sie das ganze Land. Weitaus älter ist das *Kalamkari*-Gewebe aus Andhra Pradesh und Gujarat.

Seide und Saris: Seide ist in Indien sehr preiswert und von ausgezeichneter Qualität. Die „Seidenhauptstadt" des Landes ist Kanchipuram in Tamil Nadu, auch wenn Varanasi ebenfalls beliebt ist, insbesondere zum Kauf von Saris aus Seide.

Wenn man einen Seiden-Sari kaufen will, ist es hilfreich, sowohl etwas von Seide als auch von Saris zu verstehen. Saris sind $5^1/2$ m lang, es sei denn, es gehört eine Bluse (*choli*) dazu, denn dann beträgt die Länge 6 m. Saris aus Seide sind in unterschiedliche Qualitätsstufen unterteilt und werden nach Gewicht verkauft (in Gramm pro Meter). Weiche einfarbige Seide bis zu 60 Gramm pro Meter kostet 3,20 Rs pro Gramm, Chiffon-Seide bis zu 20 Gramm pro Meter 4,50 Rs pro Gramm, aber man muß schon Glück haben, wenn man einen Sari aus bedrucktem Chiffon für weniger als 600 Rs finden will. Ein dünner Seiden-Sari aus Kanchipuram wiegt etwa 40 Gramm, ein schwerer rund 600 Gramm. Für reine Gold-Saris (die einzigen, die im Laufe der Zeit nicht dunkler werden) muß man 12,50 Rs pro Gramm bezahlen. Ein $1^1/2$ cm breiter Goldrand wiegt etwa 25 Gramm und kostet rund 320 Rs, während ein $2^1/2$ cm breiter Goldrand 35 Gramm auf die Waage bringt für rund 450 Rs zu haben ist. Hierzu kommt aber noch der Preis für den Sari.

Bronzefiguren: Bezaubernde Bronzefiguren von Göttern stellt man im Süden des Landes noch nach dem alten Verfahren mit der verlorenen Wachsform her. Bei dieser Herstellungsart wird zunächst die gewünschte Figur in Wachs modelliert. Anschließend wird sie von einer genau passenden Form (häufig aus Ton oder Lehm) umgeben. Danach wird das Wachs zum Schmelzen gebracht und ausgegossen. Inzwischen hat man Metall geschmolzen und füllt es in die leere Hohlform. Nach dem Erkalten des Metalls entfernt man die umgebende Form wieder, indem sie einfach zerbrochen wird. Die beliebteste Figur ist wieder einmal Gott Shiva, und zwar als tanzender Nataraj.

Holzschnitzereien: Im südlichen Indien werden Götterstatuen auch aus Sandelholz geschnitzt. Rosenholz wird dort verwendet, um Tierfiguren zu schnitzen, insbesondere Elefanten. Geschnitzte Möbel und andere Haushaltsgegenstände, entweder unbehandelt oder lakkiert, werden in verschiedenen Orten ebenfalls hergestellt. In Kaschmir kann man kompliziert geschnitzte Wandschirme, Tische, Schmuckbehälter und Becher aus Walnußholz kaufen, häufig nach Mustern der Dekorationen auf den Hausbooten. Alte Schnitzereien aus Tempeln können ebenfalls ganz reizvoll sein.

Gemälde: In vielen Orten hat man sich auf die Reproduktion der alten Miniaturen spezialisiert. Beim Kauf müssen Sie jedoch darauf achten, daß man Ihnen nicht eine Malerei anbietet, die angeblich sehr alt ist. In den seltensten Fällen trifft dies zu. Auch auf die Qualität müssen Sie achten. Niedrige Preise bedeuten häufig auch, daß die Qualität nicht besonders ist. Verschaffen Sie sich unbedingt vorher einen Überblick und eine gewisse Sachkenntnis, sonst fallen Sie unweigerlich auf einen schlechten Kauf herein. In Udaipur (Rajasthan) gibt es übrigens einige gute Geschäfte mit modernen Reproduktionen indischer Miniaturen.

In Kerala und - in geringerem Ausmaß - in Tamil Nadu kann man auf wunderschöne und unheimlich ausdrucksstarke Miniaturmalereien auf kleinen Blättern stoßen, die Postkarten mit ländlichen Motiven und mit Abbildungen von Göttern und Göttinnen beigefügt wurden. Sie sind hervorragende Mitbringsel und kosten zwischen 10 und 20 Rs, abhängig von der Qualität und der Zahl der gekauften Miniaturen. Am leichtesten findet man sie in Kovalam, aber sie werden inzwischen auch um Mahabalipuram in Tamil Nadu herum angeboten.

Antiquitäten: Gegenstände, die älter als 100 Jahre sind, dürfen nicht außer Landes gebracht werden. Kommen bei einem Kauf Zweifel auf, so daß Sie vermuten, es könnte bei der Ausfuhr Schwierigkeiten geben, dann wenden Sie sich an eine der folgenden Institutionen:

Bombay
Superintending Archaeologist, Antiquities, Archaeological Survey of India, Sion Fort

Delhi
Director, Antiquities, Archaeological Survey of India, Janpath
Kalkutta
Superintending Archaeologist, Eastern Circle, Archaeological Survey of India, Narayani Building, Brabourne Road
Madras
Superintending Archaeologist, Southern Circle, Archaeological Survey of India, Fort St. George
Srinagar
Superintending Archaeologist, Frontier Circle, Archaeological Survey of India, Minto Bridge

Sonstige Souvenirs: Marmoreinlegearbeiten aus Agra sind ein beliebtes Mitbringsel und erinnern zu Hause an die geheimnisvolle Schönheit des Taj Mahal. Angeboten werden diese Gegenstände in ganz einfacher und kleiner Form, aber auch in größeren Ausführungen als Schmuckkassetten. Applikationen gibt es ebenfalls in verschiedenen Orten, beispielsweise in Orissa. In der Gegend von Kutch in Gujarat findet man entzückend ausgestopftes Spielzeug.

Eine besondere Anziehung auf Touristen üben aber die Musikinstrumente aus, obwohl man heute wesentlich weniger Rucksackreisende mit einer umgehängten Sitar sieht als noch vor 15 Jahren. Weniger einfallsreich ist sicher der Kauf von Tonbändern oder Platten. Bestimmte Straßen in indischen Großstädten erinnern inzwischen an Taipei, Bangkok, Bali sowie Singapur, in denen an Ständen und in Geschäften das ganze Spektrum an zeitgenössischer Musik aus den achtziger, den siebziger und sogar den sechziger Jahren verkauft wird. Allerdings sind diese Aufnahmen häufig Raubkopien und auf fürchterlich schlechten Kassetten aufgenommen. Wenn man danach Ausschau hält, muß man mit rund 50 Rs pro Kassette rechnen.

In den vielen Bata-Schuhläden werden Schuhe nach westlicher Mode äußerst preiswert angeboten. Für ein Paar hochwertige Herrenschuhe zahlt man höchstens 1000 Rs. Das ist wesentlich weniger, als man für gleichwertige Schuhe zu Hause ausgeben würde.

VERKÄUFE

Alles, was bei uns an technischem Schnickschnack angeboten wird, findet in Indien stets Abnehmer. Allerdings ist mit Kameras sowie Kassetten- und Videorekordern kein Geld mehr zu verdienen, denn der indische Markt ist mit solchen Waren inzwischen über-

flutet. Hinzu kommt, daß mitgebrachte Videorekorder im Reisepaß eingetragen wurden, um sicherzustellen, daß so etwas auch wieder ausgeführt wird. Einen reißenden Absatz findet die zollfrei eingekaufte Flasche Whisky, besonders in Kalkutta, Delhi und Madras.

ANREISE

FLUG VON EUROPA

Linienflüge: Aus dem deutschsprachigen Raum bestehen Direktverbindungen nach Indien mit Linienmaschinen von Air India, Delta Air Lines und Lufthansa ab Frankfurt sowie mit Swissair ab Zürich nach Bombay und Delhi. Außerdem kann man mit Lufthansa von Frankfurt direkt nach Madras fliegen. Beim Abflug von anderen Flughäfen muß man unterwegs umsteigen. Ein normaler Flugschein ohne Einschränkungen (gültig ein Jahr) kostet beispielsweise für einen Flug von Frankfurt nach Delhi und zurück rund 4800 DM und von Zürich nach Bombay und zurück ca. 4250 SFr. Mit einem solchen Flugschein kann man auf der Strecke nach und von Indien beliebig viele Zwischenaufenthalte einlegen, beispielsweise in Griechenland und der Türkei.

Billiger wird ein Flugschein zum „Holiday-Tarif", der allerdings nur für Direktflüge mit Air India, Delta Air Lines und Lufthansa von Frankfurt nach Bombay oder Delhi und mit Lufthansa von Frankfurt nach Madras ohne Flugunterbrechung gilt. Je nach Saison zahlt man dann für einen Hin- und Rückflug zwischen 1400 und 2100 DM. Man darf zu diesem Tarif jedoch frühestens 14 Tage und spätestens 30 Tage nach der Ankunft nach Deutschland zurückkehren. Für 100 DM mehr darf man bis zu drei Monate in Indien bleiben. Junge Leute bis 24 Jahre und Studenten bis 26 Jahre erhalten auf diese Tarife noch eine Ermäßigung von 25 %.

Buchen kann man alle diese Flüge in den Büros der jeweiligen Fluggesellschaft und in allen IATA-Reisebüros.

Billigflüge: Daneben gibt es aber auch noch eine Reihe von Billigflügen mit Liniengesellschaften. Am günstigsten sind die Flüge mit Uzbekistan Airlines von Frankfurt über Taschkent nach Delhi, für die man hin und zurück knapp über 1000 DM bezahlen muß und sich für den Rückflug ein ganzes Jahr Zeit lassen kann. Für etwa den gleichen Preis läßt sich für einen Aufenthalt in Indien von bis zu zwei Monaten auch mit Tarom von Frankfurt über Bukarest nach Delhi oder Kalkutta und auf dem gleichen Weg wieder nach Deutschland fliegen.

Mit Flugscheinen von Gulf Air kommt man ebenfalls günstig nach Indien, und zwar von Frankfurt über Bahrain nach Bombay und Delhi und zurück für rund 1100 DM. Die Tickets gelten für Rückflüge frühestens am Sonntag nach Ankunft und spätestens nach sechs

Monaten. Für einen Flug mit Gulf Air von Frankfurt über Bahrain nach Madras und zurück muß man etwa 1450 bis 1800 DM ausgeben.

Sehr günstig sind die Flüge mit der russischen Aeroflot von Hamburg, Berlin, Düsseldorf, Köln/ Bonn, Frankfurt und München über Moskau nach Delhi (Hin- und Rückflug etwa 1050 DM) und Kalkutta (hin und zurück ca. 1100 DM). Die Tickets von Aeroflot gelten für den Rückflug ein ganzes Jahr.

Nicht viel teurer sind die Flüge mit Syrian Arab Airlines von Frankfurt und München über Damaskus nach Bombay und Delhi, für die man hin und zurück etwa 1050 DM ausgeben muß (Ticketgültigkeit ein Jahr).

Auch Air India mischt im Geschäft mit billigen Flugtickets mit. Je nach Saison kann man mit dieser Gesellschaft fünfmal in jeder Woche für 1100 bis 1400 DM von Frankfurt nach Bombay oder Delhi und wieder zurück nach Frankfurt fliegen und kann dann mindestens sechs Tage und längstens sechs Monate im Land bleiben. Mit einem Anschlußflug bringt Air India Passagiere zum gleichen Preis auch nach Bangalore, Goa, Kalkutta, Madras und Trivandrum.

Die Direktflüge von Frankfurt nach Bombay mit Delta Air Lines kann man je nach Saison für 1150 bis 1950 DM buchen, muß dann aber frühestens am Sonntag nach Ankunft und spätestens nach drei Monaten zurückfliegen.

Für etwa 1250 DM kann man auch mit Pakistan International Airlines (PIA) von Frankfurt über Karachi nach Bombay oder Delhi und auf dem gleichen Weg wieder zurück nach Frankfurt fliegen. Mit einem Billigticket von PIA zu diesem Preis darf man jedoch nur mindestens 14 Tage und längstens drei Monate in Indien bleiben. Wenn man rund 1900 DM bezahlt, gilt das Ticket von PIA für den Rückflug ein ganzes Jahr. Man kann aber auch von allen deutschen Flughäfen mit British Airways über London nach Bombay oder Delhi fliegen und muß dann für den Flugschein je nach Saison hin und zurück zwischen 1400 und 1500 DM bezahlen. Für den Rückflug darf man sich mindestens sechs Tage und längstens ein halbes Jahr Zeit lassen. Auch nach Kalkutta und Madras kommt man mit British Airways von allen deutschen Flughäfen über London. Dieser Flug kostet aber je nach Saison zwischen 1500 und 1600 DM. Junge Leute bis 29 Jahre und Studenten bis 34 Jahre kommen sogar noch etwa 100 DM günstiger mit British Airways nach Indien.

Von Berlin, Düsseldorf, Frankfurt oder München kann man mit Egypt Air über Kairo für ca. 1150 DM (Ticketgültigkeit 45 Tage), bzw. für rund 50 DM mehr (90 Tage) bzw. für etwa 1300 DM (Ticketgültigkeit 1 Jahr) nach Bombay fliegen.

Für etwa 1400 bis 1700 DM kommt man auch mit der holländischen KLM von allen deutschen Flughäfen über Amsterdam nach Bombay oder Delhi und für einen Zuschlag von ca. 200 DM auch nach Kalkutta. Die Tickets von KLM gelten für einen Aufenthalt von mindestens sechs Tagen und längstens einem halben Jahr. Auch bei KLM werden jungen Leuten bis 26 Jahren und Studenten bis 29 Jahren Preisermäßigungen eingeräumt, und zwar von etwa 150 DM.

Eine andere preiswerte Flugverbindung nach Indien führt mit Royal Jordanian von Frankfurt über Amman nach Delhi oder Kalkutta. Für einen Aufenthalt von bis zu sechs Wochen zahlt man für diesen Flug ca. 1300 bis 1400 DM, für einen Aufenthalt von bis zu drei Monaten 100 DM mehr und für ein Jahresticket rund 1550 bis 1650 DM.

Nach Kalkutta besteht auch eine Flugverbindung mit Biman, der Fluggesellschaft von Bangladesch, von Frankfurt über Dhaka. Für ein Ticket von Biman für diese Strecke zahlt man je nach Saison etwa 1000 DM (einfach) bzw. 1300 DM (hin und zurück).

Auch mit der skandinavischen SAS kommt man günstig nach Indien, und zwar von Hamburg, Berlin, Hannover, Düsseldorf, Frankfurt, Stuttgart und München über Kopenhagen nach Delhi. Für diesen Flug muß man rund 1200 DM (hin und zurück) bezahlen und hat für den Rückflug drei Monate Zeit. Mit einer Ticketgültigkeit von sechs Monaten muß man für einen Flug mit SAS ca. 250 DM mehr bezahlen.

Ganz interessant ist ferner die Verbindung mit Saudia, der Fluggesellschaft von Saudi-Arabien, von Frankfurt über Dschidda nach Bombay mit Rückflug von Delhi, wieder über Dschidda, nach Frankfurt. Ein solcher „Gabelflug" ist hin und zurück für ca. 1450 DM (bei Abflug im Dezember für 1550 DM) zu haben

Wer nach Südindien will, kann auch nach Tickets von Air Lanka für die Flüge von Frankfurt, Amsterdam, Paris und Zürich über Colombo nach Madras, Tiruchirappalli oder Trivandrum Ausschau halten, aber auch nach Bombay und Delhi. Die kosten für einen Hin- und Rückflug je nach Saison zwischen 1500 und 1800 DM und gelten für den Rückflug drei Monate. Mit einem solchen Flugschein kann man den Flug nach Indien in Sri Lanka unterbrechen.

Zu erwähnen sind ferner die Flüge mit Air France von allen deutschen Flughäfen über Paris nach Bombay oder Delhi und zurück, die je nach Saison für ca. 1200 bis 1500 DM verkauft werden und für einen Aufenthalt von mindestens sechs Tagen und längstens sechs Monaten gelten. Junge Leute bis 26 Jahre und Studenten bis 30 Jahre erhalten für Flüge mit Air France noch etwas Ermäßigung.

Auch Alitalia fliegt von etlichen deutschen Flughäfen nach Indien, und zwar über Rom nach Bombay und Delhi. Für einen solchen Flug muß man hin und zurück je nach Saison mit etwa 1200 bis 1250 DM rechnen (Ticketgültigkeit drei Monate).

Kuwait Airways fliegt ebenfalls preiswert nach Indien. Mit dieser Fluggesellschaft kommt man von Frankfurt und München über Kuwait je nach Saison für rund 1200 bis 1450 DM nach Bombay, Delhi und Trivandrum (Ticketgültigkeit ein Jahr). Die Bahnfahrt vom Wohnort in Deutschland zum Flughafen und zurück kann man für 70 DM Zuschlag gleich mitbuchen.

Mit Emirates, der Fluggesellschaft der Vereinigten Arabischen Emirate, kann man ebenfalls recht günstig nach Indien fliegen. Verbindungen mit dieser Fluggesellschaft bestehen von Frankfurt über Dubai nach Bombay und Delhi. Für einen Flug mit Emirates von Frankfurt nach Indien und zurück muß man je nach Saison 1250 bis 1550 DM rechnen. Die Tickets gelten für den Rückflug sechs Monate.

Etwas exotischer sind die Flugverbindungen mit El Al von Berlin. Leipzig, Köln/Bonn, Frankfurt und München über Tel Aviv nach Bombay und Delhi. Auf diesem Wege kommt man für rund 1300 DM von Deutschland nach Indien und zurück und hat in Indien für den Rückflug bis zu sechs Monate Zeit.

Mit Swissair kann man von allen deutschen Flughäfen über Zürich ebenfalls nach Bombay oder Delhi fliegen. Dafür muß man je nach Saison zwischen 1700 und 2100 DM (Hin- und Rückflug) bezahlen und darf dann längstens sechs Monate in Indien bleiben.

Diese Flüge kann man allerdings nicht bei der jeweiligen Fluggesellschaft und auch nicht in jedem Reisebüro buchen. Die Flugscheine sind jedoch zu günstigen Preisen bei unserer Schwesterfirma Walther-Weltreisen Udo Schwark in Bonn (Hirschberger Straße 30, D-53119 Bonn) erhältlich. Dort sind in einer Datenbank Zehntausende von Flugmöglichkeiten mit allen Einzelheiten (Saisonzeiten, Gültigkeit der Flugscheine, Flugtage usw.) gespeichert, aus der Sie unter Angabe des Flugzieles in Indien und gegen einen großen, frankierten Rückumschlag eine aktuelle Preisliste anfordern und sich daraus die für Sie passende Verbindung heraussuchen können.

In der Schweiz wendet man sich wegen eines preiswerten Fluges am besten an den Globetrotter Travel Service, Rennweg 35, CH-8001 Zürich, Telefon (01) 2 11 77 80 (weitere Büros in Baden, Basel, Bern, Luzern, St. Gallen, Thun und Winterthur), und in Österreich an den Reiseladen, Dominikanerbastei 4, A-1010 Wien, Telefon (01) 5 13 89-0.

Charterflüge: Außer Linienflügen zu offiziellen Tarifen und Billigflügen mit Linienmaschinen gibt es im Winterhalbjahr von November bis April auch noch

Charterflüge nach Indien, und zwar mit LTU von Düsseldorf, Frankfurt und München nach Goa. Man findet sie in den Prospekten von Reiseveranstaltern unter der Bezeichnung „Campingflüge", weil Charterflüge im Gegensatz zu Linienflügen nur zusammen mit einer Unterkunft am Zielort angeboten werden dürfen. Das kann nach den Buchstaben des Gesetzes auch ein Zelt sein, unabhängig davon, ob man es in Anspruch nimmt oder nicht. Allerdings schwanken die Preise für Campingflüge beträchtlich je nach Saison (etwa zwischen 1500 und 1800 DM), sind jedoch meistens günstiger als Linienflüge.

Auch Campingflüge nach Goa kann man bei Walther-Weltreisen Udo Schwark in Bonn buchen und dafür gegen einen großen, frankierten Rückumschlag eine aktuelle Preisliste anfordern.

BILLIGTICKETS IN INDIEN

Billige Flugtickets lassen sich zwar auch in Bombay und Kalkutta kaufen, Dreh- und Angelpunkt dafür ist aber Delhi. Unzählige Billigflugbüros (Bucket Shops) haben sich dort um den Connaught Place herum angesiedelt. Darüber, ob man denen trauen kann, sollte man sich bei anderen ausländischen Besuchern erkundigen, die bereits Erfahrungen gesammelt haben.

Flüge von Delhi nach Europa kosten ca. 5000 bis 7000 Rs und sind ab Bombay etwas preisgünstiger. Die billigsten Flüge nach Europa bieten vor allem die Fluggesellschaften Aeroflot, Kuwait Airways, Syrian Arab Airways und Iraqi Airways an. Wer von Indien nach Amerika will, der zahlt für die Strecke von Delhi über Hongkong nach San Francisco etwa 600 US $.

Obwohl in Indien Delhi die beste Stadt für preisgünstige Flüge ist, unternehmen viele Flugzeuge auf dem Weg von Europa nach Südostasien Zwischenlandungen in Bombay. Darüber hinaus ist zu beachten, daß auf dem Weg von Indien nach Bangladesch, Myanmar (Burma) oder Thailand die Flugscheine in Kalkutta wahrscheinlich preisgünstiger sind als in Delhi, auch wenn dort weitaus weniger Reisebüros ansässig sind.

FLUG VON UND NACH AFRIKA

Zwischen Ostafrika und Indien bestehen viele Flugverbindungen. Dies liegt daran, daß viele Inder in Ostafrika leben. Durchschnittlich kostet ein Flug von Bombay nach Nairobi und zurück, entweder mit Ethiopian Airlines, Kenya Airways, Air India oder Pakistan International Airlines (über Karachi) etwa 440 US $.

Mit Aeroflot kann man zudem von Delhi über Moskau nach Kairo oder umgekehrt fliegen.

FLUG VON UND NACH BANGLADESCH

Bangladesh Biman und Indian Airlines fliegen von Kalkutta für 32 US $ nach Dhaka und für 40 US $ nach Chittagong. Viele Reisende entscheiden sich für die Fluggesellschaft Biman, wenn sie von Kalkutta abfliegen. Dies hat zum einen den Grund, daß der Flug nach Bangkok durchgeht und auch billiger ist. Zum anderen fliegt Biman über Yangoon (Rangoon) in Myanmar (Burma). Biman müßte eigentlich für eine Unterkunft in Dhaka sorgen, wenn Sie dort nur umsteigen wollen, dies klappt aber nur dann, wenn dies auf Ihrem Ticket ausdrücklich vermerkt ist. Ist dies nicht der Fall, dann sind Sie darauf angewiesen, die Nacht in der schwülen Transithalle zu verbringen oder sich auf eigene Faust in der Stadt ein Hotelzimmer zu suchen, was zur Folge hat, daß Sie am nächsten Morgen vor dem Abflug eine Flughafengebühr zu zahlen haben. Verlassen Sie sich nicht darauf, wenn man Ihnen beim Ticketverkauf verspricht, für eine Unterkunft in Dhaka sei gesorgt.

FLUG VON UND NACH MALAYSIA

Da ein Flug von Thailand nach Indien wesentlich billiger ist, ist die Strecke zwischen Malaysia und Indien nicht allzu gefragt. Es gibt aber dennoch Flugverbindungen zwischen Penang sowie Kuala Lumpur und Madras. Tickets für diese Flüge mit Malaysia Airlines bekommt man in den Reisebüros von Penang für etwa 780 RM, also kaum billiger als zu den regulären Tarifen. Die Flugpreise für die Strecke von Kuala Lumpur nach Bombay betragen 700 RM (einfacher Flug) bzw. 1275 RM (Hin- und Rückflug) und von Kuala Lumpur nach Delhi 700 RM (einfacher Flug) bzw. 1070 RM (Hin- und Rückflug).

FLUG VON UND ZU DEN MALEDIVEN

Für einen Flug von Trivandrum nach Male muß man 63 US $ bezahlen. Das ist weniger als für einen Flug von Colombo nach Male.

FLUG VON UND NACH MYANMAR (BURMA)

Grenzübergänge auf dem Landweg zwischen Myanmar und Indien gibt es nicht. Dies gilt auch für die anderen an Myanmar (Burma) grenzenden Länder. Wer dieses Land besuchen möchte, ist gezwungen zu fliegen. Myanma Airways Corporation bedient die Strecke Kalkutta-Rangoon, und Bangladesh Biman fliegt die Strecke Dhaka-Rangoon. Wenn Sie über Myanmar von Bangkok kommen, müssen Sie für einen Flug von Bangkok über Yangoon nach Kalkutta mit Thai Airways etwa 240 US $ und mit Myanma Airways rund 225 US $ bezahlen.

FLUG VON UND NACH NEPAL

Die Strecken zwischen Indien und Kathmandu teilen sich Royal Nepal Airlines Corporation (RNAC) und Indian Airlines. Sowohl bei Royal Nepal Airlines als auch bei Indian Airlines erhält man bei den Flugpreisen 25 % Ermäßigung, wenn man unter 30 Jahre alt ist. Ein Studentenausweis ist dafür nicht erforderlich.

EINFÜHRUNG

Der wichtigste Ausgangspunkt für Flüge von Indien nach Kathmandu ist Delhi. Der tägliche Flug von einer Stunde Dauer kostet 142 US $.

Weitere Städte in Indien mit direkten Flugverbindungen nach Kathmandu sind Bombay (257 US $), Kalkutta (96 US $) und Varanasi (71 US $). Der Flug von Varanasi ist das letzte Stück der bei Touristen beliebten Route von Delhi über Agra, Khajuraho und Varanasi nach Kathmandu.

Wenn Sie auf dem Flug von Delhi oder Varanasi nach Kathmandu die Berge sehen wollen, müssen Sie an der linken Seite sitzen.

FLUG VON UND NACH PAKISTAN
Für 73 US $ bringen die beiden Fluggesellschaften Pakistan International Airlines und Air India Passagiere von Karachi nach Delhi oder umgekehrt und für ca. 140 US $ von Lahore nach Delhi oder umgekehrt. Flugverbindungen bestehen auch zwischen Karachi und Bombay.

FLUG VON UND NACH SINGAPUR
Singapur ist ein Paradies für billige Flugtickets. Dort bekommt man einen Flugschein für die Strecke Singapur-Delhi und zurück schon für ca. 900 S $.

FLUG VON UND NACH SRI LANKA
Wegen der ständigen Unruhen in Sri Lanka entscheiden sich nur wenige Reisende für den Weg über Land von Indien nach Sri Lanka. Da auch die Fährverbindung eingestellt ist, bleibt ohnehin nur die Einreise mit einem Flugzeug.

Colombo, die Hauptstadt von Sri Lanka, wird von Bombay, Madras, Tiruchirappalli und Thiruvananthapuram (Trivandrum) angeflogen. Die meisten Flüge werden zwischen Madras und Colombo angeboten.

FLUG VON UND NACH THAILAND
Bangkok ist noch immer das Tor von Südostasien. Von hier kann man direkt nach Kalkutta, Yangoon (Rangoon) in Myanmar (Burma), Dhaka in Bangladesch und Kathmandu in Nepal fliegen. Der beliebte und günstige Flug Bangkok-Kathmandu kostet etwa 220 US $ (hin und zurück rund 400 US $). Diesen Flug kann man in Myanmar (Burma) unterbrechen, um eine Rundreise durch dieses faszinierende Land zu unternehmen. Das Ticket für einen Flug von Bangkok über Myanmar nach Kalkutta kostet ca. 270 US $.

LANDWEG
Auto- und Motorradfahrer brauchen für die Einreise nach Indien den Kraftfahrzeugschein, eine Haftpflichtversicherung und außer ihrem nationalen auch einen internationalen Führerschein. Außerdem ist ein Carnet de passage en douane erforderlich, das so etwas wie ein

Reisepaß für ein Fahrzeug ist und für begrenzte Zeit die Entrichtung von Zollgebühren erspart. Im Carnet müssen möglicherweise auch teurere Ersatzteile, die man mitzunehmen beabsichtigt, eingetragen sein. Das ist in vielen Ländern Asiens erforderlich und soll Betrügereien bei der Einfuhr von Fahrzeugen vermeiden helfen. Einzelheiten dazu erfährt man bei den Automobilclubs.

Die heimatliche Haftpflichtversicherung gilt meistens nicht in Ländern wie Indien, aber an der Grenze kann eine abgeschlossen werden. Die Kosten und der Umfang des Versicherungsschutzes sind sehr unterschiedlich, so daß es passieren kann, daß man so gut wie unversichert herumfährt.

Wenn man mit einem Fahrzeug nach Indien reisen will, muß man sich vorher vergewissern, welche Ersatzteile und welcher Treibstoff dort erhältlich sind. Bleifreies Benzin und alle denkbaren Ersatzteile für europäische Fahrzeuge sind in Indien keineswegs selbstverständlich.

Eine Fahrradfahrt in Indien ist ein billiges, bequemes, gesundes und umweltfreundliches Unterfangen und vor allen anderen Reisearten sicher das größte Vergnügen. Zur Vorsicht aber ein Hinweis: Bevor Sie zu Hause abreisen, prüfen Sie noch einmal die Funktionsfähigkeit und füllen Sie den Reparaturkasten mit allen nur denkbaren Ersatzteilen auf. Wie bei Autos und Motorrädern kann man nämlich nicht damit rechnen, in Indien alle Ersatzteile für europäische Fahrräder kaufen zu können.

Fahrräder kann man in Flugzeugen mitnehmen. Man kann sie zerlegen und in Teilen befördern lassen, aber viel einfacher ist es, ein Fahrrad bei der Abfertigung als ein Gepäckstück abzugeben. Dann wird man die Pedale abnehmen und den Lenker in Längsrichtung drehen müssen, damit es im Gepäckraum des Flugzeuges nicht mehr Platz als nötig in Anspruch nimmt. Darüber sollten Sie sich aber rechtzeitig bei der Fluggesellschaft informieren, am besten vor der Flugbuchung.

Weitere Einzelheiten über Touren mit einem eigenen Fahrzeug können Sie dem Kapitel über Reisen in Indien entnehmen.

Von Europa: Der klassische Weg nach Indien ist der über Land. Leider setzten aber die Ereignisse im Nahen Osten und in Afghanistan diesem so einmaligen Erlebnis einen Riegel vor. Afghanistan ist für Touristen immer noch gesperrt, aber durch die Türkei und den Iran nach Pakistan hinein ist es heute kein Problem mehr.

Eine Reise von Europa auf dem Landweg nach Indien ist ganz sicher nicht mehr so ein Kinderspiel wie früher, aber immer noch möglich. Viele Reisende verbinden ihre Indienreise mit einem Besuch des Nahen Ostens. In diesem Fall fliegen sie zwischen Indien oder Pakistan und Amman in Jordanien oder nach einer Stadt am Golf.

Einige Reiseveranstalter in London führen immer noch ihre Überlandfahrten durch Asien regelmäßig durch. Näheres kann man bei den Unternehmen Exodus, Encounter Overland, Top Deck und Hann Overland erfahren.

Von und nach Bangladesch: Leider sind viele Grenzübergänge geschlossen, so daß die Auswahl nicht sehr groß ist, zumal ein Blick auf die Karte Gegenteiliges vermuten läßt. Um Bangladesch auf dem Weg nach Kalkutta verlassen zu dürfen, braucht man keine Ausreisegenehmigung. Auf dem Weg nach Darjeeling kann das jedoch anders sein.

Die überwiegende Mehrheit der Reisenden, die auf dem Landweg von Bangladesch kommen oder dorthin wollen, wählt die Strecke Kalkutta-Dhaka. Der erste Abschnitt führt mit einem Zug von Kalkutta (Bahnhof Sealdah) nach Bangaon (13 Rs, 2¹/₂ Stunden), der Stadt, die der Grenze am nächsten liegt. Von dort sind es dann mit einer Rikscha noch etwa 10 km bis zur Grenze auf indischer Seite in Haridaspur (10 Rs, 20 Minuten). Man kann auf dieser Strecke aber auch eine Auto-Rikscha benutzen (50 Rs). In Bangaon ist es möglich, Geld zu wechseln. Dort sind die Wechselkurse auch besser als an der Grenze.

Für die Formalitäten an der Grenze müssen Sie mit rund einer Stunde Zeitaufwand rechnen, denn es sind einige Formulare auszufüllen und Stempel abzuholen. Von der Grenze sind es dann etwa 10 Minuten Fahrt mit einer Rikscha nach Benapole, dem ersten größeren Ort in Bangladesch (5 Tk). Wenn man Kalkutta am frühen Nachmittag verläßt, sollte man früh genug in Benopol (dem Grenzort in Bangladesch) sein, um die Busse zu erreichen, die dort zwischen 18.00 und 20.30 Uhr abfahren. Tagsüber bestehen zwischen der Grenze und Benopol keine Busverbindungen.

Man kann aber auch mit einem Coaster (Minibus) von Benapole nach Jessore fahren und die Reise nach Dhaka von dort fortsetzen. Die letzten „Direktbusse" fahren in Jessore gegen 13 Uhr ab.

Von Benopol nach Dhaka ist es eine Busfahrt von acht oder neun Stunden Dauer und über eine Entfernung von 291 km. Der erste Abschnitt bis Jessore nimmt etwa 1¹/₂ Stunden Fahrt in Anspruch, an den sich eine Überfahrt mit einer Fähre anschließt (eine Stunde). Die eigentliche Überfahrt dauert zwar nur 10 Minuten, aber es sind das Warten, Laden und Entladen hinzuzurechnen, so daß leicht ein oder zwei Stunden vergehen. Weitere 1¹/₂ Stunden benötigen Sie für die Fahrt bis zu der größeren Fähre bei Aricha. Das Übersetzen über den Fluß dauert dann einige Stunden. Die Fahrt nach Dhaka nimmt eine halbe Stunde mehr in Anspruch als in Gegenrichtung, weil die Fähre dann stromaufwärts

fährt. Zu guter Letzt müssen Sie noch die restliche Strecke nach Dhaka zurücklegen, was wiederum etwa 1¹/₂ Stunden dauert.

Kommen Sie aus Dhaka, ist es gut, einen Platz im Bus bereits am Tag vor der Abreise reservieren zu lassen. Am problemlosesten sind die direkten Busverbindungen zwischen Dhaka und der Grenze in der Nacht. In Dhaka fahren Busse zwischen 20 und 23 Uhr ab und sind gegen Morgen in Benapole.

Für eine Fahrt von Darjeeling nach Siliguri kann man einen der relativ schnellen Busse (3 Stunden) oder die langsamere, aber malerische Spielzeugeisenbahn (10 Stunden) benutzen. Wenn Sie mit dem Zug fahren, ist es bequemer, in New Jalpaiguri statt in einer der anderen beiden Stationen in Siliguri auszusteigen.

Die Fahrt von New Jalpaiguri nach Haldibari (dem indischen Grenzkontrollpunkt) mit einem Zug dauert zwei Stunden und kostet 9 Rs. Bis Bangladesch ist es aber noch ein Stück weiter. Man muß nämlich noch einen 7 km langen Fußmarsch auf der nicht mehr betriebenen Bahnlinie von Haldibari bis zum Grenzort Chilharti auf der Seite von Bangladesch bewältigen. Spätestens bei diesem anstrengenden Marsch werden Sie spüren, daß Sie viel zu viel Gepäck bei sich haben. Es sollte aber möglich sein, einen Rikscha-Fahrer zu finden, der das Gepäck die ersten Kilometer bis zur Grenze transportiert.

In Chiliharti ist dann ein Bahnhof, wo Züge weiter nach Bangladesch hinein abfahren. Es ist zwar verboten, Landeswährung einzuführen, aber da es in Chiliharti keine Möglichkeit gibt, Geld zu tauschen, nehmen Sie sich vielleicht doch einige Taka mit. Die sollten in Haldibari erhältlich sein.

Von und nach Nepal: Zwischen Delhi und Kathmandu verkehren Direktbusse, aber darüber hört man nicht gerade erfreuliche Berichte. Es ist billiger und zufriedenstellender, die Fahrt selbst zu organisieren.

Einzelheiten über die Straßenverbindungen nach Nepal finden Sie in den Kapiteln dieses Buches über Uttar Pradesh, Bihar und West-Bengalen. Die beliebtesten Strecken sind die, bei denen die Grenze in Raxaul (unweit von Muzaffarpur), Sunauli (unweit vom Gorakhpur) oder Kakarbhitta (unweit von Siliguri) zu überqueren ist. Wenn Sie auf dem direkten Weg von Delhi oder irgendwo im westlichen Indien nach Kathmandu sind, ist die Route von Gorakhpur nach Sunauli die bequemste. Von Kalkutta, Patna und dem größten Teil des östlichen Indien fährt man am besten über Raxaul und Birganj. Von Darjeeling ist es am einfachsten, über Kakarbhitta zu reisen.

Um Ihnen eine Vorstellung von den Reisekosten zu geben, sei darauf hingewiesen, daß eine Fahrkarte für die Fahrt von Delhi nach Gorakhpur in der 2. Klasse etwa 6 US $ und für die Busfahrt zur Grenze sowie für die Weiterfahrt nach Kathmandu noch einmal 6 US $ kostet.

Weitere Straßenverbindungen nach Nepal bestehen zwischen dem nördlichen Bihar und dem Gebiet östlich von Birgunj. Die werden aber von Touristen nur sehr selten benutzt. Außerdem sind ein paar Grenzübergänge geschlossen worden. Einer davon ist der zwischen Jogbani (in der Nähe von Purnia) und Biratnagar. Auch die Schmalspureisenbahn, die von Jaynagar (unweit von Darbhanga) die Grenze nach Janakpur (einer attraktiven Stadt in Nepal, die als Geburtsort von Sita berühmt ist) überquerte, verkehrt nicht mehr.

Daneben ist es möglich, die Grenze in Nepalganj, Dhangadi und Mahendranagar im äußersten Westen Nepals zu überqueren. Die Einreise nach Mahendranagar, gleich hinter der Grenze vom Dorf Banbassa im nördlichen Uttar Pradesh, ist dabei die interessanteste. Es mag noch einige Zeit dauern, bis dort die Einreise problemlos möglich sein wird, aber diese Route stellt eine interessante Alternative auf dem Weg von und nach Delhi dar. Wenn der Mahendra Highway endlich fertiggestellt ist (eigentlich sollte er bereits fertiggestellt sein, aber darauf darf man sich nicht verlassen), soll diese Route das ganze Jahr über befahrbar sein, aber derzeit eignet er sich nur in der Trockenzeit und auch nur dann, wenn man bereit ist, Strapazen auf sich zu nehmen. Man braucht 12 Stunden von Delhi nach Mahendranagar, 9 Stunden von Mahendranagar nach Nepalganj und 16 Stunden von Nepalganj nach Kathmandu. Weitere Einzelheiten über diese Route finden Sie im Abschnitt über Banbassa im Kapitel über Uttar Pradesh.

Von und nach Pakistan: Wegen der andauernden instabilen politischen Lage ist derzeit zwischen Indien und Pakistan nur ein Grenzübergang geöffnet.

Der Grenzübergang in Attari ist täglich geöffnet. Es ist jedoch empfehlenswert, sich vor einer Reise über die Grenze zwischen Pakistan und Indien über die Situation im Punjab zu informieren, und zwar entweder im Innenministerium (Home Ministry) in Delhi oder im indischen Hochkommissariat in Islamabad, denn dann könnte sich wegen irgendwelcher Probleme auf der einen oder anderen Seite der Grenze etwas ändern.

Für die Eisenbahnfahrt von Lahore (Pakistan) nach Amritsar (Indien) müssen Sie sich eine Fahrkarte für die Strecke Lahore-Attari (Grenzort) und eine weitere für den Abschnitt Attari-Amritsar kaufen. Der Gesamtpreis beträgt aber nur etwa 12 Rs. Der Zug verläßt Lahore um 11.30 Uhr und kommt in Amritsar gegen 15.00 Uhr an. Die Grenzabfertigung nimmt einige Stunden in Anspruch. Fahren Sie in umgekehrter Richtung, dann ist in Amritsar um 9.30 Uhr Abfahrt und Ankunft in Lahore gegen 13.35 Uhr. Die Einreise- und Zollformalitäten für Pakistan werden im Bahnhof von Lahore

vorgenommen. Die Fahrzeiten verlängern sich gelegentlich, wenn die Grenzabfertigungen mehr Zeit in Anspruch nehmen.

Wenn Sie von Amritsar nach Pakistan fahren wollen, können Sie sich die Fahrkarte erst am Morgen des Reisetages kaufen. Eine Sitzplatzreservierung gibt es nicht. Stellen Sie sich daher rechtzeitig an und lassen Sie sich nicht abdrängen. Geschäftige Geldwechsler bieten auf dem Bahnsteig gute Kurse für pakistanische Rupien. Allerdings kann man dort auf dem Weg in Gegenrichtung keine indischen Rupien erhalten. Reisende berichteten übrigens, daß der Kurs für das Wechseln von indischen in pakistanische Rupien noch günstiger in Pakistan sei. In Wagah (dem pakistanischen Grenzort) und Amritsar können Sie aber - auch wenn man Ihnen Gegenteiliges sagt - indische Währung in pakistanisches Geld eintauschen.

Die Straßenverbindung zwischen Indien und Pakistan wird nur von wenigen Besuchern in Anspruch genommen. Sie ist vorwiegend für Autoreisende oder Globetrotter interessant, die in Überlandbussen reisen. Bei Busreisen fährt man, wenn man von Lahore nach Amritsar will, zunächst bis zum Grenzort Wagah, überquert die Grenze zu Fuß, um dann in einen anderen Bus oder ein Taxi nach Amritsar einzusteigen.

Von Lahore fahren Busse und Minibusse in Richtung Grenze. Haltestelle ist unweit des Busbahnhofs in der Badami Bagh. Die Grenze ist in der Zeit von 9.15 bis 15.30 Uhr geöffnet. Müssen Sie aus irgendwelchen Gründen auf der pakistanischen Seite übernachten, dann steht Ihnen dafür das PTDC Motel zur Verfügung, in dem es Schlafsäle und Doppelzimmer gibt.

Von und nach Südostasien: Ganz im Gegensatz zu den Schwierigkeiten in Zentralasien ist der Überlandweg durch Südostasien immer noch möglich und beliebt wie eh und je. Von Australien aus ist der erste Schritt nach Indonesien, und zwar entweder nach Timor, Bali oder Jakarta. Auch wenn die meisten Traveller von einer Stadt an der Ostküste Australiens oder von Perth nach Bali fliegen, gibt es auch Flüge von Darwin und Port Hedland. Diese Städte liegen im Westen von Australien. Die kürzeste Strecke aber ist die von Darwin nach Kupang auf der indonesischen Insel Timor.

Von Bali kommend durchquert man Java bis Jakarta. In Jakarta haben Sie drei Möglichkeiten: eine Fahrt mit dem Schiff nach Singapur, einen Flug nach Singapur oder auf dem Landweg weiter nach Norden durch Sumatra und dann mit dem Flugzeug oder Schiff nach Penang in Malaysia. Für die Weiterreise bestehen Flugverbindungen von Penang nach Madras in Indien. Beliebter ist allerdings die Weiterreise nach Thailand. Von Bangkok aus bietet sich dann ein Flug nach Indien an, vielleicht mit einer Unterbrechung in Myanmar (Burma). Leider ist der Grenzübergang von Myanmar nach Indien und zu allen Nachbarstaaten auf dem Landweg von der Regierung von Myanmar verboten worden.

Eine sehr interessante Variante führt von Australien zunächst nach Papua-Neuguinea und von dort durch Irian Jaya und Sulawesi. Aber dies sind nur einige Vorschläge. Südostasien bietet viele Möglichkeiten. Zudem ist es eine herrliche Gegend auf der Erde, wo das Reisen eine wahre Freude ist und die Reisekasse nicht allzu sehr belastet wird. Das Essen ist hervorragend und sehr gesund. Kurzum: ein Gebiet, das auf einer Asienreise nicht ausgelassen werden sollte.

SCHIFF

Wegen der Unruhen in Sri Lanka ist die Fährverbindung von Rameswaram im südlichen Indien nach Talaimannar in Sri Lanka schon seit einigen Jahren unterbrochen. Mit diesen Schiffen gelangten früher Waffen und Versorgungsgüter für die Guerillas im Norden von Sri Lanka ins Land.

Die Schiffe auf der Route Afrika-Indien nehmen heute nur noch Fracht mit. Dazu gehören auch Autos, aber keine Passagiere.

Die Schiffsverbindung zwischen Penang und Madras besteht ebenfalls seit einigen Jahren nicht mehr.

PAUSCHALREISEN

Es gibt neben denen mit den üblichen Pauschalreisen eine ganze Reihe von Reiseveranstaltern, die ungewöhnliche und interessante Touren nach Indien anbieten. Das sind aber zu viele, als daß sie alle hier genannt werden könnten. Werfen Sie bei Interesse einen Blick in die Reiseteile der Tages- und Wochenzeitungen sowie in die Reisezeitschriften, in denen solche Veranstalter inserieren.

FLUGHAFENGEBÜHR

Für Flüge in angrenzende Länder (Pakistan, Sri Lanka, Bangladesch und Nepal) beträgt die Flughafengebühr 100 Rs, während man für Flüge in weiter entfernte Länder sogar 300 Rs bezahlen muß.

Die Flughafengebühr wird für alle Flugreisende verlangt, auch für Babies, die gar keinen eigenen Platz in Anspruch nehmen. Dies steht in krassem Gegensatz zu dem, was in anderen Ländern üblich ist. Wie diese Gebühr gezahlt wird, ist recht unterschiedlich. Im allgemeinen muß man den Obolus entrichten, bevor die Abfertigung für den Flug beginnt. Halten Sie daher nach einem Schalter Ausschau, an dem die Flughafengebühr zu entrichten ist, bevor Sie in den Bereich des Flughafens gehen, in dem die Flugabfertigung stattfindet.

REISEVERSICHERUNG

Unabhängig davon, wie Sie in Indien reisen wollen, lohnt es sich, eine Reiseversicherung in Erwägung zu ziehen. Denken Sie einmal darüber nach, was Sie in dieser Beziehung benötigen. Es mag nötig sein, Ihren alten Rucksack gegen Diebstahl und Verlust zu versichern, aber Sie sollten sich einen Versicherungsschutz für den schlimmsten aller Fälle besorgen - einen Unfall beispielsweise, der einen Krankenhausaufenthalt oder sogar einen Rettungsflug nach Hause erfordert. Es ist sicher auch keine schlechte Idee, von der Police für die Reiseversicherung eine Kopie für den Fall anzufertigen, daß das Original verlorengeht. Wenn Sie planen, eine lange Reise zu unternehmen, mag es scheinen, daß dafür eine Reiseversicherung sehr teuer ist, aber wenn Sie sich die nicht leisten können, dann werden Sie auch eine ärztliche Behandlung im Notfall während der Reise nicht bezahlen können.

REISEN IN INDIEN

FLUG

Die größte indische Inlandsfluggesellschaft, die staatliche Indian Airlines, bedient mit ihren Maschinen ein dichtes Inlandsstreckennetz und verbindet auch einige Nachbarländer mit Indien. Air India, die internationale Fluggesellschaft des Landes, bedient aber ebenfalls einige Inlandsstrecken, vor allem für die Strecken Bombay-Delhi, Bombay-Kalkutta und Bombay-Madras.

Viele Jahre lang war Vayudoot, ebenfalls ein staatliches Unternehmen, die einzige weitere Fluggesellschaft, die vorwiegend für Zubringerflüge eingesetzt wurde und kleinere Flugplätze bediente, insbesondere in den nordöstlichen Bundesstaaten.

Mit diesem gemütlichen staatlichen Duopol bestand für keine Fluggesellschaft in Indien ein Anreiz, der Belästigung viel Aufmerksamkeit zu schenken, die man Kundenfreundlichkeit nennt. Der Service an Bord war mies, die Verpflegung kaum genießbar, Verspätungen und Absagen von Flügen waren an der Tagesordnung, Reservierungen zu günstigen Flugzeiten nur schwer vorzunehmen und die Bearbeitung von Anträgen auf Erstattungen des Flugpreises für die Nichtinanspruchnahme eines gebuchten Fluges wie eine Strafe Gottes.

All das machte Flugreisen innerhalb Indiens zu einer kummerbeladenen Angelegenheit.

Glücklicherweise hat sich diese Trostlosigkeit in den letzten paar Jahren drastisch zum besseren gewendet, weil der Himmel über Indien zu einem großen Teil dereguliert worden ist. Mindestens ein halbes Dutzend neuer Fluggesellschaften, bekannt als Air Taxi Operator (ATO), hat den Flugbetrieb aufgenommen. Auch wenn die derzeit nur die größeren Städte anfliegen, werden laufend neue Strecken in die Flugpläne aufgenommen.

Seit der Zulassung von ATO haben Besucher in Indien auf vielen Routen nicht nur die Wahl, mit welcher Fluggesellschaft sie fliegen sollen, sondern dadurch ist Indian Airlines auch gezwungen worden, in vielfacher Hinsicht die Ärmel aufzukrempeln und Anstrengungen zu unternehmen, wettbewerbsfähig zu werden. Das Ergebnis ist, daß der Grad des Service sich stark verbessert hat, auch wenn viele Piloten zu den ATO abgewandert sind, angelockt durch lukrativere Gehälter. Dennoch schreibt Indian Airlines weiterhin rote Zahlen in Millionenhöhe. Die ATO auf der anderen Seite lachen sich ins Fäustchen und erhöhen laufend ihre Gewinne. Bei all dem scheint Vayudoot den Weg der Dinosaurier gegangen und ausgestorben zu sein, wobei die Flugzeuge dieser Gesellschaft offensichtlich von Indian Airlines übernommen worden sind.

Als ATO fliegen in Indien derzeit: East West, bei der ein Teil der Belegschaft von Malaysia Airlines ausgeliehen ist, ModiLuft, bis vor kurzem mit Lufthansa verbunden, Sahara Indian Airlines, Archana Airways, Jagson Airlines, NEPC und Jet Airways.

Flugbuchungen: Bei Indian Airlines werden, außer in den kleinsten Büros, Buchungscomputer eingesetzt. Daher sind Fluginformationen und Reservierungen leicht zu erhalten. Man muß nur erst an die Spitze der Schlange der Wartenden gelangt sein, was einige Zeit in Anspruch nimmt. Dennoch, alle Flüge sind immer noch stark gefragt, so daß man Flüge mit Indian Airlines so lange im voraus wie möglich planen sollte.
Die privaten Fluggesellschaften sind alle recht zuverlässig und meistens ebenfalls mit Computern für Flugbuchungen ausgerüstet.

Flugscheine: Von Ausländern müssen sämtliche Tickets für Inlandsflüge in Indien mit Indian Airlines in Devisen (bar oder Reiseschecks) oder in Rupien bezahlt werden, für deren Erwerb man Wechselquittungen vorlegen kann. Wechselgeld erhält man, wenn man mit Devisen in bar nicht passend bezahlen kann, in Rupien. Kinder bis zu 2 Jahren fliegen für 10 % des normalen Flugpreises, aber immer nur ein Kind zusammen mit einem Erwachsenen. Kinder zwischen 2 und 10 Jahren zahlen 50 % des Flugpreises. Ermäßigungen für Studenten gibt es für ausländische Besucher nicht, jedoch

einen Nachlaß für junge Leute zwischen 12 und 30 Jahren. Von ihnen wird ein um 25 % ermäßigter Flugpreis gefordert.

Büros von Indian Airlines

Agartala (12 km)
Khosh Mahal Building, Central Road (Tel. 0381/54 70)
Agra (7 km)
Hotel Clarks Shiraz, Taj Road 54 (Tel. 0562/36 09 48)
Ahmedabad (10 km)
Airlines House, Lal Darwaja (Tel. 140, 079/35 33 33)
Allahabad (12 km)
Touristen-Bungalow, M G Road (Tel. 0532/60 28 32)
Amritsar (11 km)
The Mall 48 (Tel. 0183/6 44 33)
Aurangabad (10 km)
Dr. Rajendra Prasad Marg (Tel. 02432/2 48 64)
Bagdogra (14 km)
Hotel Sinclairs, Mallaguri, Siliguri (Tel. 03556/2 06 92)
Bangalore (13 km)
Housing Board Building, Kempegowda Road (Tel. 080/2 21 19 14)
Bhavnagar (8 km)
Diwanpara Road (Tel. 0278/2 65 03)
Bhopal (11 km)
Bhadbhada Road, TT Nagar (Tel. 0755/55 04 80)
Bhubaneswar (4 km)
Unit 1, Raj Path, Bapuji Nagar (Tel. 0674/40 05 33)
Bhuj (6 km)
vor dem Waniawad-Tor, Station Road (Tel. 0735/2 14 33)
Bombay (26 km)
Army & Navy Building, M G Road (Tel. 022/2 87 61 61 und 2 02 30 31)
Chandigarh (11 km)
SCO-186-187-188, Sektor 17 C (Tel. 0172/54 40 34)
Chittagong, Bangladesch (23 km)
Hotel Agrabad (Tel. 50 28 14)
Coimbatore (11 km)
Civil Aerodrome, Peelamedy (Tel. 0422/21 27 43)
Colombo, Sri Lanka (32 km)
Sir Baron Jayatilaka Mawatha 95 (Tel. 32 31 36)
Darjeeling
Hotel Bellevue, Chowrasta (Tel. 0354/23 55)
Delhi (16 km)
Malhotra Building, Connaught Place (Tel. 011/3 31 05 17)
PTI Building, Sansad Marg (Tel. 011/3 71 91 68)
Flughafengebäude für Inlandsflüge (Tel. 140, 144 und 141)
Dhaka, Bangladesch (17 km)
Sharif Mansion, Motijheel (Tel. 50 36 93)
Dibrugarh (16 km)
CIWTC Bungalow, Assam Medical College Road (Tel. 0373/2 01 14)

Wer einen gebuchten Flug nicht antritt, muß einen Stornierungsgebühr von 100 Rs bezahlen und erhält nur den Rest zurück. Bei Flugscheinen für Kinder fällt allerdings keine Stornierungsgebühr an. Wenn ein Flug sich verspätet oder ganz abgesagt wird, kann man sich jedoch den Preis für den Flugschein nicht so ohne

---

Dimapur (3 km)
  Dimapur-Imphal Road (Tel. 03862/2 08 75)
Gangtok
  Tibet Road (Tel. 03592/2 30 99)
Goa
  Dempo Building, D. Bandodkar Marg, Panaji (Tel. 0832/22 40 67)
Guwahati (23 km)
  Paltan Bazar (Tel. 0361/56 44 20)
Gwalior (12 km)
  Tansen Marg, Barrar (Tel. 0751/2 85 33)
Hyderabad (16 km)
  Secretariat Road (Tel. 0842/24 33 33 und 23 69 02)
Imphal (8 km)
  Mahatma Gandhi Road (Tel. 03852/22 01 99)
Indore (9 km)
  Dr. R. S. Bhandari Marg (Tel. 0731/43 15 95)
Jaipur (13 km)
  Tonk Road (Tel. 0141/51 44 07)
Jammu (6 km)
  Tourist Reception Centre, Veer Marg (Tel. 0191/54 27 35)
Jamnagar (10 km)
  Indra Mahal, Bhind Bhanjan Road (Tel. 0288/7 85 69)
Jodhpur (5 km)
  Airport Road (Tel. 0291/3 67 57)
Jorhat (7 km)
  Tarajan Road, Garhali (Tel. 0376/32 00 11)
Kalkutta (16 km)
  Airlines House, Chittaranjan Ave. 39 (Tel. 033/26 33 90 und 26 44 33)
Karachi, Pakistan (19 km)
  Hotel Inter-Continental (c/o PIA) (Tel. 68 15 77)
Kathmandu, Nepal (6 km)
  Durbar Marg 26 (Tel. 41 96 49)
Khajuraho (5 km)
  Hotel Khajuraho (Tel. 076861/20 35)
Kochi/Cochin (6 km)
  Durbar Hall Road, Ernakulam (Tel. 0484/37 02 42)
Kozikhode (Calicut)
  Eroth Centre, Bank Road (Tel. 0495/6 54 82)
Leh (8 km)
  Ibex Guest House (Tel. 01982/22 76)
Lucknow (15 km)
  Clarks Avadh, Mahatma Gandhi Marg 5 (Tel. 0522/24 09 27)
Madras (18 km)
  Marshalls Road 19, Egmore (Tel. 044/8 25 16 77 und 8 27 78 88)
Madurai (12 km)
  Pandyan House, West Veli Street 7 A

  (Tel. 0452/3 72 34)
Male, Malediven (5 km)
  Beach Hotel (Tel. 32 30 03)
Mangalore (20 km)
  Hathill Road, Lalbagh (Tel. 0824/41 43 00)
Mysore
  Hotel Mayura Hoysala, Jhansi Lakshmi Bair Road (Tel. 0821/51 69 43)
Nagpur (11 km)
  Manohar Niwas 242 A, Rabindranath Tagore Road, Civil Lines (Tel. 0712/53 39 62)
Patna (8 km)
  South Gandhi Maidan (Tel. 0612/22 64 32)
Port Blair (3 km)
  Tagore Marg (Tel. 03192/2 11 08)
Pune (10 km)
  Dr. Ambedkar Road 39 (Tel. 0212/65 99 39, 140)
Raipur (19 km)
  LIC Building (Tel. 0771/52 67 07)
Rajkot (4 km)
  Angel Chamber, Station Road (Tel. 0281/2 79 16)
Ranchi (13 km)
  Welfare Centre, Main Road (Tel. 0651/30 24 81)
Silchar (26 km)
  Red Cross Road (Tel. 03842/2 00 72)
Srinagar (14 km)
  Air Cargo Complex Road, Shervani Marg (Tel. 0194/7 68 68)
Tezpur (16 km)
  Jankin Road (Tel. 03804/2 00 83)
Thiruvananthapuram/Trivandrum (7 km)
  Mascot Hill Building, Museum Road (Tel. 0471/43 68 70)
Tiruchirappalli (8 km)
  Southern Railway Employees Co-op Credit Society Building, Dindigul Road (Tel. 0431/4 22 33)
Tirupati (15 km)
  Hotel Vishnupriya, Ranigunta Road (Tel. 2 23 49)
Udaipur (24 km)
  LIC Building, außerhalb vom Delhi-Tor (Tel. 0294/41 09 99)
Vadodara (6 km)
  University Road, Fateh Ganj (Tel. 0265/32 85 96)
Varanasi (22 km)
  Mint House Motel, Vadunath Road, Cantonment (Tel. 0542/4 37 46)
Visakhapatnam (16 km)
  Jeevan Prakash, LIC Building Complex (Tel. 0891/4 65 03)

weiteres erstatten lassen. Findet man sich erst weniger als 30 Minuten vor der vorgesehenen Abflugzeit zur Abfertigung ein oder erscheint man gar nicht zum gebuchten Flug, verfällt der volle Flugpreis.

Indian Airlines übernimmt auch keine Verantwortung für verlorengegangene Tickets und erstattet dafür den Flugpreis nicht. Nach Ermessen des jeweiligen Mitarbeiters wird aber manchmal ein Ersatzticket ausgestellt.

Private Inlandsfluggesellschaften

Ahmedabad
  Damania Airways (Tel. 30 57 47)
  East West (Tel. 42 33 11 und 42 33 12)
  Jet Airways (Tel. 46 78 86 und 46 28 39)
  ModiLuft (Tel. 46 62 28)
Aurangabad
  East West (Tel. 2 43 07 und 2 99 90)
Bangalore
  Damania (Tel. 5 58 88 66 und 5 58 87 36)
  East West (Tel. 58 68 74 und 58 68 94)
  Jet Airways (Tel. 5 58 83 54 und 5 58 60 95)
  ModiLuft (Tel. 5 58 21 99 und 5 58 22 02)
  NEPC (Tel. 5 58 73 22)
  Sahara (Tel. 5 58 69 76 und 5 58 39 17)
Bhavnagar
  East West (Tel. 2 92 44)
Bombay
  Damania (Tel. 6 10 25 45 und 6 10 46 76)
  East West (Tel. 6 43 66 78 und 6 44 18 80)
  Jet Airways (Tel. 2 85 57 88 und 2 85 57 89)
  ModiLuft (Tel. 3 63 50 85 und 3 63 19 21)
  NEPC (Tel. 6 11 51 44)
  Sahara (Tel. 2 83 24 46 und 8 73 88 25)
Coimbatore
  Damania (Tel. 57 68 98)
  East West (Tel. 21 02 85)
  Jet Airways (Tel. 21 20 36)
  NEPC (Tel. 21 67 41)
Delhi
  Archana (Tel. 6 82 93 23 und 3 29 51 26, App. 23 54)
  Damania (Tel. 6 88 11 22 und 6 88 89 51)
  East West (Tel. 3 72 15 10 und 3 32 02 22)
  Jagson (Tel. 3 72 15 93)
  Jet Airways (Tel. 3 72 47 27 und 3 72 47 29)
  ModiLuft (Tel. 6 43 06 89 und 63 11 28)
  Sahara (Tel. 3 32 68 51 und 3 35 27 71)
Diu
  East West (Tel. 21 80)
Goa
  Damania (Tel. 22 01 92 und 22 27 91)
  East West (Tel. 22 41 08 und 22 47 23)
  Jet Airways (Tel. 22 44 71 und 22 14 76)
  ModiLuft (Tel. 22 75 77)
Hyderabad
  East West (Tel. 81 35 66)
  Jet Airways (Tel. 23 12 63)
  ModiLuft (Tel. 24 37 83)
Jaipur
  East West (Tel. 51 68 09)

Jaisalmer
  Jagson Airlines (Tel. 5 23 92)
Jodhpur
  East West (Tel. 3 75 16)
  Jagson Airlines (Tel. 4 40 10, App. 360)
Kalkutta
  Damania (Tel. 4 75 70 90 und 4 75 73 96)
  East West (Tel. 29 14 69 und 29 14 63)
  ModiLuft (Tel. 29 62 57 und 29 84 37)
Kochi (Cochin)
  East West (Tel. 36 35 42 und 36 95 92)
  Jet Airways (Tel. 36 94 23 und 36 95 82)
  ModiLuft (Tel. 37 00 15)
  NEPC (Tel. 36 77 20)
Kozhikode (Calicut)
  East West (Tel. 6 48 83)
  Jet Airways (Tel. 35 60 52)
Madras
  Damania Airways (Tel. 8 28 06 10)
  East West (Tel. 8 27 70 07 und 8 26 66 69)
  Jet Airways (Tel. 8 25 79 14 und 8 25 98 17)
  ModiLuft (Tel. 8 26 00 48)
  NEPC (Tel. 4 34 42 59)
Madurai
  East West (Tel. 2 49 95)
  NEPC (Tel. 2 45 20)
Mangalore
  East West (Tel. 44 05 41 und 44 01 05)
  Jet Airways (Tel. 44 06 94 und 44 07 94)
  NEPC (Tel. 45 66 59)
Pune
  Damania (Tel. 64 08 15)
  East West (Tel. 66 58 62)
  NEPC (Tel. 64 74 41)
Rajkot
  East West (Tel. 4 04 22)
Thiruvananthapuram (Trivandrum)
  East West (Tel. 43 82 88)
  NEPC (Tel. 44 10 05)
Udaipur
  East West (Tel. 7 17 57 und 7 75 69)
  ModiLuft (Tel. 65 52 81)
Vadodara (Baroda)
  East West (Tel. 33 00 09 und 33 26 28)
  Jet Airways (Tel. 33 70 51 und 33 70 52)
  NEPC (Tel. 33 78 99)
Visakhapatnam
  East West (Tel. 6 41 19)
  NEPC (Tel. 57 41 51)

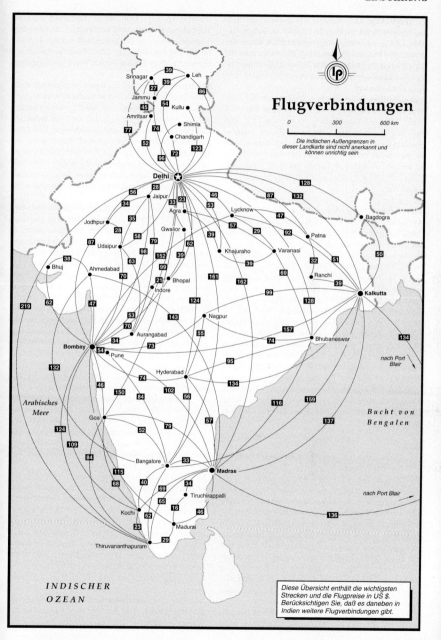

Flugverbindungen

0   300   600 km

*Die indischen Außengrenzen in
dieser Landkarte sind nicht anerkannt und
können unrichtig sein*

*Arabisches
Meer*

*Bucht von
Bengalen*

nach Port
Blair

nach Port Blair

*INDISCHER
OZEAN*

Diese Übersicht enthält die wichtigsten
Strecken und die Flugpreise in US $.
Berücksichtigen Sie, daß es daneben in
Indien weitere Flugverbindungen gibt.

EINFÜHRUNG

Flugpreise: Die Karte mit dem Streckennetz innerhalb Indiens enthält die wichtigsten Routen von Indian Airlines und den privaten Fluggesellschaften sowie die Preise. Die privaten Fluggesellschaften berechnen für die gleichen Strecken wie von Indian Airlines normalerweise identische Flugpreise, in einigen Fällen aber auch deutlich mehr.

Indian Airlines bietet daneben Sondertarife an, z. B. den „Discover India-Tarif", der für 21 Tage 500 US $ kostet. Mit einem Rundflugschein zu diesem Tarif kann man drei Wochen lang unbegrenzt oft auf Inlandsstrecken von Indian Airlines fliegen. Er eignet sich gut für diejenigen, die in kurzer Zeit viel sehen möchten. Außerdem wird jungen Leuten unter 30 Jahren für Flüge mit Indian Airlines eine Ermäßigung von 25 % eingeräumt.

Abfertigung: Die Mindestzeit für die Abfertigung vor Abflug beträgt bei Indian Airlines eine Stunde. Für alle Flüge von und nach Srinagar muß man noch 30 Minuten früher zur Abfertigung erscheinen.

Die Inlandsflüge von Air India beginnen an den Flughafengebäuden für internationale Flüge und nicht an denen für Inlandsflüge. Dafür muß man spätestens zwei Stunden vorher zur Abfertigung erscheinen. Vergewissern Sie sich daher bei Inlandsflügen in Indien, welche Gesellschaft sie benutzen werden. Wenn Sie das Stück in Indien als ansonsten internationales Fluges buchen, bestehen gute Aussichten, daß sie mit Air India fliegen werden. Nicht viele Länder können es sich leisten, auf Inlandsflügen Jumbo Jets einzusetzen!

Auf einigen Inlandsstrecken müssen die Passagiere als Sicherheitsmaßnahme ihr aufgegebenes Gepäck unmittelbar vor dem Betreten des Flugzeuges auf dem Flughafenvorfeld noch einmal identifizieren. Wenn man das unterläßt, wird das Gepäck nicht in das Flugzeug eingeladen.

BUS

Das Reisen durch Indien mit der Bahn übt auf Besucher eine Faszination besonderer Art aus. Die romantischen Postzüge, die Sehenswürdigkeiten, das vertraute Stimmengewirr der Händler, die die Bahnhöfe bevölkern und die den Stationen ihren eigenen Geruch aufdrängen, die alten Namen und die ausgefallenen Dampflokomotiven - dies alles läßt einen Reisenden allzu leicht vergessen, daß es in Indien auch ein gut ausgebautes und gut funktionierendes Busnetz gibt. Häufig bieten die Busse auch Anschlußverbindungen an die Züge. Sie fahren von den Endstationen der Eisenbahn in entlegene Gebiete ab und dringen auch dorthin vor, wohin die Eisenbahn nicht fahren kann - beispielsweise nach Kaschmir.

Häufig genug verlaufen die Buslinien aber auch parallel zu den Zugstrecken. Manchmal sind Busse sogar schneller als Züge. Dort, wo die Eisenbahn auf einer Schmalspur verkehrt, wird es ohnehin eine schnellere Verbindung mit dem Bus geben, z. B. auf den Strecken im Norden von Bihar, in Uttar Pradesh bis hin zur Grenze nach Nepal und in großen Teilen von Rajasthan.

Busarten: Der Zustand der Busse ist allerdings recht unterschiedlich, je nachdem, in welchem Staat des Subkontinents Sie unterwegs sind. Im allgemeinen werden Sie die Feststellung machen, daß auch mit Busreisen Gedränge, Überfüllung und schleppende Fahrweise verbunden sind. Und es sind auch längst nicht alle Busse bequem - im Gegenteil. Einige Provinzen bieten auf den Hauptstrecken gleich mehrere Arten von Bussen an: normale Busse, Schnellbusse, Semi-Luxusbusse, Luxusbusse, klimatisierte Luxusbusse und sogar Luxusschlafbusse.

In normalen Bussen befinden sich im allgemeinen fünf Plätze in jeder Reihe, allerdings kann man glücklich sein, wenn darauf auch nur fünf Fahrgäste sitzen. In diesen Bussen werden im Gang auch noch Unmengen von Gepäck, unter den Sitzen Hühner und in einigen abgelegeneren Gegenden in der „oberen Klasse" auf dem Dach weitere Passagiere befördert. Solche Busse scheinen frustrierend langsam zu fahren, sind normalerweise bereits in einem fortgeschrittenen Zustand des Verfalls und scheinen überdies häufig zu halten - oft ohne erkennbaren Grund und dann auch noch für längere Zeiträume. Bis zum jeweiligen Ziel scheinen eine ewige Zeit unterwegs zu sein. Auf der anderen Seite sind sie sehr farbenfreudig und können für kürzere Fahrten interessante Verkehrsmittel sein. Auf längeren Fahrten mit normalen Bussen werden Sie sich wünschen, besser zu Hause geblieben zu sein.

Da sind Schnellbusse schon ein wesentlicher Fortschritt, denn sie halten viel seltener. Sie sind zwar wie die normalen Busse ebenfalls häufig überfüllt, aber man hat in ihnen zumindest das Gefühl voranzukommen. Der Preis für eine Fahrt mit einem Schnellbus ist ein paar Rupien höher als für einen normalen Bus. Diese Mehrkosten lohnen sich allemal.

In Semi-Luxusbussen befinden sich ebenfalls fünf Sitze in jeder Reihe, aber sie bieten eine bessere Polsterung sowie den „Luxus" von getönten Scheiben. Sie halten auch nicht so oft. Die Preise für Fahrten in diesen Bussen sind etwa 20 % höher als für Fahrten mit normalen Bussen, was viele Inder davon abhält, sie zu benutzen, weil sie sich nur die billigsten Verkehrsmittel leisten können. Der größte Unterschied zu den Luxusbussen ist, daß in denen in jeder Reihe nur vier Sitze angeordnet sind und sie sich zurücklehnen lassen.

Im allgemeinen unterhält jeder Bundesstaat ein eigenes Busunternehmen. Das Busnetz wird in den meisten Staaten noch durch private Gesellschaften ergänzt. Diese

In ländlichen Gebieten sind Busse oft überfüllt und Fahrten mit ihnen unbequem, und zwar einfach deshalb, weil zu wenige davon verkehren, um die Nachfrage zu befriedigen. Die Fahrgäste dieses Busses in Rajasthan klammern sich an jeder nur denkbaren Stelle fest.

befahren häufig jedoch nur ganz bestimmte Streckenabschnitte. Allerdings sind die Besitzer privater Busunternehmen anders als die staatlichen Busgesellschaften eher auf Gewinnmaximierung aus, so daß sie weniger für Wartung ausgeben und ihre Fahrer mit größerer Geschwindigkeit unterwegs sind - eine gefährliche Kombination.

Abgesehen davon, daß Busse manchmal zwar schneller sind als Züge, fühlt man sich in ihnen bei längeren Reisen eher eingeengt als in einem Zug. Wenn man lange unterwegs sein wird, insbesondere über Nacht, dann entscheidet man sich, wenn man die Wahl hat, besser für die Bahn.

Die Sache, mit der sich Ausländer in indischen Bussen am seltensten abfinden können, ist die Musik. Die Hindi-Popmusik wird mit größter Lautstärke und ohne Unterbrechung gespielt. Bitten, die Lautstärke etwas zu drosseln, wird meistens mit Belustigung und vollständigem Unverständnis begegnet. Genauso schlimm sind die Videofilme in vielen Luxusbussen. Das sind ganz miese Streifen mit Machotypen, die ebenfalls mit voller Lautstärke stundenlang gezeigt werden. Wenn Sie nachts mit einem Bus fahren wollen, dann meiden Sie besser solche, in denen Videofilme abgespielt werden.

Platzreservierung: Wenn Sie zu zweit unterwegs sind, machen Sie sich einen Plan, wie einer das Gepäck hüten und der andere in den Bus stürmen und Plätze besetzen kann. Eine andere Möglichkeit, sich Plätze zu sichern, besteht darin, durch ein offenes Fenster eine Zeitung oder ein Kleidungsstück auf einen Platz zu legen und ihn damit für sich zu reservieren. Darum kann man auch Mitfahrer bitten, die bereits im Bus sitzen. Wenn man sich auf diese Weise Plätze gesichert hat, kann man sich Zeit lassen, bis sich alles wieder beruhigt hat, und

dann ebenfalls den Bus besteigen. Diese Methode geht selten schief.

Ein weiterer Vorteil gegenüber Zügen ist die Häufigkeit der Abfahrten. Hinzu kommt, daß man vor der Abfahrt nicht soviel Zeit aufwenden muß, z. B. für den Kauf des Fahrscheines. Man kann häufig auch Fahrscheine für eine Busfahrt mit Platzreservierung im voraus kaufen. Dies ist aber normalerweise nur bei Schnellbussen, Semi-Luxusbussen und Luxusbussen möglich. Fahren mit Bussen privater Gesellschaften sollten ohnehin im voraus gebucht werden.

An vielen Busbahnhöfen gibt es für Frauen besondere Schalter. Die zu finden ist (wenn sie überhaupt vorhanden sind) jedoch gar nicht so einfach, weil sie nicht in englischer Sprache gekennzeichnet sind und außerdem dort auch nicht besonders viele Frauen anstehen werden. Meist sieht es in der Praxis so aus, daß an diesen Schaltern auch Männer abgefertigt werden. Kommt aber eine Frau, so darf sie direkt an die Spitze der Schlange vorgehen. Sie wird dann sofort bedient.

Gepäck: Das Gepäck wird bei Busfahrten meistens auf dem Dach verstaut, so daß es einige Dinge zu beachten gilt. Achten Sie darauf, daß Ihr Gepäckstück gut befestigt wird und daß nicht gerade ein schwerer Kanister auf Ihrem weniger robusten Gepäckteil Platz findet. Manchmal wird alles mit einer Plane überzogen. Vergewissern Sie sich dann, daß auch Ihr Gepäck mit abgedeckt wurde.

Da hin und wieder Diebstähle vorkommen, sollten Sie bei den üblichen *Chai*-Pausen stets ein wachsames Auge auf das Wagendach haben. Als sehr praktisch hat sich erwiesen, einen stabilen Überzug über sein Gepäck zu ziehen. Dies ist übrigens nicht nur für Busreisen empfehlenswert, sondern auch beim Fliegen. Wenn

EINFÜHRUNG

Sie von jemandem Ihr Gepäck auf das Dach eines Busses heben lassen, dann erwartet der dafür ein paar Rupien.

Pausen: Bei längeren Busfahrten sind die Teepausen entweder viel zu häufig oder so selten, daß man vor Durst Höllenqualen leidet. Weibliche Reisende sind während dieser Stops in einem Punkt benachteiligt: Es gibt nur unzulängliche Toilettenanlagen. Wenn sie überhaupt vorhanden sind, dann sind sie kaum zu benutzen.

ZUG

Mit einem Streckennetz von mehr als 60 000 km Länge hat sich die indische Eisenbahn den 4. Platz in der Weltrangliste erobert. Jeden Tag verkehren über 7000 Züge, in denen über 10,5 Millionen Passagiere zwischen 7100 Bahnhöfen befördert werden. Die indische Eisenbahn ist auch der größte einzelne Arbeitgeber auf der Welt mit über 1,6 Millionen Beschäftigten.

Wer sich mit der indischen Eisenbahn vertraut machen möchte, sollte sich zunächst einen Fahrplan besorgen. *Trains at a Glance* enthält auf etwa 100 Seiten die wichtigsten Schnellzüge auf den Hauptrouten und kostet 10 Rs. Dieser Fahrplan ist im allgemeinen auf den größeren Bahnhöfen und manchmal auch an Zeitungsständen in Großstädten erhältlich. Wenn Sie diesen Fahrplan nicht finden können, dann besorgen Sie sich einen der regionalen Fahrpläne, die man für 2 Rs an den Zeitungsständen der größeren Bahnhöfe kaufen kann. Diese Fahrpläne enthalten nicht nur die Verbindungen im Nahverkehr, sondern auf den rosa Seiten auch Angaben über die Post- und Schnellzüge auf den Hauptstrecken, und zwar für ganz Indien. Leider sind sie oft gerade nicht erhältlich.

Veröffentlicht wird auch noch der *Indian Bradshaw* (50 Rs), der auf 300 Seiten alle Eisenbahnverbindungen im ganzen Land enthält und ausführlicher ist als für die meisten Fahrgäste notwendig. Wer jedoch in Indien häufig mit der Eisenbahn fahren will, für den ist dieser Fahrplan unentbehrlich. Er wird monatlich neu herausgegeben und ist nicht gerade weit verbreitet, aber in den Buchhandlungen auf den meisten Bahnhöfen von Großstädten erhältlich.

In allen Fahrplänen sind die Entfernungen zwischen größeren Bahnhöfen in Kilometern und die Fahrpreise für alle Arten von Zügen für Strecken bis zu 500 km angegeben. Damit ist es leicht möglich, den Preis für eine Zugfahrt zwischen zwei beliebigen Bahnhöfen selbst auszurechnen. Die im *Indien-Handbuch* genannten Fahrpreise beziehen sich, soweit nicht ausdrücklich anders angegeben, auf die Verbindungen mit den schnelleren Zügen. Wir haben meistens die für Post- und Schnellzüge angegeben.

Fahrten mit der indischen Eisenbahn sind Erlebnisse besonderer Art. Die Ankunft am Zielort ist bei diesen Abenteuern nicht immer der Höhepunkt, sondern vorwiegend die Eindrücke unterwegs. Fahrten mit indischen Zügen sind überhaupt nicht vergleichbar mit ähnlichen Verkehrsmitteln in anderen Ländern. Zuweilen kann eine Eisenbahnfahrt sich in Indien als eine Geduldsprobe herausstellen, da die Züge nicht gerade sehr schnell sind. Außerdem sind die Fahrten häufig mehr als unbequem. Aber eine neue Erfahrung werden sie in jedem Fall sein.

Sofern man die Kosten außer acht läßt und nur von A nach B möchte, dann fliegt man am besten. Wenn aber das Zurücklegen der Distanz von A nach B auch ein Teil Ihrer Entdeckung Indiens sein soll, dann nehmen Sie besser einen Zug.

Bedenken Sie aber, daß während des Monsuns oder kurz nach dem Monsun der Fahrplan der Eisenbahn wegen Überflutungen und hoher Wasserstände in den Flüssen erheblich beeinträchtigt werden kann. Dies trifft insbesondere in den tiefergelegenen Gebieten zu, wie etwa in der Ganges-Ebene und dort, wo die großen Flüsse in Richtung Meer verlaufen, z. B. an der Nordostküste von Andhra Pradesh.

Die Konkan-Eisenbahn

Die Briten mögen ein ganzes Spinnennetz von Eisenbahnverbindungen über die Landkarte von Indien gelegt haben, hinterließen aber einen weißen Fleck: an der Konkan-Küste von Bombay hinunter durch Maharashtra nach Goa und weiter durch Karnataka bis Mangalore, unmittelbar nördlich der Grenze zu Kerala. Berge, Schluchten, Flüsse überflutete Gebiete und Sümpfe sorgten dort dafür, daß das Projekt, Eisenbahnstrecken zu bauen, zur Einschüchterung führte. Das Ergebnis war, daß der Bau von Eisenbahnverbindungen die Küste hinunter immer nur langsam voranging und eine harte Arbeit war. Das wird sich ändern, wenn die 760 km lange Konkan-Strecke eröffnet wird, nach optimistischen Einschätzungen für den Güterverkehr noch 1996 und für den Personenverkehr dann, wenn sich der Güterverkehr eingespielt hat. Das Projekt mit Kosten von 20 Milliarden Rupien ist das größte Eisenbahnprojekt in diesem Jahrhundert in ganz Südostasien und mit 140 Flußüberquerungen, fast 2000 Brücken und über 10 % der Gesamtstrecke entweder auf Brücken oder durch Tunnel ein Meisterwerk der Ingenieurkunst. Nach Fertigstellung wird die Strecke die schnellste in ganz Indien werden, gebaut für Geschwindigkeiten von bis zu 160 km/h. Wenn der Verkehr aufgenommen sein wird, ermöglicht er eine Verkürzung der Reisezeit mit Zügen zwischen Bombay und Goa von derzeit noch 20 auf 10 Stunden und von Bombay nach Mangalore von 44 auf 18 Stunden.

Eisenbahnfahren

Für einige Besucher Indiens ist das Schienennetz des Landes mehr als nur ein Mittel für öffentliche Transporte. Bei der großen Zahl der noch fahrenden Dampflokomotiven finden viele Eisenbahnfans Indien unwiderstehlich. Seit dem Bau der ersten Eisenbahnstrecke in Indien im 19. Jahrhundert wurden Lokomotiven verschiedener Art aus Großbritannien und den USA nach Indien eingeführt, und natürlich baute man auch zahlreiche Lokomotiven im Land selbst, wobei man anfangs die Technologie und das Design importierte.

Glücklicherweise wurden einzelne Exemplare der meisten Arten von Lokomotiven im Eisenbahnmuseum in Delhi vor der Verschrottung gerettet. Dort wurden Lokomotiven für alle drei Spurbreiten (Breit-, Meter- und Schmalspur) liebevoll restauriert, viele in den Originalfarben der jeweiligen Eisenbahngesellschaft. Zu den Ausstellungsstücken gehören auch eine der ältesten noch vorhandenen Dampflokomotiven in Indien aus dem Jahre 1855 und eine winzige Lokomotive aus Darjeeling für eine Spurbreite von nur 60 cm, die neben der Beyer-Garratt-Lokomotive mit einem Gewicht von 234 Tonnen einen scharfen Kontrast bildet.

Die noch eingesetzten ca. 3000 Breitspur-Dampflokomotiven in Indien bestehen aus nur zwei einfachen Arten und sind eher schlichte Modelle. Die schönere der beiden ist die charakteristische, halb stromlinienförmige Dampflokomotive der WP-Klasse aus dem Jahre 1947. Die Lokomotiven der WG-Klasse wurden ursprünglich für den Güterschwerverkehr gebaut. Als jedoch die meisten Transporte dieser Art von Diesel- und Elektrolokomotiven übernommen wurden, setzte man die Dampfloks vom Typ WG für solch niedere Aufgaben wie dem Rangieren, dem lokalen Güterverkehr und dem langsamen Personenverkehr ein. Auf den Trittbrettern dieser Breitspurriesen gibt es reichlich Platz, so daß die Zugleitung häufig nichts dagegen hat, wenn man darauf mitfährt. Es lohnt sich jedoch immer, danach zu fragen.

Die wichtigsten Lokomotiven auf dem Streckennetz mit Meterspur sind die vom Typ YP (Personenverkehr) und vom Typ YG (Güterverkehr) aus der Nachkriegszeit, die man überall sieht. Eine große Zahl von ihnen wurde in Indien gebaut. Der letzte YG-Lokomotive stammt aus dem Jahre 1972. Eine kleine Zahl von Dampflokomotiven vom schönen YD- und YB-Typ hat bis heute ebenfalls überleben können. Die YD-Lokomotiven nehmen heute noch mit Nahverkehrszügen des Personenverkehrs ihren Weg die Ghats östlich von Goa hoch. Die letzten paar YB-Lokomotiven, die noch existieren, findet man auf dem Streckennetz der Western Railway in Gujarat.

Ebenfalls sehenswert sind die Züge auf den Schmalspurstrecken: die nach Ooty, auf der Schweizer Loks eingesetzt sind, die Darjeeling Himalayan Railway, die vielleicht berühmteste und schönste Dampfeisenbahn auf der ganzen Welt, und die Züge auf den Strecken von Kalka nach Shimla sowie von Neral (in der Nähe von Bombay) nach Matheran. Auf allen diesen Strecken mit Ausnahme der nach Darjeeling fahren jetzt allerdings Diesellokomotiven.

Auch wenn Dampflokomotiven in Indien sicher noch weit über das Jahr 2000 hinaus zu sehen sein werden, wird ihre Vielfalt schon vorher weit geringer geworden sein. Bevor Sie jedoch Ihre Kamera zücken, eine Warnung: Indische Beamte können in die Luft gehen, wenn es um die Sicherheit der Eisenbahn geht, so daß Sie darauf achten sollten, daß weder Polizisten noch andere Beamte in der Nähe sind, wenn Sie Lokomotiven oder ganze Züge fotografieren.

Mark Carter

Wagenklassen: Normalerweise gibt es zwei Klassen: die erste und die zweite Klasse. Doch bei näherem Hinschauen zeigt sich, daß es noch weitere Unterteilungen gibt. So beispielsweise die Unterteilung der 1. Klasse in die „normale" 1. Klasse und klimatisierte 1. Klasse. Die klimatisierten Wagen verkehren jedoch nur auf bestimmten Strecken und nicht in allen Zügen. Der Preis für eine Fahrt in der klimatisierten 1. Klasse ist allerdings doppelt so hoch wie für die „normale" 1. Klasse.

Etwas billiger als für die klimatisierte 1. Klasse sind Fahrkarten für klimatisierte Schlafwagen mit zwei Betten pro Abteil, in denen eine Fahrt etwa 25 % mehr kostet als in der nicht klimatisierten 1. Klasse. Diese Schlafwagen sind viel häufiger als die Waggons mit der klimatisierten 1. Klasse, werden aber ebenfalls nur auf den Hauptstrecken eingesetzt.

Zwischen der 1. und der 2. Klasse gibt es zwei weitere Möglichkeiten, klimatisiert zu fahren, nämlich in dreistöckigen Schlafwagen und in Sitzwagen mit Klimaanlage. Die dreistöckigen Schlafwagen enthalten drei Betten übereinander und die Sitzwagen Sessel wie in Flugzeugen, die man zurückstellen kann. Auch diese Wagen werden nur auf Hauptstrecken eingesetzt und die klimatisierten Sitzwagen außerdem nur bei Tagesfahrten. Fahrkarten für Fahrten in dreistöckigen Schlafwagen kosten rund 70 % des Fahrpreises in der 1. Klasse und in klimatisierten Sitzwagen ca. 55 % des Fahrpreises in der 1. Klasse.

Züge: Während einer Rundreise durch Indien werden Sie wahrscheinlich die Post- oder Schnellzüge benutzen, denn die Personenzüge sind sicher nicht das, was Sie sich vorstellen. Kaum ein Zug in Indien verkehrt mit

Durchgangsgepäck

Ich nahm den Schnellzug von Jaipur nach Jodhpur und brachte meine Sachen in ein Abteil der 1. Klasse, in dem sich auch eine sehr nette indische Familie niedergelassen hatte. Meinen Rucksack hatte ich verschlossen und mit einer Kette am Gepäckregal befestigt. Außerdem nahm ich das erste (und letzte) Mal meinen Geldgürtel ab und legte ihn in den abgeschlossenen Rucksack, weil er mir nach der Fahrt durch die Wüste heiß und verschwitzt vorkam (wie oft hatte ich feuchte 100-Rupien-Noten herausgezogen). In echt indischer Art hielt der Zug von Zeit zu Zeit, sei es für zehn oder zwanzig Minuten, um von Horden von Verkäufern mit *chai*, kalten Getränken und Imbissen belagert zu werden.

Auf halbem Weg stellte ich fest, daß mein Vorrat an Mineralwasser zu Ende ging. Aus Sorge, daß ich während der Weiterfahrt wieder durstig werden könnte, entschloß ich mich, auf dem nächsten Bahnhof neues Mineralwasser zu kaufen. Die indische Familie versicherte mir, daß der Zug zwischen fünf und zehn Minuten halten werde, so daß ich ihn auf der Suche nach Mineralwasser verließ. Am Bahnsteig gab es jedoch nichts zu kaufen, so daß ich aus dem Bahnhof herauslief und es an einigen Ständen versuchte. Dort wurde ich mit verwunderten Blicken begrüßt, die, wie ich glaube, bedeuten sollten: „Da drüben ist ein Wasserhahn. Warum wollen Sie für Wasser in einer Flasche etwas bezahlen?" Man sprach kaum Englisch, und am Ende zog ich mit zwei Kartons Mango-Fruchtsaftgetränk davon.

Das Ganze hatte ca. vier Minuten gedauert, als ich zurück zum Bahnhof sprintete, um - wie Sie sich vielleicht bereits gedacht haben - dort, wo mein Zug stehen sollte, nur noch leere Schienen vorzufinden. Ich glaube, ich werde nie das Gefühl der blinden Panik und Hoffnungslosigkeit vergessen, das mich nun überkam. So etwas wäre schon in England schlimm genug, aber erst in Indien! Es war die Verwirklichung meines schlimmsten Alptraums. Fast alles, was ich besaß, befand sich im Zug: Rucksack, Kleidung, Kamera, Filme, Medikamente, fast das gesamte Geld und mein Geldgürtel mit dem Reisepaß und den Reiseschecks. Ich stand nur mit den Kleidern am Leib und ca. 100 Rs Wechselgeld da - und mit zwei Kartons Mango-Saft.

Ich rannte wie verrückt auf dem Bahnsteig auf und ab, schrie die Leute an und fragte sie, wann der Zug abgefahren sei. Es war keine Spur mehr von ihm auf der Strecke zu sehen, und ein vages Winken eines jungen Mannes in Richtung der leeren Schienen bestätigte mir, daß der Zug ohne mich abgefahren war.

Nachdem ich zum Büro des Stationsvorstehers zurückgesprintet war, versuchte ich ihm atemlos zu erklären, was vorgefallen war, nur um feststellen zu müssen, daß er kaum Englisch sprach und darauf bestand, daß ich alles aufschreiben solle, was ich sagen wollte. Es war die frustrierendste halbe Stunde meines Lebens - mit Stift und Papier zu spielen, während mein Gepäck immer weiter davonzog in Richtung ferne Wüste.

Inzwischen war ich wirklich dabei, meine Fassung zu verlieren. In echt indischer Art schien das Bahnpersonal jedoch von dem ganzen Szenario unberührt zu bleiben. Ich wanderte im Büro auf und ab, wobei ich einen Strom von Schimpfwörtern murmelte, schlug gegen die Wände und stieß die Möbel mit dem Fuß, um nicht völlig durchzudrehen, was zur erheblichen Belustigung einer ganzen Reihe von Einheimischen beitrug, die sich an der Tür zusammendrängten. Inmitten dieser verzweifelten Situation ging mir ein Satz aus einer englischen Fernsehkomödie durch den Kopf, den ein Hotelbesitzer zu seinem spanischen Kellner sagte, mit dem er sich verzweifelt zu verständigen versuchte: „Bitte versuchen Sie es und verstehen Sie, bevor einer von uns stirbt."

rasender Geschwindigkeit. Sie stehen meistens länger, als sie fahren. Etwas besser ist dies bei den Post- und Schnellzügen, die doch mehr auf Fahrminuten oder Fahrstunden kommen als auf Haltezeiten. Bei den Personenzügen ergeben sich lange Aufenthalte an kleinen Stationen und nicht selten endlose Verspätungen. Wer nicht gerade diese kleinen Bahnhöfe kennenlernen will, wird schon nach kurzer Zeit Langeweile spüren. Nach Angaben der indischen Eisenbahn kommen Schnell- und Postzüge auf eine Durchschnittsgeschwindigkeit von 47,1 km/h und Personenzüge auf 27,2 km/h, was eine Vorstellung davon ermöglicht, wie lange man bis zu seinem Ziel unterwegs sein wird, wenn man in Eile ist. Personenzüge bestehen außerdem nur aus Wagen der 2. Klasse. Dafür sind die Fahrpreise für diese Züge aber auch niedriger als für Post- und Schnellzüge auf der gleichen Strecke.

„Superschnelle" (superfast) Züge verkehren auf einigen Hauptstrecken und sind wegen den engeren Fahrplanes und weniger Stops unterwegs tatsächlich viel schneller. Für Fahrten mit diesen Zügen gelten besondere Preise, in denen auch Verpflegung eingeschlossen ist (außer im *Rajdhani Express* auf der Strecke von Delhi nach Bangalore und Madras).

Zu diesen besonders schnellen Zügen gehören unter anderem der *Rajdhani Express*, der zwischen Delhi und Bombay, Bangalore, Madras sowie Kalkutta verkehrt, und *der Shatabdi Express*, der Delhi mit Chandigarh/Kalka, Bhopal, Jaipur, Dehra Dun und Lucknow, Madras mit Mysore und Bombay mit Ahmedabad verbindet.

Vom *Rajdhani Express* und *Shatabdi Express* wird behauptet, daß sie mit einer Durchschnittsgeschwindigkeit von 130 km/h verkehren.

Nach einigen weiteren beschriebenen Blättern Papier schien es, als bestünde Hoffnung, daß mein Gepäck in Degana (den Namen dieses Ortes werde ich nie vergessen!), dem nächsten Bahnhof in ca. 45 km Entfernung, ausgeladen würde. Das war die letzte Station vor Jodhpur. Zögerlich wurde in Degana angerufen, aber das Ganze war kein vertrauenerweckender Versuch. Die Leitung schien zusammenzubrechen, und das Telefongespräch war wieder einmal eine dieser spannenden Angelegenheiten, wie sie in Indien typisch sind! Nach einer quälenden halben Stunde kam die Bestätigung aus Degana, daß mein Gepäck dort sei.

Immer noch nicht davon überzeugt, daß das Gepäck sicher sei, entschied ich, anstelle darauf zu warten, daß es mit dem nächsten Zug zurückgeschickt würde, ein Auto zu mieten. Es folgten einige Sprints zwischen der Taxihaltestelle und dem Bahnhof, um so schnell wie möglich fahren zu können. Am Ende mußte ich 250 Rs für die zweistündige Fahrt berappen. Die Taxifahrer sind schließlich nicht dumm und wissen genau, wann man in Panik ist.

Inzwischen hatte ich bereits meinen Fan-Club, eine Gruppe von ca. 30 Einheimischen, die jeder meiner Bewegungen folgten, gespannt darauf, was dieser exzentrische Europäer denn nun als nächstes tun würde - noch mehr herumrennen, noch mehr schreien und winken oder gegen Möbel stoßen. Sie wurden nicht enttäuscht, als ich zum Stand mit dem Mango-Saft zurückkehrte und erklärte, ich wolle 20 Kartons für meinen Weg durch die Wüste kaufen. Der Verkäufer am Stand war höchst erstaunt, und die Einheimischen waren mit dem Ende der Geschichte zufrieden, als sie den Europäer beladen mit zwei Tragetaschen voller Kartons mit Mango-Saft in das Taxi springen sahen. (Seitdem trinke ich keinen Mango-Saft mehr.)

Die Fahrt erschien mir wie eine Ewigkeit. Als ich in Degana ankam, wartete dort mein gesamtes Gepäck - unversehrt! Mitarbeiter der Bahn hatten es nicht nur aus dem Zug geholt (wobei sie die Kette durchgeschnitten hatten, die es dort gesichert hatte), sondern auch den gesamten Inhalt aus den unverschlossenen Seiten- und Obertaschen des Rucksacks herausgenommen und diesen in Taschen verstaut, die mit Wachs versiegelt wurden, um sicherzustellen, daß niemand sich daran vergreifen konnte. Alles war sorgfältig verzeichnet und bis zu meiner Ankunft in einem verschlossenen Schrank sichergestellt worden. Es war eine erstaunliche organisatorische Leistung. Man gab mir sogar noch etwas zu essen und zu trinken, denn der Bahnhofsvorsteher hatte mir etwas bei ihm zu Hause Gekochtes mitgebracht. Man berichtete mir kurz, was sich ereignet hatte, und erlaubte mir, meine Reise nach Jodhpur in einem anderen Zug mit meiner alten Fahrkarte fortzusetzen. Man setzte mich in den Nachtzug, der am nächsten Tag um 5.00 Uhr morgens Jodhpur erreichte. Als ich aufwachte, fragte ich mich, ob ich alles nur geträumt hatte.

Den Mitarbeitern im Bahnhof von Degana hatte ich etwas Geld für die Umstände angeboten, die sie meinetwegen hatten, aber sie lehnten ab und baten lediglich darum, ein paar Fotos zu machen und ihnen die Abzüge zuzusenden. Ich denke, sie haben sich eine Medaille verdient - gut gemacht für Indien!

Zwei wichtige Lektionen habe ich aus der Geschichte gelernt: Behalte die wichtigsten Wertsachen (Reisepaß und Geld) immer bei dir und laß nie deinen Zug, wenn er auf einem Bahnhof hält, aus den Augen. Beides sind altbekannte „goldene Regeln", aber erst meine Eskapade hat sie mir wirklich in den Kopf gehämmert. Ich bin überzeugt davon, daß ich bei alledem noch außerordentliches Glück gehabt habe.

François Baker (Großbritannien)

Spurbreite: Die Züge, die Sie vermutlich häufiger benutzen werden (Post- und Schnellzüge), fahren auf einer breiten Spur. Von den drei Spurbreiten, die in Indien anzutreffen sind, beträgt der Abstand zwischen den Schienen bei der breiten Spur 1,676 m. Die Meterspur hat natürlich 1 m Abstand, und die Schmalspur hat einen Schienenabstand von entweder 0,762 m oder 0,610 m.

Die breitere Spur hat zwei Vorteile: Erstens fahren die Züge mit einer höheren Geschwindigkeit, und zweitens sind Fahrten auf Breitspur ruhiger. Die Wagen für Strecken mit Breit- und Meterspur sind weitgehend gleich, während Reisen mit Schmalspurzügen längere Fahrzeiten und - bedingt durch die viel, viel engeren Wagen - auch mehr Gedränge und keine Bequemlichkeit bedeuten. Es ist eine Überlegung wert, ob man dort, wo lediglich eine Schmalspurbahn verkehrt, auf einen Bus umsteigt, der meistens schneller ist. Dies gilt vor allem für den größten Teil von Rajasthan, den Norden von Bihar und Uttar Pradesh in Richtung nepalesischer Grenze.

Im Zug: Indien, wie es wirklich ist, lernt man gut in einem Zug kennen. Zu einem Alptraum kann eine Fahrt in der 2. Klasse ohne Reservierung werden. Diese Wagen sind meist hoffnungslos überfüllt, und zwar nicht nur mit Menschen. Die Inder scheinen ohne ihre Kücheneinrichtung nicht verreisen zu können. Und nicht nur diese Utensilien gehören zum Gepäck der Inder. Derzeit läuft zwar eine Aufklärungskampagne, mit der man erreichen will, daß bei Zugfahrten nicht mehr der halbe Hausrat mitgenommen wird. Sehr erfolgreich scheint man damit aber noch nicht zu sein.

Zu all den vielen Menschen, dem Lärm und dem ewigen Gedränge kommt auch noch die Unbequemlichkeit. Die Ventilatoren und die Lampen funktionieren bei längeren Aufenthalten der Züge meist überhaupt nicht mehr, so daß sich in den Abteilen kein Luftzug bewegt. Auch die Toiletten können gegen Ende längerer Fahrten unansehnlich werden. Das Schlimmste aber sind die Stops. Die Züge halten andauernd und meist ohne erkennbare Gründe. Wie sich dann später herausstellt, ist eine der Ursachen, daß ab und zu ein Passagier wegen der Enge aus Versehen die Notbremse zog - oder aber mit Absicht, weil er gerade in der Nähe seines Heimatortes vorbeifuhr. Und dennoch: Zugfahren in Indien bedeutet auch, dieses Land ein wenig besser zu verstehen.

In Zügen der 2. Klasse mit reservierten Plätzen ist es deutlich besser, weil - zumindest theoretisch - nur vier Fahrgäste sich eine Bank teilen müssen, auch wenn wahrscheinlich ein fünfter und sogar ein sechster versuchen werden, wenigstens mit einem Teil ihres Körpers ebenfalls auf den Sitz zu gelangen. Das passiert allerdings normalerweise nachts und in der 1. Klasse nicht, weil sich dann entweder nur zwei oder vier Fahrgäste ein Abteil teilen. Außerdem sind die Abteile von innen abschließbar.

Preise: Alle Fahrpreise richten sich nach der Entfernung. Die Fahrpläne geben die Entfernung zwischen den einzelnen Stationen an; so läßt sich der Fahrpreis leicht ausrechnen. Wenn Sie eine Fahrkarte über eine Entfernung von mindestens 400 km besitzen, dürfen Sie die Fahrt in zwei Tagesreisen von jeweils mindestens 200 km aufteilen, jedenfalls dann, wenn Sie mindestens 200 km pro Tag fahren. Dies hat den Vorteil, daß Sie die Zeit sparen, die das Kaufen der Fahrkarten für die Teilstrecken in Anspruch nimmt. Außerdem bringt es zuweilen noch Preisvorteile aufgrund der größeren Entfernungen.

Die unten aufgeführten Entfernungen und Preise beziehen sich auf Fahrten mit Post- und Schnellzügen. Personenzüge sind billiger.

Reservierungen: Die Kosten für Reservierungen fallen nicht ins Gewicht. Es ist vielmehr die Zeit, die dafür aufgewandt werden muß, auch wenn es langsam einfacher wird, weil für Reservierungen immer häufiger Computer eingesetzt werden. Derzeit findet man sie allerdings nur in den Großstädten.

In Delhi, Bombay, Kalkutta und Madras gibt es in den Hauptreservierungsbüros besondere Einrichtungen für Touristen. Sie sind für alle ausländischen Touristen vorgesehen und machen das Leben sehr viel leichter. Die Mitarbeiter in diesen besonderen Einrichtungen für Touristen sind im allgemeinen sehr kenntnisreich (obwohl man überrascht ist, wie häufig man auch in anderen Reservierungsbüros auf Mitarbeiter stößt, die wirklich etwas von ihrem Geschäft verstehen). Die geben häufig ausgezeichnete Tips und schlagen Verbindungen sowie Strecken vor, bei denen man sich eine Menge Zeit und Mühen erspart.

Auf den Bahnhöfen anderer Großstädte mit Computern für Reservierungen wie Ahmedabad und Jaipur ist häufig ein Schalter nur für ausländische Touristen und andere Minderheiten (wie „Freiheitskämpfer"!) bestimmt. An diesen Schaltern bildet sich im allgemeinen keine Schlange, so daß es sich empfiehlt, auf jedem Bahnhof zu prüfen, ob dort so etwas existiert.

Reservierungen lassen sich bis zu sechs Monate im voraus vornehmen. Je früher man dies tatsächlich tut, desto besser ist es. Auf jeder Reservierungsbestätigung sind die Waggonnummer und die Bettnummer angegeben. Sobald der Zug in den Bahnhof einfährt, finden Sie an jedem Waggon einen Zettel, auf dem die Namen der Passagiere und die jeweilige Bettnummer angegeben sind. Manchmal ist der Zettel auch an einem Schwarzen Brett auf dem Bahnsteig angebracht. Dies ist ein guter Beweis für die Effektivität der indischen Eisenbahnen! Wie auf vielen Busbahnhöfen findet man auch auf Bahnhöfen einen besonderen Schalter, an dem Damen bevorzugt bedient werden. Zu erkennen ist er an einem Schild mit der Aufschrift „Ladies' Queue". Normalerweise werden an diesem Schalter Fahrkarten sowohl an Damen als auch an Herren verkauft, aber Damen dürfen

Fahrpreise der indischen Eisenbahn						
Entfernung (km)	1. Klasse (klimatisiert)	1. Klasse	Sitzwagen (klimatisiert)	Schnellzüge 2. Klasse Schlafwagen	Schnellzüge 2. Klasse Sitzwagen	Personenzüge 2. Klasse
50	186 Rs	75 Rs	57 Rs	62 Rs	17 Rs	9 Rs
100	298 Rs	114 Rs	77 Rs	62 Rs	26 Rs	14 Rs
200	450 Rs	183 Rs	123 Rs	62 Rs	49 Rs	26 Rs
300	629 Rs	255 Rs	173 Rs	85 Rs	68 Rs	36 Rs
400	805 Rs	326 Rs	210 Rs	107 Rs	85 Rs	43 Rs
500	951 Rs	382 Rs	250 Rs	128 Rs	102 Rs	50 Rs
1000	1415 Rs	624 Rs	381 Rs	208 Rs	166 Rs	72 Rs
1500	1913 Rs	837 Rs	509 Rs	259 Rs	207 Rs	89 Rs
2000	2378 Rs	1040 Rs	618 Rs	294 Rs	235 Rs	106 Rs

an der Schlange der Wartenden bis zu dem Herrn, der gerade am Schalter steht, vorbeigehen und werden nach ihm sofort bedient.

Die Reservierungskosten betragen für die klimatisierte 1. Klasse 25 Rs, für die 1. Klasse und für die klimatisierte Klasse mit Sitzwagen 15 Rs, für dreistöckige Schlafwagen der 2. Klasse 10 Rs und für die einfache 2. Klasse 5 Rs. Reservierungen für die 2. Klasse sind übrigens nur äußerst selten möglich. Da es mittlerweile die besonders schnellen Expreßzüge (Superfast Express Trains) gibt, wird auch hierfür neben dem Fahrpreis eine besondere Gebühr erhoben.

Wenn der Zug, mit dem Sie fahren wollen, bereits ausgebucht ist, besteht die Möglichkeit, ein RAC-Ticket (Reservation against Cancellation) zu erhalten. Damit darf man den Zug besteigen und sich hinsetzen. Wenn der Zug dann abgefahren ist, sucht der Schaffner ein freies Bett, was aber durchaus eine Stunde oder länger dauern kann. Das ist ein Unterschied zu einer Warteliste, weil man trotz Eintragung in eine Warteliste nicht in den gewünschten Zug einsteigen darf (und, wenn man die Frechheit besitzt, es dennoch zu wagen, aus dem Zug gewiesen und obendrein noch bestraft wird). Der Nachteil bei RAC-Tickets ist, daß man in Gruppen zu zweit oder mehr Gefahr läuft, getrennt zu werden. Wenn es die Zeit nicht zuließ, sich um eine Reservierung zu kümmern, oder der Vorverkauf bereits beendet ist, dann lohnt es sich in jedem Fall, in die reservierte Klasse des Zuges zu gehen. Auch wenn die Gefahr besteht, dann als Schwarzfahrer eine kleine Strafe bezahlen zu müssen, sind die meisten Schaffner in solchen Situationen ganz nett. Wenn noch freie Betten oder Plätze vorhanden sind, wird der Schaffner Ihnen einen zuteilen und dann nur den normalen Fahrpreis und eine Reservierungsgebühr berechnen. Steht kein freies Bett oder kein freier Platz mehr zur Verfügung oder wird der Platz an der folgenden Station belegt, bleibt immer noch der Weg in die überfüllte und quirlige 2. Klasse mit nicht reservierten Plätzen. Dieser Trick funktioniert ganz gut bei einer Tagesfahrt. Da Schlafwagen bei Nachtfahrten im allgemeinen meist lange im voraus ausgebucht sind, hat man ohne Reservierung (oder ohne RAC-Ticket) nur die Wahl, sich einen Platz in der 2. Klasse zu suchen.

Wenn Sie Eisenbahnfahrten in Indien lange im voraus und gut planen, dann können Sie all dieses Gedränge und Warten auf eine Reservierung umgehen, indem Sie bereits von zu Hause aus buchen. Ein gutes indisches Reisebüro wird dies für Sie erledigen. Sie werden dann die Fahrkarten bei Ihrer Ankunft vorfinden. Als Alternative zum Kauf von Bahnfahrkarten nacheinander für jede Teilstrecke ist es auch möglich, sich eine Fahrkarte für Zugfahrten vom Ausgangspunkt bis zum letzten Zielort mit allen Unterbrechungen und Reservierungen für die einzelnen Verbindungen zu kaufen. Das mag am Anfang erfordern, sich einige Zeit zu setzen und alles auszurechnen und zu reservieren, aber wenn Zeit knapp ist und man sich bei seinen Reiseplänen bereits genau festlegen mag, kann das eine gute Möglichkeit sein, ohne viel späteren Zeitaufwand öfter mit der Eisenbahn zu fahren.

Erstattungen: Bereits gekaufte Fahrkarten können zurückgegeben werden, wobei dann allerdings Stornierungsgebühren berechnet werden. Wenn Sie Ihre Fahrkarte früher als einen Tag vor der geplanten Abreise zur Erstattung einreichen, ist je nach Wagenklasse eine Gebühr von 10 bis 30 Rs fällig. Storniert man bis vier Stunden vor Abfahrt, werden 25 % des Fahrpreises einbehalten, innerhalb von vier Stunden vor bis drei oder zwölf Stunden nach Abfahrt (je nach Streckenlänge) 50 %. Wenn man sich erst später entscheidet, eine nicht benutzte Fahrkarte zur Erstattung einzureichen, eignet sich diese nur noch als Souvenir, denn dann wird vom Preis nichts mehr erstattet.

Fahrkarten für Eisenbahnfahrten ohne Reservierung können bis zu drei Stunden vor Abfahrt zur Erstattung

---

Eine Fahrkarte nach Bangalore, bitte

Schauplatz: Reservierungsbüro der Eisenbahn in Goa.

„Ich hätte gern eine Fahrkarte für eine Fahrt nach Bangalore."

„Es tut mir leid, mein Herr, der Zug fällt aus."

„Aha, ich sehe. Gut, morgen wäre auch in Ordnung."

„Nein, mein Herr, morgen können Sie auch nicht fahren. Der Zug fällt ständig aus."

„Ständig? Bedeutet das, daß von hier keine Zugverbindungen nach Bangalore mehr bestehen?"

„Nein, mein Herr. Die Regierung läßt die Züge ausfallen, schon seit November."

„Natürlich. Dumm von mir, das nicht zu wissen. Gut, komme ich dann von hier nach Mysore?"

„Ja, mein Herr. Aber nicht heute, sondern frühestens morgen."

„Morgen wäre gut. Eine Fahrkarte für die 2. Klasse bitte. Wieviel kostet die?"

„92 Rupien, mein Herr. Hier ist Ihre Fahrkarte. Der Zug fährt um 7 Uhr ab. Die Fahrzeit beträgt 20 Stunden, und zwar einschließlich einer einstündigen Unterbrechung in Bangalore zum Umsteigen."

Grrrrr . . .

Nick Ferries (Australien)

EINFÜHRUNG

zurückgegeben werden. In diesen Fällen muß man nur eine Gebühr von 2 Rs bezahlen.

Wenn man eine Fahrkarte zur Erstattung zurückgeben möchte, kann man am Schalter an der Schlange der Wartenden vorbei bis zur Spitze gehen (es sei denn, es ist ein besonderer Schalter für Erstattungen vorhanden). Sinn dieser Regelung ist, daß vielleicht schon der nächste Wartende genau diese Fahrkarte und Reservierung gebrauchen kann.

Schlafwagen: Schlafwagen sind in eine 1. und eine 2. Klasse unterteilt, wobei selbst die der 1. Klasse nach europäischen Maßstäben nicht gerade luxuriös sind. Bettwäsche wird in Schlafwagen gestellt, allerdings nur in bestimmten Schlagwagen der 1. Klasse und der klimatisierten Klasse mit doppelstöckigen Betten. Die Schlafwagen der 1. Klasse bestehen meist aus Abteilen mit zwei oder vier Betten, häufig sogar mit einer eigenen Toilette. Oft können die Betten tagsüber hochgeklappt werden, so daß ein Sitzabteil entsteht. Luxuriöser und viel teurer sind die Schlafwagen der klimatisierten 1. Klasse.

In der 2. Klasse sind in den Schlafwagen drei Betten übereinander angeordnet, und zwar in offenen Abteilen ohne Türen mit jeweils sechs Betten. Tagsüber werden die mittleren Betten hochgeklappt, so daß Sitzplätze für sechs Personen entstehen. Abends wird wieder umgeräumt, und alle Passagiere eines Abteiles müssen sich zum gleichen Zeitpunkt in ihr Bett legen. Ein Schaffner sorgt dafür, daß niemand ohne Reservierung in einem Schlafwagen kommt. In Schlafwagen für die Breitspur mit jeweils drei Betten übereinander sind auf der anderen Wagenseite auch noch Reihen mit jeweils zwei weiteren Betten übereinander angebracht. Die sind nicht schmaler als die anderen Betten, allerdings 20 cm kürzer, so daß es durchschnittlich großen Fahrgästen nicht möglich ist, sich in ihnen richtig auszustrecken. Wann immer man ein Bett in einem Schlafwagen der 2. Klasse reservieren will, sollte man in den Vordruck unter „Accomodation Preference" das Wort „inside" eintragen. Im übrigen dürfen die Betten in Schlafwagen nur zwischen 21 und 6 Uhr benutzt werden. Insgesamt gesehen sollte man versuchen, Plätze in Schlafwagen immer zumindest einige Tage vor dem Abfahrtstag zu reservieren.

Normalerweise findet man in jedem Bahnhof eine Liste, auf der angegeben ist, ob und gegebenenfalls wie viele Betten und Sitzplätze verfügbar sind oder wann sie verfügbar sein werden. Auf größeren Bahnhöfen wird der Buchungsstand sogar von Computern überwacht, so daß man auf Bildschirmen laufend erkennen kann, wie es mit Reservierungen aussieht. Wenn man sich für einen bestimmten Tag und einen bestimmten Zug entschieden hat, muß man ein Formular ausfüllen. Es ist ratsam, dies nicht erst dann zu tun, wenn man bereits am

Schalter steht, sondern schon während der Wartezeit in der Schlange. Zu finden sind diese Vordrucke in kleinen Behältern in der Nähe der Reservierungsschalter. Die Nachfrage nach Betten in Schlafwagen der 1. Klasse ist im allgemeinen weit geringer als für die 2. Klasse.

In den Schalterhallen der meisten Großstadtbahnhöfe gibt es normalerweise einen oder mehrere Schalter, an denen Reservierungen aus der Quote der Plätze für Touristen vorgenommen werden können. Diese Einrichtung dürfen nur Ausländer und im Ausland lebende Inder in Anspruch nehmen. Hier kann man als Tourist relativ bequem und unabhängig von den sonst üblichen Schlangen von Wartenden Reservierungen von Plätzen und Betten in Zügen vornehmen, man muß allerdings in Devisen (bar oder Reiseschecks in US-Dollar oder Pfund) oder in Rupien mit Wechselquittung bezahlen. Wenn man den Betrag nicht passend hat, erhält man Wechselgeld in Rupien.

Schließlich muß man sich, wenn man sich entschieden hat, welchen Zug man für welche Strecke benutzen will, noch mit einer Eigenheit vertraut machen, die häufig Ursache für Verwirrung ist, nämlich der indischen Sitte, Zügen Namen zu geben, ohne dabei zu bezeichnen, wohin er fährt. In Fahrplanaushängen und an Anschlagtafeln auf Bahnhöfen kann man oft z. B. vom *Brindavan Express*, vom *Cholan Express* usw. lesen, ohne gleichzeitig zu erfahren, wohin die fahren. Dann sind die Fahrpläne *Trains at a Glance* und *Indian Bradshaw* nützlich. Wenn Sie die selbst nicht besitzen, müssen Sie sich erkundigen, und das kostet wieder einige Zeit. Übrigens können die Mitarbeiter in den Fremdenverkehrsämtern dabei helfen, indem man sie bittet, die besten Züge für die Fahrt zum gewünschten Ziel vorzuschlagen, aber dafür ist nicht immer ein Fremdenverkehrsamt vorhanden. Dann muß man sich irgendwie anders helfen.

Letzte Möglichkeit, Platz in einem Zug zu bekommen: Wenn man in einem Schlafwagen reisen möchte und darin keine Plätze mehr zu haben sind, ist es an der Zeit, mit etwas Druck an die reservierten Kontingente heranzukommen. Fragen Sie dann den Bahnhofsvorsteher, meist ein sehr hilfsbereiter Mensch, der auch Englisch spricht, ob noch Betten aus der Quote für wichtige Persönlichkeiten (VIP) frei sind. Die VIP-Quote ist oft die letzte Möglichkeit, da die VIP selten ihr Kontingent ausnutzen.

Schlägt alles fehl, dann bleibt Ihnen nichts anderes übrig, als in einen Waggon ohne reservierte Plätze zu gehen. Dann hört aber auch jeder Spaß am Reisen auf. Um das zu verhindern, kann man sich der Hilfe von Fachleuten bedienen. Heuern Sie sich für etwa 10 Rupien Bakschisch einen Gepäckträger an. Der wird alles Menschenmögliche unternehmen, damit Sie einen

Sitzplatz bekommen. Wird ein Zug erst in dem Bahnhof eingesetzt, von dem Sie abfahren wollen, liegt der Erfolg der Bemühungen unter anderem darin, daß ein Platz bereits besetzt ist, bevor der Zug in den Bahnhof rollt. Dies wird ein Träger für Sie tun, indem er vorher aufspringt und Sie dann den von ihm besetzten Platz einnehmen. Kommt ein Zug bereits von einem anderen Bahnhof, ist sich beim Kampf um die Plätze jeder selbst der Nächste, und bei diesem Kampf ist Ihnen ein Gepäckträger um Längen voraus. Schließlich hat er kein Gepäck bei sich und ist somit wendiger. Selbst sonst so praktische Rucksäcke sind dann hinderlich.

Frauen können übrigens nach den für sie bestimmten Abteilen (Ladies Compartments) fragen, die es in vielen Zügen gibt und die oft nicht so überfüllt sind.

Gepäckaufbewahrung: In den meisten Bahnhöfen gibt es eine Gepäckaufbewahrung, wo man seinen Rucksack oder seine Tasche für 2 Rs pro Tag abgeben kann. Dies ist dann besonders praktisch, wenn man eine Stadt nur besuchen, dort aber nicht übernachten möchte. Vielleicht auch dann, wenn man erst einmal ohne schweres Gepäck auf Zimmersuche gehen will.

Nach den offiziellen Vorschriften müssen alle Gepäckstücke, die der Gepäckaufbewahrung übergeben werden, verschlossen sein. Auf die Einhaltung dieser Vorschrift wird jedoch nicht immer streng geachtet.

Besondere Züge: Ein besonderer Zug, der „Palast auf Rädern", unternimmt regelmäßig Rundreisen durch Rajasthan. Dabei fährt man aber nicht nur in einem Zug, sondern übernachtet auch in Waggons, die „Maharadschas angemessen" sind. Näheres hierüber findet man im Kapitel über Rajasthan.

Der englische Veranstalter Butterfield's Indian Railway Tours unternimmt zudem regelmäßig Eisenbahnfahrten durch Indien, bei denen zum Reisen, Essen und Schlafen ein besonderer Waggon eingesetzt wird. Dieser Waggon wird an normale Züge angehängt und bleibt unterwegs während der Besichtigung verschiedener Städte auf einem Abstellgleis. Die Übernachtungsmöglichkeiten in diesem Sonderwagen sind zwar recht einfach, aber man kommt auf diese Weise viel eher mit Indern in Kontakt, als das während einer Pauschalreise mit Unterbringung in teuren Hotels möglich wäre. Es werden Reisen von 18 bis 32 Tagen Dauer angeboten, für die die Preise bei 845 englischen Pfund beginnen.

Weitere Informationen darüber kann man bei Butterfield's Railway Tours, Burton Fleming, Driffield, Humberside YO25 0PQ, Großbritannien (Tel. 01262/47 02 30), anfordern. Kontakt mit Butterfield's kann man aber auch in Indien über das Hotel Madras am Connaught Circus in Delhi aufnehmen.

Indrail-Paß: Die Indrail-Pässe ermöglichen ein unbegrenztes Reisen mit indischen Zügen in einem bestimmten Zeitraum, sind aber teuer und insgesamt gesehen den jeweiligen Preis nicht wert. Allein von den Preisen her nutzt man einen solchen Indrail-Paß nur dann richtig aus, wenn man pro Tag etwa mindestens 300 km mit der Eisenbahn fährt. Angesichts der Geschwindigkeit indischer Züge bedeutet das zumindest sechs Stunden Zugfahrt jeden Tag!

Obwohl in den Preisen für Indrail-Pässe auch die Zuschläge für Reservierungen enthalten sind, kommt man mit einem Indrail-Paß nicht automatisch an die Spitze der Schlangen vor Reservierungsschaltern. Dafür ist ein Indrail-Paß wenig hilfreich. Er bedeutet aber auch keinen Vorteil, wenn es darum geht, Betten in einem Schlafwagen oder Sitzplätze in bereits voll ausgebuchten Zügen zu reservieren. Dann ist man genauso auf die Warteliste angewiesen wie andere Leute auch. Das einzige Mal, bei dem man mit einem Indrail-Paß Zeit spart, ist bei Fahrten ohne Reservierung, bei denen man einfach in einen Zug einsteigen kann, ohne zuvor Schlange nach einer Fahrkarte stehen zu müssen. Weil solche Fahrten aber viel kürzer sein und viel seltener vorkommen werden als längere Zugfahrten in einem Schlafwagen, ist ein Indrail-Paß auch unter diesem Gesichtspunkt kaum erstrebenswert.

Ein durchschnittlicher Besucher legt in Indien etwa 3000 km monatlich mit der Eisenbahn zurück. Ein Indrail-Paß für die klimatisierte Wagenklasse würde dafür 500 US $ kosten, während man für einzelne Fahrkarten bei gleicher Streckenlänge je nach Zahl und Dauer der jeweiligen Fahrten nur etwa 100 bis 160 US $ bezahlen müßte. Selbst wenn man eine doppelt so lange Strecke zurücklegen würde, käme man noch nicht in die Nähe des Preises für einen Indrail-Paß. Das gleiche gilt für die anderen Indrail-Pässe. Würde man das obige Beispiel zugrunde legen, kostete ein Monat gültiger Indrail-Paß für die 2. Klasse 110 US $, während man für einzelne Fahrten 12 bis 25 US $ auszugeben hätte.

Für Kinder im Alter zwischen 5 und 12 Jahren sind jeweils die halben Preise zu bezahlen. Kaufen kann man Indrail-Pässe vor der Ankunft in Indien in einigen Reisebüros (in Deutschland bei Asra Orient Reisen, Kaiserstr. 50, 60329 Frankfurt/Main, Tel. 069/25 30 98, Fax 069/23 20 45) und in Indien auf bestimmten großen Bahnhöfen. Erwirbt man einen solchen Indrail-Paß in Indien, dann muß man US-Dollar oder Pfund Sterling (entweder bar oder in Reiseschecks) oder in Rupien unter Vorlage der Wechselquittung bezahlen. Indrail-Pässe für die 2. Klasse sind außerhalb von Indien jedoch nicht erhältlich. In den Preisen für Indrail-Pässe sind alle Reservierungsgebühren und die Zuschläge für Schlafwagen enthalten. Wer nach Ablauf der Gültigkeitsdauer noch weiter mit der Bahn durch

Indien reisen will, kann diesen Paß auch verlängern lassen. Zu den Büros, die Indrail-Pässe verkaufen, gehören:

Bombay
  Railway Tourist Guide, Western Railway, Churchgate
  Railway Tourist Guide, Central Railway, Victoria Terminus
Delhi
  Railway Tourist Guide, Bahnhof Neu-Delhi
Kalkutta
  Railway Tourist Guide, Eastern Railway, Fairlie Place
  Zentrales Reservierungsbüro, South-Eastern Railway, Esplanade Mansion
Madras
  Zentrales Reservierungsbüro, Southern Railway, Madras Central

Man bekommt diese Pässe auch in den zentralen Reservierungsbüros in Secunderabad-Hyderabad, Rameswaram, Bangalore, Vasco-da-Gama, Gorakhpur (nur in indischen Rupien), Jaipur und Thiruvananthapuram (Trivandrum) sowie in einigen Reisebüros (Tourist Agencies).

AUTO UND MOTORRAD
Immer weniger Besucher bringen ein eigenes Auto nach Indien mit. Wenn man sich dennoch dafür entscheidet, mit einem eigenen Wagen oder Motorrad nach Indien zu fahren, dann benötigt man ein Carnet. Das ist ein Dokument für den Zoll, mit dem die Wiederausfuhr nach Ende des Aufenthaltes garantiert wird. Wenn Sie ein Carnet nicht bei sich haben, wird es sehr teuer, ein eigenes Fahrzeug nach Indien einzuführen.

Mietwagen: Das Mieten eines Wagens zum Selbstfahren ist in Indien zwar nicht weit verbreitet, aber möglich. Sowohl Budget als auch Hertz unterhalten in den größeren Städten (Bangalore, Bombay, Delhi, Faridabad, Goa, Hyderabad, Jaipur, Madras und Pune) Büros. Wenn man sich nicht traut, in Indien selbst mit einem Auto zu fahren, oder wenn Mietwagen zum Selbstfahren nicht zu haben sind, kann man auch einen Wagen mit Fahrer mieten, entweder beim Fremdenverkehrsamt des jeweiligen Bundesstaates oder über das Hotel, in dem man wohnt. Nach westlichen Maßstäben sind die Kosten dafür ziemlich niedrig, niedriger als ein Mietwagen bei uns in Europa. Auch jeder Taxifahrer wird sich freuen, wenn er für eine längere Fahrt durch Indien angeheuert wird. Selbst eine mehrtägige Fahrt erfordert dann, wie es scheint, keinen Anruf zu Hause, um der Ehefrau mitzuteilen, daß sie das Essen nicht warmzuhalten braucht. Das Herumfragen an einer Taxihaltestelle ist der einfachste Weg, einen Mietwagen mit Fahrer zu finden. Man kann danach aber auch in seiner Unterkunft fragen, auch wenn es dann wohl etwas teurer werden wird.

Eine solche Fahrten mit Mietwagen und Fahrer kann man entweder als einfache Fahrt unternehmen, wofür rund 6 Rs pro Kilometer zu veranschlagen sind, oder als Rundfahrt zurück zum Ausgangspunkt, für die dann ca. 3 Rs pro Kilometer zu bezahlen sein werden. Der höhere Preis für einfache Fahrten ist darauf zurückzuführen, daß der Fahrer dann ohne Fahrgäste zu seinem Ausgangspunkt zurückkehren muß und das ebenfalls bezahlt haben möchte. Bei einer Rundfahrt wird üblicherweise von mindestens 200 km pro Tag ausgegangen, so daß man für eine viertägige Tour von mindestens

---

Einige Verkehrsregeln in Indien

Links fahren: Theoretisch besteht in Indien das Linksfahrgebot - wie in Großbritannien und Australien. In Wirklichkeit aber bleiben die meisten Fahrzeuge so oft es geht in der Straßenmitte, und zwar deshalb, weil dort Schlaglöcher seltener sind als an den Seiten der Straßen. Wenn ein Auto entgegenkommt, sollte sich das schwächere Fahrzeug zur linken Seite hin verdrücken. Mißverständnisse darüber, welches Fahrzeug das schwächere ist, haben schon fürchterliche Konsequenzen gehabt.

Überholen: In Indien ist es nicht üblich, sich zu vergewissern, ob die Strecke zum Überholen ausreicht, um ohne Gegenverkehr vor dem überholten Fahrzeug wieder einzuscheren. Überholt wird auch vor Kurven, an steilen Steigungen oder bei Gegenverkehr. Von kleineren Fahrzeugen wird bei Überholvorgängen erwartet, daß sie Platz machen, um den Überholvorgang beenden zu können. Wenn ein großes Fahrzeug entgegenkommt, wird davon ausgegangen, daß das zu überholende Fahrzeug die Geschwindigkeit verringert, dichter an den Straßenrand fährt oder auf andere Weise Platz für die Beendigung des Überholvorgangs macht.

Benutzung der Hupe: Auch wenn in Indien Fahrzeuge mit abgefahrenen Reifen und kaum funktionierenden Bremsen unterwegs sind, wird großen Wert darauf gelegt, daß die Hupe hervorragend in Schuß ist. Untersuchungen bei den Recherchen zu dieser Auflage vom *Indien-Handbuch* haben ergeben, daß Autofahrer pro Kilometer 10 bis 20 mal ihre Hupe betätigen, so daß sie auf einer Strecke von 100 Kilometern rund 2000 mal ertönt. Daraus läßt sich ableiten, daß indische Autofahrer zumindest alle 100 m prüfen, ob ihre Hupe noch mit voller Lautstärke gebrauchsfähig ist. Verkehrszeichen, durch die der Gebrauch von Hupen verboten wird, nehmen indische Autofahrer nicht ernst.

2400 Rs (800 km zu jeweils 3 Rs) wird ausgehen müssen. Wenn man an einem Tag 200 km von A nach B fahren, in B zwei Tage verbringen und am vierten Tag nach A zurückkehren will, laufen die Kosten auf die Preise für zwei Taxifahrten hinaus, weil der Fahrer dann ja zwei Tage ohne Einsatz verbringen muß. Er wird aber bereitwillig warten, sich auf dem Rücksitz seines Taxis ausstrecken und zur Rückfahrt bereit sein, wenn man wieder bei ihm auftaucht.

Das Mieten eines Wagens mit Fahrer für lange Strecken wird als Möglichkeit, in Teilen Indiens herumzureisen, immer beliebter. Wenn man sich die Kosten zu viert teilen kann, ist es nicht zu teuer, zumal man dann die Flexibilität hat, dorthin zu fahren, wohin man will, und abzufahren, wann man will.

Mietwagen zum Selbstfahren kosten für jeweils 24 Stunden mit mindestens 150 km Fahrt rund 500 Rs zuzüglich 4 Rs für jeden gefahrenen Kilometer. Die Kosten für Treibstoff kommen noch hinzu. Außerdem muß man eine Kaution von 100 Rs hinterlegen, die erstattet wird, wenn der Wagen nicht beschädigt wurde. Allerdings wird schon ein einziger Kratzer als Beschädigung angesehen.

Die angegebenen Preise gelten für Mietwagen vom Typ Ambassador und sind für einen Maruti geringfügig niedriger.

Kauf eines Autos oder eines Motorrades: Wenn man nicht gerade monatelang im Land bleiben will, ist der Kauf eines Wagens in Indien teuer und den damit verbundenen Aufwand nicht wert. Auf der anderen Seite wird der Kauf eines Motorrades bei Langzeitaufenthalten immer beliebter. Einzelheiten dazu können Sie dem Abschnitt über Fahrten in Indien mit einem Motorrad entnehmen.

Straßenzustand: Wegen des außergewöhnlich starken Verkehrs in den Städten und der schmalen Landstraßen kann eine hohe Geschwindigkeit nie erreicht werden. Normal ist Stop-and-go-Verkehr. Das ist für die Nerven nicht gut, aber auch nicht für die Wagen und für den Benzinverbrauch erst recht nicht. Auch die Wartung der Autos ist nicht gerade berauschend, denn Ersatzteile und Reifen sind nicht immer einfach zu erhalten. Allerdings gibt es im Land viele Werkstätten zur Reparatur von Reifen. Daher ist alles in allem das Fahren in Indien außer in ländlichen Gegenden mit geringem Verkehr kein großes Vergnügen.

Straßensicherheit: Täglich sind auf Indiens Straßen rund 155 Verkehrstote zu beklagen. Pro Jahr sind das etwa 56 000 Menschen. Setzt man diese Zahl aber in das Verhältnis zu den vielen, vielen Autos, die sich auf den Straßen drängen, dann ist man dennoch überrascht. In den USA beispielsweise sind jährlich 43 000 Verkehrs-

opfer zu beklagen, aber dort fahren auch mehr als 20 mal so viele Autos wie in Indien.

Die Gründe für die Unfälle mit Toten sind vielfältig. Manche sind einfach und klar erkennbar. Dies beginnt mit dem dichten Verkehr auf fast allen Straßen und reicht bis zu der Zahl der Menschen, die sich in den Fahrzeugen drängen. Gerät nämlich einmal ein Bus von der Straße ab, so werden wegen der viel zu vielen Passagiere auch verhältnismäßig viele verletzt oder getötet, und bei einem ernsteren Unfall besteht kaum eine Möglichkeit, daß bei dem Gedränge dann noch jemand aus dem Bus herausfindet. In einem Zeitungsbericht konnte man lesen, daß die meisten Verkehrsunfälle auf Bremsversagen oder das Loslassen des Lenkrades zurückzuführen seien.

Viele der Verkehrsopfer sind Fußgänger. Der Hang, nach einem Verkehrsunfall schnell Fahrerflucht zu begehen, ist groß, denn sehr bald ist eine aufgebrachte Masse mobilisiert, die den Fahrer - schuldig oder nicht - lynchen würde. Die meisten Unfälle werden durch Lkw verursacht, denn auf den indischen Straßen geht Macht vor Recht, und die Trucks sind nun mal die größten, schwersten und mächtigsten Verkehrsteilnehmer. Besuchern bleibt daher auf Indiens Straßen nur die Wahl, den Lkw auszuweichen oder überfahren zu werden. Wie bei so vielen Fahrzeugen in Indien sind auch die Lkw meist völlig überladen und nicht gerade in bestem Zustand. Tatsache ist ferner, daß es sogar legal ist, 25 % mehr Ladung zu übernehmen, als dies von seiten des Herstellers zugelassen wurde. Es ist umwerfend, die Zahl der schrottreifen Lkw an den Rändern der großen Autostraßen zu sehen. Dabei stammen die nicht von bereits lange zurückliegenden Unfällen, sondern von solchen, die wahrscheinlich erst innerhalb der letzten 24 Stunden passiert sind. Wenn sie dabei nicht getötet wurden, sieht man die Fahrer und Beifahrer häufig dort herumsitzen und überlegen, was nun zu unternehmen ist.

Aber auch beim Straßenverkehr hilft wieder einmal die Theorie vom Karma aus, um die Statistik der Unfälle zu beleben. Schuld hat nicht so sehr das Fahrzeug, mit dem man kollidierte, sondern es sind eher die Ereignisse aus dem früheren Leben, die dieses Unglück geschehen ließen.

Wenn Sie in Indien selbst mit einem Fahrzeug unterwegs sind, müssen Sie ständig sehr aufmerksam sein. Nachts muß man in diesem Land mit unbeleuchteten Wagen und Ochsenkarren auf den Straßen rechnen, tagsüber mit furchtlosen Fahrradfahrern und Horden von Fußgängern. Tag und Nacht muß man zudem mit den verrückten Lastwagenfahrern kämpfen. Nach Einbruch der Dunkelheit meidet man am besten das Fahren auf den großen Überlandstraßen, es sei denn, man ist darauf vorbereitet, vollständig von der Straße herunterzufahren, sobald sich aus der Gegenrichtung ein

Die Anreise ist bereits die Hälfte der Freude

Ein großer Teil des Reisens in Indien wird unbeschreiblich langweilig, fad und unbequem sein. Züge fahren eine Ewigkeit, Busse fallen aus, und wenn sie fahren, schütteln sie einem alle Knochen durcheinander. Indian Airlines schafft es manchmal, die Wartezeiten so auszudehnen, daß sie länger sind als der Flug selbst.

Aber außer all diesen Unannehmlichkeiten gibt es eine Anzahl von Zielen, bei denen schon die Anreise das halbe Vergnügen ist. Dazu gehören auch die Zugfahrten in Indien. An anderer Stelle in diesem Buch finden Sie einen Abschnitt über Indiens einzigartigen und wunderschönen alten Dampflokomotiven. So ist ein ausgesprochenes Vergnügen die Fahrt mit der Schmalspureisenbahn nach Darjeeling. Der Zug windet sich vor und zurück auf seinem langen Trip zur Bergstation und ist die letzte verbliebene Eisenbahnverbindung mit einer Dampflokomotive, mit der eine Fahrt hinauf (oder hinunter) genauso viel Freude bereitet wie Darjeeling selbst. Zu den weiteren Fahrten mit einem „Spielzeugzug" gehört auch die Tour hoch nach Matheran, nur wenige Stunden von Bombay entfernt, die Fahrt mit der Zahnradbahn von Mettupalayam in Tamil Nadu nach Ooty sowie die Schmalspurstrecke, die den Bergerholungsort Shimla (Himachal Pradesh) mit Kalka in der Ebene verbindet.

Ferner ist zu erwähnen der geruhsame Trip durch die Backwater in Kerala zwischen Kollam (Quilon) und Alappuzha (Alleppey). Diese Fahrt ist nicht nur landschaftlich schön, sondern auch ausgesprochen billig.

Busfahrten in Indien verlangen meist eine gute Kondition und sind eine reine Tortur. Aber die zweitägige Fahrt zwischen Manali in Himachal Pradesh und Leh ist zu beeindruckend, als daß man auf sie verzichten sollte. Die Busfahrt von Darjeeling oder Kalimpong nach Gangtok in Sikkim sollte man sich ebenfalls nicht entgehen lassen, auch nicht die Kletterei von Madurai in Tamil Nadu nach Kodaikanal.

Und welcher Flug könnte spektakulärer sein als der von Srinagar nach Leh, bei dem man den Himalaja in voller Breite und Höhe überquert.

Fahrt	Staat
Siliguri-Darjeeling (Schmalspurbahn)	West-Bengalen
Neral-Matheran (Schmalspurbahn)	Maharashtra
Mettupalayam-Udhagamandalam (Zahnradbahn)	Tamil Nadu
Kalka-Shimla (Schmalspurbahn)	Himachal Pradesh
Alappuzha-Kollam (Backwater-Fahrt)	Kerala
Manali-Leh (Bus oder Jeep)	Himachal Pradesh/ Jammu und Kaschmir
Darjeeling-Gangtok (Bus oder Jeep)	West-Bengalen/ Sikkim
Madurai-Kodaikanal (Busfahrt)	Tamil Nadu
Srinagar-Leh (Flug)	Jammu und Kaschmir

großer Lkw nähert. Außerdem muß man sich abends und nachts mit der merkwürdigen Weise herumschlagen, in der die Scheinwerfer benutzt werden - entweder voll aufgeblendet oder ganz abgeschaltet. Normales Licht scheint so gut wie unbekannt zu sein. Eine laute Hupe ist ganz sicher ebenfalls hilfreich, denn der übliche Fahrstil in Indien besteht darin, mit einer Hand das Lenkrad zu halten, mit der anderen Hand ständig die Hupe zu betätigen, die Augen zu schließen und dann ohne Rücksicht auf Verluste drauflos zu fahren. Dabei haben Fahrzeuge immer Vorfahrt vor Fußgängern und größere Fahrzeuge Vorfahrt vor kleineren.

Indische Fahrzeuge: In den letzten Jahren erlebte die Autoindustrie Indiens einen gewaltigen Aufschwung,

und die Zahl der Autos und Motorräder auf den Straßen nahm erheblich zu. Noch immer bestimmen zwar die alten, komplett in Indien gebauten Hindustan Ambassador, Nachbauten des britischen Morris Oxford aus den fünfziger Jahren, das Straßenbild, jedoch sieht man jetzt auch zunehmend neuere Modelle. Zu ihnen gehören die in Lizenz hergestellten Rover 2000 (für die indischen Beamten), die Fiat 124 mit dem Datsun-Motor sowie eine Version des britischen Vauxhall. Überragt aber wird alles durch den Maruti.

Das ist ein in Indien zusammengebauter japanischer Suzuki Mini. Die Montage findet in einem Werk in der Nähe von Delhi statt, in dem Sanjay Gandhi ein Wörtchen mitzureden hatte und das nicht sehr erfolgreich läuft. Die Zahl der Wagen aus dieser Fabrik aber ist beachtlich. Sie sind überall auf Indiens Straßen zu sehen. Man wird abwarten müssen, ob sie sich auf den schlechten Straßen dieses Landes bewähren und es ähnlich lange aushalten, so strapaziert zu werden wie der Ambassador.

Die Preise für einen neuen Maruti beginnen bei 180 000 Rs und für einen Ambassador (jetzt mit Sicherheitsgurten!) bei etwa 280 000 Rs. Noch teurere Autos sind jetzt mit Isuzu-Motoren und Fünf-Gang-Getriebe ausgerüstet. Der neue, einem Mercedes entfernt ähnelnde Kombi von Tata kostet beispielsweise über 400 000 Rs.

Indiens Bus- und Lkw-Industrie war stets von größerer Bedeutung als die der Pkw-Herstellung. Die Firmen Tata und Ashok Leyland sind überall in Indien mit ihren widerstandsfähigen Lkw vertreten, aber auch in einer Reihe anderer Entwicklungsstaaten. Die cleveren Japaner drängten aber auch auf diesem Gebiet auf den Markt und gewinnen auf dem Lkw-Sektor zunehmend Anteile. Sehr beliebt sind ebenfalls die kleinen Maruti-Suzuki-Lieferwagen. Alle Autofabriken in Indien, in denen japanische Autos hergestellt werden, müssen übrigens zu mindestens 50 % im Besitz von Indern sein.

Das ist auch der Grund für die indo-japanische Mischung bei den Marken, nämlich Maruti-Suzuki, Hindustan-Isuzu, Allwyn-Nissan, Swaraj-Mazda und Kinetic-Honda.

Einen enormen Aufschwung nahm auch die Herstellung von Motorrädern und Motorrollern. Bei den Motorrädern ist die hervorragende Enfield India sehr beliebt, ein Nachbau der alten 350er Royal Enfield Bullet mit einem Zylinder aus den fünfziger Jahren. Liebhaber dieser Maschinen werden sich bei ihrem Anblick freuen. Bei den Motorrollern gehören die indischen Nachbauten der italienischen Lambretta und Vespa zum Straßenbild. Als man in Italien die Produktion aufgab, kaufte Indien die komplette Fabrikanlage auf.

Auch bei den Mopeds vollzog sich ein Wandel. Gefahren werden Honda-, Suzuki- und Yamaha-Modelle, und sie sind auf Indiens Straßen fast schon in einer Vielzahl wie auf den Straßen in Südostasien zu sehen.

Mit dem Einzug japanischer Automobilfirmen in die indische Wirtschaft vollzog sich auch ein Aufeinanderprallen der unterschiedlichen Kulturen. So berichtete vor einigen Jahren das Magazin *Time* darüber, daß Honda es nicht ermöglichen konnte, den japanischen Teamgeist auf die Hero-Fabrik bei Delhi zu übertragen. Die indischen Mitarbeiter hatten zwar nichts dagegen, Schulter an Schulter mit dem Management zu arbeiten, aber bitte nicht mit den *dalits* (Unberührbaren). Hinzu kam, daß man zwar qualifizierte Vorarbeiter hatte, diese aber für die Japaner, die in diesem indischen Werk arbeiteten, vollends unbekannt war. Bei ihnen ist jeder ein Spezialist. Die Folge war, daß 30 % Ausschuß entstand, während der in Japan bei 3 % liegt.

INDIEN AUF EINEM MOTORRAD

Reisen mit einem Motorrad durch Indien sind in den letzten Jahren immer beliebter geworden. Sicher haben sie auch ihren Reiz, denn Fahrten über die Nebenstraßen durch kleine, vom Tourismus unberührte Dörfer, Picknicks in der Natur und die Freiheit, fahren zu können, wann und wohin man will, machen sie angesichts der ungeheuren Weite dieses Landes zu einer idealen Reiseart. Man bekommt dabei zwar einen wunden Po, muß mit schwierigen und frustrierenden Verständigungsversuchen kämpfen, wird der Fragen nach dem Weg und der irreführenden Antworten müde und verfährt sich häufig, aber man erlebt auch eine Reihe von Abenteuern, die einem entgehen, wenn man sich auf öffentliche Verkehrsmittel verläßt.

Was man mitnehmen sollte: Ein Internationaler Führerschein ist obligatorisch, jedoch zu Hause leicht zu erhalten.

Einen Helm sollten Sie ebenfalls unbedingt mitnehmen. Helme sind in Indien zwar billig, aber häufig ist es schwer, einen zu finden, der auch wirklich paßt. Hinzu kommt, daß die Qualität der in Indien hergestellten Helme recht fraglich ist. Eine gesetzliche Pflicht, in Indien beim Motorradfahren einen Helm zu tragen, besteht jedoch nicht. Wer sie benötigt, sollte auch Lederhandschuhe, Stiefel, Regenzeug und andere Schutzkleidung von zu Hause mitbringen.

Einige kleine Taschen sind auf einem Motorrad übrigens weit praktischer als ein großer Rucksack.

Art des Motorrades: Die wichtigste Entscheidung ist, ob man mit einem neuen oder einem gebrauchten Motorrad fährt. Klar ersichtlich sind dabei die Kosten der wichtigste Faktor. Man sollte jedoch daran denken, daß beim Kauf eines neuen Motorrades die Wahrscheinlichkeit, betrogen zu werden, geringer ist als beim Kauf eines gebrauchten, weil bei neuen Maschinen Festpreise gelten. Zudem ist im Preis für ein neues Motorrad die kostenlose Wartung eingeschlossen, so daß man vor Überraschungen gefeit ist. Gebrauchte Motorräder sind demgegenüber deutlich billiger. Wer ein solches kauft, muß zudem kein im Land als wohnhaft gemeldeter Ausländer sein. Gleichzeitig ist die Gefahr größer, beim Kauf übervorteilt zu werden, sei es, weil man zu viel bezahlt, oder weil das Motorrad nicht in Ordnung ist. Da jeder seine eigenen Präferenzen hat und es das ideale Motorrad nicht gibt, finden Sie im folgenden einen kurzen Überblick über die verschiedenen Möglichkeiten beim Kauf eines motorisierten Zweirades.

Mopeds: Hierbei kommt man ohne Schutzkleidung aus. Da Mopeds lediglich einen Hubraum von 50 Kubikzentimetern besitzen, sind sie wirklich nur in Städten und auf kurzen Strecken von Nutzen.

EINFÜHRUNG

Motorroller: In Indien findet man die altmodischeren Bajaj- und Vespa-Roller sowie die modernen japanischen Roller von Honda-Kinetic und anderen Firmen. Die älteren haben 150 Kubikzentimeter Hubraum, die Honda-Roller 100 Kubikzentimeter und keine Gänge. Motorroller gelangen wegen ihrer Form leicht aus dem Gleichgewicht, vor allem wegen des hohen Schwerpunktes und der kleinen Räder. Auf schlechten Straßen sind sie ausgesprochen lebensgefährlich.

Für Motorroller sprechen niedrige Kosten beim Kauf und beim Unterhalt, unkompliziertes Fahren, ein guter Wiederverkaufspreis und bei den meisten Modellen ein eingebauter verschließbarer Stauraum.

Motorräder mit 100 Kubikzentimetern Hubraum: In dieser Klasse hat man die größte Auswahl. Die vier größten japanischen Firmen (Honda, Suzuki, Kawasaki und Yamaha) bauen alle Zweitakter, Honda und Kawasaki auch Viertakter.

Zwischen den Motorrädern in dieser Klasse gibt es nur wenig Unterschiede. Alle sind leicht, einfach zu fahren, sehr wirtschaftlich sowie zuverlässig und besitzen einen guten Wiederverkaufswert. Man kann mit ihnen auf einigermaßen vernünftigen Straßen Strecken von einer Stadt bis zur nächsten zurücklegen, sollte sie allerdings nicht mit Gepäck überladen. Ein neues Motorrad dieser Klasse kostet ca. 32 000 Rs zuzüglich der Kosten für die Zulassung.

Ebenfalls 100 Kubikzentimeter Hubraum hat die Rajdoot 175 CLT, die auf einem sehr alten polnischen Motorrad beruht. Es mangelt diesem Typ an Kraft, dafür ist er eine billige Alternative bei einem Preis, der ca. 6000 bis 10 000 Rs unter dem für ein japanisches Motorrad liegt.

Bei der „Fury" von Enfield handelt es sich um eine moderne Maschine, die vorn eine Scheibenbremse hat. Sie ist allerdings sehr wenig beliebt und besitzt eine schlechte Gepäckbox. Weil zudem Ersatzteile nur schwer zu bekommen sind und der Wiederverkaufspreis schlecht ist, muß vom Kauf abzuraten werden.

Schwerere Motorräder: Bei der Yezdi 250 Classic handelt es sich um ein preiswertes und einfaches Motorrad. Es ist eine Geländemaschine, die in ländlichen Gebieten häufig zu sehen ist.

Die „Bullet" von Enfield, ein bereits klassisches Motorrad, gehört in Indien bei Ausländern zu den beliebtesten Motorrädern. Das liegt u. a. an der traditionellen Form, dem kolossalen Geräusch der Maschine und dem Preis, der kaum über dem für ein japanisches Motorrad mit 100 Kubikzentimetern Hubraum liegt. Es ist ein sehr haltbares Motorrad, leicht zu handhaben und preiswert zu fahren, was die Mechanik betrifft, jedoch an einigen Stellen nicht ganz zuverlässig, größtenteils deshalb, weil einige Teile zusammengeschustert sind

oder minderwertige Materialien verwandt wurden. Dabei sind die Ventile und die Nocken die Hauptproblemzonen. Ein weiterer Nachteil ist das Fehlen einer gut wirksamen Vorderbremse, denn die kleine Trommelbremse ist ein Witz und völlig ungeeignet für diese recht schwere Maschine. Die „Bullet" ist auch mit 500 Kubikzentimetern Hubraum und einem Zylinder sowie einer gut funktionierender Vorderbremse und einer Stromanlage mit 12 Volt Spannung erhältlich, die deutlich besser ist als die Stromanlage mit 6 Volt Spannung bei der mit 350 ccm Hubraum. Wenn man die Maschine mit 350 ccm Hubraum im Auge hat, sollte man in Erwägung ziehen, 4000 Rs zusätzlich zu bezahlen und das Vorderrad des Motorrades mit 500 ccm Hubraum einbauen zu lassen.

Plant man, ein neues Enfield-Motorrad zu kaufen und es mit nach Hause zu nehmen, lohnt es, sich für das mit 500 ccm Hubraum zu entscheiden, weil es bereits Dinge wie hochklappbare Fußstützen für den Beifahrer und ein längeres Auspuffrohr enthält, die man zu Hause sowieso braucht. Allerdings sind die Abgasvorschriften in einigen Ländern inzwischen so streng, daß man ein solches Motorrad in ihnen offiziell kaum zugelassen bekäme. Das kann man möglicherweise umgehen, indem man ein gebrauchtes Motorrad kauft, weil die Abgasvorschriften manchmal nur für neue Fahrzeuge gelten. Darüber sollte man sich aber rechtzeitig informieren, bevor man in Indien viel Geld für ein Motorrad ausgibt, das im Heimatland nicht zugelassen werden kann. Neu kostet eine normale „Bullet" etwa 40 000 Rs und eine mit 500 Kubikzentimetern Hubraum 45 000 Rs.

Bei der Rajdoot 350 handelt es sich um eine importierte Yamaha mit 350 Kubikzentimetern Hubraum. Sie ist sorgfältig gearbeitet sowie schnell und hat gute Bremsen. Ein Nachteil sind die relativ hohen Unterhaltskosten. Zudem sind Ersatzteile nur schwer erhältlich. Aber auch diese Maschinen zeigen bereits ihr Alter, weil sie schon seit einigen Jahren nicht mehr hergestellt werden. Dafür muß man heute etwa 12 000 bis 15 000 Rs ausgeben.

Kauf und Verkauf: In Indien gibt es keine Händler für gebrauchte Motorräder und keine Motorradmagazine oder Wochenendzeitschriften, in denen man Seiten mit Verkaufsanzeigen für Motorräder findet. Um eine gebrauchte Maschine kaufen zu können, muß man einfach herumfragen. Gut geeignet sind dafür Mechaniker. Sie kennen vielleicht jemanden, der ein Motorrad verkauft.

Um ein neues Motorrad kaufen zu können, benötigt man eine Adresse in Indien und muß ein Ausländer mit Wohnsitz im Land sein. Solange der Verkäufer jedoch nicht bar jeder Vorstellungskraft und jedweder Beziehungen ist, sollte dies kein Problem darstellen. Für den

Kauf einer gebrauchten Maschine genügt es, eine Adresse anzugeben.

Neue Motorräder kauft man im allgemeinen in Geschäften. Beim Gebrauchtkauf lohnt es, einen „auto-consultant", einen Vermittler, einzuschalten, der Käufer und Verkäufer zusammenbringt. Im allgemeinen wird er Interessenten eine Reihe von Maschinen zeigen, die deren Preisvorstellungen entsprechen. Diese Agenten findet man durch Nachfragen. Gelegentlich werben sie auch in den Schaufenstern ihrer Läden.

Für etwa 500 Rs, im allgemeinen einschließlich eines Trinkgeldes für die Beamten, helfen die Vermittler dabei, die Eigentumspapiere durch die indische Bürokratie zu bringen. Ohne ihre Hilfe kann das Wochen dauern.

Der äußere Gesamteindruck eines Motorrades scheint übrigens den Preis nicht besonders zu beeinflussen. Beulen und Kratzer senken den Preis nicht viel. Das gilt auch für Extras.

Wenn Sie ein Motorrad wieder verkaufen wollen, dann lassen Sie sich nicht zu sehr anmerken, daß Sie es loswerden wollen. Bleiben Sie dann nicht allzu lange in einer Stadt, da die Informationen sich unter den „auto-consultants" schnell verbreiten und man Ihnen mit zunehmender Zeit, die verstreicht, immer weniger bieten wird. Bei einem vernünftigen Angebot sollten Sie zustimmen. Ganz gleich, um was für ein Motorrad es sich handelt, man wird Ihnen sagen, es sei das in Indien am wenigsten beliebte, und ähnliche andere Geschichten erzählen.

Papiere: Es ist sicher überflüssig zu erwähnen, daß man erst dann das Geld auf den Tisch blättern sollte, wenn alle Formalitäten erledigt sind. Dazu müssen die Papiere umgeschrieben sowie die Quittung und das von der Verwaltung unterschriebene Affidavit, das die bisherigen Eigentümer ermächtigt, das Motorrad zu verkaufen, in Ihren Händen sein. Natürlich müssen Sie auch die Schlüssel und das Motorrad selbst erhalten haben. Die Eigentumsübertragung wird in jedem indischen Bundesstaat anders gehandhabt. Hilfe bei der Abwicklung gewähren die Vermittler, mit deren Hilfe man ein Motorrad gekauft hat, sowie die unzähligen „Rechtsanwälte", die unter den Wellblechdächern bei den Kraftfahrzeugzulassungsstellen (Motor Vehicle Offices) auf Kunden warten. Sie kassieren für ihre Dienste eine Gebühr von bis zu 300 Rs. Darin ist zum großen Teil ein Schmiergeld für die Beamten enthalten, denn ohne diese „Belohnung" läuft nichts.

Natürlich kann man auch einen der vielen Beamten bitten, beim Ausfüllen der Formulare zu helfen, und damit die Angelegenheit selbst vorzunehmen - allerdings ohne Garantie für eine schnelle Erledigung.

Bei der Ummeldung müssen die prüfen, ob Ihr Name in den Papieren steht und ob alles vom Leiter der Behörde

unterschrieben und abgestempelt ist. Wenn Sie beabsichtigen, Ihr erworbenes Motorrad in einem anderen indischen Bundesstaat wieder zu verkaufen, dann brauchen Sie auch eine Unbedenklichkeitsbescheinigung (No Objections Certificate). Darin wird Ihnen bestätigt, daß Sie der rechtmäßige Eigentümer sind. Ausgestellt wird eine solche Bescheinigung vom Motor Vehicle Department des Staates, in dem Sie das Motorrad gekauft haben. Beschaffen Sie sich vorsorglich diese Bescheinigung sofort nach der Umschreibung der Dokumente auf Ihren Namen. Das Formular dafür kann für wenige Rupien mit einer Schreibmaschine ausgefüllt werden. Schneller und teurer ist das durch einen der vielen „Rechtsanwälte" möglich. Die Unbedenklichkeitsbescheinigung ist unentbehrlich, wenn man sein Motorrad in einem anderen indischen Bundesstaat wieder verkaufen will.

Weitere Formalitäten: Wie in vielen anderen Ländern auch, ist in Indien eine Haftpflichtversicherung Pflicht. Die New India Assurance Company und die National Insurance Company sind nur zwei von vielen Versicherungen, die Fahrzeuge versichern. Eine Haftpflichtversicherung kostet für 12 Monate 720 Rs und gilt auch in Nepal.

Auch eine Straßenbenutzungsgebühr wird erhoben, allerdings nur beim Kauf eines neuen Motorrades. Sie gilt für die gesamte Lebensdauer eines Motorrades und wird zugunsten des neuen Eigentümers übertragen, wenn es in andere Hände kommt.

Schutzhelme: Qualitativ hochwertige Schutzhelme sind in Großstädten für 500 bis 600 Rs zu haben. Preisgünstigere sollte man meiden, weil sie bei Unfällen keinen richtigen Schutz bieten.

Auf der Straße: Das Motorradfahren ist in Indien angesichts des allgemeinen Straßenzustands ein einigermaßen gefährliches Unternehmen und sollte am besten nur von erfahrenen Fahrern angegangen werden. Sie wollen sicher nicht auf der Grand Trunk Road, während ein Wahnsinniger im Tata-Lastwagen auf Sie zurast, entdecken müssen, daß Sie nicht wissen, wie man ein Ausweichmanöver durchführt! Zusammenstoßen können Sie mit allem möglichen, von einer Schweinefamilie, die die Straße überquert, bis zu Wagen mit Pannen, die man einfach stehengelassen hat, sei es auch mitten auf der Straße.

Es kann recht kompliziert sein, in Indien den richtigen Weg zu finden. Zweifelsohne ist es einfacher, in einen Bus zu steigen und andere jemanden zu überlassen, der den Weg kennt. Die Wegbeschreibungen, die Ihnen manche Leute geben, können recht interessant sein. So geht es immer geradeaus, auch wenn die gleiche Person bei hartnäckigerem Nachfragen zugibt, daß

EINFÜHRUNG

man eigentlich zunächst zweimal nach rechts und dann dreimal nach links abbiegen muß und dann die komische eine oder andere Gabelung nicht übersehen darf. Im allgemeinen scheinen die Menschen auch zu ignorieren, daß dann, wenn die Straße geradeaus über eine Kreuzung zu führen scheint und der gesamte Verkehr nach rechts geht, die MG Road nach links abzweigt. Zudem kann die Aussprache, vor allem in ländlichen Gebieten, ein Problem sein.

Alles in allem sind die Menschen jedoch sehr freundlich und neugierig, wie man mit den Verkehrsverhältnissen zurecht kommt.

Das Parken eines Motorrades und der Diebstahl von Sachen auf einem Motorrad scheinen keine Probleme zu sein. Am lästigsten scheint noch zu sein, daß geparkte Motorräder offensichtlich als öffentliche Einrichtungen betrachtet werden - sei es, um sich daraufzusetzen, um den Spiegel zu benutzen, um sich das Haar zu richten oder um die Schalter zu betätigen. Man richtet dabei jedoch nicht bewußt Schaden an. Es genügt, alle Schalter wieder wie vorgesehen einzustellen und die Spiegel zu richten, bevor man weiterfährt!

Auch Auseinandersetzungen mit den Ordnungskräften scheinen kein großes Problem darzustellen. Am besten lächelt man jeden Polizeibeamten freundlich an und winkt ihm zu, selbst wenn man gerade das Gegenteil von dem tut, was man eigentlich sollte.

Bei einem Unfall sollten Sie sofort die Polizei rufen und nichts unternehmen, bevor die Polizei nicht genau festgestellt hat, wo und wie sich alles ereignet hat. Ein Ausländer berichtete uns, er habe drei Tage wegen des Verdachts auf Verwicklung in einen Unfall in einem Gefängnis verbracht, obwohl er lediglich ein Kind von einem Unfallort ins Krankenhaus gebracht hatte.

Versuchen Sie nicht, an einem Tag zu große Strecken zurückzulegen. Bei einem derart hohen Maß an Konzentration, das in Indien zum Überleben erforderlich ist, sind lange Tage ermüdend und gefährlich. Auf den stark befahrenen Hauptstraßen sollten Sie mit einer Durchschnittsgeschwindigkeit von 50 km/h (ohne Fahrtunterbrechungen) rechnen. Auf kleineren Straßen, auf denen der Straßenzustand noch schlechter ist, sind 10 km/h kein unrealistischer Durchschnitt. Alles in allem kann man damit rechnen, auf guten Straßen pro Tag 100 bis 150 km zurückzulegen.

Nachtfahrten sollten um jeden Preis vermieden werden, denn schon tagsüber ist das Fahren schwer genug. Stellen Sie sich also vor, wie es erst bei Nacht aussieht, wenn dazu die Gefahr tritt, daß die Hälfte der Fahrzeuge nicht genügend (oder überhaupt nicht) beleuchtet ist, von den Fahrzeugen mit Pannen mitten auf den Straßen gar nicht zu sprechen.

Bei sehr langen Strecken kann es eine Alternative sein, das Motorrad mit der Eisenbahn zu transportieren. Der Preis entspricht dem für eine Fahrt in der 2. Klasse. Zum

Schutz kann man es an den Gepäckschaltern von Bahnhöfen in Stroh einpacken lassen. Hier zahlt man auch für die Beförderung eines Motorrades mit der Eisenbahn. Der Benzintank muß dabei jedoch leer sein. Zudem sollte am Motorrad gut sichtbar ein Schild mit dem Namen und der Adresse des Besitzers, dem Zielort, der Paßnummer und Angaben über den Zug, mit dem es befördert werden soll, angebracht werden.

Reparaturen und Wartung: Jeder, der einen Schraubenzieher oder Schraubenschlüssel in der Hand halten kann, nennt sich in Indien „Mechaniker" (*mistri*). Seien Sie daher vorsichtig, wenn Sie an Ihrem Motorrad Reparaturen vornehmen lassen. Wer auch nur ein bißchen technisches Verständnis besitzt, ist besser beraten, sich selbst einen Werkzeugsatz zuzulegen und zu versuchen, sich selbst zu helfen. Das wird dazu beitragen, sich eine Menge Diskussionen über Preise zu ersparen. Wenn man von solchen Leuten Reparaturen vornehmen läßt, sollte man während der Arbeiten das Grundstück nicht verlassen. Sonst kann es nämlich passieren, daß gute Teile entnommen und durch schlechte ersetzt werden.

Originalersatzteile von autorisierten Vertragshändlern der Herstellerfirmen können wie in der Heimat auch in Indien im Vergleich zu den nachgebauten Ersatzteilen anderer Firmen, die von Ersatzteil-Wallahs verkauft werden, relativ teuer sein.

Wenn Sie eine bereits ältere Maschine gekauft haben, sind Sie gut beraten, alle paar Tage die Schrauben und Muttern nachzuziehen. Die indischen Straßen und die Vibration solcher Motorräder lockern so langsam alles. Ein ständiges Überprüfen spart daher Geld und Ärger. Regelmäßig sollten auch das Motor- und Getriebeöl kontrolliert und damit zusammen nach allen paar tausend Kilometern das Öl gewechselt und der Ölfilter gereinigt werden.

Reifenpannen: Es bestehen in Indien gute Aussichten, wenigstens einmal wöchentlich eine Reifenpanne zu erleiden und die Dienste eines Reifenflicker-Wallahs in Anspruch nehmen zu müssen. Man findet sie überall, oft auch an überraschenden Stellen. Dennoch ist es ratsam, wenigstens das Werkzeug bei sich zu haben, das man braucht, um ein Rad auszubauen, damit man es zu einem Reifenflicker (in Hindi *punkucha wallah*) bringen kann.

Angesichts der ständigen Reifenpannen lohnt es, für ein gebrauchtes Motorrad mit abgefahrenen Reifen neue Reifen zu kaufen. Ein Reifen für das Hinterrad einer Enfield kostet etwa 500 Rs.

Benzin: Benzin ist in Indien im Vergleich zu Europa und zu den Lebenshaltungskosten teuer. Es kostet etwa 18 Rs pro Liter. Billiger ist Diesel, für den man etwa 7,5

Rs pro Liter bezahlen muß. Treibstoff ist normalerweise in Großstädten und entlang der Hauptstraßen leicht erhältlich, so daß es überflüssig ist, zusätzlich Benzinkanister mitzunehmen.

Geht Ihnen der Sprit einmal aus, dann halten Sie einen vorbeifahrenden Pkw an (keinen Lkw oder Bus, denn die fahren mit Diesel) und bitten Sie um etwas Benzin. Die meisten Inder sind in solchen Fällen hilfsbereit und erlauben, daß man mit einem Schlauch oder Trichter eine kleine Menge Benzin in seinen Tank füllt. Sonst bleibt nur die Möglichkeit, sich in einem Lkw bis zur nächsten Tankstelle mitnehmen zu lassen.

Organisierte Motorradfahren: Classic Bike Adventure in Berlin (Hauptstr. 5, 10827 Berlin, Tel. 030/7 82 33 15, Fax 030/78 79 27 20) veranstaltet Motorradfahrten in Indien auf gut gewarteten Enfields mit voller Versicherung. Die Fahrten dauern zwei bis drei Wochen und führen nach Rajasthan, in den Himalaja zwischen Kullu, Manali sowie Gangotri und von Goa nach Süden. Sie kosten ab 2800 bis 3820 DM. Weitere Einzelheiten dazu sind im Kapitel über Goa enthalten.

INDIEN AUF EINEM FAHRRAD

Täglich radeln Millionen Inder über die Straßen des Landes. Und wenn die Inder es können, warum sollten Sie es dann nicht auch versuchen? Den Radlern stellt sich aber in Indien eine stattliche Anzahl von unterschiedlichsten Herausforderungen entgegen: hohe Pässe und schmutzige Straßen, gute und gepflegte Straßen mit Restaurants und Lodges, Küstenrouten durch Kokospalmenhaine hindurch und kurvenreiche Straßen durch Kaffeeplantagen. Nicht zu vergessen die belebten Straßen in den Städten, auf denen sich von Menschen oder Tieren gezogene Fahrzeuge neben Autos ihren Platz erkämpfen und, und das aufregende Abenteuer, einen asiatischen Basar mit dem Rad zu erkunden. Was immer Sie aufzählen: Hügel, Ebenen, Plateaus und Wüsten - Indien hält es für Sie bereit!

Dennoch ist Radfahren in Indien nicht unbedingt etwas für Leute mit einem schwachen Herz oder kranken Knien. Hier wird körperliche Fitneß gefordert, wenn man mit den Straßen und dem Klima zurechtkommen möchte. Hinzu kommen die kulturelle Herausforderung, die Menschen und ihre Umwelt.

Bücher: Bevor Sie eine solche Radtour beginnen, besorgen Sie sich am besten erst einmal einschlägige Literatur. Hinweise finden Sie in Magazinen, die sich mit dem Fahrrad beschäftigen. In ihnen werden Sie auch die Adressen von erfahrenen Händlern finden, die in der Lage sind, Ihnen im Notfall ein Ersatzteil nachzusenden. Sie sind zudem die richtige Adresse, um nach einer Mitfahrerin oder einem Mitfahrer Ausschau zu halten.

Mitbringen eines eigenen Fahrrades: Wenn man eine Fahrradtour durch Indien plant, muß man sich entscheiden, ob man dafür ein leichtes Tourenrad oder ein Mountain Bike verwenden will. Will man auf asphaltierten Straßen bleiben und besitzt man bereits ein Tourenfahrrad, sollte man das mitnehmen. Dennoch eignen sich Mountain Bikes für Länder wie Indien besser. Die kompaktere Bauweise macht sie leichter manövrierfähig und weniger anfällig für Beschädigungen und erlaubt es, auch steinige und matschige Straßen zu befahren, die mit leichten Tourenfahrrädern kaum noch zu bewältigen sind.

Ann Sorrel, eine Leserin, schrieb uns dazu: „In den Jahren 1982 bis 1983 bin ich 22 000 Meilen mit einem Fahrrad durch Südasien gefahren. Ich hätte mir gewünscht, dafür ein Mountain Bike besessen zu haben. Mit meinem Fahrrad konnte ich nämlich weder die Strecke von Kargil nach Padum (Ladakh) bewältigen noch Gebrauch von allen Arten von Gelegenheiten machen, nur in einer Spur zu fahren. Später ist ein Freund vor mir mit einem Mountain Bike sogar bis zum Basislager des Everest geradelt. Wenn ich auch wegen der Umwelt nichts von Fahrten mit Mountain Bikes auf Fußwegen halte, kommt man mit einem Mountain Bike leichter von geteerten Straßen hinunter und damit auf weniger stark befahrene Strecken, und das mit dem begründeten Vertrauen, daß ein Mountain Bike auch mit unebenerem Gelände fertig wird."

Das Mitbringen eines Fahrrades hat aber auch Nachteile. Ein solches Rad ist nämlich für die Inder eine Sehenswürdigkeit und wird zum Objekt von ständigem Geschiebe, Zerren und Probieren. Sollten Ihre Nerven nicht stark genug sein, um dieses ständige Anfassen Ihres Rades zu ertragen, dann lassen Sie es besser gleich zu Hause.

Ersatzteile: Wenn man ein Fahrrad mit nach Indien nimmt, muß man auch darauf vorbereitet sein, Teile ersetzen und Reparaturen vornehmen zu können. Man muß also sein Fahrrad gut kennen. Ferner muß man Ersatzreifen, Ersatzschläuche, Flickzeug, einen Freilauf und Speichen bei sich haben. Auch alle möglicherweise nötige Werkzeug gehört ins Gepäck und die Reparaturanleitung für das Fahrrad für schwierige Reparaturen. Im übrigen können indische Mechaniker Wunder bewirken, wobei es hilfreich ist, wenn bebilderte Reparaturanleitungen Sprachbarrieren überwinden helfen.

Am besten aber ist, man verläßt sich bei allem zunächst auf seine eigenen Fähigkeiten und erweitert sein Talent zum Improvisieren.

Weil die Straßenränder nicht geteert und daher staubig sind, muß man auch ständig die Kette ölen.

Theoretisch sollen alle Werkzeuge und die Fahrradersatzteile auch in Indien nach Standard- oder englischen

Maßen hergestellt sein. Das heißt aber noch lange nicht, daß Dunlop und Sawney in Indien auch die richtigen Reifengrößen auf den Markt bringen. Man kann in Indien zwar auch einige Reifen für Mountain Bikes kaufen, aber deren Qualität ist mehr als dubios. Und die indischen Luftpumpen passen ebenfalls nicht auf die Ventile aus dem Westen. Wenn Sie mit einer indischen Pumpe Luft in die Reifen pumpen wollen, brauchen Sie ein Zwischenstück. Nehmen Sie auf jeden Fall eine eigene Luftpumpe mit, denn die indischen Pumpen benötigen zwei oder drei Leute, die die Luft durch den stets defekten Schlauch in die Reifen bringen.

In den Großstädten bekommt man auch japanische Ersatzteile, aber die sind teuer. Allerdings sind die Wartezeit auf ein Ersatzteil von zu Hause und die Portokosten ja auch beträchtlich. Lassen Sie sich dennoch etwas schicken, dann seien Sie auf immense Zollgebühren gefaßt. Erklären Sie den Zollbeamten, daß diese Teile lediglich als „Transitgut" zu betrachten sind. Das vereinfacht und verbilligt die Einfuhr. Es kann sein, daß die Zöllner dann diese Teile in den Paß eintragen. Es gibt jedoch auch in Indien einige Läden, in denen man eventuell Ersatzteile bekommt. Dazu gehören Metre Cycle in der Kalba Devi Road in Bombay und die Zweigstelle in Trivandrum, der Radbasar in der Altstadt in Delhi um die Esplanade Road, die Popular Cycle Importing Company am Broadway in Madras und die Firma Nundy & Company in der Bentinck Street in Kalkutta. Man kann statt dessen auch nach dem jeweiligen Fahrradmarkt fragen und dorthin sein Fahrrad gleich mitnehmen. Irgend jemand findet sich immer, der Bescheid weiß, wo ein bestimmtes Teil zu haben ist. Seien Sie aber vorsichtig bei Ersatzteilen aus Taiwan und achten Sie auf Reifen, auf denen sich bereits seit Jahren Staub abgelagert hat.

Gepäck: Fahrradtaschen können in Indien nicht fest, haltbar und wasserdicht genug sein. Für Taschen mit vielen Reißverschlüssen kann ich mich nicht begeistern, denn sie regen zu Diebstählen an. Da das Gepäck unzählige Male abgenommen und wieder aufgeladen werden muß, ist einfache Handhabung entscheidend. Rechnen Sie damit, daß Sie Ihr Fahrrad immer mit in Ihr Zimmer nehmen müssen (niemals draußen oder in der Hotelhalle lassen!). Daher muß das Packen stets zügig gehen. Je weniger Teile, desto besser.

Fassen Sie am besten eine handliche Tasche und ein festes Gestell für den Gepäckträger ins Auge. Haben Sie auch vorne noch Gepäck, bedeutet dies, daß noch mehr Teile ständig bewegt werden müssen. Inzwischen sind auch Fahrradtaschen erhältlich, die sich leicht in einen Rucksack verwandeln lassen. Die sind dann nützlich, wenn man sein Fahrrad irgendwo abstellen will, um einige Strecken mit öffentlichen Verkehrsmitteln zu bereisen oder zu Fuß zu gehen.

Diebstahl: Wenn man mit einem eigenen, aus Europa mitgebrachten Rad unterwegs ist, muß man vor allem darauf achten, daß die Luftpumpe und die Wasserflasche nicht gestohlen werden. Das sind neumodige Gegenstände, die in Indien Diebe anziehen. Lassen Sie aber auch nichts anderes am Fahrrad, was leicht zu entfernen ist, sobald Sie es unbeobachtet stehen lassen. Daß ein gesamtes Fahrrad gestohlen wird, ist nicht so sehr zu erwarten, höchstens in den größten Städte Indiens. Außerhalb der großen Städte ist es nämlich beinahe unmöglich, daß ein Dieb das Rad verkaufen kann, denn es ist viel zu auffällig. Schließlich haben viel zu wenig Menschen in Indien das nötige Kleingeld, um sich ein derartig ausgefallenes Fortbewegungsmittel zu kaufen. Unter diesem Gesichtspunkt ist ein Rad in Indien weniger diebstahlgefährdet als zu Hause.

Fahrradkauf in Indien: An ein indisches Fahrrad zu gelangen, bringt kaum Probleme, da man in fast jeder Stadt einige Läden findet, in denen Fahrräder verkauft werden. Schauen Sie sich aber vor dem Kauf gut um und vergleichen Sie die Preise. Vergessen Sie später dann auch das Handeln nicht. Versuchen Sie auf jeden Fall, einige Extras wie Klingel, Ständer, Ersatzschlauch mit auszuhandeln. Sie werden auf relativ viele Marken stoßen, z. B. Hero, Atlas, BSA, Raleigh, Bajaj und Avon, die sich aber in ihrer robusten Bauart alle mehr oder weniger gleichen. Vor kurzem kamen auch einige Fahrräder auf den Markt, die so aussehen wie Mountain Bikes, aber nicht mit einer Gangschaltung ausgestattet sind. Raleigh genießt den besten Ruf in bezug auf Qualität, gefolgt von BSA, die viele unterschiedliche Modelle anbieten. Hero und Atlas nehmen für sich in Anspruch, die größten Hersteller zu sein. Im allgemeinen aber können Sie das billigste Rad kaufen oder das mit dem verrücktesten Markenzeichen!

Sobald ein Rad gekauft ist, beginnt die Suche nach dem geeigneten Gepäckträger. Diejenigen mit einer Klammer wie eine Mausefalle unterscheiden sich nur noch in Größe, Preis und Robustheit. Das Angebot der Sattel ist schon größer, jedoch sind sie alle gleich schlecht für das Steißbein geeignet. Praktisch ist auch ein Fahrradständer, und absolut unerläßlich ist eine Klingel oder eine Hupe. Ein Vorteil beim Kauf eines fabrikneuen Rades ist, daß die Bremsen auch wirklich funktionieren. Besondere Bremsen, wie z. B. Felgenbremsen, kann man zwar kaufen, könnten aber später den Verkauf des Rades erschweren. Der Durchschnittsinder besteht auf einem Standardmodell!

Sportlichere Mountain Bikes mit einem geraden Lenker sind in städtischen Gebieten beliebt. Es ist aber auch möglich, in Großstädten und Gegenden mit viel Tourismus gebrauchte Tourenfahrräder zu finden, die von anderen Besuchern des Landes zurückgelassen wurden. Außerdem kann man sich bei Angehörigen von ausländischen Botschaften und Konsulaten nach Fahrrädern erkundigen.

Ersatzteile: Die Mitnahme von vielen Ersatzteilen lohnt sich nicht, denn es gibt genug „Reparaturwerkstätten", wie die auch immer aussehen mögen. Meistens besitzen sie nur eine Luftpumpe, einen Kasten mit Werkzeug, eine Tube Gummilösung und einen Wasserbehälter; das Ganze unter freiem Himmel, meist jedoch unter einem schattenspendendem Baum. Ein großes eigenes Ersatzteillager lohnt sich auch deshalb nicht, weil Sie das Rad ja ohnehin nur für wenige Wochen oder Monate besitzen. Ausreichend sind eine Rolle Gummi zum Flicken, eine Tube Klebstoff, zwei Montiereisen und einen jener „Universalschraubenschlüssel" für indische Räder, die für alle Schrauben passen. Es gibt in allen Orten und Dörfern genug „Pannen-Wallahs", die eine Reifenpanne für ein paar Rupien beheben, so daß man es ohnehin nicht selbst vornehmen muß. Abgesehen davon sind die indischen Mäntel für die Bereifung derartig dick, daß es recht unwahrscheinlich ist, in der Kürze der Zeit überhaupt eine Panne zu haben.

Verkauf des Fahrrades: Ein indisches Fahrrad wieder zu verkaufen, ist überhaupt kein Problem. Am einfachsten ist es, wenn Sie den Inhaber einer Lodge fragen, ob er nicht einen Interessenten hat. Handeln Sie dann den Preis aus und schließen Sie das Geschäft entweder selbst ab oder überlassen Sie das dem Hotelpersonal. Es finden sich sicher genug Leute, die Ihnen dabei behilflich sind. Rechnen Sie mit einem Verlust von einigen hundert Rupien oder rund 30 %. Die Fahrradgeschäfte sind an einem solchen Handel meistens nicht interessiert. Besser ist noch ein Fahrradverleiher, der eventuell seinen Bestand vergrößern will, ohne den Neupreis investieren zu müssen.

Unterwegs: Der „Faktor Mensch" läßt eine Fahrradtour durch Indien sowohl zu einem großartigen Erlebnis als auch zu einer totalen Frustration werden. Besucher mit einem indischen Fahrrad laufen seltener Gefahr von Zuschauern angegafft zu werden. Eine Teepause mit einem von Zuhause mitgebrachten Fahrrad kann aber leicht eine Menge von 50 Männern und Jugendlichen anziehen, die dann gegenseitig die heißesten Erklärungen abgeben, wie es wohl funktioniert. Einer zeigt bestimmt auf die Wasserflasche und meint, es sei Benzin drin. Der nächste betätigt den Hebel für die Gangschaltung und sagt fachmännisch „Kupplung". Andere drücken auf die Reifen und behaupten, daß es schlauchlose Reifen ohne Luft seien. Eine Eskalation ergibt sich noch, wenn Sie Bemerkungen hören wie „Mit einem Getriebe versehen", „Automatisch" und „Rennrad"! Schlimmer noch ist es in den belebten Straßen einer Großstadt. Wenn Sie dort halten, um sich entweder

umzusehen oder etwas zu essen, sind Sie sofort umringt von Menschen, Rikschas, Radlern und Fußgängern, besonders Schulkindern. Wird Ihnen das alles zuviel, dann winken Sie den nächsten Polizisten herbei. Das vertreibt die Neugierigen am allerschnellsten. Hin und wieder werfen aggressive Jungen auch schon mal mit Steinen. Die Lösung? Am besten bleiben Sie in solchen Situationen gar nicht erst stehen. Lassen Sie unter keinen Umständen Ihr Rad zurück, um die Menge zu zerstreuen, das macht die Neugierde nur noch größer. Sie können auch Erwachsene bitten, die Kinder zu vertreiben. Kinder, besonders die Jungen zwischen 7 und 13 Jahren, sind nicht sehr gut erzogen und werden in Mengen gefährlich. Umgehen Sie daher Schulen für Jungen während der Pausen.

Routen: Dort, wohin Sie auch mit einem Zug oder Bus fahren können, bringt Sie auch ein Fahrrad hin, nur mit dem zusätzlichen Vergnügen, alles, was dazwischen liegt, ebenfalls noch gesehen zu haben. Versuchen Sie aber, die großen Fernstraßen in den Norden zu umgehen. Dazu gehören die NH 1 durch Haryana und die NH 2 - die Grand Trunk Road - zwischen Delhi und Kalkutta. Auf ihnen verkehren in beängstigendem Tempo viele Busse und Lkw. Andere Fernstraßen können dagegen zum Radeln ganz angenehm sein. Die einsamen Landstraßen sind so sowieso, sie sind außerdem gut markiert durch Steine im Abstand von einem Kilometer. Einige Grundkenntnisse in Hindi helfen Verkehrszeichen zu entziffern, aber fast jedes fünfte Straßenschild ist auch in Englisch beschriftet.

Eine weitere Möglichkeit ist, Kanälen und Wegen an Flüssen zu folgen. In einigen Gegenden Indiens ist es auch möglich, entlang von Eisenbahnstrecken und auf Versorgungsstraßen mit Fahrrädern zu fahren. Bevor man sich allerdings von richtigen Straßen entfernt, muß man sich erkundigen, ob man auf der vorgesehenen Strecke mit einem Fahrrad fahren darf.

Wenn das Ziel einer Fahrradfahrt in Indien der Himalaja ist und man sich Sorgen um seine Sicherheit in Kaschmir machen muß, sollte man als Alternative Himachal Pradesh und die Bergerholungsorte im Süden in Erwägung ziehen.

Im übrigen sind Grenzüberquerungen von Indien in die Nachbarländer Pakistan, Nepal, Bangladesch und Sri Lanka unproblematisch. Anders als mit Autos oder Motorrädern muß man mit einem Fahrrad keine besonderen Dokumente vorlegen. Man darf aber dennoch nicht überrascht sein, wenn an einem Grenzübergang auch ein Fahrrad gründlich nach Schmuggelgut untersucht wird!

Entfernungen: Ist man noch nie lange Strecken mit einem Fahrrad unterwegs gewesen, dann sollte man sich in den ersten Tagen auf jeweils 20-40 km beschränken, um dann nach und nach mit wachsender Widerstandskraft und zunehmendem Selbstvertrauen langsam die Tagesstrecke zu vergrößern. Radfahren in Indien über weite Strecken bedeutet 80 % Zielbestimmung und 20 % Transpiration. Schämen Sie sich deshalb nicht, ruhig einmal das Rad einen steilen Berg hinaufzuschieben. Als enthusiastischer Radler und interessierter Tourist können Sie - gute Kondition vorausgesetzt - bei 8 Stunden Fahrt pro Tag in leicht hügeligen Ebenen durchschnittlich 125-150 km und in gebirgigen Gegenden 80-100 km zurücklegen.

Unterkunft: Die Mitnahme eines Zeltes ist nicht nötig, denn es gibt unterwegs genug preisgünstige Unterkünfte. Gegen Zelte spricht sowieso die Erfahrung, daß man in einem Zelt am Straßenrand nie allein wäre. Neugierig würde eine erstaunte Menschenmenge alles, was Sie tun, und selbst Ihren Schlaf beäugen. Auch ein Kocher und eine komplette Küchenausrüstung sind überflüssig, es sei denn, Sie mögen keine indischen Gerichte. Überall in Indien werden Sie viele Teestände und Restaurants finden. Letztere heißen in Indien übrigens Hotels. Suchen Sie nach einer Unterkunft, dann fragen Sie nach einer Lodge. Befinden Sie sich gerade auf einer großen Fernstraße, erkundigen Sie sich bei knurrendem Magen nach den *dhabas*. Sie sind unseren Fernfahrer-Raststätten vergleichbar. Parken besonders viele Lkw vor der Tür, können Sie im allgemeinen sicher sein, daß das Essen gut ist. Alkohol wird in den *dhabas* jedoch nicht ausgeschenkt. Ihr müdes Haupt können Sie in den *dhabas* auf den sogenannten *charpois* betten. Sie dienen als Tisch, Stuhl und Bett zugleich. Ihr Fahrrad sollten Sie auch hier über Nacht besser mit an Ihr Lager nehmen. Bad und Toilette sucht man in einer solchen Unterkunft vergebens, aber dafür ertönt als Nachtmusik dauernder Straßenlärm.
Für alleinreisende Fahrradfahrerinnen sind *dhabas* jedoch nicht zu empfehlen.
Der erlebnisreichste Teil einer Radtour durch Indien ist sicher, in den Orten nach einer Unterkunft zu suchen, die zwischen den Großstädten und den Touristenzentren liegen und die sonst ohne Halt durchfahren werden.

Fragen nach Richtungen: Das Fragen nach Richtungen kann zu einer herben Frustration führen. Suchen Sie sich immer Leute aus, von denen Sie annehmen, daß sie Englisch sprechen und nicht in Eile sind. Fragen Sie mindestens drei oder vier verschiedene Menschen. Ein Verkehrspolizist sollte erst die letzte Anlaufstelle sein. Versuchen Sie, ganz ruhig zu fragen, und achten Sie auf „links" und „rechts", denn meistens heißt es einfach „Fahren Sie immer geradeaus und biegen Sie da und da ab".

Transport eines Fahrrades: Vielleicht sind Sie einmal des Strampelns müde und wollen Ihr Rad aufgeben. Für Sporträder ist dies bei den Fluggesellschaften kein Problem. Mit ein wenig Glück können Sie darauf hoffen, daß die Mitarbeiter der Airline nicht so richtig Bescheid wissen. Nutzen Sie diese Gelegenheit für sich aus. Sagen Sie ihnen einfach, daß eine Verpackung nicht nötig ist und daß Sie noch nie für den Transport eines Rades gezahlt haben. Nehmen Sie alles Gepäck herunter und lassen Sie auch ein wenig Luft aus den Reifen heraus.
Die Möglichkeit, ein Fahrrad mit einem Bus zu transportieren, ist je nach Staat verschieden. Im allgemeinen geschieht dies kostenlos auf dem Dach. Wenn Sie ein Sportrad besitzen, betonen Sie, daß es leicht ist. Lassen Sie es gut am Dachgepäckträger des Busses befestigen und prüfen Sie, ob es so gelegt wurde, daß größere Beschädigungen vermieden werden. Das Gepäck sollten Sie vorsorglich mit in den Bus nehmen.
Der Transport eines Rades mit einem Zug wird schon schwieriger. Radeln Sie zunächst zum Bahnhof, kaufen Sie dort eine Fahrkarte und erklären Sie dem Bahnbeamten, daß Sie auch ein Fahrrad mitnehmen möchten. Der schickt Sie dann zum Gepäckschalter oder zu dem dafür zuständigen Beamten. Dann muß ein Formular in dreifacher Ausfertigung ausgefüllt werden, und zwar mit Angabe der Seriennummer des Rades sowie einer guten Beschreibung. Auch bei der Eisenbahn geben Sie lediglich das Rad auf, nicht das Gepäck. Dann wird Ihr Rad mit einer Kopie des Formulars dekoriert. Meistens klebt man sie auf den Sattel. Die zweite Kopie bekommen Sie ausgehändigt. Wo die dritte Ausfertigung bleibt, weiß allein Buddha. Die Mindestgebühr beträgt 8 Rs, alles in allem nicht zu teuer. Bei der Abholung müssen Sie Ihre Kopie des Formulars wieder vorlegen. Steigen Sie unterwegs um, dann überwachen Sie vorsichtshalber auch das Umladen Ihres Rades!

Schlußbemerkung: Fragen Sie nach all diesen Tips noch, wie einzigartig eine Radtour durch Indien ist? Ich nehme an, daß jährlich etwa 2000 ausländische Touristen einen Monat oder länger durch Teile von Indien radeln. Diese Zahl scheint rapide zuzunehmen. Vermutlich fahren auch etwa 5000 Inder mit dem Rad durch ihr Land, meistens junge Leute und Studenten. Ihre Ziele sind meist die Strecke Kaschmir-Kanyakumari oder einer der heiligen Orte.
Wer das Radfahren ernst nimmt oder sogar Rennfahrer ist, findet in der Cycle Federation of India einen Ansprechpartner (Yamun Velodrome, Neu-Delhi). Und noch ein letzter Tip: Sorgen Sie dafür, daß die Gummilösung in der Satteltasche auch wirklich klebt, alle Winde auch Rückenwinde sind und vor allem, daß Sie immer geradeaus fahren und hin und wieder das Abbiegen nicht vergessen!

TRAMPEN

Das Trampen ist keine realistische Möglichkeit, in Indien herumzureisen. Es gibt halt viel zu wenig Privatautos in Indien, so daß Leute per Anhalter allenfalls von Lkw mitgenommen werden. Aber auch dann ist man als Tramper vor ein altes Problem gestellt: Weiß der Fahrer, was ich will? Soll ich etwas zahlen? Erwartet der Fahrer eine Zahlung? Ist er böse, wenn ich nicht zahle? Ist er böse, wenn ich zahle? Trotz allem - möglich ist das Trampen.

Frauen ist das Trampen allerdings nicht zu empfehlen. Indien ist ein Land der Dritten Welt mit einer Männergesellschaft, in der Vergewaltigungen weniger bedeuten als in Europa. Und das sagt schon einiges. Eine europäische Frau in der Fahrerkabine eines Lkw auf einer einsamen Straße ist eine verführerische Herausforderung!

SCHIFF

Abgesehen von den Flußfähren - die sind allerdings zahlreich vertreten - kann man in Indien kaum große Schiffsreisen unternehmen. Die einzigen richtigen Möglichkeiten, mit einem Schiff oder Boot zu fahren, sind die Touren durch die Backwater von Kerala, die man sich auch nicht entgehen lassen sollte (vgl. Kapitel über Kerala) und die neue Schiffsverbindung zwischen Bombay und Goa.

Die Schiffsverbindung zwischen Bombay und Goa wird von der Reederei Damania Shipping betrieben. Deren moderner, klimatisierter „Jetfoil" mit Platz für 400 Passagiere legt in Bombay täglich um 7.00 Uhr ab und in Panaji um 14.00 Uhr an. Um 15.00 Uhr verläßt er Panaji wieder und erreicht Bombay zwischen 22.15 und 22.45 Uhr. Der Fahrpreis beträgt in der Economy-Klasse 35 US $ und in der Business-Klasse 50 US $ und schließt einen Imbiß, ein richtiges Essen, Erfrischungen sowie „Infoil-Unterhaltung" mit ein, die aus neuen Hollywood- (nicht Bollywood-)Filmen besteht. Für Kinder unter 2 Jahren ist 10 % des Fahrpreises und für Kinder ab 2 Jahren der volle Fahrpreis zu bezahlen. Buchungen nehmen Damania Shipping am Anleger in Panaji (Tel. 0832/22 87 11) und in Bombay (Tel. 022/ 6 10 25 25, Fax 610 42 19) sowie alle Büros von Damania Airways entgegen.

Die einzigen anderen Schiffe, die Hafenstädte miteinander verbinden, verkehren zwischen Kalkutta sowie Madras und den Andamanen, und auch die fahren nicht regelmäßig. Darüber findet man nähere Einzelheiten im Abschnitt über Port Blair des Kapitels über die Andamanen und Nikobaren.

NAHVERKEHRSMITTEL

Obwohl es in den meisten Großstädten ein recht umfassendes Busnetz gibt, werden Sie zunächst doch auf Taxis, Auto-Rikschas, Rikschas und Mietfahrräder zurückgreifen, weil es einfach zu lange dauert, bis Sie mit dem Streckennetz vertraut sind. Zudem sind die Busse in den Großstädten derartig überfüllt, daß Sie die praktisch nur dann benutzen können, wenn Sie an der Abfahrtsstelle einsteigen und den Bus erst an der Endstation wieder verlassen.

Grundregel für die Benutzung aller Verkehrsmittel, bei denen die Preise nicht vorgeschrieben sind, ist, daß man diese vor Fahrtantritt aushandelt. Tun Sie dies nicht, gibt es am Zielort unerfreuliche Debatten über den Preis. Die Absprache sollte völlig klar sein. Fährt außer Ihnen noch jemand mit, dann muß auch geklärt werden, ob der vereinbarte Preis für alle Personen gemeinsam oder pro Person gilt. Ein Leser schrieb uns, daß er immer dann, wenn der Fahrer eines Taxis nicht zur Einschaltung der Uhr bereit war, einfach ohne Absprache einstieg und dem Fahrer hinterher nur das aushändigte, was er für richtig hielt. Stieß der Betrag beim Fahrer auf Widerspruch, ermutigte unser Leser den Fahrer, die Polizei zu rufen, um den Streit zu schlichten. Hiermit war dieser Leser immer erfolgreich. Wenn Sie Gepäck haben, müssen Sie vorher auch klären, ob dafür extra gezahlt wird. Tun Sie dies nicht, dann können Sie sicher sein, daß die Extrakosten völlig überhöht sind. Wenn ein Fahrer es ablehnt, den Taxameter einzuschalten, oder auf einem außergewöhnlich hohen Fahrpreis besteht, dann gehen Sie einfach weg. Sollte der Fahrer an der Fahrt interessiert sein, wird er Sie zurückholen und den Preis deutlich senken. Wenn Sie sich mit dem Fahrer dennoch nicht auf einen angemessenen Fahrpreis einigen können, dann suchen Sie sich einen anderen.

Flughafentransfer: Die meisten Flughäfen in Indien sind durch Busse von staatlichen Gesellschaften, von Indian Airlines oder von kommunalen Genossenschaften mit der jeweiligen Innenstadt verbunden. Wenn keine Busse fahren, dann stehen Taxis und Auto-Rikschas zur Verfügung. Es gibt sogar einige Flughäfen, die so nahe bei der Stadt liegen, daß man dorthin mit einer Fahrrad-Rikscha gelangen kann.

Wenn Sie irgendwo in Indien auf einem Flughafen ankommen, dann bemühen Sie sich, in der Ankunftshalle den Schalter zu finden, an dem Taxifahrten im voraus bezahlt werden können. Unterlassen Sie das und begeben Sie sich unmittelbar zu einem Taxifahrer, um den Preis für die Fahrt zum gewünschten Ziel auszuhandeln, werden Sie erheblich mehr bezahlen müssen. Taxifahrer in Indien sind berüchtigt dafür, beim Antritt der Fahrten von Flughäfen das Einschalten ihres Taxameters abzulehnen (wenn einer vorhanden ist).

Taxi: In fast allen Städten Indiens fahren Taxis, in den Großstädten sogar mit Taxameter. Aber ob die Taxis in den Großstädten wirklich nach der Berechnung der Uhr fahren, ist eine andere Sache. Zunächst wird man Ihnen sagen, die Uhr sei kaputt. Deuten Sie dann an, daß Sie in ein anderes Taxi umsteigen werden, wird der Fahrer den Schaden an der Uhr schnell beheben - ausgenommen in der Hauptverkehrszeit.

Ist in einem Taxi eine Uhr vorhanden und funktioniert sie auch, wird der angezeigte Fahrpreis überholt sein. Die Preise gehen nämlich so sprunghaft in die Höhe, daß die Fahrer mit dem Umstellen gar nicht nachkommen. Als Notlösung halten die Taxifahrer dann Umrechnungstabellen bereit, aus denen Sie den richtigen Preis ablesen können. Daß dies zu Mißbräuchen verführt, liegt auf der Hand. Woher sollen Sie schließlich wissen, ob die Uhr nicht doch richtig läuft, der Fahrer aber dennoch eine Umrechnungstabelle benutzt. In indischen Bundesstaaten, in denen die Zahlen anders als bei uns zu Hause geschrieben werden (wie in Gujarat), ist es allerdings nicht sehr sinnvoll, sich die Umrechnungstabelle zeigen zu lassen, wenn man sie nicht lesen kann.

Die einzige Lösungsmöglichkeit: den Preis ungefähr abschätzen, bevor Sie losfahren. Schätzwerte sagt man Ihnen im Hotel oder am Flughafen. Sehr schnell werden Sie aber auch ein Gefühl dafür entwickeln, ob die Uhr wirklich anzeigt, welche Karte mit Umrechnungsbeträgen die richtige ist und was beides zusammen als Summe ungefähr ergeben darf.

Auto-Rikscha: Eine Auto-Rikscha ist ein viel Lärm verursachendes dreirädriges Vehikel mit einem Fahrer vorn sowie einem Zwei-Takt-Motorradmotor und zwei oder mehr Sitzen für Passagiere hinten. Außer in Goa haben sie keine Türen und oben nur ein Stück Segeltuch. Man nennt sie auch „Scooter" oder „Auto".

Obwohl alle Auto-Rikschas von Bajaj hergestellt sind, ist es erstaunlich, wie sie sich von Stadt zu Stadt unterscheiden. Sie scheinen je nach der Stadt gebaut worden zu sein, in der sie eingesetzt werden. In Chittorgarh beispielsweise sind die Auto-Rikschas mit einem besonderen Sitz nach hinten hin ausgestattet, so daß damit vier Leute befördert werden können (auch wenn damit oft acht oder mehr Fahrgäste transportiert werden).

Im Preis liegen sie meist zur Hälfte unter dem der Taxis. Normalerweise sind auch sie mit Taxameter ausgestattet, für die wieder all das gilt, was wir bereits bei den Taxis beschrieben haben.

Aufgrund ihrer geringen Größe sind sie meist schneller als die Taxis, besonders auf Kurzstrecken. Ihre Fahrer sind noch waghalsiger, und es hat den Anschein, als würden sie Beinahe-Kollisionen geradezu suchen.

In Städten mit viel Verkehr werden Sie in Auto-Rikschas beim Anhalten an roten Ampeln feststellen, daß Sie genau in Höhe der Auspuffrohre von vielen Bussen und Lastwagen sitzen. Daher gehört das Einatmen von kleinen Teilchen aus dem Dieselqualm mit zum Ver-

gnügen von Fahrten mit Auto-Rikschas. Außerdem machen die kleinen Räder und die harte Federung sie sehr unbequem. Selbst das kleinste Schlagloch sorgt dafür, daß man in die Höhe schnellt. Die auf Straßen angebrachten Erhöhungen, mit denen zum langsamen Fahren angehalten werden soll, und die riesigen Schlaglöcher sind der Tod für Ausflüge mit Rikschas - schade für die armen Fahrer.

Tempo: Ähnlich wie die Minibusse und Sammeltaxis verkehren diese großen Auto-Rikschas mit drei Rädern auf festen Routen. Wenn Sie nicht gerade viel Zeit in einer Stadt verbringen, ist es unpraktisch, herausfinden zu wollen, auf welchen Strecken sie eingesetzt werden. Man findet es im allgemeinen viel leichter und bequemer, mit einer Auto-Rikscha zu fahren.

Fahrrad-Rikscha: Fahrrad-Rikschas sind nichts anderes als ein Fahräder mit drei Rädern, die hinter dem Fahrer Platz für zwei Passagiere bieten. Aus den Großstädten sind sie mittlerweile verschwunden (außer in der Altstadt von Delhi und Teilen von Kalkutta). Dafür findet man sie aber noch in allen kleineren Städten und Orten Indiens. Dort halten sie den Nahverkehr aufrecht.

Auch mit ihren Fahrern muß der Fahrpreis vorher fest abgesprochen werden. Dabei empfiehlt es sich, Situationen zu vermeiden, in denen der Fahrer einer solchen Rikscha auf die Frage nach dem Preis für eine Fahrt antwortet: „Wie Sie wünschen". Dann geht er nämlich davon aus, daß Sie den üblichen Preis nicht kennen und am Ende der Fahrt zuviel bezahlen werden. Unabhängig davon, wieviel Sie dann bezahlen werden, wird er behaupten, das sei zu wenig. Daraus kann eine unangenehme Situation entstehen. Das passiert insbesondere in häufig von Touristen besuchten Städten wie Agra und Jaipur. Handeln Sie daher immer den Preis vor Antritt der Fahrt aus.

In Orten mit vielen Touristen sind die Rikscha-Fahrer ebenso redselig und schulmeisterlich wie die Taxifahrer in New York.

Empfehlenswert ist es, einen Rikscha-Wallah für eine bestimmte Zeit zu mieten und nicht nur für eine bestimmte Strecke. Dies ist besonders günstig, wenn Sie einen ganzen Tag oder sogar mehrere Tage gefahren werden wollen.

Das Handeln über den Fahrpreis ist der unerfreulichste Teil einer Rikscha-Fahrt. Häufig genug beginnen die Fahrer mit einem Preis, der höher ist als der für eine Fahrt mit Auto-Rikschas oder Taxis. Auch nach der festen Preisabsprache wird es bei der Benutzung einer Fahrrad-Rikscha am Ende der Fahrt viel häufiger zu Diskussionen über den Preis kommen als bei einer Auto-Rikscha oder einem Taxi, ganz gleich, ob nach Uhr abgerechnet wird oder nicht.

Weitere Verkehrsmittel: In einigen Orten verkehren noch die Tongas (von Pferden gezogene Zweiradwagen) und Victorias (ebenfalls von Pferden gezogene Kutschen). Kalkutta besitzt ein weitverzweigtes Straßenbahnnetz und Indiens erste Untergrundbahn. In Bombay, Delhi und Madras verkehrt zudem eine Reihe von Vorortzügen.

Früher gab es überall auch noch von Männern gezogene Rikschas. Die existieren heute aber nur noch in Teilen von Kalkutta.

Fahrrad: Indien ist ein Land der Fahrräder. Sie sind ein ideales Fortbewegungsmittel zu den Sehenswürdigkeiten oder für längere Ausflüge. Näheres finden Sie im Abschnitt über Indien mit dem Fahrrad. Die Fahrradgeschäfte in den Großstädten verleihen auch Räder. Erstaunlicherweise findet man diese Möglichkeit manchmal sogar in Kleinstädten. Der Preis liegt bei 3-5 Rs pro Stunde und steigt dann auf 10-15 Rs pro Tag. In Gegenden, in denen Touristen nicht ungewöhnlich sind (z. B. in den Bergerholungsorten) oder Ausländer zum gewohnten Bild gehören (z. B. in Pondicherry), muß man allerdings etwa das Doppelte bezahlen. Manchmal werden Sie zunächst auf Mißtrauen stoßen, weil Sie Ausländer sind, aber die Vorlage des Passes beendet das Unbehagen. Man kann auch eine Sicherheit hinterlegen, üblicherweise 300 bis 500 Rs.

Sollte Sie das Pech verfolgen und eine Panne Sie heimsuchen, dann halten Sie Ausschau nach einem Mann unter einem Baum. Er hat das nötige Werkzeug und behebt den Schaden. Der Preis für eine Reparatur kostet nur ein paar Rupien.

Sind Sie mit Kindern per Rad unterwegs, dann lassen Sie sich einen richtigen Kindersitz anbringen. Kindersitze fertigt Ihnen blitzschnell jedes Geschäft an, das Möbel aus Rohr- und Korbgeflecht verkauft. Lassen Sie sich diesen Sitz passend für den Gepäckträger anfertigen. Er kann schnell und sicher mit einer Kordel befestigt werden.

AUSFLUGSFAHRTEN

Überall dort, wo es Interessantes für Touristen zu sehen gibt - und wo ist das in Indien nicht der Fall -, gibt es Reiseveranstalter. Das sind entweder die staatliche Organisation India Tourist Office, das Verkehrsbüro des jeweiligen Staates oder ein Privatunternehmen. Manchmal sind auch alle drei vertreten. Die angebotenen Touren sind ihr Geld wert, besonders dann, wenn die Sehenswürdigkeiten weit auseinander liegen, und in den Städten. Selbst wenn Sie in Delhi versuchen, all das, was man Ihnen in einer Halbtags- oder Tagestour zeigt, auf eigene Faust und mit öffentlichen Verkehrsmitteln zu erreichen, wird es teurer.

Die organisierten Rundfahrten sind nicht nur für Touristen aus dem Ausland gedacht. Ganz im Gegenteil, meistens sind die Ausländer in der Minderheit. Sind die Ziele etwas abgelegen von den Hauptattraktionen, dann kann es gut sein, daß man der einzige ausländische Tourist ist. Die Touren werden meist in englischer Sprache durchgeführt, da Englisch wohl die einzige Sprache ist, mit der sich Touristen aus der indischen Mittelklasse untereinander verständigen können. Nutzen Sie diese Gelegenheit, um mit Indern in Kontakt zu kommen.

Fahrrad-Rikschas sind in indischen Orten und Großstädten durchaus übliche Verkehrsmittel. Ein glücklicher Rikscha-Wallah erhält vielleicht einen Vertrag, darf dann Schüler zur und von der Schule fahren und verdient sich dadurch zumindest einen kleinen täglichen Festbetrag als Einkommen.

EINFÜHRUNG

Wenn diese Fahrten auch nur einen Nachteil haben, dann ist es der, daß man versucht, in kurzer Zeit viel zu viel zu zeigen. Wenn man Ihnen eine Fahrt an einem Tag von Madras nach Kanchipuram, Tirukalikundram sowie Mahabalipuram und wieder zurück nach Madras verkauft, dann ist es nichts mehr als ein flüchtiger Blick, den Sie auf alles Sehenswerte werfen können. Sieht eine angebotene Tour nach einer solchen Hetze aus, dann fahren Sie diese Strecke besser allein oder benutzen die Gruppentour lediglich dazu, um herauszufinden, was Sie sich später in Ruhe noch einmal anschauen wollen.

DELHI

Delhi ist die Hauptstadt Indiens und zugleich die dritt-größte Stadt dieses Subkontinents. Genau genommen besteht die Stadt aus zwei Teilen. Alt-Delhi war zwischen dem 17. und 19. Jahrhundert die Hauptstadt des damals moslemischen Indiens. In diesem Stadtteil findet man unzählige Moscheen, Denkmäler und Forts aus der moslemischen Zeit. Der andere Teil ist Neu-Delhi, von den Briten als Hauptstadt Indiens ausgewählt und entsprechend ausgebaut. Neu-Delhi ist großzügig und weiträumig geplant worden. In diesem Teil der Stadt siedelten sich auch die meisten Botschaften an, und ein großer Teil der Regierungsgebäude steht ebenfalls hier.

Aber Delhi hat noch eine dritte Komponente mit in die Waagschale zu werfen, wenn es um die Bedeutung der Stadt geht: Sie ist neben ihrer historischen Bedeutung und der Rolle, die sie als Regierungshauptstadt spielt, auch noch Ausgangspunkt für viele Touristen, die den Subkontinent erkunden wollen, stellt den Knotenpunkt für Reisen im Norden Indiens dar und liegt an der Überlandroute durch ganz Asien. Neu-Delhi ist zugleich der größte Teil des Unionsgebietes Delhi, eines Bundesterritoriums ähnlich wie Washington D. C. in den USA, Canberra in Australien und Brasilia in Brasilien.

Besucher haben über Delhi nicht viel Gutes zu berichten, aber dennoch blickt die Stadt auf eine lange und faszinierende Geschichte zurück, kann mit vielen Sehenswürdigkeiten aufwarten und eignet sich gut, um bestimmte Dinge leicht zu erledigen. Wenn man zum ersten Mal nach Indien kommt, ist Delhi wahrscheinlich das Tor der vier großen Tore zu Indien, in dem man sich mit dem Land am leichtesten vertraut machen und sich an indische Verhältnisse anpassen kann.

GESCHICHTE

Delhi war zwar nicht immer die Hauptstadt von Indien, spielte aber eine wichtige Rolle in der indischen Geschichte. Die Siedlung Indraprastha, die bereits vor über 3000 Jahren im *Mahabharata* erwähnt wurde, lag etwa an der Stelle des heutigen Delhi. Als vor mehr als 2000 Jahren der mächtige Kaiser Ashoka regierte, war Pataliputra, unweit des heutigen Patna, die Hauptstadt seines Königreiches. In der etwas jüngeren Vergangenheit erhoben die Moguln während des 16. und 17. Jahrhunderts Agra zu ihrer Hauptstadt. Schließlich ließen die Briten dann Kalkutta diese Ehre zukommen, bis im Jahre 1911 Neu-Delhi von ihnen geplant und

Einwohner: 8,4 Millionen
Gesamtfläche: 1485 km^2
Einwohner pro Quadratkilometer: 6139
Wichtigste Sprachen: Hindi, Urdu, Punjabi und Englisch
Telefonvorwahl: 011
Beste Reisezeit: Oktober bis März

erbaut wurde. Gegenüber diesen Zeiträumen ist Indien, so wie wir es heute kennen, als vereintes Land ein recht junges Gebilde. Selbst auf dem Höhepunkt ihrer Macht hatten beispielsweise die Moguln nie auch den Süden des Landes unter Kontrolle. Trotzdem war Delhi stets eine äußerst wichtige Stadt oder zumindest Hauptstadt der nördlichen Region dieses Subkontinents.

Dort, wo sich heute das moderne Delhi ausbreitet, gab es lange vor unserer Zeitrechnung bereits acht bedeutende Städte. Die ersten vier nennenswerten lagen etwas südlich des heutigen Neu-Delhi, ungefähr in der Gegend des Qutab Minar. Die erste Stadtgründung in der Gegend von Delhi wurde Indraprastha genannt und hatte sein Zentrum etwa dort, wo heute Purana Qila liegt. Zu Beginn des 12. Jahrhunderts regierten die beiden Dynastien Tomar und Chauthan das letzte hinduistische Königreich von Delhi, ebenfalls in der Nähe des Qutab Minar und Suran Kund, heute in Haryana. Diese Stadt mußte dann Siri weichen. Das geschah im 12. Jahrhundert. Allah-ud-din war ihr Erbauer, und die

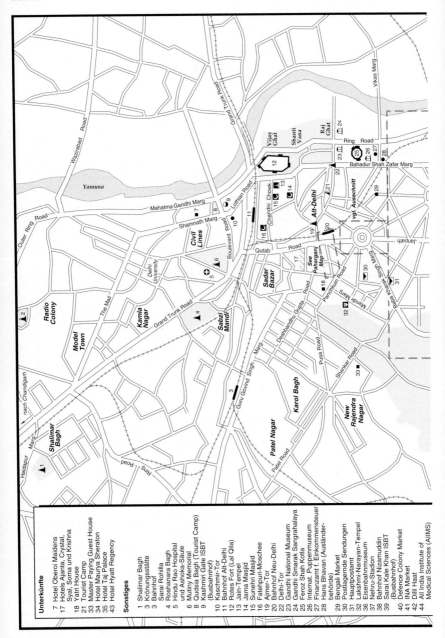

Unterkünfte

7 Hotel Oberoi Maidens
17 Hotels Ajanta, Crystal,
   Syal, Soma und Krishna
18 Yatri House
21 Tourist Camp
33 Master Paying Guest House
34 Hotel Maurya Sheraton
35 Hotel Taj Palace
43 Hotel Hyatt Regency

Sonstiges

1 Shalimar Bagh
3 Krönungsstätte
3 Bahnhof
4 Sarai Rohilla
5 Roshanara Bagh
5 Hindu Rao Hospital
   und Ashoka-Säule
6 Mutiny Memorial
8 Qudsia Bagh (Tourist Camp)
9 Kashmiri Gate ISBT
   (Busbahnhof)
10 Kaschmir-Tor
11 Bahnhof Alt-Delhi
12 Rotes Fort (Lal Qila)
13 Jain-Tempel
14 Jama Masjid
15 Sunehri Masjid
16 Fatehpuri-Moschee
19 Ajmer-Tor
20 Bahnhof Neu-Delhi
22 Delhi-Tor
23 Gandhi National Museum
24 Gandhi Smarak Sangrahalaya
25 Feroz Shah Kotla
26 Internat. Puppenmuseum
27 Finanzamt f. Einkommensteuer
28 Hans Bhavan (Ausländerbehörde)
29 Bengali Market
30 Postlagernde Sendungen
31 Hauptpostamt
32 Lakshmi-Narayan-Tempel
36 Eisenbahnmuseum
37 Nehru-Stadion
38 Bahnhof Nizamuddin
39 Sarai Kale Khan ISBT
   (Busbahnhof)
40 Defence Colony Market
41 INA Market
42 Dilli Haat
44 All India Institute of
   Medical Sciences (AIIMS)

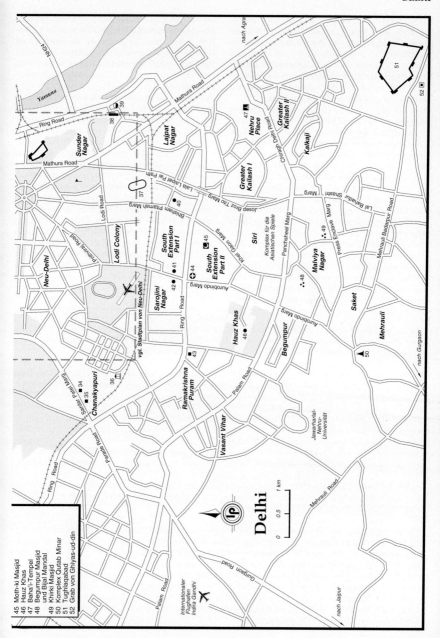

45 Moth-ki Masjid
46 Hauz Khas
47 Baha'i-Tempel
48 Begumpur Masjid und Bijai Mandal
49 Khirki Masjid
50 Komplex Qutab Minar
51 Tughlaqabad
52 Grab von Ghiyas-ud-din

DELHI

Stadt lag damals dort, wo heute Hauz Khas zu finden ist. Als dritte Stadt fügte sich dann Tughlaqabad in die Reihe der Hauptstädte. An ihren Glanz erinnern nur noch Ruinen, 10 km südöstlich des Qutab Minar. Das vierte Delhi stammt aus dem 14. Jahrhundert und war ebenfalls ein Ergebnis der Schaffenskraft der Tughlaqs. Diese Stadt trug damals den Namen Jahanpanah, und auch sie war nahe des Qutab Minar gelegen.

Delhi Nummer 5 liegt bereits innerhalb der heutigen Stadtgrenzen von Neu-Delhi. Sie hieß damals aber Ferozabad und lag bei Feroz Shah Kotla. Zu ihren Ruinen gehören eine Säule zu Ehren von Ashoka, die von irgendwo her an diese Stelle gebracht wurde, sowie die Überreste einer Moschee. In dieser Moschee betete während seines Angriffs auf Indien auch Tamerlan.

Die Reihe der Stadtgründungen setzte dann mit Delhi Nummer 6 von Kaiser Sher Shah bei Purana Qila fort, nahe dem India Gate im heutigen Neu-Delhi. Sher Shah war ein afghanischer Herrscher. Er besiegte den Mogul Humayun und nahm Delhi ein. Delhi Nummer 7 entstand dann unter der Regentschaft von Mogul Shah Jahan im 17. Jahrhundert, wodurch die Hauptstadt der Moguln von Agra nach Delhi verlegt wurde. Die nach ihm benannte Stadt Shahjahanabad entspricht in etwa dem derzeitigen Alt-Delhi und ist in großen Teilen erhalten geblieben. Sein damaliges Delhi enthielt unter anderem das Rote Fort und die majestätische Moschee Jama Masjid. Schließlich folgt Delhi Nummer 8, Neu-Delhi, erbaut durch die Briten. Als sie Neu-Delhi im Jahre 1911 zur Hauptstadt erkoren, war sie noch lange nicht fertiggestellt, aber Kalkutta sollte als Hauptstadt aufgegeben werden. Erst 1931 wurde Neu-Delhi offiziell Hauptstadt.

Delhi hatte eine wechselvolle und traurige Geschichte zu ertragen. Viele Jahrhunderte hindurch fielen Invasoren ein und raubten diese Stadt immer wieder aus. Im 14. Jahrhundert war dies Tamerlan (Timur-Leng). Ihm folgte im 16. Jahrhundert Babur aus Afghanistan, der die Stadt ebenfalls besetzte. Besonders folgenschwer war der Eroberungszug des persischen Kaisers Shah Nadir (1739). Unter ihm wurde die Stadt total ausgeplündert. Die wertvollsten Stücke, die ihm in die Hände fielen, waren der berühmte Kohinoor-Diamant und der legendäre Pfauenthron. Beides nahm er mit nach Persien. 1803 kamen dann die Briten und beanspruchten Delhi für sich. Während des Aufstandes gegen die britische Vorherrschaft war Delhi aber auch das Zentrum des Widerstandes. Vor der Aufteilung des Landes lebten sehr viele Moslems in Delhi, und Urdu war vorherrschende Sprache. Heute bilden die Punjabis die Mehrheit in Delhi, und nun ist Hindi Umgangssprache.

Architektur

Die wechselvolle Geschichte von Delhi läßt sich auch heute noch anhand der unterschiedlichen Baustile in Delhi gut nachvollziehen. Sehr einfach und grob aufgeteilt finden Sie Bauten im frühen, mittleren und späten Stil der Pathanen-Zeit, zeitlich gefolgt von frühen, mittleren und späten Epochen der Mogul-Zeit.

Früher Pathanen-Stil (1193-1320): Aus dieser Zeit stammt der Komplex Qutab Minar. Er ist charakteristisch für eine Kombination hinduistischer Merkmale mit denen der moslemischen Invasoren. Zu den wichtigsten Elementen, die von außen hinzukamen, gehören die Kuppeln und Bögen.

Mittlerer Pathanen-Stil (1320-1414): Aus der Anfangszeit dieser Epoche stammen die Gebäude in Tughlaqabad. Etwas später entstanden die Feroz-Shah-Kotla-Moschee, das Grabmal des Hauz Khas, die Nizam-ud-din-Moschee und die Khirki-Moschee. Zunächst dienten das in Delhi vorhandene Gestein und roter Sandstein als Baumaterial. Später errichtete man die Wände aus Steinen mit Mörtelverbindung und verputzte sie außerdem. Typisch für diesen Zeitabschnitt sind die schräg abfallenden Mauern und die hohen Plattformen der Moscheen.

Später Pathanen-Stil (1414-1556): Während dieses Zeitraumes entstanden die Grabmäler der Sayyiden und Lodi sowie Purana Qila. Hervorstechendes Merkmal dieser Epoche sind die prächtigen Kuppeln und Dome sowie die farbigen Marmor- oder Kachelverzierungen.

Mogul-Stil (1556-1754): Zu Beginn dieses Zeitabschnitts entstanden die Häuser aus rotem Sandstein, die man mit Marmor verzierte. Typische Beispiele dieser Baukunst sind die Grabmäler von Humayun und Azam Khan. Immer mehr gewann aber dann die Verarbeitung von Marmor an Bedeutung. Die Gebäude erhielten noch mehr und noch größere Kuppeln und alles überragende Minarette. Besonders gut erkennbar ist dies am Roten Fort, an der Masjid und an der Fatehpuri-Moschee, die aber bei weitem nicht die Pracht des ebenfalls aus dieser Epoche stammenden Taj Mahal in Agra erreichen. Gegen Ende der Mogulherrschaft wandelte sich die Baukunst eher einer völlig überladenen Art des Zuckerbäckerstils zu. Gute Beispiele dafür sind die Sunehri-Moschee am Chandni Chowk in Alt-Delhi und das Grabmal von Safdarjang, das möglicherweise außerdem noch das letzte bemerkenswerte Bauwerk der Moguln ist.

ORIENTIERUNG

In Delhi kann man sich relativ leicht zurechtfinden, auch wenn die Stadt sehr weiträumig ist. Da alle Sehenswürdigkeiten am Westufer des Yamuna liegen, wird es noch etwas einfacher. Dieses Gebiet ist wiederum in zwei Teile unterteilt: in Alt-Delhi und Neu-Delhi. Die Grenze zwischen beiden Teilen bilden die Desh Bandhu Gupta Road und die Asaf Ali Road. Sie trennen die verwinkelten und engen Straßen des alten Teils von den großzügig angelegten breiten Straßen von Neu-Delhi.

Alt-Delhi ist das von Stadtmauern aus dem 17. Jahrhundert umgebene Shahjahanabad mit Stadttoren, schmalen Straßen, dem riesigen Roten Fort und der Jama-Masjid-Moschee, Tempeln, Moscheen, Basaren sowie der berühmte Straße Chandni Chowk. Hier findet man auch den Bahnhof Delhi und etwas weiter nördlich, unweit vom Kaschmir-Tor, den Busbahnhof für Fernbusse (Interstate Bus Terminal). Unweit des Bahnhofs von Neu-Delhi liegt wie eine Pufferzone zwischen den alten und neuen Teilen von Delhi der Stadtteil Paharganj. Hier finden kostenbewußte Touristen viele preiswerte Hotels und Restaurants.

Neu-Delhi ist eine auf dem Reißbrett entstandene Stadt mit breiten Straßen, breit genug für schattenspendende Baumreihen, Parks und Brunnen. Neu-Delhi läßt sich noch einmal unterteilen in die Geschäfts- und Wohnviertel rund um den Connaught Place und das Regierungsviertel im Süden um den Rajpath herum. Am Ostende des Rajpath liegt das Denkmal India Gate und am anderen Ende das Rashtrapati Bhavan, die Residenz des indischen Präsidenten.

Dreh- und Angelpunkt von Neu-Delhi sind der riesige Kreis des Connaught Place sowie die von ihm abzweigenden Straßen. In diesem Viertel liegen die Büros der meisten Fluggesellschaften, die Banken, die Reisebüros, die Büros der Verkehrsämter der einzelnen Provinzen sowie das staatliche indische Verkehrsbüro, weitere preiswerte Unterkünfte und einige große Hotels. Das am Nordende dieses Platzes gelegene Plaza Cinema und das am Südende liegende Regal Cinema sind gute Ziele, die Sie Ihrem Taxi- oder Rikscha-Fahrer nennen können, wenn Sie in das Zentrum fahren möchten.

Der Janpath, der südlich vom Connaught Place abzweigt, ist eine der wichtigsten Straßen. Hier findet man das staatliche indische Fremdenverkehrsamt (Government of India Tourist Office), das Studentenreisebüro (Student Travel Information Centre) im Hotel Imperial sowie viele weitere nützliche Einrichtungen. Weiter südlich des Regierungsviertels liegen die teureren Wohngebiete mit Namen wie Defence Colony, South Extension, Lodi Colony, Greater Kailash und Vasant Vihar. Der Flughafen Indira Gandhi liegt im Südwesten der Stadt, und etwa auf halbem Weg zwischen Flughafen und Connaught Place kommt man

nach Chanakyapuri, die Enklave der Diplomaten. In diesem modernen Gebiet wurden die meisten Botschaften eingerichtet, und eine ganze Reihe führender Hotels wurde hier ebenfalls errichtet.

Wenn man noch weiter hinaus und auch die Umgebung von Delhi erkunden will, ist ein ganz brauchbares Nachschlagewerk das Buch *A to Z Road Guide for Delhi* mit 200 Seiten und 60 Landkarten von Teilgebieten. Erhältlich ist es in den meisten größeren Buchhandlungen und bei der Delhi Tourism Development Corporation.

PRAKTISCHE HINWEISE

Informationen: Das staatliche indische Fremdenverkehrsbüro (Tel. 3 32 00 05) in der Janpath 88 ist jeden Montag bis Freitag von 9.00 bis 18.00 Uhr und am Samstag von 9.00 bis 14.00 Uhr geöffnet. Sonntags ist geschlossen. Dort wird eine Fülle von Informationsmaterial bereitgehalten, und dort bekommen Sie Broschüren über viele Teile Indiens. Die Schwierigkeit ist nur, daß keine Broschüren ausliegen, so daß Sie sehr genau nach dem Gewünschten fragen müssen. Kostenlos händigt man Ihnen gern einen sehr guten Stadtplan von Delhi aus. Das Büro ist auch bei der Zimmersuche behilflich.

Eine rund um die Uhr geöffnete Außenstelle des Fremdenverkehrsbüros gibt es in der Ankunftshalle des internationalen Flughafens (Tel. 32 91 17). Auch die Mitarbeiter dort unterstützen Besucher bei der Suche nach einer Unterkunft. Allerdings kann es geschehen, daß man dort - wie in vielen anderen Fremdenverkehrsämtern in Indien - die Auskunft erhält, das gewünschte Hotel sei bereits belegt, und versucht, die ankommenden Besucher in ein anderes Hotel zu lenken, auch wenn das selbst ausgesuchte Hotel keineswegs ausgebucht ist.

Ein weiteres Fremdenverkehrsbüro, speziell für Delhi (Delhi Tourism Corporation), findet man im Block N am Connaught Place (Tel. 3 31 36 37). Dieses Fremdenverkehrsamt von Delhi ist mit Schaltern auch an den Bahnhöfen Neu-Delhi (Tel. 35 05 74), Alt-Delhi (Tel. 2 51 10 83) und Nizam-uddin (Tel. 61 17 12) sowie am Busbahnhof für Fernbusse am Kaschmir-Tor (Tel. 2 51 21 81) vertreten.

Die meisten der indischen Bundesstaaten unterhalten in Delhi ein eigenes Informationsbüro. In der Baba Kharak Singh Marg, die vom Connaught Place abzweigt, findet man die Büros von Assam (Tel. 3 78 58 97), Bihar (Tel. 37 01 47), Gujarat (Tel. 34 31 73), Karnataka (Tel. 34 38 62), Maharashtra (Tel. 34 53 32), Manipur (Tel. 34 40 26), Orissa (Tel. 34 45 80), Tamil Nadu (Tel. 34 46 51), Uttar Pradesh (Tel. 3 32 22 51) und West-Bengalen (Tel. 34 38 25).

Die Vertretungen der Bundesstaaten Haryana (Tel. 3 32 49 11), Himachal Pradesh (Tel. 3 32 53 20) und

DELHI

Rajasthan (Tel. 3 32 23 32) befinden sich im Chandralok Building am Janpath 36.
Jammu und Kaschmir (Tel. 3 32 53 73), Kerala (Tel. 3 31 65 41), Madhya Pradesh (Tel. 3 32 11 87) und der Punjab (Tel. 3 32 30 55) haben ihre Büros im Kanishka Shopping Centre zwischen den Hotels Kanishka und Ashok Yatri Niwas.

Außerdem kann man sich an die Vertretungen der Andamanen und Nikobaren im Curzon Road Hostel in der Kasturba Gandhi Road (Tel. 38 70 15), von Goa, Daman und Diu in der Amrita Shergil Road 18 (Tel. 4 62 99 68), von Meghalaya in der Aurangzeb Road 9 (Tel. 3 01 44 17) sowie von Sikkim im Sikkim Bhavan in Chanakyapuri (Tel. 3 01 30 26) wenden.

Einem monatlich erscheinenden Heft mit dem Titel *Genesis*, das für 12 Rs in vielen Hotels und Buchhandlungen erhältlich ist, ist zu entnehmen, welche Veranstaltungen im jeweiligen Monat in der Stadt angeboten werden.

Delhi Diary (6 Rs) ist ein ähnliches Büchlein. *First City* nennt sich ein monatlich erscheinendes Gesellschaftsmagazin mit einigen nutzlosen Tratsch über das, was die besseren Leute in Delhi unternehmen, aber auch ganz guten Informationen über kulturelle Veranstaltungen. Erhältlich ist es an Zeitungsständen für 15 Rs.

Warnung: Meiden Sie das etwa ein Dutzend „Tourist Information Centres" auf der anderen Straßenseite gegenüber vom Bahnhof Neu-Delhi. Keines davon ist ein Fremdenverkehrsbüro, sondern alle sind trotz gegenteiliger Behauptungen schlicht und einfach Reisebüros. Viele davon sind nur darauf aus, ahnungslose Touristen zu schröpfen - indische wie ausländische. Wenn man auf dem Weg zum Buchungsbüro für Ausländer im Bahnhofsgebäude ist, kommt es nicht selten vor, daß sich Schlepper von diesen Reisebüros nähern und steif und fest behaupten, das Buchungsbüro der Eisenbahn für Ausländer sei geschlossen. Sie versuchen mit dieser unwahren Behauptung Touristen in eines der Reisebüros zu locken und sich dadurch eine Provision zu verdienen. Erliegen Sie nicht der Versuchung, dort angeblich preisgünstige Busfahrten und Hotelunterkünfte buchen zu können.

Banken: Die bedeutendsten Zweigstellen aller indischen und die in Indien vertretenen ausländischen Banken findet man in Delhi. Leider wechseln nicht alle Reisechecks. Wenn Sie außerhalb der Öffnungszeiten der Banken Geld wechseln müssen, können Sie zur Central Bank im Hotel Ashok in Chanakyapuri gehen. Dort wird rund um die Uhr Geld gewechselt.

Auch American Express unterhält ein Büro in Delhi, und zwar im Block A am Connaught Place (Tel. 3 32 41 19, Fax 3 32 17 0676 02). Wie in Büros von American Express üblich, herrscht hier ständig viel Betrieb, aber

dennoch ist die Bedienung zügig. Um bei American Express Geld zu wechseln, muß man nicht unbedingt Reisechecks dieser Organisation besitzen. Wenn Ihnen Reisechecks von American Express gestohlen wurden oder Sie diese verloren haben, dann benötigen Sie, um Ersatz zu erhalten, eine Fotokopie der Diebstahls- oder Verlustanzeige bei der Polizei, ein Paßfoto, den Nachweis über den Kauf der Schecks sowie die Nummern der verlorengegangenen oder gestohlenen Schecks. Können Sie die Nummern Ihrer Reisechecks nicht nennen, besteht man darauf, daß ein Telex dorthin geschickt wird, wo Sie die Reisechecks gekauft haben. Wurden Ihnen die Schecks gestohlen, so daß Sie vorübergehend auch ohne Bargeld sind, sind die Mitarbeiter befugt, Ihnen zunächst ein bißchen Geld auszuhändigen, da die Nachforschungen erfahrungsgemäß einige Zeit dauern. Für Verlust- oder Diebstahlsanzeigen von Reisechecks dieser Organisation hat American Express einen Telefonanschluß eingerichtet, der Tag und Nacht erreichbar ist (Tel. 6 87 50 50).

Außerdem sind in Delhi vertreten:

ANZ Grindlays
  Connaught Place, Block E (Tel. 3 31 96 43)
Bank of America
  Barakhamba Road 15 (Tel. 3 72 23 32)
Banque Nationale de Paris
  Barakhamba Road 15 (Tel. 3 31 38 83)
Citibank
  Jeevan Bharati Building am Connaught Place (Tel. 3 71 24 84)
Hongkong Bank
  Kasturba Gandhi Marg 28 (Tel. 3 31 43 55)
Standard Chartered Bank
  Sansad Marg 17 (Tel. 31 01 95)
Thomas Cook
  Hotel Imperial am Janpath (Tel. 3 32 71 35, Fax 3 71 56 85)

Post: Ein kleines Postamt befindet sich am Block A vom Connaught Place, während das Hauptpostamt am Kreisverkehr an der Baba Kharak Singh Marg errichtet wurde, einen halben Kilometer südwestlich vom Connaught Place. Wenn Sie postlagernde Sendungen erwarten, müssen Sie zum nahegelegenen Postamt in der Market Street gehen (offiziell umbenannt in Bhai Vir Singh Marg). Zum Schalter für postlagernde Sendungen kommt man, wenn man um das Gebäude herum und dann die Treppe hinauf geht. Dort ist montags bis freitags von 9.00 bis 17.00 Uhr geöffnet. Ist ankommende Post einfach mit „poste restante" Delhi adressiert, dann landen die Sendungen im Postamt von Alt-Delhi. Einige Reisende lassen sich ihre Post auch zum Fremdenverkehrsamt (Tourist Office) am Janpath oder zum Student Travel Information Centre senden. Inhaber einer Karte von American Express können sich auch des Dienstes dieses Unternehmens bedienen.

Telefon: In Delhi gibt es viele der meistens privaten Büros mit STD/ISD-Anschlüssen. In Anspruch nehmen kann man aber auch das staatliche VSNL-Büro, geöffnet rund um die Uhr und gelegen in der in der Bangla Sahib Road. Dort lassen sich auch Telefongespräche mit Kreditkarten und R-Gespräche führen. Das ist auch nach Deutschland möglich (Vorwahl: 0004917). Außerdem kann man alle Telefone mit STD-Einrichtung benutzen.

Botschaften: Folgende Staaten unterhalten eine Botschaft in Delhi:

Afghanistan
 Shantipath 5/50 F, Chanakyapuri (Tel. 60 33 31, Fax 6 87 54 39)
Bangladesch
 Ring Road 56, Lajpat Nagar III (Tel. 6 83 46 88, Fax 6 83 92 37)
Bhutan
 Chandragupta Marg (Tel. 60 92 17, Fax 6 87 6710)
China
 Shantipath 50 D, Chanakyapuri (Tel. 60 03 28, Fax 6 88 54 86)
Deutschland
 Shantipath 6/60 G, Chanakyapuri (Tel. 60 48 61, Fax 6 87 31 17)
Myanmar (Burma)
 Nyaya Marg 3/50 F, Chanakyapuri (Tel. 60 02 51, Fax 6 87 79 42)
Nepal
 Barakhamba Road (Tel. 3 32 81 91, Fax 332 68 57)
Österreich
 EP 13 Chandragupta Marg, Chanakyapuri (Tel. 60 12 38)
Pakistan
 Shantipath 2/50 G, Chanakyapuri (Tel. 60 06 03, Fax 6 87 23 39)
Schweiz
 Nyaya Marg, Chanakyapuri (Tel. 60 42 25)
Sri Lanka
 Kautilya Marg 27, Chanakyapuri (Tel. 3 01 02 01, Fax 3 01 52 95)
Thailand
 Nyaya Marg 56 N, Chanakyapuri (Tel. 60 56 79)
Einzelheiten darüber, wie man in Delhi ein Visum für einige dieser Länder erhält, finden Sie in den praktischen Hinweisen im Einführungsteil.

Visumverlängerung und sonstige Genehmigungen:
Das Büro der Ausländerbehörde, zuständig für alle Visumangelegenheiten und Sondergenehmigungen für Gebiete, die besonderen Auflagen unterliegen (z. B.

Assam), befindet sich im Hans Bhavan (Tel. 3 31 94 89). Das ist unweit des Bahnhofs Tilak Bridge. Dieses Büro ist zuständig, wenn Sie in eines der Gebiete mit Einreisebeschränkungen fahren möchten. Bereiten Sie sich aber seelisch darauf vor, daß im Hans Bhavan das übliche indische Chaos herrscht. Dennoch haben Sie die gewünschte Genehmigung meist relativ schnell in Händen. Dies bedingt allerdings, daß Sie selbst der Sache ein wenig sanften Nachdruck verleihen. Dann geht die Erteilung einer Sondergenehmigung aber auch schnell vonstatten.

Für eine Sondergenehmigung muß man vier Paßfotos vorlegen. Vor dem Haus steht jedoch ein Fotograf zur Verfügung. Er macht die Aufnahmen gegen ein kleines Entgelt auf der Stelle. Geöffnet ist das Büro montags bis freitags von 9.30 bis 13.30 Uhr und von 14.00 bis 16.00 Uhr.

In der Ausländerbehörde werden für den Fall, daß man nur ein paar Tage länger in Indien bleiben möchte, Verlängerungen der Aufenthaltserlaubnis um bis zu 15 Tage ohne weitere Formalitäten ausgestellt. Um eine Verlängerung für einen größeren Zeitraum beantragen zu können, muß man sich zunächst im Innenministerium (Ministry of Home Affairs) am Khan-Markt ein besonderes Formular besorgen, mit dem man sich anschließend zur Ausländerbehörde zu begeben hat (eine Rikscha-Fahrt für ca. 15 Rs entfernt). Eine Verlängerung der Aufenthaltserlaubnis um bis zu 15 Tage erhält man normalerweise kostenlos, während man für eine Verlängerung um bis zu einen Monat 800 Rs bezahlen muß. Außerdem sind vier Paßfotos erforderlich.

Wenn eine Verlängerung bewilligt worden ist, muß die Bewilligung zurück zum Innenministerium gebracht werden, wo sie in den Reisepaß eingetragen wird. Im übrigen ist es außerordentlich schwer, mit einem bereits sechs Monate gültigen Visum eine Verlängerung der Aufenthaltserlaubnis darüber hinaus zu erhalten. Derzeit werden in solchen Fällen nur sehr wenige bewilligt. Braucht man für die Ausreise aus Indien eine Steuerbescheinigung, erhält man die in der Auslandsabteilung des Finanzamtes (Income Tax Department) vom Hans Bhavan aus um die Ecke im Central Revenue Building an der Vikas Marg (Tel. 3 31 78 26). Dafür muß man Quittungen über das Wechseln von Devisen in indische Rupien mitbringen, auch wenn wahrscheinlich niemand bei der Ausreise nach der Steuerbescheinigung fragen wird. Die Auslandsabteilung des Finanzamtes ist mittags von 13 bis 14 Uhr geschlossen.

Für die Ausfuhr von Gegenständen aus Indien, die älter als 100 Jahre sind, braucht man ebenfalls eine Genehmigung. Im Zweifel sollte man sich dafür an den Direktor für Antiquitäten des Archäologischen Dienstes von Indien (Archaeological Survey of India) am Janpath (Tel. 3 01 72 20) wenden.

Bibliotheken und Kulturzentren: Deutsche Zeitungen und Bücher kann man im Max Mueller Bhavan, Kasturba Gandhi Marg 3, lesen. Dieses deutsche Kulturzentrum ist werktags von 11.00 bis 18.00 Uhr geöffnet. Das American Center in der Kasturba Gandhi Marg 24 (Tel. 3 31 68 41) ist täglich von 9.30 bis 18.00 Uhr und die Bibliothek des British Council in der Kasturba Gandhi Marg 17 (Tel. 3 71 01 11) dienstags bis samstags von 10.00 bis 18.00 Uhr zugänglich. Die britische Bücherei ist wesentlich besser als die Bibliothek des amerikanischen Kulturinstituts, verlangt aber zunächst eine Mitgliedskarte. Kulturzentren gibt es in Delhi auch von Frankreich, Italien, Japan und Rußland.

Im Sapru House in der Barakhamba Road befaßt sich ein Institut mit den Menschen in aller Welt. Ihm angeschlossen ist eine sehr gute Bücherei. Das India International Centre nahe den Lodi-Gräbern (Tel. 61 94 31) bietet wöchentlich Kurse über Kunst, Wirtschaft und andere aktuelle Themen an. Dort unterrichten indische und ausländische Fachleute.

Die Sangeet Natak Akademi in der Ferozshan Road 35 (Tel. 38 72 48) ist ein bedeutendes Institut für darstellende Künste und verfügt auch über eine ganze Menge Archivmaterial.

Reisebüros: Das Student Travel Information Centre im Hotel Imperial (Tel. 3 32 75 82) wird von vielen Reisenden in Anspruch genommen und ist berechtigt, Studentenausweise auszustellen und zu verlängern. Allerdings sind die dort verkauften Flugscheine normalerweise nicht so günstig wie anderswo. Aerotrek Travels im Mercantile Building in Block E soll als Reisebüro zuverlässig sein. Einige von den Billigflug-Reisebüros um den Connaught Place sind übrigens ganz windige Unternehmen, die über Nacht eröffnet und genauso schnell wieder geschlossen werden. Seien Sie also vorsichtig.

Outbound Travel in der Safdarjang Enclave B-2/50 (Tel. 60 39 02) ist als zuverlässiges Reisebüro für die Organisation von Reisen innerhalb Indiens empfohlen worden.

Daneben gibt es noch ein paar Reisebüros für Reisende mit wenig Geld in Paharganj, von deren Mitarbeitern ausländische Besucher auf den Straßen und in Cafés angesprochen werden.

Teurere Reisen in Indien und im Ausland vermitteln etliche Reisebüros, die meisten davon um den Connaught Place herum. Dazu gehören Cox & Kings (Tel. 3 32 00 67), Sita World Travel (Tel. 3 31 11 33) und die Travel Corporation of India (Tel. 3 31 25 70).

Buchhandlungen: Rund um den Connaught Place finden Sie eine Vielzahl guter Buchhandlungen. Nutzen Sie die Gelegenheit, um sich hier für die langen Stunden in indischen Bahnen und Bussen mit Lesestoff zu versorgen oder interessante indische Bücher für Zuhause einzukaufen. Zu den besonders empfehlenswerten Läden gehören New Book Depot in Block B 18 am Connaught Place, English Book Depot, Piccadilly Book Store, Oxford Book Shop in Block N am Connaught Place (neben dem Büro von Air France) sowie Bookworm in der Radial Road 4 Nr. 29 B am Connaught Place. Eine interessante Sammlung von antiquarischen und seltenen Büchern hat der Prabhu Book Service in Hauz Khas Village zu bieten.

Daneben gibt es in der Gegend um den Connaught Place an vielen Stellen noch auf den Gehwegen Verkaufsstände, die meisten an der Sansad Marg, und zwar unweit vom Restaurant Kwality. Dort kann man ein breites Spektrum an Taschenbüchern kaufen. An den Ständen werden, wenn sie sich noch in einem ordentlichen Zustand befinden, Taschenbücher auch zurückgekauft.

Filmen und Fotografieren: Die Delhi Photo Company am Janpath 78, unweit vom Fremdenverkehrsamt, entwickelt Negativ- und Diafilme schnell, preiswert und gut.

Ärztliche Hilfe: Wenn Sie in Delhi ärztliche Hilfe benötigen, empfiehlt sich das East West Medical Centre in der Golf Links Road 38 (Tel. 69 92 29 und 62 37 38), das von vielen Besuchern sowie in Indien lebenden Diplomaten und anderen Ausländern empfohlen wurde. Es ist gut ausgestattet, und die Mitarbeiter wissen, was bei einer Erkrankung zu tun ist. Die Behandlung ist nach indischen Maßstäben nicht billig, aber bei der Gesundheit sollte man nicht sparen.

Einen Notdienst rund um die Uhr bietet das All India Institute of Medical Sciences in Ansari Nagar (Tel. 66 11 23). Vertrauenswürdig sind auch das Dr. Ram Manohar Lohia Hospital an der Baba Kharak Singh Marg (Tel. 31 16 21) und das Ashok Hospital im Block AB 25A der Safdarjang Enclave.

Einen Krankenwagen kann man unter der Rufnummer 102 anfordern.

Weitere Geschäfte: Wenn man nach Indien gekommen ist, um sich ein neues Enfield-Motorrad zu kaufen, lohnt ein Besuch bei Essaar an der Jhandi Walan Extension in Karol Bagh. Gebrauchte Motorräder und Ersatzteile erhält man bei Inder Motors (Tel. 5 72 85 79) und Madaan Motors, ebenfalls in Karol Bagh.

SEHENSWÜRDIGKEITEN IN ALT-DELHI

An der Westseite des Roten Forts befindet sich die alte, befestigte Stadt Shahjanabad. Sie war ursprünglich von einer standhaften Stadtmauer umgeben, von der leider nur noch kleine Abschnitte erhalten sind. Am Nordende dieser alten Stadt liegt das Kaschmir-Tor, der Schauplatz verzweifelter Kämpfe während des Aufstandes, als die Briten Delhi zurückeroberten. Westlich dieses geschichtsträchtigen Ortes (nahe Sabzi Mandi) steht heute ein von den Engländern erbautes Denkmal zur Erinnerung an die vielen Gefallenen, die während des Aufstandes ihr Leben lassen mußten. Unweit dieses Denkmals ist eine weitere Ashoka-Säule zu sehen. Auch sie wurde, genau wie die Säule in Feroz Shah Kotla, von Feroz Shah Tughlaq hierhergebracht.

Chandni Chowk: Die Hauptstraße von Alt-Delhi ist ein einziger farbenprächtiger und von Menschen wimmelnder Basar, bekannt unter der Bezeichnung Chandni Chowk. Tag und Nacht ist sie hoffnungslos verstopft und bildet einen krassen Gegensatz zu den breiten, großzügigen Straßen von Neu-Delhi. An der Ostseite des Chandni Chowk (Rotes Fort), nördlich der Jama Masjid (Moschee), steht ein Jain-Tempel mit einem kleinen Innenhof aus Marmor, der wiederum von Kolonnaden umgeben ist. Neben der *kotwali* (alten Polizeiwache) erhebt sich die Sunehri Masjid (Moschee). Auf ihren Zinnen stand im Jahre 1739 Nadir Shah, der persische Eindringling, und schaute dem grausamen Massaker zu, in dem seine Gefolgsleute unzählige Einwohner von Delhi töteten. Als Nadir Shah nach der Einnahme Delhis nach Persien zurückkehrte, befand sich in seinem Reisegepäck auch der sagenhafte Pfauenthron.

Das Westende des Chandni Chowk wird beherrscht von der Fatehpuri-Moschee. Sie wurde 1650 von einer der Ehefrauen des Shah Jahan erbaut.

Rotes Fort: Über eine Gesamtlänge von 2 km erstrecken sich die aus rotem Sandstein errichteten Mauern des Lal Qila oder des Roten Forts. Die Mauerhöhe wechselt von 18 m an der Flußseite bis 33 m an der Stadtseite. Begonnen wurde dieses massive Bauwerk im Jahre 1638 unter Shah Jahan. Die Fertigstellung war 1648. Aber Shah Jahan verließ nie endgültig seine vorherige Residenz in Agra, um die Neugründung Shahjahanabad in Delhi auch durch diesen Schritt zu unterstreichen. Er wurde nämlich von seinem Sohn Aurangzeb entthront und im Fort von Agra gefangengesetzt.

Das Rote Fort stammt aus der Blütezeit der Mogulherrschaft. Wenn damals der Kaiser auf dem Rücken eines Elefanten durch die Straßen von Alt-Delhi ritt, war das ein Spektakel von Pomp und Macht, wie es aufwendiger und prächtiger nicht sein konnte. Aber die Blütezeit der Mogulherrscher währte nicht sehr lange. Es war Aurangzeb, der als erster und zugleich letzter bedeutender Mogul vom Roten Fort aus regierte.

Heute ist das Fort einer jener typisch indischen Plätze, wo sich unzählige Möchtegern-Führer aufhalten und sofort auf jeden sich nähernden Touristen einreden, um ihre Dienste anzubieten. Trotzdem ist es eine Oase der Ruhe, sobald man die belebten Straßen von Alt-Delhi hinter sich läßt und das Fort betritt.

All die Hektik und all das Getöse der Stadt scheinen Lichtjahre entfernt zu sein von den Gartenanlagen und Pavillons des Forts. Früher floß der Yamuna-Fluß unmittelbar am östlichen Ende des Forts vorbei und füllte dort den 10 m tiefen Graben der Festung. Heute fließt der Fluß einen Kilometer weiter östlich vorbei, was zur Folge hat, daß der Graben nun leer ist. Der Eintritt in das Fort kostet 0,50 Rs (freitags kostenlos).

Das Lahore-Tor, das Haupttor des Forts, wurde so benannt, weil es in Richtung Lahore, im heutigen Pakistan, liegt. Wenn eine Stelle als das emotionale und symbolische Herz des modernen Indien bezeichnet werden könnte, dann wäre das wahrscheinlich das Lahore-Tor des Roten Forts. Während des Unabhängigkeitskampfes war nämlich eine Forderung der Nationalisten, daß sie die indische Flagge über dem Roten Fort wehen sehen wollten. Nach Erlangung der Unabhängigkeit haben Nehru und Indira Gandhi auf dem *maidan* (großen offenen Platz) davor zu den Massen viele wichtige Reden gehalten. Noch heute richtet der Premierminister am Unabhängigkeitstag (15. August) hier an eine riesige Menschenmenge ein Grußwort.

Betreten Sie das Fort durch dieses Tor, finden Sie sich sofort unter einer gewölbten Arkade, dem Chatta Chowk (überdachter Basar), wieder. In den Läden wurden früher teure Gegenstände verkauft, die in königlichen Haushalten begehrt waren - Seide, Schmuck und Gold. Heute kaufen hier eher Touristen ein, so daß die Waren nicht mehr ganz so wertvoll sind, auch wenn einige Sachen noch zu königlichen Preisen angeboten werden. In früheren Zeiten war dies auch der Meena-Basar - das Einkaufszentrum der Hofdamen. Damals waren die Tore an Donnerstagen für Männer geschlossen, so daß nur Frauen in die Zitadelle durften.

Die Arkaden führen in den Naubat Khana (Trommelhaus), wo früher Musiker nur für den Herrscher spielten und von wo die Ankunft von Angehörigen des Königshauses mit Fanfaren angekündigt wurde. Auf dem offenen Platz daneben befanden sich früher an beiden Seiten Galerien, aber die wurden von Angehörigen der britischen Armee beseitigt, nachdem das Fort als ihr Hauptquartier ausgesucht worden war. Überbleibsel aus der Zeit der britischen Herrschaft sind die riesigen und häßlichen dreistöckigen Kasernengebäude nördlich des Platzes.

In der Diwan-i-Am, der „Halle der öffentlichen Audienzen", nahm früher der Herrscher Klagen und Bitten seiner Untertanen entgegen. Der Alkoven in der Wand, Platz des Herrschers, war mit Marmor eingefaßt und mit wertvollen Steinen besetzt. Nach dem Aufstand wurden allerdings viele Teile dieser Wandverkleidung geplündert. Lord Curzon, der Vizekönig von Indien in der Zeit von 1898 bis 1905, ließ diese vornehme, elegante Halle restaurieren.

Die Diwan-i-Khas, die „Halle der privaten Audienzen", erbaut aus weißem Marmor, behielt sich der Mächtige für private Zusammenkünfte vor. Prunkstück dieser Halle war der sagenhafte Pfauenthron, bis Nadir Shah ihn im Jahre 1739 als Beutestück in den Iran mitnahm. Dieser Thron aus massivem Gold war durch prächtige Pfauen verziert, deren unendlich schöne Farben von einer Vielzahl einzelner eingelegter, kostbarer Edelsteine herrührten. Zwischen den Pfauen war eine aus einem einzigen Smaragd geschnitzte Papageienfigur zu sehen. Es ist unfaßbar, daß dieses Meisterstück aus wertvollen Materialien, Rubinen, Smaragden und Perlen später in Einzelteile zerlegt wurde. Der Pfauenthron, den man heute in Teheran sehen kann, besteht nur noch aus einigen wenigen Teilen seines ursprünglichen Schmuckes. Der Sockel aus Marmor, auf dem der Pfauenthron stand, befindet sich noch an seiner ursprünglichen Stelle.

Als dann im Jahre 1760 die Marathen auch noch die Silberdecke der Halle abmontierten, blieb nur noch ein schwacher Abglanz dessen, was diese Halle einmal in ihren Glanzzeiten darstellte. An den Wänden dieser Halle ist ein persischer Spruch zu finden, der übersetzt etwa lautet: „Wenn es auf Erden ein Paradies gibt, dann ist es dies, dann ist es dies, dann ist es dies."

Gleich neben der Diwan-i-Khas sind die königlichen Bäder (hammams), drei große Räume mit Kuppeldächern und einem Brunnen in der Mitte. Eines der Bäder war als Sauna eingerichtet. Die Böden waren mit Pietradura-Arbeiten eingelegt und die Räume durch farbige Glasdächer beleuchtet. Heute sind die Bäder für die Öffentlichkeit nicht zugänglich.

Der Shahi Burj, ein anspruchsloser Turm mit drei Stockwerken in der Form eines Achtecks am nordwestlichen Ende des Forts, war einst der private Bereich von Shah Jahan zum Arbeiten. Von hier floß Wasser in Richtung Süden durch die königlichen Bäder, die Diwan-i-Khas, den Khas Mahal und den Rang Mahal. Wie die Bäder ist dieses Gebäude für die Öffentlichkeit geschlossen.

Neben den Bädern findet man die von Aurangzeb im Jahre 1659 zum persönlichen Gebrauch erbaute kleine und vollständig umschlossene Perlenmoschee (Moti Masjid). Als Baumaterial diente wertvoller Marmor. Eine Besonderheit der Moschee ist, daß die Außenmauern genau symmetrisch zum Rest des Forts errichtet wurden, während die Innenmauern etwas schief sind, damit die Moschee korrekt nach Mekka ausgerichtet ist. Der Khas Mahal, südlich der Diwan-i-Khas, enthielt die Privatgemächer der Kaiser und ist unterteilt in Räume zum Beten, zum Schlafen und zum Wohnen.

Der Rang Mahal, noch weiter südlich, erhielt wegen seiner vielen Malereien im Innern die Bezeichnung

„Palast der Farben". Leider ist von ihnen heute nichts mehr zu sehen. Hier lebte einst die Hauptfrau des jeweiligen Herrschers, der in diesem Gebäude auch aß. Auf dem Boden in der Mitte befindet sich eine wunderschöne Lotosblüte aus Marmor, bis zu der das Wasser vom Shahi Burj floß. Ursprünglich hatte man in der Mitte sogar einen Brunnen aus Elfenbein errichtet.

Im Mumtaz Mahal, noch weiter südlich entlang der Ostmauer, ist ein kleines archäologisches Museum untergebracht. Es ist einen Besuch wert, auch wenn die meisten ausländischen Touristen nur ganz kurz durch das Rote Fort hetzen und das Museum auslassen. Das Delhi-Tor am Südende des Forts führte zur Jama Masjid (Freitagsmoschee).

Zwischen all den wunderschönen Gebäuden befanden sich früher sehr formal angelegte Gärten (charbagh) mit Brunnen, Wasserbecken und kleinen Pavillons. Wenn auch die Anlagen als solche noch zu erkennen sind und einige Pavillons noch bestehen, sind die Gärten heute doch nicht mehr das, was sie einmal waren. Jeden Abend wird im Fort eine Ton- und Lichtschau veranstaltet, in der von der Geschichte Indiens berichtet wird, insbesondere aber von den Ereignissen, die in Verbindung mit dem Fort stehen. Diese Vorführungen werden in Englisch und Hindi dargeboten. Karten bekommen Sie an der Kasse im Fort (20 Rs). Die Vorführungen in Englisch beginnen von November bis Januar um 19.30 Uhr, von Februar bis April und von September bis Oktober um 20.30 Uhr sowie von Mai bis August um 21.00 Uhr. Es lohnt, sich diese Schau anzusehen, aber man muß dann ein Insektenschutzmittel bei sich haben.

Jama Masjid: Diese große Moschee von Alt-Delhi hat gleich zwei Superlative zu bieten. Sie ist die größte Moschee Indiens und die letzte architektonische Extravaganz, die sich Shah Jahan erlaubte. Mit dem Bau begann man im Jahre 1644 und erst 1658 war die Moschee fertig. Die Moschee hat drei große Eingänge, vier Ecktürme und zwei Minarette von 40 m Höhe. Diese Minarette sind in ihrer Bauweise besonders interessant, da man abwechselnd roten Sandstein und weißen Marmor verarbeitete.

Breite Treppenaufgänge führen zu den imposant gestalteten Eingängen. Der östliche davon war früher nur für den Kaiser geöffnet und ist auch heute nur freitags und an moslemischen Feiertagen zugänglich. Ansonsten kann man die Moschee durch das Nord- oder Südtor betreten (15 Rs). Dabei müssen die Schuhe ausgezogen werden. Leute, die als nicht angemessen angezogen angesehen werden (unbedeckte Beine), können am Nordtor ein langes Gewand mieten.

Der Innenhof der Moschee bietet 25 000 Gläubigen Platz. Für 5 Rs darf man auch das südliche Minarett besteigen, von dem sich hervorragende Blicke in alle

Richtungen bieten - auf Alt-Delhi, das Rote Fort, die luftverschmutzenden Fabriken dahinter auf der anderen Seite des Flusses und Neu-Delhi im Süden. Man kann auch eine Besonderheit erkennen, die der Städteplaner Lutyens bei der Planung von Neu-Delhi verwirklicht hat, nämlich daß die Jama Masjid, der Connaught Place und das Sansad Bhavan (Parlament) auf einer Linie liegen. Einen wunderschönen Blick auf das Rote Fort hat man auch von der Ostseite der Moschee.

Für das Mitnehmen eines Fotoapparates in das Innere der Moschee muß man eine Gebühr von 15 Rs bezahlen. Weitere 15 Rs werden erhoben, wenn man eine Kamera auch auf das Minarett mitnehmen will.

Krönungsstätte: Diese Sehenswürdigkeit sollten sich die unheilbaren Fans der Rajs nicht entgehen lassen, die nostalgisch auf Überbleibsel dieser Zeit fixiert sind. Sie liegt nördlich von Alt-Delhi und ist am besten mit einer Auto-Rikscha zu erreichen. Dort steht auf offenem Feld ein einsamer Obelisk auf einem trostlosen Grundstück. Das ist die Stätte, auf der 1877 und 1903 Galaempfänge in Szene gesetzt wurde. Außerdem wurde hier 1911 König Georg V. zum Kaiser von Indien gekrönt.

Wenn man genau hinsieht, kann man ihn noch sehen, denn eine Statue von ihm erhebt sich wie ein Geist aus den Büschen in der Nähe, wohin sie wenig zeremoniell geschmissen wurde, nachdem sie von ihrem Platz unter einem Baldachin in der Mitte des Rajpath, auf halbem Weg zwischen dem India Gate und dem Rashtrapati Bhavan, entfernt worden war. Der Platz, an der die Staue zuerst stand, ist leer geblieben, wahrscheinlich deshalb, um die Freiheit Indiens anzudeuten. Allerdings sollte dort Ende 1995 eine Statue von Gandhi aufgestellt werden.

Wenn man etwas genauer hinsieht, findet man im Gebüsch noch weitere dahinsiechende königliche Würdenträger. Heutzutage wird dieses historische Stück Boden für Kricketspiele benutzt und ist eine der Stellen, wo junge Männer ihren Freundinnen beibringen, wie man mit dem Motorroller der Familie fährt.

Feroz Shah Kotla: Die Ruinen von Ferozabad, des von Feroz Shah Tughlaq im Jahre 1354 erbauten fünften Vorläufers von Delhi, können in Feroz Shah Kotla besichtigt werden, nur ein kleines Stück abseits der Bahadur Shan Zafar Marg zwischen dem alten und dem neuen Delhi. Im befestigten Palast steht eine 13 m hohe Säule aus Sandstein mit Gravierungen von Gesetzestexten des Kaisers Ashoka sowie einer neueren Inschrift. Die Überbleibsel einer alten Moschee und eines wunderschönen Brunnens kann man in diesem Gebiet ebenfalls sehen, aber das meiste der Ruinen von Ferozabad wurde beim Bau späterer Städte verwendet.

Raj Ghat: Nordöstlich von Feroz Shah Kotla, an den Ufern des Yamuna, erinnert ein einfacher Quader aus schwarzem Marmor daran, daß an dieser Stelle Mahatma Gandhi nach seiner Ermordung im Jahre 1948 verbrannt wurde. Jeden Freitag findet hier eine feierliche Zeremonie statt, weil Gandhi an einem Freitag getötet wurde.

Indiens erster Premierminister, Jawaharlal Nehru, wurde 1964 unmittelbar nördlich davon im Shanti Vana (Friedenswald) eingeäschert, seine Tochter Indira Gandhi, die 1984 getötet wurde, und seine Enkel Sanjay (1980) sowie Rajiv (1991) nicht weit davon entfernt. Mittlerweile ist Raj Ghat ein schöner Park. Interessant sind auch all die vielen beschilderten Bäume, die von hochgestellten Persönlichkeiten gepflanzt wurden. Dazu gehören unter anderem Elizabeth II. von England, Gough Whitlam, Dwight D. Eisenhower und Ho Chi Minh.

SEHENSWÜRDIGKEITEN IN NEU-DELHI

Connaught Place: Connaught Place, gelegen am nördlichen Ende von Neu-Delhi, ist das Geschäfts- und Touristenzentrum. Das ist ein Verkehrsknotenpunkt riesigen Ausmaßes, gesäumt von eher einfallslos und uniform erbauten Geschäftshäusern mit Kolonnaden, in denen sich vorwiegend Geschäfte, Banken, Restaurants, Büros von Fluggesellschaften und Ähnliches angesiedelt haben. Dieser Platz ist sehr weiträumig, aber trotzdem geschäftig. Wann immer Sie sich auf dem Connaught Place aufhalten, man wird Sie ansprechen und Ihnen Nützliches und Unnützes zum Kauf anbieten. Das Angebot reicht vom Flugticket nach Timbuktu bis hin zu Voraussagen von Zukunftsdeutern.

Jantar Mantar: Nur einen kleinen Spaziergang vom Connaught Place auf der Sansad Marg (Parliament Street) entfernt, erreicht man eines der vielen Observatorien, die Maharadscha Jai Singh II. erbauen ließ. Jantar Mantar fällt nicht nur durch die Farbe ins Auge, sondern auch durch die besondere Ansammlung der einzelnen Gebäude. Der Herrscher von Jaipur erbaute dieses lachsfarbene Observatorium im Jahr 1725. Eine riesige Sonnenuhr, die unter der Bezeichnung „Prince of Dials" bekannt ist, zieht das Augenmerk der Besucher besonders auf sich. Man kann sich aber auch noch allerlei astronomisches Gerät und Darstellungen anschauen, z. B. den Verlauf der Sterne, Vorhersagen von Sonnenfinsternissen und viele Himmelskörper.

Lakshmi-Narayan-Tempel: Dieser auffällige Tempel im Westen des Connaught Place wurde erst 1938 von dem Industriellen Birla erbaut. Er ist Lakshmi, der Göttin des Wohlstandes und des Glücks, gewidmet und im allgemeinen als Birla Mandir bekannt.

Rajpath: Dieser Königsweg ist ein weiterer Schwerpunkt in der Architektur Neu-Delhis von Lutyens. Er ist unglaublich breit und an beiden Seiten von künstlich angelegten Teichen begrenzt. Hier wird jedes Jahr am 26. Januar die Parade aus Anlaß des Tages der Republik abgehalten, zu der sich Millionen von Menschen einfinden, um sich das Spektakel anzusehen.

Am östlichen Ende liegt das India Gate, am westlichen Ende Rashtrapati Bhavan, heute die Residenz des Präsidenten, aber ursprünglich für den Vizekönig erbaut. Flankiert wird dieser Bau von zwei großen Verwaltungsgebäuden. Alle drei zusammen wurden auf einer kleinen Erhebung errichtet, bekannt als Raisina Hill.

India Gate: Am Ostende des Rajpath steht diese 42 m hohe Triumphsäule aus Stein. Sie trägt die Namen von 85 000 Soldaten der indischen Armee, die während des Ersten Weltkrieges starben, sowie der Opfer in den Kampfhandlungen an der Nordwestgrenze zum gleichen Zeitpunkt und während des Fiaskos in Afghanistan im Jahre 1919.

Regierungsgebäude: Das nördliche und das südliche Regierungsgebäude stehen an den beiden Seiten des Rajpath auf dem Raisina Hill. Diese eindrucksvollen Bauwerke mit *chhatris* (kleinen Kuppeln) an den Spitzen beherbergen heute das Finanz- und das Außenministerium.

Rashtrapati Bhavan: Dies ist die offizielle Residenz des Präsidenten von Indien. Sie liegt vom India Gate aus am anderen Ende des Rajpath. Fertiggestellt wurde dieses palastähnliche Gebäude in einer Mischung aus

---

Der Kampf um die Steigung

Die Erhebung und die Straße, die dorthin führt (oder, genauer gesagt, der Winkel der Straße, die dorthin führt), waren der Grund für eine eigentlich belanglose, aber dennoch größere Auseinandersetzung zwischen Lutyens und seinem Kollegen Herbert Baker, die unter der Bezeichnung „Kampf um die Steigung" bekannt geworden ist. Während Baker den Auftrag bekam, die Verwaltungsgebäude und das Parlament zu entwerfen, machte Lutyens sich zuständig für die Residenz des Vizekönigs und das India Gate. Dabei war es die Vorstellung von Lutyens, daß die Residenz geringfügig höher als die Verwaltungsgebäude und aus größerer Entfernung sichtbar sein sollte. Baker dagegen wollte alle drei Bauten auf gleicher Höhe, so daß die Residenz des Vizekönigs majestätisch in den Blickwinkel gelangen würde, wenn man sich der Erhebung näherte. Nach zahllosen Diskussionen und der Einschaltung von mehreren aufeinander folgenden Vizekönigen gewann Baker, woraufhin die beiden sich mehrere Jahre weigerten, weiter miteinander zu sprechen.

---

den Silrichtungen der Moguln und des Westens 1929. Die offensichtlich am ehesten indische Einzelheit ist die riesige Kuppel aus Kupfer. Westlich davon beginnt ein Mogulgarten, der 130 Hektar groß und im Februar für die Öffentlichkeit zugänglich ist. Vor der Unabhängigkeit Indiens wohnten hier die Vizekönige. Lord Mountbatten, Indiens letzter Vizekönig, hatte einen ganzen Stab von Mitarbeitern um sich, um die 340 Räume dieser Residenz in Ordnung zu halten, ganz zu

---

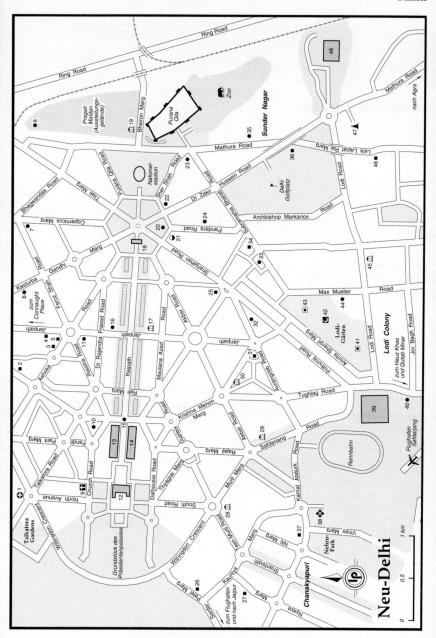

Neu-Delhi

DELHI

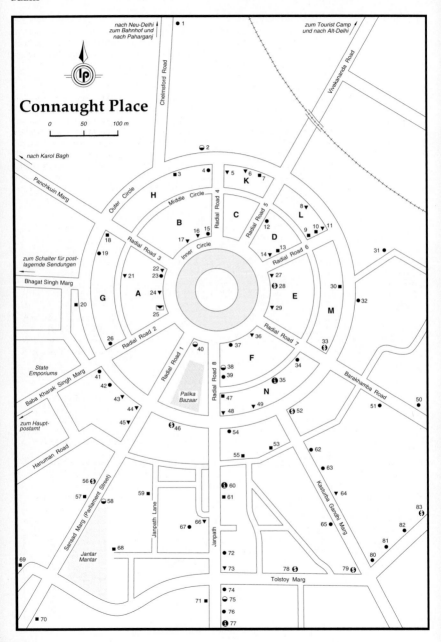

Connaught Place

schweigen von den Gartenarbeiten. Hierzu benötigte er allein 418 Gärtner. Unter ihnen waren 50 Jungen, deren einzige Aufgabe es war, die Vögel zu verscheuchen.

Sansad Bhavan: Am Ende der Sansad Marg (Parliament Street), unmittelbar nördlich des Rajpath, steht fast schon versteckt und so gut wie kaum erkennbar ein weiteres großes und beeindruckendes Bauwerk, das indische Parlament (Sansad Bhavan). Das Gebäude ist rund, von Kolonnaden umgeben und hat einen Durchmesser von 171 m. Die äußerliche Bedeutungslosigkeit bei der Planung von Neu-Delhi zeigt, daß als Mittelpunkt der Macht die Residenz des Vizekönigs angesehen wurde, der während der Zeit der Briten, als Neu-Delhi geplant wurde, ein weitaus höherer Stellenwert beigemessen worden ist.

Genehmigungen zum Besuch des Parlamentsgebäudes und zum Sitzen auf der Zuschauergalerie sind im Empfangsgebäude an der Raisina Road erhältlich, allerdings braucht man dafür ein Empfehlungsschreiben von seiner Botschaft.

MUSEEN UND GALERIEN
Nationalmuseum: Dieses Museum am Janpath (unmittelbar südlich vom Rajpath) enthält eine gute Sammlung indischer Bronzefiguren sowie Terrakotta- und Holzskulpturen aus der Zeit der Maurya (2.-3. Jahrhundert v. Chr.), Stücke aus der Vijayanagar-Zeit in Südindien, Miniaturen, Wandgemälde und Gewänder verschiedener Stämme. Dies alles macht einen Besuch dieses Museums wirklich empfehlenswert, das dienstags bis sonntags von 10.00 bis 17.00 Uhr geöffnet ist.

Unterkünfte
3 Hotel 55
7 Hotel York
9 Jukaso Inn
10 Hotel Nirula's
13 Hotel Palace Heights
18 Hotel Marina
20 Hotel Alka
30 Hotel Bright und Andhra Bank
47 Hotel Metro
53 Sunny Guest House
55 Ringo Guest House
57 Hotel Park
59 Mrs. Colaco's Guest House
61 Janpath Guest House
68 Mr. S C Jain's Guest House
69 YMCA Tourist Hotel
70 YWCA International Guest House
71 Hotel Imperial, Thomas Cook und Student Travel Information Centre

Restaurants
5 Restaurant Chinar
6 China-Restaurant Palki
8 Restaurants Delhi Durbar und Minar
11 Restaurant Nirula's
14 Restaurant Embassy
16 Restaurant Zen und Café 100
17 Restaurant Volga
21 Restaurant Fa Yian
22 Wenger's
24 Restaurant El Rodeo
27 Kovil
29 United Coffee House
36 The Host

43 Gaylord
44 Restaurant El Arab
45 Restaurant Kwality
48 Wimpy
49 China-Restaurant Shangri-la
64 Restaurant Parikrama
66 Café Bankura
73 Restaurant Sona Rupa und Royal Nepal Airlines

Sonstiges
1 Reservierungsbüro der Eisenbahn
2 Busse der Linie 620 zur Jugendherberge und nach Chanakyapuri
4 Plaza-Kino
12 Odeon-Kino
15 Bookworm
19 Singapore Airlines und Gulf Air
23 American Express
25 Postamt
26 Malaysian Airlines, Royal Jordanian Airlines und El Al
28 ANZ Grindlays Bank
31 Shankar Market
32 Super Bazaar
33 Bank of Baroda
34 Aeroflot
35 Büro der Delhi Tourism Corporation
37 Cathay Pacific Airlines
38 EATS-Bus und Vayudoot
39 Indian Airlines
40 Motorrad-Rikschas nach Alt-Delhi
41 Khadi Gramodyog Bhavan

42 Regal-Kino
46 Citibank und Air India
50 East-West Airlines und Emirates
51 Budget Rent-a-Car
52 Hongkong Bank
54 Oxford Bookshop
56 Standard Chartered Bank
58 Busse der Linie 433 zum Baha'i-Tempel und Busse der Linie 620 zur Jugendherberge und nach Chanakyapuri
60 Staatliches indisches Fremdenverkehrsamt und Delhi Photo Company
62 Pakistan International Airlines
63 American Center
65 British Council
72 Lufthansa
67 Map Sales Office
74 Central Cottage Industries Emporium
75 Busse der Linie 505 zum Qutab Minar
76 Japan Airlines
77 Fremdenverkehrsämter von Haryana, Himachal Pradesh, Rajasthan, Uttar Pradesh und West-Bengalen
78 Deutsche Bank
79 Credit Lyonnaise
80 Thai International Airways
81 KLM
82 ModiLuft
83 Bank of America, Banque Nationale de Paris und Saudia

Der Eintritt kostet 0,50 Rs. An den meisten Wochentagen werden auch Filme gezeigt.

Gleich nebenan ist der Archäologische Dienst Indiens (Archaeological Survey of India) untergebracht. Die Veröffentlichungen dieser Institution decken alle bedeutenden archäologischen Stätten im Land ab und sind hier erhältlich. Viele von ihnen sind an der jeweiligen Stätte nicht vorrätig.

Nationalgalerie für moderne Kunst: Diese Kunsthalle steht in der Nähe vom India Gate am östlichen Ende vom Janpath und war früher die Residenz des Maharadschas von Jaipur in Delhi. Sie enthält eine ausgezeichnete Sammlung von Werken sowohl indischer Künstler aus auch von Künstlern der Kolonialherren.

Zugänglich ist die Nationalgalerie täglich von 10.00 bis 17.00 Uhr (Eintritt frei).

Nehru-Museum: Unweit des Diplomatenviertels Chanakyapuri liegt in der Teen Murti Road die Residenz des ersten indischen Premierministers, in der ein Museum eingerichtet wurde (Teen Murti Bhavan). Ausgestellte Fotografien und Zeitungsausschnitte ermöglichen hier einen faszinierenden Einblick in die Geschichte der Unabhängigkeitsbewegung. Während der Hauptreisezeit zeigt man auch eine Ton- und Lichtschau über sein Leben und die Unabhängigkeitsbewegung. Geöffnet ist dieses Museum dienstags bis sonntags von 9.30 bis 17.00 Uhr. Der Eintritt ist frei.

Eisenbahnmuseum (Rail Transport Museum): Wer ein Anhänger der faszinierenden Lokomotiven Indiens

Miniaturmalereien - friedliche Szenen aus vergangenen Zeiten

ist, kommt in diesem Museum voll auf seine Kosten. Zu der Sammlung gehört eine alte Dampflokomotive aus dem Jahre 1855, die immer noch betriebsbereit ist. Leider finden sich aber auch einige weniger erfreuliche Dinge in diesem Eisenbahnmuseum, zu denen wohl unter anderem auch ein Elefantenschädel gezählt werden kann. Der Dickhäuter, dem dieser Schädel gehörte, versuchte 1894, einem Postzug zu nahe zu kommen, und verlor. Weitere Einzelheiten über die Eisenbahn können Sie dem Abschnitt über das Reisen in Indien im Einführungsteil entnehmen.

Das Museum ist dienstags bis sonntags von 9.30 bis 17.00 Uhr geöffnet. Als Eintritt wird ein kleiner Betrag erhoben.

Tibet House: Hier hat man eine beachtliche Sammlung von Zeremoniengegenständen ausgestellt, die der Dalai Lama mitnehmen konnte, als er vor den Chinesen floh. Im Erdgeschoß befindet sich ein Laden, in dem eine große Auswahl tibetischer Kunstgewerbeartikel verkauft wird. In diesem Haus finden auch viele Vorträge und Diskussionsveranstaltungen statt. Man findet das Museum in der Gegend mit den vielen Institutionen in der Lodi Road. Geöffnet ist es montags bis samstags von 10.00 bis 13.00 Uhr und von 14.00 bis 17.00 Uhr. Der Eintritt ist frei.

Puppenmuseum (International Dolls Museum): Dieses Museum kann man sich im Nehru House in der Bahadur Shah Zafar Marg ansehen. Dort sind über 6000 Puppen aus mehr als 85 Ländern zu sehen. Über ein Drittel der Ausstellungsstücke kommt aus Indien. Bewundern kann man auch eine Ausstellung, in der über 500 Puppen in Trachten gezeigt werden, die überall in Indien getragen werden. Das Museum ist dienstags bis sonntags von 10.00 bis 17.30 Uhr geöffnet.

Museum für Kunstgewerbe (Crafts Museum): Dieses Museum im Aditi-Pavillon auf dem Ausstellungsgelände Pragai Maidan an der Mathura Road enthält eine Sammlung traditioneller indischer Kunsthandwerksgegenstände wie Textilien, Metall, Holz und Keramik. Das Museum gehört zu einem Komplex, in dem das Dorfleben gezeigt wird und in dem man das ländliche Indien kennenlernen kann, ohne Delhi verlassen zu müssen. Die Öffnungszeiten sind täglich von 9.30 bis 16.30 Uhr. Der Eintritt ist frei.

Gandhi Darshan: Im Gandhi Darshan am Raj Ghat werden Gemälde und Fotos von Mahatma Gandhis Leben und seinen Taten gezeigt. Im Gandhi Smarak Sangrahalaya, ebenfalls am Raj Ghat, kann man sich einige von Gandhis persönlichen Sachen ansehen.

Indira Gandhi Memorial Museum: In der früheren Residenz von Indira Gandhi in der Safdarjang Road wurde ebenfalls ein Museum eingerichtet. Zu sehen sind dort einige ihrer persönlichen Gegenstände, auch ihr Sari (noch mit den Blutflecken), den sie bei ihrer Ermordung trug. Etwas makaber ist die Kristallplakette im Garten, ständig von zwei Soldaten flankiert, durch die ein paar braune Flecken des Blutes von Frau Gandhi an der Stelle geschützt werden, an der sie umgebracht wurde.

Weitere Museen: Das Museum für Naturgeschichte (Museum of Natural History) liegt gegenüber der nepalischen Botschaft in der Barakhamba Road. Vor dem Eingang steht ein großes Dinosaurier-Modell. Ausgestellt sind dort Fossilien sowie einige ausgestopfte Tiere und Vögel. Und es gibt einen Raum für Kinder, in dem Ausstellungstücke angefaßt werden dürfen. Geöffnet ist dienstags bis sonntags von 10.00 bis 17.00 Uhr.

Ferner gibt es ein Briefmarkenmuseum (National Philatelic Museum) im Dak Bhavan am Sardar Patel Chowk an der Sansad Marg (Parliament Street), das jedoch samstags und sonntags geschlossen ist. Das Luftwaffenmuseum (Air Force Museum) am internationalen Flughafen Indira Gandhi kann man sich täglich (außer Dienstag) von 10.00 bis 13.30 Uhr ansehen.

WEITERE SEHENSWÜRDIGKEITEN

Purana Qila: Unmittelbar südöstlich vom India Gate sowie nördlich des Grabmals von Humayun und des Bahnhofs Nizam-uddin liegt das alte Fort Purana Qila. Von ihm nimmt man an, daß es auf dem Boden des allerersten Delhi steht, der Stadt Indraprastha. Vollendet wurde es von 1538-1545 unter dem afghanischen Herrscher Sher Shah, der für eine kurze Unterbrechung der Mogulherrschaft sorgte, indem er Humayun besiegte. Humayun konnte jedoch die Macht über Indien zurückgewinnen. Umgeben ist das Fort von massiven Mauern, durch die drei große Tore in das Innere führen. Betritt man das Fort durch das Südtor, stößt man auf einen kleinen achteckigen Turm, den Sher Manzil, den Humayun als Bibliothek benutzte. Aber dieser Turm wurde ihm auch zum Verhängnis. Beim Besteigen rutschte er 1556 auf glattem Boden aus, fiel hin und zog sich ernste Verletzungen zu, an denen er schließlich starb. Hinter diesem Turm befindet sich die Qila-i-Kuhran-Moschee, die auch Moschee des Sher Shah genannt wird.

Gleich hinter dem Haupttor liegt ein kleines archäologisches Museum. Von oben auf dem Tor hat man gute Ausblicke auf Neu-Delhi.

Zoo: Delhis Zoo liegt an der Südseite des Forts Purana Qila, ist aber nicht gerade beeindruckend. Die Käfige sind schlecht beschildert, und im Winter kommen viele Tiere nicht hinaus. Hier leben allerdings einige weiße

Tiger. Der Zoo ist außer freitags im Sommer von 8.00 bis 18.00 Uhr und im Winter von 9.00 bis 17.00 Uhr geöffnet. Der Eintritt kostet 0,50 Rs.

Grabmal des Humayun: Erbaut von Haji Begum, der ältesten Frau des Humayun und zweiten Moguln, in der Mitte des 16. Jahrhunderts, ist es ein Beispiel für die Architektur der frühen Mogulzeit. Die Elemente dieses Baus - ein eher gedrungenes Gebäude, aufgelockert durch hohe Eingänge mit Rundbögen, über allem eine gewaltige Kuppel und umgeben von recht formal angelegten Gärten - wurden später stark verfeinert für den Bau des Taj Mahal in Agra übernommen. Wer ein Interesse an Architektur hat, kann beim Studieren dieses viel früher entstandenen Grabmals die Ursprünge verfolgen, aus denen das so reich ausgestattete Taj Mahal entwickelt wurde. Auch Humayuns Frau ruht in diesem aus rotem und weißem Sandstein sowie schwarzem und gelbem Marmor erbauten Grabmal.

Im Garten finden sich noch weitere Gräber, unter anderem das des Friseurs von Humayun. Das Grab des Isa Khan veranschaulicht gut die Architektur der Lodi-Zeit. Der Eintritt in dieses Grabmal kostet 0,50 Rs (freitags kostenlos). Von den Terrassen dieses Grabmals hat man einen schönen Blick in die umliegende Landschaft.

Nizamuddin: Auf der gegenüberliegenden Straßenseite des Grabmals von Humayun befindet sich der Schrein des moslemischen Sufi-Heiligen Nizamuddin Chishti. Er starb 1325 im Alter von 92 Jahren. Sein Schrein samt Umbauung und eine Anzahl anderer interessanter Gräber sind einen Besuch wert. Der Bau eines Wasserbekkens führte zu einem Streit zwischen dem Heiligen und dem Architekten von Tughlaqabad, südlich von Delhi, worüber weitere Einzelheiten dem Abschnitt über Tughlaqabad weiter unten entnommen werden können.

Hier ruht auch Jahanara, die Tochter von Shah Jahan, die ihren Vater während der Gefangensetzung durch Aurangzeb im Roten Fort in Agra nicht verließ. Seine letzte Ruhestätte fanden hier auch der bekannte Urdu-Dichter Amir Khusru und Atgah Khan, der von Humayun und seinem Sohn Akbar gleichermaßen geschätzt wurde. Atgah Khan ließ ihn in Agra ermorden. Daraufhin ließ Akbar aus Rache Atgah Khan ebenfalls umbringen. Sein Grab befindet sich unweit des Qutab Minar.

Es lohnt sich, die Anlage donnerstags gegen Sonnenuntergang zu besuchen, denn das ist eine beliebte Zeit für Anbetungen, zu der nach den Abendgebeten auch *qawwali* mit ihren Gesängen beginnen.

Lodi-Gärten: Etwa 3 km westlich von Humayuns Grab und neben dem Indian International Centre liegen die Lodi-Gärten. In diesen äußerst gut gepflegten Anlagen befinden sich die Gräber der Sayyiden- und Lodi-Herrscher. Das Grab des Muhammad Shah (1450) galt als Vorbild für das später geschaffene Grab des Humayun im Mogulstil. Dieses Grabmal war wiederum maßgebend für die Architektur des Taj Mahal. In den anderen Gräbern ruhen unter anderem sein Vorgänger Mubarak Shah (1433), Ibrahim Lodi (1526) und Sikander Lodi (1517). Die Bara-Gambad-Moschee mit ihren feinen Stuckarbeiten ist beispielgebend für Moscheen dieser Art.

Grabmal des Safdarjang (Safdarjang Tomb): Neben dem kleineren Flughafen Safdarjang, auf dem der Sohn von Indira Gandhi 1980 bei einem Flugzeugunglück ums Leben kam, liegt das Grabmal des Safdarjang. Der Nabob von Oudh ließ es 1753-54 für seinen Vater Safdarjang erbauen. Dieses Bauwerk ist eines der letzten Beispiele für die Architektur der Mogulzeit, bevor dann später alles in sich zusammenbrach. Das Grab wurde auf einer hohen Terrasse inmitten eines ausgedehnten Gartens errichtet. Der Eintritt kostet 0,50 Rs. Freitags wird allerdings kein Eintritt erhoben.

Hauz Khas: Ungefähr in der Mitte zwischen dem Grabmal von Safdarjang und Qutab Minar befand sich früher der Wasserbehälter der Stadt Siri, die die zweite Gründung von Delhi war. Sie liegt ein bißchen weiter östlich. Sehenswert sind das Grab von Feroz Shah (1398) und Überreste eines alten College. In dieser Gegend war es übrigens, wo Timur 1398 die Truppen von Mohammed Shah Tughlaq schlug.
Zur Stadt Siri gehörte auch die Moth ki Masjid, die ein Stück östlich von Hauz Khas liegt. Man sagt von ihr, sie sei im Lodi-Stil die schönste.

Baha'i-Tempel: Östlich von Siri wurde ein Baha'i-Tempel in der Form einer Lotosblüte errichtet, erbaut zwischen 1980 und 1986 umgeben von Teichen und Gartenanlagen. Anhänger aller Glaubensrichtungen dürfen den Tempel besuchen und dort nach ihrer Religion beten oder meditieren. Besonders beeindruckend ist die Anlage in der Dämmerung, wenn sie von Flutlicht angestrahlt wird. Für Besucher ist der Tempel zwischen April und September täglich außer montags von 9.00 bis 19.00 Uhr sowie zwischen Oktober und März von 9.30 bis 17.30 Uhr zugänglich.
Zu erreichen ist er mit Bussen der Linie 433, in die man gegenüber vom Hotel Park an der Sansad Marg, unweit vom Connaught Place, einsteigen kann.

Schwimmbäder: Die Stadtverwaltung von Delhi unterhält ein Schwimmbad im Nehru Park. Das ist unweit vom Hotel Ashok in Chanakyapuri.

Die meisten Luxushotels haben ebenfalls ein Schwimmbad zu bieten, das auch andere als Hausgäste in Anspruch nehmen dürfen, allerdings nur gegen eine Gebühr, die sich zwischen 50 und 550 Rs bewegt. Im Winter sind jedoch viele Swimming Pools von Hotels geschlossen, was angesichts der Witterung auch kaum eine große Überraschung sein dürfte. Das Schwimmbad im Hotel Sheraton ist aber beheizt und das ganze Jahr über geöffnet, allerdings nur für Hotelgäste.

AUSFLUGSFAHRTEN
Das Gebiet von Delhi umfaßt eine so große Fläche, daß es durchaus empfehlenswert ist, an einer Stadtrundfahrt teilzunehmen. Selbst eine Fahrt mit öffentlichen Verkehrsmitteln vom Roten Fort bis zum Qutab Minar wäre nicht gerade billig. Zwei große Veranstalter bieten Stadtrundfahrten an. Meiden Sie Veranstalter, die Ihnen Fahrten zum halben Preis offerieren, denn die führen auch nur minderwertige Touren durch! Die Indian Tourism Development Corporation (ITDC), die unter dem Namen Ashok Travels & Tours auftritt, bietet Ausflugsfahrten mit Führungen und Luxusbussen an. Das Büro dieser Gesellschaft befindet sich in Block L am Connaught Place (Tel. 3 32 23 36). Anmelden kann man sich aber auch im Fremdenverkehrsbüro am Janpath und in den großen Hotels. Ähnliche Touren veranstaltet auch Delhi Tourism, ein Reisebüro der Stadtverwaltung mit einem eigenen Büro in Block N im mittleren Kreis (Tel. 3 31 42 29).
Eine vierstündige Vormittagsfahrt kostet bei der ITDC 70 Rs. Abfahrt ist um 8.30 Uhr. Angefahren werden Qutab Minar, Humayuns Grabmal, India Gate, Jantar Mantar und der Lakshmi-Narayan-Tempel. Die Tour am Nachmittag zum Preis von 60 Rs beginnt um 14.15 Uhr und berührt folgende Punkte: Rotes Fort, Jama Masjid, Raj Ghat, Shanti Vana und Feroz Shah Kotla. Buchen Sie an einem Tag beide Fahrten, kosten sie zusammen 120 Rs.
Man kann mit Delhi Tourism auch am Abend eine Rundfahrt unternehmen (Delhi by Evening), die zu einer Reihe von Sehenswürdigkeiten führt, auch zur Ton- und Lichtschau am Roten Fort. Daran müssen jedoch mindestens zehn Personen teilnehmen.
Außerdem veranstaltet die ITDC Tagesfahrten nach Agra für 400 Rs.

UNTERKUNFT
Einfache Unterkünfte: Delhi ist ganz sicher keine Stadt, in der man günstig in einem Hotel übernachten kann. Sehr schnell ist man für ein ganz einfaches Zimmer bei 120 Rs angelangt, wofür man in anderen Gegenden Indiens bereits ein gut ausgestattetes Doppelzimmer mit Bad bekommt.
Im Grunde genommen gibt es in Delhi zwei Bezirke, in denen man preiswerte Unterkünfte findet. Dies ist zu-

nächst die Gegend um den Janpath an der Südseite des Connaught Place in Neu-Delhi. Weiterhin gilt dies für das Gebiet unweit vom Bahnhof von Neu-Delhi in Paharganj, etwa in der Mitte zwischen Alt- und Neu-Delhi.

Daneben gibt es noch einige ganz schlichte Unterkünfte in Alt-Delhi. Die sind zwar ganz farbenfreudig, kommen meist aber für Besucher nicht in Frage, weil sie laut und viel zu weit entfernt von all den Agenturen, Behörden, Fluggesellschaften und anderen Einrichtungen in Neu-Delhi sind, die man zwangsläufig aufsuchen muß. Hinzu kommt die schwierige Situation bei den öffentlichen Verkehrsmitteln.

Wenn man in Delhi zelten will, dann gibt es dafür mehrere Möglichkeiten. Eines der billigsten Quartiere ist das Tourist Camp (Tel. 3 27 28 98), und das ist erstaunlich beliebt. Es ist zwar ein ganzes Stück von Connaught Place entfernt, aber mit Bussen gut zu erreichen. Hier übernachten auch die Teilnehmer der meisten Überlandfahrten, und außerdem ist hier der Ausgangspunkt für Fahrten mit Direktbussen nach Kathmandu. Das Camp, geführt von einem pensionierten indischen Offizier, liegt in Alt-Delhi, und zwar unweit vom Delhi-Tor an der Jawaharlal Nehru Marg, gegenüber vom J. P. Narayan Hospital (Irwin Hospital) und etwa 2 km vom Connaught Place entfernt. Hier kann man in seinem eigenen Zelt übernachten (25 Rs), aber auch in einfachen Zimmern mit Gemeinschaftsbadezimmer allein für 90 Rs und zu zweit für 130 Rs. Sie bieten nichts Besonderes, sind aber in Ordnung. Diese Unterkunft wird von den Gästen im allgemeinen sehr gelobt. Ein Restaurant und eine Gepäckaufbewahrung sind ebenfalls vorhanden, so daß man hier Dinge zurücklassen kann, die man eine Zeit lang nicht benötigt.

Es gibt aber auch noch einen zweiten Campingplatz, das Tourist Camp Qudsia Gardens direkt gegenüber vom Busbahnhof für Fernbusse (Interstate Bus Station), telefonisch zu erreichen unter der Rufnummer 2 52 31 21. Hier kostet das Zelten pro Person 30 Rs und das Übernachten in einem einfachen Zimmer allein 80 Rs sowie zu zweit 100 Rs. Für ein „Luxusdoppelzimmer" muß man 150 Rs bezahlen. Diese Anlage liegt ganz günstig, wenn man morgens früh mit einem Bus weiterfahren will, aber ansonsten reichlich abgelegen.

In der näheren Umgebung des Fremdenverkehrsamtes (Government of India Tourist Office) findet man eine ganze Reihe von preiswerten Gästehäusern (Lodges oder Guest Houses). Das sind überwiegend kleinere Quartiere, die meist ausgebucht sind. Bekommt man aber ein Zimmer, dann trifft man gleichgesinnte Reisende zum Informationsaustausch. Und wer knapp bei Kasse ist, findet hier auch ein Bett im Schlafsaal. Haben Sie sich ein bestimmtes Haus ausgesucht und finden Sie es belegt vor, dann weichen Sie einfach solange in ein anderes Quartier aus, bis ein Zimmer frei wird. Meist wartet man kaum länger als einen Tag.

Zu den bekanntesten Unterkünften gehört das Ringo Guest House im Scindia House 17 (Tel. 3 31 06 05), und zwar eine kleine Seitenstraße unweit vom Fremdenverkehrsamt hinunter. Das Haus ist bei Globetrottern schon seit vielen Jahren eine Institution, hat aber auch verschiedene Nachteile, auch wenn in den Zimmern Ventilatoren vorhanden sind. Trotz allem ist es noch immer beliebt. Im Schlafsaal mit 14 Betten kostet eine Übernachtung 60 Rs, während man für ein Zimmer mit Badbenutzung allein 160 Rs und zu zweit 180 Rs sowie für ein Doppelzimmer mit eigenem Bad 210 bzw. 260 Rs bezahlen muß. Man kann aber auch auf einer Couch auf dem Dach für 45 Rs übernachten. Die Zimmer sind sehr klein, aber sauber genug, zumal sowohl die Duschen als auch die Toiletten gut in Schuß gehalten werden. Oben auf dem Dach kann man essen, wenn auch zu höheren Preisen als in den nahegelegenen Restaurants. In diesem Haus kann man auch für ziemlich hohe 7 Rs pro Stück und Tag Gepäck aufbewahren lassen.

Ein Quartier mit ähnlichen Preisen ist das Sunny Guest House im Scindia House 152 (Tel. 3 31 29 09), ein paar Häuser weiter entlang der gleichen Nebenstraße. Hier muß man für eine Übernachtung im Schlafsaal 60 Rs, für ein Einzelzimmer 90 bis 120 Rs und für ein Doppelzimmer 170 bis 250 Rs (mit Badbenutzung) bezahlen. Auch hier sind die Zimmer einfach eingerichtet, aber die schon etwas verblichene Charme und die Lage ziehen viele Gäste an. Die Gepäckaufbewahrung kostet ebenfalls 7 Rs pro Stück und Tag.

An der Westseite des Janpath, in der Janpath Lane, liegen mehrere Häuser, die seit mehr als einem Jahrzehnt bestehen und bei Gästen aus aller Welt bereits zu einer kleinen Legende geworden sind. Das Mrs. Colaco's in der Janpath Lane 3 (Tel. 3 32 87 58) erreicht man als erstes. Im Schlafsaal zahlt man pro Nacht 55 Rs, während die Einzel- und Doppelzimmer mit Badbenutzung für 135 Rs vermietet werden. Wertsachen können in einem Safe deponiert werden. Auch die Wäsche kann man waschen lassen, und Gepäck wird für 2 Rs pro Tag aufbewahrt.

Um die Ecke liegt das Mr. S C Jain's Guest House (Pratap Singh Building 7, ebenfalls in der Janpath Lane und ebenfalls bereits eine Legende). Extrem nackte Zimmer mit Badbenutzung werden hier je nach Größe für 150 bis 170 Rs vermietet. Der große Vorteil dieser beiden Häuser ist, daß sie in einem ruhigen Wohngebiet liegen.

Auf der anderen Seite des Connaught Place liegt das Hotel Bright (Connaught Circus M 85, gegenüber vom Super Bazaar, Tel. 3 32 04 44). Es ist nicht sehr schön, aber auch nicht zu schlecht. Hier zahlt man für ein dunkles und etwas schmuddeliges Zimmer mit eigenem Bad 250 Rs (Einzelzimmer) bzw. 300 Rs (Doppelzimmer). In den Zimmern zur Straße hin ist es jedoch ziemlich laut.

Das Hotel Palace Heights im Block D des Connaught Place (Tel. 3 32 14 19) ist ein Haus mit annehmbaren Preisen in der Nähe vom Nirula's. Es befindet sich im dritten Stock eines Bürogebäudes und hat eine riesige Veranda mit Blick über den Connaught Place zu bieten. Obwohl die Einrichtungen recht primitiv sind, ist es ein entspannendes Quartier mit der Atmosphäre einer Kleinstadt. Hier muß man mit Ventilator und Badbenutzung für ein Einzelzimmer 175 Rs und ein Doppelzimmer 285 Rs bezahlen, für ein Doppelzimmer mit eigenem Bad 480 Rs.

Das Ashok Yatri Niwas der ITDC (Tel. 3 32 45 11) ist nur 10 Minuten zu Fuß vom Connaught Place entfernt in der Ashoka Road, Ecke Janpath. Dieses riesige staatliche Hotel mit 556 Betten ist vom Management her eine einzige Katastrophe. Das Haus setzt mit seinem fürchterlichen Service bereits seit Jahren Maßstäbe! Wenn Ihnen Ihre Gesundheit wichtig ist, dann denken Sie besser gar nicht erst daran, in diesem Haus ein Zimmer zu mieten. So einfache Sachen wie die Anmeldung dauern hier glatt eine halbe Stunde. Hinzu kommt, daß die Bedienung schrecklich und das ganze Haus schlecht unterhalten ist. Die Bettwäsche ist oft schon abgewetzt, häufig muß man erst nach einer Decke fragen, und die Fahrstühle sind hoffnungslos unzuverlässig. Der einzige Trost sind die Ausblicke von den Zimmern in den oberen Stockwerken. Dabei ist es ein Jammer, daß man durch die schmutzigen Fenster kaum etwas sehen kann. All das muß man sich bei einer Übernachtung in einem Einzelzimmer für 250 Rs und in einem Doppelzimmer für 350 Rs bieten lassen. Längstens darf man in diesem Haus sieben Tage bleiben, aber jeder, der es so lange in diesem Hotel aushält, verdient eigentlich einen Preis - und eine gründliche ärztliche Untersuchung.

Direkt gegenüber vom Bahnhof von Neu-Delhi beginnt die Main Bazaar Road, eine schmale Gasse, die sich kilometerweit nach Westen erstreckt. Wegen der Nähe zum Bahnhof hat sich dieses Gebiet in den letzten Jahren zu einem Zentrum für Hotels entwickelt, in denen sowohl viele Inder als auch viele ausländische Besucher übernachten. Sie scheint neuerdings aber auch Russen anzuziehen, die in Indien auf Einkaufsfahrt sind. Die Gegend hat sich zudem zu einem geschäftigen Markt entwickelt, auf dem so gut wie alles verkauft wird - von Weihrauch bis zu Waschmaschinen. Weil immer viel Betrieb ist, wenn man entlang der Main Bazaar Road geht, muß man jederzeit viel Geduld haben. An dieser Straße gibt es eine Reihe preiswerter Hotels, die allerdings einen unterschiedlichen Standard bieten.

Wenn man vom Bahnhof die Main Bazaar Road hinaufgeht, kommt man sehr bald zum Hotel Kanishta (Tel.

52 53 65). Das ist nicht unbedingt eine der beliebtesten Unterkünfte, weil sie nahe am Bahnhof und zur lauten Qutab Road liegt. Für das, was geboten wird, ist es in diesem Haus auch nicht gerade besonders günstig. Für ein Zimmer mit Ventilator, Bad, Fernsehgerät und Balkon werden hier 300 Rs berechnet.

Das nächste Quartier ist das Kailash Guest House in der Main Bazaar Road 4449 (Tel. 7 77 49 93). Das ist eine moderne, saubere und ganz freundliche Unterkunft, auch wenn die meisten Zimmer nach innen hin liegen und ein wenig muffig sein können. Die Zimmer mit Fenster dagegen sind ganz gut. Für 75 bzw. 125 Rs für ein Einzel- oder Doppelzimmer mit Badbenutzung oder 150 Rs für ein Doppelzimmer mit eigenem Bad ist es den geforderten Preis allemal wert. Heißes Wasser kann man hier auf Wunsch in einem Eimer kostenlos erhalten. Das Kiran Guest House nebenan (Tel. 52 61 04) ist fast ein Zwilling des Kailash. Auch die Preise sind mit 85 bzw. 150 Rs für ein Einzel- oder Doppelzimmer mit eigenem Bad ähnlich.

Ein Stück weiter auf der rechten Seite liegt in der Main Bazaar Road 1089-90 das Bright Guest House (Tel. 7 52 58 52). Es ist eines der billigsten Hotels in dieser Gegend und eines derer, in denen für den geforderten Preis das meiste geboten wird. Saubere Zimmer um einen Innenhof herum mit Badbenutzung kosten bei Alleinbenutzung 70 Rs und für zwei Gäste 80 Rs, Doppelzimmer mit Ventilator oder Bad 100 Rs und Doppelzimmer mit Ventilator und Bad 130 Rs.

Wenn man nicht weit hinter dem Bright Guest House eine schmale Allee nach rechts hinuntergeht, kommt man in der Chandiwalan 917 zum sehr beliebten Hotel Namaskar (Tel. 7 52 12 34 und 7 52 22 33). Dieses sehr freundliche Haus wird von zwei Brüdern geführt, die alles unternehmen, damit sich die Gäste wohl fühlen. Alle Zimmer verfügen über ein Fenster und ein eigenes Bad, und außerdem steht in jedem Stockwerk ein Boiler zur Verfügung, so daß genügend heißes Wasser vorhanden ist. Gefiltertes Trinkwasser ist ebenfalls erhältlich. Gepäck können Gäste hier kostenlos aufbewahren lassen. Das Haus gehört zwar nicht zu den billigsten, ist aber seinen Preis durchaus wert. Vermietet werden Einzelzimmer für 150 Rs, Doppelzimmer für 200 Rs, Dreibettzimmer für 300 Rs und Vierbettzimmer für 400 Rs. Daneben gibt es auch noch ein paar Zimmer mit Klimaanlage für 400 Rs. Das Hotel Namaskar ist ein ausgezeichnetes Haus, in dem den Gästen auch preisgünstige Busfahrkarten und Mietwagen für Fahrten weiter entfernt besorgt werden.

Wenn man weiter entlang der Main Bazaar Road nach Westen geht, kommt man als Nächstes zur beängstigend alten Camran Lodge (Tel. 52 60 53), die sich selbst mit „Trusted lodging house for distinguished people" beschreibt. Es ist in einem schon recht betagten Gebäude eingerichtet worden, das ein wenig an einen

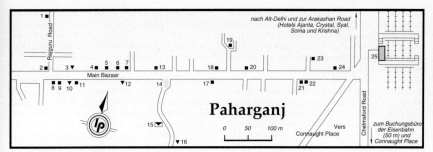

Irrgarten erinnert. Die Zimmer sind klein und reichlich abgewohnt, aber mit 60 bzw. 100 Rs für ein Einzel- oder Doppelzimmer mit Badbenutzung und 125 Rs für ein Doppelzimmer mit eigenem Bad recht günstig. Heißes Wasser in Eimern können die Gäste kostenlos erhalten.

Sehr geliebt ist das Hotel Vivek in der Main Bazaar Road 1541-50 (Tel. 7 77 70 62), teilweise auch wegen des Restaurants im Erdgeschoß. Die Zimmer sind hier - wie üblich - klein, die Preise mit 80 Rs für ein Einzelzimmer und 100 Rs für ein Doppelzimmer mit Badbenutzung und 110 bzw. 180 Rs mit eigenem Bad aber ebenfalls. Außerdem werden mit Klimaanlage Einzelzimmer für 275 Rs und Doppelzimmer für 325 Rs vermietet. Ebenfalls bei Besuchern beliebt ist das Ankush Guest House mit der Hausnummer 1558 (Tel. 7 51 90 00). In diesem Haus werden Einzelzimmer mit Badbenutzung für 60 Rs sowie Doppel- und Dreibettzimmer mit eigenem Bad für 120 bzw. 150 Rs angeboten. Das Hotel Vishal (Tel. 7 53 20 29), ein Stück weiter, ist ähnlich, hat jedoch im Erdgeschoß zwei Restaurants zu bieten. Hier werden für Einzelzimmer 120 Rs und für Doppelzimmer 160 Rs berechnet.

Das Hare Krishna Guest House neben dem Hotel Vishal ist ein weiteres Quartier, das man sich einmal ansehen sollte. Es bietet gute, saubere Zimmer für 125 Rs und vom Dach aus hervorragende Ausblicke.

Hier liegt in der Main Bazaar Road 1566 auch das Hotel Anoop (Tel. 73 52 19). Es ist ganz modern und sauber und den Preis allemal wert. Die Zimmer, zu denen jeweils ein Bad mit heißem Wasser gehört, sind mit Marmor gefliest, durch die sie ziemlich kühl bleiben, aber auch ein wenig wie ein Grabmal wirken. Dennoch ist der Preis von 160 bzw. 200 Rs für ein Einzel- oder Doppelzimmer nicht schlecht. Der größte Anziehungspunkt dieses Hauses ist jedoch die Terrasse auf dem Dach mit einer Snack Bar. Vermietet werden die Zimmer immer für einen Zeitraum von 24 Stunden.

In der Main Bazaar Road, unweit der Rajguru Road, liegt das sehr einfache und etwas schäbige, aber durchaus bewohnbare und billige Hotel Sapna (Tel. 52 40 66), in dem Einzel- und Doppelzimmer mit Badbenutzung

Unterkünfte
1 Hotel Kelson
2 Metropolis Tourist Home
4 Hotel Vishal und Hare Krishna Guest House
5 Hotel Anoop
6 Ankush Guest House
7 Hotel Vivek
8 Hotel Satyam
9 Hotel Sapna
11 Hotel Kesri und Mehta Electricals (Fahrrad vermietung)
13 Hotel Payal
17 Hotel Relaxo
18 Camran Lodge
19 Hotel Namaskar
20 Bright Guest House
21 Kiran Guest House
22 Kailash Guest House
23 Delhi Guest House
24 Hotel Kanistha

Restaurants
3 Café Madaan
4 Restaurant Appetite und Café Lords
10 Café Khosla
12 Café Diamond
16 Café Golden

Sonstiges
14 Gemüsemarkt
15 Postamt Paharganj
25 Bahnhof Neu-Delhi

für 60 bzw. 80 Rs und Doppelzimmer mit eigenem Bad für 100 Rs vermietet werden. Nebenan ist das Hotel Satyam (Tel. 73 11 55), das sicher ein ganzes Stück besser ist und in dem man in einem sauberen Einzel- oder Doppelzimmer für 150 bzw. 200 Rs übernachten kann. Die Zimmern nach vorn können zwar ein wenig laut sein, aber das gilt für alle Hotels entlang der Main Bazaar Road.

221

Am oberen Ende der Kategorie mit den einfachen Hotels liegt das Metropolis Tourist Home in der Main Bazaar Road 1634 (Tel. 7 53 57 66). In diesem Haus kann man in klimatisierten Schlafräumen mit jeweils 4 Betten für 100 Rs, in Doppelzimmern mit eigenem Bad für 350 Rs und in Doppelzimmern mit Klimaanlage für 700 Rs übernachten.

Ebenfalls zu dieser Klasse gehört das Hotel Kelson in der Rajguru Road, einer Seitenstraße der Main Bazaar Road (Tel. 7 52 70 70). Das ist ein sehr sauberes und modernes Haus, auch wenn die Zimmer reichlich klein sind und häufig keine Fenster haben. Dennoch sind die Einzel- und Doppelzimmer mit Fernsehgerät und Bad für 200 Rs und die Zimmer mit Klimaanlage für 300 bzw. 350 Rs ihr Geld durchaus wert.

Zu empfehlen sind ferner das Major's Den in der Lakshmi Narain Street 2314 (Tel. 7 52 95 99), unweit vom Imperial-Kino, und das Delhi Guest House (Tel. 7 77 68 64), nur ein kleines Stück abseits der Main Bazaar Road unweit vom Hotel Kanishta.

Ebenfalls noch in Paharganj, in der Arakashan Road, gleich nördlich vom Bahnhof Neu-Delhi und hinter dem Fußgängerüberweg zur Desh Bandhu Gupta Road (vgl. Stadtplan von Neu-Delhi), gibt es gleich eine ganze Reihe von guten Hotels. Sie gehören ohne Zweifel zum oberen Ende der Kategorie der einfachen Unterkünfte und bieten Zimmer zum Preis ab 165 Rs an. Aber sie alle sind modern und gut ausgestattet.

Aus ihnen ragt das freundliche Hotel Ajanta in der Arakashan Road 36 (Tel. 7 52 09 25) heraus. Dieses saubere und moderne Haus ist beliebt bei Gästen, die ein klein bißchen Komfort wünschen und bereit sind, dafür etwas mehr als in den ganz einfachen Unterkünften zu bezahlen. Alle Zimmer sind mit eigenem Bad ausgestattet, die besseren Zimmer auch mit Fernsehgerät und Selbstwahltelefon. Die Zimmer mit Badbenutzung kosten zur Alleinbenutzung 165 Rs und für zwei Gäste 245 Rs, die besseren 355 bzw. 445 Rs und die Zimmer mit Klimaanlage 595 Rs. Zu diesem Hotel gehört auch ein Taxi für Fahrten zu verschiedenen Zielen, unter anderem zum Flughafen.

Vom Hotel Ajanta ein paar Türen weiter kommt man in der Arakashan Road 8501 (es ist zu bezweifeln, ob jemand die Logik der Hausnummern versteht) zum Hotel Crystal (Tel. 7 53 16 39). Die Zimmer hier sind ganz in Ordnung und etwas billiger als im Ajanta, denn für ein Einzel- oder Doppelzimmer mit eigenem Bad muß man 245 bzw. 325 Rs und für ein Zimmer mit Fernsehgerät 50 Rs mehr bezahlen. Fast nebenan befindet sich in der Arakashan Road 43 das Hotel Syal (Tel. 51 00 91), das ähnlich wie das Crystal ist. Allerdings sind die Zimmer nicht klimatisiert, was im Sommer sehr unangenehm ist.

Das Hotel Soma in der Arakashan Road 33 (Tel. 7 52 10 02) rühmt sich seiner „schwulen" Atmosphäre. Die saube-

ren und modernen Zimmer sind gar nicht so klein und kosten zur Alleinbenutzung 200 Rs und für zwei Gäste 250 Rs, mit Ventilator 250 bzw. 300 Rs und mit Klimaanlage 350 bzw. 400 Rs. Ebenfalls in dieser Gegend, in der Arakashan Road 45, liegt das Hotel Krishna (Tel. 7 51 02 52). Hier werden Zimmer mit den üblichen Annehmlichkeiten wie Fernsehgerät, Bad und heißem Wasser für 225 bzw. 250 Rs und mit Klimaanlage als Doppelzimmer für 375 Rs vermietet. Eine gute Wahl ist ferner das Hotel Kalgidhar in der Arakashan Road 7967 (Tel. 7 53 71 16) mit Zimmern für 150 Rs.

Auf der Seite des Bahnhofs von Neu-Delhi mit dem Ajmer-Tor liegt das Rail Yatri Niwas (Tel. 3 31 34 84), in dem Doppelzimmer mit Badbenutzung für 210 Rs und mit eigenem Bad für 250 Rs sowie Betten in einem Schlafsaal für jeweils 70 Rs vermietet werden. Um dort übernachten zu können, muß man mit einem Zug in Delhi angekommen sein und das durch die Fahrkarte belegen können.

Eine Gruppe von Hotels findet man auch um die Südwestecke der Jama Masjid herum, viele weitere entlang der Matya Matal, der Straße, die von der Moschee grob in Richtung Süden verläuft.

Eines der besten Quartiere dort ist das Hotel City Palace unmittelbar hinter der Moschee (Tel. 3 27 95 48). Die Zimmer nach vorn verfügen über Fenster, sind aber auch den morgendlichen Gebetsrufen von der Moschee ausgesetzt. Das Haus rühmt sich, ein „Haus mit Palastkomfort" zu sein, was wohl etwas übertrieben ist, aber es sauber sowie modern und wird von einer freundlichen Leitung geführt. Doppelzimmer mit eigenem Bad und auch heißem Wasser kosten hier 200 Rs und mit Klimaanlage 300 Rs.

Ebenfalls ganz gut und vielleicht etwas ruhiger ist das Hotel Bombay Orient in der Matya Matal (Tel. 3 28 62 53), nicht weit vom südlichen Tor der Jama Masjid entfernt. Es ist ebenfalls sauber und gut in Schuß. Hier muß man mit Badbenutzung für ein Einzelzimmer 75 Rs und für ein Doppelzimmer 150 Rs, für ein Zimmer mit eigenem Bad 200 Rs und für ein Zimmer mit Klimaanlage 300 Rs bezahlen.

In Alt-Delhi gibt es am Westende des Chandni Chowk um die Fatehpuri-Moschee herum ebenfalls einige einfache Unterkünfte. Die sind ganz in Ordnung, wenn man Gedränge und Geschäftigkeit mag, aber weit entfernt vom Geschäftszentrum am Connaught Place.

Das Hotel Bharat liegt vom Osttor der Moschee aus auf der anderen Straßenseite. Das ist ein altes, verschachteltes Haus mit einigen kleinen Innenhöfen und einer gewissen Atmosphäre. Die Zimmer sind bereits ein wenig trübsinnig stimmend und werden nur von Glühbirnen mit 25 Watt beleuchtet. Dennoch, man übernachtet dort mit 80 bzw. 120 Rs für ein Einzel- oder Doppelzimmer sehr günstig.

Vom Südtor der Fatehpuri-Moschee aus auf der anderen Straßenseite kommt man zum Star Guest House in der Katra Baryan 186. Dieses Haus ist etwas moderner als das Bharat, aber ein wenig schmuddelig, jedoch noch annehmbar. Hier muß man für ein Einzel- oder Doppelzimmer mit Badbenutzung 80 bzw. 140 Rs bezahlen. Weiter draußen gelegen, in der Circular Road in Chanakyapuri, finden Sie das Vishwa Yuvak Kendra, das internationale Jugendzentrum (Tel. 3 01 36 31). Hier sind die Zimmer zwar sehr gut, aber mit 341 Rs einschließlich Frühstück nicht gerade günstig. Außerdem werden Betten in einem Schlafsaal für jeweils 50 Rs vermietet. Den Gästen steht auch eine Cafeteria mit preiswertem und gutem Essen zur Verfügung. Wen die 20minütige Busfahrt oder die kürzere Fahrt mit einer Auto-Rikscha vom Connaught Place nicht stört, der trifft mit diesem Haus eine gute Wahl. Zu erreichen ist es mit einem Bus der Linie 620 vom Plaza Cinema am Connaught Place. Wenn man damit fährt, muß man in der Nähe der indonesischen Botschaft aussteigen. Es besteht auch die Möglichkeit, einen Bus der Linie 662 vom Bahnhof in Alt-Delhi zu nehmen und beim Hotel Ashok auszusteigen. Das Jugendzentrum liegt direkt hinter der chinesischen Botschaft und in der Nähe der Polizeiwache Chanakyapuri.

Ebenfalls in Chanakyapuri befindet sich die Jugendherberge (Youth Hostal), und zwar an der Nyaya Marg 5 (Tel. 3 01 62 85), in der man im Schlafsaal für 25 Rs übernachten kann und für diesen Preis auch ein Frühstück erhält. Bei der unbequemen Lage und der Tatsache, daß Gäste nur aufgenommen werden, wenn sie einen Jugendherbergsausweis vorlegen können, ist dieses Haus wenig attraktiv.

Im Notfall bleiben noch die Ruheräume (Retiring Rooms) in beiden Bahnhöfen (Alt-Delhi und Neu-Delhi), in denen man für 12 oder 24 Stunden ein Quartier mieten kann. Im Bahnhof Alt-Delhi kosten eine Übernachtung im Schlafsaal 25 Rs und ein Doppelzimmer 100 Rs. Wie man sich vorstellen kann, sind das ziemlich laute Quartiere, in denen man sich eine Medaille verdient, wenn es gelingt, wenigstens einige Zeit zu schlafen.

Im Bahnhof Neu-Delhi kann man in einem Einzelzimmer für 150 Rs und in einem Doppelzimmer für 250 Rs übernachten, mit Klimaanlage für 210 bzw. 500 Rs (alle Zimmer mit Badbenutzung).

Auch im Flughafengebäude für Inlandsflüge (Tel. 3 29 51 26) und für Auslandsflüge (Tel. 5 45 20 11) gibt es Ruheräume (Retiring Rooms), zu denen man Zugang hat, wenn man nach der Ankunft mit einem Flugzeug die Bestätigung für einen Weiterflug in den nächsten 24 Stunden vorlegen kann. Allerdings muß man sich, wenn man dort übernachten will, vorher telefonisch anmelden, denn die Nachfrage ist höher als das Angebot. Im Flughafengebäude für Auslandsflüge muß man

für ein Einzel- oder Doppelzimmer mit Klimaanlage 250 Rs und für ein Bett im Schlafsaal 80 Rs bezahlen, während im Flughafengebäude für Inlandsflüge für ein normales Doppelzimmer 175 Rs und für ein Doppelzimmer mit Klimaanlage 250 Rs berechnet werden. Wenn man am Schalter des Fremdenverkehrsamtes in einem der Flughafengebäude fragt, ob in den Ruheräumen noch Platz ist, erhält man oft die Auskunft, alle Betten seien belegt, und wird an ein Hotel verwiesen, von dem die Mitarbeiter des Fremdenverkehrsamtes eine Provision erhalten.

Mittelklassehotels: In Delhi gibt es drei Häuser des Christlichen Vereins junger Männer (YMCA) und des Christlichen Vereins junger Frauen (YWCA). In allen werden sowohl Männer als auch Frauen aufgenommen. Das YMCA Tourist Hotel liegt an der Jai Singh Road (Tel. 31 19 15), und zwar gegenüber vom Jantar Mantar. Es ist mit Zimmern, in denen heißes und kaltes Wasser fließt, Gartenanlagen, einem Swimming Pool und einem Restaurant, in dem westliche Gerichte, indische Speisen und Mogul-Küche zu haben ist, keine schlechte Wahl. Trotz der gegenteiligen Behauptungen von Schleppern, wenn man mitten in der Nacht mit einem Flugzeug in Delhi angekommen ist, ist das Hotel rund um die Uhr geöffnet und akzeptiert zum Bezahlen auch Kreditkarten. Mit Badbenutzung kommt man in diesem Haus in einem Einzelzimmer für 250 Rs und in einem Doppelzimmer für 425 Rs sowie mit Klimaanlage und eigenem Bad für 460 bzw. 765 Rs unter. Allerdings muß man auch vorübergehend Mitglied im Christlichen Verein junger Männer werden und für 10 Rs eine einen Monat gültige Mitgliedskarte erwerben.

Das YWCA International Guest House in der Sansad Marg 10 (Parliament Street) hat Einzelzimmer für 300 Rs und Doppelzimmer für 500 Rs (zuzüglich 10 % für Bedienung) zu bieten. Hier sind die Zimmer mit Bad und Klimaanlage ausgestattet. Außerdem liegt das Haus günstig in der Nähe des Connaught Place und verfügt auch über ein Restaurant, in dem man für 45 Rs ein Frühstück erhalten kann.

Ein weiteres, weniger bekanntes Haus des YWCA, das YWCA Blue Triangle Family Hostel, liegt an der Ashoka Road (Tel. 31 01 33), und zwar nur ein kleines Stück von der Sansad Marg (Parliament Street) entfernt. Es ist sauber, wird gut geführt und hat ebenfalls ein Restaurant zu bieten. Für ein Zimmer mit Klimaanlage und Bad muß man hier allein 405 Rs und zu zweit 740 Rs (einschließlich Frühstück) bezahlen. Hinzu kommen ein kleiner Betrag für eine vorübergehende Mitgliedschaft und 5 % Zuschlag für Bedienung. Dieses Haus liegt nur rund 10 Minuten Fußweg vom Herzen des Connaught Place entfernt.

In der Nähe des Janpath und des Connaught Place haben sich auch mehrere Hotels der mittleren Preisklasse angesiedelt. Eines davon ist das Janpath Guest House ein paar Türen neben dem Fremdenverkehrsamt am Janpath 82-84 (Tel. 3 32 19 35). Es ist bei vielen Gästen aus dem Ausland beliebt, relativ gut geführt und sauber. Die Mitarbeiter sind freundlich, die Zimmer ebenfalls, wenn auch sehr klein und ohne nennenswerte Fenster. Für ein Einzel- oder Doppelzimmer mit Ventilator zahlt man allein 220 Rs und zu zweit 250 Rs und für ein Zimmer mit Klimaanlage 400 bzw. 450 Rs.

Das Hotel 55 im Block 55 H vom Connaught Circus (Tel. 3 32 12 44, Fax 3 32 07 69) ist sinnvoll erbaut worden und durch und durch klimatisiert. Hier werden für ein Einzel- oder Doppelzimmer mit Balkon und Bad 475 bzw. 675 Rs berechnet. Allerdings leidet das Haus an einer desinteressierten Belegschaft. Am Connaught Circus Block P 16 ebenfalls zentral gelegen ist das Hotel Alka (Tel. 34 43 28, Fax 3 73 27 96) mit klimatisierten Einzel- und Doppelzimmern für 850 bzw. 1050 Rs. Wie typisch für die Hotels in dieser Gegend, gibt es in den meisten Zimmern keine Fenster. Das Hotel Metro im Block N (Tel. 3 31 38 56) ist besser, als es auf den ersten Blick erscheint. Es bietet Zimmer zu ähnlichen Preisen. Sauber, aber ohne irgendeinen Charakter ist das Hotel York im Block K (Tel. 3 32 37 69). Hier kosten die Einzel- und Doppelzimmer 800 bzw. 1200 Rs. Im moderneren Hotel Jukaso Inn im Block L (Tel. 3 32 96 94) werden sehr kleine Zimmer vermietet, allerdings mit Fenstern. Sie kosten als Einzel- oder Doppelzimmer 750 bzw. 1000 Rs.

Zwei ausgezeichnete private Gästehäuser gibt es westlich vom Connaught Place. Die kleine Unbequemlichkeit, daß diese Quartiere etwas weiter vom Geschehen entfernt liegen, wird wettgemacht durch die freundliche und erholsame Atmosphäre, die man dort vorfindet.

Das erste ist das von einer Familie geführte Master Paying Guest House am New Rajendra Nagar R-500 (Tel. 5 74 10 89), eine Fahrt mit einer Auto-Rikscha für 20 Rs vom Connaught Place entfernt. Das kleine, freundliche Haus liegt in einer ruhigen Wohngegend. Der Besitzer hat hart gearbeitet, um den Gästen das Gefühl zu vermitteln, sie seien zu Hause. Vermietet werden große, luftige und wunderschön möblierte Einzel- und Doppelzimmer zu Preisen von 250 bis 550 Rs, im Sommer für 25 % günstiger. Gutes Essen ist hier ebenfalls erhältlich. Außerdem steht den Gästen eine ganz hübsche Dachterrasse zur Verfügung. Ferner kann man im Haus ein Auto für Fahrten zu weiter entfernten Zielen mieten.

Das zweite Gästehaus ist das Yatri House an der Rani Jhansi Road 3/4 (Tel. 7 52 55 63). Das ist gegenüber der Kreuzung der Panchkuin Road und der Mandir Marg und etwa einen Kilometer westlich vom Connaught Place. Hier ist es ruhig, sicher und nicht zu teuer. Außerdem findet man auf dem Grundstück Bäume,

Rasen und hinten einen kleinen Innenhof. Die Zimmer sind ausreichend groß, alle mit eigenem Bad ausgestattet, werden makellos gepflegt und sind ihr Geld durchaus wert. Hier muß man für ein normales Einzel- oder Doppelzimmer 550 bzw. 650 Rs und für ein Zimmer mit Klimaanlage 700 Rs bezahlen. Der Eigentümer ist sehr freundlich und hilfsbereit. Ein Auto kann man hier ebenfalls mieten. Außerdem werden für die Gäste auf Wunsch Flugscheine besorgt. Wenn man hier in der Hochsaison übernachten möchte, ist eine vorherige Zimmerreservierung zu empfehlen.

Das preiswerteste Hotel in der Nähe des Flughafens (3 km vom Flughafengebäude für Inlandsflüge und 13 km vom Flughafengebäude für Auslandsflüge entfernt) ist das Hotel Ashoka Palace (Tel. 67 73 08). Es bietet ganz sicher nichts Besonderes, aber es kann geschehen, daß man von den Mitarbeitern des Fremdenverkehrsamtes auf dem Flughafen oder von einem Taxifahrer hierher geleitet wird, weil das System mit Provisionen durchaus funktioniert. Für ein schäbiges Zimmer mit abgewetzten Teppichen und minimaler Ausstattung zahlt man dann 850 Rs.

Das B-57 Inn liegt (Sie vermuteten es schon) am South Extension Part I B-57 (Tel. 4 69 42 39), und zwar 200 m nördlich der Ring Road. In diesem Haus werden für ein Einzel- oder Doppelzimmer mit Teppich, Ventilator, Farbfernsehgerät, Selbstwahltelefon und eigenem Bad 495 bzw. 595 Rs und mit Klimaanlage 595 bzw. 695 Rs berechnet. Hinzu kommen noch 10 % Zuschlag für Bedienung. Im Haus sind auch südindische Gerichte und kleine Imbisse erhältlich.

Luxushotels: Viele Hotels der „Touristenklasse" findet man in Chanakyapuri, dem Viertel, in dem sich die meisten ausländischen Botschaften angesiedelt haben. Der Stadtteil liegt ungefähr auf halbem Weg zwischen dem Flughafen und dem Stadtzentrum von Neu-Delhi. Es gibt jedoch auch im Zentrum mehrere Hotels dieser Kategorie.

Zu den Spitzenhotels mit gemäßigteren Preisen gehört das Nirula's im Block L am Connaught Place (Tel. 3 32 24 19, Fax 3 32 46 69), rechts neben dem Restaurant Nirula's und der Snack Bar. Für ein Einzel- oder Doppelzimmer zahlt man in diesem kleinen Hotel, das jedoch einen guten Standard bietet, ab 850 bzw. 1050 Rs. Eine vorherige Zimmerreservierung ist ratsam.

Das Hotel Marina am äußeren Kreis des Connaught Place im Block G (Tel. 3 32 46 58, Fax 3 32 31 38) ist entgegen des äußeren trüben Eindrucks überraschend gut. Die Zimmer kosten hier mit Frühstück 1015 bzw. 1450 Rs pro Tag.

Wenn nicht anders angegeben, bieten die folgenden Vier-Sterne-Hotels kein Schwimmbad.

Das Hotel Ambassador (Tel. 4 63 26 0, Fax 4 63 22 54) ist ein kleines Haus am Sujan Singh Park. Es hat nur 75

Zimmer zu Preisen ab 1075 Rs für ein Einzelzimmer und ab 1500 Rs für ein Doppelzimmer sowie ein bemerkenswertes nichtvegetarisches Restaurant, einen Coffee Shop und einen Astrologen im Haus (!) zu bieten. Alle bekannten Kreditkarten werden akzeptiert.

Das Hotel Connaught (Tel. 34 42 25, Fax 31 07 57) liegt etwas westlich vom Connaught Place an der Bhagat Singh Marg. Es bietet Restaurants, einen Zimmerservice rund um die Uhr und Mietwagen. Hier muß man für ein Einzel- oder Doppelzimmer ab 1300 bzw. 1800 Rs bezahlen.

Das Hotel Diplomat an der Sardar Patel Marg 9 (Tel. 3 01 02 04, Fax 3 01 86 05) ist ein kleineres Haus südöstlich vom Rashtrapati Bhavan mit nur 25 Zimmern sowie einem Restaurant und einer Bar. Zu allen Zimmern gehören ein Farbfernsehgerät, ein Telefon und ein Bad. Der Preis dafür beträgt als Einzelzimmer 1090 Rs und als Doppelzimmer 1550 Rs.

Das Hotel Hans Plaza an der Tolstoy Marg (Tel. 3 31 68 61) ist zwar sehr zentral gelegen, aber nicht unbedingt den Preis der Zimmer, die 1200 bzw. 1800 Rs kosten, wert.

Das Hotel Janpath (Tel. 3 32 00 70, Fax 36 02 33) untersteht der ITDC und wird mit dem typischen desinteressierten Service geführt. Das riesige Haus hat aber eine gute Lage am Janpath. Die Zimmer kosten hier ab 1100 bzw. 1500 Rs.

Das Hotel Kanishka neben dem katastrophalen Hotel Ashok Yatri Niwas (Tel. 3 32 44 22, Fax 3 32 42 42) ist ein weiteres ITDC-Hotel, das glücklicherweise besser geführt wird. Es ist eines der wenigen Häuser dieser Preisklasse mit einem eigenen Schwimmbecken. Die Übernachtungspreise betragen 1200 bzw. 1800 Rs. Dieses Haus ist bei Russen beliebt, die nach Delhi gekommen sind, um preisgünstig einzukaufen.

Das Hotel Oberoi Maidens in der Sham Nath Marg 7 (Tel. 2 52 54 64, Fax 2 92 98 00) ist unbequem weit entfernt nördlich von Alt-Delhi gelegen, aber das Haus selbst ist ein Überbleibsel aus der Kolonialzeit mit Veranden in einem großen Garten. Auch ein Swimming Pool ist vorhanden. Das Hotel berechnet für ein Einzelzimmer ab 1200 Rs und für ein Doppelzimmer ab 1800 Rs.

Wenn Sie Wert auf noch ein bißchen mehr Luxus legen, dann empfiehlt sich eines der folgenden Fünf-Sterne-Hotels.

Das Hotel Claridges (Tel. 3 01 02 11, Fax 3 01 06 25) steht in der Aurangzeb Road 12, südlich vom Rajpath in Neu-Delhi. In diesem komfortablen und bereits etwas älteren Hotel mit vier Restaurants, einem Schwimmbecken und einem eigenen Reisebüro muß man für ein Einzel- oder Doppelzimmer ab 3000 Rs bezahlen.

Günstig liegt am Janpath, unweit von der Stadtmitte, das Hotel Imperial (Tel. 3 32 53 32, Fax 3 32 45 42). Dies ist ein angenehmes altmodisches Haus mit einem großen Garten und trotz der zentralen Lage erstaunlich

ruhig gelegen. Es ist eines der preiswerteren Luxushotels und bietet mit Einzelzimmern für 2150 Rs und Doppelzimmern für 2300 Rs eine ganze Menge.

Nur einen Block vom Connaught Place entfernt an der Sansad Marg (Parliament Street) ist das Hotel Park (Tel. 3 73 24 77, Fax 35 20 25) sehr zentral gelegen. Dieses Haus hat seinen Gästen ein Schwimmbecken, eine Buchhandlung und ein Geschäftszentrum zu bieten. Die Einzelzimmer werden hier für 2800 Rs und die Doppelzimmer für 3100 Rs vermietet.

Die folgenden Häuser gehören zu den Spitzenhotels in Delhi.

Das Hotel Ashok (Tel. 60 01 21, Fax 6 87 32 16), Chanakyapuri 50 B, ist mit seinen 589 Zimmern das Flaggschiff der ITDC-Hotelkette. Es bietet seinen Gästen Restaurants, Coffee Shops, Bars, Diskotheken, ein Reisebüro, ein Postamt, eine Bank, Konferenzräume, ein Schwimmbad, Vollklimatisierung, einen Babysitter-Service und abendliche Musikdarbietungen. Einzel- und Doppelzimmer kosten ab 2700 bzw. 2900 Rs.

Das Hotel Centaur an der Gurgaon Road (Tel. 5 45 22 23, Fax 5 45 22 56) ist etwa 2 km von Flughafengebäude für internationale Flüge und 5 km vom Flughafengebäude für Inlandsflüge entfernt. Es ist ein großes, modernes Hotel mit 376 Zimmern, einem Swimming Pool, einem Fitneß-Club, Tennisplätzen, viel Grünflächen und einem Kinderpark. Hier werden auch Wochenendaufenthalte zum Pauschalpreis für Einwohner von Delhi angeboten, die die Stadt für ein paar Tage entfliehen wollen. Allerdings ist es mit flachem Land um das Hotel herum, so weit das Auge reicht, kaum als Paradies zu bezeichnen. Auch der ständige Krach von den startenden und landenden Flugzeugen trägt kaum zum Wohlbefinden bei. Allerdings ist das Centaur das dem Flughafen nächstgelegene Hotel. Die Übernachtungspreise in einem Einzelzimmer betragen 1700 Rs und in einem Doppelzimmer 1900 Rs und sind angesichts des Gebotenen durchaus annehmbar.

Das Holiday Inn Crowne Plaza ist ein modernes Hotel mit 500 Zimmern und sehr günstig ein wenig abseits der Barakhamba Road, südwestlich vom Connaught Place, gelegen (Tel. 3 32 01 01, Fax 3 32 53 35). Es bietet jede nur denkbare Annehmlichkeit, seien es ein Schwimmbecken im Freien auf einer Terrasse im dritten Stock oder eine ganze Etage mit Zimmern ausschließlich für Nichtraucher. Normale Einzel- und Doppelzimmer werden für 4200 bzw. 4500 Rs vermietet. Man kann aber auch eine teurere Suite bewohnen.

Das Hotel Hyatt Regency mit 535 Zimmern (Tel. 6 88 12 34, Fax 65 88 68 33) liegt im Süden von Neu-Delhi, und zwar zwischen dem Hauz Khas und Chanakyapuri. Zu den Einrichtungen gehören ein Fitneß-Center, ein eigenes Kino, Restaurants, eine Bar und ein Coffee Shop. Für all dies muß man bei Übernachtung in einem Doppelzimmer 4750 Rs bezahlen.

Ein weiteres sehr modernes Haus ist das Hotel Le Meridien (Tel. 3 71 01 01, Fax 3 71 01 01). Dieses Hotel mit 358 Zimmern bietet seinen Gästen einen Swimming Pool, mehrere Restaurants und einen Zimmerservice rund um die Uhr. Hier werden für ein Einzelzimmer 4200 Rs und für ein Doppelzimmer 4500 Rs berechnet. Das Hotel Oberoi New Delhi (Tel. 4 36 30 30, Fax 4 36 04 84) liegt im Süden von Neu-Delhi, unweit von Purana Qila. Dieses Haus mit 290 Zimmern ist eines der besten Luxushotels in Delhi. Zu den Annehmlichkeiten gehören ein Tag und Nacht geöffnetes Geschäftszentrum, ein Reisebüro, ein Schwimmbecken und ein Sekretariatsservice. Hier muß man pro Zimmer ab 3850 Rs bezahlen.

Zwischen dem Connaught Place und Chanakyapuri an der Sardar Patel Marg, der Straße zum Flughafen, liegt das Hotel Maurya Sheraton (Tel. 3 01 01 01, Fax 3 01 09 08). Außer einen hohen Komfort hat das Hotel zwei ausgezeichnete Restaurants, ein solarbeheiztes Schwimmbecken (das einzige derartige in Delhi) und eine Diskothek zu bieten. In einem der 500 Zimmer kann man allein für 5000 bis 8000 Rs und zu zweit für 5800 bis 8500 Rs übernachten.

Das Hotel Taj Mahal in der Man Singh Road 1 (Tel. 3 01 61 62, Fax 3 01 72 99) ist ein Luxushotel und liegt zwar recht zentral, ist aber dennoch ruhig. Geboten werden den Gästen die üblichen Annehmlichkeiten, zu denen auch ein Schwimmbecken, Fotografen, Restaurants, ein Coffee Shop und selbst Telefone in den Badezimmern gehören. Die Preise für Einzelzimmer beginnen hier bei 3750 Rs und für Doppelzimmer bei 4050 Rs. Das französische Restaurant in diesem Hotel ist zwar teuer, aber hervorragend.

ESSEN

Delhi hat eine ausgezeichnete Reihe von Verpflegungsmöglichkeiten zu bieten, die von *Dhaba*-Häusern mit Gerichten für weniger als 10 Rs bis zu Spitzenrestaurants reicht, in denen man für ein Essen zu zweit leicht mehr als 2500 Rs ausgeben kann.

Die Gegend um den Janpath und den Connaught Place: In dieser Gegend öffneten viele Schnellrestaurants ihre Tore. Ihr Vorteil liegt darin, daß sie recht gutes Essen zu vernünftigen Preisen bieten. Zudem sind sie sauber, und das Essen ist gesund. Nachteil dieser Gaststätten ist, daß häufig keine Sitzgelegenheit vorhanden ist. So ist man darauf angewiesen, sein Essen im Stehen einzunehmen und schnell wieder zu verschwinden. Im Angebot sind indische Gerichte wie Samosas und Dosas sowie westliche Imbisse vom Burger bis zum Sandwich. Eissalons sind hier ebenfalls zahlreich vertreten.

Am bekanntesten sowie am beliebtesten und auch eines der ältesten Restaurants ist das Nirula's. Es hat eine reichhaltige Auswahl an ausgezeichneten kleinen Snacks zu bieten, und zwar indischer und westlicher Art. Auch die kalten Getränke, Milchmixgetränke und Eissorten lassen kaum Wünsche offen. Hier stellt man Ihnen auch ein Lunch-Paket zusammen. Das kann bei langen Fahrten mit dem Bus oder der Eisenbahn äußerst praktisch sein. Im Eissalon, der von 10 bis 24 Uhr geöffnet ist, geht es erstaunlich geschäftig zu. Die Zentrale von Nirula's findet man im Block L am äußeren Kreis. Es gibt aber auch noch mehrere weitere Zweigstellen verstreut in den Vororten.

Direkt neben dem Nirula's findet sich an der einen Seite ein Eissalon und an der anderen Seite eine Pizzastube. Über dem Eissalon ist die vierte Abteilung vom Nirula's, nämlich das Restaurant Pot Pourri, das früher so etwas wie das Mekka der Rucksackreisenden war, sich heute aber auf seinen Lorbeeren auszuruhen scheint. Das Smörgasbord für 72 Rs ist immer noch seinen Preis wert, während die anderen Gerichte nicht so gut sind. Außerdem beginnt man bei der voll aufgedrehten Klimaanlage sich zu frieren. Dieses Restaurant ist ein gutes Ziel für ein Frühstück, das ab 7.30 Uhr serviert wird. Ebenfalls oben im Nirula's befindet sich der Chinese Room, in dem man chinesische Gerichte in der Preisklasse von 100 bis 150 Rs essen und sich an einer etwas verräucherten Bar einen Drink genehmigen kann. Im Embassy im Block D werden vegetarische und nichtvegetarische Gerichte angeboten, u. a. Korma und Biriyani. Es ist nicht zu teuer und bei den Büroangestellten der Umgebung recht beliebt.

Am Janpath, beim Block N, und zwar gegenüber vom unterirdischen Markt, hat sich eine kleine Gruppe von Schnellimbißlokalen angesiedelt. Am äußeren Ende stößt man auf eine Zweigstelle der britischen Schnellimbißkette Wimpy. Bis auch McDonald's in Delhi vertreten ist, erhält man hier etwas, was in Indien einem „Big Mac" am nächsten kommt (100 % Lammfleisch). Diese Hamburger sind ein ganz guter Ersatz für die, die man von zu Hause kennt, aber 60 Rs für so etwas und ein Milchmixgetränk auszugeben ist doch ganz schön extravagant.

In der Straße mit dem Ringo Guest House und dem Sunny Guest House gibt es auch eine ganze Anzahl von einfachen Restaurants. Eines davon ist das beliebte Don't Pass Me By, in dem man sich auf den Geschmack der ausländischen Gäste eingestellt hat. In der Nähe liegen auch noch das Anand, das New Light, das Kalpana, das Swaram und das Vikram.

Weitere Restaurants um den Connaught Place sind das Kovil im Block E mit sehr gutem vegetarischem Essen aus Südindien und das United Coffee House, ebenfalls im Block E, ein angenehmes und beliebtes Lokal.

Im Restaurant Sona Rupa am Janpath erhält man mit einer etwas merkwürdigen Selbstbedienung gute vegetarische Speisen aus Südindien. Ebenfalls am Janpath liegt das Café Bankura. Es ermöglicht eine willkommene Abwechslung zur üblichen Hitze und ist mittags auch bei Büroangestellten recht beliebt.

Frischmilch ist besonders gut im Keventers an der Ecke des Connaught Place und der Radial Road 3, vom Büro von American Express aus gesehen um die Ecke. Wenn Sie durstig sind und Ihr Getränk nicht unbedingt in der Hitze trinken wollen, dann steigen Sie hinab in den unterirdischen Palika Bazaar am Connaught Place, gelegen zwischen Janpath und Sansad Marg (Parliament Street).

Etwas teurer sind einige Lokale in der Sansad Marg in der Nähe des Regal Cinema. Das Restaurant Kwality in dieser Straße scheint führend zu sein. Es ist blitzsauber und bietet einen guten Service, aber das Essen ist nur durchschnittlich. Die Speisekarte enthält fast die gleichen nichtvegetarischen Gerichte wie die in Restaurants sonst überall in Indien auch. Hauptgerichte kosten meistens zwischen 40 und 70 Rs. Dies ist ein gutes Ziel, wenn Sie einmal Appetit auf etwas anderes als auf das übliche indische Essen haben. Ein Frühstück für 45 Rs wird ebenfalls angeboten.

El Arab, an der Ecke, ist noch etwas teurer, bietet aber eine interessante Speisekarte mit Gerichten des Nahen Ostens. Die Preise für die meisten Speisen bewegen sich zwischen 55 und 80 Rs. Die Gäste können aber auch an einem guten Buffet für 110 Rs teilnehmen. Unter dem El Arab findet man das teurere The Cellar. Um die Ecke kommt man zum noch teureren Gaylord mit den großen Spiegeln und Kronleuchtern, in dem ausgezeichnete indische Gerichte serviert werden. Gutes vegetarisches Essen bekommen Sie im Volga, zwar ein wenig teuer, dafür ist es aber auch klimatisiert, und sowohl die Gerichts als auch die Bedienung sind ausgezeichnet.

Ein weiteres gutes Restaurant am Connaught Place ist The Host, in dem ausgezeichnete indische und chinesische Gerichte serviert werden. Es ist bei wohlhabenden Indern ausgesprochen beliebt, aber auch nicht ganz billig, denn es ist nicht schwer, in diesem Restaurant zu zweit für ein Essen und Getränke 600 Rs auszugeben. Das Café 100 ist das neueste Lokal in der Gegend und hat gute Imbisse und Eissorten zu bieten. Auch ein recht gutes Buffet für 105 Rs wird angeboten. Es kann durchaus sein, daß dem Nirula's durch dieses Café ein richtiger Schock versetzt wird.

Neu ist auch das Restaurant Z, ebenfalls im Block B. Es hat sich vorwiegend auf chinesische und japanische Gerichte eingestellt und vorwiegend gut gefüllte Geldbörsen im Visier.

Im Block A kommt man unweit von American Express zum El Rodeo, in dem gute mexikanische Gerichte serviert werden. Es lohnt, zumindest einen Blick hinein zu werfen, um sich einmal die Kellner anzusehen, die wie Cowboys gekleidet sind. Hauptgerichte kosten hier zwischen 70 und 100 Rs und sind das Geld allemal wert.

Unweit vom Bengali Market beim Kreisverkehr, wo die Tan Sen Marg und die Babar Road aufeinandertreffen, steht das hübsche und saubere Nathu's. Dort bekommt man nicht nur Süßigkeiten, sondern auch kleinere Mahlzeiten, die als chat bekannt sind. Probieren sollten Sie einmal *cholaphatura* (*rotis* mit Linsendip), *tikkas* (ein Kartoffelgericht), *papri chat* (süße, heiße Waffeln) oder *golguppas*. Das sind hohle Backwaren, die man aufbricht und als Schale für eine gepfefferte Soße benutzt.

Für ein chinesisches Gericht eignet sich das ausgezeichnete Fa Yian im Block A am mittleren Kreis. Es gehört Chinesen, die es auch führen, und zeichnet sich durch angemessene Preise und eine angenehme Kühle aus. Die Preise für Hauptgerichte bewegen sich hier zwischen 50 und 90 Rs. Ein weiteres chinesisches Restaurant ist das Palki im Block K am äußeren Kreis. Dort ist das Buffet mittags für 101 Rs sein Geld wert. Wenn man einmal in einer besonderen Atmosphäre essen möchte, bietet sich das Drehrestaurant Parikrama an der Kasturba Gandhi Marg an. Anders als in vergleichbaren Lokalen, wo man durch herrliche Ausblicke vom zweitklassigen Essen abgelenkt wird, ist hier auch das Essen ausgezeichnet und preislich durchaus moderat. Eine vollständige Umdrehung des Restaurants dauert 1 1/2 Stunden und reicht für ein gemütliches Essen mit drei Gängen. Zum Essen ist es mittags und abends geöffnet, für einen Drink auch von 15 bis 19 Uhr.

Schließlich und endlich darf eine berühmte Konditorei nicht verschwiegen werden: Wenger's am Connaught Place. Dort wird eine verwirrende Zahl von Kuchen und Torten angeboten, die man den Kunden sogar schön in einem Karton verpackt und mit Schleifchen versehen zum Verzehr außer Haus mitgibt.

Paharganj: Weil hier ein bedeutendes Zentrum für Globetrotter ist, gibt es in der Main Bazaar Road auch eine ganze Reihe von billigen Restaurants, in denen sich fast ausschließlich ausländische Besucher verpflegen. Sie alle liegen in Richtung westliches Ende der Main Bazaar Road. Das Café Diamond und das Café Lords im Hotel Vishal bieten lange Speisekarten und preiswerte Gerichte. Die Steaks mit Knoblauch im Café Lords sind ganz ordentlich, während auf der Speisekarte in vergewaltigtem Englisch im Café Diamond eine ganze Reihe von Speisen aufgeführt ist. Auch das Dachterrassenrestaurant Leema im Hotel Vivek ist recht beliebt.

Neben dem Café Lords und noch im Hotel Vishal befindet sich das Restaurant Appetite. In diesem Lokal erhält man ähnliche Speisen wie in den anderen, aber es ist ein bißchen ansprechender und bietet etwas anspruchsvollere Gerichte. Hier ist Pizza beliebt, aber noch beliebter ist das Kabelfernsehgerät. Übertragungen von internationalen Sportereignissen, insbesondere Kricketspiele, ziehen ein großes Publikum an.

Weiter entlang der Main Bazaar Road sind einige Essensstände mit Tischen auf dem Gehweg aufgebaut. Sie sind ein beliebtes Ziel für einen *chai* und bieten Leuten mit ganz wenig Geld auch billige Imbisse.

Zu guter Letzt ist noch das klimatisierte Restaurant Metropolis im Hotel mit dem gleichen Namen gleich hinter der Rajguru Road zu erwähnen. Die Gerichte sind hier ganz sicher teurer als anderswo in der Gegend, den Mehrpreis aber durchaus wert.

Alt-Delhi: In Alt-Delhi gibt es viele Lokale am westlichen Ende des Chandni Chowk. Sehr gut ist das Restaurant Inderpuri, gleich um die Ecke an der rechten Seite, wo vegetarische Gerichte angeboten werden. Im Giani, unmittelbar davor, bekommen Sie gute Masala Dosas. Den Ruf, die leckersten Süßigkeiten in ganz Delhi anzubieten, genießt das Ghantewala. Das ist unweit von Siganj Gurdwara am Chandni Chowk. Sehr preiswert sind die Essensstände entlang der Straße vor der Jama Masjid. Dies gilt auch für die Kantine der ISBT (ISBT Workers Canteen) im Busbahnhof für Fernbusse. Hier befindet sich ebenfalls das Restaurant Nagrik, das Delhi Tourism untersteht.

Am anderen Ende der Preisskala sind in Alt-Delhi zwei bekannte Tandoori-Restaurants zu finden. Das ist zum einen das Tandoor im Hotel President an der Asaf Ali Road, unweit vom Tourist Camp. Es bietet den üblichen Service, bei dem der Gast gleich von zwei aufmerksamen Obern betreut wird und wo im Hintergrund ein Sitar-Spieler für die musikalische Unterhaltung sorgt. Die Küche kann man als Gast durch Glasscheiben beobachten.

Ganz in der Nähe in der gleichen Straße kommt man zum Hotel Broadway mit dem Restaurant Chor Bazaar (Diebesmarkt). Hier hat man sich ganz sicher viel Mühe mit der Dekoration gegeben, von der viele Stücke von den unterschiedlichsten Märkten stammen, darunter ein Bett, ein alter Sportwagen, der jetzt als Salatbar dient, und ein altes Cello. Das Essen schmeckt ganz gut, auch wenn es nicht gerade hervorragend ist, und kostet zwischen 40 und 120 Rs.

Gleich um die Ecke, in der Netaji Subhash Marg in Darayagnaj, finden Sie das bekannte, alte Restaurant Moti Mahal. Es verdankt seinen Ruhm den Tandoori-Gerichten, z. B. *murga musalam*. Die Portionen sind immer recht groß. Außer dienstags kann man hier abends auch *qawwali* live singen hören.

Süd-Delhi: Ein paar gute Möglichkeiten, etwas zu essen, gibt es auch in dem Gebiet südlich vom Connaught Place. Allerdings braucht man ein Taxi oder ein anderes Verkehrsmittel, um zu den meisten der Restaurants in dieser Gegend zu gelangen. In dem Einkaufszentrum

Santushti in Chanakyapuri (vgl. Abschnitt über Einkäufe) befindet sich auch das Restaurant Basil & Thyme, ein Lokal, in dem man sich sehen lassen muß. Es zeichnet sich durch eine Mischung aus teuren Seiden-Saris, dem Glitzer von Goldschmuck, hohen Preisen, ausgezeichneter Bedienung und gutem Essen aus.

Eine der besseren Wohngegenden in Süden von Delhi ist Defence Colony. Der dortige Markt zieht abends, insbesondere an den Wochenenden, vorwiegend Delhi-Wallahs der Mittelklasse und ihre Familien an. Dort ist das Colonel's Kababz ein sehr beliebter Stehimbiß mit Kebab, Tandoori-Speisen und Meeresfrüchten. Die meisten Gäste bleiben jedoch in ihren Autos und lassen sich von Kellern das Essen an die Wagen bringen. Das Restaurant Sagar in der gleichen Gegend hat etwas zu bieten, was als die besten südindischen Speisen in Delhi angesehen wird und was dazu führt, daß an Wochenenden die Schlange der Gäste bis zu 20 m lang werden kann. In Hauz Khas liegt das Village Bistro, ein Restaurantkomplex mit etlichen Lokalen, darunter dem Al Capone (italienische und andere westliche Gerichte), dem Darbar, dem Mohalla, dem Great Wall of China (chinesische Speisen) sowie dem Golconda Terrace (mit scharfen Gerichten aus Andhra Pradesh und guten Ausblicken). Weitere Restaurants in Hauz Khas sind das Sukhotai (Thai-Gerichte), das Tandoori Nights und das Duke's Place, ein ganz hübsches italienisches Restaurant mit Jazz live an einigen Abenden.

Restaurants in den großen Hotels: So mancher Einwohner von Delhi ist fest davon überzeugt, daß man das beste Essen dieser Stadt in den großen Hotels mit fünf Sternen vorgesetzt bekomme. Als das beste wird vielfach das Bukhara im Maurya Sheraton angesehen, das viele zentralasiatische Gerichte, aber auch Tandoori und Gerichte aus Peshawar, der nordwestlichen Region Pakistans, zu bieten hat. Hier sind Liebhaber großer Fleischportionen richtig. Dafür muß man aber auch mit 200 bis 250 Rs pro Person für ein Hauptgericht rechnen. Ein weiteres Restaurant hier ist das Dum Phukt, benannt nach einer Küche, die zuerst vor 300 Jahren von den Nabobs von Avadh (Lucknow) erfunden wurde. Dabei ist es erforderlich, daß die Gerichte von einer Kappe aus Teig bedeckt sind, so daß sie eher gedämpft als gekocht sind. Solche Speisen sind für diese Art der Kochkunst charakteristisch und schmecken hervorragend, sind aber für zwei Personen ohne Getränke mit 500 Rs auch nicht gerade preisgünstig. Im Restaurant Shatranj wird mittags ein gutes Buffet angeboten, bei dem die Gerichte jeden Tag wechseln.

Im Hotel Claridges gibt es ein paar ungewöhnliche Restaurants unter einem bestimmten Thema. Im Dhaba wird „rauhe" Verpflegung „wie am Straßenrand" angeboten. Und in der Tat, das Restaurant ist eingerichtet wie ein typisches Café am Straßenrand. Im Jade Garden erhält man chinesische Gerichte in einer Umgebung wie in einem Bambushain. Das Pickwick bietet westliche Gerichte in einer Einrichtung wie in England im 19. Jahrhundert. Bei der Einrichtung des Corbett ließ man sich von Jim Corbett und den Geschichten vom menschenfressenden Tiger inspirieren und hat ein Jagdlager nachempfunden, in dem Geräusche wie im Dschungel zu hören sind. Wie man nicht anders erwarten würde, dominieren hier auf der Speisekarte Fleischgerichte. Alle diese Restaurants sind preislich durchaus annehmbar.

Das House of Ming im Hotel Taj Mahal ist ein beliebtes chinesisches Restaurant mit Gerichten aus Sezuan. Ebenfalls zum Hotel Taj Mahal gehört das Restaurant Haveli mit einem ganzen Spektrum ausgezeichneter Gerichte sowie Live-Musik und Tanz jeden Abend ab 20.30 Uhr. Auch das Hyatt hat ein Lokal mit Gerichten aus Sezuan zu bieten, das Pearls.

Im Hotel Oberoi kann man im Baan Thai hervorragend thailändisch essen. Fast genauso gut ist das Orchid im Hotel Holiday Inn Crowne Plaza.

Ein gutes Frühstücksbuffet für 125 Rs wird im Hotel Park an der Sansad Marg angeboten, allerdings mit einer fürchterlich schlechten Bedienung.

Billiger sind in einigen Hotels die sehr guten vegetarischen Restaurants. So sind z. B. die Thalis im Restaurant Dasaprakash des Hotels Ambassador eine gute Wahl. Das Restaurant Woodlands im Hotel Lodhi, gelegen im Süden von Delhi, erwarb sich wegen seiner Thalis ebenfalls einen guten Namen.

Wenn Sie einmal japanisch essen wollen, dann probieren Sie die Gerichte im Restaurant Osaka in Hauz Khas oder im Restaurant Fujiya in der Malcha Marg 12/48 in Chanakyapuri.

UNTERHALTUNG

Die strengen Lizensierungsvorschriften in Delhi für den Ausschank von Alkohol sind für das Nachtleben sicherlich nicht gerade hilfreich. Bars und Diskotheken findet man daher fast ausnahmslos nur in den Fünf-Sterne-Hotels. Sehr gut ist die Jazz Bar im Hotel Maurya Sheraton mit Jazz live jeden Abend, aber auch reichlich teuren Getränken, beispielsweise ein Bier für 170 Rs! Die Diskotheken in den Hotels dieser Preisklasse sind ziemlich exklusiv und normalerweise Mitgliedern und Hotelgästen vorbehalten. Paare und Frauen haben dort bessere Aussichten, Zutritt zu erhalten, als Männer ohne weibliche Begleitung.

Indische Tänze werden jeden Abend um 19.00 Uhr in der Parsi-Anjuman-Halle an der Bahadur Zafar Marg, gegenüber vom Ambedkar-Stadion, aufgeführt. Einzelheiten kann man telefonisch erfragen (Tel. 3 31 78 31). Ein weiteres Ziel, um sich klassische Tänze anzusehen, ist das India International Centre in der Max Mueller Marg 40 (Tel. 4 61 94 31).

Filme kann man sich in einer Reihe von Kinos um den Connaught Place herum ansehen, aber meisten sind das Hindi-Filme für den Massengeschmack. Etwas anspruchsvoller sind die Filme (vorwiegend ausländische), die im British Council an der Kasturba Gandhi Marg (Tel. 3 71 01 11) gezeigt werden. Nach Filmvorführungen kann man sich auch in den anderen Kulturinstituten erkundigen.

EINKÄUFE

Besonders lohnend sind in Delhi die Einkäufe von Seide, wertvollen Steinen, Leder und Holzarbeiten. Das Besondere an Einkäufen in Delhi aber ist, daß man hier fast alle Erzeugnisse aus nahezu allen Gegenden Indiens erhält. Wenn Sie zum ersten Mal in Indien sind, so bietet sich hier die beste Gelegenheit, sich einen guten Überblick darüber zu verschaffen, was überhaupt angeboten wird. Und wer von Delhi nach Hause zurückfliegt, im Gepäck noch Platz hat und unterwegs irgend etwas nicht fand, der ist hier sicher gut bedient. Zwei Plätze, an denen Sie Ihren Einkaufsbummel beginnen könnten, sind in der Nähe des Connaught Place. Am Janpath finden Sie das Central Cottage Industries Emporium. In diesem großen Gebäude gibt es Gegenstände aus ganz Indien. Im allgemeinen ist die Qualität gut, und die Preise stimmen auch. Egal, was Sie auch suchen, hier finden Sie unter anderem Schnitzereien aus Holz, Metallarbeiten, Gemälde, Kleidung, Textilien und sogar Möbel. Läden der einzelnen Provinzen sieht man entlang der Baba Kharak Singh Marg, zwei Straßen vom Janpath entfernt. Hier werden die Produkte aus der jeweiligen Provinz ausgestellt und verkauft. Unzählige weitere Läden gibt es um den Connaught Place herum und am Janpath. Am Hotel Imperial siedelten sich einige Stände und kleinere Läden an, die von tibetischen Flüchtlingen und von habgierigen Kaschmiris unterhalten werden. Sie verkaufen dort Teppiche, Schmuck und Antiquitäten (die aber nicht immer alt sein müssen!).

Die beliebteste und berühmteste Einkaufsstraße von Alt-Delhi ist Chandni Chowk. Dort werden vor allem Teppiche und Schmuck angeboten. In der kleinen, engen Straße Cariba Kalan werden auch Parfums hergestellt.

Eine erstaunliche Vielfalt an Parfums, Seifen und Ölen gibt es in Paharganj an zwei Stellen (beide ausgeschildert), eine unweit vom Hotel Vivek und die andere in der Nähe der Camran Lodge. Eigentlich ist montags der wöchentliche Feiertag für die Geschäfte in der Main Bazaar Road, aber auch wenn viele dann geschlossen sind, bleibt eine erstaunliche Anzahl von ihnen auch an diesem Tag geöffnet. Sonntags geht es in Paharganj besonders geschäftig zu.

Der Karol Bagh Market, 2 km westlich des Connaught Place entlang der Panchkuin Marg (Radial Road 3), ist übrigens in den letzten Jahren beliebter geworden als der Connaught Place oder der Chandni Chowk.

Unmittelbar südlich des Purana Qila, neben der Dr. Zakir Hussain Road und gegenüber vom Hotel Oberoi New Delhi, ist der Sunder-Nagar-Markt. Hier werden viele Antiquitäten und Kupferwaren verkauft. Die Preise sind hoch, aber der Qualität durchaus angemessen. Waren von hoher Qualität, aber auch zu genauso hohen Preisen findet man auch in den größeren internationalen Hotels.

In Chanakyapuri, gegenüber vom Hotel Ashok, befindet sich zudem die Einkaufsarkade Santushti, und zwar gleich hinter dem Tor zur Luftwaffenkaserne New Wellington. Das ist eine Reihe von besseren Boutiquen mit einer ganz guten Auswahl an Kunstgewerbesachen, allerdings zu Preisen, die durchaus noch zu unterbieten sind.

Hauz Khas Village im Süden von Delhi hat sich ebenfalls zu einem ganz interessanten kleinen Einkaufsgebiet entwickelt.

AN- UND WEITERREISE

Delhi ist ein bedeutendes Tor für den internationalen Verkehr nach Indien. Näheres über die Anreise nach Indien finden Sie im Einführungsteil. Zu bestimmten Zeiten im Jahr sind die Flüge von und nach Delhi hoffnungslos überfüllt und ausgebucht. Es ist daher ratsam, die Reservierung so früh wie möglich vorzunehmen. Dies gilt insbesondere für die Fluggesellschaften, die Billigflüge von und nach Europa anbieten. Kontrollieren Sie unbedingt Ihre Reservierung und vergessen Sie auch die Bestätigung nicht.

Delhi ist aber auch ein Knotenpunkt für den inländischen Reiseverkehr mit vielfältigen Bus-, Bahn- und Flugverbindungen.

Flug: Das Flughafengebäude für Inlandsflüge (Terminal I) ist von der Innenstadt 9 km und das neuere Flughafengebäude für internationale Flüge (Terminal II) weitere 9 km entfernt.

Wenn man aus dem Ausland auf dem Flughafen Delhi ankommt, kann man in der Ankunftshalle nach der Zoll- und Personenkontrolle an Schaltern der State Bank of India und von Thomas Cook rund um die Uhr Geld wechseln. Wenn man diesen Bereich erst einmal verlassen hat, darf man dorthin nicht wieder zurück. Das Geldwechseln geht relativ schnell vor sich. Allerdings muß man dort die erhaltenen Rupien genau nachzählen, wenn es ist schon wiederholt vorgekommen, daß davon zu wenig ausgezahlt wurden.

Viele internationale Flüge beginnen oder enden in Delhi zu fürchterlichen Zeiten am frühen Morgen. Seien Sie daher, wenn Sie zum ersten Mal nach Indien kommen und erschöpft sowie übermüdet sind, sehr vorsichtig. Wenn Sie mitten in der Nacht von Delhi abflie-

gen, dann fordern Sie ein Taxi für die Fahrt zum Flughafen schon am Nachmittag vorher an. Einzelheiten über die Übernachtungsmöglichkeiten am Flughafen können Sie dem Abschnitt über die Unterkünfte entnehmen.

Wenn Sie mit Air India abfliegen (Inlands- oder Auslandsflug), muß das gesamte Gepäck mit einem Röntgengerät geprüft und versiegelt werden. Das läßt man am besten an dem Gerät gleich nach dem Betreten der Abflughalle vor dem Anstellen zur Abfertigung vornehmen. Die Flughafengebühr für Auslandsflüge in Höhe von 300 Rs muß am Schalter der State Bank ebenfalls vor Beginn der Abfertigung bezahlt werden.

An Einrichtungen bestehen im Flughafengebäude für internationale Flüge eine fürchterliche Snack Bar, eine Buchhandlung und eine Bank. Wenn Sie in der Wartehalle sind, können Sie in ein paar Geschäften mit zollfreien Waren zu inflationären Preisen einkaufen und an einer weiteren fürchterlichen Snack Bar etwas essen oder trinken und dafür in US-Dollar bezahlen. Außerdem kann man dort das Restaurant Ashok mit dem wahrscheinlich schlechtesten Essen im ganzen Land in Anspruch nehmen.

Zwischen den beiden Flughafengebäuden verkehren Busse der Delhi Transport Corporation (Fahrpreis 10 Rs). Es fährt aber auch ein kostenloser IAAI-Bus zwischen den beiden Flughafengebäuden. Mit einem Bus der EATS (vgl. Abschnitt über den Nahverkehr) kommt man ebenfalls von einem zum anderen Flughafengebäude.

Indian Airlines ist mit einer ganzen Reihe von Stadtbüros in Delhi vertreten. Das Büro im Malhotra Building im Block F vom Connaught Place (Tel. 3 31 05 17) ist wahrscheinlich am günstigsten gelegen. In ihm geht es jedoch fast immer ziemlich geschäftig zu. Geöffnet ist das Büro täglich außer samstags von 10.00 bis 17.00 Uhr. Ein weiteres Büro befindet sich im PTI Building an der Sansad Marg (Tel. 3 71 91 68), das man außer an Sonntagen ebenfalls täglich von 10.00 bis 17.00 Uhr in Anspruch nehmen kann.

Das Büro am alten Flugplatz Safdarjang (Tel. 141) ist rund um die Uhr geöffnet und eignet sich, um schnell eine Buchung vorzunehmen.

Für Fluggäste der Business-Klasse besteht die Möglichkeit, die Abfertigung telefonisch unter der Rufnummer 3 29 51 66 vorzunehmen. Einen Ansagedienst für Ankünfte und Abflüge kann man unter der Rufnummer 142 abhören.

Mit Inlandsflügen von Indian Airlines kommt man von Delhi nach allen größeren Städten des Landes. Die Abfertigung endet 75 Minuten vor Abflug. Denken muß man auch daran, wenn man gerade angekommen ist und einen Anschluß zu einer anderen indischen Stadt erreichen will, ob der Weiterflug statt mit Indian Airlines mit Air India, der internationalen Fluggesellschaft Indiens, stattfindet. Wenn das der Fall ist, muß

Flüge mit Indian Airlines und privaten Fluggesellschaften von Delhi

Flugziel	Flugzeit (Stunden)	Zahl der Flugverbindungen und Fluggesellschaften* (t = täglich, w = wöchentlich)								Flugpreis (US$)
		IC	JA	D2	9W	AL	4S	S2	M9	
Agra	0.40	1t								23
Ahmedabad	1.25	2t						4w		79
Amritsar	1.00	3w								52
Aurangabad	3.30	5w								99
Bagdogra	1.55	4w								128
Bangalore	2.40	4w				1t	1t	1t		161
Bhopal	2.00	1t			6w					110
Bhubaneshwar	3.00	1t								128
Bombay	1.50	7t		2t	4t	1t	1t	2t		115
Chandigarh	1.00	-	6w		5w					72
Goa	2.00	6w						3w		150
Guwahati	2.25	1t								149
Gwalior	0.50	2w								33
Hyderabad	2.00	2t						6w		124
Indore	2.15	5w								78
Jaipur	0.40	2t								28
Jammu	1.10	1t						3w		74
Jodhpur	1.55	5w								56
Kalkutta	2.05	3t					6w	2t		132
Kanpur	1.20	-	6w							82
Khajuraho	2.00	1t						1t		53
Kochi (Cochin)	4.05	6w								200
Kullu	1.30	-	6w		2t					123
Leh	1.15	6w								86
Lucknow	0.50	1t						5w		46
Ludhiana	1.05	-	6w		6w					96
Madras	2.30	2t	6w					6w		162
Nagpur	1.25	4w								87
Patna	1.25	1t								87
Pune	2.00	1t								130
Raipur	1.40	6w								114
Ranchi	2.55	1t								111
Shimla	1.10	-			1t					96
Srinagar	1.15	2t								77
Thiruvananthapuram (Trivandrum)	5.10	6w								219
Udaipur	1.55	10w								58
Vadodara	2.45	1t								88
Varanasi	1.15	11w						3w		74

* Abkürzungen für die Fluggesellschaften:

IC = Indian Airlines	9W = Jet Airways	S2 = Sahara Indian Airlines
JA = Jagson Airlines	AL = Archana Airways	M9 = ModiLuft
D2 = Damania Airlines	4S = East We	

man sich zur Abfertigung in das Flughafengebäude für internationale Flüge und nicht zum Flughafengebäude für Inlandsflüge begeben. Indien ist übrigens wohl das einzige Land auf der Welt, in dem für Inlandsflüge Jumbos vom Typ 747 eingesetzt werden.

Neben den weiter unten aufgeführten Stadtbüros unterhalten alle privaten Fluggesellschaften auch Buchungsschalter im Flughafengebäude für Inlandsflüge. Flugverbindungen mit Vayudoot bestehen derzeit allerdings nicht

Archana Airways
    Friends Colony East 41 A, Mathura Road (Tel. 684 7760)
Damania Airways
    Somdutt Chambers UG 26 A, Bhikaji Cama Place 5 (Tel. 6 88 11 22)
East-West Airlines
    DCM Building, Barakhama Road (Tel. 3 75 51 67)
Jagson Airlines
    Vandana Building 12 E, Tolstoy Marg 11 (Tel. 3 72 15 93)
Jet Airways
    Hanslaya Building 3 E, Barakhama Road (Tel. 3 72 47 27)
ModiLuft
    Vandana Building, Tolstoy Marg (Tel. 3 71 93 47)
NEPC Airlines
    Pawan House, 4. Stock, Connaught Place (Tel. 3 32 25 25)
Sahara Indian Airlines
    Ambadeep Building, Kasturba Gandhi Marg (Tel. 3 32 68 51)
Vayudoot
    Malhotra Building, Connaught Place, Block F (Tel. 3 31 25 87)

Folgende internationale Fluggesellschaften, die Delhi anfliegen, sind hier auch mit einem eigenen Büro vertreten:
Aeroflot
    Vertretung durch Cozy Travels, BMC House, Block N, Connaught Place (Tel. 3 31 29 16)
Air France
    Atma Ram Mansion 7, Connaught Circus (Tel. 3 31 04 07)
Air India
    Jeevan Bharati Building, Connaught Place (Tel. 3 31 12 25)
Air Lanka
    Vertretung durch Student Travel Information Centre, Hotel Imperial, Janpath (Tel. 3 32 47 89)
Alitalia
    Kasturba Gandhi Marg 19 (Tel. 3 31 10 19)
British Airways
    DLF Building, Sansad Marg (Tel. 3 32 74 28)
Delta Air Lines
    Janpath 36 (Tel. 3 32 52 22)
Emirates
    Barakhamba Road 18 (Tel. 3 32 48 03 und 3 32 46 65)
Gulf Air
    Connaught Place, Block G (Tel. 3 32 20 18)
KLM
    Tolstoy Marg 7 (Tel. 3 31 58 41)
Kuwait Airways
    Barakhamba Road 16 (Tel. 3 31 42 21)

Lufthansa
    Janpath 56 (Tel. 3 32 32 06)
Pakistan International Airlines (PIA)
    Kailash Building, Kasturba Gandhi Marg 26 (Tel. 3 31 61 21)
Royal Jordanian
    Vertretung durch Jet Air, Connaught Circus G 56 (Tel. 3 32 74 18)
Royal Nepal Airlines
    Janpath 44 (Tel. 3 32 08 17)
SAS
    Connaught Place, Block B (Tel. 3 32 75 03)
Swissair
    Kasturba Gandhi Marg 14 (Tel. 3 32 55 11)
Syrian Arab Airlines
    Vertretung durch Delhi Express Travels, Connaught Place 13/90 (Tel. 34 32 18)
Tarom
    Kasturba Gandhi Marg 14 (Tel. 3 35 44 22 und 3 35 52 48)
Thai International
    Amba Deep Building, Kasturba Gandhi Marg (Tel. 3 32 36 08)
Auf internationalen Strecken fliegt Indian Airlines von Delhi nur täglich einmal nach Kathmandu (142 US $).

Bus: Der Hauptbusbahnhof ist der riesige Busbahnhof (Interstate Bus Terminal) am Kaschmir-Tor, nördlich des Bahnhofs von Alt-Delhi. Als Einrichtungen sind dort eine rund um die Uhr geöffnete Stelle für die Meldung von verlorenem Gepäck, eine Zweigstelle der State Bank of India, ein Postamt, eine Apotheke und das Restaurant Nagrik der Delhi Transport Corporation vorhanden. Von diesem Busbahnhof verkehren Busse in alle Richtungen. Näheres erfahren Sie unter der Telefonnummer 2 52 31 45.
Zu den Busgesellschaften der Provinzen, deren Busse von hier abfahren, gehören:
Delhi Transport Corporation (Tel. 2 51 88 36);
    Buchungen von 8.00 bis 20.00 Uhr,
Haryana Government Roadways (Tel. 2 52 12 62);
    Buchungen von 6.15 bis 12.30 Uhr und von 14.00 bis 21.30 Uhr, von 10.00 bis 17.00 Uhr auch im Haryana Emporium,
Himachal Pradesh Roadways (Tel. 2 51 67 25);
    Buchungen von 7.00 bis 19.00 Uhr,
Punjab Roadways (Tel. 2 51 78 42);
    Buchungen von 8.00 bis 20.00 Uhr,
Rajasthan Roadways (Tel. 2 52 22 46);
    Buchungen von 7.00 bis 21.00 Uhr, von 6.00 bis 19.00 Uhr auch im Bikaner House südlich vom Rajpath (Tel. 38 34 69),
Uttar Pradesh Roadways (Tel. 2 51 87 09);
    Buchungen von 6.00 bis 21.30 Uhr.

Busverbindungen, die gerade bei ausländischen Besuchern beliebt sind, bestehen nach Jaipur für 70 Rs. Die Luxusbusse nach Jaipur fahren am Bikaner House ab und brauchen bis zum Ziel fünf Stunden (122 Rs, in den weniger oft verkehrenden Bussen mit Klimaanlage 210 Rs).

Nach Chandigarh, von wo aus Sie Anschluß mit einem Bus oder der Schmalspurbahn nach Shimla haben, dauert eine Fahrt mit einem normalen Bus fünf Stunden und kostet 70 Rs. Auf dieser Strecke verkehren aber auch Luxusbusse für 100 Rs. Ferner bestehen Direktverbindungen nach Shimla (10 Stunden Fahrt) für 90 Rs, nach Dharamsala (13 Stunden Fahrt) für 165 Rs, in einem Luxusbus für 240 Rs, und mit einem täglichen Luxusbus nach Manali (16 Stunden Fahrt) für 285 Rs. Um ins nördliche Uttar Pradesh zu gelangen, zahlt man für eine Fahrt nach Haridwar 60 Rs oder nach Dehra Dun 64 Rs.

Außerdem werden von Delhi aus mit Bussen Bharatpur, Bikaner, Jammu, Lucknow, Mussorie, Naini Tal und Srinagar (350 Rs, 24 Stunden) angefahren.

Daneben gibt es noch den neuen Busbahnhof Sarai Kale Khan nahe beim Bahnhof Nizamuddin. Von dort kommt man in Bussen nach Agra (normaler Bus 49 Rs, Schnellbus 56 Rs, Luxusbus 71 Rs und Bus mit Videoanlage 55 Rs), und zwar von 6 Uhr bis Mitternacht, nach Mathura und Vrindaban (normaler Bus 35 Rs, Schnellbus 41 Rs), nach Gwalior (normaler Bus 81 Rs,

Schnellbus 90 Rs) und nach Bharatpur. Zwischen diesem Busbahnhof und dem Busbahnhof am Kaschmir-Tor bestehen Verbindungen mit Stadtbussen.

In Paharganj und anderen Gegenden, in denen sich viele ausländische Besucher aufhalten, werden Sie sicher Plakate sehen, auf denen für die Direktverbindungen mit Bussen nach Kathmandu geworben wird. Da diese Fahrten 36 Stunden dauern, ziehen viele Leute, die nach Kathmandu wollen, die Zugfahrt nach Gorakhpur in Uttar Pradesh und von dort die Weiterfahrt mit einem Bus nach Nepal vor.

Eine ganze Anzahl von Ausländern ist nach Nepal auch schon über das Dorf Banbassa im nördlichen Uttar Pradesh eingereist. Dorthin fahren von Delhi ebenfalls Busse. Einzelheiten findet man im Kapitel über Uttar Pradesh.

Zug: Delhi ist ein wichtiger Knotenpunkt der indischen Eisenbahnen und eignet sich ausgezeichnet, um Reservierungen für Plätze in Zügen vorzunehmen. Dafür gibt es ein besonderes Büro für Touristen oben im Bahnhof von Neu-Delhi, geöffnet montags bis samstags von 7.30 bis 17.00 Uhr. Dorthin muß man gehen, wenn man einen Platz aus der Quote für Touristen erhalten will, einen Indrail-Paß besitzt und damit Reservierungen vornehmen lassen will oder einen Indrail-Paß kaufen will. In diesem Büro ist es allerdings immer sehr geschäftig und voll, so daß es bis zu eine Stunde

Wichtige Züge von Delhi					
Fahrziel	**Zugnummer und Name**	**Abfahrtszeit***	**Entfernung (km)**	**Fahrzeit (Stunden)**	**Fahrpreis (Rs) (2./1. Klasse)**
Agra	2180 *Taj Express*	7.15 ND	199	4.35	62/ 183
	2002 *Shatabdi Express***	6.15 ND		1.55	235/ 470
Bangalore	2430 *Rajdhani Express***	9.30 HN Sa	2444	35	800/1000
	2628 *Karnataka Express*	21.15 ND		41	349/1162
Bombay	2952 *Rajdhani Express***	16.05 ND	1384	17	840/1370
	1038 *Punjab Mail*	6.00 ND		26	264/ 877
Gorakhpur	2554 *Vaishali Express*	19.45 ND	758	13	177/ 550
Jaipur	2901 *Pink City Express*	6.00 SR	308	6	90/ 262
	*Shatabdi Express***	5.50 ND		4.25	300/ 600
Jammu Tawi	4645 *Shalimar Express*	16.10 ND	585	14	147/ 436
Kalkutta	2302 *Rajdhani Express***	17.15 ND	1441	18	705/ 865
	2304 *Poorva Express*	16.30 ND		24	259/ 837
Lucknow	4230 *Lucknow Mail*	22.00 ND	487	9.15	130/ 387
	2004 *Shatabdi Express* **	6.20 ND		6.25	385/ 770
Madras	2622 *Tamil Nadu Express*	22.30 ND	2194	33.20	308/1122
Shimla	4095 *Himalayan Queen*	6.10 ND	364	11	103/ 303
Udaipur	2901 *Pink City Express*	6.00 SR	739	13.30	172/ 521
Varanasi	2382 *Poorva Express*	16.30 ND	764	12.20	179/ 541

* Abkürzungen für die Bahnhöfe:
AD = Alt-Delhi, HN = Hazrat Nizamuddin, ND = Neu-Delhi, SR = Sarai Rohilla
** nur Wagen mit Klimaanlage; im Fahrpreis sind Verpflegung und Getränke enthalten

dauern kann, bis man bedient wird. Wenn man hier Buchungen vornimmt, muß man die Fahrpreise in Devisen (US-Dollar oder englische Pfund) oder in Rupien unter Vorlage einer Wechselquittung bezahlen und erhält Wechselgeld in Rupien zurück.

Das normale Büro für den Verkauf von Eisenbahnfahrkarten befindet sich in der Chelmsford Road zwischen dem Bahnhof Neu-Delhi und dem Connaught Place. Hier ist die Bedienung zwar ganz gut organisiert, aber es ist unglaublich überfüllt. Wenn Sie hier etwas buchen wollen, dann holen Sie sich beim Betreten des Gebäudes vom Schalter eine Karte mit einer Nummer und warten Sie dann, bis diese Nummer aufgerufen wird. Selbst bei 50 Schaltern mit Buchungscomputern kann es länger als eine Stunde dauern, bis man dran ist. Am besten ist es, dort am Morgen oder nach der Mittagspause als erster anzukommen. Das Büro ist montags bis samstags von 7.45 bis 13.50 Uhr sowie von 14.00 bis 21.00 Uhr und an Sonntagen von 7.45 bis 13.50 Uhr geöffnet.

Denken Sie daran, daß es in Delhi zwei große Bahnhöfe gibt - den in Alt-Delhi und den von Neu-Delhi in Paharganj. Letzterer liegt näher am Connaught Place. Wenn Sie vom Bahnhof in Alt-Delhi abfahren, rechnen Sie genügend Zeit hinzu, um durch das Verkehrsgewühl dieses Stadtteils rechtzeitig zur Abfahrtszeit anzukommen. Zwischen den beiden Bahnhöfen verkehren Busse der Linie Nr. 6 (nur 1 Rs!). Außerdem gibt es noch den Bahnhof Nizamuddin im Süden von Neu-Delhi, wo ebenfalls einige Züge eingesetzt werden oder enden.

Wissen muß man noch, daß vor kurzem die Züge zwischen Delhi sowie Jaipur, Jodhpur und Udaipur am Bahnhof Sarai Rohilla, ca. 3 1/2 km nordwestlich vom Connaught Place an der Guru Gowind Singh Marg, und nicht am Bahnhof Alt-Delhi abfuhren und ankamen. Das mag immer noch so sein, so daß man sich beim Fahrkartenkauf erkundigen muß, wo Abfahrt ist. Eine Ausnahme bildet der neue *Shatabdi Express*, der auf dem Bahnhof Neu-Delhi abfährt.

NAHVERKEHR

Die Entfernungen innerhalb von Delhi sind riesig und die Busse meistens hoffnungslos überfüllt. Dies bedeutet eigentlich immer, daß man auf ein Taxi, eine Auto-Rikscha oder ein Fahrrad zurückgreifen muß.

Flughafentransfer: Obwohl einige Möglichkeiten bestehen, vom Flughafen in die Stadt zu gelangen, sind die Verbindungen wegen der betrügerischen Fahrer von Taxis und Auto-Rikschas, die unkundige Fahrgäste über's Ohr hauen (normalerweise ausländische Besucher bei ihrer ersten Ankunft in Delhi), dennoch nicht so gut, wie sie sein sollten.

Zwischen dem Flughafen (beide Flughafengebäude) und dem Connaught Place bestehen regelmäßige Verbindungen mit Bussen des EATS (Ex-Servicemen's Air Link Transport Service). Der Fahrpreis beträgt 25 Rs. Für diesen Preis kann man sich vom Fahrer auch an den meisten größeren Hotels (allerdings nicht in Paharganj), sofern sie an der Strecke liegen, absetzen und abholen lassen. Das muß man aber genau sagen. Am Connaught Place fahren die Busse beim Büro von Vayudoot am Janpath gegenüber vom unterirdischen Palika Bazaar zwischen 4.00 Uhr morgens und 23.30 Uhr in Richtung Flughafen ab.

Im Flughafengebäude für internationale Flüge befindet sich der Schalter des EATS, wenn man das Gebäude verläßt, rechts. Diese Busverbindung stellt wahrscheinlich die beste, wenn auch nicht schnellste Möglichkeit dar, in die Stadt zu gelangen, wenn man nachts mit einem Flugzeug in Delhi angekommen ist (vgl. Warnung vor vorausbezahlten Taxifahrten weiter unten). Ist man am Connaught Place angekommen, stößt man dort manchmal auf unseriöse Fahrer von Auto-Rikschas. Die fahren gelegentlich erst einmal in eine Nebenstraße, in der ein unechter Polizist in Uniform und mit *lathi* (Schlagstock) das Fahrzeug anhält und behauptet, wegen „hinduistisch-moslemischer" Probleme könne man nicht nach Paharganj oder in eine andere Gegend, in die man eigentlich gebracht werden möchte, fahren. Das läuft hin und wieder darauf hinaus, daß man in einem Hotel ihrer Wahl (normalerweise in Karol Bagh) landet und dort viel zu viel bezahlen muß. Nach einer Übernachtung wird versucht, solche Besucher auch noch dazu zu überreden, Delhi so schnell wie möglich zu verlassen, im allgemeinen in einem gemieteten Fahrzeug zu völlig überhöhten Preisen.

Es besteht auch eine Verbindung zwischen dem Flughafen und dem Bahnhof Neu-Delhi sowie dem Busbahnhof für Fernbusse mit normalen Bussen der Delhi Transport Corporation, mit denen man für eine Fahrt 20 Rs und für Gepäck 5 Rs Zuschlag bezahlen muß. Wenn man damit vom Bahnhof Neu-Delhi abfahren will, muß man den Ausgang zum Ajmer-Tor (Osttor) benutzen. Außerdem fahren normale Busse der Linie 780 vom Super Bazaar am Connaught Place zum Flughafen und zurück, aber die sind immer hoffnungslos überfüllt. Gleich außerhalb des Flughafengebäudes für internationale Flüge befindet sich ein Kiosk, an dem man Taxifahrten in die Stadt zum Festpreis von 280 Rs im voraus bezahlen kann. Wir haben jedoch vor kurzem einige Briefe von Lesern erhalten, in denen berichtet wurde, daß sie mit vorausbezahltem Fahrpreis mitten in der Nacht zwar zunächst zu einem Hotel gefahren worden seien, ihnen dort aber erklärt worden sei, es sei voll belegt. Daraufhin sei die Fahrt weiter zu einem anderen Hotel gegangen (häufig in Karol Bagh), wo sie dazu überredet worden wären, zu völlig überhöhten Preisen (bis zu 150 US $ pro Übernachtung) zu bleiben. Das scheint aber nur vorzukommen, wenn der Taxifahrer festgestellt hat, daß seine Fahrgäste zum ersten Mal nach Indien gekommen sind, und dann auch nur mitten in der Nacht, wenn es schwer ist, sich zu orientieren und außerdem nur wenige andere Fahrzeuge auf den Straßen unterwegs sind.

Wenn man in Delhi ankommt, muß man sich darüber im Klaren sein, daß der größte Teil der preisgünstigen Unterkünfte von gegen Mitternacht bis mindestens 6 Uhr geschlossen ist (und die Türen dann richtig abgesperrt sind) und die Aussichten, ein Dach über dem Kopf zu finden, begrenzt sind, jedenfalls dann, wenn man nicht vorher ein Zimmer reserviert und vereinbart hat, daß man erst nachts ankommt. Wenn man trotz der gelegentlichen Betrügereien mit einem Taxi vom Flughafen in die Stadt fahren will, sollte man vor dem Einsteigen selbstbewußt unter den Augen des Taxifahrers die Autonummer aufschreiben. Ist man erst einmal zu seinem Ziel unterwegs, darf man keine Geschichten von „hinduistisch-moslemischen Problemen" oder anderen Märchen glauben, um damit zu versuchen, ein anderes Hotel anzusteuern als das, das man sich selbst ausgesucht hat. Wenn der Taxifahrer nicht dorthin fahren will, wohin man möchte, sollte man aussteigen und sich zur Weiterfahrt ein anderes Taxi suchen.

Angesichts der beschriebenen Schwierigkeiten, mitten in der Nacht vom Flughafen zu einem Hotel eigener Wahl in der Stadtmitte zu gelangen, ist es bei der ersten Reise nach Indien wahrscheinlich am besten, bis zum Tagesanbruch im Flughafengebäude zu bleiben, weil dann die Gefahr, in die Irre geführt zu werden, deutlich geringer wird.

Am Flughafengebäude für Inlandsflüge befindet sich der Schalter für vorausbezahlte Taxifahrten drinnen. Dort muß man für eine Taxifahrt bis zum Connaught Place 98 Rs zuzüglich 2 Rs pro Gepäckstück bezahlen. Die Taxi-Wallahs draußen versuchen, viel mehr herauszuholen.

Für eine Taxifahrt vom Connaught Place zum Flughafengebäude für internationale Flüge muß man mit rund 150 Rs rechnen.

Stadtbus: Wenn es irgend geht, dann vermeiden Sie das Busfahren während der Hauptverkehrszeiten und beginnen oder beenden Sie eine Fahrt möglichst an Endhaltestellen. So haben Sie eine größere Chance, einen Sitzplatz zu ergattern, und umgehen das beängstigende Gedränge. Solche Haltestellen befinden sich an den Kinos Regal und Plaza am Connaught Place. An der linken Seite der Busse sind übrigens bestimmte Plätze für Frauen reserviert. Ein Teil der Stadtbusse wird von der Delhi Transport Corporation (DTC) eingesetzt, ein Teil von privaten Busunternehmen. Alle Busse verkehren aber entlang fester Strecken.

Zu den für Touristen nützlichen Strecken gehören die Linie Nr. 505 vom Super Bazaar und vom Janpath, gegenüber vom Hotel Imperial, zum Qutab Minar. Busse der Linie Nr. 101 verkehren zwischen dem Busbahnhof für Fernbusse am Kaschmir-Tor und dem Connaught Place. Vom Connaught Place (vor dem Jantar Mantar) nach Chanakyapuri fahren Busse der Linien Nr. 620 und 630. Zwischen dem Regal-Kino und dem Roten Fort verkehren Busse der Linien Nr. 101, 104 und 139. Für eine kurze Busfahrt, zum Beispiel zwischen dem Connaught Place und dem Roten Fort, zahlt man nicht mehr als eine Rupie.

Taxi und Auto-Rikscha: Sämtliche Taxis und Auto-Rikschas in Delhi sind zwar mit Taxametern ausgestattet, nur sind die nicht nach den gerade geltenden Tarifen eingestellt oder funktionieren nicht. Es kann auch geschehen, daß der Fahrer das Einschalten verweigert. Es kümmert die Taxifahrer überhaupt nicht, daß sie gesetzlich verpflichtet sind, nach dem Taxameter abzurechnen. Will man sie schrecken und droht mit einer Meldung bei der Polizei, stößt dies höchstens auf Heiterkeit. Das bedeutet aber, daß man immer erst den Preis aushandeln sollte, bevor man sich in ein solches Gefährt setzt. Es ist klar, daß dieser hart umkämpfte Preis immer höher ist als der offizielle Tarif. Jedoch bestätigen Ausnahmen die Regel. Manchmal schaltet ein Fahrer ohne Aufforderung die Uhr ein. Dies geschieht vor allem an den Taxiständen am Bahnhof und Flughafen von Delhi, wo immer eine ganze Anzahl von Polizisten ein wachsames Auge hat. Dann können Sie sich beruhigt auf die Anzeige der Uhr verlassen, denn eine Meldung wäre hier ein Leichtes. Am seltensten werden die Zähluhren während der Hauptverkehrszeit und bei nächtlichen Fahrten zum Flughafen eingeschaltet.

Am Ende einer Fahrt in einem Taxi mit Taxameter wird man einen Preis zahlen müssen, der nach einer Tabelle umgerechnet wurde. Manchmal schlagen die Fahrer auch einfach einen Prozentsatz für allgemeine Preiserhöhungen auf. Umrechnungstabellen finden Sie nur sehr selten offen in einem Taxi ausliegen. Manche Fahrer haben sie irgendwo zwischen dem Werkzeug, und andere füttern damit gleich nach dem Erscheinen die Kühe. Sollten Sie wirklich einmal an eine der wenigen gültigen Tabellen geraten, dann schreiben Sie sich ein paar Umrechnungszahlen ab, zahlen den Ihnen richtig erscheinenden Preis und lassen den Rest auf sich beruhen. Sie können sicher sein, daß dabei der Fahrer nicht der Verlierer sein wird, höchstens Sie selbst. Beschimpfungen oder lautstarke Proteste besagen in diesem Falle nichts.

Für eine Fahrt zwischen dem Connaught Place und dem Roten Fort in einem Taxi muß man je nach Verkehrslage etwa 35 Rs, in einer Auto-Rikscha ca. 20 Rs bezahlen. Von 23 bis 5 Uhr kommen für Fahrten mit Taxis 20 % Zuschlag hinzu.

Auf bestimmten Strecken verkehren zu festen Preisen auch die ungewöhnlichen sechssitzige Auto-Rikschas. Ausgangspunkt für sie ist am Connaught Place der Palika Bazaar. Die Fahrer bewältigen Fahrten durch das Verkehrschaos in bewundernswerter Schnelligkeit sogar bis zu so weit entfernten Zielen wie dem Brunnen im Chandni Chowk, vorbei am Roten Fort in Alt-Delhi. Man bezahlt dann etwa 2 Rs pro Person. Das ist eine gute Empfehlung als Transportmittel, insbesondere in Hauptverkehrszeiten.

Fahrrad und Fahrrad-Rikscha: Wie so oft ist ein Fahrrad ein hervorragendes Verkehrsmittel, um voranzukommen, insbesondere in Neu-Delhi, wo die Straßen breit, in einem guten Zustand und - nach indischen Maßstäben - nicht überfüllt sind. An den großen Verkehrskreiseln muß man zwar einmal tief Luft holen und dann die Atmung anhalten, aber sonst verläuft der Verkehr ganz ordentlich. Alle Sehenswürdigkeiten in Neu-Delhi lassen sich leicht mit einem Fahrrad erreichen, aber mit etwas Übung im Fahrradfahren auch der Qutab Minar und andere interessante Ziele im Süden, obwohl das im Sommer ein bißchen zu ehrgeizig werden kann.

Überraschend ist, daß man in Delhi nur an so wenigen Stellen ein Fahrrad mieten kann. In Paharganj scheint das nur bei Mehta Electricals neben dem Hotel Kesri in der Main Bazaar Road, unweit der Rajguru Road, möglich zu sein. Die Fahrräder dort sind zwar alt, aber gut in Schuß. Mieten kann man eines für 20 Rs pro Tag und muß dann 400 Rs Sicherheit hinterlegen. Wie viele Geschäfte in dieser Gegend ist auch die Fahrradvermietung montags geschlossen.

Im Gebiet des Connaught Place und in Neu-Delhi ist das Fahrradfahren allerdings verboten. Fahrräder können aber ganz nützlich für Fahrten zwischen dem Nordrand des Connaught Place und Paharganj sowie in Alt-Delhi sein.

GROSSRAUM DELHI

KHIRKI-MOSCHEE UND JAHANPANAH

Die interessante Khirki-Moschee mit ihren vier offenen Innenhöfen stammt bereits aus dem Jahre 1380. Nach ihr wurde auch das unweit liegende Dorf Khirki benannt. In der Nähe der Moschee finden Sie auch noch die Ruinen von Jahanpanah (Delhi Nr. 4) sowie die hohe Plattform Bijai Mandal und die Begumpur-Moschee, die sich mit ihren vielen Kuppeln ein eigenes Markenzeichen erhält.

TUGHLAQABAD

Östlich des Qutab Minar dehnt sich Delhi Nr. 3, Tughlaqabad, mit seinen trutzigen Befestigungsmauern aus. Diese von einer Mauer umgebene Stadt und das Fort mit 13 Stadttoren gehen auf die Initiative von Ghiyas-ud-din Tughlaq zurück. Die Bauarbeiten wurden gestört durch den legendären Streit, den der Herrscher Tughlaq mit dem Heiligen Nizam-uddin ausgetragen hat. Tughlaq hatte es nämlich gewagt, die Arbeiter vom Bau des heiligen Schreins abzuziehen, den Nizam-uddin entstehen ließ. Daraufhin belegte der Heilige die künftige Stadt mit einem Fluch, nach dem in ihren Mauern nur *gujars* (Schafhirten) leben würden. Heute stimmt dies tatsächlich.

Aber damit war der Streit noch nicht beendet. Als der König zum Gegenschlag ausholte, beruhigte der Heilige seine Anhänger mit einem Spruch, der bis auf den heutigen Tag in Indien Gültigkeit hat: „Delhi ist weit weg". Dieser Spruch bewahrheitete sich in der Tat, denn auf seiner Reise von Delhi wurde der König 1325 ermordet.

Die Mauern des Forts sind aus massiven Quadern erbaut. An der Südseite der Stadtmauer liegt inmitten eines künstlichen Sees das Grabmal des Königs. Ein langer Damm verbindet es mit dem Fort.

Die Innenwände beider Gebäude sind schräg abfallend.

DER KOMPLEX QUTAB MINAR

Alle Bauten dieses Gebäudekomplexes, 15 km entfernt von Delhi, stammen aus der Anfangszeit der moslemischen Herrschaft über Indien und sind sehr gute Beispiele für afghanische Architektur. Der Qutab Minar selbst ist eine erhabene Siegessäule, mit deren Bau sofort nach Unterwerfung des letzten hinduistischen Königreiches von Delhi im Jahre 1193 begonnen wurde. Stolze 73 m ragt dieser Turm empor. Er verjüngt sich von 15 m Durchmesser am unteren Ende auf nur 2,5 m an der Spitze.

Der Turm besteht aus fünf charakteristischen Stockwerken, jedes klar erkenntlich durch einen vorspringenden Balkon. Die ersten drei Stockwerke sind aus rotem Sandstein errichtet worden, der vierte und fünfte Stock aus Marmor und Sandstein. Qutab-ud-din begann zwar mit dem Bau, erlebte aber nur die Fertigstellung des ersten Stockwerks mit. Seine Nachfolger vollendeten das Vorhaben. Im Jahre 1368 erneuerte Feroz Shah Tughlaq die obersten Etagen und fügte das Kuppeldach hinzu. Ein Erdbeben ließ 1803 die Kuppel herunterfallen. Sie wurde aber 1829 ersetzt. Gleichzeitig wurden weitere Änderungen vorgenommen.

Mittlerweile steht dieser so ausnehmend schön gestaltete Turm etwas schief, hat aber all die Jahrhunderte erstaunlich gut überstanden. Der Turm ist für Besucher gesperrt, und das schon seit einigen Jahren, weil es einmal beim Besuch einer Schulklasse zu einer Panik und zu Toten kam.

Quwwat-ul-Islam-Moschee: Zu Füßen des Qutab Minar steht Indiens erste Moschee. Stolz trägt sie den Namen „Macht des Islam". Mit dem Bau dieser Moschee begann Qutab-ud-din im Jahre 1193, die dann aber in den folgenden Jahrhunderten viele Um- und Anbauten über sich ergehen lassen mußte. Die ursprüngliche Moschee stand auf den Grundmauern eines hinduistischen Tempels. Eine Inschrift über dem Osteingang besagt, daß man zum Bau die Überreste von „27 götzendienerischen Tempeln" verwendete. Viele Elemente der Konstruktion verweisen auch auf ihren hinduistischen oder jainistischen Ursprung. Altamish, der Schwiegersohn von Qutab-ud-din, umgab die anfänglich recht kleine Moschee in den Jahren 1210-20 mit einem Innenhof. Alaud-Din fügte später um 1300 den Hof im Osten und das prächtige Alai-Darwaza-Tor hinzu.

Eiserne Säule (Iron Pillar): Im Innenhof der Moschee ragt die eiserne Säule 7 m in die Höhe. Dort hatte sie ihren Platz schon lange, bevor der Bau der Moschee begonnen wurde. Aus einer Sanskrit-Inschrift mit sechs Zeilen geht hervor, daß dies nicht ihr erster Standort war, sondern daß sie ursprünglich außerhalb eines Vishnu-Tempels, möglicherweise in Bihar, aufgestellt und zur Erinnerung an den Gupta-König Chandragupta Vikramaditya errichtet wurde, der von 375 bis 413 n. Chr. regierte.

Was die Inschrift der Säule leider nicht verrät, ist die Art der Herstellung bzw. die Zusammensetzung des Materials, denn die Reinheit des verwendeten Eisens ist außergewöhnlich. Kein Wissenschaftler fand bisher heraus, wie es damals möglich war, ein solch reines Eisen, das auch nach über 2000 Jahren noch nicht gerostet ist, zu gewinnen und zu verarbeiten. Glaubt man einer alten Sage, dann geht jedem, der die Säule mit dem Rücken zu ihr umfassen kann, ein Wunsch in Erfüllung.

Alai Minar: Zur gleichen Zeit, als sich Ala-ud-din mit den Plänen zur Erweiterung der Moschee befaßte, trug er ehrgeizige Pläne weiterer Bauvorhaben mit sich herum. So wollte er eine weitere Siegessäule errichten, ähnlich dem Qutab Minar, nur sollte sie doppelt so hoch werden. Zum Zeitpunkt seines Todes war sie schon bis

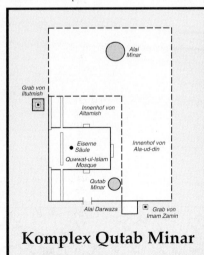

Komplex Qutab Minar

auf eine Höhe von 27 m gewachsen. Ein zweiter so mutiger Bauherr fand sich jedoch zur Vollendung dieses etwas zu hochgegriffenen Projektes nicht bereit. Daher steht diese Säule immer noch unvollendet nördlich des Qutab Minar und der Moschee.

Weitere Sehenswürdigkeiten: Das von Ala-ud-din erbaute Alai-Darwaza-Tor ist der Haupteingang zu diesem gesamten Komplex. Aus rotem Sandstein errichtet, steht es seit 1310 südwestlich des Qutab Minar. Gleich neben dem Eingang befindet sich das Grab des Imam Zamin. Das Grab des 1235 verstorbenen Altamish ist in der Nordwestecke der Moschee zu sehen.

Ein kurzes Stück westlich der Mauer, im Dorf Mehrauli, hat Adham Khan seine letzte Ruhestätte gefunden. Neben anderen unerfreulichen Dingen, die diesem Mann zugeschrieben werden, trieb er Rupmati in den Selbst-

mord, nachdem Mandu erobert war (siehe Abschnitt über Mandu im Kapitel über Madhya Pradesh). Als Akbar immer ungehaltener wurde, ließ er ihn kurzerhand von einer Terrasse des Forts in Agra werfen.

Innerhalb dieses Areals stehen auch einige Sommerpaläste. Ferner kann man die Gräber der letzten Könige von Delhi besichtigen, die die Moguln ablösten. Der freie Platz zwischen zwei Gräbern sollte die Ruhestätte des letzten Königs von Delhi werden. Er starb jedoch 1862 im Exil in Rangun (Burma). Dorthin hatte er sich wegen seiner Verwicklung in den Aufstand in Indien bereits 1857 zurückgezogen.

An- und Weiterreise: Qutab Minar ist mit Bussen der Linie 505 zu erreichen, die von der Seite mit dem Ajmer-Tor am Bahnhof Neu-Delhi und vom Janpath, gegenüber vom Hotel Janpath, abfahren.

PUNJAB UND HARYANA

Der Punjab war der Teil Indiens, der während der Teilung am meisten unter Verwüstungen und Beschädigungen zu leiden hatte. Um so erstaunlicher ist die Tatsache, daß der Punjab heute der reichste Staat des Subkontinents ist. Der Punjab besitzt keine Bodenschätze und keine natürlichen Vorteile, die dazu hätten führen können, es war schlicht und einfach harte Arbeit der emsigen Punjabis.

Vor der Teilung erstreckte sich der Punjab auch über ein Gebiet, das heute jenseits der Grenze zwischen Pakistan und Indien liegt. Die Hauptstadt war damals Lahore, heute die Hauptstadt des pakistanischen Teils des Punjab. Die Teilung ging quer durch die Bevölkerung. Da man die Moslems von den Sikhs trennen wollte, wurden zwei Staaten geschaffen. Folge dieser widersinnigen Teilung war, daß Millionen von Sikhs und Hindus in Richtung Osten flohen und etwa die gleiche Anzahl Moslems gen Westen flüchtete. Entsetzliche Massaker auf beiden Seiten gingen mit diesem Flüchtlingsstrom einher.

Politische Forderungen der Sikhs, Terror und Bürgerkrieg haben den Staat in jüngster Zeit sehr geschwächt. Im Jahre 1984 besetzten Extremisten den Goldenen Tempel in Amritsar und konnten daraus erst nach einer blutigen Auseinandersetzung mit indischen Soldaten wieder vertrieben werden. Die terroristischen Aktivitäten von fünf extremischen Gruppen dauerten bis Anfang der neunziger Jahre an und sorgten dafür, daß der Punjab für Touristen nicht zugänglich war. Aber die Unterstützung dieser Gruppen ist geschwunden, so daß sich die Lage wieder beruhigt hat und es wieder sicher geworden ist, dieses Gebiet zu bereisen.

Die bedeutendste Stadt im Punjab ist Amritsar, die heilige Stadt der Sikhs. Da sie in unmittelbarer Nähe der Grenze zu Pakistan gelegen ist, hielt man es für sicherer, eine weiter im Landesinnern gelegene Stadt als Hauptstadt zu benennen. Zunächst entschied man sich für Shimla, die alte Sommerresidenz aus der Zeit der englischen Besetzung. Später wurde dann Chandigarh entworfen, eine in den fünfziger Jahren erbaute Stadt, die heute die Hauptstadt des Punjab ist.

Als erneut Unruhen ausbrachen, erlitt der Punjab 1966 wiederum eine Teilung. Diesmal spalteten sich die zwei vorherrschenden Sprachgruppen, nämlich die Sikh und die Punjabi sprechende Bevölkerung. So kam es zu dem heutigen Doppelstaat Punjab und Haryana. Gleichzeitig wurden einige Gebiete im Norden an Himachal Pradesh abgegeben. Chandigarh liegt direkt

Punjab
 Einwohner: 21,6 Millionen
 Gesamtfläche: 50 362 km²
 Hauptstadt: Chandigarh
 Einwohner pro Quadratkilometer: 433
 Wichtigste Sprache: Punjabi
 Alphabetisierungsrate: 57 %
 Beste Reisezeit: Oktober bis März

Haryana
 Einwohner: 18 Millionen
 Gesamtfläche: 44 222 km²
 Hauptstadt: Chandigarh
 Einwohner pro Quadratkilometer: 407
 Wichtigste Sprache: Hindi
 Alphabetisierungsrate: 56 %
 Beste Reisezeit: Oktober bis März

an der Grenze zwischen dem Punjab sowie Haryana und war bis 1986 Hauptstadt beider Staaten. In diesem Jahr wurde angekündigt, Chandigarh zur Hauptstadt des Punjab zu machen, um die Sikhs zu besänftigen. Wegen der andauernden Gewalt wurde das jedoch bisher nicht in die Tat umgesetzt, soll aber irgendwann doch geschehen. Daher bleibt es vorerst die Hauptstadt beider Bundesstaaten, wird aber als Unionsterritorium von Delhi aus verwaltet.

Bei der Teilung war der Punjab nahezu verwüstet, und alles lag am Boden. Aber die Sikhs vollbrachten mit ihrem unerschütterlichen Lebenswillen und mit unge-

---

Sikhs

Es waren die Sikhs, die den Punjab zu dem erstaunlichen Erfolg verhalfen. Sie gehören zu den wohl interessantesten Bevölkerungsgruppen von Indien. Auf ihre Sitten, Bräuche und Religion wird im Einführungsteil in einem besonderen Kapitel eingegangen.

Sie sind auch im Alltagsleben sofort erkennbar. Da sie aus religiösen Gründen ihr Haar (*kesha*) nicht schneiden dürfen, tragen alle Männer Bärte und Turbane. Auch ihre körperliche Verfassung ist beeindruckend. Sie sind groß und stattlich; einen schmächtigen Sikh werden Sie nicht finden. Die Sikh-Frauen tragen mit ihren ausgefallenen Gewändern ebenfalls dazu bei, sie sofort in der Menge zu erkennen. Sie tragen den *salvar-kameez*, ein Gewand, das einem Schlafanzug ähnelt und bei dem die Hosen an den Fesseln zusammengehalten werden. Darüber wird ein langes Hemd getragen, das nicht selten bis zu den Knien reicht. Alle Sikhs haben von den Rajputen den Beinamen „Singh" angenommen, der übersetzt „Löwe" heißt.

Unerklärlich ist, warum die Sikhs in Indien Opfer vieler Witze sind. Trotz ihres so unglaublichen Erfolges werden sie von der Mehrheit der Inder stets als einfältig und dumm hingestellt. Die Witze sind den Witzen ähnlich, die in unseren Heimatländern über bestimmte Volksgruppen ebenfalls erzählt werden. Unverständlich bei den Witzen über die angeblich so einfältigen Sikhs ist aber, daß es ausgerechnet die Sikhs sind, die eine besondere Begabung für all das besitzen, was den Umgang mit Maschinen angeht. Wo immer in Indien Verständnis für Technik erforderlich ist, sind die Sikhs zur Stelle. Ganz gleich, ob es um die Bedienung einer Maschine, das Führen einer Auto-Rikscha oder das Fliegen einer Boeing 747 geht, die Sikhs sind mit einer unverhältnismäßig hohen Zahl beteiligt.

---

heurer Energie Wunder. Liest man die Statistiken über Indien, dann weist der Punjab Zahlen auf, von denen andere Staaten nur träumen. Das Pro-Kopf-Einkommen liegt im Punjab um 50 % über dem Durchschnitt von ganz Indien, gefolgt von Haryana, das an zweiter Stelle liegt. Obwohl die Punjabis nur 2,5 % der Gesamtbevölkerung Indiens ausmachen, tragen sie mit stolzen 22 % zum Weizenüberschuß und mit 10 % zum Reisüberschuß bei. Die Punjabis produzieren zudem ein Drittel der gesamten Milchmenge in Indien.

Der Punjab ist zwar vorwiegend ein Agrarstaat, verfügt aber doch über wichtige Industrien. Dazu gehört in Ludhiana beispielsweise die Fahrradfabrik Hero, Indiens (und der Welt) größter Fahrradhersteller. Aber auch auf einem anderen Gebiet liegen die Punjabis an der Spitze: Sie haben den höchsten Alkoholverbrauch in Indien. Das Metallarmband (*karra*), das sie als Sikhs tragen müssen, eignet sich hervorragend zum Öffnen von Bierflaschen.

Für erlebnishungrige Touristen hat die Gegend nur eine Sehenswürdigkeit zu bieten: den wunderschönen Goldenen Tempel in Amritsar. Davon abgesehen liegen die beiden Staaten eigentlich nur auf den Transitstrecken des Tourismus. Sie liegen auf dem Weg zu den Gebirgsorten von Himachal Pradesh und - wenn sich die Lage wieder beruhigt hat- nach Kaschmir.

HARYANA

Der Staat Haryana hat eines der erfolgreichsten Fremdenverkehrsämter von ganz Indien aufgebaut. Dies verwundert um so mehr, als Touristen ja in Haryana nur selten etwas Interessantes zu sehen bekommen, weil dieser Staat kaum etwas zu bieten hat. Die geschäftstüchtigen Bewohner von Haryana nutzten aber geschickt die Tatsache aus, daß die unendlich viele Besucher, die die Sehenswürdigkeiten im Norden Indiens besichtigen wollen, zwangsläufig durch Haryana reisen müssen. Dies trifft zum Beispiel für all diejenigen zu, die nach Agra, Kaschmir und Amritsar wollen. Deshalb bauten sie entlang der Hauptdurchgangsstraßen einige „Service-Zentren". Das sind Einrichtungen mit einem Motel, einem Restaurant und einer Tankstelle, wie wir sie von Zuhause als Autobahnraststätten kennen, die aber in Indien höchst selten anzutreffen sind.

Sie sind durchweg gut geführt und sauber. In ihnen ist bei einer Durchreise durch Haryana die Übernachtung eine reine Freude. Meistens ist auch ein Campingplatz angeschlossen. Eine einfache Hütte kostet üblicherweise 200 Rs. Die Preise für ein Zimmer liegen zwischen 300 und 400 Rs, je nachdem, ob sie klimatisiert sind oder nicht. Zu allen dieser Anlagen gehört jeweils auch ein Restaurant. In einigen werden auch Schnellimbisse serviert. Rajhans und Badkhal-See liegen an der Straße von Delhi nach Agra, Skylark, Parakeet und Kingfisher an der Straße von Delhi nach Chandigarh. Nachfolgend finden Sie die wichtigsten Servicestationen in Haryana mit Angabe der Entfernung von Delhi in Kilometern: Badkhal-See (Tel. 21 87 31), 32 km; Sauna; Swimming Pool, Boote, Angelmöglichkeit, klimatisierte Zimmer, Campinghütten.

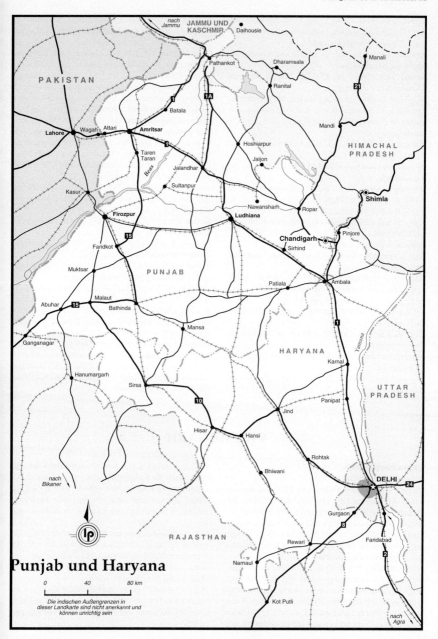

Punjab und Haryana

0   40   80 km

*Die indischen Außengrenzen in
dieser Landkarte sind nicht anerkannt und
können unrichtig sein*

241

Barbet, Sohna (Tel. 22 56), 56 km; Café, Schwefelquellen, Dampfbäderkomplex, Swimming Pool, klimatisierte Zimmer, Campinghütten.

Blue Jay, Samalkha (Tel. 21 10), 70 km; Zimmer mit oder ohne Klimaanlage.

Bulbul, Jind (Tel. 5 60 87), 127 km; Zimmer mit Klimaanlage, Campinghütten.

Dabchick, Hodal (Tel. 6 26), 92 km; Möglichkeit für Ausritte auf Elefanten, Boote, Kinderspielplätze, klimatisierte Zimmer, Campinghütten mit oder ohne Klimaanlage.

Flamingo, Hissar (Tel. 7 57 02), 160 km; Zimmer mit Klimaanlage.

Gauriya, Bahadurgarh (81 04 55), 35 km; Zimmer mit Klimaanlage.

Hermitage Suraj Kund, Stadtrand von Delhi (Tel. 27 60 99); Campinghütten.

Jangle Babbler, Dharuhera (Tel. 21 86, Rewari), 70 km; Café, Weingeschäft, Zimmer mit oder ohne Klimaanlage, Schlafsaal.

Jyotisar, Kurukshestra, 160 km; Schlafsaal.

Kala Teetar, Abub Shehar, 325 km; Boote, Zimmer mit oder ohne Klimaanlage.

Karna-See, Uchana (Tel. 24 09 99); Boote, Angelmöglichkeiten, Zimmer mit Klimaanlage.

Kingfisher, Ambala (Tel. 44 37 32), 55 km von Chandigarh entfernt; Motel, Bar, Fitness-Club, Swimming Pool.

Koel, Kaithal (Tel. 42 70), 123 km von Chandigarh entfernt; Motel.

Magpie, Faridabad (Tel. 28 80 83), 30 km; Zimmer mit Klimaanlage.

Myna, Rohtak (Tel. 3 31 20), 74 km; Zimmer mit Klimaanlage.

Neelkanth Krishna Dham Yatri Niwas, Kurukshestra (Tel. 3 16 15), 154 km; Meditationsraum, Schlafsaal, Zimmer mit oder ohne Klimaanlage.

Oasis, Karnal (Tel. 2 42 64), 124 km; Café, Stand mit Fruchtsäften, Boote, Campinghütten.

Parakeet, Pipli (Tel. 3 02 50), 152 km; Café, Campingeinrichtungen, Zimmer mit Klimaanlage.

Rajhans, Suraj Kund (Tel. 6 81 07 99), 8 km; Swimming Pool, Sportraum, Boote, Angelmöglichkeiten, Möglichkeiten zum Felsenklettern, teure Zimmer mit Klimaanlage.

Red Bishop, Ambala (Tel. 56 00 27), 10 km von Chandigarh entfernt; Motel, Zimmer mit Klimaanlage.

Rosy Pelican, Sultanpur (Tel. 8 52 42), 46 km; Möglichkeit zur Vogelbeobachtung, Campingplatz, Zimmer mit oder ohne Klimaanlage.

Saras, Damdama-See (Tel. 83 52), 64 km; Boote, Luftkissenboote (wirklich!), Schlafsaal, Zimmer mit Klimaanlage.

Shama, Gurgaon (Tel. 32 06 83), 32 km; Zimmer mit Klimaanlage.

Skylark, Panipat (Tel. 2 10 51), 92 km; Schlafsaal, Zimmer mit oder ohne Klimaanlage.

Tilyar-See, Rohtak (Tel. 3 31 19), 70 km; Boote, Schlafsaal, Zimmer mit oder ohne Klimaanlage.

Yadavindra Gardens Budgerigar, Pinjore (Tel. 28 55, Kalka), 281 km; Freiluftcafé, Dosa-Laden, Mini-Zoo, Kinderspielplatz, Zimmer mit Klimaanlage.

Der Kunstgewerbemarkt in Suraj Kund findet jedes Jahr in den beiden ersten Wochen im Februar statt und ist einen Besuch durchaus wert. Dort kann man unmittelbar bei den Kunsthandwerkern einkaufen, und zwar hochwertige Gegenstände zu Preisen, die niedriger sind als in den staatlichen Geschäften. Suraj Kund liegt nur 10 km von Delhi entfernt.

CHANDIGARH

Einwohner: 600 000

Telefonvorwahl: 0172

Chandigarh entstand nach einem Plan des französischen Architekten Le Corbusier, der mit dem Bau Anfang der fünfziger Jahre begann. Für westliche Besucher erweckt diese Stadt meist den Eindruck, recht steril und weitläufig zu sein, die Inder jedoch sind stolz auf sie. Die Einwohner gar können sich nicht vorstellen, woanders so gut zu leben.

Nüchtern betrachtet ist Chandigarh eher ein trauriges Kapitel der Städteplanung. Es ist eine Stadt, die ganz auf Autofahrer zugeschnitten ist, aber in einem Land, in dem die Mehrheit der Bevölkerung gar keinen Wagen besitzt. Man hat fast den Eindruck, als hätte Le Corbusier alles am Reißbrett geplant und Indien vorher nie persönlich gesehen und erlebt. Das Ergebnis ist, daß Chandigarh für Fußgänger einfach ungeeignet ist, wo selbst Fahrrad-Rikschas sich verloren vorkommen. Die Fahrer nehmen denn auch jede mögliche Abkürzung und tauchen dort auf, wo man sie gar nicht vermutet.

Die großzügig angelegten Straßen um die Einkaufszentren herum gäben schöne Parkplätze ab, hier aber sind sie einfach verlassen und leer. Zwischen den verstreut und weit auseinanderliegenden Gebäuden der Stadt ist nur Brachland zu sehen.

In Le Corbusiers Heimatland Frankreich gäbe es auf solchen Flächen sicherlich Parks oder Gärten, in Indien aber überläßt man die freien Flächen einfach sich selbst.

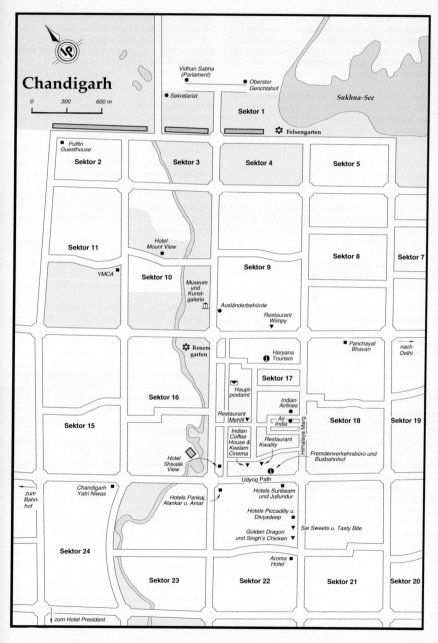

Chandigarh

0   300   600 m

Vidhan Sabha
(Parlament)
● Oberster
  Gerichtshof
● Sekretariat

Sektor 1

Sukhna-See

✿ Felsengarten

■ Puffin
  Guesthouse

Sektor 2   **Sektor 3**   **Sektor 4**   **Sektor 5**

Sektor 11

Hotel
Mount View ■

YMCA ■   **Sektor 10**

Sektor 9   **Sektor 8**   **Sektor 7**

Museum
und Kunst-
galerie 🏛

● Ausländerbehörde
        Restaurant
        Wimpy ▼

✿ Rosen-
  garten

Haryana
ℹ Tourism   ■ Panchayat
                     Bhavan   nach
                                     Delhi

Sektor 17

▼ Haupt-
  postamt

Sektor 16   Indian
                       Airlines ●

Restaurant   Air ●
Mehfil ▼   India   **Sektor 18**   **Sektor 19**

Sektor 15   Indian
                       Coffee
                       House &   Restaurant
                       Keelam   Kwality ▼
                       Cinema

Himalaya Marg

Hotel   ▼   ▼
Shivalik   ℹ
View ■   Fremdenverkehrsbüro und
                Busbahnhof

Udyog Path

←
zum   Chandigarh
Bahn-   Yatri Niwas ■
hof   Hotels Sunbeam
        Hotels Pankaj,   und Jullundur
        Alankar u. Amar
                       Hotels Piccadilly u.
                       Divyadeep ■   Sai Sweets u. Tasty Bite
                       Golden Dragon ▼
                       und Singh's Chicken ▼

Sektor 24   **Sektor 18**...

Aroma ■
Hotel

Sektor 23   **Sektor 22**   **Sektor 21**   **Sektor 20**

← zum Hotel President

ORIENTIERUNG

Chandigarh liegt am Ende der Siwalik-Hügel. Das sind Ausläufer des Himalaja. Die Stadt ist gegliedert in 47 numerierte Bezirke, unterteilt durch breite Straßen. Die Busstation, das moderne Einkaufszentrum und viele Restaurants liegen im Sektor 17. Da der Bahnhof als weiterer Teil einer ausgezeichneten Städteplanung 8 km außerhalb von Chandigarh errichtet wurde, bieten sich eher Busreisen an. Reservierungen für Bahnfahrten können Sie neuerdings etwas bequemer auch im Stadtbüro der Eisenbahn, oben im Zentralbusbahnhof, vornehmen.

PRAKTISCHE HINWEISE

Das sehr hilfreiche Fremdenverkehrsamt (Tourist Office) von Chandigarh ist oben im Busbahnhof untergebracht und täglich zwischen 9.00 und 17.00 Uhr geöffnet (Tel. 70 46 14). Ein Stockwerk darüber hat Punjab Tourism (Tel. 70 45 70) seinen Sitz. Haryana Tourism findet man im Sektor 17 B (Tel. 70 29 55). Himachal Tourism und Uttar Pradesh Tourism unterhalten Büros neben dem Hotel Jullundur.

Das Büro von Indian Airlines im Einkaufszentrum im Sektor 17 (Tel. 70 45 39) ist täglich von 9.30 bis 19.00 Uhr zu erreichen.

SEHENSWÜRDIGKEITEN

Behördengebäude: Die Gebäude der Regierung und das Vidhan Sabha (Parlament) liegen ebenfalls in Sektor 1. Vormittags zwischen 10.00 und 12.00 Uhr dürfen Besucher in die oberste Etage des Sekretariats der Regierung und können von dort aus einen herrlichen Blick über Chandigarh genießen. Die riesige offene Hand ist ein Symbol für Einheit und der zentrale Punkt im Sektor mit den Behördengebäuden.

Felsengarten (Rock Garden): In der Nähe der Behördengebäude findet sich eine zum Pflichtprogramm aller Besucher gehörende Attraktion: den Rock Garden. Das ist ein Labyrinth aus Beton mit vielen Felsen, aber wenig Garten. Eine sehr ausgefallene und zugleich sonderbare Anlage, vielleicht sogar Phantasiegebilde, die im Lauf der Jahre immer weiter gewachsen und nun sehr groß ist. Geöffnet ist sie vom 1. April bis zum 30. September täglich von 9.00 bis 13.00 Uhr und von 15.00 bis 19.00 Uhr. Auch im Rest des Jahres ist die Anlage zugänglich, wird dann aber nachmittags eine Stunde früher geschlossen. Der Eintritt kostet 0,50 Rs. Nicht weit davon entfernt ist der künstlich angelegte Sukhna-See. Dort kann man Boote für Ausflüge auf dem See mieten oder entlang der 2 km langen Uferpromenade bummeln.

Museum und Kunstgalerie: Die Kunstgalerie in Sektor 10 (täglich außer Montag geöffnet) zeigt eine gute Sammlung von Steinskulpturen aus Indien. Die Stücke stammen zum Teil sogar aus der Gandhara-Zeit. Ebenfalls finden Sie dort Miniaturmalereien und moderne Kunst. Im Museum nebenan sind Fossilien und Werkzeuge aus der Vorgeschichte ausgestellt, die alle in Indien gefunden wurden. Als Eintritt muß man 0,50 Rs bezahlen.

Rosengarten: Der in Sektor 16 gelegene Rosengarten soll der größte von ganz Asien sein. Dort kann man mehr als 1000 verschiedene Rosenarten bewundern.

UNTERKUNFT

Einfache Unterkünfte: Hinsichtlich preiswerter Unterkünfte ist Chandigarh eine Katastrophe. Am günstigsten übernachtet man im Panchayat Bhavan (Tel. 4 43 85), in einem Block wie für Institutionen mit einer Atmosphäre eines Sportvereins - übelriechende Socken und Handtücher, mit denen man nach etwas schlägt. Hier muß man für ein Bett im Schlafsaal 12 Rs und für ein Doppelzimmer 150 Rs bezahlen. Noch schlimmer ist das Tourist Rest House, in dem man zudem kaum zur Ruhe kommen wird, denn es liegt am Busbahnhof, auf dem immer viel Betrieb herrscht. Vermietet wird nur ein Zimmer mit vier Betten, in dem man für eines dieser Betten 12 Rs bezahlen muß.

Das beliebte Chandigarh Yatri Niwas (Tel. 54 59 04) liegt an der Grenze zwischen Sektor 15 und 24. Das Haus ist kaum bekannt und wurde recht versteckt hinter einem Wohnblock errichtet. Es hat ein wenig den Charakter einer Jugendherberge, denn die Zimmer haben kein eigenes Bad (Gäste von jeweils zwei Zimmern teilen sich ein Bad), aber es ist sauber und mit 150 bzw. 200 Rs für ein Einzel- oder Doppelzimmer ohne Klimaanlage und 250 Rs für ein Zimmer mit Klimaanlage ganz günstig. Es liegt jedoch weit entfernt vom Hauptmarkt und den Restaurants. Dafür steht den Gästen aber eine Cafeteria zur Verfügung.

So gut wie das beste der üblichen Hotels ist gegenüber vom Busbahnhof das Hotel Jullundur (Tel. 70 67 77). Das ist ein ruhiges und einigermaßen sauberes Haus. Alle Zimmer sind mit Fernsehgerät, angeschlossenem Bad und heißem Wasser zu jeder Tages- und Nachtzeit ausgestattet und kosten als Doppelzimmer 230 Rs sowie als Dreibettzimmer 310 Rs.

An einer Gruppe von Geschäften in der Reihe gegenüber vom Busbahnhof kann man lesen, daß dort Zimmer vermietet werden. Die liegen normalerweise in einem anderen Gebäude weiter entfernt von diesem Einkaufszentrum und eignen sich für Notfälle. Eines dieser Quartiere ist das Restaurant Royal, zu dem auch das Motel Peeush (Tel. 2 06 83) in der Straße dahinter gehört. Die Zimmer hier sind klein und mit Preisen von 250 Rs für ein Doppelzimmer auch nicht gerade günstig.

Mittelklassehotels: Etwa 500 m nordwestlich vom Busbahnhof liegen im Sektor 22 einträchtig nebeneinander drei einfache bis mittlere Hotels. Das günstigste von ihnen ist das Hotel Amar (Tel. 70 36 08) mit Doppelzimmern für 250 Rs (mit Klimaanlage für 350 Rs). Zu diesem Hotel gehört auch ein gutes Restaurant. Die beiden anderen sind das Hotel Alankar (Tel. 70 88 01) mit Doppelzimmern ab 300 Rs und das Hotel Pankaj (Tel. 70 79 06), das beste der drei mit komfortablen Einzelzimmern für 295 Rs und ebenso komfortablen Doppelzimmern für 325 Rs.

Am Südrand des Sektors 22 liegt in der Himalaya Marg das Hotel Divyadeep (Tel. 70 51 91), in dem Einzelzimmer für 120 Rs und Doppelzimmer für 150 Rs, mit Ventilator für 170 bzw. 200 Rs und mit Klimaanlage für 220 bzw. 270 Rs vermietet werden. Schließlich steht direkt hinter der Verkehrsampel, etwa 10 Minuten zu Fuß vom Busbahnhof, das langjährig betriebene Hotel Aroma (Tel. 70 00 45). Dort reichen die Übernachtungspreise von 300 Rs für ein normales Doppelzimmer bis 695 Rs. 795 Rs für eine Suite mit Klimaanlage. Das Haus ist sauber und gut geführt. Vorhanden sind auch ein Restaurant und ein Coffee Shop.

Das von Haryana Tourism geführte Puffin Guest House (Tel. 54 03 21) liegt weit entfernt im Sektor 2 und hat Einzel- und Doppelzimmer mit Klimaanlage ab 250 bzw. 350 Rs zu bieten.

Luxushotels: Am nächsten beim Busbahnhof liegt das Hotel Sunbeam (Tel. 70 81 07), in dem die klimatisierten Einzel- und Doppelzimmer für 650 bzw. 850 Rs vermietet werden. Mehrere weitere Hotels dieser Klasse findet man in der Nähe entlang der Himalaya Marg im Sektor 22, auch das Hotel Piccadilly (Tel. 70 75 71), in dem man für 495 Rs in einem Einzelzimmer und für 627 Rs in einem Doppelzimmer übernachten kann. Dieses Haus ist bei Geschäftsleuten nicht beliebt.

Ein weiteres modernes Hotels ist im Sektor 17 sehr zentral gelegen das Siwalik View (Tel. 70 44 97). Hier werden Einzelzimmer für 700 Rs und Doppelzimmer für 850 Rs vermietet.

Im Sektor 10 steht inmitten von friedlichen Gartenanlagen das beste Hotel von Chandigarh, das Mount View (Tel. 54 78 82, Fax 54 71 00). Die 61 Gästezimmer dieses Hauses kosten jeweils als Einzelzimmer 1000 Rs und als Doppelzimmer 1400 Rs. Den Gästen dieses Hauses werden auch ein Restaurant, ein Coffee Shop, ein Schwimmbecken und ein Fitness-Raum geboten.

ESSEN

Wenn es Chandigarh auch an preisgünstigen Unterkünften und bedeutenden Sehenswürdigkeiten fehlen mag, ist die Auswahl bei den Restaurants groß. In der Reihe mit Geschäften gegenüber vom Busbahnhof am Udyog Path gibt es auch eine Zahl von preiswerten Restaurants mit den üblichen indischen Gerichten. Dazu gehören die Restaurants Royal, Vince und Punjab.

Um die Ecke, am Himalaya Marg, erhält man im Singh's Chicken eine ganze Reihe von Hühnchengerichten. Ganz in der Nähe befindet sich das China-Restaurant Golden Dragon, das zwar teuer aussieht, aber ganz gute Speisen zu annehmbaren Preisen bietet. In dieser Gegend kommt man auch zum Tasty Bite, einem sehr vornehmen Schnellimbiß mit Gerichten zum Mitnehmen, darunter ganz ordentliche Burger und südindische Imbisse. Im Restaurant Bhoj des Hotels Divyadeep werden etwas teurere vegetarische Gerichte in einer blank polierten Umgebung serviert.

Wenn man im Panchyat Bhavan übernachtet, kann man im Chopstix 2 essen, einem China-Restaurant auf der anderen Straßenseite. Weiter nördlich, im Sektor 9, ist eine Filiale von Wimpy eröffnet worden, eine britische Hamburger-Kette, die von ihrem Namen lebt.

Eine weitere Gruppe von Restaurants findet man im Einkaufszentrum vom Sektor 17. Dazu gehört als Schnellimbiß das Hot Millions unweit vom Büro von Air India mit Hamburgern zu Preisen von 21 bis 38 Rs und einem großen Fernsehschirm für Satellitenprogramme, um beim Essen fernsehen zu können. Zwei Filialen des Indian Coffee House findet man hier ebenfalls.

In der gleichen Gegend liegen auch zwei der besten Restaurants von Chandigarh: das Ghazal und, in der gleichen Straße, das Mehfil. In beiden Restaurants ist es mit Hauptgerichten für ca. 80 Rs, serviert in einer schicken Umgebung, aber ganz schön teuer. Die Speisekarten enthalten die übliche Mischung aus westlichen, chinesischen und indischen Gerichten. Zum Ghazal gehört auch eine Kneipe, in der man Bier vom Faß erhalten kann. Im übrigen kann man Essen im Mehfil auch telefonisch bestellen (Tel. 70 35 39) und sich nach Hause bringen lassen.

EINKÄUFE

Empfehlenswert sind die Wollpullover und die Wollschals. Die bekommen Sie besonders gut im Government Emporium. Das Einkaufszentrum im Sektor 17 ist möglicherweise das größte dieser Art in Indien.

AN- UND WEITERREISE

Flug: Jagson Airlines legt auf den Flügen zwischen Delhi und Kullu in Chandigarh Zwischenlandungen ein. Auch Rajair mag in Chandigarh starten und landen, wenn diese Fluggesellschaft ihre Flüge zwischen Bombay und Kullu aufgenommen hat.

Bus: Chandigarh verfügt über einen sehr großen und sehr lauten Busbahnhof. Hier fahren laufend Busse nach Delhi ab, die bis zum Ziel fünf Stunden benötigen.

Delhi
Oben: Grabmal des Humayun, erbaut aus Sandstein sowie Marmor und Vorläufer des Taj Mahal in Agra.
Unten: Innenhof der Jama Masjid, der größten Moschee in Indien, erbaut unter Shah Jahan im Jahre 1644.

SALLY HONE

CHRIS BEALL

BRYN THOMAS

Punjab und Kaschmir
Oben links: Goldener Tempel in Amritsar
Oben rechts: Kuppeln des Goldenen Tempels
Unten: Blumenverkäufer in Amritsar

Insgesamt sind es täglich nicht weniger als fast 200 Busse, die Tag und Nacht in Richtung Delhi starten. In einem normalen Bus muß man für diese Fahrt 58 Rs bezahlen. Für 118 Rs können Sie auch in einem Luxusbus und für 175 Rs in einem klimatisierten Bus fahren. Normale Busse und Luxusbusse verkehren auch nach anderen Orten: Shimla (86 Rs, 5 Stunden), Kullu (112 Rs, 8 Stunden), Manali (132 Rs, 10 Stunden), Dharamsala (10 Stunden), Amritsar (6 Stunden) und Jaipur.

Zug: Für die An- oder Abreise sind die Busse der Bahn vorzuziehen. Wer doch mit der Bahn fahren möchte, kann Reservierungen im Büro oben im Busbahnhof vornehmen, das täglich von 8.00 bis 20.00 Uhr geöffnet ist (Tel. 70 43 82).

Die 245 km Entfernung zwischen Delhi und Chandigarh legt der superschnelle, zweimal täglich verkehrende *Shatabdi Express* in nur drei Stunden zurück. In einem Sitzwagen kostet eine Fahrt 250 Rs und in der 1. Klasse 500 Rs (einschließlich Verpflegung).

Kalka liegt nur 25 km weiter an dieser Eisenbahnstrecke, von wo aus man fast sechs Stunden braucht, um mit einer Schmalspurbahn Shimla zu erreichen.

NAHVERKEHR

Flughafentransfer: Der Flughafen ist 11 km vom Süden des Sektors 17 entfernt. Dorthin oder von dort zahlt man für eine Fahrt mit einem Taxi 120 Rs und mit einer Auto-Rikscha 44 Rs.

Stadtverkehr: Chandigarh zu Fuß erobern zu wollen ist wegen der weit auseinanderliegenden Stadtteile fast unmöglich. Da die Stadt über ein gut ausgebautes Busnetz verfügt, bieten sich diese Verkehrsmittel nahezu als die günstigsten an. Busse der Linie 1 verkehren zwischen dem Hotel Aroma und den Behördengebäuden in Sektor 1, während man Busse der Linie 37 für Fahrten zwischen dem Bahnhof und dem Busbahnhof benutzen kann.

Nach Aushandeln des Fahrpreises sind auch Rikscha-Fahrer bereit, Besucher herumzufahren. Das sollte man sich wegen der Weitläufigkeit der Stadt aber gut überlegen. Für längere Fahrten sind Auto-Rikschas besser, von denen es jedoch nicht allzu viele gibt.

Hinter dem Busbahnhof befindet sich zwar ein Kiosk, an dem Fahrten mit Auto-Rikschas im voraus bezahlt werden können. Dort sieht man eine Aufstellung mit allen genehmigten Fahrpreisen, aber es kann auch durchaus sein, daß ein Rikscha-Wallah, wenn nicht viel Betrieb herrscht, bereit ist, zu einem niedrigeren Preis zu fahren. Für eine Fahrt vom Bahnhof zum Busbahnhof muß man mit etwa 30 Rs rechnen.

Am besten fährt man in der Stadt mit einem Fahrrad. Weil es aber schwer ist, eines zum Mieten zu finden, fragt man am besten in seinem Hotel, wo das möglich ist.

DIE UMGEBUNG VON CHANDIGARH

PINJORE
Fidai Khan, der Pflegebruder von Aurangzeb, entwarf die Yadavindra-Gärten von Pinjore. Er gestaltete auch die Badshahi-Moschee in Lahore (Pakistan). In den 20 km von Chandigarh entfernt gelegenen Gärten liegt auch der Shish-Mahal-Palast, erbaut im Stil der Moguln von Rajasthan. Unterhalb liegen das Rang Mahal und das achteckige Jal Mahal. In unmittelbarer Nähe des Gartens gibt es einen Mini-Zoo; in ihm können ein Otterhaus und andere Tiere besichtigt werden. Die Springbrunnen sind nur an den Wochenenden in Betrieb.

Unterkunft: Im Motel Yadavindra Gardens Budgeriar von Haryana Tourism (Tel. 01733/28 55) werden Zimmer mit Klimaanlage ab 350 Rs pro Übernachtung vermietet.

An- und Weiterreise: Von Chandigarh fahren stündlich Busse und halten am Tor zu den Gartenanlagen.

VON CHANDIGARH NACH DELHI

Auf der 260 km langen Strecke von Chandigarh nach Delhi gibt es allerlei Sehenswürdigkeiten. Die Straße, eine Teilstrecke der „Grand Trunk Road", gehört mit zu den meistbefahrenen Straßen von ganz Indien.

KARNAL UND KURUKSHETRA
Nach den Beschreibungen im *Mahabharata* sollen hier, 118 km entfernt von Delhi, bedeutende Ereignisse stattgefunden haben. Dies gilt auch für Kurukshetra, die Zisterne etwas weiter nördlich. Bei Karnal besiegte

Nadir Shah, der persische Eroberer und Erbeuter des Pfauenthrones, im Jahre 1739 den Mogul Muhammed Shah.

Die Zisterne von Kurukshetra war bei einer Sonnenfinsternis das Ziel von etwa einer Million Pilgern, denn man glaubt, daß dann Wasser aus allen heiligen Wasserbecken Indiens darin enthalten ist. Dies bietet den Gläubigen die einmalige Möglichkeit, all ihre Sünden abwaschen zu können. Kurukshetra besitzt auch eine kleine Moschee, die Lal Masjid, sowie ein sehr fein gearbeitetes Grabmal.

GHARAUNDA

Im Westen dieser Stadt finden Sie das Tor eines alten Rasthauses (*sarai*) aus der Mogulzeit. Gharaunda liegt 102 km nördlich von Delhi. Unter der Herrschaft von Shah Jahan wurden entlang der Strecke Delhi-Lahore Meilensteine (*kos minars*) und Rasthäuser (*sarais*) gebaut. Die Meilensteine sind heute am Straßenrand im-

mer noch zu sehen. Die meisten *sarais* sind allerdings verschwunden.

PANIPAT

Panipat, 92 km nördlich von Delhi, erfreut sich eines ganz besonderen Rufes, nämlich die Stadt mit den meisten Fliegen zu sein. Dies liegt - glaubt man der Legende - an einem hier begrabenen Heiligen. Ihm sagt man nämlich nach, daß er die Stadt von den Fliegen befreite. Dies aber war der Bevölkerung damals auch nicht recht und so gab er sie ihnen zurück - Tausende! Außerdem war der Ort Schauplatz von drei großen Schlachten. Davon ist aber heute nichts mehr zu sehen. Hier besiegte im Jahre 1526 Babur den Ibrahim Lodi, König von Delhi, und gründete damit das Reich der Moguln in Indien. Ebenfalls in diesem Ort besiegte im Jahre 1556 Akbar die Pathanen. Und schließlich wurden hier 1761 die Marathen, die Nachfolger der Moguln, von den afghanischen Heeren des Ahmad Shah Durani geschlagen.

SULTANPUR

Etwa 46 km südwestlich von Delhi kommt man zu diesem Vogelschutzgebiet, in dem auch zahlreiche Flamingos leben. Von September bis März ist die beste Besuchszeit. Übernachten kann man im Rosy Pelican

(Tel. 8 52 42). Nach Sultanpur kommt man mit dem blauen Haryana-Bus von Delhi nach Gurgaon, muß dann in einen Bus nach Chandu umsteigen (dreimal täglich) und sich in Sultanpur absetzen lassen.

VON DELHI NACH SIRSA

Diese Strecke führt in Richtung Nordwesten durch Haryana zum Punjab und nach Pakistan, und zwar südlich der Straße von Delhi nach Amritsar. Von Delhi verläuft die Eisenbahnlinie durch Rohtak, 70 km nordwestlich von Delhi. Das war früher eine Grenzstadt zwischen den Gebieten der Sikhs und Marathen und ein Ort häufiger Zusammenstöße. In Hansi, gelegen nordwestlich von Rohtak, war es, wo Oberst Skinner gestor-

ben ist. Er war Kommandeur eines legendären privaten Kavallerieregiments mit dem Namen Skinner's Horse, gegründet in den neunziger Jahren des 18. Jahrhunderts, mit dem große Teile Nordindiens für die East India Company erobert wurde. Sirsa, 90 km weiter nordwestlich, ist eine bereits sehr alte Stadt, von der allerdings außer der Stadtmauer so gut wie nichts erhalten geblieben ist.

PUNJAB

AMRITSAR

Einwohner: 760 000
Telefonvorwahl: 0183
Gegründet 1577 von Ram Das, dem vierten Guru der

Sikhs, ist Amritsar heute sowohl das religiöse Zentrum der Sikhs als auch die Hauptstadt des Bundesstaates Punjab. Ihren Namen hat die Stadt nach der übersetzten

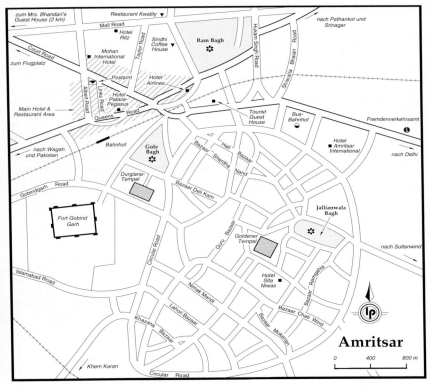

zum Mrs. Bhandari's Guest House (2 km)
Restaurant Kwality ▼
nach Pathankot und Srinagar
Mall Road
Hotel Ritz
Court Road
Taylor Road
Sindhi Coffee House ▼
Ram Bagh
Hukam Singh Road
Shiwala Bhaan Road
Mohan International Hotel
zum Flugplatz
Postamt
Hotel Airlines
Hotel Palace Pegasus
Albert Road
Links Road
Main Hotel & Restaurant Area
Queens Road
Tourist Guest House
Bus-Bahnhof
Fremdenverkehrsamt
ℹ
nach Wagah und Pakistan
Bahnhof
Gole Bagh
Bazaar Shardha
Hall Bazaar
Nano
Hotel Amritsar International
nach Delhi
Durgiana-Tempel
Bazaar Deli Kam
Gobindgarh Road
Fort Gobind Garh
Circular Road
Guru Bazaar
Jallianwala Bagh
Islamabad Road
Goldener Tempel
Bazaar
nach Sultanwind
Nimak Mandi
Hotel Sita Niwas
Bazaar Rangahia
Lahori Bazaar
Bazaar Chati Wind
Khazana Bazaar
Bazaar Mukerian
Khem Karan
Circular Road
Amritsar
0   400   800 m

Bezeichnung „Weiher des Nektars" erhalten, die sich auf den heiligen Teich um den Goldenen Tempel bezieht. Obwohl Amritsar an sich eigentlich nur eine weitere indische Stadt mit viel Staub ist, läßt sich der Goldene Tempel als außergewöhnlich schönes und friedliches Bauwerk beschreiben. Er ist einen Besuch allemal wert und wird auch von allen Leuten besichtigt, die auf dem Landweg zwischen Indien und Pakistan unterwegs sind, denn der einzige Grenzübergang zwischen diesen beiden Ländern ist nicht weit entfernt.

Ursprünglich war der Landstrich zur Gründung von Amritsar von dem Mogul Akbar zur Verfügung gestellt worden. 1761 wurde sie von Ahmad Shah Durani geplündert, und der Tempel wurde zerstört. Bereits 1764 wurde der Tempel jedoch wieder aufgebaut und 1802 dann das Dach mit vergoldeten Kupferplatten bedeckt. Dies geschah unter der Herrschaft des Ranjit Singh; seither ist er als der Goldene Tempel bekannt. Während der Unruhen bei der Teilung des Punjab (1948) litt Amritsar in ganz besonderem Maße unter den Kämpfen.

Während der Unruhen im Punjab Anfang der achtziger Jahre war der Goldene Tempel von Extremisten der Sikhs besetzt, die im Jahre 1984 schließlich von der indischen Armee vertrieben werden konnten. Dabei kam es jedoch zu einem Blutbad. Die gewaltsame Vertreibung der Extremisten aus dem Goldenen Tempel war auch ein Faktor, der mit zur späteren Ermordung von Indira Gandhi beigetragen hat. Im Jahre 1986 ist der Goldene Tempel von Extremisten erneut besetzt worden. Die Schäden, die dem Goldenen Tempel von Panzern der indischen Armee beigebracht worden sind, wurden inzwischen wieder beseitigt. Außerdem hat sich die Lage wieder weitgehend beruhigt.

Die Sikhs sind verständlicherweise stolz auf ihre Hauptstadt sowie den Goldenen Tempel und wurden von Besuchern wegen ihrer Freundlichkeit und Hilfsbereitschaft schon oft gelobt.

ORIENTIERUNG UND PRAKTISCHE HINWEISE

Südlich des Hauptbahnhofs erstreckt sich die Altstadt,

um die herum eine Ringstraße führt. Dort verlief einmal die massive Stadtmauer. Noch immer gibt es 18 Stadttore, aber nur das Tor im Norden, gegenüber den Bagh-Gärten, ist noch im Original erhalten. Der Goldene Tempel und die engen Straßen des Basars liegen im Stadtkern der Altstadt.

Der moderne Teil von Amritsar erstreckt sich nordöstlich des Bahnhofs. Dort finden Sie auch die wunderschönen Gärten, bekannt unter der Bezeichnung Ram Bagh, die Mall und die elegante Lawrence Street. Der Busbahnhof befindet sich einen Kilometer östlich des Bahnhofs an der Straße nach Delhi.

Das Fremdenverkehrsamt (Tourist Office) findet man im früheren Gebäude der Jugendherberge, das jetzt von der indischen Armee in Beschlag genommen worden ist (Tel. 23 14 52). Es liegt etwa einen Kilometer östlich vom Busbahnhof. Hier sind jedoch nur wenige Informationen erhältlich. Außerdem ist das Büro an Wochenenden geschlossen. Wie überall in diesem Gebiet gedeihen in der Umgebung in Gräben Marihuana-Pflanzen.

Im übrigen werden derzeit in Amritsar Zug um Zug die Telefonnummern umgestellt. Wenn es Schwierigkeiten bereiten sollte, einen der angegebenen Anschlüsse zu erreichen, kann man unter der Rufnummer 55 01 97 die neue Telefonnummer erfahren.

SEHENSWÜRDIGKEITEN

Goldener Tempel: Das größte Heiligtum der Sikhs ist der Goldene Tempel, auch bekannt als Hari Mandir. Er liegt im Kern der Altstadt von Amritsar. Der Tempel ist umgeben von dem Teich, der der Stadt den Namen gab. Ein Damm verbindet den Tempel mit dem Ufer. Der Tempel, für jedermann zugänglich, ist wunderschön, insbesondere am frühen Morgen. An Wochenenden kann es dort jedoch sehr voll werden. Die Restaurierungsarbeiten zur Beseitigung der Schäden, die die indische Armee dem Tempel bei der Erstürmung im Jahre 1984 zugefügt hat, sind weitgehend abgeschlossen. Einige Einschußlöcher sind in einigen Gebäuden aber immer noch zu sehen. Die kleinen Räume um den Teich herum und die im Untergeschoß wurden allerdings mit anderen möglichen Verstecken für Extremisten versiegelt.

Pilger und Besucher des Goldenen Tempels müssen die Schuhe ausziehen und ihren Kopf bedecken, wenn sie den Tempelbereich betreten. Außerdem ist das Rauchen nicht erlaubt. Fotografieren darf man vom Parikrama, dem Fußweg mit Marmorboden, der sich um den heiligen Teich zieht. Englischsprechende Führer stehen im Informationsbüro am Uhrturm zur Verfügung, der zugleich den Eingang zum Tempel bildet. Im Informationsbüro wird auch eine Reihe von interessan-

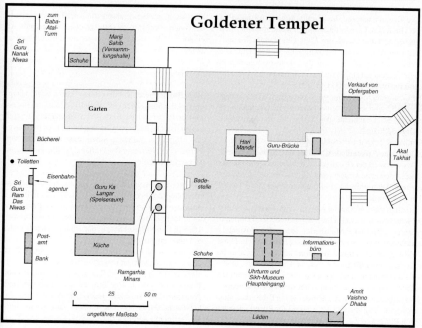

Goldener Tempel

zum Baba-Atal-Turm
Sri Guru Nanak Niwas
Manji Sahib (Versammlungshalle)
Schuhe
Garten
Bücherei
Toiletten
Sri Guru Ram Das Niwas
Eisenbahnagentur
Guru Ka Langar (Speiseraum)
Post-amt
Bank
Küche
Ramgarhia Minars
Verkauf von Opfergaben
Hari Mandir
Guru-Brücke
Akal Takhat
Badestelle
Schuhe
Informationsbüro
Uhrturm und Sikh-Museum (Haupteingang)
Amrit Vaishno Dhaba
0   25   50 m
ungefährer Maßstab
Läden

ten Veröffentlichungen angeboten, darunter ein kleines Büchlein mit dem Titel *Human Hair - Factory of Vital Energy*!

Der Hari Mandir, der Goldene Tempel, ist ein zweistöckiges Bauwerk aus Marmor, steht mitten in einem heiligen Teich und ist mit dem Festland durch einen Damm verbunden. Die unteren Teile der Wände aus Marmor sind mit Einlegearbeiten, darunter Blumen- und Tiermotive, geschmückt, ähnlich wie die Pietradura-Arbeiten am Taj Mahal. Innerhalb des Tempels bieten die Pilger den Wärtern süßes, weiches *prasaad* an, die davon die Hälfte an alle verteilen, die den Tempel wieder verlassen.

Die Architektur des Goldenen Tempels ist eine Mischung aus hinduistischen und moslemischen Stilrichtungen. Die goldene Kuppel (die angeblich mit 100 kg reinem Gold vergoldet ist) soll eine umgekehrte Lotosblüte darstellen. Sie ist deshalb umgedreht und der Erde zugewandt, weil sie als Symbol dafür gilt, daß die Sikhs sich den Problemen der Welt verbunden fühlen. Die Kuppel wird derzeit wieder mit Gold bedeckt, das die Gemeinschaft der Sikhs in Birmingham gespendet hat.

An Schlüsselplätzen um den Tempel herum lesen vier Priester ununterbrochen in Punjabi aus dem heiligen Buch der Sikhs, dem *Granth Sahib*, vor. Diese Lesungen werden durch Lautsprecher ins Freie übertragen. Die Originalausgabe *des Granth Sahib* wird tagsüber im Goldenen Tempel unter einem rosafarbenem Tuch aufbewahrt und abends um 22.00 Uhr in einer Zeremonie zum Akal Takhat (Sikh-Parlament) gebracht. Die Prozession am Morgen mit dem Transport zurück in den Goldenen Tempel findet im Sommer um 4.00 Uhr und im Winter um 5.00 Uhr statt.

Das zentrale Sikh-Museum ist oben im Uhrturm untergebracht und enthält eine Galerie mit Gemälden, in denen die Geschichte der Sikhs und ihr Martyrium dargestellt sind.

Im Akal Takhat trifft sich traditionell das Shiromani-Gurdwara-Parbandhak Komitee, das Sikh-Parlament. Das war der Grund dafür, daß dieses Gebäude von der indischen Armee 1984 fast vollständig zerstört wurde. Daraufhin ist ein komplett neues Akal Takhat erbaut worden.

In allen Sikh-Tempeln gibt es eine Gemeinschaftsküche wie die Guru Ka Langar im Goldenen Tempel, in der ehrenamtliche Mitarbeiter jeden Tag kostenlose Mahlzeiten für bis zu 30 000 Leute zubereiten. Diese Essen sind sehr einfach (*chapatis* und Linsen), aber sie werden ordentlich zubereitet und aufgetischt. In der Nähe befinden sich die *gurdwaras*, die kostenlosen Unterkünfte für jedermann. Hier werden Pilger hervorragend versorgt, was auch an der guten Bibliothek, dem Postamt, der Bank und der Agentur für Reservierungen von Plätzen in Zügen zu erkennen ist.

Zum Süden des Tempelbezirks hin befindet sich ein Gartengelände, in dem der Baba-Atal-Turm steht. Die langen Ramgarhia Minars, beschädigt durch Einschüsse von Panzern aus, stehen bereits außerhalb der Tempelmauern.

Altstadt: Ein Spaziergang von 15 Minuten Dauer durch die engen Straßen der Altstadt bringt Sie vom Goldenen Tempel zum Hindu-Tempel Durgiana. Dieser kleine Tempel ist der Göttin Durga geweiht und stammt aus dem 16. Jahrhundert. Ein anderer, größerer Tempel, ebenfalls inmitten eines Teiches gebaut, ist den hinduistischen Gottheiten Laxmi und Narayan geweiht.

Unzählige Moscheen finden Sie ebenfalls in der Altstadt. Zu ihnen gehört auch die Moschee von Muhammad Jan mit den drei weißen Kuppeln und den schlanken Minaretten.

Jalianwala Bagh: Diesen Park erreichen Sie in nur 5 Minuten Fußweg vom Goldenen Tempel aus. Er soll an die 2000 toten Inder erinnern, die an dieser Stelle im Jahre 1919 auf diskriminierende Art und Weise von den Briten erschossen wurden. Dieses Massaker gehörte zu den größten Abscheulichkeiten im Unabhängigkeitskrieg von Indien. In dem Film *Gandhi* wurde auch wieder an dieses traurige Ereignis erinnert.

Die Geschichte dieses abscheulichen Blutbades wird in der Galerie der Märtyrer (Martyr's Gallery) erzählt. An einem Teil der Mauer sind immer noch Einschüsse zu sehen. Auch der Brunnen ist noch da, in den viele Menschen sprangen, um dem Tod durch Erschießen zu entgehen.

Ram Bagh: Dieser wunderschöne Garten liegt im neuen Teil der Stadt. Hier gibt es auch ein Museum in dem kleinen Palast, den der Sikh-Maharadscha Ranjit Singh erbaut hat. Das Museum zeigt Waffen, die teilweise aus der Mogulzeit stammen, sowie eine Sammlung von Porträts der Herrscher des Punjab. Das Museum ist am Mittwoch geschlossen.

Weitere Sehenswürdigkeiten: Südwestlich des Zentrums liegt das Fort Gobind Garh, das von der indischen Armee übernommen wurde und nun von Besuchern nicht mehr betreten werden darf. Erbauen ließ es von 1805 bis 1809 Ranjit Singh, der auch für den Bau der Stadtmauern sorgte.

Taren Taran ist ein heiliges Gewässer der Sikhs, etwa 25 km südlich von Amritsar. Östlich dieses Gewässers stehen ein Tempel und ein Turm. Auch sie wurden von Ranjit Singh erbaut. Der Tempel ist älter als die Stadt Amritsar. Man sagt, daß jeder Leprakranke, der das Gewässer durchschwimmen kann, auf wunderbare Weise geheilt wird.

UNTERKUNFT

Einfache Unterkünfte: Gegenüber vom Eingang zum Bahnhof stehen mehrere ziemlich schmuddelige Hotels. Das beste davon ist das Hotel Palace-Pegasus, das eigentlich aus zwei getrennten Hotels im Besitz von zwei Brüdern besteht, aber über eine gemeinsame Rezeption im Vorderhof verfügt. Zu allen Zimmern gehört jeweils auch ein eigenes Bad. Im Hotel Palace muß man für ein Einzelzimmer ab 80 Rs und für ein Doppelzimmer ab 100 Rs bezahlen, im Hotel Pegasus ab 100 bzw. 120 Rs.

Im Tourist Guest House östlich vom Bahnhof (Tel. 3 31 30) werden Einzelzimmer ab 80 Rs und Doppelzimmer ab 100 Rs vermietet. Dieses Haus ist bei ausländischen Besuchern schon lange sehr beliebt. Allerdings ist das Essen teuer. Nach vorn stehen auch ein paar Doppelzimmer mit Bad für 150 Rs und mit Klimaanlage für 250 Rs zur Verfügung. Leider ist der freundliche alte Oberst, der das Haus geführt und im Laufe der Zeit vielen Gästen, die aus Pakistan ankamen, geholfen hat, in Amritsar eine Enfield-Motorrad zu kaufen, im Jahre 1994 gestorben. Hüten sollte man sich vor den Schleppern am Bahnhof, die versuchen, Touristen zum einfacheren Hotel Tourist Bureau zu leiten. Es steht unmittelbar vor dem Nordeingang zum Bahnhof.

Das Hotel Sita Niwas unweit vom Goldenen Tempel hat eine ganze Reihe von Doppelzimmern zu Preisen ab 100 Rs (mit Badbenutzung) bis 150 Rs (mit Bad und Ventilator) zu bieten. Für einen Eimer heißes Wasser muß man 4 Rs bezahlen. Auch wenn das Haus eigentlich ein gar nicht so schlechtes Quartier ist, wurde es um einen Innenhof herum erbaut, von wo aus es in den Zimmern ein bißchen laut werden kann.

Weil Gastfreundschaft Pilgern gegenüber Bestandteil des Glaubens von Sikhs ist, befindet sich das interessanteste Quartier von Amritsar im Goldenen Tempel. Wenn man dort übernachtet, ist es jedoch unabdingbar, daß man die Unterkunft als heilig respektiert und auf Rauchen, auf Alkohol, auf Drogen sowie bei Paaren auf den öffentlichen Austausch von Zärtlichkeiten verzichtet, weil so etwas die Sikhs beleidigt. Die *gurdwaras* (Sri Guru Ram Das Niwas und Sri Guru Nanak Niwas) werden von ehrenamtlichen Mitarbeitern betreut. Die Übernachtungen sind kostenlos, allerdings muß man bei der Ankunft eine Kaution von 50 Rs hinterlegen (die bei der Abreise zurückgezahlt wird) und darf längstens drei Tage bleiben. Angeboten werden große Schlafsäle mit Bettwäsche, zu denen sich die sanitären Anlagen (Toiletten und Duschen) in der Mitte eines Innenhofes befinden. Druck wird zwar nicht ausgeübt, aber die Mitarbeiter in diesen Unterkünften erwarten bei der Abreise eine Spende, um die man sich auch nicht drücken sollte. Im Sri Guru Nanak Niwas gibt es auch Doppelzimmer mit angeschlossenem Bad, aber die werden nicht kostenlos zur Verfügung gestellt, sondern

vermietet. Mit 15 Rs sind sie aber sehr günstig. In der Nähe ist ein neues Gästehaus, das Sri Guru Hargobind Niwas mit 125 Doppelzimmern und Bädern, im Bau.

Mittelklassehotels: Das Hotel Airlines (Tel. 6 48 48) liegt in der Cooper Road und nicht weit vom Bahnhof entfernt. Das ist ein durchaus annehmbares Haus, auch wenn die Zimmer schon etwas abgewohnt sind. Die Übernachtungspreise reichen von 193 Rs für ein normales Einzelzimmer und 250 Rs für ein normales Doppelzimmer bis 440 bzw. 550 Rs für ein Zimmer mit Klimaanlage. Alle Zimmer sind mit eigenem Bad ausgestattet. Vorhanden sind ferner eine ganz hübsche Sonnenterrasse und ein Restaurant. Das freundlichen Grand Hotel gegenüber vom Bahnhof (Tel. 6 29 77), unweit vom Hotel Palace-Pegasus, ist keine so gute Wahl, auch wenn alle Zimmer mit Fernsehgeräten für den Empfang von Satellitenprogrammen ausgestattet sind und sie um eine kleine Gartenanlage herum errichtet wurden. Hier werden normale Zimmer für 225 bzw. 300 Rs und Zimmer mit Klimaanlage zu höheren Preisen angeboten.

Zur mittleren Kategorie gehört im neuen Stadtteil (etwa 1 km vom Bahnhof entfernt) das schöne Hotel Blue Moon in der Mall Road (Tel. 2 04 16) mit Doppelzimmern für 200 und 250 Rs.

Die beste Unterkunft in dieser Preisklasse ist Mrs. Bhandari's Guest House in The Cantonment 10 (Tel. 22 23 90). Es ist insbesondere bei Überlandfahrern beliebt. Die Zimmer werden in diesem Haus für 500 Rs, mit Klimaanlage für 600 Rs, vermietet und enthalten teilweise bis zu vier Betten. Einzelzimmer sind für 400 Rs stehen ebenfalls zur Verfügung. Die charmante Frau Bhandari hat sich zwar inzwischen zurückgezogen, aber das Haus wird nun von ihren tüchtigen zwei Töchtern geleitet. Nichts scheint sich seitdem geändert zu haben, denn die Küche (die „Kommandobrücke") ist immer noch makellos sauber. Essen kann man in diesem Haus ebenfalls, Frühstück für 75 Rs und Mittag- sowie Abendessen für jeweils 150 Rs. Das Gästehaus steht in einem großen Garten mit Schwimmbecken (Mai bis August), in dem auch eine Kuh zu Hause ist. Zelten darf man auf dem Grundstück für 70 Rs pro Person und Tag.

Luxushotels: Unweit des Busbahnhofes steht das von der Regierung des Punjab erbaute und vollklimatisierte Hotel Amritsar International (Tel. 3 19 91). Die Zimmer kosten ab 400 bzw. 450 Rs. Im Hotel Ritz an der Mall Road 45 (Tel. 22 66 06) muß man für eine Übernachtung in einem Zimmer mit Klimaanlage 700 bzw. 950 Rs bezahlen, was für das Gebotene zu teuer ist. Hier gibt es auch eine Sporthalle und einem Swimming Pool, die andere als Hausgäste gegen 50 Rs Gebühr ebenfalls benutzen dürfen.

Das beste Haus in der Stadt ist das Hotel Mohan International in der Albert Road (Tel. 2 78 01, Fax 22 65 20), in dem man für ein Zimmer mit Bad einschließlich Badewanne allein ab 725 Rs und zu zweit ab 1000 Rs bezahlen muß. Den Gästen steht dafür in diesem vollklimatisierten Hotel aber auch ein Schwimmbad zur Verfügung, das von anderen als Hausgästen für 50 Rs mitbenutzt werden darf. Ein gutes Restaurant ist hier ebenfalls vorhanden.

ESSEN

Es ist interessant, sich den Pilgern anzuschließen und mit ihnen zusammen im Guru Ka Langar am Goldenen Tempel kostenlos zu essen. Wenn man davon Gebrauch macht, sollte man jedoch anschließend eine Spende übergeben. Außerdem gibt es gegenüber vom Eingang mit dem Uhrturm eine ganze Reihe von preiswerten *dhabas*. In einem davon, im Amrit Vaishno Dhaba am Ende der Reihe und gegenüber vom Informationsbüro, wird gutes *chana bhatura* (scharf gewürzte Erben mit geröstetem indischen Brot) für 6 Rs angeboten.

Unweit vom Ram Bagh an der Mall Road gibt es auch eine Gruppe von Restaurants der mittleren Preisklasse. Dort muß man für ein Hauptgericht im Restaurant Kwality rund 60 Rs ausgeben. Preisgünstigere Imbisse sind im South Land erhältlich, wo man ein Masala Dosa für 12 Rs erhalten kann. Auch im nahegelegenen Salads Plus kann man günstig etwas essen. Gegenüber vom Ram Bagh stößt man auf das Sindhi Coffee House, in dem vollständige Hauptgerichte zu Preisen ähnlich wie im Restaurant Kwality, aber auch Imbisse wie französische Toasts mit Käse für 21 Rs serviert werden.

Amritsar verfügt ferner über eine große Anzahl von preiswerten und vorwiegend von Einheimischen besuchten Lokalen. In der Altstadt ist dies das Kasar de Dhawa nahe beim Durgiana-Tempel und beim Telefonamt. Parathas und andere vegetarische Gerichte sind hier eine Spezialität. Für 25 Rs können Sie aber auch an einem Buffet teilnehmen und soviel essen, wie Sie können und mögen.

Britische Gerichte kann man sich im Mrs. Bhandari's Guest House zubereiten lassen, beispielsweise ein nichtvegetarisches Mittag- oder Abendessen für 150 Rs. Andere als Hausgäste sollten sich aber vorher zum Essen anmelden.

EINKÄUFE

Wolldecken, Schals und Pullover scheinen in Amritsar billiger zu sein als irgendwo sonst in Indien. Dies mag daran liegen, daß sie zum großen Teil hier auch hergestellt werden. Ein bevorzugtes Einkaufszentrum ist Katra Jaimal Singh, das in der Altstadt beim Telefonamt liegt.

AN- UND WEITERREISE

Flug: Das Stadtbüro von Indian Airlines liegt unmittelbar nördlich der Mall Road in der Green Avenue 367 (Tel. 22 53 21). Amritsar ist dreimal wöchentlich durch Flugverbindungen dieser Gesellschaft mit Delhi (52 US $) und Srinagar (45 US $) verbunden. ModiLuft (Tel. 22 66 06) unterhält von Amritsar zweimal wöchentlich Flugverbindungen über Delhi nach Bombay (152 Rs), Archana (Tel. 6 51 50) dreimal wöchentlich nach Delhi.

Bus: Eine Busfahrt nach Delhi ist weniger bequem als eine Zugfahrt. Sie dauert 10 Stunden und kostet 111 Rs. Von Amritsar fahren am frühen Morgen auch Busse nach Dehra Dun (108 Rs, 10 Stunden), Shimla (104 Rs, 10 Stunden), Dalhousie und Dharamsala.

Ferner verkehren häufig Busse nach Pathankot (28 Rs, 3 Stunden), Chandigarh (42 Rs, 6 Stunden) und Jammu (46 Rs, 5 Stunden), mit denen man fährt, wenn man nach Srinagar will. Außerdem kann man mit Bussen von Privatfirmen nach Jammu und Chandigarh (160 Rs) fahren, aber die halten nicht auf dem Busbahnhof. Die Fahrkarten für diese Verbindungen muß man im voraus in einer der Agenturen unweit vom Bahnhof kaufen.

Von Amritsar nach Rajasthan zu gelangen, kann eine Qual sein, es sei denn, man fährt über Delhi. Es ist jedoch möglich, mit einem Direktbus bis nach Ganganagar, gleich hinter der Grenze von Rajasthan, zu fahren, was etwa 10 Stunden dauert.

Zug: Direkte Zugverbindungen bestehen nach Delhi (447 km, 2. Klasse 94 Rs, 1. Klasse 352 Rs) in 8 bis 10 Stunden. Der täglich verkehrende *Shatabdi Express* legt die Strecke aber in nur wenig mehr als sieben Stunden zurück. In diesem Zug kostet eine Fahrt in einem Sitzwagen 370 Rs und in der 1. Klasse 740 Rs. Der *Amritsar-Howrah Mail* verbindet Amritsar mit Lucknow (850 km, 17 Stunden), Varanasi (1251 km, 23 Stunden) und Kalkutta (1829 km, 38 Stunden).

Von und nach Pakistan: Der Eisenbahngrenzübergang ist in Attari, 26 km von Amritsar entfernt. Auf dieser Strecke kann man täglich mit dem *Indo-Pak Express* (Zugnummer 4607) fahren, der Amritsar um 9.30 Uhr verläßt und Lahore um 13.35 Uhr erreicht. Allerdings kann es wegen längerer Aufenthalte an der Grenze zu stundenlangen Verspätungen kommen. Wissen muß man in diesem Zusammenhang, daß der Zug in Gegenrichtung in Amritsar nicht immer hält.

Der Weg über den Straßenübergang in Wagah, 32 km von Amritsar entfernt, kann schneller sein. Der Grenzübergang ist täglich von 9.00 bis 16.00 Uhr geöffnet und von Amritsar mit ständig verkehrenden Bussen zu erreichen (9 Rs, eine Stunde). Für eine Taxifahrt auf dieser Strecke muß man mit 200 bis 300 Rs rechnen. In Wagah unterhält Punjab Tourism den Neem Chameli

Tourist Complex, in dem Mehrbettzimmer und preiswerte Doppelzimmer zur Verfügung stehen. Weitere Einzelheiten über den Grenzübertritt können Sie dem Abschnitt über die Anreise im Einführungsteil entnehmen.

NAHVERKEHR

Der Flughafen liegt 15 km von der Stadt entfernt. Für eine Fahrt mit einer Auto-Rikscha dorthin oder von dort muß man mit 50 Rs rechnen, während eine Taxifahrt um die 80 Rs kostet, auch wenn die Taxifahrer zunächst das Zwei- oder Dreifache fordern.

Für eine Fahrt mit einer Auto-Rikscha vom Bahnhof zum Goldenen Tempel muß man rund 20 Rs bezahlen.

Die gleiche Strecke kann man mit einer Motorrad-Rikscha für ca. 10 Rs zurücklegen.

PATHANKOT

Einwohner: 160 000
Telefonvorwahl: 0186

Ganz im Norden des Punjab, 107 km von Amritsar entfernt, liegt die Stadt Pathankot. Sie ist für Reisende nur wichtig, weil sie an einer bedeutenden Kreuzung liegt. Über die kommt man nach Dalhousie und Dharamsala, den Bergerholungsorten in Himachal Pradesh und auf die Strecke nach Jammu und Srinagar. Ansonsten ist die Stadt eher langweilig. Sehenswert ist lediglich das malerische Fort Shahpur Kandi, das etwa 13 km nördlich der Stadt am Ravi River liegt.

UNTERKUNFT

Wenn man im Hotel Tourist (Tel. 2 06 60), einem einfachen Quartier mit Einzelzimmern ab 50 Rs und Doppelzimmern ab 125 Rs, übernachten will, muß man vor dem Bahnhof nach rechts abbiegen. Das nahegelegene Hotel Green ist ähnlich.

Beim Postamt kommt man zum Hotel Airlines (Tel. 2 05 05), einem sauberen, aber etwas düsteren Hotel mit Einzelzimmern ab 100 Rs und Doppelzimmern ab 150 Rs, alle mit eigenem Bad und Fernsehgerät.

AN- UND WEITERREISE

Die staubige Busstation und der Bahnhof liegen nur ca. 300 m auseinander auf zwei sich gegenüberliegenden Straßenseiten. Vom Busbahnhof kommt man mit Bussen nach Dalhousie (34 Rs, 4 Stunden), Dharamsala (35 Rs, 4½ Stunden), Chamba (49 Rs, 5½ Stunden) und Jammu. Für Fahrten zu diesen Zielen kann man natürlich auch ein Taxi mieten. Die Taxis halten neben dem Bahnhof. Sowohl nach Dalhousie als auch nach Dharamsala ist man dann zwei Stunden unterwegs und muß für eine Fahrt 600 Rs bezahlen. Wenn nicht viel Betrieb ist, sollte es möglich sein, den Fahrpreis etwas herunterzuhandeln.

PATIALA

Einwohner: 290 000

Ein wenig südlich der Straße und der Bahnlinie zwischen Delhi und Amritsar liegt Patiala, einst Hauptstadt des unabhängigen Sikh-Staates. Im Moti Bagh gibt es ein Museum, und die Paläste des Maharadscha liegen in den Baradari Gardens.

SIRHIND

Einwohner: 33 500

Früher war Sirhind einmal eine äußerst wichtige Stadt und zudem die Hauptstadt der Sur-Dynastie der Pathanen. Im Jahre 1555 besiegte Humayun hier Sikander Shah, und ein Jahr später setzte sein Sohn die Zerstörung der Sur-Dynastie dann in Panipat fort. Seit der Zeit bis 1709 war die Stadt Sirhind eine reiche Mogulstadt. Während der Machtkämpfe zwischen den schwächer werdenden Moguln und den aufstrebenden Sikhs wurde Sirhind 1709 geplündert. Die völlige Zerstörung folgte 1763. Sehenswert sind die Grabmäler von Mir Miran und das zeitlich jüngere Grab des Moguls Pirbandi Nakshwala, beide mit blauen Kacheln verziert. Das Herrenhaus (*haveli*) von Salabat Beg ist vielleicht das größte noch erhaltene Privathaus aus der Mogulzeit. Südöstlich der Stadt stößt man auf eines der wichtigsten Mogul-Rasthäuser (*sarai*).

LUDHIANA

Einwohner: 1,1 Millionen
Telefonvorwahl: 0161
Diese Stadt ist das Zentrum der Textilindustrie von Indien, in der während des ersten Sikh-Krieges eine entscheidende Schlacht geschlagen wurde. Hier werden vom größten Fahrradproduzenten der Welt auch die Hero-Fahrräder hergestellt, und zwar fast drei Millionen davon jährlich.

Zu sehen gibt es hier wenig, aber wenn Sie krank geworden sein sollten, können Sie sich gut im Christian Medical College Hospital behandeln lassen, das mit dem Krankenhaus mit dem gleichen Namen in Vellore (Tamil Nadu) verbunden ist. Gegründet 1895, war es die erste medizinische Bildungseinrichtung in ganz Asien.

UNTERKUNFT
Im Hotel Amaltas der PTDC (Tel. 5 15 00) kann man preiswert in einem Schlafsaal oder zu einem annehmbaren Preis in einem Doppelzimmer übernachten. Einige der Doppelzimmer sind sogar klimatisiert. Das Hotel City Heart (Tel. 40 02 40) liegt nur ein kurzes Stück vom Bahnhof entfernt gleich hinter dem Uhrturm und ist eines der besten Häuser der Stadt. Hier werden Einzelzimmer für 600 Rs und Doppelzimmer für 900 Rs vermietet. Zum Haus gehören auch ein gutes Restaurant und eine Bar.

JALANDHAR

Einwohner: 560 000
Telefonvorwahl: 0181
Nur 80 km von Amritsar entfernt liegt diese ehemalige Hauptstadt eines hinduistischen Königreiches. Sie überlebte eine schwere Plünderung durch Mahmud von Ghazni vor nahezu 1000 Jahren und wurde später eine bedeutende Stadt der Moguln. In der Stadt gibt es auch ein *sarai* aus dem Jahre 1857.

UNTERKUNFT
Unweit des Busbahnhofes bietet das Hotel Skylark (Tel. 7 69 81) gute Zimmer für 220 bzw. 295 Rs an. Übernachten kann man auch im Hotel Plaza (Tel. 7 58 86), in den die Zimmer etwas preisgünstiger sind, und im Drei-Sterne-Hotel Kamal Palace in Civil Lines (Tel. 5 84 62) in einem Einzelzimmer für 650 Rs sowie in einem Doppelzimmer für 900 Rs (mit Klimaanlage).

DER SÜDWESTEN DES PUNJAB

Die Eisenbahnstrecke von Sirsa (Haryana) nach Firozpur verläuft durch Bathinda. Diese Stadt war während der Herrschaft der Sur-Dynastie der Pathanen eine sehr wichtige Metropole. Faridkot, 350 km nordwestlich von Delhi und nahe der pakistanischen Grenze gelegen, war früher die Hauptstadt eines Sikh-Staates mit dem gleichen Namen. Es beherbergt in seinen Mauern ein 700 Jahre altes Fort. Firozpur, fast an der Grenze, liegt 382 km nordwestlich von Delhi. Vor der Teilung führte die Bahnlinie von hier aus noch weiter bis Lahore im heutigen Pakistan.

Die Maharadschas von Patiala

Die Maharadschas von Patiala waren interessante Potentaten, über deren pompöse Lebensweisen mehrere freche Märchen erzählt werden. Eines davon handelt von Maharadscha Bhupinder Singh, der 365 Ehefrauen gehabt haben soll, für jeden Tag des Jahres eine andere. Jeden Abend soll die gleiche Zahl von Öllampen, jede mit dem Namen einer der Frauen, um das Schwimmbecken des Maharadschas aufgestellt und angezündet worden sein. Die Frau, deren Name auf der Öllampe stand, die als erste erloschen war, durfte nach dem Märchen die Nacht mit dem Maharadscha verbringen. Nur einen Tag alle vier Jahre, nämlich in einem Schaltjahr, soll sich der Maharadscha freigenommen haben. Da erstaunt es nicht, daß berichtet wird, der Maharadscha habe später in seinem Leben unter ernsten Rückenschmerzen gelitten.

HIMACHAL PRADESH

Der Staat Himachal Pradesh in seiner heutigen Form ist erst während der Teilung des Staates Punjab in Punjab und Haryana im Jahre 1966 entstanden. Im wesentlichen ist es ein Gebirgsstaat. Zu ihm gehört die Übergangszone von den Ebenen zu dem hohen Himalaja. Er verläuft in der Himalaja-Region bei Lahaul und Spiti über diese mächtige Gebirgskette bis zum tibetischen Plateau. Für Besucher bietet dieser Staat viel Schönes. Dazu gehört in den heißen Monaten besonders das angenehme Klima in den Bergorten. Wem immer es in Indien möglich ist, der flieht dann vor der Hitze in diese Gegend.

Zu den Höhepunkten eines Besuches von Himachal Pradesh gehört sicher auch Shimla, die „Sommerresidenz" während der Zeit der Briten. Dieser Ort ist auch heute noch der bedeutendste Erholungsort in den Bergen von Indien. Das Kullu-Tal ist wunderschön und zeichnet sich durch eine wuchernde üppige Vegetation aus, durch das funkelnd der Beas River fließt, im Hintergrund die schneebedeckten Gipfel des Himalaja. Außerdem verläuft von Manali eine atemberaubende Bergstraße nach Leh und führt über den zweithöchsten mit Autos befahrbaren Paß auf der ganzen Welt. Allerdings ist sie nur für wenige Monate in jedem Jahr befahrbar. Seit 1992 sind auch die östlichen Täler von Lahaul, Spiti und Kinnaur für Ausländer zugänglich (wenn sie sich für die tibetischen Grenzgebiete Spiti und Kinnaur ein „Inner Line Permit" besorgt haben). Die Menschen in diesen rauhen Regionen auf großen Höhen, eine faszinierenden Gegend für einen Besuch, sind Anhänger des tibetischen Buddhismus. Zu erwähnen ist natürlich auch Dharamsala, Wohnort des im Exil lebenden Dalai Lama. Nicht zu vergessen die vielen anderen Gebirgsorte, Seen, Wanderwege und Berge.

Trekking und Bergsteigen: Das Fremdenverkehrsamt von Himachal Pradesh hat eine Broschüre herausgegeben, in der kurz Einzelheiten über Trekking-Touren in diesem Bundesstaat beschrieben sind. Dort bekommt man auch drei ausgezeichnete Landkarten von Himachal Pradesh in einem Maßstab, wie er für Trekking-Touren unentbehrlich ist.

Die Trekking-Saison in Himachal Pradesh dauert von Mitte Mai bis Mitte Oktober. In Manali gibt Ihnen das Department of Mountaineering & Allied Sports gute Auskünfte über Trekking-Touren und Bergbesteigungen innerhalb dieses Staates. In Dharamsala befindet

Einwohner: 5,5 Millionen
Gesamtfläche: 55 673 km²
Hauptstadt: Shimla
Einwohner pro Quadratkilometer: 99
Wichtigste Sprachen: Hindi und Pahari
Alphabetisierungsrate: 63 %
Beste Reisezeit: für Trekking-Touren von
  Mitte Mai bis Mitte Oktober, für
  Wintersport von Ende Dezember bis März

sich ebenfalls ein Institut für das Bergsteigen (Mountaineering Institute), von wo aus auch Bergbesteigungen mit Führer organisiert werden. Für Bergsteiger mit größeren Ambitionen ist die Indische Stiftung für das Bergsteigen (Indian Mountaineering Foundation) in Delhi eine gute Anlaufstelle für Informationen. Im Gegensatz zu Nepal muß man sich in Himachal Pradesh keine Genehmigungen für Trekking-Touren einholen.

Ausrüstung und Essen werden zum großen Teil davon abhängen, wo man wandern will. In den niedriger gelegenen Landstrichen, wie z. B. im Kullu-Tal, im Kangra-Tal oder rings um Shimla, kommen Sie unterwegs an vielen Rasthäusern und Orten vorbei. Demgegenüber sind die Gegenden von Lahaul, Spiti und Kinnaur nur spärlich besiedelt und die Bedingungen härter. Dort benötigen Sie wegen der niedrigen Temperaturen wärmere Kleidung sowie mehr Essen und Ausrüstung. Einige der bekanntesten Treks werden in dem jeweiligen Abschnitt beschrieben. Entlang der

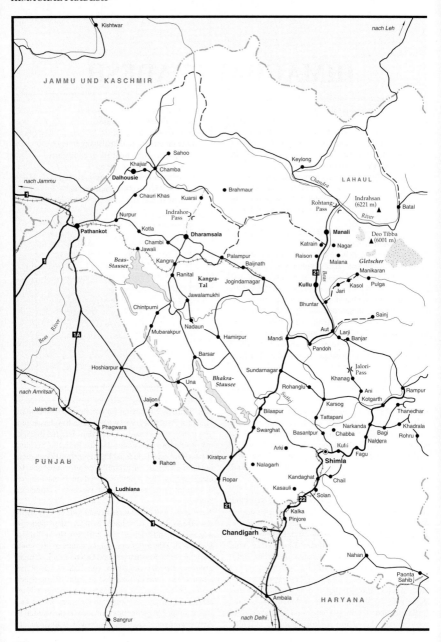

Trekking-Routen in Himachal Pradesh findet man viele Forest Rest Houses, PWD Rest Houses sowie andere halboffizielle Unterkünfte. Wenn man in diesen Häusern übernachten will, sollte man sich vor Aufbruch bei den örtlichen Fremdenverkehrsbüros danach erkundigen.

Im *Trekking Guide* der Himachal Pradesh Tourism Development Corporation (HPTDC) sind mehr als 136 Berge mit über 5000 m Höhe aufgeführt. Davon ist die Mehrzahl immer noch unbezwungen. Die meisten haben noch nicht einmal einen Namen. Wer hier Bergwanderungen unternimmt, betritt nicht selten jungfräulichen Boden.

Skilaufen: Manali wird zum Skilaufen immer beliebter, insbesondere deshalb, weil Gulmarg in Kaschmir so gut wie unzugänglich geworden ist. Die Hauptstadt des Skisports in der Gegend im Winter ist jedoch Solang Nullah mit 2,5 km Pisten, während es in den wärmeren Monaten möglich ist, an den Hängen des Rohtang-Passes Abfahrten mit Skiern zu unternehmen. Wenn man 600 US $ übrig hat, besteht auch die Möglichkeit, in Manali einen Hubschrauber zu mieten und sich damit in Gebiete mit noch unberührtem Schnee bringen zu lassen.

Narkanda, 60 km nördlich von Shimla, ist zum Skilaufen ebenfalls recht beliebt. Der Ort liegt in einer Höhe von 3143 m und erhält einige Monate im Jahr genug Schnee zum Skilaufen. Die Saison dort dauert von Ende Dezember bis Ende März (vgl. Abschnitt über Narkanda weiter unten in diesem Kapitel). Weil auch dann die Straße von Shimla die meiste Zeit geöffnet bleibt, ist das Erreichen von Narkanda kein Problem. Hier gibt es eine ganze Anzahl von Abfahrtspisten. Näher bei Shimla liegt Kufri, wo man sich auf Schnee allerdings nicht verlassen darf. Die Abfahrtspisten hier eignen sich vorwiegend für Anfänger im Skilaufen.

Tierwelt: Himachal Pradesh bietet seinen Besuchern viele Möglichkeiten zum Angeln. Ferner legte man eine Reihe von Brutplätzen für Forellen an. Wo Sie angeln dürfen und wo Sie die Erlaubnis zum Angeln bekommen, sagen Ihnen die örtlichen Fremdenverkehrsämter.

Außerdem gibt es viel Wild, Antilopen, Bergziegen und Bergschafe, die man unterwegs antrifft. Leider werden diese Tiere zunehmend seltener. In vielen Teilen dieses Staates leben auch Braun- und Schwarzbären. Der Schwarzbär ist häufig vertreten, während Sie den Braunbären nur in den höheren Gebirgslagen sehen können. In einigen Bezirken sieht man in tiefergelegenen Gegenden auch Wildschweine.

Dagegen sind Schneeleoparden heute äußerst selten und nur noch in höheren und sehr einsamen Gebieten beheimatet. In bewaldeten Gebieten leben auch noch einige Panther und Leoparden. Himachal Pradesh ist ferner die Heimat von unzähligen verschiedenen Arten von Fasanen und Rebhühnern sowie vielen Bergvögeln.

Tempel: Obwohl Himachal Pradesh keine bei Touristen besonders berühmten und bekannten Tempel besitzt, so gibt es doch eine ganze Anzahl von sehr interessanten und architektonisch recht unterschiedlichen Tempelanlagen. Im Kangra-Tal und im Chamba-Tal stehen Tempel aus dem 8.-10. Jahrhundert, die im indo-arischen *Sikhara*-Stil erbaut worden sind. Tempel im Pagoden-Stil mit aufeinandergeschichteten Dächern bereichern das Kullu-Tal. Ferner gibt es Tempel im einheimischen Baustil, häufig mit interessanten Holzschnitzereien, und zwar vorwiegend im Chamba-Tal. Im Südteil des Staates können Sie sich viele Tempel mit Elementen der Mogul- und Sikh-Epochen ansehen. Höhlentempel findet man überall im Staat Himachal Pradesh. Schließlich sind noch die tibetischen Tempel zu erwähnen. Sie wurden von den Tibetern erbaut, die wegen der chinesischen Invasion ihr Land verließen. Sie errichteten farbenprächtige Klöster (*gompas*) und Tempel. Auch die Bewohner von Lahaul und Spiti, die tibetischer Abstammung sind, besitzen herrliche *gompas*. Der *gompa* von Tabo, erbaut im Jahre 996, ist der älteste in der ganzen Region und mit dem angeschlossenen tibetisch-buddhistischen Kloster einer der bedeutendsten auf der ganzen Welt. Er enthält zudem hervorragende Wandgemälde.

Einkäufe: Das Kullu-Tal ist die Heimat vieler Weber. Es sind wirklich vorwiegend die Männer, die dieses Handwerk ausüben. Von ihren Produkten sind besonders die feinen Schals beliebt und begehrt. Allerdings bestehen die billigsten aus Wolle, die aus Australien importiert wurde. Bei den besseren dient als Material die im Sommer gewonnene Wolle der Bergziegen. Die erlesensten dieser Erzeugnisse sind aus Pashima hergestellt, der Wolle von Pashima-Ziegen. Besonders hochwertige Tücher werden aus der Wolle von Angora-Kaninchen hergestellt und sind dennoch relativ preiswert.

In Chamba werden lederne *chappals* (Sandalen) angefertigt.

Und in den höheren Gebirgsgegenden des Himalaja webt man die weich fließenden Decken. Sie sind unter der Bezeichnung *gudma* bekannt. Auch kleine Teppiche werden angeboten. In Basaren finden Sie in diesem Gebiet gefertigte Schmuck- und Metallarbeiten. Zu den tibetischen Schmuckarbeiten gehören auch Gegenstände aus Korallen, ferner tibetische Teppiche sowie religiöse Gegenstände.

Reisen in Himachal Pradesh: Sieht man einmal von der Möglichkeit der Fahrt mit einer der beiden Schmalspurbahnen ab, die eigentlich mehr Spaß bringen als daß sie ein Verkehrsmittel sind, so bleiben in Himachal Pradesh eigentlich nur noch Busse als Beförderungsmittel übrig. Oder können Sie sich ein Taxi leisten? Die beiden Bahnlinien verlaufen von Kalka, nördlich von Chandigarh, nach Shimla und von Pathankot entlang des Kangra-Tales nach Jogindarnagar.

Die Busse in Himachal Pradesh sind nicht besser als überall in Indien - langsam, überfüllt, unbequem und ermüdend. Bedingt durch die bergige Landschaft schafft ein Bus im Durchschnitt eine Geschwindigkeit von 20 km/h, und auch dann muß man sich glücklich preisen. Taxis gibt es genug, allerdings sind die Taxifahrer habgierig, so daß Taxifahrten in Himachal Pradesh teurer sind als in vielen anderen Teilen Indiens. Um ein wenig billiger zu fahren, sollten Sie sich umhören, ob nicht eine Rückfahrt eines Taxis ansteht. Dann kann man meist den Fahrpreis herunterhandeln. Wenn Sie das versuchen wollen, fragen Sie die Hotelbesitzer. Das Fremdenverkehrsamt von Himachal Pradesh (HPTDC) unterhält eine Reihe von Luxusbussen für Touristen. Sie verkehren häufig über Nacht, meistens aber nur in der Hochsaison oder auf Anfrage.

SHIMLA

Einwohner: 119 000
Telefonvorwahl: 0177
Vor der Unabhängigkeit war Shimla der beliebteste Bergerholungsort der Briten. Während der heißen Jahreszeit war er ihre Sommerresidenz und damit praktisch die Sommerhauptstadt Indiens. „Entdeckt" wurde dieser klimatisch so angenehme Ort von den Engländern im Jahre 1819.

Das erste feste Haus wurde jedoch erst 1822 errichtet, und es sollte noch viele weitere Jahre dauern, bis diese Stadt schließlich zur sommerlichen Hauptstadt wurde.

Wann immer im Jahr die Hitze sich über die Ebene auszubreiten begann, waren es zunächst nur die Damen und erst später die Männer, die hierher reisten. Schließlich kam jeder, der es sich leisten konnte, in die kühle Bergluft von Shimla. Das gesellschaftliche Leben in diesem Ort im Sommer mit Bällen, Bridgespielen, Parties und Paraden war geradezu legendär. Und weil viele Ehemänner nicht anwesend waren, lag auch immer ein

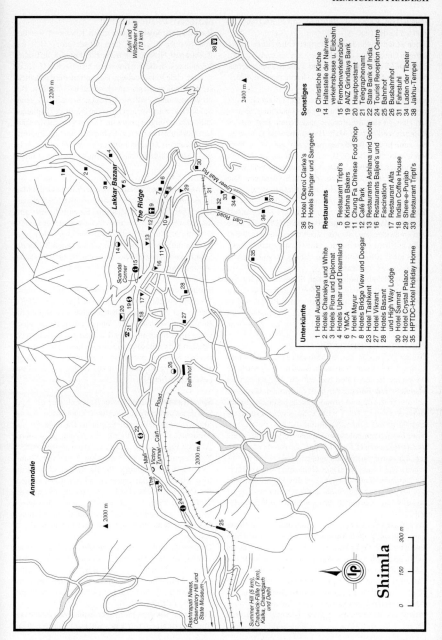

Shimla

Unterkünfte

1 Hotel Auckland
2 Hotels Chanakya und White
3 Hotels Flora und Diplomat
4 Hotels Uphar und Dreamland
6 YMCA
7 Hotel Mayur
8 Hotels Bridge View und Doegar
23 Hotel Tashkent
27 Hotel Vikrant
28 Hotels Basant und High Way Lodge
30 Hotel Crystal Palace
32 Hotel Samrat
35 HPTDC-Hotel Holiday Home
36 Hotel Oberoi Clarke's
37 Hotels Shingar und Sangeet

Restaurants

5 Restaurant Tripti's
10 Krishna Bakers
11 Chung Fa Chinese Food Shop
13 Café Park
16 Restaurants Ashiana und Goofa
  Restaurants Baljee's und Fascination
17 Restaurant Alfa
18 Indian Coffee House
29 Shere-e-Punjab
33 Restaurant Tripti's

Sonstiges

9 Christliche Kirche
14 Haltestelle der Nahverkehrsbusse u. Eisbahn Fremdenverkehrsbüro
15 ANZ Grindlays Bank
19 Hauptpostamt
20 Telegraphenamt
21 Telegraphenamt
22 State Bank of India
24 Tourist Reception Centre
25 Bahnhof
26 Busbahnhof
31 Fahrstuhl
34 Laden der Tibeter
38 Jakhu-Tempel

259

Hauch von Romantik, Intrigen sowie Klatsch und Tratsch in der Luft.

Jeden Sommer wurden mit riesigen Güterzügen all die nötigen Utensilien von Delhi nach Shimla transportiert, damit die Verwaltung des Landes nicht unterbrochen würde. Am Ende des Sommers schaffte man sie zurück nach Delhi.

Shimla liegt auf einer Höhe von 2130 m und erstreckt sich entlang eines sichelförmigen Bergkammes, an dessen Hängen sich die Vororte ansiedelten. Entlang des Kammes verläuft die Mall. Hier hielten die Engländer bis zum Ersten Weltkrieg nicht nur die Autos fern, sondern auch die Inder. Heute herrscht an der Mall ein geschäftiges Treiben, insbesondere abends, wenn Massen von Feriengästen über die Mall bummeln. Die Häuser sehen sehr britisch aus und tragen wenig passende englische Namen. Auch die von den Briten erbaute Kirche (Christ Church) aus dem Jahr 1857 erinnert an die englische Vergangenheit, ebenso Gorton Castle und die Lodge des früheren Vizekönigs aus dem Jahre 1888 auf dem Observatory Hill (Rashtrapati Niwas). Der Lajpat Rai Chowk wurde übrigens von Kipling „Skandalecke" genannt.

Nach der Unabhängigkeit war Shimla zunächst die Hauptstadt des Punjab, bis später Chandigarh geschaffen wurde. Als der Punjab dann in den Punjab und in Haryana zerfiel, wurde die Stadt Hauptstadt von Himachal Pradesh.

PRAKTISCHE HINWEISE

Der Bergkamm, an dem die Mall sich entlangzieht, fällt an der Westseite ab. Vom Kamm aus hat man herrliche Ausblicke in die Täler und auf die Bergspitzen an beiden Seiten. Entlang der Mall findet man das personell übersetzte und dennoch nicht hilfreiche Fremdenverkehrsamt (Tel. 7 83 11), die besten Restaurants und das größte Einkaufszentrum.

Vom Bergkamm fallen die Straßen steil ab. Sie bilden an den südlichen Hängen farbenfrohe Basare (den oberen, den mittleren und den unteren sowie einige dazwischen). Die Straßen sind eng, einige mit Bürgersteigen, die Veranden ähnlich sehen. Der Busbahnhof befindet sich inmitten des belebten südlichen Hügels. Dieser ist im Winter wärmer als die kühleren nördlichen Hügel.

Wenn man in die Stadt fährt, halten die meisten Busse zunächst am Tourist Reception Centre am westlichen Ende der Mall, wo ankommende Besucher von Trägern gedrängt werden auszusteigen. Am besten aber bleibt man im Bus und fährt weiter bis zum Busbahnhof.

Geld läßt sich in mehreren Banken wechseln, darunter in der UCO, in der Punjab National Bank und in der ANZ Grindlays Bank. Eine gute Auswahl an alten Karten und Büchern bietet Maria Brothers in der Mall 78 an.

SEHENSWÜRDIGKEITEN

Rashtrapati Niwas: Etwa einen Kilometer westlich von Shimla liegt auf dem Observatory Hill das Rashtrapati Niwas, der frühere Palast des britischen Vizekönigs. In diesem fast schon historischen Gebäude wurden viele Entscheidungen getroffen, die das Schicksal des Subkontinents entscheidend beeinflußten. Das große, festungsähnliche Gebäude besteht aus sechs Stockwerken und verfügt über eine prächtige Empfangshalle sowie einige Speisesäle. Gelegen in wunderschönen Gärten, ist in diesem Gebäude heute das Institute of Advanced Studies untergebracht. Zugänglich ist die Anlage täglich von 10.00 bis 16.30 Uhr (Eintritt 3 Rs).

Himachal State Museum: Von der Kirche an der Mall ist es ein schöner Spaziergang von etwa einer Stunde Dauer bis zum State Museum. Es enthält eine gute Sammlung von Steinstatuen aus verschiedenen Gegenden von Himachal Pradesh. Zu den ebenfalls ausgestellten indischen Miniaturen gehören auch Bilder der Schule von Kangra. Das Museum ist täglich (außer montags) von 10.00 bis 17.00 Uhr geöffnet.

Jakhu-Tempel: Dem Affengott Hanuman ist dieser Tempel geweiht. Er liegt auf einer Höhe von 2455 m und in der Nähe der höchsten Stelle von Shimla am Bergkamm. Von diesem Tempel aus hat man einen guten Blick in die umliegenden Täler, auf die schneebedeckten Bergspitzen sowie über Shimla. Von der Mall müssen Sie ungefähr 45 Minuten laufen. Machen Sie sich darauf gefaßt, daß es in der Umgebung des Tempels viele Affen gibt.

Spaziergänge: Außer einem Bummel über die Mall und der Wanderung zum Jakhu-Tempel bieten sich um Shimla herum viele Spaziergänge an. Das enge Netz der Autostraßen erschließt auch den Zugang zu weiteren schönen Plätzen.

Der Summer Hill (1983 m) liegt 5 km von Shimla entfernt an der Bahnlinie Shimla-Kalka und bietet die Möglichkeit zu Spaziergängen auf schattigen Wegen. Die Chadwick-Fälle (1586 m) stürzen zwar 67 m in die Tiefe, sind einen Besuch aber nur in der Monsunzeit zwischen Juli und Oktober wert. Sie liegen 7 km von Shimla entfernt und sind über den Summer Hill zu erreichen.

Den Prospect Hill (2145 m) erreicht man 5 km westlich von Shimla nach einem 15 Minuten dauernden Aufstieg von Boileauganj. Der Berg ist ein beliebter Picknickplatz und bietet einen wunderschönen Ausblick auf die umliegende Landschaft sowie einen Tempel des Kamna Devia.

Der Sankat Mochan (1875 m) kann mit einem Hanuman-Tempel und einem herrlichen Blick auf Shimla aufwarten. Zu erreichen ist er zu Fuß und mit einem Auto (7 km von Shimla entfernt).

Der Tara Devi ist ein Tempel auf einem 1851 m hohen Hügel, 7 km von Shimla entfernt und per Bahn oder Auto zu erreichen. Beim Tempel steht auch ein PWD Rest House (Tel. 36 75)

Die Wildflower Hall auf einer Höhe von 2593 m war früher die Residenz von Lord Kitchener und liegt an der Straße nach Kufri, von Shimla 13 km entfernt. Das Haus in seiner heutigen Form ist jedoch nicht das, was sich Lord Kitchener einmal baute. Nachdem es 1994 bei einem Feuer beschädigt wurde, wird es jetzt als Luxushotel wieder aufgebaut. Von hier aus hat man einen herrlichen Blick auf Shimla und auf die Pir-Panjal- sowie die Badrinath-Ketten. Vor dem Feuer führte das Fremdenverkehrsamt von Himachal Pradesh (HPTDC) das Haus als Hotel. Auf dem Gelände haben nur die Wildflower Hall Cottages dem Feuer entkommen können und lassen sich für 975 Rs pro Übernachtung mieten.

Der Schneefall in Kufri (2501 m) ist in den letzten Jahren so unberechenbar geworden, daß das Fremdenverkehrsamt von Himachal Pradesh plant, alle Aktivitäten in diesem Ort einzustellen. Das wäre aber gar nicht so schlimm, denn in Kufri waren die Preise für das Mieten von Skiern doppelt so hoch wie im entfernteren Narkanda. Ist aber Schnee gefallen, dann eigen sich die Hänge hervorragend für Abfahrten, wofür man jedoch nicht mehr als eine Plastiktüte benötigt.

Mashobra (2149 m) ist ein Picknickplatz mit der Möglichkeit, angenehme Wanderungen im Wald zu unternehmen, liegt 14 km von Shimla entfernt und ist mit Autos zu erreichen.

WEITERE FREIZEITBESCHÄFTIGUNGEN

Im Winter kann man auf der Eisbahn an der Nordseite des Kammes, unmittelbar unterhalb der ANZ Grindlays Bank, mit Schlittschuhen laufen.

An der Mall, in der Gegend mit dem Indian Coffee House, gibt es mindestens zwei Billardhallen, in denen man für ein paar Rupien auf einem Tisch in Originalgröße Billard spielen kann.

AUSFLUGSFAHRTEN

Ausflugsfahrten in die nähere Umgebung von Shimla werden im Sommer häufiger durchgeführt, kosten 100 Rs und dauern von 10.00 bis 17.00 Uhr. Gebucht werden können diese Ausflüge im Büro des Fremdenverkehrsamtes an der Mall.

Es werden aber auch längere Fahrten für 110 Rs angeboten, z. B. Touren in den Skiort Narkanda (64 km). Von dort hat man einen herrlichen Blick auf den Himalaja.

Außerdem organisiert das YMCA (Tel. 7 23 75, Fax 21 10 16) Trekking-Touren in vielen Regionen von Hi-

machal Pradesh zu Preisen von 700 bis 800 Rs pro Person und Tag. Die viertägige Tour zum Jalori-Paß ist insbesondere bei Besuchern beliebt, die auf dem Weg ins Kullu-Tal sind. Im YMCA werden auch Jeep-Fahrten nach Kinnaur, Spiti und Lahaul arrangiert. In Gruppen von zwei bis fünf Personen muß man für einen solchen achttägigen Ausflug 89 US $ bezahlen. Dazu ist aber eine Anmeldung mindestens einen Monat vorher erforderlich.

UNTERKUNFT

Übernachtungen in Shimla sind teuer, insbesondere in der Hochsaison von Mitte April bis Mitte Juli, von Mitte September bis Ende Oktober und von Mitte Dezember bis Anfang Januar. In diesen Zeiträumen kann es schwer werden, ein Quartier zu finden, so daß es sich empfiehlt, für Hochsaisonzeiten ein Zimmer im voraus zu reservieren. Eine nicht so gute Zeit für einen Besuch in Shimla ist von Mitte Juli bis Mitte September, weil es dann sehr feucht wird. Alle im folgenden angegebenen Preise beziehen sich auf Doppelzimmer in der Nebensaison (Einzelzimmer sind selten). In der Hochsaison sind die Preise im allgemeinen doppelt so hoch.

Einfache Unterkünfte: Das saubere und ruhige Haus der YMCA (Tel. 7 23 75, Fax 21 10 16) ist insbesondere in der Hochsaison sehr zu empfehlen. Dann ist es aber auch immer ausgebucht, so daß eine vorherige Reservierung ratsam ist. Mit Badbenutzung und heißem Wasser muß man hier für ein Einzelzimmer 90 Rs, für ein Doppelzimmer 130 Rs und für ein Dreibettzimmer 200 Rs bezahlen, für das einzige Doppelzimmer mit eigenem Bad 150 Rs. Hinzu kommt eine Gebühr von 40 Rs für die vorübergehende Mitgliedschaft, aber dafür ist in den Übernachtungspreisen auch Frühstück enthalten. Weil die Übernachtungspreise das ganze Jahr über gleich hoch sind, wohnt man im Haus der YMCA in der Nebensaison nicht so günstig, aber dennoch ist es auch dann ein ganz angenehmes Quartier. Sättigende Thalis sind als vegetarisches Gericht für 30 Rs und als nichtvegetarisches Gericht für 45 Rs ebenfalls erhältlich. Ein Coffee Shop mit Satellitenprogrammen am späteren Abend ist geplant, den man dann gegen 25 Rs Eintritt wird in Anspruch nehmen dürfen. Die Ausblicke von der Terrasse sind geradezu phantastisch. Ferner kann man in diesem Haus Tischtennis und Billard spielen. Einzelheiten über die im Haus des YMCA organisierten Trekking-Touren und Ausflüge mit einem Jeep finden Sie weiter oben in diesem Abschnitt. Der Weg hoch zum Haus der YMCA zweigt zwischen dem Hotel Mayur und dem Ritz-Kino ab. Die Schlepper am Bahnhof und am Busbahnhof behaupten übrigens nicht selten wahrheitswidrig, das Haus der YMCA sei geschlossen worden, überfüllt, weit entfernt, überflutet usw.

Fast unmittelbar über dem Victory-Tunnel steht das Hotel Tashkent. Das ist etwa 10 Minuten Fußweg vom Zentrum entfernt. Die recht einfachen Zimmer mit Bad kosten hier 80 bzw. 100 Rs. Ebenfalls auf der gleichen Seite des Bergkammes und nur einen kurzen Weg vom Busbahnhof entfernt liegt das schon bessere Hotel Vikrant, in dem Zimmer mit Badbenutzung für 100 Rs und Zimmer mit eigenem Bad für 150 Rs vermietet werden.

Das Hotel Basant (Tel. 7 83 81) ist ein gut geführtes, freundliches Quartier mit einem guten Preis-/Leistungsverhältnis. Dort kosten Einzelzimmer mit Badbenutzung 66 Rs sowie Einzel- und Doppelzimmer mit eigenem Bad 83 zw. 110 Rs. Heißes Wasser wird in Eimern für jeweils 5 Rs zur Verfügung gestellt. Das Hotel liegt an der Cart Road, und zwar östlich vom Busbahnhof einen steilen Abstieg von der Mall hinunter. Unmittelbar davor steht das noch teurere Hotel High Way Lodge (Tel. 20 20 08). Hier muß man für ein Zimmer mit Bad und ständig verfügbarem heißen Wasser 200 Rs bezahlen.

Oberhalb der Mall, an der Nordseite des Bergkammes, gibt es ebenfalls einige Unterkünfte. Die müssen ihre Preise in der Nebensaison niedrig halten, denn dorthin ist es vom Busbahnhof ein ganz schöner Weg. Das beste davon ist das saubere und freundliche Hotel Uphar (Tel. 7 76 70). Es ist mit Preisen für ein Zimmer mit Bad und heißem Wasser von 100 bzw. 150 Rs (mit Ausblick von 200 Rs) eine gute Wahl.

Das nahegelegene Hotel Dreamland (Tel. 7 73 77) ist nicht ganz so gut, für die Verhältnisse in Shimla aber immer noch preisgünstig. Hier betragen die Preise für eine Übernachtung in einem Zimmer mit Bad und heißem Wasser in Eimern ohne Zusatzkosten 95 bzw. 125 Rs. Vermietet werden auch Zimmer mit eigenem Bad und fließendem heißen Wasser für 150 Rs. Im Hotel Ashoka auf der anderen Straßenseite sind die Preise ähnlich. Nebenan kommt man zum Hotel Shimla View (Tel. 20 32 44) mit vier Zimmern (Badbenutzung) für 75 Rs und einem Zimmer (eigenes Bad) für 125 Rs. An der nächsten Straße den Abhang hinunter liegt das Hotel Flora (Tel. 7 80 27). Das ist ein schon etwas heruntergekommenes und älteres Haus in einer erstaunlich wenig attraktiven Bauweise, bei der aus den herrlichen Ausblicken kein Vorteil gezogen wurde. Hier muß man für Einzel- und Doppelzimmer mit eigenem Bad und heißem Wasser 70 bzw. 130 Rs bezahlen.

Mittelklassehotels: Die meisten Hotels in Shimla gehören zu dieser Preisklasse, sind vom Preis-/Leistungsverhältnis her aber nur in der Nebensaison zu empfehlen. An der Nordseite des Bergkammes liegt Lakkar Bazaar mit mehreren ganz guten Unterkünften. Die beste davon ist das neue Hotel Chanakya (Tel. 21 12 32), das

sauber und gemütlich ist und das Zimmer mit Bad ab 150 Rs zu vermieten hat. Nur ein paar Türen weiter kommt man zum Hotel Diplomat (Tel. 7 20 01), in dem für ein Zimmer 170 Rs, mit guten Ausblicken 220 Rs, verlangt werden. Zu allen Zimmern gehört auch ein eigenes Bad. Das nahegelegene Hotel White (Tel. 52 76) ist ebenfalls ganz gut, räumt aber in der Nebensaison keine Nachlässe ein. Hier muß man für ein Zimmer, jedes mit eigenem Bad und fließendem heißem Wasser, 330 bzw. 380 Rs bezahlen.

An der gleichen Straße liegt auch das Hotel Auckland (Tel. 7 26 21), ein ganz angenehmes Quartier und weit genug von der Mall entfernt, daß es noch bequem ist, dorthin zu gelangen. Für ein Zimmer muß man hier rund 180 Rs bezahlen.

An der Südseite des Bergkammes gibt es am unteren (östlichen) Ende der Mall, unweit vom Personenaufzug, gleich eine ganze Gruppe von Unterkünften. Dort scheint das große Hotel Bridge View (Tel. 7 85 37) ganz attraktiv zu sein und hat ganz gute Ausblicke zu bieten, aber die Hotelleitung ist weit davon entfernt, freundlich zu sein. Der Preis für ein Zimmer mit Bad beträgt 300 Rs. Viel besser ist das Hotel Doegar (Tel. 21 19 27), gelegen oberhalb vom Bridge View, in dem Zimmer mit Bad und Satellitenfernsehen (in den preisgünstigeren Zimmern nur schwarz-weiß) zu Preisen ab 150 Rs vermietet werden.

Das Hotel Samrat (Tel. 7 85 72) hat gleich eine ganze Reihe von verschiedenen Zimmern zu bieten, einige davon klein und ohne Ausblick. Das sind für 260 Rs die billigsten, während für die größeren mit Ausblick 348 Rs berechnet werden. Am unteren Ende des Fahrstuhls vom Hotel Samrat liegt das Hotel Crystal Palace (Tel. 7 75 88). Mit 230 Rs für ein Zimmer nach hinten ohne Ausblick und mit 260 Rs für ein Zimmer mit Ausblick ist es eine bessere Wahl.

Zwei ganz gute Unterkünfte findet man auch gegenüber vom Hotel Oberoi Clarke's am östlichen Ende der Mall. Dort werden im Hotel Shingar (Tel. 7 28 81) Zimmer mit Bad, ständig verfügbarem heißem Wasser und Satellitenfernsehen für 250 Rs, mit gutem Ausblick für 300 Rs, angeboten. Das Haus wird gut geführt und eine gute Wahl. In der Nähe liegt das Hotel Sangeet (Tel. 20 25 06), ein weiteres ganz gutes und sauberes Quartier, in dem man in der Nebensaison für das Gebotenen besonders günstig unterkommt. Dann kosten Zimmer mit Bad, fließendem heißem Wasser sowie Schwarzweiß-Fernseher 175 Rs. Für die besten Zimmer muß man jeweils 300 Rs bezahlen, kann dann aber auch herrliche Ausblicke genießen.

Das Hotel Holiday Home der HPTDC (Tel. 21 28 90) liegt etwas weiter entlang der unteren Straße, vom Zentrum aus zu Fuß 10 Minuten bergab. Das ist ein freundliches, gut geführtes Haus. Geboten werden eine Bar, ein Coffee Shop und in den teureren Zimmern

Farbfernsehgeräte mit Kabelprogrammen. Die Preise bewegen sich zwischen 400 Rs für ein normales Doppelzimmer und 975 Rs für ein „Luxuszimmer". Diese Preise gelten das ganze Jahr über.

Luxushotels: Ohne Zweifel das angenehmste Luxushotel ist das Woodville Palace Hotel (Tel. 7 27 63), gelegen 1 1/2 km hinter dem Oberoi Clarke's. Dieses von Efeu bedeckte Gebäude wurde 1938 auf Veranlassung von Raja Rana Sir Bhagat Chandra errichtet, dem Herrscher des Prinzenstaates von Jubbal. Heute gehört es seinem Enkelsohn. Es ist nur klein, bietet den Gästen aber auch einen wunderschönen Garten sowie Tischtennisplatten und Billardtische. Die Preise betragen für eine Übernachtung in einem normalen Doppelzimmer 1120 Rs und in einer Suite 1600 Rs. In der Hochsaison steigen diese Preise um 25 %.

Zurück in die Stadtmitte liegt das im Tudor-Stil errichtete Hotel Oberoi Clarke's (Tel. 21 29 91, Fax 21 13 21), eines der ersten Hotels in Shimla. Hier wird den Gästen für 52 bzw. 106 US $ pro Übernachtung das geboten, was man dafür erwartet. In der Hochsaison werden diese Preise nicht erhöht.

ESSEN

Erstaunlicherweise ist Shimla nicht so gut mit Restaurants versorgt wie andere Bergorte. In dieser Beziehung liegt es beispielsweise weit hinter Darjeeling. Sämtliche mehr oder weniger bekannten Lokale haben sich entlang der Mall angesiedelt.

Eines der beliebtesten Restaurants ist das Baljee's, abends oft gut besetzt. Es hat die übliche Speisekarte in Indien mit nichtvegetarischen Gerichten, eine wenig anregende Einrichtung, ganz annehmbare Gerichte und eine aufmerksame Bedienung zu bieten. Die Preise sind allerdings ganz schön hoch und betragen beispielsweise für ein Hauptgericht 50 bis 70 Rs. In der oberen Etage ist ein weiteres Restaurant, das Fascination, in dem man mit den gleichen Preisen rechnen muß und das genauso beliebt ist.

Auch das Restaurant Alfa mit den üblichen nichtvegetarischen Gerichten liegt ein Stück weiter hinunter an der Mall. Dort ißt man ebenso teuer wie im Baljee's. Gleich hinter dem Alfa kommt man zu einer Filiale vom Indian Coffee House mit südindischen Speisen und Imbissen zu annehmbaren Preisen. Der Milchkaffee schmeckt hier ausgezeichnet. Ganz in der Nähe gelangt man zum The Devicos, einem sauberen neuen Lokal mit guten Schnellimbißgerichten und einer Bar.

Das Fremdenverkehrsamt des Bundesstaates hat zwei Restaurants auf dem Hauptplatz aus der Bergkammeröffnet, und zwar unweit vom Fremdenverkehrsamt. Im etwas schickeren Ashiana sitzt man besser als im düsteren Goofa weiter unterhalb. Die Preise sind jedoch in beiden Restaurants ähnlich.

Unmittelbar unterhalb der Mall befindet sich das Café Park, in dem die beste Pizza in ganz Shimla angeboten wird. Die stellt man mit richtigem Morzarella-Käse her. Für ein Spezial-Pizza muß man in diesem Lokal 40 Rs und für eine einfache Pizza mit Käse und Tomaten 22 Rs bezahlen. Serviert werden aber auch ausgezeichneter Cappuccino, guter Joghurt mit Bananen und frische Obstsäfte. Die Auswahl an Musikkassetten, die abgespielt werden, ist ebenfalls nicht schlecht.

Das beste Ziel für nichtvegetarische Tandoori-Gerichte ist das Shere-e-Punjab an der Lower Mall Road. Es ist preisgünstiger als das Baljee's und auch bei Einheimischen sehr beliebt.

Daneben gibt es auch noch zwei Filialen von Tripti's, eine kleine mit vegetarischen südindischen Gerichten in Lakkar Bazaar, auch zum Mitnehmen, und eine größere mit vegetarischen und nichtvegetarischen Speisen unweit vom Oberoi Clarke's. Keines von beiden ist gerade besonders preisgünstig, aber die Gerichte schmecken lecker, und beide Lokale werden gut geführt. Das größere Restaurant wurde bei den Recherchen zu diesem Buch gerade umgebaut, sollte aber inzwischen wieder geöffnet sein.

Wenn man hinunter in das Gebiet mit den Basaren geht, beginnen auch die Preise in den Restaurants zu sinken. Zum untersten Ende der Skala gehören ein paar ganz einfache chinesische Restaurants, in denen gute Gerichte angeboten werden. Das beste dieser Restaurants ist der Chung Fa Chinese Food Shop am mittleren Basar, zu erreichen die Treppen hinunter bei der Mall 62. Es wird von einem auch Kantonesisch sprechenden Bengali geführt.

Ein anderes ist der Kwon Tung Aunty's Chinese Food Shop am mittleren Basar 44/31. Um es zu finden, geht man am besten von der Mall die Treppen neben dem Baljee's hinunter und achtet dann auf das Hinweisschild an der ersten Gasse rechts.

Zwischen diesen beiden chinesischen Restaurants liegt das von einem sehr freundlichen Sikh geführte Restaurant Malook. Es ist ein bißchen teurer und bietet chinesische sowie tibetische Speisen.

Wenn man sich einmal einen Gaumenschmaus gönnen will, dann empfiehlt sich dafür das Oberoi Clarke's. Dort erhält man Mittag- und Abendessen zum Festpreis (jeweils 162 Rs), kann sich in der Hochsaison zum gleichen Preis aber auch an einem Buffet bedienen. Eine Karaffe australischer Rotwein kostet 300 Rs.

Schließlich ist noch eine Reihe von Bäckereien entlang der Mall und der Lower Mall Road erwähnen. Beispielsweise gehört zum Baljee's vorn auch ein Verkaufstresen für Backwaren. Im Krishna Bakers, gelegen am östlichen Ende der Mall, erhält man gute Hühnchen, Burger mit vegetarischem Belag, Kuchen und Konditoreiwaren.

EINKÄUFE

Shimla eignet sich zwar nicht gerade besonders zum Einkaufen von Andenken, auch wenn in vielen Läden überflüssige Sachen für Touristen angeboten werden, vorwiegend Holzschnitzereien und Schals. Ein Geschäft, das man sich dennoch einmal ansehen sollte, ist der Laden der tibetischen Flüchtlinge zwischen dem Fahrstuhl und dem Hotel Oberoi Clarke's. Außer Websachen, Taschen und Bekleidungsstücken werden dort auch Ohrringe und anderer Schmuck verkauft.

AN- UND WEITERREISE

Flug: Dienstags und donnerstags fliegt eine Maschine von Jagson Airlines auf der Strecke von Delhi über Shimla und Kullu nach Gaggal und auf der gleichen Strecke wieder zurück. Damit kostet ein Flug von Delhi nach Shimla 82 US $ und von Shimla nach Kullu 49 US $. Außerdem unterhalten Archana und KCV montags, mittwochs und freitags Flugverbindungen zwischen Shimla und Delhi.

Bus: Fahrkarten für Fahrten mit Luxusbussen sollte man im voraus im Fremdenverkehrsamt an der Mall kaufen.

Zwischen Shimla und Delhi verkehren unzählige Busse (in einem Luxusbus 204 Rs, 10 Stunden). Auch von und nach Chandigarh kommt man häufig mit Bussen (normaler Bus 43 Rs, Luxusbus 86 Rs, 5 Stunden). Von Shimla verkehren ferner Busse nach weiteren Bergerholungsorten in Himachal Pradesh, wie z. B. nach Dharamsala und in das Kullu-Tal. Eine Fahrt von Shimla nach Manali kostet in einem normalen Bus 115 Rs sowie in einem Luxusbus 200 Rs und dauert 11 Stunden. Für eine Fahrt nach Dharamsala muß man 88 Rs bezahlen (Fahrzeit 10 Stunden). Nach Mandi kann man für 46 Rs in 6 Stunden fahren und nach Dehra Dun in 9 Stunden für 88 Rs in einem normalen Bus und für 114 Rs in einem Semi-Luxusbus.

Zug: Ein Büro für Reservierungen von Plätzen in Zugen befindet im Bahnhofsgebäude. Es verfügt über Kontingente von Plätzen in den Zügen von Shimla und auf der Breitspurstrecke von Kalka.

Die Bahnfahrt nach Shimla erfordert in Kalka, nördlich von Chandigarh, immer ein Umsteigen von Breitspur auf Schmalspur. Die Fahrt mit der Schmalspurbahn nach Shimla dauert etwa sechs Stunden. Die Fahrt bereitet großes Vergnügen, denn der Zug windet sich über die Berge, auch wenn es im Sommer unbequem heiß und sehr voll werden kann. Wenn Sie von Shimla nach Chandigarh reisen wollen, können Sie auch mit einem dieser Züge in drei Stunden bis Solan fahren und dort in einen Bus nach Chandigarh umsteigen.

Die Züge werden mit Waggons von drei Wagenklassen eingesetzt. In der 2. Klasse fährt man in Waggons mit Holzsitzen, während die Sesselklasse modern und bequem ist. Auf dieser Strecke lohnt, wenn man es sich leisten kann, aber ganz sicher eine Fahrt in der 1. Klasse. Mit Zügen ganz von Delhi sind es bis Shimla 364 km. Die Fahrt kostet in der 2. Klasse 82 Rs und in der 1. Klasse 303 Rs. Wenn man die Reise bei Tag unternehmen will, empfiehlt sich der *Himalayan Queen*, der Neu-Delhi um 6.10 Uhr verläßt und es ermöglicht, daß man nach dem Umsteigen um 17.05 Uhr in Shimla ankommt. In Gegenrichtung hat der in Shimla um 10.15 Uhr abfahrende Zug ebenfalls Anschluß an den *Himalayan Queen*, mit dem man um 21.40 Uhr in Neu-Delhi ist.

Taxi: Die Vereinigung von Taxifahrern hat für bestimmte Strecken Festpreise eingeführt. Die betragen für Fahrten zum Flugplatz 300 Rs, nach Kalka 550 Rs, nach Chandigarh 750 Rs, nach Kullu 1500 Rs und nach Delhi 2200 Rs. Dennoch lohnt es immer zu versuchen, diese Preis noch etwas herunterzuhandeln.

NAHVERKEHR

Stadtbusse fahren von der Haltestelle in der Cart Road an der Nordseite des Bergkammes ab. Das ist unmittelbar unterhalb der Eisbahn an dem Pfad, der von der Mall neben der ANZ Grindlays Bank abzweigt.

Etwa 500 m östlich der Bushaltestelle bringt ein zweiteiliger „Touristenfahrstuhl" Leute für 2 Rs hoch zur Mall. Er erspart einen langen und anstrengenden Aufstieg und scheint der einzige Fahrstuhl auf der Welt zu sein, in dem sich der Fahrstuhlbediener an einem Feuer aufwärmt.

DIE UMGEBUNG VON SHIMLA

CRAIGNANO

2279 m hoch und 16 km entfernt von Shimla liegt Craignano mit einem Municipal Rest House auf der Bergspitze. Von Mashobra sind es dorthin nur 3 km. Wenn Sie in diesem Quartier übernachten wollen, dann rufen Sie wegen einer Reservierung den Ingenieur im

Wasserwerk von Shimla an (Tel. 7 28 15).

CHAIL

Dieser Ort war früher einmal die Sommerresidenz des Prinzenstaates von Patalia. Der alte Palast ist heute ein Luxushotel. Chail liegt 45 km Fahrt mit einem Bus über

Kufri von Shimla entfernt. Zu erreichen ist dieser Ort aber auch mit der Schmalspurbahn oder über Kandaghat, gelegen an der Straße von Shimla nach Kalka.

Chail liegt auf einer Höhe von 2250 m und ist auf drei Hügeln erbaut. Auf einem steht der Palast und auf einem anderen ein alter Sikh-Tempel. Chail huldigt aber noch einem anderen Gott: dem Kricket-Gott. Hier werden Sie einen der schönsten Kricketplätze der Welt finden!

Unterkunft: Im Hotel Chail Palace (Tel. 01792/83 33) gibt es Zimmer schon ab 500 Rs, während die Suiten Maharaja und Maharani 2000 Rs bzw. 2375 Rs kosten. Im Hotel Himneel kosten die Zimmer 400 Rs. Außerdem gibt es noch einige kleinere Hotels.

SOLAN

Diese langweilige Stadt liegt sowohl an der Bahnlinie als auch an der Straße zwischen Kalka und Shimla. Am bekanntesten ist sie als Heimat des Golden-Eagle-Bieres. Die Brauerei Mohan Meakin liegt etwa 4 km von der Stadt entfernt an der Straße nach Shimla. Besichtigungen sind auf Anfrage möglich.

KASAULI

Dies ist ein hübscher kleiner Bergort in 1927 m Höhe nördlich von Kalka. Es ist ein interessanter Fußmarsch über 15 km von Kalka nach Kasauli. Zu erreichen ist Kasauli aber auch von Dharampur aus, das an der Schmalspurstrecke der Eisenbahn liegt.

Nur 4 km entfernt von Kasauli liegt Monkey Point, ein Ausflugsort und Aussichtspunkt mit gutem Ausblick auf die Ebenen im Süden und die Berge im Norden. In Sabathu, 38 km entfernt von Kasauli, steht eine Festung aus dem 19. Jahrhundert, die von den Gurkhas errichtet wurde.

Unterkunft: Außer dem PWD Rest House mit Zimmern für 40 Rs gibt es einige private Gästehäuser, wie z. B. das Alasia, das Morris und das Kalyan mit Doppelzimmern in der Nebensaison für 150 bis 250 Rs. Im Hotel Ros Common der HPTDC (Tel. 01793/20 05) kann man Zimmer zu Preisen von 300 bis 750 Rs mieten. In Dharampur bekommt man im Restaurant Mazdoor Dhaba gutes vegetarisches Essen zu vernünftigen Preisen. Oberhalb des Restaurants wird Unterkunft in einem Schlafsaal angeboten.

KALKA

Die Schmalspurbahn von Kalka nach Shimla wurde in den Jahren 1903 bis 1904 erbaut. Die Verbindungen auf der Straße sind zwar schneller und preiswerter, aber die Eisenbahnfahrt bringt mehr Spaß. Die Fahrpreise betragen in der 2. Klasse 36 Rs, in Sitzwagen 127 Rs und in der 1. Klasse 184 Rs.

Rund 5 km westlich von Kalka, an der Straße nach Chandigarh, kommt man in Pinjore zu den ganz hübschen Yadavrinda-Gärten (vgl. Kapitel über den Punjab und Haryana).

NALDERA

Von Shimla bis Naldera sind es 23 km. Der Ort liegt 2044 m hoch und verfügt über einen Golfplatz (wahrscheinlich den ältesten in ganz Indien) und eine Cafeteria. Die preisgünstigsten Unterkünfte sind der Golf Club mit Zimmern für unter 100 Rs und das Hotel Golf Glade mit Doppelzimmern für 400 Rs.

CHABBA

Dieses Rasthaus, 35 km von Shimla entfernt, erreicht man von Basantpur aus nach 5 km Fußweg. Es liegt an der Straße nach Tattapani. Reservierungen nimmt der Stromingenieur in Shimla entgegen.

TATTAPANI

Zu diesen schwefelhaltigen heißen Quellen auf einer Höhe von 655 m, von Shimla 51 km entfernt, besteht eine direkte Busverbindung (15 Rs). Doppelzimmer im kleinen Touristen-Bungalow kosten 100 bis 200 Rs, während man für ein Bett im Schlafsaal 30 Rs bezahlen muß.

FAGU

Fagu, gelegen auf 2510 m Höhe, ermöglicht wunderschöne Ausblicke und ist 22 km von Shimla entfernt. Im Winter fällt hier eine ganze Menge Schnee. Im Ort gibt es auch eine Kartoffelforschungsstation! Übernachten kann man im Hotel Peach Blossom (Tel. Shimla 28 55 22), in dem Doppelzimmer zu Preisen ab 275 Rs vermietet werden.

NARKANDA

Dieser Ausflugsort auf einer Höhe von 3143 m, 64 km von Shimla entfernt, ist vor allem deswegen bekannt, weil man von hier aus einen besonders guten Blick auf die Bergwelt des Himalaja hat, am besten vom 3300 m hohen Hattu aus. In den letzten Jahren hat man Narkanda zu einem Skiort ausgebaut. Die Saison zum Skilaufen dauert von Ende Dezember bis Anfang März. Dafür sind ein 600 m langer Abhang und ein 110 m langer Skilift vorhanden. Für das Mieten von Skiern und Skischuhen muß man pro Tag ca. 150 Rs bezahlen. Das Fremdenverkehrsamt von Himachal Pradesh veranstaltet hier in jedem Jahr vom 10. Januar an auch Skikurse.

Von Narkanda aus lassen sich Ausflüge nach Bagi und Khadrala unternehmen. Beide Orte liegen an der Straße zur Grenze nach Tibet. Weiter besteht die Möglichkeit, das Apfelanbaugebiet um Thanedhar zu besuchen und von dort aus dann über Luhri ins Kullu-Tal zu fahren.

Rest Houses zum Übernachten stehen in Bagi, Khadrala und Thanedhar zur Verfügung.

Unterkunft: Im Hotel Himview der HPTDC (Tel. 48 30) werden Doppelzimmer ab 200 Rs und im Altitude Trekking & Skiing Centre Betten in einem Schlafsaal für 30 Rs vermietet. Reservierungen nimmt das Fremdenverkehrsamt (Tourist Office) in Shimla entgegen. Außerdem gibt es noch ein PWD Rest House mit Zimmern für unter 100 Rs.

ROHRU
129 km beträgt die Entfernung bis Shimla. Im Ort findet alljährlich an zwei Tagen im April die Ausstellung Rohru Fair statt. Schauplatz dieses farbenprächtigen Geschehens ist der Tempel von Devta Shikri. Durch die Stadt fließt der Pabar River. Er ist berühmt wegen seiner vielen Forellen. 13 km stromaufwärts bei Chirgaon ist ein Brutplatz für Forellen.

Einen interessanten alten hinduistischen Tempel, der der Gottheit Durga geweiht ist, kann man sich bei Haktoti, kurz vor Rohru, ansehen. Im Tempel ist eine meterhohe Darstellung der achtarmigen Göttin aus Kupfer und Bronze zu sehen.

Unterkunft: In Rohru steht ein Rest House zur Verfügung. Das kleine Forest Rest House in Chirgaon muß man von Rohru aus buchen.

Reservierungen für die Holzhütten in Seema, einem Ort, der 2 km flußaufwärts in Richtung Chirgaon liegt, nimmt das Fremdenverkehrsbüro in Shimla entgegen.

SÜD-HIMACHAL

PAONTA SAHIB
Dieser Ort liegt am Yamuna River, an der Grenze zu Uttar Pradesh, und ist Transitpunkt für die Reisenden, die aus den Bergen im Norden von Uttar Pradesh kommen.

Paonta Sahib ist eng verknüpft mit dem 10. Sikh-Guru Gobind Singh, der hier gelebt hat. Bei Bhangani, 23 km entfernt, errang er einen bedeutenden militärischen Sieg, als seine Truppen das Heer von 22 vereinten Bergkönigreichen schlugen. Seine Waffen werden in der Stadt ausgestellt, und seine *gurdwara* überblickt noch heute den Fluß.

Übernachten kann man im Hotel Yamuna der HPTDC, in dem Doppelzimmer ab 200 Rs kosten. Es gibt aber auch noch einige weitere kleine Hotels.

Jeden November findet 25 km nordwestlich von Paonta Sahib in Renuka an einem See ein bedeutendes hinduistisches Fest statt. Am See gibt es auch einen kleinen Zoo und ein Tiergehege mit Wild und vielen Wasservögeln.

NAHAN
Nahan liegt 932 m hoch in den Siwalik-Hügeln, wo der Aufstieg in die Höhen des Himalaja beginnt. In der Umgebung der Stadt bieten sich viele schöne Spaziergänge an, insbesondere die Trekking-Tour zum Choordhar (3647 m hoch), von wo man einen hervorragenden Blick in die Ebenen im Süden und auf den Sutlej River hat.

14 km südlich von Nahan liegt Saketi. Dort gibt es einen Park mit Fossilien und lebensgroßen Darstellungen prähistorischer Tiere, deren Skelette man hier ausgrub.

Unterkunft: Zum Übernachten bieten sich das PWD Rest House und eine Zahl kleinerer Hotels an.

MANDI

Einwohner: 25 000
Telefonvorwahl: 01905
Früher ein wichtiger Kreuzungspunkt an der Salzstraße nach Tibet, ist Mandi heute das Tor zum Kullu-Tal. Von hier aus geht es durch die enge, sehenswerte Schlucht des Beas. Dann tritt aus der grauen und nackten Landschaft das grüne, einladende Kullu-Tal hervor. Obwohl die Höhe nur 760 m beträgt, herrschen hohe Temperaturen. Der Name bedeutet eigentlich Markt. Dies mag auch zutreffen, weil sich hier einige Überlandstraßen kreuzen und der Handel sicher blüht.

SEHENSWÜRDIGKEITEN
Sivarati-Fest: Die größte Anziehungskraft in Mandi übt das Sivarati-Fest aus, das jedes Jahr im Februar oder März stattfindet. Das ist eines der interessantesten Feste in Himachal Pradesh, das eine Woche dauert und zu dem Abbildungen von Gottheiten aus dem gesamten

Bezirk Mandi hierhergebracht werden. Eine große Anzahl von Gläubigen bringt ihnen dann im Bhutnath-Tempel Opfer.

UNTERKUNFT UND ESSEN

Ein Pfad hinter der Bushaltestelle führt zum Hotel Mandav der HPTDC (Tel. 2 21 23), gelegen vom Hauptteil der Stadt aus auf der anderen Seite des Flusses. Dort kosten im alten Anbau Zimmer 150 bzw. 200 Rs, alle mit Bad und heißem Wasser. Für schönere Doppelzimmer im Hauptgebäude mit Fernsehgeräten für Satellitenempfang muß man jeweils ab 350 Rs bezahlen. Das zugehörige Restaurant ist gar nicht schlecht.

Auf der anderen Seite des Flusses gibt es eine ganze Reihe von preiswerten Hotels. Das beste davon ist das Hotel Standard am Hauptplatz, in dem für ein Doppelzimmer mit Bad 65 Rs berechnet werden. Auf der anderen Seite des Platzes stößt man auf das weitläufige Raj Mahal (Tel. 2 24 01), ein merkwürdiges altes Haus mit einem Schrein im Garten, das viel Atmosphäre ausstrahlt, aber sonst kaum etwas zu bieten hat. Hier beginnen die Preise für ein Zimmer mit Bad bei 97 bzw. 125 Rs, für größere Zimmer bei 200 bzw. 275 Rs. Ein beliebtes Lokal hier ist die Copacabana Bar. Außerdem wird in einem Freiluftrestaurant gutes Essen serviert. Das beste Hotel im Ort ist das neue Hotel Mayfair (Tel. 2 25 70) mit Doppelzimmern ab 330 Rs (mit Fernsehgerät, eigenem Bad und fließendem heißem Wasser). Es liegt ebenfalls am Hauptplatz und verfügt auch über ein Dachrestaurant.

AN- UND WEITERREISE

Mandi liegt 202 km nördlich von Chandigarh und 110 km südlich von Manali. Nach Dharamsala sind es 150 km in Richtung Nordwesten auf der Straße nach Pathakot.

Nach Dharamsala verkehren täglich fünf Busse (6 Stunden, 50 Rs). Außerdem kommt man etwa stündlich nach Kullu (3 Stunden) und Manali (5 Stunden). Busverbindungen bestehen auch nach Shimla und Pathankot.

REWALSAR-SEE

24 km südöstlich von Mandi liegt der Rewalsar-See, ein Ziel von Pilgern, ganz gleich, ob sie Hindus, Buddhisten oder Sikhs sind. Es gibt auch eine Höhle in den Bergen, in die sich fremde Buddhisten zurückzogen. Der kleine See wird von tibetischen Buddhisten verehrt, was der Grund dafür ist, daß jedes Jahr, gleich nach Neujahr (manchmal im März), viele von ihnen eine Pilgerung hierher unternehmen, insbesondere die, die in Dharamsala leben.

Ein Fest, bekannt als Tso-Pema, ist besonders wichtig im Jahr des Affen und wird nur alle 12 Jahre einmal begangen. Dann kommen im wahrsten Sinne des Wortes Tausende von Leuten in diese Gegend, auch Seine Heiligkeit der Dalai Lama, der dann im Kloster *puja* (Gebete) spricht und anschließend den See umrundet. Das ist ein sehr farbenfreudiges Ereignis, das zum nächsten Mal im Jahre 2004 stattfindet.

UNTERKUNFT

Übernachten kann man im Tourist Inn der HPTDC in einem Schlafsaal für 45 Rs, in einem Doppelzimmer mit Badbenutzung für 150 Rs oder in einem Doppelzimmer mit eigenem Bad für 200 bis 300 Rs.

Daneben gibt es aber auch noch eine Anzahl kleinerer Hotels wie das Lomush, das Lake View und das Shimla.

AN- UND WEITERREISE

Busverbindungen bestehen von und nach Mandi alle halbe Stunde (8 Rs). Die Fahrt dauert eine Stunde.

KANGRA-TAL

In der Nähe von Mandi beginnt das herrliche Kangra-Tal. Es verläuft in nördliche Richtung, später in Richtung Osten, und reicht bis Shahpur bei Pathankot. Der Norden des Tales wird flankiert von der Gebirgskette des Dhauladhar. An dieser Seite liegt auch Dharamsala. Im Tal gibt es eine Menge zu sehen, besonders natürlich den berühmten Bergort Dharamsala.

Durch das Kangra-Tal führt auch die Hauptstraße zwischen Pathankot und Mandi. Von Pathankot fährt eine Schmalspurbahn bis Jogindarnagar. Die Kangra-Schule der Malerei entwickelte sich in diesem Tal.

BAIJNATH

Nur 16 km von Palampur entfernt liegt die kleine Stadt

Baijnath. Sie ist ein bedeutender Pilgerort, denn in ihr steht ein sehr alter Shiva-Tempel. Er soll angeblich aus dem Jahr 804 n. Chr. stammen. In Baijnath gibt es zum Übernachten ein PWD Rest House.

PALAMPUR

Die Stadt liegt in 35 km Entfernung von Dharamsala. Sie ist ganz hübsch, umgeben von Teeplantagen und liegt 1260 m hoch. Die Hauptfernstraße führt mitten durch Palampur hindurch. In die Umgebung der Stadt führen einige reizvolle Spazierwege. Von Palampur gelang man auf einer viertägigen Trekking-Tour über den Waru-Paß nach Holi.

Unterkunft und Essen: Ungefähr einen Kilometer von der Busstation entfernt liegt das Hotel T-Bud der HPTDC. Die Zimmer kosten 400 Rs. Essen kann man in diesem Haus ebenfalls. Etwas preiswerter ist es im Motel Silver Oaks, 2½ km von der Bushaltestelle entfernt und mit herrlichen Ausblicken, sowie im einfacheren Hotel Sawney unweit der Bushaltestelle.

Gute und preisgünstige Gerichte erhält man im Restaurant Joy am Hauptbasar. Das Café Neugal der HPTDC liegt etwa 1½ km vom Hotel T-Bud entfernt.

KANGRA

In dieser alten Stadt gibt es nicht so besonders viel zu sehen. Sie liegt 18 km südlich von Dharamsala. Früher hatte sie einmal eine gewisse Bedeutung. Hier stand nämlich ein berühmter Bajreshwari-Devi-Tempel. Der war von so legendärem Reichtum, daß nahezu jeder Eindringling den Umweg nicht scheute und den Tempel ausplünderte. Im Jahre 1009 karrte Mahmud von Ghazni eine Unmenge Gold, Silber und Juwelen fort. Tughlaq kam dann im Jahre 1360 und raubte erneut alles aus. Der Tempel wurde aber restauriert und unter der Herrschaft von Jehangir mit Platten aus purem Silber belegt. Nach den Plünderungen war es dann 1905 ein verheerendes Erdbeben, das den Tempel zerstörte. Später wurde er aber wieder aufgebaut. In Kangra gibt es auch ein zerfallenes Fort, das auf einem Grat oberhalb der

Flüsse Baner und Manjhi steht. Dieses Fort wurde zunächst von Mahmud zerstört und später ebenfalls durch das Erdbeben erheblich beschädigt.

Entlang der Straße, die von der Bushaltestelle bis zum Hauptteil des Ortes verläuft, gibt es mehrere einfache Unterkünfte, aber auch ein PWD Rest House.

JAWALAMUKHI

Im Tal des Beas, 34 km südlich von Kangra, liegt der Tempel des Jawalamukhi, berühmt wegen seiner ewig brennenden Flamme. Er ist zugleich das beliebteste Ziel von Pilgern in Himachal Pradesh.

Unterkunft: Im Hotel Jawalaji der HPTDC (Tel. 22 81) kann man in einem Doppelzimmer ohne Klimaanlage ab 300 Rs und in einem Zimmer mit Klimaanlage für bis zu 600 Rs übernachten. Ein Schlafsaal steht ebenfalls zur Verfügung (45 Rs). In Jawalamukhi gibt es außerdem ein PWD Rest House. Ein weiteres schönes Rest House findet man in Nadaun, südlich von Jawalamukhi am Beas River.

MASRUR

Drei Kilometer vor Haripur entfernt, ca. 15 km südwestlich von Kangra, kann man drei aus den Felsen gehauene Tempel sehen. Errichtet werden sie im indoarischen Stil, reich verziert. Sie sind heute teilweise zerfallen, lassen aber immer noch die Verwandtschaft mit den viel bekannteren Tempeln von Ellora in Maharashtra erkennen.

NURPUR

An der Strecke zwischen Mandi und Pathankot, nur 24 km entfernt von Pathankot, liegt Nurpur. Den Namen erhielt diese Stadt von Jehangir, der sie nach seiner Frau Nurjahan benannte. Das Fort von Nurpur ist heute eine Ruine, man kann aber doch noch einige sehr fein behauene Steine bewundern. Im Fort sind auch noch die Ruinen eines Krishna-Tempels zu sehen, ebenfalls mit fein behauenen Steinen. Nurpur hat für Übernachtungen ein PWD Rest House zu bieten.

DHARAMSALA

Einwohner: 18 500
Telefonvorwahl: 01892
Nach der Invasion der Chinesen in Tibet war es Dharamsala, wohin der Dalai Lama und seine Anhänger flüchteten. Dieser Bergerholungsort ist nun am bekanntesten als Sitz der tibetischen Exilregierung und vorübergehende Heimat Seiner Heiligkeit des Dalai Lama. Dharamsala ist aber auch bei ausländischen

Besuchern in Indien ein beliebtes Reiseziel, insbesondere im März, wenn der Dalai Lama öffentlich Vorlesungen hält. Während der mehr als 30 Jahre seines Exils hat der Dalai Lama sowohl aus religiösen als auch aus praktischen Gründen versucht, eine friedliche Übereinkunft mit China zu erzielen, und zwar in der gleichen gewaltfreien Weise, wie er sie für alle persönlichen und politischen Auseinandersetzungen in der Welt for-

dert. 1989 erhielt der Dalai Lama den Friedensnobel-
preis, und zwar nicht nur wegen seiner geistlichen
Verdienste, sondern auch für seinen Kampf um die
Befreiung Tibets.

Die traurige Wahrheit beim Problem Tibet ist, daß die
Welt daran heute weniger interessiert zu sein scheint als
in der Zeit, in der die Planet Erde vom Gespenst des
Kommunismus bedroht war. Wenn Indien nicht gerade
in einem Krieg gegen China verwickelt gewesen wäre,
als die Tibeter damit begannen, ins Land zu strömen, ist
es fraglich, ob die indische Regierung es den Flüchtlingen erlaubt hätte, sich in Indien niederzulassen.

Wer sich ernsthaft mit der tibetischen Kultur befassen
will, dem wird dazu in dem Kloster oben in McLeod
Ganj Gelegenheit gegeben. Außerdem gibt es noch die
Schule für tibetische Studien samt Bibliothek. Letztere
gehört in bezug auf die Kultur Tibets zu den besten der
Welt. Sie liegt etwa in der Mitte zwischen McLeod Ganj
und der Unterstadt.

Wer sich auf andere Art mit der tibetischen Kultur
auseinandersetzen möchte, der kann dies in McLeod
Ganj tun. Das ist ein kleines Freak-Zentrum. Die meisten Hotels und Restaurants werden von Tibetern geleitet. Auf den Speisekarten finden Sie die Köstlichkeiten
dieses Landes, preiswert dazu. Mit all den Travellern
aus dem Westen ist es fast ein Kathmandu in Miniausgabe. McLeod Ganj ist voller Farbe und Energie, wo in
der Mitte der Hauptstraße auch ein kleiner Tempel mit
einer riesigen Gebetsmühle zu sehen ist und wo überall
kläffende kleine tibetische Terrier herumlaufen. Nicht
zu übersehen sind aber auch die Ketten mit vielfarbigen
tibetischen Gebetsfahnen, die im Wind wehen.

ORIENTIERUNG

Die Stadt ist eigentlich in zwei völlig getrennte Teile
unterteilt. Davon ist Dharamsala der untere Teil, von
wo es zu Fuß 3 km (auf einer Straße 10 km) bis zum 500
m höheren McLeod Ganj sind, das die Tibeter zur ihrer
neuen Heimat im Exil gemacht haben.

PRAKTISCHE HINWEISE

Informationen: Das Fremdenverkehrsamt (Tel. 2 31 07)
befindet sich im unteren Teil der Stadt, und zwar in der
Nähe der Bushaltestelle und des Hotels Dhauladhar.
Jagson Airlines hat sich mit einem Büro unterhalb des
Fremdenverkehrsamtes angesiedelt (Tel. 43 28). Dane-
ben gibt es in der Hauptstraße von McLeod Ganj auch
noch ein paar Reisebüros, in denen alle möglichen
Arten von Flug- und Fahrscheinen besorgt werden.

Geld: Zum Geldwechseln kann man in die Zweigstellen
der State Bank in McLeod Ganj und in Dharamsala gehen.

Tibetisches Wohlfahrtsbüro: In einem Büro gegenüber vom Hotel Koko Nor in McLeod Ganj freut man

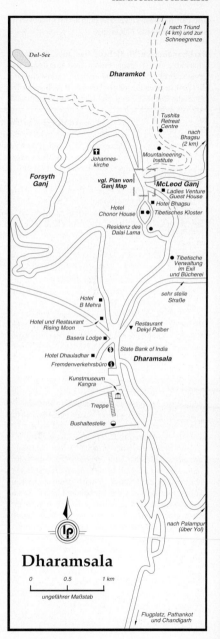

sich über Spenden von Bekleidung und Wolldecken für neu angekommene Flüchtlinge.

Buchhandlungen: In McLeod Ganj führt der Tibetan Charitable Trust einen Laden mit Kunstgewerbegegenständen und eine Buchhandlung. Das ist ein gutes Ziel für Literatur über den tibetischen Buddhismus. Die tibetische Buchhandlung und das tibetische Informationszentrum befindet sich in der gleichen Straße und haben einige gute Fotos ausgestellt, aus denen ersichtlich ist, was die Chinesen in Lhasa unternommen und zerstört haben. Unterhaltungsliteratur erhält man in der Buchhandlung Bookworm unweit der State Bank of India.

Ärztliche Hilfe: In McLeod Ganj kann man sich in mehreren Zentren der alternativen Medizin behandeln

Eine Audienz bei Seiner Heiligkeit dem Dalai Lama

Der Dalai Lama ist weltweit so gefragt, daß Privataudienzen in seiner Residenz in Dharamsala heutzutage nur noch schwer zu arrangieren sind. Man kann jedoch versuchen, dennoch so etwas zu organisieren, indem man sich mindestens vier Monate vorher an sein privates Büro in McLeod Ganj wendet. Wahrscheinlich begegnet man ihn von Angesicht zu Angesicht eher bei einer öffentlichen Audienz. Wann die stattfinden, kann man ebenfalls im privaten Büro des Dalai Lama erfahren.

Das Treffen mit der 14. Inkarnation von Chenresig, der Gottheit des universellen Erbarmens im tibetischen Buddhismus, ist kein gewöhnliches Ereignis. Das Besondere liegt aber nicht so sehr in seinem Titel und der großen Verehrung begründet, die ihm das tibetische Volk entgegenbringt, sondern mehr in dem Gefühl, das man hat, wenn man sich in seiner Gesellschaft befindet. Ein amerikanischer Freund brachte seine Empfindungen folgendermaßen zum Ausdruck: „Wenn man ihn ansieht, erscheint er wie ein normaler Mensch, aber wenn man von ihm wegschaut, hat man das Gefühl, daß er den ganzen Raum füllt."

Den weiteren Verlauf der Audienz schilderte er wie folgt: „Nachdem wir seltsam nervös im Vorzimmer gewartet hatten, wurden wir für die Audienz in sein Empfangszimmer geleitet, wo er für einen kurzen Augenblick erschien. Trotzdem blieben uns einige starke Eindrücke erhalten, darunter auch von der Art und Weise, in der er unseren Fragen Aufmerksamkeit schenkte. Er hörte wirklich zu und machte eine Pause, bevor er antwortete, um der jeweiligen Frage gerecht zu werden. Er antwortete eher, als daß er auf das zur Diskussion stehende Thema reagierte. Sein Denken war von Weisheit gekennzeichnet, wie klar aus seinen Worten entnommen werden konnte, die von gesundem Menschenverstand und Realismus zeugten.

Ich erinnere mich an seinen direkten und freundlichen Blick, an seinen festen Händedruck und an sein Gespür für Barmherzigkeit, das fast schon greifbar war. Er hatte zudem einen hervorragenden Sinn für Humor, der auch von vielen Leuten, die ihn häufiger sehen, immer wieder erwähnt wird. Er lacht oft und leicht - und was für ein Lachen! Er wirft dann seinen Kopf zurück, um ein tiefes, durchgehendes Lachen erschallen zu lassen, das von seinem Magen den Weg nach oben nimmt und pure Freude ausdrückt. Es ist ein kindliches Lachen und in hohem Maß ansteckend.

Als die Audienz endete, begleitete er uns zur Tür und nahm dabei abwechselnd eine unserer Hände in seine beiden Hände. Er beugte sich leicht über die vereinten Hände, schaute dann hoch in unsere Gesichter und lächelte uns an. Nach diesem Abschied schienen wir Meter über den Straßen von McLeod Ganj zu schweben und konnten einfach nicht aufhören zu lächeln."

Vyvyan Cayley

Seine Heiligkeit, der Dalai Lama, geistiges Oberhaupt der Tibeter

lassen. Dorthin geht auch eine bemerkenswerte Zahl von indischen und westlichen Patienten.

Dr. Yeshi Dhonder unterhält eine Praxis in der Nähe vom Restaurant Aroma (Tel. 24 61) und ist von Leuten empfohlen worden, die an Multipler Sklerose leiden. Daneben gibt es auch noch ein Zentrum der tibetischen Medizin unmittelbar gegenüber vom Hotel Koko Nor (Tel. 24 84) und eine weitere ärztliche Praxis in der Nähe der State Bank of India.

SEHENSWÜRDIGKEITEN

Johanneskirche (Church of St. John): Dharamsala war ursprünglich in der britischen Kolonialzeit ein Erholungsort, hoch in den Bergen mit kühlem Klima. Prägnantestes Bauwerk dieser Epoche ist die entzückende kleine Kirche (Church of St. John in the Wilderness). Sie steht nur wenig unterhalb von McLeod Ganj. Wunderschöne Glasfenster schmücken sie. In ihr liegt auch Lord Elgin, der 1863 verstorbene indische Vizekönig, begraben.

Kangra-Kunstmuseum: Dieses Museum wurde in Dharamsala eingerichtet und ist zu erreichen, wenn man vom Fremdenverkehrsamt die Straße hinuntergeht. Es enthält Miniaturen der berühmten Kangra-Schule, die im Kangra-Tal im 17. Jahrhundert blühte. Geöffnet ist das Museum dienstags bis samstags von 10.00 bis 17.00 Uhr.

MEDITATIONSKURSE

Seine Heiligkeit der Dalai Lama lehrt in jedem Jahr nach dem tibetischen Neujahrstag im März 10 Tage lang das Meditieren. Das ist offensichtliche eine beliebte Zeit, um sich nach Dharamsala zu begeben. Weil sich dann auch viele Ausländer aus dem Westen in der Stadt aufhalten, werden in dieser Zeit viele Meditationskurse veranstaltet.

In der Bibliothek in McLeod Ganj kann man an Kursen für Anfänger und zudem an einem Unterricht in der tibetischen Sprache teilnehmen. Die Lehrer sind ausnahmslos Tibeter.

Das Tushita Retreat Centre (Tel. 43 66, Fax 2 33 74) bietet die Möglichkeit, sich zu Meditationen zurückzuziehen, und veranstaltet ebenfalls Buddhismus-Kurse. Die Mönche hier stammen teils aus Tibet und teils aus dem Westen. Auch wenn man im Retreat Centre nicht wohnt, kann man dennoch an einigen der Kurse teilnehmen. Die Gebühr beträgt 80 Rs pro Tag zuzüglich 75 Rs für Verpflegung. Außerdem kann man Unterkunft in einem Schlafsaal für 33 Rs, in einem Einzeloder Doppelzimmer mit Badbenutzung für 55 bzw. 90 Rs oder in einem Einzelzimmer mit eigenem Bad für 65 Rs erhalten. Paare werden in verschiedenen Zimmern untergebracht.

Es gibt zudem zahlreiche Kurse, die von einzelnen, in Klöstern lebenden Mönchen angeboten werden.

WANDERUNGEN

Rings um Dharamsala verlaufen herrliche Wege, von denen aus man noch bessere Blicke in die Umgebung hat. Unmittelbar hinter McLeod Ganj erhebt sich majestätisch die Felswand des Dhauladhar. Geht man die Straße vom unteren Stadtteil bergauf, scheint sie nur eine Armeslänge entfernt zu sein.

Zu den schönen Spaziergängen von McLeod Ganj zählt auch der 2 km lange Weg nach Bhagsu. Dort kommt man zu einem alten Tempel, einer Quelle, Schieferbrüchen und einem kleinen Wasserfall. Das ist ein beliebter Picknickplatz. Mutige können noch weiter wandern und erreichen bald schon die Schneegrenze. Ein bißchen braun und eintönig gibt sich der Dal-See. Er ist nur 3 km von McLeod Ganj entfernt und beginnt hinter der Tibetan Children's Village School. Ein vergleichbar weiter Weg führt, ebenfalls von McLeod Ganj, nach Dharamkot. Auch dies ist ein beliebter Ausflugsort, von dem man einen schönen Ausblick hat.

Etwas länger ist dagegen schon die Wanderung von McLeod Ganj nach Triund. Es sind 8 km, bis man in diesem Ort in 2827 m Höhe am Fuße der Dhauladhar-Kette angekommen ist. Geht man noch 5 km weiter, erreicht man bei Ilaqa die Schneegrenze. Dort bietet ein Forest Rest House Übernachtungsmöglichkeiten.

Das Mountaineering Institute, gelegen etwa 500 m nördlich von McLeod Ganj, veranstaltet von April bis Dezember acht- bis zehntägige Trekking-Touren in großer Höhe. Daran müssen allerdings mindestens 10 Leute teilnehmen. In den Preisen von 1500 bis 2000 Rs pro Person ist dann alles enthalten. Auf Anfrage werden auch Kurse im Felsenklettern angeboten. Wenn man eine Bergwanderung selbst organisieren will, lassen sich Führer und Träger im Institut ebenfalls anheuern und dort auch Zelte und Schlafsäcke mieten. Verkauft wird ferner ein Wanderführer, der Einzelheiten über Trekking-Touren in der Gegend enthält. Er heißt *Treks & Passes of Dhauladhar & Pir Panjal.*

UNTERKUNFT

Dharamsala: In Dharamsala gibt es zwei Stadtteile, in denen man übernachten kann. Das ist zum einen der untere Teil der Stadt und zum anderen der obere Teil, bekannt als McLeod Ganj. Die Unterkünfte im unteren Teil sind im allgemeinen sehr armselig, so daß es kaum einen Grund gibt, dort zu übernachten.

Das beste der preisgünstigen Quartiere ist die Basera Lodge am Eingang zum Hotel Dhauladhar. Sie ist sauber und luftig und hat Doppelzimmer mit eigenem Bad für 75 Rs zu bieten. Entspannt geht es auch im ziemlich einfachen Hotel und Restaurant Rising Moon zu. Dort werden Betten in einem Schlafsaal und Zim-

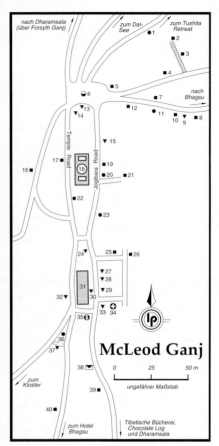

McLeod Ganj

0   25   50 m

ungefährer Maßstab

mer etwa für 50 Rs vermietet. Einige davon sind mit Bad ausgestattet.

Die einzige Annäherung an ein Luxushotel in Dharamsala ist das HPTDC-Hotel Dhauladhar (Tel. 21 07) mit Zimmern ab 337 bzw. 400 Rs. Zum Hotel gehören auch ein Restaurant und eine ganz hübsche Terrasse zum Sonnen. Auf der läßt es sich ganz besonders bei Sonnenuntergang mit einem Bier gut sitzen, weil man dann einen herrlichen Blick auf die Ebene unter sich hat.

McLeod Ganj: Die meisten Besucher aus dem Westen wohnen während ihres Aufenthaltes in Dharamsala nicht im Hauptteil der Stadt, sondern 500 m höher (und 10 km auf der Straße entfernt) in McLeod Ganj. In diesem Stadtteil leben viele Tibeter und betreiben eine

ganze Anzahl von Hotels und Restaurants. McLeod Ganj ist jedoch sehr beliebt, was zur Folge hat, daß viele Unterkünfte häufig voll belegt sind, insbesondere im März.

Im Norden dieser Ansiedlung kommt man zu einer Gruppe von drei Hotels mit guten Ausblicken. Dort hat sich am Ende einer langen Treppe das Paljor Gakyl Guest House (Tel. 2 25 71, aber nicht für Reservierungen) angesiedelt. Diese makellos saubere Unterkunft wird von einem freundlichen tibetischen Paar geführt, das einige Jahre auch in Europa gelebt hat und außer Englisch und Französisch auch Deutsch spricht. Die Doppelzimmer mit Bad für 110 Rs oder mit Teppich, heißem Wasser und einem wunderschönen Ausblick für 220 Rs sind ihr Geld durchaus wert.

In der Nähe liegt das Kalsang Guest House (Tel. 2 26 09), ein größeres Haus mit Zimmern für 45 bzw. 75 Rs (Badbenutzung) oder 135 bis 250 Rs (eigenes Bad und heißes Wasser). Weiter die Straße hinunter stößt man auf die kleine, von den Preisen her ähnliche Seven Hills Lodge (Tel. 2 25 80).

Mehrere Hotels findet man ferner an der Straße nach Baghsu, die von der Bushaltestelle nach Osten verläuft. Dort liegt auch das schon lange bestehende Hotel Tibet (Tel. 2 25 87), einst eine beliebte preisgünstige Unterkunft, die jetzt herausgeputzt worden ist und einen Preissprung nach oben gemacht hat. Die komfortablen Zimmer mit eigenem Bad und Fernsehgerät kosten jetzt 350 bis 500 Rs. Gegenüber steht das Lhasa Guest House, in dem man in Zimmern mit Badbenutzung für 65 Rs und in Zimmern mit eigenem Bad für 175 Rs übernachten kann.

Etwas weiter entlang der Straße nach Baghsu kommt man zum Hotel Koko Nor mit Zimmern für 50 bis 100 Rs und zum Hotel Green, einem beliebten preiswerten Quartier, in dem Zimmer mit Gemeinschaftsbad für 35 bzw. 60 Rs und mit eigenem Bad für 100 Rs vermietet werden. In der Jogibara Road in der Mitte des Ortes gibt es noch einige Unterkünfte mehr, darunter das Shangrila Guest House und das sehr einfache Hotel Snow Palace. Weiter entlang, in einer schmalen Seitenstraße an der linken Seite, befinden sich zwei sehr beliebte Gästehäuser. Eines davon ist das Drepung Loseling Guest House (Tel. 2 31 87), das dem Kloster Drepung in Karnataka gehört und von Mönchen aus diesem Kloster geleitet wird. Die Zimmer in diesem Haus gehören zu den besten in Dharamsala und werden alle als Doppelzimmer mit eigenem Bad vermietet, und zwar nur mit kaltem Wasser für 125 Rs, mit kaltem und heißem Wasser für 165 Rs und mit herrlichen Ausblicken für 220 Rs. Vorhanden ist auch ein Mehrbettzimmer mit Betten für jeweils 25 Rs.

Ganz in der Nähe liegt eine weitere ausgezeichnete Unterkunft, das Tibetan Ashoka Guest House (Tel. 2 27 63). Die Zimmer sind sehr sauber und werden mit Badbenutzung für 45 bzw. 55 Rs sowie mit eigenem Bad für 165 bis 205 Rs angeboten. Weil dieses Haus am Rand des Ortes liegt, hat man von ihm aus gute Ausblicke über die Felder.

Sehr einfach ist das Hotel Kailash in der Temple Road, während etwas weiter unten das Hotel Om so beliebt ist, daß in der Hochsaison häufig eine Warteliste geführt werden muß. Allerdings ist kaum zu erkennen, warum

das so ist. Hier muß man für ein Zimmer mit Badbenutzung 35 bzw. 70 Rs bezahlen.

Ein ganz gemütliches neues Quartier ist das Ladies Venture Guest House, gelegen ein Stück entlang der Straße zur Bibliothek. Makellos sauber und von einer freundlichen Leitung geführt, kommt man hier mit Bädern für jeweils zwei Zimmer allein für 125 Rs und zu zwei für 175 Rs sowie in einem Zimmer mit eigenem Bad für 150 bzw. 250 Rs unter. Auf dem Weg zu diesem Haus liegt das preisgünstigere Kalsang Tsomo International Guest House, ebenfalls geführt von sehr freundlichen Leuten, mit Zimmern ab 90 Rs (Badbenutzung) und 150 Rs (eigenes Bad).

Im südlichen Teil der Stadt, bedenklich an einer Piste hängend, die hinaus in die Ebene führt, liegen drei häßliche bessere Hotels. Dort muß man im Surya Resort für ein Einzelzimmer 890 Rs und für ein Doppelzimmer 1080 Rs ausgeben, während man im Hotel Natraj (Tel. 2 25 29) in Zimmern ab 400 Rs unterkommt. Im Hotel Him Queen sind die Preise ähnlich. In der gleichen Gegend steht auch das kaum bemerkenswerte HPTDC-Hotel Baghsu (Tel. 31 91) mit Zimmern von 400 bis 1200 Rs.

Ein besseres Luxushotel ist da schon das Chonor House unweit vom Kloster und südlich von McLeod Ganj (Tel. 2 20 06, Fax 2 20 10), in dem fünf Doppelzimmer mit eigenem Bad für 800 Rs und sechs Einzelzimmer mit Bad für jeweils zwei Zimmer für 600 Rs zur Verfügung stehen. Geführt wird es vom Tibetean Department of Religion & Culture und ist eingerichtet von Kunsthandwerkern aus Norbu Linka, dem neuen, von Japan finanziell unterstützten Kloster.

Etwa einen Kilometer nördlich der Bushaltestelle liegen entlang der Straße in Richtung Dal-See die Glenmore Cottages (Tel. 44 10, Fax 2 33 74) mit komfortablen Unterkünften in fünf ruhig gelegenen Cottages zu Preisen ab 35 bzw. 45 US $.

Andere Gegenden: Es ist auch möglich, in einem der Dörfer um Dharamsala herum zu übernachten. Eines davon ist Bhagsu, 20 Minuten zu Fuß von McLeod Ganj entfernt, wo ebenfalls mehrere kleine Hotels vorhanden sind. Eines davon ist die Sunil Lodge, in der für ein Zimmer mit Badbenutzung nur 30 bzw. 45 Rs berechnet werden. Es gibt dort aber auch Quartiere, in denen Zimmer mit eigenem Bad und heißem Wasser vermietet werden.

Noch friedlicher wohnt man im Dorf Dharamkot, 50 Minuten zu Fuß von McLeod Ganj entfernt. Dort werden in kleinen Gästehäusern Unterkünfte mit oder ohne eigenem Bad für 30 bis 100 Rs pro Tag angeboten.

ESSEN

Für die, die *dhal* und Reis nicht mehr sehen mögen, bieten die Restaurants hier eine ganze Reihe von tibetischen und chinesischen Gerichten, aber auch westliche Lieblingsspeisen wie Bananenpfannkuchen. Alles in allem ist das Essen in McLeod Ganj eine ganz angenehme Abwechslung von den üblichen indischen Gerichten.

Für tibetische Gerichte bietet sich das Dachrestaurant Tsongkha an, geführt von Tibetern, die erst vor kurzem in Dharamsala angekommen sind und ausgezeichnet kochen. Alle Speisen sind vegetarisch, von denen die vegetarische Tofu-Gerichte besonders zu empfehlen sind. Reis, Gemüse und gebratener Tofu beispielsweise kosten 27 Rs. Gut schmecken aber auch die *momos*. Die Bedienung ist allerdings etwas unberechenbar.

Ein weiteres gutes Lokal ist das kleine Restaurant Yak, geführt von einer charmanten Familie. Jeden Morgen werden hier große Berge von *momos* frisch hergestellt, so daß man auf sein Essen nie lange warten muß. Vegetarische *momos* oder *momos* mit Hammelfleisch in einer Suppe kosten 14 Rs.

Gern von Richard Gere besucht, wenn er im Ort ist, wird das Café Shambala, in dem die besten Annäherungen an westliche Gerichte zubereitet werden. Am bekanntesten ist dieses Lokal wegen seines „Bauernfrühstücks", einer sättigenden Mischung aus Eiern, Kartoffeln und Gemüse. Außerdem werden acht verschiedenen Arten Pfannkuchen mit Füllungen von Äpfeln bis Käse angeboten.

Einfache tibetische Gerichte erhält man im Restaurant Gakyi, besser bekannt wegen des Müsli (25 Rs). In der gleichen Gegend liegen auch das Snowland, das Tibet Memory und das Aroma. Im Tibet Memory konnte man sich vor kurzem auch jeden Abend Videofilme ansehen (5 Rs).

Unmittelbar an der Ecke bei der Bushaltestelle stößt man auf das Restaurant McLLo, ein Lokal, das sich von den anderen Restaurants wohltuend abhebt, aber auch nicht gerade billig ist. Die Atmosphäre und die Ausblicke sind hier immer ausgezeichnet. Auf der kleinen Speisekarte stehen westliche Imbisse und ein paar indische Gerichte. Das beste Ziel für indische Speisen ist jedoch das Restaurant Ashoka, auch wenn die Bedienung immer ziemlich langsam ist.

In dieser Gegend befindet sich auch das Shangri La, in dem außer den üblichen chinesischen und tibetischen Gerichten auch hervorragender Bananen-, Zitronen und Apfelkuchen angeboten wird. Ein weiteres beliebtes Lokal ist das im Hotel Om mit der hübschen Sonnenterrasse.

Die besten Kuchen in McLeod Ganj kommen vom Chocolate Log neben der Straße zur Bibliothek. Außer Schokoladenkuchen und Rumkugeln erhält man dort ausgezeichnetes Frühstück und als Mittagessen Quiche. Abends und montags ganztägig ist hier geschlossen.

Unten in Dharamsala hat das Hotel Dhauladhar ein ganz gutes Restaurant zu bieten. Essen kann man aber auch im Hotel und Restaurant Rising Moon sowie in zahlreichen preisgünstigen *dhabas*.

UNTERHALTUNG

Die beliebtesten Ziele für einen Drink sind das Restaurant McLLo, das Friend's Corner nebenan und die winzige Bar im Hotel Tibet.

AN- UND WEITERREISE

Flug: Dienstags und donnerstags fliegt Jagson Airlines vom Flugplatz Kangra in Gaggal, 15 km von Dharamsala entfernt, nach Delhi (100 US $) und nach Kullu (49 US $).

Bus: Der Hauptbusbahnhof befindet sich in Dharamsala, etwa 300 m unterhalb vom Fremdenverkehrsamt. Hier fahren alle Langstreckenbusse ab. Die meisten Busse, die in McLeod Ganj starten, befördern Fahrgäste nur bis zu diesem Busbahnhof. Der erste Bus von McLeod Ganj zum Busbahnhof in Dharamsala fährt bereits um 4.00 Uhr morgens ab.

Reservierungen von Plätzen in Zügen lassen sich im Reservierungsbüro der Bahn an der Bushaltestelle vornehmen, auch wenn dort nur 2 Plätze pro Zug und Tag zur Verfügung stehen.

Etwa vier Busse fahren täglich nach Shimla und Delhi, aber nur ein oder zwei Busse zu den anderen Orten. Die ungefähren Entfernungen, Abfahrtszeiten und Preise ab Dharamsala sind:

	Ent-fernung	Fahrzeit		Fahr-preis
Manali	253 km	12½	Stunden	114 Rs
Kullu	214 km	10	Stunden	95 Rs
Shimla	317 km	10	Stunden	88 Rs
Chandi-garh	248 km	9	Stunden	75 Rs
Pathankot	90 km	3½	Stunden	35 Rs
Delhi	526 km	13	Stunden	125 Rs

NAHVERKEHR

Vom unteren Teil der Stadt bis nach McLeod Ganj sind es etwa 10 km und eine Fahrt von 45 Minuten Dauer für 4 Rs. Stündlich verkehren Busse, aber auch viele Maruti-Kleinbusse, in denen eine Fahrt 60 Rs kostet. Wenn Sie zu Fuß hinuntergehen wollen, dann nehmen Sie den Weg an der Bücherei vorbei. Dieser Weg nimmt etwa 40 Minuten in Anspruch.

TREKKING-TOUREN VON DHARAMSALA

Die Trekking-Tour über den Indrahar-Paß ist eine der vielen, die man über die Dhauladhar-Kette unternehmen kann. Allerdings ist keine Bergwanderung über den Dhauladhar leicht, und auch diese ist keine Ausnahme. Im Vergleich zu den Trekking-Touren in Kaschmir und im benachbarten Kullu-Tal bedeutet diese Trekking-Tour eine Herausforderung, für die in McLeod Ganj ein Führer oder Träger angeheuert werden sollte. Dafür muß man mit bis zu 200 Rs pro Tag rechnen.

Die Trekking-Tour über den Indrahar-Paß führt von McLeod Ganj zunächst nach Triund (3-4 Stunden), wo man in einem Rest House übernachten kann. Von Triund geht es auf dem nächsten Abschnitt zur Lahesh-Höhle (4-5 Stunden) und weiter bis zum Fuß des Passes. Von dort ist es ein fordernder Aufstieg über Felsbrocken bis zum Indrahar-Paß (4350 m), von wo sich Ausblicke bis in die indische Ebenen bieten. Dann folgt ein steiler Abstieg bis zum Lager in Chatru Parao (6-7 Stunden), bevor es weitergeht bis zum Dorf Kuarsi (5-6 Stunden). Ein weiterer Abschnitt führt nach Machhetar (6 Stunden) und eine fünfstündige Busfahrt schließlich nach Chamba.

DALHOUSIE

Einwohner: 9800
Telefonvorwahl: 018982

Dalhousie erstreckt sich über fünf Hügel auf rund 2000 m Höhe und sogar noch über sie hinaus. Während der britischen Ära genoß die Stadt den Vorzug, ein „zweitrangiger" Bergerholungsort der Engländer zu sein, vorwiegend in Anspruch genommen von Leuten, die damals in Lahore lebten. Dort trafen sich vor allem die Menschen, die es nicht nach Shimla zog. Gegründet wurde die Stadt von Lord Dalhousie. Für Spaziergänger gibt es auch in der Umgebung von Dalhousie genug Wanderwege.

ORIENTIERUNG UND PRAKTISCHE HINWEISE

Dalhousie ist sehr auseinandergezogen. Die meisten Läden haben sich in der Umgebung des Gandhi Chowk angesiedelt, während die eigentliche Stadt, sofern man bei Dalhousie überhaupt davon sprechen kann, die Hügel hinunter unweit vom Subhash Chowk liegt. Das ist von der Bushaltestelle aus ein steiler Aufstieg. Die Häuser scheinen fast aufeinander gebaut zu sein.

Das Fremdenverkehrsamt (Tel. 21 36) ist im obersten Stockwerk des Gebäudes bei der Bushaltestelle untergebracht. Geld kann man in der Punjab National Bank neben dem Hotel Aroma-n-Claire wechseln.

SEHENSWÜRDIGKEITEN UND FREIZEITBESCHÄFTIGUNGEN

Die heutige Bevölkerung setzt sich zu großen Teilen aus tibetischen Flüchtlingen zusammen. Sie gaben der Stadt auch ihre neue Prägung. Wenn Sie vom Subhash Chowk bis zum Gandhi (GPO) Chowk bummeln, können Sie die prächtigen Gemälde (Flachreliefs) in den Felsen bewundern. Unweit vom Gandhi Chowk ist auch ein guter Kunstgewerbeladen, den tibetische Flüchtlinge unterhalten. Die Auswahl an Teppichen ist beeindruckend, aber ungewöhnlich sind auch die Kaninchen und Elefanten als Tiermotive darauf.

Dalhousie ist wegen der dichten Wälder, der alten britischen Häuser, der farbenfrohen Tibeter und der ganzen Atmosphäre ein Ort, in dem man gut und geruhsam ein wenig Zeit verbringen kann. Allerdings kommen nur sehr wenig ausländische Besucher hierher. Ein besonders schöner Platz zum Sitzen und Ausruhen wäre Panchpulla (Fünf Brücken), den man über einen 2 km langen Weg vom GPO Chowk entlang der Ajit Singh Road erreicht. Leider ist er durch Betontreppen und Betonsitze über den Brücken verschandelt worden. Unterwegs kommt man an einer kleinen Quelle vorbei, die man leicht übersieht. Sie heißt Satdhana.

8,5 km entfernt vom GPO Chowk ist Kalatope. Von dort gibt es eine gute Möglichkeit, weit ins Land zu blicken. Wer übernachten will, kann dies hier im Forest Rest House tun. 15 km entfernt liegt Lakhi Mandi auf einer Höhe von 3000 m. Die Ausblicke von dort auf die Bergwelt werden unvergeßlich bleiben.

UNTERKUNFT

Hotels gibt es genügend zur Auswahl. Leider sind einige heruntergewirtschaftet und machen den Eindruck, daß sie von den Briten einfach aufgegeben

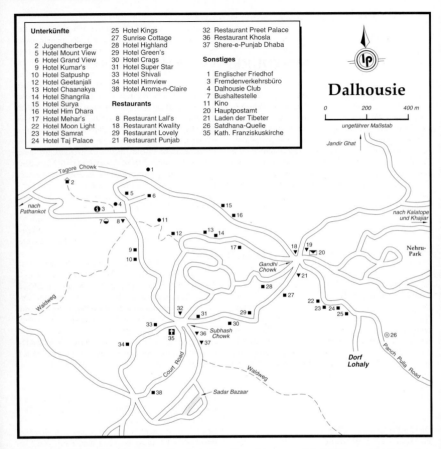

Unterkünfte	25 Hotel Kings	32 Restaurant Preet Palace
	27 Sunrise Cottage	36 Restaurant Khosla
2 Jugendherberge	28 Hotel Highland	37 Shere-e-Punjab Dhaba
5 Hotel Mount View	29 Hotel Green's	
6 Hotel Grand View	30 Hotel Crags	**Sonstiges**
9 Hotel Kumar's	31 Hotel Super Star	
10 Hotel Satpushp	33 Hotel Shivali	1 Englischer Friedhof
12 Hotel Geetanjali	34 Hotel Himview	3 Fremdenverkehrsbüro
13 Hotel Chaanakya	38 Hotel Aroma-n-Claire	4 Dalhousie Club
14 Hotel Shangrila		7 Bushaltestelle
15 Hotel Surya	**Restaurants**	11 Kino
16 Hotel Him Dhara		20 Hauptpostamt
17 Hotel Mehar's	8 Restaurant Lall's	21 Laden der Tibeter
22 Hotel Moon Light	18 Restaurant Kwality	26 Satdhana-Quelle
23 Hotel Samrat	29 Restaurant Lovely	35 Kath. Franziskuskirche
24 Hotel Taj Palace	21 Restaurant Punjab	

Dalhousie

0   200   400 m

ungefährer Maßstab

wurden und seitdem auch nichts mehr zu ihrer Instandhaltung unternommen wurde. Die Preise für Übernachtungen schwanken jedoch je nach Saison. Die Hochsaison dauert in Dalhousie von Mitte April bis Mitte Juli, von Mitte September bis Mitte November und von Mitte Dezember bis Anfang Januar. Angegeben sind im folgenden die Preise für Doppelzimmer in der Nebensaison. Einzelzimmer sind wie in den meisten Hotels in Indiens Bergerholungsorten kaum erhältlich. Wenn man in der Hochsaison nach Dalhousie kommt, muß man mit viel Betrieb und 50 bis 100 % höheren Preisen rechnen.

Die beste Wahl für Besucher mit knapper Reisekasse ist die Jugendherberge (Tel. 21 89), in der man in Schlafsälen für 10 Rs pro Bett (Nichtmitglieder eines Jugendherbergsverbandes für 20 Rs pro Bett) und in zwei Doppelzimmern mit Bad, Balkon und herrlichen Ausblicken für 40 Rs unterkommen kann. Die Jugendherberge ist ein freundliches Quartier und das ganze Jahr über geöffnet.

Ansonsten sind im Ort preisgünstige Hotels knapp. Im Hotel Satpushp neben der Bushaltestelle kann man jedoch in einem muffigen Doppelzimmer mit Bad für 80 Rs übernachten. Für einen Eimer mit heißem Wasser muß man hier 5 Rs bezahlen.

Den Hügel etwas bergauf, unmittelbar über der Bushaltestelle, liegt ein Touristen-Bungalow, der als Hotel Geetanjali bezeichnet wird (Tel. 21 55). Dort kosten Zimmer ab 190 bzw. 250 Rs. Die Zimmer sind riesig und enthalten auch noch einen besonderen Bereich zum Wohnen. Auch dies ist ein freundliches Quartier, das zudem gute Ausblicke ermöglicht.

Das Hotel Shivali am Subhash Chowk (Tel. 22 29) kann mit Zimmern für 150 Rs aufwarten, zu denen jeweils auch ein eigenes Bad mit heißem Wasser, ein Fernsehgerät und sogar eine kleine Küche gehören. Weitere Unterkünfte in dieser Preisklasse sind entlang der Panch Pulla Road das Hotel Moon Light (Tel. 52 39) und das Hotel Kings (Tel. 24 50).

Das Hotel Shangrila (Tel. 23 14) ist ein altes Haus, das in ein Hotel umgebaut wurde. Es liegt in Fußwegentfernung vom Gandhi Chowk und bietet sehr gute Ausblicke. Hier werden Doppelzimmer zum Preis von 240 Rs vermietet, alle mit Fernsehgerät und heißem Wasser. Ein modernes Haus ist das Hotel Kumar's in der Nähe der Bushaltestelle, in dem für ein Doppelzimmer mit Bad ab 300 Rs in Rechnung gestellt werden.

Im Hotel Aroma-n-Claire an der Court Road werden riesige Zimmer mit Bad und einer Atmosphäre aus der Kolonialzeit für 350 Rs vermietet, alle mit Fernsehgerät und Kühlschrank ausgestattet. Unweit vom Hotel Shangrila kommt man zum schicken Hotel Chaanakya (Tel. 26 70), in dem Doppelzimmer ab 760 Rs kosten. Dieses Haus ist bei Indern in den Ferien beliebt.

Das Hotel Grand View unweit der Bushaltestelle (Tel. 21 23) berechnet für Luxusdoppelzimmer 500 Rs und für Luxussuiten 700 Rs. Dennoch sind einige Zimmer nur durch papierdünne Wände voneinander getrennt, so daß man sich durch ein laufendes Fernsehgerät im Zimmer nebenan gestört fühlen kann. Die Ausblicke auf die schneebedeckte Kette des Pir Panjal ist jedoch hervorragend. Oberhalb dieses Hotels liegt das von den Preisen her ähnliche Hotel Mount View mit sogar noch besseren Ausblicken.

ESSEN

In der Nebensaison ist es schwer, ein geöffnetes Restaurant zu finden. Ein Restaurant, das immer länger geöffnet bleibt als die anderen, ist das Restaurant Kwality am Gandhi Chowk. Dort wird eine ganze Reihe von chinesischen Gerichten, aber auch von nordindischen Speisen angeboten. Für ein halbes Tandoori-Hühnchen muß man in diesem Lokal 38 Rs bezahlen. In der gleichen Gegend liegt das beliebte Restaurant Lovely mit ähnlichen Preisen, guten Punjabi-Gerichten sowie südindischen Speisen und einigen Sitzgelegenheiten draußen.

Dann bleiben noch das Shere-e-Punjab Dhaba und das Restaurant Khosla am Subhash Chowk, in dem immer viel Betrieb herrscht. Hauptgerichte kosten in diesen beiden Lokalen ca. 35 Rs.

AN- UND WEITERREISE

Der übliche Ausgangspunkt für eine Fahrt mit einem Bus nach Dalhousie ist das 80 km entfernte Pathankot. Die Fahrt dauert ca. vier Stunden und kostet 34 Rs.

Direktbusse verkehren aber auch von Dalhousie nach Amritsar, Jammu, Dharamsala (10 Stunden) und Shimla (16 Stunden!). Wenn man nach Dharamsala oder Shimla will, gelingt das viel schneller, indem man zunächst zurück nach Pathankot fährt und dort umsteigt. Nach Chamba fahren vier Busse täglich, die bis zum Ziel zwei Stunden (18 Rs) brauchen.

Für eine Taxifahrt zwischen Dalhousie und Pathankot muß man 620 Rs bezahlen und ist dann in zwei Stunden am Ziel.

KHAJIAR

Nur 22 km von Dalhousie entfernt liegt dieser Ort, den man mit einem Bus oder zu Fuß in einer Tageswanderung erreichen kann und in dessen Mitte sich malerisch ein See erstreckt. Der Ort ist etwas mehr als einen Kilometer lang und knapp einen Kilometer breit und von Kiefern mit einem See in der Mitte umgeben. Man findet dort einen Golfplatz und einen Tempel mit einer goldenen Kuppel. Die Holzschnitzereien in dem Tempel sind sehr beeindruckend und stammen aus dem 14. Jahrhundert.

UNTERKUNFT

Im Touristen-Bungalow, dem Hotel Devdar, kosten die Doppelzimmer ab 350 Rs und eine Übernachtung im Schlafsaal 45 Rs. Weitere Möglichkeiten zum Übernachten bieten die Jugendherberge und das PWD Rest House.

CHAMBA

Hinter Khajiar, 56 km von Dalhousie entfernt, kommt man in 926 m Höhe nach Chamba. Der Ort liegt etwas niedriger als Dalhousie und ist somit im Sommer auch wärmer. Eng an eine Felsenbank hoch über dem Ravi River gedrängt, wird Chamba häufig mit einem italienischen Ort des Mittelalters verglichen. Berühmt wur de der Ort wegen seiner vielen Tempel, von denen etliche von der Stadtmitte aus zu Fuß erreichbar sind.

Vor der Unabhängigkeit Indiens war Chamba 1000 Jahre lang die Hauptstadt eines Bezirks mit dem gleichen Namen, zu dem auch Dalhousie gehörte und der von einer einzigen Maharadscha-Dynastie regiert wurde. An diese Zeit erinnern der Palast (heute ein Hotel) und das Museum.

Chamba ist das Zentrum der *gaddis*; das sind traditionelle Schafhirten. Sie führen ihre Herden während der Sommerzeit in die Berge hinauf. Den Winter verbringen sie in Kangra, Mandi und Bilaspur. Die *gaddis* findet man nur in den hohen Gebirgszügen, die Chamba von Kangra teilen.

Chamba, die grüne Stadt, hat eine rasengeschmückte Promenade, die *chaugan*. Sie ist nur 75 m breit und etwas weniger als einen Kilometer lang. Die Stadt zeigt sich betriebsam und ist das Handelszentrum der Einwohner umliegender Bergorte. Einmal jährlich im August findet hier das Minjar-Fest statt. Es wird mit einer farbenprächtigen Prozession gefeiert, gefolgt von vielen Menschen (*gaddi, churachi, bhatti* und *gujjar*). Ein Bildnis des Gottes Raghuvira führt die Prozession an. Weitere Gottheiten werden in Sänften (Palankins) getragen.

SEHENSWÜRDIGKEITEN

Tempel: Der Chamundra-Tempel bietet einen ausgezeichneten Blick auf Chamba mit seinen schiefergedeckten Häusern, von denen einige bis zu 300 Jahre alt sind, auf den Fluß Ravi und auf die Umgebung. Dorthin muß man eine halbe Stunde steil bergauf gehen.

Neben dem Maharadscha-Palast steht eine Gruppe von Tempeln zu Ehren von Laxmi Naryan, von denen drei Shiva und drei Vishnu gewidmet sind. Der älteste stammt aus dem 10. Jahrhundert und der jüngste aus dem Jahre 1828. Der Harirajya-Tempel ist Vishnu geweiht und im Sikhara-Stil erbaut worden.

Bhuri-Singh-Museum: Chamba hat auch das Bhuri-Singh-Museum mit einer Sammlung von Ausstellungsstücken über die Kunst und Kultur der Gegend zu bieten. Besonders erwähnenswert sind die Miniaturen der Basoli- und Kangra-Schule. Das Museum ist täglich außer sonntags von 10.00 bis 17.00 Uhr geöffnet. Der Rang-Mahal-Palast im oberen Teil der Stadt wurde zwar durch ein Feuer weitgehend zerstört, aber einige der geretteten Wandgemälde aus diesem Bau sind nun im Museum zu sehen.

UNTERKUNFT UND ESSEN

Gleich zwei Touristen-Bungalows unterhält die HPTDC in Chamba: das Hotel Champak (Tel. 27 74) mit Doppelzimmern ab 100 Rs und Schlafsaalbetten für 45 Rs sowie das bessere Hotel Iravati (Tel. 26 71) mit Zimmern für 300 bis 500 Rs. Etwas preisgünstiger wohnt man im Hotel Janta.

Essen ist im Café Ravi View und im Hotel Iravati zu erhalten. Trotz des unerfreulichen Aussehens bietet auch das Gupta Dhaba, gegenüber der Schneiderei RK und unweit vom Hauptpostamt, ausgezeichnetes Essen. Zu empfehlen ist ferner das Restaurant Olive Green an der Temple Road. Und am Khalsa Tea Stall kann man Toast mit echter Butter aus Chamba erhalten.

AN- UND WEITERREISE

Taxis und Jeeps für eine Fahrt nach Chamba können zwar in Dalhousie gemietet werden, aber dann wird die Fahrt mit 550 Rs (hin und zurück) teuer. Eine Fahrt mit dem Bus kostet 18 Rs und dauert zwei Stunden. In zwei Tagen läßt sich die Strecke aber auch zu Fuß zurücklegen, wobei man unterwegs am besten in Khajiar übernachtet. Busse von Pathankot fahren alle zwei Stunden ab und brauchen für die Strecke fünf Stunden. Hartgesottene Trekking-Anhänger wandern von Chamba über Bharmour und Triund nach Dharamsala oder über Tisa die ganze Strecke bis nach Lahaul oder nach Kaschmir hinein.

TREKKING-TOUREN VON BRAHMAUR

Von Brahmaur, 65 km von Chamba entfernt, läßt sich eine Reihe von Trekking-Touren unternehmen. Dazu gehört auch die 35 km lange Wanderung zum Manimahesh-See auf 3950 m Höhe am Fuß des heiligen Manimahesh Kailas. Tausende von Pilgern unternehmen diese Wanderung jedes Jahr im August oder September und bewältigen sie in drei Abschnitten.

Statt dessen kann man aber auch Trekking-Touren über die Pir-Panja-Kette in das Chandra-Tal und nach Lahaul in Angriff nehmen. Die beliebteste davon führt über den Kugti-Paß. Dafür lassen sich in Brahmaur Träger anheuern, für die man jeweils 200 Rs pro Tag einplanen muß.

Der erste Abschnitt führt entlang des Budhil River bis zum Dorf Kugti. Dann steigt der Weg oberhalb eines Koniferenwaldes zu einer Almwiese an, bevor es über eine große Moräne zum Fuß des Passes geht. Von dort ist es ein kurzer, aber steiler Aufstieg bis zur Spitze. Die Route folgt der Strecke der wandernden *gaddi* mit ihren Schafen, wenn sie die riesigen Herden zum Weiden auf Wiesen in Lahaul treiben. Auf der anderen Seite des Passes empfiehlt sich eine Zwischenübernachtung, bevor man zur Straße im Chandra-Tal absteigt und von dort mit dem täglich verkehrenden Bus nach Manali fährt.

KULLU-TAL

Das fruchtbare Kullu-Tal erstreckt sich, langsam von 760 m auf 3978 m ansteigend, von Mandi bis zum Rohtang-Paß, dem Tor nach Lahaul und Spiti. Im Süden ist das Tal nur wenig breiter als eine jäh abfallende Schlucht, denn der Beas River (ausgesprochen Bii-Ahs) schlängelt sich manchmal direkt fast 300 m unterhalb der schmalen Straße.

Später weitet sich das Tal dann erheblich aus und erreicht eine Breite von 80 km. Im Durchschnitt ist es aber nur 12 km breit. Wie ein Paradies erscheint den Wanderern auch die Natur. In riesigen Anlagen gedeihen Steinobst und Äpfel. Ferner sieht man in dem niedrigeren Teil des Tales Reis- und Weizenfelder, an den Hängen duftende Wälder, bis dann höher hinauf die schneebedeckten Bergspitzen alles überragen. Die wichtigsten Städte, Kullu und Manali, liegen in diesem fruchtbaren Teil des Tales.

Die Menschen im Kullu-Tal sind freundlich, herzlich und verhältnismäßig wohlhabend, arbeiten aber hart. Die Männer tragen eine Kullu-Kappe, an deren Rückseite eine Lasche herunterhängt. In diese stecken sich die Männer gern Blumen. Die Frauen kleiden sich mit Gewändern aus selbst gesponnener Wolle. Als Verschluß dienen Silbernadeln. Sie tragen außerdem viel Silberschmuck. Selten sieht man sie ohne einen konisch zulaufenden Korb auf dem Rücken, in dem Viehfutter, Brennholz oder vielleicht auch ein junges Tier transportiert werden.

Andere Talbewohner sind Nomaden (*gaddis*). Sie gehen mit ihren Herden von schwarzen Schafen und weißen Ziegen hoch auf die Bergweiden hinauf, sobald der Sommer sich auch nur andeutungsweise zeigt. Erst bei Einbruch des Winters kehren sie zurück. Wie Wolle überhaupt richtig riecht, wissen Sie erst, wenn Sie in einem völlig überladenen Bus neben Einheimischen mit regennasser Kleidung sitzen.

Auch in diesem Tal leben heute viele tibetische Flüchtlinge. Einige leiten Restaurants und Hotels in Manali, während andere in Lagern an den Flußufern untergebracht sind. Die Tibeter sind fleißige und geschickte Händler und in allen Basaren zu finden. Viele arbeiten auch im Straßenbau, wo man ganze Familien zusammen die schwere Arbeit verrichten sieht.

Das Kullu-Tal ist schon immer ein beliebtes Reiseziel gewesen, aber den Bewohnern war es bisher gelungen, eine friedliche und gemütliche Atmosphäre zu erhalten. Seit den Schwierigkeiten in Kaschmir jedoch hat das Tal im allgemeinen und Manali im besonderen Kaschmir für die Leute ersetzt, die einmal Schnee sehen wollen. Das Ergebnis ist nicht zu übersehen, denn in der Gegend von Manali bestehen gegenüber 50 vor nur acht Jahren jetzt über 400 Hotels. Und jeden Monat kommen neue hinzu. Leider scheint diese Expansion ohne Planung vor sich zu gehen, so daß sich die Landschaft rasch ändert, oft zu ihrem Nachteil, weil ohne Rücksicht auf Verluste immer mehr wenig an die Landschaft angepaßte Bauten errichtet werden. Man kann sich nur wundern, was mit all den vielen Hotels geschehen soll, wenn die Kaschmir-Frage erst einmal gelöst ist.

KULLU

Einwohner: 15 500
Telefonvorwahl: 01902
Kullu, auf einer Höhe von 1200 m gelegen, ist zwar die Hauptstadt des Bezirks im Tal, aber nicht auch wichtigstes Ziel der Touristen. Diese Ehre wird Manali zuteil. Dennoch gibt es in der Umgebung von Kullu viel zu sehen, und wer wandern möchte, kommt auch hier auf seine Kosten. Die Stadt erstreckt sich entlang des Westufers des Beas River. Ihr Bild wird geprägt durch die grasbewachsenen *maidans* (Auen) am südlichen Ende der Stadt. Sie sind zugleich Schauplatz der Ausstellungen und Feste von Kullu. Besonders hervorzuheben ist das Dussehra-Fest, durch das das Kullu-Tal auch den Namen „Tal der Götter" bekam.

ORIENTIERUNG UND
PRAKTISCHE HINWEISE
Das hilfreiche Fremdenverkehrsamt (Tel. 23 49) liegt am Festplatz im Süden der Stadt und ist im Sommer täglich von 9.00 bis 19.00 Uhr sowie im Winter von

10.00 bis 17.00 Uhr geöffnet. Einen Informationsstand für Touristen findet man auch am Flugplatz.

Eine Bus- und Taxihaltestelle befindet sich auf der anderen Seite des *maidan*. Fast alle Unterkünfte der HPTDC und einige andere Hotels, die State Bank of India sowie das Büro des Gebietsbeauftragten liegen ebenfalls rings um den Platz. Den Busbahnhof findet man am Fluß im nördlichen Stadtteil.

TEMPEL

Im Norden der Stadt steht der Raghunath-Tempel, der dem höchsten Gott im Kullu-Tal geweiht ist. Obwohl er den bedeutendsten Tempel in der ganzen Gegend darstellt, ist er nicht sonderlich interessant und auch nur von 17 Uhr an zugänglich.

Im Dorf Bhekli, 3 km von Kullu entfernt, steht der Jangannath-Devi-Tempel. Einen Besuch dieses Tempels muß man sich durch einen steilen Anstieg erkämpfen. Aber die Aussicht entschädigt. Man gelangt auf dem Weg dorthin, der von der Hauptstraße zum Akhara Bazaar abzweigt, nachdem man die Sarawai-Brücke überquert hat.

Nach etwa 4 km entlang der Straße von Kullu nach Manali kommt man zum Vaishno-Devi-Tempel, einer kleinen Höhle mit einer Statue der Göttin Vaishno.

Eine Straße, nur mit Jeeps zu befahren, verbindet Kullu mit dem Bijli-Mahadev-Tempel, 8 km entfernt. Er liegt am anderen Ufer hoch oben auf einer vorspringenden Klippe, überragt durch eine 20 m hohe Säule, der man nachsagt, sie würde durch Blitze Segnungen anziehen. Mindestens einmal pro Jahr wird die im Tempel befindliche Statue des Shiva nämlich durch einen Blitz getroffen und dann auf wundersame Weise durch den Tempel-*Pujari* wieder hergerichtet.

An der Hauptstraße, 15 km südlich von Kullu, steht der berühmte Basheshar-Mahadev-Tempel mit fein behauenen Steinen und Skulpturen. In die drei Himmelsrichtungen Norden, Westen und Süden weisen drei große behauene Quader. In Bajaura gibt es ein PWD Rest House.

UNTERKUNFT

Alle im folgenden angegebenen Preise gelten für die Nebensaison. In der Hochsaison verdoppeln sie sich.

Das beste der preisgünstigen Unterkünfte ist das Hotel Bijleshwar View unmittelbar hinter dem Fremdenverkehrsbüro (Tel. 26 77). Das Haus liegt ausgezeichnet und hat mit 75 bzw. 100 Rs für ein Zimmer mit Bad und heißem Wasser aus Eimern das beste Preis-/Leistungsverhältnis zu bieten. Vorhanden ist ferner ein Schlafsaal mit Betten für jeweils 35 Rs.

Nur etwas südlich des *maidan*, aber doch ein wenig von der Hauptstraße entfernt, steht das Hotel Sarvari der HPTDC (Tel. 24 71). Das Haus ist gut geführt und bietet Doppelzimmer zum Preis ab 400 Rs sowie Betten in

1	Hotel Siddhartha	10	Hauptpostamt
2	Busse nach Nagar	11	Bus- und Taxihaltestelle
3	Hotel Central	12	Hotel Shobla
4	Palast	13	Touristenbüro u. Café Monal
5	Raghunath-Tempel	14	Hotel Bijleshwar View
6	Alankar Guest House	15	Hotel Rohtang
7	Restaurant Gaki	16	State Bank of India
8	Hauptbushaltestelle	17	Fancy Guest House
9	Aadikya Guest House	18	Hotel Sarvari

nach Bekhli (3 km)

nach Manali

Akhara Bazaar

Highway 21

Sultanpur

Footpath

Beas

Dhalpur

Highway 21

zum Hotel Daulat

Dhalpur Maidan

Silver Moon, Mautstation und Mandi

Kullu

0   150   300 m

einem Schlafsaal für 45 Rs. Diese Preise bleiben das ganze Jahr über gleich. Ebenfalls neben dem *maidan* wurde das Hotel Rohtang erbaut, in dem die Zimmer für 185 Rs eher ihr Geld wert sind. Wenn man die Straße hinter dem *maidan* hinaufgeht, kommt man zum Hotel Daulat (Tel. 23 58), in dem Zimmer mit Balkon für 200 Rs vermietet werden.

Auf der anderen Seite des *maidan*, in Richtung Fluß, findet man das billige und einfache Fancy Guest House (Tel. 26 81), in dem jedoch außer dem Preis von 125 Rs für ein Zimmer mit Bad und fließendem heißem Wasser kaum etwas phantastisch ist.

An dem Fußweg, der den nördlichen und den südlichen Teil der Stadt miteinander verbindet, liegt unmittelbar an der Fußgängerbrücke das Aadikya Guest House. Das Tosen des Flusses kann hier zeitweise erstaunlich

Dussehra-Fest

Das Dussehra-Fest wird im Oktober, nach dem Monsun, überall in Indien gefeiert, in Kullu jedoch auf eine besonders intensive Weise. Das Fest beginnt am 10. Tag nach dem wieder zunehmenden Mond (Vijay Dashmi) und dauert sieben Tage. Mit Dussehra feiert man Ramas Sieg über den Dämonenkönig Ravana. In Kullu verbrennt man aber nicht, wie sonst überall in Indien, Bilder von Ravana und seinen Brüdern.

In Kullu werden anläßlich des Dussehra-Festes die Götterfiguren aus allen umliegenden Tempeln zum Festplatz getragen. Mehr als 200 Götter sind es dann, die in Kullu dem Gott Raghunathji aus dem Raghunathpura-Tempel huldigen. Das Fest kann aber erst dann enden, wenn die mächtige Göttin Hadimba, Schutzpatronin der Rajas von Kullu, aus Manali ankommt. Wie die anderen Götter wird sie in ihrem eigenen Tempelwagen (*rath*) gezogen. Aber Hadimba liebt die Geschwindigkeit und muß daher so schnell wie möglich gezogen werden. Daher ist sie als erste am Platz und reist vor allen anderen wieder ab. Eine weitere Kuriosität ist, daß der Gott Jamlu von Manali zwar zum Fest kommt, aber nicht daran teilnimmt. Er steht abseits am anderen Ufer des Flusses, gegenüber vom Festplatz.

Raghunathjis Triumphwagen, geschmückt mit vielen Girlanden, wird herbeigefahren und ist dann umgeben von unzähligen anderen Göttern. Priester und Nachfahren der Rajas von Kullu umkreisen die Sänfte, bevor der Wagen dann an eine Seite des Festplatzes gezogen wird. Dies tun zu dürfen, ist großer Streitpunkt, da es eine große Ehre ist, dabei zu sein.

Die Prozession mit den Wagen und Kapellen findet am Abend des ersten Festtages statt. Während der folgenden Tage wird getanzt und Musik gespielt. Außerdem findet ein Markt statt, und stets feiert man bis tief in die Nacht. Am vorletzten Tag versammeln sich die Götter zum *devta darbar* mit Raghunathji. Am letzten Tag wird der Tempelwagen dann an das Flußufer gebracht, wo man einen kleinen Grashaufen als Symbol des Sieges über Ravana verbrennt. Raghunathji wird dann in einer hölzernen Sänfte (Palankin) zurück in den Haupttempel getragen.

laut sein, so daß man sich vorkommt, als würde man versuchen, neben einem Flugzeug zu schlafen. Dort muß man für ein Doppelzimmer mit Fernsehgerät, eigenem Bad und heißem Wasser 175 Rs bezahlen.

Am Ende der Stadt in Richtung Manali gibt es noch weitere ganz einfache Unterkünfte. Dazu gehören die Kullu Valley Lodge und das Hotel Central. In beiden werden Einzelzimmer mit Badbenutzung für 35 Rs und Doppelzimmer mit eigenem Bad für 75 Rs angeboten.

Das beste Quartier in dieser Gegend ist das neue Hotel Siddhartha (Tel. 42 43), das gut geführt wird und saubere Doppelzimmer mit Bad und fließendem heißem Wasser für 175 Rs zu bieten hat. Das ist ein gutes Preis-/Leistungsverhältnis.

Zurück in der Stadtmitte stößt man auf das Hotel Shobla, ein weiteres Hotel mit überteuerten Zimmern für 385 Rs. Schließlich gibt es noch gleich links an der Straße, die vom Süden her in die Stadt führt, das Silver Moon der HPTDC (Tel. 24 88) mit sechs Doppelzimmern, die das ganze Jahr über für 600 Rs vermietet werden.

ESSEN

Im Hotel Sarvati gibt es den üblichen Speiseraum. Beim Fremdenverkehrsamt liegt das Café Monal der HPTDC. Dort bekommt man gutes, leichtes Essen und kleine Imbisse. In der Nähe stößt man auf das Hotstuff Fast Food, ein beliebtes Lokal, in dem „Foot-Longs" (belegte Brötchen) für 25 bis 45 Rs, Hamburger und Eis serviert werden, aber auch richtige Gerichte.

Ganz einfache tibetische Speisen lassen sich im Restaurant Gaki unweit vom Busbahnhof ausprobieren, wo man nur *momos* und *thukpa* (eine tibetische Suppe) erhält. Eine Fremdsprache wird hier nicht gesprochen, aber dafür ist das Essen sehr billig.

AN- UND WEITERREISE

Flug: Der Flugplatz liegt in Bhuntar, 10 km südlich von Kullu. Dienstags und donnerstags fliegt Jagson Airlines von dort nach Delhi (123 US $), Shimla (49 US $) und Dharamsala (Gaggal, 49 US $).

Außerdem unterhält Archana Airways (Tel. 6 56 30) zumindest einmal täglich eine Flugverbindung nach Delhi. Ferner kommt man mit Rajair täglich über Chandigarh nach Bombay. Schließlich fliegt KCV nach Delhi und Amritsar.

Weitere Informationen über die letzten beiden neuen Fluggesellschaften sind bei Aggrawal Travels neben der Bushaltestelle in Bhuntar (Tel. 6 52 20) erhältlich.

Bus und Taxi: Direkte Busverbindungen bestehen von Dharamsala, Shimla (235 km), Chandigarh (270 km) und Delhi (512 km) nach Kullu. Dabei muß man berücksichtigen, daß die Busse von Kullu nach Chandigarh nicht über Shimla fahren. Alle genannten Busse fahren noch weiter nach Manali, 42 km weiter nördlich.

Ein Direktbus von Delhi nach Kullu ist 14 Stunden unterwegs. Der Fahrpreis für eine Fahrt in einem Schnellbus beträgt ca. 180 Rs und in einem Bus mit mehr Komfort bis zu 310 Rs.

Entlang der Hauptstraße von Kullu nach Manali fahren ebenfalls regelmäßig Busse (15 Rs, 1³/₄ Stunden). Allerdings fahren sie an der Ostseite des Beas seltener und benötigen dort allein von Manali nach Naggar bis zu zwei Stunden. Für die Strecke von Naggar bis Kullu kommen weitere 1¹/₂ Stunden hinzu. Die Summe der Fahrpreise für die Teilstrecken ist jedoch nicht viel höher als der Preis für eine Direktverbindung. Mit einem Wagen kommt man nach Naggar, indem man den Fluß in Patlikuhl, unweit von Katrain, überquert. Die Brücke ist allerdings sehr schmal. Zur Burg hinauf sind es über die Straße 6 km, zu Fuß jedoch viel weniger, auch wenn der Fußweg sehr steil ist.

Aus der Ebene sind auch viele Taxis unterwegs. Wenn Sie damit fahren wollen, müssen Sie mit etwa 1700 Rs für eine Fahrt von Shimla oder Chandigarh nach Kullu oder Manali rechnen. Die Fahrt mit einem Taxi von Kullu nach Manali kostet 400 Rs.

DIE UMGEBUNG VON KULLU

Die vielen Seitentäler, die in das Kullu-Tal münden, bieten vielfältige Ausflugsmöglichkeiten. Näheres darüber enthält auch der Abschnitt über Trekking-Touren von Manali und vom Kullu-Tal weiter unten in diesem Kapitel.

PARBATTI-TAL

Südlich von Kullu und nordöstlich von Bhuntar beginnt das Parbatti-Tal, durch das man auch mit einem Bus fahren kann. Dort wurde Manikaran in der Nähe von schwefelhaltigen Quellen erbaut, wo es ist ganz interessant ist, den Einheimischen zuzusehen, wenn sie beim Sikh-Tempel in den Teichen mit heißem Wasser ihr Essen kochen. Zum Tempel gehören auch heiße Bäder, aber streng getrennt nach Frauen und Männern. Im Tempel kann man - natürlich - kostenlos übernachten. Das heiße Wasser bekommt im Parbatti-Tal eine besonders hohe Bedeutung. Da es sehr eng und tief in die Berge geschnitten ist, scheint die Sonne nur recht spärlich in dieses Tal. In Kihr Ganga, 30 km zu Fuß von Manikaran aus, soll der Legende nach Shiva 200 Jahre lang gesessen und meditiert haben.

In diesem Gebiet halten sich viele italienische und französische Freaks längere Zeit auf. Trekking-Freunde kommen in diesem Tal voll auf ihre Kosten, denn die Landschaft ist wunderschön.

Unterkunft: Im HPTDC-Hotel Parvati (Tel. 35) werden 10 Doppelzimmer für jeweils 300 Rs vermietet.

Auch in Läden und Privathäusern stehen genügend Zimmer zur Verfügung. Fragen Sie ruhig ein wenig herum. Das Phoda Family House bei der Brücke ist eine gute Adresse, was dazu geführt hat, daß dort immer auch einige Traveller wohnen. Das Haus hat große, saubere Zimmer für rund 100 Rs zu bieten. Ferner gehört zum Haus ein eigenes Schwefelbad. Essen wird ebenfalls geboten und - als Köstlichkeit, wenngleich teuer - Honig von wilden Bienen!

Probieren Sie in den *Chai*-Läden einmal *kheerh*. Das ist ein delikater Nachtisch aus Reis mit Milch, Zucker, frischer Kokosnuß und Sultaninen.

An- und Weiterreise: 1¹/₂ Stunden benötigen die Busse von Kullu bis Bhuntar (6 Rs). Weitere 1¹/₂ Stunden sind es bis Manikaran (ebenfalls 6 Rs).

SAINJ-TAL

Von Aut nach Sainj ist die Landschaft weniger reizvoll als in den anderen Tälern. Dennoch hat sie ihren eigenen Charme. Da sich nur sehr wenige Fremde hierher wagen, sind die Bewohner über jeden Besucher besonders erfreut.

Offizielle Unterkünfte gibt es zwar nicht, aber dennoch ist die Übernachtung problemlos. Fragen Sie einfach ein wenig herum.

An- und Weiterreise: Der Bus von Bhuntar nach Aut fährt eine Stunde. Eine Fahrt kostet 6 Rs.

VON KULLU NACH MANALI

Auf der 42 km langen Strecke von Kullu nach Manali ist eine Menge interessanter Dinge zu sehen. Genau genommen gibt es zwei Straßen von Kullu nach Manali. Die eine Straße verläuft am Westufer des Beas River, die andere, wesentlich härtere und kurvenreichere Straße, am Ostufer. Sie wird nicht regelmäßig befahren, führt aber über Naggar mit der so besonders schönen Burg.

RAISON

Nur 8 km von Kullu entfernt liegt dieser schöne Cam-

Malerei, Bildhauerei und Architektur

Die indische Kunst und Bildhauerei basieren auf einem religiösen Hintergrund, so daß das Verständnis der Werke stets auch gewisse Kenntnisse vom Buddhismus und Hinduismus erfordert.

EINFLUSS DES BUDDHISMUS

Die ersten Kunstgegenstände (vorwiegend kleine Gegenstände und Skulpturen) fanden sich im Indus-Tal, das im heutigen Pakistan liegt. Erst in der Zeit der Maurya (4.-2. Jahrhundert v. Chr.) erlebte die Kunst jedoch eine Blütezeit. Die klassische Schule buddhistischer Kunst erreichte ihren Höhepunkt unter der Herrschaft von Ashoka (gestorben 238 v. Chr.). Hervorragenden Skulpturen aus dieser Epoche lassen sich am besten in Sanchi bewundern.

Als dieses Reich zerfiel, bildete sich im Gebiet um Peshawar im heutigen Pakistan eine neue Kunstrichtung: die Gandharan-Schule. Das war eine Kombination aus buddhistischer Kunst und starkem griechischen Einfluß, der auf die Nachfahren Alexanders des Großen zurückgeht. In diese Zeit fallen die ersten Darstellungen Buddhas in Menschenform, denn früher verehrte man ihn lediglich durch Symbole wie Fußabdrücke oder Stupas.

Zur gleichen Zeit entwickelte sich zwischen Agra und Delhi die Kunstrichtung von Mathura. Auch hier war der religiöse Einfluß des Buddhismus unverkennbar, jedoch zeigten sich erste Abwandlungen in Richtung Brahmanentum, dem Vorläufer des Hinduismus. In dieser Zeit begann man auch mit der Anfertigung von *yakshinis*, Figuren junger Mädchen, die man heute aufgrund ihrer so reichhaltigen Ausschmückung bewundert.

Ein geradezu goldenes Zeitalter erlebte die indische Kunst in der Zeit der Gupta von 320-600 n. Chr. Damals entwickelten sich die Darstellungen von Buddha zu ihrer heutigen Form, denn die typischen Merkmale der Bilder und Skulpturen von Buddha, wie z. B. Kleidung und Handhaltung, haben sich bis zum heutigen Tage kaum geändert. Damit war die Kunst des Buddhismus aber auch zu Ende, denn der Hinduismus lebte wieder auf. Zum gleichen Zeitpunkt, als im Norden Indiens die Kunst des Buddhismus während der Gupta-Zeit ihrem Höhepunkt zustrebte, entwickelte sich im Süden des Landes eine starke hinduistische Kultur. Künstler beider Kunstrichtungen schufen Skulpturen, gegossen in Metall nach dem Prinzip der verlorenen Form, und größere Darstellungen aus Stein.

Links: Buddha-Statue in Gangtok (Sikkim)

Rechts: Einzelheit am Hoysaleswara-Tempel von Halebid (Karnataka). Die Skulpturen an diesem Tempel sind herausragende Beispiele für die Kunst der Hoysala.

CHRIS BEALL

LEANNE LOGAN

GLENN BEANLAND

GLENN BEANLAND

GLENN BEANLAND

HUGH FINLAY

Oben links: Bronzefigur des tanzenden Ganesh

Oben rechts: Hölzerne Figur von Krishna als Baby auf einem Lotusblatt (Südindien)

Unten links: Holzfiguren von Musikanten aus Rajasthan

Unten rechts: Silbernes Schmuckstück in der Nachmittagssonne im Patwon ki Haveli in Jaisalmer (Rajasthan)

EINFLUSS DES HINDUISMUS

Die folgenden tausend Jahre waren gekennzeichnet durch eine langsame, aber stetige Entwicklung der indischen Hindu-Kunst, die bis zum blühenden Mittelalter anhielt. Sehr gut erkennbar ist diese Entwicklung in den Höhlen von Ajanta und Ellora, wo einige der ältesten Wandmalereien Indiens zu sehen sind. Anhand von Skulpturen kann man die Geschichte dieser Kunst über ihre gesamte Entwicklung hinweg verfolgen: von den plumpen und steifen älteren Buddha-Figuren bis hin zu den aussagekräftigen, in Form und Bewegung einmaligen Darstellungen der hinduistischen Zeit.

Absoluter Höhepunkt dieser Schaffensperiode war die Zeit, in der bildhauerische Elemente und Reliefs Bestandteile der Architektur wurden. Eine klare Grenze zu ziehen und zu sagen, was Bildhauerei und was Architektur ist, fällt schwer. Einige der besten Beispiele dafür sind die Hoysala-Tempel in Karnataka, der kunstvoll gearbeitete Sonnentempel in Konark sowie die Chandela-Tempel in Khajuraho. Bei all diesen Bauten versucht die Architektur, in Konkurrenz zu den bildhauerischen Elementen zu treten, und beides ist sowohl in überwältigender Qualität wie auch in erdrückender Vielfalt vertreten. Ein äußerst interessantes und häufiges Element sind die erotischen Darstellungen. Die himmlischen Jungfrauen einer früheren Zeit sind so deutlich in Szene gesetzt, und zwar was Positionen und Möglichkeiten anbetrifft, daß für Phantasie kaum mehr Raum bleibt. Die Kunst war damals aber nicht nur auf die Darstellung von Göttern und Göttinnen beschränkt. Jedem Ereignis des Alltags gab man genügend Raum, und wie man sieht, spielte der Sex zu jener Zeit eine wichtige Rolle im Leben der Inder.

Oben links, oben rechts und unten rechts: Bildhauereien aus den Tempeln von Khajuraho. Die Motive sind dem *Kama Sutra*, aber auch Aspekten des täglichen Lebens in Indien vor tausend Jahren entnommen.

Mitte rechts: Einzelheit aus einer Episode vom Leben Buddhas. Die Szene ist auf einer Säule des Großen Stupa von Sanchi entstanden.

Unten links: Bildhauerei an einem alten Durga-Tempel unweit von Udaipur.

EINFLUSS DER MOGULN

Die Ankunft der Moslems hatte auf die Kunst eine verheerende Auswirkung. Sie haßten andere Religionen sowie fremde Götter und zerstörten daher blindlings alles, was ihnen begegnete. Obwohl diese frühen Invasoren sich bei der Kunst fast ausschließlich auf die Malerei beschränkten, erlebte die indische Kunst unter den Moguln dennoch ein weiteres goldenes Zeitalter. Am bekanntesten dürfte die Malerei von Miniaturen sein, die die Moslems meisterhaft beherrschten. Diese unwahrscheinlich detaillierten und außerordentlich farbenfrohen Bilder stellten Ereignisse und das Geschehen in den prächtigen Palästen der Moguln dar. Darüber hinaus gibt es noch Bilder mit Jagdszenen sowie Tieren und Pflanzen.

Zur gleichen Zeit entwickelte sich aber auch eine volkstümliche Kunstrichtung. In ihr ist eine Kombination aus der Miniaturmalerei der Moguln und den religiösen Kunstrichtungen Indiens zu erkennen. Die Künstler der bekannten Schulen von Rajasthan und Mewar fügten Szenen aus dem Leben Krishnas hinzu, wobei Krishna stets in Blau dargestellt wurde. Interessant ist dabei, daß diese Schule dem Einfluß der persischen Kunst unterlag, jedenfalls bei den Miniaturen und den sehr genauen Zeichnungen. Die bei den Persern übliche Perspektive wurde jedoch nicht übernommen, die Werke blieben fast ausnahmslos zweidimensional.

HUGH FINLAY

Oben: Einzelheit aus einem Wandgemälde im Goenka Haveli in Fatehpur (Region Shekhawati von Rajasthan)

Unten links: Indische Miniaturmalerei

Unten rechts: Schmuck im Innern eines Hauses in Shilpgram, unweit von Udaipur in Rajasthan.

TONY WHEELER

HUGH FINLAY

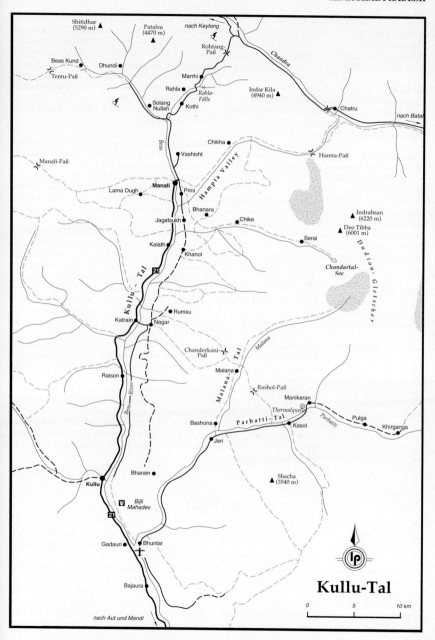

Shitidhar (5290 m)
Patalsu (4470 m)
nach Keylong
Rohtang-Paß
Chandra
Beas Kund
Dhundi
Marrhi
Indar Kila (4940 m)
Tentu-Paß
Rahla
Rahla-Fälle
Chatru
nach Batal
Solang Nullah
Kothi
Manali-Paß
Beas
Vashisht
Chikha
Hamta-Paß
Hampta Valley
Lama Dugh
Manali
Prini
Bhanara
Indrahsan (6220 m)
Jagatsukh
Chika
Deo Tibba (6001 m)
Kalath
Serai
Khanol
Chandartal-See
Kullu-Tal
Dudion-Gletscher
21
Rumsu
Katrain
Nagar
Chanderkani-Paß
Raison
Malana
Rashol-Paß
Beas River
Malana-Tal
Malana
Manikaran
Pulga
Bashona
Thermalquelle
Khirganga
Jari
Kasol
Parbatti-Tal
Parbatti
Bharain
Shacha (3540 m)
Kullu
Bijli Mahadev
21
Gadauri
Bhuntar
Bajaura
nach Aut und Mandi

Kullu-Tal

0   5   10 km

pingplatz auf einer Wiese am Fluß. Er ist ein guter Ausgangspunkt für Trekking-Touren. Auf dem Platz stehen 14 Hütten. Sie kosten als Doppelzimmer jeweils 150 Rs und können über das Fremdenverkehrsamt in Kullu gebucht werden.

KATRAIN

Etwa in der Mitte zwischen Kullu und Manali ist das Tal hier am breitesten. Überragt wird es majestätisch durch den 3325 m hohen Baragarh. Zwei Kilometer weiter liegt links der Straße eine Forellenzuchtanstalt.

Unterkunft: Übernachten kann man in einem kleinen Rest House und einen sehr schönen Touristen-Bungalow der HPTDC mit dem Namen Hotel Apple Blossom, in dem Doppelzimmer für 200 Rs und ein Schlafsaal mit fünf Betten für 45 Rs pro Bett vermietet werden. Hier zu wohnen ist eine interessante Alternative zu Kullu oder Manali. Weiterhin steht für Übernachtungen das sehr teure Hotel Span Resort (Tel. 8 31 40) am Flußufer zur Verfügung, in dem man einschließlich Vollpension für ein Doppelzimmer 3950 Rs bezahlen muß.

NAGGAR

Hoch über Katrain liegt am Ostufer des Flusses Naggar mit dem erstaunlichen Burghotel. Dorthin zu kommen ist etwas schwierig, aber der Aufwand lohnt sich.

Burg von Naggar: Früher war Naggar einmal die Hauptstadt des Kullu-Tales und die Burg der Sitz der Rajas. Um 1660 wurde Sultanpur, heute als Kullu bekannt, die neue Hauptstadt. Dieses malerische alte Fort ist rings um einen Garten gebaut und außen rundum mit Veranden verziert, die einen herrlichen Blick in das Tal ermöglichen. Die Umgebung sorgt dafür, daß man fast alles um sich herum vergißt. Im Innenhof steht ein kleiner Tempel. In ihm findet sich eine Steintafel, auf der von einer Legende berichtet wird, der zufolge das Fort von wilden Bienen hierhergetragen wurde.

Tempel: Auch rings um das Fort stehen einige Tempel. Der Shiva-Tempel von Gauri Shankar aus grauem Sandstein liegt am Fuß des kleinen Basars unterhalb der Burg und stammt aus dem 11. oder 12. Jahrhundert. Gegenüber vom Eingang des Forts steht der recht eigenartige Chatar-Bhuj-Tempel. Er ist Vishnu geweiht. Weiter oberhalb des Tempels liegt der pagodenartige Tripura-Sundri-Devi-Tempel. Noch höher findet man dann den Murlidhar-Krishna-Tempel auf einer Klippe hoch über Naggar.

Roerich-Galerie: Ebenfalls hoch am Berg oberhalb des Forts liegt die Roerich-Galerie. In diesem schönen alten Haus werden Kunstwerke von Professor Nicholas Roerich und Sohn ausgestellt. Nicholas Roerich verstarb im Jahre 1947, sein Sohn Svetoslav 1993 in Bangalore. Der Platz, an dem das Haus steht, ist einmalig. Man hat von hier herrliche Ausblicke über das Tal.

Unterkunft: Das Hotel Castle der HPTDC (Tel. 16), in dem es spuken soll, hat ein ganzes Spektrum von Unterkünften zu bieten, ist aber auch so beliebt, daß man ein Zimmer häufig vorher reservieren lassen muß. Reservierungen nimmt das Fremdenverkehrsamt in Kullu entgegen. Vermietet werden 10 Betten in einem Schlafsaal für jeweils 45 Rs, vier Doppelzimmer mit Gemeinschaftsbad (125 Rs), sieben größere Doppelzimmer mit eigenem Bad für 250 bis 400 Rs und ein Dreibettzimmer für 200 Rs.

Die freundliche Poonam Mountain Lodge mit dem zugehörigen Restaurant (Tel. 12) liegt gegenüber dem Burg und unweit vom Postamt. Der Besitzer ist ausgesprochen hilfsbereit und organisiert auch Trekking-Touren. Die Zimmer hier sind sehr groß und werden für rund 200 Rs vermietet. Verpflegungspakete zum Mitnehmen werden ebenfalls zusammengestellt.

Zu den weiteren, preisgünstigeren Unterkünften oben im Dorf gehört das von Franzosen geführte Alliance Guest House. Außerdem ist in Naggar ein Forest Rest House vorhanden.

MANALI

Einwohner: 4000
Telefonvorwahl: 01901
Manali liegt am oberen Ende des Kullu-Tales und ist der bedeutendste Erholungsort der ganzen Gegend. Der Ort liegt wunderschön und ermöglicht viele schöne Spaziergänge. Hier stehen den Besuchern viele Hotels und Restaurants zur Verfügung.

In den siebziger und achtziger Jahren war Manali bei der „Szene" ein beliebter Ort und „in". Dies hatte zur Folge, daß der Ort im Sommer viele Hippies und Rucksackreisende anzog, nicht zuletzt wegen des hochwertigen Marihuana, das in der Gegend wächst. In den Dörfern der Umgebung leben immer noch einige Hippies halbwegs ständig, während sich der Charakter von Manali im letzten Jahrzehnt deutlich verändert hat. Mit im wahrsten Sinne des Wortes Hunderten von Hotels ist Manali heute eines der beliebtesten Ziele von indischen Paaren in den Flitterwochen. Trotz der Beliebtheit des

Ortes als Ferienziel ist er immer noch einen Besuch wert und ein guter Ausgangspunkt für Wanderungen in der Umgebung. Die Landschaft und die Dörfer rings um Manali sind wirklich wunderschön, so daß es schade wäre, sie auszulassen.

Manali ist aber auch der Ausgangspunkt für die zweitägige Fahrt entlang der spektakulären Straße nach Leh in Ladakh.

Der Ort selbst ist allerdings nicht gerade schön. Seit der Flut von neuen Hotelbauten in den letzten paar Jahren ist er sogar ausgesprochen häßlich geworden. Anziehend ist allein die Umgebung von Manali. Früher waren Plantagen mit Apfelbäumen der wichtigste Zweig der Wirtschaft in diesem Gebiet, aber wenn man heute sieht, daß viele dieser Obstgärten als Grundstücke für Gebäude dienen, muß der Tourismus der bedeutendste Wirtschaftszweig geworden sein.

In Manali bleibt es übrigens überraschend lange im Jahr kalt. Hier kann noch bis Ende März auf dem Boden Schnee liegen.

ORIENTIERUNG UND PRAKTISCHE HINWEISE

An der einzigen Hauptstraße von Manali liegen die Bushaltestelle und die meisten Restaurants. Das Fremdenverkehrsamt (Tel. 23 25) befindet sich etwas weiter in Richtung Fluß gegenüber der Taxihaltestelle. Dieses Fremdenverkehrsamt ist gut organisiert und verfügt über eine Liste mit Hotels und Preisen sowie den Taxiverbindungen, ebenfalls mit Fahrpreisen.

Wenn man eine Trekking-Tour vorbereiten will, kann man in der Haupteinkaufsgegend die Hilfe einer ganzen Reihe von Agenturen in Anspruch nehmen. Viele davon sind von Kaschmir nach Manali gewechselt, weil sich dort derzeit bei Bergwanderungen nicht viel ereignet.

WARNUNG

Manali ist berühmt-berüchtigt wegen des Marihuana. Die hier angebaute Sorte wird nicht nur von Kennern geschätzt, sondern wächst auch überall wild. Seien Sie aber nicht so dumm zu glauben, daß man es deshalb legal genießen kann. Das ist wie überall verboten. Wenn man erwischt wird, geht die Polizei nicht zimperlich vor. Dabei kann man in eine Situation geraten, die man sich besser erspart. Seien Sie also vorsichtig.

SEHENSWÜRDIGKEITEN

Hadimba-Devi-Tempel: Dieser düstere Holztempel der Gottheit Hadimba steht in einer Lichtung eines sonst dichten Waldes, 1 km vom Fremdenverkehrsamt entfernt. Hadimba spielt beim jährlichen Fest von Kullu eine wesentliche Rolle.

Man glaubt, daß Hadimba die Ehefrau von Bhima aus dem Epos *Mahabharata* sei. Der Weg zu diesem 1553

erbauten Tempel ist sehr schön. Er ist auch unter der Bezeichnung Dhungri-Tempel bekannt. Jedes Jahr im Mai feiert man hier ein großes Fest, zu dem auch Nicht-Hindus Zutritt haben.

Alt-Manali: Die heutige Stadt Manali ist ziemlich neu und hat Alt-Manali völlig überflüssig gemacht. Folgen Sie dem Weg abseits der Straße außerhalb der Stadt einige Kilometer, überqueren Sie dann den wilden Manaslu-Fluß auf einer sehr malerischen Brücke, und steigen Sie anschließend hoch zu diesem sehr interessanten kleinen Dorf, das auch als Quartier für Besucher mit wenig Geld immer beliebter wird. Im übrigen ist vor kurzem in der Mitte von Alt-Manali ein neuer Tempel errichtet worden.

Tibetisches Kloster: Im farbenfrohen und wunderschönen neuen tibetischen Kloster werden Teppiche hergestellt. Diese Teppiche kann man kaufen, zudem weitere tibetische Kunstgewerbegegenstände.

FREIZEITBESCHÄFTIGUNGEN

Skilaufen: Ausflüge zum Skilaufen in Solang Nullah (vgl. Abschnitt über die Umgebung von Manali) werden von vielen Agenturen im Ort ebenfalls arrangiert. Man kann aber auch nur eine Ausrüstung zum Skilaufen mieten und dann auf eigene Faust die Pisten herabgleiten. Für 600 US $ pro Tag ist es sogar möglich, sich von einem Hubschrauber auf noch unberührtem Schnee absetzen zu lassen und dort mit Skiern Abfahrten zu unternehmen. Agentur für Himachal Helicopter Skiing ist Himalayan Journeys unweit der State Bank of India in Manali (PO Box 15, Manali, 175131, Indien, Tel. 23 65, Fax 30 65).

AUSFLUGSFAHRTEN

Guy Robbins und Gerry Moffat, die Inhaber von Equator Expeditions, veranstalten ausgezeichnete ein- bis dreitägige Floßfahrten auf dem Beas und organisieren Trekking-Touren in der ganzen Gegend, auch in Spiti. Sie arrangieren auch Fahrten mit Mountain Bikes, Tagesausflüge und Kajakfahrten für Anfänger und Fortgeschrittene. Kontakt mit ihnen aufnehmen kann man über Himalayan Journeys (vgl. weiter oben).

Mehrere andere Veranstalter haben ebenfalls mit Floßfahrten begonnen. Die Hochsaison dafür ist von Mai bis August. Für eine Fahrt muß man einschließlich Mittagessen pro Person mit 600 Rs rechnen.

In der Hauptsaison fahren auch täglich Busse zum Rohtang-Paß (100 Rs), die von 9 bis 16 Uhr unterwegs sind. Sie werden vorwiegend für Inder eingesetzt, die einmal Schnee sehen wollen. Zudem werden Ausflugsfahrten für 140 Rs nach Manikaran zur Besichtigung des Sikh-Tempels und zu den heißen Quellen sowie für 100 Rs zur Burg von Naggar angeboten.

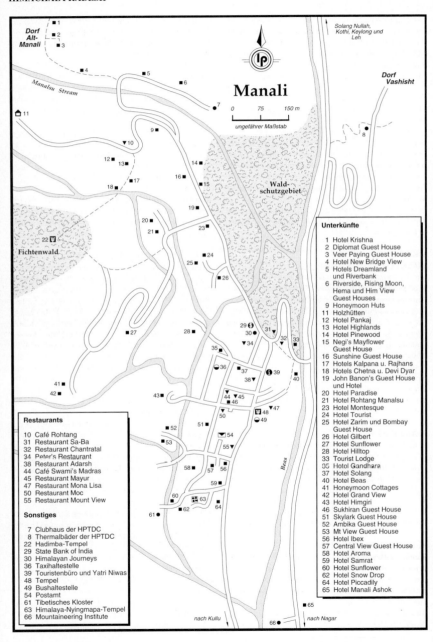

Manali

Dorf Alt-Manali

Manalsu Stream

Dorf Vashisht

Solang Nullah, Kothi, Keylong und Leh

0   75   150 m
ungefährer Maßstab

Wald-schutzgebiet

Fichtenwald

Beas

nach Kullu

nach Nagar

Unterkünfte

1 Hotel Krishna
2 Diplomat Guest House
3 Veer Paying Guest House
4 Hotel New Bridge View
5 Hotels Dreamland und Riverbank
6 Riverside, Rising Moon, Hema und Him View Guest Houses
9 Honeymoon Huts
11 Holzhütten
12 Hotel Pankaj
13 Hotel Highlands
14 Hotel Pinewood
15 Negi's Mayflower Guest House
16 Sunshine Guest House
17 Hotels Kalpana u. Rajhans
18 Hotels Chetna u. Devi Dyar
19 John Banon's Guest House und Hotel
20 Hotel Paradise
21 Hotel Rohtang Manalsu
23 Hotel Montesque
24 Hotel Tourist
25 Hotel Zarim und Bombay Guest House
26 Hotel Gilbert
27 Hotel Sunflower
28 Hotel Hilltop
33 Tourist Lodge
35 Hotel Gandhara
37 Hotel Solang
40 Hotel Beas
41 Honeymoon Cottages
42 Hotel Grand View
43 Hotel Himgiri
46 Sukhiran Guest House
51 Skylark Guest House
52 Ambika Guest House
53 Mt View Guest House
56 Hotel Ibex
57 Central View Guest House
58 Hotel Aroma
59 Hotel Samrat
60 Hotel Sunflower
62 Hotel Snow Drop
64 Hotel Piccadily
65 Hotel Manali Ashok

Restaurants

10 Café Rohtang
31 Restaurant Sa-Ba
32 Restaurant Chantratal
34 Peter's Restaurant
38 Restaurant Adarsh
44 Café Swami's Madras
45 Restaurant Mayur
47 Restaurant Mona Lisa
50 Restaurant Moc
55 Restaurant Mount View

Sonstiges

7 Clubhaus der HPTDC
8 Thermalbäder der HPTDC
22 Hadimba-Tempel
29 State Bank of India
30 Himalayan Journeys
36 Taxihaltestelle
39 Touristenbüro und Yatri Niwas
48 Tempel
49 Bushaltestelle
54 Postamt
61 Tibetisches Kloster
63 Himalaya-Nyingmapa-Tempel
66 Mountaineering Institute

UNTERKUNFT

Die Übernachtungspreise in Manali sind recht unterschiedlich und schwanken je nach Jahreszeit. Hochsaison ist von April bis Juni und von Mitte September bis Anfang November, wenn die Preise in den Himmel wachsen. Im Juli und August fallen sie um etwa 60 % und sind in den Monaten von Dezember bis Februar, wenn (außer über Weihnachten) fast gar keine Touristen in der Stadt sind, noch niedriger. Allerdings werden dann einige Hotels geschlossen. Im Winter muß man jedoch damit rechnen, für ein elektrisches Heizgerät ca. 50 Rs Zuschlag bezahlen zu müssen. Alle Hotels sind übrigens verpflichtet, am Empfang eine Liste mit den Übernachtungspreisen auszulegen, der man somit entnehmen kann, welche Übernachtungspreise höchstens verlangt werden dürfen.

Wenn ein Bus am Busbahnhof ankommt, werden alle Fahrgäste von Schleppern überfallen, die versuchen, die Neuankömmlinge in eine bestimmte Unterkunft zu bringen. Die Hotels in der Stadtmitte liegen am ungünstigsten. Weit besser wohnt man in der Gegend im Westteil der Stadt. Hier haben noch ein paar Apfelbäume überlebt, so daß die Atmosphäre etwas ländlicher ist.

Eine Alternative zu Übernachtungen in Hotels ist das Mieten eines ganzen Hauses. Angesichts der Entwicklung mit immer mehr Hotels nimmt die Zahl der Häuser, die vermietet werden, zwar ab, aber es ist dennoch immer noch möglich, auch in der Hauptsaison eines für 1000 Rs pro Monat zu mieten. Für diesen Preis darf man an den Komfort allerdings keine hohen Anforderungen stellen.

Einfache Unterkünfte: Die meisten Besucher mit wenig Geld entscheiden sich für die Ruhe von Alt-Manali auf der anderen Seite der Brücke und etwa 3 km vom neuen Ortsteil entfernt. Gleich hinter der Brücke, an der rechten Seite, gibt es eine kleine Gruppe von billigen Unterkünften, auch wenn die mehr und mehr von moderneren und teureren Hotels verdrängt werden. Dort werden im Rising Moon Guest House und im Riverside Guest House etwa 120 Rs pro Doppelzimmer berechnet.

Die ruhigeren Unterkünfte liegen, wenn man die Brücke überquert hat, nach links hoch. Dort findet man das einfache Hotel New Bridge View mit Einzelzimmern für nur 30 Rs und Doppelzimmern für nur 40 Rs (mit Badbenutzung). Größere Zimmer kosten 50 bzw. 110 Rs. Für einen Eimer mit heißem Wasser muß man hier 3 Rs bezahlen.

Im Veer Paying Guest House (Tel. 24 10), einer der besten Unterkünfte in dieser Gegend, muß man für ein sauberes Zimmer mit Bad etwa 50 bzw. 70 Rs ausgeben. Auch hier erhält man einen Eimer mit heißem Wasser für 5 Rs. Einfache Gerichte werden ebenfalls zubereitet. In der Nähe liegt das Diplomat Guest House, das teurer und nicht ganz so gut wie die anderen Quartiere ist, aber bessere Ausblicke über die Felder mit Senfpflanzen auf die Berge ermöglicht.

Ein Stück weiter in Richtung des Dorfes stößt man auf das sehr hübsche Hotel Krishna (Tel. 30 71), geführt von einer freundlichen Familie. Hier werden alle Zimmer mit Badbenutzung vermietet und kosten 50 Rs. Einige weitere Zimmer waren bei den Recherchen zu diesem Buch gerade im Bau.

In den Nebenstraßen vom Hauptteil der Stadt ist das Sukhiran Guest House mit 20 Rs für ein Bett im Schlafsaal und 125 Rs für ein Doppelzimmer eines der billigsten Quartiere.

Wenn man sich in den nordwestlichen Bezirk von Manali begibt, kommt man zum schon lange bestehenden Hotel Kalpana, in dem man große Zimmer mit Bad und heißem Wasser im alten Teil für 150 Rs und im neuen Teil für 200 Rs mieten kann. Ein weiteres Quartier, das schon lange besteht, ist das Bombay Guest House.

Das Yatri Niwas der HPTDC oberhalb vom Fremdenverkehrsamt ist bereits seit mindestens fünf Jahren im Bau. Da nun aber bereits ein Dach errichtet worden ist, sollte es bald eröffnet werden. Dann, so wird versprochen, wird man in einem Bett im Schlafsaal für 45 Rs und in einigen Doppelzimmern übernachten können. Eine weitere Übernachtungsmöglichkeit, wenn auch eine ziemlich uninteressante, bietet das Hotel Beas der HPTDC unten beim Fluß mit Doppelzimmern zu Preisen ab 200 Rs.

Mittelklassehotels: Die meisten Hotels dieser Preisklasse findet man in den Straßen von der Hauptstraße bergauf, denn dort ist fast jedes Gebäude ein Hotel. Wenn Sie in dieser Gegend übernachten wollen, ist es nur notwendig, eines zu finden, das Ihnen zusagt. In allen liegen die Übernachtungspreise aus und bewegen sich in der Saison zwischen 300 und 400 Rs. In der übrigen Zeit fallen sie auf 100 bis 200 Rs. Zu den Hotels in diesem Gebiet gehören das Rock Sea, das Shiwalik, das Raj Palace, das Hill View, das Moná Lisa und das Park View. Es gibt aber auch noch viele andere.

Die HPTDC unterhält in dieser Preisklasse das Hotel Rohtang Manalsu (Tel. 23 32), das keine schlechte Wahl ist, bietet es doch einen ganz ordentlichen Blick über das Tal. Hier kosten Doppelzimmer 300 bis 400 Rs und Zimmer mit vier Betten 350 Rs.

Aber auch in dieser Preisklasse liegen die besten Unterkünfte außerhalb des Zentrums. Eines davon ist das Hotel Tourist (Tel. 22 97), ein ruhiges und angenehmes Haus etwas abseits der Straße nach Alt-Manali. Hier gehören zu allen Zimmern ein Balkon mit wunderschönen Ausblicken, ein Fernsehgerät und ein Bad mit heißem Wasser. Mit 400 Rs sind sie im teuren Manali eine gute Wahl, zumal die Preise in der Nebensaison sogar noch auf 200 Rs gesenkt werden.

Weiter entlang der Straße kommt man zu einem der ältesten Hotels von Manali, dem John Banon's Guest House, nicht zu verwechseln mit einer modernen Ferienanlage gleichen Namens. Das ist ein sehr nettes, bereits etwas älteres Gebäude aus der Zeit der Briten mit guten Einrichtungen für die Gäste und mit einem Übernachtungspreis von 225 bzw. 450 Rs eine gute Wahl. Allerdings steht nur ein einziges Einzelzimmer zur Verfügung. Außerdem sind einige der Doppelzimmer in einem weniger ansprechenden neuen Gebäude geschaffen worden. Erstaunlicherweise wird in diesem Hotel in der Nebensaison keine Ermäßigung gewährt.

Das Sunshine Guest House (Tel. 23 20) liegt noch ein bißchen weiter entfernt, ist ebenfalls bereits etwas älter und wird von freundlichen Leuten geführt. Hier werden den Gästen geräumige Zimmer, ein Rasen zum Entspannen und hervorragende Ausblicke geboten. Dafür bezahlt man bei einer Übernachtung in einem Doppelzimmer mit Bad zwischen 275 und 450 Rs.

Etwas weiter den Berg hinauf liegt ein weiteres schon etwas älteres Hotel, nämlich das Highlands. In diesem Haus mit viel Atmosphäre kann man für 350 bis 500 Rs übernachten. Im Hotel Pankaj nebenan (Tel. 24 44) werden ähnliche Preise berechnet, aber dieses Haus ist weniger ansprechend.

Ein Fußweg unweit vom Hotel Highlands führt zum Hadimba-Tempel. An diesem Weg gibt es ebenfalls einige Unterkünfte. Eines der besten davon ist das helle und luftige Hotel Cheta, von dem aus sich ausgezeichnete Ausblicke bieten. Für ein Doppelzimmer mit eigenem Bad, Fernsehgerät und heißem Wasser muß man hier ab 400 Rs bezahlen. Außerhalb der Saison ist es jedoch geschlossen.

Luxushotels: Das beste Hotel im Ort ist das Holiday Inn (Tel. 22 62, Fax 33 12), gelegen 3 km von der Ortsmitte entfernt am linken Ufer des Flusses. Für ein Doppelzimmer mit Vollpension muß man hier 2800 bis 5000 Rs bezahlen, erhält aber in der Nebensaison 30 % Ermäßigung. Das Haus bietet alle Annehmlichkeiten, die man für die geforderten Preise erwarten darf.

Der westliche Bergkamm oberhalb der Stadt wird vom Hotel Shingar Regency (Tel. 22 52) mit Doppelzimmern ab 1390 Rs dominiert, während man am linken Ufer des Beas, etwa 1 1/2 km vom Ort entfernt, das ausgedehnte HPTDC-Hotel Manali Ashok (Tel. 23 31) findet. Doppelzimmer werden hier für 700 bis 1000 Rs vermietet, sind aber meistens richtige Suiten mit einem Wohnzimmer und herrlichen Ausblicken auf die schneebedeckten Gipfel um Manali herum. Außerhalb der Saison werden die Preise um 40 % gesenkt.

Die HPTDC unterhält an der Straße hinter dem Café Rohtang auch Holzhütten zur Selbstversorgung. Sie

werden für 2500 bis 3500 Rs vermietet. Mitten im Ort liegen das Hotel Piccadily (Tel. 21 14) und das Hotel Ibex (Tel. 24 40), und zwar an der Hauptstraße unmittelbar südlich vom Einkaufszentrum. Im Piccadily muß man für ein Einzelzimmer 500 Rs und für ein Doppelzimmer 1200 Rs bezahlen, im Hotel Ibex etwas weniger.

ESSEN

Die Verpflegung wird in Manali keine Schwierigkeiten bereiten, denn die Auswahl an Restaurants ist groß. Im Restaurant Mount View an der Hauptstraße schmeckt nicht nur das Essen, sondern es ist im Winter sogar angenehm warm, weil ein Ofen mitten im Raum alles beheizt. Die angebotenen Gerichte stammen vorwiegend aus der tibetischen und der chinesischen Küche. Besonders gut schmeckt die *Thalumein*-Suppe. Außerdem kann man sich beim Essen ganz gute Musik anhören. In einer Nebenstraße ganz in der Nähe findet man das Restaurant Mayur (Tel. 24 48), das bei ausländischen Besuchern so beliebt ist, daß man abends einen Tisch reservieren lassen muß, wenn man dort essen will. Tandoori-Forelle *machhali* kostet in diesem Lokal 35 Rs und ist eine gute Wahl.

Im kleinen Restaurant Mona Lisa ist ebenfalls immer viel Betrieb. Auch hier sind die Gerichte und die Musik ganz gut. Besonders gern gegessen wird eine frische Forelle. Im Chinese Room unweit vom Postamt kann man gut chinesisch, indisch oder westlich essen.

In der gleichen Gegend liegt das Café Swami's Madras, ein rein vegetarisches Restaurant mit Thalis für 30 Rs. Im Restaurant Moc gegenüber vom Sukhiran Guest House auf der anderen Straßenseite erhält man *momos* mit Hühnchen für 30 Rs, Nudeln nach der Art von Singapur für 34 Rs und Hühnchen-Sukiyaki für 55 Rs. Das ist insgesamt gesehen ein empfehlenswertes Lokal. Wenn man einen Eindruck vom alten Manali gewinnen möchte, empfiehlt sich ein Besuch im Peter's, gelegen etwas versteckt in der Nähe der State Bank of India. Das ist ein immer noch beliebtes, wenn auch etwas schmuddeliges Lokal, insbesondere bei Leuten, die Verpflegung für eine Trekking-Tour suchen, beispielsweise selbstgemachte Marmelade, Erdnußbutter, Weizenbrot und Müsli. Alles ist dort schon probiert und getestet worden. Cheddar-Käse kostet hier pro 100 g 70 Rs. Bemerkenswert ist auch ein Hinweisschild, auf dem die Aufschrift „Don't Use Drug Here - Go Forest" zu lesen ist. Das ist sicher nicht mehr so wie zu früheren Zeiten. Wer ganz knapp bei Kasse ist, kann Gebrauch von einigen einfachen *Dhaba*-Lokalen an der Hauptstraße gegenüber vom Fremdenverkehrsamt machen. Eines, das etwas mehr Abwechslung als die anderen zu bieten haben scheint, ist das Kamal.

Mehrere weitere Verpflegungsmöglichkeiten bestehen in der Nähe von Alt-Manali, darunter im Café Ish am

Fluß und im Café Shiva Garden. In der deutschen Bäckerei (German Bakery) kann man zudem für 12 Rs gute Zimtbrötchen, für 18 Rs braunes Brot und für 6 Rs nicht gerade besonders echte Croissants kaufen.

AN- UND WEITERREISE

Bus: Der Busbahnhof ist ganz gut organisiert und enthält auch einen Fahrkartenschalter mit Computer. Täglich fahren Luxusbusse nach Delhi und Shimla sowie Semi-Luxusbusse nach Shimla und Dharamsala. Die Nachfrage nach Plätzen in diesen Bussen ist im Sommer groß, so daß Reservierungen dann so weit wie möglich im voraus vorgenommen werden sollten. Plätze für Fahrten in den Luxusbussen muß man im Fremdenverkehrsamt buchen, wo auch abgefahren wird, während die Semi-Luxusbusse vom Busbahnhof abfahren und dafür dort auch Reservierungen vorgenommen werden. In der Nebensaison verkehren sowohl die Luxusbusse als auch die Semi-Luxusbusse nur nach Nachfrage. Dann ist allerdings die Aussicht größer, in einem Semi-Luxusbus mitfahren zu können.

Die Fahrt mit einem Luxusbus nach Delhi kostet 400 Rs (in einem Bus mit Klimaanlage 600 Rs) und dauert 16 Stunden. Für die Fahrt mit einem Luxusbus nach Shimla muß man 200 Rs bezahlen. In einem Semi-Luxusbus kommt man für 130 Rs nach Shimla (Fahrzeit 10 Stunden) und zum gleichen Preis nach Dharamsala (Fahrzeit 12¹/₂ Stunden).

Normale Busse fahren viele Ziele an, beispielsweise Shimla (115 Rs), Dharamsala (114 Rs), Mandi (37 Rs), Chandigarh (117 Rs), Amritsar (184 Rs), Jammu (175 Rs) und Delhi (190 Rs).

Außerdem verkehren viele Busse nach Kullu (15 Rs), von denen einige entlang vom linken Ufer des Beas fahren. Nach Keylong kommt man im Sommer mit Bussen etwa stündlich. Die Fahrt dauert sechs Stunden und kostet 30 Rs.

Für die zweitägige Fahrt nach Leh hat man die Wahl zwischen verschiedenen Bustypen. Am bequemsten sind die Luxusbusse der HPTDC. Dafür muß man die Fahrkarten im voraus im Fremdenverkehrsamt kaufen und dann 700 Rs oder einschließlich Übernachtung im luxuriösen Lager 1000 Rs bezahlen. Am Busbahnhof erhält man Fahrkarten für die normalen Busse der HPTDC, die nach Leh fahren, für 460 Rs. Wenn auf dem Busbahnhof ein Bus der J&KSRTC hält, kann man beim Fahrer Fahrkarten für eine Fahrt mit diesem Bus nach Leh kaufen. Die normalen Busse der HPTDC und der J&KSRTC sind alle wahre Schrottkisten, so daß man den Bus benutzen sollte, der als erster abfährt, weil man sonst einen langen zweiten Tag vor sich hat. Daneben fahren auch noch Busse mehrerer privater Unternehmen auf dieser Strecke. Fahrkarten für Fahrten mit diesen Bussen werden in Reisebüros überall im Ort angeboten.

Meiden Sie in diesen Bussen die Plätze weit hinten, weil die Straße so voller Schlaglöcher ist, daß man dort während der Fahrt bis zum Dach des Busses hochgeschleudert wird. Wenn die Straße zwischen Manali und Leh geöffnet ist (normalerweise zwischen Juli und Mitte September), verkehren im allgemeinen jeden Tag ein oder mehrere Busse. Weitere Informationen über diese Route lassen sich dem Abschnitt über Leh im Kapitel über Jammu und Kaschmir entnehmen.

Taxi: Die üblichen Preise für Taxifahrten betragen nach Kullu 400 Rs, nach Shimla 1900 Rs und nach Leh 10 000 Rs. Niedrigere Preise lassen sich manchmal aushandeln, wenn man direkt mit einem der Taxifahrer spricht.

DIE UMGEBUNG VON MANALI

VASHISHT

Vashisht ist ein äußerst malerisch gelegener Ort, eng an die steilen Hänge eines Hügels geklebt. Er ist 3 km von Manali entfernt. Zu Fuß ist es etwas weniger, weil man eine Abkürzung über die Hügel benutzen kann. Die Autos müssen sich mühsam über die Straße emporquälen. Der Weg lohnt sich in jedem Fall, um die schlichte Architektur, die gedeckten Häuser und die farbenfroh gekleideten Menschen kennenzulernen.

Auf dem Wege dorthin kommt man an den heißen Bädern von Vashisht vorbei, wo man das Wasser einer heißen Schwefelquelle in ein Badehaus leitete. Die Öffnungszeiten sind von 7.00 bis 19.00 Uhr. Für ein 30-Minuten-Bad in den kleinen Becken, in die 2 Personen passen, muß man 40 Rs und für ein längeres Bad 80 Rs bezahlen. Nach einer langen, strapaziösen Anreise nach Manali gibt es jedoch nichts Schöneres, als hier Knochen und Muskeln wieder regenerieren zu lassen. Daneben gibt es weiter oben unweit vom Tempel auch noch einige weitere heiße Quellen. Dort sind die Becken für Frauen und Männer getrennt.

Unterkunft: Für Langzeittouristen aus dem Westen ist sicher Vashisht der beste Aufenthaltsort. Hier gibt es etliche einfache Unterkünfte, in denen Zimmer für 35 bis 70 Rs angeboten werden. Für einen längeren Aufenthalt werden Preisermäßigungen eingeräumt. Eines der besten ist das Dharma Guest House mit Doppelzimmern um 70 Rs und einigen Dreibettzimmern. Um dorthin zu gelangen, muß man dem Fußweg von den öffentlichen heißen Bädern folgen. Unten an der Straße wohnt man im Janata Guest House und im Sonam Guest House billiger. Zimmer zu Preisen ab 60 Rs werden aber auch im Dolnath Guest House am Hauptplatz vermietet.

Im Hotel Bhrigu werden Doppelzimmer mit eigenem Bad und hervorragenden Ausblicken für 300 Rs (in der Nebensaison für etwa 100 Rs) angeboten. An der Spitze der Preisskala liegt das Ambassador Resort mit Doppelzimmern zum Preis ab 2100 Rs. Dafür werden aber auch Helikopter-Skilaufen und Floßfahrten veranstaltet. In der Nebensaison erhält man 30 % Ermäßigung.

Essen: Das Café Vashisht an den warmen Bädern der HPTDC wird gut geführt und hat Getränke, Imbisse und richtige Gerichte zu bieten. Am Dorfplatz findet man das Tibetan Café mit einem guten Kuchengeschäft nebenan. Beliebt ist ferner das Café Kanyakumari, in dem auch oft englischsprachige Videofilme gezeigt werden. Das Café Bijurah Hari Om ist ebenfalls recht beliebt und ein gutes Ziel für eine ganze Reihe von Imbissen, darunter auch Masala Dosas.

Sehr gemütlich ist das Café Freedom, in dem man eine ganze Reihe von Speisen verzehren kann. Feste Preise gibt es hier nicht. Statt dessen legt man beim Verlassen des Lokals den Betrag in einen Behälter, den man für richtig ansieht. Ähnlich ist das Snack & Bite.

SOLANG NULLAH

Die besten Hänge für Skifahrten in ganz Himachal Pradesh findet man in Solang Nullah, 14 km nordwestlich von Manali im Solang-Tal. Insgesamt stehen dort 2,5 km Pisten mit unterschiedlichen Schwierigkeitsgraden zur Verfügung. Die Einrichtungen bestehen derzeit aus einem Skilift von 300 m Länge, der vom Mountaineering & Allied Sports Institute betrieben wird. Skier lassen sich im Ort für 120 bis 150 Rs pro Tag ausleihen. Der beste Monat zum Skilaufen ist der Februar. Dem gegenüber ist der Januar bitter kalt.

Daneben bestehen drei Möglichkeiten, an Skikursen teilzunehmen. Die HPTDC (Anmeldungen über das Fremdenverkehrsamt in Manali) veranstaltet siebentägige Kurse mit Unterbringung im Hotel Rohtang Manaslu in Manali für 3200 Rs. Wenn auf der Straße zwischen Manali und Solong Nullah Schnee liegt, verbringt man bei diesem Kurs jedoch mehr Zeit, um nach Solong Nullah zu gelangen, und nur wenige Stunden an den Hängen. Für den Skikurs von 17 Tagen Dauer, der

vom Mountaineering & Allied Sports Institute in Manali angeboten wird, muß man als Ausländer 170 US $ bezahlen. Der größte Vorteil bei diesen Kursen ist, daß allein die Teilnehmer den Lift benutzen dürfen. Ein bedeutender Nachteil allerdings ist, daß die Teilnehmerzahl pro Kurs recht hoch ist und bis zu 25 ausmachen kann.

Die dritte Möglichkeit, an einem Skikurs teilzunehmen, eröffnet die North Face Ski School (Anmeldungen über das Hotel Rohtang Manaslu in Manali), eine private Skischule, die von Jagdish Lal, dem Trainer der indischen Nationalmannschaft, geleitet wird. Seine siebentägigen Kurse kosten einschließlich Mietskiern, Unterricht, Unterkunft und Verpflegung 2450 Rs. Von mehreren Lesern dieses Buches sind diese Kurse als die besten empfohlen worden. Von dieser Skischule wird derzeit ein transportabler Skilift errichtet.

Unterkunft: Im kleinen Hotel Friendship kommt man in einem Doppelzimmer mit Bad und Holzofen für 150 Rs pro Nacht unter. Eimer mit heißem Wasser und Holz für den Ofen werden bereitgestellt. Außerdem kann man sich zu einem Mittag- und Abendessen für jeweils ca. 25 Rs anmelden. Das Raju Paying Guest House ist von den Preisen her ähnlich.

JAGATSUKH

Etwa 12 km nördlich von Naggar und 6 km südlich von Manali liegt an der Ostuferstraße Jagatsukh. Bevor dieser Ort von Naggar ins Abseits gedrängt wurde, war er Hauptstadt des Staates Kullu. Das Dorf enthält einige sehr alte Tempel, von denen insbesondere der Shiva-Tempel im Sikhara-Stil sehenswert ist. Im nicht weit entfernten Shooru steht der alte, historische Devi-Sharvali-Tempel.

KOTHI

Kothi ist ein hübscher kleiner Ort 12 km hinter Manali an der Straße nach Keylong.

Von Kothi aus hat man wunderschöne Ausblicke auf die Umgebung. Außerdem fließt der Beas River hier durch eine besonders enge Schlucht. Ein beliebter Ausflug führt zu den 16 km entfernten Rahla-Fällen.

Unterkunft: Das Rest House ist beliebt für Zwischenübernachtungen von Trekking-Freunden, die in Richtung Rohtang-Paß aufbrechen wollen. Es ist lediglich von Gletschern und Bergen, zwei alten Teestuben und sonst gar nichts umgeben. Die Doppelzimmer mit Bad bieten große Betten, einen Teppich, einen Balkon, gutes Essen und viel Ruhe.

TREKKING-TOUREN VON MANALI UND VOM KULLU-TAL

In Manali sowie in den nahegelegenen Dörfern Jagatsukh und Nagar oder in Manikaran im Parbatti-Tal besteht eine Reihe von Möglichkeiten, zu Trekking-Touren aufzubrechen.

In Manali haben sich mehrere Agenturen angesiedelt, die dabei behilflich sind, Begleiter für solche Trekking-Touren anzuheuern. Allerdings ist es ratsam, einen Schlafsack und ein Zelt für ein solches Unternehmen mitzubringen, weil die meisten Ausrüstungsgegenstände, die sich in Manali mieten lassen, von schlechter Qualität sind oder nur solchen Leuten zur Verfügung stehen, die an einer organisierten Trekking-Tour teilnehmen wollen. Träger kann man für 150 Rs pro Tag zuzüglich der Kosten für den Rückweg anheuern.

MALANA-TAL

Von Katrain, an der Straße von Kullu nach Manali, sind es weniger als 30 km über den Chanderkani-Paß hinweg bis zum schönen Malana-Tal. Der Paß ist nur knapp 3600 m hoch und von März bis Dezember passierbar. Das Malana-Tal kann aber auch vom Parbatti-Tal aus erreicht werden, entweder von Manikaran über den 3150 m hohen Rashoi-Paß oder von Jari. Jari ist durch eine mit Jeeps befahrbare Straße mit dem Kullu-Tal verbunden. Von Jari nach Malana sind es nur 12 km.

In Malana leben nur rund 500 Menschen. Sie sprechen einen recht eigenartigen Dialekt mit starken tibetischen Elementen. Der Ort liegt ziemlich isoliert und verwaltet sich weitgehend selbst. Dort ist die Gesellschaftsstruktur so streng, daß es Besuchern verboten ist, einander die Menschen oder ihre Besitztümer zu berühren. Es ist wichtig, diesen Brauch zu beachten. Daher muß man am Rand des Dorfes darauf warten, zum Betreten eingeladen zu werden.

Überragt wird Malana vom 6001 m hohen Deo Tibba. Vom Chanderkani-Paß aus sind im Osten die schneebedeckten Berge an der Grenze nach Spiti sehen. Wer in Naggar startet, hat die Möglichkeit, an einem Tag bis zur Paßhöhe aufzusteigen und wieder nach Naggar zurückzukehren. Dies ist aber kein Sonntagsspaziergang.

Legenden aus dieser Gegend besagen, daß Jamlu, die bedeutendste Gottheit von Malana, bei seinem ersten Besuch von Malana ein Gefäß trug, in dem alle anderen Gottheiten von Kullu enthalten waren. Auf der Paßhöhe soll er dieses Gefäß geöffnet haben, so daß der Wind alle darin enthaltenen Gottheiten in ihre heutigen Heimatorte im Tal trug.

Während des Dussehra-Festes in Kullu spielt Jamlu eine besondere Rolle. Er ist ein mächtiger Gott mit fast dämonischen Zügen. Von ihm gibt es keine Darstellung wie von den anderen Kullu-Göttern. Ihm liegt auch jede Unterwürfigkeit zu Raghunathji fern, dem ranghöchsten aller Kullu-Götter. Während des Festes kommt Jamlu zwar herab nach Kullu, bleibt aber an der Ostseite des Flusses, um von dort aus den Verlauf des Festes zu verfolgen.

Alle paar Jahre feiert man zu Jamlus Ehren (im Monat Bhadon). Im Tempel steht ein silberner Elefant, auf dessen Rücken eine goldene Figur sitzt. Angeblich soll dies ein Geschenk des Herrschers Akbar gewesen sein.

HAMPTA-PASS UND CHANDRATAL

Dies Bergwanderung über den Hamta-Paß nach Lahaul ist eine der beliebtesten Trekking-Touren in ganz Himachal Pradesh. Sie kann bis zum Chandratal und zum Baralacha-Paß verlängert werden, bevor man nach Manali zurückkehrt oder die Strecke entlang der Straße nach Leh und das Indus-Tales fortsetzt.

Die Trekking-Tour beginnt im Dorf Prini, von Manali 4 km weiter das Kullu-Tal hinunter. Die ersten paar Kilometer geht es bergauf bis zum Dorf Sythen (3-4 Stunden), bevor man ins Hampta-Tal gelangt. Die nächsten beiden Abschnitte führen nach Chikha (3-4 Stunden) und Bera-ka-kera (3-4 Stunden). Anschließend wird auf dem Weg nach Siliguri der Hampta-Paß überquert (7 Stunden). Von der Paßhöhe lassen sich die Gipfel des Deo Tibba (6001 m) und des Inrahsan (6221 m) bewundern. Der Abstieg in das Chandra-Tal und der Weg bis zur Siedlung Chatru nehmen rund drei Stunden in Anspruch.

In Chandru hat man die Wahl, mit einem Bus nach Manali zurückzukehren oder die Wanderung talaufwärts zum Chandratal und Baralacha La fortzusetzen. Die beiden Abschnitte von Chatru nach Batal verlaufen entlang der Straße von Manali nach Spiti mit einer Unterbrechung in Chota Dara. In Batal zweigt die Trekking-Route von der Straße in einem langen Abschnitt zum Chandratal, einem wunderschönen See mit herrlichen Ausblicken auf die Mulkila-Kette, ab. Vom Lager am See läßt sich der Baralacha La in zwei oder drei weiteren Abschnitten erreichen. Dabei muß man aber bei einer Reihe von Flußüberquerungen sehr vorsichtig sein. In dieser Gegend sollten Schafhirten (*gaddis*) in der Lage sein, mit Richtungsangaben und Ratschlägen weiterzuhelfen.

Vom Baralacha La fahren regelmäßig Lastwagen-konvoys und halten unterwegs zum Übernachten entweder in Sarchu oder Pang, bevor sie am folgenden Tag Leh erreichen.

FUSS DES DEO TIBBA

Diese erfreuliche Trekking-Tour zum Fuß des Deo Tibba (6001 m) läßt sich in fünf Abschnitten unternehmen. Die Wanderung beginnt im Dorf Jagatsukh und führt in vielen Kurven durch eine Reihe von Dörfern zu den Viehweiden von Khanol (2-3 Stunden). Von dort geht es ständig bergauf (streckenweise steil) zum Lager der Schafhirten in Chika (4-5 Stunden). Der Abschnitt zwischen Chika und dem Hochlager in Serai (4-5 Stunden) führt durch ein Gebiet, das im Juli und August von wilden Blumen bedeckt ist, während die am Deo Tibba hängenden Gletscher den Hintergrund am Kopf des Tales bilden. Vom Lager der Schafhirten (*gaddi*) in Serai läßt sich eine Tageswanderung unterhalb des Deo Tibba über Moränen unternehmen (hin und zurück sieben Stunden). Den letzten Abschnitt zurück nach Jagatsukh kann man so früh beenden, um noch am gleichen Tag einen Bus zurück nach Manali zu besteigen.

VON NAGAR NACH MALANA UND DAS PIN-PARBATTI-TAL

Diese Bergwanderung beginnt im Dorf Nagar und erfordert einen langen, ständigen Aufstieg (in zwei Abschnitten) in Richtung Chanderkani-Paß (3650 m). Der erste Abschnitt führt zum Dorf Rumsu (2-3 Stunden), während man für den zweiten fünf bis sechs Stunden veranschlagen muß. Vom Paß aus hat man Ausblick hinüber zum oberen Kullu-Tal und auf viele Gipfel über dem Bara-Shingeri-Gletscher. Der Abstieg auf der anderen Seite nach Malana hinunter ist sehr steil, selbst für trittsichere Leute (6 Stunden). Einzelheiten über

dieses interessante Dorf lassen sich dem Abschnitt über das Parbatti-Tal weiter oben in diesem Kapitel entnehmen. Nach einer Übernachtung im Zelt außerhalb des Dorfes folgt ein weiterer Abschnitt in das Pin-Parbatti-Tal hinein (4-5 Stunden) und zur Straße in Jari. Von dort kommt man in Bussen zurück in das Kullu-Tal und nach Manali.

PARBATTI-TAL

Das Parbatti-Tal ermöglicht eine Reihe von Trekking-Touren, darunter auch eine herausfordernde Bergwanderung über den Pin-Parbatti-Paß nach Spiti. Außerdem kann man eine kürzere Wanderung vom Kopf der Straße in Manikaran zu den Thermalquellen von Khir Ganga unternehmen.

Von Manikaran führt ein gut zu erkennender Weg in das Dorf Pulga (4-5 Stunden). Der nächste Abschnitt setzt sich das Parbatti-Tal hinauf weiter fort bis zu den Thermalquellen in Khir Ganga. Dort gibt es eine Reihe von Teehäusern, in denen man die Nacht verbringen kann, bevor man in einem langen Abschnitt unmittelbar nach Manikaran zurückkehrt.

Wenn man noch weiter das Tal hinauf wandern will, braucht man ein Zelt und einen guten Schlafsack. Dort verläuft der Weg entlang des Parbatti-Tales bis zur berühmten Pandu-Brücke, einer natürlichen Felsenbrücke über den Fluß Parbatti. Ein weiterer Abschnitt ist es über die Almwiesen zum Mantakal-See, wobei man große Moränenfelder und Gebiete mit Felsbrocken überqueren muß, bis man am Fuß des Pin-Parbatti-Passes angekommen ist. Der Paß selbst liegt am Kopf eines kleinen Schneefeldes und ermöglicht herrliche Ausblicke über die Hauptkette des Himalaja, während man nach Norden hin die Zanskar-Kette erkennt. Hat man den Paß erst überquert, sind es noch zwei Abschnitte bis zum Dorf Sangam, von wo täglich Busverbindungen nach Kasa, dem Hauptort von Spiti, bestehen.

LAHAUL, SPITI UND KINNAUR

51 km nördlich von Manali überquert die Straße nach Leh den Rohtang-Paß und erreicht die tibetischen Regionen von Lahaul und Spiti, die ganz anders als das Kullu-Tal sind. Der Rohtang-Paß hat als Tor zu Lahaul und Spiti die gleiche Bedeutung wie der Zoji La zwischen Kaschmir und Ladakh. Die Gegend wird im Norden von Ladakh, im Osten von Tibet und im Südosten durch das Kullu-Tal begrenzt. Südlich von Spiti liegt Kinnaur, erreichbar von Shimla.

Ein großer Teil dieses Gebietes ist nur in der kurzen Sommersaison zu erreichen, wenn der Schnee auf den Pässen geschmolzen ist.

Sondergenehmigungen: Für Reisen nach Spiti sind Sondergenehmigungen nicht erforderlich. Man darf jetzt ohne Einschränkungen das Tal hinunter bis Tabo reisen.

Eine Sondergenehmigung braucht man jedoch für Reisen von Spiti in das nördliche Kinnaur. Eine solche Sondergenehmigung wird nur bewilligt, wenn man in einer Gruppe von mindestens vier Personen unterwegs sein will und die Reise von einem dazu autorisierten Reisebüro organisiert worden ist.

Sondergenehmigungen (Inner Line Permits) sind erhältlich beim Senior District Magistrate (SDM) in

Keylong und in Rekong Peo, vom Deputy Commissioner in Kullu und in Shimla sowie im Innenministerium (Ministry of Home Affairs) in Delhi. Dafür braucht man drei Paßfotos. Weil die Einschränkungen für Reisen bereits gelockert worden sind, ist zu erwarten, daß bald auch Einzelreisenden Sondergenehmigungen erteilt werden.

Trekking-Touren: In diesem Gebiet lassen sich viele Trekking-Touren unternehmen, von denen eine der beliebtesten die Wanderung von Darcha über den Shingo La (5090 m) nach Padam ist. Von Padam, dem Hauptort des Bezirks Zanskar, bestehen regelmäßig Busverbindungen nach Kargil an der Strecke von Leh nach Srinagar.

Ausflüge mit Jeeps: Mit einer Sondergenehmigung ist es neuerdings auch möglich, eine vollständige Rundfahrt durch die Gegend von Shimla über Sarahan, Rekong Peo, Akpa, Nachar, Sumdo, Tabo, Kaza, Kibar, Kunzam, Chandratal, Batal und Chatru nach Manali sowie in das Kullu-Tal zu unternehmen. Fahrten auf dieser Route von 10 Tagen Dauer bieten mehrere Reisebüros in Shimla und Manali an. Im YMCA in Shimla wird eine solche Fahrt mit einem besonders guten Preis-/Leistungsverhältnis organisiert.

Klima: Da wie in Ladakh über die hohen Berge des Himalaja wenig Regen kommt, sind Lahaul und Spiti trockene und zumeist auch öde Gebiete. Kinnaur liegt in einer Übergangszone zwischen den bewaldeten Tälern und der kahlen, trockenen tibetischen Region weiter östlich. Die Luft ist scharf und klar, und den warmen Sommertagen folgen kalte, klirrende Nächte. Achten Sie in diesem Gebiet besonders auf die intensive Sonneneinstrahlung. Schnell erwischt Sie ein Sonnenbrand, auch an kühlen Tagen. Wegen der reichhaltigen Schneefälle von September bis Mai ist der Paß nur für kurze Zeit im Jahr passierbar.

Kultur: Die Bewohner von Lahaul, Spiti und Kinnaur praktizieren eine tibetische Form des tantrischen Buddhismus, d. h. mit einem überaus reichhaltigen Ausschmücken der Dämonen, Heiligen und Anhänger. Die Klöster, bekannt als *gompas*, sind äußerst farbenfroh ausgestaltet. Mönche oder Lamas führen hier den Alltag an, dessen Ablauf durch komplizierte Regeln und Rituale vorgegeben ist. Zwischen den Bewohnern dieser Region und den Ladakhis gibt es viele Ähnlichkeiten. Die Menschen von Spiti sind fast alle Buddhisten, während die Bevölkerung von Lahaul und Kinnaur grob zur Hälfte aus Buddhisten und zur Hälfte aus Hinduisten besteht.

ROHTANG-PASS

Der einzige Zugang nach Lahaul führt über den 3915 m hohen Rohtang-Paß. Wegen der Witterungsverhältnisse kann er nur von Juni bis September überquert werden. Wanderer dürfen ihn bereits etwas früher, als er für Autos freigegeben wird, passieren. Während dieser relativ kurzen Saison verkehren Busse von Manali nach Keylong. Das Wetter kann sich hier in kürzester Zeit ändern, was zur Folge hatte, daß vor dem Bau der Straße viele Leute es nicht schafften, den Paß zu überqueren.

Der Name ist übrigens tibetisch und bedeutet übersetzt etwa „Haufen der toten Körper".

Für 100 Rs läßt auch das Fremdenverkehrsamt einen Bus zum Paß fahren. Dieser ist jedoch mehr für Touristen gedacht, die nur den Schnee bewundern möchten. Die Fahrt über den Paß ist einzigartig.

KEYLONG

Dies ist die bedeutendste Stadt von Lahaul und Spiti. In ihrer unmittelbaren Umgebung befindet sich eine ganze Reihe interessanter Klöster.

Das alte Kloster Kharding, früher einmal die Hauptstadt von Lahaul, liegt hoch über Keylong und ist dennoch nur 3,5 km entfernt.

Weitere durchaus sehenswerte Klöster befinden sich in Shashur (3 km), Tayal (6 km) und Guru Ghantal (11 km).

UNTERKUNFT UND ESSEN
Im Touristen-Bungalow der HPTDC gibt es nur drei Doppelzimmer für jeweils 200 Rs und daneben einen Schlafsaal mit Betten für jeweils 45 Rs. In der Sommersaison schlägt man jedoch für Gäste Zelte auf, in denen man zu zweit für 125 Rs übernachten kann. Es gibt außerdem noch ein PWD Rest House. Gutes Essen mit Musik in einer angenehmen Umgebung und Atmosphäre erhält man im Lamayuru. Die preisgünstigen

Zimmer sind allerdings dunkel und schmutzig. Daneben findet man im Ort noch mehrere weitere einfache Übernachtungsmöglichkeiten.

AN- UND WEITERREISE

Zwischen Manali und Keylong verkehren im Sommer von 5 Uhr an etwa stündlich Busse. Eine Fahrt dauert sechs Stunden und kostet 30 Rs. Montags, mittwochs und freitags kann man auch mit einem normalen Bus in zwei Tagen nach Leh fahren, während die bequemeren Luxusbusse derzeit nur von Manali aus verkehren. Weil die Strecke von und nach Leh immer beliebter wird, werden wohl bald noch mehr Busse verkehren. Außerdem besteht vielleicht bald die Möglichkeit, in einem Jeep auf dieser Straße zu fahren. Weitere Einzelheiten über diese Verbindungen finden Sie im Abschnitt über Leh im Kapitel über Jammu und Kaschmir.

DIE UMGEBUNG VON KEYLONG

Ein kurzes Stück vor Keylong an der Straße von Manali nach Keylong liegt Gondhla mit seiner achtstöckigen Festung des Thakur von Gondhla und einem historisch bedeutenden *gompa* (Kloster). Von Keylong aus können Sie nach Gondhla wandern; eine Abkürzung erleichtert den Weg. Zwischen Gondhla und Keylong liegt Tandi. Hier stößt der Chandrabagha oder Chenab River an die Straße.

Folgen Sie dem Chenab-Tal in Richtung Nordwesten nach Kilar, erreichen Sie Triloknath mit dem sechsarmigen weißen Marmorbild des Avalokitesvara.

Nicht weit entfernt liegt der Ort Udaipur. Er hat einen sehr schönen geschnitzten Holztempel aus dem 10. oder 11. Jahrhundert, der Mrikula Devi geweiht ist.

SPITI

Die Täler von Lahaul und Spiti sind durch den 4500 m hohen Kunzam-Paß miteinander verbunden. Auch wenn dieser Paß bereits Mitte Mai geöffnet sein mag, ist es sicherer, ihn erst ab Mitte Juni überqueren zu wollen. Außer in der kurzen Sommerzeit ist Spiti vom Rest der Welt abgeschnitten.

Neuerdings verläuft auch eine Straße von Kaza, der wichtigsten Ortschaft in Spiti, in Richtung Südosten durch Samdoh und trifft schließlich in Kinnaur auf die Straße von Hindustan nach Tibet. Viele Siedlungen gibt es in dieser öden und hochgelegenen Region nicht.

KAZA

Der wichtigste Ort in Spiti ist Kaza (oder Kaja). Das Dorf ist an sich nicht besonders interessant, aber in der Gegend von Kaza lassen sich gute Trekking-Touren unternehmen und mehrere *gompas* besichtigen, die einen Besuch lohnen.

Der *gompa* Kee, einen malerische Ansammlung von Gebäuden im tibetischen Stil, erbaut auf einem kleinen Berg, ist der größte in ganz Spiti. Entlang einer Straße ist er 14 km von Kaza entfernt, am besten ist er zu Fuß über einen 10 km langen Pfad zu erreichen. Besucher werden von einem Mönch im Kloster herumgeführt, in dem auch einen sehr wertvolle Sammlung von alten Thangkas untergebracht ist.

Etwa 15 km nordwestlich von Kaza liegt Kibar (oder Kyipur), der Ort, von dem man sagt, er sei auf einer Höhe von 4205 m der höchstgelegene der Erde.

Unterkunft: Zum Übernachten steht ein Rest House zur Verfügung. Im alten Teil des Ortes gibt es aber auch mehrere preiswerte Gästehäuser, die sich insbesondere auf Rucksackreisende eingestellt haben.

An- und Weiterreise: Gelegen 200 km von Manali entfernt, verkehrt von dort täglich nur ein Bus über Keylong nach Kaza. Eine Busfahrt von Keylong nimmt acht Stunden in Anspruch.
Unregelmäßig verkehrende Busse verbinden Kaza auch mit dem *gompa* Kee und Kibar.

TABO

Einer der bedeutendsten *gompas*, nicht nur in Spiti, sondern in der gesamten tibetisch-buddhistischen Welt, steht in Tabo.

Tabo wurde 996 n. Chr. von Rinchen Zangpo gegründet, der Künstler aus Kaschmir holte, um den *gompa* auszuschmücken. Ihre wunderschöne Arbeit ist noch heute zu sehen. Zum Klosterkomplex gehören insgesamt acht *gompas*, von denen einige aus dem 10. Jahrhundert stammen. Vorhanden sind aber auch ein moderner *gompa* und eine Schule für Malerei, die vom Dalai Lama gegründet worden ist.

Unterkunft: Übernachten läßt sich in einem Rest House und in ein paar Zimmern im Kloster. Wenn man im Kloster bleibt, sollte man bei der Abreise eine Spende geben.

An- und Weiterreise: Von Tabo fahren in unregelmäßigen Abständen Busse nach Kaza.

Die meisten ausländischen Besucher kommen allerdings während einer organisierten Ausflugsfahrt in einem Jeep von Manali oder Shimla zur Besichtigung des Klosters nach Tabo.

KINNAUR

Weite Teile dieses Grenzgebietes, das an der alten Handelsroute nach Tibet entlang vom Tal des Sutlej liegt, sind nun auch für Ausländer zugänglich. In der Region Kinnaur lassen sich einige faszinierende Trekking-Touren unternehmen, bei denen man jedoch auf sich selbst gestellt ist, weil Übernachtungsmöglichkeiten kaum zur Verfügung stehen.

RAMPUR
Hinter Narkanda, 140 km von Shimla entfernt, ist Rampur das eigentliche Tor in dieses Gebiet. In der zweiten Woche des Novembers wird hier ein großer Markt abgehalten. Früher war dies einmal Zentrum des Handels zwischen Indien und Tibet. Von Shimla aus fährt ein Bus nach Rampur, wo man auch ein PWD Rest House und ein paar preisgünstige Hotels zum Übernachten vorfinden.

SARAHAN
Sarahan, der letzte Ort, bevor man nach Kinnaur gelangt, liegt geradezu spektakulär über dem Sutlej. Früher war es die Sommerhauptstadt der Rajas von Bhushar und ist heute am bekanntesten wegen seiner Bergarchitektur.

Eine bemerkenswerte Sehenswürdigkeit ist der Bhimkali-Tempel mit seinen beiden hölzernen Pagoden, eine merkwürdige Mischung aus hinduistischer und buddhistischer Architektur. Noch bis Anfang des 19. Jahrhunderts wurden hier Menschen geopfert. Blut fließt während der Dussehra-Feste auch heute noch, aber nicht mehr von menschlichen Opfern.

Auf einer leichten Wanderung von fünf Tagen Dauer kommt man von Sarahan entlang der alten Straße von Hindustan nach Tibet durch das malerische Tal des Sutlej. Entlang der Strecke läßt sich in Chaura, Tranda, Paunda und Nechar in Rest Houses übernachten. In Wangtu kann man dann einen Bus zur Fahrt nach Shimla oder Kalpa besteigen.

Unterkunft: Das Hotel Srikhand der HPTDC (Tel. 234) ist ein modernes Gebäude mit Betten in einem Schlafsaal für jeweils 45 Rs , einem Doppelzimmer für 150 Rs und einer ganzen Reihe weiterer Zimmer zu Preisen von 250 bis 500 Rs. Es ist aber auch möglich, im Bhimkali-Tempel zu übernachten.

An- und Weiterreise: Sarahan liegt 180 km von Shimla und der Region Kinnaur entfernt. Direktbusse verkehren nach Jeori, einem Ort, der 19 km von Ghart, dem Ort unmittelbar unterhalb von Serahan, liegt. Von Jeori nach Ghart verkehren nur am späten Nachmittag ein paar Busse, aber die Strecke zwischen den beiden Orten kann man auch in einigen Stunden auf einem Pfad zu Fuß zurücklegen, der eine Abkürzung zwischen den beiden Dörfern darstellt.

NACHAR
Dieses malerisches Dorf liegt, wie Sarahan, an der Straße von Hindustan nach Tibet, die durch eine neue Straße in der Nähe ersetzt worden ist. Inmitten von Obstkulturen befindet sich ein Rest House.

TAPRI UND CHOLTU
Von Nachar aus nur 15 km talaufwärts treffen an einer landschaftlich schönen Stelle drei Straßen aufeinander. Eine davon ist die Hauptstraße, die weiter nach Kalpa führt. Die zweite ist die alte Straße, die ebenfalls nach Kalpa verläuft, aber über Rogi. Die dritte ist eine kleine Straße. Sie überquert den Fluß und führt über Choltu und Kilba ins Sangla-Tal. In Choltu gibt es ein schönes Rest House.

SANGLA
Dieser wichtigste Ort im Sangla-Tal, 18 km von Karcham entfernt und an der neuen Hindustan-Tibet-Straße gelegen, kann mit einem Jeep oder zu Fuß erreicht werden. Er ist ein guter Ausgangspunkt für Trekking-Touren. Ein komfortables Rest House steht zur Verfügung.

REKONG PEO
Die wenig beeindruckende Ansammlung von Gebäuden in Rekong Peo bildet die Bezirkshauptstadt von Kinnaur, und zwar 3 km oberhalb der Hauptstraße. Sondergenehmigungen sind hier vom Bezirksmagistrat erhältlich. Außerdem kann man im Ort Träger anheu-

ern und Versorgungsgüter für Trekking-Touren kaufen. Ferner kommt man von Rekong Peo in einer Stunde Fußweg hinauf nach Kalpa. Zum Übernachten bieten sich ein Rest House und ein paar preisgünstige Hotels an. Busverbindungen bestehen sechsmal täglich nach Shimla, wohin man bis zu 10 Stunden unterwegs ist.

KALPA

Früher bekannt unter dem Namen Chini, als es der bedeutendste Ort in Kinnaur war, liegt Kalpa dramatisch nahe am Fuß des 6050 m hohen Kinnaur Khailash. Dies ist der legendäre Ort, an dem Gott Shiva sich aufhalten soll. Er zieht sich nämlich der Legende nach während der Wintermonate in seine Heimat im Himalaja zurück, um seiner Vorliebe für Haschisch zu frönen. Im Monat Magha (Januar/Februar) treffen sich - so sagt man - hier anläßlich einer alljährlich stattfindenden Konferenz mit ihrem Herrn Shiva alle Götter aus Kinnaur.

Auch in Kalpa gibt es ein Rest House. Außerdem ist es möglich, bei Dorfbewohnern zu übernachten.

NORD-KINNAUR

Um diese abgelegene Gegend, die geographisch bereits zu Tibet gehört, besuchen zu dürfen, braucht man eine Sondergenehmigung (Inner Line Permit). Wenn man die erhalten hat, kann man von Kalpa am Nordufer des Flusses nach Puh und Namgia, unweit der Grenze nach Tibet, vordringen. Nur 14 km von Kalpa entfernt findet man in der kleinen Ortschaft Pangli ein weiteres Rest House und hat vom Ort aus einen herrlichen Blick auf den majestätischen Kinnaur Khailash. Ein anderes Zentrum für den Handel mit Tibet ist Rarang, 8 km weiter. Eine spektakuläre Trekking-Route von Pilgern rund um den Kinnaur Khailash nimmt mindestens fünf Tage in Anspruch. Darüber hinaus braucht man weitere Zeit, um sich zu akklimatisieren, bevor man den Charang La überquert. Für eine solche Bergwanderung ist ein Zelt unverzichtbar, weil die einzige Übernachtungsmöglichkeit mit einem Dach über dem Kopf im Rest House in Chitkul besteht. Die Strecke beginnt in Morang (zu erreichen mit einem Bus von Rekong Peo) und führt dann über den 5265 m hohen Charang La durch Thangi, Rahtak.

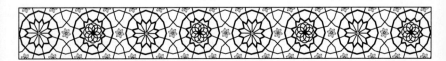

JAMMU UND KASCHMIR

Die Bevölkerung des Bundesstaates Jammu und Kaschmir ist ebenso bunt gemixt wie die Geographie dieses Staates. Im Süden von Jammu ist die Übergangszone von den indischen Ebenen zum Himalaja. Genau genommen gehört dann der Rest des Staates zu Kaschmir. Praktisch sieht es aber so aus, daß dies das berühmte Vale of Kashmir ist, ein großes Himalaja-Tal im Norden des Staates. Die Bevölkerung gehört hier vornehmlich dem moslemischen Glauben an und ist in vieler Hinsicht eher nach Pakistan und Zentralasien ausgerichtet als nach Indien.

Schließlich liegt im Nordosten noch das abgelegene tibetische Hochland, bekannt als Ladakh. Mit seiner vor allem buddhistischen und tibetischen Kultur unterscheidet sich Ladakh ganz wesentlich von Kaschmir und vom restlichen Indien. Es wurde auch erst vor kurzem für Fremde geöffnet. Eingerahmt von Kaschmir und Ladakh ist ein langes, enges Tal, bekannt als Zanskar. Dieses Tal ist noch viel isolierter als Ladakh. Mit der Verbesserung der Straße in das Tal hat die Zahl der Besucher jedoch zugenommen. Seitdem ändern sich in dieser Gegend viele Dinge schnell.

Die politisch motivierten Gewalt im Kaschmir-Tal seit Ende der achtziger Jahre hat die meisten Touristen in Indien entmutigt, ein Gebiet zu besuchen, das früher eines der beliebtesten Ziele für Besuche war. Ein Aufenthalt auf einem Hausboot auf dem Dal-See war immer eines der typischen Erlebnisse, die man in Indien genießen konnte. Außerdem bietet Kaschmir einige der erfreulichsten Möglichkeiten, Trekking-Touren zu unternehmen, sowie eine kaum zu überbietende landschaftliche Schönheit. Vor 1990 haben jährlich 600 000 indische und 60 000 ausländische Touristen Srinagar besucht, aber seitdem ist die Zahl der Touristen auf praktisch Null gesunken. Die Kaschmiri behaupten, die indische Regierung versuche, Touristen von einem Besuch in dieser Gegend abzuhalten, damit die im Tourismus tätigen Bewohner kein Geld verdienen können. Allerdings waren die Aktionen der wenigen militanten Kaschmiri in der Vergangenheit auch nicht gerade hilfreich. In den letzten Jahren ist auch eine Reihe von Ausländern entführt worden, von denen die meisten später wieder freigelassen wurden, ein paar aber auch getötet worden sind.

Das Fremdenverkehrsamt von Jammu und Kaschmir (J&K Tourism) steht auf dem Standpunkt, daß unabhängig davon, was die Zukunft bringen werde, der Tourismus für die einheimische Wirtschaft von le-

Einwohner: 8,6 Millionen
Gesamtfläche: 222 236 km²
Hauptstadt: Srinagar (Sommer),
Jammu (Winter)
Einwohner pro Quadratkilometer: 39
Wichtigste Sprachen: Kaschmiri, Dogri,
Urdu, Ladakhi
Alphabetisierungsrate: 26,2 %
Beste Reisezeit: Mai bis September

benswichtiger Bedeutung sei und deshalb Touristen nicht Ziele von terroristischen Angriffen und Gefangennahmen seien. Daher tröpfelt der Tourismus nach Kaschmir noch etwas, aber weil Bewegungsfreiheit nur in einigen Gegenden von Srinagar besteht, lohnt es derzeit kaum, in dieses Gebiet zu reisen. Außerdem ist es ratsam, sich vor einem Besuch in Srinagar und im Kaschmir-Tal über die aktuelle Lage in der Botschaft oder einem Konsulat des Heimatlandes in Indien zu informieren und mit anderen Besuchern zu sprechen, die gerade von dort zurückgekehrt sind.

Auf der anderen Seite ist Ladakh weit entfernt von den Schwierigkeiten in Kaschmir und hat in hohem Maße vom Rückgang beim Tourismus im westlichen Teil des Bundesstaates profitiert. Es besteht sogar eine regelmäßige Busverbindung zwischen Leh und Manali in Himachal Pradesh. Das ist eine spektakuläre zweitägige Tour über die zweithöchste mit Kraftfahrzeugen befahrbare Straße der Welt. Man kann in Ladakh religiöse Studien treiben, und das in der Welt von heute und in einem Gebiet, das vielleicht tibetischer ist als Tibet.

JAMMU UND KASCHMIR

Besondere Einreisegenehmigungen für Ladakh und Kaschmir benötigt man nicht. Die Bewegungsfreiheit von Besuchern ist nur insofern eingeschränkt, als sie sich nicht innerhalb eines Gebietes nahe der Grenze begeben dürfen. In Ladakh bedeutet das nicht weiter als 1,6 km nördlich von der Straße zwischen Srinagar und Leh, während sich im Kaschmir-Tal alle Ausländer bei der Ankunft registrieren lassen müssen. In Srinagar geschieht das auf dem Flugplatz oder wird, wenn man mit einem Bus angekommen ist, von den Hausbootbesitzern erledigt.

Von Mitte Mai bis Mitte Juli, in der heißen Jahreszeit in den indischen Ebenen, zieht es Leute in die Berge. Die Straßen zwischen Srinagar und Ladakh sind im allgemeinen von Anfang Juni an befahrbar. Das ist zugleich die beste Zeit für Trekking-Touren. Hochsaison in

Ladakh ist im August, so daß für diese Zeit frühe Platzreservierungen erforderlich sind, wenn man plant, mit einem Flugzeug nach Ladakh zu reisen. Skisport wurde früher in der Nähe von Gulmarg von Mitte Januar bis Mitte März betrieben, aber das ist derzeit nicht möglich.

WARNUNG

Die Sicherheitslage ist recht labil. Die Stadt Srinagar ist sogar gefährlich, und auch Jammu hat unter mehreren Bombenexplosionen gelitten, bei denen sogar Menschenleben zu beklagen waren. Am alarmierendsten für Touristen ist jedoch, daß nun auch Ausländer die Opfer von Aufständischen sind. Mitte 1995 wurden fünf Bergwanderer, darunter auch ein Deutscher, entführt, von denen ein junger Norweger bald umgebracht

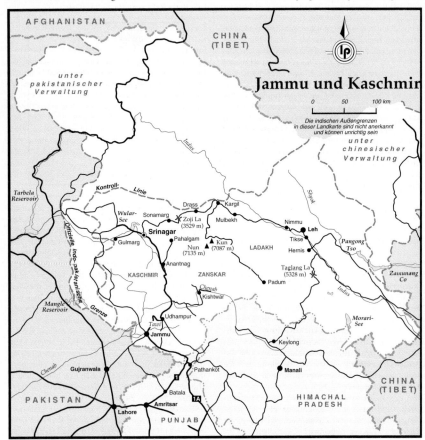

worden ist. Ob die anderen noch am Leben sind, war bei Drucklegung dieses Buches ungewiß. Wir raten daher, derzeit den westlichen Teil von Jammu und Kaschmir, insbesondere Jammu, Srinagar, das Kaschmir-Tal und das Zanskar-Tal, nicht zu besuchen (vgl. auch die Warnung im Abschnitt über das Zanskar-Tal).

GESCHICHTE

Für das unabhängige Indien waren Jammu und Kaschmir stets ein Zentrum von Konflikten. Als nämlich Indien und Pakistan ihre Unabhängigkeit erlangten, war noch lange nicht klar, zu welchem der beiden Länder der Staat gehören sollte. Die Bevölkerung war damals in erster Linie moslemisch, aber Jammu und Kaschmir waren kein Teil des „Britischen Indien" gewesen, sondern ein Prinzenstaat. Deshalb hing es von der Entscheidung des Herrschers ab, in welche Richtung sich der Staat begeben würde: zum moslemischen Pakistan oder zum hinduistischen Indien. Wie in dem Buch *Um Mitternacht die Freiheit* berichtet wird, fällte der unentschlossene Maharadscha seine Entscheidung erst, als eine von den Pakistani angekündigte Invasion tatsächlich begann. Unvermeidliches Ergebnis war der erste indisch-pakistanische Konflikt.

Seit diesem ersten Kampf blieb Kaschmir Streitpunkt zwischen beiden Ländern. Das Gebiet ist heute so aufgeteilt, daß annähernd zwei Drittel zu Indien und ein Drittel zu Pakistan gehören. Beansprucht wird aber das ganze Gebiet von beiden Ländern. Darüber hinaus gilt Kaschmirs Rolle als empfindliches Grenzgebiet längst nicht nur gegenüber Pakistan. 1962 fielen die Chinesen in Ladakh ein und zwangen Indien zur Verteidigung dieses so abseits und isoliert liegenden Gebietes.

Seit 1988 haben die militanten Aktionen in Kaschmir deutlich zugenommen. Man schätzt, daß in Kämpfen bisher bereits rund 10 000 Kaschmiri ums Leben gekommen sind. Die bedeutendsten Kontrahenten sind die kleine Gruppe der Hizb-ul-Mujahedin, die von Pakistan unterstützt werden und mit diesem Land vereinigt werden wollen, die Jammu & Kashmir Liberation Front (JKLF), die - wie in Indien vielfach angenommen wird - ebenfalls Unterstützung aus Pakistan erhält und nicht weniger als die vollständige Unabhängigkeit verlangt, und die indische Armee, die mit vielen Soldaten in dieses Gebiet einmarschiert ist und das Ziel verfolgt, wieder Frieden herzustellen. Ständig sind Berichte zu hören, denen zufolge von allen drei Gruppen fürchterliche Greueltaten begangen werden. Daher ist es unwahrscheinlich, daß sich die Situation trotz der Gespräche zwischen Indien und Pakistan in absehbarer Zeit verbessern wird.

Im Jahre 1990 ist die Regierung von Kaschmir abgesetzt und dieser Bundesstaat unter die Verwaltung der Bundesregierung („Präsidentenherrschaft") gestellt worden. In dem Bemühen, wieder Vertrauen herzustellen und, wie man hoffte, sich wieder der Normalität anzunähern, hatte die Bundesregierung ziemlich optimistisch für September 1994 Wahlen in diesem Bundesstaat anberaumt. Die Wahlen fanden dann aber doch nicht statt, so daß die Probleme fortbestehen und Kaschmir der Bundesstaat bleibt, der Indien am meisten Schwierigkeiten bereitet.

REGION JAMMU

JAMMU

Einwohner: 257 000
Telefonvorwahl: 0191

Jammu ist die zweitgrößte Stadt des Staates Jammu und Kaschmir und zugleich die Winterhauptstadt. Für die meisten Besucher ist sie nicht mehr als das Sprungbrett für eine Reise weiter in den Norden nach Kaschmir hinein. Für mehr als eine Übernachtung lassen sie sich hier kaum Zeit. Wer sich allerdings doch ein wenig Zeit läßt oder nimmt, der findet in dieser Stadt eine ganze Reihe von Sehenswürdigkeiten. Bedenken muß man bei seiner Reiseplanung aber, daß Jammu noch in der Ebene liegt und daher im Sommer leicht schwül sein kann, ganz im Gegensatz zu den angenehm kühlen Temperaturen der höher gelegeneren Teile von Kaschmir. Von Oktober an wird das Wetter aber angenehmer.

Mitte 1992 kam es im Gebiet von Jammu zu zahlreichen Auseinandersetzungen zwischen militanten Kaschmiri und der Armee. Anfang 1995 war sogar eine Reihe von Bombenexplosionen zu verzeichnen. Daher ist es empfehlenswert, sich vor einer Reise nach Jammu und der Weiterreise nach Kaschmir über die aktuelle Lage zu informieren.

ORIENTIERUNG

Eigentlich besteht Jammu aus zwei Stadtteilen. Der alte Teil liegt hoch oben auf einem Hügel, den Fluß überblickend. Hier siedelten sich die meisten Hotels an. Auch das Fremdenverkehrsamt (Tourist Office) hat sein Büro in diesem Stadtteil. Die besseren Busse nach Kaschmir fahren ebenfalls hier ab. Unterhalb des Hügels ist die Haltestelle der Busse, die in andere Richtungen fahren, sowie der einfachen Busse nach Srinagar. Der neuere Stadtteil liegt auf der anderen Seite des Flusses. Er heißt Jammu Tawi. Dort befindet sich auch der Bahnhof.

Wer auf dem Weg nach Srinagar ist und mit der Bahn in Jammu ankommt, wie die meisten Besucher, hat zwei Möglichkeiten. Die erste besteht darin, nicht in Jammu zu übernachten, sondern sich sofort in einen Bus nach Srinagar zu setzen.

Wenn Sie sich für die erste Möglichkeit entscheiden, müssen Sie einen der Busse besteigen, die am Bahnhof bei Ankunft der Züge warten und durch bis Srinagar fahren. Sie halten für eine Übernachtung in Banihal, unterhalb vom Jarwarhar-Tunnel, um am nächsten Tag nach Srinagar weiterzufahren. Wegen der derzeitigen Probleme in Kaschmir ist der Tunnel nachts geschlossen. Übernachtet wird in der Regel in der recht einfachen Tourist Lodge in Banihal.

Zweitens bleibt eine Übernachtung in Jammu. Dann können Sie mit dem frühen Bus am nächsten Tag weiterfahren. Diese Busse starten sehr früh und legen die Strecke bis Srinagar an einem Tag zurück. Entscheiden Sie sich für eine Übernachtung in Jammu, dann gilt es, zunächst ein Bett zu suchen und dann sofort einen Fahrschein für den Bus zu kaufen.

PRAKTISCHE HINWEISE

Informationen kann man im Fremdenverkehrsamt von Jammu und Kaschmir im Tourist Reception Centre an der Vir Marg (Tel. 54 81 72) erhalten. Es ist allerdings nicht besonders hilfreich, zumal das allgemeine Informationsmaterial begrenzt ist. Es kann aber sein, daß man hier gute Auskünfte über Trekking-Touren in die Gebiete von Patnitop und Bhadarwah erhält. Ausrüstungsgegenstände dafür kann man im Tourist Reception Centre am Bahnhof in Jammu Tawi mieten.

SEHENSWÜRDIGKEITEN

Raghunath- und Rambireswar-Tempel: Im Stadtzentrum, unweit des Tourist Reception Centre, findet man den Raghunath-Tempel. Erbaut wurde diese große Tempelanlage bereits 1835. Sie ist nicht besonders interessant, ergibt aber beim Sonnenuntergang eine herrliche Kulisse. Ebenfalls zentral gelegen ist der Shiva geweihte Rambireswar-Tempel. Er stammt aus dem Jahre 1883.

Dogra-Kunstgalerie: Die Dogra-Kunstgalerie im Gandhi Bhavan (nahe den Behördengebäuden), besitzt eine ausgezeichnete Sammlung von Miniaturen, unter anderem auch solche der Schulen von Basohli und Kangra. Die Galerie ist im Sommer von 7.30 bis 13.00 Uhr und

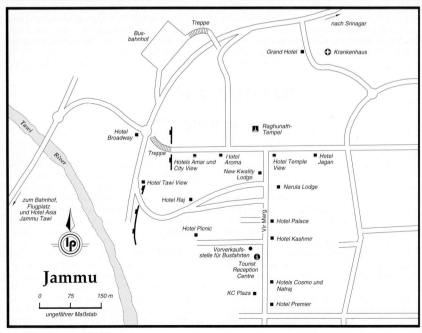

im Winter von 11.00 bis 17.00 Uhr geöffnet (montags geschlossen). Der Eintritt ist frei.

Amar Mahal: Im nördlichen Außenbezirk der Stadt, etwas abseits der Straße nach Srinagar, liegt der Amar-Mahal-Palast, ein kurioses Beispiel französischer Architektur. Das Museum des Palastes enthält eine Galerie mit Familienportraits und eine sehenswerte Sammlung anderer Gemälde.

UNTERKUNFT
Einfache Unterkünfte: Am unteren Ende des Marktes, am Maheshi Gate, liegt das beliebte Hotel Tawi View (Tel. 54 73 01). Mit Einzelzimmern für 70 Rs und Doppelzimmern für 90 Rs (jeweils einschließlich Bad) ist es zweifelsohne das beste dieser Kategorie. Ein Restaurant ist ebenfalls vorhanden. Einfach ist auch das Hotel Kashmir an der Vir Marg, wo mit Badbenutzung Einzelzimmer für 80 Rs und Doppelzimmer für 100 Rs sowie mit eigenem Bad für 100 bzw. 130 Rs vermietet werden.

Außer diesen beiden findet man in Jammu noch viele weitere preiswerte Hotels, aber meist hat man ohnehin kaum eine große Wahl, da man froh sein muß, überhaupt noch ein Bett zu erwischen. Annehmbar sind auch das Hotel Aroma am Gumat Bazaar und das Hotel Raj. Doppelzimmer mit eigenem Bad für rund 120 Rs werden in der New Kwality Lodge und im Hotel Palace, beide an der Vir Marg, vermietet.

Im Bahnhof stehen Ruheräume der Eisenbahn als Doppelzimmer für 65 Rs (mit Klimaanlage für 125 Rs) und Betten in einem Schlafsaal für 12 Rs zur Verfügung. Am Bahnhof befindet sich aber auch das zweite Tourist Reception Centre von Jammu mit vier Doppelzimmern zum Preis von jeweils 120 Rs. Oberhalb vom Busbahnhof findet man das einfache Hotel JDA mit Einzelzimmern ab 100 Rs und Doppelzimmern ab 130 Rs (jeweils mit eigenem Bad). Vorhanden ist auch ein Raum, in dem man seinen Schlafsack ausrollen und dann die Nacht für nur 10 Rs verbringen kann.

An der Vir Marg liegt das Hotel Cosmo (Tel. 54 75 61). Mit Einzelzimmern für 120 bis 200 Rs und Doppelzimmern ab 200 Rs (mit Klimaanlage 500 Rs) ist es jedoch viel zu teuer. Ähnlich sind die Preise im Hotel Jagan am Raghunath Bazaar (Tel. 4 24 02), aber dafür sind hier die Zimmer ihr Geld wert.

Zurück an der Vir Marg kann man auch im Hotel Natraj mit Einzelzimmern für 100 Rs und Doppelzimmern für 130 Rs übernachten. Vom Raghunath-Tempel die Straße hinunter gibt es eine ganze Reihe weiterer einfacher Unterkünfte und Mittelklassehotels.

Mittelklassehotels: Im großen Tourist Reception Centre an der Vir Marg (Tel. 54 95 54) kosten Doppelzimmer mit eigenem Bad 150 Rs (mit Ventilator 250 Rs und mit Klimaanlage 300 Rs). In der Nähe befindet sich die makellos saubere Narula Lodge mit nur fünf Zimmern, die zur Alleinbenutzung für 150 Rs und an Paare für 250 Rs vermietet werden. Alle Gäste haben ein eigenes Bad, das allerdings nicht unmittelbar am Zimmer liegt. Das Hotel Jewel's unweit vom Hotel Raj und neben dem Jewel-Kino (Tel. 54 76 30) ist ein gutes, sauberes Quartier mit Einzelzimmern für 250 Rs und Doppelzimmern für 310 Rs (mit Ventilator) sowie klimatisierten Einzelzimmern für 350 Rs und klimatisierten Doppelzimmern für 410 Rs. Zu allen Zimmern gehören ein eigenes Bad und ein Kabelfernsehgerät. Unten im Haus befindet sich ein Schnellimbiß.

Das Hotel Premier an der Vir Marg (Tel. 54 32 34) ist nicht ganz so gut und hat Einzelzimmer für 265 Rs und Doppelzimmer für 335 Rs zu bieten (mit Ventilator für 300 bzw. 370 Rs und mit Klimaanlage für 410 bzw. 500 Rs). Auch hier ist in jedem Zimmer ein Fernsehgerät vorhanden. Außerdem gehören zu diesem Hotel zwei Restaurants und eine Bar.

Weitere Häuser der mittleren Preisklasse sind das Broadway, das Gagan, das Amar und das City View, alle am Gumat Bazaar.

Luxushotels: Das Hotel Asia Jammu Tawi (Tel. 57 23 28) berechnet für ein Einzelzimmer 895 Rs und für ein Doppelzimmer 995 Rs (mit Klimaanlage) und liegt auf halbem Weg zwischen dem Busbahnhof und dem Bahnhof. Eine Bar, ein gutes Restaurant und ein Swimming Pool sind ebenfalls vorhanden. Das Hotel Jammu Ashok (Tel. 54 31 27) liegt im nördlichen Außenbezirk der Stadt, nahe beim Amar-Mahal-Palast, und ist vom Preis etwas günstiger.

ESSEN
Zu vielen Hotels gehören auch Restaurants. Im Tourist Reception Centre gibt es sogar ein vegetarisches Restaurant und außerdem noch das schicke, klimatisierte Restaurant Wazwan, in dem kaschmirische Gerichte serviert werden.

In der modernen KC's Food Station an der KC Plaza kann man einen „Huggy Buggy Paneer Burger" für 20 Rs, eine ganz ordentliche Pizza ab 30 Rs und einen Hot Dog für 20 Rs essen. Oben befindet sich ein Eissalon. Zahlreiche preiswerte Restaurants findet man entlang der Vir Marg und in Richtung Busbahnhof. Außerdem kann man im Restaurant im Bahnhof ein vegetarisches Thali für 12 Rs haben.

Das klimatisierte Restaurant im Hotel Cosmo ist besser, als es die Zimmer dieses Hauses sind. Es eignet sich gut für ein kaltes Bier und ein ganz ordentliches Essen in kühler Umgebung. Die Hauptgerichte kosten hier rund 60 Rs. Im Premier, ein paar Türen weiter hinunter, kann man chinesische und kaschmirische Gerichte zu ähnlichen Preisen essen.

AN- UND WEITERREISE

Flug: Das Büro von Indian Airlines (Tel. 54 27 35) findet man im Tourist Reception Centre.

Indian Airlines fliegt täglich nach Delhi (74 US $) und Srinagar (27 US $) sowie einmal wöchentlich jeden Samstag nach Leh (39 US $).

Bus: Die Busse nach Srinagar fahren von verschiedenen Haltestellen ab: die ganz schnellen Kleinbusse, Busse der Klasse A und Luxusbusse vom Tourist Reception Centre, Busse der Klasse B vom Busbahnhof und Busse privater Unternehmen von mehreren Teilen der Stadt. Einige Busse fahren auch vom Bahnhof ab, wo die Fahrer auf ankommende Züge warten. Daher kann man mit dem *Shalimar Express* (Zug 4645) aus Delhi abfahren und hat gegen 6.15 Uhr Anschluß mit einem Bus.

Im allgemeinen verlassen die Busse zwischen 7.00 und 8.00 Uhr die Stadt, um Srinagar gegen Abend zu erreichen. Allerdings ist es wichtig, sofort nach Ankunft eine Fahrkarte zu kaufen.

Für eine Fahrt von Jammu nach Srinagar betragen die Preise mit Bussen der Klasse A 94 Rs, mit Luxusbussen 130 Rs und mit Kleinbussen 210 Rs. Die Fahrt dauert in den meisten Bussen 10-12 Stunden, in den Kleinbussen allerdings unter 10 Stunden.

In Richtung Süden verkehren von Jammu häufig Busse nach Delhi (14 Stunden), Amritsar (5 Stunden), Pathankot (3 Stunden) und anderen Städten. Pathankot ist der Ausgangspunkt für Verbindungen nach Dharamsala, Dalhousie und anderen Bergerholungsorten in Himachal Pradesh.

Zug: Der *Shalimar Express* (Zug 4645) fährt in Delhi um 16.10 Uhr ab und kommt in Jammu am nächsten Morgen um 6.15 Uhr an. Das ist der einzige Zug, der Anschluß an die Morgenbusse nach Srinagar bietet. Der Fahrpreis für die 535 km lange Reise von Delhi beträgt in der 2. Klasse 147 Rs und in der 1. Klasse 436 Rs. Direktverbindungen mit Zügen bestehen auch nach Madras, Bombay, Kalkutta, Varanasi und Gorakhpur.

Taxi: Als schnellere Alternative zu den Bussen kann man vor dem Bahnhof in Jammu in ein Sammeltaxi nach Srinagar einsteigen. Der Fahrpreis ist etwa dreimal so hoch wie für Luxusbusse. Die Fahrt beginnt, sobald sich fünf Mitfahrer eingefunden haben.

NAHVERKEHR

Flughafentransfer: Der Flughafen ist 7 km von der Stadt entfernt und wird von Auto-Rikscha sowie Taxis angefahren.

Sonstige Verkehrsmittel: Jammu verfügt über Taxis (mit Taxameter), Auto-Rikschas, einen Minibus-Service sowie einen Tempo-Service zwischen einigen Punkten der Stadt.

VON JAMMU NACH SRINAGAR

Leider hasten die meisten Touristen von Jammu ohne Unterbrechung nach Srinagar, obwohl unterwegs einiges Interessante zu besichtigen ist. Einige dieser Orte erreicht man von Jammu auch, indem man abends immer wieder nach Jammu zurückkehrt. Vor der Fertigstellung des Jawarhar-Tunnels in das Kaschmir-Tal nahm die Fahrt von Jammu nach Kaschmir zwei Tage in Anspruch. Übernachtet wurde damals in Batote.

AKHNOOR

An dieser Stelle erreicht der Chenab River die Ebene, 32 km nordwestlich von Jammu. In der Mogul-Zeit war dies die Straße nach Srinagar. Jehangir, der auf der Reise nach Kaschmir starb, war vorübergehend in Chingas beerdigt.

SURINSAR UND DIE MANSAR-SEEN

Diese Seen liegen östlich von Jammu, sind sehr malerisch gelegen und bilden den Hintergrund für ein jährliches Fest in Mansar.

VAISHNO DEVI

Dieser bedeutende Höhlentempel ist den drei Muttergottheiten des Hinduismus geweiht. Jährlich strömen Tausende von Pilgern zu dieser Höhle. Erkämpft wird die Pilgerfahrt durch einen 12 km langen, steilen Aufstieg von Katra aus. Neuerdings geht es auch etwas einfacher über eine neue Straße.

RIASI

In der Umgebung dieser Stadt, 20 km hinter Katra, finden Sie die Ruine des Forts von General Zorawar Singh. Er schuf sich einen Namen bei den Auseinandersetzungen mit den Chinesen in der Ladakh-Frage. Außerdem stehen in der Nähe auch eine *gurdwara* mit einigen alten Fresken sowie ein weiterer Höhlentempel.

RAMNAGAR

Dieser „Palast der Farben" ist bekannt wegen der vielen wunderschönen Wandmalereien im Pahari-Stil. Zu erreichen ist er per Bus von Jammu oder Udhampur aus. In Krimchi, 10 km von Udhampur entfernt, gibt es hinduistische Tempel mit schönen Schnitzereien und Skulpturen.

KUD

Kud ist ein beliebter Halt zur Mittagszeit für Fahrer von Bussen auf der Strecke Jammu-Srinagar. Kud ist außerdem noch als Bergerholungsort (1738 m) bekannt und hat für eine Übernachtung einen Tourist Bungalow. 1¹/₂ km von der Straße entfernt stößt man auf eine bekannte Quelle, die Swamai Ki Bauli.

PATNITOP

Patnitop ist ein Bergerholungsort in 2024 m Höhe mit vielen schönen Wanderwegen. Er scheint in bezug auf den Tourismus einen Aufschwung zu nehmen. Es gibt dort Hütten, ein Tourist Rest House und eine Jugendherberge (Youth Hostel). In diesem Ort werden Kurse im Drachenfliegen angeboten. Anmelden muß man sich dafür im Tourist Reception Centre in Jammu.

BATOTE

Nur 12 km weiter, mit Kud und Patnitop durch viele Fußwege verbunden, war dieser Bergort in 1560 m Höhe früher Übernachtungsort für die Reisenden von Jammu nach Srinagar, bevor der Tunnel fertig wurde. Es gibt dort einen Tourist Bungalow, Hütten und einige private Hotels. Wie in Kud, so ist auch hier eine Quelle in unmittelbarer Nähe des Ortes - die Amrit Chasma, 2¹/₂ km entfernt.

SUDH MAHADEV

Während des jährlich hier stattfindenden Asad-Purnima-Festes (Juli-August) versammeln sich unzählige Pilger um den Shiva-Tempel. Das Fest wird mit Musik, Gesängen und Tänzen begangen.
In Man Talai, 5 km von Sudh Mahadev entfernt, fand man bei Ausgrabungen interessante Dinge. Dorthin führt eine 8 km lange Wanderstrecke oder Jeepstraße von Kud oder Patnitop.

SANASAR

In diesem 2079 m hohen, landschaftlich schönen Tal treffen sich im Sommer die *Gujjar*-Hirten. Es gibt einen Tourist Bungalow, Hütten und einige private Hotels.

BHADARWAH

Alle zwei Jahre ziehen Pilger in einer Prozession von diesem hochgelegenen Tal zu dem in 4400 m Höhe

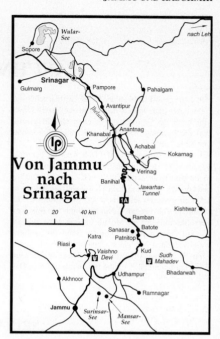

gelegenen Kaplash-See. Eine Woche später findet dann in Bhadarwah das drei Tage dauernde Mela-Patt-Fest statt. In diesem so reizvollen Ort gibt es auch ein Tourist Rest House.

KISHTWAR

Abseits der Straße von Jammu nach Srinagar führt eine Trekking-Route von Kishtwar bis Srinagar. Von Kishtwar kann man aber auch nach Zanskar trecken. In der Umgebung des Ortes sind viele Wasserfälle zu sehen. In 19 km Entfernung ist der Wallfahrtsort Sarthal Devi.

JAWARHAR-TUNNEL

Bevor der Tunnel fertiggestellt wurde, war Srinagar während der Wintermonate häufig völlig vom restlichen Indien abgeschnitten. Der 2,5 km lange Tunnel ist von Jammu 200 km und von Srinagar 93 km entfernt. Er besteht aus zwei getrennten Passagen. Im Tunnel selbst ist es ungemütlich und klamm.
In Banihal, noch 17 km vor dem Tunnel, befindet man sich bereits auf dem Gebiet von Kaschmir. Hier sprechen die Menschen Kaschmiri oder Dogri. Sobald man aus dem Tunnel herauskommt, wird man von dem lieblichen Kaschmir-Tal mit seiner üppigen und grünen Vegetation begrüßt.

KASCHMIR-TAL

Kaschmir gehört wohl zu den landschaftlich schönsten Gebieten in ganz Indien, hat aber in den letzten Jahren sehr unter der politisch motivierten Gewalt gelitten (vgl. die Warnung am Anfang des Kapitels über Jammu und Kaschmir).

Schon die Moguln waren stets froh, wenn sie der drükkenden Hitze der Ebenen entfliehen konnten und sich in die kühlen, grünen Höhen von Kaschmir zurückziehen konnten. So sollen denn auch die letzten Worte von Jehangir gewesen sein, als er auf seiner Reise in das „fröhliche Tal" verstarb: „Nur Kaschmir". In Kaschmir vervollkommneten die Moguln auch ihren recht strengen Stil der Gartenanlagen bis zur Blüte. Einige dieser wunderschönen Anlagen blieben bis heute erhalten.

Eine der größten Attraktionen, die Kaschmir für seine Besucher bereithält, sind die Hausboote auf dem Dal-See.

Aber das so angenehme Klima gefiel nicht nur den Moguln und später den anderen Herrschern von Kaschmir. Diese Freude teilten mit ihnen auch die Briten. Dies wiederum sahen die Herrscher von Kaschmir gar nicht gern und untersagten es ihren Untertanen, den Briten Land zu verkaufen. So entstand die „englische Lösung". Man baute für die neuen Herren Hausboote. Jedes war ein kleines Stück England, schwimmend auf dem Dal-See. Immer wieder hört man, daß ein Besuch von Kaschmir erst dann abgerundet sei, wenn man einige Zeit auf einem Hausboot auf dem Dal-See gewohnt habe.

Dabei sind Srinagar, der Dal-See und die Hausboote noch längst nicht Kaschmir. Am äußeren Rand des Tales liegen herrliche Bergorte, z. B. Pahalgam und Gulmarg. Sie sprechen nicht nur für sich selbst, sondern sind auch als Ausgangspunkte für Trekking-Touren gut geeignet.

SRINAGAR

Einwohner: 725 000
Telefonvorwahl: 0194

Die Sommerhauptstadt von Kaschmir liegt am Dal-See und am Jhelum River. Sie ist Ausgangspunkt für die Weiterfahrt in das Tal und nach Ladakh.

Srinagar ist eine belebte, farbenfrohe Stadt mit einem Hauch von Zentralasien. Die Menschen unterscheiden sich deutlich von den Bewohnern des restlichen Indiens. Wer von Srinagar nach Süden reist, sagt nicht selten· „Ich fahre zurück nach Indien".

Derzeit vermittelt Srinagar allerdings den Eindruck von einer besetzten Stadt. Außerdem wird nach Einbruch der Dunkelheit häufig eine Ausgangssperre angeordnet. Ferner stößt man überall auf Straßenblockaden und an allen Ecken auf Schützengräben mit Soldaten. Die meisten Kämpfe finden in der Altstadt statt, üblicherweise nachts. Dieser Teil der Stadt sieht aus wie Beirut auf dem Höhepunkt der Auseinandersetzungen im Libanon und sollte besser gemieden werden, wenn einem das Leben etwas wert ist. Dennoch folgen weiter unten Informationen über die Sehenswürdigkeiten in der Altstadt in der Hoffnung, daß sich die Situation wieder verbessert. Derzeit sind die sichersten Gebiete die Seen, wobei die Besitzer von Hausbooten die besten Informationsquellen darüber sind, welche Gegenden

in Srinagar man besser meidet. Hören Sie auf ihren Rat!

ORIENTIERUNG

Srinagar ist auf den ersten Blick ein wenig verwirrend, denn der Dal-See ist ein Teil der Stadt, und dies trägt zur Verwirrung bei. Eigentlich sind es drei Seen, die durch „Deiche" oder „Schwimmende Gärten" getrennt sind. Da ist es nicht immer leicht zu sagen, wo der eine See aufhört und der andere beginnt.

Auf dem See schwimmen die Hausboote, die im Seeboden fest verankert sind. Aber es gibt auch Häuser, die aussehen wie Hausboote und doch plötzlich davonschwimmen. Die meisten der Hausboote liegen am Südende des Sees. Man findet aber auch einige auf dem Jhelum River und weiter im Norden auf dem Nagin-See. Der Jhelum River zieht um den Hauptteil der Stadt eine große Schleife. Ein Kanal verbindet den Fluß mit dem Dal-See, was zur Folge hat, daß dieser Stadtteil zu einer Insel wird. Am Südende dieser „Insel" verläuft die bekannte Straße Bund. An ihr stößt man auf das Hauptpostamt (GPO) und Läden mit Kunsthandwerk. Das große Tourist Reception Centre liegt nördlich der Bund. Dort befinden sich auch die Büros des Fremdenverkehrsamtes (Tourist Office), von Indian Airlines sowie der J&K Road Transport Corporation. Sie sind alle in einem Gebäude untergebracht, zusammen mit einfachen Unterkünften und einem eher miesen Restaurant. Auf diesem „Inselteil" der Stadt gibt es unzählige Restaurants, Läden, Reisebüros und Hotels. Der moderne Teil von Srinagar erstreckt sich südlich des Jhelum River, und die älteren Stadtteile befinden sich im Norden und Nordwesten.

Der Boulevard entlang vom Dal-See mit seinen Anlegern für die Shikaras ist eine wichtige Adresse in Srinagar. Sie ermöglichen es, zu all den Hausbooten, Hotels, Restaurants und Geschäften zu gelangen. Weitere Hauptstraßen sind die Residency Road, die das Tourist Reception Centre mit der Innenstadt verbindet, und die Polo View Road mit vielen Geschäften, in denen Kunsthandwerk verkauft wird, und unzähligen Reisebüros.

PRAKTISCHE HINWEISE

Informationen: Das Fremdenverkehrsamt von Jammu und Kaschmir (J&K Department of Tourism) ist im Tourist Reception Centre untergebracht (Tel. 7 73 05), einem großen Komplex, in dem man mehrere Fremdenverkehrsämter und das Büro von Indian Airlines findet. Hier halten auch die Busse nach Jammu und Leh. In der letzten Zeit war das Gebäude teilweise von indischen Soldaten besetzt, aber der Schalter des Fremdenverkehrsamtes, die Agentur der Eisenbahn und die Büros der Busgesellschaften sind weiterhin zugänglich.

Post und Telefon: Das stark verbarrikadierte Hauptpostamt findet man am Bund und ist montags bis samstags von 10.00 bis 13.00 Uhr sowie von 13.30 bis 15.00 Uhr geöffnet. Sonntags bleibt es geschlossen.

Päckchen und Pakete muß man im Air Cargo Complex an der Residency Road, unweit des Tourist Reception Centre und gegenüber vom Café de Linz, aufgeben. Um jedoch das Risiko zu vermeiden, daß in einem Päckchen oder Paket Brandsätze verborgen werden, empfiehlt es sich, aus Srinagar nichts Größeres als Briefe zu versenden.

Das Telegraphenamt ist in der Hotel Road (auch Maulana Azad Road genannt) zu finden.

Visaverlängerungen: Die Ausländerbehörde (Foreigner's Registration Office) ist neben dem Park mit dem Government Handicrafts Emporium unweit vom Bund untergebracht.

Buchhandlungen: Die besten Buchhandlungen sind der Kashmir Bookshop und der Hind Bookshop. Sie liegen sich in der Sharmani Road, der Verlängerung der Residency Road im Zentrum, gegenüber.

SEHENSWÜRDIGKEITEN

Dal-See: Ein ganz erheblicher Teil des Dal-Sees ist weniger ein See als eine verwirrende Anzahl von Wasserstraßen. Durch Dämme wurde der See geteilt in Gagribal, Lokut Dal und Bod Dal. Dal Gate ist Kontrollpunkt dafür, daß die richtige Wassermenge vom See in den Kanal zum Jhelum River abgegeben wird. Zwei Inseln im See sind äußerst beliebte Picknickplätze. Sona Lank (Silberinsel) liegt im Norden und Rupa Lank (Goldinsel) im Süden. Beide sind aber auch unter der Bezeichnung Char Chinar bekannt, weil auf jeder Insel vier Chinar-Bäume wachsen. Die dritte Insel, Nehru Park, am Ende des seeseitigen Boulevards, ist kaum erwähnenswert. Nördlich davon führt ein Damm weit hinaus auf den See nach Kotar Khana, dem Taubenhaus. Das war früher die kaiserliche Sommerresidenz. Unbegreiflich ist, warum das Wasser vom Dal-See bei all dem Abfall von den vielen Hausbooten noch so klar sein kann. In ihn werden nämlich nicht nur die Abfälle der Hausboote geschüttet und die Abwässer geleitet, sondern auch aus der Stadt und den umliegenden Gegenden. Ein richtiges Abwassersystem gibt es nämlich, auch wenn man Ihnen etwas anderes erzählt, nicht.

Langweilig ist es am See nie. Immer tut sich etwas, auch wenn man nur faul auf dem Balkon seines Hausbootes liegt und den vorübergleitenden Booten zuschaut. Wer nicht nur faulenzen möchte, hat sicher Freude an den phantastisch angelegten Gärten der Moguln. Eine Rundfahrt mit einer Shikara auf dem See ist ein solches Erlebnis, das man sich nicht entgehen lassen sollte. Sie kostet etwa 60 Rs. Kaum eine andere Möglichkeit läßt Besucher den Charme und die Stimmung dieser Stadt so hautnah fühlen und erleben. Läßt Ihre Reisekasse eine solche Tour nicht zu, können Sie billiger auch eine Rundfahrt um den See mit einem Fahrrad unternehmen. Es ist auch möglich, den See auf dem Damm zu überqueren.

Beschwerden

Jammu und Kaschmir war der erste indische Bundesstaat, der ein Gesetz erlassen hat, um Touristen vor Betrügereien zu schützen. Nach diesem Gesetz aus dem Jahre 1978 sind Touristen berechtigt, jede Person zu melden, die „betrügt, sich als Kundenschlepper betätigt oder die freie Wahl beim Einkaufen, beim Übernachten und beim Reisen behindert". Wer dagegen verstößt, wird in eine „schwarze Liste" aufgenommen, mit einer Geldbuße von bis zu 1000 Rs bestraft oder zu bis zu drei Monaten Gefängnis verurteilt. Wenn man als Besucher nicht korrekt behandelt wird, kann es schon ausreichen, mit diesem Gesetz zu drohen. Wenn das nicht hilft, sollte man seinen Vorfall dem Direktor des Fremdenverkehrsamtes im Tourist Reception Centre melden.

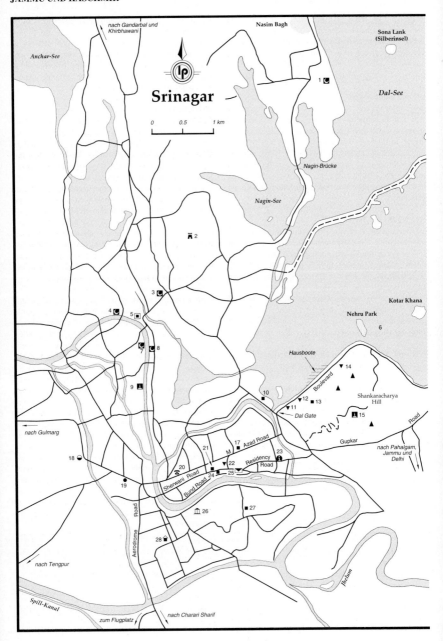

Srinagar

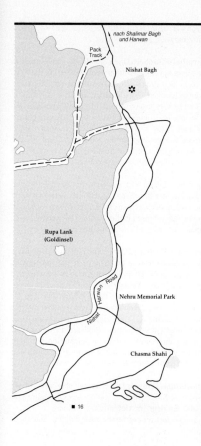

nach Shalimar Bagh
und Harwan

Pack
Track

Nishat Bagh

Rupa Lank
(Goldinsel)

Nishat Harwan Road

Nehru Memorial Park

Chasma Shahi

■ 16

Unterkünfte	Sonstiges
10 Hotel New Rigadoon	1 Hazratbal-Moschee
13 Hotel Hill Star	2 Fort Hari Parbat
16 Hotel Oberoi Palace	3 Jama Masjid
17 Hotel Broadway	4 Bulbul-Shah-Moschee
21 Grand Hotel	5 Grab von Zain-ul-Abidin
24 Hotel und Restaurant	6 Badeboote
Ahdoo's	7 Pather Masjid
27 Green Acre Guest	8 Shah-Hamdan-Moschee
House	9 Raghunath-Tempel
28 Jugendherberge	15 Tempel
	18 Nahverkehrsbusse (Batmalu)
Restaurants	19 Government Central Market
	20 Telegraphenamt und
11 Glockenbäckerei	Nahverkehrsbusse
12 Restaurant Shamyana	23 Tourist Reception Centre u.
14 Restaurant Lhasa	Busse n. Ladakh u. Jammu
22 Restaurant Capir	25 Hauptpostamt u. Café Tao
	26 Museum, Bücherei und
	Archäologischer Dienst

Jhelum River und seine Brücken: Der Jhelum River fließt von Verinag, 80 km südlich von Srinagar, zum Wular-See im Norden. Auf seinem Weg durch Srinagar ist er ein breiter, schnell fließender, schlammiger und zugleich malerischer Fluß. Berühmt ist der Fluß aber auch wegen seiner neun alten Brücken. Leider hat man dazwischen einige neue gebaut. Am Fluß liegen einige Moscheen und andere Gebäude. Am besten läßt sich dies alles erkunden, wenn man sich ein Rad leiht und die schmalen Wege am Ufer entlangfährt.

Museum: Das Shri Pratap Singh Museum liegt in Lal Mandi, südlich des Flusses, und zwar zwischen der Zero Bridge und der Amira Kadal, der ersten „alten" Brücke. Es beherbergt eine gute Sammlung von Stükken über Kaschmir und ist von 10.30 bis 16.30 Uhr geöffnet, aber montags ganztägig und freitags von 13.00 bis 14.30 Uhr geschlossen. Der Eintritt ist frei.

Shah-Hamdan-Moschee: Die ursprünglich im Jahre 1395 erbaute Holzmoschee wurde 1479 und 1731 durch Feuer zerstört und anschließend wieder neu errichtet. Sie hat die Form eines Würfels mit einem Pyramidendach. Der Zutritt ist nur Moslems erlaubt.

Pather Masjid: Am gegenüberliegenden Ufer des Jhelum steht die unbenutzte Pather Masjid. Diese schöne Moschee aus Stein ließ Nur Jahan 1623 erbauen.

Grab des Zain-ul-Abidin: Am Ostufer, zwischen den Brücken Zaina Kadal und Ali Kadal, steht das bereits verfallene Grab des Königs Zain-ul-Abidin, des so überaus geschätzten und verehrten Sohns von Sultan Sikander. Auf den Grundmauern eines alten Tempels erbaut, zeigt dieses Grabmal mit seiner Kuppelkonstruktion und den lasierten Kacheln deutlich persische Züge.

Jama Masjid: Berühmt ist diese hölzerne Moschee vor allem wegen ihrer mehr als 300 Säulen, die das Dach tragen. Jede einzelne wurde aus einem ganzen Stamm eines Deodarbaumes gefertigt. Die heutige Moschee mit ihrem grünen und friedlichen Innenhof wurde dem Original nachgebaut, nachdem das 1674 durch ein Feuer zerstört worden war.
Die Moschee hat eine wechselvolle Geschichte hinter sich. Zunächst 1385 erbaut durch Sultan Sikander, wurde sie 1402 durch Zain-ul-Abidin vergrößert, aber 1479 durch ein Feuer zerstört. Nachdem sie 1503 wieder errichtet worden war, raffte ein Feuer während der Herrschaft von Jehangir die Moschee erneut hin. Dies wiederholte sich noch einmal - Aufbau und Zerstörung durch Brand - bis sie dann endlich in ihrer heutigen Form wieder aufgebaut wurde.

307

JAMMU UND KASCHMIR

Shankaracharya Hill: Neben dem Dal-See erhebt sich hinter dem Boulevard dieser Hügel, einst bekannt als Takht-i-Sulaiman (Thron des Salomon). Überlieferungen zufolge wurde hier bereits 200 v. Chr. unter Ashoka ein Tempel errichtet. Der heutige Tempel stammt aus der Zeit von Jehangir. Der Weg zur Hügelspitze ist sehr schön. Man hat von dort einen herrlichen Blick auf den Dal-See. Der Fernsehturm von Srinagar steht ebenfalls auf dem Hügel. Wer nicht wandern möchte, kann über eine Straße bis zur Spitze fahren.

Chasma Shahi: Als kleinste der Mogul-Gärten von Srinagar liegen die Chasma Shahi etwas höher in den Bergen, oberhalb vom Nehru Memorial Park (9 km von Srinagar). Angelegt wurden sie 1632, aber kürzlich vergrößert. Hier muß man Eintritt bezahlen. Die anderen Gärten können dagegen kostenlos besichtigt werden.

Pari Mahal: Oberhalb der Chasma Shahi liegt dieses alte Sufi-College (10 km). Die zerfallenen, runden Terrassen wurden vor nicht allzu langer Zeit in einen schönen gepflegten Garten umgewandelt. Von hier aus hat man einen herrlichen Blick auf den Dal-See. Vom Pari Mahal erreicht man hügelabwärts die Hauptstraße, die zum Hotel Oberoi Palace führt.

Nishat Bagh: Begrenzt von See und Bergen bietet sich von den Nishat-Gärten aus (11 km) ein besonders schöner Blick über den See bis hin zu den Pir-Panjal-Bergen. Entworfen und angelegt wurde dieser größte aller Mogul-Gärten 1633 von Nur Jahans Bruder Asaf Khan. Er entspricht dem klassischen Muster der Mogul-Gärten, bei dem stets ein Kanal in der Mitte über viele Terrassen verläuft.

Shalimar Bagh: Diese Gärten wurden für Nur Jahan angelegt. Zu erreichen sind die etwas außerhalb liegenden Gärten (15 km) mit einem Boot durch einen kleinen Kanal. Nur Jahan („Licht der Welt") bekam sie 1616 von ihrem Mann Jehangir geschenkt. Während der Herrschaft der Moguln blieb die oberste der vier Terrasse stets dem Herrscher und den Hofdamen vorbehalten.
Seit Verhängung der abendlichen Ausgangssperre ist die früher in der Hauptsaison (Mai-September) in diesen wunderschönen Gärten abends gezeigte Ton- und Lichtschau eingestellt.

Nasim Bagh: Gleich hinter der Hazratbal-Moschee gelegen, wurden diese Gärten 1586 von Akbar angelegt. Sie sind die ältesten Mogul-Gärten in Kaschmir. Heute dienen sie allerdings zweckentfremdet als Ingenieur-College und werden als Gartenanlage nicht mehr erhalten. Vor Beginn der politischen Auseinandersetzungen war es mit einer Erlaubnis vom Tourist Reception Centre möglich, hier zu zelten.

Hazratbal-Moschee: Diese strahlende, moderne Moschee liegt am Nordwestufer vom Dal-See. In ihr wird ein Haar des Propheten aufbewahrt. Ungläubige erfreuen sich sicherlich mehr daran, wie diese Moschee in die Landschaft gesetzt wurde. Mit den schneebedeckten Bergen im Hintergrund ist die Moschee sehr beeindruckend. 1994 war die Moschee Schauplatz einer blutigen Belagerung, als die indische Armee aus ihr eine Reihe von militanten Aufständischen vertrieb, die in der Moschee Zuflucht gesucht hatten.

Nagin-See: Dieser See, umgeben von Bäumen, ist der attraktivste der drei Seen, so daß hier natürlich auch viele Hausboote zu finden sind. Das Wasser ist klarer und der See ruhiger als die anderen. Wer einmal ausspannen möchte, sollte sich hierher zurückziehen.

Fort Hari Parbat: Dieses alte Fort auf dem Berg Sharika, westlich vom Dal-See, ist schon von weitem klar zu erkennen. Ursprünglich wurde es während der Regentschaft von Akbar zwischen 1592 und 1598 erbaut. Die heute bestehende Form stammt aus dem 18. Jahrhundert. Der Besuch dieses Forts war aber nur mit einer besonderen Genehmigung des Direktors für Tourismus möglich. Seit auch hier Soldaten stationiert sind, ist es unwahrscheinlich, daß eine solche Genehmigung weiter erteilt wird. Am Südtor des Forts befindet sich ein Schrein zu Ehren des sechsten Sikh-Gurus.

Pandrethan-Tempel: Dieser kleine, aber sehr gut abgestimmte Shiva-Tempel stammt aus dem Jahre 900 n. Chr. Er liegt im Gebiet eines militärischen Ausbildungslagers an der Straße nach Jammu, außerhalb von Srinagar.

AUSFLUGSFAHRTEN

Weil der Verkehr in Kaschmir derzeit starken Einschränkungen unterliegt, fallen gegenwärtig alle Ausflugsfahrten aus. Früher veranstaltete die J&K Road Transport Corporation (J&KRTC) Ausflüge nach Pahalgam, nach Daksum, nach Gulmarg, nach Aharbal, nach Veringa, zum Wular-See, nach Sonamarg und zu den Mogul-Gärten, die am Tourist Reception Centre begannen. Einige Privatunternehmen, z. B. die KMDA (Kashmir Motor Drivers' Association), boten ebenfalls Touren an.
Ohne Zweifel werden diese Fahrten wieder aufgenommen werden, wenn sich die Situation verbessert hat.

UNTERKUNFT

Natürlich sind die Hausboote die bedeutendste Attraktion von Srinagar, die derzeit angesichts der so wenigen

Touristen zu bemerkenswert günstigen Preisen gemietet werden können. Außerdem gibt es in der Stadt viele Hotels, von denen allerdings nur wenige für Gäste geöffnet sind, weil in vielen von ihnen indische Soldaten einquartiert wurden. Der Rest bleibt deshalb geschlossen, weil die kaschmirischen Besitzer sie lieber leerstehen lassen als von indischen „Besatzern" belegen zu lassen.

Hausboote: Nirgendwo kann man all dem Gejage und Lärm von Srinagar, einer typisch asiatischen Stadt mit all dem Gedränge und Gestank, besser entfliehen als auf einem Hausboot. Dies ist alles vergessen, sobald man die Gegend mit den Hausbooten erreicht hat. Die Hausboote findet man vorwiegend an drei Stellen, nämlich auf dem Dal-See, auf dem ruhigeren Nagin-See und (vorwiegend die billigeren) an den Ufern vom Jhelum River.

Gegenüber vom Tourist Reception Centre steht der Kiosk der Vereinigung der Hausbootbesitzer, zu dem man vom Fremdenverkehrsamt geschickt wird, wenn man eine Unterkunft sucht. Es gibt aber keinen Grund, nicht selbst zum See zu gehen und sich dort nicht umzusehen. Buchungen über das Fremdenverkehrsamt bedeuten nämlich nur, daß man weniger Auswahl hat und auch noch einen höheren Preis bezahlen muß. Derzeit ist man als Interessent anders als früher in einer besseren Lage und kann wählerisch sein sowie hart verhandeln.

Leider ist Srinagar aber auch wegen seiner Schlepper zu den Hausbooten berüchtigt. Die fangen Besucher schon am Flughafen ab, belästigen sie während ihrer Spaziergänge in der Stadt und wagen sich sogar bis Jammu und Delhi vor. Schauen Sie sich die Hausboote vor Anmietung immer selbst an. Was auf dem Papier als einzigartig beschrieben ist, muß dies nicht auch in Wirklichkeit sein, sondern kann sich als verfallenes Wrack herausstellen. Oder aber tatsächlich als ein schönes Hausboot, aber an einem schrecklichen Platz. Trotz dieses Hinweises erhalten wir ständig viele Briefe von Lesern, die sich - ohne es vorher gesehen zu haben - ein bestimmtes Boot mieteten und es später bereuten.

Vereinfacht ausgedrückt sind eigentlich alle Hausboote irgendwie gleich. Da ist fast immer an einem Ende eine Veranda, auf der man gemütlich sitzen kann und die Welt an sich vorüberziehen sieht. Dahinter liegt der Wohnraum, normalerweise möbliert im britischen Stil der dreißiger Jahre. Daran schließt sich das Eßzimmer an, und dahinter folgen dann zwei oder drei Schlafzimmer, jedes mit einem eigenen Bad. Die offiziellen Hausboote werden in fünf Kategorien mit genau festgelegten Preisen für Einzel- und Doppelzimmer, also für die Belegung mit, einem Gast oder zwei Gästen, aufgeteilt:

	Unterkunft mit Vollpension	Unterkunft ohne Verpflegung
Luxusklasse (5 Sterne)	500-700 Rs	350-450 Rs
Klasse A	275-400 Rs	190-275 Rs
Klasse B	200-350 Rs	140-230 Rs
Klasse C	150-275 Rs	100-200 Rs
Klasse D*	100-150 Rs	75-100 Rs

* Doonga-Boote

In der Praxis waren diese „offiziellen Preise" eigentlich schon immer ohne große Bedeutung. Nun aber, wo die meisten Boote ohnehin leer sind, kann man noch deutliche Ermäßigungen aushandeln. Es sollte möglich sein, für eines der preiswerteren Boote bis zu 50 % und für eines der teureren Boote bis zu 75 % Ermäßigung zu erhalten.

Die Bandbreite zwischen den Booten ist jedoch groß. Ein gutes Boot der Klasse C kann durchaus besser sein als ein schlechtes Boot der Klasse A. Hinzu kommt, daß meist drei oder mehr Boote zusammen verwaltet werden. Sie können sicher sein, daß sich dann das Essen auf einem guten Boot in nichts von dem auf einem schlechten Boot unterscheidet.

Um ein Hausboot ausfindig zu machen, geht man am besten zu den Anlegern am See und verkünden dort seine Absicht, ein Boot zu mieten. Entweder treffen Sie sofort jemanden, der eines zu vermieten hat, oder Sie mieten sich eine Shikara und lassen sich an den Booten vorbeirudern und fragen dort. Besprechen Sie aber auch, ob die Fahrten vom Hausboot an das Ufer im Preis enthalten sind. Schreiben Sie also auch Kleinigkeiten in den Mietvertrag. Klären Sie ebenfalls, was zum Frühstück gehört, z. B. wie viele Eier wirklich serviert werden! Und stellen Sie klar, daß man Ihnen jeden Morgen ein Gefäß mit heißem Wasser bringt. Kaschmir kann kalt sein! Wenn Sie sich entschließen, täglich ein Essen ausfallen zu lassen (z. B. das Mittagessen), kann man im allgemeinen einen noch niedrigeren Preis aushandeln. Ein bestimmtes Boot zu empfehlen ist unmöglich. Es sind einfach zu viele. Aber die meisten haben mehrere Räume, unterscheiden sich jedoch durch viele Details. Ein freundlicher Shikara-Mann verwandelt durch Transporte zwischen Ufer und Boot, Zubereitung des Tees, Warmwasserversorgung usw. selbst ein nicht gerade exklusives Boot in ein Paradies. Wichtig ist auch, daß man nette Nachbarn hat, denn was ist schöner als ein gemütliches Gespräch während der Abendstimmung auf dem See. Auch auf dem teuersten und schönsten Booten gibt es nicht immer die besten Mahlzeiten. Ständig fahren aber auch schwimmende Supermärkte an den Hausbooten vorüber, von denen sich Getränke, Schokolade, Toilettenpapier und andere „lebenswichtige" Dinge kaufen lassen.

JAMMU UND KASCHMIR

Ein friedliches, geruhsames Leben an Bord hängt aber auch davon ab, ob die vielen Händler, die ständig an den Booten vorbeifahren, Ihnen diese Ruhe lassen. Wer nicht immer wieder Schnitzereien, Teppiche, Stickereien oder Papiermaché und dergleichen ansehen möchte, muß von Anfang an konsequent sein. Sie haben ja die Möglichkeit, sich von der Veranda auf das weniger gut einsehbare Dach zurückzuziehen. Wichtig ist jedoch auch die Einstellung der Bootseigner. Sie sind meist durch eine kleine Provision am Umsatz der Händler beteiligt, und wenn Sie gar zu hart sind und nie etwas kaufen, dann spiegelt sich dies nur allzu leicht in dem schlechter werdenden Essen und Service wider. Wenn das geschieht, sollte man sich ein anderes Hausboot suchen, dessen Eigentümer die persönliche Sphäre der Gäste mehr achtet.

Hotels: So gut wie alle Hotels in Srinagar sind derzeit geschlossen. Ausnahmen sind das Grand Hotel an der Residency Road, in dem Doppelzimmer mit eigenem Bad ab 100 Rs vermietet wurden, und das Ahdoo's Hotel fast genau gegenüber (Tel. 7 25 93). Hier muß man für ein Einzelzimmer 450 Rs und für ein Doppelzimmer 500 Rs bezahlen (einschließlich eigenem Bad und Fernsehgerät). Ein ausgezeichnetes Restaurant gibt es in diesem Hotel ebenfalls.

ESSEN

Da viele Besucher auf den Hausbooten essen, auf denen sie auch wohnen, ist Srinagar nicht gerade ein Paradies für Feinschmecker.

Zu empfehlen ist das Café Tao an der Residency Road, und zwar an der Abzweigung zum Hauptpostamt. Hier steht den Gästen ein reizender Garten zur Verfügung, in dem man sich gut unterhalten oder Postkarten schreiben kann, bis die Bestellung serviert wird. Die angebotenen Gerichte stammen vorwiegend aus der chinesischen Küche und schmecken im allgemeinen ganz gut. Im nahegelegenen Café de Linz ist es billiger. Hier erhält man, wie in allen Restaurants, ausgezeichneten Kaschmir-Tee.

Am Boulevard findet man das neue Restaurant Shamyana, in dem es erstaunlich gute Pizza und ausgezeichnetes Knoblauchbrot gibt. Im kleinen Alka Seltzer an der Residency Road, gegenüber der Polo View Road, werden gute chinesische und indische Gerichte angeboten, aber die sind auch recht teuer.

Im Ahdoo's, im Hotel mit dem gleichen Namen an der Residency Road gelegen, werden schon seit langem die besten Gerichte der Küche aus Kaschmir und die besten indischen Spezialitäten serviert. Unten befindet sich eine gute Bäckerei.

Das Mughal Darbar ist ein weiteres besseres Restaurant mit Gerichten aus Kaschmir und anderen indischen Spezialitäten, und das trotz des unsauberen Aussehens, der unfähigen Kellner und der lauten einheimischen Gäste. Es liegt unweit vom Laden Suffering Moses und gegenüber vom Poloplatz an der Residency Road.

Im Restaurant Lhasa werden gute tibetische Gerichte angeboten. Es liegt nicht weit vom Dal-See und nur ein wenig vom Boulevard entfernt. Die J&K Tourist Development Corporation führt das schicke chinesische Restaurant Nun Kun am Dal-See. Beliebt ist auch die Glockenbäckerei unweit vom Dal-Tor, die von einem deutsch-kaschmirischen Paar geleitet wird und in der beispielsweise Apfelkuchen, leckerer Kuchen mit Walnußhonig, braunes Brot und Schokoladenkuchen verkauft werden. Hier gibt es sogar Tische, an denen auch heiße und kalte Getränke serviert werden. In der Sultan Bakery kann man ausgezeichnete Pfeffernußkekse sowie Apfel- und Käsekuchen kaufen. Wenn Sie auf dem Weg nach Leh sind, sollten Sie hier Ihre Vorräte auffüllen.

EINKÄUFE

Kaschmir ist berühmt für seine Kunsthandwerksgegenstände, und die zu verkaufen ist eine Beschäftigung, die von den Einheimischen mit bewundernswerter Energie betrieben wird. Wie all diese Dinge entstehen, können Sie in Werkstätten selbst mit anschauen. Die beliebtesten Waren, die zum Kauf reizen, sind Teppiche, Gegenstände aus Papiermaché, Leder und Pelze, Holzschnitzereien, Schals und Stickereien, Honig, geschneiderte Garderobe, sehr schön gestrickte Pullover und Jacken sowie der teure Safran und vieles mehr.

In Srinagar gibt es eine ganze Reihe von Government Handicraft Emporiums. Der größte Markt dieser Art ist aber der in der früheren britischen Residenz am Bund. Die protzigsten Läden finden Sie entlang vom Boulevard am Dal-See. Aber auch am Bund gibt es eine Reihe interessanter Geschäfte mit hochwertigen Gegenständen, z. B. Suffering Moses. Auf dem Dal-See fahren ebenfalls Shikaras umher, die über und über mit Waren beladen sind.

Kaschmir ist auch berühmt wegen seines hochwertigen Honigs, der sehr gut zu dem Brot aus dem Nahen Osten schmeckt, das in Leh zu haben ist. Er ist aber ziemlich teuer, so daß man davon zunächst etwas probiert, bevor man kauft, zumal er gelegentlich nicht echt, sondern nachgemacht ist. Das beste Geschäft, um Honig zu kaufen, ist Oriental Apiary, auf halbem Wege zwischen dem Dal Gate und dem Nagin-See, wo man aus einer breiten Palette von Honigsorten wählen kann, beispielsweise aus Lotosblüten, mit Safrangeschmack und sogar aus Marihuanablüten.

AN- UND WEITERREISE

Flug: Das Büro von Indian Airlines (Tel. 7 73 70) findet man im Tourist Reception Centre und ist von 10.00 bis 16.00 Uhr geöffnet.

Indian Airlines fliegt zweimal täglich nach Delhi (77 US $) und Jammu (27 US $), dreimal wöchentlich nach Amritsar (45 US $) und einmal wöchentlich am Sonntag nach Leh (39 US $).

Die Sicherheitskontrollen auf dem Flughafen sind sehr streng. Daher sollte man besser nichts bei sich haben, was verboten ist (z. B. Haschisch). Zur Abfertigung muß man spätestens zwei Stunden vor dem Abflug erscheinen und darf während des Fluges kein Handgepäck bei sich behalten. Sogar Fotoapparate müssen abgegeben werden.

Bus: Die Busverbindungen zwischen Jammu und Leh sind der Jammu & Kashmir Road Transport Corporation vorbehalten, deren Busse vom Tourist Reception Centre abfahren. Nach Jammu starten Busse der Klasse A um 7.30 Uhr. Die Busse der Klasse B fahren am Lal Chowk ab.

In Richtung Leh fahren die Busse der J&KRTC um 8.00 Uhr am Tourist Reception Centre ab. Dorthin muß man in einem Bus der Klasse A 195 Rs und in einem Luxusbus 280 Rs bezahlen. Bis Kargil kann man in einem Bus der Klasse A für 100 Rs und in einem Luxusbus für 150 Rs mitfahren. Ebenfalls vom Tourist Reception Centre fährt täglich ein Bus nach Delhi ab (300 Rs). Die Fahrt soll eigentlich 24 Stunden dauern, nimmt aber bis zu 36 Stunden in Anspruch.

Wenn Busse nach Zielen im Kaschmir-Tal verkehren, dann fahren sie von der Bushaltestelle Batmalu ab, die in zwei Abschnitte unterteilt ist. Die Busse nach Pahalgam, Sonamarg und den Mogul-Gärten starten am östlichen Teil, während die Busse nach Gulmarg, Tangmarg und zum Wular-See am westlichen Teil abfahren.

Zug: Eine Eisenbahnverbindung gibt es von und nach Srinagar nicht (auch wenn eine bereits im Bau ist), aber eine Verkaufsstelle für Eisenbahnfahrkarten findet man im Tourist Reception Centre. Dort erhält man Fahrkarten für Züge, die in Jammu abfahren, aber nur aus Kontingenten für Schlafwagen der 2. Klasse in Zügen nach Delhi, Bombay, Madras, Kalkutta und Gorakhpur.

Taxi: Besucher mit viel Geld können auch für längere Strecken ein Taxi mieten. Damit kommt man nach Jammu und Kargil (1500 Rs für das ganze Fahrzeug oder 300 Rs pro Platz) sowie Leh (5000 Rs für das ganze Fahrzeug). Man kann mit einem Taxifahrer auch Tagesausflüge nach Gulmarg und Pahalgam vereinbaren.

NAHVERKEHR

Flughafentransfer: Zwischen dem 13 km außerhalb der Stadt gelegenen Flughafen von Srinagar und dem Tourist Reception Centre verkehrt ein Flughafenbus

nur gelegentlich. Daher wird man möglicherweise ein Taxi benutzen müssen. Der Fahrpreis ist draußen am Flughafengebäude veröffentlicht und beträgt derzeit 100 Rs. Allerdings versuchen die Taxifahrer gern, 150 Rs zu verlangen. Sie geben sich auch alle Mühe, die Fahrgäste zum Kiosk der Vereinigung der Hausbootbesitzer zu bringen. Wenn Ihnen das nicht recht ist, dann bestehen Sie darauf, direkt zum See gefahren zu werden.

Bus: Zum Nagin-See und zur Hazratbal-Moschee kommt man mit einem Stadtbus der Linie 12.

Taxi und Auto-Rikscha: Für diese beiden Transportmittel finden Sie Haltestellen am Tourist Reception Centre und an anderen wichtigen Punkten der Stadt. Die Taxifahrer von Srinagar sind besonders zögernd, wenn es um das Einschalten der Zähluhr geht, so daß Sie auch hier kräftig handeln müssen. Als Richtpreis für eine Fahrt vom Tourist Reception Centre zum Dal Gate gilt 5 Rs und von der Bushaltestelle in Batmalu zum Tourist Reception Centre 10 Rs. Die offiziellen Preise für längere Fahrten sind an den Haltestellen ausgehängt.

Fahrrad: Srinagar per Fahrrad zu erkunden ist eine ganz besonders angenehme Art des Herumkommens, insbesondere deshalb, weil das Tal ziemlich flach ist. Die Fahrradläden verleihen Räder pro Tag für 15 Rs. Diese Läden finden Sie u. a. am Boulevard, dicht am Dal Gate. Nun folgen einige Vorschläge für Ausflüge mit einem Fahrrad, aber überprüfen Sie noch einmal beim Besitzer Ihres Hausbootes, ob die genannten Gegenden für einen Besuch sicher sind.

Zu den reizvollsten Touren gehört eine Fahrt rund um den Dal-See. Das ist eine Tagestour, auf der Sie sich auch die Mogul-Gärten ansehen können. Besonders schön ist es an der Nordseite des Sees, wo die Orte noch relativ unberührt sind.

Man kann auch auf einem Damm über den See fahren. Das ist eine angenehme Fahrt, denn hier bestehen keine Verkehrsprobleme. Außerdem kann man dabei den See beobachten, ohne in einem Boot sitzen zu müssen.

Ferner besteht die Möglichkeit, an der Hazratbal-Moschee vorbei zum Nagin-See zu fahren und dann um den ganzen See herum zurückzukehren. Diese Fahrt kann bequem mit einer Radtour am Jhelum entlang verbunden werden, vorbei an etlichen Moscheen in der Nähe des Flußufers. Weil die Straßen ziemlich schmal sind, dürfen dort keine Autos verkehren, so daß das Fahrradfahren geradezu ein Vergnügen ist.

Shikaras: Shikaras sind die eleganten, langen Boote, die die Seen bei Srinagar beleben. Man benutzt sie, um zu seinem Hausboot oder vom Hausboot an das Ufer zu gelangen, aber auch für längere Touren. Offiziell gibt es für alle Fahrten einen vorgeschriebenen Preis. Diese sind an den wichtigsten Anlegern (*ghats*) auch ausgehängt. Die Praxis sieht aber anders aus, da variieren die Preise. Eine Überfahrt vom oder zum Hausboot sollte in einer überdachten Shikara 3 Rs kosten. Aber stets sind auch einige Kinder gegenwärtig; sie verdienen sich gern ein Taschengeld und rudern in einer einfachen, offenen Shikara für 1,50 Rs. Wenn die abendliche Ausgangssperre noch bestehen sollte, kann es ganz schön schwer werden, zu einem angemessenen Preis kurz vorher zu seinem Hausboot zurückkehren zu können. Versuchen Sie einmal, eine Shikara selbst zu rudern. Das ist längst nicht so einfach, wie es aussieht. Am Anfang wird Ihre Fahrt mehr im Kreis gehen als in die gewünschte Richtung.

DIE UMGEBUNG VON SRINAGAR

Von Srinagar aus lassen sich einige Tagesausflüge in die Umgebung unternehmen. Außerdem gibt es reizvolle Bergorte, die gut als Ausgangspunkte für Trekking-Touren geeignet sind. Die berühmtesten Bergorte im Kaschmir-Tal sind Pahalgam und Gulmarg. Allerdings ist derzeit das Reisen im Kaschmir-Tal nur eingeschränkt möglich. Außerdem muß man damit rechnen, daß man angehalten und an zahlreichen Straßensperren untersucht wird.

Bevor man Srinagar verläßt, sollte man sich vor Ort Rat holen, ob das gefährlich ist oder nicht.

HARWAN

Am Nordende vom Dal-See entdeckten Archäologen eine ungewöhnlich ausgeschmückte Steinpflasterung. Teile dieser Pflasterung sind nun im Srinagar Museum zu sehen. Das Wasser für Srinagar wird von hier aus in einer Pipeline auf dem Damm quer über den See gepumpt.

SANGAM

Sangam, 35 km nordöstlich von Srinagar, ist - ob Sie es glauben oder nicht - ein Zentrum für die Herstellung von Kricketschlägern. Sie sind hier entlang der Straße zu Tausenden aufgereiht.

VERINAG

Verinag liegt im äußersten Süden des Kaschmir-Tales. Die Quelle hier soll angeblich den Jhelum speisen. An der Quelle ließ Jehangir 1612 ein achteckiges Steinbecken errichten, während der Garten um das Becken herum 1620 auf Veranlassung von Shah Jahan angelegt wurde.

VON SRINAGAR NACH PAHALGAM

Auf der Fahrt nach Pahalgam durchquert man einige interessante Orte. In den meisten gibt es Mogul-Gärten, und zwar so viele, daß man anschließend keine mehr sehen mag. Die Besichtigung der Mogul-Gärten ist aber nur dann möglich, wenn man mit als Teilnehmer an einer Bustour nach Pahalgam fährt. Nur 16 km von Srinagar entfernt liegt Pampore, Kaschmirs Zentrum der Safranindustrie. Dieses Gewürz ist deshalb so teuer, weil es einen hohen Geschmacks- und Farbwert enthält.

In Avantipur stößt man auf die Ruinen zweier hinduistischer Tempel, die in den Jahren 855 und 883 n. Chr. erbaut wurden. Der größere der beiden, der Avantiswami-Tempel, ist Vishnu geweiht und enthält immer noch schöne Reliefs und Säulen. Sie haben fast einen griechischen Anstrich. Der kleinere Tempel, Shiva geweiht, liegt etwa 1 km vor dem großen Tempel, aber ebenfalls nahe an der Hauptstraße. Bei Anantnag teilt sich die Straße. Wenn man nach Pahalgam will, muß man in Richtung Norden abbiegen.

Kurz vor dieser Abzweigung ist Achabal, ein Mogul-Garten aus dem Jahre 1620. Shah Jahans Tochter Jahanara ließ ihn anlegen. Dieser so liebevoll erdachte Garten soll der Lieblingsort von Nur Jahan gewesen sein.

Weiter in Richtung Pahalgam stößt man dann auf Kokarnag. Dieser Ort ist bekannt wegen seiner vielen, vielen Gärten, besonders wegen der Rosengärten. In Mattan gibt es eine Quelle mit unzähligen Fischen. Sie ist ein Wallfahrtsort. Oberhalb von Mattan liegt auf einem Plateau die Ruine des großen Tempels von Martland.

PAHALGAM

Diese Stadt ist 95 km von Srinagar entfernt und liegt auf einer Höhe von 2130 m. Die nächtlichen Temperaturen sind hier etwas höher als in Gulmarg, das noch weiter oben in den Bergen liegt.

Mitten durch die Stadt fließt der herrliche Lidder River. Pahalgam liegt am Zusammenfluß der Flüsse Sheshnag und Lidder, umrahmt von erhabenen und mit Fichten bedeckten Bergen, hinter denen sich noch weit höhere Berge mit schneebedeckten Spitzen gen Himmel strecken.

Von Pahalgam aus lassen sich gut Tagestouren oder mehrtägige Ausflüge zum Kolahoi-Gletscher und zur Amarnath-Höhle unternehmen. Näheres finden Sie im Kapitel über Trekking-Touren in Kaschmir. Pahalgam ist aber auch bekannt wegen seiner vielen Schafhirten. Sie gehören zum Alltagsbild der Stadt, wenn sie ihre Herden entlang der Pfade rund um die Stadt hüten.

Obwohl Bergwanderer diese Gegend weiterhin besuchten, sind die meisten Hotels und Restaurants geschlossen. Der Busverkehr ist ebenfalls eingestellt, aber es ist möglich, Pahalgam von Srinagar aus mit einem Taxi zu erreichen.

PRAKTISCHE HINWEISE

Das eher nutzlose und unbrauchbare Fremdenverkehrsamt befindet sich gleich um die Ecke bei der Bushaltestelle. In der Saison werden in Pahalgam auch eine Bank und ein Postamt eröffnet.

Eine Erlaubnis zum Angeln muß in Srinagar beantragt werden. Dagegen können Sie eine Trekking-Ausrüstung auch in Pahalgam bekommen. Allerdings sind Ausrüstungsgegenstände zum Wandern in Srinagar billiger.

WANDERUNGEN VON PAHALGAM AUS

Mamaleswara: Nur 1 km flußabwärts am anderen Ufer des Lidder River steht ein kleiner Shiva-Tempel. Er soll aus dem 12. Jahrhundert stammen.

Baisaran: Von hier aus haben Sie einen guten Überblick über die Stadt und das Tal des Lidder River. Baisaran liegt 5 km von Pahalgam entfernt. Geht man noch 11 km weiter, gelangt man zum Tulian-See, der 3353 m hoch liegt. Die meiste Zeit des Jahres ist seine Oberfläche mit Eis bedeckt.

Aru: Ein sehr schöner Tagesausflug führt zu dem hübschen Ort Aru. Folgen Sie dem Lidder River über 11 km flußaufwärts. Leider fahren auf dieser Straße auch Autos. Diese Strecke ist zugleich der erste Teil des Treks zum Kolahoi-Gletscher.

UNTERKUNFT

Bevor die politischen Schwierigkeiten begannen, wohnten die meisten ausländischen Besucher am Westufer. In den Hotels entlang der Hauptstraße von Pahalgam übernachteten vorwiegend indische Touristen.

Die anderen Lodges waren nicht so empfehlenswert. Die beste von ihnen war wahrscheinlich das Brown Palace, liegt allerdings ein ganzes Stück von der Stadt entfernt. Eine andere Übernachtungsmöglichkeit bot das Windrush House. Der staatliche Tourist Bungalow und die angrenzenden Tourist Huts sind es ebenfalls wert, auf ihre Eignung für Übernachtungen geprüft zu werden.

Das Hotel Kolahoi Kabin zwischen den beiden Flüssen könnte ebenfalls einen Versuch wert sein. Die anderen

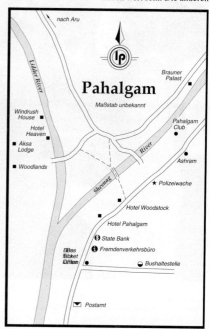

nach Aru

Lidder River

Pahalgam

Maßstab unbekannt

Brauner Palast

Windrush House
Hotel Heaven
Aksa Lodge
Woodlands

Pahalgam Club

Ashram

Sheshnag River

★ Polizeiwache

Hotel Woodstock

Hotel Pahalgam

State Bank
Fremdenverkehrsbüro

Bus Ticket Office

Bushaltestelle

Postamt

Jammu und Kaschmir
Oben links: Shikaras auf dem Dal-See in Srinagar
Oben rechts: Alter Mann aus Srinagar
Unten: Markt in Srinagar

BRYN THOMAS

BRYN THOMAS

HUGH FINLAY

PETER RYDER

A	
B	C
	D

Jammu und Kaschmir
A: Palast von Leh mit den Gompas Leh und Tsemo darüber
B: Stupa in Leh
C: Dal-See in Srinagar
D: Nagin-See in Srinagar

Unterkünfte sind klappriger. Dazu gehören das White House, das Woodlands, die Bentes Lodge und das Highland Palace.

Wohnen kann man auch im Ashram Yog Niketan gleich außerhalb von Pahalgam an der Straße nach Amarnath. Dort konnten Gäste früher an Yoga- und Meditationskursen teilnehmen.

Das beste Haus im Ort war das Hotel Pahalgam mit allen Annehmlichkeiten von Hotels in der Preisklasse von 600 Rs für ein Einzelzimmer und 800 Rs für ein Doppelzimmer, z. B. ein beheiztes Schwimmbecken, eine Sauna und ein Massageraum. Im Hotel Woodstock nebenan wohnte man etwas preisgünstiger.

Empfohlen worden ist das Milkyway Guest House & Restaurant in Aru, in dem Zimmer 30 bis 40 Rs kosten.

ESSEN

Nach neuesten Berichten kann man nur noch in *dhabas* (Restaurants in der Größe eines Loches in der Wand oder Imbißstuben) essen. Vorher war es für Leute, die am Westufer des Flusses wohnten, am bequemsten, sich dort auch zu verpflegen. In der Hauptstraße am Westufer fand man das Restaurant Lhasa, das aber nicht so gute Gerichte bot wie das Lokal mit dem gleichen Namen in Srinagar. Im Restaurant des Hotels Pahalgam konnte man teure Menüs zu sich nehmen.

AN- UND WEITERREISE

Wenn sie verkehren, kann man mit öffentlichen Bussen in 2 1/2 bis 4 Stunden von Srinagar nach Pahalgam fahren. Man kam früher aber auch mit einem der Ausflugsbusse der J&KRT von Srinagar nach Pahalgam. Taxifahrer nahmen für die Fahrt hin und zurück über 600 Rs.

In Pahalgam lassen sich auch Ponies für Trekking-Touren mieten. Die vorgeschriebenen Preise für Touren zu beliebten Ausflugsorten sind ausgehängt. Dennoch dienen sie nur als Grundlage für Verhandlungen über den Preis.

GULMARG

Die große Wiese rings um Gulmarg liegt 52 km weit von Srinagar entfernt und auf einer Höhe von 2730 m. Gulmarg bedeutet „Blumenwiese", und im Frühling zeigt die Stadt, daß sie diesen Namen zu Recht trägt. Gulmarg ist aber auch ein guter Ausgangspunkt für Trekking-Touren und war im Winter Indiens größtes Skiparadies, bis die Aktivitäten der Aufständischen die Touristen vertrieben. Eine ziemlich gute Ausrüstung zum Skilaufen konnte man bis dahin im Ort zu niedrigen Preisen mieten. Die Gegend eignete sich auch gut für Skiwanderungen, allerdings waren Langlaufskier nur selten zu haben.

Da es in Gulmarg im Vergleich zu Pahalgam manchmal sehr kalt werden kann, sollten Sie genügend warme Kleidung mitbringen. Bei Drucklegung dieses Buches waren hier alle Hotels geschlossen und die Skilifte außer Betrieb. Dennoch haben wir die folgenden Informationen in diesem Buch in der Hoffnung belassen, daß sich die Lage wieder bessert.

PRAKTISCHE HINWEISE

Das Fremdenverkehrsamt liegt im Tal, etwa einen halben Kilometer hinter dem Golfplatz, und ist in dem grün-blauen Gebäudekomplex untergebracht, dessen Holzdach an drei Stellen erneuert wurde.

SKILAUFEN

In Gulmarg gibt es sogar einen Sessellift und eine Seilbahn zum Gipfel des Mt. Apharwat. Die Hänge zum Skilaufen sind entweder leicht oder mittelschwer und normalerweise nicht überlaufen. Eine Ausrüstung kann man günstig mieten. Die Lifte sind täglich, bis auf eine Mittagspause von einer Stunde, von 10.00 bis 17.00 Uhr in Betrieb. Langlaufskier waren früher ebenfalls erhältlich, allerdings seltener als Skier für Abfahrtsläufe. Danach können Sie sich bei S. D. Singh in Hütte 209 A erkundigen.

WANDERUNGEN UM GULMARG

Äußerer Rundweg: Ein 11 km langer Rundweg führt rund um Gulmarg durch Kiefernwälder, die zwischendurch immer wieder den Blick auf das Kaschmir-Tal freigeben. Auf ihm werden im Norden der Nanga Parbat und im Südosten Haramukh sowie Sunset Peak sichtbar.

Khilanmarg: Etwa 6 km liegt dieses kleine Tal vom Parkplatz und der Bushaltestelle in Gulmarg entfernt. Diese Wiese, im Frühling über und über mit Blumen bedeckt, ist im Winter Austragungsort von Skirennen und ermöglicht außerdem einen herrlichen Blick auf die umliegenden Berge und über das Kaschmir-Tal. Während der Schneeschmelze im Frühling kann sich der Aufstieg zu einer Schlammschlacht entwickeln.

Alpather: Noch hinter Khilanmarg, 13 km von Gulmarg entfernt und in 4511 m Höhe am Fuße des Apharwat, liegt dieser See. Er ist meist bis Mitte Juni zugefroren, und sogar noch später im Jahr schwimmen Eisschollen in dem kalten Wasser. Der Spazierweg dorthin führt von Gulmarg über einen Ponytrek und über die 3810 m hohe Apharwat Ridge, die zugleich die Trennungslinie zu Khilanmarg ist, und dann weiter das Tal hinauf bis zum See (3843 m).

Ningle Nallah: Dieser muntere Bergbach wird gespeist von dem geschmolzenen Schnee sowie dem Eis des Apharwat und des Alpather-Sees (10 km von Gulmarg). Der Fluß verläuft dann weiter talabwärts und mündet bei Sopore in den Jhelum River. Der Wanderweg kreuzt den Ningle Nallah über eine Brücke und geht dann weiter nach Lienmarg, einer anderen Bergwiese, die zugleich ein guter Campingplatz ist.

Ferozpore Nallah: Diesen Bergbach erreicht man entweder von der Straße nach Tangmarg oder über den äußeren Rundweg. In den Bahan River mündet dieser Fluß an einem beliebten Picknickplatz, bekannt als „waters meet" (Treffpunkt der Wasser). Dieser Fluß ist bekannt als hervorragender Platz zum Angeln von Forellen und etwa 5 km von Gulmarg entfernt. Von hier aus kann man auch einen dreitägigen, 50 km langen Marsch nach Tosamaidan antreten. Das ist eine der bekanntesten und schönsten Gebirgswiesen von Kaschmir.

Ziarat von Baba Reshi: An den Hängen unterhalb von Gulmarg steht dieser Moslem-Schrein. Zu erreichen ist er entweder von Gulmarg oder von Tangmarg aus. In diesem *ziarat* (Grab) ist ein bekannter Moslem-Heiliger beigesetzt, der hier 1480 starb. Bevor er allem Weltlichen entsagte, war er Höfling des Kaschmir-Königs Zain-ul-Abidin.

UNTERKUNFT
Preiswerte Unterkünfte waren in Gulmarg genauso selten wie heißes Wasser. Das Hotel Tourist gegenüber der

Bushaltestelle ist eine bemerkenswerte barocke Phantasie aus Holz und erinnert ein wenig an das Buch *Der Herr der Ringe*, auch wenn es innen ziemlich schmutzig und schmierig ist. Dafür konnte man hier aber preiswert übernachten. Dagegen hatte das im Preis ähnliche City View herrliche Ausblicke, freundliche Mitarbeiter und gutes Essen zu bieten. Der nahegelegene Tourist Bungalow bot für etwas mehr Geld wahrscheinlich die komfortabelsten der preiswerten Quartiere.
Das nette Green View war ein gutes Mittelklassehotel, während man im schäbigen Hotel Kingsley zu teuer übernachtete.
Das Hotel Highlands Park (Tel. 01953/2 03) war das beste Hotel im Ort, aber mit Einzelzimmern um 900 Rs und Doppelzimmern um 1200 Rs für das Gebotene zu teuer. Das Hotel Nedou's und das Hotel Welcome waren da schon eher ihr Geld wert.

ESSEN
Wie in Pahalgam sind vor kurzem *dhabas* die einzigen Lokale gewesen, in denen man etwas zu essen erhielt.

AN- UND WEITERREISE
Früher fuhren täglich mehrere Busse von Srinagar nach Gulmarg, einige davon für Tagesausflugsfahrten. Dabei war man lediglich für ein paar Stunden in einem Bergort, in denen nur Zeit für einen der kurzen Spaziergänge blieb.
Ende 1995 war es nur möglich, mit einem Bus von Srinagar bis Tangmarg zu fahren, 7 km vor Gulmarg und 500 m unterhalb dieses Bergortes. Den Rest mußte man entweder zu Fuß oder auf dem Rücken eines Ponies zurücklegen. Die kurvenreiche Straße von Tangmarg bis Gulmarg ist 13 km lang, der Fußweg aber nur halb so lang.

DAS GEBIET SÜDLICH VON SRINAGAR

Zu den interessantesten Orten im Südwesten von Srinagar gehört auch Yusmarg. Dort sollen angeblich die schönsten Frühlingsblumen blühen. Yusmarg eignet sich auch gut als Ausgangspunkt für Trekking-Touren weiter ins Land. An der Straße nach Yusmarg

liegt Chari Sharif. Dort steht ein Schrein (*ziarat*) zu Ehren des Schutzpatrons von Kaschmir. Aharbal war ein beliebter Erholungsort der Moguln, wenn sie ihre ermüdenden Reisen im Norden von Delhi unternahmen.

SINDH-TAL

Dies ist ein landschaftlich außerordentlich schönes und reizvolles Gebiet, durch das die Straße nach Ladakh

führt. Der Zoji-La-Paß bildet die Grenze zwischen dem Sindh-Tal und Ladakh. Von Srinagar kommend passiert man das Tierschutzgebiet Dachigam, früher ein königlicher Wildpark. Um dieses Tierschutzgebiet betreten zu dürfen, braucht man eine unterschriebene Genehmigung des Fremdenverkehrsamtes in Srinagar.

Unweit von Srinagar liegt der Anchar-See. Er wird nur selten besucht, obwohl dort eine Vielfalt an Wasservögeln zu sehen ist. Am Manasbal-See kann man sich einen weiteren von Nur Jahan angelegten Mogul-Garten ansehen. Der Wular-See ist vielleicht der größte Süßwassersee in Asien. In ihn fließt auch der Jhelum River.

Sonamarg, 2740 m hoch, ist der letzte bedeutende Ort vor Ladakh und ein guter Ausgangspunkt für Trekking-Touren. Der Name bedeutet „Goldwiese" und könnte auf die vielen Blumen im Frühling hinweisen, aber auch darauf, daß es ein strategisch wichtiger Handelsplatz früherer Zeiten war. In Sonamarg gibt es Tourist Huts, ein Tourist Rest House und einige kleine Hotels.

Der allerletzte Ort in Kaschmir ist das kleine Dorf Baltal am Fuße des Zoji-La-Passes. Wenn die Wetterbedingungen es zulassen, kann man von hier aus zur Amarnath-Höhle wandern. Der Zoji La ist die Wasserscheide zwischen Kaschmir und Ladakh. An der einen Seite ist die üppige Vegetation von Kaschmir und an der anderen Seite die öde, kahle und trockene Landschaft von Ladakh zu sehen.

TREKKING-TOUREN IN KASCHMIR

Die Vielzahl der Möglichkeiten für Trekking-Touren ist beachtlich, und zwar sowohl in Kaschmir als auch von Kaschmir nach Ladakh. Allerdings kann es sein, daß der Zugang zu den Ausgangspunkten von einigen der im folgenden beschriebenen Bergwanderungen durch Aktivitäten der Aufständischen oder der Armee behindert ist. Danach sollte man sich in Srinagar erkundigen. Besonders beliebt ist die kurze Trekking-Tour von Pahalgam zum Kolahoi-Gletscher, die sogar noch 1994 von Besuchern unternommen wurde. Sehr bekannt ist auch die Tour von Pahalgam zur Amarnath-Höhle, und zwar nicht nur wegen der Pilgerung, die immer noch von vielen Tausenden Hindus bei Vollmond im Juli oder August jedes Jahres dorthin unternommen wird.

Träger wie in Nepal werden in Kaschmir seltener in Anspruch genommen. Statt dessen tragen Ponies das Gepäck. Allerdings sind seit 1990 die meisten der einheimischen Trekking-Organisationen entweder geschlossen oder nach Delhi verlegt worden. Dafür helfen nun einige Besitzer von Hausbooten bei der Organisation von Trekking-Touren. Bevor man sich auf so etwas einläßt, sollte man genau prüfen, wofür man bezahlen soll, ehe man sein Geld aus den Händen gibt. Die täglichen Kosten schwanken sehr und betragen zwischen 5 und über 50 US $, abhängig von der Dauer, der Zahl der Teilnehmer und der Fähigkeit zu handeln. Einige Besucher haben sogar schon selbst eine Trekking-Tour organisiert und in Pahalgam nur ein Pony mit Führer für die Tour zum Kolahoi-Gletscher zum Preis von etwa 100 Rs pro Tag angeheuert.

In Höhen von über 3000 m kann übrigens die akute Höhenkrankheit auftreten. Daher sollten Sie vor dem Antritt einer Trekking-Tour in diesem Gebiet noch einmal den Abschnitt über die Gesundheit im Einführungsteil lesen.

Die Wanderkarten in diesem Abschnitt sind nur zur groben Orientierung gedacht. Wenn Sie in Jammu und Kaschmir Bergwanderungen unternehmen wollen, sollten Sie sich richtige topographische Landkarten besorgen.

VON PAHALGAM ZUM KOLAHOI-GLETSCHER

Von Pahalgam zum Gletscher und zurück ist eine kurze, aber beliebte Trekking-Tour. Wenn man diese Bergwanderung unternehmen will, wird man möglicherweise ein Zelt benötigen, auch wenn einige Unterkünfte in Pahalgam, Aru und Lidderwat von Juni bis September geöffnet sind.

Der erste Abschnitt führt von Pahalgam am Ufer des West Lidder River entlang nach Aru. In diesem Dorf gibt es eine Reihe von Lodges.

Im zweiten Abschnitt gelangt man nach Lidderwat, wo man in einem staatlichen Rest House und im Paradise Guest House übernachten kann. Außerdem steht auf einer Wiese oberhalb vom Zusammenfluß des Flusses vom Kolahoi-Gletscher und des Flusses von Tarsar herunter ein ganz hübscher Platz zum Zelten zur Verfügung.

Im dritten Abschnitt geht es hinauf zum Gletscher, der vom 5485 m hohen Berg Kolahoi herunterkommt. Das ist ein harter Abschnitt, der ein frühes Aufbrechen erfordert, weil der Gipfel von der Mitte des Vormittags an häufig von Wolken bedeckt ist. Im letzten Abschnitt kann man in ein paar Stunden so früh in Pahalgam zurück sein, um noch am gleichen Tag einen Bus nach Srinagar zu besteigen.

1. Abschnitt Pahalgam - Aru (2-3 Stunden)
2. Abschnitt Aru - Lidderwat (3 Stunden)
3. Abschnitt Lidderwat - Gletscher - Lidderwat (8-9 Stunden)
4. Abschnitt Lidderwat - Pahalgam (4-5 Stunden)

VON PAHALGAM ÜBER DEN SONAMOUS-PASS NACH SUMBAL

Die Bergwanderung auf dieser Strecke ist eine Verlängerung der Trekking-Tour zum Kolahoi-Gletscher. Die ersten beiden Abschnitte bis Lidderwat sind identisch mit denen oben. Außerdem ist zu empfehlen, zunächst weiter bis zum Kolahoi-Gletscher hinaufzusteigen, bevor man seinen Weg nach Tarsar fortsetzt. Im 4. Abschnitt folgt man dem Weg nach Seikwas, bevor es nach Tarsar und am folgenden Tag wieder zurück geht. Von Seikwas ist es ein ständiger Aufstieg hinauf zum Sonamous-Paß (3960 m) und ein steiler Abstieg zum Lager der Schafhirten in Sonamous.

Der letzte Abschnitt besteht aus einem teilweise steilen Abstieg in das Sindh-Tal und zum Dorf Sumbal. Von dort fahren regelmäßig Busse zurück nach Srinagar und weiter nach Sonamarg.

1. Abschnitt   Pahalgam - Aru (2-3 Stunden)
2. Abschnitt   Aru - Lidderwat (3 Stunden)
3. Abschnitt   Lidderwat - Gletscher - Lidderwat (8-9 Stunden)
4. Abschnitt   Lidderwat - Seikwas (4-5 Stunden)
5. Abschnitt   Seikwas - Tarsar - Seikwas (6-7 Stunden)
6. Abschnitt   Seikwas - Sonamous-Paß - Sonamous (5 Stunden)
7. Abschnitt   Sonamous - Sumbal (4 Stunden)

VON PAHALGAM ZUR AMARNATH-HÖHLE

Zum Vollmond im Juli oder August unternehmen Tausende von Hindus eine Pilgerung (*yatra*) zur Amarnath-Höhle. Zu dieser Zeit erreicht ein natürlicher *lingam* (Phallussymbol) aus Eis sein größtes Ausmaß. Dieser Lingam ist ein Symbol des Gottes Shiva. Wenn zu diesem Zeitpunkt die *yatra* auch eher eine einzige lange Schlange und weniger eine Trekking-Tour ist, so ist der Geist dieses Zuges dennoch beeindruckend.

Die erste Etappe von Pahalgam bis Chandawadi folgt einer Piste für Jeeps. Der 2. Abschnitt ist schon härter und erfordert einen langen (manchmal auch steilen) Aufstieg zum heiligen Sheshnag-See. Im dritten Abschnitt überquert man den Mahagunas-Paß (4270 m), bevor es Stück für Stück hinab zum Lager in Panchtarni und weiter zur Höhle geht.

Viele Pilger unternehmen die Trekking-Tour zur Höhle in der Vollmondnacht. Es ist eine unheimliche Erfahrung, dann mit dem ständigen Strom von Pilgern den Weg langsam hinauf zur Kalksteinhöhle zu teilen. In einigen Jahren bildet sich der *lingam* aus Eis übrigens nicht. Das wird als unheilvolles Zeichen gewertet und bedeutet, daß die meisten gläubigen Pilger (und die Trekker!) im nächsten Jahr zurückkehren müssen.

Nachdem die Pilger in der Höhle gebetet haben, kehren die meisten davon noch am gleichen Tag über Panchtarni nach Sheshnag zurück und kommen am folgenden Tag wieder in Pahalgam an.

1. Abschnitt   Pahalgam - Chandawadi (4-5 Stunden)
2. Abschnitt   Chandanwadi - Sheshnag (5-6 Stunden)
3. Abschnitt   Sheshnag - Mahagunas-Paß - Panchtarni (5-6 Stunden)
4. Abschnitt   Panchtarni - Amarnath-Höhle - Panchtarni (5-6 Stunden)
5. Abschnitt   Panchtarni - Sheshnag (4-5 Stunden)
6. Abschnitt   Sheshnag - Pahalgam (6-7 Stunden)

VON PAHALGAM NACH PANIKHAR

Auf dieser herausfordernden Bergwanderung überquert man die bedeutendste Kette des Himalaja in das Suru-Tal in Ladakh. Die ersten beiden Abschnitte sind die gleichen wie bei der Trekking-Tour zur Amarnath-Höhle. Im folgenden Abschnitt muß man hinauf zum Gul Gali, bevor man die Lager der Schafhirten im oberen Warvan-Tal erreicht. Dann sind es zwei weitere Abschnitte bis zum Fuß des Kanital-Gletschers und zum Lonvilad Gali.

Um den Paß zu überqueren, muß man gut vorbereitet sein, weil der Gletscher von Spalten durchzogen und der Weg zum Paß hinauf streckenweise schlecht markiert ist. Vom Paß führt der Weg hinunter über einen weiteren Gletscher, bevor man auf dem Platz zum Zelten in Donara ankommt. Der letzte Abschnitt bis zum Dorf Panikhar im Suru-Tal ist ziemlich einfach und ermöglicht gute Ausblicke auf den Nun (7135 m) sowie den Kun (7087 m), zwei der höchsten Gipfel im westlichen Himalaja. Von Panikhar bestehen täglich Busverbindungen nach Kargil und zweimal wöchentlich nach Padam im Zanskar-Tal.

1. Abschnitt   Pahalgam - Chandanwadi (4-5 Stunden)
2. Abschnitt   Chandanwadi - Sheshnag (5-6 Stunden)
3. Abschnitt   Sheshnag - Gul Gali - Permandal (6-7 Stunden)
4. Abschnitt   Permandal - Lager unterhalb von Humpet (6-7 Stunden)
5. Abschnitt   Lager - Kanital (6-7 Stunden)
6. Abschnitt   Kanital - Lonvalid Gali - Donara (10 Stunden)
7. Abschnitt   Donara - Panikhar (3 Stunden)

VON SONAMARG NACH GANGABAL UND WANGAT

Diese Strecke ist eine der schönsten hochalpinen Trekking-Touren in Kaschmir, bei der zum Gangabal-See am Fuß des heiligen Haramukh (5135 m) eine Reihe von Pässen zu überwinden ist. Zunächst windet der Weg sich von Sonamarg bergauf zu den Wiesen von Nichinai. Dann wird im nächsten Abschnitt auf dem

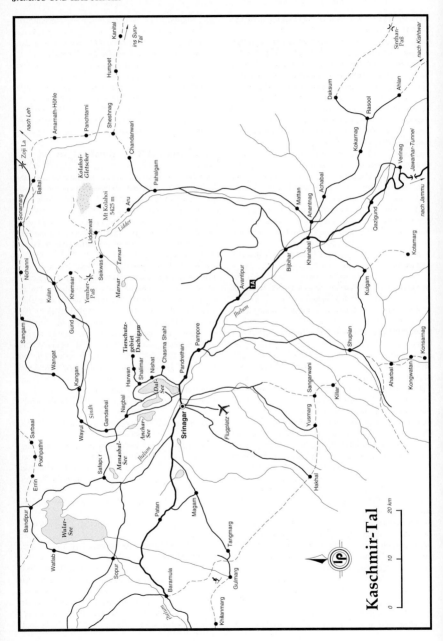

Kaschmir-Tal

Weg nach Vishensar der Nichanni-Paß überquert. Vishensar ist eine ausgezeichnete Quelle für einen See und es wert, sich dort einen Tag auszuruhen, bevor man den Vishensar-Paß (4190 m) überquert und zu einem weiteren Platz zum Zelten an einem See in Gadsar kommt. Der nächste Abschnitt folgt einem Wanderweg über Wiesen, die im Juli und August von wilden Blumen bedeckt sind, bevor man erneut einen kleinen Paß bewältigen muß, um Gangabal zu erreichen. Die meisten Bergwanderer zelten am nahegelegenen See in Nudhkol, bevor sie den steilen Abstieg durch Waldgebiet nach Narannag und zum Dorf Wangat bewältigen. In Wangat kann man Busse zurück nach Srinagar besteigen.

1. Abschnitt	Sonamarg - Nichinai (6-7 Stunden)
2. Abschnitt	Nichinai - Nichanni-Paß - Vishensar (5-6 Stunden)
3. Abschnitt	Vishensar - Vishensar-Paß - Gadsar (5-6 Stunden)
4. Abschnitt	Gadsar - Megandob (6 Stunden)
5. Abschnitt	Megandob - Gangabal (5-6 Stunden)
6. Abschnitt	Gangabal - Wangat (6-7 Stunden)

LADAKH

„Klein Tibet", „Mondland" und „Letztes Shangri La" - das alles sind Namen, die man Ladakh verlieh und die alle ein wenig Wahrheit enthalten. Geographisch gehört Ladakh zu Tibet, einem hoch gelegenen Plateau im Norden des Himalaja. Aber auch sonst ist Ladakh eine Miniaturausgabe von Tibet, denn die Bevölkerung ist von der Kultur und von der Religion her tibetisch, außerdem leben hier viele Flüchtlinge aus Tibet.

Da der Himalaja aufgrund seiner Höhe kaum Wolken vorüberziehen läßt, ist Ladakh ein ödes, kahles Land. Pflanzen findet man nur dort, wo Flüsse von fernen Gletschern oder wegen der Schneeschmelze Wasser führen. Ladakh ist sonst so trocken wie die Sahara.

So könnte Ladakh wirklich das letzte Shangri La sein, denn erst seit Mitte der siebziger Jahre ist Ladakh für Besucher geöffnet. Zu der strategischen Isolation kommt noch die geographische. Die Straße von Kaschmir nach Ladakh ist nämlich nur von Juni bis September geöffnet, denn nur in dieser kurzen Zeit ist sie schneefrei. Erst seit 1979 gibt es Flüge nach Ladakh, und diese Flüge gehören wohl zu den beeindruckendsten auf der ganzen Welt.

Ladakh ist es allemal wert, die Anstrengungen einer Reise dorthin in Kauf zu nehmen. Das ist ein Gebiet wie von einer anderen Welt, mit seinen Klöstern (*gompas*), eng gedrängt an die mächtigen und erhabenen Berge, mit seiner wie zerstört wirkenden Landschaft, durch die sich dann grüne Bänder ziehen, wenn Wasser im Spiel ist, und mit seinen alten Palästen an nackten Felswänden. Vor allem aber wegen seiner so überaus freundlichen Bewohner - der Ladakhi. Sie sind freundlich, wie es nur Tibeter sein können, und außerdem außerordentlich farbenprächtig gekleidet.

RELIGION

Hinter Kargil, an der Straße von Srinagar nach Leh, hört der islamische Einfluß abrupt auf. Dann kommt man in ein buddhistisches Gebiet. Man glaubt hier an den tibetischen tantrischen Buddhismus, der auf Magie und Dämonen beruht. Überall in Ladakh stehen *gompas* (buddhistische Klöster). Sie zu besuchen ist faszinierend. Leider haben einige, seit die Touristen in das Land strömen, schon einen leicht kommerziellen Hauch bekommen. Der Tourismus hat aber auch seine guten Seiten hat. Vor der Öffnung für die Touristen sind die Klöster nämlich nach und nach stark verfallen. Inzwischen sind einige restauriert und repariert, und zwar mit Hilfe der Einnahmen von westlichen Touristen. Die Mönche freuen sich über jeden Besucher, der friedlich durch das Kloster streift, still an den Zeremonien teilnimmt, den so merkwürdig schmeckenden Buttertee probiert (eigene Tasse bitte mitbringen!) und fotografiert.

PRAKTISCHE HINWEISE

Auch wenn man keine Trekking-Touren unternehmen und nicht zelten will, ist ein Schlafsack in Ladakh sehr nützlich. Die Nächte können nämlich sehr kühl sein. Zudem sind bei Besuchen in den abgelegenen Klöstern meistens auch Übernachtungen unterwegs erforderlich. Seien Sie zudem auf drastische Temperaturschwankungen gefaßt. Hinzu kommt die große Gefahr eines Sonnenbrandes in der dünnen Luft von Ladakh, denn Leh liegt in 3505 m Höhe. Wenn sich auch nur ein Wölkchen vor die Sonne schiebt, ändert sich die Temperatur so, daß man statt eines T-Shirts einen dicken Pullover anziehen muß. Und dies innerhalb von Sekunden. Ohne Kopfbedeckung mit einem Schirm daran wird man sich in kurzer Zeit einen Sonnenbrand zugezogen haben.

Und noch etwas: Akklimatisieren Sie sich in Ladakh ganz langsam. Laufen Sie unter gar keinen Umständen sofort nach der Ankunft los, um riesige Berge zu erklimmen. Geht der Reise nach Ladakh ein Aufenthalt in Kaschmir voran, dann haben Sie sich an die dünne Luft bereits etwas gewöhnt. Wer jedoch von Delhi nach

Ladakh fliegt, fühlt sich vielleicht in den ersten Tagen etwas unwohl.

Beachten Sie auch, daß man außerhalb von Leh kaum Geld umtauschen kann. Während der Hauptreisezeit herrscht außerdem akuter Mangel an Kleingeld. Ein äußerst wichtiges Wort, das Sie vor Ihrer Reise nach Ladakh unbedingt im Kopf haben sollten, ist das zu jedem Zweck und bei jeder Gelegenheit benutzte Grußwort *Jullay*. Und schließlich noch der Hinweis darauf,

daß Sie sich in Ladakh in einem sehr empfindlichen Grenzgebiet befinden, das von Indien, Pakistan und China gleichermaßen beansprucht wird. Es ist untersagt, sich ohne ausdrückliche Genehmigung weiter als 1,6 km nördlich der Straße von Srinagar nach Leh zu bewegen.

Wenn man Ladakh im Winter besucht, muß man darauf vorbereitet sein, daß viele *gompas* für Besucher nur im Sommer zugänglich sind.

VON SRINAGAR NACH LEH

Es sind 434 km von Srinagar nach Leh, und die Straße ist meist geteert. Sie folgt auf dem größten Teil der Strecke dem Indus. Im Sommer verkehren täglich Busse auf dieser Straße. Sie benötigen mit einer Übernachtung in Kargil zwei Tage. Mit Straßensperren des Militärs und zahlreichen Paßkontrollen sind das derzeit zwei lange Tage. Sonamarg ist der letzte größere Ort im Kaschmir-Tal. Kurz nach Sonamarg klettert die Straße hinauf zum Zoji La (3529 m), und anschließend beginnt Ladakh.

Übernachtungsmöglichkeiten in der einen oder anderen Art findet man in Drass, Kargil, Mulbekh, Bodh Kharbu, Lamayuru, Khalsi, Nurla, Saspul und Nimmu.

ZOJI LA

Hier ist eine der wenigen Teilstrecken, an denen die Straße nicht asphaltiert ist. Er ist der erste Paß, der im beginnenden Winter zuschneit, und wird als letzter Paß im Sommer freigegeben. Trotzdem ist es nicht der höchste Paß an dieser Straße. Auf den anderen Pässen sind aber die Schneefälle nicht so stark, da sie auf der anderen Seite des Himalaja und damit im Regenschatten der Berge liegen.

Die Fahrt auf der Straße zum Paß hoch ist wirklich atemberaubend, sogar noch mehr als die über den viel höheren Taglang La (5328 m) zwischen Leh und Manali. Die Straße scheint geradezu angeklebt an steilen Abhängen, so daß man sich zeitweise fragt, ob man gesund war, als man sich zu dieser Fahrt entschloß.

DRASS

Drass ist der erste Ort nach dem Paß und auch der Ort, von dem aus die Mannschaften mit den Räumungsarbeiten beginnen, sobald die Sommersaison einsetzt. Der Ort ist für seine außerordentlich reichhaltigen Schneefälle und seine extreme Kälte bekannt. Hier halten alle Busse, damit die Touristen registriert werden können.

KARGIL

Telefonvorwahl: 01985

Früher einmal ein wichtiger Handelsplatz, ist der Ort heute nur noch bedeutend als Übernachtungsort für die Passagiere der Busse auf dem Weg nach Leh oder als der Punkt, an dem man gen Süden in das Zanskar-Tal abbiegen kann. Die Bewohner von Kargil sind in der Mehrheit Moslems und extrem orthodox. Hier ist man auch schon in einem Gebiet, wo Bewässerung lebenswichtig ist.

Unterkunft: An der Hauptstraße bieten das Popular Chacha, das De Lux, das New Light, das Puril, das Punjab Janta und das Argalia einfache Quartiere für etwa 60 Rs pro Bett. Besser sind das Naktul View zwischen der Hauptstraße und dem Parkplatz für Lastwagen sowie das Crown auf der anderen Seite des Parkplatzes für Lastwagen. Das International ist mit 100 Rs für ein Doppelzimmer zu teuer.

Im Marjina Tourist Home wird eine Vielzahl von Zimmern mit unterschiedlichen Graden von Sauberkeit vermietet. Dort wird man gefragt, was man für ein Zimmer ausgeben will (wie das hier in den meisten Hotels geschieht), sollte aber doch ein sauberes Doppelzimmer mit eigenem Bad für rund 130 Rs erhalten können. Im Hotel Greenland sind die Preise ähnlich, wie auch im Tourist Bungalow, in dem den Gästen für ihr Geld am meisten geboten wird.

Zu den besten Unterkünften im Ort gehören das Caravan Serai, das Siachen (Tel. 2 21), das Broadway Suru View und das D'Zojila. Im Siachen muß man für ein Einzelzimmer 300 Rs und für ein Doppelzimmer 450 Rs bezahlen, was für das Gebotene nicht zuviel ist.

Essen: Das Essen ist in Kargil ein wenig besser, als es die Unterkünfte sind. Aber wenn man spät am Abend mit einem Bus im Ort ankommt und beim Morgengrauen bereits weiterfährt, ist es unwahrscheinlich, daß es gelingt, einen Eindruck vom Essen in Kargil zu gewinnen. Das beste Lokal von allen ist das Naktul View, in

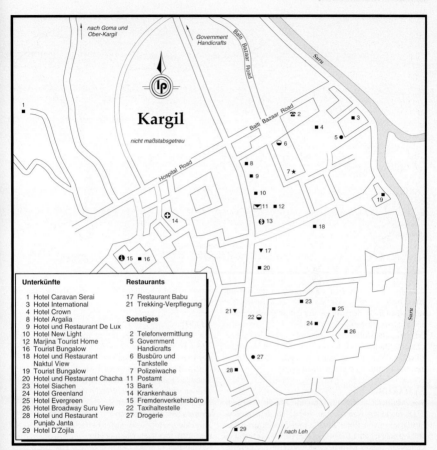

nach Goma und
Ober-Kargil

Government
Handicrafts

Balti Bazaar Road

Suru

Kargil

nicht maßstabsgetreu

Balti Bazaar Road

Hospital Road

Suru

Unterkünfte

1 Hotel Caravan Serai
3 Hotel International
4 Hotel Crown
8 Hotel Argalia
9 Hotel und Restaurant De Lux
10 Hotel New Light
12 Marjina Tourist Home
16 Tourist Bungalow
18 Hotel und Restaurant
   Naktul View
19 Tourist Bungalow
20 Hotel und Restaurant Chacha
23 Hotel Siachen
24 Hotel Greenland
25 Hotel Evergreen
26 Hotel Broadway Suru View
28 Hotel und Restaurant
   Punjab Janta
29 Hotel D'Zojila

Restaurants

17 Restaurant Babu
21 Trekking-Verpflegung

Sonstiges

2 Telefonvermittlung
5 Government
   Handicrafts
6 Busbüro und
   Tankstelle
7 Polizeiwache
11 Postamt
13 Bank
14 Krankenhaus
15 Fremdenverkehrsbüro
22 Taxihaltestelle
27 Drogerie

nach Leh

dem chinesische Gerichte angeboten werden. Dann folgt das Marjina Tourist Home. Wenn die besetzt sind, kann man auch im Babu und im New Light essen. Hierher zieht es viele Gäste, die sich vorschnell von dem Versprechen haben anlocken lassen, französische, italienische, deutsche, chinesische oder tibetische Gerichte essen zu können.

An- und Weiterreise: Außer mit den täglich nach Leh und Srinagar verkehrenden Bussen kann man von Kargil jeden Tag auch nach Mulbekh, Drass, Panikhar sowie zweimal täglich nach Sanku und Trespone gelangen. Die Busverbindungen nach Zanskar sind weit weniger zuverlässig. Eigentlich sollen zweimal wöchentlich Busse nach Padum fahren, aber am Anfang und Ende des Sommers verkehren die seltener. Erkundigen Sie

sich nach Einzelheiten im Tourist Reception Centre oder ziehen Sie in Erwägung, statt mit einem Bus mit einem privaten Lastwagen mitzufahren (ca. 100 Rs). Die Miete für eine Fahrt mit einen Jeep nach Padum beträgt etwa 5000 Rs.

SHERGOL

Zwischen Kargil und Shergol überschreitet man die Grenze zwischen den moslemischen und den buddhistischen Gebieten. Der kleine Ort Shergol besitzt ein kleines Kloster (*gompa*), das auf halber Höhe am Osthang des Berges liegt.

MULBEKH

Auf den Bergen oberhalb der Stadt wurden zwei Klöster errichtet. Wie auch in anderen Orten, ist es angebracht,

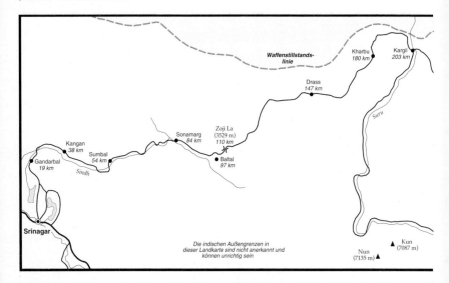

Kharbu 180 km

Kargil 203 km

Waffenstillstands-linie

Drass 147 km

Suru

Zoji La (3529 m) 110 km

Sonamarg 84 km

Kangan 38 km

Sumbal 54 km

Baltal 97 km

Gandarbal 19 km

Sindh

Srinagar

Die indischen Außengrenzen in dieser Landkarte sind nicht anerkannt und können unrichtig sein

Kun (7087 m)

Nun (7135 m)

sich vor dem Aufstieg zu erkundigen, ob die Klöster offen sind. Ist dies nicht der Fall, dann finden Sie vielleicht im Ort denjenigen, der die Schlüssel besitzt und mit Ihnen hinaufgeht.

Gleich hinter Mulbekh ist eine große in Fels gehauene Chamba-Statue, das Bildnis eines künftigen Buddhas, zu sehen. Wer viel Zeit hat, kann einen kurzen Treck von Mulbekh nach Gel unternehmen.

LAMAYURU

Von Mulbekh kommend führt die Straße über den 3718 m hohen Namika La, vorbei an dem großen Militärlager von Bodh Kharbu und danach über den 4094 m hohen Fatu La, den höchsten Paß dieser Strecke. Lamayuru gehört zu den ganz typischen Klöstern in Ladakh, die hoch oben an den Berg geklebt sind und denen ein Ort zu Füßen liegt. In seiner Blütezeit bestand das Kloster aus fünf Gebäuden, in denen 400 Mönche lebten.

RIZONG

Noch hinter Khalsi, ein bißchen abseits der Straße, liegen das Nonnenkloster Julichen und das Mönchskloster von Rizong. Wer eine Übernachtung einplant, muß wissen, daß die Frauen nur in dem Nonnenkloster schlafen dürfen, die Männer nur im Mönchskloster.

ALCHI

Die Besonderheit dieses unweit von Saspul gelegenen Klosters ist, daß es im Gegensatz zu all den anderen in der Ebene steht und nicht, wie sonst üblich, hoch auf einem Berg. Bekannt ist es wegen seiner massiven Buddha-Statuen, der verschwenderischen Holzschnitzereien und der einzigen Wandgemälde im Kaschmir-Stil in der ganzen Gegend. Rund um das Dorf sind viele *chorten* (Stupas) zu sehen.

Zwei kleine Hotels hier haben einfache Doppelzimmer (ca. 120 Rs) und Übernachtungsmöglichkeiten in Schlafsälen zu bieten. Auch in Saspul gibt es ein ganz reizendes kleines Hotel. Es eignet sich als Sprungbrett für Besuche von Rizong, Alchi und Lekir.

LEKIR UND BASGO

Kurz hinter Saspul zweigt eine steile Straße zum Kloster Lekir ab, dem eine Klosterschule angeschlossen ist. Näher an Leh heran liegt das stark zerstörte Fort von Basgo. Das Kloster von Basgo (Basgo Gompa) enthält interessante Buddha-Figuren; leider litten die Malereien unter einem Wasserschaden.

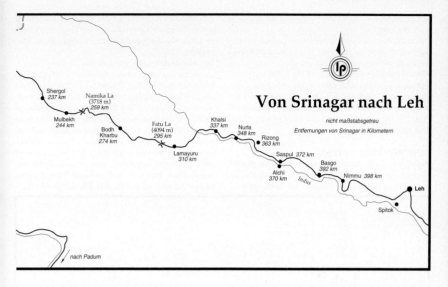

Von Srinagar nach Leh

nicht maßstabsgetreu

Entfernungen von Srinagar in Kilometern

Shergol *237 km*
Namika La (3718 m) *259 km*
Mulbekh *244 km*
Bodh Kharbu *274 km*
Fatu La (4094 m) *295 km*
Khalsi *337 km*
Nurla *348 km*
Rizong *363 km*
Lamayuru *310 km*
Saspul *372 km*
Basgo *392 km*
Alchi *370 km*
Nimmu *398 km*
Indus
Leh
Spitok

nach Padum

LEH

Einwohner: 24 500
Telefonvorwahl: 01982

Vor vielen Jahrhunderten war Leh ein wichtiger Haltepunkt an der alten Karawanenstraße von und nach China, der berühmten Seidenstraße. Heute ist es lediglich eine Militärbasis und ein touristisches Zentrum. Aber von den sich windenden Straßen im Ort, durch die man gemütlich schlendern kann, geht noch immer eine Faszination aus. Leh liegt etwa 10 km nordöstlich vom Indus in einem fruchtbaren Seitental.

ORIENTIERUNG

Leh ist klein genug, um sich schnell zurechtzufinden. Es gibt nur eine Hauptstraße, an deren Ende sich der Palast von Leh erhebt. Die Haltestelle für Busse und Jeeps finden Sie im Süden der Stadt in Richtung Flugplatz. Der Flugplatz selbst mit seiner steilen Start- und Landebahn befindet sich einige Kilometer außerhalb der Stadt, nahe dem Gompa von Spitok.

PRAKTISCHE HINWEISE

Das Fremdenverkehrsamt (Tel. 24 97) ist ungünstig gelegen im Tourist Reception Centre an der Straße zum Flugplatz untergebracht. An Informationen hat es nur wenig zu bieten, aber dort kann man gut Ausrüstungsgegenstände für Trekking-Touren ausleihen. Erhältlich sind erstaunlich gute Zelte für 20 Rs pro Tag (100 Rs pro Woche), aber auch warme Jacken (16 Rs pro Tag) und Wanderstiefel (20 Rs pro Tag). Zu ähnlichen Preisen ist Ausrüstung für Trekking-Touren auch im Nezer View Guest House zu haben.

Die Ökologische Entwicklungsgruppe von Ladakh (Ladakh Ecological Development Group - LEDeG) verfügt über ein Haus, in der die Verwendung von Solarenergie demonstriert wird, und über eine phantastische Bibliothek mit Büchern über Ladakh. Holen Sie sich dort auch das Blättchen mit wichtigen Hinweisen für Touristen in Ladakh. Shorts und nackte Schultern, aber auch das öffentliche Zeigen von Zuneigung, entsprechen hier keineswegs den kulturellen Regeln. Es ist eine traurige Tatsache, daß sich Besucher in den letzten Jahren immer häufiger mit abnehmendem Feingefühl gegenüber den Einheimischen verhalten haben.

Günstiger für Selbstwahlgespräche liegt das Büro für Kommunikation mit dem Namen Gypsy's World gegenüber vom Hotel Yak Tail, in dem man Auslandsgespräche führen kann, ohne lange auf die Verbindung warten zu müssen, dafür aber auch eine Menge Geld ausgeben muß.

Die beste Auswahl an Büchern über Ladakh hat die Buchhandlung Artou zu bieten, in der man auch Romane und Postkarten kaufen kann.

Wenn Sie die Auswirkungen der Höhe (3505 m) spüren und die Symptome auch nach 36 Stunden nicht abgeklungen sind (oder sogar noch schlimmer geworden sind), dann nehmen Sie ärztliche Hilfe in Anspruch (Tel. 25 60). Das Krankenhaus ist Tag und Nacht dienstbereit.

SEHENSWÜRDIGKEITEN

Palast von Leh: Jedem Betrachter fällt die gleiche Parallele ein: Der Palast von Leh ist die Miniaturausgabe des Potala von Lhasa in Tibet! Er wurde ebenfalls im

16. Jahrhundert gebaut. Leider wurde er aufgegeben und ist heute völlig verfallen; eine Folge der Kriege zwischen Kaschmir und Ladakh im vergangenen Jahrhundert.

Der wichtigste Grund, dennoch den Aufstieg zum Palast zu unternehmen, ist der, daß man vom Dach einen herrlichen Ausblick hat. Die Berge von Zanskar auf der anderen Seite des Indus scheinen vom Dach des Palastes zum Greifen nahe. Der Palast wurde von der Königsfamilie (die nun im nahegelegenen Stok residiert) an den Archäologischen Dienst Indiens verkauft und wird nun aufwendig restauriert. Versuchen Sie, einen Mönch aufzutreiben, der Ihnen den erhaltenen, aber jetzt nicht mehr benutzten Gebetssaal zeigt. Er ist düster und gespenstisch. Hier kann man aus dem Dunkel heraus riesige Masken erkennen. Als Eintrittsgebühr wer-

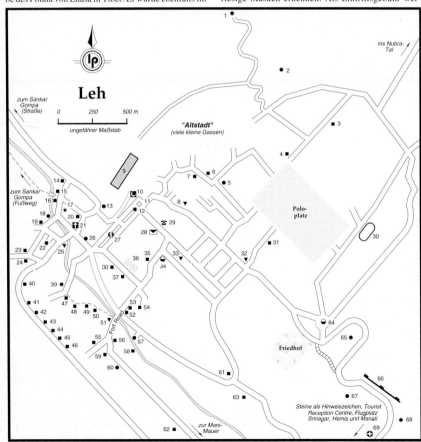

den 5 Rs verlangt. Aufpassen sollte man übrigens auf die Löcher im Boden.

Gompa Leh und Gompa Tsemo: Hoch über dem Palast und auch die Ruinen des älteren Palastes überschauend, liegt das aus dem Jahre 1430 stammende Kloster Leh (Gompa Leh). Es beherbergt alte Manuskripte und Gemälde. Das Rote Kloster (Gompa Tsemo) enthält eine sehr schöne dreistöckige, sitzende Buddha-Figur und ist von 7.00 bis 9.00 geöffnet. Das noch höher gelegene Kloster ist in einem sehr schlechten Zustand, ermöglicht aber hervorragende Ausblicke auf Leh.

Gompa Sankar: Ein gemütlicher Weg, nur wenige Kilometer lang, bringt Sie vom Stadtzentrum talaufwärts zum Kloster Sankar. Dieses interessante kleine Kloster ist aber nur von 6.00 bis 8.00 und von 18.00 bis 19.00 Uhr geöffnet. Da das Kloster über elektrisches Licht verfügt, können Sie ruhig einen Abendbesuch einplanen. Oben im Kloster ist eine Avalokitesvara-Statue mit 1000 Armen und 1000 Köpfen zu sehen. Seit neuestem wird ein Eintritt von 10 Rs erhoben.

Zentrum für ökologische Entwicklung: Neben dem Hotel Tsemo-La ist die Hauptverwaltung der Ökologischen Entwicklungsgruppe von Ladakh (Ladakh Ecological Development Group) untergebracht. Die bemüht sich um eine Entwicklung von Ladakh, die zur Umgebung paßt und die vorhandenen Ressourcen sowie die traditionelle Kultur berücksichtigt. Arbeitsbereiche sind die Solarenergie, der Umweltschutz, eine Verbesserung der Gesundheit, die Stärkung der traditionellen Landwirtschaft und die Veröffentlichung von Büchern in der Sprache der Ladakhi. Besucher sind gern willkommen und können sich über die Ziele dieser Organisation näher informieren sowie die Bibliothek und das Restaurant im Haus in Anspruch nehmen.

Montags, mittwochs und freitags um 15.00 Uhr wird hier der Videofilm *Ancient Futures - Learning from Ladakh* gezeigt. Er ist es wert, ihn sich anzusehen, auch wenn die Stimme von Helena Norberg-Hodge, die mit dem Programm begann und die in dem Film zu sehen ist, an die einer ehemaligen Premierministerin aus Großbritannien erinnert.

Bildungs- und Kulturbewegung Ladakhs: Die Students' Educational & Cultural Movement of Ladakh (SECMOL) organisiert kulturelle Vorführungen, um für traditionelle Kunstformen zu werben. Man kann sich aber auch montags und donnerstags ab 16.00 Uhr mit Studenten aus Ladakh treffen und ihnen helfen, in Gesprächen ihr Englisch zu verbessern. Die SECMOL

Unterkünfte

3 Hotel Namgyal
4 Hotel Palace View
6 Old Ladakh Guest House
7 Tak Guest House
12 Hotel und Restaurant Hilltop
14 Antelope Guest House
15 Hotel Himalaya
16 Hotel Shangrila
19 Hotel Tsemo-La
20 Khan Manzil Guest House
23 Two Star Guest House
24 Rainbow Guest House
31 Hotel Palace View Kiddar
35 Hotel Ibex
37 Hotel Galdan Continental
38 Hotel Lingzi
40 Eagle Guest House
41 Tsavo Guest House
42 Hotel Omasila
43 Otsal Guest House
44 Asia Guest House
45 Larchang Guest House
46 Hotel Ri-Rab
47 Indus Guest House
48 Ti-Sei Guest House
49 Hotel Dehlux
50 Bimla Guest House

52 Hotel Yak Tail
53 Hotel und Restaurant Dreamland
54 Hotel und Restaurant Khangri
55 Hotel Lung-Se-Jung
56 Hotel Rockland
57 Hotel Choskor
58 Padma Guest House
59 Hotels Lha-Ri-Mo und K-Sar
61 Hotel Dragon und Nezer View Guest House
62 Hotel Mandala
63 Hotel Hills View

Restaurants

8 Chang-Kneipen
25 Restaurant Mentokling
32 Restaurant Burman
33 Restaurant La Montessori
51 Deutsche Bäckerei mit Restaurant

Sonstiges

1 Gompas Leh und Gompa Tsemo
2 Buddha-Bild
5 Delite-Kino (ohne Hinweisschild)

9 Palast
10 Moschee
11 Kleine Plaza
13 Postkartengeschäft von Syed Ali Shah
17 Polizeiwache
18 Ecological Development Centre
21 Moravian Church
22 Circuit House
26 Buchhandlung Artou
27 State Bank
28 Postamt
29 Telegraphenamt
30 Nationales Stadion zum Bogenschießen
34 Taxihaltestelle
36 Gemüsemarkt
39 SECMOL
60 Indian Airlines
64 Bushaltestelle
65 Großer Chorten
66 Mani-Mauer
67 Handicraft Training Centre
68 Rundfunksender
69 Krankenhaus

hilft auch bei der Vermittlung von Aufenthalten bei Familien aus Ladakh.

MEDITATION

Im Haus der Mahabodi-Gesellschaft gegenüber vom Hotel Ri-Rab finden täglich um 17.00 Uhr Meditationen in Gruppen statt. Manchmal veranstaltet diese Gesellschaft in Choglamsar auch Meditationskurse.

UNTERKUNFT

In Ladakh gibt es viele Hotels und Gästehäuser, aber einige sind nur während der Saison geöffnet. Die Preise sind sehr unterschiedlich und ändern sich auch noch je nach Jahreszeit. Während der Saison erreichen sie astronomische Höhen und sinken, wenn sich nur wenige oder gar keine Touristen in Ladakh aufhalten. Die im folgenden angegebenen Preise gelten für die Hauptsaison. Die preiswerteren Gästehäuser sind übrigens meist nicht mehr als Zimmer in Privathäusern, die zur Hauptsaison vermietet werden. In vielen der älteren Häuser findet man in der Küche noch den traditionellen Ofen der Ladakhi.

Einfache Unterkünfte: In dem schon lange bestehenden Old Ladakh Guest House kann man in einem Zimmer mit Badbenutzung allein für 60 Rs und zu zweit für 80 Rs übernachten. Für ein Doppelzimmer mit eigenem Bad muß man hier ab 120 Rs bezahlen. Weitere Unterkünfte in der gleichen Gegend mit ähnlichen Preisen sind das Shalimar Guest House, ein sauberes und freundliches Quartier, sowie das nahegelegene Tak Guest House, das ebenfalls recht beliebt ist. Das größere Hotel Palace View Kiddar bietet in etwa den gleichen Standard. Zentraler liegt das bessere und freundlichere Khan Manzil Guest House.

Ebenfalls etwas weiter weg von den mehr touristischen Gegenden in Leh liegt das Hotel Namgyal, das bei Besuchern mit knapper Reisekasse beliebt ist. Hier werden Doppelzimmer ab 50 Rs vermietet, oben ab 70 Rs (alle mit Badbenutzung). Das Hotel Firdous neben dem Stadion zum Bogenschießen ist eine freundliche kleine Unterkunft mit Doppelzimmern für 80 Rs (mit eigenem Bad für 120 Rs).

Das Hotel Shangrila im nördlichen Teil der Stadt ist ein sehr angenehmes Quartier, das von einer hilfsbereiten Familie geführt wird. Hier werden Einzelzimmer für 40 Rs und Doppelzimmer für 100 Rs vermietet, alle mit Badbenutzung, wofür heißes Wasser ohne Zusatzkosten zur Verfügung gestellt wird. Das Antelope Guest House ist eine weitere saubere und freundliche Unterkunft mit herrlichen Ausblicken hinauf zum Palast von Leh. Hier kann man in einigen kleinen Einzelzimmern für jeweils 60 Rs, in Doppelzimmern für 140 Rs und in Doppelzimmern mit eigenem Bad für 200 Rs übernachten. Das nahegelegene Hotel Himalaya ist reichlich heruntergewirtschaftet und hat Doppelzimmer ab 120 Rs zu bieten (Doppelzimmer mit eigenem Bad ab 180 Rs).

Das Hotel Tse Mo View (unmittelbar nördlich vom Hotel Himalaya) liegt in einer ruhigen Gegend und ist auf den ausgeschilderten Wegen durch die Felder zu erreichen. Hier kann man in einem Einzelzimmer für 100 Rs und in einem Doppelzimmer für 150 Rs übernachten (jeweils mit eigenem Bad).

Um zum makellos sauberen Hotel Kailash zu gelangen, muß man dem Pfad zum Gompa Sankar folgen. Das Haus ist umgeben von einem ummauerten Garten und Feldern. Hier kann man in Doppelzimmern mit Badbenutzung zum Preis ab 130 Rs übernachten.

Entlang des Pfades von der deutschen Bäckerei mit dem Restaurant kommt man zu einer Gruppe von beliebten Quartieren mit lieblichen Gärten und ausgezeichneten Ausblicken. An der Spitze liegt in dieser Preisgruppe das freundliche Bimla (Tel. 38 54) mit Einzelzimmern für 100 Rs und Doppelzimmern für 180 Rs (mit eigenem Bad 180 bzw. 240 Rs). Im Indus kann man ein Einzelzimmer für 80 Rs und ein Doppelzimmer für 120 Rs erhalten (ein Doppelzimmer mit eigenem Bad und heißem Wasser für 180 Rs). Im Preis ähnlich sind das Dehlux und das letzte in der Reihe, das Ti-sei mit einem ganz hübschen Garten und einer traditionellen Küche der Ladakhi.

Bergauf, hinter dem Hotel Tsemo-La, liegt das Karzoo Guest House mit Doppelzimmern für 80 Rs. Beliebt ist auch das nahegelegene Two Star Guest House, in dem man in einem Doppelzimmer für 100 Rs und in einem Schlafsaal für 40 Rs übernachten kann. Weiter entlang dieser Straße gelangt man zum Mansoor Guest House mit einer freundlichen Atmosphäre wie in einer Familie und Zimmern für 60 Rs. Südlich der Straße liegt das Rainbow Guest House, das mit Einzelzimmern für 50 Rs und Doppelzimmern für 60 Rs (mit Badbenutzung) recht günstig ist.

Das Dorf Changspa ist etwa 10 Minuten Fußweg von Leh entfernt und ein gutes Ziel, um dem Krach in der Stadt zu entgehen. Dort werden im Eagle Guest House Doppelzimmer für 70 und 100 Rs vermietet. Das Tsavo ist sehr einfach, aber ein typisches Haus von Ladakhi. Hier kann man in einem Doppelzimmer zum Preis ab 60 Rs übernachten. Im Otsal, Asia und Larchang muß man für ein Einzelzimmer 60 Rs und für ein Doppelzimmer 80 Rs bezahlen. Etwas billiger ist es im Greenland Guest House gegenüber. Auch im Rinchens Guest House, die Straße weiter hinunter, kann man übernachten, und zwar für 70 Rs in einem Doppelzimmer (in einem Doppelzimmer mit eigenem Bad für 170 Rs). Nochmals 10 Minuten Fußweg weiter liegt das beliebte Oriental Guest House mit Doppelzimmern ab 70 Rs. Es wird von einer sehr freundlichen Familie geführt.

Auch südlich des Zentrums von Leh gibt es zwei empfehlenswerte Unterkünfte. Eines davon ist das sehr saubere Padma Guest House mit einem ganz hübschen Garten. Hier werden für ein Einzelzimmer 80 Rs und für ein Doppelzimmer 100 Rs berechnet (mit eigenem Bad 150 bzw. 240 Rs). In diesem Haus kann man auch ein gutes Abendessen im Stil der Ladakhi für 30 Rs erhalten. Im Nezer View Guest House werden Einzelzimmer ab 60 Rs und Doppelzimmer ab 80 Rs vermietet, Zimmer mit eigenem Bad ab 150 Rs. Der Mann, der dieses Haus führt, ist sehr hilfsbereit und vermietet auch Ausrüstungsgegenstände für Trekking-Touren.

Mittelklassehotels: Im vor kurzem renovierten Yasmin Guest House (gegenüber vom Hotel Rockland) kann man in einem Doppelzimmer für 280 Rs übernachten. Doppelzimmer mit eigenem Bad werden im Hotel Choskor (Tel. 36 26) für 180 Rs vermietet. 280 Rs für ein Doppelzimmer mit eigenem Bad muß man für eine Übernachtung im Hotel Rockland bezahlen, während im Hotel Bijoo (Tel. 23 31), unweit vom Hotel Choskor, Einzelzimmer für 300 Rs und Doppelzimmer für 400 Rs angeboten werden, alle mit eigenem Bad.
Beliebt ist das Lung-Se-Jung, das man hinter dem Restaurant Dreamland hinunter erreicht. Die Popularität ist vielleicht auch nur darauf zurückzuführen, daß den Gästen in diesem Haus abends regelmäßig heißes Wasser zur Verfügung steht. Hier zahlt man für ein Einzelzimmer 200 Rs und für ein Doppelzimmer 300 Rs. Ähnliche Preise werden auch im Ibex berechnet.
Unterhalb der Stadtmitte, den Hügel hinunter vom Anfang der Main Street, liegt das Hotel Dragon in einer netten Umgebung und bietet bessere Zimmer als die beiden bereits genannten Häuser zum gleichen Preis. Nebenan kommt man zum Hills View mit Einzelzimmern für 100 Rs und Doppelzimmern für 150 Rs (mit Badbenutzung) bzw. Doppelzimmern für 250 Rs mit eigenem Bad. Das Hotel Horzey mit Doppelzimmern für 400 Rs ist ganz in der Nähe.
Das Hotel Siachen hat Einzelzimmer ab 300 Rs und Doppelzimmer ab 400 Rs (jeweils mit eigenem Bad) zu bieten, aber sonst nichts weiter, wenn man davon absieht, das es unmittelbar neben der Bushaltestelle liegt.

Luxushotels: Mit Preisen von etwa 600 Rs für ein Einzelzimmer und rund 800 Rs für ein Doppelzimmer (einschließlich Verpflegung) gehören das Tsemo-La (Tel. 22 81), das zentral gelegene Khangri (Tel. 22 51), das Lha-ri-Mo (Tel. 23 77) und das K-Sar nebenan (Tel. 25 48), das Mandala die Straße weiter hinunter, das Galdan Continental in der Stadtmitte (Tel. 23 73) und das Shambala (Tel. 22 67) außerhalb der Stadt in Richtung Ende des Tales zu den besten Häusern in Leh. Das Hotel Omasila (Tel. 23 19) hat einen ganz ansprechenden Garten zu bieten und hat sich in einer friedlichen Gegend angesiedelt. Ohne Verpflegung kann man hier in einem Doppelzimmer für 650 Rs übernachten.

ESSEN
Im zentral gelegenen Hotel Dreamland serviert man gutes Essen zu annehmbaren Preisen. Hier sind vor allem die tibetischen Spezialitäten und die Nudelgerichte eine willkommene Abwechslung von den üblichen Reisgerichten. Sehr zu empfehlen ist in diesem Lokal auch der Jasmintee. Das ist das beliebteste Restaurant in ganz Leh, das es bisher geschafft hat, alle Mitbewerber hinter sich zu lassen. Dennoch hat sich das kleine tibetische Restaurant Tashi den Ruf erhalten können, preiswerte und gute sowie nährreiche Gerichte anzubieten. Es liegt an der Fort Road in der Nähe der deutschen Bäckerei.
Im La Montessori werden große Portionen von sehr leckeren chinesischen, tibetischen und westlichen Gerichten angeboten, die bei Mönchen recht beliebt sind. Das Restaurant Tibetan Friends Corner, vom Fremdenverkehrsamt bergauf und unweit der Taxihaltestelle gelegen, ist ein weiteres beliebtes Lokal. Obwohl hier die meisten Gerichte tibetisch sind, hat das Lokal den Ruf, die besten Pommes Frites in Ladakh anzubieten.
Das Freiluftrestaurant Mentokling ist ein gutes Ziel für einen Abend. Dort werden so ungewöhnliche Speisen wie Hummus, Felaffeln, Kuchen und Torten angeboten. Eine Bar mit guter Musik ist ebenfalls vorhanden.
Das Mona Lisa (unweit von der Ökologischen Entwicklungsgruppe) ist mit Tischen im Garten ähnlich und wird am Abend richtig lebendig. Auch hier gibt es eine Bar, in der man neben den üblichen Getränken sogar teuren *chang* erhalten kann. Das ist aber immer noch billiger als in den inoffiziellen (illegalen) *Chang*-Lokalen hinter der Hauptstraße.
Im Haus der Ökologischen Entwicklungsgruppe kann man guten Kaffee, Kräutertee und Gebäck erhalten. Die Bedienung ist zwar recht langsam, aber die gekochten Kartoffeln und der gebratene Spinat mit Knoblauch schmecken ganz gut. Hier kann man für 80 Rs auch ein besonderes Abendessen im Stil der Ladakhi zu sich nehmen, das man allerdings vorbestellen muß. Alles wird mit Solarenergie zubereitet, so daß Kuchen nur dann erhältlich ist, wenn die Sonne den ganzen Tag geschienen hat.
In der deutschen Bäckerei mit Restaurant (unweit vom Hotel Yak Tail) kann man gut eine Tasse Kaffee trinken und ein Sandwich mit Tomaten essen. Auf der Speisekarte findet man aber auch Karottensaft, Zimtrollen und Pizza. In einem zugehörigen Laden unweit vom Gemüsemarkt ist ausgezeichnetes Brot erhältlich, das mehrere Tage frisch bleibt. Dort werden auch Verpflegungspakete für lange Busfahrten zusammengestellt. Und zum Schluß noch ein Tip für das Frühstück: Frisches Brot erhält man bereits früh am Morgen

an den Verkaufsständen in der Straße hinter der Moschee. Dieses Brot erinnert an das im Nahen Osten und schmeckt mit Honig ausgezeichnet. Davon bringen Sie sich am besten etwas aus Srinagar mit.

UNTERHALTUNG

Die Cultural & Traditional Society (CATS) zeigt jeden Abend gegenüber vom Hotel Yak Tail kulturelle Vorführungen. Was man sieht, ist zwar etwas touristisch, aber die Teilnehmer sind mit großem Ernst bei der Sache und zeigen ihre Künste manchmal bis spät in die Nacht.

EINKÄUFE

Nachdem viel zu viele gierige Touristen bedeutende Antiquitäten aus Ladakh mitnahmen, achtet die Regierung nunmehr auf den Verkauf dieser Heiligtümer. Käufer müssen daher bei der Ausfuhr den Nachweis erbringen, daß der Gegenstand nicht älter als 100 Jahre ist. Das gesamte Gepäck wird deshalb vor dem Abflug aus Leh kontrolliert.

Zu den Gegenständen, die man erstehen darf, gehören Gefäße für tibetisches Reisbier (*chang*) und Tee, Butterfässer, geknüpfte Teppiche mit tibetischen Motiven, tibetischer Schmuck sowie, für nur wenige Rupien, einfache Gebetsfahnen. Die Preise für all diese Gegenstände sind in Ladakh erfahrungsgemäß sehr hoch. Es ist durchaus möglich, daß man die gleichen Gegenstände, aber zu niedrigeren Preisen, auch in Kaschmir, Dharamsala oder Nepal bekommt.

Das Postkartengeschäft von Syed Ali Shah ist ebenfalls einen Besuch wert. Was der schon etwas ältere Besitzer verkauft, sind eigentlich keine Postkarten, sondern ist eine ganze Reihe von Fotos, die er im Laufe der Jahre selbst aufgenommen hat. Sie kosten von 10 bis über 100 Rs.

AN- UND WEITERREISE

Flug: Indian Airlines fliegt Leh viermal wöchentlich von Delhi (86 US $) sowie einmal wöchentlich am Sonntag von Srinagar (39 US $), am Samstag von Jammu (39 US $) und am Freitag von Chandigarh (54 US $) an. Der Flug von Srinagar nach Leh dauert nur eine halbe Stunde, ist aber einmalig schön, da er direkt über den Himalaja führt, leider aber auch problematisch.

Die Flüge nach Leh können nur am Morgen durchgeführt werden und dann auch nur bei guten Wetterbedingungen. Der Flug wird aber auch dann abgesagt, wenn vorhersehbar ist, daß sich die Wetterverhältnisse kurz nach der Landung verschlechtern und das Flugzeug nicht wieder starten kann. Die Folge all dieser Bedingungen ist, daß viele Flüge gestrichen werden oder die Maschinen zwar starten, aber in Leh dann nicht landen können und umkehren (die Wetterbedingungen ändern sich in Leh extrem schnell). Daraus resultiert, daß es viele unzufriedene Passagiere gibt.

Zu bestimmten Zeiten im Jahr, zum Beispiel dann, wenn die Reisezeit gerade beginnt, die Straße aber noch nicht freigegeben ist, sind die Flüge hoffnungslos überbucht. Um Enttäuschungen zu vermeiden, bleibt nur eines: rechtzeitig eine Reservierung vornehmen lassen. Wenn man in der Touristenklasse absolut keinen Platz mehr erhalten kann, lohnt es, einen Platz in der 1. Klasse zu buchen, weil der Flugpreis dafür nur 10 % höher ist. Wenn man nicht in der Lage ist, von Srinagar aus selbst einen Flug zu buchen, dann sollte man den Besitzer seines Hausbootes um Hilfe bitten, denn Beziehungen hat jeder Kaschmiri.

Das Büro von Indian Airlines (Tel. 22 76) befindet sich unweit vom Hotel Lha-ri-Mo, nicht weit vom Zentrum der Stadt entfernt.

Bus: Auf dem Landweg bestehen zwei Verbindungen nach Leh: über die Straße von Srinagar und über die erst 1991 freigegebene Straße von Manali (Himachal Pradesh).

Eine Schwierigkeit, wenn man aus Leh nach Srinagar oder Manali abreisen will, ist es, daß man Fahrkarten für die Busfahrten nicht früher als am Abend vorher kaufen kann. Das ist darauf zurückzuführen, daß nicht sicher ist, ob die Busse überhaupt ankommen. Daher weiß man bis zum letzten Augenblick nicht, ob man wie geplant abreisen kann. Die auf den beiden Strecken verkehrenden Busse sind in der Hochsaison (August) in beiden Richtungen stark gefragt. Daher muß man eine Fahrkarte Tage im voraus kaufen.

Eigentlich soll die Straße von Srinagar nach Leh von Anfang Juni bis Oktober geöffnet sein. Die Wirklichkeit sieht aber anders aus, so daß sie manchmal bereits ab Mitte Mai befahrbar ist, manchmal aber auch erst ab Mitte Juni. Eine Fahrt mit dem Bus dauert zwei Tage mit 12 Stunden Fahrzeit pro Tag. Zum Übernachten halten die Busse in Kargil. Eingesetzt werden sehr unterschiedliche Busse, mit denen man für eine Fahrt rund 150-250 Rs bezahlen muß. Die Miete für einen Jeep, in dem bis zu sechs Personen mitfahren können, kostet rund 5000 Rs. Darin sind aber zusätzliche Aufenthalte und kleinere Umwege enthalten.

Vor der offiziellen Öffnung der Straße ist es möglich, den Zoji La zu Fuß oder auf einem Pony zu überqueren. Auch wenn noch viel Schnee auf dem Paß liegt, läßt die Beacon Patrol Besucher durch, wenn sie gut ausgerüstet sind. Der Paß ist ohnehin immer schon einige Zeit vorher vom Schnee befreit, und der übrige Verkehr rollt auf beiden Seiten längst schon, wenn die Busse ihren Dienst aufnehmen. Die Einheimischen überqueren den Paß sowieso schon vor der offiziellen Freigabe. Dies macht eine Wanderung einfacher, denn vielleicht finden Sie auch einen Führer unter den Einheimischen. Bedenken Sie aber, daß dieser Weg sehr anstrengend sein kann!

Die Straße von Leh nach Manali ist sogar nur für eine noch kürzere Zeit passierbar, und zwar normalerweise von Juli bis Mitte September. Aber auch hier kann die Öffnung und Schließung früher oder später stattfinden. Derzeit ist der bequemste Bus der von Himachal Tourism, der vom Büro dieser Gesellschaft gegenüber vom Hotel Dreamland abfährt. Weil die Strecke an ihrer höchsten Stelle bis in eine Höhe von 5328 m führt, leiden viele Passagiere unter den Auswirkungen (Kopfschmerzen, Übelkeit), wenn sie sich nicht bereits in Leh haben akklimatisieren können. Wenn Sie beabsichtigen, eine Strecke zu fliegen und die andere mit einem Bus zurückzulegen, dann entscheiden Sie sich auf dem Rückweg für einen Bus, weil die Höhe sich dann bei der Busfahrt nicht so stark auswirkt wie auf dem Hinweg.

Eine Fahrt nach Manali im Luxusbus von Himachal Tourism kostet 700 Rs. Die Fahrkarten werden ab 9 Uhr des Tages vor der Abfahrt verkauft. Ein früherer Vorverkauf findet nicht statt, so daß man sich in der Hochsaison bereits mehrere Stunden vorher in einer langen Schlange anstellen muß. Der Bus fährt um 6.00 Uhr ab, braucht zwei Tage und hält unterwegs für eine Übernachtung in Sarchu. Dort sorgt Himachal Tourism für Übernachtungsmöglichkeiten in Zelten zum reichlich überhöhten Preis von 80 Rs. Die Alternative zu dieser Busverbindung bilden die Nahverkehrsbusse, die vom Busbahnhof in Leh um 4.00 Uhr abfahren und mit denen eine Fahrt 400 Rs kostet. Noch billiger sind Mitfahrten in Lastkraftwagen, bei denen man mit rund 150 Rs rechnen muß. Am bequemsten ist eine Fahrt mit einem Jeep, für die man allerdings auch rund 10 000 Rs ausgeben muß. Daneben verkehren aber auch noch etliche private Busse auf dieser Strecke. Danach kann man sich in den Reisebüros überall in der Stadt erkundigen.

NAHVERKEHR

Flughafentransfer: Für eine Fahrt mit einem Bus von Leh zum Flugplatz muß man 5 Rs bezahlen. Die Busse

verkehren allerdings nur unregelmäßig. Mit einem Jeep oder Taxi kostet die Fahrt 65 Rs.

Bus: Die Auskunft (Tel. 22 85) ist in einem schmutzigen Steingebäude mit grünen Fenstern an der Nordseite des Busbahnhofs untergebracht.

Rings um Leh besteht ein ganz gutes Busnetz sowohl mit staatlichen als auch privaten Bussen. Busverbindungen gibt es von Leh nach Choglamsar, Chushot, Hemis, Khalsi, Matho, Phyang, Sabu, Sakti, Saspul, Shey, Spitok, Stok und Tikse.

Mittwochs und sonntags um 8.30 Uhr verkehrt aber auch ein Bus nach Alchi. Von dort kann man nach Saspul wandern (2 km) und in diesem Ort erneut einen Bus für die Rückfahrt nach Leh besteigen. Außerdem bestehen Busverbindungen nach weiter entfernteren Zielen. Einzelheiten darüber können Sie bei der Auskunft am Busbahnhof erfahren. Im Winter verkehren die Busse allerdings nicht so häufig.

Jeep und Taxi: Man kann sich in Leh auch einen Jeep mieten. Jeeps sind zwar nicht billig, für eine Gruppe aber eine gute Alternative zu den überfüllten und oft verspäteten Bussen. Für bestimmte Strecken sind die Fahrpreise von der Genossenschaft der Taxifahrer festgelegt worden. So kostet beispielsweise eine Fahrt nach Spitok und zurück mit einer Stunde Aufenthalt am Kloster 160 Rs. Für eine sechsstündige Rundfahrt von Leh über Shey, Tikse und Hemis zurück nach Leh muß man 650 Rs bezahlen und hat dann an jedem der Klöster eine Stunde Zeit. Weitere Ziele sind Manali , Srinagar, Kargil und der Flugplatz von Leh. Die aktuellen Preise während Ihres Aufenthaltes können Sie im Büro der Genossenschaft der Taxifahrer an der Taxihaltestelle erfahren.

Daneben besteht die Möglichkeit zu versuchen, unmittelbar mit einem Fahrer einen niedrigeren Preis auszuhandeln.

DIE UMGEBUNG VON LEH

FLOSSFAHRTEN

Mehrere Veranstalter in Leh bieten auch Floßfahrten auf dem Indus an. Für eine Tagesfahrt liegt der Preis bei etwa 700 Rs pro Person. Zwei Unternehmen, die so etwas organisieren und empfohlen wurden, sind Indus Himalaya (unweit vom Hotel Ibex) und Highland Adventures.

SPITOK

Auf der Spitze eines Berges liegt, 10 km von Leh entfernt, hoch über dem Indus und neben dem Ende der Landebahn des Flughafens, das Kloster Spitok. Der

Tempel (Gonkhang) dieses Klosters ist ungefähr 1000 Jahre alt. Vom Kloster aus hat man einen herrlichen Blick auf den Indus. Der Eintritt zum Kloster beträgt 13 Rs. Die Wanderung hierher von Leh ist uninteressant, weil sie mitten durch ein großes Lager der Armee führt.

PHYANG

Folgen Sie der Straße in Richtung Srinagar, dann finden Sie nach ca. 24 km das Kloster Phyang mit seinen 50 Mönchen. Der Eintritt beträgt 10 Rs. Unterhalb des Klosters ist ein interessanter kleiner Ort.

BEACON HIGHWAY UND NUBRA-TAL

Das wunderschöne Nubra-Tal ist eine der Gegenden in Ladakh, die erst seit kurzem zugänglich sind. Es lag einst an der Handelsstraße, die das östliche Tibet über den Karakorum-Paß mit Turkistan verband. Nubra war in dieser Zeit ein wichtiger Haltepunkt, weil die Gegend gut bestellt wurde und Obst sowie Getreide leicht gedeihen konnten.

Die Dorfbewohner in dem Tal (90 % Buddhisten und 10 % Moslems) praktizieren noch die Vielmännerei, bei der sich bis zu drei Brüder eine einzige Frau teilen.

Sondergenehmigungen: Die meisten Leute besuchen die Gegend im Rahmen einer Pauschalreise, organisiert vom einen oder anderen Reisebüro in Leh, weil man die Region nur in Gruppen von jeweils mindestens vier Personen betreten darf. Ausländern ist das Reisen bis Panamik und Diskit im Bezirk Shyok erlaubt.

Bevor man sich auf den Weg begibt, muß man sich im Bezirksdirektorat in Leh eine solche Sondergenehmigung besorgen. Die Anschlagtafel an der deutschen Bäckerei ist übrigens eine gute Stelle, um Reisegefährten zu suchen, wenn man sonst vier Teilnehmer nicht zusammenbringt.

Somoor: In diesem Ort ist der 150 Jahre alte Gompa Samling ganz interessant, in dem man auch übernachten kann, wenn man morgens um 4 Uhr an der *puja* teilnehmen will. Außerdem kommt man im Ibex Garden House & Camping Garden unter, geführt von der örtlichen Lehrerin, Frau Sonam Dolkar.

Panamik: Panamik liegt 150 km von Leh entfernt und ist der Ort im Tal, bis zu dem man als Ausländer fahren darf. In Panamik gibt es zwei Selbsthilfegruppen, von denen sich eine mit der Weberei und die andere mit der Holzschnitzerei befaßt.

Der 250 Jahre alte Gompa Ensa auf der anderen Seite des Tales ist viel weiter entfernt, als man glaubt. Dorthin sind es über Hargam, weiter das Tal hinauf, wo sich der Fluß überqueren läßt, mindestens sechs Stunden Fußmarsch.

Im Ort gibt es ein kleines Gästehaus mit einem Platz zum Zelten. Für ein Zimmer muß man in diesem Quartier 25 Rs bezahlen, für ein Essen jeweils weitere 25 Rs.

Diskit: Diskit liegt im Shyok-Tal und ist der Sitz der Verwaltung dieses Bezirks. Übernachtungsmöglichkeiten stehen im indischen Stil (im Gegensatz zum Stil der Ladakhi) im Shapanam Guest House zur Verfügung.

An- und Weiterreise: Zugang in das Nubra-Tal hat man über den Khardong La (5606 m) auf der höchstgelegenen Straße für Kraftfahrzeuge auf der ganzen Welt. Befahrbar ist diese Strecke etwa drei Monate im Jahr, und zwar von Juni bis August.

Busse nach Panamik fahren in Leh jeden Mittwoch um 6.00 Uhr ab und sind meistens total überfüllt. Das Mitfahren auf dem Dach ist so lange kein Problem, wie es einen Polizisten nicht stört. Auf dem Khardong La werden die Reisepässe kontrolliert. Dort steht auch ein Zelt, in dem man *chai* trinken kann. Von Diskit kann man mit einem Bus nach Leh jeden Samstag gegen 6 Uhr morgens zurückfahren.

Im Tal verkehrt ein Bus von Panamik nach Diskit donnerstags und samstags gegen 11 Uhr und von Somoor nach Diskit mittwochs um 8 Uhr. Die Alternative dazu ist der Versuch, in Militärfahrzeugen per Anhalter mitgenommen zu werden.

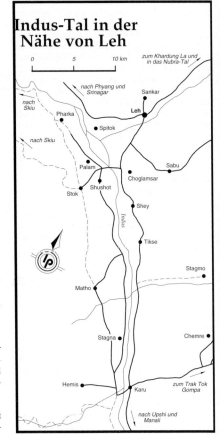

Indus-Tal in der Nähe von Leh

0   5   10 km

zum Khardong La und in das Nubra-Tal

nach Phyang und Srinagar

Sankar

nach Skiu

Pharka

Leh

Spitok

nach Skiu

Palam

Sabu

Choglamsar

Shushot

Stok

Shey

Matho

Tikse

Stagmo

Stagna

Chemre

Hemis

Karu

zum Trak Tok Gompa

nach Upshi und Manali

CHOGLAMAR

Das tibetische Flüchtlingslager in Choglamar wurde zu einem bedeutenden Zentrum für Studien der tibetischen Literatur und Geschichte sowie der buddhistischen Philosophie. Überhören Sie dort aber die Bitten und Rufe der Kinder nach Bonbons. Sonst erzieht man sie zu Bettlern. Die beeindruckende zeitweilige Residenz des Dalai Lama wurde unweit des Flusses errichtet. In der Nähe führt eine Brücke über den Indus nach Stok und dann eine unwegsame Straße am anderen Flußufer nach Hemis. In Rde-wa Chan, unweit von Choglamsar, veranstaltet die Mahabodi-Gesellschaft Meditationskurse. Nähere Einzelheiten darüber können Sie von dieser Gesellschaft in ihrem Haus in Leh erhalten.

SHEY

Vor etwa 550 Jahren wurde dieser frühere Sommerpalast der Könige von Ladakh gebaut. Übrig blieben davon nur Ruinen. Lediglich im *gompa* können Sie noch eine 12 m hohe sitzende Buddha-Figur sehen. Der Eintritt beträgt 10 Rs. Das Kloster ist von 7.00 bis 9.00 Uhr und von 17.00 bis 18.00 Uhr geöffnet. Außerhalb dieser Öffnungszeiten müssen Sie den Mönch Tashi unten im Ort suchen; er weiß, wo der Schlüssel ist.

TIKSE

Einen Blick auf das Kloster Tikse können Sie bereits von Leh aus werfen; es liegt 17 km entfernt. Durch Einnahmen aus den Reisekassen der neugierigen Touristen wurden umfangreiche Renovierungsarbeiten möglich. Dieses Kloster ist besonders malerisch gelegen und erbaut, und zwar hoch oben an einem Berghang mit Blick auf den Indus und den Ort. Neben dem Parkplatz befindet sich der Tempel Zan-La.
Das Kloster besitzt eine bedeutende Sammlung tibetischer Bücher und einige beachtliche Kunstwerke. Wer sich für die Zeremonien in einem Kloster interessiert, sollte unbedingt um 6.30 Uhr im Gompa von Tikse sein. Das frühe Aufstehen lohnt sich. Dem Gottesdienst gehen klagende Töne vom Klosterdach voraus. Der Eintritt beträgt 15 Rs.

Unterkunft: Übernachten kann man in Doppelzimmern des Hotels Shalzang Chamba. Einen Schlafsaal und Einzelzimmer gibt es dort nicht.

KARU

Hinter diesem Dorf steigt die Straße nach Manali aus dem Tal des Indus an. 20 Minuten hinter Karu befindet sich in Upshi eine Kontrollstelle der Polizei. Hier gibt es auch eine ganze Reihe von Teeläden.

HEMIS

Eines der größten und wichtigsten Klöster von Ladakh ist Gompa Hemis, 45 km von Leh entfernt auf der anderen Seite des Indus. Mit einem Auto oder Jeep gelangt man ohne Probleme dorthin. Nur per Bus ist dies schwieriger, denn dann muß man im Kloster übernachten. Man schafft es nämlich nicht, an einem Tag von Leh mit dem Bus hinzufahren, die 6 km bis zum Kloster bergauf zu klettern, alles anzusehen und mit dem Bus wieder zurückzufahren.
Berühmt ist der Gompa von Hemis wegen seines Hemis-Festivals. Es fällt in die zweite Hälfte des Juni oder in die ersten Tage des Juli. Das Hemis-Festival ist nicht nur das bedeutendste Klosterfest, sondern auch das einzige Fest, das mitten in der Hochsaison und somit in der Zeit Stattfindet, in der Touristen in Ladakh sind. Vielleicht denken geschäftstüchtige Mönche anderer Klöster ja hierüber nach und legen ihre Feste auch in die touristisch bessere und somit lukrativere Zeit. Das Fest mit phantastischen Maskentänzen und Massen neugieriger Schaulustiger dauert zwei Tage.
Das Kloster besitzt eine ausgezeichnete Bibliothek, besonders gute Wandmalereien und schöne Buddha-Figuren. Als Eintritt werden 15 Rs erhoben.
Wenn Sie sich aber bei Karu entschlossen haben, statt nach rechts nach links abzubiegen, dann erreichen Sie den Gompa Chemre. Dieses Kloster liegt 5 km von der Straße entfernt, während man 10 km weiter zum Gompa Trak Tok kommt. Beide Klöster befinden sich in einem für Besucher gesperrten Gebiet. Touristen dürfen diese beiden Klöster aber trotzdem besuchen.

Unterkunft: Übernachten läßt sich im Schlafsaal des nicht sehr sauberen Rest House und in Restaurants.

Maskentänzer beim Hemis-Festival

Billiger und sauberer ist man in Privatquartieren untergebracht.

Gutes Essen ist im Restaurant Parachute neben der Bushaltestelle erhältlich.

MATHO

Die Straße am Westufer des Indus ist zwar in einem nicht so guten Zustand wie die Straße am östlichen Ufer, aber es ist möglich, von Hemis auf dieser Straße nach Leh zurückzukehren. Unterwegs gibt es einiges zu sehen. Matho liegt 5 km entfernt von Stagna in einem Seitental. Auch hier findet ein wichtiges Fest statt, in dessen Verlauf die Mönche von Geistern besessen sind und in Trance fallen.

Ferner gibt es in Stagna, das ebenfalls an dieser Straße liegt, ein Kloster.

STOK

Nahe der Brücke nach Choglamsar biegt von der linken Uferstraße eine Straße zum Palast von Stok ab. Im Jahr 1974 starb der letzte König von Ladakh, aber seine Witwe, die Rani von Stok, lebt noch immer in dem 200 Jahre alten Palast. Es wird angenommen, daß ihr ältester Sohn König wird, sobald er alt genug ist. Besichtigen dürfen Besucher hier nur das Museum (Eintritt 20 Rs), das von 7.00 bis 19.00 Uhr geöffnet ist.

GOMPA PHARKA

Dieses kleine Höhlenkloster liegt fast unmittelbar gegenüber vom Kloster Spitok auf der Seite des Indus, auf der auch Stok liegt. Zu erreichen ist dieses Kloster über die Brücke nach Choglamsar. Die letzten Kilometer muß man zu Fuß gehen.

VON LEH NACH MANALI

Die Straße zwischen Leh und Manali ist für Ausländer erst seit 1989 zugänglich und wurde ganz schnell eine beliebte Verbindung von und nach Leh. Sie ist die zweithöchste mit Kraftfahrzeugen befahrbare Strecke und erreicht am Taglang La eine Höhe von 5328 m. Busse verkehren auf dieser Straße nur in der Sommersaison (vgl. Abschnitte über Leh und Manali). Weil nur etwa die Hälfte der Gesamtlänge von 485 km geteert ist, kann eine Fahrt auf dieser Straße recht ungemütlich werden, insbesondere hinten in einem Bus.

TAGLANG LA

Eine sehr unebene Straße führt zu diesem Paß in einer Höhe von 5328 m, dem höchsten an der ganzen Strecke. Ansehen kann man sich einen kleinen Tempel und zudem im staatlichen Teegeschäft eine kostenlose Tasse Tee erhalten. Die beiden anderen Gebäude sind deutlich beschriftet: „Gents Urinal" und „Ladies Urinal". Zurück in das Tal kann man hervorragende Ausblicke genießen.

PANG CAMP

In Zelten entlang des Flusses wurde eine ganze Reihe von Restaurants eröffnet. Dort halten die meisten Busse für eine Mittagspause. Für einen Teller Reis mit *dhal* und Gemüse muß man ca. 20 Rs bezahlen, während eine Flasche Mineralwasser doppelt so teuer wie in Leh oder Manali ist. Etwa eine Stunde später kommt man zu einem Tourist Camp des Staates Jammu und Kaschmir, gelegen ebenfalls am Fluß.

LACHLUNG LA

Mit einer Höhe von 5065 m ist dies der zweithöchste Paß an der Straße zwischen Leh und Manali.

SARCHU

Sarchu liegt gleich hinter der Grenze nach Himachal Pradesh. Hier halten die meisten Busse am Tourist Camp von Himachal Tourism. Mit 80 Rs für ein Bett in einem Zelt wie in einem Schlafsaal übernachtet man hier viel zu teuer. Zudem werden vegetarische Thalis für 30 Rs angeboten. Quittungen erhält man nicht, so daß zweifelhaft bleibt, wohin die Einnahmen gelangen. Auch wenn die Fahrer der Busse versuchen, den Fahrgästen auszureden, ist es erlaubt, auf Wunsch im Bus zu übernachten. Als Alternative bietet sich an, 100 m zurück nach Jammu und Kaschmir zu gehen, wo es ein weiteres Restaurant in einem Zelt gibt, in dem man billiger essen kann und vielleicht auch in einer Ecke seinen Schlafsack zum Übernachten ausrollen darf.

BHARATPUR CITY

Einst eine Siedlung für die Arbeiter, die diese Straße bauten, sind heute zwei Restaurants in Zelten alles, was von dieser „Metropole" noch übrig ist. Von ihnen ist das Dhaba Himalaya das bessere.

BARALACHA LA

Es ist nur ein kurzer Aufstieg bis zu diesem 4883 m hohen Paß. Etwa eine Stunde später erreicht man den Kontrollpunkt der Polizei in Patsio.

DARCHA

In dieser kleinen Ortschaft am Ufer des Chenab gibt es etwa ein halbes Dutzend kleiner Restaurants. Kurz hinter Darcha kommt man durch Jispa, wo ein großes Lager der Armee errichtet wurde.

VON KEYLONG NACH MANALI

Keylong ist die erste Ortschaft nennenswerter Größe auf einer Fahrt von Leh nach Manali und die Verwaltungshauptstadt von Lahaul und Spiti, wo man mehrere interessante Trekking-Touren unternehmen kann.

Einzelheiten dazu können Sie dem Kapitel über Himachal Pradesh entnehmen.

Nach einer Mittagspause in Kosar, wo es einen beeindruckenden Wasserfall gibt, überquert man den Rohtang La (3978 m) und fährt dann hinunter nach Manali.

TREKKING-TOUREN IN LADAKH

Trekking-Touren aus Leh und aus dem Indus-Tal heraus lassen sich durch eine der Agenturen in Leh zu Preisen zwischen 500 und 1000 Rs pro Tag organisieren. Dabei ist es jedoch ratsam, seinen eigenen Schlafsack und sein eigenes Zelt bei sich zu haben. Wenn man

nach Srinagar

Leh

Indus River

Karu
35 km

Upshi
49 km

Von Leh
nach Manali

nicht maßstabsgetreu

Entfernungen von Leh in Kilometern

Taglang La
(5328 m)
109 km

Pang Camp
184 km

Lachlung La
209 km

Lachlung La
(5060 m)

Sarchu
263 km

Keylong
372 km

Darcha
340 km

Baralacha La
(4897 m)
299 km

Chenab

HIMACHAL
PRADESH

Lager Jispa
347 km

Chandra

Kosar
414 km

Rohtang La
(3978 m)
434 km

Batal

Manali
485 km / nach Delhi

Bergwanderungen auf eigene Faust unternehmen will, kann man am Ausgangspunkt ein Pferd mit einem Begleiter mieten. Das kann allerdings Zeit kosten, so daß man dafür besser zwei Tage Zeit einkalkuliert, bevor man sich auf den Weg begibt. Pro Pferd und Tag muß man mindestens 200 Rs einplanen.

Die beliebteste Trekking-Tour in Ladakh ist die Strecke von Spitok, unmittelbar unterhalb von Leh, in das Markha-Tal und zum Kloster Hemis. Herausfordernder ist die Bergwanderung von Lamayuru nach Alchi, auf der man für Teilstrecken auch einen einheimischen Führer benötigt, weil einige Abschnitte nicht zu gut zu erkennen sind. Die Höhe darf man auf diesen Trekking-Touren ebenfalls nicht vergessen, denn viel Pässe, die überquert werden müssen, liegen mehr oder weniger auf einer Höhe von 5000 m. Eine Alternative dazu ist die Bergwanderung vom Kloster Likir nach Temisgam über relativ niedrige Pässe, die sich zudem das ganze Jahr über bewältigen läßt.

**VON SPITOK IN DAS MARKHA-TAL
UND NACH HEMIS**

Die Trekking-Tour vom Kloster Spitok das Jingchen-Tal hinauf vermeidet in den ersten beiden Tagen das Überqueren von Pässen. Dennoch sollte man zumindest einen Ruhetag einlegen, bevor man sich auf den Weg über den Ganda La (4890 m) begibt. Von der Paßhöhe ist es ein ständiger Abstieg bis in das Markha-Tal und zum Dorf Skiu. Die Wanderung das Tal hinauf ist zugleich ein Abschnitt bis zum Dorf Markha, einer nicht gar so kleinen Ortschaft mit einem kleinen Kloster, bevor es wieder bergauf zu den Weiden für Yaks in Nimaling geht. Oberhalb des Lagers erhebt sich der beeindruckende Gipfel des Kangyaze (6400 m). Der Kongmaru La (5030 m) ist der höchste Paß auf der gesamten Strecke und ermöglicht herrliche Blicke in Richtung Süden auf die Bergkette von Zanskar sowie in Richtung Norden auf die Berge von Ladakh. Nachdem man diesen Paß bewältigt hat, kommt man zu einem weiteren Lager zum Zelten im Dorf Chogdo, bevor man das Kloster Hemis erreicht und von dort mit einem Bus nach Leh zurückfahren kann.

1. Abschnitt   Spitok - Rumbak (6-7 Stunden)
2. Abschnitt   Rumbak - Yurutse (3-4 Stunden)

3. Abschnitt	Yurutse - Ganda La - Skiu (7-8 Stunden)
4. Abschnitt	Skiu - Markha (7-8 Stunden)
5. Abschnitt	Markha - Nimaling (7-8 Stunden)
6. Abschnitt	Nimaling - Kongmaru La - Chogdo (7-8 Stunden)
7. Abschnitt	Chogdo - Hemis (4-5 Stunden)

VON LAMAYARU NACH ALCHI

Diese Trekking-Tour wird häufig von Leuten unternommen, die von Srinagar oder Kargil auf dem Weg nach Leh sind. In Lamayaru stehen etliche Lodges zur Verfügung, in denen man auch dabei behilflich ist, ein Pferd mit Begleiter zu finden, bevor man zum Weg über den kleinen Prinkiti La zu Kloster Wanla aufbricht.

Von Wanla sollte man sich zwei Abschnitte Zeit lassen, bevor man den Konze La (4940 m) auf dem Weg zum Dorf Sumdo in Angriff nimmt. Von dort ist der Weg bis zum Dorf Sumdochoon am Fuß des Stagspi La nicht gerade besonders gut zu erkennen. Die Blicke von der Paßhöhe des Stakspi La (4970 m) sind aber alle Mühen wert, denn von dort hat man zur Belohnung einen Panoramablick auf die Berge von Ladakh und des Karakorum, bevor ein langer Abstieg zum Kloster von Alchi und die Weiterfahrt nach Leh beginnen.

1. Abschnitt	Lamayaru - Wanla (3 Stunden)
2. Abschnitt	Wanla - Phanjila (4 Stunden)
3. Abschnitt	Phanjila - Fuß des Konze La (5 Stunden)
4. Abschnitt	Lager - Lonze La - Sumdo (5-6 Stunden)
5. Abschnitt	Sumdo - Sumdochoon (5 Stunden)
6. Abschnitt	Sumdochoon - Stakspi La - Alchi (8 Stunden)

VON LIKIR NACH TEMISGAM

Wenn man körperlich fit ist, läßt sich diese Trekking-Tour in einem einzigen Tag absolvieren. Vom Kloster Likir überquert man auf dem Weg zum Dorf Yantang, nur ein kurzes Stück vom Kloster Rizdong entfernt, einen kleinen Paß. Der nächste Abschnitt führt bis zum Dorf Hemis-Shukpachu. Dann ist es noch ein weiterer kurzer Abschnitt über zwei nicht sehr hohe Pässe nach Temisgam, wo täglich ein Bus zurück nach Leh abfährt.

1. Abschnitt	Likir - Yantang (4-5 Stunden)
2. Abschnitt	Yantang - Hemis-Shukpachu (3 Stunden)
3. Abschnitt	Hemis-Shukpachu - Temisgam (3-4 Stunden)

ZANSKAR

Das lange, enge Zanskar-Tal ist erst seit noch viel kürzerer Zeit als Ladakh zugänglich. Eine Piste für Jeeps führt von Kargil bis Padum, der Hauptstadt. Auch wenn sie nicht das ganze Jahr über befahrbar ist, hat sie das Gebiet für Fahrzeuge zugänglich gemacht.

Derzeit ist Zanskar noch ein Paradies für Trekker. Einige der Trekking-Touren sind mit Sicherheit schwer und erfordern eine gute Kondition. Trekking-Touren lassen sich sowohl im Tal als auch aus dem Tal heraus in Richtung Kaschmir, Ladakh oder nach Himachal Pradesh unternehmen.

WARNUNG

Leider hat sich Mitte 1995 eine „Befreiungsbewegung von Zanskar" zu Wort gemeldet und ein Verbot für ausländische Besucher ausgesprochen, das Gebiet zu besuchen. Wir raten daher, sich in der Umgebung Rat zu holen, bevor man sich nach Zanskar auf den Weg begibt.

PADUM

Die „Hauptstadt" von Zanskar zählt rund 1000 Einwohner, von denen 300 sunnitische Moslems sind. Der Ort liegt im südlichen Teil einer fruchtbaren, breiten Ebene, wo zwei Flüsse zusammenfließen und den Fluß Zanskar bilden. In Padum gibt es ein Fremdenverkehrsbüro (Tourist Office), in dem man sich eine Unterkunft vermitteln und sagen lassen kann, wo sich Pferde mieten lassen. Bei der Ankunft in Padum müssen sich alle Besucher im Fremdenverkehrsamt melden.

UNTERKUNFT

Als Unterkünfte stehen in Padum einige einfache Hotels und Privatquartiere zur Verfügung. Preiswert in einem Schlafsaal kann man im Shapodokla in der Ortsmitte übernachten, während im Hotel Haftal View und im Hotel Ibex Zimmer für 50 bis 80 Rs vermietet werden. Aber wahrscheinlich ist das im Preis ähnliche Chora-la von allen das beste. Teurer wohnt man im Tourist Bungalow, in dem Doppelzimmer mit Bad vermietet werden.

DIE UMGEBUNG VON PADUM

ZANGLA UND KARSHA

Rund um Padum führt dieser Vier-Tage-Treck. Der erste Tag bringt Sie bis Thonde, am Ufer eines Flusses gelegen, über dem hoch am Berg ein Kloster liegt. Da die Pferde die Seilbrücke von Padum nicht überqueren können, ist hier die erste Möglichkeit, ein Pferd zu mieten. Mit ihnen erreichen Sie weiter landeinwärts gelegene Orte.

Am zweiten Tag können Sie die Strecke von Thonde nach Zangla wandern, wo der König von Zanskar seine Burg hat. Der dritte Tag führt Sie zurück in Richtung Thonde, über den Fluß und dann weiter nach Karsha, dem berühmtesten Kloster von Zanskar. Am letzten Tag können Sie den Fluß mit der Fähre überqueren oder weiter talabwärts bis zur hölzernen Brücke nach Tungri und danach zurück nach Padum wandern.

TUNGRI UND ZONGKHUL

Auch dies ist eine viertägige Trekking-Tour um Padum herum. Unterwegs stoßen Sie auf die Klöster Sani und Zongkhul. Folgen Sie der Route in Richtung Muni La und wenden Sie sich dann in Richtung Umasi La.

TREKKING-TOUREN IN ZANSKAR

Trekking-Touren in Zanskar können schwer werden. Außerdem sollte man für alle Eventualitäten ausgerüstet sein und die meisten Versorgungsgüter mitbringen. In Leh gibt es eine Reihe von Organisationen, die Trekking-Touren in Zanskar organisieren und dafür zwischen 500 und 1000 Rs pro Tag berechnen. Die von diesen Agenturen zur Verfügung gestellten Ausrüstungsgegenstände (Schlafsäcke, Daunenjacken und Zelte) sind allerdings nicht gerade hochwertig.

Wenn auch eine Reihe von Trekking-Touren von Padam, dem Sitz der Verwaltung von Zanskar, durch Dörfer mit Teehäusern und Unterkünften führt, können unterwegs nicht überall feste Quartiere garantiert werden. Auf einigen Abschnitten ist es erforderlich, über Nacht zu zelten. Daher ist es ratsam, sich für Bergwanderungen seine Ausrüstung selbst mitzubringen und unabhängig zu sein. Pferde lassen sich in Padum für rund 200 Rs pro Tag mieten.

VON PADUM NACH DARCHA

Die Strecke von Padum nach Darcha ist eine der beliebtesten Trekking-Touren aus dem Zanskar-Tal hinaus und läßt sich in einer Woche schaffen. Sie folgt auf den ersten drei Abschnitten einer gut zu erkennenden Route das Tsarap-Tal hinauf, bevor sie zum Kloster Phugtal, einem der ältesten Klöster in der Region Zanskar, abzweigt.

Von Phugtal führt der Weg weiter durch eine Reihe von Dörfern bis Kargyak, der höchstgelegenen Siedlung in diesem Teil von Zanskar. Von Kargyak ist es ein weiterer Abschnitt bis zum Fuß des Shingo La (5090 m). Die Überquerung des Passes im Hauptteil des Himalaja ist in einem weiteren Abschnitt zu bewältigen, bevor es im letzten Abschnitt in das Dorf Darcha geht.

In Darcha ist es möglich, eine Mitfahrgelegenheit auf einem Lastwagen in das Indus-Tal oder nach Leh zu finden oder mit dem täglich verkehrenden Bus nach Manali im Kullu-Tal weiterzufahren.

1. Abschnitt   Padam - Mune (6 Stunden)
2. Abschnitt   Mune - Purne (8 Stunden)
3. Abschnitt   Purne - Kloster Phugtal - Testa (6 Stunden)
4. Abschnitt   Testa - Kargyak (7 Stunden)
5. Abschnitt   Kargyak - Lakong (6-7 Stunden)
6. Abschnitt   Lakong - Shingo La - Rumjak (6-7 Stunden)
7. Abschnitt   Rumkaj - Darcha (6-7 Stunden)

VON PADUM NACH LAMAYURU

Auf dieser Trekking-Tour überquert man eine Reihe von Pässen mit einer Höhe von rund 5000 m und gelangt dann zum Kloster Lamayuru. Wie bei der Wanderung über den Shingo La muß man auf mehreren Abschnitten, auf denen es weder Verpflegung noch Schutz in den Nächten gibt, voll ausgerüstet sein.

Die Wanderung beginnt in Padum oder am nahegelegenen Kloster Karsha, dem größten in ganz Zanskar. Von dort geht es in zwei Abschnitten am linken Ufer des Flusses Zanskar entlang, bevor man in Richtung Hanuma La (4950 m) und Kloster Lingshet abbiegen muß. Von dort ist es nur ein weiterer Abschnitt bis zum Fuß des

Singge La (5050 m), des höchsten Passes auf der gesamten Strecke. Da es nicht schwer ist, diesen Paß zu überqueren, kann man im gleichen Abschnitt leicht auch noch das Dorf Photaksar erreichen.
Von Photaksar steigt der Weg an bis zum Gipfel des Sisir La (4850 m) und führt dann in das Dorf Honupatta.
In zwei weiteren Abschnitten ist man am Kloster Lamayaru und an der Straße zwischen Srinagar sowie Leh, wo es möglich ist, von einem Bus oder Lastwagen nach Leh mitgenommen zu werden.

1. Abschnitt	Padum - Karsha (3 Stunden)
2. Abschnitt	Karsha - Pishu (4-5 Stunden)
3. Abschnitt	Pishu - Hanumil (4-5 Stunden)
4. Abschnitt	Hanumil - Snertse (5 Stunden)
5. Abschnitt	Snertse - Hanuma La - Lingshet (5-6 Stunden)
6. Abschnitt	Lingshet - Fuß des Singge La (5-6 Stunden)
7. Abschnitt	Singge La - Photaksar (5-6 Stunden)
8. Abschnitt	Photaksar - Sisir La - Honupatta (6 Stunden)
9. Abschnitt	Honupatta - Wanla (5 Stunden)
10. Abschnitt	Wanla - Lamayaru (3-4 Stunden)

VON PADUM NACH KISHTWAR

Diese herausfordernde Trekking-Tour über die Hauptkette des Himalaja auf dem Umasi La nimmt mindestens eine Woche in Anspruch und sollte nur in einer gut vorbereiteten Gruppe versucht werden. Da Pferde den Umasi La nicht überqueren können, werden häufig am Kloster Sani in der Nähe von Padum Träger angeheuert. Die übliche Entlohnung dafür bis zum Dorf Suncham auf der anderen Seite des Passes beträgt bis zu 2000 Rs pro Träger. Von dort kehren die Träger nach Zanskar zurück, so daß man für den Rest der Strecke nur noch die Wahl hat, das zu mieten, was verfügbar ist, seien es Pferde oder Mulis.
Von Padum führt die Route das Zanskar-Tal am Dorf Tungri vorbei bis zum Kloster Zongkul. Von dort ist es ein weiterer Abschnitt bis zum Fuß des Umasi La. Der Weg bis zur Paßhöhe ist nicht gerade gut zu erkennen, so daß man auf diesem Teilstück noch einen örtlichen Führer mitnehmen muß. Beim Aufsieg zum Paß hoch muß man auch eine Reihe von Gletschern überqueren. Außerdem ist das letzte Stück unmittelbar unterhalb der Paßhöhe recht steil. Vom Paß (5340 m) hat man Panoramablicke auf den gesamten inneren Himalaja. Hinter dem Paß kommt man zu einem großen Felsüberhang, an dem die Träger meistens darauf bestehen, eine Nacht zu bleiben, bevor der lange Abstieg bis zum Dorf Suncham beginnt. Danach sollte man sich bis zum Dorf Atholi zwei Abschnitte Zeit lassen.
In Atholi hat man die Möglichkeit, mit einem Bus nach Kishtwar zu fahren oder in drei weiteren Abschnitten das Chandra-Tal hinauf bis zum Dorf Kilar sowie zur neuen Straße ins Kullu-Tal und nach Manali zu wandern.

1. Abschnitt	Padum - Kloster Zongkul (6-7 Stunden)
2. Abschnitt	Kloster Zongkul - Fuß des Umasi La (6-7 Stunden)
3. Abschnitt	Umasi La - Lager (7 Stunden)
4. Abschnitt	Lager - Suncham (8 Stunden)
5. Abschnitt	Suncham - Marchel (3 Stunden)
6. Abschnitt	Marchel - Atholi (8 Stunden)

UTTAR PRADESH

Der Einwohnerzahl nach ist Uttar Pradesh der größte Staat Indiens. Es ist geradezu umwerfend, wenn man daran denkt, daß Uttar Pradesh als unabhängiger Staat zu den zehn größten auf der ganzen Welt gehören würde. Uttar Pradesh ist aber auch eines der großen religiösen und geschichtlichen Zentren des Subkontinents. Bestimmend ist der Ganges; er ist so etwas wie das Rückgrat dieses Staates und zugleich der heilige Fluß der Hindus. An seinen Ufern liegen unzählige Orte, zu denen die Hindus in Scharen strömen. Das gilt vor allem für Rishikesh und Haridwar, wo der heilige Fluß aus dem Himalaja in die Ebene tritt, und für Varanasi, die heiligste aller Städte. Aber auch der Buddhismus ist hier verwurzelt. In Sarnath, ein wenig außerhalb von Varanasi, steht ein Schrein an der Stelle, an der Buddha die erste Predigt über seine neue Heilslehre hielt.

Auch in bezug auf die Geographie und die Soziologie ist dieser Staat vielfältig. Zum größten Teil besteht er aus der Ganges-Ebene, einem Gebiet, das völlig flach ist und in Monsunzeiten oft unter bedrohlichen Überschwemmungen zu leiden hat. Die Menschen sind zu einem großen Teil Bauern mit schlechter Schulbildung, die dem übervölkerten Land das Nötigste abzuringen versuchen. Nicht zuletzt deshalb wird die Region häufig als „Kuhgürtel" des „hinduistischen Gürtels" bezeichnet. Im Gegensatz dazu gehört der Nordwesten des Bundesstaates schon zum Himalaja, mit hervorragenden Trekking-Möglichkeiten, einer schönen Landschaft und einigen von Indiens höchsten Bergen.

In den letzten Jahren ist dieser Staat auch in den Brennpunkt der rechtsgerichteten hinduistischen BJP-Partei geraten. Der Disput in Ayodhya um die Errichtung eines hinduistischen Tempels auf dem Grundstück, auf dem früher eine moslemische Moschee stand, bekannt als Ranajanambhumi-Projekt, brachte Uttar Pradesh im Jahre 1992 mehrere Male in den Blickpunkt. Die Pläne führten auch in anderen Teilen Indiens zu Aufständen mit Toten. Das Thema hat sich in der Zwischenzeit keineswegs erledigt. Ende 1994 hat nämlich die Bundesregierung den Streit vor den Obersten Gerichtshof getragen, um entscheiden zu lassen, ob vor der Errichtung der heute zerstörten Moschee auf dem Grundstück ein hinduistischer Schrein gestanden hat oder nicht. Dadurch hat die Bundesregierung die Lösung der schwierigen Frage aus der Hand gegeben. Der Oberste Gerichtshof lehnte es jedoch ab, sich in

Einwohner: 152,7 Millionen
Gesamtfläche: 294 411 km²
Hauptstadt: Lucknow
Einwohner pro Quadratkilometer: 518
Wichtigste Sprache: Hindi
Alphabetisierungsrate: 41,7 %
Beste Reisezeit: Oktober bis März

den Streit um das Thema ziehen zu lassen, so daß die Bundesregierung wieder am Zuge ist.

GESCHICHTE

Vor mehr als tausend Jahren war diese Gegend ein Teil von Ashokas großem buddhistischen Reich. Heute ist Agra bekannt wegen des wohl berühmtesten und perfektesten Bauwerks aus der Mogulzeit. Gemeint ist das Taj Mahal. Nicht ganz so lange her ist es, daß ebenfalls in Uttar Pradesh im Jahre 1857 in Meerut ein Aufstand ausbrach und einige der dramatischsten (in Lucknow) sowie unglücklichsten und wenig erfolgreichen (in Kanpur) Ereignisse stattfanden.

Als Agra nach der Übernahme durch die Briten mit Avadh zusammengefaßt wurde, wurde der Staat zunächst als Vereinigte Provinz bezeichnet und erst nach der Unabhängigkeit in Uttar Pradesh umbenannt.

Seit Erlangung der Unabhängigkeit im Jahre 1947 stellte der Bundesstaat sieben von neun Premierministern - Jawaharlal Nehru, Lal Bahadur Shastri, Indira Gandhi, Charan Singh, Rajiv Gandhi, VP Singh und Chandrasekhar. Sie alle kamen aus Uttar Pradesh.

REGION AGRA

AGRA

Einwohner: 1 050 000
Telefonvorwahl: 0562
Während der Herrschaft der Moguln im 16. und 17. Jahrhundert war Agra die Hauptstadt von Indien. Die prächtigen Bauwerke dieser Stadt erinnern noch an diese längst vergangene Zeit. Ganz besonders sind es zwei Bauwerke, die Jahr für Jahr Besucherströme anlocken. Viele von ihnen kommen allein ihretwegen nach Indien: das Fort und das Taj Mahal.

Mit seinen überfüllten Straßen, den geschäftstüchtigen Rikscha-Fahrern und der Lage am Yamuna hat Agra eigentlich viele Gemeinsamkeiten mit anderen nord-indischen Städten, aber nur, wenn man all die imponierenden und beeindruckenden Gebäude aus der Zeit der Moguln übersieht.

Agra läßt sich von Delhi aus bequem in einem Tagesausflug besuchen. Im Hinblick auf die außerordentlich guten Bahnverbindungen ist das kein Problem. Aber Agra ist viel zu schade, um in nur einem Tag alle Sehenswürdigkeiten abzuhaken, insbesondere dann, wenn man beabsichtigt, auch die verlassene Stadt Fatehpur Sikri zu besuchen. Vor allem sollten Sie sich für das Taj Mahal genügend Zeit nehmen, und zwar für mehrere Besuche, da das märchenhafte Gebäude zu

---

Provisionen, Schlepper und Betrügereien

Von allen Städten in Indien ist Agra die, in der die meisten Leute in die unangenehme Sitte verwickelt sind, Provisionen zu geben und zu nehmen. Es scheint, daß dabei so gut wie jeder mitmacht. In dem Augenblick, in dem man als Besucher in Agra aus einem Zug oder Bus steigt, wird bereits ein Rikscha-Fahrer zur Stelle sein, um zu einem Hotel, einem Laden mit Kunstgewerbe oder einer Besichtigungsfahrt zu starten. Diese Leute können so hartnäckig und aufdringlich sein, daß nicht wenige Besucher meinen, sie hätten ihnen den Aufenthalt in Agra verdorben. Die Provision, die Schlepper in Kunstgewerbegeschäften erhalten, können bis zu 20 % des Kaufpreises ausmachen.

Wenn man den aufdringlichen Rikscha-Fahrern entkommen ist, wird sich als nächster ein gut angezogener junger Mann mit einer modischen Sonnenbrille und einem Moped nähern, der behauptet, Student (häufig aus dem Punjab) und daran interessiert zu sein, für seine weitere Ausbildung etwas vom Heimatland des jeweiligen Besuchers erfahren zu können. Allerdings hat kein richtiger indischer Student das Geld, um so aufzutreten wie diese jungen Burschen. Daher kann man fast sicher sein, daß es sich ebenfalls um Leute handelt, die auf der Jagd nach Provisionen sind. Eine Einladung nach Hause führt zwangsläufig direkt zu einem Geschäft mit Kunsthandwerk (das normalerweise natürlich einem „Onkel" oder „Bruder" gehört), in dem man gedrängt wird, zu überhöhten Preisen etwas zu kaufen. Wenn man sich bei der ersten Annäherung kühl verhält und keine Neigung erkennen läßt, sich auf ein Gespräch einzulassen, dann greifen diese Leute nicht selten zu einem alten Trick und fragen, ob man sich nicht mit Indern unterhalten wolle.

Wenn man in Agra Teppiche einkaufen will, muß man sich vor einem derzeit üblichen Betrugsversuch hüten. Dazu gehört, daß man sich damit einverstanden erklärt, dem Teppichverkäufer dabei behilflich zu sein, gegen Gewinnbeteiligung einige zusätzliche Teppiche für seine „Agenturen" im eigenen Heimatland aus Indien zu exportieren. Die muß man zunächst ebenfalls mit einer Kreditkarte bezahlen, wobei versichert wird, man sei durch das Unterschreiben eines offiziell aussehenden Formulars davor geschützt, daß der Beleg an die Kreditkartenorganisation weitergeleitet werde, bevor die Teppiche nicht beim eigentlichen Empfänger im Heimatland angekommen seien. Zu Hause jedoch hat man dann nicht nur hohe Einfuhrzölle für vier oder fünf Teppiche zu bezahlen, sondern stellt auch fest, daß die Kreditkartenorganisation nicht nur den Kaufpreis für den einen Teppich, den man wirklich kaufen wollte, vom Konto abgebucht hat, sondern auch für die weiteren, die man aus Indien mitgebracht hat, ohne daß sich die angebliche Agentur, für die die zusätzlichen Teppiche bestimmt sein sollten, jemals meldet.

Weitere Einzelheiten zu diesem Thema können Sie dem Abschnitt über Einkäufe im Einführungsteil entnehmen.

---

jeder Tageszeit und unter den verschiedenen Beleuchtungen stets anders aussieht.

GESCHICHTE

Hauptstadt wurde Agra 1501 unter Sikandar Lodi, fiel dann aber sehr schnell in die Hände der Moguln. Babur und Humayun ließen einige der frühen Bauten aus der Zeit der Moguln errichten. Seine volle Blüte erlebte Agra aber erst unter Akbar; er regierte von Fatehpur Sikri aus in der Zeit von 1570 bis 1585. Als er diese Stadt aufgab, ließ er sich in Lahore (heute Pakistan) nieder, kam aber 1599 nach Agra zurück und blieb dort bis zu seinem Tod (1605).

Jehangirs Leidenschaft für Kaschmir ließ ihn nicht allzu viel Zeit in Agra verbringen. Dafür ist der Name Shah Jahan um so enger mit Agra verbunden. Unter seiner Herrschaft wurden die Jama Masjid, die meisten der Palastbauten im Fort und natürlich das Taj Mahal erbaut. Im Jahre 1638 wurde in Delhi mit dem Bau einer neuen Hauptstadt einschließlich Rotem Fort und Jama Masjid begonnen. Dorthin wurde die Hauptstadt im Jahre 1648 dann auch verlegt.

1761 fiel Agra in die Hände der Jats. Sie gingen wenig liebevoll mit all den prächtigen Bauten und Denkmälern um und schreckten noch nicht einmal vor der Plünderung des Taj Mahal zurück. Danach eroberten die Marathen diese Stadt (1770). Aber dies war noch längst nicht der letzte Wechsel der Herrschaft über die Stadt. Agra geriet auch noch in die Hände vieler fremder Machthaber, bis schließlich 1803 die Briten die Stadt vereinnahmten. Während des Aufstandes im Jahre 1857 fanden rund um das Fort erbitterte Kämpfe statt.

ORIENTIERUNG

Agra liegt am Westufer des Yamuna, und zwar 204 km südlich von Delhi. Der alte Teil der Stadt liegt nördlich des Forts. Zu ihm gehört der wichtigste Marktplatz in einer engen Straße (Kinari Bazaar). Der neuere Teil der Stadt liegt im Süden, bekannt unter der Bezeichnung Sadar Bazaar. An der Mall finden Sie das staatliche indische Fremdenverkehrsamt (Government of India Tourist Office), das Hauptpostamt (GPO) und die Stelle, an der postlagernde Sendungen in Empfang genommen werden können. In dieser Gegend haben sich auch Kunstgewerbegeschäfte und viele Hotels der mittleren Preisklasse angesiedelt.

Preiswerte Hotels und den Tourist Bungalow findet man zwar auch in der Umgebung des Bahnhofs Raja Mandi, aber der ist denkbar ungünstig gelegen. Er ist viel zu weit entfernt vom Taj Mahal und dem Zentrum der Hotels und Restaurants. Unmittelbar südlich des Taj liegt der Stadtteil Taj Ganj mit vielen schmalen Straßen, in denen man auch einige ganz preiswerte Unterkünfte findet. Ein sehr schöner Weg führt entlang des Yamuna vom Taj zum Roten Fort. Die Hotels der Touristenklasse finden Sie vornehmlich in den weiträumigen Gegenden von Taj Ganj, südlich des Taj Mahal.

Agras Hauptbahnhof heißt Agra Cantonment. Hier halten die Züge aus Delhi. Der Hauptbusbahnhof für Busse nach Rajasthan, Delhi und Fatehpur Sikri nennt sich Idgah, während Busse nach Mathura vom Busbahnhof Agra Fort abfahren. Der Flughafen von Agra liegt 7 km von der Stadt entfernt.

PRAKTISCHE HINWEISE

Informationen: Das staatliche indische Fremdenverkehrsamt (Government of India Tourist Office) findet man an der Mall 191 (Tel. 36 33 77). Es ist montags bis freitags von 9.00 bis 17.30 Uhr und samstags von 9.00 bis 13.00 Uhr geöffnet. Das Fremdenverkehrsamt von Uttar Pradesh (Tel. 36 05 17) hat sich an der Taj Road angesiedelt, und zwar unweit vom Hotel Clarks Shiraz. Einen Informationsschalter für touristische Auskünfte gibt es aber auch im Bahnhofsgebäude.

Post: Das Postamt liegt an der Mall, und zwar gegenüber vom Fremdenverkehrsamt. Die Ausgabe von postlagernden Sendungen klappt hier nicht besonders gut, denn viele Briefe und Postkarten sind falsch einsortiert. Es kann gut sein, daß man zunächst ein Bakschisch geben muß, bevor man die Erlaubnis erhält, alle Sendungen selbst darauf durchsehen zu dürfen, ob etwas für einen dabei ist.

Buchhandlungen: Eine gute Auswahl an Büchern, auch Reiseführern, ist im Modern Book Depot unweit vom Restaurant Kwality erhältlich. Man kann dort aber auch Postkarten sowie Schreib- und Papierwaren kaufen.

SEHENSWÜRDIGKEITEN

Taj Mahal: Wenn es zutrifft, daß ein einziges Gebäude das Symbol eines ganzen Landes ist - wie beispielsweise der Eiffelturm für Frankreich -, dann ist dies für Indien das Taj Mahal. Das geht sogar so weit, daß das indische Fremdenverkehrsamt eine Werbekampagne eigens mit dem Ziel startete, den Besuchern klar zu machen, daß es außer dem Taj Mahal noch mehr in Indien zu sehen gibt. Dieses berühmteste Bauwerk der Mogulzeit ließ Shah Jahan zum Gedenken an seine geliebte Frau Mumtaz Mahal (Auserwählte des Palastes) errichten. Immer wieder wird es als das extravaganteste Gebäude beschrieben, das je aus Liebe erdacht und erbaut wurde. Denn Liebe war es, die Shah Jahan dazu bewegte, seiner Frau ein Denkmal zu errichten. 17 Jahre war er mit ihr verheiratet, als sie im Jahre 1631 bei der Geburt des 14. Kindes starb.

UTTAR PRADESH

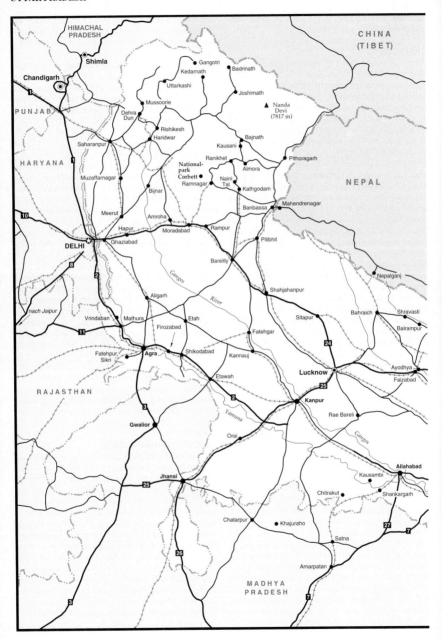

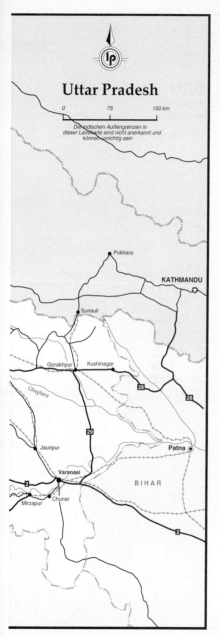

Uttar Pradesh

0   75   150 km

Die indischen Außengrenzen in
dieser Landkarte sind nicht anerkannt und
können unrichtig sein

Pokhara

KATHMANDU

Sunauli

Gorakhpur   Kushinagar

28

28

Ghaghara

29

Jaunpur   Patna

Varanasi

2   BIHAR

Mirzapur   Chunar

2

Mit dem Bau begann man im gleichen Jahr, aber erst 22 Jahre später wurde er vollendet. Die Arbeiter für dieses Monument kamen aber nicht nur aus allen Teilen Indiens, sondern auch aus Zentralasien. Mehr als 20 000 Arbeiter waren am Bau beteiligt. Die Experten holte man sich gar noch von viel weiter her; zu ihnen gehörten der Franzose Austin aus Bordeaux und der Italiener Veroneo aus Venedig. Beide halfen bei der Ausschmükkung mit. Der Architekt war Isa Khan, den man aus Shiraz im Iran herbeigerufen hatte.

Ungewöhnlich an der Entstehungsgeschichte ist ferner, daß es wahrscheinlich Pläne für den Bau eines zweiten Taj gegeben hat. Shah Jahan soll nämlich beabsichtigt haben, für sich selbst ein ebenso meisterhaftes Gegenstück in schwarzem Marmor anfertigen zu lassen, und zwar eine Nachbildung des strahlend weißen Taj Mahal für seine über alles geliebte Mumtaz Mahal. Bevor er aber diese Pläne verwirklichen konnte, wurde er von seinem Sohn Aurangzeb entthront. Den Rest seines Lebens verbrachte er gefangen im Roten Fort, von wo er entlang des Flusses blicken und das Grabmal seiner Ehefrau sehen konnte.

Allerdings wird neuerdings angezweifelt, daß das Taj Mahal von Shah Jahan für seine Lieblingsfrau errichtet wurde. Archäologen behaupten, es sei bereits im 14. Jahrhundert erbaut und zunächst als befestigter Palast benutzt worden. Nach ihrer Auffassung hat Shah Jahan das Gebäude nur umgebaut und verschönert.

Das Taj Mahal ist ganz sicher mehr als nur einen kurzen Besuch wert, denn sein Charakter ändert sich bei wechselnden Lichtverhältnissen im Laufe des Tages. Eine besonders zauberhafte Zeit ist die Morgendämmerung, zumal das Bauwerk dann wie verlassen erscheint. Freitags dagegen ist alles unglaublich überfüllt sowie laut und es nicht besonders ermutigend, sich dieses erfreuliche Bauwerk in Ruhe anzusehen.

Der Haupteingang zum Taj Mahal liegt an der Westseite und ist täglich außer montags von 6.00 bis 8.00 Uhr, von 8.30 bis 16.00 Uhr und von 17.00 bis 19.00 Uhr geöffnet. Früh am Morgen und am Abend muß man hier 100 Rs und tagsüber 10,50 Rs Eintritt bezahlen. Man kann das Taj Mahal auch durch das Süd- und das Osttor betreten, allerdings nur täglich außer montags zwischen 8.30 und 17.00 Uhr. Freitags wird im übrigen keine Eintrittsgebühr verlangt.

In das hohe Eingangstor aus Sandstein sind Verse aus dem Koran in arabischer Sprache eingearbeitet. Heutzutage darf man dort aber die Anlage nur noch verlassen. Ein Eingang befindet sich nun durch eine kleine Tür rechts von diesem Tor, wo sich alle Besucher einer Sicherheitskontrolle unterziehen müssen.

Die Bestimmungen über das Filmen und Fotografieren, also aus welcher Nähe man Aufnahmen vom Taj Mahal machen darf und ob dafür eine zusätzliche Gebühr zu entrichten ist, wechseln übrigens von Jahr

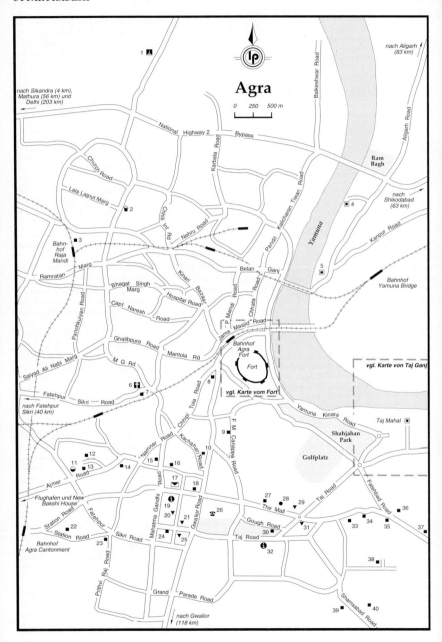

Agra

0   250   500 m

nach Sikandra (4 km),
Mathura (56 km) und
Delhi (203 km)

nach Aligarh
(83 km)

Balkeshwar Road

Aligarh Road

National   Highway 2   Bypass

Karbala Road

Church Road

Ram
Bagh

Lala Lajput Marg

Kalicharan Tiwari Road

nach
Shikodabad
(63 km)

Chhli Int Rd

Nehru Road

Kanpur Road

Bahn-
hof
Raja
Mandi

Marg

Pandit

Yamuna

Ramratan

Belan   Ganj

Bahnhof
Yamuna Bridge

Panchkulyan Road

Bhagat   Singh
Marg

Kinari   Bazaar

Chhata   Road

P. Mandi   Road

Hospital Road

Capt   Naresh   Road

Ghalibpura   Road

Jama   Masjid   Road

Saiyad Ali Nabi Marg

Mantola   Rd

M G Rd

Bahnhof
Agra Fort

Fatehpur   Sikri   Road

Fort

vgl. Karte von Taj Ganj

nach Fatehpur
Sikri (40 km)

Chhpi Tola Road

vgl. Karte vom Fort

Yamuna   Kinara   Road

Taj Mahal

Namner Road

Kachahari Road

F. M. Cariappa Road

Shahjahan
Park

Golfplatz

Ajmer   Road

Fatehpur

Mahatma Gandhi   Road

Gwalior Road

Taj Road

Fatehabad Road

Flughafen und New
Bakshi House

The Mall

Gough   Road

Station   Road

Sikri   Road

Station   Road

Prithvi   Raj   Road

Taj Road

Bahnhof
Agra Cantonment

Grand   Parade   Road

Shamsabad   Road

nach Gwalior
(118 km)

Unterkünfte
2 Jugendherberge
3 Tourist Bungalow
7 Kapoor Tourist Rest House
8 Tourist Guest House und
 Busbahnhof Agra Fort
9 Hotels Agra und Akbar
10 Tourist Rest House und
 Restaurant Priya
12 Hotel Rose
13 Hotel Sheetal
14 Deepak Lodge
15 Hotel Lauries
16 Major Bakshi's Tourist
Home
18 Hotel Agra Ashok
22 Hotel Vijay
23 Grand Hotel
24 Hotel Jaiwal und Restaurant

Kwality
27 Hotel Akbar Inn
30 Hotel Clarks Shiraz
33 Hotels Amar und Mumtaz
34 Paradise Guest House
35 Hotel Taj View und Mayur
 Tourist Complex
36 Hotel Mughal Sheraton
37 Novotel Agra
38 Upadyay's Mumtaz Guest
 House
39 Highway Inn
40 Hotel Safari

Restaurants
20 Restaurant Zorba the Buddha
21 Restaurant Prakash
25 Restaurants Park und Lakshmi
Vilas

29 Restaurant Sonar
31 Restaurant Only

Sonstiges
1 Tempel von Dayal Bagh
4 Chini Ka Rauza
5 Itimad-ud-daulah
6 Zentrale Methodisten-Kirche
11 Busbahnhof Idgah
17 Hauptpostamt
19 Staatliches indisches
 Fremdenverkehrsamt
26 Telegraphenamt
28 Archaeological Survey of
 India
30 Indian Airlines
32 Fremdenverkehrsamt von
 Uttar Pradesh

zu Jahr. Wenn man eine Videokamera bei sich hat (Erlaubnis zum Benutzen derzeit 25 Rs), darf man damit Aufnahmen nur von gleich hinter dem Haupttor machen. Danach muß man die Kamera in einem der Schließfächer am Schalter im Haupttor zurücklassen.

Verschiedene Wege führen zum Taj, zwischen denen Wassergräben angelegt sind und in denen sich das Taj Mahal wunderschön spiegelt. Die Gartenanlagen mit den Ornamenten, durch die Wege führen, sind wie die klassischen Mogul-Gärten in Quadraten angelegt und durch Wasserkanäle in vier Viertel unterteilt. Im Früh-

Zerstörung des Taj Mahal durch Umweltverschmutzung
Wie die Wissenschaftler befürchten, werden die Errungenschaften unserer modernen Welt dafür sorgen, daß das, was Jahrhunderte in strahlendem Glanz erhalten blieb, wegen der ernsthaften Luftverschmutzung in der Stadt bald zerfallen wird. Vom Roten Fort, nur 2 km entfernt, ist es oft so gut wie unmöglich, das Taj Mahal durch die Dunstglocke zu erkennen, die es umgibt.
Diese Luftverschmutzung ist auch auf Abgase einer 50 km entfernten staatlichen Ölraffinerie in Mathura zurückzuführen, aus der täglich eine Tonne Schwefeldioxid in die Atmosphäre steigen. Hinzu kommen aber noch mehr als 150 offiziell betriebene Eisengießereien in der Umgebung. Die Regierung von Uttar Pradesh beharrt darauf, daß all dies in Ordnung sei, auch wenn die Zahl der Schmutzpartikel in der Luft mehr als fünfmal so groß ist wie die, die selbst die Regierung des Bundesstaates für das Taj Mahal noch für hinnehmbar hält, ohne daß es Schaden nimmt. Bemerkenswert ist sicher, daß eine Gruppe von Reinigungskräften den sich gelblich verfärbenden Marmor laufend mit Chemikalien abwäscht und daß einige Platten bereits so beschädigt waren, daß sie ersetzt werden mußten. Aber Menschen haben dem Taj Mahal auch schon früher Schäden zugeführt. 1764 wurden nämlich die Silbertüren des Eingangs gestohlen und weggeschafft, und danach fanden irgendwann auch noch die Goldplatten des Grabgewölbes Abnehmer.
Umweltschützern gelang es nach langem Kampf, vor dem Obersten Gerichtshof eine Anhörung zu erreichen, nach der die Regierung des Bundesstaates angewiesen wurde, das Problem unverzüglich zu lösen. Daraufhin wurde die Ansiedlung neuer Industriebetriebe in einem Umkreis von 50 km um das Taj Mahal verboten. Zu denken gibt jedoch, daß nach der Veröffentlichung eines Artikels in der britischen Presse im Jahre 1994, in dem vorgeschlagen wurde, das schönste Gebäude der Welt unter internationale Obhut zu stellen, in indischen Zeitungen eine Flut von empörten Leserbriefen abgedruckt wurde.
Indische Umweltschützer haben jetzt eine Petition zum Schutz des Taj Mahal mit dem Ziel auf den Weg gebracht, eine Million Unterschriften für die Forderung nach strengeren Maßnahmen zusammenzubringen. Zu den Vorstellungen für eine Begrenzung der Umweltverschmutzung in der Umgebung des Taj Mahal gehört auch das Verbot von Fahrzeugen aller Art in einem Umkreis von 3 km. Wenn das verwirklicht würde, könnten Besucher außer zu Fuß zu diesem Bauwerk nur mit einer Fahrrad-Riksha oder einer Pferdekutsche gelangen. Indem sie die Benutzung von Auto-Rikshas und Taxis ablehnen, ist dies eine Idee, die Besucher von sofort an in die Tat umsetzen können.

Muster am Taj Mahal

beeindruckendes Erlebnis unter der erhabenen Kuppel. Irgend jemand findet sich immer, um dies auszuprobieren. Obwohl das Taj Mahal aus fast jedem Blickwinkel bewundernswert ist, so liegt doch die besondere Kunst dieses Bauwerks im Detail. Hier legte man Halbedelsteine in Marmor ein, durch die schönsten Motive geschaffen wurden. Diese besondere Fertigkeit der Handwerker ging als Pietra dura in die Geschichte ein. Die Präzision und die Sorgfalt, die bei diesem Bau angewandt wurden, lassen die Entscheidung schwer fallen, ob man es besser von weitem oder aus der Nähe betrachtet.

Fort: Begonnen wurde mit dem Bau dieses massiven Forts unter der Herrschaft von Akbar im Jahre 1565. Die Fertigstellung der Anbauten zog sich aber noch bis zur Regentschaft seines Enkels Shah Jahan hin. Während unter Akbar das Fort für rein militärische Zwecke gedacht war, legte Shah Jahan bereits mehr Wert darauf, es in einen Palast umzuwandeln. Den Besuch des Forts von Agra darf man unter keinen Umständen auslassen, denn zu viele Ereignisse, die zum Bau des Taj Mahal führten, hatten hier ihren Ursprung. Shah Jahan, der Erbauer des Taj Mahal, wurde in diesem Fort von seinem Sohn gefangengehalten und starb in einem Zimmer, von wo aus er einen Blick auf sein Meisterbauwerk hatte.

Viele faszinierende Gebäude innerhalb des Forts kann man bewundern. Sie sind umgeben von einer 20 m dicken und 2,5 km langen Mauer, an deren äußerer Seite auch noch ein 10 m breiter Graben verläuft. Innerhalb der Mauern kommt man sich vor wie in einer besonderen Stadt. Allerdings sind nicht alle Bauwerke für Besucher zugänglich. Auch die unter Shah Jahan entstandene wunderschöne Moti Masjid (wegen ihrer perfekten Proportionen auch Perlenmoschee genannt) ist leider geschlossen.

Das Fort liegt am Ufer des Yamuna und kann nur durch das Amar-Singh-Tor im Süden betreten werden. Die Öffnungszeiten sind von Sonnenaufgang bis Sonnenuntergang (Eintritt außer freitags 10,50 Rs).

Diwan-i-Am: Diese Halle der öffentlichen Audienzen wurde ebenfalls unter der Herrschaft von Shah Jahan gebaut. Sie ersetzte einen früheren Holzbau. Mit dem Bau waren allerdings schon die Vorfahren von Shah Jahan beschäftigt. Mit Sicherheit geht aber der Thronsaal mit seinen Intarsienarbeiten in Marmor auf Shah Jahan zurück. Auf diesem Thron nahm er bei Audienzen Platz, um seine Ratgeber anzuhören oder Bittstellern sein Ohr zu leihen. Neben dieser Halle liegen die kleine Nagina Masjid (Juwelenmoschee) sowie der Basar für die Damen am kaiserlichen Hof. In diesen Basar kamen die Kaufleute, um den Hofdamen ihre Waren feilzubieten.

ling sind auf den Blumenbeeten an den Wegen in Hülle und Fülle die unterschiedlichsten Farben zu sehen.

Nach Westen hin kommt man zu einem kleinen Museum (geöffnet samstags bis donnerstags von 10.00 bis 17.00 Uhr, Eintritt frei), in dem die Originalzeichnungen für das Taj Mahal, Waffen, Miniaturen und einige Beispiele für die blaßgrünen Teller ausgestellt sind, von denen man sagt, daß sie in Stücke zerspringen oder ihre Farbe ändern, wenn das darauf servierte Essen vergiftet ist.

Das eigentliche Taj Mahal steht auf einer erhöhten Marmorplatte am Nordende der ornamental angelegten Gärten, an deren vier Ecken sich lange, nur wenig verzierte weiße Minarette erheben. Sie sind reine Dekoration, denn niemand läßt von diesen Türmen aus Gebete erschallen. Wenn man das Bauwerk vom Fluß an betrachtet, ist es von zwei gleichartigen Gebäuden aus rotem Sandstein eingerahmt, von denen das rechte eine Moschee ist und das andere allein aus symmetrischen Gründen errichtet wurde. Allerdings kann die Moschee nicht als solche benutzt werden, weil sie zu einer falschen Richtung hin erbaut wurde.

Das Hauptgebäude besitzt vier kleinere Kuppeln, die die mächtige Hauptkuppel umgeben. Die Särge von Mumtaz Mahal und Shah Jahan sind in einer tiefer gelegenen Gruft aufgestellt. Die beiden Särge im oberen Raum sind Nachbildungen, eine durchaus gängige Praxis bei indischen Mausoleen. Der Lichteinfall in die Haupthalle wird durch äußerst fein gefertigte Gitterwände reguliert. Ein besonderer Spaß aller Besucher ist die Demonstration des Echos in der großen Halle. Ein

Diwan-i-Khas: Auch diese Halle der Privataudienzen ließ Shah Jahan zwischen 1636 und 1637 erbauen. In ihr empfing er Würdenträger und Botschafter fremder Länder. Die Halle besteht aus drei Räumen, die durch drei Bögen miteinander verbunden sind. Hier stand der berühmte Pfauenthron, bevor Aurangzeb ihn nach Delhi transportieren ließ. Später wurde diese Kostbarkeit geraubt und nach Teheran gebracht, wo sie heute noch steht.

Achteckiger Turm: Nahe der Diwan-i-Khas und der kleinen Mina Masjid steht der Musamman Burj, der achteckige Turm. Er wird auch Saman Burj genannt. Gebaut wurde er von Shah Jahan für seine Lieblingsfrau Mumtaz Mahal. Es ist ein weiteres Meisterwerk seiner Baukunst, in dem er 1666 starb. Sieben Jahre saß er im Musamman Burj gefangen. Leider ist der Turm im Laufe der Jahre sehr zerfallen.

Palast von Jehangir: Man nimmt an, daß Akbar diesen Palast für seinen Sohn bauen ließ. Er ist die größte private Residenz im Fort. Der Palast war das erste Gebäude innerhalb des Forts, als mehr und mehr Wert auf private Nutzung des ursprünglich militärischen Bauwerks gelegt wurde. Interessant ist dieser Palast im Hinblick auf seine architektonischen Stilrichtungen mit Einflüssen des Hinduismus und aus Zentralasien. Dies steht völlig im Gegensatz zu dem Stil der Moguln, der sich unter Shah Jahan entwickelte.

Weitere Bauwerke: Shah Jahans Khas Mahal ist ein schöner weißer Marmorbau, den er als Privatpalast nutzte. Die Räume unter dem Palast waren in der sommerlichen Hitze ein angenehm kühler Aufenthaltsort. Der Shish Mahal (Spiegelpalast) diente vermutlich als Ankleideraum den Haremsdamen. Die Wände sind mit kleinen Spiegeln versehen. Der Anguri Bagh (Traubengarten) hat vielleicht nie Reben gesehen. Er war einfach nur ein kleiner, formal angelegter Mogulgarten vor dem Khas Mahal. Von den vier Toren sind das Delhi-Tor und das Hathi Pol (Elefanten-Tor) geschlossen. Vor dem Palast von Jehangir finden Sie das Hauzi-Jehangir, ein riesiges Bad, das aus einem einzigen Felsblock gehauen worden ist. Wer dies tat und zu welchem Zweck, ist nicht überliefert. Das Amar-Singh-Tor trägt seinen Namen nach dem Maharadscha von Jodhpur, der 1644 in der Nähe dieses Tores nach einer Rauferei in der Diwan-i-Am zusammen mit seinen Gefolgsleuten ermordet wurde. Damals war diese Form der Justiz an der Tagesordnung. Es gibt im Fort einen Schacht, in den man die Menschen, die sich bei den Moguln unbeliebt gemacht hatten, einfach hineinstieß. Dieser Schacht führt direkt zum Fluß. Hilfe oder Rechtfertigung gab es für die Bedauernswerten dann nicht mehr.

Jama Masjid: Wenn man vom Delhi-Tor des Forts aus die Bahnlinie überquert, dann erreicht man die von Shah Jahan im Jahre 1648 erbaute Jama Masjid. Eine Inschrift über dem Haupteingang der Moschee besagt, daß sie im Namen von Jahanara erbaut wurde. Sie war die Tochter von Shah Jahan und ließ sich zusammen mit ihrem Vater von Aurangzeb gefangennehmen. Trotz ihrer beachtlichen Ausmaße ist die Moschee längst nicht so beeindruckend wie die ebenfalls von Shah Jahan erbaute Jama Masjid in Delhi.

Itimad-ud-daulah: Auf der anderen Flußseite, nördlich vom Fort, gibt es viel Sehenswertes. Den Fluß können Sie über eine schmale zweistöckige Brücke überqueren, die für Fußgänger, Radfahrer, Rikschas und Ochsenkarren gedacht ist.

Die erste Sehenswürdigkeit ist das Itmad-ud-Daulah, das Grabmal von Mirza Ghiyas Beg. Die wunderschöne Tochter dieses Persers heiratete den Herrscher Jehangir und ging als Nur Jahan (Licht der Welt) in die Geschichte ein. Ihre Tochter wiederum wurde berühmt als Mumtaz Mahal, die im Taj Mahal ihre letzte Ruhestätte fand. Dieses Grabmal ließ Nur Jahan in den Jahren 1622-1628 errichten. Es ähnelt sehr dem Grabmal, das sie für ihren Mann Jehangir in der Nähe von Lahore in Pakistan hat bauen lassen.

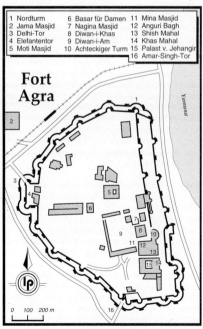

1 Nordturm	6 Basar für Damen	11 Mina Masjid
2 Jama Masjid	7 Nagina Masjid	12 Anguri Bagh
3 Delhi-Tor	8 Diwan-i-Khas	13 Shish Mahal
4 Elefantentor	9 Diwan-i-Am	14 Khas Mahal
5 Moti Masjid	10 Achteckiger Turm	15 Palast v. Jehangir
		16 Amar-Singh-Tor

Fort Agra

Yamuna

0   100   200 m

Dieses Grabmal gewinnt an Bedeutung, weil es Anlaß für den Bau des Taj Mahal war, mit dessen Bau nur wenige Jahre später begonnen wurde. Das Itmad-ud-Daulah war das erste Bauwerk der Mogulzeit, das völlig aus Marmor geschaffen wurde, dem Material des Taj Mahal. Das Mausoleum ist, verglichen mit dem Taj Mahal, klein und niedrig. Durch seine kleineren Dimensionen wirkt es aber auch ein wenig anheimelnder, menschlicher und damit attraktiver. Eine reine Augenweide sind die feinen Motive auf dem Grabmal selbst. Auch dieser Bau besitzt filigrane Gitterfenster aus Marmor, die das Licht dosiert in das Innere einwirken lassen. Das Itmad-ud-Daulah ist allemal einen Besuch wert. Geöffnet ist es von Sonnenaufgang bis Sonnenuntergang, und der Eintritt beträgt 5,50 Rs. Jeden Freitag ist kostenloser Eintritt. Das Grabmal wird häufig auch „Baby-Taj" genannt, auch wenn dieser Vergleich irreführend und unangemessen ist.

Chini Ka Rauza: Das Chinesische Grab liegt einen Kilometer nördlich des Itmad-ud-Daulah. Dieses gedrungene quadratische Grabmal, das mit einer einzigen riesigen Kuppel überdacht ist, ließ sich Afzal Khan bereits zu seinen Lebzeiten bauen. Er starb 1639 in Lahore. Unter Shah Jahan bekleidete er den Posten eines hohen Beamten und ließ dieses Bauwerk außen mit emaillierten Fliesen verkleiden, wie überhaupt alles einen sehr starken persischen Einfluß zeigt; eine Reminiszenz des Bauherrn an sein Heimatland. Viel von dem alten Glanz ist leider nicht mehr zu sehen. Das Gebäude macht einen stark verwahrlosten Eindruck. Nur die noch vorhandenen Fliesen erinnern an die frühere Pracht.

Ram Bagh: Dies ist der erste Mogulgarten. Er wurde von Babur, dem ersten Mogul, angelegt. Man sagt, daß er in diesem Garten vorübergehend auch beerdigt war, bevor er seine letzte Ruhe in Kabul in Afghanistan fand. Ram Bagh liegt 2,5 km nördlich des Chini Ka Rauza am Flußufer und ist von Sonnenaufgang bis Sonnenuntergang geöffnet. Der Eintritt ist frei. Der Garten ist jedoch ziemlich zugewachsen und macht einen ungepflegten Eindruck.

Tempel von Dayal Bagh: Derzeit wird in Dayal Bagh, 10 km nördlich von Agra, der weiße Marmortempel der hinduistischen Sekte Radah Soami gebaut. Mit dem Bau wurde bereits 1904 begonnen, aber es ist nicht damit zu rechnen, daß er noch in diesem Jahrhundert vollendet wird. Hier kann man einmal selbst beobachten, wie die kostbare Pietradura-Arbeit vorgenommen wird, bei der im Marmor Einlegearbeiten entstehen. Obwohl das Bauwerk architektonisch nichts Besonderes zu bieten hat (einige Leute gehen sogar so weit, es protzig, unangemessen und etwas häßlich zu nennen),

so muß der Grad der künstlerischen Feinheit doch bewundert werden.
Dayal Bagh ist mit einem Bus oder Fahrrad zu erreichen.

Akbars Mausoleum: In Sikandra, 10 km nördlich von Agra, steht das Mausoleum von Akbar mitten in einem großen Garten. Akbar begann mit den Bauarbeiten noch selbst, aber fertiggestellt wurde es erst von seinem Sohn Jehangir, der allerdings die ursprünglichen Baupläne stark veränderte, was am Mausoleum zu einem architektonischen Durcheinander führte.
Das Bauwerk verfügt über dreistöckige Minarette an jeder Ecke und ist aus rotem Sandstein erbaut, in den Marmorstücke mit vielen Ecken eingelegt wurde. Vier rote Sandsteintore führen zum Grabkomplex, von denen eines dem Islam, eines dem Hinduismus, eines das Christentum und eines die Verbindung zwischen diesen Glaubensrichtungen symbolisieren soll, für die Akbar sich einsetzte. Wie auch beim Grabmal des Humayun in Delhi ist es äußerst interessant, an diesem Bau die Entwicklung der Baustile zu beobachten, die später ihre Krönung im Taj Mahal fanden. Das Mausoleum ist von Sonnenaufgang bis Sonnenuntergang geöffnet. Der Eintritt beträgt 5,50 Rs, ist jedoch am Freitag kostenlos. Für den Einsatz einer Videokamera muß man weitere 25 Rs bezahlen, während das Fotografieren ohne Zusatzkosten erlaubt ist.
Der Ort Sikandra wurde benannt nach Sultan Sikandar Lodi, dem Herrscher von Delhi von 1488 bis 1517, der die Mogulherrschaft auf dem Subkontinent einleitete. Der Baradi-Palast im Garten des Mausoleums wurde von Sikandar Lodi erbaut. Auf der gegenüberliegenden Straßenseite steht das Delhi-Tor. Zwischen Sikandra und Agra kann man sich einige weitere Grabmäler und zwei Meilensteine (*kos minars*) ansehen.
Sikandra liegt so weit außerhalb, daß man für eine Fahrt mit der Auto-Riksha vom Bahnhof Agra Cantonment dorthin und zurück sowie zwei Stunden Aufenthalt mit rund 90 Rs rechnen muß. Der Ort ist aber auch mit Fahrrad-Rikschas zu erreichen.

Weitere Sehenswürdigkeiten: Ein besonderes Erlebnis ist sicherlich auch der Besuch des Kinari Bazaar (Alter Markt). Nehmen Sie sich ein wenig Zeit für einen Bummel. Der Markt liegt im alten Stadtteil von Agra, unweit des Forts. Die engen Straßen des Basars beginnen bereits bei der Jama Masjid. Es gibt aber auch noch mehrere andere Märkte (*mandis*) in Agra, die Namen aus der Zeit der Moguln tragen, auch wenn heute keine Verbindung mehr zwischen ihnen und dem, was auf dem jeweiligen Markt verkauft wird, besteht. Der Loha Mandi (Eisenmarkt) und der Sabji Mandi (Gemüsemarkt) werden noch entsprechend ihren Namen genutzt, aber auf dem Nai Ki Mandi (Friseurmarkt) werden nun Textilien verkauft. Und auf dem Malka Bazaar kann man sehen, wie Frauen von den Balkons herab Männer ohne Begleitung zu sich heranwinken.

FREIZEITBESCHÄFTIGUNGEN

Schwimmen: In einigen der größeren Hotels wird auch anderen als Hausgästen erlaubt, den jeweiligen Swimming Pool zu benutzen, natürlich aber nur gegen eine Gebühr. Am billigsten ist das im Hotel Lauries, wo man dafür 50 Rs bezahlen muß. Für einen Sprung in das Schwimmbecken vom Hotel Amar wird man aber schon 80 Rs, vom Hotel Agra Ashok 100 Rs und vom Hotel Clarks Shiraz 200 Rs los, während man für eine Runde im Wasser des Swimming Pools vom Sheraton für 300 Rs willkommen ist.

AUSFLUGSFAHRTEN

Wenn man einen Tagesausflug von Delhi nach Agra unternimmt, kann man an einer der am Bahnhof Agra Cantonment beginnenden Rundfahrten teilnehmen, für die Fahrkarten manchmal bereits im *Taj Express* und im *Shatabdi Express* verkauft werden. Die Fahrten beginnen, wenn die Züge angekommen sind (der *Taj Express* um 10.00 Uhr und der *Shatabdi Express* um 8.30 Uhr). Sie dauern einen ganzen Tag, führen zum Taj Mahal, zum Fort sowie nach Fatehpur Sikri und kosten 100 Rs. Wenn man in Agra übernachtet, kann man sich zu einer Stadtrundfahrt im Fremdenverkehrsamt anmelden und dort auch in den Bus einsteigen. Am Informationsschalter des Fremdenverkehrsamtes im Bahnhof Cantonment werden ebenfalls Fahrkarten für solche Rundfahrten verkauft.

UNTERKUNFT

Einfache Unterkünfte: Die beiden bedeutendsten Gebiete mit preiswerten Quartieren sind das Gewirr mit den schmalen Straßen unmittelbar südlich vom Taj Mahal und der Stadtteil Sadar, dicht beim Bahnhof Agra Cantonment, Fremdenverkehrsamt und Hauptpostamt. Das ist nur eine kurze Fahrt mit einer Rikscha vom Taj Mahal entfernt.

Viele Hotels in Taj Ganj rühmen sich ihrer Ausblicke auf das Taj Mahal, aber oft ist das nur Wunschdenken. Nur von zwei Unterkünften hat man einen wirklich ungestörten Blick. Das bessere davon ist das noch relativ neue Hotel Kamal (Tel. 36 09 26), in dem Einzelzimmer mit Badbenutzung für 50 Rs sowie Einzel- und Doppelzimmer mit Bad ab 80 bzw. 100 Rs vermietet werden. Die Zimmer in diese Haus sind sauber, jedoch etwas dunkel. Dafür hat man vom Dach aus, wo man sich auch hinsetzen kann, einen herrlichen Blick auf das Taj Mahal. Weil Rikscha-Wallahs in diesem Quartier Provisionen erhalten, kann es durchaus sein, daß zunächst höhere Preise verlangt werden.

Das andere Haus mit einem richtigen Ausblick auf das Taj Mahal ist die Shanti Lodge (Tel. 36 16 44). Über diese Unterkunft haben wir in der letzten Zeit Briefe mit unterschiedlichem Inhalt erhalten, aber der Blick vom Dachterrassenrestaurant ist immer noch so wunderschön, wie er immer war. Hier muß man für ein Zimmer mit Badbenutzung allein 60 Rs und zu zweit 80 Rs sowie für ein Zimmer mit eigenem Bad 80 bzw. 100 Rs bezahlen. Wenn man etwas länger bleiben will, kann es sein, daß es etwas billiger wird. Einige Zimmer sind ganz sicher besser als andere, so daß man für den Fall, daß man hier übernachten möchte, sich zunächst mehrere Zimmer ansehen sollten, bevor man sich für eines entscheidet. Am Tag der Abreise muß man sein Zimmer bis 10 Uhr geräumt haben. Eine weitere gute Unterkunft ist das Hotel Siddhartha (Tel. 26 47 11), gelegen

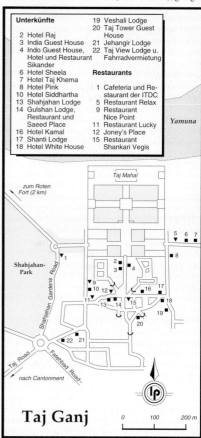

Unterkünfte

2 Hotel Raj
3 India Guest House
4 Indo Guest House, Hotel und Restaurant Sikander
6 Hotel Sheela
7 Hotel Taj Khema
8 Hotel Pink
10 Hotel Siddhartha
13 Shahjahan Lodge
14 Gulshan Lodge, Restaurant und Saeed Place
16 Hotel Kamal
17 Shanti Lodge
18 Hotel White House
19 Veshali Lodge
20 Taj Tower Guest House
21 Jehangir Lodge
22 Taj View Lodge u. Fahrradvermietung

Restaurants

1 Cafeteria und Restaurant der ITDC
5 Restaurant Relax
9 Restaurant Nice Point
11 Restaurant Lucky
12 Joney's Place
15 Restaurant Shankari Vegis

Yamuna

Taj Mahal

zum Roten Fort (2 km)

Shahjahan-Park

Shahjahan Gardens Road

Taj Road

Fatehbad Road

nach Cantonment

Taj Ganj

0   100   200 m

347

nicht weit entfernt vom Westtor. Das ist ein sauberes Haus, geführt von sehr freundlichen Sikhs, das einen ganz hübschen Garten in einem Innenhof zu bieten hat. Die Übernachtungspreise reichen bei Einzelzimmern von 60 bis 80 Rs und bei Doppelzimmern von 80 bis 175 Rs, alle mit eigenem Bad (in den preisgünstigeren Zimmern mit heißem Wasser aus Eimern). Von Dach dieses Hauses kann man das Taj Mahal nur mit Einschränkungen sehen. Im nahegelegenen Hotel Host übernachtete man etwas preisgünstiger. Dort werden den Gästen für 10 Rs pro Tag auch Fahrräder vermietet. Am Osttor sieht das freundliche Hotel Pink (Tel. 36 06 77) tatsächlich so aus, wie es heißt. Die Zimmer sind um einen Innenhof mit karmesinroten Bougainvilleas herum angelegt und werden mit Wasser aus einem Eimer als Einzelzimmer ab 40 Rs und als Doppelzimmer ab 70 Rs sowie mit eigenem Bad und heißem Wasser als Doppelzimmer für 120 Rs und als Dreibettzimmer für 150 Rs vermietet. In der gleichen Gegend liegt auch die vor kurzem renovierte Veshali Lodge (Tel. 26 96 73). Dort führen die luftigen Zimmer zu einer Veranda hin und kosten als Doppelzimmer mit Badbenutzung 50 Rs sowie mit eigenem Bad als Einzelzimmer 60 Rs und als Doppelzimmer 80 Rs. Für ein Doppelzimmer mit einer richtigen Badewanne muß man 100 Rs bezahlen.

An der Straße, die vom Osttor wegführt, liegt das Hotel Sheela (Tel. 36 17 94). Das beste an diesem Quartier ist der weitläufige Garten. Am billigsten sind die höhlenartigen Doppelzimmer für 80 Rs, während man für ein Zimmer mit eigenem Bad und heißem Wasser aus Eimern allein 100 Rs und zu zweit 150 Rs bezahlen muß. Die außerdem angebotenen Luxuszimmer für 250 Rs sind für das Gebotene zu teuer. Ein Stück weiter an der gleichen Straße liegt das Hotel Taj Khema (Tel. 36 01 40), das von der Regierung von Uttar Pradesh geführt wird. Dort werden mit Badbenutzung Einzelzimmer für 100 Rs und Doppelzimmer für 125 Rs vermietet, allerdings sind die Semi-Luxuszimmer mit eigenem Bad und Heißwasserbereiter für 150 bzw. 175 Rs ihr Geld eher wert. Ausgezeichnet sind die Blicke auf das Taj Mahal von einem künstlichen Hügel im Garten, von dem aus andere als Hausgäste für den Blick 10 Rs bezahlen müssen. Auf dem Grundstück darf man für 25 Rs auch zelten.

Mehrere Übernachtungsmöglichkeiten bestehen ferner entlang des Südtores. Dort ist das schon lange bestehende India Guest House ein von einer Familie geführtes Quartier mit nur ein paar spartanischen Zimmern mit Badbenutzung, die an Alleinreisende für 30 Rs und an Paare für 45 Rs vermietet werden. Daneben gibt es noch ein Zimmer auf dem Dach mit gutem Ausblick, in dem man für 60 Rs übernachten kann. Das Indo Guest House gegenüber auf der anderen Straßenseite ist von den Preisen her ähnlich und hat einige Zimmer mit eigenem Bad für 40 bzw. 60 Rs zu bieten. Geführt wird

es von einer freundlichen Familie, die ihre Gäste auch mit kostenlosem Tee versorgt und nicht versucht, ihren Gästen irgendwelche Gegenstände zu verkaufen. Nebenan kommt man zum Hotel Sikander, das zur gleichen Preisklasse gehört und über eine Dachterrasse verfügt. Im Hotel Noorjahan ein paar Türen weiter hinunter ist es geringfügig preisgünstiger.

Das beste Quartier in dieser Gegend ist das neue Hotel Raj am South Gate 2/26 mit einer ganzen Reihe unterschiedlicher Übernachtungsmöglichkeiten von Betten in einem Schlafsaal für jeweils 40 Rs und Zimmern mit Badbenutzung als Einzelzimmer ab 50 Rs und als Doppelzimmer ab 100 Rs. Eher ihr Geld wert sind jedoch die normalen Zimmer mit eigenem Bad (und Durchlauferhitzern), in denen man allein für 125 Rs und zu zweit für 150 Rs unterkommt. Angeboten werden zudem Einzel- und Doppelzimmer mit Ventilator und Satellitenfernsehgerät für 150 bzw. 200 Rs sowie Zimmer mit Klimaanlage, Fernsehgerät und Badewanne für 250 bzw. 300 Rs. Alles ist makellos sauber und strahlt noch, aber wie lange wird das so bleiben?

Die Shahjahan Lodge wird von einem freundlichen Moslem geleitet und ist ein gutes Quartier mitten in Taj Ganj. Zimmer mit Badbenutzung kosten hier zur Alleinbelegung 30 Rs und bei Belegung zu zweit 40 Rs, mit eigenem Bad und heißem Wasser als Einzelzimmer 60 Rs und als Doppelzimmer 80 Rs. Ferner ist in diesem Haus ein großes Vierbettzimmer mit eigenem Bad und Badewanne vorhanden, in dem man für 210 Rs übernachten kann. In der Nähe kommt man zur Gulshan Lodge mit etwas düsteren Zimmern, die man allein für 30 Rs und zu zweit für 40 Rs bewohnen kann (mit Badbenutzung). So billig man hier übernachten kann, so einfach sind aber auch die Übernachtungsmöglichkeiten. Jedoch sind hier auch einige Doppelzimmer mit eigenem Bad für 60 Rs zu haben.

Ein kurzes Stück weiter östlich stößt man auf das Hotel White House, ein sauberes Haus mit Einzelzimmern für 60 Rs und Doppelzimmern für 80 Rs (mit eigenem Bad) sowie preisgünstigeren Zimmern mit Badbenutzung. Auch zu dieser Unterkunft gehört ein Dachterrassenrestaurant, allerdings ohne Ausblicke auf das Taj Mahal. Im nahegelegenen Taj Tower Guest House werden mit Badbenutzung einige ganz hübsche Einzelzimmer für 25 Rs und Doppelzimmer für 40 Rs sowie Doppelzimmer mit eigenem Bad für 50 Rs vermietet.

Nicht weit vom Kreisverkehr entfernt befindet sich die Taj View Lodge. Der Name ist kaum gerechtfertigt, aber vom Doppelbett in dem gemütlichen kleinen Zimmer auf dem Dach (20 Rs) kann man durch Bäume hindurch zumindest einen kleinen Blick auf einen Teil des Taj Mahal werfen. Weiter hinein nach Taj Ganj kommt man zur Jehangir Lodge. Sie ist schon ein wenig abgewohnt, aber sonst ganz in Ordnung, zumal der Preis stimmt. Hier muß man für ein Bett im Schlafsaal

20 Rs, mit Badbenutzung für ein Einzelzimmer 30 Rs und für ein Doppelzimmer 40 Rs sowie mit eigenem Bad für ein Doppelzimmer 50 Rs bezahlen.

In der Gegend südlich von Taj Ganj ist es in der letzten Zeit zu einem kleinen Bauboom gekommen. Dort stehen jetzt mehrere durchaus annehmbare Hotels vom oberen Ende der einfachen Unterkünfte sowie zahlreiche Mittelklassehotels. Das Paradise Guest House (Tel. 36 91 99) trägt seinen Namen kaum zu Recht, aber der Vorteil dieses Hauses ist der eigene Generator, denn Agra leidet unter chronischen Stromproblemen mit Stromausfall an fast jedem Abend. Mit eigenem Bad kostet hier ein Einzelzimmer 120 Rs und ein Doppelzimmer 150 Rs. Südlich davon liegt an der Shamsabad Road das beliebte Hotel Safari (Tel. 36 00 13). Es ist sauber und mit Preisen von 75 Rs für ein Einzelzimmer sowie 120 Rs für ein Doppelzimmer mit Ventilator und Bad mit heißem Wasser eine gute Wahl. Vermietet werden zudem Zimmer mit drei Betten für 150 Rs und mit vier Betten für 175 Rs.

Nicht weit entfernt liegt das Highway Inn (Tel. 36 04 58), bei Überlandreisenden beliebt wegen der Einrichtungen zum Zelten. Hier muß man mit einem Zelt zu zweit 60 Rs, für ein Zimmer mit Badbenutzung allein 100 Rs und zu zweit 150 Rs sowie mit eigenem Bad allein 150 Rs und zu zweit 250 Rs bezahlen.

In einer ruhigen Wohnstraße gleich östlich dieser Gegend liegt in der Vibhav Nagar 3/7 das sehr angenehme Upadhyay's Mumtaz Guest House (Tel. 36 08 65), in dem man in einem Zimmer mit Bad allein für 75 Rs und zu zweit für 150 Rs und in einem Luxusdoppelzimmer mit richtiger Badewanne für 200 Rs unterkommt. Geboten werden den Gästen auch ein kleiner Garten und eine Sonnenterrasse auf dem Dach.

Im Stadtteil Sadar ist das schon lange bestehende Tourist Rest House (Tel. 36 39 61) an der Kachahari Road, nicht weit von der Mall entfernt, beliebt. Gelegen um einen kleinen Garten herum, steht es unter der Leitung von zwei äußerst hilfsbereiten Brüdern, die für ihre Gäste sogar Zugreservierungen vornehmen. Dieses zwar ziemlich hellhörige, aber ansonsten angenehme Hotel bietet seinen Gästen Zimmer unterschiedlicher Art mit und ohne Bad an, von denen die einfachsten Einzelzimmer 55 Rs und die einfachsten Doppelzimmer 65 Rs kosten. Rikscha-Fahrer steuern dieses Hotel nur ungern an, da sie von den Besitzern keine Provision erhalten, und bringen Fahrgäste lieber zu einem von ein paar anderen Quartieren, deren Besitzer vorgeben, sie seien Eigentümer des Tourist Rest House.

Eines davon ist das Kapoor Tourist Rest House, gelegen an der verkehrsreichen Kreuzung an der Fatehpur Sikri Road und unmittelbar neben den Eisenbahnschienen. Ein weiteres Haus, das sich als Tourist Rest House bezeichnet, steht in der Nähe vom Busbahnhof Agra Fort.

Etwas einfacher ist die freundliche Deepak Lodge in der Ajmer Road 178, in der die Zimmer klein sowie dunkel sind und die „angeschlossenen" Bäder in Wirklichkeit mit im Zimmer sind. Dafür bezahlt man allein 60 Rs und zu zweit 80 Rs.

Auf halbem Weg zwischen Sadar und Taj Ganj liegt das Hotel Akbar Inn (Tel. 36 32 12), das man vom Hotel Akbar (vgl. weiter unten) unterscheiden muß. Es liegt günstig unmittelbar an der Mall und hat als weitere Vorteile große Gartenanlagen und Rasenflächen zu bieten. Die kleinen Zimmer in einem besonderen Flügel sind mit 30 Rs für Alleinbenutzung und 45 Rs für Belegung zu zweit ausgesprochen günstig, während die im Hauptgebäude mit Bad zu Preisen von 80 bzw. 100 Rs für das Gebotene ebenfalls nicht schlecht sind. Zelten darf man auf dem Grundstück für 15 Rs ebenfalls. Außerdem ist ein Restaurant vorhanden.

An der Field Marshal Cariappa Road, in einem weitläufigen Wohnviertel nahe beim Taj Mahal und nur ein paar Minuten Fußweg vom Roten Fort entfernt, gibt es einige ganz gute Unterkünfte. Hier wäre das freundliche Hotel Agra (Tel. 36 33 31) ein guter Schauplatz für einen Roman aus ein ins verfallendes altes Haus, das die Gäste entweder lieben oder hassen. Vermietet wird eine ganze Reihe unterschiedlicher Zimmer ab 110 bzw. 150 Rs, alle mit eigenem Bad, einige davon mit vorsintflutlichen Wasserleitungen. Eine Suite für zwei Personen mit Klimaanlage kostet hier 450 Rs. Vom Garten aus hat man Ausblicke auf das Taj Mahal. Unmittelbar nebenan befindet sich das Hotel Akbar (Tel. 36 33 12), in dem man etwas günstiger unterkommt und zu dem ebenfalls ein ganz hübscher Garten gehört.

Schon seit Jahren beliebt ist das Major Bakshi's Tourist Home (Tel. 36 38 29), in dem sogar schon Julie Christie gewohnt hat. Die Zimmer sind komfortabel, gut möbliert und mit Preisen von 150 Rs für ein Einzelzimmer sowie 250 Rs für ein Doppelzimmer (mit eigenem Bad) das Geld durchaus wert. Das ist ein friedliches Haus, das zuverlässig geführt wird.

In der Mitte des „schicken Zentrums", der Haupteinkaufsgegend und der Gegend mit vielen Restaurants, liegt das Hotel Jaiwal (Tel. 36 37 16). Die Zimmer in diesem Haus sind unterschiedlich, aber darunter sind auch einige ganz gute nach hinten hin, in denen man mit eigenem Bad (mit Badewanne) und Ventilator allein für 200 Rs und zu zweit für 300 Rs übernachten kann.

Die Jugendherberge von Agra liegt nördlich der Innenstadt an der M G Road. Hier übernachtet man als Mitglied in einem Jugendherbergsverband mit 12 Rs (Nichtmitglieder 22 Rs) ganz sicher günstig, aber die Lage ist so nachteilig, daß man schon einen guten Grund haben muß, um in diesem Haus zu bleiben. Der Tourist Bungalow von Agra (Tel. 35 01 20) mit Einzelzimmern ab 150 Rs und Doppelzimmern ab 175 Rs befindet sich ebenfalls in diesem Teil der Stadt.

Wenn man aus bestimmten Gründen unweit des Busbahnhofs Idgah bleiben möchten, bietet sich für eine Übernachtung das Hotel Sakura an, in dem Zimmer mit Bad ab 100 bzw. 150 Rs vermietet werden. Private Busse nach Rajasthan fahren unmittelbar vor diesem Hotel ab. Nebenan steht das Hotel Sheetal mit ähnlichen Preisen. Viel besser ist da schon das Hotel Rose (Tel. 36 75 62), gelegen in der Old Idgah Colony 21, nur ein kurzes Stück abseits der Ajmer Road. Hier werden für ein Bett im Schlafsaal 35 Rs und für Einzel- sowie Doppelzimmer mit eigenem Bad 60-225 bzw. 80-300 Rs berechnet.

Wenn man eine Unterkunft in der Nähe des Bahnhofs Agra Cantonment sucht, kann man zwischen mehreren Hotels entlang der Station Road wählen. Das beste davon ist das Hotel Vijay mit Doppelzimmern für 150 Rs.

Mittelklassehotels: Das New Bakshi House (Tel. 36 81 59) in der Lakshman Nagar 5 ist ein sehr hübsches der besseren Gästehäuser und liegt zwischen dem Bahnhof und dem Flughafen. Eigentümer ist der Sohn des verstorbenen Major Bakshi, dessen Gästehaus sich im Stadtteil Sadar befindet. Sehr komfortable Zimmer in diesem gut ausgestatteten und sauberen Haus werden an Alleinreisende ab 400 Rs und an Paare ab 500 bis 650 Rs vermietet. Das Essen ist hier ebenfalls ausgezeichnet. Auf Wunsch wird man auch vom Bahnhof oder Flughafen abgeholt. Weil die Zimmer in diesem Haus häufig ausgebucht sind, empfiehlt es sich, vorher anzurufen und ein Zimmer reservieren zu lassen.

Eines der hübschesten Häuser in dieser Preisklasse ist das schon etwas ältere Hotel Lauries im Stadtteil Sadar (Tel. 36 45 36). Die Leitung des Hauses und die Mitarbeiter sind sehr nett und behaupten, in ihrem Haus habe die Königin bei ihrem Besuch in Indien im Jahre 1963 übernachtet. Das ist jedoch nur schwer zu glauben und würde sich sicher auch nicht mehr wiederholen, denn die Zimmer sind schon reichlich abgewohnt, auch wenn die nach hinten hinaus durchaus noch in Ordnung sind. Sie kosten zur Alleinbenutzung 325 Rs und bei Belegung zu zweit 450 Rs. In der Nebensaison erhält man hier jedoch manchmal eine Ermäßigung. Zum Haus gehören auch ein ruhiger Garten und ein Schwimmbekken (nicht immer mit Wasser gefüllt). Zelten darf man an diesem Hotel für 30 Rs pro Person ebenfalls und kann dann die heißen Duschen mitbenutzen.

Die größte Gruppe mit Mittelklasse- und Luxushotels findet man in der Gegend südlich von Taj Ganj, etwa 1 1/2 km vom Taj Mahal entfernt. Eines davon ist der Mayur Tourist Complex (Tel. 36 03 02), der aus sehr hübschen Cottages um eine Rasenfläche herum mit Schwimmbecken besteht. Mit Ventilator kann man in einem Cottage allein für 400 Rs und zu zweit für 550 Rs sowie mit Klimaanlage allein für 500 Rs und zu zweit für 750

Rs übernachten. Für ein Luxusquartier mit Klimaanlage werden Alleinreisenden 700 Rs und Paaren 950 Rs in Rechnung gestellt. Hier ist alles gut in Schuß. Auch die Verpflegung ist nicht schlecht.

Ein weiteres annehmbares Quartier in dieser Preisklasse mit einem hübschen Garten ist das Grand Hotel (Tel. 36 40 14), gelegen unweit vom Bahnhof Cantonment. Hier kann man in einem Einzelzimmer für 430 Rs und in einem Doppelzimmer für 530 Rs übernachten, mit Klimaanlage für 630 bzw. 720 Rs. Wenn man auch Essen wünscht, sind Frühstück für 50 Rs sowie Mittag- und Abendessen für jeweils 100 Rs erhältlich.

Das Hotel Amar (Tel. 36 06 95) hat einen recht beliebten Swimming Pool, einen Whirl Pool und eine Sauna zu bieten. Hier werden für ein Einzelzimmer 700 Rs und für ein Doppelzimmer 900 Rs berechnet (mit Klimaanlage).An der Spitze in dieser Kategorie liegt das Hotel Mumtaz (Tel. 36 17 71), das gerade in dem Versuch renoviert wird, den Sprung von einem Hotel mit drei Sternen zur Klasse der Hotels mit fünf Sternen zu schaffen. Für ein Standardzimmer muß man hier allein 1100 Rs und zu zweit 1500 Rs bezahlen.

Luxushotels: Die Hotels in Agra mit fünf Sternen stehen überwiegend in dem offenen Gebiet südlich des Taj Mahal. Dort gehören das Clarks Shiraz, das Agra Ashok und das Novotel alle zur gleichen Preisklasse. Schon lange ein Wahrzeichen der Stadt Agra ist das Hotel Clarks Shiraz (Tel. 36 14 21, Fax 36 16 20), das zu den besseren teuren Hotels gehört. Es ist voll klimatisiert und hat ein Schwimmbad sowie Einzelzimmer für 1195 Rs und Doppelzimmer für 2380 Rs zu bieten. Im Hotel ist auch die Fluggesellschaft Indian Airlines mit einem Büro vertreten.

Das Agra Ashok (Tel. 36 12 23, Fax 36 14 28) ist, obwohl es zur Kette der Indian Tourism Development Corporation (ITDC) gehört, gut geführt und zum Übernachten ganz angenehm. Hier betragen die Übernachtungspreise in einem Einzelzimmer 1195 Rs und in einem Doppelzimmer 2000 Rs. Das neue Novotel Agra in der Fatehbad Road (Tel. 36 82 82) ist ein nicht besonders hoch erbautes Haus im Stil der Moguln und wurde um eine Rasenfläche mit einem Swimming Pool herum errichtet. In diesem Haus muß man für ein Einzelzimmer 38 US $ und für ein Doppelzimmer 75 US $ bezahlen.

Das Fünf-Sterne-Hotel mit Ausblicken auf das Taj Mahal von den meisten Zimmern ist das Hotel Taj View (Tel. 36 11 71, Fax 36 11 79). Für ein Zimmer, von dem man aus dem bequemen Bett das Taj Mahal bewundern kann, muß man hier allein 135 US $ und zu zweit 145 US $ bezahlen. Standardzimmer (ohne Blick auf das Taj Mahal) kosten 110 bzw. 125 US $.

Das beste Hotel in Agra ist das Mughal Sheraton in der Fatehbad Road (Tel. 36 17 01, Fax 36 17 30). Das ist ein sehr elegantes Haus mit dicken Schlingpflanzen die Ziegelsteine an dem wie eine Festung erbauten Haus hinunter. Es bietet seinen Gästen alles, was man in einem Hotel mit fünf Sternen erwartet, aber auch Ausritte mit Kamelen und Elefanten sowie einen eigenen Astrologen im Haus. Die Zimmer, die als Einzelzimmer ab 165 US $ und als Doppelzimmer für 180 US $ vermietet werden, sind sehr gut eingerichtet, allerdings hat man nur von den teureren aus einen Blick auf das Taj. Für 275 US $ kann man sich in der Mughal Chamber Exclusive mit seiner Geliebten auf Seidenkissen vor einem Bilderbuchausblick zurücklehnen und den unsterblichen Blick auf sich wirken lassen.

ESSEN

Taj Ganj: In der Gegend von Taj Ganj gibt es mehrere Lokale, die sich auf Besucher aus dem Ausland eingestellt haben. Die Gerichte sind meistens vegetarisch. Allerdings ist der Hygienestandard in diesen Restaurants nicht immer so hoch, wie er eigentlich sein sollte. Das winzige Joney's Place ist eines der schon am längsten bestehenden Lokale, auch wenn das „Yum-Yum-Essen" eigentlich nichts Besonderes ist. Es ist aber ein guter Treffpunkt.

Etwas besser und genauso beliebt ist das Restaurant Shankari Vegis, in dem Hauptgerichte 20 bis 30 Rs kosten und man auf dem Dach ganz gemütlich sitzen kann. Dort kann man auch Bücher und Zeitschriften lesen sowie Spiele ausleihen. Ferner dürfen die Gäste die Musik auswählen.

Am gleichen Platz wie das Joney's eignet sich das kleinen Restaurant Gulshan Lodge gut für einen Imbiß. Nebenan kommt man zum Saeed Place mit einer Reihe israelischer Gerichte auf der Speisekarte, auf der daneben von allem etwas steht. Für Hummus und Salat muß man hier 15 Rs bezahlen. Ein Stück weiter entlang dieser Straße liegt das Restaurant Lucky, das für sich in Anspruch nimmt, die Gerichte seien so gut, daß man sein Geld zurückerhalte, wenn man dem nicht zustimme. Für einen der Leser dieses Buches war die größte Attraktion in diesem Lokal nicht das Essen, sondern der Besitzer, den er für eine Karikatur des jungen Richard Gere hielt.

Das Restaurant Honey's unweit der Shanti Lodge ist nur ein kleines Lokal, aber gar nicht schlecht. Hier erhält man ein Frühstück mit Tomaten, Eiern, Porridge und Kaffee für 20 Rs. Ebenfalls in Taj Ganj liegt das beliebte kleine Restaurant Sikander, in dem man zu annehmbaren Preisen nach der vielfältigen Speisekarte gut essen kann. Allerdings sind die Portionen doch recht klein. Im nahegelegenen Hotel Noorjahan läßt sich gut Büffelsteak mit Chips essen.

In der Cafeteria und im Restaurant der ITDC unmittelbar vor dem Westtor zum Taj Mahal erhält man ganz gute indische und westliche Gerichte, wenn auch nicht gerade billig. Außerdem erwarten die Kellner hohe Trinkgelder. Im Restaurant Nice Point unweit vom Westtor erhält man ebenfalls ganz gutes Essen. Im Restaurant Relax am Osttor werden richtiger Kaffee serviert und gute Nachspeisen angeboten. Dort kann man zudem ganz gut auf dem Dach sitzen.

Das Restaurant Only ist ein Freiluftrestaurant am Kreisverkehr in der Taj Road. Es hat einen ganz guten Ruf für die Zutaten der servierten Gerichte und nimmt für sich in Anspruch, für jede Art von Küche - indisch, chinesisch und europäisch - einen eigenen Koch zu beschäftigen. Nicht weit entfernt kommt man zum gleich guten Restaurant Sonar, gelegen in einem Garten mit Tischen drinnen und draußen. Hier kann man gut die Moguln-Küche probieren.

Ein gutes Lokal, um essen zu gehen, gehört zum Tourist Rest Home in Sadar. Dort stehen die Tische draußen und werden abends von Kerzen beleuchtet. Das Priya in der Nähe wirbt mit den Worten „Delicious Meals & Joy Forever" und kommt zumindest dem ersten Teil davon recht nahe.

Eine Gruppe mit Restaurants der mittleren Preisklasse findet man am westlichen Ende der Taj Road. Klimatisiert und ausgezeichnet ist dort das Restaurant Kwality. Es ist ganz sicher eines der besten Lokale in ganz Agra, in dem man für ein Hauptgericht 50 Rs ausgeben muß und sich als Nachtisch für 7 Rs ein Stück Schokoladenkuchen aus der zugehörigen Bäckerei holen kann. Gegenüber liegt das Hot Bite, das ebenfalls ganz gut, aber teurer ist.

Ein Freiluftrestaurant ist das Park ein Stück hinter dem Kwality, wo man südindisch und chinesisch essen kann. In der Nähe liegt das Lakshmi Vilas, ein vegetarisches Restaurant, das wegen seiner preisgünstigen südindischen Gerichte sehr zu empfehlen ist. Hier kann man aus nicht weniger als 22 Arten von Dosa wählen. Für ein Thali muß man 20 Rs bezahlen.

Von Osho-Anhängern geführt wird das interessante vegetarische Restaurant Zorba the Buddha. Es zeichnet sich durch Sterne an der Decke, Wolken an den Wänden sowie makellose Sauberkeit und ausgezeichnetes Essen aus. Müsli mit Obst, Nüssen und Joghurt erhält man hier für 20 Rs, Lassi für 14 Rs.

Im gleichen Straßenblock mit Läden findet man auch das Restaurant Savitri, das sich auf Kebabs vom Grill und Tikka aus Hühnchenfleisch spezialisiert hat. Auf der anderen Seite gibt es auch noch das China-Restaurant Chung Wah, das ebenfalls eine gute Wahl ist.

Auch in den Luxushotels kann man hervorragend essen. Wenn Sie sich mal ein Festessen leisten wollen, sollten Sie das Clarks Shiraz in Erwägung ziehen. Dann müssen Sie aber auch rund 150 Rs für ein Hauptgericht und 125 Rs für ein Bier einkalkulieren. Das Buffet mittags (300 Rs) ist ebenfalls sehr gut.

Agra ist übrigens berühmt für eine ganz besondere Spezialität: die äußerst süßen kandierten Melonen, die *peitha* genannt werden.

EINKÄUFE

Agra ist bekannt für seine Lederwaren, seinen Schmuck und seine Marmorarbeiten, in die andere Materialien eingelegt sind, genauso wie die Pietradura-Arbeiten am Taj Mahal. In der Gegend von Sadar und um das Taj Mahal gibt es die meisten Läden dieser Art, allerdings liegen die Preise hier etwas über dem normalen Niveau. Schmuckgeschäfte findet man vorwiegend in Pratapur, dem alten Teil von Agra. Edelsteine sind jedoch in Jaipur preiswerter.

Etwa nach einem Kilometer entlang der Straße, die vom Osttor des Taj Mahal aus verläuft, kommt man nach Shilpgram, einem Kunstgewerbedorf und Markt unter freiem Himmel, wo bei Festen auch Tänzer und Musiker auftreten. Im Rest des Jahres ist hier Kunsthandwerk aus dem ganzen Land zu sehen. Die Preise sind zwar nicht gerade niedrig, aber die Qualität der angebotenen Waren ist gut, und die Bandbreite des Angebots ist kaum zu schlagen.

AN- UND WEITERREISE

Flug: Indian Airlines ist mit einem Büro im Hotel Clarks Shiraz vertreten (Tel. 36 09 48). Es ist täglich von 10.00 bis 13.00 Uhr und von 14.00 bis 17.00 Uhr geöffnet. Agra liegt an der bei Touristen beliebten und täglich beflogenen Strecke von Delhi nach Agra, Khajuraho sowie Varanasi und zurück. Für einen Flug von Delhi nach Agra benötigt die Maschine nur 40 Minuten. Ein Flug von Agra nach Delhi kostet 23 US $, nach Khajuraho 39 US $ und nach Varanasi 57 US $.

Bus: Die meisten Busse fahren vom Busbahnhof Idgah ab. Verbindungen zwischen Delhi und Agra bestehen etwa jede Stunde und kosten in einem Luxusbus 49 Rs sowie in einem Superluxusbus 60 Rs. Die Busse brauchen für die Fahrt etwa fünf Stunden. In Delhi fahren diese Busse am Sarai Kale Khan ab, dem neuen Busbahnhof südlich der Stadtmitte am Bahnhof Nizamuddin.

Zwischen Agra und Jaipur verkehren ebenfalls jede halbe Stunde Luxusbusse zum Preis von 76 Rs. Eingesetzt werden aber auch klimatisierte Busse, in denen man für 106 Rs mitkommt. Sie fahren von dem kleinen Kiosk vor dem Hotel Seetal in der Ajmer Road ab. Das ist ganz nahe beim Busbahnhof Idgah.

Ein Bus fährt frühmorgens um 5.00 Uhr auch nach Khajuraho, den man für 84 Rs benutzen kann und mit dem man nach 10 bis 12 Stunden am Ziel ist. Aber es ist besser, den *Shatabdi Express* nach Jhansi zu nehmen (2 Stunden), von wo man mit einem Bus nur noch sechs Stunden bis Khajuraho braucht.

Zug: Das Kontingent an Platzkarten für Touristen ist nicht sehr groß, so daß Buchungen, insbesondere von Plätzen in Zügen nach Varanasi, schwer werden können. Daher sollte man seine Reisepläne so früh wie möglich zu realisieren versuchen.

Agra liegt an der Hauptstrecke (Normalspur) Delhi-Bombay, so daß gute Verbindungen bestehen. Agra ist 200 km von Delhi und 1344 km von Bombay entfernt. Der schnellste Zug auf der Strecke zwischen Delhi und Agra ist der täglich verkehrende und klimatisierte *Shatabdi Express*, der bis zum Ziel etwas weniger als zwei Stunden benötigt. Er fährt in Delhi um 6.15 Uhr ab und beginnt die Rückfahrt von Agra um 20.15 Uhr. Daher eignet sich dieser Zug gut für einen Tagesausflug. Der Fahrpreis einschließlich Verpflegung beträgt in einem Sesselwagen 235 Rs und in der 1. Klasse 470 Rs. Von und nach Delhi verkehrt außerdem täglich der *Taj Express*. Der ist allerdings langsamer und läßt den Fahrgästen in Agra weniger Zeit. Wenn Sie mit einem Zug nach Agra fahren wollen, dann seien Sie auf dem Bahnhof von Neu-Delhi sehr achtsam, denn natürlich wissen Taschendiebe und Gauner, daß mit diesen Zügen vornehmlich Touristen fahren. Um leichtsinnige Reisende von ihren Wertsachen zu befreien, machen sie sogar Überstunden.

Nach Bombay dauert eine Eisenbahnfahrt von Agra 29 Stunden und kostet in der 2. Klasse 198 Rs und in der 1. Klasse 776 Rs. Direktverbindungen bestehen auch nach Goa, Madras und Thiruvananthapuram (Trivan-

---

Eine neue Erfahrung

Es war Vollmond in Agra, und was sonst hätten wir unternehmen sollen, als zum Taj Mahal zu pilgern. Ein Verkehrsmittel zu finden war kein Problem, weil alle Rikscha-Wallahs jedem Besucher, den sie in den Straßen entdeckten, „Tajtajtaj" entgegenriefen. Nachdem wir einen Preis ausgehandelt hatten, stiegen wir in eine Riksha ein und fuhren los. Nach einer Weile hielt der Riksha-Fahrer an und rief einem Passanten etwas zu. Daraufhin drehten wir uns um und fuhren durch immer schmaler werdende Straßen. Langsam machten wir uns Sorgen. Aber ganz sicher konnte es nicht sein, daß der Riksha-Fahrer den Weg zum Taj Mahal, dem bedeutendsten Ziel von Touristen in Indien, nicht kannte. Bestand etwa die Gefahr, daß wir ausgeraubt werden sollten? Ein paar Minuten später hielt der Riksha-Fahrer erneut an, stieg aus und sah sich zu uns um. Dann schlug er mit einer Hand vor seinen Kopf und sagte: „Es tut mir leid, ich habe das Taj Mahal verloren." Wir setzen daraufhin den Weg zu Fuß fort und waren innerhalb von fünf Minuten am Ziel.

Chris Jenney, England

drum). Wenn man auf dem Weg nach Norden in den Himalaja ist, kann man die Züge benutzen, die von Delhi über Agra fahren, was bedeutet, daß man eine Fahrkarte bis zum Zielort kaufen kann und nicht unterwegs nachlösen muß.

Die Strecke zwischen Agra und Bahnhöfen in Rajasthan wird derzeit von der Meter- auf Breitspur umgestellt. Deshalb sind die Verbindungen vorübergehend verringert worden. Der Abendzug nach Jaipur (nur 2. Klasse) verkehrt aber weiterhin. Wenn Sie diese Zeilen lesen, sollten aber bereits wieder mehr Züge eingesetzt werden und sich die Fahrzeiten verringert haben. Früher fuhren Züge nach Rajasthan nur auf dem Bahnhof Agra Fort ab, von wo der *Agra-Jaipur Express* die 208 km in fünf Stunden zurücklegte. Für diese Fahrt mußte man in der 2. Klasse 53 Rs und in der 1. Klasse 189 Rs bezahlen. Die Fahrt führte über Bharatpur. Tägliche Zugverbindungen auf Breitspur sollten inzwischen auch mit Ajmer und Jodhpur bestehen.

NAHVERKEHR

Flughafentransfer: Der Flughafen von Agra liegt 7 km von der Stadtmitte entfernt. Der Preis für eine Taxifahrt von dort oder dorthin beträgt etwa 90 Rs und für eine Fahrt mit einer Auto-Rikscha 50 Rs.

Taxi und Auto-Rikscha: Für Taxifahrten vom Bahnhof Cantonment muß man Festpreise bezahlen. Fahrer von Auto-Rikschas berechnen für eine Fahrt zu einem beliebigen Hotel 15 Rs, für eine Fahrt zum Fort und zurück mit zwei Stunden Aufenthalt am Fort 45 Rs und für eine ganztägige Stadtrundfahrt 250 Rs. Für eine Taxifahrt zu einem beliebigen Hotel muß man mit 60 Rs rechnen. Wenn man zum Taj Mahal will, ist eine Fahrt mit einer Fahrrad-Rikscha für die Umwelt am verträglichsten.

Fahrrad-Rikscha und Fahrrad: Agra ist so weiträumig angelegt, daß man nicht alle Sehenswürdigkeiten

zu Fuß erreichen kann, selbst wenn man wollte. Es ist so gut wie unmöglich, zu Fuß zu gehen, weil die Horden von Rikscha-Fahrern jeden noch so willigen Fußgänger mit einer Impertinenz und Energie verfolgen, die jeden Widerstand erlahmen lassen. Vorsicht ist jedoch bei solchen Rikscha-Fahrern geboten, die zwar versprechen, Besucher von A nach B zu bringen, aber unterwegs bei Marmor-, Juwelen- und sonstigen Läden vorbeifahren. Dies ist besonders dann unerfreulich, wenn man seinen Zug pünktlich erreichen möchte. Außerdem kann das recht kostspielig werden.

Die einfachste Lösung des Transportproblems in Agra ist, sich einen Tag lang eine Rikscha zu mieten. Den Tagespreis kann man problemlos auf etwa 60 bis 100 Rs herunterhandeln. Dafür bleibt der Fahrer geduldig stehen, wenn man sich irgendwelche Bauten ansehen oder etwas essen will. Wieviel man tatsächlich zahlt, hängt von der Fähigkeit zu handeln ab. Man sollte aber niemals in eine Rikscha steigen, bevor man sich nicht über den Fahrpreis geeinigt hat. Selbst wenn man gesagt bekommt, man könne bezahlen, was man für richtig halte, bedeutet es dies in Wirklichkeit nicht.

Agra ist so überlaufen von Touristen, daß die meisten Rikscha-Fahrer gut Englisch sprechen. Zudem sind sie eine amüsante Quelle für interessante Informationen. Zu ihren Anekdoten gehören Geschichten über betuchte Touristen, die sie für einen enormen Betrag den kurzen Weg zum Taj und zurück radeln. Diese sind dann meist froh, schnell wieder in ihre klimatisierten Hotels flüchten zu können. Wenn Sie nicht eine Rikscha für einen ganzen Tag mieten wollen, können Sie damit für ca. 10 Rs auch fast jeden Punkt in Agra erreichen. Allerdings versuchen Rikscha-Fahrer immer, zunächst viel mehr zu fordern.

Wollen Sie nicht gefahren werden, dann fahren Sie selbst. Fahrradverleiher gibt es genügend. Die Leihgebühr beträgt normalerweise pro Stunde 3 Rs und pro Tag 15 Rs.

FATEHPUR SIKRI

Einwohner: 27 500
Telefonvorwahl: 05619

Zwischen 1570 und 1586, in der Zeit der Herrschaft von Kaiser Akbar, war Fatehpur Sikri die Hauptstadt des Mogulreiches. Die Stadt liegt 40 km westlich von Agra. Aber genauso plötzlich und übereilt, wie sie gebaut wurde, gab man sie auch wieder auf, wahrscheinlich, so glaubt man, wegen Problemen mit der Wasserversorgung. Heute ist es eine nahezu perfekt erhaltene Mogulstadt, so wie sie zur Blütezeit der Mogulherrschaft existiert haben mag. Wer Agra besucht,

sollte sich Fatehpur Sikri auf keinen Fall entgehen lassen.

Der Legende nach war Akbar ohne männlichen Erben. Um dies zu ändern, pilgerte er zu dem Heiligen Scheich Salim Chishti in Sikri. Dieser verhieß ihm die Geburt eines Sohnes, des späteren Herrschers Jehangir. Aus Dankbarkeit taufte Akbar seinen Sohn auf den Namen Salim. Das war aber noch nicht alles. Akbar verlegte auch die Hauptstadt seines Reiches nach Sikri und stampfte eine neue, strahlende Stadt geradezu aus dem Boden.

Akbar genoß den Ruf, sehr tolerant gegenüber anderen Religionen zu sein, obwohl er selbst Moslem war. Er verbrachte viel Zeit damit, mit Anhängern anderer Religionen zu diskutieren und die Schriften zu studieren. Dies alles geschah in Fatehpur Sikri. Er schuf auch eine völlig neue Religion, genannt Deen Ilahi. Sie sollte ein Konglomerat aus allen wichtigsten Religionen sein. Akbars ranghöchste Beamte, wie Bibal, Raja Todarmal und Abu Fazal, hatten ihre Häuser in der unmittelbaren Umgebung seines Palastes.

Die meisten Touristen besuchen Fatehpur Sikri in einem Tagesausflug von Agra aus. Es kann aber durchaus ganz angenehm sein, im Ort einmal zu übernachten. Wenn man eine Nacht in Fatehpur Sikri verbringt, erhält man nämlich die Gelegenheit, den beeindruckenden Sonnenuntergang über den Ruinen mitzuerleben. Die beste Stelle dafür ist von der Spitze der Stadtmauer, 2 km zu Fuß nach Süden.

ORIENTIERUNG UND PRAKTISCHE HINWEISE

Die aufgegebene Stadt liegt hoch auf einem Hügel, während der neuere Teil der Stadt mit Bushaltestelle und Bahnhof unten im Süden zu finden ist.

Fatehpur Sikri ist für Besucher von Sonnenaufgang bis Sonnenuntergang zugänglich. Der Eintritt beträgt 0,50 Rs (Freitag kein Eintritt). Für das Benutzen eines Fotoapparates wird keine zusätzliche Gebühr verlangt, wohl aber für Videokameras (25 Rs). Die Jama Masjid und das Grab von Scheich Salim Chishti befinden sich außerhalb der umschlossenen Stadt, so daß man dort keinen Eintritt zu bezahlen braucht.

Da Fatehpur Sikri wohl eine der am besten erhaltenen Geisterstädte ist, sollten Sie überlegen, ob Sie nicht einen Führer nehmen. Solche lizensierten Fremdenführer warten um die Kasse herum auf Kundschaft. Offiziell beträgt der Preis für eine Führung 48 Rs, aber wenn das Geschäft schlecht läuft, verlangen die Führer manchmal auch nur die Hälfte davon. Am Buland Darwaza, dem Tor zur Moschee und zum Schrein, versuchen häufig nicht lizensierte Führer Besucher zu einer Führung für rund 10 bis 20 Rs zu überreden.

Tagesausflügler auf der Suche nach einer Toilette oder einer Stelle zum Aufbewahren ihres Gepäcks sollten sich zum Maurya Rest House begeben. Dort kann man sein Gepäck für 2 Rs aufbewahren lassen.

SEHENSWÜRDIGKEITEN

Jama Masjid oder Dargah-Moschee: Diese Moschee in Fatehpur Sikri soll eine Nachbildung der Moschee von Mekka darstellen. Auf jeden Fall enthält das schöne Bauwerk Stilelemente der persischen und hinduisti-

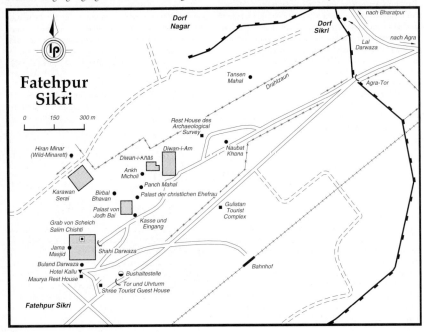

schen Kultur. Der Haupteingang führt durch das Buland Darwaza, das Siegestor. Es erinnert an Akbars Sieg in Gujarat. Dieses beeindruckende Tor erreicht man über nicht weniger beeindruckende Treppen. Eine Inschrift im Torbogen besagt: „Die Welt ist eine Brücke; überschreite sie, aber baue keine Häuser auf ihr. Wer eine einzige Stunde des Glücks erhofft, mag die Ewigkeit erhoffen." An diesem Tor hat sich eine große Bienenfamilie niedergelassen. Abgesehen davon, daß von ihnen kleine gelbe Flecken auf die Passanten darunter herabregnen, lassen sie Besucher im allgemeinen in Ruhe. Vor diesem Tor ist eine tiefe Quelle. Finden sich genügend Touristen, dann springen todesmutige Einheimische hoch oben vom Tor in das Wasser.

Das östliche Tor der Moschee wird Shahi Darwaza (Königstor) genannt und war das einzige, das früher von Akbar benutzt wurde.

Im nördlichen Teil des Innenhofes befindet sich das marmorne Grab (dargah) von Scheich Salim Chishti, erbaut im Jahre 1570. Noch heute kommen, genauso wie Akbar vor vier Jahrhunderten, kinderlose Frauen zu dem Grab des Heiligen, um Kindersegen zu erflehen. Das Filigran im Marmor (jalis) an diesem Bauwerk ist wahrscheinlich das schönste Beispiel für diese Kunst, die man irgendwo im Land sehen kann.

Auch der Enkel des Heiligen, Islam Khan, ist in diesem Innenhof begraben. Abul Fazi und Faizi, Berater und Dichter des Herrschers Akbar, hatten ihre Häuser unmittelbar neben der Moschee.

Jodh-Bai-Palast: Nordöstlich der Moschee befinden sich die Kasse und der Haupteingang zur Altstadt. Das erste Gebäude hinter dem Tor ist der Palast von Jodh Bai, benannt nach der Mutter von Jehangir, die eine Tochter des Maharadscha vom Amber und ebenfalls hinduistischen Glaubens war.

Auch hier besteht die Architektur wieder aus einer Mischung aus hinduistischen Säulen und moslemischen Kuppeldächern. Der Hawa Mahal (Palast der Winde) ist eine grandiose Schöpfung, bei dem die Wände dieses vorspringenden Raumes vollständig aus steinernen Gittern bestehen. Vielleicht saßen hier die Hofdamen und warfen einen Blick auf das Treiben unter ihnen.

Birbal Bhavan: Dieser besonders elegante, aber kleine Palast wurde entweder für oder von Raja Birbal, dem wichtigsten Hofbeamten Akbars, gebaut. Seine Motive und die gesamte Ausführung sind meisterhaft. Victor Hugo, der französische Schriftsteller aus dem 19. Jahrhundert, beschrieb diesen Bau als entweder sehr kleinen Palast oder sehr große Schmuckkassette. Der Hindu Birbal, bekannt für seinen Witz und seine Weisheit, schien leider ein unfähiger Soldat zu sein, denn er verlor sein Leben und große Teile seiner Armee bei den

Kämpfen von Peshawar im Jahre 1586. Zum Palast gehören ausgedehnte Stallungen mit fast 200 Boxen für Pferde und Kamele. Steinringe zum Festmachen der Tiere sind noch immer zu sehen.

Karawan Sarai und Hiran Minar: Die Karawan Sarai (Karawanserei) war ein großer Innenhof, umgeben von Unterkünften, der von Kaufleuten benutzt wurde. Der Hiran Minar (Wild-Minarett) soll der Überlieferung nach unter sich das Grab von Akbars Lieblingselefanten beherbergen. Tatsache ist aber, daß der Elefant außerhalb des Forts beerdigt ist. Aus dem 21 m hohen Turm schauen steinerne Elefantenzähne heraus. Akbar soll von diesem Turm aus auf Wild geschossen haben, das man vor den Turm gescheucht hatte. Das flache Stück Land vor dem Turm war früher ein See, wird heute aber nur noch gelegentlich überflutet.

Palast der christlichen Ehefrau: Unweit des Jodh-Bai-Palastes steht dieses Haus, das früher von Maryam, Akbars christlicher Ehefrau aus Goa, bewohnt wurde. Damals sah es aber wesentlich prächtiger aus, denn es war über und über mit Gold belegt. Daher wird es auch Goldenes Haus genannt.

Panch Mahal: Dieser kleine, fünfstöckige Palast wurde vermutlich früher von Hofdamen benutzt. Ursprünglich waren die Seiten zugemauert, aber die Wände wurden entfernt, um die offenen Kolonnaden innen sichtbar werden zu lassen. Jedes der fünf Stockwerke

Feiner Wandschmuck im Palastkomplex des Mogul-Herrschers Akbar in Fatehpur Sikri

ist kleiner und versetzt auf das untere Stockwerk gebaut worden, also wie eine Pyramide, so daß oben nur noch Platz für einen kleinen Kiosk bleibt. Die Kuppel wird von vier Säulen getragen. Im unteren Stockwerk stehen 56 Säulen, von denen nicht zwei gleich sind.

Ankh Micholi: Will man diesen Namen übersetzen, bedeutet er etwa „Verstecken und Suchen". Man vermutet, daß der Herrscher hier mit den Haremsdamen Verstecken spielte. Näher liegt allerdings, daß dieser Bau als Archiv für Schriftstücke benutzt wurde. Wozu die mit steinernen Monstern verzierten Stützen allerdings besser passen, bleibt der Phantasie der Besucher überlassen. In einer Ecke befindet sich ein Platz, der mit einem Baldachin überzogen ist. Dort lebte vermutlich Akbars Hindu-Guru, der ihm weissagte und ihn unterrichtete.

Diwan-i-Khas: Das Äußere dieser Halle für Privataudienzen ist schlicht, aber die Innenausstattung ist einzigartig. Eine Steinsäule in der Mitte des Gebäudes stützt einen flachen Thron. Von den vier Ecken des Raumes führen Stege quer durch den Raum bis zu diesem Thron. Man nimmt an, daß Akbar auf diesem Mittelsitz Platz nahm, wenn er mit Vertretern vieler verschiedener Glaubensrichtungen diskutierte.

Diwan-i-Am: Hinter den Toren am Nordostende der Geisterstadt liegt die Halle der öffentlichen Audienzen. Zu ihr gehört ein großer offener Innenhof, umgeben von Kreuzgängen. Neben der Diwan-i-Am kommt man zum Pachisi-Hof, der wie ein gigantisches Brettspiel angelegt wurde. Angeblich spielte Akbar auf diesen Mustern eine Art Schach, wobei Sklavinnen die Schachfiguren darzustellen hatten.

Weitere Sehenswürdigkeiten: Vor dem Naubat Khana, das früher einmal das Haupttor war, spielten Musiker auf, wenn unten Prozessionen vorbeidefilierten. Die Straße verlief am Münzamt und an der Schatzkammer vorbei bis zur Diwan-i-Am. Das Khabgah war Akbars Schlaftrakt; es liegt vor dem Daftar Khana, dem Büro. Daneben finden Sie das kleine, aber sehr fein gearbeitete Rumi Sultana (Haus der türkischen Königin). Die Innendekoration läßt dieses Gebäude als ein wahres Juwel erscheinen. Neben der Karawanserei halten einige weniger gut erhaltene Elefanten noch immer stumme Wache am Hathi Pol (Elefantentor).
Außerhalb der Jama Masjid findet man die Überbleibsel der kleinen Bildhauermoschee. An dieser Stelle soll einmal das Grab von Scheich Salim Chishti gewesen sein; diese Moschee ist älter als die von Akbar gegründete und erbaute Stadt. Daneben sieht man auch noch das Haus des *hakim* (des Arztes) und ein wunderschönes *hammam* (türkisches Bad).

UNTERKUNFT UND ESSEN

Das preisgünstigste Quartier ist das Rest House des Archaeological Survey. Mit 9 Rs für eine Übernachtung ist es ein wirklich gutes Angebot. Allerdings sind vorherige Reservierungen erforderlich, und zwar beim Archaeological Survey of India an der Mall 22 in Agra.
Unmittelbar unterhalb vom Buland Darwaza liegt das Maurya Guest House (Tel. 23 48), das angenehmste der preisgünstigen Unterkünfte im Dorf. Vermietet werden einfache Einzelzimmer für 40 Rs und ebenso einfache Doppelzimmer für 60 Rs (einschließlich Badbenutzung) sowie kleinere Zimmer mit Bad ab 60 bzw. 80 Rs und größere Zimmer mit Bad für 80 bzw. 120 Rs. Das Haus wird von einer sehr freundlichen und hilfsbereiten Familie geführt, die im schattigen Innenhof auch ein gutes vegetarisches Restaurant betreibt. Zwei der Brüder spielen Sitar und Tabla und veranstalten gelegentlich am Abend improvisierte Konzerte.
Unten am Hügel beim Basar liegt das Shree Tourist Guest House (Tel. 22 76), das sauber und von den Preisen her ähnlich ist. Das Hotel Kullu ist ein sehr einfaches Restaurant, in dem für ein Thali 15 Rs verlangt werden.
Das beste Haus ist das staatlich geführte Gulishan Tourist Complex (Tel. 24 90), gelegen etwa einen halben Kilometer die Hauptstraße zurück. Der Stil paßt gut zur Umgebung, und auch die Einrichtungen sind ganz ordentlich. Die Zimmer hier sind groß und werden als Einzelzimmer für 200 Rs sowie als Doppelzimmer für 250 Rs vermietet, mit Klimaanlage für 350 bzw. 425 Rs. In der Hochsaison werden die höheren Preise jedoch für alle Zimmer berechnet. Geworben wird auch für Betten in einem Schlafsaal für 15 Rs pro Nacht, aber das ist ganz sicher ein nachträglicher Einfall, denn man hat sich auch nach drei Jahren des Bestehens bisher keine Mühe gegeben, Betten in den Schlafsaal zu stellen. Zu dieser Anlage gehören auch noch ein Restaurant und eine Bar.
Im übrigen ist Fatehpur Sikri berühmt für seine *khataie*, die Kekse, die man im Basar in hohen Bergen aufgetürmt sieht.

AN- UND WEITERREISE

Die organisierte Busfahrt nach Fatehpur Sikri läßt den Teilnehmern für Besichtigungen nur eine Stunde Zeit.
Wer länger bleiben möchte, fährt besser mit einem Linienbus vom Busbahnhof Idgah (10 Rs, eine Stunde). Wenn man damit fährt, kann man einen Tag in Fatehpur Sikri verbringen, um abends weiter nach Bharatpur zu fahren. Die Eisenbahnverbindungen nach Fatehpur Sikri waren früher langsam und unregelmäßig, sollten sich aber nach der Umstellung auf Breitspur verbessert haben.

MATHURA

Einwohner: 256 000
Telefonvorwahl: 0565
Diese Gegend, üblicherweise als Brij Bhoomi bekannt, ist für Hindus ein bedeutendes Pilgerziel. Das erstaunt nicht, denn es gibt hier im wahrsten Sinne des Wortes Tausende von Tempeln. Glaubt man der Legende, dann wurde der Gott Krishna, die beliebte Inkarnation von Vishnu, in Mathura geboren. Außerdem werden viele Episoden in den ersten Jahren seines Lebens mit diesem Gebiet in Verbindung gebracht. In der Nähe liegt auch Vrindaban, wo Krishna sich mit seinen *gopis* (Milchmädchen) vergnügt haben soll und wo die Hare-Krishna-Anhänger ihren Hauptsitz einrichteten.

Das Fremdenverkehrsamt befindet sich an der alten Bushaltestelle in Mathura. Von dort aus werden manchmal Ausflüge mit Führung zu den wichtigsten Stätten, die mit Krishna in Verbindung stehen, angeboten. Sie beginnen dann um 6.30 Uhr. Die meisten Tempel sind etwa zwischen 11.00 und 16.00 Uhr geschlossen. Dann ist Mittagspause für die Gottheiten und ihre Wärter.

GESCHICHTE

Mathura, auch unter der Bezeichnung Muttra bekannt, ist bereits seit langem ein kulturelles und religiöses Zentrum. Die buddhistischen Klöster hier wurden bereits von Ashoka gefördert. Auch Ptolemäus sowie die chinesischen Reisenden Fa Hian (der Indien von 401 bis 410 n. Chr. besuchte) und später Hiuen Tsang (634 n. Chr.) erwähnten diese Stadt in ihren Schriften. Schon zu dieser Zeit hatte sich jedoch die Zahl von ehemals 3000 Mönchen in 20 Klöstern auf etwa 2000 Mönche verringert, weil der Buddhismus begann, dem Hinduismus Platz zu machen. Im Jahre 1017 erreichte Mahmud von Ghazni auf seinem Eroberungsfeldzug von Afghanistan aus Mathura und ließ die meisten hinduistischen sowie die letzten buddhistischen Tempel in Schutt und Asche versinken. Was Mahmud von Ghazni von der Stadt übrig gelassen hatte, zerstörte später Sikandar Lodi im Jahre 1500. Auch der fanatische Herrscher Aurangzeb fiel über die Stadt her. Unter ihm wurde der Kesava-Deo-Tempel zerstört. Dieser Tempel stand auf einem heiligen Platz der Buddhisten innerhalb eines Klosters. Aurangzeb ließ auf den Grundmauern des demolierten buddhistischen Heiligtums eine Moschee errichten.

SEHENSWÜRDIGKEITEN

Shri Krishna Janmbhoomi: Bei Ausgrabungsarbeiten auf dem Gelände mit dem Kesava-Deo-Tempel

stieß man auch auf einen kleinen Raum, der so aussah wie eine Gefängniszelle. Hier marschieren die Pilger an einer Steinplatte vorbei, von der man sagt, daß hinter ihr vor 3500 Jahren Krishna geboren wurde. Er soll gezwungen gewesen sein, in dieser unwürdigen Umgebung zur Welt zu kommen, weil seine Eltern der Überlieferung nach von dem tyrannischen König Kansa ins Gefängnis geworfen worden waren. Über dieser Stätte erhebt sich die Moschee von Aurangzeb, während ein neuerer hinduistischer Tempel daneben errichtet wurde. Nach den Zusammenstößen zwischen Hindus und Moslems in Ayodhya ist hier immer starke Polizeipräsenz zu verzeichnen.

Etwa 200 m entfernt vom Shri Krishna Janmbhoomi befindet sich eine weitere Stelle, an der Krishna geboren worden sein soll. In der Nähe kommt man zum Potara Kund, wo der Legende nach die göttlichen Windeln von Klein-Krishna gewaschen wurden.

Entlang des Yamuna: Der Yamuna, der durch Mathura fließt, ist hier 300 m breit. Seine Ufer sind gesäumt von Badestellen (*ghats*). Die bedeutendste davon ist Vishram Ghat, wo Lord Krishna sich nach der Tötung von König Kansa ausgeruht haben soll. Von hier aus unternehmen Pilger kurze Bootsausflüge auf dem Fluß. Dabei kann man im Wasser häufig große Schildkröten sehen.

Neben dem Vishram Ghat steht der vierstöckige Turm Sati Burj aus dem Jahre 1570. Er wurde vom Sohn der Behari Mal zur Erinnerung an seine Mutter errichtet, die sich zusammen mit der Leiche ihres Mannes hatte verbrennen lassen. Auch hier wütete Aurangzeb und ließ die obersten Stockwerke abreißen; sie wurden später erneuert.

Ebenfalls am Ufer sieht man die Ruinen vom Fort Kans Qila, erbaut durch Raja Man Singh aus Amber. Außerdem hatte der Jai Singh von Jaipur hier eines seiner Observatorien entstehen lassen. Davon ist heute aber leider nichts mehr zu sehen.

Etwas weiter zurück vom Fluß kann man sich im Hauptteil der Stadt die Jama Masjid, erbaut 1661 von Abo-in Nabir Khan, und den Dwarkadheesh-Tempel ansehen. Errichtet 1814 von Seth Gokuldass aus Gwalior, ist dies der Haupttempel von Mathura, der (welche Überraschung) Krishna gewidmet ist.

Archäologisches Museum: Das Archäologische Museum ist einen Besuch wegen der großen Sammlung an

Ausstellungstücken aus der Mathura-Schule der frühen indischen Bildhauerkunst wert. Dazu gehört auch der berühmte und beeindruckende stehende Buddha aus dem 5. Jahrhundert, den man in der Gegend fand. Zu sehen sind aber auch viele weitere Skulpturen, Terrakotta-Arbeiten, Münzen und Gegenstände aus Bronze. Ein ganz ansprechender Garten ist am Museum ebenfalls vorhanden. Das Museum ist täglich außer montags von 10.30 bis 16.30 Uhr geöffnet (in der Zeit vom 16. April bis 30. Juni von 7.30 bis 12.30 Uhr). Der Eintritt ist frei.

Gita Mandir: Dieser moderne Tempel wurde von der wohlhabenden Industriellenfamilie Birla gestiftet. Hier machen Pilger auf dem Weg nach Vrindaban Halt, um sich die Gita Stambh anzusehen, eine Säule, in die das gesamte *Bhagavad Gita* eingelassen ist.

UNTERKUNFT UND ESSEN
Das interessanteste preiswerte Quartier ist das International Guest House unmittelbar neben dem Shri Krishna Janmbhoomi. Dieses Haus ist mit Einzelzimmern für 20 Rs und Doppelzimmern für 30 Rs sowie Doppelzimmern mit Bad für 60 Rs und Doppelzimmern mit Ventilator für 85 Rs eine ausgezeichnete Wahl. Soldaten sind hier nicht willkommen, wie ein Schild mit der Aufschrift „No Arms & Ammunition" am Eingang erkennen läßt. Ein gutes vegetarisches Restaurant mit Thalis für nur 11 Rs und ein ganz hübscher Garten sind ebenfalls vorhanden.

Stark empfohlen worden ist das Hotel Agra (Tel. 40 33 18), das ganz hübsch mit Blick über den Fluß am Bengali Ghat liegt. Angeboten werden in diesem Haus Einzelzimmer mit Badbenutzung für 75 Rs, Doppelzimmer mit eigenem Bad ab 200 Rs und daneben auch ein paar Zimmer mit Klimaanlage. Es ist sauber und wird von einer freundlichen Familie geführt.

Das Hotel Nepal (Tel. 40 43 08) liegt günstig unmittelbar gegenüber der neuen Bushaltestelle. Die Zimmer sind um einen Innenhof herum angeordnet und kosten als Einzelzimmer 100 Rs sowie als Doppelzimmer 150 Rs, mit Klimaanlage 400 Rs (alle mit eigenem Bad). Ein preisgünstiges Restaurant ist ebenfalls vorhanden. Etwas günstiger im Preis ist das Hotel Kwality unweit der alten Bushaltestelle, aber dafür ist es dort in den Zimmern auch lauter. Das Restaurant in diesem Haus ist gar nicht schlecht, steht aber nicht in Verbindung mit den Lokalen der Kwality-Kette. Ein Tourist Bungalow mit Einzelzimmern ab 75 Rs und Doppelzimmern ab 100 Rs ist ungünstig in Civil Lines gelegen.

Weitere bessere Hotels sind das Hotel Mansarovar Palace (Tel. 40 86 86), das mit Einzel- und Doppelzimmern für 230 bzw. 330 Rs sowie mit Klimaanlage für 375 bzw. 475 Rs eigentlich nichts Besonderes zu bieten hat, und das Hotel Munkund Palace (Tel. 40 40 55) mit

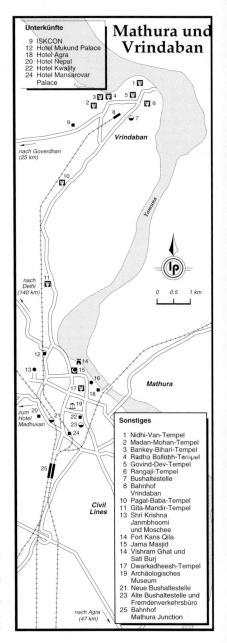

Mathura und Vrindaban

Unterkünfte

9 ISKCON
12 Hotel Mukund Palace
18 Hotel Agra
20 Hotel Nepal
22 Hotel Kwality
24 Hotel Mansarovar Palace

Vrindaban

nach Goverdhan
(25 km)

nach Delhi
(140 km)

0 0.5 1 km

Mathura

zum Hotel Madhuvan

Civil Lines

Sonstiges

1 Nidhi-Van-Tempel
2 Madan-Mohan-Tempel
3 Bankey-Bihari-Tempel
4 Radha Ballabh-Tempel
5 Govind-Dev-Tempel
6 Rangaji-Tempel
7 Bushaltestelle
8 Bahnhof Vrindaban
10 Pagal-Baba-Tempel
11 Gita-Mandir-Tempel
13 Shri Krishna Janmbhoomi und Moschee
14 Fort Kans Qila
15 Jama Masjid
14 Vishram Ghat und Sati Burj
17 Dwarkadheesh-Tempel
19 Archäologisches Museum
21 Neue Bushaltestelle
23 Alte Bushaltestelle und Fremdenverkehrsbüro
25 Bahnhof Mathura Junction

nach Agra
(47 km)

einem großen Garten und ein paar neu erbauten Doppelzimmern für 300 Rs.

Das beste Haus in der Stadt ist das Hotel Madhuvan mit drei Sternen (Tel. 40 40 64, Fax 40 43 07) mit Einzelzimmern für 300 Rs und Doppelzimmern für 400 Rs (mit Klimaanlage für 450 bzw. 600 Rs). Hier gibt es auch ein Schwimmbecken, das andere als Hausgäste für 75 Rs mitbenutzen können. Für ein Hauptgericht muß man im zugehörigen Restaurant rund 55 Rs bezahlen.

AN- UND WEITERREISE

Mathura liegt 57 km nördlich von Agra sowie 141 km südlich von Delhi. Von der alten Bushaltestelle fahren stündlich Busse nach Agra (14 Rs, 1¹/₂ Stunden). Busverbindungen nach Agra bestehen von der neuen Haltestelle ebenfalls, aber auch nach Delhi (35 Rs, 3¹/₂ Stunden). Von beiden Städten aus lassen sich auch Busausflüge unternehmen.

Mathura ist auch ein wichtiger Eisenbahnknotenpunkt mit etlichen Direktverbindungen zu vielen Städten, darunter nach Agra, Bharatpur, Sawi Madhopur (in Richtung Ranthambhore) und Kota. Der schnellste Zug von Delhi ist der *Taj Express*, der auf dem Bahnhof Nizamuddin abfährt und für die Strecke 1³/₄ Stunden braucht (2. Klasse 35 Rs und 1. Klasse 138 Rs). Der *Shatabdi Express* hält in Mathura allerdings nicht.

Es ist ferner möglich, in Mathura Fahrräder für Fahrten nach Vrindaban und anderen Dörfern in der Gegend zu mieten.

DIE UMGEBUNG VON MATHURA

VRINDABAN

Vrindaban, 10 km nördlich von Mathura, ist der Ort, in dem sich Krishna wie ein heranwachsender Jüngling benahm und mit den *gopis* (Milchmädchen) im Wald flirtete und ihnen ihre Kleider stahl, als sie im Fluß badeten. Von den berühmten 12 Wäldern ist allerdings nichts mehr erhalten geblieben (Vrindaban bedeutet übrigens übersetzt „Wald mit vielen Bäumen"). Allerdings finanziert der World Wide Fund for Nature (WWF) hier gerade eine Wiederaufforstung.

Die gläubigsten Pilger unternehmen eine komplette Rundwanderung um das Gebiet, eine Strecke von über 200 km.

Das beeindruckendste Bauwerk in dieser Gegend ist der riesige rote Govind-Dev-Tempel („Tempel des göttlichen Kuhhirten"), womit natürlich auf Krishna angespielt wird. Wenn man ihn betreten will, muß man - natürlich - draußen die Schuhe ausziehen, aber es lohnt, sich einen Weg durch die Exkremente der Fledermäuse zu suchen, um sich die gewölbte Decke in diesem an eine Kathedrale erinnernden Bauwerk anzusehen. Architektonisch ist es einer der neueren Hindu-Tempel Nordindiens, der 1590 von Raja Man Singh aus Jaipur erbaut wurde. Ursprünglich war der Tempel sieben Stockwerke hoch, aber Aurangzeb ließ auch hier die obersten vier einreißen.

Der Rangaji-Tempel stammt aus dem Jahre 1851 und ist eine unglaubliche Mischung aus den unterschiedlichsten Architekturstilen von hoch aufragenden südindischen *gopurams* (Toren) bis zu italienischen Kolonnaden. Am Eingang kann man sich zwei amüsante elektrisch betriebene Puppenspiele ansehen, bei denen Geschichten aus dem *Ramayana* und dem *Mahabharata* erzählt werden. Es kostet nur 1 Rs, um den Strom anzuschalten. Hinter dem Tempel befinden sich ein von Unkraut überwucherter Teich und ein Garten. Nicht-Hindus ist das Betreten des umschlossenen Teils in der Mitte untersagt. Dort steht eine 15 m hohe, goldbedeckte Säule.

Es gibt in Vrindaban aber auch noch 4000 weitere Tempel, darunter den beliebten Bankey Bihari, den Radha Ballabh (erbaut 1626), den Madan Mohan, den zehnstöckigen Pagal Baba und den Nidhi Van, von dem behauptet wird, daß die dort heimischen Affen es gelernt hätten, den Touristen ihre Fotoapparate zu stehlen und sie nur dann wieder herauszugeben, wenn sie statt dessen Futter erhielten.

Die International Society of Krishna Consciousness (ISKCON) hat ihren indischen Hauptsitz in Vrindaban (Tel. 0565/44 24 78). Neben dem Krishna-Balaram-Tempel nähert sich ein beeindruckender Tempel aus Marmor zum Gedenken an ihren Gründer Swami Prabhupada der Vollendung, der 1977 gestorben ist. Daran arbeiten einige der befähigsten Steinmetze aus dem ganzen Land. In den Wohnräumen von Swami ist inzwischen ein Museum eingerichtet worden, in dem man sich so heilige Gegenstände wie das letzte Stück Seife, das er benutzte, die Flasche mit Flüssigkeit zum Ausspülen des Mundes und die Bordschuhe von British Airways, die er auf seinem Flug von Großbritannien erhielt, ansehen kann. Jedes Jahr nehmen hier mehrere hundert Europäer an Kursen und Seminaren über alles Mögliche von Astrologie bis zur ayurvedischen Medizin teil. Über Einzelheiten kann man sich telefonisch informieren.

Unterkunft und Essen: Im ISKCON Guest House wird eine ganze Reihe von guten Zimmern angeboten, in denen man gegen eine Spende (empfohlen werden mindestens 125 Rs) übernachten kann. Wenn man davon Gebrauch machen will, sollte man vorher anrufen, weil das Haus häufig voll belegt ist. Daher ist bereits ein neues Gästehaus geplant. Außerdem ist es möglich, in einigen der Ashrams in Vrindaban zu übernachten.

Das Restaurant im Gästehaus der ISKCON ist das beste Lokal im ganzen Ort (natürlich nur vegetarische Gerichte), in dem man beispielsweise Fruchtsäfte, Milchmixgetränke und Thalis (25 bis 35 Rs) erhalten kann.

An- und Weiterreise: Vom Shri Krishna Janmbhoomi und vom Bahnhof in Mathura fahren Tempos für 3 Rs, während man für eine Fahrt in einer Tonga 35 Rs und in einer Auto-Rikscha ca. 50 Rs bezahlen muß. Es verkehren aber auch drei Züge mit Dampflokomotiven auf der Schmalspurstrecke täglich nach Vrindaban (2. Klasse 4 Rs), die in Matheran um 6.55, 14.55 und 18.50 Uhr abfahren und Vrindaban zur Rückfahrt um 7.55, 16.00 und 20.05 Uhr verlassen.

GOKUL UND MAHABAN

In Gokul, 16 km südöstlich von Mathura, was es, wo Krishna heimlich großgezogen worden sein soll. Große Scharen von Pilgern kommen jährlich in diese Gegend, um in der Zeit von Juli bis August seinen Geburtstag zu feiern. Übernachten kann man in einem einfachen Tourist Bungalow mit Doppelzimmern für 60 Rs.

Mahaban, 18 km nördlich von Mathura, ist ein weiterer Ort aus der Krishna-Legende, in dem er einen Teil seiner Jugend verbracht haben soll.

BARSANA UND GOVERDHAN

Radha, Krishnas Gefährtin, soll aus Barsana, 50 km von Mathura entfernt, stammen. Das ist während des Holi-Festes eine interessante Gegend, wenn Frauen aus Barsana Männer aus dem nahegelegenen Nandgaon angreifen und mit gefärbtem Wasser begießen. Zum Übernachten steht ein Tourist Bungalow mit Betten in einem Schlafsaal für jeweils 10 Rs und Doppelzimmern für 100 Rs zur Verfügung.

Auch in Goverdhan, 26 km von Mathura entfernt, wird eine Geschichte über Krishna erzählt. Man sagt ihm dankbar nach, daß er die Einwohner vor dem Zorn Indras geschützt hat. Indra hatte nämlich aus Zorn Regen über die Stadt ergossen. Krishna hielt daraufhin sieben Tage lang die Bergspitzen schützend über die Stadt, fein aufgehängt an seinen Fingern.

DER NORDEN VON UTTAR PRADESH

Der nördliche Teil von Uttar Pradesh ist Uttarakhand („Land des Nordens") benannt worden. Das ist ein Gebiet mit Hügeln, Bergen und Seen, von dem die westliche Hälfte als Garhwal und der östliche Bereich als Kuamon bekannt ist.

Hier gibt es etliche beliebte Bergerholungsorte, z. B. Naini Tal und Mussoorie, aber auch Möglichkeiten, Bergwanderungen auf Routen zu unternehmen, die kaum bekannt sind und nur selten benutzt werden. Weil sich die chinesisch-indischen Beziehungen verbessern, werden auch empfindliche Grenzgebiete, die früher für Ausländer gesperrt waren, nach und nach geöffnet.

Außerdem begeben sich im Sommer viele Pilger unweit von Gangotri, nicht weit von der Grenze zu China, zur heiligen Quelle des Ganges. Gangotri ist einer von vier bedeutenden Zielen für Pilgerungen (*yatra*) im Himalaja, von denen die anderen Badrinath, Kedarnath und Yamunotri sind, alle zusammen als *Char Dam* bezeichnet. Leichter erreichbare Pilgerorte sind Haridwar und Rishikesh, wo der Ganges den Himalaja verläßt und auf seinem langen Weg ins Meer in die Ebene fließt.

Mehrere Jahre ist dafür agitiert worden, aus Uttarakhand einen eigenen Staat zu machen. Damit zusammenhängend sind im September 1994 im sonst ruhigen Berg-erholungsort Mussoorie Gewaltausbrüche zu verzeichnen gewesen. Daraufhin eröffnete die Polizei das Feuer und tötete sieben Demonstranten und verletzte viele weitere. Im folgenden Monat schoß die Polizei in Muzaffarnagar 12 unbewaffnete Demonstranten nieder, die auf dem Weg zu einer Kundgebung für Uttarakhand in Delhi waren. Die Ausgangsverbote nach den Unruhen in Mussoorie, Naini Tal und Haldwani sind inzwischen wieder aufgehoben worden und die Touristen zurückgekehrt, so daß es derzeit so aussicht, als wäre wieder Normalität eingetreten. Daß Uttarakhand wirklich ein eigener Staat wird, ist sehr unwahrscheinlich, weil die Regierung in Delhi keinen Wert auf einen Präzedenzfall legt. Eine praktische Alternative wäre ein gewisses Maß an Selbstverwaltung.

Im übrigen ist es möglich, vom nördlichen Uttar Pradesh nach Nepal einzureisen. Einzelheiten darüber finden Sie unten im Abschnitt über Banbassa.

PRAKTISCHE HINWEISE

Das Fremdenverkehrsamt von Uttar Pradesh (UP Tourism) hat für diese Gegend zwei Tochtergesellschaften gegründet: Garhwal Manal Vikas Nigam (GMVN) und Kuamon Mandal Vikas Nigam (KMVN). Das GMVN unterhält Büros in Dehra Dun, Mussoorie

Nördliches
Uttar Pradesh

0   20   40 km

Die indischen Außengrenzen in
dieser Landkarte sind nicht anerkannt und
können unrichtig sein

und Rishikesh, während das KMVN seinen Sitz in
Naini Tal hat. Beide Organisationen unterhalten noch
weitere, kleinere Büros, normalerweise in den zahlreichen Tourist Rest Houses, die sie betreiben. UP Tourism

hat im übrigen vor kurzem in der Reihe der Trekking-
Landkarten drei Landkarten vom nördlichen Teil dieses
Gebietes veröffentlicht (jeweils 20 Rs). Die sind ganz gut,
aber im Maßstab von 1:250 000 keine Trekking-Karten.

MEERUT

Einwohner: 932 000
Telefonvorwahl: 0121
Meerut, nur 70 km nordöstlich von Delhi gelegen, war
1857 der Ort, in dem der Aufstand gegen die Kolonial-
herrschaft ausbrach. Damals war Meerut die größte
Garnisonsstadt im ganzen Norden von Indien. Heute

erinnert an diese Geschehnisse nicht mehr allzu viel.
Nur auf dem Friedhof bei der St. John's Church findet
sich zwischen den anderen Gräbern auch das von General Ochterlony, dessen Denkmal den *maidan* von Kalkutta dominiert. Der interessanteste Hindu-Tempel von
Meerut ist Suraj Khund. In der näheren Umgebung des

alten Shahpir-Tores gibt es zudem noch ein Mogul-Mausoleum, das Shahpir.

Meerut durchlebte eine grüne Revolution. Der neue Wohlstand, sichtbar an den zahlreichen gut gefüllten Läden, war Grund für Spannungen in der Gemeinde. In Sardhana, 18 km nördlich von Meerut, kann man sich den Palast der Begum Samru ansehen. Sie war zum Katholizismus übergetreten und hatte hier 1809 eine Basilika mit einem Altar aus weißem Marmor errichten lassen.

Das Grab der Begum befindet sich in dieser Basilika. In Meerut stehen Besuchern mehrere Hotels zur Verfügung. Das beste davon ist das Hotel Shaleen, aber man kann auch in dem billigeren Hotel Anand übernachten. Beide liegen in der Gegend mit der Begum-Brücke. Im Hotel Navin Deluxe in der Abu Lane (Tel. 54 01 25) werden mit Klimaanlage für ein Einzelzimmer 350 Rs und für ein Doppelzimmer 550 Rs sowie für ein normales Zimmer 150 bzw. 250 Rs berechnet.

SAHARANPUR

Einwohner: 411 000

178 km nördlich von Delhi liegt an einem Knotenpunkt der Eisenbahn die Industriestadt Saharanpur.

Der Botanischer Garten in dieser ansonsten nicht beeindruckenden Stadt, der Company Bagh, mehr als 175 Jahre alt ist.

DEHRA DUN

Einwohner: 404 000

Telefonvorwahl: 0135

Der ganz hübsche Ort schreibt sich auch Dehra Doon und liegt in einem Tal in den Siwaliks, den Vorbergen des Himalaja. Von hier kann man den 34 km entfernten Bergerholungsort Mussoorie auf einer hohen Bergkette weiter oben sehen.

Dehra Dun ist das Zentrum eines Forstgebietes und beherbergt ein beeindruckendes Forstforschungsinstitut. Ansonsten gibt es hier nicht viel Interessantes. Die Stadt ist aber auch ein bedeutendes Wissenschafts- und Forschungszentrum und Standort der indischen Militärakademie sowie Hauptsitz des Survey of India (von dem Stadtpläne vieler indischer Städten in großen Maßstäben verkauft werden). Außerdem haben sich hier etliche prestigeträchtige Internate angesiedelt, darunter die Doon School, Indiens exklusivste Privatschule, in der unter anderem auch Rajiv Gandhi zur Schule ging.

ORIENTIERUNG

Das Wahrzeichen der Stadt ist der Uhrturm. Die meisten preiswerten Hotels liegen in der Nähe des Bahnhofs, während man die teureren Hotels in einer Gegend nördlich vom Uhrturm findet, die Astley Hall genannt wird. Das bedeutendste Marktgebiet nennt sich Paltan Bazaar. Eines der wichtigsten Erzeugnisse, die dort angeboten werden, ist der hochwertige Basmati-Reis, wofür die ganze Gegend berühmt ist.

PRAKTISCHE HINWEISE

Das Fremdenverkehrsamt von Uttar Pradesh (Tel.

2 32 17) ist im Hotel Drona, unweit von den Bushaltestellen und vom Bahnhof, untergebracht. Für die Region Garhwal sowie für Pilgerungen (*yatras*) zu den heiligen Plätzen nördlich von Dehra Dun ist jedoch das Büro des GMVN in der Rajpur Road (Tel. 2 68 17) zuständig. Eine private Organisation, die Trekking-Touren in diesem Gebiet organisiert, ist Trek Himalaya in der Tagore Villa 14 (Tel. 2 30 05), über die man Einzelheiten dem Abschnitt über Trekking-Touren in Garhwal und Kuamon weiter unten entnehmen kann. Die zahlreichen Ausbildungseinrichtungen in Dehra Dun haben auch dafür gesorgt, daß sich in der Stadt mehrere ausgezeichnete Buchhandlungen angesiedelt haben. Ein großes Spektrum an englischsprachigen Büchern wird sowohl im English Book Depot neben dem Restaurant Kumari als auch von Natraj Booksellers neben dem Motel Himshri verkauft.

SEHENSWÜRDIGKEITEN

Forstforschungsinstitut: Gegründet Anfang dieses Jahrhunderts, hat das Forstforschungsinstitut heute den Ruf, eines der besten Institute für Forstwissenschaft auf der ganzen Welt zu sein. Es wurde in einem großen Botanischen Garten errichtet, bei dem der Himalaja einen spektakulären Hintergrund ergibt.

In den sechs Abteilungen des gar nicht so kleinen Museums sind die Ausstellungsstücke in Glasbehältern mit viktorianischer Aufmerksamkeit für Details gelegt worden. Dazu gehören auch Beispiele für Holzarten vor und nach Forstversuchen, eine Galerie mit Möbeln und Waldschädlingen von Käfern über andere Schäd-

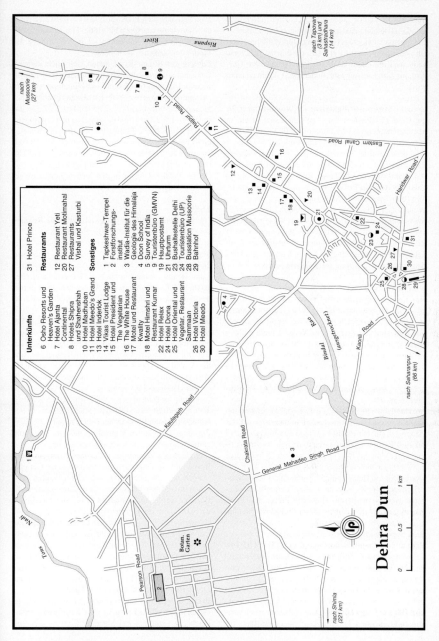

Dehra Dun

Unterkünfte

6 Osho Resorts und
   Heaven's Garden
7 Hotel Ajanta
   Continental
8 Hotels Shipra
   und Shahenshah
10 Hotel Madhuban
11 Hotel Meedo's Grand
13 Hotel Inderlok
14 Vikas Tourist Lodge
15 Hotel President und
   The Vegetarian
16 The White House
17 Motel und Restaurant
   Kwality
18 Motel Himshri und
   Restaurant Kumar
22 Hotel Relax
24 Hotel Drona
25 Hotel Oriental und
   Vegetar. Restaurant
   Sammaan
26 Hotel Victoria
30 Hotel Meedo

31 Hotel Prince

Restaurants

12 Restaurant Yeti
20 Restaurant Motimahal
27 Restaurants
   Vishal und Kasturbi

Sonstiges

1 Tapkeshwar-Tempel
2 Forstforschungs-
   institut
3 Wadia-Institut für die
   Geologie des Himalaja
4 Doon School
5 Survey of India
9 Touristenbüro (GMVN)
19 Hauptpostamt
21 Uhrturm
23 Bushaltestelle Delhi
24 Touristenbüro (UP)
28 Busstation Mussoorie
29 Bahnhof

linge bis zu Tigern sowie ein Querschnitt durch eine Deodar (Himalaja-Zeder), die über 700 Jahre alt ist. Das Institut ist montags bis freitags von 10.00 bis 17.00 Uhr geöffnet (Eintritt frei). Um dorthin zu gelangen, kann man mit einem sechssitzigen Tempo vom Uhrturm bis zum Eingang fahren, der hier Vikram genannt wird.

Weitere Sehenswürdigkeiten: Im Wadia-Institut für die Geologie des Himalaja kann man sich in einem Museum montags bis freitags von 10.00 bis 17.00 Uhr Felsenstücke, Halbedelsteine und Fossilien ansehen. Der bedeutendste Tempel ist der Shiva gewidmete Tapkeshwar-Tempel. Er steht neben einem Fluß, dessen Wasser (wenn er Wasser führt) in einem *lingam* geleitet wird. Eine große Messe wird hier am Sivaratri-Tag (üblicherweise im März) abgehalten.

Weitere Ziele, die man besuchen kann, sind der Lakshmi-Sidh-Tempel, das Dorf Sahastradhara (14 km von Dehra Dun) mit kalten Schwefelquellen und einem Tourist Rest House, die Höhle der Räuber (Robbers Cave), ein beliebter Platz für ein Picknick gleich hinter dem Dorf Anarwala, und Tapovan, wo es einem Ashram gibt.

UNTERKUNFT

Das Hotel Relax in der Court Road 7 (Tel. 2 77 76) hat ganz gute Einzelzimmer ab 275 Rs und Doppelzimmer ab 425 Rs zu bieten. Die meisten übrigen Mittelklasse- und Luxushotels liegen im Nordteil der Stadt entlang der Rajpur Road. Von ihnen ist das Motel Kwality (Tel. 2 70 01) mit normalen Einzelzimmern für 190 Rs und normalen Doppelzimmern für 325 Rs sowie Zimmern mit Klimaanlage für 360 bzw. 410 Rs durchaus annehmbar. Ähnlich sind die Preise im Motel Himshri (Tel. 2 38 80).

Im Hotel Meedo's Grand (Tel. 2 71 71) reichen die Zimmerpreise von 300 Rs (Einzelzimmer) bzw. 400 Rs (Doppelzimmer) bis 450 bzw. 600 Rs. Einzelzimmer für 500 Rs und Doppelzimmer für 650 Rs (mit Klimaanlage) hat das Hotel President (Tel. 2 73 86, Fax 2 82 10) zu bieten. Im Hotel Shipra (Tel. 2 46 11) werden für ein Einzelzimmer 500 Rs und für ein Doppelzimmer 700 Rs berechnet. Von November bis Februar werden in diesem Haus die Preise um 40 % gesenkt, so daß man dann in dieser Preisklasse hier am günstigsten übernachten kann.

Ein etwas bizarres Haus liegt am nördlichen Ende der Rajpur Road, nämlich das Osho Resort (Tel. 2 95 44), das sich selbst als „Zufluchtsort mit einem Wasserfall" beschreibt. Es gehört zur Organisation Bhagwan Rajneesh, die in alle Zimmer Videofilme mit Vorlesungen des verstorbenen Guru überträgt. Die Zimmer sind mit Übernachtungspreisen von 390 Rs (Einzelzimmer) und 490 Rs (Doppelzimmer) kaum als sonderlich günstig zu bezeichnen. Das Buddha Cottage mit Platz für

zwei Personen zum Preis von 590 Rs erweist sich sogar als überteuerte transportable Hütte. Das Restaurant ist jedoch ganz gut. Außerdem ist in der Anlage ein Meditationszentrum vorhanden.

Entlang der Rajpur Road haben sich auch mehrere Luxushotels angesiedelt, alle mit klimatisierten Einzelzimmern ab rund 600 Rs und mit klimatisierten Doppelzimmern ab etwa 800 Rs. Dazu gehören das glanzvolle Shahensha (Tel. 2 85 08, Fax 2 27 31), das Inderlok (Tel. 2 81 13) und das Hotel Ajanta Continental (Tel. 2 95 95, Fax 2 77 22), das von allen das beste ist und über einen Swimming Pool verfügt. Mit Einzelzimmern für 1100 Rs und Doppelzimmern für 1350 Rs ist das Hotel Madhuban (Tel. 2 40 94, Fax 2 31 81) trotz einiger Preissenkungen in den letzten Jahren immer noch zu teuer.

ESSEN

„Purity of mind follows purity of diet" (Die Reinheit des Geistes folgt der Reinheit des Essens) ist das Motto im Kumar, dem besten vegetarischen Restaurant in der Stadt. Das *Naan*-Brot in diesem Lokal ist ausgezeichnet und gehört zu dem besten, das man irgendwo probieren kann. Hauptgerichte werden hier zu Preisen zwischen 20 und 35 Rs angeboten. Im Winter kann man ferner das süße *gajar ka halwa* erhalten, hergestellt aus Karotten, Gewürzen und Milch.

In der Gegend des Bahnhofs ist das vegetarische Restaurant Sammaan (neben dem Hotel Oriental) ein gutes, sauberes Lokal, in dem leckere Thalis serviert werden. Zwei weitere beliebte Thali-Restaurants sind das Vishal und das Kasturbi, die aber weit einfacher sind. In all diesen Lokalen kann man nach einem Thali *kheerh* (Reispudding) essen.

Es gibt in der Stadt aber auch eine Filiale von Kwality, die oft überfüllt ist von Kindern reicher Eltern aus den teuren Privatschulen in Dehra Dun. Unweit vom Hotel President liegt das The Vegetarian, wo gute Milchmixgetränke und Masala Dosas serviert werden.

Das Heaven's Garden im Osho Resort ist ein gutes Restaurant, in dem auch nichtvegetarische Gerichte serviert werden. Die lassen sich auch an einigen Tischen im Garten verzehren. Gute nichtvegetarische Gerichte werden im Restaurant Motimahal angeboten, wo man für ein Hauptgericht rund 45 Rs bezahlen muß. Geringfügig billiger ißt man im nahegelegenen Restaurant Sind-Hyderabad und im Punjab. Unmittelbar davor befindet sich der A-One Grill mit Tandoori-Hühnchen und Kebabs zum Mitnehmen. Die Trishna Bar im Hotel Drona ist ein gutes Ziel für ein Bier (45 Rs) beim Fernsehen von Star TV, während man im Restaurant dieses Hotels nur sehr teuer essen kann.

In Dehra Dun gibt es auch mehrere gute Bäckereien und Geschäfte mit Süßigkeiten. Leckere Toffees nach Hausmacherart kann man bei Standard Confectioners unweit vom Hotel President erhalten. Und im Laden von Grand Bakers im Paltan Bazaar wird eine große Auswahl an Brot, Imbissen und Makronen angeboten. Mehrere gute Geschäfte mit indischen Süßigkeiten findet man am Uhrturm.

AN- UND WEITERREISE

Flug: Der Flughafen Jolly Grant liegt 24 km von der Stadt entfernt. Er wird jedoch derzeit von keiner Fluggesellschaft angeflogen. Es ist auch nicht zu erwarten, daß wieder eine Fluggesellschaft an Verbindungen von und nach Dehra Dun interessiert ist, denn 1995 sind Eisenbahnverbindungen mit dem Hochgeschwindigkeitszug *Shatabdi Express* von und nach Delhi aufgenommen worden.

Bus: Von der Bushaltestelle Mussoorie neben dem Bahnhof fahren die Busse nach Zielen in den Bergen ab. Häufige Verbindungen bestehen von hier mit Bussen nach Mussoorie (13 Rs, 1 1/2 Stunden), aber auch mit Sammeltaxis (pro Platz 40 Rs). Busse fahren von dieser Haltestelle auch nach Naini Tal (106 Rs, 11 Stunden), Uttarkashi (74 Rs, 7 Stunden) und Tehri (45 Rs, 4 Stunden) ab.

Von der Bushaltestelle Delhi neben dem Hotel Drona werden Ziele in der Ebene bedient: Delhi (68 Rs, 6 Stunden), Haridwar (14 Rs, 2 Stunden), Rishikesh (10,50 Rs, 1 1/2 Stunden), Lucknow (141 Rs, 14 Stunden) und Shimla (88-114 Rs, 9 Stunden).

Zug: Dehra Dun ist die Endhaltestelle für Züge der Northern Railway. Der schnellste Zug ist der *Shatabdi Express*, der täglich außer mittwochs verkehrt, Delhi um 6.00 Uhr verläßt, in Dehra Dun um 11.45 Uhr ankommt und unterwegs nur in Saharanpur sowie Haridwar hält. Die Rückfahrt beginnt um 16.20 Uhr und endet in der Hauptstadt um 22.05 Uhr. Eine Fahrt mit diesem Zug kostet in Sitzwagen 300 Rs und in der 1. Klasse 600 Rs.

Für eine Bahnfahrt in normalen Zügen von Delhi über Haridwar nach Dehra Dun (320 km) zahlt man in der 2. Klasse 74 Rs und in der 1. Klasse 275 Rs. Mit 9 1/2 Stunden dauert die Fahrt mit einem solchen Zug allerdings länger als mit einem Bus. Sie ist aber auch entspannender. Ein Nachtzug, der auf dieser Strecke verkehrt, ist der *Mussoorie Express*, während der *Doon Express* nachts zwischen Dehra Dun und Lucknow eingesetzt wird (545 km, 2. Klasse 109 Rs und 1. Klasse 408 Rs). Außerdem bestehen noch Zugverbindungen nach Kalkutta, Varanasi und Bombay.

NAHVERKEHR

Tempos mit sechs Sitzen (Vikrams) verpesten die Luft in der Stadt, bilden aber eine billige Möglichkeit herumzukommen. Sie verkehren auf festen Routen. Für eine Fahrt mit einem Tempo, beispielsweise vom Bahnhof zum Uhrturm, muß man 2 Rs bezahlen. Für die gleiche Strecke berechnen Fahrer von Auto-Rikschas 10 Rs.

MUSSOORIE

Einwohner: 32 000
Telefonvorwahl: 0135

Mussoorie, gelegen in einer Höhe von 2000 m und 34 km hinter Dehra Dun, ist ein beliebter Bergerholungsort schon seit der Zeit, als er 1823 von Captain Young „entdeckt" wurde. Es gibt hier über 100 Hotels, die sich zusammendrängen und Ausblicke über das Dun-Tal ermöglichen. Hier übernachten in der heißen Jahreszeit die vielen Touristen aus Delhi. In der Nebensaison kann es in Mussoorie ganz friedlich sein. Dann lassen sich auch gut Wanderungen entlang der Bergkämme unternehmen.

ORIENTIERUNG UND PRAKTISCHE HINWEISE

Die Mall verbindet den Gandhi Chowk mit dem Kulri Bazaar, 2 km entfernt, und Library. Busse von Delhi fahren entweder nach Library (Gandhi Chowk) oder zum Picture Palace (Kulri Bazaar), aber nicht zu beiden Zielen. Daher muß man vor Antritt der Fahrt aufpassen, daß man in einem Bus zum gewünschten Ziel sitzt, denn

die Mall ist in der Hochsaison für den Verkehr gesperrt. Ein gutes Fremdenverkehrsamt (Tel. 63 28 63) findet man an der Mall. Das Hinweisschild ist von einem Anhänger der Unabhängigkeit für Uttarakhand mit der Aufschrift „UK Tourism" versehen worden.

Trek Himalaya hinter dem Fremdenverkehrsamt organisiert Trekking-Touren und Floßfahrten.

SEHENSWÜRDIGKEITEN UND FREIZEITBESCHÄFTIGUNGEN

Eine Seilbahn, die täglich von 9.00 bis 19.00 Uhr in Betrieb ist, fährt hinauf zum Gun Hill (hin und zurück 15 Rs). Wenn man bereits am frühen Morgen von oben einen Blick auf den Himalaja mit dem Bandar Punch (6315 m) werfen will, muß man wandern. Auf dem Gipfel kann man sich von Fotografen die Nationaltracht von Garhwal anziehen und dann für 10 Rs fotografieren lassen.

Auf Wanderungen um Mussoorie herum hat man hervorragende Ausblicke. Die Camel's Back Road wurde wie eine Promenade ausgebaut und führt an einer Fels formation vorbei, die wie ein Kamel aussieht. Daher der Name. Man kann ferner Ponies für Ausritte (60 Rs) und für 60 Rs Rikschas mieten, die von zwei Rikscha-Wallahs gezogen und häufig auch noch von einem dritten geschoben werden. Eine weitere ganz gute Wanderung führt hinunter in das Happy Valley und zum Flüchtlingslager der Tibeter, wo man sich einen Tempel ansehen und in einem kleinen Laden handgestrickte Pullover kaufen kann. Eine ganz erfreuliche längere Wanderung führt durch den Landour Bazaar zur Childers Lodge (5 km), der höchsten Stelle in Mussoorie, und zum Sister's Bazaar.

Wenn Ihnen das Wandern nicht liegt, können Sie bei Bertz auch ein ziemlich neues Motorrad mit 100 ccm Hubraum mieten. Dort sorgt man auf Wunsch auch für einen Sturzhelm und für eine Versicherung.

GMVN mit einem Kiosk an der Bushaltestelle Library veranstaltet Ausflugsfahrten zu den Kempty-Fällen (25 Rs) und nach Dhanoti (75 Rs), von wo aus gute Ausblicke auf den Himalaja möglich sind.

Als Zeitvertreib können wir Ihnen auch Besuche bei einem Astrologen, einen Kinobesuch im Picture Palace (12 Rs), Videospiele in zahlreichen Spielsalons entlang der Mall (1 Rs), Billardspiele im Hotel Clarks (50 Rs), einen Besuch in der Bibliothek (25 Rs) und Roller Skating auf dem hölzernen Boden von

The Rink (30 Rs), der größten im ganzen Land, empfehlen.

UNTERKUNFT

Einfache Unterkünfte: Angesichts so vieler Hotels, die untereinander im Wettbewerb um Gäste stehen, ändern sich die Übernachtungspreise je nach Saison stark. Die im folgenden angegebenen Preise gelten für die Nebensaison von November bis Mai, können möglicherweise aber noch weiter heruntergehandelt werden. Einige Hotels sind allerdings im Januar und Februar geschlossen. Im Sommer können die Preise um bis zu 300 % steigen. In den meisten Hotels werden nur Doppelzimmer mit angeschlossenem Bad vermietet, aus denen man am Abreisetag normalerweise bis 10 Uhr ausgezogen sein muß. Träger, die Gepäck von einem der beiden Bushaltestellen bis in ein Hotel schaffen, erwarten dafür ca. 16 Rs.

In Kulri Bazaar war mit Ausblicken nach Norden das Hotel Broadway bis 1954 ein kleines englisches Gästehaus, das von Miss Lee geführt wurde. Es ist immer noch ein gutes, sauberes Quartier, das sich Änderungen verweigert (kein Star TV in diesem Haus) und das bei Besuchern aus dem Westen beliebt ist. Der hilfsbereite Geschäftsführer, Herr Malik, vermietet Doppelzimmer ab 90 Rs und ein paar Einzelzimmer für 40 Rs.

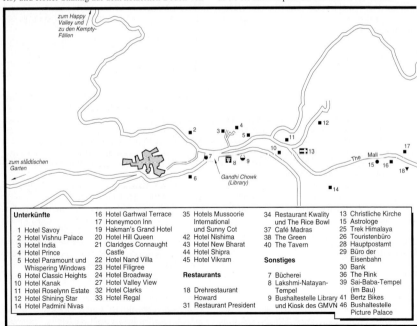

Unterkünfte	16 Hotel Garhwal Terrace	35 Hotels Mussoorie	34 Restaurant Kwality	13 Christliche Kirche
	17 Honeymoon Inn	International	und The Rice Bowl	15 Astrologe
1 Hotel Savoy	19 Hakman's Grand Hotel	und Sunny Cot	37 Café Madras	25 Trek Himalaya
2 Hotel Vishnu Palace	20 Hotel Hill Queen	42 Hotel Nishima	38 The Green	26 Touristenbüro
3 Hotel India	21 Claridges Connaught	43 Hotel New Bharat	40 The Tavern	28 Hauptpostamt
4 Hotel Prince	Castle	44 Hotel Shipra		29 Büro der
5 Hotel Paramount und	22 Hotel Nand Villa	45 Hotel Vikram	**Sonstiges**	Eisenbahn
Whispering Windows	23 Hotel Filigree			30 Bank
6 Hotel Classic Heights	24 Hotel Broadway	**Restaurants**	7 Bücherei	36 The Rink
10 Hotel Kanak	27 Hotel Valley View		8 Lakshmi-Natayan-	39 Sai-Baba-Tempel
11 Hotel Roselynn Estate	32 Hotel Clarks	18 Drehrestaurant	Tempel	(im Bau)
12 Hotel Shining Star	33 Hotel Regal	Howard	9 Bushaltestelle Library	41 Bertz Bikes
14 Hotel Padmini Nivas		31 Restaurant President	und Kiosk des GMVN	46 Bushaltestelle
				Picture Palace

Das Hotel New Bharat unterhalb der Mall ist ein knarrendes altes Gebäude, das von einem genauso knarrenden alten, aber hilfsbereiten Wärter betreut wird und in dem man ein Zimmer ab 75 Rs, einige davon mit einem besonderen Wohnzimmer, mieten kann. Der Wärter ist auch ein guter Gärtner, der dafür sorgt, daß überall im Haus blühende Topfpflanzen stehen. Es kann allerdings sein, daß dieses Hotel im Januar und Februar geschlossen wird.

Für ein einfaches Doppelzimmer im alten Hotel Regal muß man 75 Rs bezahlen. Das Geld wert sind die Zimmer im großen Hotel Hill Queen unter der Seilbahn, in dem man für 50 bis 150 Rs übernachten kann. Ein ausgezeichnetes kleines Haus in einem nicht besonders großen Garten ist das Hotel Valley View oberhalb der Mall (Tel. 63 23 24), in dem man in sauberen Zimmern allein zum Preis ab 100 Rs und zu zweit zum Preis ab 150 Rs unterkommt. Ein gutes Restaurant ist hier ebenfalls vorhanden. Neben diesem Haus befindet sich eine sonnige Terrasse. Ein noch relativ neues Hotel mit guten Doppelzimmern ab 150 Rs ist das Hotel Sunny Cot (Tel. 63 27 89). Im Hotel Mussoorie International nebenan (Tel. 63 29 43) werden für ein Zimmer ab 200 Rs berechnet.

In der Gegend von Liberty ist das Hotel Imperial gegenüber der Bibliothek eine Bruchbude mit Zimmern ab 60 Rs. Besser sind die Zimmer mit Bad für 75 Rs im kleinen Hotel Kanak (Tel. 63 23 51). Zu empfehlen ist das von Sikhs geführte Hotel India mit herrlichen Ausblicken nach Norden und guten Zimmern ab 80 Rs. Dieses Haus wird gerade verbessert, so daß es sein kann, daß nach Abschluß die Preise steigen werden. Nicht weit entfernt kommt man zum Hotel Eagle mit ähnlichen Preisen.

Hoch oben über der Mall liegt das Hotel Prince, ein großes, altes Gebäude mit hervorragenden Ausblicken von der Terrasse. Für ein geräumiges, schon etwas abgewohntes Zimmer muß man in diesem Haus allein 100 Rs und zu zweit 150 Rs bezahlen.

Im gut in Schuß gehaltenen Hotel Vikram werden einige ganz hübsche Doppelzimmer mit Balkon zu Preisen ab 175 Rs angeboten. In diesem Haus hat man vom Doppelbett im Zimmer 25 herrliche Blicke über das Dun-Tal.

Ein recht freundliches Quartier ist das Hotel Paramount an der Mall (Tel. 63 23 52) mit guten Doppelzimmern ab 200 Rs. Ähnlich im Preis ist das Hotel Vishnu Palace (Tel. 63 29 32). Im Hotel Upstairs & Downstairs über dem Restaurant Whispering Windows (Tel. 63 20 20) kommt man in Zimmern für 175 bis 275 Rs unter.

Im Hotel Hakman's Grand an der Mall, einem großen, schon etwas heruntergekommenen Haus voller Möbel,

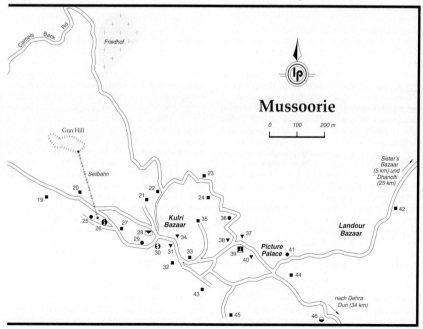

die die Briten zurückgelassen haben, muß man für ein Zimmer 200 Rs bezahlen. Hier ist die Registrierkasse immer noch auf Annas eingestellt.

Im Hotel Garhwal Terrace des GMVN (Tel. 63 26 82) ist vieles neu gestrichen worden. Daraufhin hat man die Preise deutlich erhöht. Wer würde also schon für ein Bett im Schlafsaal 60 Rs bezahlen? Für ein Doppelzimmer mit Bad und Fernsehgerät für Satellitenprogramme werden 400 Rs verlangt.

Außerhalb des Gebietes mit vielen Touristen und hinter dem Uhrturm liegt in Landour Bazaar das einfache Hotel Nishima (Tel. 63 22 27) mit Doppelzimmern für 60 Rs.

Mittelklasse- und Luxushotels: In Kulri Bazaar gehören zu den schon etwas teureren Häusern das große Hotel Shipra (Tel. 63 26 62) mit Zimmern von 300 bis 850 Rs , das allerdings keinen Charakter hat, und das ganz ansprechende Hotel Filigree (Tel. 63 23 80) mit Ausblicken nach Norden von der Dachterrasse und Doppelzimmern zum Preis ab 350 Rs.

Eine ganz gute Unterkunft mit Doppelzimmern von 225 bis 550 Rs ist das Hotel Nand Villa (Tel. 63 20 88). Es liegt recht ruhig und kann auch mit einigen Zimmern aufwarten, die über eine eigene Terrasse verfügen.

Das beste Hotel in der Gegend von Kulri Bazar ist das neue Claridges Connaught Castle (Tel. 63 22 19) mit Zimmern ab 1200 Rs.

Unweit der Bibliothek wartet das Hotel Classic Heights (Tel. 63 25 14) gleich mit einer ganzen Bandbreite von Zimmern auf, in denen man allein ab 495 Rs und zu zweit ab 795 Rs wohnen kann. Das Hotel Roselyn Estate (Tel. 63 22 01) in der gleichen Gegend ist ein freundliches Quartier, in dem für ein Doppelzimmer 400 Rs und für eine Suite 500 Rs berechnet werden.

Bei einer besonderen Gelegenheit sollte man einmal das Honeymoon Inn (Tel. 63 23 78) ausprobieren, in dem man in einem Zimmer mit großem Doppelbett und riesiger Badewanne für 490 Rs übernachten kann. Jedoch ermuntert die schizophrene Ausstattung kaum zu Romantik. Viel besser ist das Hotel Shining Star (Tel. 63 25 00), in dem Zimmer mit breiten Doppelbetten, Fernsehgeräten für Satellitenprogramme und Sauna für 775 Rs vermietet werden.

Das Hotel Padmini Nivas (Tel. 63 10 93) gehörte einst dem Maharadscha von Rajpipla, aber diese Villa im englischen Stil ist nun ein kleines Hotel, eines der wenigen, in denen Charakter mit Komfort verbunden ist. Hier reichen die Zimmerpreise von 400 bis 1000 Rs. Zimmer 10 bietet einen hervorragenden Ausblick über das Dun-Tal.

Das bereits 1890 eröffnete Hotel Savoy (Tel. 63 20 10) ist die größte Unterkunft in Mussoorie. Hier gibt es einen riesigen Ballsaal (mit Kapelle in der Hochsaison), Tennis- und Squashplätze sowie einen Biergarten. Die

Atmosphäre aus der Zeit der Raj ist angesichts der abblätternden Farbe und der von Motten zerfressenen Wildtrophäen allerdings schon reichlich verwelkt. Außerdem sind die Preise für Einzelzimmer von 895 Rs und für Doppelzimmer von 1435 Rs viel zu hoch.

Hinter Landour Bazaar und 4 km von Mussoorie entfernt liegt das Hotel Dev Dar Woods (Tel. 63 26 44) in einer erhabenen bewaldeten Gegend von Sister's Bazaar. Beliebt bei Ausländern, die in der nahegelegenen Sprachschule tätig sind, ist es eine recht interessante Unterkunft. Die offiziellen Preise betragen für ein Einzelzimmer 400 Rs und für ein Doppelzimmer 550 Rs (einschließlich Frühstück), aber wenn man mehrere Tage bleiben will, läßt sich über eine Ermäßigung durchaus reden. Für Verpflegung zum Mittag- und Abendessen wird auf Wunsch ebenfalls gesorgt.

ESSEN

In Kulri hat das Café Madras gute südindische Gerichte und 24 verschiedene Arten von Dosa zu Preisen von 10 bis 30 Rs zu bieten. Das beste vegetarische Lokal im Ort ist das nahegelegene Green. Ein sehr gutes nichtvegetarisches Restaurant mit einem ganz netten Bereich zum Sitzen im Freien ist das President. Im Rice Bowl ganz in der Nähe werden preisgünstige tibetische und chinesische Gerichte serviert. Empfohlen worden wegen der guten chinesischen Gerichte ist das Tavern. Auch eine Filiale von Kwality mit der üblichen Speisekarte gibt es in Mussoorie, in der man sich beim Essen das Fernsehprogramm vom Star TV ansehen kann. Im Garhwal Terrace vom GMVN ist die Verpflegung eigentlich nichts Besonderes, aber vom Restaurant aus kann man gute Ausblicke genießen. Außerdem steht auf der Terrasse draußen ein Stand mit ausgezeichneten Fruchtsäften.

Für eine Kleinigkeit eignen sich der Süßwarenladen Luxmi Misthan Bhandar unweit der Bibliothek, der Eissalon im Whispering Windows, das Le Chef unweit der Bank mit Imbissen und Pizza zum Mitnehmen und das Chit Chat in der Nähe. Wenn man in Sister's Bazaar ist, lohnt ein Besuch im Prakash & Co., einem schon lange bestehenden Lebensmittelgeschäft, in dem hervorragenden Cheddar-Käse (150 Rs pro Kilogramm), Erdnußbutter und eingelegtes Gemüse verkauft wird.

Eine neue Erfahrung kann man beim Essen im Howard Revolving Restaurant sammeln und dann bei jeder Umdrehung in neun Minuten erneut das Dun-Tal bewundern. Die Gerichte sind nicht schlecht, aber ganz schön teuer. Für ein kontinentales Frühstück muß man hier 45 Rs bezahlen.

AN- UND WEITERREISE

Zwischen dem Bahnhof von Dehra Dun und Mussoorie bestehen gute und häufige Busverbindungen (13 Rs). Die Busse fahren entweder nach Library (Gandhi

Chowk) oder nach Kulri Bazaar (Picture Palace). Für die Fahrt mit einem Sammeltaxi muß man pro Sitz 40 Rs bezahlen. Nach Delhi (86-135 Rs, 8 Stunden) fährt täglich um 9.15 Uhr ein Luxusbus vom Picture Palace und zusätzlich ein Nachtbus von Library. Busse nach Tehri (26 Rs, 4 Stunden) mit Anschluß nach Uttarkundh und Gangotri beginnen ihre Fahrten an der Haltestelle Tehri (gleich östlich von Landour Bazaar). Die Fahrt bietet eine wunderschöne Berglandschaft, ist aber recht ungemütlich.

Wenn man von Westen oder Norden (z. B. von Jammu) nach Mussoorie reisen will, ist es bei ungünstigen Eisenbahnverbindungen am besten, in Saharanpur aus einem Zug auszusteigen und von dort mit einem Bus nach Dehra Dun oder Mussoorie weiterzufahren. Die Busse fahren bis in die Mitte der Nacht.

Für eine Taxifahrt nach Dehra Dun muß man 200 Rs, nach Rishikesh oder Haridwar 500 Rs und nach Delhi 1200 Rs bezahlen. Eine Fahrt nach Sister's Bazaar kostet nur hin 80 Rs sowie hin und zurück mit einem halbstündigen Aufenthalt am Aussichtspunkt 100 Rs.

Mit 24 Stunden Voranmeldung kann man im Buchungsbüro der Northern Railway (Tel. 63 28 46) Eisenbahnfahrkarten erhalten.

HARIDWAR

Einwohner: 208 000
Telefonvorwahl: 0133

Haridwar liegt günstig an der Stelle, an der der Ganges aus dem hohen Himalaja kommt, um dann seinen langen Weg durch die Ebene bis zum Golf von Bengalen anzutreten. Daher ist Haridwar ein Pilgerort von besonderer Bedeutung, in dem viele Ashrams gegründet wurden. Hübscher ist allerdings Rishikesh (24 km weiter nördlich), insbesondere dann, wenn man sich mit dem Hinduismus vertraut machen möchte. Der Name der Stadt bedeutet übersetzt „Tor zu den Göttern", aber abgesehen von der religiösen Bedeutung ist Haridwar nicht mehr als eine weitere lärmende und belebte Stadt in Nordindien.

Alle 12 Jahre findet in Haridwar die Kumbh Mela statt. Dann eilen Millionen Pilger an diesen heiligen Ort, um ein rituelles Bad zu nehmen. Dieses Fest findet alle drei Jahre abwechselnd in Allahabad, Nasik, Ujjain und Haridwar statt. Haridwar ist 1998 wieder an der Reihe. Während der Kumbh Mela im Jahre 1986 kamen trotz höchster Sicherheitsvorkehrungen 50 Menschen im Gedränge am Fluß um, und Dutzende ertranken, als sie im Fluß den Halt verloren.

ORIENTIERUNG UND PRAKTISCHE HINWEISE

Die Bushaltestelle befindet sich gegenüber vom Bahnhof, in dem man an einem Schalter des Fremdenverkehrsamtes auch Auskünfte erhalten kann. Das eigentliche Fremdenverkehrsamt von UP Tourism (Tel. 42 73 70) befindet sich im Motel Rahi unweit der Bushaltestelle. GMVN (Tel. 42 42 40) ist weiter nördlich an der langen Hauptstraße vertreten, in deren Verlängerung man zum Har Ki Pairi (dem bedeutendsten *ghat* mit einem Uhrturm) kommt. Dorthin gelangt man vom Bahnhof mit einer Fahrrad-Riksha für 6 Rs und mit einem Tempo (Vikram) für 3 Rs.

SEHENSWÜRDIGKEITEN

Obwohl Haridwar eine sehr alte Stadt ist und bereits von dem chinesischen Pilger Hiuen Tsang erwähnt wurde, sind die vielen Tempel jünger und von keiner großen architektonischen Bedeutung. Sie finden aber auch an diesen Bauten Götzenbilder und illustrierte Szenen aus den hinduistischen Schriften.

Heiligster Badeplatz ist der Har Ki Pairi. Er soll genau an der Stelle liegen, an der das heilige Fluß Ganges aus den Bergen in die Ebene tritt. Daraus läßt sich folgern, daß die Fähigkeit des Flusses, die Sünden von den Pilgern zu waschen, an dieser Stelle besonders groß ist. Ein Stein an diesem *ghat* soll einen Fußabdruck von Vishnu enthalten. Interessant ist auch, beim Arati zuzusehen, einer Zeremonie zur Verehrung des Flusses, die jeden Abend bei Sonnenuntergang stattfindet. Nicht-Hindus dürfen das allerdings nur von der Brücke oder vom anderen Flußufer aus beobachten.

Es lohnt sich, mit dem Sessellift hinauf zum Mansa-Devi-Tempel auf dem Hügel oberhalb der Stadt zu fahren (hin und zurück 10 Rs). Dieser Sessellift ist nicht gerade ein Kunstwerk, aber er wird gut unterhalten und verkehrt von 8.00 bis 12.00 Uhr sowie von 14.00 bis 17.00 Uhr. Straßenverkäufer bieten in bunten Farben verpacktes *prasad* aus Kokosnüssen, Ringelblumen und andere Opfergaben an, die man mit hinauf zur Gottheit nehmen kann.

Mansa ist eine Form von Shakti Durga und hat es - wie die Hinweisschilder besagen - nicht gern, wenn sie fotografiert wird.

Ein weiterer bedeutender Tempel von Haridwar ist der Daksha-Mahadev-Tempel. Der Legende nach war Daksha der Vater von Sati, Shivas erster Frau, und soll an dieser Stelle ein Opfer dargebracht, aber vergessen haben, Shiva einzuladen. Diese Nichtachtung ihres Ehemannes habe Sati derart erbost, daß sie sich spontan selbst opferte.

Zu den weniger interessanten Tempeln und Bauwerken gehören der Bhimgoda-Teich (von dem behauptet wird, er sei von Bhima, dem Bruder von Hanuman, durch den Stoß mit seinen Knien gebildet worden), der Ashram Sapt Rishi und der Ashram Parmath, in dem sich wunderschöne Abbildungen der Gottheit Durga befinden. Diese Ashrams liegen 5 km von der Innenstadt entfernt an der Straße nach Rishikesh. Noch ein wenig weiter kommt man zu dem erst vor kurzem erbauten Bharat-Mata-Tempel, der wie ein Wohnhaus mit einer zentralen Kuppel aussieht. Er ist sieben Stockwerke hoch und enthält für faule Pilger sogar einen Fahrstuhl. Zum in den Hügeln gelegenen Chandi-Devi-Tempel und zu einer ganzen Zahl von anderen Tempeln gelangt man nach einer 4 km langen Wanderung in Richtung Südosten.

UNTERKUNFT

Haridwar und Rishikesh liegen so nahe beieinander, daß es durchaus möglich ist, in Rishikesh zu wohnen und tagsüber nach Haridwar zu fahren. Wer dennoch in Haridwar wohnen möchte, kann versuchen, ein Zimmer im Tourist Bungalow der Regierung von Uttar Pradesh (Tel. 42 63 79) mit Einzelzimmern ab 175 Rs, Doppelzimmern ab 200 Rs und Betten in einem Schlafsaal für jeweils 40 Rs zu erhalten. Dieses Quartier liegt ganz hübsch in einer friedlichen Gegend unmittelbar an Fluß, und zwar ein Stück entfernt vom Stadtkern.

Sehr nahe beim Bahnhof und bei der Bushaltestelle liegt das neue Motel Rahi von UP Tourism (Tel. 42 64 30). Dort sind die Übernachtungspreise mit denen im Tourist Bungalow identisch, allerdings steht ein Schlafsaal nicht zur Verfügung.

Im Hotel Madras werden einfache Einzel-, Doppel- und Dreibettzimmer für 40, 75 bzw. 90 Rs angeboten (mit Badbenutzung). Unten im Haus ist auch ein Restaurant vorhanden. Im Hotel Samrat auf der anderen Straßenseite sind die Preise ähnlich, während man im Hotel Deep (Tel. 42 76 09) für ein Zimmer mit Badbenutzung allein 50 Rs und zu zweit 80 Rs sowie für ein Zimmer mit eigenem Bad 110 bzw. 150 Rs bezahlen muß. In der nächsten Straße gibt es zwei ähnliche Hotels, nämlich das Hotel Panama und das Hotel Ashok (ein „Best Northern Hotel"!). Mit Einzelzimmern für 55 Rs und Doppelzimmern für 75 Rs (mit eigenem Bad) sind sie das Geld allemal wert.

Ein sauberes und zu empfehlendes Quartier ist das Inder Kutir Guest House (Tel. 42 63 36). Hier werden von einer freundlichen Familie, die alles dazu beiträgt, daß sich die Gäste wohl fühlen, Einzelzimmer für 70 Rs und Doppelzimmer für 140 Rs angeboten.

Im Hotel Kailash an der Hauptstraße (Tel. 42 77 89) werden Einzelzimmer für 120 Rs und Doppelzimmer für 150 Rs vermietet. Einige Zimmer mit Klimaanlage stehen ebenfalls zur Verfügung. Das Hotel Gurudev

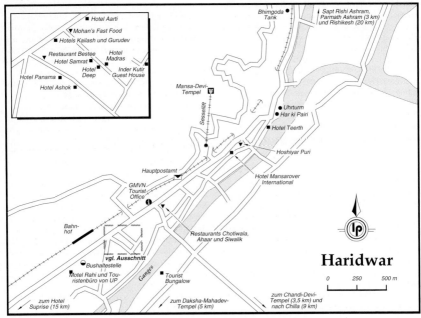

(Tel. 42 71 01) ist ähnlich. Mit Doppelzimmern ab 200 Rs ist das Hotel Aarti allerdings viel besser.

Im Hotel Mansarover International (Tel. 42 65 01) kann man in annehmbaren Zimmern allein für 200 Rs und zu zweit für 250 Rs und mit Klimaanlage für 450 bzw. 500 Rs übernachten. Ein ganz gutes Restaurant ist hier ebenfalls vorhanden. Herrliche Blicke auf den Har Ki Pairi hat man vom Hotel Teerth (Tel. 42 70 92), in dem Zimmer zu Preisen ab 350 Rs vermietet werden. Dieses Hotel liegt direkt am Fluß. Das beste Hotel in der Gegend (und das einzige mit einem Restaurant, in dem auch nichtvegetarische Speisen serviert werden) ist das Hotel Surprise (Tel. 42 77 80), gelegen 5 km von der Stadtmitte entfernt an der Straße nach Jawalapur. Hier werden für ein Einzelzimmer 600 Rs und für ein Doppelzimmer 700 Rs verlangt.

ESSEN

In dieser heiligen Stadt sind Fleisch und Alkohol verboten. Ganz gut essen kann man im China-Restaurant Bestec, gelegen unweit vom Hotel Panama, in dem die Speisekarte ganz lustig ist. Hier werden Delikatessen wie „Banana Filter" für 15 Rs angeboten. Im nahegelegenen Mohan's Fast Food erhält man Hamburger mit Käse und Pizza aus einem Mikrowellenherd.

Drei ganz gute Restaurants findet man auch gegenüber vom Fremdenverkehrsamt GMVN auf der anderen Straßenseite. Thali-Esser werden gut bedient im Chatewala, wo man Thalis für 20 bis 35 Rs, aber auch chinesische und südindische Gerichte zu sich nehmen kann. Wenn man dort essen möchte, muß man daran denken, daß überall im Ort weitere Lokale mit dem gleichen Namen auf Gäste warten. Im Restaurant Siwalik ist die Speisekarte länger. Sehr gut ißt man ferner im Ahaar. In diesem beiden Restaurants muß man für ein Hauptgericht mit 25 bis 35 Rs rechnen.

Etwas billiger ist es im Hoshiyar Puri, in dem bereits seit über 50 Jahren Thalis zu haben sind und das bei Einheimischen sehr beliebt ist. Gut ist auch das Restaurant im Hotel Mansarover International. Fleischliebhaber sollten sich zum Essen in das Hotel Surprise begeben.

AN- UND WEITERREISE

Bus: Häufige Busverbindungen bestehen in das 45 Minuten Fahrt entfernte Rishikesh (7 Rs), stündlich aber auch nach Dehra Dun (14 Rs, 2 Stunden), wo man Anschluß nach Mussoorie hat. Mehrere Busse stündlich fahren zudem nach Delhi (54 Rs, 6 Stunden). Daneben bestehen regelmäßig Busverbindungen nach Agra (87 Rs, 10 Stunden) ebenfalls. Außerdem kann man mit Bussen nach Shimla, Naini Tal, Almora, Uttarkashi, Gangotri und Badrinath gelangen.

Zug: Täglich außer mittwochs verkehrt der *Shatabdi Express* zwischen Dehra Dun und Delhi und hält unterwegs auf dem Weg nach Dehra Dun nur um 10.45 Uhr auf dem Bahnhof von Haridwar mit den vielen Makaken sowie auf dem Rückweg um 17.20 Uhr (Sitzwagen 270 Rs, 1. Klasse 540 Rs). Eine ausgezeichnete Nachtverbindung von Delhi stellt der *Mussoorie Express* dar (268 km, 2. Klasse 78 Rs und 1. Klasse 233 Rs). Außerdem bestehen Direktverbindungen mit Zügen von und nach Kalkutta (1472 km, 35 Stunden), Bombay (1649 km, 40 Stunden), Varanasi (894 km, 20 Stunden) und Lucknow (493 km, 11 Stunden).

Taxi: Die Taxihaltestelle gegenüber vom Busbahnhof gehört der Genossenschaft der Taxifahrer, die für Taxifahrten hohe Festpreise eingeführt hat, beispielsweise nach Rishikesh 250 Rs. Um für weniger Geld einen Wagen zu mieten, kann man sich an eines der Reisebüros die Seitenstraßen hinunter beim Hotel Kailash wenden.

NATIONALPARK RAJAJI

Dieser ganz ansprechende Nationalpark ist am bekanntesten für seine Herden von wilden Elefanten, insgesamt rund 150 Tiere. Leider ist ihre Zukunft fraglich, weil der Kampf von Menschen um Land auch ihre traditionellen Wanderrouten beeinträchtigt hat. Die erstreckten sich einst von diesem Park bis in ein Gebiet im Osten, das in der Zwischenzeit zum Nationalpark Corbett erklärt worden ist. Ein Plan, einen Korridor für die Tiere zu schaffen, hätte die Umsiedlung mehrerer Dörfer zur Folge und ist inzwischen im Dschungel der Bürokratie verschwunden.

Außer Elefanten leben im Park auch einige der nur selten gesichteten Tiger und Leoparden, daneben Chital,

Sambare, Wildschweine und Ameisenbären. Der Nationalpark Rajaji ist zwar nicht so eindrucksvoll wie der Nationalpark Corbett, aber einen Besuch durchaus wert, wenn man sich ohnehin einige Zeit in der Gegend aufhält.

Er ist von Mitte November bis Mitte Juni geöffnet und läßt sich durch acht Tore betreten. Davon liegt das in Ramgarh 14 km von Dehra Dun entfernt, während die in Ranipur, Motichur und Chilla jeweils 9 km von Haridwar und das in Kunnao 6 km von Rishikesh entfernt zu erreichen sind. Die Eintrittsgebühren und die geltenden Bestimmungen sind die gleichen wie im Nationalpark Corbett (vgl. weiter unten).

Von Haridwar kann man mit Bussen nach Chilla fahren, wo für Übernachtungen ein Tourist Rest House mit Betten in einem Schlafsaal für jeweils 40 Rs und Doppelzimmern für 200 Rs zur Verfügung stehen. Von Chilla läßt sich für 50 Rs auf Elefanten in den Park reiten. Übernachtungsmöglichkeiten im Park bestehen in 10 verstreut errichteten Forest Rest Houses (pro Suite 100 bis 300 Rs). Reservierungen dafür werden in der Verwaltung des Nationalparks Rajaji in der Ansari Marg 5/1 in Dehra Dun (Tel. 2 37 94) entgegengenommen.

RISHIKESH

Einwohner: 78 000
Telefonvorwahl: 01364
Ungeachtet ihres Anspruches, die „Yoga-Hauptstadt der Welt" zu sein, ist Rishikesh ruhiger und friedlicher als Haridwar. Diese Stadt ist auf drei Seiten von Hügeln umgeben und liegt auf einer Höhe von 356 m. Auch durch Rishikesh fließt der Ganges (fast noch klar), was zur Folge hat, daß es auch hier entlang des sandigen Ufers viele Ashrams gibt. Wer sich mit Yoga, Meditation oder anderen Aspekten des Hinduismus beschäftigen will, hat hier eine gute Gelegenheit dazu.

In den sechziger Jahren erlangte Rishikesh eine besondere Berühmtheit, weil die Beatles (oder, wie das Fremdenverkehrsamt von Uttar Pradesh sie in einer Broschüre nennt, die „Beatless") dort ihren Guru aufsuchten und einige Zeit bei ihm blieben. Das war Maharishi Mahesh Yogi. Rishikesh ist auch ein guter Ausgangspunkt für Trekking-Touren zu Pilgerorten im Himalaja, z. B. nach Badrinath, Kedarnath und Gangotri.

ORIENTIERUNG UND PRAKTISCHE HINWEISE

Das hilfsbereite Fremdenverkehrsamt (Tel. 3 02 09) liegt in der Railway Station Road, während man GMVN, die Organisation, die in Richtung Norden Busse zu den Pilgerzielen einsetzt, unweit vom Tourist Complex in einer Gegend findet, die als Muni ki-Reti bekannt ist (Tel. 3 03 72).

Die meisten Ashrams haben sich im nördlichen Teil der Stadt auf beiden Seiten des Ganges angesiedelt, die durch zwei Brücken miteinander verbunden sind: die Shivanand Jhula und die Lakshman Jhula. Man kann den Ganges aber auch mit manchmal bedenklichen Booten überqueren (2,50 Rs).

SEHENSWÜRDIGKEITEN

Der Triveni Ghat ist ein interessantes Ziel in der Morgendämmerung, wenn Leute Opfergaben mit Milch darbieten und die erstaunlich großen Fische füttern. Nach Sonnenuntergang setzen Priester bei der *Aarti*-Zeremonie (Anbetung des Flusses) schwimmende Lampen in das Wasser. Nicht weit entfernt befindet sich der Bharat Mandir, der älteste Tempel in der Stadt.

Die Hängebrücke Lakshman Jhula wurde 1929 errichtet und hat eine Seilbrücke ersetzt. Hier soll der Legende nach Ramas Bruder Lakshmana den Fluß auf einem Seil aus Jute überquert haben. Daher ist es kein Wunder, daß am Westufer der alte Lakshman-Tempel steht. Auf der anderen Seite des Flusses findet man einige architektonische Besonderheiten mit Türmen, darunter dem Ashram der Kailashanand Mission mit 13 Stockwerken, von dessen Spitze aus gute Ausblicke möglich sind. Entlang des Ostufers ist es ein ganz angenehmer Spaziergang bis zur 2 km entfernten Shivanand Jhula. Wasser aus dem Ganges benutzen Pilger, um am Neel Khanth Mahadev, 4 km zu Fuß von der Lakshman Jhula am Ostufer entlang, Opfer zu bringen. Auf dem Weg hoch zum Tempel in 1700 m Höhe lassen sich wunderschöne Ausblicke genießen. Allerdings empfiehlt es sich, etwas zum Trinken mitzunehmen und früh aufzubrechen, weil es tagsüber ganz schön heiß werden kann. Neuerdings ist es aber auch möglich, die Strecke in einem Bus zurückzulegen.

Herrliche Ausblicke lassen sich auch vom Kunjapuri in den Hügeln nördlich von Rishikesh genießen. Dorthin kommt man nach 3 km Wanderung vom Hindola Khal, zu erreichen in 45 Minuten mit einem Bus von Rishikesh aus auf dem Weg nach Tehri.

AUSFLUGSFAHRTEN

Zu den zehn Pauschalreisen, die (vorwiegend im Sommer) vom GMVN organisiert werden, gehört auch eine Busfahrt von 12 Tagen Dauer zum Preis von 3025 Rs, bei der die *Char Dham* (Yamunotri, Gangotri, Kedarnath und Badrinath) angesteuert werden. Zudem organisiert eine Reihe von Agenturen in der Ghat Road Floßfahrten auf dem Fluß, die in Shivpuri, 15 km flußaufwärts, beginnen. Unweit vom Büro des GMVN in Muni ki-Rei hat Apex Adventure Tours (Tel. 3 15 03) seinen Sitz, ein Unternehmen, das Floßfahrten für 580 Rs pro Person bei einer Mindestbeteiligung von zwei Personen veranstaltet. Hier werden aber auch recht kostspielige Trekking-Touren organisiert.

UNTERKUNFT

Wenn man nicht in einem Ashram übernachtet, hat man die Wahl zwischen einem breiten Spektrum von ande-

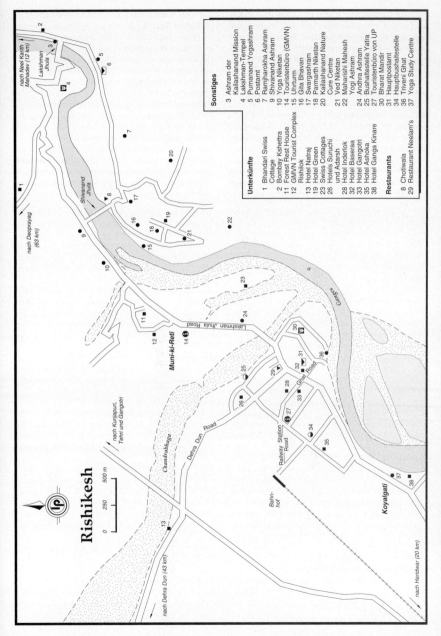

Rishikesh

Sonstiges

3 Ashram der
  Kailashanand Mission
4 Lakshman-Tempel
5 Pumanand Yogashram
6 Postamt
7 Ramjharokha Ashram
9 Shivanand Ashram
10 Yoga Niketan
14 Touristenbüro (GMVN)
15 Uhrturm
16 Gita Bhavan
17 Swargashram
18 Parmarth Niketan
20 Kailashanand Nature
  Cure Centre
21 Ved Niketan
22 Maharishi Mahesh
  Yogi Ashram
24 Andhra Ashram
25 Bushaltestelle Yatra
27 Touristenbüro von UP
30 Bharat Mandir
31 Hauptpostamt
34 Hauptbushaltestelle
36 Triveni Ghat
37 Yoga Study Centre

Unterkünfte

1 Bhandari Swiss
  Cottage
2 Bombay Kshettra
11 Forest Rest House
12 GMVN Tourist Complex
  Rishlok
13 Hotel Natraj
19 Hotel Green
23 Swiss Cottages
26 Hotels Suruchi
  und Adarsh
28 Hotel Inderlok
32 Hotel Baseraa
33 Hotel Gangotri
35 Hotel Ashoka
38 Hotel Ganga Kinare

Restaurants

8 Chotiwala
29 Restaurant Neelam's

ren Unterkünften. Der Tourist Bungalow von GMVN, der Tourist Complex Rishilok (Tel. 3 03 73), liegt ganz hübsch in der Nähe der Ashrams. Er ist sauber, aber schon ein wenig heruntergekommen, hat aber Doppelzimmer mit Badbenutzung ab 100 Rs sowie Einzelzimmer für 170 Rs und Doppelzimmer für 220 Rs (mit eigenem Bad) zu bieten. Ein Speisesaal, in dem man zu annehmbaren Preisen essen kann, und ein Garten zum Erholen sind ebenfalls vorhanden.

Bei Langzeitgästen schon lange beliebt sind die Swiss Cottages. Die Zimmer sind zwar nur einfach, aber dafür braucht man pro Nacht auch nur zwischen 25 und 40 Rs zu bezahlen. Auf der anderen Seite des Flusses, unweit der Lakshman Jhula, befindet sich das ähnlich einfache Bombay Kshettra mit Einzelzimmern für 40 Rs und Doppelzimmern für 80 Rs (mit Badbenutzung). Ausge-

zeichnete Einzelzimmer für 50 Rs und ebensolche Doppelzimmer für 90 Rs, jeweils mit eigenem Bad, werden im Hotel Green (Tel. 3 12 42) vermietet. Hier gibt es auch einige Doppelzimmer mit Ventilator für 200 Rs. Ein Restaurant mit gutem Essen, Lassi und Milchmixgetränken ist ebenfalls vorhanden, allerdings scheint uns dort das Fernsehprogramm von Star TV nicht ganz passend zu sein.

Yoga- und Tanzkurse werden im Omkarananda Ganga Sadan veranstaltet, einem Gästehaus unweit der Shivanand Jhula, das einem Ashram ähnelt. Hier muß man für ein Zimmer 40 Rs und für die Teilnahme an den Kursen pro Stunde rund 50 Rs bezahlen. Friedlicher liegt auf dem Land, ca. 1 1/2 km von der Lakshman Jhula entfernt, das Bhandari Swiss Cottage mit Zimmern ab 50 Rs (Badbenutzung). In der Nähe kommt man zum

---

Aufenthalt in einem Ashram

Das Studium der hinduistischen Lehre hat in Rishikesh bereits einen gewissen Grad an Kommerzialisierung erreicht. Wenn man jedoch erst einmal eine Einrichtung gefunden hat, die den eigenen Erwartungen gerecht wird, kann ein Aufenthalt eine erfüllende Erfahrung werden. Man kann in Rishikesh zwischen vielen Ashrams wählen. In den meisten werden zwischen 40 und 80 Rs pro Tag für eine einfache Unterkunft, manchmal auch mit Verpflegung, berechnet. Es lohnt, sich zunächst mit anderen Besuchern zu unterhalten und sich ein paar kostenlose Vorträge in verschiedenen Ashrams anzuhören, um einen Guru zu finden, der bis zu einem durchdringt.

In vielen Ashrams gelten bestimmte Verhaltensregeln, nach denen man täglich baden muß, unnötige Plaudereien zu unterlassen hat und sich von Eiern, Fleisch, Fisch, Spirituosen, Zwiebeln, Knoblauch, Tabak und Brot fernhalten soll. Auf Hinweisschildern kann man ferner lesen, daß Frauen Tempel und Innenhöfe bei der *masik dharma* (Menstruation) nicht betreten dürfen. Als hilfreiche Hinweise beim praktischen Yoga kann man zudem Hinweise wie den folgenden lesen: „Those who are suffering from pus in the ear or displacement of the retina should avoid topsy turvy poses."

Der Yoga Niketan liegt an einer friedlichen Stelle hoch oben über der Hauptstraße in Muni-ki-Reti. Er ist von mehreren ausländischen Besuchern empfohlen worden für die ernsthaften Yoga-Übungen, allerdings muß man mindestens 15 Tage bleiben, um daran teilzunehmen. Im Preis von 80 Rs pro Tag sind auch alle Mahlzeiten sowie einfache Kurse im Yoga enthalten. Allerdings entscheiden sich viele Teilnehmer für zusätzliche Kurse, für die gesondert bezahlt werden muß.

Der Ved Niketan ist ein recht beliebter Ashram mit über 100 Zimmern um einen großen Innenhof herum. Für ein solches Zimmer muß man mit Badbenutzung 30 Rs und mit eigenem Bad 40 Rs bezahlen. Verpflegung erhält man für 14 Rs. Das ist eine sehr entspannende Anlage, in der man an den Yoga-Kursen um 5.30 Uhr und an den abendlichen Vorträgen nicht unbedingt teilnehmen muß. Hier kosten Yoga-Kurse pro Woche 300 Rs und pro Monat 1000 Rs.

Der Shivanand Ashram (der Divine Life Society), gegründet von Swami Shivanand, ist ein recht bekannter Ashram der Gesellschaft, die mit Zweigstellen in vielen Ländern vertreten ist. In diesem Ashram kann man auch für einen nur kurzen Aufenthalt bleiben, aber ebenfalls an drei Monate dauernden Kursen teilnehmen. Allerdings muß man sich dann ebenfalls mindestens zwei Monate vorher anmelden (Fax 3 11 90). An den täglichen Vorträgen um 10.00 und 17.00 Uhr kann man aber auch ohne Voranmeldung teilnehmen. In der gleichen Gegend liegt auch der Yog Niketan, in dem man in ganz guten Doppelzimmern für 50 Rs übernachten kann. Die Kurse in Yoga und Meditation hier sind empfohlen worden.

Das Yoga Study Centre in Koyalghati (Tel. 3 11 96) veranstaltet dreiwöchige Kurse für Anfänger, für Teilnehmer mit Grundkenntnissen und für Fortgeschrittene. Als Bezahlung wird eine Spende erwartet. Für Übernachtungsmöglichkeiten kann gesorgt werden.

Das Transzendentale Meditationszentrum von Maharishi Mahesh Yogi war früher das Oberoi der Ashrams, ist aber derzeit geschlossen. Aber dort konnte man früher nicht einfach ankommen und bleiben wollen. Wenn man Näheres erfahren möchte, muß man sich schriftlich an den Maharishi Mahesh Yogi Ashram, Rishikesh, 249201 UP, Indien, wenden.

---

deutlich besseren High Bank Peasant's Cottage (Tel. 3 27 32), in dem für Doppelzimmer mit Bad 200 bis 300 Rs berechnet werden. Von beiden Quartieren hat man gute Ausblicke.

Wenn man in der Nähe der Bushaltestellen übernachten muß, ist die beste Unterkunft das Hotel Ashoka (Tel. 3 07 15), das mit sauberen Zimmern für 45 Rs (mit eigenem Bad für 65 Rs) und einem hilfsbereiten Geschäftsführer aufwartet. Im Hotel Adarsh an der Bushaltestelle Yatra (Tel. 3 13 01) werden für ein Bett im Schlafsaal 25 Rs und für ein Doppelzimmer 100 Rs in Rechnung gestellt. Das schon bessere Hotel Suruchi in der Nähe (Tel. 3 03 56) ist ein sehr hübsches Quartier mit einem fast schon verzweifelt enthusiastischen Geschäftsführer sowie Einzelzimmern ab 175 Rs und Doppelzimmern ab 250 Rs (mit eigenem Bad).

In der Stadtmitte liegen unweit vom Triveni Ghat das Hotel Baseraa (Tel. 3 07 67) mit guten Einzelzimmern ab 150 Rs und ebenfalls ganz ordentlichen Doppelzimmern ab 250 Rs sowie das im Preis ähnliche, einst prachtvolle Hotel Gangotri. Gegenüber steht das Hotel Interlok (Tel. 3 05 55), in dem der dort wohnende Yogi für die Gäste auf dem Dach kostenlos Vorträge hält. Hier reichen die Preise für ein Einzelzimmer von 300 bis 500 Rs (mit Bad und Badewanne) und für ein Doppelzimmer von 400 bis 600 Rs.

Das gut gelegene Hotel Ganga Kinare (Tel. 3 05 66) findet man unmittelbar am Fluß und verfügt über einen eigenen *ghat*, ist aber mit 840 Rs für ein Einzelzimmer und 940 Rs für ein Doppelzimmer zu teuer. Die Bootsfahrten von 20 Minuten Dauer für 15 US $ müssen der größte Betrug in der ganzen Gegend sein. Einzelzimmer für 625 Rs und Doppelzimmer für 875 Rs hat das Hotel Natraj (Tel. 3 10 99) zu bieten, aber auch einen Swimming Pool und eine Sauna, die andere als Hausgäste für 150 Rs mitbenutzen können.

ESSEN

Fleisch und Alkohol sind in dieser heiligen Stadt verboten. Das berühmteste Restaurant ist das Chotiwala („Two children or one adult can eat in a Thali, 20 Rs"), gleich auf der anderen Seite des Shivanand Jhula. Nebenan befindet sich das nicht weniger gute Hotel Luxmi. Auf der anderen Seite des Flusses, unweit des Bootsanlegers,

kann man im Restaurant Madras gut Masala Dosa essen, aber dieses Restaurant würde bei einem Wettbewerb um Sauberkeit wahrscheinlich keinen Preis gewinnen. Das Restaurant Ganga Darshan gegenüber vom Bombay Kshettra zeichnet sich durch guten Kaffee, gute Thalis und gute Doasas aus. An diesem Lokal stehen auch ein paar Tische draußen beim Fluß.

Im Hauptteil der Stadt ist das Neelam's bei ausländischen Besuchern sehr beliebt wegen der Sandwiches, Suppen und Nudelgerichte. Ganz gut schmeckt ferner das südindische Essen im Restaurant Daana Paani des Hotels Baseraa.

AN- UND WEITERREISE

Eine kleine Nebenstrecke der Bahn führt von Haridwar hinauf nach Rishikesh. Allerdings sind die Busverbindungen bequemer. Von der Haupthaltestelle fahren von 4 bis 22 Uhr stündlich vier Busse nach Haridwar (7 Rs, 45 Minuten). Außerdem verkehren Taxis für 250 Rs und Busse für 10,50 Rs nach Dehra Dun (1 1/2 Stunden). Dort besteht Anschluß nach Mussoorie. Ferner fahren stündlich Busse nach Delhi (61-75 Rs, 6 1/2 Stunden), am frühen Morgen auch nach Ramnagar (für Besuche im Nationalpark Corbett, 60 Rs, 6 Stunden) und nach Naini Tal (100 Rs, 10 Stunden). Nach Shimla fahren Busse um 5.30 und 22.30 Uhr ab (80 Rs, 11 Stunden), am frühen Morgen zudem noch einer nach Uttarkashi (45 Rs).

Zudem bestehen von der Bushaltestelle Yatra stündlich Busverbindungen nach Uttarkashi (60 Rs, 10 Stunden) und Tehri (42 Rs, 4 Stunden), daneben im Sommer während der Yatra-Saison mit zahlreichen Bussen auch nach Gangotri (114 Rs, 12 Stunden), Badrinath (117 Rs, 12 Stunden), Kedarnath (86 Rs, 10 Stunden), Govind Ghat (107 Rs, 10 Stunden) und Gopeswar (83 Rs, 9 Stunden).

NAHVERKEHR

Tempos (Vikrams) fahren von der Kreuzung an der Ghat Road hinauf zur Shivanand Jhula (3 Rs) und zur Lakshman Jhula (5 Rs). An der Ostseite des Flusses muß man für einen Platz in einem Jeep für die Strecke zwischen der Shivanand Jhula und der Lakshman Jhula 3 Rs bezahlen.

BEZIRK UTTARKASHI

Der nördliche Bezirk Uttarkashi ist am bekanntesten wegen seiner zwei bedeutenden Pilgerziele: Gangotri unweit der Quelle des Ganges und Yamunotri an der Quelle des Yamuna. Die Gegend sorgte weltweit im Oktober 1991 für Schlagzeilen, als ein starkes Erdbe-

ben für 230 Millionen US-Dollar Schäden anrichtete und 800 Menschen tötete sowie 200 Menschen verletzte.

UTTARKASHI

Uttarkashi, 155 km von Rishikesh entfernt, ist der Sitz

der Verwaltung für den Bezirk. Im Ort haben sich etliche Trekking-Veranstalter angesiedelt. Uttarkashi ist aber auch der Sitz des Nehru Institute of Mountaineering, das Kurse im Bergsteigen veranstaltet und ebenfalls Trekking-Touren organisiert. Zu den Unterkünften in Uttarkashi gehört das Tourist Rest House des GMVN (Tel. 171), in dem in der Hochsaison im Sommer für ein Doppelzimmer 120 bis 400 Rs und für ein Bett im Schlafsaal 60 Rs verlangt werden. Daneben gibt es aber auch noch zahlreiche weitere Quartiere.

YAMUNOTRI

Yamunotri ist die Quelle des Yamuna, der in einem zugefrorenen See mit Gletschern am Kalinda Parvat auf einer Höhe von 4421 m entspringt. Am linken Ufer des Flusses steht ein Tempel zu Ehren der Gottheit Yamunotri, während gleich darunter mehrere Thermalquellen zu sehen sind. Busse fahren von Mussoorie und Rishikesh in Richtung Yamunotri bis Hanumanchatti. Von Hanumanchatti bis Yamunotri sind es weitere fünf bis sechs Stunden. Diese Strecke läßt sich auf etwa halbem Weg in einem Tourist Rest House in Jankichatti unterbrechen. Übernachtungsmöglichkeiten bestehen ferner in *dharamsalas* in Yamunotri. Viele Pilger bereiten sich ihr Essen an der Quelle in dem kochenden Wasser der Thermalquellen zu.

Weitere Einzelheiten über Trekking-Möglichkeiten in dieser Gegend lassen sich dem Abschnitt über das Trekking in Garhwal und Kuamon weiter unten in diesem Kapitel entnehmen.

NATIONALPARK CORBETT

Telefonvorwahl: 05945

Corbett, 1936 als Indiens erster Nationalpark gegründet, ist berühmt wegen seiner vielfältigen Tierwelt und seiner wunderschönen Lage. Er liegt in den Vorbergen des Himalaja an den Ufern des Ramganga. Nach der kürzlich vorgenommenen Einbeziehung des Tierschutzgebietes Sonanadi im Westen ist die Fläche des Nationalparks von 520 auf 1318 Quadratkilometer gewachsen. Es mag nicht passen, daß ein Nationalpark nach einem berühmten britischen Jäger benannt wurde, nämlich nach Jim Corbett, der am bekanntesten durch sein Buch *Die Menschenfresser von Kuamon* wurde und bei den Einheimischen Verehrung genoß, weil er Tiger erschoß, die Geschmack an Menschenfleisch gefunden hatten. Er war es aber auch, der dafür sorgte, daß der Nationalpark gegründet wurde, und hat mit seiner Kamera mehr Tiere geschossen als mit seinem Gewehr.

Die Aussichten, einen Tiger zu Gesicht zu bekommen, hängen vom Zufall ab, weil die Fütterungen eingestellt worden sind und bestimmte Pfade für die Tiere (anders als im Nationalpark Kanha in Madhya Pradesh) nicht angelegt worden sind. Dennoch, die besten Aussichten, einen Tiger mit eigenen Augen zu erblicken, bestehen, wenn man erst spät in der Saison (von April bis Mitte Juni) hierherkommt und mehrere Tage bleibt.

Häufiger sind wilde Elefanten, Languren (Affen mit schwarzen Gesichtern und langen Schwänzen), Rhesusaffen, Pfauen und mehrere Arten von Wild, darunter Chital (geflecktes Wild) und mehrere Damwildarten.

Außerdem kommen in diesem Park Krokodile vor, und zwar von der merkwürdig aussehenden Art mit dem Namen Gavial oder Gharial, die eine dünne Schnauze haben, Fische fressen und häufig gefleckt sind, aber auch Eidechsen, Wildschweine und Schakale. Leoparden (in Indien Panther genannt) sind gelegentlich ebenfalls zu sehen.

Der Nationalpark Corbett ist auch ein Paradies für Liebhaber von Vögeln, denn seit dem Bau des Kalagarh-Dammes am Ramganga sind hier große Zahlen von Wasservögeln zu sehen.

ORIENTIERUNG UND
PRAKTISCHE HINWEISE

Der Nationalpark Corbett ist von Mitte November bis Mitte Juni zugänglich. Meiden sollte man in dieser Zeit jedoch die Wochenenden, weil dann immer viel Betrieb ist. Die Tore werden bei Sonnenuntergang geschlossen, so daß nächtliche Fahrten im Park nicht erlaubt sind. Die meisten Unterkünfte im Park findet man in Dhikala, 51 km von Ramnagar, der nächstgelegenen Eisenbahnhaltestelle, entfernt. Außerhalb des Parks kann man in Ramnagar in ein paar teuren Ferienanlagen und einigen Hotels übernachten.

Für Übernachtungen im Park braucht man eine Genehmigung vom Reception Centre in Ramnagar (Tel. 8 54 89), wo man auch ein Quartier reservieren lassen kann. Das ist täglich von 8.00 bis 13.00 Uhr und von 15.00 bis 17.900 Uhr möglich. Platz in einigen Unterkünften läßt sich über UP Tourism in Delhi (Tel. 011/ 3 32 22 51) buchen. Reservierungen für die drei Zimmer in Khinnauli nimmt jedoch nur das Forstamt (Forest Office) in Lucknow (Tel. 0522/24 61 40) entgegen. Einige Besucher haben uns übrigens geschrieben, daß sie in Ramnagar angekommen seien und ihnen dort berichtet worden sei, die Unterkünfte in Dhikala seien für die nächsten fünf Tage ausgebucht. Wenn Ihnen so etwas passiert, dann lassen Sie sofort ein Quartier zum nächstmöglichen Zeitpunkt reservieren und bleiben Sie dann nicht in Ramnagar, sondern fahren Sie in der Zwischenzeit in einen der nahegelegenen Bergerholungsorte Naini Tal oder Ranikhet.

Tagesbesuchern ist es nicht erlaubt, den Park durch das Tor in Dhangarhi zu betreten oder Dhikala zu besuchen. Um Bijrani besuchen zu dürfen, muß man sich zunächst in Ramnagar eine Genehmigung besorgen. Davon werden täglich nur bis zu 100 ausgestellt. Voranmeldungen werden nicht angenommen.

Die im folgenden angegebenen Gebühren gelten für Ausländer. Inder brauchen nur ein Drittel davon bezahlen. Am Parkeingang ist die Eintrittsgebühr von 100 Rs für bis zu drei Tage zu entrichten. Für jeden weiteren Tag muß man 15 Rs zusätzlich bezahlen. Für das Mitbringen eines Fotoapparates kommen 50 Rs und einer Video- oder Filmkamera 500 Rs hinzu. Um ein Fahrzeug in den Park mitnehmen zu dürfen, muß man 100 Rs bezahlen, weitere 100 Rs für einen Führer (Vorschrift). In Dhikala kann man von einer Bibliothek Gebrauch machen und sich abends interessante Tierfilme ansehen (kostenlos). Nicht verpassen sollte man einen zweistündigen Ausritt mit einem Elefanten bei Sonnenaufgang oder Sonnenuntergang, für den man 50 Rs bezahlen muß. Tagsüber kann man sich auf einem der Aussichtstürme aufhalten und nach Tieren Ausschau halten.

In Bijrani gibt es einen Vortragssaal und ein Restaurant. Manchmal ist es möglich, auch von dort Ausritte auf einem Elefanten zu unternehmen. Eine Bank zum Geldwechseln befindet sich in Ramnagar.

UNTERKUNFT UND ESSEN

Dhikala: In Dhikala gibt es ein ganze Spektrum an Übernachtungsmöglichkeiten, die aber angesichts der Preise für Ausländer ihr Geld nicht wert sind. Vorhanden ist in den Log Huts ein sehr einfacher Schlafsaal (wie in den dreistöckigen Schlafwagen in den Zügen), in dem man für 50 Rs übernachten kann. Besser sind da schon die Dreibettzimmer für 240 Rs in den Tourist Hutments. In all diesen Unterkünften muß man für Matratzen und Bettwäsche allerdings noch 25 Rs zusätzlich bezahlen. Bequemer kann man in einer der Hütten für 450 Rs oder im Forest Rest House für 600 Rs übernachten. Für alle Gäste sind zwei Restaurants vorhanden, eines geführt vom KMVN und das andere privat betrieben.

Wenn man sich selbst um den Transport und um Verpflegung kümmert, kann man auch in den Forest Rest Houses in Sarapduli, Bijrani und Gairal für 450 Rs, in Khinanauli für 600 Rs und in allen anderen Forest Rest Houses (vgl. Landkarte vom Nationalpark Corbett) für 150 Rs übernachten. Wenn man Dhikala wieder ver-

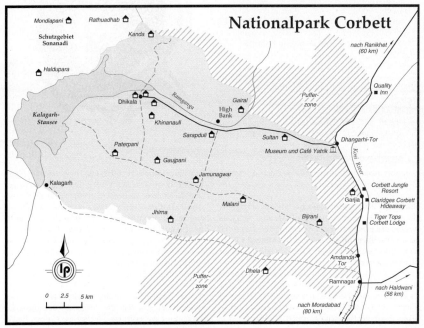

Projekt Tiger

Gegen 1973 war der Bestand an Tigern in ganz Indien auf rund 1800 Tiere gesunken. Die Nachfrage nach chinesischer Volksmedizin, in der die Knochen und das Fleisch von Tieren als medizinisch stark wirksam angesehen werden, hatte bei den Tigern einen hohen Preis gefordert. Aber auch die Bedrohung durch Wilderer ließ den Lebensraum der Tiger immer kleiner werden, zumal die indische Bevölkerung immer schneller zunahm. Um die Tiere vor dem Aussterben zu bewahren, wurde mit Hilfe des World Wide Funds for Nature (WWF) das „Projekt Tiger" in Angriff genommen. Dabei wurde der Nationalpark Corbett zum ersten besonderen Schutzgebiet vom „Projekt Tiger" das inzwischen auf 19 davon angewachsen ist.

Bald schien die Zahl der Tiger wieder zugenommen zu haben. Ende der achtziger Jahre konnte sich das „Projekt Tiger" des Lobes erfreuen, denn die Zahl der Tiger wurde nun auf 4000 Tiere geschätzt. Das sah wie eine bemerkenswerte Erfolgsgeschichte aus. Anfang der neunziger Jahre nahm auf dem chinesischen Markt die Nachfrage nach Tigerknochen jedoch zu, was zur Folge hatte, daß in indischen Nationalparks Tiger wieder seltener gesichtet wurden und Fachleute die Methoden der Schätzung der Zahl von Tigern in Frage stellten. Indische Beamte vertreten in diesem Zusammenhang die Auffassung, daß Fußabdrücke von Tigern wie menschliche Fingerabdrücke seien und sich nicht zwei davon gleichen würden. Solche Fußabdrücke von Tigern

sind jedoch selten so deutlich zu erkennen, daß man Tiger danach unterscheiden könnte. Das mag ein Teil der Gründe dafür sein, daß die Zahl der wirklich noch lebenden Tiger im Lauf der Jahre überschätzt worden ist. Wahrscheinlich ist aber auch, daß die Zahl der Tiger mit Absicht zu hoch angegeben worden ist, um die Wilderei zu verschleiern, die im großen Stil andauert und in die (wie im Falle von Ranthambhore in Rajasthan) häufig Staatsbedienstete verwickelt sind.

Der Handel mit gewilderten Tieren ist extrem lukrativ, denn für einen erlegten ganzen Tiger kann man in China rund 6000 US-Dollar erzielen. In dem Versuch, diesen Handel einzudämmen, wurde Traffic India gegründet. Ein großer Teil des Handels verläuft durch Delhi und die Lager von tibetischen Flüchtlingen in der Nähe dieser Stadt. Von dort werden die Knochen über die alten Handelsstraßen durch Tibet nach China geschmuggelt. Man schätzt, daß zwischen 1990 und 1993 Wilderer nicht weniger als 1000 Tiger getötet haben.

Niemand weiß genau, wie viele Tiger in Indien übrig geblieben sind. Die Zahlen lauten auf irgend etwas zwischen 2000 und 3000, davon 80 bis 90 im Nationalpark Corbett.

läßt, darf man nicht vergessen, sich ein „Clearance Certificate" zu besorgen.

Ramnagar: Wenn man Ramnagar als Ausgangspunkt für einen Besuch im Nationalpark benutzt, muß man wissen, daß man dann dort einen Jeep mieten muß und an den Ausritten mit Elefanten in der Mitte des Parks nicht teilnehmen kann, weil Tagesbesuche in Dhikala nicht erlaubt sind.

Übernachten kann man in einem ganz guten Tourist Bungalow neben dem Reception Centre (Tel. 8 52 25), und zwar in einem Doppelzimmer für 100 Rs oder in einem Schlafsaal für 30 Rs. Ein Stück weiter hinunter, etwas abseits der Hauptstraße, liegt das Hotel Everist, in

dem Einzelzimmer für 60 Rs und Doppelzimmer für 80 Rs (mit Bad) vermietet werden. Etwas preisgünstiger sind die Zimmer im Hotel Govind, aber auch nicht so sauber. Zu diesem Haus gehört jedoch ein gutes Restaurant, in dem ausgezeichnete Lassis mit Früchten für 16 Rs serviert werden und *malai kofte* (20 Rs) sowie Hammel-Curry (26 Rs) ebenfalls gut schmecken. Der Geschäftsführer ist sehr hilfsbereit. Glauben darf man jedoch nicht dem Schild mit der Aufschrift „Alcoholic Drinks Strictly Prohibited!".

Andere Stellen: Außerdem gibt es noch ein paar bessere Ferienanlagen, aber die liegen alle außerhalb des Parks. Eine davon ist das Quality Inn Corbett Jungle

Resort (Tel. 8 52 30) mit ansprechenden Cottages hoch über dem Fluß für 925 Rs (einschließlich Vollpension) und Ausritten mit Elefanten sowie Ausflügen in den Park hinein.

Im Corbett Riverside Resort (Tel. 8 59 61) werden ein paar ganz ansprechende Zimmer in einer ruhigen Lage am Fluß vermietet, für die man einschließlich Vollpension jeweils 1200 Rs bezahlen muß. Noch vornehmer ist das Claridges Corbett Hideaway (Tel. 8 59 59) mit Unterkünften in ansprechenden ockerfarbenen Cottages in einem Garten mit Mangobäumen. Hier kosten Doppelzimmer 3000 Rs und Speisen jeweils 175 Rs.

Die Tiger Tops Corbett Lodge (Tel. in Delhi 6 44 40 16) ist eine sehr luxuriöse Anlage, deren Preise wohl zu schlagen sind. Hier muß man 120 US $ pro Person bezahlen. Diese Anlage bietet ebenfalls Ausritte mit Elefanten, Ausflüge mit Jeeps und einen Swimming Pool. Trotz des Namens wird diese Anlage nicht von dem gleichen Besitzer geführt, der die Lodge in Chitwan (Nepal) unterhält.

AN- UND WEITERREISE

Ramnagar ist durch Züge mit Moradabad und durch Busse mit Delhi (68 Rs, 6 Stunden), Lucknow, Naini Tal sowie Ranikhet verbunden. Die Bushaltestelle befindet sich unweit vom Reception Centre und von den Hotels. Dagegen liegt der Bahnhof 1 1/2 km weiter südlich. Ein Bus fährt von Ramnagar um 15.30 Uhr auch nach Dhikala (20 Rs, 2 Stunden) und kehrt von dort am nächsten Tag um 9.00 Uhr zurück. Der nächstgelegene Flugplatz befindet sich 110 km weiter in Pantnagar und damit zu weit entfernt, um von Nutzen sein zu können. Zum Nationalpark Corbett werden von UP Tourism und anderen Veranstaltern auch dreitägige Pauschalreisen von Delhi aus angeboten (1600 Rs).

NAHVERKEHR

Abgesehen von der täglichen Busverbindung nach Dhikala bestehen die Verkehrsmittel allein aus Elefanten. Man kann allerdings in Ramnagar auch Jeeps mieten (6 Rs pro Kilometer).

KATHGODAM UND HALDWANI

Diese beiden Städte, 6 km voneinander entfernt, sind wichtige Knotenpunkte für Reisen nach Naini Tal und zu den meisten anderen Bergorten im Gebiet von Kuamon. In Kathgodam gibt es einen Bahnhof, auf dem abends Züge nach Lucknow, Agra und Jodhpur abfahren. Dort sind auch Ruheräume, ein Raum mit Erfrischungen und eine Stelle für touristische Auskünfte

vorhanden. Reservierungen von Plätzen in den Zügen können in den Agenturen in vielen der Bergorte vorgenommen werden. Es soll auch einen Anschlußbus nach Naini Tal geben, aber den verpaßt man, wenn der Zug verspätet ist. Wenn Sie in diese Gegend kommen, ist es besser, in Haldwani aus einem Zug auszusteigen, denn dort gibt es einen bedeutenden Busbahnhof.

NAINI TAL

Einwohner: 34 000

Telefonvorwahl: 05942

Der bezaubernde Bergerholungsort Naini Tal, gelegen in 1938 m Höhe in den Hügeln von Kuamon, war einst die Sommerhauptstadt von Uttar Pradesh. Die Hotels und Villen in diesem Ort sind um den friedlichen Naini-See herum angelegt worden. Weil das Wort „See" mit *tal* übersetzt wird, ist nicht schwer zu erraten, woher der Name des Ortes stammt.

Naini Tal liegt in einer sehr grünen und ansprechenden Gegend, die die heimwehkranken Briten ansprach und sie an ihre Heimat erinnerte.

Der See wurde von einem gewissen Mr. Barron entdeckt, der 1840 sein Segelboot hierherschaffen ließ. Bald wurde der Boat Club von Naini Tal, dessen hölzernes Haus noch immer den Rand des Sees schmückt, der

Treffpunkt der Einwohner. Am 16. September 1880 fand jedoch ein Unglück statt, bei dem ein größerer Erdrutsch 151 Menschen unter sich begrub. Dadurch entstand allerdings ein neues Erholungsgebiet, das nun als Flats bekannt ist.

Naini Tal ist sicher einer der schönsten Bergorte, die man kennenlernen kann, und ermöglicht viele interessante Wanderungen durch Wälder zu Zielen, von denen aus herrliche Ausblicke auf den Himalaja möglich sind.

Die Hochsaison in Naini Tal, in der sich die Hotelpreise verdoppeln oder sogar verdreifachen, ist zugleich die Ferienzeit der Schüler. Meiden Sie den Ort daher an den Weihnachtsfeiertagen und um Neujahr sowie von Mitte April bis Mitte Juli und von Mitte September bis Anfang November.

ORIENTIERUNG UND PRAKTISCHE HINWEISE

An den beiden Enden des Sees befinden sich zwei Basare (Tallital und Mallital), die durch die Mall miteinander verbunden sind. Weil für ihre Benutzung in der Hochsaison eine Gebühr erhoben wird, ist der Kraftfahrzeugverkehr auf dieser Straße gering.

Vorhanden sind auch ein Fremdenverkehrsamt der Provinz Uttar Pradesh (Tel. 23 37) und ein Reisebüro namens Parvat Tours, das vom Tochterunternehmen KMVN des Fremdenverkehrsamtes betrieben wird (Tel. 25 43). Die Bushaltestelle (Tel. 26 41) und die Agentur der Eisenbahn (Tel. 25 18) findet man in Tallital.

Kurse im Bergsteigen werden vom Nainital Mountaineering Club (Tel. 20 51) veranstaltet. Dort erhält man auch Ratschläge für Trekking-Touren und Expeditionen in der Gegend. Eine gute Auswahl an Büchern hat der Modern Book Shop unterhalb vom Hotel Alps zu bieten.

SEHENSWÜRDIGKEITEN

Naini-See: Dieser ganz hübsche See soll der Legende nach eines der grünen Smaragdaugen von Shivas Ehefrau Sati sein. Wenn man der Legende glaubt, dann soll sie in ein heiliges Freudenfeuer gesprungen sein. Daraufhin hat, so die Legende, ihr trauender Ehemann die Leiche über das ganze Land getragen und dabei etliche Teile verloren. Daher gibt es heute überall in Indien Stellen, die aus Teilen ihres Körpers gebildet worden sein sollen. Das Auge, das hier verlorengegangen sein soll, ist nun eine heilige Stätte, an der am nordwestlichen Ende des Sees der beliebte Naina-Devi-Tempel errichtet wurde. In der Nähe stößt man auf einen kleinen tibetischen Markt.

An mehreren Stellen an der Mall kann man Ruder- und Tretboote zum Preis von rund 30 Rs pro Stunde für Fahrten auf dem Naini-See mieten. Im Boat Club von Naini Tal stehen ferner einige wenige Segelboote für 50 Rs pro Stunde zur Verfügung, die man vielleicht auch ohne die zeitweilige Mitgliedschaft zum Preis von 300 Rs für drei Tage mieten kann, wenn es gelingt, die Leute davon zu überzeugen, daß man die Einrichtungen im Clubhaus (Bar, Restaurant, Ballsaal und Bibliothek) nicht mitbenutzen möchte. Der Club ist aber ohnehin nicht mehr so exklusiv, wie er einmal war. Als Jim Corbett nämlich Mitglied werden wollte, wurde das mit der Begründung abgelehnt, er sei in Indien geboren worden und daher kein Pukkah Sahib.

Johanneskirche: Diese Kirche, kurz nach Ankunft der Briten 1847 erbaut, enthält eine Gedenkplatte aus Bronze zur Erinnerung an die Opfer des Erdrutsches. Die wenigen Toten, die man ausgraben konnte, sind auf dem Friedhof draußen beigesetzt worden.

Snow View: Mit einem Sessellift kann man auf diesen beliebten Aussichtspunkt in 2270 m Höhe hinauffahren. Die Seilbahn ist von 10.00 bis 16.00 Uhr in Betrieb (Fahrpreis pro Strecke 20 Rs). Hinunter ist es hinter dem tibetischen *gompa* vorbei ein ganz angenehmer Spaziergang. Wenn man den Preis für ein Berg- und eine Talfahrt von 30 Rs bezahlt, hat man oben nur eine Stunde Zeit und erhält vorgeschrieben, wann man wieder mit nach unten fahren muß. Auf einem Schild steht übrigens: „Don't be panicy in case of power failure".

Auf dem Gipfel gibt es starke Ferngläser (2 Rs) für einen besseren Blick auf die Nanda Devi (7817 m), der - wie man einer alten Bronzeplatte entnehmen kann - „der höchste Berg im britischen Empire" war. Der Nanda Devi war aber auch Indiens höchste Erhebung, bis Sikkim (und damit der Kanchenjunga) dem Land einverleibt wurde. Oben kann man sich auch eine Tracht aus Kuamon anziehen und sich damit für 15 Rs vor dem spektakulären Hintergrund mit dem Himalaja fotografieren lassen.

Wanderungen: In der Gegend gibt es mehrere ganz gute Wanderwege mit Ausblicken auf die schneebedeckten Berge im Norden. Die höchste Erhebung in diesem Gebiet ist der China Peak mit 2610 m (auch Naini Peak genannt), den man entweder vom Snow View oder von Mallital (5 km) aus erreichen kann. Wenn Sie diese Wanderung unternehmen wollen, dann wählen Sie den frühen Morgen, denn dann ist die Luft noch klarer.

Eine 4 km lange Wanderung westlich des Sees bringt Sie zu Dorothy's Seat (2292 m), wo ein gewisser Mr. Kellet einen Sitz zur Erinnerung an seine Ehefrau errichten ließ, die bei einem Flugzeugabsturz ums Leben gekommen war. Der Gipfel des Laria Kanta mit 2480 m erhebt sich auf der anderen Seite des Sees, während man den Deopatta (2435 m) westlich von Mallital sehen kann.

Hanumangarh und Observatorium: Gute Ausblicke und spektakuläre Sonnenuntergänge über der Ebene kann man vom Hanuman-Tempel, 3 km südlich von Tallital, genießen. Nur etwas mehr als einen Kilometer weiter kommt man zum Observatorium des Bundesstaates, das an den Wochenenden manchmal geöffnet ist. Das läßt sich im Fremdenverkehrsamt klären.

Weitere Unternehmungen: Wenn Sie nicht wandern mögen, können Sie eines der Ponies mieten (die aussehen, als seien sie in guter Verfassung) und damit zu einem der Aussichtspunkte gelangen. Dabei muß man mit etwa 30 Rs pro Stunde oder zum China Peak mit 50 Rs (3¹/₂ Stunden) rechen. Man kann aber auch für 30 Rs pro Stunde bei Naini Billards Billard spielen und in Bhim Tal, einem überteuerten Ausflugsziel in 23 km

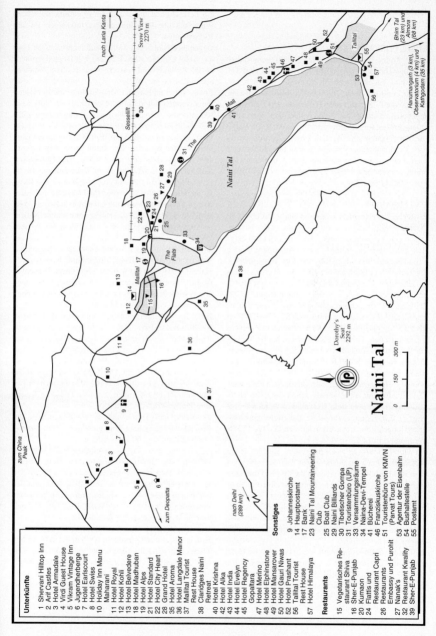

Naini Tal

Unterkünfte

1 Shervani Hilltop Inn
2 Arif Castles
3 Hotel Armadale
4 Virdi Guest House
5 Vikram Vintage Inn
6 Jugendherberge
7 Hotel Earlscourt
8 Hotel Swiss
10 Holiday Inn Manu Maharani
11 Hotel Royal
12 Hotel Kohli
13 Hotel Belvedere
18 Hotel Madhuban
19 Hotel Alps
21 Hotel Standard
22 Hotel City Heart
28 Grand Hotel
35 Hotel Aroma
36 Hotel Langdale Manor
37 Malltal Tourist Rest House
38 Claridges Naini Retreat
40 Hotel Krishna
42 Hotel Alka
43 Hotel India
44 Hotel Evelyn
45 Hotel Regency Gopattra
47 Hotel Merino
48 Hotel Elphinstone
49 Hotel Mansarover
50 Hotel Gauri Niwas
52 Talltal Tourist Rest House
56 Hotel Himalaya

Restaurants

15 Vegetarisches Restaurant Shiva
16 Sher-E-Punjab
20 Kumaon
24 Flattis und Restaurant Capri
26 Restaurants
27 Embassy und Purohit Nanak's
32 Restaurant Kwality
39 Sher-E-Punjab

Sonstiges

9 Johanneskirche
14 Hauptpostamt
17 Bank
23 Naini Tal Mountaineering Club
25 Boat Club
29 Naini Billiards
30 Tibetischer Gompa
31 Touristenbüro (UP)
33 Versammlungsräume
34 Naina-Devi-Tempel
41 Bücherei
46 Franziskuskirche
51 Touristenbüro von KMVN (Parvat Tours)
53 Agentur der Eisenbahn
54 Bushaltestelle
55 Postamt

Entfernung, eine Ausrüstung zum Angeln im See mieten.

AUSFLUGSFAHRTEN

Parvat Tours von KMVN (Tel. 26 56) veranstaltet Ausflugsfahrten zu den nahegelegenen Seen (Sat Tal und Bhim Tal) sowie zu Zielen weiter nördlich wie Kausani und Ranikhet. Im Sommer wird zudem eine sechstägige Pilgerfahrt nach Badrinath und Kedarnath angeboten. Entlang der Mall haben sich aber auch etliche private Reiseveranstalter angesiedelt, die ähnliche Ausflugsfahrten und Fahrkarten für Busfahrten nach Delhi anbieten. Sie organisieren für 120 Rs auch Tagesfahrten zum Nationalpark Corbett. In einem Taxi müßte man für eine solche Fahrt mit bis zu fünf Personen 1000 Rs bezahlen.

UNTERKUNFT

Einfache Unterkünfte: Es gibt in Naini Tal über 100 Quartiere. Wir haben im folgenden die in der Nebensaison geltenden Preise angegeben, die es kann möglich sein, daß es gelingt, noch günstigere Preise auszuhandeln. Im übrigen lohnt es sich, etwas mehr für ein Zimmer mit Blick auf den See und ein etwas teureres Zimmer in einem preiswerten Hotel auszugeben als ein billigeres Zimmer in einem teureren Hotel.

Die einzige Übernachtungsmöglichkeit in einem Schlafsaal bietet das Tourist Rest House von KMVN in Talltal (Tel. 25 70), und zwar für 25 Rs pro Person in Zimmern mit acht Betten. Hier steht auch genug heißes Wasser zur Verfügung. Außerdem kann man in diesem Haus in Doppelzimmern ab 150 Rs übernachten. Ähnlich sind die Preise im Tourist Reception Centre (Tel. 24 00), das vom See ein ganzes Stück entfernt an der Straße nach Delhi und damit nicht gerade schön liegt. Im Hotel Himalaya kann man über dem Bahnhof werden einige winzige Einzelzimmer für 40 Rs und einige ganz hübsche Doppelzimmer mit Blick auf den See für 150 Rs vermietet (mit Bad).

Im Hotel Gauri Niwas hinter dem großen Hotel Mansarover kann man ganz gut in Zimmern mit eigenem Bad für 50 Rs übernachten, die ihr Geld durchaus wert sind. Das nahegelegene Hotel Punjab ist nicht so gut, während man im Hotel Lake View ein Zimmer für 80 Rs erhalten kann. Ein schon lange bestehendes Quartier an der Mall ist das Hotel Merino, das man sich bei Preisen von 80 Rs für ein Doppelzimmer ebenfalls einmal ansehen sollte.

Beliebt bei Globetrottern mit wenig Geld ist das Hotel Prashant (Tel. 23 45) mit Zimmern zu Preisen von 100 bis 300 Rs (mit eigenem Bad) und guten Ausblicken von den Balkons. Ähnlich sind die Preise im Hotel Regency Gopaltara. Im Hotel Krishna (Tel. 26 62) werden einige Zimmer zu Preisen ab 100 Rs vermietet, die ihr Geld wert sind und zu denen auch ein Bad und ein Fernsehgerät mit Satellitenprogrammen gehören. Einige noch bessere Zimmer oben lassen sich für 350 Rs bewohnen.

Gegenüber vom Naini Tal Mountaineering Club liegt das Hotel City Heart (Tel. 22 28), mit Doppelzimmern ab 90 Rs und Heißwassergeräten in allen Zimmern ebenfalls eine gute Wahl.

Etwas weiter entlang der Mall kommt man zu einigen preiswerteren Unterkünften. Dort ist das Hotel Alps ein schon etwas quietschendes Haus, in dem riesige Zimmer für 80 Rs vermietet werden. Zu den Zimmern nach vorn gehören sogar Balkons. Der Besitzer ist ein ganz interessanter Bursche, der dafür sorgt, daß man in seinem Haus recht angenehm wohnt. Das Hotel Standard hat einige Einzelzimmer mit Badbenutzung für 50 Rs und Doppelzimmer mit eigenem Bad ab 110 Rs zu vermieten. Dahinter steht das Hotel Madhuban, in dem man in einem Doppelzimmer mit eigenem Bad ab 75 Rs absteigen kann und für diesen Preis gut wohnt. Nebenan kommt man zum Hotel Basera mit ähnlichen Preisen. Das Kohli Cottage in Mallital (Tel. 33 68) ist ein ausgezeichnetes und sauberes Gästehaus, das von einem freundlichen Sikh geführt wird und in dem man in einem Doppelzimmer für 80 bis 150 Rs (mit Fernsehgerät für Satellitenprogramme) übernachten kann, oben und von der erst neu erbauten Dachterrasse sogar noch mit wunderschönen Ausblicken.

In der Jugendherberge (Tel. 25 13) kann man für nur 12 Rs (Mitglieder) bzw. 22 Rs (Nichtmitglieder) in einem Schlafsaal oder in einem der beiden Doppelzimmer übernachten. Das Haus wird gut geführt und liegt in einer friedlichen Gegend, 25 Minuten zu Fuß vom Mallital Bazaar entfernt. Die Tagesgerichte für 10 Rs sind wirklich günstig. Außerdem kann man in der Jugendherberge Informationen über Trekking-Touren zum Pindari-Gletscher erhalten. Nicht weit entfernt ist das Virdi Guest House, geführt von einem Sikh, der gern Klaviermusik mag. Hier muß man für ein Zimmer mit Badbenutzung 60 Rs bezahlen.

Mittelklasse- und Luxushotels: Das Hotel Evelyn (Tel. 24 57) wartet mit Doppelzimmern von 250 bis 350 Rs, einer hübschen Terrasse mit Blick über dem See und einem guten Restaurant auf. Außerdem kann man im großen Hotel Alka an der Mall (Tel. 22 20) Doppelzimmer zu Preisen ab 250 Rs mieten.

Das Grand Hotel (Tel. 26 04) ist eines der ältesten Hotels im Ort mit Zimmern ab 550 Rs. Die besten Zimmer mit Blick über den See befinden sich oben. Das Grand Hotel ist viel besser als das von den Briten zurückgelassene Hotel Royal (Tel. 30 07), das schon reichlich heruntergekommen ist und in dem die Mitarbeiter sich desinteressiert zeigen sowie im Garten absonderliche Skulpturen stehen. Selbst für 300 Rs in der Nebensaison wohnt man hier nicht besonders gut.

Die meisten anderen besseren Hotels liegen oberhalb von Mallital und bieten ihren Gästen einen kostenlosen Transfer hinunter zur Mall. Hier findet man auch das Hotel Swiss (Tel. 30 13) mit großen Zimmern und hohen Decken, in denen man für 500 Rs übernachten kann. Wenn das Geschäft schlecht läuft, räumt man den Gästen in diesem Haus manchmal eine deutliche Ermäßigung ein. Nicht weit entfernt kommt man zum Hotel Earlscourt (Tel. 33 81), früher das Haus einer englischen Familie. In den Bücherregalen stehen noch die Werke, die sie zurückgelassen hat, darunter Erbauungsliteratur *wie A Handbook for Girl Guides* und *Hyms Ancient & Modern.* Hier werden Zimmer mit Bad für 700 Rs vermietet. Zu diesem Haus gehört auch ein ziemlich teures Restaurant.

Weiter hinauf liegen das Ferienhotel Arif Castles (Tel. 28 01) mit Zimmern für 900 Rs sowie darüber das Shervani Hilltop Inn (Tel. 31 28), das einen Garten zu bieten hat und mit einem Preis von 595 Rs für ein Doppelzimmer eine gute Wahl ist.

Das Hotel Belvedere (Tel. 20 82) wurde in dem alten, weiß angestrichenen Palast eines Maharadschas eingerichtet und ist mit Tigerfellen an den Wänden, die von Motten zerfressen sind, schon ziemlich heruntergewirtschaftet, hat aber durchaus noch Charakter und ermöglicht zudem gute Ausblicke. Ganz gut wohnt man hier in Suiten für 680 Rs, aber auch in einigen preiswerteren Zimmern. Dabei ist der Geschäftsführer sehr hilfsbereit und freundlich.

Das Vikram Vintage Inn (Tel. 28 77) ist ein solides, aber auch feudales Haus mit guten Ausblicken auf den See und Zimmern für 920 Rs. An einer abgelegenen Stelle oberhalb von Mallital liegt das Claridges Naini Retreat (Tel. 21 05). Nur von wenigen Zimmern dieses Hauses hat man einen Blick auf den See, aber dafür gehört zu diesem Hotel ein ganz hübscher Garten. Mit Halbpension (Frühstück und Mittag- oder Abendessen) muß man hier für ein Zimmer 1765 Rs bezahlen.

Das Spitzenhotel ist aber das Holiday Inn Manu Maharani (Tel. 25 31, Fax 22 28) mit guten Ausblicken auf den See und allem sonst, was man von einem Haus dieser Klasse erwarten kann. Dort muß man für ein Doppelzimmer aber auch ab 1200 Rs bezahlen, in der Hochsaison mit Verpflegung sogar 2400 Rs.

ESSEN

Wenn Sie Appetit auf einen preiswerten Imbiß haben, dann versuchen Sie doch einmal die ganz guten Masala Dosas für 10 Rs an dem Essensstand The Dhaba vor dem Hotel Standard. Gute vegetarische Thalis für 20 Rs erhält man in Mallital Bazaar im Sher-E-Punjab und im nahegelegenen Shiva Vaishnek.

Entlang der Mall kann man gleich unter einer ganzen Reihe von Lokalen wählen. Im Kuamon werden vegetarische Speisen und Videospiele angeboten, aber die besten vegetarischen Gerichte erhält man im Restaurant Purohit neben dem Restaurant Embassy. Recht gut schmeckt es im Restaurant Capri, in dem man zwischen Hauptgerichten für rund 50 Rs wählen kann. Beliebt ist auch das Flattis, zudem noch ein bißchen billiger. Dem Restaurant Sakley's neben dem Hotel Alps ist auch eine Bäckerei angeschlossen, in der man ganz gutes Gebäck erhalten kann. Am anderen Ende der Mall kommt man zu einer weiteren Filiale von Sher-E-Punjab und zum Restaurant Ahaar Vihar, das wegen der Gerichte aus Gujarat empfohlen worden ist. Essen kann man außerdem im Restaurant Tandoor am Hotel Merino.

Das beste Ziel für eine Pizza, einen Hamburger und ein Eis ist das Nanak's, aber es ist auch nicht gerade billig und zudem ein Modelokal.

Ganz günstig am Wasser liegt das Restaurant Kwality und hat dabei noch ausgezeichnete indische Gerichte zu bieten. Die Preise für Hauptgerichte bewegen sich zwischen 40 und 65 Rs. Teurer ist es im Restaurant Embassy, aber dafür hat es auch einen guten Ruf.

Für eine besondere Gelegenheit eignet sich ein Essen im Holiday Inn, in dem die Restaurants recht gut sind. Wenn in diesem Hotel gerade Reisegruppen übernachten, wird häufig zum Abendessen ein Buffet für 150 Rs angeboten.

AN- UND WEITERREISE

Der nächste Flugplatz liegt in Pantnagar, 71 km entfernt, wird derzeit aber von Linienmaschinen nicht angeflogen. Die nächste Bahnstation ist in Kathgodam, 35 km südlich. Die Agentur für die Eisenbahn in Naini Tal verfügt über Kontingente für Plätze in Zügen, die von dort nach Agra, Lucknow, Jodhpur und Kalkutta abfahren. Nach Kathgodam und Haldwani kann man alle 30 Minuten mit Sammeltaxis für 25 Rs und Bussen (14,50 Rs, 1 1/2 Stunden) gelangen. Morgens und abends fahren zudem Busse nach Delhi ab (75 Rs), von privaten Unternehmen auch mit Videorekorder und Klimaanlage (175 Rs).

Weitere Ziele von Bussen sind Bhim Tal (8,50 Rs, 1 Stunde), Ramnagar (29,50 Rs, 3 1/2 Stunden), Almora (26 Rs, 3 Stunden), Ranikhet (25 Rs, 3 Stunden), Kausani (45 Rs, 5 Stunden), Pithoragarh (70 Rs, 9 Stunden), Bareilly (39 Rs, 5 Stunden), Haridwar (90 Rs, 9 Stunden), Rishikesh (100 Rs, 10 Stunden) und Dehra Dun (106 Rs, 10 1/2 Stunden). Außerdem verkehrt morgens ein Bus nach Song, dem Ausgangspunkt für Trekking-Touren zum Pindari-Gletscher.

NAHVERKEHR

Die Mall hinauf- und hinunterzufahren ist kein Problem, denn auf dieser Straße verkehren zwischen Tallital und Mallital schnelle Fahrrad-Rikschas zum Festpreis von 3 Rs. Wenn Sie gerade keine finden können, die leer ist, müssen Sie sich möglicherweise für einige Minuten an einem Ende der Mall in einer Schlange anstellen.

RANIKETH

Telefonvorwahl: 05966

Dieser friedliche Bergort nördlich von Naini Tal in 1829 m Höhe ermöglicht herrliche Ausblicke auf den schneebedeckten Himalaja, darunter auf den Nanda Devi (7817 m). Raniketh ist ein bedeutender Standort des Militärs und Heimat des Kuamon-Regimentes. Hier gibt es auch eine Reihe von früheren Kirchen, in denen nun Stoffwebereien mit Handwebstühlen eingerichtet sind.

Raniketh, bisher zu einem Ziel für den Massentourismus nicht ausgebaut, ist ein erfreulicher Ort, um hier einige Zeit zu verbringen. In Raniketh kann man mehrere wunderschöne Wanderungen unternehmen, beispielsweise zum Jhula-Devi-Tempel (einen Kilometer westlich vom Hotel West View) und zu den Obstgärten in Chaubatia, noch 3 km weiter. Außerdem läßt sich auf einem Golfplatz der Golfschläger schwingen, und das bei einem 300 km langen Panoramablick entlang des Himalaja.

Ein Fremdenverkehrsamt befindet sich in Ranikhet neben der Haltestelle für die staatlichen Busse (Tel. 22 27).

UNTERKUNFT UND ESSEN

In der Basargegend zwischen den Bushaltestellen gibt es mehrere Hotels. Von den preiswerten ist das Hotel Raj Deep mit Doppelzimmern für 45 bis 125 Rs (mit eigenem Bad) und einem vegetarischen Restaurant das beste. Das Hotel Alka hat Doppelzimmer ab 150 Rs und einen ganz ansprechenden Balkon mit Blick auf die Berge zu bieten. Im Hotel Tribuwan wird in drei Gebäuden gleich eine ganze Bandbreite von Zimmern vermietet, darunter Doppelzimmer mit Balkon ab 100 Rs und teurere Zimmer in dem Gebäude darunter.

Im Hotel Moon sind die Einzelzimmer für 150 Rs und die Doppelzimmer für 250 Rs zu teuer, aber das Restaurant ist ganz gut (Hauptgerichte 35 bis 50 Rs). Das Parwati Inn, einst recht beeindruckend, ist stark verfallen und mit einem Preis von 175 Rs für das preisgünstigste Zimmer ebenfalls überteuert.

Weitere Unterkünfte liegen ca. 4 km vom Basar entfernt in einer ruhigen, bewaldeten Gegend. Dort muß man im Hotel Megdhoot (Tel. 24 75) für ein großes, sauberes Doppelzimmer 200 Rs bezahlen und kann im Haus in einem Restaurant auch gleich essen. Das Hotel Norton's in der Nähe (Tel. 23 77) ist ein Überbleibsel aus der Zeit der Briten mit Doppelzimmern für 150 bis 250 Rs. Zwischen Dezember und März ist es allerdings geschlossen. Ein ganz gutes Quartier ist auch der Tourist Bungalow (Tel. 22 97) mit Zimmern für 150 Rs (einschl. Küche) und Betten in einem Schlafsaal für 20 Rs.

Ein weiteres Haus aus der Kolonialzeit ist das Hotel West End (Tel. 22 61). Für 325 Rs allein oder für 525 Rs zu zweit erhält man dort ein Zimmer mit Paneelen an den Decken und Kamin sowie Tee am Nachmittag. Auf dem Rasen läßt sich sogar Kricket spielen.

Ranikhet

0   250   500 m

1 Hotel Tribhuwan
2 Busse (KMOU)
3 Hotel Alka
4 Hotel Moon
5 Hotel Raj Deep
6 Parwati Inn
7 Busse (UP Roadways)
8 Touristenbüro
9 Schal- und Tweed-Weberei
10 KRC Woollens
11 Katholische Kirche
12 Hauptpostamt
13 Kumaon Lodge (Offizierskasino)
14 Hotel Meghdoot
15 Hotel Norton's
16 Tourist Rest House
17 Hotel West View

zum Jhula-Devi-Tempel (1 km) und nach Chaubatia

nach Naini Tal

AN- UND WEITERREISE

Wie für die anderen Bergerholungsorte im Gebiet von Kuamon befindet sich auch für Raniketh der nächste Bahnhof in Kathgodam. Busse verkehren nach Kathgodam (32 Rs, 4 Stunden), Naini Tal (25 Rs, 3 Stunden), Almora (22 Rs 2½ Stunden), Kausani (26 Rs, 3½ Stunden), Ramnagar (37 Rs, 5 Stunden) und Delhi (106-132 Rs, 12 Stunden), aber auch nach Lucknow, Haridwar und Badrinath. Abgefahren wird von der Haltestellen von UP Roadways und KMOU.

ALMORA

Einwohner: 29 000
Telefonvorwahl: 05962
Dieser landschaftlich wunderschöne Bergerholungsort in einer Höhe von 1650 m ist einer der wenigen, der nicht von den Briten gegründet wurde. Er war bereits vor rund 400 Jahren die Hauptstadt der Chand-Rajas von Kuamon.

Almora ist größer als Raniketh und Kausani und hat einen interessanten Basar, gute Ausblicke auf die Berge und einige wunderschöne Wanderwege zu bieten. Einer davon, zu empfehlen, führt zum 8 km entfernten Kasar-Devi-Tempel, zu dem sich Swami Vivekanada begab, um zu meditieren. Diese Gegend hat den Ruf, so etwas wie ein „Kraftwerk" zu sein, was der Grund dafür ist, daß sich einige Besucher gleich ein ganzes Haus mieten und monatelang bleiben. Weitere Sehenswürdigkeiten sind die Tuchwebereien oberhalb vom Holiday Home und das Stadtmuseum. Der Uhrturm wurde 1842 erbaut und mit dem Motto „Work as thou hadst to live for aye, Worship as if thou wert to die today" (Arbeite, wie wenn du ewig leben würdest, und bete, wie wenn du heute sterben müßtest) geschmückt. In dem Raum darunter befindet sich ein kleiner Schrein zu Ehren von Shiva.

Neben dem Hotel Savoy hat sich ein kleines Fremdenverkehrsbüro angesiedelt (Tel. 2 21 80). Trek-king-Touren in der Gegend organisiert High Adventure (Tel. 12 34 45).

UNTERKUNFT UND ESSEN

In der Basargegend steht Besuchern eine ganze Reihe von Hotels zur Verfügung, darunter das sehr einfache Tourist Cottage am Restaurant Glory mit Zimmern ab 50 Rs. Viel sauberer ist das weiter die Straße hinauf gelegene Hotel Pawan mit Einzelzimmern für ab 83 Rs und Doppelzimmern ab 131 Rs (mit Bad) und sowie einem Billardraum oben. Das beste Haus ist das große Hotel Shikhar (Tel. 2 23 95), in dem ein ganzes Spektrum an Zimmern für 80 bis 500 Rs vermietet wird. Das Restaurant ist ebenfalls recht gut und hat Hauptgerichte für 30 bis 40 Rs zu bieten. In der Nähe kommt man zum Restaurant Glory, das mehrfach wegen der vegetarischen Gerichte empfohlen wurde.

Viele Besucher ziehen allerdings die Hotels außerhalb der Basargegend vor, denn die sind friedlicher. Ein ganz interessantes Quartier ist das Hotel Kailash („Junction of East and West Managed by House Wives"). „Man muß einfach in diesem Haus übernachtet haben, um herauszufinden, was dort vor sich geht", schrieb uns ein Leser. Die meisten Gäste, die in diesem Haus übernachten, scheinen sich an der Exzentrik dieses Hotels und seines schon älteren Besitzers, Herrn Shah, zu erfreuen. Seine Ehefrau ist eine gute Köchin und bereitet auch ausgezeichnete Kräutertees zu. Zimmer werden zum Preis ab 50 Rs vermietet, auch wenn ein Hinweisschild über der Tür besagt: „The Kingdom of Heaven is not a Place but a State of Mind". In der gleichen Gegend hat sich auch das Hotel Savoy mit Zimmern ab 100 Rs (einschließlich eigenem Bad) angesiedelt.

Im Tourist Bungalow Holiday Home von KMVN (Tel. 2 22 50) kann man in Doppelzimmern für 100 Rs zu diesem Preis ganz gut übernachten, zumal in jedem der Badezimmer auch ein Durchlauferhitzer installiert ist. Vorhanden sind ferner ein Schlafsaal mit Betten für jeweils 25 Rs und Cottages mit Doppelbetten und guten Ausblicken, in denen man für 175 Rs übernachten kann. Wenn das nahegelegene Hotel Bright End wieder geöffnet sein sollte, lohnt es, sich dieses Haus ebenfalls einmal anzusehen.

AN- UND WEITERREISE

Von Almora bestehen Busverbindungen nach Delhi (111-139 Rs, 12 Stunden), Naini Tal (26 Rs, 3 Stun-

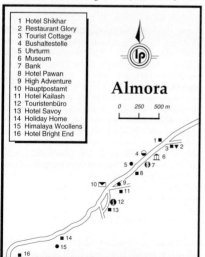

1 Hotel Shikhar
2 Restaurant Glory
3 Tourist Cottage
4 Bushaltestelle
5 Uhrturm
6 Museum
7 Bank
8 Hotel Pawan
9 High Adventure
10 Hauptpostamt
11 Hotel Kailash
12 Touristenbüro
13 Hotel Savoy
14 Holiday Home
15 Himalaya Woollens
16 Hotel Bright End

Almora

0   250   500 m

den), Kausani (20 Rs, 2 Stunden), Raniketh (22 Rs, 3 Stunden), Pithoragarh (40 Rs, 7 Stunden), in Richtung Norden nach Song (45 Rs, 5 Stunden), dem Ausgangspunkt für Trekking-Touren zum Pindari-Gletscher, und nach Banbassa an der Grenze nach Nepal (68 Rs, 7 Stunden).

DIE UMGEBUNG VON ALMORA

KATARMAL UND JAGESHWAR

In der Umgebung von Almora gibt es eine ganze Zahl von Stätten mit alten Tempeln. Einer davon ist der 800 Jahre alte Sonnentempel in Katarmal, 17 km von Almora entfernt. Eine viel größere Gruppe von Tempeln, die aus dem 7. Jahrhundert stammt, kann man sich 34 km entfernt in Jageshwar in einem ganz hübschen Tal ansehen. Außerdem gibt es in Jageshwar ein Tourist Rest House mit Doppelzimmern für 100 Rs und ein kleines Museum.

PITHORAGARH

Einwohner: 30 000

Pithoragarh, gelegen in 1815 m Höhe, ist der bedeutendste Ort in einem Gebiet, das sowohl an Tibet als auch an Nepal grenzt. Er liegt in einem kleinen Tal, das auch schon „Klein-Kaschmir" genannt wurde und von dem aus man eine ganze Reihe von Wanderungen durch eine wunderschöne Landschaft unternehmen kann. Es besteht auch die Möglichkeit, hinauf nach Chandak zu klettern (7 km) und von dort aus in das Tal von Pithoragarh zu blicken.

Im Ort gibt es ein Tourist Rest House von KMVN mit Doppelzimmern ab 50 Rs und mehrere weitere Hotels.

Busverbindungen bestehen von und nach Almora, Naini Tal, Haldwani, Delhi und Tanakpur, dem nächstgelegenen Bahnhof 158 km weiter südlich.

KAUSANI

Telefonvorwahl: 05928

Wenn man einen Blick auf den Himalaja aus noch größerer Nähe werfen möchte, dann sollte man sich nach Kausani, 53 km nördlich von Almora, begeben. Dieses kleine, friedliche Dorf in 1890 m Höhe eignet sich hervorragend für eine innere Einkehr. Hier hielt sich auch Gandhi im Jahre 1929 einige Zeit im Ashram Anasakti auf und ließ sich von dem unübertrefflichen Blick auf den Himalaja inspirieren. Der hinduistische Dichter und Preisträger Sumitra Nandan Pant ist hier aufgewachsen.

Von den zahllosen Wandermöglichkeiten in diesem Gebiet lohnt ganz sicher die Wanderung zu den 14 km entfernten Tempeln in Baijnath aus dem 12. Jahrhundert. Dabei sollten Sie aber nicht die Straße benutzen (die ist 6 km länger), sondern sich nach dem Pfad durch den Wald erkundigen.

UNTERKUNFT UND ESSEN

Die besten Ausblicke hat man von den Unterkünften den Bergkamm von der Bushaltestelle hinauf. Im Ashram Anasakti (Ashram Gandhi) stehen Zimmer für 50 Rs und eine ganz gute Bibliothek zur Verfügung, die jedermann zugänglich ist. Außerdem ist auf der Terrasse eine Anzeige angebracht, die zur Identifizierung der einzelnen Berge ganz nützlich ist. In der Nähe liegt das deutlich bessere Krishna Mountain View (Tel. 41 08) mit Doppelzimmern für 450 Rs, für die man in der Nebensaison 40 % Ermäßigung erhält. Viel preisgünstiger ist das Hotel Prashant nebenan mit einfachen Einzelzimmern ab 50 Rs und einem ganz guten Vierbettzimmer mit Ausblick auf die Berge sowie angeschlossenem Bad für 300 Rs. Das Amar Holiday Home und das Hotel Jeetu neben dem Hotel Prashant sind von den Preisen her ähnlich.

Preisgünstigere Quartiere auf der anderen Seite des Bergkammes sind das Hotel New Pines und das Hotel Old Pines mit Doppelzimmern für 50 Rs. Zum Essen zu empfehlen ist das Restaurant Hill Queen unterhalb des Fernsehturmes.

Das Tourist Rest House von KMVN (Tel. 4 106) liegt ein paar Kilometer hinter dem Dorf. Es ist zum Übernachten eine ganz gute Wahl und hat Doppelzimmer ab 75 Rs mit herrlichen Ausblicken, Balkon und heißem Wasser sowie einige Cottages für 175 Rs und Betten in einem Schlafsaal für jeweils 20 Rs zu bieten.

AN- UND WEITERREISE

Der nächste Bahnhof ist in Kathgodam. Busse fahren von Kausani nach Almora (20 Rs, 2 Stunden), Ranikhet (26 Rs, 3¹/₂ Stunden) und Naini Tal (45 Rs, 5 Stunden).

WEITERE ORTE

BAREILLY

Einwohner: 669 000

Bareilly war früher die Hauptstadt eines Gebietes namens Rohilkand und kam unter britische Kontrolle, als die Rohilla, ein Stamm aus Afghanistan, sich in Händel mit den Marathen und dem Nabob von Avadh verstrickten.

BANBASSA

Banbassa ist die indische Ortschaft, die dem nepalischen Grenzübergang Mahendranagar am nächsten liegt. An dieser Stelle ist es möglich, nach Nepal einzureisen. Täglich fährt von Delhi ein Bus nach Banbassa (12 Stunden). Banbassa ist aber auch durch eine Bahnstrecke mit Bareilly und durch täglich einen Bus mit Almora verbunden, der um 7.30 Uhr abfährt (68 Rs, 7 Stunden). In Banbassa kann man mit einer Rikscha in 20 Minuten bis zur Grenze fahren und die dann nach Mahendranagar überschreiten. Von Mahendranagar fahren Nachtbusse direkt bis Kathmandu, aber die brauchen bis zum Ziel strapaziöse 25 Stunden. Weil die Landschaft so schön

und faszinierend ist, sollte man besser tagsüber fahren und die Reise in Nepalganj unterbrechen. Wenn man keinen Direktbus für die neunstündige Fahrt von Mahendranagar nach Nepalganj finden kann, besteht die Möglichkeit, mit einem Bus nach Ataria (an der Abzweigung nach Dhangadhi) und von dort nach Nepalganj zu fahren. Von Nepalganj kann man tags und nachts Kathmandu mit etlichen Bussen (16 Stunden) und nachts Pokhara (15 Stunden) erreichen.

RAMPUR

Einwohner: 267 000

Rampur war früher die Hauptstadt des Staates Rohilla. Die Bibliothek des Staates besitzt eine bedeutende Sammlung alter Schriften sowie Miniaturen (einige davon mit großer Bedeutung) und ist heute in einem sehr schönen Gebäude im Fort untergebracht. In der Nähe steht die große Jama Masjid. Außerdem kann man sich entlang der Mauern des Palastes interessante Basare ansehen.

TREKKING-TOUREN IN GARHWAL HIMAL UND KUAMON

Das ganze Gebiet der Himalaja-Region im Norden von Uttar Pradesh wird von Bergwanderern und Teilnehmern an Expeditionen aus dem Westen schon lange als Garhwal Himal bezeichnet. Das ist teilweise ein irreführender Name, denn Garhwal ist nur der westliche Teil, während der östliche eigentlich Kuamon heißt. Auch wenn nur eine Handvoll von Bergwanderern diese Gegend besucht, hat sie doch einige hervorragende Trekking-Möglichkeiten zu bieten. Erwähnenswert sind in diesem Zusammenhang die Trekking-Routen, die dem äußeren Rand des Schutzgebietes Nanda Devi folgen, darunter die Trekking-Tour von Joshimath zum Karai-Paß, die Strecke zum Rup Kund unter dem Trisul (7120 m), die Route zum Pindari-Gletscher südlich des Schutzgebietes und die erst kürzlich freigegebene Strecke zum Milam-Gletscher östlich des Nanda Devi (7817 m), Indiens zweithöchsten Berg. Wichtig zu wissen ist allerdings, daß Trekking-Touren in das Schutzgebiet Nanda Devi hinein von der indischen

Regierung immer noch verboten sind und derzeit keine Anzeichen dafür zu erkennen sind, daß dieses Verbot in absehbarer Zeit aufgehoben werden könnte.
Trekking-Möglichkeiten bestehen aber auch in der Umgebung vieler bedeutender Pilgerorte wie Badrinath, Yamunotri, Kedarnath, Gangotri in der Nähe der Quelle des Ganges und Hem Kund nahe beim Tal der Blumen.
Die beste Jahreszeit für Trekking-Touren in Garhwal und Kuamon ist entweder vor dem Monsun von Mitte Mai bis Ende Juni oder nach dem Monsun von Mitte September bis Mitte Oktober. Im Juli und August ist die Region den Regenfällen der Monsunzeit ausgesetzt. Das ist jedoch die beste Zeit, um die Wildblumen auf den Hochalmen (*bugyals*) wie im Tal der Blumen (Valley of the Flowers) zu bewundern.
Die beiden regionalen Tochterunternehmen des Fremdenverkehrsamtes von Uttar Pradesh, Garhwal Mandal Vikas Nigam (GMVN) und Kuamon Mandal Vikas

Nigam (KMVN), verfügen über einige Informationen über Trekking-Möglichkeiten in ihren Zuständigkeitsbereichen und organisieren auch einige Trekking-Touren mit Führung, darunter auf den meisten der im folgenden beschriebenen Routen. Für drei bis fünf Teilnehmer berechnet das Büro von GMVN in Rishikesh einschließlich Verpflegung, Transport und Träger 1325 Rs pro Person und Tag. Wenn man Trekking-Touren auf eigene Faust unternehmen möchte, kann man dafür Ausrüstungsgegenstände bei GMVN in Rishikesh, Uttarkashi, Joshimath, Gangotri und einer Reihe anderer Büros in den Bergen mieten (z. B. Schlafsack für 12 Rs und Zelt für 35 Rs). Da der Bestand an Ausrüstungsgegenständen in den kleineren Büros schnell erschöpft sein kann, ist es ratsam, so etwas in Rishikesh zu mieten. Vermittelt von GMVN, muß man für einen Träger für Touren auf großen Höhen 350 Rs und für eine der normalen Bergwanderungen 150 Rs bezahlen.

Seit Beginn eines Tauwetters bei den indo-chinesischen Beziehungen sind einige der vorher gesperrten Gebiete, darunter die Gegend mit dem Milam-Gletscher, nun für Bergwanderer zugänglich. Dafür muß man sich jedoch vorher eine Genehmigung besorgen, und zwar beim Innenministerium in Delhi, bei der Regierung von Uttar Pradesh, beim Distriktmagistrat oder bei der indo-tibetischen Grenzpolizei. Nach den derzeit geltenden Regelungen erhält man eine solche Genehmigung nur, wenn man einer Gruppe von mindestens vier Personen angehört und die Trekking-Tour von einem anerkannten Veranstalter organisiert wird. Die Bergschulen in Naini Tal und Rishikesh (unweit vom Büro von GMVN) können mit Informationen ebenfalls behilflich sein.

HAR-KI-DUN-TAL

Diese Trekking-Tour das wunderschöne Har-Ki-Dun-Tal hinauf kann von April bis November unternommen werden. Dabei müssen keine hohen Pässe überquert werden. Entlang der Route läßt sich in PWD Rest Houses übernachten, während man Verpflegung in den Dörfern kaufen kann. Wenn man diese Bergwanderung unternehmen will, fährt man am besten zunächst mit einem Bus von Mussoorie bis Sankri, wo die Tour beginnt.

1. Abschnitt	Sankri - Taluka (per Jeep oder 3 Stunden)
2. Abschnitt	Taluka - Osla (5 Stunden)
3. Abschnitt	Osla - Har-Ki-Dun (4 Stunden)
4. Abschnitt	Har-Ki-Dun - Taluka (7 Stunden)
5. Abschnitt	Taluka - Sankri (per Jeep oder 3 Stunden)

Im Juli und August ist es auch möglich, vom Har-Ki-Dun-Tal den Majhakanda-Paß nach Yamunotri zu überqueren. Der Weg beginnt in Osla. Weil es manchmal schwer ist, ihn nicht zu verlieren, ist es ratsam, einen Führer anzuheuern. Von Osla nach Yamunotri braucht man etwa drei bis vier Tage.

DODI TAL

Von Uttarkashi muß man zunächst mit einem Bus bis zum Ende der Straße in Kalyani fahren und von dort am gleichen Tag bis zum Forest Rest House in Agoda wandern. Am folgenden Tag gelangt man zum Dodi Tal (3310 m) mit einem weiteren Forest Rest House in Dodital. Der See (in dem Forellen leben) liegt in einem Wald mit Eichen, Fichten, Deodar und Rhododendren. Vom Dodi Tal aus ist es möglich, die Bergwanderung zu verlängern, indem man den Sonpara-Paß (3950 m) überquert, der nach Hanumanchatti in der Nähe von Yamunotri führt, wo Busverbindungen nach Mussoorie und Rishikesh bestehen.

1. Abschnitt	Kalyani - Agoda (3 Stunden)
2. Abschnitt	Agoda - Dodi Tal (5 Stunden)
3. Abschnitt	Dodi Tal - Sonpara-Paß - Lager (6 Stunden)
4. Abschnitt	Lager - Hanumanchatti (6 Stunden)

GANGOTRI UND GAUMUKH

Das beliebte Pilgerziel Gangotri ist von Rishikesh aus mit einem Bus über Tehri und Uttarkashi in 10 bis 12 Stunden zu erreichen. Es verkehren aber auch einige Busse von Mussoorie nach Gangotri. Die Trekking-Tour zur heiligen Quelle des Ganges beginnt in dem winzigen Dorf Gangotri in 3140 m Höhe. Der Tempel der Göttin Ganga steht am rechten Ufer des Bhagirathi, möglicherweise eines Quellflusses des heiligen Ganges. Die eigentliche Quelle des Flusses ist bei Gaumukh, am Fuß der Bhagirathi-Berge.

Der Gangotri-Gletscher in 4225 m Höhe ist fast 24 km lang und 2 bis 4 km breit. Im Verlauf der Jahrhunderte ging der Gletscher allerdings immer weiter zurück. Man nimmt an, daß er in der vedischen Zeit bis nach Gangotri hinunter reichte.

In Bhujbasa gibt es einen Tourist Bungalow mit einem Restaurant. In der Hochsaison muß man dort für ein Bett in einem der Zelte 60 Rs, für ein Bett in einem Schlafsaal 75 Rs und für ein Doppelzimmer 200 Rs bezahlen. Diese Preise werden in der Monsunzeit von Juli bis Mitte September auf 48, 60 bzw. 160 Rs gesenkt. Von hier braucht man vier Stunden, um Gaumukh zu erreichen. Es lohnt jedoch, bis Tapovan (4 Stunden) weiterzuwandern, wo man zelten und einen ausgezeichneten Blick auf den Bhagirathi Parbat (6856 m), den Shivling (6543 m) und den Sudarshan (6507 m) auf der anderen Seite des Tales genießen kann.

1. Abschnitt	Gangotri - Chibasa (4 Stunden)
2. Abschnitt	Chibasa - Gaumukh (3 Stunden)
3. Abschnitt	Gaumukh - Tapovan (4 Stunden)
4. Abschnitt	Tapovan - Chibasa (4-5 Stunden)
5. Abschnitt	Chibasa - Gangotri (3 Stunden)

Es ist auch möglich, von Gangotri hinauf zum Kedartal-See zu wandern. Auch wenn man dafür nur zwei Tage braucht, ist es notwendig, sich einige Zeit zu akklimatisieren, denn der Gletschersee liegt in 4500 m Höhe.

KEDARNATH

Wie Badrinath ist Kedarnath ein bedeutender Pilgerort der Hindus. Der Tempel des Gottes Kedar (Shiva) ist umgeben von schneebedeckten Bergen. Der Schrein soll angeblich aus dem 8. Jahrhundert stammen. Kedarnath erreicht man entweder auf dem direkten Weg von Sonprayag aus, 205 km nordöstlich von Rishikesh, oder geht die längere und härtere Strecke von Gangotri aus. Unterwegs passiert man wunderschöne Landschaften und kommt durch farbenfrohe Bergorte. Die Wanderung beginnt in Mala, 20 km hinter Uttarkashi in Richtung Lanka und Gangotri.

1. Tag   Mala - Belak Khal (15 km)
2. Tag   Belak Khal - Budakedar (14 km)
3. Tag   Budakedar - Ghuttu (16 km)*
4. Tag   Ghuttu - Panwali Khanta (12 km)
5. Tag   Panwali Khanta - Maggu (8 km)
6. Tag   Maggu - Sonprayag (9 km)
7. Tag   Sonprayag - Kedarnath (20 km)*⁂
8. Tag   Kedarnath - Sonprayag (20 km)**

* Es ist auch möglich, in Tehri zu beginnen und von dort mit einem Bus nach Ghuttu zu fahren (3 Stunden). Das verkürzt die Bergwanderung um drei Tage.

** Die 5 km zwischen Sonprayag und Gaurikund, an der Strecke nach Kedarnath, können mit einem Taxi zurückgelegt werden.

BADRINATH, TAL DER BLUMEN UND HEM KUND

Den wunderschönen Nationalpark Tal der Blumen (Valley of Flowers) und den heiligen Hem-Kund-See erreicht man auf einer kurzen Trekking-Tour von Govind Ghat aus. Zusätzlich kann man während der gleichen Bergwanderung auch noch den Pilgerort Badrinath besuchen. Von Rishikesh sind es mit dem Bus 252 km nach Joshimath (10 Stunden), wo man in einem Tourist Bungalow oder in einem anderen Hotel übernachten kann, und weitere 44 km bis Badrinath. Von dort muß man dann 30 km zurück nach Govind Ghat, dem Ausgangspunkt für die Trekking-Tour. Von Juni bis September ist der Wanderweg hoch zum Hem Kund Sahib überfüllt von Sikh-Pilgern.

Badrinath, eingerahmt von schneebedeckten Bergen und nur ein kurzer Stück von der tibetischen Grenze entfernt, ist bereits seit ewigen Zeiten ein hinduistischer Pilgerort. In diesem Ort findet man viele Tempel, Ashrams und *dharamsalas*, die Unmengen von Pilgern anziehen. Der bedeutendste Tempel, am linken Ufer des Alakananda, zeigt in seiner Architektur deutliche buddhistische Einflüsse. Daraus ist zu folgern, daß Badrinath noch früher einmal ein buddhistisches Zentrum war. Der Tempel ist zwischen Mai und September zugänglich. Im Ort gibt es zudem einen Tourist Bungalow.

Entdecker des Tals der Blumen soll der Bergsteiger Frank Smythe gewesen sein. Zwischen Mitte Juni und Mitte September ist das Tal einfach ein Märchen, in dem sich Blumenteppiche sanft im Wind wiegen. Als Kulisse im Hintergrund sind mächtige Berge aufgebaut. Das Tal der Blumen ist fast 10 km lang, 2 km breit und wird durch den Fluß Pushpawati unterteilt. In diesen Fluß münden viele kleine Bäche, und Wasserfälle stürzen ebenfalls herab. Das Tal hat in der Vergangenheit unter vielen Bergwanderern und Schafhirten stark gelitten und ist deshalb vor kurzem zu einem Nationalpark erklärt worden. Die dazu erlassenen Vorschriften erlauben es Bergwanderern, im Tourist Rest House in Ghangaria (sieben Stunden von Govind Ghat entfernt) zu übernachten oder bei diesem Quartier ein Zelt aufzuschlagen und von dort aus Tagesausflüge zu unternehmen. Das Zelten über Nacht anderswo im Tal ist verboten.

Von Ghangaria kann man dem Laxma Ganga bis zum Hem-Kund-See folgen. Das ist ein ganz schön steiler Aufstieg (hin und zurück acht Stunden). Im *Granth Sahib*, dem heiligen Buch der Sikhs, schreibt der Sikh-Guru Govind Singh, daß er in einem früheren Leben an einem See meditiert habe, der von sieben schneebedeckten Bergen umgeben gewesen sei. Daraus schlossen Sikh-Pilger, daß Hem Kund Sahib dieser See sein müsse, so daß man sich bis dort in das eiskalte Wasser steigen sehen kann.

PINDARI-GLETSCHER

Der Pindari-Gletscher ist von allen Gletschern in diesem Gebiet am leichtesten zu besteigen. Seine Existenz verdankt er dem Schnee vom Nanda Kot (6861 m) und vom Nanda Khat (6611 m) am südlichen Rand des Schutzgebietes Nanda Devi. Der drei Kilometer lange und fast einen halben Kilometer breite Gletscher liegt in einer Höhe von 3350 m.

Auf der beliebten Trekking-Tour zum Pindari-Gletscher wandert man durch Fichtenwälder, Farnschneisen sowie Lichtungen mit wilden Blumen und vorbei an tosenden Wasserfällen. In der Zeit von Mitte Mai bis Mitte Juni breitet sich ein bunter Blumenteppich über die Wiesen aus, während von Mitte September bis Mitte Oktober die Luft besonders klar ist.

Von Naini Tal besteht am frühen Morgen eine Busverbindung nach Song, etwa einen Kilometer vor Loharkhet. Wenn man nicht zeltet, sollte man eine Unterkunft im Tourist Rest House in Bageshwar (Tel. 22 34) reservieren lassen, gelegen ca. 30 km vor Song. Man kann aber auch in Bharari, zwischen Kapkot und

Loharkhet, übernachten und dann am nächsten Tag mit einem Bus oder Jeep die aufregende Fahrt nach Song antreten.

Die Wanderung von Song durch Loharkhet und hoch zum Dhakuri-Paß ist lang und bergauf hart. Dennoch ist es eine wunderschöne Strecke mit Ausblicken auf eine herrliche Landschaft. Etwa ein oder zwei Kilometer hinter dem Paß steht ein Tourist Rest House. Von Purkiya, wo einige Bergwanderer eine Pause einlegen, hat man einen guten Blick auf den Gletscher. Die Wanderung von Pindari zum Gletscher und zurück nimmt etwa sechs Stunden in Anspruch Auf dem Rückweg kann man auf der Straße von Bajnath nach Rishikesh wandern oder über Almora nach Naini Tal zurückkehren.

Übernachtungsmöglichkeiten bestehen in den Schlafsälen der Tourist Bungalows von KMVN in Loharkhet, Dhakuri, Khati, Dwali und Purkiya (25 Rs). In all diesen Orten und in Kapkot gibt es auch PWD Bungalows, aber die sind meistens schon relativ früh am Tag voll belegt. In Khati steht für eine Übernachtung zudem das kleine Hotel Himalayan zur Verfügung, dem ein Restaurant angeschlossen ist.

KHATLING-GLETSCHER

Der Khatling-Gletscher ist ein Seitengletscher, aus dem der Bhilangana entspringt. Die herrlichen Wiesen dieser Gegend sind ein ideales Campinggebiet, denn die sommerlichen Regen verwandeln das flache Land der glazialen Moränen in hervorragendes Weideland. Der Gletscher ist umgeben von den schneebedeckten Spitzen des Jogin (6466 m), des Sphetic Prishtwan (6905 m), des Kirti Stambh (6402 m) und des Barte Kanta (6579 m).

Ghuttu, der Ausgangspunkt für die Trekking-Tour, ist in drei Stunden mit einem Bus von Tehri zu erreichen, wohin man in fünf Stunden mit einem Bus von Rishikesh gelangt. Übernachten kann man in Hotels in Ghamsali und Ghuttu sowie in einem Forest Rest House in Buranschauri (oberhalb von Reeh), während man in Gangi eine Nacht im Unterstand der Schule verbringen kann.

1. Tag Rishikesh - Tehri - Ghamsali (99 km)*
2. Tag Ghamsali - Ghuttu - Reeh (40 km)**
3. Tag Reeh - Gangi (10 km)
4. Tag Gangi - Khansoli (15 km)
5. Tag Khansoli - Khatling (11 km)
6. Tag Khatling - Naumuthi (9 km)
7. Tag Naumuthi - Kalyani (12 km)
8. Tag Kalyani- Reeh (15 km)
9. Tag Reeh - Ghuttu - Ghamsali (40 km)**
10. Tag Ghamsali - Tehri - Rishikesh (99 km)*

* mit einem Bus
** 30 km mit einem Bus

SCHUTZGEBIET NANDA DEVI

Einige der schönsten Berggipfel des mittleren Himalaja stehen dicht gedrängt zwischen den Gangotri-Gletscher und dem Milan-Gletscher. Der Nanda Devi mit seinem Gipfel in der Form eines Kamelhöckers ist der bedeutendste Berg und mit seinen stolzen 7817 m der höchste Berg Indiens. Dieser Naturpark ist von mehr als 70 weißen Bergspitzen als eine Art natürlicher Festung umgeben. Er hat einen Durchmesser von 120 km und eine Gesamtfläche von 640 Quadratkilometern. Unzählige Wiesen und Wasserfälle findet man in diesem Park, der zugleich Ausgangspunkt für Besteigungen des Nanda Devi ist.

Leider ist dieser Nationalpark derzeit für Bergwanderer gesperrt. Es ist auch nicht bekannt, wann (oder ob) er wieder zugänglich gemacht wird. Danach kann man sich beim KMVN erkundigen.

KUARI-PASS (CURZON TRAIL)

Die Route von Joshimath zum Kuari-Paß wird auch Curzon Trail genannt, benannt nach Lord Curzon, der ein begeisterter Wanderer im Himalaja war. Jedoch ist die Bezeichnung Curzon Trail mißverständlich, weil Curzon den Kuari-Paß nie überquert hat, sondern einen Versuch abgebrochen hat, nachdem er von wilden Bienen angegriffen worden war.

Man hat die Wahl zwischen zwei Strecken. Der am häufigsten benutzte Weg führt vom Dorf Tapovan an bergauf, während der andere von Auli, einem kleinen Dorf oberhalb von Joshimath, kreuz und quer über Almen verläuft. Dennoch ist die Route von Auli vorzuziehen, weil man auf ihr unterwegs einen Blick aus der Vogelperspektive den Rishi Ganga hinauf in das Schutzgebiet Nanda Devi hinein hat.

Bei der Annäherung an den Kuari-Paß erhebt sich der Gipfel des Dunagiri (7066 m) majestätisch am Nordrand des Schutzgebietes Nanda Devi empor, während der Chaukhamba (7138 m) und der Rest der beeindruckenden Chaukhamba-Kette oberhalb von Joshimath zu sehen sind. Um die besten Blicke auf den Nanda Devi (7817 m) werfen zu können, muß man einen ganzen Tag entlang des Kammes oberhalb vom Paß wandern.

Vom Kuari-Paß ist es ein steiler Abstieg bis zu den Almen von Dakwani, bevor es weiter zum Lager der Schafhirten in Sutoli geht. Von dort aus führt der Weg über bewaldete Bergkämme sowie durch kleine Dörfer oberhalb der Birthi Ganga bis in das Dorf Ramni. Von diesem Ort ist es noch ein weiterer Abschnitt hinunter bis zum Ende der Straße in Ghat, wo Jeeps und Busse zur 30 km langen Fahrt bis Nandprayag an der Straße zwischen Joshimath und Rishikesh starten.

1. Abschnitt Auli - Chitragandta (6-7 Stunden)
2. Abschnitt Chitragandta - Fuß des Kuari-Passes (3-4 Stunden)
3. Abschnitt Lager - Sutoli (4-5 Stunden)

4. Abschnitt	Sutoli - Ghangri (5 Stunden)
5. Abschnitt	Ghangri -Ramni (5-6 Stunden)
6. Abschnitt	Ramni - Ghat (3-4 Stunden)

RUP KUND

Diesem See sagt man nach, daß er von Geheimnissen umgeben sei. Er liegt in einer Höhe von 4778 m unterhalb des in den Himmel ragenden Gipfels vom Trisul (7120 m). Das Geheimnisvolle hat seinen Grund in den vielen Skeletten von Menschen und Pferden, die man hier fand. Alle 12 Jahre unternehmen Tausende von ergebenen Pilgern die anstrengende Wanderung hierher. Sie folgen damit dem Raj Jay Yatra von Nauti her, einem Ort bei Karnaprayag. Man sagt, daß die Pilger einem mysteriösen Widder mit vier Hörnern folgen, der sie von dort durch den Rup Kund führt und dann wieder auf geheimnisvolle Weise verschwindet. Bei ihrer Wanderung tragen die Pilger in einer Sänfte eine goldene Nachbildung der Gottheit Nanda Devi mit sich.

Der kleine Marktort Gwaldam liegt 78 km von Almora und 131 km von Naini Tal entfernt. Von dort bestehen Busverbindungen nach Tharali, von wo man täglich mit einem Jeep oder Bus nach Mandoli gelangt.

Der erste Abschnitt der Trekking-Tour führt nach Wan (4-5 Stunden), wo für Übernachtungen ein Forest Rest House zur Verfügung steht. Von dort ist es ein steiler Aufstieg zum Lager in Badni Bugyal (5 Stunden). Die Ausblicke von diesem alpinen Lager gehören mit zu den schönsten im westlichen Himalaja. Nach Osten hin sieht man die Gipfel hinter Joshimat, während sich nach Südosten hin die Hauptkette des Himalaja soweit das Auge reicht in Richtung westliches Garhwal erstreckt. Nach Süden hin fallen die Vorberge zu den indischen Ebenen hin ab, während nach Norden hin der Trisul für einen beeindruckenden Hintergrund sorgt.

Nun sind es weitere vier bis fünf Stunden Wanderung bis zum Lager in Bhogabasa, von wo aus der Rup Kund mit Rückweg am gleichen Tag zu erreichen ist. Von Badni Bugyal ist es ein kurzes Stück zurück bis zum Weg zwischen Lohajang und Wan sowie zur Strecke zurück nach Mandoli.

Eine Erweiterung dieser Route stellt die herausfordernde Trekking-Tour über den Jyuri Gali zum Hom Kund dar. Statt dessen kann man die Wanderung aber auch in zwei Abschnitten von Wan nach Ramni und weiter zum Kuari-Paß und nach Joshimath verlängern.

SKILAUFEN IN UTTAR PRADESH

AULI

Dieser Skiort, der im ganzen Land am besten ausgestattete, rühmt sich seiner 5 km langen Pisten mit Abfahrten von einer Höhe von 3049 m hinunter auf 2519 m. Vorausschauende Fahrgäste in der Seilbahn werden beruhigt sein, wenn sie in der Hochglanzbroschüre des Skiortes Auli lesen, daß zur Seilbahn ein „remote controlled hydrwalic and pneumatic braking system" sowie „electronic circuitry with telemetry and storm

warning device to minimise human error" gehören. Vorhanden ist aber auch ein 500 m langer Skilift.

Auli, zugänglich von Januar bis März, liegt 15 km von Joshimath entfernt. Betrieben wird die Anlage von GMVN. Diese Organisation unterhält in Joshimath (Tel. 01389/ 21 18) und Auli (013712/22 26) Tourist Rest Houses. Skier und Skistiefel kann man hier ausleihen (100 Rs pro Tag). Zudem werden Kurse im Skilaufen von 7 Tagen (1600 Rs) und 14 Tagen (2800 Rs) Dauer veranstaltet.

DIE MITTE VON UTTAR PRADESH

ALIGARH

Einwohner: 528 000

Früher war diese Stadt unter der Bezeichnung Koil bekannt. In ihr steht ein Fort aus dem Jahre 1194. Während der Unruhen, die dem Tod Aurangzebs und dem Zerfall des Mogulreiches folgten, fielen nacheinander die Afghanen, die Jats, die Marathen und die Rohillas ins Land. 1776 änderte man den Namen des

Forts in Aligarh (Hohes Fort). 1803 fiel es trotz der Unterstützung des damaligen Herrschers Scindia durch die Franzosen an die Briten. Das Fort liegt 3 km nördlich der Stadt. In seiner heutigen Form stammt es aus dem Jahre 1524.

Heute ist Aligarh berühmt wegen der moslemischen Universität, von der gesagt wird, in ihr werde „die Saat von Pakistan gesät". Die moslemischen Studenten dieser Universität kommen nicht nur aus ais allen Teilen Indiens, sondern aus der ganzen moslemischen Welt.

ETAWAH

Während der Mogulherrschaft erlangte diese Stadt einige Bedeutung, litt dann aber sehr unter den Wirren, als die Moguln nicht mehr an der Macht waren. Die Jama Masjid weist Ähnlichkeiten mit den Moscheen von Jaunpur auf. Am Ufer gibt es Badeplätze (*ghats*), und zwar gleich unterhalb des Forts.

KANNAUJ

Nur noch einige Ruinen weisen heute darauf hin, daß Kannauj einmal eine mächtige hinduistische Stadt und im 7. Jahrhundert die Hauptstadt der ganzen Region war. Sie verfiel nach einem gnadenlosen Beutezug des Mahmud von Ghazni. Kannauj war aber auch der Schauplatz von Humayuns Niederlage, die Sher Shah ihm im Jahre 1540 zufügte und nach der er Indien vorübergehend verlassen mußte. Viel zu sehen ist heute allerdings nicht mehr. Man kann noch ein archäologisches Museum, eine Moschee und die Ruinen eines Forts besichtigen.

KANPUR

Einwohner: 2 320 000
Telefonvorwahl: 0512

Auch wenn Lucknow die Hauptstadt von Uttar Pradesh ist, kann Kanpur (79 km weiter südwestlich) den Ruhm für sich in Anspruch nehmen, die größtes Stadt des Bundesstaates Uttar Pradesh zu sein. Sie ist ein bedeutendes Geschäfts- und Industriezentrum am Ganges, zieht aber nur wenige Besucher an.

Während des Aufstandes im Jahre 1857 spielten sich schreckliche Ereignisse in dieser Stadt ab, die damals noch Cawnpore hieß und Standort einer großen indischen Garnison war. Sir Hugh Wheeler verteidigte in diesem Jahre fast den ganzen Juni hindurch Teile des Militärlagers, dann aber blieb der Nachschub aus. Nachdem er beträchtliche Verluste erlitten hatte, kapitulierte er gegenüber Nana Sahib und mußte doch erleben, daß der größte Teil seiner Gruppe am Sati Chaura Ghat einem Massaker zum Opfer fiel. Außerdem wurden über 100 Frauen und Kinder gefangengenommen und in einem kleinen Raum eingesperrt. Kurz bevor am 17. Juli Hilfe eintraf, wurden sie ermordet und die Leichen in einen Brunnen geworfen.

General Neill, der diese Taten rächen wollte, benahm sich allerdings genauso sadistisch wie Nana Sahib. Einige der Meuterer, die er fangen konnte, wurden zunächst gezwungen, englisches Blut zu trinken, das sich noch in dem Brunnen befand, und dann ebenfalls hingerichtet. Andere litten darunter, daß ihnen etwas zugemutet wurde, was für einen Hindu oder Moslem als ein viel schlimmerer Schicksalsschlag angesehen werden muß, nämlich zwangsweise Rind- oder Schweinefleisch essen zu müssen.

SEHENSWÜRDIGKEITEN

Die Stelle, an der sich General Wheeler verschanzt hatte, kann 2 km vom Bahnhof entfernt besichtigt werden. In der nahegelegenen All Souls Memorial Church aus dem Jahre 1875 sind zudem bewegende Erinnerungsstücke aus dieser tragischen Zeit der Meuterei ausgestellt. Außerdem gibt es in Kanpur mehrere Tempel, von denen jedoch keiner sehr alt ist. Der interessanteste davon ist der JK-Glastempel, der aber in Wirklichkeit aus weißem Marmor besteht, jedoch einige ungewöhnliche Statuen aus Glas enthält. Außerdem kann man sich den großen Zoo ansehen.

Das wichtigste Einkaufszentrum, der Navin-Markt, ist bekannt für seine Baumwollsachen, die in der Stadt hergestellt werden. Lederwaren kauft man am besten in der Matson Road, wo Taschen und Schuhe sehr billig zu haben sind.

UNTERKUNFT

Kanpur hat ein breites Spektrum an Unterkünften zu bieten, vorwiegend an der Mall und um den Bahnhof herum. Ein billiges Quartier unweit vom Bahnhof mit Zimmern ab 200 Rs und einem vegetarischen Restaurant ist das Hotel Ganges (Tel. 35 29 62).

Ebenfalls nicht weit vom Bahnhof entfernt liegt das Hotel Yatrik (Tel. 26 03 73) mit Einzelzimmern für 100 Rs und Doppelzimmern für 150 Rs, mit Klimaanlage für 225 bzw. 275 Rs. An der Civil Lines hat das kleine, aber beliebte Attic Zimmer mit Klimaanlage zu ähnlichen Preise zu bieten.

Zu den Mittelklassehotels gehören das Hotel Geet (Tel. 21 10 24) und das Hotel Gaurav (Tel. 26 95 99), beide an der Mall, sowie das Hotel Swagat (Tel. 24 19 23) mit klimatisierten Einzelzimmern für 250 Rs sowie ebenfalls klimatisierten Doppelzimmern für 320 Rs in der Feet Road 80. Teurer ist das Hotel Grand Trunk Road an der Straße mit dem gleichen Namen.

Die beste Unterkunft in der Stadt ist das Hotel Meghdoot an der Mall (Tel. 31 19 99, Fax 31 02 09). Es ist mit klimatisierten Einzelzimmern für 700 Rs und ebensolchen Doppelzimmern für 900 Rs aber auch das teuerste.

Hier gibt es auch drei ebenfalls nicht gerade billige Restaurants, die von Einheimischen als die besten Lokale mit Mughlai-Küche angesehen werden.

AN- UND WEITERREISE

Kanpur liegt an der Haupteisenbahnlinie zwischen Delhi und Kalkutta und ist mit dem *Shatabdi Express* und dem *Rajdhani Express* von Delhi weniger als fünf Stunden entfernt. In beiden Zügen kann man in klimatisierten Sitzwagen für 365 bzw. 375 Rs am günstigsten mitfahren. Andere Schnellzüge brauchen fünf bis sechs Stunden, in denen die 435 km lange Fahrt in der 2. Klasse 118 Rs und in der 1. Klasse 352 Rs kostet.

Direktverbindungen mit Zügen bestehen ferner nach Kalkutta (18-25 Stunden, 1007 km), Bombay (24 Stunden, 1342 km), Agra (6 Stunden, 254 km), Allahabad (2¹/₂ Stunden, 192 km) und Varanasi (5 Stunden, 329 km). Mit einem Zug braucht man nach Lucknow im *Shatabdi Express* 1¹/₂ Stunden (in klimatisierten Sitzwagen 120 Rs) und in einem normalen Personenzug etwas mehr als zwei Stunden (2. Klasse 22 Rs). Dorthin bestehen auch häufig Busverbindungen (15 Rs).

JHANSI

Jhansi, gelegen am Hals einer „Halbinsel" von Uttar Pradesh, die fast vollständig von Madhya Pradesh umgeben ist, ist ein bedeutender Verkehrsknotenpunkt für den Norden dieses Bundesstaates. Weil die Stadt auch häufig zum Umsteigen in und aus Richtung Khajuraho benutzt wird, haben wir nähere Informationen über Jhansi in das Kapitel über Madhya Pradesh aufgenommen.

Einzelheiten finden Sie daher im Abschnitt über den Norden von Madhya Pradesh.

LUCKNOW

Einwohner: 1 800 000

Telefonvorwahl: 0522

Die Hauptstadt von Uttar Pradesh errang ihren Ruhm bereits als Hauptstadt der Nabobs von Avadh. Nachdem das Mogulreich zerfallen war, beherrschten mehr als ein Jahrhundert lang diese Nabobs weite Gebiete Nordindiens. Die interessantesten Bauwerke in Lucknow stammen aus dieser Zeit ab Mitte des 18. Jahrhunderts.

Folgende Nabobs regierten dieses Gebiet:

Burhan-ul-mulk	1724-1739
Safdar Jang	1739-1753
Shuja-ud-Daula	1753-1775
Asaf-ud-Daula	1775-1797
Sa'adat Ali Khan	1798-1814
Ghazi-ud-din Haida	1814-1827
Nasir-ud-din-Haidar	1827-1837
Mohammad Ali Shah	1837-1842
Amjad Ali Shah	1842-1847
Wajid Ali Shah	1847-1856

Erst als Asaf-ud-Daula herrschte, wurde die Hauptstadt von Avadh von Faizabad nach Lucknow verlegt. Safdar Jang lebte in Delhi und regierte sein Reich von dort aus. Sein Grab ist ein Wahrzeichen in der Nähe des Flughafens Safdarjang. Alle Nabobs von Avadh nach Sa'adat Ali Khan waren nichts als inkompetente Potentaten. Wajid Ali Shah beispielsweise war so extravagant und unduldsam, daß sein Name in Indien bis heute ein Synonym für Verschwendertum ist. Die Nabobs waren jedoch bedeutende Förderer der Künste, insbesondere des Tanzes und der Musik. Der Ruf von Lucknow als Stadt der Kultur und der feinen Lebensart stammt aus dieser Zeit.

Im Jahre 1856 besetzten die Briten Avadh und schickten den unfähigen Wajid Ali Shah mit einer jährlichen Pension von 120 000 Pfund in einen Palast in Kalkutta in das Exil. Auf diesen Ereignissen basiert der Film *The Chess Player* von Satyajit Ray aus dem Jahre 1977. Der war jedoch kein großer Kassenschlager, wahrscheinlich deshalb, weil die Inder sich des Vorstoßes der Briten schämten. Diese Aktion war aber eine der Ursachen für die Meuterei der Inder (oder des Aufstandes, wie die Inder die Ereignisse lieber nennen). Lucknow wurde dabei Schauplatz dramatischer Ereignisse. Die britischen Bewohner von Lucknow harrten 87 Tage in der Residenz aus und wurden auch danach erst nach zwei weiteren Monaten Gefangenschaft freigelassen.

Die riesigen, zerbröckelnden Mausoleen der Nabobs und die verschandelte Residenz sind interessante Ziele für Besichtigungen. Dennoch, es sind eigentlich nicht die touristischen Sehenswürdigkeiten, die einen Aufenthalt lohnen. Lucknow wurde nämlich in letzter Zeit bei Anhängern des achtzigjährigen Guru Poonjaj beliebt, der einige Zeit in jedem Jahr hier verbringt. Wenn auch Sie sich für ihn interessieren, dann erkundigen Sie sich im Hotel Carlton, ob er in der Stadt ist.

ORIENTIERUNG

Lucknow ist sehr weitläufig, so daß zwischen den wichtigsten Sehenswürdigkeiten beachtliche Entfernungen liegen. Die historischen Denkmäler liegen hauptsächlich im nordöstlichen Teil der Altstadt. Das bedeutendste Einkaufszentrum mit kleinen, engen Gassen ist Aminabad, während der neue Teil Hazratganj über breite Straßen und große Geschäfte verfügt.

PRAKTISCHE HINWEISE

Auskünfte kann man von Uttar Pradesh Tourism im Hotel Gomti erhalten, die auch halbtägige Stadtrundfahrten veranstalten (60 Rs, Abfahrt 8.30 Uhr). Das eigentliche Fremdenverkehrsamt liegt versteckt eine kleine Allee gegenüber vom Hotel Kohinoor hinunter in der Station Road 10/4 (Tel. 24 62 05). Eine Zweigstelle befindet sich im Gebäude des Hauptbahnhofs. Eine British Library findet man im Mayfair Building in Hazratganj (Tel. 24 21 44). Eine hervorragende Buchhandlung ist Universal Bookseller in Hazratganj 42, wie auch der British Bookshop gegenüber. Ganz gut ist ferner die Buchhandlung Ram Advani's neben dem Mayfair-Kino in Hazratganj.

SEHENSWÜRDIGKEITEN

Große Imambara: Die Bara oder Große Imambara (das Grab eines Moslemheiligen der Schiiten) entstand 1784 unter Asaf-ud-Daula während einer Hungersnot, in der das Bauvorhaben dem Volk aus dem Elend verhelfen sollte. Die zentrale Halle des Gebäudes ist 50

m lang und 15 m hoch, eine der größten gewölbten Galerien der Welt. Die vielen unterirdischen Gänge sind heute versperrt. Eine Außentreppe führt in die obere Etage, die als Labyrinth angelegt ist, bekannt als Bhulbhulaiya. Der Eintritt kostet 2,50 Rs. Außerdem hat man von dieser Etage einen herrlichen Blick auf die Stadt und auf die Moschee des Aurangzeb. Der Eintritt kostet 5 Rs und berechtigt auch zur Besichtigung eines alten Brunnens (*baoli*) und des Rumi Darwaza. Im Innenhof steht eine Moschee mit zwei großen Minaretten. Der Zutritt ist jedoch nur Moslems erlaubt. Rechts davon, in einer Reihe von Kreuzgängen, sprudelt eine „bodenlose" Quelle. Die Imambara ist von 6.00 bis 17.00 Uhr geöffnet.

Rumi Darwaza: Unmittelbar neben der Bara Imambara steht das ebenfalls unter Asaf-ud-Daula erbaute riesige, sehr fein ausgeschmückte Tor (*darwaza*). Es ist die Nachbildung eines Tores in Istanbul. Sein Name Rumi bezieht sich auf Rom - gemeint ist Ost-Rom, das im byzantinischen Reich Hauptstadt des Ostreiches war.

Lakshman Tila: Oberhalb vom rechten Ufer des Gomti lag früher die Stadt, die im 15. Jahrhundert als Lucknow bekannt wurde. Nun steht hier die Moschee von Aurangzeb.

Husainabad Imambara: Auch bekannt als Chhota oder Kleine Imambara, entstand dieses Gebäude unter der Herrschaft von Muhammad Ali Shah (1837) und sollte als sein eigenes Mausoleum dienen. In dem großen Innenhof steht ein rechteckiger Behälter mit kleinen Imitationen des Taj Mahal an jeder Seite. Eines ist das Grab von Muhammad Ali Shahs Tochter, in dem anderen ruht ihr Mann. Das Hauptgebäude der Imambara ist gekrönt mit unzähligen Kuppeln (eine Kuppel ist vergoldet) und Minaretten; innen sind die Gräber von Ali Shah und seiner Mutter. Hier sind auch der mit Silber beschlagene Thron des Nabobs und andere Überbleibsel aus der Zeit seines Staates zu sehen.

Der Wachtturm gegenüber der Imambara ist bekannt als Satkhanda oder Siebenstöckiger Turm, obwohl er in Wirklichkeit nur aus vier Stockwerken besteht. Das liegt daran, daß der Bau nach dem Tod von Ali Shah im Jahre 1840 nicht mehr vollendet wurde. Die Imambara ist von 6.00 bis 17.00 Uhr geöffnet.

Uhrturm: Gegenüber der Husainabad kommt man zum 67 m hohen Uhrturm und zum Husainabad Tank. Der Uhrturm wurde in den Jahren 1880-1887 erbaut.

Gemäldegalerie: In der Nähe des Uhrturms befindet sich ein Sommerhaus (*baradari*), das Ali Shah bauen ließ. In diesem Hause haben jetzt Porträts der Nabobs

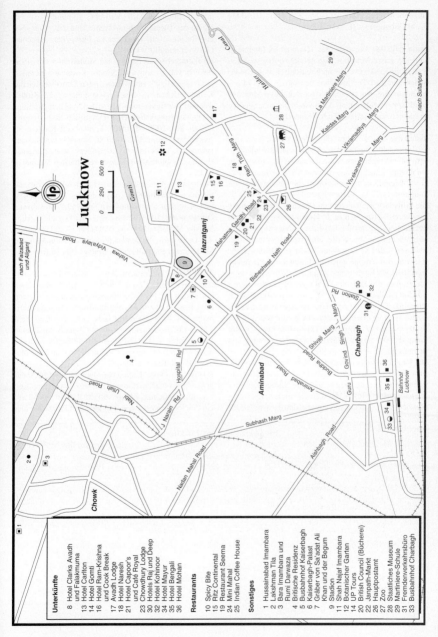

Lucknow

0   250   500 m

Unterkünfte

8   Hotel Clarks Avadh
    und Falaknuma
13 Hotel Carlton
14 Hotel Gomti
16 Hotel Ram-Krishna
    und Cook Break
17 Avadh Lodge
18 Hotel Naresh
21 Hotel Capoor's
    und Café Royal
23 Chowdhury Lodge
30 Hotels Raj und Deep
32 Hotel Kohinoor
34 Hotel Mayur
35 Hotel Bengali
36 Hotel Mohan

Restaurants

10 Spicy Bite
15 Ritz Continental
19 Restaurant Seema
24 Mini Mahal
25 Indian Coffee House

Sonstiges

1   Hussainabad Imambara
2   Lakshman Tila
3   Bara Imambara und
    Rumi Darwaza
4   Britische Residenz
5   Busbahnhof Kaiserbagh
6   Kaiserbagh-Palast
7   Gräber von Sa'adat Ali
    Khan und der Begum
9   Stadion
11 Shah Najaf Imambara
12 Botanischer Garten
14 UP Tours
20 British Council (Bücherei)
22 Janpath-Markt
26 Hauptpostamt
27 Zoo
28 Staatliches Museum
29 Martiniere-Schule
31 Fremdenverkehrsbüro
33 Busbahnhof Charbagh

395

von Avadh ihren Platz gefunden. Es ist von 10.00 bis 17.00 Uhr geöffnet (Eintritt 1 Rs).

Jama Masjid: Westlich der Husainabad Imambara liegt die große Moschee. Sie gehört zu den wenigen Bauten in Lucknow, die architektonisch von einiger Bedeutung sind. Die Moschee besteht aus zwei Minaretten und drei Kuppeln. Mit dem Bau dieser Moschee wurde unter Muhammad Ali Shah begonnen, aber sie wurde erst nach seinem Tode beendet.

Residenz: Als im Jahre 1800 die britische Residenz gebaut wurde, konnte man noch nicht ahnen, daß diese Gruppe von Gebäuden während des Aufstandes gegen die Kolonialmacht (1857) einmal Schauplatz schrecklicher Ereignisse werden sollte: die Belagerung von Lucknow.

Die britischen Einwohner von Lucknow flüchteten bei Ausbruch der Unruhen zu Sir Henry Lawrence in seine Residenz und rechneten mit einer Belagerung von nur wenigen Tagen, bis Hilfe eingetroffen sein müßte. Aber es wurden 87 Tage daraus, denn erst dann erreichte eine kleine Truppe unter der Leitung von Sir Henry Havelock die Eingeschlossenen, die inzwischen halb verhungert alle Hoffnung aufgegeben hatten. Damit war die Geschichte aber nicht beendet, denn als Havelock mit seiner Truppe die Residenz gestürmt hatte, begann die Belagerung erneut und dauerte dann noch vom 25. September bis 17. November. Diesmal war es Sir Colin Campbell, der zu den Eingeschlossenen vordrang und sie befreite.

Die Residenz ist heute noch in dem Zustand, wie sie zum Zeitpunkt der zweiten Befreiung war. Die zertrümmerten Wände tragen noch die Spuren der Einschüsse. Selbst seit der Unabhängigkeit hat sich wenig geändert, wenn man davon absieht, daß der Union Jack

nicht mehr gehißt wird, der früher Tag und Nacht auf einem der Türme im Wind wehte, und daß gegenüber der Residenz ein Denkmal zu Ehren der indischen Märtyrer enthüllt wurde.

Im Hauptgebäude gibt es einen Modellraum, der einen Besuch wert ist, um einen Eindruck von dem ziemlich schäbigen Modell zu erhalten. Unten kann man sich die Keller ansehen, in denen viele Frauen und Kinder während der Belagerung ausharrten. Auf dem Friedhof neben der nahegelegenen Kirchenruine sind noch die Gräber von 2000 Männern, Frauen und Kindern zu sehen, darunter auch das von Sir Henry Lawrence, der „versuchte, seine Pflicht zu erfüllen", wie es in einer berühmten Inschrift auf dem verwitterten Grabstein heißt.

Die gesamte Anlage würde eine hervorragende Kulisse für einen Film abgeben. Und in der Tat, im Winter soll hier eine Ton- und Lichtschau stattfinden. Bestimmte Öffnungszeiten für die Residenz gibt es nicht. Lediglich der Modellraum ist von 9.00 bis 17.30 Uhr geöffnet. Der Eintritt für den Garten kostet 1 Rs und für den Modellraum ebenfalls 1 Rs (freitags Eintritt frei).

Shah Najaf Imambara: Dieses Mausoleum gegenüber vom Hotel Carlton erhielt seinen Namen nach einer Stadt, die 190 km südwestlich von Bagdad im Irak liegt. Dort ist Hazrat Ali, der schiitische Moslemführer, beigesetzt. Die Imambara beherbergt das Grab von Ghazi-ud-Din Haidar Khan, der 1827 starb. Auch seine Frauen ruhen hier. Im November 1857 fanden während der zweiten Befreiung von Lucknow in dem Mausoleum schwere Kämpfe statt.

Das Äußere dieses Kuppelbaus ist relativ schlicht, dagegen die Innenausstattung mit den wunderschönen Leuchtern prächtig. Früher soll die Kuppel einmal mit Gold belegt gewesen sein. Für gewöhnlich werden hier

---

Die Belagerung von Lucknow

Über die Meuterei von 1857, den Wendepunkt in der Geschichte des britischen Indien, sind zahlreiche Berichte veröffentlicht worden. In dem Buch *Die Belagerung von Lucknow* hat Julia Inglis, deren Ehemann nach dem Tod von Sir Henry Lawrence das Kommando übernahm, die Ereignisse bei den eingeschlossenen Europäern Tag für Tag festgehalten:

1. Juli: Der armen Miss Palmer wurde bei einer Beschießung ein Bein weggerissen. Sie war, obwohl sie gewarnt worden war, daß es dort nicht sicher ist, mit einigen anderen Damen im zweiten Stock der Residenz geblieben ...

4. Juli: Heute starb der arme Sir Henry (Lawrence), nachdem er unter fürchterlichen Schmerzen gelitten hatte ...

8. Juli: Mr. Polehampton, einer unserer Geistlichen, erhielt heute einen Schuß durch seinen Körper, als er sich rasierte ...

1. Oktober: Heute war ich fast den ganzen Tag mit Mrs. Cooper zusammen und habe mit ansehen müssen, wie ihr kleines Kind starb ... Mein eigenes kleines Kind war heute krank. Starkes Feuer aus Musketen um 10.00 Uhr.

Mit hungrigem Magen mußten die Europäer erleben, wie die Bevölkerung in der Residenz während der Belagerung von fast 3000 auf 980 abnahm. Viele, die nicht an Verwundungen durch Geschosse starben, kamen durch Cholera, Typhus oder Pocken ums Leben.

Tazia aufbewahrt, wertvolle Arbeiten aus Holz, Bambus und Silberpapier, die bei den Muharram-Zeremonien durch die Straßen getragen werden. Viele wertvolle Gegenstände wurden während des Aufstandes gestohlen. Die Imambara ist von 8.00 bis 17.00 Uhr geöffnet.

Martinière-Schule: Der Erbauer dieser etwas seltsam anmutenden Schule war der Franzose Claude Martin, ein Generalmajor. 1761 geriet er bei Pondicherry in Gefangenschaft, wurde aber kurze Zeit später Soldat der East India Company und diente ab 1776 auch noch dem Nabob von Avadh, gab aber seine Verbindungen zur East India Company nicht auf. Diese Zweigleisigkeit brachte ihm schnell ein beachtliches Vermögen ein. So begann er neben seiner Tätigkeit als Soldat und Geschäftsmann auch noch mit dem Bau des palastartigen Hauses, das er Constantia nannte.

Den größten Teil des Hauses entwarf er selbst, wobei er architektonisch alle Stilrichtungen berücksichtigte. Da spielte es gar keine Rolle, daß auf korinthischen Säulen gotische Figuren saßen. Eine britische Lady soll beim Anblick des Hauses einmal ausgerufen haben, Monsieur Martin habe seine Ideen wohl einem Hochzeitskuchen entliehen. Martin starb im Jahre 1880 vor Vollendung des Baus. Er hinterließ aber genügend Mittel, um das Gebäude fertigzustellen, und bestimmte, daß dieses Haus einmal eine Schule beherbergen solle. Das wurde durch große Mengen von Farbe schließlich möglich; wahrscheinlich drehte sich Martin für den Anstrich im Grabe um.

Auch Kim, der Held aus Kiplings gleichnamigen Roman, besuchte diese Schule. Es gibt ähnliche Einrichtungen in Kalkutta und Lyon (Frankreich), die ebenfalls durch eine Stiftung von Martin entstanden. Das Haus liegt 2 km vom Tourist Bungalow entfernt und ist an dem vorgelagerten künstlichen See mit einer 38 m hohen Säule in der Mitte erkennbar. Die Schule wird heute noch wie eine alte britische Privatschule geführt. Die Jungen singen morgens in der Kapelle, obwohl nur die wenigsten tatsächlich Christen sind.

Weitere Sehenswürdigkeiten: Der Kaiserbagh-Palast wurde 1850 für Nabob Wajid Ali Shah erbaut. Unweit kann man noch die Steingräber von Sa'adat Ali und seiner Frau besichtigen. In dem Garten mit den Gräbern steht auch noch ein Sommerhaus. Das Staatsmuseum (außer montags geöffnet von 10.30 bis 16.30 Uhr) kann man sich im Banarsi Bagh ansehen. Dort befindet sich auch der 1921 gegründete Zoo mit einer großen Schlangensammlung. Den Zoo kann man von 5.00 bis 19.00 Uhr besuchen.

Sikandarbagh, im November 1857 Schauplatz offener Feldschlachten, ist heute die Heimat des Botanischen Forschungsinstituts (National Botanical Research Institute). Besucher können sich den ausgezeichneten Garten von 6.00 bis 17.00 Uhr ansehen. General Havelock, der die erste Befreiung von Lucknow befehligte, fand seine letzte Ruhestätte mit einer Gedenktafel zu seinen Ehren im Almbagh.

Nadan Mahal ist das Grab des ersten Gouverneurs von Avadh, der von Akbar ernannt wurde. Es gehört zu den frühesten Bauten von Lucknow und stammt etwa aus dem Jahre 1600. In der Nähe liegen auch der kleine Pavillon Sola Khamba und das Grab von Ibrahim Chisti.

FESTE

Einheimische sind der Ansicht, daß heutzutage nur noch während des Lucknow Festival im Februar etwas von der Zeit der Moguln in die Stadt zurückkehre. Dann sind während des zehntägigen Festes der Nostalgie Prozessionen, Spiele und Kathak-Tänze zu sehen sowie Ghazal- und Sitar-Konzerte zu hören. Außerdem läßt man Drachen steigen und vergnügt sich bei Hahnenkämpfen.

Lucknow ist auch ein gutes Ziel, um sich die Feiern anläßlich des schiitischen Muharram anzusehen, für die sich die Daten aber von Jahr zu Jahr ändern (vgl. Abschnitte über Feste und Feiertage sowie über das heilige Indien im Einführungsteil). Seit der Ankunft der Nabobs ist Lucknow nämlich die bedeutendste schiitische Stadt in Indien, denn im Gegensatz dazu sind Delhi und Agra vorwiegend sunnitisch. Bei den Feierlichkeiten um die Bara Imambara herum kann es sehr lebhaft werden, wenn Sünder sich mit einer Peitsche kasteien. Bleiben Sie daher auf jeden Fall unauffällig.

UNTERKUNFT

Einfache Unterkünfte: In Lucknow werden Zimmer für jeweils 24 Stunden vermietet, so daß man aufpassen muß, nicht für zwei Übernachtungen bezahlen zu müssen, wenn man an einem Vormittag ein Zimmer bezieht und es am folgenden Tag erst nachmittags wieder räumt.

Am besten wohnt man in der Gegend des Bahnhofs in den Ruheräumen in Schlafsälen für 25 Rs je Bett und in Doppelzimmern für 50 bis 150 Rs mit Klimaanlage. Es gibt in dieser Gegend aber auch zahlreiche Hotels, von denen viele allerdings recht laut und zu teuer sind. Im Hotel Bengali (Tel. 5 58 19) werden mit Bad sehr einfache Einzelzimmer für 90 Rs und ebensolche Doppelzimmer für 140 Rs vermietet.

Im teuer aussehenden Hotel Mohan (Tel. 5 42 16) gibt es saubere Betten in einem Schlafsaal für 40 Rs, mit Ventilator für 50 Rs. Dieses Haus hat auch ein breites Spektrum an unterschiedlichen Preisen zu bieten. Die Zimmer unter dem Dach mit Badbenutzung für 80 bzw. 140 Rs scheinen nicht gerade ein günstiges Angebot zu sein, aber sie sind sauber sowie ruhig und um einen Innenhof herum angelegt worden.

Entlang der Straße zwischen dem Bahnhof und Hazratganj kommt man zum Hotel Deep (Tel. 23 65 21) mit Einzel- und Doppelzimmern ab 140 bzw. 180 Rs bis 280 bzw. 360 Rs mit Klimaanlage. Dieses Haus liegt allerdings an einem ziemlich lauten Stück der Straße. Das Hotel Raj in der Nähe hat ein ähnliches Spektrum an Zimmern zu bieten, die ein paar Rupien mehr kosten. Die meisten Besucher begeben sich jedoch nach Hazratganj. Dort ist die Chowdhury Lodge in einer kleinen Allee gegenüber vom Hauptpostamt ein beliebtes Quartier mit Einzelzimmern ab 55 Rs (mit Bad ab 90 Rs) und Doppelzimmern mit Bad ab 130 Rs, mit Ventilator als Einzelzimmer für 150 Rs und als Doppelzimmer für 190 Rs. Die Zimmer sind ganz in Ordnung. In der Nähe gibt es auch noch ein Nebengebäude.

Mehrere Unterkünfte stehen auch entlang der Ram Tirth Marg, einer kleinen Straße, die durch ein ganz hübsches Marktgebiet verläuft. Eine davon ist das Hotel Pal mit einem freundlichen Geschäftsführer und recht günstigen Einzelzimmern für 80 Rs und Doppelzimmern für 100 Rs (mit Bad). Ebenfalls in Hazratganj liegt das Hotel Ram-Krishna (Tel. 23 26 53), in dem Einzelzimmer ab 125 Rs und Doppelzimmer ab 170 Rs (mit Ventilatoren) vermietet werden. Auch ein gutes Restaurant ist hier vorhanden.

Ein ehrwürdiges altes Haus mit großen, wenn auch schon etwas abgewohnten Zimmern und Marmorfußböden ist die Avadh Lodge in der Ram Mohan Rai Marg 1 (Tel. 28 28 61). Leider war der frühere Besitzer ein guter Schütze, was zur Folge hatte, daß nun große Mengen der einheimischen Fauna die Wände schmükken, auch das Leder eines heute seltenen Gharial (eines fischfressenden Krokodils). Das Haus ist ein ganz interessantes Quartier in einer ruhigen Gegend mit Einzelzimmern für 150 bis 280 Rs und Doppelzimmern für 180 bis 375 Rs (die teureren mit Klimaanlage). Die Zimmer sind jedoch sehr unterschiedlich, so daß man sich am besten zunächst ein paar davon ansieht, bevor man sich für eines entscheidet. Dorthin kommt man mit einem Tempo vom Bahnhof bis Sikandarbagh und muß dann nur noch ein kurzes Stück zu Fuß gehen.

Zentral gelegen in Hazratganj ist das Capoor's (Tel. 24 39 58, Fax 23 40 23), ein schon lange bestehendes Hotel mit guten Einzelzimmern für 180 Rs und ebensolchen Doppelzimmern für 250 Rs (mit Ventilator, Bad und Fernsehgerät).

Mittelklasse- und Luxushotels: In der Gegend von Hazratganj kommt man unweit vom Hotel Gomti zum Hotel Carlton (Tel. 24 40 21, Fax 24 97 93), das früher ein Palast war und immer noch ein beeindruckendes Gebäude ist, wenn auch etwas muffig und mit verwelkender Eleganz. Der große Garten um das Haus trägt dazu bei, daß man sich hier herrlich entspannen kann. Die Einzelzimmer kosten 350 bis 500 Rs und die Doppelzimmer 450 bis 850 Rs (die teureren mit Klimaanlage). Dieses Haus ist bei Besuchern aus dem Westen beliebt und daher häufig voll ausgebucht.

Das große Hotel Gomti von Uttar Pradesh Tourism (Tel. 23 47 08) ist ziemlich schäbig und wird ohne viel Interesse geführt. Hier muß man für ein Einzelzimmer 250 bis 550 Rs und für ein Doppelzimmer 275 bis 650 Rs bezahlen (die teureren mit Klimaanlage). Für ein Bett im Schlafsaal mit Ventilator werden 45 Rs berechnet.

Ein modernes Haus, einen Kilometer vom Bahnhof entfernt, ist das Hotel Kohinoor (Tel. 23 27 15), in dem man in einem Zimmer mit Klimaanlage allein für 450 Rs und zu zweit für 650 Rs übernachten kann.

Es sieht war wie ein Wohnblock aus, aber dennoch ist das Hotel Clarks Avadh (Tel. 24 01 31, Fax 23 65 07) das beste Hotel der Stadt. Es bietet wirklich internationalen Standard. Den Gast erwartet so ziemlich alles, was ein Hotel dieser Klasse zu bieten hat. Hier kann man in einem Einzelzimmer ab 1195 Rs und in einem Doppelzimmer ab 2000 Rs übernachten.

ESSEN

Der Erfrischungsraum im Bahnhof Lucknow Junction ist für ein Essen eine gute Wahl. Zahlreiche preiswerte Lokale findet man aber auch in den kleinen Gassen auf der anderen Seite der Straße.

Die Wahl zwischen etlichen Lokalen hat man auch in Hazratganj. Die Intellektuellen von Lucknow trafen sich früher immer bei einer Tasse Kaffee und einem Imbiß im Indian Coffee House. Dort schmecken die Masala Dosas ganz gut. Es gibt in Hazratganj aber auch mehrere China-Restaurants, darunter das Hong Kong, in dem das Essen gar nicht schlecht ist. Unweit vom Hotel Ram-Krishna kommt man zum Ritz Continental, einem schicken vegetarischen Lokal, in dem Pizza (30-50 Rs), Masala Dosa und Süßigkeiten serviert werden. Gleich um die Ecke gelangt man zum Cool Break, einem kleinen Schnellimbißlokal mit Klimaanlage, das derzeit recht beliebt ist.

Im Hotel Elora befindet sich das Restaurant Seema, in dem man zu annehmbaren Preisen ganz gut essen kann (Hauptgerichte ca. 20 Rs). Im Café Royal vom Hotel Capoor's ist es zwar geringfügig teurer, aber auch dort schmeckt das Essen gut. Ganz in der Nähe stößt man auf das Mini Mahal, ein beliebtes Restaurant mit Eis und Imbissen unten sowie chinesischen Gerichten oben.

Von Einheimischen sehr geschätzt wird das Spicy Bite im Gebäude mit dem Tulsi-Theater. Dort werden Pizza (30 Rs), Burger, chinesische Speisen (Hauptgerichte 50 Rs) und eine ganze Reihe von Eissorten angeboten. In der Bäckerei Baker's Hat im gleichen Haus erhält man gute Kekse und guten Kuchen.

Ein Buffet, von dem man so viel essen kann, wie man mag, wird abends für 160 Rs im Hotel Carlton angebo-

---

Die Küche von Lucknow

Die feinen Gaumen der Nabobs haben in Lucknow den Ruf zurückgelassen, eine Stadt mit einer gepflegten Mughlai-Küche zu sein. Lucknow ist in der Tat berühmt für das große Spektrum an Kebabs und das *dum pukht*, die „Kunst" des Dampfdruckkochens, bei der Fleisch und Gemüse in einem verschlossenen Tontopf gegart werden. Außerdem werden in vielen kleinen moslemischen Restaurants der Altstadt riesige, papierdünne *chapatis* (*rumali roti*) serviert. Sie werden zusammengefaltet an den Tisch gebracht und sollten mit Ziegen- oder Lamm-Curry wie *bhuna ghosht* oder *roghan jsh* gegessen werden. Eine beliebte Nachspeise ist *Kulfi falooda*, eine Art Eiscreme mit süßen Nudeln. Das kann man in vielen Lokalen in Aminabad erhalten. Ebenfalls recht beliebt ist die süße, orangefarbene Reisspeise mit dem Namen *zarda*. Außerdem kann man in Lucknow in den heißen Monaten Mai und Juni einige der besten Mangos essen, insbesondere die der Sorte *dashhari*, die in dem Dorf Malihabad westlich der Stadt gedeiht.

---

ten. Serviert wird es auf der ganz hübschen Rasenfläche vorn. Ein Jammer ist nur, daß es nicht hell genug ist, um zu erkennen, was man gerade ißt.

Für eine besondere Gelegenheit bietet sich das Falaknuma im Hotel Clarks Avadh an, das beste Restaurant, um einmal die Küche von Lucknow zu probieren. Hier muß man für ein Hauptgericht 100 bis 140 Rs bezahlen, aber das schmeckt ganz gut, zumal man von diesem Lokal herrliche Ausblicke über die Stadt hat.

UNTERHALTUNG

Im Winter kann man sich im Rabındralaya-Auditorium häufig ausgezeichnete Konzerte mit klassischer Musik anhören und sich Vorführungen von Tänzen ansehen. Das ist vom Busbahnhof Charbagh aus die Vidhan Sabha Marg hinunter in Richtung Neustadt. Filme in englischer Sprache werden häufig im Mayfair Cinema gezeigt.

EINKÄUFE

Die Basare von Aminabad und Chowk sind faszinierende Ziele, um sich ein bißchen umzusehen, selbst wenn man nichts kaufen will. Wenn man die schmalen Gassen von Aminabad hinuntergeht, sieht man, wie dort *attar* angeboten wird, ein Parfüm, das in althergebrachter Weise aus Ölessenzen hergestellt und mit Duftstoffen von Blumen gemischt wird. In Chowk ist Nakkhas der Bezirk mit den Verkäufern von Vögeln. Das Halten von Tauben und Hahnenkämpfe ist hier schon seit den Tagen der Nabobs beliebt.

Mehrere indische Bundesstaaten sind in Hazratganj mit Verkaufsstellen vertreten, die man Emporiums nennt. Die Läden mit Waren aus Gangotri sind gute Ziele für den Kauf von Handarbeiten, darunter Spitzen, die unter der Bezeichnung *chikan* bekannt sind und derentwegen Lucknow berühmt ist. Sie werden für die Saris der Damen und die Kurtas der Herren verarbeitet. Die Preise sind in Aminabad günstiger, aber handeln können Sie überall.

AN- UND WEITERREISE

Flug: Ein Büro von Indian Airlines findet man im Hotel Clarks Avadh (Tel. 24 09 27).

Mit Indian Airlines bestehen täglich Flugverbindungen nach Delhi (46 US $), dreimal wöchentlich nach Patna (49 US $) und Kalkutta (92 US $) sowie viermal wöchentlich nach Bombay (152 US $).

Daneben verbindet Sahara India Airlines Lucknow werktags ebenfalls mit Delhi (46 US $).

Bus: Es gibt in Lucknow zwei Busbahnhöfe, nämlich Charbagh unweit vom Bahnhof und Kaiserbagh. Wenn Sie mit einem Bus weiterfahren wollen, sollten Sie klären, wo der abfährt, denn das kann sich ändern. Derzeit fahren vom Busbahnhof Charbagh Busse mehrmals stündlich nach Kanpur (20 Rs, 2 Stunden) und regelmäßig nach Allahabad (50 Rs, 6 Stunden) ab, am frühen Morgen auch nach Varanasi (72 Rs, 9 Stunden) und am Abend nach Agra (80 Rs, 10 Stunden).

Von der Haltestelle Kaiserbagh kommt man mit einem Bus von 9.00 bis 22.00 Uhr nach Delhi (130 Rs, 12 Stunden) sowie von 4.00 bis 22.30 Uhr nach Gorakhpur (64 Rs, 7 Stunden), Sunauli (80 Rs, 11 Stunden) und Faizabad (35 Rs, 3 Stunden).

Von der Grenze in Sunauli, wo man nach Nepal einreist oder aus Nepal ausreist, ist es nach Lucknow eine elfstündige Busfahrt für 80 Rs.

Zug: Die beiden wichtigsten Bahnhöfe liegen nebeneinander in Charbagh: Lucknow und Lucknow Junction mit vorwiegend 1 m Spurweite. Nur wenige Züge halten in Lucknow City, dem dritten Bahnhof.

Mit dem *Shatabdi Express* ist Lucknow von Delhi nur 6¹/2 Stunden Fahrzeit (in klimatisierten Sitzwagen 385 Rs) und von Kanpur nur 1¹/2 Stunden Fahrzeit (120 Rs) entfernt. Andere Schnellzüge brauchen nach Delhi 8-9 Stunden (507 km, 2. Klasse 130 Rs und 1. Klasse 387 Rs), nach Gorakhpur auf Verbindungen mit Breitspur und Meterspur 5-6 Stunden (276 km, 2. Klasse 65 Rs und 1. Klasse 410 Rs), nach Bombay 27 Stunden (1414 km, 2. Klasse 259 Rs und 1. Klasse 837 Rs), nach Kalkutta 23 Stunden (979 km, 2. Klasse 208 Rs und 1. Klasse 614 Rs), für Fahrten in Richtung Darjeeling nach New Jalpaigiri 22 Stunden (1121 km, 2. Klasse 230 Rs und 1. Klasse 714 Rs), nach Allahabad 4¹/2 Stunden (129 km, 2. Klasse 34 Rs und 1. Klasse 131 Rs)

und nach Faizabad 3 Stunden (106 km, 2. Klasse 62 Rs und 1. Klasse 122 Rs).
Varanasi ist mit dem *Himgiri Express* (dreimal wöchentlich) 4° Stunden und mit anderen Schnellzügen 5-6 Stunden Fahrzeit entfernt (301 km, 2. Klasse 90 Rs und 1. Klasse 262 Rs). Ferner verkehren Nachtzüge nach Agra (486 km, 2. Klasse 127 Rs und 1. Klasse 382 Rs), nach Dehra Dun (545 km) mit Halt in Haridwar und für das Ziel Naini Tal nach Kathgodam (399 km).

NAHVERKEHR

Flughafentransfer: Der Flughafen Amausi liegt 15 km außerhalb der Stadt und ist mit einem Flughafenbus (20 Rs) zu erreichen, der am Hotel Clarks Avadh abfährt und Anschluß an ankommende und abfliegende Flugzeuge bietet. Nach den Abfahrtszeiten kann man sich telefonisch unter der Rufnummer 24 40 30 erkundigen.

Öffentliche Verkehrsmittel: Tempos sind bequemer als Busse, fahren entlang fester Routen und verbinden den Bahnhof (Charbagh) mit dem Hauptpostamt (Hazratganj), mit Sikandarbagh (in Richtung Botanischen Garten), mit Kaiserbagh (zum anderen Busbahnhof) und mit Chowk (zu den Imambaras). Die meisten Fahrten kosten ca. 3 Rs. Eingesetzt werden auch viele Fahrrad-Rikschas (aber keine Auto-Rikschas), in denen Einheimische für die 4 km zwischen dem Bahnhof und Hazratganj 5 Rs bezahlen. Eine Fahrrad-Riksha für eine ganztägige Stadtrundfahrt dürfte etwa 80 Rs kosten. Man kann sich die historischen Gegenden aber auch in einer Tonga ansehen.

ALLAHABAD

Einwohner: 945 000
Telefonvorwahl: 0532
Die Stadt Allahabad liegt 135 km westlich von Varanasi am Zusammenfluß zweier bedeutender Flüsse: des Ganges und des Yamuna (Jumna). Der Zusammenfluß dieser beiden Flüsse, der *sangam*, bildet das Symbol für sündenbefreiende Waschungen. Daher ist Allahabad ein heiliger Wallfahrtsort. Die religiöse Bedeutung wird aber deshalb noch größer, weil auch der unsichtbare und imaginäre Saraswati an dieser Stelle auf die beiden Flüsse Ganges und Yamuna treffen soll. Alle 12 Jahre zieht die Kumbh Mela, die größte Pilgerung auf der ganzen Welt, Millionen hierher, um ein heiliges Bad zu nehmen. In Allahabad gibt es aber auch ein historisches Fort. Es wurde von Akbar erbaut und überragt den Zusammenfluß der Ströme. Im Fort steht auch eine Ashoka-Säule. Das Haus der Familie Nehru, Anand Bhawan, steht ebenfalls in Allahabad und ist einen Besuch wert. Leider nehmen sich viel zu wenige Besucher Zeit für einen Aufenthalt in Allahabad. Dabei gibt es eine Menge interessanter Dinge zu sehen.

GESCHICHTE

Die Stadt steht auf historischem Boden, denn bereits zur Zeit der Herrschaft der Arier war sie unter dem Namen Prayag bekannt. Außerdem soll Brahma hier ein Opfer gebracht haben. Der chinesische Pilger Hiuen Tsang beschrieb einen Besuch dieser Stadt bereits im Jahr 634 n. Chr. Ihren heutigen Namen trägt diese Stadt seit 1584. Damals herrschte Akbar, aber später geriet die Stadt in die Hände der Marathen, wurde von den Pathanen geplündert und schließlich 1801 vom Nabob von Avadh an die Briten übertragen.

Allahabad war auch Ort für die Übergabe der Kontrolle über Indien von der East India Company an die britische Regierung. Das war im Jahre 1858, nach dem Aufstand. In der Stadt tagte zudem der indische Nationalkongreß. Bei einer Konferenz im Jahre 1920 veröffentlichte Mahatma Gandhi hier sein Programm eines gewaltlosen Widerstandes, um die Unabhängigkeit zu erreichen.

ORIENTIERUNG UND PRAKTISCHE HINWEISE

Allahabad ist viel weniger überfüllt und verstopft und viel moderner als die Schwesterstadt Varanasi. Im Stadtteil Civil Lines gibt es ein modernes Einkaufszentrum (mit vielen Buchhandlungen) und breite, von Bäumen gesäumte Straßen. Auch der Hauptbusbahnhof ist in diesem Viertel. Der ältere Teil der Stadt liegt in der Nähe des Yamuna. Das Zentrum der Altstadt wird als Chowk bezeichnet. Hier findet man auch den größten Markt, den Loknath.
Das Fremdenverkehrsamt (Tel. 60 18 73) befindet sich im Tourist Bungalow in der Mahatma Gandhi Road. Dort ist auch Indian Airlines mit einem Büro vertreten (Tel. 60 28 32), obwohl Allahabad derzeit nicht angeflogen wird.

SEHENSWÜRDIGKEITEN

Sangam: An dieser Stelle fließen der seichte und schlammige Ganges (hier etwa 2 km breit) sowie der sauberere und grünere Yamuna zusammen. Im Monat Magha (Mitte Januar bis Mitte Februar) kommen Hunderttausende von Pilgern hierher, um in einem Fest mit dem Namen Magh Mela an diesem heiligen Zusammenfluß ein Bad zu nehmen. Dafür berechnen Astrologen die günstigste Zeit und veröffentlichen einen „Kalender für das heilige Bad". Der günstigste Zeitpunkt kehrt nur alle 12 Jahre wieder, wenn die Kumbh Mela veranstaltet wird. Nach der halben Zeit findet eine Ardh Mela statt.

Während dieses Festes wird auf unbebautem Land auf der Seite mit Allahabad eine provisorische Stadt errichtet. Zur Sicherheit der Pilger wird eine Reihe von Vorsichtsmaßnahmen getroffen. Dies nicht ohne Grund, denn in den fünfziger Jahren starben 350 Menschen in dem allgemeinen Gedränge zum Badeplatz. Von diesem Vorfall wird auch in dem epischen Roman *Eine gute Partie* von Vikram Seth berichtet.

Der Sonnenaufgang und der Sonnenuntergang können hier wirklich spektakulär sein. Fahrten mit einem Boot hinaus zum Zusammenfluß werden Touristen oft zu stark überhöhten Preisen angeboten, wobei die Preise davon abhängen, wie viele weitere Touristen anwesend sind. Unmittelbar am Fort sollte es möglich sein, ein Boot zum Preis von etwa 6 Rs für eine Fahrt zu mieten. Vom Saraswati Ghat dürfte der Preis bei etwa 20 Rs liegen.

Fort: Es steht am Zusammenfluß von Ganges und Yamuna und wurde von Akbar im Jahre 1583 erbaut. Das Fort besteht aus massiven Mauern und Säulen sowie drei wunderschönen Toren, flankiert von hohen Türmen. Errichtet wurde es aus riesigen Steinen und läßt sich am besten von der Flußseite aus betrachten.

Da das Fort von der Armee in Besitz genommen wurde, kann es nur nach vorheriger Erlaubnis besichtigt werden. Solche Erlaubnisscheine werden offiziell vom Sicherheitsoffizier des Verteidigungsministeriums ausgestellt, aber die Geduld, die man dafür aufbringen muß, übersteigt den Wert der Sehenswürdigkeiten.

Abgesehen von einem Gebäude der Moguln ist innerhalb des Fort nur noch eine Ashoka-Säule aus dem Jahre 232 v. Chr. mit einer Inschrift sehenswert, in denen seine Siege über Samudragupta gerühmt werden. Hinzu kommen die üblichen Edikte.

Patalpuri-Tempel und der nicht sterbende Baum: Eine kleine Tür in der Ostmauer des Forts, nahe beim Fluß, führt zu einem Gebiet im Fort, das man ohne Genehmigung betreten darf. Dort kann man sich den unterirdischen Patalpuri-Tempel und den nicht sterbenden Banyan-Baum ansehen. Auch bekannt unter der Bezeichnung Akshai Veta, geht bereits der chinesische Pilger Hiuen Tsang in seinen Aufzeichnungen auf diesen Baum ein. Er erwähnt in seinen Schriften, daß Pilger sich von diesem Baum stürzten, um durch den so erlittenen Tod die Erlösung zu erfahren. Das wäre heute allerdings schwer, denn von dem Baum ist kaum noch etwas übriggeblieben.

Hanuman-Tempel: Dieser beliebte Tempel (auch für Nicht-Hindus zugänglich) ist deshalb interessant, weil sich im Gegensatz zum sonst Üblichen Hanuman hier zurücklehnt und nicht aufrecht steht. Legenden zufolge soll der schlafende Hanuman in jedem Jahr, wenn die Fluten beim Ansteigen des Ganges seine Füße berühren, damit beginnen, sich zurückzulehnen.

Anand Bhawan: Dieser Schrein zu Ehren der Familie Nehru muß das am besten unterhaltene Museum des Landes sein, was die hohe Wertschätzung anzeigt, die dieser berühmten Dynastie entgegengebracht wird. Das Haus vermachte Indira Gandhi 1970 der indischen Regierung und zeigt in seinem Innern, wie die begüterte Familie Nehru in den Unabhängigkeitskrieg verwickelt wurde. Die Familie stellte vier Generationen kluger Politiker: Motilal Nehru, Jawaharlal Nehru, Indira Gandhi und Rajiv Gandhi.

Besucher und Pilger wandern um die Veranden des zweistöckigen Herrenhauses und blicken von dort durch Glasscheiben in die Zimmer. Dabei kann man das Schlafzimmer von Nehru, das Zimmer, in dem Mahatma Gandhi bei Besuchen lebte, und das Zimmer von Indira Gandhi sehen, aber auch viele persönliche Dinge, die mit der Familie Nehru in Zusammenhang stehen. Die Öffnungszeiten sind von 9.30 bis 17.00 Uhr, aber montags ist geschlossen. Der Besuch der oberen Etage kostet 2 Rs.

In dem gut gepflegten Garten ist in einem besonderen Gebäude eine Bilderausstellung über das Leben von Jawaharlal Nehru zu sehen, darunter Fotos von ihm mit

---

Kumbh Mela

Vor einer Ewigkeit haben Götter und Dämonen, die ständig um die Übermacht rivalisierten, einen großen Kampf um einen *kumbh* (Krug) ausgetragen. Anscheinend sollten die, die den Inhalt austrinken könnten, unsterblich werden. Irgendwann haben sie ihre Kräfte zusammengefaßt, um den Krug vom Boden des Ozeans hochzuholen, aber als er in sicheren Händen war, schnappte Vishnu ihn sich und rannte damit weg. Nach einer 12 Tage dauernden Auseinandersetzung haben die Götter die Dämonen offensichtlich besiegt und tranken den Nektar. Das ist übrigens eine beliebte Szene in Illustration der hinduistischen Mythologie. Während des Kampfes um den Besitz des Kruges fielen vier Tropfen des Nektars auf die Erde, und zwar in Allahabad, Haridwar, Nasik und Ujjain. Deshalb wird die Mela alle drei Jahre abwechselnd in einer dieser Städte begangen, in jeder von ihnen also alle 12 Jahre (ein Tag bei den Göttern ist bei den Menschen ein Jahr).

Die heiligste aller heiligen vier Städte ist Allahabad, wohin die Kumbh Mela im Jahre 2001 zurückkehrt.

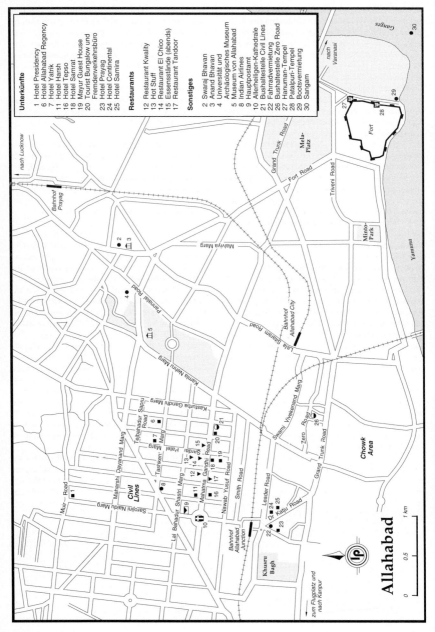

Unterkünfte

1 Hotel Presidency
6 Hotel Allahabad Regency
7 Hotel Yatrik
11 Hotel Harsh
16 Hotel Tepso
18 Hotel Samrat
19 Mayur Guest House
20 Tourist Bungalow und
   Fremdenverkehrsbüro
23 Hotel Prayag
24 Hotel Continental
25 Hotel Samira

Restaurants

12 Restaurant Kwality
13 Hot Stuff
14 Restaurant El Chico
15 Essensstände (abends)
17 Restaurant Tandoor

Sonstiges

2 Swaraj Bhavan
3 Anand Bhavan
4 Universität und
   Archäologisches Museum
5 Museum von Allahabad
8 Indian Airlines
9 Hauptpostamt
10 Allerheiligen-Kathedrale
21 Bushaltestelle Civil Lines
22 Fahrradvermietung
26 Bushaltestelle Zero Road
27 Hanuman-Tempel
28 Patalpuri-Tempel
29 Bootsvermietung
30 Sangam

Allahabad

allen nur denkbaren Persönlichkeiten von John F. Kennedy bis Ho Chi Minh. Ebenfalls im Garten steht ein Planetarium, das 1979 errichtet wurde. Hier finden jeden Tag mehrere Vorführungen statt, die jeweils etwa eine Stunde dauern. Dafür muß man 4 Rs Eintritt bezahlen.

Nebenan kommt man zum Swaraj Bhavan, wo Motilal Nehru bis 1930 lebte. Heute sind darin die Verwaltung der Jawaharlal-Nehru-Stiftung und eine Kinderschule für kreative Kunst untergebracht. In diesem Gebäude ist auch Indira Gandhi geboren worden. Das Zimmer, in dem das geschah, ist für die Öffentlichkeit zugänglich.

Khursu Bagh: Dieser nahe dem Bahnhof gelegene Garten enthält das Grab des Prinzen Khursu, des Sohns von Jehangir. Er wurde von seinem eigenen Vater hingerichtet. Nicht weit entfernt sind auch die leeren Gräber seiner Schwester und seiner Mutter (Rajputin). Letztere soll sich aus Kummer über Khursu vergiftet haben, der sich gegen den Vater aufgelehnt hatte.

Kathedrale: Die Kathedrale wurde vor über einem Jahrhundert von Sir William Emerson entworfen, der auch der Architekt des Victoria Memorial in Kalkutta war. Die polierten Bronzeplatten sind sehr interessant zu lesen und zeigen, daß auch für die Söhne und Töchter der Rajs das Leben nicht nur aus Polospielen bestand. Die Inschriften verraten Todesursachen wie Blutvergiftung, Unfall, Cholera, Polospiel und, was heute wahrscheinlicher ist, Kraftfahrzeugunfall auf der Straße nach Naini Tal. Zu sehen sind auch einige wunderschöne Buntglasfenster. Sonntags findet hier ein Gottesdienst in englischer Sprache statt.

Museum von Allahabad: Dieses Museum, gelegen in einem friedlichen Garten, enthält archäologische Ausstellungsstücke aus der Gegend (Terrakotta-Figuren, Steinskulpturen und Fossilien) und Gegenstände aus der Naturgeschichte. Ferner können Sie sich Ausstellungsstücke ansehen, die dem Museum von der Familie Nehru geschenkt wurden. Zum Museum gehört ferner eine Kunstgalerie, in der eine wunderschöne Sammlung von Miniaturen aus Rajasthan und Bilder des Malers Nicholas Roerich zu sehen sind. Das Museum ist von 10.30 bis 16.30 Uhr geöffnet, montags jedoch geschlossen. Der Eintritt beträgt 1 Rs.

Weitere Sehenswürdigkeiten: Bereits im *Ramayana* wurde der Bharadwaja Ashram erwähnt. Heute steht an dieser Stelle die Universität von Allahabad. Im Archäologische Museum in der Universität sind unzählige Gebrauchsgegenstände aus Kausambi ausgestellt. Gegenüber der Universität steht das Haus, in dem Rudyard Kipling lebte. Es ist für die Öffentlichkeit allerdings nicht zugänglich.

Im Minto-Park erinnert ein Denkmal an die Stelle, an der Lord Canning die Deklaration verlas, durch die die britische Regierung 1858 Indien von der British East India Company übernahm. Am Ufer des Ganges, nördlich der Eisenbahnbrücke, steht der Nag-Basuki-Tempel, der bereits in den *Puranas* erwähnt ist.

UNTERKUNFT

Einfache Unterkünfte: Hotels findet man in der Gegend der Leader Road und im Stadtteil Civil Lines, nördlich der Bahnlinie. Das ist für Übernachtungen die ruhigere Gegend.

Im von der M G Road etwas weiter zurück erbauten Hotel Tepso (Tel. 62 36 35) werden Einzelzimmern für 120 Rs und Doppelzimmer für 165 Rs vermietet, aber die sind ihr Geld nicht unbedingt wert. Außerdem sind die häßlichen grünen Tapeten schon etwas aus der Mode.

Besser ist da schon das Mayur Guest House (Tel. 62 48 55), ebenfalls nur ein kleines Stück abseits der M G Road. Die Zimmer in diesem Haus sind klein, aber ganz gemütlich. Zu allen gehören auch ein Bad mit heißem Wasser (sowie Seide und Handtuch) und ein Fernsehgerät. Außerdem wird allen Gästen morgens eine druckfrische Zeitung unter der Tür hindurchgeschoben. All das kostet als Doppelzimmer 110 Rs, mit Ventilator 175 Rs. Die beste Unterkunft in dieser Preisklasse in Allahabad ist sicherlich der Tourist Bungalow (Tel. 60 14 41) in der Mahatma Gandhi Road 35. Wenn man in einem Zimmer zum angrenzenden Busbahnhof hin übernachtet, kann es jedoch laut werden. Hier muß man für ein Einzelzimmer 150 bis 350 Rs und für ein Doppelzimmer 175 bis 400 Rs bezahlen. Die Anlage ist sauber und in einem gut gepflegten Garten errichtet worden. Vom Bahnhof Allahabad City kostet eine Rikscha-Fahrt dorthin etwa 5 Rs.

Das frühere Barnett's Hotel ist in Hotel Harsh (Tel. 62 21 97) umbenannt worden. Das war einst sicher ein sehr komfortables Haus, allerdings wird sich der arme Mr. Barnett wahrscheinlich wegen des heruntergekommenen Zustandes seines Hotels im Grab umdrehen. Dennoch fehlt den Zimmern in diesem Haus ganz sicher ausreichend Platz und Charakter nicht. Mit 113 Rs für ein Einzelzimmer und 141 Rs für ein Doppelzimmer ist das Preis-/Leistungsverhältnis jedoch nicht besonders günstig.

Mehrere preiswerte Unterkünfte findet man auch südlich vom Bahnhof Allahabad Junction. Eines davon ist das Hotel Prayag (Tel. 60 44 30), ein moderner Häuserblock mit einer ganzen Bandbreite von Zimmern, die mit Badbenutzung für Einzelzimmern für 50 Rs und Doppelzimmern für 70 Rs bis zu Zimmern mit eigenem Bad für 80 bzw. 100 Rs reicht. Für ein Doppelzimmer mit Ventilator muß man 150 Rs und mit Klimaanlage 400 Rs bezahlen.

In der nächsten Straße, gegenüber der Moschee, kommt man zum Hotel Continental (Tel. 65 26 29), in dem man in einem Zimmer mit Bad allein ab 90 Rs und zu zweit ab 100 Rs, in einem Zimmer mit Ventilator für 140 bzw. 160 Rs und in einem Zimmer mit Klimaanlage für 250 bzw. 300 Rs übernachten kann. Diese Straße etwas weiter hinunter liegt das kleinere Hotel Samira (Tel. 5 50 58), in dem Einzelzimmer ab 40 Rs und Doppelzimmer ab 80 Rs (mit Bad) sowie mit Ventilator für 60 bzw. 95 Rs vermietet werden.

Zahlreiche weitere Unterkünfte in dieser Preisklasse gibt es in der Leader Road.

Im Bahnhof City kann man in ein paar Ruheräumen und Schlafsälen übernachten.

Mittelklasse- und Luxushotels: Das Hotel Samrat unweit der Kreuzung der Mahatma Gandhi Road und der Sardar Patel Marg (Tel. 60 48 88, Fax 60 49 87) hat Einzelzimmer ab 300 Rs und Doppelzimmer ab 350 Rs (mit Klimaanlage für 400 bzw. 600 Rs) zu bieten. Allerdings verfügen in diesem Haus nicht alle Zimmer über Fenster. Ein Hotel mit zwei Sternen ist das beste, was man in Allahabad erwarten darf. Ein solches Haus ist das Hotel Presidency in einem ruhigen Wohngebiet nördlich von Civil Lines (Tel. 62 33 08). Hier muß man mit Klimaanlage für ein Einzelzimmer 450 Rs und für ein Doppelzimmer 525 Rs bezahlen. Dafür erhält man aber in den Bädern auch Badewannen. Außerdem ist, wie im Regency, ein Swimming Pool vorhanden, der allerdings im Winter nicht benutzt werden kann.

Ebenfalls der Klasse mit zwei Sternen gehört das Hotel Allahabad Regency an (Tel. 60 15 19), in dem man mit Klimaanlage in einem Einzelzimmer für 475 Rs und in einem Doppelzimmer für 600 Rs übernachten kann. Zu diesem Hotel gehören ein ganz ansprechender Garten und ebenfalls ein Swimming Pool.

Das nahegelegene Hotel Yatrik an der Sardar Patel Marg (Tel. 60 17 13) wartet mit einem ähnlichen Standard auf, auch wenn die zusammenklappbaren Plastikstühle in der Lobby ein bißchen wackelig sind. Hier werden Einzelzimmer für 400 Rs und Doppelzimmer für 450 Rs (ohne Klimaanlage) und für 560 bzw. 750 Rs (mit Klimaanlage) vermietet. Dieses Haus wirbt für sich mit einem „Lush Green Lawn with Garden to Relax" und verfügt über einen Swimming Pool.

ESSEN

In Allahabad ist gerade das Essen im Freien in Mode. Entlang der M G Road in Civil Lines werden auf den Gehwegen jeden Abend Essensstände aufgebaut, die beliebte Ziele sind, um etwas zu sich zu nehmen. Am Stand mit dem Namen Chicken King erhält man dort ausgezeichnetes Tandoori-Hähnchen. Nebenan kommt man zum Spicy Bite mit einem breiten Spektrum an Gerichten. Ein weiteres gutes Ziel ist das Little Hut gleich neben dem Stand mit Bekleidungsstücken, der sich Hippo Garments (!) nennt.

Zu den meisten Hotels gehören auch Restaurants. Im Tourist Bungalow kann man ein vegetarisches Thali erhalten, aber auch ein westliches Frühstück. Außerdem werden die üblichen nichtvegetarischen Gerichte angeboten. Es gibt in der Stadt auch mehrere Imbißlokale. Die hellhäutigen jungen Leute von Allahabad trifft man häufig im Hot Stuff, einem Eissalon und Imbiß, wo eine Pizza für 32 Rs angeboten wird. Ganz gut für einen Imbiß eignet sich auch das Restaurant Kwality. Hier muß man für einen Burger 16 Rs bezahlen und hat zudem die Wahl zwischen einer ganzen Reihe von Eissorten, darunter „Killer Driller" für 28 Rs.

Beliebt sind in der Stadt auch die Süßigkeitengeschäfte, von denen das saubere Kamdhenu Sweets unweit vom Hotel Tepso eines ist, das man mal ausprobieren sollte. Die beiden besten Restaurants in der Stadt sind das Tandoor mit einer guten Bedienung und ausgezeichneten indischen Speisen (Hauptgerichte für 35 bis 50 Rs, aber kein Bier) und das El Chico, das etwas teurer ist und in dem man gute chinesische Gerichte erhält. Eine Konditorei findet man in El Chico ebenfalls.

In den sehr belebten Straßen der Altstadt auf der anderen Seite der Bahnlinie gibt es ebenfalls eine Vielzahl kleiner Restaurants. In unmittelbarer Nähe des Bahnhofs finden Sie natürlich auch die vielen kleinen *Dhaba*-Lokale, vor allem in der Dr. Katiu Road.

AN- UND WEITERREISE

Allahabad bietet sich als Ausgangspunkt für die Weiterreise nach Khajuraho an. Übernachtet man nämlich in Allahabad, erreicht man den Morgenzug nach Satna (der *Bhagalpur Kurla Express* fährt um 8.20 Uhr ab), wo dann Anschluß mit einem Bus nach Khajuraho besteht (4 Stunden). Man kann auch mit einem Bus nach Satna fahren, aber Busse brauchen etliche Stunden mehr als Schnellzüge.

Bus: Von der Bushaltestelle in Civil Lines, neben dem Tourist Bungalow, fahren regelmäßig Busse nach Varanasi (31,50 Rs, 3¹/₂ Stunden), Faizabad (41 Rs, 4¹/₂ Stunden), über Jaunpur nach Gorakhpur (71 Rs, 8 Stunden) und nach Sunauli (77 Rs, 12 Stunden), dem Grenzübergang nach Nepal. Um 15.00 Uhr fährt zudem ein Luxusbus nach Lucknow (50 Rs, 6 Stunden), den ganzen Tag über aber auch andere.

Zug: Der Hauptbahnhof ist Allahabad Junction in der Mitte der Stadt. Von dort dauert eine Fahrt nach Varanasi drei bis vier Stunden (137 km, 2. Klasse 36 Rs und 1. Klasse 140 Rs). Mit Schnellzügen kommt man in 10 Stunden nach Delhi (627 km, 2. Klasse 155 Rs und 1. Klasse 364 Rs), in 15 Stunden nach Kalkutta (814 km, 2. Klasse 185 Rs und 1. Klasse 582 Rs), in 24 Stunden nach Bombay (1373 km, 2. Klasse 250 Rs und 1. Klasse 793 Rs), in 3¹/₂ Stunden nach Lucknow (129 km, 2. Klasse 34 Rs und 1. Klasse 131 Rs) und in 4 Stunden nach Satna (180 km, 2. Klasse 47 Rs und 1. Klasse 168 Rs), dem Ausgangspunkt für die Weiterreise nach Khajuraho.

NAHVERKEHR

Wer am Bahnhof Allahabad Junction ankommt und nach Civil Lines will, muß den Hinterausgang benut-zen. In Allahabad stehen viele Fahrrad- und Auto-Rikschas zur Verfügung. Für die 6 km nach Sangam muß man mit einer Fahrrad-Rikscha 12 Rs bezahlen. Während eines Aufenthaltes in Allahabad ist es wahrscheinlich am besten, sich ein Fahrrad zu mieten. Ein Laden, in denen Fahrräder vermietet werden, befindet sich in der Dr. Katju Road unmittelbar vor dem Bahnhof, in dem man ein Fahrrad für 15 Rs pro Tag erhalten kann.

DIE UMGEBUNG VON ALLAHABAD

BHITA

Ausgrabungen in dieser Stätte, 18 km südlich von Allahabad am Yamuna, haben Überreste einer alten, befestigten Stadt zutage gebracht. Schichten der Ruinen stammen aus der Gupta-Zeit (320-455 n. Chr.) bis zurück in die Zeit der Maurya (321-184 v.Chr.) und sind teilweise noch älter. Es gibt in Bhita auch ein Museum mit Stein- und Metallsiegeln, Münzen und Terrakotta-Statuen.

GARWHA

Diese von Mauern umschlossenen Tempelruinen sind ungefähr 50 km von Allahabad und 8 km von Shankar-garh entfernt. Die letzten drei Kilometer müssen Sie zu Fuß zurücklegen.

Der Haupttempel besteht aus 16 wunderschön behauenen Steinsäulen, deren Inschriften darauf hinweisen, daß der Tempel aus der Gupta-Zeit stammt. Einige der am besten erhaltenen Skulpturen von Garwha sind heute im staatlichen Museum von Lucknow ausgestellt.

KAUSAMBI

Dieses alte buddhistische Zentrum liegt 63 km von Allahabad entfernt und war früher unter dem Namen Kosam bekannt. Eine Zeit lang war Kausambi die Hauptstadt von König Udaya, einem Zeitgenossen von Buddha. Unweit des Ortes gibt es eine riesige Festung. Die leider zerbrochenen Überbleibsel einer Ashoka-Säule aus der Zeit vor den Guptas, allerdings ohne jegliche Inschriften, können im Fort besichtigt werden. Die meisten archäologischen Funde sind heute jedoch im Museum der Universität in Allahabad ausgestellt. Von Allahabad nach Serai Akil, 15 km von Kausambi entfernt, bestehen Busverbindungen.

CHITRAKUT

Man glaubt, daß hier Brahma, Vishnu und Shiva „geboren" worden seien und ihre Inkarnationen angenommen hätten, was zur Folge hatte, daß der Ort ein beliebtes Ziel von hinduistischen Pilgern wurde. Daher reihen sich entlang vom Mandakini *ghats* zum Baden aneinander, aber es wurden auch über 30 Tempel erbaut. Der Ort liegt am Ufer des Mandakini, der zugleich die Grenze von Uttar Praseh bildet, und zwar 195 km von Khajuraho sowie 132 km von Allahabad entfernt.

Sowohl MP Tourism als auch UP Tourism unterhalten Tourist Bungalows in Chitrakut. Daneben gibt es aber auch noch eine Reihe weiterer preisgünstiger Hotels und einfacher Restaurants.

SHRAVASTI

Die ausgedehnten Ruinen dieser alten Stadt und das Jetavana-Kloster liegen in der Nähe der Dörfer Saheth-Maheth. Es war Shravasti, dem Buddha das Wunder vom Sitzen auf 1000 Lotosblättern und die millionenfache Vervielfältigung vorgeführt hat, bei dem Feuer und Wasser aus dem Körper geströmt sind. Einer der ersten Pilger war Ashoka, der zur Erinne-rung an seinen Besuch ein paar seiner Säulen zurück-ließ.

Die Stätte kann von Gonda an der Strecke von Gorakhpur über Naugarh nach Gonda mit Meterspur erreicht werden. Der nächstgelegene Bahnhof ist in Gainjahwa, während Balrampur, der nächstgelegene größere Ort, 20 km entfernt ist.

FAIZABAD

Einwohner: 195 000
Telefonvorwahl: 0527

Faizabad war einst die Hauptstadt von Avadh, verfiel aber nach Bahu Begums Tod zusehends. Ihr Mausoleum gilt als das feinste dieser Art in ganz Uttar Pradesh. Auch ihr Mann, der vor ihr herrschte, wurde in einem herrlichen Mausoleum beigesetzt. Im Gebiet des Marktes (Chowk) wurden drei große Moscheen errichtet, während man sich im Guptar Park sehr schön angelegte Gärten ansehen kann. Dort steht auch ein Tempel, von dem man annimmt, daß Rama von ihm aus entschwand.

UNTERKUNFT

Wenn man vom Chowk eine Nebenstraße hinuntergeht, kommt man zu drei preiswerten Unterkünften, die allerdings schwer zu finden sind. Eine davon ist das Hotel Priya (grün angestrichen mit einem Hinweisschild nur in Hindi), in dem man mit Bad in einem Einzelzimmer für 40 Rs und in einem Doppelzimmer für 50 Rs übernachten kann. Das von einem Sikh geführte Hotel Amber ist von den Preisen her ähnlich und verfügt auch über ein gutes Restaurant. Im Hotel Abha gegenüber werden gute Zimmer mit Ventilatoren sowie heißem Wasser und Fernsehgerät vermietet, in denen man allein für 100 Rs und zu zweit für 120 Rs unterkommt. Ein schmuddeliges Restaurant mit schlechter Bedienung ist ebenfalls vorhanden.

Die besseren Hotels in der Gegend von Civil Lines, wo sich auch der Busbahnhof und der Bahnhof befinden, liegen ca. 1¹/₂ km westlich vom Chowk. Dort läßt sich im Hotel Shan-e-Awadh (Tel. 81 35 86) allein für 95 bis 295 Rs und zu zweit für 120 bis 350 Rs übernachten. Das ist ein ganz gutes, sauberes Hotel, in dem selbst in den preisgünstigen Zimmern Seife und Handtuch zur Verfügung stehen.

Im Hotel Tirupati nebenan (Tel. 81 32 31) ist es teurer, denn dort werden Einzelzimmer für 145 bis 295 Rs und Doppelzimmer für 195 bis 350 Rs vermietet (die teureren mit Klimaanlage). Auch hier kann man in einem ganz guten Restaurant, dem Thripur, essen. Meiden Sie aber in beiden Häusern die Zimmern nach vorn, denn die liegen zur Hauptstraße von Lucknow nach Gorakhpur hin.

AN- UND WEITERREISE

Faizabad liegt drei Stunden Fahrzeit mit der Eisenbahn sowohl von Varanasi als auch von Lucknow entfernt. Busse fahren häufig nach Allahabad (45 Rs, 5 Stunden), Lucknow (35 Rs, 3 Stunden), Gorakhpur (45 Rs, 3 Stunden) und einer täglich am Morgen nach Sunauli an der Grenze zu Nepal (45 Rs).

Nach Ayodhya kommt man mit vielen Bussen und Tempos (3 Rs) von der Hauptstraße unweit des Marktes (Chowk).

AYODHYA

Einwohner: 45 000
Telefonvorwahl: 05276

Nur 6 km von Faizabad entfernt liegt Ayodhya, eine der sieben heiligen Städte der Hindus (die anderen sind Dwarka, Haridwar, Varanasi, Mathura, Ujjain und Kanchipuram) und ein beliebter Pilgerort. Viele der Bauwerke in der Stadt werden mit Ereignissen im *Ramayana* in Verbindung gebracht (auch die Geburt von Rama). Ayodhya ist seit 1990 aber auch bei Berichten über den Streit um einen Tempel oder eine Moschee häufig in den Nachrichten aufgetaucht.

Ayodhya ist eine kleine und interessante Stadt, die nur wenige Ausländer sieht, allerdings muß man sich vor einem Besuch nach der neuesten Entwicklung im Streit um Tempel oder Moschee umhören. Wenn dort auch

nur die geringsten Unruhen zu verzeichnen sind, sollte man um Ayodhya lieber einen großen Bogen machen.

SEHENSWÜRDIGKEITEN

Babri Masjid bzw. Ram Janam Bhumi: Die Babri Masjid war ursprünglich im 15. Jahrhundert von Moguln auf der Stätte errichtet worden, an der Rama geboren worden sein soll, wurde aber irgendwann von den Behörden für Moslems geschlossen. Weiterhin erlaubt wurden in Innern hinduistische *puja*.

Im Jahre 1990 führten Pläne von Hindus, an dieser Stelle einen Tempel zu Ehren von Rama (das Ram Mandir) zu errichten, zum Ausbruch von Gewalttätigkeiten zwischen Hindus und Moslems, in deren Verlauf bei Krawallen die Tempel beschädigt wurden. In einem zerbrechlichen Gerichtsbeschluß wurde die Beibehaltung des gegenwärtigen Zustandes angeordnet. Außerdem hat man bewaffnete Wächter eingesetzt, die die beiden Gruppen auseinanderhalten sollen.

Dennoch sind Ende 1992 Gruppen von Hindus einmarschiert und haben die Moschee zerstört und an ihrer Stelle einen kleinen hinduistischen Schrein errichtet (bekannt als Ram Janam Bhumi). Das hat zu Aufruhr und Toten in vielen indischen Städten und Unruhe in den benachbarten moslemischen Ländern geführt. Die indische Bundesregierung erließ daraufhin ein Gesetz, das es ihr erlaubte, 96 Hektar Land zu übernehmen, darunter die Stätte mit dem Tempel.

Seitdem sieht die Bundesregierung untätig zu, wohl wissend, daß jede Entscheidung zu einer Wiederholung der Unruhen führen kann. Sie hat versprochen, auf der Stätte einen Tempel errichten zu lassen, aber nur dann, wenn nachgewiesen worden ist, daß dort ein Tempel bereits vor der Errichtung der Moschee durch die Moguln bestanden hat (wie es die militanten Hindus behaupten). Ende 1994 hat sich der Oberste Gerichtshof geweigert, über diesen Streit eine Entscheidung zu fällen, und das mit der Begründung, das strittige Thema liege außerhalb seines Zuständigkeitsbereiches. Derzeit ist der Streit vor dem Obergericht in Allahabad anhängig.

Das Thema - und die Feindseligkeiten, die es hervorgerufen hat - schmort nur unter der Oberfläche, so daß Gewalttätigkeiten jederzeit wieder ausbrechen können, falls ein Gericht oder eine staatliche Stelle sich zu einer Entscheidung durchringt und eine der beiden Seiten das als Unrecht ansieht. Die friedliche Lösung des Problems ist eine der großen Herausforderungen, der sich die Bundesregierung gegenübergestellt sieht, die aber - nicht überraschend - kaum gewillt scheint, eine Entscheidung in der einen oder anderen Art zu treffen. Derzeit ist am Tempel bzw. an der Moschee eine große Präsenz von Sicherheitskräften zu verzeichnen, denn die Stätte ist weiterhin ein Brennpunkt, an dem jederzeit wieder Gewalt ausbrechen kann. Etwa 100 m vor dem Tempel bzw. vor der Moschee kommt man zur ersten von mindestens sechs Kontrollstellen des Militärs bzw. der Polizei, an der man sich, wie an den übrigen auch, einer Körperkontrolle unterziehen lassen muß. Taschen (und sogar der Inhalt der Hosentaschen) sind vor dem Weitergehen an einer dieser Kontrollstellen zurückzulassen, wo man wahrscheinlich auch höflich von Polizisten in Zivil nach den Gründen für einen Besuch an der Stätte befragt wird. Hat man das hinter sich gebracht, betritt man einen schmalen, umzäunten Weg, der auf der anderen Seite des Zaunes von bewaffneten Männern und Frauen der Einsatzgruppe der Polizei gesäumt ist. Auf diesem Weg kommt man dann über die Grundmauern der alten Moschee und am Schrein vorbei zurück zur Kontrollstelle. Das alles geht sehr ordentlich und augenscheinlich auch sehr sicher vor sich.

Der Eingang zu der Stätte mit der Moschee und dem Tempel liegt entlang der Straße neben dem Hanuman-Tempel (vgl. folgenden Abschnitt), und zwar ein Stück abseits der Hauptstraße. Man braucht aber nur dem ständigen Strom der Pilger zu folgen.

Weitere Tempel: Der Hanumangadhi (Hanuman geweiht) ist der andere bedeutende Tempel in Ayodhya. Er wurde innerhalb der dicken Mauern der Festung errichtet, deren Schutzwällen herrliche Ausblicke ermöglichen. Außerdem kann man sich den Kanak Mandir (vom Maharadscha von Tikamgadh im letzten Jahrhundert erbaut) und ein *ghat* ansehen, denn die Stadt wurde am Ufer des Gogra (Ghaghara) erbaut.

Außerdem gibt es im Ort noch über 100 weitere Tempel, von denen viele auch für Nicht-Hindus zugänglich sind.

UNTERKUNFT

Weil Faizabad mit einer großen Bandbreite an Unterkünften so nahe liegt, ist es leicht, einen Tagesausflug nach Ayodhya zu unternehmen. Wer hier dennoch für eine Nacht bleiben will, kann im Tourist Bungalow Pathik Niwas neben dem Bahnhof ein Zimmer mieten, in dem sich auch das Fremdenverkehrsamt befindet. Dort kann man in einem ganz hübschen Schlafsaal (mit Schließfächern) für 20 Rs, in einem Einzelzimmer für 80 bis 275 Rs und in einem Doppelzimmer für 100 bis 350 Rs übernachten (in den teureren Zimmern mit Klimaanlage). Weil man sich in einer heiligen Stadt aufhält, wird im Restaurant nur vegetarische Kost angeboten.

AN- UND WEITERREISE

Von Faizabad verkehren Tempos und Busse nach Ayodhya, mit denen eine Fahrt 3 Rs kostet.

REGION VARANASI

VARANASI

Einwohner: 1 200 000
Telefonvorwahl: 0542
Varanasi, die „Stadt der Ewigkeit", ist einer der berühmtesten Wallfahrtsorte in Indien und außerdem das Ziel vieler Touristen. Seit mehr als 2000 Jahren ist die Stadt Varanasi am Ufer des heiligen Ganges Zentrum von Lehre und Kultur. Nur 10 km entfernt von Varanasi, in Sarnath, predigte Buddha vor 2500 Jahren erstmals von seiner Erleuchtung. Später wurde die Stadt ein bedeutendes Hindu-Zentrum, litt aber seit dem 11. Jahrhundert immer wieder unter den unerbittlichen Angriffen der Moslems. Diese zerstörerischen Besuche fanden ihren traurigen Höhepunkt unter dem Mogulherrscher Aurangzeb, der fast alle Tempel niederriß und den schönsten und berühmtesten Tempel in eine Moschee umwandelte.

Varanasi ist auch unter den Bezeichnungen Kashi und Benares bekannt. Ihr heutiger Name bedeutet nichts anderes als „Stadt zwischen zwei Flüssen"; das sind der Varauana und der Asi. Für die gläubigen Hindus war Varanasi stets ein besonders heiliger Ort. Die Stadt ist nicht nur ein bekannter Wallfahrtsort, sondern auch ein begehrter Ort zum Sterben, denn das soll jedem Hindu den sofortigen Eintritt in den Himmel sichern. Bis heute ist Varanasi aber auch ein Ort des Lernens und des Lehrens, besonders des Sanskrit. Aus ganz Indien strömen eifrige Studenten hierher. Ein krasser Gegensatz zu diesem geistigen Zentrum ist die Tatsache, daß Varanasi in einer der unterentwickeltsten Gegenden Indiens liegt, die vornehmlich aus Agrarland besteht und völlig übervölkert ist. Seit der Unabhängigkeit hat sich hier kaum etwas verändert. Auf der anderen Seite ist Varanasi ein Symbol der Hindu-Renaissance und spielt eine besondere Rolle in der Entwicklung des Hindi - der Nationalsprache von Indien. Einen wesentlichen Anteil an dieser Entwicklung hatten der bekannte Dichter Prem Chand und die literarische Figur Bharatendu Harischand. Auch Tulsi Das, der berühmte Dichter, der die Hindi-Version des *Ramayana* (Ram Charit Manas) schrieb, verbrachte viele Jahre in Varanasi.

ORIENTIERUNG
Die alte Stadt Varanasi liegt am Westufer des Ganges und erstreckt sich von den Badeplätzen am Ufer mit

einem Gewirr von schmalen Straßen landeinwärts. Die Straßen sind so eng, daß kein Fahrzeug hindurchkommt und alles nur zu Fuß geschehen kann. Hohe Häuser säumen die schmalen Gassen, die nicht gerade sauber sind. Es ist eine faszinierende Welt, die sich den Besuchern während eines Spaziergangs öffnet. Die Stadt erstreckt sich vom Raj Ghat, nahe der Brücke, bis zum Asi Ghat bei der Universität. Die Stadtteile Chowk, Lahurabir und Godaulia liegen außerhalb der Altstadt, aber ebenfalls am Ufer des Ganges.

Gute Orientierungshilfen in Varanasi sind die *ghats*, besonders die bedeutenden wie der Dasaswamedh Ghat. Der Stadtteil Cantonment um den Bahnhof herum (Varanasi Junction) ist völlig neu. Die großen Hotels wie Clarks und Varanasi Ashok liegen kurz hinter der Bahnlinie. In dieser Gegend finden Sie auch das staatliche indische Fremdenverkehrsamt (Government of India Tourist Office). Dort ist der Fernsehturm der augenscheinlichste Orientierungspunkt. Die breiten, von Bäumen gesäumten Straßen des Stadtteils Cantonment stehen in krassem Gegensatz zu den Menschenmassen, Radlern und Rikschas in der Altstadt.

PRAKTISCHE HINWEISE
Informationen: Die hilfreichste Informationsquelle ist das staatliche indische Fremdenverkehrsamt in der Mall 15 B in Cantonment (Tel. 4 37 44). Geöffnet ist es montags bis freitags von 9.00 bis 17.30 Uhr und samstags von 9.00 bis 13.00 Uhr. Das Fremdenverkehrsamt von Uttar Pradesh (Tel. 4 34 13) findet man im Tourist Bungalow, wo die Mitarbeiter erstaunlich wenig hilfsbereit sind. Eine kleine Zweigstelle befindet sich im Bahnhof Varanasi Junction.

Geld: In Varanasi gibt es viele Möglichkeiten, Geld zu wechseln, darunter bei einer Bank im internationalen Teil des Flughafens. Die State Bank of India ist mit Zweigstellen in allen größeren Hotels in Cantonment vertreten. Wenn man in der Nähe vom Dasaswamedh Ghat wohnt, ist die nächstgelegene Bank zum Geldwechseln die State Bank of Benares (vgl. Stadtplan).

Post und Telekommunikation: Das Hauptpostamt von Varanasi eignet sich gut, um Päckchen und Pakete abzusenden, den unmittelbar davor kann man seine Sendungen an Ständen verpacken und versiegeln lassen.

Zeitungen und Zeitschriften: Eine informative englischsprachige Lokalzeitung ist der *Pioneer*. Ein guter Führer für die Stadt mit Beschreibungen aller *ghats* und Tempels sowie einer ausgezeichneten Einführung in den Hinduismus ist das Buch *Banares - Stadt des Lichts* von Diana Eck (Insel Verlag, 1989).

SEHENSWÜRDIGKEITEN

Badeplätze oder Ghats: Die bedeutendsten Sehenswürdigkeiten von Varanasi sind die vielen Badeplätze am Westufer des Ganges. *Ghats* sind die Treppen, die zum Fluß hinunterführen und von denen aus die Pilger zum läuternden Bad im heiligen Fluß schreiten. Es gibt auch zwei Verbrennungsplätze, wo Leichen verbrannt werden. Die beste Zeit für einen Besuch dieser Plätze ist die Morgendämmerung. Dann sind bereits die ersten Pilger bei ihrem frühen Bad im Fluß, und langsam erwacht die Stadt mit ihrem brodelnden Tagesrhythmus. Das noch zögernde frühe Tageslicht taucht alles in eine magische Beleuchtung, so daß Varanasi dann zu einem sehr exotischen Ort wird.

Insgesamt gibt es über 100 Badeplätze, von denen sich der Dasaswamedh Ghat am ehesten als Ausgangspunkt eignet. Eine Bootsfahrt von dort zum Manikarnika Ghat ermöglicht einen interessanten ersten Eindruck vom Fluß und kostet für eine Stunde nach hartnäckigem Handeln etwa 25 Rs. Am Fluß warten viele Bootsführer darauf, daß Touristen auftauchen und eine solche Fahrt unternehmen wollen.

Nehmen Sie sich ein wenig Zeit, um die Pilger bei ihren religiösen Handlungen zu beobachten. Die Frauen baden sehr diskret angezogen in ihren Saris, die jungen Männer vertiefen sich in Yoga-Übungen, die Priester bieten Segnungen (gegen Geld!) an, und die allgegenwärtigen Bettler geben den Pilgern auf ihre Art Gelegenheit, etwas für ihre Seele zu tun. Achten Sie an den *ghats* auf die *lingams*, die jeden Badeplatz markieren. Varanasi ist die Stadt Shivas. Sehenswert sind daher auch die Gebäude und Tempel rings um die Badeplätze herum. Sie stehen häufig beängstigend schief, und einige drohen bereits hinunter in den Fluß zu stürzen. Jeder Monsun fügt den Gebäuden am Flußufer erneut bedrohliche Schäden zu.

Verweilen Sie auch an den Verbrennungsplätzen, wo die Verstorbenen eingeäschert werden, nachdem sie ihre letzte Reise zu diesem Platz, eingehüllt in weiße Tücher, auf Bambusstangen oder auf dem Dach eines Taxis, angetreten haben. Der Manikarnika Ghat und der seltener benutzte Harishchandra Ghat sind die bekanntesten Verbrennungsorte. Am letzteren gibt es inzwischen auch schon ein elektrisch betriebenes Krematorium. Unterlassen Sie aber auf jeden Fall das

Ein frühmorgendliches Eintauchen in den Ganges ist Teil eines täglichen Rituals für Millionen von Hindus

PAUL BEINSSEN

BRYN THOMAS

PAUL BEINSSEN

BRYN THOMAS

Uttar Pradesh
Oben links: Buland Darwaza in Fatehpur Sikri
Oben rechts: Palast von Jodh Bai in Fatehpur Sikri
Unten links: Pilger in Fatehpur Sikri
Unten rechts: Straßenszene in Fatehpur Sikri

PAUL BEINSSEN

PAUL BEINSSEN

CHRIS BEALL

Varanasi
Oben: Alter Diener der britischen Raj
Mitte: Bootsfahrt am Morgen
Unten: Badestelle *(ghat)*

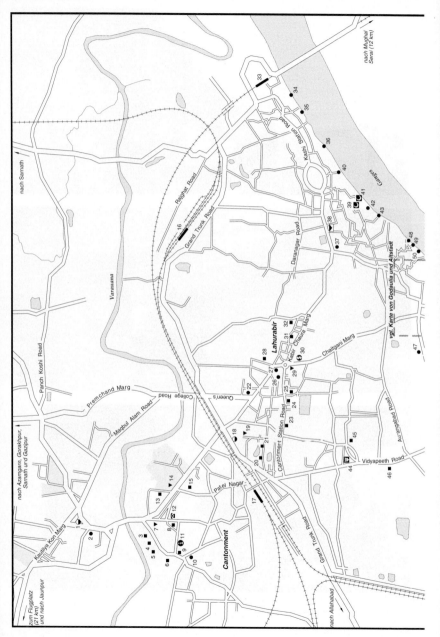

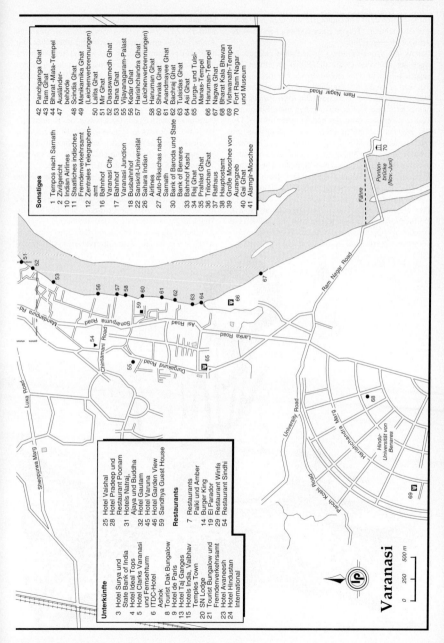

Sonstiges

1 Tempos nach Sarnath
2 Zivilgericht
10 Ausländer-behörde
11 Staatliches indisches Fremdenverkehrsamt
12 Zentrales Telegraphen-amt
16 Bahnhof
17 Varanasi City
Varanasi Junction
18 Busbahnhof
22 Sanskrit-Universität
26 Sahara Indian Airlines
27 Auto-Rikschas nach Sarnath
30 Bank of Baroda und State Bank of Benares
33 Bahnhof Kashi
34 Raj Ghat
35 Prahlad Ghat
36 Trilochan Ghat
37 Rathaus
38 Hauptostamt
39 Große Moschee von Aurangzeb
40 Gai Ghat
41 Alamgir-Moschee

42 Panchganga Ghat
43 Ram Ghat
44 Bharat-Mata-Tempel
47 Ausländer-behörde
48 Scindia Ghat
49 Manikarnika Ghat (Leichenverbrennungen)
50 Lalita Ghat
51 Mir Ghat
52 Dasaswamedh Ghat
53 Rana Ghat
55 Vijayanagaram-Palast
56 Kedar Ghat
57 Harishchandra Ghat (Leichenverbrennungen)
58 Hanuman Ghat
60 Shivala Ghat
61 Anandmayee Ghat
62 Bachraj Ghat
63 Tulsidas Ghat
64 Asi Ghat
65 Durga- und Tulsi-Manas-Tempel
66 Hanuman-Tempel
67 Nagwa Ghat
68 Bharat Kala Bhavan
69 Vishwanath-Tempel
70 Fort Ram Nagar und Museum

Unterkünfte

3 Hotel Surya und State Bank of India
4 Hotel Ideal Tops
5 Hotel Clarks Varanasi und Fernsehturm
6 ITDC-Hotel Ashok
8 Tourist Dak Bungalow
9 Hotel de Paris
13 Hotel Taj Ganges
15 Hotels India, Vaibhav Temples Town
20 SN Lodge
21 Tourist Bungalow und Fremdenverkehrsamt
23 Hotel Avaneesh
24 Hotel Hindustan International

25 Hotel Vaishal
28 Hotel Pradeep und Restaurant Poonam
31 Hotels Natraj, Ajaya und Buddha
32 Hotel Gautam
45 Hotel Varuna
46 Hotel Garden View
59 Sandhya Guest House

Restaurants

7 Restaurants Palki und Amber
14 Burger King
19 El Parador
29 Restaurant Winfa
54 Restaurant Sindhi

Varanasi

0   250   500 m

411

Fotografieren der Verbrennungszeremonien. Schon allein das sichtbare Tragen einer Kamera kann hier zu Schwierigkeiten führen.

Der Asi Ghat, am weitesten flußaufwärts gelegen, ist einer der fünf Plätze, die die Pilger an einem Tag besuchen sollten. Die religiösen Gebote bestimmen, daß man am Asi Ghat beginnen und dann weiter zum Dasaswamedh, zum Barnasangam, zum Panchganga und zuletzt zum Manikarnika gehen muß. Ein großer Teil des Tulsidas Ghat fiel bereits in die Fluten. Der Bachraj Ghat gehört den Anhängern des Jainismus; am Ufer stehen drei Jain-Tempel. Viele *ghats* befinden sich im Besitz von Maharadschas oder Prinzregenten, wie zum Beispiel der sehr schöne Shivala Ghat, der dem Maharadscha von Varanasi gehört. Der Dandi Ghat ist der *ghat* der Asketen, bekannt als Dandi Panths, und unweit davon ist der sehr beliebte Hanuman Ghat.

Der Harishchandra oder Smashan Ghat ist ein Verbrennungsort zweiter Klasse. Auf ihm werden die Leichen der Kastenlosen oder Ausgestoßenen (*chandal*) verbrannt. Oberhalb des Kedar Ghat ist ein Schrein, der besonders von den Bengalen und Südindern verehrt wird. Der Mansarowar Ghat wurde von Man Singh aus Amber erbaut und benannt nach dem tibetischen See am Fuße des Mount Kailash. Das war die Heimat Shivas im Himalaja. Der Someswar Ghat (Ghat des Herrn des Mondes) ist berühmt für seine heilende Wirkung. Malerisch liegt der Munshi Ghat, und die Herrscherin der Marathen von Indore gab dem Ahalya Bai's Ghat seinen Namen.

Der Name Dasaswamedh Ghat besagt, das Brahma hier 10 (*das*) Pferde (*aswa*) segnete (*medh*). Er ist einer der bedeutendsten Badeplätze, der zudem sehr zentral liegt. Schauen Sie sich bei diesem *ghat* die Statuen und den Schrein von Sitala, der Göttin der Pocken, an.

Im Jahre 1600 ließ Raja Man Singh's Man Mandir den Ghat gleichen Namens bauen. Er wurde im vergangenen Jahrhundert notdürftig restauriert. Sehenswert ist der Steinbalkon am Nordende dieses *ghat*. Der Raja Jai Singh aus Jaipur errichtete auf diesem Platz eines seiner ungewöhnlichen Observatorien (1710). Es ist zwar nicht so schön wie die Jai-Singh-Observatorien in Delhi und

Ein Sadhu

Jaipur, aber dafür ist die Lage einzigartig. Von der Spitze aus kann man herrliche Ausblicke genießen, aber man muß aufpassen, weil die Affen hier sehr angriffslustig sind.

Der Mir Ghat führt zum nepalischen Tempel mit seinen erotischen Skulpturen. Zwischen ihm und dem Jalsain Ghat steht etwas vom Ufer entfernt der Goldene Tempel. Der Jalsain Ghat, auf dem Verbrennungen stattfinden, grenzt an den heiligsten aller Badeplätze, den Manikarnika Ghat. Oberhalb der Stufen ist ein Wasserbehälter, genannt Manikarnika-Quelle. Man sagt, daß Parvati hier ihren Ohrring fallen ließ und Shiva solange grub, um ihn wiederzufinden, bis sein Schweiß das Loch ausfüllte. Der Charanpaduka ist ein Felsblock zwischen der Quelle und dem *ghat*, auf dem Fußabdrücke zu sehen sind, die von Vishnu stammen sollen. Hochgestellten Persönlichkeiten ist es gestattet, sich auf dem Charanpaduka einäschern zu lassen. Auf dem *ghat* steht auch ein Tempel, der Ganesh geweiht ist.

Der Dattatreya Ghat wurde benannt nach einem Heiligen gleichen Namens, von dem man in einem nahen Tempel Fußabdrücke sehen kann. Der Scindia's Ghat stammt aus dem Jahre 1830. Seine Konstruktion war so mächtig und überragend, daß alles zusammenbrach und in den Fluß fiel; er mußte neu erbaut werden. Der Raja von Jaipur ließ den Ram Ghat bauen. Wie der Name besagt, sollen sich beim Panchganga Ghat fünf Flüsse treffen. Oberhalb dieses Badeplatzes steht die Moschee von Aurangzeb, bekannt auch unter dem Namen Alamgir-Moschee. Sie wurde auf einem Vishnu-Tempel errichtet. Am Gai Ghat steht eine aus Stein gehauene Kuh. Beim Trilochan Ghat erheben sich zwei Türmchen aus dem Wasser; das Wasser zwischen diesen beiden Türmchen gilt als besonders heilig. Raj Ghat schließlich war der Fähranleger, bevor die Eisenbahn- und Straßenbrücke fertig wurde.

Goldener Tempel: Dieser Tempel steht heute genau gegenüber auf der anderen Straßenseite, wo sich sein ursprünglicher Platz befand. Er ist Vishveswara (Vishwanath), Shiva als Herr des Universums, geweiht. Aurangzeb zerstörte den ersten Tempel und ließ eine Moschee auf dem Grund bauen. Überreste des ehemaligen Tempels (1600) können hinter der Moschee noch besichtigt werden.

Der jetzige Tempel wurde 1776 von Ahalya Bai aus Indore erbaut. Das Gold für die Verkleidung (eine ³/₄ Tonne!) spendete der Maharadscha Ranjit Singh aus Lahore. Neben dem Tempel befindet sich die Gyan-Kupor-Quelle, die Quelle der Weisheit. Sie wird von den Gläubigen sehr verehrt, denn man sagt, daß sie den *lingam* Shivas enthält. Er soll aus dem Originaltempel gerettet und hier versteckt worden sein, um ihn vor Aurangzeb zu schützen. Touristen ist der Zutritt zu diesem Tempel verwehrt. Sie können aber einen Blick

von einem gegenüberliegenden Haus aus hineinwerfen, in dem unten Soldaten sitzen. Wenn man von dort fotografieren will, muß man vorsichtig sein, weil die Soldaten das manchmal nicht mögen.

Neben diesem Tempel, der besonders schön ist, wenn man ihn in den Abendstunden besucht, kommt man in viele kleine Gassen mit unzähligen Läden.

Große Moschee des Aurangzeb: Bei diesem Bau benutzte man Säulen des von Aurangzeb geplünderten Biseswar-Tempels. Stolz ragen 71 m hohe Minarette erhaben über dem Ganges. Bewaffnete Wachen schützen die Moschee, denn die indische Regierung möchte verhindern, daß es an ihr zu Zwischenfällen zwischen Hindus und Moslems kommt.

Durga-Tempel: Dieser Tempel ist eher bekannt als der Affentempel, denn viele Affen haben sich diesen Tempel als Wohnort ausgesucht. Er wurde im 18. Jahrhundert von einer bengalischen Maharani erbaut und ist bunt bemalt mit Ocker. Dieser kleine Tempel ist im nordindischen Nagara-Stil mit einer vielschichtigen Sikhara errichtet worden.

Durga ist das Böse in Shivas Begleiterin Parvati; daher bringt man bei Festen an dieser Stelle häufig Ziegenopfer. Der Durga-Tempel ist zwar einer der bekanntesten Tempel von Varanasi, aber er ist, wie andere Hindu-Tempel auch, Ungläubigen versperrt. Somit bleibt Besuchern nur die Möglichkeit, von einem Fußsteg auf dem Dach in das Innere des Tempels zu schauen. Achten Sie auf die Affen dieses Tempels; sie sind frech und schnell und nehmen Besuchern sogar die Brille von der Nase!

Neben dem Tempel steht ein Behälter mit Wasser. Dort - wie könnte es in Varanasi auch anders sein - baden Pilger.

Tulsi-Manas-Tempel: Gleich neben dem Durga-Tempel steht dieser moderne Tempel im Sikhara-Stil aus Marmor. Er wurde erst im Jahre 1964 gebaut. Seine Wände tragen Inschriften mit Versen aus dem *Ram Charit Manas*, der hinduistischen Version des *Ramayana*. Sie erzählen die Geschichte des Gottes Rama, einer Inkarnation von Vishnu. Der Autor Tulsi Das lebte im Mittelalter in Varanasi, als er die Hindi-Version dieses Epos schrieb, und starb 1623.

In der zweiten Etage sind Bilder aus der hinduistischen Mythologie zu sehen, dargestellt durch bewegliche Statuen. Wer das *Ramayana* etwas kennt, verbringt hier eine interessante Stunde. Diesen Tempel dürfen auch Touristen betreten.

Hinduistische Universität von Benares: Nach 20 Minuten Fußmarsch oder nach einer kurzen Rikscha-Fahrt kommt man zur Hinduistischen Universität von

Benares.˙ Sie wurde zu Beginn dieses Jahrhunderts gebaut. Das Universitätsgelände ist nicht weniger als fünf Quadratkilometer groß. Von Godaulia aus ist dieser Komplex mit einem Bus oder für 6 Rs in einer Rikscha zu erreichen.
Gegründet wurde die Universität von Pandit Malviya. Sie sollte ein Zentrum der indischen Kunst, Kultur sowie Musik sein und außerdem Sanskrit lehren. Im Bharat Kala Bhawan oder BHU der Universität finden Sie eine gute Sammlung von Miniaturmalereien sowie Skulpturen aus dem 1. bis 15. Jahrhundert. In einem Raum der ersten Etage können Sie gute Fotografien und eine Karte von Varanasi sehen. Die Öffnungszeiten sind von 11.00 bis 16.00 Uhr (im Sommer von 8.00 bis 12.00 Uhr); sonntags ist geschlossen.

Neuer Vishwanath-Tempel: Vom Tor der Universität braucht man etwa 30 Minuten zu Fuß bis zu diesem Tempel. Er wurde von Pandit Malviya entworfen und von der begüterten Industriellenfamilie Birla erbaut. Als großer Nationalist hatte es sich Pandit Malviya vorgenommen, daß der Hinduismus ohne Kastensystem eine Wiederbelebung erfahren sollte. Auch alle Vorurteile sollten abgeschafft werden. Dieser Tempel ist ein Zeichen seines guten Willens, denn er ist, anders als viele der übrigen Tempel in Varanasi, für alle Menschen zugänglich, ganz gleich, welcher Kaste oder Religion sie angehören. Im Innern finden Sie einen Shiva-*Lingam* und Verse aus Hindu-Schriften an den Wänden. Der Tempel soll eine Nachbildung des Vishwanath-Tempels sein, den Aurangzeb damals zerstörte.

Alamgir-Moschee: Die Einheimischen nennen diesen Tempel Beni Madhav Ka Darera. Er war ursprünglich ein Vishnu-Tempel, der von den Marathen Beni Madhav Rao Scindia erbaut wurde. Auch dieser Tempel fiel der Zerstörungswut Aurangzebs zum Opfer. Er baute eine Moschee auf die Grundmauern. Was dabei herauskam, ist eine Mixtur aus Hindu- und Moslem-Architektur, wobei der untere Teil völlig im Hindu-Stil errichtet wurde.

Bharat-Mata-Tempel: Da er der „Mutter Indien" geweiht ist, enthält dieser Tempel nicht die üblichen Figuren von Göttern und Göttinnen, sondern eine Reliefkarte von Indien aus Marmor. Der Tempel wurde von Mahatma Gandhi eröffnet, darf von jedermann betreten werden und liegt etwa 1,5 km südlich des Bahnhofs Varanasi Junction. Hier herrscht weniger Gedränge als im Uferbereich.

Fort Ram Nagar und Museum: Auf der gegenüberliegenden Flußseite ist das aus dem 17. Jahrhundert stammende Fort der Wohnsitz des Maharadschas von Benares. Um dieses Fort zu besichtigen, können Sie

entweder an einer Ausflugsfahrt teilnehmen oder mit einer Fähre übersetzen. Zum Fort gehört auch ein Museum, in dem sehr schöne alte Silber- oder Brokat-Sänften (Palankine) der früheren Hofdamen, silberne Sitze zum Reiten auf den Rücken der Elefanten, alte Brokate, die Nachbildung eines königlichen Bettes und eine Sammlung von Schwertern und alten Gewehren ausgestellt sind. Das Fort ist von 9.00 bis 12.00 Uhr und 14.00 bis 17.00 Uhr geöffnet (Eintritt in das Museum 1,50 Rs).

FREIZEITBESCHÄFTIGUNGEN

Schwimmen: Wenn Sie in Varanasi in einem der billigeren Hotels übernachten und gern einmal schwimmen wollen, dann ist das überhaupt kein Problem. Einige der großen Hotels in Cantonment lassen nämlich auch andere als Hausgäste in ihr Schwimmbad. Zu diesen Hotels gehören das Hindustan International (100 Rs), das Varanasi Ashok (75 Rs) und das Clarks Varanasi (100 Rs).

Yoga: Wer an Yoga interessiert ist, sollte einmal zum Malaviya Bhawan in der Universität gehen. Dort werden Yoga-Kurse und außerdem Lehrgänge über die hinduistische Philosophie angeboten.
Aber auch viele private Lehrer und Organisationen veranstalten solche Kurse, deren Preise von sehr niedrig bis ausgesprochen hoch reichen. Besuchen Sie bei Interesse einmal die Yoga Clinic am Man Mandir D 16/19 (unweit vom Mandir Ghat), wo Yogi Prakash Shankar Vyas siebentägige Kurse über die Grundlagen des Yoga veranstaltet.

AUSFLUGS- UND FLUSSFAHRTEN

Viele Besucher ziehen es vor, die Organisation einer Ausflugs- oder Flußfahrt selbst in die Hand zu nehmen. Wenn die Ausflugsfahrten der ITDC (vgl. folgenden Abschnitt) nicht wieder aufgenommen worden sind, hat man auch gar keine andere Wahl. Es ist jedoch leicht, ein Boot zu finden, von dem aus man den Sonnenaufgang über den *ghats* beobachten kann. Zudem freuen sich die Rikscha-Wallahs darauf, schon vor der Morgendämmerung Besucher hinunter zum Fluß fahren zu können. Wenn Sie sich mit einer Rikscha fahren lassen, dann achten Sie darauf, daß Sie zu einem der größeren *ghats* wie dem Dasaswamedh Ghat gebracht werden, wo man aus einer größeren Zahl von Booten wählen kann. Wir haben schon Berichte von Besuchern erhalten, die zu einem kleineren *ghat* mit nur einem einzigen Boot gefahren worden waren, was sie beim Aushandeln des Preises in eine schlechte Lage versetzte. Peilen Sie beim Verhandeln über den Preis für eine Bootsfahrt an, rund 25 Rs pro Stunde zu bezahlen.
Die Stadtrundfahrten der ITDC in Varanasi sind eingestellt worden, wahrscheinlich aber nur vorübergehend.

Bei Interesse kann man sich danach in den Fremdenverkehrsämtern erkundigen. Vor der Einstellung führte die Morgenrundfahrt zunächst zum Ganges und zu einigen *ghats*, danach zu vielen Tempeln und anschließend hinaus zur Universität. Die Nachmittagstour führte nach Sarnath sowie zum Fort Ram Nagar.

UNTERKUNFT

Die Hotels in Varanasi liegen überwiegend in drei Stadtteilen. Das ist zum einen das sehr weitläufige Gebiet von Cantonment (nördlich der Bahnlinie) mit vielen Hotels an breiten Straßen, von denen in dieser friedlichen Gegend viele zu den teureren gehören und über einen ganz ansprechenden Garten verfügen, und zum anderen der neuere Stadtteil (südlich der Bahnlinie und in der Nähe des Busbahnhofs). Die echte Atmosphäre dieser alten heiligen Stadt spürt man jedoch am besten im belebten und verwirrenden, aber farbenfrohen Gebiet der Altstadt am Fluß. Die Hotels in der Altstadt sind zudem am billigsten und haben den Vorteil, daß sie während der heißen Jahreszeit bedeutend kühler sind. Außerdem kann man von dort jederzeit zu den *ghats* hinuntergehen.

Ein Hinweis gilt jedoch für ganz Varanasi: Egal, wo immer Sie auch in Varanasi wohnen werden, es ist immer das gleiche, daß die Rikscha-Wallahs häufig eine Fahrt entweder verweigern oder nur zögernd annehmen. Der Grund dafür ist, daß sie dann in diesem Hotel keine Provision erhalten. Sie lassen sich deshalb schon öfter mal Ausreden einfallen und behaupten, die Lodge sei geschlossen, bereits voll belegt oder abgebrannt oder in der Gegend gebe es Probleme zwischen Hindus und Moslems. Manchmal erklären sie sogar, die Hotels am Fluß seien bei Hochwasser überflutet. Wenn man in der Altstadt übernachten will, dann läßt man sich am besten zum Dasaswamedh Ghat fahren und geht von dort zu Fuß zu dem Hotel, in dem man wohnen möchte.

Einfache Unterkünfte und Mittelklassehotels: In der Straße gegenüber vom Bahnhof Varanasi Junction gibt es einige billige Unterkünfte. Eine davon ist das Hotel Glory (Tel. 4 68 12), in dem Einzelzimmer für 60 Rs und Doppelzimmer für 90 Rs vermietet werden (mit Bad). Im Hotel Amar (Tel. 4 35 09) kann man in einem Einzelzimmer für 50 Rs und in einem Doppelzimmer für 80 Rs (mit Badbenutzung) und mit eigenem Bad für 80 bzw. 100 Rs übernachten. Geringfügig billiger sind das Hotel Raj Kamal und das Hotel Diwan. Alle diese Häuser sind jedoch ziemlich ohne Charakter und wenig ansprechend.

Beliebt ist der Tourist Bungalow (Tel. 4 34 13), denn er verfügt über einen ganz hübschen Garten und liegt in Fußwegentfernung vom Bahnhof und Busbahnhof. Allerdings sind dort vor kurzem die Preise deutlich erhöht

worden (der Standard nicht!), so daß das Preis-/Leistungsverhältnis nicht mehr sonderlich gut ist. Geboten werden Betten im Schlafsaal für 20 Rs, mit Bad Einzelzimmer für 100 Rs sowie Doppelzimmer für 125 Rs, mit Ventilator für 150 bzw. 200 Rs und mit Klimaanlage für 275 bzw. 350 Rs. Die Mitarbeiter genießen allerdings zu Recht den Ruf, wenig hilfsbereit zu sein. Das gilt auch für das Fremdenverkehrsamt im Haus. Unmittelbar davor steht das preisgünstigere Hotel Relax, in dem mit Badbenutzung Einzelzimmer für 60 Rs und Doppelzimmer für 90 Rs, mit eigenem Bad für 75 bzw. 125 Rs und mit Klimaanlage für 125 bzw. 175 Rs vermieten werden. Dieses Haus profitiert - wie andere Hotels in der Gegend - davon, wenn der Tourist Bungalow bereits voll belegt ist.

Neben dem Restaurant El Parador liegt das vor kurzem renovierte Hotel Sandona, in dem man mit eigenem Bad allein ab 80 Rs und zu zweit ab 120 85 Rs übernachten kann.

Es gibt auch eine Reihe von Hotels unmittelbar zwischen dem Bahnhof und dem Busbahnhof, aber in denen kann es laut sein. Eines davon ist das Nar Indra (Tel. 4 35 86), in dem ein Einzelzimmer 125 Rs und ein Doppelzimmer 155 Rs kostet (mit Klimaanlage 300 bzw. 350 Rs).

Im Bahnhof Varanasi Junction stehen auch Ruheräume zur Verfügung, in denen man in einem Doppelzimmer für 50 Rs (mit Klimaanlage für 75 Rs) und in einem Schlafsaal für 15 Rs pro Bett übernachten kann.

Auf der anderen Seite des Bahnhofs, im Stadtteil Cantonment, siedelten sich vor allem Hotels der gehobeneren Klasse an, aber auch einige preiswertere. Überlandfahrer steuern gern den Tourist Dak Bungalow an der Mall (Tel. 4 21 82) an, wo es auch einen Garten gibt. Dort läßt sich für 20 Rs zelten oder für 100 Rs in einem Einzelzimmer oder für 250 Rs in einem Doppelzimmer überteuert übernachten. Geboten wird den Gästen auch ein annehmbares Restaurant.

Direkt hinter dem großen Hotel Clarks Varanasi befindet sich das empfehlenswerte Hotel Surya (Tel. 38 59 30) mit einem Garten, in dem man sich hervorragend entspannen kann. Auch ein gutes China-Restaurant ist vorhanden. Hier gehört zu jedem Zimmer ein eigenes Bad. Vermietet werden einige Einzel- und Doppelzimmer für 75 bzw. 90 Rs sowie Zimmer mit Klimaanlage für 275 bzw. 300 Rs.

An der Patel Nagar, der Straße, die vom Bahnhof hinaufführt, gibt es eine weitere Gruppe von Hotels. Am preiswertesten ist hier das Hotel Temples Town (Tel. 4 65 82), wobei man jedoch berücksichtigen muß, daß die Zimmern Fenster nach draußen fehlen. Übernachten kann man hier in einem Zimmer mit Bad allein für 90 Rs sowie zu zweit für 130 Rs.

Nebenan liegt das ganz ansprechende Hotel Vaibhav (Tel. 4 64 66), in dem komfortable Einzelzimmer für

200 Rs und ebensolche Doppelzimmer für 250 Rs sowie Zimmer mit Klimaanlage für 375 bzw. 450 Rs angeboten werden. Alle Zimmer in diesem Haus sind mit Teppichen und Fernsehgerät ausgestattet, die angrenzenden Badezimmer auch mit heißem Wasser und Badewanne. Insgesamt gesehen ist das ein freundliches, sauberes und gut geführtes Haus.

Noch ein Haus weiter stößt man auf das Hotel India (Tel. 4 33 09). Es ist mit Einzelzimmern für 175 Rs und Doppelzimmern für 250 Rs, mit Klimaanlage für 300 bzw. 400 Rs, ähnlich wie das Hotel Vaibhav. Die Zimmer im neuen Anbau können jedoch teurer sein. Zu diesem Hotel gehören auch ein eigenes Restaurant und eine Bar. Im Gebiet von Lahurabir, der Gegend zwischen dem Bahnhof und Godaulia, gehören zwar die meisten Hotels der Mittelklasse an, aber es gibt eine Ausnahme.

Das ist das Hotel Vaishal (Tel. 5 65 77), ein großes Haus ohne viel Charakter mit Einzelzimmern für 60 Rs, Doppelzimmern für 100 Rs und Dreibettzimmern für 150 Rs (mit Bad, aber heißem Wasser nur aus Eimern). Im Hotel Natraj (Tel. 4 36 52) kann man mit Bad allein für 67 Rs und zu zweit für 90 Rs übernachten, mit Ventilator für 20 Rs Zuschlag. Das Hotel Ajaya nebenan (Tel. 4 37 07) ist geringfügig besser und mit Einzelzimmern für 80 Rs sowie Doppelzimmern für 100 Rs (mit Ventilator für 130 bzw. 150 Rs) etwas teurer. Hier werden die Zimmer jeweils für 24 Stunden vermietet. Die beste Wahl in dieser Gegend ist jedoch das Hotel Buddha hinter dem Hotel Ajaya (Tel. 4 38 86). Das ist ein hübsches altes Gebäude mit hohen Decken und einer Veranda. Die Zimmer sind spartanisch eingerichtet, aber ziemlich geräumig. Auch wenn Fenster fehlen,

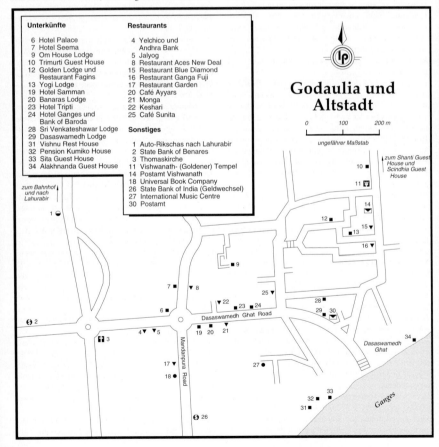

Unterkünfte

6 Hotel Palace
7 Hotel Seema
9 Om House Lodge
10 Trimurti Guest House
12 Golden Lodge und Restaurant Fagins
13 Yogi Lodge
19 Hotel Samman
20 Banaras Lodge
23 Hotel Tripti
24 Hotel Ganges und Bank of Baroda
28 Sri Venkateshawar Lodge
29 Dasaswamedh Lodge
31 Vishnu Rest House
32 Pension Kumiko House
33 Sita Guest House
34 Alakhnanda Guest House

Restaurants

4 Yelchico und Andhra Bank
5 Jalyog
8 Restaurant Aces New Deal
15 Restaurant Blue Diamond
16 Restaurant Ganga Fuji
17 Restaurant Garden
20 Café Ayyars
21 Monga
22 Keshari
25 Café Sunita

Sonstiges

1 Auto-Rikschas nach Lahurabir
2 State Bank of Benares
3 Thomaskirche
11 Vishwanath- (Goldener) Tempel
14 Postamt Vishwanath
18 Universal Book Company
26 State Bank of India (Geldwechsel)
27 International Music Centre
30 Postamt

Godaulia und Altstadt

0   100   200 m

ungefährer Maßstab

zum Shanti Guest House und Scindhia Guest House

zum Bahnhof und nach Lahurabir

zum Shanti Guest House und Scindhia Guest House

Dasaswamedh Ghat Road

Mandapura Road

Dasaswamedh Ghat

Ganges

sorgen die hohen Decken dafür, daß die Temperaturen drinnen niedrig bleiben. Die Mitarbeiter in diesem Haus sind freundlich und hilfsbereit und servieren auf der Veranda auch ganz gutes Essen. Für ein Zimmer (alle mit Bad) werden hier 100 bis 160 Rs in Rechnung gestellt.

Das Hotel Pradeep mit zwei Sternen (Tel. 4 49 63), ebenfalls in Lahurabir, hat ganz gute Einzelzimmer ab 200 Rs und Doppelzimmer ab 250 Rs (mit Klimaanlage für 350 bzw. 400 Rs) und das sehr gute Restaurant Poonam zu bieten.

Ganz gut ist in der gleichen Gegend, vom Hotel Natraj aus um die Ecke, auch das Hotel Gautam (Tel. 4 63 29) mit sauberen Einzelzimmern ab 200 Rs und ebenso sauberen Doppelzimmern ab 250 Rs (mit Klimaanlage für 350 bzw. 400 Rs).

Wenn man zurück zur Station Road geht, kommt man zum modernen Hotel Avaneesh (Tel. 5 41 78) mit komfortablen, wenn auch etwas beengten Einzel- und Doppelzimmern ab 375 bzw. 450 Rs.

Westlich von Lahurabir, auf halbem Weg zwischen dem Bahnhof und den *ghats*, liegt in einer ruhigen Gegend das Hotel Varuna (Tel. 5 45 24). Das ist ein freundliches Quartier, in dem man mit Bad allein für 100 Rs und zu zweit für 200 Rs übernachten kann (mit Klimaanlage für 375 bzw. 450 Rs). Es ist mit einer Riksha leicht zu finden, weil dort den Fahrern für neue Gäste ein gute Provision gezahlt wird. Etwa einen Kilometer entfernt an der lauteren Vidyapeeth Road liegt das Hotel Garden View (Tel. 36 08 59), in dem der Garten winzig und die Einzelzimmer für 50 Rs und die Doppelzimmer für 100 Rs (mit Badbenutzung) nicht gerade berauschend sind. Hier gibt es aber auch noch einige bessere Doppelzimmer mit Ventilator für 130 Rs.

Das Hotel Siddharth (Tel. 5 41 61, Fax 35 23 01) ist ein neues Haus ein bißchen näher in Richtung Luxa Road. Die Zimmer sind gut möbliert und können allein für 200 Rs sowie zu zweit für 275 Rs bewohnt werden (mit Klimaanlage für 325 bzw. 400 Rs).

Östlich von Lahurabir, unweit vom Hauptpostamt in Maidagin, befindet sich das Hotel Barahdari (Tel. 33 03 46), das von einer aristokratischen Jain-Familie geführt wird. Es liegt mitten in der Stadt und bietet Einzelzimmer für 165 Rs sowie Doppelzimmer für 190 Rs (mit Ventilator) und 275 bzw. 330 Rs (mit Klimaanlage). Ein gutes vegetarisches Restaurant und ein Garten sind ebenfalls vorhanden.

Die Hotels in der Dasaswamedh Road in Godaulia scheinen ein wenig geräumiger zu sein, aber deutlich weniger interessant als die unmittelbar in der Altstadt. Auch hier gibt es einige preiswerte Hotels wie das Hotel Binod, das Hotel Palace und das nahegelegene Hotel Samman (Tel. 32 22 41), das von den im Preis ähnlichen mit Einzelzimmern ab 60 Rs und Doppelzimmern

ab 100 Rs (mit Bad) oder 90 bzw. 120 Rs (mit Ventilator) und 250 Rs (mit Klimaanlage) das beste ist. In der Banaras Lodge und im Hotel Tripti gibt es auch noch etwas günstigere Zimmer mit Badbenutzung.

Eine große Unterkunft mit einem freundlichen Geschäftsführer und Einzelzimmern von 100 bis 250 Rs sowie Doppelzimmern von 150 bis 300 Rs (die teureren mit Klimaanlage und „Video-Vision") ist das Hotel Ganges (Tel. 32 10 97).

Gegenüber vom Restaurant Aces steht das Hotel Seema (Tel. 35 27 85), in dem man in sauberen Zimmern allein für 175 Rs und zu zweit für 200 Rs übernachten kann. In den zugehörigen Bädern steht auch heißes Wasser zur Verfügung. Einzel- und Doppelzimmer mit Klimaanlage kosten 350 bzw. 400 Rs. In diesem Haus muß man aber die Zimmer zur Straße hin meiden, denn in der geht es immer geschäftig und laut zu.

In einer ganzen Reihe von Hotels in dieser Gegend wird man Ausländer jedoch nicht aufnehmen, weil ihnen die Formulare für die Registrierung von Ausländern fehlen. Dazu gehören die Dasaswamedh Lodge und das Hotel Madras. Vielleicht ist das aber auch ganz gut so, denn für das zuletzt genannte Haus wird mit den Worten „Stay and Die in Varanasi" geworben.

In der Altstadt und um die *ghats* herum stehen vorwiegend ganz einfache Hotels. Die Straßen sind in diesem Stadtteil so eng, daß man manchmal sogar die Riksha verlassen und das Gepäck selbst weitertragen muß, weil auch diese Fahrzeuge nicht mehr durch die Straßen fahren können.

Es gibt unmittelbar am Fluß eine ganze Zahl von Quartieren mit hervorragenden Blicken entlang der *ghats*. Sie alle verfügen über eine Dachterrasse, auf der man sich erholen kann. In einigen der Unterkünfte kann man sogar den Sonnenaufgang beobachten, ohne sein Bett verlassen zu müssen. Eine der beliebten Unterkünfte, insbesondere bei japanischen Besuchern, ist das Vishnu Rest House unmittelbar am Fluß, in dem man mit Badbenutzung allein für 40 Rs und zu zweit für 60 Rs sowie mit eigenem Bad für 60 bzw. 80 Rs übernachten kann. In der Nähe befindet sich das Kumiko House Pension mit ähnlichen Preisen, die von einer sehr freundlichen Japanerin und ihrem indischen Ehemann geführt wird.

Im Norden dieser Gegend, unmittelbar oberhalb vom Scindia Ghat (neben dem Manikarnika Ghat), ist das Scindhia House (Tel. 32 03 19) eine gute Wahl. Es ist klein, sauber und wird von einem hilfsbereiten Geschäftsführer geleitet. Hier muß man für ein Doppelzimmer mit Badbenutzung 80 Rs und mit eigenem Bad 100 Rs bezahlen (keine Einzelzimmer). Das Essen im Haus ist zwar etwas teuer, aber dafür hat man herrliche Ausblicke am Fluß entlang.

Zwischen dem Scindhia Guest House und dem Damaswamedh Ghat liegt das gut ausgeschilderte Shanti Guest

House (Tel. 32 25 68). Das ist ein sehr freundliches und beliebtes Quartier mit einem Dachrestaurant (Tag und Nacht geöffnet), von dem man herrliche Ausblicke auf den Fluß genießen kann. Vermietet wird in diesem Haus eine Vielfalt an Zimmern, die meisten davon jedoch ohne Fenster nach draußen. Die preisgünstigsten sind die Einzel- und Doppelzimmer mit Badbenutzung für 30 bzw. 50 Rs, aber es stehen auch ein paar Doppelzimmer mit eigenem Bad für 90 Rs zur Verfügung.

In der gleichen Gegend kommt man ferner zum Alaknanda Guest House, in dem Einzel- und Doppelzimmer mit Bad für 40 bzw. 45 Rs und Doppelzimmer mit Blick auf den Fluß für 100 Rs angeboten werden.

Viele Besucher ziehen es vor, in Unterkünften an den kleinen Gassen hinter den *ghats* zu übernachten. Eine davon ist die Yogi Lodge (Tel. 32 25 88), die schon lange bei Leuten mit wenig Geld beliebt ist und von einer freundlichen Familie gut geführt wird. Hier muß man für ein Bett im Schlafsaal 20 Rs und für eines der recht kleinen Zimmer allein 50 Rs und zu zweit 75 Rs bezahlen. Vorhanden sind auch ein Schwarzes Brett für Aushänge, Duschen mit heißem Wasser und ein gutes Restaurant. Der Erfolg dieses Hauses hat die Jogi Lodge, die Old Yogi Lodge, die Gold Yogi Lodge, die New Yogi Lodge und das Yogi Guest House entstehen lassen, die schlechte Kopien des Originals sind und in denen Riksha-Wallahs Provisionen gezahlt werden. Seien Sie also gewarnt. Gleichwohl ist die Old Yogi Lodge (35 01 41), obwohl sie ebenfalls aus dem Namen Yogi Kapital schlägt, ein durchaus annehmbares Quartier. Unweit der Yogi Lodge findet man die Golden Lodge, die geringfügig billiger ist und eine gute Dachterrasse zu bieten hat.

Ein gutes Quartier ist die Sri Venkateshwar Lodge neben dem kleinen blauen Tempel (Tel. 32 23 57), in der man mit Badbenutzung allein für 40 Rs und zu zweit für 70 Rs übernachten kann. Es stehen aber auch einige größere Zimmer mit eigenem Bad zur Verfügung. Die Geschäftsführung ist recht hilfsbereit und nicht gerade versessen auf den übermäßigen Genuß schädlicher Substanzen.

Eine gute Wahl ist auch das Trimurti Guest House (Tel. 32 35 54), selbst wenn einige Zimmer eher wie Zellen aussehen. Hierzu gehört auch ein beliebtes Restaurant. Für ein Bett im Schlafsaal muß man in diesem Haus 20 Rs, für ein Einzelzimmer ab 30 Rs und für ein Doppelzimmer ab 45 Rs bezahlen, von denen einige über ein eigenes Bad verfügen und mit einem Ventilator ausgestattet sind. Vom Dach aus hat man gute Ausblicke über den Goldenen Tempel.

Weiter vom Fluß entfernt, in der Gegend von Bansphatak der Altstadt, gibt es als sehr einfaches Quartier die Om House Lodge (Tel. 32 27 28) mit Einzelzimmern ab 35 Rs und Doppelzimmern ab 50 Rs (Badbenutzung). Hier treffen sich vor allem Reisende mit äußerst schmaler

Reisekasse. Der Inhaber erteilt auch Yoga-Unterricht. Um diese Lodge zu finden, bedarf es Ausdauer und Findigkeit, denn dorthin muß man durch ein unübersehbares Gewirr von Straßen. Das Haus selbst ist aber angenehm ruhig.

Weiter entfernt im Süden dieser Gegend liegt recht ruhig neben dem Postamt Shivala das Sandhya Guest House (Tel. 31 06 44). Es wird von einem freundlichen, hilfsbereiten Geschäftsführer geleitet und hat auf dem Dach ein gutes Restaurant zu bieten, in dem Suppen nach Hausmacherart und braunes Brot angeboten werden. Hier kann man in einem Schlafsaal für 20 Rs und in einem Zimmer allein für 50 Rs sowie zu zweit für 75 Rs (mit Badbenutzung) und mit eigenem Bad für 60 bzw. 90 Rs übernachten. Das Haus ist nur wenige Minuten zu Fuß vom Shivala Ghat entfernt.

Luxushotels: Das Hotel de Paris (Tel. 4 66 01) besteht aus einem verschachtelten Gebäude mit weiß gekalkten Bögen in einem weitläufigen Garten. Es ist ganz sicher schon reichlich hergekommen und verdient wahrscheinlich seine drei Sterne nicht mehr. Hier kann man mit Klimaanlage in einem Einzelzimmer für 550 Rs und in einem Doppelzimmer für 760 Rs übernachten. Verpflegung ist im Haus ebenfalls erhältlich, und zwar Frühstück für 105 Rs sowie Mittag- und Abendessen für jeweils 165 Rs. Bezahlen läßt sich außer mit Bargeld auch mit Kreditkarten von Visa, American Express und Diners Club.

Ein moderner Betonklotz im Zentrum der Stadt ist das Hotel Hindustan International (Tel. 5 70 75, Fax 35 23 74), in dem Einzelzimmer für 1150 Rs und Doppelzimmer für 2000 Rs vermietet werden. Zu jedem Zimmer gehört ein Bad mit einer richtigen Badewanne. Außerdem ist hier ein Swimming Pool vorhanden. Dieses Haus ist wahrscheinlich eine bessere Wahl als das Vier-Sterne-Hotel Varanasi Ashok neben dem Clarks im Stadtteil Cantonment (Tel. 4 60 20, Fax 34 80 89), in dem man allein für 1195 Rs und zu zweit für 2000 Rs übernachten kann. Dennoch liegt das Ashok ruhiger und hat einen schöneren Garten mit einem Swimming Pool zu bieten.

Das älteste der besseren Hotels ist das Clarks Varanasi (Tel. 34 85 01, Fax 34 81 86), das noch aus der britischen Zeit stammt, dem aber inzwischen ein großer, moderner Anbau hinzugefügt wurde. Klimatisierte Einzel- und Doppelzimmer kosten 1195 bzw. 2250 Rs. Zum Hotel gehört auch ein Schwimmbad. Es wird als das beste Haus in der ganzen Stadt angesehen und ist beliebter als das der gleichen Preisklasse angehörende Hotel Taj Ganges (Tel. 34 83 01, Fax 32 20 67), in dem man in klimatisierten Zimmern allein für 75 US $ und zu zweit für 90 US $ übernachten kann.

Unmittelbar neben dem Hotel Clarks steht das neue Hotel Ideal Tops (Tel. 34 80 91, Fax 34 86 85), das mit gut eingerichteten und klimatisierten Einzel- und Doppelzimmern für 28 bzw. 35 US $ aufwartet.

ESSEN

Bahnhofsgegend und Lahurabir: Das Restaurant im Bahnhof von Varanasi ist in dieser Gegend keine schlechte Wahl. Ganz gut schmecken hier das Frühstück und der „Pot Tea". Ein Restaurant gehört auch zum Tourist Bungalow, in dem das Essen durchaus annehmbar, aber zu teuer ist. Gleich davor kommt man zum China-Restaurant Mandarin, in dem die Gerichte zwar billiger sind, aber kaum noch etwas mit chinesischer Küche zu tun haben. Das kleine Restaurant Most Welcome um die Ecke ist ganz in Ordnung.

Das beste chinesische Restaurant in Varanasi ist vermutlich das Restaurant Winfa in Lahurabir, und zwar hinter dem Kino. Hier kann man zu Preisen von 15 bis 40 Rs essen. Im Hotel Pradeep serviert man im Restaurant Poonam ausgezeichnete indische und chinesische Gerichte, für die man mit ca. 40 Rs rechnen muß. Auch die Bedienung ist hervorragend. Hier wird sogar eine merkwürdiges Mughlai-Nachspeise angeboten, die *shahi tukra* heißt und die Liebhabern von Pudding aus Brot und Butter sicher schmecken wird. Sie besteht in erster Linie aus gebratenem Brot, das in Sahne gekocht wurde und dem Nüsse hinzugefügt wurden.

Das beste Lokal in dieser Gegend, sei es für einen Cappuccino oder für ein Festmahl, ist jedoch das El Parador. Hier werden hervorragende Suppen und Salate, Enchiladas, Eintopfgerichte, Crêpes, Schokoladenkuchen und all die anderen Speisen angeboten, die man eher in einem Restaurant in Kathmandu erwarten würde, nicht aber in Varanasi. Allerdings ißt man hier recht teuer und muß für ein Hauptgericht rund 70 Rs ausgeben, aber das ist es wert, zumal das Lokal recht beliebt ist. Hier kann man auch gleichzeitig frühstücken und zu Mittag essen und erhält dann für 40 Rs Waffeln, Pfannkuchen, Bratkartoffeln und Corn Flakes.

Ganz gut ist auch das Essen, das im Hotel Buddha serviert wird. Wenn man preisgünstige indische Gerichte mag, kann man sich auch in ein paar *Dhaba*-Lokalen in der Straße dahinter verpflegen.

Cantonment: So etwa das preisgünstigste Restaurant in Cantonment befindet sich im Tourist Dak Bungalow, auch wenn die Gerichte nicht unbedingt immer ein Gaumenschmaus sind. Gutes chinesisches Essen erhält man im Hotel Surya, wo die Hauptgerichte etwa 35 Rs kosten.

Zwei ganz ordentliche Lokale sind ferner das Restaurant Palki im Hotel Vaibhav und das Restaurant Amber neben dem Hotel India. Für einen schnellen Imbiß bietet sich als annehmbares Lokal Burger King unweit vom Hotel Taj Ganges an, wo vegetarische Hamburger und andere Speisen zu haben sind.

Wer abends einmal etwas besser und in gepflegter Umgebung essen möchte, der ist im Bezirk Cantonment in den Hotels Clarks Varanasi und Taj Ganges gut aufgehoben.

Godaulia und Altstadt: In vielen Lodges kann man sich Essen in sein Zimmer bringen lassen, beispielsweise Thalis für 15 bis 30 Rs. Es gibt aber auch in Godaulia eine Reihe von Lokalen für ein Frühstück oder einen Imbiß, wozu das Restaurant Aces New Deal gehört. Es ist bei Globetrottern schon seit vielen Jahren beliebt. Die Speisekarte ist recht abwechslungsreich, die Berichte über dieses Lokal sind es aber ebenfalls. Es ist immer noch beliebt und hat auch einen kleinen Innenhof zu bieten, auch wenn es dort nicht gerade romantisch zugeht.

Wenn Sie indisch mit Puris und Gemüse frühstücken möchten (*kachauri*), dann gehen Sie in das Jalyog neben dem Hauptplatz in Godaulia. Es ist an dem Hinweisschild fast nur in Hindi und mit einer englischen Beschriftung ganz klein zu erkennen, besteht aber schon seit fast hundert Jahren, so daß alle es kennen. Außerdem werden in diesem Lokal gute *samosas* angeboten.

Das beste vegetarische Restaurant in dieser Gegend ist das Keshari, zu dem man von der Dasaswamedh Road entlang einer kleinen Gasse kommt. Dieses Lokal ist sehr sauber und hat Hauptgerichte ab 20 Rs zu bieten. Ein weiteres sehr beliebtes Restaurant ist das Yelchico in einem Keller, in dem man sowohl vegetarische als auch nichtvegetarische Gerichte erhält. Hier werden die üblichen indischen, chinesischen und europäischen Speisen für 30 bis 40 Rs angeboten, aber das Lokal ist auch eines der wenigen in der Altstadt, in denen Bier ausgeschenkt wird (40 Rs). Das Monga ist ein China-Restaurant mit ähnlichen Preisen, während man im Café Ayyars gute Masala Dosas und andere leichte Gerichte bekommt.

Das Freiluftrestaurant Garden ist ein sehr angenehmes kleines Lokal, das sich mit seiner Speisekarte auf ausländische Besucher eingestellt hat. Die nicht gerade sehr große Terrasse ist umgeben von zahlreichen Topfpflanzen, die nachmittags für Schatten sorgen. Das Essen ist hier preisgünstig und wird überdies nett serviert.

Das kleine Restaurant Fagins im Erdgeschoß der Golden Lodge ist ebenfalls kein schlechtes Ziel, auch wenn man dort über die Verbrennung der eigenen Leiche nachzudenken beginnt, bevor das Essen auf den Tisch kommt.

Die Restaurants Ganga Fuji und Blue Diamond, nicht weit vom Goldenen Tempel entfernt, sind Lokale, in denen ebenfalls ganz ordentliches Essen aufgetischt wird und abends klassische indische Musik live zu hören ist.

Weitere beliebtes Ziele von Globetrottern sind die Restaurants im Trimurti Guest House, in der Yogi Lodge und im Shanti Guest House. In der Nähe der Sri Venkateshwar Lodge findet man zudem das Café Sunita, in dem man gute Masala Dosas für 8 Rs bestellen kann. In Bhelupara, unweit vom Lalita-Kino, kann man im Restaurant Sindhi ausgezeichnete vegetarische Gerichte erhalten. Die Rikscha-Wallahs kennen zwar das Kino, nicht aber dieses Lokal.

Varanasi ist auch bekannt wegen der leckeren Süßigkeiten. Ein ausgezeichnetes Ziel, um die einmal zu probieren, ist Madhur Jalpan Grih an der gleichen Seite der Straße wie das Kino in Godaulia. Die Stadt hat ferner einen guten Ruf wegen des hochwertigen *paan*, das hier gebacken wird. Das kann man im staatlichen *Bhang*-Geschäft auf dem Weg zum gut ausgeschilderten Shanti Guest House kaufen.

UNTERHALTUNG

Varanasi ist nicht gerade wegen seines Nachtlebens bekannt. Außer in ein Kino zu gehen, um sich den üblichen Bollywood-Schund anzusehen, hat man nur noch die Wahl, sich eines der zweimal wöchentlich stattfindenden Konzerte mit klassischer Musik im International Music Centre unweit vom Damaswamedh Ghat anzuhören.

EINKÄUFE

Die Spezialitäten von Varanasi sind zweifellos die Silberbrokate und die traumhaften Saris. Natürlich sind in der Stadt eilfertige und schlitzohrige Händler und Schlepper am Werk. Einladungen, die etwa lauten: „Ich lade Sie in mein Haus zu einer Tasse Tee ein", sind fast immer so gemeint, daß man Sie in einen Ausstellungsraum von Seidengeweben führt und dann mehr oder weniger zum Kauf zwingt. Nehmen Sie sich auch vor jedem in Ihrem Hotel in acht, der verspricht, Sie in einen preiswerten Laden zu führen. Auch dann werden Sie mit Sicherheit mindestens 30 % mehr bezahlen, denn der Verkäufer muß eine Provision einkalkulieren. In der Nähe des Hauptpostamtes (GPO) befindet sich ein kleiner Markt, der Golghar heißt. Dort verkaufen die Hersteller von Silberbrokaten direkt an die Händler der Umgebung. Im Vergleich zu den größeren Läden kaufen Sie hier wesentlich günstiger ein. Achten Sie aber beim Kauf genau auf die Qualität. Die großen Läden, in denen Silberbrokat verkauft wird, finden Sie alle in der Gegend des Chowk in der Altstadt. Ein Cottage Industries Emporium mit festen Preisen befindet sich in Cantonment. Weil es aber gegenüber vom Hotel Taj Ganges liegt, sind dort die Preise nicht gerade am unteren Ende der Preisskala fest.

Vorsicht ist auch beim Kauf einer Sitar angeraten. Es stimmt zwar, daß Ravi Shankar hier oder in der Umgebung lebt, wenn er nicht gerade im Westen auf einer Tournee ist, aber glauben Sie nicht, daß jeder Sitar-Verkäufer sein Freund ist. Ein Geschäft, das empfohlen wurde, ist das Triveni Music Centre in der Kewalgali Lane 19/3, gelegen unweit vom Dasaswamedh Ghat. Man sieht in der Stadt auch Plakate, auf denen für Konzerte in diesem Laden geworben wird.

AN- UND WEITERREISE

Flug: Das Büro von Indian Airlines (Tel. 4 37 46) befindet sich in Cantonment, und zwar unweit vom Hotel de Paris. Öffnungszeiten sind dort von 10.00 bis 13.15 Uhr und von 14.00 bis 17.00 Uhr. ModiLuft unterhält ein Büro im Hotel Vaibhav (Tel. 4 64 77), während Sahara India Airlines nahe beim Kreisverkehr in Lahurabir vertreten ist (Tel. 4 48 53),

Varanasi wird von Indian Airlines auf verschiedenen Routen angeflogen. Dazu gehört der vor allem bei Touristen beliebte Flug von Delhi über Agra und Khajuraho nach Varanasi und zurück. ModiLuft fliegt ebenfalls täglich auf dieser Strecke. Die Flugpreise betragen nach Delhi 74 US $, nach Agra 57 US $ und nach Khajuraho 39 US $.

Außerdem kann man mit Indian Airlines viermal wöchentlich nach Lucknow (29 US $), Bombay (148 US $) und Bhubaneshwar (69 US $) fliegen, täglich einmal auch nach Kathmandu (71 US $).

Bus: Vom Busbahnhof gegenüber dem Hauptbahnhof (Varanasi Junction) bestehen häufige Verbindungen nach Jaunpur (16 Rs, 2 Stunden), Allahabad (31,50 Rs, 3 1/2 Stunden), Lucknow (72 Rs, 9 Stunden), Faizabad (51 Rs, 7 Stunden) und Gorakhpur (56 Rs, 6 1/2 Stunden). Um 7.00, 18.00 und 19.00 Uhr fahren Luxusbusse auch nach Sunauli (100 Rs, 9 Stunden), um 5.00, 6.00 und 20.00 Uhr zudem normale Busse (81 Rs).

Da Direktbusse nach Khajuraho nicht verkehren, nimmt man dorthin am besten zunächst einen Zug nach Satna und fährt von dort mit einem Bus weiter. Die Busfahrt dauert drei bis vier Stunden.

Zug: Der Hauptbahnhof von Varanasi ist Varanasi Junction (auch als Varanasi Cantonment bekannt). Dort gibt es neben dem Hauptgebäude links ein besonderes Büro für Platzreservierungen, das mit Computern ausgerüstet und montags bis samstags von 8.00 bis 20.00 Uhr sowie sonntags von 8.00 bis 14.00 Uhr geöffnet ist. Die Zahl der Direktzüge zwischen Varanasi und Delhi sowie Kalkutta ist nicht besonders groß. Die meisten Züge zwischen Delhi und Kalkutta halten aber in Moghulserai, 12 km südlich von Varanasi. Dorthin ist es eine Fahrt, die geradezu einen Alptraum darstellt, mit einem Bus (3 Rs), mit einem Tempo (10 Rs) oder mit einer Auto-Riksha (40 Rs) von etwa 45 Minuten Dauer entlang eines höllisch verstopften Teils der Grand Trunk Road. Die einzige annehmbare Unterkunft in

Fahrziel	Zugnummer und Name	Wichtige Züge von Varanasi Abfahrtszeit*	Entfernung (km)	Fahrzeit (Stunden)	Fahrpreis (Rs) (2./1. Klasse)
Bombay	1066 *Ratnagiri Express*	17.45 V	1509	30	262/ 847
	1028 *Dadar Express*	10.50 V		33	262/ 877
Delhi	2301 *Rajdhani Express***	12.40 MS	764	14.05	510/ 635
	2381 *A/C Express****	20.00 V	792	12.05	428/ 777
	4057 *Kashi Vishwanath Exp.*	14.00 V		16.40	180/ 552
Gaya	2382 *Poorva Express*	6.15 MS	204	2.40	52/ 189
Gorakhpur	5104 *Gorakhpur Express*	5.30 V	231	4.40	57/ 208
Kalkutta	2382 *Poorva Express*	6.15 MS	661	10	159/ 481
	3010 *Doon Express*	16.15 V	578	15	143/ 430
Lucknow	4227 *Varuna Express*	5.15 V	302	4.45	90/ 262
Madras	6040 *Ganga Kaveri Express*	17.45 V	2144	41	305/1101
N. Jalpaiguri	5622 *NE Express*	18.00 MS	848	15.30	188/ 553
Patna	3040 *Janata Express*	11.50 MS	228	5	56/ 205
Puri	2802 Purushotam Express	10.30 MS	1044	21	215/ 642
Satna	4248 Kurla Express	23.30 V	316	7	93/ 267

* Abkürzungen für die Bahnhöfe:
   V = Varanasi Junction, MS = Moghulserai
** nur Wagen mit Klimaanlage; im Fahrpreis sind Verpflegung und Getränke enthalten
*** nur Wagen mit Klimaanlage

Moghulserai bieten die Ruheräume der Eisenbahn (60 Rs für ein gutes Doppelzimmer), denn die Hotels gegenüber sind voller Flöhe.

Nach und von Nepal: Wer in Richtung Nepal reisen will, sollte besser mit einem Bus als mit der Bahn fahren, denn die Züge von Varanasi bis zur Grenze verkehren auf einer Schmalspur. Morgens und abends werden normale staatliche Busse (81 Rs) und staatliche Luxusbusse (100 Rs) zur Fahrt nach Sunauli (dem Grenzübergang) eingesetzt, die über Gorakhpur fahren und bis zum Ziel etwa neun Stunden brauchen.

Mehrere private Unternehmen setzen Busse für die Fahrt von Varanasi zur Grenze nach Nepal sowie nach Kathmandu und Pokhara ein. Für diese Fahrt werden etwa 250 Rs berechnet. Darin ist eine - allerdings recht einfache - Übernachtung an der Grenze enthalten. Man kann aber auch für 150 Rs mit einem Luxusbus bis zur Grenze fahren (weit günstiger in einem normalen Bus) und dort in einen nepalischen Bus für die Weiterfahrt nach Kathmandu umsteigen. Für dieses Teilstück muß man umgerechnet etwa 70 Rs bezahlen. Das bietet die Möglichkeit, sich in Nepal einen besseren Bus und in Sunauli ein besseres Quartier auszusuchen.

NAHVERKEHR
Flughafentransfer: Der Flughafen Babatpur liegt 22 km von der Stadt entfernt. Um 10.30 und 14.30 Uhr fährt vom Hotel Vaibhav ein Bus dorthin ab und hält unterwegs an den Hotels in Cantonment (25 Rs). Fahrer

von Auto-Rikschas berechnen für die Strecke etwa 80 Rs, Taxifahrer rund 140 Rs.

Bus: Godaulia ist die Bushaltestelle in der Stadtmitte, nicht weit entfernt von den *ghats*. Die der Hindu-Universität von Benares am nächsten gelegene Haltestelle heißt Lanka. Eine Busfahrt zwischen Bahnhof und Godaulia kostet etwa eine Rupie. Wenn man nicht am Ausgangspunkt zusteigt, muß man aber darauf gefaßt sein, daß die Busse in Varanasi übervoll sind.

Auto-Rikscha und Tempo: Auto-Rikschas und Tempos verkehren zu festen Preisen (1-3 Rs) auf bestimmten Strecken und werden von mehreren Fahrgästen gemeinsam benutzt. Sobald die Fahrer verstehen, daß man die Fahrzeuge nicht allein mieten will, bilden sie die beste Gelegenheit, in der Stadt preiswert herumzukommen, allerdings nicht mit viel Gepäck, denn sie sind immer voll besetzt.

Von der Haltestelle vor dem Nordeingang zum Bahnhof bis zum Fernsehturm in Cantonment kostet eine Fahrt 1 Rs und zum Zivilgericht (Civil Court), dem Ausgangspunkt für Fahrten mit Auto-Rikschas nach Sarnath, 2 Rs. Es gibt auch eine Haltestelle vor dem Südeingang zum Bahnhof, von der aus man Lahurabir, das Zivilgericht und Godaulia für 3 Rs erreichen kann.

Fahrrad-Rikscha und Fahrrad: Das größte Problem bei den Fahrrad-Rikschas in Varanasi sind die Rikscha-Wallahs, die ganz schön unangenehm werden können. Für eine Fahrt vom Bahnhof nach Godaulia, unweit vom Dasaswamedh Ghat, sollte man normalerweise etwa 10 Rs bezahlen, aber wahrscheinlich kommen Sie unter dem doppelten Betrag nicht davon. Das Angebot, für 2 Rs zu jedem gewünschten Ziel zu fahren, gilt nur dann, wenn man sich zu einem der „billigen" Hotels

fahren läßt, in denen eine Provision für die Rikscha-Wallahs im Zimmerpreis bereits enthalten ist.
Fahrräder für Fahrten in der Stadt kann man an mehreren Stellen in Lanka mieten. Das kostet für einen ganzen Tag etwa 15 Rs.

SARNATH

Sarnath, nur 10 km nordöstlich von Varanasi, ist ein bedeutendes buddhistisches Zentrum. Nachdem Buddha in Bodhgaya seine Erleuchtung erfahren hatte, kam er nach Sarnath, um hier seine Lehre des mittleren Weges zum Nirwana zu verkünden. Später ließ der große buddhistische Herrscher Ashoka in Sarnath prächtige Stupas und andere Bauwerke errichten.

Seine Glanzzeit erlebte dieser Ort jedoch in der Zeit, als auch der unermüdliche chinesische Reisende Fa Hian auf seiner Reise diese Stadt passierte. So lebten im Jahre 640 n. Chr., als Xuan Zhang, ein anderer chinesischer Reisender, in Sarnath Station machte, 1500 Priester in der Stadt. Damals gab es einen nahezu 100 m hohen Stupa, und Ashokas mächtige Steinsäule sowie einige andere Wunderwerke gehörten ebenfalls zum Stadtbild. Die Stadt war auch als Deer Park (Wildpark) bekannt, und zwar nach Buddhas berühmter erster Predigt, der Predigt im Wildpark.

Bald danach verlor der Buddhismus aber an Bedeutung. Als zudem die moslemischen Invasoren Indien überfielen, blieb von Sarnath nicht mehr viel übrig. Erst 1836 begannen britische Archäologen mit Ausgrabungen in Sarnath. Durch diese Arbeiten erhielt Sarnath ein wenig vom früheren Glanz zurück.

Sarnath ist ein interessantes Ziel, um einen Nachmittag zu verbringen, aber auch ganz schön touristisch. Selbst wenn man im Ort in einigen Klöstern übernachten kann, wenn man sich mit dem Buddhismus beschäftigen möchte, wohnt man wahrscheinlich besser in Bodhgaya oder Dharamsala.

SEHENSWÜRDIGKEITEN

Dhamekh-Stupa: Dieser 34 m hohe Stupa beherrscht die Stätte und soll an der Stelle stehen, an der Buddha seine berühmte Predigt gehalten hat. In seiner derzeitigen Form stammt er aus der Zeit um 500 n. Chr., ist aber wahrscheinlich mehrmals umgebaut worden. Die Geometrie- und Blumenmuster am Stupa sind typisch für die Zeit der Gupta, aber Ausgrabungen haben auch schon Mauerwerk aus der Zeit der Maurya um 200 v. Chr. zutage gebracht. Ursprünglich gab es noch einen zweiten Stupa, den Stupa Dharmarajika. Dieser Stupa wurde allerdings von Schatzsuchern im 19. Jahrhundert in wesentlichen Teilen in Schutt und Asche gelegt.

Hauptschrein und Ashoka-Säule: Man sagt, daß Ashoka in einem Bauwerk meditiert haben soll, das als Hauptschrein bezeichnet wird. Die Grundmauern sind alles, was davon noch zu sehen ist. Nördlich davon sieht man die ausgedehnten Ruinen von Klöstern.

Vor dem Hauptschrein stehen die Überreste einer Ashoka-Säule, die ursprünglich einmal über 20 m hoch war. Inzwischen hat man aber das Kapitell entfernt, das nun im Archäologischen Museum von Sarnath zu besichtigen ist. Im verbliebenen Teil der Säule finden Sie noch Inschriften, ein Edikt Ashokas. Am unteren Teil der Säule können Sie die Darstellungen eines Löwen, eines Elefanten, eines Pferdes und eines Bullen sehen. Der Löwe soll die Tapferkeit darstellen, der Elefant steht für den Traum von Buddhas Mutter, den sie vor der Geburt ihres Kindes hatte, und das Pferd erinnert daran, daß Buddha sein Elternhaus auf dem Rücken eines Pferdes verließ, um die Erleuchtung zu suchen.

Archäologisches Museum: Neben vielen anderen interessanten Ausstellungsgegenständen steht in dem ausgezeichneten Museum von Sarnath auch das Kapitell der Ashoka-Säule. An ihm kann man Ashokas Symbol mit vier mit dem Rücken aneinander gesetzten Löwen sehen. Das moderne Indien übernahm es als neues Staatssymbol. Sie können sich unter anderem aber auch Figuren und Skulpturen aus den verschiedenen Epochen der Stadt Sarnath, und zwar aus der Zeit der Marathen, Kushana, Gupta und aus späterer Zeit, ansehen. Ferner stehen in dem Museum die älteste Buddha-Figur, die man in Sarnath fand, viele Buddha-Figuren in den unterschiedlichsten Haltungen aus dem 5. und 6. Jahrhundert sowie zahlreiche Darstellungen von hinduistischen Göttern (Saraswati, Ganesh und Vishnu) aus dem 9. bis 12. Jahrhundert. Das Museum ist von 10.00 bis 17.00 Uhr geöffnet, freitags jedoch geschlossen. Der Eintritt kostet 0,50 Rs. Am Schalter kann man für 3 Rs auch ein kleines Heftchen mit Informationen über das Museum kaufen.

Mulgandha Kuti Vihar: Schauen Sie sich einmal den neuen Tempel der Mahabodhi-Gesellschaft an, der Mulgandha Kuti Vihar genannt wird. Im Innern können Sie einige Fresken sehen, die von dem japanischen

Künstler Kosetsu Nosi gemalt wurden. Bei diesem Tempel steht auch ein 1931 gepflanzter Bo-Baum, der Ableger eines Baumes aus Anuradhapura in Sri Lanka, der wiederum ein Ableger des Baumes sein soll, unter dem Buddha erleuchtet wurde. Zu sehen ist ferner eine Gruppe von Statuen, die Buddha zeigen, wie er seinen fünf Jüngern zu ersten Mal predigt.

Weitere Tempel und Wildpark: Man kann sich auch noch moderne Tempel in den thailändischen, chinesischen, tibetischen, burmesischen und japanischen *viharas* (Klöstern) ansehen.

Nördlich des Mulgandha Kuti Vihar liegt der Wildpark. Das ist jetzt ein Mini-Zoo mit ein paar unglücklich aussehenden Tieren, die im Staub nach Futter suchen. Außerdem sind einige große Schaukästen mit indischen Vögeln zu sehen, darunter auch Wasservögel.

UNTERKUNFT UND ESSEN

In Sarnath gibt es einen Tourist Bungalow. Dort kosten ein Einzelzimmer 62 bis 135 Rs, ein Doppelzimmer 75 bis 155 Rs (alle mit Bad) und eine Übernachtung im sehr einfachen Schlafsaal 20 Rs. Gegen eine Spende kann man eine Nacht auch in einem der Klöster verbringen. Das burmesische *vihara* hat 14 Zimmer zu bieten, einige davon mit Bad, alle gelegen um einen friedlichen Innenhof herum.

Im Tourist Bungalow kann man die üblichen langweiligen Gerichte dieser Art von Unterkünften erhalten. Ganz in der Nähe stößt man auf das Anand, ein einfaches Imbißrestaurant mit südindischen Speisen. Wenn man etwas besser essen möchte, kann man das Restaurant Rangoli Garden südlich vom Tourist Bungalow ausprobieren.

AN- UND WEITERREISE

Von Varanasi kostet die 20 Minuten dauernde Fahrt mit einer Auto-Riksha 30 Rs. Wenn er verkehrt, kann man

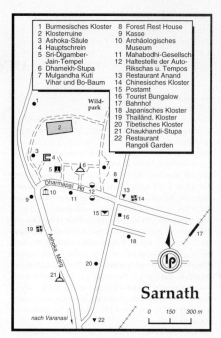

1 Burmesisches Kloster
2 Klosterruine
3 Ashoka-Säule
4 Hauptschrein
5 Sri-Digamber-Jain-Tempel
6 Dhamekh-Stupa
7 Mulgandha Kuti Vihar und Bo-Baum
8 Forest Rest House
9 Kasse
10 Archäologisches Museum
11 Mahabodhi-Gesellsch
12 Haltestelle der Auto-Rikschas u. Tempos
13 Restaurant Anand
14 Chinesisches Kloster
15 Postamt
16 Tourist Bungalow
17 Bahnhof
18 Japanisches Kloster
19 Thailänd. Kloster
20 Tibetisches Kloster
21 Chaukhandi-Stupa
22 Restaurant Rangoli Garden

Sarnath

0   150   300 m

Sarnath nachmittags von Varanasi aus auch mit einem Ausflugsbus besuchen und kehrt über das Fort Ram Nagar (das dann meistens bereits geschlossen ist) zurück. In unregelmäßigen Abständen verkehren ferner Busse vom Bahnhof in Varanasi für 3 Rs nach Sarnath. Auch ein paar Züge halten hier. Leichter ist es, mit anderen Fahrgästen zusammen in einer Auto-Riksha für jeweils 10 Rs von der Haltestelle neben dem Civil Court oder von den Haltestellen in Lahurabir und Godaulia nach Sarnath zu fahren.

CHUNAR

Wenn Sie in den schmalen Gassen in Varanasi Platzangst bekommen, bietet sich ein Tagesausflug zum Fort Chunar mit Blick über den Ganges als gute Abwechslung an. Es gehörte im Laufe der Zeit einer ganzen Reihe von Besitzern, die die meisten Herrscher in Indien in den letzten 500 Jahren repräsentieren. Sher Shah übernahm es von Humayun im Jahre 1540, Akbar eroberte es 1575 von den Moguln zurück, und Mitte des 18. Jahrhunderts gelangte es in die Hände der Nabobs von Avadh. Ihnen folgten für kurze Zeit die Briten, deren Grabsteine interessant zu lesen sind. Chunar liegt 37 km von Varanasi entfernt und ist mit einem Bus zu erreichen.

JAUNPUR

Einwohner: 150 000
Telefonvorwahl: 05452

Diese Stadt sieht nur wenige Besucher, ist aber wegen ihrer Moscheen, die in einem einzigartigen Stil teilweise hinduistisch sowie jainistisch und teilweise islamisch erbaut wurden, für Liebhaber von Architekturstilen im Laufe der Geschichte durchaus interessant.

Gegründet wurde diese Stadt von Feroz Shah Tughlaq im Jahre 1360 auf historischem Boden. Sie wurde später die Hauptstadt des unabhängigen moslemischen Königreiches Sharqi. Die beeindruckendsten Moscheen entstanden zwischen 1394 und 1478 und wurden auf den Ruinen von hinduistischen, buddhistischen und jainistischen Tempeln, Schreinen und Klöstern errichtet. Sie sind bemerkenswert wegen der merkwürdigen Mischung ihrer Architekturstile, der zweistöckigen Arkaden, der großen Torwege und der ungewöhnlichen Minarette. Jaunpur wurde von Sikander Lodi in Schutt und Asche gelegt, der nur die Moscheen unbeschädigt ließ. Die wurden 1530 von den Moguln übernommen.

Die meisten Moscheen und der Bahnhof befinden sich im älteren Teil der Stadt nördlich vom Gomti. Weil sie sich über ein Gebiet von zwei bis drei Quadratkilometern erstrecken, kann man sie sich zwar auch zu Fuß ansehen, aber eine Fahrrad-Rikscha kann ganz nützlich sein, wobei der Fahrer auch als Führer hilfreich ist.

Die Atala-Moschee wurde im Jahre 1408 erbaut und steht auf den Grundmauern eines hinduistischen Tempels zu Ehren von Atala Devi. Man findet sie etwa einen Kilometer vom Bahnhof entfernt in der Nähe des Hauptpostamts.

Geht man dann 500 m nach Süden, kommt man zum Fort Jaunpur aus dem Jahre 1360, erbaut von Feroz Shah, und zur steinernen Akbari-Brücke, die in den Jahren 1564-1568 errichtet wurde. Die größte Moschee ist die beeindruckende Jama Masjid, die zwischen 1438 und 1478 während der Sharqi-Zeit entstand und einen Kilometer nördlich der Brücke steht. Sehenswert sind auch noch die Jhanjhri Masjid, die Gräber der Sharqui-Sultane, die Char Ungli Masjid und die Lal Darwaza Masjid.

UNTERKUNFT UND ESSEN

In Jaunpur kann man in einigen sehr einfachen Hotels übernachten und in anspruchslosen Restaurants essen. Unweit vom Fort befindet sich das Hotel Gomti mit Doppelzimmern für 80 Rs. Ausländer können eine Nacht auch im Marwari Dharamsala in der gleichen Gegend verbringen.

AN- UND WEITERREISE

Varanasi ist 58 km entfernt und mit Zügen (20 Rs) sowie Bussen (13 Rs) zu erreichen.

DER OSTEN VON UTTAR PRADESH

GORAKHPUR

Einwohner: 540 000
Telefonvorwahl: 0551

Gorakhpur ist eine Stadt, bei der sich die meisten Reisenden freuen, wenn sie die (auf dem Weg von Delhi oder Varanasi nach Kathmandu oder Pokhara) schnell passieren können und in ihr, wenn notwendig, nur eine Nacht verbringen müssen.

Abgesehen vom Gorakhnath-Tempel, an dem man auf dem Weg nach Nepal vorbeikommt, ist in der Stadt nicht viel zu sehen. Aber selbst, wenn das anders wäre, ermutigen die Plagen mit Fliegen und Moskitos am

Anfang und Ende der Saison kaum dazu, länger zu bleiben.

Benannt nach dem Weisen Yogi Gorakhnath, ist die Stadt das Zentrum eines reichen landwirtschaftlichen Gebietes, das jedoch trotz allem sehr wenig entwickelt blieb.

Gorakhpur ist aber ebenfalls ein Zentrum für den Druck und für die Veröffentlichung von religiöser Hindu-Literatur. Auch der in Indien sehr bekannte Verlag Geeta Press hat sich in dieser Stadt angesiedelt.

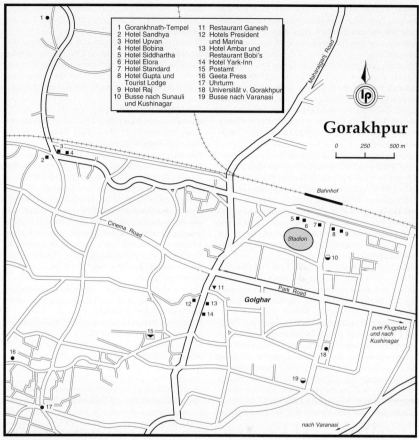

1 Gorankhnath-Tempel	11 Restaurant Ganesh
2 Hotel Sandhya	12 Hotels President
3 Hotel Upvan	und Marina
4 Hotel Bobina	13 Hotel Ambar und
5 Hotel Siddhartha	Restaurant Bobi's
6 Hotel Elora	14 Hotel Yark-Inn
7 Hotel Standard	15 Postamt
8 Hotel Gupta und	16 Geeta Press
Tourist Lodge	17 Uhrturm
9 Hotel Raj	18 Universität v. Gorakhpur
10 Busse nach Sunauli	19 Busse nach Varanasi
und Kushinagar	

Gorakhpur

0   250   500 m

PRAKTISCHE HINWEISE

Büros des Fremdenverkehrsamtes findet man im Bahnhof und in der Park Road (Tel. 33 54 50), auf dem Weg in die Stadtmitte. Wenn man gerade erst aus Nepal hier angekommen ist, kann man bei Interesse im Bahnhof den Indrail-Paß kaufen, aber nur mit Rupien auf der Grundlage von Wechselquittungen.

Auf dem Weg nach Nepal muß man sich vor den Fahrkartenverkäufern hüten, die wie Geier über alle Leute herfallen, sobald die aus einem Bus oder Zug aussteigen. Die von ihnen verkauften Fahrkarten für Direktbusse nach Nepal sind rund 50 % teurer als die, die man sich selbst besorgt. Zudem kann man sich nicht unbedingt auf sie verlassen. Sie verlangen auch hohe Provisionen für Eisenbahnfahrkarten. Dennoch können sie nützlich sein, wenn in der Hochsaison sonst alles ausgebucht ist. Außerdem wechseln diese Leute nepalische Rupien.

UNTERKUNFT

Wenn man mit dem Bus um 5.00 Uhr nach Sunauli (an der Grenze) fahren will, sind die Hotels gegenüber vom Bahnhof am bequemsten. Sie bieten allerdings nichts Besonderes. Im Hotel Raj werden einige wenig ansprechende Einzel- und Doppelzimmer mit Bad für 60 bzw. 100 Rs vermietet. Das Hotel Gupta & Tourist Lodge (Tel. 33 78 99) ist nicht besser und hat mit Badbenutzung Einzelzimmer für 50 Rs und Doppelzimmer für 80 Rs zu bieten (mit eigenem Bad für 70 bzw. 100 Rs).

Viel besser ist da schon das Hotel Standard (Tel. 33 64 39), in dem man für ein Einzelzimmer 70 Rs und für ein

Doppelzimmer 125 Rs bezahlen muß. Dort hat man auch das Problem mit den Moskitos in den Griff bekommen und vor den Fenstern Fliegengitter angebracht. Dadurch wird es in den Zimmern jedoch von Ende März an recht heiß.

Ebenfalls ganz gut ist das Hotel Elora (Tel. 33 06 47). Zu den Zimmern dieses Hauses nicht hinten hinaus gehört jeweils auch ein Balkon mit Blick über einen großen Sportplatz, wo man vom Straßenlärm verschont ist. Sie kosten mit Bad und Fernsehgerät als Einzelzimmer 75 Rs und als Doppelzimmer 115 Rs. Außerdem werden Zimmer mit Klimaanlage für 225 bzw. 300 Rs vermietet.

Das Hotel Siddhartha (Tel. 33 49 76) hat einige Zimmer mit Klimaanlage zu bieten, in denen man allein für 250 Rs und zu zweit für 300 Rs übernachten kann. Hier stehen auch kleinere Zimmer ohne Klimaanlage als Einzelzimmer für 75 Rs, als Doppelzimmer für 110 Rs und Dreibettzimmer für 145 Rs zur Verfügung. In den Ruheräumen im Bahnhof kann man allein für 65 Rs und zu zweit für 100 Rs übernachten, in einem Doppelzimmer mit Klimaanlage für 220 Rs und in einem Schlafsaal für 30 Rs.

In der Stadtmitte liegt das Hotel Yark Inn (Tel. 33 82 23) mit Einzelzimmern ab 70 Rs und Doppelzimmern ab 125 Rs (mit Bad) sowie klimatisierten Doppelzimmern für 300 Rs. Das Hotel Ambar mit ähnlichen Preisen (Tel. 33 83 31) ist ganz in der Nähe.

Ein ganz gutes Quartier ist das Hotel Marina (Tel. 33 76 30) mit Einzelzimmern ab 125 Rs und Doppelzimmern ab 160 Rs (mit Bad und Fernsehgerät) sowie Doppelzimmern mit Ventilator für 175 Rs und Doppelzimmern mit Klimaanlage für 275 Rs. Es liegt unmittelbar hinter dem Hotel President (Tel. 33 76 54), das zwar teurer ist, aber keine besseren Zimmer zu bieten hat. Hier kosten normale Einzel- und Doppelzimmer 200 Rs und Zimmer mit Klimaanlage und Fernsehgerät 400 Rs. Einzelzimmer werden in diesem Haus nicht vermietet.

ESSEN

Um den Bahnhof herum gibt es viele Lokale, in denen man etwas essen kann. Auch im Erfrischungsraum des Bahnhofs kann man sich verpflegen, beispielsweise mit vegetarischen Gerichten, die ihr Geld durchaus wert sind. Breiter ist das Spektrum der Restaurants in der Innenstadt. Hier bieten sich das Restaurant Ganesh (gute Masala Dosas) und das Bobi's mit einer langen Speisekarte an, auf der man vegetarische und nichtvegetarische Gerichte findet. Ein Eissalon gehört ebenfalls zu diesem Lokal.

Etwas teurer, aber wahrscheinlich in Gorakhpur auch am besten, ißt man im Queen's Restaurant im Hotel President. Hier ist die Bedienung gut, es bläst eine kräftige Klimaanlage, und es bietet den zusätzlichen Vorteil, bis gegen Mitternacht geöffnet zu bleiben.

AN- UND WEITERREISE

Bus: Zur Grenze nach Nepal in Sunauli fahren zwischen 5.00 und 20.00 Uhr von der Bushaltestelle unweit vom Bahnhof regelmäßig Busse (25 Rs). Wenn man sicher sein will, tagsüber von der Grenze nach Kathmandu oder Pokhara weiterfahren zu können, muß man den Bus um 5.00 Uhr benutzen. In der Straße vor dem Bahnhof fahren auch private Busse ab.

Reisebüro bieten Fahrkarten für durchgehende Verbindungen nach Kathmandu (150 Rs) und Pokhara (140 Rs) an, aber wenn man selbst die Fahrkarten für die einzelnen Teilstrecken kauft, wird es nicht nur billiger, sondern man hat dann auch noch an der Grenze die Wahl zwischen verschiedenen Bussen. Selbst mit den Fahrkarten für „durchgehende" Busse muß man an der Grenze umsteigen.

Busse nach Varanasi (56 Rs, 6½ Stunden) fahren vom Busbahnhof Katchari ab, der mit einer Rikscha von der Stadtmitte für 4 Rs erreichbar ist.

Es bestehen ferner regelmäßige Busverbindungen nach Lucknow (64 Rs) und Faizabad (45 Rs), aber auch nach Kanpur und Patna. Busse nach Kushinagar (14 Rs, 1½ Stunden) fahren von der Bushaltestelle unweit vom Bahnhof ab.

Zug: Gorakhpur ist Sitz der Hauptverwaltung der North Eastern Railway und ein bedeutender Eisenbahnknotenpunkt. Abends besteht eine Verbindung nach Delhi (778 km, 14½ Stunden, 2. Klasse 188 Rs und 1. Klasse 552 Rs), die über Lucknow führt (276 km, 5½ Stunden, 2. Klasse 65 Rs und 1. Klasse 240 Rs). Morgens früh kann man nach Bombay (1690 km, 35 Stunden, 2. Klasse 273 Rs und 1. Klasse 921 Rs) und außerdem sechsmal täglich nach Varanasi (231 km, 5½ Stunden, 2. Klasse 57 Rs und 1. Klasse 208 Rs) fahren.

Außerdem besteht eine Schmalspurverbindung nach Nautanwa in Nepal, aber weil es nur ca. 8 km bis zur Grenze in Sunauli sind, ist es mit Bussen bequemer.

KUSHINAGAR

In Kushinagar soll es gewesen sein, wo Buddha seine letzten Worte „Der Zerfall ist allen organischen Teilen innewohnend" sprach und dann verschied. Nun kommen Pilger in großen Zahlen hierher, um sich die

Überbleibsel des Stupa aus Ziegeln, in dem er verbrannt wurde, die Figur des großen, sich zurücklehnenden Buddha im Mahaparinivara-Tempel sowie das moderne indisch-japanisch-ceylonesische Buddhismus-Zentrum und die Klöster anzusehen.

UNTERKUNFT

Gegen eine kleine Spende ist es möglich, in einem der Klöster unterzukommen. Außerdem kann man im Pathik Nivas, dem Tourist Bungalow der Regierung von Uttar Pradesh, in einem Einzelzimmer für 150 Rs oder in einem Doppelzimmer für 200 Rs (mit Klimaanlage mehr) übernachten und im Restaurant essen. Eine Ashok Traveller's Lodge der ITDC ist ebenfalls vorhanden.

AN- UND WEITERREISE

Kushinagar liegt 55 km östlich von Gorakhpur und ist mit Bussen (14 Rs, 1½ Stunden) häufig zu erreichen.

SUNAULI

Telefonvorwahl: 05523

Dieses verschlafene Dorf unmittelbar an der Grenze zu Nepal ist nicht viel mehr als eine Bushaltestelle mit ein paar Hotels, einigen Läden und der Grenzkontrollstelle (Tag und Nacht geöffnet). Größer ist das Spektrum der touristischen Einrichtungen auf der nepalischen Seite. Für welche Seite man sich auch immer entscheidet, man darf die Grenze hin und her ohne Formalitäten überqueren. Wenn man dabei aber einen Rucksack bei sich hat, könnte das durchaus die Aufmerksamkeit der Grenzbeamten auf sich ziehen.

Die Grenzkontrollstelle auf der nepalischen Seite heißt eigentlich Belhiya, aber alle Leute nennen sie ebenfalls Sunauli. Hier sind gegen eine Gebühr von 25 US $ Visa für die Einreise nach Nepal erhältlich.

Die leicht zu übersehende indische Grenzkontrollstelle liegt neben der Sanju Lodge, ca. 200 m vom eigentlichen Grenzübergang entfernt.

Es gibt in Sunauli zwar auch eine Filiale der State Bank of India, aber die ist immer überlaufen, personell unterbesetzt und nur begrenzt geöffnet. Wenn man nur Reiseschecks bei sich hat und die außerhalb der normalen Banköffnungszeiten (montags bis freitags von 10.00 bis 14.00 Uhr) wechseln möchte, hat man keine andere Wahl als bei einem der zahlreichen Geldwechsler auf der nepalischen Seite. Deren Wechselkurse können sich aber durchaus sehen lassen.

UNTERKUNFT

Das Hotel Niranjana des Staates Uttar Pradesh (Tel. 49 01) ist ein sauberes und freundliches, wenn auch etwas von Motten angefressenes Quartier und liegt 700 m von der Grenze entfernt. Mit Einzel- und Doppelzimmern mit eigenem Bad zum Preis von 75 bzw. 100 Rs sowie einigen Zimmern mit Ventilator für 125 bzw. 150 Rs ist es eine gute Wahl. Im Restaurant dieser Anlage wird die übliche, wenig aufregende Verpflegung von Tourist Bungalows serviert.

Näher zur Grenzkontrollstelle hin gibt es auch noch die verwahrloste Sanju Lodge mit Betten in einem Schlafsaal für 25 Rs und auf der anderen Seite der Grenze, bereits in Nepal, mehrere gute, aber dennoch preiswerte Hotels.

AN- UND WEITERREISE

Die Bushaltestelle von Sunauli liegt am Ortsrand, aber dennoch nicht mehr als einen Kilometer vom Grenzübergang entfernt, auch wenn die Rikscha-Wallahs behaupten, es seien bis zu vier Kilometer.

Von Sunauli verkehren morgens früh und abends Direktbusse nach Varanasi (81-100 Rs, 9 Stunden), Allahabad (77 Rs, 12 Stunden) und Lucknow (80 Rs, 11 Stunden).

Nach Gorakhpur fahren Busse von 5.00 bis 19.00 Uhr alle halbe Stunde (25 Rs, 3 Stunden). Hüten Sie sich vor Schleppern, die für die Weiterreise kombinierte Fahrkarten für Bahn- und Busfahrten anbieten, denn auf die kann man sich nicht zu 100 % verlassen. Das läßt sich leicht auch im Bahnhof von Gorakhpur selbst organisieren.

Nach und von Nepal: An der nepalischen Seite der Grenze fahren zahlreiche private Busse nach Kathmandu ab, und zwar stündlich von 4.30 bis 9.00 Uhr (manchmal auch noch um 10.00 und 11.00 Uhr).

Nachtbusse verlassen den Ort zwischen 16.30 und 20.00 Uhr, aber wenn man damit fährt, verpaßt man natürlich die herrlichen Ausblicke unterwegs. Die Busse brauchen bis zum Ziel bis zu 12 Stunden. Für die Tagesbusse beträgt der Fahrpreis 97 nepalische Rupien und für die Nachtbusse 118 nepalische Rupien.

Eine Fahrkartenverkaufsstelle befindet sich an der Bushaltestelle, wo man sich seine Fahrkarte am besten bereits im voraus besorgt. Fahrkarten sind jedoch nur für Fahrten am gleichen Tag erhältlich. Für die Morgenbusse wird die Kasse um 3.00 Uhr geöffnet.

Die staatlichen Saja-Busse sind schneller, fahren allerdings in Bhairawa, 4 km von Sunauli entfernt, um 6.30, 7.30, 18.30 und 19.30 Uhr ab. Sie sind sehr beliebt, so daß man eine Fahrkarte dafür rechtzeitig kaufen muß (für 97 nepalische Rupien am Kiosk gegenüber vom Hotel Yeti in Bhairawa).

In Sunauli beginnen am Morgen und Abend ebenfalls Busse ihre Fahrten nach Pokhara, die bis zum Ziel 9-10 Stunden unterwegs sind und mit denen man tagsüber für 87 nepalische Rupien und nachts für 95 nepalische Rupien fahren kann..

Wenn man nach Lumbini will, dem Geburtsort von Buddha, kann man mit einem der zahlreichen Busse vom 22 km entfernten Bhairawa fahren.

BIHAR

Als Buddha entlang des Ganges in der Gegend wanderte, aus der nun Bihar besteht, prophezeite er, daß hier eine große Stadt entstehen werde, fügte aber auch hinzu, daß von „Fehden, Feuer und Fluten" ständig Gefahren ausgehen würden. Über 250 Jahre später, im 3. Jahrhundert v. Chr., regierte der mächtige Ashoka von Pataliputra, dem heutigen Patna, aus. Es ist schwer, sich vorzustellen, daß diese Stadt, die Hauptstadt eines der rückständigsten und bedrückendsten Bundesstaaten des Landes, einst die Hauptstadt eines der größten Kaiserreiche in Indien war.

Der Name Bihar ist abgeleitet von dem Wort *vihara* (Kloster). Der Staat war einst ein bedeutendes religiöses Zentrum für die Jains und Hindus, vor allem aber für die Buddhisten. Denn es war der Ort Bodhgaya, in dem Buddha unter einem Bo-Baum sitzend die Erleuchtung erleben durfte. Ein Ableger des Originalbaumes steht noch immer an dieser heiligen Stelle. Im nahegelegenen Nalanda gab es im 5. Jahrhundert n. Chr. die weltberühmte Universität, die führend beim Studium des Buddhismus war, während Rajgir sich der Verbindung zu Buddha und zum Jain-Apostel Mahavira rühmt.

Noch heute werden Buddhas Voraussagen wahr. Die Flüsse treten regelmäßig über ihre Ufer und verursachen verheerende Schäden bei der dichten Bevölkerung in Bihar, die dem Boden nur das Notwendigste für den Lebensunterhalt abringen kann. Das Einkommen pro Kopf der Bevölkerung ist niedrig, auch wenn auf dem Chotanagpur-Plateau im Süden 40 % der Bodenschätze Indiens gewonnen werden. Die Alphabetisierungsrate gehört ebenfalls zu den niedrigsten im ganzen Land. Hinzu kommt, daß der Staat Bihar als der angesehen wird, in dem die Korruption am weitesten verbreitet sein soll. Ferner ist bei der Regierung des Bundesstaates Bihar chronisch das Geld knapp. Staatsbedienstete und Lehrer erhalten nur ab und zu einmal ein Gehalt. In einem vor kurzem erschienenen Zeitungsbericht war zu lesen, daß in einem Ministerium von Bihar wegen Geldmangel 80 Mitarbeiter entlassen werden mußten, die aber an ihren Arbeitsplätzen blie-

Einwohner: 95 Millionen
Gesamtfläche: 173 877 km^2
Hauptstadt: Patna
Einwohner pro Quadratkilometer: 546
Wichtigste Sprache: Hindi
Alphabetisierungsrate: 38 %
Beste Reisezeit: Oktober bis März

ben, weil noch nicht einmal genug Geld für eine Abfindung in der Kasse war. Zudem nehmen „Fehden und Feuer" in Bihar Gestalt in Auseinandersetzungen zwischen Angehörigen verschiedener Kasten an. Auch Räuber treiben in diesem Bundesstaat immer noch ihr Unwesen.

Nur wenige Besucher Indiens verbringen viel Zeit in Bihar. Die meisten fahren durch diesen Staat auf dem Weg nach Kalkutta oder Kathmandu nur durch. Dennoch: Bodhgaya ist ein ausgezeichnetes Ziel, um sich mit dem Buddhismus zu beschäftigen, und Rajgir, Nalanda sowie Sasaram sind interessante Orte, die nicht an den ausgetretenen Pfaden von Touristen liegen.

PATNA

Einwohner: 1,2 Millionen
Telefonvorwahl: 0612

Wie man es in einem der ärmsten und am dichtesten besiedelten Bundesstaaten Indiens kaum anders erwar-

BIHAR

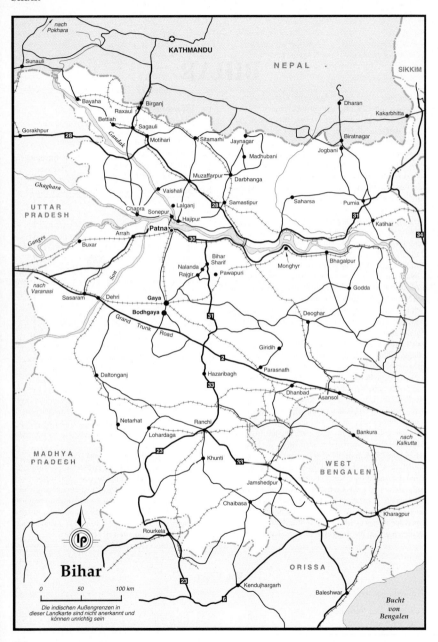

tet, ist Patna, die Hauptstadt von Bihar, laut, überfüllt, verschmutzt und chaotisch. Sie erstreckt sich entlang vom Südufer des Ganges, der an dieser Stelle bereits sehr breit ist. Denn zwischen Varanasi und Patna münden drei größere Nebenflüsse in den Ganges. Hier überspannt die Mahatma Gandhi Seti, mit 7½ km eine der längsten Brücken der Welt, den Fluß.

GESCHICHTE

Ajatasatru verlegte Anfang des 5. Jahrhunderts v. Chr. die Hauptstadt des Kaiserreiches Magadha von Rajgir hierher und erfüllte damit die Prophezeiung von Buddha, der zufolge in dieser Gegend eine große Stadt entstehen werde. Die Überbleibsel seiner alten Stadt Pataliputra sind auf einer Stätte in Kumrahar, einem südlichen Stadtteil von Patna, noch zu sehen. Das war die Hauptstadt eines riesigen Kaiserreiches, das mit Chandragupta, Maurya und Ashoka unter den von hier aus regierenden Herrschern einen großen Teil des alten Indien ausmachte. Fast tausend Jahre lang war Pataliputra eine der wichtigsten Städte auf dem gesamten Subkontinent.

Nachdem sie in Azimabad umbenannt worden war, konnte die Stadt im 16. Jahrhundert ihre politische Bedeutung zurückgewinnen, als Sher Shah sie zu seiner Hauptstadt machte, nachdem er Humayun besiegt hatte. Nach der Schlacht von Buxar kam sie 1764 in die Hände der Briten.

ORIENTIERUNG

Patna erstreckt sich über die stattliche Länge von 15 km entlang des Südufers des Ganges. Die Hotels, den Hauptbahnhof und den Flughafen finden Sie im westlichen Teil der Stadt mit dem Namen Bankipur, während die Altstadt und die anderen historischen Teile von Patna im Osten liegen. Mittelpunkt des neuen Teiles von Patna ist der Gandhi Maidan. Die wichtigste Marktgegend ist der Ashok Raj Path, der am Gandhi Maidan beginnt. Zwei wichtige Straßen in der Umgebung des Bahnhofes wurden umbenannt: Aus der Fraser Road wurde Muzharul Haque Path und aus der Exhibition Road die Straße Braj Kishore Path. Allerdings benutzen alle Leute noch die alten Namen. Außerdem scheint die Gardiner Road in Birchand Patel Marg umbenannt worden zu sein.

PRAKTISCHE HINWEISE

Das Fremdenverkehrsamt des Staates Bihar befindet sich in der Fraser Road (Tel. 2 52 95, allerdings vor kurzem wegen Geldmangels abgeschaltet). Betreten läßt es sich durch den Eingang zum Restaurant Chef. Es ist außerdem mit Schaltern im Bahnhof und im Flughafengebäude vertreten. Viel erwarten darf man bei all diesen Stellen jedoch nicht. Außerdem gibt es in Patna ein Informationsbüro der indischen Bundesregie-rung (Government of India Tourist Office), das ungünstig südlich der Eisenbahnstrecke gelegen ist (Tel. 2 42 41 98).

Einige ganz gute Buchhandlungen findet man in der Fraser Road. Eine British Library wurde in der Bank Road, unweit vom Bishuram Bhavan am Gandhi Maidan, eingerichtet (Tel. 2 42 41 98).

SEHENSWÜRDIGKEITEN

Golghar: Der einem Bienenkorb ähnelnde Bau des Golghar steht erhaben in der Nähe des Gandhi Maidan. Erbaut wurde dieser Getreidespeicher im Jahre 1786; man wollte Reserven für Hungersnöte in ihm anlegen. Bis zu einer Höhe von 25 m ragt dieser Bau empor, an dessen Außenseiten sich Treppen emporwinden. Von den Stufen aus haben Sie einen herrlichen Blick auf Patna und den Ganges. Im Innern des Golghar sollten Sie sich einmal das außergewöhnlich gute Echo anhören. Golghar wurde auf Geheiß des britischen Verwalters Warren Hastings erbaut. Die technische Ausführung lag in den Händen von Captain John Garstin. Hastings hatte einen guten Grund, Vorsorge für schlechte Zeiten zu treffen, nachdem man im Jahre 1770 eine schreckliche Hungersnot erlebt hatte. Wegen mangelnder Funktionsfähigkeit wurde der Speicher später allerdings kaum benutzt.

Stadtmuseum (Patna Museum): Dieses ausgezeichnete Museum enthält Skulpturen aus Stein und Metall, die teilweise aus der Zeit der Maurya (3. Jahrhundert v. Chr.) und der Gupta (4.-7. Jahrhundert n. Chr.) stammen. Ferner sind in diesem Museum Terrakotta-Figuren und archäologische Fundstücke aus Bihar zu sehen, unter anderem aus Nalanda. Ferner kann man sich, wenn man hineingeht, rechts den längsten versteinerten Baum der Welt ansehen - 16 m lang, 200 Millionen Jahre alt. Auch die üblichen ausgestopften Tiere sind ausgestellt (Tiger, Wild, Krokodile), aber auch ungewöhnliche Dinge wie ein Kind mit drei Augen und acht Beinen. Daneben kann man oben chinesische und tibetische Gemälde und Thankas (Rollbilder) bewundern. Das Museum ist montags geschlossen, sonst aber von 10.00 bis 16.30 Uhr geöffnet. Als Eintritt muß man 0,50 Rs bezahlen.

Kumrahar: Die Überreste von Pataliputra, der alten Hauptstadt von Ajatasatru (491-459 v. Chr.), Chandragupta (321-297 v. Chr.) und Ashoka (274-237 v. Chr.), grub man in Kumrahar, südlich von Patna, aus. Am interessantesten sind die Versammlungshalle aus der Zeit der Maurya, von der nur ein paar lange Säulen übriggeblieben sind, und die Grundmauern eines buddhistischen Klosters aus Ziegelsteinen, bekannt als Anand Bihar. Ausgestellt sind ferner einige der Tonfiguren und der hölzernen Balken, die man hier fand.

Die Ausgrabungen in Kumrahar sind jedoch ziemlich esoterisch und ziehen wahrscheinlich nur Besucher an, die stark an Archäologie und Geschichte des alten Indien interessiert sind. Sie sind in einem ganz hübschen Park zu sehen, der außer montags von 9.00 bis 17.00 Uhr geöffnet ist ((Eintritt 0,50 Rs). Hier kommen Auto-Rikschas auf dem Weg zwischen dem Bahnhof Patna Junction und Gulzarbagh vorbei, in denen man für 3 Rs mitfahren kann.

Har Mandir: Im alten Teil von Patna und somit im Osten gelegen befindet sich einer der heiligsten Sikh-Schreine. Er bezeichnet den Platz, an dem 1660 Govind Singh, der 10. und letzte Guru der Sikhs, geboren wurde. Im eigentlichen Tempelbezirk muß man nicht nur barfuß gehen, sondern auch sein Haupt bedecken. Dafür

werden die notwendigen Kopfbedeckungen am Eingang verliehen.

Qila-Haus (Jalan-Museum): Das Qila-Haus, erbaut auf den Grundmauern der Festung von Sher Shah, enthält eine beeindruckende Sammlung von Antiquitäten, darunter ein Eßservice, das einst Georg III. gehörte, das Porzellan von Antoinette Sèvres, Napoleons Bett, chinesische Jade und Filigranarbeiten aus Silber von Mogul. Um sich das alles ansehen zu können, muß man sich unter der Telefonnummer 64 23 54 eine Erlaubnis besorgen.

Orientalische Bibliothek Khuda Baksh: Besucher dieser bekannten Bibliothek werden sich über ganz besonders schöne und seltene Bücher und Malereien

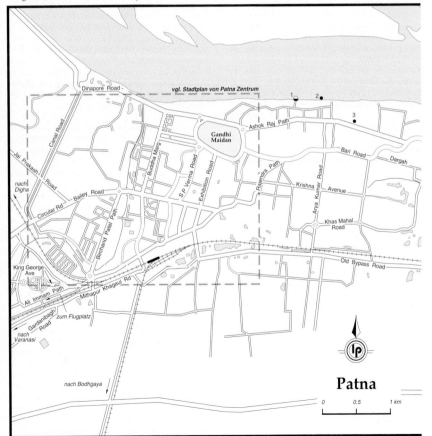

Patna

0   0.5   1 km

freuen. Gegründet wurde diese Bibliothek bereits 1900. Sie enthält kostbare arabische und persische Schriften, Gemälde aus der Zeit der Moguln und Rajputen sowie Kuriositäten, z. B. ein Buch von nur 2,5 cm Breite, in das der Koran geschrieben worden ist. Ferner findet man in der Sammlung die einzigen Bücher aus der maurischen Universität von Cordoba in Spanien, die die Plünderung überstanden.

Weitere Sehenswürdigkeiten: Auch Nicht-Hindus sind willkommen im modernen Mahavir Mandir, der dem beliebten Gott Hanuman geweiht ist. Nachts wird er mit auffallendem Neonlicht in rosa und grün beleuchtet und ist daher wahrscheinlich kaum zu verfehlen, wenn man nach Einbruch der Dunkelheit den Hauptbahnhof verläßt.

Die älteste Moschee in Patna ist die Sher Shahi. Sie wurde 1545 von dem afghanischen Herrscher Sher Shah erbaut und ist ein sehr massiver Kuppelbau. Weitere Moscheen sind die flache Pathar ki Masjid und die Madrassa am Flußufer.

Gulzarbagh, im Osten der Stadt, war der Ort, an dem die East India Company ihr Lagerhaus für Opium hatte. Heute ist in dem Gebäude eine Druckerei der Provinz Bihar untergebracht.

AUSFLUGSFAHRTEN

Das Fremdenverkehrsamt von Bihar veranstaltet ganztägige Ausflugsfahrten, bei denen Patna, Rajgir, Nalanda und Pawapuri besucht werden. Sie finden samstags und sonntags statt und kosten 100 Rs. Nach der Abfahrtszeit sollte man sich im Fremdenverkehrs-

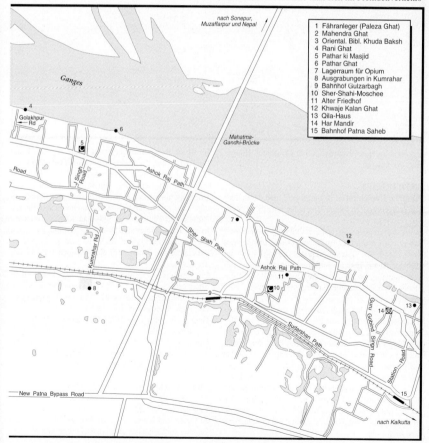

1 Fähranleger (Paleza Ghat)
2 Mahendra Ghat
3 Oriental. Bibl. Khuda Baksh
4 Rani Ghat
5 Pathar ki Masjid
6 Pathar Ghat
7 Lagerraum für Opium
8 Ausgrabungen in Kumrahar
9 Bahnhof Gulzarbagh
10 Sher-Shahi-Moschee
11 Alter Friedhof
12 Khwaje Kalan Ghat
13 Qila-Haus
14 Har Mandir
15 Bahnhof Patna Saheb

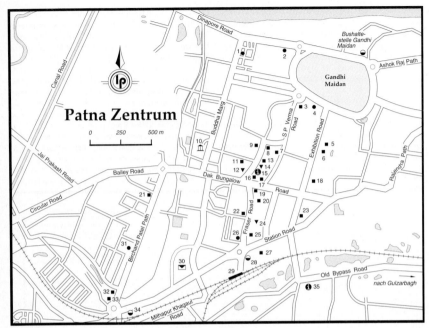

Patna Zentrum

0   250   500 m

amt oder im Hotel Kautilya Vihar (Touristen-Bungalow) erkundigen.

UNTERKUNFT
Einfache Unterkünfte: In Patna muß man daran denken, daß Zimmer in vielen Hotels für jeweils 24 Stunden vermietet werden.

Etwas düster, aber sonst ganz in Ordnung ist das Hotel
Parker mit Einzelzimmern für 40 Rs und Doppelzimmern für 50 Rs. Spartanisch ist das Hotel Ruby im
nächsten Block, in dem man für ein Einzelzimmer mit
Badbenutzung 40 Rs sowie mit eigenem Bad für ein
Einzelzimmer 50 Rs und für ein Doppelzimmer 70 Rs
bezahlen muß.

Das beste von den preiswerten Unterkünften ist das
Hotel Shyama an der Expedition Road (Tel. 65 55 39),
in dem man allein für 40 Rs, zu zweit für 60 Rs und zu
dritt für 85 Rs übernachten kann (mit Bad). Nicht weit
entfernt kommt man zum Hotel Rajkumar (Tel. 65 50 11)
mit geringfügig teureren Zimmern für 60, 100 bzw.
130 Rs. Auf dem Weg dorthin sollte man jedoch zunächst klären, ob im Haus der AA of Eastern India (des
Automobilclubs) das Doppelzimmer frei ist. Es ist sauber und mit 50 Rs einschließlich Bad und Fernsehgerät
eine gute Wahl. Mitglied in diesem Club muß man als
Gast nicht sein.

Im Block R der Birchand Patel Marg liegt das Hotel
Kautilya Vihar, der Tourist Bungalow (Tel. 22 54 11).
Hier kann man in einem Schlafsaal für 60 Rs übernachten. Mehr für sein Geld erhält man jedoch in den
Doppelzimmern mit Bad und Heißwasserbereiter, in
denen man allein für 175 Rs übernachten kann. Für ein
Zimmer mit Klimaanlage muß man 300 Rs bezahlen.
In den Ruheräumen der Eisenbahn im Bahnhof kann
man in einem Schlafsaal für 30 Rs und in einem Doppelzimmer für 90 Rs (mit Klimaanlage für 150 Rs)
übernachten.

Ein weiteres ganz gutes Quartier ist das kleine Hotel
Sheodar Sadan (Tel. 22 72 10) mit saubereren Einzel- und
Doppelzimmern ab 115 bzw. 145 Rs und Doppelzim-
mern mit Klimaanlage für 250 Rs.

Ganz gut ist ferner das Hotel Chaitanya in der Exhibition Road (Tel. 65 84 73), in dem Einzel- und Doppelzimmer mit eigenem Bad ab 95 bzw. 120 Rs vermietet
werden. Die Preise reichen bis 300 bzw. 375 Rs für ein
Einzel- oder Doppelzimmer mit Klimaanlage.

Mittelklassehotels: Das Hotel President (Tel. 22 06 00)
liegt in einer Seitenstraße der Fraser Road und hat
Einzelzimmer ab 225 Rs sowie Doppelzimmer ab 260 Rs
zu bieten (mit Klimaanlage ab 400 bzw. 475 Rs). Alle
Zimmer verfügen auch über ein Bad mit heißem Wasser.

Unterkünfte
3 Hotel Maurya Patna
5 Hotel Shyama
6 Hotel Rajkumar
7 Hotel Ruby
8 Hotel Sheodar Sadan
9 Hotel Parker
11 Hotel President
13 Hotel Rajasthan
16 Hotel Rajdhani
17 AA of Eastern India
18 Hotel Republic
19 Hotel Dai Ichi
20 Hotel Samrat International
21 Hotel Pataliputra Ashok und Hotel Satkar
     International
23 Hotel Chaitanya
25 Hotel Mayur und Restaurant Mamta
27 Hotel Anand Lok
32 Hotel Kautilya Vihar (Tourist Bungalow)
33 Hotel Chanakya

Restaurants
12 Restaurant Jai Annapurna
14 Restaurant Ashoka
24 Eissalon Mayfair

Sonstiges
1 British Library
2 Golghar
4 Indian Airlines
10 Stadtmuseum (Patna Museum)
15 Fremdenverkehrsamt von Bihar
26 Gefängnis
28 Auto-Rickschas nach Gulzarbagh
29 Bahnhof Patna Junction
30 Hauptpostamt
31 Wasserturm
34 Hauptbusbahnhof
35 Staatliches indisches Fremdenverkehrsamt

Ein gutes Mittelklassehotel ist zudem das Hotel Samrat International an der Fraser Road (Tel. 22 05 60, Fax 22 63 86), in dem Einzel- und Doppelzimmer ab 350 bzw. 450 Rs (mit Klimaanlage für 600 bzw. 700 Rs) angeboten werden. Dieses Haus rühmt sich der ersten Heißwasseranlage mit Solarenerie im ganzen Bundesstaat. Ebenfalls an der Fraser Road liegt das Hotel Rajasthan (Tel. 22 51 02), in dem für ein Einzelzimmer 240 Rs und für ein Doppelzimmer 300 Rs berechnet werden (mit Klimaanlage 350 Rs). Zu diesen Preisen rechnet man eigentlich auch mit heißem Wasser, aber das steht in diesem Hotel nicht zur Verfügung. Nicht weit entfernt stößt man auf das Hotel Satkar International (Tel. 22 05 51, Fax 22 05 56), in dem Einzelzimmer 275 Rs

und Doppelzimmer 375 Rs kosten. Hier kann man aber auch ein Luxuszimmer allein für 450 Rs und zu zweit für 550 Rs mieten. Dieses Haus ist eines der wenigen in der Stadt, in dem man am Tag der Abreise bis 12 Uhr in seinem Zimmer bleiben darf.

Luxushotels: Unweit vom Tourist Bungalow liegt das Hotel Chanakya (Tel. 22 31 41, Fax 22 05 98), ein Haus mit zentraler Klimaanlage, das sich drei Sterne hat erobern können. Hier kann man in einem Einzelzimmer für 850 Rs und in einem Doppelzimmer für 1000 Rs übernachten, aber auch 1195 Rs für eine Suite ausgeben.

Patnas bestes Hotel mit Blick über den Gandhi Maidan ist das Welcomgroup Maurya Patna (Tel. 22 20 60, Fax 22 20 69). Hier stehen die üblichen Service-Einrichtungen zur Verfügung, auch ein Schwimmbad. Die Einzelzimmer kosten ab 1150 Rs, die Doppelzimmer ab 1350 Rs. Eine bessere Wahl in dieser Preisklasse ist eigentlich jedoch das Hotel Pataliputra Ashok (Tel. 22 62 70), in dem man allein für 1050 Rs und zu zweit für 1300 Rs übernachten kann.

ESSEN
An Restaurants mangelt es in Patna nicht. Viele siedelten sich entlang der Fraser Road unweit vom Bahnhof an. Sauber und beliebt ist der Eissalon Mayfair, in dem auch gute Masala Dosas und andere Imbisse zu haben sind. 16 verschiedene Eissorten werden ebenfalls angeboten. Nicht weit davon entfernt steht das Restaurant Mamta mit Hauptgerichten für 30 Rs, aber auch Bier für 38 Rs. Ziemlich dunkel ist es im Restaurant Ashoka, weiter hinauf in der Fraser Road. Hier bekommt man jedoch sehr gutes nichtvegetarisches Essen (chinesische Speisen und Tandoori-Gerichte) vorgesetzt.
Nicht weit vom Ashoka entfernt kommt man zum Hotel Rajasthan mit dem besten vegetarischen Restaurant der Stadt. Hier ist das Essen zwar nicht billig, aber die Speisen sind ausgezeichnet. Angeboten wird auch eine ganze Reihe von Eissorten. Im Restaurant Jai Annapurna kann man gut Hühnchen-Kebab essen und außerdem Gerichte mitnehmen. In der gleichen Gegend liegt auch das Restaurant Bansi Vihar, das sich auf südindische Speisen spezialisiert hat.

AN- UND WEITERREISE
Flug: Indian Airlines (Tel. 22 64 33) unterhält täglich Flugverbindungen zwischen Patna und Delhi (87 US $), Kalkutta (51 US $) sowie Ranchi (32 US $). Außerdem bestehen dreimal wöchentlich Flugverbindungen nach Lucknow (47 US $).

Bus: Den Hauptbusbahnhof finden Sie westlich vom Bahnhof Patna Junction am Hardings Park. Das ist ein recht großer Busbahnhof mit Haltestellen entlang der

Straße. Busse nach Siliguri (101-112 Rs, 12 Stunden), Gaya (20 Rs, 3 Stunden), Rajgir (20 Rs, 3 Stunden), Ranchi (75 Rs, 8 Stunden) und Sasaram (35 Rs, 4¹/₂ Stunden) fahren hier vom Bussteig 7 und über Muzaffarpur nach Raxaul an der nepalischen Grenze (50 Rs, 5 Stunden) vom Bussteig 6 ab.

Die Bushaltestelle am Gandhi Maidan wird von den staatlichen Bussen für Abfahrten nach vielen Zielen in ganz Bihar benutzt. Von dort fahren Nachtbusse nach Ranchi und um 7.30 Uhr ein Luxusbus nach Siliguri (115 Rs) ab. Außerdem verkehrt nachts ein Luxusbus nach Raxaul (55 Rs, 7 Stunden).

Zug: Der wichtigste Bahnhof der Stadt ist Patna Junction. Die schnellsten Züge auf der Strecke zwischen Delhi und Kalkutta brauchen von hier nach Delhi 12 Stunden (992 km, 2. Klasse 208 Rs und 1. Klasse 624 Rs) sowie nach Kalkutta 5¹/₂ Stunden (545 km, 2. Klasse 139 Rs und 1. Klasse 415 Rs). Eine ganze Reihe von Direktverbindungen besteht auch nach Varanasi (228 km, 5 Stunden), Gaya (92 km, 2 Stunden), Ranchi (591 km, 10 Stunden), Bombay und einmal wöchentlich nach Madras. Wer weiter nach Darjeeling oder in die Nordost-Region will, dem steht eine schnelle Verbindung mit dem *Northeast Express* zur Verfügung, der in Patna um 21.15 Uhr abfährt und in New Jalpaiguri am nächsten Morgen um 9.25 Uhr ankommt (636 km, 2. Klasse 155 Rs und 1. Klasse 464 Rs).

Nach und von Nepal: Weil von Patna bis Raxaul an der Grenze nach Nepal keine Direktverbindungen mit Zügen bestehen (man muß in Muzaffarpur umsteigen), sind Busfahrten schneller. Vom Hauptbusbahnhof sind Abfahrten um 6.30, 12.30, 14.20 und 22.00 Uhr. Weitere Verbindungen bestehen von der Haltestelle für staatliche Busse. Die Fahrten dauern fünf Stunden und kosten 50 Rs.

Von einer ganzen Zahl von Agenturen werden zudem Fahrkarten für durchgehende Verbindungen nach Kathmandu angeboten, auch im Hotel Rajasthan. Sie bieten Busfahrten nach Raxaul, Rikscha-Fahrten über die Grenze und Gutscheine für die Weiterfahrt mit einem nepalischen Bus nach Kathmandu für 280 Rs an, wobei im Preis eine Übernachtung in einem Hotel in Raxaul enthalten ist. Das läßt sich alles aber auch selbst organisieren, wobei man sich nicht nur an der Grenze den Bus für die Weiterfahrt selbst aussuchen kann, sondern was auch noch billiger ist.

NAHVERKEHR

Flughafentransfer: Ein Flughafenbus verkehrt vom und zum Flughafen nicht. Weil der Flughafen aber so nahe bei der Stadt liegt, kann man von dort oder dorthin auch für 15 Rs mit einer Fahrrad-Riksha gelangen. Taxifahrer berechnen für eine solche Fahrt 70 Rs.

Auto-Rikscha: Zwischen dem Bahnhof Patna Junction und Gulzarbagh kann man gemeinsam mit anderen Fahrgästen in einer Auto-Riksha für 5 Rs pro Person fahren. Eine weitere Verbindung mit Auto-Rikschas besteht zwischen dem Bahnhof Patna Junction und der Bushaltestelle am Gandhi Maidan (3 Rs).

VON PATNA NACH NEPAL

SONEPUR

In Sonepur, 25 km nördlich von Patna, findet jeden Oktober/November ein vierwöchiger Viehmarkt statt. Höhepunkt dieser Veranstaltung ist bei Vollmond im Kartika Purnima. Dann ist auch die günstigste Zeit, hier am Zusammenfluß des Ganges und des Gandak ein Bad zu nehmen. Der Markt ist wahrscheinlich der größte seiner Art in ganz Asien, bei dem nicht nur mit Vieh gehandelt wird. Am Haathi Bazaar wechseln sogar Elefanten ihre Besitzer, und zwar je nach Alter und Zustand für irgend etwas zwischen 10 000 und 100 000 Rs. Wenn Sie sich ein solches alternatives Verkehrsmittel zulegen wollen, dann ist es für einen modernen Elefantentreiber unumgänglich, das Buch *Auch Elefanten weinen* vom Mark Shand zu lesen.

VAISHALI

Vor langer Zeit, im 6. Jahrhundert v. Chr., war Vaishali die Hauptstadt einer Republik. Die Stadt ist auch Geburtsort von Mahavira, eines der Jain-Tirthankars. Außerdem soll Buddha hier zum letzten Mal gepredigt haben. Zu sehen ist heute wenig. Lediglich eine Ashoka-Säule mit einem Löwen als Symbol an der Spitze, ein paar verfallene Stupas (in einem davon soll sich ein Achtel der Asche von Buddha befinden) und ein kleines Museum kann man besichtigen. Das ist im Rahmen von Führungen von Patna oder mit Bussen von Lalganj und Muzaffarpur aus möglich. Es gibt in Vaishali auch einen Tourist Bungalow.

MUZAFFARPUR

Einwohner: 264 000

Abgesehen davon, daß viele Besucher in dieser Stadt auf dem Weg von oder nach Nepal in einen anderen Bus umsteigen, ist kaum etwas Sehenswertes zu erwähnen. Die Stadt und die Umgebung sind besonders durch Armut gezeichnet und landwirtschaftlich sehr unterentwickelt. Zum Übernachten bietet sich eine Reihe von Hotels an, darunter das Hotel Deepak mit einigermaßen gutem Essen und sehr einfachen Zimmern. Einige hundert Meter vom Bahnhof entfernt, in der Saraiya Gunj, liegt das Hotel Elite, das allerdings teurer ist.

MOTIHARI UND RAXAUL

Nördlich von Muzaffarpur wird die Gegend noch ärmlicher. Motihari, wo George Orwell geboren wurde, ist eine kleine Provinzstadt, die zugleich Sitz der Verwaltung des Distrikts ist. Raxaul liegt unmittelbar an der Grenze und grenzt direkt an Birganj, eine Stadt, die bereits auf nepalischem Boden liegt. Beide sind dreckige, wenig interessante Durchgangsstationen. Mit einer Fahrrad-Riksha braucht man 30 Minuten (18 Rs), um von der zwischen 4.00 und 22.00 Uhr geöffneten Grenze zur Bushaltestelle in Birganj zu gelangen. Ein Visum für die Einreise nach Nepal kann man an der Grenze für 25 US $ erhalten.

Unterkunft: Raxaul ist kein Ort, in dem es lohnt, lange zu bleiben. Im Hotel Kaveri in Raxaul kostet eine Übernachtung in einem Einzelzimmer 40 Rs und in einem Doppelzimmer 60 Rs. Besser ist das Hotel Ajanta. Es liegt von der Bushaltestelle ein Stück eine Seitenstraße hinunter. Dort muß man mit Badbenutzung für ein Einzelzimmer 40 Rs und für ein Doppelzimmer 70 Rs bezahlen. Man kann aber auch zunächst die Grenze überqueren und dann im ebenso wenig ansprechenden Birganj übernachten.

An- und Weiterreise: Von Raxaul verkehren nach Patna täglich einige Busse (50 Rs, 5 Stunden). Häufiger kommt man nach Muzaffarpur. Hüten Sie sich vor Schleppern, die kombinierte Bus- und Bahnfahrten verkaufen wollen. Zuverlässiger ist es, das selbst zu organisieren. Von Birganj fahren morgens und abends Busse nach Kathmandu (110 nepalische Rupien, 12 Stunden) und Pokhara (100 nepalische Rupien, 10 Stunden). Nach Kathmandu verkehren die meisten Busse entlang der längeren Strecke über Narayanghat und Mugling und benutzen nur selten den landschaftlich so schönen Tribhuvan Highway über Naubise.

Warnung: Die Formalitäten in Birganj können manchmal etwas ungewöhnlich sein. Die Beamten dort haben sich angewöhnt, die Visumgebühr von 25 US $ ausschließlich in Bargeld zu fordern (wenn man nicht bereits ein Visum für Nepal besitzt). Es kann also durchaus sein, daß sie keine andere Währung entgegennehmen (auch keine indischen und nepalischen Rupien). Darauf sollte man sich vorsorglich einstellen.

VON PATNA NACH VARANASI

SASARAM

Es lohnt, eine Reise zwischen Varanasi und Gaya oder Patna hier zu unterbrechen, um sich das beeindruckende Mausoleum von Sher Shah anzusehen, der im Jahre 1545 starb. Erbaut aus rotem Sandstein in der Mitte eines großen künstlichen Teiches, ist es insbesondere im warmen Licht bei Sonnenuntergang eindrucksvoll.

Die 46 m hohe Kuppel hat einen Durchmesser von 22 m, was 4 m mehr als bei der Kuppel des Taj Mahal ist. Sasaram liegt an der Grand Trunk Road, der berühmten indischen Straße, die Sher Shah Mitte des 16. Jahrhunderts erbauen ließ. Interessant ist auch ein Spaziergang in den schmalen Straßen dieser kleinen Stadt. Das Grab des Vaters von Sher Shah und weitere Monumente aus

---

Projekt Elefant

Das „Projekt Tiger" ist in den letzten Jahren wahrscheinlich der am deutlichsten erkennbare Versuch in Indien gewesen, Tierschutz zu betreiben. Davon ausgehend ist im Jahre 1992 auch das „Projekt Elefant" ins Leben gerufen worden. Grob gesehen ist es wie das „Projekt Tiger" mit einer Anzahl von besonderen Schutzgebieten für Elefanten angelegt. Dafür sind insgesamt 11 Gebiete in den Bundesstaaten Bihar, Orissa, Assam, Meghalaya, Tamil Nadu, Kerala und Uttar Pradesh ausgesucht und als Elefantenschutzgebiete ausgewiesen worden.

Die wichtigste Aufgabe dieser Schutzgebiete ist es, den Elefanten einen Lebensraum zu garantieren. Genauso wichtig ist es aber auch, die Tiere vor Wilderern zu schützen. Da anders als bei den Afrikanischen Elefanten bei den Indischen Elefanten Stoßzähne nur die männlichen Tiere tragen, sind insbesondere die das Ziel von Wilderern, was zu dem Ergebnis geführt hat, daß ein großes Ungleichgewicht zwischen männlichen und weiblichen Elefanten eingetreten ist.

Zu den Zielen vom „Projekt Elefant" gehören aber auch die Versuche, das Vernichten von landwirtschaftlichen Erzeugnissen und das Töten von Menschen durch Elefanten zu begrenzen, Korridore zwischen den einzelnen Schutzgebieten zu schaffen und zu erhalten sowie Problemgruppen von Elefanten zu erkennen und in den Griff zu bekommen.

der moslemischen Zeit befinden sich ebenfalls in Sasaram.

Weitere moslemische Gräber gibt es in Maner. Bei Dehri, 17 km von Sasaram entfernt, überqueren Eisenbahn und die Grand Trunk Road den Son-Fluß auf einer 3 km langen Brücke. Die Bergfestung von Rohtas liegt 38 km von Sasaram entfernt.

Unterkunft und Essen: Das beste Quartier ist die freundliche Tourist Lodge, 15 Minuten zu Fuß vom Bahnhof entfernt. Dorthin gelangt man, wenn man vor

dem Bahnhof nach links auf die Grand Trunk Road und dann bis zur zweiten Tankstelle geht. Hier kann man in einem Doppelzimmer für 50 Rs übernachten (mit Bad für 60 Rs und mit Ventilator für 75 Rs). Ganz gut essen läßt sich im Restaurant Ruchi.

An- und Weiterreise: Häufig fahren Busse nach Patna (35 Rs, 4¹/₂ Stunden). Wenn man nach Varanasi und Gaya will, ist es besser, einen Zug zu benutzen, weil die Busse dorthin in Dehri, 17 km entfernt, abfahren und nur wenige davon in Sasaram halten.

VON PATNA NACH GAYA

NALANDA

Nalanda, gegründet im 5. Jahrhundert v. Chr., war einmal eine bedeutende Universitätsstadt und ein wichtiges buddhistisches Zentrum, bis im 12. Jahrhundert die Afghanen einfielen und alles in Schutt und Asche legten. Als zu Beginn des 7. Jahrhunderts n. Chr. der chinesische Reisende Hiuen Tsang in dieser

Stadt weilte, lebten hier 10 000 Mönche und Studenten.

Sehenswürdigkeiten: Ausgedehnte Überbleibsel aus Ziegelsteinen noch zu sehen. Dazu gehören vor allem der Große Stupa mit seinen Stufen und Terrassen sowie einige noch erhaltene Votiv-Stupas in ihrer unmittelba-

---

Grand Trunk Road

Die Grand Trunk Road (GTR) verläuft quer durch ganz Indien, und zwar von der pakistanischen Grenze in der Nähe von Amritsar bis Kalkutta. Sie besteht bereits seit vielen Jahrhunderten und ist mit Abstand die verkehrsreichste Strecke im ganzen Land. Rudyard Kipling beschrieb die Grand Trunk Road als „Fluß des Lebens" und siedelte viele der in dem Buch *Kim* beschriebenen Ereignisse entlang dieser Straße an.

In der Zeit der Herrschaft von Ashoka wurden entlang der Straße Säulen mit Edikten aufgestellt. In den Zeiten der Moguln waren es *kos minars* (eine Art Kilometersteine), die am Straßenrand angebracht wurden und die Grundlage für das Messen langer Strecken waren. Von großer Bedeutung waren aber auch die *serais* (Rasthäuser), die im Laufe der Zeit von vielen Herrschern gegründet wurden, insbesondere unter den Moguln. Die entwickelten die van im Grunde genommen aus Stützpunkten für den Posttransport zu Einrichtungen, die Mittelpunkte für den Handel in vielen Gebieten bildeten, und waren auch Unterkünfte für Staatsbedienstete. Einige wurden zu richtigen grandiosen Bauwerken, in denen selbst die Herrscher abstiegen, wenn sie in der jeweiligen Gegend reisten. Ein besonders beeindruckender *serai* war der Nurmahal-ki-serai am Stadtrand von Agra, aber auch der *serai* der Begum Sahib in Delhi, der ältesten Tochter von Shah Jahan.

Einer der Herrscher mit dem größten Einfluß auf das Erscheinungsbild der Grand Trunk Road war Kaiser Jehangir, der Alleen mit Bäumen (*khayabans*) anlegen ließ. Sie sollten für Reisende entlang solcher Streckenabschnitte für Schatten sorgen. Diese Straße wurde bald als so angenehm empfunden, daß sie unter europäischen Reisenden des 17. Jahrhunderts als „Long Walk" bekannt wurde. Leider war mit dem Abstieg der Moguln auch ein Verfall dieser Bäume verbunden, weil ihre Pflege aufhörte.

Die einzige Wiederbelebung der Grand Trunk Road fand in der Zeit der britischen Kolonialherrschaft statt, als die East India Company eine direktere Route zwischen Kalkutta und Varanasi in der Ebene des mittleren Ganges suchte. Davor war die Straße nämlich den weiträumigen Biegungen des Ganges durch Bengalen gefolgt. Nach der Wiederbelebung im Jahre 1781 benannten die Briten die Straße in New Military Road um, aber von dieser Bezeichnung wurde nicht lange Gebrauch gemacht. Die heutige Route über Varanasi wurde 1838 fertiggestellt. Auch heute noch ist die Grand Trunk Road ein lebenswichtiger Teil des indischen Straßennetzes. Wenn man sich irgendwo im ländlichen Indien in ein *dhaba* (einfaches Lokal für Lastwagenfahrer) an der Straße setzen und einen Tag oder zwei Tage lang die vorbeiziehende Parade beobachten würde, könnte man ein lebendiges Bild von Indern auf Reisen gewinnen - Tanklastwagen aus Assam, Tata-Lastwagen aus dem Punjab, Sadhus barfuß auf einer Pilgerung, Bauern beim Lenken überladener Ochsenkarren, unberechenbare Kühe, Schulkinder auf Fahrrädern und Frauen zu Fuß. Von all dem Krach würde man dann aber wahrscheinlich auch taub werden.

---

ren Umgebung und Zellen von Mönchen. Das Siegel der Universität, Skulpturen und andere interessante Funde dieses heiligen Ortes werden heute in dem Archäologischen Museum aufbewahrt (0,50 Rs, freitags geschlossen). Hier verehren auch Pilger die Buddha-Figuren ungeachtet der Hinweisschilder, auf denen steht „Do not offer anything to the objects in the museum"! An der Kasse kann man für 3 Rs einen kleinen Führer durch die Ausstellung kaufen.

Das neueste Bauwerk hier ist die Hiuen-Tsang-Gedächtnishalle, die von den Chinesen als Friedenspagode errichtet wurde. Der hatte nämlich in Nalanda fünf Jahre als Lehrer und zugleich als Student verbracht. 1951 gründete man in Nalanda auch ein internationales Zentrum zum Studium der buddhistischen Lehre. In der Stadt finden Sie burmesische, japanische und jainistische *dharamsalas*. Vorhanden ist aber auch ein PWD Rest House.

An- und Weiterreise: Zusammen mit anderen Fahrgästen kann man sich einen Jeep für die Fahrt von Rajgir bis zum Dorf Nalanda teilen (3 Rs). Von dort kostet es 2 Rs für die Fahrt mit einer Tonga bis zum Gelände der Universität. Anschließend kann man mit einem Jeep für 3 Rs vom Dorf Nalanda nach Bihar Sharif fahren, um dort in einen Bus nach Patna einzusteigen (18 Rs, 2^1/$_2$ Stunden).

RAJGIR

Telefonvorwahl: 06119

Rajgir war die Hauptstadt des Magadha-Reiches, bis Ajatasatru sie im 5. Jahrhundert v. Chr. nach Pataliputra (Patna) verlegte. Heute ist Rajgir ein kleinerer indischer Ferienort, in dem Besucher im Winter von den heißen Quellen und dem gesunden Klima der hügeligen Gegend 19 km südlich von Nalanda angezogen werden.

Rajgir ist auch ein wichtiges buddhistisches Pilgerziel, weil Buddha hier 12 Jahre verbrachte, und war Tagungsort für das erste buddhistische Konzil, das nach dem Eingang Buddhas in das Nirwana abgehalten wurde. Der Ort ist aber auch für die Jains von Bedeutung, weil Mahavir hier einige Zeit verbrachte und deshalb auf vielen Hügeln Digambara-Schreine errichtet wurden. Die Erwähnung im *Mahabharata* sorgt zudem dafür, daß auch Hindus nach Rajgir pilgern.

Orientierung und praktische Hinweise: Die Hauptstraße führt etwa einen halben Kilometer westlich der Stadt vorbei. An ihr liegen der Bahnhof und die Bushaltestelle und in der gleichen Gegend auch eine Reihe von Hotels.

Ein Fremdenverkehrsbüro findet man an den Thermalquellen, zu denen man einen Kilometer südlich der Stadt entlang der Hauptstraße gelangt.

Sehenswürdigkeiten: Die meisten Besucher mieten sich für einen halben Tag eine Tonga, weil die sehenswerten Stätten weit verstreut sind. Das kostet rund 50 Rs, allerdings sollte man den Pferden angesichts ihrer brutalen Behandlung einen Gefallen erweisen und lieber mit einem Taxi fahren, auch wenn das teurer ist.

Zu den wichtigsten Stätten gehören Teile der Ruinen der Stadt, Höhlen und Stellen, die mit Ajatasatru und seinem Vater Bhimbisara in Verbindung stehen, den Ajatasatru einsperren und ermorden ließ. Das rosafarbene Bauwerk bei den überfüllten heißen Quellen ist der Lakshmi-Narayan-Tempel. Die Bereiche zum Baden sind für Männer und Frauen getrennt. An ihnen wird man, wenn man sich an den Anlagen zum Baden herumführen läßt, von einem „Tempelpriester" gedrängt, anschließend ein Bakschisch zu geben („Just a small donation, 100 or 200 Rupies"). Statt dessen kann man sich auch von einem Angehörigen der Touristenpolizei herumführen und sich beim Abschied zuwinken lassen, ohne daß die Hand für ein Trinkgeld aufgehalten wird.

Außerdem kann man sich den burmesischen Tempel, eine interessante jainistische Ausstellung (5 Rs), einen modernen japanischen Tempel und auf der Spitze des Ratnagiri-Hügels, 3 km südlich der heißen Quellen, den japanischen Shanti-Stupa ansehen, der mit einem Sessellift zu erreichen ist (hin und zurück 8 Rs). Der Sessellift verkehrt täglich von 8.15 bis 13.00 Uhr und von 13.30 bis 17.00 Uhr.

Unterkunft und Essen: Die Preise für Übernachtungen schwanken je nach Saison stark. Hochsaison im Ort ist von Mitte September bis Mitte November.

Eines der preisgünstigeren Quartiere ist das Hotel Anand unweit der Bushaltestelle. Dort kosten die düsteren Zimmer unten 75 Rs, während man für eines der besseren Zimmer oben 100 Rs bezahlen muß (alle mit eigenem Bad). In diesem Hotel kann man für 18 Rs auch ein einfaches vegetarisches Essen erhalten.

Das Hotel Siddhartha im Süden der Stadt, unweit der Thermalquellen, wurde um einen ganz hübschen, ummauerten Innenhof errichtet und hat mit Bad Einzelzimmer für 70 Rs sowie Doppelzimmer für 125 Rs zu bieten.

Das Hotel Rajgir (Tel. 52 66) kann mit einem hübschen Garten und ganz ordentlichen Einzel- und Doppelzimmern mit Bad für 75 bzw. 165 Rs aufwarten. Ferner werden im Hotel Triptee's einige ganz gute Doppelzimmer mit Balkon für 200 Rs vermietet. Hier sind für 20 Rs auch nichtvegetarische Speisen erhältlich.

An der Hauptstraße, fünf Minuten Fußweg sowohl von der Bushaltestelle als auch vom Bahnhof entfernt, liegt das Hotel Gautam Vihar (Tourist Bungalow Nr. 1) mit Betten in einem Schlafsaal für jeweils 45 Rs und eigentlich zu teuren Zimmern für 175 Rs (mit Klimaanlage

BIHAR

für 275 Rs). Hier sind die Nebensaisonpreise viel realistischer und betragen 25, 90 bzw. 175 Rs.

Das beste Haus im Ort ist das japanisch-indische Centaur Hokke (Tel. 52 45), gelegen 3 km westlich der Thermalquellen und ausgeschildert. Das ist ein ganz angenehmes Haus mit Zimmern sowohl im westlichen als auch im japanischen Stil für 68 US $ (Einzelzimmer) bzw. 106 US $ (Doppelzimmer), mit Vollpension für 103 bzw. 186 US $. Das Restaurant in diesem Hotel ist zwar teuer, aber noch annehmbar, und serviert indische sowie japanische Gerichte. Wenn man anderswo wohnt und in diesem Restaurant essen möchte, muß man eine Fahrrad-Rikscha oder eine Tonga mieten und die Fahrer während des Essens warten lassen, damit man anschließend zurückgebracht wird.

An- und Weiterreise: Rajgir liegt an einer Nebenstrekke der Eisenbahn mit täglichen Verbindungen nach Patna. Busse sind allerdings schneller (20 Rs, 3 Stunden). Daneben verkehren Busse nach Gaya (13 Rs, 2 Stunden) und Pawapuri. Nach Nalanda kann man gemeinsam mit anderen Fahrgästen in einem Jeep für 3 Rs gelangen.

PAWAPURI

In Pawapuri starb Mahavira, der letzte Tirthankar und Gründer des Jainismus. Er wurde hier um 500 v. Chr. auch eingeäschert. Man sagt, daß seine heilige Asche so begehrt war, daß eine große Menge Erde von der Stelle entfernt werden mußte, an der er verbrannt worden war. Daraus soll ein Teich mit Lotosblüten entstanden sein. In der Mitte wurde später ein Marmortempel, der Jalmandir, errichtet, der nun ein wichtiges Pilgerziel von Jains ist.

Zu erreichen ist die Anlage mit Bussen von Rajgir und Bihar Sharif.

GAYA

Einwohner: 323 000
Telefonvorwahl: 0631

Gaya liegt etwa 100 km südlich von Patna. So wie das nahegelegene Bodhgaya ein wichtiger Pilgerort für die Buddhisten ist, stellt Gaya ein bedeutendes Pilgerziel für hinduistische Gläubige dar. Vishnu soll Gaya die Kraft gegeben haben, Gläubige von Sünden zu befreien. Nun opfern Pilger entlang der *ghats* am Fluß *pindas* (Beerdigungskuchen) und unternehmen dann einen langen Rundweg um die Stadt mit all den heiligen Plätzen, damit ihre Vorfahren von der Knechtschaft der Erde befreit werden.

Wenn man auf dem Weg nach Bodhgaya in Gaya erst nach Einbruch der Dunkelheit ankommt, dann verbringt man besser hier eine Nacht, weil es entlang der Straße von Gaya nach Bodhgaya bereits zu einer ganzen Reihe von Überfällen gekommen ist. Es ist auch schon von Pilgern berichtet worden, die sich im Bahnhof mit Fremden „angefreundet" hatten und dann nach einigen Tassen Tee mit Betäubungsmitteln ausgeraubt wurden.

Ein Fremdenverkehrsbüro befindet sich im Bahnhof.

SEHENSWÜRDIGKEITEN

Vishnupad-Tempel: 1787 ließ Königin Ahalya Bai aus Indore den Tempel im Sikhara-Stil erbauen, der mitten in der belebten Altstadt am Ufer des Falgu steht. In diesem hinduistischen Tempel ist ein 40 cm langer „Fußabdruck von Vishnu" in einem Felsen zu sehen, der von einem mit Silber beschlagenen Bassin umgeben ist. Andersgläubige dürfen ihn allerdings nicht betreten.

Während des Monsun führt der Fluß enorme Wassermengen mit sich, trocknet im Winter aber auch völlig aus. Am Flußufer kann man Feuerbestattungen beobachten.

Weitere Sehenswürdigkeiten: Zur Spitze des Brahmajuni-Hügels führt eine Treppe mit 1000 Stufen. Dieser Berg liegt nur einen Kilometer südwestlich des Vishnupad-Tempels. Von oben haben Sie eine schöne Aussicht auf Gaya. Unweit des Wasserbassins kann man sich auch noch das kleinen archäologische Museum ansehen (montags geschlossen).

Ein Tempel zu Ehren von Surya, dem Sonnengott, befindet sich 20 km nördlich in Deo, während 36 km nördlich von Gaya die Barabar-Höhlen liegen. Sie stammen aus der Zeit um 200 v. Chr. Das sind die „Marabar-Höhlen", die in dem Buch *Auf der Suche nach Indien* von E. M. Forster eine Rolle spielen. In zwei der Höhlen gibt es persönliche Inschriften des Herrschers Ashoka. Um zu den Höhlen zu gelangen, fährt man am besten mit einem Zug bis Bela, nimmt dann für weitere 10 km eine Tonga und muß anschließend noch 5 km bis zu den zwei Gruppen mit Höhlen zu Fuß gehen.

UNTERKUNFT UND ESSEN

Im Bahnhof von Gaya werden Ruheräume (Railway Retiring Rooms) vermietet, nämlich Plätze im Schlafsaal für 20 Rs und Doppelzimmer für 70 Rs (mit Klimaanlage für 125 Rs). In der Umgebung des Bahnhofs gibt es mehrere weitere Unterkünfte, die zwar

Tanz

Alle klassischen indischen Tänze sind zurückzuführen auf die Rolle, die der hinduistische Gott Shiva als Nataraj, der König des Tanzes, spielte. Shivas erste Frau war Sati. Als Satis Vater, der Shiva gar nicht mochte, Shiva beleidigte, verübte Sati Selbstmord, indem sie sich verbrannte. Der aufgebrachte Shiva tötete daraufhin seinen Schwiegervater und tanzte den *tandava* - den Tanz der Zerstörung. Später wurde Sati als Parvati wiedergeboren, heiratete Shiva erneut und tanzte den *lasya*. So wurde der *tandava* die männliche Form des Tanzes und der *lasya* die weibliche Form. Ganz am Anfang war der Tanz Bestandteil der Tempelzeremonien. Die Tänzer wurden bekannt als *devadasis*, die in ihren Tänzen Geschichten aus dem *Ramayana* oder *Mahabharata* erzählten.

Auch wenn Tempeltänze heute nicht mehr üblich sind, basieren die klassischen indischen Tänze immer noch auf ihren hinduistischen Wurzeln. Sie bestehen aus folgenden Einzelteilen: *nritta* (den rhythmischen Elementen), *nritya* (der Kombination von Rhythmus und Ausdruck) und *natya* (dem dramatischen Bestandteil). Der *nritya* findet Ausdruck durch Augenstellung, Handhaltung und Bewegungen des Gesichts. Diese drei Dinge bilden zusammen mit dem Rhythmus (*nritta*) die Elemente des Tanzes. Um ein *natya* zu verstehen, womit hier ein Tanzdrama gemeint ist, ist eine tiefergehende Kenntnis hinduistischer Legenden und Mythen erforderlich.

Der klassische indische Tanz ist in vier Grundformen aufgeteilt: Bharatanatyam, Kathakali, Kathak und Manipuri. Der Bharatanatyam wiederum ist in drei Untergruppen aufgeteilt. Sie sind die beliebtesten Formen des klassischen Tanzes, entstanden in den großen Tempelanlagen im Süden, und erzählen Szenen aus dem Leben Krishnas. Diese Tänze werden ausschließlich von Tänzerinnen aufgeführt. Wie bei den Abbildungen in den Skulpturen wird alles nur kniend dargestellt, niemals in aufrechter Position. Das Repertoire von verschiedenen Handbewegungen ist bei diesen Tänzerinnen bewundernswert. Drei Abwandlungen des Bharatanatyam sind Orissi, Mohini Attam und Kuchipudi. Diese Bezeichnungen deuten auf die Entstehungsorte hin.

LEANNE LOGAN

Links: Die begnadete Bharata-Natyam-Tänzerin Meenakshi Seshadri

Rechts: Vorführung der traditionellen Tanzform des Bharath-Natyam bei einem Festival in Pune (Maharashtra)

LEANNE LOGAN

Die Tanzform des Kathakali rangiert an zweiter Stelle. Sie hat ihren Ursprung in Kerala und wird ausschließlich von Männern getanzt. Durch den Kathakali werden die heldenhaften Kämpfe zwischen Göttern und Dämonen erzählt. Er ist so dynamisch und dramatisch, wie der Bharat Natya ernst und ausdrucksvoll ist. Berühmt sind beim Kathakali auch die farbenfrohen Masken und das reichhaltige Make-up der Tänzer. Außerdem lassen besondere Augentropfen ihre Augen rot erscheinen.

Der Tanz Manipuri kommt, wie der Name schon sagt, aus der Region Manipur im Nordosten. Er ist eher ein Volkstanz, bei dem die Handlung durch Körper- und Armbewegungen ausgedrückt wird. Die Tänzerinnen tragen dabei Reifröcke und kegelförmige Kappen, beides besonders farbenprächtig.

Bleibt als letzter klassischer Tanz die Kathak zu erwähnen. Er ist im Norden Indiens beheimatet und war in seinen Anfängen sehr mit dem Bharata-Natyam verwandt. Jedoch veränderten ihn später persische und moslemische Einflüsse dahingehend, daß aus dem Tanz für Tempelrituale ein Tanz zur Unterhaltung in den Palästen wurde. Die Tänze werden mit ausgestreckten Beinen aufgeführt, bei denen komplizierte und ausgeklügelte Fußbewegungen auszuführen sind. Die Glocken, die die Tänzer dabei an den Fußgelenken tragen, müssen unter Kontrolle gehalten werden. Die Kostüme und die Themen sind häufig den Miniaturen aus der Zeit der Moguln ähnlich.

Während eines Aufenthaltes in Indien hat man häufig Gelegenheit, sich diese Tänze anzusehen, und zwar nicht selten sogar in den größten Hotels, wo Besucher ebenso wie die Hotelgäste willkommen sind.

Oben links und unten links: Kathakali-Tänzer bei den Vorbereitungen für die Vorführung traditioneller Tänze

Rechts: Auserlesenes Make-up und Kostüm eines Kathakali-Tänzers

GREG ELMS

GREG ELMS

GREG ELMS

Musik

Die indische Musik unterscheidet sich in so vielen Punkten von der westlichen Musik, daß es Laien schwerfällt, sich einzuhören, und man für das richtige Verständnis eine längere Zeit benötigt. Im Hinduismus spielt Musik eine wichtige Rolle, insbesondere im Zusammenhang mit Shiva. Indische Musik kann aber auch eine mystische Erfahrung bedeuten, beispielsweise beim Yoga.

Die beiden bedeutendsten indischen Musikrichtungen sind die südliche karnatische Form (Volksmusik) und die nördliche hinduistische Form (eher religiös). Ein grundlegender Unterschied zur westlichen Musik besteht darin, daß in der indischen Musik die Harmonie überhaupt keine Bedeutung hat. Indische Musik basiert auf zwei grundlegenden Elementen: der *tala* und der *raga*. *Tala* ist der Rhythmus und wird durch die Anzahl der Taktteile bestimmt. *Teental* zum Beispiel ist eine *tala* mit 16 Taktteilen. Dabei lauschen die Zuhörer den Klängen und klatschen bei bestimmten Taktteilen in die Hände. Bei einem *teental* geschieht dies bei den Taktteilen 1, 5 und 13. Beim Taktteil 9 entfällt das Klatschen. Das ist der „leere Teil" (*khali*), der durch ein Winken mit der Hand angezeigt wird.

So wie die *tala* dem Rhythmus ähnelt, so kommt die *raga* der Melodie gleich, und da es verschiedene festgelegte *talas* gibt, sind auch unterschiedliche *ragas* vorgegeben. Eine klassische indische Musikgruppe setzt sich aus drei Spielern zusammen, von denen einer für den Bordun, einer für die Melodie und einer für den Rhythmus zuständig ist. Im Grunde genommen sind indische Musiker Solisten und unterliegen nicht dem Zwang zur Gemeinschaft, dem die Orchestermitglieder im Westen unterliegen. Harmonie ist nicht gefragt, denn jeder indische Musiker sucht sich eine eigene *tala* und *raga*. So folgt in der indischen Musik jeder Musiker dem selbstgewählten Weg, wie es *tala* und *raga* vorschreiben, aber jeweils so, wie er es sich vorstellt. Zum Entzücken des Publikums treffen sich hin und wieder alle drei Musiker im gleichen Rhythmus und bei der gleichen Melodie, um kurz darauf sofort wieder in verschiedene musikalische Richtungen zu entfliehen.

Oben: Musiker beim Pongal-Fest in Madurai

Unten links: Volkstänzer aus Rajasthan in Shilpgram

Unten rechts: Indische Kapelle in Fatehpur Sikri

GREG ELMS

HUGH FINLAY

PAUL BEINSSEN

Yehudi Menuhin, der große Künstler, verwendete viel Zeit und Energie darauf, die indische Musik zu verstehen. Am Ende hatte er eine passende Erklärung gefunden: Die indische Musik ist vergleichbar mit der indischen Gesellschaft. Sie besteht aus einer Gruppe von Individuen, die zwar nicht zusammenarbeiten, aber hin und wieder bei bestimmten Gemeinsamkeiten zueinanderfinden. Die westliche Musik ist dagegen wie eine demokratische Gesellschaft, nämlich eine Gruppe von Individuen (das Orchester), die alle einen Teil ihrer Freiheit für das Gemeinwohl und für die Harmonie des Ganzen opfern.

Obwohl die religiöse indische Musik eine der längsten verfolgbaren Entwicklungen aller Musikformen besitzt, wurde dennoch erst kürzlich damit begonnen, sie in einer schriftlichen Form festzuhalten. Im Rahmen der grundlegenden Elemente wird von den Musikern improvisiert, indem sie bei Melodie und Rhythmus Variationen spielen.

Die bekanntesten indischen Musikinstrumente sind die Tabla und die Sitar. Eine Sitar ist ein großes Saiteninstrument, die im Westen durch Ravi Shankar populär gemacht wurde. Mehr und mehr Menschen aus dem Westen beginnen seitdem zu verstehen, daß dieses Instrument mehr ist als nur ein Saiteninstrument, mit dem ein paar verschiedene Töne produziert werden können. Mit der Sitar spielt der Solist die *raga*. Weitere Saiteninstrumente sind die Sarod (ein Zupfinstrument) und die Sarangi (wird mit einem Bogen gespielt). Die Tabla, die Zwillingstrommel, die der westlichen Bongo-Trommel ähnlich ist, gibt den Takt an (*tala*). Die Bordun, die auf zwei Grundnoten beruht, wird auf einer Art Oboe, z. B. Shenai oder Tampura, gespielt.

Oben: Tampura (Foto: Glenn Beanland)

Unten links: Tabla

Unten rechts: Ein Junge schlägt unter den aufmerksamen Augen eines erwachsenen Verwandten bei einer indischen Hochzeit eine Tabla.

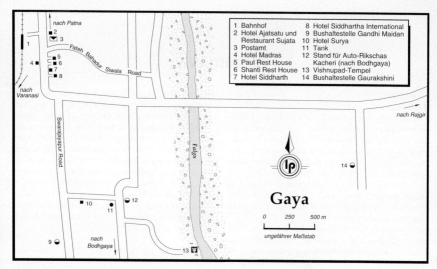

1	Bahnhof
2	Hotel Ajatsatu und Restaurant Sujata
3	Postamt
4	Hotel Madras
5	Paul Rest House
6	Shanti Rest House
7	Hotel Siddharth
8	Hotel Siddhartha International
9	Bushaltestelle Gandhi Maidan
10	Hotel Surya
11	Tank
12	Stand für Auto-Rikschas Kacheri (nach Bodhgaya)
13	Vishnupad-Tempel
14	Bushaltestelle Gaurakshini

einfach, für einen kurzen Aufenthalt jedoch durchaus geeignet sind.

Das Paul Rest House (Tel. 2 92 82) liegt von der Straße etwas zurück, ist daher ruhiger und hat Einzelzimmer für 50 Rs sowie Doppelzimmer für 90 Rs zu bieten (mit Bad). Zu ähnlichen Preisen kann man auch im Shanti Rest House und im Hotel Madras übernachten. Ein freundliches Quartier ist das Hotel Siddharth mit Betten in einem Schlafsaal für jeweils 25 Rs sowie einfachen Einzel- und Doppelzimmern mit Badbenutzung für 40 bzw. 60 Rs.

Gegenüber vom Bahnhof steht das Hotel Ajatsatu (Tel. 2 15 14), das sich als „best lodging with appropriated rooms" rühmt. In diesem Haus kann man in ganz ordentlichen Doppelzimmern mit Bad für 150 Rs übernachten (mit Klimaanlage für 350 Rs). Ganz gut ist auch das Restaurant Sujata in diesem Haus, in dem Hauptgerichte 25 Rs kosten.

Ähnlich ist der Standard im noch recht neuen Hotel Surya (Tel. 2 40 04), eine Fahrt mit einer Fahrrad-Riksha für 4 Rs vom Bahnhof entfernt, mit Doppelzimmern für 125 Rs (mit Bad) oder 175 Rs (Bad mit heißem Wasser und Fernsehgerät).

Das beste Haus in der Stadt ist das Hotel Siddhartha International (Tel. 2 12 54), in dem vorwiegend begüterte Pilger absteigen. Hier muß man für ein Einzelzimmer 17 US $ und für ein Doppelzimmer 22 US $ (mit Klimaanlage 23 bzw. 28 US $) bezahlen. Ein gutes nichtvegetarisches Restaurant mit Hauptgerichten um 35 Rs ist hier ebenfalls vorhanden.

Überall in Bihar kann man Stände sehen, an denen eine beliebte Süßigkeit mit dem Namen Khaja verkauft wird, die ursprünglich aus einem Dorf zwischen Gaya und Rajgir stammt. Wenn Sie die einmal probieren wollen, dann holen Sie sich die Süßigkeit, wenn sie gerade aus dem Öl herausgenommen wurde, denn Fliegen gehören zu Bihar genauso wie die Biharis.

AN- UND WEITERREISE

Busse nach Patna (20 Rs, 3 Stunden) und Ranchi (45 Rs, 7 Stunden) fahren von der Haltestelle am Gandhi Maidan ab. Busfahrten nach Rajgir (13 Rs, 2 Stunden) beginnen an der Haltestelle Gaurakshini auf der anderen Seite des Flusses.

Gaya liegt an der Hauptstrecke der Eisenbahn zwischen Delhi und Kalkutta und bietet Direktverbindungen mit Zügen nach Delhi, Kalkutta, Varanasi, Puri sowie Patna.

Für die 14 km lange Fahrt mit einer Auto-Riksha vom Bahnhof bis Bodhgaya muß man normalerweise 80 Rs bezahlen, auch wenn die Fahrer zunächst das Doppelte verlangen. Von der Haltestelle Kacheri, 25 Minuten zu Fuß vom Bahnhof, kommt man sogar für nur 4 Rs pro Person zuzüglich 2 Rs für einen Rucksack mit. Dabei muß man allerdings hinten auf das niedrige Dach aufpassen, weil man anderenfalls schon in einen Zustand der Bewußtlosigkeit verfällt, bevor man Bodhgaya erreicht hat!

NAHVERKEHR

Für eine Fahrt mit einer Auto-Riksha vom Bahnhof zur Haltestelle der Auto-Rikschas (Kacheri) oder zur Bushaltestelle Gaurakshini (in Richtung Rajgir) muß man 5 Rs bezahlen.

BODHGAYA

Einwohner: 24 000
Telefonvorwahl: 0631
Die vier heiligsten Stätten, die unmittelbar mit Buddha in Verbindung gebracht werden, sind Lumbini in Nepal, wo Buddha geboren wurde, Sarnath bei Varanasi, wo er seine erste Predigt hielt, Kushinagar bei Gorakhpur, wo Buddha starb, und Bodhgaya, der Ort seiner Erleuchtung. Von diesen vier Orten ist Bodhgaya sicher der interessanteste, denn er ist ein lebendiges buddhistisches Zentrum und nicht nur eine archäologische Stätte. Bodhgaya ist das wichtigste buddhistische Pilgerziel auf der ganzen Welt.

Im Mittelpunkt steht ganz sicher der Mahabodhi-Tempel. Der Bo-Baum, der dort wächst, soll ein Ableger des Baumes sein, unter dem Buddha saß und meditierte, als er erleuchtet wurde. Das Interesse der Welt am Buddhismus scheint zu wachsen, denn in der letzten Zeit ist in Bodhgaya eine ganze Reihe neuer Klöster und Tempel entstanden.

Buddhisten aus aller Herren Länder pilgern nach Bodhgaya. Mit ihnen kommen viele Wissensdurstige, die sich mit der buddhistischen Lehre vertraut machen oder meditieren wollen. Bodhgaya als Ort ist klein und ruhig. Wer hier nicht aus oben genannten Gründen länger bleiben möchte, kommt gut mit einem Tag aus, um alles zu sehen. Die beste Zeit, um Bodhgaya zu besuchen, ist im Winter, wenn die tibetischen Pilger von Dharamsala herunterkommen. Auch der Dalai Lama verbringt hier häufig den Dezember. Wenn die Tibeter den Ort Mitte Februar wieder verlassen, scheinen sie etwas von der Atmosphäre mitzunehmen.

PRAKTISCHE HINWEISE

Ein Fremdenverkehrsbüro befindet sich in der Hauptgruppe von Geschäften gegenüber vom Mahabodhi-Tempel. Geöffnet ist es täglich von 10 bis 17 Uhr.

SEHENSWÜRDIGKEITEN

Mahabodhi-Tempel: Ein 50 m hoher, pyramidenähnlicher Turm krönt den Mahabodhi-Tempel. Im Tempel selbst ist eine große vergoldete Buddha-Figur zu sehen. Man sagt, daß der Tempel auf den Grundmauern eines anderen Tempels steht, der im 3. Jahrhundert v. Chr. von Ashoka erbaut worden sein soll. Trotz Restaurierungsarbeiten im 11. Jahrhundert und im Jahre 1882 sind Fachleute der Meinung, daß er immer noch in etwa so erhalten blieb, wie man ihn im 7. Jahrhundert errichtete. Der chinesische Pilger Hiuen Tsang beschrieb diesen Tempel bereits im Jahre 635 n. Chr. Die steinerne Einfassung rings um den Tempel, von der heute noch Reste zu sehen sind, schrieb man früher Ashoka zu. Heute ist man sich sicherer in der Vermutung, daß sie aus der Zeit der Sunga (184-172 v. Chr.) stammt. Die behauenen Steine dieser Einfassung sind ebenfalls restauriert worden. Einige von ihnen stehen heute im Museum von Kalkutta und im Victoria and Albert Museum in London. Verstreut im Tempelhof sind Stupas zu sehen, die von Pilgern gestiftet wurden. Der Eintritt kostet eine Rupie zuzüglich 10 Rs für das Mitbringen einer Kamera. Zwischen 12 und 14 Uhr ist der Tempel allerdings geschlossen.

Bodhi-Baum: Ein Ableger des Baumes, unter dem Buddha gesessen hat, als er erleuchtet wurde, soll von Sanghamitta, der Tochter von Kaiser Ashoka, nach Sri Lanka gebracht worden sein, nachdem der Herrscher sich dort für die Verbreitung des Buddhismus eingesetzt hatte. Der Baum blüht jetzt in Anuradhapura in Sri Lanka und hat dafür gesorgt, daß von ihm ein Ableger nach Bodhgaya zurückkehren konnte, nachdem der echte Baum eingegangen war. Ein Fels aus rotem Sandstein unter dem Baum soll der Vajrasan sein, der Diamantenthron, auf dem Buddha zu sitzen pflegte.

Klöster: Die meisten Länder mit einem großen buddhistischen Bevölkerungsanteil haben in Bodhgaya ein Kloster oder einen Tempel errichten lassen, normalerweise im jeweils typischen Stil. Daher sieht der thailändische Tempel den Wats, wie sie in Thailand zu sehen sind, sehr ähnlich. Der tibetische Tempel und das tibetische Kloster wurden 1934 erbaut und enthalten eine riesige Gebetsmühle. Die Tibeter unterhalten aber auch noch zwei weitere Bauwerke hier, nämlich das Kloster Sakya und den Karma-Tempel.

Die Burmesen, die sich im 19. Jahrhundert maßgeblich bei den Bemühungen zur Restaurierung des Mahabodhi-Tempels eingesetzt hatten, errichteten ihr derzeitiges Kloster 1936. Der japanische Tempel (Indosan Nipponji) enthält eine sehr schöne Buddha-Statue, die aus Japan hierhergebracht wurde. Auf der anderen Seite der Straße steht der Daijokyo-Tempel. Daneben gibt es auch noch chinesische, ceylonesische, bhutanesische und vietnamesische Klöster. Derzeit wird gerade das Kloster Tai Bodhi Kham von buddhistischen Stammesangehörigen aus Assam und Arunachal Pradesh errichtet. Auch die Laoten bauen an einem

Kloster. Das neueste Bauwerk ist das nepalische Tamang-Kloster, eingeweiht im Jahre 1992.

Weitere Sehenswürdigkeiten: Im Archäologischen Museum (geöffnet außer freitags von 10.00 bis 17.00 Uhr) kann man sich eine interessante Sammlung von Buddha-Figuren und Säulen ansehen, die in der Gegend gefunden wurden. Auch der Hindu Shankaracharya Math hat hier einen Tempel, bei dem eine Galerie mit Skulpturen kurz vor der Eröffnung steht. Auf der anderen Seite des Flusses kann man auch noch den Dungeshwari- und den Surya-Tempel besichtigen.

Die 25 m hohe Statue des Großen Buddha im japanischen Kamakura-Stil wurde 1989 vom Dalai Lama enthüllt. Es ist aber bereits geplant, in Bodhgaya eine noch viel größere Statue eines Maitreya-Buddha als Symbol für den Frieden der Menschheit zu schaffen.

MEDITATIONSKURSE
Meditationskurse und Meditationen finden vorwiegend im Winter statt, hauptsächlich von November bis Anfang Februar.

Einige der am leichtesten zugänglichen Kurse werden vom Root Institute for Wisdom Culture (Tel. 8 17 14) veranstaltet, gelegen in einer friedlichen Gegend am Rand von Bodhgaya. Dort werden einfache fünftägige Meditationskurse und Exerzitien angeboten. Westliche Besucher, die einige Zeit in diesem Institut verbracht hatten, schienen beeindruckt zu sein, und zwar nicht nur von den Kursen, sondern auch von der Art und Weise, in der versucht wird, in gesundheitlichen und

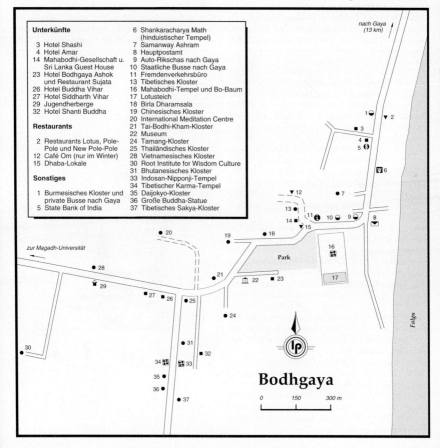

Unterkünfte

3 Hotel Shashi
4 Hotel Amar
14 Mahabodhi-Gesellschaft u. Sri Lanka Guest House
23 Hotel Bodhgaya Ashok und Restaurant Sujata
26 Hotel Buddha Vihar
27 Hotel Siddharth Vihar
29 Jugendherberge
32 Hotel Shanti Buddha

Restaurants

2 Restaurants Lotus, Pole-Pole und New Pole-Pole
12 Café Om (nur im Winter)
15 Dhaba-Lokale

Sonstiges

1 Burmesisches Kloster und private Busse nach Gaya
5 State Bank of India

6 Shankaracharya Math (hinduistischer Tempel)
7 Samanway Ashram
8 Hauptpostamt
9 Auto-Rikschas nach Gaya
10 Staatliche Busse nach Gaya
11 Fremdenverkehrsbüro
13 Tibetisches Kloster
16 Mahabodhi-Tempel und Bo-Baum
17 Lotusteich
18 Birla Dharamsala
19 Chinesisches Kloster
20 International Meditation Centre
21 Tai-Bodhi-Kham-Kloster
22 Museum
24 Tamang-Kloster
25 Thailändisches Kloster
28 Vietnamesisches Kloster
30 Root Institute for Wisdom Culture
31 Bhutanesisches Kloster
33 Indosan-Nipponji-Tempel
34 Tibetischer Karma-Tempel
35 Daijokyo-Kloster
36 Große Buddha-Statue
37 Tibetisches Sakya-Kloster

nach Gaya (13 km)

zur Magadh-Universität

Park

Falgu

Bodhgaya

0   150   300 m

landwirtschaftlichen Projekten sowie Bildungsprojekten den Einheimischen etwas zurückzugeben.

Meditationskurse finden auch im International Meditation Centre unweit der Magadh-Universität, etwa 5 km von Bodhgaya entfernt (Tel. 8 17 34), sowie im neuen Zentrum unweit vom Mahabodhi-Tempel (Tel. 8 17 07) statt. Die Einblicksmeditationen (*vipassana*) und Einkehrtage für geistliche Fragen werden jährlich vom 7. bis zum 17. Januar, vom 17. bis zum 19. Januar und vom 29. Januar bis zum 5. Februar im thailändischen Kloster abgehalten. Seit 1975 geleitet von Christopher Titmuss, bieten die Einkehrtage Platz für 125 Teilnehmer und kosten 50 US $ (alles inbegriffen). Wenn man daran teilnehmen möchte, muß man sich vorher an das Gaia House (Wodland Road, Denbury, Abbot, Devon TQ12 6DY, Großbritannien, Tel. 01803/81 31 88) oder vom 15. Oktober an an Thomas Jost im thailändischen Kloster in Bodhgaya wenden. Ferner finden Meditationskurse im burmesischen und tibetischen Kloster statt. Für einige von ihnen wird auf der An-schlagtafel im nur in der Saison geöffneten Café Om geworben.

Wenn man im übrigen daran interessiert ist, bei Gemeinschaftsprojekten in der Gegend mitzuhelfen, dann wendet man sich an den Ashram Samanway.

UNTERKUNFT

Einfache Unterkünfte: Die beiden Tourist Bungalows (Nr. 1 und Nr. 2) liegen Tür an Tür und haben einfallsreiche Namen erhalten. In einem von ihnen, im Hotel Buddha Vihar, kann man nur in Schlafsälen übernachten (pro Bett 35 Rs), während nebenan, im Hotel Siddharth Vihar, Doppelzimmer mit Bad für 200 Rs vermietet werden. Für ein Zimmer mit Klimaanlage muß man hier 275 Rs bezahlen. In einem Bett im Schlafsaal dieses Hauses kommt man für 45 Rs unter.

Das Sri Lanka Guest House wird von der Mahabodhi-Gesellschaft geleitet. In diesem beliebten und gut geführten Haus muß man für ein Doppelzimmer 100 Rs

---

Das Leben Buddhas

Die Legende berichtet, daß die Geburt des Prinzen aus dem Geschlecht der Sakya, der später Buddha werden sollte, von maßgeblichen Vorzeichen und Prophezeiungen begleitet war. Man gab ihm den Namen Siddhartha („Einer, dessen Ziel vollendet ist"), weil bei seiner Geburt (560 v. Chr. in Lumbini im heutigen Nepal) ein Wahrsager erklärt hatte, daß er eine Bedeutung mit immenser Macht erreichen werde, sei es als weltlicher Herrscher oder als religiöser Führer. Weitere Voraussagen warnten, daß er, wenn er jemals seine Augen auf die Leiden in der Welt richten würde, keine andere Wahl haben würde, als dem religiösen Weg zu folgen und das Königreich seiner Familie aufzugeben.

Sein Vater, der König, stets darauf bedacht, daß dies nicht geschehe, sorgte dafür, daß er nur von jungen, schönen und gesunden Menschen umgeben wurde. Er wuchs glücklich auf, heiratete und bekam einen Sohn geschenkt. Als er älter wurde, sollte sich jedoch die Vorhersage des Wahrsagers erfüllen. Außerhalb des Palastes, zwischen den Untergebenen seines Vaters, wurde er mit Alter, Krankheit und Tod konfrontiert. Als er einen umherwandernden Asketen traf, der ihn durch seinen ruhigen Geist beeindruckte, gab er sein privilegiertes Leben zugunsten der Suche nach der absoluten Wahrheit auf.

Er unterwarf sich extremsten Entbehrungen und verbrachte fast sechs Jahre als Asket. Man sagt, er habe von nur einem Korn Reis pro Tag gelebt und gefastet, bis er sein Rückgrat fühlen konnte, wenn er seinen Magen berührte. Es heißt auch, er habe lange Zeiträume auf Dornbüschen sitzend verbracht und zwischen faulenden Leichnamen geschlafen.

---

bezahlen. An der Straße nach Gaya hin gibt es zudem einige kleine, einfache Hotels wie das Aman und das Shashi mit Doppelzimmern für rund 75 Rs.

Wenn man länger bleiben will, sollte man für Übernachtungen die Klöster in Erwägung ziehen. Insbesondere das burmesische Kloster mit seinem friedlichen Garten ist wegen der dort angebotenen Meditationskurse sehr beliebt. Hier halten sich häufig viele Gäste aus dem Westen auf, auch wenn die Zimmer wirklich ganz einfach sind. Erwartet wird pro Übernachtung eine Spende von 10 Rs. Allerdings wird dann Wert auf würdiges Verhalten gelegt, auch wenn leider schon einige Besucher die Gastfreundschaft in den Klöstern mißbraucht und dort geraucht oder anderweitig gegen die üblichen Regeln verstoßen haben.

Auch im japanischen Kloster haben sich Besucher aus dem Westen schon unbeliebt gemacht, so daß es sein kann, daß dort keine Gäste mehr aufgenommen werden. Es ist sauber und bequem, während der Touristensaison allerdings häufig mit Gruppen von Besuchern aus Japan belegt, so daß es dann schwer sein kann, dort unterzukommen.

Pilger können in den meisten der Klöster übernachten, auch wenn die Einrichtungen in einigen von ihnen besser sind als in anderen. Ein gutes Quartier ist das bhutanesische Kloster, in dem Zimmer ohne eigenes Bad für 30 bis 60 Rs vermietet werden. Das tibetische Kloster ist dagegen sehr einfach und auch billiger.

Mittelklassehotels: Das neue Hotel Shanti Buddha (Tel. 8 17 85) hat ganz komfortable Zimmer zu bieten, allerdings ist nur schwer zu erkennen, wodurch die Preise gerechtfertigt sind: mit Bad für ein Einzelzimmer 350 Rs und für ein Doppelzimmer 450 Rs und mit Klimaanlage 700 bzw. 850 Rs. Das ist viel zu teuer. Nebenan war bei Drucklegung ein weiteres Mittelklassehotel im Bau, das in der Zwischenzeit eröffnet worden sein dürfte.

Luxushotels: Im Hotel Bodhgaya Ashok der ITDC (Tel. 2 27 25) werden Einzelzimmer für 800 Rs sowie

---

Kaum noch am Leben, taumelte er an einem Fluß entlang, fiel ins Wasser und verlor das Bewußtsein. Als er wieder zu sich kam, gelangte er zu dem Ergebnis, daß derartige Kasteiungen seine Suche behinderten, und nahm eine stärkende Mahlzeit zu sich. Nach dem Essen ließ er sich neben einem Bodhi-Baum nieder, um zu meditieren.

Bei der Meditation kam er zu der Erkenntnis, daß das menschliche Los ein endloser Zyklus von Geburt und Tod sei, an den die Menschen aufgrund ihrer Verlangen gebunden seien. Er war nun auch davon überzeugt, daß er nicht in der Lage gewesen sei, als Asket erleuchtet zu werden, weil er dies gewollt und aktiv danach gestrebt habe. Jetzt, da er diesen Wunsch aufgegeben hatte, wurde er erleuchtet und konnte in das Nirwana eingehen (aus dem Zyklus von Geburt und Tod in ein Stadium der uneingeschränkten Seligkeit gelangen).

Buddha faßte diese Lehre in den folgenden „vier edlen Wahrheiten" zusammen:

1. Das Leben besteht aus Konflikten, Unzufriedenheit, Sorgen und Leiden.
2. Der Grund dafür liegt in selbstsüchtigen Wünschen.
3. Es ist möglich, diesen zu entfliehen und in das Nirwana einzugehen.
4. Der Schlüssel, um das Nirwana zu erreichen, ist es, dem achtfachen Pfad zu folgen, der aus
   dem richtigen Verständnis (frei von Aberglauben oder Täuschung),
   dem richtigen Denken (wie es dem Gewissen und der Intelligenz der Menschen angemessen ist),
   der richtigen Sprache (ehrlich und mitleidig),
   dem richtigen Handeln (friedlich und ehrlich),
   der richtigen Lebensführung (ohne anderen lebenden Kreaturen Leid zuzufügen),
   dem richtigen Streben (nach Selbstdisziplin und Kontrolle),
   der richtigen Aufmerksamkeit (bei einem wachsamen und nachdenklichen Geist) sowie
   der richtigen Konzentration (tiefem Nachdenken über das Leben)
   besteht.

Buddha verkündete seine Lehre vom „achtfachen Pfad" erstmals fünf Asketen im heutigen Sarnath. Sie waren Gefährten auf seiner früheren Pilgerung gewesen. Diese erste Predigt wird Dhammacakkappavattana-sutta (Das Rad der Wahrheit in Bewegung setzen) genannt. Er behauptete zudem, daß es unangemessen sei, den zwei Extremen der Sinnesgenüsse und der Selbstkasteiung zu folgen. Durch das Meiden dieser beiden Extreme hatte Buddha den „Weg in der Mitte" entdeckt.

Buddha starb etwa 480 v. Chr. in Kushinagar (in der Nähe von Gorakhpur). Wie es heißt, sei das geschehen, nachdem er giftige Pilze zu sich genommen habe.

Die in den „vier edlen Wahrheiten" und dem „achtfachen Pfad" enthaltenen Lehren, die von den Schülern Buddhas nach dessen Tod mündlich verbreitet wurden, bilden die Grundlage des heutigen Buddhismus.

Doppelzimmer für 1200 Rs angeboten (mit Klimaanlage für 1195 bzw. 1800 Rs). In der Zeit von April bis September sind die Preise jedoch niedriger.

ESSEN

In der Nebensaison ist das Essen in Bodhgaya nicht besonders, aber im Winter, wenn die Pilger kommen, erstaunlich gut. Ein zuverlässiges Lokal, in dem ganz annehmbare Gerichte serviert werden, ist die Mahabodi Canteen im Sri Lanka Guest House.

Im Hotel Siva, unweit vom Fremdenverkehrsamt, versucht man, sich auf den Geschmack von Gästen aus dem Westen einzustellen, wenn auch mit unterschiedlichem Erfolg.

Die besten Lokale sind die Zeltrestaurants gegenüber vom burmesischen *vihar*. Dort warten das Lotus Pole-Pole, das New Pole-Pole und das Gautam mit abwechslungsreichen Speisekarten sowie guter Musik auf und sind alle recht beliebt.

Hinter dem tibetischen Kloster führen zudem einige Tibeter ebenfalls Restaurants, beispielsweise das Café Om. Diese Restaurants sind ebenfalls in Zelten eingerichtet worden und nur in der Saison von Dezember bis Februar geöffnet.

Teuer und nicht gerade besonders beliebt ist das Restaurant Sujata im Hotel Bodhgaya Ashok.

AN- UND WEITERREISE

Bodhgaya liegt 13 km von Gaya entfernt und ist mit diesem Ort durch Auto-Rikschas verbunden, die hin und her pendeln. Die sind allerdings immer total überladen. In einer normalen Auto-Rikscha sitzen nämlich hinten jeweils drei Personen Rücken an Rücken. Hier legt sich der Fahrer zusätzlich ein Brett über seinen Sitz, das an den beiden Enden so weit übersteht, daß rechts und links von ihm jeweils zwei weitere Fahrgäste sitzen können. Damit alles richtig ausbalanciert ist, werden auch noch ein oder zwei Fahrgäste auf dem Dach mitgenommen! Ein weiterer Fahrgast drängt sich hinten noch dazu, so daß schließlich bis zu 15 Personen (und weitere Kinder, Tiere sowie Gepäck) auf diesem kleinen Gefährt Platz finden. Der Fahrpreis beträgt pro Person 4 Rs und für das gesamte Fahrzeug 80 Rs. Busse verkehren ebenfalls häufig und sind genauso überfüllt.

Private Busse (3 Rs) fahren vor dem burmesischen Kloster ab, die staatlichen Busse (2 Rs) unweit vom Fremdenverkehrsbüro.

DER SÜDEN VON BIHAR

RANCHI

Telefonvorwahl: 0651

Ranchi in 652 m Höhe verdient eigentlich nicht die Bezeichnung als Bergerholungsort, insbesondere deshalb nicht, weil der größte Teil der Bewaldung verlorengegangen ist. In der Zeit der Briten war hier die Sommerhauptstadt von Bihar, die den Ruf hatte, ein gesunder Ferienort zu sein. Das Kanke-Krankenhaus für geistig Behinderte ist das im ganzen Land bekannteste und war früher eines der Ziele bei den Stadtrundfahrten des Fremdenverkehrsamtes.

Eine der interessantesten Sehenswürdigkeiten ist der Jagannath-Tempel, eine kleinere Ausgabe des großen Jagannath-Tempels von Puri. Auch hier feiert man ein eigenes, wenngleich kleineres Wagenfest. Der Tempel wurde 6 km südwestlich von Ranchi errichtet und kann von Besuchern betreten werden.

An den Ausläufern von Ranchi gibt es eine ganze Reihe von Hügeln, von denen aus man bei Sonnenuntergang gut über die felsige Landschaft blicken kann. Außerdem gibt es hier ein Institut zur Erforschung von Stammesgruppen mit einem Museum.

Unterkunft und Essen: Rund um die Bushaltestelle findet man zahlreiche Hotels. Das beste kleine Quartier ist das freundliche Hotel Konark mit sauberen Einzelzimmern für 80 Rs und ebenso sauberen Doppelzimmern für 100 Rs (mit Bad) sowie einem Restaurant. Eine weitere gute Unterkunft ist das Hotel Paradise mit Einzelzimmern für 50 Rs und Doppelzimmern für 70 Rs.

Das Hotel Yuvraj (Tel. 30 04 03), ein „House of respectable living", liegt 15 Minuten zu Fuß vom Bahnhof entfernt und hat Einzelzimmer für 175 Rs sowie Doppelzimmer für 300 Rs zu bieten. In der Nähe befindet sich das zentral klimatisierte Hotel Yuvraj Palace (Tel. 30 08 05) mit Einzelzimmern für 700 Rs und Doppelzimmern für 900 Rs. Das ist das beste Hotel in Ranchi.

An- und Weiterreise: Von und nach Ranchi bestehen gute Flug-, Bus- und Bahnverbindungen. Der Bahnhof ist 500 m von der Bushaltestelle entfernt. Busse verkehren nach Gaya (45 Rs, 7 Stunden), Hazaribagh (20 Rs, 3 Stunden) und Netarhat (24 Rs, 4 Stunden). Es fährt auch ein Direktbus nach Puri, der bis zum Ziel 15 Stunden braucht.

HAZARIBAGH

Dieser ganz ansprechende Ort mit viel Grün liegt 107

km nördlich von Gaya in einer Höhe von 615 m. So etwa der einzige Grund, um hierherzukommen, ist ein Besuch des Nationalparks Hazaribagh, 19 km weiter nördlich.

Unterkunft findet man dort in einer Tourist Lodge oder im Forest Rest House.

Im Ort Hazaribagh übernachtet man am besten im Hotel Upkar (Tel. 06546/22 46), das mit Einzelzimmern für 90 Rs und Doppelzimmern für 120 Rs eine gute Wahl ist. Der Bahnhof, Hazaribagh Road, liegt 67 km entfernt. Vor dem Busbahnhof fahren private Minibusse nach Gaya ab (24 Rs, 4 Stunden).

PARASNATH

Gerade noch in Bihar, kurz vor der Grenze nach West-Bengalen und nur ein wenig nördlich der Grand Trunk Road, liegt dieses wichtigste Zentrum aller Jain-Pilger im Osten von Indien. Wie so viele andere Pilgerorte auch, liegt Parasnath auf einer Bergspitze, zu Fuß nur über einen steilen Weg zu erreichen. Reiche Pilger der Jains aus Kalkutta lassen sich von Trägern in Sänften hinauftragen. Die 24 Tempel, die alle Tirthankars der Jains vertreten, stehen in einer Höhe von 1366 m. An dieser Stelle erreichte Parasnath, der 23. Tirthankar, das Nirwana, 100 Jahre nach seiner Geburt in Varanasi.

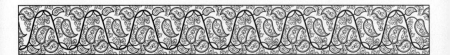

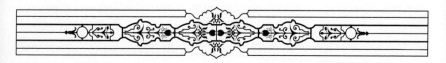

KALKUTTA

Kalkutta, dicht bevölkert und luftverschmutzt, ist häßlich sowie hoffnungslos und damit für viele Besucher Indiens schlimmste und traurigste Stadt. Trotz allem ist Kalkutta aber zugleich auch eine der faszinierendsten Städte in ganz Indien und birgt in sich Stätten seltener Schönheit. Ganz sicher sind die Einwohner von Kalkutta freundliche Leute, deren Humor im ganzen Land bekannt ist.

Lassen Sie sich vom Schmutz und von der Verwahrlosung beim ersten Eindruck nicht sofort wieder aus der Stadt vertreiben. Hier kann man eine Menge interessante Sachen kennenlernen, die nicht weit unter der Oberfläche verborgen sind. Dennoch ist Kalkutta keine gute Einführung zu Indien und sollte daher besser erst dann besucht werden, nachdem man bereits anderswo die Gelegenheit hatte, Indiens Extreme kennenzulernen.

Wirtschaftlich geht es Kalkutta schlecht. Treibsand und Schlamm verringerten die Tiefe der Fahrrinne des Hafens ständig, so daß die Schiffahrt immer schwieriger wurde und immer weniger Schiffe den Hafen anlaufen konnten. Abhilfe soll durch den Staudamm von Farakka geschaffen werden. Er liegt 250 km nördlich von Kalkutta und soll die Befahrbarkeit des Ganges verbessern. Leider entstanden wegen dieses Dammes auch Streitigkeiten zwischen Indien und Bangladesch, denn der Staudamm beeinträchtigt auch den Verlauf des Ganges in Bangladesch.

Aber damit noch nicht genug. Kalkutta litt auch ständig unter Arbeiterunruhen, woraus wiederum ein Rückgang der Produktivität resultierte. Hindustan Motors ist nur eines von mehreren größeren Unternehmen, die ihre Produktionsstätten in der Stadt aufgegeben haben und dabei sind, ihre Tätigkeiten in andere Bundesstaaten zu verlegen. Das Unglück wird noch vergrößert durch die hoffnungslose Situation bei der Versorgung der Stadt mit Strom. Elektrizität in Kalkutta ist gleichzusetzen mit ständig verlöschenden und wieder arbeitenden Stromquellen. Dies führte dazu, daß nahezu jedes Hotel, jedes Restaurant, jeder Laden und jeder Kleinbetrieb einen eigenen Generator besitzt oder sich durch Batterien mit Strom versorgt. Die Schuld an dieser Misere gibt man den Arbeitern, den Technikern, den Elektrizitätswerken und den Bergmännern. Sogar die Bahnarbeiter müssen als Schuldige herhalten, weil sie angeblich die zur Stromversorgung nötige Kohle nicht rechtzeitig heranschaffen. Schuld sind wohl alle zusammen, denn im Vergleich zu Kalkutta kommt zum

Einwohner: 10,9 Millionen
Wichtigste Sprache: Bengali
Telefonvorwahl: 033
Beste Reisezeit: November bis März

Beispiel Bombay bei Stromunterbrechungen erheblich besser weg. Ein wesentlicher Grund für dieses Unglück liegt in der Lebensart der Bewohner von Kalkutta.

Die marxistische Regierung des Staates West-Bengalen steht im Kreuzfeuer heftiger Kritik. Sie soll Schuld sein an den chaotischen Zuständen in Kalkutta. Dem stehen aber Erfolge in den ländlichen Gebieten gegenüber, denn nach Überschwemmungen oder Hungersnöten sind die Flüchtlingsströme nach Kalkutta längst nicht mehr so groß wie in der Vergangenheit.

Trotz all dieser Probleme ist Kalkutta eine Stadt mit Herz, auf die viele Einwohner sehr stolz sind. Die Bengali, einst so schnell bereit, sich gegen die Engländer im Unabhängigkeitskrieg zu wehren, sind zugleich die Dichter und Künstler Indiens. Am deutlichsten wird dies in den Filmproduktionen von Bombay und Kalkutta sichtbar. Während Bombay, das Hollywood von Indien und von den Einheimischen Bollywood genannt, Filme von kitschiger Banalität ausspuckt, stellen die wenigen Filmemacher von Kalkutta künstlerische Streifen her, die einen Vergleich mit westlicher Filmkunst nicht zu scheuen brauchen.

Die Seele von Kalkutta kommt aber auch in anderen Bereichen zum Tragen. Da gibt es nämlich zwischen all dem Elend und dem Gewirr in Kalkutta Plätze und

KALKUTTA

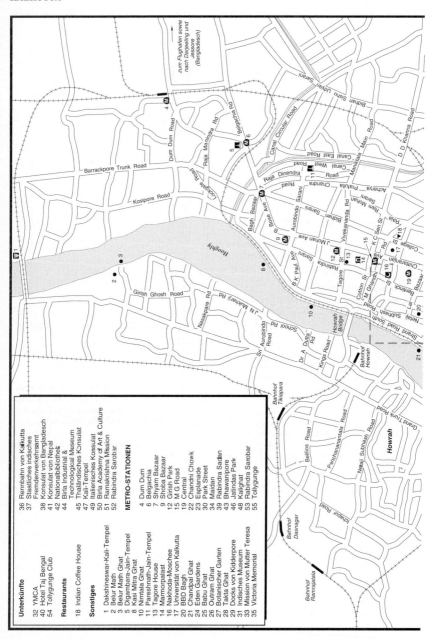

Unterkünfte

32 YMCA
40 Hotel Taj Bengal
54 Tollygunge Club

Restaurants

18 Indian Coffee House

Sonstiges

1 Dakshineswar-Kali-Tempel
2 Belur Math
3 Belur Math Ghat
5 Digambara-Jain-Tempel
8 Kasi Mitra Ghat
10 Nimtala Ghat
11 Pareshnath-Jain-Tempel
13 Tagore House
14 Marmorpalast
16 Nakhoda-Moschee
17 Universität von Kalkutta
20 BBD Bagh
21 Chandpal Ghat
24 Eden Gardens
25 Babu Ghat
26 Outram Ghat
27 Botanischer Garten
28 Takta Ghat
29 Docks von Kidderpore
31 Indisches Museum
33 Mission von Mutter Teresa
35 Victoria Memorial

36 Rennbahn von Kalkutta
37 Staatliches indisches
   Fremdenverkehrsamt
38 Konsulat von Bangladesch
41 Konsulat von Nepal
42 Nationalbibliothek
44 Birla Industrial &
   Technological Museum
45 Thailändisches Konsulat
47 Kali-Tempel
49 Italienisches Konsulat
50 Birla Academy of Art & Culture
51 Ramakrishna Mission
52 Rabindra Sarobar

METRO-STATIONEN

4 Dum Dum
6 Belgachia
7 Shyam Bazaar
9 Shobha Bazaar
12 Girish Park
15 M G Road
19 Central
22 Chandni Chowk
23 Esplanade
30 Park Street
34 Maidan
39 Rabindra Sadan
43 Bhawanipore
46 Jatindas Park
48 Kalighat
53 Rabindra Sarobar
55 Tollygunge

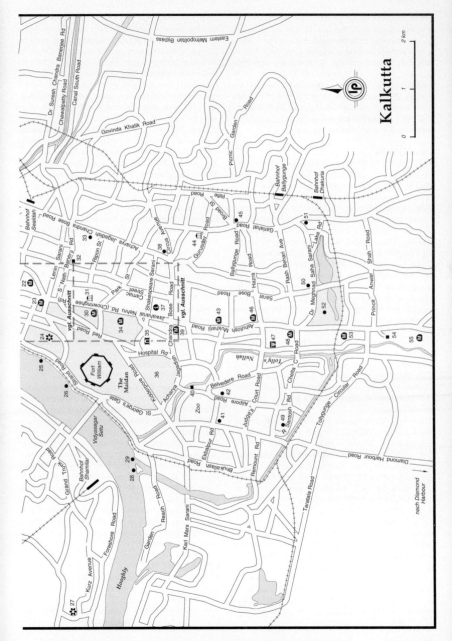

Kalkutta

KALKUTTA

Zeiten schierer Verzauberung: Blumenverkäufer neben dem mysteriösen und fast ätherischen Hooghly, das majestätische Flair des Maidan, die arrogante Masse des Victoria Memorial, die ausgezeichnete Sammlung von archäologischen Schätzen des Indischen Museums. Sie alle sind genauso ein Teil dieser auf so unterschiedliche Weise beeindruckenden Stadt wie die riesigen Aufmärsche von Mitgliedern marxistischer Gewerkschaften, die den Verkehr in der Stadt stundenlang zum Erliegen kommen lassen können. Langweilig wird es in Kalkutta keinen Augenblick!

GESCHICHTE

Im Gegensatz zu Delhi ist Kalkutta keine historische Stadt mit einer ereignisreichen Geschichte. Und viele Relikte aus beredter Vergangenheit fehlen auch. Kalkutta ist weitgehend eine britische Gründung, nicht mehr als 300 Jahre alt, und war bis Anfang dieses Jahrhunderts die Hauptstadt des britischen Indien.

Im Jahre 1686 gaben die Briten ihren Handelsposten Hooghly, 38 km stromaufwärts vom heutigen Kalkutta am Hooghly River gelegen, auf und verlegten ihn flußabwärts nach drei kleineren Städten - Sutanati, Govindpur und Kalikata. Seinen Namen erhielt Kalkutta nach der letzten dieser kleinen Städte. Urheber dieser Sitzverlegung war Job Charnock, ein englischer Kaufmann. Er heiratete später eine indische Brahmanenwitwe und rettete sie damit vor dem *sati*, dem Verbrennungstod der Witwen. Ein großer Erfolg war dieser Umzug zunächst nicht. Vielmehr wurde dieser Außenposten wiederholt aufgegeben, und zwar aus verschiedenen Anlässen. Schließlich plante man aber 1696 den Bau eines Forts in der Nähe des heutigen BBD Bagh (Dalhousie Square). 1698 gestattete es dann der Enkel des Herrschers Aurangzeb den Briten, die drei Orte offiziell zu besetzen.

In den Folgejahren dehnte sich Kalkutta immer mehr aus. Dies gefiel aber dem Nabob von Murshidabad, Siraj-ud-Daula, überhaupt nicht, und er ließ 1756 die Stadt angreifen. Daraufhin flüchteten die meisten britischen Bewohner. Wem dies nicht mehr möglich war, der wurde gefangengenommen und in ein unterirdisches Verlies gesteckt, in dem die meisten Gefangenen erstickten. Dieser Kerker ging in die Geschichte Kalkuttas unter der Bezeichnung „Schwarzes Loch von Kalkutta" ein.

Zu Beginn des Jahres 1757 eroberten die Engländer unter Clive Kalkutta zurück und schlossen mit dem Nabob Frieden. Im gleichen Jahr wurde Siraj-ud-Daula getötet. Dieses Ereignis und die Schlacht bei Plassey waren neben vielen anderen Ereignissen Wendepunkte in der britisch-indischen Geschichte. Danach baute man in Kalkutta ein weitaus stärker befestigtes Fort und ernannte diese Stadt nunmehr zur Hauptstadt von Britisch Indien.

Alles, was überhaupt von Dauer war und in die Geschichte einging, fällt in die Zeit von 1780 bis 1820. Später spielte Bengalen eine immer größere Rolle im Kampf um die Unabhängigkeit. Dies war der Grund für die Briten, die Hauptstadt zu verlegen und sich 1911 für Delhi zu entscheiden. Der Verlust politischen Einflusses war aber bei Kalkutta nicht auch mit dem Verlust wirtschaftlicher Macht verbunden, und so erlebte diese Stadt bis nach dem Zweiten Weltkrieg einen steten Aufschwung.

Die unglückliche Teilung Indiens berührte Kalkutta mehr als alle anderen wichtigen Städte Indiens. Da die beiden Staaten Bengalen und Punjab zugleich die beiden größten Regionen mit gemischter Hindu- und Moslem-Bevölkerung waren und auch eine entsprechende geographische Lage hatten, blieb ihnen das Schicksal der Teilung nicht erspart. Daraus ergab sich aber für Bengalen, daß Kalkutta, das Zentrum der Juteverarbeitung und des Exports von ganz Indien, plötzlich ohne Hinterland war, während auf der anderen Seite der neugeschaffenen Grenze in Ost-Pakistan (heute Bangladesch) Jute angebaut wurde, das Anbaugebiet aber ohne Zugang zur weiterverarbeitenden Industrie und gar zu einem Exporthafen blieb. Jute ist eine Pflanzenfaser, aus der Matten und Säcke hergestellt werden.

Hinzu kommt, daß West-Bengalen und Kalkutta durch Zehntausende von Flüchtlingen aus Ost-Bengalen völlig überlaufen wurden. Dies geschah allerdings ohne größere Gewalttätigkeiten und - anders als im Punjab - ohne Blutvergießen.

Der massive Zustrom von Flüchtlingen sowie die Bevölkerungsexplosion des Nachkriegsindiens führten schließlich dazu, daß Kalkutta zu einem Chaos wurde. Die Stadt wurde zum Synonym für Erbärmlichkeit, Krankheit und Tod. Das Werk von Mutter Teresa geriet mehr und mehr in den Blickpunkt der Weltöffentlichkeit und legte das Unheil dieser Stadt dar. Als dann 1971 der Indien-Pakistan-Konflikt ausbrach und die Schaffung des Staates Bangladesch einen weiteren Flüchtlingsstrom nach Kalkutta verursachte, vergrößerte sich die ohnehin chaotische Situation, bis zum Unerträglichen. Aber das Probleme, zu viele Münder stopfen zu müssen, wird ohne Zweifel noch schwerer werden, denn die Geburtenrate ist in den letzten 10 Jahren weiter gestiegen und nicht gesunken. Daher erstaunt es nicht, daß Kalkutta nach Bombay die zweitgrößte Stadt in Indien ist.

ORIENTIERUNG

Kalkutta erstreckt sich in Nord-Süd-Richtung am östlichen Ufer des Hooghly, der die Stadt von Howrah am Westufer trennt.

Wer von Westen her mit einem Zug in Kalkutta ankommt, macht zunächst Bekanntschaft mit dem großen

Bahnhof Howrah. Danach überquert man die Brücke über den Hooghly und taucht in den Moloch Kalkutta ein. Einige der schlimmsten Slums von Kalkutta erstrecken sich hinter dem Bahnhof von Howrah.

Besucher wird eher der Teil Kalkuttas südlich der Brücke interessieren, und zwar die Bezirke um den BBD Bagh und die Chowringhee Road. Am BBD Bagh, wie der Dalhousie Square heute heißt, findet man das Hauptpostamt (GPO), das Fremdenverkehrsamt von West-Bengalen (West Bengal Tourist Office) und das Büro von American Express. Ferner sind in dieser Gegend die verschiedenen Büros der Eisenbahngesellschaft beheimatet.

Südlich des BBD Bagh erstreckt sich entlang des Flusses die weite Fläche des Maidan und östlich davon - etwas vom Fluß entfernt - die Gegend um die Chowringhee Road. Die meisten der preiswerten Unterkünfte und Mittelklassehotels sowie viele teure Hotels sind im Stadtteil Chowringhee zu finden, außerdem viele Büros von Fluggesellschaften, Restaurants, Reisebüros und das Indische Museum. Am südlichen Ende der Chowringhee Road, in der Shakespeare Sarani, befinden sich das staatliche indische Fremdenverkehrsamt (Government of India Tourist Office) und nicht weit davon entfernt das Birla-Planetarium und das Victoria Memorial.

Als gute Orientierungshilfen in dieser so quirligen Stadt verfügt Kalkutta über einige markante Punkte und bekannte Straßenzüge. Da ist zunächst einmal das Ochterlony Monument am nördlichen Ende des Maidan. Diese hohe Säule inmitten einer Freifläche ist von weither gut sichtbar. Von der Chowringhee Road zweigt die Sudder Street ab. Sie ist der Treffpunkt der Traveller. An dieser Straße liegen viele der preiswerten Hotels, so daß die meisten Rikscha-Wallahs und Taxifahrer sofort Bescheid wissen. Auch der Flughafenbus fährt entlang dieser Straße. An der Sudder Street, Ecke Chowringhee Road, liegt das Indische Museum (Indian Museum).

Weiter südlich an der Chowringhee Road, die parallel zum Maidan verläuft, kommt man zur Park Street mit vielen teuren Restaurants und dem Büro von Thai International. Das neueste Wahrzeichen der Stadt ist die erst vor kurzem ihrer Bestimmung übergebene Seilbrücke (Vidyasagar Setu) über den Hooghly, von der man hofft, daß sie dazu beiträgt, das Gewühl auf der Howrah-Brücke zu vermindern.

Straßennamen: Wie auch in vielen anderen indischen Städten ständig die Straßennamen wechseln, macht diese Unsitte in Kalkutta ebenfalls nicht Halt. Hier werden hauptsächlich die Namen langsam ausgelöscht, die an frühere Machthaber erinnern. Da dies aber immer nur halbherzig geschieht, behalten viele Straßen auch nach der Umbenennung noch ihre alte Bezeichnung bei, so daß einige Stadtpläne die neuen Bezeichnungen und andere die alten Namen aufweisen. Die Taxifahrer kennen gewöhnlich nur die alten Straßenbezeichnungen. Wieviel Zeit mag noch vergehen, bevor die Chowringhee Road wirklich zur Jawaharlal Nehru Road wird! Amüsant bei dieser Aktion ist, daß ausgerechnet der Name der Straße, an der das amerikanische Konsulat liegt, in Ho Chi Minh Sarani geändert wurde.

Mutter Teresa

Mutter Teresa, die „Heilige der Gosse", ist in ihrer Hingabe für die Notleidenden, die Leidenden und die Sterbenden ein Beispiel für Selbstlosigkeit. Sie wurde 1910 in Serbien als Tochter albanischer Eltern geboren, erhielt den Namen Agnes Gonxha Bojaxhiu und trat 1929 dem Orden der Schwestern von Loreto bei, von dem sie als Lehrerin nach Darjeeling entsandt wurde. Als sie 1937 zu einer Schule in Kalkutta überwechselte, war sie entsetzt über die große Zahl von Armen, die dem Tod ausgeliefert in den Straßen der Stadt lagen, weil sie nirgendwo anders hingehen konnten. Daraufhin erkannte sie, daß sie hinter den schützenden Mauern eines Klosters zu weit von den Menschen entfernt war, denen sie helfen wollte.

„Schwestern der Barmherzigkeit" sollte der neue Orden heißen, den Mutter Teresa 1950 gründete. Zum Gelübde des Ordens gehört das Versprechen, „den Ärmsten der Armen aufrichtige und kostenlose Dienste zu leisten". Dieses Gelübde wurde durch die Einrichtung verschiedener Häuser in die Tat umgesetzt, darunter des Nirmal Hriday (Haus für Sterbende), des Shanti Nagar (Haus für Leprakranke) und des Nirmala Shishu Bhavan (Kinderheim). Heute gibt es solche Häuser auch in zahlreichen anderen Orten, in denen nicht nur Nonnen tätig sind, sondern auch andere ehrenamtliche Mitarbeiter und bezahlte Kräfte.

Trotz all ihres frommen Tuns bleibt Mutter Teresa jedoch auch nicht von Kritik verschont. Germaine Greer z. B. beschuldigt sie, eine religiöse Imperialistin zu sein, auch wenn jeder, der einige Zeit mit den Nonnen verbracht und sie bei der Arbeit erlebt hat, sie wohl kaum als bibelschwingende Evangelisten bezeichnen wird. Mutter Teresa selbst bezeichnet ihre Arbeit als Weltanschauung. Ihre Motivation ist geistlich und christlich, äußert sich jedoch vor allem in der Hilfe bei den allernötigsten Bedürfnissen. 1979 fand ihre Arbeit durch die Verleihung des Friedensnobelpreises vor den Augen der ganzen Welt Anerkennung.

Wer daran denkt, in Indien unentgeltlich zu arbeiten, findet dazu unter den praktischen Hinweisen im Einführungteil nähere Informationen.

Umbenannte Straßen in Kalkutta	
Alte Bezeichnung	**Neue Bezeichnung**
Ballygunge Store Road	Gurusday Road
Bowbazar Street	Bepin Behary Ganguly
Buckland Road	Bankim Ch Road
Chowringhee Road	Jawaharlal Nehru Road
Harrington Street	Ho Chi Minh Sarani
Harrison Road	Mahatma Gandhi Road
Kyd Street	Dr. M. Ishaque Road
Lansdowne Road	Sarat Bose Road
Lower Chitpur Road	Rabindra Sarani
Lower Circular Road	Acharya Jagadish Chandra Bose Road
Machuabazar Street	Madan Mohan Street und Keshab Sen Street
Mirzapore Street	Suryya Sen Street
Theatre Road	Shakespeare Sarani
Wellesley Street	Rafi Ahmed Kidwai Road
Wellington Street	Nirmal Chunder Street

PRAKTISCHE HINWEISE

Informationen: Das staatliche indische Fremdenverkehrsamt findet man an der Shakespeare Sarani 4 (Tel. 2 42 14 02 und 2 42 35 21) und ist sehr hilfreich. Dort kann man (etwas veraltete) Ausdrucke aus Computern mit Informationen für jedes Ziel in Indien erhalten.

Das Fremdenverkehrsamt der Provinz West-Bengalen (Tel. 2 48 82 71) ist am BBD Bagh 3/2, auf der anderen Seite des Postamts, untergebracht und montags bis samstags von 7.00 bis 13.30 Uhr und von 14.15 bis 18.00 Uhr sowie sonn- und feiertags von 7.00 bis 12.30 Uhr geöffnet. Zweigstellen am Flughafen unterhalten sowohl das Fremdenverkehrsamt von West-Bengalen (Tel. 5 52 96 11, App. 440) als auch das staatliche indische Fremdenverkehrsamt (Tel. 5 52 96 11, App. 444), das Fremdenverkehrsamt von West-Bengalen zudem am Bahnhof Howrah (Tel. 6 60 25 18), an das man sich täglich von 7.00 bis 13.00 Uhr wenden kann.

Auch einige andere indische Bundesstaaten sind in Kalkutta mit Fremdenverkehrsämtern vertreten, darunter sogar die abgelegeneren in der Nordost-Region, Sikkim sowie die Andamanen und Nikobaren. Hier die Anschriften:

Andamanen und Nikobaren
Auckland Place 3 a (Tel. 2 47 50 84)

Arunachal Pradesh
Chowringhee Place 4 b (Tel. 2 48 65 00)

Assam
Russell Street 8 (Tel. 29 83 35)

Bihar
Camac Street 26 b (Tel. 2 47 08 21)

Madhya Pradesh
A. J. C. Bose Road 230 a, Chitrakoot Building (Tel. 2 47 85 43)

Manipur
Asutosh Shastri Road 25 (Tel. 3 50 44 12)

Meghalaya
Russell Street 9 (Tel. 29 07 97)

Mizoram
Old Ballygunge Road 24 (Tel. 4 75 70 34)

Nagaland
Shakespeare Sarani 1 (Tel. 2 42 52 69)

Orissa
Lenin Sarani 55 (Tel. 2 44 36 53)

Sikkim
Russell Street 5/2 (Tel. 2 44 67 17)

Tripura
Pretoria Street 1 (Tel. 2 42 57 01)

Um herauszufinden, was in Kalkutta an kulturellen Veranstaltungen stattfindet, holen Sie sich am besten in einem der beiden Fremdenverkehrsämter das kostenlose Heft *Calcutta This Fortnight*.

Geld: American Express ist in der Old Court House Road 21 (Tel. 2 48 44 64, Fax 2 48 80 96) vertreten, Thomas Cook im Chitrakoot Building in der A. J. C. Bose Road 230 (Tel. 2 47 45 60, Fax 2 47 58 54). Zweigstellen der State Bank of India und der ANZ Grindlays Bank findet man an der Chowringhee Road (neben der Metro-Station Maidan). ANZ Grindlays ist auch noch in der Shakespeare Sarani vertreten. Eine Zweigstelle in Kalkutta unterhält ferner die Banque Nationale de Paris am BBD Bagh, und zwar neben dem Fremdenverkehrsamt von West-Bengalen. Nebenan, im zerbröckelnden Stephen Building, findet man RN Dutt, eine lizensierte private Wechselstube, die sich mit so gut wie jeder Währung befaßt, an die man denken könnte. An der Sudder Street hat sich ebenfalls zumindest eine lizensierte Wechselstube angesiedelt. Außerdem hat die State Bank of India im neuen Flughafengebäude am Flughafen einen Schalter zum Geldwechseln eingerichtet, der Tag und Nacht besetzt ist.

Post und Telefon: Das große Hauptpostamt von Kalkutta (GPO) liegt am BBD Bagh und enthält auch einen Schalter für die Abholung von postlagernden Sendungen sowie einen Schalter, an dem Sammler Sonderbriefmarken kaufen können. Wenn man in der Sudder Street wohnt, ist das Postamt New Market allerdings weitaus bequemer gelegen. Das Postamt in der Park Street ist nützlich, wenn man in dieser Gegend übernachtet, und eignet sich viel besser zur Aufgabe von Päckchen und Paketen als das Hauptpostamt. Hier gibt es Leute, die einem gegen eine verhandelbare Gebühr die ganzen Formalitäten abnehmen. Sogar die Postbeamten sind freundlich und hilfsbereit.

Das Telefonbüro findet man ebenfalls am BBD Bagh, während das Telegraphenamt am Red Cross Place 8 zu erreichen ist. Auslandsgespräche können von Kalkutta aus mit bemerkenswerter Bequemlichkeit geführt werden. Außerdem gibt es in der Stadt unzählige Stellen, von denen aus man Auslandsgespräche führen und Faxmitteilungen absenden kann, die nach Gebührenzählern abgerechnet werden.

Ein Auslandsgespräch zu führen ist kein Problem, aber man muß etliche Versuche unternehmen, bis man bei einem Ortsgespräch durchkommt. Wenn das gelungen ist, stellt man nicht selten fest, daß man nicht mit dem erwarteten Ansprechpartner verbunden ist, sondern mit einer anderen Person, weil sich die Telefonnummern in Kalkutta mal wieder geändert haben. Weil nun aber die meisten Telefonnummern siebenstellig sind, sollte sich dieses Problem wieder verringern.

Konsulate: Nachfolgend einige der wichtigsten Adressen von Konsulaten in Kalkutta:

Bangladesch
Circus Ave. 9 (Tel. 2 47 52 08)
Bhutan
Tivoli Court 48, Pramotesh Barua Sarani (Tel. 24 13 01)
Deutschland
Hastings Park Road 1 (Tel. 79 11 41)
Nepal
Sterndale Road 19 (Tel. 79 10 03)
Thailand
Mandeville Gardens 18 b (Tel. 7 46 08 36)
Die Botschaft von Nepal ist von 9.30 bis 12.30 Uhr und von 13.30 bis 16.30 Uhr geöffnet. Dort kann man auf die Ausstellung eines Visums warten.

Die nächstgelegenen Konsulate von Myanmar (Burma) befinden sich in Dhaka, Kathmandu und Delhi. Wenn man nach Bangladesch will und ein Visum benötigt, muß man es sich in Delhi ausstellen lassen.

Das Konsulat von Thailand ist im übrigen schwer zu finden. Am besten ist, man fährt mit einem Taxi dorthin. Busse der Linie 102 bringt Sie aber auch zumindest in die Nähe. Es befindet sich in der Nähe der South Point School (nicht aber der South Point High School) und wird bereits um 12.00 Uhr geschlossen.

Ausländerbehörde: Die Ausländerbehörde (Foreigners Registration Office) findet man in der A. J. C. Bose Road 237 (Tel. 2 47 33 01). Hier werden Visa verlängert und Genehmigungen zum Besuch der Andamanen ausgestellt, die man allerdings nur braucht, wenn man mit einem Schiff zu den Andamanen fährt. Kommt man einem Flugzeug in Port Blair an, wird die Genehmigung dort erteilt. Steuerbescheinigungen erhält man, soweit erforderlich, im Income Tax Building in der Bentinck Street, und zwar in Zimmer 11 im 4. Stock.

Reisebüros: Wenn man einen günstigen Flugschein kaufen will, dann sollte man auf die Werbung von Reisebüros rund um die Sudder Street achten. Pan Asian Tours in einem winzigen Büro im 2. Stock des Hauses in der Mirza Ghalib Street (Free School Street) 20 scheint sich damit auszukennen und ist empfohlen worden.

Bücher und Buchhandlungen: Die bereits klassische Studie von Geoffrey Moorhouse aus dem Jahre 1971 mit dem Titel *Calcutta* ist in vielen Buchhandlungen als englische Taschenbuchausgabe erhältlich. Neuer ist das Buch *Indien - Ein Land in Aufruhr* von V. S. Naipaul, in dem auch einige Kapitel über Kalkutta enthalten sind. *Stadt der Freude* von Dominique Lapierre (in Deutsch bei Bertelsmann und als Taschenbuch bei Goldmann erschienen) wird von allen Besuchern der Stadt am liebsten gelesen und in englischer Ausgabe in fast jeder Buchhandlung verkauft, entweder als Originalausgabe oder als Raubdruck. Es ist gefährlich, dieses Buch zu kritisieren, denn es wird von vielen Besuchern der Stadt geradezu als Bibel angesehen. Dennoch finden wir, daß es in einigen Teilen zu phantasiereich, wenn auch sehr interessant zu lesen ist. Bewirkt hat es, daß die Slums von Anand Nagar in Howrah in das Programm bei Besichtigungen von Touristen aufgenommen wurden. Dabei habe ich das schmerzhafte Gefühl, daß das nichts als purer Voyeurismus ist. Als das Buch 1991 verfilmt wurde, ist extra dafür als Kulisse ein neuer Slum erbaut worden.

Die Gegend mit den meisten Buchhandlungen findet man entlang der College Road, gegenüber der Universität. In dem gleichen Gebäude, in dem sich eine Filiale vom Indian Coffee House befindet, unterhält Rupa eine Buchhandlung, in der auch eigene Bücher verkauft werden. Newman's, der Verlag, der auch den *Bradshaw*, das Kursbuch der indischen Eisenbahn, veröffentlicht, führt eine der ältesten Buchhandlungen in Kalkutta in dem Block, in dem auch das Hotel Great Eastern steht. Eine gute kleine Buchhandlung ist Cambridge Book & Stationary Company in der Park Street 20 d. Ebenfalls in der Park Street, aber weiter in Richtung Chowringhee Road, findet man die etwas größere Buchhandlung Oxford Book Shop, in der auch sehr spezielle Bücher angeboten werden. Eine gute allgemeine Auswahl an Büchern führt Bookmark in der Mirza Ghalib Street 56 d (1. Etage). Bei Classic Books in der Middleton Row 10 kann man aus einer großen Anzahl von indischen und westlichen Büchern wählen. Der Eigentümer, Mr. Bharat, ist zudem eine gute Informationsquelle. Booklands nennt sich ein kleiner Stand mit Büchern am östlichen Ende der Sudder Street.

Ende Januar jeden Jahres findet übrigens auf dem Maidan eine große Buchausstellung statt.

Kamerareparaturen und Musikinstrumente: Ein gutes Geschäft für die Reparatur von Fotoapparaten ist

Camera Craft in der Park Street 24 (1. Stock). Der Inhaber, Mr. Choudhury, ist hilfsbereit und ehrlich.

Das beste Ziel, um Saiten zu kaufen, Musikinstrumente zu stimmen und zu reparieren sowie um den Preis für ein Musikinstrument zu feilschen, ist Braganza & Co. in der Marquis Street 2 a. Der Mann, der dieses Geschäft führt, kennt seine Instrumente wirklich. Ein weiterer guter Laden ist J. Reynolds & Co. in der Free School Street 15, in dem man aus einer großen Zahl von Instrumenten wählen kann.

Ärztliche Behandlung: Für eine ärztliche Behandlung sind zwei Stellen empfohlen worden. Eine ist Dr. Paes von Vital Medical Services in der Ho Chi Minh Sarani 6 (Tel. 2 42 56 64), der von 8.00 bis 10.00 Uhr behandelt.

Auch an das Wockhardt Medical Centre in der Sarat Bose Road (Lansdowne Road) 2/7 (Tel. 4 75 40 46) kann man sich wenden und sich dort von 10.00 bis 12.00 Uhr ärztlich behandeln lassen. Als Alternativen bieten sich die großen Krankenhäuser an.

SEHENSWÜRDIGKEITEN

Indisches Museum: Dieses Museum aus dem Jahre 1875 ist sehr günstig gelegen (Sudder Street, Ecke Chowringhee Road). Es ist ganz sicher das größte und vielleicht auch das beste seiner Art in ganz Indien und eines der besten in ganz Asien. Leider sieht es so aus, als ob in den letzten Jahren nicht genug Geld für die Erhaltung zur Verfügung gestanden hat, so daß viele Ausstellungsstücke im wahrsten Sinne des Wortes bereits auseinanderfallen. Einige Ausstellungskästen sind so verstaubt, daß man kaum noch sehen kann, was sich in ihnen befindet. Hinzu kommt, daß die Stromausfälle in Kalkutta auch nicht gerade hilfreich sind. Zu den sehr unterschiedlichen Sammlungen dieses Museums gehört beispielsweise ein ganzer Raum voller Meteoriten. Zu sehen sind aber auch Fossilien, ausgestopfte Tiere, Skelette und vieles mehr. Nicht zu vergessen die einzigartigen Skelette prähistorischer Tiere. Sehenswert sind auch die Riesenkrokodile und eine große Schildkröte.

Die Kunstsammlung enthält sehr schöne Stücke aus Orissa und Tempeln in anderen Bundesstaaten sowie eine außergewöhnliche Sammlung buddhistischer Gandharan-Kunst. Diese interessante Mischung aus griechischer Kunst und buddhistischen Idealen war im nordwestlichen Grenzgebiet, heute Pakistan, beheimatet. Man fertigte dort Buddha-Figuren und andere Skulpturen von erlesener Schönheit an.

Das Museum ist täglich außer Montag von 10.00 bis 17.00 geöffnet. Zwischen Dezember und Februar schließt es eine halbe Stunde früher. Der Eintritt beträgt eine Rupie, ist freitags aber kostenlos.

Maidan und Fort William: Nach den Ereignissen des Jahres 1756 waren sich die Engländer ziemlich sicher, daß eine Wiederholung nicht stattfinden würde, und entschieden, daß das ursprüngliche Fort William, unweit des Maidan, durch ein massives und uneinnehmbares neues Fort zu ersetzen sei. Daher siedelte man zunächst alle Einwohner der Stadt Govindpur um, und bereits 1758 wurden die Bauarbeiten begonnen. Nach Abschluß dieser Arbeiten hatten sich die Kosten auf die damals schon stolze Summe von 2 Millionen erhöht. Der ausgedehnte Urwald rund um das Fort wurde abgeholzt, um den Kanonen freies Feuer zu garantieren. Aber - wie so üblich - von diesem Fort wurde nie ein Schuß abgegeben.

Das Fort wird auch heute noch genutzt und kann von Besuchern nur mit einer Sondergenehmigung betreten werden, die jedoch selten erteilt wird. Sogar die dicken Mauern samt den vorgelagerten tiefen Befestigungen und Gräben scheinen nicht mehr erreichbar zu sein. Das so gelichtete Gebiet um das Fort wurde später zum Maidan, der „Lunge" des modernen Kalkutta. Diese riesige Grünfläche dehnt sich 3 km lang von Norden nach Süden aus und ist mehr als einen Kilometer breit. Begrenzt wird sie im Westen durch die Strand Road zur Flußseite hin und im Osten durch die Chowringhee Road, in der sich Läden, Hotels und Restaurants angesiedelt haben. Die südliche Begrenzung ist der Fluß Tolly's Nulla. Dort sind auch die Rennbahn und das Victoria Memorial. Im Nordwesten des Maidan finden Sie Eden Gardens und im Norden Raj Bhavan. Innerhalb dieser Grünanlage gibt es Kricket- und Fußballfelder, Tennisplätze, Teiche und viele Bäume. Diese grüne Lunge des Molochs Kalkutta wird vielfältig genutzt: Hier grasen Kühe, werden politische Diskussionen abgehalten, bummeln Menschen durch die Natur oder kommen zur morgendlichen Yoga-Sitzung. Nicht zu vergessen eine weitere Variante der Nutzung: Auch der Maidan wird - wie andere Grünflächen in Indien - als öffentliche Toilette benutzt.

Ochterlony Monument: Dieser 48 m hohe Turm wurde kürzlich in Shahid Minar umbenannt. Er überragt das Nordende des Maidan, wurde im Jahre 1828 errichtet und ursprünglich nach Sir David Ochterlony benannt. Der war maßgeblich am Sieg im Krieg gegen Nepal (1814-16) beteiligt. Die Architektur der Säule ist leicht verwirrend. Sie ist eine Mischung aus türkischen, ägyptischen und syrischen Stilrichtungen.

Oben vom Turm aus hat man eine sehr schöne Aussicht. Die Genehmigung zur Turmbesteigung bekommt man vom Deputy Commissioner der Polizei im Polizeipräsidium in der Lal Bazaar Street, wird aber für die erste und letzte Woche in jedem Monat nicht erteilt. Zugänglich ist das Denkmal nur montags bis freitags. Am einfachsten ist es, im Büro des Assistant Commissi-

---

Kalkuttas berittene Polizei

Jeden Morgen gegen 5 Uhr besteigen 25 Offiziere der berittenen Polizei von Kalkutta in den Ställen in Chowringhee ihre Pferde und begeben sich zur ersten von etwa einem halben Dutzend Patrouillen auf dem Weg zum 25 Quadratkilometer großen Maidan - eine Praxis, die schon seit 150 Jahren andauert.

Die berittene Abteilung der Polizei wurde in den vierziger Jahren des vorigen Jahrhunderts gegründet. Ihre Aufgabe war damals, die Kommunikation zwischen der Stadtverwaltung und dem Hafenkapitän zu verbessern. Zu jener Zeit bestand die berittene Polizei aus nur einem älteren Offizier und zwei jüngeren Offizieren. Als die Stadt wuchs, hat man jedoch auch die Abteilung der berittenen Polizei vergrößert. Die Aufgaben nahmen ebenfalls zu und umfaßten bald auch Patrouillen auf dem Maidan der Stadt, der berüchtigt war auf Aufenthaltsort von unerwünschten Personen, denn dort trafen sich Diebe, Betrüger und Prostituierte. Nach und nach wuchs die berittene Polizei auf ihre derzeitige Größe von 98 Pferden mit 105 Reitern und ebenso vielen Ersatzleuten.

In der ersten Zeit waren alle Offiziere der berittenen Polizisten Briten. Erst nach der Unabhängigkeit Indiens wurde der erste nichtbritische Angehörige (ein Anglo-Inder) zum Offizier der berittenen Polizei ernannt. Die Mannschaften wurden in Uttar Pradesh, Kaschmir und Rajasthan rekrutiert.

Heutzutage ist die wichtigste Aufgabe der berittenen Polizei in Kalkutta, die Fußballfans der Stadt in Schach zu halten. Ein bedeutendes Spiel zieht eine Menge von bis zu 90 000 Anhänger auf den Maidan, zwischen denen Gewaltausbrüche nicht selten sind. Zu den Aufgaben der Polizisten auf Pferden gehört aber auch, bei Besuchen von Würdenträgern in der Stadt eine Ehrengarde zu bilden.

Die bei der berittenen Polizei eingesetzten Pferde sind alle für den Einsatz in dieser Abteilung in Indien gezüchtet und kosten pro Tier rund 30 000 Rs. In der Vergangenheit, als das Geld noch nicht so knapp wie heute war, hat man sie aus Australien importiert.

---

oner im 2. Stock nach dem „Monument Pass" zu fragen.

Eden Gardens: In der Nordwestecke des Maidan liegen die kleinen und sehr schön angelegten Eden Gardens. 1856 brachte man von Prome in Myanmar (Burma) eine kleine Pagode hierher. Sie steht heute inmitten eines malerischen kleinen Sees. Die Gärten wurden benannt nach den Schwestern von Lord Auckland, dem früheren Generalgouverneur. In diesen Gärten liegt auch der Kricketplatz von Kalkutta (Ranji-Stadion), auf dem Wettkämpfe ausgetragen werden.

Unweit der Eden Gardens verläuft entlang des Hooghly ein sehr schöner Uferweg. Von den vielen *ghats* aus fahren Boote an die andere Uferseite. Die Bootsführer fahren Besucher aber auch gern für eine halbe Stunde raus auf den Fluß.

Victoria Memorial: Am Südende des Maidan steht das Victoria Memorial. Es erinnert an die Zeiten, in denen Kalkutta noch britisch war, und ist vielleicht das gewichtigste Relikt dieser Zeit in ganz Indien. Es ist ein riesiges Museum aus weißem Marmor in einer etwas befremdenden Kombination aus klassischer europäischer Architektur und dem Stil der Mogul-Zeit. Böse Zungen nennen es auch einen mißlungenen Versuch der Engländer, ein besseres Taj Mahal zu bauen.

Die Idee zu diesem Bau hatte Lord Curzon. Das Geld dazu stammt aus freiwilligen Spenden der Prinzen und der Bevölkerung von Indien. Der Prince of Wales (später König George V.) legte 1906 den Grundstein.

Aber die Eröffnung nahm 1921 ein anderer Prince of Wales vor, nämlich der spätere Herzog von Windsor.

Es dürfte kaum eine Rolle spielen, ob Sie ein großes Interesse an dem britischen Intermezzo in Indien haben oder nicht. Dieses Gebäude sollten Sie in jedem Fall aufsuchen. Dort erzählt man Ihnen die Geschichte der Zeit, in der die Briten auf der Höhe ihres Ruhms in Indien standen, kurz bevor ihr Einfluß immer weiter schwand. Vor dem Gebäude steht eine Statue der Königin Victoria, dargestellt zu einer Zeit, in der sie recht umfangreich und vielleicht nicht ganz ansehnlich war. Durch sie werden Besucher bereits auf einen Rundgang durch dieses Haus eingestimmt.

Im Innern finden Sie dann Porträts, Statuen und Büsten all derer, die einen größeren Anteil an der britisch-indischen Geschichte hatten - Engländer, Inder und Angehörige anderer Nationen. Dargestellt werden Szenen aus militärischen Konflikten und Ereignissen des Aufstandes. Bilder viktorianischer Künstler (Wasserfarben) zeigen indische Landschaften und Gebäude. Die Abteilung über Kalkutta enthält viele Bilder der Stadt und ein Modell des Fort William. Natürlich finden sich im Victoria Memorial auch sehr schöne persische und indische Miniaturen sowie seltene Manuskripte und Bücher. Im Gebäude stellt sich dann auch die Königin Victoria noch einmal in etwas gefälligerer Form dar, jünger und schlanker, als sie sich draußen gibt. Außerdem stehen im Haus ein Klavier, auf dem sie als junges Mädchen spielte, und andere persönliche Gegenstände der Monarchin. Auf einem großen Gemälde ist König Edward VII. bei seinem prächtigen

Einzug nach Jaipur verewigt (1876). Französische Gewehre, die man während der Schlacht bei Plassey eroberte, sind ebenfalls ausgestellt, ferner der Thron aus schwarzem Stein des Nabobs, den Clive in der gleichen Schlacht besiegte. Höhepunkt eines Besuches ist der grandiose Blick über den Maidan vom Balkon über dem Eingang aus.

Den Führer *A Brief Guide to the Victoria Memorial* bekommt man im Gebäude. Das Memorial ist - außer montags - im Winter von 10.00 bis 15.30 Uhr geöffnet, im Sommer eine Stunde länger. Der Eintritt beträgt 2 Rs. Die Licht- und Tonschau ist es wert, sie sich anzusehen und anzuhören. In Englisch beginnt sie täglich außer montags um 20.15 Uhr. Eintrittskarten dafür kann man für 5 und 10 Rs erhalten.

St. Paul's Cathedral: Diese Kathedrale aus den Jahren 1839-1847 gehört zu den bedeutendsten Kirchen Indiens. Sie steht östlich des Victoria Memorial am Südende des Maidan. Der Turm fiel 1897 einem Erdbeben zum Opfer. Als 1934 durch ein weiteres Erdbeben erneut Schäden auftraten, wurde diese Kathedrale restauriert. Drinnen sind die Gedenksteine und einige beeindruckende Buntglasfenster interessant, darunter das große nach Westen hin von Sir Edward Burne Jones. Für Besucher ist die Kathedrale von 9.00 bis 12.00 Uhr und von 15.00 bis 18.00 Uhr zugänglich. Sonntags finden in ihr um 7.30, 8.30 und 18.00 Uhr Gottesdienste statt.

Birla-Planetarium: Dieses Planetarium in der Nähe des staatlichen indischen Fremdenverkehrsamtes gehört zu den größten der Welt. Für 8 Rs erhält man hier einen viel besseren Blick auf die Sterne als draußen in der verschmutzten Luft. Täglich finden hier Vorführungen auch in englischer Sprache statt, aber weil die Zeiten unterschiedlich sind, sollte man sich danach vorher erkundigen. Hüten muß man sich vor Taschendieben, insbesondere in der Schlange der Wartenden draußen.

Nehru-Kindermuseum: Dieses kleine Museum, bequem gelegen in der Chowringhee Road 94/1, ist einen Besuch wert wegen der Modelle, mit denen die hinduistischen Epen *Ramayana* und *Mahabharata* veranschaulicht werden. Es ist außer montags täglich von 13.30 bis 20.30 Uhr geöffnet (Eintritt 2 Rs, zu den Vorführungen 10 Rs).

Kali-Tempel: Der Kali- oder Kalighat-Tempel (wie er auch bezeichnet wird) wurde 1809 auf dem Gelände errichtet, auf dem schon vorher ein Tempel gestanden hatte. Nach diesem Tempel erhielt Kalikata seinen Namen, aus dem im Deutschen Kalkutta wurde. Der Legende nach fiel hier ein Finger der Ehefrau Shivas zur Erde. Deshalb ist der Tempel heute ein Wallfahrtsort.

Kali repräsentiert die zerstörerische Seite von Shivas Begleiterin und verlangt tägliche Opfer. Deshalb muß morgens Ziegen der Hals aufgeschnitten werden, um die Blutrünstigkeit der Göttin zu befriedigen. Tagsüber kommen viele arme Leute hierher, um sich kostenlos verpflegen zu lassen. Nicht zuletzt deshalb herrscht am Tempel (einem der schmuddeligsten in der Stadt) immer viel Betrieb. Wenn man ihn sich ansehen will, kann es passieren, daß sich ein „Tempelpriester" nähert, ständig um Besucher herumläuft und um eine Spende von 100 Rs „für einen kleinen Beutel Reis" bittet. Unmittelbar neben dem Tempel kommt man zum Krankenhaus von Mutter Teresa für Sterbende, in dem man für einen Besuch willkommen ist.

Der Tempel steht 2 km südlich der St. Paul's Cathedral und ist mit der Metro leicht zu erreichen.

Zoo und Gartenbaupark: Bereits im Jahre 1876 wurde im Süden des Maidan Kalkuttas 16 Hektar großer Zoo eröffnet. In ihm werden einige Tiere in fast natürlicher Umgebung gezeigt, andere aber auch unter bemitleidenswerten Bedingungen, die typisch für Zoos in der Dritten Welt sind. Der Zoo ist von Sonnenaufgang bis Sonnenuntergang geöffnet (Eintritt 1,50 Rs).

Südlich vom Zoo, an der Alipore Road, findet man den ruhigen und angenehmen Park des Gartenbaus. Er ist von 8.00 bis 17.00 Uhr zugänglich. Der Eintritt kostet eine Rupie.

Howrah-Brücke: Noch bis 1943 führte über den Fluß lediglich eine Pontonbrücke, die für den Schiffsverkehr immer geöffnet werden mußte. Der Bau dieser Brücke war lange heiß umstritten. Man befürchtete nämlich, daß die Konstruktion eine Versandung des Flusses sowie Veränderungen der Strömung zur Folge haben würde. Dieses Problem umging man durch den Bau einer 450 m langen Spannbrücke, völlig ohne Pfeiler im Fluß.

Diese Auslegerbrücke, auch bekannt als Rabindra Setu, ähnelt der Harbour Bridge von Sydney, ist nur noch häßlicher. Über sie zieht ein unendlicher Strom jeglichen Verkehrs, von dem die Brücke in Sydney nur träumen kann. Mit einem täglichen Strom von 57 000 Fahrzeugen und zu vielen Fußgängern, um sie noch zählen zu können, ist diese Brücke die auf der ganzen Welt, die am häufigsten benutzt wird. Wer einmal zur morgendlichen Hauptverkehrszeit an einem Ende der Brücke stand und die Doppeldeckerbusse vom anderen Ufer herankommen sah, wird sich dieser Faszination des pulsierenden Lebens kaum entziehen können. Mühsam nur kommen sie vorwärts, weil wieder einmal viel zu viele Passagiere in den Bus drängten und sich außen dranhängten. Zwischen den Bussen winden sich höl-

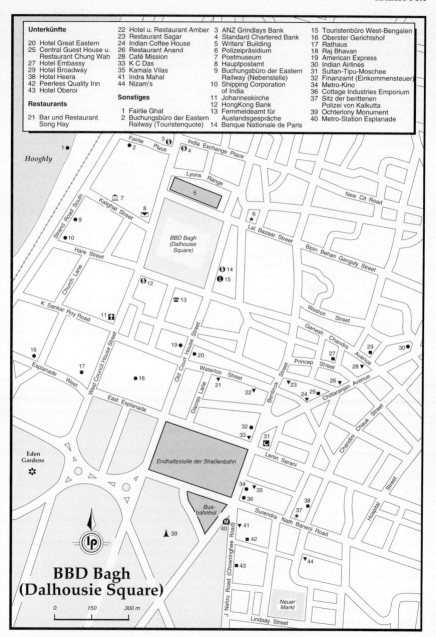

Unterkünfte

20 Hotel Great Eastern
25 Central Guest House u.
 Restaurant Chung Wah
27 Hotel Embassy
29 Hotel Broadway
38 Hotel Heera
42 Peerless Quality Inn
43 Hotel Oberoi

Restaurants

21 Bar und Restaurant
 Song Hay

22 Hotel u. Restaurant Amber
23 Restaurant Sagar
24 Indian Coffee House
26 Restaurant Anand
28 Café Mission
33 K C Das
35 Kamala Vilas
41 Indra Mahal
44 Nizam's

Sonstiges

1 Fairlie Ghat
2 Buchungsbüro der Eastern
 Railway (Touristenquote)

3 ANZ Grindlays Bank
4 Standard Chartered Bank
5 Writers' Building
6 Polizeipräsidium
7 Postmuseum
8 Hauptpostamt
9 Buchungsbüro der Eastern
 Railway (Nebenstelle)
10 Shipping Corporation
 of India
11 Johanneskirche
12 HongKong Bank
13 Fernmeldeamt für
 Auslandsgespräche
14 Banque Nationale de Paris

15 Touristenbüro West-Bengalen
16 Oberster Gerichtshof
17 Rathaus
18 Raj Bhavan
19 American Express
30 Indian Airlines
31 Sultan-Tipu-Moschee
32 Finanzamt (Einkommensteuer)
34 Metro-Kino
36 Cottage Industries Emporium
37 Sitz der berittenen
 Polizei von Kalkutta
39 Ochterlony Monument
40 Metro-Station Esplanade

Hooghly

Fairlie Place

India Exchange Place

Lyons Range

New Cit Road

Lal Bazaar Street

BBD Bagh
(Dalhousie Square)

Strand Road South

Kalighat Street

Hare Street

Church Lane

K Sankar Roy Road

Bipin Behari Ganguly Street

Weston Street

Ganesh Chandra Avenue

Princep Street

Chittaranjan Avenue

Chauki Street

Esplanade West

West Council House Street

Old Court House Street

Diacres Lane

Waterloo Street

Bentinck Street

East Esplanade

Eden Gardens

Endhaltestelle der Straßenbahn

Lenin Sarani

Chandni Street

Bus-bahnhof

Surendra Nath Banerji Road

Hospital Street

J Nehru Road (Chowringhee Road)

Neuer Markt

Lindsay Street

**BBD Bagh
(Dalhousie Square)**

0   150   300 m

zerne Ochsenkarren, Horden von Radfahrern und natürlich die stinkenden Autos. In der Hauptverkehrszeit morgens und abends kann es bis zu 45 Minuten dauern, bis man sie überquert hat. Die Fähren unterhalb des Bahnhofs Howrah sind daher bequemer, um den Fluß zu überqueren, und ermöglichen überdies einen guten Blick auf die Brücke.

An der zweiten Brücke, der Vidysagar Setu 2 km weiter flußabwärts, sind 22 Jahre lang Bauarbeiten vorgenommen und immer wieder eingestellt worden, bis das Bauwerk schließlich im Jahre 1992 vollendet wurde. Das Problem ist nun, daß die Zugangsstraßen zu schmal sind, um den Verkehr zu bewältigen, der sich über die Brücke bewegt. Weitere Gelder, um die Situation zu verbessern, sind jedoch nicht vorhanden.

BBD Bagh (Dalhousie Square): Zu Zeiten des britischen Indien war Kalkutta nicht nur ein Verwaltungszentrum; am Dalhousie Square war auch die Macht konzentriert. Am Nordende dieses Platzes erhebt sich mächtig das riesige Writers' Building aus dem Jahre 1880. Damals hatten die klerikalen Schreiber hier ihre Arbeitsplätze, und die Angestellten der East India Company waren Vorgänger der Beamten von West-Bengalen. Ihren Gehirnen entspringen all die Formularsätze, die Kohlekopien und die rote Tinte. Ebenfalls am Dalhousie Square, aber wesentlich nützlicher, sind das Hauptpostamt (General Post Office - GPO) und an der Ostseite das Fremdenverkehrsbüro der Provinz West-Bengalen (West Bengal Tourist Development Corporation).

Bis zu seiner Aufgabe im Jahre 1757 stand das Fort William dort, wo heute das Hauptpostamt ist. Das Hauptpostamt erstreckt sich bis hinunter an den Fluß, der seinen Lauf in der Zwischenzeit änderte. Metallschilder weisen heute darauf hin, wo sich früher einmal die Mauern des Forts befanden. Das zu trauriger Berühmtheit gelangte „Schwarze Loch" von Kalkutta befand sich früher dort, wo heute das Hauptpostamt ist. Seit der Unabhängigkeit ist allerdings jeglicher Hinweis hierauf verschwunden. An sich war dieses „Schwarze Loch" nichts anderes als ein kleiner Wachraum des Forts. Nach der britischen Version dieser Geschichte pferchte man in jener schicksalhaften Nacht, als die Stadt in die Hände von Siraj-ud-Daula fiel, 146 Menschen in diesen kleinen Raum. Von ihnen waren am nächsten Morgen nur noch 23 Personen am Leben.

Allerdings vermuten Historiker heute, daß die Zahl der Gefangenen und der Todesopfer aus Propagandagründen übertrieben worden ist. Wahrscheinlich ist nur die Hälfte davon eingesperrt und auch nur die Hälfte an Todesopfern zu beklagen gewesen. Dennoch, ob wenige oder viele, der Tod durch Ersticken in Kalkutta mit der hohen Luftfeuchtigkeit muß ein schreckliches Sterben gewesen sein.

Johanneskirche (St. John's Church): Diese Kirche aus dem Jahre 1787 finden Sie ein bißchen südlich des BBD Bagh. Auf dem dazu gehörenden überwachsenen Friedhof stehen einige sehr interessante Grabmäler, z. B. das achteckige Mausoleum für Job Charnock, den Gründer der Stadt Kalkutta. Er starb 1692. Auch Admiral Watson, der Clive bei der Rückeroberung der Stadt aus den Händen von Siraj-ud-Daula unterstützte, fand hier seine letzte Ruhestätte. Der Obelisk zur Erinnerung an das „Schwarze Loch" wurde von einer Stelle unweit vom Hauptpostamt in eine Ecke dieses Friedhofes gebracht.

Weitere britische Gebäude: Das bedeutendste Bauwerk, das an die britische Zeit erinnert, ist zweifelsohne das Victoria Memorial. Kalkuttas Vergangenheit ist

---

Indiens Bakda-Wallahs

In Indien ist es möglich, bei Straßenhändlern so gut wie alles zu kaufen. In den Straßen um die Börse von Kalkutta hinter dem Writers' Building, aber auch um die anderen 22 Börsen überall im Land, stößt man auf die hölzernen Tische der Bakda-Wallahs. Das sind Händler, die Bewerbungsformulare für die Zuteilung neuer Aktien vertreiben.

Abgesehen von einem hölzernen Tisch ist die einzige weitere Voraussetzung, sich als Bakda-Wallah zu betätigen, ein Betrag von rund 600 Rs, um sich bei einem Börsenhändler als zur Verteilung der Formulare berechtigt einzuschreiben. Wichtiger jedoch sind gute Kontakte und eine Nase für günstige Aktien. Ein guter Bakda-Wallah hilft Investoren an der Börse nicht beim Ausfüllen der dafür notwendigen Formulare, sondern sollte auch in der Lage sein, heiße Tips darüber abzugeben, welche Aktien gerade ein besonders gutes Geschäft sind. Manchmal geht ein Bakda-Wallah sogar so weit, daß er die Kaufaufträge der Investoren an der Börse selbst plaziert, wenn seine Kontakte gut sind, nicht selten sogar noch nach Börsenschluß.

Auch wenn unter den Bakda-Wallahs ein großer Konkurrenzkampf herrscht, kann ein solcher Mensch als Minimum mit einem monatlichen Einkommen von 3000 Rs rechnen. Bakda-Wallahs mit Stammkunden und unbezahlbaren Kontakten bringen es in einem guten Monat sogar auf das Zehnfache. Ihre Provision beträgt zwischen 1,25 und 1,8 % der Kosten von Aktien, die sie vermitteln.

Seit der wirtschaftlichen Liberalisierung vor ein paar Jahren hat in Indien der Handel mit Aktien dramatisch zugenommen, so daß Kleinanleger den Überblick verloren haben und ohne einen Bakda-Wallah verloren wären.

aber auch an einigen anderen Gebäuden erkennbar. Raj Bhavan, das alte britische Regierungsgebäude, ist heute der Sitz des Gouverneurs von West-Bengalen. Der Zutritt ist Besuchern jedoch verwehrt. Es entstand unter der Regie der Marquess Wellesley in den Jahren 1799 bis 1805 und ist eine Nachbildung des Hauses von Lord Curzon (Kedleston Hall in Derbyshire, England). Dieses Haus wiederum war erst kurz vor Baubeginn des Raj Bhavan fertig geworden. Es steht am Nordende des Maidan und enthält seltene Kunstgegenstände und andere interessante Sehenswürdigkeiten, u. a. den Thron von Sultan Tipu und Kalkuttas ersten Fahrstuhl. Unweit vom Raj Bhavan stehen das im dorischen Stil erbaute Rathaus (Town Hall) sowie der Oberste Gerichtshof (High Court), eine Nachbildung des Staadhaus in Ypern. Dieses wurde 1872 fertiggestellt. Der Turm dieses Hauses erreicht eine Höhe von 55 m.

Südlich vom Zoo in Alipur findet man die Nationalbibliothek (National Library), Indiens größte Bücherei. Sie ist im Belvedere House untergebracht, der früheren Residenz des Vizegouverneurs von Bengalen.

Sehenswert ist auch der Friedhof in der South Park Street, der restauriert wurde und von dem hohen Preis zeugt, den die ersten Siedler aus England zahlen mußten. Ansehen kann man sich in dieser friedlichen Stätte beeindruckende Grabmäler und Inschriften. An Berühmtheiten sind hier Oberst Kyd, der Gründer des Botanischen Gartens, und Rose Aylmer beigesetzt, an die man sich nur wegen ihres unglücklichen Todes erinnert, denn sie soll wegen ihrer Sucht nach Ananas gestorben sein.

Weitere Museen: Neben dem phantastischen Indischen Museum und dem Victoria Memorial besitzt Kalkutta noch einige andere interessante Museen. Dazu gehört in der Universität das Asutosh Museum mit einer Sammlung von Kunstobjekten, insbesondere solche aus dem Bereich der bengalischen Volkskunst. Der Eintritt ist frei. Das Museum ist werktags von 10.30 bis 16.30 Uhr geöffnet, samstags von 10.30 bis 15.00 Uhr. Das Birla Industrial & Technological Museum in der Gurusday Road 19 a ist außer sonntags täglich von 10.00 bis 17.00 Uhr zugänglich (Eintritt 1 Rs). Die wohltätigen (und sehr wohlhabenden) Birlas spendeten Geld auch für ein weiteres Museum, die Birla Academy of Art & Culture in der Southern Avenue 109-109. Es ist täglich außer montags von 16.00 bis 19.00 Uhr geöffnet. Der Eintritt beträgt 1 Rs. Hier findet man eine sehr gute Sammlung von Skulpturen und moderner Kunst. Die Birlas haben außerdem das Geld für einen riesigen Birla-Tempel zur Verfügung gestellt, zu dem man vom Industrial & Technological Museum um die Ecke gelangt.

Neben der Kathedrale, in der Cathedral Road, ist eine Ausstellung der Akademie der schönen Künste zu se-

hen. Sie ist täglich von 15.00 bis 20.00 Uhr geöffnet, montags jedoch geschlossen. Der Eintritt kostet 1 Rs.

Im Norden von Kalkutta steht in einer kleinen, schmalen Straße, der Muktaram Babu Street, der Marmorpalast (Marble Palace), ein privates Herrenhaus, das eine recht widersinnig zusammengestellte Sammlung von Statuen und Gemälden (u. a. von Rubens und Sir Joshua Reynolds) enthält. Diese Stücke wurden von einem einzigen Mann gesammelt. Geöffnet ist der Marmorpalast täglich außer montags und donnerstags in der Zeit von 10.00 bis 16.30 Uhr. Sie müssen sich aber vor einer Besichtigung eine Erlaubnis des staatlichen indischen Fremdenverkehrsamtes (Government of India Tourist Office) besorgen. Unweit davon ist das weitläufige Tagore House, ein Zentrum für indische Tänze, Dramen, Musik und andere Künste. Hier wurde Indiens größter moderner Dichter Rabindranath Tagore geboren, und in diesem Haus starb er auch. Das Haus liegt in einer Seitenstraße der Rabindra Sarani und läßt sich montags bis freitags von 10.00 bis 17.00 Uhr sowie samstags von 14.00 Uhr besichtigen. Sonntags bleibt das Haus geschlossen.

Neben dem Hauptpostamt kann man sich noch ein kleines Postmuseum ansehen.

Pareshnath-Tempel: Dieser Tempel aus dem Jahre 1867 ist Sheetalnathji geweiht, dem 10. von 24 *tirthankars* der Jains. Er liegt im Nordosten der Stadt, ist ein einziges Wirrwarr von Spiegeln, farbigen Steinen sowie Glasmosaiken und überragt außerdem einen Garten. Geöffnet ist dieser Tempel täglich von 6.00 bis 12.00 Uhr und von 15.00 bis 19.00 Uhr.

Nakhoda-Moschee: Nördlich des BBD Bagh liegt Kalkuttas bedeutendstes moslemisches Heiligtum. Man sagt, daß diese riesige, im Jahre 1926 erbaute Moschee 10 000 Gläubige fassen kann. Sie wurde dem Grabmal von Akbar in Sikandra nachgebildet. Zur roten Sandsteinmoschee gehören zwei 46 m hohe Minarette und eine farbenfreudig bemalte Kuppel in Zwiebelform. Vor der Moschee kann man (außer sonntags) *attar* kaufen, ein Parfüm, das aus Ölessenzen und Blumendüften hergestellt wird.

Belur Math: Die Hauptverwaltung der Ramakrishna-Mission ist im Norden der Stadt am Westufer gelegen. Der indische Philosoph Ramakrishna predigte die Einheit aller Religionen. Nach seinem Tod im Jahre 1886 gründete sein Anhänger Swami Vivekananda im Jahre 1897 die Ramakrishna-Mission. Mittlerweile gibt es in ganz Indien Zweigstellen dieser Mission. Belur Math, die Hauptverwaltung dieser inzwischen auch international tätigen Bewegung, wurde 1899 gegründet. Mit dem Bau wollte man erreichen, daß - je nachdem, von welcher Stelle dieses Gebäude betrachtet wird - eine

Kirche, eine Moschee oder ein Tempel zu erkennen sei. Belur Math ist täglich von 6.30 bis 11.00 Uhr und von 15.30 bis 19.30 Uhr geöffnet. Der Eintritt ist frei.

Dakshineshwar-Kali-Tempel: Gegenüber von Belur Math liegt auf der anderen Flußseite dieser Kali-Tempel. Ramakrishna war dort Priester, als er seine Vision der geeinten Kirchen hatte. Sie sollte alle Religionen umfassen. Der Kali-Tempel wurde 1847 gebaut und ist von 12 weiteren Tempeln umgeben, die Shiva geweiht sind.

Rabindra Sarobar und Ramakrishna Mission: Dieser Park und Picknickplatz mit einem See in der Mitte liegt im Süden der Stadt. Neben dem Park Rabindra Sarobar wurde das Ramakrishna Mission Institute of Culture eröffnet. Dort stehen eine Bücherei, Leseräume und Vortragssäle zur Verfügung.

Botanischer Garten: Am Westufer des Hooghly, südlich von Howrah, erstreckt sich der weitläufige Botanische Garten. An der Uferseite ist er einen Kilometer lang, und seine Fläche umfaßt 109 Hektar. Er geht auf eine Gründung durch Colonel Kyd im Jahre 1786 zurück. Der Tee, der heute in Assam und Darjeeling angebaut wird, wurde zunächst in diesem Garten gezüchtet.

Die bedeutendste Attraktion ist ein 200 Jahre alter Banyan-Baum. Er soll (nach einem in Andhra Pradesh) der zweitgrößte seiner Art sein. Sein Durchmesser weist am Boden stolze 400 m auf. Er blüht und wächst trotz einer erheblichen Schädigung durch Pilzbefall inmitten des Stammes. Dieser Teil mußte 1925 entfernt werden. Auch das kühle und große Palmenhaus in der Mitte des Botanischen Gartens ist einen Besuch wert. Der Garten liegt in Sibpur und ist über die Brücke nach Howrah zu erreichen. Das ist 19 km von der Chowringhee Road entfernt. Von dort kann man mit Bussen der Linien 55 und 56 zum Botanischen Garten fahren. Schöner ist es aber mit einer Fähre vom Chandpal Ghat oder vom Babu Ghat aus (1,50 Rs). Geöffnet ist der Garten von Sonnenaufgang bis Sonnenuntergang. An Sonntagen ist er meist sehr belebt, dafür aber an den Werktagen um so ruhiger. Wer dem Gewimmel von Kalkutta einmal entfliehen möchte, findet im Botanischen Garten Ruhe und Abgeschiedenheit. Werktags sollte man sich aber ein Getränk mitnehmen, weil an diesen Tagen die Cafés im Botanischen Garten häufig geschlossen sind.

AUSFLUGSFAHRTEN

Das staatliche indische Fremdenverkehrsamt (Government of India Tourist Office) in der Shakespeare Sarani 4 (Tel. 2 42 14 02 und 44 35 21) veranstaltet täglich außer montags für 50 Rs ganztägige Stadtrundfahrten durch Kalkutta, die dort um 8.00 Uhr beginnen. Die Fahrt führt zu Sehenswürdigkeiten wie Belur Math, Dakshineshwar-Kali-Tempel, Jain-Tempel, Victoria Memorial, Indisches Museum, Akademie der schönen Künste, Jawaharlal Sishu Bhavan und Zoo.

Das Fremdenverkehrsamt von West-Bengalen am BBD Bagh 3/2 (Tel. 2 48 82 71) bietet eine ähnliche Stadtrundfahrt für ebenfalls 50 Rs und eine weitere für 60 Rs mit einer geringfügig geänderten Route an, auf der noch mehr Ziele angefahren werden. Allerdings muß man dabei wissen, daß die Museen montags geschlossen sind. Eines der Probleme bei Stadtrundfahrten in Kalkutta ist, daß man eine ganze Menge Zeit nur damit verbringt, in Verkehrsstockungen festzusitzen.

Ausflugsfahrten werden auch zu den vielen Festen und *pujas* in ganz West-Bengalen angeboten. Einzelheiten dazu kann man der Broschüre *Calcutta This Fortnight* entnehmen oder in einem der Fremdenverkehrsämter erfahren. Das Fremdenverkehrsamt von West-Bengalen veranstaltet außerdem von Oktober bis März wöchentlich eine Fahrt in das Tierschutzgebiet Sunderbans. Einzelheiten darüber lassen sich dem Abschnitt über die Sunderbans im Kapitel über West-Bengalen entnehmen.

UNTERKUNFT

Einfache Unterkünfte: Kalkutta leidet unter einem Mangel an guten, preiswerten Quartieren. Wer in Kalkutta in einer preiswerten Unterkunft übernachten möchte, versucht sein Glück am besten zunächst in der Sudder Street. Sie zweigt beim Indischen Museum von der Chowringhee Road ab. Versuchen Sie zudem, bis Mittag in Kalkutta anzukommen, weil sonst Schwierigkeiten beim Finden eines preisgünstigen Bettes entstehen können.

Das beliebte Gästehaus der Heilsarmee (Salvation Army Red Shield Guest House, Tel. 2 45 05 99) findet man in der Sudder Street 2. Hier kann man in einem Bett im Schlafsaal für 20-30 Rs oder in einem Doppelzimmer für 150 Rs übernachten. Zu den teureren Zimmern gehört auch ein eigenes Bad. Das ist ein sauberes und gut geführtes Quartier, auch wenn Wasser hier eher zufällig fließt. In diesem Haus wohnen viele ehrenamtliche Mitarbeiter von Mutter Teresa.

Wenn man die Sudder Street weiter hinuntergeht, kommt man zum gleichermaßen beliebten Hotel Maria (Tel. 2 45 08 60) mit Betten in Schlafsälen für 40 Rs, einige davon unter dem Dach. Außerdem werden Einzel- und Doppelzimmer mit Badbenutzung für 80 bzw. 150 Rs und mit eigenem Bad für 100 bzw. 150 Rs vermietet. Die Leitung dieses Hotels behauptet, daß Drogen und Alkohol im Haus nicht geduldet werden.

Geht man entlang der Sudder Street weiter, dann zweigt rechts die Stuart Lane ab. In ihr findet man zwei der beliebtesten Traveller-Hotels von Kalkutta: die Modern Lodge (Tel. 2 44 49 60) mit der Hausnummer 1 und das Hotel Paragon mit der Hausnummer 2 gegenüber (Tel. 2 44 24 45). Im Hotel Paragon werden Betten im Schlafsaal unten für 40 Rs und oben für 45 Rs, winzige Einzel- und Doppelzimmer mit Gemeinschaftsbad für 80 bzw. 100 Rs und Doppelzimmer mit eigenem Bad ab 150 Rs vermietet. In der oberen Etage besitzt dieses Hotel einen ganz hübschen Dachgarten, aber die Zimmer zu ebener Erde sind wenig ansprechend. Gepäckschließfächer und Essen sind ebenfalls zu haben. Ähnlich, aber geringfügig billiger, ist die Modern Lodge, in der alle Zimmer mit einem Ventilator ausgestattet sind. Auch das Essen hier ist ganz ordentlich. Der Dachgarten der Modern Lodge ist am Abend ein Treffpunkt von Travellern, wo auch Tee und Erfrischungsgetränke erhältlich sind.

Im Hotel Hilson in der Sudder Street 4 (Tel. 2 44 52 83) kann man in einem Einzelzimmer mit Badbenutzung für 70 Rs, in einem Doppelzimmer mit Bad für 150 Rs und in einem der wenigen Dreibettzimmer für 200 Rs übernachten. Im Hotel Shilton, die Sudder Street weiter hinunter (Tel. 2 45 15 12), werden Einzel- und Doppelzimmer mit Bad für 150 bzw. 220 Rs vermietet.

Ein freundliches Quartier ist das von Sikhs geführte Times Guest House unweit vom Café Blue Sky. Hier kann man in einem Schlafsaal mit acht Betten für jeweils 40 Rs und in drei Doppelzimmern mit Bad für 150 Rs übernachten. Recht sauber ist das Tourist Inn mit Einzelzimmern für 50 Rs und Doppelzimmern für 100 Rs (mit Badbenutzung) sowie einem Vierbettzimmer mit Bad für 200 Rs.

Gegenüber liegt das Hotel Diplomat (Tel. 2 44 21 45) mit recht dunklen Zimmern, in denen man mit Badbenutzung allein für 60 Rs und zu zweit für 100 Rs unterkommt.

Von der Sudder Street um die Ecke, in der Mirza Ghalib Street (Free School Street) 20, kommt man zum beliebten Centrepoint Guest House (Tel. 2 44 39 28). In diesem freundlichen Haus wird eine ganze Bandbreite unterschiedlicher Zimmer mit Einzelzimmern ab 125 Rs und Doppelzimmern ab 150 Rs vermietet (mit Bad). Vorhanden sind auch einige klimatisierte Zimmer für 260 Rs (Alleinbenutzung) bzw. 325 Rs (Belegung zu zweit). Auch ein Reisebüro befindet sich im Haus.

In der Chowringhee Lane findet man das Hotel Palace (Tel. 2 44 62 14) mit Einzelzimmern für 100 Rs und Doppelzimmern für 150 Rs (mit Bad), mit Fernsehgerät für 125 bzw. 200 Rs, sowie das Capital Guest House (Tel. 2 45 05 98) mit ähnlichen Zimmern zu Preisen von 100 bzw. 160 Rs und teureren Zimmern mit Klimaanlage. Keines von beiden bietet etwas Besonderes, aber auch das Hotel Timestar (Tel. 2 45 00 28) in der nächsten Gasse nicht, in dem man allerdings mit 85 bzw. 140 Rs (mit Bad) etwas billiger wohnen kann.

Ebenfalls südlich der Sudder Street, in der Dr. M. Ishaque Road, findet man zwei ausgezeichnete Hotels sich gegenüberliegend. Das eine ist das Hotel East End (Tel. 29 89 21), ein schon ziemlich altes, aber gut unterhaltenes Haus, das von freundlichen Leuten geleitet wird. Hier kosten die Einzel- und Doppelzimmer mit Bad 180 bzw. 280 Rs. Das andere ist das Hotel Neelam (Tel. 29 25 82), das mit Einzel- und Doppelzimmern für 100 bzw. 225 Rs eine bessere Wahl ist.

In der Nähe liegt das Hotel Classic (Tel. 29 73 90), und zwar in einem kleinen Gang, der von der Mirza Ghalib Street (Free School Street) abzweigt. Dort werden Einzelzimmer mit Gemeinschaftsbad für 100 Rs, Doppelzimmer mit eigenem Bad für 185 Rs und Zimmer mit Klimaanlage für 375 Rs vermietet. Heißes Wasser erhalten die Gäste auf Wunsch in Eimern ohne Zusatzkosten.

In Kalkutta gibt es auch eine ganze Reihe von Häusern des CVJM (YMCA), aber die sind meistens voll belegt. Das Haus in der Surendra Nath Banerji Road 42 (Tel. 2 44 38 14) hat Einzel- und Doppelzimmer für 50 Rs und Betten in einem Schlafsaal für jeweils 20 Rs zu bieten. Hinzu kommen noch 15 Rs für die zeitweilige Mitgliedschaft. Das YMCA in der Chowringhee Road 25 (Tel. 2 49 21 92) ist ein großes, ein wenig düsteres Gebäude, das gern von indischen Geschäftsleuten in Anspruch genommen wird und in dem in den Übernachtungspreisen auch Tee am Morgen, Frühstück und Abendessen enthalten sind. Hier kann man in einem Schlafsaal mit drei, vier oder sechs Betten für 60 Rs, in einem Einzelzimmer für 270 Rs und in einem Doppelzimmer für 370 Rs übernachten (mit Klimaanlage für 500 bzw. 650 Rs). In der Halle stehen zudem einige Billardtische zur Unterhaltung zur Verfügung, die man, wenn man zurückhaltend ist, auch benutzen kann, wenn man nicht im Haus wohnt.

Im YWCA in der Middletown Road 1 (Tel. 29 70 33) dürfen nur Frauen und Paare übernachten. Das ist ein ehrwürdiges altes Haus, luftig, makellos sauber und mit einem herrlichen Tennisplatz. Mit 250 Rs für ein Einzelzimmer und 400 Rs für ein Doppelzimmer mit Badbenutzung und Vollpension (mit eigenem Bad 500 bzw. 600 Rs) ist es eine gute Wahl.

Die Jugendherberge (Youth Hostel) findet man in der Dr. J. B. Ananda Dutta Lane 10 in Howrah (Tel. 6 67 28 69). Sie ist klein und liegt ein wenig abgewohnt, aber sonst ganz in Ordnung. Vom Bahnhof Howrah ist sie mit Bussen der Linien 52 oder 58 bis zum Shamasri Cinema oder mit Bussen der Linie 63 bis nach Khirertala zu erreichen. Für ein Bett im Schlafsaal muß man 15 Rs bezahlen.

Im Bahnhof Howrah stehen vier Ruheräume (Railway Retiring Rooms) zur Verfügung, die als Doppelzimmer mit Bad für 70 Rs vermietet werden. Nebenan befindet sich das Railway Yatri Nivas (Tel. 6 60 17 42), in dem

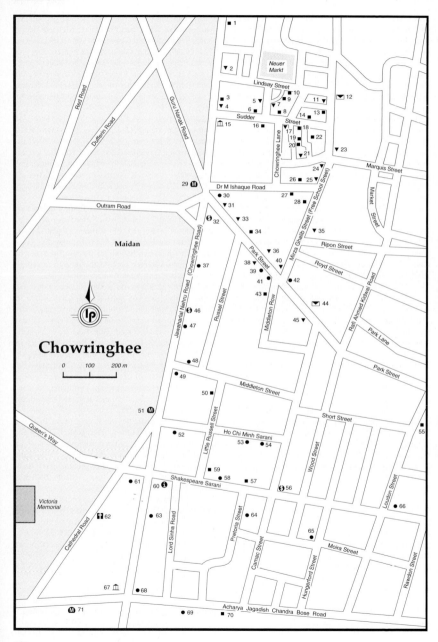

Chowringhee

Unterkünfte	5 Restaurant Khalsa	42 Französisches Konsulat und
1 Grand Hotel Oberoi	7 Restaurant Oasis	Golden Dragon
3 YMCA	11 Restaurant und Bäckerei	44 Postamt Park Street
6 Hotel Lytton	Kathleen's	46 State Bank of India
8 Hotel Fairlawn	17 Café Blue Sky	47 American Center
9 Gujral Guest House und	21 Hotel Abdul Khalique	48 British Airways, RNAC, Air
Supermarkt City Express	23 Gypsy Fast Food	France, Citibank und ANZ
10 CKT Inn	24 Restaurant Hong Kong	Grindlays Bank
13 Centrepoint Guest House	25 Café 48 und Off cum On	49 KLM und Cathay Pacific
14 Hotel Astoria	Rambo Bar	52 Britisches Hochkommissariat
16 Gästehaus der Heilsarmee	31 Restaurant Peijing	53 Konsulat der USA
(Salvation Army Guest House)	33 Restaurant Gulnar	54 Vital Medical Services
18 Hotel Maria	35 Restaurant Gupta	56 ANZ Grindlays Bank
19 Hotel Paragon	36 Oasis, Moulin Rouge, Starlit	58 British Council
20 Hotel Timestar	Garden, Bar BQ und Blue Fox	60 Staatliches indisches
22 Modern Lodge	38 Magnolia Bar	Fremdenverkehrsamt
26 Hotel Neelam	40 Restaurant Mocambo	61 Birla-Planetarium
27 Hotel East End	45 Restaurants Waldorf und Litle	62 St Paul's Cathedral
28 Hotel Classic	Bangkok	63 Air India
34 Hotel Park und Restaurant		64 Japanisches Konsulat
Kwality	**Sonstiges**	65 ISKCON
43 YWCA	12 Postamt New Market	66 Russisches Konsulat
50 Hotel Old Kenilworth	15 Indisches Museum	67 Nehru-Kindermuseum
55 Hotel Rutt Deen	30 Bangladesh Biman Airlines	68 Aeroflot
57 Hotel Astor	und Lufthansa	69 Ausländerbehörde
59 Hotel New Kenilworth	32 Standard Chartered Bank und	
70 Hotel Hindustan International	ANZ Grindlays Bank	**Metro-Stationen**
	37 Japan Airlines	29 Park Street
Restaurants	39 Singapore Airlines	51 Maidan
2 Restaurant Hindustan	41 Thai International, Flury's,	
4 Restaurant Zaranj	Peter Cat und Silver Grill	

man in einem Schlafsaal für 75 Rs und in einem Doppelzimmer mit Bad für 250 Rs übernachten kann (mit Klimaanlage für 390 Rs). Allerdings wird man nur aufgenommen, wenn man eine Eisenbahnfahrkarte für eine Strecke von mehr als 200 km vorzeigen kann, und dann auch nur für eine Nacht. Ruheräume gibt es auch im Bahnhof Sealdah.

Wer in Kalkutta auf der Durchreise ist, findet am Flughafen die Airport Rest Rooms (Tel. 57 26 11), in denen man in einem Schlafsaal für 40 Rs sowie mit Klimaanlage in einem Einzelzimmer für 125 Rs und in einem Doppelzimmer für 190 Rs übernachten kann. Anmelden kann man sich im Flughafengebäude am Schalter für Reservierungen.

Mittelklassehotels: Empfehlenswert und eine gute Wahl in der Gegend des BBD Bagh ist das Central Guest House (Tel. 27 48 76) mit sauberen Einzelzimmern für 150 Rs und ebensolchen Doppelzimmern für 200 Rs sowie Zimmern mit Klimaanlage für 300 Rs. Zu jedem Zimmer gehört ein eigenes Bad. Das Haus liegt zur Chittaranjan Avenue hin, aber der Eingang ist an der Rückseite in der Prafulla Sarkar Street 18.

In der Nähe, in der Princep Street, befindet sich das alte Hotel Embassy (Tel. 27 90 40) mit Einzelzimmern für 175 Rs und Doppelzimmern für 250 Rs (einschließlich eigenem Bad, Fernsehgerät und Telefon). Für ein Doppelzimmer mit Klimaanlage muß man in diesem Haus 400 Rs bezahlen. Einen Block weiter östlich kommt man zum Hotel Broadway (Tel. 26 39 30), in dem ein ganzes Spektrum unterschiedlicher Zimmer von Einzelzimmern mit Badbenutzung für 140 Rs bis zu Einzelzimmern für 200 Rs, Doppelzimmern für 290 Rs und Dreibettzimmern für 360 Rs (mit Bad, Fernsehgerät und Telefon) vermietet wird. Dieses Haus ist recht beliebt und daher häufig voll belegt.

In der Gegend mit der Sudder Street ist das Gujral Guest House (Tel. 2 44 06 20) ein kleines Gästehaus mit Einzelzimmern für 140 Rs und Doppelzimmern für 350 Rs (mit Bad). Für ein Zimmer mit Klimaanlage muß man hier 450 Rs bezahlen. Im Stockwerk darüber kann man im Lindsay Guest House (Tel. 2 44 10 39) in Einzelzimmern für 350 Rs und Doppelzimmern für 450 Rs übernachten (mit Klimaanlage). Das andere Haus der Besitzer, das Hotel Lindsay in der Lindsay Street 8 a (Tel. 2 44 13 74, Fax 2 45 03 10), ist besser und es wert, bis zu ihm hinauf in den 6. Stock zu steigen oder mit dem Fahrstuhl zu fahren. Dort werden für ein Einzelzimmer 350 Rs und für ein Doppelzimmer 450 Rs verlangt (mit Klimaanlage 575 bzw. 750 Rs).

In der Lindsay Street 12 a liegt das CKT Inn (Tel. 2 44 82 46). Das ist eine kleine, freundliche Unterkunft mit Einzelzimmern für 488 Rs und Doppelzimmern für 610 Rs, aber in diesen Preisen sind auch schon alle Zuschläge für Steuern und Bedienung enthalten. Alle Zimmer sind klimatisiert und mit Fernsehgerät sowie eigenem Bad ausgestattet.

Das vor kurzem renovierte Hotel Plaza in der Sudder Street 10 (Tel. 2 44 64 11) hat ganz gute Einzel- und Doppelzimmer mit Bad für 250 bzw. 350 Rs zu bieten (mit Klimaanlage für 350 bzw. 450 Rs), jeweils mit europäischem Frühstück.

Im Hotel Astoria in der Sudder Street 6/2 (Tel. 2 44 96 79) werden nur klimatisierte Zimmer vermietet, und die sind ziemlich teuer. Die Preise betragen für ein Einzelzimmer 450 Rs und für ein Doppelzimmer 550 Rs (zuzüglich Steuern). Alle Zimmer sind mit Bad, Farbfernsehgerät und Telefon ausgestattet.

Ein modernes Haus mit Teppichfußböden in den Zimmern, alle mit eigenem Bad, ist das Hotel Heera in der Grant Street 28, unmittelbar nördlich vom New Market (Tel. 2 48 06 63). Hier werden für ein Einzelzimmer 250 Rs und für ein Doppelzimmer 300 Rs berechnet, mit Klimaanlage 490 bzw. 550 Rs.

Das klassische alte Hotel Great Eastern in der Old Court House Street 1-3 (Tel. 2 48 23 11) ist ein weitläufiges Haus und schon etwas vom Zahn der Zeit gezeichnet. Dieses riesige Hotel im Stil der Raj mit rund 200 Zimmern ist häufig schon am späten Vormittag voll belegt. Hier kann man ein Einzelzimmer ab 400 Rs und ein Doppelzimmer ab 500 Rs mieten, aber mit Klimaanlage für ein Einzelzimmer auch 8/0 Rs und für ein Doppelzimmer auch 1200 Rs ausgeben. Vorhanden sind auch eine ganze Reihe von Restaurants und ein Coffee Shop mit dem seltsamen Namen Dragon in Sherry's.

Luxushotels: Um eine Vorstellung davon zu bekommen, wie die andere Hälfte in der Zeit der Raj lebte und spielte, eignet sich der Tollygunge Club (Tel. 4 73 47 41, Fax 4 73 19 03), gelegen auf einem Grundstück mit einer Fläche von 44 Hektar am südlichen Rand von Kalkutta und ein sehr erholsames Quartier. Es wird von dem Engländer Bob Wright geführt wie vor hundert Jahren. Das elegante Clubhaus war früher ein Herrenhaus in der Mitte einer großen Indigo-Plantage, die heute als Golfplatz für Wettkämpfe genutzt wird. Wenn man hier neben dem Swimming Pool mit einem kühlen Bier oder einem Sandwich in der Hand sitzt, ist es schwer, sich vorzustellen, daß man noch in Kalkutta ist.

Tolly, wie die Anlage liebevoll genannt wird, ist heute der Spielplatz der Elite von Kalkutta. Außer einem Schwimmbecken drinnen und einem draußen gibt es hier sieben Tennisplätze, zwei Squashplätze, ein Rasenstück für Kricketspiele, Billardtische, Federballplätze und Tischtennistische, aber auch einen Stall voller Ponies. Als Ausländer kann man hier übernachten, wenn man sich vorher per Telefon, Fax oder schriftlich anmeldet (Deshapran Sasmal Road 120, Kalkutta 700033). Dann wird man zeitweiliges Mitglied und darf alle Einrichtungen mitbenutzen. Von den Gästen wird erwartet, daß sie sich ordentlich kleiden, auch wenn bei Männern Jackett und Krawatte nicht erforderlich sind.

Die preiswertesten Zimmer befinden sich im „Hastings", in dem man in einem Einzel- oder Doppelzimmer mit Klimaanlage und Bad für 600 bzw. 650 Rs übernachten kann. Für ein Cottage („Grandstand") muß man allein 1300 Rs und zu zweit 1400 Rs bezahlen, kann dann aber auch von einem kleinen Wohnbereich über den Golfplatz blicken. Zimmer in den Tolly Towers und im Tolly Terrace sind von den Preisen her ähnlich. Steuern kommen zu den genannten Preisen nicht mehr hinzu. Zum Tollygunge Club kommt man von der Metro-Haltestelle Tollygunge in 10 Minuten zu Fuß.

Das Hotel Fairlawn in der Sudder Street 13 a (Tel. 2 45 15 10, Fax 2 44 18 35) ist ein Stück Kalkutta, in dem die Zeit der Raj noch nicht beendet erscheint, allerdings in einer ausgesprochen exzentrischen Weise, die man entweder amüsant findet oder über die man irritiert ist. Edmund Smith und seine armenische Ehefrau Violet, das Paar, das auch 45 Jahre nach der Unabhängigkeit dieses Hotel noch führt, sehen aus, als stammten sie zeitversetzt aus dem Brighton der fünfziger Jahre. Die meisten Zimmer sind klimatisiert sowie mit Bad und Telefon ausgestattet, allerdings sind die zugehörigen Bäder reichlich einfach, zumal weißes Wasser nur sporadisch fließt. Die Doppelzimmer für 50 US $ sind eigentlich viel eher ihr Geld wert als die Einzelzimmer für 35 US $, denn die Einzelzimmer scheinen erst nachträglich eingerichtet worden zu sein. Die Preise sind für das Gebotene zwar hoch, aber darin sind auch Vollpension (vorwiegend westliche Küche) und ein Nachmittagstee im Garten enthalten. Wissen muß man noch, daß die Bedienung in diesem Haus schroff bis unverschämt sein kann, was viele Gäste abstoßend finden. Legt man auf Vollpension keinen Wert, kann man im Hotel Fairlawn auch mit Frühstück allein für 25 US $ und zu zweit für 35 US $ übernachten. Außerdem werden von April bis September 20 % Ermäßigung eingeräumt. Im übrigen verfügt das Hotel über eine eigene Quelle für Wasser und eine Ausrüstung, um es zu filtern.

Das Hotel „Old" Kenilworth (Purdy's Inn) in der Little Russell Street 7 (Tel. 2 42 53 25) ist ein ebenfalls in die

Jahre gekommenes Haus mit viel Atmosphäre und wird von der schon lange in Kalkutta lebenden Mrs. Joyce Purdy geführt. Dieses Haus ist mit dem Hotel „New" Kenilworth nicht verbunden und ein altes Gebäude im Kolonialstil auf einem eigenen Grundstück. Einige Leute mögen das Haus und seine etwas exzentrische Besitzerin sehr, während andere der Auffassung sind, es sei zu teuer und lasse an guter Bedienung fehlen. Der Preis für ein großes Doppelzimmer beträgt 650 Rs (mit Klimaanlage 1000 Rs). Zu allen Räumen gehört natürlich ein eigenes Bad. Außerdem steht den Gästen ein Kühlschrank zur Verfügung. Auf Wunsch kann man im Haus auch essen.

Bei den moderneren Häusern ist das zentral klimatisierte Hotel Lytton in der Sudder Street 14 (Tel. 2 49 18 72, Fax 2 49 17 47) eine gute Wahl. Die Zimmer mit eigenem Bad und Fernsehgerät kosten als Einzelzimmer 30 US $ und als Doppelzimmer 38 US $. Außerdem stehen den Gästen hier ein Wäscheservice, ein Restaurant, eine Bar, Möglichkeiten zum Geldwechseln sowie eine kleine Buchhandlung und ein Zeitungsstand zur Verfügung. Das Haus ist sehr beliebt, so daß man dort früh am Tag ankommen sollte, wenn man in ihm wohnen will.

Ebenfalls ganz gut ist das Drei-Sterne-Hotel Rutt Deen in der Loudon Street 21 b (Tel. 2 47 52 40, Fax 2 47 52 10), in dem man in einem Zimmer mit Klimaanlage allein ab 650 Rs und zu zweit ab 750 Rs übernachten kann.

Günstig liegt das Hotel Astor in der Shakespeare Sarani 15 (Tel. 2 42 99 57), in dem Einzelzimmer ab 600 Rs und Doppelzimmer ab 800 Rs vermietet werden (mit Klimaanlage, Fernsehgerät und eigenem Bad). Zu diesem Haus gehört auch ein hübscher Garten. Außerdem wird hier täglich gegrillt.

Das Hotel New Kenilworth in der Little Russell Street 1-2 (Tel. 2 42 51 36, Fax 2 42 51 36) besteht aus alten und neuen Flügeln. Hier muß man für ein klimatisiertes Einzel- oder Doppelzimmer 36 bzw. 45 US $ bezahlen, was für die Zimmer im alten Flügel ganz sicher zu teuer ist. Allerdings gehören zu allen Zimmern ein Kühlschrank, ein Fernsehgerät und ein eigenes Bad.

Ein neues Haus mit guten Zimmern für 1065 bzw. 1400 Rs ist das Vier-Sterne-Hotel Quality Inn (Tel. 2 43 02 22, Fax 29 33 81), sehr günstig gelegen nur ein kleines Stück abseits der Chowringhee Road.

Draußen beim Flughafen steht das Airport Ashok der ITDC (Tel. 5 52 91 11, Fax 5 52 91 37), sehr modern und bequem für Transitreisende. Die Preise für die klimatisierten Einzel- und Doppelzimmer betragen 1600 bzw. 1850 Rs. Dieses Haus bietet alle Annehmlichkeiten, die man von einem Hotel mit fünf Sternen erwartet. Teurer ist das Hotel Park in der Park Street 17 (Tel. 29 73 36, Fax 29 73 43), ein weiteres modernes Haus, in dem die klimatisierten Einzel- und Doppelzimmer

2300 bzw. 2500 Rs kosten. Hier gibt es auch ein Restaurant, eine Bar und einen Swimming Pool. Noch teurer übernachtet man im Hotel Hindustan International in der A. J. C. Bose Road 235/1 (Tel. 2 47 23 94, Fax 2 47 28 24) mit Einzelzimmern für 2500 Rs und Doppelzimmern für 2800 Rs.

Das Grand Hotel Oberoi in der Chowringhee Road 15 (Tel. 29 23 23, Fax 29 12 17) ist äußerlich recht unscheinbar, dafür innen aber um so prächtiger gestaltet. Den Luxus müssen die Gäste jedoch teuer bezahlen, denn die Einzelzimmer kosten ab 170 US $ und die Doppelzimmer ab 190 US $, während man in einer Luxussuite für 440 US $ übernachten kann. Vorhanden sind auch vier Restaurants und unter den Palmen im Innenhof ein Swimming Pool. Dieses Hotel wird schon seit langem als das beste in Kalkutta angesehen und ist ein Juwel in der Krone der Oberoi-Hotels.

Eine starke Konkurrenz für das Grand Oberoi ist das schicke Hotel Taj Bengal am Südende des Maidan (Tel. 2 48 39 39, Fax 2 48 17 66), das alle üblichen Annehmlichkeiten in dieser Preisklasse zu bieten hat, aber auch einen Wasserfall in der üppig ausgestatteten Halle dieses Hauses. Für ein Einzelzimmer werden hier 3350 Rs und für ein Doppelzimmer 3650 Rs berechnet, man kann aber für eine Suite auch noch mehr ausgeben. Dafür kann man dann auch von vier Restaurants, einem Nachtclub, einem Swimming Pool und einem Fitneß-Center Gebrauch machen.

ESSEN

Preiswerte Restaurants: Auf der Suche nach guten, preiswerten Mahlzeiten werden Sie in der Umgebung der Chowringhee Road und Sudder Street leicht fündig. Hier findet jeder für seinen Geschmack das Richtige. Das Café Blue Sky, auf halbem Weg die Sudder Street hinunter, ist immer voll von Globetrottern und hat ausgezeichnetes Frühstück sowie leckere Imbisse zu bieten. Hier erhält man guten Joghurt mit Früchten, Milchmixgetränke, Fruchtsäfte, hervorragenden Porridge sowie eine ganze Reihe von Burgern und anderen Imbissen. Dieses Lokal ist ein gutes Eßlokal, um den Tag zu beginnen. Im nicht weit entfernten Delhi Durbar in der Chowringhee Lane kann man Pizza ab 25 Rs und gekochte Kartoffeln mit Käse für 20 Rs essen.

Die anderen Lokale, die sich auf Besucher aus dem Westen weniger eingestellt haben, sind billiger. Unmittelbar südlich der Sudder Street kommt man zum Hotel Abdul Khalique, wo man ein leckeres Brötchen mit Ei (eingewickelt in Zeitungspapier) für 3 Rs und eine Tasse Tee für 1 Rs erhalten kann. Seit langem bei Travellern und bei Einheimischen beliebt ist auch das Restaurant Khalsa, das Sikhs gehört. Es liegt gegenüber vom Haus der Heilsarmee. Ein weiteres preiswertes Lokal ist das Taj Continental gegenüber vom Anfang der Stuart Lane.

In der nahegelegenen Mirza Ghalib Street gibt es mehrere weitere Restaurants. Dort stößt man auf das Restaurant und die Bar Shamiana, ein sauberes Lokal, in dem indische und chinesische Gerichte angeboten werden. In der Nähe findet man das ähnliche Gypsy Fast Food. Gegenüber vom Restaurant Shamiana stößt man auf das Moghul Durbar, das von den Gästen unterschiedlich beurteilt wurde. Im nahegelegenen Café 48 kann man gut vegetarische Thalis essen.

Gutes Brot und Imbisse zum Mitnehmen erhält man in der Bäckerei Hare Krishna an der Ecke der Middleton Street und der Russell Street. Wenn man das ausgezeichnete dunkle Brot mag, muß man es sich früh holen. Näher zur Sudder Street hin liegt die Bäckerei Kathleen's, in der die Auswahl größer ist. Hierher gehen die Einwohner von Kalkutta, die es sich leisten können, um Kuchen zu essen.

Auch im Neuen Markt (New Market) an der Lindsay Street kann man gut Kuchen kaufen, beispielsweise bei Nahoum, einer jüdischen Bäckerei in der Reihe F, die bereits seit drei Generationen besteht.

Noch von Gegend mit der Sudder Street gut zu erreichen ist das Nizam's, vom Elite-Kino um die Ecke. Es ist bei den Einwohnern von Kalkutta recht beliebt wegen der Brötchen mit Hammel- und Hühnchenfleisch, wegen des Kebab und wegen der moslemischen Gerichte.

Wenn Sie in der Nähe der Chittaranjan Avenue wohnen, ist das Café Mission mit Masala Dosa für 10 Rs und Espresso-Kaffee für 4 Rs eine gute Wahl. In der gleichen Gegend liegt auch das China-Restaurant Chung Wah. Es sieht mit seinen kleinen hölzernen Nischen so aus, als wäre man im Schanghai der dreißiger Jahre. Hier muß man für ein Bier 40 Rs und für ein Hauptgericht um die 35 Rs bezahlen. Eine gute Wahl ist das Tagesgericht mittags für 50 Rs. Nicht weit entfernt ist das klimatisierte Restaurant Anand, wahrscheinlich das beste vegetarische Restaurant in der ganzen Stadt. Das ist ein gepflegtes Lokal mit Hauptgerichten um 25 Rs. Hier kann man aus einer ganzen Reihe von Dosas wählen und zum Nachtisch Eis und dann noch eine Kokosnußspeise essen, eingewickelt in Blätter, die extra dafür aus Tamil Nadu herbeigeschafft worden ist.

Zurück in der Gegend der Sudder Street ist das Restaurant Kathleen's neben der Bäckerei mit dem gleichen Namen ein gutes Lokal für ein richtiges Essen. Hier werden leckere Tandoori-Speisen und andere Hauptgerichte in der Preislage um 35 Rs angeboten. Auch ein Bier für 40 Rs sowie viele Arten von Eisbechern für 25 Rs sind in diesem Restaurant zu haben. An der Straße gegenüber vom Gästehaus der Heilsarmee bietet das Restaurant Oasis eine ähnliche Speisekarte. Hier ist das Essen gar nicht schlecht und sogar noch etwas billiger als im Kathleen's. Weiter südlich, an der Mirza Ghalib Street, kann man auch noch im Restaurant Gupta essen.

Ganz ordentliche chinesische Gerichte bekommen Sie in der Mirza Ghalib Street im How Hua. Angeboten werden sogar nordchinesische Gerichte wie z. B. *jiaozi*, ähnlich dem *momo* aus Tibet. Weitere und ähnliche China-Restaurants sind das Hong Kong und das Golden Dragon, beide ebenfalls in der Mirza Ghalib Street. Ansonsten sagen die Einwohner von Kalkutta, daß man richtig gute und dennoch preiswerte chinesische Gerichte am besten in der Gegend von Tangra essen könne. Sie empfehlen dafür das China-Restaurant Tangra. Es liegt im Westen der Stadt und ist nur mit einem Taxi zu erreichen.

In der Middleton Row, unweit vom Haus der YMCA, kann man im Peter Cat ausgezeichnete Kebabs essen oder an der Bar etwas trinken.

Bereits eine Institution in Kalkutta ist das Indian Coffee House unweit der Universität. Hier treffen sich schon seit Jahren die Intellektuellen der Stadt. Neuerdings kann man hier aber auch viele jüngere Studenten sehen, die sich in diesem großen Café unter dem verblichenen Porträt von Rabindranath Tagore einfinden. Dennoch, das Lokal ist ein gutes Ziel, um Leute zu treffen, und liegt bequem für einen Kaffee und einen Imbiß, wenn man sich einmal in den vielen Buchhandlungen dieser Gegend umsehen möchte. Viel günstiger liegt die Filiale in der Chittaranjan Avenue, in der ein Hinweisschild davor warnt, daß „the management reserves the right to maintain the dignity of the coffee shop" (Die Geschäftsführung behält sich das Recht vor, die Würde des Coffee Shops zu erhalten).

Bengalischen Süßigkeiten sind fast schon legendär. Eine Kostprobe davon kann man gut im Indra Mahal kaufen. Das findet man in der Chowringhee Road, in der Nähe vom Grand Hotel. Dort erhält man auch *chat* und andere Kleinigkeiten. Spezialitäten in Kalkutta sind *moghul paratha* und *misthi dhoi* (ein süßer Joghurt). Ein weiterer berühmter Laden mit Süßigkeiten ist K C Das an der Lenin Sarani, und zwar unweit der Ecke der Bentinck Street.

Merkwürdigerweise ist bengalisches Essen in Kalkutta nur schwer zu finden, es sei denn, man wird von Bengalen zum Essen in ihr Haus eingeladen. So etwa das einzige Restaurant, daß sich auf so etwas spezialisiert hat, ist das Suruchi an der Elliot Road, und zwar neben der Bushaltestelle Mallik Bazaar.

Gute vegetarische Gerichte aus Südindien ohne viel Schnickschnack erhält man im Kamala Vilas in einer kleinen Seitenstraße der Chowringhee Road unweit vom Metro-Kino.

Teurere Restaurants: Direkt in der Stadtmitte, in der Waterloo Street 11, der schmalen Straße, die neben dem Hotel Great Eastern verläuft, befindet sich das Hotel Amber, in dem man ausgezeichnet essen kann und das von Einheimischen häufig als das beste Restaurant in ganz Kalkutta bezeichnet wird. Mit Hauptgerichten um 40 Rs sind die Preise durchaus annehmbar. Insbesondere die Tandoori-Gerichte schmecken hervorragend. Bier für ca. 40 Rs und viele verschiedene Eissorten kann man hier ebenfalls erhalten. Auf der anderen Seite der Straße befindet sich das West End Takeaway und in der Nähe das Sagar, die beide zur gleichen Firmengruppe gehören.

Die meisten weiteren der besseren Restaurants siedelten sich entlang der Park Street an. Neben etlichen teuren findet man hier auch ein oder zwei preiswerte Lokale. Man kann in dieser Gegend zwischen einer ganzen Menge von Restaurants wählen, von denen einige in Kalkutta so unpassende Namen wie Blue Fox oder Moulin Rouge tragen. Gutes Fish & Chips mit Gemüse für 50 Rs erhält man im Restaurant Oasis. Ganz gute chinesische Restaurants an der Park Street sind das Silver Grill und das Bar B Q.

Eines der preisgünstigsten Restaurants ist das Kwality in der Park Street 17, neben dem Hotel Park. Hier sieht die kleine Speisekarte mit Hauptgerichten um 30 Rs genauso aus wie in jedem anderen Restaurant von Kwality in Indien. Dennoch kann man hier gut essen. Das Tandoor in der Nähe ist ähnlich, während das Restaurant Gulnar neben dem Hotel Park besser, aber auch teurer ist. Hinzu kommt, wenn - wie üblich - Musik gespielt wird, noch ein Zuschlag. Es ist übrigens bei wohlhabenden Einheimischen sehr beliebt und von 17.30 bis 23.30 Uhr geöffnet. Alkoholische Getränke werden bis 23.00 Uhr ausgeschenkt.

Das Flury's, ebenfalls in der Park Street, ist ein gutes Ziel für Tee und Gebäck, die Magnolia Bar für ein leckeres Eis.

Das Hotel Astor an der Shakespeare Sarani hat einen recht hübschen Garten zu bieten, in dem man sich bei einem Getränk (Bier 40 Rs) entspannen oder täglich zwischen 18.00 und 23.00 Uhr Grillgerichte essen kann. Samstags ist hier am Abend Live-Musik zu hören.

Im Hotel Fairlawn in der Sudder Street wird englische Küche geboten, auch für Gäste, die nicht im Haus wohnen. Die Tagesgerichte mittags und abends können ganz lustig sein und sind ganz sicher anders, denn sie werden mit einem Gong angekündigt und von Kellern in Uniformen ungeduldig serviert. Wo man sich hinsetzen darf, wird einem gesagt, allerdings darf man dennoch die Bissen selbst zum Mund führen. Bevor Sie sich entscheiden, in diesem Haus zu essen, sollten Sie sich zunächst nach dem Menü des jeweiligen Tages erkundigen (an der Rezeption ausgehängt). Das Essen ist unterschiedlich, aber eigentlich immer in Ordnung und zum Preis von 85 Rs für ein Mittagessen und von 95 Rs für ein Abendessen eigentlich gar nicht so schlecht. Der Garten vor dem Hotel ist ein ausgezeichnetes Ziel für einen Tee am Nachmittag oder für ein Bier am Abend (40 Rs), zumal die Moskitos hier ganz freundlich sind. Punkt 20 Uhr ist es mit Getränken aber vorbei. Ebenfalls in der Sudder Street befindet sich das üppig ausgestattete Restaurant Zaranj, in dem in der Mitte sogar ein Wasserfall angelegt wurde. Hier ist das Essen aber auch so teuer wie die Einrichtung, denn für die

Kinder in Kalkutta, einer Stadt mit Seele

meisten Hauptgerichte muß man etwa 80 Rs bezahlen. Dennoch ist es meistens voll mit reichen Einheimischen, die behaupten, das Essen sei den Preis wert. Wenn Geld bei Ihnen keine Rolle spielt, dann probieren Sie auch einmal das Essen in den Restaurants vom Grand Oberoi und vom Taj Bengal. Im Ming Court im Oberoi kann man hervorragend chinesisch essen, aber für ein Menü mit drei Gängen mit Bier und Steuern wird man hier auch 500 Rs los.

UNTERHALTUNG

Kalkutta ist berühmt wegen seiner Kulturszene. Filme, Dichtung, Kunst und Tanz haben ihre Anhänger. Die Programme sind in den Tageszeitungen sowie in dem Blättchen *Calcutta This Fortnight* aufgeführt, das in den Fremdenverkehrsämtern erhältlich ist.

Allabendlich finden um 18.30 Uhr im Grand Hotel Oberoi an der Chowringhee Road Tanzvorführungen statt. Auch wenn dafür kein Eintritt verlangt wird, sehen sich das manchmal nur ganz wenige Zuschauer an, obwohl die Tänze durchaus sehenswert sind.

Im Rabindra Sadan in der Cathedral Road (Tel. 2 47 99 36) finden abends abwechselnd Aufführungen von Tanzdramen, Dichterlesungen bengalischer Autoren oder Ähnliches statt. Ausländische Filme und Retrospektiven kann man sich im nahegelegenen Nandan-Komplex ansehen.

Im Haus der Calcutta Film Association neben dem Birla-Planetarium in der Chowringhee Road werden regelmäßig englischsprachige Filme gezeigt. Solche Filme kann man sich freitags um 18.00 Uhr auch im American Center ansehen.

Bars und Diskotheken: In der Sudder Street kann man gut in der Sun Set Bar im Hotel Lytton einen Drink zu sich nehmen. Diese Bar ist bei Besuchern, in Kalkutta lebenden Ausländern und jungen Leuten aus der Tourismusbranche beliebt. Die Bar ist ein freundlicher Treffpunkt, an dem auch die Musik ganz angenehm ist. Ähnlich ist die Bar unter freiem Himmel im Garten des Hotels Fairlawn, wo sich immer interessante Leute einfinden.

Es gibt in Kalkutta aber auch noch viele andere und häufig viel einfachere Bars, einige mit so bizarren Namen wie Off cum On Rambo Bar (in der Mirza Ghalib Street).

In einigen der größeren Hotels gibt es auch Diskotheken, in denen bis zum frühen Morgen viel Betrieb ist. Die beste von ihnen ist wahrscheinlich das Pink Panther im Grand Hotel Oberoi, wohin man allerdings von einem Mitglied oder Hausgast eingeladen werden muß. Dienstags ist Kalkutta „trocken". Dann erhält man Alkohol offiziell nur in Hotels mit vier oder fünf Sternen, auch wenn sich einige andere Lokale an das Alkoholverbot an diesem Tag nicht unbedingt halten. Viele

Lokale mit Genehmigung zum Ausschank von Alkohol sind dienstags übrigens geschlossen.

EINKÄUFE

Auch in Kalkutta gibt es die üblichen staatlichen Emporiums, außerdem noch ein sehr gutes Central Cottage Industries Emporium (Chowringhee Road 7).

An der Chowringhee Road finden Sie überhaupt einige recht interessante Einkaufsmöglichkeiten. Die Angebotspalette der Läden reicht von Teppichen bis zum Kunstgewerbe. Hervorzuheben sind die Geschäfte gleich am Beginn der Arkaden beim Grand Hotel Oberoi. Hinzu kommen die vielen Straßenhändler, die so gut wie alles verkaufen.

In dieser Gegend halten sich aber auch viele Schlepper von anderen Geschäften auf, insbesondere aus dem Neuen Markt (New Market), die immer auf der Suche nach Kunden sind. Natürlich ist „ihr" Geschäft „gerade eben um die Ecke", auch wenn das selten stimmt. Wenn Sie sich von einem solchen Schlepper überreden lassen, ihm zu folgen, wird Sie das einige Zeit kosten. Außerdem werden die Sachen, die Sie sich ansehen sollen, relativ teuer sein. Wenn dann nichts verkauft worden ist, müssen die Schlepper einen langen Rückweg bis zu ihrem Revier auf sich nehmen und haben eine Menge Zeit vertrödelt, in der sie andere Opfer hätten finden können.

Der Neue Markt (New Market), früher Hogg-Markt, ist das beste und preisgünstigste Einkaufszentrum Kalkuttas, auch wenn ein Teil davon Ende 1985 abgebrannt ist. Hier finden Sie so ziemlich alles. Ein Besuch lohnt sich in jedem Falle, auch wenn Sie nur bummeln möchten. Wer von Kalkutta nach Hause fliegt, kauft hier sehr günstig Sachen aus Rohr und Rohrgeflecht. Vergleichen Sie einmal die Preise mit denen zu Hause in Europa. Dann lohnt sich auch der Transport, trotz der sperrigen Ausmaße.

Dieser Markt ist aber auch ein guter Ort, um Dinge zu verkaufen. Zu den beliebten Waren gehören Whisky, Zigaretten und Uhren, während die Preise, die für optische und elektronische Geräte geboten werden, nicht lohnen, um sich solche Sachen zum Verkauf nach Kalkutta schicken zu lassen. Geschmuggelte elektronische Geräte werden auch auf dem Markt in Kidderpore an- und verkauft. Ein weiterer guter Straßenmarkt, hauptsächlich mit Bekleidung, findet abends entlang der Lenin Sarani statt.

Zwischen der Sudder Street und dem Neuen Markt befindet sich auch noch ein teurer klimatisierter Markt. Dort wird im Untergeschoß im Supermarkt City Express alles mit Computern abgerechnet. Außerdem steht dort für jeden Kunden mindestens ein Mitarbeiter zur Hilfe bereit, und sei es auch nur, um für bestimmte Produkte zu werben.

AN- UND WEITERREISE

Flug: Die Büros der meisten Fluggesellschaften findet man an der und in der Nähe der Chowringhee Road. Indian Airlines ist mit einem Büro in der Chittaranjan Avenue und einem weiteren im Hotel Grand Eastern vertreten.

Aeroflot
  Chowringhee Road 58 (Tel. 2 42 98 31)
Air France
  Chowringhee Road 41 (Tel. 29 00 11)
Air India
  Chowringhee Road 50 (Tel. 2 42 23 56)
Bangladesh Biman
  Park Street 1 (Tel. 29 37 09)
British Airways
  Chowringhee Road 41 (Tel. 29 34 53)
Cathay Pacific Airlines
  Middleton Street 1 (Tel. 4 03 21 12)
Damania Airways
  (Tel. 4 75 56 60)
East West Airlines
  (Tel. 29 06 67)
Indian Airlines
  Chittaranjan Avenue 39 (Tel. 26 33 90 und 26 44 33)
KLM
  Middleton Road 1 (Tel. 2 47 45 93)
Lufthansa
  Chowringhee Road 30 a (Tel. 29 93 65)
ModiLuft

Russell Street 2 (Tel. 29 62 57 und 29 84 37)
Royal Jordanian
  Sarat Bose Road 7 (Tel. 75 12 61)
Royal Nepal Airlines
  Chowringhee Road 41 (Tel. 29 39 49)
Sahara India Airlines
  A. J. C. Bose Road 227/2, Mangal Jyoti Apartments 101 (Tel. 2 47 27 95)
Thai International
  Park Street 18 g (Tel. 29 98 46)
Vayudoot
  Shakespeare Sarani 29 b (Tel. 47 70 62)

In Kalkutta kann man günstig Tickets für Flüge nach anderen Teilen Asiens kaufen. Hier sind Flugscheine für Flüge nach Bangkok für etwa 6000 Rs und nach Kathmandu für rund 95 US $ (zahlbar in indischen Rupien) zu haben. Die Flüge finden dann normalerweise mit Indian Airlines, Thai International, Royal Nepal Airlines oder Bangladesh Biman statt.

Im Büro von Indian Airlines in Kalkutta (Tel. 26 33 90) gibt es auch Computer, so daß eine Buchung nun ein Kinderspiel ist. Geöffnet ist täglich von 9.00 bis 21.00 Uhr. Außerdem wurde ein besonderer Schalter für Touristen eingerichtet, an dem kaum einmal jemand steht. Deshalb geht alles sehr schnell. Selbst Erstattungen und Umbuchungen bereiten keine Schwierigkeiten.

Außer auf Inlandsstrecken fliegt Indian Airlines auch vier Auslandsziele an: Dhaka (fünfmal wöchentlich, 43

Flüge von Kalkutta

Flugziel	Flugzeit (Stunden)	Zahl der Flugverbindungen und Fluggesellschaften* (t = täglich, w = wöchentlich)					Flugpreis (US$)
		IC	D2	9W	4S	M9	
Agartala	0.50	1t					34
Bagdogra	0.50	3w					50
Bangalore	2.20	1t					159
Bhubaneshwar	0.50	5w					41
Bombay	2.30	2t	2t	2t			157
Delhi	2.00	2t			6w	2t	132
Dibrugarh	1.30	6w					74
Dimapur	2.10	2w					69
Guwahati	1.10	4t			6w		46
Hyderabad	2.00	6w					134
Imphal	2.10	1t					58
Lucknow	2.20	3w					92
Madras	2.00	2t					137
Patna	0.50	6w					51
Port Blair	2.00	3w					134
Ranchi	0.50	3w					39

* Abkürzungen für die Fluggesellschaften:
IC = Indian Airlines   9W = Jet Airways   M9 = ModiLuft
D2 = Damania Airlines   4S = East West

BRYN THOMAS

BRYN THOMAS

BRYN THOMAS

Kalkutta
Oben: Howrah-Brücke
Unten links: Straßenkapelle
Unten rechts: Rikscha

RICHARD l'ANSON

Weit entfernt von den Menschenmassen in Kalkutta

US $), Chittagong (einmal wöchentlich, 55 US $), Bangkok (viermal wöchentlich, 170 US $) und Kathmandu (dreimal wöchentlich, 96 US $).

Bus: Die Busverbindungen von Kalkutta sind längst nicht so gut wie von anderen Städten in Indien. Hier empfiehlt es sich, einen Zug zu benutzen. Lediglich nach Orten in West-Bengalen stehen gute Busverbindungen zur Verfügung.

Die Busse fahren in Kalkutta im allgemeinen von der Haltestelle am nördlichen Ende des Maidan, unweit der Chowringhee Road, ab. Allerdings haben etliche private Busunternehmen eigene Abfahrtsstellen eingerichtet. Busse aus und in Richtung Süden benutzen im allgemeinen die Bushaltestelle unweit vom Fort William.

Die einzigen Busverbindungen, die von Besuchern mit einiger Regelmäßigkeit benutzt werden, sind die von Kalkutta nach Siliguri und New Jalpaiguri, nämlich um damit nach Darjeeling zu gelangen. Die Fahrt mit dem „Rocket Service" (!) kostet 135 Rs, beginnt in Kalkutta um 20.00 Uhr und endet am nächsten Morgen. Allerdings ist diese Busfahrt viel unbequemer als eine Eisenbahnfahrt.

Zug: Kalkutta verfügt über zwei Hauptbahnhöfe, beide immer mit viel Betrieb. In Howrah am Westufer des Hooghly fahren die meisten Züge ab, aber wer in die Nordost-Region oder nach Darjeeling will, muß den Bahnhof Sealdah auf der Seite des Flusses benutzen, auf der Kalkutta liegt. Achten Sie auf beiden Bahnhöfen auf Taschendiebe und andere Menschen mit ähnlichen Ambitionen, besonders auf dem Bahnhof Howrah.

Auf dem Bahnhof Howrah befinden sich die Bahnsteige 1 bis 14 im alten Hauptgebäude und die Bahnsteige ab 15 im neuen Anbau nebenan.

Reservierungen von Plätzen für Touristen nimmt das Railway Booking Office am Fairlie Place 6 (1. Stock) entgegen. Dieses Büro verfügt über die Touristenkontingente bei der Bahn und ist mit Computern ausgestattet, aber auch immer von Ausländern überfüllt. Geöffnet ist bis auf eine Mittagspause von 13.00 bis 13.30 Uhr montags bis samstags von 9.00 bis 16.00 Uhr sowie sonntags zwischen 9.00 und 14.00 Uhr. Hier kann man sogar Reservierungen für Eisenbahnverbindungen vornehmen, die nicht in Kalkutta beginnen oder enden, allerdings nur mit einem Indrail-Paß. Wenn Sie den nicht besitzen, können Sie zur nahegelegenen Vorverkaufsstelle in der Strand Road 14 gehen, die über einen Satelliten mit anderen Buchungsstellen verbunden ist. Hier kann man im voraus Reservierungen von Plätzen für Eisenbahnfahrten von und nach Delhi, Madras sowie Bombay vornehmen. Dafür ist es erforderlich, ein Formular auszufüllen und sich dann in der richtigen Schlange anzustellen. Reservierungen sind für alle Züge ab 60 Tage vor Abfahrt möglich. Die einzige Ausnahme bildet der *Shatabdi Express*, für den Reservierungen frühestens 15 Tage vorher entgegengenommen werden.

In beiden Büros sind die Schlangen der Wartenden lang. Wenn man eine Fahrkarte mit Rupien bezahlen will, verlangen die Mitarbeiter im Büro am Fairlie Place auch die Vorlage von Wechselquittungen. Es gibt aber noch weitere, ebenfalls mit Computern ausgestattete Vorverkaufsstellen, in denen man leichter im voraus eine Fahrkarte für eine Eisenbahnfahrt ab Kalkutta kaufen kann. Das Büro an der Metro-Station Tollygunge ist leicht zu erreichen und scheint nicht so stark in Anspruch genommen zu werden.

Wenn Sie in Kalkutta mit einem Flugzeug angekommen sind, lohnt es möglicherweise auch, sich an den Schalter der Eisenbahn im Flughafengebäude zu wenden. Dort steht für Flugreisende sogar ein Kontingent von Plätzen für Eisenbahnfahrten mit Schnellzügen am gleichen und am nächsten Tag zur Verfügung.

Wichtige Züge von Kalkutta					
Fahrziel	**Zugnummer und Name**	**Abfahrtszeit***	**Entfernung (km)**	**Fahrzeit (Stunden)**	**Fahrpreis (Rs) (2./1. Klasse)**
Bombay VT	2860 *Gitanjali Express*	12.30 H	1960	33	294/1040
Delhi	2305 *Rajdhani Express* **	13.45 H	1441	18	705/ 865
	2303 *Poorva Express*	9.15 H		24	259/ 837
Madras	2841 *Coromandel Express*	14.10 H	1663	27.30	273/ 921
New Jalpaiguri	3142 *Darjeeling Mail*	7.15 S	586	11.45	147/ 436
Patna	2303 *Poorva Express*	9.15 H	545	8	139/ 415
	3005 *Amritsar Mail*	19.20 H		9.40	139/ 415
Puri	8007 *Puri Express*	22.15 H	500	10	128/ 382
Varanasi	2381 *Poorva Express*	9.15 H	678	10.30	159/ 487

* Abkürzungen für die Bahnhöfe:
H = Howrah, S = Sealdah
** nur Wagen mit Klimaanlage; im Fahrpreis sind Verpflegung und Getränke enthalten

Schiff: Näheres über die Schiffsverbindungen von Kalkutta nach Port Blair finden Sie im Kapitel über die Andamanen und Nikobaren.

NAHVERKEHR

Flughafentransfer: Für 17 Rs fährt ein Bus von Indian Airlines vom Flughafen in die Stadt, genau genommen zum Stadtbüro von Indian Airlines. Er fährt dabei über die Chowringhee Road bis hinter die Sudder Street. Auf dem umgekehrten Weg fährt der Bus vom Büro von Indian Airlines um 5.30, 7.15, 9.45, 11.15, 15.15 und 17.30 Uhr zum Flughafen und braucht bis zum Ziel etwas weniger als eine Stunde. Für 5 Rs fährt vom BBD Bagh auch ein Minibus zum Flughafen (Linie S 10).

Eine Taxifahrt vom Flughafen bis zum Hotel Oberoi oder zur Sudder Street kostet, wenn man vorher am Schalter an der Taxihaltestelle bezahlt, 80 Rs. In Gegenrichtung muß man mit 25 % mehr rechnen. Allerdings ist, wenn sich vier Personen zusammenschließen, eine Taxifahrt vom oder zum Flughafen etwa genauso teuer wie eine Fahrt mit dem Flughafenbus.

Seinen Namen Dum Dum trägt der Flughafen von Kalkutta übrigens deshalb, weil hier ursprünglich die Baracken standen, in denen Dum-Dum-Geschosse hergestellt wurden. Die wurden aber nach dem Burenkrieg endgültig verboten.

Bus: Kalkuttas Busnetz ist hoffnungslos überlastet. Um sich dies richtig vor Augen zu führen, ist ein Aufenthalt zur Hauptverkehrszeit an der Brücke nach Howrah zu empfehlen. Dann kämpfen sich die Doppeldeckerbusse über und über mit Fahrgästen vollgepfercht langsam über die Brücke. Der Fahrpreis beträgt ab 0,70 Rs. Vom Bahnhof Howrah bringen Sie Busse der Linie 5 oder 6 zum Indischen Museum. Außer den öffentlichen Bussen gibt es noch ein Netz mit privaten Minibussen. Die Fahrten damit sind etwas teurer, aber auch etwas schneller. Man muß allerdings fast schon ein Zwerg sein, um in diesen Bussen mitfahren zu können.

Seit die zweite Brücke von und nach Howrah fertiggestellt ist, sind Verkehrsstaus auf der ersten seltener, so daß es einfacher geworden ist, den Fluß zu überqueren. Eines gilt jedoch für sämtliche öffentlichen Verkehrsmittel von Kalkutta: Vorsicht vor Taschendieben!

Straßenbahn: Es gibt in Kalkutta zwar Straßenbahnen, aber die erstaunlich klapperigen Züge sind eher mit Sardinenbüchsen vergleichbar. Sie mögen zwar nicht zur Luftverschmutzung beitragen, sind aber häufig Ursache für Verkehrsstaus. Deshalb wird davon gesprochen, daß sie abgeschafft werden sollen. Für eine Fahrt mit der Straßenbahn, die sonntags am wenigsten überfüllt ist, muß man ab 0,70 Rs bezahlen. Mit der Linie 12 A kann man vom Bahnhof Howrah zum Indischen Museum fahren.

Untergrundbahn: Die Untergrundbahn in Kalkutta wurde mit einem Minimum an Kosten und einem Maximum an Zeit fast ausschließlich per Hand gebaut. Da es fast menschenunmöglich war, den nassen Boden auszuheben, dauerte alles wesentlich länger, zumal nach jedem Monsun mindestens die Hälfte der Gruben wieder zugeschwemmt wurde und danach alles erneut ausgeschaufelt werden mußte. Bewundernswert ist es, daß trotz all dieser Hindernisse der Nord- und der Südteil in Betrieb sind und, wenn Sie diese Zeilen lesen, das gesamte System der U-Bahnen fertiggestellt ist. Derzeit ist der Südteil mit Haltestellen von der Esplanade bis Tollygunge für Besucher von größerem Nutzen, denn es gibt auch eine Haltestelle unweit der Sudder Street.

Nachdem Sie in Kalkutta andere Verkehrsmittel oberirdisch benutzt haben, werden Sie bestätigen, daß in der U-Bahn unten eine andere Welt ist. Dieses Verkehrsmittel ist sauber, zuverlässig und fast schon selbst eine Touristenattraktion. Hier werden in den klimatisierten und sehr schön ausgeschmückten Stationen auf Fernsehschirmen sogar Filme gezeigt. In der Haltestelle Rabindra Sadan wurden die Wände sogar mit Gedichten von Tagore geschmückt. Die Züge verkehren montags bis samstags von 8.15 bis 20.30 Uhr und sonntags von 15.00 bis 20.30 Uhr. Die Fahrkarten kosten ab 1 Rs.

Taxi: Kalkuttas Taxifahrer haben den Ruf, gern zu streiken und entweder gar nicht oder nur widerwillig die Taxameter einzuschalten. Die Streiks der Taxifahrer erhöhen zudem noch das Gedränge in den Bussen. Offiziell beginnt der Preis für eine Fahrt in einem Taxi bei 6 Rs und steigt dann in Schritten von 0,50 Rs. Aber das ist nur Theorie. In der Praxis muß man vor Antritt der Fahrt einen Preis vereinbaren, der immer höher sein wird als der nach den offiziellen Tarifen. Gelegentlich stößt man auf einen Taxifahrer, der bereit ist, seine Zähluhr anzustellen. Der Fahrpreis beträgt dann den angezeigten Betrag zuzüglich 50 %, denn die Angaben der Taxameter sind - wie sollte man es anders erwarten - überholt.

Vor dem Bahnhof Howrah befindet sich eine Taxihaltestelle, von der man mit einem vorher bezahlten Fahrpreis für 22 Rs bis zur Sudder Street gelangt. Es kann jedoch bis zu 15 Minuten dauern, bis man sich vom Ende der Schlange bis zum Besteigen eines Taxis vorgearbeitet hat. Wenn man sich die Schlange der Wartenden an der Taxihaltestelle ersparen will, bieten Taxihaie Fahrten auf dieser Strecke für 40 Rs an.

Riksha: Die letzte Bastion für die von Menschen gezogenen Rikshas ist Kalkutta, wenn man von Ferienorten wie Mussoorie absieht, wo sie allerdings nur für Touristen eingesetzt werden. Als überall in Indien mehr und mehr die Fahrrad-Rikschas an Boden gewannen, wehrten sich die Rikscha-Wallahs in Kalkutta mit Vehemenz dagegen. Wer konnte sich zudem ein Fahrrad erlauben? Die meisten Rikscha-Fahrer können sich noch nicht einmal ihre Rikscha selbst leisten und müssen sie von irgend jemandem leihen, der dann auch den Löwenanteil der Einnahmen erhält.

Uns fällt es schwer, sich von einem Menschen ziehen zu lassen, zumal diese Menschen normalerweise auch noch sehr dünn sind, ungesund aussehen und meistens früh sterben. Dennoch kennen die Bewohner von Kalkutta unsere Bedenken nicht und benutzen diese Rikschas mit Freude. Außerdem hätten die Rikscha-Fahrer keine Arbeit, wenn ihre Fahrzeuge nicht benutzt würden. Hinzu kommt, daß Touristen natürlich mehr für eine Fahrt mit einer Rikscha bezahlen müssen als Einheimische.

Zu finden sind diese Rikschas nur in kleinen Teilen des Zentrums von Kalkutta. Sie dürfen nur auf bestimmten kleinen Straßen eingesetzt werden, die ohnehin bereits so verstopft sind, daß man häufig viel schneller vorankommt, wenn man zu Fuß geht. Auf der anderen Flußseite in Howrah und in den Vororten von Kalkutta hielten bereits die Fahrrad-Rikschas ihren Einzug.

Fähre: Die Fähren können schneller und angenehmer als die Brücken von und nach Howrah sein, um den Fluß zu überqueren. Von Howrah zum Chandpal Ghat und zum Fairlie Ghat kommt man von 8.30 bis 20.00 Uhr mehrmals in jeder Stunde mit einer Fähre über den Fluß. Fähren zum Botanischen Garten legen am Chandpal Ghat sowie am Babu Ghat ab. Die Fahrpreise sind minimal.

WEST-BENGALEN

Als das frühere Indien geteilt wurde, zerfiel Bengalen in Ost-Bengalen und West-Bengalen. Ost-Bengalen wurde zunächst der östliche Teil von Pakistan und später dann Bangladesch. Aus West-Bengalen entstand eine indische Provinz mit Kalkutta als Hauptstadt. Lang und schmal erstreckt sich diese Provinz vom Delta des Ganges am Golf von Bengalen im Süden bis zu den Höhen des Himalaja bei Darjeeling im Norden. Viel Interessantes hat dieser indische Staat, abgesehen von krassen Gegensätzen, nicht zu bieten: Kalkutta mit all dem Lärm, Gedränge und Elend auf der einen Seite und Darjeeling, seriös und friedlich, auf der anderen Seite. Diese Gelassenheit wurde jedoch in den achtziger Jahren eine Zeit lang unterbrochen, als Agitatoren der Gurkha auf dem Weg zu einem eigenen Staat im Norden für Gewaltausbrüche sorgten.

Interessierte Reisende werden aber auch neben Kalkutta und Darjeeling genug Orte finden, die einen Besuch lohnen, und zwar sowohl südlich von Kalkutta am Golf von Bengalen als auch in Richtung Norden entlang der Strecke nach Darjeeling. Dennoch besuchen nur wenige ausländische Touristen die Ruinen der Moscheen in Malda, die Paläste von Murshidabad, die Tempel von Vishnupur und das Tierschutzgebiet Sunderbans. Wenn Sie als Ausnahme von dieser Regel gleichwohl das eine oder andere Ziel besuchen, werden Ihnen die freundlichen Bengali um so mehr das Gefühl vermitteln, daß Sie dort willkommen sind.

GESCHICHTE

Im *Mahabharata* als Vanga bezeichnet, hat das Gebiet eine lange Geschichte zu bieten, die bis in die Zeit zurückreicht, bevor die Arier Indien besetzten. Es war im 3. Jahrhundert Teil des Maurya-Reiches, bis es von den Gupta überrannt wurde. Von etwa 800 n. Chr. an kontrollierte die Pala-Dynastie ein riesiges Gebiet, das aus Bengalen und Teilen von Orissa, Bihar sowie dem heutigen Bangladesch bestand.

Unter die Kontrolle der Moslems wurde Bengalen Ende des 12. Jahrhunderts von Qutb-ud-din gebracht, den ersten Sultan von Delhi. Nach dem Tod von Aurangzeb im Jahre 1707 entstand aus Bengalen der erste unabhängige Moslem-Staat. Die Briten hatten bereits 1698 in Kalkutta einen Handelsposten eingerichtet, der schnell erfolgreich wurde. Weil er sich reiche Beute versprach, kam Siraj-ud-Daula aus seiner Hauptstadt Murshidabad herunter und nahm Kalkutta

Einwohner: 75 Millionen
Gesamtfläche: 87 853 km²
Hauptstadt: Kalkutta
Wichtigste Sprache: Bengali
Einwohner pro Quadratkilometer: 854
Alphabetisierungsrate: 58 %
Beste Reisezeit: Oktober bis März

1756 in einem Handstreich leicht ein. Im Jahr darauf konnte Clive ihn in der Schlacht von Plassey besiegen. Dabei half ihm durch Verrat Mir Jafar, der Onkel von Siraj-ud-Daula, der zuvor einen großen Teil der Armee des Nabobs kommandiert hatte. Der rechnete damit, seinen Neffen als Nabob beerben zu können, aber nach der Schlacht von Buxar im Jahre 1764 übernahmen die Briten in Bengalen die uneingeschränkte Kontrolle. Um den unterhaltsamen Hintergrund dieser Zeit aus den Augen eines Besuchers von heute kennenzulernen, empfiehlt sich das Buch *In Clive's Footsteps* von Peter Holt, eines Ur-Ur-Ur-Ur-Ur-Enkels von Clive.

SONDERGENEHMIGUNGEN

Eine besondere Genehmigung braucht man, um das Tierschutzgebiet Sunderbans besuchen zu dürfen. Für Sajnekhani und die Gebiete des „Projekt Tiger" erhält man die kostenlos im Forest Department im Writers' Building (Block G, 6. Stock). Darauf kann man warten (und muß auch warten). Erforderlich für die Ausstellung der Genehmigung ist der Reisepaß. Genehmigungen zum Betreten anderer Gegenden der Sunderbans

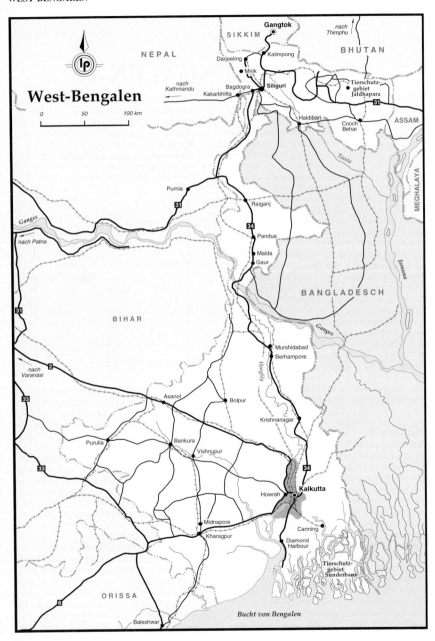

West-Bengalen

0   50   100 km

SIKKIM
Gangtok
nach Thimphu
NEPAL
Darjeeling
Kalimpong
BHUTAN
Mirik
nach Kathmandu
Bagdogra
Tierschutz-gebiet Jaldhapara
Kakarbhitta
Siliguri
31
Haldibari
Cooch Behar
ASSAM
Teesta
Purnia
31
Raiganj
Ganges
34
Pandua
nach Patna
Malda
Gaur
MEGHALAYA
Jamuna
BANGLADESCH
31
BIHAR
Ganges
Hooghly
Murshidabad
Berhampore
nach Varanasi
2
33
Asanol
Bolpur
Krishnanagar
Purulia
Bankura
Vishnupur
33
34
Howrah
Kalkutta
Midnapore
Canning
Kharagpur
6
Diamond Harbour
Tierschutz-gebiet Sunderbans
ORISSA
Baleshwar
Bucht von Bengalen

werden vom Divisional Forest Officer in Kalkutta er-

teilt (Parganas 25, Gopalnagar Road 35, Tel. 2 45 10 37).

DAS GEBIET SÜDLICH VON KALKUTTA

ENTLANG DES HOOGHLY
Wegen der ständigen Veränderungen der Untiefen und der Sandbänke ist der Hooghly als Fahrwasser für Kapitäne und Lotsen nicht gerade ein einfaches. Sie müssen sich stets mit neuen Gegebenheiten vertraut machen und die häufigen Änderungen der Fahrrinne beachten. Sorgen dieser Art gab es auch vor dem Bau der Hooghly Bridge, denn man befürchtete weitere Beeinträchtigungen des Flußlaufes. Der Tidenhub beträgt bei Kalkutta 3,5 m, und bei aufkommender Flut baut sich eine Flutwelle von 2 m auf. Wegen der zunehmenden navigatorischen Schwierigkeiten und der fortschreitenden Versandung verliert der Hafen von Kalkutta immer mehr an Bedeutung.

43 Flußkilometer abwärts liegt Falta, bekannt wegen einer holländischen Fabrik, die hier einmal angesiedelt war, und außerdem bekannt als Refugium der Briten, in das sie sich 1756 flüchteten, als Siraj-ud-Daula Kalkutta einnahm. Von hier aus startete Clive zu seinem Siegeszug, in dem er Kalkutta zurückeroberte. Unterhalb von Falta mündet der Damodar in den Hooghly. Auch der Rupnarain ist ein Nebenfluß des Hooghly. An ihm liegt flußaufwärts der Ort Tamluk. Er war vor mehr als 1000 Jahren ein bedeutendes buddhistisches Zentrum. An der Mündung des Rupnarain in den Hooghly sind die äußerst gefährlichen Untiefen James & Mary gefürchtet. Sie wurden nach einem Schiff benannt, das 1694 an dieser Stelle sank.

DIAMOND HARBOUR
Es sind 51 km auf der Straße südlich von Kalkutta bis Diamond Harbour. An dieser Stelle wendet sich der Hooghly nach Süden und fließt in die offene See. Der Ort ist mit Bussen und Zügen von Kalkutta zu erreichen. Ab hier verkehren Fähren zur Insel Sagar.

Unterkunft: Reservierungen für die Sagarika Tourist Lodge nimmt das Fremdenverkehrsamt von West-Bengalen (West Bengal Tourism Corporation) in Kalkutta entgegen.

HALDIA
Der neue Hafen Haldia liegt 96 km südlich von Kalkutta am Westufer des Hooghly. Geschaffen wurde dieser Hafen, um die rückläufigen Umschlagsmengen des Hafens von Kalkutta, bedingt durch die zunehmende Versandung, wieder ansteigen zu lassen. Zwischen Kalkutta und Haldia verkehren regelmäßig Busse.

SAGAR (SAGARDWIP)
Diese Insel in der Mündung des Hooghly wird als die Stelle angesehen, an der der heilige Ganges die See berührt. Mitte Januar finden hier alljährlich feierliche Badefeste statt, zu denen viele Gläubige strömen. An der Südwestspitze der Insel steht ein Leuchtturm, dennoch ist das Navigieren auf den nächsten 65 km in Richtung Süden äußerst schwierig.

DIGHA
Gelegen nahe an der Grenze zu Orissa und 185 km südwestlich von Kalkutta am Golf von Bengalen, ist Digha ein weiteres selbsternanntes „Brighton des Ostens". Der Strand ist 7 km lang und recht breit, aber wenn Sie schon in Indien Ferien am Meer verbringen wollen, dann begeben Sie sich besser nach Puri oder Gopalpur-on-Sea weiter im Süden.

Täglich verkehren Busse von Kalkutta nach Digha (30 Rs, 6 Stunden), die in Kalkutta ab 6.15 Uhr abfahren. Der Chandaneshwar-Shiva-Tempel liegt gleich hinter der Grenze in Orissa, 6 km von Digha entfernt.

Unterkunft: Es gibt im Ort eine Tourist Lodge mit Zimmern und Verpflegungsmöglichkeiten zu annehmbaren Preisen. Darüber hinaus sind die Übernachtungsmöglichkeiten in Digha weit gespannt. Dazu gehören neue und alte Tourist Cottages sowie eine Jugendherberge (Youth Hostel) mit Betten in einem Schlafsaal für 20 Rs (für Mitglieder eines Jugendherbergsverbandes 10 Rs). Das Hotel Sea Hawk hat eine ganze Reihe von Zimmern mit oder ohne Klimaanlage zu bieten.

BAKKHALI
Bakkhali ist ein weiterer Badeort, der auch unter dem Namen Fraserganj bekannt ist und 132 km von Kalkutta entfernt am Ostufer des Hooghly liegt. Auch für diesen Ort nimmt das bereits erwähnte Büro die Reservierung von Unterkünften an. Von Bakkhali aus können Sie mit einem Boot zur kleinen Insel Jambu Dwib im Südwesten übersetzen.

TIERSCHUTZGEBIET SUNDERBANS
Die unzähligen Mündungen des Ganges bilden das größte Delta der Welt, in dem ein Teil des riesigen Mangrovensumpfes aus diesem 2585 Quadratkilometer großen Tierschutzgebiet besteht, das bis nach Bangladesch hineinreicht. Es ist als „Erbe der Menschheit" anerkannt und hat als Teil vom „Projekt Tiger" den

größten Bestand an diesen Tieren von allen indischen Tierschutzgebieten zu bieten. Reisebüros versuchen, davon zu profitieren, aber nur wenige Besucher können auch nur einen kurzen Blick auf einen der 269 gut versteckten Tiger werfen.

Man wird wahrscheinlich Tigern gar nicht zu nahe kommen wollen, denn denen schmeckt manchmal sogar Menschenfleisch, was zur Folge hat, daß etwa 20 Personen jährlich von ihnen getötet werden. Sie liegen wartend neben den schmalen Kanälen, die den Wald in der Nähe der Flußmündung durchziehen. Fischer und Honigsammler haben bereits damit begonnen, am Hinterkopf mit Menschengesichtern bemalte Masken zu tragen, weil es unwahrscheinlich ist, daß ein Tiger angreift, wenn er sich beobachtet fühlt.

Eine Eintragung im Besucherbuch in Sajnekhali scheint die Empfindungen vieler Besucher der Sunderbans wiederzugeben: „Who came here but here is not see tiger, his visited is not success". Dennoch, das Gebiet hat auch andere Attraktionen zu bieten, nämlich eine Tierwelt, aus der man manchmal geflecktes Wild, Wildschweine und Affen sehen kann. Ausflüge in dieser Gegend mit kleinen Booten der Einheimischen oder Fahrrad-Rikschas durch winzige, traditionelle Dörfer der Bengali können durchaus Spaß bereiten. Das ganze Gebiet ist nach dem quirligen Kalkutta wunderschön friedlich und quillt geradezu über von unzähligen Vögeln. Unweit von Sajnekhali gibt es auch noch ein Schutzgebiet für Reiher (besonders interessant zwischen Juli und September). Außerdem kann man sich am Besucherzentrum in Sajnekhali einen eingezäunten Bereich mit Krokodilen, einen Teich mit Haien, eine Zuchtstation für Schildkröten und eine Ausstellung ansehen, in der Mangroven erklärt werden. Von hier aus kann man mit Booten auch Ausflüge durch die Mangroven unternehmen. Das kostet für einen ganzen Tag rund 400 Rs und für vier Stunden 300 Rs. Außerdem braucht man noch einen Führer und ein Boot. Sowohl hier als auch in anderen Teilen des Parks gibt es zudem Beobachtungstürme. Im Süden der Sunderbans auf den Inseln Lothian und Halliday wurden noch zwei weitere Schutzgebiete eingerichtet, die man von Nambhana aus (drei Stunden Fahrt mit einem Bus von Kalkutta) erreichen kann.

Um die Sunderbans besuchen zu dürfen, braucht man eine Sondergenehmigung (vgl. weiter oben). Für das Betreten des Schutzgebietes ist eine kleine Eintrittsgebühr zu entrichten, die in Sajnekhali kassiert wird.

Unterkunft: In der Sundar Chital Tourist Lodge in Sajnekhali werden für ein Doppelzimmer mit Bad 75 Rs berechnet. Hier gibt es auch ein einfaches Restaurant. Auf einem Hinweisschild ist zu lesen „Movement prohibited after evening", und daran sollte man sich auch halten. Im Jahre 1991 sprang ein Paar Tiger über den Zaun, verbrachte die ganze Nacht im Gelände der

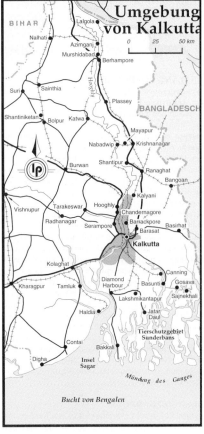

Lodge und schnüffelte an den Türen der Zimmer, in denen die Gäste schliefen.

An- und Weiterreise: Von Oktober bis März veranstaltet das Fremdenverkehrsamt von West-Bengalen (West Bengal Tourism) wöchentlich Ausflugsfahrten mit einem Boot, bei denen die Teilnehmer entweder an Bord oder in der Tourist Lodge übernachten. Eine solche zweitägige Fahrt kostet bei Unterbringung an Bord 500 Rs und an Land 580 Rs. Für eine dreitägige Fahrt muß man 810 bzw. 1000 Rs bezahlen. Das Fremdenverkehrsamt ist mit einem Büro gegenüber vom Bahnhof in Canning vertreten. Wenn man dort in der Saison an einem Samstag frühmorgens ankommt, kann man wahrscheinlich auch noch ohne Voranmeldung an einer Fahrt teilnehmen.

Besuche auf eigene Faust sind etwas umständlicher. Am schnellsten kommt man von Kalkutta in diese Gegend mit einem Bus nach Sonakhali und Basunti (vom Babu Ghat 15 Rs, 3 Stunden), man kann aber auch mit einem Zug nach Canning fahren (10 Rs, 1¼ Stunden), dann den Fluß nach Dok Kart gegenüber mit einem *bodbooti* (einer kleinen, überfüllten Fähre) überqueren (1 Rs) und auf dem Landweg mit einer Auto-Rikscha (6 Rs) oder einem Bus (3 Rs, 30 Minuten) nach Sonakhali weiterfahren. Wenn Sie über Canning anreisen, kann es möglich sein, daß Sie von dort eine Mitfahrgelegenheiten auf einem der Ausflugsboote erhalten.

Von Sonakhali und Basunti geht es weiter mit einem Boot nach Gosava (5 Rs, 1¼ Stunden) und anschließend mit einer Fahrrad-Rikscha (ohne Sitze, nur mit einem hölzernen Brett) in 40 Minuten nach Pakhirala (15 Rs), wo man mit einem Boot über den Fluß nach Sajnekhali übersetzt. Es besteht aber auch eine direkte Verbindung mit einem Boot, das Gosava um 13.00 Uhr verläßt und in Sajnekhali um 15.30 Uhr ankommt (5 Rs). In Sajnekhali fährt es nach Gosava morgens um 8.30 Uhr ab.

Mit einem gemieteten Boot kostet eine Fahrt von Canning nach Sajnekhali allein 500 Rs, von Sonakhali und Basunti 300 Rs.

DAS GEBIET NÖRDLICH VON KALKUTTA

SERAMPORE UND BARRACKPORE

Serampore, 15 km von Kalkutta entfernt am Hooghly, war ein dänischer Stützpunkt, bis die Besitztümer der Dänen 1845 auf die East India Company übertragen wurden. Die alte dänische Kirche und der alte dänische Friedhof sind noch zu sehen. Von hier aus waren Anfang des 19. Jahrhunderts die Missionare Ward, Marshman und Carey tätig.

Auf der anderen Seite des Flusses liegt Barrackpore. Ein paar verfallene Gebäude sind alles, was vom Quartier der East India Company in dieser Gegend noch übriggeblieben ist. Außerdem gibt es hier einige Gärten und ein Denkmal zu Ehren von Gandhi am Fluß.

In Mahesh, 3 km von Serampore entfernt, kann man sich einen großen und sehr alten Jagannath-Tempel ansehen. Hier findet im Juni oder Juli jeden Jahres das Mahesh-Yatra (Wagenfest) statt. Es ist das zweitgrößte seiner Art und wird nur von dem berühmten Wagenfest zu Ehren von Jagannath in Puri (Orissa) übertroffen.

CHANDERNAGORE

Außer Pondicherry gab es früher eine weitere französische Enklave in Indien. Das war Chandernagore. Die Stadt wurde zusammen mit Pondicherry 1951 an Indien übergeben. An den Ufern des Hooghly, 39 km von Kalkutta, finden Sie noch einige zerbröckelnde Bauten aus der französischen Zeit. Die ersten Franzosen kamen bereits 1673 als Siedler hierher und bauten diesen Ort als wichtigen Handelsposten aus. Im Verlaufe der Konflikte mit den Briten unterlagen die Franzosen jedoch, und alles ging in die Hände der Engländer über.

HOOGHLY UND SATGAON

41 km nördlich von Kalkutta liegt der historische Ort Hooghly, sehr nahe bei zwei weiteren interessanten Orten: Chinsura und Bandel. Hooghly war bereits ein wichtiger Handelshafen, als Kalkutta noch völlig unbedeutend war. Im Jahre 1537 bauten die Portugiesen hier eine Fabrik. Davor war Satgaon, 10 km weiter nördlich, der bedeutendste Hafen von Bengalen. Er mußte leider aufgegeben werden, weil auch hier der Fluß ständig mehr versandete. Satgaon strahlt noch immer ein wenig von dem alten Glanz aus, der diese Stadt früher einmal umgab. Dazu gehören auch die Ruinen einer alten Moschee.

Nach einer langen Belagerung vertrieb Shah Jahan 1632 die Portugiesen aus Hooghly. Ein Jahr später durften sie zurückkehren. 1651 ließ sich auch die britische East India Company mit einer Fabrik in Hooghly nieder. Prunkstück der Stadt ist eine Imambara aus dem Jahre 1836, deren Eingang von hohen Minaretten flankiert wird. Gegenüber befindet sich eine etwas ältere Imambara aus den Jahren 1776-77.

CHINSURA

1825 tauschten die Holländer Chinsura, etwa einen Kilometer südlich von Hooghly, mit den Briten gegen die indonesische Insel Sumatra. Einen Kilometer westlich des Ortes kann man sich eine Festung und einen holländischen Friedhof mit vielen alten Gräbern ansehen.

BANDEL

Nur wenige Kilometer nördlich von Hooghly liegt Bandel (43 km von Kalkutta). 1599 errichtete man dort eine portugiesische Kirche und ein Kloster, die beide von Shah Jahan im Jahre 1640 zerstört wurden. Später baute man die beiden Gebäude wieder auf.

An- und Weiterreise: Um nach Bandel zu gelangen, fährt man am besten mit einem Zug bis Naihati und setzt dann mit der stündlich verkehrenden Fähre auf die andere Flußseite über.

BANSBERIA

Noch 4 km über Bandel hinaus gelangen Sie nach Bansberia. Dort stehen ein Vasudev-Tempel mit herrlichen Terrakotta-Arbeiten an den Wänden sowie der Hanseswari-Tempel.

VISHNUPUR

Diese interessante Stadt mit Terrakotta-Tempeln, auch Bishnupur geschrieben, ist ein berühmtes kulturelles Zentrum. So richtig aufgeblüht ist sie vom 16. bis zum Anfang des 19. Jahrhunderts als Hauptstadt von Malla-Königen, die bedeutende Förderer der schönen Künste waren.

Weil es in der Gegend kein Gestein gibt, wurden als traditionelles Baumaterial für wichtige Gebäude Ziegel verwendet. Die Fassaden der etwa ein Dutzend Tempel sind mit Terrakotta-Kacheln bedeckt, auf denen Szenen aus den hinduistischen Epen dargestellt sind. Die wichtigsten davon, die man sich noch ansehen kann, sind der stark ausgeschmückte Jor Bangla, der große Madan Mohan, der wie eine Pyramide aussehende Ras Mancha und der 1643 erbaute Shyam Rai.

Vishnupur liegt im Bezirk Bankura, der für seine Gegenstände aus Ton berühmt ist, insbesondere die stilisierten Bankura-Pferde. Auf den Märkten in dieser Gegend kann man auch Sachen aus Metall, Tussah-seide, Baluchari-Saris, *ganifa* (Spielkarten für ein schon lange vergessenes Spiel) und Muschelschmuck kaufen. Das Jhapan-Fest im August zieht Schlangenbeschwörer an, um die Göttin Manasa verehren, die in der Mitte eines Kultes der Schlangenanbetung steht.

Unterkunft: Die Übernachtungsmöglichkeiten sind begrenzt. Unterkommen kann man in einer guten Tourist Lodge mit Betten in einem Schlafsaal für 25 Rs sowie Einzelzimmern für 100 Rs und Doppelzimmern für 150 Rs (mit Bad) bzw. 250 Rs für ein Doppelzimmer mit Klimaanlage. Dieses Haus liegt etwa 3 km vom Bahnhof entfernt. Preiswerter sind das Hotel Lali und das Bharat Boarding.

An- und Weiterreise: Nach Vishnupur kommt man mit Bussen von Kalkutta (25 Rs, 4^1/$_2$ Stunden). Außerdem bestehen Zugverbindungen, von denen die schnellste mit dem *Purulia Express* von Howrah ist (3^1/$_2$ Stunden).

JAIRAMBATI UND KAMARPUKUR

Kamarpukur ist der Geburtsort von Ramakrishna. Die Stadt (143 km nördlich von Kalkutta) beherbergt einen Ashram der Ramakrishna Mission. Ramakrishna war im 19. Jahrhundert ein Hindu-Heiliger. Er tat sehr viel für die Erneuerung des Hinduismus, und zwar zu einem Zeitpunkt, als die Bedeutung dieser Religion nachließ. Zeitlich fällt dies mit der britischen Herrschaft zusammen. Die Anhänger von Ramakrishna erhoben auch Jairambati, 5 km entfernt, zu einem heiligen Ort.

SHANTINIKETAN

In Shantiniketan, 3 km von Bolpur entfernt, befindet sich die Visvabharati-Universität. Der ebenso brillante wie profilierte Dichter, Schriftsteller und Nationalist Rabindranath Tagore (1861-1941) gründete hier 1901 eine Schule. Daraus entwickelte sich im Laufe der Zeit eine Universität, die sich vorwiegend mit Fragen des Verhältnisses zwischen Mensch und Natur befaßt. Die Vorlesungen finden nicht selten unter freiem Himmel statt.

1913 wurde Tagore der Nobelpreis verliehen. Ihm verdankt Indien, daß indisches Kulturgut in der modernen Welt bekannt wurde. Die Engländer erhoben Tagore, der sich um die Unabhängigkeit Indiens verdient gemacht hat, 1915 in den Adelsstand, aber Tagore verzichtete 1919 wieder auf diese Ehrung als Protest gegen das Massaker von Amritsar.

In der Universität gibt es Fakultäten für Wissenschaft, Lehrerausbildung, sino-indische Studien, Kunst und Kunsthandwerk sowie Tanz. Es ist schwer, einen richtigen Eindruck von der Atmosphäre dieser Bildungseinrichtung zu erhalten, wenn man an ihr nicht studiert, aber man kann einige interessante Sehenswürdigkeiten kennenlernen. Innerhalb des Uttarayan-Komplexes, in dem Tagore lebte, gibt es ein Museum und eine Kunstgalerie, die sich donnerstags bis montags von 10.30 bis 13.00 Uhr und von 14.00 bis 16.30 Uhr sowie dienstags am Morgen besichtigen lassen. Die Universität ist für Besucher nachmittags zugänglich (dienstags und in den Semesterferien morgens), mittwochs, dem Tag der Gründung, allerdings geschlossen.

Rund 4 km entfernt liegt Sriniketan, gegründet als Projekt zur Wiederbelebung des traditionellen Kunsthandwerks wie Kantha, Stickerei, Weben, Batiken und Töpfern.

Unterkunft: Preisgünstig übernachten und essen kann man im International Guest House der Universität. Die Shantiniketan Lodge wird vom Fremdenverkehrsamt von West-Bengalen geführt und ist mit Einzelzimmern für 100 Rs, Doppelzimmern für 150 Rs sowie klimatisierten Doppelzimmern für 275 Rs ein ganz gutes Quartier.

Es gibt aber auch noch mehrere weitere Unterkünfte, darunter das neue Hotel Mayurakhi mit drei Sternen (Tel. 5 29 58) und die Gästehäuser der Universität. Außerdem kann man in den Ruheräumen der Eisenbahn im Bahnhof Bolpur übernachten.

An- und Weiterreise: Der *Shantiniketan Express* fährt in Howrah täglich um 9.55 Uhr ab und kommt in Bolpur um 12.25 Uhr an. In Gegenrichtung verläßt er

Bolpur um 13.00 Uhr. In Richtung Darjeeling kommt man abends um 22.30 Uhr mit dem Nachtzug *Darjeeling Mail*, der in New Jalpaigiri Anschluß an die Spielzeugeisenbahn hat. Im Ort halten aber auch noch viele weitere Züge.

NABADWIP

In diesen Ort, auch unter dem Namen Nadia bekannt, verlegte Lakshman Sen, der letzte hinduistische König von Bengalen, von Gaur seine Hauptstadt. Nabadwip ist ein altes Zentrum der Sanskrit-Kultur und liegt 114 km nördlich von Kalkutta. In diesem bedeutenden Pilgerort kann man sich viele Tempel ansehen.

MAYAPUR

Von Nabadwip auf der anderen Seite des Flusses liegt Mayapur, ein Zentrum der ISKCON- (Hare-Krishna-)Bewegung. Dazu gehören ein großer neuer Tempel, Gärten und Unterkünfte im ISKCON Guest House. Sonntags (im Winter täglich) fährt von Kalkutta ein Bus hierher. Einzelheiten darüber kann man von ISKCON in Kalkutta erfahren (Albert Road 3 c, Tel. 2 47 60 75).

PLASSEY (PALASHI)

Dieser Ort war Schauplatz einer entscheidenden Schlacht, die den Wendepunkt in der indischen Geschichte im Hinblick auf den britischen Einfluß darstellt. In dieser Schlacht besiegte 1757 Clive seinen Gegner Siraj-ud-Daula samt seiner französischen Mitstreiter. Plassey oder Palashi, wie es jetzt genannt wird, liegt 172 km nördlich von Kalkutta. Zu sehen ist hier außer einer 15 m hohen Gedenkstätte einige Kilometer westlich des Ortes nichts mehr.

BERHAMPORE

Diese große Stadt liegt 11 km südlich von Murshidabad und ist ein bemerkenswertes Zentrum der Seidenherstellung. Interessant ist hier ein Besuch im staatlichen Seidenforschungszentrum (Government Silk Research Centre). Im alten Basargebiet von Khagra, im nördlichen Teil von Berhampore, kann man zudem alte Herrenhäuser von Europäern langsam und still in den Fluß rutschen sehen.

Unterkunft und Essen: Eine gute Wahl zum Übernachten ist die Tourist Lodge, in der man auch am besten essen kann. Hier muß man für ein Doppelzimmer mit Bad 125 Rs, für ein Vierbettzimmer 160 Rs und für ein Zimmer mit Klimaanlage 275 Rs bezahlen. Das Haus liegt etwa 15 Minuten Fahrt mit einer Fahrrad-Riksha vom Bahnhof Berhampore Court entfernt und nahe bei der Bushaltestelle. Außerdem kann man am Bahnhof in Ruheräumen übernachten (Schlafsaal mit vier Betten).

An- und Weiterreise: Gelegen an der Nebenstrecke zwischen Sealdah und Lalgola, kann man mit mehreren Zügen täglich von Kalkutta nach Berhampore fahren (186 km, 4-6 Stunden).
Außerdem verkehrt ein Bus von Kalkutta hierher, der um 6.45 Uhr abfährt (30 Rs, 5 Stunden). Daneben kommt man mit Bussen von und nach Malda (20 Rs, 3 1/2 Stunden), Bolpur (18 Rs, 4 Stunden) und Siliguri (70 Rs, 7 Stunden).
Auf der anderen Seite des Flusses liegt der Bahnhof Khagraghar Road, der mit Zügen von und nach Howrah sowie Azimganj verbunden ist.

MURSHIDABAD

Einwohner: 33 000

Als Siraj-ud-Daula Nabob von Bengalen war, nutzte er Murshidabad als seine Hauptstadt. Hier war es auch, wo er nach seiner Besiegung in Plassey ermordet wurde. Früher war diese Stadt zudem ein Handelszentrum zwischen dem indischen Hinterland und dem 221 km südlich liegenden Kalkutta. Heute ist von all dem Treiben nichts mehr zu spüren, denn Ruhe kehrte ein. Murshidabad ist nun ein friedliches Provinzstädtchen, das Besuchern einen guten Einblick in das ländliche Leben von Bengalen vermittelt.

Wallahs mit Fahrrad-Rikschas bieten in Murshidabad halbtägige Führungen zu den Stätten der Geschichte für 40 Rs an. Davon Gebrauch zu machen ist keine schlechte Idee, denn sie sind weit verstreut.

Die bedeutendste Sehenswürdigkeit ist der Hazarduari, ein Palast im klassischen Stil mit „tausend Türen", erbaut 1837 für die Nabobs. Im kürzlich renovierten Thronsaal hängt über dem Silberthron der Nabobs ein riesiger Kronleuchter, ein Geschenk von Königin Victoria. Zu sehen sind hier außerdem Porträts von britischen Würdenträgern, ein Sofa aus Elfenbein, Sänften aus Elfenbein und silberne Sessel. In der Waffenkammer unten kann man zudem eine Kanone besichtigen, die bei der Schlacht von Plassey eingesetzt war. Der Palast ist täglich außer freitags von 10.00 bis 16.30 Uhr geöffnet (Eintritt 0,50 Rs).

Vom Palast aus gegenüber vom Rasenfeld steht die nun schnell verfallende Große Imambara. Murshid Quli Khan, der die Hauptstadt 1705 hierher verlegte, ist neben der beeindruckenden Katra-Moschee beigesetzt. Die Ermordung von Siraj-ud-Daula fand am Nimak Haram Deohri (Verrätertor) statt. Außerdem kann man sich den jainistischen Parswanath-Tempel in Kathgola und südlich vom Bahnhof den Moti Jhil, den Perlensee, ansehen, der auch ein wunderschönes Ziel ist, um den Sonnenuntergang zu beobachten. Ferner lohnt es, den Fluß mit einem Boot zu überqueren, um im Khusbagh, dem Garten der Freude, das Grab von Siraj zu besichtigen. Schließlich ist noch eine ganze Zahl von weiteren interessanten Gebäuden und Ruinen sehenswert.

Unterkunft: Außer den Ruheräumen im Bahnhof (25 Rs für ein Doppelzimmer mit Bad) sind alle Unterkünfte in Murshidabad sehr einfach und zudem überteuert. Im Hotel Anurag mit Blick über den Palast kann man in schmuddeligen Einzelzimmern für 60 Rs und ebenso schmuddeligen Doppelzimmern für 80 Rs übernachten. Es kann aber durchaus sein, daß man sogar noch mehr dafür verlangt. Im Hotel Historical werden Zimmer für 70 Rs vermietet, aber man kann hier auch auf dem Dach übernachten.

Das beste Quartier, auch wenn es nichts Besonderes bietet, ist das Hotel Omrao mit Einzelzimmern für 60 Rs (Badbenutzung) sowie Doppelzimmern für 120 Rs (mit eigenem Bad). Ein ganz ordentliches Restaurant gibt es hier ebenfalls.

Die Tourist Lodge in Berhampore ist zwar sauberer und besser, aber um dorthin zu kommen, muß man 11 km mit einem Bus oder Zug fahren.

An- und Weiterreise: Auch Murshidabad liegt an der Eisenbahnlinie zwischen Sealdah und Lalgola und ist mehrmals täglich von Kalkutta zu erreichen (197 km, 4-6 Stunden). Mit Langstreckenbussen kommt man nur bis Berhampore.

MALDA

Malda, gelegen an der Strecke nach Darjeeling und 349 km nördlich von Kalkutta, eignet sich als Ausgangspunkt für die Besichtigung der Ruinen der Städte Gaur und Pandua. Allerdings ist der Ort nun berühmter wegen der großen Fajli-Mangos. Ansehen kann man sich in Malda ein kleines Museum.

English Bazaar, heute auch Ingari Bazar geschrieben, ist inzwischen ein Vorort von Malda geworden. Hier wurde 1771 eine englische Fabrik gegründet. Ganz in der Nähe liegt am Zusammenfluß des Kalindi und des Mahananda Alt-Malda. Das war ein bedeutender Hafen für die frühere Moslem-Hauptstadt Pandua.

Unterkunft und Essen: Ein durchaus annehmbares Quartier in einem Garten mit riesigen Dahlien ist die Malda Tourist Lodge, in der man für ein einfaches Doppelzimmer 60 Rs, mit Bad für ein Einzelzimmer 90 Rs und für ein Doppelzimmer 120 Rs sowie für ein Doppelzimmer mit Klimaanlage 275 Rs bezahlen muß. Hier ist auch das Fremdenverkehrsamt untergebracht. Mit einer Riksha kommt man für 5 Rs zur Tourist Lodge. Ganz in Ordnung und in den Preisen ähnlich sind das Hotel Samrat gegenüber und das Hotel Natraj an der Straße zur Bushaltestelle.

Außerdem kann man die Ruheräume im Bahnhof in Anspruch nehmen und in einem guten Erfrischungsraum im Bahnhof auch essen.

Das beste Haus im Ort ist das Hotel Purbanchal mit Einzelzimmern ab 100 Rs und Doppelzimmern ab 125 Rs (mit Klimaanlage für 300 bzw. 375 Rs), aber es liegt vom Bahnhof 20 Minuten Fahrt mit einer Rikscha entfernt.

An- und Weiterreise: Malda liegt an einer Hauptstrecke der Eisenbahn und ist direkt mit Kalkutta (344 km, 7 Stunden) und New Jalpaiguri (233 km, 5 Stunden) verbunden. Außerdem fahren Busse für das Ziel Darjeeling nach Siliguri (40 Rs, 6 Stunden), für das Ziel Murshidabad nach Berhampore (20 Rs, 3^1/$_2$ Stunden) sowie nach Kalkutta (50 Rs, 8 Stunden).

GAUR

Gaur, 12 km südlich von Malda und unmittelbar an der Grenze zu Bangladesch gelegen, war die erste Hauptstadt der buddhistischen Pala, dann der hinduistischen Sena und schließlich der moslemischen Nabobs. Alles, was davon übriggeblieben ist, sind die Ruinen ausgedehnter Befestigungsanlagen und mehrerer großer Moscheen (auch jenseits der schlecht markierten Grenze). Am beeindruckendsten sind die Bara-Sona-Moschee und die 1425 aus Ziegeln erbaute Dakhil Darwajah in der Nähe. In der Qadam-Rasul-Moschee wird ein Fußabdruck von Mohammed verehrt, aber der sieht eher aus, als habe Mohammed Sandalen getragen, als er ihn hier hinterließ. Nicht weit entfernt kommt man zum Grab von Fath Khan, an dem man davon unterrichtet wird, daß er „vomitted blood and died on this spot". Am Gumti-Tor und an der Lattan-Moschee kann man sich auch noch einige farbige Kacheln mit Glasur ansehen, von denen am Firoz Minat nur wenige verblieben sind. Dafür kann man diesen Turm besteigen und von oben gute Ausblicke genießen.

An- und Weiterreise: Die Sehenswürdigkeiten sind über ein großes Gebiet verstreut und zudem nicht leicht zu finden. Allerdings bieten entschlossene Wallahs mit Fahrrad-Rikschas halbtägige Fahrten von Malda aus für irgend etwas bis 100 Rs an. Mit einem Taxi kostet eine Rundfahrt 250 Rs, führt dann aber auch nach Pandua.

PANDUA

In bezug auf die Macht liefen sich Pandua und Gaur früher gegenseitig den Rang ab. Die bedeutendste Sehenswürdigkeit in diesem Ort ist die weitläufige Adina-Moschee, erbaut im 14. Jahrhundert unter Sikander Shah. Errichtet über einem hinduistischen Tempel, von dem Überbleibsel noch erkennbar sind, war dies eine der größten Moscheen in Indien, ist heute aber weitgehend eine Ruine. Nicht weit entfernt kommt man zum Eklakhi-Mausoleum, das so benannt wurde, weil es ein *lakh* Rupien gekostet hat, es zu erbauen. Daneben gibt es noch mehrere kleinere Moscheen. Der staubige Wildpark, 2^1/$_2$ km über die Autostraße hinweg im „Wald", ist einen Besuch nicht wert.

An- und Weiterreise: Pandua liegt an einer wichtigen Autostraße (NH 34), und zwar 18 km nördlich von Malda. Man kann hier aus vielen Bussen aussteigen.

Die wichtigsten Sehenswürdigkeiten befinden sich in Adina, 2 km nördlich des Ortes Pandua, und unmittelbar an der Autostraße.

SILIGURI, NEW JALPAIGURI UND BAGDOGRA

Einwohner: 249 000

Telefonvorwahl: 0353

Dieser belebte, weitläufige und laute Ort ist Ausgangspunkt für die Weiterreise nach Darjeeling, Kalimpong, Sikkim und in die nordöstlichen Bundesstaaten. Siliguri ist eine erst seit kurzem aufstrebende und sich schnell entwickelnde Stadt. Sie ist das Handelszentrum für den Nordosten, Darjeeling, Sikkim und den Osten von Nepal. Die Folge ist, daß die Stadt vollgestopft ist durch Lkw und Busse und somit nichts anderes als ein Übernachtungsort, in dem man nur für die erforderliche Zeit bleibt.

Der Eisenbahnknotenpunkt New Jalpaiguri (überall im Bezirk als NJP bekannt) liegt nur wenige Kilometer südlich von Siliguri, wenn auch beide Orte ineinander übergehen.

Der Flugplatz, der die nördliche Region bedient, liegt 12 km westlich von Siliguri in Bagdogra.

ORIENTIERUNG UND PRAKTISCHE HINWEISE

Auf den ersten Blick ist Siliguri für jeden Neuankömmling verwirrend, insbesondere dann, wenn man nachts ankommt. Dabei besteht der Ort eigentlich nur aus einer Hauptstraße, die in Nord-Süd-Richtung verläuft.

New Jalpaiguri (NJP) ist lediglich die Bahnstation, sonst nichts. Dieser Ort liegt etwa 5 km entfernt vom Bahnhof Siliguri Town. Bis zum Bahnhof Siliguri Junction sind es noch weitere 3-4 km. Von allen drei Bahnhöfen fahren die kleinen Spielzeugeisenbahnen (wenn sie verkehren) nach Darjeeling. Der neue Busbahnhof Tenzing Norgay Central liegt neben dem Bahnhof Siliguri Junction.

Ein Fremdenverkehrsamt findet man in der Stadtmitte (Tel. 2 16 32), man kann sich aber auch an Auskunftsschaltern für Touristen an den Bahnhöfen New Jalpaiguri und Siliguri Junction informieren.

Eine nützliche Vorverkaufsstelle für Eisenbahnfahrkarten wurde ebenfalls in der Stadtmitte eingerichtet, in der Fahrkarten für Züge von allen drei Bahnhöfen erhältlich sind. Indian Airlines ist mit einem Büro im Hotel Sinclairs vertreten (Tel. 2 06 92).

Sondergenehmigungen für Sikkim sind an der Bushaltestelle von SNT gegenüber vom Hauptbusbahnhof erhältlich.

UNTERKUNFT

Wer zu spät am Abend in Siliguri ankommt, um noch weiter bis Darjeeling fahren zu können, hat die Wahl zwischen mehr als 40 Hotels. Am Bahnhof New Jalpaiguri gibt es daneben ganz gute Ruheräume, aber leider sind die häufig voll belegt.

Unmittelbar hinter dem Bahnhof Siliguri Town steht links das beliebte Rajasthan Guest House (Tel. 2 18 15). Das ist ein freundliches Quartier mit Betten in einem Schlafsaal für 30 Rs und einer Reihe verschiedener Einzelzimmer ab 60 Rs und Doppelzimmer ab 90 Rs sowie Dreibettzimmer mit Bad für 150 Rs. Das Rajasthan Guest House ist ein relativ modernes Hotel mit einem vegetarischen Restaurant und, obwohl recht dunkel, eine sehr gute Wahl.

Geht man weiter entlang der Hill Cart Road nach Norden, kommt man zu zwei ähnlichen Unterkünften unmittelbar nebeneinander und in starkem Konkurrenzkampf untereinander. Eines davon ist das Hotel Venus (Tel. 2 50 35) mit sauberen Einzelzimmern für 40 Rs und ebenso sauberen Doppelzimmern für 80 Rs (mit Badbenutzung) und 60 bzw. 100 Rs (mit Bad), während im Hotel Natraj nebenan (Tel. 2 65 61) mit Bad Einzelzimmer für 70 Rs und Doppelzimmer für 100 Rs vermietet werden.

Weiter nach Norden, am schmuddeligen Hotel Airview vorbei, muß man eine Brücke überqueren und kommt man zu einer Gruppe ganz annehmbarer Hotels. In der Siliguri Tourist Lodge des Fremdenverkehrsamtes von West-Bengalen unweit vom Busbahnhof (Tel. 2 10 18) werden zwar nur Betten in einem Schlafsaal für jeweils 42 Rs angeboten, dort kann man aber auch für 10 Rs eine Dusche nehmen. Allerdings ist der Straßenlärm fast unerträglich. Eine von etlichen Unterkünften gegenüber vom Busbahnhof ist das Hotel und Restaurant Shere Punjab, in dem mit Badbenutzung für ein Einzelzimmer 70 Rs und für ein Doppelzimmer 120 Rs berechnet werden.

Besser da schon die Siliguri Lodge, denn die liegt ein Stück von der Straße zurück und ist nicht so dem Lärm ausgesetzt. Hier muß man mit Badbenutzung für ein Einzelzimmer 75 Rs und für ein Doppelzimmer 110 Rs, für ein Doppelzimmer mit Bad 140 Rs und für ein Bett im Schlafsaal 40 Rs bezahlen.

Noch etwas weiter liegt die größere Mainak Tourist Lodge (Tel. 2 09 86). Sie untersteht ebenfalls dem

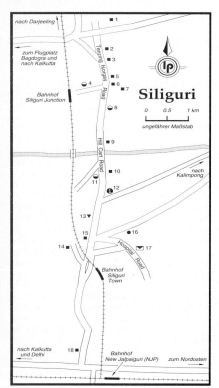

1 Hotel Sinclairs
2 Hotel Sharda
3 Mainak Tourist Lodge und Indian Airlines
4 Busbahnhof
5 Hotel Mountview
6 Hotel und Restaurant Shere Punjab
7 Siliguri Lodge
8 Bushaltestelle von SNT (Sikkim)
9 Siliguri Tourist Lodge
10 Hotel Airview
11 Taxihaltestelle
12 Fremdenverkehrsamt von West-Bengalen
13 Restaurants Ranjit und Amber
14 Rajasthan Guest House
15 Hotels Venus und Nataraj
16 Vorverkaufsstelle der Eisenbahn
17 Hauptpostamt
18 Hotel Holydon und Restaurant Miami

ESSEN

Entlang der Hill Cart Road findet man eine Anzahl von Lokalen, auch die Restaurants Amber und Ranjit, das letzte mit südindischen Gerichten. Punjabi-Gerichte können Sie im Hotel und Restaurant Shere Punjab bestellen. In all diesen Lokalen serviert man den Gästen sogar Bier. Ein gutes vegetarisches Restaurant gibt es im Rajasthan Guest House. Empfohlen worden ist ferner das Essen im Hotel Sinclairs, aber das ist auch recht teuer.

Neben dem Hotel Holydon unweit vom Bahnhof NJP stößt man auf das Restaurant Miami, in dem man, wenn man während des Wartens auf einen Zug ein ordentliches Essen zu sich nehmen will, ganz gut ißt. Im Bahnhof selbst läßt sich in einem einfachen vegetarischen „Erfrischungsraum" oben etwas essen.

AN- UND WEITERREISE

Flug: Der Flugplatz Bagdogra liegt 12 km westlich von Siliguri. Von dort bestehen dreimal wöchentlich Flugverbindungen nach Kalkutta (50 US $) sowie jeweils viermal wöchentlich nach Delhi (128 US $) und Guwahati (30 US $).

Bus: Die Busse der staatlichen Busgesellschaft (STC) fahren vom neuen Busbahnhof Tenzing Norgay Central und die der privaten Firmen unmittelbar davor ab. Tagsüber und nachts bestehen Busverbindungen zwischen Siliguri und Kalkutta (135 Rs, 12 Stunden). Allerdings sind die Zugverbindungen bequemer. Reservierungen von Plätzen in diesen Bussen kann man auch in Darjeeling vornehmen.

Außerdem kann man in Richtung Süden mit einem Bus Malda (40 Rs, 6 Stunden), Berhampore (70 Rs, 7 Stunden) und Patna (112 Rs, 12 Stunden) erreichen.

Fremdenverkehrsamt von West-Bengalen (West Bengal Tourism Development Corporation) und ist, wenn auch nicht schon sehr alt, etwas abgewohnt. Die Zimmer kosten in diesem Haus 225 bzw. 300 Rs, klimatisiert 400 bzw. 550 Rs. Die Anlage wurde in einem ganz hübschen Garten errichtet. In der Nähe steht das moderne Hotel Sharda mit Einzelzimmern für 100 Rs und Doppelzimmern für 150 Rs (einschließlich Bad).

Das beste Hotel ist das Sinclairs (Tel. 2 26 74), ein Haus mit drei Sternen, das jedoch ein ganzes Stück vom Bahnhof entfernt liegt. Hier werden für Einzelzimmer 15 US $ und für Doppelzimmer 17 US $, mit Klimaanlage 21 bzw. 27 US $, berechnet. Hinzu kommen noch die Steuern. Das Haus bietet den Gästen ein Bad mit heißem Wasser, ein gutes Restaurant, eine Bar, die Möglichkeit, Geld zu wechseln, und einen Swimming Pool.

Das einzige Quartier in Fußwegentfernung vom Bahnhof New Jalpaigiri ist das neue Hotel Holydon (Tel. 2 35 58), 10 Minuten zu Fuß in Richtung Siliguri. Dort kommt man in einem Doppelzimmer mit Bad für 150 Rs unter.

Vom Flugplatz Bagdogra fahren zudem Busse direkt nach Darjeeling (55 Rs 3¹/₂ Stunden) und bieten Anschluß an die Flüge. Wenn man damit fahren will, dann erkundigt man sich nach diesen Bussen am besten am Schalter des Fremdenverkehrsamtes von West-Bengalen, weil die Taxifahrer alle Leute davon zu überzeugen versuchen, daß solche Busse nicht existieren. Selbst die preiswertesten Busse nach Darjeeling (40 Rs, 3¹/₂ Stunden) sind schneller als die Spielzeugeisenbahn. Von Siliguri aus verkehren sie zwischen 6.00 und 17.00 Uhr mehrmals in jeder Stunde. Direktbusse verbinden ferner Siliguri mit Kalimpong (25 Rs, 3 Stunden).

Sikkim Nationalised Transport (SNT) setzt vom Depot an der Hill Cart Road, gegenüber vom Busbahnhof, zwischen 7.00 und 20.00 Uhr stündlich Busse zur Fahrt nach Gangtok ein (50 Rs, 3 Stunden).

Mit den zwischen Darjeeling und Kathmandu verkehrenden Bussen kommt man ebenfalls durch Siliguri. Aber ganz gleich, mit welchem Unternehmen die Fahrgäste unterwegs sind, sie müssen in Siliguri umsteigen. Weitere Einzelheiten über diese Verbindung können Sie dem Abschnitt über Darjeeling weiter unten in diesem Kapitel entnehmen.

Zug: In Kalkutta fahren Züge vom Bahnhof Sealdah nach New Jalpaiguri oder Siliguri ab, wo man in einen Bus (oder die Spielzeugeisenbahn, wenn sie verkehrt) zur Weiterfahrt bis in den Bergerholungsort umsteigt. Der *Darjeeling Mail* verläßt den Bahnhof Sealdah um 19.15 Uhr zur zwölfstündigen Fahrt nach New Jalpaiguri (566 km, 2. Klasse 143 Rs und 1. Klasse 430 Rs).

Der schnellste Zug auf der Strecke zwischen New Jalpaiguri und Delhi ist der *NE Express* (1628 km, 33 Stunden). Er fährt über Moghulserai unweit von Varanasi (847 km, 19 Stunden) und Patna (636 km, 16 Stunden). Dieser Zug verbindet New Jalpaiguri auch mit Guwahati (423 km, 8¹/₂ Stunden).

Wenn die Kleinbahn von Siliguri und New Jalpaiguri nach Darjeeling verkehrt, ist es möglich, eine Fahrkarte für die gesamte Strecke bis Darjeeling zu kaufen. Einzelheiten darüber können Sie dem Abschnitt über Darjeeling entnehmen.

Taxi: Zwischen Siliguri und Darjeeling verkehren Sammeltaxis, in denen man für 100 Rs mitfahren kann und die die Fahrt beginnen, wenn sich fünf Fahrgäste eingefunden haben.

Auch zwischen Bagdogra und Darjeeling werden Sammeltaxis eingesetzt, in denen man für die Fahrt 120 Rs bezahlen muß und die ebenfalls erst dann starten, wenn fünf Fahrgäste vorhanden sind. Sie brauchen bis zum Ziel 3¹/₂ Stunden. Man kommt mit einem Taxi von Bagdogra auch nach Kalimpong und Gangtok. Für eine Taxifahrt nach Siliguri hinein muß man 50 Rs bezahlen.

NAHVERKEHR

Für eine Fahrt mit einer Fahrrad-Riksha vom Bahnhof NJP bis zum Bahnhof Siliguri Town zahlt man etwa 15 Rs und ist dann eine halbe Stunde unterwegs. Für die gleiche Strecke muß man mit einem Bus 2 Rs und mit einem Taxi 30 Rs bezahlen.

MIRIK

Der Ort Mirik, für den als „neuen" Bergerholungsort geworben wird, liegt etwa 50 km sowohl von Siliguri als auch von Darjeeling entfernt in einer Höhe von 1767 m. Die bedeutendsten Sehenswürdigkeiten sind der See und ein Wanderweg vom 3¹/₂ km Länge um ihn herum. Mirik ist umgeben von Teeplantagen, Orangenhainen und Kardamomplantagen.

Für Übernachtungen bietet sich die Tourist Lodge mit Betten in einem Schlafsaal für 25 Rs pro Bett und Doppelzimmern in Cottages für 300 Rs an. Preiswerter sind die Chandrama Lodge mit Doppelzimmern ab 85 Rs und die Parijat Lodge mit Doppelzimmern ab 150 Rs. Von Mirik verkehren für 15 Rs Busse nach Darjeeling, Kurseong und Siliguri.

KURSEONG

Kurseong liegt etwa auf halbem Weg von Siliguri in der Ebene nach Darjeeling. Wenn Sie hier übernachten wollen, können Sie das in der Tourist Lodge mit Doppelzimmern für 200 Rs oder im viel billigeren Hotel Jeet.

DARJEELING

Einwohner: 80 000
Telefonvorwahl: 0354

Seit sich die Briten Darjeeling in der Mitte des 19. Jahrhunderts als Erholungs- und Ferienort für die Soldaten aussuchten, ist es ein beliebter Bergort. Der Ort liegt 2134 m hoch auf einem Grat und ist von Teeplantagen umgeben. Heutzutage ziehen sich hierher Touristen und Inder aus dem gleichen Grund zurück: Sie wollen der Hitze, der Feuchtigkeit und den sonstigen Unannehmlichkeiten der nordindischen Ebene entfliehen. Die Anziehungskraft, die Darjeeling auf Besucher ausübt, ersehen Sie auch aus der Tatsache, daß allein die West Bengal Tourist Corporation hier fast 60 Hotels betreibt, abgesehen von all den anderen Unterkünften. Sie treffen in Darjeeling Menschen aus allen Teilen des östlichen Himalaja. Sie alle kamen, um hier Arbeit zu finden, Handel zu treiben oder - wie die Tibeter - als Flüchtlinge.

Wenn nicht gerade der Monsun herrscht (Juni bis September), sind die Blicke auf die Spitzen des Kanchenjunga und hinunter auf die angeschwollenen Flüsse in den Tälern einzigartig. Das Tagesprogramm gestaltet sich in Darjeeling vielfältig. Sie können buddhistische Klöster besuchen, Teeplantagen besichtigen und zuschauen, wie der Tee verarbeitet wird, mit einem Sessellift fahren, über bunte Märkte bummeln und in Kunsthandwerksläden handeln oder sportlich bis hoch in verlassene Berggegenden trekken, die bis an die Grenze nach Sikkim führen.

Wie bei vielen Orten im Himalaja gilt auch für Darjeeling, daß die Anreise bereits der halbe Spaß ist. Darjeeling bietet dafür die seltene Attraktion einer Kleinbahn. Die Miniatureisenbahn windet sich hin und zurück die steile Strecke von New Jalpaiguri bis Darjeeling hinauf. Seit vielen Jahren ist dies ein besonderer Spaß für alle Reisenden.

GESCHICHTE

Bis zum Beginn des 18. Jahrhunderts gehörte das gesamte Gebiet von der heutigen Grenze zu Sikkim bis in die Ebenen von Bengalen, einschließlich Darjeeling und Kalimpong, den Rajas von Sikkim. Dann verloren sie 1706 Kalimpong an Bhutan. Und die Kontrolle über das restliche Gebiet nahmen ihnen 1780 die einfallenden Gurkhas ab, die ihre Herrschaft in Nepal gerade gefestigt hatten.

Für die Gurkhas brachte diese Annexion allerdings anschließend Schwierigkeiten mit der britischen East

India Company. Zwischen beiden wurden mehrere Kriege geführt, bis die Gurkhas endgültig unterlagen. Dadurch fiel all das Land, das sie den Rajas von Sikkim abgenommen hatten, an die East India Company. Die trat einige Teile später wieder an die Rajas von Sikkim ab. Dafür handelten sich die Briten aber auch die Verantwortung für alle Auseinandersetzungen mit Nachbarstaaten ein, die Sikkim je haben würde.

Ein solcher Disput im Jahre 1828 war es auch, der die Entsendung von zwei britischen Offizieren in dieses Gebiet nötig werden ließ. Während ihrer Rundreise, die einer Bestandsaufnahme gleichkam, erreichten sie auch Darjeeling, damals Dorje Ling (Ort der Blitz- und Donnerschläge), benannt nach dem Lama, der das Kloster gegründet hatte, das einst auf dem Observatory Hill stand. Schnell erkannten sie die Vorteile dieses Bergortes und beschlossen, dort Sanatorien einzurichten. Außerdem hatte Darjeeling eine Schlüsselstellung auf dem Weg nach Nepal und Tibet. Die Beobachtungen wurden den Verwaltungsbeamten in Kalkutta mitgeteilt. Daraufhin setzte man die Rajas unter Druck, Darjeeling wieder an England abzutreten. Als Gegenleistung sollte ein jährlicher Betrag von 3000 Rs gezahlt werden, der 1846 auf 6000 Rs erhöht wurde.

Die Übereignung wurmte die Tibeter, die Sikkim als Vasallenstaat betrachteten. Darjeelings Aufschwung zu einem Handelszentrum und Teeanbaugebiet, gelegen an einer Handelsroute von Sikkim bis in die Ebenen von Indien, war den Lamas und den Kaufleuten von Sikkim ein Dorn im Auge. Die Gemüter erregten sich immer mehr. Als 1849 die beiden britischen Reisenden Sir Joseph Hooker und Dr. Campbell mit Genehmigung der Rajas und der britischen Regierung Sikkim besuchten, wurden sie kurzerhand festgenommen. Um ihre Freilassung zu erreichen, unterbreitete man verschiedene Angebote, aber einen Monat später ließen die Behörden in Sikkim die beiden Briten völlig ohne Bedingungen frei.

Als Vergeltung für die Festnahme der beiden Briten annektierte England daraufhin das ganze Gebiet zwischen der heutigen Grenze zu Sikkim sowie der bengalischen Ebene und strich auch die jährliche Zahlung von 6000 Rs an den Raja. 1868 wurde diese Zahlung allerdings wieder aufgenommen, und zwar an den Sohn des Raja, und sogar auf 9000 Rs erhöht. 1874 stieg sie noch einmal auf 12 000 Rs an.

Diese Eingliederung änderte den Status von Darjeeling beachtlich. Vorher war Darjeeling nämlich eine britische Enklave inmitten des Gebietes von Sikkim gewesen. Um dorthin zu gelangen, mußten die Briten stets durch das Gebiet reisen, das von einem unabhängigen Raja regiert wurde. Dies änderte sich nach der Übernahme schlagartig, denn Darjeeling war nun mit den britischen Territorien im Süden verbunden. Sikkim war der Zugang zu der Ebene nun weitgehend verwehrt und - wenn überhaupt - lediglich durch britisches Gebiet möglich. Dies war für die Tibeter Grund genug für eine Invasion nach Sikkim und für eine britische Militärexpedition nach Lhasa.

Als die Engländer Darjeeling zum ersten Mal erreichten, fanden sie es nur von Wald umgeben und nahezu unbesiedelt vor, obwohl es vor den Kriegen mit Bhutan und Nepal einmal eine Stadt von recht beachtlicher Größe war. Nach dem Einzug der Briten war die schnelle Entwicklung jedoch nicht mehr aufzuhalten. So war 1840 bereits eine Straße nach Darjeeling fertig, waren Häuser und ein Sanatorium gebaut und wurde ein Hotel eröffnet. Im Jahre 1857 lebten bereits 10 000 Menschen in diesem Ort.

Diese Zunahme der Bevölkerung ging zum größten Teil auf die Rekrutierung von Arbeitskräften aus Nepal zurück. Diese Arbeiter beschäftigte man in Teeplantagen, die bereits um 1840 herum angelegt wurden. Noch heute sprechen die meisten Menschen in und um Darjeeling Nepali als ihre erste Sprache. Der Name Darjeeling ist mittlerweile ein Synonym für Tee geworden.

Möglicherweise hat die Einwanderung von Nepali sprechenden Menschen in die Gebirgsgegenden von West-Bengalen, insbesondere von Gurkhas, zu den Problemen geführt, die Mitte der achtziger Jahre entstanden. Unter den Gurkhas ist die Verstimmung darüber gewachsen, daß sie von der Regierung von West-Bengalen diskriminiert werden. Nicht einmal ihre Sprache ist als eine der genannt, die nach der indischen Verfassung anerkannt werden. Deshalb erhalten sie auch keine Arbeitsplätze beim Staat, weil die nur Indern offenstehen, die Bengali beherrschen.

Die Spannungen führten schließlich in der gesamten Gebirgsgegend zu weit verbreiteten Tumulten und Aufständen, die etwa zwei Jahre anhielten und bei denen Hunderte ihr Leben ließen und Tausende heimatlos wurden. Das führte dazu, daß der Tourismus zum Erliegen kam, der Betrieb der Kleinbahn eingestellt wurde und Einheiten der indischen Armee in dieses Gebiet geschickt wurden, um so etwas wie Ordnung wieder herzustellen. Die Aufstände wurden von der Gurkha National Liberation Front (GNLF) unter Anführung von Subash Gheising geschürt, die einen eigenen Staat mit dem Namen Gurkhaland forderte. Die kommunistische Partei Indiens (marxistisch) war aber ebenfalls an der Entwicklung nicht unschuldig, denn sie hatte die Unterstützung der Bevölkerung

in den Bergen verloren, der sie früher immer sicher sein konnte.

Möglicherweise wurde aber Ende 1988 ein Kompromiß dadurch geschmiedet, daß ein Hill Council gegründet wurde, der vom Staat West-Bengalen einen großen Teil Autonomie erhalten sollte. Im Dezember des gleichen Jahres fanden Wahlen zum Hill Council statt, bei denen die GNLF 26 von 28 Sitzen in diesem Gremium gewann. Darjeeling bleibt jedoch weiterhin West-Bengalen zugehörig, hat aber mehr Rechte zur Selbstverwaltung in eigenen Angelegenheiten erhalten als ein Verwaltungsbezirk mit Nepali sprechenden Bewohnern in der Gemeinde.

KLIMA

Die beste Zeit für einen Besuch von Darjeeling, um einen Blick auf die Berge werfen zu können, ist von Mitte September bis Mitte Dezember, auch wenn es ab Anfang Dezember schon ganz schön kalt werden kann. Die Saison beginnt Mitte März und dauert bis Mitte Juni an. Das ist aber eine Zeit, in der sich häufig Nebel bildet und der Blick auf die Berge nicht so klar ist. Während des Monsuns (Juni bis September) verdecken Wolken die Berge, und die Regenfälle sind manchmal so heftig, daß ganze Abschnitte der Straße aus der Ebene weggespült werden. Aber nur selten ist Darjeeling dadurch für mehrere Tage von der Außenwelt abgeschnitten.

Die Durchschnittstemperaturen liegen zwischen 8,5 Grad und 15 Grad im Sommer sowie zwischen 1,5 Grad und 6 Grad im Winter. Wie Sie sehen, wird es hier im Winter recht kalt. Das ist für manchen etwas überraschend, besonders für jemanden, der direkt aus Kalkutta kommt. Wenn Sie sich während des Monsuns in Darjeeling aufhalten, benötigen Sie unbedingt einen Regenschirm. Den bekommen Sie für wenige Rupien auf dem Markt.

DIE MENSCHEN

Obwohl die Buddhisten mit ihren Klöstern in Ghoom und Darjeeling die am meisten in das Auge fallende religiöse Gruppe bilden, sind sie unter der Gesamtbevölkerung nur eine Minderheit - lediglich 14 %. Die Mehrheit gehört dem Hinduismus an, und zwar deshalb, weil sie aus Nordindien und Nepal stammt. Als Christen und Moslems bekennen sich gerade je 3 % der Gesamtbevölkerung. Die Kirchen, die in Darjeeling und Umgebung stehen, stammen meistens aus der britischen Kolonialzeit.

ORIENTIERUNG

Darjeeling liegt auf einem Grat, ausgerichtet nach Westen, und zieht sich dann hügelabwärts durch ein kompliziertes System von Straßen und Treppen. Die Hill Cart Road wurde umbenannt in Tenzing Norgay

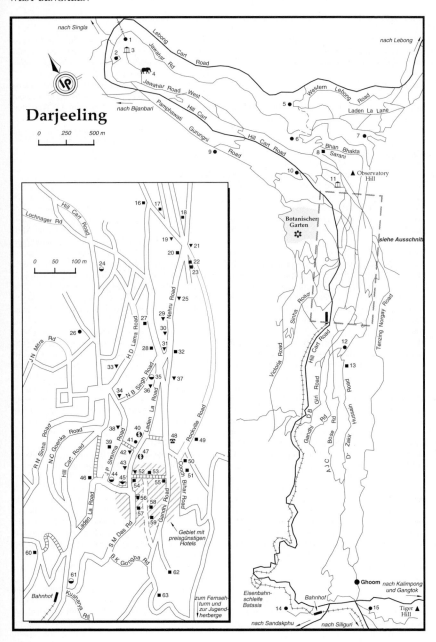

Darjeeling

Unterkünfte	59 Hotel Shamrock	3 Himalayan Mountaineering
8 Tourist Lodge, Gymkhana Club und Andreaskirche	60 Hotels Kadambari und Nirvana	Institute und Museen
13 Jugendherberge	62 Hotel Sinclairs	4 Zoo
16 Hotel New Elgin	63 Hotel Everest Luxury	5 Selbsthilfezentrum tibetischer Flüchtlinge
17 Hotel Alice Villa		6 Raj Bhavan
18 Hotel Windamere	**Restaurants**	7 Kloster Bhutia Busty
20 Hotel Pineridge	19 Amigos und Buchhandlung Oxford	9 Teeplantage Happy Valley
22 Hotel Bellevue, Fremdenverkehrsamt und Indian Airlines	21 Restaurant Star Dust	10 District Commissioner's Office
23 Hotel Main Bellevue	25 Restaurant Shangri La	11 Museum für Naturgeschichte
27 Hotel Central	29 Glenary's	12 Fernsehturm
28 Hotels Chanakya und Mahakal	30 Hasty Tasty	14 Kloster Ghoom
32 Darjeeling Club	31 Kev's (Keventer's Snack Bar)	15 Kloster
39 Hotel Tshering Denzongpa	33 Restaurant New Sathi	24 Busse, Jeeps und Taxis nach Kalimpong und Siliguri
46 Hotel Apsara	34 China-Restaurant Kim Fung	26 Markt
49 Hotels Valentino, Continental und Daffodil	36 Restaurant Dafey Munal	35 Taxihaltestelle
50 Hotel Rockville	37 Restaurant Dekevas	40 ANZ Grindlays Bank
51 Hotels Purnima und Broadway	38 Restaurant New Dish	41 Ausländerbehörde
53 Hotel Prestige	42 Restaurant Park	44 Busse nach Gangtok (Sikkim Nationalised Transport)
54 Timber Lodge und Restaurant Washington	43 Restaurant Himalayan	45 Hauptpostamt
55 Hotel Tara	52 Tibetisches Restaurants	47 State Bank of India
57 Hotel Chancellor	56 Joey's Pub	48 Fernmeldeamt
58 Hotel Pagoda	**Sonstiges**	61 Taxis nach Ghoom
	1 Talstation der Seilbahn	
	2 Schneeleoparden	

Road (auch wenn es schon eine andere Straße mit diesem Namen in Darjeeling gibt), aber die meisten Leute verwenden noch die alte Bezeichnung. Es ist die Hauptstraße durch den unteren Teil der Stadt, an der die Bahnhof sowie die Bus- und Taxihaltestellen liegen. Die wichtigste Verbindung zum oberen Teil der Stadt mit dem Chowrasta (dem „Stadtplatz") auf der Spitze des Grates bilden die Laden La Road und die Nehru Road. Die Jugendherberge wurde weiter oben auf dem Kamm, fast auf dem höchsten Punkt, eingerichtet.

An beiden Straßen liegen einige preiswerte Hotels und Restaurants, das Hauptpostamt, die Haltestellen für die Busse nach Sikkim und Kathmandu, die Ausländerbehörde (Foreigners Registration Office), die State Bank of India, Souvenirläden, Fotoläden und das Fremdenverkehrsamt (Tourist Office). Zum Ende der Nehru Road hin am Chowrasta und in der Gandhi Road oberhalb der Laden La Road findet man die Mittelklassehotels und die besseren Restaurants. Die meisten Luxushotels haben sich um den Observatory Hill hinter dem Chowrasta angesiedelt. Man findet einige davon aber auch an der Dr. Zakir Hussain Road und an der A. J. C. Bose Road.

PRAKTISCHE HINWEISE

Informationen: Das Fremdenverkehrsamt hat sich unterhalb vom Hotel Bellevue am Chowrasta angesiedelt (Tel. 5 40 50). Hier sind die Mitarbeiter sehr hilfsbereit und verfügen über annehmbar aktuelles Informationsmaterial sowie Stadtpläne von Darjeeling für 5 Rs. Vom Fremdenverkehrsamt wird auch ein Bus zum Flugplatz Bagdogra eingesetzt, der gegenüber vom Hotel Alice Villa unmittelbar unterhalb vom Chowrasta abfährt (55 Rs). Fahrkarten dafür sollte man im voraus kaufen. Das Büro soll eigentlich täglich außer sonntags von 10.00 bis 16.30 Uhr geöffnet sein, aber diese Öffnungszeiten werden in der Praxis flexibel gehandhabt..

Geld: Normalerweise wechselt man Geld in der State Bank of India in der Laden La Road. Eine Zweigstelle der ANZ Grindlays Bank ist jedoch nicht weit entfernt.

Post und Telefon: Das Hauptpostamt befindet sich in der Laden La Road, während man Telefongespräche vom Fernmeldeamt in der Gandhi Road führen kann.

Sondergenehmigungen: Die Ausländerbehörde (Foreigners Registration Office) findet man in der Laden La Road. Um eine 15 Tage gültige Sondergenehmigung zum Betreten von Sikkim zu erhalten, muß man zunächst das Deputy Commissioner's Office aufsuchen, das auch unter der Abkürzung DM (für District Magistrate) bekannt ist. Dann erhält man von der Ausländerbehörde die Zustimmung und muß erneut zum DM gehen und erhält dort die Sondergenehmigung.

WEST-BENGALEN

Zur Entgegennahme von Anträgen für eine Sondergenehmigung ist das DM montags bis freitags von 11.00 bis 13.00 Uhr und von 14.00 bis 16.00 Uhr geöffnet. Das ganze Verfahren dauert etwa eine Stunde. Wenn man von Darjeeling statt über Gangtok direkt in den Westen von Sikkim reisen will, muß man sich vergewissern, daß in der Sondergenehmigung als einer der Orte, die man besuchen darf, auch Naya Bazar eingetragen ist.

Buchhandlungen: Die beste Buchhandlung in Darjeeling ist Oxford Book & Stationary am Chowrasta.

Trekking-Ausrüstung: Eine Trekking-Ausrüstung kann man sich in der Jugendherberge ausleihen. Für die Ausrüstung ist jedoch eine Sicherheit zu hinterlegen, die dem Wert der Gegenstände entspricht. Das hinterlegte Geld wird bei Rückgabe der Ausrüstung abzüglich der Leihgebühren erstattet. Hier einige Preise pro Tag: Schlafsack 5 Rs, Rucksack 5 Rs, Wanderstiefel 7 Rs, Windjacke 5 Rs und Zwei-Personen-Zelt 25 Rs. In der Jugendherberge liegt auch ein interessantes Buch aus, in das Reisende Hinweise und Erlebnisse während der Trekking-Touren schreiben.

Bei Darjeeling Gorkha Hill Council Tourism werden Ausrüstungsgegenstände zu ähnlichen Preisen vermietet. Wenn man davon Gebrauch machen will, wendet man sich am besten an das Fremdenverkehrsamt. Es gibt in Darjeeling zudem eine ganze Reihe von Trekking-Agenturen, darunter Trek Mate in der Nehru Road und U-Trek an der N. B. Singh Road, die empfohlen worden sind. Deren Ausrüstung ist teurer, aber teilweise auch von besserer Qualität.

SEHENSWÜRDIGKEITEN

Tiger Hill: Der höchste Punkt dieser Gegend ist mit 2590 m der Tiger Hill in der Nähe von Ghoom und 11 km entfernt von Darjeeling. Die besondere Attraktivität dieses Aussichtspunktes sind die großartigen Farben während der Dämmerung, in die der Kanchenjunga und die anderen Berge des östlichen Himalaja dann getaucht sind. An klaren Tagen kann man sogar den Everest sehen.

Jeden Tag verläßt ein großer Konvoi mit verbeulten Land Rovern um 4.30 Uhr Darjeeling, was bedeutet, daß man in den kleineren Unterkünften jeden Tag um diese Zeit geweckt wird, ob man will oder nicht. Pro Platz kostet eine Mitfahrt 40 Rs (hin und zurück). Auf der Spitze kann es dann jedoch sehr kalt und sehr voll werden, allerdings steht Kaffee zum Aufwärmen zur Verfügung. Vorhanden ist auch ein Aussichtsturm, den man für 2 Rs besteigen darf. Teurer ist es mit 7 Rs in der VIP Lounge, aber dafür ist es dort auch wärmer. Auf halbem Weg den Hügel hinunter sorgt ein Priester aus einem Tempel für einen großen Verkehrsstau, indem er das Lenkrad jedes einzelnen Fahrzeuges für die Rückfahrt einölt.

Viele Leute fahren mit dem Jeep nur eine Strecke (30 Rs) und gehen zurück zu Fuß. Das ist eine ganz angenehme zweistündige Wanderung.

Senchal-See: Unweit vom Tiger Hill liegt der Senchal-See. Er versorgt Darjeeling mit Wasser. Der See liegt in einer besonders schönen Landschaft und ist ein beliebter Picknickplatz, besonders bei indischen Urlaubern.

Kanchenjunga: Mit 8598 m ist der Kanchenjunga der dritthöchste Berg der Welt. Den besten Blick auf ihn hat man von der Bhan Bhakta Sarani. Vom Chowrasta gelangt man dorthin, wenn man an der rechten Seite des Hotels Windamere vorbei noch etwa 300 m weitergeht.

Kloster Ghoom: Dies ist vielleicht das berühmteste Kloster in der Gegend von Darjeeling. Es liegt 8 km südlich der Stadt, gleich hinter der Hill Cart Road und der Eisenbahn bei Ghoom. Es birgt in seinen Mauern das Bild des Maitreya Buddha, des künftigen Buddha. Fremden sind der Zugang und sogar das Fotografieren gestattet. Dafür erwartet man eine kleine Spende. Die Mönche sind sehr zuvorkommend und freundlich.

Ein weiteres Kloster steht in der Nähe von Ghoom. Eine halbe Stunde weiter mit einem Bus die Straße nach Siliguri hinunter kommt man nach Sonada mit einem großen und interessanten Kloster der Kagyupa-Sekte.

Kloster Aloobari: Dieses Kloster befindet sich näher an Darjeeling in der Tenzing Norgay Road. Besucher sind willkommen. Die Mönche verkaufen manchmal Kunstgewerbesachen aus Tibet und Sikkim sowie religiöse Gegenstände wie Handglocken. Ist das Kloster geschlossen, dann fragen Sie im Cottage nebenan. Die Leute dort werden Ihnen das Kloster aufschließen.

Observatory Hill: Dieser Aussichtspunkt oberhalb vom Hotel Windamere ist den Hindus und den Buddhisten gleichermaßen heilig. Dort steht auch ein Kali-Schrein. Die Bänder mit den Gebetsfahnen in vielen Farben dienen gleichzeitig den Affen als Trapez. Hüten Sie sich vor ihnen, denn sie können ganz schön aggressiv sein.

Kloster Bhutia Busty: Dieses Kloster liegt nicht weit vom Chowrasta entfernt vor dem Kanchenjunga als spektakulärem Hintergrund. Ursprünglich eine Zweigstelle des Klosters der Nygmapa-Sekte in Phodang (Sikkim), wurde es 1879 ganz nach Darjeeling verlegt. Der Schrein in diesem Kloster stand früher auf dem Observatory Hill. Oben im Kloster gibt es eine alte Bibliothek mit buddhistischen Texten.

Dhirdham-Tempel: Dies ist der wohl auffälligste hinduistische Tempel in Darjeeling. Er steht etwas unterhalb des Bahnhofs und weist Ähnlichkeiten mit dem berühmten Pashupatinath-Tempel in Kathmandu auf.

Museum für Naturgeschichte: In diesem interessanten Museum, gegründet 1903, wurde eine große, heute aber verstaubte Sammlung von Ausstellungsstücken aus der Fauna des Himalaja und aus Bengalen zusammengetragen. Unter den 4300 Ausstellungsstücken befindet sich ein Krokodil, wie sie in Flußmündungen leben. Diese Tiere sind verantwortlich für große Verluste menschlichen Lebens in ganz Asien. Das Museum ist täglich außer mittwochs von 10.00 bis 16.00 Uhr geöffnet und wird mittwochs bereits um 13.00 Uhr geschlossen (Eintrittsgebühr 1 Rs).

Zoologischer Park: Die Lebensbedingungen für einige der Tiere in diesem Zoo sind kaum annehmbar und werden noch dadurch verschlechtert, daß sie nicht vor den indischen Touristen flüchten können, die sie unerbittlich ärgern. Der Zoo ist auch Heimat der einzigen sibirischen Tiger in Indien und einiger anderer seltener Tiere, darunter des roten Panda. Einlaß ist von täglich von 8.00 bis 16.00 Uhr (Eintritt 1 Rs).

Himalayan Mountaineering Institute (HMI) und Museen: Dieses Institut ist durch den Zoo zu erreichen und liegt an der Jawahar Road West, etwa 2 km außerhalb der Stadt. Zweck dieser Einrichtung ist die Ausbildung von Bergführern. Angeschlossen sind einige ganz interessante Museen. Im Mountaineering Museum sind historische Bergführerausrüstungen, Dinge aus der Fauna und Flora des Himalaja (aber nicht die widerwärtigen Schneemenschen!) und ein Relief des Himalaja ausgestellt. Das Everest Museum nebenan veranschaulicht die Geschichte der Besteigungen dieses bedeutenden Berges.
Sherpa Tenzing Norgay, der 1953 mit Edmund Hillary den Everest bezwang, lebte in Darjeeling und war viele Jahre lang der Direktor dieses Instituts. Er starb 1986. Nun steht eine Statue zu seinen Ehren neben der Stelle oberhalb vom Institut, an der er eingeäschert wurde.
Im Museum werden auch Filme vorgeführt. Außerdem kann man für 1 Rs (mindestens 10 Personen) den Kanchenjunga durch ein Teleskop von Zeiss betrachten, das Hitler einer Maharani aus Nepal geschenkt hatte. Die Öffnungszeiten sind von 9.00 bis 13.00 Uhr und von 14.00 bis 16.30 Uhr. Als Eintrittsgebühr werden 0,50 Rs verlangt. Neben der Statue zu Ehren von Sherpa Tenzing befindet sich übrigens ein ganz ordentliches vegetarisches Restaurant.

Schneeleopardenzucht: Im Gegensatz zu den übrigen Tieren im Zoo werden die Schneeleoparden in großen,

Der wunderschöne, aber vom Aussterben bedrohte Schneeleopard

besonderen Gehegen auf dem Weg zur Seilbahn gehalten. Diese vom Aussterben bedrohten Tiere sollen in Gefangenschaft noch seltener Nachwuchs erhalten als die Pandas, deren Desinteresse an Sex bereits legendär ist. Dennoch konnte man hier bereits einige Zuchterfolge verzeichnen. Dafür ist Kiran Moktan zu danken, der die Zucht leitet und seine Tage mit den Leoparden verbringt. Interessierte Besucher sind bei ihm morgens zwischen 9.00 und 11.00 Uhr sowie nachmittags zwischen 14.00 und 16.00 Uhr willkommen. Allerdings muß man sich als Besucher ganz still verhalten und darf keinen Krach erzeugen. Fragen Sie ihn auch einmal nach seinen Zeichnungen, denn er ist auch ein perfekter Maler.

Seilbahn: Diese Seilbahn bei North Point, etwa 3 km entfernt, war die erste ihrer Art, die in Indien gebaut wurde. Sie ist 5 km lang und verbindet Darjeeling mit Singla Bazaar am Little Ranjit River im Tal. Probleme mit der Stromversorgung in Darjeeling haben jedoch einige Jahre zur Folge gehabt, daß nur die ersten zwei Kilometer in Betrieb waren. Eine Hin- und Rückfahrt (einschließlich Versicherung und Beitrag zu den Kosten für den ganz sicher notwendigen Stromgenerator) kostet 30 Rs und dauert etwa eine Stunde. Betrieben wird die Anlage montags bis samstags von 8.00 bis 15.30 Uhr alle halbe Stunde, nicht aber an Sonn- und Feiertagen. Ob sie verkehrt, kann man telefonisch unter der Rufnummer 27 31 erfahren. Fahrten mit dieser Seilbahn sind sehr beliebt, so daß man sich vorher anmelden muß. Das ist jedoch nur persönlich und nicht telefonisch möglich.

Botanischer Garten: Dieser Garten liegt unterhalb der Bus- und Taxihaltestelle in der Nähe des Marktes. Er enthält eine repräsentative Sammlung von Pflanzen, Blumen und Orchideen aus dem Himalaja. Auch die Treibhäuser sind einen Besuch wert. Der Eintritt ist kostenlos; geöffnet ist von 6.00 bis 17.00 Uhr.

Selbsthilfezentrum tibetischer Flüchtlinge: Ein Spaziergang von 20 bis 30 Minuten Dauer bringt Sie vom Chowrasta hinunter zu diesem Zentrum der Tibeter. Eröffnet wurde es 1959, um den tibetischen Flüchtlingen zu helfen, die nach der chinesischen Invasion mit dem Dalai Lama außer Landes gingen. Dieser Platz ist auch von religiöser Bedeutung, da der 13. Dalai Lama (der derzeitige ist der 14. Dalai Lama) während seines Besuches in Indien in den Jahren 1919-22 hier Station machte. Hergestellt werden herrliche Teppiche, Wollsachen, Holzschnitzereien und Lederarbeiten. Ferner kann man tibetische Souvenirs kaufen (Münzen, Banknoten, Schmuck usw.).

Niemand stört die Besucher bei einem Bummel durch die vielen Werkstätten, wo die Gegenstände gefertigt werden. Besonders interessant sind die Webereien, Färbereien und Holzschnitzwerkstätten. Die Beschäftigten sind Besuchern gegenüber sehr freundlich. Die Preise halten sich mit denen am Chowrasta und in der Nehru Road die Waage. Ein Besuch lohnt sich aber auch, wenn man sich in den Werkstätten nicht umsehen will, denn die Ausblicke in der Gegend sind herrlich.

Teeplantagen: Daß Tee das wichtigste Exportgut von Darjeeling darstellt, ist weitgehend bekannt. Auf den 78 Plantagen sind nicht weniger als über 40 000 Mitarbeiter beschäftigt. Auf ihnen wird der größte Teil der landwirtschaftlichen Erzeugnisse von West-Bengalen produziert, die fast ein Viertel der von ganz Indien ausmachen.

Am leichtesten läßt sich die Plantage Happy Valley Tea Estate besichtigen, die nur 2 km außerhalb der Stadt

---

Die Herstellung des besten Tees der Welt

Der Tee von einigen der Plantagen im Gebiet Darjeeling ist qualitativ sehr hochwertig und erzielt auf Auktionen die höchsten Preise. Obwohl hier das Klima gerade richtig ist, um gute Teebüsche gedeihen zu lassen, hängt die Qualität letztlich von einem sehr komplexen Prozeß des Trocknens ab.

Nach dem Pflücken werden die grünen Teeblätter 15-25 cm tief in einen Trockenbehälter gelegt. In ihm reduziert man mit Hilfe von starken Ventilatoren die Feuchtigkeit von 70 bis 80 % auf 30 bis 40 %. Danach werden die Blätter gerollt und gepreßt, um die Zellwände zu brechen, damit der Saft an die Blattaußenseite tritt. Normalerweise findet dieser Vorgang zweimal statt. Zwischendurch werden die Rollen gesiebt, um die guten von den schlechten zu trennen. Danach bringt man die Blätter, deren Oberfläche mit dem eigenen Saft überzogen ist, auf Gestellen zum Gären. Dies geschieht in einem Raum mit hoher Luftfeuchtigkeit. Durch diesen Prozeß bekommen die Teesorten ihr typisches Aroma und ihren typischen Geschmack. Der Gärungsprozeß muß aufmerksam beobachtet werden, denn die kleinste Über- oder Untergärung läßt den Tee verderben.

Diesen Vorgang unterbricht man dann und bringt den Tee auf ein Förderband, das einen Trockenraum durchläuft. In ihm herrscht eine Temperatur vom 115-120 Grad, wodurch die Feuchtigkeit der Teeblätter auf 2 bis 3 % reduziert wird. Der letzte Arbeitsvorgang ist dann das Sortieren der Teeblätter nach ihrer Größe. Ihrem Wert nach heißen die Teesorten: Golden Flowery Orange Pekoe (ganze Blätter), Golden Broken Orange Pekoe, Orange Fannings und Dust (die letzten drei genannten Sorten haben keine ganzen Blätter).

In den letzten Jahren hielten neue landwirtschaftliche Erkenntnisse auch in den Teeplantagen Einzug, um die Wettbewerbsfähigkeit zu verbessern. Zu diesen Maßnahmen gehörte auch die Anpflanzung neuer Teesträucher. Wie aber bereits an anderer Stelle erwähnt, geschah dies bisher in viel zu geringem Ausmaß, so daß die meisten Pflanzen mehr als 100 Jahre alt sind. Die Tatsache, daß sie dann unbrauchbar werden und langsam absterben, stellt der Pflanzer vor große Probleme. Daher wurden erhebliche staatliche Hilfen gewährt, um die Teeplantagen am Leben zu erhalten. Das ist nicht nur wegen der Tee-Exporte lebenswichtig, sondern in viel größerem Maße wegen der vielen Menschen, die dem Anbau von Tee ihren Lebensunterhalt verdienen. Sie alle würden bei einer Aufgabe der Plantagen arbeitslos.

Obwohl auf Auktionen die Preise für Teesorten minderer Qualität für die Erzeuger häufig enttäuschend sind, werden für die Spitzensorten immer wieder Rekordpreise erzielt. Bei einer Auktion im Jahre 1991 ging Tee von der Castleton Estate in Darjeeling für 6010 Rs (275 US $) pro Kilogramm an einen japanischen Bieter. Das war ein Weltrekord!

liegt. Dort gewinnt man den Tee noch immer auf herkömmliche Weise, im Gegensatz zur CTC-Methode (Curling, Tearing und Crushing), die sich in der Ebene durchsetzte. Ein Besuch lohnt sich eigentlich aber nur, wenn gerade Ernte ist (April bis November), weil man nur dann den Vorgang der Verarbeitung mitbekommt. Öffnungszeiten sind von 8.00 bis 12.00 Uhr und von 13.00 bis 16.30 Uhr (außer sonntags und montags am Nachmittag). Bei einer Besichtigung kann es sein, daß man einem Mitarbeiter in die Finger gerät, der einen herumführt und anschließend für seine Bemühungen einen unverschämten Betrag verlangt. Dann sind 10 Rs pro Person durchaus angemessen.

Wenn man Tee kaufen willen, muß man berücksichtigen, daß First Flush Fine Tippy Golden Flowery Orange Pekoe die allerbeste Sorte ist. Der Preis dafür schwankt erheblich und beträgt am Chowrasta irgend etwas zwischen 600 und 1600 Rs pro Kilogramm. Tee prüft man im übrigen, indem man eine Handvoll davon in die geschlossene Faust legt, dann daran durch die Finger schnuppert und anschließend die Faust öffnet, damit der erwärmte Tee sein ganzes Aroma entfalten kann. Zumindest sieht das so aus, als ob man etwas von Tee verstünde, auch wenn man in Wirklichkeit keinen blassen Schimmer Ahnung hat. Meiden sollte man Tee in bunten Behältern oder verpackt, weil der verschnitten ist und meistens aus Kalkutta stammt.

Gymkhana Club: Die Mitgliedschaft im Gymkhana Club von Darjeeling kostet nur 15 Rs pro Tag, aber die Möglichkeiten, sich zu betätigen, bestehen nicht nur im Kunstreiten. Der Begriff „Gymkhana" ist von dem Hindi-Wort *gendkhana* abgeleitet und bedeutet übersetzt „Ballhaus". Zu den Ballspielen, die man hier betreiben kann, gehören Tennis (nur morgens, Miete für einen Tennisschläger 5 Rs), Squash, Federball, Tischtennis, Billard und Roller Skating.

Der Club muß herrlich gewesen sein, als er noch der Spielplatz der Raj war. Heute ist er jedoch halb verfallen. Jedes frühere Mitglied wäre sicher außer sich, wenn er den Club in seinem heutigen Zustand sähe. Im Anbau mit dem Billardtisch, einem Geschenk des Maharadschas von Cooch Behar aus dem Jahre 1918, hängt jetzt ein Poster, auf dem Marilyn Monroe abgebildet ist!

Weitere Freizeitbeschäftigungen: Vorsicht ist geboten vor den Pony-Wallahs, die sich auf dem Chowrasta auf Kundenfang begeben. Sie bieten sich zunächst als Führer an, aber meist stellt man hinterher fest, daß man viel mehr zahlen soll, als verabredet war. Der übliche Preis beträgt 25 Rs pro Stunde. Das muß aber vorher fest vereinbart werden.

Nun hielten Videofilme Einzug auch überall in Indien, insbesondere in den Bergregionen. Darjeeling steht an der Spitze. Hier wurde eine Unzahl kleinerer Läden eröffnet, die fast schon Mini-Kinos sind. Einem Anschlag draußen kann man jeweils entnehmen, welcher Film gezeigt wird. Häufig sind es Western-Filme, die nach ihrer Herstellung kaum die freiwillige Selbstkontrolle passiert hätten.

SPRACHKURSE

Dreimonatige Kurse in Tibetisch werden vom Manjushree Centre of Tibetan Culture in der Burdwan Road 8 angeboten.

AUSFLUGSFAHRTEN

In der Hochsaison von Mitte September bis Mitte Dezember bietet das Fremdenverkehrsamt Fahrten zum Sonnenaufgang auf den Tiger Hill an, die täglich um 4.30 Uhr beginnen und 40 Rs kosten. Allerdings muß man sich dafür vorher anmelden. Die meisten Besucher unternehmen diesen Ausflug jedoch mit einem der privaten Veranstalter, die etwas weniger berechnen und manchmal sogar jemanden in die Hotels der angemeldeten Teilnehmer schicken, um sie zu wecken. Bei entsprechender Nachfrage veranstaltet das Fremdenverkehrsamt auch Stadtrundfahrten, Tagesausflüge nach Mirik sowie zweitägige Touren nach Kalimpong und Gangtok.

Daneben gibt es aber auch noch etliche Reisebüros und Reiseveranstalter. Jupiter Tours & Travel unweit vom Uhrturm an der Laden La Road (Tel. 26 25) scheint zuverlässig zu sein und organisiert Fahrten nach Gangtok. Zu empfehlen ist ferner Himalayan Adventures unweit vom Hotel Tshering Denzongpa.

UNTERKUNFT

Die Anzahl der Unterkünfte ist in Darjeeling so groß, daß wirklich nur eine kleine Auswahl genannt werden kann. Die Preise richten sich hier je nach Saison. Angegeben sind überwiegend die für die Hochsaison (15. März bis 15. Juni und 15. September bis 15. November). In der Nebensaison fallen die Preise um 50-75 % und sind auch dann noch Verhandlungssache.

Im übrigen muß man wissen, daß Darjeeling unter chronischen Störungen bei der Strom- und Wasserversorgung leidet. Daher verfügen viele Unterkünfte über einen Stromgenerator, viele aber auch nicht.

Einfache Unterkünfte: Um ein preisgünstiges Quartier zu finden und die besten Ausblicke auf Darjeeling zu genießen, begeben sich viele Besucher in die Gegend um die Jugendherberge und den Fernsehturm. Die ist 20 Minuten zu Fuß vom Bahnhof entfernt und einfach geradeaus den Hügel hinauf zu erreichen.

Die Jugendherberge oberhalb der Dr. Zakir Hussain Road (Tel. 22 90), direkt oben auf dem Grat, war früher bei Besuchern mit wenig Geld ein beliebtes Quartier.

Leider ist sie nun ziemlich heruntergewirtschaftet und leidet darunter, daß in ihr oben auf der Spitze des Bergkammes der Wind durch die spartanisch eingerichteten Schlafsäle pfeift. Dennoch sind die Leute, die dieses Haus führen, sehr freundlich und gern bereit, Auskünfte über Trekking-Möglichkeiten im Gebiet von Darjeeling zu erteilen. Auch die Ausblicke von hier sind hervorragend. Mit Schlafsälen, in denen ein Bett für Mitglieder 20 Rs und für Nichtmitglieder 25 Rs kostet, zieht die Jugendherberge immer noch einige harte Seelen mit knapper Kasse an.

Wenn Sie die Jugendherberge nicht mögen, können Sie auch im ausgezeichneten Triveni Guest House unmittelbar gegenüber übernachten, hervorragend geführt von einer freundlichen Familie. Hier werden Betten in einem Schlafsaal für jeweils 25 Rs und Doppelzimmer mit Badbenutzung für 60 Rs vermietet. Ein gutes Restaurant ist in diesem Haus ebenfalls vorhanden. Heißes Wasser erhalten die Gäste auf Wunsch in Eimern. In der gleichen Gegend liegt auch das Hotel und Restaurant Aliment, ein hervorragendes Lokal mit ein paar sauberen Einzel- und Doppelzimmern für 40 bzw. 60 Rs. Der freundliche Geschäftsführer gibt sich alle Mühe, die Gäste zufriedenzustellen.

Vom Fernsehturm führt die Straße über den Kamm zum beliebten Hotel Tower View. Hier muß man für ein Bett im Schlafsaal 30 Rs, für ein Doppelzimmer mit Badbenutzung 60 Rs und Doppelzimmer mit Bad 80 Rs bezahlen. Morgens kann man in diesem Haus auch eine heiße Dusche nehmen. Ein gemütliches Restaurant ist ebenfalls vorhanden. Die Ausblicke aus diesem Haus bei Sonnenaufgang sind hervorragend. Der einzige Nachteil ist, daß das Hotel auf der schattigen Seite des Bergkammes liegt.

Kurz hinter dem Postamt gibt es gleich eine ganze Gruppe von Hotels entweder an der Laden La Road oder an den Gassen und Treppen, die davon abzweigen. Wer unmittelbar hinter dem Postamt die Steintreppen hügelaufwärts geht und nach links abbiegt, erreicht das beliebte Hotel Prestige (Tel. 26 99), in dem man in sauberen, immer auch recht kleinen Einzel- und Doppelzimmern mit Bad mit heißem Wasser für 80 bzw. 120 Rs übernachten kann, mit guten Ausblicken für 120 bzw. 150 Rs. Wenn es kalt wird, sind hier auf Anfrage und gegen Zuschlag Heizöfen erhältlich. In diesem Haus sind die Mitarbeiter ganz nett. Außerdem kann man von diesem Haus aus gute Ausblicke genießen.

Wenn man unmittelbar vor dem Hotel Prestige nach rechts abbiegt, kommt man zum sehr beliebten Hotel Shamrock (Tel. 33 78). Hier kosten die Zimmer im Obergeschoß (120 Rs für ein Doppelzimmer) mehr als die unten. Dieses gut gepflegte Haus steht ebenfalls unter der Leitung freundlicher Tibeter und bietet abends sogar noch ein wärmendes Feuer. Eigentlich sollte in diesem Haus in den Gemeinschaftsbadezimmern auch

heißes Wasser vorhanden sein, aber darauf darf man sich nicht verlassen.. Wenn man sie vorher bestellt, sind im Hotel Shamrock für 25 Rs auch reichhaltige vegetarische Gerichte erhältlich. Aufpassen muß man allerdings bei den niedrigen Decken. Das besser aussehende Hotel Pagoda nebenan hat gar nicht so kleine Zimmer mit polierten Fußböden für 40 bzw. 80 Rs (mit Badbenutzung) und 150 Rs (Doppelzimmer mit Bad) zu bieten. Heißes Wasser erhalten die Gäste in Eimern.

Am oberen Ende der Treppen und dann ein paar Meter nach links entlang der Nehru Road stößt man auf das Hotel Springburn (Tel. 20 54), das für einen kurzen Aufenthalt durchaus in Ordnung ist. Nicht weit entfernt ist das Hotel Tara, bereits ähnlich abgewohnt und noch etwas teurer, aber geführt von freundlichen Tibetern. Etwas teurer übernachtet man in einer weiteren Gruppe von Hotels oberhalb der Taxihaltestelle an der Nehru Road, unter anderem im Hotel Crystal, im Holiday Home, im Kundus, im Shree Annapurna und im Capital, in dem Doppelzimmer ab 150 Rs vermietet werden. Viel ist zwischen diesen Häusern nicht zu wählen, zumal sie im Preis alle ähnlich sind. Allerdings sind die Ausblicke von den Zimmern vorn ganz sicher besser als von denen den Hügel von der Laden La Road weiter hinunter.

Von dieser Gruppe mit Hotels den Hügel weiter hinauf kommt man an der Rockville Road zu einer weiteren Gruppe von Quartieren, vorwiegend für indische Urlauber, zu denen das Purnima, das Broadway, das La Bella, das Ashoka, das Rockville, das Continental und das Daffodil gehören. Im Hotel Purnima (Tel. 31 10) beispielsweise muß man für ein Doppelzimmer 300 Rs bezahlen. Zu allen Zimmern gehört ein Bad mit heißem Wasser aus Eimern. Außerdem hat das Haus auch ein eigenes Restaurant zu bieten, allerdings keine Einzelzimmer. Im Hotel Rockville (Tel. 25 13) kann man in ganz netten Doppelzimmern ab 330 Rs übernachten, mit heißem Wasser für 440 Rs. In der Nebensaison erhält man in diesem Hotel 30 % Ermäßigung.

Weiter entlang der Nehru Road liegt das Everest Luxury Hotel, das alles, nur nicht luxuriös ist, aber ganz gute Ausblicke ermöglicht. Hier sind die großen, einfach eingerichteten Zimmer mit Bad und heißem Wasser aus Eimern für 80 bzw. 150 Rs keine schlechte Wahl.

Mittelklassehotels: Schon lange ein Favorit in dieser Preisklasse ist das Hotel Bellevue am Chowrasta (Tel. 22 21), das sehr gut unterhalten ist und von einer freundlichen tibetischen Familie geführt wird. Auch hier gibt es keine Einzelzimmer, aber unterschiedliche Doppel- und Dreibettzimmer zum Preis zwischen 350 und 550 Rs, alle mit Bad und heißem Wasser. Das Zimmer 49 in diesem Haus hat nicht nur den besten Ausblick zu bieten, sondern enthält auch einen besonderen Wohnbereich. Zu diesem Hotel gehört ebenfalls ein eigenes Café für Imbisse und ein Frühstück mit Blick über den Chowrasta. Seit kurzem sind in den meisten Zimmern und im Aufenthaltsraum auch Heizungen vorhanden, was in der kalten Saison unentbehrlich ist. Unabhängig vom Hotel Bellevue von einem Angehörigen der gleichen tibetischen Familie wird das verwirrend benannte Hotel Main Bellevue (Tel. 5 41 78) geführt. Es liegt unmittelbar oberhalb vom Hotel Bellevue. Es ist ruhig und in einem alten Gebäude eingerichtet worden, in dem für ein Doppelzimmer mit Bad und heißem Wasser 550 Rs berechnet werden (in der Nebensaison mit nur 200 Rs ausgesprochen günstig).

Zurück und die Nehru Road hinunter kommt man zu einer Reihe von Restaurants, in denen jeweils auch ein paar Zimmer vermietet werden. Eines davon ist das Shangri La (Tel. 5 41 49) mit ganz guten Doppelzimmern für 650 Rs, von denen aus man herrliche Ausblicke hat und in denen im Schlafzimmer Kaminfeuer entfacht werden kann.

Ein ausgezeichnetes Haus in dieser Preisklasse ist das von Sherpa geführte Hotel Tshering Denzongpa (Tel. 24 12), gelegen an der J. P. Sharma Road, rund fünf Minuten Fußweg von der Bushaltestelle entfernt und auf halbem Weg zwischen der Bushaltestelle und der Mall. Hier kosten Standarddoppelzimmer mit Bad und heißem Wasser auf Anfrage 200 Rs (in der Nebensaison 80 Rs weniger), während man für ein Luxusdoppelzimmer mit Teppichboden, Fernsehgerät, Bad und heißem Wasser morgens 400 bis 600 Rs bezahlen muß (in der Nebensaison 200 bis 300 Rs). Außerdem hat man in diesem Haus vom oberen Stockwerk gute Ausblicke.

Vom Restaurant Dekevas aus wird das Hotel Dekeling (Tel. 5 41 49) geleitet. Das ist ein weiteres Quartier von freundlichen Tibetern mit Zimmern, in denen man für 300 bis 500 Rs übernachten kann und von denen die meisten gute Ausblicke ermöglichen. Zu allen Zimmern gehört auch ein Bad mit heißem Wasser.

Gegenüber vom Hotel Bellevue liegt das größere Hotel Pineridge (Tel. 5 40 74) mit geräumigen Doppelzimmern für 425 Rs und Dreibettzimmern für 550 Rs (alle mit eigenem Bad und heißem Wasser). Für ein Luxusdoppelzimmer mit Fernsehgerät werden 550 Rs berechnet. In der Nebensaison kosten die normalen Zimmer 250 Rs und die Luxuszimmer 325 Rs.

Im Hotel Alice Villa (Tel. 5 41 81) werden mit Halbpension (Frühstück und Abendessen) Einzelzimmer für 480 Rs und Doppelzimmer für 680 Rs angeboten. Außerhalb der Saison kann man hier aber auch ohne Verpflegung in einem Doppelzimmer für nur 200 Rs übernachten. Zu einigen wenigen der Zimmer gehört auch eine Feuerstelle. Ein moderner Anbau ist ebenfalls vorhanden.

Die Tourist Lodge des Fremdenverkehrsamtes von West-Bengalen (Tel. 5 44 11) liegt ein ganzes Stück vom Zentrum entfernt hinter dem Loreto College und neben dem Gymkhana Club. Mit Halbpension (Frühstück und Abendessen) werden hier Einzelzimmer für 520 Rs und Doppelzimmer für 785 Rs vermietet. Ohne Verpflegung kann man hier nicht übernachten, es sei denn, man verzichtet auf das Essen. Die Zimmer sind ganz in Ordnung, und vom Garten aus hat man schöne Ausblicke, aber insgesamt bietet dieses Haus nichts Besonderes. In der Nebensaison sind die Preise 25 % niedriger.

Von einer in Kalkutta ansässigen chinesischen Familie wird das Hotel Valentino in der Rockville Road (Tel. 22 28) geführt, das einige der besten Ausblicke in ganz Darjeeling ermöglicht. Mit Tee am Morgen und Frühstück werden hier Doppelzimmer für 700 Rs vermietet. Zu allen Zimmern gehören auch ein Fernsehgerät und ein Bad mit heißem Wasser. Außerdem können sie beheizt werden. Auch dieses Hotel bietet ein eigenes China-Restaurant (das als eines der besten in der ganzen Stadt angesehen wird) und eine Bar. In der Nebensaison werden in diesem Haus 40 % Ermäßigung eingeräumt.

Den Berg hinunter in Richtung Markt liegt in der Robinson Road das Hotel Central (Tel. 20 33), in dem man in einem Einzelzimmer für 750 Rs und in einem Doppelzimmer für 1050 Rs unterkommt. Mit Vollpension kostet eine Übernachtung 1000 bzw. 1500 Rs. Alle Zimmer verfügen auch über ein Bad mit heißem Wasser, die Doppelzimmer zudem über ein Wohnzimmer mit Feuerstelle. Außerdem gehören zu diesem Haus eine eigene Bar und ein eigenes Restaurant mit guten indischen Gerichten.

Ein Überbleibsel aus der Zeit der Briten ist der Darjeeling Club (früher Tea Planter's Club) oberhalb der Nehru Road (Tel. 5 43 48). Hier kann man ein Zimmer allein für 400 Rs und zu zweit für 500 Rs mieten, aber auch eine Suite mit Ofen im Schlafzimmer für 600 bzw. 700 Rs. Dann muß man aber für einen Eimer Kohlen weitere 50 Rs bezahlen. Die Suiten oben sind ganz hübsch, aber die Zimmer unten sind dunkel, zu teuer und daher nicht zu empfehlen. Den Gästen werden ein Billardzimmer, eine kleine Bücherei, etliche Erinnerungsstücke und viele sehr hübsche Sitzecken im Hause geboten. Das Restaurant dieses Hotels ist nur Hausgästen zugänglich, die dort für 40 Rs frühstücken und für 60 bis 80 Rs zu Mittag und zu Abend essen können. Um in diesem Haus übernachten zu können, muß man für 25 Rs pro Tag vorübergehend Mitglied im Club werden. In der Nebensaison übernachtet man hier bis zu 40 % günstiger.

Luxushotels: Das beste Hotel in Darjeeling ist das Hotel Windamere an den Hängen des Observatory Hill (Tel. 5 40 41). Es ist eines der ältesten Hotels in Darjeeling und ein Schmuckstück aus den vergangenen Zeiten der Briten. Diese weitläufige Anlage wurde in herrlich betreuten Gärten errichtet und besteht aus einem Hauptgebäude und gesonderten Bungalows. Liebhaber von Nostalgie kommen im Speiseraum voll auf ihre Kosten. Die Anlage gehört seit 1920 Mrs. Tenduf-La, einer Tibeterin Mitte der achtziger Jahre. Sie beschreibt ihre Haltung zur Führung eines Hotels als „sich der Mode und den Zwängen zu widersetzen, denen eine Vergnügungsindustrie ausgesetzt ist, in der ein persönlicher Service eine überflüssige Gefälligkeit darstellt".

Und der Service ist im Hotel Windamere in der Tat ausgezeichnet. Zudem ist das Haus gekennzeichnet von fehlenden Modernisierungen wie Fernsehgeräten und Zentralheizung. Es gibt jedoch in fast jedem Zimmer einen Ofen und Flaschen mit heißem Wasser, wenn man ihn braucht. Den Gästen stehen ferner eine Bibliothek und eine Bar zur Verfügung. Außerdem werden sie im Salon von einem Streichquartett und während des Abendessens von einem Pianisten unterhalten. Für ein Einzelzimmer muß man in diesem Haus 59 US $, für ein Doppelzimmer 89 US $ und für eine Suite 98 US $ bezahlen, und das einschließlich ausgezeichneter Vollpension.

Das vor kurzem neu eingerichtete Hotels Sinclairs in der Nehru Road 18/1 (Tel. 34 31) kann mit ausgezeichneten Ausblicken aufwarten. Hier muß man mit Frühstück und Abendessen für ein Einzelzimmer 1050 Rs und für ein Doppelzimmer 1900 Rs bezahlen. Alle Zimmer verfügen über ein eigenes Bad mit heißem Wasser und sind an eine Zentralheizung angeschlossen. Ein Restaurant und eine Bar sind hier ebenso vorhanden wie ein eigener Generator für die Stromversorgung.

An der Straße gegenüber vom Hauptpostamt liegt das schicke Hotel Chancellor (Tel. 29 56), ein Betonblock mit Einzelzimmern für 1005 Rs und Doppelzimmern für 1410 Rs (mit Bad). In diesen Preisen ist auch Frühstück enthalten. Die Mitarbeiter im Haus sind recht freundlich. Allerdings werden in der Nebensaison nur 15 % Ermäßigung eingeräumt.

Ein beliebtes Quartier ist das Hotel New Elgin etwas abseits der Robertson Road (Tel. 21 82), ein erfreuliches altes Haus mit einem Labrador und Bildern der Königin an den Wänden. Die Mitarbeiter sind sehr freundlich und vermieten Einzelzimmer für 1600 Rs sowie Doppelzimmer für 1800 Rs (mit Vollpension). Alle Zimmer sind beheizt sowie mit Bad (auch heißes Wasser) sowie Farbfernsehgerät ausgestattet. Hier stehen den Gästen ferner eine beliebte Bar, ein Restaurant und ein Innenhof mit Garten zur Verfügung.

ESSEN

Wenn man in der Jugendherberge oder im Triveni übernachtet und zum Essen nicht den Weg in die Stadt-

mitte auf sich nehmen will, dann bietet sich das Restaurant im Triveni Guest House an, das sauber ist und ganz gutes Essen zu bieten hat. Zum Hotel Aliment in der Nähe gehört ebenfalls ein Restaurant. Auch das Restaurant Ratna ist einen Versuch wert.

Zahlreiche preiswerte Lokale findet man in Darjeeling entlang der Laden La Road zwischen der State Bank of India und dem Postamt. Etliche von ihnen werden von Tibetern geführt, während in vielen der übrigen südindische Gerichte unterschiedlicher Art angeboten werden. Die meisten davon sind ziemlich einfach und könnten mal eine Generalreinigung vertragen. Zu dieser Reihe gehören der Grub Pub im Hotel Shabnam, das Café Himalaya mit guten tibetischen Gerichten, das Golden Dragon, das Vineet, das Potala, das Lotus, das Lhasa, das Penang, das Soatlee und das Washington. Ebenfalls in dieser Gegend liegt das neue Restaurant Park, das schon deutlich besser ist und gute Gerichte sowie Musik zu bieten hat.

Gegenüber vom Hotel Capital gibt es auch noch das Restaurant Dafey Munal, in dem „chocolate pudding with fire" angeboten wird.

Ein beliebtes Lokal für Frühstück und mit großartigen Ausblicken von der Terrasse ist das Kev's (Keventer's) Snack Bar). Dort kann man Schinken, Speck, Würstchen und Käse erhalten. Für Schinken oder Würstchen mit Eiern muß man hier 25 Rs bezahlen. Allerdings ist die Bedienung unglaublich langsam. Auch die Sauberkeit läßt zu wünschen übrig.

Auf der anderen Straßenseite, in der Nehru Road mit Blick über einen kleinen Platz, liegt das Restaurant Dekevas. Das ist ein kleines, sauberes und freundliches Lokal mit einer guten Pizza für bis zu 22 Rs. Andere Gerichte werden zu ähnlichen Preisen angeboten. Auch hier kann man frühstücken. Dieses Lokal ist bei Globetrottern genauso beliebt wie das Kev's.

Geht man ein Stück hügelaufwärts, erreicht man das Glenary's, ein ausgezeichnetes Lokal mit annehmbaren Preisen und dem Flair aus der Zeit der Briten. Die Teezeit wäre hier aber immer eine Gelegenheit, bei der saubere Tischdecken aufgelegt werden könnten. Die Preise sind durchaus annehmbar und betragen beispielsweise für einen großen Becher mit Darjeeling-Tee 15 Rs. Man kann hier auch richtig essen (Hauptgerichte für 25 bis 35 Rs), aber geschlossen wird bereits um 19.30 Uhr. Der Ausschank von Alkohol ist ebenfalls erlaubt, so daß man ein Bier für 40 Rs und ein Glas roten Golconda-Wein für 10 Rs erhalten kann. Unterhalb des Restaurants gibt es eine Bäckerei, in der, wenn man rechtzeitig dort ist, auch ausgezeichnetes braunes Brot gekauft werden kann. Die Kuchenstücke aus dieser Bäckerei für 6 Rs sind schon fast legendär, aber angeboten werden auch ganze Kuchen (Kirschen, Madeira, Dundee) zum Preis ab 30 Rs. Außerdem kann man in diesem Laden Käse aus Kalimpong kaufen.

In der Nähe finden Sie das Restaurant Shangri La, in dem indische und chinesische Gerichte zu Preisen zwischen 25 und 50 Rs serviert werden. Hier wird im Winter auch ein Kamin beheizt.

Hasty Tasty nennt sich ein schickes neues Schnellimbißlokal, in dem gute vegetarische Gerichte sowie eine ganze Reihe von Eissorten angeboten werden.

Direkt am Chowrasta liegt das Restaurant Star Dust, ein „Freiluftrestaurant" mit vegetarischer südindischer Küche. Das ist ein gutes Ziel, um ein wenig zu sitzen und bei einem Masala Dosa für 9 Rs oder einem Espresso für 4 Rs dem Treiben auf dem Platz zuzusehen. Ebenfalls am Chowrasta liegt das Amigos, ein weiteres Schnellimbißlokal mit Hamburgern und Pizza.

Das beste chinesische Essen erhält man im Restaurant New Embassy im Hotel Valentino. Hier werden Hauptgerichte für 35 bis 50 Rs angeboten, aber nicht mehr nach 19.00 Uhr. Wenn man noch später essen möchte, geht man besser in das Hotel New Elgin, in dem abends Tagesgerichte für 75 Rs angeboten werden. Das Essen schmeckt ganz gut und besteht nach der Tageskarte auch aus so merkwürdigen Speisen wie „cream of cherry soup", die aber ganz lecker schmeckt.

Preisgünstigere chinesische Gerichte sind im kleinen Restaurant Kim Fung an der N. B. Singh Road erhältlich, in dem dienstags auch Speisen mit Tofu serviert werden.

Wenn man sich einmal etwas Besonderes gönnen will, ist das Abendessen im Hotel Windamere nicht zu schlagen. Wohnt man dort nicht, muß man das Essen jedoch vorher bestellen, denn normalerweise wird nur für die Hausgäste gekocht. Angeboten wird ein Tagesgericht für 310 Rs. Hier kann man richtige westliche Gerichte erhalten, beispielsweise Brathähnchen, dem dann sogar noch ein richtiges indisches Essen mit Curry, Reis und *chapatis* folgt. Während des Essens spielt ein Pianist, während man sich danach in den Salon auf einen Brandy an das Kaminfeuer zurückziehen kann.

EINKÄUFE

Souvenirläden: Die meisten Läden dieser Art findet man am Chowrasta und in der Nehru Road. Dort werden Gegenstände aus dem Himalaja verkauft: Thankas, Messingstatuen, religiöse Gegenstände, Schmuck, Holzschnitzereien, Webarbeiten, Teppiche usw. Wer preiswert kaufen möchte, sollte sich viel Zeit nehmen und alles gut durchstöbern. Insbesondere die Thankas sind heute leider längst nicht mehr in der Qualität zu haben wie noch vor 10 Jahren. Auf den ersten Blick mögen sie ganz beeindruckend aussehen, aber beim zweiten Hinschauen werden Sie entdecken, daß die Liebe zum Detail verlorenging. Die Brokatumrandungen, die ursprünglich aus China stammen sollen, sind häufig von besserer Qualität.

Wenn Sie nach Bronzefiguren Ausschau halten, dann lassen Sie sich sagen, daß die echten Kostbarkeiten unter dem Ladentisch gehütet werden und weit mehr als 100 US $ kosten. Bei Interesse daran muß man klarstellen, daß man auf billige Massenprodukte keinen Wert legt, denn vorher rückt man mit den wertvollen Gegenständen nicht heraus.

Gut und auch ihr Geld wert sind die Holzschnitzereien. Die meisten Geschäfte akzeptieren Kreditkarten. Außer diesen Andenkenläden gibt es auch noch einen Markt, und zwar neben der Bus- und Taxihaltestelle. Hier kann man sehr gute und relativ preiswerte Wollpullover kaufen. Einen Regenschirm erhält man bereits für 20 Rs. Solche Regenschirme sind aus Bambus hergestellt und Sammlerstücke.

Tibetische Teppiche kauft man am besten bei Hayden Hall gegenüber der State Bank of India in der Laden La Road. Das ist eine Genossenschaft von Frauen, in der die Waren allemal ihr Geld wert sind, so daß es sich lohnt, das Angebot einmal in Augenschein zu nehmen. Das Manjusha Emporium des Staates West-Bengalen in der Nehru Road ist ein Geschäft mit Kunsthandwerk aus dem Himalaja, Seide und handgewebten Waren, die zu festen Preisen verkauft werden. Etwa 2 km außerhalb der Stadt in Richtung Ghoom finden Sie zudem die Kunstgalerie Ava Art, in der gestickte Bilder des Eigentümers zum Verkauf angeboten werden (Eintritt 0,25 Rs).

AN- UND WEITERREISE

Flug: Der nächstgelegene Flughafen ist 90 km entfernt in Bagdogra, und zwar unten in der Ebene und unweit von Siliguri. Einzelheiten über die Flugverbindungen dorthin und von dort können Sie dem Abschnitt über Siliguri weiter oben in diesem Kapitel entnehmen. Indian Airlines (Tel. 23 55) ist mit einem Büro im Hotel Bellevue am Chowrasta vertreten. Geöffnet ist montags bis samstags von 10.00 bis 13.00 Uhr und von 14.00 bis 16.00 Uhr sowie sonntags von 10.00 bis 13.00 Uhr. Der Flughafenbus (55 Rs) fährt jedoch gegenüber vom Hotel Alice Villa ab.

Bus: Die meisten Busse verlassen Darjeeling von der Haltestelle Bazaar in der Hill Cart Road. Die meisten Jeeps und Taxis fahren an der Haltestelle an der Kreuzung der Robertson Road und der Laden La Road ab. Die Auswahl an Bus-, Jeep- und Taxiunternehmen ist groß. Die Fahrten nach Kalkutta, Kathmandu und anderen entfernten Städten führen im allgemeinen über Siliguri. Zwischen Darjeeling und New Jalpaiguri sowie Siliguri fahren täglich zwischen 6.00 und 22.00 Uhr zahlreiche Busse, Jeeps und Taxis. Eine Fahrt mit einem Schnellbus dauert 3 1/2 bis 4 1/2 Stunden (manchmal auch weniger) und kostet 40 Rs. Für die Fahrt mit einem Sammeltaxi muß man pro Person 70 Rs bezahlen.

Der Flugplatz Bagdogra ist mit Darjeeling bei Ankunft und Abflug der Maschinen von und nach Kalkutta und Delhi durch Busse des Fremdenverkehrsamtes von West-Bengalen verbunden. Der Preis für die ungefähr 3 1/2 Stunden dauernde Fahrt beträgt 55 Rs. Unterwegs wird in Kurseong 15 Minuten lang für eine Erfrischung gehalten. In Darjeeling fahren die Busse gegenüber vom Hotel Alice Villa ab. Plätze für die Fahrten von Darjeeling zum Flughafen müssen vorher reserviert werden.

Auf der Strecke zwischen Darjeeling und Kalimpong verkehren regelmäßig Jeeps und Busse. Die Fahrzeit beträgt 2 1/2 Stunden. Abgefahren wird zwischen 7.30 und 15.00 Uhr recht häufig. Für eine Fahrt mit einem Jeep muß man vorn 50 Rs und hinten 35 R bezahlen. Diese Fahrten sind weitaus bequemer als mit einem Bus, so daß sich der Mehrpreis lohnt. Abfahrt für alle Verkehrsmittel nach Kalimpong ist an der Bushaltestelle Bazaar.

Wenn man Jeeps und Taxis außer acht läßt, bleiben für eine Fahrt von Darjeeling nach Gangtok lediglich Busse, unter anderem von Sikkim Nationalised Transport (SNT). Dieses Unternehmen ist mit einem Büro in Darjeeling im ersten Gebäude unterhalb des Hauptpostamtes in der Laden La Road vertreten. In jeder Richtung verkehrt täglich ein Minibus (60 Rs, 7 Stunden), der Darjeeling um 13.00 Uhr verläßt und für den wegen der wenigen Plätze eine Vorausbuchung ratsam ist.

Private Busse fahren von der Bushaltestelle ebenfalls nach Gangtok ab. Häufig kann man dorthin aber auch mit einem Jeep fahren (80 Rs).

Wenn man direkt in den Westen von Sikkim will, besteht die Möglichkeit, täglich um 8.30 Uhr mit einem Jeep nach Jorethang zu fahren (40 Rs, 1 1/2 Stunden), von wo man mit anderen Verkehrsmitteln weiter bis nach Gezing kommt.

Für Fahrten zwischen Darjeeling und Kathmandu bieten gleich mehrere Gesellschaften Verbindungen an (275 Rs). Allerdings fährt kein einziger Bus durch bis Kathmandu. Bei allen Fahrten muß man in Siliguri umsteigen. Normalerweise werden den Fahrgästen von der jeweiligen Gesellschaft Fahrkarten für die Strecke bis Siliguri verkauft (40 Rs). Dabei erhält man die Zusage, daß im Anschlußbus des gleichen Unternehmens nach Kathmandu ein Platz reserviert ist, für den man dann im Durchschnitt 235 Rs bezahlen muß. Damit kommt man dann gegen 15.00 Uhr in Kakarbhitta (an der Grenze) an, fährt gegen 16.00 Uhr weiter und erreicht am nächsten Morgen etwa gegen 9.00 oder 10.00 Uhr Kathmandu.

Die meisten Leute unternehmen diese Fahrt jedoch auf eigene Faust. Dann muß man allerdings viermal umsteigen und zunächst mit einem Bus von Darjeeling nach Siliguri (40 Rs), wieder mit einem Bus (5 Rs) oder mit einem Jeep (15 Rs) von Siliguri nach Panitanki an der Grenze, dann mit einer Rikscha über die Grenze nach Kakarbhitta (5 Rs) und schließlich erneut mit einem Bus von Kakarbhitta nach Kathmandu (250 nepalische Rupien) fahren. Das ist nicht nur billiger, sondern ermöglicht auch eine Wahl bei den Bussen und gibt Gelegenheit, tagsüber zu fahren und zwischendurch irgendwo zu übernachten. Von Kakarbhitta verkehren außer nach Kathmandu tagsüber auch Busse nach anderen Orten in Nepal, zum Beispiel nach Janakpur im Terai (100 N Rs), aber auch Nachtbusse nach Pokhara (250 N Rs).

Eine bequemere Alternative ist es, von der Grenze in Bhadrapur mit einem der mehrmals täglich eingesetzten Flugzeuge von Everest Air oder Royal Nepal Airlines nach Kathmandu zu fliegen (99 US $).

In Darjeeling gibt es übrigens kein nepalisches Konsulat. Das nächste ist in Kalkutta. Visa werden für 25 US $ (zahlbar in bar) aber auch an der Grenze ausgestellt. Die kann man in Kathmandu verlängern lassen.

Wenn man erst einmal in Nepal ist, kann man auch bis nach Narayangadh am Mahendra Highway fahren, vorbei an den Vorbergen des Himalaja und durch eine Reihe von interessanten Orten im Terai. Von Narayangadh geht es dann durch die Siwalik-Berge nach Mugling und in das Tal des Trisuli, wo man kehrt macht in Richtung Kathmandu. Wenn es nicht zu heiß ist, sollten Sie in Erwägung ziehen, hier tagsüber zu fahren, um mehr sehen und die Fahrt in Janakpur oder im Chitwan-Nationalpark unterbrechen zu können.

Manchmal bringen aber auch Lawinen oder Überflutungen Verzögerungen bei den Busfahrten mit sich. Ein Leser saß deshalb einmal drei Tage fest. In der Gegend von Kosi Barrage ist die Straße in einem sehr schlechten Zustand. Das gilt auch für ein fürchterliches Teilstück auf dem Prithvi Highway (der Straße von Pokhara nach Kathmandu) zwischen Mugling und Kathmandu. Viele Leute halten das für eine der schlimmsten Busfahrten auf dem gesamten indischen Subkontinent.

Verbindungen mit Luxusbussen bestehen von Darjeeling auch nach Kalkutta, Patna, Gawahati, Shillong, Silchar und Agartala.

Zug: Endstationen für alle Zugverbindungen mit Ausnahme der Spielzeugeisenbahn auf Schmalspur sind New Jalpaiguri und Siliguri. Näheres über die An- und Weiterreise mit der Bahn von oder nach Kalkutta und anderen großen Städten finden Sie im Abschnitt über Siliguri. Wenn die Spielzeugeisenbahn verkehrt, lassen sich Reservierungen für Züge nach New Jalpaiguri am Bahnhof in Darjeeling vornehmen.

Auch wenn man mit einem Bus oder Taxi von Jalpaiguri nach Darjeeling schneller das Ziel erreicht, ist auf dem letzten Streckenabschnitt eine Fahrt mit der Kleinbahn, die fast wie ein Spielzeug aussieht, viel interessanter, zumindest auf einer Teilstrecke. Die ganze Fahrt von Siliguri bis Darjeeling dauert bis zu 10 Stunden. Der Zug verkehrt täglich, allerdings kann es im Monsun durchaus vorkommen, daß der Betrieb vorübergehend eingestellt werden muß, weil man wieder ein Stück der Trasse weggeschwemmt worden ist. Abfahrt in Siliguri ist um 9.00 Uhr, Ankunft in Darjeeling fahrplanmäßig um 17.30 Uhr. In der Hochsaison wird sogar noch ein weiterer Zug eingesetzt, der Siliguri bereits um 7.15 Uhr verläßt. Der Fahrpreis beträgt in der 1. Klasse 153 Rs und in der 2. Klasse 19 Rs. Eine Fahrt mit diesem Zug ist langsam, aber auch interessant, selbst wenn der Ruß aus der kleinen Dampflokomotive bald jeden Fahrgast erreicht hat und es in den Waggons extrem eng ist, insbesondere dann, wenn gleich ein ganzes Dutzend Ausländer hoch beladen mit großen Rucksäcken mitfährt. Am besten ist, in dem Zug nur bis Kurseong mitzufahren (1. Klasse 33 Rs und 2. Klasse 9 Rs, 5 Stunden) und dort für die Weiterfahrt nach Darjeeling von 1¹/₂ Stunden Dauer in einem Bus (10 Rs) oder Jeep (30 Rs) umzusteigen. Dadurch erreicht man Darjeeling vor Anbruch der Dunkelheit.

TREKKING-TOUREN IM GEBIET VON DARJEELING

Die besten Monate für Trekking-Touren in dieser Gegend sind April, Mai, Oktober und November. Im April und Mai könnte man zwar einige Regenschauer abbekommen, trotzdem ist dies die schönste Zeit, weil viele Büsche dann gerade in Blüte stehen (Rhododendren). Verlängert sich der Monsun einmal, dann kann es auch in der ersten Hälfte des Oktobers noch gelegentlich regnen. Der November ist im allgemeinen trocken, und in der ersten Dezemberhälfte ist die Sicht gut, allerdings wird es dann schon empfindlich kalt. Ab Mitte Dezember müssen Sie mit Schneefällen rechnen.

Bei der Zusammenstellung der Bekleidung vor einer solchen Trekking-Tour sollte man bedenken, daß man durch Täler in nur 300 m Höhe und über Bergkämme in 4000 m Höhe wandern muß. Daher ist Kleidung mitzunehmen, die sowohl für tropische Gebiete als auch hohe Bergpässe geeignet ist. Unabhängig von der Jahreszeit, in der man Bergwanderungen unternimmt, sollte man einfache Regenbekleidung mitnehmen. Sie läßt sich klein zusammenfalten und gut im Rucksack verstauen. Man wird dies zu schätzen wissen, denn das Wetter ist, besonders in großen Höhen, unberechenbar. Und noch ein Tip: Tragen Sie in dicken Socken noch ein Paar dünne Socken, denn dann werden Sie seltener Blasen bekommen.

Im übrigen muß man wissen, daß in großen Höhen die akute Höhenkrankheit auftreten kann (vgl. Abschnitt über die Gesundheit im Einführungsteil).

Für die Trekking-Tour nach Sandakphu und Phalut (vgl. weiter unten) braucht man nicht viel mitzunehmen, denn unterwegs gibt es Übernachtungsmöglichkeiten. In den meisten Quartieren stehen den Gästen Decken zur Verfügung, aber in der Hochsaison lohnt es dennoch, einen Schlafsack bei sich zu haben, weil dann das Bettzeug knapp werden kann.

Auch wenn man entlang des Weges einfache Verpflegung erhalten kann, empfehlen alle Leute, etwas zu essen bei sich zu haben (Nüsse, Kekse, Rosinen und Schokolade). Auf alle Fälle braucht man daneben eine Wasserflasche (und sei es nur eine Plastikflasche mit Mineralwasser), weil man einige Abschnitte zurücklegen muß, in denen es weder Wasser noch Lokale gibt, um etwas trinken zu können.

Führer und Träger sind für die Trekking-Touren nicht unbedingt erforderlich, können aber über die Jugendherberge oder Trekking-Agenturen angeheuert werden. Für einen Träger müßte man dann mit etwa 80 Rs und für einen Führer mit ca. 150 Rs pro Tag rechnen. Wenn Sie keinen Führer mitnehmen, sollten Sie bei jeder sich bietenden Gelegenheit nach dem richtigen Weg fragen, weil der nicht immer deutlich erkennbar ist.

Hinweis: Bevor man Darjeeling verläßt, sollte man unbedingt einen Blick in das Buch werfen, das in der Jugendherberge ausliegt. Darin findet man Berichte und Hinweise von Trekkern, die bereits Erfahrungen auf Trekking-Touren in dieser Gegend gesammelt haben.

SANDAKPHU UND PHALUT

Diese Trekking-Tour zum Aussichtspunkt auf den Himalaja in Phalut (3600 m) ist die beliebteste Route in der ganzen Gegend. Sie erfordert eine kurze Busfahrt von Darjeeling nach Manaybhanjang, von wo aus man dann über Sandakphu ständig in Richtung Berge wandert. Man kann aber bereits in Sandakphu umkehren oder die Tour bis Phalut fortsetzen und anschließend hinunter nach Rimbik wandern und dort in einen Bus nach Darjeeling einsteigen. Man kann die Wanderung auch in Gegenrichtung unternehmen, dreht dann den Bergen aber länger seinen Rücken zu.

Von Manaybhanjang bis Sandakphu besteht auch eine rauhe Piste für Jeeps, die allerdings nicht häufig benutzt wird. Wenn man es vorzieht, sich bis dorthin fahren lassen wollen, muß man mit einem Land Rover von Darjeeling und wieder zurück mit 2500 Rs rechnen.

1. Tag (Darjeeling - Jaubari, 8-9 Stunden)
Von Darjeeling sollten Sie mit dem Bus um 7.00 Uhr
nach Manaybhanjang fahren (15 Rs, 1¹/₂ Stunden).
Dort sind die ersten 30 Minuten aus dem Ort heraus
steil, aber nach 3¹/₂ Stunden erreicht man Meghma, ein
gutes Ziel für das Mittagessen. In Jaubari, etwa 3 Stunden weiter, wird übernachtet. Das ist aber auch schon in
einer Lodge in Tunling, gleich vor Jaubari, möglich.
Jaubari liegt bereits in Nepal, und zwar gleich hinter der
Grenze, aber eine Kontrollstelle gibt es hier nicht. Für
die Nacht stehen drei Quartiere zur Wahl: die Everest
Lodge, die Indira Lodge und die Teacher's Lodge. Alle
sind ziemlich ähnlich. Hier muß man für eine Übernachtung pro Bett 25 Rs bezahlen, einen Preis, der sich
in der ruhigeren Nebensaison auch noch herunterhandeln läßt. Essen und sogar Bier sind ebenfalls zu haben.

2. Tag (Jaubari - Sandakphu, 5-6 Stunden)
Im größten Teil des zweiten Tages bieten sich herrliche
Ausblicke. Es beginnt mit einem halbstündigen Ab-
stieg nach Gairibas, dem ein Aufstieg nach Kalipokhari
mit einem Hotel und einem Restaurant folgt. Das ist
etwa 3¹/₂ Stunden von Jaubari entfernt. In weiteren 3
Stunden kommt man über Bikhay Bhanjang nach
Sandakphu, wobei die letzten paar Kilometer steil sind.
In diesem Ort gibt es zwei PWD Bungalows mit Betten

für jeweils 20 Rs und eine Trekker's Hut, in der man
ebenfalls für 20 Rs pro Person übernachten kann. Hier
muß man sich beim Trinkwasser vorsehen, weil die
Quelle nicht gerade sauber ist.

3. Tag (Sandakphu - Molley, 4-5 Stunden)
Zwischen Sandakphu und Sabarkum, vier bis fünf Stunden Wanderung, ist nirgendwo Verpflegung oder ein
Getränk erhältlich, so daß man beides bei sich haben
sollte. Zum Übernachten müssen Sie dann hinunter
nach Molley, wofür man etwas weniger als eine halbe
Stunde benötigt. Als Quartier bietet sich Didi's an, wo
man auch gutes Essen bekommen und sich an einem
Feuer aufwärmen kann.

4. Tag (Molley - Gorkhey, 5-6 Stunden)
Wandern Sie zurück nach Sabarkum und dann in zwei
Stunden nach Phalut. Dort bieten sich herrliche Ausblicke auf den Kanchenjunga. Wenn es klar ist, sollte es
auch möglich sein, in der Berggruppe im Nordwesten
den Everest auszumachen. Übernachten kann man in
der sehr einfachen Trekkers' Hut ohne Matratzen und
ohne Bettzeug. Von Phalut sind es leichte drei Stunden
hinab nach Gorkhey für eine weitere Übernachtung.
Dort gibt es eine neue Trekkers' Hut des Darjeeling
Gorkha Hill Council mit Betten für jeweils 20 Rs und

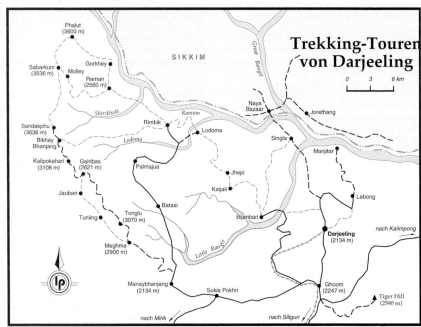

auch einige Privathäuser, in denen man übernachten kann.

5. Tag (Gorkhey - Rimbik, 6-7 Stunden)
In 2½ Stunden Wanderung durch einen Wald gelangt man nach Raman mit dem freundlichen Hotel Sherpa, einem ganz hübschen Quartier. Von Raman kann man in einem Spaziergang von 3½ Stunden Dauer durch eine ganze Reihe von kleinen Dörfern bis Rimbik kommen. Hier hat man die Wahl zwischen zwei Hotels, die beide ganz gut sind. Das Hotel Shiva Pradhan mit heißem Wasser und Bier wird nach dem Motto betrieben „Bezahlen Sie soviel, wie Sie für richtig halten". Und das scheint zu funktionieren. Das Hotel Sherpa ist ebenfalls recht beliebt und wirbt mit seiner „hervorragenden familiären Atmosphäre".

6. Tag (Rimbik - Darjeeling)
Am frühen Morgen kann man von hier mit einem Bus nach Darjeeling zurückfahren (25 Rs, 5 Stunden). Es besteht aber auch die Möglichkeit, in 5½ Stunden noch bis Bijanhari zu wandern, von wo ebenfalls Busse nach Darjeeling fahren.

Abkürzungen
Wenn Sie nicht genug Zeit für eine sechstägige Wanderung haben, können Sie etliche Abkürzungen benutzen. Eine Möglichkeit ist, nur bis Sandakphu zu wandern, wo sich ebenfalls bereits herrliche Ausblicke ergeben, zumal Sandakphu sogar noch etwas höher als Phalut liegt, wenn auch etwas weiter von den Bergen entfernt. Von hier kann man nach Bikhay Bhanjang zurückkehren, in 5-6 Stunden unmittelbar nach Rimbik weitergehen und dann mit einem Bus nach Darjeeling zurückfahren. Behalten Sie aber im Gedächtnis, daß es auf dieser Strecke weder Wasser noch Verpflegung gibt. Die andere Abkürzung verläuft zwischen Molley und Raman, wofür man etwa einen Tag benötigt. Einfacher mag es jedoch sein, den Weg bis zum Dorf Siri Kola (5 Stunden) zu benutzen und am folgenden Tag gemütlich nach Rimbik zu wandern. Übernachten läßt sich in Siri Kola in einer noch ziemlich neuen Trekker's Hut.

KALIMPONG

Einwohner: 45 000
Telefonvorwahl: 03552
In einer Höhe von 1250 m sowie eingebettet in sanfte Vorberge des Himalaja und in tiefe Täler liegt Kalimpong, ein geschäftiger und schnell wachsender, aber immer noch kleiner Basar-Ort. Bis zum Beginn des 18. Jahrhunderts gehörte er noch den Rajas von Sikkim, fiel aber später an Bhutan. Im 19. Jahrhundert bekamen die Engländer diesen Ort in ihre Hände. Dadurch wurde er ein Teil von West-Bengalen. Ende der 19. Jahrhunderts war hier ein Schwerpunkt der Tätigkeit schottischer Missionare. Aus dieser Zeit sind das Waisenhaus und die Schule von Dr. Graham noch heute in Betrieb. Interessant an Kalimpong sind die drei Klöster, zwei solide erbaute Kirchen, eine ausgezeichnete private Bibliothek für Studien der Sprache und Kultur Tibets sowie des Himalaja, eine Seidenraupenzucht, Blumenzuchtbetriebe und die wirklich schönen Ausblicke über die Landschaft in der Umgebung. Auch wenn nicht viele Leute Kalimpong besuchen, läßt sich doch so viel unternehmen, daß man mehrere Tage lang beschäftigt ist. Wer sich dafür kräftig genug fühlt, kann auch einige ganz gute Trekking-Touren unternehmen.
Der beeindruckendste Teil einer Reise nach Kalimpong ist die Strecke von Darjeeling mit der Brücke über den Teesta. Wenn Sie keine Einreiseerlaubnis für Sikkim haben, dann sollten Sie Kalimpong allein wegen der schönen Anfahrt besuchen.

ORIENTIERUNG UND PRAKTISCHE HINWEISE
Kalimpong ist zwar kleiner als Darjeeling, aber ähnlich angelegt. Der Ort erstreckt sich ebenfalls entlang eines Bergkammes und hat die gleichen Verbindungsstraßen und Treppen wie Darjeeling.
Das Leben spielt sich um den Sportplatz und den Markt herum ab. Geschäftig sind aber auch die Gegenden mit der Bushaltestelle und dem Chowrasta. Dort findet man die meisten der preiswerten Cafés und Hotels.
Plätze in Zügen von Siliguri und NJP lassen sich in einer Agentur der Eisenbahn unweit der Mayal Lyang Lodge reservieren.

SEHENSWÜRDIGKEITEN
Klöster: Das 1922 gegründete Kloster Tharpa Choling gehört der Gelbmützen-Sekte des tibetischen Buddhismus (Geluk-pa). Sie wurde im 14. Jahrhundert in Tibet gegründet, und ihr gehört auch der Dalai Lama an. Zu erreichen ist dieses Kloster von der Innenstadt in 40 Minuten Fußweg bergauf über den Pfad, der von der K. D. Pradhan Road nach rechts abzweigt, und zwar kurz vor dem Milchsammelstelle und dem Extension Wing Building.
Das Kloster Thongsa Gompa, ein bhutanesisches Kloster weiter hügelabwärts, ist das älteste in der Region und wurde bereits 1692 gegründet. Allerdings ist das heutige Gebäude jünger, denn der erste Bau wurde

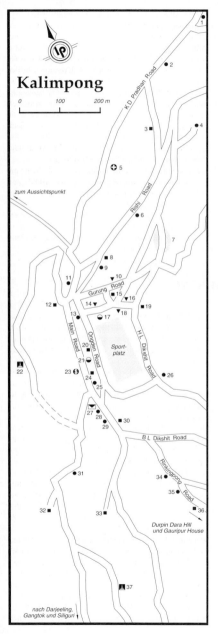

Kalimpong

0   100   200 m

zum Aussichtspunkt

Unterkünfte
3   Deki Lodge
8   Mayal Lyang Lodge
12 Hotel und Restaurant Gompu's
15 Janakee Lodge und Cozy Nook Lodge
19 Crown Lodge
20 Sherpa Lodge
24 Hotel Tripti
30 Hotel Silver Oaks
32 Shangri La Tourist Lodge
33 Hotel Himalayan
36 Hotel Park

Restaurants
10 Restaurant TT
14 Restaurant Mandarin
16 Punjab Lodge
18 Restaurant Kalsang

Sonstiges
1   Häuser von Dr. Graham
2   Kloster Tharpa Choling
4   Gompa Thongsa
5   Krankenhaus
6   Kanchan-Kino
7   Markt
9   Agentur der Eisenbahn
11 Genossenschaft Arts & Crafts
13 Büro von SNT (Sikkim)
17 Bus- und Jeephaltestelle
21 Mintri Transport
22 Thakur-Baru-Tempel
23 Bank
25 Kalimtrek
26 Hill Crafts Institute
27 Hauptpostamt
28 Ausländerbehörde
29 Rathaus
31 Kino
34 Naturinterpretationszentrum
35 Rishi Bankim Park
37 Kali-Mandir-Tempel

beim Wüten der Gurkhas gegen Sikkim vor der Ankunft der Briten zerstört.

Das Kloster Zong Dog Palri Fo-Brang, gelegen 5 km südlich der Ortsmitte am Ende des Bergkammes, wurde Mitte der siebziger Jahre auf dem Durpin-Dara-Hügel erbaut und vom Dalai Lama gesegnet. Von diesem Hügel aus hat man herrliche Ausblicke auf die Berge. In der Gegend befindet sich ein großes Militärlager, durch das man aber ohne Probleme gehen oder fahren kann.

Blumenzucht: Kalimpong liegt in einem berühmten Orchideenzuchtgebiet, von dem aus die hier gezogenen

Orchideen nach vielen Städten im nördlichen Indien gebracht werden. Drei dieser Gärtnereien sind besonders bekannt: Sri Ganesh Moni Pradhan Nursery, Standard Nursery und Udai Mani Pradhan Nursery. Die Standard Nursery und die Universal Nursery haben sich auch auf die Zucht von Kakteen spezialisiert.

Seidenraupenzucht: Diese Anlage, in der Seidenraupen gezüchtet werden und Seide hergestellt wird, liegt an der Straße nach Darjeeling und kann besichtigt werden. In der Nähe liegt die Swiss Welfare Dairy, eine Käserei, die von Missionaren aus der Schweiz gegründet wurde und in der man (wie auch in Darjeeling) leckeren Hartkäse kaufen kann.

Naturinterpretationszentrum: Diese Anlage an der Rinkingpong Road wird von der Abteilung für den Schutz des Bodens des Ministeriums für Umwelt und Wälder betrieben. Sie besteht aus einer Reihe von ganz hübsch zusammengestellten Dioramen, durch die die Auswirkungen menschlicher Tätigkeiten auf die Umwelt veranschaulicht werden. Wenn auch alles nicht gerade besonders aufregend, ist es ganz erfreulich, zu sehen, daß durch Ausstellungen wie diese öffentlich Aufmerksamkeit erregt wird. Geöffnet ist die Anlage täglich außer donnerstags von 10.00 bis 13.30 Uhr und von 14.00 bis 16.00 Uhr.

Kunst und Kunsthandwerk: Markttage sind in Kalimpong der Mittwoch und der Samstag, die Tage, an denen es sich ganz sicher lohnt, einmal über den Markt zu gehen, insbesondere um Einheimische kennenzulernen und sich mit ihnen zu unterhalten. Ansonsten sind die Preise allerdings überhöht. Der Markt ist ganz sicher nicht mit Kathmandu zu vergleichen und bietet auch nichts, was in Darjeeling oder Gangtok nicht ebenfalls erhältlich wäre. Jedoch kann alter tibetischer Schmuck (oder nachgemachter alter tibetischer Schmuck) hier etwas billiger sein.
Die Taschen, Geldbörsen, Kupfersachen, Laubsägearbeiten und Gemälde aus den Häusern von Dr. Graham werden im Laden der Genossenschaft Kalimpong Arts & Crafts verkauft. Die Häuser waren ursprünglich im Jahre 1900 vom Missionar Dr. Graham als Schule für Einheimische erbaut worden, und zwar auf einem Gelände von rund 50 Hektar, das groß genug war, um sich selbst zu versorgen, auch mit Geflügel und anderen Tieren. Heute befindet sich dort eine große Privatschule.
Rabindranath Tagore verbrachte übrigens jeden Sommer hier und begann mit dem Bau von Chitrabhanu, einem Haus für notleidende Frauen am Gauripur House. Die dort hergestellten Kunstgewerbesachen werden ebenfalls verkauft.

UNTERKUNFT

Einfache Unterkünfte: Eine ganze Reihe von sehr einfachen Unterkünften findet man um die Bushaltestelle herum. Eine davon ist die kleine, familiär geführte Lodge Himalshree im 3. Stock des Gebäudes in der Ongden Road (Tel. 5 50 70). Der Besitzer ist freundlich sowie hilfsbereit und vermietet Einzelzimmer für 60 Rs und Doppelzimmer für 120 Rs, alle mit Badbenutzung. Die Punjab Lodge kann nicht gerade als makellos sauber beschrieben werden, hat aber Einzelzimmer für 50 Rs und Doppelzimmer für 100 Rs zu bieten (mit Badbenutzung). Besser ist die Cozy Nook Lodge (Tel. 5 55 41) mit Doppelzimmern für 150 Rs (mit Bad). Heißes Wasser steht jedoch nicht zur Verfügung.
Die Janakee Lodge in der Nähe (Tel. 5 54 79) ist ein ganz gutes Quartier mit Doppelzimmern ab 100 Rs (mit Badbenutzung) bzw. 120 Rs (mit eigenem Bad). Hier fließt heißes Wasser am Morgen.
Das bei Rucksackreisenden beliebteste Haus ist wahrscheinlich die Deki Lodge (Tel. 5 50 95), etwa 10 Minuten zu Fuß nördlich der Bushaltestelle. Geführt wird es von freundlichen und hilfsbereiten Tibetern, die auch mit guten Vorschlägen dienen, was man in Kalimpong und Umgebung unternehmen kann. Hier kosten Einzelzimmer 70 Rs und Doppelzimmer 150 Rs (mit Bad). Mit Badbenutzung kann man in einem einfachen Holzgebäude allein aber auch für 60 Rs und zu zweit für 100 Rs übernachten. Hinter dem Haus gibt es auch einen hübschen kleinen Garten. Heißes Wasser erhalten die Gäste in Eimern ohne Zusatzkosten und können auf Vorbestellung in dieser Unterkunft auch preisgünstig essen.
Das Gompu's am Chowrasta wird ebenfalls von einer freundlichen tibetischen Familie geführt, die gute Einzelzimmer für 100 Rs und Doppelzimmer für 200 Rs vermietet (alle mit eigenem Bad). Unten befindet sich auch ein gutes Restaurant. Die Lodge Mayal Lyang (Tel. 5 53 33) ist mit 200 Rs für ein Doppelzimmer mit Bad genauso teuer, hat aber keine Einzelzimmer zu bieten und räumt bei Alleinbelegung eines Doppelzimmers auch keine Ermäßigung ein.
Die Sherpa Lodge (Tel. 5 55 72) liegt mit Blick über den Sportplatz und ist mit Einzelzimmern für 150 Rs und Doppelzimmern für 250 Rs (mit Bad) keine schlechte Wahl ist. Geführt wird dieses Haus von sehr netten Leuten, die den Gästen heißes Wasser in Eimern zur Verfügung stellen.
Die ebenfalls ganz gute Shangri La Tourist Lodge des Fremdenverkehrsamtes von West-Bengalen (Tel. 5 22 30) findet man außerhalb des Ortes an der Straße hinunter zur Brücke über den Teesta. Das ist ein sauberes altes Haus aus Holz, in dem mit Bad Einzelzimmer für 150 Rs und Doppelzimmer für 200 Rs vermietet werden. Die Mitarbeiter sind ganz nett und bereiten für die Gäste auch Essen zu. Das Haus ist allerdings nicht

ausgeschildert, so daß man, wenn man aus Kalimpong hinausgeht, auf das Kino an der linken Seite achten und dann kurz danach die schmale Straße nach rechts hinunter nehmen sollte.

Die Crown Lodge (Tel. 5 55 46) liegt in einer Nebenstraße der H. L. Dikshit Road. Das Haus ist ruhig, geräumig sowie sauber und hat Einzel- und Doppelzimmer mit Bad, heißen Duschen am Morgen, Fernsehgerät in den Doppelzimmern und Tee am Bett um 6.30 Uhr (ob man mag oder nicht) ab 180 bzw. 230 Rs zu bieten. Auch hier sind die Mitarbeiter ganz nett, aber das Hotel verfügt nicht über ein eigenes Restaurant.

Das Hilltop Tourist Cottage (Tel. 5 56 54) liegt etwa 2 km von der Ortsmitte entfernt und ist von der Rinkingpong Road ausgeschildert. Die Anlage, ebenfalls betrieben vom Fremdenverkehrsamt von West-Bengalen, ist ein etwas spartanisches und höhlenartiges altes Holzgebäude, aber dennoch ganz hübsch. Mit Bad und heißem Wasser aus Eimern muß man hier allein 150 Rs und zu zweit 325 Rs bezahlen. Essen kann man in diesem Haus ebenfalls.

Mittelklassehotels: Die wenigen Mittelklassehotels liegen alle außerhalb der Ortsmitte nach Süden hin entlang der Rinkingpong Road. Das beste davon ist das Hotel Park (Tel. 5 53 04, Fax 5 59 82), zu finden etwa einen Kilometer von der Bushaltestelle entfernt. Der Hauptteil dieses Hotels besteht aus einem sehr hübschen Bungalow aus der Zeit um die Jahrhundertwende mit polierten Holzfußböden und Täfelung an den Decken. Die Zimmer mit Bad, heißem Wasser und Fernsehgerät in diesem Haus für 450 Rs (Einzelzimmer) und 600 Rs (Doppelzimmer) sind eine gute Wahl, zumal die Zimmer nach vorn auch noch herrliche Ausblicke ermöglichen. Zu den gleichen Preisen werden auch noch Zimmer in einem neuen Block nach hinten hin vermietet, aber die sind, wenngleich komfortabel, weit weniger ansprechend. Zum Hotel gehören auch eine Bar und ein Restaurant.

Das Fremdenverkehrsamt betreibt an dieser Straße ebenfalls zwei Unterkünfte. Auch sie sind in Bungalows aus der Kolonialzeit eingerichtet worden, haben hübsche Gartenanlagen und herrliche Ausblicke zu bieten, sind aber mit einem eigenen Verkehrsmittel schwer zu erreichen. Eine davon, die Tashiding Tourist Lodge (Tel. 5 59 29), liegt 3 km von der Bushaltestelle entfernt und hat Einzelzimmer für 535 Rs sowie Doppelzimmer für 713 Rs zu bieten (einschließlich Frühstück und Abendessen).

Einen Kilometer weiter liegt das hübschere der beiden Quartiere, nämlich die Kalimpong Tourist Lodge, auch Morgan House genannt (Tel. 5 53 84). Dort werden die gleichen Preise wie in der Tashiding Tourist Lodge verlangt.

Luxushotels: Wenn Sie das Geld dafür haben, gibt es kein besseres Quartier in Kalimpong als das wunderschöne, alte Hotel Himalayan aus Stein (Tel. 5 52 48, Fax 5 51 22). Sie finden es an der rechten Seite, wenn Sie direkt hinter dem Postamt etwa 300 m bergan gehen. Es ist im ehemaligen Wohnhaus des englischen Handelsmannes David MacDonald eingerichtet worden, der Geschäfte mit Tibet betrieb. Er ist auch Verfasser der Bücher 20 Jahre Tibet sowie Land der Lamas. Das Hotel ist umgeben von einem herrlichen Garten und bietet einen Blick auf die schneebedeckten Gipfel des Kanchenjunga.

Das Hotel ist immer noch in den Händen der Familie MacDonald und wird nun von Tim und Neelam MacDonald geführt. Obwohl die Mitarbeiter immer noch die gleichen sind, hat dieses Haus etwas von seinem Charakter verloren, weil viele der wertvollen Antiquitäten, darunter unbezahlbare Thankas, vor einiger Zeit gestohlen worden sind. Dennoch ist das Haus immer noch ein hervorragendes Quartier. Die Leitung des Hauses ist freundlich und hilfsbereit, kann interessante Spaziergänge in der Nachbarschaft vorschlagen und organisiert Picknicks sowie Ausflüge zur Beobachtung von Vögeln. Hier muß man für ein Einzelzimmer 700 Rs und für ein Doppelzimmer 1000 Rs bezahlen (mit Vollpension 1000 bzw. 1600 Rs). Hinzu kommen noch 10 % Steuern. Man kann auch tibetische Gerichte erhalten, und die schmecken sehr gut. Für Kaminfeuer im Zimmer muß man allerdings 60 Rs Zuschlag bezahlen.

Ganz im Kontrast dazu steht das Hotel Silver Oaks in der Upper Cart Road (Tel. 5 52 60, Fax 5 53 68), vom Postamt etwa 100 m hügelaufwärts. Es ist mit dem Hotel Himalayan nicht zu vergleichen und läßt es an Atmosphäre fehlen, ist aber doch ganz hübsch und ermöglicht gute Ausblicke. Allerdings ist es auch ziemlich teuer, denn für ein Einzel- oder Doppelzimmer muß man hier 1600 bzw. 1800 Rs bezahlen. Frühstück erhält man für 75 Rs, Mittag- oder Abendessen für 125 Rs.

ESSEN

Das Restaurant Kalsang ist ein gemütliches tibetisches Lokal, das etwas versteckt ein paar Stufen hinunter gegenüber vom Restaurant Usha in der Nähe der Bushaltestelle liegt. Die Gerichte hier sind preisgünstig, schmecken gut und werden von freundlichen Leuten serviert. Das Restaurant TT ist ein gutes chinesisches und tibetisches Lokal mit gyathuk, das wie thukpa (Nudelsuppe) schmeckt, für 15 Rs und süß-saurem Schweinefleisch für 25 Rs.

Gompu's Restaurant am Chowrasta ist ein ganz nettes Lokal mit freundlichen Mitarbeitern, das von Einheimischen und Besuchern gleichermaßen stark empfohlen wird. Dort bekommen Sie tibetische, indische und chinesische Gerichte und können im westlichen Stil frühstücken. Für ein gebratenes Hähnchen und Chips muß man 55 Rs bezahlen, für einen Teller *momos* 10 Rs. Zu empfehlen ist auch das Restaurant Mandarin gegenüber der Bushaltestelle, in dem chinesische Gerichte serviert werden. Ein weiteres Restaurant mit ähnlich guten Speisen findet man in der Myal Lyang Lodge.

Das Restaurant Pure Veg Punjab unterhalb der Cozy Nook Lodge ist ein weiteres gutes und zugleich sauberes Lokal, in dem die normalen indischen Gerichte serviert werden. Es ist recht beliebt und eines der wenigen Lokale, die auch nach 19.30 Uhr noch geöffnet sind. Ein kleiner, freundlich geleiteter *Chai*-Laden ist das Restaurant Usha zwischen der Crown Lodge und der Bushaltestelle. Dort gibt es preiswertes, einfaches Essen. Das übliche indische Essen kann man in vielen Lokalen in der Main Road erhalten, beispielsweise im Restaurant vom Hotel Tripti.

Wenn man sich bei den Mitarbeitern vorher anmeldet, kann man auch im Hotel Himalayan essen, ohne zugleich Hausgast sein zu müssen. Dort werden europäische, indische und tibetische Gerichte zubereitet. Die Atmosphäre und die Umgebung übertreffen das Essen jedoch bei weitem. Hier muß man für ein Mittag- oder Abendessen 120 Rs und für ein Frühstück 80 Rs ausgeben.

AN- UND WEITERREISE

Bus und Jeep: Auf der Strecke zwischen Kalimpong und Darjeeling bestehen täglich viele Verbindungen mit Jeeps (hinten 35 Rs und vorn 50 Rs) und ein paar Taxis. Eine Fahrt dauert etwa drei Stunden. Busse verkehren nicht so oft und sind langsamer sowie unbequemer als die Jeeps und Taxis, so daß die kleine Ersparnis nicht lohnt. Alle Verkehrsmittel außer Taxis fahren von der Haltestelle Bazaar ab.

Eine Busfahrt zwischen Kalimpong und Siliguri dauert drei Stunden und kostet 27 Rs. Fahrkarten dafür sollte man sich vorher in einem der Büros um die Bushaltestelle herum besorgen. Die Straße nach Siliguri folgt nach der Brücke dem Teesta, so daß es viel billiger und schneller ist, auf dieser Strecke statt über Darjeeling zu fahren. Außerdem kann man herrliche Ausblicke genießen.

Auf der Strecke von Kalimpong nach Gangtok (Sikkim) setzt Sikkim Nationalised Transport um 8.30 und 13.15 Uhr zwei Busse täglich ein. Fahrkarten dafür sollte man ebenfalls vorher kaufen, und zwar im Büro von SNT an der Ongden Road bei der Bushaltestelle. Eine Fahrt dauert vier Stunden und kostet 30 Rs. Auf dieser Route verkehren außerdem private Busse sowie Jeeps.

Täglich einmal setzt das Unternehmen Mintri Transport einen Bus für die Fahrt nach Siliguri und zum Flugplatz Bagdogra ein. Abfahrt ist um 7.15 Uhr am Büro in der Main Road (Tel. 5 52 41), das gleichzeitig auch als Büro von Indian Airlines dient. Eine Fahrt dauert drei Stunden und kostet 75 Rs. Bei Mintri Transport kann man auch Flüge buchen, beispielsweise mit Royal Nepal Airlines.

DIE UMGEBUNG VON KALIMPONG

In der Umgebung von Kalimpong gibt es eine Reihe von Sehenswürdigkeiten, die einen Besuch wert sind. Lava, etwa 30 km östlich, ist ein kleines Dorf mit einem ebenso kleinen Kloster, das dem gleichen Orden gehört wie das Kloster in Rimtek (Sikkim). Weil dienstags Markt abgehalten wird, ist das der beste Wochentag für einen Besuch.

In Lava steht ein Forest Rest House, das man in Anspruch nehmen kann, wenn man im Dorf übernachten möchte (Reservierungen vorher im Forest Department in Kalimpong). Zwischen Lava und Kalimpong verkehren regelmäßig Busse und Jeeps. Ein weiteres kleines Dorf östlich von Kalimpong ist Kaffer, in dem man ebenfalls in einem Forest Rest House übernachten kann. Leute mit Abenteuerlust sollten sich auf den Weg zur Samco-Seilbahn begeben, einem Sessellift, den Schwe-

den als Entwicklungshilfemaßnahme erbaut haben, um Dorfbewohnern zu helfen, den Teesta zu überqueren. Wenn einen die Vorstellung, an einem Stück Draht 30 m über dem Wasser zu hängen, nicht zusagt, sollte man lieber die Finger davon lassen. Geeignet ist die Überfahrt auch nicht für Leute, die nicht schwindelfrei sind oder unter Herzproblemen leiden. Errichtet wurde die Seilbahn an der Hauptstraße zwischen Siliguri und Gangtok an einer Stelle, die als 27. Meile bekannt ist. Dorthin kommt man mit jedem Bus von Kalimpong in Richtung Siliguri.

Alle diese Ziele lassen sich nacheinander in einer viertägigen Trekking-Tour von Kalimpong aus besuchen. So etwas wird in ein paar Agenturen in Kalimpong organisiert. Weitere Einzelheiten erfährt man in der Deki Lodge.

WEST-BENGALEN

ORISSA

Der tropische Bundesstaat Orissa liegt südlich von Bengalen an der Ostküste Indiens. Seine bedeutendsten Sehenswürdigkeiten sind die Tempel in Bhubaneswar, die langen, sandigen Strände von Puri sowie der große Sonnentempel von Konark. Diese drei Orte bilden ein überschaubares Dreieck, von denen Bhubaneswar sogar an der Haupteisenbahnstrecke zwischen Kalkutta und Madras liegt.

Orissa ist stark ländlich geprägt mit fruchtbaren grünen Ebenen entlang der Küste, an die sich die Hügel der Östlichen Ghats anschließen. Die Mehrheit der Einwohner lebt unterhalb der Armutsgrenze mit einem der niedrigen Durchschnittseinkommen im ganzen Land. Die Wirtschaft in Orissa, basierend vorwiegend auf der Landwirtschaft, wird häufig durch Naturkatastrophen wie Überflutungen, Trockenheit sowie Zyklone oder Tornados aus dem Gleichgewicht gebracht. Allerdings konnten die Überflutungen im Delta des Mahanadi, die regelmäßig vorkommen, durch den Bau des Hirakud-Dammes verringert werden. Der Staat Orissa ist aber auch reich an Bodenschätzen, exportiert viel Eisenerz und erzeugt in einem großen Werk in Rourkela Stahl.

Nur wenige Besucher verlassen in Orissa die übliche Touristenroute in dem Dreieck zwischen Bhubaneswar, Puri und Konark. Aber selbst wenn das Reisen abseits der ausgetretenen Pfade in Orissa oft unbequem sein kann und Einrichtungen für Touristen nur selten zur Verfügung stehen, kann es eine interessante und lohnende Erfahrung sein. Die Leute in Orissa, von denen 25 % Stammesgruppen der Ureinwohner angehören, sind ausgesprochen freundlich und gastfreundlich.

Einwohner: 33,5 Millionen
Gesamtfläche: 155 707 km²
Hauptstadt: Bhubaneswar
Einwohner pro Quadratkilometer: 225
Wichtigste Sprache: Oriya
Alphabetisierungsrate: 48,7 %
Beste Reisezeit: November bis März

GESCHICHTE

Orissas Geschichte ist noch weitgehend unbekannt und beginnt für uns mit der Herrschaft von Kalinga. Im Jahre 260 v. Chr. wurde er von Ashoka, dem großen indischen Eroberer, in der Nähe des heutigen Bhubaneswar besiegt. Die blutige Schlacht ließ bei Ashoka einen so bitteren Nachgeschmack zurück, daß er zum

---

Tempelarchitektur in Orissa

Die Tempel von Orissa entsprechen alle mehr oder weniger demselben Grundmuster, seien es der mächtige Lingaraj-Tempel in Bhubaneswar, der Jagannath-Tempel in Puri, der Sonnentempel in Konark oder die vielen anderen. Immer liegen zwei Strukturen zugrunde - das *jagamohan* (Eingangstor) und das *deul*, wo ein Bild der Gottheit aufbewahrt wird und worüber sich der Turm erhebt. Bei größeren Tempeln ist der Aufbau durch zusätzliche Eingangshallen vor dem *jagamohan* vielfältiger. Das sind dann die *bhogamandapa* (Opferhallen) und die *nata mandir* (Tanzhallen).

Die ganze Anlage kann von einer Mauer umschlossen sein, und innerhalb dieser Umfriedung können weitere, untergeordnete Tempel und Schreine stehen. Die größte Bedeutung bei der Tempelgestaltung haben die aufstrebenden Türme sowie die komplizierten Reliefs, die die Decke eines jeden Tempels schmücken. Ihre Abbildungen sind vielfältig und sehr verschieden: Götter, Männer und Frauen, Pflanzen und Bäume, Blumen, Tiere und alle anderen Dinge des täglichen Lebens. Allerdings haben die meisten Besucher nur die erotischen Darstellungen im Auge. Die erreichen ihren Höhepunkt in Konark, wo jedes Detail für sich schon so interessant ist wie die beeindruckende Größe des Tempels und dessen Ausstrahlung.

Buddhismus übertrat und dafür sorgte, daß sich die Religion sehr weit verbreitete. Jedoch mußte der Buddhismus in Orissa schon bald wieder einen Niedergang erleben. Bis zum 2. Jahrhundert n. Chr. wurde der Jainismus bestimmend, in dem dann der Buddhismus wieder stark aufkam.

Um das 7. Jahrhundert n. Chr. herum überwand der Hinduismus den Buddhismus erneut. Damit begann gleichzeitig die Blütezeit von Orissa. Unter den Königen der Kesar- und Ganga-Dynastien blühte die Kultur Orissas auf. Unzählige Tempel aus dieser klassischen Zeit stehen noch heute. Den Einwohnern von Orissa gelang es sogar, den moslemischen Herrschern in Delhi zu widerstehen, bis ihre Region im 16. Jahrhundert an die Moguln fiel. Dabei wurden in Bhubaneswar viele Tempel zerstört.

EINKÄUFE

In Orissa gibt es ein sehr umfangreiches und dabei typisches Kunsthandwerk. Am bekanntesten sind sicher die Applikationsstickereien aus Pipli. Das sind Stücke aus Stoff in hellen Farben mit den Umrissen von Tieren und Blumen, die auf Bettbezüge, Kissen und Sonnenschirme für den Strand genäht werden. Zudem ist das Dorf Raghurajpur berühmt wegen der *patachitra* (Gemälde auf besonders präpariertem Gewebe). Bekannt sind auch die filigranen Schmuckarbeiten aus Cuttack.

Ferner werden in Orissa zahlreiche Arten von handgewebten Stoffen hergestellt. In Sambalpur fertigt man Tie-dye- und Ikat-Stoffe, wobei Ikat zunächst in mehreren Arbeitsgängen gefärbt und erst dann gewebt wird. Dadurch entstehen Stoffe mit etwas „verschwommenen" Mustern, die besonders schön aussehen. In Puri

können Sie außerdem eigenartige holzgeschnitzte Nachbildungen des Gottes Jagannath sowie dessen Bruder

und Schwester kaufen. Und in Balasore wird lackiertes
Kinderspielzeug hergestellt.

BHUBANESWAR

Einwohner: 444 000
Telefonvorwahl: 0674

Auch wenn die Hauptstadt von Orissa erst 1950 vom
überfüllten Cuttack nach Bhubaneswar verlegt wurde,
reicht die Geschichte der Stadt 2000 Jahre zurück. Das
haben Ausgrabungen in Sisupal Garh, die Überbleibsel
von Ruinen einer Stadt, ergeben. Außer deshalb, weil
sich in ihrem Gebiet die Hauptstadt des alten Kalinga

befand, ist Bhubaneswar bekannt als Stadt vieler Tem-
pel und einer Kathedrale aufgrund ihrer unzähligen
Tempel im extravaganten Orissa-Stil, die aus der Zeit
zwischen dem 8. und dem 13. Jahrhundert stammen.
Man sagt, daß einst um den Wasserspeicher Bindu
Sagar über 7000 Tempel standen.

Heute berichten die Führer von Stadtrundfahrten, daß es
nur noch 500 seien, aber auch das scheint ein bißchen

Stammesgruppen aus Orissa

In Orissa leben nicht weniger als 62 verschiedene Stammesgruppen, deren Herkunft sich bis in die Zeit vor der
Invasion der Arier in Indien zurückverfolgen läßt. Diese Ureinwohner, die tatsächlich offiziell als „Stammesgruppen" bezeichnet werden, machen mehr als ein Viertel der Bevölkerung von Orissa aus und leben vorwiegend
in der hügeligen Gegend und seltener in der kleinen Küstenebene. Viele von ihnen haben sich den Eindringlingen
angepaßt und sehen für Besucher aus dem Ausland nicht viel anders aus als die durchschnittlichen Einwohner
dieses Bundesstaates, auch wenn die Anthropologen und die kastenbewußten Inder dem kaum zustimmen
werden. Andere, wie die nur knapp bekleideten Bonda, sind schon deutlicher zu unterscheiden.

Kondh: Die zahlenmäßig größte Stammesgruppe bilden die 950 000 Kondh. Sie begehen noch immer
farbenprächtige Feiern, wenn auch heute Tieropfer die früheren Menschenopfer ersetzen, die zu unterbinden die
Briten große Mühe hatten. Dies trifft besonders auf die Gegend von Russelkonda (Bhanjanagar) zu.

Juang: Dieser Stamm besteht nur noch aus rund 30 000 Angehörigen, die in strohgedeckten Hütten mit weiß
bemalten Wänden leben. Ihre kleinen Dörfer liegen vorwiegend in den zentralen Bezirken von Dhenkanal und
Keonijhar zum Norden hin.

Santal: Heute leben in den nördlichen Bezirken Mayurbhanj und Balasore noch etwa 500 000 Santal,
insbesondere um Baripada und Khiching. Interessant ist die Art und Weise, wie sich dort ein Ehepaar findet, denn
man kennt mehrere Methoden dafür, wie eine Frau einen Mann sucht. Dazu gehört auch das Nir Balak Bapla
(Hochzeit durch Aufdrängen), bei der eine Frau, die auf andere Weise keinen Mann an die Angel bekommen
kann, einfach zu einem zieht, der sie heiraten muß, wenn es ihm und seinen Eltern nicht gelingt, sie innerhalb
einer Woche abzuschieben.

Saora: Von diesem Stamm mit über 300 000 Angehörigen lassen sich neun Untergruppen unterscheiden. Heute
teilweise von der übrigen indischen Gesellschaft assimiliert, leben die Saora über ein weites Gebiet verstreut in
den mittleren und südlichen Bezirken. Sie sprechen eine austro-asiatische Sprache aus der Munda-Sprachfami-
lie. Die Lanja-Saora in den Bezirken Ganjam und Koraput führen noch ein recht traditionelles Leben und sind
selbst heute polygam.

Bonda: Die Bonda sind bekannt als „nacktes Volk" und berühmt wegen ihrer wilden Lebensart sowie wegen der
Schlafsäle, in denen sich die jungen Männer und Frauen zu nächtlichen Liebesspielen treffen. Von ihnen sind
allerdings nur noch ca. 5000 in den Bonda-Hügeln des Bezirks Koraput übriggeblieben. Die Frauen tragen nur
einen Streifen Stoff um ihre Hüften, lange Ketten mit Perlen und schweren Halsschmuck aus Metall.

Weitere bedeutendere Stämme sind die Raraja, die farbenfreudigen Gobada sowie die Koya. Wenn man eines
der Stammesdörfer abseits der Hauptstraßen besuchen will, braucht man allerdings eine Genehmigung des
Innenministeriums von Orissa.

übertrieben zu sein. Meistens sind es lediglich Überreste. Vielleicht ist gerade ein Dutzend davon wirklich sehenswert. Darunter befindet sich der Lingaraj-Tempel, einer der wichtigsten von ganz Indien. Er ist Nicht-Hindus allerdings versperrt.

In der letzten Januarwoche jedes Jahres wird ein Fest der Stammesgruppen veranstaltet, bei denen man Tänze, Kunsthandwerk und Volkskunst sehen kann.

ORIENTIERUNG UND PRAKTISCHE HINWEISE

Bhubaneswar, eine aus den Nähten platzende Stadt, wird durch die Eisenbahnstrecke geteilt, die ganz grob von Norden nach Süden durch die Stadt verläuft. Der neue Busbahnhof liegt 5 km entfernt am westlichen Stadtrand. Das ist von der Stadtmitte weiter weg als bis zum Flughafen. Die Tempel findet man vorwiegend im Südosten, vom Panthanivas, dem nächstgelegenen Hotel, in Fußwegentfernung.

Die Mitarbeiter in den Fremdenverkehrsämtern scheinen sehr hilfsbereit zu sein. Orissa Tourism (Tel. 5 00 99) findet man in einer kleinen Gasse neben dem Panthanivas Tourist Bungalow und ist auch mit Zweigstellen am Flughafen und am Bahnhof (geöffnet rund um die Uhr) vertreten. Ein staatliches indisches Fremdenverkehrsamt gibt es nicht weit vom Tourist Bungalow ebenfalls (Tel. 41 22 03).

SEHENSWÜRDIGKEITEN

Lingaraj Mandir: Der Zutritt zu diesem großartigen, von einer hohen Mauer umgebenen Tempel ist für alle Nicht-Hindus verboten. Auch wenn die Briten diese Regelung respektierten, ließen sie sich nicht davon abhalten, in der Nähe seiner Mauer an der Nordseite eine Aussichtsplattform zu errichten. Sie war ursprünglich für Lord Curzon bestimmt, wird aber auch heute noch von Touristen benutzt. Auf der Plattform wird eine Spende erbeten und ein Spendenbuch gezeigt, um zu „belegen", daß einige Leute über 1000 Rs gespendet haben. Wieviel Sie geben, bleibt Ihnen überlassen, aber ein paar Rupien sind mehr als genug. Mit einem solchen Ansinnen wird man inzwischen an vielen Tempeln in Bhubaneswar konfrontiert, so daß man sich fragt, ob alle Spendensammler wirklich „Tempelpriester" sind, wie sie behaupten.

Der Tempel ist Tribhuvaneswar geweiht, dem Gott der drei Welten, der auch unter dem Namen Bhubaneswar bekannt ist. In seiner gegenwärtigen Form stammt der Tempel aus den Jahren 1090-1104 n. Chr., aber einige Teile sind älter als 1400 Jahre. Man erzählt sich, daß die Granitblöcke, die Tribhuvaneswar darstellen sollen, täglich in Wasser, Milch und *bhang* (Haschisch) gebadet würden. Der Tempelkomplex mißt an seinen Seiten etwa 150 m und wird überragt von einem 40 m hohen Tempelturm.

Von der Aussichtsplattform des mit Ornamenten verzierten Turmes kann man ohne Mühe die Elefanten erkennen, die gegen Löwen kämpfen. Diese Szene soll den Sieg des Hinduismus über den Buddhismus darstellen. Mehr als 50 kleinere Tempel und Schreine füllen das Innere der Anlage. In der Ecke im Nordosten ist noch ein kleiner, Parvati geweihter Tempel von Bedeutung. In diesem Tempel findet übrigens jährlich im April ein Wagenfest statt.

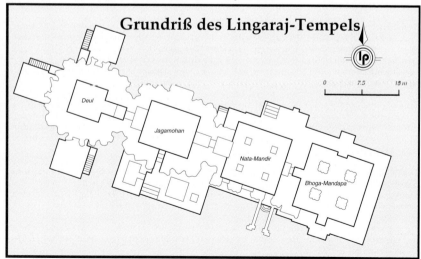

Grundriß des Lingaraj-Tempels

0   7,5   15 m

Deul

Jagamohan

Nata-Mandir

Bhoga-Mandapa

Bindu Sagar: Der Wasserbehälter Tropfen des Meeres (Bindu Sagar) ist unmittelbar nördlich des großen Tempels zu sehen und soll angeblich Wasser aus jedem heiligen Strom, Teich und Speicher enthalten, den es in Indien gibt. Die Konsequenz ist einleuchtend: Wenn es um das Abwaschen der Sünden geht, wäscht dieses Wasser eindeutig am besten. Um den Behälter herum sind Tempel und Schreine verstreut, einige von ihnen Nachbildungen des Lingaraj-Tempels. In der Mitte des Teiches befindet sich ein Pavillon, wohin einmal jährlich die Gottheit des Lingaraj-Tempels zur rituellen Waschung gebracht wird.

Vaital Mandir: Dieser Tempel, nicht weit entfernt vom Bindu Sagar, ist an seinem doppelstöckigen Tonnendach zu erkennen, einem Einfluß der buddhistischen Höhlenarchitektur. Der Tempel stammt aus dem 8. Jahrhundert und war ein Ziel tantrischer Anbetung, bei der die bedeutendste Gottheit Chamunda (Kali) war. Eine schmuddelige Abbildung ist innen noch zu sehen, auch wenn ihre Halskette mit Totenköpfen und die Leiche, auf der sie sitzt, normalerweise unter ihrer Tempelbekleidung verborgen sind.

Parsurameswar Mandir: Nahe der Hauptstraße zwischen Bhubaneswar und Puri, auf der gleichen Seite wie der Lingaraj-Tempel, liegt eine Ansammlung von rund 20 kleineren Tempeln, genannt „Grab der vollkommenen Wesen". Unter diesen Tempeln sind einige der bedeutendsten von Bhubaneswar. Der von den frühen am besten erhaltene ist der Parsurameswar-Tempel, ein um 650 n. Chr. erbauter Shiva-Tempel. An ihm kann man sich interessante und lebendige Flachreliefs von Prozessionen mit Elefanten und Pferden, Gitterfenster sowie Abbildungen von Shiva ansehen. Auch ein „Priester" ist vorhanden, der Besucher nicht aus den Augen läßt, solange er die erbetene Spende nicht für ausreichend hält.

Mukteswar-, Siddheswar- und Kedargauri-Tempel: Nicht weit vom Parsumaneswar Mandir kommt man zum kleinen Mukteswar-Tempel aus dem 10. Jahrhundert, einem der Tempel in Bhubaneswar, die am reichsten mit Verzierungen geschmückt sind. Das sehr feine Schnitzwerk besteht aus einer Mischung aus buddhistischen, jainistischen und hinduistischen Stilrichtungen, aber leider sind sehr viele Figuren beschädigt. Insbesondere die Darstellungen von Zwergen sind beeindruckend.

Vor diesem Tempel steht ein *torana* (Torbogen), der deutlich buddhistischen Einfluß erkennen läßt. Der große, grüne Teich am Tempel ergibt für die Kinder der Umgebung einen hervorragenden Swimming Pool.

In dem gleichen Gebiet steht auch der jüngere Siddheswar Mandir. Obwohl er nicht so stark ausgeschmückt ist wie der Mukteswar-Tempel, ist er wegen der wunderschönen stehenden Ganesh-Figur sehenswert.

Ebenfalls an der Straße, auf der anderen Seite des Weges zum Mukteswar-Tempel, kann man den Kedargauri Mandir besichtigen. Er ist einer der älteren Tempel von Bhubaneswar, auch wenn ein größerer Teil davon erst später wieder aufgebaut worden ist.

Vor dem Gelände mit dem Mukteswar-Tempel haben sich *Chai*-Läden und Andenkenverkäufer angesiedelt.

Raj Rani Mandir: Dieser Tempel ist umgeben von gut gepflegten Gärten. Er ist einer der jüngeren Tempel in Bhubaneswar und berühmt wegen seines *deul* (Heiligtums), geschmückt mit einigen der beeindruckendsten Skulpturen an den Tempeln in Orissa. In jeder Himmelsrichtung stehen zwei *dikpalas* (Tempelwächter), die den Tempel schützen sollen. Dazwischen kann man Statuen von Nymphen, sich umarmenden Paaren, Elefanten und Löwen sehen, die die Nischen füllen und die Säulen schmücken. Weil der Tempel nicht mehr verehrt wird, darf man hier nach Belieben herumspazieren.

Brahmeswar Mandir: Folgen Sie etwa einen Kilometer der Hauptstraße, gelangen Sie zum Brahmeswar-Tempel. Er steht in einem Hof und ist bedeutend wegen seiner äußerst fein gearbeiteten Skulpturen, die mit amüsanten - darunter erotischen - Darstellungen versehen sind. Dieser Tempel stammt aus dem 9. Jahrhundert.

Weitere Tempel: Unweit vom Brahmeswar-Tempel stehen zwei weitere Tempel, die allerdings weniger interessant sind. Einer davon, der Bhaskareswar Mandir, besteht aus ungewöhnlichen Stufen, die den Zweck hatten, einen selten so großen (3 m hohen) *lingam* aufzunehmen, der sich früher hier befand. Etwa 300 m weiter östlich entlang der gleichen Straße gelangt man zum Meghheswar-Tempel, der in einem Innenhof neben einem Teich steht.

Nördlich vom Bindu Sagar kommt man zum nur wenig ausgeschmückten Lakshamaneswar Mandir, einem sehr flachen Tempel aus dem 7. Jahrhundert. Er ist eines der frühesten Zeugnisse der Architektur in Orissa und dient als Eingang zur Stadt.

Staatsmuseum: Das Museum des Bundesstaates Orissa liegt gegenüber vom Hotel Kalinga Ashok und enthält als Schwerpunkt eine aufschlußreiche Sammlung von Gegenständen über die Geschichte Orissas und die Kultur, Architektur sowie Volksstämme dieses Staates. Das Museum ist täglich außer montags von 10.00 bis 17.00 Uhr geöffnet. Der Eintritt kostet 2 Rs.

Zentrum für Stammesforschung: Obwohl diese Einrichtung (Tribal Research Centre) vorwiegend für an-

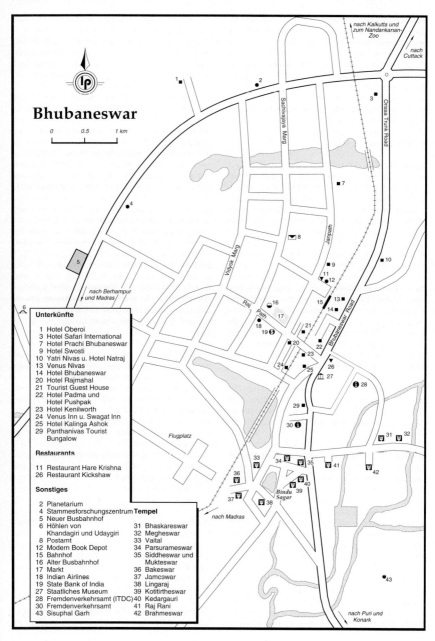

Bhubaneswar

0   0.5   1 km

nach Kalkutta und
zum Nandankanan-
Zoo

nach
Cuttack

nach Berhampur
und Madras

nach Madras

nach Puri und
Konark

Unterkünfte

1   Hotel Oberoi
3   Hotel Safari International
7   Hotel Prachi Bhubaneswar
9   Hotel Swosti
10 Yatri Nivas u. Hotel Natraj
13 Venus Nivas
14 Hotel Bhubaneswar
20 Hotel Rajmahal
21 Tourist Guest House
22 Hotel Padma und
    Hotel Pushpak
23 Hotel Kenilworth
24 Venus Inn u. Swagat Inn
25 Hotel Kalinga Ashok
29 Panthanivas Tourist
    Bungalow

Restaurants

11 Restaurant Hare Krishna
26 Restaurant Kickshaw

Sonstiges

2   Planetarium
4   Stammesforschungszentrum
5   Neuer Busbahnhof
6   Höhlen von
    Khandagiri und Udaygiri
8   Postamt
12 Modern Book Depot
15 Bahnhof
16 Alter Busbahnhof
17 Markt
18 Indian Airlines
19 State Bank of India
27 Staatliches Museum
28 Fremdenverkehrsamt (ITDC)
30 Fremdenverkehrsamt
43 Sisuphal Garh

Tempel

31 Bhaskareswar
32 Megheswar
33 Vaital
34 Parsurameswar
35 Siddheswar und
    Mukteswar
36 Bakeswar
37 Jameswar
38 Lingaraj
39 Kotitirtheswar
40 Kedargauri
41 Raj Rani
42 Brahmeswar

Sachivalaya Marg

Orissa Trunk Road

Janpath

Bhubaneswar Road

Vidyok Marg

Raj Path

Flugplatz

Bindu
Sagar

thropologische Forschungen bestimmt ist, sind Besucher durchaus willkommen. Draußen kann man sich eine interessante Ausstellung mit rekonstruierten Häusern von Stammesgruppen aus Orissa ansehen, darunter der Santal, der Juang, der Gadaba, der Saora und der Kondh. Zugänglich ist die Anlage täglich außer sonntags von 10.00 bis 17.00 Uhr (Eintritt frei).

Direkt an der Anlage fahren Busse auf dem Weg zwischen dem neuen Busbahnhof und der Stadtmitte vorbei.

Weitere Sehenswürdigkeiten: Die nur teilweise ausgegrabenen Ruinen von Sisupal Garh sollen angeblich die Reste einer Stadt aus der Ashoka-Zeit sein. Im Norden der Stadt kann man im Botanischen Garten und im Schutzgebiet für Pflanzen der Region eine große Zahl von Pflanzen kennenlernen, darunter auch viele Kakteenarten. Eine erst kürzlich entstandene Attraktion ist das Planetarium der Stadt mit Vorführungen täglich außer montags um 15.00 und 16.30 Uhr (Eintritt 5 Rs).

AUSFLUGSFAHRTEN

In der Hochsaison werden verschiedene Touren angeboten, die am Panthanivas Tourist Bungalow beginnen (Tel. 54 55 15). Wenn Sie das wirklich wollen, können Sie die bedeutendsten Sehenswürdigkeiten in Orissa (bequem gelegen in dem Dreieck zwischen Bhubaneswar, Puri und Konark) in einer zwölfstündigen Ausflugsfahrt für 75 Rs (in einem Bus mit Klimaanlage für 100 Rs) kennenlernen. Mit einem Taxi würde das bis zu 500 Rs kosten. Allerdings haben sich bereits Teilnehmer darüber beschwert, daß bei Ausflugsfahrten zu viel Zeit beim Zoo in Nandankanan verbracht worden und der Aufenthalt bei den Höhlen und Tempeln zu kurz gewesen sei.

UNTERKUNFT

Einfache Unterkünfte: Preiswert übernachten kann man im Yatri Nivas der Stadtverwaltung von Bhubaneswar, auch wenn es recht ungünstig liegt. Das ist ein freundliches Quartier, etwa wie eine Jugendherberge, in dem man in einem Schlafsaal mit 18 Betten für 15 Rs und in einem Schlafsaal mit 5 Betten für 20 Rs übernachten kann. In den Ruheräumen der Eisenbahn werden ebenfalls Betten in einem Schlafsaal vermietet (15 Rs), aber auch Doppelzimmer für 80 Rs (mit Klimaanlage für 150 Rs).

Eine empfehlenswerte Unterkunft ist das Hotel Bhagat Niwas (Tel. 41 15 45), in dem die Einzelzimmer für 50 Rs und die Doppelzimmer für 80 Rs (mit Bad) ihr Geld wert sind. Vermietet werden außerdem Einzel- und Doppelzimmer mit Ventilator für 100 bzw. 150 Rs. Das Haus ist freundlich und sauber. Ganz in der Nähe liegt das Hotel Pushpak (Tel. 5 08 96), das mit 70 Rs für ein

Doppelzimmer (mit Klimaanlage 200 Rs) ebenfalls recht günstig ist.

Im Hotel Gajapati gegenüber vom Hotel Kenilworth (Tel. 5 18 93) werden einfache Einzelzimmer ab 50 Rs und ebensolche Doppelzimmer ab 65 Rs (mit Bad) vermietet, aber auch teurere Räume. Es ist gar nicht schlecht, wenn auch ein wenig düster.

Im Venus Inn (Tel. 40 17 38) werden Einzelzimmer für 75 Rs und Doppelzimmer für 90 Rs angeboten. Zu diesem Hotel gehört unten auch ein gutes Restaurant mit südindischen Gerichten. Nicht weit entfernt liegt das Swagat Inn (Tel. 40 84 86) mit Einzelzimmern für 90 Rs und Doppelzimmern für 100 Rs, Doppelzimmern mit Klimaanlage für 300 Rs sowie einem Schnellimbiß. Beide Unterkünfte sind ganz gut, können aber ein wenig laut sein, weil sie hinten an die Eisenbahnstrecke grenzen.

Ebenfalls an der Ostseite vom Bahnhof kommt man zum beliebten Hotel Bhubaneswar (Tel. 5 19 77) mit einer ganzen Bandbreite von Zimmern, zu denen Einzelzimmer für 80 Rs, Doppelzimmer für 125 Rs (alle mit Bad) sowie Zimmer mit Klimaanlage für 350 Rs gehören. Hier gibt es auch ein Restaurant.

Mittelklassehotels: Der Panthanivas Tourist Bungalow (Tel. 5 45 15) ist ebenfalls recht beliebt, obwohl man dort für sein Geld nicht viel geboten bekommt. Auf der anderen Seite liegt er in der Nähe vieler Tempelanlagen und hat komfortable Zimmer zu bieten. Ein Doppelzimmer mit Bad kostet hier 175 Rs (klimatisiert 350 Rs). Alle Zimmer sind mit eigenem Bad ausgestattet, in dem auch ein Durchlauferhitzer zur Verfügung steht. Allerdings muß man am Abreisetag sein Zimmer spätestens um 8 Uhr räumen.

Das Tourist Guest House (Tel. 40 08 57) ist eine kleine Unterkunft, die bei Ausländern durchaus beliebt. Dieses Quartier ist sauber sowie komfortabel und hat Einzelzimmer für 150 Rs sowie Doppelzimmer für 200 Rs (mit Bad) zu bieten. Allerdings muß man erst ausdrücklich nach sauberer Bettwäsche fragen, was in dieser Preisklasse eigentlich selbstverständlich sein sollte. Auch Essen kann man hier erhalten.

Im modernen Hotel Natraj (Tel. 5 48 42) werden Einzelzimmer ab 290 Rs und Doppelzimmer ab 290 Rs (mit Klimaanlage für 425 bzw. 525 Rs) vermietet. Auch hier kann man jeweils 24 Stunden in seinem Zimmer bleiben.

Luxushotels: Das Hotel Kenilworth mit einer guten Nachbildung eines Opferwagens aus Konark draußen ist wegen seiner Lage und seiner Einrichtungen zu empfehlen (Tel. 41 17 23, Fax 45 61 47). Hier kann man in einem Einzelzimmer für 775 Rs und in einem Doppelzimmer für 900 Rs übernachten (mit Klimaanlage). Vorhanden sind auch ein Schwimmbad, das von Leuten, die nicht im Haus wohnen, für 100 Rs mitbenutzt werden kann, eine Konditorei, eine Buchhandlung und ein Masseur, der ständig im Haus ist.

Eine gute Unterkunft ist auch das Hotel Prachi (Tel. 40 23 66, Fax 40 32 87), in dem für ein Einzelzimmer 700 Rs und für ein Doppelzimmer 800 Rs berechnet werden. Als Einrichtungen stehen hier ein „Wim Bul Don" (ein Tennisplatz!) und ein Swimming Pool zur Verfügung, in dem sich für nur 100 Rs auch Leute erfrischen können, die nicht in diesem Hotel übernachten.

Ein ganz gutes Drei-Sterne-Hotel am Janpath, nicht weit vom Bahnhof entfernt, ist das Hotel Swosti (Tel. 40 41 78, Fax 40 75 24) mit Einzelzimmern ab 700 Rs und Doppelzimmern ab 800 Rs.

Nicht weit vom Tourist Bungalow entfernt befindet sich das Hotel Ashok Kalinga (Tel. 5 33 18). Man findet es fast genau gegenüber vom Museum. Das ist ein modernes Haus, voll klimatisiert, und bietet ein gutes Restaurant sowie eine Bar. Im alten Block kosten Einzelzimmer hier ab 500 Rs und Doppelzimmer 700 Rs, im neuen Blockab 650 bzw. 850 Rs.

Das beste Haus in Bhubaneswar ist das beeindruckende Hotel Oberoi am Stadtrand (Tel. 5 61 16, Fax 5 62 69). Es wurde in Bauweise und Ausschmückung einem Tempel aus Orissa nachempfunden und bietet seinen Gästen Einzelzimmer für 38 US $ sowie Doppelzimmer für 70 US $. Vorhanden sind alle Einrichtungen von Häusern dieser Klasse wie ein Swimming Pool, ein Fitneß-Raum, Tennisplätze mit Flutlicht und Wege zum Joggen.

ESSEN

Ein gutes Ziel, um preiswert zu essen, ist das Modern South Indian Hotel hinter dem Hotel Rajmahal und unter dem Hotel Chand. Das ist eines von vielen Lokalen mit südindischen Gerichten um die Kreuzung des Raj Path und des Janpath.

Das beste vegetarische Lokal in Bhubaneswar ist jedoch das Restaurant Hare Krishna, das von der Organisation mit dem gleichen Namen geführt wird. Das ist ein ganz schickes Restaurant mit einer starken Klimaanlage und ausgezeichnetem, wenn auch teurem Essen. Dort muß man für ein Gericht pro Person mit 100 Rs rechnen.

Ein ausgezeichnetes kleines Lokal, in dem gute vegetarische und nichtvegetarische Gerichte serviert werden, ist das Hotel Chancellor am Raj Path, unweit der Fußgängerbrücke beim Bahnhof.

Geht man über die Fußgängerbrücke und dann um die Ecke, kommt man zum Restaurant Kickshaw, in dem auf der Speisekarte einfache indische Gerichte und die indischen Interpretationen von chinesischen Speisen stehen.

Das Restaurant Sarigam im Panthanivas Tourist Bungalow ist ein vegetarisches Lokal mit Thalis für 18 Rs. Auf der Speisekarte hier steht zwar „We serve with smile" (Wir servieren mit einem Lächeln), aber das geschieht keineswegs immer. Außerdem können die Kellner Englisch weder sprechen noch lesen.

Ein empfehlenswertes Lokal für ein Abendessen auswärts in der Trockenzeit ist das im Hotel Kenilworth. Dort werden auf der Dachterrasse Grillgerichte angeboten, die ausgezeichnet schmecken. Auf der Dachterrasse werden aber auch die Gerichte aus dem Restaurant Sangam dieses Hauses serviert. Das Restaurant im Hotel Swosti ist ebenfalls einen Versuch wert.

Wenn man mittags gerade in der Gegend ist, kann man auch in vielen vegetarischen Restaurants um den Lingaraj-Tempel herum essen.

EINKÄUFE

Kunsthandwerk und Handarbeiten aus Orissa, auch Applikationsarbeiten und Ikat-Gewebe, kann man auf dem neuen Mark etwas abseits vom Raj Path kaufen, unter anderem bei der Orissa State Handloom Cooperative oder bei Utkalika.

Ein staatliches Geschäft mit Kunstgewerbegegenständen aus Orissa gibt es auch nicht weit von den Tempeln entfernt.

AN- UND WEITERREISE

Flug: Flugverbindungen mit Indian Airlines (Tel. 40 05 33) bestehen von Bhubaneswar fünfmal wöchentlich nach Kalkutta (41 US $) und täglich nach Delhi (128 US $). Zweimal wöchentlich kann man auch nach Madras (116 US $) sowie dreimal wöchentlich nach Nagpur (74 US $) und Hyderabad (106 US $) fliegen. Außerdem bestehen vier Direktverbindungen in jeder Woche von Varanasi nach Bhubaneswar (69 US $), nicht aber in Gegenrichtung.

Bus: Der beeindruckende Busbahnhof (der eher wie ein Flughafengebäude aussieht) liegt an der Hauptstraße nach Kalkutta, 5 km nördlich der Stadtmitte. Busse nach Cuttack, Puri und Konark fahren aber immer noch von der alten Bushaltestelle ab oder kommen dort an, die viel bequemer in der Innenstadt gelegen ist. Busse nach Puri und Konark lassen sich aber auch an der alten Bushaltestelle am Raj Path, gleich neben der Fußgängerbrücke beim Bahnhof, besteigen. Eine Fahrt nach Puri dauert etwas mehr als drei Stunden und kostet 10 Rs. Wenn es nicht möglich sein sollte, einen Direktbus nach Konark zu finden, kann man auch mit allen Bussen in Richtung Puri bis Pipli fahren, wo die Straße nach Konark abzweigt. Dort ist es möglich, in einen anderen Bus zum gewünschten Ziel umzusteigen.

Vom neuen Busbahnhof bestehen zahlreiche Busverbindungen nach Kalkutta (85 Rs, Nachtfahrt), Cuttack (10 Rs, eine Stunde) und Berhampur (35 Rs, 5 Stunden). Private Busse mit Videofilmen an Bord sind schneller und fahren die beliebtesten Ziel wie Berhampur (50 Rs, 4 Stunden), Baripada (60 Rs, 7 Stunden) und Sambalpur (60 Rs, Nachtfahrt) an.

Zug: Da Bhubaneswar an der Hauptstrecke der Eisenbahn zwischen Kalkutta und Madras liegt, verkehren auch viele Züge bis Bhubaneswar. Viele Züge aus dem Norden beenden ihre Fahrten jedoch in Puri. Der erstklassige *Rajdhani Express* verläßt Kalkutta um 10.45 Uhr und erreicht Bhubaneswar nach nur etwas mehr als sieben Stunden. Der Fahrpreis für die 437 km lange Fahrt beträgt in den klimatisierten Sitzwagen 412 Rs. Für die Rückfahrt nach Kalkutta verläßt der Zug Bhubaneswar um 8.50 Uhr und fährt dann weiter nach Delhi (2077 km, 24 Stunden).

Außerdem bestehen Direktverbindungen mit Zügen nach Berhampur (166 km, 2½ Stunden), Madras (1226 km, 20 Stunden), Varanasi (998 km, 21 Stunden) und Agra (1874 km, 39 Stunden).

NAHVERKEHR

Flughafentransfer: Der Flughafen liegt ziemlich nahe bei der Stadt. Busverbindungen dorthin und von dort gibt es allerdings nicht. Ein Taxifahrer nimmt für die Strecke vom oder bis zum Tourist Bungalow etwa 45 Rs und vom oder bis zum Hotel Oberoi ca. 80 Rs.

Man kann auch mit einer Fahrrad-Riksha für 15 Rs fahren, muß dann aber möglicherweise die Entfernung von rund einem Kilometer zwischen dem Eingang und dem Flughafengebäude zu Fuß zurücklegen.

Bus, Auto-Riksha, Fahrrad-Riksha und Taxi: Die Strecke zwischen dem neuen Busbahnhof und der Stadtmitte läßt sich in einer Auto-Riksha für 25 Rs zurücklegen. Man kann aber auch von dort mit einem Stadtbus bis zur alten Bushaltestelle für eine Rupie fahren.

Die Fahrer von Fahrrad-Rikshas bieten „Fünf-Tempel-Touren" für etwa 30 Rs an, die zu den wichtigsten Tempeln führen. Für eine kürzere Fahrt muß man rund 5 Rs bezahlen.

Für Taxifahrten gelten feste Preise, nach denen man sich im Fremdenverkehrsamt erkundigen kann. Es kann aber durchaus sein, daß Taxifahrer nicht bereit sind, zu diesen Preisen zu fahren.

DIE UMGEBUNG VON BHUBANESWAR

DIE HÖHLEN VON UDAYAGIRI UND KHANDAGIRI

Diese beiden nur durch die Straße voneinander getrennten Hügel, ein paar Kilometer südlich des neuen Busbahnhofs, sind durchlöchert von Höhlen. Einige davon sind mit Ornamenten verziert. Man glaubt, daß die meisten davon im 1. Jahrhundert v. Chr. für jainistische Asketen ausgemeißelt worden sind.

Rechts der Straße liegt der Udayagiri (Hügel des Sonnenaufgangs) mit den interessanteren Höhlen, die sich auf verschiedene Ebenen verteilen. Alle Höhlen sind numeriert. Am Fuß des Hügels, rechts gelegen, ist die zweistöckige Rani ka Naur oder Höhle mit dem Königinnen-Palast (1). Die beiden Etagen haben acht Eingänge, und die gesamte Höhle enthält Darstellungen, die in den Fels eingemeißelt worden sind.

Auf dem Rückweg vor Straße kommt man an der Höhle Chota Hathi Gumpha (3) mit Darstellungen von Elefanten, die die Deckung eines Baumes verlassen, vorbei. Die Jaya-Vijaya-Höhle (5) ist wieder doppelstöckig, und in ihrem Raum in der Mitte ist das Bild eines Bo-Baumes eingeschlagen. Vom Eingang senkt sich der Hügel zur Höhle 9 (Swargapuri) und zur Höhle 14 (Hathi Gumpha oder Elefantenhöhle), in der es zwar keine Darstellungen, aber eine Inschrift mit 117 Zeilen über die Heldentaten ihres Erbauers, des Königs Kharaveli von Kalinga, gibt. Er herrschte von 168-153 v. Chr.

Danach können Sie um den Hügel rechts herumgehen und erreichen dann die Höhle Ganesh Gumpha (10), die unmittelbar über der Rani-ka-Naur-Höhle liegt. Die Darstellungen hier erzählen dieselben Geschichten wie diejenigen in der Rani ka Naur, sind aber besser. Die Ganesh Gumpha ist nur eingeschossig. Sie können auch noch die Höhle 14, die Pavana Gumpha, die Höhle der Reinwaschung, und anschließend die kleine Sarpa Gumpha besichtigen, deren winzige Tür von einer dreiköpfigen Kobra überragt wird.

Etwa 15 m entfernt ist die Bagh Gumpha (12), die Tigerhöhle, die man durch den Rachen eines Ungeheuers betritt. Den Hügel krönen die Überreste eines zerstörten Bauwerkes. Die älteste dieser Höhlen stammt aus dem zweiten vorchristlichen Jahrhundert. Einige sind jainistischen Ursprungs.

Der Khandagiri-Hügel auf der anderen Straßenseite ist nicht so interessant. Allerdings lohnt sich der Blick von ihm auf Bhubaneswar. Sie können den Flugplatz, den Turm des Lingaraj-Tempels, der sich dahinter erhebt, und weiter entfernt den Stupa von Dhauli sehen. Der steile Pfad führt etwa bis zum ersten Drittel des Hügels, der rechte Pfad dann zu der Ananta-Höhle (3) mit Abbildungen von Athleten, Frauen, Elefanten und Gän-

ORISSA

sen, die Blumen tragen. Über diesen Weg erreichen Sie auch eine Reihe von Jain-Tempeln. Der Jain-Tempel oben auf dem Hügel stammt aus dem 18. Jahrhundert.

Die Höhlen sind von 8.00 bis 18.00 Uhr zugänglich. Es gibt dort auch ein staatliches Restaurant und etliche *Chai*-Läden.

An- und Weiterreise: Unmittelbar bis zu den Höhlen fahren nur wenige Busse, aber viele an der nahegelegenen Kreuzung mit der Hauptstraße von Kalkutta und Madras vorbei. Die Strecke in die Stadt kostet mit einem Bus eine Rupie und mit einer Auto-Rikscha etwa 25 Rs.

DHAULI

Etwa 8 km südlich von Bhubaneswar, nur ein kleines Stück abseits der Straße nach Puri, ließ König Ashoka um 260 v. Chr. auf halbem Weg den Hügel hinauf in Dhauli in einen großen Felsen seine berühmten Edikte schlagen. Nach der Ermordung einer großen Zahl von Familienangehörigen, um die Macht zu gewinnen, und Hunderttausenden von Opfern auf den Schlachtfeldern, als er sein Reich vergrößerte, sah Ashoka nach einem blutigen Sieg im nahegelegenen Kalinga schließlich „das Licht" und trat zum Buddhismus über.

Angesichts seiner Vergangenheit war Ashoka weise genug, sich in diesen Edikten hinter einem Pseudonym zu verbergen und sich „König Piyadasi" (Der, der auf alles mit Wohlwollen blickt) zu nennen. In seinen Edikten unterrichtet er seine Untergebenen davon, daß es „verdienstvoll" sei, „sich der Tötung lebender Kreaturen und der Enthüllung des Ungewöhnlichen zu enthalten ...".

Auf dem Gipfel des Hügels steht heute eine strahlend weiße Friedenspagode, die in den siebziger Jahren von Japanern erbaut wurde und in die ältere Buddha-Figuren aufgestellt wurden.

Sie kommen zu dieser Stätte, wo Sie die Hauptstraße mit einem beliebigen Bus nach Puri oder Konark verlassen (2 Rs) und dann noch 3 km bis nach Dhauli zu Fuß gehen.

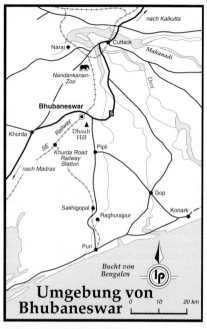

Umgebung von Bhubaneswar 0 10 20 km

ZOO VON NANDANKANAN

Dieser Zoo liegt 25 km nördlich von Bhubaneswar und ist berühmt wegen seiner weißen Tiger (vgl. Abschnitt über Bandhavgarh im Kapitel über Madhya Pradesh). Man kann bei einer Safari in „gepanzerten Bussen" die Tiger, aber auch Löwen ansehen sowie auf Elefanten reiten und auf dem See in Booten herumfahren.

Die Anlage ist täglich außer montags im Sommer von 7.00 bis 18.00 Uhr und im Winter von 7.30 bis 17.00 Uhr geöffnet. Der nächstgelegene Bahnhof befindet sich in Barang, ein paar Kilometer entfernt. Man kommt aber auch mit staatlichen Bussen von der Haltestelle in Bhubaneswar dorthin.

PURI

Einwohner: 135 000
Telefonvorwahl: 06752

Puri, ein Ferienort am Meer, ist einer der vier *dhams* (der heiligsten hinduistischen Pilgerorte Indiens) und liegt 60 km von Bhubaneswar entfernt. Das religiöse Leben in der Stadt dreht sich um den großartigen Jagannath-Tempel herum und um das Rath Yatra

(Wagenfest). Es wird angenommen, daß Puri das Versteck des Buddha-Zahnes gewesen ist, bevor dieser auf geheimnisvolle Weise nach Kandy in Sri Lanka gelangte. Deshalb gibt es Ähnlichkeiten zwischen der jährlichen Prozession in Kandy und dem Rath Yatra.

Die andere bedeutende Attraktion der Stadt ist der lange Sandstrand, der große Zahlen westlicher Besucher und indischer Urlauber anzieht, insbesondere in der Hochsaison von Oktober bis Januar. Teile entlang des Strandes werden zwar schon immer häufiger bebaut, insgesamt gesehen eignet sich Puri aber immer noch für ein paar erholsame Tage. Viele indische Firmen und Behörden haben in dieser Gegend Ferienanlagen errichtet, am häufigsten kommen jedoch Urlauber aus Bengalen hierher.

ORIENTIERUNG UND PRAKTISCHE HINWEISE

Die Grand Road, eine breite Autostraße , die gebaut wurde, um Platz zu haben für die Hunderttausenden von Pilgern, die zum Rath Yatra nach Puri kommen, verläuft vom Jagannath-Tempel bis zum Gundicha Mandir. Der Busbahnhof befindet sich am östlichen Ende dieser Straße. Die meisten Hotels stehen entlang der Küste. Es gibt dort allerdings eine klare Aufteilung: Inder wohnen am westlichen, ausländische Besucher am östlichen Strandabschnitt.

Das Fremdenverkehrsamt (Tel. 2 26 64) liegt an der Station Road, ist aber auch mit einem Schalter im Bahnhof vertreten, der Tag und Nacht besetzt ist (Tel. 2 35 36). Beide Informationsstellen sind wenig hilfreich.

In der State Bank of India dauert das Geldwechseln wie üblich recht lange. Diese Bank ist aber auch sonntags zwischen 11.30 und 13.30 Uhr geöffnet. Günstiger ist die Punjab Bank im Holiday Resort, in der es auch viel ruhiger zugeht. Außerdem kann man in der Andhra Bank in der Nähe des Postamtes gegen Vorlage einer Kreditkarte von Visa Bargeld erhalten.

Ein gutes Ziel, um sich Bücher auszuleihen oder antiquarisch zu kaufen, ist die Buchhandlung Loknath an der CT Road. Dort werden auch einige interessante und ungewöhnliche Postkarten verkauft.

Warnung: In den trügerischen Wellen vor Puri ist bereits eine ganze Zahl von Schwimmern verunglückt. Bevor Sie hier baden, lesen Sie unbedingt den Abschnitt über den Strand weiter unten.

SEHENSWÜRDIGKEITEN

Jagannath-Tempel: Der Tempel zu Ehren von Jagannath, des Gottes des Weltalls und einer Inkarnation von Vishnu, darf leider nur von Hindus betreten werden. Ungläubige müssen sich wie am Lingaraj-Tempel in Bhubaneswar mit einem Blick über die Mauer zufriedengeben, hier vom Dach der Bibliothek gegenüber. Dabei sieht man allerdings nicht viel vom Innern des Tempels. Eine zusätzliche Plattform auf dem Dach wurde für den Besuch des Vizekönigs im Jahre 1939 gebaut. Die Bibliothek ist von 9.00 bis 12.00 Uhr und von 16.00 bis 20.00 Uhr zugänglich. Um von dort auf den Tempel blicken zu können, muß man

eine Spende geben. Achten Sie dabei auf die Affen. In der Bibliothek kann man sich aber auch eine Sammlung von alten Schriften auf Palmenblättern ansehen. Wenn Sie darauf einen Blick werfen wollen, wird eine weitere „Spende" erwartet.

Wegen des Tempels ist Puri einer der vier *dhams*, der bedeutendsten Pilgerorte in Indien, zu denen daneben Dwarka im Westen, Badrinath im Norden und Rameswaram im Süden gehören. Die bemerkenswerte Beliebtheit unter den Hindus ist teilweise auch auf das Fehlen von Kastenunterschieden zurückzuführen, denn vor Lord Jagannath sind alle willkommen. Eigentlich sind es aber nur fast alle, denn Indira Gandhi wurde der Zutritt verwehrt, nachdem sie einen Nicht-Hindu geheiratet hatte.

In seiner bestehenden Form wurde der Tempel 1198 errichtet. Er wird von zwei Mauern um ihn herum geschützt. Die Grundfläche des Tempels gleicht fast genau einem Quadrat, das an seinen Seiten etwa 200 m mißt. Die Außenmauer ist 6 m hoch, der noch eine zweite folgt, die den Tempel umschließt. Der konisch gebaute Tempelturm ist 58 m hoch und wird von der Flagge und dem Wagenrad Vishnus gekrönt, die schon von weitem sichtbar sind.

Vor dem Haupteingang steht eine wunderschöne Säule mit einem Garuda oben drauf, die ursprünglich vor dem Tempel in Konark aufgestellt war. Dieses Haupttor wird wegen der beiden Steinlöwen an den Seiten, die seinem Schutz dienen sollen, Löwentor genannt. Das ist auch das Tor, das beim Wagenfest benutzt wird. Die Eingänge im Süden, Osten und Norden werden von Figuren mit Männern auf Pferden, Tigern und Elefanten bewacht.

Im *jagamohan* können die Pilger Bilder von Jagannath, seinem Bruder Balabhadra und seiner Schwester Subhadra sehen. Zwar können Ungläubige diese nicht im Original besichtigen, aber die vielen Andenkenläden außerhalb des Tempels verkaufen hölzerne Nachbildungen, die einen Eindruck von den Originalen vermitteln. Diese seltsamen Darstellungen sind aus Baumstämmen herausgearbeitet und zeigen die kindliche Verzerrung eines menschlichen Gesichtes. Die beiden Brüder haben Arme, die Schwester dagegen hat keine und ist außerdem kleiner. Alle drei sind mit Blumengebinden geschmückt und sowohl für Feierlichkeiten als auch für die verschiedenen Jahreszeiten bekleidet.

Beim Tempel sind 6000 Menschen beschäftigt, die den Tempelbetrieb aufrecht erhalten und für die komplizierten Rituale verantwortlich sind, die das Wohlergehen der Gottheiten sicherstellen sollen. Nach Schätzungen sind etwa 20.000 Menschen mit dem Jagannath-Tempel befaßt. Allein die unmittelbaren Diener der Gottheiten sind eingeteilt in 36 Priesterränge und 97 Unterstufen!

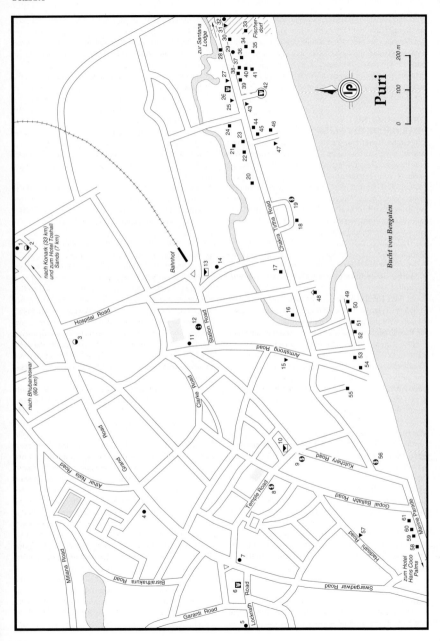

Puri

Bucht von Bengalen

Unterkünfte				Sonstiges	
16 Hotel Sealand		46 Hotel Shankar International		1 Gundicha Mandir	
17 Hotel South-Eastern Railway		48 Jugendherberge		2 Busbahnhof	
18 Hotel Holiday Resort		49 Hotel Samudra		3 Bushaltestelle Bhubaneswar	
20 Hotel Bay View		50 Hotel Vijoya International		4 Staatlicher Bhang-Laden	
21 Hotel Dreamland		51 Mayfair Beach Resort		5 Staatlicher Bhang-Laden	
22 Hotel Love & Life		52 Hotel Repose		6 Jagannath-Tempel	
23 Hotel Gandhara		53 Panthanivas Tourist Bungalow		7 Bücherei	
24 Hotel Sea 'n Sand		54 Hotel Golden Palace		8 Allahabad Bank	
28 Hotel Sri Balajee		55 Hotel Nilachal Ashok		9 Andhra Bank	
30 Satya Lodge		58 Panthabhavan		10 Hauptpostamt	
33 Sagar Saikate		59 Hotel Sea View		11 Staatlicher Bhang-Laden	
34 Hotels Beach Hut und		60 Victoria Club		12 Fremdenverkehrsamt	
Sapphire International		61 Hotel Puri		13 Postamt	
35 Pink House				14 Schnapsladen	
36 Nundy Cottage		**Restaurants**		19 Punjab National Bank	
37 Hotel Derby		15 Restaurant Lee Garden		26 Tempel	
38 Hotel Z		25 Harry's Café		29 Buchhandlung Loknath	
39 Travellers' Inn		27 Restaurant Mickey Mouse		32 Staatlicher Bhang-Laden	
40 Hotel Nilambu		31 Raju's Restaurant		42 Tempel	
41 Leo Castle		43 Restaurant Peace		56 State Bank of India	
44 Holiday Inn und Tribe Tours		47 Restaurant Sambhoo			
45 Hotel Sea Foam		57 Restaurant Chung Wah			

Gundicha Mandir: Der Zutritt zu diesem Haus, in dem die Götterbilder jedes Jahr sieben Tage verbringen, ist für Ungläubige ebenfalls verboten. Seine Mauern umschließen einen Garten, in dem der Tempel steht. In Puri gibt es noch eine ganze Reihe weiterer Tempel. Die meisten davon dürfen jedoch nur von Hindus betreten werden.

Strand: Puri verfügt über einen ansehnlichen Strand mit weißem Sand. Hier baden indische Pilger traditionsgemäß und in vollen Gewändern. Man darf am Strand in Puri jedoch kein tropisches Paradies erwarten. Der Strand ist nämlich sehr breit und uneingeschränkt dem Wetter ausgesetzt. Daher findet man an ihm nicht einen Hauch von Schatten.

Fischer aus Orissa, die konische Strohhüte tragen, leiten die Badenden durch die Dünung. Allerdings sollten sie in einem Notfall nicht zu viel Hilfe erwarten. Ein Besucher berichtete uns von einem Rettungsversuch folgendes: „Zu unserem Erstaunen kehrten die Lebensretter um, ohne mehr als zehn Yard in das Wasser hinausgekommen zu sein. Dann verschwand der Schwimmer (oder Nichtschwimmer) für immer. Es war zu spät, ihn noch zu erreichen. Das Opfer war ein junger Mann von 19 Jahren." Ein weiterer Besucher teilte uns mit, daß in drei Tagen zwei Leute ertrunken seien. Weil die Strömungen tückisch sein können, sollten Sie dort, wo Sie im Wasser nicht mehr stehen können, nur dann baden, wenn Sie ein guter Schwimmer sind.

Hinter diesem Strand erreicht man weiter östlich ein Fischerdorf.

Wenn Sie schwimmen wollen, dann meiden Sie das Gebiet gegenüber der Jugendherberge, es sei denn, der Abwasserkanal hier wird inzwischen nicht mehr benutzt. Wie bei allen Stränden wird auch dieser als öffentliche Toilette benutzt, automatisch gespült durch das Meer. Um das Fischerdorf herum ist das am schlimmsten. Dort kann es aber nachmittags auch noch aus anderen Gründen fürchterlich stinken, weil dann am Strand der Fang ausgenommen wird. Der sauberste Bereich ist 15 Minuten zu Fuß am Fischerdorf vorbei weiter östlich, wo sich menschenleere Strände kilometerlang erstrecken.

AUSFLUGSFAHRTEN

Täglich außer montags wird eine Ausflugsfahrt nach Konark, Pipli, Dhauli, Bhubaneswar sowie zum Udayagiri- und zum Khandagiri-Hügel angeboten. Abfahrt ist am Panthabhavan um 6.30 Uhr, Rückkehr um 18.30 Uhr. Die Fahrt kostet 70 Rs. Montags, mittwochs und freitags findet auch eine Fahrt zum Chilka-See statt (80 Rs). Daneben gibt es auch noch eine Reihe von privaten Reiseveranstaltern, die Ausflugsfahrten zu ähnlichen Preisen organisieren. Tribe Tours (Tel. 2 42 33) bietet zudem Fahren mit einem Pkw und einem Übersetzer für Besuche bei den Stammesgruppen im Süden von Orissa an.

UNTERKUNFT

Die meisten der bei Besuchern mit wenig Geld beliebten preiswerten Unterkünfte liegen am östlichen Ende des Strandes in Richtung Fischerdorf, und zwar an oder

Fischen

Viele der in Puri ansässigen Fischerfamilien stammen ursprünglich aus Andhra Pradesh. Es lohnt sich, einmal vor Sonnenaufgang aufzustehen und dann dabei zuzusehen, wie die Fischer auf das Meer hinausfahren. Für ein kleines Trinkgeld nehmen sie bei ihren Fahrten auch Besucher mit. Ein Besucher, der davon Gebrauch gemacht hat, fand hinterher, daß es der Höhepunkt seiner ganzen Reise gewesen sei, als er den Sonnenaufgang über dem Meer und den Fischerbooten habe miterleben können. Ungewöhnlich sind auch die Boote der Fischer, weil sie aus einem ganzen Baumstamm gefertigt wurden und ungeheuer schwer sind. Daß sie überhaupt schwimmen, ist allein der Tatsache zuzuschreiben, daß die Masse des Holzes für Auftrieb sorgt. Die Männer stellen diese Boote aus drei Teilen her, und zwar aus drei Längsteilen, die später zusammengebunden werden. Sind die Boote gerade nicht im Einsatz, so liegen sie - in Einzelteile zerlegt - am Strand herum.

noch hinter der Chakra Tirtha Road (für die Rikscha-Wallahs CT Road). Im Zentrum haben sich die Mittelklasse- und Luxushotels angesiedelt, deren Nachteil darin besteht, daß man in dieser Gegend nirgendwo anders als in den Hotels essen kann. Am westlichen Ende des Strandes stehen Hotels sowohl der Mittelklasse als auch der unteren Preisklasse. In den besseren Hotels übernachten vorwiegend Kalkutta-Wallahs mit Familien in den Ferien, in den preisgünstigen vorwiegend Pilger.

Die im folgenden angegebenen Preise beziehen sich auf die Hochsaison (Oktober bis Januar), so daß es möglich sein sollte, in einer anderen Zeit eine deutliche Ermäßigung erzielen zu können, insbesondere in den Mittelklassehotels. Weil die meisten Besucher in Puri mit Nachtzügen ankommen, kann es sein, daß man sein Zimmer am Abreisetag bereits bis 7 Uhr morgens geräumt haben muß.

Einfache Unterkünfte: In der charakterlosen Jugendherberge (Tel. 2 24 24) gibt es Schlafsäle mit jeweils 10 Betten getrennt für Männer und Frauen, in denen ein Bett 20 Rs kostet. Ist man Mitglied eines Jugendherbergsverbandes, zahlt man 10 Rs. Die Leitung des Hauses ist nicht gerade freundlich. Hinzu kommt, daß in diesem Haus bereits um 22.00 Uhr abgeschlossen wird. Der Jugendherberge angeschlossen ist ein Restaurant, in dem ausgezeichnete Thalis im Stil von Orissa angeboten werden.

Das abgewohnte Hotel Bay View befindet sich in einer alten englischen Villa, ist ruhig und ganz ansprechend und hat Zimmer für 50 bis 100 Rs zu bieten (die meisten mit eigenem Bad). Eine recht hübsche Veranda, um draußen sitzen zu können, ist ebenfalls vorhanden.

Ein kleines, empfehlenswertes Quartier ist das Hotel Dreamland mit Einzelzimmern für 40 Rs und Doppelzimmern für 50 Rs sowie einem freundlichen Geschäftsführer. Es liegt ein bißchen zurück von der Straße in einem abgeschiedenen Garten. In der Nähe befindet sich das moderne, von Japanern geführte Hotel Ghandara (Tel. 2 41 17) mit Betten in einem Schlafsaal für jeweils 30 Rs sowie Einzelzimmern ab 80 Rs und Doppelzimmern ab 100 Rs (mit Bad).

Ein beliebtes Hotel zum Strand hin ist das Shankar International (Tel. 2 36 37) mit Doppelzimmern ab 120 Rs bis zu Doppelzimmern mit Balkon zum Meer hin für 250 Rs. Hier gibt es auch einen von einer Mauer umgebenen Garten und ein Restaurant mit ganz guten Gerichten.

Im Hotel Tanuja neben dem Holiday Inn werden einfache Doppelzimmer ab 75 Rs vermietet. Hier verspürt man eine Atmosphäre wie in einem Garten. Das nahegelegene Hotel Sea 'n Sand ist eine saubere Unterkunft mit Doppelzimmern und eigenem Bad für 80 Rs. Beliebt seit Jahren ist das Hotel Z (Tel. 2 25 54), ein ausgezeichnetes und bei Rucksackreisenden beliebtes Haus, auch wenn es heutzutage nicht mehr ausgesprochen preisgünstig ist. Es war früher einmal der Palast eines sehr unbedeutenden Maharadschas und ist heute ein altes, verschachteltes Gebäude mit großen, luftigen Zimmern, einige davon mit Blick auf das Meer. Die Leitung des Hotels ist freundlich, das Hotel friedlich und das Restaurant zu empfehlen, denn dort kann man gut Fisch essen. Vermietet werden Einzelzimmer für 75 Rs und Doppelzimmer für 150 Rs (mit Badbenutzung), während man für ein riesiges Zimmer mit eigenem Bad und Balkon 250 Rs bezahlen muß. Vorhanden ist auch eine ganz nette Dachterrasse, auf der man sonnenbaden kann. Im einfachen Travellers' Inn neben dem Hotel Z (Tel. 2 35 92) werden Einzelzimmer ab 40 Rs und Doppelzimmer ab 75 Rs (mit Badbenutzung) vermietet. Es gibt in dieser Gegend zum Strand hin aber auch noch mehrere ähnliche Unterkünfte, darunter das Hotel Derby, das Nundy Cottage, das Hotel Nilambu und das Leo Castle. Ein beliebtes Haus unmittelbar am Strand ist das Pink House, in dem man in einfachen Zimmern allein für 40 Rs und zu zweit für 80 Rs übernachten kann. Ein gutes Restaurant gehört zu diesem Haus ebenfalls. Unmittelbar hinter dem Pink House liegt das Saphire International mit Doppelzimmern für 150 Rs (mit eigenem Bad). In der gleichen Gegend findet man auch das Hotel Beach Hut, das ähnlich ist und über eine Dachterrasse verfügt. Alle diese Häuser unmittelbar am Strand eignen sich offensichtlich gut für einen Aufenthalt am Wasser, aber dabei muß man berücksichtigen, daß nirgends Schatten zu haben ist und alles etwas desolat aussieht.

Zurück über die Straße ist das von einer Familie geführte Hotel Sri Balajee, gelegen in einem umschlossenen Garten, eine gute Wahl. Hier muß man mit Badbenutzung für ein Einzelzimmer 30 Rs und für ein Doppelzimmer 50 Rs sowie für ein Doppelzimmer mit eigenem Bad 70 Rs bezahlen. Zu jedem Zimmer gehören ein Tisch und Sessel, was ein wenig an die Losmen in Indonesien erinnert.

Unmittelbar gegenüber steht das häßliche Hotel Akash International (Tel. 2 42 04), in dem kleine Doppelzimmer mit Bad für 75 Rs angeboten werden. Hier nimmt man für sich in Anspruch, daß alle Zimmer zum Meer hin liegen, aber das ist nur die halbe Wahrheit. Hinzu kommt, daß die Fenster viel zu schmutzig sind, um dadurch irgend etwas sehen zu können.

Das Sagar Saikate sieht aus wie ein kleines gelbes Schloß und war früher eine befestigte englische Villa unmittelbar am Strand. Geboten werden hier ein hervorragender Bereich auf dem Dach zum ungestörten Sonnenbaden und große Zimmer mit hohen Decken, in denen man mit Badbenutzung allein ab 30 Rs und zu zweit ab 40 Rs übernachten kann.

Tief im Fischerdorf, vom Meer ein ganzes Stück zurück, liegt die Santana Lodge. Das ist dennoch eine empfehlenswerte Unterkunft, die von einem sehr freundlichen und hilfsbereiten Manager geführt wird. Hier kann man mit Badbenutzung allein für 40 Rs und zu zweit für 60 Rs unterkommen. Vorhanden sind aber auch einige Doppelzimmer mit eigenem Bad für 75 Rs und eine ganz hübsche Dachterrasse. Für die Fahrt mit einer Fahrrad-Riksha vom Bahnhof dorthin muß man mit 10 Rs rechnen. Für den Fall, daß der Riksha-Wallah das Hotel nicht kennt, sollte man wissen, daß die Gegend, in der es liegt, Pentakota heißt.

Am anderen Ende des Strandes, entlang der Marine Parade, stehen viele, viele weitere Hotels, die fast ausnahmslos von Pilgern bewohnt werden. Hier kann man im schon ziemlich heruntergewirtschafteten Hotel Sea View in Doppelzimmern ab 100 Rs übernachten.

Besser ist da schon der Victoria Club (Tel. 2 20 05) mit Doppelzimmern ab 120 Rs. Das Hotel Puri (Tel. 2 21 14) mit Einzelzimmern ab 110 Rs und Doppelzimmern ab 150 Rs nimmt für sich in Anspruch, das größte Hotel in ganz Orissa zu sein, ist bei Indern der Mittelklasse sehr beliebt. Von diesem Hotel wird auch ein Minibus eingesetzt, mit dem man sich als Gast im Haus morgens vom Bahnhof abholen lassen kann. Außerdem ist das Hotel Puri eines der wenigen Häuser in der Gegend, in denen Zimmer für jeweils 24 Stunden vermietet werden.

Mittelklasse- und Luxushotels: Ein ganz annehmbares Quartier ist der Panthanivas Tourist Bungalow (Tel. 2 25 62), in dem Doppelzimmer mit Bad 160 Rs und Doppelzimmer mit Klimaanlage 300 Rs kosten. Von einigen Zimmern im neuen Gebäude bieten sich herrliche Blicke auf das Meer. Es ist ziemlich gut geführt, liegt günstig und hat auch einen durchaus annehmbaren Speiseraum zu bieten. Im Gegensatz dazu ist das andere vom Fremdenverkehrsamt von Orissa geführte Hotel, das Panthabhavan an der Marine Parade, ein düsterer in ein Hotel umgebauter Palast mit Doppelzimmern für 160 Rs (mit Bad).

Rath Yatra (Wagenfest)

Jeden Juni oder Juli findet in Puri eines der bedeutendsten Ereignisse von ganz Indien statt, nämlich wenn das phantastische Fest mit den Wagen am Jagannath-Tempel beginnt. Es erinnert an die Reise Krishnas von Gokul nach Mathura. Die Bildnisse von Jagannath, seinem Bruder und seiner Schwester werden dann aus dem Tempel herausgebracht und auf große Wagen gestellt, die den Namen *rath* tragen. So gelangen sie dann entlang der breiten Grand Road zum Gundicha Mandir (Gartenhaus), das über einen Kilometer entfernt ist.

Der Hauptwagen mit der Abbildung von Jagannath erreicht eine Höhe von 14 m, hat eine Fläche von mehr als 10 Quadratmetern und bewegt sich auf 16 Rädern, jedes mit einem Durchmesser von mehr als zwei Metern. Man weiß von Gläubigen, die sich in vergangenen Jahrhunderten vor die Räder dieses Wagens stürzten, um im Angesicht des Gottes zu sterben. Um die Wagen zu bewegen, braucht man über 4000 Männer, allesamt Bedienstete des Tempels. Hunderttausende von Pilgern (und Touristen) treffen dann ein, um diesem großartigen Schauspiel beizuwohnen. Die riesigen und nur schwer beweglichen Wagen verlangen schier unglaubliche Kräfte, um fortbewegt zu werden. Es ist fast unmöglich, sie wieder anzuhalten, wenn sie erst einmal Fahrt gewonnen haben.

Wenn sie am anderen Ende der Straße angekommen sind, nehmen die Gottheiten eine Woche lang Sommerurlaub, werden anschließend wieder auf die Wagen verladen und unter größten Anstrengungen in den Jagannath-Tempel zurückgebracht. Dann werden die Wagen zerlegt und ihre Einzelteile als Feuerholz in den Gemeinschaftsküchen im Tempel und bei Leichenverbrennungen verwendet. Die Wagen werden also jedes Jahr neu gebaut. Genauso wird auch mit den Bildnissen der Gottheiten verfahren, aber nur in Abständen von 8, 11 oder 19 Jahren (oder in Kombinationen dieser Zeiträume). Das hängt von verschiedenen astrologischen Vorkommnissen ab. In den letzten 150 Jahren wurden neue Götterbilder in den Jahren 1863, 1893, 1931, 1950, 1969 und 1977 hergestellt. Die alten wurden auf einem Platz unweit vom Nordtor verbrannt.

Das freundliche Hotel Golden Palace (Tel. 2 31 92) ist ein gutes Quartier direkt am Strand. Hier muß man für ein Doppelzimmer im Erdgeschoß 180 Rs und für ein Doppelzimmer oben mit Balkon ab 250 Rs bezahlen. Ein Restaurant zum Strand hin ist ebenfalls vorhanden. An den Panthanivas Tourist Bungalow schließen sich am Strand noch weitere Hotels an. Beispielsweise im Hotel Repose (Tel. 2 33 76) kann man für 275 Rs in einem Doppelzimmer zum Meer hin übernachten (mit Klimaanlage für 400 Rs). Das Hotel Vijoya International (Tel. 2 27 02) ist ein moderner Block mit Doppelzimmern für 300 Rs (mit Klimaanlage 500 Rs). Das fast angrenzende, etwas kleinere Hotel Samudra (Tel. 2 27 05) ist das beste in dieser Gruppe und liegt direkt am Strand. Hier gehört zu den meisten Zimmern ein Balkon mit Blick auf die See. Die Zimmer im Erdgeschoß kosten 160 bzw. 200 Rs und die oben 280 bzw. 350 Rs. Hier muß man sein Zimmer am Abreisetag bereits bis 7 Uhr geräumt haben!

Zurück zur Chakra Tirtha Road kommt man zum Hotel Sealand, einer Gruppe von ziemlich beengt stehenden Cottages, in denen man für 275 Rs übernachten kann (mit Klimaanlage für 350 Rs). Am östlichen Ende dieser Straße steht das relativ neue und makellos saubere Holiday Inn (Tel. 2 37 82), in dem man in guten Doppelzimmern mit eigenem Bad ab 200 Rs übernachten kann (in einem Zimmer oben mit Blick auf das Meer für 250 Rs).

An der Hauptstraße und somit vom Strand etwas entfernt wurde ebenfalls an der Chakra Tirth Road das sehr schöne South-Eastern Railway Hotel (Tel. 2 20 63) errichtet, das auch immer noch mit „BNR" (für Bengal Nagpur Railway, zu der es einst gehörte) bezeichnet wird. Mit Frühstück kosten normale Einzelzimmer 332 Rs und Doppelzimmer 474 Rs. Einige dieser Zimmer strahlen mehr Charakter als die modernen Zimmer mit Klimaanlage aus, in denen man allein für 387 Rs und zu zweit für 524 Rs wohnen kann. Das Hotel hat seinen Gästen auch einen schönen Aufenthaltsraum, eine Bar, einen Billardraum, einen Speiseraum und einen makellosen Rasen zu bieten. Selbst wenn man nicht im Hotel wohnt, kann man hier nach Voranmeldung gut essen. Ein Mittag- oder Abendessen kostet 90 Rs. Auch die Tagesgerichte schmecken ganz lecker. Hier kann man sein Zimmer jeweils für 24 Stunden bewohnen.

Nicht zu übersehen sind die häßlichen Gebäude vom Hotel Holiday Resort (Tel. 2 24 40), in dem Zimmer mit Balkon, von denen aus man einen Blick auf das Meer hat, an Alleinreisende für 370 Rs und an Paare für 450 Rs vermietet werden. Für ein Cottage mit Klimaanlage werden 650 Rs berechnet. Wenn man hier übernachtet, hat man eher das Gefühl, an der spanischen Costa Brava zu sein, nicht aber in Indien.

Gut liegt das neue Mayfair Beach Resort (Tel. 2 40 41), bei dem in die Planung und Ausstattung viele Gedanken gesteckt wurden. In dieser Anlage erhält man ein komfortables Einzel- oder Doppelzimmer mit eigener Terrasse für 40 US $. Zum Haus gehört der einzige Swimming Pool in Puri, den andere als Hausgäste für 100 Rs mitbenutzen dürfen.

Ein ganz hübsches Haus ist das Hotel Nilachal Ashok (Tel. 2 36 39), das allerdings einen schlechten Ruf hat. Es liegt etwas vom Strand zurück und hat Einzelzimmer für 450 Rs sowie Doppelzimmer für 700 Rs (mit Klimaanlage) zu bieten.

Am äußersten westlichen Ende vom Strand kommt man zum ausgezeichneten Hans Coco Palms (Tel. 2 26 38) mit klimatisierten Einzelzimmern für 450 Rs und ebenfalls klimatisierten Doppelzimmern für 800 Rs. Das ist ein modernes, gut geführtes Hotel in Strandlage. Gut essen kann man in einem zugehörigen Restaurant.

Das Hotel Toshali Sands (Tel. 2 28 88) ist ein sehr abgelegenes „ethnisches Feriendorf" und 7 km von Puri entfernt an der Straße nach Konark zu finden. Hier muß man für ein Doppelzimmer in einem Cottage 850 Rs bezahlen. Vom Hotel sind es 3 km durch den Balukhand-Wald und ein Schildkrötenschutzgebiet zum Strand, aber das Haus hat auch einen Swimming Pool zu bieten, den andere als Hausgäste für 100 Rs mitbenutzen dürfen. Das Essen im Haus ist sehr gut, wenn auch nicht gerade billig.

ESSEN

In Puri kann man ausgezeichnet Meeresfrüchte essen, beispielsweise Thunfischsteaks und manchmal sogar Hummer. In einigen der Restaurants entlang des Teiles vom Strand mit den meisten ausländischen Besuchern werden sogar ganz annehmbare Kuchen gebacken, unter anderem ganz interessante Apfelkuchen mit besonderen Zutaten. Eine ganze Reihe von Restaurants wird jedoch in der Nebensaison geschlossen.

Wie in Kovalam, Mahaballipuram, Goa und anderen Orten, in denen sich viele ausländische Besucher treffen, gibt es auch in Puri eine ganze Anzahl von Restaurants, die sich fast ausschließlich auf diese ausländischen Besucher eingestellt haben. In allen werden so gut wie die gleichen Gerichte serviert (kümmerliche Imitationen von westlichen Speisen), wobei die Bedienung üblicherweise auch noch ziemlich langsam ist. Zu dieser Gruppe von Restaurants, alle in der Nähe vom Hotel Zed, gehören das Restaurant Peace, das Harry's, das Brady, das Mickey Mouse und das Xanadu. Alle werden entweder gemocht oder verdammt.

Ähnlich sind das Restaurant Raju's, ein preisgünstiger Treffpunkt am Rand des Fischerdorfes, und direkt am Strand das Pink House mit den üblichen Gerichten für Globetrotter.

In den preiswerten Hotels gibt es ebenfalls einige ganz gute Restaurants. Das beste von ihnen ist das im Hotel Z, aber mit Preisen um 25 Rs für die meisten Hauptgerichte kann ein Essen auch ganz schön teuer werden. Im Restaurant Om des Hotels Shankar wird ebenfalls ganz gutes Essen angeboten.

Am Westende des Strandes findet man auch eine Reihe kleiner Cafés. In der Altstadt hat man zudem die Wahl zwischen zahllosen vegetarischen Restaurants wie dem Restaurant New Raj an der Grand Road, fünf Minuten zu Fuß vom Jagannath-Tempel entfernt. Geht man die Straße weiter hinunter, stößt man neben dem Hotel Puri sogar auf ein chinesisches Restaurant, das Chung Wah. Ein weiteres China-Restaurant ist das Lee Garden in der Armstrong Road.

Wenn man abends einmal gut essen möchte, bietet sich das Tagesgericht im South-Eastern Railway Hotel an, das ganz gut sein kann. Es besteht aus authentischem Raj-Essen (oft mit Pudding) und wird stilvoll von uniformierten Kellnern serviert. Für vier Gänge und Kaffee muß man hier 90 Rs bezahlen. Wenn man sich das einmal gönnen will, sollte man vorher einen Tisch reservieren lassen. Ganz gut, aber teuer ist auch das Restaurant im Mayfair Beach Resort. Aber auch die Restaurants im Hans Coco Palms und im Toshali Sands sind sehr gut, liegen aber nur dann günstig, wenn man dort auch wohnt.

EINKÄUFE

Als heilige Stadt ist Puri eine der wenigen erfreulichen Ausnahmen in Indien, wo der Genuß von Ganja nicht nur legal ist, sondern wo die Regierung in besonderen *Bhang*-Läden auch sehr fürsorglich für die dabei notwendigen Utensilien sorgt. Ganga ist für 40 Rs pro *tola* erhältlich, soll Berichten zufolge aber qualitativ nicht so gut wie in Kerala sein.

Man kann aber auch etwas Kunsthandwerk kaufen und auf Leute stoßen, die Stoffe, mit Perlen verzierte Gegenstände und Sachen aus Bambus anbieten. Einiges davon lohnt durchaus einen zweiten Blick. Die Preise sind nicht festgeschrieben, so daß das Handeln hier, wie andernorts auch, üblich ist. Erschreckend ist das Angebot an Häuten von Schlangen und anderen Tieren, so daß man nachdenklich wird, wenn man an die Tierwelt in den Wäldern von Orissa denkt. Da die Einfuhr nach Deutschland, Österreich und der Schweiz ohnehin untersagt ist, sollten Sie vom Kauf solcher Dinge Abstand nehmen.

An der Temple Road und der Swaregadwar Road gibt es zahlreiche Stellen, an denen die in Orissa in Handarbeit hergestellten Ikat-Stoffe verkauft werden. Einige der Muster sind ganz attraktiv. Man kann die Stoffe meterweise kaufen, aber auch verarbeitet als Kleidungsstücke.

AN- UND WEITERREISE

Bus: Der neue Busbahnhof von Puri befindet sich neben dem Gundicha Mandir. Allerdings fahren einige private Busse weiterhin von der nahegelegenen Kreuzung der Grand Road und der Hospital Road ab. Für eine Fahrt nach Bhubaneswar nimmt man statt der großen Busse besser einen der Minibusse, die viel schneller sind (10 Rs, eine Stunde).

Zwischen 6.00 und 16.30 Uhr fahren häufig Busse nach Konark (7 Rs, eine Stunde), am frühen Morgen aber auch nach Berhampur (40 Rs, 5½ Stunden) und Taptapani (53 Rs, 8 Stunden). Abends kommt man mit einem Bus nach Sambalpur (60 Rs, 9 Stunden), mit einem Nachtbus auch nach Kalkutta, aber dorthin sind Züge bequemer.

Zug: Täglich fahren in jeder Richtung zwei Züge zwischen Puri und Kalkutta (500 km, 2. Klasse 128 Rs und 1. Klasse 382 Rs). Außerdem besteht jeden Morgen eine Zugverbindung nach Delhi (2140 km, 32 Stunden).

Mehrere Züge verkehren ferner zwischen Puri und Bhubaneswar (9 Rs, 2 Stunden), wobei allerdings auf dieser Strecke Busse schneller sind.

Wenn Sie von oder nach Madras oder anderen Orten im Süden reisen wollen, ist es nicht notwendig, über Bhubaneswar zu fahren. Khurda Road, 44 km von Puri entfernt, ist ein bequemer Bahnhof zum Umsteigen, über den alle Züge fahren. Dort kommt um 22.00 Uhr der *Coromandel Express* durch, der Madras (1207 km entfernt) um 17.30 Uhr des folgenden Tages erreicht.

Die Vorverkaufsstelle der Eisenbahn in Puri ist mit Computern ausgestattet und von 8.00 bis 12.00 Uhr sowie von 12.30 bis 15.00 Uhr geöffnet. Es ist ratsam, in der Pilgerzeit Plätze im voraus zu reservieren, weil die Plätze in den Zügen nach Madras und Kalkutta nicht selten bereits fünf bis zehn Tage vorher vergeben sind.

NAHVERKEHR

Die Fahrt mit einer Fahrrad-Riksha von der Bushaltestelle zu den Hotels am Strand wird etwa 10 Rs kosten.

Es pendeln aber auch Busse zwischen dem Jagannath-Tempel und dem Busbahnhof sowie zwischen dem Bahnhof und dem Busbahnhof, in denen man für eine Rupie mitfahren kann.

Für kurze Fahrten eignen sich jedoch am besten Fahrräder, die man für ca. 15 Rs pro Tag an mehreren Stellen an dem Teil des Strandes mieten kann, an dem sich vorwiegend ausländische Touristen aufhalten. Man kann sogar für 350 Rs pro Tag eine Enfield India und für 300 Rs einen Vespa-Motorroller von Tribe Tours ausprobieren. Dafür muß man sich vorher anmelden und dann auch bereits bezahlen. Sollte man es sich später anders überlegen, wird der bereits gezahlte Mietpreis nicht erstattet.

DIE UMGEBUNG VON PURI

RAGHURAJPUR

Dieses Künstlerdorf, 10 km von Puri entfernt, ist berühmt wegen seiner *Patachitra*-Gemälde und ein interessantes Ausflugsziel. Die Gemälde werden auf dafür besonders präparierten Baumwollstoffen hergestellt, die mit einer Mischung aus Gummi und Kalk bestrichen und dann poliert worden sind, bevor die Naturfarben aufgetragen werden.

Am besten fährt man mit einem Fahrrad oder Taxi in dieses Dorf, denn es liegt 1¹/₂ km von der Hauptstraße entfernt. Von Puri muß man zunächst entlang der Straße nach Bhubaneswar fast bis Chandapur fahren und

vor der Brücke nach rechts abbiegen, dann die Eisenbahnstrecke überqueren und an der Gabelung nach rechts durch die Kokosnußplantagen fahren, bis man nach einem Kilometer nach Raghurajpur kommt.

PIPLI

23 km von Puri entfernt an der Stelle, an der von der Strecke zwischen Bhubaneswar und Puri die Straße nach Konark abzweigt, liegt Pipli, ein kleines Dorf, das für seine Applikationsstickereien bekannt ist. Diese farbenfrohen Stoffe werden bei der Herstellung von Schirmen für Tempel und von Wandbehängen verarbeitet.

KONARK

Einwohner: 12 000

Der bedeutende Tempel von Konark (auch als Konarak bekannt) liegt 3 km von der Küste, 36 km von Puri und 64 km von Bhubaneswar entfernt. Die Anlage besteht im Grunde nur aus wenig mehr als dem eigentlichen Tempel sowie einigen Läden, Buden und Unterkünften. Obwohl die meisten Besucher von Puri oder Bhubaneswar aus nur einen Tagesausflug unternehmen, ist Konark ein wunderschönes Ziel, um ein paar Tage zu verbringen, zumal der Tempel mehr Atmosphäre ausstrahlt, wenn die Tagesbesucher schon zu ihren Ausgangspunkten zurückgekehrt sind. Allerdings gibt es hier nicht viele Unterkünfte - noch nicht. Denn mehrere große Hotelketten wollen Konark zu einem Ferienort am Strand ausbauen, auch wenn die Genehmigungen dafür bisher aus Umweltschutzgründen zurückgehalten worden sind. Im übrigen ist Konark von der UNESCO als „Erbe der Menschheit" anerkannt.

Wenn Sie sich nur einen Tag Zeit für Konark nehmen wollen, können Sie mit einem Bus früh am Morgen in Puri abfahren und spät am Nachmittag dorthin zurückkehren (oder nach Bhubaneswar weiterfahren). In der Zwischenzeit haben Sie ausreichend Gelegenheiten, einen Blick auf den Tempel zu werfen.

Unweit vom Tempel wurde ein Freilufttheater errichtet, in dem jedes Jahr im November das Tanzfestival von Konark stattfindet. Ein kleines Fest wird hier zudem im Februar veranstaltet.

Ein Fremdenverkehrsbüro ist im Yatri Nivas eingerichtet worden.

SEHENSWÜRDIGKEITEN

Sonnentempel: Der Sonnentempel wurde im Laufe des 13. Jahrhunderts errichtet. Über seine erste Zeit ist erstaunlich wenig bekannt. Man nimmt an, daß er von Narashimhadev I., einem König aus Orissa, zur Erinnerung an eine militärischen Sieg über die Moslems erbaut wurde. Außerdem glaubt man, daß er Anfang des 17. Jahrhunderts nicht mehr benutzt wurde, nachdem er von einem Abgesandten von Jehangir entweiht worden war. Bis zum Anfang dieses Jahrhunderts lag er in Trümmern und war lediglich eine interessanter Ruine von eindrucksvoller Größe.

Dann aber, im Jahre 1904, wurden Schutt und Sand beiseite geräumt, wodurch erst die tatsächlichen Ausmaße des Tempels und seine architektonische Bedeutung sichtbar wurden. Der ganze Tempel war als Triumphwagen für den Sonnengott Surya angelegt worden. Um die Grundmauern herum stehen 24 gigantische, behauene Steinräder. Außerdem sind sieben riesige steinerne Pferde vor den Tempel gespannt, und die ganze Anlage ist mit Darstellungen, Skulpturen, Figuren und Flachreliefs übersät. Es ist unbekannt, ob der Tempel jemals vollendet worden war. Sollte dies der Fall gewesen sein, hätte sich der Tempelturm 70 m hoch in den Himmel erhoben. Archäologen fragen sich, ob der sandige Untergrund eine solche Konstruktion wohl zugelassen hätte. Man weiß, daß Teile des Turmes noch 1837 standen, aber um 1869 brach er endgültig zusammen. Heute ist das Innere des Tempels aufgefüllt, um die alten Mauern zu stützen.

Der Sonnentempel von Konark - ein Tempel zu Ehren der Sonne in der Form eines Triumphwagens

Der Haupteingang auf der Seite mit dem Tourist Bungalow ist von zwei Steinlöwen bewacht, die gerade Elefanten reißen. Zu ihm führen Stufen hinauf, die von den schon erwähnten vorgespannten Pferden flankiert sind. Der *jagamohan*, der Eingang, steht noch, aber das *deul* dahinter ist schon zusammengestürzt. Die drei beeindruckenden Darstellungen des Sonnengottes Surya aus Chlorit sind restauriert und wieder so aufgestellt worden, daß sie das Sonnenlicht bei Sonnenaufgang, am Mittag und bei Sonnenuntergang auffangen. Zwischen den Haupttreppen hoch zum *jagamohan* und dem inneren Eingang befindet sich eine Halle des Tanzes, die reichlich mit in den Stein geschlagenen Darstellungen geschmückt ist. Nach Norden hin steht eine Gruppe von Elefanten und im Süden eine Gruppe sich aufbäumender Pferde, die unter sich Menschen zertreten.

Am westlichen Ende des Tempels ist der Schutt vom eingestürzten *deul* weggeräumt worden, um es Besuchern zu ermöglichen, in das Heiligtum hineinzuklettern. Die Abbildung der Gottheit, die hier gestanden hat, soll im 17. Jahrhundert in den Jagannath-Tempel nach Puri gebracht worden sein.

Von den Grundmauern bis zum Dach hinauf erstreckt sich eine endlose Reihe von Darstellungen. Manche zeigen erotische Szenen in der Art, für die Konark wie Khajuraho berühmt ist. Diese erotischen Darstellungen von verschlungenen Paaren oder einzelnen Exhibitionisten reichen von der Miniatur auf einer Speiche eines der den Tempel umgebenden Räder bis zur lebensgroßen Figur weiter oberhalb an den Wänden.

Der Sonnentempel von Konark, der ursprünglich näher an der Küste stand (der Meeresspiegel ist zurückgegangen), war auf dem Ozean schon von weitem zu sehen und bei Seeleuten im Gegensatz zu den weißgewaschenen Tempeln in Puri als „Schwarze Pagode" bekannt. Man sagte ihr früher nach, daß sie große Mengen von magnetischem Eisen enthalte, das Schiffe bei unaufmerksamem Steuern an die Küste ziehen könne.

Es lohnt, für eine Stunde einen Führer anzuheuern (ca. 25 Rs), weil man dann interessante Einzelheiten gezeigt bekommt, beispielsweise einen Tänzer mit hochhackigen Schuhen, Giraffen und sogar einen Mann, der seine Geschlechtskrankheit selbst behandelt. All das würde man sonst möglicherweise übersehen. Wenn man einen Führer mitnehmen will, sollte man sich vergewissern, daß er offiziell anerkannt ist und sein Abzeichen trägt. Andere Führer gibt es zwar ebenfalls in Hülle und Fülle, aber die sind unzuverlässig.

Wenn man an einem Abend in Konark ist, sollte man zwischen 18 und 21 Uhr einmal einen Blick auf den Tempel werfen, weil er dann angestrahlt wird und besonders beeindruckend wirkt.

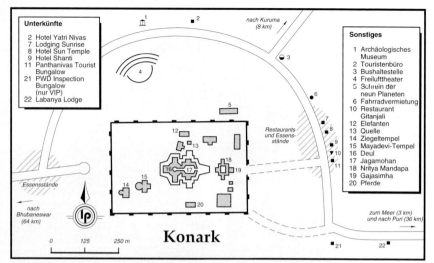

Unterkünfte

2 Hotel Yatri Nivas
7 Lodging Sunrise
8 Hotel Sun Temple
9 Hotel Shanti
11 Panthanivas Tourist
   Bungalow
21 PWD Inspection
   Bungalow
   (nur VIP)
22 Labanya Lodge

Sonstiges

1 Archäologisches
  Museum
2 Touristenbüro
3 Bushaltestelle
4 Freilufttheater
5 Schrein der
  neun Planeten
6 Fahrradvermietung
10 Restaurant
   Gitanjali
12 Elefanten
13 Quelle
14 Ziegeltempel
15 Mayadevi-Tempel
16 Deul
17 Jagamohan
18 Nritya Mandapa
19 Gajasimha
20 Pferde

nach Kuruma
(8 km)

Restaurants
und Essens-
stände

Essensstände

nach
Bhubaneswar
(64 km)

zum Meer (3 km)
und nach Puri (36 km)

0   125   250 m

Konark

Schrein der neun Planeten: Eine 6 m lange Platte aus Chlorit, einst ein Tragbalken über dem Haupteingang zum *jagamohan*, ist nun Mittelteil eines kleinen Schreines unmittelbar vor der Tempelmauer. Die Figuren in diesem Schrein stellen Surya (die Sonne), Chandra (den Mond), den Mars, den Merkur, den Jupiter, die Venus, den Saturn sowie Rahu und Ketu dar.

Archäologisches Museum: Außerhalb des Tempelbezirks kann man ein Museum besichtigen (täglich außer freitags geöffnet von 10.00 bis 17.00 Uhr), das viele Skulpturen und Bilder enthält, die man bei den Ausgrabungsarbeiten fand. Einige von den kleinen Ausstellungsstücken (beispielsweise die Statue von Agni, dem Feuergott) sind besonders schön. Wenn Sie mehr über den Tempel erfahren wollen, dann kaufen Sie sich hier das englischsprachige Buch *Sun Temple - Konark* vom Archaeological Survey of India. Am Tempel selbst ist es nicht erhältlich.

Strand von Konark: Das Meer ist nur 3 km vom Tempel entfernt und zu Fuß, mit einem Fahrrad (15 Rs pro Tag) oder mit einer Fahrrad-Riksha zu erreichen. Hier ist der Strand viel sauberer als in Puri, aber auch an dieser Stelle muß man sich vor den starken Strömungen in acht nehmen. Es ist im allgemeinen auch viel ruhiger als in Puri, aber wenn sich Kinder an diesem Strand aufhalten, werden Sie wahrscheinlich ihre Aufmerksamkeit auf sich ziehen, denn viele Ausländer kommen nicht in diese Gegend. Angesichts der vielen Kilometer Strand können Sie dann aber auch ein Stück weiterge-

hen. In einer ganzen Reihe von *Chai*-Läden werden Getränke und Imbisse verkauft.

UNTERKUNFT UND ESSEN
Die preiswertesten Unterkünfte findet man um den Tempel herum und sind recht einfach. Im Lodging Sunrise kann man in einem Doppelzimmer mit Badbenutzung für 40 Rs übernachten, in der nahegelegenen Banita Lodge auch in einem Zimmer mit eigenem Bad.

Die Labanya Lodge mit ihrer friedlichen Lage ist ein freundliches Quartier und bei Globetrottern recht beliebt. Hier muß man für ein Doppelzimmer unten 60 Rs und für ein Doppelzimmer oben 75 Rs bezahlen. Vorhanden ist auch eine Dachterrasse zum Sonnenbaden. Essen kann man in diesem Haus ebenfalls.

Das staatlich geführte Yatri Nivas ist mit Doppelzimmern für 60 Rs (mit Bad) eine ausgezeichnete Wahl. Das Restaurant der Anlage meidet man jedoch besser. Der Panthanivas Tourist Bungalow (Tel. 88 31) steht gegenüber vom Haupteingang zum Tempel. Für ein Doppelzimmer mit Bad muß man hier 80 oder 110 Rs bezahlen. Diese Unterkunft wird gut geführt und liegt ganz hübsch. Viele Tagesbesucher aus Puri nehmen in diesem Haus im Restaurant Gitanjali ihre Mahlzeiten ein, aber dem recht ordentlichen Essen steht eine langsame Bedienung gegenüber.

Nur ein Restaurant ist das Hotel Sun Temple, aber dafür ein empfehlenswertes. Vor dem Eingang zum Tempel sieht man auch viele *Chai*-Läden. In einem davon, dem Hotel Shanti, kann man auch kaltes Bier erhalten. Ein paar weitere *Chai*-Läden findet man unten unweit vom Strand.

AN- UND WEITERREISE

Klapperige Busse und überfüllte Minibusse verkehren entlang der Küstenstraße zwischen Puri und Konark (7 Rs, eine Stunde). Einige Leute fahren die 36 km von Puri nach Konark sogar mit einem Fahrrad und übernachten dann einmal hier. Wenn auch Sie das entlang der ebenen Straße auf sich nehmen wollen, dann achten Sie darauf, ob das Fahrrad in einem annehmbaren Zustand ist, denn entlang der Route gibt es nur wenige Reparaturwerkstätten für Fahrräder.

Ziemlich regelmäßig verkehren auch Busse nach Bhubaneswar, u. a. der Schnellbus, der normalerweise um 10.00 Uhr abfährt. Eine Fahrt kostet 10 Rs. Sie dauert im Schnellbus 1 1/2 Stunden und in einem normalen Bus wegen der vielen Halte unterwegs länger.

CHILKA-SEE

Südwestlich von Puri liegt der Chilka-See mit seinen unzähligen Inseln. Er ist auch bekannt wegen der vielen Zugvögel, die hier im Dezember und Januar im Schutzgebiet Zwischenstation einlegen. Der seichte See ist etwa 70 km lang sowie durchschnittlich 15 km breit und gilt als einer der größten Brackwasserseen im ganzen Land. Vom Meer ist er nur durch eine schmale Sandbank getrennt. Sowohl Straße als auch Eisenbahn führen an dem landeinwärts gelegenen Ufer entlang. Das Gebiet ist eine friedliche Gegend, aber wahrscheinlich am interessantesten für Ornithologen. Dieses bedeutende Feuchtgebiet ist vor Problemen der Umwelt und der Menschen wie der Versandung und dem kommerziellen Fang von Garnelen bedroht.

UNTERKUNFT

Das Fremdenverkehrsamt von Orissa läßt in Satapada am See gerade eine Ferienanlage errichten, wo ein Tourist Bungalow im Bau ist.

Private Hotels gibt es in Balugaon, einem Ort mit einem Bahnhof und einer Bushaltestelle. In Barkul, 6 km weiter südlich, besteht bereits ein Tourist Bungalow (Tel. 488), in dem man für 195 Rs in einem Doppelzimmer übernachten kann (in einem Doppelzimmer mit Klimaanlage für 300 Rs). Hier werden auch Boote vermietet, und zwar zum Preis ab 150 Rs pro Stunde mit Platz für bis zu sieben Personen und Kajaks für 40 Rs pro Stunde. Dieses Hotel ist allerdings schon ziemlich heruntergekommen und wurde noch weiter beschädigt, als eine Bombe explodierte, die Gäste in ihrem Zimmer zusammengebastelt hatten und dabei unbeabsichtigt losging.

Der Tourist Bungalow in Rambha (Tel. 3 46), 130 km von Bhubaneswar entfernt, ist viel schöner gelegen und ein recht freundliches Quartier. Hier kostet ein Doppelzimmer mit Bad und Balkon, von dem man einen Blick über den See werfen kann, 120 Rs (mit Klimaanlage 250 Rs). Zu diesem Haus gehört auch ein Restaurant, in dem manchmal Krebse und Garnelen gegessen werden können. Ein Boot läßt sich ebenfalls mieten. Man kann sich aber auch von Fischern für 50 Rs pro Stunde mit auf den See nehmen lassen.

GOPALPUR-ON-SEA

In diesem beliebten, aber langsam verfallenden kleinen Ferienort am Meer, 18 km von Berhampur entfernt, sind das Meer sauber und der Strand hervorragend.

UNTERKUNFT

Die Übernachtungspreise in diesem Ort schwanken je nach Saison und Nachfrage. Außerhalb der Hochsaison (Oktober bis Januar) sollte es aber möglich sein, auf die im folgenden angegebenen Preise 50 % Ermäßigung zu erzielen.

In der schon ziemlich abgewohnten Jugendherberge am Leuchtturm kann man im Schlafsaal für 10 Rs übernachten. In der Nähe befindet sich die freundliche Holiday Inn Lodge mit Einzelzimmern für 90 Rs und Doppelzimmern für 120 Rs (jeweils einschließlich Bad).

Empfehlenswert ist das Hotel Kalinga unmittelbar am Meer mit ganz guten Einzelzimmern für 120 Rs und ebensolchen Doppelzimmern für 180 Rs sowie einem Vierbettzimmer für 205 Rs, alle mit eigenem Bad. Dieses Haus wird gut geführt und hat auch ein eigenes Restaurant zu bieten. Das Hotel Holiday Home gegenüber ist dagegen für das Gebotene zu teuer.

Zwei preiswertere Unterkünfte sind das Hotel Rosalin und das Wroxham House, ein alter Bungalow am hinteren Ende der Beach Road. Im Hotel Sea Breeze werden Doppelzimmer für 150 Rs vermietet, aber auch einige billigere Räume. Es liegt neben dem Strand.

Schick, sauber und modern ist das Motel Mermaid in der Beach Road und liegt gleich am Strand. Mit Vollpension muß man hier für ein Einzelzimmer 280 Rs und für ein Doppelzimmer 400 Rs bezahlen.

Am oberen Ende der Preisskala befindet sich das Hotel Oberoi Palm Beach (Tel. 06812/81 21), in dem die Einzelzimmer mit Vollpension ab 53 US $ und die Doppelzimmer mit Vollpension ab 106 US $ Rs kosten. Das ist eine komfortable und recht luxuriöse Ferienanlage in einem Kokospalmenhain unmittelbar am Meer.

AN- UND WEITERREISE

Die einzigen Busse, die Gopalpur verlassen, fahren nach Berhampur (4 Rs, 45 Minuten). Dieser Ort liegt an der Hauptstrecke der Eisenbahn zwischen Kalkutta und Madras. Für die 3 km mit einer Fahrrad-Rikscha zwischen dem Bahnhof und der Bushaltestelle in Berhampur muß man 8 Rs bezahlen. Von der Bushaltestelle in Berhampur verkehren regelmäßig Busse nach Bhubaneswar (30 Rs, 5 Stunden), Nachtbusse in den Süden nach Jeypur (80 Rs) sowie normale Busse nach Taptapani (9 Rs, 2 Stunden).

TAPTAPANI

Außer einer kleinen heißen Quelle ist in diesem friedlichen Ort in den Hügeln westlich von Gopalpur nicht viel zu sehen. Ein Tagesausflug lohnt eigentlich nicht. Wenn Sie sich jedoch im Winter mal etwas Besonderes gönnen wollen, dann mieten Sie sich eines der beiden Zimmer im Panthanivas Tourist Bungalow (Tel. Podamari 4 31) mit einem Bad im römischen Stil, in das in eine Badewanne mit Platz für mehrere Leute Wasser aus der heißen Quelle geleitet wird. Ein solches Doppelzimmer kostet 250 Rs. Es gibt daneben noch einige normale Zimmer für 150 Rs, dann aber auch nur mit einem normalen Badezimmer.

Unweit von Chandragiri, 36 km entfernt, lebt eine Gemeinde tibetischer Flüchtlinge unweit eines Tempels. Die Tibeter versorgen sich selbst, indem sie Teppiche weben, die in der Gemeinde zum Kauf angeboten werden.

CUTTACK

Einwohner: 474 000
Telefonvorwahl: 0671

Cuttack, nur 35 km nördlich von Bhubaneswar an den Ufern des Mahanadi und des Kathajuri gelegen, war bis 1950 die Hauptstadt von Orissa. Heute ist es eine chaotische und weitgehend uninteressante Stadt.

Nur ein Torweg und ein Wallgraben erinnern noch an das Fort Barabati aus dem 14. Jahrhundert. Die steinerne Schutzmauer am Kathajuri, die die Stadt vor den jahreszeitlich bedingten Überschwemmungen schützt, stammt aus dem 11. Jahrhundert. Der Kadam Rasul ist ein moslemischer Schrein, der einen Fußabdruck des Propheten enthalten soll und ein Pilgerziel sowohl von Hindus als auch von Moslems geworden ist. Paradip, 90 km östlich von Cuttack, ist ein bedeutender Hafen und ein weniger bedeutender Ferienort mit Strand.

UNTERKUNFT

Im Panthanivas Tourist Bungalow (Tel. 2 38 67) werden Einzelzimmer für 100 Rs und Doppelzimmer für 130 Rs (mit Klimaanlage für 250 bzw. 275 Rs) vermietet. Im Hotel Neeladri (Tel. 2 38 31) kosten Einzelzimmer ab 100 Rs und Doppelzimmer ab 150 Rs, während im Hotel Ashoka (Tel. 2 57 08) Einzelzimmer für 240 Rs und Doppelzimmer für 280 Rs angeboten werden (mit Klimaanlage für 320 bzw. 370 Rs). Das Hotel Akbari Continental hat klimatisierte Einzelzimmer für 400 Rs und Doppelzimmer mit Klimaanlage für 525 Rs sowie ein Restaurant zu bieten.

Außerdem gibt es noch einige andere, kleinere Hotels.

Wer Cuttack nur kurz besuchen möchte, unternimmt besser einen Tagesausflug von Bhubaneswar aus.

LALITAGIRI, UDAYAGIRI UND RATNAGIRI

In diesen Stätten auf den Spitzen von Hügeln nordöstlich von Cuttack und etwa 100 km von Bhubaneswar entfernt kann man sich Überbleibsel und Ruinen aus der buddhistischen Zeit ansehen.

In Lalitagiri wurde ein Goldkästchen entdeckt, von dem man annimmt, daß darin Überbleibsel von Buddha enthalten waren. Die Ausgrabungen dauern noch an. In dem Dorf fertigen Künstler Nachbildungen der Steinskulpturen an. Rund 8 km entfernt liegt Udayagiri mit einem weiteren Klosterbezirk und einem Stupa aus Ziegeln.

Ratnagiri, 5 km hinter Udayagiri, ist die interessanteste und größte Stätte mit Ruinen und einen Besuch allemal wert. Die beiden großen Klöster hier blühten vom 6. bis zum 12. Jahrhundert n. Chr. Ansehen kann man sich noch wunderschön geschmückte Torwege, einen großen Stupa und riesige Buddha-Figuren.

TIERSCHUTZGEBIET BHITAR KANIKA

Dieses Schutzgebiet an der Küste zwischen Paradip und Chandipur wurde vorwiegend deshalb gegründet, um die Brutplätze von mehr als 300 000 Bastardschildkröten zu schützen, die jedes Jahr zur Mündung des Brahmani kommen, um dort ihre Eier abzulegen.

Bisher ist an Einrichtungen für Besucher so gut wie nichts vorhanden. Es kann aber durchaus sein, daß aus dem Schutzgebiet ein richtiger Nationalpark wird. Geplant sind bereits eine Parkverwaltung und Unterkünfte in Chandbali, zu erreichen von der Hauptstraße in Bhadrakh.

BALASORE UND CHANDIPUR

Balasore ist die erste wichtigere Stadt an der Bahnlinie von Kalkutta in den Norden von Orissa. Einst war Balasore ein bedeutendes Handelszentrum mit holländischen, dänischen, englischen und französischen Fabriken. Hier stand im Jahre 1634 die erste Fabrik der britischen East India Company in Bengalen. In Remina, 8 km entfernt, steht der Gopinath-Tempel, ein wichtiges Pilgerziel. Chandipur, 16 km weiter an der Küste, ist ein Strandparadies, wo bei Ebbe das Wasser bis zu 6 km weit zurückfließt. Mehrmals täglich fahren Busse von Balasore nach Chandipur.

UNTERKUNFT

Im sehr netten und angenehmen Tourist Bungalow der Stadtverwaltung, allgemein bekannt unter dem Namen

Deepak Lodging, werden Doppelzimmer zu annehmbaren Preisen vermietet. Man findet dorthin, wenn man vom Bahnhof zur Hauptstraße geht, dann nach links abbiegt und zwei Blöcke weitergeht. Es liegt dann auf der rechten Seite, gegenüber vom Kino.
Es gibt im Ort aber auch noch ein paar kleinere Hotels wie das Hotel Sagarika und das Hotel Moonlight.
In Chandipur gibt es einen guten Panthanivas Tourist Bungalow (Tel. 06785/22 51) mit Betten in einem Schlafsaal für jeweils 40 Rs und Doppelzimmern für 195 Rs (mit Klimaanlage für 305 Rs).
Man kann im Ort aber auch in einer ganzen Reihe von preiswerteren privaten Unterkünften übernachten.

NATIONALPARK SIMILIPAL

Der Nationalpark Similipal liegt im Nordosten des Staates Orissa, und zwar 250 km von Kalkutta und 320 km von Bhubaneswar entfernt. Er umfaßt eine Fläche von 2750 Quadratkilometern und gehört dem „Projekt Tiger" an.
Zu den Tierarten, die hier vertreten sind, gehören Tiger (etwa 80), Elefanten und verschiedene Arten von Wild. Die Landschaft ist wunderschön und mit Hügeln, Wasserfällen sowie noch unberührtem Wald sehr abwechslungsreich. Das ermöglicht es der vielfältigen Tierwelt, sich gut versteckt aufzuhalten. Von Juli bis Oktober bleibt der Park geschlossen.

Die Infrastruktur für Touristen ist allerdings nicht gut entwickelt, so daß man Geld in Landeswährung und Verpflegung mitbringen und auch für den Transport selbst sorgen muß. Der Eingänge zum Park befinden sich an der Westseite in Jashipur und - günstiger gelegen - in Baripada. Wenn man im Park übernachten will, muß man sich jedoch zunächst zum Büro der Parkverwaltung in Baripada (Tel. 06792/27 73) begeben und sich dort anmelden. Für ein Doppelzimmer in den sechs im Park verstreuten Forest Rest Houses muß man 100 Rs bezahlen. Das in Barheipani ist zu empfehlen, denn es liegt unweit eines 450 m hohen Wasserfalles.

Etwa 10 km innerhalb des Parks (ca. 35 km von Baripada entfernt) liegt in Lulung die Aranya Niwas Tourist Lodge mit Doppelzimmern für 300 Rs und deutlich preisgünstigeren Betten in Schlafsälen.

Jashipur ist von Baripada mit Bussen (oder über Bangriposhi mit Zügen und Bussen) zu erreichen. Für ein Doppelzimmer in seiner Tourist Lodge in Jashipur berechnet Mr. Roy 50 Rs. Hier kann man auch einen Jeep mieten (3,50 Rs pro km). Für Rundfahrten im Park lassen sich in Baripada Jeeps zu Preisen von 1000 bis 1400 Rs mieten. Der genaue Preis hängt davon ab, wohin man fährt, und läßt sich zwischen bis zu fünf Leuten teilen.

SAMBALPUR

Einwohner: 208 000
Telefonvorwahl: 0663

Im Westen von Orissa, an der Grenzen zu Madhya Pradesh, liegt die große Stadt Sambalpur. Sie ist das Herz eines Gebietes, in dem Ikat-Stoffe hergestellt werden, auch wenn davon in Sambalpur keine zum Verkauf zu sehen sind. Die Gegend liegt abseits der ausgetretenen Pfade von Touristen, so daß jeder Besucher so etwas wie eine örtliche Attraktion darstellt.

Für die Stadt wird vom Fremdenverkehrsamt von Orissa stark als Ferienziel geworben, wie es scheint, auf Kosten des 24 km langen Hirakud-Dammes, der erbaut wurde, um der Wassermassen im Mahanadi-Delta um Bhubaneswar während des Monsuns Herr zu werden. Sonapur, 80 km weiter südlich, ist ein weiteres Zentrum der Textilherstellung, in dem auch einige tantrische Tempel stehen.

Das Fremdenverkehrsamt von Orissa (Orissa Tourist Development Corporation - OTDC) unterhält Büros am Bahnhof und im Panthinivas Tourist Bungalow.

UNTERKUNFT UND ESSEN

Einfache Unterkünfte hat das Indhrapuri Guest House (Tel. 2 17 12) unmittelbar an der Bushaltestelle zu bieten. Dort werden kleine Einzel- und Doppelzimmer ab 30 bzw. 50 Rs vermietet. Ein weiteres einfaches Quartier ist die Rani Lodge, rund fünf Minuten Fußweg entlang der Hauptstraße entfernt.

Ebenfalls in der Nähe der Bushaltestelle steht das Hotel Uphar (Tel. 2 15 58), eine recht gute Unterkunft, in der einfache Einzel- und Doppelzimmer mit Bad für 175 bzw. 225 Rs angeboten werden. Auf diese Preise scheinen 25 % Ermäßigung die Regel zu sein. Zu haben sind aber auch teurere Zimmer mit Ventilator und Fernsehgerät für 225 bzw. 275 Rs sowie mit Klimaanlage und Farbfernsehgerät für 375 bzw. 425 Rs. Das Restaurant im Haus ist nichts Besonderes.

Auf der Spitze eines kleinen Hügels am Ende der Hauptstraße kommt man zum Panthinivas Tourist Bungalow der OTDC (Tel. 2 14 82). Er wird zwar nicht gerade brillant geführt und gepflegt, allerdings haben die Gäste von einigen Zimmern ganz gute Ausblicke. Hier werden für ein Doppelzimmer mit Bad 110 Rs und für ein Zimmer mit Klimaanlage 220 Rs berechnet.

Das Hotel Central gegenüber vom Indhrapuri Guest House ist keine Unterkunft, sondern ein gutes Ziel für ein preisgünstiges Essen. Wenn man etwas Bekömmlicheres essen möchte, empfiehlt sich ein Versuch im Restaurant des Hotels Uphar Palace an der Hauptstraße.

AN- UND WEITERREISE

Bus: Die Bushaltestelle befindet sich in der Stadtmitte. Von dort fahren täglich drei Busse nach Puri (60 Rs, 9 Stunden), allerdings erst nachmittags, so daß sie am Ziel reichlich spät ankommen. Wenn man nach Puri will, ist es besser, einen der frühen Busse nach Cuttack zu besteigen (5.30 oder 8.30 Uhr, 53 Rs, 6½ Stunden) und dort in einem Bus für die Weiterfahrt nach Puri umzusteigen.

An der Hauptstraße vor der Bushaltestelle sind auch viele private Busunternehmen vertreten, die Luxusbusse mit Videofilmen nachts zur Fahrt nach Puri, Bhubaneswar und Raipur einsetzen. Die staatliche Busgesellschaft betreibt ebenfalls nachts eine Verbindung mit Luxusbussen nach Bhubaneswar (60 Rs). Fahrkarten für alle diese Fahrten sollte man im voraus an der Bushaltestelle kaufen.

Zug: Der Bahnhof liegt 3 km von der Stadtmitte entfernt. Die 30 Rs, die Fahrer von Auto-Rikschas für diese Strecke verlangen, sind eine glatte Unverschämtheit. Von Sambalpur bestehen Direktverbindungen mit Zügen nach Bilaspur, Jhansi, Kalkutta, Bhubaneswar (17 Stunden, und zwar über Vizianagram in Andhra Pradesh), Delhi und Madras.

WEITERE ORTE IN ORISSA

Im Norden von Orissa, etwa 50 km von Jashipur entfernt, liegt Khiching, früher einmal eine Hauptstadt. In Khiching gibt es eine Reihe interessanter Tempel, einige davon als Ruinen, sowie ein kleines Museum. Weiter im Hinterland liegt die wichtige Industriestadt Rourkela mit einem bedeutenden Stahlwerk.

Ein wenig nordwestlich von Cuttack steht der Shiva-Tempel von Kapilas.

Bronze wird in der Gegend von Bolangir gegossen. In Harishankar, westlich von Bolangir, gibt es eine ganze Anzahl von Tempeln und einen Wasserfall. Die Zwillingsdörfer Ranipur und Jharial liegen 30 km von Titlagarh entfernt und sind bemerkenswert wegen einer Ansammlung von Tempeln auf einer Erhebung aus Felsen. Dazu gehört auch ein runder mit 64 Yoginis, ähnlich dem in Khajuraho.

Die Höhle von Gupteswar kann man 85 km westlich von Koraput besichtigen. Das ist im großen südlichen Bezirk von Orissa, in dem viele Stammesgruppen leben, darunter auch die Bonda.

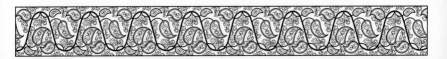

SIKKIM

Noch bis vor kurzem war Sikkim (Neues Haus) ein unabhängiges Königreich. Zwar war es durch Protektoratsverträge mit Indien verbunden, durch die der indischen Regierung sogar die Wahrnehmung der auswärtigen Angelegenheiten sowie der Verteidigungspolitik zugestanden wurde, aber 1975 war auch diese Zeit vorüber. Nach andauernden politischen Unruhen und Umsturzversuchen der nepalischen Bevölkerung hatte man ohnehin bereits 1973 die konstitutionelle Monarchie eingeführt, und 1974 wurde Sikkim sogar ein assoziierter Staat Indiens. Im Mai 1975 wurde Sikkim dann nach einer Volksabstimmung der 22. Bundesstaat der Indischen Union. Diese Entwicklung entsprach jedoch längst nicht dem Wunsch der Mehrheit der Bevölkerung. Mittlerweile beruhigten sich die Gemüter aber etwas, denn die Zentralregierung tat auch das Ihre. Relativ hohe Beträge wurden ausgegeben, um den Straßenbau, die Elektrifizierung, die Wasserversorgung und die landwirtschaftliche sowie industrielle Entwicklung anzukurbeln.

Das Motiv für diese großzügige Hilfe lag bei der indischen Regierung zu einem großen Teil in der Angst vor der chinesischen Militärmacht in diesem Gebiet. Wenn man heute von Siliguri nach Gangtok fährt, wird man immer noch enorme militärische Aktivitäten beobachten können.

Über einen langen Zeitraum galt Sikkim als eines der letzten Shangri La auf der Welt. Dies lag zum einen an der Abgeschiedenheit und der phantastischen Gebirgslandschaft, zum anderen an der vielfältigen Flora und Fauna und den sehr alten buddhistischen Klöstern. Es war noch nie leicht, in dieses Land zu kommen. Auch heute noch ist eine besondere Genehmigung erforderlich, die allerdings nun leicht erhältlich ist (vgl. Abschnitt über die Sondergenehmigungen weiter unten). Aber immer noch ist der östliche Teil von Sikkim entlang der Grenze nach Tibet nur sehr schwer zugänglich. Trekking-Touren zum Fuß des Kanchenjunga müssen von einem staatlich anerkannten Reisebüro organisiert werden.

Im Vergleich zu anderen Teilen des Landes steckt der Tourismus in Sikkim noch in den Kinderschuhen. Im Jahre 1993 haben nur 7000 Ausländer und nur 70 000 Inder diesen Bundesstaat besucht.

GESCHICHTE

Ursprünglich war das Land von den Lepcha bevölkert, einem Stamm, von dem man annimmt, daß er etwa um

Einwohner: 463 000
Gesamtfläche: 7 214 km²
Hauptstadt: Gangtok
Einwohner pro Quadratkilometer: 64
Wichtigste Sprache: Nepali
Alphabetisierungsrate: 34 %
Beste Reisezeit: März bis August

das 13. Jahrhundert herum aus den Bergen bei Assam hierher auswanderte. Die Lepcha gehörten zu den Waldmenschen und legten nur kleine Felder an, um sich selbst zu versorgen. Sie verehrten Naturgeister und waren ein sehr friedliches Volk. Noch heute sind fast 18 % der Bevölkerung von Sikkim Lepcha. Allerdings wurde ihnen viel von ihrem eigenen Lebensraum und der Möglichkeit, nach eigenen Vorstellungen und Überlieferungen zu leben, genommen. Dies geschah teils durch die Zuwanderung aus Tibet und neuerdings auch durch Einwanderer aus Nepal.

Der Zustrom von Tibetern nach Sikkim begann schon während des 15. und 16. Jahrhunderts. Er war eine Folge anhaltender religiöser Zwistigkeiten zwischen den einzelnen lamaistischen Sekten. In Tibet setzte sich damals immer mehr die Sekte der Gelbmützen (Gelukpa) durch, der auch der Dalai Lama angehört, während in Sikkim die Rotmützen (Nyingma-pa) die Oberhand bekamen. Diese Religion wurde bei dem Anschluß an Indien Staatsreligion. Die friedlichen Lepcha hatten sich ursprünglich in einsame Berggegenden zurückgezogen. Mit der zunehmenden Zahl von flüchtenden

SIKKIM

Tibetern entspann sich zwischen den beiden Anführern eine Feindschaft. Diese beiden Machthaber, Thekong Tek und Khye-Bumsa als Anführer der Bhutia, erlegten den einfachen Lepcha ungewollte Beschränkungen auf. Viel Unfrieden wurde dabei zwischen den beiden Lagern geschürt. Ein besonders harter Schlag war es, als die Lepcha gezwungen wurden, all ihre Schriften und Zeremoniengegenstände während einer Zeremonie zusammenzutragen, bei der dann die Tibeter alles zerstörten.

Im Jahre 1641 ernannte der Dalai Lama in Lhasa Penchoo Namgyal zum ersten König von Sikkim. Damals verliefen die Landesgrenzen allerdings noch etwas anders, denn neben der heutigen Provinz gehörten auch ein Teil des östlichen Nepal, das Chumbi-Tal in Tibet, das Ha-Tal in Bhutan und die Vorgebirge im Terai von der heutigen Grenze bis hinunter zu den Ebenen Indiens, einschließlich Darjeeling und Kalimpong, zu Sikkim.

In den Jahren 1717-1734, während der Herrschaft des vierten Königs von Sikkim, erlebte das Königreich eine Reihe von Kriegen gegen Bhutan, bei denen weite Gebiete im südlichen Vorgebirge verlorengingen, auch Kalimpong. Damals war diese Stadt ein wichtiger Handelsplatz an der Straße von Tibet nach Indien. Nach 1780 verlor Sikkim bei einer Invasion von Gurkha aus Nepal weitere Territorien. Da der Gurkha im Vordringen nach Tibet nicht gelang, versuchten sie, nach Süden vorzustoßen, und gerieten mit der britischen East India Company in Konflikt. Das löste eine Serie von Kriegen zwischen den Gurkha und den Engländern aus. Beendet wurden die Streitigkeiten durch den Vertrag von 1817, in dem die Grenzen von Nepal festgelegt wurden und die Gurkha alle Gebiete des ehemaligen Sikkim, die sie erobert hatten, an die Briten abtraten. Weite Teile davon gaben die Engländer dann dem Raja von Sikkim zurück, handelten sich dadurch aber die Kontrolle über alle Streitigkeiten ein, die Sikkim mit seinen Nachbarländern hatte. Die Folge dieser unglückseligen Aufteilung war, daß Sikkim nun ein Pufferstaat zwischen Nepal, Tibet und Bhutan wurde.

Im Jahre 1835 waren die Briten auf der Suche nach einem Erholungsort in den Bergen. Dieser sollte den Soldaten und natürlich auch den Verwaltungsbeamten zur Verfügung stehen. Daher setzten sie den Raja mehr und mehr unter Druck, ihnen gegen eine jährliche Abstandszahlung Darjeeling abzutreten. Dies paßte den Tibetern aber absolut nicht, denn sie betrachteten Sikkim immer noch als ihren Vasallenstaat. Außerdem nahm Darjeelings Bedeutung als Handelsstadt mehr und mehr zu und beeinflußte dadurch in hohem Maße den Erfolg der führenden Lamas und der Kaufleute von Sikkim. Die Unstimmigkeiten und Unzufriedenheit nahmen zu und gipfelten schließlich 1849 in der Gefangennahme eines britischen Beamten und eines Botanikers. Beide

hatten mit der Erlaubnis des Raja und der britischen Regierung die Region Lachen besucht. Nachdem man mit Repressalien gedroht hatte, wurden die beiden Gefangenen einen Monat später völlig ohne Bedingungen freigelassen. Die Briten besetzten schließlich das ganze Gebiet zwischen der heutigen Grenze von Sikkim sowie den indischen Tiefebenen und entzogen dem Raja die versprochene Zahlung. Diese bewilligte man Jahre später aber dem Sohn erneut.

Die Engländer mischten sich immer mehr in innere Angelegenheiten ein. Dies führte 1861 dazu, daß Sikkim ein Protektorat wurde und die Grenzen festgeschrieben wurden. All diese Ereignisse akzeptierten die Tibeter jedoch nicht, für sie waren alle Neuerungen illegal. Deshalb fielen sie 1886 in Sikkim ein und versuchten mit diesem Schritt ihre Ansprüche geltend zu machen. Erfolgreich waren sie jedoch nicht, denn die Briten schlugen sie zurück und sandten als Vergeltungsmaßnahme sogar noch eine Militärexpedition nach Lhasa (1888). Vom gleichen Zeitpunkt an wurde die Macht des Raja von Sikkim zunehmend beschränkt, was ihn 1892 zur Flucht nach Lhasa veranlaßte.

Die Engländer nahmen sich nun vor, dieses Gebiet weiter zu entwickeln, und ermunterten Nepali zur Auswanderung nach Sikkim, wie sie es bereits mit gutem Erfolg in Darjeeling getan hatten. Ein beträchtlicher Teil des Landes wurde für den Anbau von Reis und Kardamom aufbereitet. Aufgrund dieser Gastarbeiter aus Nepal, deren Zahl noch bis 1960 zunahm, wuchs auch der Anteil der Bevölkerung nepalischer Abstammung. Heute sind 75 % der Einwohner von Sikkim Nepali. Dieser Sachverhalt führte zu einer heißen Diskussion, als nämlich Ende der sechziger Jahre der Raja gedrängt wurde, die Zuwanderung zu stoppen. Als man gar begann, den Einwohnern, die nicht nepalischer Abstammung waren, Sonderrechte einzuräumen, ging die Opposition auf die Barrikaden.

Auch die in Amerika geborene Frau des Raja trug einiges dazu bei, daß Stimmung gegen die Nepali gemacht wurde. Schließlich erreichten die Unruhen ihren Höhepunkt in Demonstrationen in Gangtok und in der Flucht des Raja nach Indien. Mit der Unabhängigkeit war Indien aber auch in die Verträge der Briten mit Sikkim eingetreten. Dies bedeutete jedoch nicht, daß die Inder Freude daran hatten, daß es weiterhin ein mehr oder weniger selbständiges Sikkim gab. Immerhin taten sie ihr Bestes, um auch noch die letzten Spuren der Prinzenstaaten in Indien auszumerzen. Ihre Antwort auf die instabile Lage in diesem Grenzstaat nach China war daher, den Raja zu entmachten und das ehemalige Königreich Sikkim kurzerhand zu annektieren. Dies brachte Indien weltweit wenig Anerkennung, ja sogar internationale Proteste ein. Inzwischen hat sich die Lage aber doch beruhigt. Sikkim wird heute von einem eigenen, demokratischen Kongreß regiert, der

Abgeordnete in das indische Parlament nach Delhi entsendet.

Sikkims heutige Bevölkerung teilt sich folgenderma-ßen auf: 18 % Lepcha und 75 % Nepali. Die restlichen 7 % bestehen aus Bhutia und Menschen aus den nord-indischen Provinzen. 60 % der Bevölkerung sind Hin-dus, 28 % Buddhisten; Anhänger beider Religionen leben aber, wie auch in Nepal, in friedlicher Koexi-stenz. Für jeden Besucher sind die vielen alten buddhi-stischen Klöster von Sikkim von besonderem Interesse.

SONDERGENEHMIGUNGEN

Die Sondergenehmigungen für Sikkim werden inner-halb weniger Stunden oder sogar so schnell ausgestellt, daß man darauf an Ort und Stelle warten kann. Um eine solche Genehmigung zu erhalten, muß man seinen

Reisepaß und ein Paßbild vorlegen. Eine Gebühr ist nicht zu bezahlen. Erlaubt wird dann normalerweise ein Aufenthalt in Sikkim von bis zu 15 Tagen (derzeit ohne größere Schwierigkeiten um 15 Tage verlänger-bar, aber das kann sich ändern).

Aufsuchen darf man mit einer „normalen" Sonderge-nehmigung die Gebiete von Gangtok, Rumtek, Phodang, Pemayangtse (einschließlich Tashiding, Yuksam und Khechepari-See) und Naya Bazaar.

Wenn man einer Gruppe von mindestens vier Personen angehört, ist in Gangtok auch eine Sondergenehmi-gung für den Besuch des Tsangu-Sees, des östlichen Sikkim nicht weit von der tibetischen Grenze entfernt und von Yumthang im nördlichen Sikkim erhältlich. Diese Sondergenehmigungen braucht man zusätzlich zu den „normalen" Sondergenehmigungen für Sikkim.

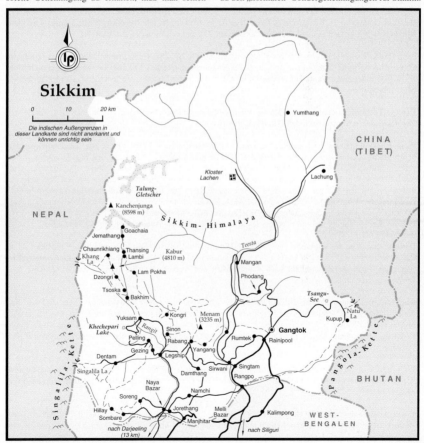

SIKKIM

Ferner ist für Bergwanderungen in der Region Dzongri eine Trekking-Genehmigung erforderlich. Die benötigt man ebenfalls zusätzlich zur „normalen" Sondergenehmigung für Sikkim und wird in dem Büro neben dem Fremdenverkehrsamt in Gangtok erteilt. Um sie zu erhalten, muß man eine Gruppe von mindestens vier Teilnehmern gebildet und bei einem dafür anerkannten Veranstalter eine Trekking-Tour im Gebiet von Dzongri gebucht haben. Die Regierung von Sikkim sorgt dann für einen Begleitoffizier oder Führer, der mit an der Trekking-Tour teilnimmt. Man kann also nicht so ohne weiteres auf eigene Faust Bergwanderungen in diesem Gebiet unternehmen, ohne daß so etwas von einem Veranstalter organisiert ist und ohne daß dafür eine ausdrückliche Genehmigung vorliegt. Für eine Trekking-Tour in der Gegend von Pemayangtse braucht man allerdings keine zusätzliche Trekking-Genehmigung. Die Sondergenehmigungen werden bei der Einreise nach und bei der Ausreise aus Sikkim in Legship oder Yuksam geprüft und abgestempelt.

Feste in Sikkim

Das Schwergewicht bei den Festen in Sikkim liegt auf dem tibetischen Buddhismus, auch wenn die Lepcha und die nepalischen Hindus ebenfalls bestimmte Feste feiern.

Bhumchu: Dieses Fest wird im Kloster Tashiding im westlichen Sikkim am 15. Tag des ersten Monats (März) begangen. Dann öffnet der Vorsteher des Klosters einen Glasbehälter, der 300 Jahre altes heiliges Wasser enthält. Das Wasser fließt in 21 Tassen und ist Grundlage für Weissagungen, was das nächste Jahr bringen wird. Am Khechepari-See werden aus Anlaß des Festes Blumen, Früchte und Butterlampen geopfert.

Saga Dawa: Dieses „Fest des dreifachen Segens" erinnert an Buddhas Geburt, seine Erleuchtung und seinen Eingang ins Nirwana. Dann tragen Mönche bei Prozessionen in Gangtok und anderen Orten heilige Schriften durch die Straßen. Saga Dawa fällt auf den Vollmondtag des vierten Monats nach dem Mondkalender (Ende Mai oder Anfang Juni).

Drukpa Teshi: Bei diesem Fest werden die ersten Vorlesungen Buddhas gefeiert. Begangen wird es am vierten Tag des sechsten Monats nach dem Mondkalender (August).

Pang Lhabsol: Dieses Fest ist eine Besonderheit in Sikkim, weil es zu Ehren von Kanchenjunga, der Schutzgottheit von Sikkim, und von Yabdu, dem „Oberkommandeur" von Kanchenjunga, begangen wird. Dabei werden dramatische Tänze aufgeführt, bei denen Kanchenjunga durch eine rote Maske, umgeben von fünf menschlichen Schädeln, und Yabdu durch eine schwarze Maske dargestellt werden. An den Fest nehmen außerdem tanzende Krieger in Kampfbekleidung aus Sikkim und Helmen, Schilden sowie Schwertern teil. Höhepunkt der Tänze ist das Auftreten des Mahakala (des Beschützers des *dharma*, des buddhistischen Pfades), der Kanchenjunga und Yabdu anweist, dafür zu sorgen, daß Sikkim friedlich bleibt und weiter blüht. Das Fest fällt auf den 15. Tag im siebenten Monat des Mondkalenders (Ende August oder Anfang September).

Dasain: Dasain ist die Variante der nepalischen Hindus vom Dussehra-Fest in Nordindien, vom Ram Lila in Delhi und vom Durga Puja in West-Bengalen. Begangen wird es im Oktober und ist zugleich die bedeutendste Ferienzeit. In dieser Zeit besteht nach Unterkünften und Verkehrsmitteln, insbesondere in Gangtok und Darjeeling, eine große Nachfrage.

Kagyat-Tanz: Abgehalten am 28. und 29. Tag im 12. Monat nach dem Mondkalender (Februar), wird bei diesem Tanzfest die Vernichtung der bösen Kräfte symbolisiert. Die Tänze werden dann von Mönchen in den Innenhöfen der Klöster aufgeführt. Voran gehen Gebete. Besonders bekannt wegen dieser Tänze ist die Tsuk-La-Khang (Königliche Kapelle) in Gangtok, zu sehen sind sie aber auch in den Klöstern Pemayangtse und Phodang.

Loosong: So nennt sich das Neujahrsfest in Sikkim, das in die letzte Woche im Februar fällt. Von den Lepcha wird es Namsoong genannt und ist auch als Sonam Losar (Neujahrsfest der Bauern) bekannt, weil es in die Erntezeit fällt.

Losar: Dies ist das tibetische Neujahrsfest, vor dem zwei Tage früher von den Mönchen in Pemayangtse und Rumtek Tänze aufgeführt werden. Es fällt in die Zeit von Anfang Mai.

In Indien sind Sondergenehmigungen für Reisen nach Sikkim bei folgenden Stellen erhältlich:

Regionale Ausländerbehörden (Foreigners' Regional Registration Offices) in Delhi, Bombay, Kalkutta und Madras

Einreisebehörden auf den Flugplätzen Delhi, Bombay, Kalkutta und Madras

Resident Commissioner, Government of Sikkim, Panchsheel Marg 14, Chanakyapuri, Delhi (Tel. 011/3 01 53 46)

Fremdenverkehrsamt von Sikkim, SNT Bus Compound, Siliguri, West-Bengalen (Tel. 0353/2 46 02)

Assistant Resident Commissioner, Government of Sikkim, Poonam 4 c, Russell Street 5, Kalkutta (Tel. 033/29 75 16)

Deputy Commissioner, Darjeeling, West-Bengalen

Deputy Secretary, Home Department, Government of West Bengal, Kalkutta

Man kann die Sondergenehmigung für Sikkim auch zusammen mit dem Visum für Indien in einer indischen Botschaft oder einem indischen Konsulat beantragen. Dann sollte man darum bitten, die Erlaubnis zur Reise nach Gangtok, Rumtek, Phodang und Pemayangtse zu erteilen, wozu die Botschaften und Konsulate ermächtigt sind.

Insgesamt darf man sich in Sikkim 15 Tage und mit Verlängerung der Sondergenehmigung weitere 15 Tage in jedem Jahr aufhalten. Es ist so gut wie unmöglich, dieser Vorschrift aus dem Wege zu gehen, weil die Sondergenehmigung und der Reisepaß bei der Einreise nach Sikkim und bei der Ausreise geprüft werden, so daß sich nachweisen läßt, wie lange jemand dort gewesen ist. Wenn man mit einem Zug von Kalkutta auf dem Weg nach Sikkim ist, findet man eine Ausländerbehörde auch auf dem Bahnhof New Jalpaiguri in West-Bengalen. Theoretisch könnte man auch dort seinen Reisepaß vorlegen und eine Sondergenehmigung für Sikkim beantragen. In Wirklichkeit wird man den dafür erforderlichen Stempel in diesem Büro aber nicht erhalten und kann sich den Weg dorthin sparen. Diese Behörde ist ein Überbleibsel aus der Zeit, in der auch für einen Besuch in Darjeeling und Kalimpong eine Sondergenehmigung erforderlich war. Eigentlich hätte diese Ausländerbehörde also schon lange geschlossen werden können. Aber der Personalabbau in überflüssigen Behörden scheint bei der Regierung von West-Bengalen keine große Priorität zu genießen.

GANGTOK

Einwohner: 82 000

Telefonvorwahl: 03592

Gangtok, die Hauptstadt vom Sikkim, liegt auf einem Bergkamm am Westufer des Ranipool. Attraktiv an dieser Stadt ist nicht nur ihre landschaftlich schöne Lage, sondern auch die Tatsache, daß man von ihr aus herrliche Blicke auf den Kanchenjunga und die umliegenden Berge hat. Wer aber meint, er treffe in Gangtok auf ein kleines Kathmandu, täuscht sich. Gangtok ist aber eine interessante kleine und ansprechende Stadt, in der man gut übernachten kann und die Einwohner freundlich sind. Gangtok ist erst seit Mitte des 19. Jahrhunderts Hauptstadt. Ihre Vorgänger waren Yuksam und Rabdantse. Hinzu kommt, daß Gangtok in den letzten Jahren schnell modernisiert wurde.

Gangtok ist für Bengalis im Urlaub auch so etwas wie ein Bergerholungsort geworden, was sich durch die große Anzahl von Süßigkeitenläden an der M G Road belegen läßt. Der Zustrom erreicht seinen Höhepunkt während der 10 Tage dauernden Durga Puja im Oktober, wenn Bengalis in Massen aus der Ebene herabsteigen (oder vielleicht heraufsteigen?). Dann hält man sich aus Gangtok besser fern, denn in dieser Zeit steigen die Preise, insbesondere für Unterkünfte und Verkehrsmittel. Dann kann das Finden eines Zimmern, zu welchem Preis auch immer, richtige Kopfschmerzen verursachen.

ORIENTIERUNG

Im Norden der Stadt liegen Raj Bhavan, früher die britische und später die indische Residenz, und oberhalb davon die Siniolchu Lodge, das Kloster Enchey und der Fernmeldeturm.

Etwas weiter unten stehen der Palast des früheren Raja (bekannt als Chogyal) und die große, beeindruckende Königliche Kapelle (Tsuk-La-Khang). Unweit davon liegen das riesige Tashiling (Verwaltungsgebäude) und, etwas darunter, das erst vor kurzem eröffnete Parlamentsgebäude, beide im Stil der traditionellen Architektur erbaut.

In der Verlängerung dieses Kammes, aber weiter unten, finden Sie das Institute of Tibetology, eine Orchideenzucht und nicht weit vom Institut entfernt einen großen *chorten* (einen tibetischen *stupa*) sowie nebenan ein Kloster.

Alle wichtigen Einrichtungen für Touristen (Hotels, Cafés, Märkte, Bushaltestelle, Postamt, Fremdenverkehrsamt und Ausländerbehörde) befinden sich an oder in der Nähe der Hauptstraße von Darjeeling (Autostraße 31 A).

PRAKTISCHE HINWEISE

Informationen: Das Fremdenverkehrsamt ist montags bis samstags von 8.00 bis 16.00 Uhr geöffnet. Das Büro für Trekking-Genehmigungen, Sondergenehmigungen für Besuche im nördlichen Sikkim und am Tsangu-See sowie Verlängerungen der „normalen" Sondergenehmigungen ist im gleichen Gebäude wie das Fremdenverkehrsamt untergebracht. Sprechstunden sind dort montags bis freitags von 10.00 bis 16.00 Uhr. Die Beamten in der Ausländerbehörde kann man montags bis freitags von 10.00 bis 13.00 Uhr erreichen.

Geld: In der State Bank of India gegenüber vom Fremdenverkehrsamt sind die Mitarbeiter so hilfsbereit und tüchtig wie in der State Bank of Sikkim an der Kreuzung des National Highway und der Paljor Stadium Road. Seien Sie gewarnt, wenn Sie Reiseschecks von Visa einlösen wollen, in welcher Währung auch immer, denn die werden nirgendwo anerkannt.

Post und Telefon: Für Postsendungen ist das Postamt von montags bis samstags und für Telefongespräche auch sonntags geöffnet.

Buchhandlungen und Zeitungen: Es gibt in Gangtok nur einige wenige Buchhandlungen. Die beste ist General Stores an der Mahatma Gandhi Marg, schräg gegenüber vom Fremdenverkehrsamt. Hier kann man auch indische Tageszeitungen kaufen, selbst wenn die immer schon einen Tag alt sind.

SEHENSWÜRDIGKEITEN

Tsuk-La-Khang: Die Königliche Kapelle ist der bedeutendste Versammlungsort der Buddhisten, in dem Gottesdienste abgehalten werden, und zugleich ein Ort, an dem sich eine recht beachtliche Sammlung von religiösen Schriften befindet. Das Gebäude ist schon von außen sehr schön und innen zusätzlich mit Wandmalereien und überschwenglich dekorierten Altären verziert. Dazu gehören Abbildungen von Buddha, Bodhisatvas und tantrischen Gottheiten. Außerdem kann man sich dort eine Anzahl von Holzschnitzereien ansehen. Leider ist die einzige Zeit, in der das Bauwerk für Besucher zugänglich ist, die Zeit während der Feierlichkeiten anläßlich des tibetischen Neujahrsfestes, wenn als Besonderheit der berühmte Tanz der Schwarzmützen aufgeführt wird. Damit wird der Sieg Gottes über den Teufel dargestellt.

Namgyal Institute of Tibetology: Dieses Institut ist einzigartig in der Welt. Es dient der Erforschung der tibetischen Sprache und der Sitten sowie des Studiums des Mahayana-Buddhismus. Es besitzt die größte Sammlung von Büchern über dieses Thema und seltene Schriften über den Mahayana-Buddhismus, eine Kunstsammlung religiöser Gegenstände und eine erstaunlich gute und unglaublich schöne Sammlung von *thankas* mit Seidenspitze. Man kann in dem Institut auch religiöse Kunst, Kunsthandwerk und Bücher kaufen. Geöffnet ist montags bis samstags in der Zeit von 10.00 bis 16.00 Uhr, sonntags jedoch geschlossen. Als Eintritt werden 2 Rs erhoben.

Chorten und Kloster: Etwa 500 m unterhalb dieses Institutes steht ein riesiger *chorten* mit einer goldenen Spitze, der von vielen Stellen in Gangtok zu sehen und von Gebetsfahnen umgeben ist, die an Bambusstangen wehen. Daneben befindet sich ein Kloster mit einer Schule für junge Lamas, in dem man einen Schrein mit einer großen Darstellung des Guru Padmasambhava besichtigen kann. Er war als Inder buddhistischer Priester in Tibet. Seine Manifestation als Guru Snag-Sid Zilzon ist ebenfalls zu sehen. Wie an anderen buddhistischen Klöstern ist auch der *chorten* hier von Gebetsmühlen umgeben.

Orchideenzucht: Das Institut für Tibetologie ist von einer Orchideenzucht umgeben, die ihrerseits von einem friedlichen Wald eingeschlossen ist. Die meisten der 454 in Sikkim vorkommenden Arten dieser schönen Blume sind dort zu sehen. Die beste Zeit für einen

Buddha-Figur aus dem Kloster Rumtek

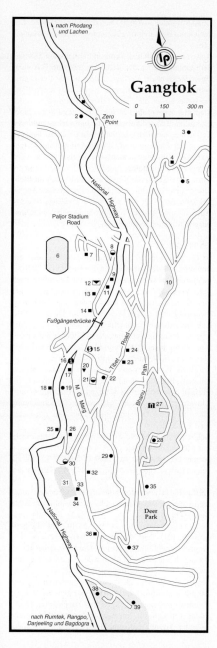

Gangtok

0   150   300 m

Unterkünfte
1 PWD Bungalow
4 Siniolchu Lodge
7 Hotel Nor-Khill
9 Hotel Chumila
11 Hotel Norbu Gang
13 Hotel Tibet
14 Hotel Mayur
17 Hotel Green
18 Sunny Guest House und Haltestelle der privaten Busse
23 Hotel Lhakpa
24 Modern Central Lodge
25 Hotel Shere-e-Punjab
26 Hotel Orchid
32 Sunshine Lodge und Hotel Hillview
33 Hotel Tashi Delek
34 Hotel Laden La
36 Hotel Pine Ridge

Restaurants
20 House of Bamboo

Sonstiges
2 Cottage Industries Emporium
3 Fermeldeturm
5 Kloster Enchey
6 Stadion
8 Bushaltestelle der SNT
10 Ridge Park und Blumenausstellung
12 Hauptpostamt
15 State Bank of India
16 Fremdenverkehrsamt und Restaurant Blue Sheep
19 Tashila Tourist Travels
21 Jeep-Haltestelle
22 Indian Airlines
27 Palast
28 Tsuk-La-Khang (Königliche Kapelle)
29 Ausländerbehörde
30 Jeeps nach Rumtek
31 Lall-Markt
35 Verwaltungsgebäude
37 Parlament
38 Namgyal-Institut für Tibetologie und Orchideenzucht
39 Chorten und Kloster

Besuch sind die Monate April und Mai sowie Juli und August.

Es gibt auch noch eine viel größere Orchideenzucht mit der Bezeichnung „Orchidarium", und zwar ein wenig abseits der Hauptstraße nach Rangpo entlang vom Teesta. Sie ist mit öffentlichen Bussen zu erreichen, wird aber normalerweise auch bei den Ausflugsfahrten zum Kloster Rumtek angefahren.

Oben auf dem Bergkamm gibt es neben der White Hall auch noch ein Blumenausstellungszentrum, aber das ist nicht immer geöffnet.

Institut für Heimindustrie (Cottage Industries Emporium): In der Hauptstraße hoch über der Stadt liegt dieses Institut, das sich darauf spezialisiert hat, handgewebte Teppiche, Decken, Schals, Webarbeiten im Lepcha-Stil, bunte Papierarbeiten und Choktse-Tische, die durch Reliefs verziert sind, herzustellen. Es ist außer sonntags und jeden zweiten Samstags für Besucher von 9.00 bis 12.30 Uhr und von 13.00 bis 15.30 Uhr geöffnet.

Wildpark: Dieser Wildpark ist zugleich ein beliebter Aussichtspunkt. Er liegt ganz am Ende des Bergkammes neben dem Gebäude des Sekretariats. Wie der Name schon besagt, gibt es dort Wild und auch noch eine Buddha-Figur, und zwar eine Nachbildung des Buddha in Sarnath (Uttar Pradesh). Zu sehen ist auch ein Bär in einem Käfig, den jeder mit nur ein wenig Verständnis für die Bewegung zur Befreiung von Tieren in die Freiheit entlassen zu sehen wünschte. Das derzeit stark ausgeprägte Eintreten für Menschenrechte scheint an dieser Stelle auf Tierrechte noch nicht erweitert worden zu sein.

Kloster Enchey: Oberhalb der Siniolchu Lodge, etwa 3 km von der Stadtmitte entfernt, liegt das 200 Jahre alte Kloster Enchey, das einen Besuch durchaus lohnt, insbesondere dann, wenn man im Januar (am 18. und 19. Tag im 12. Monat des Mondkalenders) in Gangtok ist. Dann werden dort nämlich religiöse Tänze aufgeführt. Es ist ein relativ kleines Kloster und mit den anderen, größeren in Sikkim nicht zu vergleichen. Es liegt jedoch spektakulär auf einem Bergkamm mit Blick über Gangtok und ermöglicht Ausblicke hinüber zum Kanchenjunga.

Lall-Markt: Wer den Markt von Kathmandu oder Darjeeling kennt, wird hier wegen der nur wenigen Geschäfte mit Kunsthandwerk enttäuscht sein. Dennoch ist der Gemüsemarkt, auf dem immer viel los ist, ganz sicher farbenfreudig.

AUSFLUGSFAHRTEN

Statt von organisierten Ausflugsfahrten sollte man in Gangtok besser von desorganisierten Ausflugsfahrten sprechen, denn die Touren, die vom Fremdenverkehrsamt angeboten werden, sind etwas, auf das man sich kaum verlassen kann. Eigentlich soll täglich eine Fahrt zum Aussichtspunkt Tashi, zum Wildpark, zum Kloster Enchey, zur Königlichen Kapelle, zum Institut für Heimindustrie, zum Institut für Tibetologie, zum nahegelegenen *chorten* und zur Orchideenzucht sowie zum Kloster Rumtek und zum Orchidarium stattfinden. Danach kann man sich im Fremdenverkehrsamt erkundigen.

Außerdem soll Sikkim Tourism Fahrten zum Tsangu-See anbieten, aber der dafür vorgesehene Bus steht entweder nicht zur Verfügung oder ist von Reisebüros gebucht worden. Wenn man gleichwohl einen Platz erwischt, kostet die Fahrt 130 Rs. Reisebüros in der Stadt bieten ebenfalls Fahrten zum Tsangu-See an, aber die sind sich über die Preise einig und verlangen für die Teilnahme von allen Ausländern 12 US $. Die behaupten, dieser Preis sei vom Fremdenverkehrsamt festgesetzt. Das stimmt zwar nicht, aber dennoch ist dagegen nichts zu unternehmen.

Eine ganze Reihe von Reisebüros wirbt auch für Floßfahrten den Teesti hinunter. Das kostet für einen Tag 50 US $, für zwei Tage 60 US $ und für drei Tage 70 US $. Auch für eine solche Floßfahrt ist übrigens eine Sondergenehmigung erforderlich.

UNTERKUNFT

In Gangtok gibt es zwar reichlich Hotels, aber am unteren Ende des Spektrum ist die Auswahl nicht gerade groß. In der Wintersaison ist es zudem wichtig, nach dem Vorhandensein von heißem Wasser und einer Beheizung zu fragen. In den meisten Unterkünften ist zwar ein Eimer heißes Wasser für eine Dusche erhältlich (manchmal gegen einen kleinen Zuschlag zum Übernachtungspreis), eine Heizmöglichkeit jedoch selten. Wenn man dann zumindest einen elektrischen Heizofen erhält, ist dafür auch ein Zuschlag zu bezahlen (normalerweise 30 Rs pro Nacht). Selbst in einigen Mittelklassehotels gibt es keine Heizung. Im übrigen werden nur in wenigen Unterkünften auch Einzelzimmer vermietet. Auch bei einer Übernachtung allein in einem Doppelzimmer erhält man nur selten eine Ermäßigung.

Schließlich sollte man, wo immer man auch übernachten will, jedes Mal nach einer Nebensaisonermäßigung fragen. Die schwankt zwischen 15 und 30 %. Alle im folgenden angegebenen Preise gelten für die Hauptsaison.

Einfache Unterkünfte: Unmittelbar neben der Haltestelle für private Busse steht das ziemlich beliebte Sunny Guest House (Tel. 2 21 79), in dem mit Badbenutzung Doppelzimmer für 150 Rs und Dreibettzimmer für 250 Rs sowie mit eigenem Bad Doppelzimmer für 250 Rs und Dreibettzimmer für 30 Rs angeboten werden. Vorhanden ist auch noch ein „besonderes" Doppelzimmer für 300 Rs. Heißes Wasser steht in diesem Haus zur Verfügung, aber keine Möglichkeit zum Heizen. Ferner hat man von einigen Zimmern aus einen Blick auf den Kanchenjunga.

Nicht weit entfernt, nur ein kleines Stück die Straße hinunter, kommt man zum Hotel Orchid am National

Highway 31 A (Tel. 2 31 51), in dem Einzel- und Doppelzimmer mit Gemeinschaftsbad 75 bzw. 150 Rs und Doppelzimmer mit eigenem Bad 300 Rs kosten. Auch hier gibt es heißes Wasser, aber keine Heizung. Wenn Sie in diesem Hotel übernachten wollen, dann meiden Sie die Zimmer ohne Fenster nach hinten hinaus. Dennoch ist dieses Haus ein beliebtes Quartier, in dem den Gästen im obersten Stockwerk zudem ein Restaurant und eine Bar mit ausgezeichneten Ausblikken zur Verfügung stehen.

Direkt gegenüber und unterhalb des National Highway liegt das Hotel Shere-e-Punjab (Tel. 2 28 23), in dem man mit Badbenutzung für ein Einzelzimmer 60 Rs und für ein Doppelzimmer 100 Rs sowie für ein Doppelzimmer mit eigenem Bad 150 Rs bezahlen muß. Das ist für das Gebotene nicht schlecht, auch wenn sich die Mitarbeiter desinteressiert zeigen. Heißes Wasser erhält man hier in Eimern.

Mitten im Herze aller Dinge an der M G Road liegt das Hotel Green (Tel. 2 33 54). Bei Besuchern ist es schon lange ein Favorit, allerdings hat man dort keine Ausblicke, und geheizt wird ebenfalls nicht. Hier kann man in einem Einzelzimmer für 150 Rs und in einem Doppelzimmer für 250 Rs (mit eigenem Bad) und für 250 bzw. 350 Rs mit Heißwasserbereiter übernachten. Im Erdgeschoß gibt es auch ein beliebtes Restaurant mit Bar. Für die Gäste in Zimmern ohne Heißwasserbereiter steht heißes Wasser in Eimern zur Verfügung.

Entlang der M G Road steht auch noch eine Reihe weiterer Hotels, darunter das Glacier Guest House, das Hotel Karma, die Sunshine Lodge, die Crown Lodge und das Hotel Hillview. Sie alle sind im Preis ähnlich, aber auch alle ausdruckslose Betonbauten ohne Ausblicke, ohne heißes Wasser und ohne Heizung.

Unten am Lall-Markt ist das Hotel Laden La ganz hübsch und hat von den Zimmern nach vorn gute Ausblicke über den Markt zu bieten. Hier kosten mit Badbenutzung Einzelzimmer 80 Rs und Doppelzimmer 100 Rs sowie mit eigenem Bad 120 bzw. 150 Rs, allerdings überall ohne heißes Wasser.

Entlang der Tibet Road oberhalb der M G Road gibt es eine ganze Reihe von modernen Quartieren vom oberen Ende der einfachen Unterkünfte. Sie sind im allgemeinen eher ihren Preis wert und ermöglichen es häufig, aus dem Fenster seines Zimmers auf den Kanchenjunga blicken zu können.

Eine ausgezeichnete Wahl und sehr beliebt ist die Modern Central Lodge (Tel. 2 34 17), geführt von zwei jungen Brüdern aus Sikkim, die sehr freundlich sowie hilfsbereit sind. Mit Einzelzimmern für 120 Rs und Doppelzimmern für 140 Rs (mit Badbenutzung, aber eigener Toilette) sowie Doppelzimmern für 250 Rs (mit eigenem Bad und Heißwasserbereiter) wohnt man hier ausgezeichnet. In den Gemeinschaftsbädern kann man rund um die Uhr heiß duschen. Im Restaurant und

in der Bar des Hauses ist auch preiswerte, leckere Verpflegung zu erhalten (bei guter Musik). Selbst ein Raum mit einem Billardtisch ist vorhanden. Die beiden Brüder führen auch das neue Hotel Pine Ridge unweit vom Parlamentsgebäude. Dort sind die Einrichtungen für die Gäste und die Preise identisch mit denen im anderen Haus, so daß man in diesem Quartier ebenfalls gut übernachtet.

Fast neben der Modern Central Lodge befindet sich das Hotel Lhakpa (Tel. 2 30 02), das nicht so beliebt, aber wahrscheinlich genauso gut ist. Hier kann man im Doppelzimmer für 80 Rs, ein Dreibettzimmer für 120 Rs (mit Badbenutzung) sowie ein Doppelzimmer für 230 Rs und ein Dreibettzimmer für 250 Rs (mit eigenem Bad und heißem Wasser) mieten. Für die Gemeinschaftsbäder steht heißes Wasser in Eimern zur Verfügung. Ein Restaurant und eine Bar sind ebenfalls vorhanden.

Entlang der Paljor Stadium Road unterhalb vom Hauptpostamt gibt es eine weitere Gruppe von preiswerten Unterkünften. Dazu gehört auch das Hotel Chumila (Tel. 2 33 61), ein kleines Haus mit Einzelzimmern für 150 Rs und Doppelzimmern für 200 Rs (alle mit eigenem Bad). Wie die Modern Central Lodge wird dieses Hotel von einem sehr freundlichen und hilfsbereiten jungen Mann aus Sikkim geführt. Die Einzelzimmer in diesem Haus sind zwar ziemlich dürftig, aber die anderen Zimmer sind viel besser. Im Restaurant, zugleich Bar, erhält man zudem preiswertes, leckeres Essen.

Unterhalb vom Hotel Chumila, entlang der gleichen Straße, gibt es noch weitere preiswerte Quartiere: das Hotel Orient, das Hotel Sikkim (sehr einfach), das Hotel Lhakhar und das Hotel Mount View.

Sehr billig, aber erst nach einer anstrengenden Wanderung bergauf zu erreichen, ist die Siniolchu Lodge (Tel. 2 20 74), gelegen unmittelbar unterhalb vom Eingang zum Kloster Enchey. Das Haus wird vom Fremdenverkehrsamt von Sikkim geführt und bietet wahrscheinlich die besten Ausblicke in der ganzen Stadt. Zur Selbstversorgung werden hier Einzelzimmer für 70 Rs und Doppelzimmer für 100 Rs angeboten, während man für „Luxuszimmer" (mit eigenem Heißwasserbereiter) 100 bzw. 150 Rs bezahlen muß. Hinzu kommen noch 10 % Steuern. Auf eine Heizung muß man in diesem Haus ebenfalls verzichten. Obwohl keine schlechte Wahl, ist es ohne eigenes Verkehrsmittel von der Stadtmitte bis zu diesem Haus ein langer Weg bergauf. Für eine Taxifahrt muß man 15 Rs ausgeben.

Mittelklassehotels: Das bei weitem beste Mittelklassehotel ist das von Tibetern geführte Drei-Sterne-Hotel Tibet in der Paljor Stadium Road (Tel. 2 25 23). Das ist neben dem Hauptpostamt. Erbaut im traditionellen tibetischen Stil, ist es ganz ansprechend und komfortabel. Im obersten Stockwerk befindet sich die Residenz des Repräsentanten des Dalai Lama in Sikkim. Hier kosten die normalen Einzelzimmer 413 Rs und die normalen Doppelzimmer 550 Rs, während man für ein „Luxuszimmer" allein 503 Rs und zu zweit 670 Rs bezahlen muß. Außerdem kann man noch teurere Suiten mieten. In allen Zimmern stehen heißes Wasser und ein Fernsehgerät zur Verfügung. Geheizt werden kann auf Wunsch ebenfalls. Die Ausblicke auf den Kanchenjunga von den Zimmern nach hinten sind wunderschön. Es gibt im Haus auch eine Bar und ein Restaurant mit tibetischen, chinesischen, indischen und westlichen Gerichten, die man sogar mit einer Kreditkarte bezahlen kann. In der Nebensaison wird den Gästen in diesem Haus bis zu 30 % Ermäßigung eingeräumt.

In der Nähe vom Hotel Tibet, an der Kreuzung des National Highway und der Paljor Stadium Road, liegt das Hotel Mayur (Tel. 2 28 25), ein weiteres vom Fremdenverkehrsamt von Sikkim geführtes Haus. Für ein normales Einzelzimmer muß man hier 200 Rs und für ein normales Doppelzimmer 250 Rs bezahlen. In einem „Luxuszimmer" kann man allein für 325 Rs und zu zweit für 400 Rs übernachten, während für ein „Superluxuszimmer" Alleinreisenden 400 Rs und Paaren 475 Rs berechnet werden. Hinzu kommen auch hier noch 10 % Steuern. Allerdings fließt in allen Zimmern auch heißes Wasser. Außerdem gibt es hier eine Bar und ein Restaurant sowie Parkmöglichkeiten.

Nicht weit entfernt kommt man zum Hotel Norbu Gang (Tel. 2 23 37), ebenfalls an der Paljor Stadium Road. Mit 315 Rs für ein Einzelzimmer und 425 Rs für ein Doppelzimmer mit „Tee am Bett" ist es komfortabel eingerichtet und eine gute Wahl. „Superluxuszimmer" sind für 400 bzw. 500 Rs ebenfalls zu haben.

Luxushotels: Das beste und bequemste Haus in dieser Preisklasse ist das Hotel Tashi Delek an der M G Road (Tel. 2 20 38), wie das Hotel Tibet im traditionellen Stil errichtet. Auch hier sind die Mitarbeiter freundlich und bemühen sich um die Gäste. Ferner kann man in diesem Hotel vom Dachgarten mit Restaurant (Gerichte aus Sikkim, China und dem Westen sowie Tandoori-Speisen) herrlich in die Umgebung blicken. Auch eine Bar ist vorhanden. Angeboten werden Einzelzimmer für 1150 Rs und Doppelzimmer für 1700 Rs. Vorhanden sind zudem einige Suiten, in denen zwei Gäste für 2000 Rs übernachten können. Hinzu kommen noch 10 % Zuschlag für Bedienung. In allen Preisen sind Vollpension und Nachmittagstee enthalten. Zum Bezahlen werden auch Kreditkarten anerkannt.

Weiter entfernt liegt das Hotel Nor-Khill (Tel. 2 31 87), und zwar unmittelbar unterhalb der Paljor Stadium Road und über dem eigentlichen Stadion. Es ist allerdings keine besonders gute Wahl, auch wenn die Zimmer geräumig sind und in der Nebensaison Ermäßigungen geboten werden. Wie im Hotel Tashi Delek kommt man

hier nur mit Vollpension unter und muß man für ein Einzelzimmer 1800 Rs, für ein Doppelzimmer 2000 Rs und für eine Suite 2600 Rs bezahlen. Auch in diesem Haus werden noch 10 % zusätzlich für Bedienung erhoben. Außerdem können die Gäste von einem Restaurant mit indischen, chinesischen und westlichen Gerichten sowie Tandoori-Speisen und einer Bar Gebrauch machen.

ESSEN

Zu den meisten Hotels in Gangtok gehört auch ein eigenes Restaurant, von denen einige ganz gut sind. Beliebt bei Besuchern mit wenig Geld sind die Restaurants im Hotel Orchid, im Hotel Green und in der Modern Central Lodge. In allen werden preiswerte, lecker schmeckende und sättigende Gerichte in vielen Geschmacksrichtungen angeboten, beispielsweise aus der tibetischen, chinesischen und indischen Küche. Hinzu kommt etwas, was man wohl als Frühstück im westlichen Stil nennen könnte (Eier, Toast und Ähnliches). Außer dem Hotelrestaurants gibt es noch ein ausgezeichnetes, preiswertes Lokal, das bei Einheimischen und Besuchern gleichermaßen beliebt ist. Das ist das House of Bamboo in der M G Road, gegenüber vom Hotel Green. Dieses Restaurant bietet leckere tibetische und chinesische Gerichte und ist ein gemütliches Ziel an einem kalten Tag. Wie in den meisten Restaurants in Sikkim ist auch diesem Lokal eine Bar angeschlossen. Etwas formeller geht es im Restaurant Blue Sheep zu, ebenfalls in der M G Road, und zwar neben dem Fremdenverkehrsamt und geführt von Sikkim Tourism. Spezialität sind ihre Braten, aber man kann auch Gerichte aus Sikkim und China erhalten. Die Preise sind annehmbar, aber etwas Besonderes sind die Gerichte nicht. Allerdings scheint dieses Lokal auch mittags geöffnet zu sein.

Weiter entfernt kann man auch einmal das Essen im Restaurant Snow Lion vom Hotel Tibet ausprobieren. Die Einrichtung in diesem Lokal ist elegant und das Essen preisgünstig. Auch hier erhält man Braten und andere europäische Speisen, daneben tibetische, chinesische und sogar japanische Gerichte.

Hervorragend ist das Essen im Restaurant Blue Poppy des Hotels Tashi Delek. Hier muß man für ein Abendessen vom Buffet mit chinesischen und indischen Speisen 160 Rs zuzüglich 10 % für Bedienung bezahlen. Wer Unbekanntes liebt, kann auch auf dem Markt in einem Chang-Laden *thungba* probieren, das in einer Bambusschale serviert wird. Sie müssen über die Hirse nur noch heißes Wasser gießen, und schon ist Ihr *chang* fertig.

UNTERHALTUNG

In Gangtok geht man eigentlich früh schlafen, auch wenn man sich abends in einigen Kinos Filme ansehen kann. Dennoch gibt es auch zahlreiche Bars, die meisten davon Restaurants angeschlossen, aber nicht alle. Liebhaber von Alkohol werden feststellen, daß Bier und Spirituosen in Sikkim erfreulicherweise billiger sind als in West-Bengalen. Allerdings ist der ganze Bundesstaat an Voll- und Neumondtagen „trocken".

EINKÄUFE

Überall in der Stadt sieht man Geschäfte, in denen tibetische Handarbeiten verkauft werden. Ein Laden mit einem ganz guten Angebot ist Charitrust im Hotel Tibet. Wie der Name bereits vermuten läßt, ist dieser Laden nicht gewinnorientiert, sondern alle Überschüsse kommen bedürftigen Tibetern zugute.

AN- UND WEITERREISE

Flug: Indian Airlines ist mit einer Agentur an der Tibet Road in Gangtok vertreten (Tel. 2 30 99). Die ist zwar mit Computern an das Buchungssystem der Fluggesellschaft angeschlossen, aber der nächstgelegene Flughafen befindet sich in Bagdogra, unweit von Siliguri.

Bus: Das wichtigste Busunternehmen in Gangtok ist Sikkim Nationalised Transport (SNT) mit vielen Verbindungen. Plätze für Fahrten mit SNT sollte man jedoch an der Bushaltestelle so früh wie möglich buchen, insbesondere für Fahrten in der Zeit von Durga Puja. Die Vorverkaufsstelle ist täglich von 9.00 bis 12.00 Uhr und von 13.00 bis 14.00 Uhr geöffnet.

In Richtung West-Bengalen verkehren täglich Busse nach Siliguri (50 Rs, 5 Stunden), Kalimpong (27 Rs, 3 Stunden), Darjeeling (60 Rs, 7 Stunden) und Bagdogra (50 Rs, 4½ Stunden).

Außer den Bussen von SNT verkehren zwischen Gangtok und Siliguri, Darjeeling sowie Kalimpong auch private Busse. Nach Siliguri sind täglich mindestens 10 Busse im Einsatz (vorwiegend nachmittags) und nach Darjeeling sowie Kalimpong täglich mindestens zwei. Fahrten in ihnen sind genauso teuer wie in Bussen von SNT und sollten ebenfalls so früh wie möglich gebucht werden (an der Haltestelle der privaten Busse).

Auch zu Zielen innerhalb von Sikkim bestehen etliche Verbindungen mit Bussen von SNT, aber wegen der Reisebeschränkungen sind davon für Besucher nur einige interessant.

Die wichtigste Haltestelle für Jeeps befindet sich unmittelbar oberhalb der M G Road in der Stadtmitte. Um zum Kloster Phodang zu gelangen (38 km von Gangtok entfernt), muß man einen Bus in Richtung Mangan oder Singhik benutzen. Sie fahren in Gangtok täglich um 8.00, 13.30 und 16.00 Uhr ab und brauchen bis Phodang etwa zwei Stunden sowie bis Mangan rund fünf Stunden. Besser ist es jedoch, sich noch früher auf den Weg zu begeben und bereits um 6.30 Uhr an der dafür vorgesehenen Haltestelle einen Jeep zu besteigen. In diesen Jeeps kostet ein Platz 25 Rs (vorn 50 Rs).

Nach Rumtek fährt von Gangtok täglich um 16.30 Uhr ein Bus, der am nächsten Tag um 8.00 Uhr zurückkehrt (7 Rs, eine Stunde). Das bedeutet offensichtlich, daß man bei einem Besuch in Rumtek mit öffentlichen Verkehrsmitteln dort mindestens einmal übernachten muß. Die Alternative sind Jeeps (25 Rs), die vor dem Lall-Markt abfahren.

Die Verbindung nach Jorethang ist die, die man benutzen muß, wenn man nach Darjeeling fahren willen. Nach Jorethang fahren von Gangtok täglich zwei Busse, und zwar um 8.00 und 15.00 Uhr.

In Richtung Gezing muß man fahren, wenn man nach Pemayangtse, Dzongri oder Tashiding im westlichen Sikkim will. Dorthin verkehren von Gangtok täglich um 7.00 und 13.00 Uhr Busse, die bis zum Ziel sechs Stunden brauchen und in denen man für 35 Rs mitfahren kann. Diese Verbindung ist stark gefragt, so daß man eine Fahrkarte so früh wie möglich kaufen muß. Von der Haltestelle für Jeeps kommt man unter anderem auch nach Gezing (70 Rs), Jorehang und Mangan (in Richtung Phodang). Zur Fahrt nach Siliguri (80 Rs) und Kalimpong (75 Rs) fahren Jeeps den ganzen Tag über an der Haltestelle für private Busse ab.

Zug: Die nächstgelegenen Bahnhöfe befinden sich in Siliguri, New Jalpaiguri und Darjeeling.

Eine Vorverkaufsstelle der Eisenbahn gibt es in Gangtok an der Haltestelle der Busse von SNT. Geöffnet ist sie montags bis samstags von 9.30 bis 11.00 Uhr und von 13.30 bis 14.30 Uhr. Hier kann man Reservierungen von Plätzen in allen Zügen vornehmen, die in Siliguri und New Jalpaiguri abfahren.

NAHVERKEHR

Als Taxis werden neue oder fast neue Autos vom Typ Maruti eingesetzt. Damit kommt man für 15 Rs zu so gut wie jedem Ziel in der Stadt. Wenn man mit einem Taxi nach Rumtek fahren will, muß man einschließlich eines Aufenthaltes von etwa einer Stunde am Kloster und Rückfahrt mit rund 250 Rs rechnen. Will man sich dort länger aufhalten, muß man sich vorher vergewissern, daß der Taxifahrer das weiß.

DIE UMGEBUNG VON GANGTOK

KLOSTER RUMTEK

Bereits von Gangtok aus können Sie das Kloster Rumtek auf der anderen Seite des Ranipul-Tales liegen sehen. Aber es sind doch 24 Straßenkilometer dorthin. Das Kloster ist der Sitz des Gyalwa Karmapa, des Oberhauptes des Kagyupa-Ordens des tibetischen Buddhismus. Dieser Orden wurde bereits im 11. Jahrhundert gegründet, und zwar von Lama Marpa, einem Schüler des indischen Gurus Naropa. Später spaltete sich die Sekte in mehrere kleine Sekten. Die wichtigsten von ihnen sind Dukpa, Kagyupa und Karmapa. Die Lehre dieser Sekte wird an den Nachwuchs nur mündlich weitergegeben.

Das Hauptgebäude des Klosters wurde vom Gyalwa Karmapa erst vor kurzem erbaut. Er legte Wert darauf, daß es in dem traditionellen Stil des Klosters in Tibet errichtet wurde, aus dem er kam. Besucher sind in diesem Kloster herzlich willkommen, und niemand hat etwas gegen eine Teilnahme an den Vorlesungen der Gebete und bei den Gesängen. Man bringt den Besuchern sogar eine Tasse gesalzenen Buttertees, wenn auch die Mönche damit versorgt werden. Die Wandgemälde in diesem Kloster sind wirklich erlesen, so daß man ihm, wenn man sich für religiöse Malereien im tibetischen Stil interessiert, unbedingt einen Besuch abstatten muß.

Der wichtigste *chaam* (religiöse Tanz), bekannt als Tse Chu, wird am 10. Tag im fünften Monat nach dem Mondkalender (Juli) aufgeführt und zeigt Ereignisse im Leben von Guru Rimpoche. Ein weiterer *chaam*, bei dem der Kampf zwischen dem Guten und dem Bösen verkörpert wird, findet zwei Tage vor dem tibetischen Neujahrsfest statt.

Die meisten Aktivitäten erlebt man am späten Nachmittag. Zu anderen Zeiten kann es durchaus sein, daß der Haupteingang verschlossen ist, so daß man herumfragen muß, bis man jemanden gefunden hat, der aufschließt. Das geschieht aber gern.

Wenn man hinter dem Kloster Rumtek der Teerstraße noch 2-3 km folgt und durch ein Tor an der linken Seite geht, kommt man zu einem weiteren interessanten, aber kleineren Kloster, das 1983 restauriert wurde. Gegenüber steht noch ein altes, wenn auch mittlerweile heruntergekommenes Kloster mit Gebetsmühlen aus Leder.

Unterkunft und Essen: Das Hotel Sangay, vom Kloster 100 m die Autostraße hinunter, ist ein freundliches kleines Quartier. Es ist zwar nur einfach, aber sauber, und die Gäste werden auch mit Decken versorgt. Mit Badbenutzung muß man hier für ein Einzelzimmer 50 Rs und für ein Doppelzimmer 60 Rs bezahlen (mit heißem Wasser in Eimern). Im Restaurant des Hauses ist die Speisekarte zwar nur kurz, aber dafür hat man von ihm aus einen herrlichen Blick über das Tal bis Gangtok.

Als Alternative bietet es sich an, ein Zimmer bei einem der Dorfbewohner zu suchen.

Bei Drucklegung dieses Buches war das neue Hotel Shambhala nicht weit vom Haupttor noch im Bau, sollte aber in der Zwischenzeit fertiggestellt sein. So, wie es bisher aussah, wird es wahrscheinlich ein Mittelklassehotel werden.

An- und Weiterreise: Zum Kloster kommt man von Gangtok mit Bussen, Jeeps und Taxis (vgl. Abschnitt über Gangtok).

Wenn man sich körperlich fit fühlt, ist es vom Kloster eine ganz angenehme Wanderung von 12 km (bergab!) bis zum National Highway, von wo sich eine Mitfahrgelegenheit für die übrigen 12 km bis Gangtok (bergauf!) finden lassen sollte.

KLÖSTER PHODANG UND LABRANG

Das Kloster Phodang, etwa 38 km nördlich von Gangtok entlang einer kurvenreichen und unebenen, aber dennoch weitgehend geteerten Straße, ist viel kleiner und weniger ausgeschmückt als das Kloster Rumtek und wird nicht so häufig von Touristen besucht. Hier kann man ein Gefühl für die Zeitlosigkeit in dem Teil von Sikkim erhalten, den Touristen nur selten besuchen. Das Kloster wurde hoch oben über der Hauptstraße nach Mangan erbaut und ermöglicht atemberaubende Ausblicke in das Tal darunter.

Phodang ist noch recht jung und Heimat von weit weniger Mönchen als Rumtek. Sie sind jedoch sehr freundlich, führen Besucher herum und erklären ihnen die herausragenden Dinge des Klosters. Im Raum hinter dem Altar ist vielleicht das beeindruckendste Wandgemälde zu sehen, das von einem Reisebegleiter des Autors knapp und bündig als „Alptraum eines Sauertopfes" beschrieben wurde. Ausgeführt vorwiegend mit schwarzer Farbe, stellt es verschiedene dämonische Gottheiten dar, die Missetätern in der Hölle die Gedärme aus dem Leib reißen. Wenn Sie sich das Kloster angesehen haben, dann vergessen Sie nicht, eine Spende zu geben.

Frau aus Sikkim

Das Kloster Labrang liegt etwa 2 km weiter den Hügel aufwärts und ist viel älter. Wenn man beide Klöster an einem Tag besichtigen und am gleichen Tag nach Gangtok zurückkehren will, muß man dort früh aufbrechen, weil der letzte Bus nach Gangtok in Phodang bereits gegen 15 Uhr hält.

Unterkunft und Essen: Das Dorf Phodang liegt etwa 2 km hinter der Abzweigung zu den Klöstern. Dort werden im Hotel Yak & Yeti Einzelzimmer mit Badbenutzung für 50 Rs und Doppelzimmer mit eigenem Bad für 100 Rs vermietet. Heißes Wasser erhalten die Gäste ohne Zusatzkosten in Eimern.
In der Nähe liegt das neuere Hotel Northway mit Einzelzimmern für 50 Rs und Doppelzimmern für 80 Rs.

Zu beiden Hotels gehört jeweils auch ein Restaurant. Ein paar weiter einfache Verpflegungsmöglichkeiten findet man zwischen den beiden Unterkünften.

An- und Weiterreise: Einzelheiten über Verbindungen mit Nahverkehrsbussen und Taxis lassen sich dem Abschnitt über Gangtok entnehmen.

TSANGU-SEE
Der Tsangu-See (auch Tsongo- und Changu-See geschrieben) liegt auf 3750 m Höhe 34 km östlich von Gangtok und nur 8 km von der tibetischen Grenze entfernt. Die zweistündige Fahrt von Gangtok bis zum See ermöglicht geradezu spektakuläre Ausblicke, auch wenn am Ziel nichts Besonderes zu sehen ist. Der See ist aber bei Indern in den Ferien recht beliebt.
Das Problem bei einem Besuch am Tsangu-See ist, daß Ausländer dafür eine besondere Genehmigung brauchen und die nur für Gruppen von mindestens vier Personen oder für eine Mitfahrt im Bus von Sikkim Tourism zum See ausgestellt werden. Das ist ein weiteres Beispiel für überflüssige Bürokratie. Zusammen mit den 12 US $, die Reisebüros von Ausländern verlangen, ist der Ausflug eigentlich den ganzen Aufwand gar nicht wert. Wenn man es schafft, mit einem Bus von Sikkim Tourism zum See zu fahren, muß man dafür 130 Rs bezahlen.
Wenn man sich hat nicht abschrecken lassen, braucht man für die besondere Genehmigung, um zum See fahren zu dürfen, eine Fotokopie des Reisepasses mit den Personalangaben, das indische Visum, die Sondergenehmigung für Sikkim und ein Paßbild. Damit muß man zu dem Büro beim Fremdenverkehrsamt gehen und dort ein Formular ausfüllen. Anschließend wird die Genehmigung vielleicht sofort an Ort und Stelle erteilt, vielleicht aber auch erst einen Tag später.
Hinzu kommt, daß auch noch der Nachweis vorgelegt werden muß, daß man eine Fahrt zum See bei Sikkim Tourism oder einem anderen Veranstalter fest gebucht hat.

DER WESTEN VON SIKKIM

Der Westen von Sikkim zieht immer mehr Besucher an. Die bedeutendsten Attraktionen sind außer der Trekking-Tour hinauf nach Dzongri am Fuß des Kanchenjunga die zwei alten Klöster Pemayangtse und Tashiding sowie Bergwanderungen in der Gegend von Pemayangtse.

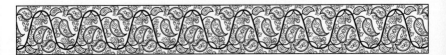

KLOSTER PEMAYANGTSE

Das Kloster Pemayangtse liegt in 2085 m Höhe und ist auf zwei Seiten von schneebedeckten Bergen umgeben. Es ist eines der ältesten und bedeutendsten Klöster in ganz Sikkim. Ursprünglich wurde es 1705 gegründet, aber durch Erdbeben in den Jahren 1913 und 1960 stark beschädigt. Mehrmals ist es wieder aufgebaut worden und gehört der tantrischen Nyingma-pa-Sekte, die im 8. Jahrhundert von dem indischen Lehrer Padmasambhava gegründet wurde. Alle Klöster dieser Sekte sind durch eine Darstellung dieses Lehrers zusammen mit zwei Gefährtinnen besonders gekennzeichnet. Das Kloster hier ist das Hauptkloster für alle anderen in Sikkim. Die Anhänger der Sekte tragen rote Hüte.

Das Kloster ist ein dreistöckiges Gebäude, angefüllt mit Wandgemälden und Skulpturen, darunter dem Zandogpalri, einem siebenstöckigen bemalten Holzmodell des Wohnsitzes von Guru Rimpoche mit Regenbögen, Engeln und einem ganzen Pantheon von Buddhas und Bodhisattvas im dritten Stock. Das Modell ist von dem verstorbenen Dungzin Rimpoche in fünf Jahren ganz allein gebaut worden.

Im Februar jedes Jahres wird von den Mönchen der *chaam*, ein religiöser Tanz, aufgeführt. Zu sehen ist er am 28. und 29. Tag des 12. Monats nach dem Mondkalender.

Pemayangtse liegt ca. 6 km bergauf von Gezing an der Straße nach Pelling, und zwar 2 km von Pelling entfernt. Die Busse von SNT, die von Gezing nach Pelling fahren, kommen an der Abzweigung zum Kloster vorbei. Von dort sind es nur noch ein paar Minuten zu Fuß.

Unterkunft und Essen: Ein kleines Stück abseits vom Zugang zum Kloster kommt man zum Hotel Mt. Pandim (Tel. 03593/756), geführt vom Fremdenverkehrsamt von Sikkim und bei den Einheimischen als Tourist Lodge bekannt. Für ein normales Zimmer muß man hier allein 275 Rs und zu zweit 375 Rs bezahlen, für ein besseres Zimmer mit Blick auf den Kanchenjunga allein 300 Rs und zu zweit 525 Rs. Hinzu kommen noch 10 % Zuschlag für Bedienung. Verpflegung ist ebenfalls erhältlich und kostet zum Frühstück 40 Rs. Mittags und abends hat man die Wahl zwischen vegetarischen (55 Rs), nichtvegetarischen (65 Rs) und chinesischen Gerichten (60 Rs). Wenn das Hotel nicht voll belegt ist, können auch andere als Hausgäste hier zu Abend essen, müssen sich dafür aber bis 16 Uhr anmelden.

Unmittelbar neben dem Hotel Mt. Pandim gibt es ein PWD Rest House mit riesigen Zimmern und hervorragenden Ausblicken, aber dort kann man nicht übernachten, wenn man nicht vorher in Gangtok ein Zimmer hat reservieren lassen, selbst dann nicht, wenn es leer ist.

PELLING

Pelling ist eine ganz hübsche kleine Ortschaft oben auf einem Bergkamm. Wenn das Wetter klar ist, hat man vom Ort herrliche Ausblicke nach Norden auf den Kanchenjunga und nach Süden.

Die meisten Besucher im westlichen Sikkim nutzen Pelling als Ausgangspunkt. Hier findet man die besten preisgünstigen Unterkünfte und kann auch Gepäck zurücklassen, wenn man Trekking-Touren unternehmen will.

Im Ort gibt es ein Postamt und eine Filiale der State Bank of India, in der sich Bargeld und Reiseschecks wechseln lassen (nicht von Visa und Citibank und nur US-Dollar sowie englische Pfund).

Wenn man von Pelling aus Bergwanderungen unternehmen will, sollte man von Gangtok oder Darjeeling etwas Verpflegung (Obst, Nüsse usw.) mitbringen, um damit das allgegenwärtige *dhal-bhat* zu ergänzen. Außer Keksen und Seife läßt sich in Pelling nämlich nicht viel kaufen.

SEHENSWÜRDIGKEITEN

Außer dem Kloster Pemayangtse, 2,5 km entfernt, hat die Umgebung auch noch eine Reihe von weiteren Sehenswürdigkeiten zu bieten, die einen Besuch lohnen. Zu dem meisten davon muß man ein ganzes Stück zu Fuß gehen, aber in der Gegend läßt sich ausgezeichnet wandern (trotz der Blutegel!).

Das Kloster Sangachoeling ist 10 Jahre älter als das Kloster Pemayangtse und das zweitälteste in ganz Sikkim. Die Innenmauern sind stark bemalt. Dorthin ist es eine Wanderung von 45 Minuten Dauer in Richtung Westen auf einem gut zu erkennenden Weg durch einen Wald.

Ein Stück weiter kommt man zu den Sangay-Wasserfällen, und zwar 10 km von Pelling entfernt entlang der Straße nach Dentam.

UNTERKUNFT UND ESSEN

Das Hotel Garuda (Tel. 03593/614) liegt mitten im Ort an der Kreuzung, an der auch die Busse halten. Das ist ein freundliches, wenn auch schlecht organisiertes Quartier und ein guter Treffpunkt, um andere Besucher kennenzulernen. Ausgezeichnete Informationen über Trekking-Touren hängen an der Wand aus und lassen sich auch einem ausliegenden Buch entnehmen, in dem frühere Gäste ihre Erfahrungen verewigt haben. Hier wird auch überflüssiges Gepäck aufbewahrt, wenn man Trekking-Touren unternehmen will. Übernachten kann man in einem Schlafsaal für 30 Rs pro Bett sowie in Einzelzimmern für 50 Rs und Doppelzimmern für 80 Rs. Auf Wunsch erhält man auch heißes Wasser in Eimern. Das im Haus angebotene Essen ist ganz sättigend, reicht aber von ganz ordentlich bis kaum genießbar. Dafür ist ein Bier mit 22 Rs recht preiswert.

In der Nähe liegt das Hotel Kabur. Ihm fehlt die Atmosphäre vom Hotel Garuda, es ist aber dennoch ganz in Ordnung. In diesem Haus werden Betten in einem Schlafsaal für jeweils 30 Rs und Doppelzimmer für 75 Rs vermietet (keine preisgünstigeren Einzelzimmer). Ein Restaurant ist ebenfalls vorhanden.

Neben diesen beiden preisgünstigen Unterkünften liegt das neueste Quartier von Pelling, das Sikkim Tourist Centre (Tel. 03593/855). Alle Zimmer in diesem Haus (nur Doppelzimmer) sind mit eigenem Bad ausgestattet (auch heißes Wasser) und kosten ab 250 Rs (mit gutem Ausblick 300 Rs).

AN- UND WEITERREISE

Auch wenn eine ganze Reihe von Bussen durch Pelling fährt, ist die Auswahl in Gezing viel größer. Von Pelling nach Gezing ist es über die nicht zu übersehenden Abkürzungen etwa eine Stunde zu Fuß steil hinunter. Von Pelling fahren Busse nach Dentam, nach Gezing (4 Rs), nach Jorethang (20 Rs) und zum Khechepari-See. Einmal täglich um 6.00 Uhr wird auch ein Jeep für die Fahrt nach Gangtok eingesetzt (90 Rs). Fahrkarten dafür sollte man sich am Vortag am *Paan*-Stand zwischen dem Sikkim Tourist Centre und dem Hotel Garuda besorgen.

GEZING

Gezing ist der Sitz der Verwaltung für das westliche Sikkim. Abgesehen vom lebendigen Markt an jedem Freitag auf dem Hauptplatz ist im Ort nicht viel zu sehen. Es gibt auch wenig Gründe, hier zu übernachten, es sei denn, man will früh am Morgen mit einem Bus oder Jeep nach Gangtok fahren.

UNTERKUNFT UND ESSEN

Um den Hauptplatz herum steht etwa ein halbes Dutzend Hotels, die meisten davon ziemlich einfach. Im Hotel Bamboo House kann man in einfachen Doppel- und Dreibettzimmern aus Holz für 25 Rs pro Person übernachten. Für eine Nacht ist das auszuhalten. Zu diesem Quartier gehört wie zu den anderen Unterkünften auch ein Restaurant, in dem tibetische Gerichte und Bier serviert werden.

Besser ist das schon das Hotel Kanchenjunga (Tel. 03593/755). Das ist ein etwas festeres Gebäude mit ganz guten Doppelzimmern für 60 Rs (mit Badbenutzung).

Außerdem gibt es ein PWD Rest House, aber dort kommt man wie in Pemayangtse nur unter, wenn man vorher in Gangtok ein Zimmer hat reservieren lassen. Ganz gut sind die Restaurants in den Hotels Shambhala und No Name.

AN- UND WEITERREISE

Von Gezing fahren Busse von SNT nach Gangtok (8.00 und 13.00 Uhr, 35 Rs), Jorethang (10.00, 11.00, 13.00 und 16.00 Uhr, 15 Rs), Pelling (13.00 Uhr, 4 Rs), Yuksam (14.00 Uhr, 17 Rs), Tashiding (14.00 Uhr, 11 Rs) sowie Legship (6 Rs), Siliguri (7.00 Uhr, 40 Rs) und Dentam.

Fahrkarten für alle diese Verbindungen sollte man möglichst früh kaufen, denn die Nachfrage kann groß sein.

Private Jeeps werden für Fahrten nach Gangtok ebenfalls eingesetzt (7.00, 11.00 und 12.30 Uhr).

Für eine Taxifahrt hinauf nach Pelling muß man 200 Rs bezahlen.

KHECHEPARI-SEE

Eine der üblichen Wanderungen führt in einem Tag von Pelling zum Khechepari-See (auch Khecheopalri- und Khechupherei-See geschrieben). Der heilige See liegt in einer Bodensenke und ist umgeben von Gebetsfahnen sowie bewaldeten Hügeln. Weil er als heilig angesehen wird, sollte man der Versuchung widerstehen, in diesem See zu baden. Über die Straße ist der See 27 km von Pelling entfernt. Der Wanderweg dorthin ist kürzer, aber auch viel steiler.

UNTERKUNFT UND ESSEN
Die Trekkers Hut am See ist ganz schön einfach, aber die einzige Alternative dazu (und dann auch nur, wenn man einen Schlafsack bei sich hat) ist es, sich in einem der Teehäuser nachts zur Ruhe zu legen. In diesen einfachen Lokalen erhält man Nudeln, Eier, *dhal-bhat* und heißen *raksi*.

AN- UND WEITERREISE
Ein einziger Bus täglich fährt über Pelling nach Gezing.

Da die Strecke nach Yuksam derzeit gerade verbessert wird, kann es sein, daß nach Fertigstellung auch dorthin Busse verkehren.

YUKSAM

Yuksam (auch Yoksum und Yuksom geschrieben), über eine Straße 35 km von Pemayangtse entfernt, ist der entfernteste Ort im Norden des westlichen Sikkim, den man über eine Straße erreichen kann. Das ist nur ein verschlafenes Dörfchen, aber zugleich der Ausgangspunkt für eine Trekking-Tour nach Dzongri.

Das Kloster Dubdu, von Yuksam eine Stunde zu Fuß bergauf, war die erste Hauptstadt von Sikkim, wo 1641 auch der erste König von Sikkim gekrönt wurde. Es ist einen Besuch durchaus wert.

UNTERKUNFT UND ESSEN
Unweit der Polizeiwache steht das Hotel Dzongrila mit einfachen Unterkünften für 25 Rs pro Bett, aber auch gutem Essen, Bier und *tongba* (ungefilterter *chang*). Geführt wird das Haus von einer freundliche, auch Englisch sprechenden Familie. Auf der anderen Straßenseite kommt man zum großen Hotel Demazong, das schon ein ganzes Stück vornehmer ist.

In der Trekker's' Hut stehen Betten, Bettwäsche und Strom zur Verfügung. Allerdings scheint der Verwalter die Innentoiletten wegen der Probleme mit der Wasserversorgung immer zu verschließen. Es gibt jedoch auch draußen Wasser und in einem gesonderten Gebäude noch eine Reihe von Toiletten. In diesem Quartier kann man für 25 Rs pro Bett übernachten oder auf einem großen Grasplatz zelten. Verpflegung wird jedoch nicht zubereitet, so daß man seine Lebensmittel mitbringen oder anderswo essen muß.

Die beste Unterkunft ist das wunderschöne Forest Rest House Nr. 1, gelegen auf einem Hügel, bevor man zur Polizeiwache kommt. Um hier übernachten zu können, muß man allerdings vorher eine Reservierung im Forest Department in Gangtok vornehmen.

Das Restaurant Arpan, bergab hinter der weiterführenden Schule, bietet eine Verpflegungsmöglichkeit, wenn man in der Trekkers' Hut übernachtet.

AN- UND WEITERREISE
Von Yuksam besteht täglich einmal am Morgen eine Busverbindung über Tashiding und Legship nach Gezing (17 Rs).

TASHIDING

Der freundliche kleine Ort Tashiding wird bei Bergwanderern immer beliebter und ist einen Tag oder zwei Tage Aufenthalt durchaus wert.

SEHENSWÜRDIGKEITEN
Kloster Tashiding: Das Kloster Tashiding, gegründet 1716, ist ein weiteres der abgelegenen Klöster im We-

sten von Sikkim. Es liegt eingezwängt auf der Spitze eins fast konischen Berges zwischen den beiden Flüssen Ranjit und Ratong und ist vom Dorf Tashiding zu Fuß in 45 Minuten bergauf zu erreichen. In ganz Sikkim ist nur das Kloster Pemayangtse noch heiliger. Hier findet im März das Bhumchu-Fest statt (vgl. Abschnitt über Feste in Sikkim weiter oben in diesem Kapitel).

UNTERKUNFT UND ESSEN
Das Hotel Blue Bird ist ein kleines Quartier, in dem man willkommen geheißen wird und in dem hungrige Bergwanderer immer wieder vom angebotene *dhal-bhat* zu schwärmen beginnen.

AN- UND WEITERREISE
Einmal täglich wird um 15.00 Uhr ein Bus zur Fahrt nach Yuksam eingesetzt.

Daneben kommt morgens gegen 8 Uhr auch noch ein Bus in Richtung Legship und Gezing (11 Rs) durch den Ort.

TREKKING-TOUREN IN SIKKIM

VON YUKSAM NACH DZONGRI
Die beliebteste Trekking-Tour in Sikkim führt von Yuksam nach Dzongri. Um diese Trekking-Tour unternehmen zu dürfen, muß man Vereinbarungen mit einer anerkannten Agentur für Bergwanderungen in Gangtok treffen. Die verlangen normalerweise pro Person und Tag ab 40 US $. Was dafür geboten wird, hängt von den Fähigkeiten zum Verhandeln ab. Die meisten Trekking-Veranstalter verfügen nicht über gute Schlafsäkke und Zelte und legen die Teilabschnitte daher so, daß unterwegs in den staatlichen Hütten übernachtet werden kann, die entlang der Route errichtet wurden. Wie immer man sich entscheidet, wichtig ist, nicht zu schnell zu wandern, insbesondere nach Dzongri in 4550 m Höhe.

Von Yuksam folgt der Weg dem Rathong-Tal durch noch unberührte Wälder bis zur kleinen Lepcha-Siedlung Bakhim. Von Bakhim ist es dann ein steiler Aufstieg bis in das Dorf Tsoska, wo ein paar Lodges Übernachtungsmöglichkeiten bieten. Oberhalb von Tsoska kommt man auf dem Weg in herrliche Rhododendron-Wälder und später in Pethang zu einem Lager. Für diesen Abschnitt muß man ein Zelt bei sich haben. Dann ist es nur noch ein weiterer Abschnitt bis Dzongri, wo sich ausgezeichnete Ausblicke auf den Kanchenjunga (8586 m) und viele weitere beeindruckende Gipfel der Singali-Kette, die die Grenze zwischen Sikkim und Nepal bildet, bieten.

Als Alternative zu einer Rückkehr von Dzongri direkt nach Yuksam entscheiden sich viele Trekker, die Tour über Wiesen zum Prek-Tal fortzusetzen und in Thansing zu zelten. Von dort ergeben sich beeindruckende Blikke auf die Ostseite des Kanchenjunga, bevor man durch noch unberührte Rhododendron-Wälder nach Pethang zurückkehrt und damit zum Hauptweg nach Tsoska und Yuksam.

1. Abschnitt	Yuksam - Bakhim (5-6 Stunden)
2. Abschnitt	Bakhim - Pethang (4-5 Stunden)
3. Abschnitt	Pethang - Dzongri (2-3 Stunden)
4. Abschnitt	Dzongri - Thansing (4 Stunden)
5. Abschnitt	Thansing - Tsoska (6-7 Stunden)
6. Abschnitt	Tsoska - Yuksam (5-6 Stunden)

DAS NORDÖSTLICHE GEBIET

Mit seiner Vielfalt steht das nordöstliche Gebiet im Vergleich zu den anderen Bundesstaaten des Subkontinents an der Spitze, in bezug auf die Besucherzahlen jedoch an letzter Stelle. Vor der Unabhängigkeit gehörte das ganze Gebiet zur Provinz Assam. Später wurde es in fünf Einzelstaaten und zwei Unionsterritorien (Mizoram und Arunachal Pradesh) aufgeteilt.

Das nordöstliche Gebiet unterscheidet sich vom Rest des Landes in vielerlei Hinsicht. Zum Beispiel ist es das Gebiet, in dem die meisten verschiedenen Stämme mit unterschiedlichen Sprachen und Dialekten leben. Allein in Arunachal Pradesh werden 50 verschiedene Sprachen gesprochen. Zwischen diesen Bevölkerungsgruppen und den Bergstämmen am östlichen Ende des Himalaja sowie weiter bis Myanmar (Burma), Thailand und nach Laos hinein bestehen mehr Ähnlichkeiten als mit den übrigen Bewohnern Indiens. Die Menschen des nordöstlichen Gebietes sind überwiegend Christen, besonders in den einsamen Gegenden, wo vornehmlich Bergstämme leben.

Aus vielerlei Gründen ist die Zentralregierung immer sehr reizbar und empfindlich gewesen, wenn es sich um dieses Gebiet handelte. Daher kann ein Besuch von Ausländern in dieser Gegend zu einem bürokratischen Alptraum werden. Zunächst ist das nordöstliche Gebiet eine sehr sensitive Region, da es an Bhutan, China, Myanmar und Bangladesch grenzt. Genauso wichtig ist jedoch, daß die Gegend aufgrund ihrer geographischen Lage abseits vom restlichen Teil Indiens liegt und nur durch den schmalen Korridor von Siliguri mit dem übrigen Teil des Subkontinents verbunden ist. Vor der Unabhängigkeit war das anders, da führte die Hauptroute nach Assam durch das heutige Bangladesch. Nun muß man einen großen Bogen in Kauf nehmen und dann mit einer Schmalspurbahn nach Osten weiterfahren. Die Straßen wurden zwar verbessert und sind nun sogar sehr gut, aber im Verhältnis zum restlichen Landesteil gibt es noch nicht genug davon.

Bis Anfang der achtziger Jahre war es für Ausländer, die Assam und Meghalaya besuchen wollten, relativ einfach, die dafür erforderliche Sondergenehmigung zu erhalten, zumindest für bestimmte Sehenswürdigkeiten. Die anderen Staaten waren unzugänglich, ganz gleich, mit welcher Begründung man dorthin reisen wollte. Nur mit Beziehungen zu höchsten Stellen und hervorragenden Referenzen war es ausnahmsweise

Assam
Einwohner: 24 100 000
Fläche: 78 000 km²
Hauptstadt: Guwahati

Manipur
Einwohner: 2 010 000
Fläche: 22 300 km²
Hauptstadt: Imphal

Meghalaya
Einwohner: 2 030 000
Fläche: 22 400 km²
Hauptstadt: Shillong

Nagaland
Einwohner: 1 500 000
Fläche: 17 000 km²
Hauptstadt: Kohima

Tripura
Einwohner: 3 070 000
Fläche: 10 400 km²
Hauptstadt: Agartala

Arunachal Pradesh
Einwohner: 981 000
Fläche: 84 000 km˝
Hauptstadt: Itanagar

Mizoram
Einwohner: 793 000
Fläche: 21 000 km˝
Hauptstadt: Aizawl

möglich, eine Genehmigung für die Einreise zu erhalten. Aber selbst dann wurde jeder Schritt und Tritt beobachtet.

Mitte der achtziger Jahre senkte sich jedoch eine dunkle Wolke über den Nordosten. Damals folgte eine ganze Serie von Streiks und Aufständen in kurzen Abständen aufeinander, die im Gegenzug weit verbreitete Gewalt und weit verbreiteten Terrorismus auslösten. Das machte die gesamte Region für Außenstehende so gut wie unzugänglich. Für diese Unruhen gab es vielfältige Gründe, darunter das Gefühl, von der Zentralregierung ins Abseits geschoben worden zu sein, gestützt insbesondere auf den Vorwurf, die Verkehrsverbindungen seien mangelhaft und die Entwicklung der Infrastruktur lasse ebenfalls zu wünschen übrig. Dieses Gefühl der Vernachlässigung verschlimmerte sich noch durch die Anhebung der Ölpreise, obwohl in Assam ein großer Teil der kleinen, aber wichtigen Ölvorräte Indien gefördert wird. Dieser Tatsache trägt man - so ist jedenfalls die Meinung der Einwohner im nordöstlichen Gebiet - viel zu wenig Rechnung. Nur ein geringer Teil des Gewinns, der durch das Öl erzielt wird, fließt nach Assam zurück, um die wirtschaftliche Entwicklung zu fördern. Die Folge ist, daß die ganze Region weiterhin zum großen Teil von der Landwirtschaft lebt.

Daß man sich in dieser Ecke des Subkontinents trotz der Ausbeutung von Bodenschätzen vernachlässigt fühlt, ist jedoch nur ein Grund für die Unruhen. Bedeutender ist die „Überfremdung". Die Unterdrückung durch das Militär sowie die wirtschaftliche Stagnation in Bangladesch und das unverminderte Ansteigen der Geburtenrate ließen Tausende von Bangladeschi über die nur schlecht bewachten Grenzen in den Nordosten Indiens flüchten. Der Zustrom führte dazu, daß die eingewanderten Bangladeschi in manchen Teilen dieser Region die Einheimischen an Zahl überrundet haben. Forderungen nach Repatriierung wurden immer lauter und waren ebenfalls Zündstoff für Unruhen. Die Rückführung aller Flüchtlinge hätte die Zentralregierung jedoch vor außerordentlich schwere Probleme gestellt, denn nur wenige der „Ausländer" hatten Personalpapiere bei sich, so daß es fast unmöglich gewesen wäre zu unterscheiden, wer erst vor kurzem eingereist und wer schon seit Generationen legal oder illegal im Nordosten ansässig war.

Das Fehlen von durchgreifenden Maßnahmen angesichts der Beschwerden der einheimischen Bevölkerung sollte jedoch katastrophale Auswirkungen zeigen. 1983 begannen in großem Umfang Massaker an „Ausländern" mit der Folge, daß Fotos von Leichen, die auf verschiedenen Nebenflüssen des Ganges und des Brahmaputra hinuntertrieben, durch die Weltpresse gingen. Die Morde, deren Ausmaß schließlich abnahm, und die Ereignisse im Nordosten wurden jedoch infolge der bedeutenderen Unruhen im Punjab bald von den Titelseiten der Zeitungen verdrängt. Trotzdem hat sich eigentlich nur wenig geändert.

Daraufhin kam es zur Bildung der United Liberation Front of Assam (ULFA), die sich dem bewaffneten Kampf um die Unabhängigkeit von Assam verschrieb. Ihr militärischer Flügel konnte anfangs in großem Umfang Erfolge erzielen und hielt die indische Armee durch Operationen von Stützpunkten im Dschungel und in Bangladesch über Jahre in Atem. Die indische Regierung, die nicht gewillt war, den Verlust von As-

sam hinzunehmen, sah sich schließlich gezwungen, eine Reihe von massiven Militäroperationen zu unternehmen, um die Guerillas zum Schweigen zu bringen, die letzte im Jahre 1991 mit dem Code-Namen „Rhino". Angesichts einer im großen und ganzen zerschlagenen Befreiungsbewegung, deren Führer sich in Bangladesch versteckt hielten, bot der Gouverneur des Staates, Saikia, den Rebellen schließlich eine Versöhnung auf der Basis eines Waffenstillstandes an. Die Aufständischen sollten zudem ihre Waffen niederlegen. Die Gespräche fanden wie geplant in Guwahati statt, aber schon bald sollte deutlich werden, daß nicht alle Führer der ULFA sie befürworteten. Jene, die sich für eine Fortsetzung des bewaffneten Kampfes aussprachen, lehnten nicht nur eine Teilnahme ab, sondern gaben zudem Erklärungen ab, in denen alle verurteilt wurden, die den Gesprächen zugestimmt hatten. Es wurde auch vermutet, daß die Waffenruhe benutzt wurde, um den aufständischen Rebellen Zeit zu geben, sich neu zu gruppieren und sich wieder zu bewaffnen. Als dieses Buch verfaßt wurde, schien man nur geringe Fortschritte erzielt zu haben.

Als wenn die Unruhen in Assam nicht schon schlimm genug gewesen wären, hatte die Zentralregierung zudem gerade, als sie glaubte, daß in diesen Staaten die Dinge einigermaßen wieder unter Kontrolle seien, auch mit politischen und militärischen Unruhen in Nagaland und Manipur zu kämpfen. Die Zustände in Nagaland hatten sich seit der Unabhängigkeit praktisch als kaum zu lösendes Problem erwiesen, auch wenn es scheint, daß 1991 Fortschritte zu verzeichnen waren, bis der Gouverneur voreilig das Parlament auflöste und den Staat wieder unter die Verwaltung des indischen Präsidenten stellte. Die Forderungen in Manipur waren weit bescheidener und gingen kaum darüber hinaus, die Aufnahme von Manipuri in die Verfassung als eine der offiziellen Amtssprachen Indiens zu verlangen.

Die Anrainerstaaten von Myanmar (Burma) sahen sich infolge des massiven Vorgehens der Armee dieses Staates gegen die moslemischen Einwohner im Nordwesten vor weitere Probleme gestellt. Zehntausende von Flüchtlingen wechselten über die Grenze nach Mizoram, Manipur und Nagaland. Die Verpflegung und die Unterbringung dieser Flüchtlinge waren und sind für die indische Regierung eine große Belastung. Und auch wenn Anfang 1992 zwischen Indien und Myanmar ein Abkommen geschlossen wurde, das den Flüchtlingen die Rückkehr erlaubt, ist Vertrauen doch ein seltenes Gut. Die meisten Flüchtlinge glauben nämlich, daß sie nach ihrer Rückkehr erschossen werden, und sind deshalb kaum bereit, nach Myanmar überzusiedeln.

Bei all der Gewalt und all den Unruhen, die in den nordöstlichen Staaten Indiens zu verzeichnen sind, ist es nicht erstaunlich, daß die Zentralregierung extrem zurückhaltend ist, wenn es darum geht, Ausländern

Reisen in diese Region zu gestatten. Das steht im Widerspruch zum Verhalten der Regierungen in den betroffenen Bundesstaaten und Territorien, die es gern sähen, wenn die Region leichter zugänglich wäre.

SONDERGENEHMIGUNGEN

Theoretisch können Ausländer Sondergenehmigungen für Besuche der Bundesstaaten Assam, Meghalaya Manipur und Tripura erhalten. Da sogar Inder aus anderen Landesteilen für Besuche in Arunachal Pradesh, Nagaland und Manipur eine besondere Genehmigung brauchen, heißt das im Ergebnis, daß diese Gebiete für Ausländer gesperrt sind. In der Praxis jedoch ist das ganze Verfahren für Sondergenehmigungen zu kompliziert wie möglich angelegt, was zur Folge hat, daß nur wenige Leute sich darum bemühen. Es ist aber

denkbar, daß die Zentralregierung die Reisebeschränkungen für die nordöstlichen Bundesstaaten lockert, so daß man sich nach Ankunft in Indien zumindest bei einer Stelle noch einmal nach dem neuesten Stand erkundigt.

Derzeit sind bei Ausländern Sondergenehmigungen für jeden Staat 10 Tage gültig, was bedeutet, daß man eine Sondergenehmigung für jeden Bundesstaat, den man besuchen möchte, gesondert beantragen muß. Weil die Sondergenehmigungen es nur zulassen, nach Guwahati in Assam zu fliegen, ist es nutzlos, wenn man beispielsweise eine Sondergenehmigung für Meghalaya besitzt, wenn man keine für Assam erhalten kann. Das ist indisches Durcheinander in Reinkultur!

Wenn Ihre Geduld grenzenlos ist und Sie Ihr Glück versuchen wollen, können Sie eine solche Sonderge-

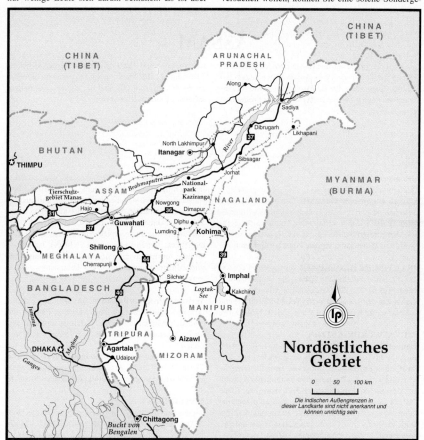

Nordöstliches Gebiet

0   50   100 km

Die indischen Außengrenzen in dieser Landkarte sind nicht anerkannt und können unrichtig sein

nehmigung in den indischen Botschaften und Konsulaten im Ausland sowie in der Ausländerbehörde (Foreigners' Registration Office) in Delhi beantragen (Anschrift: Hans Bhavan, Bahadur Shah, Zafar Marg, Neu-Delhi 110002). Für Assam kann man sein Glück auch beim Trade Adviser, Government of Assam, Russell Street 8, Kalkutta 700071, versuchen. Eine Sondergenehmigung für die Einreise nach Meghalaya kann man auch im Informationszentrum von Meghalaya (Meghalaya Information Centre) in Kalkutta beantragen. Es befindet sich unmittelbar neben dem Büro des Staates Assam in der Russell Street 9. Für die anderen Staaten empfehlen sich Versuche beim jeweiligen Fremdenverkehrsamt in Kalkutta (vgl. Kapitel über Kalkutta).

AN- UND WEITERREISE

Flug: Mit Indian Airlines kann man dreimal täglich für 46 US $ von Kalkutta nach Guwahati fliegen. Weitere Flugverbindungen in den Nordosten bestehen von Kalkutta täglich nach Agartala (34 US $), zweimal wöchentlich nach Dibrugarh (74 US $), zweimal wöchentlich nach Dimapur (69 US $), täglich nach Imphal (58 US $), dreimal wöchentlich nach Jorhat (69 US $), täglich nach Silchar (52 US $) und dreimal wöchentlich nach Tezpur (57 US $).

Zug: Direkte Eisenbahnverbindungen bestehen von New Jalpaigiri in West-Bengalen nach Guwahati und weiter hinein in die Region. Ausländer dürfen in das Gebiet aber nur von Guwahati aus einfliegen.

ASSAM

Assam ist der größte und auch am leichtesten erreichbare Staat im Nordosten. Aber Assam gebührt noch ein weiterer Superlativ: Es ist das bedeutendste Teeanbaugebiet, denn 60 % von Indiens gesamter Produktion wird hier geerntet. Für die Touristen werden sicher die Tierschutzgebiete Manas und Kaziranga von besonderer Bedeutung sein. Sie sind die Heimat von Indiens seltenem Einhorn-Rhinozeros.

GUWAHATI

Einwohner: 632 000
Telefonvorwahl: 0361
Assams Hauptstadt Guwahati (auch Gauhati und Guwahati geschrieben) liegt an den Ufern des Brahmaputra. In dieser Stadt stehen viele hinduistische Tempel, aber ihre größte Bedeutung hat sie als Tor in den Nordosten Indiens und zu den Tierschutzgebieten.

PRAKTISCHE HINWEISE

Das Fremdenverkehrsamt finden Sie in der Station Road (Tel. 4 70 12). Zweigstellen gibt es auch in Kalkutta in der Russell Street 8 (Tel. 033/39 83 31) und in Delhi in der Kharak Sing Marg (Tel. 011/34 39 61).

SEHENSWÜRDIGKEITEN

Tempel: Auf der Insel Peacock mitten im Fluß liegt der Umananda-Tempel, der Shiva geweiht ist. Der Navagrah-Tempel ist der Tempel der neun Planeten. Im Altertum war er ein Zentrum zum Studium der Astrologie. Er steht auf dem Chitrachal Hill, unweit der Stadt. Der bekannteste Tempel von Guwahati ist jedoch der Kamakshya auf dem Nilachal Hill, 10 km außerhalb der Stadt. Zu ihm pilgern Gläubige aus allen Teilen Indiens, vorwiegend im August zum Ambuchi-Fest. Dieser Tempel ist Zentrum für die Shakti-(Energie-)Gottesdienste und den tantrischen Hinduismus. Als nämlich Shiva trauernd den Leib seiner ersten Frau (Sati) forttrug, fiel ihre *yoni* (weibliches Fruchtbarkeitssymbol) an dieser Stelle auf die Erde. Der Tempel wurde nach einer Zerstörung durch moslemische Invasoren 1665 wieder aufgebaut. Mitten in Guwahati steht der Janardhan-Tempel, in dem durch eine Buddha-Figur dargestellt wird, wie der Buddhismus in den Hinduismus zurückgeführt wurde.

Weitere Sehenswürdigkeiten: Im staatlichen Zoo von Assam können Sie sich Tiger, Löwen, Panther und natürlich Assams berühmte Nashörner ansehen, aber auch afrikanische Rhinos mit zwei Hörnern zum Vergleich.
Im Assam State Museum kann man Gegenstände zum Thema Assam und seine Geschichte besichtigen, ebenso im Assam Government Cottage Industries Museum.

UNTERKUNFT

Zu den preiswerteren Unterkünften gehören das Hotel Alka in der Pt M S Road in Fancy Bazaar (Tel. 4 34 37), das Hotel Ambassador (Tel. 2 55 87) und die Happy

Lodge (Tel. 2 34 09), beide in Paltan Bazaar. Mittelklassehotels sind das Hotel Nova in Fancy Bazaar (Tel. 2 32 58) und das Hotel North-Eastern in der G. N. Bordoloi Road (Tel. 2 53 14).

Den staatlichen Tourist Bungalow (Tel. 2 44 75) findet man in der Station Road. Außerdem gibt es am Bahnhof Retiring Rooms (Tel. 2 66 88) mit billigen Doppelzimmern, Dreibettzimmern und einem Schlafsaal.

An der Spitze der Unterkünfte in Guwahati liegt das Hotel Belle Vue in der M G Road (Tel. 2 82 91), in dem Zimmer mit oder ohne Klimaanlage vermietet werden. Das ist aber ein ganzes Stück von der Innenstadt entfernt. Ähnlich sind mit 320 Rs für ein Einzelzimmer und 450 Rs für ein Doppelzimmer (mit Klimaanlage) die Preise im Hotel Nandan in der G. S. Road (Tel. 26 81). Dieses Haus liegt allerdings weitaus günstiger.

Zu den Spitzenhotels gehört das Hotel Dynasty an der S S Road (Tel. 3 56 10, Fax 4 48 13) mit Einzelzimmern ab 550 Rs und Doppelzimmern ab 750 Rs (mit Klimaanlage). Im Brahmaputra Ashok der ITDC (Tel. 3 23 33) werden Einzelzimmer ab 700 Rs und Doppelzimmer ab 900 Rs angeboten.

AN- UND WEITERREISE

Flug: Einzelheiten über die Flugverbindungen von Kalkutta nach Guwahati und anderen Zielen im Nordosten finden Sie weiter oben in diesem Kapitel.

Zug: Die Städte, von denen aus man am bequemsten mit einem Zug nach Guwahati fahren kann, sind Kalkutta und New Jalpaiguri. Von Kalkutta (Bahnhof Howrah) sind es 993 km und im *Kamrup Express* rund

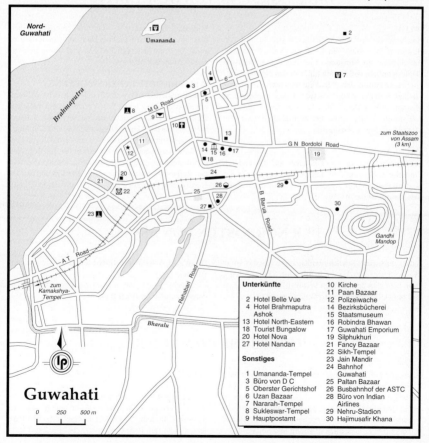

Guwahati

0   250   500 m

Unterkünfte		10	Kirche
		11	Paan Bazaar
2	Hotel Belle Vue	12	Polizeiwache
4	Hotel Brahmaputra	14	Bezirksbücherei
	Ashok	15	Staatsmuseum
13	Hotel North-Eastern	16	Robindra Bhawan
18	Tourist Bungalow	17	Guwahati Emporium
20	Hotel Nova	19	Silphukhuri
27	Hotel Nandan	21	Fancy Bazaar
		22	Sikh-Tempel
Sonstiges		23	Jain Mandir
		24	Bahnhof
1	Umananda-Tempel		Guwahati
3	Büro von D C	25	Paltan Bazaar
5	Oberster Gerichtshof	26	Busbahnhof der ASTC
6	Uzan Bazaar	28	Büro von Indian
7	Nararah-Tempel		Airlines
8	Sukleswar-Tempel	29	Nehru-Stadion
9	Hauptpostamt	30	Hajimusafir Khana

24 Stunden Fahrt bis Guwahati, im *Kanchenjunga Express* vom Bahnhof Sealdah 22 Stunden. Dafür muß man in der 2. Klasse 208 Rs und in der 1. Klasse 624 Rs bezahlen. Die Züge fahren um 7.00 bzw. 18.10 Uhr durch New Jalpaiguri, wo man zusteigen kann.

Außerdem verkehrt noch der *North East Express*, der aus Delhi kommt und vor der Weiterfahrt um 9.25 Uhr in New Jalpaiguri hält. Von dort braucht man für die 424 km bis Guwahati etwa acht Stunden und muß in der 2. Klasse 114 Rs und in der 1. Klasse 347 Rs bezahlen. Wenn man von Guwahati mit der Eisenbahn weiter in Richtung Osten fahren will, muß man von Zügen auf Breitspur zu Zügen auf Meterspur wechseln. Ein ganz gutes Netz von Eisenbahnverbindungen mit Meterspur verbindet alle größeren Städte im Nordosten, aber dieses Gebiet ist für Ausländer so gut wie vollständig gesperrt. Daher ist es überflüssig, an dieser Stelle auf Einzelheiten einzugehen.

Weitere Informationen über Eisenbahnverbindungen in der Region lassen sich dem Fahrplan *Newman's Indian Bradshaw* entnehmen, der monatlich veröffentlicht und für 50 Rs verkauft wird und von Zeit zu Zeit in den meisten Buchhandlungen erhältlich ist.

DIE UMGEBUNG VON GUWAHATI

HAJO
Am Nordufer des Brahmaputra, 24 km entfernt von Guwahati, liegt Hajo, ein wichtiger Wallfahrtsort für Buddhisten und Moslems. Ein Teil der Buddhisten glaubt nämlich, daß Buddha hier in das Nirwana einging, und strömt daher in Scharen zum Hayagriba-Madhab-Tempel. Die Moslems dagegen pilgern in Massen zur Pao-Mecca-Moschee, von der sie glauben, daß sie ein Viertel (*pao*) der Heiligkeit der Großen Moschee in Mekka besitzt.

SUALKASHI
Ebenfalls gegenüber von Guwahati auf der anderen Flußseite, 20 km entfernt, liegt ein berühmter Ort der Seidenweberei. Dort werden die Seidensorten Endi, Muga und Pat hergestellt. Aber nicht in großen Fabriken, sondern in den einzelnen Häusern. Um dorthin zu gelangen, kann man tägliche Fähr- und Busverbindungen in Anspruch nehmen.

WEITERE ORTE IN DER UMGEBUNG
12 km südlich von Guwahati ist der Basistha Ashram, wo einst Basistha lebte. Es ist zugleich ein beliebter Picknickplatz. Die wunderschöne natürliche Lagune bei Chandubi ist 64 km von Guwahati entfernt. Darranga, 80 km entfernt und an der Grenze nach Bhutan gelegen, ist ein winterliches Handelszentrum für das Bergvolk der Bhutia. Barpeta mit seinem Kloster und dem Schrein des Reformers Vaishnavaite liegt 145 km entfernt im Nordwesten von Guwahati.

DER NORDOSTEN VON ASSAM

Jorhat, ein kleines Stück hinter Kaziranga, ist das Tor in den Nordosten von Assam. In Sibsagar, 55 km entfernt, kann man sich den riesigen Wasserbehälter Jay Sagar und in der Umgebung viele Tempel ansehen. Dieser Ort war die alte Hauptstadt des Königreiches Ahom.

Übernachten kann man neben dem Wasserbehälter in einem kleinen Tourist Bungalow.

TIERSCHUTZGEBIETE

Assam ist berühmt wegen des großen indischen Nashorns mit nur einem Horn. Als Marco Polo dieses Tier zu sehen bekam, glaubte er, das legendäre Einhorn gefunden zu haben. Kaziranga und Manas sind die beiden bekannten Tierschutzgebiete in Assam. Kleinere Parks gibt es außerdem in Orang und Sonai.

KAZIRANGA
Nordöstlich von Guwahati liegt am Ufer des Brahmaputra der Nationalpark Kaziranga. Seine Berühmtheit verdankt er einem seltenen Bewohner, dem *Rhinoceros unicornis*. In dem 430 Quadratkilometer großen Park lebten einst fast 1000 Nashörner, aber im Jahre 1904

waren sie dem Aussterben nahe. Seit jedoch 1926 der Park ein Tierschutzgebiet wurde, nahm die Zahl erfreulicherweise wieder zu. 1966 war der Bestand schon auf 400 dieser Tiere gestiegen.

Außer den seltenen Nashörnern leben im Park auch noch wilde Büffel, Wild, Elefanten, Tiger, Bären und eine ganze Reihe von Wasservögeln, unter anderem Pelikane, die hier sogar brüten. Man kann das Wild normalerweise vom Rücken eines Elefanten aus beobachten. Mittlerweile haben sich die Rhinos so an die Elefanten gewöhnt, daß sie sich schon nicht mehr gestört fühlen, wenn auf dem Rücken der mächtigen Elefanten anstelle der Wildhüter Touristen sitzen, die mit ihren Kameras diese seltenen Tiere einfangen.

Praktische Hinweise: Geöffnet ist der Park von November bis April. Kaziranga verfügt über ein Informationszentrum für Touristen (Tel. 4 23). Dort steht ein Minibus zur Verfügung, außerdem organisiert man aber auch Ausritte auf Elefanten durch das hohe Gras (50 Rs pro Person). Als Eintritt in den Park müssen Sie 50 Rs und zusätzlich 5 Rs „Besichtigungsgebühr" sowie 5 Rs für das Mitbringen einer Kamera bezahlen. Führer von Gruppen dürfen den Park kostenlos betreten. Meiden Sie die Ausflugsfahrten von Guwahati nach Kaziranga, denn die sind einfach zu kurz (nur zwei Tage), weil man die meiste Zeit im Bus verbringt (insgesamt neun Stunden) und nur eine Rundfahrt zur Beobachtung der Tierwelt stattfindet. Wenn man wirklich etwas sehen will, ist es am besten, man bleibt mindestens vier volle Tage mit drei Übernachtungen in Kaziranga,.

Unterkunft: Die Übernachtungsmöglichkeiten rings um den Park sind vielfältig. Sie haben die Wahl zwischen den Forest Inspection Bungalows in Beguri (keine Bettwäsche und keine Moskitonetze), Arimarh (kein

Strom) und Kohora. In Kaziranga gibt es einen Soil Conservation Inspection Bungalow und einen sehr preiswerten PWD Inspection Bungalow sowie zwei Tourist Bungalows. Im Bungalow Nr. 1 (Bonani) kann man allein für etwa 200 Rs und zu zweit für rund 300 Rs übernachten, während im Bungalow Nr. 2 (Kunjaban) Zimmer für 150 Rs und Betten in einem Schlafsaal vermietet werden. Wünscht man eine Klimaanlage, kommen in beiden Häusern für jedes Zimmer noch 100 Rs Zuschlag hinzu.

Am teuersten ist die Aranya Lodge. Hier gibt es ohne Klimaanlage Einzelzimmer für 300 Rs und Doppelzimmer für 400 Rs sowie mit Klimaanlage für jeweils 100 Rs Zuschlag (einschließlich Steuern). Diese Anlage eignet sich gut zum Übernachten und wird hervorragend geführt. In der Lodge wird auch ein Jeep mit Fahrer und vom Forest Department ein Führer zur Verfügung gestellt.

Ein weiteres ganz gutes Quartier ist das Wild Grass Resort (Tel. 037762/8 14 37).

An- und Weiterreise: Von Kalkutta aus kann man bis Jorhat, 84 km vom Park entfernt, fliegen. Bei der Anreise mit der Bahn ist Furketing die bestgelegene Bahnstation. Das ist 72 km vom Park entfernt, und von dort besteht eine Busverbindung nach Kaziranga. Wer über den Highway 37 fährt, muß 233 km zurücklegen. Von Guwahati aus fahren zudem staatliche Busse.

MANAS

Nordwestlich von Guwahati, in den Vorbergen des Himalaja und damit zugleich unmittelbar an der Grenze zu Bhutan, liegt der das Tierschutzgebiet Manas. Drei Flüsse fließen durch diesen Park, der besonders reich an Vögeln und wilden Tieren ist. Dazu gehören das seltene Zwergschwein und der Langur (Affe) sowie das Nashorn.

Wegen der Bodo-Rebellen, die häufig im Park Schutz suchen, um die Behörden zu ärgern, ist Manas vor einigen Jahren geschlossen worden. Das mag sich in der Zukunft wieder ändern, aber selbst Ende 1994 noch waren die Bodo-Rebellen im Park aktiv, so daß man nicht seinen Atem anhalten sollte, um die Wiedereröffnung abzuwarten.

Praktische Hinweise: Die Monate Januar bis März sind die günstigsten Besuchszeiten für diesen Park. Angelfreunde fassen am besten die Monate November und Dezember ins Auge. Der größte Ort im Park ist Mothangiri, das Fremdenverkehrsamt finden Sie aber in Barpeta Road (Tel. 49). Eintritt und Gebühren für mitgeführte Kameras sind genauso wie beim Park in Kaziranga. Sie können sich in diesem Wildpark Boote für Ausflüge auf dem Fluß leihen oder Angeltouren auf dem Manas unternehmen.

Unterkunft: Die Tourist Lodge Manas hat eine ganze Reihe von relativ preiswerten Übernachtungsmöglichkeiten zu bieten. Man kann hier aber auch zelten. Im Forest Bungalow zahlt man weniger, muß dafür aber auch auf Strom verzichten. Im Preis ist die Benutzung eines Moskitonetzes und von Bettwäsche enthalten. Im Barpeta Road Tourist Centre gibt es zudem noch ein Rest House.

An- und Weiterreise: Der nächste Flughafen befindet sich in Guwahati, 176 km entfernt, und der nächste Bahnhof in Barpeta Road, 40 km entfernt von Mothangiri.

Für die Weiterreise muß eine Fahrgelegenheit von Barpeta Road nach Mothangiri im voraus organisiert werden.

MEGHALAYA

Erst 1971 wurde dieser Staat, Heimat der Stämme der Khasia, Jantia und Garo, geschaffen. Hauptstadt ist der Bergerholungsort Shillong. Das 58 km entfernte Cherrapunji genoß bis vor kurzem den Ruf, die feuchteste Stadt der Welt zu sein. Mit einem Niederschlag von durchschnittlich 1150 cm pro Jahr hatte sich diese Stadt an die Spitze gesetzt. In einem Jahr fielen sogar einmal 2646 cm Niederschlag herab. Vor nicht langer Zeit hat sich jedoch das nahegelegene Mawsynaram den Titel von Cherrapunji erobert. Wen wundert es da noch, daß Meghalaya „Wohnsitz der Wolken" bedeutet!

Zu den Sehenswürdigkeiten in diesem Staat gehören Jakrem mit seinen Thermalquellen, Kayllang Rock bei Mairang, die Mawjymbuin-Höhle bei Mawsynram und der Umiam-See.

SHILLONG

Einwohner: 245 000
Telefonvorwahl: 0634

Dieser ganz hübsche Bergerholungsort liegt in 1496 m Höhe und ist bekannt wegen seines guten Klimas und der herrlichen Ausblicke in die Umgebung. Shillong bekam sogar die Auszeichnung, das „Schottland des Ostens" zu sein. Die Stadt hat jedoch nicht sehr viel zu bieten. Wen die Langeweile allzu sehr plagt, bummelt vielleicht einmal durch das Viertel mit den roten Laternen hinter dem Hotel Delhi.

Die Bewohner rund um Shillong, die Khasia, leben im Matriarchat. Besitz und Reichtum wandern also immer über die Seite der Frau weiter zur nächsten Generation.

PRAKTISCHE HINWEISE

Ein Fremdenverkehrsamt (Government of Meghalaya Tourist Office) befindet sich im Police Bazaar (Tel. 22 60 54). Auch die Zentralregierung unterhält ein Büro für Touristen (Government of India Tourist Office), und zwar in der G. S. Road (Tel. 2 56 32). In dieser Straße liegt auch das Hauptpostamt (GPO).

SEHENSWÜRDIGKEITEN

Im State Museum bekommt man einen Überblick über die Flora, Fauna, Kultur und Anthropologie des Staates. Die Stadt kann auch mit einigen Parks und Gärten aufwarten. Unweit vom Lady Hydari Park findet man die Crinoline-Wasserfälle, aber es gibt um Shillong herum noch weitere Wasserfälle. Ihren Namen erhielt die Stadt nach dem 1960 m hohen Shillong Peak, von dem aus man eine gute Aussicht hat. Dieser Berg liegt 10 km von der Stadt entfernt.

Der anglikanische Friedhof und die Kathedrale mögen für Anhänger der Rajs von Interesse sein. Auf den Grabsteinen kann man Inschriften wie „Getötet bei einem großen Erdbeben" oder „Ermordet von Kopfjägern" lesen. Wenn der Friedhof verschlossen sein sollte, kann man sich den Schlüssel im Haus des Wärters nebenan geben lassen.

UNTERKUNFT UND ESSEN

Beim Poloplatz steht ein sehr guter Tourist Bungalow mit Zimmern und Betten in einem Schlafsaal. Hotels der Mittelklasse stehen ausreichend zur Verfügung, und preiswertere Unterkünfte findet man im Police Bazaar, wo auch das Fremdenverkehrsamt ist. Gutes Essen ist im Restaurant Lhasa erhältlich, aber auch an weiteren Restaurants mangelt es in dieser Stadt nicht. Ganz gute Einzel- und Doppelzimmer mit eigenem Bad für 300 bzw. 360 Rs hat das Hotel Centre Point in der Stadtmitte zu bieten (Tel. 22 52 10, Fax 22 72 22). Das Pinewood Ashok (Tel. 2 31 16) ist das Hotel in Shillong aus der Zeit der Briten, hat aber kaum den üblichen

Standard von Häusern der Ashok-Kette zu bieten. Dort kosten die Einzelzimmer 450 Rs und die Doppelzimmer 675 Rs. Preisgünstiger ist das moderne Hotel Alpine Continental (Tel. 22 53 61) mit Einzelzimmern ab 200 Rs und Doppelzimmern ab 250 Rs.

AN- UND WEITERREISE
Shillong ist durch eine gute Straße mit dem 100 km entfernten Guwahati in Assam verbunden. Cherrapunji liegt 58 km südlich von Shillong. Wenn es nicht gerade regnet, hat man von hier herrliche Blicke auf Bangladesch. Wer dieses Gebiet besuchen möchte, muß sich vorher bei der Polizei (Commissioner of Police) eine Genehmigung einholen; sie wird umgehend erteilt.

Wer aus Richtung Bangladesch kommt, überquert die Grenze (wenn sie geöffnet ist) bei Dawki. Von dort wandert man 1¹/₂ Stunden bis zur Stadt und weitere 3¹/₂ Stunden bis Shillong.

DIE ÜBRIGEN STAATEN UND TERRITORIEN

Alle im folgenden beschriebenen Gebiete sind für Ausländer so gut wie unzugänglich.
Daher sind alle nachfolgenden Informationen denn auch lediglich der Vollständigkeit halber mit aufgeführt.

AN- UND WEITERREISE
Die einzige Bahnverbindung in diese Staaten endet in Ledo. Da aber die Straßen wesentlich ausgebaut wurden, ist die Anbindung nun besser. Von Kalkutta bietet Indian Airlines gute Flugverbindungen in diese Region.

ARUNACHAL PRADESH

Unter britischer Verwaltung hieß dieser Staat North-East Frontier Agency. Er liegt am weitesten entfernt von allen Staaten dieser Region. Arunachal Pradesh grenzt an Bhutan, China und Burma und ist ein gebirgiges, abgelegenes, vornehmlich von Stämmen bewohntes Gebiet. Früher verlief die alte Stillwell Road einmal von Ledo, ganz im Süden von Arunachal Pradesh, bis nach Myitkyinya im Nordosten von Myanmar (Burma). Die Straße wurde 1944 unter General „Vinegar Joe" Stillwell gebaut und hat den Ruf, zu den teuersten Straßen der Welt zu gehören. Die 430 Straßenkilometer verschlangen die stolze Bausumme von 137 Millionen US-Dollar. Noch viel schlimmer aber ist, daß sie lediglich ein paar Monate benutzt wurde und seither kaum beansprucht wird. Alle Straßen nach Myanmar (Burma) sind geschlossen.

NAGALAND

Südlich von Arunachal Pradesh und nördlich von Manipur liegt der einsame und gebirgige Staat Nagaland, der an Myanmar (Burma) grenzt. Die Hauptstadt ist Kohima. Sie bildete den nördlichsten Punkt, bis zu dem japanische Truppen während des Zweiten Weltkrieges in Indien vordrangen. Wenn man angibt, den Kriegsgefallenenfriedhof besichtigen zu wollen, sind die Aussichten, eine Sondergenehmigung für einen Besuch in Nagaland zu erhalten, deutlich besser.

MANIPUR

Auch Manipur grenzt an Myanmar (Burma), liegt jedoch südlich von Nagaland und nördlich von Mizoram. Die Bewohner dieses Staates gehören mehr als zwei Dutzend verschiedenen Stämmen an, von denen viele christianisiert sind. Berühmtheit erlangte dieser Staat wegen der Manipuri-Tänze und wegen seiner handgewebten Textilien. Die Hauptstadt Imphal (145 000 Einwohner) ist von bewaldeten Hügeln und Seen umgeben. Außerdem steht dort der Shri-Govindaji-Tempel. Während des Zweiten Weltkrieges baute man eine Straße von Imphal nach Tamu an der Grenze zu Myanmar (Burma). Ihr ist aber das gleiche Schicksal beschieden wie der Stillwell Road, denn die Grenze nach Myanmar (Burma) ist geschlossen.

MIZORAM

Ganz im Südosten schiebt sich dieser Staat wie ein Finger zwischen Myanmar (Burma) und Bangladesch. Der Name bedeutet „Land der Bergmenschen" (Mizo = Mensch der Berge, Ram = Land). Mizoram ist ein landschaftlich schöner Staat mit vornehmlich Stammesbevölkerung, die sich zu großen Teilen zum Christentum bekennt.

TRIPURA

Dieser kleine Staat ist fast vollständig von Bangladesch umgeben. Er ist stark bewaldet und erfreut sich einer üppigen Vegetation. Dazwischen gibt es viele schöne Wasserfälle. Hauptstadt ist Agartala, in deren Nähe der Seepalast Nirmahal steht. In Tripura leben vor allem Stammesvölker.

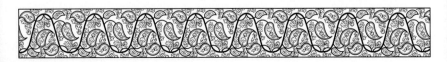

RAJASTHAN

Nirgendwo sonst zeigt sich Indien so exotisch und farbenfroh wie in Rajasthan, dem Land der Könige. Es ist die Heimat der Rajputen, eines Kriegervolkes, das diesen Teil von Indien tausend Jahre lang beherrschte. Entscheidend aber war, wie die Herrschaft ausgeübt wurde. Ritterlichkeit stand im Vordergrund, ähnlich dem Verhalten der Ritter im mittelalterlichen Europa. Niemals waren die Rajputen jedoch ein geeintes Volk, wie zum Beispiel die Marathen in Zentralindien. Waren sie nämlich nicht gerade in Kämpfe mit Fremden verwickelt, trugen sie untereinander Zwistigkeiten aus. Daher waren sie auch für die Moguln nie eine ernsthafte Gefahr. Ihre Tapferkeit und ihre Ehrenhaftigkeit blieben aber unerreicht.

Gekämpft haben die Rajputen auch gegen Übermächte und ließen sich durch kaum etwas abschrecken. War keine Hoffnung mehr in Aussicht, beschlossen Frauen und Kinder den Freitod, indem sie zu Tausenden dem Flammentod entgegengingen. Dieses Ritual wird als *jauhar* bezeichnet. Die Männer zogen dann ihre gelben Roben, die sie einst zur Hochzeit trugen, wieder an und ritten unerschrocken dem sicheren Tod entgegen. Bei einigen der größeren Kämpfe ließen auf diese Weise Zehntausende von Rajputen ihr Leben. Allein in der langen Geschichte von Chittorgarh geschah es dreimal, daß sich die Frauen dem Flammentod opferten, während die Männer als Märtyrer starben. Das gleiche tragische Schicksal wiederholte sich bei vielen anderen Festungen im ganzen Staat. Es ist daher kaum verwunderlich, daß Akbar die Rajputen wiederholt aufforderte, doch Anführer seiner Armee zu werden, und andere Mogul Schwierigkeiten hatten, diesen Teil ihres Reiches zu kontrollieren.

Mit dem Niedergang des Reiches der Moguln konnten die Rajputen durch eine Reihe von spektakulären Siegen ihre Unabhängigkeit zunächst zwar nach und nach zurückgewinnen, aber dann betrat eine neue Macht die Bühne. Das waren die Briten. Da sich die Rajs unaufhaltsam ausbreiteten, unterzeichneten die Herrscher der meisten Rajputen-Staaten Abkommen mit den Briten, die es ihnen erlaubten, als unabhängige Staaten, jeweils mit einem eigenen Maharadscha (oder einem vergleichbaren Würdenträger), weiterzubestehen, wobei sie aber gewissen politischen und wirtschaftlichen Zwängen unterworfen waren.

Die Präsenz der Briten hatte jedoch nicht humanitäre Gründe, sondern zielte darauf ab, ein Imperium zu etablieren und die Herrschaft über die Wirtschaft des

Einwohner: 54,4 Millionen
Gesamtfläche: 342 239 km²
Hauptstadt: Jaipur
Einwohner pro Quadratkilometer: 142
Wichtigste Sprachen: Rajasthani und Hindi
Alphabetisierungsrate: 38,8 %
Beste Reisezeit: Mitte Oktober bis Mitte März

Subkontinents in derselben Weise wie die Moguln zu gewinnen.

Diese Bündnisse sollten sich als Anfang vom Ende der Rajputen-Herrscher erweisen. Luxus und Extravaganzen ersetzten bald Ritterlichkeit und Ehrenhaftigkeit, so daß Anfang des 20. Jahrhunderts viele der Maharadschas den größten Teil ihrer Zeit damit verbrachten, mit riesigen Armeen von Frauen, Konkubinen und Dienern durch die Welt zu ziehen, Polo zu spielen, Pferderennen zu besuchen, in Kasinos zu spielen und in den teuersten Hotels in Europa und Amerika ganze Flure zu belegen. Während es den Briten zupaß kam, sie in dieser Hinsicht gewähren zu lassen, hatte die Verschwendung der Ressourcen von Rajputana („Land der Rajputen") gleichzeitig katastrophale Folgen im sozialen Bereich und in der Erziehung. Als Indien seine Unabhängigkeit erlangte, gehörten die Lebenserwartung und die Alphabetisierungsrate in Rajasthan zu den niedrigsten auf dem ganzen Subkontinent.

Bei der Erlangung der Unabhängigkeit wurde die regierende Kongreßpartei gezwungen, mit den nominell weiter unabhängigen Rajputen-Staaten in Verhandlungen zu treten, um ihre Zustimmung zu einem Beitritt zum indischen Staat zu erreichen. Das gelang, aber den Herrschern wurde erlaubt, ihre Titel beizubehalten. Außerdem wurde ihr Eigentum geschützt, und sie erhielten eine jährliche Zahlung, deren Höhe von ihrer früheren Stellung abhing. Dies konnte nach Ansicht der sozialistischen Regierungen Indiens nicht ewig Bestand haben, so daß es in den frühen siebziger Jahren zu einer Änderung kam, als Indira Gandhi dafür sorgte, daß die Titel aberkannt, die Zahlungen eingestellt und die Eigentumsrechte kräftig beschnitten wurden.

Einige der Herrscher haben dies überstanden, indem sie ihre Festungen in Museen und ihre Paläste in Luxushotels umwandelten. Viele sind jedoch den Reformen zum Opfer gefallen und konnten mit den Erfordernissen des späten 20. Jahrhunderts im Bereich der Finanzen und der Geschäftsführung nicht fertig werden.

Auch wenn die Vermögen dieser ehemaligen Herrscher kräftig geschmolzen sind, ist die Kultur von Rajasthan mit den von den Kriegen angegriffenen Festungen, den Palästen von überschwenglichem Luxus und dem wunderlichen Charme, den wilden Farben und selbst mit ihrem romantischen Sinn für Stolz und Ehre doch noch sehr lebendig. Rajasthan ist sicher ein Teil Indiens, aber auch deutlich anders. Die Unterschiede reichen von den riesigen pastellfarbenen Turbanen und Schnurrbärten der Männer über die leuchtenden, mit Pailletten besetzten Hemden und dem schweren Silberschmuck der Frauen bis zu der Art, in der diese Leute mit Besuchern umgehen. In einigen Gebieten Indiens kann man nie sicher sein, ob eine Vereinbarung auch einge-

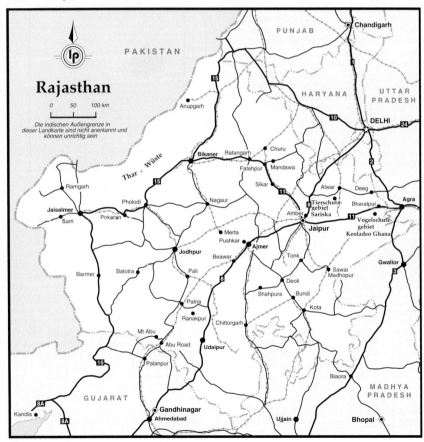

halten wird. Es gibt natürlich immer Ausnahmen, aber eine Vereinbarung steht in Rajasthan im allgemeinen auf festen Füßen. Der Tourismus hat zwar bereits deutliche Veränderungen bewirkt, aber es wird sicher noch lange dauern, bis er den traditionellen Sinn für Ehrlichkeit korrumpieren wird oder die kulturelle Vitalität dieser Menschen zerstören kann.

Das Land in dieser Gegend Indiens ist relativ trocken und teils unwirtlich, aber unter geographischen Gesichtspunkten vielfältig. Der Staat ist diagonal in einen bergigen, rauhen Südosten und die karge nordöstliche Thar-Wüste geteilt, die sich über die Grenze bis nach Pakistan erstreckt. Wie in allen Wüstengebieten gibt es auch in der Thar-Wüste Oasen, die magisch und romantisch erscheinen. Hier findet man zahlreiche historische Städte, unglaubliche Festungen, die mit Legenden verbunden sind, und seltene Juwelen eindrucksvoller Schönheit wie Udaipur. Es gibt in Rajasthan zudem eine Reihe von Zielen, die Besucher aus aller Welt anziehen. Dazu gehören das friedliche Pushkar mit seinem heiligen See und die exotische Wüstenstadt Jaisalmer, die an eine Phantasie aus *Tausendundeiner Nacht* erinnert.

Niemand wird Rajasthan besuchen, ohne phantastische Erinnerungen, ein Adreßbuch voller Anschriften von Freunden und häufig ein ganzes Bündel bestickter Stoffe und Schmuck mit nach Hause zu bringen.

FESTE

Neben den in ganz Indien üblichen Festen von Hindus und Moslems, die in Rajasthan häufig mit besonderer Hingabe gefeiert werden, finden in dieser Provinz zahlreiche weitere Feierlichkeiten statt. Das Frühlingsfest von Gangaur (Ende März bis Anfang April) ist dabei von ganz besonderer Bedeutung, und beliebt ist auch das Teej-Fest (Anfang bis Ende August). In besonderer Farbenpracht zeigt sich Rajasthan, wenn der Monsun die vielen Seen und anderen Gewässer mit Wasser anfüllt.

Rajasthan ist auch bekannt für seine Ausstellungen und Messen, von denen einige auf einer langen Tradition und andere auf Initiativen des Fremdenverkehrsamtes von Rajasthan beruhen. Am bekanntesten ist sicher der riesige und äußerst bunte Kamel- und Viehmarkt von Pushkar, der alljährlich von Anfang bis Mitte November veranstaltet wird. Ähnlich, aber weniger bekannt, sind das von Ende Januar bis Anfang Februar in Nagaur, auf halbem Weg zwischen Bikaner und Jodhpur, stattfindende Fest und die Messe in Bikaner von Mitte bis Ende November.

Das Wüstenfest (Desert Festival) in Jaisalmer von Anfang bis Mitte Februar ist eine Veranstaltung aus neuerer Zeit, die initiiert wurde, um die Volkskunst und Volksmusik dieser Gegend zu pflegen und den Tourismus anzukurbeln. Dabei kann man sich Kamelrennen, Wettkämpfe im Tauziehen, Volkstänze und die auch sonst in Indien üblichen Belustigungen ansehen, allerdings zu höheren Preisen als anderswo im Land.

Die genauen Daten der Messen und Feste werden nach dem Mondkalender bestimmt. Einzelheiten lassen sich der Übersicht entnehmen.

KUNST UND ARCHITEKTUR

Rajasthan hat eine eigene Schule für Miniaturmalerei. Sie stammt aus der Mogulzeit, hat aber klare Abweichungen, besonders in den Palast- und Jagdszenen. Ihnen werden nämlich religiöse Themen beigefügt, insbesondere solche, die auf Krishna-Legenden zurückgehen. Diese Kunst blieb in den eleganten Palastbauten erhalten, die die Rajputen errichteten, als sie von der Konfrontation mit den Mogulen befreit waren. Viele der Paläste sind verschwenderisch mit farbenprächtigen Fresken ausgeschmückt.

Der größte Teil der Architektur von Rajasthan wurde durch einfallende moslemische Invasoren zerstört. Zu den wenigen noch bestehenden Bauten gehört die Adhai-din-ka-Jhonpra-Moschee in Ajmer, die in einen sehr

Festkalender			
Fest	**Ort**	**1997**	**1998**
Kamelfest	Bikaner	22.-23. Jan.	11.-12. Jan.
Nagaur-Messe	Nagaur	13.-16. Febr.	3.-6. Febr.
Baneshwar-Messe	Dungarpur	18.-22. Febr.	7.-11. Febr.
Wüstenfest	Jaisalmer	20.-22. Febr.	9.-11. Febr.
Elefantenfest	Jaipur	23. März	12. März
Gangaur-Fest	Jaipur	10.-11. April	30.-31. März
Mewar-Fest	Udaipur	10.-11. April	30.-31. März
Sommerfest	Mt. Abu	1.-3. Juni	1.-3. Juni
Teej	Jaipur	6.-7. Aug.	26.-27. Juli
Dussehra Mela	Kota	9.-11. Okt.	29. Sept.-1. Okt.
Marwar-Fest	Jodhpur	15.-16. Okt.	4.-5. Okt.
Viehmarkt	Pushkar	11.-14. Nov.	1.-4. Nov.
Kolayat-Fest	Bikaner	13.-15. Nov.	2.-4. Nov.
Chandrabhaga-Messe	Jhalawar	13.-15. Nov.	2.-4. Nov.

schönen hinduistischen Tempel umgebaut worden ist. Auch die Tempelruinen bei Osian, in der Nähe von Jodhpur, gehören dazu. Aus dem 10. bis 15. Jahrhundert gibt es ebenfalls noch viele Bauwerke, unter anderem die schönen Jain-Tempel in Ranakpur, Mt. Abu und Jaisalmer. Die meisten Forts wurden in ihrer gegenwärtigen Form in der Mogulzeit erbaut.

UNTERKUNFT

Paläste, Forts und Schlösser: Rajasthan hat sich einen besonderen Ruf wegen seiner traumhaften Palasthotels erworben. Da auch für die Maharadschas die Zeiten schlechter wurden, wandelten viele ihre Paläste in Hotels um. Zu den berühmtesten gehören das sehr luxuriöse Hotel Rambagh Palace in Jaipur, das Hotel Lake Palace und das Hotel Shiv Niwas Palace in Udaipur sowie das Hotel Umaid Bhawan Palace in Jodhpur.

Man muß aber gar nicht unbedingt ein Vermögen für eine Übernachtung in einem Palasthotel ausgeben. Es gibt davon auch viele kleinere, in denen die Preise durchaus annehmbar sind. Viele davon sind als Heritage Hotels bekannt, darunter auch *havelis* (traditionelle Herrenhäuser, erbaut um einen Innenhof herum), Forts und Jagdhütten.

Tourist Bungalows: Nicht ganz so prächtig und etwas besser in den heutigen Alltag passend sind die vielen Tourist Bungalows, die das Fremdenverkehrsamt von Rajasthan (Rajasthan Tourist Development Corporation - RTDC) in fast jeder größeren Stadt unterhält. Vor ein paar Jahren waren sie meist das beste Hotel in der jeweiligen Stadt. Leider aber sind sie oft nicht mehr - wie früher - ihren Preis wert. Hinzu kommt, daß der Zustand ziemlich heruntergekommen ist. Dennoch, fast immer gehören ein Restaurant und eine Bar dazu, und oft bieten sie Rucksackreisenden mit wenig Geld in Schlafsälen preiswerte Übernachtungsmöglichkeiten. Meistens ist auch das Fremdenverkehrsamt der jeweiligen Stadt im Tourist Bungalow untergebracht.

Familienaufenthalte: Der Aufenthalt bei einer indischen Familie kann eine wertvolle Erfahrung sein. Er bietet eine Abwechslung vom Umgang mit Leuten, die von Touristen ausschließlich Geld verdienen wollen, und ermöglicht es, einen sehr interessanten Eindruck

---

Stammesgruppen in Rajasthan

Die wichtigsten Stämme im Gebiet von Rajasthan sind die der Bhil und der Mina, bei denen es sich um Ureinwohner der Region handelt, die heute Rajasthan ausmacht. Sie wurden jedoch durch den Einfall der Arier gezwungen, sich in das Aravalli-Gebirge zurückzuziehen. Die kriegerischen Invasoren paßten sich an die Kaste der Kshatriya an, die sich später in 36 Rajputen-Clans unterteilte.

Zu den kleineren Stämmen gehören die Sahariya, die Damariya, die Garasia und die Gaduliya Lohar. Heute machen die Angehörigen von Stämmen ca. 12 % der Gesamtbevölkerung des Bundesstaates Rajasthan aus.

Bhil: Die Bhil bilden eine bedeutende Stammesgruppe und leben traditionell in der südöstlichen Ecke des Staates, und zwar im Gebiet um Udaipur, Chittorgarh und Dungarpur, auch wenn sich die höchste Konzentration der Bhil im benachbarten Madhya Pradesh angesiedelt hat.

Der Legende nach waren die Bhil gute Bogenschützen. Bogenschützen aus dem Stamm der Bhil werden sowohl im *Mahabharata* als auch im *Ramayana* erwähnt. Sie wurden als Krieger hochgeschätzt. Rajputen-Herrscher stützten sich in großem Umfang auf sie ab, um den einfallenden Marathen und Mogulen Widerstand zu leisten. Die Briten bildeten in Anerkennung der kriegerischen Tradition der Bhil 1820 sogar das Mewar Bhil Corps. Auch wenn es sich ursprünglich um Sammler gehandelt hat, betreiben die Bhil von heute in kleinem Umfang Landwirtschaft oder haben das Land aufgegeben und sind die Städte gezogen, um dort zu arbeiten. Der Prozentsatz der Personen, die lesen und schreiben können, gehört bei den Bhil - insbesondere unter den Frauen - mit 7 % innerhalb der verschiedenen Bevölkerungsgruppen in Indien zu den niedrigsten. Das hat sie zu einem beliebten Ziel für Ausbeutung und Knechtschaft gemacht.

Beim Baneshwar Festival handelt es sich um ein Fest der Bhil, das jährlich im Februar in der Nähe von Dungarpur stattfindet und zu dem zahlreiche Bhil angereist kommen, um zu singen, zu tanzen und zu beten. Ebenfalls wichtig für die Bhil ist das Holi-Fest.

Zauberkraft, Magie und Aberglaube sind in der Kultur der Bhil tief verwurzelt.

Mina: Die Mina bilden die größte Stammesgruppe im Staat und weisen auch die größte Verbreitung auf. Sie haben sich in Shakhavati sowie im östlichen Rajasthan niedergelassen. Ursprünglich war das ein Herrscherstamm, dessen Niedergang sich über einen langen Zeitraum hinzog. Er begann mit dem Aufstieg der Rajputen und endete, als die britische Regierung die Mina zu einem „kriminellen Stamm" erklärte, und zwar vorrangig deshalb, um sie daran zu hindern, an die Rajputen verlorengegangenes Terrain zurückzuerobern. Die Kultur der

vom indischen Alltagsleben mit seinen Unterschieden und Merkwürdigkeiten zu gewinnen.

Nur in Rajasthan wird so etwas offiziell organisiert, und zwar in den Städten Jaipur, Jodhpur, Udaipur, Bikaner, Ajmer und Pushkar. Für einen Familienaufenthalt muß man täglich 50 Rs oder mehr bezahlen, abhängig von dem, was jeweils geboten wird. In den meisten Häusern muß man allerdings mit 100 bis 200 Rs rechnen. Nach Voranmeldung ist auch Verpflegung erhältlich. Organisiert wird das Programm von der RTDC, deren Fremdenverkehrsämter ausführliche Listen mit den Anschriften von Familien bereithalten, die Gäste aufnehmen. Weil offensichtlich nur eine Handvoll dieser Listen verfügbar ist, muß man in den teilnehmenden Städten das Fremdenverkehrsamt aufsuchen und sich dort anmelden.

REISEN IN RAJASTHAN

Bus: Rajasthan verfügt über ein ausgedehntes und sehr gutes Busnetz. Meistens kann man auch zwischen normalen Bussen und Schnellbussen wählen. Besucher sind gut beraten, mit den Schnellbussen zu fahren, denn die normalen Busse halten ständig, machen eine Menge

Abstecher von der Strecke und brauchen deshalb eine wesentliche längere Zeit, um ans Ziel zu gelangen.

Wenn man seine Fahrt an einer größeren Bushaltestelle beginnen will, ist es ratsam, sich den Fahrschein bereits vor Abfahrt am Schalter der Busgesellschaft und nicht erst im Bus zu kaufen. Das sichert Ihnen meistens einen Sitzplatz und - was vielleicht noch viel wesentlicher ist - gibt Ihnen die Garantie, auch den richtigen Bus zu erwischen. Die Fahrkartenverkäufer schreiben nämlich die Registriernummer des jeweiligen Busses auf die Fahrkarten. Das ist nicht unwichtig, denn die Fahrpläne an den Bushaltestellen sind meistens nur in Hindi veröffentlicht.

Eine ganze Zahl von privaten Busgesellschaften setzt zwischen Großstädten auch Luxusbusse ein. Viele Besucher Indiens ziehen die den Bussen der staatlichen Busunternehmen vor. Die Fahrpreise sind zwar höher, aber dafür sind die Busse auch schneller und bequemer. Hinzu kommt, daß in diesen Bussen keine Fahrgäste auf Stehplätzen mitgenommen werden. Ihr einziger Nachteil ist, daß sie mit Videorekordern ausgerüstet sind. Wie überall in Indien werden die auch in diesen Bussen mit voller Lautstärke betrieben. Wenn möglich,

Mina wurde völlig zerstört und ihnen schließlich Schutz als „anerkannter Stamm" (Scheduled Tribe) zuerkannt. Nach der Aufhebung des Gesetzes, durch das sie zu einem „kriminellen Stamm" erklärt worden waren (Criminal Tribe Act), wandten sich die Mina der Landwirtschaft zu. Wie bei den Bhil ist auch bei den Mina die Alphabetenrate sehr niedrig (8,3 %).
Die Mina verehren Shiva. Eine ihrer bedeutendsten Gottheiten ist Sheetla Mata, die Göttin der Pocken! Geheiratet wird im allgemeinen innerhalb des Stammes. Eine Heirat wird häufig von den Eltern vereinbart, wobei die Ehe meistens bereits geschlossen wird, wenn das Brautpaar aus noch recht jungen Kindern besteht.

Gaduliya Lohar: Bei den Gaduliya Lohar handelte es sich ursprünglich um einen kriegerischen Rajputen-Stamm. Heute leben seine Mitglieder jedoch als nomadisierende Grobschmiede. Ihr traditionelles Siedlungsgebiet war Mawar (Udaipur), wo sie an der Seite des Maharadschas gegen die Moguln kämpften. Wie es typisch für die Tradition der Rajputen ist, legten sie gegenüber dem Maharadscha ein Gelübde ab, demzufolge sie seine Festung in Chittorgarh nur betreten würden, wenn sie die Moguln besiegt hätten. Als der Maharadscha starb, ohne dieses Ziel erreicht zu haben, war der Clan gezwungen, ein Nomadendasein zu beginnen. Als Nehru an die Macht kam, führte er eine Gruppe von Gaduliya Lohar in die Festung von Chittorgarh in der Hoffnung, daß sie sich auf ihrem früheren Land niederlassen würden. Sie zogen es jedoch vor, Nomaden zu bleiben.

Garasia: Die Garasia sind ein kleiner Stamm der Rajputen im Gebiet von Abu Road im südlichen Rajasthan. Man glaubt, daß er sich bis zu einem gewissen Grad mit den Bhil vermischt hat. Diese Annahme wird auch dadurch gestützt, daß bei den Garasia Pfeil und Bogen weit verbreitet sind.
Die Heiratszeremonie bei ihnen ist insofern ungewöhnlich, als das Paar durchbrennt und dem Brautvater ein gewisse Summe Geld gezahlt wird. Wenn die Ehe scheitert, kehrt die Braut mit einem kleinen Betrag an Geld zu ihrem Vater zurück. Witwen sind gegenüber ihrem verstorbenen Ehemann nicht erbberechtigt, so daß sie im allgemeinen erneut heiraten.

Sahariya: Die Sahariya sollen von den Bhil abstammen. Sie siedeln in Kota, Dungarpur und Sawai Madhopur im Südosten des Bundesstaates. Ihr Bildungsstand gehört zu den niedrigsten in ganz Indien, so daß sie als ungelernte Arbeiter grausam ausgebeutet werden.
Da alle Mitglieder des Stammes als Familienangehörige angesehen werden, heiraten die Sahariya außerhalb ihres Clans. Ihre Ernährungsgewohnheiten und ihre Gebetstraditionen sind mit den hinduistischen Bräuchen eng verwandt.

sollte man versuchen, mit Bussen ohne diese infernalischen Geräte zu fahren.

Zug: Das Reisen in Rajasthan mit der Eisenbahn ging bisher immer langsam voran, weil ein großer Teil der Züge auf Strecken mit Meterspur fuhr, die schmaler ist als die Breitspur, die fast überall sonst im Land üblich ist. Als Teil eines landesweiten Programms zur Vereinheitlichung der Spurbreiten werden derzeit viele Strecken in Rajasthan von Meter- auf Breitspur umgestellt. Der Rest wird bis 1998 umgestellt werden. Das hat zur Folge, daß man bei einem Besuch in Rajasthan derzeit auf einige Strecken stößt, die vorübergehend nicht in Betrieb sind.

Schnelle Verbindungen auf Breitspur bestehen bereits zwischen Delhi und Jaipur, zwischen Jaipur und Jodhpur, zwischen Jodhpur und Jaisalmer sowie zwischen Jaipur und Jodhpur und Bikaner. Die Strecke zwischen Jaipur und Ahmedabad sollte Mitte 1996 umgestellt sein. Udaipur wird an die Breitspur voraussichtlich nicht vor 1997 angeschlossen sein.

Der „Palast auf Rädern" (Palace on Wheels) ist ein Sonderzug des Fremdenverkehrsamtes von Rajasthan (RTDC), mit dem wöchentlich Fahrten durch diesen Bundesstaat veranstaltet werden. Die Fahrten beginnen von September bis April jeden Mittwoch in Delhi. Auf dem Programm stehen Aufenthalte in Jaipur, Chittorgarh, Udaipur, Nationalpark Rathambhore, Jaisalmer, Jodhpur, Bharatpur und Agra. Das ist für eine Woche eine ganze Menge, aber die eigentlichen Fahrten finden vorwiegend nachts statt.

Im Jahre 1995 sind die Waggons dieses Zuges umgebaut worden, damit sie auf Strecken mit Breitspur eingesetzt werden können. Weil aber Udaipur derzeit noch an einer Eisenbahnstrecke mit Meterspur liegt, wird die dreistündige Fahrt zwischen Chittorgarh und Udaipur bis zur Umstellung in einem Bus zurückgelegt. Ursprünglich wurden für diesen Zug Waggons eingesetzt, die früher verschiedenen Maharadschas gehörten, aber die wurden im Laufe der Zeit so alt, daß neuere Waggons in Betrieb genommen wurden, die so umgebaut sind, daß sie wie alt aussehen. Auch Klimaanlagen wurden installiert. Das Ergebnis ist ein luxuriöses Hotel auf Rädern, das eine Reisemöglichkeit bietet, an die man sich gern erinnert, wenn man nur begrenzt Zeit, aber unbegrenzt Geld hat.

In den Preisen sind die Fahrt, die Eintrittsgebühren, die Übernachtungen im Zug sowie Verpflegung enthalten. Abhängig von der Unterbringung reichen sie von 240 US $ pro Person für ein Dreibettabteil über 300 US $ pro Person für ein Zweibettabteil bis 425 US $ pro Person für ein Einzelabteil. Die Fahrten sind sehr beliebt, so daß man sich vorher anmelden muß. Das ist in Indien bei der Zentralreservierung der RTDC in Delhi (Tel. 011/38 18 84, Fax 38 28 23) und in Deutschland bei Asra Orient Reisen (Kaiserstr. 50, 60329 Frankfurt/Main, Tel. 069/25 30 98, Fax 069/23 20 45) möglich.

DER OSTEN VON RAJASTHAN

JAIPUR

Einwohner: 1,5 Millionen
Telefonvorwahl: 0141

Jaipur, die Hauptstadt von Rajasthan, ist auch als „Rosarote Stadt" bekannt, denn die Gebäude im alten Stadtteil, noch heute von einer Mauer umgeben, wurden aus rosafarbenem Sandstein errichtet, nicht zuletzt deshalb, weil in der Kultur der Rajputen das Rosarot eine Farbe ist, die üblicherweise mit Gastfreundschaft in Verbindung gebracht wird. Im Gegensatz zu den Städten in der Ganges-Ebene hat Jaipur breite Straßen, und alles strahlt eine gewisse Harmonie aus. Die Stadt liegt inmitten einer Wüstenlandschaft, umgeben von kahlen Hügeln.

Rajasthan ist längst nicht so übervölkert wie andere Staaten. Das ist bereits an Jaipur zu bemerken, wo die Straßen bei weitem nicht so überfüllt sind und alles viel ruhiger abläuft als in anderen Städten. Die Größe der Stadt und ihre Einwohnerzahl würden das nicht vermuten lassen.

GESCHICHTE

Ihren Namen, ihre Gründung und die sorgsame Planung verdankt die Stadt Jaipur dem großen Krieger und Astronomen Maharadscha Jai Singh II. (1699-1744). Sein Vorgänger hatte sich stets gut mit den Moguln verstanden und mit ihnen hervorragende Beziehungen gepflegt.

Als aber 1727 der Glanz der Moguln bereits zu verblassen begann, entschloß er sich, seine Bergfestung im nahen Amber zu verlassen und an der Ebene eine neue Stadt zu gründen. Bei der Planung der Stadt griff er auf eine hinduistische Schrift zurück, die sich mit Architektur beschäftigt, die *Shilpa-Shastra*. Danach wurde eine Stadt mit Stadtmauer und sechs rechteckigen Blocks entworfen. 1728 entstand auch das so bemerkenswerte Observatorium, das noch heute eine besondere Sehenswürdigkeit in Jaipur ist.

ORIENTIERUNG

Die von Mauern umgebene „Rosarote Stadt" liegt im Nordosten von Jaipur, während sich die neueren Viertel über die südlichen und westlichen Stadtteile erstrecken. Die bedeutendsten Sehenswürdigkeiten findet man in der Altstadt. Das Haupteinkaufszentrum in der Altstadt ist der Johari-Basar, der Schmuckmarkt. Anders als sonst in Indien und ganz Asien, wo die Einkaufszentren in schmalen Gassen liegen, ist es hier eine breite Straße. Alle sieben Tore in die Altstadt sind erhalten geblieben, wenn auch die Mauer um die Altstadt abgerissen und als Baumaterial für andere Gebäude verwendet wurde. Die verbliebenen Tore stehen jetzt unter Denkmalschutz.

Im neuen Teil der Stadt gibt es drei Hauptstraßen, nämlich die Mirza Ismail Road (M. I. Rd.), die Station Road und die Sansar Chandra Road. An ihnen oder unweit von ihnen findet man die meisten preiswerten Hotels und Restaurants, den Bahnhof, das Hauptpostamt, den Busbahnhof, viele Banken und das moderne Einkaufszentrum von Jaipur.

PRAKTISCHE HINWEISE

Informationen: Das wichtigste Fremdenverkehrsamt ist am Bahnsteig 1 im Bahnhof untergebracht (Tel. 31 57 14). Die Mitarbeiter dort sind sehr hilfsbereit und haben eine Menge an Informationen zu bieten. Geöffnet ist täglich von 6.00 bis 20.00 Uhr. Einen Informationsschalter gibt es auch am Bussteig 2 vom Busbahnhof, der täglich außer sonntags von 10.00 bis 17.00 Uhr besetzt ist.

Das staatliche indische Fremdenverkehrsamt (Government of India Tourist Office) befindet sich im Hotel Khasa Kothi (Tel. 37 22 00), bietet aber trotz der vielen bebilderten Broschüren nur wenig sonstige Informationen und ist daher kaum nützlich. Geöffnet ist es montags bis freitags von 9.00 bis 18.00 Uhr und samstags von 9.00 bis 13.00 Uhr.

Geld: Sehr schnell geht das Geldwechseln in der State Bank of India an dem Wechselschalter in der 1. Etage der Filiale in der M. I. Road am Sanganeri-Tor. Außerdem ist diese Bank an sechs Tagen in der Woche geöffnet.

In Jaipur gibt es auch eine Reihe von Banken, die länger als üblich geöffnet sind. Dazu gehört die State Bank of Bikaner und Jaipur gegenüber vom Hauptpostamt, in der man von 14.00 bis 18.00 Uhr Reiseschecks wechseln kann.

Thomas Cook ist in Jaipur im ersten Stock der Jaipur Towers in der M. I. Road vertreten und täglich außer sonntags von 9.30 bis 18.00 Uhr zugänglich.

Post und Telefon: Im Hauptpostamt klappt die Bedienung erstaunlich gut. Außerdem sitzt am Eingang ein Mann, der täglich von 10.00 bis 16.30 Uhr Päckchen und Pakete in Leinenstoff einnäht und dann versiegelt. Den Stoff hat er bei sich und berechnet für seine Arbeit einen durchaus annehmbaren Preis.

Ferner gibt es in der Stadt zahllose Agenturen mit Faxgeräten, sogar eine auf Bahnsteig 1 im Bahnhof.

Buchhandlungen: Eine ausgezeichnete Auswahl englischsprachiger Bücher und Zeitschriften wird in der Buchhandlung Book Corner unweit vom Restaurant Niro's angeboten. Die Buchhandlung im Hotel Rambagh Palace ist ebenfalls zu empfehlen. Kleiner, aber sorgfältig zusammengestellt, ist die Auswahl der Bücher in der Buchhandlung im Hotel Arya Niwas.

SEHENSWÜRDIGKEITEN

Altstadt: Die Altstadt ist umgeben von einer mit Zinnen verzierten Mauer mit sieben Toren. Die Haupttore heißen Chandpol, Ajmeri und Sanganeri. Die über 30 m breiten Straßen der rosafarbenen Stadt teilen das ganze Areal säuberlich in Rechtecke auf.

Diese Stadt ist mit ihren rosa- und orangefarbenen Gebäuden so faszinierend, daß man wie in einer Märchenstadt zu wandeln scheint. Taucht dann noch das Abendlicht alles in eine magische Beleuchtung, ist der Eindruck doppelt schön und wird ergänzt durch die farbenfrohe Kleidung der Einwohner. Zum Stadtbild von Jaipur gehören auch die von Kamelen gezogenen Karren, die allgegenwärtigen Taxis vom Typ Ambassador sowie die moderneren Kleinbusse und Pkw von Maruti, die sich alle ihren Weg durch die zahllosen Tempos, Fahrräder, Auto-Rikschas und Fußgänger zu bahnen versuchen.

Ein bedeutender Orientierungspunkt in diesem Teil der Stadt ist in der Nähe des Tripolia-Tores das Iswari Minar Swarga Sul, ein Minarett, das fast bis in den Himmel ragt.

Die wichtigsten Basare in der Altstadt sind der Johari-Basar (vorwiegend mit Schmuck und Saris), der Tripolia-Basar (hauptsächlich Messingsachen, Schnitzereien und Lackarbeiten), der Bapu-Basar (Parfüm und Textilien) sowie der Chandpol-Basar (Modeschmuck und Armreifen).

Hawa Mahal: Die bedeutendste Sehenswürdigkeit von Jaipur ist der Hawa Mahal (Palast der Winde) aus dem Jahre 1799. Aus viel mehr als der Fassade besteht er allerdings nicht. Das fünfstöckige Gebäude erhebt sich über die Hauptstraße der Altstadt. Die rosafarbenen Sandsteinfenster haben die Form eines halben Achtecks und sind wunderschön wabenartig durchlöchert.

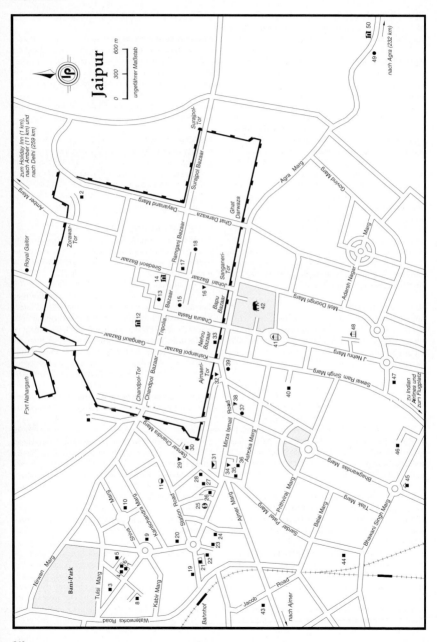

Jaipur

Unterkünfte	24 Hotel Gangaur Tourist	38 Restaurant Niro's
1 Hotels Bissau Palace und	Bungalow	
Khetri	26 Atithi Guest House	**Sonstiges**
2 Hotel Samode Haveli	27 Hotel Neelam	11 Busbahnhof
3 Hotel Megh Niwas	28 Hotel Mansingh	12 Stadtpalast und Museum
4 Madhuban Guest House	30 Hotel Arya Niwas	13 Jantar Mantar (Observatorium)
5 Umaid Bhawan Guest House	33 Hotel Sweet Dream	und Tripolia-Tor
6 Hotel Marudhara	35 Jaipur Tourist Hotel	14 Hawa Mahal
7 Pipalda House	36 Evergreen Guest House	15 Gopalji ka Rasta
8 Shapura House	40 Hotel Diggi Palace	18 Haldion ka Rasta
9 Hotel Jaipur Ashok	43 Hotel Jai Mahal Palace	25 Thomas Cook
10 Jaipur Inn	44 Hotel Rajmahal Palace	31 Hauptpostamt
17 Hotel Kailash	45 Jugendherberge	37 Raj-Mandir-Kino
19 Hotel Swagatam Tourist	46 Hotel Rambagh Palace	39 Rajasthali Emporium und
Bungalow	47 Hotel Narain Niwas Palace	Rajasthan Handloom House
20 Hotel Teej Tourist Bungalow		41 Zentralmuseum
21 Hotel Rajputana Sheraton	**Restaurants**	42 Zoo
22 Hotel Kaiser-I-Hind	16 Restaurant LMB	48 Museum für Indologie
23 Hotel Khasa Kothi und Staat-	29 Restaurant Golden Sand	49 Vidyadharji ka Bagh
liches indisches Fremdenver	32 Indian Coffee House	50 Sisodia-Rani-Palast und
kehrsamt	34 Restaurant Handi	Gärten

Ursprünglich diente dieser Bau dazu, die Hofdamen am Alltagsleben der Stadt teilnehmen zu lassen und die Prozessionen an Feiertagen beobachten zu können, ohne selbst gesehen zu werden. Besucher können bis auf das Dach des Hawa Mahal klettern und einen herrlichen Blick auf die Stadt genießen. Erbaut wurde der Palast der Winde von Maharadscha Sawaj Pratap Singh. Der Bau ist Teil eines Stadtpalastkomplexes und enthält auf dem Gelände auch ein kleines archäologisches Museum.

Der Eingang ist etwas schwer zu finden und liegt an der Rückseite. Dorthin kommt man, wenn man vor dem Hawa Mahal steht, indem man sich nach links (aufwärts) wendet, dann nach rechts abbiegt und wieder nach rechts unter einem Torbogen hindurch geht. Das ist ausgeschildert. Geöffnet ist täglich von 9.00 bis 16.30 Uhr. Als Eintrittsgebühr muß man 2 Rs bezahlen, für das Mitbringen eines Fotoapparates aber nicht weniger als 50 Rs.

Stadtpalast: Mitten im Herzen der Stadt liegt der Stadtpalast mit seinen vielen Innenhöfen, Gärten und Gebäuden. Die äußere Mauer wurde von Jai Singh erbaut, aber viele Anbauten erst später, teilweise sogar erst in diesem Jahrhundert. Heute ist der Palast eine Mischung aus Rajasthan- und Mogul-Architektur, in dem der frühere Maharadscha noch immer lebt.

Mittelpunkt des Palastes ist das siebenstöckige Chandra Mahal. Von dort hat man einen wunderbaren Blick über die Gärten und die Stadt. Im Erdgeschoß und im 1. Stock des Chandra Mahal ist das Maharaja Sawai Man Singh II Museum untergebracht. Dort ist alles in dem früheren Luxus erhalten geblieben. Außerdem kann man in diesen Räumen eine gute Sammlung von Kunstgegenständen, Teppichen, Emaillearbeiten und Waffen besichtigen. Unter den Gemälden befinden sich Miniaturen der Schulen aus Rajasthan, aus der Mogulzeit und aus Persien. In der Waffenabteilung hängen Gewehre und Schwerter, die teilweise sogar aus dem 15. Jahrhundert stammen, sowie einige trickreiche Waffen, für die die Rajputen berühmt waren. Die Textilabteilung zeigt Gewänder der Maharadschas und Maharanis von Jaipur.

Im Palast ist auch noch die Diwan-i-Am (Halle der öffentlichen Audienzen) sehenswert. In ihr sind herrliche Inschriften in Persisch und Sanskrit zu sehen. Einen Besuch wert ist ferner die Diwan-i-Khas (Halle der Privataudienzen), zu der eine Galerie mit Marmorfußboden gehört. Außerdem gibt es im Stadtpalast noch einen Uhrturm (Clock Tower) und die neuere Mubarak Mahal.

Außerhalb des Gebäudes können Sie noch das riesige Silbergefäß sehen, in dem ein früherer Maharadscha sein Trinkwasser nach England transportieren ließ, wenn er dorthin reiste. Als gläubiger Hindu konnte er doch das englische Wasser nicht trinken. Palast und Museum sind täglich (außer an Feiertagen) von 9.30 bis 16.45 Uhr geöffnet. Der Eintritt beträgt 10 Rs. Wenn man auch Fotos aufnehmen möchte, kommen noch 50 Rs hinzu, für das Mitbringen einer Videokamera sogar 100 Rs.

Jantar Mantar: Gegenüber vom Stadtpalast steht das Jantar Mantar (Observatorium), mit dessen Bau Jai Singh bereits 1728 begann. Insgesamt baute er fünf dieser kuriosen Komplexe. Das Interesse des Herr-

PAUL BEINSSEN

PAUL BEINSSEN

PAUL BEINSSEN

Kamelmarkt in Pushkar (Rajasthan)
Oben: Rajasthani mit seinen Kamelen
Unten links: Kamelverkäufer
Unten rechts: Schlangenbeschwörer

RICHARD l'ANSON

Frau einer Stammesgruppe auf dem Kamelmarkt von Pushkar in Rajasthan

Königliche Hoheiten beim Spiel: Türpaneele aus dem 18.
Jahrhundert

schers Jai Singh an Astronomie war weitaus größer als
seine Tüchtigkeit als Krieger. Bevor er mit dem Bau
dieses Observatoriums begann, schickte er Studenten
ins Ausland; sie sollten sich dort Kenntnisse über Observatorien aneignen, die er dann später beim Bau
seines eigenen Observatoriums nutzte. Von seinen insgesamt fünf Bauten ist das Observatorium von Jaipur
das größte und zugleich auch das am besten erhaltene;
es wurde 1901 restauriert. Die anderen Bauten zur
Beobachtung der Gestirne wurden in Delhi (es ist das
älteste aus dem Jahr 1724), in Varanasi, in Ujjain und in
Muttra errichtet. Das Observatorium von Muttra ist
heute aber nicht mehr erhalten.
Beim ersten flüchtigen Hinschauen meint man, das
Observatorium sei nichts anderes als eine eigentümli-
che Sammlung von Skulpturen. In Wirklichkeit hatte
jedoch jede einzelne Konstruktion auch einen bestimmten Zweck zu erfüllen. Zum Beispiel wurden hier die
Positionen der Sterne gemessen. Das bemerkenswerteste Instrument ist wohl die Sonnenuhr mit dem 30 m
hohen Sonnenstandsanzeiger. Durch sie wird ein Schatten erzeugt, der pro Stunde bis zu vier Meter wandert.
Die Genauigkeit ist beachtlich, denn die Sonnenuhr
zeigt die Ortszeit von Jaipur an. Den Zugang zum
Observatorium muß man mit 4 Rs bezahlen (montags
freier Eintritt). Geöffnet ist das Observatorium von
9.00 bis 16.30 Uhr. Für das Fotografieren werden auch
hier 50 Rs kassiert.
Wer sich mit diesem Bauwerk und den Geräten genauer
beschäftigen möchte, sollte sich das Buch *A Guide to*

the Jaipur Astronomical Observatory von B. L. Dhama
kaufen, das in der Anlage erhältlich ist.

Zentralmuseum (Central Museum): Die staubige
Sammlung der Ausstellungsstücke dieses Museums
liegt im Süden der Stadt inmitten der Ram Niwas Gardens
und ist in dem architektonisch sehr interessanten Gebäude der Albert Hall untergebracht. Im Obergeschoß
hängen Porträts der Maharadschas von Jaipur, Miniaturen und andere Kunstwerke. Das Erdgeschoß enthält
eine Kostümsammlung und Holzarbeiten aus verschiedenen Gebieten von Rajasthan sowie eine Darstellung
der Menschen in ländlichen Gegenden dieses Staates
und ihren Alltag. Zur Sammlung, mit der 1833 begonnen wurde, gehören auch Kupferarbeiten, Schmuck
und Keramik. Der Eintritt kostet 3 Rs (montags freier
Eintritt). Geöffnet ist täglich außer freitags von 10.00
bis 16.30 Uhr. Das Fotografieren ist in diesem Museum
nicht erlaubt.

Weitere Sehenswürdigkeiten: In den Ram Niwas
Gardens ist auch ein Zoo eingerichtet worden, der
neben ziemlich unglücklich aussehenden Tieren auch
eine kleine Krokodilzucht hat. Eine Sammlung moderner Kunst fehlt in Jaipur ebenfalls nicht; sie ist in dem
„Theater" in der Nähe des Zoos zu sehen. Diese Ausstellung wird nur auf Wunsch geöffnet, ist aber sehr
interessant. Außerdem kann man Kripal Kumbh in der
Shiv Marg B-18/A besuchen. Das ist der Ort, wo die
berühmte blaue Keramik von Jaipur hergestellt wird.
Das Museum für Indologie (Museum of Indology)
enthält eine seltsame private Sammlung von Gegenständen aus der Volkskunst sowie andere interessante
Sachen. Ansehen kann man sich hier so gut wie alles -
von einer Landkarte Indiens auf einem Reiskorn über
Manuskripte (eines geschrieben von Aurangzeb),
Schmuck, Fossilien, Münzen und alten Banknoten bis
zu Uhren und vieles mehr. Das Museum ist in einem
Privathaus untergebracht (auch wenn der Wohnbereich
von der Sammlung bereits verschlungen worden zu
sein scheint) und ist von der Nehru Marg aus, südlich
vom Zentralmuseum, ausgeschildert. Offensichtlich
versucht der Besitzer jetzt, aus seiner Sammlung Kapital zu schlagen, denn die Eintrittsgebühr ist stark gestiegen. Zudem stehen einige Ausstellungsstücke zum
Verkauf. Ansehen kann man das alles täglich von
10.00 bis 17.00 Uhr (Eintritt 30 Rs).
Und schließlich noch ein Hinweis: Wenn Sie sich während Ihres Aufenthaltes in Indien lediglich einen einzigen Hindi-Film ansehen, dann schauen Sie sich ihn im
Raj Mandir an. Dieses grandiose und ausgesprochen
gut erhaltene und unterhaltene Kino ist eine Touristenattraktion in Jaipur, die für sich selbst spricht. Meistens
sind die Vorstellungen trotz der immensen Größe des
Kinos ausverkauft.

AUSFLUGSFAHRTEN

Stadtrundfahrten: Das Fremdenverkehrsamt von Rajasthan (RTDC) veranstaltet täglich Halbtags- und Ganztagsfahrten durch Jaipur und Amber. Bei beiden Fahrten kommt man zum Hawa Mahal, zum Fort von Amber, zum Jantar Mahal, zum Stadtpalast sowie zum Zentralmuseum (außer freitags). Natürlich ist auch der Halt an einem Kunstgewerbegeschäft nicht zu vermeiden. Dort werden die Herstellung erläutert und die Teilnehmer dazu überredet, etwas zu kaufen. Ferner kann es sein, daß die Teilnehmer zum neuen Laxmi-Narayan-Tempel in der Hoffnung gefahren werden, daß die dort etwas zu den Baukosten beitragen.

Die Halbtagsfahrten sind ein wenig kurz, aber sonst ganz in Ordnung. Besser ist es jedoch, an der Ganztagsfahrt teilzunehmen. Die Halbtagsfahrten dauern von 8.00 bis 13.00 Uhr, von 11.30 bis 16.30 Uhr und von 13.30 bis 18.30 Uhr, die Ganztagsfahrten von 9.00 bis 18.00 Uhr (mit einer Pause zum Mittagessen am Fort Nahargarh). Für eine Halbtagstour muß man 50 Rs und für eine Ganztagstour 80 Rs bezahlen. Alle diese Fahrten beginnen am Bahnhof. Man kann sich aber auch von einem der RTDC-Hotels abholen lassen.

Wer bei den Sehenswürdigkeiten in der Altstadt mehr Zeit verbringen möchte, als es bei den Stadtrundfahrten möglich ist, sollte eine Auto-Rikscha mieten, zu Fuß gehen oder ein Fahrrad benutzen.

Längere Ausflugsfahrten: Samstags und sonntags veranstaltet die RTDC für 80 Rs auch Ganztagsfahrten zum Fort Nahargarh.

An den meisten Abenden finden um 18.00 Uhr ferner Fahrten der RTDC mit vegetarischen Abendessen zum Fort Nahargarh (75 Rs) und zum Chokhi Dhani (10 Rs) statt. Wenn man daran teilnehmen möchte, sollte man sich vorher vergewissern, ob sie überhaupt stattfinden.

FESTE

Das Elefantenfest von Jaipur findet zwischen Anfang und Mitte März statt (abhängig vom Mondkalender) und ist ein Teil des Holi-Festes. Das genaue Datum läßt sich dem Festkalender am Anfang dieses Kapitels entnehmen.

UNTERKUNFT

In Jaipur zu einem Hotel eigener Wahl zu gelangen kann problematisch werden. Die Fahrer der Auto-Rikschas bedrängen nämlich alle Besucher, die mit einem Zug in der Stadt ankommen (seltener bei der Ankunft mit einem Bus). Wenn Sie nicht in ein Hotel ihrer Wahl gefahren werden wollen, lehnen sie die Fahrt entweder ab oder verlangen zumindest den doppelten Fahrpreis. Wenn Sie sich in ein Hotel bringen lassen, das der Fahrer der Auto-Rikscha ausgesucht hat, dann müssen Sie natürlich mehr für Übernachtungen bezahlen, denn der Manager zahlt dann dem Fahrer der Auto-Rikscha eine Vermittlungsgebühr von wenigstens 30 % des Übernachtungspreises. Der wird auch nicht niedriger, wenn Sie mehrere Tage in diesem Hotel bleiben.

Viele Hotels arbeiten mit der „Mafia" der Rikscha-Fahrer zusammen, einige aber auch nicht. Es ist ziemlich einfach herauszufinden, welche Hotels nicht mit den Fahrern zusammenarbeiten, denn dann lehnen sie es ab, dorthin zu fahren, oder verlangen für die Fahrt einen viel zu hohen Preis. Für einen längeren Aufenthalt ist es aber stets billiger, dem Fahrer einer Auto-Rikscha das Doppelte des üblichen Preises für eine Fahrt zum Hotel eigener Wahl zu zahlen. Wenn Sie in einem Mittelklassehotel übernachten wollen, müssen Sie ohnehin das Doppelte bezahlen, denn dann sehen Sie so aus, als ob Sie sich das allemal leisten können. In der Nebensaison (April bis September) räumen die meisten Hotels den Gästen Ermäßigungen von 25 bis 40 % ein.

Einfache Unterkünfte: Kostenbewußte Reisende zieht es in Jaipur gern in das beliebte Jaipur Inn in Bani Park (Tel. 31 61 57). Es liegt rund einen Kilometer westlich vom Chandpol-Tor, ist sauber, wird gut geführt und beschäftigt freundliche Mitarbeiter. Eine Küche, in der die Gäste selbst kochen können, ist ebenfalls vorhanden. Man kann sich Essen aber auch zubereiten lassen. Für ein Bett im großen Schlafsaal muß man 40 Rs, für ein kleines Einzel- oder Doppelzimmer ab 80 Rs und für ein etwas größeres Zimmer 120 Rs bezahlen. Am teuersten sind die Einzelzimmer für 250 Rs und die Doppelzimmer für 300 Rs. Mit einem eigenen Zelt darf man auf der Rasenfläche auch zelten (25 Rs).

Ein weiteres bei Besuchern mit wenig Geld beliebtes Haus ist das immer größer werdende Evergreen Guest House etwas abseits der M. I. Road gegenüber vom Hauptpostamt (Tel. 36 34 46). Früher ein kleines Gästehaus, ist es heute ein großes Hotel mit einem Restaurant und Zimmern um einen Garten und Innenhof herum. Wegen seiner Größe ist in diesem Haus der persönliche Stil verlorengegangen. Dennoch ist das Haus immer noch ein gutes Quartier, um andere Globetrotter zu treffen. Vermietet wird eine ganze Bandbreite von Doppelzimmern zu Preisen von 70 bis 120 Rs mit heißem Wasser aus Eimern (5 Rs) und 150 bis 250 Rs (mit fließendem heißem Wasser). Ein Schlafsaal mit Betten für jeweils 50 Rs ist ebenfalls vorhanden. In den teureren Doppelzimmern steht auch ein Ventilator. Ferner ist für die Gäste ein kleines Schwimmbecken vorhanden. Wenn man das Evergreen nicht mag, kann man sich das neue Hotel Pink Sun neben dem Eingang einmal ansehen, in dem mit eigenem Bad für ein Einzelzimmer 120 Rs und für ein Doppelzimmer 150 Rs verlangt werden. Vermietet werden ferner ein paar Einzelzimmer mit Badbenutzung für 60 Rs.

Eines der hübschesten Quartiere ist das Hotel Diggi Palace (Tel. 37 30 91), gelegen nur ein kleines Stück abseits der Sawai Ram Singh Marg und weniger als einen Kilometer vom Ajmeri-Tor entfernt. Das Haus war früher der Palast des *thakur* (vergleichbar einem Baron) von Diggi und hat auch einen riesigen Rasen zu bieten, wodurch dieses Quartier einen geräumigen und friedlichen Eindruck erweckt. In dem Teil, der in ein Hotel umgewandelt wurde, waren ursprünglich die Diener untergebracht. Dennoch ist das Haus ganz komfortabel und mit guten Einrichtungen ausgestattet. Vermietet wird eine ganze Reihe von Zimmern von Einzel- und Doppelzimmern ab 100 bzw. 150 Rs. Man kann aber auch eine hübsche kleine Suite mieten und darin allein für 350 Rs und zu zweit für 400 Rs übernachten. Gutes Essen ist ebenfalls zu haben.

Das Hotel Kaiser-I-Hind (Tel. 31 01 95), das aus dem Jahre 1882 stammt und in der Nähe des Bahnhofs liegt, ist ganz sicher ein interessantes Haus, in dem große, staubige Einzel- und Doppelzimmer mit ebenso großen Bädern für 100 bzw. 150 Rs angeboten werden. Der Geschäftsführer dieses Hauses behauptet, das Kaiser-I-Hind sei das erste Hotel in Jaipur überhaupt gewesen. Hier soll im Zimmer 6 bereits Mark Twain gewohnt haben und auch Henry Ford Gast in diesem Haus gewesen sein. Ferner sei der Schwiegersohn von Mussolini im Hotel Kaiser-I-Hind als Kriegsgefangener festgehalten worden. Wenn das alles stimmt, würden die Genannten das Haus heute nicht wiedererkennen. In der ungünstig gelegenen Jugendherberge mit 64 Betten (Tel. 37 54 55) übernachten nur wenige Ausländer. Angeboten werden dort ziemlich beengte Schlafsäle mit Betten für jeweils 10 Rs (für Mitglieder eines Jugendherbergsverbandes) sowie zwei Doppelzimmer für jeweils 50 Rs. Weitere preisgünstige Übernachtungsmöglichkeiten stellen die Ruheräume der Eisenbahn im Bahnhof mit Betten in einem Schlafsaal für jeweils 30 Rs, Einzel- und Doppelzimmern mit Badbenutzung für 40 bzw. 80 Rs sowie Einzel-, Doppel- und Dreibettzimmern mit eigenem Bad für 60, 100 bzw. 120 Rs dar. Weitere preisgünstige Unterkünfte sind das Hotel Marudhara (Bani Park D-250) mit Einzelzimmern für 50 Rs (Badbenutzung) sowie Einzel- und Doppelzimmern für 80 bzw. 125 Rs (mit Bad). Nicht weit entfernt ist das bessere Pipalda House (Tel. 32 19 12) mit Doppelzimmern für 100 Rs (Badbenutzung) bzw. 200 Rs (eigenes Bad).

Ein paar Übernachtungsmöglichkeiten gibt es auch in der Altstadt. Das preisgünstigste Quartier dort ist das Hotel Kailash (Tel. 56 53 72), gelegen gegenüber der Jama Masjid auf der anderen Straßenseite. Dort reichen die Preise für Einzelzimmer von 135 bis 245 Rs und für Doppelzimmer von 160 bis 295 Rs (alle mit eigenem Bad). Weiter nach Süden hin in der Nehru Road liegt das Hotel Sweet Dream mit ganz ordentlichen Einzel- und Doppelzimmern für 150 bzw. 200 Rs. In diesem Haus werden die Zimmer jeweils für 24 Stunden vermietet. Ein ganz gutes vegetarisches Restaurant ist auf dem Dach vorhanden.

Hinter dem Hotel Neelam kommt man zum Karni Niwas (Tel. 36 54 33), einem freundlichen Haus mit Einzelzimmern ab 175 Rs und Doppelzimmern ab 200 Rs (alle mit Bad und heißem Wasser). Vermietet werden aber auch teurere Zimmer, einige davon mit eigenem Balkon.

An der Spitze in dieser Preisklasse liegen vier ausgezeichnete Häuser, zwei davon unweit der M. I. Road und zwei in Bani Park. Nahe zur Stadtmitte hin liegt das verdientermaßen beliebte Hotel Arya Niwas (Tel. 37 24 56, Fax 36 43 76), und zwar nicht weit von der Sansar Chandra Road entfernt. Dort kann man in einem makellos sauberen und ganz hübsch möblierten und geschmückten Zimmer übernachten und muß dann allein 140 bis 350 Rs und zu zweit 250 bis 450 Rs bezahlen (zu den höheren Preisen Luxuszimmer). Zu allen Zimmern gehört ein eigenes Bad, in dem im Winter auch heißes Wasser fließt. Im Hotelrestaurant werden zudem leckere vegetarische Gerichte zu durchaus annehmbaren Preisen serviert. Zur Verfügung stehen den Gästen ferner Möglichkeiten zum Geldwechseln, ein Reisebüro, ein Parkplatz, eine Fahrradvermietung (20 Rs), ein Rasenstück vor dem Haus mit Tischen und Stühlen sowie eine kleine Buchhandlung. Auf ein Bier braucht man nur die Straße zum Hotel Mangal zu überqueren. Genauso gut wie das Arya Niwas und mit einer Atmosphäre wie zu Hause ist das kleinere Atithi Guest House (Park House Scheme 1, Motilal Atal Road, Tel. 37 86 79). Das ist zwischen der M. I. Road und dem Bahnhof. Geführt von der Familie Shukla, ist dieses Haus sehr sauber und sehr freundlich und ermöglicht es auch, in ihm ausgezeichnet zu essen. Hier muß man für normale Einzel- und Doppelzimmer ab 225 bzw. 250 Rs und für Luxuszimmer 325 bzw. 350 Rs bezahlen. Auch in diesem Quartier gibt es in allen Zimmern einen Ventilator und ein Bad mit heißem Wasser. Die Familie gibt sich alle Mühe, die Gäste zufriedenzustellen und ist sich für nichts zu schade.

Im ruhigen Wohnbezirk Bani Park liegt das sehr hübsche Madhuban (Tel. 31 90 33). Dieses kleine, von einer Familie geführte Haus ist gut in Schuß und hat auch einen hübschen Garten sowie eine Rasenfläche zu bieten. Alle Zimmer sind mit Ventilator sowie Bad ausgestattet und kosten als Einzelzimmer 200 Rs sowie als Doppelzimmer 250 Rs (größere Zimmer 350 bzw. 400 Rs). Vermietet werden zudem einige schicke Zimmer mit Klimaanlage für 500 bzw. 550 Rs. Hier wohnt man sehr erholsam.

In der gleichen Gegend liegt auch das Shapura House (Tel. 32 22 93), und zwar in der Devi Marg D 257, einer Nebenstraße vom Jai Singh Highway. Auch in diesem

Quartier findet man in allen Zimmern einen Ventilator und ein eigenes Bad. Hier reichen die Preise für Doppelzimmer von 200 bis 395 Rs. Veranstaltet werden Kamelsafaris und Fahrten mit einer Pferdekutsche durch Jaipur (zu zweit 1000 Rs!).

Von den Häusern des Fremdenverkehrsamtes von Rajasthan sind zwei einfache Unterkünfte, eines der beiden auch mit einem Schlafsaal.

Am ehesten ihr Geld wert sind die Zimmer im Hotel Swagatam Tourist Bungalow unweit vom Bahnhof (Tel. 31 05 95), auch wenn man sich dort manchmal wie in einer Behörde vorkommt. Dort muß man für ein Bett im Schlafsaal 40 Rs sowie mit Bad und fließendem heißem Wasser für ein Einzelzimmer 100 Rs und für ein Doppelzimmer 150 Rs bezahlen. Für Luxuszimmer werden 200 bzw. 300 Rs berechnet. Auch wenn dieses Haus in der Nähe des Bahnhofs liegt, ist es darin doch einigermaßen ruhig. Eine ganz hübsche Rasenfläche ist ebenfalls vorhanden.

Das Jaipur Tourist Hotel (Tel. 36 02 38) wurde in dem weitläufigen früheren Gebäude des Sekretariats eingerichtet. Es ist schon etwas schäbig, braucht eine Renovierung und ist dennoch keine schlechte Wahl. Übernachten kann man hier in einem Schlafsaal für 40 Rs, in einem Einzel- oder Doppelzimmer für 100 bzw. 150 Rs oder in einem „Luxuszimmer" mit Ventilator für 175 bzw. 250 Rs. Alle Zimmer sind auch mit Bad (heißes Wasser) ausgestattet.

Obwohl das Hotel Teej Tourist Bungalow eigentlich bereits zur Mittelklasse gehört (vgl. weiter unten), kann man dort ebenfalls in einem Schlafsaal für 40 Rs übernachten.

Mittelklassehotels: In Bani Park liegt das Hotel Megh Niwas (Tel. 32 26 61, Fax 32 10 18), und zwar am Jai Singh Highway C 9. Es strahlt die gemütliche Atmosphäre eines großen Gästehauses aus, wird sehr gut geführt und ist ein ausgezeichnetes Quartier. Hier muß man mit Ventilator für ein Einzelzimmer 400 Rs und ein Doppelzimmer 500 Rs, mit Klimaanlage 500 bzw. 600 Rs und für eine Suite 850 Rs bezahlen. Geboten werden den Gästen auch ein ruhiger Garten und ein Swimming Pool. Essen kann man im Haus ebenfalls, und zwar Frühstück für 60 Rs sowie Mittag- und Abendessen für jeweils 110 Rs. Ebenfalls in Bani Park kommt man zum neuen Umaid Bhawan Guest House (Tel. 31 61 84), und zwar mit der Hausnummer D1/2A. Hier reichen die Preise für Doppelzimmer von 250 bis 600 Rs. Auch dieses Haus wird sehr gut geführt und ist makellos sauber. Ein kleiner Garten ist ebenfalls vorhanden.

Unmittelbar im Herzen der Altstadt, am Johari-Basar, liegt das Hotel LMB (Tel. 56 58 44). Obwohl es eigentlich wegen seines Restaurants bekannter ist, hat das Hotel auch annehmbare Zimmer zu bieten. Hinzu

kommt, daß die Lage kaum zu schlagen ist. Alle Zimmer sind klimatisiert sowie mit Fernsehgerät, Kühlschrank und Bad ausgestattet und werden als Einzelzimmer für 625 Rs und als Doppelzimmer für 825 Rs vermietet.

Entlang der Banasthli Marg, die den Busbahnhof an der Station Road mit der Sansar Chandra Road verbindet, findet man gleich eine ganze Anzahl von modernen Mittelklassehotels, z. B. die Hotels Archana, Kumar, Shalimar, Gauray, Goyal, Kohinoor, Purohit und Sagar. In der gleichen Gegend liegt auch das Hotel Neelam. Sie alle bieten in etwa das gleiche und berechnen auch ähnliche Preise. In ihnen muß man für ein Einzelzimmer mit mindestens 300 Rs und für ein Doppelzimmer mit mindestens 400 Rs rechnen.

Voll von Charme der alten Welt und umgeben von gut gepflegten Gärten ist das Hotel Bissau Palace (Tel. 31 76 28). Die Zimmer sind jedoch sehr unterschiedlich, denn einige davon sind recht ansprechend, während andere ganz sicher nicht so gut sind. Die Übernachtungspreise sind in den letzten Jahren stark gestiegen und betragen jetzt für ein Einzelzimmer 495 Rs und für ein Doppelzimmer 660 Rs (mit Ventilator). Zu diesem Hotel gehören auch ein Restaurant, ein Swimming Pool (nicht immer mit Wasser darin), ein Tennisplatz und eine Bibliothek. Auf dem Weg zu diesem Haus muß man durch eine der schmutzigsten Straßen in der ganzen Stadt.

Das Hotel Khasa Kothi (Tel. 37 51 51) war früher einmal ein kleinerer Palast und davor ein staatliches Hotel. Obwohl es eigentlich einer gründlichen Renovierung bedarf, ist die zum Haus gehörenden riesigen Gärten und Rasenflächen ruhig und erholsam. Hier betragen die Preise für große Einzelzimmer ab 570 Rs und für ebenso große Doppelzimmer ab 680 Rs und reichen bis 1500 Rs (alle mit Ventilator und eigenem Bad). Vorhanden sind in diesem Haus auch ein Swimming Pool, Möglichkeiten zum Geldwechseln, ein staatliches indisches Fremdenverkehrsamt, eine Bar und ein Restaurant.

Im Süden der Stadt befindet sich noch ein weiterer früherer Palast, der heute als Hotel dient, nämlich das Hotel Narain Niwas Palace (Tel. 56 34 48). Das ist ein ruhiges und ganz angenehmes Quartier, umgeben von den obligatorischen Gärten, in dem man für eine der vier Suiten mit alten Möbeln und ebenso alten Armaturen 1150 Rs bezahlen muß. In einigen davon stehen sogar richtige Himmelbetten. Zu diesem Haus gehört auch ein moderner Anbau, aber auch der ist stilgerecht mit Wandgemälden geschmückt. Hier muß man für ein Einzelzimmer 650 Rs und für ein Doppelzimmer 865 Rs bezahlen. Essen läßt sich im Haus ebenfalls, und zwar Frühstück für 70 Rs, Mittagessen für 140 Rs und Abendessen für ebenfalls 140 Rs. Die Besitzer dieser Anlage betreiben auch das von den Preisen her ähnliche

Royal Castle Kanota, gelegen 15 km von Jaipur entfernt an der Straße nach Agra.

Das Hotel Teej Tourist Bungalow der RTDC (Tel. 37 43 73) liegt am Kreisverkehr in Bani Park und damit in Fußwegentfernung vom Busbahnhof und vom Bahnhof. Hier kann man in Zimmern mit Ventilator allein für 250 Rs und zu zweit für 350 Rs sowie in Zimmern mit Klimaanlage für 400 bzw. 550 Rs übernachten kann (alle Zimmer mit Bad und heißem Wasser). Eine Bar und ein Restaurant sind in diesem Haus ebenfalls vorhanden.

Das Hotel Gangaur Tourist Bungalow der RTDC liegt nur ein kleines Stück abseits der Sansar Chandra Road (Tel. 37 16 41) und sieht besser gepflegt aus als die meisten anderen Häuser der RTDC. Luxuszimmer kosten hier 200 bzw. 250 Rs, Zimmer mit Ventilator 300 bzw. 350 Rs und Zimmer mit Klimaanlage 400 bzw. 550 Rs, alle mit Bad und heißem Wasser. Im Haus ist es zwar ein bißchen laut, aber den Gästen werden auch ein sonniger Innenhof, ein Restaurant, ein rund um die Uhr geöffneter Coffee Shop und eine Bar geboten.

Luxushotels: Das hervorragende Samode Haveli liegt im Nordostteil der Altstadt (Tel. und Fax 4 24 07). Dieses 200 Jahre alte Gebäude war früher das Stadthaus eines *rawal* (Adeligen) aus Samode, der auch als Premierminister von Jaipur amtierte. Hier werden den Gästen eine wunderschöne offene Terrasse, ein atemberaubend bemalter Speiseraum und zwei beeindruckende Suiten geboten, die eine davon über und über mit Spiegeln bedeckt und die andere herrlich ausgemalt. Für ein normales Zimmer muß man hier allein 1000 Rs und zu zweit 1200 Rs bezahlen, während eine Suite bei Alleinbelegung 1100 Rs und bei Belegung mit zwei Gästen 1800 Rs kostet. Diese Anlage eignet sich hervorragend als Schauplatz eines Films und war auch schon Schauplatz eines Films, nämlich für *Far Pavilions*. Das Samode Haveli ist ein wirklich erfreuliches Quartier und viel besser als einige der weiter unten beschriebenen teureren Unterkünfte.

Das Rambagh Palace (Tel. 38 19 19, Fax 38 10 98) ist eines der angesehensten und romantischsten Hotels in ganz Indien. Es bietet die Eleganz kühlen, weißen Marmors, schier endlose Terrassen mit Blick auf gepflegte Rasenflächen, Springbrunnen und umherstolzierende Pfauen. Früher war es der Palast eines Maharadschas und wird jetzt von der Hotelkette Taj betrieben. Das Haus ist unter allen denkbaren Gesichtspunkten ein beeindruckendes Quartier, auch wenn einige Gäste meinen, die Pracht sei schon übertrieben, denn die Ausschmückung des Speiseraumes kann fast schon Magenverstimmung hervorrufen. Die billigsten Einzel- und Doppelzimmer werden in diesem Haus für 140 bzw. 160 US $ vermietet, sind aber eigentlich ihr Geld nicht wert. Die „Luxuszimmer" für 275 US $ sind noch

prächtiger und geräumiger, so daß man, wenn man sich einmal etwas Besonderes gönnen will, einmal in einem davon übernachten sollte. Die Preise reichen aber noch weiter in die Höhe und betragen für die Königssuiten 625 US $. Jedoch ist es wichtig zu wissen, daß selbst zum gleichen Preis einige Zimmer hübscher als andere sind. Wenn man also im Rambagh Palace übernachten möchte, sollte man sich erst mehrere Zimmer zeigen lassen, bevor man sich für eines entscheidet. Die Preise für die günstigeren Zimmer werden von Mai bis Juli um rund 40 % gesenkt. Wenn man es sich nicht leisten kann, in diesem Haus zu übernachten, empfiehlt es sich, es sich zumindest mal bei einem Drink an der Bar auf der Terrasse anzusehen.

Nur geringfügig bescheidener ist das ebenfalls der Taj-Kette gehörende Hotel Jai Mahal Palace an der Ecke der Jacob Road und der Ajmer Marg südlich vom Bahnhof (Tel. 37 16 16, Fax 36 52 37). Auch dieses Gebäude gehörte früher dem Maharadscha von Jaipur und hat heute als Hotel Einzelzimmer ab 115 US $ und Doppelzimmer ab 135 US $ zu bieten, aber auch Luxussuiten für 425 US $. Von Mai bis September kann man in den preisgünstigsten Zimmern zum Schnäppchenpreis allein für 38 US $ und zu zweit für 55 US $ unterkommen. Vorhanden sind ferner ein Swimming Pool, eine Coffee Lounge, eine Bar und ein Restaurant, in dem indische und westliche Gerichte serviert werden.

Das kleinste der Taj-Hotels in Jaipur ist das Rajmahal Palace an der Sardar Patel Marg im Süden der Stadt (Tel. 52 17 57), ein weiteres früher wichtiges Gebäude in Jaipur, diesmal die frühere britische Residenz. Es ist bei weitem nicht so luxuriös wie die beiden anderen bereits beschriebenen Spitzenhotels, bietet aber gleichwohl ausgezeichnete Einrichtungen, darunter einen Swimming Pool und ein hervorragendes Restaurant. Mit nur 13 Zimmern und Suiten wohnt man hier viel persönlicher und muß dann für ein Einzelzimmer 65 US $, für ein Doppelzimmer 85 US $ (von Mai bis September 38 bzw. 55 US $) und für die Suite 250 US $ bezahlen. Der riesige Vorhof bei diesem Haus wird für Hochzeitsempfänge genutzt.

Das Rajputana Sheraton in der Palace Road (Tel. 36 00 11, Fax 36 78 48) liegt in Fußwegentfernung vom Bahnhof in der Stadtmitte. Das ist ein modernes Luxushotel mit fünf Sternen, geschmackvoll eingerichtet und erbaut um einen Swimming Pool herum. Hier reichen die Preise von 125 US $ für ein Einzelzimmer und 140 US $ für ein Doppelzimmer bis 700 US $.

Das Hotel Clarks Amer in der Jawaharlal Nehru Marg (Tel. 55 06 16) ist mit Einzelzimmern für 1195 Rs und Doppelzimmern für 2380 Rs nicht ganz so teuer, aber weit von der Innenstadt entfernt (10 km). Dieses Haus ist klimatisiert und hat seinen Gästen einen Swimming Pool, einen rund um die Uhr geöffneten Coffee Shop, eine Sauna und ein Restaurant zu bieten.

Daneben gibt es in Jaipur aber auch noch mehrere weitere bessere moderne Hotels. Dazu gehört das neue Holiday Inn (Tel. 4 58 97) in einer strahlenden Umgebung unmittelbar nördlich der Altstadt in der Amber Road. Dort muß man für ein sauberes und komfortables Zimmer allein 1800 Rs und zu zweit 2000 Rs bezahlen. Das Hotel Mansingh (Tel. 37 87 71) unweit der Sansar Chandra Road liegt nicht weit von der Innenstadt entfernt. In diesem Hotel werden Einzelzimmer ab 1195 Rs und Doppelzimmer ab 2390 Rs vermietet. Ein Swimming Pool ist ebenfalls vorhanden. Das Hotel Jaipur Ashok der ITDC am Jai Singh Circle in Bani Park (Tel. 32 00 91) ist eines der Häuser, die bei der Eröffnung ganz gut waren, bei denen es aber dann ständig bergab ging. Es ist jedoch eines von denen, die privatisiert werden sollen. Wenn das geschehen ist, sollte der Standard wieder deutlich steigen. Derzeit muß man hier für ein Einzelzimmer 1195 Rs und für ein Doppelzimmer 1750 Rs bezahlen. Den vorhandenen Swimming Pool dürfen andere als Hausgäste für 100 Rs mitbenutzen.

ESSEN

Zwei Restaurants heben sich aus allen anderen heraus. Das beste Lokal für nichtvegetarische Gerichte ist das Niro's an der M. I. Road und bei Indern sowie Besuchern aus dem Westen gleichermaßen beliebt. Es ist sogar so beliebt, daß man manchmal auf einen freien Tisch warten muß. Da die Bedienung schnell ist, dauert das Warten auf einen freien Tisch aber normalerweise nicht lange. Hier kosten Hauptgerichte 70 bis 100 Rs und bestehen aus hochwertigen Zutaten. Angeboten werden indische, chinesische und westliche Gerichte. Wenn Sie einmal etwas essen wollen, was „longevity, intellegence, vigour, health and cherfulness" verspricht, dann begeben Sie sich in das Laxmi Mishthan Bhandar (LMB) an Johari-Basar, unweit der Mitte der Altstadt. Das ist das Restaurant mit den besten vegetarischen Gerichte in der ganzen Stadt. Hier ist aber auch das Interieur aus den fünfziger Jahren sehenswert. Für ein Hauptgericht muß man in diesem Lokal mit 35 bis 50 Rs rechnen. Spezialität ist die Nachspeise LMB Kulfi, die aus getrockneten Früchten, Safran und Hüttenkäse besteht. Vor der Tür steht ein Imbißstand zur Verfügung, an dem man nicht nur leckere Kleinigkeiten essen, sondern auch Eis und viele indische Süßigkeiten erhalten kann.

Unweit vom Niro's gibt es zwei weitere gute vegetarische Restaurants. Davon ist das Restaurant Natraj berühmt für seine Süßigkeiten und Namkins. Weiter die M. I. Road hinauf kommt man zum Restaurant Chanakya, das etwas teuerer ist. Dort muß man für ein vegetarisches Steak (vollständig vegetarisch!) 80 Rs bezahlen, während die meisten anderen Hauptgerichte ca. 40 Rs kosten.

In der gleichen Gegend liegt auch das Restaurant Handi, in dem es abends ausgezeichnete Grillhähnchen und Kebabs gibt. Mittags ist es aber ebenfalls geöffnet. Es liegt etwas zurück an der Hinterseite des Maya Mansion Building. Dieses Lokal darf man nicht mit dem Restaurant Bamboo Hut Handi verwechseln, gelegen auf dem Grundstück vom Jaipur Tourist Hotel und nicht so empfehlenswert.

Wenn man in der gleichen Gegend einmal richtig billig essen will, dann kann man eines der preiswerten Lokale auf der anderen Seite der Straße entlang vom Postamt ausprobieren, die bhojnalyas genannt werden. Viele ähnliche Restaurants findet man unmittelbar vor dem Bahnhof. An der Station Road, nicht weit vom Bahnhof entfernt, kommt man zum sehr beliebten Bhojnalya Shree Shanker, in dem man ein preiswert Thali essen kann.

Sollten Sie bereits Entzugserscheinungen haben, weil Sie lange keine gute Tasse Kaffee getrunken haben, dann begeben Sie sich zum Indian Coffee House in der M. I. Road. Das ist eine Filiale der im ganzen Land vertretenen Kette, in der die Kellner die Gäste mit einem Turban und mit einem Kummerbund bedienen. Das Lokal ist ein gutes Ziel für einen Imbiß, ein Frühstück und - natürlich - für einen Kaffee. Es liegt ein wenig zurück von der Straße in einer kleinen Arkade neben der Reinigung Snowhite.

Unweit von Arya Niwas hat das Restaurant Golden Sand ganz gute nichtvegetarische Speisen zu bieten, die ähnlich wie im Niro's sind. Wenn Sie einmal chinesisch essen möchten, dann können Sie in das China-Restaurant Golden Dragon gehen, zu dem man entlang der Seitenstraße vom Niro's gelangt. Es bietet eigentlich nichts Besonderes, aber die Preise sind annehmbar und die Gerichte lecker.

Nach den Vorschriften in der Stadt darf Alkohol nur in den Hotels ausgeschenkt werden. Diese Regelungen werden in einigen Restaurants dadurch umgangen, daß Bier in Gläsern mit einem Stück Papier darum serviert wird, manchmal sogar in Teetassen, aus denen das Bier dann auch getrunken wird. Das wird dann „Special Tea" genannt.

Wenn man sich einmal etwas Besseres gönnen will, gibt es dafür keine bessere Umgebung als im Speiseraum vom Rambah Palace, auch wenn über das eigentliche Essen Unterschiedliches berichtet wird. Dort muß man für ein Hauptgericht mit etwa 140 Rs rechnen, während für die riesigen Tandoori-Garnelen 325 Rs in Rechnung gestellt werden.

EINKÄUFE

Jaipur hat sich einen guten Ruf als die Stadt erworben, in der man wertvolle Edelsteine günstig kaufen kann. Die scheinen hier billiger zu sein als irgendwo sonst in Indien. Noch günstiger bekommt man Halbedelsteine. Edelsteine erhalten Sie in einer kleinen Straße, der

Beliebte Mitbringsel aus Jaipur sind Stickereien

Haldion ka Rasta im Johari-Basar (unweit des Hawa Mahal). Halbedelsteine sollten Sie sich in einer anderen kleinen Straße aussuchen. Sie liegt gegenüber der Gopalji ka Rasta. Läden finden Sie dort mehr als genug, und die Preise sind akzeptabel.

Teurer sind die Geschäfte rings um den Stadtpalast und den Hawa Mahal. Dafür bieten sie aber zusätzlich noch Miniaturen und Textilien an. Marmorstatuen, Schmuck und Textildrucke sind Besonderheiten aus Jaipur. Gute Preise hat auch das Rajasthan Government Emporium in der M. I. Road zu bieten, das außerdem eine Filiale in Amber unterhält.

Achten Sie auf eines: Hier sind die Händler wahre Überredungskünstler. Sie schwatzen Besuchern Waren zu völlig überhöhten Preisen auf. Auch die meisten Rikscha-Wallahs verdienen durch Provisionen mit. Man kann sicher sein, daß sie ein gutes Stück vom Gewinn in jedem Geschäft abbekommen, in das sie Besucher bringen.

Hüten Sie sich ferner vor Angeboten, denen zufolge Sie bestimmte Waren in Jaipur angeblich günstig kaufen und anderswo mit Gewinn wieder verkaufen können. Weitere Informationen zu diesem Thema finden Sie im Abschnitt über Einkäufe im Einführungsteil.

Khadi (Stoffe aus handgesponnener Wolle) und Baumwollstoffe zu festen Preisen kann man an mehreren Stellen kaufen. Für *khadi* sind die Khadi-Gramodyog-Läden am besten. In diesen staatlich geführten Geschäften wird ein breites Angebot offeriert, das durchweg aus Handarbeiten besteht. Eines davon findet man unmittelbar innerhalb des Sanganeri-Tores am Bapu-Basar, ein weiteres an der Panchbatti-Kreuzung. Für den Kauf von Baumwollsachen bietet sich das Rajasthan Handloom House an der M. I. Road an, und zwar neben dem Rajasthali Emporium.

AN- UND WEITERREISE

Flug: Indian Airlines ist in Jaipur mit einem Büro in der Tonk Road (Tel. 51 44 07) vertreten. Ein Büro von Air India findet man im Rattan Mansion in der M. I. Road (Tel. 36 55 59). Außerdem unterhalten zahlreiche internationale Fluggesellschaften Büros in den Jaipur Towers an der M. I. Road.

Mindestens einmal täglich fliegt ein Flugzeug von Indian Airlines (IA) von Delhi nach Jaipur (28 US $) und dann über Jodhpur (34 US $), Udaipur (35 US $) und Aurangabad (79 US $) weiter nach Bombay. Außerdem bestehen dreimal wöchentlich Direktverbindungen nach Bombay (98 US $). Zu den gleichen Preisen wie Indian Airlines unterhält ModiLuft ebenfalls Flugverbindungen nach Delhi, Udaipur und Bombay, aber auch nach Cochin (186 US $). Mit Jagsan Airlines kann man dreimal wöchentlich zwischen Delhi, Jaipur und Kota (44 US $) fliegen. East West Airlines unterhält Flugverbindungen zwischen Bombay, Jodhpur und Jaipur fünfmal wöchentlich.

Bus: Die Busverbindungen zu allen Großstädten in Rajasthan sowie nach Delhi und Agra werden vom Busbahnhof aus von der Rajasthan State Transport Corporation (RSTC) betrieben, einige davon mit Luxusbussen (vorwiegend ohne Fahrtunterbrechungen). Die Luxusbusse fahren vom Bussteig 3 ab, den man etwas zurück in der rechten Ecke vom Hof des Busbahnhofs findet. Fahrkarten für Fahrten mit Luxusbussen sollte man im voraus kaufen. Das ist von 8.00 bis 22.00 Uhr in der Vorverkaufsstelle, ebenfalls am Bussteig 3, möglich.

Luxusbusse der Rajasthan State Transport Corporation fahren nach Delhi alle 15 Minuten ab (125 Rs, 5 1/2 Stunden). Auf dieser Strecke werden aber auch normale Busse (68 Rs) und Busse mit Klimaanlage (215 Rs) eingesetzt. Auch Luxusbusse nach Agra fahren häufig ab und brauchen für diese Strecke fünf Stunden (Luxusbus 72 Rs, klimatisierter Bus 101 Rs). Achtmal täglich fährt ein Luxusbus nach Ajmer (38 Rs, 2 1/2 Stunden). Mit sechs Luxusbussen täglich kommt man nach Jodhpur und muß dann 101 Rs bezahlen. Nach Udaipur verkehren vier Luxusbusse täglich. Sie brauchen bis zum Ziel rund zehn Stunden (120 Rs). Außerdem verkehren sechs Luxusbusse täglich nach Kota (77 Rs, 5 Stunden) sowie ein normaler Bus (155 Rs, 15 Stunden) täglich um 17.00 Uhr nach Jaisalmer und ein schnellerer Nachtbus um 21.00 Uhr (190 Rs, 13 Stunden).

Eine ganze Zahl von Bussen privater Gesellschaften verkehrt ebenfalls auf diesen Strecken, daneben aber auch nach Ahmedabad, anderen Städten in Gujarat und Bombay. Diese Unternehmen haben eigene Haltestellen, von denen sich aber eine ganze Reihe gegenüber vom Hotel Neelam an der Motilal Atal Road, unweit der M. I. Road, befindet. Die privaten Busse verkehren jedoch nicht so oft wie die staatlichen und fahren häufig nachts. Meiden Sie Fahrten in Bussen mit Videorekordern, es sei denn, Sie finden sich mit pochenden Kopfschmerzen am nächsten Morgen ab.

Zug: Viele Eisenbahnstrecken nach Jaipur sind in der letzten Zeit von Meter- auf Breitspur umgestellt worden. Weil die Umstellungsarbeiten noch andauern, muß man jedoch mit Unterbrechungen bei einzelnen Verbindungen rechnen.

Die mit Computern ausgerüstete Vorverkaufsstelle der Eisenbahn am Eingang zum Bahnhof ist montags bis samstags von 8.00 bis 20.00 Uhr und sonntags von 8.00 bis 14.00 Uhr geöffnet. Dort muß man sich an der Schlange für den Schalter mit der Aufschrift „Freedom Fighters & Foreign Tourists" anstellen. Das Reservierungsbüro für Strecken mit Meterspur befindet sich am Bahnsteig 6.

Der ganz schnelle *Shatabdi Express* verläßt den Bahnhof Neu-Delhi um 5.50 Uhr und kommt in Jaipur um 10.15 Uhr an. Er beginnt seine Rückfahrt um 17.50 Uhr und erreicht Neu-Delhi wieder um 22.15 Uhr. Eingesetzt wird dieser Zug täglich außer donnerstags. Für eine Fahrt im Sitzwagen muß man 300 Rs und in der 1. Klasse 600 Rs bezahlen. Auf der gleichen Strecke verkehrt auch der neue *Intercity*, der in Jaipur täglich um 5.30 Uhr abfährt.

Weil die Fahrpläne sich nach der Umstellung von Meter- auf Breitspur ändern werden, muß man sich nach den Abfahrtszeiten der anderen Züge erkundigen. Bisher verließen der *Pink City Express* den Bahnhof von Alt-Delhi um 6.00 Uhr sowie der *Ahmedabad Mail* und der *Chetak Express* Delhi abends. Die Fahrpreise für die 308 km lange Fahrt betragen in der 2. Klasse 72 Rs und in der 1. Klasse 262 Rs.

Der superschnelle Zug von Jaipur nach Agra, der *Jaipur-Agra Fort Express*, braucht für diese Strecke weniger als 5 Stunden. Abfahrt in Jaipur ist um 6.10 Uhr und in Agra um 17.00 Uhr. Wenn man mit diesem Zug fahren

will, sollte man eine Reservierung mindestens einen Tag im voraus vornehmen. Für die 208 km lange Strecke muß man in der 2. Klasse 53 Rs und in der 1. Klasse 189 Rs bezahlen. Daneben fahren von Jaipur auch noch viele Schnellzüge nach Ajmer, Abu Road und Ahmedabad.

In Jodhpur verläßt der *Intercity* die Stadt um 5.30 Uhr und erreicht Jaipur um 10.30 Uhr. In Gegenrichtung ist Abfahrt in Jaipur um 17.30 Uhr und Ankunft in Jodhpur um 22.30 Uhr. Diese Fahrt ist 318 km lang und kostet in der 2. Klasse 86 Rs sowie in Sitzwagen 211 Rs.

Nach Udaipur verkehrt auf Meterspur der *Garib Nawar Express*, der in Jaipur um 12.15 Uhr abfährt und Udaipur um 22.30 Uhr erreicht. Für die 431 km muß man in der 2. Klasse 94 Rs und in der 1. Klasse 352 Rs bezahlen. Außerdem bestehen täglich Zugverbindungen nach Sawai Madhopur (3½ Stunden) und Bikaner (519 km, 10 Stunden).

NAHVERKEHR

Flughafentransfer: Eine Fahrt zum 15 km entfernten Flughafen kostet mit dem Flughafenbus 20 Rs und mit einem Taxi etwa 120 Rs.

Stadtbus, Rikscha und Taxi: Fortbewegungsmittel in Jaipur sind die Taxen (ohne Taxameter), die Auto-Rikschas und die städtischen Busse, die sogar bis Amber fahren. Für eine Fahrt mit einer Fahrrad-Rikscha vom Bahnhof zum Jaipur Inn oder zum Hotel Arya Niwas bezahlt man etwa 6 Rs, vom Bahnhof zum Johari-Basar 12 Rs. Wenn man diese Strecken mit einer Auto-Rikscha zurücklegen will, muß man mit 12 bzw. 18 Rs rechnen. Wenn Sie allerdings mit Gepäck zu einem Hotel fahren und der Fahrer im Hotel keine Provision erhält, können Sie sich glücklich schätzen, wenn Sie zu diesen Preisen befördert werden. Dann müssen Sie im allgemeinen mit einem zwei- oder dreimal so hohen Preis rechnen. Wenn die Fahrer der Rikschas Ihnen dagegen nur den normalen Preis für eine Fahrt zu einem Hotel berechnen, von dem Sie den Preis nicht kennen, bedeutet das, daß sie dort eine dicke Provision auf Ihre Kosten erhalten.

In vielen preiswerten Unterkünften, aber auch im Hotel Arya Niwas, kann man übrigens für 20 Rs pro Tag ein Fahrrad mieten.

DIE UMGEBUNG VON JAIPUR

AMBER

Amber war die Hauptstadt des Staates Rajasthan, bis sie nach Jaipur verlegt wurde. Die Stadt liegt nur 11 km von Jaipur entfernt an der Straße Jaipur-Delhi. Das Fort

samt Palast wurde von Raja Man Singh geplant, und mit dem Bau wurde 1592 begonnen. Raja Man Singh war Rajput und Kommandeur in Akbars Armee. Unter den nachfolgenden Jai Singhs wurde der Komplex erweitert und vervollständigt. Das Fort ist ein besonders gutes Beispiel für die Baukunst der Rajputen: phantastisch an einem Hügel und oberhalb eines Sees gelegen, in dem sich die Terrassen und Schutzwälle widerspiegeln. Nichts spricht dagegen, von der Straße in 10 Minuten bis zum Fort zu Fuß zu gehen. Wem das zu anstrengend war, der kann sich bei einem gekühlten Erfrischungsgetränk erholen, bevor die Palasterkundung ansteht. Für die Fahrt zum Fort hinauf in einem Jeep muß man pro Platz 15 Rs bezahlen. Für die beliebten Ritte auf einem Elefanten muß man pro Strecke nicht weniger als 250 Rs (für bis zu vier Personen) ausgeben. Eine schnelle Umrundung des Innenhofes im Palast auf dem Rücken eines Elefanten kostet 20 Rs.

Zur Diwan-i-Am (Halle der öffentlichen Audienzen) führt eine erhabene Treppe mit einer doppelten Säulenreihe und gitterartigen Galerien am oberen Ende. Auf der Treppe rechts geht es zum kleinen Kali-Tempel. Dort steht auch der weiße Sila-Devi-Tempel aus Marmor. Die Zimmerfluchten des Maharadschas sind weiter oben. Man betritt sie durch ein Tor, das mit Mosaiken und Skulpturen verziert ist. Die Jai Mandir (Siegeshalle) ist berühmt wegen ihrer Intarsien und der glitzernden Spiegeldecke. Leider hatte man zugelassen, daß in den siebziger und achtziger Jahren vieles hier verfiel, aber inzwischen haben Restaurierungsarbeiten begonnen. Gegenüber der Jai Mandir liegt die Sukh Niwas (Halle der Freude) mit einer Sandelholztür, die Elfenbeinintarsien aufweist. Mitten durch diesen Raum läuft ein kleiner Kanal. Er diente damals zur Kühlung. Von der Jai Mandir aus hat man herrliche Ausblicke auf den unterhalb gelegenen See.

Der Palast von Amber ist täglich von 9.00 bis 16.30 Uhr geöffnet. Der Eintritt kostet 4 Rs. Von Fotografen werden die üblichen 50 Rs kassiert, von Videofilmern sogar 100 Rs.

An- und Weiterreise: Eine Busfahrt vom Hawa Mahal in Jaipur nach Amber kostet 2,50 Rs und dauert etwas weniger als eine halbe Stunde. Die Busse verkehren im Abstand von wenigen Minuten.

GAITOR

Die Ehrengrabmäler der königlichen Familie liegen bei Gaitor, 6,5 km von Jaipur entfernt an der Straße nach Amber. Sicher sind auch Sie von dem weißen Marmorgrabmal des Maharadschas Jai Singh II. am meisten beeindruckt. Es ist mit geschnitzten Pfauenbildern geschmückt. Gleich daneben kann man das Grabmal seines Sohnes sehen.

Gegenüber steht inmitten eines Sees der Jal Mahal (Wasserpalast), zu erreichen über einen Damm. So ganz mitten im See steht der Wasserpalast allerdings mittlerweile nicht mehr, denn die Wasserhyazinthen verdrängten ihn mit ihren Wurzeln. Weitere Grabmäler

der königlichen Familie befinden sich außerhalb der Stadtmauern.

TIGER FORT

Auf einem Bergkamm, 6,5 km nördlich der Stadt, liegt das Fort Nahargarh. Zu erreichen ist es auf einer 8 km langen Straße von Jaipur durch hügelige Landschaft. Die letzten 2 km sind ein reiner Zickzackkurs, bis schließlich der Gipfel erreicht ist. Die Mühe lohnt sich aber, auch der Eintritt von 2 Rs.

Oben kann man sich in einem kleinen Restaurant erholen. Das ist ein gutes Ziel bei Sonnenuntergang. Man kann hier sogar übernachten, allerdings steht dafür nur ein einziges Doppelzimmer zur Verfügung (250 Rs), das man im Fremdenverkehrsamt in Jaipur reservieren lassen muß.

FORT JAIGARH

Das imposante Fort Jaigarh ist erst seit 1983 für die Öffentlichkeit zugänglich. Jai Singh ließ es 1726 erbauen. Es liegt nicht weit von Amber entfernt und bietet vom Wachtturm (Diwa Burj) einen guten Ausblick in die Tiefebene. Das Fort und seine Sehenswürdigkeiten, wie das Wasserbecken, die Wohnbereiche, das Puppentheater und die Kanone (Jaya Vana), können in der Zeit von 9.00 bis 16.30 Uhr besichtigt werden.

SAMODE

Das kleine Dorf Samode ist eingebettet in zerklüfteten Bergen und liegt rund 50 km nördlich von Jaipur (über Chomu). Der einzige Grund, es zu besuchen, ist - wenn man es sich leisten kann - eine Übernachtung im wunderschönen Palast von Samode (der im eigentlichen Sinne gar kein Palast ist, weil er keinem Herrscher, sondern einem seiner Adligen gehörte). Wie das Samode Haveli in Jaipur war auch dieses Gebäude im Besitz des *rawal* von Samode. Es ist ein herrliches Bauwerk, errichtet auf drei Ebenen, alle mit einem eigenen Innenhof. Höhepunkt in dem Haus ist die ausgesprochen erlesene Diwan-i-Khas, die noch immer mit den echten Gemälden und Spiegeln geschmückt und wahrscheinlich das schönste Beispiel seiner Art im ganzen Land ist. Leider ist der Palast nur für Hausgäste zugänglich und eine Fahrt dorthin mit öffentlichen Verkehrsmitteln (überladene Jeeps von Chomu) nur unregelmäßig möglich und daher riskant.

Um im Palast (Tel. 01423/41 14, Fax 41 23) übernachten zu können, muß man allein 1195 Rs und zu zweit 1800 Rs bezahlen. Man kann aber auch eine Suite für 2200 Rs mieten. Frühstück ist für 130 Rs und Mittagsowie Abendessen für jeweils 225 Rs erhältlich. Ferner stehen 3 km entfernt luxuriöse Übernachtungsmöglichkeiten in Zelten zur Verfügung (Samode Bagh). Reservierungen dafür werden im Samode Haveli in Jaipur entgegengenommen.

GALTA

Verläßt man Jaipur durch das Surjpol, dann sind es noch 2,5 km bis zum Tempel des Sonnengottes in Galta. Er steht 100 m oberhalb der Stadt im Osten und gewährt Besuchern einen herrlichen Blick in die Ebene ringsum. Hinter dem Tempel ist eine tiefe Schlucht mit weiteren Tempeln zu sehen.

PALAST UND GÄRTEN VON SISODIA RANI

6 km außerhalb der Stadt und an der Straße in Richtung Agra gelegen, baute der Maharadscha Jai Singh diesen Palast für seine zweite Frau, die Prinzessin Sisodia. Die äußeren Mauern des Palastes sind durch Wandgemälde mit Jagdszenen und Darstellungen der Krishna-Legende geschmückt.

VIDYADHARJI KA BAGH

Dieser wunderschöne Garten wurde zu Ehren des Chefarchitekten und Planers von Jai Singh angelegt. Er liegt eingebettet in ein enges Tal.

BALAJI

Der hinduistische Exorzisten-Tempel von Balaji liegt etwa 1 1/2 km von der Straße zwischen Jaipur und Agra entfernt. Eine Busfahrt von Bharatpur dorthin dauert etwa 1 1/2 Stunden. Der Exorzismus wird hier manchmal in recht brutaler Weise ausgeführt. Die „Opfer" haben keine Hemmungen, ihre Erfahrungen offen zu diskutieren. Vom Busbahnhof in Delhi bestehen zwei Busverbindungen nach Balaji.

SANGANER

Diese kleine Stadt, 16 km südlich von Jaipur, betritt man durch zwei *tripolia* (dreifache Stadttore). In der Stadt selbst lassen sich Palastruinen und eine Anzahl von Jain-Tempeln mit sehr schönen Schnitzereien besichtigen. Der Zutritt zu den Tempeln ist jedoch nicht gestattet.

Die Stadt erwarb sich übrigens einen guten Namen wegen des handgearbeiteten Papiers und der Handdruckereien.

BHARATPUR

Telefonvorwahl: 05644

Diese Stadt ist vor allem wegen ihres Vogelschutzgebietes, des Nationalparks Keoladeo Ghana, berühmt, der als Erbe der Menschheit anerkannt ist. Die beste Zeit für einen Besuch in dem Schutzgebiet ist von Oktober bis Februar, wenn viele Zugvögel zu sehen sind. Allerdings ändert sich die Anzahl von Jahr zu Jahr.

Im 17. und 18. Jahrhundert war Bharatpur aber auch ein wichtiges Bollwerk der Jat. Vor der Ankunft der Rajputen bewohnten nämlich die Jat diese Gegend und waren in der Lage, sich ein hohes Maß an Selbständigkeit zu erhalten, und zwar sowohl wegen ihrer Tapferkeit in Kriegen als auch deshalb, weil ihre Oberhäupter durch Heiraten mit Rajputen-Prinzessinnen Bündnisse eingingen. Sie widerstanden den Mogulun mehr als einmal und waren auch in der Lage, in ihrem im 17. Jahrhundert erbauten Fort in Bharatpur einen Angriff durch die Briten im Jahre 1805 und eine lange Belagerung im Jahre 1825 auszuhalten. Diese erfolglose Belagerung führte möglicherweise zur Unterzeichnung des ersten Freundschaftsvertrages zwischen den Staaten im nordwestlichen Indien und der East India Company.

Die Stadt selbst, die einst von einer 11 km langen und nun eingerissenen Mauer umgeben war, ist kaum interessant. Denken Sie aber unbedingt daran, sich ein Insektenschutzmittel einzustecken, wenn Sie nach Bharatpur fahren, denn hier können Moskitos zu einem Problem werden.

PRAKTISCHE HINWEISE

Ein Fremdenverkehrsamt wurde im Hotel Saras eingerichtet (Tel. 2 25 44). Ein Führer mit Beschreibungen des Schutzgebietes und einer Karte ist am Eingang zum Park erhältlich. Das Buch enthält Informationen über die Geschichte des Parks und eine endlose Aufstellung mit Vogelarten, ist aber sonst für Leute, die sich nicht besonders für Ornithologie interessieren, wenig hilfreich.

Reiseschecks lassen sich in der State Bank of Bikaner & Jaipur in der Ashok Forest Lodge einlösen.

SEHENSWÜRDIGKEITEN

Nationalpark Keoladeo Ghana: Nicht weniger als 415 verschiedene Vogelarten wurden in diesem Vogelschutzgebiet gesichtet. 117 davon sind Zugvögel und kommen von weit her, z. B. aus Sibirien und China. Das heutige Schutzgebiet war früher eine ausgedehnte halbtrockene Gegend, die nur in der Monsunzeit etwas naß wurde und bald wieder austrocknete. Um das zu ändern, ließ der Maharadscha von Bharatpur Wasser aus einem nahegelegenen Kanal hierherleiten, was zur Folge hatte, daß sich innerhalb weniger Jahre Vögel in großer Zahl in dieser Gegend niederließen. Natürlich hatte der Maharadscha hierbei in erster Linie die Umwelt im Auge, als er das Gebiet bewässern ließ, sondern mehr das Bedürfnis, mit Gästen auf die Jagd gehen zu können. Eine Ausbeute von mehr als 4000 erlegten Vögeln pro Tag war damals nicht ungewöhnlich. Dieses Gemetzel dauerte an, bis das Abschießen der Vögel 1964 verboten wurde. Heute sind hier abgesehen von den anderen Vögeln, die in diesem Gebiet nisten, etwa 80 Arten von Enten beheimatet.

Die Nahrung, die diese Vögel benötigen, kann enorm sein. Es ist kaum zu glauben, daß sie es vorwiegend aus den seichten Seen holen, aber es ist so. Zum Beispiel die etwa 3000 Störche, die auf einem Gebiet von einem Quadratkilometer nisten, brauchen jeden Tag etwa drei Tonnen Fisch, was in ihrer Brutzeit von 40 Tagen über 90 Tonnen Fisch ergibt. Und das ist nur eine Vogelart! Beim Betreten des Parks sind 25 Rs Eintritt zu bezahlen. Für einen Fotoapparat kommen noch 10 Rs und für eine Videokamera 100 Rs hinzu. Eintritt wird aber auch für Fahrräder (3 Rs), Motorroller (10 Rs) und Fahrrad-Rikschas (5 Rs) erhoben. Autos dürfen in den Park

nicht mitgebracht werden, so daß man in ihm nur mit Fahrrädern und Fahrrad-Rikschas herumfahren kann. Auto-Rikschas dürfen nur dann im Park fahren, wenn sie dafür eine besondere Erlaubnis des Staates haben, zu erkennen an dem gelben Schild, das vorn angeschraubt ist. Nehmen Sie sich vor Fahrern von Auto-Rikschas in acht, die Ihnen etwas anderes erzählen. Wenn Sie mit einer der zugelassenen Auto-Rikschas in den Park fahren, brauchen Sie nicht zusätzlich Eintritt zu bezahlen, müssen aber mit 25 Rs pro Stunde und dazu mit einem Trinkgeld rechnen. Einige der Fahrer wissen aber auch eine Menge über die Vögel und können ganz hilfreich sein, so daß ein Trinkgeld durchaus angebracht ist.

Wenn man einen erfahrenen Ornithologen als Führer anheuern will, muß man mit etwa 40 Rs pro Stunde und

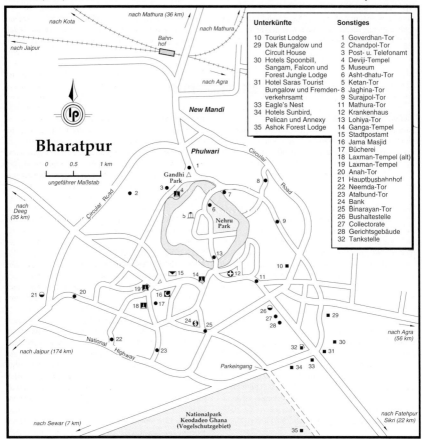

Unterkünfte

10	Tourist Lodge
29	Dak Bungalow und Circuit House
30	Hotels Spoonbill, Sangam, Falcon und Forest Jungle Lodge
31	Hotel Saras Tourist Bungalow und Fremdenverkehrsamt
33	Eagle's Nest
34	Hotels Sunbird, Pelican und Annexy
35	Ashok Forest Lodge

Sonstiges

1	Goverdhan-Tor
2	Chandpol-Tor
3	Post- u. Telefonamt
4	Deviji-Tempel
5	Museum
6	Asht-dhatu-Tor
5	Ketan-Tor
8	Jaghina-Tor
9	Surajpol-Tor
11	Mathura-Tor
12	Krankenhaus
13	Lohiya-Tor
14	Ganga-Tempel
15	Stadtpostamt
16	Jama Masjid
17	Bücherei
18	Laxman-Tempel (alt)
19	Laxman-Tempel
20	Anah-Tor
21	Hauptbusbahnhof
22	Neemda-Tor
23	Atalbund-Tor
24	Bank
25	Binarayan-Tor
26	Bushaltestelle
27	Collectorate
28	Gerichtsgebäude
32	Tankstelle

nach Mathura (36 km)

nach Kota

nach Mathura

Bahnhof

nach Jaipur

nach Agra

New Mandi

Bharatpur

0   0.5   1 km

ungefährer Maßstab

Phulwari

Circular Road

Gandhi Park

nach Deeg (35 km)

Nehru Park

Circular Road

National Highway

nach Jaipur (174 km)

nach Agra (56 km)

nach Fatehpur Sikri (22 km)

Parkeingang

Nationalpark Keodadeo Ghana (Vogelschutzgebiet)

nach Sewar (7 km)

rund 300 Rs pro Tag rechnen. Ein empfehlenswerter dieser Führer ist Sohan Lal.

Am besten erkundet man den Park aber mit einem gemieteten Fahrrad. Damit können Sie den motorisierten Besuchern aus dem Wege gehen, die mit ihrem Krach die größeren Vögel an ihren Brutplätzen stören. Das ist so ungefähr die einzige Möglichkeit, die unzähligen Eisvögel aus der Nähe zu beobachten, bei denen Lärm und die Nähe von Menschen sonst dazu führen, daß sie davonfliegen. Mit einem Fahrrad ersparen Sie sich auch die größere Rechnung eines Rikscha-Fahrers. Ein Fahrrad kann man in einigen Hotels und unweit vom Hotel Saras mieten. Die sind mit 30 Rs pro Tag aber nicht gerade billig. Wenn Sie beabsichtigen, das Vogelschutzgebiet mit einem Fahrrad bei der Morgendämmerung zu besuchen, der besten Zeit, um die Vögel zu beobachten, müssen Sie das Fahrrad bereits am Tag zuvor mieten. Im übrigen werden die südlichen Teile des Parks vom *Humanus touristicus* seltener aufgesucht und eignen sich daher viel besser zur Beobachtung von Vögeln als der nördliche Teil.

An der Kontrollstelle der Eintrittskarten kann man pro Person und Tag für 60 Rs auch ein Boot mieten. Das bietet eine sehr gute Möglichkeit, nahe an die Tiere im Park heranzukommen.

Einen Imbißstand und einen Kiosk mit Getränken findet man etwa auf halbem Weg im Park, und zwar beim sogenannten Keoladeo-Tempel, der kaum ein Tempel, sondern eher ein kleiner Schrein ist.

Dies ist ein Vogelschutzgebiet, das auch Leute besuchen sollten, die sich sonst für Ornithologie nicht interessieren. Es kann täglich von 6.00 bis 18.00 Uhr betreten und bis 19.00 Uhr verlassen werden.

Fort Lohagarh: Seinen Namen, Eisernes Fort, bekam diese Festung deswegen, weil man meinte, sie sei uneinnehmbar. Gebaut wurde sie zu Beginn des 18. Jahrhunderts. Der Maharadscha Suraj Mal, Erbauer des Forts und Gründer von Bharatpur, ließ in die Schutzwälle zwei Türme einfügen, den Jawahar Burj und den Fateh Burj. Sie sollen an seine Siege über die Moguln und über die Briten erinnern.

Das Fort nimmt die gesamte kleine künstliche Insel in der Stadtmitte in Anspruch. Die drei Paläste darin sind jedoch bereits stark verfallen. In einem davon befindet sich ein kleines, teilweise kaum aufregendes Museum. Das interessanteste Ausstellungsstück ist ein riesiger *punkah* (ein per Hand betriebener Ventilator), den man immer noch an seiner ursprünglicher Stelle in einem der oberen Zimmer sehen kann. Geöffnet ist das Fort samstags bis donnerstags von 10.00 bis 16.30 Uhr (Eintritt 2 Rs).

UNTERKUNFT

In Bharatpur steht eine ganz gute Reihe von Übernachtungsmöglichkeiten zur Verfügung. Allerdings

kann die Nachfrage danach in Ferienzeiten auch recht groß sein, insbesondere um Weihnachten und Neujahr. Weil der Bahnhof etwa 7 km vom Park entfernt liegt, ist es am besten, irgendwo zwischen dem Mathura-Tor und dem Parkeingang zu übernachten.

Ein bei Rucksackreisenden beliebtes Quartier ist die freundliche kleine Tourist Lodge unweit vom Mathura-Tor (Tel. 2 37 42). Dort werden mit Badbenutzung Einzelzimmer für 40 Rs und Doppelzimmer für 60 Rs sowie mit eigenem Bad für 50 bzw. 70 Rs angeboten. Auf Wunsch ist heißes Wasser in Eimern erhältlich. Auch ein Restaurant ist vorhanden. Fahrräder lassen sich in diesem Haus für 30 Rs und Ferngläser ebenfalls für 30 Rs mieten. Das Shagun Tourist Home innerhalb vom Mathura-Tor wird von einem freundlichen Mann geführt, der für ein Doppelzimmer 60 Rs berechnet.

Eine ganze Reihe von Unterkünften findet man zwischen der Hauptstraße und den Eingang zum Park. Dort liegt das Hotel Saras Tourist Bungalow der RTDC (Tel. 2 37 00) unmittelbar an der Straße und leidet reichlich unter dem Verkehrslärm. Außerdem sind die Mitarbeiter unfreundlich und die Instandhaltung unzureichend, so daß dieses Haus keine gute Wahl ist. Für ein Bett im Schlafsaal muß man hier 40 Rs, für ein Einzelzimmer zwischen 200 und 450 Rs sowie für ein Doppelzimmer zwischen 250 und 550 Rs bezahlen. Zu dieser Anlage gehören auch eine Bar und ein Restaurant. Direkt gegenüber liegt das Eagle's Nest mit 12 Zimmern, die mit 450 Rs bei Alleinbenutzung und mit 600 Rs bei Belegung zu zweit viel zu teuer sind. Daher ist es auch nicht überraschend, daß es häufig leer ist. Es sollte daher möglich sein, die Preise um rund 40 % herunterzuhandeln.

Ein Stück weiter entlang der Straße kommt man zum Hotel Sunbird, allerdings sind die nur vier Zimmer in diesem beliebten kleinen Haus immer schnell belegt. Sie sind sauber sowie mit Bad (auch heißes Wasser) ausgestattet und kosten als Einzelzimmer 200 Rs und als Doppelzimmer 250 Rs. In der Nähe liegt das Hotel Pelican, geführt von den gleichen Leuten wie in der Tourist Lodge. Vermietet werden in diesem Quartier einfache Einzel- und Doppelzimmer mit Badbenutzung für 50 bzw. 75 Rs sowie mit eigenem Bad und heißem Wasser für 125 bzw. 150 Rs. Hier lassen sich auch gut Fahrräder mieten.

Nebenan kommt man zum Annexy mit Einzelzimmern für 50 Rs und Doppelzimmern für 80 Rs (mit Badbenutzung) sowie teurere Zimmern mit eigenem Bad. Das Freiluftrestaurant dieses Hauses ist ein ausgezeichnetes Ziel für ein Essen, zumal die Mitarbeiter sehr freundlich sind. In dem Eukalyptushain neben dem Annexy liegt das Keoladeo Resort, ein Zeltlager mit Übernachtungsmöglichkeiten allein zum Preis von 40 Rs sowie zu zweit zum Preis von 60 Rs. Wenn man plant, hier zu übernachten, muß man sich von Kopf bis Fuß mit Insektenschutzmittel einreiben.

Gleich hinter dem Hotel Saras liegt das Hotel und Restaurant Spoonbill mit nur zwei Zimmern, beide mit eigenem Bad. Dort kommt man im Zimmer unten für 100 Rs und im größeren Zimmer oben für 200 Rs unter. Gut essen läßt sich hier ebenfalls. Außerdem werden für 20 Rs Fahrräder vermietet. Weiter entlang der Straße liegen die Forest Jungle Lodge mit neuen Zimmern für 100 Rs (mit Bad), das Hotel Sangam mit Einzelzimmern für 175 Rs und Doppelzimmern für 250 Rs sowie das von den Preisen her ähnliche Hotel Falcon.

Für den Vorzug, im Nationalpark übernachten zu können, muß man tiefer in die Tasche greifen. Etwa einen Kilometer hinter dem Eingang liegt die Forest Lodge der ITDC (Tel. 2 27 22). Das ist ein ganz nettes Haus, allerdings von Oktober bis April mit Preisen von 1195 Rs für ein Einzelzimmer und 2000 Rs für ein Doppelzimmer und im Rest des Jahres von 900 bzw. 1200 Rs nicht gerade billig. Frühstücken sowie zu Mittag und zu Abend essen kann man hier ebenfalls (Mittag- oder Abendessen vom Buffet 275 Rs). Auch eine Bar ist vorhanden.

Alle anderen Unterkünfte liegen viel näher am Bahnhof. Es scheint so, daß in ihnen die Riksha-Fahrer eine Provision erhalten, so daß die Gäste mehr als eigentlich nötig bezahlen müssen. Zu diesen Quartieren gehören das Hotel Alora am Kumher-Tor (Tel. 2 26 16), das Hotel Avadh am Kumher-Tor (Tel. 2 24 62), das Hotel Tourist Complex, das Hotel Nannd (Tel. 2 31 19) und das Hotel Kohinoor (Tel. 2 37 33). Das Hotel Park Palace unweit vom Kumher-Tor (Tel. 2 32 22) ist ein gutes, sauberes und freundliches Quartier, in dem für ein Doppelzimmer mit Bad rund 250 Rs berechnet werden.

AN- UND WEITERREISE

Bus: Bharatpur liegt an der Straße zwischen Agra und Jaipur, zwei Stunden Busfahrt von Agra und eine Stunde Busfahrt von Fatehpur Sikri entfernt (Fahrpreis 7 Rs). Die Busse von Fatehpur Sikri fahren am Hotel Saras Tourist Bungalow vorbei und halten dort auf Wunsch.

Von Jaipur fährt man etwa 4 1/2 Stunden mit einem Bus und muß dafür 40 Rs bezahlen. Da die staatliche Busgesellschaft für diesen Streckenabschnitt die ältesten Busse einzusetzen scheint, ist eine Zugfahrt vorzuziehen.

Zug: Bharatpur liegt an der Breitspurstrecke von Delhi nach Bombay, aber auch an der Schmalspurstrecke Delhi-Agra-Jaipur-Ahmedabad. Das ermöglicht gute Zugverbindungen. Allerdings muß man darauf achten, ob der gewählte Zug auch in Bharatpur hält, denn einige fahren hier ohne Halt durch. Da die Strecke zwischen Jaipur und Agra gerade von Meter- auf Breitspur umgestellt wird, kann es sein, daß auf ihr derzeit keine Züge verkehren.

Für die 188 km von Jaipur nach Bharatpur braucht man etwa drei Stunden und muß für die Fahrt in der 2. Klasse 48 Rs und in der 1. Klasse 178 Rs bezahlen.

NAHVERKEHR

Im Einsatz sind Tongas, Auto-Rikschas und Fahrrad-Rikschas. Das Fremdenverkehrsamt von Rajasthan (im Tourist Bungalow) läßt außerdem einen Minibus herumfahren. Für 20 bis 30 Rs pro Tag kann man sich auch ein Fahrrad leihen.

DEEG

Einwohner: 38 000

Nur sehr wenige Besucher kommen nach Deeg, das etwa 36 km von Bharatpur entfernt liegt. Das ist zu bedauern, denn diese kleine Stadt mit ihren massiven Befestigungen, ihrem herrlichen Palast und ihrem geschäftigen Markt ist viel interessanter als Bharatpur. Nach Deeg kann man von Bharatpur, Agra oder Mathura leicht einen Tagesausflug unternehmen.

Erbaut von Suraj Mal in der Mitte des 18. Jahrhunderts, war Deeg früher die zweite Hauptstadt des Staates Bharatpur und Schauplatz eines berühmten Kampfes, in dem die Soldaten des Maharadschas erfolgreich dem Angriff einer Armee der Moguln und Marathen mit etwa 80 000 Mann widerstanden. Acht Jahre später besaß der Maharadscha sogar die Kühnheit, das Rote Fort in Delhi anzugreifen. Dabei erbeutete er ein Bauwerk ganz aus Marmor, das er mitnahm und das noch heute besichtigt werden kann.

SEHENSWÜRDIGKEITEN

Gopal Bhavan: Gopal Bhavan, der Palast von Suraj Mal, ist eines von Indiens schönsten Gebäuden mit den erfreulichsten Proportionen. Es ist auch in einem guten Zustand, denn es wurde von den Maharadschas bis in die frühen siebziger Jahre bewohnt. In den meisten Räumen ist noch die ursprüngliche Einrichtung zu sehen. Erbaut in einer Kombination aus den Architekturstilen der Rajputen und Moguln, wurde der Palast zu einem Wasserbecken hin errichtet, flankiert von zwei erlesenen Pavillons, die Barkassen ähneln. Das Wasserbecken und der Palast sind von gepflegten Gärten umgeben, in denen auch der Keshav Bhavan, der Sommerpavillon

mit Hunderten von Springbrunnen, steht. Die Springbrunnen funktionieren noch, werden aber nur bei Festen in Betrieb genommen.

Der Palast kann täglich von 8.00 bis 12.00 Uhr und von
13.00 bis 19.00 Uhr besichtigt werden (Eintritt frei).
Die massiven Mauern von Deeg (bis zu 28 m hoch) und
die 12 Bastionen, einige noch mit den Kanonen an ihren
Plätzen, lohnen ebenfalls eine Erkundung.

UNTERKUNFT
Deeg ist im Grunde genommen eine landwirtschaftlich geprägte Stadt, in die nur wenige Besucher kommen.

Deshalb ist die Zahl der Unterkünfte begrenzt. Eine
Möglichkeit zum Übernachten bietet der Dak Bungalow, in dem für ein Zimmer rund 20 Rs verlangt werden.

TIGERSCHUTZGEBIET UND NATIONALPARK SARISKA

Von kahlen Bergen umgeben liegt das Schutzgebiet in
einem Tal, das 107 km von Jaipur und 200 km von Delhi
entfernt ist. In dem 800 Quadratkilometer großen Schutzgebiet (davon als Kerngebiet 498 Quadratkilometer) sind
Elefanten, Sambhare, geflecktes Wild, Eber und vor
allem Tiger zu sehen. Seit 1979 gehört Sarika zum „Projekt Tiger" (vgl. Exkurs im Kapitel über Uttar Pradesh).
Wie der Nationalpark Ranthambhore enthält auch dieser Park Ruinen von Tempeln, ein Fort, Pavillons und
einen Palast (nun als Hotel genutzt), die von den Maharadschas von Alwar, den früheren Eigentümern dieses
Gebietes, erbaut wurden. Das Schutzgebiet kann außer
im Juli und im August ganzjährig besucht werden,
wenn die Tiere in höher gelegenere Gebiete ziehen. Die
beste Zeit ist zwischen November und Juni.

Wer die Tiere intensiv beobachten möchte, hat dazu
gegen Abend oder nachts die beste Gelegenheit, auch
wenn Tiger häufiger tagsüber gesichtet werden. Besser
sieht man die Tiere von einem der kleinen Beobachtungstürme neben einem Wasserloch. Eine Unterlage
wird dort zur Verfügung gestellt. Schlafsack, Essen
und Trinken muß man jedoch selbst mitbringen.

UNTERKUNFT
Die meisten Besucher übernachten im Hotel Tiger Den
der RTDC (Tel. 0144/4 13 42). Er ist ganz gut, aber

auch ganz schön teuer, denn Einzelzimmer kosten
200 Rs, Doppelzimmer 250 Rs, mit Ventilator 300
bzw. 400 Rs und mit Klimaanlage 500 bzw. 550 Rs.
Für 40 Rs kann man aber auch im Schlafsaal übernachten. Eine Bar und ein Restaurant für die Gäste sind
vorhanden. Außerdem gibt es noch ein sehr hübsches
Forest Rest House, in dem man für 200 Rs unterkommen kann.

Das Hotel Sariska Palace am Parkeingang (Tel. 0144/
4 13 22) war früher das beeindruckende Jagdhaus des
Maharadschas von Alwar. Es bietet Zimmer mit Klimaanlage für 35 bzw. 46 US $, die im Winter beheizt
werden können und mit einem Bad ausgestattet sind, in
dem auch heißes Wasser fließt. Eine Bar und ein Restaurant sind ebenfalls vorhanden. Selbst wenn Sie dort
nicht übernachten wollen, ist ein Besuch allemal zu
empfehlen.

AN- UND WEITERREISE
Sehr gut läßt sich Sariska von Alwar aus erreichen. Von
dort sind es nur 35 km. Nach Alwar fahren Busse von
Delhi (170 km) und Jaipur (146 km).

Auch wenn einige Leute es wagen, Sariska in einem
Tagesausflug von Jaipur aus zu besuchen, ist das ein
teures Vergnügen und bedeutet vor allem viel verlorene Zeit.

ALWAR

Einwohner: 235 000
Telefonvorwahl: 0144

Alwar war früher ein wichtiger Rajputen-Staat, der im
18. Jahrhundert unter Pratap Singh entstand, indem
dieser die Herrscher von Jaipur nach Süden und die Jat
von Bharatpur nach Osten zurückdrängte und den
Marathen erfolgreich Widerstand leistete. Dieser Staat
war einer der ersten, der sich mit den aufstrebenden
Briten verbündete, auch wenn die Einmischung der

Briten in die inneren Angelegenheiten des Partners
nicht immer förderlich waren.

Informationen kann man in einem Fremdenverkehrsamt unweit des Purjan-Vihar-Gartens erhalten (Tel.
2 18 68).

SEHENSWÜRDIGKEITEN
Bala Quila: Dieses riesige Fort mit seinen 5 km langen
Festungswällen erhebt sich 300 m über der Stadt. Es

entstand vor der Zeit von Pratap Singh und ist eine der wenigen Festungen, die vor dem Aufstieg der Moguln erbaut wurden. Leider kann die Anlage nur mit einer Sondergenehmigung besichtigt werden, weil dort heute ein Radiosender untergebracht ist.

Palast: Unterhalb vom Fort erstreckt sich der Komplex des Stadtpalastes, dessen massive Tore und Wasserbekken von einer Kette von herrlichen symmetrischen Pavillons und *ghats* flankiert werden. Heute sind große Teile des Baus von Behörden belegt, aber man kann sich zumindest ein Museum ansehen (freitags geschlossen). Ausgestellt sind Miniaturschriften und Miniaturgemälde der Bundi-Schule sowie Gegenstände aus Elfenbein, Sandelholz und Jade.

UNTERKUNFT

Wenn Sie sich in der Gegend aufhalten, ist das Hotel Lake Castle der RTDC in Siliserh (Tel. 2 29 91) ein ideales Quartier, um sich zu entspannen. Er liegt allerdings 20 km von Alwar entfernt. Früher war das ein Palast mit Blick auf einen See, der von Vinay Singh, dem dritten Herrscher von Alwar, erbaut wurde. Für einen Palast kann man hier ganz günstig übernachten, und zwar in normalen Einzelzimmern für 200 Rs und in normalen Doppelzimmern für 250 Rs. Für ein Zimmer mit Ventilator muß man 250 bzw. 350 Rs und für ein

Zimmer mit Klimaanlage 500 bzw. 600 Rs bezahlen. Auch in einem Schlafsaal kann man übernachten (40 Rs). Ferner sind eine Bar und ein Restaurant vorhanden. In Alwar selbst gibt es eine Reihe von preiswerten Unterkünften. Dazu gehören das Hotel Alka (Tel. 2 27 96) und das Hotel Ashoka (Tel. 2 20 27). Das Hotel Aravali unweit vom Bahnhof hat eine ganze Bandbreite von Übernachtungsmöglichkeiten von Betten in einem Schlafsaal bis zu Zimmern mit Klimaanlage zu bieten. Außerdem gibt es im Bahnhof Ruheräume.

Ein Haus der Mittelklasse ist das Hotel Meenal (Tel. 2 28 52), in dem man in einem Luxuszimmer allein für 250 Rs und zu zweit für 300 Rs unterkommt.

Etwa 50 km nördlich von Alwar und 122 km von Delhi entfernt liegt das Neemrana Fort Palace (Tel. 01494/ 60 05, Fax 011/4 62 11 12), der beeindruckende befestigte Palast den Rajputen-Königs Prithviraj Chaudan III. Es stammt aus dem 15. Jahrhundert und hat heute Einzelzimmer für 800 Rs sowie Doppelzimmer für 1000 Rs zu bieten. Essen kann man dort ebenfalls. Von diesem Haus bieten sich herrliche Ausblicke. Außerdem kann man in der Gegend gut wandern.

AN- UND WEITERREISE

Häufig verkehren Busse nach Bharatpur und Deeg, aber auch nach Jaipur und Delhi. Außerdem bestehen Eisenbahnverbindungen nach Jaipur und Delhi

SHEKHAWATI

Die Halbwüstenregion Shekhawati liegt im Dreieck zwischen Delhi, Jaipur und Bikaner. Am Anfang des 14. Jahrhunderts kamen verschiedene moslemische Stämme in dieses Gebiet, dessen Städte sich zu bedeutenden Handelsposten an den Karawanenrouten, die von den Häfen in Gujarat ausgingen, entwickelten.

Die Kaufleute gelangten zu Wohlstand und ließen sich später, auch von den Briten gestützt, als Händler im ganzen Land nieder. Einige der reichsten britischen Industriellen des 20. Jahrhunderts wie z.B. die Birla waren ursprünglich Marwar (wie die Bevölkerung von Shekhawati genannt wird).

Auch wenn die Städte längst ihre einstige Bedeutung verloren haben, sind hier heute noch die wunderbaren bemalten *havelis* (Villen) zu sehen, die die Kaufleute für ihre Familien, die in den Heimatorten zurückgeblieben waren, errichtet hatten. Die meisten Bauten stammen aus dem 18. Jahrhundert oder dem frühen 19. Jahrhundert. Sie sind derart prächtig, daß man als Gebiet auch als „Freiluftmuseum von Rajasthan" bezeichnet. Hier sind aber auch die (für Rajasthan) obligatorischen Festungen, eine Reihe von kleineren Burgen,

typische Brunnen, Stufenbrunnen, *chhatris* und eine Handvoll Moscheen zu sehen.

Die wichtigsten Städte mit Interesse in der Region sind Fatehpur, Mandawa, Ramgarh, Jhunjhunu und Sikar, auch wenn man praktisch in jedem anderen Ort ebenfalls wenigstens noch einige *havelis* finden lassen.

Der Massentourismus hat Shekhawati bisher nicht erreicht. Da in der Gegend aber so viel zu sehen ist und einige gute Übernachtungsmöglichkeiten bestehen, lohnt einen Besuch von einigen Tagen. Am besten spaziert man auf das Geratewohl durch die kleinen, staubigen Städte dieser Gegend. Verlaufen kann man sich nicht, aber an jeder Ecke etwas entdecken.

Reiseführer: Wer einen vollständigen Überblick über die Geschichte, die Menschen, die Orte und die Gebäude in dieser Region erhalten will, sollte sich *The Guide to the Painted Towns of Shekhawati* von Ilay Cooper kaufen. Leider ist die preisgünstige Ausgabe nur noch schwer zu finden und die neue in Farbe mit 450 Rs sehr teuer. Das Buch enthält detaillierte Einzelheiten über die einzelnen Gebäude von Interesse in jedem Ort sowie gute Stadtpläne der größeren Städte der Region.

Außerdem kann man in den Fremdenverkehrsämtern eine kostenlose Farbbroschüre mit Einzelheiten über die wichtigsten Orte in Shekhawati erhalten.

An- und Weiterreise: Am einfachsten ist die Anreise über Jaipur oder Bikaner. Sowohl Sikar als auch Fatehpur liegen an der Hauptverbindungsstraße zwischen Jaipur und Bikaner und werden von zahlreichen Bussen angefahren. Von Jaipur braucht ein Bus bis Fatehpur vier Stunden (40 Rs) und bis Jhunjhunu fünf Stunden (48 Rs).

Churu liegt an der wichtigsten Eisenbahnstrecke zwischen Delhi und Bikaner. Nach Sikar, Nawalgarh und Jhunjhunu besteht einmal täglich eine langsame Zugverbindung ab Jaipur.

Reisen in Shekhawati: Die Region Shekhawati ist von einem Netz von schmalen Asphaltstraßen durchzogen. Zu allen Städten gibt es Busverbindungen, sei es mit

Fahrzeugen der STC oder privater Unternehmen. Allerdings können diese Busfahrten sehr zeitraubend sein. Die Nahverkehrsbusse zu kleineren Orten können zudem sehr überfüllt sein, wobei Fahrgäste der „Oberklasse" (auf dem Dach) hier weitgehend akzeptiert werden und im allgemeinen kaum zu vermeiden sind. Wer zu viert oder fünf unterwegs ist, sollte sich für einen Tag ein Taxi mieten, um sich die Gegend anzusehen. Es ist nicht schwer, in Städten, in denen es auch Unterkünfte gibt, ein Taxi zu mieten, auch wenn es problematisch werden kann, einen Fahrer zu finden, der Englisch spricht. Für eine Fahrt mit einem Ambassador (Diesel) zahlt man pro Kilometer 3 Rs. Außerdem erwartet der Fahrer ein Mittagessen. Eine Taxihaltestelle findet man in Sikar gegenüber der Tankstelle und nicht weit vom Bahnhof entfernt.

FATEHPUR

Fatehpur liegt leicht zu erreichen unweit der Hauptstraße zwischen Bikaner und Jaipur. Hier findet man einen annehmbaren Tourist Bungalow der RTDC. Darüber

---

Havelis

Die Kaufleute von Shekhawati, die aus dem Handel große Gewinne erzielten, begeisterten sich für den Bau von stattlichen Villen. Am beliebtesten war eine Gebäudeform, die von außen relativ unscheinbar erschien, in deren Mitte jedoch ein oder mehrere Innenhöfe lagen. Eine derartige Bauweise genügte dem Bedürfnis nach Sicherheit und Privatsphäre für die Frauen und bot auch einigem Schutz vor der glühenden Hitze, die in diesem Gebiet im Sommer herrscht. Zudem machte die glatte Oberfläche es einfacher, die Bauten zu verteidigen.

Den Haupteingang bildet im allgemeinen ein großes Holztor, das in einen kleinen Hof führt, von dem aus man wiederum zu einem größeren Hof gelangt. Die größten dieser Häuser verfügen über vier derartige Höfe und sind bis zu sechs Stockwerke hoch.

Wenn ein großes Haus gebaut war, verzierte die Familie es mit Wandgemälden. Sie sind heute die größten Sehenswürdigkeiten. Die wichtigsten Themen stammen aus der hinduistischen Mythologie, aus der Geschichte (sowohl Frühgeschichte als auch Zeitgeschichte) sowie aus Legenden. Beliebt waren auch erotische Darstellungen (heute meistens zerfallen oder zerstört) sowie - einige der interessantesten Themen - Ausländer und ihre Erfindungen wie z.B. Züge, Flugzeuge, Telefone, Plattenspieler und Fahrräder. Tiere und Landschaften wurden als Motive ebenfalls verwendet.

Man geht davon aus, daß die komplexen und komplizierten Wandmalereien, die die Innenbereiche der Gebäude verzieren, von Spezialisten ausgeführt wurden, die nicht aus der Region stammten, während die gröberen Außenverzierungen von einheimischen Maurern geschaffen wurden, nachdem der Bau beendet war. Ursprünglich waren die Farben für die Gemälde ausschließlich auf der Grundlage von Ocker hergestellt, in den sechziger Jahren des 19. Jahrhunderts wurden jedoch künstliche Farbstoffe aus Deutschland eingeführt. Die vorherrschenden Farben sind Blau- und Brauntöne, es finden sich allerdings auch Gelb, Grün und Indigo.

Die meisten *havelis* von heute werden von ihren Besitzern nicht mehr bewohnt, weil ihnen die kleinen ländlichen Orte im Hinterland von Rajasthan kaum mehr anziehend genug erscheinen. In vielen lebt nur noch ein einzelner *chowkidah* (Wächter), während andere einheimische Familien eingezogen sind. Kein einziges *haveli* ist als Museum zu Ausstellungszwecken geöffnet, so daß viele entweder völlig oder teils verschlossen sind. Auch wenn die Einheimischen tolerant gegenüber Unbekannten erscheinen, die im vorderen Hof ihres Hauses spazierengehen, sollten Sie nicht vergessen, daß es sich um einen Teil der Privatsphäre handelt, so daß Takt und Zurückhaltung angebracht sind. Platzen Sie nicht einfach herein, als sei das Ihr Haus. Der Brauch in dieser Gegend fordert es zudem, die Schuhe auszuziehen, wenn man den Innenhof eines *haveli* betritt.

Eine unselige Begleiterscheinung des Tourismus beginnt sich auch hier zu zeigen: der Wunsch nach Antiquitäten. In einigen Städten sind daher bereits Antiquitätenläden aufgetaucht, in denen bis oben hin Gegenstände angeboten werden, die aus *havelis* gerissen wurden - insbesondere Türen und Fensterrahmen. Aber nichts von dem, was man mitnehmen kann, ist „sauber".

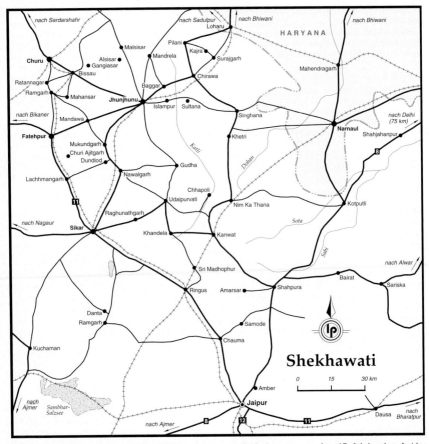

Shekhawati

0   15   30 km

hinaus liegt die Stadt recht zentral und bildet einen guten Ausgangspunkt für weitere Ausflüge in die Umgebung.

Fatehpur wurde 1451 als Hauptstadt der moslemischen Nabobs gegründet, jedoch im 18. Jahrhundert von den Rajputen aus Shekhawati eingenommen.

Eine der interessantesten Sehenswürdigkeiten bildet der Goenka Haveli, der - wenn auch bewohnt - doch schon halb verfallen ist. Es stammt aus dem Jahre 1860 und besitzt nur einen Hof. Am sehenswertesten ist der oberste Raum mit seinen Malereien, der sowohl Spiegel als auch einige schöne Wandgemälde aufweist. Der Hausbewohner erwartet für eine Besichtigung im allgemeinen ein Trinkgeld, insbesondere dann, wenn auch Fotos aufgenommen werden. In der Ortsmitte, gegenüber vom Kino, befinden sich die Überreste eines riesigen Stufenbrunnens aus dem 17. Jahrhundert. Leider ist er halb voll mit Abfall, zudem ist wenigstens ein Haus in den Brunnen gesackt. Es wird wohl noch lange dauern, bis dieser Brunnen restauriert wird.

Unterkunft: Das Hotel Haveli Tourist Bungalow der RTDC (Tel. 01571/2 02 93) liegt am südlichen Rand der Stadt, rund einen Kilometer von der Bushaltestelle entfernt. Das ist ein sehr schönes und komfortables Quartier. Hoffentlich bleibt das so, denn es kann durchaus sein, daß es wie die meisten Unterkünfte der RTDC verfällt, wenn es älter wird. Für eine Übernachtung im Schlafsaal zahlt man 30 Rs sowie in einem großen Einzel- oder Doppelzimmer, in denen noch alles funktioniert, 100 bzw. 150 Rs, mit Ventilator 150 bzw. 250 Rs und mit Klimaanlage 300 bzw. 400 Rs. Das Essen ist gut. Fahrten zu anderen Dörfern können im Hotel organisiert werden. Außerdem kann man in Fatehpur noch unweit von der Bushaltestelle im sehr einfachen Hotel Shanti Lodge übernachten.

MANDAWA

Dieser kompakte und geschäftige Marktflecken wurde im 18. Jahrhundert gegründet und von den damals herrschenden Kaufmannsfamilien befestigt. Heute findet man hier einige der schönsten *havelis* in der Region. Zudem eignet sich der Ort hervorragend für einen Spaziergang. Die Festung aus dem Jahre 1760 dominiert die Stadt und beherbergt heute ein schönes Hotel der Mittelklasse. Was die *havelis* betrifft, so findet man im Bansidhar Newatia Haveli (ca. 1910) einige Gemälde mit seltsamen Motiven an der äußeren Ostmauer, darunter einen Jungen, der telefoniert, sowie weitere Erfindungen aus dem 20. Jahrhundert wie ein Flugzeug und ein Auto. Der *haveli* liegt an der Hauptstraße, fast genau gegenüber der Gasse, die zur Festung führt. Der Gulab Rai Ladia Haveli (ca. 1870) gehört zu den schönsten Bauten dieser Art in der Region und weist einige phantastische Wandgemälde auf. Im Vorhof gibt es einen Andenkenstand mit unaufdringlichen Verkäufern, an dem man auch den oben erwähnten Reiseführer für die Region erhält. Der *haveli* liegt einige Minuten zu Fuß von der Hauptstraße entfernt im Südosten der Festung. Fragen Sie am besten nach dem Weg. Ebenfalls sehenswert sind der Harlalka-Brunnen im Westen der Stadt wie auch der Majisa-ka-Kuan-Brunnen im Norden des zentralen Basars.

Unterkunft: Das Hotel Mandawa Castle (Tel. 0519289/ 5 24, Fax 0141/38 22 14) strahlt viel Atmosphäre aus. Die Zimmer sind geschmackvoll renoviert worden, während die mittelalterliche Umgebung erhalten wurde. Wenn man sich den Preis von 900 bzw. 1000 Rs für ein Einzel- oder Doppelzimmer mit Bad leisten kann, ist es ein großartiges Quartier. Vermietet werden Suiten für 1195 Rs und einige Zimmer mit Balkon, von denen herrliche Ausblicke über den Ort möglich sind. Sehr zu empfehlen. Es gibt auch noch einige Alternativen, von denen jedoch zwei ungünstig weit außerhalb der Stadtmitte liegen: das Hotel Thar und das Desert Resort, beide an der Straße nach Mukundgarh. Das Desert Resort gehört eigentlich zum Mandawa Castle. Hier zahlt man pro Übernachtung in einem Einzelzimmer 750 Rs und in einem Doppelzimmer 800 Rs (mit Klimaanlage). Im Hotel Rath Mandawa am Nordrand der Stadt muß man für ein komfortables Doppelzimmer etwa 400 Rs bezahlen.

DUNDLOD

Dundlod, ein winziges Städtchen, liegt im Herzen der Region Shekhawati. Auch wenn es wenig Sehenswer-

tes aufweist, gibt es hier eine Festung aus dem Jahre 1750, von der jedoch große Teile neueren Datums sind. Sie befindet sich im Besitz eines direkten Nachfahren des *rawal*, der sie einst erbauen ließ. Die Diwan-i-Khas (Audienzhalle) ist noch in sehr gutem Zustand.

Unterkunft: Die Festung, heute als Dera Dundlod Kila bekannt (Tel. 0141/36 62 76), ist eher eine Burg als ein Palast, hat aber komfortable Einzel- und Doppelzimmer für 750 bzw. 850 Rs zu bieten (mit Bad und heißem Wasser). Übernachten kann man in der Anlage auch in einer Suite für 1100 Rs. Die Verpflegung kostet 75 Rs (Frühstück), 150 Rs (Mittagessen) bzw. 170 Rs (Abendessen).

NAWALGARH

Das größte Bauwerk dieses Ortes ist ebenfalls eine Festung. Sie stammt aus dem Jahre 1837, ist jedoch heute überwiegend durch moderne Anbauten entstellt. Untergebracht sind darin verschiedene Behörden und eine Filiale der Bank von Baroda. Einer der bedeutendsten *havelis* ist der Anand Lal Paddar Haveli aus den zwanziger Jahren. Heute wird er als Schule genutzt, weist jedoch noch immer zahlreiche schöne Gemälde auf. Ebenfalls einen Blick wert ist der Kulwal Haveli.

Unterkunft und Essen: Das Hotel Natraj finden Sie in der Sabzi Mandi, rechts vom Eingang zur Festung. Es handelt sich um ein einfaches indisches Hotel mit einigen wenigen Zimmern (Badbenutzung), in denen man allein für 30 Rs und zu zweit für 50 Rs übernachten kann. Im Restaurant wird extrem einfaches Essen serviert.

Eine ganz andere Kategorie und eine weit angenehmere Alternative ist das Roop Niwas Palace (Tel. 01594/2 20 08) am Ostrand der Stadt, rund einen Kilometer von der Festung entfernt. Früher diente es dem *rawal* von Nawalgarh als Landhaus und ist in einem schönen Garten gelegen. Die hübsch eingerichteten Zimmer kosten zur Alleinbenutzung 700 Rs und bei Belegung mit zwei Gästen 900 Rs pro Tag. Für ein Frühstück werden 80 Rs, für ein Mittagessen 160 Rs und für ein Abendessen 180 Rs berechnet.

Hier werden auch Ausflüge auf Pferden und Kamelen organisiert.

JHUNJHUNU

Jhunjhunu gehört zu den größten Städten in Shekhawati und ist der derzeitige Sitz der Bezirksverwaltung. Hier befinden sich einige der schönstens Bauten der ganzen Region, so daß man einen Besuch des Ortes nicht versäumen sollte. Im Ort gibt es einige Unterkünfte, eine Bank und das einzige Fremdenverkehrsamt der gesamten Region, und zwar im Hotel Shiv Shekhawati. Der Ort liegt zudem an Bus- und Eisenbahnstrecken, so daß gute Verbindungen zu anderen Teilen des Bundesstaates bestehen.

Die Stadt wurde im 15. Jahrhundert von den Nabobs von Kaimkhani gegründet und blieb unter ihrer Herrschaft, bis sie 1730 vom Rajputen Sardul Singh eingenommen wurde.

In Jhunjhunu stationierten die Briten ihre Shekhawati-Brigade, eine Truppe, die 1830 gegründet wurde, um die Aktivitäten der *dacoits* (Banditen) zu stoppen, bei denen es sich überwiegend um örtliche, unbedeutendere Herrscher handelte, die der Ansicht waren, daß es einfacher sei, durch Bereicherung auf Kosten anderer zu Wohlstand zu kommen als durch eigene Arbeit.

Die größte Sehenswürdigkeit von Jhunjhunu ist der Kehtri Mahal, ein schöner, kleinerer Palast, der um 1760 erbaut wurde. Das Gebäude ist ausgesprochen elegant und in der Region architektonisch am anspruchsvollsten, auch wenn sein Zustand zu wünschen übrig läßt. Der Sri-Bihariji-Tempel stammt etwa aus der gleichen Zeit. Seine schönen Wandgemälde haben ebenfalls ein wenig unter dem Zahn der Zeit gelitten. Der Modi Haveli und der Tibrewala Haveli im zentralen Basar sind mit Wandgemälden geschmückt, wobei der Haveli Tibrewala besonders sehenswert ist. In der Stadt gibt es zudem einige *chhatris* und Brunnen.

Unterkunft: Jhunjhunu bietet von allen Orten in Shekhawati die größte Auswahl an Unterkünften. Die Bushaltestelle befindet sich einen Kilometer südlich vom Zentrum in der Nähe einer Reihe von preiswerten Hotels. Das beste davon ist das Hotel Sangam mit Einzelzimmern für 150 Rs und Doppelzimmern für 250 Rs (mit eigenem Bad) sowie ein paar Einzelzimmern mit Badbenutzung für 40 Rs. Gegenüber liegt das Hotel Rkhilhari, in dem für Einzelzimmer 60 Rs und für Doppelzimmer 100 Rs (mit Bad) verlangt werden. Ein ganzes Stück besser ist das Hotel Shiv Shekhavati in einer ruhigen Gegend am Ostrand von Jhunjhunu (Tel. 01592/3 26 51, Fax 3 26 03), das aber noch nahe genug am Ortskern liegt. Hier zahlt man für ein Zimmer mit Badbenutzung und Ventilator allein 100 Rs und zu

zweit 150 Rs, mit Ventilator und Bad 350 bzw. 400 Rs und mit Klimaanlage 400 bzw. 500 Rs. In diesem Haus ist auch Verpflegung erhältlich (Frühstück 35 Rs, Mittagessen 70 Rs und Abendessen 90 Rs). Außerdem gibt es im Haus eine Bar. Gäste werden ohne Zusatzkosten von der Bushaltestelle und vom Bahnhof abgeholt. Ferner kennt sich der Besitzer in der Region Shekhawati sehr gut aus.

Etwa einen Kilometer entfernt liegt das Hotel Jamuna Resort, ein Teil des Hotels Shiv Shekhawati. Außer einem Swimming Pool (Benutzung durch andere als Hausgäste für 50 Rs) stehen hier drei Doppelzimmer für 400 bzw. 450 Rs zur Verfügung, alle traditionell mit Spiegeln geschmückt.

RAMGARH

Der Ort Ramgarh wurde 1791 von der mächtigen Kaufmannsfamilie Poddar gegründet, nachdem sie das Dorf Churu nach einer Auseinandersetzung mit dem *thakur* verlassen hatte. Der Ort erreichte in der Mitte des 19. Jahrhunderts seine Blüte und gehörte einst zu den reichsten Städten der Region. Wahrscheinlich deshalb findet man hier heute die wohl größte Konzentration an bemalten *havelis*. Es ist ein großartiger Ort für einen Spaziergang.

Die Poddar Chhatris in der Nähe der Bushaltestelle und die Poddar Havelis unweit des Churu-Tors (im Norden) sind schöne Beispiele der Baukunst. An der Seitenstraße zum Brunnen in der Nähe des nördlichen Tores gibt es auch einen Antiquitätenladen, in dem Stücke angeboten werden, die aus den Gebäuden in der Umgebung gerissen wurden.

LACHHMANGARH

Dominiert wird dieser Ort von den Wällen der Festung, die wie Kühltürme für ein Kraftwerk erbaut worden sind. Die Festung ist heute verlassen, aber man hat von dort herrliche Blicke auf den Ort, der wie Jaipur nach einem Schachbrettmuster angelegt wurde. Ansehen kann man sich mehrere interessante Bauwerke, von denen das größte das Char Chowk Haveli ist.

AJMER

Einwohner: 447 000

Telefonvorwahl: 0145

Wie eine grüne Oase liegt Ajmer südwestlich von Jaipur am Ufer des Ana Sagar, umgeben von kahlen Hügeln. Stets besaß diese Stadt große strategische Bedeutung. Das forderte auch so manchen Besuch fremder Invasoren heraus. Zu ihnen gehörte Mahmud von Ghazni, der während eines seiner vielen Vorstöße von Afghanistan

auch Ajmer heimsuchte und ausplünderte. Später gewann die Stadt dadurch an Bedeutung, daß sie die Lieblingsresidenz der Moguln wurde. 1616 traf sich Sir Thomas Roe mit Jehangir in Ajmer. Dieses Treffen gehörte mit zu den ersten Kontakten zwischen den Moguln und den Briten.

Später nahmen die Scindia die Stadt ein, und aus ihren Händen bekamen im Jahre 1818 die Briten diese Stadt.

Somit gehört Ajmer zu den wenigen Städten von Rajasthan, die den Briten unmittelbar unterstanden und nicht ein Teil des Prinzenstaates waren. Während des Ramadan ist Ajmer ein bekannter Wallfahrtsort für Moslems. Ajmer gibt sich heute eher von der freundlichen Seite. Zudem ist es eine ganz interessante Stadt, für viele Touristen jedoch nur Ausgangspunkt für einen Besuch des nahen Pushkar.

ORIENTIERUNG UND PRAKTISCHE HINWEISE

Die Bushaltestelle liegt nahe beim Tourist Bungalow in dem Stadtteil, der sich in Richtung Jaipur erstreckt, während der Bahnhof und die meisten Hotels auf der anderen Seite der Stadt zu finden sind. Das Fremdenverkehrsamt befindet sich im Khadim Tourist Bunga-

low (Tel. 5 24 26) und hat eine ganze Menge Informationsmaterial zu bieten. Der Leiter, Mr. Hazarilal Sharma, gibt sich alle Mühe, den Besuchern zu helfen, und ist einer der wenigen Mitarbeiter in Fremdenverkehrsämtern, die sich bei ihrer Arbeit wirklich bemühen. Ein Schalter des Fremdenverkehrsamtes wurde auch am Bahnhof eingerichtet.

SEHENSWÜRDIGKEITEN

Ana Sagar: Bereits im 12. Jahrhundert wurde dieser künstliche See angelegt, indem man den Luni staute. An seinem Ufer wurde ein herrlicher Park geschaffen, der Dault Bagh. Darin stehen einige Pavillons aus Marmor, die 1637 von Shah Jahan erbaut wurden. Dieser Park bietet sich für abendliche Spaziergänge an. Ist der Monsun etwas spärlicher ausgefallen, passiert es

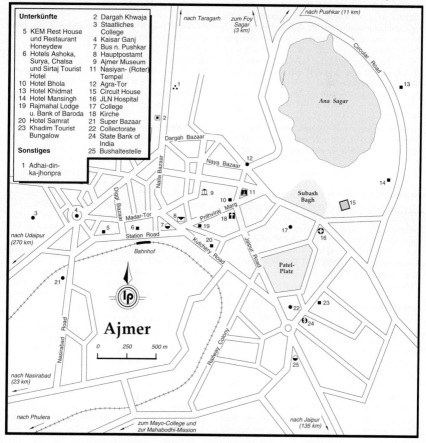

Unterkünfte

5 KEM Rest House und Restaurant Honeydew
6 Hotels Ashoka, Surya, Chalsa und Sirtaj Tourist Hotel
10 Hotel Bhola
13 Hotel Khidmat
14 Hotel Mansingh
19 Rajmahal Lodge u. Bank of Baroda
20 Hotel Samrat
23 Khadim Tourist Bungalow

Sonstiges

1 Adhai-din-ka-jhonpra

2 Dargah Khwaja
3 Staatliches College
4 Kaisar Ganj
7 Bus n. Pushkar
8 Hauptpostamt
9 Ajmer Museum
11 Nasiyan- (Roter) Tempel
12 Agra-Tor
15 Circuit House
16 JLN Hospital
17 College
18 Kirche
21 Super Bazaar
22 Collectorate
24 State Bank of India
25 Bushaltestelle

nach Taragarh
zum Foy Sagar (3 km)
nach Pushkar (11 km)
Circular Road
Ana Sagar
13
14
Subash Bagh
15
Dargah Bazaar
Naya Bazaar
12
Nalla Bazaar
Diggi Bazaar
Madar-Tor
Prithviraj Marg
10
11
18
17
16
4
5
6
7
8
19
20
nach Udaipur (270 km)
Station Road
Kutchery Road
Jaipur Road
Patel-Platz
Bahnhof
21
22
23
24
Nasirabad Road
Ajmer
0   250   500 m
Railway Colony
25
nach Nasirabad (23 km)
nach Phulera
zum Mayo-College und zur Mahabodhi-Mission
nach Jaipur (135 km)

schon mal, daß der See austrocknet. Die Wasserversorgung der Stadt sichert man sich daher durch den Foy Sagar, 5 km weiter talaufwärts. Von den Hügeln neben dem Dault Bagh ergeben sich herrliche Aussichten in die Umgebung.

Dargah: Im alten Teil der Stadt, am Fuße der kahlen und kargen Hügel, liegt Indiens bedeutendster Wallfahrtsort der Moslems. Dargah ist das Grab eines Sufi-Heiligen, der 1192 in die Stadt Ajmer kam. Die Konstruktion des Schreins wurde unter Humayun vollendet, und das Tor fügte der Nizam von Hyderabad hinzu. Akbar pflegte einmal im Jahr eine Pilgerfahrt von Agra nach Dargah zu unternehmen.

Wenn Sie den Innenhof betreten, nachdem Sie am Tor Ihre Schuhe ausgezogen haben, liegt rechts eine Moschee, die Akbar erbauen ließ. Die großen kesselartigen Behälter nehmen Spenden auf, die normalerweise für die Familien gedacht sind, die für die Erhaltung des Schreins sorgen. In einem anderen Innenhof steht eine weitere Moschee. Sie wurde von Shah Jahan gebaut, und als Material diente weißer Marmor. Sie besteht aus 11 Bögen, und eine Inschrift in persischer Sprache verläuft um den ganzen Bau.

Das Grab des Heiligen befindet sich im zweiten Innenhof mit einer Kuppel aus Marmor. Innen ist das eigentliche Grab, umgeben von einer Silberplattform. Die Türen des Schreins sind mit Hufeisen beschlagen, die dort von erfolgreichen Pferdehändlern angenagelt wurden. Seien Sie vorsichtig, wenn angebliche Führer Sie ansprechen. Sie führen falsche Spendenbücher mit sich herum, in denen keine Spenden unter 100 Rs verzeichnet sind.

Das Grab zieht im Urs, dem siebenten Monat nach dem Mondkalender (Mai oder Juni), am Todestag des Heiligen immer Hunderttausende von Pilgern an. Das ist ein interessantes Fest, das es wert ist, daran teilzunehmen, wenn man sich gerade in der Gegend aufhält. Neben Pilgern finden sich aber auch Sufis aus allen Teilen Indiens in Ajmer ein. Vielleicht bekommt man darunter auch einen leibhaftigen Derwisch zu Gesicht.

Adhai-din-ka-jhonpra: Wenn man hinter dem Dargah noch weitergeht, stößt man im Außenbezirk der Stadt auf die Ruinen der sogenannten 2½-Tage-Moschee. Diesen Namen bekam sie, weil für den Bau angeblich nicht mehr Zeit benötigt wurde. Im Jahre 1153 ursprünglich als Jain-Kolleg erbaut, wurde das Gebäude nach einem Überfall durch Muhammad Ghori 1192 in eine Moschee umgewandelt. Zu diesem Zweck setzte man einfach eine Wand mit sieben Bögen vor die Säulenhalle. Wenn die Moschee inzwischen auch schon ziemlich zerstört ist, so ermöglicht sie doch immer noch einen guten Eindruck von der damaligen Architektur.

Bemerkenswert sind die verschiedenen Säulen, die gewölbte Decke mit den beschädigten Minaretten und einiges mehr.

Ist man noch nicht allzu müde und noch frisch genug für einen 3 km langen Fußweg, dann geht man noch ein Stück weiter. Nach einem steilen Aufstieg erreicht man das Taragarh (Sternen-Fort) mit einem schönen Blick auf die Stadt. In der Zeit der Moguln fanden im Fort viele militärische Aktivitäten statt, das später von den Briten als Sanatorium genutzt wurde.

Akbars Palast: Wieder in die Stadt zurückgekehrt, stößt man in unmittelbarer Nähe des Bahnhofs auf dieses mächtige Fort, das Akbar 1570 erbauen ließ. Heute ist darin ein Museum untergebracht, das einen Besuch aber nicht lohnt. Das Museum ist freitags geschlossen, der Eintritt gering.

Nasiyan-Tempel: Dieser „Rote Tempel" der Jains wurde erst im vergangenen Jahrhundert erbaut. Sehenswert ist die doppelstöckige Halle mit vergoldeten Holzfiguren aus der Jain-Mythologie. Die großen Figuren veranschaulichen den Glauben der Jains in bezug auf die alte Welt. Ein Besuch dieses Tempels lohnt sich allemal. Auf einem Hinweisschild ist zu lesen: „Smoking and chewing of beatles is prohibited".

UNTERKUNFT

Die meisten preiswerten Hotels in Ajmer sind typische indische Pensionen, zwischen denen kaum Unterschiede bestehen. Sie bieten gerade das Nötigste und sind für eine Nacht in Ordnung, aber ansonsten sind die Unterkünfte in Pushkar vorzuziehen. Wenn man den Bahnhof verläßt, wird man von Fahrern von Fahrrad- und Auto-Rikschas angesprochen werden, die sich anbieten, Besucher für 2 Rs oder weniger „irgendwohin" zu fahren. Leider bedeutet „irgendwohin" immer ein Hotel, in dem die Fahrer eine Provision erhalten.

Vor dem Bahnhof links kommt man zum riesigen King Edward Memorial Rest House in der Station Road (Tel. 2 09 36), allgemein als „KEM" bekannt. Hier steigen allerdings nur wenige Touristen ab, sondern vorwiegend moslemische Pilger. Die Preise für ein Zimmer reichen von 40 Rs für ein „Einzelzimmer 2. Klasse" über 60 Rs für ein „Einzelzimmer 1. Klasse" und 100 Rs für ein „Doppelzimmer 1. Klasse" bis zu 80 Rs für ein „Luxuszimmer" zur Alleinbenutzung und 120 Rs für ein „Luxuszimmer", in dem zwei Gäste übernachten können. Diese Preise sind gar nicht so schlecht für eine Stadt, in der die Übernachtungspreise sonst ganz schön hoch sind.

In der Nähe stößt man auf eine Gruppe ähnlicher Hotels, von denen das preisgünstigste das freundliche Hotel Ashoka (Tel. 2 47 29) mit einfachen Zimmern von einem Balkon abgehend für 50 bzw. 80 Rs (mit

Badbenutzung) ist. Ein ganz gutes Quartier ist das von Sikhs geführte Hotel Sirtaj (Tel. 2 00 96) mit Zimmern um einen Innenhof herum. Sie kosten mit eigenem Bad als Einzelzimmer 80 Rs und als Doppelzimmer 150 Rs. Verpflegen kann man sich hier in einem Restaurant mit Gerichten aus dem Punjab.

Weitere preiswerte Hotels findet man entlang der Prithviraj Marg zwischen dem Hauptpostamt und dem Roten Tempel. Gegenüber der Kirche am Agra-Tor liegt das Hotel Bhola (Tel. 2 38 44) mit Einzelzimmern für 75 Rs und Doppelzimmern für 125 Rs (mit Bad). Heißes Wasser erhält man zwar nur aus einem Durchlauferhitzer außerhalb der Zimmer, aber daran mangelt es wenigstens nicht. Insgesamt gesehen ist das ein durchaus annehmbares Haus, auch wenn es darin etwas laut sein kann. Ausgezeichnet ist das vegetarische Restaurant in diesem Hotel.

Das Hotel Khadim Tourist Bungalow (Tel. 5 24 90) liegt nur ein paar Minuten von der Bushaltestelle oder eine Fahrt mit einer Auto-Rikscha für 10 Rs vom Bahnhof entfernt in einer ganz hübschen Umgebung. Vermietet wird eine ganze Bandbreite von Zimmern, die von 150 bzw. 200 Rs für ein normales Einzel- und Doppelzimmer bis 300 bzw. 400 Rs für ein Zimmer mit Klimaanlage reicht. Für ein Bett im Schlafsaal muß man hier 40 Rs bezahlen. Ansehen kann man sich aber auch einmal das Aravali Holiday Resort, das neue Hotel nebenan.

Östlich vom See an der Circular Road gibt es noch ein neueres Haus der RTDC, nämlich das Hotel Khidmat (Tel. 5 27 05). Es hat nur Luxuszimmer für 150 bzw. 200 Rs sowie Betten in einem Schlafsaal für 40 Rs zu bieten. Dieses Quartier liegt etwas ungünstig, ist aber eher das Geld wert als das Hotel Khadim.

An der Kutchery Road, nur ein paar Minuten zu Fuß vom Bahnhof entfernt, findet man das Hotel Samrat (Tel. 3 18 05). Das ist ein ganz freundliches Quartier und liegt, auch wenn die Zimmer recht klein sind, günstig, wenn man früh am Morgen mit einem privaten Bus weiterreisen will, denn die privaten Busunternehmen sind mit Büros gleich auf der anderen Straßenseite vertreten. In diesem Hotel muß man für ein Einzelzimmer 150 Rs und für ein Doppelzimmer 250 Rs bezahlen, für ein Doppelzimmer mit Ventilator 300 Rs. In allen Zimmern stehen Fernsehgeräte für Satellitenprogramme.

Das einzige Spitzenhotel von Ajmer ist das Hotel Mansingh an der Circular Road mit Blick über den Ana Sagar (Tel. 5 07 02). Auch wenn es auf den ersten Blick in Ordnung aussieht, stellt man bei näherem Hinsehen fest, daß es schlecht unterhalten wird und ihm an Aufmerksamkeit für Details fehlt. Die Lage dieses Hauses ist ideal, aber mit Preisen für ein Einzelzimmer von 1190 Rs und für ein Doppelzimmer von 1800 Rs ist es viel zu teuer.

ESSEN

Die Auswahl bei den Verpflegungsmöglichkeiten in Ajmer ist begrenzt. Sehr gut schmeckt es im vegetarischen Restaurant im Hotel Bhola, das immer gut in Schuß gehalten wird. Hier werden leckere Thalis für 25 Rs sowie etliche andere Gerichte angeboten, aber auch Eiscreme.

Ebenfalls ganz gut sind die vegetarischen und nichtvegetarischen Gerichte im Restaurant Honeydew unweit vom KEM Rest House. Dieses Lokal verfügt auch über einen Tandoor-Ofen und hat Pizza sowie Espresso-Kaffee zu bieten. Für ein Hauptgericht in diesem Lokal muß man rund 35 Rs bezahlen. Essen kann man drinnen und draußen.

Das beste Restaurant in der Stadt ist das Sheesh Mahal im Hotel Mansingh. Es ist mit Hauptgerichten für 65 bis 95 Rs aber auch ganz schön teuer.

AN- UND WEITERREISE

Bus: Alle 15 Minuten fahren Busse von Jaipur nach Ajmer, einige ohne Halt zwischendurch. Eine Fahrt dauert 2¹/₂ Stunden und kostet 40 Rs. Von und nach Delhi verkehren täglich 20 Busse, in denen man für eine Fahrt 110 Rs bezahlen muß.

Staatliche Luxusbusse verkehren auch nach Jodhpur (62 Rs, 4¹/₂ Stunden), über Chittorgarh nach Udaipur (86 Rs, 303 km), nach Chittorgarh (48 Rs, 190 km), über Bundi nach Kota (53-62 Rs, 200 km), nach Ranakpur (70 Rs, 237 km), nach Bharatpur (80 Rs, 305 km) und nach Bikaner (84 Rs, 277 km). Außerdem fahren jeden Morgen um 7.30, 9.00 und 11.30 Uhr Busse nach Agra (85 Rs, 385 km) und um 7.45 Uhr nach Jaisalmer (125 Rs, 490 km) ab. Ferner kann man mit normalen Bussen nach Kota und Bundi gelangen.

Mit privaten Luxusbussen kommt man auch nach Ahmedabad, Udaipur, Jodhpur, Mt. Abu, Jaisalmer, Bikaner, Delhi und Bombay. Die meisten der Unternehmen, die solche Busse einsetzen, unterhalten ein Büro an der Kutchery Road. Wenn man seine Fahrkarte zu einem dieser Ziele durch eine Agentur in Pushkar besorgen läßt, wird man ohne Zusatzkosten mit einem Jeep nach Ajmer gefahren, um hier seine Busfahrt antreten zu können.

Zug: Ajmer liegt an der Strecke von Delhi über Jaipur und Marwar nach Ahmedabad. Die meisten Züge halten hier. Die 135 km lange Fahrt von Jaipur kostet in der 2. Klasse 35 Rs und in der 1. Klasse 138 Rs. Der *Pink City Express* von Jaipur nach Ajmer fährt fast genauso lange wie ein Bus. Nach Udaipur braucht der schnellste Zug 7¹/₂ Stunden.

NAHVERKEHR

Ajmer ist keine weit auseinander gezogene Stadt, so daß sich gut alles zu Fuß besuchen läßt. Es stehen aber auch genug Fahrrad- und Auto-Rikschas zur Verfügung.

PUSHKAR

Einwohner: 12 000

Telefonvorwahl: 014581

Ähnlich wie Goa und Dharamsala ist Pushkar ein Ort, den die vom vielen Herumreisen müden Touristen ansteuern, um sich auszuruhen oder Abstand vom Alltag daheim suchen. Dieser kleine, ganz entzückende Ort ist nur 11 km von Ajmer entfernt. Zwischen den beiden Orten erhebt sich der Nag Pahar, der Schlangenberg. Pushkar liegt aber auch am Rande der Wüste.

Die Stadt ist malerisch um einen See herum gelegen. An diesem Pushkar-See gibt es auch einige *ghats*, heilige Badestellen, denn Pushkar ist für die Hindus ein sehr bedeutender Wallfahrtsort. Leider füllt sich der See nach einem regenarmen Monsun manchmal nicht wieder auf und kann dann fast leer sein. Das ist schade, denn der mit Wasser gefüllte See ist ein bedeutender Faktor im Erscheinungsbild des Ortes.

Pushkar ist auch weltberühmt wegen des riesigen Kamelmarktes, der jedes Jahr im Oktober oder November stattfindet. In dieser Zeit drängen sich hier Angehörige von Stämmen aus ganz Rajasthan, Pilger aus allen Teilen Indiens und Touristen aus der ganzen Welt. Wenn Sie sich in dieser Zeit irgendwo in der Gegend aufhalten, sollten Sie dieses Ereignis nicht verpassen. Ausritte auf Kamelen werden jedoch von einer Reihe von Veranstaltern im ganzen Ort das ganze Jahr über angeboten. An mehrtägigen Kamelsafaris kann man ebenfalls teilnehmen.

Weil Pushkar eine heilige Stadt ist, sind in ihr Alkohol und Fleisch verboten.

SEHENSWÜRDIGKEITEN

Kamelmarkt: Das genaue Datum für den Kamelmarkt hängt vom Mondkalender ab, fällt aber nach der hinduistischen Zeitrechnung auf den Tag mit Vollmond im Kartik Purnima. Alljährlich begeben sich in dieser Zeit bis zu 200 000 Menschen nach Pushkar und bringen etwa 50 000 Kamele und anderes Vieh mit. Für einige Tage versammeln sich die Leute dann zur Wallfahrt, zum Pferdehandel, zum Kamelrennen und zu farbenfrohen Festen.

Auch das Fremdenverkehrsamt von Rajasthan war nicht untätig und fügte dem Treiben noch Attraktionen für Touristen hinzu, nämlich Aufführungen von Tänzen aus Rajasthan und andere kulturelle Veranstaltungen. Zu diesem Zweck wird eine riesige Zeltstadt aufgebaut, die die indischen und ausländischen Besucher aufnimmt. Der Kamelmarkt gehört zu den größten Veranstaltungen in ganz Indien und ist zugleich eines der farbenprächtigsten Feste. Im Jahre 1997 wird er vom 11.-14. November und im Jahre 1998 vom 1.-4. November stattfinden.

Tempel: Pushkar birgt in seinen Mauern auch viele Tempel, aber nur wenige davon sind so alt, wie man in einem wichtigen Wallfahrtsort wie Pushkar erwarten würde, denn viele wurden durch Aurangzeb zerstört und danach wieder aufgebaut. Am berühmtesten ist der Brahma-Tempel. Von ihm sagt man, es sei der einzige Brahma-Tempel in ganz Indien. Zu erkennen ist er an der goldenen Spitze. Über dem Eingang ist das Symbol von Brahma, die Gans (Hans), zu sehen. Der Legende nach war es Brahma selbst, der sich Pushkar als seine Stadt aussuchte. Von gewisser Bedeutung in Pushkar ist auch noch der Rangji-Tempel.

Die eine Stunde dauernde Wanderung zum Tempel auf dem Hügel mit Blick über den See unternimmt man am besten am frühen Morgen. Dann sind die Ausblicke überwältigend.

Ghats: Viele *ghats* führen hinunter zum See. Hier baden Pilger fast zu jeder Stunde in den heiligen Wassern. Wenn Sie sich das aus der Nähe ansehen wollen, dann bitte mit Respekt. Ziehen Sie Ihre Schuhe aus, rauchen Sie nicht, und lassen Sie Ihren Fotoapparat eingepackt. Dies ist nicht Varanasi. Die Pilger reagieren sehr sensibel auf Störungen durch Nicht-Hindus.

UNTERKUNFT

Pushkar ist eine so kleiner, aber dennoch so beliebter Ort, daß es schwer werden kann, eine Unterkunft zu finden, insbesondere dann, wenn man erst spät am Tag ankommt. Die meisten Unterkünfte sind sehr einfach und haben nur Zimmer mit einem Bett und ein Gemeinschaftsbad für alle Gäste, aber kein heißes Wasser zu bieten. In vielen Zimmern stehen nur *charpoys* (Pritschen) ohne Matratzen und Bettwäsche. Auf der anderen Seite sind die Zimmer im allgemeinen sauber und häufig frisch gestrichen. Bevor Sie sich für ein Zimmer entscheiden, sollten Sie sich mehrere davon ansehen, weil viele wegen der kleinen oder fehlenden Fenster wie Gefängniszellen wirken. Weil in den meisten Zimmern zudem Moskitos vorkommen, empfiehlt es sich, ein Schutzmittel dagegen bei sich zu haben. Das beliebteste Quartier ist das Hotel Pushkar Palace (Tel. 34 01, Fax 2226), ein eigentlich schon besseres

Haus, in dem auch 14 preisgünstige Zimmer mit Badbenutzung als Einzelzimmer für 60 Rs und als Doppelzimmer für 100 Rs angeboten werden. Die Zimmer sind zwar nur klein, liegen aber ausgezeichnet unmittelbar am Ufer des Sees. Bessere Zimmer mit Bad und heißem Wasser kosten bei Alleinbelegung ab 250 Rs und bei Belegung zu zweit ab 350 Rs und reichen bis 650 bzw. 750 Rs für Zimmer mit Klimaanlage. Geboten werden den Gästen auch eine ganz hübsche Rasenfläche und ein ausgezeichnetes, wenn auch ziemlich teures Restaurant.

Neben dem Hotel Pushkar Palace, aber zu erreichen durch einen anderen Eingang, liegt das Hotel Sarovar Tourist Bungalow der RTDC (Tel. 20 40) auf einem riesigen Grundstück am hinteren Ende des Sees. Auch hier steht den Gästen ein Restaurant zur Verfügung. Diese Anlage ist besser als der Tourist Bungalow in Ajmer und hat normale Einzel- und Doppelzimmer mit Badbenutzung für 75 bzw. 100 Rs, Einzel- und Doppelzimmer mit eigenem Bad für 100 bzw. 150 Rs sowie Luxuszimmer mit Ventilator für 200 bzw. 250 Rs zu bieten. Ein Teil des Hotels war früher einmal ein kleiner Palast, der dem Maharadscha von Jaipur gehörte.

Weitere Unterkünfte in der gleichen Gegend sind der V K Tourist Palace (Tel. 21 74), ein beliebtes preisgünstiges Quartier mit Einzel- und Doppelzimmern mit Badbenutzung für 40 bzw. 60 Rs, mit Bad für 70 bzw. 100 Rs, und einem guten Dachrestaurant, sowie das Krishna Guest House und das Hotel Om mit ähnlichen Preisen. Mehrere Übernachtungsmöglichkeiten stehen auch um die Haltestelle der Busse nach und aus Ajmer zur Verfügung. Dort ist das neue Hotel Poornima (Tel. 60 54) eine gute Wahl. Erbaut um einen kleinen Innenhof, werden in diesem Haus mit Bad Einzelzimmer für nur 40 Rs und Doppelzimmer für nur 60 Rs angeboten. Das Bhagwati Guest House kann mit einem Dachrestaurant und einigen ganz hübschen Zimmern mit Badbenutzung an einem friedlichen Garten nach hinten für 30 bzw. 40 Rs aufwarten. Für ein Doppelzimmer mit eigenem Bad muß man hier 80 Rs bezahlen. Auf der anderen Straßenseite liegt das Hotel Oasis (Tel. 21 00), ein großes Haus mit Einzelzimmern ab 80 Rs und Doppelzimmern ab 100 Rs.

Eine weitere gute Wahl ist das Hotel Peacock am Ortsrand (Tel. 88), auch wenn das ein ganzes Stück vom See entfernt ist. Die Zimmer liegen um einen weitläufigen und schattigen Innenhof herum. Auch der Swimming Pool und der Whirlpool sind nicht zu unterschätzende Anziehungspunkte. Die Zimmer mit Gemeinschaftsbad kosten hier 50 bzw. 80 Rs, die Doppelzimmer mit eigenem Bad 120 Rs. Vermietet werden auch noch bessere Zimmer, in denen man allein für 300 Rs und zu zweit für 450 Rs übernachten kann. In der Nähe steht das neue Hotel Chandra Palace mit Einzelzimmern für 60 Rs und Doppelzimmern für 80 Rs (mit Bad und fließendem heißem Wasser). Dieses Haus liegt in einer sehr ruhigen Gegend.

Das Hotel Prince liegt näher zum See hin und verfügt über einen kleinen Innenhof. Die Zimmer in diesem Haus sind einfach, aber doch ganz ansprechend. Mit Badbenutzung kann man in ihnen allein für 30 Rs und zu zweit für 50 Rs übernachten. In der Nähe befindet sich das Hotel Sunrise mit ähnlichen Preisen, ein anheimelndes Quartier, das von einem schon älteren Paar geführt wird. In der gleichen Gegend kommt man ferner im einfachen Sai Baba Guest House mit Zimmern ab 25 Rs unter. Hier wohnen viele Gäste recht lange und essen dann im Restaurant, in dem „everything you like" serviert wird. Nicht weit entfernt stößt man auf das Konika Guest House, ein sauberes Haus, das sein Geld wert ist. In diesem Quartier, geführt von einer sehr hilfsbereiten Familie, kosten Doppelzimmer mit Bad 75 Rs.

Nördlich vom See liegt das Hotel White House (Tel. 21 47), das ebenfalls sauber ist und von einer freundlichen Brahmanenfamilie gut geführt wird. In diesem angenehmen Quartier werden Zimmer für jeden Geldbeutel vermietet, auch wenn einige Zimmer nicht unbedingt ihr Geld wert sind. Zu haben sind Einzel- und Doppelzimmer mit Badbenutzung für 50 bzw. 100 Rs und Zimmer mit eigenem Bad für 125 bzw. 150 Rs. Das Haus ist sehr friedlich und ruhig und ermöglicht vom Dach aus herrliche Blicke. Angeschlossen ist ein großer Markt. Auch der Mangotee schmeckt lecker.

Eine ausgezeichnete Wahl ist das Everest Guest House. Dieses Haus sieht zwar aus wie eine Mietskaserne, ist aber ganz nett, ruhig und sehr sauber. Außerdem bieten sich vom Dach herrliche Ausblicke. In einem Schlafsaal kann man hier für 15 Rs übernachten, während mit

---

Pushkar-Pässe

Ausländische Besucher, die an den *ghats* in Pushkar waren, sind an den roten Bändern zu erkennen, die sie um die Handgelenke tragen. Wenn man sich dazu überreden läßt, für so etwas mehr auszugeben als man wollte, kann das ein teures Vergnügen werden. Nähert man sich den *ghats*, bieten nämlich Priester, echt oder nicht, an, *puja* (Gebete) zu sprechen. Läßt man sich darauf ein, wird man zu einem bestimmten Zeitpunkt während des Gebetes gefragt, wieviel Geld man Brahma spenden wolle. Auch ein Vorschlag in der Größenordnung von 100 bis 300 Rs fehlt dann nicht. Auf so eine Art emotionale Erpressung sollte man nicht hereinfallen und auch dann bei ein paar Rupien bleiben, wenn man sich vorgenommen hatte, mehr nicht zu spenden - selbst wenn der echte oder vermeintliche Priester dann erklärt, daß sei nicht genug und decke nicht einmal die Kosten des Materials für die Bänder.

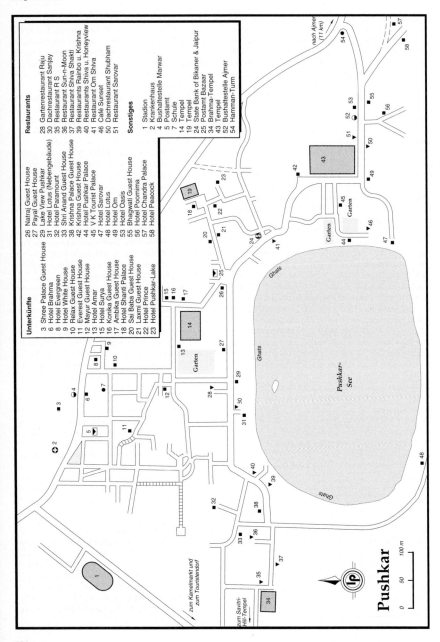

Pushkar

Unterkünfte

3 Shree Palace Guest House
6 Hotel Brahma
8 Hotel Evergreen
9 Hotel White House
10 Relax Guest House
11 Everest Guest House
12 Mayur Guest House
13 Hotel Amar
15 Hotel Surya
16 Konika Guest House
17 Ambika Guest House
18 Hotel Shanti Palace
20 Sai Baba Guest House
21 Laxmi Guest House
22 Hotel Prince
23 Hotel Pushkar-Lake

26 Natraj Guest House
27 Payal Guest House
29 Lake View Pushkar
31 Hotel Lotus (Nebengebäude)
32 Hotel Paramount
33 Shri Anand Guest House
38 Krishna Palace Guest House
42 Krishna Guest House
44 Hotel Pushkar Palace
45 V K Tourist Palace
47 Hotel Sarovar
48 Hotel Lotus
49 Hotel Om
53 Hotel Oasis
55 Bhagwati Guest House
56 Hotel Poornima
57 Hotel Chandra Palace
58 Hotel Peacock

Restaurants

28 Gartenrestaurant Raju
30 Dachrestaurant Sanjay
35 Restaurant R S
36 Restaurant Sun-n-Moon
37 Restaurant Shiva Shakti
39 Restaurants Rainbo u. Krishna
40 Restaurants Shiva u. Honeyview
41 Restaurant Om Shiva
46 Café Sunset
50 Dachrestaurant Shubham
51 Restaurant Sarovar

Sonstiges

1 Stadion
2 Krankenhaus
4 Bushaltestelle Marwar
5 Postamt
7 Schule
14 Tempel
19 Tempel
24 State Bank of Bikaner & Jaipur
25 Postamt Bazaar
34 Brahma-Tempel
43 Tempel
52 Bushaltestelle Ajmer
54 Hamman-Turm

nach Ajmer (11 km)

Pushkar-See

Ghats

Garten

zum Kamelmarkt und zum Touristendorf

zum Savitri-Hill-Tempel

0   50   100 m

Gemeinschaftsbad die kleinen Einzel- und Doppelzimmer 30 bzw. 50 Rs und mit eigenem Bad die Einzel- und Doppelzimmer 60 bzw. 80 Rs kosten. Heißes Wasser steht ständig zur Verfügung, und Essen können ebenfalls bestellt werden. In der Nähe steht das Mayur Guest House, ein neues, kleines Haus, das von einer freundlichen Familie betrieben wird. Hier kommt man in großen Zimmern mit Bad allein ab 80 Rs und zu zweit ab 100 Rs unter, mit Badbenutzung für 30 bzw. 50 Rs. Sehr beliebt ist außerdem das Payal Guest House mitten im Hauptbasar (Tel. 21 63). Das ist ein ganz nettes Quartier mit Einzelzimmern für 30 Rs und Doppelzimmern für 50 Rs (mit Badbenutzung) sowie Einzelzimmern für 60 Rs und Doppelzimmern für 75 Rs (mit eigenem Bad). Das Lake View auf der anderen Straßenseite hat in der Tat gute Ausblicke auf den See zu bieten und ist ebenfalls beliebt. Dort muß man mit Badbenutzung für ein Einzelzimmer 35 Rs und für ein Doppelzimmer 70 Rs bezahlen.

Eines der ersten Gästehäuser in Pushkar war das Shri Anand Guest House („No Chitting, No Fitting, No Problem"), auch heute noch ein sehr freundliches Quartier mit Einzelzimmern für 40 Rs und Doppelzimmern für 60 Rs (mit Badbenutzung), mit eigenem Bad für 80 bzw. 100 Rs. In der Nähe kommt man zum neuen Hotel Paramount mit ausgezeichneten Blicken auf den See und Zimmern mit Badbenutzung für 30 zw. 50 Rs. Das beste Zimmer in diesem Haus ist das mit der Nummer 107, in dem man mit einem kleinen Balkon und angeschlossenem Bad für 100 Rs unterkommt.

An der Südseite des Sees ist das Hotel Lotus ein sehr freundliches Haus mit kleinen Zimmern ab 30 Rs, einem Aufenthaltsraum und einem Schwimmbecken. Zu empfehlen ist zudem das JP's Village Resort (Tel. 20 67), gelegen 2 km von der Ortsmitte entfernt. Dort muß man für eine Übernachtung 50 bis 250 Rs bezahlen und kann dann auch von einem Swimming Pool, Fahrrädern ohne Zusatzkosten und einem Jeep für Ausflüge Gebrauch machen.

Touristendorf: Während des Kamelmarktes in Pushkar, zu dem alljährlich Tausende von Besuchern angereist kommen, wird auf dem *mela* neben dem Messeplatz ein „Touristendorf" (Tel. 20 74) in Betrieb genommen, in dem bis zu 1600 Besucher in Zelten übernachten können. Die Bewohner dieser Zeltstadt versorgen sich selbst, denn hier stehen dann ein Speiseraum, ein Coffee Shop, Toiletten, Badezimmer mit heißem Wasser aus Eimern, Möglichkeiten zum Geldwechseln, ein Postamt, eine Gesundheitsstation, ein Safe zur Aufbewahrung von Wertsachen, eine Einkaufsarkade und ein Schalter mit Informationen für Touristen zur Verfügung.

Aufgebaut werden fünf Zelte mit Schlafsälen, in denen jeweils 60 Gäste mit Frühstück für 90 Rs übernachten

können, sowie 150 „Luxuszelte" für jeweils einen Gast oder zwei Gäste, in denen man mit Vollpension für 900 bzw. 1200 Rs übernachten kann. Außerdem werden 20 Hütten vermietet, die mit Vollpension allein zum Preis von 1400 Rs und zu zweit zum Preis von 1800 Rs bewohnt werden können. Diese Hütten stehen aber auch das ganze Jahr über zur Verfügung und kosten außerhalb der Zeit mit dem Kamelmarkt 150 bzw. 200 Rs.

Die Nachfrage nach den Zelten kann so groß sein, daß eine vorherige Reservierung zu empfehlen ist. Das ist beim General Manager, RTDC, Hotel Swagatam Campus, Jaipur, Tel. 31 05 86, möglich. Wenn man sicher sein will, ein Quartier zu erhalten, muß der Übernachtungspreis spätestens 45 Tage vorher bezahlt sein.

ESSEN

Als Mekka für Globetrotter ist Pushkar einer der Orte, in dem jeder sein Lieblingslokal hat. Zudem kann man zwischen einer ganzen Reihe von Restaurants wählen. Das strenge Vegetariertum, das sogar zum Verbot von Eiern in der Verpflegung geführt hat, sorgt dafür, daß die Auswahl bei den Zutaten für ein Essen begrenzt ist, aber die Köche gleichen das durch Phantasie aus. In einigen Lokalen kann man sogar Omelettes ganz ohne Eier erhalten!

Gerichte vom Buffet scheinen hier groß in Mode gekommen zu sein. Es gibt eine ganze Reihe von Lokalen, in denen man für 20 bis 25 Rs morgens, mittags und abends so viel essen kann, wie man mag. Ursprünglich hatte sich allein das Restaurant Shiva am Westende des Ortes auf Speisen vom Buffet spezialisiert, aber heute ist das Essen im Restaurant Om Shiva (das Wort „Om" nur in Hindi geschrieben, um von der Beliebtheit des Restaurants Shiva profitieren zu können), gelegen unweit der State Bank, besser. Ein gutes Buffet wird auch im Dachrestaurant vom V K Tourist Palace angeboten. Die Speisen sind eine gute Wahl, insbesondere beim Frühstück, während die Auswahl beim Mittag- und Abendessen langweilig sein kann. Das Frühstück besteht aus Cornflakes, Porridge, Joghurt, braunem Brot, Bananen, Butter, Marmelade, Kaffee sowie Tee und wird bis 11.00 Uhr angeboten. Im übrigen ist es am sichersten, in Lokalen mit viel Betrieb vom Buffet zu essen, weil dort die Wahrscheinlichkeit groß ist, daß alle Gerichte für jedes Essen frisch zubereitet und nicht wieder aufgewärmt worden sind.

Es gibt in Pushkar auch mehrere ganz hübsche Gartenrestaurants. Eines davon ist das Sun n-Moon, in dem die Tische um einen Bo-Baum herum aufgestellt sind und in dem eine Reihe westlicher Speisen wie Pizza und Apfelkuchen serviert wird. Im Gartenrestaurant Raju erhält man Pizza aus einem richtigen Ofen für 30 Rs und genug Krüge mit Marmite, daß sie bis in das nächste Jahrtausend reichen.

Das beste Buffet wird im Hotel Pushkar Palace angeboten. Es kostet 60 Rs. Die Speisekarte dafür wird jeden Abend ausgehängt. Beliebt ist das Café Sunset in der Nähe, insbesondere bei Sonnenuntergang. Hier kann man aus einer ganzen Reihe von Brotsorten, Croissants, Zimtrollen und Sandwiches wählen. Auch die Fruchtsäfte schmecken ganz gut. Leider ist die Bedienung fürchterlich langsam. Dennoch ist es ganz angenehm, hier am Ufer des Sees zu sitzen.

EINKÄUFE

Entlang vom Main Bazaar in Pushkar findet man eine Reihe von Handwerksgeschäften, in denen insbesondere mit Stickereien verzierte Stoffe angeboten werden, zum Beispiel Wandteppiche, Bettbezüge, Kissenbezüge und Schultertaschen. Das meiste davon kommt aus dem Bezirk Barmer südlich von Jaisalmer und anderen Gegenden in Rajasthan, in denen Stämme solche Sachen herstellen. Das Angebot reicht für jeden Geschmack und jeden Geldbeutel, auch wenn über die Preise kräftig gehandelt werden muß. Die Geschäftsbesitzer haben sich vorwiegend auf Touristen mit viel Geld eingestellt und nehmen sich nicht viel Zeit, lange über einen „Last Price" zu feilschen. Lassen Sie sich aber die Zeit, sich zunächst in einigen Geschäften umzusehen, bevor Sie ernsthaft anfangen zu verhandeln. Seit einiger Zeit sind diese Läden auch zu den unvermeidlichen Bekleidungsgeschäften geworden, in denen die Bekleidungsstücke angeboten werden, die Ende der sechziger Jahre in Goa und Kathmandu in Mode waren. Manchmal findet man hier auch zeitlose Sachen, aber das meiste ist Tand.

Dagegen sind die Musikgeschäfte, in denen Schallplatten und Musikkassetten verkauft werden, einen Besuch wert, wenn man sich für traditionelle oder zeitgenössische indische Musik interessiert. Anscheinend werden hier die unsäglichen Aufnahmen mit Filmmusik indischer Schnulzen hier nicht angeboten.

Im Main Bazaar gibt es daneben einige Buchhandlungen, in denen Romane in vielen Sprachen antiquarisch verkauft werden. Bereits gelesene Bücher werden hier auch für 50 % des Verkaufspreises zurückgenommen.

Musikerin mit einer *veena*

AN- UND WEITERREISE

Von der Haltestelle in der Nähe des Bahnhofs in Ajmer fahren häufig Busse nach Pushkar (4 Rs, auch wenn eine Fahrt in Gegenrichtung wegen der Straßenbenutzungsgebühr in nur einer Richtung von Pushkar nach Ajmer lediglich 3 Rs kostet). Eine Fahrt von Ajmer nach Pushkar ist ein spektakulärer Aufstieg zu den Hügeln hinauf, allerdings nur dann, wenn man durch die Fenster des Busses etwas sehen kann.

In Pushkar kann man seine Reise nach Jodhpur fortsetzen, ohne nach Ajmer zurückkehren zu müssen. Die Busse dorthin fahren über Merta und brauchen 8 Stunden. Schneller geht es aber, wenn man nach Ajmer zurückkehrt und von dort mit einem Schnellbus in nur 4¹/₂ Stunden nach Jodhpur fährt.

Es gibt in Pushkar auch ein paar Agenturen, in denen Fahrkarten für Fahrten mit privaten Bussen zu verschiedenen Zielen angeboten werden. Alle diese Busse fahren in Ajmer ab, aber wenn man die Fahrkarte bereits in Pushkar kauft, wird man ohne weitere Kosten mit einem Jeep nach Ajmer gefahren. Für welche Ziele das gilt, läßt sich dem Abschnitt über Ajmer entnehmen.

NATIONALPARK RANTHAMBHORE

Ranthambhore, gelegen unweit der Stadt Sawai Madhopur sowie auf halbem Wege zwischen Bharatpur und Kota, ist eines der bedeutendsten Beispiele für die Bemühungen, mit dem „Projekt Tiger" diese selten gewordenen Tiere zu schützen. Leider zeigt der Park zugleich, das dieses Projekt bisher weitgehend ein Miß-

erfolg war. Das ist darauf zurückzuführen, daß Staatsbedienstete bei der Wilderei von Tigern für die Verwendung in der chinesischen Volksmedizin beteiligt waren. Fachleute haben herausgefunden, daß der Bestand an Tigern nur noch aus 15 davon besteht. Offiziell sollen es 22 sein, aber immer noch weniger als die 44

Tiger vor ein paar Jahren. Wie auch immer, man hat dennoch die Aussicht, einen davon zu Gesicht zu bekommen. Aber um ganz sicher einen oder mehrere Tiger zu sehen, sollte man zwei oder drei Safaris einplanen. Andere Tiere, insbesondere große und kleine Pflanzenfresser, sind im Park viel zahlreicher als die Tiger. Selbst wenn Sie im Park keinen Tiger sehen, ist es den Aufwand, dorthin zu gelangen, allemal bereits wegen der Landschaft wert. In Indien erhalten Sie nämlich nicht häufig die Gelegenheit, ein so großes Gebiet mit noch unberührtem Busch kennenzulernen. Der Kontrast zu dem sonst häufig schon seiner Vegetation beraubten Land ist gewaltig.

Der Nationalpark besteht aus einem Gebiet von etwa 400 Quadratkilometern mit einer herrlichen Landschaft. Unzählige Seen und Flüsse werden von Klippen gesäumt, auf denen eine riesige und gut erhaltene Festung aus dem 10. Jahrhundert mit Tempeln und den Resten eines Palastes steht. Die Festung ist ganz sicher einen Besuch wert, weil man von den Rampen aus herrliche Blicke über den Park hat. Das flachere Gebiet wechselt zwischen mit Büschen bewachsenem Land und ziemlich dichten Wäldern, in denen noch Ruinen von Pavillons, Grabmäler (*chhatris*) und Verstecke zu sehen sind, denn diese Gegend war früher ein Jagdgebiet der Maharadschas.

Durch den Park zieht sich ein Netz von Schotterwegen, auf denen Safaris mit an den Seiten offenen Jeeps und unter der Leitung von Wildhütern stattfinden. Wer jemals in Ostafrika an einer Safari teilgenommen hat, wird dies für ein sehr riskantes Abenteuer halten, aber die Tiger bleiben unbeteiligt und von den geschwätzigen Touristen mit ihren Kameras nur wenige Meter entfernt ungestört dort liegen, wo sie sich gerade aufhalten. Bisher ist noch niemand angefallen oder aufgefressen worden.

Die beste Zeit für einen Besuch sind die Monate Oktober bis April, also vor dem Monsun. In der Monsunzeit vom 1. Juni bis zum 1. Oktober ist der Park ohnehin geschlossen. Die besten Tageszeiten, um die Tiere zu beobachten, sind der frühe Morgen und der späte Nachmittag.

ORIENTIERUNG UND PRAKTISCHE HINWEISE

Ein Fremdenverkehrsamt befindet sich im Büro vom „Projekt Tiger" in Sawai Madhopur (Tel. 2 02 08). Es liegt etwas versteckt rund einen halben Kilometer vom Bahnhof entfernt. Um dorthin zu gelangen, muß man den Schienen südlich des Bahnhofs folgen, dann die Überführung benutzen und findet das Büro anschließend an einem Kilometer vom Bahnhof entfernt, liegt das Hotel Swagat der anderen Seite der Schienen.

Die Zahl der Fahrzeuge, die in den Park hineingelassen werden, ist begrenzt. Es gibt vier Wege im Park, wo auf jedem bei einer Safari zwei oder drei Jeeps eingesetzt werden. Außerdem fahren große Lastwagen (oben offen) mit Platz für 22 Leute, allerdings nur auf zwei der Wege.

Von Sawai Madhopur bis zum ersten Tor des Parks sind es 10 km. Dort muß man die Eintrittsgebühr bezahlen. Dann sind es noch weitere 3 km bis zum Haupttor und zum Jogi Mahal. Die Unterkünfte sind entlang der ganzen Strecke von der Stadt bis zum Park aufgereiht. In der Hochsaison um Weihnachten und Neujahr ist die vorherige Reservierung eines Quartiers notwendig.

Wenn man Fotos aufnehmen will, dann lohnt es sich, einige Filme mit einer Empfindlichkeit von 400 oder 800 ASA mitzubringen, weil das Unterholz dicht und erstaunlich dunkel ist.

Der Eintritt in den Park kostet 25 Rs. Weitere 10 Rs sind für das Mitbringen einer Kamera zu bezahlen. Auch für das Mitbringen eines Fahrzeuges muß man Eintritt entrichten (75 Rs). Für einen Führer muß man 55 Rs bezahlen. Ein junger dieser Führer, der auch gut wilde Tiere entdecken kann, ist Shahi Ali.

UNTERKUNFT

Es gibt zwar einige einfache Unterkünfte in der Stadt Sawai Madhopur, aber die besseren liegen entlang der Straße zum Park. Wenn Sie aus einem Zug steigen, werden Sie sofort von Schleppern und Jeepfahrern umringt sein, die ein Geschäft wittern. Geben Sie nicht zu erkennen, daß Sie irgendwo übernachten und dann die Auswahl des Hotels dem Schlepper überlassen wollen. Im übrigen werden in vielen Unterkünften zunächst hohe Preise gefordert, die sich jedoch leicht herunterhandeln lassen, wenn gerade nicht viel Betrieb ist.

Die Ruheräume der Eisenbahn liegen ein ganzes Stück von den Schienen zurück und sind daher ruhiger als die meisten anderen. Dort kommt man in großen Doppelzimmern mit Bad für 85 Rs und in Schlafsälen für 30 Rs pro Bett unter. Direkt in der Stadt, etwa einen halben Kilometer vom Bahnhof entfernt, liegt das Hotel Swagat (Tel. 26 01). Es ist recht einfach, aber für das, was es bietet, mit Preisen für ein Einzelzimmer von 40 Rs und für ein Doppelzimmer von 60 Rs sowie für ein Doppelzimmer mit Bad von 80 Rs durchaus annehmbar. Das Hotel Vishal in der gleichen Straße ist ähnlich.

Auf dem Weg aus der Stadt heraus in Richtung Park ist die erste Unterkunft das Cave (1 km entfernt), das aus einem Zeltlager mit rund einem Dutzend Zelten besteht, jedes mit einem eigenem Bad, für das man heißes Wasser in Eimern erhalten kann. Allerdings sind die Übernachtungspreise mit 450 Rs allein und 600 Rs zu zweit viel zu hoch. Wenn die Zelte leer sein sollten (was sie häufig sind), dürfte es möglich sein, den Übernachtungspreis auf etwa 150 Rs herunterzuhandeln.

Das nächste Quartier ist die 1½ km entfernte Sawai Madhopur Lodge der Taj-Gruppe (Tel. 2 05 41), die früher dem Maharadscha von Jaipur gehörte. Sie ist recht luxuriös und bieten den Gäste auch eine Bar, ein Restaurant, einen Swimming Pool und einen wunderschönen Garten. Für eine Übernachtung in einem Einzelzimmer muß man hier 64 US $ und in einem Doppelzimmer 120 US $ bezahlen. Außerdem kann man recht komfortabel in Zelten allein für 60 US $ und zu zweit für 90 US $ übernachten. Sehr gute Verpflegung ist ebenfalls erhältlich, und zwar zum Mittagessen für 150 Rs und zum Abendessen für 180 Rs.

Nach weiteren 500 Metern kommt man zum kleinen und sehr ansprechenden Ankur Resort (1½ km). Das ist ein sauberes und modernes Quartier mit gar nicht so kleinen Zimmern, alle mit eigenem Bad. Die Übernachtungspreise betragen für ein Einzelzimmer 350 Rs sowie für ein Doppelzimmer 450 Rs, aber wenn die Anlage nicht voll belegt ist, sollte es nicht nötig sein, mehr als die Hälfte davon zu bezahlen. Von den Preisen und Einrichtungen für die Gäste her sehr ähnlich ist das Anurag Resort (Tel. 2 04 51), noch einmal 500 m weiter in Richtung Park (2 km von der Stadt). Hier stehen auch ein Schlafsaal mit Betten für jeweils 50 Rs und Zeltmöglichkeiten zur Verfügung.

Die nächste Unterkunft ist die erste, die von der RTDC geführt wird und heißt Kamdhenu Tourist Bungalow (Tel. 2 03 34). Sie liegt 3 km von der Stadt entfernt. Das Haus ist ein recht modernes, aber gesichtsloses Gebäude, in dem Unterkünfte angeboten werden, über die nichts Bemerkenswertes zu berichten ist. Die Preise betragen für ein Bett im Schlafsaal 30 Rs, für ein Einzelzimmer 250 Rs und für ein Doppelzimmer 300 Rs (mit Bad). Für ein Zimmer mit Ventilator muß man allein 300 Rs und zu zweit 350 Rs ausgeben. Essen kann man hier ebenfalls, beispielsweise Thalis für 50 Rs. Das erst vor kurzem eröffnete Tourist Hotel der RTDC liegt etwa 2 km weiter entlang der Straße. Dort kommt man in acht Zimmer allein für 325 Rs und zu zweit für 400 Rs unter. Essen läßt sich in einem ganz guten Restaurant.

Überwältigend auf einem Berg rechts der Straße liegt die Castle Jhoomar Baori Forest Lodge (Tel. 2 04 95), und zwar 5 km von der Stadt entfernt und dann noch 2 km abseits der Straße. Das war früher eine königliche Jagdhütte, die jetzt ebenfalls von der RTDC als Unterkunft geführt wird, allerdings zur Abwechslung einmal ganz gut. Die 11 Zimmer sind bequem, geräumig sowie gut eingerichtet und bieten auch moderne Toiletten und Bäder mit heißem Wasser. Eine herrliche Lounge und ein Dachgarten stehen den Gästen ebenfalls zur Verfügung. Für eines der normalen Zimmer mit Ventilator

muß man hier 325 bzw. 400 Rs, für die „Panther-Suite" 500 bzw. 600 Rs und für die „Tiger-Suite" 600 bzw. 750 Rs bezahlen.

Weitere Unterkünfte sind das Hotel Tiger Moon (Tel. 022/6 40 63 99), eine Ferienanlage am Ende der Straße mit Bungalows um einen Swimming Pool herum (als Einzelzimmer 50 US $ und als Doppelzimmer 76 US $), und das überteuerte Hammir Wildlife Resort in der Nähe vom Tourist Bungalow mit Einzelzimmern für 585 Rs und Doppelzimmern für 890 Rs.

Leider ist wegen der Aktivitäten von Wilderern das wunderschöne Jogi Mahal, früher eine Jagdhütte in einer idyllischen Lage am See und das einzige Quartier innerhalb des Parks, geschlossen worden. Es mag sich lohnen, Erkundigungen darüber einzuholen, ob es inzwischen wieder geöffnet wurde.

AN- UND WEITERREISE

Sawai Madhopur liegt an der Bahnstrecke mit Breitspur zwischen Delhi und Bombay. Da die meisten Züge, die auf dieser Strecke verkehren, in Sawai Madhopur halten, hat man viele Reisemöglichkeiten zur Auswahl. Für die 108 km von Kota braucht man etwas mehr als zwei Stunden und 10 Minuten und muß in der 2. Klasse 29 sowie in der 1. Klasse 122 Rs bezahlen, während es von oder nach Agra Fort 226 km sind, wofür ein Zug acht Stunden benötigt (2. Klasse 56 Rs und 1. Klasse 205 Rs).

Sawai Madhopur liegt auch an der Abzweigung der Schmalspurstrecke nach Jaipur und Bikaner. Die wird möglicherweise bald auf Breitspur umgestellt. Hier verkehren in jeder Richtung täglich drei Züge. Die 130 km nach Jaipur werden in rund drei Stunden zurückgelegt (2. Klasse 34 Rs und 1. Klasse 131 Rs).

NAHVERKEHR

Zu Ausflügen in den Park muß man sich in Zimmer 2 des Büros der Verwaltung vom „Projekt Tiger" anmelden (Tel. 2 02 23). Fahrten mit Jeeps kann man derzeit nur dort buchen. Für einen Platz auf einem Lastwagen (Canter) muß man 60 Rs bezahlen und kann dann vereinbaren, in seiner Unterkunft an der Straße zwischen der Stadt und dem Park abgeholt zu werden. Für einen Jeep werden pro Fahrt 500 Rs berechnet. Dafür können sich aber auch bis zu sechs Personen einen Jeep teilen, selbst wenn vier vorzuziehen sind. Darin sind alle gefahrenen Strecken enthalten, so daß auch bei einer Abfahrt weiter vom Park entfernt keine Zusatzkosten anfallen.

Die Safaris finden von 6.30 bis 10.00 Uhr und von 14.30 bis 17.00 Uhr statt (Ende Sommer eine Stunde später).

In den Läden gleich vor dem Haupteingang zum Bahnhof lassen sich für 10 Rs pro Tag auch Fahrräder mieten.

DHOLPUR

Obwohl die Stadt Dholpur in Rajasthan liegt, ist sie am leichtesten von Madhya Pradesh aus zu erreichen. Aus diesem Grunde finden Sie Informationen über Dholpur im Kapitel über Madhya Pradesh.

DER SÜDEN VON RAJASTHAN

KOTA

Einwohner: 596 000
Telefonvorwahl: 0744
Nachdem die Rajputen dieses Gebiet von Rajasthan im 12. Jahrhundert erobert hatten, wählten sie Bundi als Hauptstadt und übergaben die Gegend von Kota dem ältesten Sohn des Herrschers. Dabei blieb es bis 1624, als Kota ein eigener Staat wurde. Erst bei der Unabhängigkeit Rajasthans wurde auch Kota integriert.

Der Aufbau von Kota begann 1264, nachdem die Häuptlinge von Bhil besiegt worden waren. Seine derzeitige Größe erreichte Kota aber erst im 17. Jahrhundert, als Rao Madho Singh, ein Sohn des Herrschers von Bundi, von Mogul Jehangir als Herrscher von Kota eingesetzt wurde. Die folgenden Herrscher fügten die Festung und die Paläste hinzu, die immer noch zu sehen sind. Heute ist Kota Hauptquartier eines Teils der indischen Armee und das Industriezentrum von Rajasthan (Chemikalien), vor allem wegen der Wasserkraftwerke am Chambal, dem einzigen Fluß im Staat, der ständig Wasser führt. Strom wird auch im nahegelegenen Atomkraftwerk erzeugt, das 1992 für Schlagzeilen sorgte, als festgestellt wurde, daß die Radioaktivität in diesem Gebiet höher als erlaubt ist. Nur sehr wenige Besucher kommen nach Kota, was erstaunlich ist, denn die Festung und Teile des Palastkomplexes sind nun für die Öffentlichkeit zugänglich. Hinzu kommt, daß das Rao-Madho-Singh-Museum eines der besten in ganz Rajasthan ist.

ORIENTIERUNG UND PRAKTISCHE HINWEISE
Kota erstreckt sich entlang vom Ostufer des Chambal. Der Bahnhof liegt im Norden der Stadt, während man den Tourist Bungalow, eine Zahl weiterer Hotel sowie die Bushaltestelle in der Mitte und die Chambal Gardens, das Fort und den Staudamm im Süden findet.

Das Fremdenverkehrsamt ist im Tourist Bungalow untergebracht (Tel. 2 76 95). Die Mitarbeiter sind ganz bemüht und haben eine Reihe von Broschüren zu bieten. Geöffnet ist montags bis samstags von 8.00 bis 18.00 Uhr.

Geld läßt sich in der State Bank of India unweit vom Hotel Marudhar am Chawni Circle und in der State Bank of Bikaner & Jaipur mehrere Kilometer weiter nach Süden wechseln. Außerdem werden im Hotel Brijraj Bhavan für Hausgäste Reiseschecks eingelöst.

SEHENSWÜRDIGKEITEN
Stadtpalast und Fort: Erbaut neben dem Staudamm mit Blick über den Chambal, gehören der Stadtpalast und das Fort zu den größten Anlagen dieser Art in Rajasthan. In einigen Gebäuden sind nun Schulen untergebracht, aber der größte Teil des Komplexes ist für die Öffentlichkeit zugänglich. Betreten kann man ihn von der Südseite durch das Naya Darwaza, das Neue Tor.

Ausgezeichnet ist das Rao-Madho-Singh-Museum im Stadtpalast. Man findet es an der rechten Seite des großen Innenhofes. Zu erreichen ist es über den Zugang mit den ausgelassenen Elefanten wie im Fort von Bundi. Drinnen kann man sich Ausstellungen von Waffen, Bekleidungsstücken und einige der am besten erhaltenen Wandgemälde des ganzen Staates ansehen. Alles in diesem früheren Palast ist außerordentlich farbenfreudig. Dieses Museum ist täglich außer freitags von 11.00 bis 17.00 Uhr geöffnet. Ausländer müssen als Eintritt 25 Rs zuzüglich weitere 25 Rs für das Mitbringen eines Fotoapparates bezahlen.

Nachdem man das Museum besichtigt hat, lohnt es sich, noch ein bißchen herumzuspazieren und sich vorzustellen, wie großartig die Anlage in ihren besseren Tagen einmal gewesen sein muß. Leider verfällt ein

Teil, und auch die Gärten bestehen nicht mehr, aber man kann doch noch herrliche Blicke auf die Altstadt, den Fluß und das große Industriegebiet mit den beiden riesigen Schornsteinen auf der anderen Seite des Flusses werfen.

Jagmandir: Zwischen dem Stadtpalast und dem Tourist Bungalow stößt man auf einen künstlichen See, den Kishore Sagar, der 1346 angelegt wurde. Mitten in diesem See, auf einer kleinen Insel, steht der bezaubernde kleine Palast Jagmandir. Er wurde 1740 auf Veranlassung von einer der Maharanis von Kota erbaut und sieht am frühen Morgen am reizendsten aus, ist aber zu jeder Tageszeit sehenswert. Für die Öffentlichkeit ist er derzeit nicht zugänglich, aber es sollte möglich sein, eines der Paddelboote der RTDC für 20 Rs zu

mieten, um damit zum Jagmandir hinauszufahren und einen Blick aus der Nähe darauf zu werfen.

Brij-Vilas-Palastmuseum: Dieses staatliche Museum ist in einem kleinen, unscheinbaren Palast unweit vom Kishore Sagar untergebracht. Es enthält Abbildungen von Gottheiten aus Stein und ähnliche Ausstellungsstücke, vorwiegend von den archäologischen Stätten in Baroli und Jhalawar. Allerdings sind weder das Museum noch der Palast sonderlich interessant. Ansehen kann man sich beides täglich außer freitags zwischen 10.00 und 16.30 Uhr (Eintritt 2 Rs).

Gartenanlagen: Kota hat auch mehrere gut gepflegte Gartenanlagen zu bieten. Die Chambal-Gärten südlich des Forts bei Amar Niwas sind ein beliebter Picknick-

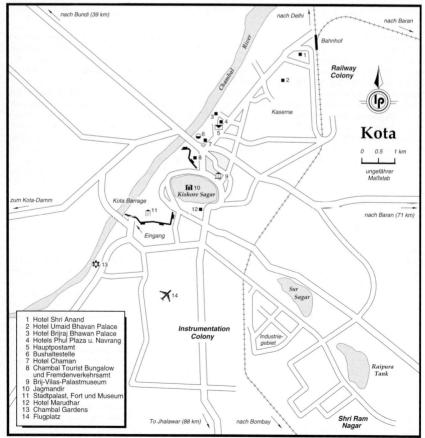

1 Hotel Shri Anand
2 Hotel Umaid Bhavan Palace
3 Hotel Brijraj Bhawan Palace
4 Hotels Phul Plaza u. Navrang
5 Hauptpostamt
6 Bushaltestelle
7 Hotel Chaman
8 Chambal Tourist Bungalow und Fremdenverkehrsamt
9 Brij-Vilas-Palastmuseum
10 Jagmandir
11 Stadtpalast, Fort und Museum
12 Hotel Marudhar
13 Chambal Gardens
14 Flugplatz

platz. Dort kann man auch ein Café in Anspruch nehmen. Mittelpunkt dieser Gartenanlage ist ein schlammiger Teich, in dem sich Krokodile tummeln. Früher lebten solche Krokodile auch überall im Fluß, aber Mitte dieses Jahrhunderts waren sie so oft gejagt worden, daß sie fast ausstarben. Zu sehen sind dort auch einige der seltenen *gharials*, der fischfressenden Krokodile mit den schmalen Schnauzen.

Unmittelbar neben dem Tourist Bungalow kann man sich in den Chhattar-Bilas-Gärten eine kuriose Sammlung von etwas vernachlässigten, aber gleichwohl beeindruckenden königlichen Grabmälern (*chhatris*) ansehen.

UNTERKUNFT

Auch wenn es eine Reihe von ganz ordentlichen Hotels in der Nähe des Bahnhofs gibt, wohnen dort nur wenige Besucher, weil es dann zu den Sehenswürdigkeiten ganz schön weit ist.

Das beste Quartier in dieser Gegend ist das „genteely situated" Hotel Shri Anand (2 17 73), gelegen etwa 100 m entlang der Straße und gegenüber vom Stadion. Dort kosten kleine Zimmer, alle mit Fernsehgerät für Satellitenprogramme, mit Badbenutzung als Einzelzimmer 50 Rs und als Doppelzimmer 80 Rs sowie mit eigenem Bad 80 bzw. 110 Rs.

Das Hotel Marudhar an der Jhalawar Road (Tel. 2 61 86) liegt zwischen dem Fort und dem Kishore Sagar. Dort muß man für ein Doppelzimmer mit Ventilator, Bad und Schwarzweiß-Fernsehgerät 165 Rs bezahlen. Für 35 Rs Zuschlag kann man ein Farbfernsehgerät erhalten. Mit Klimaanlage werden für ein Einzelzimmer 300 Rs und für ein Doppelzimmer 350 Rs berechnet. In der gleichen Gegend gibt es auch noch mehrere Hotels mit ähnlichen Preisen.

Das Hotel Chambal Tourist Bungalow der RTDC (Tel. 2 65 27) liegt unweit vom Kishore Sagar in einer Gartenanlage mit Sträuchern. Die Moskitos hier sind zwar hartnäckig, aber das ist ein Problem in allen Hotels dieser Stadt. Übernachten kann man hier in Einzel- und Doppelzimmern mit Ventilator für 200 bzw. 250 Rs und in klimatisierten Zimmern für 350 bzw. 400 Rs. Zwar wird für das Geld nicht gerade viel geboten, aber zu allen Zimmern gehört immerhin ein eigenes Bad mit heißem Wasser. Preiswerter ist es im Hotel Chaman, ebenfalls in der Station Road, aber näher beim Busbahnhof (Tel. 2 33 77). Es ist zwar schmuddelig, aber mit Einzelzimmern für 30 Rs und Doppelzimmern für 50 Rs mit Badbenutzung und Duschen mit warmem Wasser aus Eimern unzweifelhaft auch billiger.

Eine ausgezeichnete Wahl ist das strahlende Hotel Phul Plaza unweit vom Hotel Chaman (Tel. 2 26 14). Dort wird eine ganze Bandbreite von Zimmern vermietet, alle mit Bad und fließendem heißem Wasser, die von Einzel- und Doppelzimmern mit Ventilator für 220

bzw. 270 Rs bis zu Luxuszimmern mit Klimaanlage für 600 bzw. 675 Rs reicht. Dieses Haus ist eine starke Konkurrenz für das Hotel Navrang nebenan (Tel. 2 32 94), das mit Preisen von 300 bzw. 400 Rs für ein Einzel- oder Doppelzimmer mit Bad viel zu teuer ist, so sauber und angenehm das Hotel auch aussieht.

Bei weitem das beste Quartier in Kota ist das Hotel Brijraj Bhawan Palace (Tel. 2 52 03), früher ein Palast von Maharadschas und dann eine Residenz der Briten. Dieses herrliche Quartier liegt etwas erhöht mit Blick auf den Chambal und ist umgeben von wunderschön gepflegten Gärten mit Pfauen. Alles ist hier noch so wie in den ruhigen Zeiten, bevor das sozialistische Indien die Prinzenstaaten davonfegte.

In der Lounge sind Fotografien des früheren Maharadschas und seines Sohns (heute ein General) zu sehen, wie sie in den fünfziger und sechziger Jahren jedem die Hand schütteln, der hierherkam - von Indira Gandhi über J. F. Diefenbaker (früher kanadischer Premierminister) bis zu Gistard d'Estaing (einen ehemaligen französischen Präsidenten). Und im Speisesaal hängen mehr Köpfe von Antilopen und Tigern, als jemals davon im Nationalpark Ranthambhore gelebt haben. Die Zimmer, besser als Suiten beschrieben, sind möbliert mit Sesseln, Schreibtischen sowie riesigen Betten und bieten Zugang zu Veranden, die so groß sind, daß man dort Bälle veranstalten könnte.

Trotzdem muß man mit Vollpension für ein Einzelzimmer nur 675 Rs und für ein Doppelzimmer nur 1250 Rs bezahlen. Ohne Vollpension werden 500 bzw. 925 Rs berechnet. Weil nur ein Einzel- und nur fünf Doppelzimmer zur Verfügung stehen, sollte man, wenn man im Haus übernachten möchte, versuchen, vorher eine Reservierung vorzunehmen.

Im übrigen baut die Hotelkette Welcomgroup derzeit gerade den Umaid-Bhawan-Palast nördlich der Stadt in ein besseres Hotel um (Tel. 2 30 03).

ESSEN

Fast alle preiswerten Restaurants liegen in der Nähe des Bahnhofs. Nur wenige davon findet man auch beim Tourist Bungalow und beim Busbahnhof.

Auf dem Fußweg vor dem Hauptpostamt werden morgens viele Stände aufgebaut, an denen Omelettes verkauft werden. Sie stellen gute Möglichkeiten dar, um sich preiswert zu verpflegen. Gut vegetarisch läßt sich im Restaurant des Hotels Phul Plaza essen. Gar nicht so schlecht ist ferner das Essen im Restaurant des Hotels Navrang. Dort muß man für ein nichtvegetarisches Hauptgericht 35 bis 45 Rs bezahlen.

Sollten Sie im Hotel Brijraj Bhavan übernachten, wären Sie schlecht beraten, wenn Sie anderswo essen würden. Hier sind die Gerichte eine ganz neue Erfahrung. Leider ist der Speiseraum nur für Hausgäste zugänglich.

AN- UND WEITERREISE

Flug: Ein Flugzeug von Jagson Airlines wird montags, mittwochs und freitags auf der Strecke von Kota nach Jaipur eingesetzt (44 US $). Buchungen für diese Flugverbindungen nehmen mehrere Reisebüros in der Stadt entgegen, darunter auch Goodluck Travels (Tel. 2 22 69).

Bus: Kota ist durch Busse mit Bundi, Ajmer, Chittorgarh (6 Stunden Fahrt), Udaipur und anderen Orten in Rajasthan verbunden. Wer weiter nach Madhya Pradesh möchte, kann mit einem Bus nach Gwalior, Ujjain und Indore fahren. Die Fahrpläne sind allerdings nur in Rajasthani veröffentlicht, so daß Sie die Abfahrtszeiten überprüfen sollten, bevor Sie losfahren.

Die Busse nach Bundi fahren von 6.30 bis 22.30 Uhr alle Stunde. Der Preis für die 50 Minuten dauernde Fahrt beträgt 10 Rs. Fahrkarten sollte man vorher am Schalter 1 an der Bushaltestelle kaufen.

Zug: Kota liegt an der Bahnlinie von Bombay über Sawai Madhopur nach Delhi (breite Spur), so daß man unter vielen Zügen wählen kann.

Nach Sawai Madhopur dauert eine Fahrt etwas mehr als zwei Stunden und kostet in der 2. Klasse 29 Rs und in der 1. Klasse 122 Rs. Nach Agra Fort (343 km) kommt man in der 2. Klasse für 77 Rs und in der 1. Klasse für 291 Rs.

Außerdem besteht eine Eisenbahnverbindung mit Breitspur von Kota über Bundi nach Chittorgarh. In diese Richtung fährt ein Zug täglich um 7.30 Uhr ab.

NAHVERKEHR

Der Bahnhof und die Bushaltestelle sind durch Minibusse miteinander verbunden (1,50 Rs). In einer Auto-Riksha sollte man diese Strecke für 12 Rs zurücklegen können, auch wenn natürlich zunächst mehr gefordert wird.

DIE UMGEBUNG VON KOTA

BARDOLI

Bei Bardoli, 56 km von Kota entfernt auf dem Weg nach Pratap Sagar, steht einer der ältesten Tempelkomplexe von Rajasthan. Viele der Tempel wurden von Armeen der Moslems verwüstet, aber einige sind erhalten geblieben und einen Besuch wert. Viele Skulpturen aus dieser Anlage aus dem 9. Jahrhundert sind im staatlichen Museum von Kota zu sehen.

Bardoli ist stündlich mit Bussen von Kota zu erreichen.

JHALAWAR

Jhalawar, gelegen 87 km südlich von Kota und Mittelpunkt einer Gegend, in der Opium erzeugt wird, war früher die Hauptstadt eines 1838 gegründeten Prinzenstaates. Das Jhanan Khas, Teil des Palastes, kann besichtigt werden. Geschmückt ist es mit Wandgemälden und Glasmalereien. Außerdem befindet sich dort ein kleines Museum.

Im Februar oder März jedes Jahres wird in Jhalawar ein Touristenfest veranstaltet, während im Oktober oder November am Ufer des Flusses unmittelbar außerhalb von Jhalara-Patan (vgl. folgenden Abschnitt) ein Viehmarkt stattfindet. Während dieses Marktes nehmen Tausende von Gläubigen am letzten Tag des Kartika im Fluß ein heiliges Bad.

Übernachtungsmöglichkeiten stehen nur begrenzt zur Verfügung. Das beste Quartier ist das Hotel Chandrawati der RTDC (Tel. 07432/3 00 15), in dem man in einem Schlafsaal pro Person für 40 Rs, in einem normalen Einzel- oder Doppelzimmer für 100 bzw. 125 Rs und in einem Luxuszimmer für 200 bzw. 250 Rs (jeweils mit eigenem Bad) unterkommt. Ein Büro des Fremdenverkehrsamtes ist in dieser Anlage ebenfalls untergebracht. Nach Jhalawar kann man von Kota stündlich mit Bussen fahren.

JHALARA-PATAN

In Jhalara-Patan, 7 km nördlich von Jhalawar an der Straße nach Kota, sind die Ruinen eines riesigen Surya- oder Sonnentempels aus dem 10. Jahrhundert zu sehen. Die Anlage enthält einige hervorragende Skulpturen, aber auch eine der am besten erhaltenen Abbildungen von Surya in ganz Indien.

FESTUNG GAGRON

Wenn man schon in dieser Gegend ist, sollte man sich auch die Festung Gagron ansehen, 10 km von Jhalawar entfernt. Nur wenige Besucher dieser Gegend vermuten auch nur die Existenz dieser Festung. Wenn man sie in Frieden und Ruhe erkunden will, ist man hier richtig. Zwar ist sie nicht so berühmt ist wie die Festungen von Chittorgarh, Jodhpur und Jaisalmer, sie nimmt aber doch einen wichtigen Platz in der Geschichte der ritterlichen Rajputen ein und wurde jahrhundertelang bekämpft.

Die Festung liegt in der Nähe der Straße von Kota nach Ujjain sowie Indore und ist von der Straße aus zu sehen. Man erreicht sie mit Nahverkehrsbussen von Jhalawar.

BUNDI

Einwohner: 72 000
Telefonvorwahl: 0747
Bundi, nur 39 km westlich von Kota, war auf dem Höhepunkt der Macht der Rajputen die Hauptstadt eines größeren Prinzenstaates. Auch wenn seine Bedeutung mit dem Aufstieg von Kota in den Zeiten der Moguln schwand, konnte er sich seine Unabhängigkeit bis zur Eingliederung in den Staat Rajasthan im Jahre 1947 bewahren. Kota gehörte bis zur Teilung im Jahre 1624 aufgrund einer Aufhetzung durch den Mogulherrscher Jehangir zu Bundi.

Heute ist Bundi eine malerische kleine Stadt, in der die mittelalterliche Atmosphäre mehr oder weniger erhalten geblieben ist. Sie liegt abseits der großen Touristenströme, so daß nur sehr wenige Besucher hierherkommen. Das Vermächtnis der Rajputen ist erhalten in dem massiven Fort Taragarh, das sich über der Stadt, die in einem schmalen Tal liegt, erhebt. Zu sehen ist auch noch der riesige Palast, der darunter steht. Dieser Palast enthält die berühmten Wandgemälde von Bundi, ähnlich denen, die im Rao-Madho-Singh-Museum in Kota ausgestellt sind.

Viele Leute besuchen Bundi auf einem Tagesausflug von Kota. Dennoch lohnt es, zumindest eine Nacht in Bundi zu verbringen.

PRAKTISCHE HINWEISE

Ein kleines, hilfreiches Fremdenverkehrsamt ist auf dem Grundstück des Circuit House eingerichtet worden (Tel. 2 26 97).

SEHENSWÜRDIGKEITEN

Fort Taragarh: Dieses Fort, das 1354 erbaut wurde, ist auf einer sehr steilen Straße zu erreichen. Den Eingang bildet ein riesiges Tor, geschmückt durch zwei hoch aufgerichtete Elefanten. Im Palast kann man sich dann die großen Wasserbehälter, die aus Felsen gehauen wurden, und Bhim Burj, die größte der Zinnen, ansehen, auf der eine berühmte Kanone steht. Von den Schutzwällen des Forts hat man zudem einen wunderschönen Blick auf die Stadt. Es ist allerdings ein Jammer, daß der nationale Rundfunksender Doordarshan sich entschlossen hat, unmittelbar neben dem Fort einen riesigen Sendeturm aus Beton errichten zu lassen. Das ist wirklich ein Schandfleck.

Palast: Den Palast erreicht man vom nordwestlichen Ende des Basars durch ein großes hölzernes Tor und über eine Rampe mit Kopfsteinpflaster. Für die Öffentlichkeit zugänglich sind nur zwei äußere Teile des Palastes, bekannt als Chitra Mahal und Ummed Mahal. Auf der oberen Ebene kann man einige der berühmten Wandgemälde von Bundi sehen. Das Fotografieren ist allerdings verboten.

Der Rest vom Palast mit einer ganzen Reihe der wunderschönen Wandgemälde kann nur mit einer besonderen Genehmigung besichtigt werden. Er wurde für die Öffentlichkeit gesperrt, insbesondere wegen eines Streites zwischen dem derzeitigen Maharadscha und seiner Schwester. Es scheint, daß der Maharadscha das gesamte Eigentum der Familie (Fort Taragarh, diesen Palast und den Phool-Sagar-Palast) an die Hotelkette Oberoi verkauft hat und seine Schwester einen Anteil von dem Erlös verlangt. Bevor dieser Zwist beigelegt ist (wenn er wirklich beigelegt werden kann), wird der Palast wahrscheinlich geschlossen bleiben. Hinzu kommt, daß für die Unterhaltung kaum etwas unternommen zu werden scheint und der Palast deshalb schon stark verfallen ist. Das ist wirklich schade.

Naval Sagar: Diesen rechteckigen künstlichen See kann man vom Fort aus sehen. Inmitten des Sees steht ein Varuna-Tempel zu Ehren des Wassergottes der Arier.

Baoris: In Bundi kann man sich mitten in der Innenstadt auch noch einige wunderschöne *baoris* (Brunnen) ansehen. Der Ranijiki Baori ist 46 m tief, mit einigen wunderschönen Schnitzereien geschmückt und einer der größten seiner Art. Erbaut wurde er 1699 von der Rani Nathavatji. Aus einem Paar gleichartiger Brunnen besteht der Nagar Sagar Kund unmittelbar vor dem Chogan-Tor zur Altstadt, mitten in der Stadt.

Weitere Sehenswürdigkeiten: Alles, was sonst noch in Bundi sehenswert erscheint, liegt außerhalb der Stadt und ist ohne Verkehrsmittel nicht zu erreichen. Zum modernen Palast mit den schönen künstlichen See und den umliegenden Gärten, bekannt als Phool Sagar, gelangt man nach mehreren Kilometern außerhalb der Stadt in Richtung Ajmer. Er ist zwar für die Öffentlichkeit gesperrt, aber man kann über die Ziegelmauer einen Blick auf ihn werfen.

Ein anderer kleiner Palast, der Sukh Niwas, liegt näher bei der Stadt am Jait Sagar. Er wird jetzt als Rasthaus genutzt. Shikar Burj ist eine kleine Jagdhütte und ein

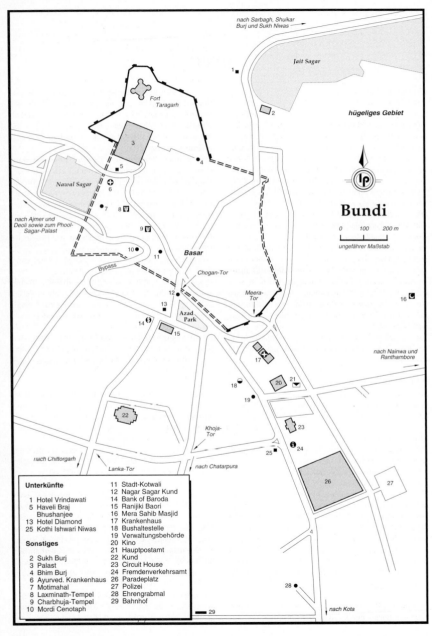

nach Sarbagh, Shuikar
Burj und Sukh Niwas

Jait Sagar

hügeliges Gebiet

Fort
Taragarh

Bundi

0   100   200 m

ungefährer Maßstab

Nawal Sagar

nach Ajmer und
Deoli sowie zum Phool-
Sagar-Palast

Basar

Bypass

Chogan-Tor

Meera-
Tor

nach Nainwa und
Ranthambore

Azad
Park

nach Chittorgarh

Khoja-
Tor

Lanka-Tor   nach Chatarpura

nach Kota

Unterkünfte

1 Hotel Vrindawati
5 Haveli Braj
  Bhushanjee
13 Hotel Diamond
25 Kothi Ishwari Niwas

Sonstiges

2 Sukh Burj
3 Palast
4 Bhim Burj
6 Ayurved. Krankenhaus
7 Motimahal
8 Laxminath-Tempel
9 Charbhuja-Tempel
10 Mordi Cenotaph

11 Stadt-Kotwali
12 Nagar Sagar Kund
14 Bank of Baroda
15 Ranijiki Baori
16 Mera Sahib Masjid
17 Krankenhaus
18 Bushaltestelle
19 Verwaltungsbehörde
20 Kino
21 Hauptpostamt
22 Kund
23 Circuit House
24 Fremdenverkehrsamt
26 Paradeplatz
27 Polizei
28 Ehrengrabmal
29 Bahnhof

beliebter Picknickplatz an der Straße, die an der Nordseite des Jait Sagar verläuft.

UNTERKUNFT UND ESSEN

Es gibt in Bundi eigentlich nur ein Quartier, in dem es sich lohnt zu übernachten, und das ist der Haveli Braj Bhushanjee gleich unterhalb vom Palast (Tel. 3 23 22). Er ist ein Teil des Kunstgewerbegeschäftes Bundi Café und wird von der freundlichen und hilfsbereiten Familie Braj Bhushanjee geführt. Der Laden und die Zimmer sind in dem 150 Jahre alten *haveli* der Familie untergebracht, der von der Dachterrasse aus ausgezeichnete Ausblicke ermöglicht, insbesondere abends, wenn der Palast beleuchtet wird. Hier muß man mit eigenem Bad für ein Einzelzimmer 150 bis 250 Rs und für ein Doppelzimmer 200 bis 325 Rs bezahlen. In den preisgünstigeren Zimmern erhält man heißes Wasser jedoch nur in Eimern. Wenn man hier nach Geschäftsschluß ankommt und der Laden bereits geschlossen ist, dann muß man an der Tür klingeln.

In der lauten und geschäftigen Basargegend findet man mehrere einfache Hotels mit Zimmern für 40 Rs. Dort kommt man im Hotel Diamond (Tel. 2 26 56) in Einzel- und Doppelzimmern mit Bad und Postern mit halbnackten westlichen Filmstars allein für 50 Rs und zu zweit für 100 Rs unter. Das Restaurant dieses Hauses ist ganz in Ordnung und hat Hauptgerichte für 20 bis 30 Rs zu bieten (nur vegetarisch).

Gegenüber vom Fremdenverkehrsamt liegt das Kothi Ishwari Niwas (Tel. 3 24 14) mit Einzelzimmern ab 150 Rs und Doppelzimmern ab 200 Rs (mit eigenem Bad). Auch wenn dieses Haus ebenfalls auf eine herrschaftliche Vergangenheit zurückblickt, fehlt ihm doch die Atmosphäre des Haveli Braj Bhushanjee. Das einzige

weitere Quartier ist das Hotel Vrindawati der RTDC mit nur zwei Zimmern draußen am Jait Sagar. Dort werden für ein Einzelzimmer 200 Rs und für ein Doppelzimmer 300 Rs in Rechnung gestellt.

EINKÄUFE

Im Bundi Café Crafts im Haveli Braj Bhushanjee gibt es auch ein breites Spektrum an Souvenirs aus der Gegend, darunter Miniaturen und Schmuck. Wenn Sie schon in diesem Laden sind, dann lassen Sie sich auch einmal das zeigen, was Sie mit eigenen Augen nicht sehen konnten, nämlich die Fotos von den Wandgemälden in dem Teil des Palastes, der jetzt gesperrt ist. Sie sind wirklich verblüffend.

AN- UND WEITERREISE

Etwa fünf Stunden dauert eine Fahrt von Ajmer bis Bundi. Von Bundi aus ist es nur eine Fahrzeit von 50 Minuten bis Kota. Nach Sawai Madhopur und Udaipur bestehen ebenfalls Busverbindungen. Wenn man nach Chittorgarh will, ist der Zug am Morgen viel schneller als ein Bus.

NAHVERKEHR

Die Bushaltestelle liegt im östlichen Stadtteil, dem in Richtung Kota. Von dort ist es ziemlich einfach, zu Fuß den Weg durch den Basar zum Palast zu finden, denn wenn man erst einmal das Stadttor passiert hat, führen nur zwei Hauptstraßen durch die Stadt, von denen aus der Palast an vielen Stellen zu sehen ist. Vor der Bushaltestelle stehen aber auch Auto-Rikschas zur Verfügung, mit denen man für 10 Rs fahren kann. Fahrräder lassen sich unweit vom City Kotwali für 8 Rs pro Tag mieten.

CHITTORGARH

Einwohner: 79 000
Telefonvorwahl: 01472
Die Romantik der ritterlichen Rajputen vereinigt sich in der Festung von Chittorgarh, hoch oben auf einem Berg gelegen. Während seiner langen Geschichte wurde die Festung Chittor dreimal von Feinden überfallen, und dreimal endete der Überfall nach Art der Rajputen: Die Männer legten ihre gelben Hochzeitsgewänder an und ritten von der Festung aus in den sicheren Tod. Zur gleichen Zeit entzündeten die Frauen ein großes Feuer und begingen rituellen Selbstmord (bekannt als *jauhar*), indem sie in den Flammen starben. Ehre war dabei immer wichtiger als der Tod.

Trotz der beeindruckenden Lage der Festung und der abwechslungsreichen Geschichte liegt Chittorgarh ab-

seits der ausgetretenen Touristenpfade und sieht erstaunlich wenig Besucher. Dabei lohnt der Umweg hierher durchaus.

GESCHICHTE

Chittor erlitt die erste Niederlage im Jahre 1303. Damals besiegte Ala-ud-Din Khilji die Festung. Er war der Pathanen-König von Delhi und wollte die schöne Padmini erobern, die mit Bhim Singh, dem Onkel von Rana, verheiratet war. Als die Niederlage nicht abzuwenden war, entschieden sich die Edeldamen, einschließlich Padmini, für den Flammentod durch *jauhar*. Bhim Singh führte seine in Gelb gekleideten Männer an, als sie sich auf ihren Pferden dem Feind entgegenwarfen.

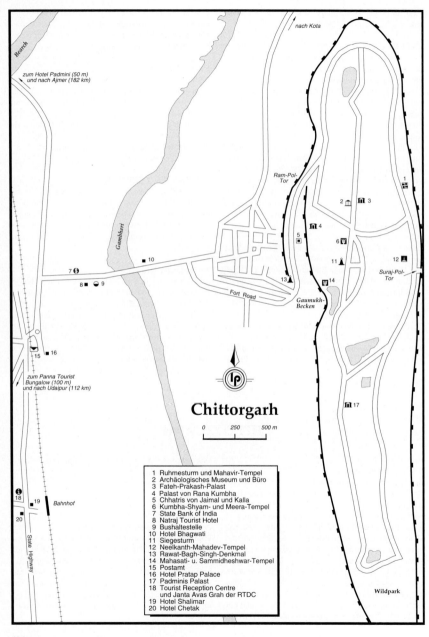

Chittorgarh

0   250   500 m

1 Ruhmesturm und Mahavir-Tempel
2 Archäologisches Museum und Büro
3 Fateh-Prakash-Palast
4 Palast von Rana Kumbha
5 Chhatris von Jaimal und Kalla
6 Kumbha-Shyam- und Meera-Tempel
7 State Bank of India
8 Natraj Tourist Hotel
9 Bushaltestelle
10 Hotel Bhagwati
11 Siegesturm
12 Neelkanth-Mahadev-Tempel
13 Rawat-Bagh-Singh-Denkmal
14 Mahasati- u. Sammidheshwar-Tempel
15 Postamt
16 Hotel Pratap Palace
17 Padminis Palast
18 Tourist Reception Centre
   und Janta Avas Grah der RTDC
19 Hotel Shalimar
20 Hotel Chetak

Beach

zum Hotel Padmini (50 m)
und nach Ajmer (182 km)

nach Kota

Gambheri

Ram-Pol-
Tor

Suraj-Pol-
Tor

Fort Road

Gaumukh-
Becken

*zum Panna Tourist
Bungalow (100 m)
und nach Udaipur (112 km)*

Bahnhof

State Highway

Wildpark

Blumengirlanden

Blumengirlanden (*mala*) werden von Angehörigen vieler Glaubensrichtungen häufig verwendet und als Zeichen der Ehrerbietung sowohl anderen Leuten als auch Göttern offeriert. Bei Hochzeiten sind die Autos nicht selten über und über von Blumengirlanden bedeckt. Bei solchen Gelegenheiten werde dem Bräutigam manchmal sogar Girlanden mit Rupien-Scheinen (*noton ki mala*) überreicht. Nach der eigentlichen Hochzeitszeremonie sieht man zudem häufig, daß die Braut dem Bräutigam als Ehrung eine Blumengirlande um den Hals hängt (*jaimala*).

Die bei Girlanden am häufigsten verwendeten Blumen sind weißer Jasmin und orangefarbene Ringelblumen. Überall in Indien stößt man von Zeit zu Zeit auf Girlandenbinder (*malakar*), die sich auf Gehwegen niedergelassen haben und geduldig Blumengirlanden zusammenstellen.

GREG ELMS

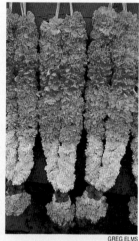

GREG ELMS

LEANNE LOGAN

Oben links: Blumenmarkt in Mysore

Oben rechts: Blumengirlanden in Mysore

Unten: Blumenverkäufer bei der Herrichtung ihres Standes in Tamil Nadu

Straßenverkäufer

Einer der interessantesten Aspekte des Reisens in Indien ist die große Vielfalt der Waren und Dienstleistungen, die von Straßenverkäufern angeboten wird und die von Aktien sowie Schuldverschreibungen bis zu künstlichen Zähnen reicht. Die Leute, die man am häufigsten an Straßenrändern sieht, sind Schuster und Friseure, wobei das Handwerkszeug der Friseure oft aus nicht mehr als einem Rasiermesser, ein paar Rasierklingen und dem obligatorischen Spiegel besteht, in dem sich die Kunden nach getaner Arbeit selbst bewundern können.

Bei Fußwegdentisten kann man eine beeindruckende Sammlung von Gebissen und künstlichen Zähnen bewundern - aber auch eine stattliche Reihe von Werkzeugen, die geradewegs aus dem Mittelalter stammen könnten. Ohrreiniger gehen auf den Gehwegen ebenfalls ihrer Tätigkeit nach und sind leicht an ihren roten Turbanen zu erkennen, in die sie die diversen Stocher und andere spitze Werkzeuge gesteckt haben.

Ferner sind die vielen Arbeitslosen zu sehen, die versuchen, auf Provisionsbasis die unterschiedlichsten Sachen aus Läden zu verkaufen. Das können Knaben sein, die versuchen, ein halbes Dutzend Paare schwarzer Socken loszuschlagen, aber auch andere Leute, die Bleistifte und Kugelschreiber, Vorhängeschlösser oder billiges sowie häßliches Spielzeug feilbieten. Dabei ist nur schwer zu erkennen, ob alle diese Verkäufer überhaupt auch nur eine einzige Rupie verdienen. Die Provision für einen Plastikkamm zum Preis von 2 Rs kann wohl kaum viel einbringen, zumal sich dabei die Frage stellt, wie viele davon sich überhaupt pro Tag verkaufen lassen.

In der heißen Jahreszeit stellen sich auf den Straßen zudem die Männer mit den großen Wasserbehältern aus Metall auf Karren ein, aus denen sie ein Glas Wasser zum Trinken für 25 Paise verkaufen. Im Geschäft sind dann aber auch die Eisverkäufer mit ihren geschmückten weißen Karren. Die Karren mit Wasser zum Trinken meidet man jedoch besser, während man sich beim Eis vorsorglich an bekannte Marken wie Kwality, Havmore und Milkfood halten sollte.

Oben: Glaringe, getragen von den meisten indischen Frauen, zum Verkauf in Delhi

Mitte: Verkaufsstand am Straßenrand mit Puppen aus Rajasthan

Unten links: Schuster in Ahmedabad (Gujarat)

Unten rechts: Touristen bei der Suche nach Souvenirs am Janpath in Delhi

Lebensmittelmärkte

Einige der farbenprächtigsten Szenen in Indien sieht man auf den Lebensmittelmärkten, auf die man in jeder größeren Stadt und in jedem kleineren Ort stößt. Viele davon sind größere Märkte und finden einmal wöchentlich statt, zu denen dann auch Leute aus der Umgebung kommen, um Erzeugnisse einzukaufen oder zu verkaufen. Andere können aber auch nur aus einer kleinen Ansammlung von Obst- sowie Gemüseverkäufern bestehen, die sich jeden Tag an einer bestimmten Stelle einfinden. In größeren Städten finden Lebensmittelmärkte in extra dafür erbauten Hallen statt.

Weil Vegetarier in Indien so weit verbreitet sind, sind die meisten Lebensmittelmärkte ausschließlich für den Verkauf von Obst, Gemüse, Kräutern und Gewürzen bestimmt. Märkte, auf denen Fleisch, Geflügel und Fisch angeboten werden, sind davon häufig deutlich getrennt und im allgemeinen in dem moslemischen Teil einer Stadt zu finden.

Oben links: Gemüseverkäufer auf dem Crawford-Markt von Bombay (Maharashtra)

Oben rechts: Gewürze am Straßenrand in Mysore

Unten rechts: Straßenverkäufer bei der Zubereitung von Dosas

Unten links: Beispiele für die Waren im Großhandelsmarkt für Gewürze in Alt-Delhi

LEANNE LOGAN

GREG ELMS

HUGH FINLAY

BRYN THOMAS

Henna-Markierungen

Markierungen der Hände und Füße mit Henna, einem Pflanzenextrakt, sind in vielen Gegenden Indiens beliebt, insbesondere aber in Rajasthan. Wenn es mit Wasser vermischt wird, ergibt das grüne Pulver einen rötlichen Farbstoff, der dafür verwendet wird, um auf Hautpartien komplizierte Muster zu malen. Das geschieht normalerweise mit einer Art von einfachen Federhaltern aus Plastik, die sich auf Basaren preisgünstig kaufen lassen. Es gibt aber auch noch Leute, die davon leben, daß sie die Muster mit freier Hand auf die Haut malen. Wenn der Farbstoff erst einmal auf die Haut aufgetragen ist, läßt er sich nicht mehr abwaschen, verblaßt aber nach und nach, bis er nach etwa 10 Tagen nicht mehr zu sehen ist.

Das Urdu-Wort *henna* stammt aus dem Arabischen. In Hindi spricht man von *mehndi*, ein Wort, das auch zur Beschreibung einer Zeremonie vor einer Heirat verwendet wird, bei der auf die Hände und Füße der Braut Henna-Muster aufgemalt werden.

AVINASH PASRICHA

Anbringen von Henna-Markierungen am Straßenrand

AVINASH PASRICHA

AVINASH PASRICHA

Im Jahre 1535 griff Bahadur das Fort an, und wieder gingen die Frauen in den *Jauhar*-Tod, und wieder holten die Männer ihre gelben Hochzeitsroben hervor. Überlieferungen zufolge starben damals nach der Ausrufung des *jauhar* 13 000 Frauen und 32 000 Männer der Rajputen.

Nur 33 Jahre später (1568) fand der dritte Sturm auf Chittor statt. Diesmal war der Mogulherrscher Akbar der Angreifer und auch der Erfolgreiche. Noch einmal fand nach dem bekannten Ritual der *jauhar* bei den Frauen statt. Dann öffneten sich die Tore, und 8000 Reiter gingen festlich gekleidet ihrer letzten Minute entgegen. Daraufhin flüchtete Maharana Udai Singh nach Udaipur und ließ dort eine neue Hauptstadt entstehen. 1616 gab Jehangir den Rajputen die Festung Chittor zurück, aber sie sahen keinen Grund, dorthin zurückzukehren.

ORIENTIERUNG UND PRAKTISCHE HINWEISE

Das Fort mit seiner Fläche von 280 Hektar steht auf einem 180 m hohen Hügel, der sich abrupt aus der Ebene erhebt. Bis 1568 war auch die Stadt Chittor auf diesem Hügel, sogar innerhalb der Mauern des Forts. Die moderne Stadt, die Lower Town, erstreckt sich heute westlich des Hügels. Ein Fluß trennt diesen Teil der Stadt vom Bahnhof, von der Bushaltestelle und von einem noch neueren Stadtteil.

Das neue Tourist Reception Centre (Tel. 4 10 89) befindet sich im Janta Avas Grah und liegt unweit des Bahnhofs. Geöffnet ist es montags bis samstags von 10.00 bis 17.00 Uhr.

SEHENSWÜRDIGKEITEN

Fort: Erbauer des Forts ist Bhim gewesen, einer der Helden des *Mahabharata*. Alles Sehenswerte dieser Stadt finden Sie denn auch innerhalb der Festung. Ein steiler Weg führt Sie im Zickzackkurs (1 km) durch sieben Tore zum Haupttor an der Westseite, dem Ram Pol. Beim Aufstieg kommt man zu zwei *chhatris* (Gedenksteine) zu Ehren von Jaimal und Kalla. Beide waren Helden und starben 1568 während der Belagerung durch Akbar. Ein weiterer *chhatri* erinnert an den Tod des Patta. Das Haupttor an der Ostseite ist das Suraj Pol. Im Fort selbst führt ein Rundweg um die Ruinen herum, und am Südende ist ein Wildpark.

Heute ist das Fort Chittor eine fast verlassene Ruine, aber einige beeindruckende Teile stehen noch und erinnern an seine Pracht. Die wichtigsten Teile können in einem halben Tag besichtigt werden, aber wenn man die Atmosphäre von historischen Bauten mag, ist die Anlage es wert, hier länger zu verweilen.

Palast von Rana Kumbha: Wenden Sie sich nach Betreten des Forts sofort nach rechts, gelangen Sie zunächst zu den Ruinen dieses Palastes. Zu ihm gehören Elefanten- und Pferdeställe und ein Shiva-Tempel. In einem Gewölbekeller dieses Palastes soll ein *jauhar* stattgefunden haben. Gegenüber vom Palast sind das archäologische Büro und das Museum sowie die Schatzkammer oder Nau Lakha Bhandar.

Fateh-Prakash-Palast: Direkt hinter dem Palast von Rana Kumbha steht der moderne Fateh-Prakash-Palast (Maharana Fateh Singh starb erst 1930). In diesem Palast ist ein interessantes Museum untergebracht, in dem Statuen ausgestellt sind, die man in den verschiedenen Gebäuden innerhalb des Forts fand. Dieses Museum ist täglich von 10.00 bis 17.00 Uhr geöffnet (Eintritt 1 Rs).

Siegesturm (Tower of Victory): Wenn Sie weiter entgegen der Uhrzeigerrichtung gehen, erreichen Sie den Siegesturm (Jaya Stambh). Rana Kumbha ließ ihn zum Gedenken an den Sieg über Mahmud Khilji von Malwa im Jahre 1440 errichten. Gebaut wurde dieser Turm in den Jahren 1458-1468. Seine neun Stockwerke ragen 37 m empor. Man darf die Turmspitze über die schmalen Treppen erklimmen. Der Eintritt kostet 0,50 Rs. Passen Sie aber bei den niedrigen Durchgängen auf Ihren Kopf auf.

Die Außenseite des Turms ist mit hinduistischen Skulpturen verziert. Der Turm wurde durch Blitzschlag beschädigt, aber im letzten Jahrhundert wieder repariert. Unmittelbar beim Turm befindet sich der Platz (*mahasati*), auf dem die Ranas in der Zeit, als Chittorgarh noch Hauptstadt war, verbrannt wurden. Man wird auch viele *Sati*-Steine in dieser Umgebung entdecken. Ferner steht hier noch der Sammidheshwar-Tempel.

Gaumukh-Becken: Hinter dem Tempel am Ende der Klippe ist ein tiefes Auffangbecken für Wasser. Gespeist wird es von einer Quelle, deren Wasser durch das Maul einer in den Felsen gehauenen Kuh fließt. Diese Figur verlieh dem Reservoir auch den Namen. Eine Öffnung in der Klippe führt zu der Höhle, von der man annimmt, daß in ihr Padmini mit ihren Gefährtinnen dem Tod durch *jauhar* entgegenging.

Padminis Palast: Gehen Sie weiter in Richtung Süden, dann erreichen Sie den Palast von Padmini. Er steht neben einem Wasserbecken, in dessen Mitte sich ein Pavillon erhebt. Die Legende weiß zu berichten, daß Padmini in diesem Pavillon stand, als Ala-ud-Din sie vom Palast aus sah, jedoch nicht durch einen direkten Blick, sondern durch einen Spiegel, in dem sich der Pavillon mit der Schönen spiegelte. Dieser kurze Anblick genügte; er beschloß, Chittor zu zerstören, um die schöne Padmini zu erobern.

Die Bronzetore des Pavillons ließ Akbar abtransportieren. Die lassen sich heute im Fort von Agra bewundern. Wenn Sie auf dem Rundweg weitergehen, gelangen Sie zum Wildpark, zum Bhimlat Tank, zum Suraj Pol, zum Neelkanth-Mahadev-Tempel der Jains und schließlich zum Ruhmesturm.

Ruhmesturm: Chittors zweiter berühmter Turm ist der Kirti Stambha. Er ist älter, vermutlich aus dem 12. Jahrhundert, und mit seinen 22 m kleiner als der Siegesturm. Ein Kaufmann der Jains ließ ihn erbauen und widmete ihn Adinath, dem ersten *tirthankar* dieser Glaubensgemeinschaft. Ausgeschmückt ist der Turm mit den Figuren vieler unbekleideter *tirthankars*. Dadurch soll angedeutet werden, daß es ein Digambara ist, d. h. ein nur vom Himmel bekleidetes Monument. Eine enge Treppe führt die sieben Stockwerke hinauf zur Spitze.

Weitere Gebäude: Unweit des Museums Fateh Prakash steht der Meera-Tempel. Er wurde im Indo-Arier-Stil erbaut, und zwar während der Herrschaft von Rana Kumbha, und ist mit mystischen Versen der Dichterin Meerabai versehen. In der Nähe ist auch der größere Kumbha-Shyam-Tempel (Vriji-Tempel). Der Jain-Tempel Singa Chowri, mit sichtbaren hinduistischen Einflüssen, ist ebenfalls in dieser Gegend zu finden. Gegenüber vom Palast der Padmini steht der Kalika-Mata-Tempel. Er wurde im 8. Jahrhundert als Tempel zu Ehren von Surya (dem Sonnengott) errichtet, später aber der Gottheit Kali gewidmet. Am Nordende des Forts steht ein weiteres Tor, das Lokhota Bari. Die Maueröffnung im Süden dürfte man kaum als Tor bezeichnen; durch sie stieß man nämlich Kriminelle und Verräter in den Abgrund.

UNTERKUNFT UND ESSEN
Auch in Chittorgarh sind die Übernachtungsmöglichkeiten begrenzt. Das aufpolierte Janta Avas Grah der RTDC oberhalb vom Tourist Reception Centre und unweit vom Bahnhof sollte aber inzwischen eröffnet worden sein. Daneben gibt es noch einige preisgünstige Unterkünfte.
Mehrere weitere Quartiere findet man um den Bahnhof herum. Dort werden im Hotel Shalimar (Tel. 4 08 42) mit Badbenutzung Einzelzimmer für 60 Rs und Doppelzimmer für 80 Rs sowie mit eigenem Bad für 80 bzw. 100 Rs vermietet. Das Hotel Chetak in der Nähe (Tel. 4 15 88) ist mit Einzelzimmern für 150 Rs und Doppelzimmern für 225 Rs schon besser. Heißes Wasser steht dort aber nur morgens zur Verfügung. Allerdings gehört zu diesem Hotel ein ganz gutes Restaurant. An der Bushaltestelle liegt das sehr einfache Natraj Tourist Hotel, in dem man mit Badbenutzung für ein Einzelzimmer 25 Rs und für ein Doppelzimmer 35 Rs sowie mit eigenem Bad 50 bzw. 75 Rs ausgeben muß.

Jedoch wird man einen Mitarbeiter zunächst bitten müssen, die Bettwäsche zu wechseln. Das Hotel Bhagwati auf der anderen Seite des Flusses ist schon besser, aber auch teurer.
Näher zur Innenstadt liegt der ziemlich moderne Hotel Panna Tourist Bungalow der RTDC (Tel. 4 12 38). Dort kommt man in einem staubigen Schlafsaal für 40 Rs pro Bett, in normalen Zimmern mit nur kaltem Wasser im Bad allein für 80 Rs und zu zweit für 125 Rs, in bessere Zimmern mit auch heißem Wasser für 170 bzw. 250 Rs sowie in Zimmern mit Klimaanlage für 350 bzw. 450 Rs unter. Zum Hotel gehören auch eine Bar und ein Restaurant mit erstaunlicherweise recht guten Gerichten. Für ein ganzes Hühnchen muß man dort 100 Rs und für ein Tagesgericht vegetarisch 67 Rs sowie nichtvegetarisch 83 Rs bezahlen.
Besser ist das moderne Hotel Pratap Palace zwischen dem Busbahnhof und dem Panna Tourist Bungalow (Tel. 4 00 99, Fax 4 10 42). Saubere und luftige Zimmer mit Ventilator und Bad kosten hier zur Alleinbenutzung 225 Rs und zur Belegung mit zwei Gästen 275 Rs. Für 325 bzw. 375 Rs kann man auch in einem Zimmer mit Klimaanlage übernachten. Ganz gut ist zudem das Restaurant dieses Hauses, in dem man ein halbes Tandoori-Hühnchen für 50 Rs und ein Tagesgericht für 110 Rs erhält.
In einer ruhigen Lage am Bearch River liegt das überteuerte Hotel Padmini (Tel. 4 17 18) mit Einzelzimmern für 550 Rs und Doppelzimmern für 650 Rs. Dennoch ist das vegetarische Restaurant in diesem Hotel zu empfehlen. Hier werden für ein Hauptgericht nur 10 bis 20 Rs berechnet.

AN- UND WEITERREISE
Chittor liegt an wichtigen Bus- und Bahnlinien. Auf der Straße sind es 182 km bis Ajmer, 158 km bis Bundi und 112 km bis Udaipur. Zu beiden Städten fahren häufig Busse. Die Busse nach Kota verkehren über Bundi und sind sehr langsam (4 1/2 Stunden).
Es ist möglich, mit einem frühen Bus von Udaipur nach Chittorgarh zu fahren (34 Rs, 2 Stunden), mit einer Auto-Riksha oder Tonga etwa drei Stunden lang das Fort zu besichtigen und dann am späten Nachmittag mit einem Bus nach Ajmer weiterzufahren. Das ist aber auch eine Hetzerei.
Chittorgarh ist außerdem durch Züge mit Ahmedabad, Udaipur, Ajmer, Jaipur und Delhi verbunden. Die Strecke nach Kota und Bundi mit Breitspur wäre ebenfalls ganz bequem, wenn der einzige Personenzug in Chittorgarh nicht täglich um 14.50 Uhr abfahren und in Bundi um 18.00 Uhr sowie in Kota um 19.15 Uhr ankommen würde.

NAHVERKEHR
Zwischen dem Bahnhof und dem Fort liegen 6 km, zwischen dem Busbahnhof und dem Fort etwas weni-

ger. Um das Fort herum sind es 7 km, allerdings ohne die lange südliche Schleife zum Wildpark. Für die Fahrt mit einer Auto-Rikscha vom Bahnhof oder vom Busbahnhof zum Fort muß man rund 80 Rs bezahlen, allerdings einschließlich Wartezeit an verschiedenen Sehenswürdigkeiten. Man kann sich zwar in der Nähe vom Bahnhof auch ein Fahrrad ausleihen, aber weil indische Fahrräder keine Gangschaltung besitzen, muß man bei einer Fahrradfahrt hinauf zum Fort ganz schön strampeln. Wenn man aber erst einmal oben ist, ist ein Fahrrad ganz gut, auch für die Rückfahrt wieder hinunter.

DIE UMGEBUNG VON CHITTORGARH

BIJAIPUR

Der Palast aus dem 16. Jahrhundert in diesem Dorf, gelegen 40 km südlich von Chittor, ist jetzt ein erfreuliches Hotel - das Castle Bijaipur.

Für ein Einzelzimmer in diesem ruhigen Palast muß man 415 Rs und für ein Doppelzimmer 525 Rs bezahlen. Verpflegung ist für die Gäste ebenfalls erhältlich, beispielsweise ein Tagesgericht als Mittagessen für 120 Rs.

Der Besitzer Rao Narendra Singh ist auch ein Pferdekenner und organisiert auf Wunsch eine Vielzahl von Ausritten. Die sind allerdings nicht gerade billig und kosten pro Person mit Verpflegung ab rund 2600 Rs.

Für eine Rundfahrt durch das Dorf in einem Jeep werden etwa 300 Rs berechnet. Zimmerreservierungen für das Hotel sollten über das Hotel Pratap Palace in Chittor vorgenommen werden.

MENAL UND BIJOLIA

An der Straße von Bundi nach Chittorgarh, 48 km von Bundi entfernt, liegt Menal. Das ist ein großer Komplex mit Shiva-Tempeln aus der Gupta-Zeit.

Bei Bijolia, 16 km von Menal entfernt, standen einst etwa 100 Tempel. Davon sind heute aber nur noch drei erhalten. Einer dieser Tempel enthält eine riesige Ganesh-Figur.

MANDALGARH

Ein Umweg zwischen Menal und Bijolia führt nach Mandalgarh. Dort steht das dritte Fort der Mewar, erbaut unter Rana Khumbha. Die anderen beiden Forts sind in Chittorgarh und Kumbalgarh.

NAGRI

Nagri ist eine der ältesten Städte von Rajasthan. Sie liegt 14 km nördlich von Chittor. Hier fand man Gegenstände aus der Zeit der Maurya bis hin zur Gupta-Zeit.

UDAIPUR

Einwohner: 342 500

Telefonvorwahl: 0294

Wahrscheinlich keine andere Stadt in ganz Rajasthan ist so romantisch wie Udaipur, und dies in einem Staat, der mit phantastischen, auf Bergen erbauten Festungen, exotischen, märchenhaften Palästen und ergreifenden Legenden von mittelalterlicher Ritterlichkeit und Heldentum in reichem Maß gesegnet ist. Französische Maler des Impressionismus und nicht zuletzt die Brüder Grimm hätten an diesem Ort ihre Freude gehabt. Udaipur trägt nicht zu Unrecht den Beinamen „Venedig des Ostens". Jaisalmer ist sicherlich eine Schönheit in der Wüste, aber Udaipur ist das Versailles von Indien.

Die Stadt wurde im Jahre 1568 vom Maharana Udai Singh nach der Plünderung von Chittorgarh durch Mogul Akbar gegründet und sollte allen weltberühmten architektonischen Werken der Moguln mit der Liebe der Rajputen zum Ausgefallenen und zur besonderen Eleganz standhalten können. Der Seepalast ist sicher das schönste Beispiel dieser einzigartigen kulturellen Entwicklung, aber Udaipur ist voller Paläste, Tempel und *havelis*, die von bescheiden bis extravagant reichen. Man ist in Udaipur daneben auch auf seine Geschichte als Zentrum der darstellenden Künste, der Malerei und des Handwerks stolz. Da zudem in diesem Teil des Bundesstaates Wasser relativ reichlich vorhanden ist (zumindest zwischen den periodischen Dürren), wurden auch etliche Parks und Gärten angelegt, von denen zahlreiche die Ufer des Sees säumen.

Bis vor kurzem waren die oberen, nicht bewohnten Teile der Stadt bewaldet. Wie überall in Indien wurden sie jedoch weitgehend abgeholzt, um Feuerholz zu gewinnen. Es gibt allerdings jetzt eine Bewegung, die versucht, diese Entwicklung umzukehren. Udaipur war zudem einst von einer Mauer umgeben, und auch wenn die Tore und große Abschnitte der Mauer auf den höheren Felsen erhalten geblieben sind, ist von anderen

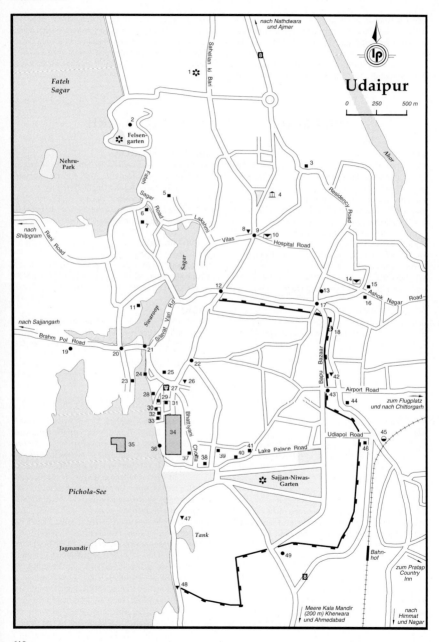

Unterkünfte	Guest House	2 Moti Magri
3 Mewar Inn	33 Lake Corner Soni Paying	4 Bhartiya Lok Kala Museum
5 Hotels Laxmi Vilas Palace	Guest House	9 Chetak Circle
und Anand Bhawan	35 Jagniwas (Hotel Lake Palace)	10 Hauptpostamt
6 Gulab Niwas	37 Hotel Raj Palace	12 Hathi-Tor
7 Hotel Hilltop Palace	38 Hotel Rang Niwas Palace	13 Indian Airlines
11 Hotel Natural	39 Hotel Ranjit Niwas	14 Postlagernde Sendungen
15 Kajri Tourist Bungalow	40 Hotel Mahendra Prakash	15 Fremdenverkehrsbüro
16 Hotels Prince und Alka	41 Hotel Haveli	17 Delhi-Tor
23 Hotels Lake Pichola und	44 Hotel Apsara	18 Bank of Baroda
Lake Shore	46 Hotel Welcome	19 Brahm-Tor
24 Jheel Guest House		20 Amba-Tor
25 Badi Haveli und Anjani	**Restaurants**	21 Chand-Tor
Guest House	8 Berry's Restaurant	22 Uhrturm
28 Lalghat Guest House und	26 Café Mayur	27 Jagdish-Tempel
Evergreen Guest	28 Restaurant Natural View	34 Stadtpalast
29 Lake Ghat Guest House und	42 Restaurant Park View	36 Bansi Ghat
Ratan Palace Guest House	47 Café Hill Park	43 Suraj-Tor
30 Hotel Jagat Niwas Palace und	48 Café Jai Burj	45 Bushaltestelle
Rainbow Guest House		49 Kishan-Tor
31 Centre View Guest House	**Sonstiges**	
32 Hotel Sai-Niwas und Shiva	1 Saheliyon ki Bari	

Teilen nicht mehr viel zu sehen. Es ist zu bedauern, daß dies in einer derart historischen Stadt geschehen ist, auch wenn die wichtigsten historischen Bauwerke noch heute besichtigt werden können.

Wie in allen indischen Großstädten erstrecken sich auch die Wohn- und Industriegebiete von Udaipur weit über die historischen Stadtgrenzen hinaus. Dabei kann die Umweltverschmutzung in den verschiedenen Formen, in denen sie hier auftritt, entmutigend wirken. Dies wird der erste Eindruck sein, den Sie erhalten, wenn Sie am Bahnhof oder am Busbahnhof von Udaipur ankommen. Versuchen Sie, das zu ignorieren, und begeben Sie sich in die Altstadt, wo Sie eine andere Welt erwartet.

ORIENTIERUNG UND PRAKTISCHE HINWEISE

Die Altstadt, umgeben von einer Stadtmauer, erstreckt sich entlang der Ostseite des Pichola-Sees. Bahn- und Busbahnhof liegen außerhalb der Stadtmauer im Südosten.

Ebenfalls außerhalb der Stadtmauer, aber im Nordosten und nur etwa einen Kilometer von der Bushaltestelle entfernt, findet man das Tourist Reception Centre (Tel. 41 15 35) und den Tourist Bungalow. Das Fremdenverkehrsamt ist jeden Montag bis Samstag von 10.00 bis 13.30 Uhr und von 14.00 bis 17.00 Uhr geöffnet. Schalter des Fremdenverkehrsamtes gibt es auch am Flughafen und im Bahnhof.

Das Hauptpostamt liegt im Norden der Altstadt, und zwar hinter dem Kino am Chetak Circle. Postlagernde Sendungen muß man jedoch im Postamt an der Kreuzung der Hospital Road und der Straße nördlich des Delhi-Tores, unweit vom Tourist Bungalow, abholen. Das klappt ganz gut, denn die Mitarbeiter sind freundlich und hilfsbereit.

SEHENSWÜRDIGKEITEN

Pichola-See: Diesen wunderschönen See ließ der Maharana Udai Singh nach der Stadtgründung vergrößern. Er ließ auch einen Damm errichten, bekannt als Badi Pol, so daß der See sich heute über eine Länge von 4 km erstreckt und 3 km breit ist. Dennoch ist er ziemlich seicht und kann nach langen Trockenzeiten auch schon mal austrocknen. Dann kann man vom Ufer zu Fuß zu den Palästen im See gehen. Der Stadtpalast (City Palace) dehnt sich über eine stattliche Länge entlang des östlichen Seeufers aus. Südlich des Palastes liegt am Seeufer ein bezaubernder Garten. Nördlich des Palastes kann man gut spazierengehen. Dabei hat man herrliche Blicke auf den See und kommt an Bade- und *Dhohi-Ghats* vorbei.

Im See befinden sich zwei Inseln - Jagniwas und Jag Mandir. Vom Anleger am Stadtpalast (bekannt als Bansi Ghat) legen regelmäßig Boote zur Fahrt dorthin ab. Sie sind ganz angenehm, aber mit 45 Rs für eine halbe Stunde und 90 Rs für eine Stunde auch ganz schön teuer. Für die beliebte Fahrt bei Sonnenuntergang muß man sogar 110 Rs bezahlen.

Jagniwas: Jagniwas, die Insel mit dem Seepalast, ist 1,5 Hektar groß. Der Palast wurde von Maharana Jagat Singh II. im Jahre 1754 erbaut und dehnt sich über die gesamte Insel aus. Vor einiger Zeit ist der Palast in ein

Hotel der Luxusklasse mit herrlichen Gärten, Brunnen, Innenhöfen und einem Swimming Pool umgewandelt worden. Diese Anlage wäre ein traumhaftes Ziel für einen Tee am Nachmittag, allerdings haben andere als Hausgäste Zutritt nur zum Mittag- oder Abendessen, und dann auch nur, wenn das Hotel nicht voll belegt ist. Boote des Hotels fahren vom Anleger am Stadtpalast ab.

Jagmandir: Mit dem Bau des Palastes auf der anderen Insel wurde unter dem Maharana Karan Singh begonnen, aber er wurde nach dem Maharana Jagat Singh (1628-1652) benannt, der eine Reihe von Anbauten vornahm. Man sagt, daß sich der Mogulherrscher Shah Jahan hier einige Anregungen für sein Taj Mahal holte. Er wohnte nämlich von 1623 bis 1624 in diesem Palast, als er von hier aus einen Aufstand gegen seinen Vater Jehangir anführte. Wer von Süden her über den See blickt und die Stadt und den großen Palast hinter den Inselpalästen sieht, der kann sicher nicht umhin zuzugeben, daß es wie ein Märchen anmutet.

Stadtpalast und Museen: Der Stadtpalast (City Palace) erhebt sich majestätisch über dem See. Er ist der größte Palastkomplex in Rajasthan. Eigentlich ist dieser Palast nichts anderes als eine Ansammlung von Gebäuden, die von verschiedenen Maharanas gebaut wurden. Bewundernswert dabei ist aber, daß sich alles einheitlich zu einem schönen Ganzen zusammenfügt. Den Anfang machte Maharana Udai Singh, der Begründer der Stadt. Umgeben ist der Palast von Balkons, Türmen und Kuppeln; von den oberen Terrassen des Palastes aus bieten sich wunderschöne Ausblicke auf die Stadt und den See.

Man betritt den Palast vom Norden her durch das Bari Pol aus dem Jahre 1600 und das Tripolia-Tor aus dem Jahre 1725, das aus acht Marmorbögen besteht. Früher war es einmal Sitte, daß sich die Maharanas unter diesem Tor in Gold aufwiegen ließen und dieses Gold dann unter der Bevölkerung verteilten.

Der Hauptteil dieses Palastes ist heute ein Museum mit einer großen und vielfältigen, aber etwas verkommenen Sammlung. Zum Museum gehört der Mor Chowk mit den wunderschönen Mosaiken mit Pfauen, dem Lieblingsvogel der Bewohner von Rajasthan. Im Manak oder Ruba Mahal befindet sich eine Sammlung von Glas- und Porzellanfiguren, und im Bari Mahal ist ein sehr schöner Garten angelegt worden. Weitere Gemälde sind im Zanana Mahal zu sehen. Das Moti Mahal ist ausgeschmückt mit vielen Spiegeln, das Chini Mahal mit Ornamentfliesen belegt.

Das Museum im Stadtpalast betritt man durch das Ganesh Deori und gelangt dann zum Rai Angam oder Königlichen Hofgarten. Das Museum ist täglich von 9.30 bis 16.00 Uhr geöffnet, freitags jedoch geschlossen. Der Eintritt kostet 30 Rs (für einen Fotoapparat weitere 30 Rs). Es lohnt, zur Besichtigung einen Führer mitzunehmen (45 Rs). In dem Palastkomplex ist auch ein staatliches Museum untergebracht (2 Rs). Ausgestellt sind dort unter anderem ausgestopfte Känguruhs, ein kaum zu erkennender Strauß und Wild, das wie siamesische Zwillinge zusammengewachsen ist.

Der andere Teil des Palastes erstreckt sich zum Ufer des Sees hin und ist, wie der Seepalast, in zwei Luxushotels umgewandelt worden, die unter den Namen Shiv Nivas Palace und Fateh Prakash Palace bekannt sind.

Jagdish-Tempel: Der Maharana Jagat Singh ließ 1651 diesen Tempel im Indo-Arier-Stil erbauen. Er liegt nur 150 m nördlich des Eingangs zum Stadtpalast. Im Tempel steht eine große schwarze Steinfigur von Vishnu in Gestalt des Jagannath, des Herrn des Universums. Vor dem Tempel kann man in einem Schrein die metallene Figur von Garuda sehen. Die Treppen zum Tempel hoch sind von Elefanten flankiert.

Bagore ki Haveli: Dieses Haus aus dem 18. Jahrhundert steht unterhalb vom Jagdish-Tempel am Ufer des Sees. Es wurde von einem Adligen errichtet, einst als Gästehaus genutzt und ist eines der schönsten Beispiele seiner Art. Heute ist hier das Kulturzentrum der westlichen Zone (Western Zone Cultural Centre) untergebracht. In dem Labyrinth von Zimmern kann man sich ein Studio mit Grafiken, eine Kunstgalerie (manchmal mit Ausstellungen von Werken einheimischer Künstler) sowie einige wunderschöne Buntglas- und Einlegearbeiten ansehen. Geöffnet ist täglich von 9.30 bis 18.00 Uhr (Eintritt 20 Rs).

Fateh Sagar: Ursprünglich hat Maharana Jai Singh im Jahre 1678 diesen See im Norden des Pichola-Sees anlegen lassen. Aber heftige Regenfälle zerstörten den Damm, und erst der Maharana Fateh Singh ließ ihn wieder herrichten. An der Ostseite des Sees entlang führt ein sehr schöner Weg, der von Hügeln und Parks umgeben ist. Eine beliebte Ausflugsinsel ist Nehru Park, die mitten im See liegt. Hier gibt es ein Café in der Form eines Schiffes. Für 5 Rs können Sie sich mit dem Boot von der Anlegestelle am Fuß des Moti Magri übersetzen und wieder zurückbringen lassen. Tretboote kann man für 20 Rs pro Stunde ebenfalls mieten.

Pratap Samak: Auf dem Gipfel des Moti Magri (Perlenhügel), oberhalb des Fateh Sagar, steht die Statue eines Rajputen-Helden. Maharana Pratap war sein Name. Als mutiger Krieger, der häufig den Moguln die Stirn bot, ging er in die Geschichte ein. Der Weg zum Hügel hinauf führt durch einige elegante Gärten, z. B. den japanischen Felsengarten. Der Park ist von 9.00 bis 18.00 Uhr geöffnet (geringer Eintritt).

Bhartiya Lok Kala Museum: Dieses kleine Museum, zugleich eine Stiftung zur Erhaltung der Volkskunst, zeigt eine sehr interessante Sammlung von Gewändern, Puppen, Masken, Musikinstrumenten, Gemälden und - als Höhepunkt - Marionetten. Die Öffnungszeiten sind von 9.00 bis 18.00 Uhr (Eintritt 7 Rs). Im Theater des Museums werden übrigens regelmäßig Vorführungen mit den Marionetten veranstaltet, die im allgemeinen zwischen 18.00 und 19.00 Uhr stattfinden. Wer daran interessiert ist, kann die Telefonnummer 2 42 96 anrufen und sich nach Einzelheiten erkundigen.

Saheliyon ki Bari: Im Norden der Stadt liegt der Saheliyon ki Bari, der Garten der Ehrenjungfrauen. Er ist zwar klein, aber mit seinen Brunnen, den Kiosken, Marmorelefanten und einem bezaubernden Lotosteich sehr schön. Der Garten ist von 9.00 bis 18.00 Uhr geöffnet. Als Eintritt muß man 2 Rs bezahlen. Manchmal werden auch noch 5 Rs verlangt, um einen Springbrunnen in Betrieb zu nehmen. Für das Mitbringen einer Kamera muß man zusätzlich 10 Rs entrichten.

Shilpgram: Das Künstlerdorf Shilpgram, 3 km westlich vom Fateh Sagar, ist 1989 von Rajiv Gandhi eingeweiht worden. Es ist ein ganz interessantes Ziel mit traditionellen Gebäuden aus vier Bundesstaaten (Rajasthan, Gujarat, Goa und Maharashtra). Außerdem sind dort täglich Vorführungen von Musikern, Tänzern und Künstlern aus mehreren Bundesstaaten zu sehen. Auch wenn bei Festen immer viel mehr los ist, lohnt es, sich im Tourist Reception Centre nach Veranstaltungen zu erkundigen, denn normalerweise ist immer etwas zu sehen.

Das Gelände umfaßt eine Fläche von 80 Hektar, allerdings sind die meisten Gebäude in einem relativ kompakten Gebiet errichtet worden. Geöffnet ist die Anlage täglich von 9.30 bis 16.30 Uhr und einen Besuch allemal wert. Der Eintritt kostet 10 Rs.

Im Freiluftrestaurant Shilpi neben der Anlage werden sehr gute indische und chinesische Gerichte sowie Imbisse serviert. Dort steht auch ein Swimming Pool zur Verfügung, den man von 10.00 bis 16.00 Uhr für 75 Rs benutzen darf. Öffentlich Verkehrsmittel fahren nach Shilpgram jedoch nicht, so daß man für die Fahrt dorthin ein Fahrrad mieten oder eine Auto-Rikscha oder ein Taxi benutzen muß.

Ahar-Museum: Etwa 3 km östlich von Udaipur kann man die Überreste einer alten Stadt besichtigen. Außerdem gibt es dort ein kleines Museum und die Ehrengrabmäler der Maharanas von Mewar.

Weitere Sehenswürdigkeiten: Im Norden der Stadt finden Sie Patel oder Sukhadia Circle. In der Mitte steht ein großer Brunnen, der nachts angestrahlt wird. In den Sajjan Niwas Gardens gibt es gepflegte, schöne Rasenflächen, einen Zoo und einen kleinen Zug, mit dem die Kinder zum Vergnügen fahren können. Der Eintritt ist frei, aber eine Fahrt mit dem Zug kostet 1 Rs. Eigentlich ist es ein Obstgarten mit Guaven und Mangobäumen. Daneben finden Sie den Rosengarten (Gulab Bagh). Verwechseln Sie den Nehru Park nicht mit dem gleichnamigen Park auf der Insel gegenüber vom Bapu Bazaar. In diesem Stadtpark stehen einige kunstvoll beschnittene Bäume sowie ein riesiger Teetopf aus Zement. Für Kinder gibt es dort Elefanten und Kamele.

Das strahlend weiße Gebäude, ganz am Rande des Berge, aber von der Stadt aus sichtbar, diente einst dem Maharadscha als Palast im Monsun. Heute ist dieser Bau verlassen, aber man hat von dort einen unvergeßlich schönen Blick. Rechnen Sie für den Hin- und Rückweg mit etwa drei Stunden.

AUSFLUGSFAHRTEN

Täglich startet ein Bus um 8.00 Uhr vom Tourist Bungalow zu einer fünfstündigen Rundfahrt. Sie kostet 30 Rs und führt zu den wichtigsten Sehenswürdigkeiten der Stadt. Bei einer Nachmittagsfahrt (14.00 bis 19.00 Uhr) kommt man nach Eklingi, Haldinghati und Nathdwara. Dafür sind 70 Rs zu entrichten.

Außerdem werden Tagesausflüge mit Mittagessen nach Chittorgarh (170 Rs) sowie nach Kumbhalgarh, Ranakpur und Ghanerao angeboten (165 Rs), allerdings nicht täglich.

UNTERKUNFT

Familienaufenthalte: In Udaipur wurde zum erstenmal etwas organisiert, was hier „Paying Guest Scheme" heißt und an dem nun über 130 Familien teilnehmen. Wenn man davon Gebrauch machen will, dann muß man abhängig davon, auf welchen Grad an Komfort und auf welche Einrichtungen man Wert legt, mit 100 is 300 Rs rechnen. Im Tourist Reception Centre wird eine detaillierte Aufstellung mit allen Familien und den Einrichtungen, die sie zu bieten haben, geführt.

Einfache Unterkünfte: In Udaipur gibt es vier Gegenden mit jeweils mehreren preiswerten Hotels, von denen die in der Umgebung des Jagdish-Tempels den anderen ganz sicher vorzuziehen sind. Dann folgen die zwischen dem Stadtpalast und der Bushaltestelle, insbesondere entlang der Lake Palace Road und der Bhattiyani Chotta. Die dritte Gruppe findet man an der Hauptstraße zwischen der Bushaltestelle und dem Delhi-Tor. Das ist aber die lauteste, schmutzigste und am meisten von der Luftverschmutzung betroffene Straße in ganz Indien. Man muß schon sehr verzweifelt sein oder sein Wahrnehmungsvermögen verloren haben, wenn man hier übernachtet. Die letzte Gruppe findet man um den Tourist Bungalow. Das ist zwar etwas besser als an der Hauptstraße, aber dennoch ziemlich unbequem.

Wenn man in Udaipur übernachtet, muß man auf die unterschiedlichen Zeiten achten, bis zu denen am Abreisetag das Zimmer geräumt sein muß. Ferner ist zu berücksichtigen, daß in vielen Unterkünften zusätzlich zu den veröffentlichten Übernachtungspreisen 10 % Zuschlag für Bedienung berechnet werden

Für Übernachtungen in der Gegend des Jagdish-Tempels bezahlt man möglicherweise etwas mehr als in anderen Gegenden, aber dafür muß man auch keinen Verkehrslärm in Kauf nehmen, hat von den meisten Unterkünften einen herrlichen Blick über den See und wohnt zentral. Wie in den meisten beliebten Gegenden zum Übernachten muß man sich auch hier auf Schlepper und Geschäftsbesitzer einstellen, die Besuchern etwas andrehen wollen, aber Udaipur ist dennoch nicht Agra.

Beliebt ist das Badi Haveli (Tel. 52 35 00), geführt von einer gastfreundlichen Familie. Dieses kleine Labyrinth besteht aus schmalen Treppen, Terrassen, einem grünen Innenhof und zwei Dachterrassen mit Blick über den See und die Altstadt. Die insgesamt zehn Zimmer (zwei mit Badbenutzung) sind alle unterschiedlich, wodurch sich auch die unterschiedlichen Preise von 80 bzw. 120 Rs für ein Einzel- oder Doppelzimmer mit Badbenutzung bis 180 Rs für das beste Zimmer ganz oben erklären.

Das schon lange bestehende Lalghat Guest House (Tel. 52 53 01) ist bei ausländischen Besuchern ein weiterer Favorit. Hier stehen den Gästen unmittelbar am See ein großer Innenhof mit Tischen und Sesseln, Dachterrassen mit ausgezeichnetem Blick über den See und hinten eine Terrasse zur Verfügung, von der man auf die *ghats* sehen kann. Auch hier gibt es viele unterschiedliche Übernachtungsmöglichkeiten, die von Betten im Schlafsaal für 40 Rs über kleine Einzel- und Doppelzimmer für 75 bzw. 100 Rs und große Zimmer für 150 Rs sowie große Zimmer mit eigenem Bad für 200 Rs bis zu Zimmern mit Ausblick und Bad für 250 Rs reichen. In allen Zimmern sind Ventilatoren und Moskitonetze vorhanden. Einrichtungen für Selbstversorger sind ebenfalls vorhanden, auch ein Laden. Dieses Haus ist ganz sicher nicht das billigste, aber sauber und gut geführt. Nebenan kommt man zum kleinen Evergreen Guest House (Tel. 52 78 23) mit nur sieben Zimmern um einen kleinen Innenhof herum, weichen Betten und dem Restaurant Natural View auf dem Dach. Die Leitung dieses Hauses ist freundlich und hilfsbereit und stellt den Gästen ohne Zusatzkosten auch heißes Wasser in Eimern zur Verfügung. Mit Badbenutzung werden hier für ein Einzelzimmer 50 Rs und für ein Doppelzimmer 80 Rs berechnet, mit eigenem Bad 80 bzw. 100 Rs. Das nahegelegenen Rainbow Guest House ist von den Preisen her ähnlich.

Das Lake Ghat Guest House, gegenüber vom Lalghat Guest House auf der anderen Straßenseite, ist ebenfalls beliebt. Auch in diesem Haus wird ein breites Spektrum von Unterkünften angeboten, allerdings alle ohne Ausblicke, die von Einzel- und Doppelzimmern mit Badbenutzung für 60 bzw. 80 Rs bis zu Doppelzimmern mit Bad für 100 bis 150 Rs reichen. Die billigeren Zimmer sind zwar dunkel und sehen wie Zellen aus, aber dafür entschädigen die herrliche Dachterrasse und die freundliche Leitung des Hauses.

Hinter dem Lake Ghat Guest House liegt das Centre View Guest House (Tel. 52 00 39) mit nur ein paar Zimmern, alle mit Badbenutzung, zum Preis von 30 Rs für ein Einzelzimmer und zum Preis von 50 Rs für ein Doppelzimmer. Ausblicke lassen sich aus diesem Haus nicht genießen, aber dafür ist die Familie, die es führt, sehr nett. Ein weiteres preisgünstiges Quartier in der gleichen Gegend ist das Shri Karni Guest House.

In Richtung Nav Ghat stößt man auf das ruhige Lake Corner Soni Paying Guest House mit sauberen, einfachen Zimmern um einen Innenhof herum. Hier werden mit Badbenutzung für ein Einzelzimmer 60 Rs und für ein Doppelzimmer 80 Rs sowie für ein Doppelzimmer mit eigenem Bad 100 Rs verlangt. Essen kann man in diesem Haus ebenfalls. Außerdem bieten sich vom Dach aus herrliche Ausblicke. Geführt wird dieses Quartier von einem schon älteren Paar. In der Nähe liegt das preislich ähnliche Shiva Guest House.

Nahe beim Badi Haveli kommt man zum Hotel Anjani (Tel. 2 54 20), einem modernen Quartier mit vielen Zimmern, etliche davon mit Blick auf den See. Hier beginnen die Preise für ein Doppelzimmer bei 80 Rs. Das Jheel Guest House (Tel. 2 83 21) findet man direkt am Fuß des Hügels neben dem *ghat*. Es ist in einem alten *haveli* eingerichtet worden und strahlt Charakter und Charme aus. Mit Badbenutzung werden in diesem Haus Doppelzimmer für 100 Rs und große Doppelzimmer mit Bad für 200 Rs vermietet. Im Nebengebäude auf der anderen Straßenseite stehen auch preisgünstigere Zimmer zur Verfügung.

Wenn Sie all dem Gewirr und den Schleppern entfliehen wollen, dann mieten Sie ein Zimmer im Hotel Lake Shore. Man findet es neben dem Hotel Lake Pichola, auf der anderen Seite der Brücke. Vom Jagdish-Tempel ist es zu Fuß in 10 Minuten zu erreichen. In diesem Haus gibt es nur ein paar Zimmer, aber auch eine wunderschöne Terrasse mit Blick zurück hinüber zum Lal Ghat. Das Hotel Lake Shore ist zwar relativ einfach, aber ruhig und friedlich gelegen. Die Preise für eine Übernachtung beginnen bei 80 Rs und reichen bis 225 Rs, in den meisten Zimmern mit Blick auf den See.

Noch weiter entfernt und noch ruhiger wohnt man im Hotel Natural (Tel. 52 78 79). Es liegt unmittelbar am Wasser und ist ein recht erfreuliches Quartier. Die Zimmer sind zwar nur einfach, dafür aber sauber und vielfach auch mit Wandgemälden geschmückt. Sie kosten mit Badbenutzung als Einzelzimmer 40 Rs und als Doppelzimmer 80 Rs sowie mit eigenem Bad 75 bzw. 125 Rs. Außerdem kann man im Dachrestaurant ausgezeichnet essen. Dort wird auf Wunsch für 20 Rs sogar extra ein Kuchen gebacken.

An der Lake Palace Road liegen ebenfalls mehrere Unterkünfte. Eines davon ist das Hotel Haveli (Tel. 52 82 94), ein kleines Haus mit einem nicht gerade großen Garten. Die Zimmer sind ganz komfortabel und können zu Preisen zwischen 80 und 200 Rs bewohnt werden (alle mit eigenem Bad). Weiter entlang der Lake Palace Road steht das Hotel Mahendra Prakash (Tel. 52 93 70), ein modernes Gebäude mit Zimmern um einen Innenhof herum. Hier kosten Doppelzimmer mit Badbenutzung ab 50 Rs, mit eigenem Bad ab 100 Rs und mit Bad sowie heißem Wasser 200 Rs.

Das Hotel Ranjit Niwas (Tel. 52 57 74) ist ein kleines Haus, das von einer Familie geführt wird und günstig gelegen ist. Hier wohnt man ganz angenehm und muß für ein Bett in einem Schlafsaal jeweils 30 Rs, für ein Einzel- oder Doppelzimmer mit Badbenutzung 100 Rs sowie für ein Einzel- und Doppelzimmer mit eigenem Bad 150 Rs bezahlen. Wenn man mindestens drei Nächte bleibt, erhält man eine Ermäßigung. Vorhanden sind auch ein kleiner Innenhof mit Garten sowie die Möglichkeit, sich Essen zubereiten zu lassen.

Wie viele andere Häuser der RTDC hat auch das Hotel Kajri Tourist Bungalow am Kreisverkehr in der Ashoka Road (Tel. 41 05 01) schon bessere Tage gesehen. Angesichts so vieler interessanter und besser gelegener Hotels in Udaipur gibt es kaum Gründe, hier zu übernachten. Wenn man sich dennoch dazu entschließt, muß man für ein Bett im Schlafsaal mit 40 Rs, für ein Einzelzimmer mit 150 bis 400 Rs und für ein Doppelzimmer mit 200 bis 500 Rs rechnen.

Auf der anderen Straßenseite stehen einige preisgünstigere Unterkünfte. Dort werden im Hotel Prince (Tel. 41 43 35) normale Einzel- und Doppelzimmer für 60 bzw. 80 Rs und Doppelzimmer mit Fernsehgerät, Bad und heißem Wasser für 100 Rs angeboten. Das Hotel Alka (Tel. 41 46 11) ist ein sehr großes Haus mit Einzelzimmern ab 70 Rs und Doppelzimmern ab 120 Rs sowie besseren Zimmern bis 120 bzw. 200 Rs. In den teureren Zimmern erhält man auch einen Ventilator und ständig fließendes heißes Wasser. Das Hotel Ashok werden zu ähnlichen Preisen Zimmer mit dem gleichen Standard vermietet.

Für diejenigen, denen Krach und Luftverschmutzung in der Gegend des Busbahnhofs nichts ausmachen, bieten sich weitere Alternativen. Das beste Haus in dieser Gegend ist das Hotel Apsara (Tel. 52 34 00), ein riesiges Gebäude, das etwas von der Straße zurück errichtet wurde und in dem die Zimmer zu einem Innenhof hin liegen, wodurch es einigermaßen ruhig ist. Hier werden Betten im Schlafsaal für 35 Rs sowie Einzel- und Doppelzimmer für 75 bzw. 100 bis 250 Rs vermietet. In den teureren Zimmern stehen auch ständig heißes Wasser und eine Klimaanlage zur Verfügung.

Mehrere Hotels findet man auch gegenüber der Bushaltestelle. Das beste davon ist das Hotel Welcome (Tel. 52 53 75), in dem Einzel- und Doppelzimmer mit Bad und Fernsehgerät für Satellitenprogramme ab 95 bzw. 125 Rs kosten.

Als einziges weiteres preisgünstiges Quartier in einem anderen Teil der Stadt bietet sich das Hotel Mewar Inn (Tel. 52 20 90) an. Das ist ein preiswertes und freundliches Haus und liegt ein ganzes Stück von der Stadtmitte entfernt. Die Rikscha-Fahrer mögen es nicht, so daß man eine ganze Menge Überredungskunst braucht, einen davon zu veranlassen, dorthin zu fahren. Für ein einfaches, aber sauberes Einzel- oder Doppelzimmer muß man in diesem Haus nur 28 bzw. 37 Rs und für ein größeres Einzel- oder Doppelzimmer 59 bis 79 Rs bezahlen. In einem Schlafsaal kann man für 12 Rs übernachten. Inhaber eines Jugendherbergsausweises erhalten sogar noch eine Ermäßigung. Ein vegetarisches Restaurant ist ebenfalls vorhanden. Außerdem sind weitere Zimmer im Bau. Die etwas ungünstige Lage ist kein größer Nachteil, weil man im Haus Fahrräder mieten kann (8 Rs).

Eine interessante Unterkunft gibt es im Dorf Titadha, 7-8 km von Udaipur entfernt. Das ist das Pratap Country Inn, in dem für die Unterbringung in komfortablen Doppelzimmern mit eigenem Bad 200 bis 600 Rs berechnet werden. Es liegt in einer wunderschönen Umgebung und ist ein gutes Ziel, um sich in Ruhe zu erholen. Ausritte auf Pferden kann man hier aus eigenen Kräften unternehmen. Außerdem werden längere Ausflüge zu Preisen von 600 bis 1800 Rs pro Person und Tag abhängig davon organisiert, welchen Grad an Luxus man wünscht. Ein Telefon ist in der Anlage bisher nicht vorhanden. Um sie sich anzusehen, ist es am einfachsten, mit einer Auto-Rikscha von Udaipur hinauszufahren (30 Rs). Außerdem fahren Stadtbusse und Tempos vom Bapou Bazaar bis Titadha, von wo es noch 500 m zu Fuß bis zum Hotel sind. Statt dessen kann man aber auch mit einem Fahrrad dorthin fahren.

Mittelklassehotels: Unmittelbar am See in der Gegend vom Lal Ghat liegt das freundliche Hotel Jagat Niwas Palace (Tel. 52 97 28), das früher einmal ein *haveli* war. Zu bieten hat es kühle, weiße Innenhöfe, Marmorböden und ein sehr ansprechendes Freiluftrestaurant mit herrlichen Blicken auf den Seepalast. Für Zimmer mit Badbenutzung reichen die Preise von 150 bis 300 Rs und für Zimmer mit eigenem Bad von 450 bis 750 Rs.

Eines der besten Mittelklassehotels ist das Rang Niwas Palace in der Lake Palace Road (Tel. 52 38 91). Es liegt inmitten von friedlichen Gartenanlagen, hat ein vor kurzem erbautes Schwimmbecken aus Marmor zu bieten und ist ein sehr erholsames sowie interessantes Hotel. Zimmer wurden im alten Gebäude, früher ein kleiner Palast, und im geschmackvoll eingerichteten Neubau eingerichtet. Im Schlafsaal mit nur fünf Betten, der auch als Tischtennisraum genutzt wird, kann man für 30 Rs übernachten, während man mit Badbenutzung für ein Einzelzimmer 150 Rs und für ein Doppelzimmer 200 Rs ausgeben muß. Ein Zimmer mit eigenem Bad kostet zur Alleinbenutzung 400 Rs und zur Belegung mit zwei Gästen 500 Rs. Alles ist sehr sauber und sieht gut gepflegt aus. Ein recht gutes vegetarisches Restaurant ist ebenfalls vorhanden.

Ebenfalls sehr zu empfehlen ist das Hotel Sai-Niwas (Tel. 52 49 09), gelegen vom Eingang zum Stadtpalast hügelabwärts in Richtung *ghat*. Die Zimmer (alle Doppelzimmer) sind einfallsreich ausgeschmückt und die teureren davon auch mit einem Balkon ausgestattet, von dem man über den See blicken kann. Hier kann man in einem Zimmer mit Bad und heißem Wasser für 350 bis 600 Rs übernachten.

Eine gute Wahl ist ferner das neue Ratan Palace Guest House unweit vom Sai-Niwas (Tel. 52 79 35). Dort kosten makellos saubere Zimmer mit wirklich bequemen Betten als Einzelzimmer 250 bis 400 Rs. Von der Terrasse dieses Hauses bieten sich ganz gute Ausblicke auf den See. Ausgezeichnete Verpflegung ist ebenfalls erhältlich.

Auf halbem Weg vom Jagdish-Tempel die Bhattiyani Chotta hinunter kommt man zum Hotel Raj Palace (Tel. 52 30 92), das derzeit renoviert und erweitert wird. Die Erweiterung hat viel vom alten Garten in Anspruch genommen, aber genug Platz für das Freiluftrestaurant mit Blicken auf den Stadtpalast zur Stadt hin ist doch geblieben. Insgesamt gesehen ist das ein freundliches Quartier mit Einzelzimmern von 100 bis 250 Rs und Doppelzimmern für 150 bis 500 Rs, alle mit eigenem Bad.

Ein Stück weiter weg von dieser Gegend hat man noch weitere Übernachtungsmöglichkeiten zur Wahl. Das Gulab Niwas (Tel. 52 36 44) ist ein kleines Gästehaus in einer ansprechenden alten Lodge unweit vom Fateh Sagar. Dort stehen mit Ventilator und Bad Einzelzimmer für 300 Rs und Doppelzimmer für 375 Rs zur Verfügung. Erholen kann man sich in einem ganz hübschen Garten.

Entlang der Rani Road nicht weit entfernt kommt man zum Hotel Lakenend (Tel. 52 38 41) mit Einzelzimmern für 500 Rs und Doppelzimmern für 700 Rs. Geboten werden den Gästen auch ein Swimming Pool, eine Bar, ein Restaurant und ein Garten, der bis hinunter zum Fateh Sagar reicht.

Luxushotels: Ohne Zweifel ist von den nicht ganz so teuren Spitzenhotels das Hotel Lake Pichola am Chand Pol (Tel. 5 91 97) mit Blicken auf die *ghats*, den Jagdish-Tempel und das Nordende des Stadtpalastes das beste. Das ist ein modernes Gebäude, erbaut im traditionellen Stil, gut in Schuß und sehr gut geführt. Alle Zimmer sind mit Klimaanlage, Fernsehgerät, Telefon, Teppichen sowie Bad mit heißem Wasser ausgestattet und kosten dennoch als Einzelzimmer nur 575 Rs und als Doppelzimmer nur 600 Rs. Eine Möglichkeit zum Geldwechseln, eine Bar und ein Restaurant gibt es ebenfalls in diesem Haus.

Zwischen dem Pichola-See und dem Fateh Sagar liegen zwei weitere Luxushotels Seite an Seite. Das eine davon ist das Hotel Laxmi Vilas Palace der RTDC (Tel. 52 97 11), ein Haus mit vier Sternen, in dem Einzelzimmer 1500 Rs und Doppelzimmer 2300 Rs kosten (mit Klimaanlage). Hier werden den Gästen auch ein Swimming Pool, eine Bar und ein Restaurant geboten. Nebenan liegt das kleinere Hotel Anand Bhawan (Tel. 52 32 47), in dem Einzelzimmer für 450 Rs und Doppelzimmer für 550 Rs (mit Klimaanlage und Bad mit heißem Wasser) eine ausgezeichnete Wahl sind. Im Restaurant dieses Hotels kann man vegetarische und nichtvegetarische Gerichte erhalten.

Ein modernes Haus auf der Spitze eines anderen Berges in der gleichen Gegend ist das Hotel Hilltop Palace (Tel. 52 87 64). Hier beginnen die Preise für ein Einzelzimmer bei 700 Rs und für ein Doppelzimmer bei 900 Rs. Allerdings fehlt diesem Hotel etwas Atmosphäre.

Etwa 3 km außerhalb der Stadt, an der Straße nach Ahmedabad, liegt das mit vier Sternen ausgezeichnete Hotel Shikarbadi (Tel. 58 32 00) mit klimatisierten Einzelzimmern für 30 US $ und ebenfalls klimatisierten Doppelzimmern für 45 US $. Das ist ein kleines, aber gutes Hotel auf einem schönen Gelände mit Schwimmbad, Rasen und einem kleinen See. Angeschlossen sind ein Tierpark und eine Versuchsfarm. Den Gästen werden Ausritte auf Pferden und Elefanten angeboten.

Am obersten Ende der Skala bei den Spitzenhotels findet man zwei der luxuriösesten Hotels von ganz Indien, die sich auch noch über den Pichola-See gegenüberliegen. Das unvergleichliche Hotel Lake Palace (Tel. 52 79 61, Fax 52 79 74) liegt auf der kleineren der beiden Inseln im See. Hier wird den Gästen ein Eindruck davon vermittelt, wie man früher in einem Maharadscha-Palast gelebt hat. Deshalb lassen die meisten Besucher mit genügend Geld auch nicht die Gelegenheit aus, hier zu wohnen. Das Haus bietet jeden nur denkbaren Luxus, auch einen Swimming Pool im Schatten von Mangobäumen. Die billigsten Zimmer werden hier für 140 bzw. 165 US $ vermietet, während man für ein Zimmer mit Blick auf den See 170 bzw. 190 US $ und für eine Suite 220 bis 550 US $ bezahlen muß. Es ist sicher überflüssig zu erwähnen, daß man ein Zimmer in diesem Haus rechtzeitig reservieren lassen muß.

Das vergleichbar luxuriöse Hotel Shiv Niwas Palace (Tel. 52 84 10, Fax 52 80 06) ist in einem Teil des Stadtpalastes eingerichtet worden und mit 55 US $ für ein normales Zimmer mit Klimaanlage ein ganzes Stück billiger. Für eine Suite muß man 150 bis 350 US $ bezahlen. Auch hier ist die Nachfrage nach den Zimmern immer groß. Ebenfalls in einem Teil des Stadtpalastes ist das Hotel Fateh Prakash Palace (Tel. 52 84 10) eingerichtet worden. Hier werden nur acht Zimmer zu ähnlichen Preisen vermietet, die meisten davon mit Blick auf den See. Wenn man im Hotel Lake Palace kein Zimmer erhalten kann, ist dieses Haus eine gute Alternative. Allerdings hat dieses Hotel keinen eigenen Speiseraum zu bieten, so daß man den Innenhof überqueren muß, um im Hotel Shiv Niwas Palace essen zu können.

ESSEN

Die Reihe der Restaurants in Udaipur ist gar nicht so klein und reicht von Dachterrassencafés für Rucksackreisende in der Gegend des Lal Ghat bis zu den ausgezeichneten Restaurants in den Spitzenhotels.

Schon lange beliebt ist das Café Mayur am Jagdish-Tempel, in dem man gute südindische Gerichte genauso wie westliche Speisen wie Spaghetti mit Käse (22 Rs) und Apfelkuchen (20 Rs) erhält. Dieses Lokal war eines der ersten, in denen abends der Videofilm *Octopussy* gezeigt wurde, teilweise in Udaipur aufgenommen. Mehrere andere Restaurants versuchen nun ebenfalls, Gäste mit diesem James-Bond-Film anzuziehen, damit sie sich beim Essen diesen Streifen ansehen. Im Dachrestaurant Natural View über dem Evergreen Guest House werden Pizza ab 25 Rs, gebackene Kartoffeln ab 20 Rs und eine ganze Reihe chinesischer Gerichte angeboten. Eine der Spezialitäten in diesem Restaurant ist Käse, der mit Knoblauch abgeschmeckt ist. Weitere beliebte Lokale in der gleichen Gegend sind das Restaurant Gokul, das Restaurant Four Seasons und das Dachrestaurant Relish.

Das Café Roof Garden, vom Hotel Rang Niwas Palace um die Ecke und mit Blick auf den Stadtpalast, erinnert ein wenig an die Hängenden Gärten von Babylon. Das Essen ist hier schon ein wenig teurer, aber die Speisekarte ist ganz schön lang. Hinzu kommt, daß in diesem Lokal mehrmals wöchentlich Volksmusik gespielt wird. Im Dachterrassenrestaurant Mayur in der gleichen Gegend kann man ebenfalls ganz ordentlich essen und sich manchmal ebenfalls den Film *Octopussy* ansehen. Mehrere Verpflegungsmöglichkeiten gibt es ferner um das Hotel Natural herum, etwa 15 Minuten zu Fuß vom Jagdish-Tempel entfernt auf der anderen Seite vom nördlichen Arm des Pichola-Sees. Ganz gut ist auch das Essen im Dachrestaurant des Hotels Natural, in dem man vegetarische Speisen und gelegentlich auch selbst-

gebackenen Kuchen erhält. Nebenan kommt man zum Natural Attic mit einer langen Speisekarte, auf der mexikanische, chinesische, westliche, indische und tibetische Gerichte stehen. An den meisten Abenden wird hier um 19.30 Uhr auch ein Puppenspiel gezeigt. Die Filiale am Lal Ghat ist nicht so gut.

Südlich der Sajjan Niwas Gardens, auf einem Hügel mit Blick über den Pichola-See, ist das Café Hill Park einen Besuch wert, allein schon wegen der guten Ausblicke. Hier werden südindische Gerichte und Imbisse zu moderaten Preisen angeboten.

Ausgezeichnete nordindische Gerichte erhält man im Park View. Es liegt gegenüber vom Park im Hauptteil der Stadt, hat aber absolut keine Ausblicke zu bieten. Die Preise sind annehmbar und betragen für ein halbes Tandoori-Hähnchen 38 Rs. Hierher kommen oft indische Familien der Mittelklasse. Gut essen, wenn auch teurer, kann man zudem in Berry's Restaurant am Chetak Circle. Gegenüber ist ein Lokal der Restaurantkette Kwality, in dem es die üblichen Gerichte gibt.

Für ein kleineres Festessen bietet sich das Restaurant im Jagat Niwas an, zumal die Lage unmittelbar über dem Wasser und der Blick auf den Seepalast hervorragend sind. Nichtvegetarische Gerichte aus dem Westen sind hier zwar teuer (ca. 85 Rs), aber indische Speisen kann man deutlich günstiger bekommen. Noch teurer ißt man im Hotel Shiv Niwas Palace, aber dennoch ist das das richtige Ziel für ein besonderes Essen. Die indischen Gerichte sind vom Feinsten, und auch das Mango- sowie Erdbeereis schmecken hervorragend.

Eine außergewöhnliche Erfahrung ist - natürlich - ein Essen im Hotel Lake Palace. Auch wenn die Speisen unterschiedlich beurteilt werden und der Speisesaal nicht der beeindruckendste Raum in dem Palast ist, lohnt es allemal, sich einmal das wunderschöne Hotel anzusehen. Beim Abendessen vom Buffet kann man sich Sitar-Musik live anhören, die aufmerksame Bedienung genießen und sich anschließend auf einen Drink an die Bar setzen, um sich von dort die Vorführung von Volkstänzen anzusehen. Eine Garantie, daß man in den Palast hineingelassen wird, gibt es nicht erhältlich, aber dort dürfen andere als Hausgäste nur dann essen, wenn das Hotel nicht voll belegt ist. Daher sind fast immer Voranmeldungen erforderlich. Außerdem wird erwartet, daß man adrett angezogen ist. Das Abendessen vom Buffet (19.30 bis 22.30 Uhr) kostet 450 Rs. Man kann sich aber auch mittags (12.30 bis 14.30 Uhr) für 365 Rs an einem Buffet bedienen. In diesen Preisen ist der Transfer mit einem Boot bereits enthalten.

UNTERHALTUNG

Von August bis April finden im Meera Kala Mandir im Sektor 11 in Hiran Magari (Tel. 52 39 76) täglich außer sonntags um 19.00 Uhr Vorführungen von Volkstänzen und Volksmusik aus Rajasthan statt. Der Eintritt kostet 30 Rs pro Person und lohnt sich allemal. Bei diesen Aufführungen erwarten die Zuschauer nicht nur unzählige Stammestänze, sondern auch akrobatische Einlagen, z. B. das Balancieren von Töpfen auf dem Kopf bei gleichzeitigem Tanzen auf Glasscherben oder mit gezogenem Säbel. Für eine Fahrt vom Stadtpalast zu dieser Veranstaltung mit einer Auto-Rikscha muß man rund 20 Rs bezahlen.

EINKÄUFE

Die Zahl der kleinen Läden in Udaipur ist verwirrend groß. Viele bieten recht interessante Kunstgewerbegegenstände an, beispielsweise Gemälde im Stil der Rajputen und Moguln. Besonders gute Läden finden Sie in der Lake Palace Road, unweit vom Hotel Rang Niwas Palace, und rund um den Jagdish-Tempel.

AN- UND WEITERREISE

Flug: Indian Airlines fliegt mindestens einmal täglich nach Delhi (58 US $), Jaipur (35 US $) sowie Bombay (70 US $) sowie fünfmal wöchentlich nach Jodhpur (28 US $) und Aurangabad (63 US $). Ein Flug nach Aurangabad kann eine Menge Zeit für Bus- oder Bahnfahrten sparen helfen. Das Büro von Indian Airlines (Tel. 41 09 99) befindet sich am Delhi-Tor und ist täglich von 10.00 bis 13.00 Uhr sowie von 14.00 bis 17.00 Uhr geöffnet.

ModiLuft (Tel. 65 52 81) unterhält täglich Flugverbindungen nach Bombay (70 US $), Goa (104 US $), Delhi (58 US $), Jaipur (35 US $) und Kochi (161 US $).

Bus: Häufige Verbindungen mit Bussen der RTDC bestehen von Udaipur zu den wichtigsten anderen regionalen Zentren, aber auch nach Delhi und Ahmedabad. Wenn Sie mit einem dieser Busse fahren wollen, dann vergewissern Sie sich, daß das ein Schnellbus ist, denn die normalen Busse halten ständig, unternehmen unzählige Abstecher durch viele Orte abseits der Hauptstraße und können zudem sehr unbequem sein. Für eine lange Strecke eignen sich die Busse der privaten Unternehmen am besten.

Schnellbusse verkehren nach Jaipur (106 Rs, neunmal täglich, 9 Stunden), Ajmer (75, Rs elfmal täglich, 8 Stunden), Kota und Bundi (86 Rs, sechsmal täglich, 6 Stunden), Jodhpur (70 Rs, 8-10 Stunden), entweder über Ranakpur (sechsmal täglich, 4 Stunden) oder über Nathdwara (zweimal täglich) und Chittorgarh (34 Rs, fünfmal täglich, 3 Stunden). Fahrkarten für Fahrten mit Schnell- und Luxusbussen sollten im voraus gekauft werden.

Es gibt auch einige private Unternehmen, die Busse für Fahrten nach Ahmedabad (70 Rs, 7 Stunden), Vadodara (120 Rs, 8 Stunden), Bombay (180 Rs, 16 Stunden), Delhi (140 Rs, 14 Stunden), Indore (110 Rs, 10 Stunden), Jaipur (70 Rs, 9 Stunden), Jodhpur (60 Rs, 9

Stunden), Kota (60 Rs, 6 Stunden) und Mt. Abu (60 Rs, 5 Stunden) einsetzen. Die meisten sind mit Büros entlang der Hauptstraße vom Busbahnhof zum Delhi-Tor (Khangipir Road) vertreten, einige aber auch gegenüber vom Hotel Rang Niwas Palace. Buchungen muß man mindestens einen Tag vorher vornehmen.

Zug: Eisenbahnverbindungen nach Udaipur gibt es derzeit nur mit Meterspur. Weil die Stadt auf der Dringlichkeitsliste für die Umstellung auf Breitspur nicht gerade weit oben steht, ist es wahrscheinlich, daß Zugfahrten nach Udaipur ungünstiger werden, weil andere Städte in Rajasthan bereits an Bahnstrecken mit Breitspur angeschlossen sind.

Der beste zwischen Delhi und Udaipur verkehrende Zug ist der *Pink City/Nawaz Express*, der die 739 km in 15^1/2 Stunden zurücklegt und über Jaipur, Ajmer sowie Chittorgarh fährt. Derzeit fährt er in Delhi täglich außer sonntags (in Gegenrichtung täglich außer samstags) auf dem Bahnhof Sarai Rohilla ab. Dabei kann es durchaus sein, daß man in Rewari (83 km von Delhi entfernt) umsteigen muß, weil dieser Streckenabschnitt bereits auf Breitspur umgestellt ist. Eine Fahrt kostet in der 2. Klasse 137 Rs und in der 1. Klasse 521 Rs. Der Zug verkehrt tagsüber und erreicht sein Ziel am späten Abend. Wenn Sie lieber nachts fahren wollen und zu einer zivilisierteren Zeit ankommen wollen, dann nehmen Sie den *Chetak Express*, der allerdings 20 Stunden braucht.

Zwischen Udaipur und Jodhpur (221 km) besteht derzeit eine Verbindung nur mit Meterspur.

Taxi: Wenn man in Udaipur ein Taxi mieten will, um sich diesen Teil von Rajasthan anzusehen, wird einem der Fahrer eine „offizielle" Liste mit Preisen für Fahrten zu Zielen wie Mt. Abu und Jodhpur zeigen. Dann sollte man sich besser auch anderswo nach Taxifahrten erkundigen, denn in Reisebüros werden häufig günstigere Preise für solche Fahrten angeboten. Ein Unternehmen, das zuverlässig und von den Preisen her annehmbar zu sein scheint, ist Voice of Travel & Trade in der Lake Palace Road 16 (Tel. 52 30 36). Das ist in der Nähe des Hotels Rang Niwas Palace.

NAHVERKEHR

Flughafentransfer: Der Flughafen liegt von der Stadt 25 km entfernt. Ein Flughafenbus verkehrt dorthin und von dort nicht. Für eine Taxifahrt vom oder zum Flughafen muß man mit rund 120 Rs rechnen.

Bus, Taxi und Rikscha: Das Streckennetz der Stadtbusse ist ganz gut. Da die Fahrer der Taxis und Auto-Rikschas ihre Taxameter nicht einschalten, muß vor Antritt einer Fahrt die leidige Geschichte mit dem Aushandeln des Preises durchgestanden werden. Der

Preis für eine Fahrt in der Stadt wird etwa 10 Rs betragen, denn man muß schon sehr viel Glück haben, weniger bezahlen zu können, weil sich hier zu viele Touristen aufhalten, die den zunächst geforderten Preis sofort akzeptieren.

Das System mit den Provisionen wird in Udaipur bis zum Exzeß betrieben, so daß die Rikscha-Fahrer alles versuchen, Leute zu einem Hotel ihrer Wahl zu fahren, insbesondere dann, denn neu ankommende Besucher in die Gegend des Lal Ghat wollen. Wenn auch Ihnen das passieren sollte, dann lassen Sie sich zum Jagdish-Tempel fahren, weil sich alle preiswerten Gästehäuser von dort leicht zu Fuß erreichen lassen.

Da Udaipur verhältnismäßig klein ist und der Autoverkehr nur recht schleppend durch die Stadt geht, ist das Radeln keine schlechte Idee. Fahrräder können Sie überall in der Stadt ausleihen. Dafür zahlt man kaum mehr als 3 Rs pro Stunde oder 15 Rs pro Tag. Höher können die Preise in der Nähe der Touristenhotels sein.

DIE UMGEBUNG VON UDAIPUR

EKLINGI UND NAGADA

Den kleinen, aber sehr interessanten Ort Eklingi (22 km von Udaipur entfernt) mit vielen alten Tempeln erreicht man nach einer kurzen Busfahrt in den Norden von Udaipur. In der Stadt steht ein Shiva-Tempel, der ursprünglich im Jahre 734 n. Chr. erbaut wurde, seine heutige Form aber in der Zeit von Maharana Raimal erhielt, der von 1473-1509 regierte. Zu diesem von Mauern umgebenen Komplex gehört eine Säulenhalle. Die Säulen sind sehr fein gearbeitet und von einem riesigen Pyramidendach überdeckt. In dem Tempel steht eine Shiva-Figur mit vier Gesichtern aus schwarzem Marmor. Leider ist der Tempel nur zu sehr ungünstigen Zeiten geöffnet: 5.00-7.00 Uhr, 10.00-13.00 Uhr und 17.00-19.00 Uhr.

In Nagada, etwa einen Kilometer abseits der Straße und einen Kilometer vor Eklingi, stehen drei alte Tempel. Vom Jain-Tempel in Adbudji sind zwar nur noch Ruinen zu sehen, aber dennoch ist seine interessante Architektur gut zu erkennen. Dieser Tempel ist sehr alt. Nicht weit entfernt findet man die Tempelgruppe mit dem Namen „Mutter und Schwiegertochter". Das ist ein kleiner, in sich abgeschlossener Komplex mit einer ungewöhnlichen Architektur und vielen Reliefs an den Mauern, einige davon mit erotischen Motiven. Zu erreichen sind diese drei Tempel am einfachsten, indem man sich für die Fahrt dorthin in Eklingi ein Fahrrad mietet.

An- und Weiterreise: Am bequemsten erreichen Sie diese Tempel mit einem Fahrrad, das Sie sich in Eklingi ausleihen können. Das ist allerdings nicht immer einfach. Von Udaipur fahren von 5.00 Uhr morgens alle Stunde Busse nach Eklingi. Im Ort gibt es auch ein kleines Guest House, in dem man, wenn man will, übernachten kann.

HALDIGHATI

An dieser Stelle, 40 km von Udaipur entfernt, bot der Maharana Pratap im Jahre 1576 den überlegenen Streit-mächten der Moguln mutig die Stirn. Haldighati ist das Schlachtfeld, auf dieser grausige Kampf stattfand. Ein *chhatri* zu Ehren des Pferdes Chetak findet man einige Kilometer entfernt.

Unterkunft: Im Motel Haldighati der RTDC wird nur ein einziges Zimmer vermietet, in dem man allein für 75 Rs und zu zweit für 100 Rs unterkommt. Außerdem kann man für 40 Rs in einem Schlafsaal übernachten. Gutes Essen ist nach Voranmeldung ebenfalls erhältlich.

An- und Weiterreise: Ein Bus der RTDC verläßt Udaipur zur Fahrt nach Haldighati täglich um 9.00 Uhr, während Busse privater Unternehmen um 11.30 und 12.30 Uhr abfahren.

NATHDWARA

Hier steht der bedeutende Vishnu-Tempel von Sri Nathji aus dem 18. Jahrhundert. Nathdwara, 40 km von Udaipur entfernt, ist ein wichtiger Wallfahrtsort der Anhänger von Vishnu. Die Vishnu-Figur aus schwarzem Stein brachte man 1669 von Mathura hierher, um sie vor Aurangzeb in Sicherheit zu bringen. Eine Legende berichtet, daß bei einem späteren Transport zum ursprünglichen Standort zurück das Fahrzeug bis an die Achsen einsank. Dies deutete man als Zeichen dafür, daß das Standbild lieber hier in Nathdwara bleiben wollte. Wächter behandeln die Figur wie ein kleines Kind, stellen sie morgens auf, waschen sie, ziehen ihr Kleider an, bieten ihr extra zubereitete Speisen an und legen sie abends zum Schlafen wieder hin. Sie ist ein beliebtes Pilgerziel, bei dem die Tempel um die Figur herum je nach Tagesablauf geöffnet und geschlossen werden. Sehr viel los ist aber immer gegen 16.30 oder 17.00 Uhr, wenn Vishnu nach einem Nachmittagsschläfchen aufsteht.

Unterkunft: Im Hotel Gokul Tourist Bungalow der RTDC (Tel. 02953/26 85) gibt es neben einem Schlafsaal (40 Rs) auch Zimmer mit vier Betten und Ventilator für 200 Rs sowie Einzel- und Doppelzimmer mit Klimaanlage für 200 bzw. 250 Rs. Eine Bar und ein Restaurant sind ebenfalls vorhanden.

An- und Weiterreise: Von Udaipur fahren Busse der RTDC von 5.00 Uhr an stündlich nach Nathdwara.

KANKROLI UND RAJSAMAND-SEE
Kankroli darf sich gleich zweier Gemeinsamkeiten mit Nathdwara rühmen. Einmal ist es die Ähnlichkeit, die eine Darstellung von Dwarkadhish, der Inkarnation von Vishnu, aufweist, und zum anderen die unregelmäßigen Besuchszeiten des Tempels.

Nicht weit entfernt ist ein See. Der entstand beim Bau eines Dammes, den Maharana Raj Singh 1660 errichten ließ. Sehenswert sind die vielen Bögen und *chhatris*.

FORT KUMBHALGARH
Nach dem in Chittorgarh ist das in Kumbhalgarh (84 km von Udaipur entfernt) das bedeutendste Fort in der Region Mewar. Es ist ein abgelegenes und interessantes Ziel und wurde im 15. Jahrhundert von dem Maharana Kumbha erbaut und, weil es oben auf der Aravalli-Kette in 1100 m Höhe so schwer zugänglich ist, in seiner Geschichte nur einmal eingenommen. Selbst dabei gelang es nur den vereinten Armeen des Moguln Akbar mit denen von Amber und Marwar den Widerstand zu brechen. Hierher zogen sich die Mewar-Herrscher bei Gefahr zurück. Die Mauern der Festung sind insgesamt 12 km lang und umschließen viele Tempel, Paläste, Gartenanlagen und Vorratsbehälter für Wasser. Das Fort wurde im vergangenen Jahrhundert renoviert.

Besuchen kann man auch den Tierpark, bekannt für seine Wölfe, wofür sich die Monate März bis Juni besonders eignen. Dann wird nämlich das Wasser knapp, so daß die Tiere gezwungen sind, zu den wenigen Wasserlöchern zu ziehen. Im Reservat gibt es viele Tiere, u. a. Antilopen (eine seltene Art mit vier Hörnern), Leoparden und Bären. Auch zum Wandern eignet sich dieses Areal gut.

Unterkunft: Übernachten kann man im PWD Rest House oder im besseren Hotel Aodhi (Tel. Kelwara 2 22), in dem man für ein Doppelzimmer 900 Rs bezahlen muß.

An- und Weiterreise: Von Udaipur fahren täglich vier Busse dorthin (15 Rs, 3 Stunden), allerdings nicht alle von der Bushaltestelle, sondern einige vom Chetak Circle. Private Busse verkehren auf dieser Strecke ebenfalls. Von dort, wo die Busse halten, sind es angenehme zwei oder drei Kilometer bis zum Fort. Wenn man mit einem Jeep weiterfahren will, sollte man sich zu einer kleinen Gruppe zusammenschließen und sich die Kosten teilen.

RANAKPUR
Einer der bedeutendsten und größten Jain-Tempel von ganz Indien ist der außerordentlich schöne Komplex in Ranakpur, der einen Besuch allemal wert ist. Er ist 60 km von Udaipur herrlich gelegen in dem friedlichen Aravalli-Tal.

Der Haupttempel ist der Chaumukha (Tempel mit den vier Gesichtern), der Adinath geweiht wurde. Erbaut wurde dieser große, sehr schön gestaltete und gut erhaltene Marmortempel im Jahre 1439. Er besteht aus 29 Hallen, getragen von 1444 Säulen, von denen sich nicht zwei gleichen. Innerhalb dieses Komplexes befinden sich zwei weitere Jain-Tempel, die Neminath und

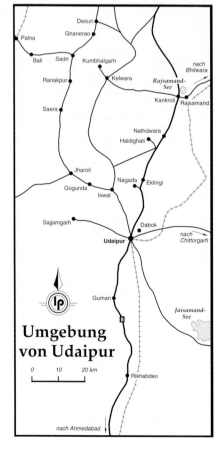

Umgebung von Udaipur

Parasnath geweiht sind. In einiger Entfernung steht noch ein Sonnentempel. Der Amba-Mata-Tempel ist vom Hauptkomplex einen Kilometer entfernt. Für Besucher ist der Tempel von 12.00 bis 17.00 Uhr geöffnet. Dabei müssen die Schuhe ausgezogen und alle Gegenstände aus Leder am Eingang zurückgelassen werden. Für das Mitbringen einer Kamera wird eine Gebühr von 20 Rs erhoben.

Unterkunft und Essen: Eine Übernachtung in Ranakpur ist eine willkommene Unterbrechung einer Fahrt zwischen Udaipur und Jodhpur.

Im schlecht geführten Hotel Shilpi Tourist Bungalow der RTDC (Tel. Ranakpur 26) werden normale Zimmer für 125 bzw. 150 Rs, Zimmer mit Ventilatoren für 200 bzw. 250 Rs und Betten in einem Schlafsaal für 40 Rs angeboten. Zu teure Thalis sind im Speiseraum ebenfalls zu haben. Viel besser ist das *dhaba* an der Bushaltestelle, in dem man leckere vegetarische Gerichte mit Reis und *chapatis* erhält.

Gegen eine Spende darf man im Tempelkomplex auch in einem *dharamsala* übernachten. Kommt man gerade zur Essenszeit an, hat man - ebenfalls gegen eine Spende - die Möglichkeit, ein gutes Thali zu bekommen. Der Speisesaal liegt gleich links, wenn man durch den Haupteingang kommt.

Etwa 4 km von Ranakpur entfernt liegt das Maharani Bagh Orchard Retreat (Zimmerreservierungen über das Hotel Umaid Bhawan Palace in Jodhpur). Es hat Übernachtungsmöglichkeiten in 11 Cottages mit Bad zu bieten, wofür man allein 675 Rs und zu zweit 975 Rs bezahlen muß. Auch Verpflegung erhält man hier, die mittags und abends jeweils 190 Rs kostet.

An- und Weiterreise: Ranakpur ist 39 km von Palna (oder Falna) Junction entfernt; das ist an der Straße und Eisenbahnlinie von Ajmer nach Mt. Abu. Von Udaipur fahren fünf Schnellbusse der RTDC täglich nach Ranakpur (21 Rs, 3^1/$_2$-4^1/$_2$ Stunden). Man kann zwar noch am gleichen Tag die Fahrt nach Jodhpur oder Mt. Abu fortsetzen, kommt dann aber weit nach Einbruch der Dunkelheit an. Deshalb ist es besser, zunächst zu übernachten und erst am nächsten Tag weiterzufahren.

Täglich verkehrt auch ein Bus zwischen Mt. Abu und Sadri, das nur 7 km von Ranakpur entfernt ist.

GHANERAO

Der attraktive Ort Ghanerao bietet sich als ausgezeichneter Ausgangspunkt für Fahrten zu den verschiedenen Sehenswürdigkeiten rund um Udaipur an. Die Inhaber des Ghanarao Royal Castle sind hilfsbereit und arrangieren gern eine Trekking-Tour von Ghanerao nach Kumbhalgarh mit einer Übernachtung in ihrer Jagdhütte Bagha ka Bagh, die am Wege liegt.

Veranstaltet werden auch sehr teure Ausflüge mit Pferden (über 100 US $ pro Tag!) und Fahrten mit Jeeps zu durchaus annehmbaren Preisen.

Unterkunft: Das Ghanarao Royal Castle, etwa ein Kilometer außerhalb des Ortes, ist ein kleines Schloß aus rotem Sandstein (Tel. 02934/73 35), in dem 20 gut unterhaltene Zimmer für 650 bzw. 900 Rs vermietet werden. Verpflegung ist ebenfalls erhältlich.

JAISAMAND-SEE

Dies ist der zweitgrößte künstliche See in ganz Asien, der 48 km von Udaipur entfernt liegt und dadurch entstanden ist, daß der Gomti gestaut wurde. Er wurde im 17. Jahrhundert von Maharana Jai Singh angelegt. Rings um die Einfassung sind viele *chhatris* aus Marmor zu sehen, jedes mit einem Elefanten im Vordergrund. Die Sommerpaläste der Königinnen von Udaipur und ein Tierreservat kann man in der Nähe ebenfalls sehen.

Unterkunft: Übernachten läßt sich in einem Tourist Bungalow am See. Zum Übernachten steht aber auch das neue Jaisamand Island Resort (Tel. 02906/22 22) zur Verfügung, ein modernes Hotel in einer abgelegenen Lage und zu erreichen nach einer Bootsfahrt von 20 Minuten Dauer über den See. Dort kosten Einzelzimmer etwa 1000 Rs und Doppelzimmer rund 2000 Rs, alle mit Ausblicken über das Wasser.

An- und Weiterreise: Hierher gelangt man mit einem der ab 5.00 Uhr morgens von Udaipur verkehrenden Busse der RTDC.

MT. ABU

Einwohner: 17 000
Telefonvorwahl: 02974
In einer Höhe von 1200 m liegt dieser einzige Bergerholungsort von Rajasthan. Während der heißen Jahreszeit ist er das Ziel vieler Menschen aus der Ebenen sowohl von Rajasthan als auch von Gujarat. Abgesehen

von den Teilnehmern an Studien an der Geistlichen Universität von Brahma Kumaris sieht man Leute aus dem Westen im Stadtbild kaum, hier sind die Inder unter sich. Mt. Abu wird gern von Hochzeitsreisenden aufgesucht. Die Stadt gibt sich entspannt und friedlich. Es ist aber nicht nur das kühlere Klima, das die Menschen hierherzieht. In Mt. Abu steht auch eine ganze Anzahl von bedeutenden Tempeln. Insbesondere sei die Gruppe der jainistischen Dilwara-Tempel erwähnt. Wie in einigen anderen Bergerholungsorten in Indien wurde auch in Mt. Abu ein See angelegt.

ORIENTIERUNG UND PRAKTISCHE HINWEISE

Mt. Abu erstreckt sich auf einem Plateau über eine Länge von 22 km und eine Breite von 6 km. Bis Abu Road, der Bahnstation von Mt. Abu, sind es 27 km. Das Zentrum der Stadt liegt entlang der Hauptstraße, die von Abu Road kommt und bis zum Nakki-See weiterführt.

Gegenüber der Bushaltestelle stößt man auf das Fremdenverkehrsamt (Tel. 31 51), das von 8.00 bis 13.30 Uhr und von 14.00 bis 17.00 Uhr geöffnet ist. Das Hauptpostamt (GPO) liegt in der Raj Bhavan Road, gegenüber der Kunstgalerie (Art Gallery) und dem Museum. Geld kann man in einigen Banken und etlichen der teureren Hotels wechseln.

Es kann sein, daß sich in Mt. Abu die Telefonnummern geändert haben, wenn Sie diese Zeilen lesen. Sollte mit einer der angegebenen Rufnummern die gewünschte Verbindung nicht zustande kommen, dann versuchen Sie es noch einmal, indem Sie zunächst die Ziffer 2 wählen.

SEHENSWÜRDIGKEITEN

Nakki-See: Mitten in Mt. Abu liegt der Nakki- See. Seinen Namen bekam er, weil der Legende nach ein Gott ihn lediglich mit seinem Fingernagel (*nakk*) aushob. Rund um den See führt ein Spazierweg, der leicht

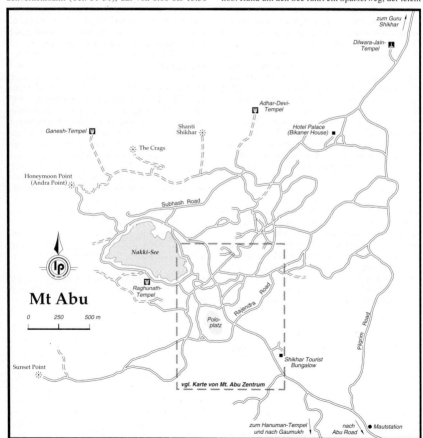

zu bewältigen ist. Achten Sie unterwegs auf die seltsamen Felsformationen. Am bekanntesten ist der Krötenfelsen (Toad Rock), der wirklich einer Kröte gleicht, die gerade in den See springen will. Andere Felsen wie der Nun Rock, der Nandi Rock oder der Camel Rock bedürfen schon etwas mehr Phantasie, um zu erkennen, warum sie so heißen. Neben dem See steht der Raghunath-Tempel aus dem 14. Jahrhundert.
Es besteht die Möglichkeit, ein Boot zu mieten und auf dem See selbst zu rudern (20 Rs) oder sich rudern zu lassen (pro Person 4 Rs).

Aussichtspunkte: Rund um die Stadt gibt es mehrere Aussichtspunkte, von denen der Sunset Point am bekanntesten ist. Jeden Abend kommen Menschen in Scharen hierher, um den Sonnenuntergang zu bewundern. Geschäftstüchtige Inder ließen sich hier auch mit Essensständen nieder. Andere Aussichtspunkte sind der Honeymoon Point, der bei Sonnenuntergang ebenfalls sehr schön ist, sowie die Crags und Robert's Spur. Man kann aber auch den weißen Pfeilen entlang eines ziemlich überwachsenen Weges bis auf den Gipfel des Shanti Shikhar westlich vom Adhar-Devi-Tempel folgen, wo sich herrliche Panoramablicke bieten. Allerdings ist es nicht ratsam, sich dorthin allein auf den Weg zu begeben.
Für einen guten Blick über den See eignet sich wahrscheinlich am besten die Terrasse des früheren Sommerpalastes des Maharadschas von Jaipur. Es scheint niemandem etwas auszumachen, wenn man hinaufklettert, um den Ausblick zu genießen und Fotos aufzunehmen.

Museum und Kunstgalerie: Das kleine Museum gegenüber vom Hauptpostamt ist nicht sonderlich interessant, aber einige Ausstellungsstücke stammen aus dem 8. und 12. Jahrhundert und wurden bei Ausgrabungen gefunden. Ferner sind Jain-Bronzen, Schnitzereien, Messingarbeiten und heimische Textilien zu sehen. Die Bezeichnung „Kunstgalerie" ist eher ein Witz, da man nur ein halbes Dutzend Gemälde ausstellt. Das Museum steht in der Raj Bhavan Road und ist täglich außer freitags von 10.00 bis 16.30 Uhr geöffnet. Der Eintritt ist frei. Etwas weiter in Richtung Markt kommt man zu einem Rajasthan Emporium.

Adhar-Devi-Tempel: 200 steile Stufen müssen Sie erklimmen, um zum 3 km entfernten Durga-Tempel zu gelangen. Er liegt in einer natürlichen Felsspalte. Wenn Sie ihn betreten wollen, müssen Sie sich bücken, da der Eingang sehr niedrig ist. Von hier aus haben Sie aber auch einen herrlichen Blick auf Mt. Abu.

Geistliche Universität und Museum von Brahma Kumaris: Brahma Kumaris lehrt, daß alle Religionen zu Gott führen, alle gleich viel wert sind und die Grundsätze von allen studiert werden sollten. Das erklärte Ziel der Sekte ist es, Frieden im Universum durch „das Teilen des Wissens um den Geist und das Üben von einfacher Raja-Yoga-Meditation" herzustellen. Die Sekte ist in 60 Ländern der Welt mit über 4000 Zweigstellen vertreten, deren Anhänger nach Mt. Abu kommen, um an Kursen der Geistlichen Universität dieser Glaubensgemeinschaft teilzunehmen. Um das zu ermöglichen, muß man sich zunächst an eine der Zweigstellen im Heimatland wenden und ein Studium der Glaubensgrundsätze in Mt. Abu dort arrangieren lassen. Es läßt sich aber auch einrichten, daß man nach der Ankunft in Mt. Abu an einen Einführungskurs (sieben Vorlesungen) ohne vorherige Anmeldung teilnimmt. Dafür sind drei Tage Vorbereitung erforderlich. Die Teilnahme an allen Kursen ist kostenfrei, denn die gesamte Organisation lebt ausschließlich von Spenden. In der Stadt gibt es auch ein Museum der Sekte (Eintritt frei), in dem die Lehren der Glaubensgemeinschaft verdeutlicht und Meditationskurse veranstaltet werden. Geöffnet ist es täglich von 8.00 bis 18.00 Uhr.

Dilwara-Tempel: Diese Jain-Tempel sind die interessantesten Sehenswürdigkeiten in der Gegend von Mt. Abu. Außerdem sind sie die weitaus besten Beispiele für die Architektur der Jains in Indien. Zu dem Tempelkomplex gehören unter anderem zwei Tempel, bei denen die kunstvolle Bearbeitung von Marmor ihren unübertroffenen Höhepunkt erreichte.
Der älteste dieser Tempel ist der Vimal Vasahi; er ist Adinath, dem ersten *tirthankar*, geweiht und stammt

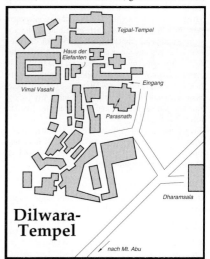

Tejpal-Tempel

Haus der Elefanten

Vimal Vasahi

Eingang

Parasnath

Dharamsala

Dilwara-Tempel

nach Mt. Abu

aus dem Jahre 1031. Der Schrein in der Mitte zeigt eine Darstellung von Adinath, um die rund um den Innenhof 52 Zellen angeordnet sind. In ihnen ist jeweils eine Figur enthalten, die Buddha ähnlich sieht, d. h. mit gekreuzten Beinen. Der Zugang zum Innenhof ist mit 48 eleganten, sehr fein gearbeiteten Säulen geschmückt.

Vor dem Tempel, auf dem Weg zum Tempeleingang, steht das „Haus der Elefanten" mit Figuren marschierender Elefanten.

Der andere, etwas jüngere Tempel ist Neminath, dem 22. *tirthankar*, geweiht. Er entstand im Jahre 1230 und wurde von den beiden Brüdern Tejpal und Vastupal errichtet. Wie Vimal waren sie Minister unter dem Herrscher von Gujarat. Berühmt ist dieser Tejpal-Tempel wegen seines Alters und wegen seiner Vollkommenheit; damit ist er ein bedeutendes Baudenkmal der Jains. Das hervorstechendste Merkmal jedoch ist die unvergleichlich schöne Marmorarbeit. An einigen Stellen ist der Marmor so fein bearbeitet, daß er fast durchsichtig erscheint. Besonders sei die von der Mitte der Kuppel herabhängende Lotosblüte erwähnt, eine unglaublich feine Arbeit. Es ist kaum zu glauben, daß dieses Gebilde einst aus einem einzigen Marmorblock herausgearbeitet wurde. Ständig sind Handwerker dabei, den Tempel zu erhalten und Beschädigtes wieder zu erneuern. In dem Tempelkomplex stehen noch einige weitere Tempel, verblassen jedoch neben dem Tejpal- und dem Vimal-Vasahi-Tempel.

Das Areal ist für Besucher von 12.00 bis 18.00 Uhr zugänglich. Das Fotografieren ist nicht erlaubt. Daher werden alle Taschen gründlich durchsucht, damit niemand heimlich eine Kamera mitnimmt. Wie in anderen Jain-Tempeln ist es auch strikt verboten, in den Tempelbezirk Leder (seien es Gürtel oder Schuhe) mitzunehmen. Beachten muß man auch noch eine Reihe von weiteren Regeln, zum Beispiel das Verbot des Rauchens, des Kauens von Kaugummi, des Trinkens und des Mitbringens von Regenschirmen, Radios, Kassettenrekordern sowie Videorekordern. Außerdem richtet sich an Frauen der folgende Hinweis: „Entry of ladies in monthly course is strictly prohibited. Any lady in monthly course if enters any of the temples she may suffer".

Zu erreichen sind die Dilwara-Tempel von der Stadt in weniger als einer Stunde zu Fuß. Die Fahrt mit einem Sammeltaxi von der Haltestelle gegenüber vom Café Madras in der Stadtmitte kostet 2 Rs.

AUSFLUGSFAHRTEN

Die RTDC veranstaltet täglich Stadtrundfahrten zu den wichtigsten Sehenswürdigkeiten.

Sie beginnen am Fremdenverkehrsamt und kosten 30 Rs zuzüglich der Eintrittsgebühren und der Gebühren für das Mitbringen einer Kamera. Die Fahrten dauern von 8.30 oder 9.00 bis 13.15 Uhr und von 13.30 bis 18.00 Uhr, beginnen aber im Sommer später. Nachmittags enden die Fahrten am Sunset Point.

UNTERKUNFT

Es gibt in Mt. Abu viele Hotels, aus denen man wählen kann, und ständig kommen neue hinzu. Die meisten liegen an oder in der Nähe der Hauptstraße zum Nakki-See. Die Hochsaison dauert hier von Mitte März bis Mitte November. Dann berechnen die Eigentümer der Hotels, was die Nachfrage hergibt, so daß es in dieser Zeit ganz schön teuer sein kann. Die meisten Besucher kommen vom 15. Mai bis zum 15. Juni nach Mt. Abu. Dann ist es schwer, ein Zimmer, wie es auch immer aussehen mag, für weniger als 200 Rs zu erhalten. In den fünf Tagen des Diwali-Festes im November ist es sogar so gut wie unmöglich, ein Zimmer zu finden, wenn man es nicht im voraus hat reservieren lassen. Meiden Sie den Ort also am besten in dieser Zeit.

In der Nebensaison (außer um Weihnachten und Neujahr) sinken die Preise um bis zu 50 %. Dann können selbst Mittelklassehotels sehr günstig sein. In den meisten Quartieren kann man in der Nebensaison ganz sicher auch ein bißchen handeln, wobei die Preise pro Tag immer niedriger werden, je länger man bleiben will. Im übrigen muß man in den meisten Hotels am Abreisetag sein Zimmer bis 9 Uhr räumen.

Das ganze Jahr über halten sich viele Schlepper an der Bus- und der Taxihaltestelle auf. In der Nebensaison kann man sie einfach ignorieren. In der Hochsaison dagegen können sie viele Fußwege ersparen helfen, denn sie wissen genau, wo noch die letzten Zimmer frei sind.

Einfache Unterkünfte: Von dem beliebten Hotel Lake View (Tel. 36 59) hat man einen Blick auf den malerischen Nakki-See. Auch wenn diese Ausblicke sehr schön sind, ist das Hotel nur durchschnittlich. Im Winter kosten hier Doppelzimmer mit Badenutzung ab 80 Rs und Doppelzimmer mit eigenem Bad 100 bis 350 Rs. Im Sommer dagegen kommt man in diesem Haus für weniger als 200 Rs nicht unter. Heißes Wasser steht von 6 bis 11 Uhr zur Verfügung. Zu diesem Haus gehört auch eine ganz hübsche Terrasse.

Nicht weit entfernt ist das eher sein Geld werte Hotel Panghat (Tel. 33 86), das Zimmer mit Blick auf den See, eigenem Bad und Fernsehgerät für 70 Rs zu bieten hat, aber auch eine ganze Reihe von anderen Zimmern, einige davon mit Badbenutzung. Heißes Wasser ist von 7 bis 9 Uhr vorhanden. Ebenfalls in der Gegend vom Seeufer liegt das von den Preisen her ähnliche Hotel Nakki Vihar (Tel. 34 81), wo man von einigen Zimmern aus ebenfalls auf den See sehen kann.

Zu empfehlen ist das Hotel Shree Ganesh (Tel. 35 91), gelegen auf einem Hügel in Richtung des alten Sommer

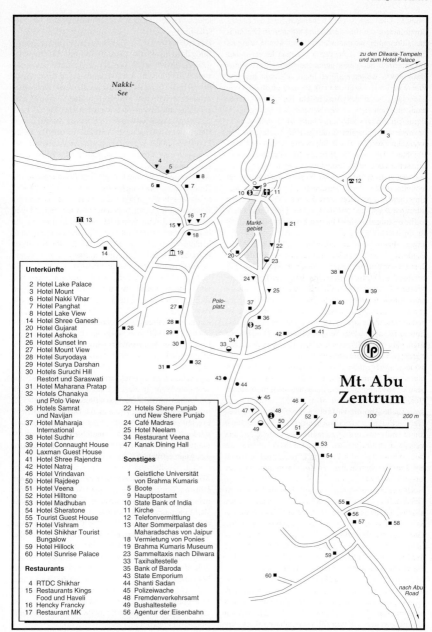

Nakki-See

Markt-gebiet

Polo-platz

zu den Dilwara-Tempeln
und zum Hotel Palace

Mt. Abu Zentrum

0   100   200 m

Unterkünfte

2 Hotel Lake Palace
3 Hotel Mount
6 Hotel Nakki Vihar
7 Hotel Panghat
8 Hotel Lake View
14 Hotel Shree Ganesh
20 Hotel Gujarat
21 Hotel Ashoka
26 Hotel Sunset Inn
27 Hotel Mount View
28 Hotel Suryodaya
29 Hotel Surya Darshan
30 Hotels Suruchi Hill
   Restort und Saraswati
31 Hotel Maharana Pratap
32 Hotels Chanakya
   und Polo View
36 Hotels Samrat
   und Navijan
37 Hotel Maharaja
   International
38 Hotel Sudhir
39 Hotel Connaught House
40 Laxman Guest House
41 Hotel Shree Rajendra
42 Hotel Natraj
46 Hotel Vrindavan
50 Hotel Rajdeep
51 Hotel Veena
52 Hotel Hilltone
53 Hotel Madhuban
54 Hotel Sheratone
55 Tourist Guest House
57 Hotel Vishram
58 Hotel Shikhar Tourist
   Bungalow
59 Hotel Hillock
60 Hotel Sunrise Palace

Restaurants

4 RTDC Shikhar
15 Restaurants Kings
   Food und Haveli
16 Hencky Francky
17 Restaurant MK

22 Hotels Shere Punjab
   und New Shere Punjab
24 Café Madras
25 Hotel Neelam
34 Restaurant Veena
47 Kanak Dining Hall

Sonstiges

1 Geistliche Universität
   von Brahma Kumaris
5 Boote
9 Hauptpostamt
10 State Bank of India
11 Kirche
12 Telefonvermittlung
13 Alter Sommerpalast des
   Maharadschas von Jaipur
18 Vermietung von Ponies
19 Brahma Kumaris Museum
23 Sammeltaxis nach Dilwara
33 Taxihaltestelle
35 Bank of Baroda
43 State Emporium
44 Shanti Sadan
45 Polizeiwache
48 Fremdenverkehrsamt
49 Bushaltestelle
56 Agentur der Eisenbahn

nach Abu
Road

palastes. Die Lage ist ganz sicher ruhig und der Eigentümer zudem sehr freundlich und hilfsbereit. Die Zimmer sind sauber und gut in Schuß, auch wenn in einigen davon ein Fenster fehlt. Dafür hat man aber von der Dachterrasse aus einen guten Ausblick. Weil dieses Haus etwas weiter entfernt liegt, scheinen hier die Preise in der Hochsaison nicht so stark zu steigen wie anderswo. Auch das Aushandeln des Preises sollte dann möglich sein. In der Nebensaison betragen die Preise für ein Doppelzimmer mit Bad rund 60 Rs.

So etwa das preisgünstigste Quartier ist das winzige und sehr einfache Hotel Suryodaya gegenüber vom Poloplatz. Dort werden aber nur ein paar Doppelzimmer für jeweils 40 Rs vermietet. Das Haus macht einen ganz freundlichen Eindruck, ist aber nicht unbedingt makellos sauber. Eine weitere ziemlich preisgünstige Unterkunft ist das Hotel Ashoka (Tel. 35 59), gelegen unmittelbar östlich vom Marktgebiet. Dort kommt man in Einzelzimmern ab 40 Rs und Doppelzimmern ab 60 Rs unter.

Unmittelbar gegenüber der Bushaltestelle liegt das Hotel Rajdeep (Tel. 35 25). Das ist ein schon älteres Haus, in dem einige Zimmer dennoch eine gute Wahl sind. Für ein großes Doppelzimmer mit Bad werden hier im Winter 60 Rs berechnet. Vor dem Hotel stößt man auch auf ein beliebtes Restaurant. Ganz in der Nähe liegt das Hotel Veena mit ähnlichen Preisen. Dort hat man jedoch wirklich keinen Blick auf irgend etwas Interessantes, und auch wenn die vorbeiführende Hauptstraße nach indischen Maßstäben relativ ruhig ist, kann der Krach von dort doch stören.

Wenn man gegenüber der Taxihaltestelle und des Poloplatzes die Abzweigung nach rechts den Hügel hinauf nimmt, kommt man zu mehreren weiteren preiswerten Hotels. Im Hotel Natraj (Tel. 35 32) werden ganz ordentliche Zimmer zu Preisen ab 150 Rs vermietet, alle mit Balkon und heißem Wasser. Die Zimmer nach hinten sind preisgünstiger. Unmittelbar gegenüber kann man im Hotel Shree Rajendra (Tel. 31 74), einer der billigsten Unterkünfte, in einem Zimmer mit Bad für 50 bis 250 Rs übernachten. Eimer mit heißem Wasser kosten hier 2 Rs.

Noch weiter vom See entfernt steht das beliebte Tourist Guest House (Tel. 32 00), und zwar ein kleines Stück abseits der Hauptstraße unterhalb vom Tourist Bungalow. Das ist ein ruhiges sowie angenehmes Haus mit einem ganz hübschen Garten, das von einem sehr freundlichen Geschäftsführer geleitet wird. Im Winter beträgt der Preis in diesem Quartier für ein Zimmer ab 80 Rs. Heißes Wasser gibt es am frühen Morgen. Von 6.30 bis 11.00 Uhr wird auf dem Zimmern auch Essen zu annehmbaren Preisen serviert. In der Nähe, an der Hauptstraße, liegt das etwas primitive, aber saubere und annehmbare Hotel Vishram (Tel. 33 23), in dem Doppelzimmer mit Bad für annehmbare 60 Rs ver-

mietet werden. Heißes Wasser in Eimern ist für 2 Rs erhältlich.

Das größte Hotel in Mt. Abu ist das Hotel Shikar Tourist Bungalow der RTDC (Tel. 31 29) mit 82 Zimmern, gelegen etwas zurück von der Hauptstraße und einen steilen Pfad hinauf. Auch wenn dieses Quartier ziemlich beliebt ist, ist es keineswegs die beste Wahl. Alle Zimmer werden hier mit eigenem Bad vermietet, und zwar normale Einzel- und Doppelzimmer für 125 bzw. 175 Rs (mit heißem Wasser in Eimern), Luxuszimmer für 250 bzw. 300 Rs und Cottages für 600 Rs. Diese Preise gelten das ganze Jahr über. Zur Verfügung stehen auch eine nicht sehr beeindruckende Bar und ein Restaurant.

Am hinteren Ende vom Poloplatz gibt es eine Kette von Hotels, die in der Hauptsaison ganz sicher der Mittelklasse angehören, in denen aber in der Nebensaison die Zimmer ganz günstig angeboten werden. Eines davon ist das Hotel Chanakya (Tel. 34 38), in dem für ein komfortables Doppelzimmer mit Bad und fließendem heißem Wasser in der Nebensaison 225 Rs und in der Hochsaison 450 Rs berechnet werden. In den nahegelegenen Hotels Polo View (Tel. 34 87) und Surya Darshan (Tel. 31 65) muß man für ein Zimmer mit Bad und heißem Wasser aus Eimern 125 Rs und für ein Zimmer mit Bad und fließendem heißem Wasser 200 Rs bezahlen.

Zur gleichen Preisklasse gehört auch das Hotel Mount View (Tel. 33 20), ein nettes, schon etwas älteres Gebäude, das derzeit renoviert wird. Zu den Zimmern im ersten Stock gehören auch Terrassen mit guten Ausblicken.

Das nahegelegene Hotel Saraswati (Tel. 32 37) ist eine sehr gute Wahl. In diesem Haus werden saubere Doppelzimmer mit heißem Wasser aus Eimern für 60 Rs und eine ganze Reihe von anderen Doppelzimmern zu Preisen zwischen 100 und 250 Rs vermietet. Das Haus wird gut geführt und ist zu empfehlen, auch wenn die purpurrote und orangefarbene Farbe nicht unbedingt das Auge erfreut.

Mittelklassehotels: Das ruhig an der Straße zu den Dilwara-Tempeln gelegene Hotel Mount (Tel. 31 50) gehörte früher einem britischen Offizier, aus dessen Zeit sich außer einem neuen Anstrich und den Installationen für heißes Wasser in den Bädern kaum etwas geändert hat. Auch wenn das Haus den Charme früherer Tage vermittelt und von gut gepflegten Gärten umgeben ist, ist es doch eher anheimelnd als herrschaftlich. Vermietet werden nur ein paar Zimmer, in denen man allein für 200 Rs und zu zweit für 300 Rs wohnen kann. Gute vegetarische Verpflegung ist bei Vorbestellung in diesem Haus ebenfalls zu haben. Der Besitzer, ein Pferdeliebhaber, ist sehr gastfreundlich. Sein Hund Spots soll ein Labrador sein.

Das Hotel Lake Palace (Tel. 32 54) kann aus seiner ausgezeichneten Lage gleich gegenüber vom Wasser am meisten Kapital schlagen. Dort muß man in der Hochsaison für ein Doppelzimmer 550 Rs und für ein Dreibettzimmer 650 Rs bezahlen. Wenn man in der Nebensaison gut verhandelt, sollte es möglich sein, dieses Preise um 30 % senken zu können.

Ein modernes und gut geführtes Haus ist das Hotel Sunset Inn am westlichen Stadtrand von Mt. Abu (Tel. 31 94), in dem Doppelzimmer ab 475 Rs und Dreibettzimmer ab 550 Rs angeboten werden (in der Nebensaison mit 30 % Ermäßigung). In der Nähe steht das Hotel Savera Palace (Tel. 33 54), in dem die Preise ähnlich sind, das aber nicht so gut ist. Am unteren Ende vom Poloplatz gelangt man zum Hotel Suruchi Hill Resort (Tel. 35 77) mit Doppelzimmern in der Hochsaison für 690 Rs und 50 % Ermäßigung in der Nebensaison. Am Ende der Straße liegt das Hotel Maharana Pratap (Tel. 36 67), ein ganz schickes neues Haus mit Zimmern ab 500 Rs.

In der gleichen Preisklasse gibt es auch noch zahlreiche weitere Hotels. Eines davon ist das Hotel Vrindavan (Tel. 31 47), eine sehr hübsche Unterkunft unweit der Bushaltestelle mit Zimmern ab 350 Rs (mit Fernsehgerät und eigenem Bad). In der gleichen Gegend kommt man für etwa 500 Rs pro Doppelzimmer auch im Hotel Sheratone (Tel. 35 44) mit großen, luftigen Zimmern und im Hotel Madhuban (Tel. 31 22) unter.

Das Hotel Samrat (Tel. 31 53) und das Navijan (Tel. 31 73), gelegen an der Hauptstraße, sind im Grunde genommen ein Hotel, auch wenn der Anschein erweckt wird, es seien zwei verschiedene Häuser. Im Samrat beträgt in der Nebensaison der Preis für ein Doppelzimmer mit Bad und heißem Wasser ab 215 Rs, während es im Navijan etwas preisgünstiger ist. In der Hochsaison verdoppeln sich in beiden Häusern die Preise. Etwas besser noch ist das Hotel Mahajara International unmittelbar gegenüber (Tel. 31 61).

Luxushotels: Bei den Spitzenhotels ist das entzückende Hotel Palace, auch Bikaner House genannt (Tel. 31 21, Fax 36 67), eine Überlegung wert, aber in der Hochsaison häufig voll belegt. Das Hotel war früher die Sommerresidenz des Maharadschas von Bikaner und wird nun vom freundlichen und hilfsbereiten Schwiegersohn des Maharadschas geführt. Das Gebäude selbst ist sicher nicht der ansprechendste aller Paläste, aber die 34 Zimmer sind sehr komfortabel und bestehen aus getrennten Bereichen zum Schlafen und zum Wohnen. Vermietet werden ferner vier herrliche Suiten.

Das Hotel liegt wunderschön in der Nähe der Dilwara-Tempel und hat seinen Gästen schön angelegte Gärten, einen eigenen See, zwei Tennisplätze und die Möglichkeit, Ausritte mit Ponies zu unternehmen, zu bieten. Die Übernachtungspreise sind mit 750 Rs für ein Einzelzimmer und 900 Rs für ein Doppelzimmer das ganze Jahr hindurch allemal annehmbar. Zudem ist im Haus Vollpension vegetarisch für 150 Rs und nichtvegetarisch für 190 Rs erhältlich.

Diejenigen Besucher, die den welkenden Glanz der Rajputen und Rajs suchen, sollten ernsthaft in Erwägung ziehen, im Hotel Connaught House (Tel. 34 39) zu übernachten. Es gehört dem früheren Maharadscha von Jodhpur. Dieses herrliche Haus liegt in einem großen Garten, ist etwas düster und eng, enthält aber unzählige Fotos von Angehörigen des indischen Adels und britischer Offiziere beim Polospiel. Hier werden Zimmer im alten Gebäude, aber auch im neuen Flügel mit hellen und luftigen Räumen angeboten, in denen man mit Bad und fließendem heißem Wasser allein für 800 Rs und zu zweit für 1150 Rs gut übernachten kann. Für die Zimmer im neuen Flügel werden in der Nebensaison Ermäßigungen eingeräumt. Verpflegung ist ebenfalls erhältlich, muß aber vorbestellt werden.

Am südlichen Ende von Mt. Abu steht das Hotel Sunrise Palace (Tel. 32 14). Dieses Haus war früher ebenfalls die Sommerresidenz eines Maharadschas der Rajputen (hier des Maharadschas von Bharatpur). Auch wenn ihm der Stil der bereits beschriebenen beiden anderen Hotels fehlt, ist es doch ein sehr ruhiges und komfortables Quartier mit sagenhaften Ausblicken. Die Zimmer sind gut möbliert, mit Bad, Fernsehgerät sowie Telefon ausgestattet und kosten zwischen 500 und 950 Rs. Für eine geräumige Suite mit wunderschönem Ausblick muß man 950 Rs bezahlen. In der Nebensaison erhalten die Gäste 30 % Ermäßigung.

Wenn man Wert auf ein modernes Hotel legt, ist man im Hotel Hilltone (Tel. 31 12) richtig, das recht zentral liegt und ebenfalls eine gute Wahl ist. Hier können die Gäste von einem Swimming Pool, einer Sauna und einer Buchhandlung Gebrauch machen. Die Preise für ein Einzelzimmer betragen 600 Rs und für ein Doppelzimmer 850 Rs, in der Nebensaison jedoch 20 bis 30 % weniger. Unweit vom Tourist Bungalow liegt das Hotel Hillock (Tel. 34 67), ebenfalls ein schickes Haus. Es ist groß, makellos sauber sowie wunderschön eingerichtet und dekoriert. Hier muß man das ganze Jahr über für ein Zimmer 850 bis 1190 Rs zuzüglich Steuern bezahlen.

ESSEN

Ein ganz gutes Restaurant ist die Kanak Dining Hall in der Nähe der Bushaltestelle. Sie ist sauber und bietet ausgezeichnete vegetarische Gerichte aus Südindien. Die Thalis, die mittags für 30 Rs serviert werden, schmecken sehr lecker, was zur Folge hat, daß das Lokal in dieser Zeit sehr beliebt ist.

Etwas weiter hinauf, unweit der Kreuzung am unteren Ende vom Poloplatz, findet man an der Hauptstraße gleich mehrere Lokale. Im Restaurant Veena serviert man sehr gute Gujarat-Thalis für 25 Rs, die mit zu den besten in der ganzen Stadt gehören. Dabei kann man ausreichend nachbestellen, so daß man satt wird. Geöffnet ist von 11.00 bis 14.30 Uhr und von 19.00 bis 21.30 Uhr. Das nahegelegene Restaurant Shanti ist insbesondere zum Frühstück zu empfehlen.

In der Basargegend herrscht ein starker Wettbewerb zwischen dem Hotel Shere Punjab und dem Restaurant New Shere Punjab. Das zuerst genannte Lokal genießt einen ausgezeichneten Ruf, während es im anderen etwas preisgünstiger ist. In beiden werden vegetarische und nichtvegetarische Tandoori-Gerichte angeboten, wobei in beiden Lokalen immer ein Auge auf die Konkurrenz geworfen wird.

Das Café Madras liegt in der gleichen Gegend und ist ein rein vegetarisches Lokal. Dort kann man auch an einigen Tischen draußen sitzen. Auf der Speisekarte findet man unter anderem Pizza (18 Rs) und vegetarische Burger (15 Rs). Insgesamt gesehen ist das ein durchaus annehmbares Lokal. Im nahegelegen Hotel Neelam erhält man sowohl vegetarische als auch nichtvegetarische Gerichte.

Gleich eine ganze Gruppe von Restaurants gibt es oben an der Straße, die hinunter an den See führt. Dort ist das Restaurant MK schon seit Jahren beliebt wegen der guten Eissorten und Thalis. Um die Ecke, auf der anderen Seite der Straße, kommt man zum Kings Food mit der üblichen Speisekarte, auf der vor allem etwas steht, und einem Stand mit guten frischen Obstsäften.

Dahinter steht das Haveli Punjabi, ein rein vegetarisches Restaurant. Ein Schnellimbiß ist das erstaunlicherweise Hencky Francky benannte Lokal, in dem man Pizza, Burger und südindische Speisen erhalten kann. Von dort bergab zum See haben sich einige kleine Imbißlokale angesiedelt. Im See selbst wurde ein steinernes, aber inzwischen verfallendes Boot errichtet, das Shikhar der RTDC. In der Nebensaison ist es jedoch geschlossen.

Wenn Sie einmal richtig gut essen wollen, dann gehen Sie in das Restaurant eines Hotels. Um im Bikaner House, in dem die Tagesgerichte ausgezeichnet sind (mittags 150 Rs und abends 180 Rs), speisen zu können, muß man sich vorher anmelden.

EINKÄUFE

In der Raj Bhavan Road finden Sie das Rajasthan Emporium, einige Souvenirläden außerdem in der Straße zum See hinunter. Eine gute Auswahl halten die Juweliere bereit. Schmuck wird auch hier, wie fast überall in Indien, nach Gewicht verkauft.

AN- UND WEITERREISE

Wenn man nach Mt. Abu hereinkommt, gelangt man zu einer Mautstation, an der von Fahrgästen in Bussen und Pkw jeweils 5 Rs und weitere 5 Rs für jedes Fahrzeug zu entrichten sind.

Bus: Ab 6 Uhr früh verkehren regelmäßig Busse von Abu Road die 27 km hoch nach Mt. Abu (10 Rs, eine Stunde). Einige Busse der RTDC fahren aber auch ganz bis Mt. Abu, während andere ihre Fahrt in Abu Road beenden, so daß man sich vergewissern sollte, mit welchem man fährt. Von Mt. Abu bestehen ausgezeichnete Busverbindungen nach vielen anderen Orten, so daß Sie lieber mit einem Bus als mit der Bahn weiterfahren sollten. Busse sind bequemer und schneller, denn um den Zug zu erreichen, müssen Sie erst einmal nach Abu Road fahren und auch noch Wartezeiten für den Zug mit einkalkulieren. Nach Udaipur brauchen STC-Busse sieben Stunden und können für 50 Rs benutzt werden. Einmal täglich bestehen auch Busverbindungen nach Ajmer (131 Rs, 8 Stunden) und Jaipur (159 Rs, 11 Stunden). Nach Ahmedabad kommt man mit einem Bus häufig und ist dann nach sieben Stunden am Ziel.

Fahrten mit privaten Bussen sind teurer als mit staatlichen Bussen, aber dennoch vorzuziehen, zumal sie mehr Wahlmöglichkeiten bieten. Anscheinend sind viele private Busunternehmen mit Büros entlang der Hauptstraße vertreten, aber in Wirklichkeit sind das meistens lediglich Agenturen. Nur Shobha ist tatsächlich ein Busunternehmen. Mit einem Bus nach Udaipur braucht man 4¹/₂ Stunden und muß für die Fahrt 65 Rs bezahlen. Außerdem fahren private Busse nach Ahmedabad, Ajmer und Jaipur.

Zug: Abu Road, die Bahnstation für Mt. Abu, liegt an der Breitspurstrecke von Delhi über Jaipur und Ajmer nach Ahmedabad. In Mt. Abu gibt es eine Agentur der Eisenbahn in der HP-Werkstatt unweit vom Tourist Bungalow, in der Kontingente an Plätzen für die meisten Schnellzüge zur Verfügung stehen, die in Abu Road abfahren. Geöffnet ist diese Vorverkaufsstelle täglich von 9.00 bis 13.00 Uhr und (außer sonntags) von 14.00 bis 16.00 Uhr.

Auf der Strecke über Abu Road verkehren zahlreiche Züge, von denen der beste der ganz schnelle *Ashram Express* ist, der von Delhi nach Ahmedabad verkehrt. Die Fahrpreise für die 187 km lange Strecke von Ahmedabad nach Abu Road betragen in der 2. Klasse 48 Rs und in der 1. Klasse 178 Rs. Für die 440 km lange Strecke von Jaipur nach Abu Road man in der 2. Klasse 94 Rs und in der 1. Klasse 352 Rs bezahlen.

Von Abu Road bestehen auch Direktverbindungen nach Ajmer, Jodhpur und Agra. Wer die Städte Bhuj und den Rest der Halbinsel Kathiawar in Gujarat besuchen will, muß in Palanpur, 53 km südlich von Abu Road, umsteigen.

Taxi: Für eine Taxifahrt ab Abu Road muß man 130 Rs bezahlen, aber diesen Preis können sich bis zu fünf

Fahrgäste teilen. Für einen zweitägigen Ausflug von Udaipur mit einem Auto muß man mit rund 1400 Rs rechnen. Eine Fahrt dauert mindestens vier Stunden, teilweise auf schlechten Straßen, so daß die Teilnahme an einem der Tagesausflüge, für die in Udaipur geworben wird, keine gute Idee ist.

NAHVERKEHR
Vom Busbahnhof in Mt. Abu verkehren Busse zu den wichtigsten Punkten. Um aber nicht allzu viel Zeit zu verlieren und Wartezeiten vor der Rückfahrt zu vermeiden, bedarf es guter Planung. So fahren einige Busse nach Dilwara und andere nach Achalgarh. Wohin Sie zunächst fahren, wird wohl der Fahrplan entscheiden. Nach Dilwara ist es leichter, mit einem der Sammeltaxis zu fahren, die gegenüber vom Café Madras in der Stadtmitte abfahren, wenn sie voll besetzt sind. Der Fahrpreis beträgt 2 Rs.

In Mt. Abu stehen auch viele Taxen zur Verfügung, mit denen man zu festen Preisen fahren kann.

DIE UMGEBUNG VON MT. ABU

ACHALGARH
Der Shiva-Tempel von Achaleshwar Mahandeva, 11 km nördlich von Mt. Abu, hat in seinen Mauern einige Sehenswürdigkeiten zu bieten. Zu ihnen gehört eine Zehe des Gottes Shiva, ein metallener Nandi und - wo üblicherweise ein *lingam* von Shiva seinen Platz hat - ein tiefes Loch, von dem man sagt, es reiche bis in die Unterwelt.

Außerhalb des Tempels, beim Parkplatz, finden Sie ein Wasserbecken, an dem drei Büffel aus Stein und die Figur eines Königs stehen, der mit Pfeil und Bogen Jagd auf die Büffel macht. Glaubt man der Legende, war das Becken einmal mit *ghee* (indisches Butterfett in flüssiger Form) gefüllt. Drei Dämonen in Gestalt von Büffeln sollen dann aber von den umliegenden Bergen jede Nacht bis zu dem Becken vorgedrungen sein, um sich an dem köstlichen Getränk zu laben, aber nur solange, bis der König sie erlegte.

Auf die Berge der Umgebung führt ein Pfad, der Sie zu farbenfrohen Jain-Tempeln bringt. Der Ausblick ist gut. Für mitgebrachte Kameras wird eine Gebühr von 20 Rs verlangt.

GURU SHIKHAR
Am Ende des Plateaus, 15 km außerhalb der Stadt, liegt der 1721 m hohe Guru Shikhar, Rajasthans höchste Erhebung. Mittlerweile wurde ein Straße gebaut, die fast bis zum Gipfel führt. Oben auf der Bergspitze steht der Atri-Rishi-Tempel, von dem aus man gute Ausblicke in die Umgebung hat.

Unterhalb des Tempels findet man ein Restaurant, in dem alkoholfreie Getränke und kleine Imbisse zu haben sind.

GAUMUKH-TEMPEL
Seinen Namen bekam dieser Schrein nach dem kleinen Fluß, der aus dem Maul einer Marmorkuh fließt. Sie finden ihn in Richtung Abu Road, 8 km von Mt. Abu entfernt. Ferner gibt es dort eine Statue des Bullen Nandi aus Marmor. Auf diesem Tier soll Shiva geritten sein. Das Wasserbecken, Agni Kund, soll der Ort sein, an dem der Heilige Vasishta ein Feuer entzündete und aus dem vier der mächtigen Rajputenstämme hervorgingen. Das Abbild von Vasishta wird flankiert von zwei Figuren, die Rama und Krishna darstellen.

ABU ROAD

Abu Road ist die Bahnstation, die unterhalb von Mt. Abu in der Ebene liegt.

Der Bahnhof und der Busbahnhof liegen unmittelbar nebeneinander am Stadtrand. Auch wenn von Abu Road Busse der RTDC nach Städten wie Jodhpur, Ajmer, Jaipur, Udaipur und Ahmedabad verkehren, besteht eigentlich kein Grund, sie in Abu Road zu besteigen, denn diese Ziele sind alle auch von Mt. Abu aus zu erreichen. Von privaten Unternehmen betriebene Busse verkehren ebenfalls von Mt. Abu.

Nur 5 Minuten zu Fuß vom Bahnhof entfernt und mitten im Gebiet des Marktes liegt das Bhagwati Guest House, in dem man in einem Schlafsaal oder Zimmer preiswert übernachten kann. Für eine Nacht ist es ganz in Ordnung. Ähnliche Quartiere gibt es auch in der näheren Umgebung. Im Bahnhof kommt man in Ruheräumen unter.

DER WESTEN VON RAJASTHAN

JODHPUR

Einwohner: 720 600
Telefonvorwahl: 0291
Jodhpur liegt am Rand der Thar-Wüste und ist nach Jaipur die zweitgrößte Stadt von Rajasthan. Das Stadtbild wird beherrscht von einem massiven Fort, das auf dem kahlen Hügel mitten in der Stadt steht. Gegründet wurde diese Stadt 1459 von Rao Jodha, dem Oberhaupt eines Rajputen-Clans, der Rathoren. Seine Nachkommen regierten nicht nur über Jodhpur, sondern auch über andere Prinzenstaaten der Rajputen. Das Königreich Rathore war einst bekannt als Marwar, das Land des Todes. Die Altstadt von Jodhpur umgibt eine 10 km lange Mauer, die ungefähr ein Jahrhundert nach der Stadtgründung errichtet wurde. Hoch oben vom Fort aus erkennt man ganz klar, wo die Altstadt aufhört und wo die neuen Stadtteile beginnen. Die Altstadt besteht aus einem faszinierenden Gewirr enger Straßen, in denen ein Bummel sehr abwechslungsreich ist. Acht Tore führen aus der Altstadt hinaus. Jodhpur zählt zu den interessantesten Städten Indiens. Von hier aus traten auch die berühmten Reithosen (*jodhpurs*) - oben weit und unten eng - ihren Siegeszug um die Welt an. Heute ist dieses Kleidungsstück aber eher in Saurashtra (Gujarat) als in Jodhpur zu sehen.
Übrigens ist ein Teil des Films *Dschungelbuch* nach dem Buch von Rudyard Kipling mit den Darstellern Sam Neill und John Cleese vor kurzem in Jodhpur gedreht worden.

ORIENTIERUNG

Das Fremdenverkehrsamt, die Bahnhöfe und der Busbahnhof liegen alle außerhalb der Altstadt. Die High Court Road führt vom Bahnhof Raika Bagh, gegenüber vom Busbahnhof, vorbei an den Umaid Gardens, dem Tourist Bungalow und Fremdenverkehrsamt (Tourist Office) und entlang der Stadtmauer zum Hauptbahnhof sowie zum Hauptpostamt (GPO). Die meisten Züge aus Richtung Osten halten am Bahnhof Raika Bagh, der vor dem Hauptbahnhof liegt. Wer in einem der Hotels an der Ostseite der Stadt wohnen möchte, steigt am besten dort aus.

PRAKTISCHE HINWEISE

Das Fremdenverkehrsamt (Tel. 4 50 83) befindet sich im Tourist Bungalow. Es ist montags bis samstags von 8.00 bis 18.00 Uhr und sonntags von 9.00 bis 11.00 Uhr geöffnet. Im Bahnhof gibt es zudem ein nützliches International Tourists Bureau (vgl. Abschnitt über die An- und Weiterreise).
Obwohl inzwischen unzählige STD-Anschlüsse eingerichtet wurden, scheint es in Jodhpur nur eine einzige Telefon- und Faxagentur zu geben, nämlich die Hello Hut am Vorplatz des Hauptbahnhofs. Dieses Büro muß man gesehen haben, um es glauben zu können. Erbaut um einen eingezäunten Baum mit einer Voliere voller Singvögel, steht dort eine Reihe von luxuriösen Telefonzellen mit Sesseln und Tischen. In eine davon hat man sogar ein Bett für den Fall gestellt, daß man es vorzieht, seine Telefongespräche in der Horizontalen zu führen.

SEHENSWÜRDIGKEITEN

Fort Meherangarh: Dieses majestätische Fort macht seinem Namen alle Ehre. Es steht auf einem 125 m hohen Hügel und gehört zu den beeindruckendsten des mit Forts reichlich bestückten Staates Rajasthan. Von der Stadt führt eine kurvenreiche Straße zum Eingang. Das erste Tor ist noch immer durch Kanonenkugeln verunstaltet - ein Hinweis darauf, daß dieses Fort wirklich Verteidigungszwecken diente. Eines der Tore ist das Jayapol. Es wurde vom Maharadscha Man Singh (1806) errichtet, nachdem er die Armeen von Jaipur und Bikaner besiegt hatte. Das Fatehpol oder Siegestor wurde vom Maharadscha Ajit Singh erbaut und soll an seinen Sieg über die Moguln erinnern.
Das letzte Tor ist das Lahapol oder Eisentor. Daneben findet man 15 Handabdrücke als Hinweis darauf, daß sich einige Witwen des Maharadschas Man Singh in den damals üblichen Verbrennungstod (*sati*) stürzten, als sein Leichnam 1843 verbrannt wurde. Diese Stelle wird immer noch verehrt, was auch daran zu erkennen ist, daß sie normalerweise mit rotem Pulver bestreut ist. Innerhalb des Forts, das noch immer dem Maharadscha von Jodhpur gehört und in dem er auch noch lebt, gibt es eine ganze Reihe von Innenhöfen und Palästen. Die Zimmerfluchten des Palastes tragen beziehungsreiche Namen: Moti Mahal (Perlenpalast), Sukh Mahal (Freudenpalast) und Phool Mahal (Blumenpalast). In ihnen befinden sich eine sehr gute Sammlung von

Gegenständen des täglichen Lebens eines indischen Königshauses und eine Sammlung prunkvoller Elefantensattel. Auf ihnen ritten früher die Maharadschas in farbenprächtigen Prozessionen durch ihre Hauptstädte. An den Wänden hängen Miniaturgemälde der verschiedenen Schulen. Ausgestellt sind ferner Musikinstrumente und natürlich auch die unvermeidlichen Waffen der Rajputen, Sänften, Möbel und Gewänder. In einem Zimmer findet man eine Kollektion von Kinderwiegen, häufig in ganz lustigen Formen. Außerdem kann man sich ein riesiges, luxuriöses und erstaunlich schönes Zelt ansehen, das ursprünglich für die Moguln hergestellt, aber in einem der vielen Kämpfe von den Rajputen als Beute mitgenommen wurde. Die Zimmer in dem Palast sind sehr schön dekoriert sowie ausgemalt und haben sehr feine Gitterfenster aus rotem Sandstein.

Am südlichen Ende des Forts sind auf dem Schutzwall alte Kanonen zu sehen. Hier fällt der Hügel steil ab und ermöglicht einen schönen Blick auf die Altstadt. Aus den Häusern tief unten dringen die Stimmen klar nach oben herauf; ein bemerkenswertes Ereignis. Achten Sie auf die vielen blauen Häuser. Sie geben durch ihre Farbe zu erkennen, das ihre Besitzer Brahmanen sind. Am Ende des Forts steht der Chamunda-Tempel, der Durga geweiht ist.

Das Fort ist von 9.00 bis 17.00 Uhr geöffnet. Der Eintritt beträgt 35 Rs. Für die Besichtigung allein der Rampe muß man nicht bezahlen. Für die Benutzung einer Kamera sind zusätzlich 50 Rs zu entrichten. Eigentlich ist im Eintrittspreis eine Führung durch einen lustlosen Aufseher in Uniform enthalten, aber der erwartet am Ende auch noch ein Trinkgeld. Meist halten sich vor dem Café unweit vom Museum einige Musikanten auf. Sie versetzen die Besucher mit ihren fröhlichen Melodien aus Rajasthan in die richtige Stimmung, um dieses außergewöhnliche Fort richtig in sich aufnehmen zu können. Natürlich erwarten auch die Musiker ein Trinkgeld.

Jaswant Thanda: Nur ein kleines Stück vom Fort entfernt, und zwar etwas abseits der Straße, die zum Fort führt, kann man sich das Denkmal für Maharadscha Jaswant Singh II. ansehen, das ganz aus weißem Marmor besteht. Das Ehrengrabmal wurde 1899 erbaut. In unmittelbarer Nähe sind das königliche Krematorium und drei später erbaute Ehrenmale zu sehen. Im Gebäude ist eine Porträtsammlung der Herrscher von Jodhpur untergebracht.

Uhrturm und Märkte: Das bekannte Wahrzeichen der Altstadt ist der Uhrturm. Er ist zugleich eine gute Orientierungshilfe. Unweit davon ist der farbenfrohe Sardar-Markt, von dem enge Gassen zu den verschiedenen Basaren mit Textilien, Silber und Kunsthandwerk führen.

Umaid-Garten und Museen: Am Rande dieses Gartens liegt in der High Court Road der Tourist Bungalow. Im Garten sind auch das staatliche Museum, eine Bibliothek und ein Zoo untergebracht. Das Museum enthält eine kleine und recht uninteressante Sammlung von Ausstellungsstücken. Von Motten zerfressene, ausgestopfte Tiere sind ebenso zu sehen wie zwei Vitrinen mit Vögeln ohne Federn. Zur militärischen Abteilung gehören das recht klobige Modell eines Doppeldeckers aus Holz und ein außergewöhnliches Kriegsschiff aus Metall. Das Museum ist täglich außer freitags von 10.00 bis 16.30 Uhr geöffnet (Eintritt 2 Rs). Wenn man es ausläßt, verpaßt man nicht viel.

Umaid-Bhawan-Palast und Museum: Als Baumaterialien für diesen riesigen Palast dienten Marmor und roter Sandstein. Er ist auch unter der Bezeichnung Chhittar-Palast bekannt, weil beim Bau Chhittar-Sandstein verwandt wurde. Entworfen vom Präsidenten des British Royal Institute of Architects für Maharadscha Umaid Singh, wurde mit dem Bau des Palastes 1928 begonnen, endgültig fertiggestellt wurde er aber erst 15 Jahre später.

Wahrscheinlich das Überraschendste an diesem grandiosen Palast ist, daß er noch so kurz vor der Unabhängigkeit Indiens erbaut wurde. Der Maharadscha, und ganz besonders auch seine britischen Berater, konnten unmöglich ihre Augen vor der aufkeimenden Unruhen verschlossen haben. Ihnen hat klar sein müssen, daß Maharadschas, Prinzenstaaten und alles Extravagante schon bald der Vergangenheit angehören würden. Solche Überlegungen haben Herrscher aber nur selten irgendwo auf der Welt angestellt. Es gibt jedoch Stimmen, die behaupten, daß dieses Bauvorhaben eine königliche Arbeitsbeschaffungsmaßnahme war. Aber zur Tatsache, daß mit der Erbauung Arbeitsplätze für mehrere tausend Leute verbunden waren, paßt auch, daß das sich in einer Zeit abspielte, in der die Gegend von einer ernsthaften Dürreperiode bedroht war.

Maharadscha Umaid Singh starb im Jahre 1947, vier Jahre nach der Fertigstellung seines Palastes. Sein Nachfolger lebt noch in einem Teil des Bauwerkes, während der Rest des Palastes in ein Hotel umgewandelt worden ist - und in was für ein Hotel! Ihm fehlt zwar der Charme der Palasthotels von Udaipur, er stellt aber mit seiner Pracht ganz sicher etwas dar. Die wenigen, die sich hier eine Übernachtung leisten können, würden etwas verpassen, wenn sie in diesem Haus nicht einmal wohnen würden. In den Gängen kann man Sprachen aus allen Teilen der Welt hören. Leider ist der Palast nur für Hotelgäste zugänglich, es sei denn, man ist bereit, 330 Rs Eintritt zu bezahlen, die man allerdings von der Rechnung abziehen kann, wenn man hier etwas ißt oder trinkt.

In einem weiteren Teil des Palastes ist ein Museum eingerichtet worden, in dem erstaunliche Gegenstände aus dem Eigentum des Maharadschas ausgestellt sind. Dazu gehören Modellflugzeuge, Waffen, alte Uhren, darunter Taschenuhren, unbezahlbares Steingut und Jagdtrophäen. Selbst ein privates Kino gibt es hier! Dieses Museum ist einen Besuch wert und kann täglich von 10.00 bis 17.00 Uhr besucht werden. Die Eintrittskarten für 10 Rs werden im Torhaus verkauft.

AUSFLUGSFAHRTEN

Die RTDC veranstaltet täglich von 9.00 bis 13.00 Uhr und von 14.00 bis 18.00 Uhr Stadtrundfahrten. Sie führen zu allen wichtigen Sehenswürdigkeiten, darunter zum Umaid-Bhawan-Palast, zum Fort Meherangarh, zum Jaswant Thada, zu den Gärten von Mandore sowie zum Museum, beginnen am Tourist Bungalow und kosten 50 Rs.

Maharadscha Swarop Singh, dem das Hotel Ajit Bhawan Palace gehört, veranstaltet zudem „Dorf-Safaris", die eine ideale Möglichkeit bilden, hinaus in die Dörfer zu gelangen und ein wenig von den Lebensbedingungen der Einheimischen kennenzulernen. Das ist etwas, was sich in Indien sonst nicht leicht ermöglichen läßt. Dabei besucht man Dörfer der Bishnoi, eines Stammes, dem die Umwelt heilig ist und der seit dem 15. Jahrhundert an die Notwendigkeit des Schutzes von Bäumen und Tieren glaubt, aber heute dennoch sehr modern erscheint. Die Fahrt kostet einschließlich Mittagessen 400 Rs und dauert einen halben Tag. Da sie, wenn nicht mindestens vier Personen an einer solchen Fahrt teilnehmen wollen, nicht jeden Tag stattfindet, sollte man sich telefonisch erkundigen, wann eine veranstaltet wird (Tel. 3 74 10).

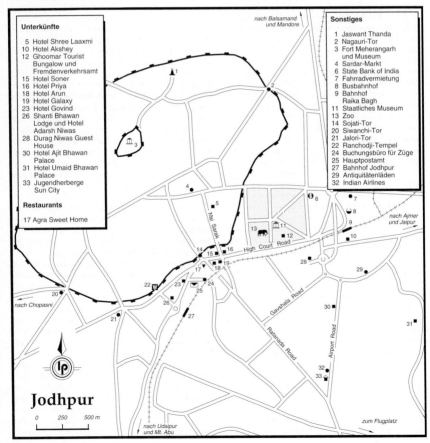

Unterkünfte

5 Hotel Shree Laaxmi
10 Hotel Akshey
12 Ghoomar Tourist
   Bungalow und
   Fremdenverkehrsamt
15 Hotel Soner
16 Hotel Priya
18 Hotel Arun
19 Hotel Galaxy
23 Hotel Govind
26 Shanti Bhawan
   Lodge und Hotel
   Adarsh Niwas
28 Durag Niwas Guest
   House
30 Hotel Ajit Bhawan
   Palace
31 Hotel Umaid Bhawan
   Palace
33 Jugendherberge
   Sun City

Restaurants

17 Agra Sweet Home

Sonstiges

1 Jaswant Thanda
2 Nagauri-Tor
3 Fort Meherangarh
   und Museum
4 Sardar-Markt
6 State Bank of India
7 Fahrradvermietung
8 Busbahnhof
9 Bahnhof
   Raika Bagh
11 Staatliches Museum
13 Zoo
14 Sojati-Tor
20 Siwanchi-Tor
21 Jalori-Tor
22 Ranchodji-Tempel
24 Buchungsbüro für Züge
25 Hauptpostamt
27 Bahnhof Jodhpur
29 Antiquitätenläden
32 Indian Airlines

nach Balsamand und Mandore

Nai Sarak

High Court Road

nach Ajmer und Jaipur

Gayshala Road

Ratanada Road

Airport Road

nach Chopasni

nach Udaipur und Mt. Abu

zum Flugplatz

Jodhpur

0   250   500 m

Für Ausflüge in Dörfer der Bishnoi ist auch ein privater Führer empfohlen worden. Das ist der 62jährige Mr. N. L. Tak (Tel. 3 06 37), der für etwa 700 Rs bis zu fünf Personen einen ganzen Tag lang führt.

UNTERKUNFT

Einfache Unterkünfte: Das preisgünstigste Quartier ist die neue Jugendherberge Sun City neben dem Büro von Indian Airlines (Tel. 2 01 50). Für ein Bett in einem sauberen Schlafsaal müssen dort Mitglieder eines Jugendherbergsverbandes 20 Rs und Nichtmitglieder 40 Rs bezahlen. Große Schließfächer stehen ebenfalls zur Verfügung. Außerdem werden in der Jugendherberge einige Doppelzimmer mit Bad für 80 Rs vermietet. Angelegt ist das Haus um einen sonnigen Innenhof herum.

Eine weitere preisgünstige Übernachtungsmöglichkeit stellen die Ruheräume im kürzlich renovierten Bahnhof dar. Dort werden für ein Bett im Schlafsaal 40 Rs und für ein Doppelzimmer 90 Rs berechnet. In allen Unterkünften sind Ventilatoren vorhanden.

Viele weitere preisgünstige Hotels gibt es in Jodhpur nicht, und die wenigen liegen leider auch noch um den Bahnhof herum in einer extrem lauten und schrecklich luftverschmutzten Gegend mit vielen Fahrzeugen. In der Straße unmittelbar gegenüber vom Bahnhof stößt man auf die Shanti Bhawan Lodge (Tel. 2 16 89) mit 74 Zimmern, in der für jeweils 24 Stunden Einzel- und Doppelzimmer mit Gemeinschaftsbad für 50 bzw. 75 Rs sowie Einzel- und Doppelzimmer mit eigenem Bad und Ventilator für 75 bzw. 130 Rs vermietet werden. Es ist sicher nicht schwer, sich vorzustellen, daß dieses Haus einst der Wohnsitz des Premierminister eines früheren Prinzenstaates war. Die Charli Bikaner Lodge nebenan (Tel. 2 39 85) ist im Preis ähnlich, aber bereits stärker abgewohnt.

Das beste der preisgünstigen Quartiere ist das Hotel Govind gegenüber vom Postamt (Tel. 2 27 58). Zu diesem Haus gehört auch ein Dachrestaurant mit herrlichen Ausblicken auf das Fort. Vermietet werden Betten in einem Schlafsaal für jeweils 35 Rs, Einzelzimmer für 50 Rs und Doppelzimmer für 75 Rs (mit Badbenutzung) sowie Einzelzimmer für 95 Rs und Doppelzimmer für 125 Rs mit eigenem Bad. Der begeisterte Geschäftsführer dieses Hauses hat immer noch nicht den Besuch der Crew bei den Dreharbeiten zu dem Film *Dschungelbuch* verdaut und möchte am liebsten jedem Gast die dabei aufgenommenen Fotos zeigen. Weitere Hotels mit ähnlichen Preisen in der Gegend sind das Hotel Soner (Tel. 2 57 32), das Hotel Galaxy (Tel. 2 07 96) und das Hotel Arun (Tel. 2 02 38) - das beste der letzten drei Unterkünfte.

Das Durga Niwas Guest House (Tel. 2 49 90) ist ein kleines, von einer freundlichen Familie geführtes Haus mit sauberen Doppelzimmern für rund 150 Rs. Dort

kann man auch Fahrräder sicher abstellen. Angeboten werden zudem Ausflüge in Dörfer der Bishnoi sowie Verpflegung. Für ein sättigendes Abendessen muß man dann 60 Rs bezahlen, das meistens auf westliche Mägen zugeschnitten ist, so daß man ausdrücklich darum bitten muß, wenn man ein gut gewürztes indisches Essen vorzieht.

Das Hotel Ghoomar Tourist Bungalow (Tel. 4 40 10) liegt an der lauten High Court Road.. Hier werden normale Einzel- und Doppelzimmer für 150 bzw. 200 Rs, Zimmer mit Ventilator für 300 bzw. 350 Rs und klimatisierte Zimmer für 400 bzw. 500 Rs vermietet. Für ein Bett im Schlafsaal muß man 40 Rs bezahlen. In der Anlage sind auch eine Bar, ein Restaurant und das Fremdenverkehrsamt untergebracht.

Aufenthalte bei einheimischen Familien für 125 bis 300 Rs lassen sich durch das Fremdenverkehrsamt arrangieren.

Mittelklassehotels: Am unteren Ende in der Preisklasse der Mittelklassehotels ist das moderne und gut unterhaltene Hotel Akshey gleich hinter dem Bahnhof Raika Bagh Palace angesiedelt (Tel. 3 73 27). Das ist nur fünf Minuten zu Fuß vom Busbahnhof entfernt. Hier muß man für ein normales Einzelzimmer 100 Rs und für ein normales Doppelzimmer 150 Rs bezahlen, für ein Zimmer mit Ventilator 200 bzw. 250 Rs und für ein Zimmer mit Klimaanlage 350 bzw. 400 Rs. Alle Zimmer sind mit Fernsehgerät für Satellitenprogramme und eigenem Bad (auch heißes Wasser) ausgestattet. Insgesamt gesehen ist das Haus ein ganz gutes Quartier.

Wenn man in der Nähe des Bahnhofs übernachten will, dann liegt das Hotel Adarsh Niwas (Tel. 2 69 36) sehr günstig. In diesem Hotel findet man in allen Zimmern ein Fernsehgerät, ein Telefon sowie ein Bad mit heißem Wasser und muß dafür mit Ventilator allein 350 Rs und zu zweit 400 Rs sowie mit Klimaanlage allein 500 Rs und zu zweit 600 Rs bezahlen.

Etwas höher in dieser Preisklasse ist das reizende Hotel Ajit Bhawan Palace in der Airport Road (Tel. 3 74 10, Fax 3 77 74) angesiedelt, ein sehr beliebtes Haus, in dem man ganz gut wohnt. Die Unterkünfte bestehen aus einer Reihe von 20 modernen Bungalows aus Stein, die um einen erholsamen Garten mit Teichen herum angelegt sind, in denen Fische schwimmen. Alle Bungalows sind unterschiedlich eingerichtet, enthalten aber moderne und saubere Bäder. Das alles ist Welten vom Krach und von der Luftverschmutzung um den Bahnhof herum entfernt. Die Bungalows werden zur Alleinbenutzung für 895 Rs und für die Benutzung zu zweit zum Preis von 995 Rs vermietet. Für eine Suite im Hauptgebäude muß man 1195 Rs bezahlen. Die als Buffet angebotenen Mahlzeiten sind zudem ausgezeichnet.

Das neue Raj Baseera (Tel. 3 19 73) liegt außerhalb der Stadt in Richtung Flugplatz an der Residency Road und

CHRIS BEALL

PAUL BEINSSEN   BRYN THOMAS   PAUL BEINSSEN

HUGH FINLAY

Rajasthan

A: Jal-Mahal-Palast unweit von Jaipur
B: Festung von Jodhpur
C: Surya Pol am Fort von Jaisalmer
D: Bettler vor dem Hawa Mahal in Jaipur
E: Stadtpalast in Udaipur vom Pichol-See aus

BRYN THOMAS

VALERIE TELLINI

HUGH FINLAY

Rajasthan
Oben: Fort Jaisalmer
Mitte: Einzelheiten der Skulpturen an den Dilwara-Tempeln von Mt. Abu
Unten: Stillstand in den Straßen von Jaisalmer

hat die Anlage des Hotels Ajit Bhawan Palace kopiert, indem ebenfalls Cottages um ein Hauptgebäude herum errichtet wurden. Hier kommt man zu zweit für etwa 800 Rs unter. Außerdem ist ein Swimming Pool vorhanden.

Luxushotels: Das beste Hotel in Jodhpur ist das Umaid Bhawan Palace (Tel. 3 33 16, Fax 3 53 73), früher die Residenz des Maharadschas von Jodhpur. Geworben wird für dieses Haus mit den Worten „Um Luxus zu bieten, haben wir die Geschichte nicht ändern müssen". Und das stimmt. Dieses Hotel ist eines der unglaublichsten Häuser auf der ganzen Welt. Dabei steht den Gästen an Annehmlichkeiten alles vom Swimming Pool innen bis zu Golf- und Tennisplätzen, ein Billardzimmer, endlose gepflegte Rasenflächen, Bars, ein riesiger Speiseraum, unzählige Tigerköpfe an den Wänden und jeder nur denkbare Service zur Verfügung. Ganze Armeen von Reinigungskräften halten zudem jeden Quadratzentimeter makellos sauber. Außerdem hat man vom Hotel einen herrlichen Blick hinüber zum Fort. Früher konnte man hier sehr günstig übernachten, nämlich noch 1990 in einem Doppelzimmer für nur 35 US $. Nun muß man für ein Einzelzimmer 145 US $ und für ein Doppelzimmer 160 US $ bezahlen. Es stehen auch Suiten zu Preisen von 275 bis 850 US $ zur Verfügung. Wenn Sie es sich leisten können, dann übernachten Sie einmal in einer Suite, denn die preiswerteren Zimmer sind modern und, auch wenn sie sehr komfortabel sind und alle nur denkbaren Annehmlichkeiten enthalten, kaum palastartig.

Das einzige weitere Haus in dieser Kategorie ist das Hotel Ratanada Polo Palace (Tel. 3 19 10, Fax 3 31 18), ein Hotel an der Residency Road, etwas außerhalb der Stadt in Richtung Flughafen gelegen. Mit Einzelzimmern für 2000 Rs und Doppelzimmern für 2500 Rs ist es jedoch viel zu teuer, auch wenn in der Nebensaison 30 % weniger berechnet werden.

ESSEN

Während eines Aufenthaltes in Jodhpur sollten Sie unbedingt eines *makhania lassi* probieren, ein sehr erfrischendes Getränk mit Safrangeschmack. Das Agra Sweet Home gegenüber vom Sojati-Tor ist dafür so bekannt und beliebt, daß sich die Eigentümer rühmen, im Sommer pro Tag mehr als 1500 Gläser dieses Getränks auszuschenken. Andere delikate Nachspeisen und Spezialitäten in Jodhpur sind *mawa ladoo* und *mawa kachori*. Ein Gemisch aus Getreide (Weizen), gegessen aus einer Schale mit Milch und Zucker, ist das *dhood fini*.

Erstaunlicherweise ist eines der besten Lokale der vegetarische und nichtvegetarische Erfrischungsraum im 1. Stock des Bahnhofs. Hier kann man in kühler und ruhiger Umgebung preiswert und ganz gut essen. Ein vegetarisches Thali erhält man für 13 Rs und eine Portion Chips für 5 Rs. Abends ist er immer vor ausländischen Besuchern überfüllt, von denen die meisten auf den Nachtzug nach Jaisalmer warten. Geöffnet ist von 7.00 bis 22.00 Uhr.

Ein weiteres beliebtes Lokal bei Besuchern, die auf einen Zug warten, ist das Restaurant Mid Town in der Shanti Bhawan Lodge gegenüber vom Bahnhof. Dort sind die vegetarischen Burger ausgezeichnet (16 Rs) und die Lassis riesig. Sehr gute nichtvegetarische Mahlzeiten bekommt man im Restaurant Kalinga nebenan, das zum Hotel Adarsh Niwas gehört. Allerdings sind hier die vegetarischen Gerichte mit Preisen zwischen 30 und 45 Rs sowie die nichtvegetarischen Speisen von 55 bis 75 Rs nicht so preiswert.

Ein ganz gutes vegetarisches Restaurant ist auch das Fort View auf dem Dach des Hotels Govind, in dem man wirklich Ausblicke auf das Fort genießen kann. Hier muß man für eine vegetarische Pizza 26 Rs bezahlen. Auch die Masala-Milch ist einen Versuch wert.

Wenn man in Jodhpur einmal richtig prassen will, dann gibt es dafür eigentlich nur zwei Möglichkeiten. Allerdings sollte man sich das auch nicht entgehen lassen, und sei es auch nur wegen der Erfahrung sowie der Musik und der Tänze, die dabei geboten werden. Am preiswertesten ist es im Restaurant des Hotels Ajit Bhawan Palace, wo man im Innenhof an einem Buffet für 186 Rs einschließlich Steuern teilnehmen kann. Auch wenn man nur zwischen wenigen Gerichten wählen kann, sind die Speisen ausgezeichnet. Dort werden zwischen 18 und 20 Uhr auch Volksmusik und Volkstänze zu Rajasthan geboten. Anschließend spielt eine Band bis spät am Abend. Gäste, die nicht im Haus wohnen, sollten sich dafür rechtzeitig anmelden, auch wenn das nicht immer notwendig ist.

Teurer ist es im Hotel Umaid Bhawan Palace. Ein Essen hier nennt man aber auch besser ein Bankett, an das man sich noch lange erinnern wird, denn es wird in einem der größten Palastzimmer serviert, die man je gesehen hat. Dabei spielen im ganzen Land bekannte Musiker auf einer Sitar, einer Sarod und einer Tabla. Natürlich ist das Essen ausgezeichnet, besteht aus unzähligen Speisen und kostet 530 Rs. Vorherige Anmeldungen sind nicht unbedingt erforderlich, aber es ist empfehlenswert, sich insbesondere in der Hochsaison vorher zu vergewissern, ob man daran teilnehmen kann.

EINKÄUFE

In Jodhpur bekommt man die üblichen Kunstgewerbegegenstände aus Rajasthan, aber auch sehr gute Antiquitäten. Die meisten Antiquitätengeschäfte findet man entlang der Straße, die das Hotel Ajit Bhawan mit dem Hotel Umaid Bhawan verbindet. Bekannt ist auch Abani Handicrafts neben dem Tourist Bungalow. Diese Geschäfte sind inzwischen auch bei Antiquitätenhändlern aus dem Westen wohlbekannt. Sie kommen mit Kreditkarten in der Brieftasche hierher, um sich einzudecken. Das Ergebnis ist, daß kaum etwas noch sehr günstig eingekauft werden kann, aber die Qualität der angebotenen Waren ist auch sehr gut.

Wenn man Antiquitäten einkaufen will, darf man nicht vergessen, daß in Indien für bestimmte Gegenstände, die älter als 100 Jahre sind, Einschränkungen für die Ausfuhr bestehen. Einzelheiten dazu finden Sie im Abschnitt über Einkäufe im Einführungsteil.

AN- UND WEITERREISE

Flug: Indian Airlines (Tel. 2 86 00) fliegt fünfmal wöchentlich nach Delhi (56 US $), Jaipur (34 US $), Udaipur (28 US $) und Bombay (87 US $). Das Büro dieser Fluggesellschaft befindet sich südlich der Stadtmitte in der Airport Road und ist täglich von 10.00 bis 13.15 Uhr sowie von 14.00 bis 16.30 Uhr geöffnet. Jagson Airlines ist im Tourist Bungalow vertreten (Tel. 4 40 10, App. 360). Mit dieser Fluggesellschaft kommt man dienstags, donnerstags und samstags nach Jaisalmer (70 US $) und Delhi (94 US $). East West (Tel. 3 75 16) fliegt täglich außer montags und samstags nach Jaipur (34 US $) und Bombay (98 US $).

Bus: Die RTDC und private Gesellschaften unterhalten Verbindungen von Jodhpur nach anderen größeren Städten und interessanten Zielen in Rajasthan. Die privaten Busunternehmen verkaufen Fahrkarten gegenüber vom Hauptbahnhof.

Die beste Busverbindung nach Jaisalmer stellt der Luxusbus dar, der um 6.00 Uhr am Ghoomar Tourist Bungalow abfährt und fünf Stunden später in Jaisalmer ankommt (Fahrpreis 80 Rs). Die billigeren Busse von der Haltestelle der staatlichen Busse brauchen bis zu acht Stunden. Private Busse nach Jaisalmer verkehren in der Nebensaison häufiger als in der Hochsaison.

Nach Udaipur fährt man 8-10 Stunden und ist damit erheblich schneller am Ziel als mit der Eisenbahn. Der Fahrpreis für diese Strecke beträgt in einem Luxusbus 83 Rs und in einem Schnellbus 69 Rs. Für die sechsstündige Fahrt durch die Wüste nach Bikaner muß man 66 Rs bezahlen. Außerdem verkehren stündlich Busse nach Jaipur (101 Rs, 10 Stunden) und Ajmer (60 Rs, 4½ Stunden). In Richtung Mt. Abu fahren Busse am frühen Morgen und am frühen Abend ab (80 Rs, 6 Stunden), beenden ihre Fahrten allerdings in Abu Road.

Zug: Die Vorverkaufsstelle der Eisenbahn befindet sich an der Station Road, und zwar zwischen dem Bahnhof und dem Sojati-Tor. Die Nachfrage nach Fahrkarten ist hier immer groß, so daß man am besten gleich nach der Ankunft in Jodhpur eine Fahrkarte für die Weiterfahrt kauft, insbesondere dann, wenn man noch am gleichen Tag mit dem Nachtzug nach Jaisalmer will.

Es steht jedoch auch ein Kontingent an Platzkarten für Touristen zur Verfügung. Das Büro ist montags bis samstags von 8.00 bis 20.00 Uhr sowie sonntags von 8.00 bis 13.45 Uhr geöffnet.

Im vor kurzem modernisierten Bahnhofsgebäude ist ein International Tourists Bureau eingerichtet worden, um ausländischen Fahrgästen zu helfen, leichter Eisenbahnfahrkarten kaufen zu können. Dieses Büro bildet einen ausgezeichneten Ausgangspunkt, wenn man sich Jodhpur nur tagsüber ansehen und abends nach Jaisalmer weiterfahren möchte, denn dort kann man bequeme Sessel, eine Dusche und eine Toilette benutzen. Gepäck muß jedoch bei der Gepäckaufbewahrung im Bahnhof abgegeben werden.

Viele Leute fahren mit dem Nachtzug nach Jaisalmer. Das sind inzwischen sogar so viele geworden, daß der Zug ein Jagdgebiet von Dieben und anderen dubiosen Leuten geworden ist. In der Hochsaison fahren daher nun alle Ausländer gemeinsam im gleichen Waggon, der auf dem ersten Teilstück von einem Polizisten begleitet wird. Nach Jaisalmer sind sowohl Tages- als auch Nachtzüge unterwegs (2. Klasse 67 Rs und 1. Klasse 255 Rs). Die Strecke ist vor nicht langer Zeit von Schmal- auf Breitspur umgestellt worden, so daß die 295 km lange Fahrt nur noch etwa sieben Stunden dauern sollte.

Delhi und Jodhpur sind durch superschnelle Expreßzüge miteinander verbunden, die für eine Fahrt 12 Stunden benötigen. Für die Strecke zwischen Ahmedabad und Jodhpur brauchen diese Züge acht Stunden. Der Preis für die Fahrt von Delhi nach Jodhpur (626 km) beträgt in der 2. Klasse 124 Rs und in der 1. Klasse 459 Rs. Daneben verkehrt täglich ein Zug nach Agra Fort. Für die 439 km ist der manchmal fürchterlich überfüllte Zug etwa 20 Stunden unterwegs.

Kaum jemand aber fährt die Strecke von Delhi nach Jodhpur ohne Unterbrechung. Die meisten Besucher kommen mit einem Zug von Jaipur, nun mit Jodhpur durch eine Eisenbahnstrecke mit Breitspur verbunden. Der schnellste Zug auf dieser Strecke ist der *Intercity* (Zugnummern 2435 und 2436), der in Jaipur um 17.30 Uhr abfährt und Jodhpur fünf Stunden später erreicht. Die Fahrkarten kosten im Sitzwagen 297 Rs und in der 1. Klasse 540 Rs. Langsamere Züge brauchen für die 318 km sieben Stunden und können in der 2. Klasse 74 Rs und in der 1. Klasse für 267 Rs benutzt werden. Nach Udaipur wird ein Nachtzug eingesetzt, mit dem man für die 221 km bis zum Ziel 10½ Stunden unterwegs ist und in der 2. Klasse 56 Rs und in der 1. Klasse 205 Rs bezahlen muß. Nach Barmer im Westen von Rajasthan brauchen die drei täglich verkehrenden Züge 5½ Stunden (2. Klasse 30 Rs und 1. Klasse 122 Rs).

NAHVERKEHR

Flughafentransfer: Der Flughafen liegt nur 5 km vom Zentrum entfernt. Für eine Fahrt in die Stadt zahlt man in einer Auto-Rikscha etwa 30 Rs, auch wenn oft mehr verlangt werden, und in einem Taxi rund 70 Rs. In Gegenrichtung wird weniger gefordert.

Taxi und Auto-Rikscha: In Jodhpur fahren die Taxen ohne Taxameter, Auto-Rikschas dagegen mit ziemlich ungenauen Taxametern. Außerdem gibt es in Jodhpur noch Tongas. Die Fahrer der Auto-Rikschas sind allerdings sehr habgierig. Für die meisten Fahrten sollte man nicht mehr als 10 Rs zu bezahlen haben. Durch die Altstadt kommt man wegen der engen Straßen nur mit Auto-Rikschas. Wenn man einen Wagen miet Fahrer mieten möchte, bietet sich Solanki Travels unweit der Shanti Bhawan Lodge (Tel. 3 95 72) an, ein Unternehmen, das zuverlässig zu sein scheint.

Fahrrad: In Jodhpur kann man die meisten Sehenswürdigkeiten auch gut mit einem Fahrrad erkunden. Man kann ein Fahrrad an verschiedenen Stellen mieten, beispielsweise unmittelbar neben der Charli Bikaner Lodge.

DIE UMGEBUNG VON JODHPUR

MAHA MANDIR UND BALSAMAND-SEE

Der Maha Mandir (Großer Tempel) liegt 2 km nordöstlich der Stadt. Er ist um einen Shiva-Tempel mit 100 Säulen erbaut worden, aber insgesamt nicht von großem Interesse. Etwa 5 km weiter kommt man zum Balsamund-See, einem beliebten Ausflugsziel. Am See steht ein Palast, der 1936 erbaut wurde. Der Pratap Sagar und der Kailana Sagar (zu ihm gehört ebenfalls ein Garten), gelegen westlich von Jodhpur, versorgen die Stadt mit Wasser.

MANDORE

Noch weiter nördlich (9 km entfernt) liegt diese frühere Hauptstadt von Marwar aus der Zeit vor der Gründung von Jodhpur. Heute ist es wegen seiner ausgedehnten Gärten und der hohen Felsterrassen ein beliebter Ausflugsort. Inmitten dieser Gärten stehen auch die Ehrengrabmale der Herrscher von Jodhpur. Das größte und schönste ist das hoch aufstrebende, tempelförmige Denkmal von Maharadscha Ajit Singh. Ebenfalls sehr schön ist das von Maharadscha Jaswant Singh.

Die „Halle der Helden" enthält 15 Figuren, die aus einer Felswand herausgearbeitet sind. Die auffällig bemalten Figuren stellen hinduistische Gottheiten und Helden aus dieser Gegend hoch zu Roß dar. Der Schrein der 33 *crore* (33 000 000) Götter enthält bemalte Figuren von Gottheiten und Geistern. Zwischen Jodhpur und Mandore bestehen regelmäßige Busverbindungen.

ROHET

In diesem Dorf, gelegen 40 km südlich von Jodhpur, hat der frühere Herrscher des Ortes sein 350 Jahre altes Haus in ein ausgezeichnetes Hotel umgewandelt. Die Zimmer in diesem Rohet Garh (Tel. 02932/6 62 31) kosten etwa 800 Rs. Das Haus scheint Reiseschriftsteller anzuziehen, denn hier hat Bruce Chatwin sein *The Songlines* geschrieben und William Dalrymple sein Buch *City of Djinns* begonnen.

OSIAN

Etwa 65 km nördlich von Jodhpur liegt in der Thar-Wüste die alte Stadt Osian. Zwischen dem 8. und dem 12. Jahrhundert war sie eine bedeutende Handelsstadt und in dieser Zeit von den Jains dominiert. Heute ist sie eine Oase in der Wüste mit zahlreichen Pfauen. Der Wohlstand der Einwohner im Mittelalter erlaubte es ihnen, verschwenderische und herrlich mit Skulpturen geschmückte Tempel zu errichten, von denen die meisten den Verwüstungen in dieser Zeit widerstanden haben. Der größte der 16 Jain- und Brahmanen-Tempel ist Mahavira geweiht, dem letzten der Jain-*Tirthankars*. Die Einzelheiten der Skulpturen an den Tempeln von Osian wetteifern mit denen an den Tempeln von Hoysala in Karnataka und am Sonnentempel von Konark in Orissa, so daß Sie, wenn Sie die Zeit dafür haben, alles unternehmen sollten, um hierherzukommen.

An- und Weiterreise: Etwa sechs Busse täglich fahren in zwei Stunden von Jodhpur nach Osian.

NAGAUR

Nagaur, gelegen nordöstlich von Jodhpur, hat Besuchern ein historisches Fort und einen historischen Palast sowie einen Vieh- und Kamelmarkt zu bieten, der allerdings kleiner als der in Pushkar ist. Er findet Ende Januar oder Anfang Februar statt und dauert eine Woche. Daran nehmen Tausende von Landbewohnern aus nah und fern teil. Wie in Pushkar finden auch hier Kamelrennen und andere kulturelle Veranstaltungen statt. Übernachtungsmöglichkeiten sind allerdings kaum vorhanden.

SARDAR-SAMAND-SEE

Die Straße zu diesem Tierschutzgebiet südöstlich von Jodhpur führt durch einige sehr farbenfrohe Dörfer. Im Tierschutzgebiet steht das schon bessere Sardasamand Lake Resort, der frühere Sommerpalast des Maharadschas im Stil des Art Deco, in dem Übernachtungen in einem Einzelzimmer nicht weniger als 1190 Rs und in einem Doppelzimmer nicht weniger als 2390 Rs kosten. Reservierungen sind über das Hotel Umaid Bhawan Palace in Jodhpur möglich. Für ein Mittag- oder Abendessen werden jeweils weitere 350 Rs berechnet. Dafür können sich die Gäste aber auch in einem Swimming Pool am Rand eines Sees erfrischen.

Ein anderes Tierschutzgebiet nennt sich Dhawa oder Doli. Es liegt 45 km entfernt von Jodhpur an der Straße nach Barmer. Dort kann man viele Antilopen sehen.

JAISALMER

Einwohner: 43 400
Telefonvorwahl: 02992
Nichts in Indien ähnelt Jaisalmer auch nur entfernt. Jodhpur hat sicher eines der beeindruckendsten Festungs- und Palastkomplexe zu bieten, und sowohl Chittorgarh als auch Kumbhalgarh überbieten Jaisalmer an Ruhm und Ausmaßen. Dennoch scheint diese Festung mitten in der Wüste aus einer der Sagen aus *Tausendundeiner Nacht* zu stammen. Man könnte allen Besuchern vergeben, wenn sie glauben, mitten in das mittelalterliche Afghanistan zurückversetzt worden zu sein. Diese märchenhafte, unvergleichlich romantische und noch vollkommen unberührte Stadt wird wegen der Farbe, die die Steinmauern bei Sonnenuntergang annehmen, gern auch als „Goldene Stadt" bezeichnet. Jaisalmer ist all das, aber noch vieles mehr. Niemand, der die Mühe auf sich nimmt, in diesen abgelegenen Ort zu kommen, reist enttäuscht wieder ab.

Vor Jahrhunderten erwarb die Stadt ihre großen Reichtümer durch die strategisch günstige Lage an der Karawanenstraße zwischen Indien und Zentralasien. Händler und Einwohner errichteten beeindruckende Häuser und Residenzen, alle aus goldgelbem Sandstein. Von der kleinsten Zelle bis zum Palast und zu den Tempeln im Fort liegt die ganze Stadt in der gleichen goldenen Stimmung. Wahrscheinlich wird das noch eine ganze Zeit so bleiben, denn sogar moderne Neubauten müssen sich nach dem Willen der Städteplaner dem anpassen.

Aufkommender Seehandel und das Entstehen des Hafens von Bombay hatten für Jaisalmer den Abstieg zur Folge. Die Teilung nach dem Zweiten Weltkrieg und die damit verbundene Trennung der Handelswege nach Pakistan schienen dann zusammen mit der Verknappung des Trinkwassers endgültig das Aus zu bedeuten. In den indisch-pakistanischen Kriegen von 1965 und 1971 bekam Jaisalmers strategische Lage jedoch wieder Bedeutung. Hinzu kommt der Rajasthan-Kanal, der dafür sorgt, daß in der Wüste wieder das Leben erwacht. Befestigte Straßen und eine vor kurzem von Schmal- auf Breitspur umgestellte Eisenbahnstrecke verbinden die Stadt heute mit dem übrigen Rajasthan. Außerdem bestehen mehrmals wöchentlich Flugverbindungen nach Delhi und Jodhpur.

Heute wetteifert der Tourismus mit den Militärstützpunkten um den ersten Platz in der Wirtschaft der Stadt. Die Anwesenheit von Grenzsicherungskräften wirkt sich aber kaum auf das Leben in der alten Stadt aus. Nur das entfernte Geräusch des Startens und Landens von militärischen Flugzeugen stört gelegentlich die Stille dieser Perle in der Wüste.

Es war aber nicht immer so friedlich, denn natürlich wurden Festungen nicht aus ästhetischen Gründen gebaut, und auch die Herrscher waren im Mittelalter nicht gerade für ihre Friedensliebe bekannt. Ritterliche Rivalität, aber auch Grausamkeit zwischen den verschiedenen Stämmen der Rajputen, waren an der Tagesordnung. Gerade die Bhatti-Rajputen aus Jaisalmer wurden in der ganzen Region als enorme Macht angesehen. Zwar konnte Jaisalmer der unmittelbaren Eroberung durch die moslemischen Herrscher aus Delhi weitgehend entkommen, mußte aber dennoch Erfahrungen mit ihren Belagerungen und dem *jauhar* sammeln, wenn eine Niederlage unvermeidlich war.

Es gibt kaum eine andere Stadt in Rajasthan, in der der Geist dieser Zeit so heraufbeschworen werden kann.

ORIENTIERUNG UND PRAKTISCHE HINWEISE

Die Orientierung wird Besuchern in Jaisalmer leicht fallen. Am besten ist, man spaziert in dieser Stadt herum und taucht ein in den von ihr ausgehenden Zauber. Innerhalb der Stadtmauern bilden die Straßen ein irreführendes Gewirr. Da aber alles in den Ausmaßen überschaubar ist, ist dies unbedeutend. Am besten gehen Sie einfach in die von Ihnen gewünschte Richtung. Dann werden Sie Ihr Ziel letztlich doch erreichen. Die Altstadt war einmal vollständig von einer Stadtmauer umgeben. Leider wurde vieles davon in den letzten Jahren eingerissen, um daraus Baumaterial zu gewinnen. Dennoch blieb glücklicherweise einiges erhalten, zum Beispiel die Stadttore und in ihnen das massive Fort, das sich über der Stadt erhebt und das Wesentliche von Jaisalmer ausmacht. Das Fort selbst besteht aus einem Gewirr von schmalen Straßen, einem Jain-Tempel und dem alten Palast des früheren Herrschers.

Das Gebiet um den Zentralmarkt erstreckt sich unterhalb des Hügels, während die Bank, der neue Palast und viele andere Läden und Büros im Westen beim Amar-Sagar-Tor liegen.

Wenn man außerhalb dieser ummauerten Stadt in der gleichen Richtung weitergeht, erreicht man schnell den Tourist Bungalow. Dort befinden sich auch die Büros des Fremdenverkehrsamtes (Tel. 5 24 06), das montags bis samstags von 8.00 bis 12.00 Uhr und von 15.00 bis 18.00 Uhr geöffnet ist.

Reisechecks wechselt man am besten in der State Bank of India unter dem Restaurant Skyroom. Möglich ist das aber auch in der nahegelegenen Bank of Baroda, in der man außerdem bei Vorlage einer Kreditkarte von Visa Bargeld erhalten kann.

Ein Alptraum ist allerdings das Krankenhaus in Jaisalmer. Es ist dreckig, überfüllt, häufig ohne fließendes Wasser und wird von überlasteten Mitarbeitern betreut. Meiden Sie es daher, wenn immer möglich.

SEHENSWÜRDIGKEITEN

Fort: Erbaut im Jahre 1156 unter Rawal Jaisal, krönt das Fort den 80 m hohen Trikute-Berg. Innerhalb der Mauern dieser Festung, die von 99 Bastionen umgeben ist, lebt etwa ein Viertel der gesamten Bevölkerung von Jaisalmer. Es ist faszinierend, durch diese Anlage zu spazieren. Hier scheint sich seit Jahrhunderten nichts verändert zu haben. Wenn jemals der Versuch unternommen worden sein sollte, so viele Häuser, Tempel und Paläste auf dem kleinstmöglichen Gebiet zu errichten, muß es hier gewesen sein. Durchsetzt ist es von schmalen, kurvenreichen Gassen, alle gepflastert und versehen mit einem erstaunlich leistungsfähigen System von Abwässerbeseitigung, das dafür sorgt, daß die Gassen frei von Exkrementen und Abfällen bleiben. Hinzu kommt, daß es überall ruhig ist. Das ist darauf zurückzuführen, daß Fahrzeuge in diesem Gebiet verboten sind und sogar Baumaterial mit Kamelkarren herauftransportiert werden muß. Von den Mauern der Festung hat man herrliche Blicke über die Altstadt und die Wuste in der Umgebung. Eine beliebte Freizeitbeschäftigung ist das Herumspazieren auf den äußeren Rampen bei Sonnenuntergang. Allerdings muß man dabei darauf vorbereitet sein, daß die gesamten äußeren Rampen als öffentliche Toilette benutzt werden. Deshalb muß man sich vorsehen, wohin man seine Füße setzt!

Das Fort läßt sich durch eine eindrucksvolle Reihe von massiven Toren betreten, die alle zu einem großen Innenhof führen. Mit Blick zu diesem Platz hin ist der siebenstöckige Palast des früheren Maharadschas erbaut worden. Früher wurde der Platz für Truppenparaden, die Entgegennahme von Petitionen und extravagante Unterhaltung wichtiger Besucher genutzt. Ein Teil des Palastes ist für die Öffentlichkeit zugänglich, allerdings ist drinnen nur wenig zu sehen, auch wenn ein Raum mit wunderschönen Wandgemälden geschmückt ist. Öffnungszeiten sind von 8.00 bis 13.00 Uhr und von 15.00 bis 17.00 Uhr. Als Eintrittsgebühr sind 5 Rs zu entrichten.

Jain-Tempel: Innerhalb der Mauern der Festung steht auch eine Gruppe von wunderschön bearbeiteten Jain-Tempeln, erbaut zwischen dem 12. und dem 15. Jahrhundert. Geweiht sind die Rikhabdevji und Sambhavanthji. Die Gyan Bhandar, eine Bibliothek mit außerordentlich alten Manuskripten, liegt ebenfalls im Tempelkomplex. Zugänglich sind die Tempel nur morgens bis 12 Uhr, während man sich die Bibliothek zwischen 10 und 11 Uhr ansehen kann. Wenn man in diesem Gebiet fotografieren will, wird dafür eine Gebühr von 15 Rs erhoben. Außerdem wurden im Fort auch noch Tempel zu Ehren von Shiva und Ganesh errichtet.

Havelis: Die sehr schönen Herrenhäuser der Kaufleute von Jaisalmer werden *havelis* genannt. Einige dieser Sandsteingebäude sind immer noch in einem sehr guten Zustand. Eintritt wird beim Besuch der meisten *havelis* nicht erhoben. Allerdings wird gern gesehen, wenn kleine Skulpturen aus Stein gekauft werden, und davon werden ganz schöne Stücke angeboten. Geöffnet sind die *havelis* zwischen 10.30 und 17.00 Uhr.

Prunkstück der *havelis* von Jaisalmer ist der sehr fein gearbeitete Patwon ki Haveli in einer sehr engen Gasse. Er ist in fünf Wohnungen unterteilt, von denen zwei jetzt dem Archäologischen Dienst Indiens gehören, zwei von Familien genutzt werden, der dort Kunstgewerbegeschäfte betreiben, und nur noch eine bewohnt und daher für die Öffentlichkeit nicht zugänglich ist. Einige Zimmer sind mit wunderschönen Wandgemälden geschmückt. Außerdem bietet sich vom Dach ein herrlicher Blick.

Der Salim Singh ki Haveli wurde vor ungefähr 300 Jahren erbaut und wird heute noch immer teilweise bewohnt. Salim Singh war der Premierminister, als Jaisalmer Hauptstadt eines Prinzenstaates war. Sein Herrenhaus verfügt über ein sehr schön geschwungenes Dach, dessen Stützbalken die Form von Pfauen haben. Das Haus steht unmittelbar unterhalb des Hügels und soll früher einmal zwei weitere Etagen aus Holz gehabt haben. Damit sollte angestrebt werden, daß dieser Herrensitz höher als der Palast des Maharadschas ist. Dies widerstrebte jedoch dem Maharadscha, der kurzerhand die beiden Obergeschosse vom *haveli* des Premierministers abreißen ließ. Für die Besichtigung dieses Hauses wird ein Eintritt von 10 Rs erhoben.

Auch der Nathmal ki Haveli war das Haus eines Premierministers. Er wurde gegen Ende des 19. Jahrhunderts erbaut. Die Schnitzereien im rechten und linken Flügel des Gebäudes wurden von zwei Brüdern ausge-

RAJASTHAN

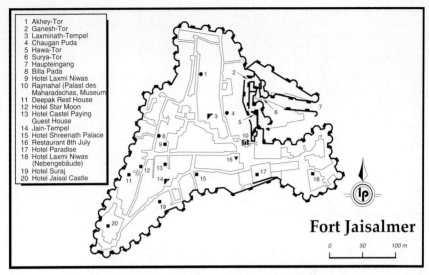

1 Akhey-Tor
2 Ganesh-Tor
3 Laxminath-Tempel
4 Chaugan Puda
5 Hawa-Tor
6 Surya-Tor
7 Haupteingang
8 Billa Pada
9 Hotel Laxmi Niwas
10 Rajmahal (Palast des
   Maharadschas, Museum
11 Deepak Rest House
12 Hotel Star Moon
13 Hotel Castel Paying
   Guest House
14 Jain-Tempel
15 Hotel Shreenath Palace
16 Restaurant 8th July
17 Hotel Paradise
18 Hotel Laxmi Niwas
   (Nebengebäude)
19 Hotel Suraj
20 Hotel Jaisal Castle

Fort Jaisalmer

0   50   100 m

führt. Sie ähneln sich zwar sehr, sind aber nicht identisch. Elefanten aus gelbem Sandstein bewachen das Gebäude; die Eingangstür allein ist ein Kunstwerk.

Gadi Sagar und Museum: Dieses Wasserbecken südlich der Stadtmauern war früher einmal das Wasserreservoir der Stadt. Rings um den Teich stehen viele kleine Tempel und Schreine. Während des Winters lassen sich hier viele und unterschiedliche Wasservögel nieder. Der sehr schön gewölbte Zugang zum Wasserbecken ist angeblich von einer stadtbekannten Prostituierten erbaut worden. Als sie dem Maharadscha Bau und Bezahlung anbot, verweigerte dieser die Erlaubnis, weil er es für unziemlich hielt, das Becken nur durch dieses Tor erreichen zu können. Allerdings ließ die Dame in seiner Abwesenheit dennoch den Zugang bauen und zudem einen Krishna-Tempel errichten, so daß der Maharadscha einen Abriß nicht mehr gut vornehmen lassen konnte.

Im kleinen Museum hier ist Volkskunst ausgestellt. Geöffnet von 10.00 bis 17.30 Uhr, ist dieses Museum deutlich interessanter als das staubige Stadtmuseum neben dem Tourist Bungalow.

AUSFLÜGE

Nur wenige Besucher kommen nach Jaisalmer, ohne an einer Kamelsafari teilzunehmen. Einzelheiten darüber finden Sie weiter unten.

Außerdem bietet das Fremdenverkehrsamt Stadtrundfahrten von 9.00 bis 12.00 Uhr (40 Rs) sowie Fahrten bei Sonnenuntergang zu den Sanddünen von Sam (70

Rs) an. An diesen Fahrten müssen jeweils aber mindestens vier Personen teilnehmen.

FESTE

Beim alljährlich stattfindenden Wüstenfest (Desert Festival) werden Kamelrennen veranstaltet und Tänze, Volksmusik, Balladen sowie Puppenspiele vorgeführt. In den letzten Jahren konnte man jedoch mehr und mehr beobachten, wie sich dieses traditionelle Fest immer mehr in ein reines Touristenspektakel verwandelte. Dann wird von der RTDC auch ein „Touristendorf" aufgebaut, ähnlich dem zu Pushkar. Das Fest findet in der Zeit von Ende Januar bis Mitte Februar statt. Die genauen Daten hängen vom Mondkalender ab und variieren von Jahr zu Jahr. Genaues für die nächsten Jahre läßt sich dem Festkalender am Anfang des Kapitels über Rajasthan entnehmen.

UNTERKUNFT

Jaisalmer ist ein sehr beliebtes Reiseziel, was zur Folge hatte, daß in der Stadt immer mehr preiswerte und nicht so preiswerte Hotels eröffnet wurden, um der Nachfrage gerecht zu werden. Häufiger als sonst in Indien werden Sie bei der Ankunft feststellen, sei es mit einem Bus oder einem Zug, daß Schlepper ausschwärmen, um sich die Neuankömmlinge zu schnappen. Leider sind einige von ihnen bei dem, was sie anbieten, mehr als unehrlich. Glauben Sie daher niemandem, der Ihnen offeriert, Sie für zwei Rupien dorthin zu bringen, wohin Sie wollen. Mißtrauisch sollten Sie auch sein, wenn jemand behauptet, das von Ihnen ausgewählte Hotel sei

639

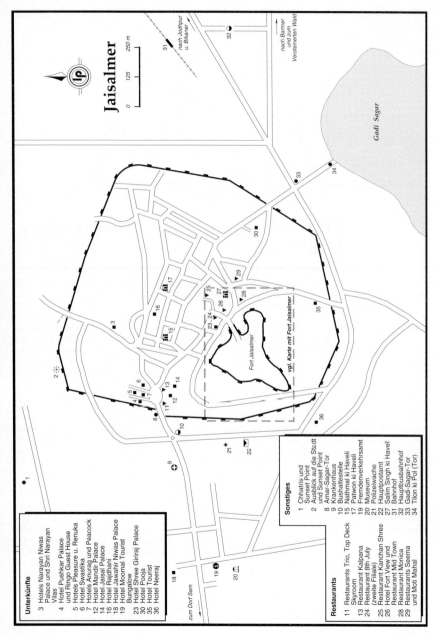

Jaisalmer

0   125   250 m

nach Jodhpur
u. Bikaner

nach Barmer
und zum
Versteinerten Wald

Gadi Sagar

Fort Jaisalmer

vgl. Karte mit Fort Jaisalmer

zum Dorf Sam

Unterkünfte

3   Hotels Narayan Niwas
    Palace und Shri Narayan
    Vilas
4   Hotel Pushkar Palace
    und Ringo Guest House
5   Hotels Pleasure u. Renuka
6   Hotel Swastika
7   Hotels Anurag und Peacock
12 Hotel Mandir Palace
14 Hotel Jaisal Palace
16 Hotel Rajdhani
18 Hotel Jawahir Niwas Palace
19 Hotel Moomal Tourist
    Bungalow
23 Hotel Shree Giriraj Palace
35 Hotel Pooja
36 Hotel Tourist
36 Hotel Neeraj

Restaurants

11 Restaurants Trio, Top Deck
    Skyroom
13 Restaurant Kalpana
24 Restaurant 8th July
    (zweite Filiale)
25 Restaurant Kanchan Shree
26 Hotel Fort View und
    Restaurant Mid Town
28 Restaurant Monica
29 Restaurants Seema
    und Moti Mahal

Sonstiges

1   Chhatris und
    Sunset Point
2   Ausblick auf die Stadt
    und Sunset Point
8   Amar-Sagar-Tor
9   Krankenhaus
10 Bushaltestelle
15 Nathmal ki Haveli
17 Patwon ki Haveli
20 Fremdenverkehrsamt
21 Museum
22 Polizeiwache
27 Hauptpostamt
    Salim Singh ki Haveli
31 Bahnhof
32 Hauptbusbahnhof
33 Gadi-Sagar-Tor
34 Tilon ki Pol (Tor)

640

„voll", „geschlossen", „nicht mehr gut" oder habe irgendeinen anderen unrühmlichen Schicksalsschlag erlitten. Die Schlepper wollen Besucher nur zu einem Hotel bringen, in dem sie eine Provision erhalten, wenn die Touristen dort übernachten. Wenn man, nachdem man von einem Hotel zum anderen kutschiert worden ist, darauf besteht, in das Hotel gebracht zu werden, das man sich selbst ausgesucht hat, wird man ohne viel Federlesen vor dem Haupttor zum Fort abgesetzt, von wo aus man dann zu Fuß zum Hotel eigener Wahl gehen muß. Wenn Sie sich noch nicht entschieden haben, in welchem Hotel Sie übernachten wollen, und nur in die Stadtmitte mitgenommen werden wollen, dann können diese Leute von Nutzen sein, aber dann muß man darauf vorbereitet sein, von Hotel zu Hotel durch die ganze Stadt gefahren zu werden, und sich darauf einstellen, daß Druck ausgeübt wird, sich für ein bestimmtes Hotel zu entscheiden.

Von vielen preiswerten Hotels wird ein eigenes Fahrzeug zum Bahnhof und zum Busbahnhof geschickt, an denen ein Hinweisschild auf das jeweilige Quartier zu sehen ist und mit dem man kostenlos zum jeweiligen Haus gebracht wird. Man kann aber auch mit einer Auto-Rikscha fahren. Die Probleme mit den Schleppern haben solche dramatischen Ausmaße angenommen, daß die Bezirksverwaltung eine Gruppe von Polizisten zum Schutz der Touristen abgestellt hat, deren Ziel es ist, die Schlepper auf Distanz zu halten, so daß die Touristen zumindest einen klaren Kopf behalten und in Ruhe ihr Gepäck zusammensuchen können, bevor die Herausforderung beginnen kann. Das Ziel ist ehrenwert, aber es ist schade, daß der Einsatz der Polizisten wenig hilfreich ist. Zyniker behaupten sogar, die Polizisten würden mit den Schleppern zusammenarbeiten.

Leider wird zudem in einigen der preiswerten Unterkünfte auf die Gäste eine ganze Menge Druck ausgeübt, damit die an einer Kamelsafari teilnehmen. In einigen Quartieren werden die Mitarbeiter sogar richtig böse, wenn Gäste sich anderswo zur Teilnahme an einer Kamelsafari anmelden. Wenn das herauskommt, weigern sie sich nicht nur, in der Zwischenzeit das überflüssige Gepäck aufzubewahren, sondern werfen manchmal solche Gäste glatt hinaus.

Das Übernachten in einem Hotel innerhalb des Forts ist sicher eine gute Idee, aber glauben Sie nicht, daß es außerhalb der Mauern nicht auch gute Hotels gebe. Jaisalmer ist übrigens einer der Orte, in denen die Besucher ihr eigenes Quartier über alles loben und wo es nicht selten zu Diskussionen darüber kommt, welches nun besser sei.

Wie so oft in den Städten von Rajasthan schießen auch die Übernachtungspreise in Jaisalmer in den Himmel, wenn ein Fest stattfindet. Dann kann es zudem sehr schwer werden, überhaupt eine Unterkunft zu finden.

Einfache Unterkünfte: Aus einer ganzen Reihe von preiswerten Hotels kann man in der Stadt entlang der beiden Straßen wählen, die parallel zu einander nördlich vom Restaurant Trio verlaufen.

Wenn man die erste dieser beiden Straßen heruntergeht, kommt man zum Ringo Guest House (Tel. 5 30 27), in dem Zimmer mit Badbenutzung ab 10 Rs vermietet werden, allerdings nur unter der Voraussetzung, daß man an einer der in diesem Haus veranstalteten Kamelsafaris teilnimmt. Vermietet werden auch zwei ausgezeichnete Doppelzimmer auf dem Dach für 70 Rs, und zwar mit angeschlossenem Bad, in dem eine Badewanne und ein Heißwasserbereiter vorhanden sind. Gegenüber liegt das Hotel Peacock (Tel. 5 32 87), ein recht einfaches Quartier mit Betten in einem Schlafsaal für 10 Rs sowie Einzel- und Doppelzimmern mit Badbenutzung für 25 bzw. 35 Rs. Ebenfalls in dieser Straße gelangt man zum Hotel Anurag mit Einzelzimmern ab 60 Rs und Doppelzimmern ab 80 Rs (weniger, wenn man an einer Kamelsafari dieses Hauses teilnimmt). Das Hotel Pushkar Palace hat Doppelzimmer mit Bad für 70 Rs und preisgünstigere Zimmer mit Badbenutzung zu bieten.

In der nächsten Straße liegt das verdientermaßen beliebte Hotel Swastika (Tel. 5 24 83), das sauber sowie gut unterhalten ist, von freundlichen Mitarbeiter betreut wird und herrliche Ausblicke vom Dach ermöglicht. Betten im Schlafsaal kosten hier jeweils 30 Rs, Einzel- und Doppelzimmer mit Badbenutzung 60 bzw. 90 Rs und mit Bad 100 bis 120 Rs. Eimer mit heißem Wasser sind hier auf Wunsch erhältlich. Außerdem wird den Gästen morgens ohne Zusatzkosten Tee serviert. Eine annehmbare Alternative dazu ist das Hotel Pleasure (Tel. 5 23 23) in der gleichen Straße, ein wenig weiter hinauf. Hier werden Einzel- und Doppelzimmer mit Gemeinschaftsbad für 40 bzw. 50 Rs vermietet. Das nahegelegene Hotel Renuka (Tel. 5 27 57) ist eine saubere, luftige Unterkunft, wenn auch nicht gerade ausgesprochen freundlich. Wie das Swastika hat auch dieses Haus vom Dach herrliche Ausblicke zu bieten. Die Übernachtungspreise betragen im Schlafsaal pro Bett 20 Rs, mit Badbenutzung in einem Einzelzimmer 40 Rs und in einem Doppelzimmer 50 Rs sowie mit eigenem Bad allein 80 Rs und zu zweit 100 Rs.

Auf der anderen Seite der Altstadt, unweit vom Eingang zum Fort, hat sich eine weitere Gruppe von preiswerten Hotels angesiedelt. Beliebt ist dort Hotel Fort View (Tel. 5 22 14), vorwiegend wegen der herrliche Blicke vom Dach und von einigen Zimmern aus. Hier kosten die Betten im Schlafsaal jeweils 15 Rs, die Einzelzimmer ab 44 Rs und die Doppelzimmer ab 55 Rs, jeweils mit heißem Wasser in Eimern. Ferner sind noch ein paar Zimmer mit Blick auf das Fort und Boiler vorhanden, in denen man zu zweit für 150 Rs und zu dritt für 200 Rs übernachten kann. Dieses Haus ist zudem eines der wenigen preiswerten Hotels mit einem eigenen Restaurant, von dem aus man auf einen kleinen Platz darunter und das Fort blicken kann. Außerdem kann man in diesem Haus Geld wechseln und sich Flugscheine sowie Bus- und Zugfahrkarten besorgen lassen. Im Hotel Flamingo nebenan werden nur ein paar preiswerte Zimmer vermietet. Dieses Quartier ist recht einfach, aber dennoch beliebt.

Ebenfalls in dieser Gegend liegt das Hotel Shree Giriraj Palace (Tel. 5 22 68). Das ist ein freundliches Quartier mit einer ganzen Reihe von sauberen Einzel- und Doppelzimmern mit Badbenutzung ab 40 bzw. 60 Rs, Einzel- und Doppelzimmern mit Bad für 50 bzw. 75 Rs und großen Doppelzimmern für 150 Rs. Für ein Bett im Schlafsaal werden 20 Rs verlangt. Geboten wird den Gästen ferner ein Dachterrassenrestaurant.

Ein kleines und freundliches Quartier nicht weit vom Gadi Sagar Pol ist das Hotel Pooja (Tel. 5 26 08). Das ist ein alter *haveli* mit Einzelzimmern für 40 Rs und Doppelzimmern für 60 Rs (mit Badbenutzung) sowie teureren Doppelzimmern mit eigenem Bad.

Im Süden der Stadt, schon ziemlich weit draußen in einem Außenbezirk, liegt eine weitere Gruppe von sehr preisgünstigen Unterkünften. Dort ist das Hotel Tourist (Tel. 5 24 84) ein einfaches, von einer sehr freundlichen Familie geführtes Quartier, das von sich behauptet, das erste Hotel in Jaisalmer gewesen zu sein. Mit 30 Rs für ein Einzelzimmer und 50 Rs für ein Doppelzimmer, jeweils mit eigenem Bad, sind die Preise wohl kaum zu schlagen. Gegenüber liegt das Hotel Pada Niwas (Tel. 5 33 30) mit Einzelzimmern ab 20 Rs und Doppelzimmern ab 30 Rs (mit Badbenutzung). Außerdem gibt es in der gleichen Gegend noch weitere preisgünstige Unterkünfte.

Am oberen Ende dieser Preisklasse liegt das moderne Hotel Rajdhani (Tel. 5 27 46), gelegen nicht weit vom Patwon ki Haweli entfernt. Hier gehören zu allen Zimmern Bäder mit Duschen und heißem Wasser aus (winzigen) Durchlauferhitzern. Übernachten kann man in einem solchen Zimmer allein für 100 Rs und zu zweit für 125 Rs. Insgesamt gesehen ist das Haus sauber, komfortabel und gut geführt. Zu ihm gehört auch ein vegetarisches Dachrestaurant mit ausgezeichneten Ausblicken hinüber zum Fort. Gegenüber kommt man zum Hotel Jag Palace (Tel. 5 27 46), einem neueren Haus mit überteuerten Einzel- und Doppelzimmern für 150 bzw. 300 Rs (mit Bad). Wenn man dort übernachten will, lohnt der Versuch, die Preise ein wenig herunterzuhandeln.

Im Fort ist das Deepak Rest House (Tel. 5 26 65) schon lange beliebt, und das zu Recht. Eigentlich ist es ein Teil der Mauern um das Fort und ermöglicht vom Dach überwältigende Blicke. Dieses Haus hat insgesamt 14 Zimmer zu bieten, davon sechs mit und acht ohne eigenes Bad. Das beste ist das Zimmer 9 für 150 Rs (mit

eigenem Balkon auf einer der Zinnen), das zweitbeste das Zimmer 8 für 100 Rs. Für die anderen Doppelzimmer muß man ab 50 Rs bezahlen. Außerdem sind mit eigenem Bad Einzelzimmer für 80 Rs und Doppelzimmer für 100 Rs sowie Einzelzimmer mit Badbenutzung für 30 Rs und Betten in einem Schlafsaal für 15 Rs und Plätze auf dem Dach für 10 Rs zu haben. Die billigeren Zimmer sehen aber eher wie Zellen aus und verfügen über kein Fenster. Heißes Wasser kann man hier Tag und Nacht ohne zusätzliche Kosten erhalten.

Noch günstiger ist das erst kürzlich eröffnete Hotel Star Moon nebenan (Tel. 5 29 10), in dem mit Badbenutzung Einzelzimmer für 20 Rs und Doppelzimmer für 40 Rs angeboten werden. Davon am besten ist das Zimmer 11 mit Bad und Ausblicken auf die Wüste für 100 Rs. Dieses Haus ist ein freundliches kleines Quartier.

Ähnlich und gleich schwer zu finden ist das Hotel Laxmi Niwas (Tel. 5 27 58). Es ist möglicherweise noch kleiner und hat Einzelzimmer für 40 Rs sowie Doppelzimmer für 60 Rs (mit Badbenutzung) sowie für 125 Rs (mit eigenem Bad) zu bieten. Man kann auch für 20 Rs auf dem Dach schlafen. Zu dieser Anlage gehört zudem ein Nebengebäude oberhalb vom Reisebüro des Besitzers auf der anderen Seite des Forts. In diesem modernen Gebäude werden mit eigenem Bad für ein Einzelzimmer 150 Rs und für ein Doppelzimmer 200 Rs berechnet.

Sehr beliebt ist ferner das Hotel Paradise (Tel. 5 26 78). Man sieht es am hinteren Ende vom Hauptplatz, wenn man durch das letzte Tor in das Fort kommt. Dieses Hotel ist eine Art *haveli* mit 18 Zimmern um einen grünen Innenhof herum und ausgezeichneten Blicken vom Dach aus. Hier gibt es nur ein paar preiswerte Zimmer mit Badbenutzung ab 40 bzw. 80 Rs, während der Rest je nach Größe und Ausblick 200 bis 450 Rs kostet. Auf dem Dach darf man eine Nacht für 20 Rs verbringen.

Daneben hat das Hotel Castel Paying Guest House (Tel. 5 29 88) vier Doppelzimmer zu Preisen zwischen 100 und 250 Rs zu bieten. Es ist ziemlich einfach, aber dafür die Familie, die es führt, recht nett.

Mittelklassehotels: In der Stadt ist das unweit vom Amar-Sagar-Tor gelegene Hotel Jaisal Palace (Tel. 27 17) ein ganz gutes Quartier. Es ist sauber und wird gut geführt. Alle Zimmer sind mit einem eigenen Bad ausgestattet, in dem ständig heißes Wasser vorhanden ist. Die meisten davon werden als Einzelzimmer für 390 Rs und als Doppelzimmer für 440 Rs vermietet. Außerdem steht ein kleines Zimmer (Nr. 107) zur Verfügung, in dem man allein für 300 Rs und zu zweit für 350 Rs unterkommt. Auf der Dachterrasse wurde ein schattiges Restaurant eingerichtet, in dem ausgezeichnete vegetarische Gerichte serviert werden und wunderschöne Ausblicke auf das Fort möglich sind.

Das Hotel Moomal Tourist Bungalow der RTDC (Tel. 5 23 92) ist ebenfalls annehmbar, liegt aber außerhalb der ummauerten Stadt. Angeboten werden hier strohgedeckte Hütten mit eigenem Bad als Einzelzimmer für 150 Rs und als Doppelzimmer für 200 Rs (die größeren Hütten für 200 bzw. 250 Rs). Im Hauptgebäude werden Betten in einem Schlafsaal für 40 Rs, normale Einzel- und Doppelzimmer zum Preis von 200 bzw. 250 Rs, Zimmer mit Ventilator für 300 bzw. 400 Rs und Zimmer mit Klimaanlage für 500 bzw. 550 Rs vermietet. In der Nebensaison zwischen April und August sind die Zimmer deutlich billiger. Vorhanden sind auch ein ganz ordentliches Restaurant, eine Bar, in der es zu bestimmten Zeiten recht lebendig werden kann, und ein Laden mit Bier.

Daneben gibt es in dieser Kategorie auch noch mehrere weitere Hotels, allerdings liegen die alle weiter von der Stadtmitte als der Tourist Bungalow entfernt. Dazu gehört das Hotel Neeraj ohne irgendeine Art von Charakter (Tel. 5 24 42), das überteuerte Einzel- und Doppelzimmer mit Bad und heißem Wasser für 550 bzw. 850 Rs zu bieten hat.

Im Fort liegt das charmante Hotel Suraj unweit der Jain-Tempel (Tel. 5 30 23). Die fünf Suiten in diesem alten *haveli* sind alle mit Wandgemälden geschmückt und die Bäder versteckt hinter Passagen und geschmückten Torwegen. Besonders zu empfehlen ist das Zimmer vorn. Hier reichen die Übernachtungspreise von 250 bis 450 Rs. Gute vegetarische Gerichte sind ebenfalls erhältlich, und zwar mittags für 40 Rs und abends für 65 Rs. Die Besitzer wohnen im Erdgeschoß und sind sehr hilfsbereit sowie freundlich.

In der Nähe kommt man zu einem weiteren *haveli*, der noch von seinen Besitzern bewohnt wird. Das ist das Hotel Shreenath Palace (Tel. 5 29 07). Hier darf man nicht viele Errungenschaften der modernen Welt erwarten, aber dafür ist alles noch authentisch. Dafür braucht man mit Badbenutzung und heißem Wasser in Eimern für ein Einzelzimmer auch nur 250 Rs und für ein Doppelzimmer nur 300 Rs zu bezahlen. Auf Wunsch erhalten die Gäste auch Frühstück. Hier wohnt man sehr angenehm.

Luxushotels: Das Hotel Jaisal Castle (Tel. 5 23 62) findet man in einem restaurierten *haveli* in der Südwestecke vom Fort. Der größte Anziehungspunkt sind die ausgezeichneten Ausblicke auf Jaisalmer. Hier muß man für ein geschmackvoll eingerichtetes Zimmer mit Bad allein 500 Rs und zu zweit 650 Rs bezahlen. Dabei sind einige Zimmer allerdings besser als andere. Das Zimmer ganz oben ist mit Buntglasfenstern versehen und ermöglicht herrliche Ausblicke. Der einzige Nachteil in diesem Haus scheinen die Mitarbeiter zu sein. Einige Gäste finden sie freundlich und hilfsbereit genug, während andere, insbesondere die, die durch das Hotel keine Kamelsafari organisieren lassen, einen Eindruck gewonnen haben, der von Teilnahmslosigkeit bis zu glatter Überheblichkeit reicht. In der Hochsaison werden im Innenhof auch Grillgerichte aus Rajasthan angeboten (300 Rs). Das Hotel ist nicht gut ausgeschildert, aber man findet es durch einen großen hölzernen Durchgang vor einem kleinen Innenhof am hinteren Ende vom Fort.

Das Hotel Jawahar Niwas Palace (Tel. 5 22 08) ist ein beeindruckender Palast aus Sandstein, der noch dem Maharadscha gehört. Er steht auf einem sandigen Gelände unweit vom Tourist Bungalow. Der Palast ist etwa 100 Jahre alt und außen hübsch geschmückt, innen jedoch nur kümmerlich möbliert. Hinzu kommt, daß auf dem Billardtisch Tauben ihre Spuren hinterlassen haben. Hier muß man mit Ventilator und eigenem Bad für ein großes Einzelzimmer 700 Rs und für ein genauso großes Doppelzimmer 800 Rs ausgeben. Es kann aber sein, daß diese Preise nach der geplanten Renovierung deutlich steigen werden.

Der ältere Palast, heute das Hotel Mandir Palace (Tel. 5 27 88), liegt gleich hinter der Stadtmauer. Das ist ein wunderschönes Bauwerk, das teilweise für das Hotel genutzt wird. Hier sind alle Zimmer recht groß und mit farbigen Kacheln geschmückt. Mit Bad werden sie als Einzelzimmer für 650 Rs und als Doppelzimmer für 750 Rs angeboten. Die kleineren Doppelzimmer unten für 400 Rs sind düster, muffig und nicht zu empfehlen. Ein Zimmerservice wird vom benachbarten Restaurant Trio aus angeboten. Wie das Jawahar Niwas ist dies ein Haus mit viel Atmosphäre, allerdings nicht gerade mit viel Luxus.

Das gut geführte Hotel Narayan Niwas Palace (Tel. 5 24 08) ist schon deutlich prächtiger als die bisher beschriebenen drei Hotels. Vor kurze erweitert, ist es ein modernes Haus, allerdings kein Palast, aber gut geplant, um die Atmosphäre in einem Wüstenlager eines Rajputen nachempfinden zu können. Die recht hübschen Zimmer sind um einen Innenhof mit Rasen herum angeordnet und mit Kunstgegenständen aus der Gegend geschmückt. Die Preise sind jedoch schnell gestiegen und daher mit 1075 Rs für ein Einzelzimmer und 1375 Rs für ein Doppelzimmer (mit Klimaanlage 1175 bzw. 1475 Rs) sicher nicht als Schnäppchen zu bezeichnen. Auch hier ist Verpflegung erhältlich. Beim Abendessen (200 Rs) spielen im Innenhof meistens einheimische Musiker.

Das viel kleinere Sri Narayan Vila nebenan (Tel. 5 22 83) ist ähnlich und hat versucht, die gleiche Wüstenatmosphäre einzufangen, allerdings mit unterschiedlichem Erfolg. Es ist jedoch ein ansprechendes Haus und mit Einzelzimmern für 475 Rs und Doppelzimmern für 600 Rs (mit Bad und Badewanne) auch deutlich billiger. Ein paar kleinere Zimmer nur mit Dusche im Bad kann man allein für 300 Rs und zu zweit für 450 Rs bewohnen. Allerdings sind die Zimmer sehr unterschiedlich, so daß man sich mehrere davon ansehen sollte, bevor man sich entscheidet, in diesem Haus zu übernachten.

ESSEN

Wie in allen Zielen von Globetrottern gibt es auch in Jaisalmer eine Reihe von preiswerten Restaurants und Saftbars, in denen sich vor allem Gäste treffen, die sich lange am Ort aufhalten. In allen von ihnen werden die Lieblingsgerichte und Lieblingsgetränke von Globetrottern angeboten - Müsli, Pfannkuchen, Spaghetti, Fruchtsäfte und Lassi. In den meisten schmeckt das auch ganz gut. Der Hygienestandard ist allerdings nicht überall so, wie er sein sollte. Dafür sind aber mit zunehmender Zahl von Touristen die Preise gestiegen. Das beste Lokal innerhalb des Forts ist das Restaurant 8th July. Es liegt oberhalb vom Hauptplatz und ist ein ausgezeichnetes Ziel, um zu sitzen und die Welt an sich vorbeiziehen zu lassen. Serviert werden nur vegetarische Gerichte nach einer nicht sehr langen Speisekarte, aber dafür schmecken alle Gerichte gut. Für einen „Foot long" mit Käse und Tomaten muß man 27 Rs, für eine Pizza rund 30 Rs und für Bohnen mit Käse, Zwiebeln und Bratkartoffeln 32 Rs bezahlen. Von diesem Restaurant gibt es auch noch eine Zweigstelle außerhalb des Forts, aber die ist nicht so gut und auch nur in der Hochsaison geöffnet.

Am ersten Tor zum Fort kommt man gleich zu einer ganzen Gruppe von Dachrestaurants. Dort schmecken im Restaurant Monica insbesondere die Thalis ausgezeichnet. Dieses Lokal erfreut sich morgens und abends großer Beliebtheit. Wenn man einmal mit Blick auf etwas anderes essen will, dann sollte man das Restaurant Natraj ausprobieren, vom Restaurant Monica nur den Hügel hinab. Vom offenen obersten Stockwerk hat man einen ausgezeichneten Blick auf den Salim Singh ki Haveli nebenan und weiter weg auf den Süden der Stadt. Im Natraj ist es etwas teurer als durchschnittlich, aber das Essen ist gut und die Preise sind dennoch annehmbar. Das Restaurant Seema in der Nähe ist preisgünstiger und bietet auf seiner Speisekarte auch „Green Peace Masala" an!

Das Restaurant Mid Town, ebenfalls in der Nähe des Tores zum Fort, wartet vom Dach ebenfalls mit herrlichen Blicken auf das Fort auf, insbesondere früh am Morgen. Dort kostet ein Rajasthan-Thali 40 Rs. Nebenan kommt man zum Hotel Fort View mit einem weiteren Restaurant ganz oben.

In einer schmale Gasse hinter de Hotel Fort View liegt das Restaurant Kanchan Shree, das wegen seiner 18 verschiedenen Arten von Lassi sehr beliebt ist. Insbesondere mit dem Schokoladen-Bananen-Lassi (10 Rs) kommt man bestimmt wieder zu Kräften! Angeboten werden aber auch Lassis mit Eiscreme (17 Rs). Außerdem kann man hier Erdnußbutter nach Hausmacherart kaufen. Noch stärkere Lassis werden vor dem staatlichen *Bhang*-Laden angeboten: für 12 Rs ein mittelstarker und für 16 Rs ein noch stärkerer.

Unten, unweit vom Amar-Sagar-Tor, gibt es ebenfalls mehrere gute Restaurants. Das Trio ist eines der schon am längsten bestehenden und ein gutes Ziel für ein leckeres Essen. Das ist immer ansprechend angerichtet, aber auch nicht ganz billig. Für ein halbes Tandoori-Hühnchen muß man nämlich 80 Rs und für Spaghetti Bolognese 45 Rs bezahlen. Dafür spielen in diesem Lokal jeden Abend aber auch einheimische Musiker. Ferner steht hier ein eigener Generator für den Fall zur Verfügung, daß mal wieder der Strom ausfällt. Und das geschieht in dieser Wüstenstadt häufig. Nach dem Essen erhält man mit der Rechnung eine Karte, auf die man seine Meinung über das Essen schreiben kann. Dabei helfen die Kellner. Widerstehen Sie der Versuchung, etwas Negatives zu Papier zu bringen, denn das lohnt nicht, weil die Karten, nachdem die Gäste das Restaurant verlassen haben, ohnehin zerrissen werden. Ganz in der Nähe befindet sich das Restaurant Skyroom, das nur ein paar Rupien preisgünstiger ist und im obersten Stock eines alten *haveli*, oberhalb der State Bank of India, liegt..

Am meisten für sein Geld erhält man in dieser Gegend im beliebten Restaurant Kalpana, wo man viel günstiger ißt und zwischen einer ganzen Reihe von Gerichten wählen kann. Das Top Deck in der Nähe ist ebenfalls zu empfehlen. Dort werden für ein halbes Tandoori-Hühnchen 45 Rs berechnet, während die Preise für vegetarische Gerichte zwischen 20 und 35 Rs liegen.

EINKÄUFE

Jaisalmer ist berühmt für Spitzen, Spiegelarbeiten, Vorleger, Becken, altes Steingut und Antiquitäten. In Kadi Bundar, nördlich der Stadt, werden Tie-Dye-Arbeiten und ähnliche Waren hergestellt. Ein Besucher berichtete uns, daß man in Jaisalmer beim Kauf von Silberwaren aufpassen sollte, weil das Material auch aus einer Legierung mit Bronze bestehen könnte.

AN- UND WEITERREISE

Flug: Jagson Airlines unterhält ein Büro im Tourist Bungalow (Tel. 5 23 92) und fliegt dienstags, donnerstags sowie samstags zwischen Jaisalmer und Delhi (152 US $), wobei Zwischenlandungen in Jodhpur (70 US $) eingelegt werden.

Bus: Der Hauptbusbahnhof liegt in einiger Entfernung von der Stadtmitte unweit vom Bahnhof. Glücklicherweise beginnen alle Busse ihre Fahrten vom Kreisverkehr unmittelbar vor dem Amar-Sagar-Tor und halten dann noch einmal am Busbahnhof. Vorherige Reservierungen von Plätzen sind nur für die Nachtbusse erforderlich. Die sollte man am Busbahnhof vornehmen.

Für eine Busfahrt von oder nach Jodhpur kann man zwischen acht Verbindungen mit STC-Bussen wählen. Der Luxusbus fährt um 17.00 Uhr ab. Nach Bikaner bestehen Busverbindungen um 6.00 (Luxusbus), 11.00, 20.00 und 21.30 Uhr (85 Rs, 8 Stunden). Jeden Tag verkehren auch fünf Busse der RSTC in jeder Richtung zwischen Jaisalmer und Barmer (35 Rs, 3¹/₂ Stunden).

Zug: Am Bahnhof gibt es ein International Tourists Bureau, ähnlich wie das in Jodhpur mit Kontingenten für Touristen. Auch hier kann man als Fahrgast der Eisenbahn von Sesseln, einer Toilette und einer Dusche Gebrauch machen. Die Vorverkaufsstelle im Bahnhof ist nur von 8.00 bis 11.00 Uhr, von 14.00 bis 16.00 Uhr und in der chaotischen Zeit kurz vor Abfahrt eines Zuges geöffnet.

Zwischen Jodhpur und Jaisalmer (295 km) verkehren in jeder Richtung täglich ein Tages- und ein Nachtzug, die für eine Fahrt ca. neun Stunden benötigen. Der Fahrpreis beträgt in der 2. Klasse 67 Rs und in der 1. Klasse 255 Rs.

NAHVERKEHR

Taxi und Jeep: In der Stadt sind Taxen, Auto-Rikschas und Jeeps ohne Taxameter verfügbar. Für eine Fahrt vom Bahnhof zur Altstadt muß man mit etwa 15 Rs rechnen, zum Tourist Bungalow mit etwas weniger.

Einige Hotels setzen für die Fahrt vom Bahnhof eigene Fahrzeuge ein, die kostenlos benutzt werden dürfen, wenn man in dem jeweiligen Hotel wohnen will. Die Hotels, die Jeeps besitzen, vermieten sie auch für Fahrten in die Umgebung. Für einen Besuch bei den Sanddünen von Sam beispielsweise ergibt sich ein Preis von etwa 70 Rs pro Person.

Die beste Möglichkeit, in Jaisalmer selbst schnell herumzukommen, bietet ein Fahrrad. Fahrräder kann man an etlichen Stellen mieten, beispielsweise am Gandhi Chowk, gleich innerhalb vom Amar-Sagar-Tor und unmittelbar außerhalb des Haupttores zum Fort.

DIE UMGEBUNG VON JAISALMER

Die nähere Umgebung von Jaisalmer hat einiges Sehenswertes zu bieten, aber danach geht die Landschaft sehr schnell in eine kahle Wüste mit Sanddünen über. Die Wüste erstreckt sich über die Grenze hinweg bis nach Pakistan.

Wegen der Schwierigkeiten im Punjab und des angeblichen Waffenschmuggels von Pakistan über die Grenze ist der größte Teil von Rajasthan westlich der Autostraße 15 Sperrgebiet. Wenn man dorthin will, braucht man eine besondere Genehmigung vom Büro des obersten Verwaltungsbeamten in Jaisalmer. Die wird allerdings nur in außergewöhnlichen Fällen erteilt. Freigegeben sind nur Amar Sagar, Bada Bagh, Lodhruva, Kuldhara, Akal, Sam, Ramkunda, Khuri und Mool Sagar.

BADA BAGH UND EHRENGRABMALE

Bada Bagh ist eine fruchtbare Oase etwa einen Kilometer nördlich von Jaisalmer mit einem riesigen, alten Staudamm. Ein großer Teil des Gemüses und des Obstes für Jaisalmer wird hier erzeugt. Farbenfroh gekleidete Frauen tragen ihre Waren täglich in die Stadt.

Oberhalb der Gärten liegen die königlichen Ehrenmale. Die Decken sind mit sehenswerten Schnitzereien versehen. Außerdem stehen dort Reiterstatuen ehemaliger Herrscher. Viele Menschen kommen hierher, um den Sonnenuntergang zu beobachten, der Jaisalmer in ein goldgleiches Braun taucht.

AMAR SAGAR

Früher war Amar Sagar einmal ein sehr schön angelegter Garten, der heute leider verfallen ist. Er liegt im Nordwesten von Jaisalmer. Der See ist in der Trockenzeit einige Monate lang ganz leer.

Zur Zeit ist man dabei, einen beachtenswerten Jain-Tempel zu restaurieren. Dafür wurden Arbeiter aus Agra geholt. Mit den Restaurierungsarbeiten wurde bereits Ende der siebziger Jahre begonnen, aber sie dauern immer noch an.

LODHRUVA

Die verlassenen Ruinen der früheren Hauptstadt liegen noch hinter Amar Sagar (von Jaisalmer entfernt). Nur die von Grund auf erneuerten Jain-Tempel, die Ende der siebziger Jahre restauriert worden waren, erinnern an die alte Pracht in der Blütezeit der Stadt. Die Tempel zeichnen sich durch verzierte Bögen aus, besonders am Eingang. Auf dem Gelände steht ein Kalputra, ein heiliger Baum. Aus einem Loch im Tempel soll allabendlich eine Schlange hervorkommen, um sich ihr Milchopfer zu nehmen. Dies zu beobachten ist aber nur den „Glücklichen" vergönnt.

Im Zusammenhang mit der Wiederherstellung der Jain-Tempel befestigte man auch die Straße von Jaisalmer nach Lodhruva. Diese Arbeiten wurden von wohlhabenden Jains bezahlt. Unmittelbar hinter Lodhruva ist die Straße nur noch eine Wüstenpiste.

RAJASTHAN

MOOL SAGAR

Im Westen von Jaisalmer (9 km entfernt) liegt ein anderer kleiner Garten mit einem Wasserbecken, der dem Maharadscha von Jaisalmer gehört.

SAM

Unweit des Dorfes Sam ist in der Thar-Wüste ein Wüstennationalpark gegründet worden. Einer der beliebtesten Ausflüge führt zu den Sanddünen am Rand dieses Parks, gelegen 42 km von Jaisalmer entfernt. Hier kommt eine Wüste wie die Sahara am nächsten an Jaisalmer heran.

Am besten begibt man sich bei Sonnenauf- oder Sonnenuntergang dorthin. Auch viele Teilnehmer von Kamelsafaris verbringen eine Nacht an den Dünen. Kurz vor Sonnenaufgang kommen ganze Jeepladungen von Tagesausflüglern aus Jaisalmer in dieser Gegend an und werden dann von aufdringlichen Kameltreibern, die kurze Ausritte auf Kamelen anbieten, förmlich über die Dünen gejagt. Daneben verkehrt zwischen Jaisalmer und Sam täglich nur ein einziger Bus, so daß man, wenn man dort den Sonnenuntergang miterleben möchte, nicht umhin kommt, an einer Ausflugsfahrt teilzunehmen (70 Rs). Es lohnt zudem durchaus, an den Dünen

Kamelsafaris

Die Wüste rings um Jaisalmer erkundet man am besten und stilechtesten auf dem Rücken eines Kamels. An einer solchen Kamelsafari nimmt fast jeder Besucher der Gegend teil. Die beste Zeit dafür ist von Oktober bis Februar. Die Konkurrenz zwischen den Veranstaltern von Kamelsafaris ist halsabschneiderisch, was dazu geführt hat, daß sich das jeweils Gebotene stark voneinander unterscheidet. Daraus haben sich viele Beschwerden ergeben, wenn Versprechungen gemacht, aber nicht eingehalten worden sind. Schlepper der Veranstalter von Kamelsafaris belästigen Besucher bereits, bevor die in Jaisalmer aus dem Zug oder Bus gestiegen sind. Hinzu kommt, daß man in einfachen Unterkünften bereits zu Preisen ab 10 Rs übernachten kann, allerdings nur dann, wenn man an der Kamelsafari des jeweiligen Quartiers teilnimmt. Wenn man sich für eine Kamelsafari interessiert, sollte man versuchen, andere Touristen zu befragen, welche Erfahrungen sie diesbezüglich gesammelt haben und welcher Veranstalter derzeit gut, zuverlässig und ehrlich ist. Ferner darf man nicht dem Druck von Agenten nachgeben, die gern behaupten, wenn man nicht am folgenden Tag teilnehme, müsse man eine ganze Woche warten, bis wieder eine Kamelsafari stattfinde. Natürlich bietet jeder selbst die beste Kamelsafari an und scheut sich nicht, solche Touren anderer Anbieter madig zu machen.

Die Wahrheit ist viel einfacher. Keines der Hotels besitzt eigene Kamele, denn die Tiere gehören alle Privatpersonen. Die Hotels und Reisebüros sind also nur Vermittler, auch wenn von den Hotels Essen und Getränke bereitgestellt werden. Bevor man sich zu etwas entschließt, ist günstig zu sein scheint, sollte man einige Dinge in Erwägung ziehen. Die Eigentümer der Hotels zahlen den Kameltreibern im allgemeinen rund 80 Rs pro Tag für ein Kamel. Wenn also Ihnen eine Kamelsafari für 120 Rs pro Tag angeboten wird, bedeutet dies, daß nur noch ein kleiner Betrag für Verpflegung und als Gewinnspanne verbleibt. Es ist offensichtlich, daß man dafür nicht drei ordentliche Mahlzeiten pro Tag erwarten darf, auch wenn das häufig versprochen wird. Das Ergebnis ist, daß viele Teilnehmer das Gefühl haben, betrogen worden zu sein, wenn das Essen unterwegs nicht ihren Erwartungen entsprach. Es ist eine hypothetische Frage, wer dafür die Verantwortung trägt - der Hoteleigentümer, der zu viel versprach, oder der Teilnehmer, der zu viel erwartete.

Der realistische Mindestpreis für eine einfache Kamelsafari beträgt pro Tag und Person 150 bis 200 Rs. Dafür können Sie ein Frühstück mit Porridge, Tee und Toast sowie mittags und abends Reis, *dhal* und *chapatis* erwarten - also wenig aufregende Verpflegung. Decken werden ebenfalls zur Verfügung gestellt. Für 250 Rs pro Tag sollte man auch mit Obst und einiger Abwechslung von Reis, *dhal* und *chapatis* rechnen können. Dann muß man aber ein Zelt und Mineralwasser selbst mitbringen. Natürlich kann man für mehr Komfort auch noch einen höheren Preis bezahlen, beispielsweise für Zelte, Klappbetten, bessere Verpflegung, Bier usw.

Zwei Agenturen, die Kamelsafaris anbieten und nicht mit bestimmten Hotels zusammenarbeiten, sind empfohlen worden. Das ist zum einen Sahara Travels am Tor zum Fort (Tel. 5 26 09), geführt von Mr. Bissa alias Mr. Desert. Wenn man glaubt, sein Gesicht bereits vorher gesehen zu haben, dann liegt das daran, daß er der Marlboro-Mann von Indien ist - die Werbefigur für Zigarettenreklame in Jaisalmer. Seine einfachen Kamelsafaris von zwei bis vier Tagen Dauer kosten 250 Rs pro Tag, mit etwas besserer Verpflegung 350 Rs. Für eine Kamelsafari in gestellten Zelten muß man ab 500 Rs ausgeben. Thar Safari Excursion Agent neben dem Restaurant Trio (Tel. 5 27 22, Fax 5 32 14) veranstaltet Luxussafaris einschließlich Zelten, Führer und Mineralwasser für 550 Rs. Für 400 Rs ist die Verpflegung identisch, aber dann schläft man unter den Sternen und hat keinen Führer bei sich. Wieviel man auch immer auszugeben bereit ist, man muß vor Beginn einer Kamelsafari in Jaisalmer sicherstellen, daß genau feststeht, was geboten wird. Sie sollten sich auch vergewissern, wohin die Kamelsafari führt. Der Versuch, nach Rückkehr Geld zurückzuerhalten, weil das Versprochene nicht geboten wurde, ist nutzlos verschwendete Zeit.

zu zelten, aber dafür braucht man einen dicken Schlafsack und Wolldecken, denn dort kann es nachts ganz schön kalt werden. Die einzige Unterkunft ist das Motel Sam Dhani der RTDC mit acht Zimmern für 150 Rs als Einzelzimmer und 200 Rs als Doppelzimmer sowie Betten in einem Schlafsaal für jeweils 40 Rs. Wenn man dort übernachten will, sollte man sich vorher im Tourist Bungalow in Jaisalmer anmelden.

KHURI

Khuri ist ein Dorf 40 km südwestlich von Jaisalmer und liegt mitten in der Wüste. Es ist ein friedlicher Ort,

dessen Häuser aus Lehm und Stroh errichtet sind. Ihre Fassaden erinnern an Perserteppiche. Khuri liegt sehr nahe zu Pakistan.

Weil der Ort an der Grenze von 40 km um Jaisalmer liegt, braucht man für einen Besuch eine Genehmigung vom Büro des obersten Verwaltungsbeamten gegenüber vom Krankenhaus, bevor man sich dorthin auf den Weg begibt.

Unterkunft: Übernachtungsmöglichkeiten stehen nur begrenzt zur Verfügung. Fragen kann man danach Mr. Singh, der auch Kamelsafaris organisiert. Ganz gut ist ferner das Mama's Guest House, aber viel zu teuer.

Die meisten Kamelsafaris dauern drei oder vier Tage. Wenn Sie zu den interessantesten Zielen wollen, ist das auch die Mindestzeit, die Sie einkalkulieren sollten. Nehmen Sie sich etwas Bequemes mit, auf dem Sie unterwegs sitzen können, denn die meisten Teilnehmer an Kamelsafaris unterlassen das und kommen dann mit wunden Beinen und Hinterteilen zurück. Eine Kopfbedeckung mit einem breiten Rand (oder ein Turban im Stil der Rajputen), eine Sonnenschutzcreme und eine eigene Flasche mit Wasser sind ebenfalls unverzichtbar. Da es nachts sehr kalt werden kann, sollte man, wenn man so etwas bei sich hat, auch einen Schlafsack mitnehmen, selbst wenn versprochen worden ist, daß etliche Wolldecken zur Verfügung stünden.

Wenn man auf eigene Faust eine Kamelsafari unternehmen möchte, lohnt es, eine Gruppe von mindestens vier Personen zusammenzubringen, bevor man irgendwo nach einer solchen Safari Ausschau hält. Veranstalter von Kamelsafaris stellen ebenfalls Gruppen von mindestens vier Teilnehmern zusammen, aber bis zu vier Tage können eine lange Zeit mit Leuten sein, mit denen man nicht auskommen kann.

Im allgemeinen führt eine Tour in einem Bogen über Amar Sagar, Lodhruva, Mool Sagar, Bada Bagh und Sam sowie zu verschiedenen verlassenen Dörfern am Weg. Normalerweise sitzt dabei immer nur ein Teilnehmer auf einem Kamel. Klären Sie aber auch das vor Beginn. Die Zügel sind an einem Pflock in der Nase des Kamels befestigt, so daß das Tier leicht dirigiert werden kann. An Rastplätzen werden die Sättel abgenommen und die Vorderbeine der Tiere zusammengebunden. Sie humpeln dann davon, um von nahegelegen Sträuchern das Grüne zu fressen, während die Kameltreiber süßen *chai* aufbrühen oder Essen zubereiten. Für solche Ruhepausen werden vorzugsweise schattige Plätze aufgesucht, möglichst an einer Quelle oder an einem anderen Gewässer.

Die Wüste ist immer ein besonderes Erlebnis. Hier ist sie jedoch überraschend dicht besiedelt; überall verstreut liegen Ruinen. Immer wieder kommen Sie an kleinen Hirsefeldern vorbei und sehen Mädchen oder Jungen, die Beeren pflücken oder Schaf- oder Ziegenherden hüten. Die Tiere haben meistens kleine Glocken am Hals, die die Stille der Wüste mit einem angenehmen Klingeln beleben. Ein Hauch von Romantik wird sicher auch Sie erfassen, wenn Sie an den Sanddünen von Sam übernachten, dicht gedrängt um ein kleines Feuer, das Sternenzelt hoch über Ihnen und den Geschichten der Kamelführer lauschend. Dafür erwarten die Kameltreiber am Ende der Safari ein Trinkgeld oder ein Geschenk. Versäumen Sie nicht, ihrem so etwas zu geben.

Im übrigen muß man auch unterwegs auf seine Sachen aufpassen, insbesondere auf dem Rückweg. Derzeit ist ein gängiger Trick, daß Kameltreiber den Teilnehmern an einer Safari vorschlagen, sich einige Ruinen in der Nähe anzusehen, und sich bereit erklären, in der Zwischenzeit auf das Gepäck aufzupassen. Die Polizeiwache in Jaisalmer hat in diesem Zusammenhang zahlreiche Anzeigen von Diebstählen aus Gepäckstücken erhalten, scheint aber nicht willens zu sein, dagegen etwas zu unternehmen.

Wenn Sie nicht die Zeit, das Geld oder die Lust haben, an einer längeren Safari teilzunehmen, können Sie auch aus einer ganzen Reihe von kürzeren wählen. Derzeit beliebt ist eine Kamelsafari von 2½ Tagen Dauer, bei der man mit einem Jeep hinaus nach Sam gebracht wird und auf dem Rücken eines Kamels zurückkehrt. Für einen Ausflug wie diesen muß man pro Person rund 550 Rs bezahlen. Für Leute mit noch weniger Zeit werden eintägige Ausflüge zur Hälfte mit einem Jeep und zur Hälfte mit einem Kamel zum Preis von ca. 180 Rs pro Person angeboten. Bei allen diesen Touren auch mit einem Jeep sollten Sie vorher klären, wie viele Leute zur Gruppe gehören, um sich einen Eindruck davon zu verschaffen, wie voll der Jeep sein wird. Ich habe schon Jeeps aus Jaisalmer mit 10 Gästen, einem Fahrer, ein paar Kameltreibern sowie der Ausrüstung für alle diese Leute herausfahren sehen. Fünf Teilnehmer zuzüglich Fahrer und Ausrüstung ist sicherer und komfortabler.

Dort muß man für ein ganz hübsches Zimmer in einem Cottage mit Badbenutzung 300 Rs bezahlen. Vegetarische Gerichte kosten in dieser Anlage nicht weniger als 150 Rs.

An- und Weiterreise: Zwischen Jaisalmer und Khuri verkehren in unregelmäßigen Abständen Busse, die bis zum Ziel 2¹/₂ Stunden unterwegs sind.

HOLZFOSSILIENPARK AKAL

Drei Kilometer entfernt von der Straße nach Barmer, an einer Stelle, die etwa 14 km von Jaisalmer entfernt ist, kann man sich die versteinerten Überbleibsel eines 180 Millionen Jahre alten Waldes ansehen. Für ungeübte Augen ist das allerdings nicht besonders interessant.

POKARAN

An der Stelle, an der sich die Straßen von und nach Jaisalmer, Jodhpur und Bikaner treffen, steht eine weitere gewaltige Festung. Majestätisch erhebt sich dort das Sandstein-Fort aus dem Wüstensand. Im Fort verläuft ein Gewirr enger Straßen, an denen die Häuser mit Balkons versehen sind. Die reichen Verzierungen der Häuser zeigen Papageien, Elefanten und die in Rajasthan so beliebten Pfauen.

UNTERKUNFT

Das Motel Midway Pokaran der RTDC (Tel. 029942/ 22 75) liegt am Rand des Ortes. Hier gibt es aber nur zwei Zimmer mit Bad, in denen man allein für 200 Rs und zu zweit für 300 Rs übernachten kann. Auf Wunsch werden die Gäste auch verpflegt. Weit besser, aber auch teurer ist das Hotel Pokaran, das im Fort eingerichtet wurde.

BARMER

Diese Wüstenstadt ist ein Zentrum für Holzschnitzerei, Teppiche, Spitzen, Handdrucke und anderes Kunstgewerbe. Barmer liegt 153 km von Jaisalmer und 220 km von Jodhpur entfernt, ist aber nicht besonders eindrucksvoll. Hier gibt es keine Festung, und der interessanteste Teil ist sicher die Fahrt dorthin durch kleine Dörfer mit den Lehmwänden, die mit den typischen geometrischen Mustern verziert sind.

Es mag sich lohnen, zum Viehmarkt im nahegelegenen Tilwara in die Gegend zu kommen, der jedes Jahr länger als 14 Tage im März oder April abgehalten wird.

Außerdem wird in Barmer vom Fremdenverkehrsamt (Tel. 02982/2 01 68) Anfang März jedes Jahres das Thar-Fest organisiert.

UNTERKUNFT

Es ist schwer, hier eine Unterkunft zu finden. Man kann sein Glück im einfachen Agra Rest House und im Hotel Krishna versuchen, beide unweit vom Bahnhof gelegen.

AN- UND WEITERREISE

Zwischen Jaisalmer und Barmer verkehren täglich ein paar Busse (35 Rs, 3¹/₂ Stunden). Außerdem kommt man von Barmer mit Bussen in Richtung Süden nach Palanpur in Gujarat. Barmer ist zudem mit Jodhpur durch eine Schmalspurbahn verbunden. Auch wenn die Eisenbahnstrecke weiter zur pakistanischen Grenze führt, verkehren keine durchgehenden Züge in das Nachbarland. Ausländer dürfen die Grenze hier ohnehin unter keinen Umständen überqueren.

BIKANER

Einwohner: 461 500
Telefonvorwahl: 0151
Diese Wüstenstadt im Norden Rajasthans wurde 1488 von Rao Bikaji gegründet. Er war ein Nachfahre von Jodhaji, dem Gründer von Jodhpur. Wie viele andere Städte in Rajasthan ist Bikaner von einer Stadtmauer umgeben. Mit Jaisalmer hat sie eines gemeinsam: Sie

war früher eine wichtige Zwischenstation auf den Handelswegen der Karawanen.
In den Jahren zwischen 1925 und 1927 baute man in der Gegend den Gang-Kanal. Mit seinem Wasser wird das früher trockene Brachland bewässert. Dadurch entstand um Bikaner herum ein Gürtel mit fruchtbarem Land.

Obwohl weniger beeindruckend als Jaisalmer, ist Bikaner dennoch eine interessante Stadt, die einen Besuch lohnt, auch wenn nur wenige Globetrotter hier ihre Reise unterbrechen. Besichtigen lassen sich ein großes, herrliches Fort, eine staatliche Kamelzucht gleich vor der Stadt (vgl. weiter unten) und 30 km südlich von Bikaner der Karni-Mata-Tempel, in dem Tausende von heiligen Ratten angebetet werden.

ORIENTIERUNG UND PRAKTISCHE HINWEISE

Die sieben Kilometer lange Stadtmauer mit fünf Toren stammt aus dem 18. Jahrhundert. Das Fort und der Palast, beide aus rosarotem Sandstein erbaut, liegen außerhalb der Stadtmauer.

Das Fremdenverkehrsamt im Fort Junagarh (Tel. 2 74 45) ist montags bis samstags von 10.00 bis 17.00 Uhr geöffnet. Auch von Bikaner aus ist es möglich, an einer Kamelsafari teilzunehmen. Ein Veranstalter solcher Ausflüge ist Desert Tours hinter dem Hauptpostamt.

Wenn man in Bikaner übernachtet, muß man eine Taschenlampe griffbereit haben, denn in der Stadt kommt es häufig zu Stromausfällen.

SEHENSWÜRDIGKEITEN

Fort Junagarh: Raja Rai Singh, ein General in der Armee des Mogul-Herrschers Akbar, ließ dieses Fort in den Jahren 1588-1593 erbauen. Es hat eine 986 m lange Mauer mit 37 Bastionen und zwei Eingängen. Haupteingang ist das Suraj Pol (Sonnentor). Die Paläste innerhalb des Forts mit ihren Innenhöfen, Balkons, Verkaufsständen, Türmen und Fenstern liegen am Südende. Besonders zu erwähnen sind am Fort und seinen Palästen die hervorragenden Steinarbeiten. Sie können sich mit allen anderen auf der Welt durchaus messen.

Von all den Palästen sind einige besonders sehenswert. Zu ihnen gehören der Chandra Mahal (Mondpalast) mit Malereien, Spiegeln und kunstvoll bearbeiteten Marmorpaneelen. Der Phool Mahal (Blumenpalast) ist mit Glas und Spiegeln verziert. Der Karn Mahal wurde zur Erinnerung an einen beachtlichen Sieg über den Mogul Aurangzeb errichtet.

Weitere Paläste sind der Rang Mahal, der Bijai Mahal und der Anup Mahal. Neben den üblichen Waffen der Rajputen sind auch Reste von Doppeldeckern aus dem Ersten Weltkriegs zu sehen! Ein sehr schön ausgemalter Innenhof ist der Durga Niwas. Etwas größer ist der Ganga Niwas, der sich durch eine sehr fein behauene rote Sandsteinfront auszeichnet. Königlicher Tempel ist der Har Mandir, der dem Gott Shiva geweiht ist.

Das Fort ist täglich außer freitags von 10.00 bis 16.30 Uhr geöffnet. Der Eintritt kostet für Ausländer 20 Rs. Weitere 25 Rs sind für das Mitbringen einer Kamera zu entrichten. Im Eintrittspreis ist eine Führung ent-

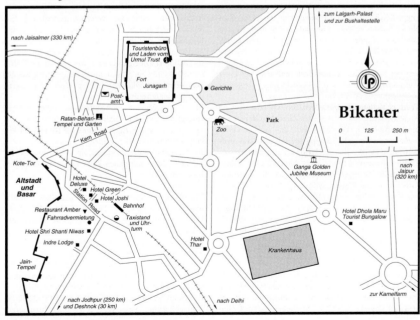

halten, allerdings wird, wenn am alle Zimmer besichtigen möchte, auch noch ein kleines Bakschisch verlangt.

Lalgarh-Palast: Dieser rote Sandsteinpalast liegt 3 km nördlich der Stadtmitte und entstand in den Jahren 1881-1942. Er wurde von Maharadscha Ganga Singh zum Gedenken an seinen Vater, Maharadscha Lal Singh, erbaut. Auch wenn er mit den überhängenden Balkonen und seinem feinen Gitterwerk durchaus ein herrschaftliches Gebäude darstellt, ist es dennoch sicher nicht die schönste der Residenzen von Würdenträgern in Rajasthan.

Der gesamte erste Stock des Palastes wird vom Shri Sadul-Museum eingenommen. In einer schmeichlerischen Broschüre werden die Ausstellungsstücke als „erhabene Gemälde und andere seltene Gegenstände, die den Gefallen des Maharadschas gefunden haben und sein profundes Interesse für Kunst und Brillanz zeigen", beschrieben. Dennoch ist das Museum sehenswert und enthält eine unglaubliche Sammlung alter Fotografien und eine außergewöhnliche Ausstellung persönlicher Gegenstände des früheren Maharadschas, darunter Golfschläger, eine Kamera, Bekleidungsstücke, Bücher, seinen Reisepaß, Brillen, Ohrstöpsel und eine elektrische Zahnbürste. Außerdem ist eine der üblichen Ausstellungen mit indischen Tieren zu sehen, abgeschossen und ausgestopft natürlich.

Die Fürstenfamilie von Bikaner lebt immer noch in einem Teil des Palastes, während der Rest in ein Luxushotel umgewandelt worden ist. Das Museum ist täglich von 10.00 bis 17.00 Uhr geöffnet (Eintritt 25 Rs, Zuschlag für das Mitbringen einer Kamera 10 Rs). Um es von der Stadtmitte zu erreichen, muß man mit einer Auto-Rikscha fahren (pro Strecke 15 Rs).

Weitere Sehenswürdigkeiten: Die schmalen Gassen in der Altstadt mit ihren vielen Gerüchen verdecken eine ganze Reihe von alten *havelis* und zwei durchaus bemerkenswerte Jain-Tempel Erbaut von zwei Brudern, stammen der Bhandeshwar- und der Sandeshwar-Tempel aus dem 14. Jahrhundert. Anders als die meisten übrigen Jain-Tempel in Rajasthan sind die innen mit farbenfreudigen Wandgemälden geschmückt.

Das Ganga Golden Jubilee Museum enthält eine Sammlung von Skulpturen, Terrakotta-Arbeiten, Münzen, Gemälden und Waffen. Ansehen kann man es sich täglich außer freitags von 10.00 bis 17.00 Uhr. Der Eintritt kostet 2 Rs.

UNTERKUNFT

Einfache Unterkünfte: Zahlreiche preisgünstige Unterkünfte findet man in der Nähe des Bahnhofs. Dort ist die Station Road eine Durchgangsstraße mit erstaunlich viel Verkehr, so daß der Straßenlärm in den Zimmern entlang dieser Straße teuflisch sein kann und man deshalb sein Quartier sorgfältig auswählen sollte. Im Hotel Green (Tel. 2 33 96) werden mit Badbenutzung Einzelzimmer für 45 Rs und Doppelzimmer für 70 Rs sowie mit Fernsehgerät für Satellitenprogramme und Bad für 75 bzw. 100 Rs vermietet. Das Hotel Deluxe nebenan (Tel. 2 23 92) ist vom Standard und von den Preisen her ähnlich, hat aber auch ein ruhigeres Nebengebäude um die Ecke zu bieten. An das Nebengebäude grenzt das Hotel Akashdeep (Tel. 2 60 24), eine ziemlich typische schmuddelige Absteige. Hier kann man mit Badbenutzung in Einzelzimmern für 30 Rs sowie in Doppelzimmern für 45 Rs und in Zimmern mit eigenem Bad allein für 50 Rs und zu zweit für 75 Rs übernachten. In den meisten dieser Häuser muß man für einen Eimer mit heißem Wasser 3 Rs bezahlen.

Das beste der preisgünstigen Unterkünfte ist das Hotel Amit (Tel. 2 80 64), gelegen eine kleine Gasse neben dem Hotel Green hinunter. Dort kosten mit eigenem Bad saubere Einzelzimmer 70 Rs und ebenso saubere Doppelzimmer 125 Rs. Daneben stehen preisgünstigere Doppelzimmer für 80 Rs zur Verfügung.

Das Hotel Shri Shanti Niwas (Tel. 2 50 25) liegt an der Straße gegenüber vom Bahnhof. Der Geschäftsführer ist ein bärbeißiger alter Mann, dessen Haus im Laufe des Tages meistens schon voll belegt ist. Die Einzelzimmer für 45 Rs und die Doppelzimmer für 70 Rs mit Badbenutzung sind aber durchaus in Ordnung. Ein Stück weiter in der gleichen Straße liegt die kleine Indre Lodge, geleitet von einem sehr freundlichen und hilfsbereiten Geschäftsführer und von den Preisen eher ihr Geld wert. Die Zimmer sind zwar etwas dunkel, aber mit 50 Rs für ein Einzelzimmer und 70 Rs für ein Doppelzimmer (einschließlich Bad) für eine Übernachtung gar nicht schlecht.

In den Ruheräumen im Bahnhof ist für die Lage erstaunlich ruhig. Hier muß man für ein Bett im Schlafsaal 30 Rs, für ein Einzelzimmer 40 Rs und für ein Doppelzimmer 80 Rs bezahlen.

Auskünfte über die Familien, die für 50 bis 300 Rs zahlende Gäste aufnehmen, kann man im Fremdenverkehrsamt erhalten.

Mittelklassehotels: Ebenfalls an der Station Road, unweit vom Bahnhof, liegt das Hotel Joshi (Tel. 6 12 62). Das ist ein ganz komfortables, gut geführtes und günstig gelegenes Quartier, in dem man in Einzel- und Doppelzimmern für 185 bzw. 225 Rs und in Zimmern mit Klimaanlage sowie Fernsehgerät für Satellitenprogramme für 350 bzw. 425 Rs übernachten kann. Zu allen Zimmern gehört auch in diesem Haus ein Bad, in dem heißes Wasser von 6 bis 12 Uhr fließt.

Das Hotel Dhola Maru Tourist Bungalow (Tel. 2 86 21) liegt angenehm ruhig, ist aber ziemlich herunterggekommen. Man findet es am Pooran Singh Circle, etwa einen Kilometer von der Stadtmitte entfernt. Hier werden Betten in einem Schlafsaal für 40 Rs, normale Einzelzimmer für 100 Rs und normale Doppelzimmer für 150 Rs vermietet, mit Ventilator für 200 bzw. 250 Rs und mit Klimaanlage für 350 bzw. 400 Rs. Auch eine Bar und ein Restaurant sind vorhanden. Zum Hotel Thar kommt man an der linken Seite der Hospital Road auf dem Weg zum Tourist Bungalow (Tel. 2 71 80). Hier werden Einzel- und Doppelzimmer mit Bad und heißem Wasser für 350 bzw. 470 Rs völlig überteuert angeboten. Zwischen April und August sind die Preise 20 % niedriger. Zu diesem Haus gehört ein ganz gutes Restaurant, in dem vegetarische und nichtvegetarische Gerichte serviert werden.

Luxushotels: Gut eingerichtet sind die Zimmer im Hotel Lalgarh Palace (Tel. 6 19 63, Fax 2 32 93), das ein Teil des modernen Palastes des Maharadschas ist. Hier muß man für ein Einzel- und Doppelzimmer mit Frühstück für 42 bzw. 85 US $ ausgeben. Für die Gäste ist auch ein Restaurant vorhanden, in dem man vom Buffet mittags für 275 Rs und abends für 325 Rs essen kann. Im Innenhof ist zwischen 19.30 und 20.30 Uhr ein Konzert von Sitar- und Tabla-Musikern zu hören. Auch wenn in der Vergangenheit die Tigerjagd das Zeichen von Wohlstand war, finden die einzigen Schießereien heute auf der angrenzenden Anlage auf Tontauben statt.

ESSEN
In den meisten Restaurants in Bikaner werden nur vegetarische Gerichte angeboten, manchmal noch nicht einmal mit Eiern. Eines dieser Restaurants ist das in ersten Stock des Hotels Joshi, auch wenn dort die Thalis (30 Rs) ganz gut schmecken. Unten werden im Restaurant Chhotu Motu Joshi (Hinweisschild nur in Hindi) ebenfalls gute vegetarische Gerichte serviert, aber auch eiskalte Lassis und ein breites Spektrum an indischen Süßigkeiten.
In den Hotels Green und Deluxe gibt es ähnliche kleine, saubere Restaurants, in denen man Imbisse und Getränke erhält. Auf der anderen Straßenseite liegt das teurere Restaurant Amber, in dem man ein Tandoori-Naan mit Käse für 20 Rs und einen Espresso für 10 Rs erhält.
Fleischliebhaber sind besser im Hotel Thar aufgehoben, wo man Hauptgerichte für 30 bis 40 Rs bestellen kann. Nichtvegetarische Gerichte sind aber auch im Hotel Dhola Maru Tourist Bungalow erhältlich. Für ein Festessen bietet sich das Lalgarh Palace an (vom Buffet für 325 Rs). Dafür sind normalerweise aber Tischreservierungen erforderlich.
Im übrigen ist Bikaner bekannt für seine gut gewürzten Imbisse mit dem Namen *namkin*, die in Läden entlang der Station Road verkauft werden, aber auch an anderen Stellen.

EINKÄUFE
Wenn man das Fort betritt, kommt man an der rechten Seite neben dem Fremdenverkehrsamt zu einem ausgezeichneten Kunstgewerbegeschäft, geführt von der Urmul-Stiftung. Die dort zum Kauf angebotenen Gegenstände sind qualitativ hochwertig und stammen aus umliegenden Dörfern. Die Gewinne aus dem Verkauf dieser Sachen wird in Gesundheits- und Bildungsprogramme in diesen Dörfern gesteckt. In diesem Laden kann man sich in Ruhe umsehen, ohne - wie sonst üblich - ständig zum Kauf gedrängt zu werden.

AN- UND WEITERREISE
Flug: Der Flugplatz liegt 15 km von der Stadtmitte entfernt, wird derzeit aber nicht bedient.

Bus: Die Bushaltestelle befindet sich 3 km nördlich der Innenstadt, unmittelbar gegenüber vom Lalgarh-Palast. Zwischen Bikaner und Jaisalmer verkehren mindestens zweimal täglich Busse der RTDC (85 Rs, 8 Stunden). Private Busse sind auf dieser Strecke ebenfalls im Einsatz.
Nach Jaipur fahren täglich mindestens sechs Busse, darunter um 9.30 Uhr auch ein Luxusbus (85 Rs, 7 Stunden). Private Nachtbusse nach Jaipur beginnen ihre Fahrten vor dem Hotel Green (wo man auch die Fahrkarten erhält, die man bei Interesse im voraus kaufen sollte). Die Busse nach Jaipur fahren über den Ort Fatehpur in Shekhawati (48 Rs, 4^1/2 Stunden). Ferner werden von Bikaner mit Bussen Udaipur (144 Rs, 13 Stunden), Ajmer (72 Rs, 7 Stunden), Agra und Delhi angefahren.

Zug: Die mit Computern ausgerüstete Vorverkaufsstelle ist täglich von 8.00 bis 20.00 Uhr (sonntags bis 14.00 Uhr) geöffnet und befindet sich, wenn man sich dem Bahnhof nähert, in einem Gebäude rechts.
Bikaner ist jetzt mit Jodhpur und Jaipur durch Eisenbahnstrecken mit Breitspur verbunden. Züge auf der 463 km langen Strecke mit Meterspur nach Delhi fahren derzeit zweimal täglich ab, und zwar morgens und abends (2. Klasse 99 Rs und 1. Klasse 367 Rs). Wenn die Umstellung von Schmal- auf Breitspur fortschreitet, kann es sein, daß man in Rewari, 83 km von Delhi entfernt, umsteigen muß.

NAHVERKEHR
Die Auto-Rikschas fahren in Bikaner ohne Taxameter. Damit muß man für eine Fahrt zwischen dem Busbahnhof und dem Bahnhof 15 Rs bezahlen. Es verkehren aber auch Tongas. Gegenüber vom Bahnhof, in der Station Road, kann man zudem Fahrräder mieten.

DIE UMGEBUNG VON BIKANER

BHAND-SAGAR-TEMPEL

Der bedeutendste Tempel des gesamten Komplexes ist der Jain-Tempel aus dem 16. Jahrhundert. Er ist Parasvanath, dem 23. *tirthankar*, geweiht. Der Chintamani-Tempel stammt aus dem Jahre 1505. Sehenswert ist ferner der Adinath-Tempel. Von dem Park hinter dem Tempel hat man einen sehr guten Ausblick auf die Stadtmauer und die Landschaft.

DEVI KUND

In Devi Kund (8 km östlich von Bikaner) stehen die *chhatris* (Ehrenmale) der Könige aus der Bika-Dynastie. Beeindruckend ist das *chhatri* des Maharadschas Surat Singh aus weißem Marmor.

KAMELFARM

Einzigartig in ganz Asien ist sicherlich die Farm für Kamele, die die Regierung 8 km von Bikaner entfernt unterhält. Dort leben Hunderte von Kamelen. Wer hier am späten Nachmittags ist, bekommt das faszinierende Bild der von ihren Futterplätzen heimkehrenden Kamele zu sehen. Die britische Armee unterhielt übrigens im Ersten Weltkrieg ein Kamelkorps, dessen Tiere aus Bikaner stammten.

Zugänglich ist die Farm nur nachmittags, dann aber auch für Ausritte auf den Kamelen. Die Hälfte der Fahrer von Auto-Rikschas und Taxis hält in Bikaner ständig Ausschau nach Touristen, um sie hierherzufahren. Wenn man sich darauf einlassen will, muß man aber um den Fahrpreis hart verhandeln. Für eine Hin- und Rückfahrt einschließlich eines halbstündigen Aufenthaltes auf der Farm sollte man mit einer Auto-Rikscha etwa 40 Rs und mit einem Taxi rund 100 Rs einkalkulieren.

TIERSCHUTZGEBIET GAJNER

Der See und die bewaldeten Hügel dieses Tierschutzgebietes liegen an der Straße nach Jaisalmer (32 km von Bikaner entfernt) und bieten die Möglichkeit, Wildhühner sowie eine Reihe von Arten Wild und Antilopen zu Gesicht zu bekommen. Im Winter lassen sich hier die prächtigen Flughühner nieder.

Am Ufer des Sees steht der alte königliche Sommerpalast, der jetzt in das Hotel Gajner Palace umgewandelt worden ist. Die Preise für Zimmer in diesem besseren Hotel beginnen bei 30 US $. Reservierungen werden im Hotel Lalgarh Palace in Bikaner entgegengenommen.

DESHNOK

Nach dem schlagzeilenträchtigen Ausbruch der Pest in Indien im Jahre 1994 haben die Regierungen der Bundesstaaten Versuche unternommen, die Zahl der Ratten durch starken Einsatz von Gift zu verringern. Natürlich - man ist schließlich in Indien - stehen dabei nicht alle Ratten auf der Todesliste. Die Tausenden davon, die im Karni-Mata-Tempel in Deshnok leben, werden als künftige Inkarnationen von Mystikern und Sadhus angesehen, so daß eine Vernichtung dieser Tiere ein Sakrileg wäre. Ein Besuch dieses Tempels, der Karni Mata, einer Inkarnation von Durga, geweiht ist, eignet sich nicht für Angsthasen. Wenn man erst einmal die riesigen Silbertüren und Marmorarbeiten bewundert hat, die von Maharadscha Ganga Singh gestiftet wurden, taucht man in ein Meer von herumlaufenden Ratten ein und hofft, daß sie auf den Füßen herumhüpfen, was als günstiges Vorzeichen gedeutet werden kann. Kleine Kinder fassen diese Ratten an ihren Schwänzen an und setzen sie Besuchern dann auf die Schultern. Gläubige kaufen hier *prasad* (Lebensmittel als Opfergaben), bieten die den Ratten an und hoffen dabei, das sie nicht alles auffressen, um den Rest selbst verspeisen zu können. Das Essen von Opfergaben, die von den heiligen Ratten verschmäht worden sind, soll sogar noch größeres Glück bringen, ist aber für die empfindlichen Mägen von Leuten aus dem Westen nicht zu empfehlen. Im Notfall kann man sich aber in einer Apotheke in Bikaner immer noch Tetracyklin besorgen.

Um im Tempel fotografieren zu dürfen, muß man eine Gebühr von 10 Rs entrichten.

Unterkunft: Zum Übernachten stehen im Yatri Niwas der RTDC (Tel. 0151/6 53 32) „Luxuszimmer" zur Verfügung, in denen man allein für 130 Rs und zu zweit für 150 Rs unterkommt. Außerdem kann man in einem Schlafsaal für 35 Rs übernachten.

An- und Weiterreise: Deshnok liegt 30 km entlang der Straße nach Jodhpur von Bikaner entfernt. Den Tempel erreicht man mit den stündlich von Bikaner verkehrenden Bussen (9 Rs). Taxifahrer scheinen nicht begeistert zu sein, wenn man sie fragt, ob sie dorthin fahren. Man muß schon hart handeln können, wenn man einen findet, der bereit ist, für 150 Rs die Fahrt zu unternehmen. Dann muß man sich aber auch darüber vergewissern, daß am Tempel mindestens eine Stunde Aufenthalt vorgesehen sind.

GUJARAT

Der westliche Küstenstaat Gujarat gehört nicht unbedingt zu den beliebtesten Zielen der Indienreisenden. Obwohl es relativ einfach ist, Gujarat in eine Reise von Bombay nach den Städten in Rajasthan einzubauen, kommen nur sehr wenig Fremde in diesen interessanten indischen Staat. Gujarat blickt auf eine lange und ereignisreiche Geschichte zurück und bietet eine Anzahl von Sehenswürdigkeiten. Wer sich jenseits der Geschichte in das Reich der Legende begeben möchte, wird feststellen, daß der Tempel von Somnath ursprünglich geschaffen wurde, um Zeuge der Erschaffung der Welt zu sein. An der Südküste von Gujarat kann man zudem viele bedeutende Orte besuchen, die im Leben von Krishna eine Bedeutung gehabt haben sollen.

Etwas handfester dagegen sind andere Dinge. So ist Lothal der Ort, wo vor mehr als 4000 Jahren die Harappan (Zivilisation des Indus-Tales) beheimatet waren. Die bedeutendsten Orte dieser Epoche liegen heute in Pakistan, man glaubt aber, daß Lothal die bedeutenden Städte der Sind mehr als 500 Jahre überlebte. Gujarat spielt auch eine Rolle in den Beutezügen des buddhistischen Herrschers Ashoka; eines seiner in Fels gehauenen Edikte kann bei Junagadh besichtigt werden.

Einwohner: 44,5 Millionen
Gesamtfläche: 196 024 km²
Hauptstadt: Gandhinagar
Einwohner pro Quadratkilometer: 227
Wichtigste Sprache: Gujarati
Alphabetisierungsrate: 60,9 %
Beste Reisezeit: Oktober bis März

Die Küche von Gujarat

Die strengen vegetarischen Essensvorschriften der Jains prägten auch die Küche in Gujarat. Überall in diesem Staat kann man die Gujarat-Variante der Thalis essen - eine traditionelle vegetarische Mahlzeit, von der man normalerweise so viel verspeisen darf, wie der Magen verträgt. Aber in Gujarat sind die Thalis mit viel Einfallsreichtum verfeinert, die Gerichte sind abwechslungsreicher. Der einzige Nachteil ist, daß alles sehr süß ist, es sei denn, man mag gern Süßigkeiten.

Zu den beliebten Gerichten gehört *kadhi*, ein pikantes Curry-Gericht mit Joghurt, das in Fett gebacken sowie mit Gewürzen abgeschmeckt und dem feingehacktes Gemüse beigefügt wird. *Undhyoo* ist eine winterliche Spezialität mit Süßkartoffeln, großen Bohnen und gebratenen Auberginen. All diese Zutaten gibt man in einen irdenen Topf, der kopfüber eingegraben (*undhyoo*) und über dem dann ein Feuer entzündet wird. Eine Variante dieser Mahlzeit gibt es in Surat. Sie ist schärfer gewürzt und mit Curry angereichert. *Sev ganthia* bekommt man als kleinen Imbiß. Das sind knackig gebackene und in Mehl gewälzte Kichererbsen, die an *farsan* (Imbißständen) verkauft werden. Im Winter sind in Surat *paunk*, eine eigenartige Mischung gerösteter Getreideflocken, und *jowar* erhältlich, eine Art Knoblauch-Chutney mit Zucker. Ferner gehört *khaman dhokla* zur Küche von Gujarat, ein salziger Kuchen aus Kichererbsen und Mehl. *Doodhpak* ist eine süße Milchspeise mit Nüssen. Auch *srikhand* ist eine Nachspeise, und zwar aus Joghurt, angereichert mit Safran, Kardamom, Nüssen und gezuckerten Früchten. *Gharis* ist eine weitere sehr süße Nachspeise aus Milch, ausgelassener Butter und getrockneten Früchten. Das ist ebenfalls eine Spezialität aus Surat. Ein beliebter Mangofruchtsaft ist im Sommer *aamb rasis*.

In Gujarat wird auch ein hervorragendes Speiseeis hergestellt, das im ganzen westlichen Indien unter dem Markennamen „Vadelal" bekannt ist. Verkauft wird es in 20 verschiedenen Geschmacksrichtungen, einige davon allerdings nur zu bestimmten Jahreszeiten.

Später litt Gujarat unter den moslemischen Invasionen, angeführt von Mahmud von Ghazni, sowie unter den Moguln und war schließlich auch das Schlachtfeld für die Auseinandersetzungen zwischen den Moguln und den Marathen. Schon zu einem sehr frühen Zeitpunkt fanden hier aber auch Kontakte mit dem Westen statt, und in Surat richteten die Engländer ihren ersten Außenposten ein. Die portugiesischen Enklaven Daman und Diu hielten sich innerhalb der Grenzen von Gujarat sogar noch bis zum Jahre 1961. In der jüngeren Geschichte spielte Gujarat eine Rolle im Leben des Vaters des modernen Indien, Mahatma Gandhi. Er wurde nämlich in Gujarat geboren und verbrachte hier seine ersten Lebensjahre. Nach Ahmedabad, der großen Stadt von Gujarat, zog er sich später wieder zurück, um die Unabhängigkeit vorzubereiten und den Briten endgültig und wirksam zu Leibe zu rücken.

Gujarat war aber stets auch ein Zentrum der Jains. Deshalb gehören einige Jain-Tempel, wie die von Palitana und Girnar, unweit von Junagadh, zu den bedeutenden Sehenswürdigkeiten dieses Bundesstaates. Da die Jains zu den einflußreichen und zupackenden Gruppen in Indien gehören, zählt Gujarat auch zu den wohlhabenden Staaten des Subkontinents. Gestärkt wird diese Stellung durch eine gutgehende Textilindustrie, aber auch durch weitere Industriezweige. Abgesehen

Feste und Feiertage

In den kleinen Dörfern und Tempelstädten von Gujarat werden viele Märkte abgehalten. Sie bieten die Möglichkeit, religiöse Feste und Feiern mitzuerleben und - allerdings nur in den Dörfern - sich einen Einblick in das örtliche Kunsthandwerk zu verschaffen. In Ambaji, 177 km nördlich von Ahmedabad, kennt man gleich vier große Feste im Jahr. Während des Bhavnath-Marktes am Fuß des Girnar unweit von Junagadh hat man im Monat Magha (Januar/Februar) Gelegenheit, Volksmusik und Volkstänze zu erleben.

In der Woche vor Holi (Februar/März) feiert der Stamm der Adivasi in Dang bei Surat ein wichtiges Fest. Es trägt den Namen Dang Durbar. Der Geburtstag des Gottes Krishna (Janmashtamia) im August wird in dem ihm geweihten Tempel in Dwarka begangen; das ist ein Erlebnis besonderer Art. Im Monat Chaitra (März/April) feiert man entlang der Küste die Entführung Rukminis durch Gott Krishna, wobei in Porbandar der Madhavrai, auch ein Markt, abgehalten wird. Im selben Monat findet ein bedeutendes Fest bei Champaner am Fuße des Pavagadh Hill (nahe Vadodara) statt, bei dem die Gottheit Mahakali verehrt wird.

In Somnath findet ein großer Markt zur Vollmondzeit des Kartika Purnima im November/Dezember statt. Gott Shiva, der Dreiäugige (Trinetreshwar), wird durch ein wichtiges Fest geehrt, das im Bhadrapada (August/September) in der Ortschaft Ternetar veranstaltet wird. Bei dieser Gelegenheit sind die farbenfrohen örtlichen Trachten zu sehen.

In Bhuj in Kutch kann man am jährlichen Rann-Fest im Februar/März teilnehmen, bei dem die Herstellung von Kunsthandwerk vorgeführt, kulturelle Veranstaltungen gezeigt und Ausflüge zu interessanten Zielen in der Region organisiert werden.

Der Festkalender von Gujarat ist reichhaltig. Zu den wichtigsten Festen gehören:

Januar

Mankar Sankranti

Ein Fest zum Winterende mit Drachenflugwettbewerb. In Ahmedabad findet dann sogar ein internationaler Wettbewerb im Drachenflug statt.

Januar/Februar

Muharram

Bei diesem Fest werden *tazias*, große Nachbildungen der Gräber von zwei moslemischen Märtyrern, abends feierlich durch die Städte Surat, Junagadh und Ahmedabad getragen.

September/Oktober

Navarati

Neun Nächte mit Musik und Tanz; ein Fest zu Ehren der Muttergottheit Amba. Aufgeführt wird auch der Dandiya Ras, ein Tanz, den der Gott Krishna mit seinen Hirtenmädchen (*gopis*) tanzte. Weitere Volkstänze wie der Ras Garba aus Gujarat sind dann ebenfalls zu sehen. Ein gutes Ziel, um den Navarati mitzuerleben, ist Vadodara (Baroda), weil dann dort viele kulturelle Veranstaltungen organisiert werden.

Oktober

Dussehra

Der 10. Tag des Navarati-Festes gipfelt in einer weihevollen Darstellung des Sieges von Rama über den teuflischen Ravana, einer Geschichte aus dem *Ramayana*.

Oktober/November

Sharad Purnima

Mit Tanz und Gesang feiert man das Ende des Monsuns bei Vollmond im Monat Kartika.

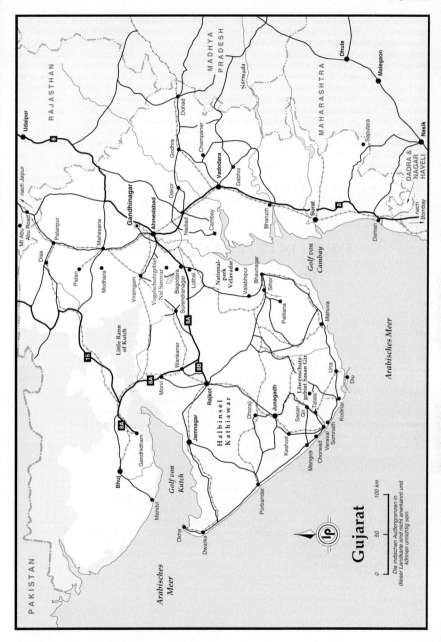

von den prächtigen Jain-Tempeln gehören zu den Attraktionen von Gujarat auch die letzten Asiatischen Löwen im Gir Forest und die beeindruckende indo-sarazenische Architektur von Ahmedabad.

Die farbenprächtigen Dörfer der Stammesgruppen in Kutch lohnen ebenfalls den Aufwand, der mit einer Reise in diese kahle Region verbunden ist. Leuten, die mehr den Freuden des Lebens zugeneigt sind, bieten sich die noch weitgehend unberührten Strände von Diu vor der Südküste von Gujarat und in Mandvi, 60 km südwestlich von Bhuj in Kutch, an.

Geographisch läßt sich Gujarat in drei Gebiete teilen. Die östliche Region (das Kernland) umfaßt auch die Städte Ahmedabad, Surat und Vadodara (Baroda). Der Golf von Cambay teilt das Kernland von der flachen, häufig kargen Ebene der Halbinsel Kathiawar, bekannt auch als Saurashtra. Dieser Landesteil gehörte niemals zum britisch beherrschten Teil Indiens, sondern überlebte in der Form von über 200 Prinzenstaaten bis zur Unabhängigkeit. 1956 wurde er dem Staat Bombay einverleibt, der aber 1960 aus sprachlichen Gründen wieder in Maharashtra und Gujarat aufgeteilt wurde. Der Golf von Kutch bildet die Grenze zwischen Saurashtra und Kutch. Das ist eigentlich eine Insel, die vom restlichen Gujarat im Osten abgetrennt ist und im Norden nach Pakistan zu durch die tiefliegenden *ranns* (Wüsten) von Kutch begrenzt wird.

Überraschend ist, daß viele indische Auswanderer aus Gujarat stammen, besonders in England und in den USA. Etwa 40 % der Inder in New York und Umgebung sind Gujarati. So wird denn auch der Name Patel, ein in Gujarat sehr häufig vorkommender Familienname, in Amerika als Bezeichnung für alle Inder benutzt.

DER OSTEN VON GUJARAT

AHMEDABAD

Einwohner: 3 600 000
Telefonvorwahl: 079

Ahmedabad, Gujarats bedeutendste Stadt, ist auch eine der großen Industriestädte Indiens. Wegen der hier angesiedelten Textilindustrie bekam sie sogar den Beinamen „Manchester des Ostens". Ahmedabad ist aber auch sehr laut und leidet unter einer unglaublichen Luftverschmutzung. Bei der Wahl der Gegend im ganzen Land, die im Hinblick auf Luftverschmutzung, Verstopfung und Chaos am wenigsten kontrolliert wird, würden die Autoren ihre Stimmen für die Tilak Road (vor Ort als Relief Road bekannt) abgeben. Nur am Sonntagmorgen ist es dort etwas besser. Wer die Stadt in der heißen Jahreszeit besucht, sollte sich merken, daß der Mogul Jehangir Ahmedabad spöttisch Gardabad (Stadt des Staubes) nannte. Wie auch immer, dieses von Touristen vergleichsweise selten besuchte Ziel hat dennoch eine Reihe von Sehenswürdigkeiten zu bieten. Ahmedabad ist aber auch eines der besten Ziele, um die Verschmelzung von hinduistischen und islamischen Elementen in der Architektur kennenzulernen, bekannt als indo-sarazenischer Stil.

Gandhinagar, die neue Hauptstadt von Gujarat, wurde 32 km von Ahmedabad entfernt erbaut.

GESCHICHTE

Im Verlauf der Geschichte wechselten sich in Ahmedabad Blütezeiten mit Niedergängen ab. Gegrün-

---

Einkäufe

Wegen seiner modernen Textilindustrie ist es sicher nicht erstaunlich, daß man in Gujarat gut Kleidungsstücke kaufen kann. An der Spitze bewegen sich ganz besonders feine, aber auch außerordentlich teure Patola-Seidensaris, die nach wie vor von wenigen Meistern ihres Faches in Handarbeit hergestellt werden. Diese Fachleute kommen vorwiegend aus Patan. Aus Surat kommt der *zari*, eine mit Goldfäden durchwirkte Variante. Auch Surat ist ein Zentrum der Herstellung von Seidensaris. In Ahmedabad werden heute noch Handdrucke hergestellt, die früher längst nicht so verbreitet waren, aber ihren Reiz immer noch nicht verloren haben.

Jamnagar erwarb sich einen Namen wegen seiner Tie-dye-Arbeiten, die man überall in Saurashtra sehen kann. Farbenfrohe Stickereien sowie Perlenstickereien stammen ebenfalls aus Saurashtra. Dort stellt man auch Wollschals, Decken und Vorleger her, während beschlagene Holzkisten aus Bhavnagar kommen. In Kutch hat man sich auf auserlesene Stickereien spezialisiert

Die meisten Kunsthandwerksgegenstände aus Gujarat sind bei Gujari und im Handloom House in Ahmedabad, beide in der Ashram Road, ausgestellt.

det wurde diese Stadt 1411 von Ahmed Shah, nach dem die Stadt auch ihren Namen erhielt. Um 1600 herum stand sie in dem Ruf, die reizvollste Stadt Indiens zu sein. Sir Thomas Roe, der britische Botschafter, beschrieb Ahmedabad im Jahre 1615 so: „Eine gute Stadt, so groß wie London". Um 1700 herum verblaßte jedoch all der Glanz, und Ahmedabad verfiel zunehmend. Starke industrielle Kräfte verhalfen nach dieser schlechten Zeit Ahmedabad wieder zu einem Aufschwung. Von 1915 an unterhielt Gandhi hier seinen Ashram und rückte dadurch die Stadt in den Blickpunkt. Ahmedabad war für Gandhi auch Ausgangspunkt für seinen berühmt gewordenen langen Marsch, mit dem er das Salzgesetz brechen wollte.

ORIENTIERUNG

Die Stadt erstreckt sich entlang des Sabarmati. Am Ostufer verlaufen zwei Hauptstraßen östlich vom Fluß zum Bahnhof (3 km entfernt). Das sind die Relief Road (Tilak Road) und die Gandhi Road. Die verkehrsreiche Straße am Westufer entlang ist die Sri R. C. Road. Das ist auch die Hauptstraße zum Gandhi Ashram (7 km nördlich der Stadt), die an ihrem nördlichen Ende Ashram Road genannt wird. Die meisten Einheimischen bezeichnen sie aber durchgehend als Ashram Road. Der Flughafen liegt im Nordosten der Stadt. Die alten Stadtmauern sind völlig verschwunden, lediglich einige der Stadttore sind noch vorhanden.

PRAKTISCHE HINWEISE

Das Fremdenverkehrsamt von Gujarat (Gujarat Tourism) veröffentlicht in regelmäßigen Abständen eine Zeitschrift mit dem Titel *The Choice is Yours* (3 Rs), die im Fremdenverkehrsbüro erhältlich ist. Darin findet man Hinweise auf bevorstehende Ereignisse und Veranstaltungen in Ahmedabad. In der Ausgabe der *Times of India* für Ahmedabad sind zudem auf Seite 2 aktuelle Flugpläne und Fahrpläne für die Eisenbahn abgedruckt.

Informationen: Das sehr hilfsbereite Fremdenverkehrsamt des Staates Gujarat ist von der Stadtmitte aus auf der anderen Flußseite in einer Nebenstraße der Sri R. C. Road untergebracht und von 10.30 bis 13.30 Uhr sowie von 14.00 bis 17.30 Uhr geöffnet (Tel. 44 96 83). In diesem Fremdenverkehrsamt kann man einen guten Stadtplan von Ahmedabad (4 Rs) und eine gute Landkarte des Bundesstaates Gujarat (8 Rs) erhalten. Hier werden auch Buchungen für Ausflugsfahrten entgegengenommen und Pkw vermietet. Wenn man mit einer Rikscha dorthin fahren will, sollte man als Ziel das HK House in der Ashram Road angeben, denn in diesem Haus in einer kleinen Gasse gegenüber der South Indian Bank ist das Fremdenverkehrsamt untergebracht.

Geld: In der großen Zweigstelle der State Bank of India in Lal Darwaja und in der Bank of Baroda am westlichen Ende der Relief Road bestehen Möglichkeiten zum Geldwechseln. In der Bank of Baroda erhält man Landeswährung aber auch bei Vorlage einer Kreditkarte von Visa. Auf diese Weise kann man sich mit Bargeld auch in einer weiteren Zweigstelle in der Ashram Road versorgen.

Visumverlängerung: Die Ausländerbehörde (Foreigners' Registration Office) befindet sich im Gebäude des Polizeipräsidiums in Shahibag, nördlich der Stadtmitte an der Balvantrai Mehta Road (Tel. 33 39 99).

Post und Telefon: Das Hauptpostamt liegt zentral unweit der Relief Road.
Das Fernmeldeamt befindet sich unmittelbar südlich der Sidi-Saiyad-Moschee.

Bibliotheken und Kulturinstitute: Englischsprachige Bücher kann man in der British Library in Kakabhai Hall unweit der Law Gardens lesen (Tel. 35 06 86). Das ist an der Westseite des Sabarmati. Dort finden auch informative Vorträge über wichtige Themen statt. Angekündigt werden die in der *Times of India*. Die Alliance Française (Tel. 44 15 51) liegt ebenfalls an der Westseite des Flusses, und zwar an der Rückseite des Gujarat College (zwischen dem College und den Law Gardens). Dort erhält man auch Auskünfte über Filme in französischer Sprache, die von Zeit zu Zeit in der Stadt gezeigt werden.
Kulturelle Veranstaltungen lassen sich in der Darpan Academy (Tel. 44 51 89) miterleben, gelegen etwa einen Kilometer nördlich von Gujarat Tourism an der Ashram Road.

Buchhandlungen: Eine Reihe von guten Buchhandlungen findet man in der Relief Road, und zwar zur Nehru-Brücke hin. Eine ganz gute Auswahl hat Sastu Kitab Dhar unweit vom Relief-Kino (auf der anderen Straßenseite) zu bieten.

SEHENSWÜRDIGKEITEN

Bhadra und Teen Darwaja: Erbaut wurde die alte Zitadelle, die Bhadra, 1411 vom Stadtgründer Ahmed Shah, später aber nach der Göttin Bhadra benannt. Diese Göttin ist eine Inkarnation von Kali. Die Zitadelle dient heute als Verwaltungsgebäude der Regierung und bietet nicht sonderlich viel. Im früheren Palast des Azam Khan in der Zitadelle befindet sich ein Postamt. Östlich der Zitadelle steht ein dreifaches Tor (Teen Darwaja). Es diente dazu, den Sultanen von hier aus das Beobachten der Prozessionen vom Palast zur Jama Masjid (Freitagsmoschee) zu ermöglichen.

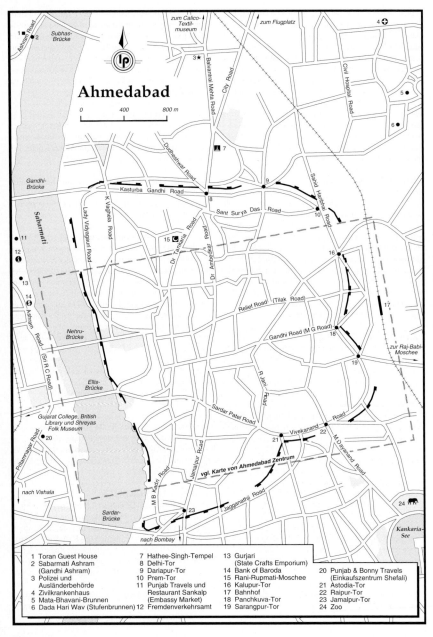

Ahmedabad

0   400   800 m

zum Calico-Textilmuseum

zum Flugplatz

Subhas-Brücke

Gandhi-Brücke

Saburmati

Ashram Road

Gandhi-Brücke

Kasturba Gandhi Road

Sant Surya Das Road

Dr. Tankaria Road

Dr. Ambedkar Road

Balvantrai Mehta Road

City Road

Dudheshwar Road

Sahid Hajibhai Road

Civil Hospital Road

K Vaghela Road

Lady Vidyagauri Road

Nehru-Brücke

Relief Road (Tilak Road)

Gandhi Road (M G Road)

zur Raj-Babi-Moschee

Ellis-Brücke

Ashram Road

(Sri R C Road)

Gujarat College, British Library und Shreyas Folk Museum

Sardar Patel Road

Vivekanand Road

R Jani Road

M Davanand Road

Pritamnagar Road

Jamalpur Road

M B Kadri Road

vgl. Karte von Ahmedabad Zentrum

nach Vishala

Sardar-Brücke

Jagganathji Road

Kankaria-See

nach Bombay

1	Toran Guest House
2	Sabarmati Ashram (Gandhi Ashram)
3	Polizei und Ausländerbehörde
4	Zivilkrankenhaus
5	Mata-Bhavani-Brunnen
6	Dada Hari Wav (Stufenbrunnen)
7	Hathee-Singh-Tempel
8	Delhi-Tor
9	Dariapur-Tor
10	Prem-Tor
11	Punjab Travels und Restaurant Sankalp (Embassy Market)
12	Fremdenverkehrsamt
13	Gurjari (State Crafts Emporium)
14	Bank of Baroda
15	Rani-Rupmati-Moschee
16	Kalupur-Tor
17	Bahnhof
18	Panchkuva-Tor
19	Sarangpur-Tor
20	Punjab & Bonny Travels (Einkaufszentrum Shefali)
21	Astodia-Tor
22	Raipur-Tor
23	Jamalpur-Tor
24	Zoo

Jama Masjid: Unweit des Teen Darwaja steht neben der Gandhi Road die Jama Masjid, erbaut 1423 von Ahmed Shah. 260 Säulen tragen das Dach mit den 15 Kuppeln. Leider wurden die beiden Minarette 1819 durch ein Erdbeben beschädigt. Ein weiteres Erdbeben im Jahre 1957 zerstörte sie dann vollends.

Zum Bau dieser alten Moschee von Ahmedabad verwandte man viele Materialien aus zerstörten Hindu- und Jain-Tempeln. Man erzählt sich, daß ein großer schwarzer Steinsockel beim Hauptbogen ursprünglich der Sockel eines Denkmals für einen Heiligen der Jains war. Er wurde absichtlich verkehrt herum begraben, damit die Moslems darauf herumtrampeln können.

Gräber von Ahmed Shah und seinen Königinnen: Etwas außerhalb vom Osttor der Jama Masjid befindet sich das Grab von Ahmed Shah. Auch die Ehrenmale seines Sohnes und Enkels sind in diesem Grab; beide überlebten ihn nicht lange. Das Grabmal zeichnet sich durch stark perforierte Steinfenster aus. Frauen ist der Zugang zum Hauptraum versagt. Auf der gegenüberliegenden Seite der Straße ist das Grab seiner Gemahlinnen. Es liegt auf einer erhöhten Plattform, wird heute als Markt benutzt und ist in äußerst schlechtem Zustand.

Sidi-Saiyad-Moschee: Diese kleine Moschee war früher einmal in die Stadtmauer integriert. Sie liegt unweit des Flusses am Ende der Relief Road. Erbaut wurde sie von Sidi Saiyad, einem Sklaven von Ahmed Shah. Die Moschee zeichnet sich durch säuberlich fein gearbeitete Steinfenster aus, in denen sich die Zweige eines Baumes kompliziert verflechten und zusammen das Fenster bilden.

Ahmed-Shah-Moschee: Diese Moschee aus dem Jahre 1414 gehört zu den ältesten Moscheen der Stadt. Vermutlich wurde auch sie auf den Grundmauern eines ehemaligen Hindu-Tempels erbaut. Teile des alten Tempels wurden als Baumaterial verwandt. Die Moschee steht im Südwesten der Zitadelle (Bhadra). Vor der Moschee ist heute ein Garten angelegt.

Rani-Rupmati-Moschee: Ihren Namen erhielt diese Moschee nach der hinduistischen Frau des Sultans. Die Moschee wurde in den Jahren 1430-1440 erbaut und liegt nördlich der Stadtmitte. Die Minarette stürzten während des verheerenden Erdbebens im Jahre 1819 teilweise ein. Schauen Sie sich einmal an, wie kunstvoll die Kuppel angehoben ist, damit Licht in die unteren Gebäudeteile einfallen kann. Wie in anderen Moscheen, jedenfalls in den frühen von Ahmedabad, finden sich auch hier Elemente hinduistischer und islamischer Motive.

Rani-Sipri-Moschee: Südöstlich vom Zentrum steht diese kleine Moschee aus dem Jahre 1514. Sie ist auch

Aus „Marmorbäumen" entstehen in der Sidi-Saiyad-Moschee kompliziert verwobene Muster

unter der Bezeichnung Masjid-e-Nagira (Juwel einer Moschee) bekannt. Diesen Namen verdankt sie ihrer besonders feinen und kunstvollen Bearbeitung. Die schlanken Minarette sind ebenfalls eine Mischung aus hinduistischen und islamischen Stilrichtungen. Der Überlieferung zufolge wurde diese Moschee auf Veranlassung einer Frau des Sultans Mehmood Begada erbaut. Anlaß dazu war, daß ihr Mann den gemeinsamen Sohn wegen eines kleinen Mißverständnisses hinrichten ließ. Sie ist hier auch beigesetzt. Die Moschee wurde südöstlich der Stadtmitte errichtet

Sidi-Bashir-Moschee und schwingende Minarette: Die Sidi-Bashir-Moschee unmittelbar südlich vom Bahnhof, gleich vor dem Sarangpur-Tor, ist berühmt wegen ihrer „schwingenden" Minarette (*jhulta minar*). Wackelt nämlich ein Minarett, schwingt das andere aus Sympathie mit. Das soll ein Schutz gegen mögliche Erdbeben sein. Das ist eine ziemlich phantasievolle Behauptung, die man leider kaum auf ihre Richtigkeit überprüfen kann, es sei denn, man hält sich gerade bei einem Erdbeben an der Moschee auf.

Raj-Babi-Moschee: Auch in der Raj-Babi-Moschee, südöstlich vom Bahnhof im Vorort Gomptipur, gab es „schwingende" Minarette. Ein übereifriger und neugieriger Engländer ließ jedoch einen Turm abreißen, um herauszufinden, wie das System funktioniert. Diese Moschee ist einen Besuch wert, allerdings darf man das noch vorhandene Minarett nicht bewegen.
Ein wenig nördlich vom Bahnhof sind noch Minarette ohne dazugehörige Moschee zu sehen, die 1753 während einer Schlacht zwischen den Moguln und den Marathen zerstört wurde.

Hathee-Singh Tempel: Im Norden der Altstadt, gleich hinter dem Delhi-Tor, steht ein Tempel. Wie viele Jain-Tempel in der gleichen Art ist auch dieser aus weißem Marmor gebaut. Er stammt aus dem Jahre 1848 und ist Dharamanath, dem 15. *tirthankar* (Apostel), geweiht.

Stufenbrunnen: Stufenbrunnen (*wavs* oder *baolis*) sind merkwürdige Bauten und Besonderheiten in Nordindien. Der Dada Hari Wav gehört zu den schönsten. Das Quellwasser wird über viele Treppen geleitet und fließt schließlich in ein achteckiges Becken. Gebaut wurde diese Anlage im Jahre 1501 von einer der Frauen aus dem Harem von Sultan Begara. Das Wasser ist erfrischend kühl, sogar an extrem heißen Tagen. In der Anfangszeit muß dies ein reizvoller Ort gewesen sein. Heute ist leider alles verlassen und nicht sehr ansehnlich, aber trotzdem lohnt sich ein Besuch. Oberhalb der Quelle sind Galerien und am unteren Ende ein kleiner Säulengang angelegt worden.

Die beste Zeit für einen Besuch an der Quelle und zum Fotografieren ist zwischen 10 und 11 Uhr. Zu anderen Zeiten steht die Sonne für Aufnahmen nicht richtig und dringt nicht bis zu den verschiedenen Ebenen durch. Eintritt und Gebühren für das Fotografieren werden hier nicht erhoben. Hinter der Quelle sind - ebenfalls verlassen und vergessen - die Moschee und das Grab (*rauza*) von Dada Hari. Ähnlich der Sidi-Saiyad-Moschee zieren auch diese Moschee Fenster mit Baummotiven. Nur wenige hundert Meter entfernt ist ein zweiter Stufenbrunnen, der von Mata Bhawani. Am besten ist es, man fragt Kinder nach dem Weg. Man nimmt an, daß er einige hundert Jahre älter ist, wurde aber viel weniger mit Ornamenten verziert und wird heute als einfacher hinduistischer Tempel benutzt.

Kankaria-See: Angelegt wurde dieser künstliche See bereits 1451. Er hat 34 Seitenarme, von denen jeder 60 m lang ist. Heute ist dieser See im Südosten der Stadt ein beliebter Ausflugsort, an den es früher auch den Herrscher Jehangir und seine Gemahlin Nur Jahan zogen. Der Zoo und der Kinderpark, unmittelbar am See gelegen, sind einfach phantastisch. Im Ghattamendal-Pavillon ist ein Aquarium untergebracht. Zu erreichen ist der See mit Bussen der Linien 32, 42, 60, 152 und 153 von der Haltestelle Lal Darwaja.

Weitere Moscheen und Tempel: In Ahmedabad gibt es so viele Moscheen, daß die Wahl schwer fällt. Wenn Sie sich nicht gerade für Moscheen interessieren, belassen Sie es bei der Sidi-Saiyad-Moschee und der Jama Masjid. Ist Ihre Ausdauer jedoch noch nicht genug strapaziert, dann schauen Sie sich noch die Dastur-Khan-Moschee an; sie liegt neben der Rani-Sipri-Moschee. Man kann sich aber auch noch folgende Moscheen ansehen: Haibat-Khan-Moschee, Saiyad-Alam-Moschee, Shuja'at-Khan-Moschee, Shaik-Hasan-Muhammed-Chisti-Moschee und Muhafiz-Khan-Moschee.
Nach einem Besuch all dieser Moscheen kann man in die engen Straßen der Altstadt zurückgehen, um den farbenprächtig angemalten Swami-Narayan-Tempel zu besichtigen. Er liegt inmitten eines geräumigen Innenhofes und stammt aus dem Jahre 1850. Südlich dieses hinduistischen Tempels befinden sich neun Gräber, die als Nau Gaz Pir (die neun Plätze der Heiligen) bekannt sind.

Weitere Sehenswürdigkeiten: In vielen Straßen gibt es *parabdis*, Vogelfutterplätze der Jains. Ein besonderer Spaß für die Kinder ist das Taubenfangen, die sie aber sofort wieder freilassen. Die alten Stadtteile sind in verschiedene Viertel unterteilt, die *pols* genannt werden. Hier kann man sich leicht verlaufen!
Ganz hübsch sind die Victoria Gardens am Ostende der Ellis-Brücke.

Im Vergleich zu anderen Städten Indiens sieht man in Ahmedabad kaum etwas, das auf die britische Zeit zurückgeht. Stadtbekannte Wahrzeichen sind die vielen Schornsteine, die diese Industriestadt umgeben. An den sandigen Ufern des Sabarmati liegen wie eh und je Handdrucke zum Trocknen aus. Außerdem stehen dort mehr als 70 Textilfabriken. Während der heißen Jahreszeit verwandelt sich der Fluß in ein kleines Rinnsal.

Weitere Sehenswürdigkeiten in der Stadt sind das Grab von Darya Khan (1453) im Nordwesten des Hathee-Singh-Tempels mit einer besonders hohen Kuppel. Unweit davon findet man den Chhota Shahi Bagh und auf der anderen Seite der Bahn den Shahi Bagh. Früher lebten einmal Haremsdamen in diesen kleinen Gärten (*chhota*). In Saraspur, östlich der Bahnlinie, steht der Tempel von Chintaman, ein Jain-Tempel. Er stammt aus dem Jahre 1638, wurde aber später von Aurangzeb in eine Moschee umgewandelt.

Museen: Im ausgezeichneten Calico-Museum für Textilien sind alte und neue Textilien, seltene Dekorationsstoffe, Wandbehänge, Trachten und alte Webmaschinen ausgestellt. Das Museum ist im Sarabhai-Haus, früher ein *haveli* (Herrenhaus) in den Shai-Bagh-Gärten, untergebracht. Der Eintritt ist frei, allerdings läßt sich das Museum nur im Rahmen einer Führung besichtigen. Die beginnen um 10.15 und 14.45 Uhr (mittwochs geschlossen). Zu erreichen ist das Museum mit Bussen der Linien 101, 102, 103 und 105 durch das Delhi-Tor stadtauswärts.

Das N. C. Mehta Museum für Miniaturen liegt bei Sanskar Kendra, Paldi, und zeigt eine hervorragende Ausstellung verschiedener Schulen der indischen Miniaturmalerei. Das Museum ist täglich außer montags von 9.00 bis 11.00 Uhr und von 16.00 bis 19.00 Uhr geöffnet. Auch dieses Gebäude schuf Le Corbusier, der bei der Planung der neuen Hauptstadt Gandhinagar seine Hände ebenfalls im Spiel hatte.

Das Volkskundemuseum (Shreyas Folk Museum), gelegen etwa 2^1/$_2$ km westlich vom Sabarmati im Vorort Ambavadi, zeigt Volkskunst und Kunsthandwerk aus Gujarat. Geöffnet ist es außer mittwochs von 9.00 bis 12.00 Uhr und von 15.00 bis 17.00 Uhr. Dorthin kommt man mit Bussen der Linien 34, 34/5 und 200 ((3 Rs). Außerdem kann man das National Institute of Design, das Tribal Research and Training Institute Museum und ein Briefmarkenmuseum besuchen.

Das Institut für Indologie auf dem Gelände der Universität besitzt eine bedeutende Sammlung illustrierter Schriften und Miniaturen sowie eine der besten Sammlungen über den Jainismus in Indien. Es ist nachmittags ab etwa 15.00 Uhr geöffnet.

Sabarmati Ashram: Nur 7 km vom Stadtzentrum entfernt liegt am Westufer des Sabarmati Gandhis Haupt-quartier während seines langen Kampfes für die Unabhängigkeit Indiens. Er gründete diesen Ashram 1918, und noch immer stellt man dort Kunstgewerbliches, handgefertigtes Papier und Spinnräder her. Gandhis spartanische Wohnräume sind als kleines Museum erhalten. Dort werden anhand von Bildern die wichtigsten Ereignisse seines Lebens gezeigt.

Der Ashram ist von 8.30 bis 18.30 Uhr (von April bis September bis 19.00 Uhr) geöffnet; der Eintritt ist frei. Sonntags, dienstags, donnerstags und freitags wird abends um 20.30 Uhr eine Ton- und Lichtschau in englischer Sprache veranstaltet (5 Rs). Zu erreichen ist die Anlage mit Bussen der Linien 81, 82, 83/1 und 84 (2,50 Rs). Mit einer Auto-Rikscha kommt man nach hartem Verhandeln für rund 20 Rs dorthin.

AUSFLUGSFAHRTEN

Die Stadtverwaltung veranstaltet vom Busbahnhof für Nahverkehrsbusse (Lal Darwarza) Stadtrundfahrten, die täglich um 9.00 und 14.00 Uhr beginnen. Sie dauern jeweils vier Stunden. Dabei werden Erläuterungen auch in Englisch gegeben (30 Rs).

UNTERKUNFT

Einfache Unterkünfte: Die meisten preiswerten Hotels sind an der oder in der Nähe der Relief Road und in der Umgebung des Bahnhofs verstreut gelegen. Die billigsten Quartiere findet man gegenüber vom Bahnhof, sind aber von dem fürchterlichen Lärm und der Luftverschmutzung am meisten betroffen. Man sollte sie besser meiden, es sei denn, man möchte am frühen Morgen weiterfahren. Besser ist die Gegend um die Sidi-Saiyad-Moschee am westlichen Ende der Relief Road, aber das ist ein ganzes Stück entfernt.

Das sehr einfache A-One Guest House steht gegenüber vom Bahnhof (Tel. 34 98 23). Die Zimmer mit Bad für 120 bzw. 180 Rs sind ganz in Ordnung, während die Zimmer mit Badbenutzung für 70 Rs ganz schön muffig sind. Für ein Bett im Schlafsaal (nur Männer) muß man 30 Rs bezahlen.

Nur ein kurzes Stück abseits der Relief Road liegt das Hotel Naigra (Tel. 38 49 77). Die Zimmer sind zwar ziemlich klein, aber recht ruhig. Für ein Zimmer mit Badbenutzung muß man hier 60 Rs und für ein Bad für ein Einzelzimmer ab 115 Rs sowie für ein Doppelzimmer ab 175 Rs bezahlen.

Unweit der Bushaltestelle Lal Darwaja liegt das freundliche Hotel Natraj (Tel. 35 00 48), in dem gar nicht so kleine Einzel- und Doppelzimmer mit Bad für 75 bzw. 130 Rs vermietet werden (nur mit kaltem Wasser, aber auf Wunsch auch mit kostenlosem heißem Wasser in Eimern). Wenn man hier übernachten will, sollte man nach dem Zimmer zu den ganz hübschen Gärten der Ahmed-Saha-Moschee hin fragen. Auf dem Weg zu diesem Hotel mit einer Rikscha muß man darauf ach-

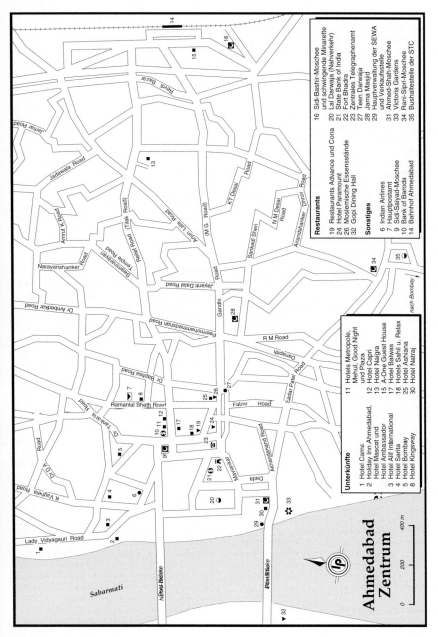

Ahmedabad Zentrum

Unterkünfte

1 Hotel Cama
2 Holiday Inn Ahmedabad,
   Hotel Mascot und
   Hotel Ambassador
3 Hotel Alif International
4 Hotel Sarita
5 Hotel Bombay
8 Hotel Kingsway
11 Hotels Metropole,
   Mehul, Good Night
   und Plaza
12 Hotel Capri
13 Hotel Nalgra
15 A-One Guest House
17 Hotel Balwas
18 Hotels Sahil u. Relax
25 Hotel Ashiana
30 Hotel Natraj

Restaurants

19 Restaurants Advance und Cona
24 Hotel Paramount
26 Moslemische Essensstände
32 Gopi Dining Hall

Sonstiges

6 Indian Airlines
7 Hauptpostamt
9 Sidi-Saiyad-Moschee
10 Bank of Baroda
14 Bahnhof Ahmedabad
16 Sidi-Bashir-Moschee
   und schwingende Minarette
20 Lal Darwaja (Nahverkehr)
21 State Bank of India
22 Fort Bhadra
23 Zentrales Telegraphenamt
27 Teen Darwaja
28 Jama Masjid
29 Hauptverwaltung der SEWA
   und Verkaufsstelle
31 Ahmed-Shah-Moschee
33 Victoria Gardens
34 Rani-Sipri-Moschee
35 Bushaltestelle der STC

0   200   400 m

Sabarmati

ten, daß der Fahrer nicht das teurere Hotel Natraj an der Westseite des Sabarmati ansteuert. Am besten ist daher, sich zur Bushaltestelle Lal Darwaja fahren zu lassen und dort einen Einheimischen zu bitten, dem Fahrer den Rest zu erklären.

Eine gute Wahl ist auch das Hotel Plaza in einer sehr ruhigen Gasse hinter dem Hotel Capri (Tel. 35 33 97). Dort wird eine ganze Reihe von komfortablen Zimmern zu Preisen von 70 bis 130 Rs vermietet, alle mit eigenem Bad (nur kaltes Wasser, heißes Wasser in Eimern gegen 2 Rs Zuschlag).

Das Hotel Ashiana in der gleichen Straße wie das Hauptpostamt, aber auf der Südseite der Relief Road (Tel. 35 11 14), hat spartanische Zimmer in der Größe von Zellen mit Badbenutzung als Einzelzimmer für 80 Rs und als Doppelzimmer für 100 Rs zu bieten. Mit Bad muß man hier für ein Einzelzimmer 90 Rs und für ein Doppelzimmer 110 Rs bezahlen. Vermietet werden alle Zimmer jeweils für 24 Stunden.

Wenn man die ruhige Gasse gegenüber vom Advance-Kino hinuntergeht, kommt man zum Hotel Relax (Tel. 35 43 01). Hier kosten winzige Einzel- und Doppelzimmer 80 bzw. 120 Rs und etwas größere Zimmer 100 bzw. 120 Rs, mit Klimaanlage 160 bzw. 200 Rs. Die Zimmer sind alle recht dunkel, aber wenigstens sauber.

Unmittelbar nördlich der Sidi-Sayad-Moschee findet man das Hotel Bombay, ein Quartier im 3. Stock des KB Commercial Centre (Tel. 35 17 46). Von der Straße aus ist es nicht gut zu erkennen. Mit Badbenutzung werden in diesem Haus Einzelzimmer ohne Fenster für 60 Rs und mit eigener Dusche, aber ohne eigene Toilette für 100 Rs angeboten. Für etwas wohnlichere Zimmer mit Bad (auch heißes Wasser) muß man allein 150 Rs und zu zweit 200 Rs bezahlen. Auch hier wohnt man für jeweils 24 Stunden.

Mittelklassehotels: Im Hotel Sahil gegenüber vom Advance-Kino (Tel. 35 32 65) werden kleine, aber saubere Einzel- und Doppelzimmer für 190 bzw. 230 Rs angeboten (mit Farbfernsehgerät für 235 bzw. 275 Rs). Für ein Zimmer mit Klimaanlage muß man hier ab 290 bzw. 330 Rs bezahlen. Das Haus lobt sich gern selbst mit dem Slogan „Zero bacteria drinking water".

Das freundliche Hotel Balwas um die Ecke an der Relief Road (Tel. 35 11 35) hat saubere Einzel- und Doppelzimmer ab 180 bzw. 230 Rs zu bieten (mit Klimaanlage für 250 bzw. 300 Rs), alle mit Bad sowie heißem und kaltem Wasser. Essen kann man sich aus dem Hotelrestaurant in sein Zimmer bringen lassen.

Das Hotel Kingsway, nur ein paar Türen vom Hauptpostamt entfernt (Tel. 30 12 15), wartet mit gut eingerichteten Einzel- und Doppelzimmern mit Bad (heißes und kaltes Wasser) zu Preisen von 275 bis 400 Rs bzw. 400 bis 525 Rs auf.

Fast ganz am westlichen Ende der Relief Road, in einer kleinen Nebenstraße gegenüber vom Electric House und vom Capri aus gesehen um die Ecke, befindet sich gleich eine ganze Gruppe von Mittelklassehotels. Eines davon ist das Hotel Metropole (Tel. 35 49 88). Es bietet kleine Einzel- und Doppelzimmer für 150 bzw. 300 Rs, allerdings sehen die Bettlaken so aus, als könnten sie mal eine richtige Wäsche vertragen. Zimmer mit Klimaanlage kosten hier 325 bzw. 400 Rs. Im nahegelegenen Hotel Mehul (Tel. 35 28 62) werden Einzel- und Doppelzimmer mit Bad (auch heißes Wasser) für 130 bzw. 170 Rs angeboten. Die Zimmer sind zwar groß und sauber, aber schon ganz schön abgewohnt.

In der gleichen Gegend liegt auch das Drei-Sterne-Hotel Good Night (Tel. 35 19 97), in dem Einzel- und Doppelzimmer mit Selbstwahltelefon und Fernsehgerät 200 bzw. 250 Rs kosten, mit Klimaanlage 275 bzw. 325 Rs. Auch in diesem Haus kann man sich Essen auf sein Zimmer bringen lassen, und zwar vom Restaurant Food Inn des Hauses.

Ganz gut, wenn auch nicht gerade preisgünstig, ist das Hotel Capri (Tel. 35 46 43) mit Einzelzimmern für 310 Rs und Doppelzimmern für 360 Rs (mit Klimaanlage 350 bzw. 410 Rs). Auch hier gilt, daß man in seinem Zimmer für jeweils 24 Stunden bleiben darf.

Das nagelneue Hotel Sarira (Tel. 32 12 60) liegt in einer ruhigen Gegend nahe beim Büro von Indian Airlines. Für ein sauberes, modernes Zimmer muß man in diesem Haus allein 225 Rs und zu zweit 275 Rs bezahlen, mit Klimaanlage 300 bzw. 350 Rs.

Das Hotel Ambassador in der Lady Vidyagauri Road (Tel. 35 32 44), die parallel zum Ostufer des Sabarmati verläuft, hat Einzelzimmer für 200 Rs und Doppelzimmer für 275 Rs (mit Klimaanlage für 300 bzw. 375 Rs) zu bieten. Dieses Haus sieht jedoch im Vergleich mit anderen Mittelklassehotels, die entlang der gleichen Straße entstanden sind, schon etwas heruntergekommen aus.

Noch ziemlich neu ist auch das Hotel Alif International (Tel. 35 94 40) mit Einzel- und Doppelzimmern, für die die Preise bei 265 bzw. 305 Rs beginnen (mit Klimaanlage für 310 bzw. 430 Rs). An der Rezeption dieses Hauses werden auch Stadtrundfahrten organisiert. Ein gutes Restaurant ist ebenfalls vorhanden.

Das moderne, staatlich geführte Toran Guest House (Tel. 48 37 42) liegt unweit vom Fluß und unmittelbar gegenüber vom Gandhi Ashram auf der anderen Straßenseite. Hier werden für Doppelzimmer 350 Rs und für Dreibettzimmer 400 Rs berechnet, mit Klimaanlage 550 bzw. 650 Rs. Einzelzimmer stehen nicht zur Verfügung. Am Abreisetag muß man in diesem Haus sein Zimmer bis 9 Uhr geräumt haben.

Luxushotels: Wenn es um reinen Luxus geht, ist das spektakuläre Hotel Holiday Inn Ahmedabad in der

Lady Vidyagauri Road (Tel. 35 01 05, Fax 35 95 01) nicht zu schlagen. Hier beginnen die Preise für die prächtigen Einzel- und Doppelzimmer bei 1050 bzw. 1250 Rs und reichen für Suiten bis 2800 Rs. In diesen Preisen ist aber auch ein Frühstück vom Buffet bereits enthalten. Zu den Annehmlichkeiten dieses Hauses gehören auch ein Zimmerservice rund um die Uhr, ein Schwimmbecken im Haus, ein Whirlpool, eine Sauna, ein Tag und Nacht geöffneter Coffee Shop und gleich zwei Restaurants, eines davon mit einem Wasserfall. Allerdings wird auch hier erwartet, daß die Gäste am Abreisetag ihre Zimmer bis 9 Uhr räumen.

Das Vier-Sterne-Hotel Cama, entlang der Lady Vidyagauri Road weiter nach Norden (Tel. 30 52 81, Fax 30 52 85), ist ein weiteres Luxushotel mit einem sehr guten Restaurant, einem Coffee Shop, einem Swimming Pool und einer Buchhandlung. Hier kann man in einem Einzelzimmer für 1190 Rs und in einem Doppelzimmer für 1400 Rs übernachten, muß aber am Abreisetag ebenfalls bis 9 Uhr sein Zimmer verlassen haben.

Ein nagelneues Hotel in dieser Preisklasse ist das Hotel Mascot (Tel. 35 95 47) mit klimatisierten Einzel- und Doppelzimmern ab 600 bzw. 800 Rs und kostenlosem Flughafentransfer. Es ist nicht ganz so prunkvoll wie seine Nachbarn, aber dennoch wunderschön eingerichtet. Außerdem kann man hier am Abreisetag bis 12 Uhr in seinem Zimmer bleiben.

ESSEN

Ahmedabad ist ein guter Ort, um ein Gujarat-Thali zu probieren. Einer der besten Thali-Spezialisten in Ahmedabad ist die Gopi Dining Hall, nicht weit vom Westende der Ellis-Brücke entfernt und in der Nähe des V.-S.-Krankenhauses. Dort muß man für ein Gujarat-Thali, von dem man so viel essen darf, wie man mag, mittags 28 Rs und abends 35 Rs bezahlen.

Das Restaurant Advance gegenüber vom Kino mit dem gleichen Namen und das Restaurant Cona ein paar Türen weiter werden bereits früh geöffnet und eignen sich gut für ein Frühstück.

Zum unteren Ende der Verpflegungsmöglichkeiten gehören die ausgezeichneten moslemischen (vegetarischen) Essensstände unweit vom Teen Darwaja in der Bhathiyar Gali, einer schmalen Straße, die parallel zur Gandhi Road verläuft und vom Hotel Ashiana um die Ecke liegt. Die werden jeden Abend aufgebaut und bieten für 20 Rs ganz ordentliche Gerichte. Man kann sich hier sogar Fleisch- und Fischgerichte aussuchen, natürlich aber auch vegetarische Speisen. Um dorthin zu gelangen, muß man über en betriebsamen Geflügelmarkt gehen, wo die künftigen Hühnchengerichte noch nicht von dem Schicksal wissen, das sie nur ein paar Meter weiter ereilen wird.

Ebenfalls in der Nähe des Teen Darwaja sind im Hotel Paramount westliche, chinesische und indische Gerich-

te erhältlich, die man in privaten Separees mit Vorhang davor und massiven Kristalleuchtern über dem Kopf verspeisen kann. Für ein ganzes Hähnchen in Butter werden hier 60 Rs in Rechnung gestellt.

Für ein Festessen begibt man sich am besten in das Hotel Holiday Inn oder in das Hotel Cama. Im Restaurant Cactus des Hotels Cama läßt sich montags und donnerstags bei Live-Musik speisen. Statt dessen besteht aber auch die Möglichkeit, im Restaurant Waterfall des Holiday Inn festlich zu dinieren. Dann darf man sich anschließend aber auch nicht über den Rechnungsbetrag wundern.

Auf der anderen Seite des Flusses befindet sich das klimatisierte Restaurant Sankalp, und zwar unweit der Ashram Road in der Nähe der Dinesh Hall im Bezirk Embassy Market, das in jedem Fall wenigstens einen Besuch lohnt. Dieses Restaurant brüstet sich mit den längsten Dosas in ganz Indien, die bis zu 2,4 m lang sind (301 Rs). Die südindischen Thalis für 25 Rs in diesem Lokal sind eine ganz interessante Abwechslung zu den süßen Speisen aus Gujarat. Das Restaurant ist übrigens nur ein kleines Stück vom Fremdenverkehrsamt von Gujarat entfernt.

Die letzte Empfehlung für einen Abend, der etwas aus dem Rahmen fällt, gilt Vishala (Tel. 40 33 57). Das ist ein dörflicher Komplex am südlichen Ende der Stadt in Vasana, der Besuchern so richtig die Atmosphäre in einem Dorf in Gujarat vermittelt. Gegessen wird ganz im indischen Stil, nämlich auf dem Boden sitzend. Während der Mahlzeit werden Puppenspiele gezeigt. Das alles ist nicht gerade billig, aber das Essen ist ausgezeichnet. Zwischen 11.00 und 13.00 Uhr kann man hier ein Mittagessen sowie zwischen 20.00 und 23.00 Uhr ein Abendessen zu sich nehmen.

EINKÄUFE

An der Ashram Road, südlich vom Fremdenverkehrsamt, befindet sich ein staatlicher Laden mit Kunsthandwerk aus Gujarat mit dem Namen Gujari. Zwei Einzelhandelsgeschäfte mit handbedruckten Stoffen und anderen Textilien unterhält die Self-Employed Women's Association (SEWA), und zwar im Laden 21/22 der Goyal Towers in der Nähe vom Restaurant Jahnvi in der University Road an der Westseite des Sabarmati sowie am östlichen Ende der Ellis-Brücke, gegenüber der Victoria Gardens.

Die Hauptverwaltung dieser Selbsthilfegruppe grenzt an diesen Laden, wo Besucher durchaus willkommen sind.

AN- UND WEITERREISE

Flug: Das Büro von Indian Airlines befindet sich in der Relief Road, nahe der Nehru-Brücke (Tel. 35 33 33). Das ist auf der rechten Seite, wenn man vom Bahnhof kommt.

Air India verfügt über ein Stadtbüro im Premchand Building, unweit vom Obersten Gerichtshof in der Ashram Road und damit westlich des Flusses (Tel. 42 56 22).

Ahmedabad ist ein internationaler Flughafen mit Direktflügen von Air India nach Großbritannien und in die USA.

Indian Airlines fliegt zwischen Bombay und Ahmedabad mindestens einmal täglich (47 US $) sowie von und nach Delhi zweimal täglich (79 US $). Weitere Ziel sind Vadodara (täglich, 15 US $), Bangalore (viermal wöchentlich, 132 US $) und Madras (dreimal wöchentlich, 143 US $). Zweimal wöchentlich hat man an die Flüge nach Bombay auch Anschluß nach Goa (93 US $).

Jet Airways mit einem Büro in der Nähe des Finanzamtes für Einkommensteuern (Income Tax Office), etwa einen Kilometer nördlich des Büros von Gujarat Tourism, unterhält zweimal wöchentlich Flugverbindungen nach Bombay (47 US $), ModiLuft dreimal wöchentlich nach Delhi. Agentur von ModiLuft ist Zen Travels unweit vom Stadion (Tel. 46 62 28).

Bus: Busse nach Gandhinagar fahren alle fünf Minuten von der Haltestelle am Lal Darwaja und von zahlreichen Haltestellen entlang der Ashram Road ab (5 Rs).

Viele Busse fahren von Ahmedabad nach Zielen in Gujarat und in den indischen Nachbarstaaten. Allerdings setzt die Gujarat State Transport Corporation (STC) vorwiegend Busse ein, die eher als Fleischtransporter geeignet wären. Sie sind aber nicht zu überfüllt und verkehren im allgemeinen fahrplanmäßig.

Wenn man eine lange Busfahrt plant, sollte man lieber die privaten Minibusse vorziehen. Die Fahrpreise sind zwar etwas höher, aber diese Minibusse sind auch schneller. Punjab Travels in Embassy Market, unweit der Dinesh Hall und etwas abseits der Ashram Road sowie nur fünf Minuten zu Fuß von Gujarat Tourism entfernt (Tel. 44 97 77), unterhält eine Reihe von Verbindungen, darunter nach Ajmer und Jaipur um 17.30 Uhr (10 Stunden, 120 Rs bzw. 12 Stunden, 140 Rs), um 7.00, 11.30 und 18.00 Uhr nach Bhavnagar (4 Stunden, 50 Rs), um 20.15 Uhr nach Bombay (15-17 Stunden, 130 Rs), um 21.00 Uhr nach Bhuj (7 Stunden, 80 Rs), um 20.30 Uhr nach Indore (10-11 Stunden, 130 Rs), um 21.30 Uhr nach Junagadh (7 Stunden, 70 Rs), um 22.00 Uhr nach Mt. Abu (7 Stunden, 80 Rs), um 7.00 Uhr nach Rajkot (4 Stunden, 50 Rs), um 21.30 Uhr nach Udaipur (7 Stunden, 70 Rs) sowie um 21.30 Uhr nach Veraval und Somnath.

Punjab Travels unterhält auch noch ein Büro im Einkaufszentrum Shefali, 2¹/₂ km auf der Pritamnagar Road nach Süden, der südlichen Verlängerung der Ashram Road. Das ist wichtig zu wissen, weil dort die Busse nach Bhavnagar und Rajkot abfahren, während alle anderen ihre Fahrten in Embassy Market beginnen.

Ein weiteres privates Busunternehmen mit Verbindungen zu zahlreichen Zielen ist Bonny Travels, ebenfalls im Einkaufszentrum Shefali (Tel. 7 92 65).

NAHVERKEHR
Flughafentransfer: Für eine Fahrt mit einer Auto-Rikscha muß man mit mindestens 80 Rs rechnen. Viel

---

SEWA

Die Self-Employed Women's Association, bekannter unter ihrer Abkürzung SEWA, besteht aus über 54 000 Mitgliedern und ist der größte einzelne Verband in ganz Gujarat. Gegründet 1972, unterscheidet die SEWA drei Arten von Arbeiterinnen in Selbstbeschäftigung: Straßenverkäuferinnen, die ihre Waren von Karren, aus Körben oder aus kleinen Läden verkaufen, Heimarbeiterinnen wie Weberinnen, Töpferinnen und Bidi-Rollerinnen sowie Handarbeiterinnen und Dienstleisterinnen wie Landarbeiterinnen, Vertragsarbeiterinnen, Wäscherinnen und Hausangestellte. Mehr als 93 % aller Arbeitnehmer in Indien fallen in eine dieser Kategorien, davon über die Hälfte Frauen. Die SEWA hat jedoch festgestellt, daß solche „Arbeit" häufig nicht als „Beschäftigung" angesehen wird und die tatsächliche Zahl von Arbeiterinnen nicht bekannt ist.

Als Anhängerin der Philosophie von Gandhi mit dem gewaltlosen Widerstand umfaßt die SEWA drei Bewegungen: die Arbeitsbewegung, die Genossenschaftsbewegung und die Frauenbewegung. Ziel der Organisation ist es, die Frauen in die Lage zu versetzen, aktiv in der Wirtschaft tätig und durch finanzielle Unabhängigkeit stärker zu werden. Dabei ist Selbstbeschäftigung der Schlüssel der Bewegung, durch den Mitgliedern der SEWA dabei geholfen werden soll, gesellschaftlich und politisch an Bedeutung zu gewinnen. Die SEWA unterstützt Selbstbeschäftigte dabei, sich in Vereinigungen und Gewerkschaften zu organisieren, so daß sie letztlich die Früchte ihrer Arbeit selbst ernten können. Das Ziel und die dafür eingeleiteten Programme sind eingebettet in dem Bemühen, den Erfahrungen, den Bedürfnissen und die Realitäten der Selbstbeschäftigten zum Durchbruch zu verhelfen.

Die beiden wichtigsten Ziele der Bewegung sind Vollbeschäftigung und Selbstvertrauen. Die Verwirklichung dieser beiden Ziele beruht auf Maßnahmen mit den Schwerpunkten Gesundheitswesen, Kinderbetreuung, Alphabetisierung, angemessene Unterbringung und Selbstversorgung.

Wichtige Züge von Ahmedabad					
Fahrziel	Zugnummer und Name	Abfahrtszeit	Entfernung (km)	Fahrzeit (Stunden)	Fahrpreis (Rs) (2./1. Klasse)
Bhavnagar	9810 *Shetrunji Express*	17.10	299	5.30	68/ 255
Bhuj	9031 *Kutch Express*	1.55	359	8.35	99/ 296
Bombay	2934 *Karnarvati Express*	5.10	492	7.35	102/ 382
	9102 *Gujarat Mail*	22.10		8.35	128/ 382
Delhi	2474 *Sarvodaya Express*	12.05	1097	16.35	214/ 634
	2906 *Ashram Express*	17.00	934	17.10	202/ 593
Jaipur	9904 *Delhi Express Mail*	18.00	626	16.25	155/ 459
Jodhpur	2908 *Surya Nagri Express*	21.30	455	8.30	122/ 360
Rajkot	9005 *Saurashtra Mail*	5.45	246	4.40	57/ 219

billiger ist eine Fahrt mit einem Nahverkehrsbus der Linien 103 und 105 vom Lal Darwaja (3,50 Rs).

Bus, Taxi und Auto-Rikscha: Ahmedabad ist auf dem besten Weg, Lagos den Platz als Stadt mit dem chaotischsten Straßenverkehr streitig zu machen. Die Verkehrsverhältnisse in Ahmedabad lassen eine Fahrt mit einer Auto-Rikscha zu einem nervenaufreibenden Unternehmen werden, das man abends besser unterläßt. Die meisten Fahrer sind zwar bereit, den Taxameter anzustellen, fordern aber dennoch am Ende einer Fahrt unverschämte Preise. Lassen Sie sich in solchen Fällen die Umrechnungstabelle zeigen. Dabei muß man aber berücksichtigen, daß die nur in Gujarati erstellt wurde, so daß man die Zahlen in dieser Sprache gelernt haben muß, wenn man sich gegen den Fahrer einer Auto-Rikscha durchsetzen will.

Der Busbahnhof für den Nahverkehr ist unter der Bezeichnung Lal Darwaja bekannt und liegt am Ostufer des Flusses zwischen der Nehru- und der Ellis-Brücke. Die Routen, Ziele und Tarife sind jedoch alle nur in Gujarati angegeben.

DIE UMGEBUNG VON AHMEDABAD

SARKHEJ

Der Vorort Sarkhej, 8 km südwestlich von Ahmedabad, ist bekannt wegen seiner eleganten Architektur. Die Häuser dort gehören zu den schönsten in der ganzen Gegend. Interessant ist die Architektur schon deshalb, weil der Stil fast rein hinduistisch ist und kaum sarazenische Einflüsse zu spüren sind, wie sie in Ahmedabad so gut sichtbar sind.

Wenn Sie Sarkhej erreicht haben, kommen Sie am Mausoleum von Mahmud Begara und, neben einem Wasserbecken sowie verbunden mit dem Grab, am Grab seiner Gemahlin Rajabai vorbei (1461). Ebenfalls am Wasser steht das Grab von Ahmad Khattu Ganj Buksh, einem berühmten moslemischen Heiligen und geistigen Berater von Ahmed Shah. Man sagt, daß dieser Heilige im Jahre 1445 starb - in einem Alter von 111 Jahren!

Daneben findet man eine Moschee. Auch bei ihr fällt auf, daß Bögen völlig fehlen, die sonst immer ein Merkmal moslemischer Architektur sind. Auch der Palast steht am Wasser. Zu ihm gehören Pavillons und ein Harem. 1620 errichteten die Holländer in Sarkhej eine Fabrik, in der Indigo verarbeitet wurde, das man in der Umgebung angepflanzt hatte.

BATWA

Etwa 10 km südöstlich von Ahmedabad kommt man im Vorort Batwa zu den Gräbern eines bekannten Moslem-Heiligen (er war der Sohn eines anderen Heiligen) sowie das seines Sohnes. In Batwa gibt es auch eine bedeutende Moschee.

ADALAJ VAV

19 km nördlich von Ahmedabad liegt einer der schönsten *baolis* (Stufenbrunnen) von Gujarat mit wunderschönen Abbildungen von Blumen und Vögeln. Angelegt wurde er von der Königin Rudabai im Jahre 1499. In den heißen Sommermonaten früherer Jahrhunderte war dies ein kühler, erfrischender Zufluchtsort. Busse der STC fahren regelmäßig dorthin.

CAMBAY

Der alte Seehafen von Ahmedabad liegt 92 km südlich, am nördlichen Ende des Golfs von Cambay. Zur Blütezeit der Mogulherrschaft in Gujarat bezeichnete man diese ganze Region als Cambay. Als 1583 die ersten Abgesandten aus England ankamen, trugen sie Briefe bei sich, die von Königin Elizabeth an Akbar, den König von Cambay, adressiert waren. Aber bevor die

Briten auftauchten, hatten bereits die Holländer und Portugiesen am Hafen Fabriken gebaut. Nach dem Aufstieg von Surat verlor Cambay immer mehr an Bedeutung, und als schließlich auch noch der Hafen versandete, wurde dieses Gebiet endgültig unbedeutend. Von Ahmedabad ist es eine dreistündige Fahrt von der Bushaltestelle der STC bis nach Cambay (23 Rs).

VOGELSCHUTZGEBIET NAL SAROVAR

Zwischen November und Februar ist dieser 116 Quadratkilometer große See, gelegen 60 km südwestlich von Ahmedabad, die Heimat vieler einheimischer Vogelarten, aber auch vieler Zugvögel. Vorwiegend frühmorgens und abends wird man hier viele Enten, Gänse, Pelikane und Flamingos sehen können.

Das Schutzgebiet besucht man am besten auf einem Tagesausflug mit einem Taxi, weil Busse dorthin nur unregelmäßig im Einsatz sind und annehmbare Übernachtungsmöglichkeiten nicht vorhanden sind. Desert Coursers (Tel. 079/44 50 68), ein von einer Familie geführtes Unternehmen, veranstaltet Tagesausflüge zum Schutzgebiet. Die kosten einschließlich Mittagessen pro Person 1200 Rs, und zwar auf Wunsch einschließlich Transfer vom und bis zum Flughafen oder Bahnhof von Ahmedabad.

Am Nal Sarovar kann man Boote mieten, auf denen jemand Besucher zu den Gebieten mit den Flamingos und Pelikanen rudert. Dabei darf man den Tieren aber nicht zu nah kommen und muß den Bootsmann davon abhalten, die Vögel zu erschrecken, weil man sonst Gefahr läuft, daß sie davonfliegen. Einer der wichtigsten Gründe für die Abnahme der Zahl der Vögel war nämlich die zunehmende Störung durch Menschen. Wenn möglich, sollte man bei einem Besuch die Wochenenden meiden, weil es dann am See immer sehr voll wird.

Krys Kazmierczak (Großbritannien)

LOTHAL

Wenn man von Ahmedabad 85 km nach Südwesten in Richtung Bhavnagar fährt, gelangt man zu dieser archäologisch so bedeutsamen Stätte, die erst 1954 entdeckt worden ist. Die Stadt, die hier vor 4500 Jahren stand, wird in einem engen Zusammenhang mit den Städten im Indus-Tal gebracht, insbesondere mit Mohenjodaro und Harappa - beide in Pakistan. Sie hatten das sehr sorgsam ausgeführte Straßenmuster gemeinsam, das gleiche Mauerwerk und auch das gleiche fein ausgeklügelte Bewässerungssystem.

Der Name Lothal bedeutet in Gujarati „Hügel des Todes". Das ist auch die Bezeichnung von Mohenjodaro in der Sindhi-Sprache. Ausgrabungsarbeiten haben eine Werft zutage gebracht, was darauf schließen läßt, daß dieser Ort in seiner Blütezeit einmal einer der wichtigsten Häfen des Subkontinents war. Felle, die man ebenfalls gefunden hat, lassen vermuten, daß von hier aus Handel mit Mesopotamien, Ägypten und Persien getrieben wurde.

An der Anlage kann man auch ein archäologisches Museum besichtigen.

Unterkunft: Im Toran Holiday Home werden drei Doppelzimmer zu Preisen zwischen 80 und 100 Rs sowie Betten in einem Schlafsaal für jeweils 30 Rs vermietet. Am Abreisetag muß man sein Quartier bis 9 Uhr geräumt haben.

Rund 7 km von der archäologischen Stätte entfernt steht neben dem Bhugavo River das prächtige Utelia Palace, in dem ein Einzelzimmer 550 Rs und ein Doppelzimmer 650 Rs kosten. Außerdem kann man hier für 75 Rs Frühstück und für jeweils 150 Rs Mittag- und Abendessen erhalten. Ferner werden für die Gäste Ausflüge zu nahegelegenen Dörfern, zum Nal Sarovar und zum Nationalpark Velavadar organisiert.

An- und Weiterreise: Lothal erreicht man in einem Tagesausflug von Ahmedabad. Mit der Eisenbahn kann man bis Bhurkhi fahren, gelegen an der Strecke zwischen Ahmedabad und Bhavnagar. Von dort kann man mit einem Bus weiterfahren. Statt dessen besteht aber auch die Möglichkeit, mit einem Bus bis Bagodara zu fahren (2 Stunden, 20 Rs) und für die restlichen 7 km bis zur Anlage einen Nahverkehrsbus zu benutzen.

MODHERA

Der wunderschöne, heute teilweise nur als Ruine verbliebene Sonnentempel von Modhera wurde von König Bhimdev I. (1026-27) erbaut. Er besitzt Ähnlichkeiten mit dem 200 Jahre später erbauten Sonnentempel von Konark in Orissa. Beide Tempel sind so konstruiert, daß zur Tagundnachtgleiche bei der Morgendämmerung die Sonnenstrahlen direkt auf das Abbild von Surya, dem Sonnengott, fallen. Haupthalle und Schrein lassen sich durch einen Vorbau mit Säulen betreten. Außen ist der Tempel sehr fein und kunstvoll bearbeitet. Wie in Somnath war für die Zerstörung des Tempels Mahmud von Ghazni verantwortlich.

Unterkunft: Es gibt ein PWD Rest House, in dem aber Ausländer für nur eine Nacht nur schwer ein Bett erhalten. Im Tilla Panchayat Rest House unweit vom Sonnentempel stehen aber ebenfalls Doppelzimmer für 50 und 60 Rs zur Verfügung.

An- und Weiterreise: Modhera liegt 102 km nordwestlich von Ahmedabad und ist mit Direktbussen von Ahmedabad zu erreichen (3½ Stunden, 30 Rs). Man kann aber auch mit dem Zug nach Mehsana fahren und die restlichen 26 km bis Modhera in einem Bus zurücklegen.

UNJHA UND SIDHPUR

Nördlich von Mehsana, der Bahnstation für einen Besuch des Tempels von Modhera, liegt Unjha. Das ist der

Ort, in dem man Wissenswertes über die Hochzeitsbräuche der hier lebenden Kadwakanbi erfahren kann. Nur alle 11 Jahre werden Hochzeiten gefeiert. Dann werden an einem bestimmten Tag alle heiratsfähigen Mädchen, die älter als 40 Tage sind, vermählt. Ist es nicht möglich, einen Ehemann aufzutreiben, wird eine Pseudo-Hochzeit vorgenommen und die Braut anschließend sofort zur Witwe erklärt. Findet sich später doch noch ein Ehemann, wird eine zweite Hochzeit vollzogen. Übernachten läßt sich in Unjha in einer Reihe von privaten Gästehäusern.

Rund 10 km nördlich von Unjha liegt Sidhpur, wo man sich die Ruinen eines alten Tempels ansehen kann. Diese Gegend war früher ein bedeutendes Zentrum für Mohnanbau, aus dem Opium gewonnen wurde.

PATAN

Bevor auch hier Mahmud von Ghazni wütete, war dieser Ort, 130 km nordwestlich von Ahmedabad, eine alte Hindu-Hauptstadt. Aber 1024 zerstörte Mahmud von Ghazni fast alle Gebäude. Einen schwachen Abglanz der Blütezeit vermitteln noch die mehr als 100 Jain-Tempel. Außerdem werden in diesem Ort sehr schöne Patola-Seidensaris hergestellt. In Patan ist auch ein renovierter Stufenbrunnen zu sehen.

Unterkunft: Die einzige Unterkunft ist das Hotel Neerav, etwa 500 m von der Bushaltestelle entfernt und neben Kohinoor Talkies. Hier werden Doppelzimmer für 100 Rs vermietet.

An- und Weiterreise: Patan liegt 25 km nordwestlich der Bahnstation Mehsana, die auch als Sprungbrett nach Modhera dient. Mit einem Bus braucht man von Ahmedabad ca. 3 1/2 Stunden und muß dafür 40 Rs bezahlen.

LITTLE RANN OF KUTCH

Das Little Rann of Kutch, die kahle Erweiterung der „Wüste" (eigentlich eine Salzpfanne), die die westliche Region Kutch vom übrigen Gujarat trennt, ist die Heimat der letzten *khur* (Asiatischen Wildesel) in Indien.

Sehr nahe beim Little Rann of Kutch liegt der kleine Ort Zainabad, 105 km nordwestlich von Ahmedabad. Ein Veranstalter, der Safaris und andere Ausflüge dorthin organisiert, ist Desert Coursers (Tel. 0272/44 50 68). Etwa 10 km östlich von Zainabad kommt man in den ebenfalls kleinen Ort Dasada, in dem man sich das Fatima-Manzil-Schloß aus dem 17. Jahrhundert ansehen kann, eine Bastion, die Stilelemente der Briten und

Das Rann kann schwer zu erkunden sein, weil die „Wüste" eigentlich aus Salz besteht, das abgelagert wurde, als sich in der Gegend ein Teil vom Delta des Indus bildete. Das bedeutet, daß Regen schnell Teile der „Wüste" in ein Meer von Schlamm verwandeln kann und das, was ein ungeübtes Auge als festen Untergrund ansieht, sich als dünne Kruste von Salz mit schlammigem Untergrund erweist. Deshalb ist es notwendig, bei einem Aufenthalt in dieser Gegend jemanden bei sich zu haben, der mit den Gegebenheiten vertraut ist.

Krys Kazmierczak (Großbritannien)

der Nabobs miteinander verbindet. Dort kann man in der Haupthalle essen und sich in den alten Kerkern auf ein Bett legen, um angenehm kühl zu schlafen. In diesem Ort lassen sich auch Ausflüge mit Jeeps in das Rann organisieren. Zum Übernachten bietet sich das Camp Zainabad (Tel. 02757/33 2) an, wo *koba*, traditionelle strohgedeckte Hütten (mit eigenem Bad!), für 450 Rs pro Person einschließlich eines vierstündigen Ausfluges mit eine Jeep zur Verfügung stehen. Für 850 Rs pro Person und Tag lassen sich auch zeitlich unbegrenzte Ausflüge unternehmen. Die Hütten zur Selbstversorgung sind zwar einfach, aber recht komfortabel und sind von Einheimischen vom Stamm der Bajania bemalt worden. Das Lager wird von der Familie Malik geführt, die auch Desert Coursers betreiben.

An- und Weiterreise: Von Ahmedabad kann man mit einem Bus bis Dasada fahren, 12 km nordöstlich von Zainabad (2 Stunden, 23 Rs). Von dort kommt man mit Nahverkehrsbussen weiter bis Zainabad. Ferner verkehren Direktbusse von Rajkot. Statt dessen läßt sich auch ein Taxi von Desert Coursers benutzen, für das man pro Kilometer 3 Rs bezahlen muß, einen Betrag, der sich unter bis zu vier Personen aufteilen läßt.

GANDHINAGAR

Einwohner: 132 000
Telefonvorwahl: 02712 (von Ahmedabad 92)
Obwohl zunächst Ahmedabad die Hauptstadt des Staates Gujarat wurde, nachdem man 1960 den Staat Bombay in die Staaten Maharashtra und Gujarat aufgeteilt hatte, plante man in diesem Zusammenhang gleich eine neue Hauptstadt ein. Gandhinagar, 32 km nordöstlich

von Ahmedabad am Ufer des Sabarmati, wurde nach Mahatma Gandhi benannt, der in Gujarat geboren worden war. Neben Chandigarh ist Gandhinagar Indiens zweite auf dem Reißbrett geplante Stadt. Dabei wurde Gandhinagar in numerierte Viertel unterteilt. Mit dem Bau dieser Stadt begann man 1965, und die Verwaltung zog 1970 in ihr neues Domizil.

UNTERKUNFT

In Sektor 16 findet man eine ausgezeichnete Jugendherberge (Tel. 2 23 64), in der man für ein Bett 20 Rs pro Nacht bezahlen muß. In Sektor 11 steht der Panthik Ashram, ein staatliches Gästehaus.

Besser wohnt man jedoch im Hotel Haveli im Sektor 11 (Tel. 2 39 05), in dem man für ein normales Einzelzimmer 250 Rs und für ein normales Doppelzimmer 400 Rs sowie für ein Zimmer mit Klimaanlage 500 bzw. 700 Rs bezahlen muß.

AN- UND WEITERREISE

Eine Busfahrt von Ahmedabad aus kostet etwa 5 Rs. Die Busse nach Gandhinagar fahren am Lal Darwaja ab und halten unterwegs auch an zahlreichen Haltestellen entlang der Ashram Road.

VADODARA (BARODA)

Einwohner: 1 200 000
Telefonvorwahl: 0265

Vor der Unabhängigkeit war Baroda die Hauptstadt des Prinzenstaates Gaekwad. Das heutige Vadodara ist eine ganz ansprechende, mittelgroße Stadt mit einigen Museen, Kunstgalerien und einem erholsamen Park. Das sehr bekannte College der Schönen Künste zieht Studenten aus allen Teilen des Landes und sogar aus dem Ausland an. Vadodara lädt zu einem Kurzaufenthalt nach ermüdenden Reisetagen ein.

ORIENTIERUNG UND PRAKTISCHE HINWEISE

Der Bahnhof, die Bushaltestelle und mehrere preiswerte Hotels befinden sich an der Westseite des Vishwarmuti River, der die Stadt teilt. Das Fremdenverkehrsamt (Tourist Office) ist im Obergeschoß eines Hauses gegenüber vom Bahnhof untergebracht. Wenn man den Bahnhof verläßt, führt die Tilak Road geradeaus über den Fluß am Sayaji Bagh, einem Park, vorbei in das Stadtzentrum. Die State Bank of India unweit vom Kirti Mandir ist montags bis freitags vom 11.00 bis 15.00 Uhr und samstags von 11.00 bis 13.00 Uhr geöffnet.

SEHENSWÜRDIGKEITEN

Sayaji Bagh und Vadodara Museum: Dieser ausgedehnte Park ist am Abend ein beliebter Treffpunkt. Rund um den Park rattert eine Minieisenbahn. Im Park kann man auch das Vadodara Museum und die Kunstgalerie (Art Gallery) besuchen, die täglich von 9.30 bis 16.45 Uhr, samstags ab 10.00 Uhr, geöffnet sind. Im Museum ist eine Sammlung von recht unterschiedlichen Dingen ausgestellt. Die Kunstgalerie enthält Miniaturmalereien, aber auch eine Sammlung von Bildern europäischer Meister. Ein Planetarium steht ebenfalls im Park. Dort finden jeden Abend auch Vorführungen in englischer Sprache statt. Auch einen Zoo kann man sich im Park ansehen.

Maharaja Fateh Singh Museum: Südlich des Stadtzentrums finden Sie diese königliche Kunstsammlung, zu der auch Werke von europäischen Malern wie Raphael, Tizian und Murillo sowie Ausstellungsstücke griechisch-römischer, chinesischer und japanischer Kunst sowie indische Arbeiten gehören. Das Museum ist in den Monaten Juli bis März von 9.00 bis 12.00 Uhr und von 15.00 bis 18.00 Uhr sowie in den Monaten April bis Juni von 16.00 bis 19.00 Uhr geöffnet. Montags ist das Museum jedoch geschlossen.

Weitere Sehenswürdigkeiten: Im Lakshmi-Vilas-Palast befindet sich eine umfassende Sammlung von Rüstungen und Skulpturen. Der Öffentlichkeit ist der Zutritt allerdings nicht gestattet. 50 m nördlich des Palastes entspringt die Naulakhi-Quelle mit einem schönen *baoli* (Stufenbrunnen).

UNTERKUNFT

Einfache Unterkünfte: Geht man vom Bahnhof zunächst geradeaus und biegt man dann in die dritte Straße nach rechts ab, erreicht man die Jagdish Hindu Lodge, in der finstere und einfache Zimmer um einen Innenhof herum vermietet werden. Doppelzimmer mit Bad kosten hier 60 Rs. In der gleichen Straße liegt das etwas bessere Vikram (Tel. 32 77 37), in dem man mit Bad für ein Zimmer pro Person ab 70 Rs bezahlen muß.

In der nächsten Straße zurück zum Bahnhof kommt man zum ganz ansprechenden und gut gepflegten Hotel Apsara (Tel. 32 82 51), in dem für komfortable Einzelzimmer 100 Rs und ebenso komfortable Doppelzimmer 140 Rs berechnet werden (mit Bad).

Mittelklassehotels: In der gleichen Straße, aber auf der anderen Seite und ein Stück weiter, kann man auch im großen Hotel Ambassador wohnen (Tel. 32 76 53). Hier muß man für große, ruhige Einzel- und Doppelzimmer ab 165 bzw. 275 Rs bezahlen, mit Klimaanlage 335 bzw. 385 Rs. Unmittelbar neben dem Hotel Ambassador steht das Rama Inn (Tel. 33 01 31), das sich eines Swimming Pools und zweier Restaurants (vegetarisch und nichtvegetarisch) rühmen kann In diesem Haus beginnen die Preise für Einzelzimmer bei 350 Rs und

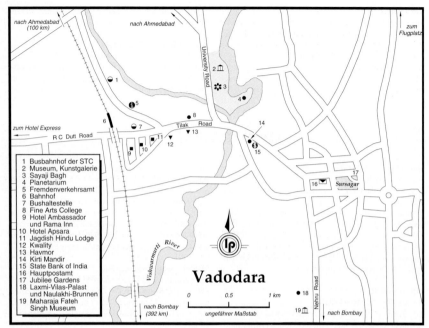

1 Busbahnhof der STC
2 Museum, Kunstgalerie
3 Sayaji Bagh
4 Planetarium
5 Fremdenverkehrsamt
6 Bahnhof
7 Bushaltestelle
8 Fine Arts College
9 Hotel Ambassador und Rama Inn
10 Hotel Apsara
11 Jagdish Hindu Lodge
12 Kwality
13 Havmor
14 Kirti Mandir
15 State Bank of India
16 Hauptpostamt
17 Jubilee Gardens
18 Laxmi-Vilas-Palast und Naulakhi-Brunnen
19 Maharaja Fateh Singh Museum

Vadodara

0   0.5   1 km

ungefährer Maßstab

für Doppelzimmer bei 500 Rs und betragen für Zimmer mit Klimaanlage 575 bzw. 800 Rs.

Etwas preiswerter wohnt man mit 325 Rs für ein Einzelzimmer und 450 Rs für ein Doppelzimmer (mit Klimaanlage 550 bzw. 750 Rs) im Hotel Surya (Tel. 43 65 00), gelegen gegenüber vom Hotel Ambassador. Aber dafür ist das Haus auch schon älter und hat auch nur weniger an Einrichtungen als die anderen Häuser zu bieten.

Im Hotel Express in der R. C. Dutt Road (Tel. 33 70 01), gelegen etwa einen Kilometer westlich vom Bahnhof, kosten die klimatisierten Einzel- und Doppelzimmer 750 bzw. 1000 Rs. Hier werden den Gästen auch ein rund um die Uhr geöffneter Coffee Shop und ein Restaurant geboten, in dem man Gerichte aus mehreren Ländern essen kann.

ESSEN

Restaurants von Kwality und Havmor mit annehmbaren Preisen gibt es in der Hauptstraße, die vom Bahnhof in Richtung Park und Fluß führt. In beiden Lokalen muß man aber für ein Hauptgericht mit 50 Rs rechnen. Empfehlenswert ist ferner das Restaurant im Bahnhof.

AN- UND WEITERREISE

Flug: Ein Büro von Indian Airlines befindet sich in der University Road in Fateh Ganj (Tel. 32 85 96). Flugver-

bindungen bestehen von Vadodara nach Bombay (39 US $), Delhi (88 US $) sowie Ahmedabad (15 US $). NEPC Airlines unterhält ein Büro im Hotel Express (Tel. 33 78 99) und fliegt täglich sowohl nach Bombay als auch nach Ahmedabad.

Bus: Der Busbahnhof für Langstreckenverbindungen liegt 500 m nördlich des Bahnhofs. Von dort fahren STC-Busse nach vielen Zielen in Gujarat, im westlichen Madhya Pradesh und im nördlichen Maharashtra ab. Nach Ahmedabad kommt man mit Bussen mindestens einmal alle halbe Stunde (2½ Stunden, 27 Rs). Die privaten Busunternehmen sind mit Büros um den Busbahnhof herum vertreten.

Zug: Vadodara liegt 100 km südlich von Ahmedabad und 392 km nördlich von Bombay. Da Vadodara an die Hauptstrecke zwischen Bombay und Ahmedabad angebunden ist, verkehren genügend Züge, zwischen denen man wählen kann.

Eine Bahnfahrt nach Bombay kostet tagsüber in der 2. Klasse 85 Rs und in der 1. Klasse 326 Rs und nachts in einem Schlafwagen in der 2. Klasse 107 Rs sowie in der 1. Klasse 326 Rs. Für eine Fahrt nach Ahmedabad muß man in der 2. Klasse 27 Rs und in der 1. Klasse 114 Rs bezahlen.

Auf der Fahrt von Ahmedabad nach Vadodara kommt man durch Anand. Dieser kleine Ort erwarb sich einen Namen wegen seiner Milchindustrie. Dies wird man während eines Aufenthaltes bemerken, denn dann strömen Horden von Verkäufern in den Zug und verkaufen kalte Milch.

DIE UMGEBUNG VON VADODARA

CHAMPANER

Diese Stadt liegt 47 km nordöstlich von Vadodara. 1484 nahm Sultan Mahmud Begara sie ein und benannte sie in Muhammadabad um. Die Jama Masjid ist eine der schönsten Moscheen von Gujarat und ähnelt der von Ahmedabad.

Außerhalb von Champaner erhebt sich der Pavagadh mit den Ruinen eines alten Forts. 1553 griffen die Moguln, angeführt von Humayun persönlich, das Fort an. Seine Leute trieben Eisenhaken in die Felsen und nahmen auf diese Weise Fort und Stadt ein. Teile der massiven Stadtmauer sind noch immer vorhanden. Nach hinduistischen Legenden soll der Hügel in Wirklichkeit ein Felsbrocken aus dem Himalaja sein. Ihn soll der Affengott Hanuman nach Lanka gebracht haben. So jedenfalls wird es im *Ramayana* berichtet. Daher stammt auch der Name Pavagadh, denn der bedeutet übersetzt „Gegend um den Hügel herum".

Unterkunft: In Champaner unterhält das Fremdenverkehrsamt von Gujarat das Hotel Champaner (Tel. 6 41). Dort werden Betten im Schlafsaal für jeweils 30 Rs sowie Einzelzimmer für 150 Rs und Doppelzimmer für 250 Rs vermietet. Am Abreisetag muß man in diesem Haus sein Zimmer bis spätestens 11 Uhr geräumt haben.

An- und Weiterreise: Busse brauchen von Vadodara nach Champaner eine Stunde und können für 10 Rs benutzt werden.

FORT DABHOI

Das Fort Dabhoi aus dem 13. Jahrhundert steht 29 km südöstlich von Vadodara. Es ist ein gutes Beispiel für die militärische Architektur der Hindus. Bekannt ist es wegen seiner ungewöhnlich konstruierten und verzierten vier Tore, insbesondere die Tore Hira und Diamond.

DAKOR

In der Mitte zwischen Vadodara und Ahmedabad liegt Dakor. Der Ranchodrai-Tempel im Ort ist Krishna geweiht und in den Monaten Oktober und November Schauplatz des Sharad-Purnima-Festes.

Mit einem Bus ist man von Ahmedabad in 2^1/$_2$ Stunden in Dakor und muß dafür 23 Rs bezahlen.

BHARUCH (BROACH)

Einwohner: 149 000

Schon in Aufzeichnungen von vor mehr als 2000 Jahren wird dieser kleine Ort erwähnt, in dem um das Jahr 1600 herum die Engländer und Holländer Fabriken errichteten. Das Fort liegt hoch über dem Narbada (oder Narmada), und am Fuße des Hügels steht die Freitagsmoschee (Jama Masjid). Auch sie wurde - wie so viele andere - aus den Resten eines Jain-Tempels gebaut. Östlich der Stadt findet man etwas außerhalb am Fluß gelegen den Tempel von Bhrigu Rishi. Nach ihm wurde damals auch die Stadt benannt: Bhrigukachba, das später in Bha-ruch verkürzt wurde. Es ist möglich, gegen eine Spende im *dharamsala* des Kabirvad-Tempels im Ort Suklatirh, ca. 20 km von Bharuch entfernt, zu übernachten. Auf der nahen Insel Kabirwad im Fluß ist ein riesiger Banyan-Baum zu sehen, der einen ganzen Hektar Fläche bedeckt.

DIE UMGEBUNG VON BHARUCH

RAJPIPLA

Dieser kleine Ort liegt nicht weit von der Stelle entfernt, an der der Staudamm Sardar Sarovar entsteht. Ansehen kann man sich dort Badestellen (*ghats*) am Fluß und in

---

Staudammprojekt Sardar Sarovar

Der Narmada hat für Schlagzeilen sowohl in der nationalen als auch in der internationalen Presse gesorgt, weil an ihm flußaufwärts von Bharuch, unweit des Dorfes Manibeli, ein großer Staudamm, der Sardar Sarovar, gebaut wird. Der gehört zu einem riesigen Projekt für 6 Milliarden US-Dollar im Tal des Narmada, um große Mengen Wasser zur Bewässerung zu erhalten und Strom zu erzeugen. Der Sardar Sarovar ist nur ein Teil dieses Projektes, das - wenn es erst einmal fertiggestellt ist - 30 Riesendämme, 135 mittelgroße Dämme und 3000 kleinere Dämme umfassen wird.

Das Ziel ist lobenswert, aber es ist nur schwer zu erkennen, wie der Bruch, der dadurch hervorgerufen wird, bewältigt werden kann. Naturschützer schätzen, daß als Folge vom Bau des Dammes mehr als 100 000 Menschen umgesiedelt werden müssen und weitere 200 000 von Arbeiten an Kanälen und Dämmen betroffen sein werden. Schließlich werden die Häuser von wenigstens einer Million Menschen überflutet sein. Es ist typisch, daß in den Berichten der Regierung und der Weltbank, die das Projekt mit 450 Millionen US-Dollar unterstützt, die Auswirkungen nicht voll untersucht werden.

---

der Nähe den grandiosen Raijpipla-Palast aus der Zeit der Briten, in dem auch Übernachtungsmöglichkeiten in Einzelzimmern für 250 bis 350 Rs und in Doppelzimmern für 350 bis 450 Rs zur Verfügung stehen.

Verpflegung ist für die Gäste ebenfalls erhältlich. Die Besitzer organisieren zudem Ausritte auf Kamelen und Ausflüge in die Umgebung zu Dörfern von Stammesgruppen.

SURAT

Einwohner: 1 630 000
Telefonvorwahl: 0261

Einstmals war diese Stadt an den Ufern des Tapti der wichtigste Hafen und das bedeutendste Handelszentrum in Westindien. Noch vor 200 Jahren lebten hier mehr Menschen als heute, und die Stadt war bedeutender als Bombay. Als erste siedelten sich im 12. Jahrhundert Parsen hier an, die davor 100 km weiter südlich in Sanjan gelebt hatten, nachdem sie 500 Jahre vorher aus Persien fliehen mußten. Nach einer langen Belagerung fiel Surat dem Eroberer Akbar in die Hände und wurde ein bedeutender Hafen der Moguln. Daneben war Surat Ausgangspunkt für moslemische Pilger auf ihren Reisen nach Mekka.

Surat wandelte sich schnell in eine wohlhabende Stadt. 1612 bauten die Briten ihre erste Handelsniederlassung, und bereits 1616 folgten ihnen die Holländer, 1664 auch noch die Franzosen. Die portugiesische Vorherrschaft an der Westküste Indiens wurde durch einen Angriff der britischen Seestreitkräfte erheblich eingeschränkt. Die Macht der Moguln litt 1664 erheblich, als Shivaji, der Führer der Marathen, die Stadt plünderte. Die britische Arroganz spiegelt sich in einem bereits klassisch gewordenen Schreiben von Sir George Oxenden wider, das er Shivaji übermittelte. Sir Oxenden saß sicher in einer stark verteidigten englischen Fabrik und bat den nahenden Shivaji darum, seinen Untergebenen freien Zugang zu der Fabrik zu lassen. Außerdem lud er Shivaji mit all seinen Gefolgsleuten zu sich ein. Dies muß Shivaji tatsächlich ernst genommen haben, denn die Fabrik blieb unangetastet.

Obwohl die Briten später nach Bombay übersiedelten, wuchs Surat weiter. 1720 baute man im Hafen ein Dock. Daraufhin ließen sich die Briten erneut nieder und errichteten zwei Werften. Und 1759 hatten die Engländer ihren Einfluß so weit ausgedehnt, daß sie die Moguln kontrollieren konnten. Deren Macht hatte sich aber ohnehin verringert. Um 1800 herum beherrschten die Briten Surat endgültig. Heute ist Surat als Hafen völlig uninteressant, beherbergt aber gutgehende Industriebetriebe, hauptsächlich Textilfabriken. Außerdem werden hier Diamanten bearbeitet und fertiggestellt. Heutzutage ist die Stadt aber wahrscheinlich am bekanntesten deshalb, weil hier im Jahre 1994 die Lungenpest ausbrach (vgl. Exkurs).

Trotz (oder wegen) der industriellen Bedeutung hat Surat Besuchern nur wenig zu bieten, es sei denn, man interessiert sich für den Verfall von Städten, Krach und Luftverschmutzung. Wenn Ahmedabad in dieser Hinsicht unerfreulich ist, dann ist Surat schrecklich. Meiden Sie die Stadt wie die Pest!

ORIENTIERUNG

Surat wird auf der einen Seite vom Tapti River und auf der anderen Seite von einer Ziegelmauer begrenzt. Diese Mauer war einst 8 km lang und bestand aus Lehm, aber nachdem Surat von Shivaji geplündert worden war, hat man sie durch Mauern aus Steinen ersetzt. Der Bahnhof, in dessen näherer Umgebung viele preiswerte Hotels liegen, ist mit dem alten Fort durch eine der wenigen breiten Straßen in der Stadt verbunden.

SEHENSWÜRDIGKEITEN

Burg: Diese Burg steht am Tapti River neben der Brücke und stammt aus dem Jahre 1546. Große Teile des Gebäudes wurden als Büroräume vermietet; daher ist die Burg für Besucher uninteressant. Lediglich der Blick von den Befestigungsmauern herab auf die Stadt ist schön. Wenn Sie die Burg suchen, dann fragen Sie zuerst, wo die Brücke über den Tapti ist.

Alte Fabriken: Ohne einen ortskundigen Führer werden Sie die Bezirke mit den alten Fabriken kaum finden. Viel ist ohnehin nicht mehr davon übrig, und nichts weist auf ihre frühere Bedeutung hin. Sie liegen nahe der IP Mission High School. Die britische Fabrik finden Sie etwa in der Mitte zwischen der Burg und dem Kataragama-Tor, aber außerhalb der Altstadt. Nicht weit davon entfernt können Sie sich auch die am Fluß gelegenen Fabriken der Portugiesen, der Franzosen und der Perser ansehen. Vom Flußufer sehen Sie links die Brücke über den Tapti und rechts auf der anderen Flußseite den mit Moscheen übersäten Stadtteil Rander. Am Fluß steht auch ein kleiner Tempel zu Ehren von Hanuman.

Friedhöfe: Gleich hinter dem Kataragama-Tor und rechts von der Hauptstraße dämmert der alte britische Friedhof dahin - verlassen, ungepflegt und vergessen. Wenn man den Friedhof betritt, steht gleich rechts das riesige Mausoleum von Sir George Oxenden, der 1669 starb. Daneben ist ein anderes größeres Grabmal zu sehen. Es soll das von Gerald Aungier sein, dem Nachfolger von Sir Oxenden als Präsident der English Factory. Leider sind die Mausoleen in einem bedauerlichen Zustand.
Wenn man wieder zurück in Richtung Stadt geht, kommt man einen halben Kilometer hinter dem Kataragama-Tor in einer Nebenstraße an der linken Seite zum holländischen Friedhof. Das Mausoleum von Baron Adriaan van Reede, der 1691 starb, wurde sehr kompakt gebaut und enthielt früher Fresken und Holzschnitzereien. An den holländischen Friedhof grenzt der armenische Friedhof.

Weitere Sehenswürdigkeiten: In Surat gibt es mehrere Moscheen und Jain-, Hindu- sowie Parsen-Tempel. Die Nachbarstadt Rander, 5 km hinter der Hope Bridge, steht auf den Grundmauern einer alten hinduistischen Stadt, nachdem sie 1225 von den Moslems eingenommen wurde. Der alte Hafen von Surat nennt sich Swally oder Suvali und liegt 19 km westlich. Bei Swally erlitten 1615 die Portugiesen eine Niederlage durch die britische Seemacht und begruben dadurch Teile ihrer Kolonialträume.

UNTERKUNFT

Einfache Unterkünfte: Viele Hotels haben sich in der Nähe des Bahnhofs angesiedelt. Zu den einfachsten gehört das Hotel Rupali, in dem Betten im Schlafsaal für 30 Rs, Doppelzimmer mit Bad für 95 Rs und Einzelzimmer mit Badbenutzung für 50 Rs vermietet werden. Alle Einrichtungen sind hier sehr einfach.
Ein bißchen besser ist in der Straße zum Bahnhof hin das Simla Guest House (Tel. 3 17 82), aber ansonsten auch nicht gerade bemerkenswert. Hier kann man in einem Doppelzimmer mit eigenem Bad für 140 Rs oder in einem Einzel- oder Doppelzimmer mit Gemeinschaftsbad für 60 bzw. 90 Rs übernachten.
Eine gute Wahl am oberen Ende dieser Preisklasse ist das Hotel Sarvajanik (Tel. 42 61 59). Es bietet Einzelzimmer für 100 bis 150 Rs sowie Doppelzimmer für 200 Rs.

Mittelklassehotels: Im großen Hotel Central nahe beim Bahnhof (Tel. 42 53 25) werden Zimmer für 375 Rs vermietet, mit Klimaanlage als Einzelzimmer für 425 Rs und als Doppelzimmer für 525 Rs.
Das Hotel Yuvrav in der Nähe ist ein gutes Mittelklassehotel mit zwei vegetarischen Restaurants (Tel. 5 36 21). Hier sind alle Zimmer klimatisiert und kosten als Einzelzimmer 490 Rs und als Doppelzimmer 590 Rs.

Luxushotels: Das beste Hotel in Surat ist das Rama Regency unweit vom Bharti-Park in Athwa Lines (Tel. 66 65 65, Fax 66 72 94). Das ist 5 km von der Stadtmitte entfernt. Für ein klimatisiertes Zimmer mit vielen Knöp-

---

Die Pest

Im Oktober 1994 wurde Surat international unrühmlich dadurch bekannt, daß hier die Lungenpest ausbrach, die eng mit der tödlichen Beulenpest verwandt ist. Die „Pest" führte zu einer Massenflucht der besorgten Einwohner, was in Indien zu einigen reichlich extremen Meinungsäußerungen führte, in den westlichen Medien aber geradezu eine Hysterie auslöste. Der Ausbruch dieser Krankheit fügte dem Tourismus in Indien große Schäden zu, weil Ausländer in großen Zahlen das Land fernblieben, auch wenn das Risiko einer Ansteckung ziemlich klein war. Was der Ausbruch dieser Seuche aber deutlich vor Augen führte, war, daß sowohl die Regierung des Bundesstaates als auch die Bundesregierung auf so etwas völlig unvorbereitet waren. Das war daran zu erkennen, daß es Tage dauerte, bis die Stadt zu einem Seuchengebiet erklärt wurde und vorher noch Hunderttausende Zeit hatten, aus der Stadt zu flüchten. Als die Notstandsmaßnahmen schließlich eingeleitet waren, konnte die Krankheit mit letztlich relativ wenigen Opfern (insgesamt 54 Tote mußten der Pest unmittelbar angelastet werden) unter Kontrolle gebracht werden.

fen und Reglern muß man in diesem Haus allein nicht weniger als 1420 Rs und zu zweit nicht weniger als 2320 Rs bezahlen. Dafür hat das Hotel seinen Gästen eine ganze Reihe von Einrichtungen zu bieten, darunter einen Swimming Pool, einen Fitneß-Club und zwei Restaurants.

ESSEN

Im Restaurant Gaurav, unweit vom Bahnhof und neben dem Hotel Central gelegen, werden ausgezeichnete und sehr preiswerte südindische Gerichte serviert. Es ist sauber, bei Gästen beliebt und sehr zu empfehlen.

Umfangreichere Gerichte kann man im Hotel Ashoka neben dem Simla Guest House erhalten.

AN- UND WEITERREISE

Surat liegt an der Hauptstrecke der Eisenbahn zwischen Bombay und Ahmedabad. Die 263 km lange Fahrt nach Bombay nimmt zwischen $4^1/2$ und $6^1/2$ Stunden in Anspruch und kostet in der 2. Klasse 62 Rs sowie in der 1. Klasse 233 Rs (nachts in einem Schlafwagen in der 2. Klasse 77 Rs und in der 1. Klasse 233 Rs). Nach Ahmedabad, 229 km entfernt, brauchen Züge zwischen $3^1/2$ und $4^1/2$ Stunden (2. Klasse 56 Rs und 1. Klasse 205 Rs).

DIE UMGEBUNG VON SURAT

In der Umgebung von Surat gibt es einige Strände. Dumas, nur 16 km weg, ist ein beliebter Badeort. Hajira ist 28 km, Ubhrat 42 km und Tithal 108 km entfernt, aber nur 5 km von Valsad, das an der Bahnlinie zwischen Bombay und Vadodara liegt.

Das 29 km südlich von Surat gelegene Navsari ist seit ihrer Ankunft auf indischem Boden vor vielen Jahrhunderten das Hauptquartier der Parsen. Udvada, 10 km nördlich von Vapi, der Bahnstation für Daman, birgt in seinen Mauern das heiligste Feuer der Parsen. Man sagt, daß dieses Feuer 700 n. Chr. von Persien nach Diu gebracht wurde, das an der gegenüberliegenden Küste des Golfes von Cambay liegt. Die Parsen landeten damals in dem kleinen Hafen Sanjan, ganz im

Süden dieses Staates. Eine Säule erinnert an dieses Ereignis.

UNTERKUNFT

In der ganzen Gegend gibt es eine Vielzahl von staatlichen Holiday Homes. Eines davon befindet sich in Hajira, in dem man in einem Cottage für 300 Rs und in einem Doppelzimmer für 200 Rs übernachten kann. Auch in Ubhrat gibt es ein Holiday Home, in dem die Bandbreite der Preise für Doppelzimmer von 100 bis 500 Rs reicht. Man kann aber auch in einem Schlafsaal für 30 Rs übernachten. Ein weiteres befindet sich in Tithal (Tel. 02632/27 31), wo ein Bungalow 500 Rs, ein Einzelzimmer 150 Rs und ein Doppelzimmer 200 Rs kosten.

DAMAN

Einwohner: 62 100 (Daman Stadt: 26 900)
Telefonvorwahl: 02636
Diese 56 Quadratkilometer große Enklave ganz im Süden von Gujarat wurde zusammen mit Diu zur gleichen Zeit wie Goa von den Portugiesen eingenommen. Eine Zeit lang wurde es, genau wie Diu, von Goa verwaltet, ist aber nun ein Unionsterritorium, das Delhi untersteht.

Die wichtigste Bedeutung scheint heute darin zu bestehen, alkoholische Getränke zu verkaufen, denn Gujarat ist völlig „trocken". An den Straßen von Daman reiht sich eine Bar an die andere, in denen „Finest Scotch Whisky - Made in India" und andere Spirituosen wie *feni* (destilliert aus fermentierten Cashew-Nüssen oder Kokosnüssen) angeboten werden.

Die Portugiesen nahmen Daman 1531 in Besitz, das 1559 von Bahadur Shah, dem letzten bedeutenden Sul-

tan in Gujarat, offiziell abgetreten wurde. Noch immer spürt man einen Hauch der portugiesischen Vergangenheit in der Stadt. Dazu gehören vor allem einige alte Forts und Kirchen, aber es ist dennoch keine kleine Schwester von Goa. Der Damao Ganga teilt die Stadt in zwei Hälften.

Der Nordteil der Stadt mit den Hotels, Restaurants, Bars usw. wird auch Nani Daman (Klein-Daman) genannt, während der südliche Stadtteil mit den Behördengebäuden und Kirchen, die von einer Mauer umgeben sind, als Moti Daman (Groß-Daman) bezeichnet wird. Daman liegt zwar wie Goa an der See, aber die Strände stehen in keinem Verhältnis zu den Traumstränden im Süden. Damans Strände sind schmutzig, ungepflegt und gar nicht anziehend, abgesehen davon, daß natürlich auch sie als öffentliche Toilette genutzt werden.

PRAKTISCHE HINWEISE

Das Hauptpostamt befindet sich südlich des Flusses in Moti Daman, aber es gibt auch eine günstiger gelegene Zweigstelle unweit vom Hotel Sun n Sea in Nani Daman.

SEHENSWÜRDIGKEITEN

Kirchen: Die Se-Kathedrale im Fort von Moti Daman stammt aus dem 17. Jahrhundert und kann einen iberischen Einfluß nicht verleugnen. Sie ist vor kurzem restauriert und neu angestrichen worden und sieht jetzt recht ansprechend aus. Die Kirche der Lady of Rosary zeichnet sich durch alte portugiesische Grabsteine und durch den feuchten, kühlen Fußboden aus. Der Altar ist ein Meisterstück feiner Schnitzerei, die mit Goldfarbe überzogen wurde. Durch die verstaubten Fenster strahlt ein farbig gefiltertes Licht, das auf die Holzpaneelen fällt, auf denen Szenen mit den Aposteln und Christus dargestellt wurden. Diese Kirche ist allerdings nicht

immer geöffnet. Sollte sie gerade geschlossen sein, kann man sich an den Vikar der Se-Kathedrale wenden, um aufschließen zu lassen.

Weitere Sehenswürdigkeiten: Man kann auf den Festungswällen vom Fort Nani Daman spazierengehen und von dort den Fischmarkt und das Treiben bei der kleinen Flotte von Fischerbooten beobachten, die dort ankert. Ansonsten bietet sich nicht viel von Interesse.

An der Seite nach Nani Daman, unweit des Flusses, steht ein recht interessanter Jain-Tempel. Wenn Sie Interesse haben, können Sie im Büro des Tempels nach einer Führung mit einem weißgekleideten Aufseher fragen. Die Innenseiten des Tempels sind über und über mit Gemälden aus dem 18. Jahrhundert bedeckt, heute hinter Glas. Dargestellt ist das Leben von Mahavira, der etwa 500 v. Chr. lebte.

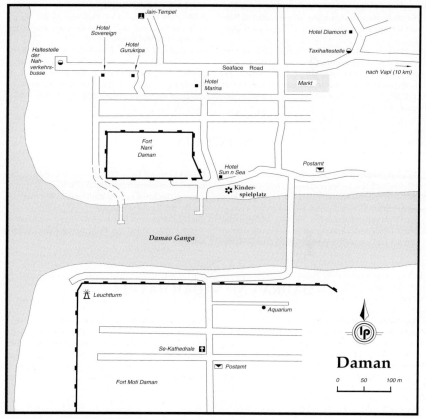

Es ist auch ein hübscher Spaziergang, einmal durch die breiten Straßen des alten Moti Daman zu wandern. Das ist ein verschlafenes Gebiet, wo man von den Schutzwällen unweit vom Leuchtturm gar nicht so schlechte Ausblicke über den Fluß nach Nani Daman hat.

UNTERKUNFT

Die meisten Hotels liegen an der Seaface Road. Die billigeren davon sind recht einfach und wenig anregend. Nur ein wenig abseits der Seaface Road steht das Hotel Marina, eines der wenigen übriggebliebenen Häuser im portugiesischen Stil. Hier zahlt man für ein Doppelzimmer mit Bad 80 Rs. In diesem Haus stehen unten auch eine Bar und ein Restaurant zur Verfügung.

Etwas besser ist das Hotel Diamond unweit der Taxihaltestelle (Tel. 28 35). In dieser Unterkunft mit gar nicht so kleinen Zimmern und Bad mit heißem Wasser muß man für eine Übernachtung allein 100 Rs und zu zweit 120 Rs bezahlen. Außerdem werden teurere Zimmer mit Klimaanlage vermietet. Daneben sind im Haus eine Bar und ein Restaurant mit Klimaanlage vorhanden.

Im Hotel Sun n Sand unweit vom Fluß (Tel. 3 25 06) werden für ein Einzelzimmer 170 Rs und für ein Doppelzimmer 200 Rs und mit Klimaanlage 200 bzw. 400 Rs berechnet. Das ganz ansprechende Hotel Sovereign (Tel. 28 23) hat Einzelzimmer für 135 Rs und Doppelzimmer für 150 Rs zu bieten. Ferner kann man im Hotel Gurukripa (Tel. 28 46) in Zimmern mit Klimaanlage allein für 300 Rs und zu zweit für 350 Rs unterkommen.

ESSEN

Das klimatisierte Restaurant im Hotel Gurukripa hat ganz gutes vegetarisches und nichtvegetarisches Essen zu bieten, vielleicht ein wenig zu stark gewürzt. Die Preise für die meisten Gerichte liegen bei rund 45 Rs. Für ein Kingfisher-Bier in einer der zahlreichen Kneipen von Daman wird man 25 Rs los.

Daman ist bekannt für *papri*, gekochte und gesalzene Gartenwicken, die in Zeitungspapier eingewickelt serviert werden. Die bekommt man aber nur im Februar, während im Oktober Saison für Krabben und Hummer ist. Ein beliebtes Getränk ist der Palmwein *tari*, der in irdenen Töpfen verkauft wird.

AN- UND WEITERREISE

Bahnstation für Daman ist Vapi, das an der Haupteisenbahnlinie liegt. Vapi ist von Bombay etwa 170 km und von Surat 90 km entfernt.

Von Vapi sind es noch 10 km bis Daman. Auf dieser Strecke fahren von der Haltestelle vor dem Bahnhof ständig genug Sammeltaxis, in denen man für die 20 Minuten dauernde Fahrt pro Person 10 Rs zahlt. Es verkehren auch noch einige klapperige Busse (2 Rs).

SAPUTARA

Dieser angenehm kühle Bergerholungsort liegt in der südöstlichen Ecke des Staates in einer Höhe von 1000 m und ist ein beliebter Ausgangspunkt für Ausflüge zum 60 km entfernten Tierschutzgebiet Mahal Bardipara und zu den 52 km entfernten Gira-Wasserfällen. Der Name bedeutet „Wohnort der Schlangen". Wohl deshalb steht am Ufer des Sarpagana ein heiliges Standbild einer Schlange.

Unterkunft: Im Toran Hill Resort (Tel. 02631/2 26) kann man in einem Schlafsaal für 30 Rs, in normalen Zimmern für 250 Rs und in Zimmern mit Blick auf das Tal für 300 Rs übernachten.

Für ein Zimmer mit Blick auf die Berge wird man in dieser Anlage allerdings nicht weniger als 1500 Rs los.

DADRA UND NAGAR HAVELI

Einwohner: 157 000

Dieses kleine Unionsterritorium mit einer Fläche von weniger als 500 Quadratkilometern liegt in der äußersten Südwestecke des Staates an der Grenze zu Maharashtra. Es wurde seit 1779 von den Portugiesen verwaltet, denen es von den Marathen gegen eine Gebühr von 12 000 Rs abgetreten wurde, bis es 1954 „befreit" worden ist. Von da an bis 1961 haben die Bewohner das Gebiet selbst verwaltet, wahrscheinlich das einzige in ganz Indien, wo das möglich war. Nun untersteht es einem Administrator, der von der Bundesregierung in Delhi ernannt worden ist.

SAURASHTRA

Die Halbinsel Kathiawar zeigt sich zu großen Teilen öde und trostlos. Das wird aber durch die freundlichen sowie farbenfroh gekleideten, wenngleich ein wenig zurückhaltenden Menschen ausgeglichen. Die Landbevölkerung trägt eine hier typische Kleidung: die Männer einen weißen Turban, enge, kurze Jacken mit langen Ärmeln und *jodhpurs* (Hosen, die unseren Reithosen ähnlich und oben weit sowie unten eng sind) sowie manchmal goldenen Ohrschmuck. Die Kleider der Frauen stehen in den Farben der Kleidung der Damen von Rajasthan kaum nach und bestehen aus bestickten, rückenfreien *cholis*, die unter den verschiedensten Namen bekannt sind, am häufigsten aber *kanjeri* genannt werden.

Ihren Namen bezog diese Halbinsel von dem Stamm der Kathi. Die hatten den Ruf, alles, was nicht fest verschlossen war, auf nächtlichen Streifzügen zu entwenden. Da sie vorwiegend die Forts der Städte, die *kots* überfielen, nannte man sie danach. Überall in Kathiawar kann man bestimmte Denkmäler sehen, sogenannte *palias*, auf denen die Männer meist auf großen Rössern und die Frauen in Wagen fahrend dargestellt sind. Daraus geht eindeutig hervor, daß sie schon Fahrzeuge besaßen.

BHAVNAGAR

Einwohner: 437 000

Telefonvorwahl: 0278

Im Jahre 1743 als Hafen gegründet, ist Bhavnagar immer noch ein wichtiger Umschlagplatz für die Baumwolltextilien, die in Gujarat hergestellt werden.

Das Schleusentor von Bhavnagar sorgt dafür, daß die Schiffe im Hafen der Stadt auch bei Ebbe Wasser unter dem Kiel haben.

Ansonsten ist Bhavnagar nicht gerade unbedingt das interessanteste Ziel in Indien, was auch der Grund dafür ist, daß nur wenige Besucher in die Stadt kommen. Dennoch hat Bhavnagar einen herrlichen alten Basar mit überstehenden hölzernen Balkons, Tausende von kleinen Geschäften und viel Lokalkolorit zu bieten, ohne daß man überall auf Touristen trifft.

ORIENTIERUNG UND PRAKTISCHE HINWEISE

Bhavnagar ist eine weit auseinandergezogene Stadt mit deutlich voneinander getrennten alten und neuen Stadtteilen.

Der Busbahnhof liegt im neuen Teil, während man den Bahnhof 2¹/₂ km davon entfernt im hinteren Teil der Altstadt findet. Damit es noch komplizierter wird, haben die privaten Busunternehmen ihre eigenen Haltestellen eingerichtet, die sich weit vom Busbahnhof entfernt befinden.

Preiswerte Hotels gibt es um den Busbahnhof herum nicht.

Wenn man nicht viel Geld zur Verfügung hat, dann fährt man am besten mit einer Auto-Rikscha zu einem der billigen Hotels in der Altstadt. Aber auch dort ist die Auswahl gering.

Alang

In Alang, an der Küste zwischen Bhavnagar und Talaja, befindet sich Indiens größte Abwrackwerft für Schiffe. Hier werden Supertanker, Containerschiffe, Kriegsschiffe und andere Dampfer Tag und Nacht von 20 000 Menschen - im wahrsten Sinne des Wortes - in Handarbeit zerlegt.

Es ist problemlos, dabei zuzusehen. Wenn man jedoch auch Fotos aufnehmen möchte, muß man sich dafür vorher vom Hafenkapitän in Bhavnagar (Gujarat Maritime Board, New Port, Bhavnagar 5) eine Genehmigung besorgen.

Trotz des Taj Mahal und trotz aller Paläste und Tempelanlagen war die Abwrackwerft die beeindruckendste Sehenswürdigkeit, die wir auf unserer Reise zu Gesicht bekamen. Da sie mit Bussen nur schwer zu erreichen ist, sollte man für einen Tagesausflug dorthin in Bhavnagar ein Taxi mieten (350 Rs).

Hilke Rensing und Thomas Tolk (Deutschland)

SEHENSWÜRDIGKEITEN

Takhteshwar-Tempel: Dieser Tempel steht auf dem höchsten der kleinen Hügel von Bhavnagar und bietet ausgezeichnete Blicke über die Stadt sowie bis zum Golf von Cambay. Der Tempel selbst ist allerdings nicht von großer Bedeutung.

UNTERKUNFT

Einfache Unterkünfte: Die einzigen preiswerten Hotels in Bhavnagar liegen in der Gegend des alten Basars und bieten nicht gerade viel Auswahl. Die beste Wahl ist wahrscheinlich das Shital Guest House am Amba Chowk in Mali Tekra (Tel. 2 83 60), mitten in der Marktgegend. Es ist sauber und wird von einem Geschäftsführer geleitet, der auch Englisch spricht. Hüten muß man sich jedoch vor der steilen, fast senkrechten Treppe. Einzel- und Doppelzimmer mit Badbenutzung kosten hier 40 bzw. 60 Rs und mit Bad 45 bzw. 70 Rs. Hier sollte man ausdrücklich nach einem Zimmer mit Balkon fragen, denn die anderen Zimmer sind reichlich dunkel.

Nicht weit davon entfernt ist das Hotel Vrindavan (Tel. 2 73 91). Es ist gut ausgeschildert, aber dennoch kann der Eingang schwer zu finden sein. Er führt durch einen Torweg sowie über einen Innenhof, wo die Stufen zur Rezeption unmittelbar gegenüber vom Torweg begin-

nen. Dieses riesige, weitläufige alte Haus hat einfache, aber saubere Einzel- und Doppelzimmer mit eigenem Bad für 60 bzw. 120 Rs und Zimmer mit Gemeinschaftsbad für 50 bzw. 80 Rs zu bieten. Für ein Bett im Schlafsaal muß man 35 Rs bezahlen.

Etwas teurer ist das sehr nette Hotel Mini in der Station Road (Tel. 2 44 15), etwa 2 Minuten zu Fuß vom Bahnhof entfernt. Es ist sehr sauber und ruhig. Hier kosten Einzelzimmer mit heißem Wasser in Eimern 70 Rs sowie normale Einzel- und Doppelzimmer 90 bis 125 Rs bzw. 100 bis 150 Rs. Die Mitarbeiter sind recht nett und betreuen auch einen Speiseraum. Vermietet werden die Zimmer in diesem Haus jeweils für 24 Stunden.

Mittelklassehotels: Die preisgünstigsten Zimmer in dieser Kategorie werden im Hotel Apollo direkt gegenüber vom Busbahnhof (Tel. 2 52 49) vermietet, und zwar als Einzelzimmer für 250 Rs und als Doppelzimmer 350 Rs, Zimmer mit Klimaanlage für 350 bzw. 430 Rs.

Von der Taxihaltestelle ein Stück die Straße hinunter liegen zwei weitere moderne Mittelklassehotels. Das eine von ihnen, das Hotel Bluehill (Tel. 2 69 51), ist gut eingerichtet und hat mit Klimaanlage Einzelzimmer ab 390 Rs und Doppelzimmer ab 550 Rs zu bieten. Gebo-

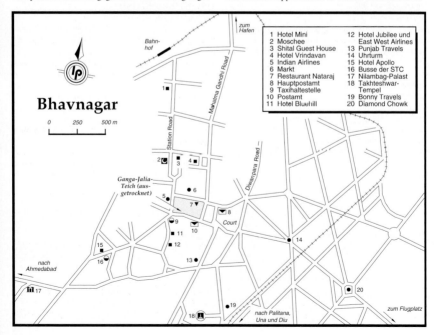

Bhavnagar

0   250   500 m

zum Hafen

Bahnhof

Mahatma Gandhi Road

Station Road

Dwanpara Road

Ganga-Jalia-Teich (ausgetrocknet)

Court

nach Ahmedabad

nach Palitana, Una und Diu

zum Flugplatz

1 Hotel Mini
2 Moschee
3 Shital Guest House
4 Hotel Vrindavan
5 Indian Airlines
6 Markt
7 Restaurant Nataraj
8 Hauptpostamt
9 Taxihaltestelle
10 Postamt
11 Hotel Bluehill
12 Hotel Jubilee und East West Airlines
13 Punjab Travels
14 Uhrturm
15 Hotel Apollo
16 Busse der STC
17 Nilambag-Palast
18 Takhteshwar-Tempel
19 Bonny Travels
20 Diamond Chowk

ten werden ferner zwei Restaurants, ein Zimmerservice rund um die Uhr und Möglichkeiten zum Wechseln von Reiseschecks (auch für andere als Hausgäste). Das Hotel Jubilee nebenan (Tel. 2 00 45) bietet Ähnliches, und zwar normale Zimmer für 300 Rs sowie mit Klimaanlage Einzelzimmer für 375 Rs und Doppelzimmer für 525 Rs (mit Frühstück). Am Abreisetag darf man sein Zimmer bis 12 Uhr nutzen.

Wenn man es sich leisten kann, empfiehlt sich das Nilambag Palace (Tel. 2 43 40). Es liegt westlich der Bushaltestelle an der Straße nach Ahmedabad. Wie der Name schon vermuten läßt, war es früher der Palast eines Maharadschas, ist getäfelt und enthält zahllose echte Ölgemälde. Die Zimmer sind riesig und können allein für 1150 Rs sowie zu zweit für 1500 Rs bewohnt werden. Mieten kann man aber auch die Maharadscha-Suite für 3000 Rs, zu der sogar ein eigener Bereich zur Unterhaltung gehört. Ein grandioser Swimming Pool ist auf dem Grundstück ebenfalls vorhanden, jedoch ausschließlich zur Benutzung durch Hausgäste.

ESSEN

Im Restaurant Natraj wird zwar nur durchschnittliches Essen serviert, aber dafür ist dort allein die Karte mit den Eisspezialitäten zwei Seiten lang. Wenn man dorthin will, dann muß man Ausschau nach einem Hinweisschild mit Reklame für Eis von Vadelal an der Ostseite des Ganga Jalia halten. Dieses Lokal wird jedoch immer erst ziemlich spät geöffnet, so daß es sich für ein Frühstück nicht so gut eignet.

Annehmbar sind die Preise auch für das ganz gute Essen in den Restaurants der Hotels Apollo, Bluehill und Jubilee.

Für ein fürstliches Essen empfiehlt sich der Speiseraum im Nilambagh Palace, der auch für andere als Hausgäste zugänglich ist und in dem man überraschend günstig essen kann (Mughlai-Hühnchen 45 Rs).

AN- UND WEITERREISE

Flug: Das Büro von Indian Airlines liegt an der Westseite des Ganga Jalia (Tel. 2 65 03). Diese Gesellschaft fliegt viermal wöchentlich zwischen Bhavnagar und Bombay (35 US $). East West Airlines ist im Hotel Jubilee vertreten (Tel. 2 92 44) und unterhält dreimal wöchentlich Flugverbindungen nach Bombay (40 US $).

Bus: Staatliche Busse verbinden Bhavnagar mit Ahmedabad und anderen Städten in der Region. Nach Una (in Richtung Diu) fahren Busse morgens ab 5.30 fast stündlich ab. Die Fahrt dauert fünf Stunden und kostet 47 Rs. Nach Palitana verkehren ab 5.00 Uhr ebenfalls stündlich Busse, mit denen man in 1¹/2 Stunden für 14 Rs am Ziel ist. Die Fahrpläne an der Bushaltestelle in Bhavnagar sind allerdings nur in Gujarati veröffentlicht.

Die bedeutendste private Busfirma ist Punjab Travels gegenüber vom Galaxy-Kino (Tel. 2 45 82), unweit der Stadtverwaltung. Sie setzt Busse zur Fahrt nach Ahmedabad alle 30 Minuten ein (50 Rs). Bonny Travels (Tel. 2 91 78) unterhält Busverbindungen nach Ahmedabad um 6.30, 7.00, 12.00 und 18.00 Uhr (ebenfalls 50 Rs). Dieses Unternehmen läßt auch einen Nachtbus nach Diu verkehren, der seine Fahrt um Mitternacht beginnt (6 Stunden, 50 Rs). Das Büro befindet sich im Madhav-Darshan-Komplex, einem riesigen architektonischen Alptraum unweit vom Takhteshwar-Tempel. Das Hinweisschild von Bonny Travel ist allerdings nur in Hindi beschriftet.

Zug: Mit einem Zug ist Bhavnagar 299 km von Ahmedabad entfernt. Eine Bahnfahrt dauert etwa 5¹/2 Stunden und kostet in der 2. Klasse 68 Rs sowie in der 1. Klasse 255 Rs. Der einzige tägliche Direktzug auf dieser Strecke verläßt Bhavnagar um 5.30 Uhr. Nach Palitana verkehren täglich um 6.15, 14.45 und 18.45 Uhr Züge mit Dampflokomotiven, die die 51 km in glänzenden zwei Stunden zurücklegen (9 Rs).

NAHVERKEHR

Für eine Rikscha-Fahrt zum Flugplatz muß man mit rund 40 Rs rechnen.

DIE UMGEBUNG VON BHAVNAGAR

VALABHIPUR

Diese alte Stadt etwa 42 km nördlich von Palitana war einst die Hauptstadt dieses Teils von Indien. Man hat dort viele Ruinen ausgegraben und einige Funde in einem kleinen Museum ausgestellt. Daneben ist allerdings außer den herumliegenden Steinen nicht viel zu sehen.

PALITANA

Einwohner: 45 600
Telefonvorwahl: 02848
Palitana, gelegen 51 km südwestlich von Bhavnagar, ist kaum mehr als das Tor zum Shatrunjaya, dem Siegesplatz. Die 600 m Höhenunterschied vom Fuß des Hügels sind mit einem Aufstieg von etwa 2 km über mehr als 3000 Treppenstufen zu bewältigen. Über einen Zeitraum von 900 Jahren wurden auf diesem Hügel 863 Tempel gebaut. Die Bergspitze ist ausschließlich den Göttern geweiht, so daß sogar die Priester zur Abenddämmerung die Tempel verlassen und den Göttern ihre Ruhe lassen.

Fast alle Tempel gehören den Jains. Dieser Hügel ist einer ihrer höchsten Heiligtümer und daher einer ihrer bedeutendsten Wallfahrtsorte. Die Jains glauben unter anderem, daß auch die Konstruktion der Tempelanlagen eine besondere Bedeutung habe. Die Spitze des Hügels ist von dicken Mauern umgeben, und die Tempel sind noch einmal in neun Gruppen angeordnet, umgeben von *tunks*. Jede Tempelgruppe besteht aus einem Haupttempel und aus kleineren ringsherum. Einige dieser Tempel wurden bereits im 11. Jahrhundert erbaut, aber im 14. und 15. Jahrhundert von den Moslems zerstört. Daher stammen die vorhandenen Tempel alle aus der Zeit nach dem 15. Jahrhundert.

Oben vom Hügel aus hat man eine ausgesprochen gute Fernsicht. An klaren Tagen können Sie hinter Bhavnagar den Golf von Cambay sehen. Der bekannteste und bedeutendste Tempel dieses Areals ist der Shri-Adishwara-Tempel, der dem ersten *tirthankar* der Jains geweiht ist. Schauen Sie sich einmal genau die Drachen an, die rund um den Tempel verlaufen. An diesen Tempel grenzt der moslemische Schrein Angar Pir. Hierher bringen Frauen, die sich ein Kind wünschen, Opfer in Form kleiner Kinderwiegen.

Ein reicher Kaufmann der Jains ließ im Jahre 1618 den Chaumukh (Schrein mit den vier Gesichtern) erbauen. Er enthält Darstellungen von Adinath, die in alle vier Himmelsrichtungen schauen. Andere wichtige Tempel sind die zu Ehren von Kumar Pal, Sampriti Raj und Vimal Shah.

Die Tempelanlage ist täglich von 6.00 bis 18.00 Uhr zugänglich. Wenn man zum Besuch dieser Tempelanlage eine Kamera mitnehmen will, muß man dafür am Haupteingang auf der Spitze des Hügels eine Gebühr von 15 Rs entrichten. Dabei muß man berücksichtigen, daß es zwei Eingänge zur Tempelanlage gibt. Den Haupteingang erreicht man, indem man unweit der Spitze an der Gabelung nach links abbiegt. Zum anderen Eingang geht es nach rechts.

Am Eingang zur Anlage sollte man seine Schuhe ausziehen. Außerdem wird erwartet, daß alle Sachen aus Leder, auch Gürtel und Taschen, vor dem Betreten abgelegt werden.

Für die Fahrt mit einer Pferdekutsche bis zum Fuße des Hügels muß man 20 Rs bezahlen. Man kann die 3 km vom Ort bis dort aber auch in etwa 30 Minuten zu Fuß zurücklegen. Weil die Hitze im Laufe des Vormittags fast unerträglich werden kann, empfiehlt es sich, mit dem Aufstieg früh am Morgen zu beginnen. Wasser kann man von Zeit zu Zeit am Weg kaufen (wenn auch nicht in Flaschen), aber kurz vor der Anlage für 10 Rs auch erfrischenden Joghurt in Tongefäßen. Bei moderatem Tempo muß man für den Aufstieg 1¹/₂ Stunden einplanen. Man kann sich aber für 100 Rs auch in einem *dooli* (Tragsessel) hinauftransportieren lassen, wovon gar nicht so wenige wohlhabende Pilger gern Gebrauch machen. Daher ist der augenfälligste Eindruck, den man gewinnt, wenn man an der Tempelanlage ankommt, der von erschöpften *Dooli*-Trägern, die sich im Schatten erholen.

UNTERKUNFT

In Palitana gibt es zwar eine Unmenge von *dharamsalas* (Unterkünfte für Pilger), aber es ist sehr unwahrscheinlich, daß man darin ein Bett bekommt, wenn man nicht ein Jain ist. Das Hotel Sumeru in der Station Road (Tel. 2 27) untersteht dem Fremdenverkehrsamt von Gujarat und bietet Einzelzimmer für 250 Rs sowie Doppelzimmer für 300 Rs (mit Klimaanlage für 375 bzw. 400 Rs) und Betten in einem Schlafsaal für jeweils 30 Rs. Ein vegetarisches Restaurant ist ebenfalls vorhanden.

Im Hotel Shravak (Tel. 24 28) werden Einzelzimmer mit Badbenutzung für 75 Rs sowie Einzel-, Doppel- und Dreibettzimmer mit eigenem Bad für 100, 175 bzw. 250 Rs vermietet (heißes Wasser in Eimern ohne Zusatzkosten). Im Schlafsaal muß man für ein Bett 25 Rs bezahlen (nur Männer). Zur Verfügung stehen alle Unterkünfte für jeweils 24 Stunden.

ESSEN

Zum Hotel Sumeru gehört auch ein ganz ordentliches Restaurant mit Gujarat-Thalis und Speisen aus dem Punjab. Geht man die kleine Straße in Richtung Kino, so findet man neben dem Hotel Shravak das Restaurant

Jaruti, ein immer sehr belebtes und rund um die Uhr geöffnetes Imbißlokal mit *puris, sabzi*, Joghurt, gebratenen Pfefferschoten und *ganthia* (Teigtaschen mit unterschiedlicher Füllung). Für ein gutes Thali, von dem man so viel essen darf, wie man mag, muß man 14 Rs ausgeben. Wenn man sich dem Fuß des Berges mit der Tempelanlage nähert, kommt man auch an einem Eissalon von Havmor vorbei.

AN- UND WEITERREISE

Bus: Von Norden her kann man mit vielen STC-Bussen in 1¹/₂ Stunden von Bhavnagar nach Palitana fahren. Der Fahrpreis beträgt 10,50 Rs, in „Schnellbussen" 14 Rs. In Palitana fahren auch regelmäßig Busse nach Ahmedabad ab (5 Stunden, 50 Rs).

Außerdem verkehrt um 13.00 Uhr ein Direktbus nach Una (in Richtung Diu), in dem man in fünf Stunden für 31 Rs mitfahren kann. Ferner verkehrt um 7.00 Uhr ein Bus über Mahuva dorthin (5 Stunden, 30 Rs). Ganz gleich, ob man den Direktbus oder den Bus über Mahuva benutzt, es ist so oder so ein Höllentrip auf Dorfstraßen voller Schlaglöcher in alten Klapperkisten.

Zug: Von Ahmedabad legen Schnellzüge die Strecke in 9 bis 11 Stunden zurück. Dabei muß man kurz vor Palitana in Sihor umsteigen. In Gegenrichtung fahren ein Zug um 8.45 Uhr (35 Rs) und ein Nachtzug ab, der Palitana um 20.30 Uhr verläßt (2. Klasse 60 Rs und 1. Klasse 240 Rs). Nahverkehrszüge zwischen Bhavnagar und Palitana brauchen für eine Fahrt zwei Stunden (9 Rs).

DIU

Einwohner: 39 500 (Diu Stadt 22 900)
Telefonvorwahl: 028758

Auf Diu siedelten sich vorübergehend die Parsen an, nachdem sie aus Persien hatten flüchten müssen, auch wenn sie nur drei Jahre blieben. Wie Daman und Goa war Diu portugiesische Kolonie und wurde Indien erst 1961 einverleibt. Zusammen mit Daman wird es noch immer als Unionsterritorium von Delhi aus verwaltet und gehört nicht zu Gujarat. Der größte Teil dieser früheren Kolonie ist die Insel Diu, 13 km lang sowie etwa 3 km breit und vom Festland durch einen schmalen Kanal getrennt. Aber auch zwei kleine Enklaven auf dem Festland gehören zu Diu. Eine davon ist das Gebiet mit dem Dorf Ghoghla, durch das man fährt, wenn man von Una kommt. Dius ganzer Stolz ist das riesige Fort, das die lange Anreise durchaus rechtfertigt. Der Nordteil der Insel, nach Gujarat hin, besteht vorwiegend aus Marschland und Salzpfannen, während sich an der Südküste Kreideklippen, Felsenbuchten und sandige Buchten abwechseln. Die vom Wind zerzauste und trockene Insel ist von Felsblöcken übersäht. Viele der Kreidequader holten sich die Portugiesen damals zum Bau ihrer riesigen Festung sowie der Stadtmauer, Denkmäler und Gebäude heran. Der innere Teil der Insel erreicht eine Höhe von nur 29 m und ist felsig oder sandig, so daß eine landwirtschaftliche Nutzung kaum möglich ist. Lediglich Kokospalmen und andere Palmenarten wachsen dort. Weit ausladende Palmen (*Hyphaene species*) sind das Wahrzeichen und eine Besonderheit von Diu. Ursprünglich wurden sie von den Portugiesen aus Afrika mitgebracht.

GESCHICHTE

Heutzutage ist es kaum verständlich, warum die Portugiesen damals einen augenscheinlich unbedeutenden

Außenposten wie Diu kriegerisch einnahmen und so stark verteidigten. Aber dies sah zwischen dem 14. und 16. Jahrhundert ganz anders aus. Damals war Diu ein wichtiger Handelsplatz und für die Seestreitkräfte strategisch von Bedeutung. Von ihm aus kontrollierten die ottomanischen Türken die Schiffahrtswege im nördlichen Teil des Arabischen Meeres.

1531 mißlang den Portugiesen die Einnahme dieser Insel. Sultan Bahadur Shah, gegen den es anzutreten hieß, fand Unterstützung durch die türkischen Seestreitkräfte. 1535 nutzten die Portugiesen dann aber geschickt einen Streit zwischen dem Sultan und dem Mogulherrscher Humayun aus, besiegten den Sultan und nahmen Diu ein. Humayun hatte nämlich im Jahr zuvor Bahadur Shah besiegt und ihn gezwungen, nach Malwa ins Exil zu gehen. Als aber Humayun in Auseinandersetzungen mit dem afghanischen Sher Khan verwickelt war, gelang es Bahudar zurückzukehren. Der Sultan beabsichtigte aber nicht, an zwei Fronten zu kämpfen. Daher unterzeichnete er mit den Portugiesen einen Pakt, der den Portugiesen den Zugang nach Diu gestattete. An diesen Vertrag fühlten sich die Portugiesen allerdings nicht lange gebunden. Bahadur Shah und sein Nachfolger, Sultan Mahmad III., versuchten verzweifelt, die Portugiesen an ihre Vertragstreue zu erinnern, und fochten die Vereinbarungen an. Schließlich mußten sie aber doch in einem Friedensvertrag 1539 die Insel Diu und die Enklave Ghoghla an die Portugiesen abtreten. Bald danach begannen die neuen Machthaber mit dem Bau des riesigen Forts auf Diu.

Die indische Regierung scheint ein großes Interesse daran zu haben, die portugiesische Ära herunterzuspielen. Sieben Rajputen-Soldaten (sechs davon Singhs) und ein paar Zivilisten wurden während der „Operation

Vijay" getötet, nach der die portugiesische Herrschaft beendet war. Nachdem die indische Luftwaffe unnötigerweise Bombenangriffe auf die Start- und Landebahn sowie auf das Flughafengebäude unweit von Nagao unternommen hatte, wurden die bis Ende der achtziger Jahre nicht wieder instandgesetzt. Auch die alte Kirche im Fort fiel den Bomben zum Opfer und ist heute eine Ruine ohne Dach. Angeblich haben die Portugiesen das Verwaltungsgebäude selbst in die Luft gesprengt, damit es den „Feinden" nicht in die Hände fallen konnte.

PRAKTISCHE HINWEISE

Das Fremdenverkehrsamt (Tel. 26 53) liegt an der Bunder Road, der Hauptstraße, die parallel zum Wasser durch Diu Stadt verläuft. Dort ist es in dem Gebäude unmittelbar am Wasser, und zwar direkt gegenüber vom Zollgebäude, untergebracht. Leider erhält man im Fremdenverkehrsamt keinen Stadtplan von Diu Stadt, so daß man sich davor hüten muß, sich in dem Labyrinth von Straßen nicht zu verlaufen.

Wer Reiseschecks wechseln muß, hat dabei in der State Bank of Saurashtra am wenigsten Probleme. Das Hauptpostamt liegt am Hauptplatz. Ein weiteres Postamt gibt es in Ghoghla.

Die Bushaltestelle von Jethibai für Verbindungen zwischen den Städten liegt gleich hinter der Brücke, die Diu mit Ghoghla verbindet und unmittelbar außerhalb der Stadtmauern.

Das Diu-Fest wird jedes Jahr im Mai begangen und besteht aus zahlreichen kulturellen Veranstaltungen, darunter auch der Aufführung von Tänzen aus Portugal und Gujarat.

SEHENSWÜRDIGKEITEN

Diu Stadt: Der wichtigste Wirtschaftszweig und Lebensgrundlage der Stadt ist die Fischerei, dicht gefolgt von Alkoholkonsum und Salz! Eine Destillerie in Malala stellt Rum her. Das dazu benötigte Zuckerrohr wächst auf dem Festland. Damit der Alkohol seiner Bestimmung zugeführt werden kann, siedelte sich eine Anzahl Bars in der Stadt an. Besucher vom „trockenen" Festland strömen denn auch in Scharen nach Diu, um sich ein kühles Bier oder einen IMFL (Indian Made Foreign Liquor) zu gönnen.

Die Stadt ist zwischen dem massiven Fort im Osten und der riesigen Stadtmauer im Westen eingezwängt. Ein altes Stadttor weist sehr schön behauene Löwen sowie Abbildungen von Engeln und Priestern auf. Unmittelbar hinter dem Tor liegt eine kleine Kapelle mit einer Ikone aus dem Jahre 1702. Die Stadt Diu besitzt drei Kirchen, von denen allerdings nur noch eine ihrem ursprünglichen Zweck dient. Das ist auch nicht erstaunlich, denn man sagt, daß auf der gesamten Insel nur noch 15 christliche Familien leben. Zugang zur Pauluskirche hat man über den angrenzenden Schulhof. Diese wunderschöne Kirche leidet jedoch stark unter Verfallserscheinungen, wobei auch die herrlichen alten Gemälde langsam verblassen. Dennoch ist die Kirche ein friedliches Ziel für eine innere Einkehr. In der Nähe kommt man zur Thomaskirche, in der jetzt das Museum von Diu untergebracht ist. Dort kann man sich eine interessante Sammlung von katholischen Heiligenfiguren ansehen, darunter auch eine etwas störende Figur des gedemütigten Jesus auf der Totenbahre, flankiert von zwei Engeln. Wenn man bisher geglaubt hat, der Pan-

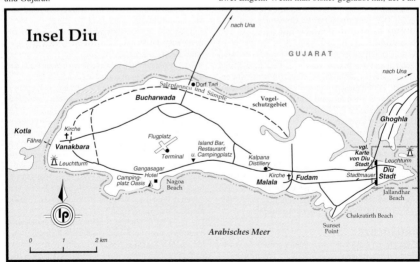

theon der hinduistischen Götter sei verwirrend, dann sollte man einmal einen Blick auf die hier zu sehende Sammlung von christlichen Heiligen werfen. Die dritte Kirche ist die zu Ehren des Heiligen Franz von Assisi, die in ein Krankenhaus umgewandelt wurde.

Anders als in Daman zeigen die Gebäude in Diu einen deutlichen portugiesischen Einfluß. Die Stadt besteht aus einem verzweigten Gewirr kleiner Gassen mit vielen Häusern, die reichhaltig mit Ornamenten verziert und farbenfroh bemalt sind. Weiter von diesem ziemlich gedrängt angelegten Wohngebiet entfernt gehen die Straßen in sich windende Gassen mit viel Grün über.

An der Rückseite des Stadtplatzes gibt es auch einen kleinen, aber sehr hübschen Basar. In einem kleinen Park an der Esplanade zwischen dem Platz und der Polizeiwache steht das Marwar Memorial mit einem Greifvogel an der Spitze. Es soll an die Befreiung der Insel von den Portugiesen erinnern.

Wenn man es unterläßt, sich das Aquarium an der rechten Seite der Straße zum Fort anzusehen, verpaßt man nicht viel. Das ist nämlich nicht mehr als ein kleiner

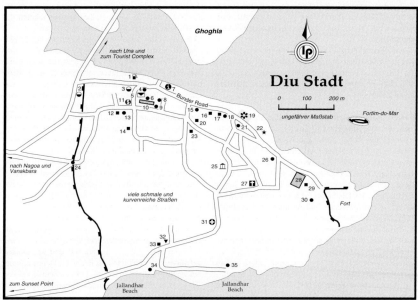

Unterkünfte
12 Hotel Prince
14 Nilesh Guest House
16 Hotels Alishan und Apana
17 Hotel Sanman
20 Hotel Mozambique
23 Hotel Samrat
29 PWD Rest House
33 Tourist Cottages

Restaurants
32 Restaurant Jay Shankar

Sonstiges
 1 Tankstelle
 2 Bushaltestelle von Jethibai

 3 Haltestelle der Nahverkehrs
   busse
 4 Oceanic Travels (East West
   Airlines)
 5 Postamt
 6 Stadtplatz
 7 Fremdenverkehrsamt
 8 Goa Travels
 9 Fahrradvermietung Chandani
10 Basar
11 State Bank of Saurashtra und
   RR Travels
13 Fischmarkt
15 Gemüsemarkt
18 Manisha Electronics
   (Mopedvermietung)

19 Public Gardens
21 Collectorate
22 Polizeiwache
24 Jampa-Tor
25 Museum von Diu
   (Thomaskirche)
26 Aquarium
27 Pauluskirche
28 Schule
30 Wildpark
31 Kirche zu Ehren des Hl. Franz
   von Assisi (Krankenhaus)
34 Summer House
35 Circuit House

Wasserbehälter mit etwa sechs Fischen in der Größe von Goldfischen.

Das mächtige Fort, fertiggestellt 1547, muß früher mit seinen beiden Wassergräben (einer davon gezeitenabhängig) wirklich uneinnehmbar gewesen sein. Seewasser nagt stetig an diesem Fort, und da niemand etwas für die Erhaltung unternimmt, ist der Zerfall vorprogrammiert. Überall verstreut liegen haufenweise Kanonenkugeln herum. Auf den Schutzwällen stehen noch viele Kanonen, von denen einige sehr alt, aber in gutem Zustand sind. Eine stammt sogar aus dem Jahre 1624, die - so kann man es jedenfalls lesen - von Don Diego de Silva Conde de Porta Legre gegossen wurde, und zwar unter der Herrschaft von Don Philippe, dem König von Spanien.

Weil das Fort gleichzeitig als Gefängnis der Insel dient, wird es für Besucher täglich um 17.00 Uhr geschlossen. Der Eintritt ist kostenlos. Hinweisschilder verbieten zwar das Fotografieren, aber niemand scheint sich darum zu kümmern.

Weitere Sehenswürdigkeiten auf der Insel: Besucher, die von Tempeln und Festungen genug hatten, begaben sich früher gern nach Nagoa, um sich mal wieder richtig zu erholen. Dort gibt es auch heute noch einen wunderschönen, von Palmen gesäumten Strand, weitgehend leer und sicher zum Baden im Wasser davor. Seit dem Bau einer neuen Straße, die vom Süden der Stadtmauer in Diu Stadt verläuft und nach etwa 2 km auf die alte Straße nach Fudam stößt, sind auch die früher so gut wie nie aufgesuchten Strände im Südosten der Insel zugänglich geworden. Das sind, von Osten nach Westen, Jallandhar, Chakratirth und der atemberaubende Sunset Point.

Im nicht weit von Diu Stadt entfernten Dorf Fudam kann man sich eine riesige, aufgegebene Kirche ansehen (Our Lady of Remedies). Drinnen sind noch ein großer alter geschnitzter Altar aus Holz sowie eine Madonna mit ihrem Kind übriggeblieben.

In Vanakbara, am äußersten westlichen Ende der Insel, sind eine Kirche (Our Lady of Mercy), eine Festung, ein Leuchtturm, ein kleiner Basar und eine Flotte von Fischerbooten zu sehen. Ein Postamt gibt es hier ebenfalls. Von diesem Ort kann man mit einer Fähre nach Kotla auf dem Festland fahren, wo Busverbindungen nach Kodinar bestehen.

Das kleine Fischerdorf Vanakbara ist allemal einen Besuch wert und lädt dazu ein, durch den Ort bis zum Hafen zu spazieren, wo man Einheimische Netze flicken und ihre farbenfrohen Boote reparieren sehen kann.

UNTERKUNFT

In vielen Gästehäusern auf Diu werden in der Nebensaison ganz gute Ermäßigungen gewährt. Die im folgenden angegebenen Preise gelten für die Hochsaison, die von Oktober bis Juni dauert.

Stadt Diu: Viele Besucher mit wenig Geld übernachten im Hotel Mozambique (Tel. 22 23), einem alten Haus im portugiesischen Stil mit Blick auf den Gemüsemarkt. Hier werden mit Badbenutzung Doppelzimmer für 60 Rs und Dreibettzimmer für 90 Rs und mit eigenem Bad für 80 bzw. 120 Rs vermietet. Angeboten wird auch einen „VIP-Suite" mit zwei Doppelbetten für 200 Rs. Von allen Zimmern hat man Zugang zu Balkons mit herrlichen Ausblicken über den Kanal zwischen der Stadt Diu und Ghoghla. Heißes Wasser können die Gäste ohne Zusatzkosten in Eimern erhalten.

Eine gute Wahl ist auch das Hotel Samman (Tel. 22 73), eine alte portugiesische Villa am der Bunder Road, und zwar auf halbem Weg zwischen dem Hauptplatz und dem Fort. In früheren Inkarnationen hieß dieses Haus Baron's Inn, völlig mißverständlich Fun Club und schließlich Pensão Beira-Mar. Große, einfach eingerichtete Zimmer (nur mit kaltem Wasser) mit guten Ausblicken auf das Meer kosten hier zur Alleinbelegung 75 Rs und zur Belegung mit zwei Gästen 100 Rs. Die Mitarbeiter im Haus sind freundlich und betreiben auch ein ganz gutes Restaurant sowie eine Bar.

In der Nähe des Samman liegen zwei moderne Hotels, und zwar das Hotel Apana (Tel. 21 12) und das Hotel Alishan (Tel. 23 40). Im Apana werden Einzel- und Doppelzimmer mit Bad ab 100 bzw. 125 Rs angeboten, mit Klimaanlage für 250 bzw. 300 Rs. Am Abreisetag darf man in diesem Haus bis 12 Uhr in seinem Zimmer bleiben. Vorhanden ist ferner ein gutes nichtvegetarisches Restaurant, jedoch keine Bar. Das Alishan kann mit ganz guten Zimmern mit Bad und Balkon aufwarten. Hier beginnen die Preise für Doppelzimmer bei 70 Rs. Heißes Wasser fließt in diesem Hotel von 7 bis 12 Uhr. Ferner werden den Gästen ein Restaurant und eine Bar geboten.

Das Nilesh Guest House (Tel. 23 19) hat Einzel- und Doppelzimmer mit Badbenutzung für 60 bzw. 100 Rs sowie Doppel- und Dreibettzimmer zu Preisen ab 120 bzw. 180 Rs zu bieten. Hier muß man für einen Eimer mit heißem Wasser 5 Rs bezahlen. Im neuen Nebengebäude werden Doppelzimmer mit Bad und Balkon für 120 Rs vermietet. Die Blumenvorhänge vermitteln den Eindruck, als sei man bei seiner Großmutter zu Besuch. Die Zimmer sind sauber. Außerdem ist der Geschäftsführer ausgesprochen freundlich. Das Restaurant im Haus ist von ausländischen Besuchern häufig gelobt worden.

Sauber und modern sind die Zimmer im Hotel Prince (Tel. 22 65), gelegen nicht weit vom Fischmarkt entfernt. In diesem Haus kosten Standardzimmer 175 Rs und Luxuszimmer 225 Rs (keine Ermäßigung für Alleinreisende). Heißes Wasser fließt in diesem Haus Tag und

Nacht. Die „Meerblicke" erweisen sich allerdings als flüchtige Eindrücke. In diesem Haus ist auch Frühstück erhältlich. Ferner ist eine Bierbar vorhanden, aber kein richtiges Restaurant.

Das Hotel Samrat (Tel. 23 54), ein paar Blocks vom Hauptplatz entfernt, hat Zimmer zu Preisen ab 250 Rs, mit Klimaanlage für 450 Rs, und Schlafsäle mit jeweils vier Betten zu bieten, in denen man für 50 Rs pro Person unterkommt. In der Nebensaison werden Ermäßigungen und auch preisgünstigere Einzelzimmer angeboten. Hier sind alle Zimmer gut eingerichtet und verfügen auch über Balkons. Auch von einem Zimmerservice kann man Gebrauch machen. Ein ganz gutes Restaurant und eine Bar stehen ebenfalls zur Verfügung. Wenn in der Küche gerade nicht viel Betrieb ist, bereitet der Koch für 15 bis 20 Rs pro Person auch Fische zu, die Gäste vom Fischmarkt mitgebracht haben.

In der Nähe vom Fort liegt ein PWD Rest House (Tel. 24 76), in dem man in einem Zimmer allein oder zu zweit für 100 Rs (mit Klimaanlage für 300 Rs) übernachten kann. Zu den meisten Zimmern gehören auch Balkons, von denen man gute Ausblicke über den Kanal und auf das Fort hat. Hinter dem Haus ist ein kleines Gehege für Wild eingerichtet worden.

Jallandhar: Nicht weit von der Stadt Diu entfernt liegen wunderschön gegenüber vom Strand in Jallandhar und etwa einen Kilometer vom Fort entfernt die Tourist Cottages (Tel. 26 54). Saubere und geräumige Cottages kosten dort als Doppel- oder Dreibettzimmer 200 Rs, mit Klimaanlage 350 Rs. Vorhanden sind aber auch Vierbettzimmer mit zwei Doppelbetten (eines davon auf dem Dachboden), für die man 350 Rs bezahlen muß. Von allen Unterkünften hat man Ausblick auf das Meer. Ein ausgezeichnetes nichtvegetarisches Restaurant und eine Bar sind ebenfalls vorhanden, in denen auch andere als Hausgäste willkommen sind. Wenn es einem nichts ausmacht, etwas abgelegen zu wohnen, ist diese Anlage ein erholsames Quartier und liegt zudem dem Sunset Point am nächsten.

Wenn Sie diese Zeilen lesen, sollte auch Mansuklal Motichand, der Besitzer des Jay Shankar (vgl. Abschnitt über das Essen), sein Gästehaus mit preisgünstigen Unterkünften fertiggestellt und in Betrieb haben. Es liegt an der gleichen Stelle wie das Restaurant.

Nagoa: Weil es verboten ist, Hütten von Einheimischen zu mieten und wild zu zelten, sind die Übernachtungsmöglichkeiten in Nagoa begrenzt und beschränken sich auf die folgenden Quartiere.

Auf dem Campingplatz Oasis neben dem Hotel Gangasagar werden Zelte mit Licht und Ventilator angeboten. Vorhanden sind auch eine Bar und ein Restaurant. In Betrieb ist die Anlage aber nur von Oktober bis Ende Juni. Wenn man dort übernachten

möchte, sollte man sich an das Fremdenverkehrsamt in der Stadt Diu (Tel. 26 53) wenden.

Auch bei der Island Bar & Restaurant an der Straße zwischen der Stadt Diu und Nagoa werden Zelte vermietet, und zwar mit Licht, Ventilator und Bett für 100 Rs pro Person. Diese Anlage ist nur von Oktober bis Dezember in Betrieb. Das Restaurant ist jedoch das ganze Jahr über geöffnet.

Das einzige Hotel in Nagoa ist das Hotel Gangasagar (Tel. 22 49). Dort muß man für ein kleines Einzelzimmer 75 Rs und für ein kleines Doppelzimmer 100 Rs bezahlen. Zu den Doppelzimmern gehört auch eine Toilette, aber keine Dusche. Dieses Haus wird sehr streng geführt, denn Essen erhält man nur zu vorgegebenen Zeiten, so daß man dann, wenn man zu einer anderen Zeit hungrig ist, Pech gehabt hat. Außerdem muß man am Abreisetag sein Zimmer bereits bis 8 Uhr geräumt haben.

Ghoghla: Im Dorf Ghoghla, dem zu Diu gehörenden Teil auf dem Festland, befindet sich der Tourist Complex (Tel. 22 12). Diese Anlage ist in dem ersten Gebäude hinter der Barriere, die die Grenze nach Gujarat markiert, untergebracht. Obwohl noch relativ neu, sieht die Anlage schon reichlich heruntergekommen aus. Vermietet werden Doppelzimmer für 175 Rs, mit Klimaanlage für 350 Rs. Für ein Bett im Schlafsaal muß man 75 Rs bezahlen. Ein ganz hübsches Restaurant und eine Bar mit Blick auf das Meer sind ebenfalls vorhanden.

ESSEN

Zu einer ganzen Reihe von Hotels und Gästehäusern gehören auch ganz gute Restaurants, aber seit der Eröffnung des Restaurants Jay Shankar, einem Lokal in Jallandhar, wird das Essen nie wieder so sein wie früher. Die Familie von Mansuklal Motichand schafft es dort, in der winzigen Küche die auserlesensten (und preisgünstigsten) Speisen zuzubereiten. Das Essen ist ausgezeichnet, zumal die Familie Motichand auch noch sehr freundliche Gastgeber sind. Das Restaurant hat zwar keine Genehmigung zum Ausschank alkoholischer Getränke, aber Verzicht auf Alkohol ist nur ein kleiner Preis für etwas, was sich als kulinarischer Höhepunkt des Reisens in Gujarat erweist.

Sehr gut sind ferner die Restaurants im Hotel Samrat und im Nitesh Guest House, wie auch in den Tourist Cottages in Jallandhar. Außerdem werden in vielen Bars einfache Gerichte wie *dhal* und Reis angeboten. Schließlich sollte inzwischen das Restaurant auf dem winzigen Fortim-do-Mar, der kleinen befestigten Insel gleich nördlich des Haupttores, fertiggestellt sein.

Bier und andere alkoholische Getränke sind erfreulich preisgünstig (ein Kingfisher-Bier für 18 Rs). Im übrigen gibt es im Hotel Mozambique private Separees, in denen man vertrauliche Geschäfte bei einer Flasche IMFL ungestört abwickeln kann.

Problematischer ist die Verpflegung in Nagoa. Eigentlich muß man sich die mitbringen, denn Lokale gibt es am Strand nicht. Wenn man Glück hat, wird einem in einem Notfall in der Bar des Hotels Gangasagar allenfalls ein Omelett gebraten oder ein Toast serviert. Diese Bar ist auch für andere als Hausgäste zugänglich. In dem Imbißlokal Manali am Sunset Point erhält man Getränke sowie heiße und kalte Imbisse, allerdings nur in der Touristensaison.

AN- UND WEITERREISE

Flug: East West Airlines unterhält dreimal wöchentlich Flugverbindungen nach Bombay (57 US $). Agentur von East West Airlines ist Oceanic Travels am Hauptplatz, und zwar in der Nähe des Postamts (Tel. 21 80).

Bus: Diu erreicht man über Una, wohin Busverbindungen von Bhavnagar, Palitana, Veraval und Talaja bestehen. Wenn man in Una angekommen ist, muß man sehen, wie man die rund 10 km nach Ghoghla und Diu zurücklegt. An der Bushaltestelle in Una fahren zwischen 6.30 und 20.15 Uhr alle 30 Minuten Busse ab (6 Rs). Sie halten unterwegs an der Grenze zu Diu, wo die Reisepässe der Fahrgäste kontrolliert werden. Wenn man nicht auf einen Bus warten will, dann kann man auch einen Kilometer von der Bushaltestelle bis zum Tower Chowk zu Fuß gehen (fragen Sie nach der Richtung), von wo man in überfüllten Rikschas mit mehreren anderen Leuten zunächst nach Ghoghla (5 Rs) und anschließend wieder mit einer Rikscha weiter nach Diu fahren kann (2 Rs). Mit einer Auto-Rikscha kostet eine Fahrt von Una rund 50 Rs.

Es gibt aber auch eine ganze Zahl von staatlichen STC-Bussen, die von Städten wie Veraval und Bhavnagar durch bis Diu fahren.

Schneller und bequemer als die STC-Busse sind die privaten Minibusse. RR Travels neben der State Bank of Saurashtra (Tel. 23 29) setzt einen Nachtbus zur Fahrt nach Ahmedabad ein, der Diu um 19.00 Uhr verläßt (10 1/2 Stunden, 85 Rs). Außerdem bestehen zwischen 6 und 20 Uhr fast alle 30 Minuten Busverbindungen nach Veraval (2 1/2 Stunden, 25 Rs), Junagadh (4 Stunden, 40 Rs) und Rajkot (7 Stunden, 60 Rs). Nach Porbandar kommt man mit einem Bus um 6.00, 8.00 und 13.00 Uhr (5 Stunden, 55 Rs) und nach Bombay um 10.00 Uhr (22 Stunden, 200 Rs). Platzreservierungen sollte man möglichst mindestens 24 Stunden vor der Abfahrt vornehmen. Bis 8.00 Uhr morgens fahren die

Busse von RR Travels am Büro dieser Gesellschaft und danach an der neuen Bushaltestelle von Jethibai ab. Goa Travels mit einem Büro am Hauptplatz (Tel. 21 91) setzt ebenfalls einen Bus zur Fahrt nach Bombay ein, der seine Fahrt täglich um 10.30 Uhr beginnt.

Zug: Der nächste Bahnhof ist in Delwada, gelegen zwischen Una sowie Ghoghla und von Diu nur 8 km entfernt. Eine Fahrt im Sammeltaxi (Auto-Rikscha) kostet von dort nach Ghoghla etwa 3 Rs. Von Delwada besteht morgens um 6.00 Uhr eine Direktverbindung nach Veraval mit Ankunft um 10.30 Uhr und um 13.00 Uhr eine weitere Verbindung über Talala mit Ankunft um 17.00 Uhr (96 km, 2. Klasse 27 Rs und 1. Klasse 114 Rs). Außerdem kommt man einmal täglich über Sasan Gir nach Junagadh (164 km, 6 1/2 Stunden, 2. Klasse 43 Rs und 1. Klasse 159 Rs).

NAHVERKEHR

Die Fahrer von Auto-Rikschas fordern für eine Fahrt nach Una zunächst bis zu 50 Rs, sollten aber auf einen niedrigeren Fahrpreis herunterzuhandeln sein. Für 5 Rs kommt man innerhalb der Stadt Diu zu jedem gewünschten Ziel. Für eine Fahrt nach Nagoa muß man mit 25 Rs und zum Sunset Point mit 15 Rs rechnen. In einer Rikscha kann man zusammen mit anderen Leuten nach Ghoghla für 2 Rs pro Person mitfahren.

Eine Radfahrt in der Stadt Diu ist sicher keine schlechte Idee, aber hinaus nach Nagoa oder sogar bis Vanakbara kann es eine lange, heiße Fahrradtour werden. Bei der Fahrradvermietung an der Rückseite des Hauptplatzes sind Fahrräder für 20 Rs pro Tag erhältlich. Mobiler mit weniger Kraftanstrengung ist man mit Mopeds von Mansiha Electronics neben dem Hotel Sanman, für die man pro Tag 120 Rs und pro Woche 630 Rs bezahlen muß (zuzüglich Treibstoff). In der Nebensaison werden auf diese Preise Ermäßigungen eingeräumt. Allerdings muß man wissen, daß einige dieser Klapperkisten bereits ihren Geist aufgegeben haben und Leute damit in weit entfernten Ecken der Insel liegengeblieben sind. Daher muß man ein solches Moped genau auf seine Fahrtüchtigkeit überprüfen, bevor man sich damit auf den Weg begibt. Fahrräder werden in diesem Laden ebenfalls vermietet.

Nahverkehrsbusse von der Stadt Diu nach Nagoa und Vanakbara fahren an der Haltestelle gegenüber der Tankstelle an der Bunder Road um 7.00, 11.00 und 16.00 Uhr ab. In Nagoa beginnen sie ihre Rückfahrten in die Stadt Diu unweit der Polizeiwache um 13.00, 17.30 und 19.00 Uhr (1,50 Rs).

VERAVAL

Einwohner: 105 000
Telefonvorwahl: 02876
Veraval an der Südküste von Saurashtra war der Hafen, von dem aus die meisten Mekka-Pilger abfuhren, bevor Surat bedeutender wurde. Der Ort hat aber immer noch einige Bedeutung als einer der größten indischen Fischereihäfen (hier sind über 1000 Fischerboote beheimatet) und als Ausgangspunkt für einen Besuch der Tempel in Somnath, 5 km weiter südlich.
Die berühmten *dhaus* aus Holz in allen Größen, von kleinen Fischerbooten bis zu Frachtschiffen für Fahrten über den Ozean, werden in Veraval noch immer in Handarbeit gebaut. Die größten *dhaus* segeln noch immer nach Dubai und zu anderen Zielen im Nahen Osten, von denen man einige sehen kann, wenn sie beoder entladen werden.
Es lohnt sich, einmal am Hafen herumzuspazieren, auch wenn dort das Fotografieren wahrscheinlich verboten ist. Wenn Sie mit einem Fahrrad nach Somnath fahren wollen, können Sie eine Abkürzung unmittelbar durch

das Hafengebiet benutzen. Außer dem Hafen gibt es in Veraval, trotz der Größe der Stadt, nicht viel Sehenswertes.

PRAKTISCHE HINWEISE
Wenn man nach Veraval kommt, muß man darauf vorbereitet sein, daß nirgends in der Stadt Reiseschecks eingelöst werden. In der State Bank of India unweit vom Bahnhof läßt sich jedoch Bargeld wechseln.

UNTERKUNFT
Eine der besten Übernachtungsmöglichkeiten stellt das Hotel Satkar unweit der Bushaltestelle dar (Tel. 2 01 20). Es hat normale Einzel- und Doppelzimmer ab 75 bzw. 125 Rs sowie klimatisierte Einzel- und Doppelzimmern für 250 bzw. 300 Rs zu bieten. Alle Zimmer sind mit Bad ausgestattet, in dem morgens auch heißes Wasser zur Verfügung steht. Im übrigen sind in diesem Haus die Mitarbeiter recht freundlich und hilfsbereit. Der Speiseraum besteht jedoch in Wirklichkeit aus zwei Tischen,

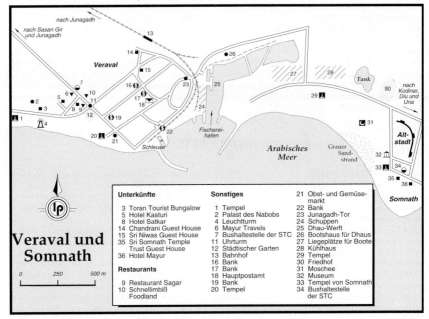

Veraval und Somnath

0   250   500 m

Unterkünfte	Sonstiges	21 Obst- und Gemüse- markt
3 Toran Tourist Bungalow	1 Tempel	22 Bank
5 Hotel Kasturi	2 Palast des Nabobs	23 Junagadh-Tor
8 Hotel Satkar	4 Leuchtturm	24 Schuppen
14 Chandrani Guest House	6 Mayur Travels	25 Dhau-Werft
15 Sri Niwas Guest House	7 Bushaltestelle der STC	26 Bootshaus für Dhaus
35 Sri Somnath Temple Trust Guest House	11 Uhrturm	27 Liegeplätze für Boote
36 Hotel Mayur	12 Städtischer Garten	28 Kühlhaus
	13 Bahnhof	29 Tempel
	16 Bank	30 Friedhof
Restaurants	17 Bank	31 Moschee
	18 Hauptpostamt	32 Museum
9 Restaurant Sagar	19 Bank	33 Tempel von Somnath
10 Schnellimbiß Foodland	20 Tempel	34 Bushaltestelle der STC

die in einem Schlafzimmer aufgestellt werden. Sein Zimmer muß man in diesem Haus am Abreisetag bis 10 Uhr räumen.

Im nicht weit entfernten Hotel Kasturi (Tel. 2 02 48) werden geräumige Einzel- und Doppelzimmer für 80 bzw. 150 Rs sowie Einzel- und Doppelzimmer mit Klimaanlage für 225 bzw. 260 Rs vermietet. Auch in diesem Haus fließt in den Bädern heißes Wasser. Räumen muß man sein Zimmer am Abreisetag ebenfalls bis 10 Uhr. Der Toran Tourist Bungalow (Tel. 2 04 88) ist ein riesiges altes Haus, das ziemlich ungünstig liegt. Es sieht bereit recht heruntergekommen aus und ähnelt einem Haus in einem Gruselkrimi. Hier werden Einzel- und Doppelzimmer mit Deckenventilator für 150 bzw. 200 Rs angeboten. Wissen muß man noch, daß man in einigen Zimmern den Blicken aus einigen Fenstern des alten Nabob-Palastes ausgesetzt ist (heute ein College). In diesem Haus muß man sein Zimmer am Abreisetag bis 9 Uhr verlassen haben. Einen Speiseraum gibt es nicht. Ferner stehen im Bahnhofsgebäude Ruheräume der Eisenbahn zur Verfügung, und zwar in Schlafsälen für 30 Rs pro Bett, als Einzelzimmer für 50 Rs und als Doppelzimmer für 60 Rs. Etwas muffig ist das Chandrani Guest House in der Nähe (Tel. 2 03 56), in dem man in sehr einfachen, aber annehmbaren Doppelzimmern für 50 Rs unterkommt. Nicht weit entfernt liegt das Sri Niwas Guest House (Tel. 2 01 38), in dem winzige Einzelzimmer mit Badbenutzung für 30 Rs sowie größere Einzel- und Doppelzimmer mit Bad (nur kaltes Wasser) für 40 bzw. 60 Rs angeboten werden.

ESSEN

Das Restaurant Sagar ist ein ganz hübsches vegetarisches Lokal und liegt etwa fünf Minuten Fußweg von der Bushaltestelle in Richtung Uhrturm entfernt. Schräg gegenüber kommt man zum Restaurant Foodland Fast Food.

AN- UND WEITERREISE

Bus: Von der Bushaltestelle kann man täglich nach Diu, Kodinar, Porbandar, Junagadh, Rajkot und Bhavnagar fahren. Außerdem bestehen regelmäßig Busverbindungen nach Sasan Gir (1¹/₂ Stunden, 12 Rs). Agentur für die privaten Busgesellschaften ist Mayur Travels gegenüber der Bushaltestelle (Tel. 2 16 02). Private Busse fahren ab 6.30 Uhr alle halbe Stunde nach Junagadh (2 Stunden, 20 Rs), ab 7.00 Uhr alle halbe Stunde nach Porbandar (3 Stunden, 35 Rs), ab 8.30 Uhr alle halbe Stunde nach Diu (2¹/₂ Stunden, 25 Rs) und regelmäßig nach Rajkot.

Zug: Von Ahmedabad nach Veraval sind es 431 km, die man in 11¹/₂ Stunden zurücklegt und dann für eine Fahrt in der 2. Klasse 118 Rs sowie in der 1. Klasse 352 Rs bezahlen muß. In Gegenrichtung fährt der *Girnar Express* in Veraval um 19.30 Uhr ab. Es verkehren aber auch langsame Züge mit Dampflokomotiven um 8.45 und 14.00 Uhr nach Sasan Gir (2 Stunden, 9 Rs) sowie um 8.45 Uhr in Richtung Delwada (für das Ziel Diu), wobei man in Talala umsteigen muß. Ein Direktzug nach Delwada verläßt Veraval um 15.30 Uhr.

Nach Rajkot kann man mit einem Zug um 11.20 Uhr fahren, der sein Ziel um 16.30 Uhr erreicht (186 km, 2. Klasse 48 Rs und 1. Klasse 178 Rs).

NAHVERKEHR

Gegenüber der Bushaltestelle, in der Nähe von Mayur Travels, kann man für 2 Rs pro Stunde oder für 15 Rs pro Tag ein Fahrrad mieten.

Für eine Fahrt mit einer Auto-Riksha in das 5 km entfernte Somnath muß man mit einem Preis von rund 20 Rs rechnen. Eine Fahrt mit einem Nahverkehrsbus auf dieser Strecke kostet dagegen nur 3,50 Rs. Abfahrt ist in der Nähe der Haltestelle für Langstreckenbusse.

SOMNATH

SEHENSWÜRDIGKEITEN

Tempel: Der Tempel in Somnath Patan, unweit von Veraval und 80 km von Junagadh, blickt auf eine besonders ereignisreiche Geschichte zurück. Die Anfänge reichen bis in das Reich der Legende zurück. Man sagt nämlich, daß der ursprüngliche Tempel von Somraj, dem Mondgott, ganz in Gold erbaut wurde. Später soll er von Ravana in Silber, danach von Krishna in Holz und schließlich von Bhimdev nur noch in Stein errichtet worden sein. Sicherer dagegen ist, daß ein arabischer Reisender, Al Birundi, diesen Tempel in seinen Aufzeichnungen so schwärmerisch beschrieb, daß 1024 ein höchst unwillkommener Besucher auftauchte - Mahmud

von Ghazni. Zu diesem Zeitpunkt stand der Tempel in seiner Blütezeit. 300 Musiker, 500 Tänzerinnen und sogar 300 Barbiere lebten im Tempelbezirk, die Friseure nur deshalb, um anreisenden Pilgern die Köpfe zu scheren.

Mahmud von Ghazni, der sich durch seine unzähligen Überfälle auf die Reichtümer Indiens einen traurigen Ruhm erwarb, näherte sich von seinem Königreich in Afghanistan auch Somnath in der Absicht, es zu überfallen und einzunehmen. Er kämpfte nur zwei Tage, bis er sein Vorhaben verwirklichte. Kaum hatte er Stadt und Tempel eingenommen, begann er mit dem Abtransport der wertvollen Schätze und zerstörte dann den größten Teil, bevor er abzog. Damit begann eine Reihe von Tempelzerstörungen durch die Moslems, bis später die Hindus ihre Tempel auf die Ruinen erbauten. Auch sie wurden in den folgenden Jahrhunderten vernichtet (1297 und 1394). Den Rest übernahm dann 1706 Aurangzeb, der Mogulherrscher mit dem Beutetrieb.

Nach der Zerstörung im Jahre 1706 wurde die Tempelanlage allerdings nicht wieder vollständig aufgebaut. Die Restaurierung wurde erst 1950 beendet. Außerhalb der Anlage, gegenüber vom Eingang, steht eine Statue von S. V. Patel (1875-1950). Er war verantwortlich für die Restaurierung des Tempels. Innerhalb der Anlage hat man vom zweiten Stock des Tempels einen guten Ausblick und kann sich eine Fotoausstellung mit Erläuterungen in englischer Sprache über die archäologischen Ausgrabungen der sieben Tempel und die Restaurierungsarbeiten ansehen.

Der Tempel in der heutigen Form entstand nach alten, überlieferten Mustern und am Originalstandort in der Nähe der See. Er gehört zu den 12 heiligsten Shiva-Heiligtümern (*jyoti lingas*) von Indien. Trotz dieser Bedeutung und der bunten Geschichte ist er nicht sehr interessant. Von dem alten Tempel konnte man kaum etwas auffinden, so daß die Nachbildung wenig beeindruckend ist. Auf dem Tempelgelände, nördlich des Haupttores, hat man die Möglichkeit, etwas zu essen. Außerhalb des Tempels erstreckt sich entlang des Ufers ein grauer Sandstrand. Das Schwimmen ist dort möglich, allerdings fehlt Schatten.

Museum: In der Straße, die vom Tempel wegführt, steht ein Museum, das von 9.00 bis 12.00 Uhr und von 15.00 bis 18.00 Uhr geöffnet, mittwochs, an Feiertagen sowie jeden zweiten und vierten Samstag im Monat jedoch geschlossen ist. Der Eintritt kostet 0,50 Rs. Zu sehen sind Überreste des alten Tempels, und draußen liegen behauene Steine herum. Außerdem sind im Museum Tonscherben und eine Sammlung von Meeresmuscheln ausgestellt. Etwas seltsam nimmt sich dagegen die Sammlung von Flaschen mit Wasser aus der Donau, dem Nil, dem St. Lawrence-Strom, dem Tigris, dem Rio Plata und dem Murray in Australien aus. Nicht zu vergessen das Meerwasser aus Hobart und Neuseeland.

Weitere Sehenswürdigkeiten: Wenn Sie aus Richtung Veraval kommen, betreten Sie Somnath Patan durch das Junagadh-Tor. Das ist das sehr alte dreifache Tor, durch das Mahmud seinen unrühmlichen Einzug hielt. Ferner gibt es eine alte Moschee aus der Mahmud-Zeit. Die Jama Masjid, die Sie durch den geschäftigen Basar erreichen, wurde unter Verwendung von Material ehemaliger hinduistischer Tempel erbaut. An den vier Ecken finden Sie interessante Schnitzereien aus dem Holz von Bo-Bäumen. Heute ist diese Moschee ein Museum. Es enthält Sammlungen von Gegenständen aus umliegenden Tempeln.

Etwa einen Kilometer vor dem Junagadh-Tor steht der sehr säuberlich und fein gearbeitete Mai Puri. Das war früher einmal ein Sonnentempel der Hindus, den Mahmud in eine Moschee umwandelte. In der näheren Umgebung liegen Tausende von Gräbern und *palias* (Gedenksteine). Am Ufer steht die Bhidiyo-Pagode aus dem 14. Jahrhundert.

Östlich der Stadt liegt Bhalka Tirth. Dort wurde der Legende nach Krishna versehentlich durch einen Pfeil verwundet, als er, gehüllt in ein Fell, schlief. Dieser legendäre Ort ist am Zusammenfluß von drei Flüssen gelegen. Zu erreichen ist er durch das kleine *Sangam*-Tor (Tor des Zusammenflusses), besser bekannt unter dem Namen Nana (Kleines Tor). Im Norden dieses heiligen Platzes steht der Sonnentempel (Suraj Mandir). Auch er fiel der Zerstörungswut von Mahmud zum Opfer. Dieser sehr alte Tempel stammt möglicherweise aus der gleichen Zeit wie der ursprüngliche Tempel von Somnath. Entlang der Mauer verläuft ein Fries, auf dem Löwen mit Elefantenrüsseln dargestellt sind. Wenn Sie durch das Tor gehen, stoßen Sie sofort auf einen kleinen Tempel. Er wurde von Ahalya Bai aus Indore erbaut und sollte als Ersatz für den Tempel von Somnath dienen.

UNTERKUNFT

Unmittelbar gegenüber der Bushaltestelle kommt man zum recht großen Sri Somnath Temple Trust Guest House. Dort werden etwas schmuddelige Doppelzimmer für 40 Rs und Dreibettzimmer für 60 Rs vermietet. Wenn man vom Tempel aus die Straße hinuntergeht, stößt man auf das Hotel Mayur (Tel. 2 02 86), in dem Doppelzimmer mit heißem und kaltem Wasser für 100 Rs zur Verfügung stehen.

CHORVAD

Im Sommerpalast der Nabobs von Junagadh, gelegen im beliebten Ferienort Chorvad an der Küste, 20 km von Veraval und 70 km von Junagadh entfernt, wurde vom Fremdenverkehrsamt von Gujarat das Palace

Beach Resort eingerichtet (Tel. 0287688/5 57). Das Hotel ist von gut gepflegten Gartenanlagen umgeben und ermöglicht den Gästen einen Blick auf das Meer. Für ein Doppelzimmer in einem Bungalow muß man

375 Rs und im Palast zwischen 200 und 500 Rs bezahlen.

Will man in der Anlage auch essen, müssen die Mahlzeiten vorbestellt werden.

LÖWENSCHUTZGEBIET SASAN GIR

Die letzte Zufluchtsstätte für den Asiatischen Löwen (*Panthera leo lersica*) liegt über Visavadar 59 km von Junagadh entfernt. Das Reservat mit 1400 Quadratkilometer Fläche wurde gegründet, um die Löwen und ihren Lebensraum zu schützen. Und das war in dieser Hinsicht ein Erfolg, denn 1980 betrug die Zahl der Löwen weniger als 200, während jetzt schätzungsweise 250 davon im Schutzgebiet leben. Während die Löwen die Gewinner waren, haben die einheimischen Hirten für ihr Vieh wertvolles Weideland verloren. Hinzu kommt, daß die Löwen, obwohl sie zahm erscheinen, Berichten zufolge auf der Suche nach Futter (vorwiegend Kälber) weite Wanderungen über die Grenzen des Schutzgebietes hinaus unternommen haben sollen, das sie früher im Park selbst fanden. Das hängt mit den abnehmenden Waldgebieten außerhalb des Schutzgebietes zusammen, was die Dorfbewohner dazu zwingt, Holz als Heizmaterial im Schutzgebiet zu schlagen, was wiederum den Lebensraum der Löwen verkleinert.

Die beste Besuchszeit sind die Monate Dezember bis April. Vom 16. Juni bis zum 15. Oktober ist das Schutzgebiet vollständig geschlossen. Wenn der Monsun zu starken Regenfällen geführt hat, kann es aber auch durchaus sein, daß das Schutzgebiet erst später wieder geöffnet wird.

Neben den Löwen sind auch über 30 Arten von anderen Säugetieren, darunter Bären, Hyänen, Füchse, verschiedene Arten von Wild und Antilopen, zu sehen. Beim Wild zählt die größte indische Antilope, die *nilgai*, zu den besonderen Attraktionen, ferner die grazile Chinkara-Gazelle, die Chousingha und Rotwild. Auch Papageien, Pfauen und Affen werden Ihren Weg kreuzen.

Die Löwen sind sehr scheu, aber man muß schon viel Pech haben, wenn man bei einer Safari nicht wenigstens einen davon zu Gesicht bekommt. Allerdings ist es besser, mehrere Safaris zu unternehmen, um sicher zu sein, daß man einen sieht. Im übrigen hat man morgens günstigere Aussichten, einen Löwen zu sehen als nachmittags. Leider sind die einheimischen Führer nur schlecht ausgebildet und sprechen auch kaum eine Fremdsprache. Was immer Sie auch sonst unternehmen, fahren Sie in diesem Schutzgebiet nicht mit einem Minibus, sondern mit einem Jeep. Während die Minibusse auf den Hauptwegen bleiben müssen, kann man mit einem Jeep auch die kleinen Pisten befahren, wo die Wahrscheinlichkeit größer ist, daß man Löwen zu Ge-

sicht bekommt. Das gilt jedoch nicht in der Zone Gir für Erläuterungen (vgl. weiter unten).

Bevor man an einer Safari teilnehmen kann, braucht man eine Genehmigung, die im Büro in der Forestry Lodge Sinh Sadan auf der Stelle erteilt wird und die 15 Rs pro Person kostet (gültig drei Tage). Weitere 7,50 Rs muß man für das Mitnehmen eines Fotoapparates bezahlen. Jeeps kann man für 6 Rs pro Kilometer mieten und bieten Platz für bis zu sechs Personen. Im Park gibt es drei Hauptpisten, auf denen man 25-35 km unterwegs ist. Die Gebühr für einen Führer beträgt für die ersten drei Stunden jeweils 7,50 Rs und für jede weitere Stunde 4 Rs (insgesamt, nicht pro Person), aber man muß damit rechnen, daß auch noch ein Trinkgeld erwartet wird. Wenn der Führer sich Mühe gegeben und ernsthaft Löwen gesucht hat, ist ein Trinkgeld sicher angebracht. Ansonsten bleibt es Ihnen überlassen, ob Sie dem Führer ein Trinkgeld geben wollen oder nicht. Die Jeeps sind im Büro an der Lodge im Winter (Oktober bis Februar) täglich zwischen 7.00 und 13.00 Uhr sowie zwischen 16.00 und 18.30 Uhr verfügbar, im Sommer (März bis Juni) ab 6.30 Uhr.

Etwa 12 km von Sasan entfernt liegt in Devalia, noch innerhalb der Grenzen des Schutzgebietes, die Zone Gir für Erläuterungen. Dieses 4,12 Quadratkilometer große Gebiet hat einen Querschnitt durch die Tierwelt in Gir zu bieten. In dieser Gegend dürfen private Autos nicht fahren. Für das Mieten eines Jeeps vom Dorf Sasan dorthin (einschließlich Wartezeit, während Besucher eine Rundfahrt unternehmen) muß man rund 150 Rs bezahlen. Hinzu kommen die Kosten für das Betreten der besonderen Zone einschließlich einer kleinen Safari im Minibus, Genehmigung und Führung in Höhe von 70 Rs.

Im Schutzgebiet sind zudem 25 Arten von Reptilien beheimatet. In diesem Zusammenhang ist neben der Sinh Sadan Lodge eine Krokodilzucht gegründet worden, wo die gezüchteten Krokodile nach dem Schlüpfen freigelassen werden und in ihren natürlichen Lebensraum zurückkehren.

UNTERKUNFT UND ESSEN

Im Dorf Sasan Gir gibt es zwei Unterkünfte. Ungefähr 10 Minuten zu Fuß vom Bahnhof liegt die Forestry Lodge Sinh Sadan (Tel. 40). Das ist ein ganz nettes Quartier, in dem die Zimmer um einen ruhigen, grünen Garten herum angeordnet sind. In dieser Anlage wird abends um 19.00 Uhr ein schon sehr alter und etwas überholter Film über das Schutzgebiet gezeigt.

Gute Einzel- und Doppelzimmer mit Bad und Moskitonetz werden hier ab 100 bzw. 150 Rs vermietet. Außerdem stehen einige Zimmer mit Klimaanlage für 400 bzw. 450 Rs zur Verfügung. Wenn auch für dieses Haus im allgemeinen vorherige Reservierungen nicht notwendig sind, kann es in der Zeit zwischen Weihnachten und Neujahr doch vollständig ausgebucht sein. Im Restaurant der Anlage werden Hausgästen Thalis (25 Rs) und nichtvegetarische Abendessen (90 Rs) serviert, aber die muß man vorher bestellen.

Das Fremdenverkehrsamt von Gujarat unterhält unten am Fluß die Lion Safari Lodge (Tel. 21), etwa 200 m von der anderen Lodge entfernt. Sie ist von gut gepflegten Gartenanlagen umgeben. Hier stehen Betten in Schlafsälen für jeweils 30 Rs sowie Einzel- und Doppelzimmer für 250 bzw. 300 Rs zur Verfügung, aller-

dings keine mit Klimaanlage. Im nichtvegetarischen Restaurant Safari dieses Haus können auch andere als Hausgäste essen, allerdings ebenfalls nur nach Voranmeldung.

Imbisse sind auch an den Hütten gegenüber der Sinh Sadan Lodge erhältlich.

AN- UND WEITERREISE

Zahlreiche Busse der STC fahren täglich von Junagadh über Sasan Gir nach Veraval. Sie brauchen für die Strecke nach Veraval 1 1/2 Stunden (12 Rs). Nach Junagadh ist man für die 59 km etwa zwei Stunden unterwegs (13 Rs, mit „Schnellbussen" 19 Rs). Außerdem bestehen täglich zwei Verbindungen mit Dampfzügen nach Veraval (2 Stunden, 9 Rs), einmal täglich um 8.30 Uhr nach Delwada (in Richtung Diu) sowie ebenfalls einmal täglich nach Junagadh (2 1/2 Stunden, 13 Rs).

JUNAGADH

Einwohner: 181 000
Telefonvorwahl: 0285
Junagadh liegt am Fuße des mit Tempeln geradezu übersäten Girnar Hill, ist äußerst reizvoll und außerdem Ausgangspunkt für Besuche des Gir Forest, der Heimat der letzten Asiatischen Löwen. Diese freundliche und vom Tourismus noch weitgehend unberührte Stadt kann mit einigen sehr exotischen alten Häusern aufwarten, wenn auch weitgehend baufällig, und eignet sich hervorragend für eine Erkundung. Allerdings kommen nur sehr wenige Besucher nach Junagadh.

Benannt wurde die Stadt nach dem alten Fort, das in seinen Mauern auch die Altstadt birgt. Hinweise auf ihre Bedeutung im Altertum und in vorchristlicher Zeit geben unter anderem Relikte aus der Zeit Ashokas, etwa 250 v. Chr. Als in der jüngeren Vergangenheit die Teilung anstand, neigte der Nabob von Junagadh dazu, sich Pakistan anzuschließen. Da aber die Einwohner seines kleinen Staates überwiegend Hindus waren, wurde daraus nichts, und der Nabob fand sich selbst bald im Exil wieder und beklagte dort den schlechten Zustand seines früheren Palastes und Forts.

PRAKTISCHE HINWEISE

Die beste Informationsquelle ist das Hotel Relief, das inoffizielle Fremdenverkehrsbüro der Stadt. Geld läßt sich in der Bank of Baroda gegenüber vom Postamt in der Innenstadt wechseln.

Das Hauptpostamt liegt ungünstig südlich der Stadtmitte in Gandhigram. Eine Zweigstelle findet man ein kleines Stück abseits der M G Road unweit der Halte-

stelle für die Nahverkehrsbusse. Das Telegraphenamt hat sich an der Jhalorapa Road in der Nähe von Ajanta Talkies angesiedelt.

SEHENSWÜRDIGKEITEN

Uparkot: Das alte Fort, das der Stadt ihren Namen gab, steht an der Ostseite der Stadt. Im Laufe der wechselvollen Geschichte wurde es wiederholt umgebaut, aufgebaut und erweitert. Die Mauer ist an einigen Stellen 20 m hoch. Betreten läßt sich das Fort durch ein reichhaltig verziertes, dreifaches Tor. Überlieferungen zufolge wurde das Fort insgesamt 16 mal belagert. Davon ragt eine Belagerung ganz besonders heraus - sie dauerte nämlich 12 Jahre. Vom 7. bis 10. Jahrhundert soll das Fort völlig aufgegeben gewesen sein. Als man es wiederentdeckte, war es über und über vom Urwald bedeckt. Oben auf dem Fort ist eine Art Plateau angelegt, bedeckt mit Lantana-Gewächsen, die zur Blütezeit sehr farbenfroh sind. Der Eintritt in das Fort kostet eine Rupie.

Die Jama Masjid, die Moschee im Fort, wurde auf einem abgerissenen hinduistischen Tempel errichtet. Weitere Sehenswürdigkeiten sind das Grab von Nuri Shah sowie zwei Stufenbrunnen, die Adi Chadi und die Naughan. Den Adi-Chadi-Brunnen benannte man nach zwei Sklavinnen, die dort Wasser schöpften. In den Naughan-Brunnen kommt man über eine raffinierte Rundtreppe.

Unweit der Moschee sind einige sehr alte buddhistische Höhlen in den Hügel geschlagen worden. Man nimmt an, daß sie über 1500 Jahre alt sind. Eine weiträumige doppelstöckige Höhle ist mit sechs Säulen ausgestattet, die reichhaltige und feine Ornamente aufweisen. Es gibt aber auch noch andere Höhlen in Junagadh, von denen einige aus der Zeit von Ashoka stammen sollen. Das relativ weiche Gestein der Felsen, auf denen Junagadh erbaut ist, förderte den Höhlenbau und die Anlage von Brunnen.

Mahabat Maqbara: Das beeindruckende Mausoleum eines Nabobs von Gujarat erfreut Besucher heute noch durch seine Silbertüren und durch eine ausgefallene, feine Architektur. Zu ihr gehören auch die Minarette mit den spiralförmigen Treppen. Im allgemeinen ist das Mausoleum verschlossen, aber es kann durchaus sein, daß man den Schlüssel für das Mausoleum in der angrenzenden Moschee erhält.

Darbar-Halle und Museum: Im Museum kann man sich die üblichen Ausstellungstücke ansehen. Dazu gehören Waffen und Rüstungen der Nabobs, Silbersammlungen (Ketten und Leuchter), Sitze und Throne, Sättel für die Rücken von Elefanten, Palankine (Sänften), Kissen und Gewänder, ein riesiger Teppich, der im Gefängnis von Junagadh gewebt worden ist, eine Porträtgalerie der Nabobs und einheimischer Lieblingsprinzen sowie Fotos des letzten Nabobs mit seinen Lieblingshunden.

Das Museum ist von 9.00 bis 12.15 Uhr und von 15.00 bis 18.00 Uhr geöffnet, mittwochs sowie an jedem 2. und 4. Samstag im Monat und an Feiertagen jedoch geschlossen. Als Eintrittsgebühr sind 0,50 Rs zu entrichten.

Edikte von Ashoka: Auf dem Weg zu den Tempeln auf dem Girnar Hill kommt man an einem großen Findling vorbei. In ihn ließ Ashoka ca. 250 v. Chr. 14 Edikte einmeißeln. Die Erlasse sind in Pali wiedergegeben. Weitere Verfügungen wurden etwa 150 n. Chr. von Rudradama und 450 n. Chr. von Skandagupta, dem letzten Herrscher der Maurya-Dynastie, in Sanskrit hinzugefügt. Die 14 Edikte sind Auszüge aus der Sittenlehre, während sich die anderen Inschriften auf die wiederholten Überflutungen des Sudershan-Sees beziehen, die die Seeufer immer wieder verwüsteten. Dieser See, damals in unmittelbarer Nähe der Stadt, ist heute nicht mehr vorhanden. Der Felsbrocken ist in einem kleinen Gebäude am Straßenrand zu sehen, das an der rechten Seite auf dem Weg nach Girnar liegt.

Girnar Hill: Den Weg zur Spitze des Girnar Hill mit 10 000 Steintreppen auf einem Höhenunterschied von 600 m unternimmt man am besten früh am Morgen, vorzugsweise bei Sonnenaufgang. Die Treppen sind gut konstruiert und auch noch gut erhalten. Sie stammen aus den Jahren 1889 bis 1908. Finanziert wurde ihr Bau durch die Einnahmen aus einer Lotterie. Der Aufgang liegt ein wenig versteckt ein oder zwei Kilometer hinter dem heiligen Damodar Kund im Gesträuch eines Teakwaldes. Der Weg führt etwa bis zur Stufe Nr. 3000, so daß bis zur Spitze nur noch 7000 Treppenstufen bleiben!

Der zweieinhalbstündige Aufstieg wird erleichtert durch die vielen Imbiß- und Erfrischungsstände unterwegs, die zu Pausen einladen. An ihnen wird auch Kreide verkauft, mit der man seinen Namen auf die Felsen neben dem Weg schreiben kann. Wenn man sich zu dem Aufstieg zu Fuß nicht entschließen kann, besteht auch die Möglichkeit, sich von Trägern in einem Stuhl tragen zu lassen. Dafür muß man nach Gewicht bezahlen und es über sich ergehen lassen, zuvor auf einer Waage wie ein Sack Getreide gewogen zu werden. Wenn man erst einmal auf dem Gipfel angekommen ist, kann man herrliche Ausblicke genießen.

Wie in Palitana ist auch dieser Tempelhügel für die Jains von besonderer Bedeutung. Das heilige Wasserbecken des Damodar Kund markiert den Aufstieg zu den Tempeln. Der Treppenaufgang führt kurz vor dem Gipfel durch einen Wald von Marmortempeln. Fünf von ihnen sind Jain-Tempel, darunter auch der größte und älteste. Er stammt aus dem 12. Jahrhundert und wurde Neminath geweiht, dem 22. *tirthankar* der Jains. Mitten in diesem Heiligtum steht ein großes schwarzes Abbild von Neminath, während um die Tempel kleinere Darstellungen dieses Heiligen zu sehen sind.

Unweit davon erhebt sich der Dreifach-Tempel des Mallinath, des 19. *tirthankars*. Dieser Tempel wurde 1177 von zwei Brüdern gebaut und ist bei den Festen ein beliebter Treffpunkt von Sadhus. Während des Purnima-Festes findet im November oder Dezember auf dem Hügel ein großer Markt statt. Ganz oben auf dem Berg steht der Tempel von Amba Mata. Zu ihm eilen Neuvermählte, um Segen für ihre Ehe zu erbitten.

Nach Girnar Taleti, am Fuße eines Hügels gelegen, gelangt man gegenüber vom Postamt in der Stadtmitte mit einem Bus der Linien 3 oder 4. Die Busse verkehren ab 6 Uhr morgens etwa stündlich, kosten 2 Rs und fahren an den Ashoka-Edikten vorbei. Für die Fahrt mit einer Auto-Rikscha von der Stadt muß man 20 Rs bezahlen.

Weitere Sehenswürdigkeiten: Wenn ein Besuch des Gir Forest nicht möglich ist, kann man sich Asiatische Löwen auch im Zoo von Junagadh in Sakar Bagh, 3^1/2 km von der Stadt entfernt an der Straße nach Rajkot, ansehen. Der Zoo wurde 1863 vom Nabob mit dem erklärten Ziel gegründet, die Löwen vor dem Aussterben zu bewahren. Er ist erstaunlich gut in Schuß und hat außer den Löwen als größte Attraktionen auch Tiger und Leoparden zu bieten. Geöffnet ist er täglich von 9.00 bis 18.00 Uhr (Eintritt 2 Rs). Im Zoo gibt es auch

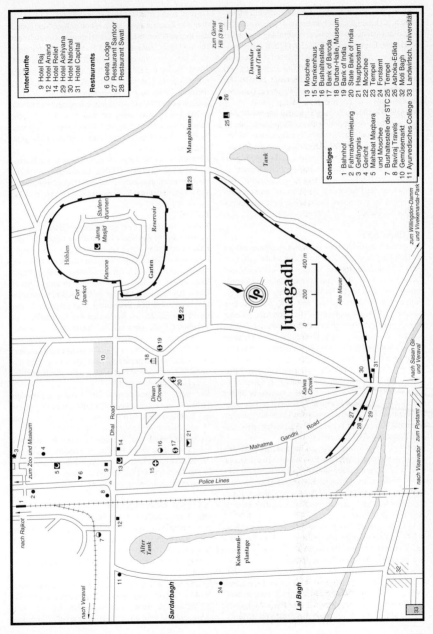

Unterkünfte
9 Hotel Raj
12 Hotel Anand
14 Hotel Relief
29 Hotel Ashiyana
30 Hotel National
31 Hotel Capital

Restaurants
6 Geeta Lodge
27 Restaurant Santoor
28 Restaurant Swati

Sonstiges
1 Bahnhof
2 Fahrradvermietung
3 Gefängnis
4 Gericht
5 Mahabat Maqbara und Moschee
7 Bushaltestelle der STC
8 Raviral Travels
10 Gemüsemarkt
11 Ayurvedisches College
13 Moschee
15 Krankenhaus
16 Bushaltestelle
17 Bank of Baroda
18 Darbar-Halle, Museum
19 Bank of India
20 State Bank of India
21 Hauptpostamt
22 Moschee
23 Tempel
24 Forstamt
25 Bushaltestelle der STC
26 Ashoka-Edikte
32 Moti Bagh
33 Landwirtsch. Universität

Junagadh

0 200 400 m

noch ein gutes Heimatmuseum mit Gemälden, Manuskripten, archäologischen Funden und vielen weiteren Ausstellungsstücken sowie einer Sammlung von naturhistorischen Exponaten. Es läßt sich täglich außer mittwochs sowie jedem zweiten und vierten Samstag im Monat von 9.00 bis 12.00 Uhr und von 15.00 bis 18.00 Uhr besichtigen. Dorthin kann man mit Bussen der Linie 6 fahren (2 Rs), aber auch zu Fuß gehen. Dann hat man das Majevadi-Tor rechts vor sich.

Das ayurvedische College in Sadarbag am westlichen Ende der Stadt ist in einem früheren Palast des Nabobs untergebracht und verfügt auch über ein kleines Museum, das der ayurvedischen Medizin gewidmet ist. Die Mitarbeiter sind sehr kenntnisreich und erteilen gern Auskunft über diese Art der traditionellen Medizin.

Weitere alte Gebäude sind das Tor gegenüber vom Bahnhof an der Dhal Road, der Uhrturm unweit vom Postamt in der Innenstadt und das Bauwerk gegenüber der Durbar-Halle.

UNTERKUNFT

Die meisten ausländischen Besucher begeben sich in das Hotel Relief an der Dhal Road, der Straße zum Fort (Tel. 2 02 80). Angeboten werden Einzelzimmer mit Badbenutzung für 75 Rs (mit Toilette 100 Rs), Doppelzimmer für 100 und 150 Rs sowie Einzel- und Doppelzimmer mit Klimaanlage für 300 bzw. 400 Rs. Der Geschäftsführer dieses Hauses, Herr Sorathia, ist eine gute Quelle für Informationen über die Gegend. Leider war das Restaurant dieses Hauses bei Drucklegung geschlossen. Dennoch konnte man Frühstück erhalten, wenn auch etwas teuer.

Eine gute Wahl ist auch das nahegelegene Hotel Raj (Tel. 2 39 61). Dort kommt man in sauberen Einzelzimmern mit Bad für 50 Rs, in Doppelzimmern für 75 Rs (allein für 60 Rs) und in einem Schlafsaal pro Bett für 20 Rs unter. Die Zimmer sind zwar klein, aber sauber und auch sonst gut in Schuß. Am Abreisetag muß man sein Zimmer bis 10 Uhr verlassen.

An der gleichen Straße, aber auf der anderen Seite der Eisenbahnschienen, liegt das etwas teurere Hotel Anand (Tel. 2 72 27) mit Einzel- und Doppelzimmern für 100 bzw. 150 Rs (heißes Wasser in Eimern) und Doppelzimmern mit Klimaanlage ab 275 Rs. Auch in diesem Haus kann man frühstücken, muß sein Zimmer am Abreisetag aber bis 9 Uhr räumen.

In Junagadh stehen auch ganz ansprechende und saubere Railway Retiring Rooms als Einzelzimmer für 30 Rs und als Doppelzimmer für 60 Rs sowie Betten in einem Schlafsaal für 20 Rs zur Verfügung.

Eine Reihe von Unterkünften findet man auch um den Kalwa Chowk, einen der beiden Hauptplätze in Junagadh. Selbst wenn sich die meisten guten Restaurants der Stadt dort ebenfalls angesiedelt haben, ist das ein ganzes Stück vom Zentrum der Stadt entfernt. In dieser Gegend findet man das Hotel Capital (Tel. 2 14 42), in dem die Zimmer zwar ganz schön schmuddelig sind, das aber mit Preisen für ein Einzelzimmer von 20 Rs und für ein Doppelzimmer von 35 Rs (mit Badbenutzung) auch kaum zu schlagen ist. Direkt gegenüber steht das Hotel National (Tel. 2 78 91), eine schon weitaus erfreulichere Alternative mit makellosen Einzelzimmern ab 70 Rs und Doppelzimmern ab 100 Rs (mit heißem und kaltem Wasser) sowie Zimmern mit Klimaanlage (und Badewanne) für 200 bzw. 300 Rs. Hier kann man am Abreisetag bis 10 Uhr in seinem Zimmer bleiben. Zum Haus gehört unten auch ein ganz gutes Restaurant.

Ebenfalls in dieser Gegend liegt das noch relativ neue Hotel Ashiyana (Tel. 2 07 06), das mit ganz respektablen Einzelzimmern ab 75 Rs und Doppelzimmern ab 125 Rs aufwartet (mit Klimaanlage für 200 bzw. 300 Rs).

ESSEN

Thalis, von denen man so viel essen darf, wie man schafft, sind in der Geeta Lodge unweit vom Bahnhof erhältlich (20 Rs). Zwei weitere sehr gute vegetarische Restaurants liegen in der Gegend des Kalwa Chowk, von der Dhal Road eine Rikscha-Fahrt für 5 Rs entfernt. Dort wartet das Restaurant Santoor in einer kleinen Gasse ein Stück abseits der M G Road mit einer unglaublich schnellen Bedienung und ausgezeichneten Gerichten auf. Dieses Restaurant mit Klimaanlage ist am oberen Ende einer ziemlich baufällig aussehenden Treppe eine angenehme Überraschung. Das Hinweisschild draußen ist zwar nur in Gujarat beschriftet, aber man findet das Restaurant, wenn man sich nach den Snehal Chambers durchfragt, dem Gebäude, in dem das Lokal liegt.

Das Restaurant Swati, vom Hotel Ashiyana nur die Straße weiter hinunter, ist im Standard ähnlich gut und bei wohlhabenden Indern recht beliebt. Hier kosten Hauptgerichte um 35 Rs.

Junagadh erwarb sich im übrigen einige Berühmtheit wegen der köstlichen Früchte, besonders wegen der Kesar-Mangos und der *chiku* (Sapodillas). Sie werden in den Monaten November und Dezember vorwiegend in Milchmixgetränken verwendet.

AN- UND WEITERREISE

Bus: Der Fahrplan auf dem Busbahnhof für die STC-Busse ist nur in Gujarati veröffentlicht. Busse fahren nach Rajkot alle 30 Minuten (2 Stunden, 24 Rs), nach Sasan Gir alle Stunde (2 Stunden, 13-19 Rs) und außerdem mehrmals täglich nach anderen Städten im Bundesstaat.

Zudem setzt Raviraj Travels (Tel. 2 69 88) vom Hotel Vaibhav Luxus-Minibusse zur Fahrt nach Rajkot alle 10 Minuten (2 Stunden, 20 Rs) und häufig auch nach Ahmedabad (7 Stunden, 70 Rs), Veraval (2 Stunden,

20 Rs), Una (4 Stunden, 40 Rs), Porbandar (2 Stunden, 25 Rs) sowie um 11.00, 16.00, 22.00 und 24.00 Uhr über Rajkot nach Bhuj (6 Stunden, 80 Rs) und anderen Städten ein.

Zug: Auf der Strecke von Ahmedabad über Junagadh nach Veraval verkehren der *Somnath Mail* und der *Girnar Express*. Der *Somnath Mail* verläßt Junagadh um 19.03 Uhr und erreicht Ahmedabad um 4.20 Uhr. Mit dem *Girnar Express* fährt man in Junagadh um 21.10 Uhr ab und kommt in Ahmebabad um 6.10 Uhr an. Für die 377 km lange Strecke von oder nach Ahmedabad muß man in der 2. Klasse 104 Rs sowie in der 1. Klasse 310 Rs bezahlen.

Nach Veraval bestehen weitere Verbindungen um 6.30, 9.05 und 18.00 Uhr. Die Fahrt dorthin von zwei Stunden Dauer kostet in der 2. Klasse 25 Rs und in der 1. Klasse 105 Rs.

Um 6.00 Uhr fährt ferner ein Zug von Junagadh nach Sasan Gir (2^1/$_2$ Stunden, 13 Rs), der von dort seine Fahrt nach Delwada (in Richtung Una und Diu) fortsetzt. Ankunft in Delwada ist um 12.30 Uhr (2. Klasse 43 Rs und 1. Klasse 101 Rs). Der *Veraval-Rajkot Mail* ver-

kehrt zwischen Rajkot und Veraval über Junagadh. In diesem Zug kann man auf der 131 km langen Strecke in der 2. Klasse für 35 Rs und in der 1. Klasse für 138 Rs mitfahren.

NAHVERKEHR
Zum Girnar Hill fahren vor dem Postamt in der Innenstadt Busse ab 6.00 Uhr alle Stunde ab (2 Rs). Für eine Fahrt mit einer Auto-Riksha muß man auf dieser Strecke rund 20 Rs bezahlen.

Fahrräder werden entweder im Hotel Relief oder in einem kleinen, gelben Unterstand unweit vom Bahnhof vermietet (pro Stunde 2 Rs, pro Tag 20 Rs). Die Taxis in Junagadh scheinen vorwiegend aus Fahrzeugen von Ford vom Typ Plymouth aus den vierziger Jahren zu bestehen. Davon kann man noch Dutzende sehen, wahrscheinlich die größte Ansammlung auf der ganzen Welt, die heute immer noch fährt. Wenn er das sehen könnte, würde sich der gute, alte Henry Ford ganz sicher ein Lächeln nicht verkneifen können!

Für die meisten Fahrten mit einer Auto-Riksha innerhalb der Stadt wird man nicht mehr als 5 Rs zu bezahlen haben.

PORBANDAR

Einwohner: 174 000
Telefonvorwahl: 0286

Etwa in der Mitte zwischen Veraval und Dwarka liegt an der Südküste das heutige Porbandar. Die Stadt ist vor allem als der Geburtsort von Mahatma Gandhi bekannt. Früher hieß die Stadt einmal Sudamapuri, und zwar nach Sudama, einem Gefolgsmann von Krishna. Der Ort erlebte auch als blühende Handelsstadt eine große Bedeutung, als von hier aus Waren zum Persischen Golf und nach Afrika auf den Weg gebracht wurden.

Diese ehemalige Verbindung zu Afrika ist heute noch sichtbar an den „indischen" Schwarzen, Siddis genannt, die in dieser Gegend leben. Sie bilden bei den *dalits* sogar eine eigene Gruppe.

In Porbandar gibt es einige große Zement- und Chemiefabriken sowie eine Textilfabrik. Hier werden aber noch die *dhaus* gebaut. Das Trocknen von Fischen stellt einen erheblichen Teil der heimischen Wirtschaft dar und verleiht der Stadt einen eigenen Duft.

Das Schwimmen am Chowpatti Beach ist nicht zu empfehlen. Der Strand wird nämlich als öffentliche Toilette benutzt. Außerdem leitet eine Fabrik ihre Abwässer beim Hazur-Palast in die See. Dagegen soll das Schwimmen ein paar Kilometer weiter in Richtung Veraval möglich sein.

PRAKTISCHE HINWEISE
Geld läßt sich in der Bank of Baroda unter dem Hotel Flamingo und in der State Bank of India gegenüber wechseln.

SEHENSWÜRDIGKEITEN
Kirti Mandir: Wie in so vielen Orten Indiens, wo Gandhi längere Zeit weilte, gibt es auch hier im Kirti Mandir ein Museum. Es enthält persönliche Gegenstände von M. Gandhi. Und weil es das Geburtshaus von Mahatma Gandhi ist, kennzeichnet ein Kreuz auf dem Fußboden im Haus auch die genaue Stelle, an der die Geburt stattfand. Außerdem sind einige Fotografien zu sehen, ein Teil davon mit englischen Erläuterungen. Zudem kann man in einer kleinen Buchhandlung einkaufen.

Nehru-Planetarium und Bharat Mandir: Auf der anderen Seite des schlammigen Creeks, erreichbar über die Jynbeeli (früher Jubilee) Bridge, kann man sich das Planetarium und die Bharat Mandir (Indien-Halle) ansehen. Am Rande des Gewässers sind Flamingoschwärme eine unerwartete Überraschung. Im Planetarium finden nachmittags Vorführungen statt, leider nur in Gujarati. Männer und Frauen müssen das Haus über die Veranda durch getrennte Türen betreten. Auf Paneelen über dem Eingang demonstriert Indien seine Blockfreiheit. Dort sind nämlich auf der einen Seite Shastri mit Kossygin abgebildet und auf der anderen Seite Nehru mit J. F. Kennedy!

Gegenüber vom Planetarium liegt inmitten eines reizvoll bewässerten Gartens die Bharat Mandir. Innen ist in den Fußboden eine riesige Reliefkarte von Indien eingelassen. Die Säulen des Gebäudes tragen brillant bemalte Reliefs von mehr als 100 legendären Personen aus den Hindu-Epen und religiösen Figuren. Die Veranda ist mit sechs Zerrspiegeln verziert - ein besonderer Spaß für Kinder.

UNTERKUNFT

Im Nilam Guest House (Tel. 2 05 03) werden staubige Zimmer mit kaltem Wasser (heißes Wasser in Eimern auf Wunsch ohne Zusatzkosten) zu Preisen ab 50 Rs und Betten in einem Schlafsaal für jeweils 20 Rs angeboten. Alle Zimmer liegen zu einer Halle hin und sind daher recht dunkel. Die Zimmer werden für jeweils 24 Stunden vermietet.

Mit Einzelzimmern für 19 Rs und Doppelzimmern für 34 Rs (mit Bad und kaltem Wasser) übernachtet man sehr günstig im Rajkamal Guest House an der M G Road (Tel. 2 03 74). Dabei ist dieses Haus nicht schlechter, als es die anderen ganz einfachen Unterkünfte sind.

Etwas besser ist das Hotel Flamingo, ebenfalls an der Mahatma Gandhi Road (Tel. 2 31 23). Das ist eine freundliche Unterkunft, geführt von einem Inder, der früher in England gelebt hat. Für Doppelzimmer werden 200 Rs berechnet, mit Klimaanlage ab 350 Rs. Einige Zimmer verfügen allerdings nicht über Fenster

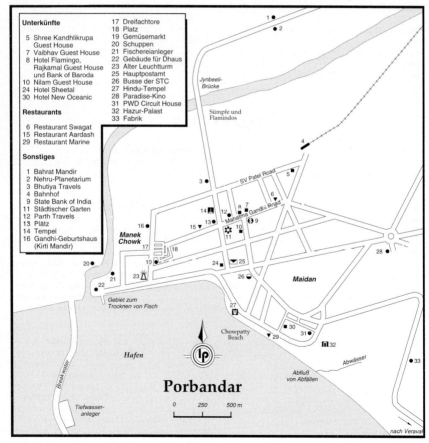

Unterkünfte

5 Shree Kandhlikrupa
   Guest House
7 Vaibhav Guest House
8 Hotel Flamingo,
   Rajkamal Guest House
   und Bank of Baroda
10 Nilam Guest House
24 Hotel Sheetal
30 Hotel New Oceanic

Restaurants

6 Restaurant Swagat
15 Restaurant Aardash
29 Restaurant Marine

Sonstiges

1 Bahrat Mandir
2 Nehru-Planetarium
3 Bhutiya Travels
4 Bahnhof
9 State Bank of India
11 Städtischer Garten
12 Parth Travels
13 Plätz
14 Tempel
16 Gandhi-Geburtshaus
   (Kirti Mandir)

17 Dreifachtore
18 Platz
19 Gemüsemarkt
20 Schuppen
21 Fischereianleger
22 Gebäude für Dhaus
23 Alter Leuchtturm
25 Hauptpostamt
26 Busse der STC
27 Hindu-Tempel
28 Paradise-Kino
31 PWD Circuit House
32 Hazur-Palast
33 Fabrik

Jynbeeli-Brücke

Sümpfe und Flamindos

SV Patel Road

Mahatma Gandhi Rngd

Manek Chowk

Gebiet zum Trocknen von Fisch

Maidan

Chowpatty Beach

Hafen

Abwässer

Abfluß von Abfällen

Porbandar

0   250   500 m

Tiefwasseranleger

Breakwater

nach Veraval

nach draußen, so daß man in ihnen, auch wenn sie eigentlich ganz groß sind, Platzangst bekommen kann. Ein Speiseraum ist in diesem Haus ebenfalls vorhanden.

Ähnlich ist der Standard im Hotel Sheetal (Tel. 2 35 96), gelegen gegenüber vom Hauptpostamt. Hier fließt in allen Zimmern sowohl kaltes als auch heißes Wasser. Außerdem sind sie ganz gut eingerichtet. Die Preise für Doppelzimmer beginnen bei 150 Rs. Einzelzimmer werden nicht angeboten.

Ein noch relativ neues Haus ist das Vaibhav Guest House in der Nähe vom Hotel Flamingo (Tel. 2 20 01). Kleine Einzel- und Doppelzimmer kosten hier 100 bzw. 160 Rs, mit Klimaanlage ab 300 bzw. 350 Rs. Das Hinweisschild auf diese Unterkunft ist allerdings nur in Gujarati beschriftet.

Eine gute Wahl ist auch das Shree Kandhlikrupa Guest House (Tel. 2 26 55), das sehr nahe beim Bahnhof liegt. In diesem Haus kann man in makellos sauberen Einzel- und Doppelzimmer ohne Klimaanlage für 50 bzw. 75 Rs übernachten, jeweils mit heißem und kaltem Wasser. Vermietet werden die Zimmer immer für volle 24 Stunden.

Eine kleine Villa ist das Hotel New Oceanic am Chowpatty Beach (Tel. 2 07 17). Hier kommt man in klimatisierten Doppel- und Dreibettzimmern für 400 bzw. 600 Rs unter. Merkwürdig ist allerdings, daß trotz der Entfernung nur eines Steinwurfs vom Meer entfernt lediglich von einem Zimmer aus die See zu sehen ist. Ein nichtvegetarisches Restaurant ist in diesem Haus ebenfalls vorhanden. Dort können auch andere als Hausgäste essen, müssen ihr Gericht aber mindestens 45 Minuten vorher bestellen.

ESSEN

Gute, einfache vegetarische Gerichte erhält man im Aardash. Wenn man in einer etwas ansprechenderen Umgebung speisen möchte, bietet sich das Restaurant Swagat an, wahrscheinlich das beste Lokal in der Stadt und noch nicht einmal außergewöhnlich teuer. Bei Sonnenuntergang werden entlang der Wellenbrecher die üblichen Imbißstände aufgebaut. Ein einfaches Imbißlokal ist auch das Restaurant Marine.

AN- UND WEITERREISE

Flug: Mit East West Airlines kann man dreimal wöchentlich nach Bombay fliegen. NEPC Airlines unterhält vier Flugverbindungen wöchentlich nach Bombay. Mit beiden Fluggesellschaften kostet ein Flug 70 US $. Buchungen nimmt Bhutya Travels (Tel. 4 18 89) entgegen.

Bus: Die Bushaltestelle der STC befindet sich 15 Minuten zu Fuß von der Mahatma Gandhi Road entfernt. Von dort bestehen regelmäßige Busverbindungen nach Dwarka, Jamnagar und Rajkot.

Private Busunternehmen sind mit Büros an der Mahatma Gandhi Road, in der Umgebung des Hotels Flamingo, vertreten. Sie sind nur an Hinweisschildern in Gujarati zu erkennen, so daß man wohl die Hilfe von Einheimischen braucht, um das zu finden, das man sucht. Die bedeutendsten Busfirmen sind Jay, Eagle, Raviraj und Parth. Parth Travels (Tel. 2 21 40) setzt Busse zu Fahrten nach Jamnagar (2 1/2 Stunden, 35 Rs), Dwarka (2 Stunden, 25 Rs), Veraval (3 Stunden, 35 Rs), Rajkot (3 1/2 Stunden, 50 Rs), Diu (5 Stunden, 55 Rs) und Junagadh (2 Stunden, 25 Rs) ein.

Zug: Porbandar ist Endstation einer Eisenbahnlinie. Die wichtigsten Verbindungen sind der *Saurashtra Express* von und nach Bombay über Rajkot (4° Stunden, 2. Klasse 56 Rs und 1. Klasse 205 Rs) und Ahmedabad (10 Stunden, 2. Klasse 124 Rs und 1. Klasse 367 Rs). Für die 959 km lange Strecke nach Bombay (Fahrzeit 23 Stunden) muß man in der 2. Klasse 203 Rs und in der 1. Klasse 604 Rs bezahlen.

NAHVERKEHR

Zum Flugplatz kommt man in einer Auto-Rikscha für 25 Rs.

DWARKA

Einwohner: 30 500
Telefonvorwahl: 02892
An der äußersten westlichen Spitze der Halbinsel Kathiawar liegt Dwarka. Das ist einer der vier heiligsten hinduistischen Wallfahrtsorte, der eng mit der Krishna-Legende verknüpft ist. Hier soll Krishna seine Hauptstadt errichtet haben, nachdem er aus Mathura fliehen mußte. So ist auch Dwarkanath, der Name des Haupttempels, ein Titel des Gottes Krishna.

SEHENSWÜRDIGKEITEN

Tempel: Der Tempel ist im allgemeinen nur Hindus zugänglich, aber wer Glück hat, kommt nach der Unterzeichnung eines Formulars dennoch hinein. Das Äußere des Tempels mit seinem hohen fünfstöckigen Turm, gestützt von 60 Säulen, ist aber viel sehenswerter. Ausgrabungen brachten zutage, daß an dieser Stelle bereits fünf andere Städte standen, die alle in der Versenkung verschwanden. Dwarka ist Schauplatz eines großen Festes zum Janmashtami, das jedes Jahr im August oder September stattfindet.

Leuchtturm: Den Leuchtturm von Dwarka darf man zwischen 16.30 und 18.00 Uhr besteigen (Eintritt eine Rupie). Von oben bietet sich ein herrlicher Panoramablick.

Bet: Ein kleines Stück nördlich von Dwarka kann man sich in Okha mit einem Boot zur Insel Bet übersetzen lassen. Auf dieser Insel soll Vishnu einen Dämonen erschlagen haben. Moderne Krishna-Tempel schmükken heute die Insel.

Ein Leser dieses Buches hat übrigens geraten, sich vor den unfreundlichen Hunden auf der Insel in acht zu nehmen.

UNTERKUNFT

Im staatlichen Toran Tourist Dormitory (Tel. 3 13) werden Betten in Schlafsälen für jeweils 30 Rs und Doppelzimmer für 200 Rs vermietet. Ferner kommt man im Satnam Wadi Guest House in sehr einfachen, aber sauberen Einzel- und Doppelzimmern für 80 bzw. 100 Rs unter. Im Hotel Meera an der Hauptstraße in den Ort kann man in Einzelzimmern für 40 Rs und in Doppelzimmern für 60 Rs übernachten. In Speiseraum dieses Hotels ist zudem für 14 Rs ein gutes Thali zu haben. Ganz gute, wenn auch etwas teurere Thalis für 25 Rs werden ferner im Hotel Natraj angeboten.

AN- UND WEITERREISE

Dwarka ist mit dem 145 km entfernten Jamnagar durch eine Bahnlinie verbunden (2. Klasse 35 Rs und 1. Klasse 138 Rs), auf der über Rajkot (207 km, 2. Klasse 53 Rs und 1. Klasse 189 Rs) und Ahmedabad (453 km, 2. Klasse 122 Rs und 1. Klasse 360 Rs) Züge nach Bombay (945 km, 2. Klasse 202 Rs und 1. Klasse 593 Rs) verkehren.

Mit STC-Bussen kommt man zu allen Zielen in Saurashtra und nach Ahmedabad.

JAMNAGAR

Einwohner: 396 000
Telefonvorwahl: 0288

Bis zur Unabhängigkeit wurde der Prinzenstaat Jamnagar durch Jadeja-Rajputen regiert. Die Stadt wurde rings um den kleinen Ranmal-See angelegt, in dessen Mitte ein kleiner Palast steht. Der kann über einen Damm erreicht werden.

Diese geschäftige Stadt verfügt über eine lange Geschichte als Ausgangspunkt für das Perlentauchen und als Heimat einer Variante von Tie-dye-Arbeiten. Heute ist sie allerdings bekannter als Sitz der einzigen ayurvedischen Universität und wegen eines Tempels, der in das *Guinness-Buch der Rekorde* aufgenommen wurde.

In der Altstadt kann man sich eine ganze Zahl von interessanten und beeindruckenden historischen Gebäuden wie den Mandvi-Turm ansehen. Diese Gegend ist sehr farbenfreudig und voll von pulsierendem Leben. Das Zentrum der Altstadt ist als Darbar Gadh bekannt, ein Versammlungsplatz in der Form eines Halbkreises, auf dem früher der Maharadscha von Nawanagar öffentliche Audienzen abhielt.

**ORIENTIERUNG UND
PRAKTISCHE HINWEISE**

Die Haltestelle der staatlichen Busse und der neue Bahnhof liegen mehrere Kilometer auseinander und sind beide weit von der Innenstadt entfernt, so daß man dorthin oder von dort am besten mit einer Auto-Rikscha fährt. Die meisten der einfachen Unterkünfte, die man besser meidet, liegen in der Nähe des alten Bahnhofs in Teen Batti Chowk. Ein paar gemütlichere Unterkünfte findet man in der Nähe des Bedi-Tores.

Englischsprachige Tageszeitungen werden am Zeitungsstand unweit des Restaurants vom Hotel Swati verkauft.

Reiseschecks lassen sich montags bis freitags von 11.00 bis 15.00 Uhr bei der Corporation Bank gleich innen hinter dem Bedi-Tor einlösen. Dort kann es aber vorkommen, daß man ausdrücklich um eine Wechselquittung bitten muß.

SEHENSWÜRDIGKEITEN

Lakhota-Palast: Dieser relativ kleine Palast gehörte einst dem Maharadscha von Nawanagar. Heute ist darin ein kleines Museum untergebracht, in dem archäologische Ausstellungsstücke aus der Gegend zu sehen sind. Zu erreichen ist das Museum über einen kurzen Damm von der Nordseite des Sees. Es ist täglich außer mittwochs von 10.30 bis 13.00 Uhr und von 15.00 bis 17.30 Uhr geöffnet (Eintritt 0,50 Rs).

Bala-Hanuman-Tempel: Der Bala-Hanuman-Tempel steht an der südöstlichen Seite des Ranmal-Sees. Hier sind seit dem 1. August 1964 jeden Tag rund um die Uhr Bittgesänge zu hören („Shri Ram, Jai Ram, Jai Jai Ram"). Dieser Dauergesang ist sogar in das *Guiness Buch der Rekorde* aufgenommen worden. Die beste Zeit

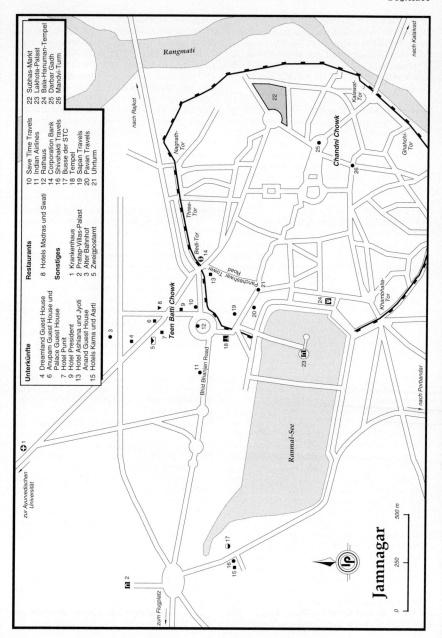

GUJARAT

Unterkünfte

4 Dreamland Guest House
6 Anupam Guest House und Palace Guest House
7 Hotel Punit
9 Hotel President
13 Hotel Ashiana und Jyoti Anand Guest House
15 Hotels Kama und Aarti

Restaurants

8 Hotels Madras und Swati

Sonstiges

1 Krankenhaus
2 Pratap-Villas-Palast
3 Alter Bahnhof
5 Zweigpostamt
10 Save Time Travels
11 Indian Airlines
12 Rathaus
14 Corporation Bank
16 Shivshakti Travels
17 Busse der STC
18 Tempel
19 Sapan Travels
20 Pavan Travels
21 Uhrturm
22 Subhas-Markt
23 Lakhota-Palast
24 Bala-Hanuman-Tempel
25 Darbar Gadh
26 Mandvi-Turm

zur Ayurvedischen Universität

nach Rajkot

Rangmati

nach Kalavad

Kalawat-Tor

Chandni Chowk

Ghalchi-Tor

Nagnath-Tor

Three-Tor

Bedi-Tor

Pancheshwar Tower Road

Khambhalia-Tor

Teen Batti Chowk

Bhid Bhanjan Road

Ranmal-See

nach Porbandar

zum Flugplatz

Jamnagar

0   250   500 m

699

für einen Besuch ist der frühe Abend, denn dann ist es im Tempel am belebtesten.

Aber auch das ganze Gebiet an der Südostseite des Sees wird gegen Sonnenuntergang recht lebendig, wenn Leute dorthinkommen, um zu promenieren und die üblichen *Chai-* und *Kulfi-*Stände aufgebaut werden, um mit dem Geschäft zu beginnen.

Verbrennungspark: Man muß gar nicht unbedingt Sehnsucht nach dem Tod haben, um den Verbrennungspark von Jamnagar, 10 Minuten Fahrt mit einer Auto-Rikscha von der Stadtmitte in Richtung Norden, zu besuchen. Dort stehen Statuen von Heiligen und Gottheiten, es sind aber auch Szenen aus dem *Ramayana* dargestellt. Die Anlage ist ein faszinierendes Ziel, wo die Atmosphäre alles andere als niedergeschlagen wirkt.

UNTERKUNFT

Am untersten Ende der Preisskala bietet Jamnagar einige der schlimmsten Unterkünfte in ganz Indien. Man ist gut beraten, wenn man dort nicht übernachtet. Dazu gehören das Anupam Guest House und das Palace Guest House, gelegene um den alten Bahnhof herum in Teen Batti Chowk, wo man für ein Einzel- oder Doppelzimmer 20 bzw. 60 Rs oder 35 bzw. 45 Rs bezahlen muß. Etwas besser ist das Dreamland Guest House (Tel. 7 04 36) mit sauberen Zimmern für 75 Rs (nur kaltes Wasser). Es liegt ein Stück von der Straße zurück und ist daher einigermaßen ruhig.

Noch ein Stück besser ist das moderne und saubere Hotel Punit (Tel. 7 05 59), auch wenn es dort in den Zimmern zur Straße hin höllisch laut sein kann. In diesem Hotel muß man für ein Einzelzimmer 150 Rs und für ein Doppelzimmer 190 Rs bezahlen (für ein Doppelzimmer mit Klimaanlage 400 Rs).

Mit Doppelzimmern zu Preisen ab 100 Rs ist das zentral gelegene Hotel Ashiana ein überteuertes verschachteltes Quartier im obersten Stock des New Super Market (Tel. 7 74 21). Offensichtlich ist so viel Geld für die Neonreklame ausgegeben worden, daß deshalb die Zimmerpreise haben erhöht werden müssen. Wenn man nicht darauf eingestellt ist, diesen Preis zu bezahlen, wird man hinunter zum schmuddeligen Anand Guest House im gleichen Gebäude mit schäbigen Zimmern für 55 Rs (nur kaltes Wasser) geschickt. Zum Hotel Ashiana gehört auch ein vegetarisches Restaurant.

Im Stockwerk unter dem Hotel Ashiana liegt das Jyoti Guest House (Tel. 7 15 55), in dem recht große Doppelzimmer für 75 Rs zur Verfügung stehen (heißes Wasser in Eimern ohne Zusatzkosten). Hier werden die Zimmer jeweils für 24 Stunden vermietet.

Das Hotel Kama (Tel. 7 77 78) liegt unmittelbar gegenüber der Bushaltestelle. Man findet es im 4. Stock eines modernen, hoch aufragenden Gebäudes. Vermietet wird ein ganzes Spektrum unterschiedlicher Zimmer, das von Einzel- und Doppelzimmern mit Bad für 75 bzw. 135 Rs bis zu riesigen luxuriösen Suiten für 400 bzw. 500 Rs reicht. Im gleichen Gebäude läßt sich im 3. Stock im Hotel Aarti (Tel. 7 82 20) in sauberen und komfortablen Zimmern allein ab 100 Rs und zu zweit ab 120 Rs übernachten (alle Zimmer ohne Klimaanlage).

Das beste Quartier in der Stadt das moderne Hotel President am Teen Batti Chowk (Tel. 7 05 16), gelegen im Zentrum. Hier muß man für ein Einzelzimmer 220 Rs und für ein Doppelzimmer 230 Rs bezahlen, mit Klimaanlage 400 bzw. 300 Rs. Zu allen Zimmern gehört ein Bad mit heißem Wasser. Zur Verfügung stehen zudem ein Restaurant sowie die Möglichkeit, Geld zu wechseln. Hier kann man auch mit einer Kreditkarte bezahlen.

ESSEN

Einen Imbiß können Sie abends an den Essensständen zu sich nehmen, die dann unweit vom Bala-Hanuman-Tempel aufgebaut werden.

In der Stadtmitte gibt es in der Gegend des Teen Batti Chowk auch viele annehmbare Lokale. Dort werden im Hotel Swati, einem vegetarischen Restaurant, viele verschiedene Gerichten aus Südindien und dem Punjab serviert. Das nahegelegene Hotel Madras hat sich auf Speisen aus dem Punjab spezialisiert. Wenn man sich mal etwas Besseres gönnen will, dann eignet sich dafür das Restaurant 7 Seas im Hotel President, in dem ganz ordentliche vegetarische und nichtvegetarische Essen angeboten werden, die gar nicht so teuer sind. Hier beginnen die Preise für nichtvegetarische Gerichte bei 35 Rs.

Um den Mandvi-Turm herum in der Altstadt gibt es zudem eine außergewöhnlich große Zahl von Läden mit „Sweetmeat", in denen eine große Vielfalt an Süßigkeiten verkauft wird.

Berühmt für das leckere Konfekt ist H. J. Vyas.

AN- UND WEITERREISE

Flug: Das ganz tüchtige Büro von Indian Airlines an der Bhid Bhanjan Road ist bis auf eine Mittagspause von 13.00 bis 13.45 Uhr zwischen 10.00 und 16.30 Uhr geöffnet (Tel. 7 85 69).

Indian Airlines setzt viermal wöchentlich Flugzeuge für Verbindungen zwischen Bombay nach Jamnagar ein (52 US $). Buchungen für diese Flüge nimmt auch Save Time Travels zwischen dem Bedi-Tor und dem Rathaus entgegen (Tel. 7 17 39).

Bus: STC-Busse fahren mindestens alle halbe Stunde nach Rajkot. Außerdem bestehen Busverbindungen nach Dwarka, Porbandar, Bhuj, Junagadh und Ahmedabad.

Statt gegeneinander zu konkurrieren bedienen die privaten Busgesellschaften unterschiedliche Ziele. Mit

Sapan Travels in einer Nebenstraße der Pancheswar Tower Road (Tel. 7 16 46) kommt man um 5.30, 14.30 und 22.00 Uhr nach Rajkot (2 Stunden, 25 Rs) und nach Ahmedabad (6 Stunden, 70 Rs). Pavan Travels an der gleichen Straße (Tel. 7 20 02) fährt zwar ebenfalls nach Ahmedabad, um 15.00 Uhr aber auch nach Bombay (20 Stunden, 200 Rs) und um 6.00 Uhr nach Dwarka (2½ Stunden, 35 Rs). Shivshakti Travels im Untergeschoß des Gebäudes gegenüber der Bushaltestelle (Tel. 7 00 91) steuert fast alle 15 Minuten Rajkot an und setzt Busse zu Fahrten nach Junagadh (3 Stunden, 30 Rs), Porbandar (2½ Stunden, 35 Rs) sowie zweimal täglich um 14.00 und 22.00 Uhr nach Bhuj (6 Stunden, 70 Rs) ein.

Zug: Von Bombay und Ahmedabad verkehren durchgehende Züge über Rajkot. Die Fahrpreis für die 321 km von Ahmedabad betragen nachts in Schlafwagen der 2. Klasse 93 Rs und der 1. Klasse 275 Rs sowie tagsüber in Sitzwagen 74 bzw. 275 Rs. Für die 813 km lange Fahrt nach Bombay muß man in der 2. Klasse 185 Rs und in der 1. Klasse 552 Rs bezahlen.

Nach Dwarka braucht man für die 132 km mit einem Schnellzug drei Stunden und mit dem täglichen „schnellen Personenzug" ermüdende 5½ Stunden (35 Rs).

NAHVERKEHR

Eine Verbindung mit Minibussen zum Flughafen, der einen langen Weg außerhalb der Stadt liegt, gibt es nicht. Fahrer von Auto-Rikschas verlangen für diese Strecke 25 Rs. Für eine Fahrt mit einer Rikscha von der Bushaltestelle in die Gegend mit dem Bedi-Tor muß man ca. 7 Rs bezahlen. Für die Strecke zum neuen Bahnhof, etwa 4 km nördlich der Stadtmitte, hat man mit einem Fahrpreis von rund 15 Rs zu rechnen.

RAJKOT

Einwohner: 707 000
Telefonvorwahl: 0281

Diese ganz ansprechende Stadt war einst die Hauptstadt des Prinzenstaates Saurashtra und außerdem Sitz der Hauptverwaltung der Briten. Rajkot war aber auch für Mahatma Gandhi in seinen ersten Lebensjahren der Heimatort. Sein Vater diente als Premierminister (Diwan) dem Raja von Saurashtra. Im damaligen Elternhaus Gandhis, dem Kaba Gandhi no Delo, ist heute eine Ausstellung seiner persönlichen Gegenstände untergebracht.

Das Rajkumar College stammt bereits aus der zweiten Hälfte des vorigen Jahrhunderts und wird als eine der besten Privatschulen im ganzen Land angesehen. Es war ursprünglich eine von fünf Schulen, die die Briten für die Ausbildung von Söhnen der Herrscher von Prinzenstaaten gegründet hatten (*rajkumar* bedeutet übersetzt „Sohn eines Prinzen").

PRAKTISCHE HINWEISE

Es gibt in Rajkot zwar ein sehr tüchtiges Fremdenverkehrsamt (Tel. 3 45 07), aber das soll offensichtlich niemand wissen, denn es liegt versteckt hinter dem alten Gebäude der State Bank of Saurashtra an der Jawahar Road, fast gegenüber vom Hotel Galaxy. Geöffnet ist es montags bis freitags sowie am ersten und dritten Samstags in jedem Monat von 10.30 bis 18.00 Uhr (Mittagspause von 13.30 bis 14.00 Uhr).

Geld läßt sich in der State Bank of India nördlich der Jubilee Gardens auf der anderen Straßenseite wechseln. Der Eingang befindet sich an der Rückseite des Gebäudes.

SEHENSWÜRDIGKEITEN

Watson-Museum: Mit dem Watson-Museum und der Watson-Bücherei in den Jubilee Gardens wird an Oberst John Watson erinnert, einen politischen Agenten in den Jahren 1886-89. Der Eingang wird flankiert von zwei erhabenen Löwen. Unter den Ausstellungsstücken befinden sich Schnitzereien aus dem 13. Jahrhundert, Silberwaren, geschichtliche Gegenstände und Textilien. Besonders ins Auge fällt die Marmorstatue der Königin Victoria, die auf einem Thron sitzt und nicht gerade fröhlich aussieht, vielleicht deshalb, weil sie nur eine Bronzekrone trägt und den Reichsapfel sowie das Zepter ohne Daumen hält. Geöffnet ist das Museum täglich außer mittwochs von 9.00 bis 17.30 Uhr (Eintritt 0,50 Rs).

UNTERKUNFT

Einfache Unterkünfte: In der Lakhajiraj Road, der Straße, die genau mitten in den Basar führt, stehen einige preiswerte Hotels. Eines davon ist das Himalaya Guest House (Tel. 2 28 80), eine ziemlich große Unterkunft, in der einfache Einzel- und Doppelzimmer mit Bad 50 bzw. 100 Rs kosten (heißes Wasser aus Eimern). Die Doppelzimmer sind zwar ziemlich geräumig, aber die Einzelzimmer reichlich dunkel und dürftig. Der Eingang zu diesem Haus befindet sich mitten in dem Einkaufszentrum, über dem es liegt.

An der Rückseite des Busbahnhofs gibt es ein paar weitere preiswerte Hotels, die man schnell wieder vergessen sollte, darunter das Hotel Jeel (Tel. 3 12 44) mit fraglos preisgünstigen, aber auch ziemlich schmuddeligen Einzel- und Doppelzimmern für 45 bzw. 75 Rs (nur kaltes Wasser und Gemeinschaftstoiletten). Ein wenig besser ist das nahegelegene Milan Guest House (Tel. 3 50 49) mit Einzel- und Doppelzimmern für 60 bzw. 100 Rs (Einzelzimmer winzig und mit Badbenutzung, aber sauber). Hier kann man in seinem Zimmer für jeweils 24 Stunden bleiben. Ein Stück weiter von der Bushaltestelle entfernt liegt das Jyoti Guest House (Tel. 2 52 71), wo es auch schon geringfügig ruhiger ist. In einem Zimmer mit eigenem Bad kann man hier allein für 70 Rs und zu zweit für 80 Rs übernachten. Am Abreisetag darf man bis 12 Uhr in seinem Zimmer bleiben.

Eine sehr gute Wahl bei den preisgünstigen Quartieren ist das Evergreen Guest House (Tel. 2 70 52), nur ein paar Minuten Fußweg von der Bushaltestelle entfernt und gelegen ein kleines Stück abseits der Dharbar Road.

Dort kosten sehr kleine, aber makellos saubere Einzel- und Doppelzimmer 65 bzw. 110 Rs, alle mit fließend heißem und kaltem Wasser.

Ferner werden im nagelneuen Vijay Guest House saubere, komfortable Einzel- und Doppelzimmer mit heißem Wasser für 50 bzw. 90 Rs vermietet.

Mittelklassehotels: Eines der besten Mittelklassehotels in Rajkot ist das Hotel Galaxy in der Jawahar Road (Tel. 5 59 81). Hier beginnen die Preise für Einzelzimmer bei 240 Rs und für Doppelzimmer bei 360 Rs und betragen mit Klimaanlage 380 bzw. 510 Rs. Gäste können im Haus auch Geld wechseln. Ein Restaurant ist jedoch nicht vorhanden.

Das Hotel Samrat (Tel. 2 22 69) liegt hinter dem Busbahnhof und hat gut eingerichtete Einzelzimmer für

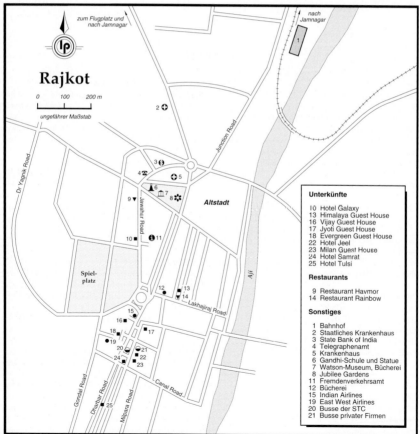

Rajkot

0   100   200 m

ungefährer Maßstab

zum Flugplatz und nach Jamnagar

nach Jamnagar

Altstadt

Spielplatz

Unterkünfte

10 Hotel Galaxy
13 Himalaya Guest House
16 Vijay Guest House
17 Jyoti Guest House
18 Evergreen Guest House
22 Hotel Jeel
23 Milan Guest House
24 Hotel Samrat
25 Hotel Tulsi

Restaurants

9 Restaurant Havmor
14 Restaurant Rainbow

Sonstiges

1 Bahnhof
2 Staatliches Krankenhaus
3 State Bank of India
4 Telegraphenamt
5 Krankenhaus
6 Gandhi-Schule und Statue
7 Watson-Museum, Bücherei
8 Jubilee Gardens
11 Fremdenverkehrsamt
12 Bücherei
15 Indian Airlines
19 East West Airlines
20 Busse der STC
21 Busse privater Firmen

225 Rs sowie Doppelzimmer für 310 Rs zu bieten, mit Klimaanlage ab 350 bzw. 550 Rs. Ganz in der Nähe liegt das freundliche Hotel Tulsi (Tel. 3 17 31), in dem komfortable Einzel- und Doppelzimmer für 170 bzw. 280 Rs vermietet werden, mit Klimaanlage für 310 bzw. 450 Rs.

ESSEN

Gutes und billiges südindisches Essen wird im Restaurant Rainbow unweit vom Himalaya Guest House angeboten. Ein Teil davon oben ist sogar klimatisiert. In diesem Lokal ist auch eine beeindruckende Reihe von Eissorten zu haben, und zwar mit solchen Bezeichnungen wie „Thrice Blessed" und „Nuts in Love", daß man kaum widerstehen kann.

Zu den besseren Restaurants gehören das Havmor unweit der Jubilee Gardens mit indischen, chinesischen und westlichen Gerichten und das Samkarand im Hotel Samrat, ein gutes Lokal mit annehmbaren Preisen.

AN- UND WEITERREISE

Flug: Mit Indian Airlines, vertreten mit einem Büro in der Dharbar Road (Tel. 2 79 16), kann man viermal wöchentlich von und nach Bombay fliegen (46 US $). East West Airlines (Tel. 4 04 22) unterhält täglich Flugverbindungen nach und von Bombay.

Bus: STC-Busse verbinden Rajkot mit Jamnagar, Junagadh, Porbandar, Veraval und Ahmedabad. Eine Fahrt von Rajkot über Junagadh nach Veraval dauert etwa fünf Stunden und kostet 43 Rs. Von Rajkot nach Jamnagar ist man zwei Stunden unterwegs und muß für die Fahrt 25 Rs bezahlen.

Zusätzlich zu diesen staatlichen Bussen verkehren auch einige Privatbusse, z. B. nach Ahmedabad, Bhuj, Bhavnagar, Una (in Richtung Diu), Mt. Abu, Udaipur und Bombay. Die Büros der privaten Busgesellschaften findet man hinter dem Busbahnhof.

Zug: Mehrere Schnellzüge verbinden auf einer Breitspurstrecke Rajkot mit Ahmedabad (246 km). Eine Fahrt kostet in der 2. Klasse 72 Rs und in der 1. Klasse 219 Rs (Fahrzeit 5½ Stunden). Weitere Schnellzüge verkehren von und nach Jamnagar (75 km, 23 Rs) und Porbandar (221 km, 56 Rs), in beide Richtungen auf Breitspur, sowie auf Schmalspur nach Veraval (186 km, 48 Rs).

NAHVERKEHR

Für eine Fahrt in einer Riksha von der Stadtmitte zum Flugplatz muß man mit rund 20 Rs rechnen, zum Bahnhof mit etwa 10 Rs.

DIE UMGEBUNG VON RAJKOT

WANKANER

Wie so viele andere indische Paläste auch, wurde der Palast von Wankaner (Tel. 02828/2 00 00) in ein Hotel umgewandelt. Es liegt etwa 38 km von Rajkot entfernt. Der Unterschied zwischen diesem Palasthotel und denen in Rajasthan ist, daß hier die Gäste von der königlichen Familie untergebracht werden und sie sich eher in einem Gästehaus als in einem Hotel fühlen. Der Palast wurde 1907 erbaut und sieht aus wie eine verblüffende prunkvolle Extravaganz im griechisch-römisch-gotisch-indisch-schottischen Stil.

Weil die Hoheiten noch im Palast leben, übernachten die Gäste ein paar Kilometer entfernt in einem Gebäude, das Oasis House heißt. Das ist ein wunderschönes Bauwerk im Stil des Art Deco, errichtet in den dreißiger Jahren, in dem innen auch ein überdachter Swimming Pool nicht fehlt. Obwohl kaum palastartig, sind die Zimmer komfortabel und geräumig. Gegessen wird gemeinsam mit der königlichen Familie im eigentlichen Palast. Dafür muß man pro Person 1000 Rs bezahlen.

An- und Weiterreise: Von Wankaner kann man alle halbe Stunde mit einem Bus nach Rajkot fahren. Der nächstgelegene Bahnhof ist Wankaner Junction an der Strecke nach Ahmedabad (204 km, 2. Klasse 67 Rs und 1. Klasse 189 Rs).

SURENDRANGAR (WADHWAN)

Auf dem Weg von Ahmedabad nach Rajkot kommt man durch diesen Ort mit dem sehr alten Tempel zu Ehren von Ranik Devi. Sie wurde in einen Disput zwischen dem einheimischen Herrscher Sidh Raja (der sie zu heiraten gedachte) und Rao Khengar (der sie entführte und tatsächlich heiratete) verwickelt. Als Sidh Raja schließlich Rao Khengar besiegte, entschied Ranik Devi sich für den Feuertod, der Witwen zukam (*sati*). Daraufhin errichtete Sidh Raja diesen Tempel zur Erinnerung an seine Geliebte.

TARNETAR

Jedes Jahr im Monat Bhadra (um den September herum) findet am Trineteshwar-Tempel von Tarnetar, 65 km nordöstlich von Rajkot, die dreitägige farbenfrohe Tarnetar-Messe statt, am bekanntesten wegen der unterschiedlichen *chhatris* (Schirme), die nur dafür angefertigt werden, und als Gelegenheit, einen Bräutigam zu finden, denn für die Dorfbewohner aus der Gemeinde

Bharwad ist es eine der Hauptaufgaben dieser Messe, Verbindungen für Hochzeiten zu schmieden. Die Heiratskandidaten werden dafür richtig herausgeputzt, was die Messe zu einem außergewöhnlich farbenfrohen Spektakel macht.

Nach der Legende hat einst Arjuna an dieser Stelle getanzt. Daher wird der Ganges hier immer noch einmal jährlich in einen Teich umgeleitet.

GONDAL

An der Straße zwischen Rajkot und Porbandar, und zwar südlich von Rajkot am Fluß Gondali, liegt der Ort Gondal. Einst der Sitz der Herrscher eines blühenden Prinzenstaates, sind dort immer noch einige eindrucksvolle Bauwerke zu sehen. Einen Blick wert ist beispielsweise der Naulakaha-Darbargarh-Palast (benannt nach den neun *lakhs*, die zu bauen er gekostet hat); aber auch der Palast am Ufer des Flusses, in dem man heute einschließlich Vollpension für 1500 Rs übernachten kann (mit Ausflügen für 2500 Rs). Die heutige Fürstenfamilie pflegt immer noch die Sammlung der etwa 30 alten Autos des Maharadschas. Außerdem steht im Bahnhof auch noch zwei inzwischen verfallende Waggons des früheren Herrschers.

KUTCH (KACHCHH)

Der Teil von Gujarat, der am meisten vom Westen geprägt wurde, ist eigentlich eine Insel. Während des Monsuns im Mai ist dort alles von Wasser umgeben. Der Golf von Kutch trennt Kutch von der Halbinsel Kathiawar, während das Gebiet im Norden durch die Great Rann of Kutch von Pakistan getrennt wird.

Wegen des hohen Salzgehaltes im Boden ist das Land eigentlich kahl, und nur auf wenigen „Inseln" dieser tiefliegenden Marschlandschaft, die etwas höher sind, hat sich eine Vegetation entwickelt. In der Trockenzeit ist die Rann nichts anderes als eine einzige Ebene mit getrocknetem Schlamm. Bei Beginn des Monsuns wird im Mai dann alles mit Salzwasser überflutet und später mit dem Süßwasser der anschwellenden Flüsse weiter aufgefüllt. Im Osten ist Kutch vom restlichen Gujarat durch die Little Rann of Kutch abgeschnitten.

Der Golf von Kutch ist im Winter Brutplatz von Flamingos und Pelikanen. Die Little Rann of Kutch ist dagegen Heimat seltener Asiatischer Wildesel, weshalb ein Teil dieser Gegend zum Schutzgebiet für diese seltenen Tiere erklärt wurde.

BHUJ

Einwohner: 119 000
Telefonvorwahl: 02832

Bhuj, die Hauptstadt von Kutch, ist eine alte, von einer Stadtmauer umgebene Stadt. Noch bis vor kurzem wurden allabendlich die Stadttore bis zur Morgendämmerung geschlossen.

Für Stunden ist man hier in dem Gewirr der Straßen und Alleen verschwunden und versunken. Zu sehen sind Mauern innerhalb der Mauern, mit Zinnen versehene Tore, alte Paläste mit reichhaltigen Schnitzereien an den Holzpavillons, die denen des Topkapi von Istanbul in nichts nachstehen, und in hellen Farben verzierte hinduistische Tempel.

Bhuj erinnert stark daran, wie viele andere Orte in Indien waren, bevor die Touristen einfielen. Hier hält sich noch die alte indische Gastfreundschaft, die einst Tradition im ganzen Land war.

Wenn der Monsun nicht genug Regen mitgebracht hat, ist der malerische See leider immer ausgetrocknet.

PRAKTISCHE HINWEISE

Das Fremdenverkehrsamt (Tel. 2 00 04) ist im Aina Mahal untergebracht und wird von dem sehr hilfsbereiten Mr. P. J. Jethi geführt, der sich als gute Informationsquelle für alles erwiesen hat, was mit Bhuj und Kutch zusammenhängt. Über das Fremdenverkehrsamt kann man auch einen Führer anheuern (300 Rs pro Tag). Einzelheiten darüber erfährt man bei Interesse von Mr. Jethi. Geöffnet ist das Büro täglich außer samstags von 9.00 bis 12.00 Uhr und von 15.00 bis 18.00 Uhr.

Das Geldwechseln in Bhuj kann zu einem großen Problem werden. Die einzige Bank, in der überhaupt Geld gewechselt wird, ist die State Bank of India an der Station Road, in der aber nur Reiseschecks von Thomas Cook eingelöst werden, und auch nur montags bis freitags von 12.00 bis 15.00 Uhr. Darüber hinaus werden für Gäste im Hotel Prince Reiseschecks eingelöst. Wenn man mal wieder ein erfrischendes Bad nehmen möchte, bietet sich der Swimming Pool beim Restaurant Lakeview am südlichen Ende des Sees an. Er ist sehr sauber und für die Öffentlichkeit von 7.00 bis 10.00 Uhr sowie von 14.45 bis 17.45 Uhr zugänglich (Eintritt für 45 Minuten 10 Rs).

Das Hauptpostamt liegt fünf Minuten Fahrt mit einer Auto-Rikscha von der Bushaltestelle entfernt. Eine Zweigstelle befindet sich in Dharbar Gadh, der ummauerten Stadt.

Sondergenehmigungen: Um sich die Dörfer nördlich von Kutch ansehen zu dürfen, darunter Khavda, Bhirandiara und Dumaro, braucht man eine besondere Genehmigung vom District Collector. Um die zu erhalten, muß man zunächst persönlich das Büro des District Superintendent of Police aufsuchen, wo man ein Formular mit Angaben über die Dörfer, die man besuchen möchte, den Daten, den Angaben im Reisepaß usw. auszufüllen hat. Damit muß man sich dann zum Büro der District Controller begeben (fünf Minuten Fußweg, geöffnet bis auf eine Mittagspause zwischen 13.00 und 14.00 Uhr montags bis freitags von 10.30 bis 17.30 Uhr), wo das Formular geprüft und der Besuchsantrag anschließend durch Unterschrift genehmigt wird. Der gesamte Vorgang dürfte nicht mehr als 1¹/₂ Stunden dauern. Eine Gebühr wird nicht erhoben.

SEHENSWÜRDIGKEITEN

Aina Mahal (Alter Palast): Der alte Palast von Maharao Lakhpatji, erbaut im traditionellen Stil von Kutch, liegt in einem kleinen befestigten Innenhof im alten Teil der Stadt. Heute dient er als wunderschönes Museum und ist einer der Höhepunkte bei einem Besuch in Bhuj. Am Eingang zum Palast ist das Fremdenverkehrsamt untergebracht. Man findet hier aber auch das Maharao-Sinh-Madansinhji-Museum, in dem eine abwechslungsreiche Sammlung von Gemälden, Fotos und Stickereien zu besichtigen ist. Ansehen kann man sich auch ein 15 m langes Rollbild mit der Darstellung einer Prozession von Maharao Shri Pragmalji (1838-1875). Dabei sollte man auf dem epischen Gemälde einmal auf die letzte Figur mit dem blauen Turban achten. Sie sieht ziemlich verärgert aus, möglicherweise deshalb, weil sie das Ende der Prozession bilden muß!

Die größte Attraktion jedoch ist die Spiegelhalle, geschaffen von Ram Singh Malam, einem Meister dieser Kunst unter der Schirmherrschaft von Maharao Shri Lakhpatji, dem Herrscher und einem Dichter aus der Zeit Mitte des 18. Jahrhunderts.

In einer Mischung aus indischen und europäischen Stilelementen (Ram Singh erhielt seine Anregungen aus Europa) sind die Wände aus weißem Marmor von Spiegeln bedeckt, unterteilt durch vergoldete Ornamente. Beleuchtet wurde der Raum durch auserlesene Kandelaber mit einem Schatten venezianischem Glas. Die bemerkenswerteste Einzelheit ist ein Wasserbecken, aus dem in der Mitte ein Podest herausragt, auf dem der Maharao dichtete und sich ganz der klassischen Kunst von Mädchen, Barden und Musikern hingab.

Der Palast ist einen halbtägigen Besuch allemal wert und bis auf samstags täglich von 9.00 bis 12.00 sowie von 15.00 bis 18.00 Uhr geöffnet (Eintritt 3 Rs).

Prag Mahal (Neuer Palast): Vom Aina Mahal auf der anderen Seite des Innenhofes steht der Neue Palast, ein verziertes Marmor- und Sandsteingebäude im italienischen Stil, das im späten 19. Jahrhundert erbaut wurde. Teile des Gebäudes werden heute für Behörden genutzt, aber die weitläufige Darbar-Halle und der Uhrturm sind der Öffentlichkeit zugänglich. Hoch oben an den Wänden dieser Halle hängen Porträts der Maharaos, während sich weiter unten das übliche Mausoleum an Großwild befindet, das durch Egoismus und pompöse Dummheit an den Rand des Aussterbens gebracht wurde. Der Eintritt zum Palast kostet 4 Rs.

Kutch-Museum: Das Kutch-Museum hieß ursprünglich Fergusson-Museum, und zwar nach seinem Gründer Sir James Fergusson, einem Gouverneur von Bombay während der Kolonialzeit. Es stammt aus dem Jahre 1877 und ist eines der ältesten Museen in Gujarat. Die hier gezeigte Sammlung ist ausgezeichnet, in gutem Zustand und mit Hinweisen in Englisch und Gujarati versehen. Sie umfaßt eine Gemäldegalerie, eine anthropologische Abteilung, archäologische Funde, Textilien, Waffen, Musikinstrumente, eine Abteilung über Schiffe und natürlich auch ausgestopfte Tiere. Das Museum ist täglich (außer mittwochs sowie am 2. und 4. Samstag jedes Monats) von 9.00 bis 11.30 Uhr und von 15.00 bis 17.30 Uhr geöffnet (Eintritt 0,50 Rs).

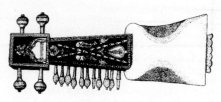

Eine Sarangi (Indische Fiedel)

Sarad-Bagh-Palast: Der letzte Maharao starb 1991 in England. Nun hat man seinen Palast östlich des Sees in ein kleines Museum umgewandelt. Gelegen in einem weitläufigen und wunderschönen Garten, ist der Palast selbst, erbaut 1867, mit einem Zimmer unten und einem Schlafzimmer oben (geschlossen) nur von bescheidenen Ausmaßen. Der Speiseraum befindet sich in einem anderen Gebäude. Ausgestellt ist eine ganze Zahl von persönlichen Gegenständen des Maharao, darunter auch

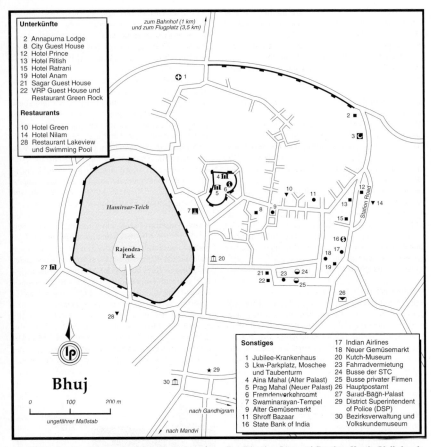

Bhuj

0   100   200 m

ungefährer Maßstab

Unterkünfte

2   Annapurna Lodge
8   City Guest House
12   Hotel Prince
13   Hotel Ritish
15   Hotel Ratrani
19   Hotel Anam
21   Sagar Guest House
22   VRP Guest House und
     Restaurant Green Rock

Restaurants

10   Hotel Green
14   Hotel Nilam
28   Restaurant Lakeview
     und Swimming Pool

Sonstiges

1   Jubilee-Krankenhaus
3   Lkw-Parkplatz, Moschee
   und Taubenturm
4   Aina Mahal (Alter Palast)
5   Prag Mahal (Neuer Palast)
6   Fremdenverkehrsamt
7   Swaminarayan-Tempel
9   Alter Gemüsemarkt
11   Shroff Bazaar
16   State Bank of India
17   Indian Airlines
18   Neuer Gemüsemarkt
20   Kutch-Museum
23   Fahrradvermietung
24   Busse der STC
25   Busse privater Firmen
26   Hauptpostamt
27   Sarad-Bagh-Palast
29   District Superintendent
     of Police (DSP)
30   Bezirksverwaltung und
     Volkskundemuseum

zum Bahnhof (1 km)
und zum Flugplatz (3,5 km)

Hamirsar-Teich

Rajendra-
Park

Station Road

nach Gandhigram

nach Mandvi

★ 29

---

sein Videorekorder. Zu sehen ist aber auch der Sarg, in dem seine Leiche aus England nach Indien zurückgebracht wurde, bevor man sie hier einäscherte.

Der Palast ist täglich außer freitags von 9.00 bis 12.00 Uhr und von 15.00 bis 18.00 Uhr zugänglich. Als Eintrittsgebühr ist eine Rupie zu entrichten.

Weitere Sehenswürdigkeiten: Eine riesige Mauer erstreckt sich um die Hügel über der Stadt und ermöglicht einen herrlichen Blick. Leider kann man diese Gegend nicht näher erkunden, da es sich um ein militärisches Sperrgebiet handelt.

Den farbenprächtigen und reich verzierten Swaminarayan-Tempel findet man in der Nähe des Aina Mahal. Ansehen läßt er sich von 7.00 bis 11.00 Uhr und von 16.00 bis 19.00 Uhr.

Das Bhartiya Sanscruti Darshan Kutch (Volkskundemuseum) enthält eine interessante private Sammlung von wunderschönen Textilien und Gebrauchsgegenständen, aber auch Nachbildungen von typischen Dörfern. Es liegt in der Nähe vom Büro des District Collector und läßt sich besichtigen, indem man den Kurator, Mr. Ramsinjhi Rathod, anruft (Tel. 2 15 18) und mit ihm einen Besichtigungstermin vereinbart.

UNTERKUNFT

Einfache Unterkünfte: Viele Besucher übernachten im City Guest House im Herzen des Basars sowie unweit vom alten Gemüsemarkt und vom Palast (Tel. 2 01 67). Es ist das einzige Hotel mitten in der von Mauern umgebenen Stadt. Die Zimmer sind recht ansprechend und auch sauber. Ein Innenhof und eine

Dachterrasse mit Blick über den Basar sind ebenfalls vorhanden. Mit 40 bzw. 60 Rs für ein Einzel- oder Doppelzimmer ist es zudem außerordentlich preiswert. Die Zimmer sind zwar nur klein, aber makellos sauber. Hier kann man auch Motorroller für Ausflüge zu den Dörfern in der Umgebung mieten. Heißes Wasser erhalten die Gäste in Eimern.

Außerhalb des Basars, nur ein wenig abseits der Station Road, liegt das Hotel Ratrani (Tel. 2 23 88), wo ebenfalls preiswerte Zimmer vermietet werden. Hier kann man in einem Einzel- oder Doppelzimmer mit Bad für 45 bzw. 70 Rs übernachten. Heißes Wasser ist auf Wunsch ohne Mehrkosten erhältlich. Im Restaurant werden Thalis aus Gujarat und Gerichte aus dem Punjab serviert. Vermietet werden die Zimmer in diesem Haus für jeweils 24 Stunden.

Ein kurzes Stück zu Fuß nördlich des Hotels Ratrani liegt das preisgünstige Hotel Ritish (Tel. 2 41 17), in dem man in sauberen und großen Zimmern mit Bad (heißes Wasser am Morgen) allein für 35 Rs und zu zweit für 55 Rs unterkommt. Betten in einem Schlafsaal werden jeweils für 20 Rs angeboten. Ein Speiseraum ist ebenfalls vorhanden. Hüten muß man sich allerdings vor den „Zuschlägen für Bedienung" auf der Rechnung Zwei weitere preisgünstige Quartiere liegen gegenüber der Bushaltestelle. Dort kann man im Sagar Guest House (Tel. 2 14 79) in einem Einzelzimmer mit Badbenutzung für 30 Rs sowie mit eigenem Bad in einem Einzelzimmer für 50 Rs, in einem Doppelzimmer für 70 Rs und in einem Dreibettzimmer für 100 Rs übernachten. Ein Schlafsaal mit 10 Betten für 20 Rs pro Person ist ebenfalls vorhanden. Die Zimmer liegen allerdings unmittelbar über der Straße, so daß es in ihnen laut sein kann. Um die Ecke kommt man zum VRP Guest House (Tel. 2 13 88) mit Einzelzimmern für 55 Rs und Doppelzimmern für 80 Rs (mit Bad). Diese Unterkunft ist ruhig sowie sauber und besteht aus gar nicht so kleinen Zimmern. Vermietet werden die Zimmer jeweils für 24 Stunden. Das Hinweisschild ist allerdings nur in Gujarati beschriftet.

Ein Stück weiter hinauf liegt in der Nähe des Parkplatzes für Lastwagen die sehr freundliche Annapurna Lodge (Tel. 2 08 31). Preisgünstige Zimmer mit Badbenutzung kosten hier 35 bzw. 50 Rs, bessere Zimmer mit eigenem Bad 45 bzw. 60 Rs. Das Haus ist zwar nicht gerade das ruhigste in der Stadt, aber vom Preis-/Leistungsverhältnis her eine ganz gute Wahl.

Mittelklassehotels: Eine gute Wahl bei den Häusern der Mittelklasse ist das Hotel Anam (Tel. 2 13 90) an der Station Road mit Einzelzimmern für 130 Rs und Doppelzimmern für 250 Rs, mit Klimaanlage für 380 bzw. 500 Rs.

Genauso gut, aber teurer, ist das Hotel Prince, ebenfalls in der Station Road (Tel. 2 03 70). In diesem Haus muß

man für ein Einzelzimmer 225 Rs und für ein Doppelzimmer 275 Rs bezahlen (mit Klimaanlage 450 bzw. 550 Rs). Ein gutes nichtvegetarisches Restaurant gehört zum Hotel Prince ebenfalls. Für Hausgäste besteht zudem die Möglichkeit, Geld zu wechseln. Am Abreisetag muß man sein Zimmer bis 12 Uhr räumen.

ESSEN

Ein ausgezeichnetes und billiges Frühstück (Omelett und Toast mit Kaffee oder Tee) kann man im Omlet Centre in der Reihe mit den Geschäften vor der Bushaltestelle erhalten.

Das Restaurant im Hotel Anam und das Restaurant Green Rock in dem Gebäude, in dem auch die VRP Lodge liegt, sind ausgezeichnete Ziele für Gujarat-Thalis, von denen man essen darf, so viel man mag. Im Hotel Prince erhält man sowohl vegetarische als auch nichtvegetarische Gerichte zu durchaus annehmbaren Preisen. Das Hotel Nilam gegenüber vom Hotel Prince ist ein ausgezeichnetes vegetarisches Lokal, das sich auf chinesische Speisen und Gerichte aus dem Punjab spezialisiert hat.

Das dem City Guest House am nächsten gelegene Restaurant ist das Hotel Green, eine kleine Gasse gegenüber vom alten Gemüsemarkt hinunter. Dort werden preiswerte Gerichte und Imbisse angeboten, und das in einer großen Bandbreite.

EINKÄUFE

Bei ernsthaftem Interesse an Stickereien aus Dörfern der Region Kutch empfiehlt es sich, Kontakt mit Mr. A. A. Wazir aufzunehmen (Tel. 2 41 87 oder über das Fremdenverkehrsamt). Seit mehr als 20 Jahren durchstreift er Kutch auf der Suche nach Stickereien und hat jetzt eine unbezahlbare Sammlung von über 3000 Arbeiten zusammengetragen, von denen viele bereits sehr alt sind. Einige davon stehen zum Verkauf (zu Preisen ab 200 Rs, aber auch für bis zu 20 000 Rs).

Im Laden von Uday auf dem Shroff Bazaar kann man Textilien und ebenfalls bereits recht alte Stickereien kaufen.

AN- UND WEITERREISE

Flug: Das Büro von Indian Airlines ist täglich von 11.00 bis 13.00 Uhr und von 13.45 bis 18.00 Uhr geöffnet (Tel. 2 14 33). Diese Gesellschaft fliegt viermal wöchentlich nach Bombay (62 US $).

Da auf dem Flugplatz auch eine Einheit der indischen Luftwaffe stationiert ist, sind die Sicherheitsvorschriften dort sehr streng.

Bus: Die privaten Busunternehmen unterhalten Büros in der Gegend der Bushaltestelle und setzen Busse zur Fahrt nach Rajkot (6 Stunden, 60 Rs), Bombay (18 Stunden, 250 Rs), Ahmedabad (7 Stunden, für einen

Sitz 80 Rs und für einen Liegeplatz 100 Rs) und anderen Zielen in Gujarat ein. Fahrten in Bussen mit Liegeplätzen kann man bei Patel Tours, Sahjanand Tours und M K Tours buchen.

STC-Busse fahren über Rathapur und Tarada nach Jaisalmer in Rajasthan (15 Stunden, 163 Rs). Wenn man in andere Gegenden von Rajasthan wie Abu Road, Ajmer oder Jaipur will, muß man zunächst mit einem Bus bis Palanpur fahren und dort in einen anderen Bus umsteigen. Ferner verkehren regelmäßig Busse zu den Dörfern in Kutch (vgl. Abschnitt über die Umgebung von Bhuj).

Zug: Der Bahnhof New Bhuj liegt einen Kilometer nördlich der Stadt an einer sehr rauhen Nebenstraße vom Nordtor der Altstadt. Es ist zwar möglich, von dort über Palanpur nach Ahmedabad zu fahren (491 km, 16 Stunden, 2. Klasse 128 Rs und 1. Klasse 382 Rs), aber schneller geht es, wenn man einen Bus oder Zug nach Gandhidham nimmt, der Anschluß an den Nachtzug *Gandhidham-Kutch Express* hat (300 km, 7 Stunden). Auf dieser Strecke kostet eine Fahrt von Bhuj insgesamt in der 2. Klasse 99 Rs und in der 1. Klasse 296 Rs.

Um eine Platzreservierung vorzunehmen, ist es nicht nötig, hinaus zum Bahnhof zu fahren. Für 15 Rs nimmt die auch Hemal Travels unweit der Bushaltestelle (Tel. 2 24 91) vor.

Sammeltaxi: Mit Sammeltaxis kommt man für 20 Rs nach Mandvi. Sie fahren an der Haltestelle der STC-Busse ab.

NAHVERKEHR

Eine Fahrt mit einer Auto-Rikscha zum Bahnhof kostet 15 Rs und zum Flugplatz mindestens 25 Rs. Für eine Fahrt von Darbar Gadh zur Bushaltestelle sollte man nicht mehr als 6 Rs ausgeben müssen.

An der Straße vor der Bushaltestelle kann man sich auch ein Fahrrad mieten. Motorroller wie Vespa und Honda Hero lassen sich im City Guest House und in einem Laden in der Nähe der Bushaltestelle mieten. Sie sind mit 200 Rs pro Tag jedoch nicht gerade billig. Allerdings kann es sein, daß man für eine längere Mietzeit als nur einen Tag eine Ermäßigung heraushandeln kann.

DIE UMGEBUNG VON BHUJ

GANDHIDHAM

Einwohner: 113 000
Telefonvorwahl: 02836

Als Auffanglager für die Flüchtlinge aus dem Sind, die nach der Teilung ins Land strömten, baute man in der Nähe von Kandala die neue Stadt Gandhidham. Interes-

santes hat sie nicht zu bieten, aber wenn man dort festsitzen sollte, kann man im Hotel Natraj (Tel. 2 19 55), gegenüber vom Busbahnhof, mit Einzelzimmern ab 120 Rs und Doppelzimmern ab 160 Rs oder im Hotel Go-kul (Tel. 2 00 68), etwa 300 m weiter, in Einzelzimmern ab 180 Rs und Doppelzimmern ab 250 Rs übernachten.

Vernu

In Vernu, einem winzigen Dorf mit nur 600 Einwohnern am südlichen Rand des Great Rann of Kutch, ist eine selbst auferlegte dauernde Trauer zur üblichen Lebensweise geworden. Die Dorfbewohner trauern bereits seit über 250 Jahren, nämlich seit Venu Parmar, ein Oberhaupt der Rajputen, starb, als der das Dorf vor Viehdieben schützen wollte. In diesem Dorf werden das Vieh nicht geschmückt und Feste ohne die Verzierungen wie Girlanden begangen, die solche Ereignisse in anderen Dörfern der Region so farbenprächtig werden lassen. Selbst Hochzeiten werden in entfernten Dörfern begangen, um in dieses melancholische Dorf keine Fröhlichkeit und keinen Trubel eindringen zu lassen. Nach Auffassung der Einwohner würde das eine Mißachtung der Seele des tapferen Venu darstellen.

Man glaubt, daß ein dem Oberhaupt geweihter Tempel im Dorf dem Tod bringe, der darin schlafe. Das unerwartete Dahinscheiden von Oberst James McMurdo, des ersten britischen Abgesandten in Kutch, der es unterließ, auf den Rat der Einheimischen zu hören und am nächsten Morgen tot im Tempel aufgefunden wurde, bestätigt den Glauben der Dorfbewohner an die todbringenden Kräfte im Tempel.

Venu war der jüngere Bruder des *thakur* von Mula, des Herrschers eines Prinzenstaates in Saurashtra. Nachdem ihm eine Gruppe von Dorfbewohnern aus 70 km Entfernung Treue geschworen hatte, die wiederholt Opfer von Viehdieben geworden waren, kam Venu ihnen mutig zu Hilfe. Es kam dabei zu einem Kampf mit den Viehdieben, bei dem Venu sein Leben verlor. An der Stelle, an der das passierte, steht heute das Dorf, das seinen Namen trägt (Vernu ist eine Verfälschung des Namens des Kriegers). Der Legende nach verlor der unermüdliche Venu seinen Kopf an der Stelle, an der der Tempel zu seinen Ehren steht. Sein Körper soll aber noch weitergekämpft haben, bis er umgefallen sei, und zwar in 4 km Entfernung!

Dharamanath

Indische Heilige und Sadhus sind bekannt für die Strapazen, die sie beim Trachten nach geistiger Erlösung auf sich nehmen. Das reicht vom Stehen auf Nägeln bis zum Einschließen in Höhlen für ganze Jahrzehnte. Diese Akte von Selbstkasteiung scheinen nur durch die Vorstellungskraft derer begrenzt zu sein, die solche Qualen ertragen.

Einer dieser geistlichen Kämpfer war Dharamanath, der nach Kutch gereist war, um an einer ruhigen Stelle Buße zu tun. Er ließ sich in der Nähe von Rajpur unter einem Baum nieder und vertiefte sich dort in geistliche Angelegenheiten, während er sich für seine materiellen Bedürfnisse auf die Einwohner von Rajpur verließ. Allerdings tauchten die Einwohner von Rajpur nicht so oft auf, wie Dharamanath es erwartet hatte. Deshalb verhängte er in einem Anfall von Wut einen Fluch über sie. Die Folge war, daß der Ort verfiel und die Einwohner hastig nach Mandvi umzogen. Nun entschloß sich Dharamanath, geplagt von Gewissensbissen, auf den höchsten Berg zu steigen, den er finden könnte, um wegen seines rachsüchtigen Verhaltens zu büßen. Nachdem er erfolglos zwei Berge bestiegen hatte, die sich weigerten, seine Schuld zu tragen, kletterte er rückwärts auf einen dritten Berg, den Dhinodar - und stand anschließend 12 Jahre lang auf dem Kopf. Die Götter, besorgt über einen solchen Auswuchs, flehten in daraufhin an, seine Buße zu beenden. Dharamanath stimmte zu, allerdings unter der Bedingung, daß die Gegend, auf die sein Blick fallen würde, unfruchtbar werden müßte. Nun geschah das, was geschehen mußte: Das Meer trat zurück und ließ ein unfruchtbares, trostloses Ödland zurück - Great Rann of Kutch.

Wenn man den Bahnhof verläßt, liegt die Bushaltestelle etwa 200 m schräg gegenüber nach rechts hin. Dort fahren Busse nach Bhuj alle 30 Minuten ab (1¹/₂ Stunden, 15 Rs).

DÖRFER IN KUTCH

Alle Dörfer in der Region Kutch haben sich auf eine besondere Art von Handarbeit spezialisiert. Es wäre leicht, sich in dieser Gegend umzusehen und eine Woche damit zu verbringen, einige der Dörfer näher kennenzulernen und dabei Bhuj als Ausgangspunkt zu benutzen. Wegen der nahegelegenen Grenze zu Pakistan braucht man für Besuche in den Dörfern nördlich von Bhuj eine besondere Genehmigung des District Collector in Bhuj (vgl. Abschnitt über Bhuj).

Zu den bedeutendsten Dörfern, die sich auf bestimmte Handarbeiten spezialisiert haben, gehören Bhujjodi mit Webarbeiten aus Wolle und Baumwolle, Padhar und Dhaneti mit Stickereien, Dhamanka mit Handdrucken, Lilpur mit Stickereien sowie Anjar mit Nußknackern, Handdrucken und Tie-dye-Arbeiten.

Dholavira ist ein kleines Dorf auf einer kleinen „Insel" nordöstlich von Bhuj. Hier haben Archäologen eine Stadt ausgegraben, die einst zur Harappan-Zivilisation (Kultur des Indus-Tales) gehörte.

Weitere Informationen über dieses Gebiet sind von Mr. Jethi im Fremdenverkehrsamt von Bhuj zu erhalten.

Unterkunft: Die Übernachtungsmöglichkeiten in den Dörfern sind begrenzt. In Lilpur gibt es jedoch einen Gandhi Ashram, in dem man einschließlich Verpflegung für rund 60 Rs übernachten kann. Außerdem bestehen in Anjar ein paar einfache Gästehäuser.

An- und Weiterreise: Nach Anjar fahren Busse von der Haltestelle in Bhuj alle 30 Minuten. Lilpur ist mit einem Direktbus um 6.30 Uhr zu erreichen, man kann dorthin aber auch einen der vielen Busse nach Rapar benutzen und in diesem Ort umsteigen. Statt dessen besteht ferner die Möglichkeit, den Fahrer des Busses nach Rapar zu bitten, an der Abzweigung nach Lilpur zum Aussteigen zu halten, und die verbleibenden 3 km bis in das Dorf zu Fuß zu gehen.

KLOSTER THAN

Etwa 60 km von Bhuj entfernt liegt am Fuß des Dhinodar-Berges, einer guten Gegend für Bergwanderungen, das Kloster Than. Besucher sind dort willkommen und werden gegen eine Spende verpflegt sowie im *dharamsala* zum Übernachten untergebracht. Auch um diese Gegend besuchen zu dürfen, braucht man eine besondere Genehmigung des District Collector in Bhuj. Zu erreichen ist das Kloster mit einem Bus nach Nakatrana, westlich von Bhuj, und dann mit einem anderen Bus nach Than. Von der Endhaltestelle sind es noch 3 km Fußweg bis zum Kloster, das am Ende der Straße liegt.

MANDVI

Einwohner: 39 600
Telefonvorwahl: 02834
Für Mandvi wird als Ferienort am Meer geworben. Es liegt an der Küste, 64 km südwestlich von Bhuj. Einheimische vertreten die Auffassung, daß der Strand von Mandvi mit den besten Stränden von Diu vergleichbar sei. Einst war Mandvi eine von einer Mauer umgebene Hafenstadt, berühmt für den Schiffsbau.

Unterkunft und Essen: Das Government Rest House liegt 2 km außerhalb des Ortes und bietet Doppelzimmer für 100 Rs. Einfacher kann man entweder im Vinayak Guest House (30 Rs) oder im Shital Guest House (50 Rs) übernachten. Außerdem kann man im Vijay Villas Palace (Tel. 2 00 43), etwa 8 km von Mandvi und 10 Minuten zu Fuß von einem guten Strand, in fünf großen, sauberen Doppelzimmern für 250 Rs wohnen. Auf Vorbestellung wird dort abends ein Thali für 40 Rs serviert.

Im Zorba the Budhha im Herzen der Stadt erhält man ebenfalls gute Thalis.

An- und Weiterreise: An der Bushaltestelle in Bhuj fahren Busse nach Mandvi alle 30 Minuten ab. Für eine Fahrt in einem Sammeltaxi von der Bushaltestelle muß man 20 Rs bezahlen.

Ferner ist eine Verbindung mit einem Tragflächenboot zwischen Mandvi und Dwarka an der westlichen Spitze der Halbinsel Kathiawar geplant. Wenn diese Verbindung wirklich zustande kommt, wird sich die elfstündige Fahrt auf dem Landweg durch eine 2¹/₂stündige Überquerung der Wasserstraße verkürzen.

LITTLE RANN OF KUTCH

Little Rann of Kutch, die Heimat der letzten *khur* (Asiatischen Wildesel) in Indien, ist zugänglich entweder von Bhuj oder von Ahmedabad. Weil eine ganze Reihe von Ausflüge in diese Gegend in Ahmedabad beginnt, sind Einzelheiten in den Abschnitt über die Umgebung von Ahmedabad weiter oben im Kapitel über Gujarat aufgenommen worden. Um einen Ausflug von Bhuj aus zu organisieren, wendet man sich am besten an das Forstamt in Bhuj (Tel. 02832/ 2 27 53).

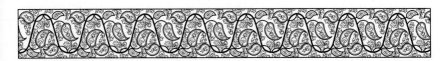

MADHYA PRADESH

Madhya Pradesh ist der größte Bundesstaat Indiens und geographisch das Herzstück des Landes. Der überwiegende Teil des Staates ist ein Hochplateau, das im Sommer sehr trocken und heiß sein kann. Jede Epoche der Geschichte Indiens hinterließ auch in diesem Staat ihre Spuren, der früher als Malwa bekannt war. Noch immer leben Stämme aus der Zeit vor der Ankunft der Arier (Gond und Bhil) in Madhya Pradesh, auch wenn die Mehrheit der Bevölkerung indo-arischer Abstammung ist. Sie spricht Hindi und gehört dem Hinduismus an.

Einige der interessantesten Reiseziele von Madhya Pradesh sind leider abseits der üblichen Touristenroute gelegen. Dazu gehören Khajuraho im Norden, weitab von allen anderen Sehenswürdigkeiten und viel besser auf einer Reise von Agra nach Varanasi zu besuchen, und im Herzen von Madhya Pradesh Jabalpur mit seinen Marmorfelsen, während der Nationalpark Kanha, berühmt wegen seiner Tiger, 170 km südöstlich von Jabalpur liegt.

Die meisten anderen Orte, die einen Besuch lohnen, liegen an oder nahe der Haupteisenbahnlinie zwischen Delhi und Bombay. So können Sie von Agra aus, gleich nördlich der Staatsgrenze von Madhya Pradesh, nach Süden über Gwalior (mit dem prächtigen Fort), Sanchi, Bhopal, Ujjain, Indore und Mandu fahren. Von dort aus geht es dann in westliche Richtung weiter nach Gujarat oder nach Süden zu den Höhlen von Ajanta und Ellora in Maharashtra.

Madhya Pradesh bildet einen Teil des Gebietes, das als Hindi-Gürtel bekannt ist, eine Region im nördlichen Indien, die vorwiegend von Hindus bewohnt ist. Politisch wird sie - nicht überraschend - von der fundamentalistischen hinduistischen BJP dominiert. Nachdem das Parlament des Bundesstaates im Anschluß an die Verwüstung der umstrittenen Moschee in Ayodhya

Einwohner: 73 Millionen
Gesamtfläche: 443 446 km˝
Hauptstadt: Bhopal
Einwohner pro Quadratkilometer: 165
Wichtigste Sprache: Hindi
Alphabetisierungsrate: 43 %
Beste Reisezeit: September bis Februar

von der Bundesregierung aufgelöst worden war, fanden Ende 1993 in Madhya Pradesh Wahlen statt. Wenn als Ergebnis davon die BJP auch an die Macht zurückkehren konnte, schaffte es die Kongreßpartei, in diesem Bundesstaat Boden zu gewinnen.

GESCHICHTE

Die Geschichte von Madhya Pradesh reicht zurück bis in die Zeit von Ashoka, des bedeutenden buddhistischen Kaisers, dessen Maurya-Reich in Malwa besonders mächtig war. In Sanchi können Sie heute noch ein

---

Diwali-Feierlichkeiten in Madhya Pradesh

Im Dorf Kanasia wurde ich Zeuge des Diwali-Festes. Dabei fand eine Parade statt, an der mindestens 90 % der 5000 Dorfbewohner entweder teilnahmen oder ihr zuschauten. Zu sehen waren auch festlich geschmückte Kühe, und zwar mit einem solchen extravaganten Schmuck, daß man sich fragen konnte, ob dagegen die Sängerin Cher nicht unauffällig auftritt. Die Kühe waren bemalt und trugen Blumengirlanden, so daß man schon näher herantreten mußte, um festzustellen, ob es überhaupt Kühe waren. Insgesamt gewann ich den Eindruck, daß alles so nahe einem festlich dekorierten Weihnachtsbaum kam, wie man es sich nur vorstellen konnte. Zu sehen waren aber auch Nachbildungen des Berges aus Kuhdung, den Krishna mit einem Finger angehoben haben soll, und - am merkwürdigsten von allem - ein Ritual, bei dem der Kampf nachgestellt wurde, den der Legende nach Kühe für den Gott Krishna ausgetragen haben.

Peter Christiansen (Kanada)

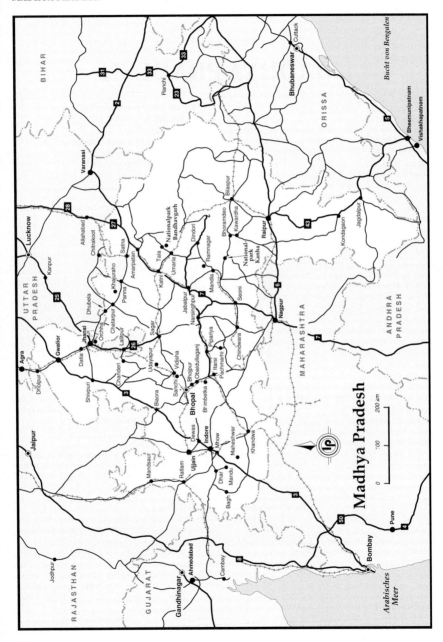

buddhistisches Zentrum sehen, das Ashoka gründete und das Indiens bedeutendstes Überbleibsel aus der Ashoka-Zeit ist. Den Maurya folgten die Sunga und den Sunga die Gupta, bis schließlich die Hunnen den Staat überfielen. Vor rund 1000 Jahren regierten im Südwesten von Madhya Pradesh die Parmara, von denen sich Raja Bhoj einen besonderen Namen erwarb und der in die Geschichte einging. Er gab auch der Stadt Bhopal den Namen und herrschte außerdem über Indore und Mandu. Zwischen 950 und 1050 n. Chr. schufen die Chandela die phantastischen Tempelbauten von Khajuraho im Nordwesten des Bundesstaates. Khajuraho ist heute einer der bedeutendsten Anziehungspunkte für Besu-

cher sowohl aus anderen Teilen Indiens als auch aus dem Ausland.

Ständige Auseinandersetzungen zwischen Hindus und Moslems sowie fremden Invasoren ließen diese Region zwischen dem 12. und dem 16. Jahrhundert nicht zur Ruhe kommen. Häufig war die befestigte Stadt Mandu im Südwesten Schauplatz dieser blutigen Schlachten. Am Ende erwiesen sich die Moguln mit ihrer Macht und Kraft als die Stärkeren, und die Hindus gaben ihren Widerstand auf. Später hatten die Moguln der aufstrebenden Macht der Marathen zu weichen, und diese wiederum erlitten das gleiche Schicksal, als die Briten auftauchten.

DER NORDEN VON MADHYA PRADESH

GWALIOR

Einwohner: 780 000
Telefonvorwahl: 0751

Nur ein paar Stunden mit einem Bus oder mit der Bahn von Agra entfernt liegt Gwalior, berühmt wegen seiner sehr alten und sehr großen Festung. In diesem Fort stehen mehrere Tempel und Palastruinen. Die dramatische und recht unterschiedliche Geschichte des Forts reicht über einen Zeitraum von mehr als 1000 Jahren.

GESCHICHTE

Die legendären Anfänge Gwaliors gehen auf ein Treffen von Suraj Sen und dem Eremiten Gwalipa zurück. Gwalipa lebte damals auf dem Hügel, auf dem heute das Fort steht. Der Eremit heilte mit einem Schluck Wasser aus der Suraj Kund, die heute noch im Fort zu sehen ist, Suraj Sen von der Lepra. Danach gab er dem Geheilten einen neuen Namen, nämlich Suhan Pal, und sagte ihm bei dieser Gelegenheit voraus, daß seine Nachkommen so lange an der Macht bleiben würden, wie sie den Namen Pal trügen. Die folgenden 83 Nachfahren befolgten diesen Rat, aber der 84. hielt sich nicht mehr daran. Ahnen Sie, was geschah? Er nannte sich Tej Karan, und schon war es vorbei mit dem Königreich!

Sicherer dagegen ist folgende Version: 1398 kam die Tomar-Dynastie in Gwalior an die Macht. In den darauffolgenden Jahrhunderten erlebte das Fort von Gwalior immer wieder Intrigen, Angriffe von Nachbarstaaten und ähnlich Unerfreuliches. Der mächtigste Herrscher dieser Tomar-Dynastie war Man Singh, der 1486 an die Macht kam. Trotz seiner Stärke unterlag er einer 1516 beginnenden Belagerung, nachdem er sich vorher (1505) erfolgreich gegen einen Angriff des

Sikander Lodi von Delhi gewehrt hatte. Eine weitere Belagerung durch Ibrahim Lodi im Jahre 1516 erlebte Man Singh nur in den Anfängen, denn er starb schon kurz nach Beginn. Sein Sohn hielt der Belagerung noch ein Jahr stand, bevor er kapitulieren mußte. Später nahmen die Moguln unter Babur das Fort ein. In ihren Händen blieb es bis 1754, als die Marathen es eroberten. In den folgenden 50 Jahren ging das Fort auf die unterschiedlichsten Besitzer über, zweimal sogar in britische Hände. Schließlich waren die Scindia die Sieger, obwohl in Wirklichkeit die Briten als geheime Drahtzieher die Kontrolle ausübten. In der Zeit des Aufstandes von 1857 verhielt sich der Maharadscha den Briten gegenüber zwar loyal, leider konnte man dies aber von seinen Truppen nicht sagen. Später war das Fort Mitte des Jahres 1858 Schauplatz der letzten und wohl auch dramatischsten Ereignisse des indischen Aufstandes. In dieser Gegend besiegten die Engländer Tantia Topi, und bei einem letzten Angriff auf das Fort wurde die Rani von Jhansi getötet. Im Abschnitt über Jhansi finden Sie Einzelheiten über diese Heldin des Aufstandes. In Gwalior errichtete man zu Ehren der tapferen Frau ein Denkmal.

Die Umgebung von Gwalior, besonders die Strecke zwischen Agra und Gwalior, war in jüngster Vergangenheit berüchtigt wegen der Raubüberfälle von Banditen. Sie griffen Touristen und Einheimische an. Ihr Hauptquartier hatten sie in den Tälern entlang des Chambal River, der die Grenze zwischen Rajasthan und Madhya Pradesh bildet. Es kann Ihnen noch heute passieren, daß Sie in dieser Gegend Männer treffen, die mit Waffen herumlaufen.

ORIENTIERUNG UND PRAKTISCHE HINWEISE

Das Bild von Gwalior wird bestimmt durch das Fort auf dem langgestreckten Hügel nördlich von Lashkar, dem neuen Teil der Stadt. Die Altstadt erstreckt sich nordöstlich vom Fort. Dreh- und Angelpunkt des neuen Stadtteils Lashkar ist das große Marktgebiet Jayaji Chowk. Im übrigen ist Gwalior eine recht große Stadt, in der alles weit verstreut liegt.

Das Fremdenverkehrsamt (Tel. 34 26 06) ist im Hotel Tansen untergebracht und liegt etwa einen halben Kilometer südöstlich des Bahnhofs.

SEHENSWÜRDIGKEITEN

Fort: Bei einer Höhe von 100 m ist der Hügel mit dem Fort fast 3 km lang. Die Breite wechselt von fast einem Kilometer bis auf weniger als 200 m. Die Mauern um das Fort, die fast die ganze Spitze des Hügels umgeben, sind 10 m hoch und erstaunlich solide gebaut. Der Hügel unter ihnen ist allerdings nur ein Tropfen in der großen Ebene. An klaren Tagen ist der Ausblick von den Mauern der Festung hervorragend und reicht am nordöstlichen Ende über die Altstadt von Gwalior bis weit in die Ebene.

Man hat zwei Möglichkeiten, sich dem Fort zu nähern: entweder vom Südwesten oder vom Nordosten her. Der Weg zum Fort von Nordosten beginnt beim Archäologischen Museum und führt über einen breiten, kurvenreichen Hang direkt zu den Türen des Man-Singh-Palastes (Man Mandir). Den Südeingang, genannt Urbai-Tor, erreichen Sie über eine lange, gleichmäßig ansteigende Straße, vorbei an Jain-Skulpturen.

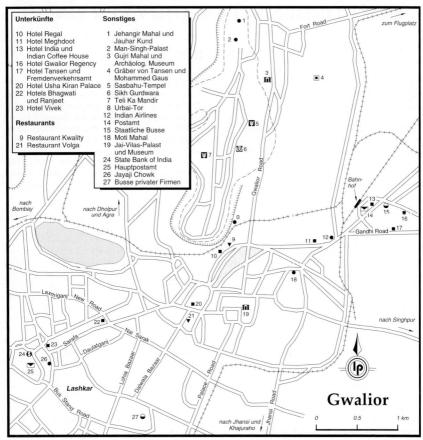

Unterkünfte	Sonstiges
10 Hotel Regal	1 Jehangir Mahal und Jauhar Kund
11 Hotel Meghdoot	2 Man-Singh-Palast
13 Hotel India und Indian Coffee House	3 Gujri Mahal und Archäolog. Museum
16 Hotel Gwalior Regency	4 Gräber von Tansen und Mohammed Gaus
17 Hotel Tansen und Fremdenverkehrsamt	5 Sasbahu-Tempel
20 Hotel Usha Kiran Palace	6 Sikh Gurdwara
22 Hotels Bhagwati und Ranjeet	7 Teli Ka Mandir
23 Hotel Vivek	8 Urbai-Tor
	12 Indian Airlines
Restaurants	14 Postamt
	15 Staatliche Busse
9 Restaurant Kwality	18 Moti Mahal
21 Restaurant Volga	19 Jai-Vilas-Palast und Museum
	24 State Bank of India
	25 Hauptpostamt
	26 Jayaji Chowk
	27 Busse privater Firmen

Gwalior

Wer sich diesen Aufstieg zum Fort in der heißen Jahreszeit zumutet, sollte sich auf eine anstrengende Unternehmung gefaßt machen; die Schweißperlen werden fließen! Leichter erreichen Sie das Fort mit einer Auto-Rikscha oder per Taxi über die Südweststraße. Sie können dann vom Palast weiter zum Museum wandern, nachdem Sie das Fort besichtigt haben. Wenn Sie sowohl hinein als auch heraus zu Fuß gehen wollen, ist es besser, umgekehrt vorzugehen: hinein im Nordosten und heraus im Süden. Da man innerhalb des Forts keine Erfrischungsgetränke kaufen kann, sollten Sie sich etwas zum Trinken mitnehmen, vor allem im Sommer. Erkundigen Sie sich an einem der Tore, ob die Ton- und Lichtschau stattfindet, denn die anzusehen lohnt sich. Sprecher dabei ist der indische Megastar Amitabh Bachchan.

Im Fort und in der unmittelbaren Umgebung gibt es viel zu sehen, obwohl die größte der von Mauern umsäumten Fläche ein freier Platz ist. Beim Betreten muß man 0,20 Rs Eintritt bezahlen.

Der lange Aufstieg zum Südeingang führt durch eine Schlucht. Unterwegs sehen Sie, in Fels gehauen, Jain-Skulpturen, einige von ganz beachtlicher Größe. Ursprünglich waren sie in der Mitte des 15. Jahrhunderts in die Klippen gehauen worden, wurden aber 1527 durch die Heerscharen des Babur verstümmelt und danach wieder hergerichtet.

Die Skulpturen stehen in fünf Gruppen zusammen und sind numeriert. In der Arwahi-Gruppe kann man sich als Nr. 20 eine 17 m hohe Statue von Adinath ansehen. Nr. 22 ist die 10 m hohe, sitzende Figur von Nemnath, dem 22. *tirthankar* der Jains. Die bedeutendste Gruppe ist die im Südosten; sie erstreckt sich über fast einen Kilometer Klippenwand und enthält mehr als 20 Abbildungen. Auf der gegenüberliegenden Seite des Forts, hinter dem Wasserbecken Suraj Kund, steht der Teli Ka Mandir, ein Tempel, der wahrscheinlich aus dem 9. Jahrhundert stammt. Er ist recht eigenwillig konstruiert und ausgeschmückt. Das Dach ist drawidisch, die Dekoration mit vielen Skulpturen überall am Tempel dagegen indo-arisch. Das 10 m hohe Tor schmückt ein Garuda. Dieser Tempel ist das höchste Gebäude im Fort. Zwischen dem Teli Ka Mandir und den Sasbahu-Tempeln ist ein moderner *gurdwara* der Sikhs zu sehen.

Unweit der Ostmauer, ungefähr in der Mitte, stehen die beiden Sasbahu-Tempel mit den Namen „Schwiegermutter" und „Schwiegertochter". Vom Stil her ähneln sich diese Tempel, die beide aus dem 9. bis 11. Jahrhundert stammen. Der größere von beiden hat ein reich verziertes Fundament und über dem Eingang Vishnu-Figuren. Vier riesige Säulen tragen das schwere Dach. Der Man-Singh-Palast, ein etwas absonderliches Gebäude, ist auch unter der Bezeichnung Chit Mandir bekannt, was soviel wie „bemalter Palast" heißt. Dies nicht ohne Grund, denn er ist verziert mit Kacheln und Malereien, auf denen Enten, Elefanten und Fasane

abgebildet sind. Das strahlende Blau, abwechselnd mit Grün und Gold, fällt besonders ins Auge. Den Palast ließ Man Singh in den Jahren zwischen 1486 und 1516 erbauen. Restauriert wurde er 1881. Der Palast besteht aus vier Etagen, von denen zwei unterirdisch sind. Eines haben sie gemeinsam: Sie sind verlassen. Die unterirdischen Stockwerke sind auch in sommerlicher Hitze angenehm kühl. Während der Mogulherrschaft benutzte man sie als Gefängniszellen. Hier wurden auch Aurangzeb und sein Bruder Murad gefangengehalten und später hingerichtet. Die Ostseite des Forts mit seinen sechs Kuppeltürmen erhebt sich über dem Weg zum Eingang des Forts.

Die Mauern des Forts umschließen noch weitere Paläste, hauptsächlich im Norden des Geländes. Keiner ist aber so sehenswert und so gut erhalten wie der Man-Singh-Palast. Im Westen steht der Karan-Palast (Kirti Mandir), ein langer, zweistöckiger Bau. Im Norden findet man den Jehangir- und Shah-Jahan-Palast mit einem sehr großen und tiefen Wasserbecken. Der Jauhar Kund, ein Teich nordwestlich der Paläste, bekam seinen Namen nach dem *jauhar*, einem rituellen Selbstmord, den Rajputen-Frauen aus dem Harem begangen, nachdem der Raja in einer Schlacht im Jahre 1232 besiegt worden war.

Auf dem Weg vom Nordostaufgang zum Archäologischen Museum durchschreiten Sie mehrere Tore. Der Weg war früher mit Stufen versehen, wurde aber inzwischen in einen stetig ansteigenden Aufgang umgewandelt. Das sechste Tor, das Hawa-Tor, stand ursprünglich im Palast, wurde aber entfernt. Das fünfte Tor, das Hathiya Paur (Elefantentor), bildet den Eingang zum Palast. Beim Abstieg kommen Sie an einem Vishnu-Schrein aus dem Jahre 876 n. Chr. mit dem Namen Chatarbhuj Mandir (Schrein des Vierarmigen) vorbei. Nahebei liegt die letzte Ruhestätte eines Edelmannes, der 1518 sein Leben opfern mußte, als er einen Angriff auf das Tor abwehren wollte. Es folgen einige Treppen, die zu Jain-Skulpturen führen, alle aus dem Fels gehauen. Sie sind jedoch nicht so beeindruckend wie die Skulpturen an der Südseite. Das interessante vierte Tor benannt man nach dem Gott Ganesh mit dem Elefantenkopf und stammt aus dem 15. Jahrhundert. Bei diesem Tor stehen ein kleines Taubenhaus (Kabutar Khana) und ein kleiner hinduistischer Tempel mit vier Säulen. Er wurde dem Einsiedler Gwalipa geweiht, nach dem das Fort und die Stadt ihren Namen erhielten.

Tor Nummer 3 stammt aus der gleichen Zeit wie der Gujri Mahal und heißt Badalgarh, und zwar nach Badal Singh, einem Onkel von Man Singh. Manchmal wird es auch Hindola-Tor genannt nach einem Hindol, das hier stand. Das zweite Tor (Bansur-Tor) ist inzwischen verschwunden. Das erste Tor ist das Alamgiri-Tor aus dem Jahre 1660. Benannt wurde es nach Aurangzeb, der in dieser Region damals Gouverneur von Alamgiri war.

Das Archäologische Museum finden Sie im Gujri-Mahal-Palast am Anfang des Nordostaufgangs zum Fort. Diesen Palast ließ Man Singh für seine Lieblingskönigin Mrignayani im 15. Jahrhundert bauen. Das Gebäude ist inzwischen sehr heruntergekommen. Im Museum wird eine Sammlung von Jain- und Hindu-Skulpturen zur Schau gestellt. Ferner sind Kopien der Fresken aus den Höhlen von Bagh zu sehen. Das Museum ist täglich von 10.00 bis 17.00 Uhr geöffnet, montags jedoch geschlossen. Als Eintritt sind 2 Rs zu bezahlen. Für das Mitbringen eines Fotoapparates muß man weitere 2 Rs entrichten.

Jai-Vilas-Palast und Museum: Dieses Bauwerk im neuen Teil der Stadt war früher der Palast der Familie Scindia. Er liegt heute im neueren Teil der Stadt, stammt aber aus dem Jahr 1809. Obwohl der Maharadscha noch immer in einem Teil des Palastes wohnt, ist ein großer Teil inzwischen ein Museum geworden. Es ist angefüllt mit recht exzentrischen Stücken, von denen man eher annehmen könnte, daß ein Hollywood-Star sie gesammelt hat (geschliffenes Glas aus Belgien, sogar in Form eines Schaukelstuhles). In Anbetracht der vielen ausgestopften und von Motten zerfressenen Tiger könnte man fast glauben, hier sei die Hälfte aller indischen Tiger zusammengetragen worden. Die Fahrzeugmodelle reichen von einem Rolls Royce mit einem Fahrgestell für Eisenbahnfahrten bis zu einem deutschen Kabinenroller. In einem kleinen besonderen Raum sind ferner erotische Gegenstände ausgestellt. Zu ihnen gehört auch die lebensgroße Darstellung von Leda in Marmor, die sich mit ihrem Schwan amüsiert. Prunkstück ist aber eine kleine Modelleisenbahn, die früher nach dem Essen Cognac und Zigarren auf der Tafel herumfuhr.

Die bedeutendste Durbar-Halle ist recht beeindruckend. Wie behauptet wird, soll die Goldfarbe, die in diesem Raum verwendet worden ist, 58 kg gewogen haben. Auch die beiden riesigen Kandelaber sind so unglaublich, daß man sie gesehen haben muß. Jeder davon enthält 248 Kerzen, ist 12,5 m hoch und wiegt 3,5 Tonnen. Das war ein solches Gewicht, daß zunächst Elefanten an die Decke gehängt wurden, um zu prüfen, ob die Decke die Kandelaber tragen könnte.

Wenn Sie zum Fort hoch mit einer Auto-Rikscha fahren, lassen Sie sich nicht an Palasteingang absetzen, sondern beim Museum, weil die beiden Eingänge weit von einander entfernt sind. Das Museum ist täglich außer montags von 10.00 bis 17.00 Uhr geöffnet. Der Eintritt kostet 30 Rs. Das Fotografieren ist bei der Besichtigung verboten.

Altstadt: Das ganz alte Gwalior erstreckt sich nördlich und nordöstlich des Hügels, auf dem auch das Fort steht. Sehr schön ist hier die Jama Masjid aus dem Jahre 1661. Sie wurde aus Sandsteinblöcken erbaut, die man aus dem Hügel brach. Im östlichen Stadtteil hat der moslemische Heilige Mohammed Gaus sein wunderschönes Grab. Er spielte eine wesentliche Rolle bei der Einnahme des Forts durch Babur. An den vier Ecken stehen achteckige Türme. Die Kuppel war früher mit schimmernden blauen Kacheln bedeckt. Wer sich für Architektur interessiert, findet hier ein gutes Beispiel für frühe Mogulbauten.

Nahe diesem großen Grab finden Sie ein kleineres. In ihm ruht Tansen, ein Sänger, dem Akbar besonders zugetan war. Wer Ambitionen auf eine Karriere als Sänger hat, der kann die Blätter des Tamarindenbaumes kauen, der neben dem Grab des Sängers steht. Sie sollen Wunder an der Stimme vollbringen! Allerdings haben vor ein paar Jahren einige Leute sich dazu hinreißen lassen, den ganzen Baum aufzuessen - einschließlich der Wurzeln. Hier treffen sich übrigens im Dezember und Januar jedes Jahres viele Musiker. Sie finden das Grabmal, wenn Sie vom nordöstlichen Tor der Fort Road etwa 15 Minuten lang folgen und dann in eine kleine Gasse nach rechts abbiegen.

Ein beeindruckendes Bauwerk ist auch das Moti Mahal. Früher war das ein Palast, der heute als Behördengebäude genutzt wird.

UNTERKUNFT

Einfache Unterkünfte: Die preiswertesten guten Quartiere findet man unweit vom Bada Chowk in Lashkar, mehrere Kilometer vom Bahnhof entfernt. Eine ausgezeichnete Wahl ist das Hotel Bhagwati an der Nai Sarak, in dem Einzel- und Doppelzimmer mit Bad für 35 bzw. 60 Rs vermietet werden. Von der Terrasse aus hat man gute Blicke auf das Fort. Englisch oder eine andere Fremdsprache wird in diesem Haus allerdings nicht gesprochen. Im Hotel Ranjeet nebenan kann man in Einzel- und Doppelzimmern mit Bad für 50 bzw. 80 Rs übernachten.

Von der Dachterrasse des Hotels Regal hat man ebenfalls herrliche Blicke auf das Fort. Daneben wird in diesem Quartier jedoch nur wenig geboten. Im Haus wird eine ganze Bandbreite von Zimmern vermietet, die von Einzel- und Doppelzimmern mit Badbenutzung für 75 bzw. 100 Rs bis zu Doppelzimmern mit Bad und Ventilator für 200 Rs und einigen Zimmern mit Klimaanlage reichen. Das Restaurant hier ist ganz ordentlich und eignet sich auch für ein Bier.

Eine bessere Wahl ist möglicherweise das Hotel Vishek unweit vom Bada Chowk (Tel. 2 70 16). Dort muß man für ein Zimmer mit Bad und Ventilator allein 100 Rs und zu zweit 150 Rs bezahlen, mit Klimaanlage 300 bzw. 350 Rs.

Das beste Quartier in der Nähe vom Bahnhof ist das Hotel India (Tel. 34 19 83) mit Einzelzimmern ab 85 Rs und Doppelzimmern ab 120 Rs. Einen Ventilator erhält man gegen 30 Rs Zuschlag. Vermietet werden außerdem Zimmer mit Klimaanlage für 270 bzw. 320 Rs. Es wird von der Genossenschaft der indischen Kaffee-Arbeiter geführt, deren Cafés man in vielen indischen Städten sehen kann. Davon gibt es hier ebenfalls eines, wie üblich mit Kellnern, die steife Kopfbedeckungen tragen.

Mittelklasse- und Luxushotels: Das Hotel Meghdoot neben dem Büro von Indian Airlines (Tel. 32 61 48) ist ein recht sauberes Haus mit Einzelzimmern ab 200 Rs und Doppelzimmern ab 250 Rs (mit Ventilator) sowie einigen klimatisierten Zimmern für 300 bzw. 350 Rs, alle mit eigenem Bad und Fernsehgerät.

Etwa einen Kilometer vom Bahnhof entfernt stößt man auf das Hotel Tansen des Fremdenverkehrsamtes von Madhya Pradesh (Tel. 34 03 70). Es liegt ganz hübsch in einer schattigen Gegend. Mit Ventilator werden Einzelzimmer für 225 Rs und Doppelzimmer für 275 Rs und mit Klimaanlage für 440 bzw. 490 Rs vermietet. Das ist angesichts des Gebotenen gar nicht so schlecht. Das zentral klimatisierte Hotel Gwalior Regency (Tel. 34 06 70) hat Einzelzimmer für 300 Rs und Doppelzimmer für 400 Rs zu bieten. Hier können auch Leute, die nicht im Haus wohnen, den Fitneß-Club sowie den Whirlpool für 100 Rs und das Schwimmbecken für 25 Rs mitbenutzen.

Gwaliors bestes Hotel ist das Usha Kiran Palace (Tel. 32 32 13). Es liegt in einem Garten hinter dem Jai-Vilas-Palast und war, wie der Name bereits andeutet, früher tatsächlich ein Palast. Hier wohnt man mit 1000 Rs für ein Einzelzimmer und 1700 Rs für ein Doppelzimmer nicht gerade preisgünstig, aber im Haus ist es dafür auch kühl und ruhig.

ESSEN

Das Indian Coffee House im Hotel India ist ein ganz gutes, preiswertes Lokal mit Masala Dosas für 6 Rs und weiteren vegetarischen Gerichten.

Für ein preisgünstiges vegetarisches Thali (13 Rs) bietet sich der Erfrischungsraum im Bahnhof an. Dort muß man aber auch damit rechnen, gebeten zu werden, sich in das Gästebuch einzutragen.

Unweit vom Hotel Usha Kiran Palace liegt das Restaurant Volga. Das ist nichts Russisches, sondern dort erhält man gutes indisches Essen, beispielsweise Hauptgerichte um 35 Rs. Im Restaurant vom Hotel Usha

Kiran Palace ist es teuer (Hauptgerichte 60-90 Rs), aber dafür schmecken die indischen Gerichte auch gut.

AN- UND WEITERREISE

Flug: Zweimal wöchentlich besteht mit Indian Airlines (Tel. 2 85 33) eine Flugverbindung von Delhi (33 US $) über Gwalior nach Bhopal (39 US $), Indore (55 US $) sowie Bombay (103 US $) und wieder zurück.

Bus: Von der Haltestelle für staatliche Busse bestehen regelmäßig Verbindungen nach Agra (30 Rs, 3 Stunden), Jhansi (28 Rs, 3 Stunden), Shivpuri (30 Rs, 3 Stunden) sowie Ujjain, Indore, Bhopal und Jabalpur. Morgens fährt auch ein Bus nach Khajuraho (65 Rs, 9 Stunden). Außerdem fahren Busse von der Haltestelle für private Busse in Lashkar ab.

Zug: Gwalior liegt an der Hauptstrecke zwischen Delhi und Bombay mit Verbindungen zu den meisten größeren Städten. Der ganz schnelle *Shatabdi Express* verbindet Gwalior mit Delhi (3¼ Stunden, 2. Klasse 300 Rs und 1. Klasse 600 Rs), Agra (1¼ Stunden, 2. Klasse 140 Rs und 1. Klasse 280 Rs), Jhansi (1 Stunde, 2. Klasse 130 Rs und 1. Klasse 260 Rs) und Bhopal (4½ Stunden, 2. Klasse 325 Rs und 1. Klasse 650 Rs). Wenn Sie das Geld dafür, aber nicht genug Zeit haben, können Sie diesen zuverlässig verkehrenden Zug für einen Tagesausflug von Gwalior nach Agra benutzen.

Andere Schnellzüge fahren in fünf Stunden nach Delhi (317 km, 2. Klasse 74 Rs und 1. Klasse 267 Rs), in zwei Stunden nach Agra (118 km, 2. Klasse 30 Rs und 1. Klasse 126 Rs), in 12 Stunden nach Indore (652 km, 2. Klasse 158 Rs und 1. Klasse 473 Rs) sowie in 24 Stunden nach Bombay (1225 km, 2. Klasse 237 Rs und 1. Klasse 757 Rs).

NAHVERKEHR

Flughafentransfer: Für eine Taxifahrt vom oder zum Flughafen muß man mindestens 120 Rs bezahlen. Preisgünstiger sind Fahrten mit Auto-Rikschas.

Auto-Rikscha und Tempo: Fahrer von Auto-Rikschas stellen ihre Taxameter an, ohne zu lange dazu überredet werden zu müssen. Tempos sind ebenfalls ganz gute Verkehrsmittel und verkehren regelmäßig durch die Stadt. Für eine Fahrt vom Bahnhof nach Bada, dem Hauptplatz in Lashkar, beträgt der Fahrpreis etwa 3 Rs.

DIE UMGEBUNG VON GWALIOR

SHIVPURI

Shivpuri, die frühere Sommerresidenz der Scindia, liegt 114 km südwestlich von Gwalior und 94 km westlich

von Jhansi. Die bedeutendsten Sehenswürdigkeiten sind die *chhatris* (Grabanlagen) in einem formal angelegten Garten. Mit Pavillons und *Shikara*-Dächern im Stil der

Moguln sowie Einlegearbeiten im Pietradura-Stil erinnern die Grabmale für die Herrscher der Scindia an das Taj Mahal. Das *chhatri* für Madho Rao Scindia wurde mit Blick über den Teich auf das *chhatri* für seine Mutter errichtet. In der Nähe befindet sich der Nationalpark Madhav, in dem vorwiegend Wild beheimatet ist. An einem Ende des Nationalparks kommt man zu dem See Sakhya Sagar. Dort ist das Schwimmen am Pier des alten Bootsclubs keine gute Idee, denn im See leben Krokodile. Die Straße von Gwalior führt auch durch Narwar. Dort steht ein großes, altes Fort.

Unterkunft: In Shivpuri werden im Motel Chinkara des Fremdenverkehrsamtes von Madhya Pradesh (Tel. 07492/22 97) Einzelzimmer für 180 Rs und Doppelzimmer für 240 Rs vermietet. Mitten im Zentrum finden Sie die Harish Lodge mit billigeren Zimmern und einem Restaurant. Das Tourist Village (Tel. 07492/26 00) befindet sich unweit von Bhadaiya Kund und hat komfortable Zimmer in ganz hübschen Cottages zu bieten, in denen man allein für 250 Rs und zu zweit für 350 Rs übernachten kann (mit Klimaanlage mehr).

IN RICHTUNG AGRA

Zwischen Gwalior und Agra fährt man durch einen Landstrich, der zu Rajasthan gehört, sich aber wie ein Finger nach Madhya Pradesh vordrängt und an dieser Stelle Madhya Pradesh und Uttar Pradesh trennt. Genau hier liegt Dholpur, wo die Söhne von Aurangzeb miteinander um die Nachfolge kämpften. Ob sie diesen Kampf auch dann ausgetragen hätten, wenn ihnen bewußt gewesen wäre, daß das Mogulreich zerfallen wird? Das sehr alte Fort Shergarh in Dholpur ist heute leider nur noch eine Ruine.

Bei Bari ist der Khanpur Mahal zu sehen, ein Palast von Shah Jahan in der Art eines Pavillons, in dem er aber nie wohnte.

IN RICHTUNG JHANSI

Östlich der Bahnlinie, 61 km südlich von Gwalior in Richtung Jhansi, steht auf einem Hügel verstreut eine Gruppe weißer Jain-Tempel. Sie gehören zu jenen unerwarteten Erscheinungen, die man in Indien immer wieder trifft und die ein bedeutender Bestandteil des Subkontinents sind. Die nächste Bahnstation bei dieser Sehenswürdigkeit ist Sonagir.

Nur 26 km nördlich von Jhansi liegt Datia mit dem heute verlassenen siebenstöckigen Palast des Raj Birsingh Deo. Das ist ein beeindruckendes Bauwerk, in dem sich in einigen Zimmern noch Wandgemälde befinden. Hierher lohnt die kurze Busfahrt von Jhansi. Die Stadt ist von einer Steinmauer umgeben, hinter der der Palast im Westteil liegt.

CHANDERI

Als Mandu auf dem Höhepunkt seiner Macht stand, hatte auch Chanderi eine große Bedeutung. Die vielen Palastruinen, *sarais*, Moscheen und Gräber bezeugen dies noch heute. Sie alle wurden im Pathanen-Stil erbaut, ähnlich wie auch Mandu. Der Koshak Mahal, ein moslemischer Palast, ist noch am besten erhalten.

Die Stadt ist heute bekannt wegen des Goldbrokats und der Saris, die hier hergestellt werden. Chanderi liegt 33 km westlich von Lalitpur und dieser Ort 90 km südlich von Jhansi an einer Haupteisenbahnlinie. Übernachten kann man in einem Circuit House oder in einem Rest House in der Nähe der Bushaltestelle.

JHANSI

Einwohner: 409 000
Telefonvorwahl: 0517

Genau genommen gehört Jhansi, 101 km südlich von Gwalior, gar nicht zu Madhya Pradesh, sondern liegt gleich auf der anderen Seite der Grenze in Uttar Pradesh. Wir behandeln diese Stadt daher in diesem Kapitel. Obwohl Jhansi eine große Rolle in der Geschichte Indiens gespielt hat, kommen die meisten Touristen heute nur deshalb hierher, weil die Stadt ein bequemer Ausgangspunkt für eine Reise nach Khajuraho ist. Hier ist die Stelle, an der Khajuraho am nächsten an der Haupteisenbahnlinie zwischen Delhi und Bombay liegt. Außerdem bestehen gute Busverbindungen von und nach Delhi und Agra. Von Jhansi nach Khajuraho sind es nur noch 5¹/₂ Stunden mit einem Bus.

GESCHICHTE

Im 18. Jahrhundert gewann Jhansi große Bedeutung und konnte Orchha, 18 km weiter südlich, in den Schatten stellen. Inzwischen war aber auch die britische East

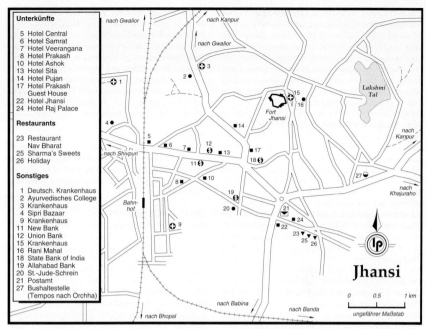

nach Gwalior
nach Kanpur
nach Gwalior
Lakshmi Tal
Fort Jhansi
nach Kanpur
nach Shivpuri
nach Khajuraho
Bahn-hof
nach Babina
nach Banda
nach Bhopal

Jhansi

0   0.5   1 km
ungefährer Maßstab

India Company nicht untätig geblieben und versuchte, mehr und mehr in diesem Staat ebenfalls Fuß zu fassen. Der letzte nicht sehr fähige Maharadscha starb 1853 ohne Sohn. Die Briten hatten mittlerweile aber ein Gesetz erlassen, demzufolge jeder Staat an sie fallen würde, wenn ein Maharadscha keinen männlichen Erben hinterließ. Nach dem Tod des Herrschers schickten sie deshalb die Rani schnell in Pension und übernahmen die Kontrolle.

ORIENTIERUNG UND PRAKTISCHE HINWEISE

Die Altstadt liegt hinter dem Fort, das seinerseits 2 km vom Bahnhof entfernt ist. Die Stadt ist ziemlich weitläufig, so daß es sich empfiehlt, eine Auto-Riksha zu benutzen, um ein wenig herumzukommen.
Sowohl Uttar Pradesh als auch Madhya Pradesh unterhalten Informationsstände am Bahnhof, die jedoch beide nicht sonderlich nützlich sind.
Ein Fremdenverkehrsbüro von Uttar Pradesh wurde im Hotel Veerangana eingerichtet, allerdings ist es häufig geschlossen.

SEHENSWÜRDIGKEITEN

Fort Jhansi und Museum: Früher von der indischen Armee benutzt, kann das Fort jetzt besichtigt werden.

Es war 1613 von Maharadscha Bir Singh Deo von Orchha erbaut worden. Die Briten traten es 1858 an den Maharadscha von Scindia ab, tauschten es jedoch 1866 gegen das von Gwalior ein. Wenn man von den ausgezeichneten Ausblicken von den Schutzwällen absieht, ist dort nicht viel zu sehen. Achten muß man allerdings auf die Gruppe von angriffslustigen Affen in der Nähe der Tempel. Geöffnet ist die Anlage täglich von 6.00 bis 17.00 Uhr (Eintritt 0,25 Rs).
Wenn man sich dem Fort nähert, sieht man gleich unterhalb der Mauern ein bizarres Blut- und Gedärme-Diorama (nach dem Hinweisschild eine Darstellung „wie im richtigen Leben"), auf dem der Kampf zu sehen ist, bei dem die Rani von Jhansi starb.
Ebenfalls noch unterhalb des Forts kommt man zum staatlichen Museum, in dem eine kleine Sammlung von Skulpturen aus dem 9. bis 12. Jahrhundert ausgestellt ist. Ansehen lassen sich die im Winter von 10.30 bis 16.30 Uhr und im Sommer von 7.30 bis 12.30 Uhr.

UNTERKUNFT

Die Ruheräume der Eisenbahn am Bahnhof bieten die Möglichkeit, für 20 Rs im Schlafsaal und für 80 Rs in einem Doppelzimmer zu übernachten (mit Klimaanlage für 160 Rs). Hier kann man im Erfrischungsraum auch ausgezeichnet essen.

Im vom Fremdenverkehrsamt des Staates Uttar Pradesh betriebenen Hotel Veerangana (Tel. 44 24 02) kann man in einem Schlafsaal für 20 Rs sowie in Einzel- und Doppelzimmern für 75 bzw. 100 Rs übernachten, aber auch in einem klimatisierten Zimmer für 175 bzw. 225 Rs. Das ist ein recht großes Haus und schon etwas abgewohnt, hat aber ein gutes Restaurant zu bieten. Es ist vom Bahnhof mit einer Auto-Rikscha (10 Rs) und zu Fuß in 15 Minuten zu erreichen.

Im Hotel Central (Tel. 44 05 09) wird eine ganze Reihe von einfachen Einzel- und Doppelzimmern mit Badbenutzung ab 44 bzw. 50 Rs vermietet. Daneben sind Zimmer mit Bad für 77 bzw. 110 Rs vorhanden. Allerdings sind die Zimmer oben an der Terrasse hübscher als die dunklen Zellen unten. Das nahegelegene Hotel Shipra, möbliert mit Sperrmüll aus der Zeit der Raj wie Bettgestellen aus Metall und Hutständern, ist preiswerter, aber weit davon entfernt, makellos sauber zu sein.

Viel besser ist das neue Hotel Samrat (Tel. 44 49 43) mit Einzelzimmern ab 75 Rs und Doppelzimmern ab 110 Rs (mit Ventilator und Bad). Hier werden die Zimmer jeweils für 24 Stunden vermietet. Dieses Haus ist eine gute Wahl.

Ebenfalls recht gut ist das helle und luftige Prakash Guest House (Tel. 44 31 33), in dem für ein Doppelzimmer mit Ventilator, Bad, Fernsehgerät und Telefon 150 Rs berechnet werden, mit Klimaanlage 275 Rs.

Eines der besten Häuser in der Stadt ist das freundliche Hotel Jhansi (Tel. 44 13 60). Es war schon zur Zeit der Briten ein Hotel, aus der noch ein Abglanz übriggeblieben ist. Hier hängen an den Wänden der Veranda noch die Köpfe von Tieren, die in der Gegend geschossen worden sind. Außerdem bedient man sich hier noch der alten Methode, um ein Haus zu kühlen. Dabei werden *tatties* (große Grasmatten) über die Vorderseite des Hauses gehängt und feucht gehalten, um die Temperaturen zu senken, wenn das Wasser in der Sonne verdampft. Hier werden Doppelzimmer mit Ventilator für 310 Rs vermietet, aber auch Einzel- und Doppelzimmer mit Klimaanlage für 350 bzw. 450 Rs. Ein gutes Restaurant mit Bar gibt es im Haus ebenfalls.

Nicht weit entfernt ist das moderne Hotel Raj Palace (Tel. 44 25 54) mit luftgekühlten Zimmern für 170 bzw. 200 Rs und Zimmern mit Klimaanlage für 275 bzw. 325 Rs. Das Hotel hat nach seiner Werbung „24 hours lightning service and Posh location" zu bieten. Es ist in der Tat eine gute und saubere Unterkunft, der allerdings die Atmosphäre vom Hotel Jhansi fehlt.

Wenn man Wert auf Komfort legt, begibt man sich am besten in das saubere und gut unterhaltene Drei-Sterne-Hotel Sita (Tel. 44 29 56), in dem alle Zimmer mit Teppich, Fernsehgerät und Telefon ausgestattet sind. Mit Ventilator kostet ein Einzelzimmer in diesem Haus 325 Rs und ein Doppelzimmer 400 Rs, mit Klimaanlage 475 bzw. 525 Rs. Zu diesem Hotel gehören auch eine gute Bar und ein gutes Restaurant.

ESSEN

In den meisten Hotels gibt es auch ein Restaurant. Außerdem kann man unweit vom Hotel Jhansi im Restaurant Nav Bharat und im Restaurant Holiday gut essen. Eine ganze Reihe von guten Eissalons findet man hier ebenfalls.

AN- UND WEITERREISE

Bus: Die Busse nach Khajuraho (43 Rs, 5 1/2 Stunden) fahren vom Bahnhof um 6.00, 7.00 und 11.00 Uhr (mit Anschluß an den *Shatabdi Express*) ab. Außerdem fahren um 11.45 und 13.00 Uhr auch noch Busse von der Bushaltestelle dorthin ab. Ebenfalls von der Bushaltestelle kommt man zu vielen weiteren Zielen, beispielsweise nach Gwalior (28 Rs, 3 Stunden), Shivpuri (28 Rs, 3 Stunden) und Datia (8 Rs, 1 Stunde). Wenn man nach Orchha will, sind allerdings die Tempos, ebenfalls von der Bushaltestelle, besser. Mit ihnen kostet eine Fahrt von 40 Minuten Dauer nur 5 Rs. Sie fahren ab, wenn sie voll besetzt sind.

Zug: Jhansi liegt an der Haupteisenbahnstrecke von Delhi über Agra und Bhopal nach Bombay und bietet gute Zugverbindungen. Die Fahrkarten für eine Fahrt im schnellen *Shatabdi Express* kosten nach Delhi in der 2. Klasse 350 Rs und in der 1. Klasse 700 Rs , nach Agra 195 bzw. 390 Rs, nach Gwalior 130 bzw. 260 Rs und nach Bhopal 280 bzw. 560 Rs. Dieser Zug fährt nach Bhopal um 10.47 Uhr und nach Delhi um 17.47 Uhr ab. Weitere Schnellzüge verbinden Jhansi mit Delhi (414 km, 2. Klasse 113 Rs und 1. Klasse 338 Rs), Agra (215 km, 3 Stunden, 2. Klasse 54 Rs und 1. Klasse 199 Rs), Gwalior (97 km, 1 1/2 Stunden, 2. Klasse 27 Rs und 1. Klasse 114 Rs), Bhopal (291 km, 4 Stunden, 2. Klasse 84 Rs und 1. Klasse 255 Rs), Indore (555 km, 10

Die Rani von Jhansi

Die Rani war mit der aufgezwungenen Entmachtung durch die Briten im Jahre 1853 unzufrieden. Als vier Jahre später die Inder zum Aufstand aufriefen, stand sie in Jhansi in vorderster Front der Rebellion. Alle damals in Jhansi lebenden Briten fielen einem Massaker zum Opfer. Leider zerstritten sich ein Jahr später die Rebellen untereinander. Die Briten nutzten diese Chance und nahmen Jhansi erneut in ihren Besitz. Wieder einmal mußte die Rani das Feld räumen und floh nach Gwalior. In einem letzten verzweifelten Versuch mobilisierte die Rani rebellierende Kräfte um sich und ritt, als Mann verkleidet, erneut gegen die Briten ins Feld. Dabei wurde die mutige Frau getötet. Seitdem ist sie für Indien so eine Art Jeanne d'Arc, insbesondere in Mittelindien.

Stunden, 2. Klasse 139 Rs und 1. Klasse 415 Rs) und Bombay (1158 km, 21 Stunden, 2. Klasse 230 Rs und 1. Klasse 714 Rs). Direktzüge verkehren von Jhansi auch nach Bangalore, Lucknow, Madras, Pune und Varanasi.

NAHVERKEHR

Der Vorhof vor dem Bahnhof ist überfüllt von Auto-Rikschas mit räuberischen Fahrern. Die verlangen für eine Fahrt zur Bushaltestelle 10 Rs. Man kann aber auch für 2 Rs mit einem Tempo fahren.

ORCHHA

Orchha, einst die Hauptstadt der Bundella, ist heute nur noch ein Dorf, gelegen in einem Komplex mit gut erhaltenen Palästen und Tempeln. Der Ort ist einen Besuch ganz sicher wert. Touristengruppen schaffen das in ein paar Stunden, aber Orchha eignet sich auch wunderbar zum Entspannen und für eine Übernachtung, für die sogar ein Teil eines Palastes in Betracht kommen kann.

Orchha wurde 1531 gegründet und blieb die Hauptstadt eines mächtigen Königreiches der Rajputen, bis der Sitz des Königreiches 1783 in das nahegelegene Tikamgadh verlegt wurde. Bir Singh Deo regierte von Orchha aus zwischen 1605 und 1627 und baute auch das Fort in Jhansi. Als Favorit des Mogul-Prinzen legte er sich mit Akbar an und entkam dem Mißfallen des Kaisers nur knapp. Sein Königreich wurden von Akbars Truppen aber in Schutt und Asche gelegt. Im Jahre 1605 wurde jedoch aus Prinz Salim der Kaiser Jehangir, was zur Folge hatte, daß Bir Singh in den nächsten 22 Jahren eine mächtige Persönlichkeit war. 1627 wurde Shah Jahan Kaiser, und schon war Bir Singh einmal mehr aus dem Rennen. Sein Versuch, einen Aufstand anzuzetteln, wurde von dem 13 Jahre alten Aurangzeb vereitelt.

Das goldene Zeitalter von Orchha was die erste Hälfte des 17. Jahrhunderts. Als Jehangir die Stadt im Jahre 1606 besuchte, wurde nur dafür ein besonderer Palast erbaut, der Jehangir Mahal. Später überfielen sowohl Shah Jahan als auch Aurangzeb diesen Ort.

Wenn Sie sich fragen, wofür all die Nummern und Pfeile sind, die auf den Fußböden in den Palästen aufgemalt sind, dann lautet die Antwort: für die Führung von 1¹/₂ Stunden Dauer mit einem Walkman. Das Fremdenverkehrsamt von Madhya Pradesh hat nämlich 14 Walkmans angeschafft, die man für jeweils 25 Rs im Hotel Sheesh Mahal ausleihen kann (500 Rs Pfand). Durch den atemlosen Enthusiasmus des Sprechers (oder vielleicht wegen des atemlosen Enthusiasmus') wird wirklich Leben in die leeren Paläste gebracht.

SEHENSWÜRDIGKEITEN

Paläste: Der Jehangir Mahal ist von beeindruckender Größe und bietet von seinen oberen Bereichen herrliche Blicke auf die Landschaft um ihn herum. Im Erdge-schoß des Gebäudes ist ein kleines archäologisches Museum untergebracht, in dem man gegen eine Gebühr von 2 Rs auch fotografieren, aber keine Videoaufnahmen machen darf. Im Raj Mahal, nicht weit entfernt, kann man sich einige hervorragende Wandgemälde ansehen, aber es kann sein, daß man zunächst den Wärter suchen muß, der alle Schlüssel verwahrt und erst einige der Räume aufschließen muß. Unterhalb vom Jehangir Mahal steht der kleinere Raj Praveen Mahal, ein Palast unweit einer Gartenanlage. Das *hammam* (Bad) und die Ställe für die Kamele sind nicht weit entfernt.

Interessant ist auch der Palast von Dinman Hardaul, aber ebenso die Geschichte dieses Mannes. Der Sohn von Bir Singh Deo fühlte sich nämlich verpflichtet, Selbstmord zu begehen, um seine „Unschuld zu bewahren", nachdem er eine Liebesbeziehung mit der Ehefrau seines Bruders unterhalten hatte. Dieser Selbstmord hat ihm unter den Einheimischen so etwas wie die Bedeutung eines Gottes eingebracht.

Tempel: Die beeindruckenden Tempel in Orchha stammen aus einer Zeit zurück bis in das 17. Jahrhundert. Sie werden immer noch genutzt und ständig von Tausenden von Gläubigen aufgesucht. In der Mitte des heutigen Dorfes steht der Ram-Raja-Tempel mit seinen hoch aufragenden Türmen. Ursprünglich ein Palast, wurde dieses Bauwerk in einen Tempel umgewandelt, als sich herausstellte, daß es unmöglich war, ein Abbild von Rama, das dort nur vorübergehend aufgestellt werden sollte, wegzutransportieren. Nun scheint es jedoch, daß die Figur es geschafft hat, bis zum nahegelegenen Chaturbhuj-Tempel zu gelangen, wo sie hinter silbernen Türen versteckt ist. Der Lakshmi-Narayan-Tempel ist den Weg dorthin wert wegen der gut erhaltenen Wandgemälde.

Weitere Sehenswürdigkeiten: Einen Besuch wert ist auch der von Mauern umgebene Phool Bagh, eine kühle Gartenanlage, in die man sich früher im heißen Sommer zurückzog. Ferner kann man sich den bereits verfallenen Sundar Mahal und unten am Betwa die *chhatris* (Ehrengrabmale von Herrschern aus Orchha) ansehen.

UNTERKUNFT UND ESSEN

Im Hotel Mansarover, gelegen in der Mitte des Ortes und geführt von der SADA (Special Area Development Authority), werden saubere Einzel- und Doppelzimmer mit Badbenutzung (mit einer großen Badewanne aus Marmor, aber nur kaltem Wasser) für 50 bzw. 75 Rs vermietet. Die SADA leitet auch das nahegelegene Restaurant Betwa Tarang.

Vom Fremdenverkehrsamt von Madhya Pradesh betrieben werden die sehr hübschen Betwa Cottages, gelegen einen halben Kilometer von der Ortsmitte entfernt am Fluß Betwa. Die Cottages stehen in einem weitläufigen und gut gepflegten Garten, wenn auch ohne Schatten, und ermöglichen ganz gute Ausblicke auf den Palast und auf den Fluß. Sie kosten mit Ventilator als Einzelzimmer 225 Rs und als Doppelzimmer 275 Rs sowie mit Klimaanlage 400 bzw. 450 Rs.

Das romantischste Quartier in ganz Madhya Pradesh muß jedoch das Hotel Sheesh Mahal in einem Flügel des Jehangir Mahal sein (Tel. 2 24). Es wird vom Fremdenverkehrsamt von Madhya Pradesh geführt und bietet ein Einzelzimmer für 100 Rs, sechs Einzel- oder Doppelzimmer für 170 bzw. 200 Rs sowie eine Suite mit Klimaanlage für 550 bzw. 600 Rs. Am besten sind die Zimmer Nr. 1 (die Suite mit Klimaanlage) und Nr. 2 darunter. Von beiden hat man herrliche Ausblicke, selbst von der Toilette! Ein gutes Restaurant ist in dieser freundlichen Unterkunft ebenfalls vorhanden.

AN- UND WEITERREISE

Von der Bushaltestelle in Jhansi fahren regelmäßig Busse und Tempos (5 Rs) nach Orchha. Das ist eine Entfernung von 18 km.

KHAJURAHO

Einwohner: 7200

Telefonvorwahl: 076861

Ein Besuch der Tempel von Khajuraho gehört zu den Höhepunkten jeder Indienreise. Sie stehen in ihrer Bedeutung gleich hinter dem Taj Mahal sowie gleichrangig neben Varanasi, Jaipur und Delhi. Khajuraho, einst eine wichtige Hauptstadt der Chandela, ist heute nur noch ein ruhiges Dorf mit etwas mehr als 7000 Einwohnern. Trotz der Aufmerksamkeit, die dem Ort von Touristen geschenkt wird, ist er so lieblich, daß man hier gut ein paar Tage verbringen kann.

Die Tempel sind ausgezeichnete Beispiele für die indoarische Architektur. Was aber alles so in den Blickpunkt rückt, sind die überwältigenden Farben. Rund um die Tempel erheben sich reihenweise Skulpturen aus der Landschaft, alle Meisterstücke der Steinmetzkunst. Diese Denkmäler spiegeln viele Aspekte indischen Lebens wider - über Tausende von Jahren hinweg, und zwar durch die Darstellung von Göttern, Göttinnen, Kriegern, Musikern sowie Tieren in natürlicher Wiedergabe und in der Mythologie.

Zwei Elemente aber kehren immer und immer wieder: Frauen und Sexualität. Die Figuren der *apsaras*, der himmlischen Tänzerinnen, sind an jedem Tempel zu sehen. Sie tun das, was auch heute noch die Fotomodelle für Herrenmagazine tun - schmollend und sexy posieren. Zwischendurch erscheinen überall die *Mithuna*-Gruppen, das sind Paare - an einigen Tempeln auch Gruppen -, die sämtliche Beschreibungen des Kama Sutra verwirklichen, nämlich Liebesspiele, die der Phantasie freien Lauf lassen. Alle Tempel entstanden während der Herrschaft der Chandela-Dynastie. Sie regierte fünf Jahrhunderte lang,

bevor sie den Moguln zum Opfer fiel. Fast alle Tempel von Khajuraho wurden während eines Jahrhunderts geschaffen. Die Verwirklichung von kreativen Ideen fiel vorwiegend in die Zeit von 950-1050 n. Chr. Bei der einzigartigen Bauweise sowie der erstaunlichen Schönheit und Größe der Tempelbauten erhebt sich die Frage, warum dies alles geschaffen wurde. Khajuraho liegt so weit von allen wichtigen Punkten entfernt und war auch schon vor 1000 Jahren abseits der Hauptdurchzugsstraßen. Der Ort Khajuraho bietet kaum etwas. Das ist ein kleines Dorf mit nur wenigen Einwohnern. In der heißen Jahreszeit gar ist es dort unerträglich heiß, sehr trocken, sehr staubig und sehr ungemütlich.

Bis heute ist nicht geklärt, wie die Chandela es ermöglichten, die Arbeiter heranzuholen, die ihre ausgefallenen Träume und Phantasien der Nachwelt in Stein erhalten sollten, nachdem sie sich für diesen abgelegenen und unwirtlichen Standort entschieden hatten. Die vielen Tempel von einer solchen monumentalen Größe in nur 100 Jahren zu errichten muß eine Vielzahl von Arbeitskräften erfordert haben. Was immer für Gründe damals auch dafür sprachen und wer immer die Vollendung ermöglichte, wir können ihnen heute nur dankbar sein, daß sie es taten und wo sie ihre Pläne verwirklichten. Der abgelegene Standort dieser Tempelanlagen erhielt sie denn auch der Nachwelt. Sonst wären die wenig rücksichtsvollen Moslems ihrer Zerstörungswut auch hier so nachgegangen, wie sie die Bauwerke für andere Religionen im restlichen Indien umgehend vernichteten.

Jedes Jahr im März kommen sehr viele Leute zum Tanzfest nach Khajuraho. Es dauert 10 Tage und zieht

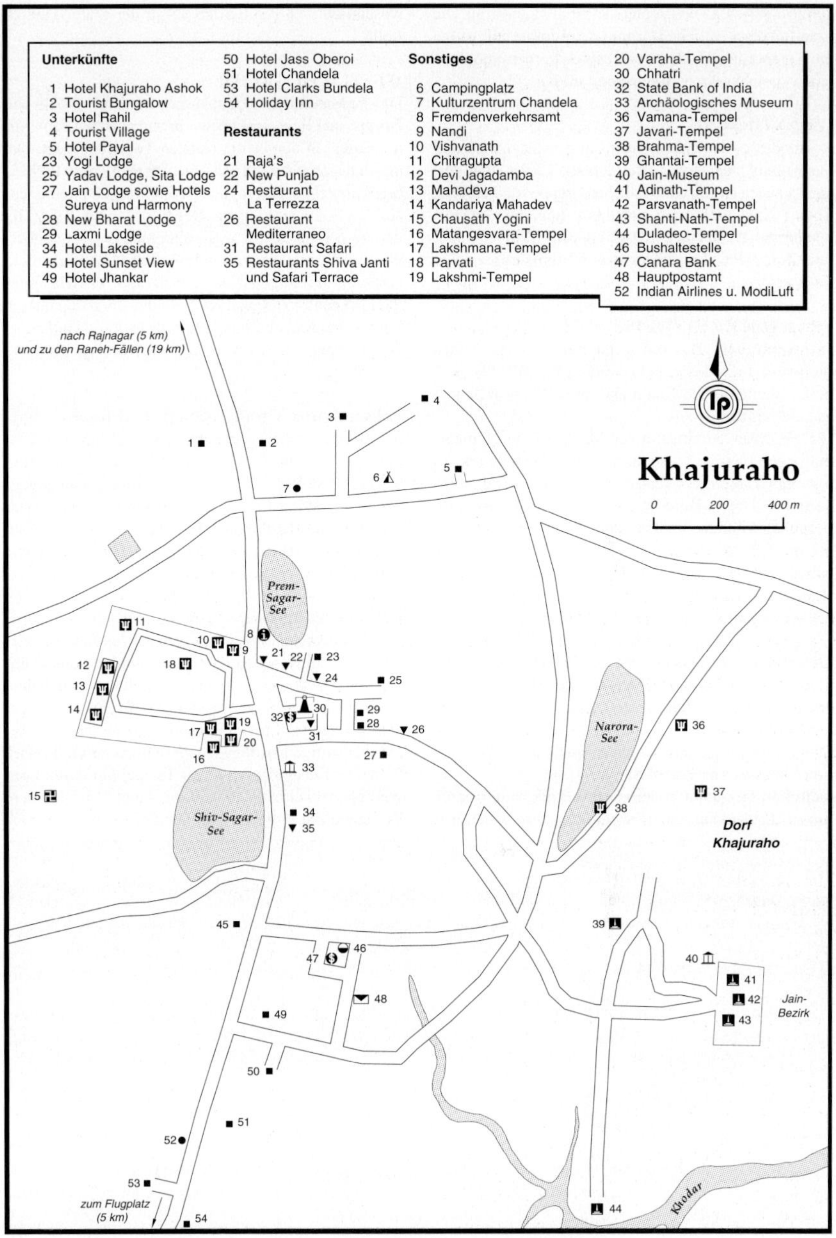

Unterkünfte

1 Hotel Khajuraho Ashok
2 Tourist Bungalow
3 Hotel Rahil
4 Tourist Village
5 Hotel Payal
23 Yogi Lodge
25 Yadav Lodge, Sita Lodge
27 Jain Lodge sowie Hotels
   Sureya und Harmony
28 New Bharat Lodge
29 Laxmi Lodge
34 Hotel Lakeside
45 Hotel Sunset View
49 Hotel Jhankar

50 Hotel Jass Oberoi
51 Hotel Chandela
53 Hotel Clarks Bundela
54 Holiday Inn

Restaurants

21 Raja's
22 New Punjab
24 Restaurant
   La Terrezza
26 Restaurant
   Mediterraneo
31 Restaurant Safari
35 Restaurants Shiva Janti
   und Safari Terrace

Sonstiges

6 Campingplatz
7 Kulturzentrum Chandela
8 Fremdenverkehrsamt
9 Nandi
10 Vishvanath
11 Chitragupta
12 Devi Jagadamba
13 Mahadeva
14 Kandariya Mahadev
15 Chausath Yogini
16 Matangesvara-Tempel
17 Lakshmana-Tempel
18 Parvati
19 Lakshmi-Tempel

20 Varaha-Tempel
30 Chhatri
32 State Bank of India
33 Archäologisches Museum
36 Vamana-Tempel
37 Javari-Tempel
38 Brahma-Tempel
39 Ghantai-Tempel
40 Jain-Museum
41 Adinath-Tempel
42 Parsvanath-Tempel
43 Shanti-Nath-Tempel
44 Duladeo-Tempel
46 Bushaltestelle
47 Canara Bank
48 Hauptpostamt
52 Indian Airlines u. ModiLuft

nach Rajnagar (5 km)
und zu den Raneh-Fällen (19 km)

Khajuraho

0   200   400 m

Prem-Sagar-See

Narora-See

Shiv-Sagar-See

Dorf
Khajuraho

Jain-
Bezirk

zum Flugplatz
(5 km)

Khodar

723

einige der besten klassischen Tänzer des Landes an. Die treten an der westlichen Gruppe der Tempel auf, wobei die Tempel mit Flutlicht beleuchtet werden und dann einen spektakulären Hintergrund bilden.

ORIENTIERUNG

Das moderne Khajuraho ist nichts anderes als eine Zusammenballung von Hotels, Restaurants, Läden und Verkaufsständen unweit der westlichen Gruppe von Tempeln. Etwa 1 km östlich des Busbahnhofs liegt das alte Dorf Khajuraho. Es ist von der Ostgruppe der Tempel umgeben. Zum Süden hin stehen zwei weitere Gruppen von Tempeln.

PRAKTISCHE HINWEISE

Informationen: Das hilfreiche Büro des staatlichen indischen Fremdenverkehrsamtes (Tel. 20 47) liegt mitten im modernen Khajuraho. Eine Zweigstelle gibt es am Flugplatz.

Das Fremdenverkehrsamt von Madhya Pradesh unterhält einen kleinen Stand an der Bushaltestelle und ist mit dem Hauptbüro versteckt im Tourist Bungalow vertreten. Dieses Büro ist ein klassisches Beispiel für bezahlten Müßiggang, denn dort sitzen vier Leute herum, und das an einer Stelle, wo sie fast die Garantie haben, daß sie von Touristen nicht belästigt werden, in Ruhe die Zeitung lesen und darauf warten können, die nächste Lohntüte in Empfang zu nehmen.

Geld: Außer zu den üblichen Öffnungszeiten ist die State Bank of India in Khajuraho zum Geldwechseln auch montags bis freitags zwischen 16.00 und 17.00 Uhr sowie samstags von 14.30 bis 15.30 Uhr geöffnet. Das *chhatri* hinter dieser Bank ist ein Grabmal zu Ehren von Maharadscha Pratap Singh Ju Deo.

Geld läßt sich auch in der Canara Bank weiter unten hinter der Bushaltestelle wechseln. Dort ist immer wesentlich weniger Betrieb als in der State Bank of India.

WESTLICHE GRUPPE

Die bedeutendsten Tempel gehören zur westlichen Gruppe und liegen sehr bequem und nahe bei dem Teil des Ortes, in den es die meisten Touristen zieht. Die meisten sind umzäunt und von sehr gepflegten Parkanlagen umgeben. Zugänglich ist die Gruppe von Sonnenauf- bis Sonnenuntergang. Der Eintritt beträgt 0,50 Rs und berechtigt auch zur Besichtigung des gegenüberliegenden Archäologischen Museums. Also Karte nicht verlieren! Freitags ist der Eintritt frei. Gleich hinter dem Eingang kann man für 5 Rs den ausgezeichneten Führer des Archaeological Survey of India kaufen.

Die Tempel sind nachfolgend im Uhrzeigersinn beschrieben.

Lakshmi- und Varah-Tempel: Diese beiden kleineren Tempel stehen gegenüber vom Lakshmana-Tempel. Der Varah-Tempel, geweiht der Inkarnation Vishnus als Eber (*Varah avatar*), wurde genau gegenüber vom Matangesvara-Tempel errichtet, und zwar außerhalb des Innenhofes. In diesem kleinen, offenen Tempel ist die riesige, fein aus einem Felsen gehauene Figur eines Ebers zu sehen.

Lakshmana-Tempel: Der große Lakshmana-Tempel ist Vishnu geweiht, obgleich er in der Ausführung eher den Tempeln Kandariya Mahadev und Vishvanath ähnelt. Er gehört zu den ersten Tempeln der westlichen Gruppe aus den Jahren 930-950 n. Chr. Er ist sehr gut erhalten und zeichnet sich nicht nur durch den kompletten fünfstufigen Aufbau, sondern auch durch die vier Ecktempel aus. Rund um den Tempel verlaufen zwei von üblicherweise drei Reihen mit Skulpturen. Die untere Reihe enthält einige sehr schöne *apsaras* sowie ero-

---

Erotik in Khajuraho

Die häufigste Frage der Besucher von Khajuraho lautet: „Warum so viel Sex?". Eine Theorie geht davon aus, daß die erotischen Stellungen eine Art *Kamasutra* in Stein darstellen, eine Art Handbuch für heranwachsende Brahminen-Jungen, die von der Welt abgeschottet in besonderen Tempelschulen aufwuchsen. Andere behaupten, die Figuren sollten die Tempel vor Blitzeinschlag schützen, indem sie den Regengott Indra besänftigten. Dieser alte Wüstling soll ein gieriger Voyeur sein, der vielleicht nicht wollte, daß die Quelle seiner Freude zerstört werde.

Überzeugender ist die Erklärung, daß es sich um tantrische Abbildungen handelt. Beim Kult des Tantrismus ist die Befriedigung der Instinkte der einzige Weg, um die Teufel der Welt zu vernichten und endgültige Befreiung zu erlangen. *Bhoga* (physische Freude) und *Yoga* (geistige Übung) werden auf der Suche nach dem Nirwana als gleichwertig angesehen.

Die wahrscheinlich treffendste Theorie geht davon aus, daß die Bildhauer von Khajuraho einfach unbeschwert von der Morallehre des Alten Testaments das Leben, wie ihre Gesellschaft es sah, darstellten. Auch wenn westliche Besucher sowohl aus Gründen der Erotik als auch aus kulturgeschichtlichen Gründen hierherkommen, handelt es sich doch nicht um Pornographie. Sicher ist eine große Zahl von erotischen Abbildungen zu sehen, aber viele andere zeigen Alltagsszenen. Man sollte das Ganze als eine fröhliche Darstellung aller Aspekte des Lebens betrachten.

---

tische Darstellungen. Drinnen sind ausgezeichnete Beispiele von *apsaras* zu sehen, die Stützpfeiler bilden. An einem der Nebentempel an der Südwestecke sieht man das Bild eines Architekten, der mit seinen Mitarbeitern am Tempel arbeitet. Man nimmt an, daß es sich hierbei um den Architekten dieses Tempels handelt, der sich mit diesem Bild ein bleibendes Denkmal in seinem Kunstwerk setzen wollte. Am unteren Tempelrand verläuft ein Fries, in dem Szenen aus einem Krieg, von der Jagd und mit feierlichen Prozessionen dargestellt sind. Die ersten ein oder zwei Meter dieses Frieses enthalten Abbildungen einer ausschweifenden Orgie. Unter anderem ist der Beweis dafür zu sehen, daß auch ein Pferd der beste Freund eines Mannes sein kann. Dies sehen einige Frauen in seiner Umgebung offensichtlich weniger gern und blicken sichtlich schockiert weg.

Von der Plattform des Tempels hat man einen guten Blick auf den Matangesvara-Tempel (vgl. weiter un-

---

Fachausdrücke

Die Tempel von Khajuraho sind mehr oder weniger alle nach dem gleichen Grundmuster erbaut, das es übrigens so nur in Khajuraho gibt. Um die architektonischen Besonderheiten richtig zu verstehen, sollten Sie einige Fachausdrücke beherrschen. Das erhöht das Vergnügen bei der Besichtigung. Im Grunde sind die Tempel alle nach einem Fünf- oder Dreistufenplan gebaut.

Man betritt jeden Tempel durch einen Vorbau, eine Art offene Eingangshalle (*ardhamandapa*). Dahinter liegt die Vorhalle (*mandapa*), die in die Haupthalle (*mahamandapa*) führt. Diese wird von Säulen getragen und ist von einem Korridor umgeben. Ein Vestibül (*antarala*) führt dann zum eigentlichen Heiligtum (*garbhagriha*). In ihm steht ein Abbild des Gottes, dem der Tempel geweiht wurde. Um dieses Heiligtum herum verläuft ein Korridor (*pradakshina*). Bei den einfacheren Tempelanlagen fehlen die *mandapa* und der *pradakshina*, sie sind aber sonst genauso aufgebaut wie die anderen Tempeltypen.

Zu den Tempeln gehören Türme von unterschiedlicher Höhe, die von einer alles überragenden *sikhara* über dem Heiligtum gekrönt sind. Während die kleineren Türme über den *mandapas* oder *mahamandapas* die Form einer Pyramide haben können, ist die *sikhara* stets größer und krummlinig. Die schmückenden Muster aller vertikalen Elemente sind unterbrochen durch ebenfalls reichhaltig verzierte horizontale Elemente der Skulpturen, die rings um die Tempel verlaufen. Die Skulpturen sind so vollkommen gearbeitet, daß sie allein schon Kunstwerke darstellen. Dennoch ist es faszinierend, wie meisterhaft sie in die Tempelbauten und ihre Verzierungen integriert wurden. Sie sind nicht nur ein Zusatz, der den Künstlern erst später in den Sinn kam.

Das Innere der Tempel steht den Außenseiten in nichts nach. Alle Tempel stehen auf einer erhöhten Terrasse, der *adisthana*. Im Gegensatz zu den anderen Tempeln Indiens umschließen die Tempel von Khajuraho keine Mauern. Dafür stehen meist vier kleinere Tempel an den Ecken der Terrassen, aber leider sind viele dieser Ecktempel heute verschwunden. Das fein ausgearbeitete Eingangstor nennt sich *torana*. Die kleineren Türme rings um die *sikhara* werden als *urusringas* bezeichnet.

Die Tempel sind meist in Ost-West Richtung angelegt, wobei der Eingang gen Osten zeigt. Einige der älteren Tempel sind entweder aus Granit oder aus Granit und Sandstein erbaut, alle Tempel aus der klassischen Periode von Khajuraho aber völlig aus Sandstein. Da man zu jener Zeit noch keinen Mörtel besaß, wurden die Gesteinsblöcke einfach aufeinandergefügt. Bei der Gestaltung einer Tempelanlage spielen die Skulpturen und Statuen eine besondere Rolle und tragen eigene Bezeichnungen. Zum besseren Verständnis seien auch von ihnen einige erklärt:

apsara Himmlische Nymphe, bildschöne Tänzerin.

mithuna Das sind die berühmten Darstellungen an den Tempeln von Khajuraho, die - liebevoll in Stein gehauen - erotische Situationen zeigen. Sie haben vermutlich schon die Archäologen aus der viktorianischen Zeit genauso geschockt wie die Touristen der Gegenwart.

nayika Zwischen *nayika* und *surasundari* zu unterscheiden, ist schwer. Der einzige Unterschied ist nämlich, daß ein *surasundari* angeblich ein himmlisches Wesen ist, ein *nayika* dagegen eine menschliche Kreatur.

salabhanjika Weibliche Figur mit Bäumen. Alle zusammen bilden sie die Stützpfeiler in den Innenräumen eines Tempels. Diese Rolle übernehmen manchmal auch *apsaras*.

sardula Ein mystisches Tier, teils Löwe, teils ein anderes Tier oder sogar ein Mensch. Meist sitzt ein bewaffneter Mann auf dem Rücken. Man sieht sie an vielen Tempeln. Alle ähneln Löwen, aber die Gesichter sind unterschiedlich. Vielleicht sind sie Dämonen oder *asuras*.

surasundari Sobald eine *surasundari* tanzt, ist sie eine *apsara*. Sonst dienen sie den Göttern und Göttinnen, indem sie Blumen, Wasser, Ornamente, Spiegel oder andere Opfergaben tragen. Sie sind aber auch mit Dingen des täglichen Lebens beschäftigt, wie dem Waschen der Haare, dem Schminken, einen Dorn aus dem Fuß entfernen, sich gegenseitig zu streicheln, mit Hunden oder Babies zu spielen, Briefe zu schreiben, Musikinstrumente zu spielen oder sich einfach in aufreizenden Posen darzustellen.

Lakshmana-Tempel

Sikhara

Seitenansicht

Pradakshina

Mahamandapa

Ardhamandapa

Antarala

Mandapa

Garbhagriha

Grundriß

Mahadeva-Tempel: Dieser kleine, zu großen Teilen zerfallene Tempel steht auf der gleichen Plattform wie der Kandariya Mahadev und der Devi Jagadamba. Im Vergleich zu seinen mächtigen Nachbartempeln fällt er wenig ins Auge, enthält aber eine der besten Skulpturen von Khajuraho, nämlich eine sehr schöne Figur, die einen Löwen liebkost. Ob die Figur einen Mann oder eine Frau darstellen soll, konnte bisher nicht geklärt werden.

Devi-Jagadamba-Tempel: Der dritte Tempel auf dieser Plattform ist etwas älter als der Kandariya Mahadev und als Drei-Stufen-Tempel gebaut. Möglicherweise war er zunächst Vishnu geweiht, später dann aber Parvati und danach Kali. Kenner meinen sogar, daß er noch immer ein Parvati-Tempel ist und daß das Bild des Kali (oder Jagadamba) in Wirklichkeit eine Darstellung Parvatis ist, das nur schwarz angemalt wurde. Auch zu diesem Tempel gehören drei Reihen von Skulpturen. Viele Bilder in den beiden unteren Reihen zeigen Vishnu mit *sardulas*. In der dritten Reihe kann man sich dann aber wieder *mithunas* ansehen, und zwar in einer recht freizügigen Art und Weise.

Chitragupta-Tempel: Der vierte Tempel an der Rückseite der westlichen Umfriedung steht nicht wie die anderen drei auf einer Plattform. Er ähnelt in der Ausführung dem Devi Jagadamba und ist möglicherweise etwas später gebaut worden. Einzigartig ist dieser Tempel, weil er Surya, dem Sonnengott, geweiht wurde. Er ist offensichtlich wiederholt instandgesetzt worden, aber längst nicht in einem so guten Zustand wie die anderen Tempel. Man findet aber auch hier sehr schöne Skulpturen, durch die Prozessionen, Tanzmädchen, Elefantenkämpfe und Jagdszenen dargestellt werden. Im inneren Heiligtum sieht man ein Abbild von Surya, der seinen Wagen mit den sieben Pferden lenkt. In der mittleren Nische der Südfassade ist die Statue des elfköpfigen Vishnu zu sehen. Der mittlere Kopf ist Vishnu selbst, die anderen stellen Inkarnationen dar.

Parvati-Tempel: Gehen Sie im Uhrzeigersinn weiter, so erreichen Sie den Parvati-Tempel. Der Name ist möglicherweise falsch, denn dieser kleine unbedeutende Tempel war ursprünglich Vishnu geweiht und enthält heute ein Abbild von Ganga, die auf einem Krokodil reitet.

Vishvanath-Tempel und Nandi: Man nimmt an, daß dieser Tempel mit den vier Ecktürmen im Jahre 1002 gebaut wurde. Er entstand bereits nach dem Fünf-Teile-Plan, nach dem auch der größere Kandariya-Mahadev-Tempel erbaut wurde. Daß er ein Shiva-Tempel ist, geht eindeutig aus der Darstellung seines Fahrzeugs hervor, des Bullen Nandi. Der steht auf der üblichen

ten). Er liegt außerhalb der westlichen Umzäunung und ist der einzige Tempel in diesem Gebiet, der als solcher heute noch genutzt wird.

Kandariya-Mahadev-Tempel: Dieser Tempel in der westlichen Rückseite der Umfriedung ist besonders sehenswert. Er ist nicht nur der größte Tempel, sondern auch künstlerisch und architektonisch perfekt. Er stammt aus den Jahren 1025-1050 und zeigt Chandela-Kunst in Reinkultur, wie sie schöner und besser nicht möglich ist. Die vier Ecktempel, die den Haupttempel umgaben, sind zwar zerfallen, aber der Haupttempel ist in einem ganz ausgezeichneten Zustand und ein gutes Beispiel für den typischen fünfstufigen Aufbau der Tempel von Khajuraho.

Der Hauptturm ragt mit seiner Spitze 31 m hoch. Der Tempel ist überreichlich verziert. Der englische Archäologe Cunningham zählte innen im Tempel 226 Statuen und weitere 646 außen; alles in allem 872 Statuen, die meisten fast einen Meter hoch. Die Statuen umgeben den Tempel in drei Reihen und stellen Götter, Göttinnen, schöne Frauen, Musiker und - wie könnte es in Khajuraho anders sein - einige der berühmt-berüchtigten erotischen Gruppen dar. Die *mithuna* am Kandariya Mahadev enthält wohl einige der freizügigsten Darstellungen erotischer Liebesspiele von allen Tempeln in Khajuraho.

Plattform und schaut in Richtung Tempel. Zu der erhöhten Terrasse führen Treppen, die an der Nordseite von Löwen und an der Südseite von Elefanten flankiert werden.

Die Skulpturen um den Tempel zeigen die üblichen Szenen, aber hier sind die Frauenfiguren besonders sehenswert. Sie sind dargestellt als Briefschreiberinnen, wie sie ein Baby streicheln oder musizieren und - vielleicht mehr als bei jedem anderen Tempel - wie sie in recht provozierenden Posen einfach herumliegen.

Matangesvara-Tempel: Dieser Tempel steht neben dem Lakshmana-Tempel, aber nicht in dem eingezäunten Innenhof. Er wird nämlich im Gegensatz zu den vielen anderen Tempeln von Khajuraho noch benutzt. Er mag der am wenigsten verzierte Tempel im ganzen Gebiet sein (und daher als einer der ersten erbaut worden sein), aber innen steht ein 2,5 m hoher *lingam*. Jeden Morgen machen Blumenverkäufer ein gutes Geschäft, indem sie Girlanden für die Ganesh-Statue draußen verkaufen. Die Leute hängen die Girlanden um die Figur mit dem Elefantenkopf, sprechen ein Gebet und gehen wieder. Dann nehmen die Blumenverkäufer die Girlanden wieder ab und verkaufen sie erneut.

Chausath-Yogini-Tempel: Dies ist der vermutlich älteste Tempel von Khajuraho. Er steht als Ruine hinter dem Wasserbecken, etwas abseits der anderen Tempel der Westgruppe. Er soll aus dem Jahre 900 n. Chr. stammen oder noch älter sein. Noch eine Besonderheit zeigt dieser Tempel. Er ist der einzige Tempel völlig aus Granit und der einzige, der nicht in Ost-West-Richtung steht. Chausath bedeutet 64. Der Tempel hatte nämlich früher 64 Zellen für die Figuren der 64 *yoginis*, die der Gottheit Kali dienten. In der Zelle 65 war eine Abbildung von Kali selbst zu sehen.

Einen halben Kilometer weiter westlich steht der kleine Lalguan-Mahadev-Tempel, der früher einmal Shiva geweiht war und heute eine Ruine ist. Er ist aus Granit und Sandstein gebaut.

ARCHÄOLOGISCHES MUSEUM

Das Museum, nahe bei der westlichen Gruppe der Tempel, enthält eine sehr gute Sammlung von Statuen und Skulpturen, die man in der Umgebung von Khajuraho retten konnte. Es ist klein, aber fein und einen Besuch durchaus wert, auch wenn die Aufseher sich häufig nicht scheuen, noch nach einem Trinkgeld zu fragen. In der Galerie am Eingang kann man sich eine wunderschöne Figur des tanzenden Ganesh ansehen. Die Eintrittskarte zur Besichtigung der Westgruppe gilt auch für dieses Museum. Geöffnet ist es täglich außer freitags von 10.00 bis 17.00 Uhr.

Weitere Skulpturen stehen gegenüber vom Museum auf dem Gelände vom Archaeological Survey of India,

und zwar neben dem Matangesvara-Tempel. Dorthin ist der Zugang aber verwehrt.

ÖSTLICHE GRUPPE

Die östliche Gruppe der Tempel läßt sich in zwei Bereiche unterteilen. Zur ersten Gruppe gehören interessante Jain-Tempel, die von einer Mauer umgeben sind. Die anderen vier stehen verstreut in dem alten Ort Khajuraho (zu unterscheiden vom modernen Khajuraho unweit der westlichen Tempel).

Jain-Museum: Vor den von einer Mauer umgebenen Jain-Tempeln ist vor kurzem eine runde Galerie erbaut worden, in der Statuen der 24 *tirthankars* stehen. Die kann man sich täglich von 7.00 bis 18.00 Uhr ansehen (Eintritt 1 Rs).

Parsvanath-Tempel: Der größte der Jain-Tempel innerhalb der Mauer gehört zugleich zu den schönsten von Khajuraho. Er ist zwar nicht so groß wie die Tempel in der westlichen Gruppe, hält auch nicht einem Vergleich der erotischen Szenen stand, ist aber dennoch von hohem künstlerischen Wert, bemerkenswert präzise konstruiert und besitzt sehr schöne Skulpturen. Unter den besonders sehenswerten Figuren ist die einer Frau, die sich einen Dorn aus dem Fuß entfernt, und die einer anderen Frau, die sich schminkt. Ursprünglich war der Tempel Adinath geweiht, aber vor etwa einem Jahrhundert stellte man ein Abbild von Parsvanath auf. Nach ihm ist der Tempel jetzt benannt.

Adinath-Tempel: Dieser Tempel grenzt an den Parsvanath-Tempel, ist aber kleiner und wurde im Laufe der vergangenen Jahrhunderte immer wieder restauriert. Er ist mit sehr schönen Reliefs geschmückt und - wie der Parsvanath-Tempel - von drei Reihen mit Skulpturen umgeben. Er ähnelt den hinduistischen Tempeln von Khajuraho. Lediglich das Jain-Abbild im inneren Heiligtum deutet darauf hin, daß es ein Jain-Tempel, aber kein Hindu-Tempel ist.

Shanti-Nath-Tempel: Dieser Tempel ist relativ neu und wurde erst vor einem Jahrhundert gebaut. In ihm sind viele Teile alter Tempel verarbeitet, die aus der Umgebung von Khajuraho stammen. Die $4^1/_2$ m hohe Statue von Adinath soll bereits 1028 entstanden sein. An einem mit drei Schlössern gesicherten Metallkasten darunter kann man lesen, daß es eine „secret donation box" sei. Im *dharamsala* übernachten gelegentlich Pilger der Jains, die mit ihrer Nacktheit bei den Pauschaltouristen für ein Runzeln mit den Augenbrauen sorgen.

Ghantai-Tempel: Auf dem Rückweg von der östlichen Gruppe mit Jain-Tempeln nach Khajuraho kommt man an dieser Tempelruine vorbei. Übrig blieben nur die

Grundmauern mit den Säulen, aber gerade diese Säulen mit ihren Dekorationen aus Glocken und Ketten sowie der Figur einer Jain-Göttin über dem Eingang, die auf einem Garuda reitet, sind sehenswert.

Javari-Tempel: Diesen Tempel erreichen Sie, wenn Sie den Ort ganz durchqueren. Er stammt aus den Jahren 1075-1100 n.Chr. und ist Vishnu geweiht. Trotz seiner geringen Größe ist er ein besonders schönes Beispiel für die Architektur von Khajuraho. Außen am Tempel finden sich auch wieder die bekannten Mädchenfiguren - wie üblich in Khajuraho.

Vamana-Tempel: 200 m weiter steht dieser Tempel, der Vamana geweiht ist, einer Inkarnation von Vishnu als Zwerg. Er ist etwas älter als der Javari-Tempel, steht aber völlig allein in der Landschaft. Beachten Sie die schlichte *sikhara*. Die Skulpturbänder rings um den Tempel zeigen die üblichen Darstellungen von himmlischen Tänzerinnen in den bekannten Posen.

Brahma- und Hanuman-Tempel: Auf dem Weg zurück zum neuen Dorf (nach Westen) kommt man an diesem Tempel aus Granit und Sandstein vorüber. Er gehört zu den ältesten von Khajuraho. Auch er war einmal Vishnu geweiht; deshalb ist die Bezeichnung Brahma-Tempel falsch.
Wenn man vom neuen Dorf aus direkt in Richtung der Jain-Tempel geht, passiert man einen Hanuman-Tempel mit einem großen Abbild des Affengottes. An dieser $2^1/_2$ m hohen Statue ist eine der ältesten Inschriften zu sehen, die aus dem Jahre 922 n. Chr. stammt.

SÜDLICHE GRUPPE
Zu dieser Gruppe gehören nur zwei Tempel, von denen einer einige Kilometer südlich des Flusses steht.

Duladeo-Tempel: Eine unbefestigte Straße führt zu diesem abseits liegendem Tempel einen Kilometer südlich der Jain-Tempel. Das ist Khajurahos jüngster Tempel. Fachleute meinen, daß die Handwerker und Planer bei seinem Bau den Höhepunkt ihrer Schaffenskraft bereits überschritten hatten. Das Ergebnis ist ein wenig interessanter Tempel. Auch an ihm finden sich natürlich die üblichen Frauenfiguren sowie Abbildungen von Paaren bei den damals so bedeutsamen Liebesspielen.

Chaturbhuja-Tempel: Südlich vom Fluß und drei Kilometer außerhalb der Stadt steht diese Tempelruine. Der Weg ist unbefestigt. Obwohl nur Ruine, steht im Tempel eine sehr schöne drei Meter hohe Vishnu-Figur.

FÜHRUNGEN
Derzeit werden vom Fremdenverkehrsamt keine Führungen angeboten. Es ist jedoch geplant, damit wieder

zu beginnen. Man kann aber private Führer mit einer Lizenz anheuern und muß sie für einen halben Tag mit rund 80 Rs bezahlen. Wenn man die Führung mit einem Taxi unternehmen will, kommen noch 150 Rs hinzu.

UNTERKUNFT
Einfache Unterkünfte: Das Fremdenverkehrsamt von Madhya Pradesh unterhält hier ein paar Hotels, die in der Hochsaison ihr Geld wert, aber in der übrigen Zeit zu teuer sind, weil dann in den privaten Unterkünften die Übernachtungspreise gesenkt werden. Sollten in den staatlichen Quartieren nicht viele Gäste übernachten, lohnt es sich, nach einer Ermäßigung zu fragen. Wenn man an der Bushaltestelle ankommt, wird man umringt von den üblichen Riksha-Wallahs, die Fahrten für 2 Rs anbieten. Das sind in Wirklichkeit Schlepper von Hotels auf Provisionsbasis. Wenn man sich von einem dieser Schlepper zu einem Hotel bringen läßt, wird es schwer, den geforderten Übernachtungspreis herunterzuhandeln. Besser ist, man läßt sich von einem Riksha-Fahrer nur bis in die Nähe der ausgewählten Unterkunft bringen und geht den Rest zu Fuß.
Die billigsten Übernachtungsmöglichkeiten bestehen in der Mitte des neuen Dorfes, nicht weit von der westlichen Gruppe mit Tempeln entfernt. Dort liegen die New Bharat Lodge und die Laxmi Lodge unmittelbar nebeneinander und sind sehr ähnlich, sehr einfach und nicht besonders sauber. Für ein Einzel- oder Doppelzimmer mit Bad muß man hier etwa 40 bzw. 50 Rs bezahlen. In der Nähe gibt es noch zwei preiswerte Quartiere der gleichen Preisklasse, nämlich die Yadav Lodge und die Sita Lodge. Von dieser Gruppe ist die Yadav Lodge am besten.
Die Yogi Lodge (Tel. 21 58) ist mit Einzelzimmern ab ca. 50 Rs und mit Doppelzimmern ab ca. 60 Rs (mit Bad) das beste der preisgünstigen Quartiere. Dort sind die Zimmer um einen kleinen Innenhof herum angeordnet.
Sehr ruhig liegt auf dem Weg zu den Jain-Tempeln das erst vor kurze erbaute Hotel Plaza mit Doppelzimmern für 50 Rs (mit Bad).
Bei Globetrottern schon lange ein Favorit ist die Jain Lodge (Tel. 20 52) mit einer ganzen Bandbreite von Einzelzimmern ab 50 Rs und Doppelzimmern ab 70 Rs hinauf bis zu Zimmern mit Ventilator und solchen mit Klimaanlage. In diesem Haus gibt es auch ein gutes vegetarisches Restaurant. Nebenan liegt das etwas bessere Hotel Sureya (Tel. 21 45), ein Haus mit einem kleinen Garten sowie guten Einzel- und Doppelzimmern mit Bad für 80 bzw. 100 Rs (mit Ventilator 150 Rs). Die Zimmer oben nach hinten hinaus für 200 Rs haben auch einen Balkon zu bieten, vom dem aus sich über die Felder blicken läßt. Unmittelbar neben dem Surya liegt das Hotels Harmony (Tel. 21 35), dessen Besitzer behauptet, er führe „the only hotel with a

garden in the city". Hier werden komfortable Zimmer für 150 Rs vermietet. Auch in diesem Hotel gibt es ein vegetarisches Restaurant. Der kleine, von einer Mauer umgebene Garten ist makellos gepflegt.

Nördlich des modernen Dorfes Khajuraho gibt es eine ganze Reihe von Hotels, die vom Fremdenverkehrsamt von Madhya Pradesh geführt werden. Eines davon, das Tourist Village (Tel. 21 28), liegt ganz friedlich und wird von einem freundlichen sowie hilfsbereiten Manager geleitet. Die Anlage besteht aus einer etwas schäbigen Ansammlung von Cottages (achten Sie dort auf die niedrigen Türöffnungen), geschmückt und eingerichtet mit Teppichen sowie Möbeln der Einheimischen. Hier muß man für ein Einzelzimmer 110 Rs und für ein Doppelzimmer 150 Rs bezahlen (mit Bad). Vorhanden ist auch ein Freiluftrestaurant. Das Hotel Rahil (Tel. 20 62) ist ein großer Betonbau in der Nähe, der gut zur Umgebung paßt! Hier sind jedoch die Schlafsäle mit Betten für jeweils 30 Rs klein. Außerdem kann man in diesem Haus in Einzelzimmern für 130 Rs und Doppelzimmern für 150 Rs übernachten (mit Bad und heißem Wasser).

Der schon in die Jahre gekommene Tourist Bungalow (Tel. 20 64) ist ein beliebtes und günstig gelegenes Quartier. Dort kommt man in geräumigen Einzel- und Doppelzimmern für 175 bzw. 225 Rs unter. Ein Restaurant ist ebenfalls vorhanden.

Das Hotel Sunset View (Tel. 20 77) hat ein ganzes Spektrum von Übernachtungsmöglichkeiten zu bieten, darunter Betten in einem Schlafsaal für 20 Rs und Doppelzimmer mit Bad von 60 Rs bis 240 Rs. Das ist ein sauberes und modernes Quartier mit einem hübschen Garten, in dem man annehmbar übernachten kann. Seien Sie jedoch vorsichtig, wenn Sie im Andenkenladen dieses Hotels Schmuck kaufen wollen. Das Haus liegt an der Hauptstraße vom Flugplatz, kurz vor dem Ort.

Im Hotel Lakeside (Tel. 21 20) werden sehr saubere Zimmer um einen Innenhof herum vermietet. Es liegt mitten im neuen Dorf. Übernachten kann man hier in Einzelzimmern ab 150 Rs und Doppelzimmern ab 200 Rs.

Mittelklassehotels: Vom Fremdenverkehrsamt wird auch das Hotel Payal (Tel. 20 76) geführt, ein modernes Haus mit einem Garten, in dem geräumige Einzel- und Doppelzimmer für 200 bzw. 250 Rs, mit Klimaanlage für 400 bzw. 450 Rs, vermietet werden. Es ist sauber, gut unterhalten und bietet auch einen Informationskiosk. Im Restaurant ist ganz gutes Essen erhältlich, allerdings ist die Bedienung etwas langsam.

Das Flaggschiff des Fremdenverkehrsamtes von Madhya Pradesh im Ort ist das Hotel Jhankar (Tel. 20 63). Die Zimmer sind gut eingerichtet und werden an Alleinreisende für 200 Rs sowie an Paare für 250 Rs vermietet

(mit Klimaanlage für 400 bzw. 450 Rs). Zu allen Zimmern gehört ein Bad mit Heißwasserbereiter. Das Restaurant ist allerdings nichts Besonderes. Dort erhält man auch kein Bier.

Luxushotels: Das Hotel Khajuraho Ashok der Indian Tourism Development Corporation (Tel. 20 24), gelegen einen kurzen Fußweg nördlich vom neuen Dorf, ist im Vergleich zu anderen Spitzenhotels eine schlechte Wahl. Bei Preisen von 900 Rs für ein Einzelzimmer und von 1100 Rs ein Doppelzimmer ist es zu teuer. Hinzu kommt, daß die Bedienung im überteuerten Restaurant langsam ist. Besucher, die nicht im Haus wohnen, können hier den Swimming Pool für 50 Rs mitbenutzen.

Das Hotel Chandela südlich des neuen Dorfes (Tel. 20 54, Fax 20 95) ist eines von mehreren Luxushotels in dieser Gegend. Hier muß man für ein Zimmer mit Klimaanlage, komfortablen Betten und Badewannen in den angrenzenden Bädern allein 39 US $ und zu zweit 75 US $ bezahlen. Abwechslung von Tempelbesichtigungen bieten Tennisplätze, Yoga-Übungen, Bogenschießen und Federball. Andere als Hausgäste dürfen den Swimming Pool für 100 Rs mitbenutzen oder können sich zum gleichen Preis massieren lassen. Eine gute Buchhandlung und zwei ausgezeichnete Restaurants sind hier ebenfalls vorhanden.

Eine weitere gute Wahl in dieser Preisklasse ist das nahegelegene Hotel Jass Oberoi (Tel. 20 85). Hier sind die Preise angesichts der Gebotenen mit 38 US $ für ein Einzelzimmer und 70 US $ für ein Doppelzimmer durchaus annehmbar. Die Einrichtungen für die Gäste sind ähnlich wie im Hotel Chandela. Das Schwimmbecken ist allerdings ausschließlich den Hausgästen vorbehalten.

Das Hotel Clarks Bundela südlich vom Hotel Chandela (Tel. 23 66) ist eines von zwei ausgezeichneten besseren Hotels, die 1994 eröffnet wurden. Hier wohnt man allein für 35 US $ und zu zweit für 50 US $ ausgezeichnet. Ein Swimming Pool ist auch bei diesem Haus vorhanden.

Das zweite neue Hotel ist das Holiday Inn (Tel. 2178), ebenfalls südlich vom Hotel Chandela. Hier sind die Zimmer sehr geschmackvoll eingerichtet und die Mitarbeiter sehr hilfsbereit. Wie die anderen Häuser dieser Kategorie hat auch das Holiday Inn ein Schwimmbecken, eine Bar und zumindest ein Restaurant zu bieten.

ESSEN

Preiswerte vegetarische Gerichte erhält man im Jati Shankar in einer Gasse gegenüber der State Bank of India, beispielsweise ausgezeichnete vegetarische Thalis für 15 Rs. Dieses Lokal ist viel eher sein Geld wert als das nahegelegene Madras Coffee House, wo die südindischen Thalis mit 50 Rs viel zu teuer sind. Dafür werden dort aber auf der Speisekarte auch viele andere Gerichte angeboten, darunter auch preisgünstigere. Wenn man darauf Appetit hat, kann man auch „Porch with Hunney" essen.

Raja's Café besteht schon seit Jahren und wird schon genauso lange von einer Schweizerin geleitet. Der große Baum im Innenhof dieses Restaurants ist ein beliebter Treffpunkt. Von der Terrasse darüber bieten sich herrliche Ausblicke über die Tempel. Das Essen ist qualitativ unterschiedlich. Außerdem läßt die Bedienung zu wünschen übrig. Das Lokal scheint heute nur noch von seinem früher guten Ruf zu leben, auch wenn die Schweizer Röstis für 35 Rs immer noch beliebt sind.

Preiswerter ist es im Restaurant New Punjab, in dem man ebenfalls auf einer Terrasse mit Schirmen und Blicken auf die Tempel sitzen kann. Das La Terrazza nebenan ist - sicher nicht überraschend - ein italienisches Freiluftrestaurant. Offensichtlich erhält man dort auch ganz guten Essen, allerdings war es bei unserem letzten Besuch im Ort nicht geöffnet.

Hinweisschilder an deutlich erkennbaren Stellen werben für das Restaurant Mediterraneo in der Jain Temple Road, und zwar gegenüber vom Hotel Surya. Das Essen schmeckt zwar ganz gut und ist von den Preisen her auch durchaus annehmbar, zweifelhaft ist jedoch, ob es von einem italienischen Koch zubereitet wird, auch wenn das behauptet wird.

Ähnliche Lokale mit ganz annehmbarem Essen sind das Restaurant Safari Terrace und das Restaurant Shiva Janty. Beide haben Terrassen zu bieten, von denen aus man über den kleinen Shiv Sagar blicken kann. Diese Lokale sind gute Ziele am frühen Abend, wenn die Sonne über dem See untergeht.

Zu allen Luxushotels gehören ebenfalls gute Restaurants, aber in denen darf man nicht damit rechnen, preisgünstig essen zu können. Dort muß man pro Person mindestens 150 Rs einkalkulieren (zuzüglich Kosten für Getränke).

AN- UND WEITERREISE

Die Anreise nach Khajuraho kann größere Schwierigkeiten bereiten. Dieser Ort liegt an keiner wichtigen Strecke und noch nicht einmal in der Nähe einer Bahnstation. Obwohl die meisten Touristen Khajuraho auf dem Weg von Varanasi nach Agra besuchen, bedeutet dies immer doch langsame Busfahrten auf schmalen Landstraßen, ohne dabei größere Entfernungen zurückzulegen. Daher ist das Fliegen eine gute Alternative.

Flug: Indian Airlines (Tel. 20 35) bietet einen täglichen Flug von Delhi über Agra und Khajuraho nach Varanasi an. Die Maschine fliegt die gleiche Route auch zurück. Es ist wahrscheinlich der beliebteste Flug für Touristen in Indien, denn häufig können nur Gruppen Plätze auf dieser Route buchen. Hoffentlich wird der Engpaß bei den Plätzen durch die Flüge von ModiLuft etwas gemildert, die Ende 1994 aufgenommen wurden.

Wenn Sie mit einem Flugzeug mitten in der Nacht von Delhi in das Ausland fliegen wollen, dann verlassen Sie sich nicht darauf, daß das Flugzeug von Khajuraho am Tag zuvor rechtzeitig in Delhi eintrifft. Die Probleme mit den Flügen von Khajuraho mögen sich jedoch vermindern, wenn am Flugplatz Leuchtfeuer installiert sind und Indian Airlines im Ort über Computer zu erreichen ist.

Die Preise für einen Flug von Khajuraho betragen nach Agra 39 US \$, nach Delhi 53 US \$ und nach Varanasi 39 US \$. ModiLuft fliegt nach Delhi (53 US \$) und Varanasi (39 US \$).

Die Büros von Indian Airlines und ModiLuft liegen beide neben dem Hotel Clarks Bundela.

Bus und Zug: Aus westlicher Richtung fahren Busse von Agra (83 Rs, 12 Stunden), Gwalior (65 Rs, 9 Stunden) und Jhansi (43 Rs, 5^1/$_2$ Stunden) nach Khajuraho. Jhansi ist auch die Bahnstation an der Hauptstrecke zwischen Delhi und Bombay, die Khajuraho am nächsten liegt. Man kann aber auch noch von Jhansi mit einem Zug bis Mahoba, 60 km nördlich von Khajuraho, fahren (15 Rs, 2^1/$_2$ Stunden) und dort in einem Bus umsteigen. Das Problem ist jedoch, daß auf dieser Strecke, die Jhansi mit Varanasi verbindet, nicht viele Züge eingesetzt werden.

Zwischen Khajuraho und Varanasi besteht keine Direktverbindung. Für Reisende aus Richtung Varanasi und aus dem Osten ist Satna (23 Rs, 4 Stunden von Khajuraho) die zuverlässigste nächste Bahnstation. Dieser Ort liegt an der Strecke zwischen Bombay und Allahabad, auf der viele Züge verkehren. Von Satna nach Khajuraho fahren fünf Busse täglich. Dennoch kann es sein, daß man es nicht in einem Tag von Varanasi nach Khajuraho schafft, weil im allgemeinen in Satna nach 13 Uhr keine Busse mehr ihre Fahrten beginnen. Am besten nimmt man von Varanasi den Nachtzug *Varanasi Kurla Express*, der um 23.30 Uhr abfährt und in Satna um 6.30 Uhr ankommt.

Außerdem besteht die Möglichkeit von Varanasi über Mahoba nach Khajuraho zu fahren (vgl. weiter oben). Ferner kommt man morgens um 7.30 Uhr mit einem Bus von Khajuraho nach Jabalpur (65 Rs, 11 Stunden), aber wenn man dorthin will, ist es bequemer, von Satna aus einen Zug zu benutzen.

NAHVERKEHR

Flughafentransfer: Zum Flughafen fährt ein Bus von Indian Airlines. Taxifahrer berechnen für die kurze Fahrt vom oder zum Flugplatz 70 Rs. Wenn sich gerade nicht viele Touristen im Ort aufhalten, sollte es auch möglich sein, für 30 Rs mit einer Fahrrad-Riksha zum Flugplatz zu fahren.

Fahrrad und Fahrrad-Rikscha: Die beste Möglichkeit, in Khajuraho herumzukommen, bietet ein Fahrrad, weil die Gegend flach ist und nur wenig Verkehr herrscht. An mehreren Stellen im neuen Dorf kann man ein Fahrrad für 15 Rs pro Tag mieten. Fahrten mit Fahrrad-Rikschas sind unverschämt teuer. Das ist aber kaum verwunderlich, wenn Touristen willens sind, für eine Fahrt vom Hotel Chandela bis zu den westlichen Tempeln 30 Rs zu bezahlen. Bis zur östlichen Gruppe der Tempel ist es zu Fuß ein langer Weg. Wenn Sie daher beabsichtigen, dorthin mit einer Fahrrad-Rikscha zu fahren, dann empfiehlt es sich, vorher Vereinbarungen über die Zahl der Unterbrechungen, auch an den südlichen Tempeln, und über die jeweilige Wartezeit zu treffen.

DIE UMGEBUNG VON KHAJURAHO

DHUBELA

Im alten Fort dieser kleinen Stadt, entlang der Straße nach Jhansi 64 km von Khajuraho entfernt, gibt es ein kleines Museum. Zu den Ausstellungsstücken gehören Skulpturen des Shakti-Kultes, Waffen sowie Bekleidungsstücke und andere persönliche Gegenstände von Bundela-Königen.

NATIONALPARK PANNA

Die Straße nach Satna führt an diesem erst vor kurzem gegründeten Nationalpark vorbei, der entlang des Flusses Ken verläuft und 32 km von Khajuraho entfernt ist. Er enthält große Gebiete mit noch unberührtem Wald und eine vielfältige Tierwelt. Hier leben auch Tiger, selbst wenn man schon sehr viel Glück haben muß, um einen davon zu Gesicht zu bekommen. Die zahlreichen Wasserfälle sind beliebte Picknickplätze. Außerdem werden gern Tagesausflüge hierher unternommen, und zwar zu den Diamantenminen von Majhgawan, zum Pajgarh-Palast und zu den Tempeln des Ortes Panna, 48 km von Khajuraho entfernt.

Zugänglich ist der Park das ganze Jahr über. Die bessere Zeit für einen Besuch sind jedoch die kühleren Monate, denn im Sommer kann die Hitze so stark wie in einem Backofen werden.

Erreichen läßt sich der Nationalpark Panna vom Dorf Madla her, 22 km von Khajuraho entfernt. Übernachtungsmöglichkeiten bestehen in einem Forest Rest House.

AJAIGARH UND KALINJAR

In Ajaigarh, 80 km von Khajuraho entfernt, ist auf der Spitze eines Hügels eine große, isoliert liegende Festung zu sehen, die den Zweck hatte, die einheimische Bevölkerung bei Angriffen und Belagerungen zu schützen. Erbaut worden ist sie von den Chandela, als ihr Einfluß in diesem Gebiet sank.

Das Fort Kalinjar, 25 km weiter nördlich (gleich hinter der Grenze zu Uttar Pradesh), ist viel älter und wurde zur Zeit der Gupta errichtet. Es ist im 2. Jahrhundert n. Chr. schon von Ptolemäus erwähnt worden.

SATNA

Telefonvorwahl: 07672
Es kann sich als bequem oder notwendig erweisen, auf dem Weg nach oder von Khajuraho in Satna zu übernachten. Dafür stehen einige Quartiere zur Verfügung. Ein Fremdenverkehrsbüro wurde im Bahnhof eingerichtet.

UNTERKUNFT UND ESSEN

Ein gutes Quartier in der Nähe der Bushaltestelle ist das Hotel India. Hier muß man für ein Einzelzimmer 75 Rs und für ein Doppelzimmer 125 Rs bezahlen (mit Bad). Unten befindet sich auch ein ausgezeichnetes, preiswertes Restaurant mit vegetarischen Gerichten. Das Haus gehört zur Kette der Indian Coffee Houses. Im nahegelegenen Hotel Star kann man in Einzelzimmern für 60 Rs und in Doppelzimmern für 90 Rs übernachten, während man im Hotel Glory für ein Einzelzimmer 50 Rs bezahlen muß. Beide Häuser sind sehr einfach.

Das Hotel Park liegt in einer etwas ruhigeren Gegend und hat Einzelzimmer für 65 Rs sowie Doppelzimmer für 90 Rs und daneben Doppelzimmer mit Ventilator für 160 Rs sowie teurere Zimmer mit Klimaanlage zu bieten. Es ist 1¹/₂ km vom Bahnhof entfernt. Auch in diesem Hotel gibt es ein vegetarisches Restaurant.

Das Hotel Barhut des Fremdenverkehrsamtes von Madhya Pradesh ist der aufpolierte Tourist Bungalow (Tel. 54 71) und ein gutes, sauberes Quartier mit Einzelzimmern für 175 Rs und Doppelzimmern für 225 Rs (mit Klimaanlage 250 bzw. 300 Rs). Ein Restaurant ist ebenfalls vorhanden. In den Badezimmern hat man die

Wahl zwischen Pinkelbecken, indischen Hocktoiletten und den in Europa üblichen WC - alles in einem Raum!

AN- UND WEITERREISE

Nach Khajuraho fahren zwischen 6 und 13 Uhr etwa fünf Busse (23 Rs, 4 Stunden). Außerdem verkehrt morgens in Richtung Nationalpark Bandhavgarh ein Bus nach Tala (28 Rs, 4 Stunden).

Der Bahnhof und die Bushaltestelle sind etwa 2 km voneinander entfernt und mit Fahrrad-Rikschas für normalerweise 3 Rs zu erreichen. Wahrscheinlich werden Sie jedoch das Doppelte bezahlen müssen. Direktverbindungen mit der Eisenbahn bestehen von Satna nach Varanasi (316 km, 2. Klasse 93 Rs und 1. Klasse 267 Rs), die acht Stunden unterwegs sind, während man mit anderen Schnellzügen nach Allahabad (180 km, 4 Stunden), Kalkutta, Bombay und Madras kommen kann.

DIE MITTE VON MADHYA PRADESH

SANCHI

Telefonvorwahl: 07592

Neben der Bahnlinie erhebt sich 68 km nördlich von Bhopal ein Hügel aus der weiten Ebene. Auf seiner Spitze stehen einige der ältesten und vielleicht auch interessantesten buddhistischen Bauten von ganz Indien. Einen direkten Bezug zu Buddha gibt es zwar nicht. Die ganze Anlage geht auf den Herrscher Ashoka, den berühmtesten zum Buddhismus Übergetretenen, zurück, der bereits im 3. Jahrhundert v. Chr. eine Vielzahl von Stupas errichten ließ. In den folgenden Jahrhunderten wurden dann weitere Bauten angefügt.

Als der Buddhismus an Bedeutung verlor, verfiel auch Sanchi mit seinen religiösen Bauten und wurde schließlich völlig vergessen. Erst 1818 entdeckte ein britischer Offizier diesen historischen Ort. Da sich aber keiner so recht verantwortlich fühlte, tauchten Amateurarchäologen und habgierige Schatzsucher auf. Sie fügten den Ruinen nicht wieder gut zu machende Schäden zu. Erst 1881 begann man mit einer ordnungsgemäßen Restaurierung, die zwischen 1912 und 1919 beendet wurde. Die Arbeiten lagen in den Händen von Sir John Marshall.

Trotz der Schäden, die nach der Wiederentdeckung entstanden, ist Sanchi ein besonderes Ziel und sollte nicht ausgelassen werden, wenn man sich in der Gegend aufhält. Die Anlage ist eine derer, an die man sich in Indien am leichtesten erinnern wird, und Sanchi ein guter Ausgangspunkt für eine Reihe von interessanten Fahrradausflügen.

ORIENTIERUNG UND PRAKTISCHE HINWEISE

Sanchi ist kaum mehr als ein kleines Dorf am Fuße eines Hügels, auf der die Anlage errichtet wurde. Sie ist von Sonnenaufgang bis Sonnenuntergang geöffnet und kann gegen eine kleine Gebühr besichtigt werden, die

man am Kiosk vor dem Museum bezahlen muß. Der Eintritt kostet 0,50 Rs und gilt sowohl für die Anlage als auch für das Museum (freitags kostenlos). Es lohnt, sich im Museum für 4 Rs den Führer *Sanchi* zu kaufen, den der Archaeological Survey of India veröffentlicht hat. Angeboten wird auch ein guter Museumsführer für 3,75 Rs.

An der Kreuzung werden im Mrignayni Emporium Handarbeiten aus der Gegend verkauft, darunter Dekken aus Batik für 110 Rs und Figuren aus Metall. Zudem ist es manchmal möglich, die Seidenraupenfarm (Sericulture Centre) zu besichtigen. Bei Interesse sollten Sie sich danach in der Travellers' Lodge des Fremdenverkehrsamtes nebenan erkundigen.

Der schnellste Weg hinauf zur Anlage führt über den Steinweg rechts von der Teerstraße. An der modernen *vihara* (dem Kloster) auf dem Hügel gibt es auch einen Getränkestand. Außerdem werden in der *vihara* buddhistische Schriften verkauft. Im folgenden finden Sie eine kurze Beschreibung der Bauwerke. Viel ausführlicher sind die Beschreibungen dieser und anderer Gebäude in dem Führer *Sanchi*.

SEHENSWÜRDIGKEITEN

Archäologisches Museum: Im Museum kann man sich eine kleine Sammlung von Skulpturen aus der Anlage ansehen. Die interessantesten Stücke sind das Löwenkapitell von einer Ashoka-Säule, ein *yakshi* (Mädchen), das von einem Mangobaum herunterhängt, und eine wunderschöne Buddha-Figur aus rotem Sandstein. Außer freitags ist das Museum täglich von 10.00 bis 17.00 Uhr geöffnet.

Großer Stupa: Das bedeutendste Bauwerk ist der Stupa Nr. 1. Ursprünglich wurde er von Ashoka im 3. Jahrhundert v. Chr. erbaut. Später umbaute man diesen

Ziegelstein-Stupa mit einem größeren Stein-Stupa. In seiner heutigen Form ist er 16 m hoch und hat einen Durchmesser von 37 m. Er ist von einem Geländer umgeben und hat vier Eingänge mit reich verzierten Toren (*toranas*). Diese *toranas* sind in Sanchi die feinsten Kunstwerke und gehören zu den besten Beispielen für buddhistische Kunst in Indien.

Toranas: Alle vier Tore wurden um 35 v. Chr. errichtet, fielen aber bei der Renovierung der Stupas in sich zusammen. Die Abbildungen an den Säulen und ihren dreifachen Architraven (Säulenbalken) erzählen in der Hauptsache aus den *Jatakas*, den Episoden in den verschiedenen Leben des Buddha.

Zu diesem Zeitpunkt stellte man in der buddhistischen Kunst Buddha nie in Person dar. Immer waren es Symbole, die seine Gegenwart repräsentierten. Zu diesen Symbolen gehören die Lotosblüte für seine Geburt, der Bo-Baum für seine Erleuchtung, das Gesetzesrad für seine Unterrichtungen sowie die Fußabdrücke und der Thron für seine Anwesenheit. Auch ein Stupa ist ein Symbol Buddhas.

Gehen Sie stets im Uhrzeigersinn um einen Stupa herum. Das sollten Sie übrigens bei allen buddhistischen Bauwerken tun.

Nordtor: Von allen vier Toren ist dieses am besten erhalten. Unglücklicherweise ist das Gesetzesrad oben drauf zerbrochen. Die Abbildungen am Tor zeigen Szenen aus Buddhas Leben, und zwar aus dem seiner letzten Inkarnation sowie aus früheren Leben. Eine Szene zeigt einen Affen, der Buddha einen Krug mit Honig anbietet. Buddha wird dabei als Bo-Baum dargestellt. In einem anderen Paneel steigt er eine Straße hinauf, die in den Himmel führt (auch hier wird er durch einen Bo-Baum dargestellt). Das Ganze gehört zum „Wunder von Sravasti". Dies ist lediglich eines der vielen Bilder wundersamer Ereignisse, die das Nordtor schmücken und die den Betrachter mit andächtigem Staunen erfüllen. Elefanten, die in vier Richtungen schauen, stützen die Architraven über den Säulen. Die Zwischenräume sind mit Pferden samt Reitern und weiteren Elefanten ausgefüllt.

Osttor: Eine Säule dieses Tores zeigt Buddhas Eingang ins Nirwana. Gegenüber der Front der mittleren Balkenstütze ist die Darstellung des „großen Abschieds". Buddha, symbolisiert durch ein Pferd ohne Reiter, entsagt dem fleischlichen Leben und begibt sich auf die Suche nach der Erleuchtung. Die andere Säule zeigt die Szene, in der Maya ihren Traum vom Elefanten auf dem Mond träumte, den sie durchlebte, als sie Buddha empfing. Die Figur eines *Yakshi*-Mädchens an einer der Architraven gehört zu den bedeutendsten Abbildungen in Sanchi.

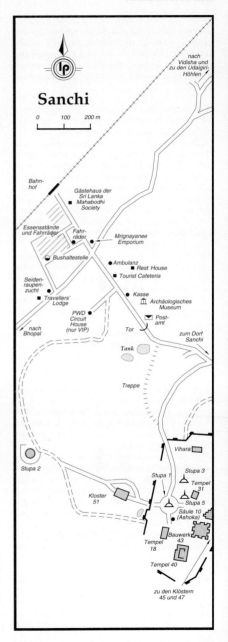

Südtor: Das ist das älteste Tor und enthält Bilder von Buddhas Geburt und von Begebenheiten aus dem Leben von Ashoka als Buddhist. An der Rückseite der obersten Architrave befindet sich eine weitere Darstellung der Auffahrt. Wie am Westtor finden sich Abbildungen aus der Geschichte der *Chhaddanta Jataka.*

Westtor: Das Westtor mit seinen von Zwergen gestützten Architraven enthält einige der interessantesten Szenen der ganzen Anlage. Die Rückseite einer Säule zeigt Buddha, wie er der Versuchung durch Mara entgeht. Dabei fliehen die Dämonen, während die Engel frohlocken, daß Buddha standhaft blieb. Mara sitzt auch verführerisch auf der Rückseite des niedrigsten Querbalkens der Säule. Der oberste Balken zeigt Buddha in sieben verschiedenen Inkarnationen. Da man ihn damals aber nur indirekt darstellte, erscheint er dreimal in Form eines Stupa und viermal als Baum. Die sechs Inkarnationen vor der siebten, Gautama Buddha, sind bekannt als Manushi Buddhas.

Abbildungen der ereignisreichen Erzählungen der *Chhaddanta Jataka* sind vorn auf dem untersten Stützbalken zu sehen. In dieser Geschichte nahm Buddha in einer niedrigen Inkarnation die Form eines Elefanten mit sechs Stoßzähnen an. Eine seiner beiden Frauen erlag aber der Eifersucht und schaffte es, als Königin wiedergeboren zu werden. In dieser Machtposition gelang es ihr, diesen besonderen Elefanten jagen und töten zu lassen. Als der Jäger ihr die sechs Stoßzähne als Beweis übergab, starb sie ebenfalls. Dickbäuchige Zwerge stützen die Architraven dieses Tores.

Weitere Stupas: Über den Hügel verstreut stehen noch viele andere Stupas, einige von ihnen kaum einen Meter hoch. Sie stammen aus dem 3. Jahrhundert n. Chr. Acht dieser Stupas ließ Ashoka errichten, aber leider sind davon nur noch drei vorhanden. Dazu gehört auch der große Stupa. Stupa 2, der interessanteste der kleineren Stupas, liegt auf halbem Weg, wenn Sie vom Hügel an der östlichen Seite herabsteigen. Wenn Sie von der Stadt aus auf dem Hauptweg bergauf gehen, dann bietet sich der Rückweg am Stupa 2 vorbei an. Tore besitzt dieser Stupa zwar nicht, dafür ist aber die Mauer mit Medaillons verziert. Ausführung und Muster sind fast naive Kunst, vermitteln aber eine besondere Ausstrahlung. Überall an der Mauer werden Sie Abbildungen von Blumen, Tieren und Menschen vorfinden, bei den Menschen auch Personen aus der Mythologie.

Ähnlich im Muster ist auch Stupa 3, allerdings kleiner im Ausmaß. Er steht nordöstlich des großen Stupas. Es gibt nur einen Eingang, und man nimmt an, daß er kurz nach der Vollendung des großen Stupas gebaut wurde. Stupa 3 enthielt Relikte zweier bedeutender Anhänger

von Buddha. 1853 entfernte man diese Heiligtümer, um sie nach London zu bringen, gab sie aber 1953 nach Sanchi zurück. Auch Stupa 2 enthielt Relikte von Lehren des Buddhas. Man nimmt an, daß sie deshalb in diesem auf halber Höhe stehenden Stupa untergebracht wurden, weil man die Hügelspitze heiligen Schreinen für Buddha und seine Apostel vorbehalten wollte.

Der heute fast vollständig zerstörte Stupa 4 steht unmittelbar hinter dem Stupa 3. Zwischen dem Stupa 1 (dem großen Stupa) und dem Stupa 3 ist Stupa 5 zu sehen, in dem - was ungewöhnlich ist - früher eine Buddha-Figur stand, die jetzt im Museum ausgestellt ist.

Säulen: Überall verstreut in der gesamten Anlage sieht man Säulen oder deren Überreste herumliegen. Die bedeutendste ist Säule 10. Sie wurde von Ashoka errichtet und steht nahe dem Südtor beim großen Stupa. Leider blieb nur der untere Teil dieser sehr gut proportionierten und ausgearbeiteten Säule erhalten, aber das sehr schöne Kapitell kann man sich im Museum ansehen. Die vier Löwen, die mit den Rücken zueinander gekehrt einst die Säulen oben begrenzten, sind ein ausgezeichnetes Beispiel für die griechisch-buddhistische Kunst dieses Gebietes. Sie sind heute das Staatssymbol von Indien und schmücken jede Banknote.

Die Säule 25 aus der Zeit der Sunga (2. Jahrhundert v. Chr.) und die Säule 35 aus dem 5. Jahrhundert n. Chr. erreichen nicht die Feinheit der Ashoka-Säule. Die Säule 35 steht dicht beim Nordtor, ist aber ebenfalls zerfallen. Auch hiervon ist das Kapitell im Museum zu besichtigen.

Tempel: Unmittelbar südlich von Stupa 1 steht Tempel 18, eine *chaitya.* Stilistisch ähnelt sie einem klassischen griechischen Säulenbau und wurde im 7. Jahrhundert n. Chr. erbaut. Unter ihren Grundmauern fand man aber Überreste eines noch älteren Holzbaus. Auch der Tempel 17 daneben ist im griechischen Stil errichtet. Südöstlich dieser beiden Tempel steht der große Tempel 40. Einige Teile dieses Bauwerks stammen aus der Zeit von Ashoka.

Tempel 31 wurde ursprünglich im 6. oder 7. Jahrhundert erbaut, aber entweder im 10. oder im 11. Jahrhundert noch einmal errichtet. Er steht unweit von Stupa 5. Der rechteckige Tempel mit Flachdach enthält eine sehr gut gearbeitete Figur von Buddha. Die scheint während des Wiederaufbaus von Tempel 31 von einem anderen Tempel hergebracht worden zu sein, denn sie paßt nicht genau auf den Sockel.

Klöster: Die ältesten Klöster in diesem Komplex waren Holzbauten und sind längst verschwunden. Meistens wurden sie nach folgendem Plan gebaut: Um einen Innenhof herum reihten sich die klösterlichen Zellen. Die Klöster 45 und 47 stehen auf der höheren, östlichen Ecke des Hügels. Sie stammen aus einer späteren Bauphase und zeigen strenge hinduistische Elemente. Die sind ein Kennzeichen für die Übergangsperiode vom Buddhismus zum Hinduismus. Von dieser Seite des Hügels aus hat man einen herrlichen Blick auf Sanchi und bis nach Bhilsa (Vidisha).

Das Kloster 51 liegt auf halber Höhe. Sie erreichen es, wenn Sie die westliche Hügelseite herab zum Stupa 2 gehen. Nicht weit davon entfernt ist die „Große Schüssel" zu sehen, in die Lebensmittel und Opfergaben zur Verteilung an die Mönche gelegt werden. Sie wurde aus einem riesigen Findling herausgemeißelt.

Das moderne Kloster (*vihara*) oben auf dem Hügel entstand, um die Relikte aus Stupa 3 aufnehmen zu können. Die Ausführung ist nur ein schwacher Abklatsch des früheren Ideenreichtums in der indischen Architektur.

UNTERKUNFT

Es ist möglich, alles, was Sanchi zu bieten hat, in zwei bis drei Stunden zu besichtigen, wenn es sein muß, auch noch in kürzerer Zeit. Deshalb übernachten nur sehr wenige Besucher hier. Allerdings ist Sanchi ein so friedlicher Ort, daß es sich wirklich lohnt, eine Nacht in ihm zu verbringen. Im Ort kommen jedoch häufig Stromausfälle vor, so daß man, wenn man in Sanchi eine Übernachtung plant, besser eine Taschenlampe griffbereit hat.

Das beste preisgünstige Quartier in Sanchi ist das saubere, wenn auch etwas spartanische Gästehaus der Sri Lanka Mahobodhi Society. Die Zimmer sind in einer ruhigen Gartenanlage errichtet worden und kosten mit Badbenutzung 35 Rs sowie mit eigenem Bad 40 Rs (nur kaltes Wasser). Wenn das Haus geschlossen aussieht, dann muß man ein wenig herumfragen, wo der Verwalter sein könnte.

Sauber und geräumig sind die Ruheräume der Eisenbahn, in denen man ein Bett für die ersten 24 Stunden zum Preis von 60 Rs und für jeweils weitere 24 Stunden zum Preis von 90 Rs mieten kann.

Ein weiteres Quartier ist das quietschende und fast schon gotisch aussehende Rest House mit nur zwei Zimmern, die zwar ziemlich einfach, aber nicht auch sehr preisgünstig sind. Sie kosten pro Person 80 Rs, allerdings einschließlich Halbpension (Frühstück und Abendessen). Beamte auf Dienstreisen haben bei der Belegung der Zimmer jedoch Vorrang. Wenn man niemanden antrifft, dann fragt man am besten am Haus auf der anderen Seite des Innenhofes.

Vor dem Rest House kommt man zur Tourist Cafeteria des Fremdenverkehrsamtes von Madhya Pradesh (Tel. 8 12 43), wo sehr saubere Einzel- und Doppelzimmer für 175 bzw. 225 Rs vermietet werden. Die Zimmer sind mit Deckenventilatoren ausgestattet, für deren Einschaltung man einen Zuschlag von nicht weniger als 75 Rs bezahlen muß. Wie der Name bereits vermuten läßt, kann man hier auch essen, selbst dann, wenn man nicht im Haus wohnt.

An der Hauptstraße nach Bhopal, etwa 250 m von der Kreuzung entfernt, liegt die Travellers' Lodge (Tel. 8 12 23), ebenfalls vom Fremdenverkehrsamt von Madhya Pradesh geführt. Hier wohnt man mit Bad in einem Einzelzimmer für 225 Rs und in einem Doppelzimmer für 275 Rs. Ein Restaurant ist ebenfalls vorhanden.

ESSEN

Das beste Essen erhält man in der fleckenlos sauberen Tourist Cafeteria, in der die Gerichte für 15 bis 20 Rs zudem noch recht günstig sind.

Ganz gut kann man ferner in der Travellers' Lodge essen, wenn auch etwas teurer. Daneben bieten sich die Essensstände an der Bushaltestelle an.

AN- UND WEITERREISE

Bus: Von Bhopal und anderen Städten und Dörfern in der Umgebung bestehen Busverbindungen nach Sanchi von Sonnenaufgang bis Sonnenuntergang etwa jede Stunde, sogar auf zwei verschiedenen Routen. Die längere Strecke führt über Raisen (vgl. Abschnitt über die Umgebung von Sanchi), auf der eine Fahrt für die 68 km drei Stunden dauert und 12 Rs kostet. Auf der kürzeren Strecke entlang der Eisenbahnlinie nach Bhopal braucht man 1³/₄ Stunden und muß für die Fahrt 10 Rs bezahlen.

Die Fahrten nach Vidisha beginnen Busse an der Haltestelle in Sanchi etwa alle 30 Minuten. Der Fahrpreis beträgt 4 Rs.

Zug: Sanchi liegt an der Hauptstrecke zwischen Delhi und Bombay, nur 46 km nördlich von Bhopal. Offiziell ist es jedoch nicht möglich, in Bhopal für diese kurze Strecke Fahrkarten für Schnellzüge zu kaufen. Ein Personenzug verläßt Bhopal um 9.50 Uhr und braucht für die Strecke bis zu zwei Stunden.

In Sanchi verkaufen die weniger pedantischen Eisenbahnbeamten Fahrkarten für jeden Zug zurück nach Bhopal. Der Preis für eine Fahrt in einem Personenzug beträgt 9 Rs und in einem Schnellzug 16 Rs. Ein Schnellzug verläßt Sanchi in Richtung Bhopal um 17.30 Uhr (40 Minuten) und ein Personenzug um 16.30 Uhr (1¹/₂-2 Stunden).

NAHVERKEHR

In Sanchi liegt jedes Ziel in Fußwegentfernung. Für Ausflüge zu Zielen in der Umgebung wie Vidisha (10 km) und die Höhlen von Udaigiri kann man in Sanchi für 2 Rs pro Stunde ein Fahrrad mieten.

DIE UMGEBUNG VON SANCHI

Auch in der unmittelbaren Umgebung von Sanchi befinden sich einige buddhistische Stätten, keine aber erreicht die Feinheit oder den derzeitigen Zustand der von Sanchi. Die meisten davon liegen in einer Entfernung, die man mit einem Fahrrad zurücklegen kann. In Sonari, 10 km südwestlich von Sanchi, stehen acht Stupas, zwei davon mit einer größeren Bedeutung. Zwei Stupas sind in Satdhara, westlich von Sanchi am Ufer des Beas, zu sehen. Einer dieser Stupas hat einen Durchmesser von 30 m. Noch 8 km weiter südöstlich liegt Andher mit drei kleinen, dafür aber sehr gut erhaltenen Stupas. Sämtliche Stupas in der Umgebung von Sanchi entdeckte man 1851, nach dem Wiederauffinden von Sanchi.

VIDISHA
Einwohner: 103 000
Während der Herrschaft von Ashoka spielte Vidisha eine große Rolle, schließlich war der Ort die Heimatstadt seiner Frau. Damals trug er den Namen Besnagar und war die größte Stadt in der ganzen Region. An den Ruinen eines Brahmanen-Schreins aus dem 2. Jahrhundert v. Chr. sind Spuren von Kalksteinmörtel zu sehen. Das sind die ältesten Überbleibsel von Zement in ganz Indien. Funde aus dieser Stätte sind im Museum in der Nähe des Bahnhofs ausgestellt.
Vom 6. Jahrhundert n. Chr, an war der Ort drei Jahrhunderte lang verlassen. Danach wurde er von den Moslems in Bhilsa umbenannt, die auch das Bija Mandal erbauten, das nun in Ruinen liegt. Das war eine Moschee, die aus den Überresten von hinduistischen Tempeln errichtet wurde. Zu erreichen ist Vidisha von Sanchi mit einem Fahrrad (vgl. Abschnitt über Udaigiri weiter unten), mit der Bahn (10 Rs, 8.30, 10.40 und 16.00 Uhr) und mit Bussen (4 Rs, alle 30 Minuten).

SÄULE VON HELIODORUS
Zwischen Vidisha und Udaigiri, etwa ein Kilometer nördlich der Abzweigung zu den Höhlen von Udaigiri, befindet sich eine Säule mit Inschriften, die bei den Einheimischen als Khamb-Baba-Säule bekannt ist. Sie wurde etwa 140 v. Chr. von Heliodorus, dem griechischen Botschafter in Taxila (heute Pakistan), errichtet.
Mit der Säule wird seines Übertrittes zum Hinduismus gedacht. Sie ist Vishnu gewidmet und wird von den einheimischen Fischern angebetet.

UDAYAGIRI (UDAIGIRI)
In einen Hügel aus Sandstein, 5 km von Vidisha entfernt, wurden etwa 20 Gupta-Höhlenschreine gegraben, die aus den Jahren 320-606 n. Chr. stammen. Zwei davon sind Jain-Höhlen, die anderen 18 Höhlen hinduistisch. In der Höhle 5 steht eine ausgezeichnete Abbildung von Vishnu in seiner Inkarnation als Eber. Höhle 7 schuf man zur persönlichen Verwendung durch Chandragupta II. Besonders interessant ist Höhle 20 mit ihren detaillierten jainistischen Felszeichnungen. Auf der Spitze des Hügels sind noch die Ruinen eines Gupta-Tempels aus dem 6. Jahrhundert zu sehen.

An- und Weiterreise: Von Bhopal gelangt man nach Udayagiri mit einem Bus oder Zug in Richtung Sanchi bis Vidisha und steigt dort für die Fahrt zu den Höhlen am besten in eine Tonga oder Auto-Rikscha um (nach hartem Verhandeln einschließlich Wartezeit 40-50 Rs).
Um die Höhlen von Sanchi mit einem Fahrrad zu erreichen, muß man in Richtung Vidisha fahren, bis man einen Fluß überquert (6 km). Einen Kilometer weiter geht es nach links ab (oder geradeaus weiter, wenn man sich zunächst Vidisha ansehen möchte).

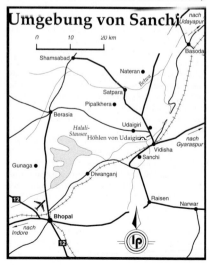

Umgebung von Sanchi

Nach weiteren 3 km erreicht man einen farbenfrohen Basar, wo man wieder nach links abbiegen muß. Nach noch einem Kilometer folgt erneut eine Abzweigung nach links. Diese Straße muß man benutzen, wenn man zu den Höhlen will (3½ km), oder noch einen Kilometer bis zur Säule von Heliodorus weiterfahren.

RAISEN

An der Straße nach Bhopal, 23 km südlich von Sanchi, steht hoch auf einem Hügel ein großes, farbenprächtiges Fort. In seinen Mauern beherbergt es Tempel, Kanonen, drei Paläste, 40 Brunnen und ein großes Wasserbecken. Gebaut wurde dieses Fort aus der Zeit von Malwa um 1200 n. Chr. und wurde, obwohl ursprünglich als Zentrum eines unabhängigen Königreiches geplant, später Mandu unterstellt. In Höhlen in dieser Gegend kann man sich auch alte Malereien ansehen.

GYARASPUR

Mehrere Tempel, ein Fort und einige Wasserbecken aus der Zeit zwischen dem 9. und 10. Jahrhundert bekommt man in Gyaraspur (51 km nordöstlich von Sanchi) zu sehen. Ihren Namen erhielt die Stadt nach einer großen Ausstellung, die man hier im 11. Monat veranstaltete und die teilweise unter dem Namen Gyaras bekannt war.

UDAYPUR

Udaypur liegt 90 km nördlich von Sanchi. Der weiträumige Neelkantheswara-Tempel in diesem Ort stammt vermutlich aus dem Jahre 1059 n. Chr. Die Steinmetzarbeiten sind außerordentlich fein. Der Tempel ist so ausgerichtet worden, daß die ersten Sonnenstrahlen einen Shiva-*Lingam* im Heiligtum treffen. Die Architektur ist ein gutes Beispiel für indo-arische Kunst. Zu erreichen ist dieser Komplex über die Bahnstation in Bareth, 7 km entfernt.

BHOPAL

Einwohner: 1 179 000
Telefonvorwahl: 0755

Bhopal, die Hauptstadt von Madhya Pradesh, wurde auf dem Gebiet der historischen Stadt Bhojapal aus dem 11. Jahrhundert erbaut. Gegründet wurde sie von dem legendären Raja Bhoj, von dem man annimmt, daß unter seiner Herrschaft die Seen angelegt wurden, um die sich die Stadt rankt. In ihrer derzeitigen Form entstand die Stadt unter dem afghanischen Befehlshaber Dost Mohamed Khan. Ihm wurde die Verwaltung von Bhopal anvertraut, und zwar von Aurangzeb. Als dieser 1707 starb, versuchte Dost Mohamed Khan, sich ein Stückchen vom Kuchen abzuschneiden. Die Verwirrung bei Aurangzebs Tod ermöglichte es ihm, sich sein eigenes kleines Königreich zu schaffen.

Heute hat Bhopal mehrere Gesichter. Auf der einen Seite ist da die Altstadt mit ihren überfüllten Märkten, den hohen, alten Moscheen und den Palästen der früheren Begums, die die Stadt von 1819 bis 1926 beherrschten. Zum anderen erstrecken sich nach Norden hin große Industriegebiete und Slums, die für Indien kaum eine Werbung darstellen können. Die Neustadt mit ihren breiten Avenuen, Bürohochhäusern und grünen Wohngebieten dehnt sich nach Westen aus. Mitten in Bhopal dienen zwei Seen zur Erholung, sind aber auch Brutstätten unzähliger Moskitos.

Natürlich ist die Stadt auch wegen des schlimmsten Unglücks bekannt geworden, das die Industrie bisher auf der ganzen Welt heimgesucht hat.

ORIENTIERUNG

Sowohl der Bahnhof als auch der Busbahnhof liegen in bequemer Fußwegentfernung von den meisten Hotels entlang der Hamidia Road. Wenn man mit einem Zug angekommen ist, muß man den Bahnhof an den Gleisen 4 oder 5 verlassen, um zur Hamidia Road zu gelangen. Der neue Teil der Stadt, zu dem auch T T Nagar mit den meisten Banken, dem Fremdenverkehrsamt und dem Büro von Indian Airlines gehört, ist vom Bahnhof und vom Busbahnhof weit entfernt, so daß man dorthin mit einer Auto-Rikscha oder einem Taxi fahren muß. Alt-Bhopal und Neu-Bhopal sind durch den Oberen und den Unteren See deutlich voneinander getrennt.

PRAKTISCHE HINWEISE

Hilfreiche und brauchbare Schalter des Fremdenverkehrsamtes (MP Tourism) findet man im Bahnhof und im Flughafengebäude. Die Hauptstelle (Tel. 55 43 40) ist im Gangotri Complex im 4. Stock untergebracht. Das ist in T T Nagar in der Neustadt.

Bei MP Tourism kann man auch Quartiere in den staatlichen Hotels und Gästehäusern reservieren lassen. Das muß aber mindestens fünf Tage vorher geschehen. Auch Wagen mit Fahrer lassen sich dort mieten (4,50 Rs pro Stunde). Ferner steht am Bahnhof eine Tag und Nacht geöffnete Gepäckaufbewahrung zur Verfügung. Geschäfte sind in Neu-Bhopal montags und in Alt-Bhopal sonntags geschlossen. Dienstleistungsunternehmen wie Fluggesellschaften, Banken usw. sind nur montags bis freitags sowie samstags mit Mittag zugänglich.

Geld: Reiseschecks lassen sich möglicherweise in der Indian Overseas Bank in Alt-Bhopal einlösen. Klappt das nicht, muß man sich nach T T Nagar begeben, wo das in der State Bank of India unweit vom Kino Rangmahal Talkies und vom Fremdenverkehrsamt, in der State Bank of Indore unter dem Hotel Panchanan und in der Allahabad Bank in der Bhadbhada Road möglich ist. In allen Banken wird Geld aber nur zwischen 10.30 und 14.30 Uhr gewechselt.

Post und Telekommunikation: Das Hauptpostamt und das Fernmeldeamt liegen in der Sultania Road in Alt-Bhopal, und zwar in der Nähe der Taj-ul-Masjid. Postlagernde Sendungen werden zwei Wochen lang zur Abholung aufbewahrt und sollten an den Empfänger mit der Ortsbezeichnung Bhopal GPO adressiert werden, weil sie sonst zum Postamt in T T Nagar geschickt werden.

Buchhandlungen: In der Bhadbhada Road, zwischen dem Hotel Panchanan und dem Büro von MP Tourism in T T Nagar, findet man ein paar Buchhandlungen mit auch einigen englischsprachigen Büchern. Die beste Auswahl hat wahrscheinlich das Variety Book House zu bieten, auch wenn sie nicht gerade sehr groß ist.

SEHENSWÜRDIGKEITEN

Taj-ul-Masjid: Mit dem Bau dieser Moschee begann bereits Shah Jahan Begum, fertig wurde sie allerdings nie. Sie gehört zu den größten Moscheen in Indien. Die Taj-ul-Masjid ist ein großes, rosa Bauwerk mit zwei massiven Minaretten samt Kuppeln sowie drei weißen Kuppeln auf dem Haupttrakt. Der Eingang zu dieser Moschee befindet sich trotz der riesigen Treppenanlage nicht an der Sultania Road, sondern um die Ecke in der verkehrsreichen Royal Market Road.

Weitere Moscheen: Mitten im Basar steht die Jama Masjid aus dem Jahre 1837. Qudsia Begum ließ sie mit den gedrungenen, kurzen Minaretten erbauen. Ihre Tochter, Sikander Jahan Begum, ließ dann 1860 die

---

Das Unglück von Bhopal - ein Jahrzehnt später

In der Nacht des 3. Dezember 1984 entwichen aus einem Behälter in einer Fabrik von Union Carbide, eines in den USA beheimateten multinationalen Unternehmens, 15 Tonnen Methyl-Isocynat (ein Ausgangsstoff für die Herstellung von Pestiziden) und breitete sich über die Stadt aus. Verbreitet durch den Wind, deckte das tödliche Gas bald die gesamte schlafende Stadt zu.

Nicht in der Lage, die Bedeutung der Erstickungsanfälle zu erkennen, denen sie bald ausgesetzt waren, begannen die noch schlaftrunkenen Einwohner von Bhopal auf die Straßen zu rennen und fielen dort um, als die weitere Mengen des giftigen Gases einatmeten. Die Mehrheit der Opfer, die sofort zu beklagen waren, bestand aus älteren Menschen und Behinderten, die den Giftschwaden nicht entkommen konnten.

Die Fabrik von Union Carbide lag nur ein kurzes Stück vom Bahnhof entfernt. Dieses dicht besiedelte Gebiet, vorwiegend bewohnt von Armen und Obdachlosen, wurde am schlimmsten betroffen.

Bald traten Panik und Chaos auf. Beamte, die ihr eigenes Leben und das Leben ihrer Familienangehörigen retten wollten, eilten auf die Berge und ließen den Großteil der Bevölkerung mit ihrem Schicksal zurück. Genaue Zahlen derer, die bei dem Unglück umgekommen sind oder dauernde Gesundheitsschäden davongetragen haben, werden wohl nie ermittelt werden können. Einheimische vertreten die Auffassung, daß die Zahlen der Opfer, die von staatlichen Stellen angegeben werden, weitgehend unzutreffend und zu niedrig sind. Bis heute schätzen die Behörde die Zahl der Todesopfer auf 6000 Menschen, während bei über einer halben Million Menschen für den Rest des Lebens die Gesundheit zerstört worden ist.

In einem Bericht eines Teams von internationalen Medizinern, der zur 10. Wiederkehr des Unglücks veröffentlicht worden ist, kann man nachlesen, daß „ein bedeutender Teil der Bevölkerung von Bhopal unter einer höheren Sterblichkeitsrate leidet". Danach zeigen die Opfer ähnliche Symptome wie Menschen, die an AIDS erkrankt sind, nämlich einen durch Gas verursachten Zusammenbruch des Immunsystems mit einer übergroßen Anfälligkeit gegen Tuberkulose und Atemproblemen.

Die indische Regierung forderte daraufhin 6 Milliarden US-Dollar Schadenersatz, wurde jedoch dazu überredet, sich mit 470 Millionen US-Dollar zufriedenzugeben, weil die Abwicklung des Falles sonst für mindestens ein Jahrzehnt verzögert würde. Daraufhin wurden alle strafrechtlichen Untersuchungen eingestellt und der vereinbarte Betrag an die Regierung ausgezahlt. Jedoch dauerte es nicht weniger als sieben Jahre, in denen weitere 2000 Betroffene starben, bis zumindest ein kleiner Teil dieses Geldes die Opfer erreichte. Bei dieser Geschwindigkeit wird es bis zum Jahre 2007 dauern, bis alle Opfer entschädigt sind, wenn sie nicht vorher an den Folgen ebenfalls gestorben sind.

Heute ist Bhopal eine hübsche, kosmopolitische Stadt, in der die Einwohner sich verständlicherweise zurückhalten, wenn sie vom dem Horror sprechen sollen, der vor über 10 Jahren plötzlich ihr Leben veränderte. Vor der jetzt geschlossenen Fabrik, die nur ein kleines Stück nördlich der Hamidia Road liegt, ist eine Gedenkstatue zur Erinnerung an die Toten das einzige Zeugnis der Tragödie von Bhopal.

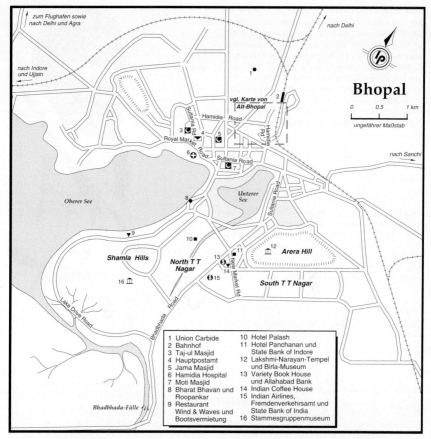

zum Flughafen sowie
nach Delhi und Agra

nach Delhi

nach Indore
und Ujjain

vgl. Karte von
Alt-Bhopal

Bhopal

| 0 | 0.5 | 1 km |

ungefährer Maßstab

Hamidia   Road

Hamidia Rd.

Sultania Rd.

Royal Market Road

Sultania Road

nach Sanchi

Oberer See

Unterer
See

Sultania Road

Shamla Hills

North T T
Nagar

New Market Rd.

Arera Hill

South T T Nagar

Lake Drive Road

Bhadbhada Road

Bhadbhada-Fälle

1	Union Carbide	10	Hotel Palash
2	Bahnhof	11	Hotel Panchanan und
3	Taj-ul Masjid		State Bank of Indore
4	Hauptpostamt	12	Lakshmi-Narayan-Tempel
5	Jama Masjid		und Birla-Museum
6	Hamidia Hospital	13	Variety Book House
7	Moti Masjid		und Allahabad Bank
8	Bharat Bhavan und	14	Indian Coffee House
	Roopankar	15	Indian Airlines,
9	Restaurant		Fremdenverkehrsamt und
	Wind & Waves und		State Bank of India
	Bootsvermietung	16	Stammesgruppenmuseum

Moti Masjid errichten. Sie ähnelt im Stil der Jama Masjid von Delhi, ist jedoch kleiner und hat zwei dunkelrote Minarette mit goldenen Spitzen.

Seen: Der größere Upper Lake (6 Quadratkilometer) ist durch eine Brücke vom Lower Lake getrennt. MP Tourism hat fast schon eine ganze Flotte von Booten am Upper Lake zur Vermietung anzubieten, darunter Ruderboote (30 Minuten für 30 Rs), Tretboote (pro Stunde 50 Rs) und Motorboote (pro Person für 10 Minuten 10 Rs). Die Kasse befindet sich am unteren Ende der Straße zum Restaurant Wind & Waves.

Lakshmi-Narayan-Tempel und Birla-Museum: Vom Lakshmi-Narayan-Tempel, auch bekannt als Birla Mandir, hat man gute Ausblicke über die Seen zur Altstadt. Daneben, auf dem Arena-Hügel, befindet sich ein ausgezeichnetes Museum. Das Museum enthält eine kleine, aber sehr gut zusammengestellte Sammlung von Skulpturen, von denen die meisten aus der Paramana-Zeit stammen. Die meisten Ausstellungsstücke sind Figuren von Vishnu, Shiva sowie ihren jeweiligen Begleiterinnen und Inkarnationen. Ansehen kann man sich auch eine kleine Sammlung von Terrakotta-Figuren aus Kausambi und den Nachbau eines Unterstandes aus Bhimbetka. Das Museum ist täglich außer montags von 9.00 bis 12.00 Uhr und von 14.00 bis 18.00 Uhr geöffnet. Der Eintritt kostet 2 Rs.

Bharat Bhavan: Der Bharat Bhavan ist ein Komplex für die verschiedenen Künste, wurde von dem sehr bekannten Architekten Charles Correa konstruiert und

1982 seiner Bestimmung übergeben. Er wird nun als eines der wichtigsten Zentren des Landes für die Erhaltung der traditionellen Volkskunst angesehen. Außer an Workshops und Theateraufführungen teilnehmen kann man sich auch die Roopankar, die beeindruckende Kunstgalerie, ansehen, in der gezeigt wird, „was man bei der Volkskunst leider vermißt, die schnell in Massen für Touristen hergestellt wird", wie es ein Leser dieses Buches ausdrückte. Der Bharat Bhavan liegt in den Shamla-Hügeln und ist täglich außer montags von 14.00 bis 20.00 Uhr geöffnet. Der Eintritt beträgt 0,50 Rs.

Museum für Lebensräume von Stammesgruppen: Diese interessante Freiluftausstellung der Gebäude von Stammesgruppen aus allen Teilen Indiens ist im Rashtriya Manav Sangrahalaya auf den Shamla-Hügeln auf einem 40 Hektar großen Grundstück mit Blick über den Oberen See zu sehen. Im Ausstellungsgebiet kann man auch alte Felsenkunst besichtigen. Ansehen kann man sich ferner Vorführungen von Kunsthandwerk und Töpferei, samstags um 16.00 Uhr zudem einen Film (eine Stunde). Der Eintritt zur Ausstellung und in das Kino ist kostenlos. Geöffnet ist die Anlage außer an Feiertagen und Montagen täglich von 10.00 bis 18.00 Uhr.

UNTERKUNFT
Einfache Unterkünfte: In Bhopal kann es schwer werden, eine preisgünstige Unterkunft zu finden, weil in vielen Hotels und Gästehäusern die Formulare für die Registrierung ausländischer Gäste nicht vorhanden sind. Alle folgenden Quartiere verfügen über Telefone in den Zimmern und ein angeschlossenes Bad, die meisten auch über ein Fernsehgerät.
Die beste Wahl bei den Unterkünften zu annehmbare Preisen ist das Hotel Ranjit (Tel, 7 52 11), in dem sehr saubere Einzel- und Doppelzimmer für 80 bzw. 100 Rs vermietet werden. Unten im Haus befindet sich auch ein ausgezeichnetes Restaurant. Das von den Preisen her ähnliche Hotel Rama International in der Nähe ist nicht ganz so gut. Hier sind die Zimmer zwar geräumig, aber schon etwas abgewohnt. Außerdem geben sich die Mitarbeiter reichlich hochnäsig. Angeboten werden Einzelzimmer für 80 Rs und Doppelzimmer für 120 Rs, mit Klimaanlage für 200 bzw. 255 Rs.
Das Hotel Meghdoot (Tel. 51 13 75) hat Einzelzimmer für 65-100 Rs und Doppelzimmer für 85-125 Rs zu bieten, alle mit eigenem Bad. Die Zimmer liegen jedoch zu einem Treppenschacht hin und können daher laut sein.
Im Hotel Sangam (Tel. 54 23 82) kommt man in einfachen, aber saubereren Zimmern allein für 90-150 Rs und zu zweit für 110-180 Rs unter. Dieses Haus liegt etwas zurück von der Hauptstraße, so daß den Gästen

Hinduistischer Asket oder Sadhu auf der Suche nach der geistigen Erlösung

der Krach von der Hamidia Road erspart bleibt. Im nahegelegenen Hotel Manjeet (Tel. 7 61 68) kommt man in Einzelzimmern ohne Klimaanlage für 110-125 Rs und in Doppelzimmern ohne Klimaanlage für 135-185 Rs unter.
Das Hotel Red Sea Plaza (Tel. 7 55 51) erhebt sich über der Hauptkreuzung an der Hamidia Road. Hier muß man für ein Einzelzimmer 90 Rs und für ein Doppelzimmer 130 Rs bezahlen, mit Klimaanlage 300 bzw. 350 Rs. Wenn man in diesem Haus übernachten will, muß man bei der Anmeldung 300 Rs Sicherheit hinterlegen!
Zentral in der Hamidia Road liegt das Hotel Jalishan (Tel. 7 57 78) mit einfachen Einzel- und Doppelzimmern ab 80 bzw. 150 Rs (mit Klimaanlage für 250 bzw. 300 Rs). Hier kann man in seinem Zimmer für jeweils 24 Stunden bleiben.
Daneben gibt es eine ganze Reihe von Absteigen im Gebiet des Chowk, aber dort fehlt es an den Formularen

für die Registrierung von Ausländern, so daß ausländische Besucher nicht aufgenommen werden.

Mittelklassehotels: In den Ruheräumen im Bahnhof sind alle Zimmer klimatisiert und werden als Einzel- oder Doppelzimmer für 200 Rs vermietet. Einen Schlafsaal gibt es hier nicht. Daneben kann man in Bhopal aus einer Reihe von weiteren Mittelklassehotels wählen. In den meisten wird eine ganze Bandbreite von Zimmern vermietet, die von einfachen Doppelzimmern über Zimmer mit Ventilator bis zu klimatisierten Zimmern reicht. Das Hotel Taj (Tel. 53 31 62) hat gut eingerichtete Einzel- und Doppelzimmer für 100 bzw. 130 Rs sowie mit Klimaanlage für 300 bzw. 400 Rs zu bieten. Ein Restaurant gehört zu diesem Haus ebenfalls, jedoch keine Bar. Im Hotel Shivalik Gold hinter dem Hotel Taj (Tel. 7 60 00) übernachtet man für 150 Rs in einem Einzelzimmer und für 200 Rs in einem Doppelzimmer etwas teurer (mit Klimaanlage für 450 bzw. 525 Rs). Alle Zimmer sind komfortabel eingerichtet und makellos sauber.

Zu dieser Gruppe von Mittelklassehotels an der Nordseite der Hamidia Road gehört auch das Hotel Shrimaya (Tel. 7 54 54), in dem für ein Einzelzimmer 125 Rs und für ein Doppelzimmer 175 Rs berechnet werden, mit Klimaanlage 275 bzw. 300 Rs. An der Rückseite der Allee zu diesem Hotel liegt das Hotel Ramsons International (Tel. 7 52 98). Das Ramsons International sieht im Vergleich zu seinen modernen Nachbarn zwar etwas düster und wie eine Höhle aus, aber die Zimmer darin sind recht groß und ruhig und mit 145 Rs für ein Einzelzimmer sowie 220 Rs für ein Doppelzimmer (mit Klimaanlage 275 bzw. 365 Rs) gar keine schlechte Wahl. Vermietet werden alle Zimmer für jeweils 24 Stunden.

Ein paar Türen vom Hotel Red Sea Plaza entfernt kommt man zum Hotel Surya Sheraton (Tel. 7 22 18), wo man für ein Standardzimmer allein 150 Rs und zu zweit 200 Rs sowie für ein Luxuszimmer mit Klimaanlage 450 bzw. 500 Rs bezahlen muß.

In einer ruhigen Gegend liegt das Hotel Pathik (Tel. 7 72 51), das mit sauberen Einzel- und Doppelzimmern für 135 bzw. 175 Rs sowie Zimmern mit Klimaanlage für 345 bzw. 395 Rs aufwartet. Von den Preisen her eine gute Wahl ist das nahegelegene Hotel Blue Star (Tel. 7 55 26) mit Einzelzimmern für 110 Rs und Doppelzimmern für 130 Rs (mit Klimaanlage für 185 bzw. 225 Rs).

Wenn man im Gebiet von T T Nagar zu tun hat, bietet sich zum Übernachten das günstig zur Bhadbhada Road gelegene Hotel Palash von MP Tourism an (Tel. 55 30 06), in dem die Einzelzimmer für 250-440 Rs und die Doppelzimmer für 300-490 Rs allerdings nicht gerade preisgünstig sind.

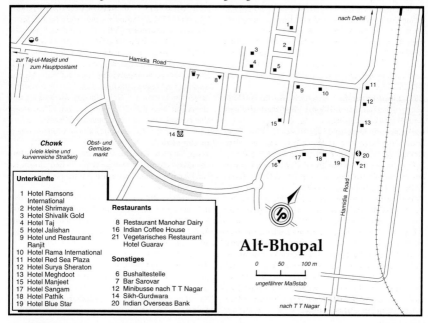

Alt-Bhopal

nach Delhi

zur Taj-ul-Masjid und
zum Hauptpostamt

Hamidia Road

Chowk
(viele kleine und
kurvenreiche Straßen)

Obst- und
Gemüse-
markt

Hamidia Road

0   50   100 m

ungefährer Maßstab

nach T T Nagar

Unterkünfte

1 Hotel Ramsons International
2 Hotel Shrimaya
3 Hotel Shivalik Gold
4 Hotel Taj
5 Hotel Jalishan
6 Hotel und Restaurant Ranjit
10 Hotel Rama International
11 Hotel Red Sea Plaza
12 Hotel Surya Sheraton
13 Hotel Meghdoot
15 Hotel Manjeet
17 Hotel Sangam
18 Hotel Pathik
19 Hotel Blue Star

Restaurants

8 Restaurant Manohar Dairy
16 Indian Coffee House
21 Vegetarisches Restaurant Hotel Guarav

Sonstiges

6 Bushaltestelle
7 Bar Sarovar
12 Minibusse nach T T Nagar
14 Sikh-Gurdwara
20 Indian Overseas Bank

741

Luxushotels: Das einzige Hotel mit einem Swimming Pool in Bhopal ist das Residency mit drei Sternen in Zone 1 in M P Nagar (Tel. 55 60 02). Dort muß man für ein Standardzimmer allein 600 Rs und zu zweit 800 Rs sowie für ein Luxuszimmer 750 bzw. 950 Rs ausgeben.

In der Nähe liegt das Hotel Amer Palace (Tel. 55 71 27), das mit Standardzimmern für 500 bzw. 650 Rs und Luxuszimmern für 575 bzw. 700 Rs etwas preisgünstiger ist.

Das Lake View Ashok (Tel. 54 16 00, Fax 54 16 06) ist ein gut eingerichtetes Hotel auf den Shamla-Hügeln mit einem ausgezeichneten Restaurant. Alle Zimmer sind mit einem Balkon ausgestattet, von denen aus man herrliche Blicke über den See genießen kann. Für ein komfortables Einzel- oder Doppelzimmer muß man hier 750 bzw. 950 Rs bezahlen.

Das Jehan Numa Palace (Tel. 54 01 00, Fax 54 07 20) liegt nur einen Steinwurf entfernt und war früher ein Palast, erbaut im späten 19. Jahrhundert. Hier muß man für ein Einzelzimmer ab 750 Rs und für ein Doppelzimmer ab 900 Rs entrichten. Ein Restaurant und eine Bar sind ebenfalls vorhanden.

ESSEN

Am preiswertesten ißt man an den Straßenständen in der Umgebung des Busbahnhofs und des Bahnhofs. Günstig ist es auch in den Filialen des allgegenwärtigen Indian Coffee House, von dem es in Bhopal Zweigstellen in der Altstadt und in der Neustadt gibt.

Viele Hotels in oder in der Nähe der Hamidia Road verfügen über gute Restaurants und Bars. Einen ausgezeichneten Ruf hat (zu Recht) das im Hotel Ranjit, in dem für die meisten Essen um 35 Rs und für ein eiskaltes Bier 38 Rs verlangt werden.

Ganz gut ist ferner die vegetarische Küche im Hotel Guarav, ebenfalls in Alt-Bhopal. Allerdings wird dort kein Alkohol ausgeschenkt.

Im Restaurant Manohar Dairy in der Hamidia Road (Hinweisschild nur in Hindi) erhält man unzählige klebrige Lieblingsspeisen wie *gulab jamun* (7,50 Rs), aber auch eine erstaunlich große Vielfalt an Eissorten. *Dosas* und *idlis* sind ebenfalls erhältlich. Dieses Lokal ist bei Einheimischen sehr beliebt.

In der Bar Sarovar über dem Hotel Rajdoot werden Bier, Cocktails und Imbisse serviert, allerdings in einer recht düsteren Umgebung.

Wenn Sie sich einmal ein Festessen leisten wollen, dann eignet sich dafür besonders das Restaurant Shahnama im Jehan Numa Palace mit Hauptgerichten für 80 bis 110 Rs, aber dafür sind die Gerichte auch ausgezeichnet.

An der Kasse der Bootsvermietung am Oberen See liegt das Restaurant Wind & Waves von MP Tourism, in dem jedoch nur Imbisse zu haben sind.

EINKÄUFE

Die bedeutendsten Gegenden zum Einkaufen in Bhopal sind das Gebiet des New Market in der Neustadt und die Gegend des Marktes (Chowk) in der Altstadt. Wenn auch die angebotenen Waren recht ähnlich sind, kann man im Chowk etwas günstiger kaufen, zumal dort das Labyrinth von Straßen und Gassen ihn zu einem Gebiet machen, in dem es faszinierend ist, etwas herumzuspazieren. Dabei muß man aber damit rechnen, sich vollständig zu verlaufen. In dieser Gegend findet man Gold- und Silberschmuck, wunderschöne wollene Saris und Hemden mit Stickereien in Handarbeit zu durchaus annehmbaren Preisen.

Der Markenname für die vom Bundesstaat Madhya Pradesh vertriebenen Kunstgewerbesachen lautet Mrignayni. In vielen Einzelhandelsgeschäften sind solche Sachen zu kaufen.

AN- UND WEITERREISE

Flug: Indian Airlines (Tel. 55 04 80) verbindet Bhopal viermal wöchentlich mit Bombay (70 US $), Indore (21 US $) und Delhi (62 US $) sowie zweimal wöchentlich mit Gwalior (39 US $). Das Büro von Indian Airlines liegt in T T Nagar, und zwar neben dem Büro von MP Tourism.

Bus: Täglich verkehren zahlreiche Busse von Bhopal nach Sanchi (10 Rs, 1¼ Stunden, über Raisen 12 Rs), Vidisha (17 Rs, 2¼ Stunden), Indore (36 Rs, 5½ Stunden, mit Schnellbussen 55 Rs, 4½ Stunden), Ujjain (48 Rs, 4 Stunden) und Jabalpur (77 Rs, 10-11 Stunden). Direktverbindungen nach Mandu bestehen allerdings nicht. Wenn man dorthin will, muß man zunächst nach Indore fahren, wo regelmäßig Anschluß nach Mandu besteht (5½ Stunden, 19 Rs).

Außerdem besteht um 22.30 Uhr eine Verbindung mit einem Nachtbus nach Khajuraho (85 Rs, 12 Stunden), aber besser ist es, wenn man zunächst mit einem Zug bis Jhansi oder Satna fährt und die Fahrt von dort mit einem Bus fortsetzt.

Wenn Sie diese Zeilen lesen, sollte in Bhopal das Buchungssystem mit Computern bereits in Betrieb sein, so daß Platzreservierungen für Busfahrten ein Vergnügen sein dürften.

Das Fremdenverkehrsamt von Madhya Pradesh unterhält auch eine eindrucksvolle Verbindung mit einem Luxusbus nach Indore (150 Rs, 4-5 Stunden). Er fährt nach der Ankunft des *Shatabdi Express* aus Delhi um 14.30 Uhr am Bahnhof ab.

Zug: Wenn man das Bahnhofsgebäude verläßt, liegt links eine neue, klimatisierte Halle für Platzreservierungen. Ein besonderer Schalter für Fahrten mit dem *Shatabdi Express* wurde im Bahnhofsgebäude eingerichtet.

Bhopal liegt an einer der zwei Hauptstrecken von Delhi nach Bombay. Derzeit ist Bhopal die Endhaltestelle des *Shatabdi Express*, der den Bahnhof Neu-Delhi täglich um 6.15 Uhr abfährt und hier um 14.00 Uhr ankommt. Bereits 40 Minuten später fährt er nach Delhi zurück. Die günstigsten Fahrpreise betragen von Bhopal nach Jhansi 280 Rs (3 Stunden), nach Gwalior 325 Rs (4$^1/_4$ Stunden), nach Agra 380 Rs (5$^1/_2$ Stunden) und nach Neu-Delhi 495 Rs (7$^3/_4$ Stunden).
Andere Schnellzüge verbinden Bhopal mit Delhi in 10-12 Stunden (705 km, 2. Klasse 168 Rs und 1. Klasse 499 Rs), mit Bombay in 12-15 Stunden (837 km, 2. Klasse 188 Rs und 1. Klasse 553 Rs), mit Agra (506 km, 8$^1/_2$ Stunden, 2. Klasse 130 Rs und 1. Klasse 387 Rs), mit Gwalior (388 km, 6$^1/_2$ Stunden, 2. Klasse 105 Rs und 1. Klasse 320 Rs) und mit Jhansi (291 km, 4$^1/_2$ Stunden, 2. Klasse 67 Rs und 1. Klasse 255 Rs). Sanchi liegt nur 46 km nördlich von Bhopal, aber offiziell darf man dorthin Fahrkarten für Schnellzüge nicht kaufen (vgl. Abschnitt über Sanchi).

Wenn man nach Khajuraho will, fährt man am besten zunächst mit einem Zug nach Jhansi und von dort mit einem Bus weiter.

NAHVERKEHR

Flughafentransfer: Am Flughafen, der ca. 10 km von Alt-Bhopal entfernt liegt, stehen Taxis zur Verfügung. Der offizielle Preis für Fahrten damit beträgt 4,50 Rs pro Kilometer. Für eine Rikscha-Fahrt in die Stadt muß man mit rund 30 Rs rechnen.

Auto-Rikscha und Bus: Die Fahrer von Auto-Rikschas stellen fast immer ihre Taxameter an. Anders ist das in der Regel nur abends, wenn man den Fahrpreis aushandeln muß. Minibusse nach T T Nagar beginnen ihre Fahrten vor dem Hotel Surya Sheraton etwa alle zwei Minuten (Fahrpreis 2 Rs). Mit einer Rikscha müßte man für die gleiche Strecke rund 20 Rs ausgeben.

DIE UMGEBUNG VON BHOPAL

BHOJPUR

Der legendäre Raja Bhoj (1010-1053) ließ nicht nur die Seen in Bhopal, sondern auch einen weiteren, schätzungsweise 400 Quadratkilometer großen See in Bhojpur anlegen, 28 km südöstlich der Hauptstadt von Madhya Pradesh. Nach historischen Aufzeichnungen war der See auf beiden Seiten von Erdwällen umgeben, die mit riesigen Blöcken aus Sandstein verstärkt und ohne Mörtel zusammengefügt waren. Leider besteht der See nicht mehr, denn Hoshang Shah, der Herrscher von Mandu, ließ ihn Anfang des 15. Jahrhunderts zerstören. Der Überlieferung nach dauerte es drei Jahre, bis der See sich geleert hatte, wodurch sich wegen des Verlustes einer Unmenge von Wasser das Klima verändert haben soll.
Zu sehen ist jedoch noch ein recht massiver, aber nur teilweise vollendeter Tempel, der früher den See überblickt hat. Er wurde zu Ehren von Shiva errichtet und weist ein ungewöhnliches Aussehen auf. Zu ihm gehört nämlich ein *lingam*, der 2,3 m hoch ist und einen Umfang von 5,3 m hat. Die Rampen aus aufgeschütteter Erde, die angelegt wurden, um die Steine hinaufzutransportieren, bestehen noch. In der Nähe kann man sich auch noch einen anderen, ebenfalls unvollendeten Tempel aus einem Monolithen ansehen, diesmal einen Schrein der Jains mit einer riesigen Statue von Mahavira von über 6 m Höhe. Obwohl sie weit weg von der 17 m hohen Statue des Gomateshvara in Sravanabelagola in Karnataka steht, ist sie ebenfalls eine der größten Jain-Statuen in ganz Indien.

BHIMBETKA

Wie die Felszeichnungen der Aboriginals im Outback von Australien, die Höhlenzeichnungen der Buschmänner in der Kalahari und die Zeichnungen in den Höhlen von Lascaux in Frankreich sind die Höhlenmalereien in Bhimbetka eine Sehenswürdigkeit, die man einfach nicht auslassen darf. Erst vor kurzem wurden die etwa 700 Höhlen in den Felsen zwischen dichtem Buschland und schroffen Klippen entdeckt. Diese Höhlen enthalten Hunderte von Malereien, in denen Szenen aus der Zeit der Menschen dargestellt sind, die hier einst lebten. Wegen der natürlichen Pigmente, die die Maler verwendet haben, sind die Farben erstaunlich gut erhalten. Es ist zudem offensichtlich, daß in einigen Höhlen die gleiche Oberfläche von Malern aus verschiedenen Zeiträumen verwendet wurde. Zu sehen ist fast alles, von Abbildungen von Bisons, Nashörnern, Bären und Tigern bis zu Jagdszenen sowie Bildern von Initiationsriten, Geburten von Kindern, Gemeinschaftstänzen, gemeinsamen Trinkgelagen, religiösen Zeremonien und Verbrennungen.
Das Ausmaß der Höhlenmalereien und ihre archäologische Bedeutung sind erst vor kurzem erkannt worden. Deshalb dauert die Bestimmung der Daten, wann sie entstanden sind, noch an. Man glaubt, daß die ältesten Zeichnungen bis zu 12000 Jahre alt sind, während einige der rohen, geometrischen Figuren erst aus dem Mittelalter stammen.
Die Höhlen sind nicht schwer zu finden. Ein Weg verbindet die 15 davon, die Besuchern bei Führungen

gezeigt werden. Eine der ersten ist der „Unterstand mit dem Zoofelsen", berühmt wegen der vielfältigen Zeichnungen mit Tierfiguren. Weil es in der Gegend außer den Höhlen nichts weiter gibt, empfiehlt es sich, etwas zu trinken mitzubringen.

An- und Weiterreise: Von Bhopal, 45 km entfernt, nimmt man am besten einen Bus über Obaidullaganj, 50 Minuten südlich von Bhopal, nach Hoshangabad (13 Rs). Dabei kann es sein, daß man Obaidullaganj umsteigen muß. Aus einem Bus nach Hoshangabad muß man sich 6½ km hinter Obaidullaganj an dem Schild absetzen lassen, das nach rechts weist und auf dem „3.2" sowie noch etwas in Hindi steht. Man folgt diesem Schild und überquert die Eisenbahnschienen für die 3,2 km lange Wanderung zu den Hügeln geradeaus. Um

zurückzukehren, kann man an der Hauptstraße einen Lkw anhalten. Für die Fahrt von Bhopal zu den Höhlen und zurück mit einem Taxi muß man rund 450 Rs bezahlen.

WEITERE ZIELE
Der Shiva-Tempel von Neori, nur 6 km von Bhopal entfernt, stammt aus dem 11. Jahrhundert und ist heute ein beliebter Picknickplatz. Islampur, 11 km außerhalb, wurde von Dost Mohamed Khan erbaut und verfügt über einen Palast samt Garten hoch auf einem Hügel. Der Ort liegt an der Straße nach Berasia. In Ashapuri, 6 km nördlich von Bhopal, stehen Tempelruinen und Jain-Paläste, in deren Gelände verwitterte Statuen zu finden sind. Sehr schön, inmitten einer bewaldeten friedlichen Landschaft, liegt bei Chiklod, 45 km außerhalb, ein Palast.

PACHMARHI

Einwohner: 13 800
Telefonvorwahl: 07578
Der friedliche Bergerholungsort von Madhya Pradesh liegt in einer Höhe von 1067 m und 210 km südöstlich von Bhopal. Entdeckt wurde er von einem gewissen Captain Forsyth, der 1857 die Bedeutung des wie eine Untertasse geformten Tales als gesundes Reiseziel erkannte, als er es zum ersten Mal von dem Aussichtspunkt sah, der jetzt seinen Namen trägt.

SEHENSWÜRDIGKEITEN UND FREIZEITBESCHÄFTIGUNGEN
Obwohl sich Pachmarhi nicht mit den Bergorten am Rand des Himalaja vergleichen läßt, ist es ein ganz attraktives Ziel, das von ausländischen Touristen nur selten besucht wird. Die Gegend zieht auch einige Künstler an, denn Ravi Shankar hat hier eine Musikschule eingerichtet. Gurus ziehen sich gelegentlich ebenfalls hierher zurück. Außerdem nehmen bis zu 100 000 Sadhus und Stammesangehörige bei den Sivaratri-Feierlichkeiten im Februar und März am Mahadeo-Tempel teil.
Daneben hat man einen herrlichen Blick auf die umliegenden roten Sandsteinhügel, kann in Teichen und an Wasserfällen baden, alte Höhlenmalereien besichtigen und einige interessante Wanderungen durch Sal-Wälder unternehmen. Eine empfehlenswerte lange Tageswanderung führt zum Chauragarh-Schrein auf der Spitze eines Hügels, 4 km von Maharao entfernt. Unterwegs lassen sich die Höhlenmalereien in Maharao besichtigen. Außerdem gibt es im Ort einen Golfplatz sowie ein paar Kirchen. Wenn man nicht wandern mag, kann man sich auch in einem Laden unweit vom New Hotel oder auf dem Basar ein Fahrrad mieten.

UNTERKUNFT UND ESSEN
Fast alle Unterkünfte werden von der staatlichen Fremdenverkehrsorganisation geführt. Das New Hotel (Tel. 20 17) jedoch ist ein großes, empfehlenswertes Quartier unter der Leitung des Public Works Department (PWD). Es ist sauber und mit Doppelzimmern für 75 bis 175 Rs sowie einigen Cottages eine gute Wahl. Ein annehmbares Restaurant mit Hauptgerichten um 35 Rs gehört zur Anlage ebenfalls.
Wenn Sie billiger übernachten möchten, dann probieren Sie es im Jugendzentrum (Youth Centre), in dem in einer großen, offenen Halle 50 Betten stehen, von denen jedes für 30 Rs pro Nacht vermietet wird. Ein weiteres billiges Quartier sind die freundlichen Holiday Homes, obwohl die nicht so günstig wie das New Hotel liegen. Für ein Einzel- oder Doppelzimmer mit Bad an einem kleinen Innenhof muß man hier 125 Rs bezahlen, für jede weitere Person im Zimmer 50 Rs mehr. Heißes Wasser ist nur in Eimern erhältlich.
Eine ausgezeichnete Wahl sind die Neelamber Cottages unmittelbar neben der Relaisstation für das Fernsehen auf der Spitze eines Hügels, so daß auch die Ausblicke hervorragend sind. Hier muß man für ein Doppelzimmer mit Bad und Heißwasserbereiter 155 Rs bezahlen. Eine nicht so gute Wahl sind die Panchvati Huts & Cottages unterhalb des Hügels mit Einzelzimmern für 200 Rs und Doppelzimmern für 250 Rs. Allerdings befindet sich in dieser Anlage das gute Restaurant China Bowl. Besser sind da schon die Nandan Van Cottages der SADA mit Übernachtungsmöglichkeiten in Doppelzimmern für 150 Rs.
Das beste Haus ist das Satpura Retreat (Tel. 20 97), früher ein Bungalow der Briten mit einer großen Ve-

randa sowie komfortablen Zimmern und großen Badezimmern. Es liegt recht ruhig an der Straße nach
Mahadeo. Für ein Einzelzimmer muß man hier ab 275
Rs und für ein Doppelzimmer ab 325 Rs bezahlen, mit
Klimaanlage 550 bzw. 600 Rs. Das Amaltas (Tel. 20 98)
war ebenfalls ein Bungalow der Briten und hat Einzelzimmer für 225 Rs sowie Doppelzimmer für 275 Rs (mit
Bad) zu bieten, allerdings keine Zimmer mit Klimaanlage.

AN- UND WEITERREISE
Von der Bushaltestelle unweit des Basars in Pachmarhi
fährt am frühen Morgen ein Bus nach Bhopal (50 Rs,
5 Stunden). Alle paar Stunden kommt man auch nach
Pipariya (15 Rs, 1¹/₂ Stunden). Jeeps verkehren ebenfalls
auf dieser Strecke. Darin kann man für 40 Rs pro Person
mitfahren oder einen für 250 Rs allein mieten. Hinweisschilder an dieser kurvenreichen Strecke warnen die
Fahrer, daß „Overtakers provide jobs for undertakers"!

PIPARIYA

Telefonvorwahl: 07576
Pipariya ist für Pachmarhi der nächstgelegene Straßen-
und Eisenbahnknotenpunkt und 47 km entfernt gelegen.
Der Ort liegt an der Eisenbahnstrecke, die von Bombay
nach Jabalpur führt. Gegenüber vom Bahnhof gibt es

ein ausgezeichnetes kleines Tourist Motel des Fremdenverkehrsamtes von Madhya Pradesh (Tel. 2 22 99) mit
Doppelzimmern für 100 Rs und einem Restaurant.
Eine Busfahrt von Bhopal nach Pipariya kostet 36 Rs
und dauert sechs Stunden.

DER WESTEN VON MADHYA PRADESH

UJJAIN

Einwohner: 407 000
Telefonvorwahl: 0734
Das alte Ujjain, nur 56 km von Indore entfernt am
rechten Ufer des Shipra gelegen, ist für die Hindus eine
der heiligsten Städte Indiens. Diese Bedeutung ist auf
eine alte mythologische Legende zurückzuführen, die
besagt, daß die Ozeane bei der Suche der Götter und
Dämonen nach dem Nektar der Unsterblichkeit aufge-
wühlt wurden. Als das begehrte Schiff voll Nektar
schließlich gefunden wurde, fand ein verrücktes Ge-
rangel durch die Himmel statt, wobei die Dämonen die
Götter verfolgten, um ihnen den Nektar zu entreißen.
Hierbei wurden vier Tropfen verschüttet und fielen auf
Haridwar, Nasik, Ujjain und Prayag (Allahabad). Aus
diesem Grund ist Ujjain einer der Orte, in dem alle 12
Jahre das Kumbh Mela stattfindet. 1992 zog es im
wahrsten Sinne des Wortes Millionen an, die hier im
Fluß baden wollten.
Trotz der heute relativ geringen Bedeutung gilt Ujjain
neben Varanasi, Gaya und Kanchipuram als gleichwer-
tiges religiöses Zentrum. Auf der anderen Seite mag
Ujjain Angehörigen anderer Religionen relativ langweilig vorkommen. Den überwiegenden Teil des Jahres gibt es für Besucher nicht viel von Interesse zu
sehen.

GESCHICHTE
Ujjain blickt auf eine lange und reiche Geschichte
zurück, deren Ursprünge sich im Dunkel der Zeit verloren haben. Einst war es unter dem Vater von Ashoka
mit dem Namen Avanti eine wichtige Stadt. Später soll
es Chandragupta II. (380-414 n. Chr.), einem der Gupta-
Könige, so gefallen haben, daß er sein Reich lange Zeit
von hier aus regierte und nicht von der eigentlichen
Hauptstadt Pataliputra aus. An seinem Hof war auch
Kalidasa tätig, einer der von den Hindus am meisten
verehrten Dichter, der in einem seiner berühmtesten
Gedichte, dem *Meghdoot*, die Stadt und ihre Menschen
lyrisch beschrieben hat.
Mit dem Untergang der Gupta und dem Aufstieg der
Parmara wurde Ujjain zum Zentrum vieler Tumulte in
dem Kampf um die Herrschaft über die Region Malwa,
deren Hauptstadt es eine Zeit lang war. Siladitya, der
letzte Parmara, wurde von den moslemischen Sultanen
von Mandu gefangengenommen und in die Hände
mogulischer Vasallen weitergegeben.
Die Herrschaft der Moslems war zeitweise gewalttätig,
zeitweise milder. Der Einmarsch von Altamish im Jahre
1234 sollte jedoch die Schändung zahlreiche Tempel
zur Folge haben, die aber während der Herrschaft von
Baz Bahadur von Mandu gestoppt wurde. Bahadur

selbst wurde von dem mogulischen Herrscher Akbar geschlagen. Später, während der Herrschaft von Aurangzeb, baute man einen großen Teil der Tempel mit Hilfe von Spendengeldern des Herrschers wieder auf.

Nach dem Untergang der Moguln wurde Maharadscha Jai Singh (der sich durch Jaipur einen Namen gemacht hatte) zum Gouverneur von Malwa. In seiner Regierungszeit wurden in Ujjain das Observatorium und mehrere neue Tempel errichtet. Nach ihm sollte die Stadt unter der Herrschaft der Marathen eine neue Periode von Tumulten erleben, bis sie schließlich im Jahre 1750 von den Scindia eingenommen wurde. Als die Hauptstadt der Scindia im Jahre 1810 nach Gwalior verlegt wurde, nahm die wirtschaftliche Bedeutung von Ujjain rapide ab.

ORIENTIERUNG UND PRAKTISCHE HINWEISE

Die Eisenbahnschienen teilen die Stadt grob in zwei Hälften, wobei der alte Kern mit dem Basar sowie den meisten Tempeln und *ghats* im nordwestlichen Teil von Ujjain und der neuere Teil im Südosten liegt. Die Mehrzahl der Hotels findet man vor dem Bahnhof. Touristische Informationen kann man im Bahnhof und im Hotel Shipra erhalten.

SEHENSWÜRDIGKEITEN

Mahakaleshwar-Tempel: Dieser Shiva gewidmete Tempel ist der bedeutendste in der Stadt. Er beherbergt einen der *12 jyoti lingams* Indiens. Von *jyoti lingams* glaubt man, daß sie Kraftströme aus ihrem Innern schaffen (*shakti*). Sie stehen im Gegensatz zu den *lingams*, die mit Mantra-Shakti rituell von Priestern eingesetzt werden. Der Mythos von den *jyoti lingams* (den *lingams* des Lichts) stammt von einer alten hinduistischen Sage über den Streit um die Vormacht zwischen Brahma und Vishnu. Danach spaltete sich bei einem kritischen Punkt dieses Streites die Erde, um eine glühende Lichtsäule freizusetzen. In dem Versuch, die Quelle dieser Säule zu finden, nahm Vishnu die Form eines Ebers an und grub sich in den Untergrund, während Brahma als Adler an den Himmel flog. Auch wenn ihre Suche tausend Jahre dauerte, ist sie bei keinem von ihnen erfolgreich gewesen. An diesem Punkt tauchte Shiva aus dem *lingam* aus Licht auf und wurde von beiden, sowohl von Brahma als auch von Vishnu, als der größte Gott anerkannt. Der Tempel wurde von Altamish von Delhi im Jahre 1235 zerstört, jedoch von den Scindia im 19. Jahrhundert wieder aufgebaut.

Bade Ganeshji Ka Mandir: Die große, reich geschmückte Ganesh-Statue oberhalb vom Teich in der

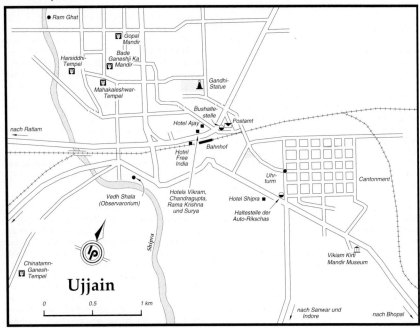

Nähe des Mahakaleshwar-Tempels ist der Grund dafür, daß dieser Tempel ein beliebtes Wallfahrtsziel ist.

Harsiddhi-Tempel: Erbaut in der Zeit der Marathen, birgt der Harsiddhi-Tempel in seinem Innern ein berühmtes Bild der Göttin Annapurna. Außerdem weist der Tempel zwei für die Bauweise der Marathen typische, mit Lampen geschmückte Säulen auf. Die sind besonders eindrucksvoll, wenn sie beim Nabratri (Dussehra) im September oder Oktober beleuchtet werden (vgl. Abschnitt über das heilige Indien im Einführungsteil).

Gopal Mandir: Der mit Marmor verzierte Gopal Mandir wurde von der Ehefrau des Maharadschas Daulat Rao Scindia im 19. Jahrhundert erbaut und gilt als ein ausgezeichnetes Beispiel für die Architektur der Marathen.
Die silberbeschlagenen Türen des Heiligtums haben ihre eigene Geschichte. Sie stammen ursprünglich aus dem Tempel von Somnath in Gujarat, von wo aus sie nach Ghazni in Afghanistan und dann von Mahmud Shah Abdati nach Lahore gebracht wurden. Hier rettete sie Mahadji Scindia, woraufhin sie kurz darauf in den Tempel hier in Ujjain eingesetzt wurden. Der Gopal Mandir ist ein großes Gebäude, das man jedoch leicht verfehlen kann, da es mitten im Basar liegt.

Chintaman-Ganesh-Tempel: Dieser Tempel am gegenüberliegenden Ufer des Shipra soll schon sehr alt sein. Die künstlerisch gearbeiteten Säulen der Versammlungshalle gehen auf die Epoche der Paramara zurück.

Ghats: Da die meisten Tempel relativ neu sind, interessieren Sie sich vielleicht mehr für die *ghats*. Der größte von ihnen ist der Ram Ghat, nicht weit vom Harsiddhi-Tempel entfernt. Die anderen befinden sich erheblich weiter vom Zentrum entfernt in Richtung Norden.

Vedh Shala (Observatorium): Seit dem 4. Jahrhundert v. Chr. gilt Ujjain als das Greenwich von Indien, weil - wie indische Geographen glaubten - der erste Längengrad hier verlaufe. Bei späteren Berechnungen stellte sich jedoch heraus, daß der Wendekreis des Krebses unmittelbar nördlich der Stadt vorbeizieht. Dort ließ Maharadscha Jai Singh zwischen 1725 und 1730 eines seiner eigenartigen Observatorien errichten. Es ist kleiner als die in Jaipur und Delhi, wird aber immer noch benutzt und ist ganz interessant. Der sehr enthusiastische Kurator zeigt gern die Funktionen der einzelnen Ausstellungsstücke, allerdings ist sein Englisch schwer zu verstehen. Astrologen können am Observatorium für 13 Rs einen kompletten astrologischen Jahreskalender in Englisch und Hindi kaufen.

Kaliadeh-Palast: Auf einer Insel im Shipra, 8 km nördlich der Stadt, liegt der Kaliadah-Palast, ein Wasserpalast der Sultane von Mandu, der im Jahre 1458 erbaut wurde. Das Flußwasser wird hier über steinerne Schreine im Palast geleitet. Bei der Brücke zur Insel wurden Verzierungen des Sonnentempels verwendet, der einst auf der Insel stand. Die zentrale Kuppel des Palastes ist ein schönes Beispiel der persischen Architektur.
Mit dem Niedergang von Mandu zerfiel auch der Palast nach und nach in Ruinen, wurde jedoch wie auch der benachbarte Sonnentempel von Madhav Rao Scindia im Jahre 1920 restauriert.

UNTERKUNFT

Unmittelbar gegenüber vom Bahnhof gibt es eine ganze Reihe von Übernachtungsmöglichkeiten. Dort sind selbst die billigsten Zimmer mit einem Bad ausgestattet. Zum unteren Ende des Spektrums gehört das Hotel Vikram (Tel. 2 57 80) mit Einzelzimmern für 50 Rs und Doppelzimmern für 75 Rs. Die Zimmer sind allerdings winzig und auch nicht gerade sauber. Nebenan befindet sich das bessere Hotel Surya (Tel. 2 57 47) mit Einzelzimmern für 55 Rs und Doppelzimmern für 65 Rs (mit Fernsehgerät für 70 bzw. 80 Rs). Heißes Wasser ist hier in Eimern erhältlich (4 Rs).
Das Hotel Rama Krishna (Tel. 2 59 12) und das Hotel Chandragupta (Tel. 2 55 00) sind nicht weit entfernt, beide ganz gut und untereinander in Wettbewerb stehend. Die Preise für Einzel- und Doppelzimmer im Hotel Rama Krishna reichen von 35 bzw. 45 Rs (schäbig und ohne eigenes Bad) bis 125 bzw. 150 Rs (mit Fernsehgerät). Einige Zimmer haben allerdings keine Fenster nach draußen und daher etwas muffig. Trotz der depressiv stimmenden Atmosphäre ist das Chandragupta keine schlechte Wahl. Dort erstreckt sich die Bandbreite der Preise für Einzel- und Doppelzimmer von 70 bzw. 90 Rs bis 125 bzw. 150 Rs. Hier erhält man heißes Wasser in Eimern ohne Zusatzkosten.
Eines der besten preisgünstigen Quartiere ist das Hotel Ajay (Tel. 5 08 56). Es liegt von der Straße am Bahnhof aus um die Ecke, wo auch der größte Teil der anderen preisgünstigen Quartiere angesiedelt ist, und ist mit Einzel- und Doppelzimmern von 60 bzw. 75 Rs (nur kaltes Wasser) bis 75 bzw. 100 Rs (auch heißes Wasser) eine ganz gute Wahl. Ferner stehen Zimmer mit Klimaanlage für 105 bzw. 150 Rs zur Verfügung.
Das Hotel Free India ist in einem großen Gebäude gegenüber vom Hotel Rama Krishna untergebracht. Das Hinweisschild auf dieses Haus ist allerdings nur in Hindi beschriftet. Hier werden für komfortable, große Zimmer mit heißem und kaltem Wasser 125 bis 175 Rs berechnet (keine Einzelzimmerpreise). Ein Restaurant ist ebenfalls vorhanden.
In den Ruheräumen der Eisenbahn läßt sich für 70 Rs (mit Klimaanlage für 155 Rs) und in Schlafsälen pro

Person für 30 Rs übernachten.

Das Yatri Niwas des Fremdenverkehrsamtes von Madhya Pradesh (Tel. 5 14 98) liegt ungünstig 2 km von der Stadtmitte entfernt und besteht aus nur zwei Zimmern. Die werden als Einzelzimmer für 125 Rs und als Doppelzimmer für 150 Rs vermietet. Außerdem kommt man in einem Schlafsaal pro Person für 30 Rs unter.

Das beste Haus in Ujjain ist das Hotel Shipra des Fremdenverkehrsamtes von Madhya Pradesh (Tel. 5 14 95), gelegen eine ruhige Straße hinunter in einer ganz ansprechenden Umgebung. Gekennzeichnet ist es durch ein eindrucksvolles Foyer aus Marmor und gut eingerichtete Zimmer. Hier reichen die Preise für Einzel- und Doppelzimmer von 250 bzw. 275 Rs bis 440 bzw. 495 Rs (die teureren mit Klimaanlage). Ein ganz gutes Restaurant und eine Bar stehen ebenfalls zur Verfügung. Um vom Bahnhof zum Hotel Shipra zu gelangen, muß man den Bahnhof am Bahnsteig 7 verlassen.

ESSEN

Eine ganze Anzahl von Lokalen findet man gegenüber vom Bahnhof. Eines davon ist das Restaurant Chanakya, gelegen neben dem Hotel Chandragupta, in dem ausgezeichnetes vegetarisches Essen und Bier für 35 Rs serviert werden. Hier darf man das „uroinal" aber nicht mit der Toilette verwechseln. Das Restaurant Sudama nebenan hat gute vegetarische Speisen zu Preisen unter 30 Rs zu bieten.

Das Restaurant Nauratna im Hotel Shipra ist ebenfalls nicht schlecht, auch wenn die Portionen etwas bescheiden ausfallen und Bier mit 45 Rs pro Flasche ganz schön teuer ist.

AN- UND WEITERREISE

Bus: Täglich fahren in kürzeren Abständen Busse von Ujjain nach Indore (14 Rs, 1° Stunden), mit denen man im allgemeinen schneller als mit einem Zug reist, und nach Bhopal (48 Rs, 4 Stunden). Direktverbindungen nach Mandu bestehen derzeit nicht. Auch dorthin muß man über Indore fahren. Ein paar Busse verbinden Ujjain ferner mit Kota in Rajasthan (256 km, 60 Rs).

Zug: Die schnellste Verbindung nach Delhi stellt der Nachtzug *Malwa Express* dar. Er braucht nach Neu-Delhi 17½ Stunden (885 km, 2. Klasse 192 Rs und 1. Klasse 569 Rs). Der Zug fährt über Bhopal (184 km, 4 Stunden, 2. Klasse 47 Rs und 1. Klasse 175 Rs), Jhansi (475 km, 9 Stunden, 2. Klasse 125 Rs und 1. Klasse 374 Rs), Gwalior (572 km, 10½ Stunden, 2. Klasse 143 Rs und 1. Klasse 430 Rs) und Agra (690 km, 13 Stunden, 2. Klasse 160 Rs und 1. Klasse 492 Rs).

Durch den *Narmada Express* ist Ujjain auch mit Indore (2¼ Stunden, 2. Klasse 24 Rs und 1. Klasse 63 Rs) sowie in Richtung Osten mit Bhopal (184 km, 5 Stunden, 2. Klasse 47 Rs und 1. Klasse 175 Rs), Jabalpur (540 km, 12½ Stunden, 2. Klasse 137 Rs und 1. Klasse 408 Rs) und Bilaspur (929 km, 25 Stunden, 2. Klasse 200 Rs und 1. Klasse 588 Rs) verbunden.

Die einzige Direktverbindung nach Bombay stellt der *Awantika Express* dar, der in Ujjain um 21.00 Uhr abfährt. Damit kostet eine Fahrt auf der 639 km langen Strecke in der 2. Klasse 155 Rs und in der 1. Klasse 464 Rs. Statt dessen kann man auch um 14.20 Uhr den Nahverkehrszug nach Nagda besteigen (1½ Stunden, 9 Rs) und dort in den *Frontier Mail* umsteigen, der um 18.15 Uhr abfährt und in Bombay um 7.00 Uhr ankommt (2. Klasse 163 Rs und 1. Klasse 492 Rs).

Der *Bhopal-Rajkot Express* nach Ahmedabad fährt in Ujjain um 23.15 Uhr ab und kommt in Ahmedabad um 8.15 Uhr an (2. Klasse 132 Rs und 1. Klasse 375 Rs). Platzreservierungen lassen sich effektiv in der Halle links vornehmen, wenn man den Bahnhof verläßt.

NAHVERKEHR

Viele Sehenswürdigkeiten in Ujjain liegen weitab vom Zentrum, so daß man als Besucher wahrscheinlich häufiger eine Auto-Rikscha benutzen wird. Besorgt über den schlechten Ruf, den sich die habgierigen Rikscha-Fahrer von Ujjain eingehandelt haben, hat die Stadtverwaltung am Bahnhof und am Busbahnhof ein System der Registrierung eingeführt. Dort müssen alle Rikscha-Fahrer bei der Polizei vor Antritt einer Fahrt die Strecke und den Fahrpreis angeben, damit verhindert werden kann, daß Touristen betrogen werden.

INDORE

Einwohner: 1 220 000
Telefonvorwahl: 0731

Viel gibt es in Indore nicht zu sehen, aber die Stadt ist ein bequemer Ausgangspunkt für einen Besuch von Mandu. Indore ist ein bedeutendes Zentrum der textilverarbeitenden Industrie. Außerdem haben in Pithampur, 35 km entfernt, die Unternehmen Hindustan Motors,

Kinetic Honda, Bajaj Tempo und Eischer Fabriken errichtet. Daher nennen Inder Pithampur das „Detroit des Ostens". Dafür ist Indore ebenfalls der Ausgangspunkt.

Durch Indore fließen der Khan und der Sarasvati. Obwohl die Stadt an der alten Pilgerstrecke nach Ujjain liegt, passierte hier bis zum 18. Jahrhundert nicht viel.

Seit 1733 herrschte in dieser Gegend die Holkar-Dynastie. Sie stand fest auf der Seite der Briten, sogar noch während des Aufstandes gegen die Kolonialherren.

ORIENTIERUNG

Der ältere Teil der Stadt liegt westlich der Eisenbahnstrecke, der neuere östlich davon. Wenn Sie mit einem Zug ankommen, können Sie den Bahnhof beim Bahnsteig 1 in Richtung Ostteil der Stadt und beim Bahnsteig 4 in Richtung Westteil der Stadt verlassen.
Der Bahnhof und der Hauptbusbahnhof (Sarwate) liegen nahe beieinander, sind aber nur durch ein kompliziertes System von Fußgängerbrücken miteinander verbunden. Daher ist es nicht erstaunlich, daß der Zaun zwischen den beiden bereits eine Reihe von Löchern aufweist und die Leute den direkten Weg benutzen.

PRAKTISCHE HINWEISE

Das Fremdenverkehrsamt befindet sich am Tourist Bungalow an der Rückseite der R. N. Tagore Natya Griha Hall in der R. N. Tagore Road (Tel. 3 88 88). Dort kann man sich auch über Ausflüge nach Mandu informieren lassen. Geöffnet ist täglich außer sonntags von 10.00 bis 17.30 Uhr. Ferner kann man sich von Zeit zu Zeit in der herrlichen Gandhi-Halle im Rathaus Ausstellungen ansehen. Wenn die gezeigt werden, sind sie täglich von 10.00 bis 17.00 Uhr zugänglich.
Reiseschecks lassen sich in der Hauptstelle der State Bank of India unweit vom Hauptpostamt wechseln. Günstiger liegt eine Zweigstelle an der Yeshwant Niwas Road.
Das Fernmeldeamt liegt hinter dem Regal-Kino im Nehru-Park und ist Tag und Nacht betriebsbereit. Faxsendungen und Telexmitteilungen lassen sich dort zwischen 7.00 und 18.00 Uhr aufgeben.

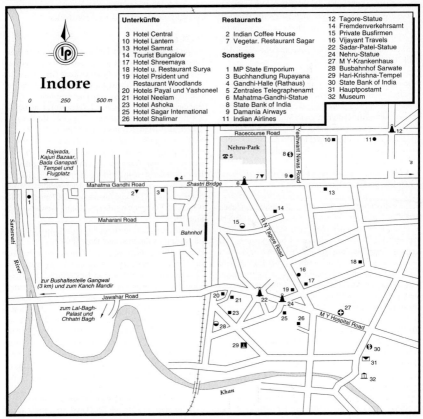

Indore

0   250   500 m

Unterkünfte	Restaurants	
3 Hotel Central	2 Indian Coffee House	12 Tagore-Statue
10 Hotel Lantern	7 Vegetar. Restaurant Sagar	14 Fremdenverkehrsamt
13 Hotel Samrat		15 Private Busfirmen
14 Tourist Bungalow	**Sonstiges**	16 Vijayant Travels
17 Hotel Shreemaya		22 Sadar-Patel-Statue
18 Hotel u. Restaurant Surya	1 MP State Emporium	24 Nehru-Statue
19 Hotel Prsident und	3 Buchhandlung Rupayana	27 M Y-Krankenhaus
Restaurant Woodlands	4 Gandhi-Halle (Rathaus)	28 Busbahnhof Sarwate
20 Hotels Payal und Yashoneel	5 Zentrales Telegraphenamt	29 Hari-Krishna-Tempel
21 Hotel Neelam	6 Mahatma-Gandhi-Statue	30 State Bank of India
23 Hotel Ashoka	8 State Bank of India	31 Hauptpostamt
25 Hotel Sagar International	9 Damania Airways	32 Museum
26 Hotel Shalimar	11 Indian Airlines	

Wer Lesestoff sucht, sollte sich einmal bei Rupayana umsehen, einer ganz guten Buchhandlung in der Nähe des Hotels Central. Eine recht ordentliche Auswahl hat auch der Badshah Book Shop die M G Road weiter hinunter zu bieten.

SEHENSWÜRDIGKEITEN

Rajwada: In der Altstadt steht mit Blick auf den von Palmen gesäumten Hauptplatz, mitten im Gewirr der belebten Straßen des Kajuri Bazaar, das mehrstöckige Tor zum Rajwada (Alten Palast). Der Palast, eine Mischung aus Stilrichtungen der Franzosen, Moguln und Marathen, ist im Laufe seiner Geschichte von 200 Jahren dreimal in Flammen aufgegangen. Seit dem großen Brand im Jahre 1984 ist davon nicht viel mehr als die Fassade übriggeblieben.

Kanch Mandir: Nahe des Rajwada steht in der Jawahar Road der Kanch Mandir, der auch Seth-Hukanchand-Tempel genannt wird. Äußerlich ist dieses Bauwerk recht schlicht, innen aber vollständig mit Spiegeln sowie mit Flachreliefs verkleidet, auf denen Darstellungen von Sündern zu sehen sind, die im Leben nach dem Tode Qualen erleiden.

Museum: Das Museum, gelegen unweit des Hauptpostamtes (GPO), hat eine der besten Sammlungen von hinduistischen Skulpturen aus der Zeit des Mittelalters und vor dem Mittelalter in ganz Madhya Pradesh zu bieten. Die meisten stammen aus Hinglajgarh im Bezirk Mandasaur im westlichen Madhya Pradesh und wurden zwischen der frühen Zeit der Gupta und der Epoche der Paramana geschaffen.
Das Museum ist täglich außer montags von 10.00 bis 17.00 Uhr geöffnet (Eintritt frei).

Lal-Bagh-Palast: Im Südwesten der Stadt, umgeben von Gartenanlagen, steht der ehrwürdige Lal-Bagh-Palast, erbaut zwischen 1886 und 1921. Er vermittelt den üblichen Eindruck von etwas Überragendem. Der entsteht durch die Eingangstore, bei denen es sich um Nachbildungen vom Buckingham-Palast handelt, ein Stockwerk mit einem Ballsaal, Springbrunnen, Marmorsäulen, Kronleuchter, Buntglasfenster und ausgestopfte Tiere. Geöffnet ist der Palast täglich außer montags von 10.00 bis 18.00 Uhr (Eintritt 2 Rs).

Weitere Sehenswürdigkeiten: Vergessen und verlassen sind die *chhatris*, die Ehrengrabmale ehemaliger Herrscher aus diesem Gebiet. Man findet sie im Chhatri Bagh am Ufer des Flusses Khan. Heraus ragt das Grabmal von Malhar Rao Holkar I., dem Begründer der Holkar-Dynastie.
Der Bada-Ganapati-Tempel am westlichen Ende der Mahatma Gandhi Road enthält eine 8 m hohe, orangen-

farbene Statue von Ganesh. Sie hat den Ruf, die größte der Welt zu sein.
Eine gute Gegend, um einmal einen Spaziergang zu unternehmen, sind die Straßen im Kajuri Bazaar. Dort geht es immer geschäftig zu. Außerdem sind in diesem Gebiet viele Beispiele von alten Häusern mit vorstehenden Veranden zu sehen. Leider verschwinden sie schnell, weil Holz immer häufiger durch Beton ersetzt wird.

AUSFLUGSFAHRTEN

Mehrere private Busunternehmen bieten Fahrten nach Mandu mit Führung an, normalerweise jedoch nur an den Wochenenden. Wenn man daran teilnehmen möchte, kann man sich beispielsweise an Trimurti Tours & Travel unweit der Shastri-Brücke in Indore wenden (Tel. 0731/3 74 03). Dieser Veranstalter unternimmt sonntags um 8.00 Uhr einen ganztägigen Ausflug nach Mandu für 60 Rs. MP Tourism veranstaltet sonntags ebenfalls eine Fahrt, und zwar für 100 Rs.

UNTERKUNFT

Einfache Unterkünfte: Der Bahnhof und der Busbahnhof Sarwate liegen nur einige Minuten Fußweg voneinander entfernt. In dieser Gegend findet man die preiswerten Hotels. Sie ist jedoch lebendig, schmutzig, von Luftverschmutzung gezeichnet und laut.
Gar nicht schlecht ist das Hotel Neelam (Tel. 46 60 01) mit Betten in eine Schlafsaal für jeweils 30 Rs sowie Einzel- und Doppelzimmern für 80 bzw. 110 Rs, alle mit Fernsehgerät. Die Zimmer sind zwar etwas muffig, aber sauber und verfügen sowohl über kaltes als auch warmes Wasser. Ganz gut ist ferner das nahegelegene Hotel Ashoka (Tel. 46 59 91), geführt von den gleichen Leuten wie das Hotel Neelam. Hier werden für ein Einzelzimmer 85 Rs und für ein Doppelzimmer 125 Rs berechnet. Vermietet werden die Zimmer jeweils für 24 Stunden.
Das makellos saubere Hotel Payal (Tel. 46 32 02) hat Einzelzimmer für 90 Rs und Doppelzimmer für 125 Rs zu bieten (mit heißem Wasser in Eimern ohne Mehrkosten). Hier wohnt man mit einem Fernsehgerät im Zimmer und sehr nahe beim Busbahnhof. Im Hotel Yashoneel nebenan (Tel. 46 52 86) ist der Standard ähnlich, sind die Preise aber mit 70 Rs für ein Einzelzimmer und 100 Rs für ein Doppelzimmer etwas niedriger. Hier muß man für einen Eimer mit heißem Wasser 2 Rs bezahlen. Vorhanden ist zudem ein Café, in dem Imbisse erhältlich sind. Das Hinweisschild draußen ist nur in Hindi beschriftet. Um diese beiden Hotels vom Busbahnhof aus zu finden, muß man unter der Fußgängerbrücke hindurchgehen und sich dann nach rechts halten.
Das Hotel Shalimar ein kleines Stück weiter vom Busbahnhof entfernt (Tel. 46 25 81) ist zwar nicht mehr

ganz neu, aber preisgünstig. Außerdem erhalten die Gäste auf Wunsch heißes Wasser in Eimern ohne Zusatzkosten. Hier kann man in winzigen Einzelzimmern für 45 Rs und in ebenfalls winzigen Doppelzimmern für 75 Rs übernachten.

Das Hotel Sagar International (Tel. 46 26 30) hat große Zimmer mit Bad (nur kaltes Wasser, heißes Wasser in Eimern auf Anfrage) zu bieten. In diesem Quartier kosten Einzelzimmer ab 95 Rs und Doppelzimmer ab 120 Rs (jeweils für 24 Stunden).

Mittelklassehotels: Der Tourist Bungalow liegt in der R. N. Tagore Road (Tel. 3 88 88). Das ist hinter der Tagore Natya Griha Hall. Er bietet Einzelzimmer für 200 Rs und Doppelzimmer für 250 Rs (alle mit Klimaanlage).

Das Hotel Lantern (Tel. 3 94 26) liegt in einer sehr ruhigen, von Bäumen gesäumten Gasse, ist aber baufällig und beginnt zu verfallen. Gleichwohl kann man hier in riesigen Zimmern allein für 110 Rs und zu zweit für 135 Rs übernachten, mit Klimaanlage für 175 bzw. 250 Rs.

Beim beliebten Hotel Central (Tel. 3 85 21) handelt es sich um ein schönes, altmodisches Hotel der mittleren Preisklasse mit großen, gepflegten Zimmern. Für ein Einzel- oder Doppelzimmer (mit Fernsehgerät und Bibel) zahlt man hier 120 bzw. 160 Rs pro Tag, mit Klimaanlage 200 bzw. 250 Rs. In diesem Haus muß man am Abreisetag sein Zimmer bis 12 Uhr verlassen haben. Die Mitarbeiter sind sehr freundlich. Wenn Sie dieses Hotel ansteuern wollen, werden Ihnen die Fahrer der Auto-Rikschas versichern, daß Haus sei voll belegt, da sie in diesem Hotel keine Provision erhalten.

Das Hotel Samrat (Tel. 43 38 90) ist ein großes, modernes Haus und bietet recht komfortable Einzel- und Doppelzimmer ab 200 bzw. 250 Rs, mit Klimaanlage für 300 bzw. 350 Rs. Ein sehr gutes Restaurant und eine Bar sind ebenfalls vorhanden. Bleiben dürfen die Gäste in ihren Zimmern für jeweils 24 Stunden. Eine gute Wahl ist auch das Hotel Surya (Tel. 43 11 55) mit Standardeinzel- und Standarddoppelzimmern für 225 bzw. 325 Rs und klimatisierten Zimmern für 300 bzw. 400 Rs. Sehr beliebt ist zudem das Restaurant in diesem Haus. Zu allen Zimmern gehört auch ein Balkon. Riesig mit einem besonderen Bereich zum Sitzen sind die Zimmer im beliebten Hotel Central (Tel. 53 85 47), wofür man allein 150 Rs und zu zweit 200 Rs entrichten muß, mit Klimaanlage 250 bzw. 300 Rs.

Das Hotel Shreemaya gegenüber vom auffälligeren Hotel President (Tel. 43 19 41) hat komfortable Einzel- und Doppelzimmer ab 250 bzw. 350 Rs zu bieten. In diesem Haus werden Gästen auch Reiseschecks eingelöst. Mit einem Fitneß-Club und einer Sauna für die Gäste kann das Hotel President (Tel. 43 31 56, Fax 3 22 30) aufwarten. In diesem Haus muß man für ein gut einge-

richtetes Zimmer allein 375 Rs und zu zweit 525 Rs sowie mit Klimaanlage 475 bzw. 625 Rs ausgeben. Ab Abreisetag muß das Zimmer bis 9 Uhr geräumt werden. Das Spitzenhotel in der Stadt ist das Indotel Manor House (Tel. 53 73 01, Fax 39 22 50), ein Haus mit vier Sternen und all den üblichen Annehmlichkeiten moderner Hotels. Hier muß man für ein Einzelzimmer ab 450 Rs und für ein Doppelzimmer ab 550 Rs bezahlen, kann aber auch in der Maharaja-Suite allein für 1500 Rs und zu zweit für 1700 Rs übernachten. Ein gutes Restaurant ist ebenfalls vorhanden.

ESSEN

Es gibt in der Nähe des Busbahnhofs verschiedene gute Möglichkeiten, um die üblichen indischen Gerichte zu essen.

Nicht besonders schick ist das vegetarische Restaurant Sagar in der M G Road, aber dafür kann man sich dort preisgünstig verpflegen. Dieses Lokal ist bei Einheimischen recht beliebt. Für ein Hauptgericht muß man hier zwischen 15 und 30 Rs ausgeben. Auch das Indian Coffee House eignet sich für ein gutes, preisgünstiges Essen. Eine Filiale befindet sich an der M G Road in der Nähe des Hotels Central.

Zu den meisten Hotels gehören jeweils auch ein Restaurant und eine Bar. Eine ausgezeichnete Wahl ist das Restaurant Woodlands im Hotel President, wo die Preise durchaus annehmbar sind. Dort ist das Spezial-Biryani des Küchenchefs (30 Rs) eine architektonische Extravaganz in Technicolor, die man gesehen haben muß, um es glauben zu können. Der Trick dabei ist, es an den Tisch der Gäste zu schaffen, bevor das Ganze zusammenbricht.

Wer sich in Unkosten stürzen will, sollte sich für das Hotel Surya entscheiden. In diesem Lokal muß man mit ca. 60 Rs für ein nichtvegetarisches Hauptgericht und mit 45 Rs für ein Bier rechnen. In der Bar dieses Hauses kann man „silent lights, sound of sips, soft & sweet heart music" sowie „testy meals" genießen.

Indore ist auch berühmt wegen der *namkin*, von denen die mit dem Markennamen „Prakash" am besten sind. Wenn Sie während eines der Feste in der Stadt sind, dann halten Sie Ausschau nach *bhang gota*. Das sind *samosas* mit zusätzlichen Gewürzen.

EINKÄUFE

Der Kajuri Bazaar ist nur einer von einer Reihe von farbenfrohen Märkten mit immer viel Betrieb in der Umgebung des Rajwada, die sich auf Gold- und Silberarbeiten, Bekleidung, Lederwaren und traditionelle Gewänder spezialisiert haben.

AN- UND WEITERREISE

Flug: Der Flughafen von Indore liegt 9 km von der Stadt entfernt. Von hier bestehen Flugverbindungen mit Indian

Airlines (Tel. 43 15 95) täglich nach Bombay (53 US $) sowie fünfmal wöchentlich über Bhopal (21 US $) und Gwalior (55 US $) nach Delhi (78 US $).
Damania Airways (Tel. 43 39 22) fliegt täglich nach Bombay (1757 Rs).

Bus: Vom Busbahnhof Sarwate fahren häufig Busse nach Ujjain (14 Rs, 1 1/2 Stunden). Nach Mandu verkehrt nur ein Direktbus, der seine Fahrt um 15.20 Uhr beginnt (19 Rs, 4 1/2 Stunden). Man braucht aber auch nicht mehr Zeit, wenn man zunächst nach Dhar fährt (14 Rs) und dort in einen Bus nach Mandu umsteigt (9 Rs). Busse nach Dhar fahren auf dem Busbahnhof Sarwate um 5.00, 6.00, 7.00, 8.00 und 9.00 Uhr ab. Von der Bushaltestelle Gangwal, etwa 3 km entlang der Jawahar Road nach Westen, kommt man nach Dhar sogar alle 30 Minuten.

Vom Busbahnhof Sarwate bestehe zudem zwei Direktverbindungen nach Aurangabad (in Richtung Höhlen von Ajanta und Ellora), morgens um 5.00 Uhr eine über Ajanta und abends um 21.00 Uhr eine über Ellora. Auf beiden Strecken ist man rund 15 Stunden unterwegs. Für eine Fahrt von Indore nach Ajanta muß man 75 Rs und nach Ellora 120 Rs bezahlen. Die Fahrt nach Ellora ist deshalb teurer, weil dorthin ein „Luxusbus" eingesetzt wird.

Busse nach Bhopal fahren alle 30 Minuten ab (4 1/2-5 1/2 Stunden, 36-55 Rs), Busse nach Udaipur jeden Abend um 19.00 Uhr (12 Stunden, 90 Rs).

Wenn man damit nicht fährt, steht das lästige Umsteigen in Khandwa, Burhanpur, Bhusawal oder Jalgaon bevor. Dann dauert eine Reise ermüdende 14 Stunden. Auch mit der Bahn ist es nicht viel besser, denn dann muß man ebenfalls umsteigen. Am besten fährt man wahrscheinlich in dem Nachtbus mit Videofilmen, auch wenn die Straße fürchterlich und an Schlafen nicht zu denken ist.

Daneben werden auch noch Busse mehrerer privater Busunternehmen eingesetzt, die sich zwischen dem Busbahnhof, dem Bahnhof und der R. N. Tagore Road angesiedelt haben. Ziele sind Bombay (200 Rs), Pune (200 Rs), Nagpur (160 Rs), Jaipur (150 Rs), Gwalior (130 Rs), Aurangabad (130 Rs) und Ahmedabad (130 Rs). Außerdem verkehrt ein Luxusbus von MP Tourism nach Bhopal. Er fährt um 8.00 Uhr am Büro des Fremdenverkehrsamtes ab, braucht bis zum Ziel vier bis fünf Stunden und kostet nicht weniger als 150 Rs.

Zug: Indore ist mit der Hauptstrecke der Eisenbahn zwischen Delhi und Bombay durch Routen von Nagda nach Ujjain in Richtung Westen und nach Bhopal im Osten verbunden. Der täglich verkehrende *Malwa Express* verläßt Indore um 15.00 Uhr zur Fahrt über Ujjain (1 1/2 Stunden, 24 Rs), Bhopal (264 km, 5 1/2 Stunden, 2. Klasse 62 Rs und 1. Klasse 223 Rs), Jhansi (555 km, 10 1/2 Stunden, 2. Klasse 139 Rs und 1. Klasse 415 Rs), Gwalior (652 km, 12 1/2 Stunden, 2. Klasse 158 Rs und 1. Klasse 473 Rs) und Agra (770 km, 14 Stunden, 2. Klasse 177 Rs und 1. Klasse 536 Rs) nach Delhi (969 km, 19 Stunden, 2. Klasse 205 Rs und 1. Klasse 606 Rs).

Die andere Breitspurstrecke verläuft von Indore über Ujjain, Bhopal und Jabalpur nach Bilaspur. Auf ihr verkehrt der *Narmada Express*, der Jabalpur bei Sonnenaufgang erreicht (600 km, 14 1/2 Stunden, 2. Klasse 147 Rs und 1. Klasse 436 Rs).

Aber es verläuft auch eine Schmalspurverbindung durch Indore. Diese Strecke führt von Jaipur in Rajasthan (610 km, 16 Stunden, 2. Klasse 150 Rs und 1. Klasse 444 Rs) über Indore in Richtung Südosten nach Khandwa, Nizamabad und Secunderabad (787 km, 24 Stunden, 2. Klasse 179 Rs und 1. Klasse 541 Rs).

NAHVERKEHR

Flughafentransfer: Der Flughafen liegt 9 km von der Innenstadt entfernt. Ein Flughafenbus wird in Indore nicht eingesetzt. Fahrer von Auto-Rikschas fordern für eine Fahrt vom oder zum Flugplatz 50 Rs und Taxifahrer mindestens 100 Rs.

Taxi, Auto-Riksha und Tempo: Indore verfügt über ein großes Angebot an Taxen, Auto-Rikschas und Tempos. Die Auto-Rikschas sind preiswert (für die meisten Strecken ca. 5 Rs), zumal die meisten Fahrer im allgemeinen sogar den Taxameter einschalten. Außerdem verkehren entlang fester Routen Tempos, in denen man für 2 Rs mitfahren kann. Die wichtigsten Haltestellen dafür befinden sich vor dem Bahnhof und an der Gandhi-Halle.

DIE UMGEBUNG VON INDORE

OMKARESHWAR

Diese Insel im Zusammenfluß des Narmada und des Kaveri zieht schon seit Jahrhunderten hinduistische Pilger zum Shiva-Tempel von Shri Omkar Mandhata mit dem *jyoti lingam*, einem von 12 in ganz Indien.

Einzelheiten zum Mythos über die *jyoti lingams* lassen sich dem Abschnitt über Ujjain weiter oben in diesem Kapitel entnehmen.

Der Tempel wurde aus dem weichen Gestein aus der Gegend erbaut, was es den Bildhauern ermöglichte, ihre

Werke an diesem Bauwerk mit einem seltenen Grad an Feinheit zu vollenden, insbesondere an den Friesen in den oberen Teilen der Anlage.

Es gibt aber auch noch weitere Tempel auf der Insel, z. B. den Siddhnath-Tempel, ein gutes Beispiel für die Brahmanen-Architektur des frühen Mittelalters, und eine andere Ansammlung von Hindu- und Jain-Tempeln. Auch wenn sie von moslemischen Invasoren in der Zeit von Mahmud von Ghazni während des 11. Jahrhunderts beschädigt wurden, sind diese Tempel und die am nahegelegenen Ufer der Flüsse weitgehend erhalten geblieben. Die Tempel stellen eine sehr malerische Sehenswürdigkeit dar und sind einen Besuch wert.

Unterkunft: In Omkareshwar gibt es viele *dharamsalas*, in denen bereits zur einfache Unterkünfte zur Verfügung stehen. Übernachten kann man auch im Holkar Guest House in Omkareshwar Mandir, aber das ist meistens von hinduistischen Pilgern voll belegt.

An- und Weiterreise: Omkareshwar Road an der Eisenbahnlinie Ratlam-Indore-Khandwa ist der nächstgelegene Bahnhof. Der Ort selbst ist von dort 12 km entfernt.

Es fahren aber auch regelmäßig Nahverkehrsbusse von Indore (68 km, 15 Rs), Ujjain (124 km, 27 Rs) und Khandwa (68 km, 15 Rs) nach Omkareshwar.

Nach Omkareshwar verkehren zudem regelmäßig Nahverkehrsbusse von Indore (88 km), Ujjain und Khandwa.

MAHESHWAR

Maheshwar war am Anfang der hinduistischen Zivilisation ein wichtiges kulturelles und politisches Zentrum und wurde unter seinem damaligen Namen Mahishmati im *Ramayana* und im *Mahabharata* erwähnt. Danach blieb die Geschichte viele Jahre im Dunkeln, bis die Königin von Indore, Rani Ahilyabai, das Gebiet Ende des 18. Jahrhunderts wiederbelebte. Aus dieser Zeit

stammen die meisten Tempel und das Fort in dieser Stadt am Flußufer.

Die wichtigsten Sehenswürdigkeiten sind das Fort, in dem nun ein für die Öffentlichkeit geöffnete Museum mit Erbstücken und anderen Gegenständen von Herrschern der Holkar-Dynastie eingerichtet wurde, die drei *ghats* am Ufer des Narmada und die Tempel mit den mehrstufigen Dächern und den überstehenden Balkonen sowie kompliziert gearbeiteten Türöffnungen. Saris aus Maheshwar sind im ganzen Land berühmt wegen ihrer einzigartigen Webart und der wunderschönen komplizierten Muster.

Unterkunft: Übernachten kann man in einem Government Rest House, im Ahilya Trust Guest House und in einigen einfachen *dharamsalas*.

An- und Weiterreise: Maheshwar erreicht man am besten über die Straße, denn der nächste Bahnhof ist 39 km entfernt. Sowohl von Barhwa (30 km, 8 Rs) als auch von Dhar (70 km, 16 Rs) fahren regelmäßig Nahverkehrsbusse dorthin, die wiederum von Indore aus ebenfalls mit Nahverkehrsbussen erreicht werden können (46 bzw. 56 km, 12 Rs).

Maheshwar wird häufig auch bei den Ausflugsfahrten von Indore nach Mandu angefahren.

DHAR

Diese Stadt geht auf eine Gründung von Raja Bhoj, dem legendären Gründer von Bhopal und Mandu, zurück. Einst war sie die Hauptstadt von Malwa, bis Mandu ihr diesen Rang ablief. Von den Schutzwällen des gut erhaltenen Forts hat man einen guten Ausblick auf die Stadt. In der großen Steinmoschee (Bhojashala) lassen sich Sanskrit-Inschriften bewundern. Neben der Moschee ist das Grab des Moslem-Heiligen Kamal Maula zu sehen.

Dhar besucht man am besten auf dem Weg von oder nach Mandu, 33 km entfernt.

MANDU

Telefonvorwahl: 07292
Zu den interessantesten Sehenswürdigkeiten in Zentralindien gehört sicherlich das sehr weiträumig angelegte, heute zu großen Teilen verlassene Fort auf dem Hügel bei Mandu. Es liegt abseits des Tafellandes, im Norden durch ein tiefes und breites Tal getrennt, über das ein natürlicher, erhöhter Damm zum wichtigsten Stadttor führt. Im Süden der Stadt fällt das Land steil ab in die Ebene und bietet daher herrliche Blicke in die Ferne. An den Seiten des 20 Quadratkilometer umfas-

senden Plateaus schnitten sich tiefe Schluchten in das Gestein.

Obwohl es möglich ist, Mandu in einem Tagesausflug von Indore zu besuchen, lohnt es sich, hier eine Nacht zu verbringen, auch wenn die Übernachtungsmöglichkeiten knapp sind. Wenn Sie in der Hochsaison hierherkommen wollen, ist es keine schlechte Idee, vorher in einem Hotel anzurufen und ein Quartier reservieren zu lassen. Im Winter ist Mandu bei ausländischen Touristen recht beliebt (vorwiegend französische und italienische Gruppen), während von den einheimischen Besuchern der Monsun vorgezogen wird, wenn alles grün ist und sich die Gebäude im Wasser spiegeln.

Als Eintritt muß man eine Rupie bezahlen. Wenn man mit einem Bus in Mandu ankommt, ist der Eintritt im Fahrpreis jedoch bereits enthalten. Bei den wichtigsten Sehenswürdigkeiten sind alkoholfreie Getränke und Obst erhältlich.

GESCHICHTE

Mandu, bekannt als Stadt der Freude, rühmt sich einer wechselvollen und erlebnisreichen Geschichte. Gegründet wurde sie im 10. Jahrhundert von Raja Bhoj als Festung (siehe auch Abschnitt über Bhopal weiter oben). 1304 fiel Mandu den moslemischen Herrschern von Delhi in die Hände. Als dann aber 1401 die Moguln einfielen und Delhi einnahmen, rief der Afghane Dilawar Khan sein eigenes kleines Königreich aus. Damit begann ein goldenes Zeitalter für Mandu. Die Stadt war so stark, daß sie sich auch noch nach der Einverleibung in das Reich der Moguln einen großen Teil ihrer Selbständigkeit erhalten konnte. Mit dem Machtverfall bei den Moguln ging dann später alles in die Hände der Marathen über. Zu diesem Zeitpunkt verlegte man die Hauptstadt von Malwa wieder nach Dhar zurück. Mandu wurde daraufhin zur Geisterstadt. Für eine Geisterstadt ist Mandu allerdings bemerkenswert prächtig und beeindruckend. Mandu ist die Stadt in Indien, in der man sich einige der besten Beispiele für afghanische Architektur ansehen kann.

Obwohl Dilawar Khan damit begann, Mandu als unabhängiges Königreich zu gründen, verlegte erst sein Sohn, Hoshang Shah, die Hauptstadt von Dhar nach Mandu und führte die Stadt ihrer Glanzzeit entgegen.

Seinem Sohn war lediglich eine einjährige Regierungszeit beschieden, dann wurde er nämlich auf Befehl von Mahmud Shah vergiftet. Mit diesem bösen Schachzug verschaffte er sich die Herrschaft für die nächsten 33 Jahre. Ruhe war Mandu in diesen Jahren allerdings nicht beschieden, denn immer wieder war die Stadt in Auseinandersetzungen mit den Nachbarstaaten verwickelt. 1469 bestieg dann der Sohn von Mahmud Shah, Ghiyas-ud-Din, den Thron. Seine Ambitionen lagen nicht in der Kriegführung, sondern in den 31 Jahren seiner Herrschaft verschrieb er sich den Frauen und Gesängen, bevor er im Alter von 80 Jahren vergiftet wurde - von seinem Sohn Nasir-ud-Din. Dem war aber nur eine zehnjährige Herrschaft vergönnt. Man sagt, dies sei die Strafe für das Verbrechen an seinem Vater gewesen. Noch weniger glücklich war Mahmud, der Sohn von Nasir-ud-Din. Während seiner unglücklichen Herrschaft hatten Untertanen wie Gada Shah und Darya Shah mehr zu sagen als er selbst. Schließlich besiegte Bahadur Shah von Gujarat im Jahre 1526 die Stadt Mandu.

Lange war der Erfolg nicht auf seiner Seite, denn bereits 1534 eroberte der Mogul Humayun Mandu und besiegte Bahadur Shah. Kaum aber hatte Humayun der Stadt seinen Rücken zugekehrt, probte ein Angehöriger der ehemaligen Dynastie den Aufstand, und zwar mit Erfolg. Durch weitere glückliche Umstände hielt sich dieser Zustand, bis 1554 Baz Bahadur an die Macht kam. Bereits 1561 floh er aber vor den nahenden Truppen von Akbar. Nun war Mandus Zeit der Unabhängigkeit zu Ende. Die Moguln erhielten zwar das Fort für eine Weile und fügten sogar noch einige kleine Gebäude hinzu, aber die Pracht des alten Mandu war endgültig vorüber.

ORIENTIERUNG UND PRAKTISCHE HINWEISE

Die Bauwerke von Mandu lassen sich leicht in drei Gruppen unterteilen. Betritt man die Stadt durch das Delhi-Tor im Norden, biegt ziemlich abrupt eine Straße nach Westen ab. Sie führt zu einer Gruppe von Gebäuden, die als „Königliche Enklave" bekannt ist. Aus mysteriösen Gründen ist das nördliche Tor zur Königlichen Enklave allerdings manchmal tagsüber verschlossen. Wenn man sich diesem Tor von innen nähert, muß man aber nicht unbedingt zum Dorf zurück umkehren. Dann kann man nämlich durch einen winzigen Torweg links gehen, über das Tor auf die andere Seite steigen und seinen Weg in das Dorf fortsetzen.

Geht man vom Eingang geradeaus weiter, kommt man an der Travellers' Lodge vorbei und gelangt zu dem kleinen Dorf, das heute der einzige bewohnte Teil von Mandu ist. Diese Häuser sind der Ortskern. Setzt man seinen Weg noch fort, erreicht man die Rewa-Kund-Gruppe, ganz im Süden des Forts.

Den ausgezeichneten Führer *Mandu* vom Archaeological Survey of India kann man für 4,25 Rs an Taveli Mahal in der Königlichen Enklave kaufen. Außer den nachstehend beschriebenen Bauwerken gibt es in Mandu noch weitere historische Gebäude.

Die nächstgelegene Bank, um Reiseschecks zu wechseln, befindet sich in Indore.

KÖNIGLICHE ENKLAVE

Jahaz Mahal: Zu den berühmtesten Gebäuden von Mandu zählt dieser „Schiffspalast". Diesen Namen bekam er wegen seiner Form, denn er ist 110 m lang und nur 15 m breit. Der Eindruck, es sei ein Schiff, wird noch unterstrichen durch die beiden Seen an der Ost- und Westseite.

Der Palast wurde unter Ghiyas-ud-Din, dem Sohn von Mahmud Shah, für seinen Harem erbaut, von dem es heißt, daß darin mehr als 5000 junge Mädchen gelebt haben. Das Jahaz Mahal mit seinen Aussichtspunkten, Bögen, kühlen Zimmern und dem wunderschönen Wasserbecken war ihr prächtiger Spielplatz. Das einzi-

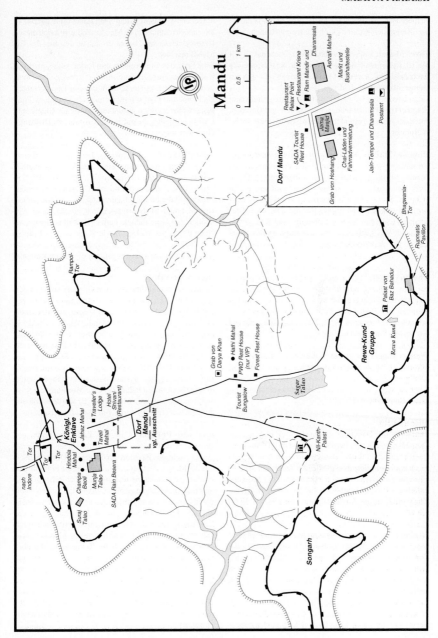

Mandu

0   0.5   1 km

Dorf Mandu

Restaurant
Relax Point
Restaurant Krisne
Ram Mandir und
Dharamsala

SADA Tourist
Rest House

Ashrafi Mahal

Markt und
Bushaltestelle

Jama
Masjid

Grab von Hoshang

Chai-Läden und
Fahrradvermietung

Postamt

Jain-Tempel und Dharamsala

Bhagwania-
Tor

Rampol-
Tor

Rupmatis
Pavillon

Palast von
Baz Bahadur

*Rewa-Kund-
Gruppe*

Rewa Kund

Grab von
Darya Khan

Hathi Mahal

PWD Rest House
(nur VIP)

Forest Rest House

Sugar
Talao

Traveller's
Lodge

Hotel
Shivani
(Restaurant)

Tourist
Bungalow

*Dorf
Mandu
vgl. Ausschnitt*

Nil-Kanth-
Palast

Jahaz Mahal

*Königl.
Enklave*

Taveli
Mahal

Tor

Hindola
Mahal

Tor

Tor

Champa
Baoli

Munja
Talao

SADA Ram Besera

nach
Indore

Suraj
Talao

Songarh

ge Geräusch, das man hier heute noch hören kann, ist das Pfeifen des Windes durch die leeren Ruinen.

Taveli Mahal: Südlich des Jahaz Mahal steht das Taveli Mahal, früher ein Palast und heute ein Rest House des Archaeological Survey of India. Drinnen läßt sich ein kleines Museum besichtigen, das täglich von 9.30 bis 17.30 Uhr zugänglich ist (Eintritt frei). Ausgestellt sind Fragmente von Gebrauchsgegenständen und Gefäßen, die in der Anlage gefunden wurden, sowie einige Steinskulpturen.

Hindola Mahal: Nördlich von Ghiyas stattlichem Vergnügungspalast steht die Halle, die einer Kirche ähnelt und die bekannt ist als „Flügelpalast". Diese Bezeichnung stammt von den einwärts schwingenden Wänden. Sie sollten den Eindruck erwecken, als würden sie wirklich schwingen. Das ist aber eine Täuschung. Eine breite, sanft ansteigende Rampe am Nordende des Gebäudes soll den Aufstieg des Herrschers auf dem Rücken eines Elefanten ermöglicht haben.

Champa Baoli: Westlich der beiden ersten Häuser in der Königlichen Enklave ist am Nordufer des Sees die Champa Baoli, ein Stufenbrunnen, zu sehen, wo unten Brunnen und Bäder eingebaut wurden. Daraus ist zu schließen, daß es eine kühle Zufluchtsstätte während der heißen Jahreszeit war.

Weitere Bauwerke in der Enklave: Zur Enklave gehören noch weitere Gebäude, unter anderem Haus und Laden von Gada Shah und die Moschee von Dilawar Khan aus dem Jahre 1405, eines der frühesten moslemischen Bauwerke in Mandu.

ORTSKERN

Jama Masjid: Die große Moschee (1454) überragt das Dorf Mandu. Sie soll die schönste und größte Moschee im afghanischen Stil in Indien sein. Den Bau begann Hoshang Shah, der als Vorbild die große Omajaden-Moschee von Damaskus vor Augen hatte. Zur Moschee gehört ein Innenhof mit 80 m Länge und 80 m Breite. Zugänglich ist die Anlage täglich von 8.30 bis 17.00 Uhr.

Hoshangs Grab: Unmittelbar hinter der Moschee steht das imposante Grab von Hoshang, der 1435 starb. Es hat den Ruf, das älteste Bauwerk aus Marmor in ganz Indien zu sein. Man betritt das Grabmal durch einen Vorbau mit einer Kuppel. Das Innere wird durch Gitterfenster (*jali*) beleuchtet, ein typisches Beispiel für hinduistischen Einfluß. Der Eingang durch den Doppelbogen führt zu dem gedrungenen Kuppelbau in der Mitte, der wiederum von vier kleineren Kuppeln

umgeben ist. Man sagt, daß Shah Jahan seine Architekten zunächst einmal nach Mandu sandte, um sich dieses Grabmal anzusehen, bevor sie sich an den Bau des Taj Mahal machten.

Eine Seite des Grabmals ist durch eine lange, niedrige Kolonnade gekennzeichnet, die durch drei Säulenreihen unterteilt wird. Dahinter schließt sich eine lange, schmale Halle mit einer typisch moslemischen Decke als Tonnengewölbe an. Man nimmt an, daß sie als Unterkunft für Pilger diente, die auf ihrer Wallfahrt zu Hoshangs Grab hier übernachteten.

Ashrafi Mahal: Gegenüber der Jama Masjid liegt auf der anderen Straßenseite diese Ruine. Ursprünglich gebaut als Madrasa (Religionskolleg), wurde das Gebäude später erweitert und als Grabmal für seinen Erbauer Mahmud Shah benutzt. Mit seinen Bauplänen war Mahmud Shah offensichtlich zu ehrgeizig. Sie überstiegen seine Fähigkeiten, so daß alles einstürzte. Auch der siebenstöckige runde Siegesturm fiel dieser Unfähigkeit zum Opfer. Lediglich eine große Treppe führt noch hinauf zum Eingang zu den leeren Ruinen.

REWA KUND

Palast von Baz Bahadur: Vom Ortskern sind es noch etwa 3 km, vorbei am Wasserbecken Sagar Talao, bis zur Rewa-Kund-Gruppe. Baz Bahadur war der letzte unabhängige Herrscher von Mandu. Als er sich Akbar und den räuberischen Heerscharen dieses Mogulherrschers ergeben mußte, verlor Mandu all seine Pracht und Herrlichkeit und verfiel zusehends. Sein Palast aus dem Jahre 1509 steht neben der Rewa-Kund-Gruppe. Ein ausgeklügeltes System beförderte damals schon Wasser hoch in den Palast, der eine Mischung der Stile aus Rajasthan und der Moguln ist. Er wurde schon vor der Machtergreifung durch Baz Bahadur erbaut.

Rupmatis Pavillon: Ganz am Ende des Forts, gezwängt an den Hügel, der sich steil über die Ebene erhebt, steht der Pavillon der Rupmati. Die Legenden aus der Malwa-Zeit berichten, wie die bildhübsche hinduistische Sängerin war und daß Baz Bahadur alles unternahm, sie davon zu überzeugen, daß es besser sei, die Ebene zu verlassen und in diesen Pavillon zu ziehen. Von der Terrasse aus war ihr ein Blick hinunter in die Ebene möglich, durch die sich der Narmada schlängelt. Der Pavillon ist ein Gebäude wie im Märchen, wie geschaffen für eine traumhafte Romanze, leider aber mit einem unglücklichen Ende. Man sagt nämlich, daß Akbar Mandu nur deshalb eroberte, weil er von der Schönheit Rupmatis gehört hatte und sie für sich haben wollte. Als Akbar auf das Fort losmarschierte, floh Baz Bahadur und ließ eine traurige Rupmati zurück. Ihr blieb dann nichts anderes übrig, als den Tod durch Gift zu suchen.

Am meisten hat man von einem Besuch hier am späten Nachmittag, um den Sonnenuntergang zu beobachten, oder abends bei Vollmond. Bringen Sie sich dann eine Flasche oder jemanden mit, den sie lieben - am besten aber beides.

Grab von Darya Khan und Hati Mahal: Diese beiden Gebäude finden Sie am Ostende der Straße zwischen Rewa Kund und dem Ortskern. Der Hati Mahal (Elefantenpalast) erhielt seinen Namen wegen der massiven Säulen, die die Kuppel tragen und die Elefantenbeinen ähneln. Unweit davon steht das Grab von Darya Khan, ursprünglich reich verziert durch Muster, die durch kompliziert zusammengesetzte Mosaikfliesen entstanden.

Nil-Kanth-Palast: Am Ende einer der Schluchten, die sich durch das Fort ziehen, steht dieser Palast weit unterhalb des Hügels. Zu erreichen ist er über viele Treppen. Früher war es einmal ein Shiva-Schrein, was auch noch der Name belegt (Gott mit dem blauen Hals). Unter den Mogul wurde daraus ein hübscher Wasserpalast, in dessen Mitte eine Kaskade heruntersprudelte. Obwohl besonders Jehangir diesen Palast so liebte, daß er sich hier häufig aufhielt, ist er heute erneut ein Shiva-Tempel und daneben ein beliebter Tummelplatz von Affen.

Am oberen Ende der Treppen verkaufen Dorfbewohner Samen von Baobab-Bäumen. Mandu ist nämlich einer der wenigen Orte in Indien, wo der Baobab gedeiht. Ein Baobab ist nicht schwer zu übersehen. Das ist der tonnenförmige graue Baum, der aussieht, als sei er auf dem Kopf mit den Wurzeln oben gepflanzt worden.

AUSFLUGSFAHRTEN

Ausflugsfahrten nach Mandu werden von Indore aus veranstaltet (vgl. Abschnitt über Indore weiter oben).

UNTERKUNFT UND ESSEN

Die Special Area Development Authority (SADA) vermietet unmittelbar gegenüber dem Jama Masjid im Tourist Rest House einige einfache, aber annehmbare Zimmer mit Bad (Wasser in Eimern). Die Zimmer kosten für jeweils zwei Gäste nur 30 Rs, aber man muß zusätzlich eine Sicherheit von 50 Rs hinterlegen, und zwar für den Fall einer „dammige". Die zweite Unterkunft der SADA nennt sich Rain Besara. Dort kosten Doppelzimmer mit Bad 200 Rs. Für einen Eimer mit heißem Wasser muß man weitere 4 Rs bezahlen. Auch wenn die Zimmer groß und sauber sind, sind sie nicht gerade eine gute Wahl. Zudem sind sie schwer zu finden. Dorthin muß man vom Dorf in Richtung Königliche Enklave an Hoshangs Grab vorbei und an dem scharlachroten rechteckigen Gebäude rechts, hinter dem Büro der SADA, nach links abbiegen. Dann sind es noch fünf Minuten zu Fuß auf einer unbefestigten Piste.

Am romantischsten übernachtet man in einem der alten Gebäude der Königlichen Enklave. Das ist das Rest House des Archaeological Survey im Taveli Mahal (Tel. 6 32 25), in dem zwei Zimmer mit riesigem Bad (einschließlich Badewanne und Heißwasserbereiter) an Alleinreisende für 50 Rs und an Paare für 100 Rs vermietet werden. Hier gibt es auch einen Speiseraum nur für Hausgäste (Thalis für 22 Rs). Jedoch ist häufig alles belegt, so daß man besser vom Dorf aus vorher anruft, um sich zu erkundigen, ob noch etwas frei ist, bevor man sich beladen mit seinem Gepäck dorthin auf den Weg begibt. Ein Problem bei diesem Quartier ist, daß es etwa 15 Minuten von der Bushaltestelle entfernt liegt, was lästig ist, wenn man früh am Morgen weiterreisen möchte. Ansonsten liegt das Haus wunderschön in einer ruhigen Umgebung und ist sein Geld allemal wert.

Das PWD Rest House ist wichtigen Persönlichkeiten vorbehalten. Und im Forest Rest House darf man nur übernachten, wenn man ein Zimmer vorher im Forstamt (Forest Department) in Dhar hat reservieren lassen (Tel. 2 22 32).

Alle übrigen Unterkünfte werden vom Fremdenverkehrsamt von Madhya Pradesh geführt. Um sicher zu sein, dort übernachten zu können, sollte man sich vorher im Fremdenverkehrsamt in Indore angemeldet haben (Tel. 0731/3 88 88).

In der Travellers' Lodge (Tel. 6 32 21) werden Zimmer mit Bad und heißem Wasser an Alleinreisende für 225 Rs und an jeweils zwei Gäste für 275 Rs vermietet. Für die Benutzung eines Ventilators muß man 50 Rs Zuschlag bezahlen. Essen kann man hier im nichtvegetarischen Restaurant ebenfalls, auch wenn man nicht im Haus wohnt. Die Speisekarte ist ziemlich lang. Der Tourist Bungalow (Tel. 6 32 35) besteht aus einer Reihe von Cottages in einer ganz hübschen Lage mit Blick über den See. Hier kann man in einem Zimmer mit Bad allein für 225 Rs und zu zweit für 275 Rs übernachten. Außerdem gibt es noch einige Zimmer mit Klimaanlage für 440 bzw. 490 Rs. Abendessen wird in dieser Anlage von 19 bis 22 Uhr in einem Freiluftrestaurant serviert, Frühstück von 7 bis 10 Uhr. Andere als Hausgäste können sich hier ebenfalls verpflegen. Wenn man anderswo nicht unterkommen kann, bleiben noch der *dharamsala* am Jain-Tempel und der *dharamsala* am Ram Mandir.

Preisgünstige vegetarische Gerichte sind in den Restaurants Relax Point und Krisne erhältlich, beide an der wichtigsten Kreuzung im Ort gelegen. Weiter nördlich, zurück in Richtung Traveller's Lodge, bietet sich für ein Essen das Hotel Shivani mit ebenfalls ganz guten, von den Preisen her annehmbaren vegetarischen Speisen an.

AN- UND WEITERREISE

Von Mandu nach Dhar fahren zwischen 5.30 und 18.00 Uhr zahlreiche Busse (9 Rs, 1¹/₂ Stunden). Von dort kommt man mit vielen Bussen nach Indore (3 Stunden, 14 Rs). Es verkehrt um 7.25 Uhr auch ein Direktbus über Mhow nach Indore (4¹/₂ Stunden, 20 Rs), aber der ist auch nicht viel schneller.

Wenn man nach Bhopal will, fährt man am besten um 5.30 Uhr nach Indore und hat dort Anschluß, allerdings nicht an den Luxusbus von MP Tourism. Direktverbindungen von Mandu nach Ujjain bestehen nicht. Auch dorthin muß man über Indore fahren. Alle Busse halten unweit der Jama Masjid.

Eine Alternative zu den von Indore aus nur unregelmäßig stattfindenden Ausflugsfahrten ist es, eine Gruppe zusammenzustellen und ein Auto zu mieten. Taxifahrer berechnen für eine Fahrt von Indore und zurück 700 Rs. Hinzu kommen, wenn man es wünscht, 250 Rs für eine Übernachtung. Solche Taxis findet man vor dem Bahnhof und in der Nähe des Fremdenverkehrsamtes. Auch das Fremdenverkehrsamt von Madhya Pradesh setzt Autos für Fahrten nach Mandu ein. Aber selbst deren billigsten Ambassadors sind teurer als Taxis.

NAHVERKEHR

Ein Fahrrad kann man in dem Laden an der Südseite der Jama Masjid für 20 Rs pro Tag oder für 2 Rs pro Stunde mieten. Ein solches Fahrzeug bietet die beste Möglichkeit, sich fortzubewegen, denn die Sehenswürdigkeiten liegen ganz schön weit voneinander entfernt, und die Gegend ist weitgehend flach. Auf der anderen Seite ist hier auch eine wunderschöne Gegend zum Wandern, nicht zuletzt deshalb, weil sie nur dünn besiedelt ist.

Daneben gibt es noch eine Auto-Riksha und drei Tempos, deren Fahrer sich meistens an der Bushaltestelle einfinden. Für eine drei- bis vierstündige Fahrt zu den Sehenswürdigkeiten versuchen sie 130 Rs zu kassieren. Dabei kostet sonst eine Fahrt vom Dorf zu Rupmatis Pavillon nur 10 Rs und bei Alleinbenutzung hin und zurück nicht mehr als 50 Rs.

DIE HÖHLEN VON BAGH

Die Höhlen von Bagh liegen 7 km außerhalb der Stadt Bagh und 3 km von der Hauptstraße entfernt. Bagh liegt 50 km westlich von Mandu an der Straße zwischen Indore und Baroda. Die Höhlen stammen aus den Jahren 400-700 n. Chr. und sind buddhistischen Ursprungs, leider heute alle in einem schlechten Zustand. Den Zerfall verursachten das Bewohnen, der Rauch und die Wasserschäden, so daß sich eine Restaurierung kaum lohnen dürfte. Alles in allem muß darauf hingewiesen werden, daß sich die unverhältnismäßig große Mühe der Anreise zu diesen Höhlen nicht lohnt, wenn man die Höhlen von Ajanta und Ellora gesehen hat.

Übernachten kann man in einem PWD Dak Bungalow.

RATLAM UND MANDSAUR

Die Eisenbahnstrecke verläuft durch Ratlam, früher die Hauptstadt eines Prinzenstaates, dessen Herrscher in einem der tragischen Kämpfe der Rajputen gegen die übermächtigen Moguln starb.

Bei Mandsaur, nördlich von Ratlam, wurde eine Zahl von interessanten archäologischen Funden gemacht. Man fand die Stücke auf einem Feld 3 km von der Stadt entfernt. Einige davon sind im Museum von Indore ausgestellt. Auf der Stätte stehen noch zwei 14 m hohe Säulen aus Sandstein, auf denen Inschriften des Sieges eines Malwa-Königs über die Hunnen im Jahre 528 n. Chr. gedenken.

Im Fort kann man sich einige schöne Ausstellungsstücke aus der Gupta-Zeit ansehen.

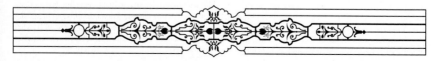

DER OSTEN VON MADHYA PRADESH

JABALPUR

Einwohner: 983 000
Telefonvorwahl: 0761
Grob südlich von Khajuraho und östlich von Bhopal liegt die Großstadt Jabalpur, die zweitgrößte Stadt des Bundesstaates, die heute vor allem wegen der Schlucht des Flusses Narmada bekannt ist, die den Namen Marmorfelsen (Marble Rocks) trägt. Jabalpur ist zudem der Ausgangspunkt für einen Besuch der Nationalparks Kanha (175 km entfernt) und Bandhavgarh (197 km entfernt).

Heute ist Jabalpur ein bedeutendes Verwaltungs- und Bildungszentrum sowie der Sitz des Hauptquartiers der Armee für die Staaten Orissa und Madhya Pradesh. In Jabalpur gibt es überall in Cantonment verstreut auch eine ungewohnt große Anzahl an christlichen Schulen, Colleges und Kirchen und - wenn man von den Namen an den Häusern ausgeht - auch eine große Gemeinde von Goanern.

GESCHICHTE

Die erste Siedlung im Gebiet des heutigen Jabalpur war das alte Tripuri, dessen Herrscher, die Hayahaya, im *Mahabharata* erwähnt sind. Später fiel die Stadt an die Maurya und die Gupta, bis sie im Jahre 875 n. Chr. von den Kalchuri übernommen wurde. Im 13. Jahrhundert wurde sie von den Gond eingenommen und war im frühen 16. Jahrhundert das Zentrum des mächtigen Staates Gondwana.

Obwohl Gondwana verschiedentlich von den Armeen der Moguln belagert wurde, überlebte es bis 1789, als es von den Marathen eingenommen wurde. Die Herrschaft der Marathen war beim Volk vor allem wegen der *thuggees* unbeliebt. Das waren Ritualmörder und Banditen. Die Marathen wurden 1817 von den Briten besiegt und die *thuggees* gebändigt. Daraufhin bauten die Engländer die Stadt im 19. Jahrhundert weiter aus.

PRAKTISCHE HINWEISE

Das Fremdenverkehrsbüro (Tel. 32 22 11) befindet sich am Bahnhof. Es ist montags bis samstags zwischen 10.00 und 17.00 Uhr geöffnet, jeden zweiten und dritten Samstag im Monat jedoch geschlossen. Hier erhält man die übliche Anzahl an Heften und kann spätestens

vier Tage im voraus auch eine Unterkunft im Nationalpark Kanha buchen. Dann muß man aber 50 % des Rechnungsbetrages vorauszahlen.

Geld kann man in der Hauptstelle der State Bank of India und in Jackson's Hotel wechseln. Dort gibt es auch ein Postamt.

SEHENSWÜRDIGKEITEN

Basar: Das alte Basarviertel von Jabalpur ist riesig und voller typisch indischer Gerüche, Geräusche und Waren. Nehmen Sie sich einen ganzen Morgen oder Nachmittag für einen Besuch des Basars Zeit. Wenn Sie einen anderen Touristen sehen, haben Sie Glück, wahrscheinlicher begegnen Sie dagegen einigen Studenten aus Ostafrika. Davon studieren an der Universität in der Stadt derzeit etwa 150.

Das Rani-Durgavati-Museum südlich des Basars ist ebenfalls einen Besuch wert. Es ist täglich außer montags von 10.00 bis 17.00 Uhr geöffnet.

Mahan Mahal: Diese alte Gond-Festung, erbaut 1116, liegt an der Straße zu den Marmorfelsen hoch oben auf einem riesigen Felsblock. Die Gond, die Schlangen anbeteten, lebten schon vor der Ankunft der Arier in dieser Region und konnten ihre Unabhängigkeit bis zur Ankunft der Moguln bewahren.

UNTERKUNFT

Einfache Unterkünfte: Die preiswerten Unterkünfte findet man fast alle am Busbahnhof, 3 km vom Bahnhof entfernt. Die meisten sind sehr billig und sehr einfach. Schon für 30 Rs allein und für 50 Rs zu zweit kann man in der Meenakshi Lodge ein durchaus bewohnbares Zimmer erhalten.

Ein empfehlenswertes Quartier und eine gute Wahl ist das Hotel Mayur, in dem man ein Einzelzimmer für 50 Rs und ein Doppelzimmer für 75 Rs mieten kann (mit Bad). Man kann auch in einigen „Luxusdoppelzimmern" für 100 Rs übernachten.

Nördlich des Busbahnhofs gibt es eine weitere Gruppe von Hotels mit ähnlichen Preisen. Ein einigermaßen sauberes Haus ist das Hotel Sharda (Tel. 32 11 19) mit Einzelzimmern für 30 Rs und Doppelzimmern für 50 Rs (mit Bad für 50 bzw. 75 Rs).

In der gleichen Gegend liegt auch das Hotel Natraj (Tel. 31 09 31) mit einfachen Einzel- und Doppelzimmern für 30 bzw. 35 Rs und Zimmern mit eigenem Bad für 50 bzw. 60 Rs.

Das moderne (aber schon etwas abgewohnte) Hotel Rahul (Tel. 32 55 25) ist mit Einzelzimmern für 75 Rs und Doppelzimmern für 100 Rs (mit Bad und heißem Wasser) ganz in Ordnung. In diesem Haus gibt es auch einige Zimmer mit Klimaanlage und ein Restaurant. Preisgünstiger ist es mit Einzelzimmern für 50 Rs und Doppelzimmern für 70 Rs im Hotel Swayam nebenan (Tel. 32 53 77), aber dieses Haus liegt zu einer Straße mit viel Lärm hin.

Das Jackson's Hotel in Civil Lines (Tel. 32 34 12, Fax 32 20 66) muß einst das beste Haus am Platz gewesen sein, ist heutzutage aber schon reichlich schäbig. Dafür ist die Leitung des Hauses freundlich. Es ist bei jenen sehr beliebt, denen es nichts ausmacht, ein wenig mehr zu zahlen. Die Zimmerpreise reichen von 120 bzw. 150 Rs für ein großes Einzel- oder Doppelzimmer bis hin zu 250 bzw. 325 Rs für ein klimatisiertes Zimmer. Alle Räume werden mit Bad und heißem Wasser vermietet, einige davon auch mit einem Balkon, von dem aus man über den Garten blickt. Im Hotel kann man auch Reiseschecks einlösen und überflüssiges Gepäck für die Zeit eines Besuchs im Nationalpark Kanha sicher deponieren.

Ferner kommt man im Bahnhofsgebäude in Ruheräumen unter, in denen für ein Bett im Schlafsaal 35 Rs, für ein Bett im Doppelzimmer 45 Rs und für ein Bett in einem Zimmer mit Klimaanlage 75 Rs in Rechnung gestellt werden.

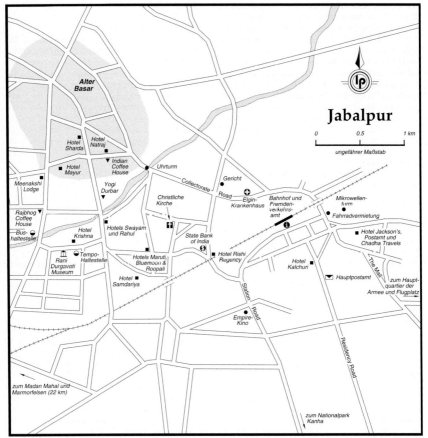

Mittelklasse- und Luxushotels: Drei sehr gute Mittelklassehotels stehen recht nahe beieinander. Im Hotel Maruti (Tel. 32 46 77) wird eine ganz gute Bandbreite von Einzel- und Doppelzimmern für 100 bzw. 130 Rs bis hin zum Preis von 205 bzw. 250 Rs (mit Klimaanlage) vermietet. Ähnlich wohnt man im Hotel Bluemoon nebenan (Tel. 2 51 46) mit Einzel- und Doppelzimmern für 120 bzw. 140 Rs (mit Ventilator) oder mit Klimaanlage für 200 bzw. 275 Rs.. Im Hotel Roopali (Tel. 32 55 66) kann man in einem Zimmer mit Ventilator allein für 80 Rs und zu zweit für 220 Rs und in einem Zimmer mit Klimaanlage für 250 bzw. 300 Rs übernachten.

Gegenüber vom Museum steht das Hotel Krishna (Tel. 2 89 84) mit Einzel- und Doppelzimmern ab 200 bzw. 280 Rs (mit Klimaanlage für 340 bzw. 400 Rs). Alle Zimmer verfügen über ein Bad und ein Fernsehgerät, mit dem man sich auch Videofilme ansehen kann. Ein sehr gutes Restaurant ist ebenfalls vorhanden. Dieses Haus ist zum Übernachten recht gut.

Das vom staatlichen Fremdenverkehrsamt geführte Hotel Kalchuri (Tel. 32 14 91, Fax 32 14 90) ist ein modernes und gut gepflegtes Gebäude nahe beim Bahnhof mit Einzel- und Doppelzimmern mit Bad (heißes Wasser) für 225 bzw. 275 Rs. Die Zimmer mit Klimaanlage für 400 bzw. 450 Rs sind allerdings zu teuer. Im Haus befinden sich auch eine Bar und ein Restaurant. Selbst ein Sportraum ist vorhanden.

Das beste Hotel in Jabalpur ist das Samdariya (Tel. 2 21 50). Dieses Haus ist sehr modern, liegt ruhig und verfügt über ein ausgezeichnetes vegetarisches Restaurant. Alle Zimmer sind klimatisiert sowie mit Bad ausgestattet und werden zu Preisen von 225 Rs (Einzelzimmer) bzw. 325 Rs (Doppelzimmer) bis 350 bzw. 450 Rs vermietet.

Ein weiteres recht gutes Quartier ist das neue Hotel Rishi Regency unweit der State Bank of India (Tel. 32 32 61). Mit Einzelzimmern für 195 Rs und Doppelzimmern für 250 Rs (mit Klimaanlage für 350 bzw. 425 Rs) ist es sicher keine schlechte Wahl.

ESSEN

Zu den meisten Hotels gehört auch ein Restaurant. Dabei hat das Restaurant Grub Room in Jackson's Hotel eine größere Auswahl zu bieten als die üblichen indischen Restaurants, aber leider scheint vieles davon nur Wunschdenken zu sein. Das Essen schmeckt gleichwohl gut und läßt sich mit einem kalten Bier herunterspülen.

Ein weiteres gutes Lokal ist das Restaurant Haveli im Hotel Krishna, allerdings auch etwas teurer.

Ebenfalls einen Versuch wert ist das Restaurant im Hotel Kalchuri der MPTDC. Dort kann man ganz gut Fish & Chips für 30 Rs essen.

Empfehlen läßt sich ferner das Restaurant Woodlands im Hotel Samdariya. Auf der anderen Straßenseite kommt man zum Restaurant Avtar, das jedoch recht teuer ist.

Für einen Imbiß eignet sich das Rajbhog Coffee House am Busbahnhof, in dem die Kellner Kopfbedeckungen wie Ventilatoren und Kummerbund tragen. Außerdem wird den Gästen dort zunächst eine Zeitung zum Lesen angeboten, wenn sie sich setzen. Das Indian Coffee House ist ähnlich.

Im beliebten Yogi Durbar bewegen sich die Preise für Hauptgerichte zwischen 25 und 50 Rs. Dort kann man auch leckeres Eis erhalten.

AN- UND WEITERREISE

Bus: Von Jabalpur fahren Busse nach Allahabad, Khajuraho, Varanasi, Bhopal, Nagpur und zu den anderen Großstädten. Für Nachtfahrten empfehlen sich die Busse privater Unternehmen, denn die des staatlichen Busunternehmens befinden sich meistens schon in einem fortgeschrittenen Stadium des Verfalls.

Wenn man zum Nationalpark Kanha will, kann man mit einem staatlichen Bus täglich um 7.00 und 11.00 Uhr nach Kisli (40 Rs, 6½ Stunden) und um 9.00 Uhr mit dem Bus in Richtung Malakhand nach Mukki (50 Rs, 7½ Stunden) fahren. Die Busse nach Kisli fahren allerdings nur dann, wenn der Nationalpark geöffnet ist (von November bis Juni).

Einmal täglich verkehrt ein Bus auch nach Khajuraho (65 Rs, 11 Stunden), der um 9.00 Uhr abfährt. Bequemer ist es allerdings, einen Zug nach Satna zu nehmen, wo von regelmäßig Busse nach Khajuraho weiterfahren (23 Rs, 4 Stunden).

Zug: Direktverbindungen bestehen zwischen Jabalpur und Satna in 2 Stunden (189 km, 2. Klasse 48 Rs und 1. Klasse 178 Rs), Varanasi in 13 Stunden (505 km, 2. Klasse 130 Rs und 1. Klasse 387 Rs) sowie Bhopal in 7½ Stunden (336 km, 2. Klasse 95 Rs und 1. Klasse 282 Rs). Wenn man zu den Höhlen von Ajanta und Ellora will, dann fährt man mit einem Zug in Richtung Bombay bis Bhusaval, wo alle Züge halten, und steigt in diesem Ort in einen anderen Zug nach Jalgaon um. Von dort kann man mit einem Bus zu den Höhlen weiterfahren.

NAHVERKEHR

Auto-Rikscha und Fahrrad-Rikscha: Seien Sie vorsichtig bei den Fahrern der Auto-Rikschas. Die können sehr habgierig sein, so daß man sich in jedem Fall noch vor Beginn einer Fahrt über den Preis einigen sollte. Wer mit einem Zug ankommt und im Jackson's oder im Kalchuri wohnen will, benötigt wahrscheinlich gar keine Auto-Rikscha. Und falls Sie mit einem Bus ankommen, finden Sie die meisten Hotels der unteren und der mittleren Preisklasse in einem Umkreis von max. 10 Minuten Fußweg vom Busbahnhof entfernt. Die Wallahs von Fahrrad-Rikschas sind fast genauso schlimm.

Wenn man sich ein Fahrrad mieten will, ist das an verschiedenen Stellen zwischen dem Jackson's Hotel und dem Hotel Kalchuri wie auch auf der anderen Seite der Schienen möglich.

DIE UMGEBUNG VON JABALPUR

MARMORFELSEN

Diese Schlucht des Narmada ist bei den Einheimischen unter dem Namen Bhedaghat bekannt und liegt ca. 22 km von Jabalpur entfernt. Die glänzend weißen und rosafarbenen Marmorfelsen erheben sich blank aus dem klaren Wasser und lassen einen magischen Effekt entstehen, insbesondere bei Mondlicht. Für die Felsen wird vom Fremdenverkehrsamt von Madhya Pradesh kräftig geworben. Nun reichen die Kommentare von Touristen von „wirklich spektakulär" bis „vollständiger Fehlschlag". Wie man die Felsen empfindet, hängt letztlich davon ab, wann man sie sich ansieht. Meiden sollte man sie an Wochenenden und in Vollmondnächten, denn dann sind sie von Pauschaltouristen überlaufen.

Am besten läßt sich die kilometerlange Schlucht von einem Ruderboot aus betrachten (mit mehreren anderen Leuten zusammen für jeweils 5 Rs oder allein für 75 Rs). Diese Boote legen von November bis Juli täglich den ganzen Tag über vom Anleger am Ende der Schlucht ab. Die Felsen am Ende der Schlucht werden nachts mit Flutlicht angestrahlt. Am Anfang der Schlucht befindet sich die großartige Dhuandhar (Rauchkaskade). Um die Wasserfälle herum scharen sich Hunderte von Ständen, an denen Gegenstände aus Marmor verkauft werden. Vieles davon ist recht kitschig, aber wenn man sich ein wenig umsieht und hart handelt, kann man auch einige schöne Stücke kaufen. Oberhalb vom unteren Ende der Schlucht führt eine Steintreppe mit über 100 Stufen zum Chausath Yogini, dem Madanpur-Tempel. Der runde Tempel beherbergt die beschädigten Bilder von 64 *yoginis*, den Begleitern der Göttin Kali.

Unterkunft und Essen: Die Marmorfelsen sind ein sehr schönes Ziel, um an ihnen zu übernachten. Am besten wohnt man im Motel Marble Rocks (Tel. 0761/ 8 34 24), das vom staatlichen Fremdenverkehrsamt geführt wird. Von hier aus blickt man über den Fuß der Schlucht. Im Hotel befindet sich auch ein ausgezeichnetes Restaurant. Im Motel, einem komfortablen Bungalow aus der Kolonialzeit, gibt es allerdings nur vier Zimmer, in denen man allein für 200 Rs und zu zweit für 250 Rs übernachten kann. Daher sollte man besser im voraus buchen. Im Dorf findet man zudem zahlreiche billige Cafés.

Außerdem stehen im Dorf auch einige einfache Übernachtungsmöglichkeiten zur Verfügung.

An- und Weiterreise: Tempos bringen Fahrgäste von der Haltestelle unweit vom Museum in Japalpur für 7 Rs zu den Felsen. Daraus muß man sich am Tourist Motel absetzen lassen, weil man sonst am Kopf der Schlucht landet, etwa einen Kilometer weiter.

Eine Alternative ist es, für die Fahrt zu den Marmorfelsen ein Fahrrad zu mieten. Den größten Teil verläuft die verkehrsreiche Straße ohne Steigung. Zudem gibt es unterwegs zahlreiche Stände, an denen man halten kann. Die Strecke verläuft aus Jabalpur heraus zunächst entlang der Straße nach Nagpur. Unterhalb der Jain-Tempel hoch oben auf einem Hügel muß man die Abzweigung nach rechts nehmen. Nach 15 km kommt man an eine Abzweigung, an der es nach links geht und an der man ein Schild mit der Aufschrift „Bhedaghat 5 km" sehen kann.

NARSINGHPUR

Narsinghpur, gelegen 84 km westlich von Jabalpur, ist eine verschlafene Provinzstadt, aber einen Besuch wert, wenn man auf den Spuren von Sleeman wandeln möchte (vgl. Exkurs).

Besichtigen kann man den Narsingh Mandir, einen alten Tempel mit einem ganzen Netz von unterirdischen Tunneln darunter. Der Wärter wird Sie herunterführen und Ihnen den Raum zeigen, in dem Sleeman einige Anführer der *thuggees* in die Zange nahm.

Unterkunft: Übernachten kann man im Gunawat Inn, das Doppelzimmer für 100 Rs zu bieten hat und unweit

---

Thugs

In Narsinghpur war es, von wo aus Anfang des 19. Jahrhunderts Oberst Sleeman den Krieg gegen einen bizarren hinduistischen Kult (*thuggee*) führte, der im Laufe von Jahrhunderten wahrscheinlich über eine Million Leben gefordert hat. Es war weitgehend seinen Bemühungen zu verdanken, daß die *thuggees* ausgelöscht werden konnten. Jahrelang hatten sich die Anhänger dieses Kultes auf den wichtigsten Straßen in Indien herumgetrieben und Ritualmorde gegangen, indem sie ihre Opfer mit einer gelben Seidenschnur erwürgten, um dem Blutdurst der Göttin Kali gefällig zu sein.

vom Bahnhof liegt. Man kann sein Glück auch im Nira Farm Guest House (Tel. 07792/2 38)versuchen. Dort vermietet Frau Nagu aber nur ein einziges, einfaches Zimmer für 100 Rs, das man im voraus reservieren lassen muß. Das ist schriftlich (Mrs. Prem Nagu at Nira Farm, Narsinghpur, Madhya Pradesh) oder telefonisch möglich. Sie ist zudem eine ausgezeichnete Köchin, während ihr Ehemann, ein pensionierter Oberst, eine ganze Menge über Sleeman, aber auch über interessante Ziele auf den nahegelegenen Satpura-Hügeln weiß.

NATIONALPARK KANHA

Kanha, 175 km südöstlich von Jabalpur, ist mit 1945 Quadratkilometern und einem Kerngebiet von 945 Quadratkilometern einer der größten Nationalparks Indiens. Als Schauplatz des Buches *Das Dschungelbuch* von Kipling ist es eine schöne Gegend, die teils bewaldet ist und teils aus Grasland mit dünnem Baumbestand besteht, durchzogen von zahlreichen Flüssen und Bächen, die einer großartigen Vielfalt von Tieren Lebensraum bietet. Der Park gehört zum „Projekt Tiger", einem der bedeutendsten Versuche zur Erhaltung dieser Tiere. Allerdings hat ein Skandal in diesem Projekt dazu geführt, daß die Zahl der Tiger möglicherweise wieder abnimmt (vgl. Exkurs im Kapitel über Uttar Pradesh).

In begrenztem Ausmaß wurde der Tierwelt in dieser Region erstmals im Jahre 1933 Schutz gewährt. Erst 1955 wurde sie jedoch zum Nationalpark erklärt und 1962 sowie 1970 erweitert. Kanha ist ein gutes Beispiel dafür, was man mit einer entschlossenen Politik für die Erhaltung der Tierwelt erreichen kann. Zwischen 1973 und 1988 hat sich hier die Zahl der Tiger von 43 auf über 100 erhöht, die der Leoparden von 30 auf 54, die der *chital* (geflecktes Wild) von 9000 auf über 17 000, die der Sambare von 1058 auf 1853 sowie die der Barasingha von 118 auf 547. Wegen des Ausbruchs der Rinderpest im Jahre 1976 ist die Zahl der Gaurs (indische Bisons) jedoch nur von 559 auf 671 angestiegen. Der Park ist gut organisiert und ein beliebtes Ausflugsziel. Man hat gute Aussichten, in ihm Tiger, Gaurs und viele Pflanzenfresser zu sehen.

Ausflüge in den Park werden am frühen Morgen und am Abend unternommen. Fahrten mit eigenen Autos sind nicht erlaubt. Vom 1. Juli bis zum 31. Oktober ist er wegen des Monsuns jedoch geschlossen. Auch wenn Tiere während der gesamten Saison zu sehen sind, erblickt man sie häufiger, wenn es im März und April heißer wird und sie sich auf der Suche nach Wasser aus dem Schutz der Bäume wagen. Die heißesten Monate sind Mai und Juni, wenn die Temperaturen am Nachmittag bis zu 42 Grad erreichen können. Im Dezember und im Januar ist es am kältesten. Auch wenn es dann warm genug ist, um tagsüber ohne Pullover auszukommen, sinken die Temperaturen nach Sonnenuntergang doch schnell auf den Gefrierpunkt und darunter. Da es bei Ausflügen in den Park sehr kühl werden kann, benötigt man genügend warme Kleidung.

Möglichkeiten, im Park Reiseschecks einzulösen, bestehen nicht. Die nächsten Orte, in denen man dies erledigen kann, sind Mandla und Jabalpur. Ein Telefon und einen kleinen Laden gibt es in Kisli, aber kein Benzin. Die Benzinpumpe dort ist schon seit Jahren trocken. Vergessen Sie ferner nicht, genügend Filme mitzubringen. Das müssen welche mit hoher Empfindlichkeit sein (400 ASA und höher), weil viel Licht bei den Ausflügen am frühen Morgen und am Abend nicht zur Verfügung steht.

Der Markt der Einheimischen in Sarekha jeden Freitag zieht die farbenfroh gekleideten Angehörigen des Baiga-Stammes an und ist ebenfalls einen Besuch wert Als Eintritt in den Park ist eine kleine Gebühr zu entrichten.

BESUCHERZENTREN

In einer Gemeinschaftsaktion mit dem Nationalparkdienst der USA und dem indischen Zentrum für die Ausbildung im Umweltschutz sind drei Besucherzentren entstanden. Die erläuternden Ausstellungen in diesen Besucherzentren an den Toren in Khatia und Mukki sowie im Nationalpark selbst sind sehr gut gemacht und lohnen es, sie sich anzusehen. Am beeindruckendsten ist die in Kanha mit fünf Galerien und einer Forschungshalle. Außer Darstellungen der Tiere und ihrer Umwelt kann man sich auch noch eine Ton- und Lichtschau in Hindi oder Englisch mit dem Titel „Encounters in the Dark" ansehen. Entscheiden Sie sich für den Ton in Hindi oder Englisch und verbringen Sie dann 20 unterhaltsame Minuten in einem kleinen Raum gemeinsam mit fünf anderen Leuten („There is no danger, all exhibits are artificial")!

Verkauft werden auch eine ganze Reihe von Publikationen, Plakaten und Postkarten sowie ein kleiner Führer mit Erläuterungen zu den Markierungen entlang der Straße, die als Teil des Projektes angebracht worden sind. Kaufen kann man eine Bildband über den Park für 120 Rs. Die Besucherzentren sind täglich von 7.00 bis 10.30 Uhr und von 16.00 bis 18.00 Uhr geöffnet. Daneben kann man sich abends im Besucherzentrum Khatia kostenlos Filme ansehen.

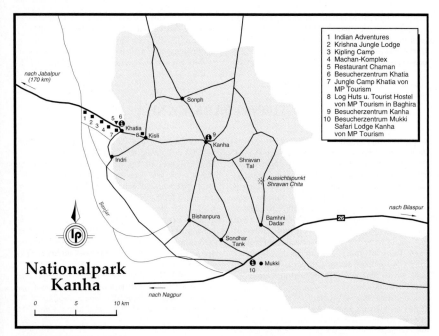

1 Indian Adventures
2 Krishna Jungle Lodge
3 Kipling Camp
4 Machan-Komplex
5 Restaurant Chaman
6 Besucherzentrum Khatia
7 Jungle Camp Khatia von
   MP Tourism
8 Log Huts u. Tourist Hostel
   von MP Tourism in Baghira
9 Besucherzentrum Kanha
10 Besucherzentrum Mukki
   Safari Lodge Kanha
   von MP Tourism

nach Jabalpur
(170 km)

Sonph

Khatia
Kisli
Kanha

Indri

Shravan
Tal

Aussichtspunkt
Shravan Chita

nach Bilaspur

Bishanpura

Bamhni
Dadar

Sondhar
Tank

Mukki

Nationalpark Kanha

nach Nagpur

0   5   10 km

UNTERKUNFT UND ESSEN

Die Unterkünfte liegen verstreut auf einer Länge von ca. 6¹/₂ km entlang der Straße nach Jabalpur. Deshalb ist es wichtig, an der richtigen Stelle aus dem Bus auszusteigen, weil man sonst noch ein gutes Stück laufen muß, zumal auf der Straße außer den Bussen kaum noch andere Fahrzeuge verkehren.

Um das Haupttor in Kisli herum gibt es zwei Unterkünfte, die vom staatlichen Fremdenverkehrsamt geführt werden. Im Tourist Hostel stehen drei Schlafsäle mit jeweils acht Betten zur Verfügung, in denen man einschließlich vegetarischer Vollpension für 140 Rs pro Bett übernachten kann. Es ist sauber und eine viel bessere Wahl als die nahegelegenen Baghira Log Huts. Mit Ventilator zahlt man hier für ein Einzelzimmer 300 Rs und für ein Doppelzimmer 350 Rs. Außerdem ist ein Restaurant mit Hauptgerichten um 25 Rs und kaltem Bier vorhanden.

Etwa 3 km die Straße zurück in Richtung Jabalpur kommt man am Tor in Khatia zum Jungle Camp Khatia von MP Tourism, in dem man für eines der 18 Einzel- und Doppelzimmer mit Bad und Vollpension mit vegetarischen Thalis allein 100 Rs und zu zweit 200 Rs bezahlt. Hier gibt es auch einen strohgedeckten Bereich zum Sitzen. Wahrscheinlich übernachtet man in dieser Anlage besser als in Kisli, weil mehr Jeeps zur Verfü-

gung stehen und man sich abends im Besucherzentrum auch noch die Filme ansehen kann.

Es ist ratsam, für diese Quartiere im voraus zu buchen, aber nicht unbedingt notwendig, wenn Sie sich auch mit einem Bett im Schlafsaal zufriedengeben. Buchungen, die mehr als 10 Tage vorher vorgenommen werden sollen, müssen über eines der folgenden Büros des Fremdenverkehrsamtes von Madhya Pradesh getätigt werden:

Bhopal
    4th Floor, Gangotri, T T Nagar (Tel. 0755/55 43 40)
Bombay
    74 World Trade Centre, Cuffe Parade, Colaba (Tel. 022/2 18 48 60)
Delhi
    2th Floor, Kanishka Shopping Plaza, Ashok Road 19 (Tel. 011/3 32 11 87, App. 277)
Kalkutta
    6th Floor, Chitrakoot Building, A. J. C. Bose Road 230 A (Tel. 033/2 47 85 43)

Buchungen zwischen vier und zehn Tagen im voraus müssen über das Fremdenverkehrsamt am Bahnhof in Jabalpur (Tel. 0761/32 21 11) vorgenommen werden. Falls es nicht möglich ist, mindestens vier Tage im voraus zu reservieren, erhält man hier Auskunft, ob noch etwas frei ist.

Es gibt in Khatia auch noch ein paar private Lodges. Der Machan Complex ist ein einfaches Quartier, in dem für ein Bett im Schlafsaal 30 Rs und für ein Doppelzimmer mit Bad 100 Rs berechnet werden. Hier kann man auch preiswert essen. Im rustikalen, blau und weiß angestrichenen Restaurant Chaman werden vegetarische Tagesgerichte für 20 Rs angeboten und ein paar Einzel-, Doppel- und Dreibettzimmer für 50, 80 bzw. 120 Rs vermietet. Bessere Doppelzimmer mit Bad für 150 Rs hat das Motel Chandan zu bieten. Auch hier gibt es ein gutes Restaurant.

Von den Hotels in Privatbesitz ist das Indian Adventures am weitesten von Kisli entfernt. Es liegt auf dem Weg, wenn man von Jabalpur zum Park fährt, an der Furt, die über den Fluß führt. Hier läßt sich eine Hütte mit Bad für zwei Personen mieten. Die Anlage bietet zudem einen schönen, nach allen Seiten offenen „Speisesaal" mit einer Feuerstelle. Die Mitarbeiter sind sehr freundlich und aufmerksam. Wenn andere Gäste vorhanden sind, ist es ein schönes Quartier, falls man jedoch allein ist, kann es ein wenig einsam und isoliert sein. Mit 1000 Rs pro Person und Tag einschließlich Vollpension und Fahrt zum und durch den Park (zwei Pirschfahrten täglich) ist es auch nicht gerade billig. Für den Ritt auf einem Elefanten muß gesondert gezahlt werden. Der Maruti-Jeep des Hotels ist ruhig und bequem. Bei der Fahrt mit ihm knausert man auch nicht mit Zeit. Buchungen sollten wenigstens 10 Tage im voraus über Indian Adventures, 257 S. V. Road, Bandra, Bombay 400050 (Tel. 6 40 63 99), vorgenommen werden. Buchungen innerhalb von 10 Tage sind über Chadha Travels, Jackson's Hotel, Civil Lines, Jabalpur (Tel. 0761/32 21 78), möglich.

Die neue Krishna Jungle Lodge in der Nähe sollte inzwischen in Betrieb sein. Es scheint, daß die Preise dort ähnlich wie bei Indian Adventures sein werden. Einzelheiten dazu kann man im Hotel Krishna in Jabalpur erfahren (Tel. 0761/2 89 84).

Das beste Quartier ist das Kipling Camp. Es wird mit begeisterten Mitarbeitern wie bei einer englischen Hausparty von Bob Wright geführt, den man über den Tollygunge Club in der D. P. Sasmal Road 120 in Kalkutta (Tel. 033/4 73 19 03) erreicht. Hier wohnt man für 2200 Rs pro Tag sicher nicht gerade billig, aber im Preis sind die Verpflegung, der Transport zum und im Park in offenen Land Rovern usw. enthalten.

Das Camp ist auch die Heimat von Tara, der Hauptfigur in dem Buch *Auch Elefanten weinen* von Mark Shand. Sie nimmt Gäste zu Ausritten in den Wald der Umgebung mit und läßt sich auch beim täglichen Bad im Fluß beobachten. Geöffnet ist vom 1. November bis Anfang Mai. Reservierungen müssen im voraus vorgenommen werden. Wenn das geschehen ist, kann man sich in Jabalpur (3^1/2 Stunden Autofahrt), in Bilaspur (6^1/2 Stunden Autofahrt) und in Nagpur (6^1/2 Stunden Auto-

fahrt) abholen lassen. Wenn man über Nagpur kommt, kann man seine Reise im Kawardha-Palast unterbrechen (vgl. weiter unten).

Schließlich gibt es noch die vom staatlichen Fremdenverkehrsamt geführte Kanha Safari Lodge in Mukki, von Kisli aus gesehen auf der anderen Seite des Parks, wo ebenfalls ein Besucherzentrum errichtet wurde. Hier kosten die Einzel- und Doppelzimmer 250 bzw. 300 Rs, mit Klimaanlage 400 bzw. 450 Rs. Es gibt in der Anlage auch eine Bar und ein Restaurant. Weil die hübsch gelegen und kaum voll belegt ist, ist diese Anlage ein gutes Quartier, wenn man in Kisli nicht unterkommen kann. Mukki ist allerdings ohne eigenes Fahrzeug nicht leicht zu erreichen. Buchungen für diese Anlage sollten auf die gleiche Art vorgenommen werden wie für die des Fremdenverkehrsamtes von Madhya Pradesh in Kisli.

AN- UND WEITERREISE

Öffentliche Busse fahren zweimal täglich um 7.00 Uhr (6 Stunden) und um 11.00 Uhr (7 Stunden) direkt vom Busbahnhof in Jabalpur zum Tor in Kisli. Der Fahrpreis beträgt 40 Rs. Die Fahrkarten werden ca. 15 Minuten vor der Abfahrt verkauft. In der Gegenrichtung fahren die Busse in Kisli gegen 8.00 Uhr und gegen 12.00 Uhr ab. Im Winter kann der erste Bus jedoch Verspätung haben. Es handelt sich um klapprige, alte Fahrzeuge, die bis Mandla überfüllt sind. Im allgemeinen sind danach noch einige freie Sitze vorhanden. Wenn Sie mit einem dieser Busse fahren wollen, dann bringen Sie nicht zuviel Gepäck mit, denn es ist kaum Platz vorhanden, um es abzustellen. Auf der Fahrt von Kisli nach Jabalpur müssen Sie möglicherweise in Mandla umsteigen.

Der für Kisli nächstgelegene Bahnhof ist 1^1/2 Stunden Busfahrt entfernt in Chiraidongri. Er ist nach einer langsamen Fahrt entweder von Jabalpur oder Gondia (zwischen Nagpur und Raipur) über Nainpur mit Schmalspurzügen zu erreichen, die Eisenbahnliebhabern gefallen wird.

IM NATIONALPARK

Jeep: Jeeps können sowohl am Tor in Khatia als auch am Tor in Kisli auf der Basis der damit gefahrenen Kilometer gemietet werden. Dabei muß man mit rund 400 Rs rechnen, die sich jedoch unter bis zu sechs Personen aufteilen lassen. Hinzu kommt ein Zuschlag für den vorgeschriebenen Führer. Die Eintrittsgebühren für den Park werden gesondert berechnet. Die Fahrten finden in der Zeit vom 15. November bis zum 15. Februar von Sonnenaufgang bis 12.00 Uhr mittags und von 15.00 Uhr bis Sonnenuntergang statt, in der Zeit vom 16. Februar bis zum 30. April von Sonnenaufgang bis 12.00 Uhr und vom 16.00 Uhr bis Sonnenuntergang, in der Zeit von 1. Mai bis zum 30. Juni von

BRYN THOMAS

BRYN THOMAS

Madhya Pradesh
Oben: Statue vor dem Gujri Mahal in Gwalior
Unten: Inneres der Jama Masjid in Mandu

BRYN THOMAS

BRYN THOMAS

BRYN THOMAS

BRYN THOMAS

BRYN THOMAS

Madhya Pradesh
A: Sanchi
B: Jahaz Mahal in Mandu
C: Einzelheiten der Schnitzereien in Sanchi

D: Jama Masjid vom Ashrafi Mahal in Mandu
E: Höhle in Udaigiri unweit von Sanchi

Sonnenaufgang bis 11.00 Uhr und von 17.00 Uhr bis Sonnenuntergang. Bei den Ausflügen am Morgen wird eine Strecke von ca. 60 km zurückgelegt, am Nachmittag etwas weniger. In der Hochsaison kann es sein, daß nicht für alle Interessenten genug Jeeps zur Verfügung stehen. Deshalb sollte man sich zu einer Fahrt anmelden, sobald man angekommen ist. Wie in den anderen indischen Nationalparks haben die Fahrer die Tendenz, zu schnell zu fahren und nicht lange genug zu warten, bis Wild auftaucht. Wenn Sie der Ansicht sind, Ihr Fahrer sei zu ungeduldig, sollten Sie ihm sagen, er möge das Tempo drosseln ...

Eines Abends fuhren wir in einem schon recht alten Jeep durch den Park und bekamen eine Panne. Nachdem unser Fahrer sich längere Zeit am Motor zu schaffen gemacht hatte, entschied er, daß wir nur noch zu Fuß nach Kisli zurückkehren könnten. Das waren ja nur 15 km! Also stiegen wir vorsichtig hinten aus dem Jeep und gingen los. Fünfzehn Minuten zuvor waren wir noch auf der Suche nach Tigern gewesen und hofften jetzt, daß sie nicht auf der Suche nach uns waren.

Erleichterung zeichnete sich auf allen Gesichtern ab, als der Fahrer eines anderen Jeeps uns nach ca. 3 km mitnahm. Natürlich tauchte unser Jeep am nächsten Morgen gegen 6.30 Uhr wieder auf, der Starter am Motor war „repariert". Unser Führer von gestern weigerte sich allerdings, eine weitere Fahrt mit uns zu unternehmen!

Linda und Paul Careling (Australien)

Elefanten: Elefanten lassen sich für Ausritte zum Preis von 50 Rs pro Stunde mieten. Früher wurden sie auch für Safaris zum Beobachten der Tierwelt eingesetzt, aber das scheint nicht mehr der Fall zu sein. Danach kann man sich bei der Ankunft im Park erkundigen.

NATIONALPARK BANDHAVGARH

Dieser Nationalpark liegt 197 km nordöstlich von Jabalpur in den Bergen der Vindhyan-Kette. Er gehört nicht zum „Projekt Tiger", aber auch hier werden gelegentlich Tiger gesichtet, häufiger am Ende der Saison. In diesem Park mit einem Kerngebiet von 105 Quadratkilometern leben derzeit etwa 25 Tiger. Kürzlich wurde eine Pufferzone von 343 Quadratkilometern hinzugefügt, in der weitere 25 dieser Tiere beheimatet sind.

Die Lage dieses Nationalparks ist beeindruckend. Benannt wurde er nach einer alten Festung oben auf der Spitze von rund 800 m hohen Klippen. Im Fort befindet sich ein Tempel, den man sich nach der Fahrt mit einem Jeep ansehen kann. Darunter gibt es zahlreiche aus den Felsen gehauene Schreine.

Weil er ziemlich klein ist, ist die Ökologie in diesem Park sehr empfindlich, dennoch aber die Heimat von Nilgai, Wildschweinen, Schakalen, Gaurs, Sambaren und Stachelschweinen sowie vielen Vögeln. Auf den Schutzwällen der Festung kann man auch Geier, Drosseln und Schwalben sehen.

Wie Kanha kann der Park in der Mitte des Tages nicht betreten werden. Außerdem ist er vom 1. Juli bis zum 31. Oktober vollständig geschlossen. Beim Betreten ist eine kleine Eintrittsgebühr zu bezahlen. Jeeps lassen sich ebenfalls mieten. Auch Führer kann man anheuern.

UNTERKUNFT UND ESSEN

Einige Übernachtungsmöglichkeiten bestehen unmittelbar vor dem Tor zum Park in dem kleinen Dorf Tala. Dort gibt es auch mehrere Lokale, in denen man etwas essen kann.

Das preiswerteste Quartier ist die reich verziert aussehende Tiger Lodge, in der man in einem Doppelzimmer für 80 Rs übernachten kann (mit Ventilator). Besser sieht das Hotel Baghela aus und ist einen Versuch wert, wenn es geöffnet ist. Das Nature Resort mag Spaß bereiten, denn es wirbt mit „lunch-time games for everyone" und berechnet 60 Rs für ein Bett in einem Zelt. Vermietet werden aber auch einige Doppelzimmer für 280 Rs.

Ein ganz gutes Quartier mit Blick über den Fluß, an dem die Elefanten baden, ist die White Tiger Forest Lodge des staatlichen Fremdenverkehrsamtes (Tel. 3 08). Hier kosten mit Bad Einzelzimmer 250 Rs und Doppelzimmer 300 Rs (mit Klimaanlage 400 bzw. 450 Rs). Der

---

Weiße Tiger

Der berühmte weiße Tiger von Rewa wurde 1951 als Jungtier unweit von Bandhavgarh entdeckt und Mohun genannt. Weil seine Mutter erschossen worden war, zog man ihn auf. Nachdem er sich 1958 mit einer seiner Töchter gepaart hatte, wurde ein Wurf weißer Jungen geboren. Mohuns zahlreiche Nachkommen können nun in verschiedenen Zoos der Welt besichtigt werden. Das Interessante an diesen weißen Tigern ist, daß es sich, obwohl ihr Fell weiß ist, nicht um Albinos handelt. Ihre Augen sind eher blau als pink und ihre dunklen Streifen die Folge zurückgebender genetischer Vielfalt. Inzucht hat zu ihrem Niedergang geführt, so daß die Anzahl weißer Tiger weltweit von über 100 auf rund 20 zurückgegangen ist. Den ersten weißen Tiger kann man sich noch heute ansehen, denn Mohuns ausgestopfter Körper steht im Palast des Maharadschas von Rewa, heute ein Hotel.

Geschäftsführer und die Mitarbeiter sind ganz nett und sorgen dafür, daß auch ganz ordentliches Essen angeboten wird. Vorherige Reservierungen sind empfehlenswert. Das ist weniger als fünf Tage vor der Ankunft telefonisch unmittelbar in der Anlage und vorher bei den Stellen möglich, die im Abschnitt über den Nationalpark Kanha aufgeführt sind.

Man kann aber auch im früheren Palast des Maharadschas von Rewa übernachten, dem Bandhavgarh Jungle Camp. Das ist allerdings mit mehr als 1000 Rs eine recht teure Unterkunft, aber im Preis sind Vollpension und Ausflüge in den Park bereits enthalten. Die Buchungsadresse lautet 1/1 Rani Jhansi Road, Delhi 110055 (Tel. 011/ 52 30 57).

AN- UND WEITERREISE

Der nächste Bahnhof befindet sich in Umaria an der Strecke von Katni nach Bilaspur. Das ist 32 km entfernt. Von dort kann man mit Nahverkehrsbussen bis Tala fahren (10 Rs, eine Stunde). Von Satna fährt morgens ebenfalls ein Bus nach Tala, der über Amarpatam bis zum Ziel vier Stunden benötigt.

MANDLA UND RAMNAGAR

Mandla liegt ungefähr 100 km südlich von Jabalpur an der Strecke nach Kanha. Hier gibt es ein Fort, das in einer Schleife des Narmada errichtet wurde, so daß der Fluß eine Sicherung nach drei Seiten darstellt. Ein Graben sorgt für Sicherheit an der vierten Seite. Gebaut wurde das Fort im ausgehenden 17. Jahrhundert, wird heute aber mehr und mehr vom Urwald überwuchert. Nur noch einige Türme sind vorhanden.

Etwa 15 km entfernt liegt Ramnagar mit den Ruinen seines dreistöckigen Palastes hoch über dem Narmada. Der Palast und das Fort in Mandla wurden von Gond-Königen erbaut, die vor den eindringenden Moguln nach Süden flüchteten.

In der Nähe von Mandla wurden an einer längeren Strecke entlang des Narmada verstreut auch viele Tempel errichtet.

BHORAMDEO UND KAWARDHA

In Bhoramdeo, 125 km östlich von Kisli (Kanha), gibt es einen kleinen, aber interessanten Shiva-Tempel aus dem 11. Jahrhundert, erbaut im Stil der Tempel von Khajuraho. Die Reliefs bedecken so gut wie jede Stelle der Außenseite und enthalten Abbildungen von Gottheiten, die sich die üblichen Betätigungen gönnen, auch familiäre Sexakrobatik. Anders als die meisten Tempel in Khajuraho wird dieser noch heute stark genutzt. Im Tempel lebt auch eine Kobra, die von den Priestern gefüttert wird. Ein paar Kilometer entfernt kann man sich zwei weitere Tempel ansehen, nämlich den Mandwa Mahal und den Madanmanjari Mahal. Sie stammen aus der gleichen Zeit.

Rund 20 km südlich von Bhoramdeo, weitab der ausgetretenen Touristenpfade, hat der Maharadscha von Kawardha einen Teil seines Palastes Gästen zugänglich gemacht. Das Palace Kawardha (Tel. 07741/3 24 04) ist ein erfreulich friedliches Quartier, in dem man das Gefühl bekommt, sehr willkommen zu sein. Im Vergleich zu anderen Palästen ist dieser zwar weder riesig groß noch sehr alt (erbaut 1939). Er vermittelt aber das Gefühl, das man im Palast eines Maharadschas erwartet - Fußböden aus italienischem Marmor, ausgestopfte Tiger und alte englische Armaturen in den Badezimmern. Wenn man es sich leisten kann, hier zu übernachten, ist das eine Erfahrung, die man sicher nicht missen möchte. Das kostet einschließlich Vollpension (eingenommen mit dem charmanten früheren Maharadscha und seiner Familie) und Ausflügen mit einem Jeep zu den Tempeln oder auf die Hügel 2438 bzw. 3900 Rs (bei mehr als einer Nacht mit Ermäßigung). Möglich ist das vom 1. Oktober bis zum 30. April jedes Jahres, allerdings nur nach Voranmeldung. Wenn man davon Gebrauch machen will, dann muß man an Margaret Watts-Carter, Palace Kawardha, Kawardha, District Rajnandgaon, Madhya Pradesh 491995, schreiben.

BILASPUR

Einwohner: 258 900
Telefonvorwahl: 07752
Bilaspur ist eine geschäftige Stadt ganz im Osten von Madhya Pradesh und Sitz der Hauptverwaltung der South-Eastern Railways. Auch wenn sie keine „Attraktionen" zu bieten hat, kann es ganz günstig sein, in der Stadt eine Reise vom Nationalpark Kanha nach Puri in Orissa zu unterbrechen.

Bilaspur liegt in einer Gegend, in der viel Reis angebaut wird und in der es nach dem Monsun sehr grün aussieht.

Im Ort Ratanpur, 25 km nördlich, kann man sich die Ruinen einer Festung und eine Reihe von kleinen künstlichen Seen ansehen, alle angelegt auf Veranlassung von früheren Rajputen-Herrschern der Region. Dorthin fahren von Bilaspur viele Nahverkehrsbusse (7 Rs, 45 Minuten)

UNTERKUNFT UND ESSEN
Das Hotel Natraj unweit der Bushaltestelle liegt günstig an der Hauptstraße und wartet mit Zimmern ab 75 Rs auf. Ebenfalls an der Hauptstraße liegt das Hotel Chandrika (Tel. 50 88), in dem mit Bad Einzelzimmer für 80 Rs und Doppelzimmer für 120 Rs angeboten werden, mit Fernsehgerät und Ventilator für 225 bzw. 275 Rs und mit Klimaanlage für 350 bzw. 400 Rs. Dieses Haus verfügt auch über eine gute Bar und ein Restaurant.

AN- UND WEITERREISE
Die Bushaltestelle liegt in der Stadtmitte. Von dort bestehen Verbindungen nach Kawardha, Nagpur, Raipur und Mukki (in Richtung Nationalpark Kanha). Den Bahnhof findet man 2 km vom Zentrum entfernt. Von dort ist Bilaspur durch Züge mit Jabalpur, Raipur, Bhopal, Puri, Kalkutta und Delhi verbunden.

BOMBAY

Bombay ist die Hauptstadt von Maharashtra und Indiens wirtschaftliches Kraftwerk. Es ist die am schnellsten wachsende, wohlhabendste und am stärksten industrialisierte Stadt des ganzen Landes. In Bombay ist Indiens geschäftigster Flughafen mit den meisten internationalen Ankünften und Abflügen sowie Indiens umschlagkräftigster Hafen. Über ihn werden nahezu 50 % des gesamten Außenhandels abgewickelt. Bombay ist die Hochburg freien Unternehmertums, ein Produktionszentrum für Waren aller Art von Autos und Fahrrädern bis zu pharmazeutischen Dingen sowie Erzeugnissen der Petrochemie. Es ist auch das Zentrum der für Indien so wichtigen Textilindustrie, das Finanzzentrum des Landes und die Stadt in Indien, in der sich die meisten ausländischen Firmen niedergelassen haben. Nariman Point wächst zusehends und entwickelt sich zu einem Mini-Manhattan. Da erstaunt es nicht, daß in der Stadt die Grundstückspreise weiterhin in die Höhe schießen. Dabei war Bombay vor langer Zeit nichts anderes als ein kleines Fleckchen Erde, flach, sumpfig und malariaverseucht, das von den portugiesischen Besatzern den Briten als Morgengabe in die Hände gelegt wurde.

GESCHICHTE

Als die Portugiesen in Bombay auftauchten, bestand diese Stadt nur aus sieben Inseln. Auf ihnen lebte ein einfaches Fischervolk, die Koli. 1534 trat der Sultan von Gujarat durch den Vertrag von Bassein die sieben Inseln an die Portugiesen ab - von Colaba im Süden bis Mahim im Norden. Viel wußten die Portugiesen mit diesen Inseln allerdings nicht anzufangen. Die größte Insel, Mumbadevi, machten sie Katharina von Braganza zum Geschenk, als sie 1661 Charles II. von England ehelichte. Als die Engländer merkten, daß sie davon gefallen war, wollten sie immer mehr und übernahmen 1665 alle sieben Inseln. Die britische Regierung überließ sie dann gegen Entgelt im Jahre 1668 der East India Company. Der jährliche Zins betrug Gold im Wert von 10 £.
Unmittelbar danach begann in Bombay eine rasche Entwicklung zum Handelshafen. Das erste Anzeichen für künftiges Wachstum und blühende Geschäfte war die Ankunft der Parsen. Sie ließen sich 1670 in Bombay nieder und bauten bereits 1675 ihren ersten Turm des Schweigens. 1687 verlegte man den Sitz der East India Company von Surat nach Bombay, und schon 1708 wurde die Stadt das Zentrum des gesamten Handels an der Westküste von Indien.

Einwohner: 14,5 Millionen
Wichtigste Sprachen: Hindi und Marathi
Telefonvorwahl: 022
Beste Reisezeit: September bis April

Bombay

Obwohl Bombay während des folgenden Jahrhunderts ständig weiter wuchs, fand die rasanteste Entwicklung erst in der Mitte des 19. Jahrhunderts statt. 1854 baute man die erste Eisenbahnlinie von Bombay. Der Bürgerkrieg in Amerika führte bei der noch jungen Baumwollindustrie von Bombay zu einem nie geahnten Aufschwung, weil die Versorgung aus den Vereinigten Staaten nicht mehr im bisherigen Umfang möglich war. 1862 sorgte schließlich ein umfassendes Landgewinnungsprojekt dafür, daß die ursprünglich sieben Inseln zu einer einzigen Fläche zusammenwuchsen. Ein Jahr darauf ließ der Gouverneur, Sir Bartle Frere, die alten Mauern des Forts niederreißen und dadurch den Weg zur weiteren Ausdehnung der Stadt freigeben. Nun begann ein Bauboom sondergleichen.

Auch in diesem Jahrhundert bemühte sich Bombay, ein Zentrum für Handel, Industrie, Finanzen und Wirtschaft zu bleiben und seine Bedeutung noch auszubauen. Aber die Attraktivität dieser Stadt als wirtschaftlicher Magnet, in der die Gehsteige mit Gold gepflastert sein sollen, brachte nicht nur Gutes mit. Inzwischen ergaben sich schier unlösbare Probleme auf dem Wohnungssektor. Slums entstanden, und die Übervölkerung nahm und nimmt zu. Das Problem wird dadurch noch schlimmer, daß für eine erneute Erweiterung kein Platz mehr ist - außer auf dem Festland, wo bereits eine „neue" Stadt im Werden begriffen ist. In der Zwischenzeit strömen diejenigen, die sich das Pendeln zwischen dem Festland und der Stadt nicht leisten können, weiter nach Bombay hinein und führen auf der Halbinsel ein Leben, das zu einigen der schlimmsten Slums in ganz Asien geführt hat.

Dennoch ist Bombay eine lebendige Stadt, voll von vielen interessanten Dingen, und darüber hinaus für viele Leute ein Tor zu Indien. Die Stadt hat ihr Beverly Hills und ihre Bronx, ihre Superreichen und ihre Habenichtse, Denkmäler aus der viktorianischen Zeit und Überbleibsel aus buddhistischen Epochen, Mega-Verkehrsstaus, hoch aufragende Hoffnungsschimmer, Slums mit Behausungen aus Pappkartons, Luftverschmutzung in einem Ausmaß, das man sich nicht hätte vorstellen können, zugleich aber auch einen Überfluß, der zu einem Mogulkaiser gepaßt hätte. Es ist Indien in einer Auster.

ORIENTIERUNG

Bombay liegt auf einer Insel, die mit dem Festland durch Brücken verbunden ist. Früher bestand diese Stadt aus sieben Inseln. Die flachen, sumpfigen Gebiete deuten heute noch an, wo die einzelnen Inseln waren. Zentrum der Stadt ist das Südende der Insel. Der Flughafen Sahar liegt 30 km nördlich vom Zentrum.

Die Stadt hat drei Hauptbahnhöfe, von denen Churchgate und Victoria Terminus (VT) bequem erreichbar, weil zentral gelegen, sind, während der Bahnhof Bombay Central etwas außerhalb des Zentrums liegt.

Die Orientierung fällt in Bombay nicht allzu schwer. Der nördliche Teil ist bekannt als Fort, der südliche als Colaba Causeway. Hier findet man auch die meisten preiswerten Hotels und Restaurants sowie einige der Nobelherbergen und teuren Geschäfte. Die beiden Wahrzeichen von Bombay - das Gateway of India und das Hotel Taj Mahal - stehen ebenfalls in Colaba.

Im Norden von Colaba liegt der Stadtteil, den man noch immer Bombay Fort nennt. Hier stand nämlich früher das alte Fort. Auch die meisten repräsentativen Gebäude, die zwischen 1860 und 1900 in Bombay entstanden, liegen hier. Zu ihnen zählen auch das Hauptpostamt (GPO), die Büros, die Banken, das Fremdenverkehrsamt (Tourist Office) und die beiden wichtigsten Bahnhöfe.

Im Westen dieses Stadtteils liegt Back Bay, der Strand der Stadt, um den sich der Marine Drive schlängelt und an dessen Südende man Nariman Point findet. Das ist das moderne Geschäftsviertel von Bombay mit vielen internationalen Hotels, Wolkenkratzern, Büros von Fluggesellschaften, Konsulaten und Banken. Am anderen Ende des Marine Drive kommt man nach Malabar Hill, in die klassische Wohngegend.

PRAKTISCHE HINWEISE

Informationen: Das staatliche indische Fremdenverkehrsamt (Government of India Tourist Office) in der Maharashi Karve Road 123 (Tel. 2 03 29 32, Fax 2 01 44 96) liegt direkt gegenüber vom Bahnhof Churchgate. Es ist montags bis freitags von 8.30 bis 18.00 Uhr sowie samstags und an gesetzlichen Feiertagen von 8.30 bis 13.30 Uhr geöffnet. Sonntags ist das Büro geschlossen. Diese Hauptstelle hat eine umfassende Sammlung von Informationsmaterial zu bieten und ist eines der besten Büros im ganzen Land. Außerdem unterhält das Fremdenverkehrsbüro Nebenstellen am internationalen Flughafen Sahar (Tel. 8 32 53 31), geöffnet rund um die Uhr, und im Flughafengebäude für Inlandsflüge (Tel. 6 14 92 00), besetzt bis zur Ankunft des letzten Flugzeuges.

Auch das Fremdenverkehrsamt von Maharashtra (Maharashtra Tourism Development Corporation - MTDC) ist eine gute Quelle für Informationen über Bombay und den Bundesstaat. Die Hauptverwaltung hat ihren Sitz in den Express Towers am Nariman Point (2 02 44 82, Fax 2 02 45 21) Nicht weit entfernt liegt in den CDO Hutments in der Madame Cama Road eine Zweigstelle (Tel. 2 02 67 13 Fax 2 85 21 82), in der Anmeldungen zu Stadtrundfahrten in Bombay und der Umgebung entgegengenommen werden, Platzreservierungen für Busse nach Mahabeleshwar, Aurangabad und Panaji und Buchungen von Unterkünften des Fremdenverkehrsamtes im gesamten Bundesstaat vorgenommen werden.

Geld: American Express ist in Bombay mit zwei Büros vertreten. Wenn man schnell Geld wechseln will, geht man am besten in das Reisebüro neben dem Regal-Kino in der Shivaji Maharaj Marg in Colaba (Tel. 2 04 82 91), geöffnet täglich von 9.30 bis 19.30 Uhr. Die American

---

Straßennamen in Bombay

Bombay war im Laufe der Jahre von einer Unzahl von Umbenennungen betroffen. Wenn auch einige Umbenennungen von jedermann schlichtweg ignoriert werden, können sich andere nach und nach durchsetzen. So wird der Colaba Causeway jetzt Shahid Bhagat Singh Marg und der Marine Drive neuerdings Netaji Subhashchandra Bose Road genannt, auch wenn niemand diese neuen Bezeichnungen verwendet. Die Churchgate Street ist jetzt als Veer Nariman Road, die Wodehouse Road als N. Parekh Marg, der Wellingdon Circle als Dr. S. P. Mukherjee Chowk, die Rampart Row als K. Dubash Marg und der Martyr's Square als Hutatma Chowk bekannt. Es kann daher nützlich sein, sich den kostenlosen Stadtplan der MTDC zu besorgen, in dem alle wichtigen Umbenennungen aufgeführt sind.

Express Bank findet man in der Dr. D. Naoroji Road 364, unweit vom Flora Fountain. Sie ist montags bis freitags von 11.00 bis 15.00 Uhr und samstags von 11.00 bis 13.00 Uhr zugänglich.
Schnell Geld wechseln läßt sich auch bei Thomas Cook in der Dr. D. Naoroji Road (Tel. 2 04 85 56), und zwar montags bis samstags von 9.30 bis 18.00 Uhr.
Alles, was mit Bankgeschäften zu tun hat, geht auch am internationalen Flughafen relativ zügig.

Post und Telefon: Das Hauptpostamt (GPO) ist in einem sehr imposanten Gebäude am Nagar Chowk unweit vom Bahnhof Victoria Terminus (VT) untergebracht. Postlagernde Sendungen erhält man hier montags bis samstags von 9.00 bis 18.00 Uhr. Dabei wird der ganze Stapel der postlagernden Sendungen zur Durchsicht ausgehändigt, allerdings erst dann, wenn man seinen Reisepaß vorgezeigt hat.
Päckchen und Pakete kann man werktags zwischen 9.00 und 17.00 Uhr im Zwischengeschoß die Treppen hinter den Schaltern für den Briefmarkenverkauf hinauf aufgeben. Auf dem Fußweg vor dem Hauptpostamt verpacken Leute Päckchen und Pakete in der vorgeschriebenen Weise.
Auslandsgespräche führen (auch R-Gespräche) und Faxmitteilungen aufgeben lassen sich am besten im modernen staatlichen Kommunikationszentrum Videsh Sanchar Bhavan an der M G Road (Tel. 2 62 40 20, Fax 2 62 40 27). Daneben stehen überall in der Stadt aber auch Telefone zum Führen von ISD/STD-Gesprächen zur Verfügung.

Konsulate: Da Bombay ein wichtiger Handelsplatz ist, sind viele Länder außer mit einer Botschaft in Delhi in Bombay auch mit einem Konsulat vertreten. Dazu gehören unter anderem:
Deutschland
Hoechst House, 10. Stock, Nariman Point (Tel. 2 83 24 22)
Österreich
Maker Chambers IV, Nariman Point (Tel. 2 04 20 44)
Schweiz
Manek Mahal, Veer Nariman Road 90 (Tel. 2 04 35 50)
Sri Lanka
Sri Lanka House, Homi Modi Street 34 (Tel. 2 04 58 61)
Thailand
Krishna Bagh, Bhulabhai Desai Marg 43 (Tel. 3 63 64 04)

Visaverlängerungen: Visa werden in der Ausländerbehörde (Foreigners' Registration Office) in der Dr. D. Naoroji Road unweit der Polizeiwache (Tel. 2 62 04 46) verlängert (bis auf insgesamt sechs Monate). Für eine Verlängerung muß man 625 Rs bezahlen und braucht

für die Bearbeitung mindestens einen ganzen Tag. Mitzubringen sind auch vier Paßbilder.

Kulturinstitute: Auch in Bombay ist das Goethe-Institut (Max Mueller Bhawan) vertreten, und zwar im Anbau des Prince of Wales Museum, abseits der Mahatma Gandhi Road (Tel. 2 02 77 10). Hier kann man mal wieder eine deutsche Zeitung oder ein deutsches Buch lesen.

Reisebüros: Ein zuverlässigeres Reisebüro für den Kauf von Tickets für Billigflüge als Transway International (Tel. 2 62 60 66, Fax 2 62 35 18) im Pantaky House in der Maruti Cross Lane 8, einer Seitenstraße der Maruti Street, wird man kaum finden. Dieses kleine Reisebüro leistet Besuchern jede Art von Unterstützung, auch bei der Aufbewahrung postlagernder Sendungen und bei Informationen über die Stadt. Es liegt im dritten Stock eines baufällig aussehenden Gebäudes und ist nicht ganz leicht zu finden, aber die Suche danach lohnt. Auch Space Travels im Nanabhoy Mansion in der Sir P. M. Road (Tel. 2 66 33 97) ist ganz gut.
Ein weiteres zuverlässiges Reisebüro ist Travel Corner Ltd. in der Veer Nariman Road (Tel. 2 04 28 82), gelegen eine kleine Gasse neben dem Hotel Delamar hinunter. Daneben haben auch American Express und Thomas Cook hilfreiche Reisebüros zu bieten.
Eigentlich ist es kaum zu verstehen, daß trotz der vielen Fluggesellschaften, die Bombay anfliegen, in dieser Stadt nicht so viele günstige Flugscheine zu haben sind wie in Delhi.

Buchhandlungen: Ausgezeichnet ist die Buchhandlung Nalanda im Hotel Taj Mahal. Empfehlenswert sind aber auch der Strand Bookshop in einer Nebenstraße der Sir P. M. Road (parallel zur Churchgate Street und noch hinter dem Horniman Circle sowie dem Flora Fountain) und Bookpoint in der R. Kamani Marg im Stadtteil Ballard Estate.
Darüber hinaus gibt es zahlreiche Straßenstände mit Büchern unter den Arkaden entlang der Dr. D. Naoroji Road und entlang vom südlichen Teil der M G Road.
Wer übrigens Näheres über den Moloch Bombay erfahren möchte und genug Englisch versteht, der ist gut beraten mit dem Kauf des Buches *City of Gold, the Biography of Bombay*. Außerdem kann man sich den *Bombay Guide* besorgen, einen etwa 100 Seiten umfassenden Veranstaltungskalender, den man in staatlichen indischen Fremdenverkehrsamt kostenlos erhält.

Ärztliche Behandlung: In einem Notfall kann man einen Krankenwagen unter der Rufnummer 102 anfor-

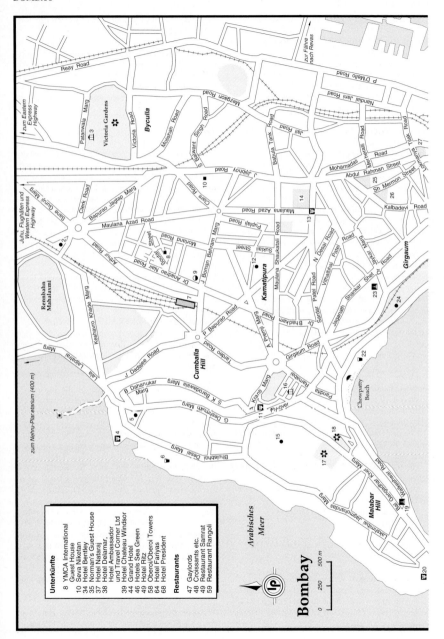

Bombay

Arabisches Meer

Unterkünfte
8 YMCA International Guest House
10 Seva Niketan
34 Hotel Bentley
35 Norman's Guest House
37 Hotel Nataraj
38 Hotel Delamar, Hotel Ambassador und Travel Corner Ltd
39 Hotel Chateau Windsor
44 Grand Hotel
46 Hotels Sea Green
48 Hotel Ritz
58 Oberoi/Oberoi Towers
64 Hotel Fariyas
68 Hotel President

Restaurants
47 Gaylords
48 Croissants etc.
49 Restaurant Samrat
59 Restaurant Rangoli

0   250   500 m

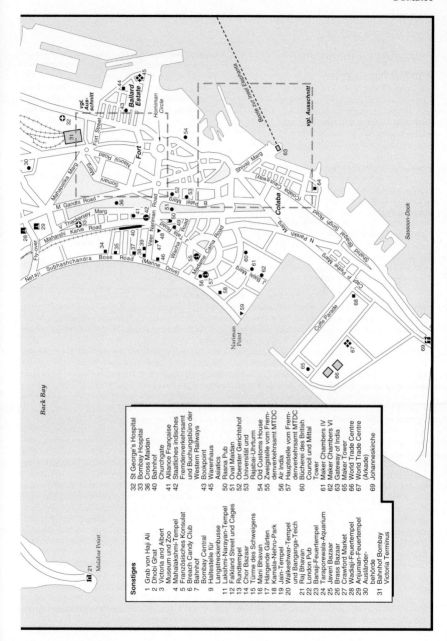

Sonstiges

1 Grab von Haji Ali
2 Dhobi Ghat
3 Victoria and Albert Museum und Zoo
4 Mahalakshmi-Tempel
5 Französisches Konsulat
6 Breach Candy Club
7 Bahnhof Bombay Central
9 Haltestelle für Langstreckenbusse
11 Lakshmi-Narayan-Tempel
12 Falkland Street und Cages
13 Rundtempel
14 Chor Bazaar
15 Türme des Schweigens
16 Mani Bhavan
17 Hängende Gärten
18 Kamala-Nehru-Park
19 Jain-Tempel
20 Walkeshwar-Tempel und Banganga-Teich
21 Raj Bhavan
22 London Pub
23 Banaji-Feuertempel
24 Taraporewala-Aquarium
25 Javeri Bazaar
26 Brass Bazaar
27 Crawford Market
28 Wadiaji-Feuertempel
29 Anjuman-Feuertempel
30 Ausländer-Behörde
31 Bahnhof Bombay Victoria Terminus

32 St George's Hospital
33 Bombay Hospital
36 Cross Maidan
40 Bahnhof Churchgate
41 Alliance Française
42 Staatliches indisches Fremdenverkehrsamt und Buchungsbüro der Western Railways
43 Bookpoint
45 Warenhaus Asiatics
50 Rasna Pub
51 Oval Maidan
52 Oberster Gerichtshof
53 Universität und Rajabai-Uhrturm
54 Old Customs House
55 Zweigstelle vom Fremdenverkehrsamt MTDC
56 Air India
57 Hauptstelle vom Fremdenverkehrsamt MTDC
60 Bücherei des British Council und Mittal Tower
61 Maker Chambers IV
62 Maker Chambers VI
63 Gateway of India
65 Maker Tower
66 World Trade Centre
67 World Trade Centre (Arkade)
69 Johanneskirche

dern. Zwei günstig gelegene Krankenhäuser sind das St. George's Hospital in der P. D'Mello Road, gleich östlich vom VT (Tel. 2 62 03 01), und das Bombay Hospital an der V. Thackersey Marg (Tel. 2 86 33 43).

SEHENSWÜRDIGKEITEN

Gateway of India: In der Zeit, als die meisten Indienreisenden noch auf dem Seeweg ankamen und Bombay noch Indiens wichtigste Hafenstadt war, traf die Bezeichnung Gateway of India (Tor nach Indien) im wahrsten Sinne des Wortes zu. Heute ist es lediglich noch Bombays Wahrzeichen Nr. 1. Geboren wurde die Idee zum Bau eines derartigen Tores anläßlich des Besuches von König Georg V. im Jahre 1911. Offiziell fertiggestellt und seiner Bestimmung übergeben wurde es jedoch erst 1924. Architektonisch ist es ein konventioneller Triumphbogen mit Elementen, die auf den moslemischen Stil von Gujarat im 16. Jahrhundert zurückgehen. Als Material diente gelber Basalt. Er steht an exponierter Stelle auf dem Apollo Bunder. Das ist Bombays abendlicher Treffpunkt, der vom Hotel Taj Mahal Intercontinental überragt wird. Von hier legen auch die Boote zur Insel Elephanta ab. Bei diesem Tor fanden ferner die Statuen von Swami Vivekananda und des Marathenführers Shivaji, hoch zu Ross, ihren Platz.

Colaba Causeway: Mit den preisgünstigen Unterkünften und Restaurants sind die Straßen hinter dem Hotel Taj Mahal das Zentrum der Traveller. Der Colaba Causeway, heute umbenannt in Shahid Bhagat Singh Marg, führt bis zum äußersten Ende von Colaba, dem Südende der Insel Bombay. Lohnend ist ein abendlicher Spaziergang zum Sassoon Dock. Dann kehren die Fischer mit ihrem Fang zurück und entladen ihre Boote. Ein farbenfrohes Bild, voller Intensität. Auf der vorspringenden Landzunge Colaba steht ein alter Leuchtturm, aber seine Aufgabe hat inzwischen ein neuerer übernommen. Der wurde weiter im Süden auf einer Felseninsel errichtet.

St. John's Church: Diese afghanische Kirche fast am Ende des Colaba Causeway erbaute man 1857 zum Gedenken an die Gefallenen des Sind-Kampfes (1838) und des ersten afghanischen Krieges von 1843.

Prince of Wales Museum: Als Prince of Wales besuchte der spätere König Georg V. 1905 zum ersten Mal

---

Bombay - die Aufruhr und die Bomben

Seit dem Aufstand von 1857 hatte Bombay den Ruf, eine „sichere" Stadt zu sein - weit entfernt von den religiösen Zeloten und Aufständen im Norden. Vor kurzem aber haben Vorfälle ernsthaft an diesem Ruf gekratzt, die die Einwohner von Bombay gezwungen haben zuzugeben, daß die Stadt genauso ein kochender Hexenkessel und ein Ziel für Terrorismus ist wie viele Städte weiter im Norden.

Insider haben schon immer gewußt, daß Korruption hier Überhand nimmt und daß die Politik von lokalen Gegebenheiten bestimmt ist. Die (indische) Mafia (oder die *dons*, wie sie üblicherweise bekannt ist) hat hier die Macht in den Händen, denn viele Politiker der Stadt arbeiten mit ihr zusammen. Die Leute, die nicht bereit sind, sich mit ihr zu arrangieren, wie vor kurzem drei Geschäftsleute bei Grundstücksgeschäften, sind bald tot. Die Propaganda der militanten hinduistischen Partei Shiv Sena zieht ebenfalls immer mehr Interessenten an, insbesondere bei den unteren Rängen der Polizei von Bombay.

Dadurch war der Boden bereitet für die Gewalt, die die Stadt nach der Zerstörung der Babri Masjid in Ayodhya in Uttar Pradesh Ende 1992 durch hinduistische Fanatiker erschütterte. In Orgien von Plünderungen, Morden und Brandstiftungen, die sofort ausbrachen, nachdem die Moschee zerstört worden war, starben mehr als 600 Menschen. Genau einen Monat später wiederholten sich diese Ereignisse. Bei beiden Vorfällen waren die Opfer vorwiegend Moslems. Bei der ersten Aufruhr wurden viele Leute sogar von Polizisten getötet, während bei dem zweiten Gewaltausbruch Anhänger der Shiv Sena verwickelt waren.

Die Stadt hatte sich kaum von den Gewaltausbrüchen erholt, als am 12. März 1993 plötzlich 13 Bombenexplosionen über die ganze Innenstadt verteilt Bombay erschütterten und weitere 250 Opfer forderten. Die erste Explosion verwüstete die Börse, während die bald folgenden dem Gebäude von Air India, drei Luxushotels in der Nähe des Flughafens und anderen geschäftlichen Einrichtungen galten. Für diese Attentate übernahm zwar niemand die Verantwortung, aber viele indische Politiker machten Pakistan dafür verantwortlich, weil sie glaubten, daß die Bomben als Rache für die vielen moslemischen Opfer bei der vorangegangen Aufruhr zur Explosion gebracht worden seien.

Über ein Jahr später wurden 189 Menschen, darunter der Filmstar Sanjay Dutt (im Land als Sylvester Stallone von Indien bekannt), beschuldigt, in die Bombenattentate verwickelt gewesen zu sein. Von den Beschuldigten konnten sich 45 einer Festnahme entziehen, so daß abzuwarten bleibt, ob die richtigen Kriminellen ermittelt werden konnten, die für die Attentate verantwortlich waren. Mit 3700 Zeugen, die im Gerichtsverfahren angehört werden müssen, und einer Anklageschrift von 10 000 Seiten werden die Gerichte allein mit den Tatsachenfeststellungen bis nahe an das Ende dieses Jahrhunderts beschäftigt sein.

Indien. Zum Gedenken an diesen Besuch wurde das Museum gebaut. Es steht neben dem Wellingdon Circle, nicht weit entfernt von dem Hotelzentrum am Colaba Causeway. Den ersten Bauabschnitt dieses Gebäudes übergab man 1923 der Öffentlichkeit. Es wurde im indo-sarazenischen Stil erbaut und enthält die Abteilungen Kunst, Malerei, Archäologie und Naturgeschichte. Sehenswert ist unter anderem eine ausgezeichnete Sammlung von Miniaturmalereien und Flachreliefs aus den Höhlen von Elephanta sowie Buddha-Figuren. Nehmen Sie sich mindestens einen halben Tag Zeit, um dieses faszinierende Museum kennenzulernen.

Das Museum (Tel. 24 44 84) ist täglich außer montags von 10.15 bis 18.00 Uhr geöffnet. Der Eintritt beträgt 3 Rs (für Kinder 1 Rs).

Kunstgalerie Jehangir (Jehangir Art Gallery): Auf dem Gelände des Museums steht Bombays größte Kunstgalerie. Häufig wird in ihr moderne indische Kunst ausgestellt. Neben diesen geistigen Genüssen versorgt die Galerie Besucher auch mit alltäglichen Dingen: Es gibt dort öffentliche Telefone, Toiletten und ein gutes Café. Geöffnet ist die Galerie täglich von 11.00 bis 19.00 Uhr.

Universität und Oberster Gerichtshof (High Court): Entlang der B. Patel Marg mit Blick über den ovalen *maidan* stehen einige prägnante öffentliche Gebäude. Sie alle stammen aus der Zeit des enormen Wachstums dieser Stadt, als die Briten regierten. Die Universität ist im gotischen Stil des 14. und 15. Jahrhunderts erbaut. Markantestes Gebäudeteil ist der 80 m hohe Rajabai-Turm. Über der Universitätsbibliothek erhebt sich der Uhrturm (Clock Tower).

Oben auf dem Gebäude des Obersten Gerichtshofes, hinter der Universität, ragen Statuen in den Himmel, die die Gerechtigkeit und die Gnade symbolisieren. Der Bau dieses Gebäudes im frühen englischen Stil wurde 1878 beendet.

Flora Fountain: Dies ist das Geschäftsviertel von Bombay, in dem sich viele große Banken und Firmen niederließen. Der Brunnen steht am Martyr's Square, inzwischen in Hutatma Chowk umbenannt, und ist das Herz einer verkehrsreichen Kreuzung. Er wurde 1869 zu Ehren von Sir Bartle Frere geschaffen, der in den Jahren 1862-67 als Gouverneur von Bombay amtierte. Das war die Zeit des enormen Wachstums dieser Stadt und des blühenden, aufstrebenden Baumwollhandels in Indien. Daß Baumwollprodukte damals weltweit knapp waren, lag daran, daß der klassische Baumwollproduzent Amerika in den Bürgerkrieg verwickelt war.

Horniman Circle: Viele interessante, alte Gebäude stehen in der Umgebung des Horniman Circle. Auf dem

Würdevoll stehender Buddha aus Madura

Rückweg vom Hauptpostamt nach Colaba sollten Sie sich die Zeit nehmen, einen Blick auf diese Bauten zu werfen. Mit dem Bau der St.-Thomas-Kathedrale begann 1672 Gerald Aungier, offiziell eingeweiht wurde sie aber erst 1718. In der Kathedrale, die im Laufe der Jahre mehrfach umgebaut und erweitert wurde, kann man sich einige interessante Denkmäler ansehen. Die alte Münzanstalt aus dem Jahre 1829 mit der ionischen Fassade wurde auf einen erst 1823 trockengelegten Landstrich errichtet und grenzt an das Rathaus. Hinter dem Rathaus stehen die Überreste des alten Bombay Castle. Das Rathaus wurde 1833 seiner Bestimmung übergeben, aber noch immer ist in ihm die Bibliothek der Königlich Asiatischen Gesellschaft (Royal Asiatic

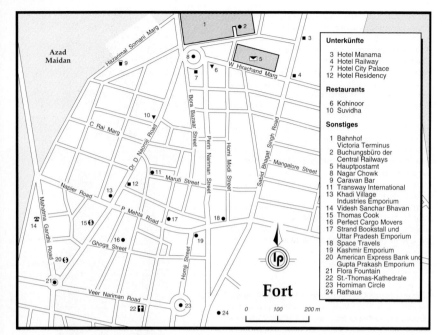

Unterkünfte

3 Hotel Manama
4 Hotel Railway
7 Hotel City Palace
12 Hotel Residency

Restaurants

6 Kohinoor
10 Suvidha

Sonstiges

1 Bahnhof
  Victoria Terminus
2 Buchungsbüro der
  Central Railways
5 Hauptpostamt
8 Nagar Chowk
9 Caravan Bar
11 Transway International
13 Khadi Village
  Industries Emporium
14 Videsh Sanchar Bhavan
15 Thomas Cook
16 Perfect Cargo Movers
17 Strand Bookstall und
  Uttar Pradesh Emporium
18 Space Travels
19 Kashmir Emporium
20 American Express Bank und
  Gupta Prakash Emporium
21 Flora Fountain
22 St.-Thomas-Kathedrale
23 Horniman Circle
24 Rathaus

Azad Maidan

C Rai Marg

Napier Road

Mahatma Gandhi Road

Ghoga Street

Veer Nariman Road

Hazarimal Somani Marg

W Hirachand Marg

Bora Bazaar Street

Dr. D. Naoroji Road

Perin Nariman Street

Maruti Street

P. Mehta Road

Homji Modi Street

Sabu Bhagat Singh Road

Mangalore Street

Homji Street

Fort

0   100   200 m

Society) untergebracht. Betreten Sie ruhig das Rathaus über die elegante Treppe an der Vorderseite und sehen Sie sich innen ein wenig um. Sie werden dort viele Statuen von hohen Beamten und reichen Wohltätern aus Bombays goldenem Zeitalter antreffen, darunter auch die von Sir Bartle Frere und Sir Jamsetjee Jijibhoy. Wenn Sie die Straße weitergehen, gelangen Sie zum alten Zollhaus (Old Customs House) aus dem Jahre 1720. Dahinter liegen die alten Werften von Bombay.

Marine Drive: Der Marine Drive, heute offiziell in Netaji Subhash Road umbenannt, ist auf einem Boden gebaut worden, den man erst 1920 trockenlegte. Er verläuft entlang der Küste der Back Bay, beginnt in Nariman Point und führt um Chowpatty Beach hoch bis zum Malabar Hill. An dieser Straße stehen viele vornehme Häuser; sie ist auch eine von Bombays beliebtesten Promenaden.

Taraporewala-Aquarium: Das Aquarium am Marine Drive wurde erst 1951 gebaut. In ihm leben Süß- und Salzwasserfische. Es ist dienstags bis samstags von 10.00 bis 19.00 Uhr und sonntags von 10.00 bis 20.00 Uhr geöffnet (Eintritt 3 Rs, für Kinder 1,50 Rs). Ebenfalls am Marine Drive, aber noch vor dem Aquarium, kommt man an einigen Kricketplätzen vorbei.

Auf ihnen scheinen im Sommer ohne Unterbrechung Spiele ausgetragen zu werden.

Chowpatty Beach: An Bombays berühmten Strand sucht man Badende und Sonnenanbeter in großer Zahl vergebens. Das findet nicht allzu viel Anklang in Indien. Außerdem lädt das unsaubere Wasser nicht gerade zum Schwimmen ein. Der Strand gehört zu den Bereichen indischen Lebens, wo alles geschehen kann, nur nicht das, was seiner Bestimmung nach dort eigentlich geschehen sollte, nämlich Baden oder Sonnen. Da werden Sandburgen gebaut, Schlangenbeschwörer gehen ihrem Beruf nach, und andere Illusionisten vertreiben den Vorübergehenden die Zeit. An Publikum fehlt es selten, denn hier tummeln sich ganze Familien. Dazwischen sind immer wieder Kioske anzutreffen, an denen Bombays Lieblingsspeisen verkauft werden: *bhelpuri*, ein kleiner Imbiß, und *kulfi*, Eiscreme. Kinder können hier auf Eseln und Ponies reiten.

Malabar Hill: Ganz am Ende der Back Bay schlängelt sich der Marine Drive hoch zum Malabar Hill. Diese teure Wohngegend ist im Gegensatz zu den tieferliegenden Teilen der Stadt ein wenig kühler und ermöglicht einen herrlichen Blick über die Back Bay und Chowpatty Beach sowie direkt hinüber zum Geschäftsviertel in der Innenstadt. Am äußersten Ende dieses vorspringenden Teils der Insel liegt Raj Bhavan, früher Sitz der britischen Hauptverwaltung und heute Residenz des Gouverneurs.

Unweit davon steht der Walkeshwar-Tempel, der dem Gott des Sandes geweiht und ein berühmter hinduistischer Wallfahrtsort ist. Dem *Ramayana* zufolge ruhte sich Rama an dieser Stelle auf seiner Reise von Ayodhya nach Lanka aus, wo er Sita retten wollte. Während dieser Wartezeit baute er einen *lingam* aus Sand. Der ursprüngliche Tempel wurde vor etwa 1000 Jahre erbaut, aber 1715 erneut errichtet.

Unmittelbar unter dem Tempel liegt der Banganga-Teich, der an der Stelle angelegt wurde, an der der Legende nach Wasser emporgesprudelt sein soll, wo Rama einen *bana* (Pfeil) in den Boden geschossen hat.

Jain-Tempel: Gebaut wurde dieser Marmortempel auf dem Malabar Hill 1904 und ist Adinath, dem ersten Jain-*Tirthankar*, geweiht. Mit seiner überladenen und mit Spiegeln besetzten Verzierung gehört er zu den typischen Beispielen für Jain-Tempel neueren Datums. Die Wände sind ausgeschmückt mit Darstellungen aus dem Leben des *tirthankars*. Das alles übertönende Geräusch im Tempel stammt von Priestern, die das Geld aus den riesigen Opferstöcken zählen.

Hängende Gärten (Hanging Gardens): Die genaue Bezeichnung dieser Anlage ist Pherozeshah Mehta Gardens. Sie liegt oben auf dem Malabar Hill und stammt aus dem Jahre 1881. Als Hängende Gärten bezeichnet man sie, weil sie auf verschiedenen Wasserreservoirs angelegt sind, die Bombay mit Wasser versorgen. Die recht formal gestalteten Gärten enthalten eine beachtliche Anzahl von Hecken, die in Tierformen geschnitten wurden. Von diesen Gärten aus hat man einen guten Blick auf die Stadt.

Kamala-Nehru-Park: Auch von dem gegenüberliegenden Park, vorwiegend für Kinder bestimmt, kann man Bombay zu seinen Füßen liegen sehen. Er wurde erst 1952 angelegt und nach der Ehefrau von Nehru benannt.

Türme des Schweigens (Towers of Silence): Neben den Hängenden Gärten, aber vor neugierigen Augen verborgen, stehen die Türme des Schweigens. Den Parsen sind das Feuer, die Erde und das Wasser heilig, so daß sie, wo immer möglich, ihre Toten unter Verwendung dieser Elemente nicht bestatten können, d. h. also weder begraben noch verbrennen. Daher werden die Körper der Toten innerhalb der Türme im Hof unter freiem Himmel den Aasgeiern überlassen. Die fressen fast alles auf und lassen nur die Knochen übrig.

Um allzu Neugierige von den Türmen fernzuhalten, schuf man ausgedehnte Sicherheitsvorkehrungen. Den-

noch schaffte es ein Kamerateam des Verlages Time-Life, einen Blick aus der Vogelperspektive in das Innere des Geländes zu werfen. Ob Sie dies gutheißen, bleibt Ihnen überlassen. Wir meinen, daß man den Wünschen der Parsen gerecht werden sollte und sie respektieren muß. Die Macht der Parsen in Bombay ist so groß, daß das Buch von Time-Life zensiert wurde und nur verkauft werden darf, wenn die entsprechenden Stellen geschwärzt sind. Die Stadtführer erzählen bei den Rundfahrten gern eine lustige Geschichte: Die Hängenden Gärten über den Wasserreservoirs seien nur deshalb angelegt worden, weil die Aasgeier an den Türmen des Schweigens eine unliebsame Eigenart gehabt hätten. Hin und wieder hätten sie ein weniger schmackhaftes Stück fallen lassen, wenn sie mit ihrer Beute von den Türmen des Schweigens gekommen seien. Damit habe man sich das Trinkwasser denn doch nicht verunreinigen lassen wollen.

Mahalakshmi-Tempel: Wenn man vom Malabar Hill herunterkommt und der Uferstraße nach Norden folgt, erreicht man den Mahalakshmi-Tempel. Das ist Bombays ältester Tempel, der - wie könnte es in Bombay anders sein, wo sich alles um Profit und Geschäftemachen dreht - der Göttin des Reichtums geweiht ist. Der Legende zufolge wurden das Abbild der Göttin und das ihrer beiden Schwestern in der See gefunden.

Unweit dieses Tempels liegt die Mahalakshmi-Galopprennbahn; sie soll die beste von ganz Indien sein. In den Monaten November bis März finden sonntags Pferderennen statt. Die Straße bei der Rennbahn zur Küste hin hieß früher einmal Hornby Vellard. Sie wurde im 18. Jahrhundert gebaut, um das umliegende Sumpfland trockenzulegen. Auf dem so geschaffenen Landstück liegt heute die Rennbahn.

Grab von Haji Ali: Grab und Moschee sind einem Moslem-Heiligen geweiht, der an dieser Stelle ertrank. Die Gebäude erreicht man über einen Damm, der jedoch nur bei Ebbe betreten werden kann. Den Weg zum Grabmal werden Sie allerdings nicht vergessen: Entlang des Dammes spielt sich ein Teil indischen Lebens ab, ein trauriger Teil, denn Hunderte von Bettlern säumen die beiden Seiten. Am Anfang des Dammes kommt man an einer kleinen Gruppe von Geldwechslern vorbei. Sie tauschen gegen eine geringe Gebühr Münzen im Wert von ein oder zwei Rupien in andere Münzen mit geringeren Werten. Auf diese Art und Weise, so glaubt man, tut ein Pilger viel für sein Seelenheil. Ganz ohne Zweifel nutzen die Bettler bei Flut die Gelegenheit, das Kleingeld in größere Einheiten zu tauschen. Dies wiederum ermöglicht den Geldwechslern ihr Tauschgeschäft während der nächsten Ebbe. Ein Kreislauf, bei dem jeder seinen Nutzen zieht.

Mani Bhavan: In der Laburnum Road 19, nahe beim August Kranti Maiden, steht das Gebäude, in dem Mahatma Gandhi in den Jahren 1917-1934 anläßlich seiner Besuche in Bombay wohnte. Heute befinden sich in diesem Haus eine Bilderausstellung mit Ausschnitten aus Gandhis Leben und eine Bibliothek mit Büchern von oder über Gandhi. Es ist außer montags täglich von 9.30 bis 18.00 Uhr geöffnet (Eintritt 3 Rs).

Victoria Gardens: Auch diese Gärten nördlich der Stadtmitte wurden erst vor kurzem in Veermata Jijabai Bhonsle Udyan umbenannt. In ihnen steht das Victoria and Albert Museum, und auch den Zoo findet man dort.

Im Museum werden sehr anschaulich Dinge aus dem alten Bombay ausgestellt. Unmittelbar neben dem Museum steht ein riesiger Elefant aus Stein. Er wurde 1864 von der Insel Elephanta herübergebracht. Nach ihm ist die Insel auch benannt. Das Museum (Tel. 8 72 71 31) ist von 10.30 bis 17.00 Uhr geöffnet, der Zoo in der Zeit zwischen Sonnenauf- und Sonnenuntergang (beide außer mittwochs). Der Eintritt beträgt 0,50 Rs.

Juhu: Nahe bei Bombays Flughäfen liegt, 18 km nördlich, die Stadt Juhu. Dort befindet sich der der Stadt am nächsten gelegene Strand mit einigen recht noblen

Bollywood und die Filme

Schnell: In welcher Stadt und in welchem Land werden die meisten Filme produziert? Hollywood und die USA? Falsch, zweimal falsch! Bombay und Indien ist die richtige Antwort. Pro Jahr stoßen die Filmateliers von Indien mehr als 600 Spielfilme von normaler Länge aus. Fast die Hälfte von ihnen wird in Bombay gedreht. Aus Kalkutta kommen eher künstlerische und anspruchsvollere Filme, aus Madras vorwiegend Komödien für die ganze Familie und verfilmte Musicals. Aber die extravaganten Dramen mit viel Aktion, die kommen aus Bombay - oder Bollywood.

Indische Filme enthalten stets von allem etwas - Dramatik, Aktion, Musik, Spannung, Tanz und Romantik. Alles wird zu einer speziellen Filmgattung zusammengefügt, für die man sogar einen eigenen Namen erfand: *Masala*-Filme. *Masala* deswegen, weil so ein undefinierbares Gewürz heißt, das man einem Gericht zufügt, damit es schmackhaft wird. Das Leben ist für viele Inder weiß Gott kein Vergnügen. Deshalb versuchen die Filmproduzenten von Bombay erst gar nicht, irgendwelche anspruchsvollen Filme für gebildete Inder auf den Markt zu bringen. Dafür fehlt das Publikum. Ihre Filme sind wirklichkeitsnah und bodenständige Unterhaltung. Sie sollen vom Alltag ablenken und nichts mehr!

Für Leute aus dem Westen sind die indischen *Masala*-Movies nicht mehr als Schund. Insbesondere Kampfszenen sind unglaubwürdig und mit überzeugend dargestellt, denn nicht selten schlagen sich zwei Männer bis zu fünf Minuten lang praktisch tot, ohne daß man einen einzigen Schnitt, eine einzige Schramme oder einen einzigen Tropfen Blut sieht. Selbst K.O.-Schläge sind selten. Dagegen sind romantische Szenen zuckersüß und schamlos chauvinistisch. Jeder lebt im Glück, und natürlich hat niemand ein Sexualleben. Sauber bleibe der Geist!

Die Musik indischer Filme ist unendlich eintönig und basiert vorwiegend auf elektronischen Effekten. Die Frauenstimme (bzw. die ihrer Ghost-Sängerin) ist immer eine Sopranstimme, die permanent um das hohe C kreist. Die männliche Hauptstimme ist immer ein Tenor, offensichtlich mit sehr engen Hosen. Sie werden garantiert zu Ohropax greifen.

Glücklicherweise gibt es in Indien auch einige gute Filmemacher, die Filme mit internationalem Ansehen drehen, so daß es sich lohnt, nach solchen Produktionen Ausschau zu halten.

Ein Blick auf die Filmplakate und in die Filmmagazine vermittelt jedem sofort den Eindruck, daß die Stars nicht gerade Leichtgewichte sind. In Indien bedeutet es aber auch nichts, besonders rank und schlank zu sein. Was zählt, sind die Rundungen! Amüsant ist es zu beobachten, wie in Indien für Filme aus dem Westen geworben wird. Da bekommen bekannte europäische oder amerikanische Filmstars, wenn sie auf Plakaten abgebildet werden, plötzlich runde Körperformen!

Filme werden in Indien auch anders als im Westen nicht ohne Unterbrechungen gedreht. Es kann durchaus sein, daß ein großer Filmstar gleichzeitig mit den Dreharbeiten zu mehreren Filmen beschäftigt ist, beispielsweise an einem Tag für den einen, dann eine Woche lang für einen anderen und an einem Vormittags für einen dritten. Das setzt eine unheimliche Zeitplanung voraus und ist auch der Grund dafür, daß in Indien Dreharbeiten für einen Film so lange dauern.

In Bombay gibt es etwa ein Dutzend Filmstudios, aber die kann man so leicht nicht besichtigen. Zunächst muß man sich dafür eine Genehmigung des jeweiligen Geschäftsführers besorgen, die keineswegs routinemäßig bewilligt wird. Am nächsten zur Stadtmitte liegt das Mehboob-Studio in der Hill Road in Bandra (Tel. 6 42 80 45). Bei Interesse kann man sein Glück aber auch in den Natraj-Studios am Western Express Highway in Andheri-Ost (Tel. 8 34 23 71) und in den größten von allen, in den Filmistan Studios an der Goregaon Road auf dem Weg nach Norden (Tel. 8 40 15 33), versuchen.

Feste

Elephanta-Fest
Diese zweitägige Veranstaltung mit klassischem Tanz und klassischer Musik unter der Schirmherrschaft der MTDC findet im Februar auf der Insel Elephanta statt.

Banganga-Fest
Das ist ein weiteres zweitägiges Musikfest unter der Schirmherrschaft der MTDC, veranstaltet im Januar am Banganga-Teich auf dem Malabar Hill.

Ganesh Chaturthi
Dies ist ein berühmtes hinduistisches Fest, das seinen Höhepunkt mit der Versenkung von großen Figuren des Gottes mit dem Elefantenkopf im Meer vor dem Chowpatty Beach hat.

Hotels. Das Schwimmen unterläßt man in Juhu wegen der Abwässer jedoch besser.

Während es dort werktags relativ ruhig ist, tummeln sich an den Wochenenden Kamele, Esel, tanzende Affen, Akrobaten und andere Unterhalter am Strand von Juhu. In den letzten Jahren sind aus Sorge um eine schlechte Behandlung der Tiere erfolglose Versuche unternommen worden, die Ausritte auf Kamelen zu verbieten. Sobald der Monsun beginnt, werden die aus Rajasthan oder Gujarat herangeschafften Kamele nämlich allein gelassen und müssen sich selbst ernähren, bis der Betrieb am Strand wieder beginnt.

Vom Bahnhof Santa Cruz kann man mit einem Bus der Linie 231 zum Strand fahren.

Weitere Sehenswürdigkeiten: In der Nähe des Grabes von Haji Ali finden Sie das Nehru-Planetarium (Tel. 4 92 80 86), und zwar in der Dr. Annie Besant Road in Worli. Täglich außer montags um 15.00 und 18.00 Uhr finden dort einstündige Vorführungen in englischer Sprache statt. Der Eintritt kostet 8 Rs.

Die Falkland Street im Bezirk Kamatipura, gelegen nordwestlich des Chor Bazaar, ist in Bombay die Gegend mit den roten Laternen, auch bekannt als Cages (Käfige). Woher dieser Name stammt, ist leicht zu erraten. Die Frauen und Teenager, die hier als Damen des ältesten Gewerbes der Welt arbeiten, viele davon zwangsweise, stehen nämlich hinter Gittern in ihren Türen. Busse der Linie 130 fahren vom Prince of Wales Museum und vom Victoria Terminus durch diese depressiv stimmende Gegend.

Der städtische „Waschsalon" von Bombay (*dhobi ghat*) liegt in der Nähe des Bahnhofs Mahalakshmi, dem ersten Bahnhof hinter dem Bahnhof Bombay Central an der Strecke in die Vororte.

Rund 5000 Männer benutzen dort die Tröge und Bekken, um jeden Tag Tausende von Kilogramm Wäsche aus der ganzen Stadt zu waschen (oder besser zu schlagen). Jeder Zementtrog ist einschließlich Wasser für 100 Rs pro Monat vermietet und wird von mehreren *dhobi-wallahs* geteilt, von denen die meisten mit der Arbeit vor Sonnenaufgang beginnen und mit dem Waschen der letzten Ladung Wäsche gegen 15 Uhr aufhören. Um einen Blick darauf zu werfen, braucht man vom Bahnhof Mahalakshmi nur hinauf auf die Brücke zu gehen.

AUSFLUGSFAHRTEN
Tägliche Stadtrundfahrten veranstaltet das Fremdenverkehrsamt von Maharashtra (Maharashtra Tourist Development Corporation - MTDC). Sie sind jedoch, wie üblich, eine Hetzerei. Die Fahrten dauern meist von 14.00 bis 18.00 Uhr und kosten 55 Rs.

Die MTDC bietet auch eine Ganztagsfahrt in die Vororte an, die von 9.15 bis 18.15 dauert und 90 Rs kostet. Man besucht dabei die Kanheri-Höhlen, Juhu und so faszinierende Ziele wie den Flughafen. Interessanter sind da sicher die vierstündigen Bootsfahrten täglich zur Insel Elephanta (vgl. Abschnitt über die Umgebung von Bombay).

Die MTDC bieten aber auch Fahrten zu weiter entfernten Zielen an, z. B. nach Mahabaleshwar sowie nach Aurangabad und zu den Höhlen von Ajanta und Ellora. Daran müssen jedoch jeweils mindestens 10 Personen teilnehmen. Außerdem werden sie im Monsun unterbrochen.

UNTERKUNFT
Bombay gehört hinsichtlich der Hotelpreise zu den teuersten Städten Indiens. Aber nicht nur deshalb ist die Situation prekär. Bombays Anziehungskraft auf die Bewohner der Staaten im Nahen Osten und der Golfstaaten hat zur Folge, daß man nicht nur der Geschäfte wegen kommt, sondern auch seine Ferien in Bombay verbringt, verbunden mit einem ausgiebigen Einkaufsbummel. Nicht wenige Besucher reisen mit ihrem kompletten Harem an! Da aber nicht alle Besucher Millionäre sind und im Hotel Taj Mahal Intercontinental wohnen, verlagert sich der Druck auf die Hotelbetten bis in die untersten Preisklassen.

Daher kann es gut möglich sein, daß man nicht auf Anhieb ein Quartier in der gewünschten Preisklasse findet, erst recht nicht für die erste Nacht oder wenn Sie erst spät am Abend ankommt. Bereiten Sie sich darauf vor, zunächst erheblich mehr als geplant bezahlen zu müssen, es sei denn, Sie haben die Zeit gehabt, sich unbehindert durch Ihr Gepäck nach Übernachtungsmöglichkeiten zu erkundigen. Hinzu kommt, daß die

Zimmer in den unteren Kategorien häufig im Vergleich zu anderswo in Indien unzulänglich sind.

Im übrigen muß man wissen, daß man in vielen Hotels in Bombay am Abreisetag sein Zimmer bis 12 Uhr geräumt haben muß, in einigen sogar bereits bis 10 Uhr.

Taxifahrer erzählen Neuankömmlingen gern, daß das Hotel ihrer Wahl „voll belegt" sei, und empfehlen dann eine Alternative. Das wird ganz sicher ein teures Quartier sein (häufig haben sie am Armaturenbrett ihres Fahrzeugs einen Aufkleber des Hotels befestigt, das sie empfehlen). Wahrscheinlich erhalten sie eine Provision, wenn sie neue Gäste zu diesem Hotel bringen, aber das muß nicht immer so sein. Ganz sicher ist aber, daß sie keinen Schimmer Ahnung davon haben, ob ein bestimmtes Hotel voll belegt ist oder nicht. Kein Taxifahrer in Bombay prüft regelmäßig die Belegung von Hotels in Bombay, zumal die Taxifahrer nicht mit Mobiltelefonen ausgerüstet sind. Wenn Sie gern zu einem bestimmten Hotel gefahren werden möchten, dann bestehen Sie darauf, das es als erstes angesteuert wird.

Neue Übernachtungsmöglichkeiten stellen die Familienaufenthalte dar (bekannt als „paying guest scheme"). Im staatlichen indischen Fremdenverkehrsamt kann man eine Liste mit den Anschriften von 44 Familien in Bombay und anderswo in Maharashtra erhalten, die sich dafür zur Verfügung gestellt haben. Die Übernachtungspreise bei diesen Familien reichen von 250 bis 3000 Rs. In Bombay ist für einen Familienaufenthalt die Familie Pradhan sehr zu empfehlen, die zentral gelegen wohnt und Gäste gern willkommen heißt.

Einfache Unterkünfte: Wie in vielen anderen Städten Indiens gibt es auch in Bombay eine Reihe von Häusern der YMCA und der YWCA. Sie sind preiswert, aber meist ständig belegt. Am beliebtesten ist das YWCA International Centre in der Madame Cama Road 18 in Colaba (Tel. 2 02 04 45). Dort dürfen Männer und Frauen übernachten. Eine Übernachtung mit Halbpension kostet einschließlich Steuern allein 300 Rs und zu zweit 585 Rs. Hinzu kommen 30 Rs Mitgliedsbeitrag (gültig für einen Monat). Alle Zimmer sind mit eigenem Bad ausgestattet. Leider ist dieses Haus manchmal drei Monate im voraus ausgebucht. Zimmerreservierungen werden täglich außer sonntags zwischen 9.00 und 16.00 Uhr entgegengenommen.

Das YMCA International Guest House (Tel. 3 07 06 01) liegt in der YMCA Road 18, unweit vom Bahnhof Bombay Central. Die Zimmer sind ganz nett und gut gepflegt. Die Preise entsprechen weitgehend denen im YWCA. Hier ist man aber auch ziemlich weit entfernt vom Zentrum von Bombay.

Nur Männer werden im ausgezeichneten Seva Niketan in der J. Jijibhoy Road (Tel. 3 09 29 34) aufgenommen. Zur Verfügung stehen Betten in einem Schlafsaal für

40 Rs, während man in einem Dreibettzimmer 50 Rs pro Person bezahlen muß. Diese Unterkunft findet man unweit vom Bahnhof Byculla an der Vortortlinie vom Bahnhof Victoria Terminus.

Im Flughafengebäude für Inlandsflüge dürfen Transitpassagiere die Ruheräume benutzen, die als Einzelzimmer 160 Rs und als Doppelzimmer 320 Rs kosten. Erkundigen kann man sich nach diesen Unterkünften im Büro des Geschäftsführers vom Flughafen (Airport Manager's Office).

Schließlich gibt es sowohl im Bahnhof Bombay Central als auch im Bahnhof Victoria Terminus Ruheräume der Eisenbahn. Im Bahnhof Bombay Central muß man für ein Doppelzimmer 200 Rs, mit Klimaanlage 350 Rs, bezahlen. Im Bahnhof VT reichen die Übernachtungspreise je nach Zahl der Gäste im Zimmer von 90 bis 200 Rs pro Bett.

Der Großteil der billigen Hotels liegt im Gebiet von Colaba, und zwar unmittelbar hinter dem Hotel Taj Mahal Intercontinental.

Am preiswertesten übernachtet man dort in der Herberge der Heilsarmee (Salvation Army Red Shield Hostel) in der Mereweather Road 30 (Tel. 24 18 24). Das ist ein sehr beliebtes Quartier mit Unterkunft im Schlafsaal und Frühstück für 70 Rs und Vollpension für 100 Rs. Vermietet werden auch einige große Doppelzimmer für 300 Rs und Familienzimmer für 125 Rs pro Person mit Vollpension, aber dann nur mit Badbenutzung (manchmal nicht gerade sauber). Schließfächer für Wertsachen werden den Gästen gegen eine Gebühr ebenfalls überlassen. Wenn viel Betrieb ist, müssen die Zimmer am Abreisetag bis 9 Uhr geräumt sein. Längstens darf man in diesem Haus eine Woche übernachten.

In der Nähe liegt das alte Hotel Carlton in der Mereweather Road 12 (Tel. 2 02 06 42). Es ist absichtlich schon halb verfallen lassen worden und eignet sich nur für Leute, die sich mit ganz einfachen Verhältnissen abfinden können. Mit Badbenutzung kosten einschließlich Steuern die älteren Einzelzimmer 150 Rs und die älteren Doppelzimmer zwischen 220 und 250 Rs (abhängig von der Größe und davon, ob man Wert auf ein Fenster legt oder nicht). Angeboten werden daneben auch drei neue Zimmer, alle mit Bad, aber ziemlich klein und mit 750 Rs als Dreibettzimmer und 900 Rs als Vierbettzimmer nicht zu teuer.

Viel besser im Hinblick auf die Unterhaltung und den Zustand des Gebäudes ist das Hotel Prosser's an der Ecke der Henry Road und der P. J. Ramchandani Marg (Tel. 24 17 15), in dem 15 kleine, mit Hartfaserplatten abgeteilte Einzelzimmer für 200 Rs und Doppelzimmer für 300 Rs vermietet werden (mit Badbenutzung und einschließlich der Steuern).

Nicht unmittelbar in Colaba, aber in Fußwegentfernung, liegt ein anderes, vor allem bei Travellern sehr beliebtes Hotel: das Hotel Lawrence (Tel. 24 36 18). Zu finden ist es in der Rope Walk Lane, einer Nebenstraße der K. Dubash Marg an der Rückseite des Prince of Wales Museum. Da es nur aus neun Zimmern besteht, ist es häufig belegt. Aber dort wohnt man gut, und die Zimmer sind ihr Geld wert. Die Einzelzimmer mit Gemeinschaftsbad kosten 100 Rs, die Doppelzimmer 200 Rs. Einige Zimmer haben sogar einen Balkon.

Zurück in Colaba kann man auch im freundlichen Hotel Bentley's in der Oliver Road 17 (Tel. 24 17 33, Fax 2 87 18 46) übernachten, wo mit Frühstück Einzelzimmer für 240 Rs und Doppelzimmer für 460 Rs vermietet werden. Für ein Doppelzimmer mit eigenem Bad und Farbfernsehgerät muß man 600 Rs bezahlen. Im nahegelegenen Hotel Kishan (Tel. 2 83 38 86) kommt man in einfachen Zimmern mit Bad allein für

260 Rs und zu zweit für 360 Rs unter. Gut übernachtet man auch im kleinen, freundlichen Hotel Volga II in der Navraji Road (Tel. 2 87 34 36). Das ist oberhalb der Straßenhöhe neben dem Restaurant Leopold. Vermietet werden Doppelzimmer für 300 Rs sowie Dreibettzimmer für 350 Rs (mit Badbenutzung) und Doppelzimmer mit Bad für 300 Rs. Hier teilen sich die Gäste drei saubere Badezimmer.

Billiger, aber einfach ist das Apollo Guest House im 1. Stock des Mathuradas Estate Building am Colaba Causeway (Tel. 2 04 55 40), in dem mit Badbenutzung Einzelzimmer für 180 Rs und Doppelzimmer für 260 Rs angeboten werden (einschließlich Steuern). Man darf dieses Quartier aber nicht mit dem Hotel gleichen Namens an der Garden Road verwechseln. Im dritten Stock des gleichen Gebäudes kommt man zum neuen

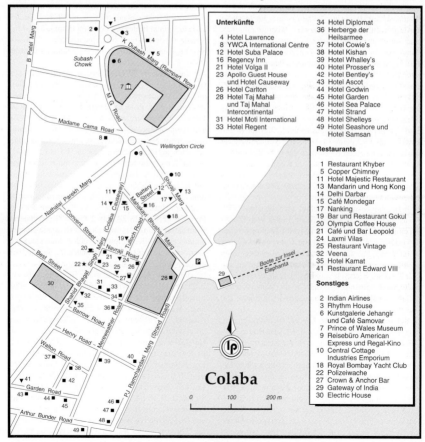

Unterkünfte

- 4 Hotel Lawrence
- 8 YWCA International Centre
- 12 Hotel Suba Palace
- 16 Regency Inn
- 21 Hotel Volga II
- 23 Apollo Guest House und Hotel Causeway
- 26 Hotel Carlton
- 28 Hotel Taj Mahal und Taj Mahal Intercontinental
- 31 Hotel Moti International
- 33 Hotel Regent
- 34 Hotel Diplomat
- 36 Herberge der Heilsarmee
- 37 Hotel Cowie's
- 38 Hotel Kishan
- 39 Hotel Whalley's
- 40 Hotel Prosser's
- 42 Hotel Bentley's
- 43 Hotel Ascot
- 44 Hotel Godwin
- 45 Hotel Garden
- 46 Hotel Sea Palace
- 47 Hotel Strand
- 48 Hotel Shelleys
- 49 Hotel Seashore und Hotel Samsan

Restaurants

- 1 Restaurant Khyber
- 5 Copper Chimney
- 11 Hotel Majestic Restaurant
- 13 Mandarin und Hong Kong
- 14 Delhi Darbar
- 15 Café Mondegar
- 17 Nanking
- 19 Bar und Restaurant Gokul
- 20 Olympia Coffee House
- 21 Café und Bar Leopold
- 24 Laxmi Vilas
- 25 Restaurant Vintage
- 32 Veena
- 35 Hotel Kamat
- 41 Restaurant Edward VIII

Sonstiges

- 2 Indian Airlines
- 3 Rhythm House
- 6 Kunstgalerie Jehangir und Café Samovar
- 7 Prince of Wales Museum
- 9 Reisebüro American Express und Regal-Kino
- 10 Central Cottage Industries Emporium
- 18 Royal Bombay Yacht Club
- 22 Polizeiwache
- 27 Crown & Anchor Bar
- 29 Gateway of India
- 30 Electric House

Colaba

0   100   200 m

Hotel Causeway (Tel. 2 02 08 33) mit gar nicht so kleinen Doppelzimmern, alle mit Fernsehgerät und Bad, für 500 Rs (mit Klimaanlage für 600 Rs).

Eine ganze Reihe von kleinen Hotels hat sich auch in verschiedenen Stockwerken von Häusern entlang der lauten Meile und etwas heruntergekommenen Arthur Bunder Road angesiedelt. Dort sind das Hotel Seashore und das Hotel Samsan (Tel. 2 87 32 40) im Kamal Mansion einigermaßen sauber und haben Zimmer von annehmbarer Größe für rund 300 Rs zu bieten. Allerdings muß man dort Glück haben, wenn man ein Zimmer mit Fenster erwischen will. Wissen muß man auch, daß die Leitung im Hotel Samsan unangenehm werden kann.

Wenn einem nur ganz wenig Geld zur Verfügung steht, kann man am Colaba Causeway auch in einigen sehr einfachen Quartieren übernachten. Diese Unterkünfte sind zwar nicht ausgeschildert, aber überall stehen Kundenschlepper herum, die bereit sind, Interessierte dorthin zu führen. Nach den Maßstäben in Bombay sind sie billig, ohne frische Luft und schmuddelig. Wenn man in einer solchen Unterkunft sein Zimmer verläßt, ist man gut beraten, nichts in ihm zurückzulassen.

Mehrere weitere Billighotels liegen zusammen in der P. D'Mello Road, gleich östlich des Hauptpostamtes und des Bahnhofs Victoria Terminus. Eines davon ist das Hotel Manama in der P. D'Mello Road 221-225 (Tel. 2 61 34 12) mit Doppelzimmern für 300 Rs (keine Einzelzimmer). Leider ist es häufig voll belegt. Im nahegelegenen Hotel Railway in der P. D'Mello Road 249 (Tel. 2 62 07 75) muß man ohne Klimaanlage für ein Einzelzimmer 495 Rs und für ein Doppelzimmer 605 Rs bezahlen, mit Klimaanlage 715 bzw. 880 Rs. Das ist eigentlich viel zu teuer.

Billiger und besser übernachtet man im Hotel City Palace in der W. Hirachand Marg unweit vom Hauptpostamt (Tel. 2 61 55 15). Dort ist die Leitung freundlich und hat dafür gesorgt, daß alle Zimmer neu möbliert worden sind. Die Zimmer sind makellos sauber, wenn auch klein, und verfügen über Bad, Fernsehgerät und Telefon. Hier werden für ein Einzelzimmer 360 Rs, für ein Doppelzimmer 450 Rs und für ein Dreibettzimmer 550 Rs berechnet, mit Klimaanlage 450, 600 bzw. 700 Rs.

In Ballard Estate steht zum Übernachten das sehr ansprechende und ruhige Fernandez Guest House (Tel. 2 61 05 54) zur Verfügung. Zu finden ist es im Balmer Lawrie Building in der J. N. Heredia Marg 5 und wird von einer Familie geführt, die dort auch selbst lebt. Die acht großen Zimmer können allein für 200 Rs und zu zweit für 400 Rs bewohnt werden. Wenn man hier einzieht, muß man einige Hausregeln beachten, darunter das Räumen seines Zimmers am Abreisetag bis 10 Uhr. Am Marine Drive gibt es nur zwei preiswerte Unterkünfte, beide an der Ecke der D Road. Das erste ist das

Hotel Bentley im dritten Stock des Krishna Mahal Building (Tel. 2 03 12 44), in dem Einzelzimmer für 275 Rs und Doppelzimmer für 300 Rs angeboten werden (mit Badbenutzung und Frühstück). Einige der Zimmer sind jedoch sehr klein. Direkt gegenüber liegt das Norman's Guest House (Tel. 2 03 42 34), das saubere und einfache Zimmer mit Bad einschließlich Steuern für 385 bzw. 495 Rs zu bieten hat.

Mittelklassehotels: Auch viele Hotels dieser Preisklasse liegen im Stadtteil Colaba. Eine zweite, etwas teurere Gruppe findet sich entlang der Marine Drive. Das Hotel Whalley's in der Mereweather Road 41 (Tel. 22 18 02, Fax 2 83 42 06) ist eines der preiswertesten in dieser Preisklasse, bietet aber nichts Besonderes. Zudem haben einige Zimmer keine Fenster. Hier muß man allein 300 Rs und zu zweit 400 Rs bezahlen, für ein Zimmer mit Klimaanlage 400 bzw. 600 Rs (mit Steuern und ganz guten Frühstück mit zwei Eiern, Toast, Marmelade sowie Kaffee). Mit einem eigenen Bad sind allerdings nur einige der billigeren Zimmer ausgestattet.

Am Ende der P. J. Ramchandani Marg stehen drei Hotels in einer Reihe. Das erste ist das Hotel Shelleys mit der Hausnummer 30 (Tel. 24 02 29). In diesem Haus kann man in einem Doppelzimmer für 700 bis 1400 Rs übernachten (mit Steuern). Alle sind mit Bad und Klimaanlage, einige auch mit Farbfernsehgerät, ausgestattet. Nebenan steht das schon etwas in die Jahre gekommene Hotel Strand (Tel. 24 16 24, Fax 2 87 14 41), das 34 Zimmer zur Selbstversorgung mit Klimaanlage, Kühlschrank und Fernsehgerät als Einzelzimmer für 750 Rs und als Doppelzimmer für 880 Rs zu bieten hat (einschließlich Steuern). Neben diesem Haus kommt man zum Hotel Sea Palace in der P. J. Ramchandani Marg 26 (Tel. 24 18 28, Fax 2 85 44 03), in dem mit Klimaanlage Einzelzimmer für 545 Rs sowie Doppelzimmer für 850 Rs vermietet werden. Man kann aber auch eine Suite für 1100 Rs bewohnen. Zu diesem Haus gehören ferner ein Restaurant und eine Dachterrasse. Im Hotel Moti International in der Best Street 10 (Tel. 2 02 16 54) kommt man in Doppelzimmern (keine Einzelzimmer) mit Bad und Klimaanlage für 400 Rs unter. Hier übernachten nur wenige Besucher aus dem Ausland, weil es vorwiegend von indischen Familiengruppen in Anspruch genommen wird. Teurer ist im Hotel Cowie's in der Walton Road 15 (Tel. 24 02 32), in dem man mit Bad und Farbfernsehgerät in einem Einzelzimmer für 550 Rs und in einem Doppelzimmer für 650 Rs übernachten kann (mit Frühstück).

Das noch ziemlich neue Hotel Regent in der Best Road 8 (Tel. 2 87 18 54, Fax 2 02 03 63) ist wunderschön geplant und gut gebaut und bietet klimatisierte Einzel- und Doppelzimmer mit Fernsehgerät und Kühlschrank für 720 bzw. 1090 Rs (einschließlich Steuern). Die

Mitarbeiter sind freundlich und geben sich alle Mühe, es den Gästen recht zu machen. Von hier um die Ecke liegt an der Rückseite des Taj in der Mereweather Road 24-26 das Hotel Diplomat (Tel. 2 02 16 61). Das ist ein bei Geschäftsleuten beliebtes Haus und daher häufig voll belegt. Hier kosten die klimatisierten Einzel- und Doppelzimmer mit Fernsehgerät und Kühlschrank 700 bzw. 900 Rs. Es werden aber auch Luxuszimmer für 900 bzw. 1100 Rs vermietet. Zu diesem Hotel gehören eine eigene Bar und ein Restaurant.

Hinter dem Regal-Kino (Lansdowne House 18, Mahakavi Bhushan Marg), liegt das schon ziemlich abgewohnte Regency Inn (Tel. 2 02 09 92, Fax 2 87 33 71) mit Doppelzimmern für 400 bis 850 Rs. Alle Zimmer sind klimatisiert, jedoch etwas muffig. Im neu möblierten Hotel Suba Palace in der Battery Street kann man in saubereren, geräumigen Zimmern mit Fernsehgerät, Kühlschrank, Klimaanlage und Ventilator in einem normalen Doppelzimmer für 860 Rs sowie in besseren Einzel- und Doppelzimmern für 700 bzw. 960 Rs übernachten.

Zu einer etwas höheren Preisklasse gehören drei schon lange bestehende Häuser in der Garden Road mit einem nicht besonders günstigen Preis-/Leistungsverhältnis. Dazu gehört das Hotel Ascot in der Garden Road 38 (Tel. 24 00 20, Fax 204 64 49), in dem mit Frühstück Einzelzimmer 925 Rs und Doppelzimmer 1090 Rs kosten. Ein paar Häuser weiter hinunter, in der Garden Road 41, befindet sich das Hotel Godwin (Tel. 2 87 20 50, Fax 2 87 15 92). Es bietet Einzelzimmer für 1150 Rs sowie Doppelzimmer für 1400 Rs. Zu diesem Hotel gehören auch eine Bar und ein Restaurant auf der Dachterrasse. Im Hotel Garden in der Garden Road 42 (Tel. 24 14 76, Fax 2 87 15 92) werden Einzelzimmer für 800 Rs und Doppelzimmer für 1000 Rs vermietet. In all diesen Hotels gehören zu den Zimmern Klimaanlage, Fernsehgerät und eigenes Bad.

In der Gegend des Forts hat man ebenfalls ein paar Übernachtungsmöglichkeiten in Häusern der Mittelklasse. Ein ausgezeichnetes Quartier ist das freundliche Hotel Residency (Tel. 2 62 55 25), gelegen an der Ecke der Dr. D. Naoroji Road und der Gumbow Street (R S Marg). Dieses zentral klimatisierte Haus liegt im Herzen der betriebsamen Innenstadt, hat es jedoch geschafft, zurückhaltend, ruhig und von den Preisen her annehmbar zu bleiben. Die makellos sauberen Zimmer sind zwar klein, aber hübsch eingerichtet und mit Fernsehgerät ausgestattet. Hier muß man einschließlich Steuern für ein Einzelzimmer 600 Rs und für ein Doppelzimmer 650 Rs ausgeben.

Zum oberen Ende dieser Kategorie gehört das elegante Grand Hotel in der Sprott Road 17 in Ballard Estate (Tel. 2 61 82 11, Fax 2 62 65 81). Das ist ein ziemlich großes Haus mit freundlichen Mitarbeitern und bei Geschäftsleuten sehr beliebt. Für ein Zimmer mit Bad aus Marmor, traditionell hergestellten Möbeln, Fernsehgerät und kleinem Balkon muß man allein 1045 Rs und zu zweit 1210 Rs bezahlen. Außerdem gibt es ein Restaurant, einen Coffee Shop und eine Bar.

In der Gegend um den Marine Drive (Netaji Subbash Road) sind die beiden preiswertesten Mittelklassehotels das Hotel Sea Green mit der Hausnummer 145 (Tel. 22 22 94) und das angrenzende Hotel Sea Green South (Tel. 22 16 13). In beiden muß man mit Klimaanlage und eigenem Bad für ein Einzelzimmer 725 Rs und für ein Doppelzimmer 850 Rs bezahlen. Bei Voranmeldung muß man sein Zimmer am Abreisetag bis 8 Uhr geräumt haben. Das ist für Bombay reichlich ungewöhnlich.

Nicht weit entfernt kommt man am Marine Drive 141 zum alten Hotel Delamar (Tel. 2 04 28 48), in dem Einzelzimmer mit Badbenutzung für 625 Rs und Doppelzimmer mit Badbenutzung für 962 Rs vermietet werden, allerdings mit Klimaanlage. Mit eigenem Bad muß man hier allein 687 Rs und zu zweit 1017 Rs bezahlen (einschließlich Steuern). Alle Zimmer sind mit einem Fernsehgerät ausgestattet.

In der Nähe liegt das Hotel Chateau Windsor (Tel. 2 04 33 76, Fax 2 85 14 15), und zwar in der Veer Nariman Road 86 mit vielen unterschiedlichen Zimmern in verschiedenen Größen. Einige der kleinen Einzelzimmer sind allerdings kaum mehr als Schachteln ohne Fenster. Mieten Sie daher hier kein Zimmer, ohne es sich vorher angesehen zu haben. Wenn man dafür den Fahrstuhl benutzt, darf man das Hinweisschild nicht übersehen, auf dem „Servants are not allowed to make use of the lift unless accompanied by children" steht. Einzelzimmer kosten hier 550 bis 950 Rs und Doppelzimmer 700 Rs (mit Badbenutzung), Doppelzimmer mit eigenem Bad 900 bis 1100 Rs. Außerdem gibt es noch einige Drei- und Vierbettzimmer für 1100 bis 1400 Rs. Alle teureren Zimmer sind mit Klimaanlage ausgestattet, alle teuren aber auch mit einem Farbfernsehgerät.

Im Vorort Vile Parle (ausgesprochen: Vilay Parlay), nahe beim Flughafengebäude für Inlandsflüge, haben sich ebenfalls einige Hotels der mittleren Preisklasse angesiedelt. Dazu gehört das Hotel Aircraft International in der Dayaldas Road 179 (Tel. 6 12 36 67), in dem man in einem normalen Zimmer für 470 Rs, in einem Luxuszimmer für 500 Rs und in einem „Superluxuszimmer" für 580 Rs übernachten kann. Teurer sind das Hotel Airport International (Tel. 6 12 28 83) und das Hotel Avion (Tel. 6 11 32 20), beide an der Nehru Road, mit Einzelzimmern für 700 Rs und Doppelzimmern für 900 Rs. Das Hotel Transit (Tel. 6 10 58 12), gelegen in einer Seitenstraße der Nehru Road unweit vom Fünf-Sterne-Hotel Sun-n-Sand, hat Zimmer zu bieten, in denen man mit Frühstück allein für 1060 Rs und zu zweit für 1550 Rs übernachten kann. Auch zu diesem Haus gehören eine Bar und ein Restaurant.

In Juhu kann man im Hotel Kings in der Juhu Tara Road 5 (Tel. 6 14 97 75), gegenüber der örtlichen Kirche, einschließlich Steuern in einem Einzelzimmer für 575 Rs und in einem Doppelzimmer für 650 Rs unterkommen (mit Klimaanlage). Das Hotel Sea Side am Juhu Beach 39/2 (Tel. 6 20 02 93) bietet Einzelzimmer für 650 Rs und Doppelzimmer für 750 Rs (mit Klimaanlage und Bad).

Luxushotels: In Hotels dieser Kategorie werden, wie in vielen der Mittelklasse, ständig auch noch zusätzliche Bundes- und Provinzsteuern erhoben, wodurch sich die Preise um bis zu 40 % erhöhen können. Meistens sind es aber nur 20 %.

In Colaba ist eines der billigsten Hotels in dieser Preisklasse das Hotel Fariyas, gelegen zwei Straßen südlich der Arthur Bunder Road (Tel. 2 04 29 11, Fax 2 83 49 92). Hier sind die Zimmer ganz ansprechend und die Mitarbeiter freundlich. Zudem ist das Haus voll klimatisiert. Übernachten kann man in einem Einzelzimmer für 1100 Rs und in einem Doppelzimmer für 1900 Rs, aber auch in einer teureren Suite. Daneben sind ein Swimming Pool, eine Bar und ein gutes Restaurant vorhanden.

Am anderen Ende von Colaba steht am Apollo Bunder das Hotel Taj Mahal & Taj Mahal Intercontinental (Tel. 2 02 33 66, Fax 2 87 27 11), das den Ruf genießt, das beste Hotel in ganz Indien zu sein, auch wenn man darüber streiten könnte. Sicher ist der Reichtum, der im Taj ostentativ zur Schau gestellt wird, erstaunlich. Vor dem Haupteingang wetteifern Luxuskarossen von Mercedes Benz und BMW um Platz, während drinnen Scheichs aus den Golfstaaten in strahlend weißen Gewändern durch das riesige, angenehm kühle und mit Marmor ausgestattete Foyer schreiten. Wenn man hier nicht sehr reich aussieht, wird man gar nicht zur Kenntnis genommen. Allerdings wird man auch nicht daran gehindert, das Hotel zu betreten. Im Taj gibt es auch eine der besten Buchhandlungen von ganz Bombay. Hier kann man zudem eine der besten öffentlichen Toiletten der Stadt benutzen, selbst wenn der Mann, der sie sauberhält, ein Trinkgeld erwartet.

Alle 650 Zimmer sind luxuriös ausgestattet und werden im Teil mit dem Intercontinental als normale Zimmer für 155 bzw. 170 US $ und im alten Flügel für 195 bzw. 215 US $ vermietet. Ebenfalls im alten Flügel gibt es darüber hinaus auch noch Suiten mit unterschiedlichen Bezeichnungen, die als „Executive" für 400 US $ und als „Presidential" für 825 US $ vermietet werden (pro Nacht!). Steuern (30 %) und Bedienungszuschlag kommen noch hinzu. Das Hotel verfügt auch über alle nur denkbaren Einrichtungen für die Gäste, darunter vier Restaurants, drei Bars, einen Coffee Shop, eine Diskothek (nur für Hausgäste) und einen Swimming Pool.

Weitere Spitzenhotels findet man verstreut um den Nariman Point herum und entlang des Marine Drive. Eines davon ist das Hotel Ritz in der J. Tata Road 5 in Churchgate (Tel. 2 85 05 00, Fax 2 85 04 94), ein schon etwas älteres Haus mit den üblichen Einrichtungen, aber keinem Swimming Pool. Hier kosten Einzelzimmer 2620 Rs, Doppelzimmer 3272 Rs und Suiten 3950 bis 4585 Rs (einschließlich Steuern). Das Haus ist zentral klimatisiert.

Moderner ist das Hotel Ambassador in der Veer Nariman Road (Tel. 2 04 11 31), wo die billigsten Einzel- und Doppelzimmer 980 bzw. 2300 Rs kosten. Man kann aber auch in einem Einzelzimmer für 250 Rs und in einem Doppelzimmer für 3000 Rs übernachten oder für eine Suite ab etwas unter 3000 Rs ausgeben. Steuern und Bedienung (30 %) kommen noch hinzu. Eine Bar und ein drehbares Dachrestaurant sind für die Gäste ebenfalls vorhanden, allerdings kein Swimming Pool. Zur gleichen Preisklasse gehört das (von außen) etwas nichtssagende Hotel Nataraj am Marine Drive 135 (Tel. 2 04 41 61, Fax 2 04 38 64), in dem man in einem Einzelzimmer für 2070 Rs, in einem Doppelzimmer für 3000 Rs und in einer Suite für 4140 Rs übernachten kann (einschließlich Steuern). In diesem Haus sind die Einrichtungen nicht ganz so vielfältig, aber es wird gern für Tagungen und Bankette in Anspruch genommen. Der Nachtclub steht allerdings nur Mitgliedern offen.

Um den Ruhm, das vielfältigste Hotel in Bombay zu sein, wetteifert mit dem Taj das moderne Hotel Oberoi/Oberoi Towers am Marine Drive (Tel. 2 02 57 57, Fax 2 04 15 05). Ohne Meerblick muß man hier für ein Einzelzimmer 235 US $ und für ein Doppelzimmer 260 US $ bezahlen, mit Meerblick 270 bzw. 300 US $. Die Preise für Suiten reichen von 500 US $ bis 1500 US $ für die Kohinoor-Suite. Im angrenzenden und schon etwas älteren Oberoi Towers (Tel. 2 02 43 43, Fax 2 04 32 82) kommt man in einem Einzelzimmer für 190 US $ und in einem Doppelzimmer für 215 US $ unter, aber auch in einer Suite zum Preis zwischen 395 und 700 US $. Das riesige Atrium im Oberoi Towers, um das sich auf zwei Etagen Läden gruppieren, ist wunderschön konstruiert und auch dann einen Blick wert, wenn man in diesem Hotel nicht absteigt. Darin ist es zudem angenehm kühl. Zusammen haben beide Hotels eine Überfülle an Einrichtungen zu bieten, darunter zwei Swimming Pools, vier Restaurants sowie eine Bar mit herrlichen Ausblicken über die Bucht und abendlichen Tanzveranstaltungen ab 18.30 Uhr, aber auch eine Diskothek.

Etwas weiter entfernt liegt im Viertel mit vielen Firmen und Konsulaten das Hotel President in der Cuffe Parade 90 (Tel. 2 15 08 08, Fax 2 15 12 01). Hier kosten normale Einzelzimmer 160 US $ und normale Doppelzimmer 170 US $, während man für ein besseres Zimmer allein 175 US $ und zu zweit 190 US $ bezahlen muß. Vermietet werden aber auch Suiten für 290 US $.

Auch dieses Hotel hat eine ganze Reihe von Einrichtungen zu bieten, unter anderem einen Swimming Pool, eine Buchhandlung und Säle für Bankette. Es wird vorwiegend von Geschäftsleuten und Ausländern in Anspruch genommen, die längere Zeit in Bombay sind.

Draußen am Flughafen gibt es ebenfalls eine ganze Reihe von besseren Hotels. Wenn man nicht einen wichtigen Grund hat, gerade dort zu übernachten, besteht wenig Anreiz, sich in dieser Gegend ein Zimmer zu mieten.

Unmittelbar vor dem Inlandsflughafen steht das Hotel Centaur (Tel. 6 11 66 60, Fax 6 11 35 35). Das ist ein großes, rundes Hotel mit den üblichen Annehmlichkeiten von Häusern mit fünf Sternen wie einem Swimming Pool, drei Restaurants und einer Bar sowie Einzelzimmern für 3000 Rs und Doppelzimmern für 3300 Rs. Auch in Suiten kann man für 3600 bis 9000 Rs übernachten.

Weitere Hotels gibt es in der Nachbarschaft des Centaur, entweder direkt daneben oder gegenüber. Sie alle sind voll klimatisiert und bieten einen guten Standard. Das Kamat's Plaza in der Nehru Road 70 C in Vile Parle (Tel. 6 12 33 90, Fax 6 10 79 74) kann mit Einzelzimmern für 1200 Rs und Doppelzimmern für 1650 Rs sowie einem Schwimmbecken aufwarten.

Einen Kilometer vom Flughafengebäude für internationale Flüge entfernt kann man im Fünf-Sterne-Hotel Leela Kempinski übernachten (Tel. 8 36 36 36, Fax 8 36 06 06). Das kostet in einem Einzel- oder Doppelzimmer 225 bzw. 245 US $ und in einer Suite 375 US $. Auch dieses Haus bietet alle Annehmlichkeiten, die man erwartet, darunter einen Swimming Pool, vier Restaurants, zwei Bars und eine ganze Bandbreite von Einrichtungen zur Ausübung von Sportarten.

Entlang vom Strand in Juhu steht ebenfalls eine ganze Reihe von Hotels. Es ist aber schwer, glauben zu können, daß es gute Gründe gibt, dort zu übernachten. Das Baden bereitet an diesem Strand nämlich kein Vergnügen, weil ein einziger Blick auf all das, was hier an Abfall direkt in das Meer geleitet wird, ohnehin die Lust daran vergehen läßt. Die Abwässer stammen meist aus den Slums, die sich zwischen Dadar und Juhu bildeten. Außerdem ist der Strand in Juhu ein beliebtes Betätigungsfeld von Dieben. Die meisten hier gelegenen Luxushotels setzen für Gäste kostenlose Pendelbusse von und zu den Flughäfen für Inlands- und Auslandsflüge ein.

Im Vier-Sterne-Hotel Sands am Juhu Beach 39/2 (Tel. 6 20 45 21) kann man in einem Einzelzimmer für 1100 Rs, in einem Doppelzimmer für 1500 Rs und in einer Suite für 2200 Rs übernachten. Hier gibt es auch ein Restaurant und eine Bar, aber keinen Swimming Pool.

Nicht weit entfernt, am Juhu Beach 37, befindet sich das Hotel Horizon (Tel. 6 11 79 79), in dem man in einem Einzel- oder Doppelzimmer für 2000 bis 2500 Rs oder in einer Suite zum Preis von 3000 bis 7000 Rs absteigen kann. Hier werden den Gästen auch ein Swimming Pool, Restaurants, eine Bar und eine Diskothek geboten, allerdings sieht das ganze Gebäude inzwischen schon ziemlich abgewohnt aus. Nebenan, am Juhu Beach 39, liegt das Fünf-Sterne-Hotel Sun-n-Sand (Tel. 6 20 18 11, Fax 6 20 21 70), in dem Einzelzimmer für 2000 Rs und Doppelzimmer für 2500 Rs sowie Suiten für 2500 bis 3000 Rs vermietet werden. Außerdem stehen ein Swimming Pool, ein Fitneß-Club, ein Restaurant und eine Bar zur Verfügung. Ähnlich ist das Hotel Sea Princess am Juhu Beach (Tel. 6 11 76 00, Fax 6 11 39 73), ein weiteres Hotel mit fünf Sternen mit Einzelzimmern für 2000 Rs, Doppelzimmern für 2400 Rs und Suiten für 4800 Rs. Wie die anderen hat es daneben einen Swimming Pool, ein Restaurant und eine Bar zu bieten.

In den Preisen weiter hinauf kann man ferner im Hotel Ramada Inn Palm Grove (Tel. 6 11 23 23, Fax 6 11 36 82) übernachten und muß dann für ein Einzelzimmer 2400 Rs, für ein Doppelzimmer 2900 Rs und für eine Suite 5000 Rs bezahlen. Noch teurer ist das Holiday Inn in der Balraj Sahani Marg (Tel. 6 20 44 44, Fax 630 44 52) mit Zimmern für 145 US $ (Einzel- und Doppelzimmer) sowie Suiten für 210 US $. Hier sind die Annehmlichkeiten noch reichhaltiger als im Ramada und umfassen zwei Swimming Pools, einen Grill im Garten, Restaurants, eine Kneipe sowie eine Einkaufsarkade.

An der Spitze liegt das Fünf-Sterne-Luxushotel Centaur Juhu Beach in der Juhu Tara Road (Tel. 6 11 30 90, Fax 6 11 63 43), ein riesiges Haus, das allerdings seine beste Zeit bereits hinter sich hat. Hier kann man in einem Zimmer allein für 3000 Rs, zu zweit für 3500 Rs und in einer Suite für 6000 bis 9000 Rs übernachten und jede nur denkbare Annehmlichkeit genießen. In diesem Haus sind auch Reservierungsbüros von Air India und Indian Airlines vorhanden.

ESSEN

Preiswerte Restaurants in Colaba: Fast schon eine Legende in Bombay ist das Café und die Bar Leopold. Das Lokal ist nicht nur zum Frühstück, zum Mittag- und zum Abendessen beliebt, sondern dort trifft man sich auch zu einem gemütlichen Plausch beim kühlen Bier (entweder vom Faß oder in Flaschen) und beobachtet das Leben auf der Straße durch die offenen Türen. Hier findet sich eine Mischung von Gästen aus Rucksackreisenden, Yuppies aus Bombay sowie in Bombay arbeitenden Ausländern ein, man sieht aber auch Araber aus den Golfstaaten sitzen und ebenfalls ein Bier trinken. Das Leopold hat zudem eine lange Speisekarte mit vegetarischen und nichtvegetarischen Gerichten zu bieten, wobei die Gerichte wegen der Beliebtheit jedoch zu teuer sind und man einen Wink erhält, wenn man nach dem Essen nicht bald aufsteht und Platz für weitere Gäste macht.

Bei Rucksackreisenden und jungen Einheimischen fast schon beliebter ist das Café Mondegar geworden. Dieses Lokal zeichnet sich durch eine Musikbox, farbenprächtige Wandgemälde, Bier sowie westliches und indisches Essen aus. Das ist fast schon ein Happening mit immer einer ganzen Menge junger Gäste, eingezwängt auf ziemlich engem Raum. Auf der gegenüberliegenden Straßenseite findet man das Hotel Majestic. Das ist ein Spezialrestaurant für vegetarische Tellergerichte. Hier erhält man für 16 Rs ein Thali. Angeboten werden aber auch nichtvegetarische Gerichte.

Unmittelbar gegenüber vom Leopold liegt das Olympia Coffee House, ein altes, traditionelles Kaffeehaus mit einer sehr schönen Aufmachung und Marmorplatten auf den Tischen.

Um ein kühles Getränk und einen kleinen Imbiß zu sich zu nehmen, setzt man sich am besten in das Café Samovar in der Kunstgalerie Jehangir (sonntags geschlossen). In der Nawroji Furounji Road bekommt man im Laxmi Vilas ausgezeichnete Thalis und Lassis. Etwas teurer ißt man im Veena am Colaba Causeway, aber ebenfalls lecker, und zwar zum Preis von etwa 40 Rs für zwei Personen. Nur ein paar Häuser weiter, im Hotel Kamat, serviert man ausgezeichnete vegetarische Gerichte. Die klimatisierten Räume liegen im Obergeschoß.

Am oberen Ende der Garden Road stößt man neben einer Tankstelle und Werkstatt auf das Restaurant Edward VIII. Das ist ein sehr gut geführtes kleines Lokal, in dem es ausgezeichnete Fruchtsäfte gibt. Vorwiegend ein Lokal für einen Drink ist die Bar und das Restaurant Gokul an der Tulloch Road, aber dort werden auch preisgünstige, leckere Speisen serviert. Ausgezeichnet schmeckt dort der gebratene Fisch.

Colaba ist auch bekannt für seine schmackhaften Garnelen und frischen Meeresfrüchte. Die beliebten Fish and Chips bekommt man an einigen Stellen ebenfalls, aber auch unmittelbar neben dem Aquarium am Marine Drive. Straßenverkäufer mit ganz billigen Speisen bauen ihre Stände jeden Abend in der Tulloch Road auf. Dann ist dort immer viel los.

Preiswerte Restaurants in anderen Gegenden: Wer sich gerade seine postlagernden Sendungen vom Hauptpostamt abgeholt hat und die in Ruhe lesen möchte, findet in der Nähe einige passende Lokale. Eines davon ist das Restaurant Kohinoor fast unmittelbar gegenüber vom Hauptpostamt, ein gemütliches kleines Restaurant mit freundlichen älteren Kellnern. In der Dr. D. Naoroji Road 204, vom Hauptpostamt zurück in Richtung Colaba, bietet das Restaurant Suvidha im Gebäude der National Insurance ausgezeichnete vegetarische Gerichte. Allerdings ist es mittags meistens überfüllt.

Bombay verfügt aber auch über eine eigene Kette von Schnellgaststätten, die Open House genannt werden und in denen man Hamburger sowie Pizza erhält. Die

---

Dhaba-Mittagessen

Mr. Bombay, der durchschnittliche Büro-Wallah, verläßt frühmorgens seine Wohnung, besteigt einen Zug oder einen Bus und hastet in sein Büro - genauso wie seine Kollegen in Europa, Amerika oder Australien. Wie sein ausländischen Brüder und Schwestern möchte auch er sein Mittagessen mit in das Büro nehmen, um es dort zu verspeisen. Aber diesem Wunsch steht entgegen, daß ein indisches Mittagessen nicht einfach aus einer Klappstulle und einem Apfel besteht. Ein so spärliches Mahl könnte einen Inder nie zufriedenstellen. Da müssen es schon ein Curry mit Reis und *parathas* mit viel Gewürzen sowie eine ganze Reihe anderer Dinge sein, deren Zubereitung viel Zeit erfordert und die nun einmal nicht in Papier gewickelt und in der Aktentasche mitgenommen werden können.

Natürlich fand man in Indien hierfür eine Lösung - das aufwendige und doch gut funktionierende System mit den *Dhaba*-Mittagessen. Hat der Mann das Haus morgens verlassen, beginnt die Frau - oder der Koch bzw. der Diener - mit der Zubereitung des Mittagessens. Ist alles fertig, füllt man es in einen mehrteiligen Metallbehälter, der einen Durchmesser von etwa 15 cm hat und 30 cm hoch ist. Auf dem Deckel befindet sich eine geheimnisvolle Farbkodierung. Danach wird der Behälter zur nächsten Straßenecke getragen, an der er mit anderen Behältern eingesammelt wird. Von dieser Sammelstelle bringt man sie zunächst zum nächstgelegenen Bahnhof, von wo aus sie mit einem Zug in die Stadt transportiert werden.

In der Stadt werden sie nach bestimmten Gesichtspunkten verteilt, um sie dann zu den einzelnen Empfängern zu bringen. Jeden Morgen zwischen 11 und 12 Uhr kann man vor den Bahnhöfen Victoria Terminus, Churchgate, Bombay Central und anderen viele Tausende solcher Behälter stehen sehen, die alle unterschiedlich gekennzeichnet sind. Von hier aus gelangen sie auf den Köpfen von Trägern, auf Karren, an langen Stangen hängend und an Fahrrädern baumelnd in alle Teile der Innenstadt. Das Wunder wird noch größer, wenn man bedenkt, daß die meisten dieser *Dhaba-Wallahs* Analphabeten sind. Aber das Ergebnis dieses rätselhaften indischen Verteilungssystems ist, daß Mr. Bombay jeden Mittag seinen eigenen Behälter vorfindet, sobald er seine Bürotür öffnet. Und das jeden Tag und ohne daß je ein Essen verschwindet.

dem Zentrum nächstgelegene ist in der Veer Nariman Road, unweit der Fußgängerbrücke. Nicht weit davon entfernt, an der Ecke der Veer Nariman Road und der Tata Road, liegt das Croissants etc., eine nagelneue Imbißstube für Leute, die gern Gebäck und leckere Croissants essen und dabei unter einem Fernsehgerät stehen, in dem Musikvideos zu sehen sind.

Eine besondere Spezialität in Bombay ist *bhelpuri*. Das sind gebratene Nudeln mit kräftig gewürztem Gemüse nebst anderen geheimnisvollen Zutaten, angeboten für wenige Rupien. Erhältlich ist dieser Imbiß an Ständen überall in der Stadt, insbesondere aber am Chowpatty Beach.

Teurere Restaurants in Colaba: Im Hotel Taj Mahal stehen gleich mehrere Restaurants, Bars und Imbißstuben zur Auswahl. Ganz oben im Teil mit dem Intercontinental hat man sich in der Apollo Bar/Rooftop Rendezvous ganz auf westlichen Geschmack eingestellt. Den herrlichen Ausblick gibt es gratis dazu. Hier muß man mittags für ein Essen vom Buffet 350 Rs bezahlen, obwohl die Auswahl gegrenzt ist, die Speisen auch noch viele Wünsche offenlassen und die Kellner ganz schön anmaßend sein können. Auch das Bier ist hier sündhaft teuer. Wenn es gerade das ist, worauf man Appetit hat, dann trinkt man ein Bier besser in der Harbour Bar (Bier vom Faß 72 Rs und Flaschenbier 82 Rs). Für einen Kaffee oder einen Imbiß ist das Shamiana das richtige Ziel. Die beste Adresse für ein typisch indisches Essen ist das Tanjore. Als kostenlose Beigabe kann man dabei Sitarmusik und abends klassische indische Tänze genießen. Thalis werden hier ebenfalls angeboten. In allen Restaurants im Taj Mahal muß man abends übrigens ordentlich angezogen sein. Mittags ist jedoch auch Freizeitkleidung akzeptabel.

Im Copper Chimney gleich gegenüber der Kunstgalerie Jehangir in der K. Dubash Marg werden nordindische Spezialitäten und Gerichte der Mughlai-Küche serviert. Das ist ein gutes Ziel zum Essen, in dem man für einen kleinen Gaumenschmaus etwa 75 Rs ausgeben muß. Sehr zu empfehlen ist auch das nahegelegenen Restaurant Khyber in der M G Road 145. In diesem höhlenartigen Restaurant wird man für ein Essen aus der Küche des Punjab rund 100 Rs los.

Das Delhi Darbar am Colaba Causeway hat eine lange Speisekarte zu bieten. Dieses Restaurant bietet sich an, um einmal das Parsen-Essen *dhaansak* zu probieren. Dort bekommt man aber auch gute Milchmixgetränke und Eis (kosten Sie einmal die Sorte *pista kulfi*).

Das noch relativ neue Restaurant Vintage in der Mandlik Road 4 ist ein geradezu klassisches Restaurant in einem umgebauten Haus aus der Kolonialzeit, in dem indische und westliche Speisen angeboten werden. Hier kann man gut *pomfret* für 150 Rs essen. Die meisten anderen Gerichte bewegen sich in der Preisklasse von 120 bis 150 Rs. Gleich drei China-Restaurants in der Shivaji Maharaj Marg wetteifern darum, das „beste chinesische Essen in Indien" zu servieren. Das sind das Nanking und, direkt gegenüber auf der anderen Straßenseite, das Mandarin, das geringfügig teurer ist, sowie das Hong Kong nebenan, in dem ausgezeichnete Gerichte aus Szechuan serviert werden.

Teurere Restaurants am Nariman Point und am Marine Drive: Viel besser als das Taj eignet sich für einen Gaumenschmaus mittags das polynesische Restaurant im Hotel Oberoi Towers, wobei man für 344 Rs aus einer großen Bandbreite von indischen, orientalischen und europäischen Speisen wählen kann. Auch hier können die Kellner so anmaßend wie im Taj sein, aber dabei ist zumindest das Essen ausgezeichnet. Wenn das ein wenig über den finanziellen Möglichkeiten liegt, bietet sich das Restaurant Rangoli im Komplex mit den Einrichtungen für darstellende Künste (Performing Arts Complex) am Nariman Point an, wo das Buffet mittags für 75 Rs eine ausgezeichnete Wahl ist. Ein weiteres Ziel für ein gutes Essen ist das drehbare Restaurant oben im Hotel Ambassador. Ausgezeichnet essen kann man ferner im Kabab Corner im Hotel Natraj am Marine Drive, und das abends bei der Musik eines Sitarspielers.

Das vegetarische Restaurant Samrat mit Klimaanlage in der J. Tata Road, gelegen südlich vom Hotel Ritz in Churchgate, ist wegen seines guten Essens ebenfalls wiederholt empfohlen worden. Für 61 Rs erhält man hier ein hervorragendes Thali mit *puris*, *chapatis*, *farsan* (leckere gebratene Imbisse) und *bhakri* (Weizenkekse) sowie weiteren Bestandteilen und kann davon essen, so viel man mag. Hier kann man auch einen besonderen Aperitif probieren, der *jal jeera* genannt wird. Er ist sehr beliebt, wurde aber von einem wenig beeindruckten Gast so beschrieben: „Er riecht wie verfaulte Eier und ist sehr salzig." Glücklicherweise wird aber auch Bier ausgeschenkt.

Eines der schicksten Lokale der Stadt ist das Gaylords in der Veer Nariman Road. Die große Terrasse stammt offensichtlich geradewegs aus Paris und eignet sich gut für ein westliches oder indisches Gericht in der Preisklasse von 80 bis 100 Rs. Für eine Flasche Bier muß man hier 65 Rs und für ein Bier vom Faß 35 Rs bezahlen. Von der Terrasse aus läßt sich auch gut das Straßenleben in diesem Stadtteil beobachten.

UNTERHALTUNG

Um herauszufinden, was sich in Bombay auf den Gebieten klassischer Tanz, Musik und Theater tut, holt man sich am besten den vierzehntägig erscheinenden Veranstaltungskalender, der im staatlichen indischen Fremdenverkehrsamt kostenlos erhältlich ist.

Für einen Tag der Erholung, weit weg von den Trubel auf den Straßen, eignet sich der Breach Candy Club (Tel. 3 67 43 81) in der Bhulabhai Desai Marg 66 (Wanden Road). Das ist an der Küste in der Nähe des Cumballa Hill. Dieser exklusive Schwimmverein und Volleyball-Club berechnet Nichtmitgliedern für die Benutzung der Einrichtungen werktags 200 Rs, samstags und sonntags 300 Rs. Dafür kann man von zwei Swimming Pools, einer Bar und einem Imbißlokal Gebrauch machen, alles in einem tropischen Garten. Diese Anlage ist bei in Bombay lebenden Ausländern recht beliebt.

Wenn Sie nicht länger mit einem kalten Kingfisher-Bier in der Bar und im Café Leopold sitzen mögen (oder aufgefordert worden sind zu gehen), dann bieten sich in Colaba einige Alternativen, die einen Besuch wert sind, beispielsweise das Hinterzimmer im Zwischengeschoß der Bar und des Restaurants Gokul. Es liegt um die Ecke in der Tulloch Road. Dort ist nicht nur das Bier billiger, sondern dort gibt es auch eine ausgezeichnete Sammlung von Musikkassetten. Das Café Mondegar ist für ein Bier ebenfalls recht beliebt, aber die Musik dort ist immer ziemlich laut. Ein beliebtes Lokal gibt es ferner im Hotel Fariyas in einer Nebenstraße der Arthur Bunder Road.

Ein Stück entfernt sind der London Pub am Chowpatty Beach, das Raasna unweit vom Bahnhof Churchgate und die Caravan Bar in der Hazarimal Somani Marg unweit des Bahnhofs VT ebenfalls einen Versuch wert. Der obere Teil der Crown & Anchor Bar an der Ecke der Mandik Road und der Mereweather Road ist die Antwort von Colaba auf die Patpong Road in Bangkok mit Girls in den Bars, aber natürlich mit Seidensaris statt mit Bikinis. Hier kann man sich ein Mädchen angeln, ohne daß in irgendeiner Weise Druck ausgeübt wird. Wahrscheinlich werden Sie dort der einzige Ausländer sein, es sei denn, Sie nehmen ausländische Reisebegleiter mit. Hier werden für eine Flasche Bier 85 Rs verlangt. Im allgemeinen ist jeden Abend eine ganze Menge los.

Die meisten Diskotheken gehören zu den Fünf-Sterne-Hotels und sind Mitgliedern vorbehalten, die extrem hohe Mitgliedsbeiträge bezahlt haben. Die einzige, die auch anderen Gästen offensteht, ist die Cellar Disco im Hotel Oberoi, aber auch dort werden nur Paare eingelassen. Beginn ist erst gegen 22 Uhr.

EINKÄUFE

In Bombay kann man einige interessante und farbenfrohe Märkte besuchen. Chor Bazaar ist der Markt der Gauner, der südlich der Maulana Shaukatali Road (Grant Road) zu erreichen ist. Sie werden überrascht sein, welch eine Auswahl an „Antiquitäten", Schmuck, Holzarbeiten, Leder und allgemeinem Tand dort angeboten wird. Die Mutton Street im Chor Bazaar ist voll von

Läden mit allerlei Trödel, Ramsch und Plunder. Die Geschäfte sind im allgemeinen von 10 Uhr an geöffnet, freitags aber geschlossen.

Crawford Market, offiziell in Mahatma Phule Market umbenannt, ist Umschlagplatz für Blumen, Früchte, Gemüse, Fleisch und Fisch. Hier finden Sie auch den in Bombay beliebten Fisch *pomfret* (Brachsenmakrele) und die *Bombay duck*. Das Gebäude, in dem der Markt untergebracht ist, stammt aus dem Jahre 1867 und ist eines der farbenprächtigsten und am häufigsten fotografierten Gebäude von Bombay. Nahebei ist der Javeri Bazaar, das Schmuckzentrum, und zwar unweit der Mumbadevi Road. Schmuckliebhaber werden hier ihre helle Freude haben, besonders wenn sie Silberreifen, alte Statuen und Amulette mögen. Gegenstände aus Metall finden Sie auf dem Markt in der Kalbadevi Road.

Im Stadtteil Colaba gibt es genügend Läden und Stände, wo Kunsthandwerk, Antiquitäten und Kunstgegenstände verkauft werden. Die Läden im Hotel Taj Mahal bieten zwar Waren von hoher Qualität an, aber auch zu entsprechenden Preisen. Günstig einkaufen kann man in der Kunstgalerie Jehangir beim Prince of Wales Museum, wie auch im ausgezeichneten Central Cottage Industries Emporium am Apollo Bunder. Die Stände entlang der Colaba Causeway sind gute Ziele, um unglaublich günstig Bekleidungsstücke zu kaufen, die „für den Export zurückgewiesen" wurden.

Eines der besten Ziele in Bombay, um Gold oder Silber zu kaufen (oder sich einmal anzusehen, was man sich leisten kann), ist das Gupta Prakash Emporium neben der Bank von American Express (nicht vom Reisebüro) am Flora Fountain.

Im Khadi Village Industries Emporium in der Nähe in der Dr. D. Naoroji Road kann man Sachen aus allen Teilen Indiens kaufen.

Leute auf der Suche nach Kassetten mit indischer Musik müssen unbedingt einmal in das Rhythm House in der Dubash Marg 40 K in der Gegend von Colaba gehen und können ihr Glück auch im Warenhaus Asiatics versuchen, das mit Blick auf den Bahnhof Churchgate errichtet wurde.

Die Mereweather Road hinter dem Taj Intercontinental ist das Zentrum für Kaschmir-Teppiche. Dort hat man eine riesige Auswahl, aber wie man sich angesichts der Lage vorstellen kann, sind dort die Preise auch recht hoch. Bevor Sie in dieser Gegend einkaufen, sollten Sie sich zunächst im staatlichen Emporium von Jammu und Kaschmir umsehen.

Wenn Bombay Ihr letztes (oder einziges) Ziel in Indien ist, können Sie Souvenirs aus allen indischen Provinzen auch gut in den Läden der einzelnen Bundesstaaten einkaufen. In der Arkade des Word Trade Centre an der Cuffe Parade findet man die von Madhya Pradesh, Himachal Pradesh, Maharashtra sowie Jammu und

Kaschmir, während die von Uttar Pradesh und ein zweites von Kaschmir in der Sir P. Mehta Road liegen. Das ist in der Gegend des Forts.
Für den Versand von größeren Gegenständen aus Indien wendet man sich am besten an die Mitarbeiter von Perfect Cargo Movers im 4. Stock des Abdullabmia Currimjee Building in der Jamabhoomi Marg im Stadtteil Fort (Tel. 2 87 39 35). Die sind außergewöhnlich zuverlässig und empfohlen worden.

AN- UND WEITERREISE

Flug: Bombay ist ein wichtiges Tor nach Indien mit weit mehr Flügen als Delhi, Kalkutta und Madras. Hier beginnen und enden auch die meisten Inlandsflüge. Das Gebäude für internationale Flüge (Sahar) liegt etwa 4 km vom Flughafengebäude für Inlandsflüge entfernt. Beide sind wiederum 30 bzw. 26 km vom Nariman Point in der Innenstadt von Bombay entfernt. Zu den Einrichtungen für Fluggäste auf dem Flughafen Sahar gehören eine Tag und Nacht geöffnete Zweigstelle der State Bank of India zum Geldwechseln, Schalter des staatlichen indischen Fremdenverkehrsamtes und des Fremdenverkehrsamtes von Maharashtra (MTDC), Schalter von Autovermietern sowie ein Café und eine Imbißstube. Im Laden mit zollfreien Waren in der Abflughalle muß man mit überhöhten Preisen rechnen und kann dort nur mit US-Dollar bezahlen.
Beim Abflug muß man für alle internationalen Flüge eine Flughafengebühr von 300 Rs entrichten, zahlbar vor der Abfertigung gegenüber den Abfertigungsschaltern.
Die meisten Stadtbüros von ausländischen Fluggesellschaften in Bombay haben sich in der Gegend des Nariman Point zwischen der Maharshi Karve Road und dem Marine Drive angesiedelt. Air India ist an der Kreuzung der Madame Cama Road und des Marine Drive vertreten. Hier fahren auch die Flughafenbusse ab.
Nachdem auf das Gebäude von Air India im Jahre 1993 ein Bombenattentat verübt worden ist, wurde das Büro von Indian Airlines, der Fluggesellschaft, die sowohl Inlands- als auch Auslandsflüge anbietet, in das Army & Navy Building an der M G Road verlegt. Es ist jedoch davon auszugehen, daß es wieder in das Gebäude von Air India wechseln, so daß man sich am besten nach dem neuesten Stand erkundigt, wenn man zu Indian Airlines will. Indian Airlines unterhält aber auch Reservierungsschalter im Hotel Taj Mahal und im Hotel Centaur am Juhu Beach.
Zu den Inlandsfluggesellschaften, die Bombay anfliegen, gehören:
Damania Airways
Nehru Road 17, Vakola, Santa Cruz (Tel. 6 10 25 45)
East West Airlines
New Kantwadi Road 18, in einer Seitenstraße der Perry Cross Road in Bandra (Tel. 6 43 66 78)

Indian Airlines
Army & Navy Building, M G Road (Tel. 2 02 30 31 und 2 87 61 61)
Jet Airways
Armachand Building, Madame Cama Road (Tel. 2 85 57 88)
ModiLuft
Akash Ganga (2. Stock), Bhulabhai Desai Marg 89, Cumballa Hill (Tel. 3 63 19 21)
NEPC Airlines
Hotel Bawa International, Nehru Road, Vile Parle (Tel. 6 11 51 44)
Sahara Indian Airlines
(Tel. 2 83 24 46)

In Bombay sind außerdem folgende internationale Fluggesellschaften vertreten:
Aeroflot
Nirmal 241/242, Nariman Point (Tel. 22 16 82)
Air France
Maker Chambers VI, Nariman Point (Tel. 2 02 48 18)
Air India
Air India Building, Nariman Point (Tel. 2 02 41 42)
Air Lanka
Mittal Towers, Nariman Point (Tel. 22 32 99)
Alitalia
Industrial Assurance Building, Veer Nariman Road, Churchgate (Tel. 22 21 44)
Bangladesh Biman
J. Tata Road 199 (Tel. 22 46 59)
British Airways
Valcan Insurance Building, Veer Nariman Road 202 b (Tel. 22 08 88)
Cathay Pacific Airways
Hotel Taj Mahal, Apollo Bunder, Colaba (Tel. 2 02 91 12)
Delta Air Lines
Hotel Taj Mahal, Apollo Bunder (Tel. 2 02 90 20)
Egypt Air
Oriental House, J. Tata Road 7 (Tel. 22 14 15)
Emirates
Mittal Chambers, Nariman Point (Tel. 2 87 16 50)
Gulf Air
Maker Chambers V, Nariman Point (Tel. 2 02 40 65)
KLM
Khaitan Bhavan, J. Tata Road 198, Churchgate (Tel. 2 83 33 38)
Kuwait Airlines
Stadium House, Veer Nariman Road 86 (Tel. 2 04 53 51)
Lufthansa
Express Towers, Nariman Point (Tel. 2 02 34 30)
Pakistan International Airlines
Brabourne Stadium, Veer Nariman Road, Churchgate (Tel. 2 02 15 98)

BOMBAY

Swissair
  Maker Chambers VI, Nariman Point 220 (Tel. 2 87 22 107)
Thai Airways International
  Podar House, Marine Parade (Tel. 2 02 32 84)

Bus: Die Langstreckenbusse fahren vom State Transport Terminal gegenüber vom Bahnhof Bombay Central ab. Hier geht es ziemlich chaotisch zu. Außerdem findet man dort so gut wie keine Informationen in Englisch.

Die staatlichen Busgesellschaften von Maharashtra, Goa, Gujarat, Karnataka und Madhya Pradesh sind dort alle mit eigenen Büros vertreten. Buchungen lassen sich in der Zeit von 8.00 bis 20.30 Uhr vornehmen (Tel. 3 07 42 72). Für Fahrten in Luxusbussen werden mit Hilfe von Computern Fahrkarten auch im voraus verkauft.

Inlandsflüge von Bombay

Flugziel	Flugzeit (Stunden)	IC	4S	M9	D2	9W	D5	S2	Flugpreis (US$)
Ahmedabad	1.00	3t			6w	2t	1t		47
Aurangabad	0.45	5w	4w						38
Bangalore	1.30	3t			2t	2t	3w		88
Baroda	1.15	1t					1t		45
Belgaum	1.30	3w							74
Bhavnagar	0.45	4w	3w						38
Bhopal	2.15	1t							70
Coimbatore	1.45	5w	1t		1t	1t			94
Delhi	2.00	7t	1t	2t	2t	4t		2t	115
Diu	1.00		3w						57
Goa	1.00	1t	1t		2t	2t			46
Gwalior	3.30	1t							103
Hubli	1.30						3w		100
Hyderabad	1.10	2t	1t			6w			74
Indore	1.00	1t			6w				53
Jaipur	1.30	2t	5w						98
Jamnagar	1.00	4w				3w			52
Jodhpur	1.30	5w	5w						87
Kalkutta	2.15	2t			2t	2t			157
Kochi (Cochin)	1.45	1t	2t			1t			109
Kozhikode (Calicut)	1.30	1t	1t			1t			98
Lucknow	3.45	3w						5w	152
Madras	1.45	2t	2t		1t	2t	3w		110
Madurai	1.45	3w	1t						115
Mangalore	1.15	1t	1t			1t			75
Nagpur	1.15	1t	6w						73
Porbandar	2.15		3w				2w		70
Pune	0.35		3t				1-2t		54
Rajkot	0.50	4w	1t						46
Surat	1.00						3w		50
Thiruvananthapuram (Trivandrum)	2.00	1t	1t						124
Udaipur	1.15	1t							70
Vadodara	1.00	1t							39
Varanasi	2.00	3w		3w					148
Visakhapatnam	2.45		1t						132

Zahl der Flugverbindungen und Fluggesellschaften* Flugpreis (t = täglich, w = wöchentlich)

* Abkürzungen für die Fluggesellschaften:
IC = Indian Airlines   D2 = Damania Airlines   S2 = Sahara Indian Airlines
4S = East West   9W = Jet Airways
M9 = ModiLuft   D5 = NEPC

Die MTDC setzt außer im Monsun täglich um 6.30 Uhr einen Luxusbus für die Fahrt nach Mahabaleshwar (180 Rs, 7 Stunden) und um 7.45 Uhr einen zur Fahrt nach Aurangabad (165 Rs, 11 Stunden) und zu anderen Zielen ein. Die sind besser als viele Luxusbusse anderer Unternehmen, denn in ihnen werden die Fahrgäste nicht mit Videofilmen gequält. Außerdem scheinen die Fahrer dieser Busse nicht so von Selbstmordgedanken beseelt zu sein, wie sie bei anderen Busfahrern in Indien durchaus üblich sind. Buchungen sollten im voraus im Büro der MTDC in den CDO Hutments in der Madame Cama Road vorgenommen werden. Da die Abfahrtstelle für die Busse sich von Zeit zu Zeit ändert, ist es ratsam, danach zu fragen, wenn man seine Fahrkarte kauft.

Zug: Zwei Eisenbahngesellschaften sind in Bombay vertreten. Central Railways bedient die Strecken nach Osten und Süden sowie einige Verbindungen nach Norden. Die Vorverkaufsstelle dieser Gesellschaft (Tel. 2 61 75 75) befindet sich hinter dem Bahnhof Victoria Terminus und ist mit Computern ausgerüstet sowie klimatisiert. Der Schalter 22 unten ist für ausländische Touristen bestimmt und auch die Stelle, an der man Indrail-Pässe kaufen sowie Plätze aus dem Kontingent für Touristen erhalten kann, Platzkarten jedoch nur am Tag vor der Abfahrt des gewünschten Zuges. Der Fahrkartenschalter 22 ist montags bis samstags von 9.00 bis 13.00 Uhr und von 13.30 bis 17.00 Uhr besetzt. Sonntags muß man sich am Schalter 21 anstellen, der dann von 8.00 bis 14.00 Uhr geöffnet ist.

Die zweite Bahngesellschaft, deren Züge von und nach Bombay verkehren, ist Western Railways. Sie bedient die Strecken in den Norden von den Bahnhöfen Churchgate und Bombay Central aus. Reservierungen können in der Vorverkaufsstelle neben dem staatlichen indischen Fremdenverkehrsamt (Government of India Tourist Office), gegenüber vom Bahnhof Churchgate, vorgenommen werden (Tel. 2 03 80 16, App. 45 77). Das ist montags bis samstags zwischen 8.00 und 20.00 Uhr sowie sonntags von 8.00 bis 14.00 Uhr möglich. Hier werden auch Plätze aus dem Kontingent für Touristen vergeben, allerdings nur montags bis freitags von 9.30 bis 16.30 Uhr und samstags von 9.30 bis 14.30 Uhr. Sie können in ausländischer Währung oder in Rupien unter Vorlage einer Wechselquittung bezahlt werden. Indrail-Pässe sind hier ebenfalls erhältlich. Wenn sich Schwierigkeiten ergeben sollten, fragt man am besten nach Mr. Singh. Der ist eine unbezahlbare Informationsquelle.

Damit alles noch komplizierter wird, verkehren ein paar Züge der Central Railways auch vom Bahnhof Dadar, nördlich von Bahnhof Bombay Central. Aber auch für die dort abfahrenden Züge lassen sich Plätze im Bahnhof Bombay Central reservieren. Dazu gehören der *Chennai Express* und der *Dadar Express*, die beiden schnellsten Züge nach Madras.

Nach Ahmedabad fährt der *Shatabdi Express* in Bombay Central um 6.25 Uhr ab. Mit diesem Zug kostet eine Fahrt im Sitzwagen 380 Rs und in einem Schlafwagen 760 Rs. In diesen Preisen sind Imbisse und Trinkwasser enthalten. Die 492 km lange Fahrt dauert 6$\frac{1}{2}$ Stunden. Der *Karnavati Express* verläßt Bombay in Richtung Ahmedabad jeden Mittwoch um 13.40 Uhr und erreicht sein Ziel acht Stunden später, früh genug für den Anschluß mit dem Nachtzug um 23.00 Uhr nach Udaipur.

Wichtige Züge von Bombay

Fahrziel	Zugnummer und Name	Abfahrtszeit*	Entfernung (km)	Fahrzeit (Stunden)	Fahrpreis (Rs) (2./1. Klasse)
Ahmedabad	9101 *Gujarat Mail*	21.25 BC	492	9.00	128/ 382
	9011 *Gujarat Express*	5.45 BC		9.20	128/ 382
Aurangabad	1003 *Devagiri Express*	22.30 VT	375	9.30	140/ 430
	7517 *Tapovan Express*	6.10 VT		7.20	140/ 430
Bangalore	6529 *Udyan Express*	7.55 VT	1211	24.00	245/ 738
Delhi	2951 *Rajdhani Express*	16.55 BC	1384	17.00	840/1370
	2925 *Poschim Express*	11.45 BC		23.00	250/ 797
Kalkutta	2859 *Gitanjali Express*	6.05 VT	1960	33.00	294/1040
	8001 *Howrah Mail*	20.16 VT		36.00	294/1040
Madras	6063 *Chennai Express*	19.50 D	1279	24.00	249/ 772
Pune	2123 *Deccan Queen*	17.10 VT	191	3.30	58/ 209
Thiruvana-thapuram	6331 *Trivandrum Express*	12.15 VT	2062	42.20	302/1081
Varanasi	1065 *Ratnagiri Express*	5.05 VT	1509	27.00	264/ 877

* Abkürzungen für die Bahnhöfe:
   VT = Victoria Terminus, BC = Bombay Central, D = Dadar

BOMBAY

Mit dem *Rajdhani Express* nach Delhi kostet eine Fahrt im dreistöckigen Schlafwagen mit Klimaanlage 840 Rs und im Schlafwagen der 1. Klasse mit Klimaanlage 1370 Rs. In diesen Fahrpreisen sind Getränke, Abendessen und Frühstück enthalten. Der Zug verläßt den Bahnhof Bombay Central um 17.40 Uhr und erreicht sein Ziel nach 17 Stunden.

In der Vergangenheit stand Besuchern auf dem Weg von Bombay nach Goa eine strapaziöse zwanzigstündige Zugfahrt über Miraj bevor. Wenn Sie diese Zeilen lesen, sollte sich das dank der neuen Konkan-Eisenbahn eigentlich geändert haben, die bei den Recherchen zu diesem Buch von Bombay nach Mangalore im südlichen Karnataka noch im Bau war (vgl. Exkurs im Abschnitt über das Reisen in Indien im Einführungsteil). Diese 740 km lange Strecke wird die Reisezeit von Bombay nach Goa auf etwa 10 Stunden verkürzen. Um herauszufinden, welche Züge auf der neuen Strecke nach Goa verkehren, muß man sich an die Central Railways wenden.

Schiff: Eine neue Fährverbindung zwischen Bombay und Goa wird von Damania Shipping (einem Tochterunternehmen von Damania Airways) betrieben. Der moderne, klimatisierte „Jetfoil" mit 400 Plätzen legt in Bombay am Kai in Baucha Chakka täglich um 7.00 Uhr ab und erreicht Panaji um 14.00 Uhr. Die Rückfahrt beginnt in Panaji um 15.00 Uhr und endet in Bombay zwischen 22.15 und 22.45 Uhr. Der Fahrpreis beträgt in der Economy-Klasse 35 US $ und in der Club-Klasse 50 US $. In diesen Fahrpreisen sind auch ein Imbiß, ein richtiges Essen, Erfrischungen und „Infoil-Unterhaltung" enthalten, die im allgemeinen aus der Vorführung neuer Hollywood- (nicht Bollywood-)Filme besteht. Kinder unter zwei Jahren werden für 10 % der normalen Fahrpreise mitgenommen, ältere Kinder allerdings nur zu den vollen Fahrpreisen. Buchungen sind bei Damania am Fähranleger (Tel. 6 10 25 25, Fax 610 42 19) und in den Büros von Damania Airways möglich.

Die Shipping Corporation of India ist in Bombay im Apujay House in der D. Wacha Road in Churchgate vertreten (Tel. 2 22 21 01).

NAHVERKEHR

Flughafentransfer: Flughafenbusse verkehren zwischen dem Büro von Air India am Nariman Point und den Flughäfen Santa Cruz (Inland) sowie Sahar (Ausland). Ein Bus benötigt bis zum Inlandsflughafen etwa eine Stunde (Fahrpreis 36 Rs). Zum internationalen Flughafen fährt ein Bus etwa 1¹/₂ Stunden, wofür man 44 Rs bezahlen muß. Für Gepäck sind pro Stück 7 Rs zu entrichten. Abfahrten vom Nariman Point sind um 4.00, 5.00 und 8.15 Uhr, jede Stunde bis 14.15 Uhr, um 15.45, 17.30, 19.00, 20.00, 21.00, 23.00 Uhr sowie um 0.30 Uhr. Da sich die Abfahrtszeiten häufig ändern, ist es ratsam, sich bei Interesse nach dem neuesten Stand zu erkundigen. In der Hauptverkehrszeit kann eine Fahrt durch die fürchterlich überfüllten Straßen von Bombay aber auch über zwei Stunden dauern, so daß man vor dem Abflug in dieser Zeit genügend Reserve einkalkulieren sollte. Von den Flughäfen fahren die Busse außer zwischen 1.00 und 4.00 Uhr stündlich in die Stadt.

Fahrscheine bekommt man im Bus, im Büro von Air India und an den beiden Flughäfen. Busse verkehren alle 30 Minuten auch zwischen den beiden Flughafengebäuden und können kostenlos benutzt werden, wenn man einen Flugschein für den Anschlußflug vorzeigt. Anderenfalls muß man 15 Rs bezahlen.

Wer wirklich keine Mühe scheut und ganz billig in die Stadt gelangen möchte, der kann dies schon für 20 Rs schaffen. Dann fährt man zunächst mit dem Bus vom Gebäude für internationale Flüge zum Inlandsflughafen, nimmt einen Bus der Linie 321 nach Vile Parle und von dort den Vorortzug nach Churchgate. Haben Sie aber mehr als Ihre Zahnbürste im Gepäck, sollten Sie diesen Weg während der Hauptverkehrszeit unbedingt meiden. Für eine Fahrt mit einem Taxi zum Inlandsflughafen muß man von Colaba etwa 150 Rs und von Juhu ca. 60 Rs ausgeben, auch wenn die Fahrer zunächst mehr verlangen (rund 170 bzw. 70 Rs). Der internationale Flughafen liegt noch etwas weiter außerhalb. Die angegebenen Preise gelten für Fahrten mit laufendem Taxameter, nur wird während der Hauptverkehrszeit niemand bereit sein, dieses Instrument einzuschalten und danach abzurechnen. Dann muß man mit noch mehr rechnen. Wenn man vom Flughafen in die Stadt will, kann man eine Taxifahrt an einem Stand im voraus zu Festpreisen bezahlen: nach Juhu 93 Rs, nach Dadar 113 Rs, zum Bahnhof Bombay Central 138 Rs sowie nach Churchgate, zum Bahnhof VT oder nach Colaba 187 Rs. Dann wird einem ein Taxi zugewiesen, dessen Fahrer man seinen Fahrschein übergibt, so daß Ärger nicht entstehen kann. Auf diese Weise zahlt man allerdings etwas mehr als bei einer Taxifahrt mit Abrechnung nach Taxameter.

Bus: Von allen größeren Städten Indiens hat Bombay das beste Netz öffentlicher Busse. Der Busverkehr wird jedoch teilweise beeinträchtigt durch den unglaublich starken Verkehr in der Stadt und durch Verkehrsstaus. Unzählige gut erhaltene rote Doppeldecker-Busse fahren durch die Stadt. Die Fahrpreise beginnen bei 1,50 Rs, aber man braucht unglaublich viel Zeit, um auf diese Weise auch nur eine kürzere Strecke zurückzulegen. Es ist wohl überflüssig zu erwähnen, daß die Busse randvoll sind, besonders in den Hauptverkehrszeiten. Und allgegenwärtig sind auch die Taschendiebe. Da ist Vorsicht geboten!

Die Busse gehören dem Unternehmen Bombay Electric Supply & Transport (BEST), die Pläne über die einzelnen Strecken im Zentrum und zu den Vororten herausgibt. Vom Bahnhof Victoria Terminus kann man mit Bussen der Linien 1, 6 Ltd, 21 Ltd, 22 Ltd und 124 bis zum Electric House fahren, einem markanten Punkt in Colaba. Vom Bahnhof Bombay Central kommt man mit Bussen der Linien 43, 70 und 124 dorthin. Die Abkürzung „Ltd" bedeutet, daß Busse dieser Linien nur an bestimmten Haltestellen halten und man für Fahrten mit diesen schnelleren Bussen ein paar Rupien mehr bezahlt.

Zug: Bombay verfügt über ein ausgedehntes Netz elektrifizierter Zugstrecken in die Vororte und ist auch die einzige Stadt, in der es sich lohnt, für den Nahverkehr einen Zug zu benutzen. Vermeiden Sie aber auf jeden Fall die Hauptverkehrszeiten! Dann sind die Züge so überfüllt, daß man bereits drei Haltestellen vor dem Ziel zur Tür gehen muß, um tatsächlich am richtigen Ziel aussteigen zu können. Außerdem muß man dann wissen, an welcher Seite des Zuges sich der Bahnsteig befindet. Das Bahnfahren in dieser Zeit sollte man daher besser vergessen. Das gilt auch in Wagen der 1. Klasse, die nur geringfügig weniger voll sind.

Für Touristen ist die Vorortbahn von Churchgate über Bombay Central nach Dadar mit vielen Zwischenstops die interessanteste. In jeder Richtung verkehren alle 2-5 Minuten Züge (zwischen 4.30 und 22.30 Uhr). Der Fahrpreis von Churchgate nach Bombay Central beträgt 2 Rs (2. Klasse) bzw. 25 Rs (1. Klasse). Und noch ein Hinweis: Wenn man mit einem Zug am Bahnhof Bombay Central ankommt, kann man mit seiner normalen Bahnfahrkarte noch bis zu dem günstiger gelegenen Bahnhof Churchgate weiterfahren.

Taxi: In Bombay ist eine riesige Flotte von schwarzgelben Taxis mit Taxameter unterwegs. Aber anders als in vielen sonstigen Städten in Indien werden hier (außer in den Vororten) keine Auto-Rikschas eingesetzt. Manchmal wird man mehrere Taxifahrer ansprechen müssen, bevor man einen findet, der bereit ist, das gewünschte Ziel anzusteuern. Das gilt insbesondere in der Hauptverkehrszeit. Aber - wie üblich - sind die Zähluhren nicht auf den neuesten Stand eingestellt, so daß man nach einer Umrechnungstabelle bezahlen muß, die jeder Fahrer bei der Hand hat. Mit dem Ziehen dieser Tabelle sind die Fahrer leider nicht immer sehr schnell und nennen insbesondere ausländischen Touristen lieber zunächst erst einmal ihren eigenen Preis. Zwischen Sonnenaufgang und Mitternacht wird übrigens normalerweise kaum ein Taxifahrer etwas dagegen haben, wenn man auf Einschaltung des Taxameters besteht. Dies wird dagegen in der Zeit nach Mitternacht kaum gelingen. Dann muß der Preis wahrscheinlich vor Fahrtantritt ausgehandelt werden.

DIE UMGEBUNG VON BOMBAY

INSEL ELEPHANTA

Die Insel Elephanta liegt etwa 10 km nördlich vom Apollo Bunder und ist wegen der vier Felsentempel die bedeutendste Sehenswürdigkeit von Bombay. Man nimmt an, daß sie aus den Jahren 450-750 n. Chr. stammen. Damals hieß die Insel noch Gharapuri (Festungsstadt). Die Portugiesen tauften sie aber in Elephanta um, weil unmittelbar am Landungsplatz ein riesiger Elefant aus Stein stand. Diese Figur stürzte leider 1814 in sich zusammen. Die einzelnen Stücke brachte man in die Victoria Gardens vom Bombay (1864) und setzte sie später (1912) wieder zusammen. Leider mißachteten die Portugiesen andere Religionen auch auf der Insel Elephanta und beschädigten die Skulpturen in ganz erheblichem Maße. Viele Kenner meinen zwar, daß die Tempel und Skulpturen auf Elephanta nicht halb so beeindruckend seien wie die Felsentempel in Ellora, aber Schönheit und Ausstrahlung der Skulpturen sind dennoch unerreicht.

Die Höhlen sind vom Anleger der Boote über eine Treppe hügelaufwärts zu erreichen. Wer die Mühe des Aufstiegs nicht auf sich nehmen will oder kann, dem stehen Sänften zur Verfügung. In dem einen Haupttempel sind einige Paneele, alle Shiva geweiht, sowie ein separater *Lingam*-Schrein zu sehen.

Zu den berühmtesten Paneelen gehört die des Maheshurti (Trimurti), des dreiköpfigen Shiva. Mit dieser Darstellung übernimmt er auch die Rolle von Brahma, dem Erschaffer, und von Vishnu, dem Erhalter. In anderen Paneelen erscheint Shiva als Ardhanari, d. h. mit beiden Geschlechtern in einer Person.

Ferner sind auf Elephanta Figuren von Shiva und seiner Frau Parvati sowie Darstellungen ihrer Hochzeit zu sehen. In einer anderen Skulptur tanzt Shiva den Tandava. Das ist der Tanz, der die Erde erschüttern läßt.

Zu den schönsten Paneelen gehört die Darstellung des Ravana, bei der er den Kailasa schüttelt. Der Dämonenkönig von Lanka hatte sich vorgenommen, Shiva und seine Gefährtin wegzutragen. Dies sollte dadurch geschehen, daß er ihre Heimat im Himalaja, den Berg Kailasa, verschieben wollte. Parvati wurde von einer panischen Angst befallen, als sie das energische Rütteln vernahm, mit dem der Dämonenkönig den Berg loslösen wollte. Shiva, der alles überblickte, drückte jedoch den Berg gelassen mit einem Zeh fest an die Erde und begrub dabei Ravana für 10 000 Jahre.

Anreise: Fähren nach Elephanta legen vom Apollo Bunder, beim Gateway of India, ab. Die Überfahrt kostet in den einfachen Booten 35 Rs (für Kinder 20 Rs) und in den Luxusbooten mit Führer 50 Rs (für Kinder 30 Rs). Eine Fahrt mit einem Führer könnte sich allerdings auszahlen, weil man dann, wenn man einen guten Führer erwischt, wesentlich mehr von einem Besuch auf der Insel Elephanta mit nach Hause nimmt. Dies gilt insbesondere dann, wenn man den Führer bekommt, der auf so anschauliche Weise Shivas Tanz, den Tandava, vorführt.
Boote beider Arten fahren zwischen 9.00 und 14.15 Uhr jede Stunde ab und kehren nach vier Stunden zurück. Jede Überfahrt dauert eine Stunde. Während des Monsuns verkehren die normalen Boote allerdings nicht. Auskünfte über die Bootsverbindungen kann man telefonisch unter der Rufnummer 2 02 63 64 erhalten. Eine neue Alternative zu den Booten ist der Katamaran, der täglich am Apollo Bunder um 10.00 Uhr ablegt und um 14.00 Uhr zurückkehrt. Damit ist man pro Strecke 45 Minuten unterwegs und muß für eine Hin- und Rückfahrt 100 Rs bezahlen. Weitere Informationen über diese Verbindung erhält man unter der Telefonnummer 2 87 54 73.
An den Wochenenden ist das Gedränge auf Elephanta übrigens immer sehr groß.

NATIONALPARK SANJAY GANDHI
Dieser Nationalpark, früher Nationalpark Borivli genannt, liegt an den nördlichen Ausläufern von Bombay unweit des Vorortes Borivli und bedeckt eine Fläche von 104 Quadratkilometern mit Wäldern und Hügeln. Am bekanntesten ist der Park wegen der Kanheri-Höhlen, etwa 42 km von Bombay entfernt. Diese 109 Höhlen liegen in einer Reihe an einer Felsenschlucht und wurden zwischen dem 2. und dem 9. Jahrhundert von buddhistischen Mönchen als *viharas* (Klöster) oder *chaityas* (Tempel) benutzt. Auch wenn davon viele zu erkennen sind, bestehen die meisten aus wenig mehr als aus einem Loch im Felsen, so daß nur wenige wirklich interessant sind. Die wichtigste ist Höhle 3, die Große *Chaitya*-Höhle. Sie zeichnet sich durch eine lange Kolonnade von Säulen um die *dagoba* im hinteren Teil der Höhle aus. Am Ende der Schlucht wird der Blick frei bis auf das Meer.
Vorhanden ist auch ein Safaripark mit Löwen, geöffnet täglich außer montags von 9.00 bis 17.00 Uhr. Ist der Montag ein gesetzlicher Feiertag, ist am Dienstag geschlossen. Fahrten durch den Park in Safariwagen werden ebenfalls angeboten. Der Eintritt kostet 10 Rs.

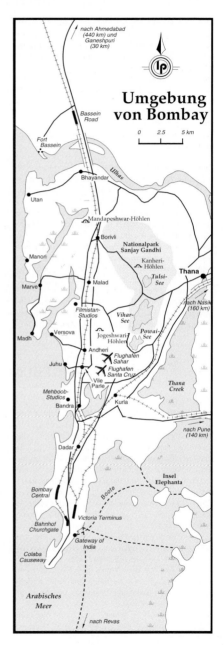

Umgebung von Bombay

Zum Nationalpark gehören auch der Vihar-, der Tulsi-
und der Powai-See, die als Stauseen für einen großen
Teil der Versorgung Bombays mit Wasser dienen. Außerdem wurde unweit vom Eingang ein riesiges Frei-
luftkino gegründet, das von vorn etwas wie ein Fort,
teilweise erbaut aus Ölfässern, aussieht.

An- und Weiterreise: Am besten fährt man von
Churchgate mit einem Zug bis zum Bahnhof Borivli
(40 Minuten) und die restlichen 7 km bis zu den Höhlen
mit einem Taxi oder einer Auto-Rikscha. An Sonn- und
Feiertagen besteht zwischen dem Bahnhof und den
Höhlen auch eine Busverbindung. Die Kanheri-Höhlen
können auch auf einer der regelmäßig stattfindenden
Rundfahrten der MTDC in die Vororte besucht werden.

MANDAPESHWAR- UND
JOGESHWARI-HÖHLEN

In der Nähe von Borivli gibt es auch ein paar hinduistische Höhlen, von denen eine in eine portugiesische
Kirche umgewandelt wurde. Die Jogeshwari-Höhlen
kann man sich in der Nähe des Bahnhofs Andheri
ansehen.

STRÄNDE

Bombays berühmter Strand Juhu liegt viel zu nahe an
der Stadt und ist zum Schwimmen aus hygienischen
Gründen nicht geeignet. Auf der Insel gibt es aber noch
andere Strände. Die beiden Strände Marve und Manori
liegen dicht beieinander, etwa 40 km außerhalb von
Bombay. Zu erreichen sind diese Strände über den
Bahnhof Malad, 32 km außerhalb der Stadt. Marve ist
unberührt und kaum besiedelt. In der Nähe liegt ein
altes, sehenswertes Fischerdorf, und eine portugiesische Kirche ebenfalls besichtigt werden.
Wer in der Nähe des Ortes Manori wohnen möchte, ist
im Hotel Manoribel (Tel. 2 83 39 18) in Cottages mit
zwei Betten für 545 Rs, in Cottages mit vier Betten für
1090 Rs sowie in Doppelzimmern für 330 Rs und im
preisgünstigeren Hotel Dominica (Tel. 45 76 35) gut
untergebracht. Beide sind zu erreichen mit den Vorortzügen nach Malad, dann mit einem Bus der Linie 272
zur Fähre von Marve, weiter mit der Fähre und zum
Schluß zu Fuß zum Hotel Manoribel. Bis zum Strand
sind es etwas mehr als einen Kilometer.
Auch bei Madh, 45 km von Bombay entfernt, gibt es
einen Strand, den man über Malad erreichen kann.
Versova liegt 29 km von der Stadt entfernt, ist über den
Bahnhof Andheri erreichbar und schon recht dreckig.

BASSEIN

An der gegenüberliegenden Seite des Flusses, der die
Insel Bombay vom Festland trennt, liegt eine befestigte
Stadt der Portugiesen aus den Jahren 1534-1739. Die
Portugiesen nahmen Bassein zur gleichen Zeit wie

Daman ein, das weiter im Norden in Gujarat liegt. Sie
errichteten in Bassein ein Fort, das in seinen Mauern
eine so prachtvolle Stadt beherbergte, die schnell den
Namen „Hof des Nordens" bekam. Nur Rittern und
Aristokraten war es gestattet, innerhalb der Festung zu
wohnen. Am Ende des 17. Jahrhunderts lebten dort 300
portugiesische und 400 christliche indische Familien.
In der Stadt gab es eine Kathedrale, fünf Konvente und
13 Kirchen.
1739 belagerten die Marathen drei Monate lang die
Festung. Die Portugiesen gaben dann auf, nachdem sie
schwere Verluste erlitten hatten. Die Stadtmauern sind
noch erhalten. Außerdem kann man sich die Ruinen
einiger Kirchen und der Kathedrale von St. Joseph
ansehen.
Bassein ist 11 km entfernt vom Bahnhof Bassein Road
(in Marathi Vasai Road).

ASHRAM GANESHPURI

Dieser Ashram, auch bekannt unter dem Namen
Gurudev Siddha Peeth, liegt etwa 90 km nordöstlich
von Bombay zwischen den friedlichen Dörfern
Ganeshpuri, Vajreshwari und Akoli. Gegründet 1949
von Bhagwan Nityananda, wuchs der Ashram unter der
Aufsicht seines Anhängers Muktananda, der die Leh-
ren von Nityananda vom Siddha Yoga verbreitete.
Nach dem Tod von Muktananda im Jahre 1982 trat
Swami Chidvilasananda seine Nachfolge an.
Die hügelige Gegend in der Umgebung von Ganeshpuri
ist für seine Thermalquellen und den Vajreshwari-
Tempel bekannt, der auf den Ruinen einer portugiesi-
schen Festung errichtet worden ist.
Der Ashram Gudurev Siddha Peeth ist eine Gurukula
(Schule des Guru), die einen mindestens dreimonatigen
Bewerbungsvorgang voraussetzt, bevor man sich darin
mindestens einen Monat aufhalten darf. Am leichtesten
kommt man mit einem Zug von Churchgate nach Bassein
Road (in Marathi Vasai Road) dorthin, von wo Busverbindungen nach Ganeshpuri bestehen (30 km).

CHAUL

Chaul ist eine weitere portugiesische Siedlung südlich
von Bombay, aber längst nicht so bedeutend wie Bassein.
Die Portugiesen nahmen es 1522 ein und verloren es
zur gleichen Zeit wie Bassein an die Marathen. In den
portugiesischen Befestigungsanlagen sind einige Überbleibsel und Ruinen alter Kirchen zu sehen. Schaut man
vom anderen Flußufer auf dieses Fort der Portugiesen,
sieht man auch das moslemische Fort Korlai.
An der New Ferry Wharf legen Fähren nach Revas ab.
Die Überfahrt dauert 1½ Stunden. Von dort aus muß
man bis Chaul noch 30 km mit einem Bus fahren. In
Chaul besteht die Möglichkeit, über eine Landstraße
nach Murud-Janjira, Mahabaleshwar oder an die Straße
zwischen Bombay und Pune zu gelangen.

Bombay
Oben: Straßenverkehr in Bombay
Unten links: Auswiegen von Waren auf dem Crawford-Markt
Unten rechts: Ochsenkarren, ein traditionelles Verkehrsmittel

Maharashtra
Oben: Teil des mächtigen Kailasa-Tempels in Ellora
Unten: Skulpturen im Indra-Sabha-Tempel in Ellora

BOMBAY

MAHARASHTRA

Unter zwei Aspekten liegt der Staat Maharashtra im Vergleich mit anderen indischen Bundesstaaten an der Spitze: Er ist einer der größten Staaten des Subkontinentes sowohl in bezug auf Fläche als auch hinsichtlich der Einwohnerzahl. Seine blühende Hauptstadt Bombay trägt zu diesen Superlativen einen großen Teil bei. Und dies nicht nur in wirtschaftlicher Hinsicht, sondern auch, weil Bombay die Stadt ist, über die die meisten Besucher aus Übersee nach Indien einreisen. Von Bombay strömen sie dann entweder in Richtung Süden nach Goa, in Richtung Südosten nach Pune mit seinem berühmten Ashram oder in nordöstliche Richtung zu den erstaunlichen Felsentempeln von Ajanta und Ellora.

Ein bedeutender Teil des Staates liegt auf dem Dekkan-Plateau, das sich von den Westlichen Ghats rund 800 km nach Osten erstreckt. Historisch gesehen war dies das Zentrum des Marathen-Reiches, das den Moguln über einen so erstaunlich langen Zeitraum trotzte und das unter der Herrschaft von Shivaji einen großen Teil Zentralindiens für sich beanspruchte.

Die vielen Festungen im Inland und an der Küste von Maharashtra sind ein Erbe von Shivaji und - in eine geringeren Ausmaß - der Portugiesen.

Auf der gesamten Länge des Bundesstaates Maharashtra verlaufen parallel zur Küste die Westlichen Ghats, auf denen verstreut kleine, einladende Bergerholungsorte wie Matheran und Mahabaleshwar liegen. Die Ghats trennen den Dekkan von der bisher relativ wenig erschlossenen Konkan-Küste, wo man einsame Strände, aufgegebene Festungen und abgelegene Fischerdörfer

Einwohner: 87 Millionen
Gesamtfläche: 307 690 km^2
Hauptstadt: Bombay
Einwohner pro Quadratkilometer: 282
Wichtigste Sprache: Marathi
Alphabetisierungsrate: 63 %
Beste Reisezeit: September bis April (Küste) bzw. September bis Mitte Juni (Bergorte)

findet. Anders als Goa weiter im Süden ist dieser Küstenstreifen vom Tourismus bisher weitgehend übersehen worden. Das mag sich jedoch in überschaubarer Zukunft mit der Eröffnung der neuen Konkan-Eisen-

Höhlenarchitektur

Die Felsentempel von Maharashtra weisen sehr unterschiedliche Hauptmerkmale auf. Alle buddhistischen Höhlen, im allgemeinen die älteren Bauten, sind entweder *chaityas* (Tempel) oder *viharas* (Klöster). Die *chaityas* sind meist tief sowie eng und enthalten am Ende der Höhle einen Stupa. Manchmal stehen auch rechts und links sowie um den Stupa herum Säulen.

Die *viharas* dagegen sind nicht ganz so eng und tief wie die Tempelhöhlen. Sie waren ursprünglich als Lebensräume für die Mönche gedacht. Daher finden sich auch in einigen dieser Höhlen an den Seiten besondere Schlafzellen. Im rückwärtigen Teil der Höhlen ist ein eigener Raum für einen Schrein, meistens für eine Buddha-Figur. Die Klippen, in die die Höhlen bei Ajanta gehauen wurden, sind äußerst steil. Häufig wurde vor der Haupthöhle eine kleine Veranda oder ein Vorbau errichtet. Da die Felsen bei Ellora sanfter sind, entstanden dort anstelle der Veranden kleine Vorhöfe.

In der Vielgestaltigkeit und dem Umfang der Ausschmückung sind die hinduistischen Höhlen von Ellora nicht zu übertreffen, ganz besonders der herrliche Tempel des Kailasa. Sie sind kaum noch als Höhlen zu bezeichnen, denn das Innere ist nach oben offen. Obwohl sie vielen anderen Tempeln ähneln, unterscheiden sie sich dennoch dadurch, daß man bei ihrem Bau nicht von unten her begann, sondern sich von oben herunterarbeitete. Ansonsten entsprechen sie jedoch der damaligen konventionellen Architektur.

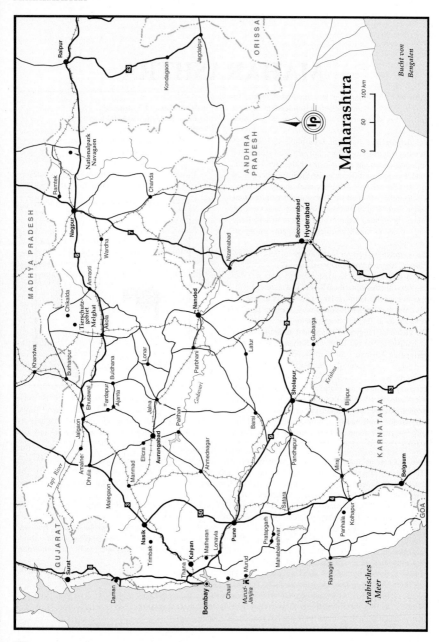

bahn ändern, die Bombay mit Goa, Karnataka und Kerala verbinden wird (vgl. Exkurs im Abschnitt über das Reisen in Indien im Einführungsteil).

Im September 1993 wurde die Region Latur auf dem Dekkan, gelegen im äußersten Osten des Bundesstaates, von einem starken Erdbeben heimgesucht, das nach der Richter-Skala eine Stärke von 6,2 hatte.

Bei dieser größten Naturkatastrophe in über einem halben Jahrhundert starben mehr als 10 000 Menschen.

DAS GEBIET UM BOMBAY

MATHERAN

Einwohner: 5200
Telefonvorwahl: 021483

Matheran ist der Bergerholungsort, der Bombay am nächsten liegt. Seinen Namen (übersetzt: „Bedeckter Dschungel" oder „Bewaldeter Kopf") trägt dieser Ort zu Recht, denn er liegt auf einem sanft geschwungenen und dicht bewaldeten Hügel. Die schattenspendenden Bäume machen auch die Attraktivität des Ortes aus, zumindest teilweise, denn die Höhe von 700-800 m sorgt zudem für ein angenehmes Klima. Immer ist es etwas kühler als in der Hauptstadt Bombay, und dies machte Matheran bereits in den Tagen der Briten zu einem beliebten Bergerholungsort. Die Ehre der „Entdeckung" im Jahre 1850 kommt Hugh Malet zu.

Ziemlich ungewöhnlich für Indien ist, daß Matheran frei von allen Arten von Motorfahrzeugen ist, was nach dem Krach im verkehrsreichen Bombay für eine unglaubliche Ruhe sorgt. Matheran ist umgeben von vielen Kilometern Wanderwegen, die zu Aussichtspunkten führen. An vielen von ihnen fällt das Gelände steil zur weit unten gelegenen Ebene ab. Bei klarem Wetter sind die Ausblicke herrlich und ist es möglich, von den Aussichtspunkten Porcupine Point und Louisa Point bis nach Bombay zu sehen und die Großstadt sogar zu hören.

An den Wochenenden hat sich Matheran zu einem Ziel für Tagesausflüge von begüterten jungen Leute aus Bombay entwickelt, die hier vollständig ausgerüstet mit Radiorekordern und Whisky anreisen. Die ruhige und friedliche Atmosphäre wird dadurch wirklich und gründlich gestört. Im April und Mai sowie während des Diwali-Festes im November ist es zudem unmöglich, ein Zimmer zu finden, wenn man nicht weit im voraus reserviert hat. Dann ist es besser, Matheran zu meiden, da es zu überfüllt ist. Viel Betrieb ist aber auch während der gesamten Hochsaison in Matheran von November bis Januar und von Mitte April bis Mitte Juni. In der Monsunzeit von Mitte Juni bis Anfang Oktober wird Matheran praktisch geschlossen. Nur einige wenige Restaurants und Hotels bleiben dann geöffnet. Die Spaziergänge werden in dieser Zeit aber ein sehr mat-schiges Vergnügen. Der einzige Vorteil eines Besuchs in dieser Zeit liegt darin, daß dann nur ganz wenige Menschen hier anzutreffen sind und die Hotelbesitzer bereit sind, ihre Preise erheblich zu senken.

Die Anreise nach Matheran ist bereits fast so schön wie der Aufenthalt. Von Neral Junction aus geht es mit einer winzigen Schmalspurbahn die 21 km lange Strekke bis zum Bergbahnhof hoch. Während der zweistündigen Fahrt bergauf wendet sich der Zug, dreht und fährt zahlreiche Kurven. An einer Stelle fährt der Zug auch durch einen „Einen-Kuß-Tunnel". Man kann aber auch mit einem Taxi oder Minibus von Neral nach Matheran fahren, was viel schneller ist (eine halbe Stunde), aber dann muß man sich auf einen Fußmarsch von 40 Minuten Dauer gefaßt machen oder ein Pferd oder eine Fahrrad-Riksha mieten, denn in Matheran selbst dürfen keine motorisierten Fahrzeuge verkehren. Nur mit der Spielzeugeisenbahn kommt man bis mitten in den Ort.

PRAKTISCHE HINWEISE

Von allen Besuchern werden 7 Rs „Eintritt" erhoben (für Kinder 2 Rs 2). Wenn man mit einem Zug angekommen ist, muß man diesen Betrag beim Verlassen des Bahnhofs bezahlen, sonst an der Taxihaltestelle.

Das Fremdenverkehrsbüro befindet sich in einem Kiosk schräg gegenüber vom Bahnhof. Hier kann man zwar einen Stadtplan von Matheran erhalten, aber kaum mehr. Geöffnet ist es täglich.

Wissen muß man ferner, daß die Wege im Ort abends und nachts nicht beleuchtet sind. Dann erweist sich eine Taschenlampe als nützlich. Ferner muß man, wenn man auf dem Markt Bananen gekauft hat, auf die Affen achten.

SPAZIERGÄNGE UND AUSBLICKE

Ein gutes Ziel, um den Sonnenuntergang zu beobachten, ist der Porcupine Point. Die schönsten Ausblicke soll man jedoch vom Panorama Point, ganz im Norden, genießen können. Die Westseite des Ortes vom Porcupine Point bis zum Louisa Point ist bekannt als

MAHARASHTRA

Kathedralenfelsen, von wo aus weit unten entlang der Eisenbahnlinie in der Mitte Neral zu sehen ist. Im Süden führt unweit vom One Tree Hill ein Wanderweg hinunter in das Tal, genannt Srivaji-Leiter, und zwar deshalb, weil bereits der Marathen-Führer ihn benutzt haben soll.

UNTERKUNFT

Da Matheran sehr weitläufig ist, liegt der überwiegende Teil der Hotels (auch einige der besten) 20 Minuten Fußweg vom Bahnhof entfernt. Zu berücksichtigen ist ferner, daß in vielen der sogenannten Ferienanlagen Übernachtungen nur mit Vollpension angeboten werden. Wie in den meisten Bergorten, ist es auch hier wichtig zu wissen, daß man in den Hotels am Abreisetag sein Zimmer häufig bereits bis 7 Uhr geräumt haben muß.

Einfache Unterkünfte: Preiswerte Zimmer sind nur in begrenzter Zahl vorhanden. Die meisten davon findet man an der M G Road und an der Parallelstraße weiter oben. Die Mitarbeiter in einigen davon sprechen nicht ein einziges Wort Englisch oder eine andere Fremdsprache.

Eines der preiswertesten Quartiere ist Khan's Cosmopolitan Hotel in der M G Marg (Tel. 2 40), ein ziemlich einfaches Haus, das aber gut geführt wird und in dem eine ganze Reihe unterschiedlicher Zimmer vermietet wird. Mit Badbenutzung muß man in ihm für ein Doppelzimmer in der Nebensaison 80 Rs und in der Hochsaison 225 Rs bezahlen. Einzelzimmer stehen in diesem Quartier nicht zur Verfügung. Hier wird auch Englisch gesprochen. Außerdem ist ein Restaurant vorhanden.

Etwas besser ist das freundliche, von Christen geführte Hotel Hope Hall, ebenfalls in der M G Road (Tel. 2 53), das einfache Doppelzimmer in der Nebensaison für 110 Rs und in der Hochsaison für 175 Rs zu bieten hat, aber keine Einzelzimmer. Hier sind die Badezimmer neu gekachelt, die Zimmer makellos sauber und die Leute, die das Haus führen, außerordentlich umgänglich.

Ebenfalls noch recht günstig, aber unbequem weit von der Ortsmitte entfernt, ist das Tourist Camp des Fremdenverkehrsamtes von Maharashtra (Tel. 2 77). Gelegen neben der Taxihaltestelle, kann man hier in einem Schlafsaal für 40 Rs und in einem Doppelzimmer für 150 bis 450 Rs übernachten. Außerdem gibt es noch größere Cottages. Vorhanden ist ferner ein Restaurant, in dem auch Bier ausgeschenkt wird.

Mittelklassehotels: In der Sayeban Lodge, gegenüber der Rückseite vom Khan's (Tel. 5 19), werden Doppelzimmer für 350 Rs vermietet. Das Haus ist sauber und ganz ordentlich und enthält in den Zimmern auch ein

Bad und einen Ventilator. Aber auch hier spricht niemand Englisch. Essen kann man im Haus ebenfalls nicht.

Ganz in der Nähe befindet sich das Royal Hotel Matheran (Tel. 2 47), ein in grellen Farben gestrichenes „Ferienhotel" mit zwei Sternen, das bei indischen Familien beliebt ist. In der Hochsaison muß man in diesem Haus mit Vollpension für ein Doppelzimmer 760 Rs und für ein Doppelzimmer mit Klimaanlage und Fernsehgerät sowie ebenfalls Vollpension 800 Rs bezahlen. In der Nebensaison werden pro Person 200 bis 250 Rs berechnet. Hier gibt es auch eine Bar, einen Kinderspielplatz sowie ein vegetarisches Restaurant.

Besser ist das erholsame und freundliche Hotel Gujarat Bhavan (Tel. 2 78), eine weitere „Ferienanlage", in der pro Person ein „normales" Zimmer 200 Rs, ein „Luxuszimmer" 275 Rs und ein Cottage 350 Rs kostet (jeweils mit Vollpension). In der Hochsaison steigen diese Preise um 125 Rs. Hier erhält man allerdings nur vegetarische Gerichte.

Im nagelneuen Red Wood Resort (Tel. 2 01), gelegen gegenüber der Polizeiwache, werden Einzel- und Doppelzimmer ohne Stil für 350 bzw. 700 Rs vermietet, mit Klimaanlage für 500 bzw. 850 Rs.

Luxushotels: In den Preisen für alle im folgenden beschriebenen Luxushotels ist, soweit nicht ausdrücklich anders angegeben, Vollpension enthalten.

Oberhalb des Ortes liegt in der Vithalrao Kotwal Marg das ruhige Hotel Rugby (Tel. 2 91), ein bereits etwas älteres Haus mit einem gewissen Charme. Hier kostet die Doppelzimmer 961 bis 1047 Rs (einschließlich Steuern). Für ein Doppelzimmer mit Klimaanlage muß man 1160 Rs und für eine Suite sogar 1221 Rs bezahlen. In diesem Haus hat man am Abreisetag sein Zimmer bis 8 Uhr zu räumen.

Das Hotel Regal (Tel. 2 43) hat normale Zimmer für 900 Rs und „Luxuszimmer" für 1400 Rs zu bieten. In der Nebensaison werden diese Preise um die Hälfte gesenkt. Vermietet werden aber auch noch teurere Zimmer mit Klimaanlage und Suiten. Das Regal ist ein recht großes Haus mit westlicher Disco-Musik, die den ganzen Tag über plärrt. Weiter die gleiche Straße hinauf kommt man zum Brightlands Resort (Tel. 2 44), einem ebenfalls sehr lebhaften Quartier mit einem Swimming Pool und Disco-Nächten. Hier beginnen die Preise für ein Zimmer bei 698 Rs pro Person, mit Klimaanlage bei 898 Rs. In der Nebensaison werden die Zimmer auch ohne Verpflegung vermietet.

Das reizende Hotel Lord's Central (Tel. 2 28) ist eines der bemerkenswertesten Unterkünfte in Matheran. Das ist ein Haus mit dem verwelkenden Glanz aus der Zeit der Briten und das einzige Hotel im Ort mit Ausblicken direkt über die Klippen. Es ist eine gute Wahl, sauber und ruhig und hat auch eine Bar und ein Restaurant zu bieten. Für ein normales Doppelzimmer muß man hier pro Person 450 Rs und für ein Zimmer mit Blick in das Tal 750 Rs bezahlen. Teurere Suiten sind ebenfalls vorhanden. In der Nebensaison werden in diesem Haus Sonderangebote offeriert, beispielsweise zwei Übernachtungen in den normalen Zimmern für 375 Rs pro Person und in den Zimmern mit Blick in das Tal für 750 Rs pro Person sowie das gleiche mit Vollpension für 1000 bzw. 1375 Rs. Die Gerichte in diesem Hotel (westliche und indische Küche) schmecken ausgezeichnet.

Ebenfalls zu empfehlen ist das Hotel Alexander (Tel. 2 90), ein ansprechendes Haus in der Mitte eines Waldes am südlichen Ende des Ortes. Es liegt ideal, wenn man den Menschenmassen im Ort aus dem Weg gehen möchte.

ESSEN

Das Problem für Besucher mit wenig Geld in Matheran ist, daß in den meisten Hotels nur die Hausgäste beköstigt werden. Das hat zur Folge, daß für die wenigen anderen Lokale wenig Anreiz besteht, ordentliches Essen anzubieten, denn Konkurrenz besteht kaum. In jedem Fall ist Interesse nur an Frühstück und Mittagessen vorhanden, wenn Tagesausflügler im Ort sind. Mit anderen Worten: Erwarten Sie nicht zuviel. Besser noch ist es, Vereinbarungen mit den Leuten in einem Hotel zu treffen (insbesondere im Lord's) und dort zu essen, wenn man nicht ohnehin Vollpension gebucht hat.

Eine Reihe von Imbißlokalen findet man entlang der M G Road, aber auch ein paar einfache Restaurants wie das Shangrila und das Satyavijay.

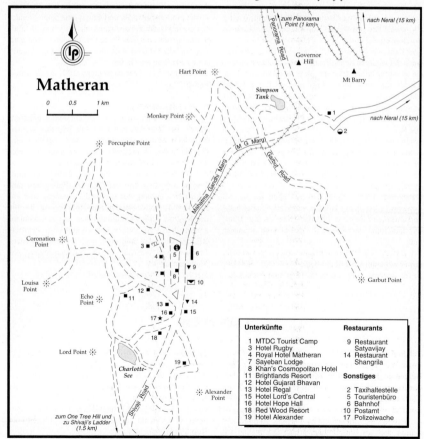

Matheran

0   0.5   1 km

Unterkünfte		Restaurants
1	MTDC Tourist Camp	9 Restaurant Satyavijay
3	Hotel Rugby	14 Restaurant Shangrila
4	Royal Hotel Matheran	
7	Sayeban Lodge	**Sonstiges**
8	Khan's Cosmopolitan Hotel	
11	Brightlands Resort	2 Taxihaltestelle
12	Hotel Gujarat Bhavan	5 Touristenbüro
13	Hotel Regal	6 Bahnhof
15	Hotel Lord's Central	10 Postamt
16	Hotel Hope Hall	17 Polizeiwache
18	Red Wood Resort	
19	Hotel Alexander	

Matheran ist für seinen Honig und seinen *chikki* berühmt - einen Konfekt, der Toffee ähnelt und aus Zucker sowie Nüssen hergestellt wird. *Chikki* wird in zahlreichen Geschäften in Matheran verkauft.

AN- UND WEITERREISE

Zug: Von Bombay aus halten nur einige Schnellzüge in Richtung Pune in Neral Junction, so daß Sie aufpassen müssen, ob Sie im richtigen sitzen, wenn Sie nach Matheran wollen. Dazu gehören der *Deccan Express* (Abfahrt in Bombay VT um 6.40 Uhr) und der *Miraj Express* (Abfahrt in Bombay VT um 8.45 Uhr). Auf der anderen Seite halten die meisten (aber nicht alle) Schnellzüge aus Bombay in Karjat, etwas weiter hinunter. Von dort kann man mit einem der häufigen Nahverkehrszüge nach Neral zurückfahren. Außerdem kann man von Bombay (Victoria Terminus) mit einem Nahverkehrszug in Richtung Karjat bis Neral fahren, wo die alle halten. Die günstigsten Nahverkehrszüge fahren in Bombay um 7.21 und 13.42 Uhr ab.

Von Pune aus ist es das gleiche. Von dort muß man einen der wenigen Schnellzüge nach Bombay nehmen, die in Neral halten (wie der *Sahyadri Express*), oder statt dessen einen Schnellzug benutzen, der in Karjat hält, und dann mit einem Nahverkehrszug nach Neral weiterfahren. Der Preis für eine Fahrt von Pune nach Neral beträgt in der 2. Klasse 27 Rs und in der 1. Klasse 104 Rs.

Wenn man im Anschluß an einem Besuch in Matheran nach Pune oder Bombay zurückkehren will, ist es am besten, mit einem Nahverkehrszug nach Karjat zu fahren und dort einen der häufig verkehrenden Schnellzüge zu besteigen.

Dabei muß man wissen, daß zwischen Karjat und Lonavla (in Richtung Höhlen von Karla) keine Nahverkehrszüge fahren, so daß man die zwischen Bombay und Pune verkehrenden Schnellzüge benutzen muß.

Die meiste Zeit im Jahr fährt die Spielzeugeisenbahn nach Matheran in Neral um 8.40, 11.00 und 17.00 Uhr ab (in Gegenrichtung um 5.45, 13.10 und 14.35 Uhr).

Im April und Mai verkehrt ein weiterer Zug in jeder Richtung, der in Neral um 10.20 Uhr und in Matheran um 16.20 Uhr abfährt. In der Monsunzeit wird allerdings in jeder Richtung nur ein Zug eingesetzt, und zwar ab Neral um 8.40 Uhr und ab Matheran um 13.10 Uhr. Der Fahrpreis beträgt in der 2. Klasse 26 Rs und in der 1. Klasse 119 Rs. In Neral befindet sich die Haltestelle für die Spielzeugeisenbahn unmittelbar neben dem Ausgang am Bahnsteig 1. Glauben Sie nicht den Fahrern von Taxis und Minibussen, die gern berichten, daß der Zug voll sei, ausfalle usw.

In der Hochsaison ist es ratsam, einen Platz für die Rückfahrt von Matheran nach Neral im voraus reservieren zu lassen, denn dann ist die Nachfrage nach Plätzen groß.

Taxi: Eine Fahrt mit einem Sammeltaxi nach Neral kostet pro Person 35 Rs und dauert eine halbe Stunde. Sammeltaxis fahren ab, wenn sie voll besetzt sind, normalerweise mit vier Personen. Je nach Saison muß man auf die Abfahrt eines Sammeltaxis eine Stunde oder zwei Stunden warten.

Die kürzeste Strecke nach Bombay (100 km) führt über Panvel. Pune liegt 140 km entfernt.

NAHVERKEHR

In Matheran kann man als Verkehrsmittel lediglich Pferde und Rikschas benutzen. Die Rikschas werden von einem Mann gezogen und, je nach Steigung oder Gefälle, von zwei weiteren Männern geschoben oder abgebremst. Die Taxis und Minibusse halten 2¹/₂ km oder 35 bis 40 Minuten Fußweg vom Zentrum entfernt. Von dort können Sie entweder zu Fuß gehen (am schnellsten entlang der Eisenbahnschienen) oder ein Pferd (40 Rs) oder eine Fahrrad-Rikscha (100 Rs) für den Rest bis in die Ortsmitte mieten. In den Ort hinein kommt man schneller zu Fuß als mit einer Fahrrad-Rikscha, aber das muß nicht auch umgekehrt gelten. Pferde lassen sich für Ausritte auf den Wegen um Matheran mieten.

Der Bahnhof liegt mitten im Ort.

LONAVLA

Telefonvorwahl: 021147

Lonavla liegt 106 km südöstlich von Bombay in den Bergen an der Haupteisenbahnlinie nach Pune und ist der Ausgangspunkt für einen Besuch der Höhlen von Karla und Bhaja.

Lonavla selbst ist nicht interessant, es sei denn, man ist ein Yuppie aus Bombay und hat hier sein Cottage oder betätigt sich als Häuser- und Grundstücksmakler auf der Suche nach Vertragspartnern, um so etwas bauen zu können. In dieser Hinsicht hat sich der Ort in den letzten Jahren von einem verschlafenen und abgelegenen kleinen Dorf stark in ein Gebiet verändert, in dem viel Neues entstanden ist.

Unmittelbar vor Lonavla liegt sehr malerisch über einer Schlucht Khandala. In der Regenzeit tost unweit vom Kopf ein Wasserfall in die Schlucht.

UNTERKUNFT

Einfache Unterkünfte: Oberhalb der Hauptstraße in der Ortsmitte liegt das erfreulich baufällige Pitale Lodging & Boarding (Tel. 7 26 57) mit seinen breiten Veranden, der Atmosphäre aus der alten Zeit, einer Bar, einem Gartenrestaurant, schattigen Bäumen und wahrlich genialen Mitarbeitern. Es gefällt sicher nicht allen, aber mit 100 Rs für ein Doppelzimmer mit Badbenutzung ist es günstig.

Ein Betonblock ist das Hotel Janata, in dem man mit Bad einfach und sauber in Einzelzimmern für 100 Rs und in Doppelzimmern für 120 Rs übernachten kann. Nicht weit entfernt ist die Matruchhaya Lodge (Tel. 7 28 75), ein Haus im alten Stil in einer ruhigen Umgebung, das allerdings häufig voll belegt ist. Mit Bad kostet hier ein Einzelzimmer 150 Rs und ein Doppelzimmer 200 Rs.

Etwas teurer ist es in dem freundlichen Hotel Swiss Cottage (Tel. 7 25 61). Es ist sauber sowie ordentlich und bietet Betten in einem Schlafsaal für 75 Rs, Einzelzimmer für 150 Rs, Doppelzimmer für 300 Rs und Suiten (mit vier Betten) für 450 Rs. Wenn man mindestens eine Woche bleibt, erhält man montags bis donnerstags 30 % Ermäßigung.

Angeboten wird auch eine Pauschale mit Vollpension pro Person für 100 Rs. Ein „Schweizer Cottage" ist das Haus ganz sicher nicht (es ist ein Betonblock), aber es liegt ruhig und schattig und ist ganz sicher empfehlenswert. Ebenfalls schwer zu schlagen ist das Hotel Chandralok (Tel. 7 22 94). Das ist ein ausgezeichnetes Haus mit eifrigen sowie freundlichen Mitarbeitern und einem Restaurant, in dem man hervorragende Gujarat-Thalis für 35 Rs („Spezial-Thalis" für 45 Rs) erhalten kann, von denen man so viel essen darf, wie man schafft. Hier kann man in einem Einzelzimmer für 150 Rs und in einem Doppelzimmer für 225 Rs übernachten (einschließlich Steuern). Für jede weitere Person im Zimmer kommen 60 Rs hinzu. Alle Zimmer sind mit Bad ausgestattet, in denen rund um die Uhr heißes Wasser zur Verfügung steht.

An der gleichen Straße liegt auch das Hotel Adarsh (Tel. 7 23 53), zur Rückseite hin allerdings an der Bushaltestelle, so daß man die Zimmer dort besser meidet. Hier kann man in einem „normalen" Doppelzimmer für 150 Rs, in einem „Luxusdoppelzimmer" für 350 bis 500 Rs und in einer Suite mit Klimaanlage für 600 Rs übernachten.

Gegenüber vom Hotel Janata kommt man zum großen N T Shalini Health Home (Tel. 7 27 84), das nach seiner Werbung „auf nichtkommerzieller Basis" betrieben wird. Hier werden Zimmer mit Bad für 130 Rs vermietet. Essen erhält man für jeweils 20 Rs.

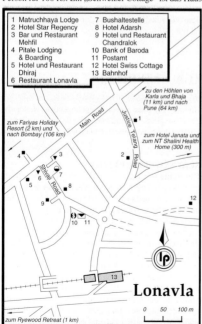

1	Matruchhaya Lodge	7	Bushaltestelle
2	Hotel Star Regency	8	Hotel Adarsh
3	Bar und Restaurant Mehfil	9	Hotel und Restaurant Chandralok
4	Pitale Lodging & Boarding	10	Bank of Baroda
5	Hotel und Restaurant Dhiraj	11	Postamt
6	Restaurant Lonavla	12	Hotel Swiss Cottage
		13	Bahnhof

zu den Höhlen von Karla und Bhaja (11 km) und nach Pune (64 km)

zum Fariyas Holiday Resort (2 km) und nach Bombay (106 km)

Main Road

Justice Telang Road

Shivaji Road

zum Hotel Janata und zum NT Shalini Health Home (300 m)

zum Ryewood Retreat (1 km)

Lonavla

0   50   100 m

Mittelklasse- und Luxushotels: Im gut eingerichteten Hotel Dhiraj an der verkehrsreichen Hauptstraße (Tel. 7 36 00) kann man in einem Doppelzimmer mit Klimaanlage für 450 oder 600 Rs und in einem „Luxusdoppelzimmer" für 750 Rs übernachten. Montags bis donnerstags kommt man in diesem Haus mit 25 % Ermäßigung unter. Vorhanden sind auch ein Parkplatz, eine Bar und ein Restaurant.

Zurückversetzt in einer ruhigen, grünen Seitenstraße bietet sich in der Justice Telang Road für eine Übernachtung ferner das Hotel Star Regency an (Tel. 7 33 31). Hier werden Doppelzimmer (keine Einzelzimmer) für 550 bis 750 Rs und bessere Zimmer für 900 Rs vermietet. Etwa einen Kilometer südlich der Eisenbahnschienen kann man im Ryewood Retreat übernachten (Tel. 7 20 60). Die Anlage besteht aus einer Reihe von sehr geräumigen und komfortablen Cottages mit allen Annehmlichkeiten, in denen man in einem Doppelzimmer für 600 Rs und in einer kleinen Villa für 1200 Rs unterkommen kann.

Das beste Haus im Ort ist das Fariyas Holiday Resort am Frichley Hill 8, gelegen am westlichen Ende des Ortes (Tel. 7 38 52, Fax 20 80). Das ist ein Hotel mit all den Einrichtungen, die man erwarten kann, darunter einem Schwimmbecken im Haus. Hier muß man für ein Einzelzimmer 1090 Rs und für ein Doppelzimmer 1590 Rs bezahlen, kann aber auch in einer Suite für 2950 Rs übernachten.

ESSEN

Die besten Lokale befinden sich vorwiegend in den bereits oben genannten Hotels. Versuchen kann man aber auch einmal das Essen im Restaurant Lonavla an der Hauptstraße, in dem vegetarische und nicht-vegetarische Gerichte aus dem Sindh und aus dem Punjab sowie Tandoori-Speisen angeboten werden. Ganz in der Nähe liegt die Bar und das Restaurant Mehfil und grenzt an einer Seite an das Hotel Gurukripa. Hier ist es etwas teurer.

Wie in Matheran ist auch in Lonavla eine Spezialität *chikki*, eine Art Toffee.

AN- UND WEITERREISE

Lonavla liegt sowohl an der wichtigen Eisenbahnverbindung von Bombay nach Pune als auch an der Hauptstraße zwischen diesen beiden Städten. Daher bestehen gute Zug- und Busverbindungen von und nach beiden Städten.

Bus: Die Fahrpläne auf dem Busbahnhof von Lonavla sind bis auf den für die Verbindungen nach Dadar, einem Vorort von Bombay, ausschließlich in Marathi veröffentlicht. Weil die meisten Busse der staatlichen Busgesellschaft (MSRTC) recht klapperig sind und für eine Fahrt bis Bombay bis zu vier Stunden brauchen, sollte man besser mit einem Zug fahren.

Zug: In Lonavla halten alle zwischen Bombay und Pune verkehrenden Schnellzüge. Eine Fahrt von Lonavla nach Bombay (128 km, 3 Stunden) kostet in der 2. Klasse 34 Rs und in der 1. Klasse 131 Rs. Nach Pune (64 km) fahren Schnellzüge (eine Stunde) und stündlich Pendelzüge (2 Stunden). Für diese Strecke muß man in der 2. Klasse 22 Rs und in der 1. Klasse 82 Rs bezahlen.

NAHVERKEHR

Nach dem Fahrplan soll täglich rund ein Dutzend Busse zwischen Lonavla und Karla sowie dem Fort Rajmachi verkehren. In Wirklichkeit fahren sie allerdings viel seltener und sind schon bis zum Bersten überfüllt, wenn sie in Lonavla ankommen.

Dafür stehen aber reichlich Auto-Rikschas zur Verfügung, bei denen meistens auch eine Wartezeit an den Höhlen in den Preisen enthalten ist. Für eine Fahrt von Lonavla nach Karla muß man 120 Rs bezahlen (hin und zurück 150 Rs), für eine Fahrt sowohl nach Karla als auch nach Bhaja 200 Rs. In der Monsunzeit wird übrigens die Straße nach Bhaja für Fahrzeuge am Eisenbahnübergang in Malavli gesperrt.

Wenn es einem nichts ausmacht, auch ein wenig zu wandern, kann man für 15 Rs ebenfalls in einem Tag bequem herumkommen. Dann muß man mit dem Bus um 9.00 Uhr von Lonavla zur Höhle von Karla fahren, zu Fuß zur Höhle von Bhaja gehen (5 km, 1 1/2 Stunden), zurück zum Bahnhof Malavli (3 km, eine Stunde) wandern und von dort mit einem Zug zurück nach Lonavla fahren.

HÖHLEN VON KARLA UND BHAJA

Diese wunderschönen aus den Felsen geschlagenen buddhistischen Höhlen gehören mit zu den ältesten in ganz Indien und stammen aus der Zeit, in der nach der Reinheit die Felsentempel im Stil des Buddhismus aus dem Himalaja auf dem Höhepunkt dieser Stilrichtung waren.

Die Höhle von Karla ist etwa 11 km von Lonavla und 1 1/2 km von der Hauptstraße entfernt, während die Höhlen von Bhaja etwa 3 km abseits der anderen Seite der Hauptstraße liegen, und zwar jenseits der Eisenbahnschienen. Wer zu den Höhlen von Bhaja zu Fuß gehen möchte, fährt am besten zunächst mit einem Zug nach Malavli.

Wenn man es eilig hat, ist es möglich, die Höhlen in einem Tagesausflug von Bombay oder Pune zu besuchen und dann in Lonavla für den Tag eine Auto-Rikscha zu mieten. Wenn es Ihre Zeit zuläßt, kann vermeiden Sie, Karla an einem Wochenende oder an einem gesetzlichen Feiertag zu besuchen. Dann strömen nämlich Besucherscharen mit Picknickkörben aus Bombay und Pune herbei. Bhaja liegt etwas weiter von der Hauptstraße entfernt und ist nicht ganz so überlaufen, bekommt aber ebenfalls einen Teil des Besucherstroms ab.

SEHENSWÜRDIGKEITEN

Die Höhle von Karla: Der Weg zur Höhle von Karla führt über einen 500 m langen, steilen Pfad. Es handelt sich um eine buddhistische Hinayana-Höhle, die etwa um 80 v. Chr. fertiggestellt wurde. Sie enthält einen der besterhaltenen Tempel dieses Typs in Indien. Ein sehr schön herausgearbeitetes „Sonnenfenster" läßt das Tageslicht auf einen kleinen Stupa am Ende dieser tiefen, engen Höhle fallen. Leider wurde unmittelbar vor den Höhleneingang ein häßlicher moderner Tempel gesetzt. Die Säulen im Höhleninnern enthalten am oberen Ende die Abbildungen von zwei knienden Elefanten, auf denen zwei Figuren sitzen, die sich über den Elefanten umarmen. Im allgemeinen stellen solche Figuren jeweils eine Frau und einen Mann dar, aber

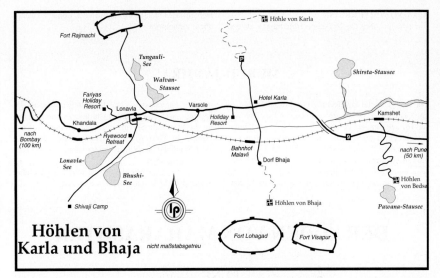

Fort Rajmachi

Tungauli-See

Walvan-Stausee

Fariyas Holiday Resort

Lonavla

Khandala

Varsole

Hotel Karla

Shirsta-Stausee

🔲 Höhle von Karla

P

Kamshet

nach Bombay (100 km)

Ryewood Retreat

Lonavla-See

Bhushi-See

Holiday Resort

Bahnhof Malavli

Dorf Bhaja

9

nach Pune (50 km)

🔲 Höhlen von Bedsa

Shivaji Camp

🔲 Höhlen von Bhaja

Pawana-Stausee

Höhlen von Karla und Bhaja

nicht maßstabsgetreu

Fort Lohagad

Fort Visapur

einige dieser Paare sind zwei Frauen. Das Dach der Höhle tragen Teakbalken, bei denen es sich noch um die Originalbalken handeln soll. In Ajanta und Ellora sind die Balken, die einmal dort vorhanden gewesen sein mögen, längst verschwunden. An den beiden Seiten des Vestibüls sind steinerne Elefantenköpfe zu sehen. Die hatten ursprünglich echte Stoßzähne aus Elfenbein.

An den Seiten findet man noch weitere Steinarbeiten. Und vor der Höhle steht eine *stambha* (Säule) mit vier Löwen, alle mit dem Rücken zueinander. Das ist ein Merkmal, das sonst nur mit Ashoka in Verbindung gebracht wird. Daraus könnte man schließen, daß die Säule älter ist als die Höhle.

In Karla gibt es noch einige Höhlenkloster (*viharas*), und zwar verstreut in den Hügeln der Umgebung. Einige wurden in hinduistische Schreine umgewandelt.

Die Höhlen von Bhaja: Ein recht unwegsamer Pfad führt von der Hauptstraße über 3 km zu den 18 Höhlen von Bhaja. Sie liegen in einer weitaus lieblicheren und wesentlich grüneren Landschaft als die Höhle von Karla, um die herum die Landschaft dürr ist. Man nimmt an, daß diese Höhlen aus den Jahren um 200 v. Chr. stammen. Zehn dieser Höhlen sind *viharas*, Höhle Nr. 12 jedoch eine *chaitya*, ähnlich im Stil der Höhle von Karla. Sie ist auch die bedeutendste Höhle von Bhaja. Südlich davon ist eine etwas fremdartig anmutende Gruppe von 14 Stupas zu sehen, fünf davon in der Höhle und neun außen. Die letzte Höhle an der Südseite enthält einige sehr schöne Skulpturen.

Einige Minuten Fußweg von der letzten Höhle entfernt kommt man zu einem wunderschönen Wasserfall, der in der und kurz nach der Monsunzeit so viel Wasser führt, daß man darunter gut schwimmen kann. Vom Wasserfall aus kann man auch gut einige alte Forts auf den Spitzen der Hügel sehen.

Weitere Höhlen und Festungen: Die Bedsa-Höhlen sind 6 km südöstlich des Bahnhofs Kamshet zu sehen. Von ihnen wird angenommen, daß sie jünger sind als die fein gearbeitete Höhle von Karla. Es wird auch vermutet, daß die Decke der Haupthöhle irgendwann einmal bemalt gewesen ist.

In der Umgebung gibt es ferner einige alte Festungen, z. B. das Fort Lohagad auf einem Berg, 6 km von Malavli entfernt. Zweimal nahm Shivaji es ein, verlor es danach jedoch wieder. Oberhalb der Höhlen von Bhaja steht das Fort Visapur.

UNTERKUNFT UND ESSEN

Auch wenn die meisten Besucher in Lonavla übernachten, ist es auch möglich, in der Nähe der Höhle von Karla im Holiday Resort Fremdenverkehrsamtes von Maharashtra (Tel. 8 22 30) abzusteigen, das nur ein kleines Stück abseits der Straße zwischen Bombay und Pune sowie in der Nähe der Höhle liegt. Vermietet werden dort Doppelzimmer für 175 und 200 Rs sowie Suiten und Cottages (alle mit Platz für vier Personen) für 325 bis 400 Rs. Die teureren davon sind klimatisiert. Zur Anlage gehören auch eine Bar und ein Restaurant.

AN- UND WEITERREISE

Einzelheiten über die Verkehrsverbindungen zu den Höhlen lasen sich de Abschnitt über Lonavla (weiter oben) entnehmen.

MURUD-JANJIRA

Die majestätische Inselfestung von Murud-Janjira an der Küste, rund 160 km grob südlich von Bombay, war im 16. Jahrhundert der Sitz der Siddis von Janjira, Nachkommen der Seeleute und Händler vom Horn von Afrika. Ohne Zweifel ist das eine der einnehmendsten Küstenfestungen von ganz Maharashtra, die sich entlang einer Insel nicht weit vom ruhigen Fischerort Murud erstreckt und nur mit Segelbooten von Einheimischen erreichbar ist. Die 12 m hohen Mauern der Festung machten sie für jedermann uneinnehmbar, selbst für die Marathen. Shivaji versuchte erfolglos, die Festung vom Meer her einzunehmen, woraufhin sein Sohn Sambhaji den Versuch unternahm, einen Tunnel dorthin zu graben.

Übernachtungsmöglichkeiten bestehen im Holiday Resort der MTDC am Strand von Murud.

DER SÜDEN VON MAHARASHTRA

PUNE

Einwohner: 2,7 Millionen
Telefonvorwahl: 01212

Pune hat eine geschichtsträchtige Vergangenheit, denn hier wuchs Shivaji, der große Herrscher der Marathen, auf. Die Stadt wurde 1599 seinem Vater übereignet. Später entstand daraus die Hauptstadt des Reiches der Peshwa, die aber 1817 den Briten in die Hände fiel. Unter ihrer Herrschaft war Pune in der Monsunzeit Hauptstadt der Region. Verglichen mit dem schwülen Wetter in Bombay war es in Pune damals wesentlich angenehmer. Besucher, die sich die hohen Übernachtungspreise in Bombay nicht leisten können, pendeln nicht selten mit den schnellen (aber auch immer vollen) Zügen in weniger als vier Stunden zwischen den beiden Städten. Der Einfluß der nahegelegenen Großstadt hat auf Pune bereits abgefärbt, denn auch hier werden immer mehr Modegeschäfte und Schnellimbißlokale eröffnet. Im übrigen kann sich Pune einer prestigeträchtigen Universität rühmen und ist ein bedeutender Industriestandort (chemische und pharmazeutische Erzeugnisse, Stahl und Plastik).

Für viele Besucher aus dem Westen übt die meiste Anziehungskraft die Osho-Kommune International aus, besser bekannt als Ashram von Shree Rajneesh. Die meisten Inder glauben, daß Ausländer nur deshalb in der Stadt sind. Dieser Ashram ist inzwischen so bekannt, daß er früher auch ein Ziel bei Stadtrundfahrten war und Inder in Scharen herbeiströmten, um sich Europäer anzuschauen.

ORIENTIERUNG

Die Stadt liegt am Zusammenfluß von Mutha und Mula.

Die Mehrheit der Hotels und Restaurants hat sich in der Umgebung des Bahnhofs angesiedelt, ein paar davon liegen aber auch am Hauptbusbahnhof Swargate im Süden der Stadt neben dem Nehru-Stadion.

Die bedeutendste Straße ist die Mahatma Gandhi Road (M G Road), gesäumt von Geschäften mit modischer Kleidung, Banken, Hotels und Restaurants. Nur ein kleines Stück weiter südwestlich werden die Straßen sehr schmal und lassen die Atmosphäre einer traditionellen Basarstadt spüren.

PRAKTISCHE HINWEISE

Das Fremdenverkehrsamt (MTDC) ist mit in den Behördengebäuden untergebracht, die als Central Buildings bekannt sind. Dort kann man einen bunten Stadtplan von Pune (5 Rs) erhalten, aber weiter nichts. Am Schalter, den die MTDC im Bahnhof unterhält, werden Fahrkarten für die Stadtrundfahrten und die Ausflüge des MTDC nach Mahabaleshwar verkauft. Einen Stadtplan kann man dort nicht erhalten. Die Fahrten des MTDC beginnen vor dem Bahnhof.

Geld wechselt man am schnellsten bei Thomas Cook im Thakkar House in der G. Thimmaya Road (zwischen der East Street und der M G Road), geöffnet zu den üblichen Geschäftszeiten sowie samstags am Morgen bis 12.30 Uhr.

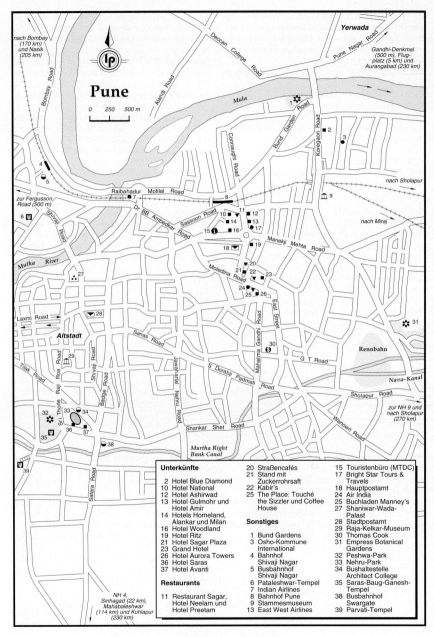

Pune

0   250   500 m

nach Bombay (170 km) und Nasik (205 km)

Yerwada

Gandhi-Denkmal (500 m), Flugplatz (5 km) und Aurangabad (230 km)

Bombay Road

Deccan College Road

Pune Nagar Road

Mula

Alandi Road

Connaught Road

Bund Garden Road

Koregaon Road

nach Sholapur

zur Fergusson Road (500 m)

Raibahadur Motilal Road

Shivaji Road

Dr BB Ambedkar Road

Sassoon Road

nach Miraj

Mutha River

Manekji Mehta Road

Laxmi Road

Moledina Road

Altstadt

Sanas Road

East Street

Rennbahn

Tilak Road

Raja Roa

Shivaji Road

Badge Road

Jawaharlal Nehru Road

S Dorabji Padmali Road

Mahatma Gandhi Road

G T Road

Nava-Kanal

Sri Thorle

Shankar Shet Road

Sholapur Road

Wanowri Road

zur NH 9 und nach Sholapur (270 km)

Murtha Right Bank Canal

Satara Road

NH 4, Sinhagad (22 km), Mahabaleshwar (114 km) und Kohlapur (230 km)

Unterkünfte

2 Hotel Blue Diamond
10 Hotel National
12 Hotel Ashirwad
13 Hotel Gulmohr und Hotel Amir
14 Hotels Homeland, Alankar und Milan
16 Hotel Woodland
19 Hotel Ritz
21 Hotel Sagar Plaza
23 Grand Hotel
26 Hotel Aurora Towers
36 Hotel Saras
37 Hotel Avanti

Restaurants

11 Restaurant Sagar, Hotel Neelam und Hotel Preetam

20 Straßencafés
21 Stand mit Zuckerrohrsaft
22 Kabir's
25 The Place: Touché the Sizzler und Coffee House

Sonstiges

1 Bund Gardens
3 Osho-Kommune International
4 Bahnhof Shivaji Nagar
5 Busbahnhof Shivaji Nagar
6 Pataleshwar-Tempel
7 Indian Airlines
8 Bahnhof Pune
9 Stammesmuseum
13 East West Airlines

15 Touristenbüro (MTDC)
17 Bright Star Tours & Travels
18 Hauptpostamt
24 Air India
25 Buchladen Manney's
27 Shaniwar-Wada-Palast
28 Stadtpostamt
29 Raja-Kelkar-Museum
30 Thomas Cook
31 Empress Botanical Gardens
32 Peshwa-Park
33 Nehru-Park
34 Bushaltestelle Architect College
35 Saras-Baug-Ganesh-Tempel
38 Busbahnhof Swargate
39 Parvati-Tempel

Die beste Buchhandlung ist Manney's Book Seller im Clover Center (Moledina Road 7). Das ist unweit der Kreuzung mit der M G Road. Dort erhält man manchmal auch den handlichen, monatlich erscheinenden *Tourist Guide of Pune* (15 Rs).

Das Hauptpostamt an der Connaught Road ist montags bis samstags von 10.00 bis 18.00 Uhr geöffnet.

Auch in Pune gibt es ein Goethe-Institut, das hier Max Mueller Bhavan heißt. Man findet es in der Boat Club Road 14/3 (Tel. 66 49 45). Es bietet die Möglichkeit, mal wieder eine deutsche Zeitung oder ein deutsches Buch zu lesen.

SEHENSWÜRDIGKEITEN

Osho-Kommune International: Der berühmte Ashram von Bhagwan Rajneesh, vor mehreren Jahren umbenannt in Osho-Kommune International, liegt am Koregaon Park 17 in einem grünen nördlichen Vorort von Pune. Mehr eine Anlage von Anhängern des New Age als ein simpler Ashram, blüht und gedeiht das Anwesen seit dem Tod des Bhagwan im Jahre 1990 und zieht immer noch jedes Jahr Tausende von Anhängern an. An Einrichtungen stehen dort inzwischen ein Swimming Pool, eine Sauna, Tennis- und Korbballplätze, Massage- und Schönheitssalons, ein Bistro, eine Buchhandlung und ein neuer, fünf Hektar großer Zen-Garten zur Verfügung, bekannt als Osho Teerth, durch den sogar ein kleiner Bach fließt. Die „Multiversity" der Kommune veranstaltet eine Vielfalt an (teuren) Kursen in traditioneller Meditation, aber auch in Methoden des New Age. Beispielsweise gibt es inzwischen eine „School of Centering", eine „Academy of Healing

---

Osho, der Bhagwan

Bhagwan Sree Rajneesh (1931-1990) oder Osho, wie er lieber genannt werden wollte, war einer der beliebtesten und auffälligsten „Export-Gurus" und, ohne jeden Zweifel, einer der umstrittensten. Er folgte keiner bestimmten Religion, Tradition oder Philosophie, so daß er sich mit seiner herben Kritik an verschiedenen Religionen und politischen Repräsentanten überall in der Welt Feinde schaffte. Was insbesondere seine indischen Kritiker aufregte war sein Eintreten für Sex als Weg zur Erleuchtung, ein Ansatz, der ihm in der indische Presse den Titel „Sex-Guru" einbrachte.

Sein Rezept bestand aus einer Mischung aus kalifornischer Pop-Psychologie und indischem Mystizismus. Seine letzte Zeremonie mit der Bezeichnung „Mystische Rose" sah vor, daß die Anhänger eine Woche lang täglich drei Stunden lachten, dann eine Woche lang täglich drei Stunden weinten und in der folgenden Woche täglich drei Stunden „Beobachter auf dem Hügel" wurden - was auch immer damit gemeint gewesen sein mag. Der Bhagwan hielt das für den „bedeutendsten Durchbruch in der Meditation seit Buddhas *vipassana*, die vor 25 Jahrhunderten hervorgebracht worden" sei. In den letzten Jahren vor seinen Tod machte er viele Anleihen beim Zen-Buddhismus und erkläre sich einmal sogar selbst zum Buddha.

Im Jahre 1981 begab sich Rajneesh in die USA und gründete dort in Oregon die landwirtschaftliche Kommune und den Ashram Rajneeshpuram. Hier war es, wo er die Aufmerksamkeit der internationalen Medien auf sich zog und (mit seiner in den Medien ausgiebig dargestellten Flotte von Rolls-Royce-Autos) nach und nach immer berüchtigter wurde. Schließlich, als die Gerüchte bei den Einheimischen über die Ereignisse im Ashram immer wilder ins Kraut schossen, tauchten Soldaten und Polizisten an seiner Tür auf und beschuldigten ihn, gegen die Einreisebestimmungen der USA verstoßen zu haben. Er wurde zu einer Geldstrafe von 400 000 US-Dollar verurteilt und im November 1985 nach Indien ausgewiesen. Leider brachte die indische Regierung ihm nicht mehr Sympathien entgegen als die der USA und weigerte sich kurz nach der Rückkehr, für eine Reihe von engen Vertrauten die Visa zu verlängern.

Für die nächsten sechs Monate war die Spitze der Hierarchie in einer Odyssee in dem Versuch in der Welt unterwegs, ein Land zu finden, das bereit wäre, sie sich niederlassen und eine neue Gemeinschaft gründen zu lassen. Das war ein vergeblicher Versuch, denn sie durften in insgesamt 21 Länder gar nicht erst einreisen oder wurden aus ihnen ausgewiesen.

Daraufhin ließ Rajneesh sich im Januar 1987 erneut im Ashram in Pune nieder. Trotz des Zwischenspiels in den USA blühte der Ashram ein weiteres Mal auf und zog wiederum Tausende von Ausländern an, die an seinen abendlichen Diskursen und Meditationen teilnehmen wollten. Die meisten davon kamen aus Deutschland, Italien und Japan. Von Anfang 1989 bis zu seinem Tod im Januar 1990 verstummte Rajneesh erneut, wie es bereits einmal während seines Aufenthaltes in den USA geschehen war.

Noch vor seinem Tod wurden aber die für seine Anhänger so typischen orangefarbigen Gewänder und die *malas*, die Abbildungen des Bhagwan an einer Kette um den Hals, abgeschafft. Das waren ganz typische Kennzeichen der Anhänger von Bhagwan gewesen. Dies geschah nach Verlautbarungen der Pressestelle des Ashrams deshalb, um den Anhängern „ständige Belästigungen durch die Behörden zu ersparen". Die Zeiten haben sich jedoch geändert, so daß seine Anhänger (nun in braun gekleidet) heutzutage keinen Benachteiligungen mehr ausgesetzt zu sein scheinen.

Arts" und eine „Osho School of Mysticism". Daneben werden an den Wochenenden aber auch preisgünstigere Meditationskurse angeboten.

Wenn man in der Kommune übernachten will, muß man durch eine an Ort und Stelle vorgenommene Blutuntersuchung nachweisen, daß man nicht HIV positiv ist. Außerdem muß man sich selbst um ein Quartier bemühen. Gelegenheitsbesucher haben die Möglichkeit, um 10.30 und 14.30 Uhr an einer 45 Minuten dauernden Führung durch die Kommune teilzunehmen (10 Rs). Weitere Fragen kann man sich unter der Telefonnummer 66 09 63 beantworten lassen.

Raja-Kelkar-Museum: An diesem ungewöhnlichen Museum werden Sie sicher Ihre helle Freude haben. Die Ausstellungsstücke sind allesamt Teile einer persönlichen Sammlung von Shri Dinkar Gandaghar (alias Kaka Kelkar), der 1990 verstorben ist. Zu den etwa 17 000 Ausstellungsstücken gehören Peshwa- und andere Miniaturen, ein Waffenrock aus Fischschuppen, eine ausgefallene Sammlung von Musikinstrumenten, geschnitzte Türen und Fenster, *Hookah*-Pfeifen, seltene Schlösser, Öllampen und eine besonders gute Sammlung von Betelnußschneidern.

Untergebracht ist das Museum in einem lila, rot und grün angemalten Haus im Rajasthan-Stil. Es ist täglich von 8.30 bis 17.30 Uhr geöffnet (Eintritt für Inder 5 Rs, für Ausländer aber 30 Rs). Kaufen kann man im Museum eine englischsprachige Broschüre für 5 Rs. Bei Stadtrundfahrten ist ein kurzer Besuch dieses Museums ebenfalls im Programm enthalten.

Shaniwar-Wada-Palast: Dieser hoch aufragende, wie eine Festung wirkende Palast steht inmitten enger und winkliger Straßen im Zentrum der Stadt, die geradezu ein Labyrinth bilden. Die massiven Mauern umschlossen früher den Palast der Peshwa-Herrscher, bis im Jahre 1828 alles niedergebrannt wurde. Übrig blieb kaum etwas, so daß heute innerhalb der Mauern nur noch ein sehr schöner Garten zu sehen ist. Schilder weisen darauf hin, welcher Raum sich damals wo befand. Betreten läßt sich der Palast durch standhafte Tore, die mit Zacken gespickt sind. Diese sollten fremde Elefanten daran hindern, sich dagegen zu lehnen. In einer nahen Straße pflegten die Peshwa-Herrscher mit ihren Gegnern recht unsanft umzugehen. Die ließen sie nämlich kurzerhand durch Elefanten zu Tode trampeln.

Stammesmuseum: Das ausgezeichnete Stammesmuseum (Tribal Museum) befindet sich unmittelbar südlich der Eisenbahnschienen und ist täglich von 10.00 bis 17.00 Uhr geöffnet (Tel. 66 94 71). Es dokumentiert die Stammesgemeinschaften in Maharashtra, insbesondere die aus den Regionen Sahyadri und Gondwana. Bei Stadtrundfahrten kommt man zu diesem Museum nicht.

Tempel und Gärten: In den Empress Gardens kann man sich schöne tropische Bäume und in der Nähe einen kleinen Zoo ansehen. Im Peshwa-Park steht der Saras-Baung-Ganesh-Tempel, der von einem Wallgraben umgeben ist. Die Bund Gardens, am Ufer des Flusses gelegen, sind ein beliebtes Ziel für abendliche Spaziergänge. Die Brücke über den Fluß führt nach Yeravda und zur nationalen Gedenkstätte für Gandhi (früher der Palast des Aga Khan). Der Parvati-Tempel liegt außerhalb der Stadt auf einem Hügel. Von dort hat man eine schöne Aussicht. Das soll auch der Platz gewesen sein, von dem aus der letzte Peshwa-Herrscher die Niederlage seiner Truppen bei Kirkee im Kampf gegen die Briten beobachten mußte.

Relativ zentral liegt der Shiva gewidmete Pantaleshwar-Tempel, ein kleiner Tempel aus dem 8. Jahrhundert, der im Stil den viel größeren Felsentempeln von Ellora ähnlich ist. Man erzählt sich, daß er in einer einzigen Nacht geschaffen worden sein soll.

Vor den Ausgrabungen ist ein Kreis (*mandapam*) zu sehen.

Nationale Gandhi-Gedenkstätte: Auf der anderen Seite des Flusses liegt in Yeravda in einem Gebiet mit 6½ Hektar Gärten die nationale Gedenkstätte zu Ehren von Gandhi. Bis 1956 was das der Palast von Aga Khan

Kasturba und Mohandas Gandhi

und wurde danach eine Schule. Im Jahre 1969 erhielt der Staat Indien das Bauwerk als Geschenk.

In ihm waren einmal für zwei Jahre Mahatma Gandhi und andere Führer der Unabhängigkeitsbewegung interniert. In dem Bauwerk sind einige Szenen für den Film *Gandhi* gedreht worden. Hier starb auch Kasturba Gandhi während der Internierung. Ihre Asche wird im Ehrengrabmal auf dem Palastgelände aufbewahrt.

Die Anlage ist täglich von 9.00 bis 17.45 Uhr geöffnet (Eintritt 2 Rs). Hier halten für eine halbe Stunde auch die Busse bei den Stadtrundfahrten. Das ist aber zu kurz, wenn man auch die Erläuterungen an den Fotografien in Ruhe lesen möchte.

STADTRUNDFAHRTEN UND AUSFLUGSFAHRTEN

Täglich um 8.00 und 14.00 Uhr beginnen am Bahnhof vierstündige Stadtrundfahrten, die 40 Rs kosten. Man kommt dabei zu den wichtigsten Sehenswürdigkeiten, allerdings in der üblichen Hetze und Hektik. Anmelden kann man sich zur Teilnahme an einer Stadtrundfahrt am Kiosk der MTDC in der Bahnhofshalle.

Die MTDC bietet auch Tagesfahrten nach Mahabaleshwar an, die um 7.30 Uhr beginnen, um 22.00 Uhr enden und 150 Rs kosten. Natürlich verbringt man dabei die meiste Zeit im Bus.

FESTE

Wenn auch Ganesh Chaturhi überall in Indien gefeiert wird, ist dieses Fest am extravagantesten in Bombay und seit neuem auch in Pune. Traditionell ein Fest zu Hause, wurde es vor einem Jahrhundert vom Freiheitskämpfer Lokmanya Tilak in ein Fest in der Öffentlichkeit umgewandelt und dazu benutzt, die Massen in ihrem Freiheitskampf zu vereinen. Ganesh oder Ganpati, wie er häufig auch zärtlich genannt wird,

gilt als der, der dafür alle Hindernisse aus dem Weg räumt.

Am Ende des elftägigen Festes werden Plastik- und Tonfiguren von Ganesh, einige davon bis zu 6 m hoch, aus den Häusern auf die Straßen gebracht und dann in einer riesigen Prozession getragen, um sie im Wasser zu versenken. In Bombay findet das am Chowpatty Beach statt, in Pune unten am Fluß.

Die Prozession in Pune ist der Höhepunkt einer ganzen Reihe von illustren Veranstaltungen, darunter Vorführungen von klassischen Tänzen und Konzerte, Aufführungen von Volkstänzen sowie ein Dorffest mit Ochsenkarrenrennen und Catchen, organisiert von der MTDC. Bei der Eröffnungszeremonie, live im Fernsehen von Doordashan übertragen, ist sogar der indische Vizepräsident anwesend. Dann treten einige der besten Musiker und Tänzer aus dem ganzen Land auf.

Im Jahre 1997 findet das Fest vom 6. bis zum 15. September und im Jahre 1998 vom 26. August bis zum 5. September statt.

UNTERKUNFT

Einfache Unterkünfte: Die meisten der preiswerten Quartiere in der Nähe des Bahnhofs sind Absteigen, aber es gibt dort auch einige, die das nicht sind. Die meisten davon liegen in einer Gegend, die als Wilson Gardens bekannt ist. Damit wird das Gebiet direkt gegenüber vom Bahnhof und hinter dem Hotel National bezeichnet. Ganz gut sind auch die Ruheräume der Eisenbahn im Bahnhof.

Das Hotel Homeland in Wilson Gardens (Tel. 62 71 58) ist ein großes, altes Gebäude, neu gestrichen und geführt von einem gemütlichen jungen Mann. Hier muß man für ein sauberes Einzelzimmer 170 oder 185 Rs und für ein Doppelzimmer 220 oder 235 Rs bezahlen

---

Ganesh-Mandals

„Sie müssen alle gesehen haben" sagte unsere junge Führerin Sheetal, als sie uns durch die dunklen, schmalen Nebenstraßen von Pune in eine Gegend führte, in der die größten und prächtigsten *mandals* errichtet worden waren. Es war bereits der dritte Abend nacheinander, an dem sie eine solche Fuhrung unternommen hatte - am ersten mit ihrer Mutter, am zweiten mit Freunden und jetzt mit uns. Ihre Begeisterung war, wie die aller anderen auf den Straßen, nahezu greifbar.

Der Grund für ihre Aufgeregtheit waren die *mandals*, die über und über geschmückten Figuren von Ganesh, des Gottes mit dem Elefantenkopf, die aufgestellt worden waren, um das Ganesh-Chaturhi-Fest zu feiern. Davon waren über die ganze Stadt verstreut mehr als 100 errichtet worden, viele davon riesengroß. Bei einigen nahmen extra dafür erbaute Plattformen ganze Straßenecken ein (und blockierten manchmal die gesamte Straße) und waren mit allem beleuchtet, was indische Elektriker zu beleuchten imstande waren. Jede dieser *mandals* stand unter einem bestimmten Thema, entweder historisch oder zeitgenössisch. Daher konnte man im ersten Augenblick einen majestätischen Ganesh in einem Königssalon mit Pfauen und seiner verehrten Mutter Parvati neben sich sitzen sehen und im nächsten „Ganesh im Jurrasic Park". Beliebt bei den jungen Leuten von Pune war auch ein Disco-Ganesh mit einer Ton- und Lichtschau, die alles andere schlug.

Wir sahen an diesem Abend bei weitem nicht alle *mandals*, aber bis zu dem Zeitpunkt, an dem die Figuren im Fluß versenkt wurden, hatten Sheetal und viele andere Einwohner von Pune wahrscheinlich alle in Augenschein genommen.

(alle mit Bad). Vermietet werden aber auch unbequeme Betten in einem Schlafsaal für jeweils 40 Rs. Heißes Wasser steht von 7.00 bis 9.30 Uhr zur Verfügung. Inzwischen dürfte auch das Restaurant dieses Hauses fertiggestellt sein.

Ebenfalls in Wilson Gardens gelegen ist das preisgünstigere Hotel Alankar (Tel. 62 20 24) mit Einzelzimmern für 100 Rs, Doppelzimmern für 125 Rs und Dreibettzimmern für 150 Rs, alle mit Bad. Hier kommt man auch zum Hotel Milan (Tel. 62 04 84), in dem Einzelzimmer mit Badbenutzung für 70 Rs und mit eigenem Bad für 110 Rs sowie Doppelzimmer mit Badbenutzung für 100 Rs und mit eigenem Bad für 165 Rs vermietet werden.

Das Hotel National in der Sassoon Road 14, gegenüber vom Bahnhof (Tel. 62 50 54), ist eine wunderschöne alte Villa mit Veranden und hohen Decken, auch wenn in einigen Zimmern Fenster fehlen. Es ist sehr beliebt, freundlich und in dieser Preisklasse die beste Wahl. Im Hauptgebäude muß man für ein Einzelzimmer mit Badbenutzung 77 Rs sowie mit eigenem Bad für ein Einzelzimmer 150 Rs, für ein Doppelzimmer 223 Rs, für ein Dreibettzimmer 270 Rs und für ein Vierbettzimmer 320 Rs bezahlen. Zusätzlich wird dahinter auch noch eine Reihe von Cottages vermietet, die zwar einfach, aber sehr sauber und friedlich sind. und als Einzelzimmer 135 Rs sowie als Doppelzimmer 175 Rs kosten. Auf Voranmeldung wird auch Frühstück serviert. Heißes Wasser steht in dieser Anlage von 6 bis 12 Uhr zur Verfügung.

Weiter entfernt, in der Connaught Road liegt das Hotel Ritz (Tel. 62 25 33), ein altmodisches Holzhaus mit einer entspannten Atmosphäre. Die Zimmer hier sind groß und sauber, wenn auch schon etwas abgewohnt, und werden zur Alleinbelegung für 85 Rs und zur Belegung mit zwei Gästen für 140 Rs vermietet. Heißes Wasser gibt es allerdings nur morgens. Im vegetarischen Restaurant des Hauses erhält man Gerichte „with or without chillies".

Wenn man die M G Road hinuntergeht, kommt man zum Grand Hotel (Tel. 66 87 23), einem weiteren Haus im alten Stil, umgeben von einem eigenen Grundstück. Hier kostet ein Einzelzimmer (eher Kabinen ohne frische Luft und ohne Fenster) mit Badbenutzung 55 Rs. Besser sind da schon die Doppelzimmer mit eigenem Bad für 130 Rs. Zu diesem Haus gehören auch eine Bar, eine Terrasse und ein Restaurant.

Wer in der Nähe des Busbahnhofs Swargate übernachten möchte, um am frühen Morgen mit einem Bus weiterzufahren, findet im Hotel Saras der MTDC (Tel. 43 04 99) ganz ordentliche Einzel- und Doppelzimmer ab 175 bzw. 200 Rs. Dieses Hotel grenzt an das Nehru-Stadion, so daß man von der Terrasse des zugehörigen schicken Restaurants gelegentlich Kricketspiele mitverfolgen kann.

Mittelklassehotels: Zum unteren Ende dieser Kategorie gehört das Hotel Gulmohr (Tel. 62 27 73) in der Connaught Road 15a/1, gelegen in Fußwegentfernung vom Bahnhof. Dort kosten Einzelzimmer ab 165 Rs und Doppelzimmer ab 245 Rs sowie Doppelzimmer mit Klimaanlage 395 Rs. Zu einigen Zimmern gehört auch ein kleiner Balkon. Heißes Wasser steht rund um die Uhr zur Verfügung. Vorhanden ist zudem eine Bar.

Näher zum Bahnhof hin liegt das Hotel Ashirwad in der Connaught Road 16 (Tel. 62 85 85), in dem geräumige Einzel- und Doppelzimmer bis 350 Rs bzw. für 400 bis 450 Rs (ohne Klimaanlage) sowie mit Klimaanlage für 450 bzw. 600 Rs vermietet werden. Daneben können die Gäste ein gutes vegetarisches Restaurant in Anspruch nehmen, aber keine Bar. Nebenan liegt das Hotel Amir (Tel. 62 18 40) mit einer größeren Anzahl von Einrichtungen wie Bar, Restaurant (vegetarisch und nichtvegetarisch), Coffee Shop und einer Einkaufsarkade. Hier werden „normale" Zimmer für 300 bzw. 350 Rs, Zimmer „1. Klasse" mit Klimaanlage für 500 bzw. 600 Rs und Luxuszimmer für 550 bzw. 650 Rs vermietet. Die Mitarbeiter dieses Hauses sind freundlich und hilfsbereit, während die Zimmer reichlich dunkel und auch schon ganz schön abgewohnt sind.

Nicht weit entfernt ist das riesige Hotel Woodland (Tel. 62 61 61). Es liegt ein kleines Stück abseits vom Sadhu Vaswani Circle. Hier reicht die Bandbreite der Übernachtungsmöglichkeiten von normalen Einzel- und Doppelzimmern ab 300 bzw. 350 Rs über Einzel- und Doppelzimmer mit Klimaanlage für 450 bzw. 500 Rs bis zu besseren Einzel- und Doppelzimmern mit Klimaanlage für 500 bzw. 600 Rs. Sogar Suiten sind zu haben. Alle Zimmer sind ganz ordentlich und werden gut gepflegt. Allerdings gibt es eine Bar und ein Restaurant in diesem Haus nicht.

Das nahe beim Busbahnhof Swargate gelegene Hotel Avanti (Tel. 44 59 75) hat saubere und luftige Einzel- und Doppelzimmer mit heißem Wasser für 200 bzw. 350 Rs zu bieten.

Luxushotels: Ein Mangel an Vier- und Fünf-Sterne-Hotels besteht in Pune nicht.

In der Bund Garden Road 1, etwas abseits der Moledina Road, liegt das Hotel Sagar Plaza (Tel. 62 26 22, Fax 62 26 33), ein noch recht neues Haus, in dem es in den Sommermonaten erfreulich kühl ist. Hier muß man mit Klimaanlage für ein Einzelzimmer 900 Rs und für ein Doppelzimmer 1075 Rs sowie für ein Luxusdoppelzimmer 1395 Rs bezahlen. Zu den Einrichtungen gehören eine Bar, ein Coffee Shop, ein Spezialitätenrestaurant, ein kleiner Swimming Pool und eine Buchhandlung.

Das riesige Hotel Aurora Towers (Tel. 64 18 18, Fax 64 18 26), gelegen in der Moledina Road 9, Ecke M G

Road (Eingang in der M G Road), ist ebenfalls ein zentral klimatisierte Haus, das Standardzimmer für 875 bzw. 1075 Rs und Luxusdoppelzimmer für 1150 Rs zu bieten hat. Es gibt aber auch noch teurere Suiten. Hier gehören zu den Einrichtungen für die Gäste eine Einkaufsarkade, Parkmöglichkeiten, ein Swimming Pool auf dem Dach, eine Bar, zwei Restaurants mit indischer, europäischer und chinesischer Küche sowie ein Coffee Shop. Die besten Häuser in Pune sind das Hotel Executive Ashoka mit fünf Sternen in der University Road 5 (Tel. 5 73 91, Fax 32 32 8) und das Hotel Blue Diamond in der Koregaon Road 11 (Tel. 66 37 75, Fax 64 61 01).

ESSEN

An der Ecke der Station Road und der Connaught Road kommt man zum Restaurant Sagar, einem großen, sauberen Lokal, in dem vegetarische „Spezialgerichte" für 25 Rs, aber auch eine lange Reihe von anderen Speisen angeboten werden. Morgens kann man hier auch Toast und Tee erhalten. Nebenan liegen im großen Gebäude des Hotels Metro das Hotel Neelam und das Hotel Preetam, zwei gemütlichere Restaurants, in denen vegetarische und nichtvegetarische indische Speisen sowie teilweise westliche Gerichte zu annehmbaren Preisen serviert werden. Im Preetam ist zudem Bier erhältlich.

Ein gutes Ziel, um abends nicht teuer zu essen und junge Leute aus Pune kennenzulernen, ist die Seitenstraße gegenüber vom Hauptpostamt. Sie bietet eine ganze Reihe von preiswerten Restaurants, in denen eine erstaunliche Vielfalt an Speisen und Getränken angeboten wird. Hier stehen entlang des breiten Gehweges ebenfalls Tische und Stühle, wo man eine Vielfalt an Gerichten und kalten Getränken erhält. Eine weitere, auch bei Studenten der Universität von Pune beliebte Gegend ist entlang der Fergusson Road. Die liegt jedoch ein paar Kilometer westlich vom Bahnhof, so daß man dorthin mit einer Auto-Rikscha fahren muß. In den Restaurants dort ist es im allgemeinen etwas preiswerter als in denen der Innenstadt, so daß sie sehr zu empfehlen sind. Einen Versuch wert ist das Savoy in der Fergusson Road 1199 B, aber auch das nahegelegene Savera und das Shabree.

Wenn man sich mal so etwas wie einen Gaumenschmaus gönnen will, dann eignen sich dafür zwei Lokale, die sich in der Moledina Road gegenüberliegen. An der Nordseite kommt man in der Moledina Road 6 zum teilweise offenen Kabir's, in dem indische Gerichte sowie Mughlai- und Tandoori-Speisen angeboten werden. Hier muß man mit 40 bis 50 Rs für ein Essen rechnen. Unmittelbar gegenüber liegt das etwas teurere The Place: Touché the Sizzler, ein zweistöckiges Restaurant, das sich auf gebratene Speisen spezialisiert hat, in dem man aber auch indische und europäische Gerichte sowie Tandoori-Speisen erhalten kann. Hier

ist das Essen ausgezeichnet und die Bedienung schnell. In beiden Lokalen erhält man daneben Bier.

Ebenfalls in der Moledina Road befindet sich das Coffee House, der im Trend liegende Treffpunkt von Pune und ganz sicher der beste Ort, um gesehen zu werden. Ein Lebensretter an heißen Tagen ist der Getränkestand neben dem Hotel Sagar. Dort erhält man für 1,50 Rs ein großes Glas mit frisch ausgepreßtem Zuckerrohrsaft.

AN- UND WEITERREISE

Flug: Das Büro von Indian Airlines liegt ungünstig in der Dr. Ambedkar Road 39 (Tel. 65 99 39), der Hauptstraße nach Bombay. NEPC ist telefonisch unter der Rufnummer 64 74 41 zu erreichen. East West Airlines findet man neben dem Hotel Amir (Tel. 66 58 62). Air India ist in der Moledina Road vertreten (Tel. 64 09 32).

Mit Indian Airlines bestehen täglich Flugverbindungen nach Delhi (130 US $) sowie dreimal wöchentlich nach Bangalore (91 US $) und Madras (102 US $). East West Airlines fliegt dreimal täglich nach Bombay (54 US $), während man mit NEPC dreimal wöchentlich nach Bangalore (90 US $), Madras (105 US $) sowie Goa (85 US $) und zweimal täglich nach Bombay (60 US $) kommt.

Bus: In Pune gibt es drei Busbahnhöfe. Vom Busbahnhof Railway fahren Busse in Richtung Süden, z. B. nach Goa, Belgaum (341 km), Kolhapur, Mahabaleshwar und Panchgani ab. Am Busbahnhof Shivaji Nagar ist Abfahrt in Richtung Norden und Nordosten nach Ahmednagar, Aurangabad (100 Rs, 6 Stunden), Lonavla (64 km) und Nasik (209 km), während am Busbahnhof Swargate die Busse nach Sinhagad (24 km), Mangalore und Bombay (50 Rs, 5 Stunden, 170 km) starten. Außerdem setzt das staatliche Fremdenverkehrsamt (MTDC) Luxusbusse für Fahrten nach Mahabaleshwar (150 Rs, 117 km) ein. Fahrkarten dafür kann man am Schalter des Fremdenverkehrsamtes im Bahnhof kaufen.

Die MTDC-Busse sind recht klapperig und unbequem. Daher benutzen viele Besucher Züge. Wenn Ihnen das nicht behagt, können Sie mit Luxusbussen privater Unternehmen zu den Großstädten in der Umgebung fahren. Dabei muß man sich aber vor den Agenturen hüten, insbesondere vor denen am Bahnhof herum, denn die kassieren bis zu 50 % Provision. Hinzu kommt, daß man sich letztendlich doch in einem normalen staatlichen Bus wiederfindet.

Eine Versuch wert ist Bright Star Tours & Travels in der Connaught Road 13 (Tel. 62 96 66). Dieses nicht ausgeschilderte Unternehmen, untergebracht in einer Tankstelle, setzt täglich Luxusbusse nach Ahmedabad, Aurangabad, Bangalore, Goa, Hibli/Belgaum, Hyderabad, Nagpur und Sholapur ein.

Wichtige Züge von Pune					
Fahrziel	**Zugnummer und Name**	**Abfahrtszeit**	**Entfernung (km)**	**Fahrzeit (Stunden)**	**Fahrpreis (Rs) (2./1. Klasse)**
Bangalore	6529 *Udyan Express*	12.20	1019	20	214/ 634
Bombay VT	2124 *Deccan Queen*	7.15	191	3.25	58/ 209
	2126 *Pragati Express*	7.30		3.35	
Delhi	1077 *Jhelum Express*	17.35	1595	27.45	264/ 877
Hyderabad	7031 *Hyderabad Express*	17.15	600	13.15	150/ 444
Madras	6063 *Chennai Express*	23.55	1088	20	219/ 668
	6511 *Dadar Madras Express*	18.40		22	

Zug: Pune ist einer der wichtigsten Bahnhöfe im Dekkan, auf dem alle Schnell- und Postzüge halten. Die mit Computer ausgestattete Vorverkaufsstelle befindet sich, wenn man vor dem Bahnhof steht, in der Halle links.

Die schnellsten Züge nach Bombay sind der *Deccan Queen* und der *Pragati Express*, die beide stark gefragt sind, so daß man Platzkarten für diese Züge am besten lange im voraus kauft. Die anderen Schnell- und Postzüge nach Bombay brauchen bis zum Ziel vier bis fünf Stunden.

Wenn man nach Matheran will, dann kommt als einziger Schnellzug allein der *Sahyadri Express* mit Abfahrt um 7.35 Uhr in Frage, denn nur er hält in Neral. Weitere Einzelheiten über diese Verbindung können Sie dem Abschnitt über Matheran entnehmen.

Taxi: Zwischen Pune und Bombay verkehren auch Sammeltaxis mit Platz für jeweils vier Fahrgäste. Sie fahren von der Taxihaltestelle vor dem Bahnhof ab. Für die vierstündige Fahrt muß man pro Person 155 Rs bezahlen.

NAHVERKEHR

Flughafentransfer: Der Flugplatz liegt 8 km nördlich der Stadt. Dorthin und von dort setzt Indian Airlines einen Flughafenbus ein, der in der Stadt vor dem Hotel Amir abfährt und pro Strecke für 18 Rs benutzt werden kann. Für eine Fahrt in einer Auto-Rikscha wird man mit 25 Rs rechnen müssen, in einem Taxi mit 40 Rs.

Bus: Die Stadtbusse sind nur relativ selten überfüllt. Die Verbindung, die man wahrscheinlich benutzen wird, ist die Linie 4, die vom Busbahnhof Railway über den Busbahnhof Shivaji Nagar zum Busbahnhof Swargate führt. In Marathi sieht die Zahl 4 übrigens wie die arabische Zahl 8 mit einem Loch an der Spitze aus.

Fahrrad: Pune ist eine Stadt, in der man auch gut mit einem Fahrrad herumfahren kann (außer in den Hauptverkehrszeiten, in denen es auf den Straßen wie in einem Tollhaus zugehen kann). Ein Fahrrad kann man an dem Stand in der Nähe des Eingangs zum Hotel National mieten.

DIE UMGEBUNG VON PUNE

SINHAGAD

Sinhagad, die Löwenfestung, steht 24 km südwestlich von Pune und ist ein ausgezeichnetes Ziel für einen Tagesausflug von Pune. Das Fort war der Schauplatz für eine gewagte Heldentat des Herrschers Shivaji.

Im Jahre 1670 führte Tanaji Malusre, der General der Truppen von Shivaji, eine Streitmacht an, die im Dunklen den steilen Berg erklomm und oben die auf einen Angriff unvorbereiteten Streitkräfte von Bijapur schlug. In einer Legende über diese denkwürdige Schlacht wird berichtet, daß die Marathen sich Eidechsen so dressiert hatten, daß sie in der Lage waren, Seile bergan zu schaffen. Tanaji fiel jedoch bei diesem Angriff. Denkmäler markieren den Punkt, an dem er sein Leben ließ.

Auch an der Stelle, an der er noch kurz vor seinem Tod die linke Hand verlor, steht ein Denkmal.

Die Festung steht in der Nähe eines Fernmeldeturmes auf einem steilen Hügel. Obwohl das Fort selbst weitgehend eine Ruine ist, blieben einige kleine Häuser erhalten, auch das, in dem Gandhi im Jahre 1915 den Freiheitskämpfer Tilak traf.

Zur Festung hinauf führt eine kurvenreiche, auch mit Kraftfahrzeugen befahrbare Straße. Wenn man allerdings mit einem Bus angekommen ist, hat man einen schweißtreibenden Aufstieg von 1½ Stunden vor sich. Dafür wird man oben mit einer Teestube und kalten Getränken belohnt. Dennoch empfiehlt es sich, von Pune etwas Wasser und Verpflegung mitzubringen. Am Weg nach oben stehen in Abständen auch Lassi-Wallahs, aber von deren Getränken läßt man besser seine Finger, wenn man seinem Magen nicht etwas völlig Ungewohntes zumuten will.

An- und Weiterreise: Von Pune kann man regelmäßig mit einem Stadtbus der Linie 50 bis zum Dorf Sinhagad am Ende der Straße fahren (von wo aus man den Rest zu Fuß gehen muß).
Sie verkehren zwischen 5.25 Uhr und dem Abend, fahren an der Haltestelle Architect College gegenüber vom Nehru-Stadion und brauchen für die Strecke etwa 45 Minuten (5 Rs).

MAHABALESHWAR

Einwohner: 11 500
Telefonvorwahl: 02168
Während der Kolonialherrschaft der Engländer war Mahabaleshwar die Sommerresidenz, denn Bombay war ihnen zu schwül. Hier hat man herrliche Möglichkeiten zum Wandern sowie schöne Aussichten. An klaren Tagen ist auch das Meer zu sehen. Zudem steht die Gegend in einem interessanten historischen Zusammenhang mit Shivaji. Mahabaleshwar wurde 1828 von Sir John Malcolm gegründet.
Wie die meisten Bergerholungsorte wird auch Mahabaleshwar in der Monsunzeit (Mitte Juni bis Mitte September) praktisch geschlossen. Dann verkleiden die Einheimischen die Häuser mit dem *Kulum*-Gras, um sie so vor Schäden durch die sturzbachartigen Regenfälle zu schützen. In diesen drei Monaten fallen in Mahabaleshwar unglaubliche 6 m Niederschlag!
Am kleinen Venna-See, ca. 4 km von Mahabaleshwar entfernt, besteht Gelegenheit zum Angeln und Bootfahren. Im Dorf Alt-Mahabaleshwar stehen zudem drei alte Tempel, die allerdings stark beschädigt sind. Vom Krishnabaj- oder Panchganga-Tempel (Tempel der fünf Ströme) sagt man, daß er die Quellen von fünf Flüssen in sich vereinige, u. a. des Krishna.
Spezialitäten der Gegend sind Erdbeer- und Himbeermarmelade, die besonders gut schmecken, wenn man dafür etwas Toast findet.

PRAKTISCHE HINWEISE
Wenn man mit einem Auto oder Bus in den Ort kommt, muß man bei den Beamten am Straßenrand beim Ortsanfang eine „städtische Steuer" von 5 Rs bezahlen. Für Privatwagen wird außerdem eine Parkgebühr von 2 Rs pro Tag erhoben.

SPAZIERGÄNGE UND AUSBLICKE
Inmitten eines bewaldeten Plateaus liegen die Aussichtspunkte Elphinstone Point, Babington Point, Bombay Point, Kate's Point und viele Stellen, von denen man einen freien Blick in die Ebene hat. Bei Arthur's Seat, 12 km außerhalb, kann man auf den Küstenstreifen zwischen den Ghats und dem Meer blicken, der als Konkan bekannt ist und bei dem das Plateau 600 m

abfällt. Von den brausenden Wasserfällen seien nur drei erwähnt: Chinaman's Waterfall ($2^{1}/_2$ km), Dhobi Waterfall (3 km) und Lingmala Waterfalls (6 km). Die meisten Wanderwege sind gut ausgeschildert, auch wenn das Moos, das über den Hinweiszeichen wächst, manchmal das Lesen erschwert.

AUSFLUGSFAHRTEN
In der Hochsaison werden von der MTDC bei einer Mindestbeteiligung von 10 Personen Fahrten durch Mahabaleshwar, zum Fort Pratapgarh und nach Panchgani veranstaltet. Jede dieser Fahrten kostet pro Person 35 Rs. Anmelden dazu kann man sich im Holiday Resort der MTDC.

UNTERKUNFT
Die Auswahl an Hotels ist in Mahabaleshwar groß, wenn auch die meisten in der Monsunzeit geschlossen sind. Die preiswerteren Lodges findet man in der Stadtmitte im Basargebiet, aber auch die sind nach den Maßstäben der Gegend nicht unbedingt billig. In der Hochsaison (im allgemeinen von November bis Januar und von Mitte April von Mitte Juni) steigen die Übernachtungspreise in Mahabaleshwar deutlich.
Im Hotel Saraswati in der Mari Peth werden in der Nebensaison Einzel- und Doppelzimmer mit heißem Wasser für 60 bzw. 80 Rs angeboten. In der Hochsaison steigen die Preise für Doppelzimmer hier auf 250 Rs.
In der Basargegend liegt auch das Hotel Poonam (Tel. 6 02 91), aber mit 500 Rs ein Doppelzimmer ist dieses Haus sicher nicht besonders günstig. Weitere einigermaßen preiswerte Unterkünfte in der Nähe des Zentrums sind das Vyankatesh (Tel. 6 03 97), das Samartha (Tel. 6 04 16) und das Ajantha (Tel. 6 02 72), alle in der Mosque Street.
Zum Hotel Ripon (Tel. 6 02 57) kommt man von der Bushaltestelle nach 20 Minuten Fußweg. Es wird von einem älteren, liebenswürdigen Herrn geführt und bietet herrliche Blicke über den See.
Hier kosten die Zimmer in der Nebensaison 300 Rs pro Person und in der Hochsaison 500 Rs pro Person. Dieses Haus wird während des Monsuns allerdings geschlossen.

Ferner steht für Übernachtungen ein Holiday Camp der MTDC (Tel. 6 03 18) mit einer ganzen Anzahl von Zimmern zur Verfügung. Es liegt etwa 2 km vom Zentrum entfernt. Die Bandbreite der Übernachtungsmöglichkeiten reicht hier von Betten im Schlafsaal für jeweils 40 Rs und ganz guten Doppelzimmern für 150 bis 225 Rs bis zu Cottages und Suiten mit drei oder vier Betten für 300 bis 500 Rs. Dorthin kostet eine Taxifahrt von der Bushaltestelle pro Strecke 20 Rs.

Zu den teureren Häusern gehören das Hotel Dreamland (Tel. 6 02 28), das Hotel Regal (Tel. 6 00 01), das Hotel Dina (Tel. 6 02 46) und das Hotel Fredrick (Tel. 6 02 40). In all diesen Hotels berechnet man für ein Zimmer pro Person 1000 bis 1500 Rs (alles inklusive).

ESSEN

Weil zu den meisten Unterkünften jeweils auch ein eigenes Restaurant gehört, findet man im Ort nur wenige weitere Lokale. Im Restaurant Veena im Holiday Resort kann man jedoch gut vegetarisch und nichtvegetarisch essen und zum Essen auch Bier erhalten. Bedient wird man hier von einer ganzen Armee von jungen Kellnern, die immer sehr beflissen sind.

Gutes nichtvegetarisches Essen erhält man auch im Shere Punjab mitten im Hotel Poonam. Nebenan liegt das bei Gästen beliebtere Nukkad. In der Monsunzeit sind dies die beiden einzigen geöffneten Lokale. Fünf Minuten zu Fuß vom Shere Punjab entfernt kommt man am hinteren Ende der gleichen Straße zu den Imperial Stores, in denen man zum Mitnehmen getoastete Sandwiches, Burger und andere kleine Imbisse erhält.

AN- UND WEITERREISE

Mahabaleshwar liegt 117 km südwestlich von Pune und ist über Panchgani zu erreichen. Die nächstgelegene Bahnstation ist Satara Road, gelegen etwa 15 km nordöstlich des Ortes Satara.

Täglich fahren Busse nach Kolhapur (30 Rs, 5 Stunden), Satara (18 Rs, 2 Stunden), Pune (20 Rs, 3¹/2 Stunden) und Panchgani (4 Rs). Daneben wird von der MTDC außer im Monsun täglich ein Luxusbus für die Fahrt von und nach Bombay eingesetzt (Abfahrt in Bombay um 6.30 Uhr und in Mahabaleshwar um 15.00 Uhr). Die Fahrt dauert sieben Stunden und kostet 180 Rs.

Ferner verkehrt ein Luxusbus der MTDC für 150 Rs nach Pune, aber der ist den hohen Preis eigentlich nicht wert.

NAHVERKEHR

In Mahabaleshwar fahren überwiegend Auto-Rikschas, aber ein paar alte Wagen vom Typ Dodge sind als Taxis ebenfalls noch unterwegs. Damit kann man zu den wichtigsten Aussichtspunkten fahren.

DIE UMGEBUNG VON MAHABALESHWAR

PANCHGANI

Panchgani (Fünf Hügel) liegt 19 km östlich von Mahabaleshwar und ist mit 1334 m nur 38 m niedriger als Mahabaleshwar. Panchgani ist ebenfalls ein beliebter Bergerholungsort, wird aber von dem besser bekannten Mahabaleshwar überschattet. Auf dem Weg nach Panchgani kommt man durch Wai, einen Ort, der schon im *Mahabharata* erwähnt wird.

Unterkunft und Essen: Wie in Mahabaleshwar gibt es auch in Panchgani eine ganze Reihe von Hotels. Zu den preiswerteren gehören das Hotel Prospect (Tel. 4 02 63),

das Hotel Western (Tel. 4 02 88) und das Malas Guest House (Tel. 4 03 21). Am teuersten übernachtet man im Hotel Aman (Tel. 4 02 11) mit Zimmern zum Preis von 550 Rs in der Nebensaison und 850 Rs in der Hochsaison. Das Hotel Five Hills (Tel. 4 03 01) hat Einzelzimmer für 350 Rs und Doppelzimmer für 450 Rs sowie das von den Preisen her annehmbare Restaurant Silver Oaks zu bieten, in dem sich ausgezeichnet essen läßt.

FORT PRATAPGARH UND FORT RAJGAD

Das Fort Pratapgarh liegt ungefähr 24 km westlich von Mahabaleshwar und wurde im Jahre 1654 erbaut. Es ist

---

Die Protagonisten von Pratapgarh

Weil die Truppen von Bijapur überlegen waren, lud Shivaji seinen Gegner, den General Afzal Khan, zu einem Treffen ein. Man verabredete, daß beide ohne Waffen kämen, aber beide trauten einander nicht.

Als beide gegenüberstanden, zog Afzal Khan einen Dolch und stach auf Shivaji ein. Aber der schlaue Shivaji trug unter seinem weißen Gewand ein Kettenhemd und hatte, in seiner linken Hand verborgen, *waghnakh* mitgebracht, einen tödlichen Satz von „Tigerklauen". Diese gefährliche Waffe bestand aus einigen Eisenringen, die mit scharfen Metallklauen versehen waren. Shivaji schlitzte seinem Gegner damit den Bauch auf und überwältigte ihn. Heute steht an dieser historischen Stelle ein Grabmal, und über dem Haupt von Khan errichtete man einen Turm. In der Ruine des Forts kann man eine Statue von Shivaji sehen.

eng verknüpft mit einem der bemerkenswertesten Ereignisse im Leben von Shivaji (vgl. Exkurs).
Ein weiteres Fort von Shivaji steht in Rajgad, 80 km nordwestlich von Mahabaleshwar.

Es diente vor dem Tod von Shivaji sechs Jahre lang als Hauptstadt der Marathen. Die MTDC plant, bei dieser Festung eine Unterkunft für Touristen errichten zu lassen.

SATARA

Einwohner: 105 000
Auch in dieser Stadt an der Hauptstraße von Pune nach Belgaum und Goa, aber 15 km von der Eisenbahnstation Satara Road entfernt, befindet sich eine Reihe von Überbleibseln des Marathen-Herrschers Shivaji. In einem Haus unweit vom neuen Palast werden das Schwert des Herrschers, das Gewand, das er bei seinem Kampf mit Afzal Khan trug, sowie die *waghnakh* (Tigerklauen), mit denen er seinen Gegner tötete, aufbewahrt. Das Shivaji-Maharaj-Museum findet man gegenüber vom Busbahnhof.

Im Süden der Stadt steht das Fort von Wasota. Es rühmt sich einer bunten und blutigen Vergangenheit. Zu ihr gehört auch die Einnahme im Jahre 1699 durch die Heerscharen von Aurangzeb.
Lange war Aurangzeb dieser Triumph nicht gegönnt, denn bereits 1705 wurde das Fort mit Hilfe eines Brahmanen zurückerobert. Er täuschte die Verteidiger des Forts, indem er vorgab, Freundschaft schließen zu wollen, und ließ dann eine Truppe von Marathen in das Fort ein.

KOLHAPUR

Einwohner: 458 000
Telefonvorwahl: 0231
Vor langer Zeit war Kolhapur einmal die Hauptstadt eines mächtigen Marathen-Staates. Einer der Maharadschas von Kolhapur starb in Florenz. Seine Leiche wurde dann an den Ufern des Arno verbrannt. Dort ist noch heute sein *chhatri* (Ehrengrabmal) zu sehen. Der letzte Maharadscha, Seine Hoheit Generalmajor Shahaji Chhatrapati II., starb 1983.
Viel Sehenswertes hat die Stadt nicht zu bieten, aber auf der Durchreise kann man sich den Palast ansehen. Der Rankala-See, 5 km vom Bahnhof entfernt, ermöglicht zudem etwas Erholung vom Betrieb in Kolhapur.

PRAKTISCHE HINWEISE
Das Fremdenverkehrsamt der MTDC neben dem Hotel Tourist ist montags bis freitags von 10.00 bis 18.00 Uhr sowie an Samstagen und Sonntagen von 8.30 bis 12.00 Uhr und von 16.00 bis 18.00 Uhr zugänglich.

SEHENSWÜRDIGKEITEN
Palast des Maharadschas: Der „neue" Palast des Maharadschas, fertiggestellt im Jahre 1881, wurde von Charles Mant geplant, der vom indo-sarazenischen Stil der Kolonialarchitektur fasziniert war. Im Palast wurde das Shahaji-Chhatrapati-Museum eingerichtet. Es enthält die absonderlichen und wunderschön herausputzenden Besitztümer des Maharadschas, zum Beispiel seine Kleider, alte Jagdfotos und den Silberspaten, den der Maharadscha 1888 beim ersten Spatenstich zum

Bau der „Kolhapur State Railway" benutzte. Sogar eine Trophäe seines Sohnes, die er bei einer Wildschweinjagd errang, ist zu sehen. Umfangreich ist ferner die Sammlung von Geschützen und Schwertern sowie die Zahl der Aschenbecher und Tische, die aus den Füßen von Tigern und Elefanten hergestellt wurden. Nicht vergessen wird man so schnell auch die Lampenständer aus Straußeneiern.
Für die Öffentlichkeit ist nur ein Teil der Räume zugänglich. Wärter passen zudem auf, daß man nicht unbeaufsichtigt herumschlendert. Der Palast liegt einige Kilometer nördlich der Stadtmitte und ist mit einem gemieteten Fahrrad oder einer Auto-Riksha (5 Rs) zu erreichen. Wenn Sie mit einer Auto-Riksha fahren, müssen Sie darauf achten, daß Sie zum „neuen" Palast gefahren werden, denn sonst landen Sie beim Hotel Shalini Palace am See.

UNTERKUNFT
Die meisten Hotels und Restaurants findet man um einen Platz herum gegenüber der Bushaltestelle. Das ist fünf Minuten zu Fuß vom Zentrum der Stadt und vom Bahnhof entfernt.
Das billigste Quartier ist das Hotel Anand Malhar (Tel. 65 90 91), in dem mit Badbenutzung für ein Einzelzimmer 55 Rs und für ein Doppelzimmer 80 Rs sowie für ein Doppelzimmer mit eigenem Bad 100 Rs berechnet werden. Zu diesem Haus gehört auch ein gutes Restaurant. Ein Hinweisschild auf das Hotel in lateinischer Schrift ist nicht vorhanden, man findet

es aber leicht zwischen den Hotels Sahyadri und Maharaja.

Das Hotel Sahyadri (Tel. 65 09 39) bietet einen ähnlichen Standard, ist aber ein bißchen laut und mit 110 Rs für ein Einzelzimmer sowie 140 Rs für ein Doppelzimmer teurer. Geringfügig besser ist das Hotel Maharaja (Tel. 65 08 29), in dem man in einem Einzelzimmer für 95 Rs und in einem Doppelzimmer für 155 Rs übernachten kann.

Von diesen drei Hotels aus gleich um die Ecke liegt das freundliche und saubere Hotel Girish (Tel. 65 28 46), in dem ganz gute Zimmer mit Fernsehgerät, Telefon und Lautsprechermusik (glücklicherweise mit Schalter zum Abstellen) als Einzelzimmer für 110 und als Doppelzimmer für 130 Rs vermietet werden. Zu diesem Haus gehören ferner ein Restaurant und eine Bar.

Das beste Hotel der Stadt und eine gute Wahl ist das Shalini Palace (Tel. 2 04 01), das in einem großen alten Palast am Rankala-See eingerichtet wurde, 5 km vom Bahnhof und vom Busbahnhof entfernt. Es stammt zwar bereits aus den dreißiger Jahren, strahlt aber immer noch viel Glanz aus. Hier kosten einfache Einzel- und Doppelzimmer 250 bzw. 325 Rs und Zimmer mit Klimaanlage 400 bis 425 Rs bzw. 550 bis 650 Rs. Von den teureren Zimmern hat man auch einen Blick auf den See. Ferner kann man in diesem Haus sein müdes Haupt in der „Maharadscha-Suite" für 1200 Rs zur Ruhe betten.

ESSEN

Die Restaurants sind um den Hauptplatz konzentriert. Dort bietet das Restaurant Subraya gegenüber vom Hotel Sahyadri vegetarische und nichtvegetarische Gerichte aus Nordindien und gute Thalis.

Abends werden in der Straße rechts von der Bushaltestelle (wenn man sie verläßt) Dutzende von Essensständen aufgebaut. Dort erhält man dann hervorragende Omelettes und andere leckere Sachen. Das ist für ein Essen ein preiswertes und interessantes Ziel.

AN- UND WEITERREISE

Bus: Die Bushaltestelle ist nicht besonders chaotisch, aber auch hier ist, wie üblich, kaum etwas in Englisch geschrieben. Für Busse, die in Kolhapur eingesetzt werden, ist es möglich, Fahr- und Platzkarten bereits 24 Stunden vor Abfahrt zu kaufen, und zwar von 8.00 bis 12.00 Uhr und von 14.00 bis 16.30 Uhr.

Busse fahren täglich nach Satara, Bijapur, Mahabaleshwar, Pune, Ratnagiri und Belgaum.

Zug: Der Bahnhof liegt ganz in der Nähe der Innenstadt. Von dort verläuft eine Breitspurstrecke über Miraji nach Pune (8 Stunden Fahrt) und Bombay (13 Stunden Fahrt). Auf dieser Strecke fährt man am besten mit dem täglich verkehrenden *Koyna Express* oder dem Nachtzug *Mahalaxmi Express*. Der *Maharashtra Express* quält sich im Zickzack über 1220 km durch den ganzen Bundesstaat nach Nagpur.

Die Eisenbahnstrecke von Miraj nach Goa sollte, wenn Sie diese Zeilen lesen, bereits auf Breitspur umgestellt sein, so daß auf ihr Zugverbindungen wieder bestehen (die während der Umbauarbeiten eingestellt waren). Wahrscheinlich ist man jedoch schneller auf der neuen Konkan-Linie am Ziel, die entlang der Küste verläuft. Nach dem neuesten Stand kann man sich im Bahnhofsgebäude erkundigen.

DIE UMGEBUNG VON KOLHAPUR

PANHALA

Panhala ist ein nur selten besuchter Bergort auf einer Höhe von 975 m und liegt 18 km nordwestlich von Kolhapur. Zu sehen ist in Panhala ein Fort, das auf eine lange Geschichte zurückblickt. Ursprünglich war das Fort einmal die Hochburg von Raja Bhoj II. (1192). In der Umgebung liegen die Pawala-Höhlen sowie einige buddhistische Höhlentempel.

RATNAGIRII

Ratnagiri, gelegen an der Küste und 135 km von Kolhapur entfernt, ging als der Ort in die Geschichte ein, in dem Thibaw, der letzte König von Burma, von den Briten interniert worden war (1886-1916). Er starb auch in diesem Ort während seiner Gefangenschaft.

SHOLAPUR (SOLARPUR)

Telefonvorwahl: 0217
Diese geschäftige Stadt nördlich von Bijapur (im benachbarten Karnataka) ist ein bedeutendes Industrie- und Handelszentrum. Am bekanntesten ist sie wegen der auf Handwebstühlen hergestellten Erzeugnisse und der Bettlaken mit verwegenen Motiven, genannt Sholapur Chadders, die in der Stadt ebenfalls angefertigt werden. Wenn man etwas Zeit hat, sollte man sich die herrlich ausgeschmückten Büros der Stadtverwaltung und die Festung in der Nähe der Stadtmauer einmal ansehen. Sholapur liegt an der Breitspurstrecke von Bombay nach Hyderabad und Bangalore. Hier kommt man durch auf dem Weg in Richtung Norden von oder auf dem Weg in Richtung Süden nach Bijapur. Abhängig von den Anschlüssen muß man in dieser Stadt möglicherweise einmal übernachten.

UNTERKUNFT UND ESSEN
Übernachten kann man in zwei Unterkünften nur rund 400 m vom Bahnhof entfernt in einer ruhigen Wohngegend, die als Railway Lines bekannt ist. Dort werden im Hotel Rajdhani (Tel. 2 32 95) Einzel- und Doppelzimmer zu Preisen ab 80 bzw. 105 Rs angeboten. Nur ein Stück weiter die Straße hinunter liegt das Hotel Vikram Palace (Tel. 2 89 35) mit Einzelzimmern für 146 Rs und Doppelzimmern für 186 Rs sowie einem nichtvegetarischen Restaurant. Zwischen diesen beiden Quartieren liegt die Bar und das Restaurant mit dem Namen King of Kings. Um in diese Gegend zu gelangen, muß man vom Bahnhof aus nach links abbiegen, dann rund 200 m geradeaus gehen und anschließend nach rechts in eine von Bäumen gesäumte Gasse abbiegen. Wenn man Wert auf mehr Komfort legt, empfiehlt sich das Hotel Pratham mit drei Sternen am South Sadar Bazaar 560/61 (Tel. 2 95 81, Fax 2 87 24), gelegen ca. 1¼ km vom Bahnhof entfernt etwas abseits der Straße nach Bijapur. Das ist mit Doppelzimmern ohne Klimaanlage für 275 Rs und Doppelzimmern mit Klimaanlage für 400 Rs eine ausgezeichnete Wahl. Vermietet werden auch noch teurere Luxuszimmer und Suiten. Zum Hotel gehören ferner eigene vegetarische und nichtvegetarische Restaurants mit sehr leckerem Essen und eine Bar.

DER NORDEN VON MAHARASHTRA

AHMEDNAGAR

Einwohner: 245 000
Telefonvorwahl: 0241
Auch diese Stadt blickt auf eine abwechslungsreiche Geschichte zurück. Sie liegt zwischen Pune (120 km entfernt) und Aurangabad. Hier starb 1707 Aurangzeb im Alter von 97 Jahren. Das mächtige Fort wurde 1550 erbaut. Viele Jahre später wurde Nehru hier von den Briten interniert.

UNTERKUNFT
Zum Übernachten hat man die Wahl zwischen einigen Hotels. Dazu gehören auch das Hotel Natraj an der Aurangabad Road (Tel. 2 65 76) und das Hotel Sanket an der Tilak Road (Tel. 2 87 01) mit Einzelzimmern für 200 Rs und Doppelzimmern für 250 Rs (mit Klimaanlage für 300 bzw. 350 Rs).

NASIK

Einwohner: 795 000
Telefonvorwahl: 0253
Diese interessante Stadt mit ihren 200 Tempeln und malerischen Badestellen (*ghats*) liegt am Godavari, einem der heiligsten Flüsse des Dekkan. Wie Ujjain (im benachbarten Madhya Pradesh) sowie Allahabad und Haridwar (in Uttar Pradesh) ist Nasik Schauplatz der alle drei Jahre stattfindenden Kumbh Mela, einer riesi-

gen Zusammenkunft von Hindus, die in Nasik alle 12 Jahre begangen wird.

Die eigentliche Stadt liegt etwa 12 km nordwestlich des Bahnhofs Nasik Road, der seinerseits 187 km von Bombay entfernt ist.

SEHENSWÜRDIGKEITEN

Tempel und Höhlen: Die Ufer sind von Treppen gesäumt, an deren oberen Enden Tempel und Schreine stehen. Tempel von besonderer Bedeutung findet man jedoch in Nasik kaum. Lediglich der Sundar-Narayan-Tempel im Westen der Stadt ist sehenswert.

Einen Besuch lohnt auch die Sita-Gupta-Höhle. Aus ihr soll dem *Ramayana* zufolge Sita, die Gottheit der Landwirtschaft und Ehefrau von Rama, von dem Dämonengott Ravana zur Insel Lanka entführt worden sein. Unweit der Höhle, die von riesigen Banyan-Bäumen umgeben ist, steht das schmucke Haus der Familie Panchavati. Auch der Kala-Rama-Tempel (Tempel des schwarzen Rama) ist in dieser Gegend zu sehen. Er ist von 96 Bögen umgeben. Weiter stromaufwärts kann man den Kapaleswar-Tempel besichtigen. Er soll der älteste Tempel der Stadt sein.

Kumbh Mela: Alle drei Jahre wird abwechselnd in Allahabad, Nasik, Ujjain und Haridwar die Kumbh Mela begangen. *Kumbh* bedeutet übersetzt „Topf" und steht im Zusammenhang mit der hinduistischen Mythologie, der zufolge vom Nektar der Unsterblichkeit vier Tropfen auf die Erde gefallen sein sollen, in jedem dieser Orte einer. Weitere Einzelheiten über diese außergewöhnliche Wallfahrt lassen sich dem Abschnitt über Allahabad im Kapitel über Uttar Pradesh entnehmen.

UNTERKUNFT UND ESSEN

Außer während der Kumbh Mela besteht in Nasik kein Mangel an Unterkünften. Ein gutes Quartier ist das Hotel Siddhart an der Straße von Nasik nach Pune, etwa 2 km vom Kreisverkehr entfernt (Tel. 6 42 88). Dort muß man für große, gut gepflegte Einzel- und Doppelzimmer 115 bzw. 150 Rs bezahlen, mit Klimaanlage 225 bzw. 250 Rs. Zum Hotel gehört auch ein wenig einladendes Restaurant, allerdings auch eine Rasenflä-

che, auf der man abends bei Kerzenlicht essen oder sich einfach bei einem Bier entspannen kann.

Etwas teurer ist es im Hotel Samrat unweit vom zentralen Busbahnhof an der Old Agra Road (Tel. 7 72 11), in dem Zimmer ohne Klimaanlage für 320 Rs und mit Klimaanlage für 475 Rs angeboten werden. Im Restaurant dieses Hauses werden gute Gujarat-Thalis serviert. Eine Bar ist ebenfalls vorhanden. Das Hotel Green View in der M. I. Trimbak Road 1363 (Tel. 7 22 31) ist etwa 2 km von der Innenstadt entfernt und von einer Gartenanlage umgeben.

Noch teurer übernachtet man im zentral gelegenen Hotel Panchavati in der Vakilwadi 430 (Tel. 7 57 71), in dem man ohne Klimaanlage für ein Einzelzimmer 295 Rs sowie für ein Doppelzimmer 480 Rs und mit Klimaanlage 460 bzw. 660 Rs bezahlen muß. Im Nebengebäude werden aber auch preisgünstigere Zimmer vermietet. Ähnlich sind die Preise im Hotel Wasan's an der Old Agra Road (Tel. 7 02 02). Auch diesen beiden Häusern ist jeweils ein Restaurant angeschlossen.

Vom Hotels Siddharth aus der anderen Straßenseite liegt das nagelneue Restaurants Woodlands. Es sieht teuer aus, aber die Preise sind dennoch durchaus annehmbar. Dort werden die südindischen Gerichte wunderschön angerichtet. Auch die Bedienung läßt keine Wünsche offen. Alkohol wird allerdings nicht ausgeschenkt.

AN- UND WEITERREISE

Zwischen dem Bahnhof Nasik Road und der Stadt pendeln Nahverkehrsbusse und Auto-Rikschas hin und her. Der schnellste Zug nach Bombay VT ist der sehr beliebte *Panchvati Express*, der die Strecke in 3¹/₂ Stunden zurücklegt und um 7.09 Uhr abfährt.

Außerdem verkehren nach Bombay häufig Busse, aber die sind langsamer als der langsamste Zug, weil sie im Verkehrschaos von Bombay aufgehalten werden. Wenn man dennoch mit einem Bus nach Bombay fahren will, sollte man einen der schnelleren Luxusbusse benutzen, die es bis Bombay in 4¹/₂ Stunden schaffen sollten. Ferner werden häufig Busse für Fahrten nach Aurangabad (200 km, 5 Stunden) und Pune (209 km, 5 Stunden) eingesetzt.

DIE UMGEBUNG VON NASIK

PANDU LENA

Etwa 8 km südlich von Nasik, nahe der Straße nach Bombay, befinden sich 24 Höhlen mit Stätten des Hinayana-Buddhismus. Sie stammen aus der Zeit um das 1. Jahrhundert v. Chr. bis zum 2. Jahrhundert n. Chr. Am interessantesten sind die Höhlen Nr. 3, 10, 18

und 20. Höhle Nr. 3 ist eine *vihara* (Kloster) und enthält recht schöne Skulpturen. Höhle Nr. 10 ist ebenfalls eine *vihara* und fast identisch mit Höhle Nr. 3, allerdings viel älter und feiner im Detail. Man nimmt an, daß sie genauso alt ist wie die Höhle von Karla. Auch die Höhle Nr. 18 soll dieses Alter haben, ist aber eine *chaitya*. Sie enthält Skulpturen und eine fein herausgearbeitete Fassade. Höhle Nr. 20 ist wiederum eine große *vihara*.

TRIMBAK

Von seiner Quelle, hoch über Trimbak auf einem steilen Hügel, entspringt der Godavari. Zunächst tröpfelt der Fluß in ein Becken. Von ihm sollen sündenbefreiende Wirkungen ausgehen, wenn man darin badet.

Aus diesem kleinen Rinnsal entsteht im Verlauf von Hunderten von Kilometern der mächtige Godavari, der quer durch Indien bis zum Golf von Bengalen fließt.

AURANGABAD

Einwohner: 650 000
Telefonvorwahl: 02432
Aurangabad hat einiges an Sehenswürdigkeiten zu bieten und wäre durchaus auch allein einen Besuch wert, würde es nicht überschattet durch die berühmten Höhlen von Ellora und Ajanta ganz in der Nähe. Die Stadt trägt ihren Namen nach dem Herrscher Aurangzeb und hieß früher Khadke.

Aurangabad ist die größte Stadt im nördlichen Maharashtra und im Vergleich zu anderen Städten auf dem Dekkan abgesehen von gelegentlichen politischen Versammlungen bemerkenswert wenig überfüllt und ruhig.

ORIENTIERUNG

Der Bahnhof, das Fremdenverkehrsamt sowie einige billige Hotels und Restaurants liegen im Süden der Stadt. Zwischen diesem Stadtteil und dem Zentrum sowie der Altstadt im Norden klafft eine Lücke. Den Busbahnhof findet man 1¹/₂ km weiter nördlich. Nordöstlich davon kommt man in die Altstadt mit immer viel Betrieb, schmalen Straßen und einem deutlich erkennbaren moslemischen Stadtteil. Die Mittelklassehotels haben sich vorwiegend zwischen dem Busbahnhof und dem Bahnhof angesiedelt, während die Luxushotels über die ganze Stadt verstreut liegen.

PRAKTISCHE HINWEISE

Das sehr hilfreiche Büro des staatlichen indischen Fremdenverkehrsamtes (Government of India Tourist Office) in der Station Road West (Tel. 3 12 17) hat eine ganz ordentliche Reihe von Broschüren zu bieten. Außerdem geben sich die Mitarbeiter dort alle Mühe, Fragen zu beantworten. Geöffnet ist es montags bis freitags von 8.30 bis 18.00 Uhr und samstags von 8.30 bis 11.30 Uhr.

Das Fremdenverkehrsamt von Maharashtra (MTDC) im Holiday Resort in der Station Road (East) kann man von 7.00 bis 19.00 Uhr aufsuchen, ist aber nicht so nützlich.

Postlagernde Sendungen werden im Hauptpostamt am Juna Bazaar montags bis samstags von 10.00 bis 17.00 Uhr ausgehändigt.

SEHENSWÜRDIGKEITEN

Bibi-ka-Maqbara: Dieses Taj Mahal des armen Mannes ließ Aurangzebs Sohn 1679 für Aurangzebs Frau Rabia-ud-Darani erbauen. Sehr viel Liebe und Geld hat er augenscheinlich nicht investiert, denn es wirkt im Vergleich zum Taj Mahal nahezu ärmlich und erbärmlich. Wo beim Taj Mahal glänzender Marmor verarbeitet wurde, mußte hier einfache Farbe herhalten. Dennoch ist das Grabmal als Bau ganz interessant und außerdem das einzige Beispiel für Mogul-Architektur auf dem Dekkan-Plateau.

Zu finden ist es im Norden der Stadt. Und wenn Sie genau wissen wollen, wie hoch die Baukosten waren, können Sie dies einer Inschrift über dem Haupteingang entnehmen. Es waren 665 283,70 Rupien. Zugänglich ist die Anlage von etwa 7 bis 22 Uhr (Eintritt 0,50 Rs).

Panchakki: Die Wassermühle hat ihren Namen aus der Zeit, als mit ihr Getreide für die Pilger gemahlen wurde. 1624 begrub man hier auch einen Sufi-Heiligen. Er war der geistige Führer von Aurangzeb. Der wunderschöne Garten mit den unzähligen Wasserbecken, in denen sich viele Fische tummeln, ist ein Denkmal für diesen Mann. Die Anlage ist so kundig geschaffen, daß sie auf Besucher erholsam, kühl und friedlich wirkt, auch wenn einige Besucher meinten, die Anlage sei eigentlich kaum mehr als eine wenig bemerkenswerte Ansammlung von schlammigen Teichen. In der Zeit vor dem Monsun trocknen die Wasserbecken manchmal aus. Der Eintritt kostet eine Rupie.

Höhlen von Aurangabad: Auch wenn sie zu Gunsten der von Ajanta und Ellora leicht übersehen werden, hat auch Aurangabad ein paar Kilometer nördlich des Bibi-ka-Maqbara eine Gruppe von Höhlen zu bieten. Sie wurden um das 6. oder 7. Jahrhundert n. Chr. aus den Hügeln geschlagen. Alle 10 Höhlen sind buddhistischen Ursprungs. Die Höhlen 1-5 gehören zur westlichen Gruppe und die Höhlen 6-10 - etwa 1 km entfernt - zur östlichen Gruppe. Die Höhlen, die noch ein bißchen weiter östlich liegen, können kaum als mehr betrachtet werden, denn als Naturgebilde.

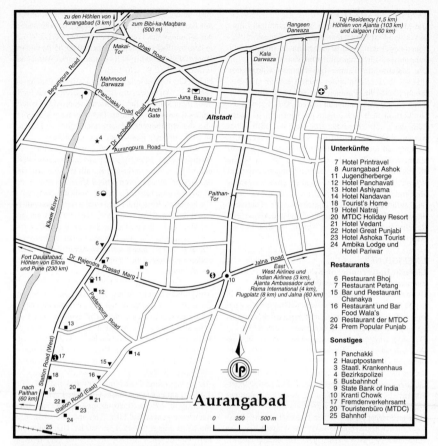

zu den Höhlen von
Aurangabad (3 km)

zum Bibi-ka-Maqbara
(500 m)

Rangeen
Darwaza

Taj Residency (1,5 km)
Höhlen von Ajanta (103 km)
und Jalgaon (160 km)

Makai-
Tor

Ghati Road

Begumpura Road

Mehmood
Darwaza

Panchakki Road

Dr Ambedkar Road

1

2

Juna Bazaar

Anch
Gate

Altstadt

Kala
Darwaza

3

Aurangpura Road

4

Khám River

5

Paithan-
Tor

6

Fort Daulatabad,
Höhlen von Ellora
und Pune (230 km)

Dr Rajendra Prasad Marg

7

8

Jalna Road

9

10

East
West Airlines und
Indian Airlines (3 km),
Ajanta Ambassador und
Rama International (4 km),
Flugplatz (8 km) und Jalna (60 km)

11

12

Padampura Road

13

14

15

16

Station Road (West)

Station Road (East)

17

18

19

20

21

22

23

24

25

nach
Paithan
(60 km)

Aurangabad

0   250   500 m

Unterkünfte

7 Hotel Printravel
8 Aurangabad Ashok
11 Jugendherberge
12 Hotel Panchavati
13 Hotel Ashiyama
14 Hotel Nandavan
18 Tourist's Home
19 Hotel Natraj
20 MTDC Holiday Resort
21 Hotel Vedant
22 Hotel Great Punjabi
23 Hotel Ashoka Tourist
24 Ambika Lodge und
    Hotel Pariwar

Restaurants

6 Restaurant Bhoj
7 Restaurant Petang
15 Bar und Restaurant
    Chanakya
16 Restaurant und Bar
    Food Wala's
20 Restaurant der MTDC
24 Prem Popular Punjab

Sonstiges

1 Panchakki
2 Hauptpostamt
3 Staatl. Krankenhaus
4 Bezirkspolizei
5 Busbahnhof
9 State Bank of India
10 Kranti Chowk
17 Fremdenverkehrsamt
20 Touristenbüro (MTDC)
25 Bahnhof

Westliche Gruppe: Abgesehen von der Höhle Nr. 4 sind alle westlichen Höhlen *viharas*. Höhle 4 dagegen ist eine *chaitya* mit einem gratartigen Dach wie die Höhle in Karla unweit von Lonavla. Davor steht ein jetzt zerfallener Stupa. Die Höhle Nr. 3 ist rechteckig und durch 12 sehr fein bearbeitete Säulen geschmückt. Außerdem findet man darin eine Reihe von Skulpturen, die Szenen aus einer der *Jatakas* darstellen.

Östliche Gruppe: Verhältnismäßig gut erhalten ist die Höhle Nr. 6. Die Frauenskulpturen in ihr zeichnen sich durch die besonders gut ausgearbeiteten Haarknoten aus und sind auch sonst reich verziert. Außerdem kann man sich eine große Buddha-Statue ansehen, und auch Ganesh ist vertreten. Die Höhle Nr. 7 ist die interessanteste der Höhlen von Aurangabad. Dies gilt insbesonde-

re wegen der Figuren und Skulpturen. Die Frauenfiguren fallen wegen der knappen Bekleidung ins Auge, sind aber auch mit viel Schmuck verziert. Links von Höhle Nr. 7 steht eine riesige Darstellung eines Bodhisattva. Er bittet um Erlösung von acht Ängsten, die als Feuer, Schwert des Feindes, Ketten, Schiffswrack, Löwen, Schlangen, verwirrter Elefant und Tod, dargestellt als Dämon, zu sehen sind. Das symbolisiert den Tod.

Vom Bibi-ka-Maqbara kann man entweder zu Fuß bis zu den Höhlen gehen oder zu den östlichen Höhlen mit einer Auto-Riksha fahren. Von der östlichen Gruppe läßt sich dann über die Straße zur Westgruppe und anschließend querfeldein zurück zum Bibi-ka-Maqbara gehen. Wenn Sie mit einer Auto-Riksha fahren, dann vereinbaren Sie vorher den Preis. Dabei müssen Sie sicherstellen, daß darin die Wartezeit enthalten ist.

MAHARASHTRA

AUSFLUGSFAHRTEN

Die Möglichkeiten, Ausflüge nach Ajanta und Ellora sowie zum Fort Daulatabad und zu den Sehenswürdigkeiten von Aurangabad zu unternehmen, sind gut. Alle Fahrten sind allerdings eine reine Hetze. Die Maharashtra Tourist Development Corporation (MTDC) bietet Rundfahrten nach Ajanta an (120 Rs), die um 8.00 Uhr beginnen und um 17.30 Uhr enden. Auch nach Ellora kann man fahren (85 Rs), wobei die Hinfahrt um 9.30 Uhr angetreten wird und die Rückfahrt um 17.30 Uhr endet. Bei der Fahrt nach Ellora werden auch Daulatabad und Sehenswürdigkeiten in Aurangabad (außer den Höhlen) angesteuert, was für einen einzigen Tag viel zu viel ist. Abfahrt ist am Holiday Resort der MTDC. Die Teilnehmer werden auf Wunsch aber auch von den anderen größeren Hotels abgeholt.

Die MSRTC setzt ebenfalls täglich spezielle „Touristenbusse" für Fahrten nach Ellora (43 Rs) und Ajanta (100 Rs) ein. Zu beiden Zielen ist Abfahrt um 8.00 Uhr am Hauptbusbahnhof.

UNTERKUNFT

Einfache Unterkünfte: Im Bahnhof läßt sich in Ruheräumen der Eisenbahn übernachten.

Die meisten billigeren Hotels in Aurangabad liegen in der Nähe des Bahnhofs. Eine weitere Gruppe davon hat sich gegenüber vom Busbahnhof angesiedelt, aber das ist eine sehr laute Gegend und nicht zu empfehlen.

Die ausgezeichnete Jugendherberge liegt auf halbem Weg zwischen dem Busbahnhof und dem Bahnhof (Tel. 2 98 01). Sie bietet 37 Betten in Schlafsälen, in denen man für 27 Rs übernachten kann (Mitglieder eines Jugendherbergsvereins für 17 Rs), und Doppelzimmer für 70 Rs. Vorhanden ist ferner ein Familienzimmer für drei Personen zum Preis von 105 Rs. Das Haus ist ausgesprochen sauber. Heißes und kaltes Wasser sind ebenfalls vorhanden. Auf Wunsch kann im Haus auch gegessen werden. Die Anmeldung ist zwischen 7.00 und 11.00 Uhr sowie zwischen 16.00 und 20.00 Uhr möglich. Geschlossen wird das Haus abends um 22.00 Uhr. Die Leute, die die Jugendherberge führen, sind sehr liebenswürdig.

Eine ganz Reihe von preisgünstigen und einfachen Quartieren mit Doppelzimmern für 50 bis 70 Rs findet man unweit vom Bahnhof. Sie sind vom Standard her alle ähnlich. Dazu gehören die Ambika Lodge (sehr heruntergekommen und die schlimmste Unterkunft von allen), das Hotel Pariwar und das bessere Hotel Ashoka Tourist, in dem Zimmer für 75 bis 100 Rs angeboten werden.

Ein besseres Preis-/Leistungsverhältnis bieten zwei Hotels am westlichen Teilstück der Station Road. Das erste von ihnen ist das Hotel Natraj (Tel. 2 42 60), eine typische indische Pension, geführt von zwei umgänglichen älteren Männern, mit Einzel- und Doppelzimmern mit Bad für 60 bzw. 70 Rs. Einfach, aber sehr sauber und hübsch ist das Tourist Home nebenan (Tel. 2 42 12), in dem mit Bad ein Einzelzimmer 40 bis 65 Rs und ein Doppelzimmer 60 bis 90 Rs kostet. Heißes Wasser aus Eimern ist für 2 Rs erhältlich.

Neben der Jugendherberge liegt das Hotel Panchavati (Tel. 2 52 04), in dem mit Bad Einzelzimmer für 65 Rs und Doppelzimmer für 100 Rs sowie am Morgen auch heißes Wasser zu haben sind. Das Haus ist zwar einfach, aber die Mitarbeiter sind ganz umgänglich und betreuen auch ein gutes Restaurant sowie eine Bar.

Schon etwas teurer ist das Hotel Printravel südlich vom Busbahnhof (Tel. 2 97 07) mit Einzelzimmern für 90 Rs und Doppelzimmern für 160 Rs, alle mit eigenem Bad und heißem Wasser (von 6 bis 9 Uhr). Zu einigen der Zimmer gehören auch Terrassen. Auch diesem Haus ist ein beliebtes Restaurant angeschlossen. Ganz gut ist ferner das neue Hotel Ashiyama (Tel. 2 93 22), gelegen ein kleines Stück abseits der Station Road (West), in dem saubere Einzel- und Doppelzimmer zu Preisen ab 100 bzw. 150 Rs angeboten werden. Zu allen Zimmern gehört ein eigenes Bad mit ständig verfügbarem heißem Wasser.

Mittelklassehotels: Wenn man entlang der Station Road (East) in Richtung Norden geht, kommt man zu mehreren recht guten Hotels. Das erste davon ist das neue Hotel Great Punjabi (Tel. 2 55 98), ein riesiges Haus mit einem Reisebüroschalter und Zimmerservice (aber keinem Restaurant). Hier kosten Einzelzimmer 175 Rs und Doppelzimmer 200 Rs (mit Klimaanlage 300 bzw. 350 Rs).

Als nächstes folgt das Holiday Resort der MTDC (Tel. 3 42 59) auf einem schattigen Grundstück mit Vierbettzimmern für 175 Rs (Badbenutzung) sowie Doppelzimmern mit eigenem Bad für 175 Rs und Doppelzimmern mit Klimaanlage und Bad für 350 Rs. Hier erhält man auf Wunsch auch Moskitonetze. Eine sehr hübsche Gartenanlage sowie ein Restaurant und eine Bar sind ebenfalls vorhanden.

Schließlich kommt man zum Hotel Nandavan (Tel. 2 33 11), gelegen etwa einen Kilometer vom Bahnhof entfernt, das mit Einzelzimmern für 137 Rs und Doppelzimmer für 176 Rs (mit eigenem Bad und heißem Wasser) eine sehr gute Wahl ist. Zu diesem Haus gehören auch ein Terrassenrestaurant und eine Bar.

Luxushotels: Das „preiswerteste" in dieser Kategorie ist das Aurangabad Ashok mit zwei Sternen in der Dr. Rajendra Prasad Marg (Tel. 2 05 20, Fax 31 33 28), in dem mit Klimaanlage Einzelzimmer für 800 Rs sowie Doppelzimmer für 1100 Rs vermietet werden. Das Haus ist keine schlechte Wahl und bietet die üblichen Annehmlichkeiten wie ein Schwimmbecken, ein Restaurant (indische und westliche Küche), eine Bar und die Möglichkeit, Geld zu wechseln.

Ebenfalls im Herzen der Stadt liegt das neue Quality Inn (Hotel Vedant) in der östlichen Stadion Road (Tel. 3 38 44). Dieses moderne, mehrstöckige Hotel wartet mit zwei Restaurants, einer Bar und einem Swimming Pool auf. Mit Frühstück werden hier für ein Einzelzimmer 1195 Rs und für ein Doppelzimmer 1400 Rs berechnet.

Draußen, unweit vom Flugplatz in Chikal Thana, liegen zwei Fünf-Sterne-Hotels, nämlich das Ambassador Ajanta (Tel. 8 22 11, Fax 8 43 67) und das Welcomgroup Rama International (Tel. 8 44 41, Fax 8 34 68). Beide bieten all die Annehmlichkeiten, die man in einem Hotel dieser Kategorie erwartet, darunter Schwimmbecken, Bar, Restaurant und Einkaufsstraße. Das Ajanta Ambassador ist mit Einzelzimmern ab 1200 Rs und Doppelzimmern ab 1800 Rs das preiswertere der beiden.

Noch besser als diese beiden, insbesondere vom Preis-/Leistungsverhältnis her, ist das strahlende neue Taj Residency (Tel. 2 04 11), gelegen ein paar Kilometer von der Innenstadt entfernt an der Straße nach Ajanta. Das Hotel zieht sich um eine makellose Gartenanlage und einem Swimming Pool herum und hat einen Eingang fast so groß wie beim Taj Mahal zu bieten. Hier beginnen die Preise für gut eingerichtete Einzel- und Doppelzimmer bei 1195 bzw. 1550 Rs.

ESSEN

Es gibt in der Station Road (Ostteil), unweit des Bahnhofs, eine Reihe von einfachsten Restaurants. Keines davon hebt sich besonders hervor, aber das Essen ist im allgemeinen in Ordnung und billig. Das Prem Popular Punjab gegenüber vom Hotel Great Punjabi muß den Rekord an Schaltern auf der Tafel über der Kasse halten.

Teurer, jedoch ausgezeichnet, ißt man vegetarisch im Restaurant Bhoj an der Dr. Ambedkar Road, einem beliebten Lokal im 2. Stock, in dem die südindischen Gerichte sehr lecker schmecken. Im nahegelegenen Restaurant Petang des Hotels Printravel erhält man hervorragendes Thali für 28 Rs. Hinunterspülen kann man es mit einem „milden" Bier (hier ist nichts „stark"). Geöffnet ist immer bis spät am Abend.

Zum Holiday Resort der MTDC gehört auch eine Gartenanlage, in der man gut ein Bier trinken kann. Das Essen ist jedoch nur durchschnittlich. Weiter die Station Road (West) hinauf stößt man auf ein Lokal mit dem Namen Restaurant & Bar Food Wala's Tandoori. Es bietet, was der Name verspricht. Die Gerichte sind hier zwar ganz sicher etwas teurer, als man erwarten könnte, aber das Lokal eignet sich gut, um sich einmal ein wenig in Unkosten zu stürzen und ausgiebig zu tafeln. Noch ein Stück weiter liegt ein anderes Tandoori-

Restaurant für einen Gaumenschmaus, das Restaurant & Bar Chalukya.

AN- UND WEITERREISE

Die Höhlen von Ajanta und Ellora liegen abseits der Bahnlinien. Zu erreichen sind diese beiden Sehenswürdigkeiten entweder von Aurangabad (Ellora 30 km, Ajanta 106 km) oder von Jalgaon (Ajanta 60 km). Jalgaon liegt an der Hauptstrecke mit Breitspur von Bombay nach Allahabad, Aurangabad jedoch nicht. Aurangabad ist dennoch in Direktzügen von Bombay und Hyderabad aus zu erreichen.

Flug: Der Flugplatz liegt ca. 10 km östlich der Stadt an der Straße nach Jalna. Auf dem Weg dorthin kommt man am Büro von Indian Airlines (Tel. 2 48 64) und fast gegenüber am Büro von East West Airlines (Tel. 2 99 00) vorbei.

Indian Airlines fliegt täglich außer montags nach Bombay (34 US $) und dann weiter nach Udaipur (63 US $), Jaipur (79 US $) sowie Delhi (99 US $). Diese Verbindung kann Tage im voraus ausgebucht sein. Mit East West Airlines kommt man täglich nach Bombay (34 US $).

Bus: Verbindungen mit normalen Bussen der MSRTC bestehen zwischen Aurangabad und Pune (100 Rs, 6 Stunden, 225 km) sowie Nasik (5 Stunden), Indore und Bombay (über Mammad 388 km und über Pune 400 km). MSRTC und MTDC setzen außerdem nachts Luxusbusse für Fahrten nach Bombay ein (165 Rs, 12 Stunden).

Zu den Höhlen von Ellora und Ajanta: Wem man nicht an einer Ausflugsfahrt von Aurangabad nach Ajanta teilnimmt, wird man es wahrscheinlich als bequemer ansehen, in Ajanta zu übernachten.

Nahverkehrsbusse verkehren nach Ellora (8 Rs, alle halbe Stunde), Ajanta (30 Rs, 2½ Stunden) und Jalgaon (43 Rs, 4½ Stunden).

Nicht alle Busse von Aurangabad nach Jalgaon fahren bis zum Ende der Abzweigung, an der die Höhlen von Ajanta liegen. Daher muß man, wenn man zu den Höhlen und nicht nur bis Fardapur (dem nächstgelegenen Dorf an der Hauptstraße) will, darauf achten, ob man in den richtigen Bus einsteigt. Sonst bleibt nichts anderes, als die 4 km von der Abzweigung bis zu den Höhlen zu Fuß zu gehen.

Zug: Aurangabad liegt an keiner Haupteisenbahnstrecke und wird von Zügen nur sporadisch bedient. Es verkehren aber zwei Direktzüge täglich von und nach Bombay (375 km), die jedoch meistens stark überfüllt sind. Der *Tapovan Express* (Zug 7518) fährt in Aurangabad nach Bombay um 15.20 Uhr ab (2. Klasse 88 Rs und 1. Klasse 199 Rs), kommt auf dem Bahnhof Bombay VT aber erst um 23.00 Uhr an. Der Nachtzug *Devagiri Express* (Zug 1004) beginnt seine Fahrt in Aurangabad um 19.25 Uhr und beendet sie in Bombay um 5.00 Uhr. Damit kostet eine Fahrt in der 2. Klasse 140 Rs und in der 1. Klasse 430 Rs. In Gegenrichtung verläßt der gleiche Zug Bombay um 22.30 Uhr und erreicht Aurangabad um 7.00 Uhr.

Statt dessen kann man auch mit einem Bus oder Nahverkehrszug bis zur nächstgelegenen Station an der Hauptstrecke in Mammud fahren, 113 km nördlich von Aurangabad. Von dort kommt man weit häufiger mit Zügen nach Bombay.

Wenn man von Bombay direkt zu den Höhlen von Ajanta fahren will, nimmt man am besten einen Schnellzug nach Jalgaon und von dort einen Bus zu den Höhlen. Das ist allerdings eine ganz schön strapaziöse Tagestour (vgl. Abschnitt über Jalgaon).

Zur Fahrt nach Hyderabad (Secunderabad) kann man den *Devagiri Express* benutzen, der Aurangabad um 7.20 Uhr verläßt. Die Fahr bis zum Ziel dauert 14 Stunden und kostet in der 2. Klasse 124 Rs sowie in der 1. Klasse 624 Rs.

NAHVERKEHR

Die Fahrer der Auto-Rikschas in Aurangabad stellen fast immer den Taxameter an, so daß es keine Schwierigkeiten mit dem zu zahlenden Preis geben sollte. Ein Fahrrad läßt sich an den Ständen unweit des Busbahnhofs mieten. Weil die Stadt weder besonders hügelig noch besonders verkehrsreich ist, kommt man damit recht gut herum.

DAULATABAD

Auf halbem Weg zwischen Aurangabad (13 km) und den Höhlen von Ellora liegt auf einem Hügel das prächtige Fort von Daulatabad, das von einer 5 km langen, massiven Mauer umgeben ist, während die eigentliche Bastion auf der 200 m hohen Hügelspitze errichtet wurde, ursprünglich bekannt als Devagiri (Hügel der Götter). Im 14. Jahrhundert wurde der Hügel von Muhammad Tughlaq in Daulatabad (Stadt des Glücks) umbenannt. Der etwas wankelmütige Sultan von Delhi hatte nicht nur den Plan, hier eine neue Hauptstadt zu bauen, sondern er wollte auch die gesamte Bevölkerung von Delhi in den 1100 km entfernten neuen Regierungssitz umsiedeln. Diesen unsinnigen Plan verwirklichte er auch. Aber viele seiner unglücklichen Untertanen brachen auf dem ihnen aufgezwungenen Marsch zusammen. 17 Jahre später sah er ein, das dies eine Fehlplanung war, und ließ die Menschen wieder die vielen Kilometer nach Delhi zurückwandern. Übrig blieb nur das Fort.

Den Weg hoch zum Fort sollten Sie auf sich nehmen, denn Sie haben dort einen herrlichen Blick in die Umgebung. Langweilig wird der Weg ohnehin nicht, weil Sie unterwegs an den unterschiedlichsten Sicherheitsvorkehrungen vorbeikommen, die damals getroffen wurden. Dazu gehören einige Tore und mit Zacken versehene Türen, die deshalb errichtet wurden, damit Elefanten diese nicht durchschreiten konnten. Erhaben streckt sich 60 m hoch der Siegesturm (Chand Minar) empor. Er wurde 1435 gebaut und wird nur noch von dem um 5 m höheren Qutab Minar in Delhi übertroffen. Damit ist er der zweithöchste Siegesturm von Indien. An der anderen Eingangsseite steht eine Moschee, die aus den Überresten eines Jain-Tempels erbaut wurde.

Weiter oben kommt man zu dem mit blauen Fliesen verkleideten Chini-Mahal-Palast. In ihm wurde der letzte König von Golconda die letzten 13 Jahre seines Lebens gefangengehalten. Wenn Sie den Mittelteil des Forts erklommen haben, können Sie eine riesige Kanone, gegossen aus 5 verschiedenen Metallen, sehen, in die Aurangzebs Namenszug eingraviert ist. Den letzten Abschnitt des Aufstiegs müssen Sie durch einen dunklen, spiralförmigen Tunnel zurücklegen. Durch ihn schütteten die Verteidiger des Forts eventuellen Angreifern glühende Kohlen entgegen. Natürlich werden Sie von dem Führer die Geschichte zu hören bekommen, daß dieses Fort trotz aller Sicherheitsvorkehrungen einmal erobert wurde, nämlich indem die Wachen bestochen wurden.

Wenn man an einer der Ausflugsfahrten der MTDC nach Daulatabad und Ellora teilnimmt, hat man nicht genug Zeit, den Hügel zu erklimmen.

RAUZA

Diese Stadt nennt man auch Khuldabad (Wohnsitz des Himmels). Sie liegt nur 3 km von Ellora entfernt und gilt für die auf dem Dekkan-Plateau lebenden Moslems als Karbala, der heilige Schrein. Viele Persönlichkeiten, die Geschichte machten, liegen hier begraben, unter anderem Aurangzeb, der letzte mächtige Mogulkaiser. Er ließ auch die befestigte Mauer um die Stadt errichten, die damals ein wichtiges Zentrum war. Heute ist von diesem Glanz nichts mehr erhalten. Der Ort ist nichts anderes als ein verschlafenes kleines Dorf.

Ein prunkvolles Grab des so mächtigen Kaisers sucht man allerdings vergeblich. Er ist unter einem einfachen Erdhügel im Innenhof des Alamgir Dargarh, mitten in der Stadt, begraben. Daß Aurangzeb kein teures Mausoleum bekam, hat seinen Grund. Er selbst legte nämlich aufgrund seiner übergroßen Sparsamkeit fest, daß nur das Geld für den Bau eines solchen Grabmals ausgegeben werden dürfe, das er sich selbst durch Abschreiben des Korans verdient hatte. Im Gebäude wird ein Kleidungsstück aufbewahrt, von dem man sagt, der Prophet Mohammed habe es getragen. Es wird den Gläubigen aber nur einmal im Jahr gezeigt. Dem Alamgir Dargarh gegenüber steht ein weiterer Schrein. In ihm sollen Barthaare des Propheten und reine Silberklumpen enthalten sein. Diese stammen, glaubt man der Überlieferung, von einem Baum aus reinem Silber, der nach dem Tod des Propheten auf wunderbare Weise wuchs.

DIE HÖHLEN VON ELLORA

Die Höhlen von Ellora liegen etwa 30 km von Aurangabad entfernt. Sind die Höhlen von Ajanta berühmt wegen der Malereien, so sind es bei diesen Höhlen die Skulpturen, die bei Besuchern Bewunderung hervorrufen. Das Meisterstück ist der Kailasa-Tempel (Höhle 16), in dem jedes Jahr im März drei Tage lang das Tanz- und Musikfest von Ellora stattfindet.

Die Höhlen von Ellora wurden erst gebaut, als die Höhlen von Ajanta bereits fertig waren. Man nimmt an, daß die Erbauer der Höhlen von Ajanta plötzlich ihre Arbeitsstelle verließen und nach Ellora kamen. Aber die Höhlen hier sind nicht alle buddhistischen Ursprungs wie die in Ajanta. Buddhistisch sind nur die ersten Höhlenbauten. Da der Buddhismus zu diesem Zeitpunkt schon an Bedeutung verlor, fügte man hinduistische und danach auch noch jainistische Höhlen hinzu.

Alles in allem gibt es in Ellora 34 Höhlen: 12 buddhistische, 17 hinduistische und 5 jainistische. Alle Tempel sind numeriert. Es liegen aber nicht alle Höhlen einer Religion zusammen. Man hat sie auch nicht in chronologischer Folge durchnumeriert. Es wird vermutet, daß mit dem Bau der hinduistischen Höhlen bereits begonnen wurde, als der Bau der buddhistischen Höhlen noch nicht abgeschlossen war. Grob schätzt man, daß die buddhistischen Höhlen aus der Zeit 600-800 n. Chr. und die hinduistischen Höhlen aus der Zeit um 900 n. Chr. stammen. Die Jain-Höhlen dagegen sollen um 800 n. Chr. begonnen und etwa um 1000 n. Chr. beendet worden sein.

Die Höhlen grub man in einen Berg, der in Nord-Süd-Richtung verläuft. Er fällt eher sanft in das Gelände ab und nicht so steil wie in Ajanta. Deshalb war es auch möglich, den Höhlen kunstvolle Vorhallen zu geben, durch die man zu den Heiligtümern im Innern gelangt. Die Höhlen erstrecken sich von Nummer 1 im Süden bis Nummer 34 im Norden über 2 km. Der Eintritt ist bis auf Höhle 16 frei, wofür 0,50 Rs zuzüglich 25 Rs für eine Film- oder Videokamera zu entrichten sind.

BUDDHISTISCHE HÖHLEN

Außer der Höhle Nr. 10 sind alle buddhistischen Höhlen *viharas* (Klöster), aber keine *chaityas* (Tempel). Architektonisch sind sie längst nicht so interessant wie die hinduistischen Höhlen. Lediglich die beiden Höhlen 11 und 12 erwecken den Anschein, als hätte man doch ein wenig auf die hinduistischen Höhlen geschaut. Sie stammen alle aus der Zeit des Verfalls der buddhistischen Religion in Indien.

Höhlen 1-4: Diese vier Höhlen wurden als Klöster genutzt. Höhle Nr. 2 mit den schönen Säulen enthält auch Buddha-Figuren. Die Höhlen Nr. 3 und 4 stammen aus einer früheren Zeit, sind daher einfacher und auch weniger gut erhalten.

Höhle 5: Das ist die größte Klosterhöhle. Die Steinbänke könnten darauf hinweisen, daß sie als Versammlungs- oder Eßraum diente.

Höhlen 6-8: Im Heiligtum der Höhle 6 kann man eine sitzende Buddha-Figur sehen. Rätselhaft aber ist, daß es auch eine stehende Figur in diesem reich ausgeschmückten Klosterbau gibt. Man vermutet, daß es entweder die hinduistische Gottheit der Weisheit, Saraswati, oder ihr buddhistisches Pendant, Mahamayuri, ist. Die Höhlen 7 und 8 sind nicht sonderlich interessant.

Höhle 10: Die Viswakarma (Höhle der Zimmerleute) ist die einzige Tempelhöhle der buddhistischen Gruppe. Ihren Namen bekam diese Höhle, weil in der Decke ausgearbeitete Balken sitzen, die aber nur Imitationen von Holzbalken sein sollen. Man betritt den Tempel über Treppen, die zu einem Innenhof führen. Von dort führen weitere Stufen zum Haupttempel. Sehr schön gearbeitet ist das hufförmige Fenster, durch das Licht auf die große sitzende Buddha-Figur vor einem 9 m hohen Stupa fällt.

Höhle 11: Auch diese Do-Thal-(zweistöckige) Höhle betritt man durch einen Innenhof. Kurios ist, daß diese Höhle eigentlich aus drei Stockwerken besteht, aber weil man den 3. Stock erst 1876 entdeckte, blieb es bei der alten Bezeichnung. Der mittlere Stock wurde nie fertiggestellt.

Höhle 12: Die Tin-Thal-(dreistöckige) Höhle betritt man über einen Vorhof. In der Höhle sitzen neben einer riesigen Buddha-Figur noch weitere Figuren. Die Wände sind mit Reliefs bedeckt, genau wie hinduistische Höhlen.

HINDUISTISCHE HÖHLEN

Die hinduistischen Höhlen zählen zu den beeindrukkendsten und schönsten Höhlen von Ellora. Was Größe, Ausstattung und Ausstrahlung angeht, übertreffen sie die buddhistischen und jainistischen Höhlen. Lösen die buddhistischen Höhlen innere Einkehr aus, dann ist in den hinduistischen Höhlen alles voll dynamischer Energie. So ist allein die Größe des Kailasa-Tempels überragend. Er ist zweimal so groß wie das Parthenon in Athen und 1¹/₂ mal so hoch! Dabei ist noch zu berücksichtigen, daß alles aus massivem Felsmaterial gehauen wurde. Nach Schätzungen mußten dabei 200 000 Tonnen Fels bewegt werden. Das ist ohne Zweifel ein Weltwunder.

Alle Tempel wurden von oben nach unten geschaffen. Auf diese Weise umging man die Notwendigkeit, ein Baugerüst aufstellen zu müssen. Die Arbeiter begannen beim Dach und gruben sowie hämmerten sich schließlich bis zum Fußboden durch. Es ist angebracht, einmal darüber nachzudenken, welche Genauigkeit und überaus große Geschicklichkeit erforderlich waren, dies alles vom ersten Schlag an zu bedenken. Kein Stück einer Säule oder eines Paneels konnte bei einem möglichen Mißgeschick mehr ersetzt werden.

Höhle 14: Die erste hinduistische Höhle (Höhle 13) ist nicht bedeutsam. Dafür ist aber Höhle 14 beispielgebend für alle anderen hinduistischen Höhlen. Wie alle anderen auch ist sie Shiva geweiht. Diese Gottheit erscheint denn auch in vielen Paneelen und Skulpturen. Man sieht Shiva, wie er den Tandava tanzt, den Siegestanz über den Dämonen Mahisa, mit seiner Frau Parvati Schach spielt oder den Büffeldämonen im Kampf besiegt. Parvati erscheint auch als Durga, während Vishnu als Varaha auftaucht, seiner Inkarnation als Eber. Fer-

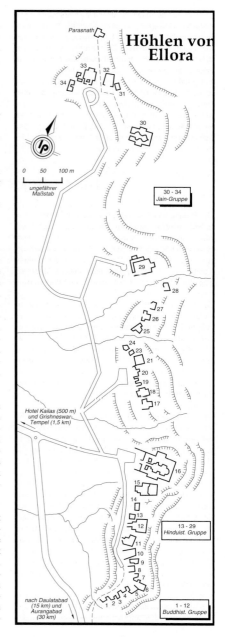

Höhlen vor Ellora

0   50   100 m

ungefährer Maßstab

30 - 34 Jain-Gruppe

Hotel Kailas (500 m) und Grishneswar-Tempel (1,5 km)

13 - 29 Hinduist. Gruppe

nach Daulatabad (15 km) und Aurangabad (30 km)

1 - 12 Buddhist. Gruppe

ner sind sieben Muttergottheiten und Ravana zu erkennen, wie er den Versuch unternimmt, den Kailasa zu schütteln.

Höhle 15: Die Avatara-Höhle gehört zu den schönsten von Ellora. Zu erreichen ist dieser zweistöckige Tempelbau über eine Treppenanlage. Innen finden Sie ein modernes Abbild von Shivas Gefährt, dem Bullen Nandi. Auch hier sind die üblichen Szenen dargestellt, sogar Shiva selbst. Vishnu wird ebenfalls auf einer fünfköpfigen Schlange gezeigt und wie er einen Elefanten vor einem Krokodil rettet. Er erscheint auch als Narsimha (halb Mann, halb Löwe), während Shiva sich aus einem symbolischen *lingam* erhebt. In einem anderen Paneel sieht man die Hochzeit von Shiva mit Parvati.

Höhle 16: Der mächtige Kailasa-Tempel ist das Paradestück indischer Felsentempel-Architektur. Kailasa ist Shivas Wohnort im Himalaja. Daher soll dieser Tempel eine bildhafte Darstellung dieses Berges sein. Zum Tempel gehört ein Vorhof, der 81 m lang, 47 m breit und im rückwärtigen Teil 33 m hoch ist. Hoch erhebt sich dann der Haupttempel. Er ist mit den umliegenden Räumen durch eine Brücke verbunden. Um den inneren Teil verlaufen Galerien, und im vorderen Tempelteil stehen zwei große Steinelefanten. Zwei „Fahnenstangen" aus Stein kann man vor dem Nandi-Pavillon sehen. Sie stehen gegenüber vom Schrein.

Wie in den anderen beiden Höhlen sind unzählige, sehr feine Paneele zu sehen. Am dramatischsten ist wohl die Darstellung von Ravana, wie er den Berg Kailasa schüttelt. Im *Ramayana* wird beschrieben, wie der Dämonenkönig Ravana mit seiner Kraft protzt, indem er Shivas Bergheimat, den Berg Kailasa, mühelos anhebt. Aber davon völlig unbeeindruckt tippt der überlegene Shiva einfach mit einer Zehenspitze auf den Berg, drückt ihn nieder und verweist damit den Emporkömmling Ravana in seine Grenzen. Auch Vishnu erscheint an einer Galerie als Narsimha, und zwar, wie er den Dämonen besiegt, den kein Mensch töten konnte. Aus diesem Grund schlüpfte er in die Rolle einer Kreatur, die zur Hälfte Mensch und zur Hälfte ein Löwe ist.

Weitere Höhlen: Nach dem Erlebnis, die Kailasa-Höhle gesehen zu haben, verblassen alle anderen. Dennoch sind einige einen Blick wert, z. B. Höhle 21, die Rameswara. Sie enthält einige Szenen, die auch in anderen Tempeln zu sehen sind. Dargestellt wird, wie Shiva seine Parvati heiratet und ein Würfelspiel mit ihr spielt. Auch die Göttinnen Ganga und Yamuna tauchen auf. Vor allem ist jedoch die Figur der Ganga auf ihrem Krokodil (Makara) sehenswert.

Ähnlich wie die Höhle von Elephanta bei Bombay ist die sehr große Höhle 29, die Dumar Lena. Sie könnte eine Nachbildung sein, weil die Arbeiter und Konstruk-

teure abwanderten und nach den einfachen Felsentempeln nun zu den weitaus prunkvolleren Tempeln wie den Kailasa-Tempel übergingen.

JAINISTISCHE HÖHLEN

Die Jain-Tempel bilden den Abschluß der Felsentempelbauten von Ellora. Ihnen fehlt aber die kunstvolle Gestaltung der hinduistischen Höhlen. Sie sind auch nicht so groß. Was sie aber auszeichnet, ist die Liebe zum Detail. Insgesamt gibt es nur fünf Jain-Höhlen, die einen Kilometer nördlich des letzten hinduistischen Tempels (Höhle 25) am Ende der Teerstraße liegen.

Höhle 30: Der Chota Kailasa (kleine Kailasa) ist nur eine schlechte Imitation des mächtigen Kailasa-Tempels und wurde auch nie fertiggestellt. Er steht etwas abseits von den anderen jainistischen Tempeln, die alle beieinander liegen.

Höhle 32: Die Indra Sabha (Versammlungshalle der Indra) ist der schönste der Jain-Tempel. Der Grundriß des Erdgeschosses ähnelt dem des Kailasa-Tempels. Das Obergeschoß, über eine Treppe zu erreichen, ist - ganz im Gegensatz zum völlig einfach gehaltenen Untergeschoß - reich geschmückt. Abgebildet sind die Jain-*Tirthankars* Parasnath und Gomatesvara, letzterer umgeben von Fauna und Flora. Im Heiligtum findet man eine Abbildung des sitzenden Mahavira. Er ist der 24. und letzte *tirthankar* und Gründer der Jain-Religion. An der Decke dieses Tempels sind noch Reste früherer Malereien zu sehen.

Weitere Höhlen: Höhle 31 ist in Wirklichkeit eine Fortsetzung der Höhle 32. Höhle 33, die Jagannath Sabha, ähnelt im Grundriß der Höhle 32 und enthält einige gut erhaltene Skulpturen. Hoch über den Jain-Tempeln erhebt sich auf der Spitze eines Hügels die 5 m hohe Statue von Parasnath und überblickt Ellora. Die Einfriedung wurde erst vor einigen hundert Jahren gebaut.

GRISHNESHWAR

Nahe bei den Höhlen von Ellora steht in dem Ort Verul ein Shiva-Tempel aus dem 18. Jahrhundert. Er enthält einen der 12 *jyoti lingams* (wichtige Schreine zu Ehren von Shiva) in Indien und ist daher für Hindus ein wichtiges Pilgerziel.

UNTERKUNFT UND ESSEN

Die einzige Unterkunft in Ellora ist das sehr hübsche Hotel Kailas unweit der Höhlen (Tel. 02347/4 10 63), in dem eine große Bandbreite an Zimmern angeboten wird. Die Preise für ansprechende Zimmer mit Bad in einzelnen Cottages reichen von 300 bis 700 Rs, wobei die teureren Zimmer mit Klimaanlage ausgestattet sind und man von ihnen Ausblick auf die Höhlen hat. Daneben gibt es auch noch einen preisgünstigeren Teil, genannt Natraj, der im Grunde genommen nicht mehr als ein Block mit vier einfachen Doppelzimmern darstellt. Alle diese Zimmer enthalten einen Ventilator und ein Bad und werden jeweils für 100 Rs vermietet. Zum Hotel gehört auch ein Restaurant mit indischen und chinesischen Gerichten in der Preisklasse zwischen 25 und 50 Rs. Das ist billiger als im nahegelegenen Restaurant der MTDC, das sich vorwiegend auf Reisegruppen eingestellt hat. Daneben findet man an der Straße ein paar kleine Essensstände wie das Milan und das Modern.

AN- UND WEITERREISE

Einzelheiten über die Verkehrsverbindungen sind im Abschnitt über Aurangabad enthalten.

DIE HÖHLEN VON AJANTA

Die buddhistischen Höhlen von Ajanta sind älter als die von Ellora. Wer die Höhlen in der Reihenfolge ihres Entstehens anschauen möchte, sollte hier beginnen. Die Höhlen von Ellora sind von Aurangabad aus bequem in einem Tag zu erreichen. In Ajanta dagegen übernachtet man besser. Sind in Ellora vorwiegend die Skulpturen sehenswert, so sind es in Ajanta die meisterhaften Malereien.

Die Höhlen von Ajanta wurden, als sie nach dem Abzug der Handwerker einfach aufgegeben wurden, schlicht und einfach vergessen. Ihre Wiederentdeckung ist um so aufregender. Denn 1819 stolperte eine britische Jagdgesellschaft geradezu über diese Höhlen, deren Schönheit dann schnell enthüllt wurde. Ihre jahrhundertelange Isolation trug viel dazu bei, daß einige der Malereien bis zum heutigen Tage erhalten blieben. Die 29 Höhlen wurden in einen Felsen gegraben, der steil in eine Schlucht des Flusses Waghore abfällt. Einen herrlichen Blick auf die Höhlen kann man von der gegenüberliegenden Seite der Schlucht werfen. Die Höhlen stammen aus den Jahren 200 v. Chr. - 650 n. Chr. Sie sind jedoch nicht in zeitlicher Reihenfolge nebeneinander angelegt, sondern die älteren Höhlen befinden sich in der Mitte und die neuen an den beiden Enden.

In fünf dieser Höhlen sind chaityas (Tempel) errichtet worden, während in den anderen 24 viharas (Klöster) entstanden. Die Höhlen 8, 9, 10, 12 und 13 sind ältere Hinayana-Höhlen, die restlichen Mahayana-Höhlen. In der einfachen, aber strengeren Hinayana-Schule wurde Buddha nie persönlich dargestellt, sondern immer nur durch Symbole (Fußabdruck oder Gesetzesrad).

Obwohl insbesondere die Malereien in Ajanta bemerkenswert sind, kann man sich hier auch viele interessante Skulpturen ansehen. Leider sind viele der Höhlen recht dunkel, so daß ohne Beleuchtung nicht viel zu sehen ist. Daher lohnt sich der Kauf einer besonderen Karte für die Beleuchtung der Höhlen. Die wird dann durch einen Wärter in Betrieb gesetzt. Man kann auch versuchen, sich einer Reisegruppe mit Führer anzuschließen. Aber meistens werden die Eingangstüren wieder geschlossen, sobald eine Reisegruppe in einer Höhle ist.

Die Höhlen sind täglich von 9.00 bis 17.30 Uhr zugänglich (Eintritt 0,50 Rs). Für die Beleuchtung der Höhlen werden weitere 5 Rs verlangt.

Meiden Sie einen Besuch der Höhlen an Wochenenden oder Feiertagen. An diesen Tagen scheint Ajanta die Hälfte aller Inder anzuziehen und verwandelt sich geradezu in ein Irrenhaus. Die Hauptverkehrszeit in Kalkutta ist dann nichts im Vergleich zu den Verhältnissen hier! Dann herrscht kaum die besinnliche Stimmung, die die Mönche und Erbauer vor Augen hatten.

Höhle 1: Diese *vihara* gehört zu den jüngsten, ist aber auch die, die besonders gut ausgestaltet sind. Von der Veranda gelangt man in eine rechteckige Halle mit Skulpturen, Malereien und einer großen Buddha-Statue.

Von den Skulpturen fällt die mit den vier badenden Tieren besonders ins Auge. Die vielen Frauenbilder besitzen eine auffallende Ähnlichkeit mit den Malereien in Sigiriya in Sri Lanka. Die schönsten Bilder sind die mit der schwarzen Prinzessin und mit der sterbenden Prinzessin. In dieser Höhle sieht man auch Bilder mit Szenen aus den *Jatakas*, Porträts von Bodhisattvas, Padmapani (eine Lotosblüte haltend) und Vajrapani.

Höhle 2: Auch sie gehört zu den jüngeren Höhlen und enthält viele Malereien. Leider sind einige davon stark beschädigt. Außer den Wänden sind hier auch die Decken bemalt. Dargestellt werden Szenen aus den *Jatakas* und Ereignisse, die mit der Geburt Buddhas in Verbindung stehen. Hierzu gehört auch der Traum seiner Mutter, in dem ihr ein Elefant mit sechs Stoßzähnen feierlich die Empfängnis Buddhas verkündet.

Höhle 4: Diese Höhle ist die größte *vihara* von Ajanta, getragen von 28 Säulen. Obwohl sie nie fertiggestellt wurde, ist manches ausgezeichnet gearbeitet, z. B. die Szene von der Flucht vieler Menschen vor den acht großen Gefahren zum Schutz des Buddha-Schülers

Avalokitesvara. Eine dieser Gefahren ist ein böse dreinschauender Elefant, der einen Mann und eine Frau verfolgt. Auch die Höhlen 3, 5 und 8 sind nie vollendet worden.

Höhle 6: Von allen Klosterhöhlen in Ajanta besteht allein diese aus zwei Etagen. Das Untergeschoß ist teilweise eingefallen. Innen befinden sich eine sitzende Buddha-Figur und eine wunderschön ausgearbeitete Tür zum Heiligtum. Um die obere Halle herum liegen kleine Zellen, deren Türen schön bemalt sind.

Höhle 7: Abweichend von dem üblichen Grundriß der Höhlen, bei denen eine Veranda in eine Halle führt, an deren Seiten sich kleine Zellen befinden und die einen gesonderten Raum als Schrein im rückwärtigen Teil der Höhle aufweist, sind bei dieser Höhle die Torbögen vor der Veranda, die dann direkt zu den vier Zellen und dem Schrein führt. Die Höhle 8 wurde nie fertiggestellt und wird heute zweckentfremdet genutzt: In ihr lagert all das Zubehör für den Generator, der die Höhlen in hellem Licht erstrahlen läßt.

Höhle 9: Diese Tempelhöhle gehört zu den ältesten Höhlen von Ajanta. Da sie aus der Hinayana-Periode stammt, aber trotzdem zwei Buddha-Figuren am Eingang stehen, nimmt man an, daß diese Figuren später, in der Mahayana-Periode, hinzugefügt wurden. Ähnlich wird es auch den Malereien im Innern ergangen sein. Sie sind übrigens in einem sehr schlechten Zustand, obwohl sie sicherlich später übermalt wurden. An beiden Seiten der Höhle und rund um die 3 m hohe

dagoba ganz am Ende stehen Säulen. An der Vorderseite fällt Licht durch ein Fenster ein, und das gewölbte Dach zeigt Reste von Holzbalken.

Höhle 10: Wie Untersuchungen ergeben haben, soll dies die älteste Höhle von Ajanta sein. Auch wenn das nicht stimmt, zeichnet sich die Höhle doch aus, nämlich dadurch, daß die englische Jagdgesellschaft sie als erste entdeckte. Und noch ein anderer Superlativ: Die Höhle 10 ist die größte der Höhlen von Ajanta. In der Ausstattung ähnelt sie Höhle 9. Die Fassade ist leider eingestürzt, und die Malereien innen sind ebenfalls in einem erbärmlichen Zustand, allerdings nicht nur wegen ihres Alters, sondern auch, weil Graffiti-Künstler hier ihre Spuren hinterließen.

Höhlen 11-14: Von keinem großen Interesse sind die Höhlen 11, 12 und 13. Sie gehören zu den frühen Höhlen der Hinayana-Schule oder der frühen Mahayana-Schule. Höhle 14 ist eine unfertige Klosterhöhle über der Höhle 13, einer frühen Mahayana-Klosterhöhle.

Höhle 16: In dieser Höhle lassen sich einige der schönsten Malereien von Ajanta bewundern. Sie ist eine der späteren Klosterhöhlen. Man nimmt an, daß diese Höhle einmal der Eingang zu dem gesamten Komplex war. Werfen Sie vom Höhleneingang einmal einen Blick zurück. Dann haben Sie eine herrliche Aussicht auf den Fluß. Das bekannte Bild in der Höhle ist das der sterbenden Prinzessin. Es stellt Sundari dar, die Frau von Buddhas Halbbruder Nanda, wie sie ihr Leben aus-

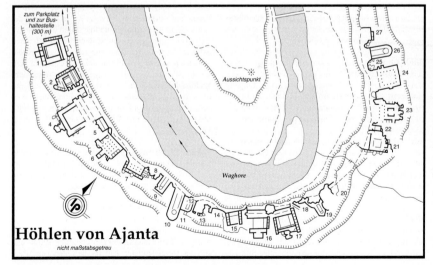

Höhlen von Ajanta

nicht maßstabsgetreu

haucht, nachdem sie erfuhr, daß ihr Mann sein und ihr Leben in einen materialistischen Zustand zurückversetzen wollte, um ein Mönch zu werden. Es ist wohl das berühmteste Gemälde der Höhlen von Ajanta. Nanda taucht auch in anderen Wandbildern auf, z. B. in der Szene, wie er mit Buddhas Hilfe zum neuen Glauben übertritt.

Höhle 17: Der absolute Höhepunkt in Ajanta ist diese Höhle. In ihr sind nicht nur die feinsten Malereien zu sehen, sondern sie sind auch von der Zahl und Unterschiedlichkeit her sowie in ihrem Zustand unübertroffen. Sehenswert sind besonders die an der Decke schwebenden Frauenfiguren und die aus Fels gehauenen Zwerge, die als Säulenstützen dienen. Sehr anschaulich ist auch die Szene, in der eine Frau ihr Make-up inmitten ihrer Dienerinnen erneuert. Da finden sich aber auch Bilder von königlichen Prozessionen und des Liebesspiels eines Paares in privater Umgebung. Nicht ganz so weltlich ist die Darstellung von Buddha, wie er aus seiner Erleuchtung noch einmal heimkehrt, um Frau und Sohn um Verzeihung und Verständnis zu bitten.

In einer anderen Paneele wird die Geschichte des Prinzen Simhala erzählt, die von seiner Expedition nach Ceylon handelt. Als Simhala zusammen mit seinen 500 Gefährten auf einer Insel als Schiffbrüchiger hilflos herumirrte, erschienen Menschenfresserinnen in der Gestalt schöner Frauen. Sie hatten nichts anderes im Sinn, als ihre Opfer wollüstig zu packen und gierig zu verschlingen. Simhala entging diesem Vorhaben, indem er auf einem fliegenden Pferd die Flucht ergriff. Später kehrte er zurück und besiegte die Inselbewohner. Es ist nicht ausgeschlossen, daß diese Höhle wegen Restaurierungsarbeiten für längere Zeit geschlossen wird.

Höhle 19: Die Fassade dieser Tempelhöhle ist säuberlich herausgearbeitet. In ihr gibt es als markantestes Merkmal ein hufeisenförmiges Fenster. Den Eingang flankieren zwei stehende Buddha-Figuren. Im Innern dieser meisterhaften Tempelhöhle ist eine große *dagoba* mit einer Buddha-Figur an der Vorderseite zu erkennen.

Auch Malereien und Skulpturen sind im Innern zu sehen. Bedeutend an dieser Höhle ist aber die Darstellung des Naga-Königs mit sieben Kobraköpfen um sein Haupt an der Westseite außen. Seine Frau sitzt neben ihm, aber auf ihrem Haupte ruht sich nur eine Kobra aus.

Höhlen 20-25: Die Höhlen 20-25 sind entweder unfertig oder uninteressant, obwohl Höhle 24 die größte Klosterhöhle von Ajanta geworden wäre, hätte man sie fertiggestellt. Hier können Sie sich ein gutes Bild von

Malereien aus Sri Lanka aus dem 15. Jahrhundert sind ähnlich wie die in Ajanta

der Bauweise der Höhlen verschaffen. Man schnitt lange Galerien in den Fels und schuf dann Querverbindungen.

Höhle 26: Die Fassade der vierten Tempelhöhle ist zerfallen, und fast alle Spuren ehemaliger Malereien sind inzwischen verschwunden. Übrig blieben einige Skulpturen. An der linken Wand kann man eine große Figur des liegenden Buddhas sehen, und zwar so entspannt zurückgelehnt, daß man ihm ansieht, daß er bereit zum Aufbruch ins Nirwana ist. In anderen Szenen wird die Versuchung Buddhas durch Mara dargestellt. Dazu gehören Bilder, in denen Mara Dämonen auftreten läßt, um Buddha anzugreifen. Wieder andere stellen dar, wie Mara seine hübschen Töchter einsetzt, um Buddha zu verführen. Aber Buddha wäre nicht Buddha, bliebe er nicht stark gegenüber allen Anfechtungen. So zeigt denn auch die Schlußszene einen betrübten Mara, der es nicht verstehen kann, daß Buddha seinen engen und wenig amüsanten Pfad nicht verließ.

Höhlen 27-29: Höhle 27 ist eigentlich ein Kloster in Verbindung mit Höhle 26 als Tempel. Die Höhlen 28 und 29 liegen etwas weiter hinauf zu den Klippen und sind verhältnismäßig schwer zu erreichen.

UNTERKUNFT UND ESSEN
Unmittelbar am Eingang zu den Höhlen liegt die Travellers' Lodge der MTDC mit fünf Zimmern (Tel. 4 26). Hier muß man für ein Einzelzimmer 100 Rs und für ein Doppelzimmer 150 Rs bezahlen (mit Bad-

benutzung). Am Abreisetag muß man sein Zimmer bis 9 Uhr geräumt haben. Das Restaurant der Anlage ist halbwegs ordentlich und bietet durchaus annehmbare Verpflegung.

Die meisten Besucher ziehen es vor, in Fardapur, 5 km von den Höhlen entfernt, zu übernachten. Dort steht als Unterkunft ein gutes Holiday Resort der MTDC zur Verfügung (Tel. 026353/4 30). Die großen und sauberen Zimmer liegen an einer schönen Veranda, kosten als Einzelzimmer 100 Rs und als Doppelzimmer 325 Rs und haben alle ein eigenes Bad (mit heißer Dusche). Jedes dieser Zimmer ist mit zwei Betten, sauberer Bettwäsche und Moskitonetzen ausgestattet. Außerdem kann man in diesem Haus für 15 Rs in einem Schlafsaal übernachten. Im angeschlossenen Restaurant Vihara erhält man Thalis und nichtvegetarische Gerichte, allerdings nicht gerade sehr lecker. Kaltes Bier wird ebenfalls serviert. Wenn man plant, in diesem Restaurant abends zu essen, sollte man die Mitarbeiter das rechtzeitig wissen lassen, denn sonst wird bereits früh geschlossen.

Die einzige weitere Unterkunft in Fardapur ist das Hotel Kanhayyakuni, ca. 700 m vom Holiday Resort entfernt am Weg zu den Höhlen. Dort kommt man in 12 sehr einfachen Zimmern um einen übergrünten Innenhof herum unter. Mit Eimern und Wasser aus Eimern muß man hier für ein Einzelzimmer 40 Rs und für ein Doppelzimmer 95 Rs bezahlen. Im vegetarischen Restaurant dieses Hauses liegen Speisekarten mit geradezu klassischen Schreibfehlern aus. Am bezeichnendsten sind „Tarkish Salad" und „Rashian Salad". Alles in allem ist das das eines indischen Quartiere, die man auf dem Weg hinunter in Vergessenheit geraten lassen kann. Tee trinken und einen Imbiß zu sich nehmen kann man an einer der vielen Hütten entlang der Hauptstraße. Dort gibt es jedoch nichts, was man guten Gewissens als richtiges Essen bezeichnen könnte.

AN- UND WEITERREISE

Einzelheiten über die Busverbindungen von Aurangabad und Jalgaon kann man den Abschnitten über diese beiden Städte entnehmen.

Die Höhlen liegen 4 km von der Hauptstraße zwischen Aurangabad und Jalgaon entfernt. Nach Fardapur kommt man einen Kilometer weiter in Richtung Jalgaon. Fardapur ist mit den Höhlen von Ajanta durch regelmäßig verkehrende Busse verbunden (2,50 Rs). Nicht alle über die Hauptstraße fahrenden Busse halten aber auch an den Höhlen. Wenn man darauf nicht achtet, muß man im ungünstigsten Fall noch 4 km bis zu den Höhlen zu Fuß gehen.

Da bei den Höhlen von Ajanta ein „Gepäckaufbewahrungsraum" vorhanden ist, kann man am Morgen von Jalgaon anreisen, das Gepäck abgeben, sich die Höhlen anschauen und dann weiter nach Aurangabad fahren. Das ist natürlich auch umgekehrt möglich.

JALGAON

Telefonvorwahl: 0257
Jalgaon liegt an der Haupteisenbahnstrecke von Bombay in den Nordosten des Landes. Der Ort eignet sich für eine Übernachtung auf dem Weg zu den Höhlen von Ajanta, gelegen 60 km weiter südlich.

UNTERKUNFT

Das PWD Rest House gleich hinter dem Hotel Tourist Resort (Tel. 2 97 02) hat Zimmer für 75 Rs pro Person zu bieten, ist aber häufig voll belegt. Eine ganz gute Wahl sind die Ruheräume der Eisenbahn für 50 Rs pro Person ohne Klimaanlage und für 150 Rs pro Person mit Klimaanlage.

Gar nicht schlecht ist ferner das Hotel Plaza Station etwa 100 m vom Bahnhof hinauf auf der rechten Seite (Tel. 2 48 54). Dort werden makellos saubere Einzel- und Doppelzimmer mit gekachelten Fußböden, Bad und Fernsehgerät als Einzelzimmer für 100 Rs und als Doppelzimmer für 125 Rs angeboten.

Das Hotel Morako (Tel. 2 66 21) und das freundliche Hotel Tourist Resort in der Nähe (Tel. 2 51 92) liegen die gleiche Straße weiter hinauf und dann nach rechts zum Nehru Chowk hin, insgesamt 300 m vom Bahnhof entfernt. In beiden Häusern kommt man in Einzelzimmern für 125 Rs und in Doppelzimmern für 150 Rs sowie in „Luxuszimmern" allein für 210 Rs und zu zweit für 230 Rs unter. Zu beiden Hotels gehört jeweils auch ein Restaurant.

AN- UND WEITERREISE

Mehrere Züge auf der Fahrt zwischen Bombay und Delhi sowie Kalkutta halten kurz auch in Jalgaon. Eine Fahrt nach Bombay (420 km) kostet in der 2. Klasse 113 Rs und in der 1. Klasse 338 Rs.

Von Jalgaon nach Fardapur verkehren häufig Busse (15 Rs, 1 1/2 Stunden), von denen einige auch bis zu den Höhlen fahren und dann ihre Fahrten nach Aurangabad fortsetzen.

Der Bahnhof und der Busbahnhof von Jalgaon liegen allerdings so weit auseinander, daß man für das Zurücklegen der Strecke zwischen den beiden eine Tonga oder eine Auto-Rikscha braucht.

METEORITENKRATER VON LONAR

In dem kleinen Dorf Lonar, drei Stunden Busfahrt nordöstlich von Jalna oder 4¹/₂ Stunden Busfahrt südöstlich von Ajanta, kann man sich einen riesigen, beeindruckenden Meteoritenkrater ansehen. Er soll etwa 40 000 Jahre alt sein, hat einen Durchmesser von etwa 2 km und ist mehrere hundert Meter tief. Am Grund ist ein flacher See entstanden. Einer Tafel am Rand des Kraters, unweit vom Ort, kann man entnehmen, daß dies „der einzige Krater in Basaltgestein" sei, „der durch den Aufprall eines Meteoriten mit hoher Geschwindigkeit entstand".

Am Boden des Kraters wurden mehrere hinduistische Tempel errichtet, um die herum in den Büschen am See Languren, Angehörige einer Affenart, Pfauen und Gazellen leben.

Der Krater ist nur 5 Minuten Fußweg von der Bushaltestelle entfernt. Wenn man dorthin will, fragt man Einheimische am besten nach dem Weg zum Lonar Tank.

Es ist zwar möglich, Lonar auf dem Weg von Fardapur nach Aurangabad oder umgekehrt zu besuchen, aber das wäre eine Hetzerei.

UNTERKUNFT

Ein einfaches Hotel gibt es an der Bushaltestelle in Lonar, weitere in Buldhana, drei Stunden weiter in Richtung Norden. Außerdem hat das MTDC-Hotel am Kraterrand, etwa einen Kilometer vom Dorf entfernt, „Suiten" für 100 Rs zu bieten.

AN- UND WEITERREISE

Von Lonar verkehren Busse nach Buldhana, von wo es einfach ist, einen Bus für die holperige, eineinhalb Stunden dauernde Fahrt nach Fardapur zu erwischen. Wenn man von Lonar nach Süden will, kann man mit Direktbussen nach Jalna fahren und dort in einen Zug oder Bus nach Aurangabad umsteigen. Dafür braucht man insgesamt etwa fünf Stunden.

AMRAOTI UND AKOLA

Diese beiden Städte liegen zwischen Jalgaon und Nagpur. In Amraoti (Amravati) findet Indiens größter Baumwollmarkt statt. Außerdem kann man sich unweit der von Mauern umgebenen Stadt den alten Amba-Tempel ansehen. In der Stadt gibt es auch eine berühmte Sporthochschule mit altmodischen Ringplätzen.

Jede der beiden Städte ist ein guter Ausgangspunkt für einen Besuch im Tierschutzgebiet Melghat, dem einzigen richtigen Schutzgebiet in Maharashtra für Tiger (nur sehr selten zu sehen), und im nur selten besuchten Bergerholungsort Chikalda (Chikhaldara), beide in den

grünen Gawailgarh-Bergen etwa 100 km weiter nördlich unweit der Grenze zu Madhya Pradesh.

UNTERKUNFT

In Akola hat das Hotel Rama Krishna am Tower Chowk (Tel. 2 66 07) Einzelzimmer ab 75 Rs und Doppelzimmer ab 200 Rs sowie ein klimatisiertes Restaurant und eine gute Imbißstube zu bieten. Auf der anderen Seite des leerstehenden Blocks liegt das preisgünstigere Hotel Neeta. In Amraoti kann man versuchen, im Maharaja Guest House unterzukommen.

NAGPUR

Einwohner: 1,8 Millionen
Telefonvorwahl: 0712
Die Stadt erhielt ihren Namen nach dem Fluß, an dem sie liegt, dem Nag. Sie ist das Zentrum des Apfelsinenanbaus in Indien. Früher war sie auch Hauptstadt der Zentralprovinz, wurde später aber Maharashtra einver-

leibt. Noch früher war sie Sitz der Gond-Stämme, die bis zum Beginn des 18. Jahrhunderts an der Macht waren. Noch immer leben Angehörige der Gond-Stämme in diesem Gebiet. Nach einer wechselhaften Geschichte und stetem Hin und Her fiel Nagpur den Briten in die Hände.

Am 18. Oktober jedes Jahres ist die Stadt Gastgeber für viele Buddhisten, die hier die Wiederkehr des Übertritts von Dr. Ambedkar zum Buddhismus im Jahre 1956 feiern. Dr. Ambedkar, zuvor ein Hindu einer niedrigen Kaste, war während des Kampfes um die Unabhängigkeit eine bedeutende Persönlichkeit und später Justizminister. Nachdem er zum Buddhismus übergetreten war, folgten ihm schätzungsweise weitere 200 000 Hindus niedriger Kasten.

UNTERKUNFT

Zu den zentral gelegenen preiswerten Unterkünften gehört das Hotel Shyam in der Pandit Malviya Road (Tel. 52 40 73), in dem ein Einzelzimmer 120 Rs und ein Doppelzimmer 180 Rs kostet. Dieses Haus hat auch ein Dachrestaurant mit vielen unterschiedlichen Speisen und eine Bar zu bieten. Ähnlich ist das Hotel Jagsons in der Back Central Avenue 30 (Tel. 4 86 11), in dem man in vielen verschiedenen Zimmern, einige auch mit Klimaanlage, übernachten kann. Hier können die Gäste ebenfalls von einem Restaurant sowie einer Bar Gebrauch machen und finden in ihrem jeweiligen Zimmer auch ein Fernsehgerät vor. Preiswerter, zumindest in den Zimmern mit Klimaanlage, wohnt man im Hotel Blue Diamond in der Dosar Square Central Avenue 113 (Tel. 72 74 61). Hier kosten die Einzelzimmer 55-85 Rs und die Doppelzimmer 90-140 Rs, die klimatisierten Zimmer 180 bzw. 250 Rs. Auch hier sind zudem ein Restaurant und eine Bar vorhanden. Dieses Haus liegt in der Nähe des Bahnhofs.

Teurer ist es im Hotel Rawall Continental in der Wardha Road, Dhantoli 7 (Tel. 52 38 45). Es ist zentral klimatisiert und hat Einzelzimmer für 450 Rs und Doppelzimmer für 600 Rs sowie Suiten für 750 Rs zu bieten.

Das Hotel Centre Point in der Central Bazar Road 24 in Ramdaspeth (Tel. 52 30 93, Fax 52 30 93) liegt rund 4 km vom Bahnhof entfernt. Hier kann man mit Klimaanlage in einem Einzelzimmer für 425 Rs, in einem Doppelzimmer für 650 bis 800 Rs und in einer Suite ab 900 Rs übernachten. Daneben gibt es im Haus einen Swimming Pool, ein Restaurant und eine Bar. Geringfügig teurer übernachtet man im besten Hotel der Stadt, dem neuen Jagsons Regency gegenüber vom Flugplatz (Tel. 52 81 11, Fax 52 45 24).

AN- UND WEITERREISE

Flug: Indian Airlines (Tel. 53 39 62) fliegt von Nagpur täglich nach Bombay (73 US $) und dreimal wöchentlich nach Hyderabad (61 US $). East West Airlines unterhält täglich außer sonntags ebenfalls Flugverbindungen nach Bombay (68 US $).

Zug und Bus: Der Bahnhof Nagpur Junction und der Busbahnhof von MSRTC liegen grob 2 km auseinander. Busse nach Madhya Pradesh fahren jedoch von einer Haltestelle weniger als einen Kilometer etwa südlich vom Bahnhof ab. Zugverbindungen bestehen unter anderem nach Bangalore, Bombay, Kalkutta, Delhi und Hyderabad.

RAMTEK

Etwa 40 km nordöstlich von Nagpur liegt Ramtek. Dort wurden rings um den Hill of Rama viele malerische Tempel errichtet, alle mehr als 600 Jahre alt. So romantisch dies sein mag, im Sommer gehört diese Ecke von Indien zu den Gegenden, wo die Quecksilbersäule am höchsten klettert. Nicht weit entfernt befindet sich das alte britische Ausbildungslager Kemtee. Und an der Straße, an der auch der Tourist Bungalow steht, wurde ein Denkmal zu Ehren des Sanskrit-Dramatikers Kalidas errichtet.

Vom Tourist Bungalow hat man übrigens einen herrlichen Blick auf die Stadt.

SEVAGRAM

Rund 76 km südwestlich von Nagpur und 8 km vom Bahnhof Wardha entfernt liegt Sevagram, der Ort, in dem Gandhi 1933 seinen Ashram gründete. Er nannte Sevagram auch „Village of Service". Von dem Tag an, an dem der Ashram gegründet wurde, bis zur Erlangung der Unabhängigkeit war Sevagram Indiens inoffizielle zweite Hauptstadt.

Mit dem Museum (Magan Sangrahalaya), das inzwischen in dem Ashram eingerichtet wurde, will man versuchen, die Ideen und Vorschläge dem Volk nahezubringen, die Gandhi zur dörflichen Wirtschaftsentwicklung hatte. Die Hütten und Häuser dieses Ashrams sind immer noch erhalten. Neben dem Krankenhaus von Sevagram ist im Mahadev Bhavan eine Fotoaus-

stellung zu sehen, in der das Leben dieses großen Mannes dargestellt wird.
Nur 3 km von Sevagram entfernt ist der Ashram von Vinoba Bhave. Er ist ein Anhänger Gandhis, und auch er marschierte durch Indien, jedoch mit einem anderen Ziel. Sein sehnlichster Wunsch war es, die Landbesitzer zu veranlassen, mit den landlosen Armen Pachtverträge zu unterzeichnen, um die Armut zu beseitigen.

NATIONALPARK NAVAGAON

Dieses Tierschutzgebiet rund 140 km östlich von Nagpur ist die Heimat einer kleinen Zahl von Tigern, Leoparden, Faultieren und einer Reihe weiterer Tierarten. Das Gebiet besteht überwiegend aus Laubwald mit dichten Bambusständen dazwischen in einer hügeligen Gegend. Um einen See in diesem Nationalpark ist das Vogelschutzgebiet Salim Ali gegründet worden, wo sich im Winter viele Zugvögel niederlassen und brüten. Im Sommer ist der See ein Spielplatz für Motorbootfahrer.

Übernachten kann man im Park in ganz ansprechenden „Baumhäusern" der MTDC, aber auch in Cottages und Schlafsälen. Außerdem unterhält das Forstamt einfache Hütten.

GOA

Die ehemalige portugiesische Enklave Goa, einer der Edelsteine Indiens, nimmt seit vielen Jahren in der Beliebtheitsskala der Globetrotter einen der vorderen Plätze ein. Die wichtigsten Gründe dafür sind die von Palmen gesäumten Strände und die „Traveller-Szene". Goa bietet aber mehr als Sonne, Sand und Meer, denn Goa ist ganz anders als der Rest von Indien. Trotz der mehr als dreißig Jahre seit der „Befreiung" von der portugiesischen Kolonialherrschaft ist der Katholizismus nach wie vor eine bedeutende Religion in diesem Gebiet, in dem Hemden viel häufiger als Saris sind und die Einwohner eine leichtlebige tropische Nachsicht, einen Humor und eine Höflichkeit an den Tag legen, der kaum zu schlagen ist, nicht einmal in Kerala.

Strahlend weiß gekalkte Kirchen mit Fassaden im portugiesischen Stil stehen verstreut an den Hängen, zwischen den Reisfeldern und in den dichten Hainen mit Kokospalmen, während zerfallene Festungen die felsigen Kaps und Flußmündungen bewachen. Die Märkte sind voller farbigem Leben, wenn auch die Siesta während der heißen Nachmittagsstunden weitgehend eingehalten wird. Während vier wilder Tage und Nächte vor der Fastenzeit explodiert der Karneval förmlich in den Straßen. Aber nicht nur das, es scheint auch ein völliges Fehlen der sonst so großen Scheu hinduistischer Frauen vor den Männern zu geben, und dies aus guten Gründen. Einer davon ist darauf zurückzuführen, daß nach den Eigentumsgesetzen von Goa die Frau im Besitz von 50 % des gemeinsamen Eigentums des Ehepaares ist - weit entfernt von dem, was sonst in Indien gilt.

Goa ist eines der Gebiete in Indien mit der höchsten Alphabetisierungsraten und rühmt sich des drittgröß-

Einwohner: 1,3 Millionen
Gesamtfläche: 3 659 km²
Hauptstadt: Panaji
Einwohner pro Quadratkilometer: 336
Wichtigste Sprachen: Konkani und Marathi. Englisch ist ebenfalls weit verbreitet. Einige ältere Einwohner sprechen außerdem noch Portugiesisch.
Alphabetisierungsrate: 77 %
Beste Reisezeit: Oktober bis Mai (auch wenn es im April und Mai schon ziemlich heiß werden kann)

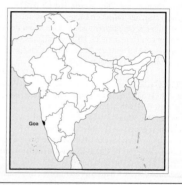

ten Bruttosozialprodukts im Lande. Grundlage der Wirtschaft sind die Landwirtschaft, der Tourismus

---

Wassermangel

Achte Sie mit großer Sorgfalt darauf, daß Sie so wenig Wasser wie möglich verbrauchen, denn die Vorräte an Wasser in Goa werden sehr knapp. Schon der Tourismus als solcher hat einen starken Druck auf die Wasservorräte des Bundesstaates ausgeübt, aber durch die teureren Hotels ist das Problem noch viel schlimmer geworden. In einigen Gegenden erholen sich Touristen neben Swimming Pools von olympischen Ausmaße, während gleich vor den Toren solcher Anlagen die Wasserversorgung für die Einheimischen nur noch einige Stunden pro Tag sichergestellt werden kann. Einige der größeren Hotels haben tiefe Brunnen gebohrt, um dadurch ihre Wasserversorgung zu sichern, was das Problem aber nur noch verschärft hat, weil dadurch der Grundwasserspiegel noch weiter gesunken ist. In einigen Dörfern sind die Brunnen der Einheimischen schon ausgetrocknet oder versalzen.

Lassen Sie daher nie Leitungswasser ständig laufen. Selbst wenn in der Unterkunft eine Badewanne zur Verfügung steht, benutzt man besser eine Dusche oder - noch besser - Wasser aus Eimern. Wenn man sich für eine Pauschalreise nach Goa entschieden hat oder auf eigene Faust in einem besseren Hotel absteigen will, lohnt es zu erwägen, ob man unter solchen Umständen das Benutzen von Swimming Pools noch verzeihen kann. Wer braucht denn überhaupt ein Schwimmbecken, wenn das Arabische Meer nur ein paar Schritte entfernt ist?

sowie Eisenerzabbau. Dabei passen die beiden letzten Wirtschaftszweige allerdings gelegentlich nicht mit dem ersten zusammen, denn der Bergbau hat für Schäden in den Reisfeldern gesorgt, und die Ferienanlagen für Touristen mit fünf Sternen und ihren Swimming Pools verbrauchen einen großen Teil des Wassers, auf das die Landwirtschaft angewiesen ist.

Ferner sind die Goaner besser über die Umwelt informiert und was sie bedroht als viele andere Inder. Sie sind auch eher bereit, für den Schutz der Umwelt zu kämpfen. Die Konkan Railway Corporation beispielsweise, die derzeit eine bedeutende Eisenbahnstrecke baut, um Bombay mit Mangalore zu verbinden, hatte bei den Planungen im winzigen Bundesstaat Goa größere Probleme als anderswo an der 760 km langen Neubaustrecke. Einen ausgezeichneten Überblick über den Stand des Umweltschutzes in Goa gibt das englischsprachige Buch *Fish Curry & Rice* (200 Rs), das in den meisten Buchhandlungen erhältlich ist.

Bis vor einiger Zeit gehörte Goa zum Unionsterritorium Goa, Daman und Diu, wurde jedoch 1987 der 25. Bundesstaat der indischen Union. Daman und Diu sind weiterhin ein Unionsterritorium, auch wenn der Gouverneur von Goa zugleich als Generalgouverneur von Daman und Diu amtiert. Diese beiden Gebiete werden im Kapitel über Gujarat behandelt.

GESCHICHTE

Goa blickt auf eine lange Geschichte zurück, und zwar bis zum 3. Jahrhundert v. Chr., als es ein Teil des Reiches der Maurya war. Als die Christianisierung begann, regierten in Goa die Satavahana von Kolhapur. Danach übernahmen die Chalukya von Badami dieses Gebiet (580-750 n. Chr.). In den folgenden Jahrhunderten herrschten abwechselnd die Shilhara, die Kadamba und die Chalukya von Kalyani. Den Kadamba gebührt die Ehre, die erste Siedlung errichtet zu haben. Das war etwa dort, wo heute Alt-Goa liegt, hieß damals Thorlem Gorem und gehört in die Mitte des 11. Jahrhunderts.

Den Moslems fiel Goa erstmals 1312 in die Hände. Lange währte die Freude an dem neuen Besitz jedoch nicht, denn 1370 mußten sie Goa aufgeben, weil Harihara I. aus dem Vijayanagar-Reich sie bedrängte. Seine Hauptstadt lag damals in Hampi im heutigen Staat Karnataka. Die Herrscher der Vijayanagar konnten Goa fast 100 Jahre in ihrem Besitz halten. Während dieser Zeit waren die Häfen von Goa Umschlagplätze für die Araberpferde, die die Kavallerie der Vijayanagar dringend benötigte.

1469 eroberte der Bahmani-Sultan von Gulbarga Goa, und als sein Reich zerbrach, wechselte dieses Fleckchen Erde in die Hände der Adil Shahi von Bijapur über. Unter ihrer Herrschaft war Goa Velha die zweite Hauptstadt des Reiches. Das heutige Regierungsgebäude

in Panaji ist der frühere Palast von Adil Shah, das zwischendurch auch den portugiesischen Vizekönigen als Residenz diente.

Die Portugiesen kamen 1510 unter dem Kommando von Alfonso de Albuquerque nach Goa. Dies war ein Ausweichmanöver, denn es war ihnen nicht gelungen, weiter im Süden einen Stützpunkt zu gründen. Dagegen hatten nämlich damals der Zamorin von Calicut etwas und die Türken auch. Die kontrollierten zu dieser Zeit die Handelswege über den Indischen Ozean.

Goa war für die Portugiesen ideal: Es war mit Naturhäfen und breiten Flüssen gesegnet, alles Gegebenheiten, die den seefahrenden Besatzern nur recht sein konnten. Waren sie doch gezwungen, die Wege für den Transport der so begehrten Gewürze aus dem Osten zu kontrollieren. Dabei kümmerten sie sich auch um die Verbreitung des Christentums, denn bereits 1542 kamen in Goa christliche Missionare, angeführt von Franz-Xaver, an. Zunächst war ihr Einfluß allerdings auf ein kleines Areal begrenzt. Erst in der Mitte des 16. Jahrhunderts dehnten sie ihren Machtbereich auf die Provinzen Bardez und Salcete aus.

Die Verdrängung der Türken und das Glück, die Kontrolle über den Gewürzhandel gewonnen zu haben, führten zu Goas „goldenem Zeitalter". Die Kolonie wurde Sitz eines Vizekönigs des portugiesischen Imperiums, der auch über afrikanische Hafenstädte, Ost-Timor und Macau herrschte. Der Abstieg setzte im 18. Jahrhundert ein, als der Wettbewerb zwischen den Portugiesen sowie den Engländern, Franzosen und Holländern immer schärfer wurde und Portugal sein Weltreich nicht mehr wie notwendig versorgen konnte.

Seine heutige Größe erreichte Goa im 18. Jahrhundert durch weitere Annexionen. Davon waren zunächst die Provinzen Ponda, Sanguem, Quepem und Canacona betroffen (1763). 1788 kamen Pednem, Bicholim und Satari hinzu.

Die Marathen unterbanden dann jedoch die weitere Ausdehnung und bezwangen die Portugiesen in Goa. Während der Napoleonischen Kriege in Europa besetzten die Briten Goa für kurze Zeit. Erst 1961 vertrieben die Inder die Portugiesen in einer fast unblutigen Aktion. Dadurch verschwanden sie völlig vom Subkontinent. Zur gleichen Zeit übernahm Indien auch die beiden Enklaven Daman und Diu.

STRÄNDE

Goa ist zu Recht wegen seiner Strände berühmt. Hierher kommen schon seit den frühen sechziger Jahren Besucher aus dem Westen. Sie sollten sich bald über eine schlechte Presse sowohl in den westlichen als auch in den indischen Medien beklagen können, die aus den tatsächlichen oder auch nur in der Phantasie bestehenden verruchten Aktivitäten einer kleinen Minderheit resultierte.

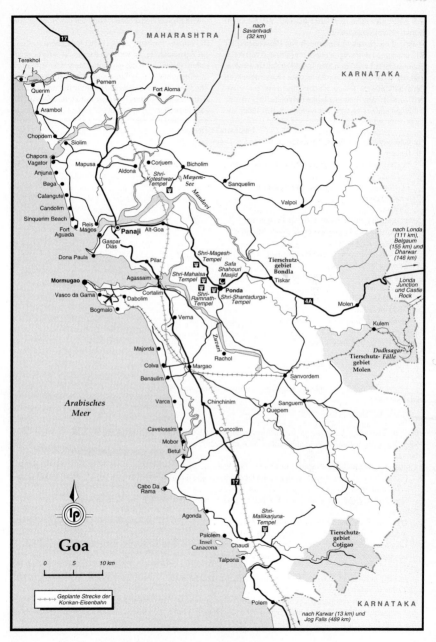

MAHARASHTRA

nach Savantvadi (32 km)

KARNATAKA

Terekhol

17

Querim

Pernem

Fort Alorna

Arambol

Chopdem

Siolim

Chapora

Vagator

Mapusa

Aldona

Corjuem

Bicholim

Anjuna

Shri-Koteshwar-Tempel

Sanquelim

Baga

Mayem-See

Calangute

Mandovi

Valpoi

Candolim

Sinquerim Beach

Reis

Magos

Fort

Aguada

Panaji

Alt-Goa

Gaspar

Dias

Shri-Magesh-Tempel

Dona Paula

Pilar

Safa Shahouri Masjid

Tierschutzgebiet Bondla

nach Londa (111 km), Belgaum (155 km) und Dharwar (146 km)

Shri-Mahalsa-Tempel

Tiskar

Mormugao

Agassaim

Shri-Ramnath-Tempel

Ponda

Shri-Shantadurga-Tempel

Londa Junction und Castle Rock

Vasco da Gama

Cortalim

Dabolim

Bogmalo

Verna

4A

Molen

Kulem

Majorda

Zuari

Rachol

Dudhsagar-Fälle

Tierschutzgebiet Molen

Colva

Margao

Sanvordem

Benaulim

Varca

Chinchinim

Sanguem

Quepem

Cavelossim

Cuncolim

Mobor

Betul

Arabisches Meer

Cabo Da Rama

17

Agonda

Shri-Mallikarjuna-Tempel

Tierschutzgebiet Cotigao

Palolem

Insel Canacona

Chaudi

Talpona

Goa

0   5   10 km

Geplante Strecke der Konkan-Eisenbahn

Polem

KARNATAKA

nach Karwar (13 km) und Jog Falls (489 km)

Seit Mitte der achtziger Jahre hat sich die Situation jedoch erheblich geändert.

Während die Strände immer noch von Reisenden aller Altersgruppen und unterschiedlicher Finanzkraft (oder Finanzschwäche, je nach Standpunkt) belagert werden, gibt es darüber hinaus ein großes Kontingent an Pauschaltouristen, die mit Charterflügen hierher gelangen und in den Ferienanlagen wohnen, die in den wichtigsten Zentren errichtet wurden. Selbst Inder, die außerhalb von Goa wohnen, kommen nun in steigender Zahl.

Das einzige Problem, das sich den Besuchern stellt, ist die Entscheidung, an welchen Strand sie sich begeben sollen. Dabei spielt die geplante Dauer des Aufenthaltes eine große Rolle. Es ist nämlich teuer, für längere Zeit ein Zimmer in einem Hotel zu mieten. Deshalb ziehen es die meisten Traveller mit kleiner Reisekasse vor, entweder ein einfaches Zimmer bei einem der

---

Feste und Feiertage

In Goa werden christliche Feiertage an folgenden Tagen begangen:

6. Januar
Fest der Hl. Drei Könige in Reis Magos, Cansaulim und Chandor

2. Februar
Fest der Lady of Candelaria in Pomburpa

Februar/März
Karneval

Montag nach dem 5. Sonntag in der Fastenzeit
Prozession des Franziskanerordens in Alt-Goa

1. Sonntag nach Ostern
Fest des Jesus von Nazareth in Siridao

16 Tage nach Ostern
Fest Our Lady of Miracles in Mapusa

24. August
Novidades Festival

1. Hälfte des Oktober
Fama de Menino Jesus in Colva

3. Mittwoch im November
Fest Our Lady of the Rosary

3. Dezember
Fest des Hl. Franz Xaver in Alt-Goa

8. Dezember
Fest der Jungfrau der unbefleckten Empfängnis in Panaji und Margao

25. Dezember
Weihnachten

Die hinduistischen Feste lassen sich schwerer auf einen bestimmten Tag festlegen, weil sie vom indischen Mondkalender abhängen. Folgende sollten aber aufgezählt werden:

Januar
Fest des Shantadurga Prasann im kleinen Ort Fatorpa, südlich von Margao. Dann findet eine nächtliche Prozession mit Wagen statt, in denen die Göttin herumgefahren wird. Nicht weniger als 100 000 Menschen nehmen daran teil.
Das Shri Bodgeshwar-*Zatra* oder Tempelfest findet unmittelbar südlich von Mapusa statt.

Februar
Das drei Tage dauernde *zatra* von Shri Mangesh wird im überaus reich geschmückten Tempel mit dem gleichen Namen begangen. Er liegt im Bezirk Ponda.
Im alten Bezirk Fontainhas in Panaji zieht das Maruti-*Zatra* riesige, farbenfroh gekleidete Massen an. Maruti ist eine andere Bezeichnung für die Gottheit Hanuman.

März
In Goa bezeichnet man das Holi-Fest als Shigmo. Dann finden in Panaji eine Parade und überall in Goa Tempelfeste statt.
In Cuncolim trägt man in der „Schirmprozession" eine Abbildung von Shantadurga über die Hügel. Die Figur besteht ganz aus Silber. Man transportiert sie über die Hügel bis hin zu den Ruinen des Originaltempels, der 1580 durch die Portugiesen zerstört wurde.

Diebstähle

Die Zunahme im Tourismus in Goa hat auch eine verstärkte Kriminalität zur Folge gehabt. Daher sollte man beim Baden keine Wertsachen am Strand und sie auch nicht im Hotelzimmer zurücklassen. In besseren Hotels stehen für Wertsachen Schließfächer zur Verfügung, die man - soweit vorhanden - in Anspruch nehmen sollte. Statt essen kann man auch in den meisten Banken für Wertsachen Schließfächer mieten, und zwar entweder wochen- oder monatsweise.

Strandcafés oder ein Privathaus für einen Monat zu mieten (und sich vielleicht die Miete mit einer Gruppe von Freunden zu teilen). Derartige Zimmer und Häuser findet man an allen Stränden. Für kleine Häuser besteht jedoch im Winter, also in der Hochsaison, eine große Nachfrage, so daß man möglicherweise erst einige Tage lang Erkundigungen einziehen und herumfragen muß, bis man etwas Passendes gefunden hat. In der Zwischenzeit kann man in einem Café oder Hotel wohnen und sich auf die intensive Suche begeben.

In Colva, Benaulim, Calangute und Baga steht ein breites Spektrum an Übernachtungsmöglichkeiten zur Verfügung. Einfacher sind die Unterkünfte im allgemeinen in Anjuna, Vagator und Chapora, so daß sich Rucksackreisende eher dort niederlassen. An den Stränden in diesen Orten ist es, wo bei Vollmond Parties gefeiert werden. Wenn man sich wohler fühlt, wo die „Traveller-Szene" nicht so ausgeprägt ist, dann ist Benaulim eine ausgezeichnete Wahl. Dort sind die Unterkünfte ganz gut und die Strände relativ friedlich. Alle genannten Strände sind inzwischen ziemlich touristisch, so daß sich, wer einen einsamen Strand sucht, weiter außerhalb umsehen muß. Arambol (oder auch Harmal, wie es auf einigen Landkarten geschrieben wird) an der nördlichen Spitze von Goa ist ein solcher Ort. Betul, südlich von Colva gelegen, und Palolen, noch ein Stück weiter südlich, gehören ebenfalls dazu. Die „echten Freaks" haben sich noch weiter in Richtung Süden auf die andere Seite der Grenze nach Karnataka zurückgezogen, auch wenn sich noch einige in Arambol aufhalten.

Die Strände von Aguada, Bogmalo, Varca und Cavelossim befinden sich vor allem in der Hand von wohlhabenden Touristen, die dort in den Ferienanlagen am Strand wohnen.

FKK UND DIE GEFÜHLE DER EINHEIMISCHEN

Trotz des sichtbaren katholischen Einflusses ist Goa vorwiegend ein hinduistischer Bundesstaat (nur 38 % der Goaner sind Christen). Daher sollte man nicht den Fehler begehen zu glauben, daß man die Gefühle der Einheimischen mißachten dürfe, nur weil die so freundlich und liberal sind und Besucher herzlich willkommen heißen. Das taten in den späten sechziger und den siebziger Jahren viele Besucher, indem sie nackt oder halbnackt badeten. Dafür wurde Goa sogar weltweit berühmt (oder berüchtigt).

Natürlich bestehen in Goa abseits der Strände mit viel Tourismus noch immer viele Möglichkeiten, so, wie man auf die Welt gekommen ist, zu baden, und viele Leute tun das auch, aber man unterläßt es lieber. Das sollten Besucher in einem Kulturkreis respektieren, in dem einheimische Frauen nur vollständig bekleidet ins Wasser gehen. Wer unbedingt so baden will, wie Gott ihn schuf, sollte sich lieber ein anderes Reiseziel als Indien aussuchen.

RAUSCHGIFT

In dem Bemühen, Goa für den Pauschalreisemarkt zu reinigen, ist es in der letzten Zeit zu einer Flut von Razzien auf Drogenkonsumenten gekommen. Die meisten der 160 Insassen im Gefängnis von Aguada, darunter 12 Ausländer, werden beschuldigt, Straftaten im Zusammenhang mit Drogen begangen zu haben. Ein Leser schrieb uns aus dem Polizeigewahrsam in Mapusa, daß man in Goa nicht länger erwarten könne, gegen ein kleines Bakschisch wieder freigelassen zu, wenn man zuvor im Zusammenhang mit Drogen festgenommen worden sei. Ihn hatte man eingesperrt, weil er im Besitz von 15 Gramm *charas* (Haschisch) gewesen war.

Trotz all dem sind Drogen in Goa immer noch zu haben (normalerweise aus Kerala). Rucksackreisende, die aus Kaschmir oder dem Kullu-Tal in Goa angekommen sind, bieten ebenfalls Drogen an, allerdings von sehr unterschiedlicher Qualität. Wenn man sich auf Rauschgifte einlassen will, sollte man zuvor unbedingt die Warnungen im Einführungsteil dieses Buches lesen.

UNTERKUNFT

Die Übernachtungspreise in Goa beruhen auf einer Hoch-, einer Zwischen- und einer Nebensaison. Das wirkt sich in einfachen Unterkünften kaum aus, aber ganz sicher in Mittelklasse- und Luxushotels. Die Hochsaison dauert vom Mitte Dezember bis Ende Januar jeden Jahres, die Zwischensaison vom Oktober bis Mitte Dezember und von Februar bis Juni und die Nebensaison von Juli bis September. In diesem Kapitel haben wir die Preise in der Hochsaison angegeben, so daß man damit rechnen kann, in der Zwischensaison etwa 25 % und in der Nebensaison bis zu 50 % weniger bezahlen zu müssen.

Das ganze Jahr über wird auf Zimmerpreise von über 100 Rs eine Luxussteuer von 5 %, von über 500 Rs von 10 % und von über 800 Rs von 15 % erhoben. Diese Steuer ist in den im folgenden genannten Priesen nicht enthalten.

Speisen und Getränke aus Goa

Die meisten Gerichte auf den Speisekarten in Goa unterscheiden sich kaum von denen anderer Städte in Indien. Hinzu kommen aber einige Spezialitäten, z. B. *vindaloo*, ein beliebtes Gericht aus Schweinefleisch. Weitere Spezialitäten aus Schweinefleisch sind Würstchen (*chourisso*) und das Schweinelebergericht *sarpotel*. *Xacutí* ist eine Speise mit Hühnchen- oder Rindfleisch, während *bangra* Goa-Makrelen sind. *Sanna* nennt man einen Reiskuchen, der sich vor dem Kochen mit Palmen-Toddy vollgesogen hat. Daneben gibt es zum Weihnachtsfest auch noch eine Reihe von besonderen Süßigkeiten, die man als *dodol* und *bebinca* bezeichnet. *Moira kela* sind Kochbananen aus dem Dorf Moira in Bardez. Ursprünglich kamen sie wahrscheinlich aus Afrika und sind nun auf dem Gemüsemarkt in Panaji unweit des Büros von Indian Airlines erhältlich.

Trotz der leicht überall erhältlichen Spirituosen (zu günstigen Preisen) brauen sich die Menschen in Goa sogar noch eigene Getränke. Am weitesten verbreitet ist *feni*, ein Schnaps aus Kokos- oder Erdnüssen. Eine Flasche davon aus einem Spirituosenladen kostet nur wenig mehr als eine Flasche Bier in einem Restaurant. Einigermaßen gut schmeckende Weine werden in Goa ebenfalls erzeugt, von denen die Weißweine gar nicht so schlecht sind, während der Rotwein eigentlich ein Portwein ist. Wie auch sonst, hängt die Qualität dieser Weine von den jeweiligen Preisen ab, die man dafür bezahlt.

Wissen muß man auch, daß sich die Zeiten für das Räumen der Zimmer am Abreisetag stark voneinander unterscheiden. In einigen Hotels muß man schon bis 8 Uhr das Zimmer geräumt haben, in anderen erst bis 12 Uhr. Manchmal werden Zimmer auch für jeweils 24 Stunden vermietet, so daß man, wenn man beispielsweise um 18 Uhr angekommen ist, am Abreisetag wieder bis 18 Uhr in seinem Zimmer bleiben kann. Das muß man klären, bevor man ein Zimmer mietet, denn bei späterem Auszug kommen in einigen Häusern bis zu 50 % Zuschlag hinzu. So etwas gibt es eigentlich in ganz Indien, aber in Goa scheint dabei das Durcheinander am größten zu sein.

AN- UND WEITERREISE

Flug: Dabolim, der internationale Flughafen von Goa, liegt 29 km von Panaji entfernt an der Küste, und zwar unweit von Vasco da Gama. Zu diesem Flughafen unterhalten die meisten indischen Inlandsfluggesellschaften Verbindungen, aber auch Charterfluggesellschaften aus dem Ausland, beispielsweise LTU aus Deutschland.

Zwischen Goa und Bombay bestehen zahlreiche Flugverbindungen. Vom Gebotenen und von der Pünktlichkeit her sind am besten die täglichen Flüge von ModiLuft und East West Airlines (Flugpreis bei beiden 46 US $), aber Indian Airlines unterhält zum gleichen Preis ebenfalls täglich ein Verbindung zwischen Goa und Bombay. Außerdem fliegt auf dieser Strecke täglich außer sonntags Jet Airways (57 US $). Ferner kommt man mit Damania ebenfalls täglich von Goa nach Bombay oder umgekehrt (65 US $). Jet Airways und ModiLuft bieten für 20 % mehr auch Plätze in der Business-Klasse an, die durchaus eine Überlegung wert sind, falls alle Plätze in der Touristenklasse ausgebucht sein sollten.

Flugverbindungen von Goa nach Delhi bestehen mit ModiLuft täglich (150 US $) und mit Indian Airlines täglich außer sonntags (ebenfalls 150 US $). ModiLuft unterhält zudem täglich Flugverbindungen von Udaipur über Bombay nach Goa (104 US $), Indian Airlines auch täglich außer sonntags zwischen Goa und Kochi (68 US $) und Thiruvananthapuram (84 US $) sowie dreimal wöchentlich nach Bangalore (52 US $) und Madras 79 US $). Dienstags und samstags fliegt NEPC Airlines in beiden Richtungen zwischen Goa und Madras (100 US $), Bangalore (70 US $) und Pune (85 US $).

Bus: Einzelheiten über die Busverbindungen mit Langstreckenbussen von und nach Goa können Sie dem Abschnitt über Panaji entnehmen.

Zug: Derzeit sind die Eisenbahnverbindungen von und nach Goa wegen zweier großer Projekte unterbrochen. Das erste, die Umstellung der Strecken von Meter- auf Breitspur, sollte, wenn Sie diese Zeilen lesen, bereits vollendet sein.

Anspruchsvoller ist das zweite Projekt, der Bau einer vollständig neuen Eisenbahnstrecke - der Konkan Railway. Sie verläuft von Mangalore entlang der Küste durch Goa bis Bombay. Das ist für den Bau von Eisenbahnstrecken kein einfaches Gebiet, denn mehr als 10 % davon verlaufen durch Tunnel. Außerdem müssen dafür 145 Brücken gebaut werden. Der Frachtverkehr auf der neuen Strecke soll irgendwann im Jahre 1996 aufgenommen werden, später gefolgt vom Passagierverkehr. Wenn der begonnen hat, wird sich die Reisezeit mit einem Zug von Bombay bis zum neuen Bahnhof östlich von Panaji auf schätzungsweise 10 Stunden verringern. Bisher hatte Goa nur eine Eisenbahnverbindung mit Meterspur nach Karnataka, so daß für Langstrecken (insbesondere von Bombay) der Katamaran und Busse schneller waren. Bis zur Inbetriebnahme der Neubaustrecke verkehren Züge auf Breitspur von Bombay und Hubli nur bis Londa, 135 km von der Endstation Vasco da Gama in Goa entfernt. Der andere bedeutende Bahnhof von Goa befindet sich in Margao.

Solange der Umbau noch andauert, werden die Zugverbindungen zwischen Londa und Vasco da Gama entweder ganz oder teilweise unterbrochen sein. Daher sind derzeit zwischen Londa und Panaji Busse im Einsatz. Busse verkehren aber auch von Miraj, 188 km nördlich von Londa an der Eisenbahnstrecke von und nach Bombay, in Richtung Panaji. Auf dem Weg von Bombay ist eine Kombination aus Zugfahrt von Bombay nach Miraj oder Londa und Busfahrt von einer dieser Städte nach Goa wahrscheinlich am besten. Das ist derzeit schneller als allein eine Zugfahrt bis zum Ziel und bequemer als eine Busfahrt ganz von Bombay nach Goa.

Wenn Züge verkehren, lassen sich Plätze oder Betten darin in den Bahnhöfen von Vasco da Gama und Margao sowie in der Agentur der Eisenbahn am Schalter 5 des Busbahnhofs von Panaji reservieren. Eine Ausnahme gilt für Besitzer des Indrail-Passes, die sich zum Bahnhof Vasco da Gama begeben müssen, aber dafür dort auch Plätze aus dem Kontingent für Touristen in Anspruch nehmen können. Die Agentur der Eisenbahn im Busbahnhof von Panaji ist täglich außer sonntags von 10.00 bis 13.00 Uhr und von 14.30 bis 16.00 Uhr besetzt.

Für eine Fahrt nach Bangalore muß man mit etwa 20 Stunden rechnen. Der Fahrpreis für die 689 km lange Fahrt beträgt in der 2. Klasse 128 Rs und in der 1. Klasse 492 Rs. Einige Züge in diese Richtung führen auch Kurswagen nach Mysore. Nach Bombay dauert eine Fahrt 24 Stunden. Die Reise dorthin kostet in der 2. Klasse 141 Rs und in der 1. Klasse 536 Rs. Seit der Abschnitt zwischen Miraj und Londa auf Breitspur umgestellt ist, sollten die meisten Züge von Bombay bis Londa durchfahren. Wer mit einem Zug von Goa nach Delhi fahren will, muß etwa 44 Stunden und Fahrpreise in der 2. Klasse von 258 Rs und in der 1. Klasse von 1200 Rs einkalkulieren.

Wenn man nach Karnataka landeinwärts fahren will, z. B. nach Hampi, Bijapur oder Badami, kann man einen der beiden Kurswagen im Zug Nr. 7805 (*Gomantak Passenger*) benutzen, die in Londa abgehängt und dann an den Zug Nr. 7838 (*Miraj Link Express*) angehängt werden. Abfahrt ist in Vasco da Gama um 21.00 Uhr, Ankunft in Hubli um 6.50 Uhr. Hubli ist ein wichtiger Eisenbahnknotenpunkt, von dem aus Schnellzüge nach Bangalore sowie Personenzüge nach Hospet, dem Ausgangspunkt für einen Besuch der Vijayanagar-Ruinen in Hampi, Badami und Bijapur, fahren.

Schiff: Bis zur Einstellung der Verbindungen Mitte der achtziger Jahre waren Schiffe die besten Verkehrsmittel für Fahrten zwischen Bombay und Goa. Das war billig und bequem, selbst wenn man eine Nacht an Deck unter den Sternen im eigenen Schlafsack zu verbringen hatte. Nach Jahren der Spekulationen, wann diese Verbindung wohl wieder aufgenommen werden würde, begann im November 1994 ein schicker neuer Katama-

ran mit dem Betrieb auf dieser Strecke. Betrieben von Damania Shipping, fährt der Katamaran von Oktober bis Mai, verläßt Bombay in dieser Zeit um 7.00 Uhr und kommt in Panaji um 14.00 Uhr an. Er legt um 15.00 Uhr wieder ab und macht in Bombay um 22.00 Uhr fest. Buchungen sind in den Büros der Fluggesellschaft dieses Unternehmens und in den Fährterminals von Damania Shipping in Bombay (Tel. 022/6 10 25 25) sowie Panaji (Tel. 0832/22 87 11) möglich.

Das ist eine beeindruckende Verbindung, aber weil das brandneue Schiff in Norwegen konstruiert und in Singapur gebaut wurde, sind die Fahrpreise nicht mehr so niedrig wie früher. Mit 35 US $ für eine Fahrt in der Economy-Klasse sind sie nur 11 US $ billiger als ein Flugschein. In der Club-Klasse muß man für eine Fahrt sogar 50 US $ bezahlen. Eine Fahrt mit dem Katamaran ist sicherlich komfortabler als im Flug, aber abgesehen von der halbstündigen Fahrt auf dem Mandovi ist die Reise etwa so interessant oder uninteressant wie ein Flug. Wenn es erst einmal auf dem Meer ist, muß das Schiff mindestens 15 km Abstand vor der Küste halten, um den Fischern nicht in die Quere zu kommen, so daß so gut wie nichts zu sehen ist. Wenn man mit dem Katamaran von Panaji nach Bombay fahren will, sollte man wegen der späten Ankunft unbedingt vorher ein Quartier reservieren lassen, weil man anderenfalls den Taxifahrern ausgeliefert ist und mit ihrer Hilfe eine Unterkunft suchen muß.

Taxi: Wenn die Flüge und der Katamaran ab Bombay ausgebucht sind und man sich nicht mit einer Busfahrt anfreunden mag, kann man ein Taxi in Erwägung ziehen. Um die 600 km zwischen Bombay und Goa zurückzulegen, braucht man etwa 14 Stunden, aber die Strecke läßt sich auf diese Weise auch in zwei Abschnitte unterteilen. Weil man bei Benutzung eines Taxis auch die Rückfahrt mitbezahlen muß, wird eine solche Fahrt zwischen 5000 und 6000 Rs kosten. Bevor man sich für ein bestimmtes Taxi entscheidet, lohnt es, sich ein wenig zu erkundigen und zu versuchen, den Taxifahrer ausfindig zu machen, der den niedrigsten Preis pro Kilometer anbietet.

NAHVERKEHR

Bus: Die wichtigste Busfirma ist das staatliche Unternehmen Kadamba. Daneben verkehren aber auch noch viele private Busse. Die Fahrten sind billig und führen fast zu jedem beliebigen Ziel. Außerdem fahren die Busse häufig und sind die Ziele an den Bussen auch in Englisch angegeben, so daß es eigentlich keine Schwierigkeiten geben sollte, dorthin zu gelangen, wohin man will. Bezahlt wird im Bus.

Das einzige Problem ist, daß die Schaffner die gleiche Mentalität haben wie die Hersteller von Sardinenbüchsen. Wenn Sie also Wert auf einen Sitzplatz legen, dann müssen Sie dort einsteigen, wo der Bus eingesetzt wird. Anderenfalls stecken Sie mitten im Gedränge. Allerdings gehen die Goaner mit wenig Platz anders um als die Leute in anderen Teilen Indiens. Da fehlt die sonst übliche verrückte Panik, bei der Mitfahrer gepackt werden, um doch noch in einen bereits überfüllten Bus zu gelangen. Fahrgäste mit einem Sitzplatz bieten in Goa den stehenden Fahrgästen sogar häufig an, die Tasche oder ein anderes Gepäckstück während der Fahrt abzunehmen, damit es wenigstens ein bißchen bequemer wird. Dennoch - die Busse sind ziemlich langsam, denn sie halten häufig.

Motorradtaxi: Goa ist die einzige Gegend in Indien, in der Motorräder als lizensierte Taxis eingesetzt werden dürfen. Wenn Ihnen so etwas nichts ausmacht, ist eine Taxifahrt mit einem Motorrad viel billiger als mit jedem anderen Verkehrsmittel. Allerdings kommt man damit nur allein mit, auch wenn ein Rucksack kein Problem darstellt. Lizensierte Motorradtaxis sind an dem gelben Schutzblech vorn zu erkennen und in großen Mengen überall in Goa zu finden.

Mietwagen: Das Mieten eines Autos, um damit selbst zu fahren, ist in Goa möglich, aber teuer. Mehrere Autovermieter unterhalten Schalter im Flughafengebäude. Budget beispielsweise (Tel. 0832/21 70 63) berechnet für einen kleinen Maruti-Suzuki ohne Kilometerbegrenzung pro Woche ab 4000 Rs. Wheels/ Hertz (Tel. 0832/22 43 04) ist bei Interesse ebenfalls einen Versuch wert. Billiger wird es in der Regel aber, wenn man einen Wagen mit Fahrer nur für bestimmte Ausflüge mietet. Für einen solchen vierstündigen Ausflug mit bis zu 50 km Fahrt berechnet Wheels 370 Rs.

Mietmotorrad: Ein Motorrad zu mieten ist in Goa einfach. Viele Langzeitbesucher machen das auch. Angeboten werden Motorräder vom Typ Enfield (deren Zündkerzen viel Liebe brauchen), Rajdoot (aus indischer Fertigung, von der einer der Autoren dieses Buches aus Erfahrung behauptet, es seien die schlechtesten Motorräder auf der ganzen Welt) oder modernere von Yamaha mit 100 ccm Hubraum sowie die Motorroller von Kinetic Honda ohne Gangschaltung. Im allgemeinen erhält man bei der Miete eines Motorrades so einiges, wofür man bezahlt hat. Für 130 bis 200 Rs pro Tag kann man ein kleines Motorrad bereits erhalten, für 300 Rs pro Tag eine Enfield (oder für ca. 900 Rs pro Woche). Bevor man ein Motorrad mieten kann, muß man bei einigen Stellen seinen Reisepaß vorlegen und eine Sicherheit hinterlegen. Andere Vermieter wollen nur wissen, wo man wohnt. Auch wenn die meisten Motorräder mit einer Art Versicherung vermietet werden, muß man bei einem Unfall wahrscheinlich zumindest für die Reparaturkosten aufkommen. Anders ist das bei Classic Bike Adventure in der Villa Theresia in Candolim (Tel. und Fax 27 61 24), wo man eine gut gewartete Enfield mit vollem Versicherungsschutz je nach Saison für etwa 2000 bis 3000 Rs pro Woche erhalten kann. Einzelheiten über die Möglichkeiten zum Mieten eines Motorrades in Indien von Deutschland aus sind im Einführungsteil im Abschnitt über das Reisen in Indien enthalten.

Beim Mieten eines Motorrades in Indien sollte man sich bewußt sein, daß die Rate der Straßenunfälle zu den höchsten in der ganzen Welt gehört. Auch wenn die Straßen in Goa etwas sicherer sind als die Grand Trunk Road, sind unerfahrene ausländische Motorradfahrer ohne Helm Unfällen extrem ausgesetzt. In jeder Saison reisen mehr als nur ein paar ausländische Touristen über das Leichenhaus in Panaji in einem Sarg zurück in die Heimat. Beim Motorradfahren darf man nicht vergessen, daß sich die Verkehrsvorschriften für indische Autostraßen auf einen Grundsatz zusammenfassen lassen, und der lautet „Might is right". Auf einem Motorrad befindet man sich in der Hierarchie der Verkehrsteilnehmer ziemlich weit unten. Außerdem ist darauf zu achten, daß ein gemietetes Motorrad sich in einem verkehrstüchtigen Zustand befindet. Ferner hat man immer mit Fußgängern und Tieren auf den Straßen zu rechnen. Gerade die Schweine in Goa haben die Angewohnheit, plötzlich aus Büschen aufzutauchen und über eine Straße zu laufen, wenn man am wenigsten damit rechnet.

Schließlich muß man mit einem Motorrad immer seinen Führerschein, die Zulassung und die Versicherungsunterlagen bei sich haben. Das ist auch deshalb wichtig, weil Führerscheinkontrollen bei Ausländern für Polizisten lukrative Quellen für Bakschisch sind. Wenn man bei einer Kontrolle seinen Führerschein nicht vorzeigen kann, versuchen die Polizisten, eine „Strafe" von bis zu 1000 Rs zu kassieren, lassen sich aber normalerweise herunterhandeln. Meiden sollte man mit einem Motorrad die Städte, insbesondere Panaji und an Markttagen (mittwochs) Anjuna.

Auf der Suche nach einem neuen oder gebrauchten Motorrad zum Kauf sollte man sich einmal bei Auto Guides in der Dr. Dada Vaidya Road in Panaji, unweit vom Hotel Samrat, umsehen. Dort wird man für eine neue Enfield 42 000 Rs los, organisiert dann aber auch den Transport nach Hause.

Fahrrad: In allen größeren Orten von Goa und an den Stränden können Fahrräder an vielen Stellen ausgeliehen werden. Normalerweise kostet das 3 Rs pro Stunde und 20 Rs pro ganzen Tag. An den Stränden mit viel Tourismus, beispielsweise in Calangute, wird von einigen Vermietern aber auch versucht, das Doppelte davon zu kassieren.

Fähren: Eines der Vergnügen beim Herumreisen im kleinen Goa sind die Fähren, die viele Flüsse in diesem Bundesstaat überqueren. Fast ohne Ausnahme sind das kombinierte Personen- und Autofähren.

Mit der Fähre von Siolim nach Chopdem muß man fahren, wenn man nach Arambol und anderen Zielen im Norden gelangen will. Die Überfahrten von 10 Minuten Dauer finden mindestens alle halbe Stunde einmal statt (Passagiere 0,75 Rs und Motorräder 1,50 Rs).

Mit der Fähre von Querim nach Terekhol hat man Zugang zur Festung Terekhol im äußersten Norden des Bundesstaates Goa. Verbindungen bestehen etwa alle halbe Stunde.

Die Fähre von Dona Paula nach Mormugao verkehrt nur zwischen September und Mai. Ganz regelmäßig legt diese Fähren nicht ab. Zu bestimmten Tageszeiten kann es passieren, daß man bis zu zwei Stunden warten muß. Eine Überfahrt dauert 30-45 Minuten. Auf beiden Seiten warten bei Ankunft der Fähre Busse. Dies ist zwar nur eine Personenfähre, aber sie bietet eine angenehme Möglichkeit, um von Panaji nach Vasco da Gama zu gelangen. Eingestellt wird der Verkehr gegen 17 Uhr.

Zwischen Alt-Goa und Piedade verkehrt alle 30 Minuten ebenfalls eine Fähre.

Außerdem werden Fähren zwischen Panaji und Betim, Aldona und Corjuem, Colvale und Macasana, Pomburpa und Chorao sowie Ribander und Chorao eingesetzt. Daneben fahren Boote vom Hauptanleger in Panaji nach Aldona (einmal täglich), Britona (zweimal täglich), Naroa (zweimal täglich) und Verem.

NORD-GOA

Goa besteht nur aus zwei Bezirken: Nord-Goa und Süd-Goa. Zu Nord-Goa gehören Panaji, die Hauptstadt des Bundesstaates, die frühere Hauptstadt Alt-Goa mit ihren interessanten Kirchen und Kathedralen sowie eine Kette von Stränden die Küste hinauf bis zur Grenze nach Maharashtra. Diese Strände reichen von den bereits weitgehend erschlossenen wie Calangute, Baga und Candolim bis zu solchen wie Anjuna, Chapora und Vagator, die eine bunte Mischung von Langzeitbesuchern und Rucksackreisenden anziehen. An den drei zuletzt genannten Stränden ist es auch, wo in Vollmondnächten die berühmten Mitternachtsparties stattfinden. Weit ruhiger ist es in Arambol im äußersten Norden.

PANAJI (PANJIM)

Einwohner: 90 500
Telefonvorwahl: 0832
Panaji gehört zu den kleinsten und schönsten Hauptstädten der Bundesstaaten Indiens. Die Stadt am Südufer des breiten Mandovi wurde bereits 1843 die Hauptstadt von Goa. Die portugiesischen Vizekönige hatten nämlich 1759 ihre Residenz aus den Außenbezirken von Alt-Goa in den früheren Palast von Adil Shah von Panaji verlegt.

Wenn auch die meisten Besucher in Goa auf dem Weg zu den Stränden oder nach Alt-Goa (9 km weiter östlich) durch Panaji nur durchreisen, ist die Stadt selbst doch einen Aufenthalt durchaus wert. Hier ist die Atmosphäre gelassen und sind die Menschen sehr freundlich. Im ältesten Teil der Stadt hat sich das portugiesische Erbe erstaunlich gut erhalten. Dort sieht man verwinkelte Gassen, alte Häuser mit überhängenden Balkons, rote Ziegeldächer sowie unzählige kleine Bars und Cafés. Sichtbare Zeichen der früheren portugiesischen Herrschaft sind die Beschriftungen an Läden, Restaurants und Verwaltungsgebäuden in portugiesischer Sprache.

PRAKTISCHE HINWEISE

Informationen: Das Fremdenverkehrsamt (Tourist Office) ist im staatlichen Tourist Home untergebracht (Tel. 4 57 15), zu finden zwischen dem Busbahnhof und dem Ourem. Die Mitarbeiter sind ganz aufgeschlossen und haben durchaus zuverlässige Informationen zu bieten. An Wochenenden ist allerdings geschlossen. Hier sind auch Landkarten von Goa und Stadtpläne von Panaji für 7 Rs erhältlich. Ein ganz nützlicher Informationsschalter und ein Reservierungsbüro der Eisenbahn befinden sich auch am Busbahnhof, die täglich von 10.00 bis 13.00 Uhr und von 14.00 bis 16.30 Uhr geöffnet sind. Ein weiterer Informationsschalter wurde im Flughafengebäude eingerichtet, besetzt bei der Ankunft von Flugzeugen.

Es gibt auch noch ein staatliches indisches Fremdenverkehrsamt (Government of India Tourist Office) im

Gebäude der Communidade am Church Square (Tel. 4 34 12). An diesem Platz ist das Fremdenverkehrsamt von Karnataka ebenfalls vertreten (Tel. 22 41 10).

Geld: In der State Bank of India sind die Öffnungszeiten recht kurz (von 10.00 bis 13.00 Uhr, samstags bis 12.00 Uhr). Dagegen sind die Büros von Thomas Cook und von Wall Street Finance montags bis samstags von 9.30 bis 18.00 Uhr zugänglich.

Post und Telefon: Am Schalter für postlagernde Sendungen im Hauptpostamt (Poste Restante, GPO) klappt die Ausgabe erstaunlich gut. Wenn man fragt, erhält man den ganzen Stapel mit postlagernden Sendungen zur Durchsicht ausgehändigt. Man kann dann selbst feststellen, ob etwas für einen dabei ist. Geöffnet ist montags bis samstags von 9.30 bis 13.00 Uhr und von 14.00 bis 17.30 Uhr.
Auslandsgespräche kann man rund um die Uhr im Telegraphenamt führen. Schneller, leichter und nur geringfügig teurer geht das jedoch von den vielen privaten Stellen mit ISD-Anschluß, die man überall in der Stadt findet.

Visaverlängerungen und Steuerbescheinigungen: Visa werden in Goa nicht wie selbstverständlich verlängert. Je respektvoller man aussieht, desto größer ist die Wahrscheinlichkeit, daß ein Antrag auf Verlängerung der Aufenthaltserlaubnis wohlwollend bearbeitet wird. Wenn man in Goa keinen Erfolg hat, sind die nächsten Städte, in denen Visa verlängert werden, Bombay und Bangalore. Die Ausländerbehörde (Foreigners' Registration Office) findet man mitten in Panaji und ist montags bis freitags von 9.30 bis 13.00 Uhr geöffnet. Wenn man so lange in Indien gewesen ist, daß bei der Ausreise eine Steuerbescheinigung vorgelegt werden muß, kann man die im Finanzamt (Taxation Department) im Shanta Building am Ende der Emidio Gracia Road beantragen.

Reisebüros: Einigermaßen tüchtige Reisebüros sind Aero Mundial im Hotel Mandovi (Tel. 4 48 31), Georgeson & Georgeson im 1. Stock des Hauses gegenüber vom Hauptpostamt (Tel. 4 37 42) und MGM International Travels im Mamai Camotin Building (Tel. 4 51 50), mit Filialen auch in Calangute und Anjuna vertreten. Wenn man einen internationalen Flug bestätigen will, klärt man am besten zunächst, ob das bei Air India möglich ist. Einige Reisebüros verlangen dafür nämlich eine reichlich hohe Gebühr.

Buchhandlungen und Bibliotheken: Sowohl im Hotel Mandovi als auch im Hotel Fidalgo findet man gute Buchhandlungen, in denen auch ausländische Zeitschriften erhältlich sind.

In Panaji werden auch drei englischsprachige Zeitungen veröffentlicht. Als konservativ kann man die *Navhind Times* bezeichnen, während der *Herald* und die *Gomantok Times* als liberal einzustufen sind.
Die Alliance Française in Altinho, oberhalb der Stadt, ist montags bis freitags von 9.30 bis 13.00 Uhr und von 15.30 bis 18.30 Uhr zugänglich (Tel. 22 32 74). Sie verfügt auch über eine kleine Bibliothek. Außerdem werden dort klassische französische Filme als Videos gezeigt (normalerweise donnerstags um 20.00 Uhr). Um die Einrichtung nutzen zu dürfen, muß man Mitglied werden, was für drei Monate 150 Rs kostet.

Ärztliche Behandlung: Wenn man das Pech hatte, bei einem Motorradunfall verletzt worden zu sein, wendet man sich am besten an Dr. Bale, den besten Knochenspezialisten in Goa, der in seiner Praxis in Porvorim, 4 km nördlich von Panaji an der NH 17 nach Mapusa, auch über ein Röntgengerät verfügt. Telefonisch ist dieser Arzt jedoch nicht zu erreichen. Wenn der Kopf geröntgt werden muß, ist das nur in Vasco da Gama, 30 km von Panaji entfernt, im Salgonkar Medical Research Centre (Tel. 0834/51 25 24) möglich. Wirbelsäulen- und Rückenmarksverletzungen lassen sich derzeit in Goa nirgendwo behandeln.

SEHENSWÜRDIGKEITEN

Der alte Stadtteil Fontainhas liegt westlich des Ourem. Das ist mit den schmalen Straßen, gekachelten Häusern mit überhängenden Balkonen und einer Atmosphäre, die eher an das Mittelmeer als an Indien erinnert, eine ganz interessante Gegend für einen Spaziergang. Dort gibt es auch zahlreiche kleine Kneipen, die von Ausländern nur selten besucht werden. Selbst wenn man dort nicht übernachtet, ist das Panjim Inn ein wunderschönes altes Gebäude, das eine Besichtigung lohnt.
Am Ende einer malerischen Straße in Fontainhas steht die Kapelle von St. Sebastian. Auch wenn sie erst aus den achtziger Jahren des vorigen Jahrhunderts stammt, enthält sie eine ganze Reihe von bemerkenswerten Einzelheiten, darunter ein Kruzifix, das ursprünglich im Palast der Inquisition in Alt-Goa aufgestellt war.
Das bedeutendste Gotteshaus in Panaji ist die Kirche der Umbefleckten Empfängnis, die oberhalb des Platzes im Hauptteil der Stadt errichtet wurde und über eine Reihe von Treppen zu erreichen ist. Die ursprüngliche Kirche an dieser Stelle ist bereits 1541 gesegnet worden. Panaji war übrigens der erste Hafen, in dem die Schiffe aus Lissabon anlegten, so daß die portugiesischen Seeleute in dieser Kirche ein Dankgebet für die sichere Überquerung des Meeres sprachen, bevor sie sich auf den Weg weiter nach Alt-Goa begaben.
Ein weiteres Bauwerk von Interesse in Panaji ist das Sekretariat. Es stammt aus dem 16. Jahrhundert und war ursprünglich ein Palast von Adil Shah. Im Jahre

1759 wurde daraus die offizielle Residenz des Vizekö-nigs. Für den Fall, daß Sie sich wundern, was die bizarre Figur eines Mannes neben dem Sekretariat zu bedeuten hat, der offensichtlich eine Frau würgt, dann sei Ihnen verraten, daß dort Abbé Faria, ein berühmter Hypnoti-seur, samt Assistent, dargestellt sind. Geboren in Candolim im Jahre 1756, zog er nach Frankreich, wo er zu einem gefeierten Hypnotiseur wurde.

Ansehen kann man sich in Panaji ferner ein kleines, staubiges Museum (geöffnet montags bis freitags) und den modernen Mahalaxmi-Tempel.

AUSFLUGSFAHRTEN

Rundfahrten durch Goa werden sowohl vom Fremden-verkehrsamt Goa Tourism (Buchungen in dessen Büro und am Busbahnhof) als auch von privaten Reise-veranstaltern angeboten. Die Ausflugsfahrten sind nicht zu empfehlen, weil bei ihnen in einen kurzen Tag zu viel Programm einbezogen wird und man letztlich doch nur sehr wenig sieht. Die Fahrten zum Strand sind zudem nur etwas für Voyeure, die hoffen, einen Blick auf Körper von Leuten aus dem Westen werfen zu können. Die Tour in den Norden von Goa führt nach Panaji, Datta Mandir, Mayem Lake, Mapusa, Vagator, Anjuna, Calangute und Fort Aguada. Auf der Fahrt in den Süden von Goa kommt man nach Miramar, Dona Paula, Pilar, Mormugao, Vasco da Gama, Colva, Margao, zum Shanta-Durga-Tempel, zum Ramnath-Tempel, zum Mangesh-Tempel und nach Alt-Goa. Die Fahrten ko-sten jeweils 60 Rs (in Bussen mit Klimaanlage 80 Rs) und beginnen täglich um 9.30 Uhr. Rückkehr nach Panaji ist um 18.00 Uhr. Die Fahrten zum Strand kosten 50 Rs und dauern von 15.00 bis 19.00 Uhr. Dabei geht es nach Calangute, Anjuna und Vagator. Die Fahrt zum Tierschutzgebiet Bondla beginnt täglich um 9.30 Uhr, endet um 17.00 Uhr und kostet 70 Rs.

Außerdem finden täglich halbstündige Flußfahrten auf dem Mandovi statt, eine um 18.00 Uhr („Sunset Cruise") und eine um 19.15 Uhr („Sundown Cruise"). Beide kosten jeweils 55 Rs. Sie sind ihr Geld durchaus wert, denn dabei werden auch Volkslieder und Volkstänze aus Goa dargeboten. Getränke und Imbisse sind unter-wegs ebenfalls erhältlich. An Abenden mit Vollmond finden zudem ab 20.30 Uhr zweistündige Fahrten statt, bei denen man zu Abend essen kann. Wenn man an diesen Fahrten teilnehmen will, dann fährt man am besten mit dem staatlichen Boot *Santa Maria*, das dort ablegt, wo früher die Schiffe von und nach Bombay festmachten. Die anderen Schiffe, die vor dem Tourist Hostel liegen, gehören Privatleuten, fahren nur unre-gelmäßig und sind etwas teurer.

UNTERKUNFT

Im gesamten Kapitel über Goa sind, soweit nicht anders angegeben, die Preise für die Hochsaison (Mitte De-zember bis Ende Januar) genannt. In der Zwischen-saison sinken die Übernachtungspreise in den Mittel-klasse- und Luxushotels um etwa 25 %.

Wann immer ein religiöses Fest in Goa ansteht, entste-hen Schwierigkeiten mit der Unterbringung. Dies gilt besonders für das Fest des Hl. Franz Xaver, das einige Tage vor oder nach dem 3. Dezember begangen wird. Dann ist auch die kleinste Hütte überbelegt. In Alt-Goa besteht keine Übernachtungsmöglichkeit.

Einfache Unterkünfte: Auf der Suche nach einer Übernachtungsmöglichkeit in einem Schlafsaal beste-hen mehrere Alternativen. Eine ist das Patto Tourist Home (Tel. 4 79 72), gelegen in einem Komplex am Fluß zwischen dem Busbahnhof und der Stadtmitte, in dem auch das Fremdenverkehrsamt untergebracht ist. Es ist bei Besuchern aus dem Westen und Indern glei-chermaßen beliebt. Hier muß man für ein Bett in der Hochsaison 40 Rs und in der Nebensaison 30 Rs bezah-len. Vorhanden sind auch ein Restaurant und eine Bar. Die Jugendherberge liegt in Miramar, 3 km westlich von Panaji, und zwar in einem Garten mit schattenspen-denden Eichen am Fluß (Tel. 22 54 33). Nachteile dort sind die etwas künstliche Atmosphäre und die Entfer-nung vom Zentrum in Panaji. In diesem Haus muß man für ein Bett im Schlafsaal 15 Rs (Nichtmitglieder 25 Rs) und für das einzige Doppelzimmer mit Bad 66 Rs bezahlen.

In den engen Gassen der Altstadt, die parallel zum Ourem verlaufen, findet man mehrere weitere gute und preiswerte Übernachtungsmöglichkeiten. Zwei davon sind das Udipi Boarding & Lodging und das Elite Boarding & Lodging. Sie sind ähnlich, denn in beiden zahlt man mit Badbenutzung für ein Einzelzimmer 80 Rs und für ein Doppelzimmer 80 Rs sowie mit eigenem Bad für ein Einzelzimmer 100 Rs und für ein Doppel-zimmer 125 Rs. Ein einziges Doppelzimmer kann man auch im Restaurant Hotel Venite mieten, und zwar für 125 Rs.

Am Berghang mit Blick auf das Elite findet man Unter-kunft im von den Preisen her ähnlichen Casa Pinho, einem großen alten Haus mit einfachen und etwas schäbigen, aber relativ sauberen Zimmern. Auf der anderen Straßenseite liegt das viel bessere, aber auch teurere Hotel Embassy (Tel. 22 60 19), in dem man für ein gutes, sauberes Doppelzimmer 250 Rs bezahlen muß und wo man in den angeschlossenen Bädern auch Heißwasserbereiter vorfindet.

Das Hotel Republica in der José Falcão Road (Tel. 22 46 30), gelegen an der Rückseite des Blocks mit dem Sekretariat, ist ein altes Gebäude, das einen schönen Blick über den Mandovi ermöglicht. Es wird nach und nach renoviert und hat nun zu allen Zimmern auch eigene Bäder zu bieten. Dafür werden von Allein-reisenden jeweils 150 Rs und von Paaren jeweils 200 Rs

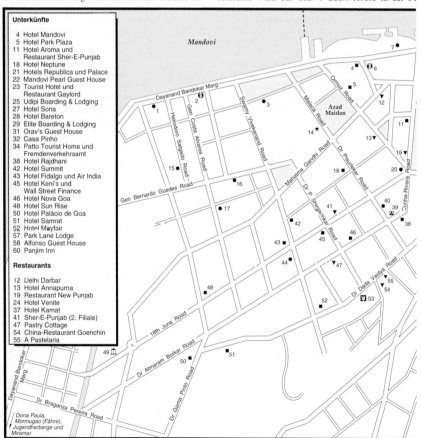

verlangt. Das Hotel Palace nebenan eignet sich nur in einem Notfall. Hier werden schmuddelige Zellen mit Badbenutzung als Einzelzimmer für 25 Rs und Doppelzimmer für 50 Rs sowie mit Bad für 100 Rs vermietet, aber die Atmosphäre ist düster. Allerdings wird die Pfingstlerkirche in einem Flügel des Hotels auf einige Gäste Anziehungskraft ausüben.

Wenn man vom Republica aus ein kleines Stück an der Rückseite des Tourist Hostel die Straße hochgeht, gelangt man zum sehr beliebten Mandovi Pearl Guest House (Tel. 22 39 28), einem Haus mit nur vier Zimmern, die häufig belegt sind. Die werden teilweise mit eigenem Bad zu Preisen zwischen 150 Rs (Einzelzimmer) bis 200 Rs (Dreibettzimmer) vermietet.

Eine Reihe weiterer Quartiere gibt es in Fountainhas. Zu den bekannteren gehört die von einer Familie betriebene Park Lane Lodge (Tel. 22 02 38), ein altes portugiesisches Haus mit einer Vielzahl von guten und sauberen Zimmern und einer angenehm entspannten Atmosphäre. Hier reichen die Preise für Doppelzimmer mit Bad in der Hochsaison von 180 bis 300 Rs und fallen in den Nebensaison auf 120 Rs. Vorhanden sind auch ein paar Dreibettzimmer mit Badbenutzung, die manchmal sogar als Einzelzimmer vermietet werden. Zu empfehlen ist ferner das nahegelegene Alfonso Guest House (Tel. 22 23 59), gelegen in der gleichen Straße wie die Kapelle des St. Sebastian. Dort kosten makellos saubere Einzel- und Doppelzimmer mit Bad 250 bzw. 300 Rs.

Auch wenn ihm die Atmosphäre der beiden zuletzt beschriebenen Unterkünfte fehlt, ist ebenfalls keine schlechte Wahl das Orav's Guest House in der 31

Unterkünfte

4 Hotel Mandovi
5 Hotel Park Plaza
11 Hotel Aroma und
    Restaurant Sher-E-Punjab
18 Hotel Neptune
21 Hotels Republica und Palace
22 Mandovi Pearl Guest House
23 Tourist Hotel und
    Restaurant Gaylord
25 Udipi Boarding & Lodging
27 Hotel Sona
28 Hotel Bareton
29 Elite Boarding & Lodging
31 Orav's Guest House
32 Casa Pinho
34 Patto Tourist Home und
    Fremdenverkehrsamt
38 Hotel Rajdhani
42 Hotel Summit
43 Hotel Fidalgo und Air India
45 Hotel Keni's und
    Wall Street Finance
46 Hotel Nova Goa
48 Hotel Sun Rise
50 Hotel Palácio de Goa
51 Hotel Samrat
52 Hotel Mayfair
57 Park Lane Lodge
58 Alfonso Guest House
60 Panjim Inn

Restaurants

12 Delhi Darbar
13 Hotel Annapurna
19 Restaurant New Punjab
24 Hotel Venite
37 Hotel Kamat
41 Sher-E-Punjab (2. Filiale)
47 Pastry Cottage
54 China-Restaurant Goenchin
55 A Pastelaria

January Road (Tel. 22 61 28), das sehr sauber und gut geführt ist. Hier zahlt man für ein Doppelzimmer mit Bad 250 Rs. Zu den Zimmern nach vorn gehört jeweils auch ein kleiner Balkon.

Im neuen Teil der Stadt gelegen ist in der Malaca Road das Hotel Neptune (Tel. 4 77 27), in dem Doppelzimmer für 175 Rs sowie klimatisierte Räume für 275 Rs vermietet werden. Zu allen Zimmern gehört ein Bad, in dem auch heißes Wasser fließt. Im Haus befindet sich zudem ein Restaurant mit einer Bar.

Mittelklassehotels: Ein großer Preissprung hat zur Folge gehabt, daß das Tourist Hotel (Tel. 22 71 03) nicht mehr so preisgünstig wie früher ist. Die Beliebtheit hat darunter aber nicht gelitten. In diesem Haus muß man jetzt für ein Doppelzimmer 250 Rs, für ein

Dreibettzimmer 330 Rs und für ein Zimmer mit Klimaanlage 370 Rs bezahlen. In der Nebensaison werden die Preise um etwa 50 % gesenkt. Von den Zimmern nach vorn kann man zwar auf den Fluß blicken, aber dort ist es auch laut, so daß man besser nach hinten hin wohnt. Vorhanden sind auch ein Terrassenrestaurant, eine Bar, eine Buchhandlung und im Erdgeschoß ein Kunstgewerbeladen.

Eine gute Wahl ist ferner das Hotel Samrat in der Dr. Dada Vaida Road (Tel. 4 45 46), auch wenn dort die Hochsaisonpreise von Oktober bis Januar gelten. In diesem Haus werden für ein Einzelzimmer 250 Rs, für ein Doppelzimmer 350 Rs, für ein Dreibettzimmer 400 Rs und für ein Vierbettzimmer 450 Rs berechnet. Alle Zimmer sind sauber und mit Bad ausgestattet. Im gleichen Gebäude befinden sich auch eine Bar und ein

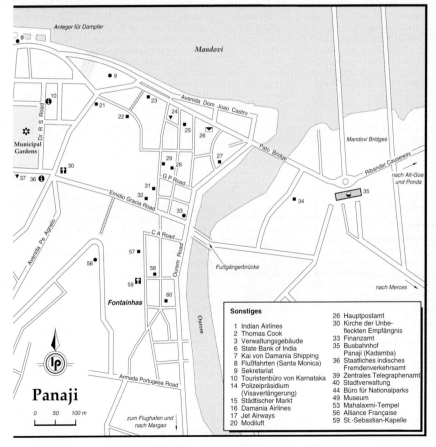

Panaji

0   50   100 m

Sonstiges

1 Indian Airlines
2 Thomas Cook
3 Verwaltungsgebäude
6 State Bank of India
7 Kai von Damania Shipping
8 Flußfahrten (Santa Monica)
9 Sekretariat
10 Touristenbüro von Karnataka
14 Polizeipräsidium (Visaverlängerung)
15 Städtischer Markt
16 Damania Airlines
17 Jet Airways
20 Moduluft

26 Hauptpostamt
30 Kirche der Unbefleckten Empfängnis
33 Finanzamt
35 Busbahnhof Panaji (Kadamba)
36 Staatliches indisches Fremdenverkehrsamt
39 Zentrales Telegraphenamt
40 Stadtverwaltung
44 Büro für Nationalparks
49 Museum
53 Mahalaxmi-Tempel
56 Alliance Française
59 St.-Sebastian-Kapelle

gutes chinesisches Restaurant. Reiseschecks lassen sich in diesem Hotel ebenfalls wechseln. Außerdem kann man mit allen gängigen Kreditkarten bezahlen.

Das Hotel Keni's in der 18th June Road (Tel. 22 45 81) ist auch bei Globetrottern beliebt, die sich ein wenig Luxus gönnen wollen. Der Preis für ein Einzel- oder Doppelzimmer beträgt hier 200 bzw. 300 Rs und für ein klimatisiertes Doppelzimmer mit Bad (heißes Wasser) und Farbfernsehgerät 450 Rs. Im Haus findet man auch eine Bar, ein Restaurant und eine Einkaufszone. Das Hotel Keni's ist als Haus mit drei Sternen eingestuft, so daß man nicht erstaunt sein sollte, einen hohen Preis zu zahlen, wenn keine Zimmer ohne Klimaanlage mehr frei sein sollten.

Gelegen zu den Municipal Gardens hin ist das moderne Hotel Aroma in der Cunha Rivara Road (Tel. 22 83 03). Die Einzelzimmer kosten hier ab 200 Rs, die Doppelzimmer 250 Rs (mit Badbenutzung) und die Doppelzimmer mit eigenem Bad 350 bis 475 Rs. Das Tandoori-Restaurant im 1. Stock ist eines der besten in ganz Panaji. Ähnlich ist der Standard im Hotel Sona in der lauten Ourem Road (Tel. 22 34 88), in dem Doppelzimmer mit Bad für 250 Rs angeboten werden, alle mit eigenem Bad. Heißes Wasser ist allerdings nur am Morgen vorhanden. Viel besser ist da schon das nahegelegene Hotel Bareton (Tel. 22 64 05) mit Einzelzimmern für 175 Rs und Doppelzimmern für 375 Rs (alle mit Bad und heißem Wasser rund um die Uhr). Hier muß man am Abreisetag sein Zimmer jedoch bereits bis 8.30 Uhr geräumt haben.

Sehr ansprechend ist das Hotel Mayfair in der Dr. Dada Vaidya Road (Tel. 4 61 74), in dem man in einem Doppelzimmer für 320 Rs übernachten kann. In der Zwischensaison werden die Zimmer für 240 Rs zur Verfügung gestellt, dann als Einzelzimmer sogar für nur 180 Rs. Es gibt auch eine Bar und ein gutes Restaurant im Haus. Ähnlich wohnt man im Hotel Summit in der Menezes Braganza Road (Tel. 22 67 37). Aber hier sind die Doppelzimmer mit Bad für 360 Rs und die Doppelzimmer mit Klimaanlage für 460 Rs teurer. Dafür fließt in den Bädern aller Zimmer Tag und Nacht heißes und kaltes Wasser. Eine Überlegung wert ist ferner das Hotel Sun Rise in der 18th June Road mit ähnlichen Preisen (Tel. 22 02 21), das jedoch häufig mit indischen Geschäftsleuten voll belegt ist.

Bei weitem das beste Hotel in dieser Preisklasse ist das Panjim Inn (Tel. 22 65 23), ein wunderschönes, 300 Jahre altes Herrenhaus mit einer großen Veranda im ersten Stock und einem Garten mit viel Grün. Geführt von einer tibetischen Familie, ist das ein beliebtes Quartier mit hilfsbereiten und freundlichen Mitarbeitern. Mit Bad muß man hier für ein Einzelzimmer 315 Rs und für ein Doppelzimmer 410 Rs bezahlen, zwischen dem 21. Dezember und dem 10. Januar allerdings noch etwa 12 % mehr. Wenn man in diesem Haus

wohnen möchte, sollte man versuchen, sich zunächst mehrere Zimmer anzusehen, weil einige davon ganz sicher besser als andere sind. Ferner werden den Gästen ein Fernsehraum und gute Speisen geboten.

Ein ganz gutes und sauberes Haus ist das Hotel Rajdhani in der Dr. Atmaram Borkar Road im Zentrum (Tel. 22 53 62), das mit Doppelzimmern ohne Klimaanlage für 395 Rs sowie mit klimatisierten Räumen für 100 Rs mehr aufwartet. Im Haus ist unten auch ein beliebtes vegetarisches Restaurant vorhanden. Hier muß man am Abreisetag sein Zimmer bis 10 Uhr verlassen haben. Der Glanz von Bombay und das alte Lissabon treffen sich im Hotel Palácio de Goa in der Dr. Gama Pinto Road (Tel. 22 42 89). Dieses Haus kann sich sogar eines automatischen Fahrstuhls von Toshiba rühmen. Die Preise für Doppelzimmer reichen von 495 bis 525 Rs (für Zimmer mit Klimaanlage 100 Rs mehr). Zu einigen Zimmern gehört auch ein Balkon. Auch von einem Restaurant können die Gäste Gebrauch machen. Am Abreisetag muß man sein Zimmer aber bereits bis 8 Uhr verlassen haben. Ein weiteres Haus an der Spitze dieser Preisklasse ist das Hotel Park Plaza (Tel. 4 26 01), zentral gelegen am Azad Maidan. Hier werden die preisgünstigsten Einzel- und Doppelzimmer für 495 bzw. 650 Rs vermietet, was aber kein gutes Preis-/Leistungsverhältnis darstellt.

Luxushotels: Das beste Spitzenhotel ist das Hotel Mandovi aus der Kolonialzeit in der Dayamond Bandokar Marg (Tel. 22 44 05). Mit 950 Rs für ein Einzelzimmer und 1500 Rs für ein Doppelzimmer sind die mit Blick über den Fluß am teuersten, während man nach hinten für 650 Rs in einem Einzelzimmer und für 900 Rs in einem Doppelzimmer weitaus günstiger übernachten kann. Einige der Zimmer sind vor kurzem renoviert worden. Zu diesem Hotel gehören im 1. Stock auch ein ausgezeichnetes Restaurant und eine ganz hübsche Bar auf dem Balkon.

Von den neueren besseren Hotels ist das Nova Goa in der Dr. Atmaram Borkar Road (Tel. 22 62 31) das beste, in dem Einzelzimmer für 800 Rs und Doppelzimmer für 1200 Rs sowie teurere Suiten angeboten werden. Das Schwimmbad dieses Hauses ist schön im Schatten gelegen. Einen Swimming Pool hat auch das Hotel Fidalgo in der 18th June Road (Tel. 22 50 61) zu bieten, in dem man für ein Einzelzimmer 700 Rs und für ein Doppelzimmer 995 Rs bezahlen muß.

ESSEN

Ein Mangel an guten Restaurants besteht in Panaji nicht. Schon lange bei Travellern beliebt ist das Hotel Venite in der 31th January Street, auch wenn dort in den letzten Jahren die Preise deutlich gestiegen sind. Dieses Lokal in einem ansprechenden alten Haus mit polierten Holzfußböden zeichnet sich durch von Blumen überwucherte Balkone mit Blick auf die Straße und viel Atmosphäre aus. Die Speisen aus der Küche von Goa und die Fischgerichte schmecken sehr gut, zumal die Portionen großzügig bemessen und alle Gerichte frisch zubereitet sind. Daher dauert es auch eine Weile, bis die Bestellung serviert wird, aber die Musik, die man sich während dessen anhören kann, ist ganz gut, so daß das Warten keine Quälerei darstellt. Für ein Fisch-Curry mit Reis muß man hier 65 Rs, für ein Pfeffersteak 55 Rs, für scharf gewürzte Garnelen mit Knoblauch 110 Rs und für ein Stück Apfelkuchen 15 Rs bezahlen. Dieses Restaurant ist auch ein gutes Ziel für ein oder zwei Bier während der Siesta. Geöffnet ist das Venite täglich außer sonntags zum Frühstück, zum Mittagessen und zum Abendessen.

An der Südseite der Municipal Gardens liegt das Hotel Kamat, das zu einer Kette von ausgezeichneten vegetarischen Restaurants gehört. Schräg gegenüber kommt man zum beliebten Restaurant New Punjab, in dem man gute und preiswerte Gerichte aus dem Punjab und etwas teurere Tandoori-Spezialitäten erhält. Samstags ist es allerdings geschlossen.

Das beste Tandoori-Restaurant in der Stadt ist jedoch das Sher-E-Punjab im Hotel Aroma. Vor kurzem renoviert, werden dort ausgezeichnete nordindische Speisen für rund 55 Rs serviert. Ebenfalls sehr gut schmeckt es im Delhi Darbar in der M G Road, auch wenn man dort etwas mehr Geld ausgeben muß. Es ist das beliebteste Restaurant in ganz Panaji und am späteren Abend immer voll besetzt. Nordindische Gerichte erhält man aber auch in einer Zweigstelle des Sher-E-Punjab in der 18th June Road. Auch wenn dort die Speisekarte länger ist, schmeckt es in diesem Lokal nicht so gut wie in den beiden bereits genannten.

Essen kann man auch in zwei chinesischen Restaurants. Ein ausgezeichnetes Lokal ist das Goenchin (Tel. 4 76 14), gelegen ein wenig abseits der Dr. Dada Vaidya Road. Das Essen hier ist ausgezeichnet, aber man stürzt sich dort wirklich in Unkosten. Das Goenchin ist täglich von 12.30 bis 15.00 Uhr und von 19.30 bis 23.00 Uhr geöffnet. Für Garnelen in scharfer Knoblauchsauce muß man 80 Rs bezahlen. Scharfe Gerichte sind übrigens an den Symbolen mit einer rote Pfefferschote in der Speisekarte zu erkennen. Preisgünstiger als im Goenchin und dennoch genauso gut ist das Chunghwa im Hotel Samrat, in dem man für ein Hauptgericht zwischen 45 und 65 Rs bezahlen muß. Geführt wird es von einer chinesischen Familie.

Das beste Restaurant für Speisen aus Goa und Meeresfrüchte ist das Riorico im Hotel Mandovi. Dort kann man *caldo verde* (Kartoffelsuppe mit Spinat) für 30 Rs, Fisch oder Garnelen *balchão* (gekocht in einer dicken, würzigen Tomatensauce) für 70 Rs sowie *peixe caldeirada* (Fisch- und Kartoffeleintopf mit Wein) für 90 Rs essen und das Mahl mit *bebinca* (einer Süßigkeit

aus Goa mit Eigelb und Kokosnüssen) für 32 Rs abrunden.

Wegen der Fruchtsäfte ist das Juice Corner gegenüber vom Sekretariat bei ausländischen Besuchern sehr beliebt. Es gibt aber auch etliche Konditoreien in Panaji, von denen die beste wahrscheinlich das Pastry Cottage unweit vom Hotel Nova Goa ist. Ganz gut ist aber auch das A Pastelaria unweit des China-Restaurants Goenchin.

AN- UND WEITERREISE

Flug: Das Büro von Indian Airlines (Tel. 22 40 67) befindet sich im Dempo Building in der D. Bandodkar Marg am Flußufer und ist von 10.00 bis 13.00 Uhr sowie von 14.00 bis 16.30 Uhr geöffnet. Air India (Tel. 22 51 72) und East West Airlines (Tel. 22 41 08) sind im Hotel Fidalgo in der 18th June Road vertreten. Büros unterhalten in der Stadt auch ModiLuft in der Dr. Atmaram Bokar Road (Tel. 22 75 77), Jet Airways in den Rizvi Chambers in Caetano an der Albuquerque Road (Tel. 22 44 71) und Damania Airlines in den Liv In Apartments in der Bernard Guedes Road (Tel. 22 01 92). Bis auch NEPC Airlines ein eigenes Büro eröffnet, wird diese Fluggesellschaft durch die einheimischen Reisebüros vertreten.

Einzelheiten über die Flüge zum Flughafen Dabolim von Goa, 29 km von Panaji entfernt, lassen sich dem Abschnitt am Anfang des Kapitels über Goa entnehmen.

Bus: Viele private Busunternehmen bieten in ihren „Luxusbussen", „Superluxusbussen" oder „Superluxus-Videobussen" täglich Fahrten von Panaji und Margao nach Bombay, Bangalore, Pune und Mangalore an. Da viele nachts abfahren, sollten Sie, wenn Sie unterwegs etwas schlafen wollen, die Busse mit Videorekordern meiden. Die meisten Unternehmen sind mit Büros in Panaji, Mapusa und Margao vertreten.

Auch die staatlichen Kadamba-Busse sind ganz gut. Die Vorverkaufsstelle dieses Unternehmens am Busbahnhof ist täglich von 9.00 bis 13.00 Uhr und von 14.00 bis 17.00 Uhr geöffnet. Platzreservierungen für jeweils 2 Rs lassen sich hier bis zu 30 Tage vor Abfahrt vornehmen.

Eine Busfahrt nach Bombay soll 14 Stunden dauern, kann sich aber bis 18 Stunden hinziehen. Die billigsten Fahrkarten kosten für Fahrten in Luxusbussen 219 Rs und für Fahrten in Luxusbussen mit Klimaanlage 270 Rs. Die meisten Busse beginnen ihre Fahrten nach Bombay zwischen 15 und 16 Uhr. Private Busunternehmen unterhalten Büros vor dem Eingang zum Busbahnhof. In deren Bussen mit Luftfederung sind die Fahrten nach Bombay am bequemsten (aber auch am teuersten). Paulo Holiday Makers (Tel. 4 37 36) setzt täglich einen Nachtbus nach Bombay für 450 Rs pro Person ein.

Vom Busbahnhof bestehen auch Busverbindungen nach Miraj (dem Bahnhof an der Breitspurstrecke nach Bombay), Londa (wo man täglich Anschluß an die Züge nach Mysore hat), Hubli (einem weiteren Bahnknotenpunkt an der Hauptstrecke Bombay-Bangalore, von wo aus Züge nach Gadag in Richtung Bijapur, Badami, Hospet und Hampi abfahren) und Belgaum. Der Bus nach Hubli (36 Rs, 7 Stunden) fährt um 7.00 Uhr ab. Von Hubli nach Hospet sind es weitere 4¹/₂ Stunden. Tägliche Busverbindungen bestehen auch nach Mysore (Fahrzeit 16 Stunden) und Mangalore (Fahrzeit 11 Stunden). Dorthin kommt man mit einem Luxusbus von Kadamba für 113 Rs. Weitere Busse fahren nach Pune (176 Rs) und nach Bangalore (168 Rs). Ferner kommt man mit Bussen von Kadamba fünfmal täglich nach Karwar, der ersten größeren Stadt hinter der südlichen Grenze von Goa in Karnataka.

Schiff: Informationen über die tägliche Verbindung mit einem Katamaran von und nach Bombay findet man weiter vorn im Kapitel über Goa.

NAHVERKEHR

Flughafentransfer: Kadamba setzt unregelmäßig Busse für Fahrten zwischen dem Büro von Indian Airlines und dem Flughafen Dabolim bei Vasco da Gama ein. Die meisten privaten Fluggesellschaften bieten ebenfalls Flughafenbusse an. Eine Taxifahrt kostet ca. 275 Rs und dauert etwa 40 Minuten. Man kann sich ein Taxi aber mit bis zu fünf Personen teilen.
Viele der besseren Hotels betreiben ebenfalls Pendelbusse für Fahrten vom und zum Flughafen, für die eigenen Gäste kostenlos. In einigen können auch andere Fahrgäste für etwa 40 Rs mitfahren.
Die billigste Möglichkeit, vom Flughafen nach Panaji oder Vasco zu gelangen, besteht mit einem Motorradtaxi vom Flughafengebäude bis zur Hauptstraße (6 Rs) und dann weiter mit einem Nahverkehrsbus nach Panaji (5 Rs) oder Vasco.

Bus: Wenn man von Panaji nach Vasco da Gama oder Mormugao will, bestehen zwei Möglichkeiten, und zwar entweder mit der Fähre von Dona Paula nach Mormugao oder auf der Landstraße über Agassaim und Cortalim. Wenn die Fähre vom Anleger nicht gleich ablegt, ist ein Bus schneller. Für beide Verbindungen (Fahrzeit etwa eine Stunde) muß man 5 Rs bezahlen.
Margao erreicht man entweder über Agassaim und Cortalim oder über Ponda. Die erste Strecke ist kürzer, für die man etwa 1¹/₂ Stunden braucht und 5,50 Rs bezahlen muß. Die Fahrt über Ponda dauert eine Stunde länger und kostet 6 Rs.
Alt-Goa erreicht man mit einem der vielen Direktbusse oder mit einem der Busse nach Ponda. Die Fahrt kostet 2 Rs und dauert 25 Minuten.
Auf der Strecke Panaji-Calangute verkehren tagsüber und bis in den Abend hinein häufig Busse. Die Fahrzeit beträgt 35 Minuten, der Preis 2,50 Rs.
Auch zwischen Panaji und Mapusa verkehren Busse. Eine Fahrt kostet 2 Rs und dauert ca. 25 Minuten. Den Ort Mapusa nennen die Schaffner übrigens Mapsa und rufen ihn auch so aus. Wenn man nach Chapora will, muß man in Mapusa umsteigen.

Taxi und Auto-Rikscha: Taxis und Auto-Rikschas sind zwar mit Taxametern ausgestattet, aber die Fahrer zu veranlassen, sie auch einzuschalten, ist außerordentlich schwer. Daher wird man den Preis auszuhandeln haben, bevor man in ein Taxi oder eine Auto-Rikscha einsteigt.
Die üblichen Preise betragen für eine Taxifahrt von Panaji nach Calangute 100 Rs, nach Colva 280 Rs und zum Flughafen Dabolim 275 Rs (Verhandlungssache).

Weitere Verkehrsmittel: Einzelheiten über Mietfahrräder und Mietmotorräder und Fähren können Sie dem Abschnitt über das Reisen in Goa am Anfang dieses Kapitels entnehmen.

DIE UMGEBUNG VON PANAJI

Rund 3 km westlich von Panaji liegt Miramar, der nächste Strand, der aber weder besonders ansprechend noch ein gutes Ziel zum Baden ist. Für den Fall, daß man dort wohnen möchte, bestehen Übernachtungsmöglichkeiten reichlich, auch in der Jugendherberge (vgl. Abschnitt über Panaji).
Etwa 4 km weiter entlang der gleichen Straße gelangt man nach Dona Paula, einem kleinen Ort mit etlichen Ferienanlagen, die um das Fischerdorf herum entstanden sind. Das Dona Paula Beach Resort, gelegen vom

Hafen aus auf der anderen Seite der schmalen Halbinsel (Tel. 4 79 55), ist gar nicht schlecht und verfügt sogar über einen kleinen eigenen Strand. Dort muß man für ein Doppelzimmer mit Bad 475 Rs ausgeben. Das deutlich bessere Cidade de Goa am Vaniguinim Beach (Tel. 22 13 01) hat alle Annehmlichkeiten eines Hotels mit fünf Sternen zu bieten. Dort kommt man in einem Zimmer für 70 US $ unter.
Busse nach Miramar und Dona Paula fahren häufig am Busbahnhof von Kadamba ab.

ALT-GOA

Ein halbes Dutzend imposanter Kirchen und Kathedralen sind alles, was in Alt-Goa (9 km östlich von Panaji) von der portugiesischen Hauptstadt der früheren Kolonie übriggeblieben sind, von der behauptet wurde, sie habe es mit dem Glanz von Lissabon aufnehmen können. Aus einigen der Bauwerke sind Museen geworden, unterhalten vom Archäologischen Dienst Indiens, die aber dringend einer Renovierung bedürfen, weil der Kalkputz, der die Lateritbauwerke schützt, nicht häufig genug erneuert worden ist und der Monsun sonst dafür sorgt, daß bald nur noch Ruinen stehen.

GESCHICHTE

Schon bevor die Portugiesen ankamen, war Alt-Goa eine blühende und reiche Stadt. Unter der Adil-Shahi-Dynastie von Bijapur war sie die zweite Hauptstadt. Damals umgaben Mauern und ein Festungsgraben die Stadt, in der Tempel, Moscheen und der große Palast von Adil Shah standen. Von all dem ist heute nichts mehr zu sehen, ausgenommen die Reste des Palasttores.

Unter den Portugiesen wuchs die Stadt schnell und nahm an Glanz zu. Der einzige Rückfall war eine Epidemie im Jahre 1543, die einen großen Teil der Bevölkerung hinwegraffte. Auf königliches Geheiß hin strömten auch die unterschiedlichsten religiösen Gruppen nach Alt-Goa, unter deren Aufsicht Kirchen, Klöster und Konvente entstanden. Die Franziskaner waren die ersten an Ort und Stelle.

Aber der Glanz von Alt-Goa währte nicht allzu lange. Am Ende des 16. Jahrhunderts verloren die Portugiesen ihre Vormachtstellung auf See an die Briten, Holländer und Franzosen. Der Verfall der Stadt wurde noch gefördert durch die Inquisition und durch eine verheerende Epidemie, die die Bewohner der Stadt 1635 heimsuchte. Hätten die Portugiesen nicht mit den Briten in Verhandlungen gestanden und Verträge miteinander abgeschlossen, wäre Alt-Goa möglicherweise in holländische Hände

---

Der unvergängliche Körper des Heiligen Franz Xaver

Franz Xaver, der Schutzheilige von Goa, hatte zehn Jahre lang als unermüdlicher Missionar in Südostasien verbracht, wo er am 2. Dezember 1552 starb. Jedoch erst durch seinen Tod erreichte er den größten Einfluß auf die Region.

Er starb auf der Insel Sancian vor der Küste von China. Sein Diener soll daraufhin vier Säcke ungelöschten Kalk in den Sarg geschüttet haben, um das Fleisch für den Fall aufzulösen, daß die sterblichen Überreste seines Herrn nach Goa überführt würden. Nachdem man den Leichnam zwei Monate später nach Malakka gebracht hatte, stellte man dort fest, daß er noch vollständig erhalten und trotz des ungelöschten Kalks noch nicht verrottet war. Im folgenden Jahr brachte man die sterblichen Überreste nach Goa zurück, wo die Menschen die Erhaltung des Körpers als Wunder ansahen.

Die Kirche war mit ihrer Anerkennung eines Wunders langsamer und forderte eine wissenschaftliche Untersuchung, um sich zu vergewissern, daß keine Einbalsamierung stattgefunden hatte. Die nahm 1556 der Arzt des Vizekönigs vor, der anschließend erklärte, daß alle inneren Organe noch intakt und keine konservierenden Mittel verwendet worden seien. Er fand auch eine kleine Wunde in der Brust und bat zwei Jesuiten, die bei ihm waren, ihre Finger darauf zu legen. Dann stellte er fest: „Als sie ihre Finger herauszogen, waren sie mit Blut bedeckt, an dem ich roch und das ich für absolut makellos befand".

Im Verhältnis zur Kirchenbürokratie des 16. und 17. Jahrhunderts erscheint die indische Bürokratie von heute ausgesprochen geradlinig, denn die Heiligsprechung fand nicht vor 1622 statt. Die Jäger heiliger Relikte waren an dem „unvergänglichen Körper" jedoch bereits zugange gewesen. 1614 hatte man den rechten Arm entfernt und zwischen Jesuiten in Japan und Rom aufgeteilt. Bis zum Jahre 1636 waren zudem Teile eines Schulterblattes sowie alle inneren Organe in ganz Südostasien verstreut. Am Ende des Jahrhunderts schien das Wunder allerdings vorbei zu sein. Der Leichnam befand sich zu diesem Zeitpunkt im fortgeschrittenen Stadium des Verfalls. Daraufhin entschlossen sich die Jesuiten, ihn in einem Glassarg zu legen und außer Sichtweite zu bringen. Erst Mitte des 19. Jahrhunderts begann man mit einer Ausstellung des Körpers von Franz Xaver im Abstand von jeweils 10 Jahren. Während der 54 Tage der Zurschaustellung von 1994 bis 1995 defilierten über eine Million Pilger an den greulichen Überresten vorbei.

Das nächste Mal wird der Leichnam nicht vor November 2004 zu sehen sein, aber wenn man um den 3. Dezember in der Gegend sein sollte, dann lohnt dennoch die Teilnahme an den Feierlichkeiten zu Ehren des Heiligen.

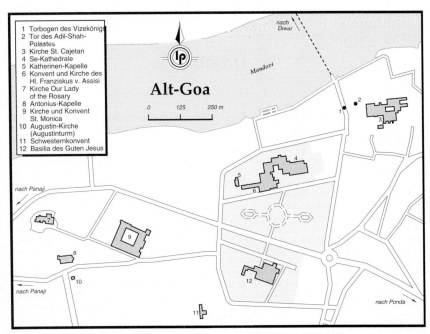

Alt-Goa

0   125   250 m

nach Diwar

Mandovi

nach Panaji

nach Panaji

nach Ponda

übergegangen oder dem britischen Indien einverleibt worden.

Aber die Stadt hielt sich bis zum Beginn des 19. Jahrhunderts als Verwaltungszentrum des portugiesischen Ostreiches. Im Jahre 1843 wurde die Hauptstadt jedoch nach Panaji verlegt.

PRAKTISCHE HINWEISE

Der Archäologische Dienst Indiens (Archaeological Survey of India) hat ein Heftchen von S. Rajagopalam mit dem Titel *Old Goa* veröffentlicht (Delhi, 1975). Es ist ausgezeichnet, beschreibt die Denkmäler in der Stadt und ist im Archäologischen Museum von Alt-Goa erhältlich.

SEHENSWÜRDIGKEITEN

Se-Kathedrale: Sie ist die größte Kirche von Alt-Goa. Mit ihrem Bau wurde 1562, während der Herrschaft von König Dom Sebastiao (1557-78), begonnen. Fertiggestellt wurde sie 1619, die Altäre jedoch erst 1652. Die Kathedrale gehört den Dominikanern und wurde aus Mitteln der königlichen Schatzkammer bezahlt, nachdem man Besitztümer der Krone verkauft hatte. Gebaut wurde sie im portugiesisch-gotischen Stil mit einem toskanischen Äußeren und einem korinthischen Innern. Die Kirche hatte ursprünglich zwei Türme, aber der Südturm stürzte 1776 ein. Im noch vorhandenen

Turm hängt eine berühmte Glocke, eine der größten in Goa, die häufig als „Goldene Glocke" bezeichnet wird. Diesen Namen trägt sie wegen ihres vollen Klanges. Der Hauptaltar ist St. Katharina von Alexandria geweiht, und die Gemälde an den beiden Seiten zeigen Szenen aus ihrem Leben und ihres Martyriums.

Konvent und Kirche des Heiligen Franziskus von Assisi: Dies ist vielleicht eines der interessantesten Bauwerke von Alt-Goa. Es enthält vergoldete Holzarbeiten, alte Wandgemälde, die Szenen aus dem Leben des Hl. Franziskus zeigen, und einen Fußboden mit Grabplatten, die aus der Zeit zurück bis in das Jahr 1500 stammen. Die Ursprünge dieser Kirche gehen auf acht Franziskaner zurück, die 1517 in Goa ankamen und zunächst eine kleine Kapelle bauten. Sie enthielt drei Altäre und einen Chor. Die Kapelle wurde später völlig abgebrochen und das heutige Gebäude auf diesem Grund und Boden errichtet (1661).

Im Konvent an der Rückseite der Kirche ist heute das Archäologische Museum untergebracht (zugänglich samstags bis donnerstags von 10.00 bis 17.00 Uhr, Eintritt frei). Dort hängen viele Porträts portugiesischer Vizekönige. Ferner stehen dort Überreste von Skulpturen aus hinduistischen Tempeln in Goa, die den Einfluß von Chalukya und Hoysala ahnen lassen. Auch steinerne

Abbildungen des Animistenkultes, vor Jahrhunderten in diesem Teil Indiens beheimatet, finden sich in dem Museum. Schließlich ist noch eine alte portugiesische Karavelle zu erwähnen, von der leider die Takelage fehlt.

Basilika des Guten Jesus: In der römisch-katholischen Kirche spielt die Basilika des Guten Jesus von Alt-Goa eine bedeutende Rolle. In ihr ruhen die sterblichen Überreste des Heiligen Franz Xaver. Ihm wurde 1541 die Aufgabe übertragen, in den portugiesischen Kolonien im Osten das Christentum zu verbreiten. Er war ein Schüler des Heiligen Ignatius von Loyola, dem Begründer des Jesuitenordens. Die Missionsreisen von Franz Xaver wurden zur Legende und grenzen an Wunder, wenn man die begrenzten Transportmöglichkeiten der damaligen Zeit bedenkt.

Abgesehen von den goldenen Altären ist die Kirche sehr schlicht. Sie ist auch das einzige Gotteshaus, das außen nicht verputzt ist. Mit ihrem Bau begann man 1594 und war 1605 fertig. Das Sehenswerte in der Kirche ist zweifellos das Grab des Heiligen Franz, dessen Baugenehmigung die Unterschrift des Herzogs von Toskana trägt. Ausführender Künstler war der Bildhauer Giovanni Batista Foggini aus Florenz. Er benötigte 10 Jahre zur Fertigstellung (1698). Die sterblichen Überreste werden in einem silbernen Behälter aufbewahrt, der früher sogar noch mit Juwelen besetzt war. An den umliegenden Wänden berichten Wandgemälde aus dem Leben des Heiligen Franz, von seinen Reisen und von seinem Tod auf der Insel Sancian vor Kanton. Das Ordenshaus nebenan ist ein zweistöckiges Lateritgebäude mit einem Kalkputz. Es wurde entgegen massiver Kritik der Jesuiten 1585 fertiggestellt. Ein Teil des Gebäudes fiel 1663 einem Feuer zum Opfer, wurde

Se-Kathedrale in Alt-Goa (16. Jahrhundert)

aber 1783 wieder aufgebaut. An die Basilika schließt sich eine Galerie für moderne Kunst an.

Kirche St. Cajetan: Nach dem Modell der Peterskirche von Rom erbauten zwei italienische Ordensbrüder diese Kirche. Sie waren von Papst Urban III. in das Königreich Golconda (bei Hyderabad) gesandt worden, um das Christentum zu verbreiten. Da man ihnen aber ihre Arbeit in Golconda untersagte, zogen sie nach Goa (1640) und begannen mit dem Bau dieser Kirche 1655. Sie ist aber nicht von so großer Bedeutung wie die anderen Kirchen.

Ruinen der Kirche St. Augustin: Von dieser Kirche blieb nur der Glockenturm (46 m hoch). Er war Teil der Kirchenfassade. Der Rest ist überwuchert und kaum zugänglich. Die Kirche wurde 1602 von Augustinern erbaut, die 1587 nach Goa kamen.

1835 wurde sie unter dem Druck aufgegeben, den die portugiesische Regierung ausübte. Diesem Druck wichen damals einige kirchliche Orden und verschwanden aus Goa. Daraufhin wurde die Kirche völlig vergessen. Die Kuppel stürzte 1842 ein. 1931 fielen auch die Fassade und der halbe Turm in sich zusammen, 1938 die übrigen Gebäudeteile.

Kirche und Konvent St. Monica: Nur 9 Jahre nach der Fertigstellung (1627) fiel dieses dreistöckige Gebäude aus Laterit einem Brand zum Opfer. Aber bereits ein Jahr danach ging man an den Wiederaufbau. Aus diesem Jahr stammt das heutige Bauwerk. Die frühere Bezeichnung war Königliches Kloster, und zwar deshalb, weil es sich königlicher Schutzherrschaft erfreute. Das Kloster wird heute als Nonnenkloster genutzt und wurde 1964 feierlich eröffnet. Besuchern ist der Zugang verwehrt, wenn sie nicht ordentlich gekleidet sind. An der Innenseite der Westmauern sind - nun schon blasse - Wandgemälde zu sehen.

Weitere Gebäude: Gebäude von geringerem Interesse in Alt-Goa sind der Torbogen des Vizekönigs, das Tor des Adil-Shah-Palastes, die Antonius-Kapelle, die Katharinen-Kapelle und die Kirche Our Lady of the Rosary.

AN- UND WEITERREISE

Wenn man alte Gebäude und exotische Ruinen mag, wird man für Besichtigungen in Alt-Goa sicher fast einen ganzen Tag benötigen. Sonst dürfte aber ein Vormittag oder ein Nachmittag ausreichen. Vom Busbahnhof in Panaji fahren häufig Busse nach Alt-Goa, aber auch Busse von Panaji nach Ponda kommen durch Alt-Goa. Die Fahrzeit beträgt 25 Minuten, der Fahrpreis 2 Rs. Gelegentlich werden von Panaji auch Bootsausflüge nach Alt-Goa unternommen. Danach kann man sich am Kiosk unweit des Anlegers für Dampfer erkundigen.

MAPUSA

Einwohner: 33 500
Telefonvorwahl: 0832
Für die Menschen im Norden von Goa ist Mapusa (ausgesprochen Mapsa) das Zentrum. Dort wohnen auch die meisten Menschen dieser Region. Wer in Anjuna oder Chapora lebt, kommt hierher zum Einkaufen. Steigt man in Calangute oder Baga ab, dann hat man die Wahl zwischen Panaji oder Mapusa.
Die Stadt selbst hat kaum etwas zu bieten, höchstens den Markt am Freitag. Es ist aber nicht ausgeschlossen, daß man in Mapusa übernachten muß, um am nächsten Morgen mit einem Bus nach Bombay weiterfahren zu können. Eine Notwendigkeit, nach Panaji zu fahren, um von dort eine längere Busreise anzutreten, besteht nicht. Damania Airways und Shipping unterhält ein Büro im Hotel Tourist (Tel. 26 26 94) und setzt Busse für Fahrten vom und zum Flughafen ein (40 Rs). Ein Fremdenverkehrsamt befindet sich im Hotel Tourist ebenfalls.

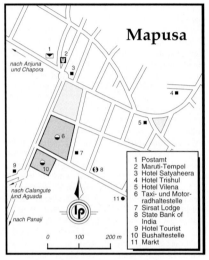

Mapusa

1 Postamt
2 Maruti-Tempel
3 Hotel Satyaheera
4 Hotel Trishul
5 Hotel Vilena
6 Taxi- und Motorradhaltestelle
7 Sirsat Lodge
8 State Bank of India
9 Hotel Tourist
10 Bushaltestelle
11 Markt

nach Anjuna und Chapora
nach Calangute und Aguada
nach Panaji

0   100   200 m

UNTERKUNFT UND ESSEN

Kaum jemand übernachtet freiwillig in Mapusa, denn die Strandorte Anjuna, Vagator und Chapora sind zum Wohnen viel angenehmer. Trotzdem nennen wir nun einige Unterkünfte für den Fall, daß man hier eine Nacht bleiben muß. Ein einfaches Quartier mit Doppelzimmern für 65 Rs (Badbenutzung) ist die Sirsat Lodge (Tel. 26 24 19). Ferner ann man im Hotel Trishul (Tel. 26 27 00) in Doppelzimmern mit Bad für 120 Rs übernachten, aber auch in einer ganzen Reihe von anderen Zimmern. Eine gute, saubere Unterkunft ist das Hotel Vilena (Tel. 26 31 165), in dem Doppelzimmer mit Bad und heißem Wasser für 140 oder 200 Rs vermietet werden. Beliebt ist ferner das Hotel Tourist am Kreisverkehr beim Ortseingang von Mapusa (Tel. 26 27 94), in dem man in einem Einzelzimmer ab 130 Rs und in einem Doppelzimmer ab 150 Rs übernachten kann. Angeboten werden aber auch Vierbettzimmer für 200 Rs und Sechsbettzimmer für 260 Rs. Heißes Wasser wird in Eimern zur Verfügung gestellt (außer in den Doppelzimmern mit Klimaanlage für 270 Rs, in denen auch Heißwasserbereiter vorhanden sind). Ein ganz ordentliches Restaurant mit Hauptgerichten für rund 35 Rs und Bier für 30 Rs pro Flasche ist ebenfalls vorhanden. So etwa das Beste, was Mapusa auf diesem Gebiet zu bieten hat, ist das Hotel Satyaheera unweit vom Maruti-Tempel (Tel. 26 28 49) mit Doppelzimmern für 150 bis 300 Rs (mit Bad, die teureren auch mit Klimaanlage und Fernsehgerät). In diesem Haus findet man im obersten Stockwerk auch das beste Restaurant der Stadt, das Ruchira mit Hauptgerichten für 30 bis 45 Rs. Allerdings muß man dort in Kauf nehmen, daß „Choice of Music Cannot be Obliged"!

AN- UND WEITERREISE

Von der Bushaltestelle kommt man in Bussen nach Bombay (Semi-Luxusbus 168 Rs, Luxusbus 215 Rs). Private Busunternehmen unterhalten hier Vorverkaufsstellen in Kiosken an der Taxi- und Motorradhaltestelle. Der luxuriöseste Bus ist der Nachtbus von Aerowheels nach Bombay, der um 15.30 Uhr abfährt. In ihm kann man mit Kopfhörern ein Programm nach Wahl genießen, unterwegs an Bord eine Toilette benutzen und erhält ohne Mehrkosten Verpflegung und Erfrischungsgetränke. Mit so viel Komfort kostet eine Busfahrt nach Bombay aber auch 500 Rs.
Außerdem fahren von Mapusa häufig Busse nach Panaji (2,50 Rs, 25 Minuten) und zumindest einmal stündlich nach Calangute (2,50 Rs) sowie Anjuna (2,50 Rs, an den Markttagen mittwochs 3,50 Rs). Ferner bestehen Busverbindungen nach Margao (7 Rs), Chapora und Candolim. Eine Motorradfahrt nach Anjuna oder Calangute kostet 30 Rs und dauert etwa 15 Minuten. Mit einem Taxi muß man für diese Strecke ca. 60 Rs bezahlen.

FORT AGUADA UND CANDOLIM

Telefonvorwahl: 0832

Die Strände in Nord-Goa erstrecken sich von Fort Aguada fast ohne Unterbrechung als Sandstreifen bis zur Grenze nach Maharashtra. Bei Pauschaltouristen sind Sinquerim, der Strand unterhalb vom Fort, und Candolim recht beliebt, aber Besucher auf eigene Faust finden hier ebenfalls Unterkünfte. An diesen Stränden geht es im allgemeinen ruhiger zu, insbesondere an den Wochenenden. Übernachten kann man in einigen ganz hübschen Quartieren, allerdings bietet sich nichts für Besucher, die mit ganz knapper Reisekasse unterwegs sind.

Das Fort Aguada, das die Mündung des Mandovi bewacht, wurden von den Portugiesen 1612 errichtet. Die von Gräben umgebenen Ruinen dieser Festung auf der Spitze eines Hügels sind wegen der Ausblicke von oben durchaus einen Besuch wert, insbesondere vom alten Leuchtturm. Ansehen kann man sich aber auch noch die früheren Kerker. Eintritt muß man für die Besichtigung der Anlage offiziell nicht bezahlen, aber der Wärter erwartet dennoch ein gutes Trinkgeld. In der Nähe kann man von 16.00 bis 17.30 Uhr auch noch den neuen Leuchtturm besteigen (Eintritt eine Rupie), allerdings darf man von ihm aus nicht fotografieren.

Weiter östlich liegt das Gefängnis von Aguada, in dem die meisten Insassen (darunter auch 12 Leute aus dem Westen) wegen Drogendelikten verhaftet worden sind. Die dürfen nur einmal monatlich Besuch empfangen, und freuen sich zwar, wenn sie dabei mal wieder mit anderen Ausländern sprechen können. Es kann aber auch sein, daß sie einen Besuch ablehnen, weil sie im gleichen Zeitraum bereits andere Besucher erwarten.

UNTERKUNFT

Wenn man sich von Calangute nach Süden begibt, werden die Hotels schnell immer teurer. Die im folgenden angegebenen Preise beziehen sich auf Doppelzimmer mit Bad in der Hochsaison. Einige Unterkünfte sind in dieser Zeit vollständig von Pauschalreisenden belegt. Eine Gruppe von Häusern mit Zimmern zu Preisen von 250 bis 350 Rs findet man in ausgezeichneter Lage nahe am Strand. Dazu gehören das Dona Florina Beach Resort, das D'Mello's (Zimmer oben mit Balkon) und das Shanu Holiday Home. Von einigen dieser Quartiere hat man sogar Blick auf das Meer.

Als nächstes kommt eine Gruppe von Gästehäusern, die von sparsameren Pauschalreisenden in Anspruch genommen werden, denn dort kosten Doppelzimmer etwa 350 Rs. Darunter sind das Coqueiral Holiday Home (Tel. 27 60 70), das Silber Sands Holiday Village, das Holiday Beach Resort (Tel. 27 60 88), das Alexandra Tourist Centre (Tel. 27 62 50), das Monte Villa und das Sand Pebbles (Tel. 27 61 36).

Preisgünstiger in dieser Gegend sind mit Doppelzimmern für ca. 250 Rs das Manuel Guest House und das freundliche Lobo's Guest House. Besonders zu empfehlen ist das Pretty Petal Guest House (Tel. 27 61 84), in dem Doppelzimmer zu Preisen ab 250 Rs vermietet werden, einige davon sogar mit einem Kühlschrank. Eine gute Wahl ist ferner das Ave Maria (Tel. 27 73 36) mit Einzelzimmern für 175 Rs und Doppelzimmern für 275 Rs. Das preisgünstigste Quartier in dieser Gegend ist das Ti Bhat mit Zimmern für 150 Rs.

Zu den deutlich besseren Hotels ist das Tropicano Beach Resort zu rechnen, in dem für ein hübsches kleines Zimmer mit typischem Schmuck aus Goa (Muscheln!) 500 Rs berechnet werden. Im von den Preisen her ähnlichen Sea Side Rendezvous (Tel. 27 63 23) können die Gäste auch von einem Swimming Pool Gebrauch machen.

Zur Preisklasse mit Zimmern für 500 bis 750 Rs gehören das Sea Shell Inn, das Xavier Beach Resort, das anheimelnde Per Avel und das makellos saubere Summer Ville Beach Resort. Ein Zimmer mit Küche kann man im Costa Nicola Beach Resort (Tel. 27 63 43) mieten.

Rund 1000 bis 1500 Rs muß man für eine Übernachtung im Dona Alcina Resort (Tel. 27 62 66), im Aldea Santa Rita mit den kleinen Villen im portugiesischen Stil (Tel. 27 74 47) und im Aguada Holiday Resort (Tel. 27 60 71) ausgeben (alle auch mit Swimming Pool). Ein besonders großes Schwimmbecken hat das Whispering Palms (Tel. 27 61 41) seinen Gästen zu bieten, aber dafür muß man in dieser Anlage für eine Übernachtung auch 3000 Rs bezahlen.

Neben all dem vielen Beton haben es nur zwei Unterkünfte geschafft, sich etwas von ihrem portugiesischen Erbe zu erhalten. Die Besitzerin des Villa Ludovici Tourist Home hat bisher gegen alle Investoren in dieser Gegend standgehalten und führt ein sehr ansprechendes Quartier. Für ein Doppelzimmer mit Frühstück berechnet sie 400 Rs, in der Zwischensaison 250 Rs. Noch viel vornehmer ist das Marbella Guest House (Fax 27 63 08), eine wunderschön restaurierte portugiesische Villa, versteckt in einer ruhigen Gasse hinter dem Fort Aguada Beach Resort. In dieser teilweise

Ausländern gehörenden Anlage werden sechs luftige Zimmer vermietet, jedes in einem wunderschönen Stil anders eingerichtet. Zu allen Zimmern gehört jeweils auch ein Bad (eines davon mit einer im Boden eingelassenen Marmorbadewanne). Insgesamt gesehen ist das Haus auch noch makellos sauber. Hier muß man für ein Zimmer 1200 bis 2200 Rs (in der Zwischensaison 1080 bis 1980 Rs) bezahlen, allerdings einschließlich aller Steuern. Das Haus ist sehr zu empfehlen. Allerdings muß man für die Hochsaison ein Zimmer lange im voraus reservieren lassen.

Am Sinquerim Beach, von Candolim nach Süden hin, ist ein Komplex von gleich drei Luxushotels mit fünf Sternen errichtet worden, die alle zur Taj-Kette gehören (Tel. 27 62 01, Fax 27 60 44). Im Taj Holiday Village zum Strand hin muß man für eine Übernach-

tung 175 US $ ausgeben, kann man aber auch von einem Wassersportzentrum Gebrauch machen. Im Fort Aguada Beach Resort innerhalb der Befestigungsmauern des alten Forts kosten Zimmer ab 185 US $. Darüber werden kleine Villen vermietet, die man Aguada Hermitage nennt und von so aus man Ausblicke nach Norden hat. Die kosten pro Übernachtung 400 US $. Wenn man in dieser Anlage wohnen will, sollte man zunächst klären, ob es gelungen ist, den Öltanker wegzuschleppen, der Ende 1994 unmittelbar vor dem Hotel auf Grund gelaufen ist. Glücklicherweise ist dabei nur wenig Öl ausgelaufen.

ESSEN

Den meisten Hotels ist auch ein Restaurant angeschlossen. Das beste der Restaurants in den Strandhütten ist

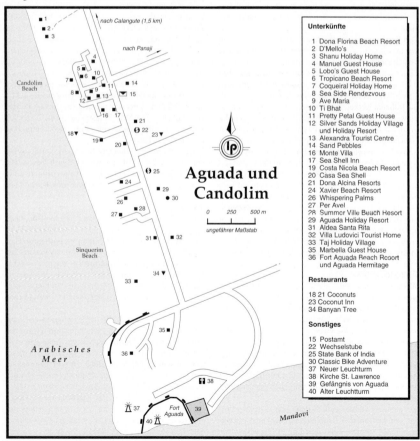

Aguada und Candolim

0   250   500 m

ungefährer Maßstab

Candolim Beach

nach Calangute (1,5 km)

nach Panaji

Sinquerim Beach

Arabisches Meer

Mandovi

Fort Aguada

Unterkünfte

1 Dona Florina Beach Resort
2 D'Mello's
3 Shanu Holiday Home
4 Manuel Guest House
5 Lobo's Guest House
6 Tropicano Beach Resort
7 Coqueiral Holiday Home
8 Sea Side Rendezvous
9 Ave Maria
10 Ti Bhat
11 Pretty Petal Guest House
12 Silver Sands Holiday Village und Holiday Resort
13 Alexandra Tourist Centre
14 Sand Pebbles
16 Monte Villa
17 Sea Shell Inn
19 Costa Nicola Beach Resort
20 Casa Sea Shell
21 Dona Alcina Resorts
24 Xavier Beach Resort
26 Whispering Palms
27 Per Avel
28 Summer Ville Beach Resort
29 Aguada Holiday Resort
31 Aldea Santa Rita
32 Villa Ludovici Tourist Home
33 Taj Holiday Village
35 Marbella Guest House
36 Fort Aguada Beach Resort und Aguada Hermitage

Restaurants

18 21 Coconuts
23 Coconut Inn
34 Banyan Tree

Sonstiges

15 Postamt
22 Wechselstube
25 State Bank of India
30 Classic Bike Adventure
37 Neuer Leuchtturm
38 Kirche St. Lawrence
39 Gefängnis von Aguada
40 Alter Leuchtturm

das teilweise von Schweizern geführte 21 Coconuts. Es ist nicht gerade billig, denn Frühstück kostet hier 70 Rs und ein Hauptgericht als Mittagessen 95 Rs (Selbstbedienung an der Salatbar 45 Rs), aber alles schmeckt dafür, wie es schmecken sollte. Auch der Kaffee ist ausgezeichnet. Geöffnet ist täglich bis Sonnenuntergang. Für Gäste, die vom Strand gekommen sind, steht auch eine Dusche zur Verfügung.

Abends ist das Freiluftrestaurant Coconut Inn beliebt, insbesondere bei Pauschalreisenden. Donnerstags werden Fischgerichte vom Grill zur Musik einer Tanzkapelle für 195 Rs angeboten. Eines der besten Restaurants in der Gegend ist das Banyan Tree auf dem Gelände des Taj Holiday Village. Es ist an den Seiten offen und ein gutes Ziel für ausgezeichnete thailändische und chinesische Gerichte. Hier reichen die Preise für Hauptgerichte von 100 bis 200 Rs.

AN- UND WEITERREISE

Busse verkehren von Panaji nach Sinquerim (14 km) und setzen ihre Fahrten dann nach Norden fort bis Calangute.

Für eine Taxifahrt vom Flughafen muß man 350 Rs einkalkulieren.

CALANGUTE UND BAGA

Telefonvorwahl: 0832

Noch bis vor kurzem war Calangute der Strand, an den es die Hippies aus aller Welt zog, besonders zur Weihnachtszeit. Dann brach dort immer ein Chaos aus. Menschenmassen trafen ein, um an das Ziel ihrer Wünsche zu gelangen. Wer einmal miterlebt hat, wie diese vielen Menschen in Gruppen zusammensaßen, in endlose Debatten um Gott und die Welt verwickelt, der weiß Bescheid. Auf die Gefühle der Inder nahm man dabei keine Rücksicht. Man gab sich so, wie man selbst wollte - nackt oder spärlich bekleidet und wenig gepflegt. Man wollte die Welt verbessern und trat doch denen, die hier zu Hause waren, auf die Füße. Natürlich spielte auch Rauschgift eine Rolle; Ganja war in. Dies hatte zur Folge, daß immer irgendwo irgendwelche Hippies in einem Rausch waren und entweder Lärm verursachten oder einfach irgendwo schliefen. Und - wie könnte es anders sein - von Zeit zu Zeit tauchten dann auch Leute wie John Lennon oder The Who auf, um kostenlose Konzerte zu geben.

Aber diese Zeiten sind vorbei. Vorbei ist die Gewißheit, daß Calangute das Mekka aller herumziehenden Hippies ist. Die Einheimischen, die früher für einen Apfel und ein Ei Zimmer in ihren Häusern vermieteten, haben sich profitableren Dingen zu gewandt. Calangute hat eine Metamorphose durchgemacht und ist heute der Mittelpunkt des schnell wachsenden Pauschalreisemarktes in Goa. Hotels und Gästehäuser stehen nun fast ohne Unterbrechung von Calangute bis Baga.

Dabei gehört Calangute nicht einmal zu den besten Stränden in Goa. Hier fehlen nämlich an der Küste die sanft im Wind schwingenden Palmen. Der Strand ist durchsetzt mit roter Erde und fällt ziemlich steil in das Wasser ab. Allerdings ist immer eine ganze Menge los. Manche Leute, die Colva zu ruhig finden, fühlen sich hier wohler. Dennoch ist der Strand in Baga schöner und die Landschaft dort interessanter.

PRAKTISCHE HINWEISE

In der Buchhandlung Shyam wird eine ganze Reihe von Büchern in etlichen Sprachen angeboten. Dort kann man Bücher aber nicht nur kaufen, sondern auch verkaufen und tauschen.

Einen Besuch wert ist ferner der Kunstkomplex Kerkar im Süden von Calangute. Dort kann man sich eine Galerie mit Gemälden einheimischer Maler ansehen und sich dienstags und samstags um 18.30 Uhr Konzerte mit klassischer indischer Musik anhören. Die Eintrittskarten dafür kosten 150 Rs.

Faxmitteilungen lasse sich bei Telelink unweit der Tankstelle absenden und in Empfang nehmen (Fax 27 61 24). Damania Airways und Shipping unterhält ein Büro im Calangute Tourist Resort.

UNTERKUNFT

Alle im folgenden angegebenen Preise gelten für ein Doppelzimmer mit Bad in der Hochsaison. Wissenswert ist sicher auch, daß Einzelzimmer in dieser Gegend selten sind.

Calangute: Im Zentrum von Calangute gibt es eine ganze Reihe von beliebten preiswerten Quartieren. Eines davon ist das große Angela P. Fernandes Guest House, in dem Doppelzimmer für 150 Rs (außer in der Zeit um Weihnachten und Neujahr für 95 Rs) vermietet werden. Außerdem stehen hier noch preisgünstigere Zimmer mit Badbenutzung zur Verfügung. Das Preis-/ Leistungsverhältnis stimmt in diesem Hotel, was auch der Grund dafür ist, daß es recht beliebt ist. Die Mitarbeiter sind zudem sehr freundlich. Alle Zimmer sind mit einem Ventilator ausgestattet. Wenn dieses Haus voll belegt sein sollte, kann man auch in mehreren Unterkünften in der Nähe übernachten. Dazu gehören das Conria Beach Resort und das Calangute Paradise mit Zimmern für 150 bis 200 Rs.

GOA

Hervorragend unmittelbar am Strand liegt das Hotel Souza Lobo mit einfachen Zimmern für 200 Rs. Leider haben die Zimmer keine Fenster. Außerdem wird die zugehörige Terrasse vom angeschlossenen Restaurant genutzt. Heißes Wasser ist nur zwischen 15 und 18 Uhr erhältlich, weil dann das Restaurant geschlossen wird. Versteckt zwischen Andenkenläden liegt das Fellah's Guest House, ein sehr einfaches Quartier, in dem für ein Doppelzimmer mit Bad 150 Rs verlangt werden.

In der Preisklasse von 200 bis 250 Rs ist das beste Haus in Calangute das Hotel A Canôa (Tel. 27 60 82), das einige ganz nette Zimmer mit Meerblick zu bieten hat, aber oft voll belegt ist. Zurück vom Strand liegen das unscheinbare Alfa Guest House (Tel. 27 73 58) und das sehr hübsche Victor Guest House.

Unweit vom Angela P. Fernandes Guest House kommt man zum beliebten Coco Banana. Die Zimmer in diesem Mittelklassehaus sind um einen ruhigen Innenhof herum angelegt worden und sehr sauber. Die Betten sind bequem, Ventilatoren vorhanden und die Mitarbeiter freundlich sowie hilfsbereit. Hier liegen die Preise in der Spanne von 350 bis 450 Rs. Preisgünstiger übernachtet man im Sea Pearl Guest House nebenan.

Den Strand dominiert das eher häßliche, staatlich geführte Calangute Tourist Resort (Tel. 27 60 09). Allerdings sind die Cottages, die als Erweiterung gebaut wurden, wesentlich hübscher als das Hauptgebäude. Zwischen Oktober und Juni zahlt man hier für ein Einzelzimmer 180 Rs, für ein Doppelzimmer 220 Rs und für ein Dreibettzimmer 330 Rs, alle mit Bad und Ventilator. Vom 15. Juni bis zum 30. September sind es 120, 180 bzw. 250 Rs. Man hat auch die Möglichkeit, in der Hochsaison für 40 Rs und außerhalb der Saison für 30 Rs im Schlafsaal zu übernachten. Zu dem Komplex gehört zudem ein Restaurant.

Ganz in der Nähe bietet Meena's Lodge Unterkunft für 125 Rs, ist jedoch häufig laut. Drei Türen weiter hinunter liegt das kaum bemerkenswerte Falcon Resort (Tel. 27 73 63), in dem für ein Zimmer 200 Rs berechnet werden. Unmittelbar nördlich vom Tourist Resort kommt man sehr nahe am Strand zu einer weiteren Gruppe von kleinen Hotels. Dort betragen die Übernachtungspreise im La Bamba und im Hotel O'Camarao 150 bis 200 Rs.

In der gleichen Gegend liegt auch das schöne Varma's Beach Resort (Tel. 27 60 77). Es ist ausgesprochen sauber und freundlich und bietet auch eine Bar und ein Restaurant, deren Benutzung den Hausgästen vorbehalten ist. Das Gebäude wurde um einen grünen Innenhof herum angelegt. Für ein Doppelzimmer mit Bad, Klimaanlage sowie einer kleinen Veranda, auf der auch Platz für einen Tisch und Sessel ist, zahlt man hier 550 bis 850 Rs pro Tag. Das Hotel ist von Juni bis Oktober aber geschlossen.

Am Anfang der Straße von Calangute nach Baga gibt es ebenfalls ein paar Unterkünfte. Dort werden in den Rodrigues Cottages einige Zimmer mit Bad für 100 Rs angeboten. Eine sehr gute Wahl mit Zimmern für 150 bis 250 Rs, alle mit eigenem Bad, ist das Albenjoh (Tel. 27 64 22). Zu den teureren Zimmern gehört auch ein Balkon. Dieses Haus ist im übrigen makellos sauber.

Süd-Calangute: In dieser Gegend ist nur eine einzige preisgünstige Unterkunft übriggeblieben, allerdings in ausgezeichneter Lage unmittelbar am Strand. Dort muß man im NV Guest House für ein einfaches Doppelzimmer 100 Rs bezahlen. Einige Einzelzimmer werden in diesem Haus ebenfalls vermietet. Geführt wird dieses Gästehaus von einer freundlichen Familie, die im zugehörigen Restaurant auch frische Meeresfrüchte serviert.

In der Preisklasse von 400 bis 600 Rs hat man die Wahl zwischen mehreren kleinen Hotels, bemerkenswert alle wegen ihrer Lage unweit vom Strand. Dazu gehören das Hotel Golden Eye mit einem ganz guten Restaurant (Tel. 27 73 08) und nebenan das Hotel Dona Cristalina, daneben das White House. Das Hotel Goan Heritage in der gleichen Gegend (Tel. 27 61 20) kann auch mit einem Swimming Pool aufwarten. Dort kosten Zimmer allerdings etwa 800 Rs.

Einige teurere Ferienanlagen liegen weiter zurück vom Strand in der Nähe der Antonius-Kapelle, darunter das Elnish Golden Sands, das Resorte Santo Antonio und das Falcon Resort. Ein recht großer Komplex, der sich bis hinunter zum Strand zieht, ist das Paradise Village. In der Hochsaison wird man dort für eine Übernachtung 2800 Rs los.

Zwischen Calangute und Baga: Viele der Hotels in dieser Gegend sind verbessert worden, um am Geschäft mit dem Pauschaltourismus teilnehmen zu können. Daher ist es sicher keine Überraschung, daß sich in vielen davon die Preise in der letzten Zeit glatt verdoppelt haben.

Johny's Hotel (Tel. 27 74 58) ist ein modernes Ziegelgebäude unweit des Strandes. Hier werden die Zimmer für 200 Rs vermietet. Auf Wunsch kann man im Haus auch essen. Ganz in der Nähe kommt man zum häßlichen und schon etwas verfallenen Hotel Chalston, einem Monument für wenig einfühlsame und gedankenlose Planung. Unter diesen Umständen ist der geforderte Übernachtungspreis von 600 Rs geradezu ein Witz.

Zurück an der Hauptstraße in Richtung Norden gibt es eine Reihe kleinerer Unterkünfte. Mit einem Übernachtungspreis von ca. 200 Rs ist das Stay Longer Guest House (Tel. 27 74 60) das beste davon. Geleitet wird es von einer sehr freundlichen Familie. Geringfügig teurer kommt man im nahegelegenen Hotels Saahil

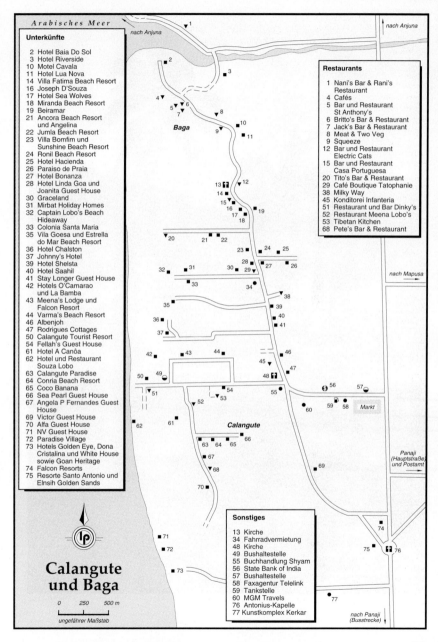

GOA

Calangute und Baga

Arabisches Meer

nach Anjuna

nach Anjuna

Unterkünfte

2 Hotel Baia Do Sol
3 Hotel Riverside
10 Motel Cavala
11 Hotel Lua Nova
14 Villa Fatima Beach Resort
16 Joseph D'Souza
17 Hotel Sea Wolves
18 Miranda Beach Resort
19 Beiramar
21 Ancora Beach Resort und Angelina
22 Jumla Beach Resort
23 Villa Bomfim und Sunshine Beach Resort
24 Ronil Beach Resort
25 Hotel Hacienda
26 Paraiso de Praia
27 Hotel Bonanza
28 Hotel Linda Goa und Joanita Guest House
30 Graceland
31 Mirbat Holiday Homes
32 Captain Lobo's Beach Hideaway
33 Colonia Santa Maria
35 Vila Goesa und Estrella do Mar Beach Resort
36 Hotel Chalston
37 Johnny's Hotel
39 Hotel Shelsta
40 Hotel Saahil
41 Stay Longer Guest House
42 Hotels O'Camarao und La Bamba
43 Meena's Lodge und Falcon Resort
44 Varma's Beach Resort
46 Albenjoh
47 Rodrigues Cottages
50 Calangute Tourist Resort
54 Fellah's Guest House
61 Hotel A Canôa
62 Hotel und Restaurant Souza Lobo
63 Calangute Paradise
64 Conria Beach Resort
65 Coco Banana
66 Sea Pearl Guest House
67 Angela P Fernandes Guest House
69 Victor Guest House
70 Alfa Guest House
71 NV Guest House
72 Paradise Village
73 Hotels Golden Eye, Dona Cristalina und White House sowie Goan Heritage
74 Falcon Resorts
75 Resorte Santo Antonio und Elnsih Golden Sands

Baga

nach Mapusa

Restaurants

1 Nani's Bar & Rani's Restaurant
4 Cafés
5 Bar und Restaurant St Anthony's
6 Britto's Bar & Restaurant
7 Jack's Bar & Restaurant
8 Meat & Two Veg
9 Squeeze
12 Bar und Restaurant Electric Cats
15 Bar und Restaurant Casa Portuguesa
20 Tito's Bar & Restaurant
29 Café Boutique Tatophanie
38 Milky Way
45 Konditorei Infanteria
51 Restaurant und Bar Dinky's
52 Restaurant Meena Lobo's
53 Tibetan Kitchen
68 Pete's Bar & Restaurant

Calangute

Markt

Panaji (Hauptstraße) und Postamt

Sonstiges

13 Kirche
34 Fahrradvermietung
48 Kirche
49 Bushaltestelle
55 Buchhandlung Shyam
57 Bushaltestelle
58 State Bank of India
57 Faxagentur Telelink
59 Tankstelle
60 MGM Travels
76 Antonius-Kapelle
77 Kunstkomplex Kerkar

nach Panaji (Busstrecke)

Calangute und Baga

0   250   500 m

ungefährer Maßstab

859

BRYN THOMAS

Strand von Vagator in Goa

BRYN THOMAS

BRYN THOMAS

BRYN THOMAS

Goa

Oben links: Kirche St. Cajetan in Alt-Goa
Oben rechts: Flohmarkt in Anjuna
Unten: Fischerboot am Strand von Palolen

unter. Mit Preisen von 300 bis 400 Rs ist das Hotel Shelsta nicht gerade eine gute Wahl, abei dieses Haus hat auch einen ganz hübschen Garten zu bieten.

In der Gasse gegenüber vom Shelsta liegt das Melvin House, ein ganz ansprechendes Quartier, auch wenn dort die geforderten 150 Rs für ein Zimmer ohne eigenes Bad ganz schön hoch sind. Das schon deutlich bessere Vila Goesa (Tel. 27 61 82) liegt in einer ansprechenden Gartenanlage am Ende dieser Gasse unweit vom Strand. Dort muß man für eine Übernachtung aber auch 950 Rs bezahlen. Im Garten wird an den meisten Abenden ein Grill in Betrieb genommen. Das Estrella do Mar in der Nähe ist von den Preisen her ähnlich und ein sehr ansprechendes Haus. Hier werden den Gästen auch ein Garten und ein Freiluftrestaurant geboten.

Wenn man sich selbst versorgen will, bietet sich das Graceland an, in dem ein paar kleine Apartments mit Küche für 350 Rs vermietet werden. Ganz gut sind die Zimmer ferner im Joanita Guest House in der Nähe, für die man mit Bad 250 Rs bezahlen muß. Die Zimmer liegen zu einem hübschen, schattigen Garten hin.

Auf einem kleinen Grundstück nahe am Strand stehen gleich drei Hotels, die vorwiegend von Pauschaltouristen in Anspruch genommen werden. Dort reichen die Übernachtungspreise von 700 bis 1000 Rs. Das Captain Lobo's Beach Hideaway (Tel. 27 61 03) besteht aus Unterkünften mit zwei jeweils Zimmern sowie einer kleinen Küche mit Kühlschrank, in der das Kochen aber merkwürdigerweise verboten ist. Vorhanden sind auch ein Swimming Pool und ein Restaurant. Zudem ist der Strand nur einen kurzen Fußweg entfernt. Das Colonia Santa Maria (Tel. 27 60 11) und die Mirbat Holiday Homes (Tel. 27 73 10) sind ähnlich.

Ebenfalls zur Preisklasse mit Zimmern für 700 bis 1000 Rs gehören das Hotel Linda Goa (Tel. 27 60 66), das Sunshine Beach Hotel mit Swimming Pool, das Paraiso de Praia, das Beiramar und die Villa Bomfim (Tel. 27 61 05). Die Villa Bomfim ist ein ganz hübsches altes Gebäude mit großen luftigen Zimmern. Ganz ansprechend ist ferner das Ronil Beach Resort (Tel. 27 61 01), erbaut um ein Schwimmbecken herum. Dort kosten die Zimmer vom 20. Dezember bis zum 8. Januar allerdings auch 2000 Rs, in der übrigen Hochsaison nur noch 1200 Rs und in der Zwischensaison 1000 Rs. Wenn man sich an den Händlern aus Kaschmir in der nächsten Gasse vorbeigeschlichen hat, gelangt man zum Jumla Beach Resort (Tel. 27 61 02), das mit 600 Rs in der Hochsaison jedoch viel zu teuer ist. Sehr hübsch und eine gute Wahl sind dagegen die Ancora Beach Resort Cottages mit 180 Rs für ein Doppelzimmer. Zu dieser Anlage gehören auch ein Restaurant und eine Bar. Ähnlich sind die Preise im nahegelegenen Angelina. Zurück unweit Hauptstraße liegt das Hotel Hacienda (Tel. 27 73 48), in dem einige recht gute Zimmer mit Bad und heißem Wasser für 400 Rs vermietet werden.

Das Miranda Beach Resort hat Doppelzimmer für 250 Rs zu bieten. Besser ist das Preis-/Leistungsverhältnis im ansonsten kaum bemerkenswerten Hotel Sea Wolves, in dem Doppelzimmer mit Bad 150 Rs kosten.

Baga: Eine gute Wahl ist das Villa Fatima Beach Resort (Tel. 27 60 59), das ein Stück zurück von der Straße inmitten eines Kokospalmenhaines liegt. Der Name ist ein wenig zu grandios für das dreistöckige Gebäude, das an ein Privathaus grenzt, aber das Hotel ist bei den Gästen sehr beliebt, insbesondere für einen längeren Aufenthalt. Die Familie, die das Haus führt, ist wirklich sehr nett. Für ein Doppelzimmer mit Bad zahlt man hier ab 150 Rs, mit heißem Wasser im Bad 350 Rs. Geboten werden außerdem ein Restaurant und ein Fernsehzimmer sowie Schließfächer für Wertsachen für 50 Rs. In der Hochsaison ist das Haus jedoch häufig ausgebucht.

Im Joseph D'Souza, der alten Villa neben dem Restaurant Casa Portuguesa, kommt man in einfachen Zimmern für ca. 100 Rs unter. Die größeren Zimmer mit eigenem Bad für 150 bis 200 Rs liegen auf der anderen Straßenseite.

In der Ortsmitte gelangt man zu einer ganzen Gruppe von Restaurants an der Hauptstraße, nämlich dem Jack's, dem Britto's und dem St. Anthony's. Dort kann man sich nach einem Zimmer oder einem Haus erkundigen. Es gibt zudem noch eine Reihe von Häusern und Hütten auf der anderen Seite des Flusses, die man mieten kann, die jedoch häufig Wochen und Monate von Langzeitbesuchern belegt sind.

Unter den richtigen Hotels ist die Auswahl klein. Für ca. 400 Rs kann man im Hotel Riverside (Tel. 27 60 62) übernachten, in dem ganz hübsche Zimmer in einer ruhigen Gegend angeboten werden. Ähnlich sind die Preise im neueren Hotel Lua Nova, wo man von den Zimmern aus Ausblick auf Reisfelder hat. Teuer ist es im Zwei-Sterne-Hotel Baia do Sol (Tel. 27 52 07), einem modernen Haus inmitten eines Blumengartens. Hier wird man für ein Doppelzimmer 700 Rs los, kann dafür aber auch von einem Restaurant und einer Bar im Hotel Gebrauch machen. Das Motel Cavala (Tel. 27 60 90), vorwiegend von Pauschalreisenden bewohnt, bietet Doppelzimmer mit Veranda und Bad für etwa 600 Rs an.

Auf der anderen Seite des Flusses gibt es auch im Restaurant Nani's & Rani's (Tel. 27 63 13) ein paar einfache Doppelzimmer mit Badbenutzung für 80 Rs und mit eigenem Bad für 200 Rs. Weil das ein recht beliebtes Quartier ist, kann es zeitweise schwer werden, dort unterzukommen. Man gelangt dorthin über eine außergewöhnliche Brücke, die man gesehen haben muß, um es zu glauben, zur Nordseite des Flusses. Wie es scheint, hat man einem Architekten eine unbegrenzte Menge von Beton zur Verfügung gestellt und ihm gesagt, er solle damit die häßlichste und ausgefallenste Brücke bauen, die man sich vorstellen kann. Das Ergebnis ist eine Fußgängerbrücke, die glatt einen Atomschlag überstehen könnte.

ESSEN

Eine Reihe kleiner Restaurants gibt es am Weg vom Dorf Calangute bis zum Strand, insbesondere an der Bushaltestelle, zahlreiche weitere am Strand von Baga. Wie nicht anders zu erwarten, ist Fisch auf den Speisekarten dominierend.

Das Ziel, um dort den Tag zu beginnen, ist die Konditorei Infanteria, ein ausgezeichnetes Lokal für einen Croissant und einen Kaffee. Außerdem erhält man dort alle Arten von Bort und Kuchen, aber auch richtige Speisen.

Mit am besten ißt man im Hotel Souza Lobo, das günstig gelegen und ein idealer Ort ist, um den Sonnenaufgang zu betrachten oder am frühen Nachmittag auszuspannen. Zum Wohl der Hotelgäste schließt es jedoch zwischen 15.00 und 18.00 Uhr. Die Bedienung ist zwar nicht besonders, aber dafür ist das Essen hier ist sehr gut. Pfeffersteak erhält man für 40 Rs, einen ganzen gegrillten Königsfisch für 100 Rs und Tigergarnelen für 225 Rs. Auch bei den Einheimischen ist dieses Restaurant beliebt.

Ein weiteres gutes Lokal zum Essen und Herumsitzen bei einigen Bieren ist auch Pete's Bar & Restaurant in der Nähe vom Angela P. Fernandes Guest House. Hier treffen sich immer deutlich mehr Rucksackreisende als im Souza Lobo.

Momos und andere tibetische Gerichte erhält man in der Tibetan Kitchen in einer gemütlichen Umgebung, wo auch Zeitschriften ausliegen und Spiele zur Verfügung stehen, damit die Gäste animiert werden, möglichst lange zu bleiben. Auch dieses Lokal ist ein gutes Ziel, um andere ausländische Besucher kennenzulernen. Sehr preisgünstige chinesische Gerichte lassen sich im China Town an der Mena's Lodge ausprobieren.

Das Mr. Cater's auf der Terrasse vor dem Calangute Beach Resort eignet sich als Ziel für ein nordindisches Gericht oder eine Tandoori-Speise zu durchaus annehmbaren Preisen. Gut Meeresfrüchte kann man im Restaurant Oceanic unweit der State Bank of India essen. Tandoori-Hai kostet dort 65 Rs, eines der anderen Hauptgerichte zwischen 50 und 60 Rs.

Entlang der Straße nach Baga kommt man zum beliebten Café Boutique-Tatophanie, einem schicken, von Deutschen geführten Lokal, in dem man nicht nur Designer-Mode kaufen, sondern sich auch Apfelkuchen, Schokoladenkuchen sowie Filterkaffee gönnen kann. Ein weiteres gutes Lokal ist das Milky Way, in dem man Eis sowie eine Reihe von Imbissen essen und Milchmixgetränke trinken kann. Joghurt mit Honig und Nüssen sowie Papayas erhält man für 15 Rs.

Zum Vila Goesa Beach Resort gehören ein Restaurant unter freiem Himmel und eine Kneipe, in der in der Hochsaison zweimal wöchentlich eine Band auftritt.

Eines der beliebtesten Restaurants in dieser Gegend ist jedoch das Tito's in einer ausgezeichneten Lage am Strand. Es ist auch das einzige erwähnenswerte Nachtlokal und rühmt sich seiner großen Lautsprecheranlage sowie der Tanzfläche. Die Preise sind allerdings mit Hauptgerichten für 75 bis 150 Rs und Bier für mindestens 35 Rs doppelt so hoch wie in den anderen Restaurants von Calangute und Baga

Ein Stück weiter entlang der Hauptstraße nach Baga liegt die Bar und das Restaurant Casa Portuguesa. Dieses Lokal ist mit seinem Charme der alten Welt und der schönen Lage inmitten von Kokospalmen ein gutes Ziel für ein kleineres Festessen.

In Baga ist das beste Restaurant das Squeeze, auch wenn es von außen so nicht aussieht. In der Hütte werden aber hervorragende Pasta nach Hausmacherart, ausgezeichneter Kaffees sowie eine ganze Reihe von frischen Obstsäften und Cocktails serviert. Heimwehkranke Europäer können die Fußballergebnisse bei einem Stück Kuchen oder bei Fleischbällchen im Meat & Two Veg in der Nähe erfahren.

Am Ende der Straße hat man die Wahl zwischen mehreren Restaurants unter freiem Himmel, nämlich dem Jack's, dem Britto's und dem St. Anthony's. Sie alle sind recht beliebt und bieten in etwa die gleichen Sachen zu ähnlichen Preisen, darunter westliches Frühstück, Meeresfrüchte, Obstsäfte, Bier und andere Getränke.

Einen sehr gemütlichen Nachmittag oder Abend bei guten Essen und entspannter Atmosphäre kann man in Nani's & Rani's Bar & Restaurant verbringen. Auf dieser Seite des Flusses sind aber auch noch mehrere andere Restaurants eröffnet worden.

EINKÄUFE

Calangute und Baga sind von Händlern aus Kaschmir überschwemmt worden, die am Tourismus ebenfalls etwas verdienen wollen. Ihre aufdringlichen Belästigungen und Aufforderungen, etwas zu kaufen, können ganz schön unangenehm werden. Sie haben aber auch einige gute Sachen zu verkaufen, darunter Teppiche aus Kaschmir, Stickereien, Behälter aus Pappmaché sowie echtes und unechtes Kunsthandwerk aus Tibet und Rajasthan. Zu haben sind auch interessanter Schmuck, Fuß- und Armreifen sowie anderer Kleinkram, meist aus Tibet, Kaschmir und von indischen Stämmen.

Die meisten Sachen sind ganz gut gemacht, aber nicht gerade preisgünstig. Wenn man etwas kaufen möchte, muß man hart handeln und darf keine Angst haben, einen Preis anzubieten, der weit unter dem geforderten liegt.

AN- UND WEITERREISE

Von Calangute bestehen häufig Busverbindungen nach Panaji (2,50 Rs, 35 Minuten) und Mapusa.

Es verkehren aber auch Taxis, die den höheren Preis wert sind, wenn man mehrere Mitfahrer findet und Zeit sparen möchte. Für eine Fahrt von Panaji nach Calangute oder Baga muß man mit einem Fahrpreis von rund 100 Rs und einer Fahrzeit von etwa 20 Minuten rechnen.

Außerdem fahren mittwochs laufend vom Strand in Baga Busse zum Flohmarkt in Anjuna.

NAHVERKEHR

Die meisten Busse von Panaji verkehren nur bis Calangute. Nur wenige fahren weiter bis Baga. Fahrräder kann man sich an vielen Stellen in Calangute und Baga ausleihen. Sie kosten meistens 3 Rs pro Stunde oder 20 Rs pro Tag, auch wenn man vielfach zunächst 40 Rs gefordert werden. Motorräder werden ebenfalls vermietet (vgl. weiter oben im Kapitel über Goa). Nicht selten sieht man Motorradfahrer auf und ab auf der Suche nach Leuten fahren, die das Fahrzeug, auf dem sie unterwegs sind, mieten wollen.

ANJUNA

Telefonvorwahl: 0832

Berühmt in ganz Goa wegen des Flohmarkts jeden Mittwoch, ist Anjuna der Ort, wohin viele flüchteten, als Calangute noch von denjenigen überlaufen war, die ihre Reden in den Wind hielten, und die ganze Welt Filmberichte über diesen verruchten Ort sah, Artikel las und darüber diskutierte. Hier trifft sich die wohl kurioseste Mischung aller Traveller: Überlandfahrer, Mönche, Künstler, Artisten, Propheten und Einwanderer, die sich sicher niemals hätten vorstellen können, einmal außerhalb ihrer sonst so festgefahrenen und geordneten Welt zwischen San Francisco und London in einer solchen Gemeinschaft zu leben.

Es hat sicher keinen Zweck, darüber zu diskutieren, was Anjuna ist oder womit es zu vergleichen wäre. Es ist wohl für jeden etwas anderes. Wer dennoch etwas Näheres erfahren will, muß einige Tage hier leben und das Gespräch mit diesen Menschen suchen. Den stärksten Eindruck wird man bei Vollmond gewinnen, weil dann die Parties gefeiert werden.

Im Gegensatz zu Calangute konnte sich der Ort aber seinen Charme erhalten, denn vom Pauschaltourismus spürt man hier kaum etwas. Einige Ausschreitungen von Ausländern haben aber inzwischen dazu geführt, daß viele Langzeitbesucher nun in abgelegenere Gegenden wie Arambol im Norden von Goa oder Gokarn, gleich hinter der Grenze nach Karnataka, weitergezogen sind.

PRAKTISCHE HINWEISE

Briefe und Postkarten kann man sich an das Postamt im Ort schicken lassen. Auf halbem Wege zwischen dem Restaurant Nelson's und dem Strand kommt man zudem zu MGM Travels, wo sich Flüge buchen und Flugreservierungen bestätigen lassen.

Die Bedürfnisse der im Ort lebenden Ausländer werden von den Oxford Stores gestillt (geöffnet täglich von 8.00 bis 20.30 Uhr), wo man von ganzen Laiben Brot

bis zu Weihnachtstruthähnen (700 Rs) alles kaufen kann, was das Herz begehrt, sogar so „exotische" Sachen wie Vegemite, Bohnen von Heinz usw. Geld läßt sich hier ebenfalls wechseln, aber auch an mehreren anderen Stellen im Ort, während man in der Bank nur gegen Vorlage einer Kreditkarte Bargeld ausgezahlt bekommt. Die nächste Bank, in der man auch ausländische Währungen in bar wechseln kann, befindet sich in Vagator.

In Anjuna muß man übrigens sorgfältig auf seine Sachen achten, insbesondere bei den Parties abends, weil Diebstahl leider zu einem großen Problem geworden ist. Dabei kann man seine Wertsachen noch nicht einmal in einer Bank in einem Schließfach deponieren. Ferner sollte man kein Wasser verschwenden, weil daran ein großer Mangel besteht, insbesondere am Ende der Saison.

UNTERKUNFT

In den letzten paar Jahren sind in Anjuna einige Gästehäuser entstanden. Dennoch ist das ein Ort, in dem die meisten ausländischen Besucher längere Zeit bleiben und gleich ein ganzes Häuschen mieten.

In der Zeit von November bis März könnte es schwierig sein, ein Zimmer zu finden. Die meisten verfügbaren Häuser sind dann an Langzeitbesucher vermietet, manchmal gleich für sechs Monate oder sogar ein ganzes Jahr. Hier ein Zimmer zu bekommen, bedeutet meist ein paar Tage Wartezeit in einer ganz einfachen Unterkunft. An einigen Häusern sind gelegentlich Schilder mit der Aufschrift „Rooms to Let" zu sehen. Dorthin sollte man zuerst gehen.

Die im folgenden angegebenen Übernachtungspreise gelten für die Hochsaison in der Zeit von Mitte Dezember bis Ende Januar. Im November und Februar fallen sie im allgemeinen um 30 bis 50 %.

Mehrere Unterkünfte liegen am Busparkplatz. Ein ganz ansprechendes Quartier ist dort das Poonam Guest House (Tel. 27 32 47), errichtet um einen Garten her-

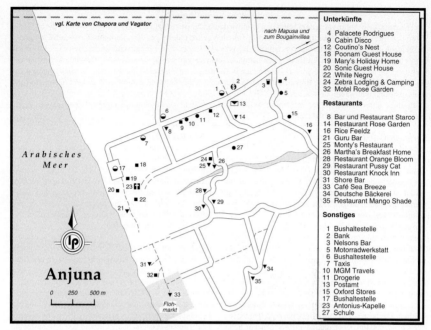

vgl. Karte von Chapora und Vagator

Arabisches Meer

nach Mapusa und zum Bougainvillea

Anjuna

0   250   500 m

Flohmarkt

um. Die Zimmer sind zwar nur einfach, als Doppelzimmer mit Bad für 250 Rs aber doch ganz schön teuer. Dafür werden sie im November und Februar auf 100 Rs gesenkt. Das Mary's Holiday Home in der Nähe ist von den Preisen her ähnlich. Im Sonic Guest House (Tel. 27 32 85) muß man für ein Doppelzimmer mit Badbenutzung 150 Rs bezahlen.

Weiter zurück, an der Straße nach Mapusa, liegt das zu teure Cabin Disco, in dem für ein Doppelzimmer mit Badbenutzung 150 Rs berechnet werden. In der Bar und dem Restaurant Starco nicht weit entfernt werden ebenfalls einige Zimmer vermietet.

Zu empfehlen ist das Coutino's Nest, ein sauberes Quartier mit Zimmern ab 100 Rs (Badbenutzung mit heißer Dusche). Geführt wird es von einer freundlichen Familie und hat auch eine ganz hübsche Sonnenterrasse zu bieten. Eine recht gute Unterkunft ist auch das White Negro mit Doppelzimmern für 100 Rs (Badbenutzung) und für 200 Rs (mit eigenem Bad). Weiter südlich, unweit des Strandes, stößt man auf das Motel Rose Garden. Dort werden hinten acht annehmbare Zimmer, alle mit Bad, als Doppelzimmer für etwa 200 Rs vermietet.

Ganz preisgünstige Unterkünfte sind um Weihnachten herum knapp. Wer Glück hat, kommt dann in den wenigen Zimmern der Guru Bar für 60 Rs unter. Im Zebra Lodging & Camping kann man in kahlen Zimmern mit Badbenutzung für 70 Rs übernachten oder für 15 Rs ein eigenes Zelt aufschlagen. Das ist eine sichere Anlage und angesichts der Preise gar nicht schlecht. Der Besitzer, früher ein Feuerwehrmann, hat einst in Kenia gelebt und zur Erinnerung daran seine Anlage benannt. Am Rand von Anjuna gibt es aber auch einige bessere Häuser. Das Palacete Rodrigues (Tel. 27 43 04) ist ein altes Haus aus der Kolonialzeit und um einen Innenhof herum erbaut worden. Dort muß man für ein Doppelzimmer 400 Rs und für eine Suite 550 Rs bezahlen. Insgesamt gesehen ist das ein ganz ansprechendes Haus. Viel protziger ist da schon das Bougainvillea (Tel. 27 32 71, Fax 27 43 70), das teilweise Ausländern gehört. In diesem Haus werden den Gästen ein Swimming Pool, gesäumt von schwarzem Marmor, eine große Gartenanlage, eine Bar und ein Grill sowie samstags am Abend Musik live geboten. Daher muß man in diesem Haus für ein gut eingerichtetes Zimmer allein 600 bis 800 Rs und zu zweit 1000 bis 1200 Rs bezahlen.

ESSEN

Auch in Anjuna findet man entlang des Strandes die üblichen Cafés, aber erhält hier einmal erfreulich abwechslungsreiches Essen, teilweise deshalb, weil mehrere Lokale von Ausländern geführt werden, die in Anjuna auf Dauer leben.

Der Flohmarkt von Anjuna

Der Flohmarkt in Anjuna an jedem Mittwoch ist ein bedeutender Anziehungspunkt für so gut wie alle, die an Goas Stränden ihren Urlaub verbringen. Man erlebt dann eine ganze Palette von Händlern aus Tibet und Kaschmir, farbenfroh gekleidete Marktfrauen aus Gujarat, Hippies aus den sechziger Jahren und so ziemlich alles, was man sonst noch in Indien antreffen kann. Hier bekommt man so gut wie alles, was man brauchen könnte, vom gebrauchten Taschenbuch bis hin zu einem neuen Badeanzug. Um ein einigermaßen gutes Geschäft machen zu können, muß man aber um die Preise hart handeln. Auch das leibliche Wohl kommt nicht zu kurz. Geboten wird gute indische und westliche Küche.

Von Baga kann man übrigens mit traditionellen Fischerbooten zum Flohmarkt fahren. Hinweise auf diese Fahrten findet man in den Restaurants.

Einen langen Weg vom Strand zurück liegt die deutsche Bäckerei, in der man auch Kräutertees und Espresso-Kaffee sowie Erdbeeren mit Sahne und Tiramisu aus der Tiefkühltruhe erhält. Das ist ein schikkes vegetarisches Freiluftrestaurant, in dem man für ein Hauptgericht rund 30 Rs bezahlen muß. Angeboten werden aber auch ausgezeichnete Hamburger mit Spinat und Pilzen sowie Hummus für 20 Rs.

Ausgezeichnete Fischgerichte und ein kühles Bier bekommt man im Restaurant Rose Garden am Strand. Hier muß man für ein Hauptgericht ca. 40 Rs rechnen. Dafür werden aber auch so interessante Gerichte wie Hühnchen in Austernsauce serviert.

Ganz ordentlich ist das Essen ferner im Sea Breaze mit Hauptgerichten in der Preisklasse von 30 bis 40 Rs. Preisgünstiges indisches Essen ist im Joe Banana erhältlich. Die besten Tandoori-Gerichte erhielt man früher im Knock Inn, aber das ist inzwischen ein ganz schön teures Lokal geworden. Preisgünstiger ißt man im Restaurant Mango Shade.

Das White Negro ist eine beliebte Bar und ein beliebtes Restaurant ein Stück zurück vom Strand, in dem das Essen gut schmeckt und ansprechend serviert wird. Hier kosten Hauptgerichte um die 50 Rs.

Das Martha's Breakfast Home ist, wie der Name bereits vermuten läßt, ein gutes Ziel, um den Tag zu beginnen. Dort werden guter Kaffee und gute Pfannkuchen angeboten. Im Pussy Cat nicht weit entfernt erhält man Lassi und Eiscreme sowie manchmal auch Erdbeeren. Das Rice Feeldz südlich der Oxford Stores sollte inzwischen ebenfalls eröffnet worden sein. Dort war bei den Recherchen zu diesem Buch Tofu nach Hausmacherart versprochen worden.

UNTERHALTUNG

Für die meisten Leute in Anjuna beginnen die Abende mit mehreren Bieren auf den Stufen der Shore Bar, wo sie dem Sonnenuntergang zusehen. Dort kann es ganz schön voll werden, insbesondere an den Tagen mit dem Flohmarkt, zumal die riesige Lautsprecheranlage dafür sorgt, daß viele Leute bis lange nach Einbruch der Dunkelheit bleiben. Ein weiteres beliebtes Ziel für einen Drink ist die Guru Bar.

Die berühmten Parties von Anjuna finden normalerweise in den Vollmondnächten statt, insbesondere um Weihnachten und Neujahr herum. Nach Ende der Flohmärkte ist aber ebenfalls meistens etwas los. Wenn sich in Anjuna gerade nichts abspielen sollte, kann man in das Café Primrose in Vagator ausweichen, das abends immer lange geöffnet bleibt und ein beliebtes Ziel ist, wenn man schon in einem anderen Lokal gewesen ist. Ist in der Gegend von Anjuna gerade eine Party geplant, wird man davon sicher erfahren. Gute Informationsquellen dafür sind die Motorrad-Wallahs.

AN- UND WEITERREISE

Etwa jede Stunde fahren Busse von Mapusa nach Anjuna und Chapora. Die können sehr voll sein. Normalerweise ist es daher viel einfacher und schneller, mit einem Motorrad (30-40 Rs, Fahrzeit ca. 15 Minuten), oder, wenn man eine Gruppe zusammenbekommt, mit einem Taxi zu fahren.

Kontrollen der Papiere von Ausländern, die ein Motorrad gemietet haben, werden immer häufiger, insbesondere an den Markttagen. Einzelheiten dazu finden Sie am Anfang des Kapitels über Goa.

CHAPORA UND VAGATOR

Chapora und Vagator gehören zu den schönsten und interessantesten Gegenden an der Küste von Goa und sind viel schöner als Anjuna, und zwar ganz gleich, ob man nur für kurze Zeit hier ist oder länger bleiben will. Die bewohnten Gebiete liegen meist unter dichten Kokospalmen. Chapora hat als Wahrzeichen ein Fort, das

alles überragend auf einem Hügel thront. Diese portugiesische Festung ist noch gut erhalten und einen Besuch wert. Allein die Ausblicke von den Befestigungsanlagen sind ausgezeichnet

Im Norden dieses felsigen Hügels kommt man zu einsamen Sandbuchten, während die Hauptstrände von

Vagator alle an der Westseite am Indischen Ozean liegen. Insbesondere Little Vagator, der Strand nach Süden hin, ist bei ausländischen Besuchern sehr beliebt und wird tagsüber von unzähligen Leuten, die in Calangute oder Baga übernachten, aufgesucht. Viele Besucher aus dem Westen halte sich hier längere Zeit auf. Dennoch ist die Gegend kein Touristen-Ghetto. Die Einheimischen blieben bisher freundlich, und die zu vermietenden Häuser sind auf eine so große Fläche verteilt, daß mehrere Strände und Buchten die Besucher aufnehmen können. Nur in Little Vagator wird man viele Fremde zusammen an einer Stelle sehen.

Auch wenn sich der Pauschaltourismus noch nicht bemerkbar macht, beginnen sich die beiden Orte schon zu verändern. Das Vagator Beach Resort ist nämlich bereits aufgemotzt worden, und Teileigentum auf der Basis von Time Sharing läßt sich ebenfalls schon erwerben. In Vagator wird zudem bei den Busausflügen nach Nord-Goa gehalten, so daß die den Bushaltestellen nächstgelegene Teile der Strände jeden Tag für ein paar Stunden von Tagesausflüglern überlaufen sind.

UNTERKUNFT

Die meisten Besucher kommen nach Chapora und Vagator für einen längeren Aufenthalt. Daher muß man bei der Ankunft mit dem Vorlieb nehmen, was dann gerade an Quartieren frei ist, und dann herumfragen, bis man etwas Besseres gefunden hat. Eine andere Möglichkeit ist, erst einmal in Calangute oder Baga zu bleiben und zu pendeln, bis sich etwas Passendes ergeben hat.

Es ist hilfreich, in diese Gegend vor Beginn der Hochsaison zu kommen, am besten im September oder Oktober, wenn sich hier nur wenige Besucher aufhalten und man auch hier einige Quartiere mit Schildern sehen kann, auf denen „Rooms to Let" steht.

Wo auch immer man sich entschieden hat zu übernachten, sollte man ständig eine Taschenlampe bei sich haben. Eine Straßenbeleuchtung gibt es nämlich nicht, und abends durch die Kokospalmenhaine den Weg zu seinem Quartier zu finden, wenn nicht gerade der Vollmond scheint, ist kein Vergnügen.

Häuser werden je nach Größe, Lage und Mietdauer monatlich zu Preisen zwischen 500 und 2000 Rs angeboten. Wenn man aber nur etwa einen Monat über Weihnachten bleiben will, muß man mit dem Zwei- oder Dreifachen davon rechnen, wenn man dann überhaupt ein Dach über dem Kopf findet.

Für kürzere Aufenthalte stehen mehrere Gästehäuser und kleine Hotels zur Verfügung. In Vagator gehört dazu das Dolrina Guest House mit einer ganzen Reihe von guten Zimmern, geführt von einer sehr freundlichen Familie. Dort muß man für ein Zimmer mit Badbenutzung allein 120 Rs und zu zweit 170 Rs sowie für

ein Zimmer mit eigenem Bad 200 bis 250 Rs bezahlen.

Die Anita Lodge in der Nähe ist etwas preisgünstiger, aber im Dezember kann es gut sein, daß das gesamte Haus komplett vermietet ist, und zwar für etwa 3500 Rs pro Monat an bis zu sechs Gäste. Das Jolly Jolly Lester in der gleichen Gegend hat sechs gute Doppelzimmer mit Bad für jeweils 250 Rs zu bieten. Nach Zimmern kann man sich ferner in den Restaurants Lobo's und Lily's erkundigen.

In Chapora ist die Shertor Villa ganz in Ordnung. Sie besteht aus 12 Zimmern, die als Doppelzimmer mit Badbenutzung für jeweils 70 Rs zu haben sind. Im Restaurant kann man zudem nach Zimmern in Häusern von Dorfbewohnern fragen. Für kürzere Zeit beginnen in ihnen die Preise für sehr einfache Quartiere bei 35 Rs.

Das Royal Resort (Tel. 27 43 65) ist eines der klassischen Häuser, die bereits in dem Augenblick zu verfallen beginnen, in dem sie eröffnet werden. In diesem Haus werden für ein Doppelzimmer in der Hochsaison um Weihnachten fast schon unverschämte 900 Rs gefordert, in der übrigen Hochsaison immer noch 450 Rs. Den Swimming Pool dieses Hauses dürfen andere als Hausgäste für 25 Rs mitbenutzen.

Viel ansprechender ist das Sterling Vagator Beach Resort am gleichnamigen Strand (Tel. 27 32 77). Diese Ferienanlage auf einem schattigen Grundstück mit vielen Palmen besteht aus einem Hauptgebäude mit dem Restaurant, der Bar und der Rezeption sowie zwei Arten von Cottages. Insgesamt gesehen ist das eine freundliche Anlage, die im Vergleich mit anderen dieser Art in Goa auch ganz gut ist. Über Weihnachten muß man hier für ein normales Cottage 1208 Rs und für ein Cottage mit Klimaanlage 1725 Rs sowie im Rest der Hochsaison 715 bzw. 1208 Rs bezahlen. Man kann aber an der Anlage für 40 000 Rs auch Teileigentum erwerben und dann für die nächsten 99 Jahre jährlich eine Woche hier verbringen.

ESSEN

Entlang der Hauptstraße von Chapora gibt es zahlreiche Lokale. Ausgezeichnetes Eis und Obstsalat, im Ort nicht zu schlagen, erhält man im Scarlet Cold Drinks. Allerdings gibt es dort nur einen einzigen Tisch. Tandoori-Gerichte lassen sich gut im Green Shadow essen (ca. 30 Rs). Einen guten Ruf genießt auch das Helinda nebenan. Im NV Welcome wird eine große Bandbreite an Meeresfrüchten angeboten, die von Königsfisch über *pomfret*, Tigergarnelen und Krabben bis (manchmal) Hummer reicht. Etwas preisgünstiger ist das Kamaxi. Beliebt zum essen ist ferner das Noble Nest.

Gleich oberhalb vom Vagator Resort stößt man auf eine Gruppe von kleinen Restaurants, darunter das Lily's, das Lobo's und das Mahalaxmi. Ein freundliches Lokal mit einer ganzen Reihe von bei ausländischen Besu-

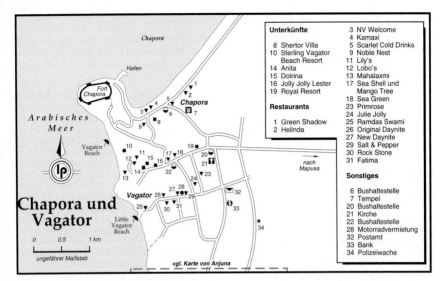

Unterkünfte		3	NV Welcome
		4	Kamaxi
8	Shertor Villa	5	Scarlet Cold Drinks
10	Sterling Vagator	9	Noble Nest
	Beach Resort	11	Lily's
14	Anita	12	Lobo's
15	Dolrina	13	Mahalaxmi
16	Jolly Jolly Lester	17	Sea Shell und
19	Royal Resort		Mango Tree
		18	Sea Green
Restaurants		23	Primrose
		24	Julie Jolly
1	Green Shadow	25	Ramdas Swami
2	Helinda	26	Original Daynite
		27	New Daynite
		29	Salt & Pepper
		30	Rock Stone
		31	Fatima
		Sonstiges	
		6	Bushaltestelle
		7	Tempel
		20	Bushaltestelle
		21	Kirche
		22	Bushaltestelle
		28	Motorradvermietung
		32	Postamt
		33	Bank
		34	Polizeiwache

chern beliebten Speisen ist ferner das Jolly Jolly Lester. Im Sea Green weiter entlang der Straße nach Osten bekommt man ausgezeichnete chinesische Gerichte, die ihr Geld allemal wert sind. Gebratene Garnelen mit Chilli beispielsweise kosten 35 Rs. Leckere chinesische Speisen werden auch im Mango Tree zubereitet.

Weiter nach Süden findet man in einer Parallelstraße ein Gruppe weiterer Restaurants. Dort kann man im Salt & Pepper gebratene Muscheln mit Chips und Salat für 40 Rs essen. Im Fatima erhält man Kentucky-Hähnchen für 50 Rs sowie Erdbeeren mit Sahne für 35 Rs.

Das Lokal, in das man abends geht, ist das Café Primrose, das immer bis weit in die Nacht hinein geöffnet

bleibt und hervorragende Lautsprechermusik zu bieten hat.

AN- UND WEITERREISE

Den ganzen Tag über verkehren ziemlich häufig Busse für 2 Rs von Mapusa nach Chapora. Ein Bus nach Vagator ist nicht weniger günstig. Gelegentlich fahren Direktbusse von Panaji auch entlang der Küste, also nicht über Mapusa. Die Bushaltestelle befindet sich an der Straßenkreuzung im Dorf Chapora. Einfacher und schneller ist es aber häufig, in Mapusa ein Motorrad zu mieten und damit zu fahren. Man kann sich auch zu einer kleinen Gruppe zusammenschließen und ein Taxi mieten.

ARAMBOL (HARMAL)

Vor ein paar Jahren, als die Daumenschrauben in Anjuna angezogen wurden und man den Versuch unternahm, das Nacktbaden und den Drogengenuß unter Kontrolle zu bekommen, zog eine Gruppe von Dickschädeln weiter auf der Suche nach einem „sympathischeren" Strand. Einen fanden sie in Arambol, nördlich von Chapora. Anfangs kamen nur solche Leute hierher, die bereit waren, sich mit den sehr einfachen Gegebenheiten abzufinden und auf alle sonst so angenehmen Einrichtungen zu verzichten. Das hat sich inzwischen geändert, aber die Erschließung für den Tourismus ist bisher

minimal geblieben. Allerdings ist im Gespräch, daß in dieser Gegend ein Golfplatz angelegt und eine Ferienanlage errichtet werden sollen.

Der Strand ist zauberhaft, der Ort friedlich und die Bevölkerung freundlich. In Arambol leben ohnehin nicht mehr als ein paar hundert Leute, meistens Fischer. Zu ihnen gesellen sich in den Monaten November bis Februar einige hundert Leute aus dem Westen.

Mit Bussen kann man von Mapusa bis zum modernen Teil von Arambol an der Hauptstraße fahren, wo es eine Kirche und einige Läden, aber keine Bank gibt. Dort

GOA

zweigt eine Straße zum einen Kilometer entfernten Dorf und zum 500 m weiter gelegenen Strand ab. An diesem Strand kann man bereits ganz gut baden, aber nach Norden hin liegen einige noch viel ansprechendere Buchten, zu denen man auf dem Weg über die Landspitze gelangt. An den Hügeln an der ersten Bucht sind bereits einige neue Chalets entstanden. Hinter der zweiten Bucht stößt man auf einen Süßwasserteich, an dem man sich ganz gut niederlassen kann. Mit dem Schlamm vom Grund dieses Teiches kann man gut ein Schlammbad nehmen, von dem gesagt wird, so etwas sei gut für die Haut. Eine Thermalquelle befindet sich in der Nähe ebenfalls.

UNTERKUNFT UND ESSEN

Die schönsten Unterkünfte sind die Chalets an der ersten Bucht nördlich des Dorfes. Sie sind zwar einfach (Toiletten draußen und Wasser aus einer Quelle), ermöglichen aber herrliche Blicke auf das Meer. Hier muß man für ein Zimmer 70 bis 100 Rs bezahlen.

Etwa 500 m vom Strand zurück befinden sich die Ganesh Stores, wo mehrere Zimmer mit eigenem Bad für 150 Rs und ohne Bad für 100 Rs vermietet werden. Im Mrs. Naik Home an der Straße zum Strand kommt man in Doppelzimmern mit Bad für 200 Rs unter.

Für Langzeitaufenthalte mietet man sich am besten ein Zimmer bei Dorfbewohnern, das je nach Einrichtungen und Saison pro Tag 30 bis 70 Rs kosten dürfte. Die

einfachsten davon bestehen aus nicht mehr als vier Wänden und einem Dach darüber. Matratzen, eine Kochgelegenheit und den Rest, den man zum Leben braucht, kann man in den Läden im Dorf mieten.

Der Hauptstrand ist von etwa 10 Bars gesäumt, von denen die interessanteste Jah Kingdom ist, spezialisiert auf äthiopische und jamaikanische Gerichte - und Musik. Hier kann man ein Steak für 35 Rs und einen Eiercremekuchen für 20 Rs essen. Das Garden of Meal liegt etwas vom Strand zurück, ist jeden Abend geöffnet und hat abwechselnde Tagesgerichte zu bieten, beispielsweise dienstags Fettucine und freitags Couscous.

AN- UND WEITERREISE

Arambol erreicht man von Mapusa aus mit Bussen alle paar Stunden in drei Stunden. Man kann sich aber auch zu einer kleinen Gruppe zusammenschließen und für die Fahrt ein Taxi mieten. Dabei muß man aber berücksichtigen, daß die Rückfahrt ebenfalls bezahlt werden muß, denn der Fahrer wird für den Rückweg kaum neue Fahrgäste finden. Für eine Taxifahrt von Vagator aus muß man ca. 50 Rs einkalkulieren.

Eine andere Möglichkeit, dorthin zu gelangen, bietet die Fähre zwischen Siolim und Chopdem, die zwischen 6.00 und 22.00 Uhr alle halbe Stunde verkehrt.

Außerdem kann man mittwochs mit Booten zum Flohmarkt von Anjuna fahren.

TEREKHOL

In Terekhol, am Nordufer des Flusses mit dem gleichen Namen, steht ein kleines portugiesisches Fort mit einer ebenso kleinen Kirche innerhalb der Mauern (normalerweise geschlossen). Früher ein preisgünstiges Gästehaus, hat man aus der Festung das Hotel Tirakhol Fort Heritage (Tel. in Panaji 22 07 05, Fax in Panaji 28 33 26) gemacht, es privatisiert und aufpoliert, was zur Folge hatte, daß die Übernachtungspreise dramatisch stiegen. Es is immer noch beliebt zum Übernachten, aber vom Preis-/Leistungsverhältnis her lange nicht mehr so günstig. Am besten ist die Suite für Flitterwöchner mit herrlichen Ausblicken in Richtung Süden entlang der sandigen Küste. Darin hat man im Bad sehr wohl an Liebende gedacht (eine runde Badewanne), nicht aber im Schlafzimmer mit den getrennten Betten! In dieser Suite kann man das ganze Jahr über pro Nacht

für 1750 Rs absteigen. Zur Verfügung stehen auch noch weitere Zimmer mit eigenem Bad für 1045 Rs, während die Zellen ähnelnden Zimmer unten für 500 Rs viel zu teuer sind.

Das Fort ist ein gutes Ziel für eine Ausflug auf einem Motorrad, zumal man dann auch noch am einsamen Strand von Querim halten und dort ein Bad nehmen kann. An der Festung selbst ist jedoch außer den Ausblicken nicht viel Bedeutendes zu sehen.

Nur gelegentlich fahren Busse von Mapusa oder Pernem nach Querim an der Südseite des Flusses, gegenüber von Terekhol, sowie zwischen Arambol und Querim. Von Querim nach Terekhol kann man mit einem Boot übersetzen, das zwischen 6.00 und 22.00 Uhr alle halbe Stunde verkehrt. Für eine Taxifahrt zwischen dem Flughafen und Terekhol muß man mit rund 600 Rs rechnen.

SÜD-GOA

Obwohl zu den Strandorten im südlichen Bezirk von Goa auch Colva und Benaulim gehören und in dieser Gegend eine Reihe von besseren Ferienanlagen erbaut wurde, ist der Tourismus hier im allgemeinen weniger stark ausgeprägt als im Norden des Bundesstaates.

Im Süden von Goa ist Margao sowohl die Bezirkshauptstadt als auch der Verkehrsknotenpunkt. Der Flughafen von Goa liegt unweit von Vasco da Gama, wo sich auch die Endstation der Eisenbahn befindet

VASCO DA GAMA

Telefonvorwahl: 0834

Unweit vom Hafen Mormugao und 3 km vom Flughafen Dabolim entfernt liegt Vasco da Gama, im allgemeinen auch die Endstation der Bahnlinie nach Goa. Ausgenommen sind nur einige Nahverkehrszüge, die bis zum Hafen weiterfahren. Wer mit der Bahn anreist, kann in Margao, unweit von Colva, aussteigen, aber Flugzeuge kommen manchmal so unglücklich spät an, daß es kaum möglich ist, viel weiter als bis Vasco da Gama zu gelangen, es sei denn, man nimmt sich ein Taxi. Die Stadt als solche ist nicht sehr aufregend, bietet aber mehrere Hotels.

UNTERKUNFT

Die angenehmste preisgünstigste Unterkunft ist die Twiga Lodge unweit der Bushaltestelle (Tel. 51 26 82). Das ist ein altes portugiesisches Haus, geführt von Tony und Iva Pereira, die einige Zeit in Nairobi gearbeitet haben (*twiga* ist das Wort in Suaheli für Giraffe). Vermietet werden nur ein Einzelzimmer für 40 Rs und vier Doppelzimmer für 60 Rs, die immer schnell alle belegt sind.

Am westlichen Ende der Stadt liegt in der Dattatria Deshpande Road das Hotel Annapurna (Tel. 51 37 15), in dem Einzelzimmer für 95 Rs und Doppelzimmer für 135 Rs angeboten werden (mit Bad) und in dem im zugehörigen Restaurant gute vegetarische Gerichte serviert werden. Unmittelbar gegenüber liegt das Hotel Westend (Tel. 51 15 76) mit Doppelzimmern für 135 Rs. Eine gute Wahl ist auch das zentral gelegene Tourist Hotel (Tel. 51 31 19), das von der Goa Tourist Development Corporation betrieben wird. Hier werden in der Hochsaison Einzelzimmer für 130 Rs und Doppelzimmer für 150 Rs vermietet und in der Nebensaison für 100 bzw. 120 Rs. Vierbettzimmer für 200 Rs in der Hochsaison und 180 Rs in der Nebensaison sind ebenfalls vorhanden.

Ganz in Ordnung ist ferner das Hotel Gladstone an der Ostseite der alten Bushaltestelle (Tel. 51 39 66), in dem man in Einzelzimmer für 120 Rs und in Doppelzimmern für 160 Rs unterkommt (mit Klimaanlage für 180 bzw. 220 Rs). Durchaus annehmbar ist zudem das nahegelegene Hotel Urvashi (Tel. 51 02 73) mit Einzelzimmern für 95 Rs und Doppelzimmern für 125 Rs (Badbenutzung) und 125 bzw. 180 Rs (mit eigenem Bad). Schon deutlich besser ist das The Citadel in der Nähe vom Tourist Hotel (Tel. 51 20 97), in dem in jedem Zimmer auch ein Fernsehgerät vorhanden ist und in den Bädern zudem heißes Wasser zur Verfügung steht. Dafür muß man allein 315 Rs und zu zweit 325 Rs bezahlen, mit Klimaanlage 360 bzw. 400 Rs. Das beste Haus in der Stadt ist das Hotel La Paz Gardens (Tel. 51 21 21, Fax 51 33 02), in dem Einzelzimmer 600 Rs und Doppelzimmer 700 Rs kosten (mit Klimaanlage). Weniger als einen Kilometer vom Flughafen entfernt liegt das Hotel Airport (Tel. 51 21 65), in dem man in kahlen Zimmern allein für 200 Rs und zu zweit für 300 Rs übernachten kann, mit Klimaanlage für 350 bzw. 550 Rs.

ESSEN

Nur drei Blocks entfernt vom Bahnhof steht mit dem China-Restaurant Nanking ein freundliches Lokal mit gutem Essen zur Verfügung. Dort muß man für ein Hühnchen in der Art von Szechuan 32 Rs bezahlen. An der Ecke dieser Straße kommt man zu einem Imbißlokal, dem Goodland, in dem Pizza für 25 Rs, Brötchen mit Wurst und Eis angeboten werden. Es gibt in der Stadt aber auch noch ein teureres China-Restaurant, nämlich das Sweet N Sour im Hotel La Paz Gardens, in dem Hauptgerichte um die 50 Rs kosten.

Das vegetarische Restaurant im Hotel Annapurna ist ein weiteres gutes Lokal mit preiswertem Essen. Dort wird Thali für 12 Rs serviert. Bleiben noch die wenig

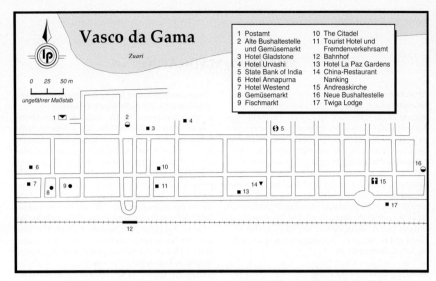

Vasco da Gama

Zuari

0   25   50 m

ungefähr Maßstab

1 Postamt	10 The Citadel
2 Alte Bushaltestelle	11 Tourist Hotel und
und Gemüsemarkt	Fremdenverkehrsamt
3 Hotel Gladstone	12 Bahnhof
4 Hotel Urvashi	13 Hotel La Paz Gardens
5 State Bank of India	14 China-Restaurant
6 Hotel Annapurna	Nanking
7 Hotel Westend	15 Andreaskirche
8 Gemüsemarkt	16 Neue Bushaltestelle
9 Fischmarkt	17 Twiga Lodge

begeisternde Bedienung und Speisekarte des Restaurant im Tourist Hotel zu erwähnen.

AN- UND WEITERREISE

Die neue Bushaltestelle liegt am Ostrand der Stadt, auch wenn ein paar Busse immer noch an der alten Haltestelle in der Stadtmitte abfahren. Von der neuen Bushaltestelle kommt man mit Luxusbussen nach Bombay (227 Rs, 15 Stunden) und Bangalore (180 Rs, 12 Stunden) sowie häufig nach Margao (5 Rs, eine Stunde) und Panaji (5 Rs, eine Stunde). In Panaji kann man zur Weiterfahrt nach Mapusa und den Stränden in Nord-Goa umsteigen. Fahrkarten für Langstreckenfahrten mit privaten Busunternehmen lassen sich an den Ständen vor dem Bahnhof kaufen.

Einzelheiten über die Zugverbindungen von und nach Vasco da Gama finden Sie weiter oben am Anfang des Kapitels über Goa.

Für eine Taxifahrt zum oder vom Flughafen muß man mit 40 Rs rechnen.

BOGMALO

Bogmalo liegt 8 km von Vasco da Gama und nur 4 km vom Flughafen entfernt. Das ist ein kleiner Ort an einer sandigen Bucht, dominiert vom Hotel Oberoi mit fünf Sternen, bei dem man die Vorschrift umgangen hat, daß alle Hotels mindestens 500 m vom Strand entfernt errichtet werden müssen. Außer dieser Ferienanlage, ein paar kleineren Unterkünften, einem recht hübschen Strand und mehreren teuren Strandcafés hat das kleine Dorf Bogmalo wenig zu bieten.

Im Hotel Oberoi Bogmalo Beach (Tel. 51 32 91, Fax 51 25 10) muß man für ein Einzelzimmer 110 US $ und für ein Doppelzimmer 120 US $ bezahlen. Dafür werden den Gästen aber auch ein Swimming Pool und alle Annehmlichkeiten geboten, die man in einem Haus dieses Kalibers erwarten darf.

Im Dorf, nicht weit vom Strand entfernt, kann man ferner im Petite Guest House (Tel. 51 01 22) in einem Doppelzimmer mit Bad für rund 300 Rs unterkommen.

Nach 15 Minuten zu Fuß entlang der Straße zum Flughafen in Richtung Nordosten kommt man zum Vinny's Holiday Resort (Tel. 51 01 74), in dem ein Doppelzimmer mit Klimaanlage 880 Rs kostet. Von dieser Anlage aus werden Pendelbusse zum Strand und zum Flughafen eingesetzt. Außerdem dürfen die Gäste die Einrichtungen des Hotels Oberoi mitbenutzen.

MARGAO (MADGAON)

Einwohner: 77 000
Telefonvorwahl: 0834
Margao ist die Hauptstadt der Provinz Salcete und die Stadt in Süd-Goa mit der größten Bevölkerung. Sie stellt sich als eine hübsche Provinzstadt dar, in der man noch immer Überbleibsel ihrer portugiesischen Vergangenheit sehen kann. Margao lockt kaum viele Touristen an, denn sehenswert sind höchstens die reich ausgeschmückte Kirche des Heiligen Geistes und der überdachte Markt, der sicher der beste seiner Art in ganz Goa ist, auch wenn man vom alles überdeckenden Gestank nach Fisch irritiert wird. Die Bedeutung von Margao besteht darin, daß es für alle Besucher von Colva und Benaulim das Versorgungszentrum und der Verkehrsknotenpunkt ist.

PRAKTISCHE HINWEISE

Das Fremdenverkehrsamt (Tourist Office) ist im Tourist Hotel in der Stadtmitte untergebracht (Tel. 22 25 13). Die Mitarbeiter dort sind freundlich und hilfsbereit, aber wie so häufig in Indien sind wegen knapper finanzieller Mittel ihre Möglichkeiten begrenzt und die Prospekte knapp.

Hier unterhält auch Damania Airways ein Büro (Tel. 22 19 66).

Der Hauptbusbahnhof von Kadamba befindet sich etwa 1¹/₂ km von der Stadtmitte entfernt an der Straße nach Panaji.

Die State Bank of India findet man unmittelbar gegenüber den Municipal Gardens. Geld kann man aber auch in mehreren Hotels in Colva wechseln, wenn auch 3-5 % unter den offiziellen Kursen.

Agentur für Indian Airlines ist Menezes hinter dem Sekretariat. Schneller geht aber alles, wenn man sich zum Büro von Indian Airlines in Panaji begibt.

Das Hauptpostamt befindet sich an der Nordseite der Municipal Gardens. Den Schalter für postlagernde Sendungen findet man jedoch in einem besonderen Büro etwa 300 m südwestlich des Hauptpostamtes (geöffnet von 8.30 bis 10.30 Uhr und von 15.00 bis 16.30 Uhr).

UNTERKUNFT

Die meisten preiswerten Häuser liegen an der Station Road zwischen den Municipal Gardens und dem Bahnhof. Das beste in dieser Gruppe ist wahrscheinliche das Hotel Rukrish (Tel. 22 17 09). In einem guten, sauberen Einzelzimmer mit einem kleinen Balkon mit Blick auf die Straße wohnt man dort für 60 Rs. Für ein Doppelzimmer mit Bad werden 120 Rs berechnet. Alle Zimmer werden jeweils für 24 Stunden vermietet.

In den Ruheräumen der Eisenbahn muß man für ein Doppelzimmer 65 Rs und für ein Bett im sehr einfachen Schlafsaal 15 Rs bezahlen. Auf der anderen Straßenseite kommt man zum Hotel Sanrit, in dem für Einzelzimmer 45 Rs und für Doppelzimmer 80 Rs verlangt werden (mit Badbenutzung) Alle diese Quartiere sind immer schon früh am Tag voll belegt. Zwischen dem Bahnhof und dem Zentrum liegt die Milan Lodge (Tel. 22 27 15), die mit Einzelzimmern für 45 Rs und Doppelzimmern für 65 Rs (mit Badbenutzung) und 50 bzw. 75 Rs (mit eigenem Bad) schon eine bessere Wahl ist. Hier kann man am Tag seiner Abreise bis 17.30 Uhr in seinem Zimmer bleiben, was ganz nützlich ist, wenn man abends mit einem Zug weiterfahren will.

Unweit des Marktes in der Mitte der Stadt bietet das staatliche Tourist Hotel (Tel. 22 19 66) Unterkunft in Einzel- und Doppelzimmern für 130 bzw. 150 Rs (außerhalb der Saison für 30 Rs weniger). Es entspricht im Standard dem Tourist Hotel in Panaji.

Am nördlichen Ende der Municipal Gardens stößt man auf das günstig gelegene Hotel Mabai (Tel. 22 16 53). Hier werden für ein Einzel- oder Doppelzimmer 150 bzw. 200 Rs berechnet, für ein klimatisiertes Zimmer 200 bzw. 250 Rs. Die Zimmer sind groß und luftig, die nach vorn aber auch laut. Im Hotel gibt es zudem ein Restaurant, eine Bar und einen Dachgarten.

Wahrscheinlich das beste Haus in Margao ist das Hotel Woodlands in der Miguel Loyola Furtado Road (Tel. 22 11 21), in dem freundliche Mitarbeiter beschäftigt sind und zu dem auch eine Bar sowie ein Restaurant gehören. Hier muß man mit Bad für ein einfaches Einzelzimmer 150 Rs und für ein einfaches Doppelzimmer 180 Rs bezahlen, man kann aber auch in einer Suite mit Klimaanlage und Fernsehgerät für 400 Rs absteigen.

ESSEN

Das Hotel Kamat neben den Municipal Gardens ist ein Lokal einer ganzen Kette, die überall in Südindien vertreten ist. Hier werden preiswerte, anspruchslose „Meals" für 15 Rs und südindische Imbisse angeboten. Eine Filiale findet man auch an der Milan Lodge. Das Café Bombay ist ein weiteres beliebtes Ziel zum Essen. Ganz gut ist auch das vegetarische Restaurant Udipi gegenüber. Das beste vegetarische Lokal in Margao ist jedoch das Tato östlich der Municipal Gardens. In diesem sehr sauberen Restaurant kosten Thalis 19 Rs.

Sehr gute Speisen, schmackhafte Süßigkeiten und Kuchen serviert man den Gästen im Longuinhos. Es liegt direkt gegenüber vom Fremdenverkehrsamt. Dort erhält man Tandoori-*Pomfret* für 60 Rs. Auch das Restaurant im Hotel Woodlands ist eine ausgezeichnete Wahl, in dem man beispielsweise Fisch-Curry mit Reis für 17 Rs verzehren kann.

Das Food Affair ist ein Kellerrestaurant unweit vom Tato und wartet mit leckeren nordindischen Gerichten sowie einer aufmerksamen Bedienung auf. Hauptgerichte werden hier für 50 bis 60 Rs serviert. In der Nähe liegt ein ausgezeichnetes China-Restaurant, das Gaylin. Es besteht aus einem größeren Raum oben und einem kleineren Speiseraum mit Klimaanlage unten. Insbesondere zur Mittagszeit ist dieses Lokal sehr beliebt. Hier muß man für ein Hauptgericht mit 40 bis 60 Rs rechnen.

AN- UND WEITERREISE

Bus: Von der Bushaltestelle von Kadamba fahren gegen 15 Uhr Busse nach Bombay ab (in einem Luxusbus 227 Rs, 16 Stunden). Außerdem verkehren morgens zwei Busse nach Hubli (37 Rs, 6 Stunden) und drei Busse nach Belgaum (29 Rs, 5 Stunden) sowie Mangalore (105 Rs, 10 Stunden).

Margao ist auch mit den Stränden und anderen Orten in Goa gut verbunden.

Fast stündlich fahren von den Municipal Gardens Busse über Benaulim in Richtung Colva. Der erste Bus verläßt Margao gegen 7.30 Uhr, der letzte um 20.00 Uhr. Für die 25 Minuten dauernde Fahrt muß man 2,50 Rs bezahlen.

Busse nach Panaji fahren von der Bushaltestelle von Kadamba von Sonnenaufgang bis 20.00 Uhr etwa alle

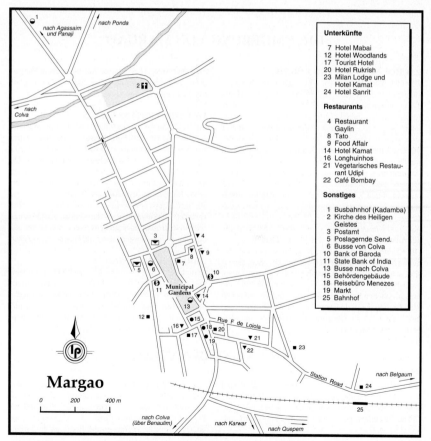

Unterkünfte

  7 Hotel Mabai
 12 Hotel Woodlands
 17 Tourist Hotel
 20 Hotel Rukrish
 23 Milan Lodge und
     Hotel Kamat
 24 Hotel Sanrit

Restaurants

  4 Restaurant
     Gaylin
  8 Tato
  9 Food Affair
 14 Hotel Kamat
 16 Longhuinhos
 21 Vegetarisches Restaurant Udipi
 22 Café Bombay

Sonstiges

  1 Busbahnhof (Kadamba)
  2 Kirche des Heiligen
     Geistes
  3 Postamt
  5 Poslagernde Send.
  6 Busse von Colva
 10 Bank of Baroda
 11 State Bank of India
 13 Busse nach Colva
 15 Behördengebäude
 18 Reisebüro Menezes
 19 Markt
 25 Bahnhof

nach Agassaim und Panaji

nach Ponda

nach Colva

nach Colva (über Benaulim)

nach Karwar

nach Quepem

nach Belgaum

Municipal Gardens

Rue F de Loiola

Station Road

Margao

0   200   400 m

halbe Stunde. Die Fahrzeit beträgt rund 1¹/₂ Stunden und der Fahrpreis 5,50 Rs. Wenn man einen Sitzplatz erhalten kann, ist das eine malerische Fahrt. Dann sind unterwegs viele weißgetünchte Kirchen und Klöster zu sehen. Eine Alternativstrecke für einige Busse führt über Ponda, auf der man allerdings mindestens eine Stunde länger unterwegs ist (6 Rs). Ferner setzt Damania für 50 Rs (!) einen Luxusbus ein, der um 12.00 Uhr am Tourist Hotel abfährt und Anschluß an den Katamaran nach Bombay ermöglicht.

Vom Busbahnhof des Unternehmens Kadamba in Margao aus bestehen Verbindungen auch nach fast allen anderen größeren Orten in Goa. Feste Fahrpläne gibt es jedoch nicht. Die Busse fahren immer erst dann ab, wenn sie voll sind. Aber sie starten zu den größeren Orten in der Mitte und im Süden von Goa recht häufig.

Nach kleineren Orten wie Betul, südlich von Colva, verkehren sie schon seltener. Nach den Abfahrtszeiten von Bussen zu solchen Zielen erkundigt man sich besser schon im voraus. Außerdem sollte man rechtzeitig am Busbahnhof sein, um noch einen Sitzplatz zu erhalten.

Zug: Einzelheiten der Zugverbindungen sind am Anfang des Kapitels über Goa beschrieben. Fahrkarten und Platzkarten können auch in Margao gekauft werden. Das gilt jedoch nicht für Inhaber von Indrail-Pässen. Die müssen nach Vasco da Gama.

Taxi: Um nach Colva zu gelangen, kann man für 20 Rs mit einem Motorradtaxi (kein Problem mit Rucksack), mit einer Auto-Rikscha (ca. 30 Rs) oder mit einem richtigen Taxi (ca. 55 Rs) fahren.

DIE UMGEBUNG VON MARGAO

RACHOL-SEMINAR UND KIRCHE

Rund 6 km von Margao entfernt liegen in der Nähe der kleinen Ortschaft Raia das Rachol-Seminar und die dazugehörige Kirche. Im Ort ist mit finanzieller Unterstützung der Gulbenkian-Stiftung vor kurzem ein Museum für christliche Kunst eröffnet worden. In dieser interessanten Ausstellung sind Textilien, einige der Silberarbeiten, die früher in den Kirchen von Alt-Goa standen, eine herrliche Silbermonstranz aus dem 17. Jahrhundert mit den Umrissen eine Schwans und ein transportabler Behälter für das Zubehör bei Messen (einschließlich Kerzen) zu sehen, die Standardausrüstung für Missionare im Dschungel. Zugänglich ist das Museum täglich von 9.30 bis 12.30 Uhr und von 14.30 bis 17.00 Uhr (Eintritt 5 Rs). Einen Hochglanzkatalog der Ausstellung kann man für 375 Rs kaufen.

Die Kirche stammt aus dem Jahre 1610. Der Bau des Seminars ist architektonisch interessant. Sehenswert sind auch eine Bücherei, wenn auch in ihr seit Jahren nicht mehr gearbeitet wird, und interessante Gemälde mit christlichen Motiven, aber dargestellt im indischen Stil. Da dies keine touristische Sehenswürdigkeit ist, muß man sich eine Genehmigung besorgen, um alles besichtigen zu dürfen.

Zu dieser Anlage gelangt man mit Bussen von Margao. Dann muß man aber aufpassen, daß man am Rachol-Seminar aussteigt und nicht an der Illa de Rachol.

MENEZES-BRIGANZA-HAUS

Im Dorf Chandor, 20 km östlich von Margao, sind noch mehrere interessante Herrenhäuser aus der Kolonialzeit zu sehen. Eines der erhabensten ist das Menezes-Briganza-Haus, das für die Öffentlichkeit zugänglich ist. Die Familie Briganza hat darin seit dem 17. Jahrhundert gelegt und mit alten Einrichtungsgegenständen, Kandelabern sowie Buntglasfenstern alles wie früher gelassen. Sogar ein Ballraum ist vorhanden, aber auch eine barocke Privatkapelle. Auskunft über die unregelmäßigen Öffnungszeiten erhält man im Fremdenverkehrsamt in Margao. Chandor ist von Margao häufig mit Bussen zu erreichen.

CHRISTLICHER ASHRAM

Östlich der Straße zwischen Margao und Cortalim und unweit des Ortes Nuvem steht der Christliche Ashram, ein Exorzistenzentrum. Die katholische Kirche hat dieses Zentrum zwar mißbilligt, dennoch ist das ganze Drum und Dran sehr katholisch. Nur das Ambiente ist sicherlich hinduistisch aufgemacht.

COLVA UND BENAULIM

Der schönste Küstenstrich in Goa mit weißem Sand erstreckt sich sonnenüberflutet und von Palmen gesäumt Kilometer über Kilometer von Majorda über Colva, Benaulim, Varca und Cavelossim bis zur Landspitze in Mobor.

Vor 20 Jahren war Colva noch weitgehend unberührt. Nur die einheimischen Fischer „störten" die Harmonie des weißen Sandes mit dem warmen, kristallklaren Wasser, das türkisfarben glitzert. Sie zogen einsam und mühevoll mit ihren Händen die Boote an den Strand und hinterließen nur Spuren, die die Umgebung seit Hunderten von Jahren kannte. Nur vereinzelt kamen Hippies hierher, wohl weil sie für kurze Augenblicke Drogen, Sex und Rock'n Roll vergessen hatten und sich der Ruhe der unsagbar schönen Natur hingeben wollten. Da für die Besucher nur zwei Cottages zum Übernachten und nur ein einziges Café (Vincy's) zur Verfügung standen, blieben diese wenigen Besucher meist am Strand oder suchten unter den Palmen Schutz vor der oft sengenden Sonne. Manche hatten sich auch einen Sonnenschutz aus Palmblättern gebaut, der dann gern - nach Abzug der Erbauer - von Neuankömmlingen übernommen wurde.

Diese Zeiten sind ein für allemal vorüber. Bereits in den guten alten Zeiten hatten geschäftstüchtige Spekulanten herumgeschnüffelt, auf der Suche nach dem Geschäft und den Rupien von morgen. Das Ergebnis dieser Bemühungen ist heute in Colva zu sehen. Dort stehen nun klimatisierte Ferienanlagen, Einheitscottages in Reih und Glied, Diskotheken, Erfrischungsstände und Cafés. Der kleine Bach zwischen dem Busparkplatz und dem Strand ist nun von seiner Verschmutzung ganz schwarz geworden. Man kann sich glücklich schätzen, wenn man am Strand dieses Ortes überhaupt noch Angler antrifft. Die meisten Fischer besitzen heute motorisierte Kutter, die in einer Linie vor der Küste zum Fang aufgereiht zu sehen sind. Auch wer Leute am Strand schlafen oder Palmhütten bauen sehen will, der kommt vergebens.

Man muß aber auch einräumen, daß die touristische Entwicklung sich auf relativ kleine Gebiete beschränkt hat. Die etwa ein Dutzend Ferienanlagen, die entlang des ca. 30 km langen Küstenstreifens entstanden sind, halten deutlich Abstand von einander und stören sich gegenseitig nicht. Gelitten hat zwar der Ort Colva, allerdings hat sich der Tourismus nur in einem kleinen Gebiet am Ende der Straße von Margao ausgewirkt. Es bedarf nur einer kleinen Mühe, dem zu entgehen. Man braucht nur 2 km, egal in welche Richtung, zu wandern und ist dann allein an einem Strand, der noch so ähnlich aussieht wie in der Zeit, bevor die Zementmischer mit ihrer Arbeit begannen. Aber es wird noch eine ganze Zeit dauern, bis es in Colva einmal so aussehen wird wie in Calangute und an vielen anderen Stränden in der ganzen Welt.

PRAKTISCHE HINWEISE

Das nächste Postamt ist in Colva. Postlagernde Briefe sollten Sie sich besser hierher als nach Margao schicken lassen. Derzeit gibt es in Colva noch keine Bank, aber manchmal kann man im Hotel Silver Sands Reiseschecks eintauschen. Die nächstgelegenen Banken befinden sich in Benaulim, wo man in der Bank of Baroda Bargeld nur gegen Vorlage einer Kreditkarte von Visa erhält, und in Margao.

UNTERKUNFT

Es ist möglich, in Colva oder Benaulim ein Häuschen zu mieten, wenn man längere Zeit hier bleiben möchte. Danach kann man sich in den Restaurants und Läden erkundigen. Die meisten dieser Häuschen liegen etwa 20 Minuten Fußweg vom Strand entfernt. Die Preise dafür sind sehr unterschiedlich und hängen von der Lage, der Größe und der Saison ab. Man kann jedoch damit rechnen, für ein solches Häuschen pro Monat etwas zwischen 800 Rs und weit über 2000 Rs entrichten zu müssen, über Weihnachten sogar das Doppelte. Da die Nachfrage nach Häuschen für einen längeren Aufenthalt zwischen November und März groß ist, sollte man, falls möglich, bei Interesse in Colva vorher ankommen.

Colva: Wer nur für kurze Zeit ein Zimmer sucht, hat in Colva eine große Auswahl. Die preiswerteren Unterkünfte findet man vorwiegend in den Straßen hinter dem Strand, insbesondere nördlich des Hauptteiles.

Die Rodrickson Cottages liegen ein Stück vom Strand zurück, sind mit 60 bzw. 80 Rs für ein einfaches Einzel- oder Doppelzimmer, in dem eine Dusche und eine Toilette abgeteilt sind, eine gute Wahl.

Das schon lange bestehende Hotel Tourist Nest ist ein verschachteltes altes Haus aus der portugiesischen Zeit und ebenfalls keine schlechte Wahl. Dort muß man für ein Doppelzimmer mit Badbenutzung 70 Rs und mit eigenem Bad 100 Rs bezahlen. Gleich um die Ecke liegt das freundliche La Village, ein von einer Familie geführtes Quartier mit sechs Doppelzimmern für 65 Rs (mit Badbenutzung). Die Garden Cottages in der Nähe sind ähnlich.

Eine der dem Strand nächstgelegenen Unterkünfte ist das Fishermen's, in dem allerdings nur ein paar Zimmer als Doppelzimmer für 100 Rs (mit Bad) vermietet werden. Es ist jedoch nicht unbedingt das sauberste Haus in Colva. In der gleichen Gegend liegt auch noch das Restaurant Lucky Star, in dem einige Doppelzimmer mit Blick zum Meer hin und Bad für 150 Rs sowie ein paar preisgünstigere Zimmer angeboten werden.

Eine Gruppe von weiteren Quartieren findet man in der Ortsmitte an der Hauptstraße. Dort sind recht beliebt die Vailankanni Cottages, insbesondere wegen der freundlichen Atmosphäre. Hier kostet ein Doppelzimmer mit Bad 90 bis 150 Rs. Gute Gerichte und Imbisse sind in diesem Haus ebenfalls erhältlich.

Etwas näher zum Strand hin liegen die Blue Diamond Cottages. Das ist eine schon etwas ältere Anlage, in der für ein ganz gutes und sauberes Zimmer mit Bad 175 Rs berechnet werden. Die Jymi's Cottages werden von einer freundlichen Familie geführt und liegen gleich südlich der Hauptstraße sehr nahe am Strand. Die Zimmer hier sind recht einfach und kosten 130 Rs.

Teurer wohnt man im staatlichen Tourist Complex (früher Tourist Cottages genannt), das eine zweistöcki-

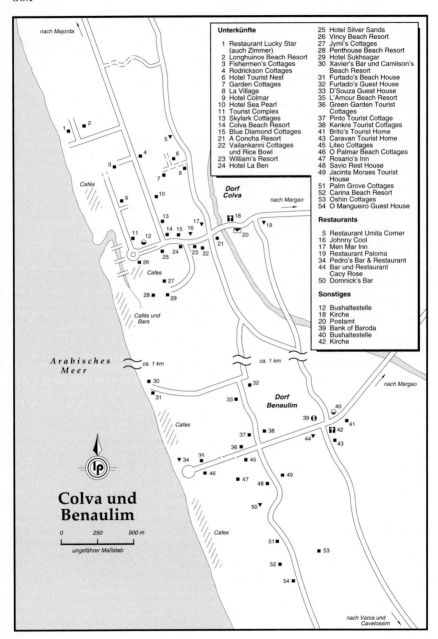

Unterkünfte

1 Restaurant Lucky Star (auch Zimmer)
2 Longhuinos Beach Resort
3 Fishermen's Cottages
4 Rodrickson Cottages
6 Hotel Tourist Nest
7 Garden Cottages
8 La Village
9 Hotel Colmar
10 Hotel Sea Pearl
11 Tourist Complex
13 Skylark Cottages
14 Colva Beach Resort
15 Blue Diamond Cottages
21 A Concha Resort
22 Vailankanni Cottages und Rice Bowl
23 William's Resort
24 Hotel La Ben

25 Hotel Silver Sands
26 Vincy Beach Resort
27 Jymi's Cottages
28 Penthouse Beach Resort
29 Hotel Sukhsagar
30 Xavier's Bar und Camilson's Beach Resort
31 Furtado's Beach House
32 Furtado's Guest House
33 D'Souza Guest House
35 L'Amour Beach Resort
36 Green Garden Tourist Cottages
37 Pinto Tourist Cottage
38 Kenkre Tourist Cottages
41 Brito's Tourist Home
43 Caravan Tourist Home
45 Liteo Cottages
46 O Palmar Beach Cottages
47 Rosario's Inn
48 Savio Rest House
49 Jacinta Moraes Tourist House
51 Palm Grove Cottages
52 Carina Beach Resort
53 Oshin Cottages
54 O Mangueiro Guest House

Restaurants

5 Restaurant Umita Corner
16 Johnny Cool
17 Men Mar Inn
19 Restaurant Paloma
34 Pedro's Bar & Restaurant
44 Bar und Restaurant Cacy Rose
50 Domnick's Bar

Sonstiges

12 Bushaltestelle
18 Kirche
20 Postamt
39 Bank of Baroda
40 Bushaltestelle
42 Kirche

nach Majorda

Cafés

Dorf Colva

nach Margao

Arabisches Meer

ca. 1 km

ca. 1 km

nach Margao

Cafés

Cafes

Cafés und Bars

Dorf Benaulim

Cafes

Colva und Benaulim

0   250   500 m

ungefährer Maßstab

Cafes

nach Varca und Cavelossim

ge Terrasse aus Zimmern mit Blick auf die See (jedes davon mit eigenem Balkon) sowie einen separaten Block von Wohneinheiten, ein Restaurant, eine Bar, eine Empfangshalle und einen Garten umfaßt (Tel. 22 22 87). Für ein Doppelzimmer zahlt man hier einschließlich Ventilator und Bad 220 Rs und mit Klimaanlage 380 Rs. Zudem besteht die Möglichkeit, für 40 Rs im Schlafsaal zu nächtigen. Das Haus ist ausgesprochen gepflegt und das Personal freundlich, allerdings wird angesichts der Preise nicht gerade viel geboten.

Viel besser ist das schon das Hotel Colmar (Tel. 22 12 53) mit Zimmern für jeden Geldbeutel. Mit Badbenutzung kommt man hier allein für 75 Rs und zu zweit für 100 Rs unter, mit eigenem Bad für 150 bzw. 200 Rs. Außerdem stehen einige Cottages für 350 bis 700 Rs zur Verfügung. Das Hotel hat außerdem ein eigenes Restaurant, eine eigene Bar und Möglichkeiten zum Geldwechseln zu bieten und wird gern von Tourgruppe auf Überlandreisen in Anspruch genommen.

Eine weitere gute Wahl ist das neue Hotel Sea Pearl. Die Zimmer sind makellos sauber und mit Bad ausgestattet und werden als Doppelzimmer für 210 Rs vermietet. Auch hier sind die Mitarbeiter freundlich sowie hilfsbereit und servieren in zugehörigen Restaurant die beliebten westlichen Gerichte.

Annehmbar ist ferner das Hotel Sukhsagar (Tel. 22 02 24), in dem die Doppelzimmer 240 Rs pro Tag kosten, mit Klimaanlage 380 Rs. Alle Räume werden mit Bad (heißes und kaltes Wasser) vermietet. Das Hotel La Ben (Tel. 22 20 09) ist ein neues Haus an der Hauptstraße ohne Gesicht. Die Zimmer sind zwar komfortabel, aber über sie ist auch nichts Bemerkenswertes zu berichten. Für 220 Rs pro Doppelzimmer mit Bad sind sie dennoch keine schlechte Wahl. Vorhanden sind zudem ein Dachrestaurant und eine Bar.

In den Skylark Cottages (Tel. 22 36 69) kann man in einem Doppelzimmer mit Bad für 200 Rs übernachten (mit Klimaanlage für 400 Rs). Das ist ein Quartier mit sauberen Zimmern und einem guten Preis-/Leistungsverhältnis. Das Hotel Vincy (Tel. 22 22 76), einst die einzige Bar und das einzige Restaurant in dieser Gegend, hat schon viele Veränderungen durchlebt. Die ursprünglich indisch-portugiesische Architektur ist leider schon seit langem verschwunden, denn das Vincy's hat sich dem 20. Jahrhundert mit Macht angepaßt. Heute werden hier kahle Doppelzimmer mit Bad (heißes und kaltes Wasser) für 250 Rs pro Tag vermietet. Zum Haus gehört ein Restaurant im Erdgeschoß, das zwar keine Atmosphäre, aber gutes Essen bietet.

Ein Stück vom Strand zurück ist das Colva Beach Resort (Tel. 22 19 75) gelegen, in dem die Doppelzimmer 375 Rs kosten, mit Klimaanlage 500 Rs. Teurer, aber auch besser, ist das William's Resort (Tel. 22 10 77) mit Doppelzimmern für 550 Rs (mit Klimaanlage für 770 Rs). Auch zu dieser Anlage gehört ein Restau-

rant, in dem das Essen aber nur mittelmäßig und die Bedienung langsam ist, so daß die Gäste des Hauses meistens anderswo essen. Das A Concha Resort (Tel. 22 35 93) liegt ein ganzes Stück vom Strand zurück unweit der Kirche, hat aber ganz gute und saubere Zimmer für 460 Rs und ein ausgezeichnetes China-Restaurant zu bieten.

Im Zentrum von Colva liegen zwei Hotels mit Swimming Pools, nämlich das Hotel Silver Sands (Tel. 22 16 45) und das Penthouse Beach Resort (Tel. 22 10 30). Die Einzel- und Doppelzimmer im Silver Sands werden ab 795 Rs (über Weihnachten für über 1000 Rs) vermietet. Zum Hotel gehören auch ein Gesundheitsclub, Wassersportmöglichkeiten, Spielanlagen im Haus sowie eine ausgezeichnete Bar und ein Restaurant. In der Hochsaison wird zudem Live-Musik gespielt. Ein Reiseschalter und eine Wechselstube sind ebenfalls vorhanden. Das Penthouse Beach Resort besteht aus einem Komplex mit Cottages im portugiesischen Stil, erbaut um das Schwimmbecken herum. Die Einrichtungen und Preise sind ähnlich wie im Hotel Silver Sands.

Das hübscheste Quartier in dieser Preisklasse ist das Longhuinos Beach Resort (Tel. 22 29 18), ausgezeichnet in der Nähe des Strandes gelegen. Die Zimmer sind zwar nur einfach eingerichtet, aber mit Balkonen versehen, von denen man auf das Meer blicken kann. Mit Bad (auch heißes Wasser) muß man hier für ein Einzelzimmer 600 Rs und ein Doppelzimmer 660 Rs bezahlen. Ein kleiner Garten und Direktzugang zum Strand sind ebenfalls vorhanden.

Majorda: Nördlich von Colva sind entlang des Strandes von Majorda mehrere Ferienanlagen entstanden. Dazu gehören das Majorda Beach Resort (Tel. 22 00 25) mit 120 Zimmern für jeweils 2395 Rs und das neue Regency Travelodge Resort (Tel. 25 41 80), in dem gut eingerichtete Zimmer für 2400 Rs (über Weihnachten für 5000 Rs) angeboten werden.

Interessanter, wenn auch weniger luxuriös, ist es, das Old Comfort (Tel. 25 42 25, Fax 22 01 39), einen 300 Jahre alten portugiesischen Bungalow, der teilweise renoviert worden ist, komplett oder teilweise zu mieten. Gelegen ein Stück zurück in einem ruhigen Garten mit Obstbäumen, muß man in diesem Haus für ein Zimmer 350 bis 800 Rs bezahlen (in der Nebensaison 250 bis 600 Rs). Auf Wunsch können die Gäste in der Küche selbst kochen oder sich dort Gerichte zubereiten lassen.

Benaulim: Wer sich nach einem ruhigeren Teil der Küste sehnt, sollte sich nach Benaulim, weniger als 2 km südlich von Colva, begeben.

Dort stehen ein paar Unterkünfte unmittelbar am Strand. Im Furtado's Beach House kann man vier Zimmer mit Bad mieten, jedes davon für 125 Rs. In der nahegelegenen Xavier's Bar kommt man in ähnlichen Zimmern ebenfalls für 125 Rs unter. Das Camilson's Beach Resort hat ein paar Doppelzimmer für 150 Rs zu bieten, während die meisten anderen Zimmer ca. 500 Rs kosten.

Im L'Amour Beach Resort (Tel. 22 32 70) stehen durchaus annehmbare Doppelzimmer mit Bad zur Verfügung, aber die Preise dafür sind vor kurzem in die Höhe geschossen und betragen jetzt zwischen 250 und 400 Rs. Die meisten Zimmer wurden in Cottages eingerichtet, die so konstruiert wurden, daß man darin etwas von der Brise vom Meer spürt. Gegenüber vom L'Amour liegen die O Palmar Beach Cottages (Tel. 22 32 78), in denen die Zimmer mit Ventilator und Bad für 189 Rs schon eher ihr Geld wert sind. Beide Unterkünfte haben nicht viel Schatten und sind der Sonne reichlich ausgesetzt, aber viel näher am Strand kann man kaum wohnen. Allerdings sind beide Anlagen in der Hochsaison häufig voll belegt.

Die meisten anderen Quartiere sind verstreut im Dorf Benaulim gelegen, ca. einen Kilometer vom Strand entfernt. Hier wohnt man im allgemeinen billiger als direkt am Meer. Ein ansprechendes kleines Quartier ist das Rosario's Inn, geführt von einer charmanten Familie, die Zimmer mit Veranda und Bad 90 Rs vermietet. Man kann hier aber auch in preisgünstigeren Zimmern mit Badbenutzung unterkommen. In der gleichen Gegend liegt ferner das Savio Rest House, in dem man für ein Zimmer mit Badbenutzung nur 40 Rs und für ein Zimmer mit eigenem Bad nur 60 Rs bezahlen muß. Das Jacinta Moraes Tourist House in der Nähe hat gute Doppelzimmer mit Bad für 80 Rs zu bieten.

Zentral gelegen sind ferner die Green Garden Tourist Cottages mit zwei einfachen Zimmern für 45 bzw. 60 Rs. Eine ausgezeichnete Wahl sind die Kenkre Tourist Cottages in der Nähe, in denen man in einem Doppelzimmer mit Bad für 60 Rs übernachten kann. Die Liteo Cottages bieten ganz gute Doppelzimmer mit Bad für 150 Rs.

Ein kurzes Stück nach Norden entlang einer der Straßen in Richtung Colva liegt das D'Souza Guest House. Das ist ein ausgezeichnetes kleines und schon besseres Gästehaus in einem Bungalow im Stil von Goa mit einem ganz schön großen Garten. Für ein makellos sauberes Zimmer muß man in diesem von einer Familie geleiteten Haus 120 Rs entrichten (mit eigenem Bad 175 Rs). Hier kann man sogar mit einer Kreditkarte bezahlen! An der gleichen Straße kommt man auch zum Pinto Tourist Cottage mit sauberen Doppelzimmern für 70 Rs (mit eigenem Bad).

Weiter südlich führt der Weg zu den Palm Grove Cottages (Tel. 22 25 33), einer ausgezeichneten Unterkunft. Gelegen in einem sehr ruhigen Garten etwas zurück vom Strand, bieten hier kleine Doppelzimmer zwischen 150 und 160 Rs und größere Zimmern 175 Rs. Komfortable Zimmer mit Bad und heißem Wasser im neuen Gebäude werden für 225 bis 400 Rs vermietet (mit Klimaanlage für 500 Rs). Die Mitarbeiter sind außerordentlich hilfsbereit und bereiten in dem schattigen Gartenrestaurant auch Gerichte zu.

Südlich dieser Gegend kommt man zum O Mangueiro Guest House mit fünf Doppelzimmern und einem Einzelzimmer, die meistens langfristig gemietet werden. Dafür werden pro Tag zwischen 40 und 100 Rs berechnet. Eine Küche und ein Gemeinschaftsbad sind ebenfalls vorhanden. In einer friedlichen Gegend, zurück von der Straße, liegen auch die Oshin Cottages, in denen man in 12 Doppelzimmern, alle mit eigenem Bad, für jeweils 150 Rs wohnen kann.

Das beste Hotel in Benaulim ist das kleinen Carina Beach Resort, eine zwanglose Anlage mit einem Garten und einem Swimming Pool. Die Zimmer für 800 Rs sind zwar nicht unbedingt ihr Geld wert, aber angeboten werden auch einige preisgünstigere Zimmer mit Badbenutzung.

Die Gegend um die zweite Kreuzung zurück vom Strand ist bekannt als Maria Hall. Dort steht das alte Caravan Tourist Home (Tel. 22 56 79), ein Hotel mit einem wunderschön möblierten Aufenthaltsraum, aber weitaus einfacheren Zimmern. Dennoch wohnt man hier ganz gut, zumal diese Unterkunft mit Einzelzimmern für 70 Rs und Doppelzimmern für 80 Rs auch vom Preis her keine schlechte Wahl ist. Nebenan kommt man zum Priti Kunj Tourist Home mit ähnlichen Preisen. An der Straße nach Margao in der Nähe liegt das Brito's Tourist Home. Das ist eine Unterkunft ohne Gesicht, aber ein freundliches Haus, in dem die Zimmer für 70 Rs keine schlechte Wahl sind. Den Besitzer trifft man gleich neben dem Hotel in einem kleinen Kaufmannsladen an.

ESSEN

Colva: Am beliebtesten beim Essen, aber auch beim Trinken, ist in Colva eine Reihe von aus Holz gebauten Restaurants am Strand, die diesen auf beiden Seiten am Ende der Straße säumen. Sie befinden sich im Besitz von einzelnen Personen und bieten aufgrund der Konkurrenz eine qualitativ sehr gute Küche. Fisch steht auf allen Speisekarten natürlich obenan. Die Restaurantbesitzer sind auf über die Wünsche von Globetrottern beim Frühstück unterrichtet. Praktisch alle Lokale verfügen zudem über eine Musikanlage, allerdings herrschen im Hinblick auf die Güte und die Vielfalt der Kassetten enorme Unterschiede. Kaltes Bier und Spirituosen sind in allen Lokalen ebenfalls erhältlich.

Es wäre unfair, bestimmte Restaurants hervorzuheben, da fast alle Besucher einen Favoriten haben, wobei der häufig von der Art der übrigen Gäste abhängt. Die ändern sich natürlich konstant. Aber wenn eines dieser Restaurants voll besetzt ist, kann man das als ziemlich gutes Anzeichen dafür werten, daß die Gerichte gut schmecken.

Ein Stück vom Meer entfernt an der zurückliegenden Straße findet man ebenfalls eine Reihe von beliebten

Lokalen. Dazu gehört auch das Man Mar Inn, ein gemütliches Lokal, in dem man Bücher tauschen und preisgünstig essen kann. Hauptgerichte kosten hier rund 25 Rs. Das Restaurant Umita Corner hat Spaghetti mit Hühnchenfleisch für 20 Rs zu bieten. Beliebt sind ferner das einen etwas ungewöhnlichen Namen tragende Johnny Cool und das Rice Bowl.

Um ein westliches Gericht zu essen, begibt man sich am besten in das ausgezeichnete Sea Pearl, in dem die Küche eine der saubersten in ganz Indiens ein muß. Hier zahlt man für Steak und Chips 25 Rs, für eine frischen Obstsaft 15 Rs und für Fisch-Curry mit Reis ebenfalls 15 Rs.

Im Restaurant des Vincy Beach Resort werden immer noch einige ganz ordentliche Gerichte aufgetischt, auch wenn die Bedienung und die Atmosphäre einiges zu wünschen übriglassen. Einen guten Ruf genießt das Restaurant im Hotel Colmar. Grillgerichte werden auf dem Rasen vor dem Restaurant Silver Star im Tourist Complex zubereitet. Dort erhält man aber auch eine ganze Reihe von guten indischen Curry-Gerichten sowie Meeresfrüchte.

Unweit vom Kreisverkehr kommt man zu einer Gruppe von Läden und Souvenirständen, darunter auch mehrere preisgünstige Freiluftrestaurants. Das beste davon ist das Pasta Hut mit erstaunlich guten Nudelgerichten mit verschiedenen Saucen. Die Lage neben dem verschmutzten Bach ist aber nicht gerade schön. Spät am Abend spielt sich hier ebenfalls immer viel ab. Das Pistop bleibt dann so lange geöffnet, bis die letzten Gäste gehen. Zum Splash gehört eine Tanzfläche zum Strand hin, während das Castaway aus einem Restaurant und einer Diskothek (75 Rs Eintritt) besteht, die man gesehen haben muß, um es glauben zu können. Nicht nur, daß hier Laserstrahlen zu sehen sind, sondern der Disc Jockey heizt der Menge von einem alten Mini aus ein.

Wer sich in Kosten stürzen und ausgiebig tafeln möchte, dem stehen dafür mehrere Restaurants zur Wahl, nämlich die im Longuinhos Beach Resort, im Hotel Silver Sands und im Penthouse Beach Resort. Die Küche und der Service entsprechen dem, was von Hotels mit mehreren Sternen zu erwarten ist, wobei goanische, indische und europäische Gerichte wie auch Fisch angeboten werden. Sowohl das Silver Sands als auch das Penthouse unterhalten ihre Gäste in der Hochsaison zudem mit Live-Bands. Zum Abendessen wird häufig ein Buffet angerichtet, wobei man für einen festen Preis so viel essen kann, wie man möchte.

Benaulim: Das Restaurant im L'Amour Beach Resort bietet ausgezeichnete Tandoori-Gerichte, aber in diesem Lokal sollte man seine Rechnung gründlich prüfen, weil schon mehrfach Beschwerden wegen überhöhter Rechnungen vorgekommen sind. Bei Pedro's Bar & Restaurant am Strand handelt es sich um ein schon länger bestehendes Lokal, das bereits seit Jahren beliebt ist. Inzwischen scheint es allerdings passé zu sein. In dieser Gegend gibt es aber auch mehrere Cafés und Restaurants unmittelbar am Strand. In einigen davon werden abends für 70 Rs Buffets angeboten, an denen man sich bedienen darf, bis man satt ist. Etwas zurück vom Strand liegt Domnick's Bar, zu der auch Einheimische auf einen Drink gehen.

Im Dorf Benaulim ist eines der beliebtesten Restaurants das Cacy Rose Bar & Restaurant. Es eignet sich zudem gut, um sich nach einer Unterkunft im Dorf zu erkundigen. Ein gutes Restaurant gibt es zudem im Garten der Palm Grove Cottages. Auch im nahegelegenen Carina Beach Resort läßt sich durchaus annehmbar essen.

AN- UND WEITERREISE

Etwa stündlich fährt ein Bus von Colva nach Margao (25 Rs, 25 Minuten). Der erste Bus verläßt Colva gegen 7.30 Uhr, während der letzte zurück um ca. 20.00 Uhr abfährt. Busse von Margao nach Benaulim fahren ebenfalls häufig, einige davon sogar noch weiter nach Süden bis Varca und Cavelossim.

Für die Fahrt mit einem Taxi von Colva nach Margao zahlt man etwa 50 Rs. Wenn man von Colva zum Flughafen Dabolim will, werden 190 Rs berechnet, nach Panaji 220 Rs. Alle Fahrpreise sind jedoch für Verhandlungen offen. Wer es liebt, sich den Wind durch das Haar wehen zu lassen, entscheidet sich am besten für ein Motorrad, um von Colva nach Margao zu gelangen. Der übliche Fahrpreis beträgt ca. 20 Rs. Rucksäcke sind dabei kein Problem.

Ferner werden im Domnick's und im Johncey's Bootsausflüge die Küste hinunter nach Palolem einschließlich Mittagessen für 225 Rs organisiert.

NAHVERKEHR

Es gibt auch zahlreiche Möglichkeiten, in Colva oder Benaulim ein Motorrad oder Fahrrad zu mieten. Für ein Motorrad muß man pro Tag mit 130 bis 200 Rs rechnen (für eine Enfield mit 300 Rs pro Tag). Der übliche Mietpreis für ein Fahrrad beläuft sich auf 3 Rs pro Stunde bzw. 20 Rs für einen ganzen Tag. Einige Vermieter verlangen mehr, so daß man verhandeln muß. Bei Ebbe kann man die 15 km den Strand hinunter bis nach Mobor am südlichen Ende fahren. Dort besteht die Möglichkeit, mit einem Boot über die Mündung nach Betul überzusetzen und dann über Margao zurückzufahren.

Wenn der wöchentliche Flohmarkt in Anjuna stattfindet, wird man große Schilder sehen, mit denen viele der Strandrestaurants und einige der Hotels in Colva und Benaulim Reklame für Busfahrten dorthin machen. Wer nicht plant, an einem der nördlichen Strände zu bleiben, für den lohnt sich ein solcher Tagesausflug für

75 Rs, wobei allerdings der schönste Teil des Tages verlorengeht. Mit öffentlichen Bussen würde man auf der gleichen Strecke zigmal umsteigen und lange Wartezeiten in Kauf nehmen müssen.

Es ist auch möglich, eines der hölzernen früheren Fischerboote zu mieten, um dorthin zu gelangen. Dafür benötigt man jedoch mehrere Mitfahrer, da die Fischerboote relativ teuer sind.

VARCA UND CAVELOSSIM

Telefonvorwahl: 0834

Das 10 km lange Stück unberührten Strandes südlich von Benaulim ist die Gegend in Goa geworden, in der die meisten Ferienanlagen erbaut wurden. Davon gibt es hier nun mindestens ein halbes Dutzend mit unterschiedlichen Graden von Luxus. Von diesen Ferienanlagen sind einige ganz gut und so isoliert erbaut worden, daß man in ihnen durch nichts in seinem Frieden gestört werden kann. Zugang zu diesen Anlagen hat man von der Hauptstraße südlich von Benaulim aus. Die im folgenden angegebenen Übernachtungspreise gelten für die Hochsaison, die im allgemeinen von Oktober bis April dauert. In der Zeit um Weihnachten und Neujahr (vom 21. Dezember bis zum 10. Januar) können diese Preise noch einmal um bis zu 40 % steigen, sind aber im Rest des Jahres auch bis zu 40 % niedriger.

VARCA

Varca liegt 5 km südlich von Benaulim. Die erste Ferienanlage, zu der man dort kommt, ist das ruhige Resorte de Goa (Tel. 24 50 65, Fax 24 53 10). Das ist eine relativ kleine Anlage mit Zimmern und Villen um einen Swimming Pool herum. Der Strand ist nur ein kleines Stück entfernt und sehr ruhig. Hier muß man für das preisgünstigste Zimmer 1250 Rs bezahlen. Am schönsten sind jedoch die Villen für jeweils 1450 Rs.

Einen halben Kilometer weiter gelangt man zum Ramada Renaissance Resort (Tel. 24 52 00, Fax 24 52 25). Das ist eine Ferienanlage, die ganz sicher seine fünf Sterne verdient. Zu allen Zimmern gehört ein Balkon mit Blick auf das Meer. Außerdem sind hier ein Swimming Pool, eine Bar am Strand und sogar ein Golfplatz mit sechs Löchern vorhanden. Wie man in einer solchen Anlage erwartet, kann man gleich zwischen mehreren Restaurants wählen und alle möglichen Wassersportarten ausüben. In der Hauptsaison muß man hier für ein Zimmer ab 135 US $ bezahlen (im Februar 170 US $).

CAVELOSSIM

Cavelossim liegt noch 7 km weiter südlich und ist bereits weiter für den Tourismus erschlossen. Außerdem werden noch mehrere zusätzliche Hotels erbaut, sogar eine Ferienanlage auf der Grundlage von Teileigentum.

Das preisgünstigste Quartier ist das Gaffino's Guest House (Tel. 24 63 85), ein Gästehaus mit Einzelzimmern für 300 Rs und Doppelzimmern für 350 Rs (außerhalb der Hochsaison für 250 bzw. 275 Rs). Das ist ein ganz gutes und sauberes Haus, perfekt geeignet, wenn man von Indien gerade mal die Nase voll hat und nicht Schulter an Schulter mit Pauschaltouristen in der Sonne liegen möchte. Das zugehörige Restaurant ist auch beliebt bei Gästen, die in der teureren Hotels in der Nähe wohnen. Hauptgerichte kosten darin 60 bis 100 Rs.

In der Nähe liegt das Dona Sylvia (Tel. 24 63 21, Fax 24 63 20), das mit seinem Swimming Pool bei Pauschaltouristen beliebt ist. Hier kosten Zimmer 2700 bis 3200 Rs (über Weihnachten 4100 Rs).

Etwa 500 m dahinter steht das Old Anchor Resort (Tel. 24 63 37, Fax 24 63 36). Das ist eine schon etwas ältere Anlage mit einem Empfangsbereich, der an ein portugiesisches Schiff erinnern soll. Auch hier ist ein Schwimmbecken vorhanden. Übernachten läßt sich in diesem Haus allein für 1150 Rs und zu zweit für 2100 Rs. Einige der Zimmer könnten jedoch mal etwas neue Farbe vertragen.

Das beste Quartier in dieser Gruppe ist das Holiday Inn Resort (Tel. 24 63 03, Fax 24 63 33), wo die Zimmer nur ein kleines Stück vom Strand zurück um einen Swimming Pool herum angeordnet sind. Sie kosten als Einzelzimmer 1190 Rs und als Doppelzimmer 2150 Rs.

Unmittelbar am Ende der Straße, unweit der Mündung eines den Gezeiten ausgesetzten Flusses, kommt man zum Luxushotel Leela Beach Resort mit fünf Sternen (Tel. 24 63 63, Fax 24 63 63). Das ist eine Ferienanlage, die einfallsreich gebaut worden ist und in der die Unterkünfte um eine künstliche Lagune herum angeordnet sind. Das Hauptgebäude ist recht luftig und erhält immer etwas von der Brise vom Meer ab. Hier muß man für ein Zimmer ab 225 US $ bezahlen. Zur Freizeitgestaltung werden dafür aber auch Tennis- und Squashplätze, ein Fitneß-Raum, ein Swimming Pool und ein Thermalbad sowie die Möglichkeit zur Ausübung aller nur denkbaren Wassersportarten geboten. Insbesondere hier ist der Strand sehr schön, zumal an ihm Palmen für den dringend benötigten Schatten sorgen.

WEITERE STRÄNDE

Gegenüber der schmalen Halbinsel mit dem Leela Beach Resort liegt das Fischerdorf Betul, zu erreichen entweder mit einem Boot oder mit Bussen von Margao über Chinchinim oder Cuncolim (4 Rs, 45 Minuten). Nördlich des Dorfes, in der Nähe des Hafens, kommt man zum friedlichen Oceanic Tourist Hotel (Tel. 0834/ 22 28 60). Das ist eine kleine und beliebte Anlage, geführt von freundlichen Mitarbeitern, in der Doppelzimmer mit Bad ab 125 Rs zu haben sind. Man braucht ungefähr eine Stunde, um vom Hotel bis zum Strand in Betul zu wandern, so daß es besser ist, mit einem Boot über die Mündung nach Mobor überzusetzen.

In Agonda, einem kleinen Dorf an einem menschenleeren, 2 km langen Strand im südlichen Goa, gibt es bisher keine Unterkünfte. Die Straße nach Agonda windet sich über Hügel, vorbei an der alten portugiesischen Festung Cabo de Rama. Am Rand des Dorfes stehen die Grundmauern einer Ferienanlage, die bereits wieder aufgegeben worden ist, bevor sie fertiggestellt war.

In Palolem, im äußersten Süden von Goa, ist es eine unglaublich schöne, von Palmen gesäumte Bucht, die als Ziel für Tagesausflüge von Colva und Cavelossim immer beliebter wird. Übernachten läßt sich in Palolem nur in einem einzigen Hotel, aber daneben ist es auch möglich, bei den Dorfbewohnern ein Zimmer zu mieten, wonach man sich in den Restaurants erkundigen kann, die den Strand säumen. Das Palolem Beach Resort (Tel. 0834/64 30 54) ist eine einfache Anlage mit simplen Doppelzimmern für 150 Rs und Zelten, in denen man für 90 Rs übernachten kann (besser, weil man dort die Brise vom Meer spürt). Um die Sicherheit scheint es hier gut bestellt zu sein. Außerdem ist ein Restaurant vorhanden.

Von Margao nach Palolem fahren täglich nur zweimal Busse. Häufiger sind die Verbindungen von Margao nach Chaudi (7 Rs). Auf dieser Strecke kann man 1 1/2 km vor Chaudi an der Abzweigung nach Palolem aussteigen. Von dort ist es nach Palolem nur noch eine Fahrt von 2 km mit einer Auto-Rikscha (20 Rs) oder mit einem Motorrad für 15 Rs.

Ein paar Kilometer südlich von Palolem liegt Rajbag, ein offener, aber isoliert gelegener Strand. Dort kann man in einem Hotel übernachten, nämlich im Hotel Molyma in Kindlebaga, Canacona (Tel. 0834/64 30 28). Es liegt ein ganzes Stück vom Strand zurück auf einer Plantage mit Cashew-Bäumen. Mit 125 Rs für ein Einzelzimmer und 175 Rs für ein Doppelzimmer mit Bad ist das Preis-/Leistungsverhältnis gar nicht schlecht, aber man braucht selbst ein Verkehrsmittel, um hier wohnen zu können.

PONDA

Auch wenn das landeinwärts in der Mitte von Goa gelegene Ponda nicht viel Interessantes zu bieten hat, kann es sich doch einer alten Moschee und zahlreicher einzigartiger hinduistischer Tempel in der Umgebung rühmen. Nach Ponda bestehen regelmäßig Busverbindungen von Panaji und Margao, allerdings muß man für einen Besuch der Tempel selbst motorisiert sein.

Als die Portugiesen nach Goa kamen, hatten sie zunächst nichts Besseres zu tun, als alle Tempel und Moscheen zu zerstören, derer sie habhaft werden konnten. Daher liegen heute die Tempel in Goa im allgemeinen etwas von der Küste entfernt und sind verhältnismäßig neu, wenn auch einige schon vor rund 400 Jahren errichtet wurden. Die Tempel in der Nähe von Ponda sind genau wieder so wie vor der Zerstörung durch die Portugiesen errichtet worden. Ihre Lampentürme sind charakteristische Merkmale von Goa.

Fünf der bedeutendsten hinduistischen Tempel liegen in der näheren Umgebung von Ponda, und zwar an der Inlandsroute zwischen Panaji und Margao. Der Shiva-Tempel von Shri Mangesh steht in Priol-Ponda Taluka, etwa 22 km von Panaji entfernt. Dieser kleine Tempel mit dem weißen Turm ist ein Wahrzeichen des Ortes und wurde auf einem kleinen Hügel erbaut. Weniger als 2 km weiter hat man den Shri Mahalsa, einen Vishnu-Tempel, errichtet.

Rund 5 km von Ponda entfernt kann man sich den Shri-Ramnath- und den Shri-Nagesh- sowie in der Nähe den Shri-Shantadurga-Tempel ansehen. Dieser Tempel ist Shantadurga geweiht, der Göttin des Friedens. Auf dem Gelände des Tempels steht ein eigenartiger Turm, der einer Pagode ähnelt. Weiter südlich kann man sich noch den Shri-Chandreshwar-Tempel (westlich von Quepem), den Shantadurga-Tempel (östlich von Betul) und den Shri-Mallikarjuna-Tempel (östlich von Chauri) ansehen.

Die älteste verbliebene Moschee in Goa ist die Safa Shahouri Masjid in Ponda, erbaut von Ali Adil Shahi im Jahre

1560. Sie konnte sich einst mit der Moschee von Bijapur in Größe und Glanz messen, aber die Portugiesen ließen in ihrer Kolonialzeit zu, daß sie verfiel. Von der früheren Pracht ist nur wenig geblieben, jedoch hat der Archäologische Dienst Indiens nun mit der Restaurierung begonnen, bei der einheimische Künstler eingesetzt werden.

TIERSCHUTZGEBIET BONDLA

Hoch in den üppig grünen Vorbergen der Westlichen Ghats liegt Bondla. Das ist ein gutes Ziel, um sich neben anderen Tieren Sambare und Wildschweine anzusehen. Bondla ist das kleinste Tierschutzgebiet in Goa (8 Quadratkilometer), aber auch das, das man am einfachsten erreichen kann. Es liegt von Panaji 52 km und von Margao 38 km entfernt.

Ansehen kann man sich einen Botanischen Garten, Wild in einem eingezäunten Gehege und einen Zoo, der mit seinen recht großen Käfigen besser als die meisten anderen ist. Er war ursprünglich eingerichtet worden, um Tierwaisen aufzunehmen, aber heute werden hier auch größere Wildarten gezüchtet.

UNTERKUNFT UND ESSEN

Reservierungen von Unterkünften sollten im voraus im Forstamt (Department of Forestry) direkt gegenüber dem Büro von Air India und neben dem Hotel Fidalgo in Panaji vorgenommen werden. Ausgezeichnete Chalets werden für 50 Rs pro Nacht vermietet, sind aber häufig ausgebucht. Leichter ist es möglicherweise, donnerstags eine solche Unterkunft zu bekommen, wenn der Park geschlossen ist. Das hört sich zwar nicht so an, als ob es eine gute Idee wäre, aber dann ist man bereits unmittelbar am Schutzgebiet, wenn das freitags um 9.00 Uhr wieder geöffnet wird.

AN- UND WEITERREISE

Um zum Park zu gelangen, nimmt man zunächst einen Bus nach Ponda und fährt dann für 160 Rs mit einem Taxi zum Parkeingang. Man kann aber auch einen Bus in Richtung Molen bis Tiskar benutzen, von wo aus man mit einem Motorradtaxi für 50 Rs zum Schutzgebiet kommen kann.

NAHVERKEHR

Im Park fährt ein Minibus herum, aber es ist leichter (und ruhiger), zu Fuß zu gehen. Den Minibus braucht man allerdings für den Wildpark, der um 16.00 Uhr für etwa eine Stunde geöffnet wird.

DUDHSAGAR-FÄLLE

An der östlichen Grenze nach Karnataka stürzen die beeindruckendsten Wasserfälle von Goa herunter. Besonders beeindruckend sind sie, wenn man gleich nach dem Monsun mit einem Zug nach Goa reist, weil die Strecke über eine Brücke an den Fällen verläuft und die Züge dort häufig anhalten, um den Fahrgästen einen guten Ausblick zu ermöglichen. Wenn die Züge verkehren, ist Dudhsagar eine zweistündige Bahnfahrt von Margao oder 50 Minuten Fahrzeit vom Bahnhof Kulem entfernt. Dann kann man morgens mit einem Zug hinfahren, mehrere Stunden an den Fällen verbringen (man kann dort in Teichen auch baden) und nachmittags zurückkehren. Allerdings kann es durchaus ein, daß sich die Fahrpläne ändern werden, weil die Strecke gerade von Meter- auf Breitspur umgestellt wird.

TIERSCHUTZGEBIETE MOLEN UND COTIGAO

Die Tierschutzgebiete Molen und Cotigao sind größer als Bondla, aber um dorthin zu gelangen braucht man ein eigenes Fahrzeug.

In Cotigao läßt sich auf einen Aussichtsturm in einer Baumspitze steigen, was jedoch nicht viel bringt, denn den meisten Tieren gelingt es, versteckt zu bleiben, so daß man kaum etwas davon zu Gesicht bekommt.

UNTERKUNFT UND ESSEN

In Molen kann man für 120 Rs in einem Doppelzimmer im Tourist Complex (Tel. 52 38) übernachten. Nach Voranmeldung wird man hier auch beköstigt.

Im Tierschutzgebiet Cotigao gibt es keine Unterkünfte. In der Nähe kommt man in einem Forest Rest House unter, wenn man sich dafür eine Genehmigung im Forstamt von Panaji, gegenüber vom Büro von Air India, besorgt.

KARNATAKA

Karnataka, vormals Mysore, ist in Indien ein Bundesstaat der Kontraste, einerseits mit der modernen, industrialisierten Stadt Bangalore und andererseits mit den riesigen landwirtschaftlich genutzten Flächen. In seinen Grenzen stehen aber auch die interessantesten historischen Bauten von Indien, Zeugnisse einer wechselvollen und unruhigen Vergangenheit.

Einwohner: 47,5 Millionen
Gesamtfläche: 191 773 km²
Hauptstadt: Bangalore
Einwohner pro Quadratkilometer: 247
Wichtigste Sprache: Kannada
Alphabetisierungsrate: 56 %
Beste Reisezeit: September bis Februar

GESCHICHTE

Schon Chandragupta Maurya, Indiens erster bedeutender Herrscher, zog sich nach Sravanabelagola in Karnataka zurück, nachdem er allem Weltlichen entsagt und sich dem Jainismus verschrieben hatte. Viele Jahrhunderte später errichtete man in dieser Stadt die mächtige, 17 m hohe Statue von Gomateshvara, deren 1000-Jahrfeier 1981 feierlich begangen wurde. Vor 1500 Jahren errichteten die Chalukya in Badami, im Norden dieser Provinz, einige der ersten hinduistischen Tempel. Alle späteren Tempelbauten orientieren sich an der Architektur dieser Tempel, d. h. sie ähneln denen in Badami, aber auch denen der Pallava in Kanchipuram und Mahabalipuram in Tamil Nadu. Die Geschichte von Karnataka wurde auch von den Dynastien der Chola und Ganga beeinflußt. Die meisten Bauten hinterließen aber die Hoysala, die zwischen dem 11. und dem 14. Jahrhundert regierten. Die wunderschönen Tempel der Hoysala in Somnathpur, Belur und Halebid sind Schmuckstücke indischer Architektur. Sie brauchen einen Vergleich mit den herrlichen Tempeln von Khajuraho oder Konark nicht zu scheuen.

1327 fiel das hinduistische Halebid der moslemischen Armee von Mohammed bin Tughlaq in die Hände. Aber dieser Triumph war nur von kurzer Dauer, denn bereits 1346 wurde das Gebiet vom hinduistischen Königreich Vijayanagar annektiert, das 1336 in seiner Hauptstadt Hampi gegründet worden war. Hampi ist eines der schönsten, ausgedehntesten und faszinierendsten Überbleibsel von ehemaligen Königreichen in Indien. Seine Blütezeit erreichte Vijayanagar etwa um 1550. Bereits 1565 fiel es jedoch den Sultanen von Dekkan zu, und nicht mehr Hampi war Metropole, sondern Bijapur. Heute ist Bijapur eine kleine Stadt, umgeben von einer mächtigen Stadtmauer, die eine große Zahl von Moscheen und anderen Bauten dieser glorreichen Vergangenheit umschließt.

Nach dem Untergang von Vijayanagar gewannen bis zu einem gewissen Grad die Wodeyar aus Mysore an Bedeutung und konnten eine kurze Zeit lang die Herrschaft über einen großen Teil Südindiens erlangen, zu dem auch der ganze alte Staat Mysore und Teile von Tamil Nadu gehörten. Hauptstadt war damals Srirangapatnam. Ihre Macht blieb mehr oder weniger unangetastet, bis 1761 Hyder Ali (einer ihrer Generale) an Macht gewann und sie absetzte. Das war auch die Zeit, in der die Briten und die Franzosen in bittere Rivalitäten um die Kontrolle über Karnataka verwickelt waren. Daher war es kein Wunder, daß Hyder Ali und später sein Sohn Sultan Tipu von den Franzosen bei der Festigung der Macht in diesem Gebiet als Dank dafür unterstützt wurden, daß sie den Franzosen im Kampf gegen die Briten geholfen hatten.

Im Jahre 1799 jedoch konnten die Briten Sultan Tipu schließlich besiegen (der selbst bei dem Kampf getötet wurde) und einen Teil seines Königreiches besetzen. Daraufhin setzten sie die hinduistischen Wodeyar wieder als Könige von Mysore ein.

Die Wodeyar regierten bis zur Unabhängigkeit und wurden dann abgesetzt. Sie waren jedoch beliebte sowie fortschrittliche Herrscher und bei ihren Unterta-

KARNATAKA

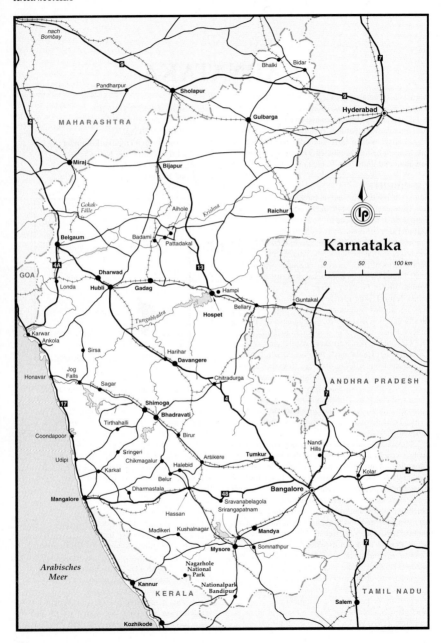

nen so angesehen gewesen, daß der Maharadscha nach der Unabhängigkeit der erste Gouverneur des Staates Karnataka wurde. Er blieb in der Stadt Mysore weiterhin sehr beliebt, als aber Indira Gandhi in den siebziger Jahren die Zahlung von Abfindungen an die früheren Herrscher einstellen ließ, begannen auch für die Wodeyar harte Zeiten.

Auch wenn sie in den siebziger Jahren viele ihrer Paläste und Jagdhütten in Hotels umwandelten, mangelte es augenscheinlich an Kapital für die Unterhaltung und an Geschäftstüchtigkeit bei der Leitung dieser Bauten. Seither sind viele davon an internationale Hotelketten verpachtet und von denen als Luxushotels wiedereröffnet worden. Der Maharadscha wohnt aber weiterhin in dem weiträumigen Palastkomplex in Mysore, der inzwischen teilweise auch für die Öffentlichkeit zugänglich gemacht wurde.

Als Nehru Premierminister war, wurde in Karnataka mit großen Bewässerungsprojekten begonnen. Auch Dämme wurden gebaut. Die meisten davon sind nun fertiggestellt, aber weil aus zwei Flüssen, die durch Karnataka weiter nach Tamil Nadu fließen, Wasser entnommen wird, insbesondere aus dem Cauvery (Kaveri), ist ein heftiger Streit zwischen den Regierungen von Karnataka und Tamil Nadu um Wasserrechte entbrannt. Einen Kompromiß zu finden hat sich bisher als sehr schwer erwiesen. Noch ernster ist der Kahlschlag in großen Gebieten im mittleren und nördlichen Karnataka. Dort kann man stundenlang mit einem Zug durch Regionen fahren, in denen kaum noch ein einziger Baum steht. Das Ergebnis ist eine Bodenerosion, die sich für die Bewohner der Dörfer auf dem Lande beim Ausbleiben des Monsuns als Katastrophe auswirken kann.

DER SÜDEN VON KARNATAKA

BANGALORE

Einwohner: 4,5 Millionen
Telefonvorwahl: 080
Obwohl diese moderne, lebendige Stadt ein bedeutendes Industriezentrum geworden ist, blieb Bangalore doch eine der schönsten Städte Indiens. Das Stadtzentrum liegt inmitten von Gartenanlagen, Parks, breiten Avenuen mit Bäumen, imponierenden Gebäuden und belebten Basaren. Wegen der Höhenlage von 1000 m herrscht auch noch ein angenehmes Klima. All diese Vorzüge machten die Stadt attraktiv, was zur Folge hat, daß noch immer Inder aus allen Teilen des Landes und aus Übersee nach Bangalore kommen, um hier Arbeit zu suchen, Geschäfte zu machen oder zu studieren. Daher hat Bangalore auch viele ausländische Unternehmen angezogen, die sich in Indien niedergelassen haben. Man sagt, daß Bangalore eine der am schnellsten wachsenden Städte in Indien sei, ganz sicher aber ist die Stadt für Yuppies ein Himmel auf Erden.

Bedingt durch diese Gegebenheiten, d. h. wegen des Aufeinanderprallens von Intellektuellen, Politikern und Industriellen, erhitzen sich die Gemüter häufig. Kaum ein Tag vergeht, an dem die Zeitungen nicht in großen Schlagzeilen über ein brisantes Thema berichten. Bangalore ist aber bei den sozialen Verhaltensweisen auch eine der fortschrittlichsten und liberalsten Städte Indiens. Dennoch ist der sprachliche Chauvinismus stark ausgeprägt, wie sich im Oktober 1994 herausstellte, als bei Aufständen in der Stadt 23 Menschen getötet wurde. Ausgelöst waren die Unruhen durch die Ankündigung geworden, im Sender Doordarshan täglich 10 Minuten Nachrichten in Urdu zu übertragen. Die wichtigsten Wirtschaftszweige der Stadt beruhen auf der Herstellung von Werkzeugmaschinen, Flugzeugen, elektronischen Geräten und Computern.

GESCHICHTE
Die heutige Hauptstadt Bangalore ist eine Gründung

Umstellung der Eisenbahnstrecken

Während der Recherchen zu diesem Buch wurden Teile des Streckennetzes der Eisenbahn in Karnataka von Meter- auf Breitspur umgestellt. Deshalb waren die Zugverbindungen in einigen Gegenden unterbrochen. Das hatte größere Auswirkungen um Hubli, dem nördlichen Knotenpunkt der Eisenbahn im Bundesstaat, weil der Verkehr auf den Strecken zwischen Hubli und Miraj (im benachbarten Maharashtra) sowie zwischen Hubli und Harihar eingestellt war. Außerdem verkehrten keine Züge von Bangalore nach Goa, auch wenn man nach den letzten Meldungen zumindest bis Hubli fahren konnte und dort in Busse umsteigen mußte. Wenn Sie in dieser Gegend sind, sollten Sie sich erkundigen, auf welchen Strecken der Betrieb inzwischen wieder aufgenommen worden ist.

von Kempegowda im 16. Jahrhundert. Zwei Jahrhunderte später wurde sie unter Hyder Ali und Sultan Tipu eine bedeutende Festungsstadt. Überreste aus dieser Zeit sind bis auf den Botanischen Garten Lalbagh nicht mehr vorhanden.

ORIENTIERUNG

Das wirkliche Leben spielt sich in Bangalore rund um den Kempegowda Circle und in den engen, betriebsamen Straßen von Gandhi Nagar und Chickpet, unweit des Busbahnhofes und des Bahnhofes City, ab. Hier finden Sie eines der Einkaufszentren sowie viele Kinos und preiswerte Hotels. Besonders mittags und in den Abendstunden herrscht ein buntes Treiben, wenn viele Arbeitnehmer aus ihren Büros in die zahlreichen Cafés, Bars sowie Restaurants drängen und sich vor den Kinos lange Schlangen bilden.

Auf der anderen Seite befindet sich das Gebiet mit den meisten Aktivitäten, insbesondere für die etwas Wohlhabenderen und die Studenten, etwa 4 km vom Bahnhof entfernt in der Gegend, die von der Mahatma Gandhi Road (M G Road), der Brigade Road sowie der Regency Road östlich vom Cubbon-Park begrenzt wird. Hier findet man die teureren Hotels sowie Restaurants, Bars, Reisebüros, Fluggesellschaften, Fremdenverkehrsämter, Buchhandlungen und Läden mit Kunsthandwerk.

Die historischen Überreste dieser schönen Stadt liegen allesamt südlich des City Market, einige sogar ziemlich weit entfernt im Süden in der Altstadt. Das ist ein Gebiet mit engen, verwinkelten Straßen, einer Unzahl von Kleinbetrieben, alten Tempeln, Ochsenkarren und Teestuben.

Wer sich nicht länger als 24 Stunden in Bangalore aufhält, übernachtet sicherlich am besten in der Nähe des Bahnhofs. Bleibt man langer und kann man auch ein wenig tiefer in die Reisekasse greifen, dann wohnt man besser in der Gegend um die M G Road.

PRAKTISCHE HINWEISE

Informationen: Das staatliche indische Fremdenverkehrsamt (Government of India Tourist Office) hat seinen Sitz im KFC Building in der Church Street 48 (Tel. 58 59 17). Die Mitarbeiter sind ausnehmend freundlich und haben auch eine Fülle von Prospektmaterial zu bieten. Geöffnet ist hier montags bis freitags zwischen 10.00 und 18.00 Uhr sowie samstags von 9.00 bis 13.00 Uhr.

Das Fremdenverkehrsamt von Karnataka (Karnataka State Tourism Development Corporation - KSTDC) hat seinen Hauptsitz in den Mitra Towers in der Kasturba Road 10/4 am Queen's Circle (Tel. 21 29 01) und ist dort montags bis samstags von 10.00 bis 17.30 Uhr zu erreichen. Mit Auskunftsschaltern ist diese Organisation auch im Badami House 1 (Tel. 2 21 58 69, Fax

2 23 80 16), am Narasimharaja-Platz, im Bahnhof City (Tel. 2 87 00 68, geöffnet von 6.30 bis 20.30 Uhr) und im Flughafengebäude (Tel. 5 26 80 12, geöffnet von 6.30 bis 20.30 Uhr) vertreten.

Geld: Ein Büro von Thomas Cook findet man in der M G Road 55 (Tel. 5 58 67 42). Es eignet sich ausgezeichnet, um schnell Geld zu wechseln. Das ist montags bis samstags von 9.30 bis 18.00 Uhr möglich.

Post und Telefon: Das Hauptpostamt (GPO) liegt an der Cubbon Street, gegenüber vom Cubbon-Park, und ist montags bis samstags von 8.00 bis 18.30 Uhr sowie sonntags von 10.30 bis 13.00 Uhr zu erreichen. Der gut organisierte Schalter für postlagernde Sendungen dort ist montags bis samstags von 10.30 bis 16.00 Uhr geöffnet.

Im modernen Telegraphenamt gleich nebenan lassen sich rund um die Uhr Faxmitteilungen absenden und Telefongespräche führen, auch in das Ausland.

Visaverlängerungen: Bangalore eignet sich gut, um sein Visum verlängern zu lassen. Das dauert ohne Probleme meistens nicht mehr als 24 Stunden. Manchmal erhält man die Visumverlängerung noch am gleichen Tag oder sogar am gleichen Vormittag. Die Ausländerbehörde (Commissioner of Police) findet man in der Infantry Road, 10 Minuten zu Fuß vom Hauptpostamt entfernt (Tel. 2 26 62 42, App. 513). Sprechstunden sind dort montags bis samstags von 10.00 bis 17.30 Uhr.

Kulturinstitute: Deutschsprachige Zeitungen und Bücher kann man im Goethe-Institut (Max Mueller Bhavan) in der Lavelle Road 3 (Tel. 21 49 64) lesen. Viele englischsprachige Zeitungen und Illustrierte hält die British Library in der St. Mark's Road bereit. Dort scheint es nicht zu stören, wenn man sich ein wenig hinsetzt und liest. Geöffnet ist dienstags bis samstags zwischen 10.30 und 18.30 Uhr.

Buchhandlungen: Es gibt mehrere ausgezeichnete Buchhandlungen in der Stadt. Eine der besten ist Premier in der Church Street 46/1, vom Hotel Berrys gleich um die Ecke. Eine vergleichbare Buchhandlung dürfte schwer zu finden sein. Hier sind Bücher zu jedem denkbaren Thema vom Boden bis zur Decke aufgetürmt. Das sieht alles sehr chaotisch aus, aber der Inhaber weiß, wo man was findet, und hat auch das gewünschte Buch, wenn es nicht vergriffen ist. Ganz gut ist auch Gangaram's Book Bureau in der M G Road. Fast nebenan, in der M G Road 68, kommt man zu einer Filiale von Higginbothams.

In den Hotels Ashok und Holiday Inn kann man ebenfalls in sehr guten Buchhandlungen einkaufen. Gut sortiert ist ferner die Buchhandlung Fountainhead.

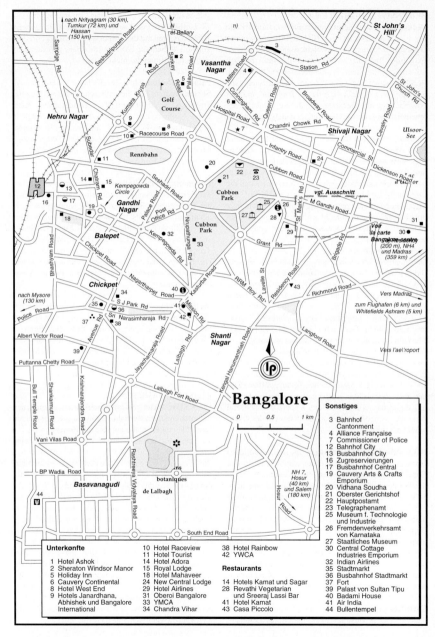

KARNATAKA

SEHENSWÜRDIGKEITEN

Vidhana Soudha: Dieser Bau am nordwestlichen Ende des Cubbon-Parks ist sicherlich das interessanteste Gebäude in Bangalore, vielleicht sogar ganz Indiens. Es wurde 1954 ganz aus Granit im neo-drawidischen Stil errichtet und dient als Sekretariat sowie Parlament. Berühmt ist vor allem die Tür zum Kabinettsaal, ganz aus massivem Sandelholz gefertigt. An Sonn- und Feiertagen wird das Gebäude abends mit Flutlicht beleuchtet, ist aber für die Öffentlichkeit nicht zugänglich.

Cubbon-Park und Museen: Die „grüne Lunge" der Stadt Bangalore bedeckt eine Fläche von 120 Hektar. Das ist ein wunderschöner, schattiger Park mit blühenden Bäumen, der im Jahre 1864 angelegt wurde. In diesem Park sind in den gotischen roten Gebäuden die öffentliche Bibliothek, der Oberste Gerichtshof, das Staatliche Museum sowie das Museum für Technologie und Industrie untergebracht. In der Anlage befindet sich auch ein riesiger Kinderpark, den - anders, als sonst üblich - Erwachsene nur in Begleitung von Kindern betreten dürfen.

Das Staatliche Museum gehört zu den ältesten Museen Indiens, wurde 1886 gegründet und enthält Abteilungen für Geologie, Kunst und Numismatik sowie Reste aus Moenjodaro. Das sind Gegenstände aus den Uranfängen der indischen Zivilisation vor 5000 Jahren. Hier sind auch einige gute Stücke aus Halebid und Vijayanagar ausgestellt. Der Eintritt kostet eine Rupie. Das Museum ist täglich außer montags und an gesetzlichen Feiertagen von 10.00 bis 17.00 Uhr geöffnet.

Das Museum für Technologie und Industrie, ebenfalls in der Kasturba Road und neben dem Staatlichen Museum gelegen, ist zu den gleichen Zeiten geöffnet (Eintritt 4 Rs). Dieses Museum ist immer voller Kinder, die mit Begeisterung irgendwelche Knöpfe drücken, mit denen der technologische Fortschritt des Landes veranschaulicht wird.

Botanischer Garten Lalbagh: In einem südlichen Vorort von Bangalore liegt dieser schöne und bei den Einwohnern sehr beliebte Park. 96 Hektar nimmt er ein und wurde im 18. Jahrhundert von Hyder Ali angelegt. Sein Sohn Sultan Tipu setzte die Arbeit fort. Viele hundert Jahre alte Bäume, meist beschildert, stehen in dieser Anlage, in der man sich auch Seen, Lotosteiche, Blumenrabatten sowie eine der größten Sammlungen tropischer und subtropischer Pflanzen ansehen kann. Für das leibliche Wohl sorgen einige Imbißstände. Morgens werden zudem Samen einiger Pflanzen sowie auch die Pflanzen selbst verkauft. Geöffnet ist der Botanische Garten täglich zwischen 8.00 und 20.00 Uhr.

Fort: Kempegowda ließ 1537 dieses nahe beim Stadtmarkt gelegene Gebäude ursprünglich aus Lehmziegeln bauen. Hyder Ali und Sultan Tipu errichteten es im 18. Jahrhundert erneut aus Stein. Während der Auseinandersetzungen mit den Briten wurde viel zerstört. Das Fort soll täglich von 8.00 bis 18.00 Uhr geöffnet sein, aber leider stimmt das nicht immer.

Palast von Sultan Tipu: Bereits Tipus Vater Hyder Ali begann mit dem Bau dieses Palastes nordwestlich des Stadtmarktes, den Tipu 1791 vollendete. Der Palast weist Ähnlichkeiten mit dem Daria Daulat Bagh in Srirangapatnam bei Mysore auf, wurde aber leider vernachlässigt und verfiel langsam. Der Tempel nahebei ist interessanter. Geöffnet ist der Palast täglich von 6.00 bis 18.00 Uhr. Der Eintritt ist frei.

Bullentempel: Der Bullentempel ist einer der ältesten Tempel der Stadt und steht auf dem Bugle Hill am Ende der Bull Temple Road. Er ist von Kempegowda im drawidischen Stil des 16. Jahrhunderts erbaut worden und enthält als Prunkstück eine große Figur des Nandi, ähnlich dem auf dem Chamundi Hill in Mysore. Dieser Tempel darf auch von Nicht-Hindus betreten werden. Die Priester sind freundlich und überreichen jedem Besucher Jasminblüten, erwarten dafür aber auch eine kleine Spende.

Weitere Sehenswürdigkeiten: Die Überbleibsel der vier Wachtürme, die Kempegowda rund 400 m westlich des Bullentempels erbauen ließ, sind durchaus einen Besuch wert. Der Ulsoor-See im Osten des Cubbon-Parks bietet die Möglichkeit, mit einem Boot zu fahren, und hat einen Swimming Pool, der allerdings weit davon entfernt ist, sauber zu sein.

AUSFLUGSFAHRTEN

Die KSTDC bietet verschiedene Fahrten an, zu denen man sich in jedem Büro dieser Organisation anmelden kann. Sie beginnen alle am Badami House.

Täglich zweimal, um 7.30 und 14.00 Uhr, findet eine fünfstündige Stadtrundfahrt statt. Während dieser Stadtrundfahrt werden folgende Ziele angesteuert: Tipus Palast, der Bullentempel, der Botanische Garten Lalbagh, der Ulsoor-See, das Vidhana Soudha und das Staatliche Museum. Die Fahrt kostet 65 Rs. Etwa die Hälfte der Zeit wird allerdings in staatlichen Unternehmen verbracht, in denen Seide und Kunsthandwerk verkauft wird. Eine Fahrt nach Srirangapatnam, Mysore und den Brindavan Gardens beginnt an jedem Tag morgens um 7.15 Uhr und endet um 23.00 Uhr. Diese Fahrt führt zum Ranganathaswamy-Tempel, zum Gumbaz und zum Daria Daulat Bagh in Srirangapatnam sowie zur St.-Philomena-Kathedrale, zum Chamundi Hill, zum Palast, zur Kunstgalerie und zum Cauvery Arts and Crafts Emporium in Mysore. Die Tour kostet einschließlich aller Eintrittsgebühren 150 Rs.

Außerdem kann man täglich an einer Ausflugsfahrt nach Belur, Halebid und Sravanabelagola teilnehmen, die um 7.15 Uhr beginnt, um 22.00 Uhr endet und 200 Rs kostet. An dieser Tour lohnt es sich teilzunehmen, wenn man sich die Schwierigkeiten ersparen will, die bei Besuchen dieser Ziele auf eigene Faust mit Nahverkehrsmitteln auftreten können.

Eine weitere Fahrt führt nach Hampi und zum Tungabhadra-Damm. Diese zweitägige Tour beginnt jeden Freitag um 21.00 Uhr in Bangalore und endet hier wieder am Sonntag um 22.00 Uhr. Im Verlauf dieser Fahrt werden Mantralaya, das Dorf des hinduistischen Heiligen Raghavendra Swami, sowie der Tungabhadra-Damm und Hampi besucht. Übernachtet wird im Hotel Mayura Vijayanagar am Damm. Die Fahrt kostet einschließlich Übernachtungen 400 Rs.

Ausflugsfahrten nach Nandi Hills, dem Bergerholungsort nördlich von Bangalore, werden ebenfalls angeboten. Sie finden dreimal wöchentlich statt. Abfahrt ist um 8.30 Uhr und Rückkehr gegen 18.00 Uhr. Im Fahrpreis von 70 Rs ist auch ein vegetarisches Mittagessen enthalten.

UNTERKUNFT

Einfache Unterkünfte: Gleich östlich des Busbahnhofs gibt es ein Dutzend oder mehr Hotels und Lodges für jeden Geldbeutel. Das preisgünstigste und älteste dieser Quartiere ist die Royal Lodge in der Subedar Chatram Road 251 (Tel. 2 26 69 51). Sie bietet saubere Einzelzimmer mit Badbenutzung für 60 Rs und Doppelzimmer mit eigenem Bad ab 100 Rs. Morgens ist auch heißes Wasser vorhanden. Fast gegenüber liegt das Hotel Adora mit der Hausnummer 47 (Tel. 2 87 22 80), in dem man in ganz ordentlichen Einzelzimmern für 90 Rs und Doppelzimmern für 150 Rs übernachten kann. Ein Stück weiter entfernt kommt man zum Hotel Tourist in der Race Course Road (Tel. 2 26 23 81), in dem man mit Zimmerpreisen von 50 Rs für ein Einzelzimmer und 90 Rs für ein Doppelzimmern (jeweils mit Bad) günstig unterkommt. Auch hier ist morgens heißes Wasser vorhanden.

Am oberen Ende dieser Preisklasse rangiert das Hotel Janardhana gegenüber vom Bangalore International in High Grounds (Tel. 2 26 44 44). Vermietet werden geräumige Zimmer mit Balkon und Bad sowie heißem Wasser rund um die Uhr, in denen man allein für 130 Rs und zu zweit für 180 Rs übernachten kann. Für ein Luxusdoppelzimmer muß man 250 Rs bezahlen.

Sehr gut und näher am Busbahnhof übernachtet man auch im neu möblierten Hotel Mahaveer an der Ecke der Bhashyam Road (Tel. 2 87 36 70, Fax 2 26 98 43). Hier werden moderne und saubere, wenn auch kleine Zimmer mit Bad (heißes Wasser von 6 bis 8 Uhr) als Einzelzimmer für 120 Rs und als Doppelzimmer für 170

Rs vermietet. Bezahlen kann man auch mit einer Kreditkarte.

Die Ruheräume (Retiring Rooms) im Bahnhof sind ebenfalls keine schlechte Wahl, jedoch häufig bereits am Nachmittag ausgebucht. Für ein Bett im Schlafsaal zahlt man hier 60 Rs und für ein Doppelzimmer 150 bis 250 Rs.

In der Gegend mit der M G Road sind preiswerte Zimmer nur begrenzt vorhanden. Es gibt jedoch einige gute Hotels, in denen man nicht zu teuer wohnt. In der New Central Lodge in der Infantry Road 56 (Tel. 59 23 95), einem sauberen und beliebten Quartier, kosten mit Badbenutzung die normalen Einzelzimmer 70 Rs und die normalen Doppelzimmer 160 Rs, während man für ein Standardzimmer mit eigenem Bad allein 150 Rs und zu zweit 220 Rs bezahlen muß. Heißes Wasser steht in diesem Haus von 6 bis 9 Uhr zur Verfügung. Preisgünstiger ist das Hotel Imperial in der Residency Road 95 (Tel. 5 58 54 73) mit Einzelzimmern für 90 Rs und Doppelzimmern für 165 Rs (mit eigenem Bad).

Eines der besten preisgünstigen Quartiere ist das Hotel Airlines in der Madras Bank Road 4 (Tel. 2 21 37 83). Dieses Haus liegt von der Straße zurück auf einem Grundstück mit viel Grün und ist ganz sicherlich keine der üblichen spartanischen indischen Unterkünfte. Es hat eine ganze Reihe von Einrichtungen für die Gäste zu bieten, auch ein Gartenrestaurant, eine Bäckerei sowie sogar eine „Asian Detective Agency". Alle Zimmer liegen zu einer Veranda hin, in denen den Gästen morgens eine Zeitung unter der Tür hindurchgeschoben wird. Der einzige Nachteil dieses Hotels ist das Wasser, das sowohl heiß als auch kalt nur von 6 bis 12 Uhr fließt. Danach ist Wasser nur noch in Eimern zu haben. Dafür zahlt man hier für eine Übernachtung aber auch allein nur 140 Rs und zu zweit nur 195 Rs.

Am oberen Ende dieser Kategorie ist das Hotel Brindavan in der M G Road 108 (Tel. 58 40 00) angesiedelt, in dem die Preise für ein normales Einzel- und Doppelzimmer bei 150 bzw. 225 Rs, für ein Luxusdoppelzimmer bei 350 Rs und für ein Zimmer mit Klimaanlage bei 425 Rs liegen. Das Hotel liegt ein Stück von der Straße zurück, so daß man hier nicht so unter dem Verkehrslärm zu leiden hat, ist aber häufig voll belegt.

Wer wirklich inmitten des Geschehens wohnen möchte, ist in der Gegend des City Market im richtigen Viertel. Es ist das laute, geschäftige und authentische Bangalore. Zu erreichen es zu Fuß vom Bahnhof in etwa 25 Minuten.

Das Hotel Rainbow in der Sri Narasimharaja Road (Tel. 60 22 35) liegt direkt gegenüber der Bushaltestelle City Market und der großen weißen Moschee. Es bietet mit Einzel- und Doppelzimmern für 70 bzw. 95 Rs ein sehr gutes Preis-/Leistungsverhältnis Im Chandra Vihar an der Avenue Road (Tel. 2 22 41 46) muß man für ein

Einzelzimmer 80 Rs und für ein Doppelzimmer 140 Rs bezahlen, aber die sind nicht so gut.

Im Haus der YWCA in II Cross, CSI Compound, einer ruhigen Nebenstraße der Mission Road, werden sowohl Frauen als auch Männer aufgenommen. Man muß noch nicht einmal Mitglied sein, um hier übernachten zu können. Für Übernachtung und Frühstück zahlt man pro Person 125 Rs. Weiter hinauf am Cubbon-Park kommen Männer auch im Haus der YMCA in der Nirupathunga Road (Tel. 2 21 18 48) unter, und zwar in Einzelzimmern für 90 Rs und in Doppelzimmern für 150 Rs. Hier liegen aber immer viele Voranmeldungen vor. Außerdem muß man Mitglied sein, um in diesem Haus übernachten zu können. Das kostet pro Jahr 250 Rs (keine vorübergehenden Mitgliedschaften).

Mittelklassehotels: Die meisten Hotels der mittleren Preisklasse liegen in der Gegend der M G Road. Ein paar findet man aber auch in der Nähe der Rennbahn, nicht weit vom Bahnhof City und den Bushaltestellen entfernt.

In der Gegend mit der Rennbahn liegt das Hotel Raceview in der Racecourse Road 25 (Tel. 2 20 34 01), in dem man in einem Doppelzimmer ohne Klimaanlage für 300 Rs oder in einem Doppelzimmer mit Klimaanlage für 350 Rs übernachten kann. Einzelzimmer wer-

den hier nicht vermietet. Dafür hat man von einigen der teureren Zimmern aus gute Ausblicke auf die Rennbahn.

In der Nähe kommt man in der Crescent Road 2A/2B in High Grounds zum Hotel Bangalore International (Tel. 2 26 80 11), in dem normale Einzel- und Doppelzimmer für 280 bzw. 330 Rs vermietet werden und die Preise für Zimmer mit Klimaanlage bei 350 bzw. 410 Rs beginnen. Zu allen Zimmern gehören auch eine kleine Terrasse und ein Farbfernsehgerät. Außerdem sind ein Restaurant und eine Bar vorhanden, in der jeden Abend eine Band mit Musik live auftritt. Das Haus ist bereits ziemlich alt, wird aber nach und nach renoviert. Das Hotel Abhishek direkt gegenüber (Tel. 2 26 27 13) ist neuer und hat Einzelzimmer für 450 Rs sowie Doppelzimmer für 510 Rs zu bieten, mit Klimaanlage für 540 bzw. 600 Rs. Vorhanden sind zudem zwei vegetarische Restaurants und eine Bar.

Das Hotel New Victoria in der Residency Road 47 (Tel. 5 58 40 76, Fax 5 58 49 45) bietet einen Hauch von Klasse und Charme der alten Welt. Dieses schon lange bestehende Hotel wurde auf einem Grundstück mit riesigen, schattenspendenden Bäumen errichtet und ist sehr beliebt. Allerdings stehen nicht viele Zimmer zur Vermietung zur Verfügung, so daß sich eine vorherige Reservierung empfiehlt, wenn man hier übernachten

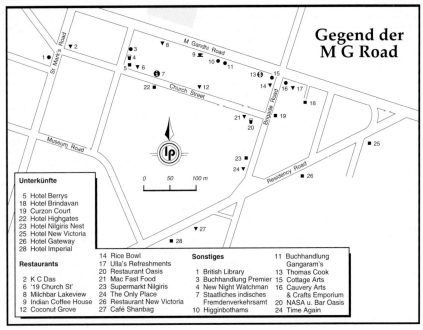

Gegend der M G Road

Unterkünfte

5 Hotel Berrys
18 Hotel Brindavan
19 Curzon Court
22 Hotel Highgates
23 Hotel Nilgiris Nest
25 Hotel New Victoria
26 Hotel Gateway
28 Hotel Imperial

Restaurants

2 K C Das
6 '19 Church St'
8 Milchbar Lakeview
9 Indian Coffee House
12 Coconut Grove
14 Rice Bowl
17 Ulla's Refreshments
20 Restaurant Oasis
21 Mac Fast Food
23 Supermarkt Nilgiris
24 The Only Place
26 Restaurant New Victoria
27 Café Shanbag

Sonstiges

1 British Library
3 Buchhandlung Premier
4 New Night Watchman
7 Staatliches indisches Fremdenverkehrsamt
10 Higginbothams
11 Buchhandlung Gangaram's
13 Thomas Cook
15 Cottage Arts
16 Cauvery Arts & Crafts Emporium
20 NASA u. Bar Oasis
24 Time Again

möchte. In diesem Haus werden für ein normales Einzel- oder Doppelzimmer 240 bzw. 500 Rs, für ein Luxuszimmer 300 bzw. 625 Rs und für eine Suite 750 Rs berechnet. Zum Haus gehört ein Restaurant, in dem man drinnen oder draußen essen kann.

Nicht weit entfernt ist das voll klimatisierte Curzon Court in der Brigade Road 10 (Tel. 5 58 29 97) mit normalen Einzel- und Doppelzimmern für 400 bzw. 500 Rs, Luxuszimmern für 425 bzw. 600 Rs und Suiten für 600 Rs. Im nahegelegenen Hotel Nilgiris Nest in der Brigade Road 171 (Tel. 5 58 84 01), gelegen im 3. Stock über einem Supermarkt, werden die großen, sauberen Zimmer für 300 bzw. 400 Rs vermietet, mit Klimaanlage für 375 bzw. 475 Rs.

Weiter westlich liegt das beliebte, aber nur schlecht gepflegte Hotel Berrys (Tel. 5 58 72 11), und zwar in der Church Street 48/1. Das ist ein großes Haus und daher selten voll belegt. Für ein normales Einzel- oder Doppelzimmer werden pro Tag 255 bzw. 375 Rs verlangt, für ein Luxuszimmer 400 bzw. 450 Rs. Hier gibt es zudem ein Restaurant. Die Mitarbeiter sind recht freundlich, auch wenn es am Empfang etwas unwirsch zugehen kann.

Das beste Haus in dieser Preisklasse ist das Hotel Highgates (Tel. 5 59 71 72), eine nagelneue, klimatisierte Unterkunft an der Church Street, in der man für ein normales Einzelzimmer 650 Rs und für ein normales Doppelzimmer 800 Rs sowie für ein „Polo-Club-Zimmer" mit Frühstück allein 850 Rs und zu zweit 1000 Rs bezahlen muß. Alle Zimmer sind modern und gemütlich und mit Fernsehgerät sowie Kühlschrank ausgestattet.

Luxushotels: Die Bedeutung von Bangalore als ein Zentrum der Industrie und der Geschäftswelt hat dazu geführt, daß auch eine ganze Reihe von schicken Hotels der Spitzenklasse erbaut wurde.

In der Gegend der M G Road kann man im Hotel Gateway mit vier Sternen in der Residency Road 66 (Tel. 5 58 45 45, Fax 5 58 40 30) absteigen. In diesem Haus muß man für ein Standardzimmer allein 1180 Rs und zu zweit 2000 Rs (mit Frühstück) sowie für ein Luxuszimmer allein 1350 Rs und zu zweit 2300 Rs bezahlen. An Einrichtungen sind hier ein Coffee Shop, ein Swimming Pool und ein Sportraum vorhanden.

Drüben an der Racecourse Road liegt das kürzlich renovierte, sehr klassische Hotel West End (Tel. 2 26 92 81, Fax 2 20 00 10), zu dem auch ein ganz ansprechender, 8 Hektar großer Garten und ein Swimming Pool gehören, den andere als Hausgäste für 150 Rs mitbenutzen dürfen. Hier beginnen die Preise für ein Einzelzimmer bei 100 US $ und für ein Doppelzimmer bei 110 US $.

Zum oberen Ende der Luxushotels gehört eine Handvoll von Häusern mit jeweils fünf Sternen, alle mit den üblichen Einrichtungen in dieser Preisklasse, darunter Swimming Pool, Restaurant und Bar.

Eines davon ist das Hotel Ashok in der Kumara Krupa Road in High Grounds (Tel. 2 26 94 62, Fax 2 26 00 33) mit relativ modernen Einzelzimmern ab 1800 Rs und Doppelzimmern ab 2000 Rs sowie noch teureren Suiten. Hier dürfen andere als Hausgäste das Schwimmbecken für 80 Rs mitbenutzen.

Das Holiday Inn in der Sankey Road 28 (Tel. 2 26 22 33, Fax 2 26 76 76) ist ähnlich wie die anderen Holiday Inns überall in der Welt und bietet Einzelzimmer ab 50 US $ sowie Doppelzimmer ab 60 US $.

Das Hotel Oberoi Bangalore in der M G Road 37 (Tel. 5 58 58 58, Fax 5 58 59 60) wartet mit luxuriösen Einzel- und Doppelzimmern für 130 bzw. 140 US $ auf, die zu einem riesigen, ruhigen Garten hin liegen. Hier dürfen vom Swimming Pool nur Hausgäste Gebrauch machen.

In der Sankey Road 25 kommt man zum Sheraton Windsor Manor (Tel. 2 26 98 98, Fax 2 26 49 41), einem wunderschönen alten Herrenhaus mit Einzelzimmern ab 110 US $ und Doppelzimmern ab 120 US $ sowie Suiten für 375 US $.

Im Taj Regency in der M G Road 41/3 (Tel. 5 58 44 44, Fax 5 58 47 48) muß man für ein Einzelzimmer 60 bis 75 US $ und für ein Doppelzimmer 70 bis 85 US $ bezahlen. In diesem Haus dürfen andere als Hausgäste den Swimming Pool für 165 Rs pro Tag mitbenutzen, aber auch die Einrichtungen des Fitneß-Clubs wie Sauna, Whirl Pool usw.

ESSEN

In Bangalore gibt es einige ausgezeichnete Restaurants, in denen man nicht nur indisch, sondern auch Gerichte aus anderen Teilen der Welt essen kann. Der überwiegende Teil der besseren Eßlokale ist in der Gegend der M G Road angesiedelt.

Ein hervorragendes Ziel, um den Tag zu beginnen, ist das Indian Coffee House in der M G Road 78. Dort besteht ein Frühstück üblicherweise aus Dosas oder gebratenen Eiern mit Chips sowie „starkem" Kaffee. Einfache vegetarische Gerichte sind in diesem Lokal den ganzen Tag über (bis 20.30 Uhr) erhältlich und werden von Kellnern in weißen, wenn auch schon etwas abgetragenen Gewändern mit Kummerbund und Kopfbedeckung serviert. Geht man weiter entlang der M G Road, gelangt man zur Lakeview Milk Bar mit ausgezeichneten Milchmixgetränken und Eisbechern. Ulla's Refreshments in der General Hall (1. Stock), ebenfalls an der M G Road, kann mit einer großen Terrasse aufwarten und ist beliebt für einen Imbiß oder ein vegetarisches Gericht.

Ein gutes Ziel für ein rein südindisches Essen ist das Revathi Vegetarian, vom Büro der KSTDC gleich um die Ecke. Dieses Lokal ist immer voll besetzt, nicht zuletzt wegen des sehr preisgünstigen Essens (drei Puris für ca. 7,50 Rs). Wenn die zugehörigen Saucen die Geschmacksnerven strapazieren sollten, kann man das mit einem Joghurt, Lassi oder *kulfi* in der ebenso beliebten Sreejaj Lassi Bar zu neutralisieren versuchen. Auch die Church Street ist ein gutes Ziel auf der Suche nach einem Restaurant für ein Essen. Dort liegt an der Ecke der St. Mark's Street das bekannte K C Das, die Filiale einer in Kalkutta beheimateten Kette von Imbiß- und Süßigkeitenläden, berühmt wegen der *ras gullas* (kleine Bälle Rahmkäse mit Rosenwasser).

Hervorragend westlich essen läßt sich im 19 Church Street neben dem Hotel Berrys. Ergänzt werden dort die leckeren Gerichte (Salate, italienische Speisen und Meeresfrüchte) durch eine Einrichtung mit Kiefernholz und gemütlicher westlicher Musik. Die Preise bewegen sich in der Spanne von 40 bis 60 Rs. Vorhanden ist auch eine kleine Veranda, auf der man abends gut essen oder gut ein Glas kühles Bier trinken kann.

Nicht weit entfernt liegt das Coconut Grove, ein halboffenes Lokal mit einer Reihe von exotischen Speisen, die einem das Wasser im Mund zusammenlaufen lassen, viele davon mit Kokosnußmilch zubereitet. Hier muß man für ein Essen mit 50 bis 70 Rs rechnen.

Gleichfalls in der Church Street liegt das Mac Fast Food, das sich deutlich an einer westlichen Kette mit Fast-Food-Restaurants orientiert. Es ist bei jungen Indern der Mittelklasse beliebt und hat einige ganz gute Gerichte (z. B. Pizza) zu bieten, wenn auch nicht gerade preisgünstig.

Sehr beliebt und von den Preisen her annehmbar ist das Rice Bowl in der Brigade Road, das durchschnittliche chinesische, tibetische und europäische Gerichte sowie kaltes Bier zu bieten hat. Es wird von freundlichen Tibetern geführt, denen es Freude bereitet, ihre Lautsprecheranlage mit vorwiegend westlicher Musik in Betrieb zu nehmen. Weiter unten in der Brigade Road kommt man in der Mota Royal Arcade zum The Oly Place mit Apfelkuchen (20 Rs) und Hamburgern (30 Rs). Im nahegelegenen Supermarkt Nilgiris lassen sich solche Delikatessen wie Weizenbrot, Käse und dänisches Gebäck einkaufen, aber auch leckere *samosas*.

Nord- und südindische Küche bietet das Café Shanbag in der Regency Road, die einem Maharadscha angemessen wäre und 43 bzw. 48 Rs kostet. Geradezu enthusiastisch wird in Leserbriefen das Casa Piccolo in der Residency Road 131 mit seinen Steaks und seiner Pizza gelobt, aber dort erhält man auch Eis. Die Atmosphäre in diesem Lokal ist ganz angenehm. Auch die Preise können sich sehen lassen und betragen für eine Pizza 29-36 Rs, für ein Eis 10 Rs und für einen Eisbecher 26-34 Rs.

Wenn man sich einmal etwas Besseres in einer prächtigen und schattigen Umgebung gönnen will, dann geht man am besten mittags oder abends in das Hotel New Victoria in der Regency Road. Die indischen und europäischen Gerichte schmecken hier ganz gut. Auch die Preise sind annehmbar. In diesem Lokal kann man zudem ein kaltes Bier trinken. Außerdem läßt sich mittags für 75 Rs an einem Buffet teilnehmen. Abends liegt das Schwergewicht aber eher auf einem Drink in der Bar und weniger auf einem guten Essen.

Für ein etwas teureres, aber auch üppigeres Festessen zu Mittag lohnt es, am Buffet im Restaurant Memories of China im Hotel Taj Residency teilzunehmen. Hier kann man sich aus einer Vielfalt an chinesischen Spezialitäten bedienen und zum Abschluß einen leckeren Nachtisch essen und eine Tasse Kaffee trinken. Das alles kostet in einer Umgebung von reinem Luxus 229 Rs, und zwar unabhängig davon, wieviel man schafft. In den zahlreichen Restaurants um den Busbahnhof (Eßräumen) wäre wohl eine zutreffendere Beschreibung) wird vor allem typisches vegetarisches und nichtvegetarisches indisches Essen angeboten. Dort läßt die Sauberkeit aber viele Wünsche offen. Das Hotel Sagar in der Subedar Chatram Road offeriert gute vegetarische und nichtvegetarische Gerichte, während man sich im Hotel Kamat nebenan auf rein vegetarische Speisen spezialisiert hat. Ein weiteres Kamat gibt es im Unitiy Building unweit von Air India in der Gegend des City Market, das genauso gut ist.

UNTERHALTUNG

Der Wohlstand in Bangalore hat eine Kneipenkultur zur Folge gehabt, die in einem westlichen Land nicht ungewöhnlich wäre, in Indien aber geradezu einen Kulturschock auslöst. Bei wohlhabenden jungen Leuten, Büroangestellten und Geschäftsleuten sind schicke Bars, ungewöhnlich beleuchtete Diskotheken und Bier vom Faß sehr beliebt. Es ist wohl überflüssig zu erwähnen, daß man sich in solchen Lokalen wohler fühlt als in den „dunklen Löchern", die man aus Tamil Nadu kennt und in denen man sich als Taugenichts vorkommt, wenn man dort ein Bier trinkt. Bier vom Faß ist in Bangalore das preisgünstigste Getränk und nur halb so teuer wie beispielsweise ein Fruchtsaft.

Neben den Getränken, die hier ausgeschenkt werden, ist außerdem erfreulich, daß diese Bars weit davon entfernt sind, nur Treffpunkte von Männern zu sein. Die Einwohner von Bangalore sind sehr liberal, so daß eine ausländische Besucherin keine Hemmungen zu haben braucht, eine solche Bar zu betreten.

Das kann man im NASA in der Church Street ausprobieren. Mit den Laser-Shows, Happy Hours und lauter Musik vergißt man glatt, daß man in Indien ist. Hier muß man für ein Glas Bier 18 Rs und für einen Krug Bier 90 Rs bezahlen. Ebenfalls an der Church Street liegt die Bar und das Restaurant Oasis, das sich anbietet, wenn die Ohren lange lauter Musik ausgesetzt waren und man sich mal wieder unterhalten möchte.

Eine der besten Kneipen und eine derer, in denen es am wenigsten steif zugeht, ist das 19 Church Street neben dem Hotel Berrys. Sie zieht eine ganze Reihe von indischen Studenten, jungen Tibetern, Künstlern, Lebenskünstlern und ausländischen Besuchern an. Hier ist lauter Rock & Roll zu hören, und hier ist auf einem riesigen Bildschirm auch das Programm von MTV zu sehen. Geöffnet ist täglich den ganzen Tag über bis abends um 23.30 Uhr. In diesem Lokal muß man für ein Glas Bier vom Faß 12 Rs bezahlen.

Vom Hotel Berrys um die Ecke kommt man zum New Night Watchman. In diesem Lokal geht es etwas formeller zu, und hier ist die westliche Musik auch nicht ganz so rockig. Viele weitere dieser Kneipen findet man auch an der M G Road.

Wenn man sich einmal etwas Besonderes gönnen will, empfiehlt sich die sehr schicke Cocktail Lounge und Diskothek Time Again in der Mota Royal Arcade (Eintritt 200 Rs). Dort werden allerdings nur Mitglieder eingelassen und die auch nur dann als Paare (männlich/weiblich). Eine ruhigere und beliebte Kneipe an der Residency Road ist das Black Cadillac.

EINKÄUFE

Im Cauvery Arts & Crafts Emporium in der M G Road 23 findet man ein riesiges Angebot an hervorragend gearbeiteten Statuen und Tischen, Schmuck, Keramik, Teppichen und *agarbathis* (wohlriechenden Essenzen). Außerdem ist man hier versiert im Verpacken und Versenden der Waren. Eine kleinere Zweigstelle befindet sich an der Bushaltestelle Central.

Genauso gut kauft man (bei einigen Sachen etwas günstiger) im Central Cottage Industries Emporium in der M G Road 144, in dem ebenfalls Kunsthandwerk aus allen Teilens Indiens angeboten wird.

Wenn man kleineres Läden und das Feilschen um die Preise vorzieht, dann geht man am besten in den kleinen Laden Cottage Arts in der M G Road 52, gelegen in der Nähe der Kreuzung mit der Brigade Road. Ganz gut sortiert ist ferner Raga of Gifts neben dem Restaurant Casa Piccolo.

Am günstigsten kauft man in Bangalore Seidensaris ein. In Bangalore werden nämlich sehr schöne dieser Saris mit Stickereien in Handarbeit hergestellt und sind, wenn man sie bei Ausverkäufen ersteht (beispielsweise während des Dussehra und des Diwali), vom Preisen her durchaus annehmbar. Seidensaris führen etliche Läden entlang der M G Road. Andere Textilien sind jedoch in den Geschäften in der Commercial Street weiter nördlich preisgünstiger.

AN- UND WEITERREISE

Flug: Das Büro von Indian Airlines (Tel. 2 21 19 14) ist in den Housing Board Buildings in der Kempegowda Road untergebracht, während die Vertretung von NEPC Airlines (Tel. 5 58 73 22) an der Church Street zu finden ist. Bei den anderen Inlandsfluggesellschaften lassen sich Reservierungen unter folgenden Rufnummern vornehmen: East West Tel. 5 58 82 82, Damania Tel. 5 58 87 36, ModiLuft Tel. 5 58 22 02 und Sahara Tel. 5 58 69 76.

Einzelheiten über die Inlandsflugverbindungen können nen der Aufstellung entnommen werden.

Daneben fliegen East West täglich nach Delhi, Damania zweimal täglich nach Kalkutta, ModiLuft einmal täglich nach Delhi, Jet zweimal täglich nach Bombay und Sahara zweimal wöchentlich nach Delhi.

Internationale Flüge nach und von Bangalore werden bisher nicht angeboten. Es ist jedoch ein Anzeichen für das Wachsen der Stadt, daß neben Air India inzwischen auch viele ausländische Fluggesellschaften in Bangalore Büros eröffnet haben.

Air France
   Sunrise Chambers, Ulsoor Road 22 (Tel. 5 58 93 97)
Air India
   Unity Buildings, Jayachamaraja Road (Tel. 2 22 41 43)
British Airways
   St. Mark's Road (Tel. 2 21 40 34)
KLM
   Hotel West End, Racecourse Road (Tel. 2 26 87 03)

Alter Krug aus Ton

891

KARNATAKA

Lufthansa
Dickenson Road (Tel. 5 58 87 91)
Qantas
Westminster Building, Cunningham Road (Tel.
2 26 66 11)
Singapore Airlines
Richmond Road (Tel. 2 21 19 83)
Thai Airways
Richmond Road (Tel. 2 21 98 10)

Bus: Der riesige und gut organisierte Busbahnhof von Bangalore befindet sich direkt vor dem Bahnhof Central. Alle Linienverbindungen innerhalb des Bundesstaates werden von der Karnataka State Road Transport Corporation (KSRTC) bedient (Tel. 2 87 33 77). Busverbindungen zu Zielen in anderen Bundesstaaten bestehen sowohl mit der KSRTC als auch mit den staatlichen Busunternehmen von Andhra Pradesh (Tel. 2 87 39 15, Bussteig 11) und Tamil Nadu (Tel. 2 87 69 74, Bussteig 12). Vorausbuchungen mit Hilfe von Computern sind für alle Superluxus- und Schnellbusse der KSRTC sowie für Busse der staatlichen Gesellschaften aus den Nachbarstaaten möglich. Für Langstrecken sollte man davon Gebrauch machen.
Die KSRTC setzt Busse zur Fahrt nach Bombay (dreimal täglich, 24 Stunden), Ernakulam (dreimal täglich), Hospet (zehnmal täglich), Jog Falls (zweimal täglich) Kannur/Cannanore (sechsmal täglich), Kodaikanal (21.50 Uhr, 12 Stunden), Kozhikode/Calicut (sechsmal täglich), Madras (neunmal täglich, 9 Stunden), Madurai (zweimal täglich), Udhagamandalam/Ooty (viermal täglich), Panjim (zweimal täglich), Pondicherry (21.00

Uhr) und Tirupathi (fünfmal täglich) ein. Nach Mysore verkehren Busse von 5.45 bis 21.30 Uhr alle 20 Minuten (3¹/₂ Stunden).
Mit dem staatlichen Busunternehmen von Andhra Pradesh (APSRTC) kommt man um 7.45 Uhr und abends in 12 Stunden nach Hyderabad, mit der Busgesellschaft von Tamil Nadu (JJTC) häufig nach Madras sowie nach Madurai und Coimbatore (viermal täglich, 9 Stunden).
Neben den verschiedenen staatlichen Busunternehmen bieten noch zahlreiche private Gesellschaften bequemere und teurere Busverbindungen zwischen Bangalore und den anderen wichtigen Städten im mittleren und südlichen Indien an. Die findet man in der Gegend des Busbahnhofs. Achten muß man jedoch darauf, daß es sich nicht um einen Bus mit einem Videorekorder handelt. Wer sich seine Gesundheit erhalten und seine Ohren schützen will, sollte sich für einen Bus ohne Videofilme entscheiden.

Zug: Zugreservierungen werden in Bangalore per Computer vorgenommen. Es gibt jedoch keine besonderen Kontingente für Touristen in den Zügen, und auf den meisten Strecken ist der Andrang groß. Auf der anderen Seite ist es Ausländern im allgemeinen möglich, noch einen Platz aus dem Kontingent für Notfälle zu ergattern. Dazu muß man sich an den Assistenten des Commercial Manager im Divisional Office rechts wenden, bevor man den Bahnhof betritt. Das Buchungsbüro und die Auskunft (Tel. 132) befinden sich vor dem Bahnhof links sind montags bis samstags von 8.00 bis 14.00 Uhr und von 14.15 bis 20.00 Uhr sowie

Inlandsflüge von Bangalore					
Flugziel	**Flugzeit**	**Zahl der Flugverbindungen und Fluggesellschaften***			
	(Stunden)	(t = täglich, w = wöchentlich)			
		IC	Flugpreis (US \$)	D5	Flugpreis (US \$)
Ahmedabad	2.05	4w	147		
Bombay	1.30	3t	88	3w	170
Coimbatore	0.40	4w	32		
Delhi	2.30	2t	182		
Goa	1.15	3w	58	3w	70
Hubli	1.15			3w	70
Hyderabad	0.50	2t	56		
Kalkutta	2.20	1t	159		
Kochi (Cochin)	0.50	4w	40	3w	50
Kozhikode (Calicut)	0.45	1t	35		
Madras	0.45	5t	37	6w	40
Mangalore	0.40	3w	35	3w	45
Pune	1.25	3w	91	3w	90
Thiruvanantha-puram (Trivandrum)	0.50	4w	62		

* Abkürzungen für die Fluggesellschaften:
IC = Indian Airlines   D5 = NEPC Airlines

sonntags von 8.00 bis 14.00 Uhr geöffnet. Gepäck kann man im Bahnhof aufbewahren lassen.

Bangalore ist normalerweise durch tägliche Schnellzüge mit allen großen Städten in der Mitte und im Süden Indiens verbunden. Jedoch war bei Drucklegung dieses Buches auf einigen Strecken wegen der Umstellung von Meter- auf Breitspur der Betrieb eingestellt (vgl. Exkurs am Anfang des Kapitels über Karnataka). Hoffentlich sind auf diesen Strecken die Verbindungen inzwischen wieder aufgenommen worden. Danach kann man sich bei der Auskunft erkundigen.

Um nach Hubli zu gelangen, benutzt man am besten den *Hyderabad Express* bis Dharmavarn (Abfahrt 17.05 Uhr, Ankunft 21.30 Uhr) und steigt dort in den *Kittur Express* um, der um 22.30 Uhr abfährt und sein Ziel um 6.50 Uhr erreicht.

Der neue, voll klimatisierte *Shatabdi Express* fährt von Bangalore täglich außer dienstags nach Madras und Mysore. In diesem Zug kann man von rückstellbaren Sitzen Gebrauch machen und erhält auch Verpflegung sowie Getränke.

Einzelheiten über die Zugverbindungen von Bangalore lassen sich der Übersicht entnehmen.

Wohnmobile: Wenn man „Indien vom Fenster seines Schlafzimmers aus besichtigen" will (wie in der Werbebroschüre versprochen wird), muß man sich an Kampelt Caravans in der Linden Street 7 in Bangalore (Tel. 5 57 52 72) wenden.

NAHVERKEHR

Flughafentransfer: Der Flughafen liegt 13 km vom Bahnhof City entfernt, von der Gegend mit der M G Road jedoch weniger weit. Weil er außerhalb der Stadtgrenzen gelegen ist, muß man über den Fahrpreis mit den Fahrern von Taxis (ca. 125 Rs) oder Auto-Rikschas (ca. 80 Rs) verhandeln.

Außerdem verkehren Busse der Linie 13, in denen man für 10 Rs mitkommt, aber die fahren nur unregelmäßig.

Bus: Das Netz der Nahverkehrsbusse ist in Bangalore ausgedehnt. Zu den Bussen im Nahverkehr gehören auch „pushpacks", die auf bestimmten Strecken verkehren und nicht an allen Haltestellen Stop machen. Der Busbahnhof für Nahverkehrsbusse (City) liegt gegenüber vom Busbahnhof Central.

Um vom Bahnhof zum Viertel um die M G Road zu gelangen, kann man vom Bussteig 18 Busse der Linien 131 oder 333 bis zur Feuerwache in der Residency Road nehmen.

Auto-Rikscha: Die Einwohner von Bangalore sind stolz darauf, Besuchern erzählen zu können, daß die Fahrer von Auto-Rikschas gesetzlich verpflichtet sind, ihre Taxameter anzustellen (die zudem richtig geeicht sind), und Fahrgäste darauf bestehen können, daß dies geschieht. Das sollten auch Sie tun. Seien Sie aber nicht überrascht, wenn Fahrer von Auto-Rikschas sich bei Fahrten mit Ausländern dennoch weigern, die Taxameter zu benutzen. Die sind ja schließlich keine Einheimischen. Wenn Ihnen so etwas passieren sollte, dann suchen Sie sich eine andere Auto-Rikscha. Der Grundpreis für eine Fahrt mit einer Auto-Rikscha beträgt 4 Rs. Hinzu kommt etwas weniger als eine Rupie für jeden gefahrenen Kilometer.

Wichtige Züge von Bangalore					
Fahrziel	Zugnummer und Name	Abfahrtszeit*	Entfernung (km)	Fahrzeit (Stunden)	Fahrpreis (Rs) (2./1. Klasse)
Bombay	1014 *Kurla Express*	9.05	1211	22.30	245/ 738
	6530 *Udyan Express*	20.30		24	245/ 738
Delhi	2627 *Karnataka Express*	18.20	2463	41.50	349/1162
	2429 *Rajdhani Express**	6.45 Mo		34	800/1000
Ernakulam	6526 *Kanyakumari Express*	21.00	638	12.45	155/ 464
Hospet	6592 *Hampi Express*	21.55	491	9.30	120/ 397
Hyderabad	7086 *Hyderabad Express*	17.05	790	15.45	190/ 567
Madras	2608 *Madras Express*	6.30	356	5.20	70/ 253
	2640 *Brindavan Express*	14.15		6	70/ 253
	2008 *Shatabdi Express**	16.05		5.10	310/ 620
Mysore	6222 *Kaveri Express*	8.25	139	2.30	41/ 103
	2007 *Shatabdi Express**	11.05		2.10	160/ 320
	6206 *Tippu Express*	14.25		2.25	41/ 103
	6216 *Chamundi Express*	18.30		3	41/ 103
Thiruvananthapuram	6526 *Kanyakumari Express*	21.00	855	15	179/ 521

* nur Wagen mit Klimaanlage; im Fahrpreis sind Verpflegung und Getränke enthalten

DIE UMGEBUNG VON BANGALORE

WHITEFIELDS

Whitefields, ca. 16 km östlich von Bangalore, ist Sitz des Sommer-Ashrams von Sri Sathya Sai Baba. Puttaparthi, sein anderer Ashram, liegt im benachbarten Andhra Pradesh (vgl. Kapitel über diesen Bundesstaat).

Fahrten zu beiden Ashrams werden in Bangalore im Hotel Cauvery Continental in der Cunningham Road 11 (Tel. 2 26 69 66) organisiert, nach Whitefields entweder halbtags für 225 Rs oder ganztags für 350 Rs und nach Puttaparthi, drei Stunden Fahrt entfernt, pro Strecke für 650 Rs. Nach Whitefields kommt man aber auch mit Nahverkehrsmitteln, und zwar von der Haltestelle City mit einem Bus der Linie 331 nach Kadugodi und nach Puttaparthi mit eine Zug bis Dharmavaram, dem nächstgelegene Bahnhof. Nach Busverbindungen dorthin kann man sich am Schalter der APSRTC am Busbahnhof Central erkundigen.

NRITYAGRAM

Dieses Dorf der Tänzer, 30 km nordwestlich von Bangalore abseits der Straße nach Tumkur, wurde Anfang der neunziger Jahre gegründet, um den klassischen indischen Tanz und die Kriegskunst wiederzubeleben. Unter der Schirmherrschaft der bekannten Tänzerin Protima Gauri aus Orissa (früher Protima Bedi, die ihren Namen änderte, als sich herausstellte, daß *bedi* auf Kannada „ungewisse Bewegung" heißt) werden hier lang dauernde Kurse im klassischen Tanz und in verwandten Künsten veranstaltet, darunter Philosophie, Musik, Mythologie und Malerei, aber auch in kreativer Choreographie. Im Dorf, geplant vom Architekturpreisträger Gerard da Cunha, sind Gäste willkommen

und können auch untergebracht werden. Für einen Tagesaufenthalt muß man 250 Rs und für einen Tagesaufenthalt mit Übernachtung 1000 Rs bezahlen. Einzelheiten kann man im Büro von Nrityagram in Bangalore erhalten (Tel. 5 58 54 00).

NANDI HILLS

Telefonvorwahl: 08156

Dieser Bergort liegt 68 km nördlich von Bangalore auf einer Höhe von 1615 m und war früher die beliebte Sommerresidenz von Sultan Tipu. Tipu's Drop, eine 600 m hohe Klippe, verschafft Besuchern einen herrlichen Blick in die Umgebung. Es gibt hier auch zwei alte Tempel.

Unterkunft: Die preiswertesten Unterkünfte sind die Cottages, die vom Amt für Gartenbau (Department of Horticulture) geführt werden. Dafür kann man eine Reservierung in Bangalore (Tel. 60 22 31) vornehmen. Außerdem kann man im Hotel Mayura Pine Tops der KSTDC (Tel. 86 24) übernachten. Hier muß man für ein Einzelzimmer 125 Rs und für ein Doppelzimmer 150 Rs bezahlen. Auch dafür nimmt man am besten in einem der Büros des Fremdenverkehrsamtes von Karnataka in Bangalore eine vorherige Reservierung vor.

An- und Weiterreise: Man kann den Ort im Rahmen einer eintägigen Ausflugsfahrt der KSTDC besuchen. Einzelheiten dazu lassen sich dem Abschnitt über Bangalore entnehmen. Daneben bestehen Busverbindungen mit Bussen der KSRTC vom Busbahnhof Central in Bangalore täglich um 8.00, 8.30, 9.30, 10.30, 13.00 und 14.45 Uhr. Eine Fahrt dauert zwei Stunden.

MYSORE

Einwohner: 707 000
Telefonvorwahl: 0821

Es ist leicht zu erkennen, warum Mysore, gelegen in einer Höhe von 770 m, bei ausländischen Besuchern so beliebt ist. Die Stadt vermittelt nämlich einen freundlichen und liebenswürdigen Eindruck und zeichnet sich viele schattige Bäume, gut gepflegte öffentliche Gebäude, saubere Straßen und ein angenehmes Klima aus. Der Kontrast zu Bangalore, der Hauptstadt des Bundesstaates,

könnte größer nicht sein. Mysore hat sich dafür entschieden, sein Erbe zu bewahren und dafür zu werben, während Bangalore mit Macht in das 21. Jahrhundert drängt. Mysore ist aber auch ein Zentrum für Kunsthandwerk. Die vielen Läden der Stadt bieten eine gute Auswahl von Sandelholz-, Rosenholz- und Teakschnitzereien an. Auch Möbel werden angeboten. Den besten Überblick kann man sich im Cauvery Arts & Crafts Emporium, mitten in der Stadt, verschaffen.

Bis zur Unabhängigkeit war Mysore Sitz des Maharadschas von Mysore. Das war damals ein Prinzenstaat, der etwa ein Drittel des heutigen Karnataka ausmachte. Der Märchenpalast der Maharadschas, erbaut im indosarazenischen Stil und von einer Mauer umgeben, liegt inmitten der Stadt und zieht bis auf den heutigen Tag Besucher aus allen Teilen der Welt an. Ein wenig südlich der Stadt erhebt sich der Chamundi Hill, auf dessen Spitze ein bedeutender Shiva-Tempel steht. Nördlich der Stadt liegt das ausgedehnte Ruinenfeld der früheren Hauptstadt von Mysore, die Festungsstadt Srirangapatnam. Hyder Ali und Sultan Tipu haben sie auf einer Insel in der Mitte des Cauvery erbaut. Sultan Tipu kämpfte hier seine letzte Schlacht gegen die Briten. Das war gegen Ende des 18. Jahrhunderts. Östlich von Mysore kommt man zum wunderschönen Tempel von Somnathpur, während dicht westlich davon, unterhalb des Krishnaraja Sagar, eines Stausees, die Brindavan Gardens erstrecken, die auf indische Touristen eine große Anziehungskraft ausüben.

ORIENTIERUNG

Der Bahnhof und der Busbahnhof Central liegen 2 km auseinander, aber beide nicht weit vom Zentrum entfernt und in einer Entfernung zu den meisten Hotels und Restaurants, die man in 10 Minuten zu Fuß zurücklegen kann. Haupteinkaufsstraße ist die Sayaji Rao Road. Sie verläuft vom K R Circle an der Nordseite des Palastes von Mysore über die Irwin Road hinweg bis in den Norden der Stadt. Der Chamudi Hill, ein immer zu erkennender Orientierungspunkt, liegt im Süden.

PRAKTISCHE HINWEISE

Informationen: Das Fremdenverkehrsamt (Tel. 2 20 96) ist im Old Exhibition Building an der Ecke der Irwin Road untergebracht. Geöffnet ist hier montags bis samstags von 10.00 bis 17.30 Uhr. Informationsschalter gibt es auch im Bahnhof (Tel. 3 07 19), im Busbahnhof Central (Tel. 2 49 97) und im Hotel Mayura Hoysala (Tel. 2 36 52).

Post und Telefon: Das Hauptpostamt findet man an der Ecke der Irwin Road und der Ashoka Road. Postlagernde Sendungen werden dort am Schalter ganz rechts ausgehändigt. Dabei muß man darauf achten, daß unter den Anfangsbuchstaben aller Vornamen und des Familiennamens nachgesehen wird, denn viele Sendungen sind falsch einsortiert.

Telefonieren kann man rund um die Uhr vom Telegraphenamt an der Westseite des Palastes. Daneben lassen sich Telefongespräche von etlichen Stellen mit privaten STD/ISD-Anschlüssen führen, allerdings nicht von so vielen wie in anderen großen Städten.

Buchhandlungen: Die Buchhandlung Geetha Book House liegt gegenüber der Bushaltestelle City am K R Circle. Das Ashok Book Centre findet man in der Dhanvantri Road, und zwar unweit der Kreuzung mit der Sayaji Rao Road.

Nationalparks: Wenn man beabsichtigt, die Nationalparks Bandipur (80 km südlich von Mysore) oder Nagarhole (93 km südwestlich von Mysore) zu besuchen, dann empfiehlt es sich, den Transport dorthin und die Unterkunft im voraus zu buchen. Das ist beim Forest Officer im Woodyard in Ashokpuram, unweit der Siddhartha-Oberschule in einem südlichen Vorort der Stadt, möglich. Dorthin kommt man mit einer Auto-Rikscha oder einem Stadtbus der Linie 61.

SEHENSWÜRDIGKEITEN

Palast von Mysore: Dieser Palast im indo-sarazenischen Stil und Sitz der Maharadschas von Mysore, auch bekannt als Amba-Vilas-Palast, prägt eindeutig die wunderschöne Silhouette der Stadt. Der Palast ist noch gar nicht so alt, denn er wurde erst im Jahre 1912 für 4,2 Millionen Rupien fertiggestellt und ersetzte den alten Palast, der abgebrannt war.

Innen ist alles mit Buntglas, Spiegeln, Gold und bunten Farben versehen. Aber man kann sich auch sehr kunstvoll geschnitzte Türen aus Holz und Mosaikböden sowie viele Gemälde ansehen. Das sind zwar keine großen Kunstwerke, aber das tägliche Leben von Mysore wird auf ihnen ganz gut dargestellt. Einen Blick sind zudem die Mahagonidecken, die Türen aus massivem Silber, die Fußböden aus weißem Marmor und die mit Säulen ausgestattete Durbar-Halle wert. Der Palast hat innerhalb seiner Mauern auch eine Reihe von eigenen

---

Die Stadt des Sandelholzes

Überall in Mysore duftet es nach Sandelholz, Jasmin, Rosen, Moschus, Frangipani und dergleichen mehr. Die Stadt ist eines der bedeutendsten Zentren Indiens für die Herstellung von Weihrauch. Überall in Mysore haben sich kleine Familienunternehmen angesiedelt, die sich mit der Herstellung von *agarbathi* (Weihrauch) beschäftigen. Die Weihrauchstäbchen werden in die ganze Welt exportiert.

Jeder dieser kleinen Räucherstäbe ist handgefertigt, meist von Frauen und Kindern. Wer sein Handwerk versteht, schafft leicht 10 000 Stäbchen pro Tag. Sie werden aus dünnen Bambusstäben gefertigt, dann an einem Ende in rote oder grüne Farbe getaucht und anschließend mit einer Masse aus Sandelholz umwickelt. Danach werden die Stäbchen in Häufchen von parfümiertem Puder getaucht und zuletzt getrocknet. Wie dies alles vor sich geht, kann man beim Besuch einer der vielen kleinen Werkstätten sehen, an denen man vorbeikommt.

LEANNE LOGAN

LEANNE LOGAN

Karnataka
Oben: Frauen einer Stammesgruppe aus dem Nordosten von Karnataka
Unten: Frau einer Stammesgruppe an der Bushaltestelle in Bijapur

PAUL BEINSSEN

PAUL BEINSSEN

PAUL BEINSSEN

Karnataka
Oben: Dorfmädchen bei der Arbeit auf Feldern in Hampi
Mitte: Schrein zu Ehren von Nandi, des Bullen von Shiva, in Hampi
Unten: Tempel in Hampi

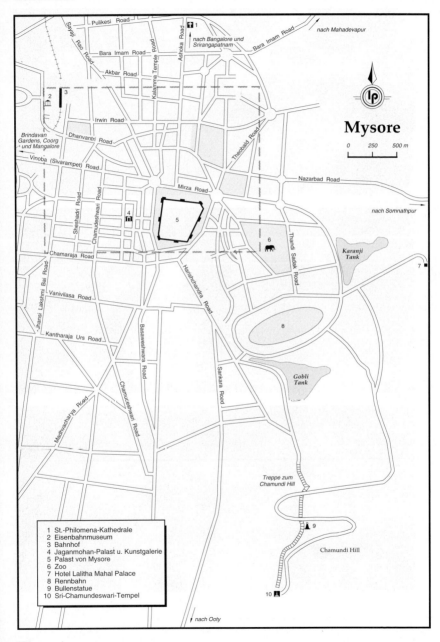

Mysore

0   250   500 m

1 St.-Philomena-Kathedrale
2 Eisenbahnmuseum
3 Bahnhof
4 Jaganmohan-Palast u. Kunstgalerie
5 Palast von Mysore
6 Zoo
7 Hotel Lalitha Mahal Palace
8 Rennbahn
9 Bullenstatue
10 Sri-Chamundeswari-Tempel

hinduistischen Tempeln, darunter den Varahaswamy-Tempel mit einem *gopuram* (Turm über dem Eingang), der das Vorbild für den später erbauten Sri-Chamundeswari-Tempel auf dem Chamundi Hill war. Der frühere Maharadscha lebt noch immer im hinteren Teil des Palastes.

Ein großer Teil des Palastes ist der Öffentlichkeit zugänglich. Allerdings kann es in ihm manchmal zugehen wie in der Abflughalle eines internationalen Flughafens. Betreten läßt sich der Palast durch das Südtor, wo auch die Eintrittsgebühr von 5 Rs zu entrichten ist. Die Eintrittskarte muß man aber bis zum Betreten des eigentlichen Palastes aufbewahren. Am Tor sind auch Fotoapparate und Filmkameras abzugeben (Aufbewahrung kostenlos), während die Schuhe beim Betreten des Palastes auszuziehen sind (Aufbewahrung 0,25 Rs). Zugänglich ist der Palast täglich von 10.30 bis 17.30 Uhr. Ferner läßt sich gegen weitere 5 Rs Eintritt ein Museum besichtigen, das in einigen der Wohnräume des Personals eingerichtet worden ist. Das ist aber nach all dem Glanz im eigentlichen Palast ziemlich langweilig.

Sonntags am Abend (und an einigen Feiertagen) wird der Palast zwischen 19 und 20 Uhr von 97 000 Glühbirnen wunderschön beleuchtet.

Chamundi Hill: Der 1062 m hoch auf dem Chamundi Hill gelegene Sri-Chamundeswari-Tempel mit Ausblicken über Mysore ist ein gutes Ziel für einen Halbtagsausflug. Von Pilgern wird erwartet, daß sie die mehr als 1000 Treppenstufen bis zur Spitze hinaufklettern, aber Leute, die ihr Karma nicht verbessern müssen, werden es leichter finden, sie hinabzusteigen. Auf den Hügel führen sowohl eine Straße als auch ein Weg, wobei eine Fahrt hinauf und die Rückkehr zu Fuß den Vorteil haben, daß die Busse hinunter immer viel voller mit Pilgern zu sein scheinen als die hinauf. Von der Bushaltestelle City in Mysore fahren Busse der Linie 101 alle 20 Minuten bis auf den Berg (2 Rs). Für eine Taxifahrt bis zum Gipfel muß man mit ca. 100 Rs rechnen.

Bevor man den Tempel erkundet, empfiehlt sich ein Besuch des Godly-Museums am Autoparkplatz. Dort kann man über verschiedene Sünden nachdenken, aber auch einige Sünden entdecken, von denen man nie geglaubt hat, daß es sie gibt.

Der Tempel wird dominiert durch einen siebenstöckigen, 40 m hohen *gopuram*. Chamundi war die Familiengottheit der Maharadschas von Mysore, was auch erklärt, warum die Statue am Autoparkplatz den Dämonen Mahishasura darstellt, eines von Chamundis Opfern. Der Tempel ist von 8.00 bis 12.00 Uhr und von 17.00 bis 20.00 Uhr zugänglich. Seine Schuhe muß man am *Chaapple*-Stand zurücklassen. Wenn die Schlange der auf Einlaß Wartenden zu lange aussieht, kann man die überholen, indem man 10 Rs bezahlt und

dann den „Demand Tickets Special Entrance" benutzt. Rund um den Tempel gibt es auch einige Cafés, in denen Erfrischungen, Imbisse und südindische Tellergerichte erhältlich sind.

Nachdem man den Tempel besichtigt hat, geht man am besten zum Autoparkplatz zurück und hält Ausschau nach dem oberen Ende der Treppe, gekennzeichnet durch rot und weiß markierte Steine sowie ein Hinweisschild mit der Aufschrift „Way to Bull". Hinunter ist es ein ganz angenehmer Weg, zumal etwas Schatten vorhanden ist und man dabei herrliche Ausblicke über die Stadt und die Umgebung genießen kann.

Nach zwei Dritteln des Weges bergab kommt man zur berühmten Figur des Nandi (Shivas Bulle). Mit einer Höhe von fünf Metern ist die aus harten Felsen geschlagene Figur eine der größten dieser Art in ganz Indien. Sie ist immer mit Blumengirlanden geschmückt und von Scharen von Pilgern umgeben, die den anwesenden Priestern *prasaad* (Opfergaben) aushändigen.

Vom Fuß des Hügels sind es nur noch etwa zwei Kilometer zurück bis in das Zentrum von Mysore. Normalerweise warten dort aber auch Fahrer von Auto-Rikschas, um Fußgänger für 20 bis 30 Rs in die Stadt zu fahren. In einigen Broschüren über den Tempel heißt es übrigens, daß der Gipfel 13 km von der Stadt entfernt liege. Das gilt aber nur für die kurvenreiche Zickzack-Straße. Über die Treppen sind es nicht mehr als 4 km.

Devaraja-Obst- und Gemüsemarkt: Fast über die gesamte Länge der Sayaji Rao Road von der Dhanvantri Road erstreckt sich dieser so besonders bunte Markt. Er gehört zu den farbenfrohesten Märkten von Indien. Nehmen Sie dorthin eine Kamera und genügend Filmmaterial mit; Sie finden mit Sicherheit ausreichend Motive.

Jaganmohan-Palast und Galerie: Unmittelbar westlich vom Palast von Mysore kommt man zur Jayacharamarajendra-Galerie im Jaganmohan-Palast. Hier kann man sich unten nicht nur Kitsch sowie einige sonderbare Musikmaschinen ansehen, sondern oben auch Gemälde, darunter von Raja Ravi Varma, und seltene Musikinstrumente. Der Palast wurde 1861 erbaut und diente einst als königlicher Vortragsraum. Geöffnet ist er täglich von 8.30 bis 17.00 Uhr (Eintritt 3 Rs). Das Fotografieren ist allerdings nicht erlaubt.

Eisenbahnmuseum: Auf der anderen Seite der Schienen beim Bahnhof befindet sich ein kleines Eisenbahnmuseum (Railway Museum), in dem man sich unter anderem den Salonwagen der Maharani mit der königlichen Toilette aus der Zeit um 1888 ansehen kann. Geöffnet ist das Museum täglich von 10.00 bis 13.00 Uhr und von 14.00 bis 16.00 Uhr. Als Eintritt werden 2 Rs verlangt.

Weitere Bauwerke: Mysore ist voller wunderschöner Bauwerke in einer Vielzahl von Baustilen. Das Government House aus dem Jahre 1805, früher die Residenz des britischen Gouverneurs, ist ein wunderschönes Gebäude im „toskanisch-dorischen" Stil, das nichts dafür kann, daß es in Indien errichtet wurde, und zu dem immer noch 20 Hektar Gartenanlagen gehören. Mit Blick zum Government House hin hat man die Wellington Lodge erbaut, in der der Herzog von Wellington lebte, nachdem er Sultan Tipu besiegt hatte.

Vor dem Nordtor des Palastes von Mysore steht im New Statue Circle eine Statue des Maharadschas Chamarajendar Wodeyar aus dem Jahre 1920, und zwar mit Blick auf den Silver Jubilee Clocktower aus dem Jahre 1927. Wenn der Maharadscha zur Seite sehen könnte, würde er das beeindruckende Rathaus, die Rangacharlu Memorial Hall aus dem Jahre 1884, erblicken. Der nächste Verkehrskreisel weiter westlich ist der Krishnaraja Circle (K R Circle) aus den fünfziger Jahren mit einer Statue zu Ehren von Maharadscha Krishnaraja Wodeyar.

Die zwischen 1933 und 1941 im neogotischen Stil erbaute St.-Philomena-Kathedrale, ursprünglich Josefskathedrale, ist eine der größten Kirchen in Indien, wenn auch nicht besonders interessant. Sie steht nördlich des Zentrums. Beliebt in Indien ist die Umwandlung der Paläste von Maharadschas in Hotels. Eines der besten Beispiele dafür ist der Lalitha Mahal Palace aus dem Jahre 1921 an der Ostseite der Stadt. Das Hotel Metropole hat ebenfalls sein Leben einmal als Gästehaus der Maharadschas begonnen. Der Rajendra Vilas Palace auf dem Chamundi Hill aus dem Jahre 1938, aber eigentlich die Kopie eines Bauwerks aus dem Jahre 1822, war ebenfalls bereits einmal ein Hotel. Es bestehen Pläne, es als solches wieder zu eröffnen. Ein weiteres Herrenhaus der Maharadschas ist das Chaluvamba Vilas aus den Jahren 1910-1911 an der Madikeri Road, während das reich geschmückte Gebäude des Oriental Research Institute im Gordon Park aus dem Jahre 1891 ursprünglich als Archäologische Fakultät der Universität diente.

Einen ausführlichen Überblick über die Architektur in der Stadt gibt das Buch *The Royal City* von T. P. Issar (INTACH, Mysore, 1991).

AUSFLUGSFAHRTEN

Mysore ist im südlichen Indien eines der bedeutendsten Ziele von Touristen. Daher bieten die KSTDC und private Veranstalter eine Vielfalt von Ausflugsfahrten in komfortablen Bussen an. Die Preise zwischen dem staatlichen Fremdenverkehrsamt und den privaten Veranstaltern unterscheiden sich nur geringfügig, aber die Fahrten der privaten Veranstalter finden nur dann statt, wenn sich genügend Teilnehmer finden lassen.

Bei der Stadtrundfahrt werden die bedeutendsten Sehenswürdigkeiten in der Stadt sowie der Chamundi Hill, der Tempel von Somnathpur, Srirangapatnam und die Brindavan Gardens besucht. Sie beginnt täglich um 7.30 Uhr, dauert bis 20.30 Uhr und kostet bei der KSTDC 85 Rs. Das ist gar keine so schlechte Fahrt, auch wenn bei einigen Sehenswürdigkeiten (insbesondere in Srirangapatnam) die Zeit zu knapp ist.

Eine weitere beliebte Rundfahrt der KSTDC führt nach Belur, Halebid und Sravanabelagola. Sie wird jeden Dienstag, Mittwoch, Freitag und Samstag (in der Hochsaison täglich) veranstaltet, beginnt um 7.30 Uhr und endet um 21.00 Uhr. Der Preis beträgt 150 Rs. Das ist durchaus kein schlechter Ausflug, wenn die Zeit knapp ist oder man nicht die Schwierigkeiten auf sich nehmen will, die mit einem Besuch dieser Sehenswürdigkeiten auf eigene Faust verbunden sind. Die Zeit, die man an den einzelnen Zielen zur Verfügung hat, reicht für die meisten Teilnehmer aus.

Eine andere Fahrt der KSTDC führt montags, donnerstags und samstags (in der Hochsaison täglich) nach Ootacamund. Abfahrt ist dann um 7.00 Uhr und Rückkehr um 21.00 Uhr. Diese Fahrt kostet 150 Rs. Wenn Sie fast den ganzen Tag im Bus sitzen und kaum etwas von Ooty sehen wollen, dann ist dieser Ausflug für Sie richtig. Anderenfalls vergessen Sie ihn besser.

Alle Fahrten der KSTDC können in der Hauptstelle, in der Zweigstelle am Bahnhof (Tel. 3 07 19) und in der Zweigstelle im Hotel Mayura Hoysala in der Jhansi Lakshmi Bai Road 2 (Tel. 2 53 49) gebucht werden. Zu den privaten Veranstaltern, die solche Fahrten ebenfalls anbieten, gehören Modern Travels im Asha Suman Complex in der Irwin Road, unweit vom Busbahnhof Central (Tel. 2 52 42), und Seagull Travels im Hotel Metropole (Tel. 3 14 67).

FESTE

Dussehra-Fest: Eine ausgezeichnete Zeit für einen Besuch in Mysore ist während des zehntägigen Dusschra Fest in der ersten und zweiten Woche im

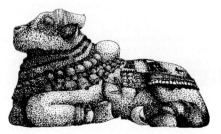

Nandi, Shivas Bulle, in Mysore

Oktober. In dieser Zeit wird der Palast jeden Abend beleuchtet. Außerdem führt der Maharadscha dann am letzten Tag eine der farbenprächtigsten Prozessionen von ganz Indien an.

Dann paradieren überreich geschmückte Elefanten, Gefolgsleute in Livré, Reiterzüge und blumenumkränzte Darstellungen der Gottheiten durch die Straßen. Dazu erklingt Jazzmusik und Blasmusik, und natürlich ist alles in den unvermeidlichen Duft von Weihrauch gehüllt.

UNTERKUNFT
Während des zehntägigen Dussehra-Festes im Oktober können die Unterkünfte knapp werden, insbesondere in den Mittelklassehotels. Die ganz billigen Quartiere sind nicht so sehr davon betroffen. Im übrigen lieben Inder endlose Formalitäten, die ihren Höhepunkt mit unsinnigen Steuern in den teureren Hotels von Mysore erreichen, wo man von 10 % Verbrauchssteuern, 15 % Verkaufssteuern und 15 % Steuern auf 15 % Steuern betroffen ist.

Einfache Unterkünfte: In Mysore gibt es zahlreiche preiswerte Hotels, insbesondere um den Gandhi Square und in der Gegend zwischen der Dhanvantri Road und der Vinoba Road. Wenn man in der Dhanvantri Road an dem Ende beginnt, an dem der Bahnhof liegt, bietet sich als eine der preiswertesten Unterkünfte das freundliche New Gayathri Bhavan (Tel. 2 12 24) mit einer Vielzahl unterschiedlicher Zimmer an, bei denen die Preise für ein Einzelzimmer mit Badbenutzung bei 35 Rs sowie für ein Einzel- oder Doppelzimmer mit eigenem Bad bei 45 bzw. 90 Rs beginnen.

Mit Begeisterung sind die Mitarbeiter im modernen Hotel Sangeeth in der Narayana Shastry Road (Tel. 2 46 93) bei ihrer Arbeit und halten das Haus sehr sauber. Hier werden mit Bad für ein Einzelzimmer 95 Rs und für ein Doppelzimmer 125 Rs berechnet. Heißes Wasser steht Tag und Nacht zur Verfügung. Unten im Haus kann man auch ein ausgezeichnetes vegetarisches Restaurant in Anspruch nehmen. Im Standard ähnlich ist die Agrawal Lodge (Tel. 2 27 30), gelegen ein kleines Stück abseits der Dhanvantri Road eine kleine Nebenstraße hinunter. In diesem Haus muß man für ein Einzelzimmer 75 Rs und für ein Doppelzimmer 100 Rs bezahlen (mit Bad).

Wenn man die nächste Nebenstraße hinuntergeht, kommt man zum Hotel Aashriya (Tel. 2 70 88), das eine gute Wahl ist und in dem man in einem Einzelzimmer für 60 Rs sowie in einem Doppelzimmer für 175 Rs übernachten kann. Die gleiche Straße noch weiter hinunter liegt das große Hotel Chalukya (Tel. 2 73 74) mit Einzelzimmern für 60 Rs, Doppelzimmern für 80 Rs und Luxusdoppelzimmern für 165 Rs, aber auch mit größeren Zimmern für 180 bis 310 Rs. Zu allen Zimmern gehört ein Bad.

Zurück an der Dhanvantri Road kann man auch im Hotel Indra Bhavan (Tel. 2 39 33) übernachten, einem schon etwas älteren Haus, ähnlich dem Gayathri Bhavan. Hier gibt es normale Einzel- und Doppelzimmer für 80 bzw. 100 Rs sowie größere Doppelzimmer für 120 oder 150 Rs. Auch in diesem Haus sind alle Zimmer mit einem Bad ausgestattet.

Das im Zentrum an der Kreuzung der Sayaji Rao Road und der Sardar Patel Road gelegene Hotel Anugraha (Tel. 2 07 68) ist ein ausgezeichnetes Quartier. Es sieht wie ein Mittelklassehotel aus, ist aber mit Einzelzimmern für 90 Rs und Doppelzimmern für 150 Rs erstaunlich preiswert.

In der Gegend des Gandhi Square gibt es einige schon etwas ältere Hotels mit durchaus annehmbaren Übernachtungspreisen. Dazu gehören das Hotel Srikanth (Tel. 2 61 11) mit Einzelzimmern für 50 Rs und Doppelzimmern für 95 Rs sowie das Hotel Mona mit Doppelzimmern für 85 Rs. Ebenfalls in dieser Gegend liegt das freundliche, aber laute Hotel Durbar (Tel. 2 00 29), in dem mit Badbenutzung für ein Einzelzimmer 60 Rs und für ein Doppelzimmer 80 Rs und mit eigenem Bad 150 Rs berechnet werden. In der Nähe und besser ist das Hotel Maurya (Tel. 2 66 77), in dem man in einem normalen Einzel- oder Doppelzimmer für 75 bzw. 130 Rs, in einem Luxusdoppelzimmer für 250 Rs und in einem Dreibettzimmer für 190 bis 290 Rs übernachten kann. Alle Zimmer sind mit eigenem Bad ausgestattet, in dem von 5 bis 8 Uhr auch heißes Wasser zur Verfügung steht.

Ein wenig weiter oben auf der Preisskala angesiedelt, aber noch in der Gegend des Gandhi Square gelegen, ist das Dasaprakash (Tel. 2 44 44), das Haus einer in Südindien vertretenen Hotelkette. Es handelt sich um einen riesigen Bau mit einer Auswahl an etwas schäbigen Zimmern ab 80 bzw. 165 Rs bis hin zu „Luxuszimmern", für die man 135 bzw. 215 Rs pro Tag bezahlen muß. Allerdings scheint der einzige Unterschied zwischen den beiden Kategorien darin zu bestehen, daß man in den Luxuszimmern einige Schalter mehr vorfindet, an denen man spielen kann. In allen Zimmern gibt es morgens heißes und kaltes Wasser und eine Zeitung unter der Tür. Ein ausgezeichnetes vegetarisches Restaurant ist in diesem Haus ebenfalls vorhanden. In Notfällen kann man sich in diesem Haus sogar von einem Astrologen aus der Hand lesen lassen! Ein Stück abseits vom Gandhi Square in Richtung Busbahnhof Central liegt das moderne und makellos saubere Hotel Mannars (Tel. 3 50 60), eine ausgezeichnete Wahl zum Übernachten. Die Mitarbeiter sind freundlich und vermieten Einzelzimmer für 95 Rs sowie Doppelzimmer für 125 Rs (mit Bad).

Am oberen Ende dieser Preisklasse liegt das saubere und ansprechende Hotel Park Lane (Tel. 3 04 00) in der Sri Harsha Road, in dem man unten in einem Einzelzimmer für 70 Rs und in einem Doppelzimmer für 99 Rs sowie oben für 90 bzw. 120 Rs übernachten kann. Im Erdgeschoß befinden sich auch eine beliebte Bar und ein Restaurant.

Nördlich des Busbahnhofs Central liegt das moderne Hotel Sri Nandini (Tel. 3 12 47), in dem man mit Bad in einem Doppelzimmer für 120, 150 oder 175 Rs unterkommen kann. Das Haus ist ganz ansprechend, liegt aber nicht gerade in einer erfreulichen Gegend.

Schließlich ist noch das schon ältere Hotel Calinga mitten in der Stadt zu erwähnen, das am K R Circle 23, gegenüber vom Busbahnhof City, liegt (Tel. 3 13 10). Hier sind die Mitarbeiter recht freundlich und vermieten Zimmer zu annehmbaren Preisen. Für ein normales Einzel- oder Doppelzimmer muß man 120 bzw. 150 Rs bezahlen, während man in einem Luxuszimmer mit Farbfernsehgerät allein für 140 Rs und zu zweit für 180 Rs wohnen kann. Alle Zimmer verfügen über ein Bad.

Am Bahnhof kann man von guten Ruheräumen (Retiring Rooms) sowie einem Schlafsaal Gebrauch machen. Die Jugendherberge (Tel. 3 67 53) liegt 5 km nordwestlich der Stadtmitte. Die ungünstige Lage ist jedoch wirklich ein Nachteil. Wem dies nichts ausmacht, der kann sie mit Bussen der Linien 27, 41, 51, 53 und 63 vom Busbahnhof City aus erreichen.

Mittelklassehotels: Wenn es um einen Hauch von Klasse und freundlichem Charme der alten Zeit geht, ist das Hotel Ritz neben dem Busbahnhof Central (Tel. 2 26 68) nicht zu schlagen. Hier kann man in insgesamt nur vier Zimmern in einem geräumigen Doppelzimmer für 191 Rs und in einem Vierbettzimmer für 329 Rs übernachten. Die Zimmer befinden sich im oberen Stockwerk. Auch ein Aufenthaltsraum für die Gäste ist vorhanden. Unten gibt es eine ebenfalls geräumige und ganz ansprechende Bar sowie ein Restaurant.

Im ziemlich charakterlosen Mysore Hotel Complex (Tel. 2 62 17) werden Doppelzimmer ohne Klimaanlage für 180 Rs und mit Klimaanlage für reichlich hohe 550 Rs vermietet. Auf der anderen Straßenseite steht das moderne Hotel Roopa (Tel. 3 37 70) mit Standardzimmern für 160 Rs und einer ganzen Bandbreite von Luxuszimmern zu Preisen ab 200 Rs. Das ist eigentlich gar nicht so schlecht, aber auch dieses Haus strahlt keine Atmosphäre aus.

Eine viel bessere Wahl ist das Hotel Sreekrishna Continental (Tel. 3 70 42), gelegen in der Nazarbad Main Road 73, in dem man in einem Doppelzimmer für 225 oder 250 Rs, in einem Luxuszimmer für 350 bis 450 Rs oder in einem Doppelzimmer mit Klimaanlage für 550 Rs ausgezeichnet wohnt.

Auf der anderen Seite der Stadtmitte gelegen ist das Hotel Mayura Hoysala der KSTDC in der Jhansi Lakshmi Bai Road 2 (Tel. 2 53 49). Es bietet geräumige, hübsch eingerichtete Einzel- und Doppelzimmer mit Bad für 150 bzw. 225 Rs. Zum Hotel gehören auch ein ruhiger Garten sowie eine Bar und ein Restaurant. Außerdem beginnen die von der KSTDC organisierten Ausflugsfahrten an diesem Hotel. Zum Bahnhof hin liegt es von allen Hotels am günstigsten. Im gleichen Komplex findet man auch das Mayura Yathrinivas (Tel. 2 53 49) mit Doppelzimmern für 140 Rs, Betten in einem Schlafsaal für jeweils 40 Rs und Platz in einem Schlafsaal ohne Bett für 25 Rs.

Zu empfehlen ist ferner das neue Hotel Palace Plaza in der Sri Harsha Road 2716 (Tel. 3 08 75, Fax 52 06 35), in dem man für ein Standarddoppelzimmer 200 Rs und für ein Zimmer mit Klimaanlage 525 Rs bezahlen muß.

Luxushotels: Eine ausgezeichnete Wahl in dieser Kategorie, durchdrungen von Atmosphäre und den Charme der alten Zeit ausstrahlend, ist das Hotel Metropole in der Jhansi Lakshmi Bai Road 5 (Tel. 2 06 81). Das ist an der Ecke der Vinoba Road. Das Hotel liegt inmitten einer großen und gepflegten Gartenanlage mit Flammenbäumen und Frangipanibüschen und war früher das Gästehaus der Maharadschas. Einige Zimmer sind riesengroß und führen zu breiten und schattigen Veranden. Für ein Einzelzimmer werden 595 Rs und für ein Doppelzimmer 650 Rs pro Tag sowie für einen klimatisierten Raum 690 bzw. 800 Rs berechnet. Daneben gibt es noch klimatisierte Suiten für 1000 und 1200 Rs. In einigen der Zimmer kann es wegen der vorbeifahrenden Verkehrsmittel etwas laut werden, aber dafür sind die Mitarbeiter freundlich und hilfsbereit. Auch der Zimmerservice klappt prompt. Vorhanden sind ferner eine Bar und ein sehr elegantes Restaurant. Daneben wird abends auf dem Rasen ein Barbecue geboten.

Das Hotel Kings Kourt auf der anderen Straßenseite (Tel. 2 52 50) ist recht groß, aber dennoch häufig voll belegt, weil es nicht selten für Tagungen genutzt wird. In diesem zentral klimatisierten Haus kann man für 690 Rs in einem Einzel- und für 890 Rs in einem Doppelzimmer übernachten. Unmittelbar hinter dem Metropole liegt in der Vinoba Road 13-14 das Quality Inn Southern Star (Tel. 2 72 17), ein schicker, moderner Kontrast zur Eleganz des Monopole im Stil der edwardischen Zeit. Geboten werden den Gästen in diesem Haus ein Swimming Pool, ein Fitneß-Club, eine Bar am Rand des Schwimmbeckens, ein Restaurant und ein Coffee Shop. In diesem zentral klimatisierten Haus kommt man allein für 1195 Rs und zu zweit für 1795 Rs unter (mit Frühstück).

An der Spitze liegt das Hotel Radisson Lalitha Palace der Ashoka-Kette (Tel. 2 76 50) am östlichen Stadtrand. Dieses riesige, weiß strahlende Gebäude wurde im Jahre 1921 erbaut und war früher einer der Paläste des Maharadschas. Die normalen Einzel- und Doppelzimmer kosten hier 2500 bzw. 2700 Rs, man kann aber

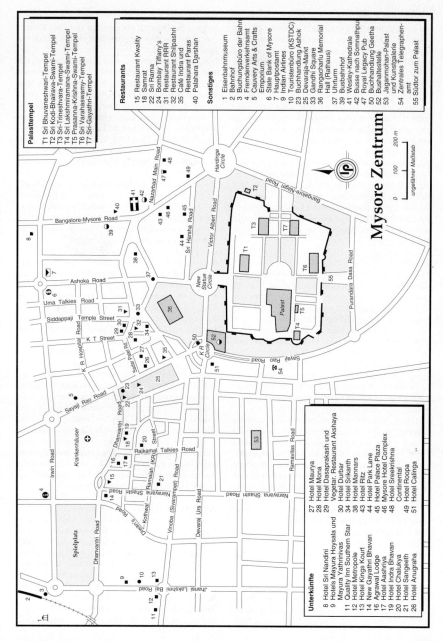

Mysore Zentrum

Palasttempel

T1 Sri Bhuvaneshwari-Tempel
T2 Sri Kodi-Bhairava-Swami-Tempel
T3 Sri-Trineshvara-Tempel
T4 Sri Lakshmiramana-Swami-Tempel
T5 Prasanna-Krishna-Swami-Tempel
T6 Sri Varahaswamy-Tempel
T7 Sri-Gayathri-Tempel

Restaurants

15 Restaurant Kwality
18 Samrat
22 Sri Rama
24 Bombay Tiffany's
31 Restaurant RRR
32 Restaurant Shilpashri
35 Café Indra und
40 Palahara Darshan

Sonstiges

1 Eisenbahnmuseum
2 Bahnhof
3 Buchungsbüro der Bahn
4 Fremdenverkehrsamt
5 Cauvery Arts & Crafts Emporium
6 State Bank of Mysore
7 Hauptpostamt
9 Indian Airlines
10 Touristenbüro (KSTDC)
23 Buchhandlung Ashok
25 Devaraja-Markt
33 Gandhi Square
36 Rangacharlu Memorial Hall (Rathaus)
37 Uhrturm
39 Busbahnhof
41 Wesley-Kathedrale
42 Busse nach Somnathpur
47 Royal Legacy Pub
50 Buchhandlung Geetha
52 Bushaltestelle
53 Jaganmohan-Palast und Kunstgalerie
54 Zentrales Telegraphenamt
55 Südtor zum Palast

Unterkünfte

8 Hotel Sri Nandini
9 Hotels Mayura Hoysala und Mayura Yathrinivas
11 Quality Inn Southern Star
12 Hotel Metropole
13 Hotel Kings Kourt
14 New Gayathri Bhavan
16 Agrawal Lodge
17 Hotel Aashriya
19 Hotel Indra Bhavan
20 Hotel Chalukya
21 Hotel Sangeeth
26 Hotel Anugraha
27 Hotel Maurya
28 Hotel Mona
29 Hotel Dasaprakash und Vegetar. Restaurant Akshaya
30 Hotel Durbar
34 Hotel Srikanth
38 Hotel Mannars
43 Hotel Ritz
44 Hotel Park Lane
45 Hotel Palace Plaza
46 Mysore Hotel Complex
48 Hotel Sreekrishna Continental
49 Hotel Roopa
51 Hotel Calinga

901

auch ziemlich kleine „Turmzimmer" allein für 1000 Rs und zu zweit für 1200 Rs mieten. Die Zimmer im alten Teil des Gebäudes haben mehr Charakter als die im neuen Teil, können ab er dunkel sowie düster sein und sind nicht mit den hübschen Balkonen ausgestattet wie die im neuen Teil. Ferner stehen zwei riesige Suiten zur Verfügung: die „Dupleix-Suite" für 8000 Rs sowie die „Vizekönigs-Suite" für 12 000 Rs.

Als Einrichtungen werden den Gästen ein Schwimmbecken, Tennisplätze, eine riesige Bar mit dem größten Billardtisch in Indien und einige ausgezeichnete Läden geboten. Selbst wenn man es sich nicht leisten kann, hier zu übernachten, lohnt es, einmal auf ein Bier hineinzugehen und den Luxus zu genießen. Aber auch dafür muß man schon eine ganze Menge Geld mitbringen, denn für ein Bier werden einschließlich Steuern über 100 Rs berechnet. Für eine Fahrt mit einer Auto-Rikscha von der Stadtmitte muß man mit ca. 30 bis 40 Rs und für eine Taxifahrt mit rund 70 bis 80 Rs rechnen. Man kommt an das Hotel aber auch mit Bussen ziemlich nahe heran.

ESSEN

Es gibt in Mysore zahlreiche Restaurants mit relativ guten „Meals", in denen man für weniger als 15 Rs ein Standardgericht der vegetarischen Küche Südindiens erhält. Mehrere davon findet man entlang der Dhanvantri Road, darunter das Hotel Indra Bhavan mit einem ganz guten Speiseraum für „Meals" und einem klimatisierten Restaurant und das Samrat, in dem man ausgezeichnete nordindische Speisen erhält. Ein gutes vegetarisches Schnellimbißlokal am Ende der Dhanvantri Road zur Sayaji Rao Road hin ist das Sri Rama. Auch in der Sayaji Rao Road findet man Restaurants mit „Meals" wie das Café Indra und das Restaurant Paras oben. Ein weiteres typisches Lokal mit vegetarischen Gerichten am Gandhi Square ist das Restaurant RRR. Gegenüber vom Busbahnhof Central kann man mal das Essen im modernen Palahara Darshan ausprobieren, wo man in einem Teil auch Speisen zum Mitnehmen bekommt.

Klassisches vegetarisches Essen erhält man unweit vom Gandhi Square, wo man in ausgezeichneten Restaurant Akshaya des Hotels Dasaprakash „limited Meals" für 15 Rs und hervorragende „Special Meals" für 27,50 Rs verspeisen kann. Auch das leckere Lassi und der Eissalon des Hotels sind ausgezeichnet.

Wer sich nach etwas Interessanterem als den Restaurants mit „Meals" umsehen möchte, kann es abends z. B. im Restaurant & Bar Shilpashri am Gandhi Square versuchen. Es erfreut sich bei Globetrottern großer Beliebtheit, und dies aus guten Gründen, nämlich wegen der ausgezeichneten vegetarischen und nichtvegetarischen Küche und der sehr vernünftigen Preise. Hier erhält man zudem eiskaltes Bier. Zu diesem Restaurant gehört auch ein winziger Teil auf dem Dach.

Im Gegensatz dazu ist das Hotel Durbar, direkt auf der anderen Straßenseite, ein ziemlich einfaches Restaurant unten, zu dem aber ebenfalls ein Freiluftteil auf dem Dach gehört.

Das Hotel Park Lane in der Sri Harsha Road kann mit einem schönen Restaurant unter freiem Himmel mit ungewöhnlichen abgetrennten Nischen aufwarten. Man kann allerdings auch drinnen im Lokal essen. „Brutzelnde" Gerichte sind die Spezialität des Hauses. Anziehungskraft üben ferner das Bier zu durchaus annehmbaren Preisen und die klassische indische Musik aus, die jeden Abend live zu hören ist. Das angrenzende Ilapur ist ein sauberes Freiluftrestaurant mit nordindischen Gerichten und scharfen Speisen aus Andhra Pradesh.

Das Hotel Ritz in der Nähe des Busbahnhofs Central kann mit einem großen Restaurant- und Barbereich aufwarten, in dem immer viel Betrieb herrscht. Er liegt versteckt hinter dem Empfang. Im Restaurant Kwality in der Dhanvantri Road werden sowohl vegetarische und nichtvegetarische Gerichte als auch Spezialitäten der chinesischen und der Tandoori-Küche serviert.

Zu einer Reihe von Hotels gehören ebenfalls ausgezeichnete Restaurants. Im Hotel Metropole kann man mit einem Drink an der Planter's Bar beginnen oder sich dann in das elegante Restaurant Regency oder in den Garten auf ein abendliches Grillgericht begeben. Das Essen ist ausgezeichnet und die Bedienung sowohl freundlich als auch tüchtig. Zudem sind die Preise für ein Haus dieser Güte durchaus annehmbar.

Auf der anderen Seite muß man für ein Abendessen im Hotel Lalitha Mahal Palace für indische Verhältnisse richtig Geld ausgeben. Für ein Essen zu zweit wird man hier leicht 700 bis 800 Rs los. Dafür sind die Speisen aber auch ausgezeichnet. Außerdem wird man beim Essen mit klassischer indischer Musik unterhalten und kann sich an der eindrucksvollen Einrichtung erfreuen. An einigen Abenden wird statt Gerichten nach der Speisekarte ein Buffet serviert. Wenn man aus dem Zentrum von Mysore in dieses Hotel kommt, ist es sinnvoll, den Fahrer der Auto-Rikscha oder des Taxis warten zu lassen, weil es sonst schwer wird, ein Verkehrsmittel für die Rückfahrt zu finden.

UNTERHALTUNG

Die Entwicklung in Bangalore, wo viele klassische Pubs eröffnet worden sind, in denen Bier vom Faß ausgeschenkt wird, hat in geringerem Ausmaß auch Mysore erreicht, wo man nun im Royal Legacy an der Nazarbad Main Road, nicht weit vom Busbahnhof Central entfernt, ein Glas Bier vom Faß für 15 Rs und einen Krug Bier vom Faß für 28 Rs erhält Das ist ein beliebtes Lokal mit Musik und einer Tanzfläche oben. Weitere beliebte Ziele für ein Bier sind das Hotel Metropole (40-50 Rs), das Shikpashri (11 verschiedene

Arten Bier für 27-37 Rs), das Hotel Park Lane (37 Rs) und das Hotel Lalitha Mahal Palace (90 Rs).

Einen Film kann man sich in einem der vielen Kinos in der Gegend zwischen dem Busbahnhof und dem Gandhi Square ansehen. Der Swimming Pool im Hotel Lalitha Mahal Palace ist auch für andere als Hausgäste zugänglich, die dann aber für die Mitbenutzung pro Tag 100 Rs bezahlen müssen.

EINKÄUFE

Mysore ist für seine Schnitzereien aus Sandelholz, Einlegearbeiten, Seidensaris und Duftessenzen berühmt. Am besten kann man sich all diese Sachen im Cauvery Arts & Crafts Emporium in der Sayaji Rao Road ansehen. Es ist täglich von 10.00 bis 13.30 Uhr und von 15.00 bis 19.30 Uhr geöffnet. Hier werden zum Bezahlen außer Rupien Kreditkarten, ausländische Währungen und Reiseschecks ebenfalls angenommen. Die Ware wird auch verpackt und versandt. In diesem Geschäft sind viele der größeren Sachen nach indischen Maßstäben zwar teuer (der kleinste Tisch mit Einlegearbeiten kostet ca. 50 US $), aber ein Besuch lohnt sich dennoch, selbst wenn man nicht unbedingt etwas kaufen will.

Vor dem Cauvery Emporium bieten immer auch einige Straßenhändler ihre Waren feil. Gelegentlich erhält man bei ihnen interessante und preiswerte Armreifen, Ringe und alte Münzen. Die Dhanvantri Road säumen noch zahlreiche andere Kunstgewerbegeschäfte mit ähnlichen Preisen. Einige schöne Sachen kann man ferner bei Dore in der Devaraj Urs Road 70 kaufen. Wirklich preiswert sind die geschnitzten Sandelholzfiguren indischer Gottheiten. Sie behalten ihren Duft über Jahre und sind in einer riesigen Vielfalt an Größen und Themen zu finden.

AN- UND WEITERREISE

Flug: Flugverbindungen von und nach Mysore bestehen nicht, aber dennoch ist Indian Airlines mit einem Büro im Hotel Mayura Hoysala in der Jhansi Lakshmi Bai Road (Tel. 51 69 43) vertreten. Es ist täglich außer sonntags von 10.00 bis 13.30 Uhr und von 14.15 bis 17.00 Uhr geöffnet.

Bus: Auf dem Busbahnhof Central fahren alle Langstreckenbusse der KSRTC ab. Am Busbahnhof gibt es auch einen Fahrplan in Englisch. Reservierungen können bis zu drei Tage im voraus vorgenommen werden. Die Haltestelle City liegt am K R Circle und dient für die Stadtbusse sowie die Busse nach Srirangapatnam. Andere Nahverkehrsbusse (z. B. nach Somnathpur) fahren gegenüber vom Hotel Ritz ab. Busse nach Bangalore fahren häufig und mit angsterregenden Geschwindigkeit. Mit den Direktbussen, die alle 20 Minuten verkehren und ihr Ziel in drei Stunden erreichen, kostet eine Fahrt 27 Rs. Semi-Luxusbusse

(34 Rs) und Superluxusbusse (41 Rs) sind nicht schneller als die angsteinflößenden normalen Busse, aber etwas komfortabler.

Von Mysore nach Hassan kommt man täglich 16-20 mal und ist bis zum Ziel drei Stunden unterwegs. Hassan ist der übliche Ausgangspunkt für Besuche in Belur, Halebid und Sravanabelagola, die man aber auch von Arsikere aus erreicht. Viermal täglich fahren Direktbusse nach Sravanabelagola. Die Busse nach Hospet (in Richtung Hampi und Vijayanagar) eignen sich am besten, wenn man dorthin direkt und nicht erst nach Bellary fahren und dort umsteigen will.

Nach Mangalore kommt man mit bis zu 20 Bussen täglich zwischen 5.15 und 23.30 Uhr und ist dann etwa sieben Stunden unterwegs. Auch nach Ooty kann man zwölfmal täglich mit Bussen gelangen. Sie brauchen bis zum Ziel ca. fünf Stunden und fahren durch den Nationalpark Bandipur, so daß man sie auch für eine Fahrt dorthin benutzen kann. Nur bis zum Nationalpark fahren ebenfalls mehrere Busse täglich. Auch Ernakulam ist mit Bussen zu erreichen, und zwar fünfmal täglich (13 Stunden, 140 Rs). Daneben verkehren mehrere Busse täglich nach Kozhikode (Calicut) und acht bis zehn Busse täglich nach Kannur (Cannanore).

Von der Ecke schräg gegenüber vom Hotel Ritz fahren auch ein paar Direktbusse nach Somnathpur ab. Wahrscheinlich werden Sie aber von der gleichen Stelle einen Bus zunächst bis T Narisipur oder Bannur benutzen und dort in einen Bus nach Somnathpur umsteigen müssen. Diese Busse verkehren relativ häufig. Die Gesamtfahrzeit beträgt etwa 1 1/2 Stunden. Wenn man an der richtigen Haltestelle steht, wird man von Passanten in den richtigen Bus gedrängt. Ferner verkehren Direktbusse von Bannur nach Srirangapatnam.

Von der Haltestelle City kommt man ebenfalls häufig mit einem Bus nach Srirangapatnam. Die Busse der Linie 125 fahren nur bis Srirangapatnam, während die übrigen auf dem Weg zu einem anderen Ziel durch diesen Ort fahren und Fahrgäste aussteigen lassen. Problemlos kommt man auf dem gleichen Weg auch zurück nach Mysore. Außerdem ist es möglich, von Srirangapatnam mit einem Bus nach Somnathpur weiterzufahren.

Außer den Bussen der KSRTC fahren auch etliche private Busse Ziele wie Bangalore, Bombay, Goa, Hyderabad, Madras, Mangalore, Ooty und Pune an. Die Büros der privaten Busgesellschaften findet man eng beieinander an der Straße gegenüber vom Hotel Mannars. Die Fahrpreise sind höher als für die staatlichen Busse, aber die privaten Busse sind unzweifelhaft auch bequemer.

Zug: Das Buchungsbüro am scharlachroten Bahnhof von Mysore ist mit Computern ausgestattet, so daß man dort nur selten lange Schlangen von Wartenden vorfindet. Geöffnet ist es montags bis samstags von 8.00 bis 14.00 Uhr und von 14.15 bis 20.00 Uhr sowie sonntags von 8.00 bis 24.00 Uhr. Obwohl in Karnataka viele Strecken von Meter- auf Breitspur umgestellt werden, ist Mysore immer noch vorwiegend ein Ziel für Züge auf Meterspur. Um von Mysore zu anderen größeren Städten zu gelangen, ist außer nach Bangalore normalerweise in Arsikere, Miraj oder Hubli immer noch ein Umsteigen erforderlich, wo man dann in einen der wichtigen Züge auf Breitspur einsteigen kann. Das kann viel Zeit kosten, so daß man in vielen Fällen schneller am Ziel ist, wenn man zunächst mit einem Zug nach Bangalore fährt und von dort aus sein Ziel ansteuert. Die derzeitige Umstellung auf Breitspur macht das alles noch schlimmer als üblich.

Nach Bangalore verkehren täglich fünf Schnellzüge, die bis zum Ziel eine Fahrzeit zwischen zwei und etwas mehr als drei Stunden benötigen. Der Fahrpreis für die 139 km lange Fahrt beträgt in der 2. Klasse 36 Rs und in der 1. Klasse 140 Rs. Für die zweistündige Fahrt in dem mittwochs bis montags verkehrenden und voll klimatisierten *Shatabdi Express* muß man 160 Rs bezahlen. Der Zug fährt von Mysore weiter nach Madras, wohin man in 7^{1}/$_{4}$ Stunden für 380 Rs mitfahren kann. Im Fahrpreis sind auch Verpflegung und Getränke enthalten. Bei weiteren Verbindungen nach Madras muß man normalerweise in Bangalore umsteigen. Passagierzüge auf der Strecke zwischen Mysore und Bangalore halten auch in Srirangapatnam und sind eine Alternative zu Bussen.

Der bequemste Weg, um von Mysore nach Bombay oder Vasco da Gama in Goa zu gelangen, ist es, mit irgendeinem Zug bis Arsikere oder Hassan zu fahren und dort in einen Schnellzug zuzusteigen. Aber auch auf dieser Strecke ist der Betrieb wegen der Umstellung von Meter- auf Breitspur derzeit teilweise eingestellt. Drei Personenzüge täglich werden auf der Strecke über Hassan nach Arsikere eingesetzt. Sie brauchen bis Hassan 3° Stunden (2. Klasse 19 Rs und 1. Klasse 126 Rs) sowie bis Arsikere vier Stunden (2. Klasse 25 Rs und 1. Klasse 162 Rs). Hassan ist die nächstgelegene Bahnstation für einen Besuch der Hoysala-Tempel von Belur und Halebid. Für die 1360 km lange Strecke nach Bombay braucht man rund 40 Stunden (2. Klasse 198 Rs und 1. Klasse 776 Rs) und muß dann entweder in Hassan oder Arsikere umsteigen. Eine schmerzhaft langsame Fahrt nach Goa ist der Verbindung mit Umsteigen nach Vasco da Gama in Arsikere. Für diese 700 km lange Fahrt braucht man nicht weniger als 50 Stunden und hat dafür in der 2. Klasse 130 Rs sowie in der 1. Klasse 492 Rs zu bezahlen. Wer nach Goa möchte, kann als Alternative auch den Zug von Mysore über Arsikere und Birur nach Talguppa (ein paar Kilometer vor Jog Falls) nehmen und von dort mit einem Bus weiterfahren.

Nach Mangalore ist man bis zu 11 Stunden unterwegs (2. Klasse 39 Rs und 1. Klasse 277 Rs). Die lange Eisenbahnfahrt nach Ernakulam kostet in der 2. Klasse 141 Rs und in der 1. Klasse 536 Rs.

NAHVERKEHR

Bus: Von der Bushaltestelle City erreicht man mit Bussen der Linie 150 die Brindavan Gardens. Zum Chamundi Hill fahren Busse der Linie Nr. 101 im Abstand von etwa 40 Minuten (2 Rs).

Taxi und Auto-Rikscha: In Mysore verkehren unzählige Auto-Rikschas, deren Fahrer normalerweise bereit sind, die Zähluhr anzustellen. Die Grundgebühr einschließlich des ersten Kilometers Fahrt beträgt 4,60 Rs. Für jeden weiteren Kilometer kommen 2,30 Rs hinzu. Taxifahrten sind deutlich teurer. Da in den Taxis keine Zähluhren vorhanden sind, muß man den Fahrpreis auszuhandeln.

DIE UMGEBUNG VON MYSORE

SOMNATHPUR

Am Rand des ruhigen Dorfes Somnathpur, 33 km östlich von Mysore, steht der Sri-Channakeshara-Tempel. Er stammt etwa aus dem Jahre 1260 n. Chr., der Blütezeit der Könige von Hoysala. Dieser Tempel ist wunderschön und ein interessantes Bauwerk, kommt aber an die älteren Hoysala-Tempel in Belur und Halebid nordwestlich von Mysore nicht heran. Aber anders als die ist er noch vollständig erhalten. Einzelheiten zur Architektur der Hoysala lassen sich dem Exkurs im Abschnitt über Belur und Halebid entnehmen.

Die Mauern dieses sternförmigen Tempels sind buchstäblich übersät mit Reliefs von bester Qualität. Sie zeigen Szenen aus dem *Ramayana*, *Mahabharata*, *Bhagavad Gita* sowie aus dem Leben der Könige von Hoysala und der damaligen Zeit.

Es gleichen sich keine zwei Skulpturen. Das Relief um den ganzen Tempel herum besteht aus sechs Streifen, beginnend unten mit Elefanten, dann gefolgt von Pferden, Blumenmotiven, Krokodilen oder Löwen und schließlich Gänsen.

Zugänglich ist der Sri-Channakeshara-Tempel täglich von 9.00 bis 17.30 Uhr.

Unterkunft: Die einzige Unterkunft in Somnathpur, in der man ein Bett und ein Essen erhält, ist das heruntergekommene Hotel Mayura Keshav der KSTDC unmittelbar vor dem Gelände mit dem Tempel (Tel. 70 17). Es besteht aus nur sechs Zimmern mit Bad und Teppichen auf dem Boden (vorwiegend von Spatzen zum Nisten genutzt), in denen man allein für 35 Rs und zu zweit für 60 Rs unterkommt. Ansonsten ist die Auswahl an Gerichten im Restaurant recht begrenzt.

An- und Weiterreise: Somnathpur liegt 7 km von Bannur und 10 km von T Narsipur entfernt. Wie man mit öffentlichen Verkehrsmitteln nach Somnathpur gelangt, läßt sich dem Abschnitt über Mysore entnehmen.

SRIRANGAPATNAM

16 km von Mysore entfernt steht an der Straße nach Bangalore die Ruinenstadt Srirangapatnam. Das war früher einmal die Hauptstadt des Reiches von Hyder Ali und Sultan Tipu. Von hier aus herrschten sie im 18. Jahrhundert über weite Teile Südindiens, bevor sie 1799 von den Briten endgültig besiegt wurden. Das war damals nur mit Hilfe von einigen Verrätern möglich, die sich mit den Briten gegen ihren Herrscher verbündet hatten. Tipus Niederlage war aber auch der Beginn der territorialen Ausweitung der Engländer in Südindien.

Srirangapatnam wurde auf einer langen Insel im Cauveri erbaut. Die Briten zerstörten Srirangapatnam allerdings so gründlich, daß kaum etwas übrig blieb. Lediglich die ausgedehnten Befestigungsanlagen und Verteidigungsmauern sowie einige Tore sind noch zu sehen. Vorhanden ist auch noch das Verlies, in dem Tipu einige englische Offiziere eingekerkert hatte. Innerhalb der Mauern stehen auch noch eine Moschee und der Sri-Ranganathaswamy-Tempel, ein bedeutender Wallfahrtsort für die Hindus. Andersgläubige dürfen alles bis auf das innere Heiligtum besichtigen. Dort steht eine schwarze Statue aus Stein mit der Abbildung des schlafenden Vishnu. Heute leben innerhalb der Mauern des Forts etwa 20 000 Menschen.

Einen Kilometer östlich der Festung, auf der anderen Seite der Hauptstraße, liegt der Daria Daulat Bagh, Tipus Sommerpalast, erbaut in einer gut gepflegten, ornamental angelegten Gartenanlage. Darin ist heute ein Museum untergebracht, in dem einige persönliche Dinge von Tipu und viele Zeichnungen von ihm und seiner Familie ausgestellt sind.

Ansehen kann man sich auch „künstlerische Impressionen" von seinem letzten Kampf, angefertigt von Mitarbeitern der britischen East India Company. Überall an den inneren Mauern im Erdgeschoß sind Bilder von Tipus Attacken gegen die Engländer zu sehen. Die Gartenanlage ist täglich geöffnet, während man sich

das Museum täglich außer freitags von 9.00 bis 17.00 Uhr ansehen kann (Eintritt 0,50 Rs).

Zwei Kilometer weiter kommt man zum Gumbaz, dem Mausoleum von Tipu und seinem Vater Hyder Ali. Dieses beeindruckende, cremefarbene Bauwerk mit dem Zwiebelturm und den Türen mit Einlegearbeiten ist von Tipu selbst für seinen Vater und seine Familie errichtet worden.

Unterkunft: Von der Bushaltestelle aus die Hauptstraße hinauf kommt man zu ein paar einfachen Quartieren, die für eine Nacht akzeptabel sein sollten. Ansonsten bleibt das Hotel Mayura River View der KSTDC (Tel. 5 21 14), das einige Kilometer von der Bushaltestelle und vom Bahnhof entfernt friedlich neben dem Cauvery liegt und in dem gut gepflegte Cottages für jeweils zwei Gäste zum Preis von 300 Rs vermietet werden. Ein Restaurant mit einem Teil drinnen und einem Teil draußen ist ebenfalls vorhanden. Dort erhält man auch kaltes Bier.

An- und Weiterreise: Auf der Strecke zwischen Mysore und Bangalore sind immer unzählige Busse (auch der Linie 125) unterwegs. Für eine Fahrt vom Busbahnhof Central in Mysore muß man 4 Rs bezahlen. Man kann auch jeden der Züge, die zwischen Mysore und Bangalore verkehren, benutzen.

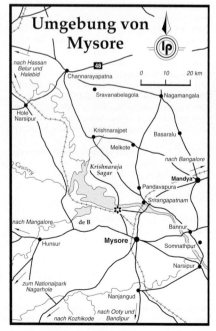

Umgebung von Mysore

nach Hassan Belur und Halebid

Channarayapatna

Sravanabelagola

Nagamangala

Hole Narsipur

Krishnarajpet

Basaralu

Melkote

nach Bangalore

Krishnaraja Sagar

Mandya

Pandavapura

Srirangapatnam

nach Mangalore

de B

Bannur

Hunsur

Mysore

Somnathpur

Narsipur

zum Nationalpark Nagarhole

Nanjangud

nach Ooty und Bandipur

nach Kozhikode

Nahverkehr: Die Sehenswürdigkeiten zu Fuß besichtigen zu wollen, ist nicht ratsam, denn die liegen ganz schön weit auseinander. Am besten ist, an der Hauptstraße im Fort, 500 m von der Bushaltestelle entfernt, ein Fahrrad zu mieten. Weil alle Sehenswürdigkeiten gut ausgeschildert sind, ist es nicht schwer, das jeweilige Ziel zu finden.
Außerdem kann man eine Tonga (Pferdekutsche) oder eine Auto-Rikscha mieten.

VOGELSCHUTZGEBIET RANGANATHITTU

Auf einer der drei Inseln im Cauvery wurde dieses Vogelschutzgebiet gegründet, das 3 km flußaufwärts von Srirangapatnam liegt. Wer sich für Vögel interessiert, kann hier Störche, Ibisse, Silberreiher, Löffelreiher und Kormorane sehen. Das ist das ganze Jahr über möglich, am besten allerdings von Juli bis August. Zu erreichen ist das Vogelschutzgebiet über eine Straße, die ganzjährig mit Autos befahren werden kann. Für Fahrten auf dem Fluß stehen Boote zur Verfügung, aber Unterkünfte gibt es nicht.

BRINDAVAN GARDENS

Telefonvorwahl: 08236
Unterhalb des Krishnarajasagar Sagar liegen auf der anderen Seite des Cauvery diese liebevoll angelegten Gärten, 19 km von Mysore entfernt. Sie sind für ein Picknick beliebt und ganz hübsch, aber besonders sehenswert nicht, auch wenn sie jeden Abend für zwei Stunden in vielen Farben beleuchtet werden. Das nannte ein Besucher „kosmischen Kitsch". Sogar einen „musikalischen Springbrunnen" kann man sich ansehen. Beleuchtet wird die Anlage von 19.00 bis 21.00 Uhr, während der Springbrunnen von 19.30 bis 19.40 Uhr in Betrieb ist.
Der Eintritt kostet 5 Rs. Für das Mitbringen eines Fotoapparates nimmt man Besuchern weitere 10 Rs und für das Mitbringen einer Filmkamera weitere 20 Rs ab. Aus Angst vor Sabotageakten ist der Zugang mit Fahrzeugen begrenzt und nur dann möglich, wenn man im Hotel ein Zimmer reserviert hat. Wenn man ohne Reservierung ankommt, muß man vom Haupttor die 1½ km über den Staudamm zu den Gärten und zum Hotel zu Fuß gehen.

Unterkunft: Am billigsten übernachtet man im Hotel Mayura Cauvery der KSTDC (Tel. 5 72 82), in dem man für ein Einzelzimmer 95 Rs und für ein Doppelzimmer 120 Rs bezahlen muß (mit Bad).
Das Hotel Krishnarajasagar (Tel. 5 72 22) hat Einzel- und Doppelzimmer mit Bad und Fernsehgerät für 250 bzw. 325 Rs zu bieten, mit Klimaanlage für 325 bzw. 450 Rs. Dafür kann man dann auch von einer Bar, einem Grill und einem Restaurant, in dem indische, chinesische und europäische Gerichte serviert werden, Gebrauch machen.

An- und Weiterreise: Eine der Ausflugsfahrten der KSTDC führt auch zu diesen Gärten. Man kann aber auch mit einem Bus der Linie 150 vom Busbahnhof für Nahverkehrsbusse in Mysore alle halbe Stunde hierherkommen.

TIBETISCHE SIEDLUNGEN

In der Gegend zwischen Hunsur und Madirkeri, westlich von Mysore, gibt es viele Siedlung tibetischer Flüchtlinge. Die Dörfer sind über sanft rollende Hügel mit grünen Maisfeldern verstreut und ohne besondere Genehmigung offiziell für ausländische Touristen nicht zugänglich. Allerdings ist es unwahrscheinlich, daß man bei dem Versuch, eines davon zu besuchen, angehalten wird. Die Tibeter sind außerordentlich freundlich und den wenigen vorbeikommenden Besuchern gegenüber im allgemeinen sehr gastfreundlich.
Eine der bedeutendsten Siedlungen ist Bylakuppe, auch Sitz einer Klosteruniversität, des Sera Gompa. Kleinere Klöster sind in den Lagern 1 und 3 gegründet worden, während man die trantrische Hochschule Gjumed Dratsang in Hunsur findet. Außerdem gibt es in dem Gebiet Teppichknüpfereien (in denen man sich einen tibetischen Teppich mit einem eigenem Motiv anfertigen lassen kann), eine Werkstatt für die Herstellung von Weihrauchstäbchen und zahlreiche wohltätige Organisationen.
Offizielle Unterkünfte gibt es in den Siedlungen der Tibeter nicht. Der beste Ausgangspunkt für Erkundungen der Gegend ist der kleine Marktort Kushalnagar, gelegen rund 90 km westlich von Mysore. Dort kommt man in ein paar kleinen Hotels unter. Außerdem bestehen von dort Verbindungen mit Rikschas und Sammeltaxis zu den Siedlungen der Tibeter, die meisten davon mit kleinen Cafés, in denen man *momos* (gebratene oder gekochte Reisbällchen mit Gemüsefüllung), Nudeln und leckeren Joghurt essen kann.

BEZIRK MANDYA

Wenn auch die Hoysala-Tempel von Somnathpur, Belur und Halebid sowie die jainistischen Sehenswürdigkeiten in Sravanabelagola sehr berühmt sind und im ländlichen Süden von Karnataka häufig besucht werden, gibt es im Bezirk Mandya, der sich nördlich und östlich vom Mysore erstreckt, noch etliche weitere wunderschöne Hoysala-Tempel.

Etwa 30 km nördlich von Mysore, durch die Stadt Pandavapura, kommt man in Melkote zum Cheluvarayaswami-Tempel, der im 12. Jahrhundert erbaut wurde sowie später unter den Schutz der Maharadschas von Mysore und sogar unter den Schutz von Sultan Tipu gelangte. Das ist ein bedeutendes religiöses Bauwerk, an dem in jedem Jahr im März oder April ein Fest (Vairamudi) stattfindet, bei dem die Statue mit Schmuck verziert wird, der den Maharadschas von Mysore gehört. Rund 6 km entfernt liegt der Tirumalasagara-See, an dem man sich zwei weitere Beispiele für die Hoysala-Architektur ansehen kann.

Nördlich von Melkote liegt Nagamangala, ein Ort, der sogar in der Zeit der Hoysala von Bedeutung war. Die bedeutendste Sehenswürdigkeit ist der Saumyakeshava-Tempel, der im 12. Jahrhundert errichtet wurde und dem später von den Vijayanagar-Königen Anbauten hinzugefügt worden sind.

Westlich vom Melkote kommt man nach Krishnarajpet und etwa 2 km dahinter in das Dorf Hosaholalu, in dem man sich ein hervorragendes Beispiel für die Architektur der Hoysala-Tempel aus dem 13. Jahrhundert ansehen kann. Das ist der Lakshminarayana-Tempel, der es mit seiner Kunst durchaus mit den Tempeln in Belur und Halebid aufnehmen kann.

Rund 25 km nördlich von Mandya, der Verwaltungshauptstadt des Bezirks an der Hauptstraße zwischen Mysore und Bangalore, befindet sich das Dorf Basaralu, wo der wunderschöne Mallikarjuna-Tempel aus dem 12. Jahrhundert besichtigt werden kann, ausgeführt im frühen Hoysala-Stil. Er ist mit herrlichen Skulpturen geschmückt, darunter einem Shiva mit 16 Armen, der auf dem Kopf von Andhakasura tanzt, und einem Ravana, der gerade den Kailasa anhebt.

Um die genannten Orte zu erreichen, muß man Nahverkehrsbusse benutzen und häufig umsteigen. Außerdem ist nicht zu vermeiden, daß man sich oft erkundigen muß, um den richtigen Bus zu finden, weil alle Fahrpläne nur in Kannada veröffentlicht sind. Der beste Ausgangspunkt für fast alle Ziele ist Mysore. Nur nach Basaralu fährt man besser von Mandya aus. Dort gibt es auch einige bescheidene Übernachtungsmöglichkeiten.

NATIONALPARK BANDIPUR

Auf der Straße von Mysore nach Ughagamandalam (Ootacamund) erreicht man nach 80 km dieses Tierschutzgebiet. Es ist 865 Quadratkilometer groß und Teil eines größeren Nationalparks, zu dem auch die angrenzenden Parks von Mudumalai in Tamil Nadu und Wynad in Kerala gehören. In den Tagen der Maharadschas war hier ihr Jagdgebiet.

Dieser Park ist einer von 15 im ganzen Land, die für das „Projekt Tiger" ausgesucht wurden, einem Plan des World Wide Fund for Nature (WWF) aus dem Jahre 1973 zum Schutz der Tiger und ihres Lebensraumes. Er ist bekannt wegen seiner Bisonherden, des gefleckten Wildes, der Elefanten, Sambare, Tiger und Leoparden. Man vermutet, daß es hier etwa zwei Dutzend Tiger gibt, aber die werden nur selten gesichtet. Die beste Zeit für einen Besuch dieses Parks sind die Monate Mai und Juni und dann wieder von September bis November. Ist es aber gerade sehr trocken, lohnt ein Besuch des Parks nicht. In dieser Zeit ziehen die Tiere nämlich in den benachbarten Park von Mudumalai in Tamil Nadu, wo es dann Wasser gibt.

Um den Park besuchen zu dürfen, muß man eine Gebühr von 150 Rs (zuzüglich 10 Rs für eine Kamera) entrichten. Darin ist aber auch eine einstündige Rundfahrt im Bus des Forstamtes enthalten. Der Bus mit 27 Sitzen beginnt seine Fahrten täglich um 6.30, 7.30, 8.30, 16.00 und 17.00 Uhr. Außerdem kann man die Tierwelt vom Rücken eines Elefanten aus beobachten, wofür 40 Rs zu bezahlen sind.

Fahrten mit privaten Motorfahrzeugen sind im Park verboten. Wissen muß man auch, daß die Straße nach Bandipur von 6.30 bis 18.00 Uhr gesperrt ist.

Zu den Busfahrten und für Übernachtungen in den Unterkünften des Forstamtes sind Voranmeldungen erforderlich. Die kann man beim Chief Wildlife Warden, Aranya Bhavan, 18th Cross, Malleswaram, Bangalore (Tel. 3 34 19 93), und beim Field Director, Project Tiger, Ashokpuram, Mysore (Tel. 52 09 01), vornehmen.

UNTERKUNFT

Im Park kann man in riesigen Luxusbungalows, gut ausgestattet mit Bad und warmem Wasser (wenn nicht gerade Wassermangel herrscht), für 75 Rs übernachten. Der Aufseher (oder sonst jemand) bereitet außerdem Mahlzeiten zu. Das Wild läuft unmittelbar vor den Fenstern vorbei. Diese Bungalows muß man vorher reservieren und bezahlen. Wenn man einfach ankommt, ohne eine Reservierung vorgenommen zu haben, wird man wahrscheinlich nicht aufgenommen (es sei denn, es ist noch etwas frei und bereits so spät, daß voraussichtlich niemand mehr mit einer Reservierung auftaucht).

Die einzige private Unterkunft ist das Bush Betta, gelegen ca. 4 km vom Empfangsgebäude in Bandipur entfernt etwas abseits der Straße nach Mudumalai. Es ist erst ein paar Jahre alt und hat Übernachtungsmöglichkeiten mit Vollpension, einem Ausritt auf einem Elefanten und einer Safari für 3000 Rs pro Doppelzimmer zu bieten. Auch hierfür sind vorherige Reservierungen notwendig, die man im Büro der Anlage in Bangalore in der Richmond Road 8 (Tel. 2 21 05 04) vornehmen kann. Für eine Fahrt mit einem Jeeptaxi vom Empfangsgebäude bis zur Anlage muß man mit rund 75 Rs rechnen.

AN- UND WEITERREISE

Alle Busse, die zwischen Mysore (3½ Stunden, 16 Rs) und Ooty (3 Stunden) unterwegs sind, halten auch in Bandipur. Von Bandipur setzen sie ihre Fahrten über Theppakadu in Mudumalai (30 Minuten) nach Ooty fort. Der letzte Bus zurück nach Mysore fährt um 17.30 Uhr ab.

NATIONALPARK NAGARHOLE

Dieses 643 Quadratkilometer große Tierschutzgebiet liegt isoliert in der Region Coorg, 93 km südwestlich von Mysore. Bis vor kurzem war das einer der schönsten Laubwälder des Landes sowie die Heimat von Tigern, Elefanten, Panthern, Faultieren, Bären, Bisons, Wild und Sambaren. Leider wurde der Wald im Jahre 1992 durch einen Brand weitgehend vernichtet, nachdem sich Spannungen zwischen den Beamten, die sich gegen Wilderei einsetzten, sowie den einheimischen Viehzüchtern und Bauern entwickelt hatten. Die Zerstörung des Waldes ist zwar nicht mehr auf den ersten Blick zu sehen, aber es werden noch Jahre vergehen, bis die Bäume nachgewachsen und die Tiere zurückgekehrt sind. Daher ist es kein Wunder, daß der Park in den letzten Jahren nur wenige Besucher gesehen hat und die Einrichtungen minimal sind. Für einen Tag in diesem Park müssen Ausländer 150 Rs bezahlen. Die beste Zeit für einen Besuch sind die Monate Oktober bis Mai. Theoretisch sollen mit einem Bus des Forstamtes Beobachtungen der Tiere möglich sein. In der Praxis sollte man sich aber, bevor man sich auf den Weg nach Nagarhole begibt, besser in Bangalore oder Mysore erkundigen, ob das derzeit geschieht. Es ist auch nicht empfehlenswert, ohne vorherige Reservierung einer Unterkunft im Forstamt einfach anzukommen. Weitere Auskünfte erhält man beim Chief Wildlife Warden, Aranya Bhavan, 18th Cross, Malleswaram, Bangalore (Tel. 3 34 19 93), und beim Deputy Conservator der Forest & Wildlife Division in Hunsur (Tel. 08222/20 41). Dort lassen sich auch Reservierungen von Unterkünften vornehmen.

UNTERKUNFT

Im Empfangsgebäude im Herzen des Schutzgebietes gibt es zwei Schlafsäle des Forstamtes mit Betten für jeweils 25 Rs sowie eine Lodge mit sechs Zimmern für 75 Rs pro Person.
In der privaten Kabini River Lodge unweit von Karapur an der Straße von Mysore nach Mananthavadi sind die Übernachtungen sehr viel teurer. Hier zahlt man mit Vollpension pro Person 110 US $. Dieses Quartier liegt etwa 65 km vom Empfangsgebäude des Schutzgebietes entfernt und wird von der Jungle Lodges & Resort Ltd. in Bangalore (Tel. und Fax 5 58 61 63) geführt.
Statt dessen kann man aber auch in der sehr einfachen Lodge in dem Dörfchen Kutta, 10 km vom Empfangsgebäude des Nationalparks entfernt, übernachten.
Außerdem mag sich lohnen herauszufinden, ob die Lodge der Taj-Gruppe mit 16 Cottages in Murka, ca. 15 km nördlich des Empfangsgebäudes, inzwischen fertiggestellt ist.

BELUR UND HALEBID

Telefonvorwahl: 08233
Zusammen mit dem Tempel in Somnathpur, östlich von Mysore, sind die Tempel in Belur und Halebid wohl die prägnantesten Beispiele für hinduistische Baukunst und kulturelle Entwicklung. Sie sind wirklich phantastisch und können in bezug auf die Skulpturen durchaus mit denen in Khajuraho (Madhya Pradesh) und Konark (Orissa) konkurrieren und halten einem Vergleich auch mit den gotischen Bauten und der gotischen Kunst in Europa stand.
Der Hoysaleswara-Tempel ist etwa 10 Jahre nach dem Tempel in Belur errichtet worden, aber trotz Bauarbeiten von 80 Jahren Dauer nie fertiggestellt worden. Dennoch ist er eines der bedeutendsten Beispiele für die Hoysala-Kunst. Da sind buchstäblich jeder Zentimeter der Außenwand und ein Teil der Innenwände mit Ab-

bildungen von vielen hinduistischen Gottheiten bedeckt, aber auch mit Weisen, stilisierten Tieren sowie Vögeln und Szenen aus dem Leben und der Zeit der Hoysala-Könige. Nicht zwei dieser Figuren sind gleich. Da sieht man Darstellungen aus Kriegen, Jagdszenen und Bilder aus Landwirtschaft, Musik, Tanz sowie sehr feine Skulpturen, die sich mit den Aktivitäten vor dem Tempel beschäftigen (tanzende Mädchen). Einen großen Nandi (Shivas Gefährt, ein Bulle) und eine aus einem Monolithen gehauene Jain-Statue, die Gomateshvara zeigt, kann man ebenfalls bewundern.

Im kleinen Museum neben dem Tempel kann man sich eine Sammlung von Skulpturen aus der Anlage ansehen. Das ist von 10.00 bis 17.00 Uhr möglich. In Halebid steht zudem noch ein kleinerer Tempel, der Kedareswara-Tempel. Außerdem läßt sich etwas abseits der Straße nach Hassan noch ein Jain-Tempel besichtigen.

Der Channekeshava-Tempel in Belur ist von allen drei Hoysala-Tempeln der einzige, der heute noch für religiöse Zwecke benutzt wird. Ihn dürfen bis auf das innere Heiligtum auch Nicht-Hindus betreten. In der Ausführung gleicht er den anderen. Aber bei der Gestaltung wurde mehr Wert auf die Ausarbeitung der Säulen und der Tür- und Fensterstürze sowie auf größere, aber immer noch fein bearbeitete Abbildungen der Götter und bewachenden Tiere gelegt. Wie in Halebid sind die Außenwände mit Friesen übersät. Die beiden anderen Tempel, weniger auffallend, sind der Channigaraya- und der Viranarayana-Tempel.

Die Hoysala-Tempel in Halebid und Belur sind an allen Tagen kostenlos zugänglich. Üblicherweise wird aber für das Verwahren der Schuhe ein Trinkgeld von 0,50 Rs gegeben. Im Innern der Tempel kann für 5 Rs die Beleuchtung eingeschaltet werden.

UNTERKUNFT UND ESSEN

Halebid: Die einzige Unterkunft hier sind die ruhig gelegenen Tourist Cottages (Tel. 32 24), errichtet in einem ganz hübschen Garten neben dem Tempel. Vermietet werden dort nur zwei Zimmer mit Teppichen, eigenem Bad und Veranden, in denen man allein für 35 Rs und zu zweit für 50 Rs unterkommt. Ein Schlafsaal ist ebenfalls vorhanden, steht aber nur Gruppen zur Verfügung. In der winzigen Kantine sind Getränke, Toast und Omelett erhältlich.

Ganz gut essen kann man aber im Hotel Nag und im Restaurant Green unweit des Tempels.

Die Architektur der Hoysala

Die Hoysala, die diesen Teil des Dekkan zwischen dem 11. und 13. Jahrhundert beherrschten, gehörten ursprünglich Bergstämmen aus den Westlichen Ghats an. Für lange Zeit waren sie Lehnsherren der Chalukya. Ihre völlige Unabhängigkeit erreichten sie erst 1190 n. Chr. Erste Merkmale künftiger Macht zeigten sie jedoch schon von 1047-1078 n. Chr. unter ihrem Anführer Tinayaditya. Er war geschickt genug, die schwindende Macht der Ganga und Rashtrakuten auszunutzen. Unter der Führung von Bittiga (1110-52 n. Chr.), besser bekannt unter seinem späteren Namen Vishnuvardhana, sprengten sie ihre eigenen Grenzen und gewannen an Macht. In diese Zeit fällt auch der Bau der Tempel von Belur und Halebid.

Die typische Tempelform ist meist eine verhältnismäßig kleine, sternförmige Konstruktion, die auf eine Plattform gesetzt wird. Sie sind von den Ausmaßen her menschlicher als die in die Höhe ragenden Tempel, die man sich anderswo in Indien ansehen kann. Wenn ihnen in den Ausmaßen auch etwas fehlen mag, wird das durch die Verzierung der feinen Skulpturen ausgeglichen.

An den Abbildungen kann man leicht erkennen, daß Musik und Tanz in höchster Perfektion eine bedeutende Rolle spielten. Wie beim Kathakali in Kerala, so brachte man hier religiöse Inbrunst, die Freude über einen Sieg oder auch nur einfache Freude zum Ausdruck. Eines haben aber am Ende doch beide Richtungen gemein, nämlich daß es eine Zeit gewesen sein muß, in der die sexuelle Freiheit einen großen Raum einnahm und man den Frauen in dem Maße gestattete, am öffentlichen Leben teilzuhaben, wie den Männern. Die meisten Bücher, die in Indien über die Tempel von Belur, Halebid und Khajuraho erschienen, preisen zwar die Skulpturen in hohem Maße, gehen aber über diese bestimmten Darstellungen hinweg. Warum das so ist, ist kaum zu verstehen. Liegt es daran, daß im Leben eines Durchschnittsinders, besonders auf dem Lande, die Sexualität keinen so hohen Stellenwert besitzt? Aber vor einem Jahrhundert waren ja auch unsere Vorfahren leicht geschockt, als sie die Skulpturen an den indischen Tempeln zum ersten Mal erblickten!

Der Übertritt von Vishnuvardhana zur Anbetung von Krishna löste den Niedergang des Jainismus aus, obwohl das längst nicht der einzige Grund war. Der Jainismus geriet immer mehr in Angriffe durch den berühmten Heiligen Ramanuja, und die Korruption innerhalb der Priesterschaft tat das Ihre dazu. Zum völligen Untergang war der Jainismus aber dennoch nicht verdammt. Immerhin hielten eine der Frauen von Vishnuvardhana und ihre Tochter auch weiterhin an diesem Glauben fest. Auch spätere Hoysala-Könige hielten schützend die Hand über diese Religion. Dieses friedliche Nebeneinander von Shivaiten, Vishnuviten und Jains erklärt auch die Tatsache, daß Abbilder von Göttern all dieser Religionen und Sekten, ihrer Anhänger und Gefährten an und in den Hoysala-Tempeln zu finden sind.

Belur: Das beste Quartier ist das Hotel Mayura Velapuri der KSTDC (Tel. 22 09), nur 200 m vom Tempel und fünf Minuten Fußweg von der Bushaltestelle entfernt. Hier zahlt man im alten Flügel für ein Einzelzimmer 100 Rs und für ein Doppelzimmer 150 Rs (mit Bad) sowie im neuen Flügel 150 bzw. 200 Rs. Vorhanden sind auch ein neues Restaurant und eine Bar.

Übernachten kann man ferner im einfachen Shri Praghavendra Tourist Home rechts vom Tempeleingang (Tel. 23 72). In den Zimmern findet man aber nicht mehr als Matratzen auf dem Boden. Für ein solches Zimmer mit Bad muß man 50 Rs bezahlen. Das Swagath Tourist Home (Tel. 21 59), ca. 100 m vor dem Tempel an der linken Seite, ist noch etwas preisgünstiger, aber auch einfacher.

Auch im Sri Gayatri Bhavan (Tel. 22 55) und im Sri Vishnu Krupa (Tel. 22 63), beide an der Hauptstraße, werden Zimmer vermietet. Mit Badbenutzung werden dort für ein Einzelzimmer 35 Rs und für ein Doppelzimmer 60 Rs verlangt. Im letzteren werden auch Zimmer mit Bad für 75 zw. 100 Rs angeboten. Beide verfügen ferner jeweils über ein vegetarisches Restaurant und liegen zu Fuß zwei Minuten von der Bushaltestelle entfernt.

Preisgünstige nichtvegetarische Gerichte und Bier erhält man im Hotel Rajatha, gelegen eine Gasse neben der Sri Gayatri Bhavan Lodge hinunter.

AN- UND WEITERREISE

Halebid und Belur liegen nur 16 km entfernt voneinander, aber Busse verkehren dazwischen nur unregelmäßig und sind dann auch noch unglaublich überfüllt. Einzelheiten über die Busverbindungen von Hassan und Arsikere lassen sich den Abschnitten über diese beiden Städte entnehmen.

Von beiden Orten bestehen jedoch keine Direktverbindungen nach Hospet. Dorthin muß man zunächst einen Bus nach Shimoga (3 Stunden, 25 Rs) nehmen und dann in einen Bus nach Hospet umsteigen(5 Stunden, 40 Rs). Ferner veranstaltet die KSTDC in Bangalore Ausflugsfahrten zu beiden Zielen, aber auch nach Sravanabelagola (vgl. Abschnitt über Bangalore).

SRAVANABELAGOLA

Einwohner: 3800

Telefonvorwahl: 08176

Sravanabelagola ist eines der ältesten und bedeutendsten Pilgerzentren der Jains und Standort einer 17 m hohen Statue des nackten Bahubali (Gomateshwara). Sie ist aus einem einzigen Felsblock gehauen und soll der größte Monolith der Welt sein. Sie steht auf einem felsigen Hügel, dem Indragiri, zu dessen Füßen sich der kleine Ort Sravanabelagola ausbreitet. Die Statue ist sogar aus größerer Entfernung zu sehen. Die schlichte Schönheit der Statue steht in krassem Gegensatz zu den künstlerisch so perfekten Skulpturen der Tempel von Belur und Halebid. Der Name des Ortes lautet übersetzt „Mönch des weißen Teiches".

Außer während des Mahamastakabhisheka (vgl. Exkurs) ist Sravanabelagola ein ruhiger kleiner Ort auf dem Lande und ein gutes Ziel, um sich dort ein paar Tage aufzuhalten. Die Einwohner sind freundlich, der Lebensrhythmus ist gemächlich, und der Ort ist zudem voller gemütlicher kleiner Teestuben.

GESCHICHTE

Das Geschichtsbuch des Ortes Sravanabelagola ist dick. Es beginnt schon mit dem 3. Jahrhundert v. Chr. Damals kam Chandragupta Maurya hierher mit seinem Guru Bhagwan Bhadrabahu Swami, nachdem er seinem eigenen Königreich entsagt hatte. Die Jünger von Bhadrabahu brachten seine Lehren in alle Teile der Region und festigten den Jainismus im Süden Indiens. Starke Befürworter hatten sie in den Ganga, die zwischen dem 4. und 10. Jahrhundert den südlichen Teil dessen beherrschten, was heute Karnataka ist.

In dieser Zeit erblühte der Jainismus auch zu seinem Höhepunkt.

PRAKTISCHE HINWEISE

Das Fremdenverkehrsamt des Ortes liegt ein paar Meter links vom Aufgang zum Indragiri Hill und ist täglich außer sonntags von 10.00 bis 17.30 Uhr geöffnet. Geführt wird es von einem freundlichen und hilfsbereiten Mann, der auch ein paar Bücher verkauft.

Mahamastakabhisheka

Alle 12 Jahre einmal ist die Gomateshvara-Statue Gegenstand der Mahamastakabhisheka-Zeremonie, die Tausende von Pilgern sowie Touristen aus ganz Indien und aus dem Ausland anzieht. Höhepunkt der Mahamastakabhisheka ist das Ausgießen tausender Gefäße, gefüllt mit Dingen wie Kokosnußmilch, Joghurt, *ghee* (Butterfett), Bananen, Palmsaft, Datteln, Mandeln, Mohnsamen, Milch, Goldmünzen, Safran und Sandelholz. All dies gießt man über den Kopf der Statue. Zu diesem Zweck wird vorher ein Gerüst aufgestellt. Nach diesem Ereignis muß es für die Reinigungskräfte eine Menge Arbeit geben. Zum nächsten Mal findet es 2005 statt.

SEHENSWÜRDIGKEITEN

Gomateshvara-Statue: Die Statue des Bahubali wurde während der Herrschaft des Ganga-Königs Rachamalla errichtet. Ihr Schöpfer war der Bildhauer Aristanemi (981 n. Chr.). Eintritt zu dieser Stätte wir nicht erhoben, aber man freut sich über eine Spende. Vor einer Besichtigung muß man am Eingang seine Schuhe ausziehen. Das ergibt im Sommer ein richtiges Problem, denn man muß dann barfuß über 614 aus dem Felsen gehauene Stufen herumhüpfen, die ganz schön heiß werden. Deshalb empfiehlt es sich, dort vor Beginn der Tageshitze anzukommen, um diesen Teil des Fegefeuers zu meiden. Man kann sich aber auch von Trägern in einer Sänfte hinauftransportieren lassen, die am Eingang auf Kundschaft warten. Für diese Gefälligkeit muß man etwa 100 Rs bezahlen. An besonders heißen Tagen sind auch Sonnenschirme erhältlich.

Weitere Tempel: Außer der Statue des Bahubali gibt es aber noch mehr anzuschauen, nämlich einige sehr interessante Jain-Tempel (*bastis*) und Klöster (*mathas*). Sie liegen verstreut im Ort und auf dem Chandragiri Hill. Das ist der kleinere Hügel von den beiden, um die herum sich der Ort schlängelt.

Zwei von den Tempeln, der Bhandari Basti und der Akkana Basti, sind im Hoysala-Stil erbaut. Ein dritter Tempel, der Chandragupta Basti, soll angeblich von Kaiser Ashoka errichtet worden sein. Die gut erhaltenen Malereien in einem der Tempel sehen aus wie 600 Jahre alte Karikaturen mit Begebenheiten aus der Geschichte der Jains.

UNTERKUNFT UND ESSEN

Fast alle Unterkünfte in Sravanabelagola werden in der örtlichen Jain-Gemeinde geführt, der etwa 10 Gästehäuser im Ort gehören (Tel. 72 23 und 72 26). Eine der besten ist das neue Yatri Nivas am Ortseingang, in dem gut möblierte Zimmer mit Bad für 100 Rs angeboten werden.

Im Shriyans Prasad Guest House, einer Pilgerherberge neben der Bushaltestelle am Fuß des Hügels, kosten Doppelzimmer 50 Rs.

Das einzige private Quartier ist das Hotel Raghu (Tel. 72 38), gelegen 100 m vom unteren Ende der Treppe zur Statue hinauf entfernt. Dort kommt man in Einzelzimmern für 60 Rs und in Doppelzimmern für 75 Rs unter (mit Bad). Zu diesem Haus gehört auch ein beliebtes Restaurant.

Eine sehr einfache Kantine mit Erfrischungen findet man an der Bushaltestelle. Außerdem gibt es entlang der Straße zum Hügel hinauf einige vegetarische Restaurants.

AN- UND WEITERREISE

Von Sravanabelagola fahren Direktbusse nach Arsikere, Hassan, Mysore und Bangalore. Einzelheiten über die Busverbindungen nach Hassan und Arsikere können Sie den Abschnitten über diese beiden Städte entnehmen.

Die KSTDC veranstaltet zudem von Mysore und Bangalore Ausflugsfahrten nach Sravanabelagola, die auch nach Belur und Halebid führen. Die sind aber eine ganz schöne Hetzerei.

HASSAN

Einwohner: 117 000
Telefonvorwahl: 08172

Für einen Besuch von Belur, Halebid und Sravanabelagola ist Hassan sicher der beste Ausgangspunkt. Die Stadt selbst bietet allerdings nichts Sehenswertes und ist kaum mehr als ein Ort, in dem man übernachtet und umsteigt.

PRAKTISCHE HINWEISE

Ein Besuch im Fremdenverkehrsamt ist verlorene Zeit. Die Mitarbeiter sind alles andere als hilfreich. Geld läßt sich in der State Bank of Mysore wechseln.

UNTERKUNFT

Nur ein paar Minuten zu Fuß vom Busbahnhof entfernt ist das Vaishnavi Lodging (Tel. 6 74 13) gelegen. Dieses Hotel bietet mit großen und sauberen Einzel- und Doppelzimmern für 60 bzw. 90 Rs pro Tag ein

ausgezeichnetes Preis-/Leistungsverhältnis. Einfacher ist das Sathyaprakash Lodging neben dem Busbahnhof (Tel. 6 85 21), aber auch das preisgünstigste Quartier weit und breit, in dem Einzelzimmer 30 Rs und Doppelzimmer 50 Rs kosten (mit Bad).

Im Zentrum der Stadt liegt das einfache Hotel Lakshmi Prasanna (Tel. 6 83 91) mit recht großen Zimmern. Direkt daneben findet man das Hotel Sanman (Tel. 6 80 24), in dem man ein Einzel- oder Doppelzimmer für 40 bzw. 70 Rs mieten kann.

Am Bahnhof gibt es auch noch einen Ruheraum, in dem man für 25 Rs pro Nacht unterkommt.

Das Hotel Amblee Palika in der Racecourse Road (Tel. 6 63 07) ist sehr sauber und sehr gepflegt. Die Zimmer sind groß und komfortabel sowie mit Moskitonetzen vor den Fenstern ausgestattet. Für normale Einzel- oder Doppelzimmer werden hier 150 bzw. 200 Rs berechnet und für Luxuszimmer, wenn man Teppiche und einige

Lichtschalter zusätzlich zum Spielen wünscht, 200 bzw. 260 Rs.

Das Hotel Hassan Ashok an der Straße von Bangalore nach Mangalore (Tel. 6 87 31, Fax 6 71 54) ist das beste Haus im Ort. Für ein Zimmer mit Bad und Farbfernsehgerät muß man hier allein 750 Rs und zu zweit 900 Rs ausgeben, für ein Zimmer mit Klimaanlage 1000 bzw. 1250 Rs. Im Haus gibt es auch ein Restaurant, eine Bar und einen Andenkenladen.

ESSEN

Sehr beliebt sind die vegetarischen Restaurants im Hotel Sanman und im Hotel Lakshmi Prasanna. Dort erhält man ein Thali schon für 9 Rs. Auch die Dosas und Idlis im Hotel Sanman sind ausgezeichnet.

Ein alter Favorit ist seit vielen Jahren das Restaurant unter der Sathyaprakash Lodge. Es hat im Laufe der Zeit bereits mehrmals den Namen gewechselt und ist in seiner jetzigen Inkarnation als Rao Refreshments bekannt. Die Thalis für 8,50 Rs sind noch immer gut, auch wenn die Kellner die unangenehme Angewohnheit haben, zu offensichtlich auf ein Trinkgeld zu warten.

Schon eine Klasse besser ißt man im Restaurant Malanika des Hotels Amblee Palika. Zum Hotel gehört auch eine Bar. Eine Auswahl nichtvegetarischer Gerichte wird im Hotel New Star geboten. Es ist abends recht lange geöffnet. Man serviert hier auch gute Lamm- und Rindercurries. Gut sind die nordindischen und chinesischen Speisen für ca. 30 Rs im Restaurant Abiruchi, wenn auch für Hassan ein wenig teuer.

Indische und europäische Gerichte nach einer Speisekarte werden im Restaurant des Hotels Hassan Ashok angeboten, wo man hier ein Abendessen mit ca. 75 Rs rechnen muß. Mittags wird hier ein ganz ordentliches nichtvegetarisches Buffet für 125 Rs aufgebaut.

AN- UND WEITERREISE

Bus: Wenn man von Hassan aus Belur und Halebid in einem Tag besuchen will, dann ist es günstiger, zuerst nach Halebid zu fahren, weil von Belur nach Hassan zurück mehr Busse fahren und die auch noch bis später am Abend.

Etwa 15 Busse fahren täglich von Hassan nach Halebid (33 km, 1 Stunde, 9 Rs). Der erste Bus fährt um 8.00 Uhr ab, der letzte von Halebid zurück nach Hassan um 18.15 Uhr. Etwa mit 20 Bussen täglich kommt man von Hassan nach Belur (38 km, 1 1/2 Stunden, 8 Rs), mit dem ersten morgens um 7.00 Uhr. Dabei darf man allerdings dem Hinweis auf dem Fahrplan keinen Glauben schenken, daß einige davon „Schnellbusse" seien, denn das ist reines Wunschdenken.

Drei Busse fahren täglich nach Sravanabelagola (48 km, 1 1/2 Stunden, 13 Rs). Der erste verläßt Hassan allerdings erst um 11.00 Uhr. Um dorthin früher zu gelangen, kann man um 7.00 Uhr nach Channarayapatna

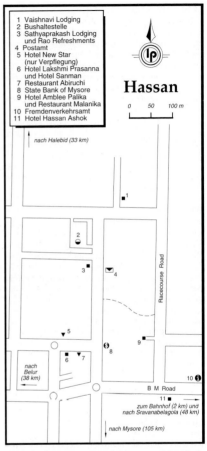

1 Vaishnavi Lodging
2 Bushaltestelle
3 Sathyaprakash Lodging und Rao Refreshments
4 Postamt
5 Hotel New Star (nur Verpflegung)
6 Hotel Lakshmi Prasanna und Hotel Sanman
7 Restaurant Abiruchi
8 State Bank of Mysore
9 Hotel Amblee Palika und Restaurant Malanika
10 Fremdenverkehrsamt
11 Hotel Hassan Ashok

Hassan

0   50   100 m

nach Halebid (33 km)

Racecourse Road

nach Belur (38 km)

B M Road

zum Bahnhof (2 km) und nach Sravanabelagola (48 km)

nach Mysore (105 km)

(eine Stunde, 85 Rs) fahren und dort um 8.15 Uhr in einen Anschlußbus nach Sravanabelagola umsteigen (30 Minuten, 3 Rs). Am späten Nachmittag setzt dann bei den Bussen die übliche Hektik ein. In dieser Zeit herrscht ein fürchterliches Gedränge.

Von Hassan nach Mysore bestehen ebenfalls mindestens 20 mal täglich Busverbindungen (3 Stunden), genauso häufig aber auch nach Bangalore (4 Stunden).

Zug: Der Bahnhof in Hassan liegt ca. 2 km von der Stadtmitte entfernt und ist mit einer Auto-Riksha für 5 Rs zu erreichen.

Personenzüge von Hassan nach Mysore fahren dreimal täglich (119 km, 3 1/2 Stunden). Eine Fahrt kostet in der 2. Klasse 19 Rs und in der 1. Klasse 126 Rs. Die

Personenzüge aus Mysore fahren von Hassan weiter nach Arsikere und brauchen dafür eine Stunde.

Einmal täglich besteht auch eine Verbindung mit einem Personenzug (189 km, 8 Stunden) und einmal täglich mit einem Schnellzug (6¹/₂ Stunden) nach Mangalore.

Der Fahrpreis beträgt in der 2. Klasse 26 Rs und in der 1. Klasse 193 Rs.

In der Monsunzeit von Juni bis September kann es allerdings vorkommen, daß der Verkehr eingestellt werden muß.

ARSIKERE

Einwohner: 42 000
Telefonvorwahl: 08134

Wie Hassan ist auch Arsikere ein guter Ausgangspunkt für einen Besuch von Belur und Halebid sowie des Jain-Pilgerzentrums Sravanabelagola. Aber eines hat diese Stadt dem Ort Hassan voraus, nämlich einen eigenen Hoysala-Tempel. Leider ist der Tempel im Laufe der Zeit sehr verschandelt und mit modernen Teilen ergänzt worden, so daß er kaum mehr typisch für diese Art Tempel ist. Man erreicht ihn, indem man 15 Minuten vom Busbahnhof die Hauptstraße hinuntergeht. Er steht dann neben der Co-operative Bank.

Arsikere ist auch ein Bahnknotenpunkt, von dem man (normalerweise) mit Schnellzügen nach Bangalore, Bombay und Goa fahren kann. Die Bushaltestelle liegt in der Stadtmitte, etwa 100 m vom Bahnhof entfernt.

UNTERKUNFT UND ESSEN

Unmittelbar vor dem Bahnhof steht das Gebäude mit der sauberen, ruhigen und freundlichen Geetha Lodge. Hier kosten Zimmer mit Bad 30 bzw. 60 Rs. Duschen kann man sich in diesem Quartier mit Wasser aus Eimern.

Das freundliche Hotel Mayura (Tel. 3 23 58) findet man in der Stadtmitte. Hier vermieten die Mitarbeiter Einzelzimmer für 40 Rs und Doppelzimmer für 60 Rs. Im nahegelegenen Hotel Prashant gegenüber der Bushaltestelle (Tel. 3 28 34) werden Zimmer angeboten, in denen man gute Aussichten hat, die Nacht zu überleben, ohne lebendig aufgefressen zu werden. Die sind mit 30 Rs für ein Einzelzimmer und 50 Rs für ein Doppelzimmer auch noch recht günstig. Im Erdge-

schoß dieses Hauses befindet sich zudem ein Speiseraum mit „Meals".

Außerdem stehen im Bahnhof zwei Ruheräume zur Verfügung, die jeweils 60 Rs kosten.

Unter den Restaurants mit nichtvegetarischen Gerichten ist das Hotel Elite, von der Bushaltestelle aus nur ein Stück die Hauptstraße hinauf, ganz in Ordnung.

AN- UND WEITERREISE

Bus: Von Arsikere fahren Busse nach Halebid und Belur (1¹/₂ Stunden, 8 Rs) den ganzen Tag über fast stündlich. Wenn man nach Sravanabelagola will, kann es schneller sein, wenn man zunächst mit einem Bus nach Channarayapatna fährt (10 Rs) und dort umsteigt (vgl. Abschnitt über Hassan).

Zug: Von Arsikere fahren dreimal täglich Personenzüge nach Hassan (eine Stunde, 9 Rs) und Mysore (4 Stunden, 25 Rs). Wenn man in Richtung Madras oder Madurai will, nimmt man am besten zunächst einen Zug nach Bangalore (156 km, 2 Klasse 39 Rs und 1. Klasse 170 Rs).

Bei den Recherchen zu diesem Buch war die Eisenbahnverbindung nach Hubli und Miraj wegen Umstellung von Meter- auf Breitspur unterbrochen. Wenn man nach Norden will, ist es daher ratsam, sich am Schalter der Auskunft im Bahnhof zu erkundigen, wie der derzeitige Stand ist. Wenn die Strecke immer noch außer Betrieb sein sollte, kann man Ziele wie Bombay dadurch erreichen, daß man zunächst nach Bangalore fährt und dort in einen Schnellzug umsteigt.

DIE KÜSTE UND DIE WESTLICHEN GHATS

MADIKERI (MERCARA)

Einwohner: 30 000
Telefonvorwahl: 08272

Die 124 km westlich von Mysore gelegene Kleinstadt

Madikeri ist die Hauptstadt der Region Coorg und ein ruhiger sowie gemütlicher Bergort. Bis zum Jahre 1956, als es in den Staat Karnataka eingegliedert wurde, handelte es sich bei Coorg (oder auch Kodagu) um einen Ministaat mit einem eigenen Selbstverständnis. Im bergigen Gebiet des Südwestens beginnen die Westlichen Ghats zum Meer abzufallen. Hier ist die Heimat des Stammes der Kodava. Es ist eine grüne, malerische und fruchtbare Landschaft und heute ein wichtiges Kaffee-Anbaugebiet.

Der Blick vom Raja's Seat, einem malerischen Aussichtspunkt in der Nähe vom Hotel der KSTDC, ist großartig. Im übrigen hat die Festung von Madikeri in der bewegten Geschichte Karnatakas eine wichtige Rolle gespielt. Zu einem Besuch lädt das kleine Museum in einer alten Kirche innerhalb der Festungsmauern ein. Der alte Palast selbst wird heute als Stadtverwaltung genutzt.

Einen Kilometer von der Stadtmitte entfernt in Richtung Mysore kann man sich zudem den Omareswara-Tempel ansehen.

ORIENTIERUNG UND PRAKTISCHE HINWEISE

Madikeri zieht sich entlang einer Reihe von Bergkämmen, der Busbahnhof und der Großteil der Hotels und Restaurants sind jedoch auf einem relativ kleinen Gebiet konzentriert.

Im PWD Bungalow neben dem ersten Kreisverkehr an der Straße nach Mysore findet man ein kleines Fremdenverkehrsbüro. Geöffnet ist es täglich außer sonntags von 10.00 bis 17.30 Uhr.

UNTERKUNFT

Das ruhige Anchorage Guest House (Tel. 2 69 39) ist von der Bushaltestelle drei Minuten Fußweg entfernt auf einem großen Stück sonst unbebauten Landes gelegen. Für ein Doppelzimmer mit Bad zahlt man hier 100 Rs. Ebenfalls ganz in der Nähe des Bushaltestelle kann man auch im Hotel Sri Venayaka Lodge in langweiligen, jedoch dem Preis angemessenen Zimmern allein für 30 Rs und zu zweit für 50 Rs übernachten. Die Hauptstraße säumen noch einige weitere Hotels vom untersten Ende der Preisskala, die jedoch nicht sehr einladend sind.

Im Hotel Cauvery (Tel. 2 62 92), eine Minute zu Fuß von der Bushaltestelle entfernt und neben einem Kino, einem sauberen und freundlichen Haus, kosten die Einzel- und Doppelzimmer mit Bad (morgens mit heißem Wasser) 100 bzw. 175 Rs.

Teurer ist die Chitra Lodge an der Hauptstraße (Tel. 2 73 11), in der man für ein Doppelzimmer 310 Rs bezahlen muß (mit Fernsehgerät 350 Rs).

Das Hotel Mayura Valley View der KSTDC (Tel. 2 63 87) ist ca. einen halben Kilometer bergauf hinter dem Rathaus gelegen, zu Fuß etwa 20 Minuten. Vom Hotel aus bietet sich ein schöner Blick. Die Zimmer kosten hier 125 bzw. 150 Rs, als Luxuszimmer 175 Rs.

ESSEN

In der Chitra Lodge erhält man ein gutes „Meal" für 15 Rs. Ebenfalls in der Hauptstraße findet man das freundliche Café Durbar.

Vorwiegend eine Kneipe ist das Hotel Capitol neben dem Hotel Cauvery, in dem jedoch auch gutes Essen serviert wird. Die Speisekarte ist begrenzt und die Bedienung langsam, aber der gebratene Reis mit Gemüse ist das Warten wert.

AN- UND WEITERREISE

Die Bushaltestelle befindet sich direkt in der Stadtmitte. Von dort fahren viele Busse über Kushalnagar nach Mysore (120 km, 3 Stunden, 36 Rs) und Mangalore (136 km, 3¹/₂ Stunden, 41 Rs). Etwa 10 Busse fahren täglich nach Bangalore (256 k, 6 Stunden, 76 Rs) und wenigstens ein Bus täglich nach Hassan, Arsikere sowie Belur oder Chikmagalur.

MANGALORE

Einwohner: 462 000
Telefonvorwahl: 0824

Mangalore war früher einmal eine bedeutende Hafenstadt und eine Zeit lang auch Indiens größter Seehafen sowie ein Zentrum des Schiffbaus. Das war zu der Zeit, als Hyder Ali sein Königreich regierte. Auch heute ist Mangalore als Hafenstadt noch immer wichtig, denn hier wird Kaffee umgeschlagen und nicht hier werden Cashew-Nüsse exportiert. Sehenswürdigkeiten sind jedoch selten. Eigentlich gibt es davon in der Stadt gar keine. Wenn Mangalore aber am Weg liegt, kann man hier ganz gut übernachten. Sonst reist man am besten gleich weiter.

ORIENTIERUNG

Mangalore ist eine hügelige Stadt, in der die Straßen kreuz und quer verlaufen. Deshalb kann die Orientierung schwierig werden. Glücklicherweise liegen alle Hotels und Restaurants in der hektischen Stadtmitte oder darum herum. Das gilt auch für den Bahnhof. Den Busbahnhof erreicht man einige Kilometer weiter nördlich, am besten mit einer Auto-Riksha für etwa 10 Rs.

PRAKTISCHE HINWEISE

Ein Fremdenverkehrsamt findet man gegenüber vom Rathaus in der Dr. U. P. Mallya Road (Tel. 2 16 92), aber die Mitarbeiter scheinen ständig zum Mittagessen gegangen zu sein. Geöffnet soll es eigentlich täglich außer sonntags von 9.00 bis 17.00 Uhr sein.

Das Hauptpostamt liegt 15 Minuten von der Stadtmitte zu Fuß den Hügel hinunter (nach Süden), gleich hinter dem Chetty Circle.

Eine Filiale der Buchhandlung Higginbothams gibt es an der Lighthouse Hill Road.

SEHENSWÜRDIGKEITEN

Das bedeutendste Überbleibsel aus früheren Zeiten ist Sultan's Battery, gelegen 4 km vom Zentrum entfernt an der Landspitze des alten Hafens. Das gehört aber keinesfalls zu den Sehenswürdigkeiten in Indien, die man unbedingt gesehen haben muß. Dorthin kommt man vom Zentrum mit einem Stadtbus der Linie 16

oder mit einer Auto-Rikscha. Dann muß man für die Hin- und Rückfahrt mit 20 Rs rechnen.

Ein ganz hübsches Gebäude mit einer interessanten Sammlung von Ausstellungsstücken ist das Sreemanthi Bai Memorial Government Museum nördlich der Stadtmitte, und zwar gleich hinter dem Busbahnhof der KSRTC. Ansehen kann man es sich bis auf jeden zweiten Samstags im Monat montags bis samstags von 9.00 bis 17.00 Uhr. Eigentlich ist der Eintritt frei, aber der Wärter erwartet gleichwohl ein Trinkgeld. Zum Museum gelangt man mit Bussen der Linien 10 und 34.

Die Lokeshwara-Statue im Kadri-Tempel genießt den Ruf, eine der schönsten Bronzearbeiten in ganz Indien zu sein. Um den Tempel erstrecken sich neun Teiche. Der auf einem Hügel in der Nähe erbaute Leuchtturm hat auch für den Namen gesorgt, den die Lighthouse

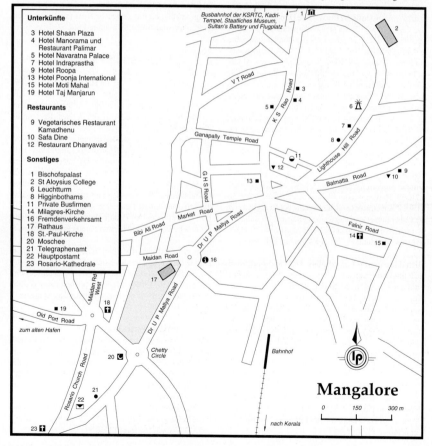

Unterkünfte

3 Hotel Shaan Plaza
4 Hotel Manorama und Restaurant Palimar
5 Hotel Navaratna Palace
7 Hotel Indraprastha
9 Hotel Roopa
13 Hotel Poonja International
15 Hotel Moti Mahal
19 Hotel Taj Manjarun

Restaurants

9 Vegetarisches Restaurant Kamadhenu
10 Safa Dine
12 Restaurant Dhanyavad

Sonstiges

1 Bischofspalast
2 St Aloysius College
6 Leuchtturm
8 Higginbothams
11 Private Busfirmen
14 Milagres-Kirche
16 Fremdenverkehrsamt
17 Rathaus
18 St.-Paul-Kirche
20 Moschee
21 Telegraphenamt
22 Hauptpostamt
23 Rosario-Kathedrale

Busbahnhof der KSRTC, Kadri-Tempel, Staatliches Museum, Sultan's Battery und Flugplatz

V T Road
K S Rao Road
Ganapally Temple Road
Lighthouse Hill Road
Balmatta Road
G H S Road
Market Road
Bibi Ali Road
Dr U P Mallya Road
Falnir Road
Maidan Road
Maidan Rd West
Dr U P Mallya Road
Old Port Road
zum alten Hafen
Rosario Church Road
Chetty Circle
Bahnhof

Mangalore

0   150   300 m

nach Kerala

915

Hill Road erhalten hat. Erbaut worden soll der Leuchtturm von Hyder Ali und Sultan Tipu sein.

Die Kapelle des St. Aloysius College mit ihrer bemalten Decke (nach einer Broschüre aus Mangalore „vergleichbar mit der Sixtinischen Kapelle in Rom") läßt sich täglich von 8.30 bis 10.00 Uhr, von 12.30 bis 14.00 Uhr und von 15.30 bis 18.00 Uhr besichtigen.

Einen Blick wert sind schließlich auch der alten Hafenbereich mit seiner faszinierenden Ansammlung von Schiffen, die Rosario-Kathedrale, der vor kurzem restaurierte Sri-Gokarnantha-Tempel und der Mangaldevi-Tempel, dem die Stadt ihren Namen verdankt.

UNTERKUNFT

Einfache Unterkünfte: Die meisten Hotels liegen entlang der K. S. Rao Road im Zentrum. An dieser Straße stößt man auch auf das Hotel Manorama (Tel. 44 03 06), in dem ganz ordentliche Einzel- und Doppelzimmer mit Bad für 80 bzw. 120 Rs angeboten werden.

Eher das Geld wert ist jedoch das alte Hotel Indrapasthra in der Lighthouse Hill Road (Tel. 3 37 56), in dem man mit Bad und heißem Wasser für ein Einzelzimmer 75 Rs und für ein Doppelzimmer 110 Rs bezahlen muß. Die Zimmer sind recht groß und die nach hinten hinaus auch vor dem Verkehrslärm auf der Straße geschützt. Im Hotel Roopa an der Balmatta Road (Tel. 2 12 71) kann man Einzelzimmer für 60 Rs und Doppelzimmer für 95 Rs sowie Doppelzimmer mit Klimaanlage für 160 Rs mieten.

Wenn man in der Nähe des Busbahnhofs der KSRTC bleiben will, empfiehlt sich das Panchami Boarding & Lodging gleich gegenüber (Tel. 41 19 86). Die großen Zimmer sind zum Preis von 80 bzw. 120 Rs gar nicht schlecht. Heißes Wasser fließt in diesem Haus von 6 bis 8 Uhr. Als weiteres Quartier für eine Nacht eignen sich die Ruheräume (Railway Retiring Rooms) im Bahnhof, wo man in einem Zimmer für 100 Rs und in einem Schlafsaal (nur für Männer) für 25 Rs übernachten kann.

Mittelklasse- und Luxushotels: Das Geld wert, wenn auch ungünstig gelegen, ist das Hotel Maurya Nethravathi der KSTDC in Kedri Hill, nördlich des Zentrums (Tel. 41 11 92). Dort werden den Gästen in allen Zimmern Telefon und heißes Wasser geboten, in den Zimmern vorn auch Balkone mit Ausblick über die Stadt und auf das Meer. Dort muß man für ein Zimmer allein 85 Rs und zu zweit 105 Rs bezahlen.

Gut eingerichtet sind die Zimmer im Hotel Navaratna Palace in der K. S. Rao Road (Tel. 3 37 81), in dem für ein Einzelzimmer 120 Rs und für ein Doppelzimmer 170 Rs verlangt werden, für ein Doppelzimmer mit Klimaanlage jedoch mehr. Fast gegenüber liegt das Shaan Plaza (Tel. 44 03 12) mit Einzelzimmern für 150 Rs und Doppelzimmern für 180 Rs sowie Zimmern mit Klimaanlage für 250 Rs.

Wenn man sich in der Preisskala weiter nach oben bewegt, ist das Hotel Moti Mahal in der Falnir Road (Tel. 44 14 11) zu erwähnen, das für die Gäste eine ganze Reihe von Einrichtungen zu bieten hat, darunter eine Bar, ein Restaurant, einen Coffee Shop und ein Schwimmbecken. In diesem Hotel muß man für ein Einzelzimmer 275 Rs und für ein Doppelzimmer 325 Rs bezahlen (mit Klimaanlage 350 bzw. 425 Rs). Zur gleichen Kategorie gehört auch das Hotel Poonja International in der K. S. Rao Road (Tel. 44 01 71, Fax 44 01 68), in dem man in einem Einzelzimmer ab 200 Rs und in einem Doppelzimmer ab 300 Rs übernachten kann (mit Klimaanlage für 350 bzw. 450 Rs). Im Restaurant dieses Hotels werden europäische, indische und chinesische Gerichte sowie Mughlai-Speisen serviert.

Das beste Haus in der Stadt ist das Taj Manjarun in der Old Port Road (Tel. 42 55 25), ein gut geführtes und einigermaßen zentral gelegenes Haus mit einem guten Restaurant und einem Swimming Pool.

ESSEN

Ein kleines nichtvegetarisches Restaurant in der Nähe des Hotels Roopa ist das Safa Dine. Dort wird ausgezeichnetes Biryani serviert. Im Hotel Roopa selbst gibt es gleich mehrere Restaurants. Ganz akzeptabel ist das chinesische Restaurant Shin Min. Außerdem hat man die Wahl zwischen dem vegetarischen Restaurant Kamadhenu und dem Eissalon Roopa.

Ein beliebtes vegetarisches Restaurant ist das Dhanyavad an der Ecke der K. S. Rao Road und der Lighthouse Hill Road, in dem abends preisgünstige „Meals" serviert werden. Gegenüber vom Navaratna-Komplex an der K. S. Rao Road liegt das Palimar, ein vegetarisches Restaurant mit Klimaanlage und gutem Essen, in dem die Mitarbeiter sehr freundlich sind.

Im Dhanraj unter den Poonja-Arkaden erhält man vegetarische Imbisse und hervorragende Fruchtsäfte ab 8 Rs.

Indische, westliche und chinesische Küche kann man einmal im Restaurant des Hotels Moti Mahal ausprobieren. Ferner wird im Hotel Taj Manjarun mittags ein gutes Buffet für 130 Rs aufgebaut. Im Restaurant Galley dieses Hotels erhält man Spezialitäten aus Mangalore wie „Lady Fish".

AN- UND WEITERREISE

Flug: Indian Airlines und Air India (Tel. 41 43 00) sind 4 km von der Stadt entfernt in der Hathill Road im Gebiet von Lalbagh vertreten. Geöffnet ist dort täglich von 9.00 bis 13.00 Uhr und von 13.45 bis 16.00 Uhr. Günstiger liegt eine Zweigstelle von Indian Airlines im Hotel Moti Mahal.

Indian Airlines fliegt von Mangalore täglich nach Bombay (75 US $) und dreimal wöchentlich über Bangalore (35 US $) nach Madras (52 US $).

Jet Airways (Tel. 44 06 94) und East West Airlines (Tel. 44 05 41) unterhalten ebenfalls jeweils einmal täglich Flugverbindungen nach Bombay. Mit NEPC Airlines (Tel. 45 66 59) kommt man dreimal wöchentlich über Bangalore (40 US $) nach Madras (80 US $) und zweimal wöchentlich über Kochi (70 US $) nach Coimbatore (110 US $).

Bus: Der Hauptbusbahnhof von Mangalore liegt etwa 3 km nördlich der Stadtmitte, ist ziemlich ruhig und gut organisiert. Von hier fahren Busse nach Bangalore (8 Stunden, 68 Rs), Goa (11 Stunden, 94 Rs), Hassan (4 Stunden, 35 Rs), Hospet (10 Stunden, 90 Rs), über Udipi nach Karwar (8 Stunden, 58 Rs), Madikeri ($3^1/2$ Stunden, 41 Rs), Mysore (7 Stunden, 52 Rs), Madras und Bombay.

Mehrere private Busgesellschaften, die die wichtigsten Ziele ebenfalls bedienen, haben sich mit ihren Büros entlang der Balmatta Road und der Falnir Road angesiedelt.

Zug: Wenn Sie diese Zeilen lesen, sollte die neue Konkan-Eisenbahn an der Westküste für eine deutliche Verbesserung der Zugverbindungen zwischen Mangalore und Bombay gesorgt haben. Über die Verbindungen auf dieser Strecke kann man sich im Bahnhof, 400 m von der Stadtmitte entfernt, erkundigen.
In Richtung Osten verkehren zwei Züge täglich nach Hassan (189 km, $6^1/2$ Stunden, 2. Klasse 26 Rs und 1. Klasse 193 Rs) und weiter nach Mysore (11 Stunden, 2.

Klasse 39 Rs und 1. Klasse 277 Rs), wo Anschluß nach Bangalore besteht. Die Züge fahren über die Westlichen Ghats, wo es in der Monsunzeit geschehen kann, daß der Verkehr eingestellt werden muß.
In Richtung Süden kommt man mit Zügen nach Thiruvananthapuram (Trivandrum, 921 km, 16 Stunden, 2. Klasse 124 Rs und 1. Klasse 479 Rs), und zwar über Kozhikode (Calicut), Ernakulam und Kollam (Quilon).

NAHVERKEHR

Flughafentransfer: Der Flughafen liegt 20 km von der Stadt entfernt. Dorthin gelangt man mit von der Haltestelle der Nahverkehrsbusse mit Bussen der Linie 48 und vom Büro von Indian Airlines in der Nähe des Busbahnhofs mit einem Flughafenbus (20 Rs). Für eine Taxifahrt vom oder zum Flughafen wird man mit 125 Rs rechnen müssen.

Bus und Auto-Rikscha: Die Haltestelle für die Nahverkehrsbusse in Mangalore befindet sich an der Kreuzung der K. S. Rao Road und der Lighthouse Hill Road. Das Netz der Stadtbusse ist ziemlich unübersichtlich. Die einzigen Busse, die man als Besucher wahrscheinlich einmal benutzen wird, sind die in Richtung Panambur hinaus zur Sultan's Battery und die zum Flughafen.
Wie überall, gibt es auch in Mangalore zudem unzählige Auto-Rikschas.

DIE UMGEBUNG VON MANGALORE

ULLAL

Ullal, 13 km südlich von Mangalore, rühmt sich des Summer Sands Beach Resort (Tel. 46 76 90), einer der wenigen Ferienanlagen an der Küste von Karnataka. Der Strand ist ganz passabel und eignet sich für einen angenehmen Ausflug von der Stadt. In der Ferienanlage bestehen die einzelnen Bungalows aus jeweils zwei Doppelzimmern mit eigenem Bad, einem großen Wohnzimmer, einer Küche und einem Vorraum.
Für ein Doppelzimmer ohne Klimaanlage muß man hier 216 bis 282 Rs bezahlen, für ein Zimmer mit Klimaanlage 360 bis 468 Rs. Vorhanden sind auch ein recht ordentliches Restaurant und ein Swimming Pool.

DHARMASTALA

Etwas südlich der Straße von Mangalore nach Chikmagalur, ca. 75 km grob östlich von Mangalore, liegt Dharmastala mit einigen Jain-*Bastis* (Tempeln), darunter dem berühmten Manjunatha-Tempel. Dort

steht auch die 14 m hohe Statue von Bahubali, die 1973 aufgestellt wurde.

VENUR

In Venur, auf halbem Wege zwischen Mangalore und Dharmastala (41 km), lassen sich acht *bastis* und die Ruinen eines Mahadeva-Tempels besichtigen. Am Südufer des Gurupur River wurde 1604 eine 11 m hohe Statue von Bahubali errichtet.

MUDABIDRI

18 *bastis* gibt es in Mudabidri, 22 km nordwestlich von Venur. Der älteste ist der Chandranatha-Tempel mit seinen 1000 reich verzierten Säulen.

KARKAL

Weitere 21 km nördlich von Mudabidri, in Karkal, stehen einige wichtige Tempel der Jains und eine 13 m hohe Statue des Bahubali, die 1432 fertiggestellt worden ist.

SRINGERI

Inmitten einer üppigen Vegetation der mit Kaffeesträu-
chern bewachsenen Hügel von Chikmagalur, nordöstlich von Karkal und unweit von Harihar, liegt Sringeri,
der Sitz der orthodoxen Hindu-Hierarchie im Süden
des Landes. Die anderen drei Zentren, die Shankaracharya gründete, sind Joshimat im Himalaja (Norden), Puri (Osten) und Dwarka (Westen). Der sehr
interessante Vidyashankar-Tempel weist Säulen mit
den Tierkreiszeichen auf und hat einen weitläufigen,
gepflasterten Innenhof.
Ein zweiter, sehr sauberer Tempel ist Sharada geweiht, der Göttin der Wissenschaft. Hinter dem alten
Kloster fließt der Tunga und verleiht diesem kleinen,
noch völlig unberührten Ort seinen eigenen Charme.

UNTERKUNFT UND ESSEN
Weil Sringeri ein bedeutender Wallfahrtsort ist, gibt es
in vielen Gebäuden in der ganzen Stadt auch eine ganze
Reihe von Unterkünften für Pilger. Für ein ganz einfaches Einzel- oder Doppelzimmer mit Bad muß man im
allgemeinen 25 Rs bezahlen. Um ein Zimmer zugeteilt
zu bekommen, muß man sich in dem kleinen Büro am
Eingang zum Tempel melden.
Essen kann man in einem vegetarischen Restaurant an
der Bushaltestelle. Die liegt mitten im Ort.

AN- UND WEITERREISE
Von Sringeri verkehren unzählige Busse zu fast allen
Zielen in ganz Karnataka, z. B. nach Mysore, Hassan,
Chikmagalur, Sagar und Bangalore.

UDIPI

Udipi (auch bekannt als Udupi), ca. 57 km nördlich von
Mangalore an der Küstenstraße, ist eine wichtige Stadt
der Vishnuviten. Hier war es, wo im 13. Jahrhundert der
religiöse Führer Madhvachaya lebte und predigte. Daher zieht der Krishna-Tempel im Ort immer noch viele
Pilger an. Udipi nimmt aber auch noch aus einem

anderen Grund Ruhm für sich in Anspruch. Nach Legenden aus dem Ort sollen die in Indien allgegenwärtigen Masala Dosas hier erfunden worden sein.
Unweit der zentralen Bushaltestelle gibt es eine Handvoll
Hotels. Von der Bushaltestelle bestehen häufig Verbindungen nach Mangalore, Panaji, Mysore und Bangalore.

JOG FALLS

In der Nähe der Küste und ca. 250 km nördlich von
Mangalore tosen die höchsten Wasserfälle Indiens in
die Tiefe. Der Shiravati fällt an dieser Stelle in vier
verschiedenen Stufen 253 m tief hinunter. Die einzel-
nen Stufen heißen Rani, Rocket, Raja und Roarer.
Die beste Zeit, sie sich anzusehen, ist gleich nach dem
Monsun, also im Grunde genommen im Dezember und
Januar. In der regenarmen Zeit sind die Wasserfälle
weniger beeindruckend und verschwinden in der Regenzeit meist im Wasserdunst. Und in der trockenen
Jahreszeit trocknen auch die Fälle fast vollständig aus.
Das könnte sich jedoch ändern, wenn die Pläne reali-
siert werden, an Wochenenden in der Trockenzeit
Wasser vom Linganamakki-Stausee über die Fälle zu
leiten.

Den besten Blick hat man vom Raja-Fall aus. Von dort
überblickt man nämlich auch den Roarer gut. Sowohl
in der Trocken- als auch in der Regenzeit spannen sich
immer einige Regenbögen in bunten Farben über die
Fälle. Der Blick auf die Fälle vom Inspection Bungalow
aus ist ebenfalls ausgezeichnet. Von dort führen zudem
Treppen hinunter zur Seite mit den Klippen.

UNTERKUNFT UND ESSEN
Die Unterkünfte sind freitags und samstags immer
stark gefragt. Am günstigsten liegt der PWD Inspection
Bungalow, aber der ist meistens voll belegt. Ein Zimmer in diesem Haus muß man im voraus in Sidapur (20
km nordöstlich von Jog Falls) reservieren lassen. Statt
dessen kann man sein Glück im Tunga Tourist Home

versuchen, in dem öde Einzel- und Doppelzimmer für 35 bzw. 50 Rs vermietet werden.

Besser ist da schon das Sharagati Tourist Home mit Einzelzimmern für 50 Rs und Doppelzimmern für 75 Rs, aber auch dieses Quartier ist oft voll belegt. Außerdem gibt es ca. 2 km von der Bushaltestelle entfernt noch eine Jugendherberge mit Betten in einem Schlafsaal für jeweils 10 Rs.

Die Möglichkeiten, ein Essen zu erhalten, sind noch geringer.

Am besten ist, man bestellt in dem Quartier, in dem man wohnt, Essen im voraus. Außerdem werden an einigen Ständen *chai*, Bananen und ein paar Imbisse verkauft.

AN- UND WEITERREISE

Bus: Täglich um 6.00 und 11.15 Uhr fahren zwei Busse nach Karwar (7 Stunden, 27 Rs). Außerdem verkehren häufiger Nahverkehrsbusse nach Sagar, 30 km südöstlich der Fälle, wo Anschluß nach Zielen weiter südlich besteht.

Zug: Der nächstgelegene Bahnhof in Talguppa, 15 km südöstlich der Fälle, ist Endstation der Eisenbahnlinie von Birur. Wegen Umstellung von Meter- auf Breitspur war die Strecke jedoch bei Drucklegung stillgelegt, so daß man sich in Birur oder einem der bedeutenderen Knotenpunkte der Eisenbahn in Hubli oder Arsikere erkundigen muß, ob die Strecke bereits wieder in Betrieb genommen worden ist.

KARWAR

Telefonvorwahl: 08382

Karwar, nur ein kurzes Stück südlich von Goa, ist ein ruhiger Hafenort südlich des Kali Nadi. Die Landschaft in der Umgebung mit Bergen, die unmittelbar in das Meer abfallen und kleine Buchten sowie südlich des Ortes einige ruhige Strände haben entstehen lassen, ist sehr malerisch. Der Hafen des Ortes ist die Heimat von Hochsee-Trawlern. Allerdings könnte sich die Atmosphäre im Ort bald entscheidend ändern, denn ein paar Buchten weiter nach Süden soll ein Stützpunkt der indischen Marine errichtet werden. Niemand weiß, ob und ggf. wann dieser Plan in die Tat umgesetzt wird, denn derzeit ruht wegen finanzieller Probleme alles.

Von Karwar aus kann man auf dem Kali Nadi Ausflugsfahrten unternehmen und einen Spaziergang machen, um sich nördlich des Ortes die spektakuläre Brücke über den Fluß anzusehen. Dorthin braucht man zu Fuß 45 Minuten. Man kann aber auch für 20 Rs eine Rikscha dorthin nehmen.

UNTERKUNFT UND ESSEN

In Karwar gibt es in der Nähe der Bushaltestelle eine ganze Reihe von preiswerten Unterkünften. Ein durchaus annehmbares Quartier ist das Hotel Ashok (Tel. 64 18) mit Zimmern für 100 Rs und einem nichtvegetarischen Restaurant. Eine gute Wahl ist die Anand Bhavan Lodge (Tel. 63 56), zwei Minuten Fußweg von der Bushaltestelle entfernt, in der Doppelzimmer mit Bad (heißes Wasser morgens) und Balkon für 80 Rs vermietet werden.

Etwa 3 km nördlich des Ortes liegt gleich vor der Brücke über den Kali Nadi das noch relativ neue Hotel Bhadaa (Tel. 2 52 12), in dem man für ein normales Doppelzimmer 150 Rs und für ein Zimmer mit Klimaanlage 275 bis 350 Rs bezahlen muß. Zu diesem Haus gehört auch ein gutes vegetarisches und nicht-vegetarisches Restaurant.

Die Sea View Lodge mit Restaurant an der ersten Ecke hinter der Bushaltestelle ist wahrscheinlich die älteste Lodge in Karwar und hat ein paar annehmbare Zimmer sowie ganz ordentliches Essen zu bieten.

Hervorragend essen läßt sich im City Dine, gelegen eine Nebenstraße zwischen der Sea View Lodge und der Anand Bhavan Lodge hinauf. Die Mitarbeiter in diesem Lokal sind sehr jovial und haben eine ganze Reihe von Gerichten zu bieten, sogar während der häufigen Stromausfälle im Ort.

AN- UND WEITERREISE

Die Bushaltestelle in Karwar, gelegen unweit der Ortsmitte, ist zeitweise ein einziges Trauerspiel, weil dann riesige Mengen von Menschen um die wenigen Plätze in den Bussen kämpfen.

Von hier fahren achtmal täglich Busse von Kadamba in 4½ Stunden nach Panaji (21 Rs). Busse nach Jog Falls beginnen um 7.30, und 15.00 Uhr ihre siebenstündigen Fahrten zum Preis von 27 Rs.

Mindestens einmal täglich kommt man mit einem Bus auch nach Hubli, Bijapur, Belgaum, Mangalore, Bellary, Belur, Sringeri und Chikmagalur.

DIE UMGEBUNG VON KARWAR

ANKOLA

Beim kleinen Dorf Ankola, 37 km südlich von Karwar, findet man einen relativ selten besuchten Strand. Unweit der Hauptstraße kann man sich die Ruinen des Forts von König Sarpamalika und den Sri-Venkatraman-Tempel ansehen, beide aus dem 15. Jahrhundert. In einer nicht näher gekennzeichneten Werkstatt aus Lehmziegeln beim Tempel stehen zwei riesige Triumph-wagen. Zwei starke Elefanten werden benötigt, um sie zu ziehen. Jeder Zentimeter dieser Wagen ist reich beschnitzt. Dargestellt sind Szenen aus dem *Ramayana*.

GOKARNA

Etwa 23 km südlich von Ankola liegt das Dorf Gokarna, das wegen des Mahabaleshwara-Tempels ein bedeutender Wallfahrtsort ist.

DIE MITTE VON KARNATAKA

HAMPI

Einwohner: 900
Telefonvorwahl: 08394
Die Ruinen der Stadt Vijayanagar in Hampi stellen eine der interessantesten, aber auch am seltensten besuchten historischen Stätten in ganz Indien dar. Die wunderschöne Anlage wurde in einer fremdartigen, aber wunderschönen Landschaft mit sanften Hügeln und Kuppen errichtet, in der die Tungabhadra durch den nördlichen Teil fließt. Von der Anlage geht etwas Zauberhaftes aus. Die Ruinen sind zwar von herausragender Bedeutung, liegen aber auch über ein großes Gebiet verstreut. Die beste Möglichkeit, um die Atmosphäre auf sich wirken zu lassen, ist es, mehrere Tage hier zu verbringen und sich genug Zeit zu lassen, die Gegend zu erkunden, auch wenn man es mit frühem Aufstehen schaffen kann, sich alles zu Fuß an einem Tag anzusehen. Die Hinweisschilder in der Anlage sind zwar etwas unzureichend und die Wege manchmal schwer zu erkennen, aber richtig verlaufen kann man sich dennoch kaum. Am besten ist, an den einzelnen Stätten nicht allein herumzulaufen, insbesondere nicht bei Sonnenaufgang und Sonnenuntergang, wenn es noch oder bereits relativ dunkel ist, denn in den letzten Jahren ist es bereits zu ein paar Überfällen gekommen.

ORIENTIERUNG

Für einen Besuch der Ruinen gibt es zwei Ausgangspunkte: Hampi Bazaar und das kleine Dorf Kamalapuram weiter nach Süden hin. Beide eignen sich gut, um mit einem Besuch der Ruinen zu beginnen, auch wenn die meisten Leute es vorziehen, damit in Hampi Bazaar anzufangen. Von dort ist es möglich, zu allen bedeutenden Stätten zu Fuß zu gehen und dann hinunter zum Museum in Kamalapuram zu spazieren, von wo aus man mit Bussen zurück nach Hospet oder Hampi Bazaar fahren kann. Es besteht aber auch die Möglichkeit, nach Hampi entlang der Straße in 40 Minuten Fußweg zurückzukehren. Dabei ist man zumindest einen ganzen Tag im Freien, so daß es keine schlechte Idee ist, etwas Verpflegung und Trinkwasser bei sich zu haben, auch wenn man sowohl in Hampi Bazaar als auch in Kamalapuram in Restaurants einkehren und man an ein paar Ständen mit Erfrischungsgetränken und in gelegentlich auftauchenden Teestuben seinen Durst löschen kann.

PRAKTISCHE HINWEISE

Eine Veröffentlichung von D. Devakunjari mit dem Titel *Hampi*, die vom Archaeological Survey herausgegeben wurde, wird im Museum in Kamalapuram für 12 Rs verkauft. Sie dokumentiert die Geschichte des Vijayanagar-Reiches und enthält eine Beschreibung sowie Zeichnungen der Ruinen. Ausführlicher, aber dennoch gut lesbar, ist das Buch *Hampi Ruins* von A. H. Longhurst, das man für 45 Rs in den Aspiration Stores unweit vom Eingang zum Virupalsha-Tempel in Hampi Bazaar kaufen kann. Auch ganz gute Karten der Gegend sind in Hampi Bazar erhältlich. Die kann man sich im Fremdenverkehrsamt oder, besser noch, in den Aspiration Stores besorgen.

Das Museum in Kamalapuram (geöffnet von 10.00 bis 17.00 Uhr) kann mit einigen wunderschönen Skulpturen sowie Münzen aufwarten und ist einen Besuch wert. Einen Überblick über Hampi gibt ein großes Modell der Anlage im Innenhofes des Museums.

SEHENSWÜRDIGKEITEN

Hampi Bazaar: Der alte Hampi Bazaar ist heute ein geschäftiges Dorf geworden, in dem die Einheimischen (und ihre Tiere) die alten Basargebäude, die die Hauptstraße säumen, für sich nutzbar gemacht haben. Das Dorf hat sich zu einem kleineren Zentrum für Globetrotter entwickelt und eignet sich hervorragend zum Übernachten, wenn man sich mit wenig Komfort und der Tatsache abfinden kann, daß jeden Morgen Dung auf den Treppenstufen verstreut wird, um den Staub zu binden und die *rangolis* (Kreidemuster) frisch aussehen zu lassen.

Am geschäftigsten geht es im westlichen Teil von Hampi Bazaar zu. Dort stößt man auf eine Reihe von Restaurants, die sich auf die Versorgung von Besuchern auf dem Westen eingestellt haben, kommt aber auch zu den Aspiration Stores, wo man eine Vielfalt an Büchern sowie Andenken wie handgeschöpftes Papier kaufen kann. Viele Stände mit Erfrischungsgetränken und Plunder stehen dort ebenfalls.

Das Dorf wird vom Virupaksha-Tempel mit seinem 52 m hohen *gopuram* dominiert, dem Merkmal, an dem man Tempel in Tamil Nadu erkennen kann. Der Tempel geht auf die Mitte des 15. Jahrhunderts zurück und ist ein beliebtes Ziel indischer Touristen. Ein Schild im Tempelhof fordert dazu auf, „bitte die Bananen außerhalb der Sichtweite der Affen zu halten", was darauf hinweist, daß die Affen gern Bananen stehlen.

Vittala-Tempel: Vom äußeren Ende von Hampi Bazaar führt ein Pfad links zu einer der größten Sehenswürdigkeiten der Ruinenanlage, dem Vittala-Tempel. Dieser Tempel gehört zu den bedeutendsten Denkmälern der Welt, die als Erbe der Menschheit anerkannt und von denen in Südindien nur drei zu finden sind. Bei den anderen beiden handelt es sich um Thanjavur und Mahabalipuram in Tamil Nadu. Der Tempel ist sehr gut erhalten, auch wenn Puristen daran herumnörgeln mögen, daß Säulen aus Zement errichtet wurden, damit das Hauptgebäude nicht zusammenfällt. Auch wenn er nie fertiggestellt oder geweiht wurde, weist die bildhauerische Arbeit den höchsten Feinheitsgrad auf und gilt als Gipfel der Vijayanagar-Kunst. Die äußeren Säulen sind als „musikalischen Säulen" bekannt, da sie hallen, wenn man gegen sie schlägt, auch wenn dazu wegen des Zustands der Säulen nicht unbedingt geraten werden

Die Ruinen von Vijayanagar

Vijayanagar oder Hampi, wie die Anlage heute oft genannt wird, war einmal die Hauptstadt des größten hinduistischen Reiches Indiens. Die Stadt wurde 1336 von den beiden Telegu-Prinzen Harihara und Bukka gegründet und erreichte ihre Blütezeit unter Krishnadevaraya (1509-29). Damals gehörte zu diesem Königreich die gesamte Halbinsel südlich der beiden Flüsse Krishna und Tungabhadra, ausgenommen nur ein paar handeltreibende Fürstentümer an der Malabar-Küste. Wie das Delhi des 14. Jahrhunderts hatte die Stadt eine Ausdehnung von 33 Quadratkilometern. Geschützt war sie von sieben konzentrisch verlaufenden Befestigungsmauern. Eine halbe Million Menschen soll hier gelebt haben. Glaubt man den Aufzeichnungen des persischen Botschafters Abdul Razak, dann gab es damals ein Heer von allein einer Million Söldnern. Zu diesem Heer gehörten auch berittene Bogenschützen, um das Reich vor den moslemischen Staaten im Norden zu schützen. Der Wohlstand von Vijayanagar beruhte auf der Kontrolle des Gewürzhandels nach Süden und des Baumwollhandel des Südostens. Die geschäftstüchtigen Händler in den Basaren machten gute Umsätze. Europäische Reisende der damaligen Zeit, wie z. B. Nunez und Paes, waren davon sehr beeindruckt. So jedenfalls kann man es ihren Aufzeichnungen entnehmen. Hampi war ein Zentrum internationalen Handels. Die damalige Religion war eine Mischung aus dem zu der Zeit vorherrschenden Hinduismus mit einer überschwenglichen Verehrung der Götter Vishnu und Shiva. Wie in den Hoysala-Königreichen wurde der Jainismus aber ebenfalls praktiziert. Die Brahmanen genossen Vorrechte, und der *sati*, der Verbrennungstod der Witwen auf den Scheiterhaufen der Ehemänner, war weithin verbreitet. Auch Tempelprostitution war üblich. Schriften der Brahmanen, die man auf diesem Gelände fand, berichten, daß bereits im 1. Jahrhundert n. Chr. Siedlungen bestanden, und lassen den Schluß zu, daß in der Umgebung sogar ein buddhistisches Zentrum betrieben wurde.

Im Jahre 1565 erlebte das Königreich aber ein plötzliches Ende. Nach der verheerenden Schlacht bei Talikota wurde die Stadt völlig ausgeplündert. Dazu hatten sich die Sultane von Bidar, Bijapur, Golconda, Ahmednagar sowie Berar verbündet und ermöglichten so den Siegeszug der Moslems nach Südindien.

Mit den Ausgrabungen in Vjayanagar ist unter der Leitung des Archäologischen Dienstes Indiens in Zusammenarbeit mit der Regierung des Bundesstaates Karnataka 1976 begonnen worden. Diese Ausgrabungen dauern heute noch an.

Wenn irgend etwas in Indien mit der Mystik und der Romantik von Macchu Picchu in den peruanischen Anden vergleichbar ist, dann ist es diese Anlage.

kann. Die Steinkutsche, die die sonst üblichen hölzernen Tempelwagen ersetzt, ist eines der Motive, die in diesem Teil Indiens am häufigsten fotografiert werden. Die Räder haben sich sogar gedreht.

Sule Bazaar und Achyutaraya-Tempel: Auf halbem Wege zwischen Hampi Bazaar und dem Tempel, aber ein Stück nach rechts, ist der verlassene Sule Bazaar gelegen, der einen Eindruck davon vermittelt, wie Hampi Bazaar früher ausgesehen hat, als er noch nicht von den Dorfbewohnern in Besitz genommen war. Am südlichen Ende dieses Gebietes erhebt sich der Achyutaraya-Tempel, der - wenn das überhaupt möglich ist - mehr Atmosphäre ausstrahlt als der Vittala-Tempel, weil sich dort kaum jemand aufhält, und der ebenfalls mit einigen schönen Verzierungen versehen wurde.

Königliche Einfriedung: Dieser Teil von Hampi ist ganz anders als der nördliche Bereich, weil man nirgends so viele abgerundete Steine herumliegen sehen kann. Das ist aber auch nicht verwunderlich, denn die Ausbreitung der wunderschön hergestellten Steinmauern in dieser Gegend ist überwältigend.

Vom Achyutaraya-Tempel zu der anderen bedeutenden Stätte in Hampi mit der königlichen Einfriedung, dem Lotus Mahal, den Elefantenställen und den dazugehörigen Tempeln ist es ein ganzes Stück zu Fuß (etwa 2 km). Dabei muß man bei Verstand sein, denn sonst verläuft man sich (auch wenn das nicht dramatisch ist).

Hinter dem Achyutaraya-Tempel (am südlichen Ende) muß man den Weg benutzen, der an einem kleinen Schrein vorbei unter einem riesigen, alten, knorrigen

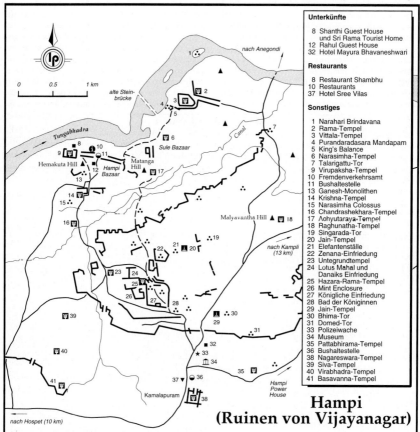

Unterkünfte

8 Shanthi Guest House
und Sri Rama Tourist Home
12 Rahul Guest House
32 Hotel Mayura Bhavaneshwari

Restaurants

8 Restaurant Shambhu
10 Restaurants
37 Hotel Sree Vilas

Sonstiges

1 Narahari Brindavana
2 Rama-Tempel
3 Vittala-Tempel
4 Purandaradasara Mandapam
5 King's Balance
6 Narasimha-Tempel
7 Talarigattu-Tor
9 Virupaksha-Tempel
10 Fremdenverkehrsamt
11 Bushaltestelle
13 Ganesh-Monolithen
14 Krishna-Tempel
15 Narasimha Colossus
16 Chandrashekhara-Tempel
17 Aohyutaraya-Tempel
18 Raghunatha-Tempel
19 Singarada-Tor
20 Jain-Tempel
21 Elefantenställe
22 Zenana-Einfriedung
23 Untegrundtempel
24 Lotus Mahal und
Danaiks Einfriedung
25 Hazara-Rama-Tempel
26 Mint Enclosure
27 Königliche Einfriedung
28 Bad der Königinnen
29 Jain-Tempel
30 Bhima-Tor
31 Domed-Tor
33 Polizeiwache
34 Museum
35 Pattabhirama-Tempel
36 Bushaltestelle
38 Nagareswara-Tempel
39 Siva-Tempel
40 Virabhadra-Tempel
41 Basavanna-Tempel

**Hampi
(Ruinen von Vijayanagar)**

Baum verläuft und dann entlang eines Bewässerungsgrabens mit Blick über ein Feld darunter führt. Später auf diesem Weg muß man drei weitere Bewässerungsgräben überqueren, bis auf den Boden des Tales gehen und am hinteren Ende wieder hinauf, bis man zu einem vierten Bewässerungsgraben (dem größten, der immer Wasser führt) neben einem kleinen, teilweise bereits verfallenen Shiva-Tempel kommt, in dem die Figur von Shiva bereits fehlt, die Figur von Nandi aber noch zu sehen ist.

Unmittelbar gegenüber von diesem Tempel führt eine Steinbrücke über den Graben. Die muß man überqueren und sich dann nach rechts halten. Nun kommt man hinter einem weiteren aufgegebenen Tempel vorbei, nach dem man sich nach rechts wenden muß, bis man zu den Mauern des Palastes kommt. Der Eingang durch die Mauer befindet sich rechts. Gleich hinter der Mauer muß man scharf nach links abbiegen und dem Schotterweg folgen, bis man die königliche Einfriedung erreicht.

Innerhalb mehrerer Einfriedungen kann man den Rest der bedeutenden Sehenswürdigkeiten von Hampi besichtigen. Die ersten sind der Lotus Mahal und die Elefantenställe. Bei ersterem handelt es sich um einen geschmackvoll entworfenen Pavillon in einem von Mauern umgebenen Hof, der als Zanana-Einfriedung bezeichnet wird. Das Gebäude wurde nach der Lotosknospe benannt, die sich in der Mitte der mit einer Kuppel versehenen gewölbten Decke befindet. Die Elefantenställe sind ein großes Gebäude mit elf Boxen und einem kuppelförmigen Dach. Hier wurden die Elefanten des Staates untergebracht.

Weiter südlich kommt man zur königlichen Einfriedung mit verschiedenen Tempeln, zum unterirdischen Tempel und zum Königinnenbad.

UNTERKUNFT

Hampi Bazaar: Wenn Romantik und Atmosphäre die Gründe waren, um nach Hampi zu kommen, dann übernachtet man besser hier. Die Unterkünfte sind einfach, aber dennoch annehmbar.

Das beste Quartier ist wahrscheinlich das Shanti Guest House (Tel. 5 13 68) mit Preisen von 40 bzw. 50 Rs für ein einfaches, aber sauberes Einzel- oder Doppelzimmer mit großen Betten, sauberen Gemeinschaftstoiletten und Duschen mit kaltem Wasser. Dieses Haus ist ein beliebtes Ziel von Rucksackreisenden, in dem man aber so etwas wie Fenster im Zimmer oder Spiegel nicht erwarten darf. Hier kann man, wenn die Zimmer belegt sind, für 15 Rs auch auf dem Dach schlafen, braucht dann aber ein Insektenschutzmittel, weil die Moskitos unersättlich sind. Das Shanti Guest House ist gut ausgeschildert. Im dorthin zu gelangen, geht man hinauf zum Eingang des Tempels, wendet sich zunächst nach rechts und biegt dann nach links ab.

Zu den gleichen Preisen kommt man im Rahul Guest House an der linken Seite, kurz bevor man von Hospet nach Hampi Bazaar kommt, in spartanischen Zimmern (Zementzellen wäre eine bessere Beschreibung) mit Matratzen auf dem Boden, Gemeinschaftstoiletten und Wasser aus Eimern unter.

Ein großes Haus, beliebt bei indischen Besuchern, ist das Sri Rama Tourist Home rechts vom Tempel. Mit feuchten Einzel- und Doppelzimmern für 40 bzw. 80 Rs ist es allerdings überteuert.

Das Sri Bhuvaneshvari Guest House hinter dem Fremdenverkehrsbüro hat Mini-Zimmer zu bieten, in denen man allein für 20 Rs und zu zweit für 25 Rs übernachten kann. Es kann sein, daß man in dieser Unterkunft auf dem Dach sogar kostenlos übernachten darf.

Kamalapuram: Eine nagelneue Unterkunft ist das Hotel Mayura Bhavaneshwari im Dort Kamalapuram (Tel. 08394/53 74), das unter dem begeisterten Einsatz des hilfsbereiten neuen Geschäftsführers K. T. N. Murthy geradezu aufzublühen scheint. Hier werden für ein Einzelzimmer 120 Rs und für ein Doppelzimmer 150 Rs verlangt, dafür aber auch sehr saubere Räume, rund um die Uhr heißes Wasser sowie Pflanzen, Moskitonetze und bequeme Betten in den Zimmern geboten. Ein Restaurant, in dem man zum Frühstück sogar Toast erhalten kann, ist ebenfalls vorhanden, jedoch keine Bar, auch wenn Bier dennoch „arrangiert" werden kann.

ESSEN

Hampi Bazaar: Überall an der Straße zum Virupaksha-Tempel gibt es viele einfache Restaurants und Stände mit Erfrischungsgetränken. Die meisten dieser Lokale sind winzig, enthalten nur fünf oder sechs Tische und eignen sich für ein Essen mit den üblichen indischen Speisen, aber auch den gängigen westlichen Gerichten wie Omelett, Chips, Spaghetti usw. Zwischen den meisten dieser Restaurants bestehen nur wenig Unterschiede, allerdings ist erstaunlich, wie viele verschiedene Gerichte mit den wenigen Zutaten, die erhältlich sind, zubereitet werden können. Für welches Lokal man sich entscheidet, wird wahrscheinlich davon abhängen, wo man das Gericht erhält, das man gern essen möchte. Zum empfehlen sind das Restaurant Welcome mit sehr leckerem Omelett und Gemüseeintopf sowie die Restaurants Gopi und Geeta. Einen Versuch wert ist ferner die Teestube Ramsing.

Eines der größten Restaurants an dieser Straße und das beste für ein indisches Gericht ist das Sri Venkateswara an der rechten Seite, wenn man sich dem Tempel nähert. Dort erhält man mittags *tiffin* und abends Thalis (10 Rs). Zu diesem Lokal gehört auch eine lange Veranda in Straßenhöhe, die sich hervorragend eignet, um vorbeigehende Leute zu beobachten.

Ein sehr beliebter Treffpunkt von Globetrottern ist das Restaurant Shambhu gegenüber vom Shanthi Guest House. Dort ist die Atmosphäre gemütlich, die Musik angenehm und das Essen so, daß es den Geschmack fast aller Gäste aus dem Westen trifft.
Vor dem Vittala-Tempel gibt es auch einen Stand mit Erfrischungsgetränken, die allerdings nicht gekühlt sind.

Kamalapuram: In diesem verschlafenen Dorf findet man ein paar bescheidene Lokale, von denen noch am bemerkenswertesten das Hotel Sree Vilas gegenüber der Bushaltestelle ist. Das ist ein erfreulich rustikales Ziel, das für sich in Anspruch nimmt, daß dort die besten *pakoras* der ganzen Gegend hergestellt werden. Serviert werden zum Frühstück *vadai* und *idli*, zum Mittagessen *puri* und zum Abendessen *dosa*. Wenn man hier abends essen möchte, muß man früh ankommen, weil bereits gegen 19.30 Uhr geschlossen wird.
Daneben gibt es im Dorf noch zwei oder drei andere „Restaurants" mit Meals, aber das sind eigentlich nichts anderes als die Zimmer in Privathäusern.
Das einzige richtige Restaurant befindet sich im Hotel Mayura Bhavaneshvar der KSTDC, in dem ganz ordentliches vegetarisches und nichtvegetarisches Essen angeboten wird.

AN- UND WEITERREISE SOWIE NAHVERKEHR
Zwischen Hampi Bazaar und Hospet (13 km, 30 Minuten, 2,50 Rs) verkehren fast stündlich Busse. Der erste Bus fährt in Hospet um 6.30 Uhr ab, der letzte von Hampi Bazaar um 20.00 Uhr zurück. Die Busse am späten Nachmittag zurück sind häufig sehr überfüllt. Wenn man damit fahren will, muß man seine Ellbogen einsetzen.
Busse fahren aber auch stündlich zwischen Hospet und Kamalapuram am südlichen Ende der Ruinen. Damit kommt man von Kamalapuram nach Hospet morgens ab 6.00 Uhr und abends bis 20.30 Uhr.
Busse werden stündlich ebenfalls zwischen Hampi Bazaar und Kamalapuram eingesetzt und können für 1,25 Rs benutzt werden. Mit einer Auto-Rikscha läßt sich diese Strecke für 20 Rs zurücklegen.
Auto-Rikschas sind ab Hospet ebenfalls unterwegs, und zwar zum Ausländerpreis für 50 Rs nach Hampi Bazaar, für 40 Rs zum Bad der Königin unweit von Kamalapuram und für 35 Rs nach Kamalapuram.
Eine Alternative wäre es, in Hospet oder Hampi Bazaar ein Fahrrad zu mieten, auch wenn die Anlage selbst nicht unbedingt zum Radfahren ideal ist. Das gilt für den Pfad zum Vittala-Tempel sowie für viele andere Wege, auf denen man meistens nur zu Fuß gehen kann.
Wer durch die Ruinen spaziert, sollte wenigstens 7 km Weg einkalkulieren, wenn er die wichtigsten Stätten sehen will. Den überwiegenden Teil der Ruinen kann man sich innerhalb eines Tages ansehen, wer sich jedoch zwei Tage Zeit läßt, kann ein gemütlicheres Tempo wählen.

HOSPET

Hospet: 146 000
Telefonvorwahl: 08394
Viele Besucher, die in Hampi die Ruinen von Vijayanagar sehen wollen, wählen Hospet als Übernachtungsort. Das ist eine typische Kleinstadt im Hinterland von Karnataka: staubige Straßen, unzählige Ochsenkarren, Fahrräder und klapperige Busse. In der Nähe des Tungabhadra-Dammes entstand ein Industriegebiet, aber es fällt kaum ins Auge.

PRAKTISCHE HINWEISE
Das Fremdenverkehrsamt (Tourist Office) hat absolut keine Informationen zu bieten, so daß es keinen Grund gibt, es aufzusuchen.
In der State Bank of Mysore neben dem Fremdenverkehrsamt werden nur Reiseschecks von American Express eingelöst. Bargeld läßt sich in der State Bank of India wechseln, allerdings nur US-Dollar und englische Pfund.

Muharram-Fest

In der meisten Zeit des Jahres ist Hospet kaum von Bedeutung. Das ändert sich aber beim Muharram-Fest, wenn die Stadt anläßlich des Tages zur Erinnerung an das Märtyrertum von Imam Hussain, des Enkels von Mohammed, zum Leben erwacht. Sollte man zu dieser Zeit (der genaue Tag ändert sich von Jahr zu Jahr) gerade in der Gegend sein, wäre es schade, das Fest auszulassen. Aufregend anzusehen sind die Feuergänger, die mit bloßen Füßen über rot glühende Kohlen der Freudenfeuer laufen. Diese Feuer brennen Tag und Nacht. Dann ist die ganze Stadt auf den Beinen, in der gegen Mitternacht die Stimmung ihren Höhepunkt erreicht. Die Vorbereitungen, die den ganzen Tag über andauern, scheinen eine eigenartige Mischung aus moslemischen und hinduistischen Ritualen zu sein. Es lohnt sich, die halbe Nacht aufzubleiben, um Zeuge dieses Spektakels zu werden.

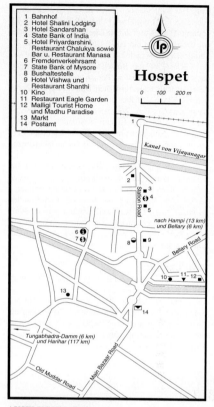

1 Bahnhof
2 Hotel Shalini Lodging
3 Hotel Sandarshan
4 State Bank of India
5 Hotel Priyardarshini,
Restaurant Chalukya sowie
Bar u. Restaurant Manasa
6 Fremdenverkehrsamt
7 State Bank of Mysore
8 Bushaltestelle
9 Hotel Vishwa und
Restaurant Shanthi
10 Kino
11 Restaurant Eagle Garden
12 Malligi Tourist Home
und Madhu Paradise
13 Markt
14 Postamt

Hospet

0   100   200 m

Kanal von Vijayanagar

Station Road

nach Hampi (13 km)
und Bellary (6 km)

Bellary Road

Tungabhadra-Damm (6 km)
und Harihar (117 km)

Old Muddar Road

Main Bazaar Road

auch Dreibettzimmer für 140 und 160 Rs sowie klimatisierte Luxuszimmer für 250 und 300 Rs. Alle Zimmer sind mit Bad ausgestattet, in dem auch heißes Wasser zur Verfügung steht. Außerdem gehören zu diesem Haus ein Garten mit einer Bar und einem Restaurant.

Billiger, aber häufig voll belegt, ist das kleine Hotel Shalini Lodging in der Station Road (Tel. 89 10), in dem mit Badbenutzung einfache Einzelzimmer für 30 Rs und einfache Doppelzimmer für 40 Rs sowie Zimmer mit eigenem Bad für 30 bzw. 50 Rs vermietet werden. Dreibettzimmer sind für 65 Rs zu haben. Das nahegelegene Hotel Sandarshan in der Station Road (Tel. 85 74) ist geringfügig teurer, sieht aber besser aus, als es wirklich ist.

Besser im Standard ist das Hotel Vishwa, ebenfalls in der Station Road und gegenüber der Bushaltestelle (Tel. 71 71), in dem für ein großes, sauberes Zimmer mit Bad von Alleinreisenden 60 Rs, von Paaren 107 Rs und von vier Leuten zusammen 199 Rs verlangt werden. Dieses Haus liegt etwas von der Straße zurück, so daß es in den Zimmern, alle mit Balkon, relativ ruhig ist. Heißes Wasser steht morgens zur Verfügung.

Ebenfalls in der Station Road liegt das beste Haus der Stadt, das Hotel Priyardarshini (Tel. 88 38). Hier kosten die Einzelzimmer 70 Rs, die Doppelzimmer 120 bis 220 Rs und die Dreibettzimmer 180 bis 220 Rs, während man für ein klimatisiertes Doppelzimmer ab 300 Rs bezahlen muß. Nach dem Bericht eines Besuchers ist dieses Haus eine „Oase der Sauberkeit". Das Haus ist in der Tat sauber sowie komfortabel und hat in jedem Zimmer auch heißes Wasser sowie einen Balkon zu bieten. In der Lobby findet man zudem eine Vertretung der KSTDC.

Ferner gibt es am Bahnhof zwei Ruheräume (Retiring Rooms), für die man als Doppelzimmer 30 Rs bezahlen muß.

Bleibt noch als Unterkunft außerhalb von Hospet das Hotel Mayura Vijayanagar der KSTDC am Tungabhadra-Damm zu erwähnen (Tel. 4 82 70). Dort kann man in einem Einzelzimmer für 75 Rs und in einem Doppelzimmer für 95 Rs übernachten. Das ist vom Preis her nicht schlecht, aber ansonsten ist das Hotel für irgend etwas anderes als den Damm zu ungünstig gelegen.

ESSEN

Im Restaurant Shanthi des Hotels Vishwa bekommt man mittags für 12 Rs ein ausgezeichnetes vegetarisches Essen. Zudem sind den ganzen Tag über Imbisse erhältlich. Ähnlich ist das Madhu Paradise im Malligi Tourist Home, in dem man ebenfalls gute vegetarische Gerichte erhält.

Sehr beliebt, weil man draußen sitzen kann, ist das Restaurant Eagle Garden hinter dem Malligi Tourist Home. Das Essen ist gut und die Bedienung prompt, die Rechnung allerdings auch etwas höher. Man sollte ca.

AUSFLUGSFAHRTEN

Die Fahrten der KSTDC zu den wichtigsten Stätten in Hampi (Hampi Bazaar, Vittala-Tempel und königliche Einfriedung) sowie zum Tungabhadra-Damm beginnen um 9.30 Uhr, dauern bis 17.30 Uhr und kosten 60 Rs. Anmelden zur Teilnahme kann man sich in Hospet im Fremdenverkehrsamt, im Malligi Tourist Home und im Hotel Priyardarshini. Wenn möglich, sollte man sich mindestens einen Tag vorher anmelden, weil die Fahrten häufig ausgebucht sind. Zu Mittag gegessen wird im Restaurant des Hotels der KSTDC in Kamalapuram (im Preis nicht enthalten).

UNTERKUNFT

Eines der besten Quartiere und ein alter Favorit bei Globetrottern ist das freundliche Malligi Tourist Home in der Jambunatha Road 6/143 am Kanal (Tel. 81 01). Für ein Einzelzimmer muß man hier 60 Rs und für ein Doppelzimmer 95-160 Rs bezahlen. Vorhanden sind

60 bis 80 Rs für zwei Personen einkalkulieren. Für ein kaltes Bier wird jedoch der normale Betrag verlangt. Geöffnet ist täglich von 7.00 bis 23.00 Uhr.

Ein einladendes Ziel zum Essen ist das Hotel Priyardarshini mit dem vegetarischen Restaurant Chalukya drinnen und dem nichtvegetarischen Gartenrestaurant draußen, das den Namen Bar und Restaurant Mansana erhalten hat. Das Mansana ist zudem abends ein beliebter Treffpunkt für einen Drink oder ein Essen und zum Mittag- sowie Abendessen (bis 23 Uhr) geöffnet. Im Chalukya kann man den ganzen Tag über etwas essen und trinken kann.

AN- UND WEITERREISE

Bus: Die Bushaltestelle in Hospet ist ganz gut organisiert. Die einzelnen Stationen sind sowohl in Englisch als auch in Kannada gekennzeichnet. Auf der anderen Seite sind die Busse in diesem Teil von Karnataka sehr klapperig. Zudem muß man darum kämpfen hineinzukommen, bis sie völlig überfüllt abfahren.

Mehr als 10 Schnellbusse fahren täglich zwischen 7.00 und 23.45 Uhr nach Bangalore (358 km, im normalen Bus 70 Rs und im Schnellbus 105 Rs). Fast genauso viele Busse verkehren nach Hubli (160 km, 3° Stunden, 31 Rs). Nach Hyderabad (408 km, 85 Rs) fahren täglich zwei Schnellbusse. Außerdem sind täglich ein Bus von Hospet nach Badami (6 Stunden, 30 Rs) und ein Direktbus nach Bijapur (215 km, 8 Stunden, 50 Rs) unterwegs. Fast stündlich fährt zudem ein Bus nach Bellary (65 km). Busverbindungen bestehen ferner nach Davanegere, Shimoga, Mangalore, Hassan und Karwar.

Zug: Der Bahnhof von Hospet ist zu Fuß 20 Minuten oder eine Fahrt mit einer Fahrrad-Rikscha für 10 Rs entfernt. Täglich verkehrt ein Direktzug nach Bangalore auf Breitspur, der um 20.30 Uhr abfährt (491 km, 10 Stunden, Schlafwagen 2. Klasse 120 Rs und Schlafwagen 1. Klasse 397 Rs). Bei allen anderen Verbindungen nach Bangalore (meistens Personenzüge) ist ein Umsteigen in Guntakal erforderlich. Dann kostet eine Fahrt in der 2. Klasse 101 Rs.

Wenn man auf dem Weg nach Badami (152 km, 5° Stunden, 24 Rs) oder Bijapur (8 Stunden, 35 Rs) ist, kann man den täglich um 12.30 Uhr abfahrenden Personenzug benutzen, bei dem man in Gadag nicht umzusteigen braucht.

Auf dem Weg nach Hubli und Goa muß man sich im Bahnhof erkundigen, ob der Betrieb bereits wieder aufgenommen worden ist und welche Zugverbindungen bestehen. Früher war der beste Zug nach Goa der *Guntakal-Vasco Express*, weil man mit dem in Hubli oder Gadag nicht umzusteigen brauchte. Das könnte sich jedoch nach der Umstellung der Strecke auf Breitspur geändert haben.

NAHVERKEHR

Nach Hampi fahren am Bussteig 10 häufig Busse ab (vgl. Abschnitt über Hampi).

Auch zum Tungabhadra-Damm fahren von Hospet viele Busse (15 Minuten). Kommt am Damm längere Zeit kein Bus in Richtung Hospet vorbei, dann sollte man bis zur Kreuzung gehen, wo häufiger Busse nach Hospet vorbeikommen.

HUBLI

Einwohner: 700 000
Telefonvorwahl: 0836

Für Indienreisende ist Hubli vor allem als Eisenbahnknotenpunkt auf den Strecken von Bombay nach Bangalore, Goa und Nord-Karnataka von Bedeutung. Bei den Recherchen zu diesem Buch war der Eisenbahnverkehr auf dem Bahnhof jedoch fast zum Erliegen gekommen, weil so gut wie alle Strecken in der Gegend von Meter- auf Breitspur umgestellt wurden. Diese Umstellungsarbeiten sollten in der Zwischenzeit beendet sein, aber dennoch muß man sich am Bahnhof erkundigen, welche Züge in die Richtung verkehren, in die man reisen möchte.

Alles, was man als Besucher benötigt - Hotels, Restaurants usw. -, befindet sich in unmittelbarer Umgebung des Bahnhofs. Die Bushaltestelle liegt recht zentral am hinteren Ende der Lamington Road, etwa 15 Minuten zu Fuß vom Bahnhof entfernt.

UNTERKUNFT

Das sehr zu empfehlende Hotel Ajanta (Tel. 36 22 16) ist nur ein kurzes Stück von der Hauptstraße abgelegen und bereits vom Bahnhof aus zu sehen. Es handelt sich um einen riesigen Bau, in dem immer noch etwas frei ist. Für ein Zimmer mit Badbenutzung zahlt man allein 35 Rs und zu zweit 60 Rs, mit eigenem Bad 60 bzw. 90 Rs. Vermietet werden auch Dreibettzimmer mit eigenem Bad für 99 Rs. Im Erdgeschoß befindet sich ein Café mit „Meals".

Zur Modern Lodge (Tel. 36 26 54) an der Hauptstraße kommt man, bevor man das Hotel Ajanta erreicht. Mit Badbenutzung kosten einfache Einzelzimmer 25 Rs und ebenso einfache Doppelzimmer 40 Rs und mit eigenem Bad 70 Rs. Im Erdgeschoß steht auch hier ein Lokal mit „Meals" zur Verfügung. Das Hotel Ashok in der Lamington Road (Tel. 36 22 71, Fax 36 84 12), die parallel zu den Schienen verläuft, ist ca. 500 m vom

Bahnhof entfernt. Die Zimmer hier sind mit 75 bzw. 130 Rs pro Tag ihr Geld durchaus wert. Man kann auch in einem Luxusdoppelzimmer für 250 Rs und in einer Suite für 450 Rs übernachten.

Gelegen gegenüber vom Hotel Ashok und noch ein wenig besser ist das Hotel Kailash (Tel. 5 22 35). Für die sauberen Zimmer mit heißem Wasser werden hier 140 bzw. 250 Rs pro Tag berechnet. Für ein Luxuszimmer muß man allein 180 Rs und zu zweit 280 Rs und für Doppelzimmer mit Klimaanlage 415 Rs bezahlen (einschließlich Steuern).

In den Ruheräumen im Bahnhof kosten ein großes Zimmer 60 Rs und ein Bett im Schlafsaal 15 Rs. Alle Zimmer sind mit Moskitonetzen ausgestattet.

ESSEN

Im Hotel Kamat's Wasant Bhavan gegenüber vom Bahnhof bekommt man mittags für 11,50 Rs ein Tellergericht. Im oberen Stock befindet sich auch ein klimatisierter Speiseraum. Außerhalb der Mittagszeit sind Kaffee und *tiffin* erhältlich. Größer ist die Auswahl im Hotel Vaishali, einige Häuser vor der Modern Lodge. Die Biryanis für 18-21 Rs sind hier ganz ausgezeichnet. Neben der Modern Lodge kommt man zur Bar und zum Restaurant Parag mit einem Dachrestaurant im Freien. Dort kann man vegetarische und nichtvegetarische indische und chinesische Gerichte essen. Wenn nicht gerade der Mond scheint, ist es häufig zu dunkel, um sehen zu können, was man gerade ißt, aber das Essen ist dennoch lecker. Hier erhält man auch kaltes Bier.

Einen Nachtisch oder ein Eis kann man sich im Femila Creamball gegenüber vom Parag gönnen.

AN- UND WEITERREISE

Flug: Der Flugplatz liegt 6 km von der Bushaltestelle entfernt. Von Hubli fliegt NEPC Airlines (Tel. 36 22 71) dreimal wöchentlich nach Bombay (100 US $) sowie über Mangalore (70 US $) nach Madras (100 US $).

Bus: In Hubli gibt es einen großen und geschäftigen Busbahnhof. Von dort fährt KSRTC fünfmal täglich nach Panaji in Goa (216 km, 6 Stunden, 38 Rs) und Bangalore (419 km, 9 Stunden, 81-121 Rs), dreimal täglich nach Madras (455 km, 10 Stunden, 91 Rs) und nach Pune (441 km, 10 Stunden, 98 Rs), zweimal täglich nach Bombay (596 km, 14 Stunden, 144 Rs) und Bijapur (204 km, 6 Stunden, 47 Rs) sowie einmal täglich nach Mangalore (9 Stunden, 96 Rs). Häufig bestehen ferner Busverbindungen nach Hospet (3$^1\!/_2$ Stunden, 31 Rs).

Nach Panaji kommt man auch mit den blauen Bussen von Kadamba, der staatlichen Busgesellschaft von Goa, und zwar vom Bussteig 10.

Gegenüber vom Busbahnhof findet man zahlreiche Büros privater Unternehmen, die Fahrten in „Super-Deluxe-Kanonendonner-Video-Bussen" anbieten. Diese Busse verkehren nach Bombay und Bangalore. Wenn man damit fährt, sollte man allerdings nicht damit rechnen, schlafen zu können, denn die vermaledeiten Videorekorder plärren ununterbrochen Tag und Nacht.

Zug: Das Büro für Reservierungen ist von 9.20 bis 13.00 Uhr und von 13.50 bis 17.00 Uhr geöffnet. Wenn man nach Hospet (145 km) will, findet man am besten mit dem *Vijayanagar Express*, der um 16.14 Uhr abfährt und bis zum Ziel vier Stunden braucht. Nach Bijapur (258 km, 7 Stunden) verkehren drei Züge täglich, in denen man in der 2. Klasse für 57 Rs und in der 1. Klasse für 209 Rs mitkommt. Es ist jedoch durchaus möglich, daß diese Verbindungen wegen der Umstellung der Eisenbahnstrecke von Hubli nach Hospet auf Breitspur derzeit noch unterbrochen sind.

DER NORDEN VON KARNATAKA

BELGAUM

Einwohner: 436 000
Telefonvorwahl: 0831

Im 12. und 13. Jahrhundert war Belgaum, gelegen auf einem ziemlich kahlen Plateau in der Nordwestecke des Staates, die Hauptstadt der Region. Heute liegt die Stadt an der Bus- und Bahnstrecke von Bombay über Pune nach Goa und besteht aus einem alten und auf dem Weg zum Bahnhof aus einem neuen Teil. Vom Sunset Point aus, an der alten Straße gelegen, hat man eine schöne Aussicht.

SEHENSWÜRDIGKEITEN

Fort: Nicht weit vom Busbahnhof entfernt steht das ovale Fort aus Stein. Besonders interessant ist es nicht, es sei denn, man mag Wassergräben mit Mücken, die Malaria übertragen. Einzig erwähnenswert ist, daß Mahatma Gandhi hier einmal eingesperrt war. Außerhalb des Forts, links vom Tor, findet der örtliche Viehmarkt statt. Er ist ebenso farbenfroh wie geruchsintensiv.

Moscheen, Tempel und andere Gebäude: Die Masjid-Sata stammt aus dem Jahre 1519. Recht interessant sind auch die beiden Jain-Tempel, von denen einer mit einem sehr eigenwilligen Dach versehen ist und der andere schöne Schnitzereien enthält. Vom Wachturm am Ganapath Galli in der Stadtmitte aus hat man einen guten Ausblick auf die umliegende Landschaft und auf die Berge in größerer Entfernung.

UNTERKUNFT UND ESSEN

Das Hotel Sheetal liegt etwa drei Minuten Fußweg vom Busbahnhof entfernt am Khade Bazaar, vorwiegend einer Fußgängerzone, die gegenüber vom Eingang zum Busbahnhof beginnt (Tel. 2 92 92). Die Zimmer hier sind sauber sowie hell und kosten als Einzelzimmer 60 Rs und als Doppelzimmer 100 Rs. Ein ganz gutes Restaurant ist in diesem Haus ebenfalls vorhanden. In den Ruheräumen der Eisenbahn (Railway Retiring Rooms) zahlt man für ein Einzelzimmer 20 Rs und für ein Doppelzimmer 30 Rs.

Ein ganzes Stück besser ist das nagelneue Hotel Mayura der KSTDC an der Umgehungsstraße der NH 4, gleich hinter dem See), zu dem Cottages mit Doppelzimmer für 150 Rs gehören. Übernachten kann man aber auch in dem hoch aufragenden, weißen Hotel Keerthi (Tel. 2 33 2, Fax 2 32 97), 500 m nach rechts, wenn man aus dem Busbahnhof kommt. Dort werden saubere, komfortable Einzel- und Doppelzimmer für 100 bzw. 150 Rs angeboten, Luxuszimmer für 150 bzw. 250 Rs. Außerdem kann man im Restaurant dieses Hotels ausgezeichnet vegetarisch und nichtvegetarisch essen. Eine Bar ist ebenfalls vorhanden.

Am Busbahnhof gibt es zudem eine Kantine mit preisgünstigen Imbissen. Daneben stößt man in Belgaum auf etliche Läden mit Süßigkeiten.

AN- UND WEITERREISE

Der Flugplatz liegt 11 km von der Stadt entfernt. Von Belgaum fliegt East West Airlines (Tel. 43 07 77) dreimal wöchentlich nach Bombay (1½ Stunden, 74 US $).

Den Busbahnhof findet man in der Nähe der Altstadt, aber ein ganzes Stück vom Bahnhof entfernt. Zwischen den beiden muß man wohl mit einer Rikscha fahren.

DIE UMGEBUNG VON BELGAUM

Etwa 60 km nördlich von Belgaum und 8 km von der Bahnlinie in Gokak Road entfernt, liegen die Gokak-Fälle. An diesen Wasserfällen braust der Ghataprabha nicht weniger als 52 m in die Tiefe.

BADAMI

Einwohner: 17 500
Telefonvorwahl: 08357

In einer Landschaft wie in einem Bilderbuch mit roten Sandsteinhügeln, aus Naturfelsen gehauenen Wasserbecken (künstlichen Seen) und friedlichen, landwirtschaftlich genutzten Feldern liegt das kleine, ländliche Dorf Badami, das ehemals die Hauptstadt des Chalukya-Reiches war. Diese Dynastie herrschte im 4.-8. Jahrhundert über den größten Teil des Dekkan. Hier und im nahegelegenen Aihole und Pattadakal sind die feinsten und ältesten drawidischen Tempel und Felsenhöhlen zu sehen. Die Formen und Skulpturen dieser Bauten waren richtungsweisend für die späteren hinduistischen Reiche, die im südlichen Teil der Halbinsel Aufstieg und Niedergang erlebten, bevor sie von den Moslems zerstört wurden.

Obwohl die Chalukya vorwiegend der vedischen Kultur huldigten, waren sie doch anderen Glaubensrichtungen gegenüber äußerst tolerant. Man fand Hinweise, daß zu ihrer Zeit auch der Shivaismus, Vishnuvismus, Jainismus und Buddhismus verbreitet waren und praktiziert wurden.

Badami war in den Jahren 540-757 n. Chr. die Hauptstadt der Chalukya, aus der sie von den Rashtrakuten vertrieben wurden. Es liegt herrlich in einer Schlucht, umgeben an allen Seiten und auf allen Spitzen von Tempeln, Befestigungsanlagen, Höhlen und Inschriften nicht nur aus der Zeit der Chalukya, sondern auch aus anderen Epochen, in denen die Stätte als Festung besetzt war. Nachdem die Rashtrakuten Badami eingenommen hatten, ging die Stadt in den Folgejahren nach und nach an die Chalukya von Kalyan (eine Splittergruppe der West-Chalukya) und weiter an die Kalachurya, die Yadava von Devagiri, das Vijayanagar-Reich, die Adil-Shahi-Könige von Bijapur und schließlich an die Marathen über.

Sie alle hinterließen in Badami ihre Spuren, seien es auch nur so kurze und knappe Hinweise wie die Inschrift der Pallava aus dem Jahre 642 n. Chr., die besagt, daß ihr König Narasimhavarman die Chalukya kurz und schmerzlos überrumpelte und Badami 13 Jahre lang besetzt hielt. Danach mußte er das Gebiet wieder räumen.

SEHENSWÜRDIGKEITEN

Badami: Der Ort ist am bekanntesten wegen seiner Felsentempel, die in die Klippe eines Hügels aus rotem Sandstein geschlagen wurden und durch Treppen miteinander verbunden sind. Die zeugen von allen religiösen Glaubensgemeinschaften, die auf indischer Erde entstanden sind. Zwei davon sind Vishnu geweiht, eine Shiva und eine Jain. Zu sehen ist aber auch eine Naturhöhle, die als buddhistischer Tempel diente.

Zwischen der zweiten und der dritten Höhle führt eine steinerne Treppe hinauf zum südlichen Fort, auch wenn es scheint, daß die Stufen von jemandem herausgeschlagen wurden, der eine Abneigung gegen Leute hatte, die weniger als 3 m groß waren.

Von den Höhlen hat man einen freien Blick auf den malerischen Agastyatirtha (einen künstlichen See aus dem 5. Jahrhundert). Aber das ist noch nicht alles, was man sich in Badami ansehen kann. Von den weiteren Zeugnissen aus der Geschichte sind zwei der schönsten die beiden Gruppen von Tempeln am See (bekannt als Bhutanatha-Tempel), gelegen in der Nähe des nördlichen Forts. Das Archäologische Museum nicht weit entfernt ist ebenfalls einen Besuch wert. Es beherbergt herrliche Beispiele der Skulpturen, die in der Gegend gefunden wurden, aber auch bemerkenswerte Laija-Gauri-Figuren eines Fruchtbarkeitskultes, der in der

Region blühte. Geöffnet ist das Museum außer freitags von 10.00 bis 17.00 Uhr.

Ansonsten ist Badami ein kleiner Ort abseits der Hauptstraße mit schmalen und verwinkelten Gassen, alten Häusern, kleinen Plätzen und einigen Ruinen aus der Zeit der Chalukya. Der Ort ist malerisch, und die Menschen sind freundlich.

Aihole: Aihole, 43 km von Badami entfernt, war während des 4.-6. Jahrhunderts eine Regionalhauptstadt. Aus dieser Zeit stammt eine meisterhafte hinduistische Tempelarchitektur, und zwar in einer Bandbreite von der frühesten Zeit, wie beim Ladkhan-Tempel, bis hin zu den späteren, viel feiner ausgearbeiteten Kunligudi- und Durgigudi-Tempeln. Der Durgigudi-Tempel weist noch eine Besonderheit für indische Tempel auf: Er hat eine runde Form und einen sehr einfachen *gopuram*, einen Turm über dem Eingangsbogen.

In und um Aihole stehen 70 Tempelbauten. Sie alle sind Zeugen einer Zeitspanne, in der die Chalukya sich intensiv mit der Tempelarchitektur beschäftigten. Die meisten dieser Bauten sind in einem guten Zustand.

Pattadakal: Dieses Dorf, 16 km von Badami entfernt, war nicht nur die zweite Hauptstadt der Chalukya, sondern auch der Ort, in dem alle Krönungsfeierlichkeiten stattfanden. Auf dem Höhepunkt seines Ruhmes war Pattadakal im 7. und 8. Jahrhundert. In dieser Zeit entstanden auch die meisten Tempel in dieser Gegend. Das bedeutendste Bauwerk ist der Lokeshwari- oder Virupaksha-Tempel, ein großer Bau, dessen Skulpturen Geschichten aus den hinduistischen Epen *Rama-*

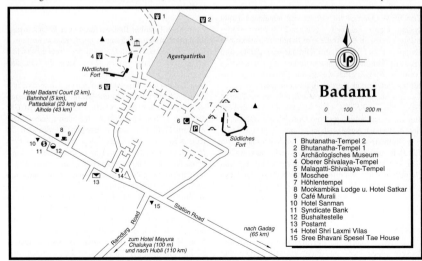

Badami

0   100   200 m

1 Bhutanatha-Tempel 2
2 Bhutanatha-Tempel 1
3 Archäologisches Museum
4 Oberer Shivalaya-Tempel
5 Malagatti-Shivalaya-Tempel
6 Moschee
7 Höhlentempel
8 Mookambika Lodge u. Hotel Satkar
9 Café Murali
10 Hotel Sanman
11 Syndicate Bank
12 Bushaltestelle
13 Postamt
14 Hotel Shri Laxmi Vilas
15 Sree Bhavani Spesel Tae House

Agastyatirtha

Nördliches Fort

Hotel Badami Court (2 km),
Bahnhof (5 km),
Pattadakal (23 km) und
Aihole (43 km)

Südliches Fort

Station Road

Ramdurg Road

zum Hotel Mayura
Chalukya (100 m)
und nach Hubli (110 km)

nach Gadag
(65 km)

929

yana und *Mahabharata* erzählen. Sie lassen auch einen Eindruck vom gesellschaftlichen Leben der ersten Chalukya entstehen. Die Bildhauereien am Mallikarjuna-Tempel berichten aus dem *Bhagavad Gita*, der Geschichte von Krishna. Der alte Jain-Tempel mit seinen steinernen Elefanten ist ebenfalls einen Besuch wert. Er steht einen Kilometer außerhalb der Ortsmitte.

UNTERKUNFT

Entlang der Hauptstraße von Badami gibt es mehrere einfache Unterkünfte, darunter die Mookambika Lodge gegenüber der Bushaltestelle (Tel. 32 67) mit sauberen Einzel- und Doppelzimmern für 60 bzw. 100 Rs und das Hotel Shri Laxmi Vilas mit lauten Zimmern mit Balkon für 40 bzw. 70 Rs. Außerdem kann man im einzigen Ruheraum der Eisenbahn am Bahnhof für 50 Rs übernachten. Das Hotel Mayura Chalukya der KSTDC in der Ramdurg Road (Tel. 32 46), etwa 400 m abseits der Station Road gelegen, befindet sich bereits in einem fortgeschrittenen Stadium des Verfalls, aber die Gärten sind ruhig und farbenfreudig, die Betten sauber, Moskitonetze vorhanden und die sanitären Anlagen funktionstüchtig, auch wenn sich an ihnen bereits Vandalen zu schaffen gemacht haben. Heißes Wasser steht ebenfalls zur Verfügung. Hier muß man für ein Einzelzimmer 110 Rs und für ein Doppelzimmer 135 Rs bezahlen. Man darf die Zimmertür aber nicht zu lange geöffnet lassen, denn Hausbewohner sind auch Affen, die alles ergreifen, was sie erreichen können.

Im Preis ähnlich ist das Hotel Satkar, ein sehr sauberes Haus neben dem Mookambika Lodge, in dem man auch zwei Bettlaken sowie ein sauberes Handtuch erhält und von heißem Wasser Gebrauch machen kann.

Das beste Quartier im Ort ist das nagelneue Hotel Badami Court (Tel. 34 30), gelegen 2 km von der Ortsmitte entfernt an der Straße zum Bahnhof. Dort kosten Doppelzimmer 350 Rs, mit Klimaanlage 450 Rs, und sind mit Bad (heißes Wasser rund um die Uhr), Badewanne und sogar einer westlichen Toilette ausgestattet. Einzelzimmer werden nicht angeboten.

Übernachtungsmöglichkeiten stehen ferner im Tourist Bungalow der KSTDC (Tel. Aminagad 6 41) zur Verfügung, einen Kilometer vom Dorf Aihole entfernt an der Straße nach Aminagad. Angeboten wird eine Reihe von Zimmern mit Badbenutzung, in denen man allein für 35 Rs und zu zweit für 50 Rs unterkommt. Außerdem stehen drei geräumige Zimmer mit eigenem Bad für 60 bis 75 Rs zur Verfügung. Dieses Haus ist nicht so gut wie das Hotel Mayura Chalukya in Badami, aber das Essen ist ganz in Ordnung. Allerdings kann man alt dabei werden, bis es serviert wird.

ESSEN

Am besten ißt man in Badami im Hotel Sanman, in dem leckere vegetarische und nichtvegetarische Gerichte sowie kaltes Bier angeboten werden. Zu empfehlen sind auch die Thalis mittags im Café Murali, allerdings erhält man dort kein Bier. Einfache Gerichte bekommt man in den vielen weiteren kleinen Cafés und Lokalen mit „Meals", vorwiegend rings um die Haltestelle der Tongas (Pferdekutschen) an der Hauptstraße und am Anfang der Ramdurg Road. Eines davon, da sich aus den anderen heraushebt, ist das Bhavani Spesel Tea House.

Essen kann man auch im Hotel Mayura Chalukya, aber die Auswahl ist recht klein (Tomatensuppe, Omelettes, Chips und Salat). Außerdem muß man sein Essen vorbestellen. Allerdings gibt es hier auch kaltes Bier.

Wenn man sich einmal etwas Besseres gönnen will, dann begibt man sich am besten in das Restaurant des Hotels Badami Court mit multikultureller Küche und Silberbestecken.

Einen Versuch wert sind ferner die „Lasterhöhlen" mit dem Arrak (Reisschnaps) an der Hauptstraße. Den sollte man aber nur probieren, wenn man in eiserner Verfassung ist.

AN- UND WEITERREISE

Bus: Der Fahrplan an der Bushaltestelle in Badami ist in Englisch und Kannada veröffentlicht. Aber auch hier kommt es zu dem üblichen Gedränge, wenn ein Bus eintrifft. Unter der Voraussetzung, daß der Verkehr nicht eingestellt ist, benutzt man außer für den Nahverkehr besser einen Zug. Busse fahren nach Bijapur (fünfmal täglich, 4 Stunden, 28 Rs), Bagalkot (stündlich), Hospet (dreimal täglich, 6 Stunden), Hubli (sechsmal täglich), Bangalore (viermal täglich, aber nur abends), Kolhapur (um 8.30 Uhr) und Gadag (sechsmal täglich).

Zug: Vom Bahnhof Badami fahren nur Personenzüge ab, in denen man auch nur in der 2. Klasse mitfahren kann. Wegen der Umstellung auf der Strecke zwischen Hubli und Hospet auf Breitspur kann es sein, daß derzeit einige davon ausfallen.

Von Badami nach Bijapur verkehren täglich sechs Züge, davon allerdings zwei in der Nacht. Am bequemsten sind die, die um 5.00, 12.10, 15.20 und 17.10 Uhr abfahren sollen, häufig aber Verspätung haben. Der Zug um 17.10 Uhr endet in Bijapur (3½ Stunden, 20 Rs), während der anderen drei nach Sholapur in Maharashtra weiterfahren. Das ist ein Eisenbahnknotenpunkt, wo man zur Weiterfahrt auf einer Breitspurstrecke nach Zielen wie Bombay, Hyderabad und Bangalore umsteigen kann.

Wenn man nach Süden will, kann man mit Zügen bis zu den Eisenbahnknotenpunkten in Gadag, Guntakal und Hubli fahren (ebenfalls an Strecken mit Breitspur), die um 7.30, 10.50 und 15.09 Uhr abfahren.

Nach Hospet und zu den Ruinen von Vijayanagar in Hampi fährt täglich ein schneller Personenzug, und zwar über Gadag. Er beginnt seine Fahrt um 9.30 Uhr und ist 5½ Stunden später am Ziel. Der Fahrpreis beträgt in der 2. Klasse 24 Rs und in der 1. Klasse 150 Rs.

NAHVERKEHR

Der Bahnhof von Badami ist 5 km vom Zentrum entfernt. Eine Fahrt mit einer Tonga vom Bahnhof dorthin kostet 30 Rs. Diesen Betrag kann man sich aber mit mehreren Mitfahrern teilen. Dennoch ist das fast schon Betrug, denn Einheimische bezahlen dafür deutlich weniger. Daher sollte man versuchen, den geforderten Preis noch etwas herunterzuhandeln. Wenn Ihre Reisekasse das nicht hergibt, dann gehen Sie aus dem Bahnhof heraus und besteigen Sie einen Nahverkehrsbus oder einen Minibus, die häufig vorbeifahren.

Die beste Möglichkeit, diese Gegend kennenzulernen, besteht mit öffentlichen Verkehrsmitteln, denn die verkehren ziemlich häufig und nach einem festen Fahrplan. Sowohl Aihole als auch Pattadakal lassen sich von Badami aus leicht besuchen, wobei man aber besser in Aihole beginnt, weil von Pattadakal mehr Busse zurück nach Badami fahren als von Aihole. Am besten nimmt man um 8.15 Uhr den Bus von Badami nach Aihole. Der braucht zwei Stunden. Von Aihole kommt man um 13.00 Uhr mit einem Bus nach Pattadakal (30 Minuten), von wo häufig Busse und Minibusse zurück nach Badami fahren. Weil es in Aihole nur in einem Lokal etwas zu essen gibt und dort Vorbestellungen zu empfehlen sind, ist es ratsam, etwas Verpflegung mitzunehmen. Taxifahrer in Badami verlangen für einen Tagesausflug nach Pattadakal und Aihole 500 Rs.

BIJAPUR

Einwohner: 209 000
Telefonvorwahl: 08352

Bijapur ist das Agra des Südens. Es steckt voller Ruinen und noch gut erhaltener Moscheen, Mausoleen, Paläste, Befestigungsanlagen und enthält, wie auch Agra, ein weltweit berühmtes Mausoleum - das Golgumbaz. All diese Bauten sind wahre Schmuckstücke aus dem 15. bis 17. Jahrhundert und Musterbeispiele der moslemischen Architektur. Überstrahlt wird aber alles vom Mausoleum Golgumbaz, einem enormen Bauwerk mit einer Kuppel in der Form einer Halbkugel, von der man sagt, sie sei die zweitgrößte der Welt. Von weither ist dieser Bau bereits zu sehen. Er wurde während der Herrschaft von Mohammed Adil Shahi (1626-1656) gebaut.

Die schmucklose Grazie der Baudenkmäler von Bijapur steht in einem krassen Gegensatz zu den extravaganten Skulpturen der Chalukya- und Hoysala-Tempel des Südens. Zu den wohl schönsten und am besten gegliederten islamischen Monumenten in ganz Indien gehört das Ibrahim-Roza-Mausoleum.

Bijapur war die Hauptstadt des Adil-Shahi-Königreiches (1489-1686), einer jener Splitterstaaten, die sich bildeten, als das moslemische Königreich Bahmani zerfiel (1482). Die anderen Staaten, die etwa zur gleichen Zeit entstanden, waren Bidar, Golconda, Ahmednagar und Berar. Genau wie in Bijapur findet man auch in all den anderen Orten Bauwerke, die an diese Zeit erinnern. Die Bauten von Bijapur sind aber zahlreicher und auch besser erhalten.

Weil sie über die ganze Stadt verstreut sind, braucht man zumindest einen ganzen Tag, um sich alle Sehenswürdigkeiten in Ruhe anzusehen.

Im übrigen ist Bijapur eine schöne Gartenstadt, noch heute mit einem strengen moslemischen Charakter. Tagsüber sieht man viele Angehörige von Stammesgruppen aus der Umgebung zum Markt in die Stadt kommen. Die meisten Besucher finden, Bijapur ist klein genug, daß sie einen nicht erdrückt. Allerdings haben einige alleinreisende Frauen auch berichtet, daß sie in der Stadt belästigt worden seien.

ORIENTIERUNG

Zwei der Sehenswürdigkeiten, Golgumbaz und Ibrahim Roza, liegen an den entgegengesetzten Enden der Stadt. Zwischen den beiden verläuft die Station Road (M G Road), an der die meisten größeren Hotels und Restaurants liegen. Die Bushaltestelle ist fünf Minuten zu Fuß von der M G Road entfernt, während der Bahnhof 2 km östlich des Zentrums liegt.

PRAKTISCHE HINWEISE

Das Fremdenverkehrsamt (Tourist Office) findet man in der Station Road unweit des Stadions. Auch das Postamt liegt an der Station Road und ist montags bis samstags von 8.30 bis 18.00 Uhr geöffnet.

Reisechecks werden in der State Bank of India nicht gewechselt. Damit muß man zur Canara Bank nördlich des Marktes gehen.

Stromausfälle sind in Bijapur nicht selten und dauern oft mehrere Stunden. Daher sollte man vorsorglich eine Kerze zur Hand haben.

SEHENSWÜRDIGKEITEN

Golgumbaz: Zwei Superlative kann dieses Bauwerk für sich in Anspruch nehmen. Es ist das berühmteste

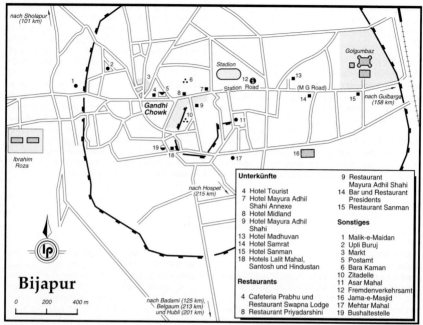

nach Sholapur
(101 km)

Golgumbaz

Stadion

Station Road

(M G Road)

Gandhi
Chowk

nach Gulbarga
(158 km)

Ibrahim
Roza

nach Hospet
(215 km)

Unterkünfte

4 Hotel Tourist
7 Hotel Mayura Adhil
  Shahi Annexe
8 Hotel Midland
9 Hotel Mayura Adhil
  Shahi
13 Hotel Madhuvan
14 Hotel Samrat
15 Hotel Sanman
18 Hotels Lalit Mahal,
  Santosh und Hindustan

Restaurants

4 Cafeteria Prabhu und
  Restaurant Swapna Lodge
8 Restaurant Priyadarshini

9 Restaurant
  Mayura Adhil Shahi
14 Bar und Restaurant
  Presidents
15 Restaurant Sanman

Sonstiges

1 Malik-e-Maidan
2 Upli Buruj
3 Markt
5 Postamt
6 Bara Kaman
10 Zitadelle
11 Asar Mahal
12 Fremdenverkehrsamt
16 Jama-e-Masjid
17 Mehtar Mahal
19 Bushaltestelle

Bijapur

0   200   400 m

nach Badami (125 km),
Belgaum (213 km)
und Hubli (201 km)

und größte Gebäude von Bijapur. Das 1659 erbaute Golgumbaz ist ein schlichtes Bauwerk. Die vier Wände umgeben eine majestätische Halle mit 1704 Quadratmetern Fläche. Die Mauern werden an den Ecken durch achteckige und in sieben Etagen aufgeteilte Türme gestützt. Diese einfache Konstruktion ist von einer gewaltigen Kuppel überdacht, von der man sagt, sie sei die zweitgrößte Kuppel der Welt (die größte ist die des Petersdoms in Rom). Der Petersdom hat in seiner Kuppel einen Durchmesser von 42 m, die St.-Pauls-Kathedrale in London von 33 m, während es hier im Golgumbaz 38 m sind.

Unter der Kuppel verläuft am oberen Ende der Halle eine drei Meter breite Galerie, die auch „Flüstergalerie" genannt wird. Sie trägt diesen Beinamen deshalb, weil von ihr ein zehnfaches Echo zu hören ist. In einigen Führern über diesen Bau wird behauptet, das Echo sei sogar 12 mal hörbar. Um diese Differenz brauchen Sie sich aber gar nicht zu kümmern, denn die Flüstergalerie ist stets voll von Kindern, die dieses Wunder selbst ausprobieren wollen. Den Lärm können Sie sich vorstellen. Ein passenderer Name für diese Galerie wäre sicher „Tollhausgalerie". Den Zugang zur Galerie bildet eine enge Treppe, die zum südöstlichen Turm hinaufführt. Großartig ist der Ausblick auf Bijapur vom unteren Ende der Kuppel. Von dort können Sie fast jedes andere

Bauwerk und fast die gesamte Stadtmauer sehen. Am besten sind die Ausblicke früh morgens.

Das Golgumbaz ist das Mausoleum für Mohammed Adil Shahi (1626-56), seine zwei Lieblingsfrauen Rambha und Arusbib, eine seiner Töchter und einen Enkel. Ihre Sarkophage stehen auf einer erhöhten Plattform mitten in der Halle. Die richtigen Gräber befinden sich jedoch in der Krypta. Diese Krypta ist über eine Treppe unter dem westlichen Tor zu erreichen.

Das Mausoleum ist von 6.00 bis 18.00 Uhr geöffnet. Der Eintritt beträgt 0,50 Rs, ausgenommen freitags, dann ist kostenloser Eintritt. Die Schuhe müssen am Eingang abgegeben werden. An der Vorderseite steht ein kleines archäologisches Museum, das um 10.00 Uhr geöffnet wird und kostenlos besichtigt werden kann.

Ibrahim Roza: Auch dieses Gebäude ist ein Juwel der islamischen Baukunst. Es entstand in der Zeit, in der Bijapur sich großen Wohlstandes erfreute. Ibrahim Adil Shahi II. (1580-1626) ließ es für seine Königin Taj Sultana erbauen. Ganz im Gegensatz zum Golgumbaz, das allein durch seine immensen Ausmaße beeindruckt, legte man beim Bau dieses Mausoleums vor allem Wert auf Eleganz und Feinheit. Die 24 m hohen Minarette sollen angeblich die Konstrukteure des Taj Mahal inspiriert haben. Es ist eines der wenigen Gebäude in Bijapur, bei dem Filigranarbeit aus Stein und andere Skulpturarbeiten überwiegen.

Hier sind Ibrahim Adil Shahi, seine Frau Taj Sultana, seine Tochter, zwei Söhne sowie seine Mutter Haji Badi Sahiba beigesetzt. Eintritt wird nicht erhoben, aber die Schuhe muß man auf den Stufen der Plattform stehen lassen.

Jama-e-Masjid: Auch dieses Gebäude stimmt in seinen Proportionen, mit seinen lieblichen Bögen, der schönen Kuppel und dem großen Innenhof mit Brunnen und Wasserbecken. Insgesamt gehören 10 800 Quadratkilometer zu dieser Anlage, die Platz für 2250 Gläubige bietet. Der Platz für die Menschen ist auf dem polierten Fußboden der Moschee markiert.

Ornamente fehlen völlig; die Moschee beeindruckt vor allem durch ihre Schlichtheit. Das flache Dach erreicht man über mehrere Treppen. Die Moschee ließ Ali Adil Shahi I. (1557-80) errichten. Unter seiner Herrschaft wurden auch die Stadtmauern, die Gagan Mahal und ein Netz von öffentliches Wasserleitungen gebaut.

Asar Mahal: Die Asar Mahal im Osten der Zitadelle entstand unter Mohammed Adil Shahi etwa um 1646 als „Halle der Justiz". Die Räume in den Obergeschossen sind überschwenglich mit Fresken geschmückt. Vorherrschend sind Motive mit Blättern und Blumen. Daneben sind nur wenige Darstellungen männlicher und weiblicher Figuren zu sehen. Letztere sind leider alle beschädigt. Im Gebäude wurden zeitweilig zwei Barthaare des Propheten aufbewahrt. Vor dem Gebäude ist ein rechteckiges Wasserbecken angelegt, das noch immer durch ein Röhrensystem vom Begum Tank gespeist wird.

Frauen dürfen das Hauptgebäude übrigens nicht betreten.

Zitadelle: Dieses Bauwerk, mitten im Stadtzentrum, ist von eigenen Mauern und einem Wassergraben umgeben. Hier befanden sich früher auch die Paläste, die wunderschönen Gärten und die Durbar-Halle der Adil-Shahi-Könige. Leider ist das meiste davon heute verfallen; nur einige Reste sind übriggeblieben. Ein Gang durch diese Ruinen lohnt sich jedoch noch immer.

Den besten Eindruck vom alten Glanz und von der Kunst, die man damals beherrschte, vermittelt sicher die Gagan Mahal. Sie wurde 1561 von Ali Adil Shahi I. erbaut und hatte eine Doppelfunktion, nämlich als königliche Residenz und Durbar-Halle. Diese große Halle war an der Nordseite völlig offen. Auf diese Weise war es den Schaulustigen möglich, die Vorgänge auf einer erhöhten Plattform zu verfolgen. An den beiden Seiten der Halle gab es kleinere Räume, in denen die königliche Familie lebte.

Nur noch Ruine ist heute der Palast von Mohammed Adil Shahi. Das war ein Gebäude mit sieben Stockwerken. Die wenigen erhaltenen Teile werden heute von Behörden genutzt. Dieser Palast heißt Sat Manzil. Ihm gegenüber auf der anderen Straßenseite steht eines der schönsten Beispiele gekonnter Architektur von Bijapur. Es ist der Jala Manzil oder Jala Mandir, ein Wasserpavillon. Man ließ ihn erbauen, um ein ruhiges, kühles Plätzchen zu haben. Er ist von abgeschiedenen kleinen Innenhöfen sowie Gärten umgeben und liegt innerhalb der Palastgrenzen.

Gegenüber der Zitadelle, auf der anderen Seite der Station Road, sieht man die stilistisch feinen Bögen des Bara Kaman, des Mausoleums für Ali Roza. Es ist leider bereits verfallen.

Malik-e-Maidan: Diese riesige Kanone muß eines der größten Geschütze sein, die im Mittelalter hergestellt worden sind. Sie ist 4 m lang, hat einen Durchmesser von fast 1,5 m und wiegt etwa 55 Tonnen. Gegossen wurde sie von Mohammed-bin-Hassan Rumi, einem türkischen Offizier in den Diensten des Königs von Ahmednagar. Die Kanone entstand 1549 aus einer Legierung aus Kupfer, Eisen und Zinn, wurde als Kriegstrophäe nach Bijapur transportiert und mit Hilfe von 10 Elefanten, 400 Ochsen und Hunderten von Männern aufgestellt. Sie ist außen dunkelgrün poliert und enthält Inschriften in persischer und arabischer Sprache. Eine dieser Inschriften erinnert an den Mogulkaiser Aurangzeb, der dieses Geschütz bezwang. Die Kanone wird „Monarch der Ebenen" genannt.

Upli Buruj: 24 m hoch ist dieser Wachtturm nahe der Westmauer der Stadt. Er stammt etwa aus dem Jahre 1584 und wurde von Hyder Khan, einem General im Dienste von Ali Adil Shahi I. und Ibrahim II., erbaut. Der Turm kann über Treppen außen am Turm bestiegen werden. Von der Turmspitze aus hat man einen sehr schönen Blick über die Stadt. Im Turm befinden sich Pulverkammern, Geschütze und Zisternen. Die Geschütze sind viel länger als die Malik-e-Maidan (9 und 8,50 m), haben aber nur einen Durchmesser von 29 cm.

Weitere Sehenswürdigkeiten: Neben den bereits erwähnten Bauwerken gibt es in Bijapur noch einiges mehr zu sehen. Dazu gehören unter anderem die Anand Mahal, die Mecca Masjid (beide in der Zitadelle) und die Mehtar Mahal. Das letzte Gebäude - oft fotografiert - ist typisch für die Architektur von Bijapur und reichlich mit Skulpturen geschmückt. Es dient als Ornamentbogen, der zu einer kleinen Moschee führt.

UNTERKUNFT

Eines der billigsten bewohnbaren Quartiere ist das Hotel Midland in der Station Road (Tel. 2 02 99), in dem man in einem Einzelzimmer für 40 Rs und in einem Doppelzimmer für 60 Rs übernachten kann. Viel besser ist da schon das freundliche Hotel Tourist (Tel. 2 06 55), das normale Einzelzimmer für 40 Rs und ebensolche Doppelzimmer für 70 Rs sowie „Spezialzimmer" für 45 bzw. 85 Rs zu bieten hat, an denen jedoch kaum etwas „Spezielles" zu erkennen ist. Zu allen Zimmern gehören auch ein Bad (nur mit kaltem Wasser).

In der Gegend des Busbahnhofes wohnt man am preiswertesten im Hotel Lalita Mahal (Tel. 2 07 61), in dem die Zimmer um einen relativ ruhigen zentralen Innenhof herum angeordnet sind. Mit Badbenutzung muß man hier allein 30 Rs und zu zweit 50 Rs bezahlen, mit eigenem Bad 40 bzw. 60 Rs. Zu diesem Haus gehört auch ein Restaurant. In der Nähe liegt das genauso einfache Hotel Hindustan.

Besser sind die Zimmer im Hotel Santosh unmittelbar gegenüber vom Busbahnhof (Tel. 2 21 79). Mit Balkon, Bad und Wasser aus Eimern werden hier für ein Einzelzimmer 43 Rs und für ein Doppelzimmer 75 Rs berechnet. Außerdem werden Zimmer mit Klimaanlage für 250 Rs vermietet.

Die beste Unterkunft hinsichtlich Lage und Atmosphäre ist sicher das Hotel Mayura Adhil Shahi der KSTDC (Tel. 2 09 43). Die Zimmer sind um einen ruhigen, sehr grünen und auch sonst farbenfreudigen Innenhof herum angelegt worden, der abends auch als Restaurant unter freiem Himmel genutzt wird. Saubere, luftige Zimmer mit Bad und heißem Wasser (nur morgens) werden hier für 75 bzw. 95 Rs angeboten. Auch Moskitonetze werden zur Verfügung gestellt.

Wenn das Mayura voll belegt ist, bleibt als Alternative das Hotel Mayura Adhil Shahi Annexe (Tel. 2 04 01), das ebenfalls von viel Grün umgeben ist. Hier muß man für ein größeres Einzelzimmer 120 Rs und für ein ebenfalls größeres Doppelzimmer 140 Rs bezahlen und erhält dafür auch eine Terrasse, rund um die Uhr heißes Wasser und Moskitonetze geboten.

Geht man entlang der Station Road weiter und dann eine kleine Gasse hinunter, stößt man auf das Hotel Madhuvan (Tel. 2 55 71). Das ist das neueste Hotel in der Stadt, in dem die Zimmer jedoch nichts Besonderes sind und die Mitarbeiter Distanz wahren. Hier beginnen die Preise für Doppelzimmer bei 80 Rs. Einzelzimmer werden nicht vermietet.

Das Hotel Samrat (Tel. 2 16 20) hat gute Einzelzimmer für 55 Rs und gute Doppelzimmer für 85 Rs zu bieten. Auch hier sind alle Zimmer mit Bad und Moskitonetzen ausgestattet, die Zimmer nach vorn zusätzlich mit einem Balkon.

Im Hotel Sanman (Tel. 2 18 66) kommt man in Doppelzimmern ohne viel Schnickschnack für 85 Rs und in „Tirbuls" (Dreibettzimmern) für 100 Rs unter, ebenfalls mit Moskitonetzen. Schließlich kann man in den Ruheräumen der Eisenbahn (Railway Retiring Rooms)

im Bahnhof allein für 20 Rs und zu zweit für 30 Rs übernachten.

ESSEN

Für einen schnellen Imbiß eignet sich das Priyadarshini, ein neues vegetarisches Stehimbißlokal neben dem Hotel Midland. Gut schmecken die Imbisse auch in der Cafeteria Prabhu im Erdgeschoß neben dem Hotel Tourist. Dort erhält man ausgezeichnete Dosas, Bhelpuris, Lassis und andere kleinere Gerichte.

Im zweiten Stock des gleichen Gebäudes finden Sie das Restaurant der Swapna Lodge mit gutem vegetarischen und nichtvegetarischen Essen, aber auch mit kaltem Bier. Das Lokal besteht aus einem klimatisierten Teil drinnen und einer Freiluftterrasse, die sich hervorragend für ein Abendessen eignet. Lassen Sie sich aber nicht von dem hoffnungslos erscheinenden Eingang zu diesem Restaurant abschrecken, denn sowohl die Bedienung als auch die Gerichte sind gut. Lecker schmeckt insbesondere „Garlic Fry".

Ein Restaurant in der Mitte des Innenhofes hat auch das Hotel Mayura Adhil Shahi zu bieten. Dort kann man zu annehmbaren Preisen essen, wenn auch die Bedienung ziemlich langsam ist. Mittags gibt es hier nur die üblichen Thalis, aber abends ist die Auswahl größer. Von allen Bars in der Stadt sitzt man hier abends bei einem Bier am angenehmsten.

Zum Hotel Madhuvan gehört ein vegetarisches Restaurant mit Klimaanlage, in dem man Thalis für 12 Rs erhält. Man kann aber auch auf einer Terrasse ohne Schatten sitzen, die sich abends für einen Drink anbietet (nur nichtalkoholische Getränke), auf der es tagsüber aber ganz schön heiß ist.

Im Untergeschoß des Hotels Samrat wird in der Bar und im Restaurant Presidents leckeres vegetarisches und nichtvegetarisches Essen serviert. Der einzige Nachteil beim Essen hier ist, daß es abends darin so dunkel ist, daß man kaum noch sieht, was man gerade macht. Es ist ebenfalls klimatisiert und auch ein gutes Ziel für ein kaltes Kingfisher-Bier.

Je ein Restaurant gehören auch zu den Hotels Lalit Mahal und Sanman.

AN- UND WEITERREISE

Bus: Der Fahrplan am Busbahnhof ist nur in Kannada veröffentlicht. Die einzige Stelle, an der man einen Fahrplan auch in Englisch findet, ist die Lobby vom Hotel Tourist. Busverbindungen bestehen von Bijapur nach Badami (dreimal täglich, 4 Stunden), Bangalore (630 km, sechsmal täglich, aber nur abends), Belgaum (alle halbe Stunde), Bidar, Hospet (fünfmal täglich, 8 Stunden), Hubli (stündlich, 6 Stunden), Hyderabad (dreimal täglich), Kolhapur (fünfmal täglich), Pune (siebenmal täglich) und Sholapur (alle halbe Stunde, 3 Stunden).

Zug: Im Bahnhof von Bijapur steht eine genügend große Anzahl von Schlafwagenbetten zur Verfügung. Sie sind für die Züge bestimmt, die durch Sholapur und Gadag fahren, und kaum länger als einen Tag im voraus ausgebucht.

In Richtung Süden verkehren täglich drei Züge nach Hubli um 4.10, 7.00 und 11.30 Uhr sowie ein weiterer bis Gadag, der um 18.00 Uhr abfährt. Die 258 km lange Fahrt nach Hubli dauert sieben Stunden und kostet in der 2. Klasse 57 Rs sowie in der 1. Klasse 209 Rs. Man kann jeden der bereits erwähnten Züge und einem weiteren um 6.15 Uhr nach Guntakal auch benutzen, um nach Badami (3 1/2 Stunden, im Personenzug 2. Klasse 20 Rs und im Schnellzug 2. Klasse 32 Rs sowie 1. Klasse 125 Rs) oder nach Hospet (285 km, ca. 8 Stunden, im Personenzug 2. Klasse 35 Rs, im Schnellzug 2. Klasse 57 Rs und 1. Klasse 240 Rs) zu gelangen.

Nach Bangalore fährt täglich um 23.35 Uhr ein Schnellzug, in dem eine Fahrt in der 2. Klasse 135 Rs und in der 1. Klasse 507 Rs kostet. Wegen der Umbauarbeiten südlich von Bijapur kann es sein, daß diese Verbindung zeitweise unterbrochen ist. Wenn das gerade der Fall sein sollte, besteht die Möglichkeit, zunächst nach Sholapur zu fahren und dort in einen Schnellzug umzusteigen. In Richtung Norden kommt man täglich um 3.35, 7.15, 9.50, 15.55 und 20.05 Uhr nach Sholapur. Der Fahr-

preis beträgt in der 2. Klasse 19 Rs (Personenzug) bzw. 29 Rs (Schnellzug) und in der 1. Klasse 122 Rs. In Sholapur hat man Anschluß an Verbindungen auf Breitspur nach Hyderabad, Vijayanawada, Bangalore, Pune und Bombay.

NAHVERKEHR

Bus: Die nur selten überfüllten Busse verkehren ausschließlich auf einer Linie: vom Bahnhof entlang der Station Road zum Tor am westlichen Stadtrand. Die Busse fahren alle 15 Minuten (Fahrpreis eine Rupie).

Fahrrad, Riksha und Tonga: Für eine Fahrt mit einer Fahrrad-Riksha vom Busbahnhof zum Hotel Mayura Adhil Shahi (ca. 2 km) muß man mit 5 Rs rechnen. Fahrer von Auto-Rikschas fordern einen Betrag, von dem sie glauben, daß er bezahlt wird. Für die Strecke bis zum Bahnhof hat man nach hartem Verhandeln normalerweise mit 15 Rs zu rechnen.

Die Fahrer der Tongas sind sehr scharf auf ein Geschäft und bieten Besuchern bei jeder Gelegenheit an, sie zu den Sehenswürdigkeiten oder zum Bahnhof zu fahren. Für die Strecke vom Bahnhof zum Hotel Mayura Adhil Shahi scheinen 10 Rs der übliche Preis zu sein. Für Fahrten zu anderen Zielen muß man den Preis aushandeln.

DER NORDOSTEN

BIDAR
Telefonvorwahl: 08482
Diese nur sehr selten von Touristen aufgesuchte und von einer Mauer umgebene Stadt im äußersten Nordosten des Staates Karnataka war die Hauptstadt des Bahmani-Königreiches (ab 1428) und später der Barid-Shahi-Dynastie. Es ist heute ein kleines, hübsches Städtchen mit einem prächtigen Fort aus dem 15. Jahrhundert. Darin stehen das Ranjeen Mahal, Chini Mahal und der Türkische Palast. Sehenswert sind auch das beeindruckende Khwaja Mahmud Gawan Madrassa in der Ortsmitte

mit ein paar farbenprächtigen Überbleibseln typischer islamischer Mosaiken und die mit riesigen Kuppeln versehenen Gräber der Bahmani- sowie Barid-Könige. Diese verlassenen Bauwerke, über die Landschaft westlich und östlich der Stadt verstreut, sind anscheinend eingehüllt in eine trostlose Aura und sehr verführerisch. Der Name der Stadt Bidar ist auch entlehnt bei einem Kunsthandwerk namens Bidriware (vgl. Exkurs).

Unterkunft und Essen: Groß ist die Auswahl bei den Unterkünften hier nicht gerade. In der Sri Venkatesh-

---

Bidriware aus Bidar
In der Blütezeit des Islam begannen persische Kunsthandwerker in Bidar mit einer Art Damaszierung, die heute als Bidriware bekannt ist. Bei diesem Kunsthandwerk wurden einfallsreich Legierungen aus geschwärztem Zink, Kupfer, Blei und Blech gegossen und dann gehämmert, überzogen oder eingelegt mit reinem Silber. Sowohl in den Formen als auch in den Mustern waren diese Sachen stark von typischen islamischen Mustern der Zeit beeinflußt. Daher sieht man auch heute noch solche Kunstgewerbegegenstände, viele davon immer noch im Gebrauch, beispielsweise Wasserpfeifen, Pokale, Paan-Behälter und Armreifen, auserlesen verziert mit verwobenen Kriechtieren und Blumenmotiven und gelegentlich eingerahmt von rein geometrischen Linien. Der Effekt dieser zierlichen Filigranarbeiten gegen den Hintergrund in Ebenholzfarbe ist ein Funkeln. Auch heute noch stellen Kunsthandwerker in den Nebenstraßen von Bidar solche Sachen her, aber auch in der benachbarten Stadt Hyderabad.

wara Lodge an der Hauptstraße (Tel. 64 43) kommt man in einem Einzelzimmer für 40 Rs und in einem Doppelzimmer für 60 Rs unter. Im Hotel Kalpana gegenüber wird annehmbares Essen serviert. Von der Sri Venkateshwara Lodge weiter hinauf kommt man zum Hotel Ratna (Tel. 72 18), in dem ähnliche Preise berechnet werden.

Einzelzimmer für 50 Rs und Doppelzimmer für 80 Rs hat das Hotel Prince an der Udgir Road zu bieten (Tel. 57 47).

GULBARGA

Einwohner: 336 000
Telefonvorwahl: 08472

Von 1347 bis zur Verlegung nach Bidar war Gulbarga die Hauptstadt des Bahmani-Reiches. Danach wurde Bidar die Residenz (1428). Später zerfiel dieses Reich in viele kleine Königreiche (Bijapur, Bidar, Berar, Ahmednagar und Golconda). Golconda fiel schließlich noch Aurangzeb zu (1687).

Das alte Fort dieser Stadt, umgeben von einem Graben, ist leider stark zerfallen, enthält aber innen noch einige sehenswerte Gebäude, darunter die Jama Masjid, die angeblich gegen Ende des 14. oder Anfang des 15. Jahrhunderts von einem maurischen Architekten entworfen worden ist und eine Nachbildung der großen Moschee in Cordoba (Spanien) sein soll. Für Indien ist

eine solche Moschee ungewöhnlich. Sie ist nämlich insgesamt von einer Kuppel bedeckt und verfügt an den vier Ecken über kleinere Kuppeln. 75 noch kleinere Kuppeln sind um die Moschee herum angeordnet. Zum Fort selbst gehören 15 Türme.

In Gulbarga gibt es außerdem einige schöne Gräber von Bahmani-Königen, einen Schrein eines bedeutenden moslemischen Heiligen und den Sharana-Basaveshwara-Tempel.

Unterkunft und Essen: Das Hotel Mayura Bahamani der KSTDC (Tel. 2 06 44) liegt zurück von der Straße in öffentlichen Gartenanlagen und hat Einzelzimmer für 50 Rs sowie Doppelzimmer für 75 Rs zu bieten. Das Haus ist bereits reichlich verkommen, aber die Mitarbeiter sind bemüht und die Zimmer komfortabel und einigermaßen sauber. Hier kann man auch Moskitonetze und heißes Wasser in Eimern erhalten. Zu diesem Haus gehören zudem eine Bar und ein Restaurant, in denen man allerdings nur selten Gäste sieht.

Unmittelbar gegenüber der Hauptstraße liegt das neue Hotel Aditya (Tel. 2 40 40), in dem man gut eingerichtete Einzel- und Doppelzimmer für 105 bzw. 180 Rs und Luxuszimmer für 125 bzw. 210 Rs mieten kann (heißes Wasser nur morgens). Diesem Haus ist ein ganz ordentliches vegetarisches Restaurant angeschlossen.

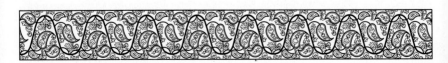

ANDHRA PRADESH

Andhra Pradesh wurde aus dem ehemaligen Prinzenstaat Hyderabad und aus den Telegu sprechenden Teilen des früheren Staates Madras gebildet. Weite Gebiete
von Andhra Pradesh liegen auf dem hohen Dekkan-
Plateau, das in Richtung Osten sanft abfällt und in die
Küstenregion übergeht. Hier münden in breiten Deltas
die beiden mächtigen Flüsse Godavari und Krishna.

Andhra Pradesh ist einer der ärmsten und unterentwik-
keltsten Bundesstaaten Indiens, und das, obwohl der
nizam (Herrscher) von Hyderabad den Ruf genoß,
einer der reichsten Männer der Welt zu sein. Durch den
Bau neuer Staudämme und Bewässerungsanlagen versucht man zwar, dem öden Boden fruchtbares Acker-
land abzuringen, der größte Teil des Staates ist jedoch
wirtschaftlich noch immer rückständig.

Der Tourismus spielt in Andhra Pradesh ebenfalls
keine große Rolle. Das liegt aber nicht am Fehlen von
Sehenswürdigkeiten. Gleichwohl ist die Hauptstadt
Hyderabad ein Anziehungspunkt, und zwar nicht nur
wegen des Erbes aus der moslemischen Zeit, des berühmten Museums und der riesigen Buddha-Statue,
sondern auch wegen der nahegelegenen Festung Golconda und der nicht weit entfernten Grabmale der
Qutab Shahi. Weiter weg kann man sich in Warangal
die beeindruckenden Ruinen aus der Zeit des Kakatiya-
Königreiches ansehen, die schon Marco Polo erwähnte,
aber auch die buddhistischen Stätten von Nagar-
junasagar und Amaravathi sowie den wunderschönen
Kanaka-Durga-Tempel in Vijayawada und den berühmten Tempelkomplex vor Tirumala im äußersten
Südosten dieses Bundesstaates.

In der Monsunzeit kann es vorkommen, daß der Godavari und der Krishna über ihre Ufer treten und die
zwischen Kalkutta und Madras verkehrenden Züge
zwingen, landeinwärts über Raipur, Nagpur und
Hyderabad Umwege in Kauf zu nehmen.

GESCHICHTE

Andhra Pradesh war früher einmal ein bedeutendes
buddhistisches Zentrum und Teil des Reiches von
Ashoka, das später zerbrach. Spuren dieser buddhistischen Vergangenheit sind an einigen Orten noch zu
sehen. Im 7. Jahrhundert waren die Chalukya Beherrscher dieses Teiles von Indien. Aber im 10. Jahrhundert war auch deren Macht beendet, das Reich fiel den
Chola im Süden zu.

Das 13. Jahrhundert war gekennzeichnet vom Aufstieg
der Kakatiya, die von Warangal aus herrschten, aber in

Einwohner: 70 Millionen
Gesamtfläche: 276 754 km²
Hauptstadt: Hyderabad
Einwohner pro Quadratkilometer: 253
Wichtigste Sprache: Telegu
Alphabetisierungsrate: 45 %
Beste Reisezeit: Oktober bis Februar

dieser Zeit drängten auch bereits die Moslems immer
weiter an die Macht, was dazu führte, daß die Sultane
von Delhi dieses Gebiet immer häufiger überfielen und
1323 ihre Macht festigen konnten. Aber selbst dann
war ihr Einfluß noch so dürftig, daß sie bald dem
hinduistischen Kaiserreich Vijayanagar weichen mußten.

Nun folgten zwei Jahrhunderte Kämpfe um die Macht
zwischen Hindus und Moslems, bis sich im 16. Jahrhundert in Hyderabad die Qutab-Shahi-Dynastie durchsetzen konnte.

Das war ein Herrscherhaus, das die riesige und fast
uneinnehmbare Steinfestung Golconda errichten ließ -
ganz sicher eines der beeindruckendsten, wenn auch
nur selten besuchten Denkmäler aus der Geschichte
des Landes. Aber das ist noch nicht alles, denn die
nahegelegenen Grabmale der Herrscher dieser moslemischen Dynastie können es mit denen der Sultane von
Delhi und der ersten Moguln in Größe und Glanz
durchaus aufnehmen. Keines der übrigen moslemischen Königreiche auf dem Dekkan-Plateau hinterließ
solche grandiosen Monumente, auch wenn das von

Bijapur nahe daran herankommt. Die Qutab-Shahi-Dynastie ging 1687 unter, als das Königreich von einem General des Mogulkaisers Aurangzeb übernommen wurde. Seine Nachfolger, die *nizams* von Hyderabad, hielten sich bis zur Unabhängigkeit Indiens.

HYDERABAD UND SECUNDERABAD

Einwohner: 4,7 Millionen
Telefonvorwahl: 0842
Wie Bijapur im westlichen Nachbarstaat Karnataka ist Hyderabad ein Zentrum islamischer Kultur. Zugleich ist es für Zentralindien an prunkvoller Kultur das, was in Nordindien die Städte Delhi, Agra und Fatehpur Sikri der Mogulherrscher sind. Hyderabad und Secunderabad bilden gemeinsam die Hauptstadt des Staates Andhra Pradesh. Sie waren früher Sitz des sagenhaft reichen *nizams* von Hyderabad.
Belebte, staubige Basare umgeben beeindruckende islamische Monumente aus dem 16. und 17. Jahrhundert. Anders als Städte weiter südlich hat sich Hyderabad noch viel von der Atmosphäre im 19. Jahrhundert erhalten. Einzigartig unter den Städten im Süden ist aber auch, daß hier Urdu die bedeutendste Sprache ist.

GESCHICHTE

Hyderabad, Indiens fünftgrößte Stadt, wurde sie 1590 von Mohammed Quli, dem vierten der Qutab-Shahi-Könige, gegründet. Diese Dynastie regierte in den Jahren 1512-1687 diesen Teil des Dekkan-Plateaus. Dann setzte der Mogulkaiser Aurangzeb der Herrschaft ein Ende. Auch die jährlichen Zahlungen an die Herrscher in Delhi hörten auf.

Bevor Hyderabad gegründet war, regierten die Qutab-Shahi-Könige von der Festung Golconda aus, die 11 km weiter westlich liegt. Die weitläufigen Ruinen des Forts, das in seinen Anfängen auf die hinduistischen Königreiche der Yadava und Kakatiya zurückgeht, bilden zusammen mit den Gräbern der Qutab-Shahi-Könige die bedeutendsten Sehenswürdigkeiten der Stadt.
Als Aurangzeb im Jahre 1707 starb, mußten die Moguln von ihrer Vormachtstellung mehr und mehr aufgeben. Die Vizekönige der Asaf Jahi, die dann eingesetzt wurden, um die Staaten unter Kontrolle zu halten, lösten sich von den Moguln und bauten eigene Staaten auf. Als Oberhäupter dieser neugeschaffenen unabhängigen Staaten nannten sie sich zunächst *subedar*, später dann *nizam*. Diese neuen Herrscher wurden in den folgenden Jahren in die Zwistigkeiten zwischen den Franzosen und Engländern um die Kontrolle über Indien verwickelt. Dabei tendierten sie in der zweiten Hälfte des 18. Jahrhunderts zur französischen Seite. Nachdem die Franzosen geschlagen waren und danach Auseinandersetzungen mit den Marathen die Macht ihrer Königreiche empfindlich schwächten, blieb ihnen nichts anderes übrig, als sich doch durch einen Vertrag an die Briten zu binden. Dabei mußten sie einen großen Teil ihres Einflusses aufgeben.

Alkoholverbot für Andhra Pradesh

Im Dezember 1994, nur wenige Minuten nach der Vereidigung der neuen Regierung, wurde aus Andhra Pradesh ein „trockener" Bundesstaat. Die Entscheidung, den Verkauf von alkoholischen Getränken zu verbieten, war Folge einer bemerkenswerten Kampagne von Frauen auf dem Lande, die es leid waren, daß ihre Ehemänner das Haushaltsgeld in Alkohol umgesetzt hatten. Ihre Bewegung war so stark, daß die nur in Andhra Pradesh vertretene Telegu-Desam-Partei bei den letzten Wahlen nach dem Versprechen, ein Verbot des Verkaufs von alkoholischen Getränken einzuführen, einen überwältigenden Sieg erringen konnte.
Die temperamentvolle Bewegung begann 1992 mit zeitweise gewalttätigen Demonstrationen gegen Saufgelage vor Geschäften, in denen Arrak, der alkoholreiche Schnaps, der in Indien sehr beliebt ist, verkauft wurde. Bald wurden auch Läden mit alkoholischen Getränken in Brand gesetzt und Lastwagen mit Alkohol in einen Hinterhalt gelockt. Nachdem die Bewegung Aufmerksamkeit hatte auf sich ziehen können, stürmten Frauen auch Kneipen und weigerten sich, weiter sauberzumachen und zu kochen. Ein Jahr später verbot die frühere Kongreßpartei, die für die Eröffnung vieler Läden mit alkoholischen Getränken verantwortlich gewesen war, weil sie damit die Steuereinnahmen erhöhen wollte, den weiteren Verkauf von Arrak. Als aber diese Partei geglaubt hatte, das würde reichen, um die Wahlen zu gewinnen, sah sie sich getäuscht. Denn innerhalb von zwei Monaten nach dem Verbot des Verkaufs von Arrak starben nach dem Genuß von billigem, schwarz gebranntem Fusel 24 Menschen. Als Folge dieser Tragödie gelang der Telugu Desam ein überwältigender Wahlsieg. Andhra Pradesh ist nun einer von nur zwei Bundesstaaten in Indien mit einem Alkoholverbot (der andere ist Gujarat). Die einzigen Lokale, in denen man heutzutage noch ein Bier trinken kann, sind die lizensierten Bars in den Luxushotels, die sich vorwiegend auf ausländische Touristen eingestellt haben.

Bei der Unabhängigkeit Indiens im Jahre 1947 dachte der damalige *nizam* von Hyderabad darüber nach, ob er einen unabhängigen Staat bilden sollte. Das ging sogar so weit, daß er einer islamischen Extremistengruppe erlaubte, die Kontrolle über seinen Staat zu übernehmen. Dieses Vorgehen ging der indischen Zentralregierung aber denn doch zu weit. Sie hatte die hinduistische Mehrheit des Staates von Hyderabad im Auge, die immerhin 85 % ausmachte, und konnte sich beim besten Willen nicht vorstellen, innerhalb ihres neuen Staates eventuell einen aufrührerischen, feindlichen Ministaat zu haben. Die Aufruhr von seiten des *nizam* nahm sie 1948 zum Anlaß, den Staat im Zentrum des Dekkan-Plateaus zu besetzen und seinen Anschluß an den indischen Staat zu erzwingen.

ORIENTIERUNG

Die Altstadt von Hyderabad liegt an beiden Ufern des Musi River, während nach Norden hin der Hussain Sagar Hyderabad deutlich vom neueren Secunderabad trennt. Die meisten historischen Bauten und Denkmäler, die meisten Hotels und Cafés, die Touristen ansteuern, der städtische Busbahnhof, das Salar-Jang-Museum und der Zoo liegen in der Altstadt. Die Mehrzahl der Billighotels findet man in einer Gegend, die als Abids bekannt ist. Das ist zwischen dem Hauptpostamt und dem Bahnhof Hyderabad. Der wichtigste Busbahnhof der staatlichen Busgesellschaft APSRTC liegt südöstlich von Abids, und zwar unweit vom Fluß im Stadtteil Gowliguda.

Die Ruinen des Forts Golconda und die Gräber der Qutab-Shahi-Könige liegen 11 km westlich der Stadt. Secunderabad breitet sich am Nordufer des Hussain Sagar aus. Wer mit einem Zug anreist, wird vermutlich am Bahnhof von Secunderabad aussteigen (Hauptbahnhof), auch wenn einige Züge bis Hyderabad wei-

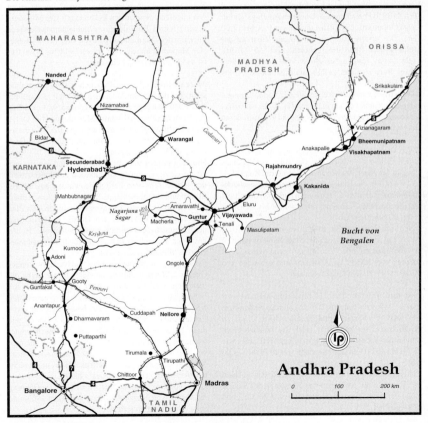

Andhra Pradesh

terfahren. Die Häuser der YMCA und der YWCA liegen in Secunderabad, so daß man besser dort aussteigt, wenn man in einem dieser Quartiere übernachten will.

PRAKTISCHE HINWEISE

Informationen: Der Auskunftsschalter für Touristen am Bahnhof Secunderabad ist nicht sehr hilfreich. Das staatliche indische Fremdenverkehrsamt (Government of India Tourist Office) befindet sich im Sandozi Building in der Himayatnagar Road (Tel. 63 00 37), aber auch dort erhält man nur die üblichen Broschüren mit vielen bunten Bildern. Geöffnet ist es montags bis freitags von 9.15 bis 17.45 Uhr und samstags von 9.15 bis 13.00 Uhr.

Das Fremdenverkehrsamt von Andhra Pradesh (Andhra Pradesh Travel & Tourist Development Corporation - APTTDC) unterhält gleich zwei Büros. Im Büro im Yatri Nivas an der Sardar Patel Road in Secunderabad (Tel. 84 39 91) befaßt man sich mit den Ausflugsfahrten dieser Organisation (geöffnet täglich von 9.00 bis 17.00 Uhr). Das andere Büro ist im Gagan Vihar an der Mukarramjahi Road untergebracht (Tel. 55 75 30). Trotz seines Anspruches ist es vollständig nutzlos. Dieses Büro ist montags bis samstags von 10.30 bis 17.00 Uhr geöffnet.

Hilfreich ist der monatlich erscheinende Veranstaltungskalender *Channel 6*, den man sich für 10 Rs normalerweise in den Fremdenverkehrsbüros und in den größeren Hotels besorgen kann.

Geld: Das beste Ziel, um schnell und ohne Komplikationen Geld zu wechseln, ist das Büro von Thomas Cook in der Nasir-Arkade an der Secretariat Road (Tel. 23 19 88). Für das Einlösen von anderen Reiseschecks als denen der eigenen Organisation muß man dort 20 Rs Gebühr bezahlen. Geöffnet ist montags bis samstags von 9.30 bis 17.30 Uhr.

Eine ganze Reihe von Banken gibt es in der Gegend des Abids Circle, darunter auch die State Bank of India an der Mahipatram Road. Dort kann man montags bis freitags von 10.30 bis 14.30 Uhr und samstags von 10.30 bis 11.30 Uhr Geld wechseln.

Post und Telefon: Das Hauptpostamt befindet sich gleich südlich der Sarojini Devi Road in Secunderabad. Ein weiteres Postamt gibt es am Abids Circle in Hyderabad. Dort kann man auch die postlagernden Sendungen abholen, und zwar montags bis freitags von 10.00 bis 15.00 Uhr und samstags von 10.00 bis 13.00 Uhr.

Ein gutes Ziel, um ein Telefongespräch in das Ausland zu führen, ist das Doorshanchar Bhavan in der Station Road. Es ist montags bis samstags von 8.00 bis 20.00 Uhr geöffnet.

Buchhandlungen: Eine gut sortierte Buchhandlung in Abids ist A. A. Hussain & Co. in der M G Road. Die Buchhandlung Gangarams liegt in der Sarojini Road 62 in Secunderabad.

Kulturinstitute: Auch in Hyderabad gibt es ein Goethe-Institut (Max Mueller Bhavan), und zwar am Eden Bagh 3 5-43 in Ramkote (Tel. 4 39 38 und 55 62 19). Dort kann man mal wieder eine deutsche Zeitung oder ein deutsches Buch lesen.

SEHENSWÜRDIGKEITEN

Charminar: Diesen riesigen Triumphbogen im Herzen der von Mauern umschlossenen Altstadt, umgeben mit Basaren mit immer viel Betrieb, ließ Mohammed Quli Qutab Shah im Jahre 1591 erbauen. Er hatte einen guten Grund dafür, denn eine verheerende Seuche war gerade überwunden. Daran soll dieser Bogen erinnern. Der Name bedeutete übersetzt „Vier Türme", und das nicht von ungefähr, denn an den Ecken ragen vier Minarette in den Himmel. Ein Bild dieses Baudenkmals ziert jede Packung der Charminar-Zigaretten, eine der bekanntesten Marken in Indien. Täglich von 19.00 bis 21.00 Uhr ist der Triumphbogen beleuchtet.

Mecca Masjid: Unmittelbar neben dem Charminar steht eine der größten Moscheen der Welt. Sie soll bis zu 10 000 Gläubige aufnehmen können. Mit dem Bau begann man schon 1614 unter Mohammed Quli Qutab Shah. Fertiggestellt wurde sie aber erst 1687. Zu dieser Zeit hatte der Mogulkaiser Aurangzeb das Königreich Golconda bereits annektiert.

Die Kolonnaden und die Türbögen sind jeweils aus einem einzigen großen Granitblock geschaffen worden. Diese schweren Fertigteile wurden aus 11 km Entfernung herangeschleppt. Die immense Arbeit übernahmen 1400 Ochsen. Die Minarette sollten den Plan nach eigentlich viel höher sein. Da aber die Baukosten des Hauptgebäudes bereits in astronomische Höhen gestiegen waren, sah sich der Herrscher gezwungen, bei den Minaretten zu sparen.

Es ist ein ausgesprochen schönes und beeindruckendes Gebäude. Störend sind nur die vielen Meter Draht, die man wegen der nistenden Vögel spannen mußte. Sie ließen sich mit ihren Nestern nämlich allzu gern in den Nischen der Decke nieder und besudelten mit ihren Exkrementen auch noch den Fußboden. Findig, wie diese Kreaturen sind, entdecken sie dennoch immer wieder ein Schlupfloch. Es ist schwer zu entscheiden, was nun wirklich häßlicher ist: der Schmutz, den diese Vögel hinterlassen, oder die sehr nachlässig angebrachten Vorrichtungen, die den Draht halten.

Links von der Moschee wurden in einer Einfriedung die Gräber von Nizam Ali Khan, gestorben 1803, und seinen Nachfolgern errichtet.

Birla-Mandir-Tempel: Hoch auf dem Hügel am Südende des Sees steht dieser sehr schöne, moderne hinduistische Tempel. Er ist aus weißem Marmor aus Rajasthan
erbaut und ziert den felsigen Hügel am Südende des
Hussain Sagar. Vom Gipfel kann man herrliche Blicke
über die Stadt genießen, insbesondere bei Sonnenuntergang. Für Hindus ist der Tempel, geweiht Lord
Venkateshwara, ein wichtiges Wallfahrtsziel.

Zugänglich ist er für Hindus und Nicht-Hindus von
7.00 bis 12.00 Uhr sowie von 15.00 bis 21.00 Uhr. Ein
Eintritt wird nicht erhoben. Die Priester üben auch
keinerlei Druck aus, etwas zu spenden.

Auf dem anderen Hügel, dem Naubat Pahar, steht das
Birla-Planetarium. Dort finden mehrmals täglich auch
Vorführungen in englischer Sprache statt. Der Eintritt
beträgt 8 Rs.

Buddha Purnima: Hyderabad, das sich bemüht, die
Geschichte des Staates als eines der wichtigsten buddhistischen Zentren von Indien zu bewahren, rühmt
sich, die Heimat eines der größten steinernen Buddhas
auf der ganzen Welt zu sein. Mit der Arbeit an diesem
Projekt, einem geistigen Kind von N. T. Rama Rao,
dem Präsidenten der Telugu Desam, wurde 1985 in
Raigir, etwa 50 km von Hyderabad entfernt, begonnen.
Fertiggestellt wurde es Anfang 1990.

Von dort wurde die 17¹/₂ m hohe, 350 Tonnen schwere
Statue aus einem Stück nach Hyderabad transportiert
und auf einen Lastkahn zur Fahrt über den Hussain
Sagar verladen, um sie auf der Mauer des Dammes
aufzustellen.

Leider passierte dabei ein Unglück. Die Statue versank
im See und zog acht Leute mit sich in die Tiefe.

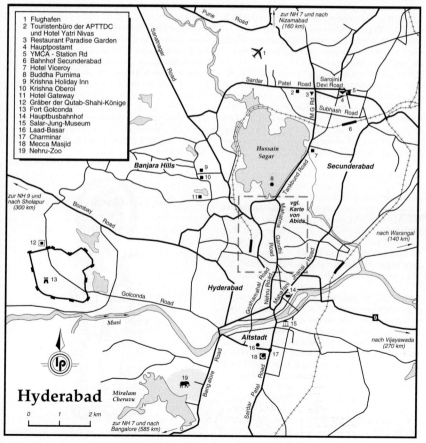

1 Flughafen
2 Touristenbüro der APTTDC
  und Hotel Yatri Nivas
3 Restaurant Paradise Garden
4 Hauptpostamt
5 YMCA - Station Rd
6 Bahnhof Secunderabad
7 Hotel Viceroy
8 Buddha Purnima
9 Krishna Holiday Inn
10 Krishna Oberoi
11 Hotel Gateway
12 Gräber der Qutab-Shahi-Könige
13 Fort Golconda
14 Hauptbusbahnhof
15 Salar-Jung-Museum
16 Laad-Basar
17 Charminar
18 Mecca Masjid
19 Nehru-Zoo

Hyderabad

0   1   2 km

Daraufhin gingen zwei Jahre ins Land, in denen man darüber diskutierte, wie man sie dennoch am vorgesehenen Standort aufstellen könne. Schließlich, Mitte 1992, schaffte es eine Bergungsfirma aus Goa, sie unbeschädigt herauszuholen und zum Damm zu bringen, wo sie im Buddha-Purnima-Komplex aufgestellt wurde. Boote zur Statue fahren am Erholungspark gleich nördlich der Secretariat Road ab.

Salar-Jung-Museum: Dieses Museum ist Indiens Gegenstück zum Victoria- und Albert-Museum in London. Die Sammlung wurde zusammengetragen von Mir Yusaf Ali Khan (Salar Jang III.), seines Zeichens Premierminister des *nizam*. Das Museum enthält 35 000 Ausstellungsstücke aus allen Teilen der Welt: Skulpturen, Holzschnitzereien, religiöse Objekte, persische Miniaturmalereien, Manuskripte, Waffen und Rüstungen sowie im Jadezimmer Schwerter, Dolche und Kleidung der Mogulherrscher und von Sultan Tipu. So schön die Ausstellungsstücke auch sind, untergebracht sind sie in 36 Räumen eines der häßlichsten Gebäude, das man sich denken kann.
Das Museum ist täglich außer freitags von 10.00 bis 17.00 Uhr geöffnet, aber an Sonntagen total überlaufen. Der Eintritt beträgt 5 Rs. Taschen und Kameras müssen in der Eingangshalle abgegeben werden. Von Abids kann man dorthin mit einem Bus der Linie 7 bis zur Brücke über den Musi fahren und braucht dann nur noch die Brücke zu überqueren und anschließend in die erste Straße nach links abzubiegen.

Archäologisches Museum: Das Archäologische Museum liegt in den Parkanlagen nördlich vom Bahnhof Hyderabad. Es enthält eine kleine Sammlung von Fundstücken aus der Umgebung sowie Kopien der Fresken von Ajanta in Maharashtra. Das Museum ist täglich außer freitags von 10.30 bis 17.00 Uhr geöffnet (Eintritt 0,50 Rs).
Im Park befindet sich auch noch ein Aquarium, und zwar im Jawahar Bal Bhavan. Man kann es sich täglich außer sonntags von 10.30 bis 17.00 Uhr ansehen.

Nehru-Zoo: Mit einer Gesamtfläche von mehr als 1,2 Quadratkilometern gehört dieser Zoo zu den größten in ganz Indien. Die Tiere werden in geräumigen, offenen Gehegen gehalten. Daß sie diesen Auslauf genießen, sieht man an den Tieren an. Sie sind viel weniger verhaltensgestört und schauen viel munterer drein als Tiere in anderen Zoos. Dies liegt aber auch daran, daß man hier wesentlich mehr Mittel investierte als für die anderen Zoos in Indien. Man kann im Zoo auch eine Abteilung über prähistorische Tiere besichtigen, mit einer Spielzeugeisenbahn herumfahren (alle 15 Minuten, 1 Rs) und an einer Löwensafari teilnehmen (alle 15 Minuten, 5 Rs).

Der Zoo liegt auf der anderen Seite des Musi, und zwar südlich der Stadt, und ist täglich außer montags von 8.30 bis 17.00 Uhr geöffnet (Eintritt 1 Rs). Mit einem eigenen Auto darf man für 20 Rs hineinfahren. Aber auch hier geht es sonntags chaotisch zu.

Fort Golconda: Das Fort Golconda ist eine der glorreichsten Festungsanlagen in Indien. Die meisten Überbleibsel stammen aus der Zeit der Qutab-Shahi-Könige (16.-17. Jahrhundert), auch wenn sich die Anfänge bis zu den früheren hinduistischen Epochen zurückverfolgen lassen, als die Yadava und später die Kakatiya diesen Teil Indiens beherrschten.
Im Jahre 1512 erklärte Sultan Quli Qutab Shah, ein turkmenischer Abenteurer aus Persien und unter den Bahmani-Herrschern Gouverneur von Telangana, diese Region für unabhängig und ernannte Golconda zur Hauptstadt.
Hauptstadt blieb Golconda bis 1590. Danach verlegte man den Sitz der Regierung in die neue Stadt Hyderabad. Im 17. Jahrhundert wurde Golconda für kurze Zeit wieder Hauptstadt. Das war, als Mogularmeen von Delhi ausgesandt wurden, um die Königreiche in die Knie zu zwingen, und vor allem, um die geforderten Zahlungen einzutreiben. Der letzte König der Qutab Shahi, Abul Hasan, verteidigte sich in diesem Fort einmal über eine Zeit von sieben Monaten. Er widerstand einer mächtigen Armee der Moguln, die von Kaiser Aurangzeb befehligt wurde, und verlor den Kampf schließlich durch Verrat (1687). Als Aurangzeb zu Beginn des folgenden Jahrhunderts starb, weiteten

Avalokitesvara, ein Bodhisattva des Mahayana-Buddhismus

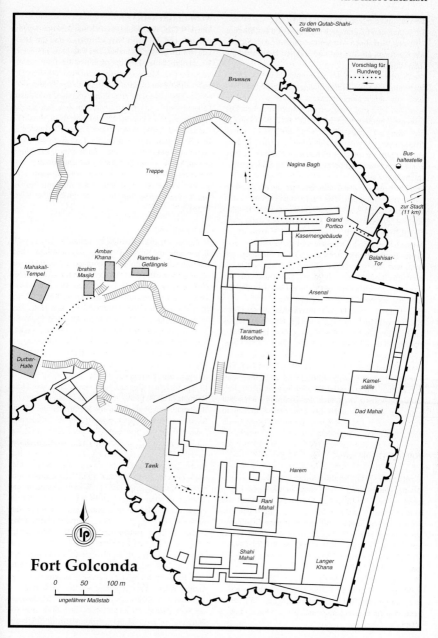

zu den Qutab-Shahi-Gräbern

Vorschlag für Rundweg

Brunnen

Nagina Bagh

Bus-haltestelle

Treppe

zur Stadt (11 km)

Grand Portico

Kasernengebäude

Ambar Khana

Ramdas-Gefängnis

Balahisar-Tor

Mahakali-Tempel

Ibrahim Masjid

Arsenal

Taramati-Moschee

Durbar-Halle

Kamel-ställe

Dad Mahal

Tank

Harem

Rani Mahal

Shahi Mahal

Langer Khana

Fort Golconda

0   50   100 m

ungefährer Maßstab

die von ihm eingesetzten Vizekönige ihre Macht aus. Sie sollten unter Aurangzeb die Interessen der Moguln vertreten. Aus ihnen wurden dann die *nizams*. Sie gaben Golconda als Sitz auf und wählten Hyderabad als Hauptstadt.

Die Zitadelle steht auf einem Granithügel und ist 120 m hoch, umgeben von Befestigungen aus riesigen Quadern, von denen einige mehrere Tonnen wiegen. Die massiven Tore sind mit eisernen Spitzen versehen. Die sollten verhindern, daß Elefanten die Tore rammen. Ein zweiter Festungsgürtel hatte den Zweck, einen direkten Angriff zu verhindern. Um die Zitadelle herum verläuft ein weiterer Schutzwall mit einer Länge von 11 km. Diese Schutzmauern sind in einem ausgezeichneten Zustand.

Das kann man von den Gebäuden innerhalb der Zitadelle leider nicht behaupten. Die Paläste und Haremsbauten der Qutab-Shahi-Könige, die Versammlungshallen, das Arsenal, die Ställe und die Mannschaftsgebäude litten sichtlich unter den Belagerungen und Verwüstungen der damaligen Zeit. Dennoch vermitteln die Überreste dieser Bauten immer noch einen guten Eindruck von dem, was alles zusammen einmal gewesen sein muß. Restaurierungsarbeiten rund um das Balahisar-Tor (Haupteingangstor) sind in vollem Gange; sogar die schmiedeeisernen Teile werden ersetzt.

Faszinierend für alle Besucher ist die Akustik des Forts. Klatscht man im Grand Portico in die Hände, so ist dies leicht in der Durbar-Halle zu hören. Wer hier an einer Führung teilnimmt, bekommt alles eindrucksvoll vorgeführt. Und das nicht nur durch den eigenen Führer, denn es sind immer mehrere davon auf dem Gelände. Die Folge ist ein einziges Klatschen. Den Geräuschpegel werden Sie ermessen können. Ein weiterer guter Test der Akustik mag auch die Ton- und Lichtschau sein, die sonntags und mittwochs um 18.30 Uhr in englischer Sprache stattfindet. Dafür muß man 15 Rs Eintritt entrichten. Angeblich soll es auch einen Geheimgang von der Durbar-Halle zu einem der Paläste am Fuße des Hügels geben.

Gräber der Qutab-Shahi-Könige: Die erhabenen Gräber der Qutab-Shahi-Könige mit ihren Kuppeln liegen etwa 1¹/₂ km vom Balahisar-Tor des Forts entfernt. Sie sind inmitten wunderschöner Gartenanlagen gelegen. Einige dieser Gräber sind mit herrlichen Steinmetzarbeiten verziert. Zugänglich sind sie täglich außer freitags von 9.30 bis 16.30 Uhr (Eintritt 2 Rs, Gebühr für das Mitbringen eines Fotoapparates zusätzlich 5 Rs und einer Filmkamera 25 Rs).

Die meisten Besucher gehen vom Fort Golconda zu den Gräbern zu Fuß. Normalerweise stehen aber auch immer einige Auto-Rikschas zur Verfügung, mit denen man sich für ein angemessenes Entgelt fahren lassen kann.

AUSFLUGSFAHRTEN

Die APTTDC veranstaltet täglich Stadtrundfahrten, die um 7.30 Uhr am Yatri Nivas beginnen und um 18.00 Uhr am Birla Mandir enden. Der Fahrpreis beträgt 75 Rs zuzüglich der Eintrittsgebühren. Im Preis ist ein vegetarisches Mittagessen im Yatri Nivas erhalten. Die Fahrt führt zum Buddha Purnima, zu den Gräbern der Qutab-Shahi-Könige, zum Fort Golconda, zum Salar-Jang-Museum, zum Charminar, zum Zoo, zum staatlichen Kunstgewerbegeschäft und zum Birla Mandir. Leider sind Aufenthalte von nur 5 oder 10 Minuten an den Sehenswürdigkeiten an der Tagesordnung (Ausnahmen: Fort Golconda eine Stunde, Salar-Jang-Museum 90 Minuten und Zoo wiederum eine Stunde).

Von der APTTDC werden auch Ausflugsfahrten zu Zielen weiter entfernt wie Tirupathi und Nagarjunakonda veranstaltet (vgl. Abschnitte über diese Orte).

UNTERKUNFT

Einfache Unterkünfte: Die besten preiswerten Hotels liegen alle im Stadtteil Abids zwischen dem Abids Circle und dem Bahnhof Hyderabad. Unmittelbar gegenüber vom Bahnhof, an der Nampally High Road (Public Gardens Road), kommt man zu einer ganzen Gruppe von Unterkünften, darunter der Royal Lodge, dem Royal Home, dem Hotel Royal, dem Hotel Neo Royal und der Gee Royal Lodge. Also viel Spaß! Sie alle sind ähnlich und für das, was sie bieten, viel zu teuer. In ihnen muß man mit Bad und Ventilator für ein Einzelzimmer mit 75 Rs und für ein Doppelzimmer mit 130 Rs rechnen. Heißes Wasser steht normalerweise morgens zur Verfügung.

In der gleichen Gegend findet man auch das Hotel Rajmata (Tel. 20 10 00), in dem man im alten Flügel mit Badbenutzung preiswert in einem Einzelzimmer für 40 Rs und in einem Doppelzimmer für 60 Rs übernachten kann. Die Zimmer in diesem Teil des Hauses sind zwar ruhig, erinnern aber an düstere Gefängniszellen. Besser sind die Unterkünfte im neueren Teil, wo man mit Bad für ein Zimmer allein 55 Rs und zu zweit 80 Rs bezahlen muß. Für ein „Luxuszimmer" ohne Klimaanlage, aber mit Farbfernsehgerät, heißem Wasser, Handtuch und Seife, muß man allein 210 Rs und zu zweit 260 Rs entrichten. Zu diesem Haus gehört auch ein Restaurant mit vegetarischen und nichtvegetarischen Gerichten.

Auf der anderen Straßenseite liegt die New Asian Lodge (Tel. 20 12 75), eine typische indische Pension ohne irgendeinen Luxus, in der die Preise für ein Einzelzimmer von 70 Rs und für ein Doppelzimmer von 115 Rs (mit Bad und Ventilator) durchaus angemessen sind. Heißes Wasser kann man hier in Eimern erhalten.

Ein wenig besser ist das große Hotel Sri Brindavan in der Station Road, unweit des Abids Circle (Tel. 23 79 70). Ein Zimmer mit Bad kann man dort allein für 125 Rs und zu zweit für 160 Rs mieten. Heißes Wasser ist in diesem Hotel von 4.00 bis 7.30 Uhr erhältlich. Vorhanden sind ferner ein vegetarisches und ein sehr gutes nicht-vegetarisches Restaurant. Die Zimmer liegen um einen ruhigen Hof herum, wo man auch sein Fahrzeug sicher parken kann.

Annehmbar ist ferner das Hotel Apsara in der Station Road (Tel. 50 26 63), in dem man mit Bad (Duschen mit Wasser aus Eimern), Ventilator und heißem Wasser am Morgen in einem Einzelzimmer für 90 Rs und in einem Doppelzimmer für 130 Rs übernachten kann.

Sauber, ruhig und eine gute Wahl ist das Hotel Suhail (Tel. 59 03 86) mit Einzelzimmern für 110 Rs und Doppelzimmern für 132 Rs sowie einigen Luxus-doppelzimmern für 176 Rs und einigen Doppelzimmern mit Klimaanlage für 220 Rs. Außerdem kann man in diesem Haus in ein paar noch teureren Suiten übernachten. Alle Zimmer sind mit einem Bad ausgestattet, in dem auch heißes Wasser fließt, die meisten auch mit einem Balkon. Das Hotel liegt in der Allee hinter dem Hauptpostamt. Am einfachsten gelangt man dorthin, wenn man über den Parkplatz zwischen dem Rama-krishna-Kino und dem Hotel Aahwaanam geht und anschließend nach links abbiegt. Dann liegt das Hotel noch ein Stück weiter an der linken Seite.

Im Haus des YMCA in Secunderabad am nördlichen Ende der Station Road (Tel. 80 19 36) dürfen sowohl Männer als auch Frauen in Einzelzimmern für 50 Rs und in Doppelzimmern für 75 Rs übernachten. Das Hotel Yatri Nivas der APTTDC an der Sardar Patel Road hat Zimmer mit kaltem Wasser, Moskitos und Ventilator zu bieten, in denen man allein für 100 Rs und zu zweit für 150 Rs unterkommt. Sie sind aber eigentlich keine gute Wahl und nur dann zu empfehlen, wenn man von dort aus morgens an einer Ausflugsfahrt teilnehmen will.

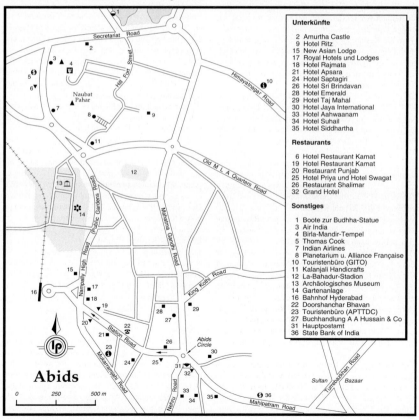

Unterkünfte

2 Amurtha Castle
9 Hotel Ritz
15 New Asian Lodge
17 Royal Hotels und Lodges
18 Hotel Rajmata
21 Hotel Apsara
24 Hotel Saptagiri
26 Hotel Sri Brindavan
28 Hotel Emerald
29 Hotel Taj Mahal
30 Hotel Jaya International
33 Hotel Aahwaanam
34 Hotel Suhail
35 Hotel Siddhartha

Restaurants

6 Hotel Restaurant Kamat
19 Hotel Restaurant Kamat
20 Restaurant Punjab
25 Hotel Priya und Hotel Swagat
26 Restaurant Shalimar
32 Grand Hotel

Sonstiges

1 Boote zur Buddha-Statue
3 Air India
4 Birla-Mandir-Tempel
5 Thomas Cook
7 Indian Airlines
8 Planetarium u. Alliance Française
10 Touristenbüro (GITO)
11 Kalanjali Handicrafts
12 La-Bahadur-Stadion
13 Archäologisches Museum
14 Gartenanlage
16 Bahnhof Hyderabad
22 Doorshanchar Bhavan
23 Touristenbüro (APTTDC)
27 Buchhandlung A A Hussain & Co
31 Hauptpostamt
36 State Bank of India

Abids

0   250   500 m

ANDHRA PRADESH

Ruheräume der Eisenbahn gibt es nur am Bahnhof Secunderabad.

Mittelklassehotels: Die bei weitem beste Wahl in dieser Preisklasse ist das noch relativ neue und makellos saubere Hotel Saptagiri (Tel. 50 36 01). Die Zimmer in diesem Haus sind bereits übel zugerichtet, aber mit 105 Rs für ein Einzelzimmern und 155 Rs für ein Doppelzimmer sowie 275 Rs für ein Doppelzimmer mit Klimaanlage (einschließlich Steuern) dennoch eine gute Wahl. Zu allen Zimmern gehören ein Balkon und ein Bad mit heißem Wasser. Ein Restaurant ist ebenfalls vorhanden, in dem allerdings nur Imbisse angeboten werden. Im riesigen Hotel Aahwaanam (Tel. 59 03 01), gelegen etwas abseits der J N Road und direkt gegenüber vom Ramakrishna-Kino, werden ganz ordentliche Einzel- und Doppelzimmer für 160 bzw. 203 Rs sowie Zimmer mit Klimaanlage für 264 bzw. 297 Rs (einschließlich Steuern) angeboten. Zu allen Zimmern gehört ein Bad mit heißem Wasser (Duschen mit Wasser aus Eimern), zu den klimatisierten Zimmern auch ein Farbfernsehgerät. Ein Restaurant sucht man jedoch vergebens. Das Haus liegt etwas zurück von der Straße, aber dennoch kann es laut werden, nämlich dann, wenn großen Menschenmengen vor dem Kino warten, um sich den neuesten Hit anzusehen.
Vergleichbar ist das Hotel Jaya International (Tel. 23 29 29), gelegen in der Reddy Hostel Lane, einer Nebenstraße der Mahipatram Road. Das ist ein Hotel mit Einzelzimmern für 140 Rs und Doppelzimmern 200 Rs. Für ein klimatisiertes Zimmer muß man 300 bzw. 375 Rs ausgeben. Auch hier gibt es kein Restaurant. In der Nähe liegt an der Mahipatram Road das Hotel Siddharta (Tel. 59 02 22), ein ruhiges Haus mit einem herrschaftlichen Foyer, aber schon etwas abgewohnten Zimmern. Hier kosten Einzelzimmer 170 Rs und Doppelzimmer 205 Rs, mit Klimaanlage 325 bzw. 350 Rs. Vermietet werden daneben auch noch teurere Suiten. Zum Hotel gehört zudem ein eigenes Restaurant. Sicher parken kann man hier ebenfalls.
Das schon ältere und beliebte Hotel Taj Mahal an der Ecke der Mahatma Gandhi Road (Abids Road) und der King Kothi Road (Tel. 23 79 88) ist ein riesiges, weitläufiges Haus auf einem eigenen Grundstück mit Parkplätzen und einem zugehörigen Restaurant. In diesem Hotel kosten ein Einzelzimmer 200 Rs und ein Doppelzimmer 300 Rs (mit Bad, heißem Wasser und Fernsehgerät), während man für ein Zimmer mit Klimaanlage allein 275 Rs und zu zweit 350 Rs ausgeben muß.

Luxushotels: Eine der preiswertesten Unterkünfte in dieser Kategorie ist das schnell verfallende Hotel Emerald (Tel. 20 28 36, Fax 20 39 02). Es liegt in der Chiragala Lane, einer Nebenstraße der Mahatma Gandhi Road. Die Übernachtungspreise für die bereits abge-

wohnten Einzel- und Doppelzimmer beginnen bei 425 bzw. 525 Rs. Man kann aber auch in einem Luxuszimmer allein für 475 Rs und zu zweit für 600 Rs sowie in einer Suite für 800 Rs übernachten.
Wenn Sie einmal ein Gefühl für die Tage der *nizams* von Hyderabad bekommen wollen, dann übernachten Sie im Hotel Ritz in der Hill Fort Road in Basheer Bagh (Tel. 23 35 71). Das ist auf dem Weg zum Birla-Mandir-Tempel. Dieser frühere Palast ist nun ein Hotel mit vier Sternen, wird aber langsam etwas schäbig. Zudem sind die muffigen Einzel- und Doppelzimmer für 750 bzw. 900 Rs eigentlich zu teuer. Daneben stehen Luxusdoppelzimmer für 1000 Rs und Suiten für 1500 Rs zur Verfügung. Außerdem hat das Haus seinen Gästen ein Restaurant mit indischer, europäischer und chinesischer Küche, einen Swimming Pool, einen Tennisplatz und weitläufige Rasenflächen zu bieten, von denen aus sich herrliche Blicke über die Stadt und den Hussain Sagar bieten.
Vom nagelneuen Hotel Viceroy an der Tankbund Road (Tel. 61 83 83) kann man ebenfalls über den Hussain Sagar blicken und in ihm zudem moderne Einzel- und Doppelzimmer für 795 bzw. 995 Rs sowie Suiten für 1795 Rs mieten. In diesen Preisen ist Frühstück vom Buffet enthalten. Daneben ist das Hotel zentral klimatisiert und hat alle üblichen Annehmlichkeiten zu bieten, darunter auch einen Swimming Pool.
Wenn man im Land der Phantasie übernachten möchte, dann erkundigt man sich am besten, ob das Amurtha Castle, ein neues Fünf-Sterne-Hotel im Stil von Disneyland an der Secretariat Road, bereits eröffnet worden ist. Mehrere weitere Spitzenhotels liegen an der Road Nr. 1 in Banjara Hill an der Westseite des Hussain Sagar. Sie alle sind zentral klimatisiert und haben alle denkbaren Annehmlichkeiten zu bieten, Dazu gehören das bereits etwas ermattet aussehende Hotel Gateway on Banjara Hill (Tel. 39 99 99, Fax 22 22 18), in dem man allein für 50 US $ und zu zweit für 60 US $ übernachten kann (in einem besseren Zimmer mit Frühstück für 60 bzw. 75 US $), das Krishna Holiday Inn (Tel. 39 39 39), ein nagelneues und sehr luxuriöses Haus etwas abseits der Road Nr. 1 mit Einzelzimmern ab 70 US $ und Doppelzimmern ab 80 US $, sowie das palastartige Hotel Krishna Oberoi mit fünf Sternen (Tel. 39 23 23, Fax 22 30 79) mit Einzelzimmern für 100 US $ und Doppelzimmern für 110 US $.

ESSEN
Andhra Pradesh im allgemeinen und Hyderabad im besonderen sind stolz auf ihre besondere Küche. Seien Sie jedoch gewarnt, denn einige der vegetarischen Chilli-Gerichte können einem glatt die Tränen in die Augen treiben. Ein paar der leckeren Spezialitäten, nach denen es lohnt, Ausschau zu halten, sind *kulcha* (mit Holzkohle gebackenes Brot), *biryani* (wohlrie-

946

chender Dampfreis mit Fleisch), *haleen* (zermahlener Weizen mit einer etwas gewürzten Hammelfleischsauce) und *nihari* (würzige Zunge und Haxen).

Das Grand Hotel, vom Hauptpostamt gleich um die Ecke, ist kaum „grand", aber die einheimischen nichtvegetarischen Gerichte wie *biryani* und Schnitzel aus Hammelfleisch sind preiswert und um die Mittagszeit herum außerordentlich beliebt.

Gute und preiswerte südindische Gerichte erhält man in den Hotels Kamat, in denen ein Standardessen 15 Rs kostet. Eines der Lokale findet man in Abids in der Station Road, ein weiteres an der Secretariat Road in der Nähe des Büros von Thomas Cook. Fast genau gegenüber vom Hotel Kamat in der Station Road werden im kleinen Hotel Punjab Gerichte der nichtvegetarischen Küche Nordindiens serviert. Die sind jedoch meistens so scharf, daß der Schweiß ausbricht. Im klimatisierten Hotel Priya an der Station Road können wenig aufregende vegetarische „Meals" für 20 Rs sowie nichtvegetarische Gerichte zu Preisen von 20 bis 40 Rs bestellt werden. Besser und etwas preisgünstiger sind „Meals" im benachbarten Hotel Swagat.

Wahrscheinlich das beste Lokal in Hyderabad, ohne sich gleich einem Festmahl hinzugeben, ist das Restaurant Shalimar, ein Teil vom Hotel Sri Brindavan in der Station Road. Hier ist das Essen ausgezeichnet und schmeckt lecker. Eine Suppe kann man in diesem Restaurant für 10 Rs, ein Curry für 25 bis 40 Rs und ein vegetarisches Gericht für 20 bis 30 Rs erhalten. Es ist täglich von 11.00 bis 23.00 Uhr geöffnet.

Auf ein Gericht der echten Küche aus Hyderabad begibt man sich am besten in das Restaurant Paradise Garden unweit der Ecke der Sardar Patel Road und der M G Road in Secunderabad. Gegründet 1953, ist es *das* Restaurant, in dem die Preise zudem durchaus angemessen sind. Es besteht aus zwei Teilen, einer Freilufterrasse, auf der sowohl vegetarische als auch nichtvegetarische Gerichte serviert werden, und einer Abteilung am Straßenrand mit Gerichten zum Mitnehmen, wo man saftige Kebabs, frisch gebackene *rotis*, ofenfrische Kekse und heißen Kaffee erhält.

Für einen Gaumenschmaus eignen sich die Spitzenhotels. Ausgezeichnet ist die italienische Küche im Krishna Holiday Inn (Restaurant Mamma Mia), wenn auch kaum echt. Ferner erhält man im Restaurant Dakhni des Hotels Gateway gute nichtvegetarische Speisen aus Hyderabad.

EINKÄUFE

Das Herz der Altstadt von Hyderabad ist der Laad-Basar in der Nähe des Charminar. Dort findet man auch die Spezialitäten von Hyderabad wie Perlen, Glasreifen sowie Bidriware (vgl. Exkurs im Abschnitt über Bidar im Kapitel über Karnataka) und Emailleschmuck. Ein interessanter Markt näher nach Abids hin ist der Sultan-Basar am Ende der Mahipatram Road.

Das beste Ziel, um Kunst und Kunsthandwerk aus allen Teilen Indiens zu kaufen, ist Kalanjali an der Nampally High Road. Dieses Geschäft ist übersichtlich, verlangt Festpreise, akzeptiert auch Kreditkarten und verschickt die gekauften Sachen zuverlässig in alle Teile der Welt. Geöffnet ist es täglich von 10.00 bis 20.00 Uhr. Ganz gut ist ferner das Central Cottage Industries Emporium im Minerva-Komplex 94 in der Sarojini Devi Road in Secunderabad.

AN- UND WEITERREISE

Flug: Das Büro von Air India befindet sich im Samrat-Komplex an der Secretariat Road (Tel. 23 27 47). Indian Airlines ist ebenfalls an der Secretariat Road vertreten (Tel. 23 69 02) und täglich von 10.00 bis 13.00 Uhr und von 14.00 bis 17.25 Uhr geöffnet.

Flugverbindungen mit Indian Airlines bestehen in jeder Richtung zwischen Hyderabad und Bangalore (täglich, 56 US $), Bombay (zweimal täglich, 74 US $), Kalkutta (täglich außer samstags, 134 US $), Delhi (zweimal täglich, 124 US $), Madras (zweimal täglich, 57 US $) und über Nagpur (61 US $) nach Bhubaneswar (dreimal wöchentlich, 95 US $).

Jet Airways (Tel. 23 12 63) fliegt täglich außer sonntags nach Bombay, ModiLuft (Tel. 24 37 83) montags bis samstags nach Madras und Delhi. Mit East West Airlines (Tel. 81 35 66) kommt man täglich nach Bombay und Visakhapatnam (58 US $).

Bus: Busse fahren in Hyderabad vom Busbahnhof Gowliguda der APSRTC nach Zielen in allen Teilen des Bundesstaates Andhra Pradesh ab. Die Abfahrtsstellen sind gut zu erkennen und in Bussteige unterteilt. Zudem ist ein Auskunftsschalter vorhanden und sind die Fahrpläne auch in Englisch veröffentlicht. Die Vorverkaufsstelle ist mit Computern ausgestattet und täglich von 8.00 bis 20.00 Uhr geöffnet.

Einige Verbindungen (mit Preisen für Fahrten mit Superluxusbussen) sind in der Aufstellung aufgeführt.

Busverbindungen von Hyderabad		
Fahrziel	**Abfahrten (täglich)**	**Fahrpreis**
Aurangabad	2	120 Rs
Bangalore	9 (vorwiegend abends)	171 Rs
Bidar	19	25 Rs
Bombay	10	360 Rs
Gulbarga	7	75 Rs
Hospet	2	85 Rs
Kurnool	20	56 Rs
Madras	1 (16.30 Uhr)	201 Rs
Nagpur	2	150 Rs
Nizamabad	32	50 Rs
Tirupathi	11	171 Rs
Vijayawada	30	83 Rs

Daneben gibt es auch noch viele private Busunternehmen, die Superluxusbusse mit Videofilmen für Fahrten zu Städten wie Bangalore, Bombay, Madras, Nagpur und Tirupathi einsetzen. Die meisten dieser Busunternehmen sind mit Büros an der Nampally High Road, unweit der Straße zum Bahnhof Hyderabad, vertreten. Dort kann man sein Glück bei Asian Travels in der Asian Lodge (Tel. 20 21 28) versuchen. Die meisten privaten Busse fahren einmal täglich ab, vorwiegend am späten Nachmittag. Nach Bangalore und Nagpur kostet es jeweils 180 Rs (12 Stunden) sowie nach Bombay und Madras jeweils 220 Rs (14 Stunden).

Zug: Der Hauptbahnhof befindet sich in Secunderabad. Das ist der Bahnhof, von dem die meisten Fernzüge abfahren (also die, die nicht im Bahnhof Hyderabad eingesetzt werden). Züge, die vom Bahnhof Hyderabad abfahren, können dort ebenfalls bestiegen werden. Fahrkarten kann man aber unabhängig davon, wo die Züge abfahren, auf beiden Bahnhöfen kaufen. Die Vorverkaufsstellen sind montags bis samstags von 8.00 bis 14.00 Uhr und von 14.15 bis 20.00 Uhr sowie sonntags von 8.00 bis 16.00 Uhr geöffnet. Auf beiden Bahnhöfen stehen auch Platzkontingente für Touristen zur Verfügung.

Wenn man nach Kalkutta zum Bahnhof Howrah will, muß man zunächst einen Zug nach Vijayawada nehmen und dort in einen der Schnellzüge die Ostküste entlang umsteigen, beispielsweise in den *Coromandel Express*. Der Fahrpreis nach Kalkutta beträgt in der 2. Klasse 264 Rs und in der 1. Klasse 877 Rs. Die 1591 km lange Fahrt nimmt 32 Stunden in Anspruch.

Weitere Zugverbindungen von Hyderabad und Secunderabad lassen sich der Übersicht entnehmen.

NAHVERKEHR

Flughafentransfer: Der Flughafen von Hyderabad liegt ca. 8 km nördlich von Abids in Begampet. Ein Flughafenbus verkehrt nicht. Für eine Fahrt in einer Auto-Rikscha vom Flughafen nach Abids oder umgekehrt muß man normalerweise bei eingeschalteter Zähluhr etwa 25 Rs bezahlen. Allerdings weigern sich viele Fahrer, für die Fahrt zum Flughafen die Zähluhr anzustellen, so daß man den Fahrpreis vorher aushandeln muß. Taxifahrer fordern für eine Fahrt vom oder zum Flughafen 85 Rs.

Bus: Fahrten mit Stadtbussen sollte man wegen der totalen Überfüllung nur dann unternehmen, wenn man an der Endstation einsteigen kann. Ein Zusteigen unterwegs ist aussichtslos. Linien, die man möglicherweise benutzen will und in deren Bussen man vielleicht einen Platz findet, sind die Nr. 2 vom Bahnhof Secunderabad zum Charminar und zurück, die Nr. 7 vom Bahnhof Secunderabad nach Afzalganj und zurück (diesen Bus können Sie auch in Richtung Abids benutzen, denn er fährt die Tankbund Road und Nehru Road entlang und kommt dabei am Hauptpostamt vorbei), die Nr. 8 zwischen den Bahnhöfen von Secunderabad und Hyderabad sowie Nr. 119 und 142 von der Nampally High Road zum Fort Golconda und zurück.

Auto-Rikscha und Taxi: Die Grundgebühr für eine Fahrt mit einer Auto-Rikscha beträgt 4,30 Rs. Hinzu kommen 2 Rs für jeden gefahrenen Kilometer. Einige Fahrer brauchen zum Einschalten der Uhr nicht erst aufgefordert zu werden, während das bei anderen durchaus nötig ist.

Für eine Fahrt zum Fort Golconda und zurück muß man 70 Rs zuzüglich 15 Rs pro Stunde Wartezeit bezahlen. Daneben erwartet der Fahrer der Auto-Rikscha noch ein Trinkgeld.

Taxifahrten sind relativ teuer. Für eine Fahrt zum Fort Golconda und zurück ist einschließlich Wartezeit mit 200 Rs zu rechnen.

Wichtige Züge von Hyderabad

Fahrziel	Zugnummer und Name	Abfahrtszeit*	Entfernung (km)	Fahrzeit (Stunden)	Fahrpreis (Rs) (2./1. Klasse)
Aurangabad	1004 *Kacheguda Express*	6.00 S	517	13.00	132/ 394
Bangalore	7085 *Bangalore Express*	18.10 H	790	16.30	180/ 552
Bombay	7032 *Bombay Express*	20.20 S	800	17.15	185/ 552
Delhi	2723 *Andhra Pradesh Expr* .	6.05 H	1397	26.35	250/ 795
	7021 *H Nizamuddin Express*	20.00 H		33.30	
Kalkutta	8046 *East Coast Express*	6.45 H	1591	30.00	264/ 877
Madras	7054 *Madras Express*	15.45 H	794	14.25	180/ 552
	6060 *Charminar Express*	18.40 H		14.40	
Thirupati	7203 *Venkatadri Express*	15.50 S	741	17.40	177/ 530

* Abkürzungen für die Bahnhöfe:
  S = Secunderabad, H = Hyderabad

Mietwagen: Die üblichen Mietwagenpreise betragen für 4 Stunden oder 40 km 225 Rs, für 8 Stunden oder 80 km 350 Rs und für längere Fahrten als einen Tag 3,50 Rs pro Kilometer bei einem Mindestbetrag für 300 km.

In diesen Preisen ist auch der Lohn für den Fahrer enthalten. Wenn man einen Wagen mieten will, kann man Alpha Motors im Einkaufszentrum Abids gegenüber vom Hotel Emerald (Tel. 20 13 06) und Cosy Cabs (Tel. 84 20 23) ausprobieren.

NAGARJUNAKONDA UND NAGARJUNA SAGAR

Nagarjunakonda, gelegen etwa 150 km südöstlich von Hyderabad am Krishna, war vom 2. Jahrhundert v. Chr. bis zum 3. Jahrhundert n. Chr. eines der größten und bedeutendsten buddhistischen Zentren im Süden Indiens. Damals nannte sich die Stadt noch Vijayapur. Die heutige Bezeichnung erinnert an einen hoch verehrten buddhistischen Mönch mit dem Namen Nagarjuna, der um das Ende des 2. Jahrhunderts n. Chr. fast 60 Jahre lang die *sangha* leitete. Die von ihm aufgebaute Madhyamika-Schule zog damals Studenten von weit her an, zum Beispiel aus Sri Lanka und China.

Man fand die ersten Überreste der Bauten erst im Jahre 1926 und weitere in den fünfziger und sechziger Jahren. Erst dann grub man die vielen Stupas, *viharas*, *chaityas* und *mandapams* aus. Dabei fand man noch Skulpturen und Arbeiten aus weißem Marmor. Sie stellen Szenen aus Buddhas Leben dar. Mittlerweile stehen sie aber nicht mehr an ihren Fundorten, sondern in einem eigens dafür erbauten Museum auf einer Insel, die nach der Entscheidung geschaffen wurde, die gesamte Gegend zu überfluten, um 1960 den Nagarjuna-Sagar-Damm zu errichten.

UNTERKUNFT

Die APTTDC (Tel. 0842/55 75 31) unterhält am Nagarjuna Sagar einige Unterkünfte. Dazu gehört der Vijay Vihar Complex in der Nähe des Bootsanlegers (Tel. 36 25), in dem Doppelzimmer mit Klimaanlage und Cottages vermietet werden. Übernachten kann man

auch im mehrere Kilometer entfernten Project House in Hill Colony und im Konda Guest House (Tel. 0804883/ 26 68). Außerdem gibt es in Hill Colony eine Jugendherberge.

AN- UND WEITERREISE

Die einfachste Möglichkeit, Nagarjunakonda und den Nagarjuna Sagar zu besuchen, ist eine Fahrt von Hyderabad mit dem Touristenbus der APTTDC. Er fährt, wenn genügend Nachfrage besteht, in Hyderabad am Yatri Nivas täglich um 6.45 Uhr ab und kehrt um 22.00 Uhr zurück (Fahrpreis 150 Rs). Besucht werden dabei das Museum in Nagarjunakonda (freitags geschlossen), der Pylon (ein Granitmonolith aus der buddhistischen Zeit mit Eingravierungen), der Nagarjuna Sagar, die Ethipothala-Fälle sowie ein Modell des Dammes.

Wer dies alles auf eigene Faust besuchen möchte, muß mit dem Linienbus von Hyderabad, Vijayawada oder Guntur zum Nagarjuna Sagar fahren. Der nächste Bahnhof befindet sich in Macherla an einer Nebenstrecke, die westlich von Guntur verläuft und in Macherla endet. Von Macherla verkehren regelmäßig Busse zum Nagarjuna Sagar.

NAHVERKEHR

Boote zum Museum von Nagarjunakonda fahren am Nagarjuna Sagar um 9.30 und 13.30 Uhr ab. Der Fahrpreis beträgt pro Person 25 Rs.

WARANGAL

Einwohner: 512 000
Telefonvorwahl: 08712

Warangal, 150 km nordöstlich von Hyderabad, war einst die Hauptstadt des Königreiches Kakatiya, das von der 2. Hälfte des 12. Jahrhunderts an den größten Teil des heutigen Andhra Pradesh ausmachte, bis es Anfang des 14. Jahrhunderts von den Tughlaqs aus Delhi erobert wurde. Die hinduistischen Kakatiya waren große Baumeister und Anhänger der schönen Kün-

ste. In ihre Regierungszeit fällt auch die Entwicklung des Chalukya-Stils bei den Tempelbauten. Die Ausschmückung der Bauwerke erreichte unter ihnen ihren Höhepunkt.

Wer an den unterschiedlichen Entwicklungsstufen der hinduistischen Tempelbauten interessiert ist und die frühen Chalukya-Tempel von Badamai, Aihole und Pattadakal nicht besucht hat, sollte sich Warangal unbedingt ansehen. Für Übernachtungsmöglichkeiten ist gesorgt. Man kann nach Warangal aber auch einen langen Tagesausflug von Hyderabad unternehmen. Einige hundert Meter hinter der Bushaltestelle kann man sich übrigens auch einen farbenfreudigen Wollmarkt ansehen.

SEHENSWÜRDIGKEITEN

Fort: Die bedeutendste Sehenswürdigkeit in Warangal ist das weitläufige, inzwischen aufgegebene Fort. Es wurde aus Lehmziegeln erbaut und verbreitet allein durch seine Gestaltung eine besondere Atmosphäre. Hinzu kommen interessante Einzelheiten, wie die Steine früherer Chalukya-Tempel, die man ohne Respekt zum Bau der massiven Steinmauern verwendete. Diese Wände sind eine zweite Befestigung, und zwar einen Kilometer hinter den äußeren Lehmwällen.

Chalukya-Tempel: Von allen heute noch bestehenden Chalukya-Tempeln findet man die bedeutendsten in Warangal. Das sind der Tempel der Tausend Säulen an den Hängen des Hanamkonda-Hügels (ein Schrein wird noch benutzt), der Bhadrakali-Tempel auf einem Hügel zwischen Warangal und Hanamkonda sowie der Shambu-Lingeswara- oder Swayambhu-Tempel (früher ein Shiva-Tempel). Verglichen mit den Tempeln im südlicheren Indien ist der Tempel der Tausend Säulen aber mittelmäßig und der Bhadrakali-Tempel kaum interessant. Hinzu kommt, daß der Tempel der Tausend Säulen sich in einem beklagenswerten Zustand befindet und Plünderer die besten Stücke mitgenommen und die Gesichter der Statuen herausgemeißelt haben.

UNTERKUNFT UND ESSEN

Die Übernachtungsmöglichkeiten sind bescheiden. Die meisten Hotels liegen an der Station Road, die parallel zu den Eisenbahnschienen verläuft. Dorthin kommt man, wenn man vom Bahnhof nach links abbiegt. Ganz in Ordnung ist die Vijaya Lodge an der Station Road (Tel. 2 58 51), drei Minuten Fußweg vom Bahnhof entfernt, mit Einzelzimmern für 50 Rs und Doppelzimmern für 70 Rs. Ähnlich ist das Hotel Shanthi Krishna hinter dem Postamt, ebenfalls an der Station Road (Tel. 2 53 05).

Von der Bushaltestelle hinauf, unweit vom riesigen Markt, kommt man zur einfachen Vikas Lodge (Tel. 2 41 94), in der Einzelzimmer für 35 Rs und Doppelzimmer für 55 Rs vermietet werden (mit Bad).

Das Ashoka an der Hauptstraße in Hanamkonda (Tel. 7 84 91), vom Bahnhof in Warangal ca. 7 km entfernt, hat Einzelzimmer für 110 Rs und Doppelzimmer für 180 Rs zu vermieten.

Im Bahnhof kann man zudem in einigen Ruheräumen (Retiring Rooms) übernachten.

AN- UND WEITERREISE

Warangal ist durch Busse regelmäßig mit Hyderabad, Nizamabad und anderen größeren Städten verbunden. Nahverkehrsbusse fahren nach Kazipet und Hanamkonda.

Warangal ist ein wichtiger Eisenbahnknotenpunkt mit Zugverbindungen nach Hyderabad oder Secunderabad (3 Stunden, 152 km) und Vijayawada (2. Klasse 75 Rs und 1. Klasse 204 Rs, 4 Stunden, 209 km).

NAHVERKEHR

Die Bushaltestelle liegt direkt gegenüber vom Eingang zum Bahnhof.

Mit einem Bus der Linie 28 kann man zum 5 km entfernten Fort in Mantukonda gelangen. Es besteht aber auch die Möglichkeit, mit dem Fahrer einer Auto-Rikscha einen Preis für die Fahrt dorthin und wieder zurück auszuhandeln.

VISAKHAPATNAM

Einwohner: 1,1 Millionen
Telefonvorwahl: 0891

Diese Küstenstadt ist das geschäftliche und industrielle Herz der abgelegenen Nordostecke von Andhra Pradesh. Ursprünglich bestand sie aus zwei verschiedenen Städten, dem nördlichen und städtischeren Waltair sowie dem südlichen Hafenort Visakhapatnam (bekannt als Vizag). Als Vizag jedoch wuchs (und immer noch wächst), bildeten die beiden nach und nach eine Einheit. Heutzutage haben die beiden Teile Touristen wenig zu bieten. Der Rauch aus den Industriebetrieben, der immer in der Luft hängt, macht Vizag nicht gerade anziehend. Das hügelige Gebiet in Waltair am Meer wird begrenzt von langen Stränden, die Blicke auf den Golf von Bengalen und die Schiffahrtsstrecke zwischen Kalkutta und Madras zulassen, auf der immer viel Betrieb herrscht. Der beste Strand ist der von Rishikonda, ca. 10 km nördlich. Auf dem Simhachalam Hill, ebenfalls 10 km nördlich der Stadt, steht ein Vishnu-Tempel aus dem 11. Jahrhundert im wunderschönen Stil von Orissa.

ORIENTIERUNG UND
PRAKTISCHE HINWEISE

Der Bahnhof und der Busbahnhof liegen 1½ km auseinander. Beide sind ca. 2 km von der Stadtmitte entfernt, die sich um die Gegend mit dem Poorna-Markt erstreckt. Die Strandhotels liegen in Waltair. Im Bahnhof findet man zwar ein Fremdenverkehrsamt, aber dort erhält man kaum nützliche Informationen.

UNTERKUNFT UND ESSEN

In Vizag herrscht kein Mangel an Unterkünften für jeden Geldbeutel. Die Ruheräme der Eisenbahn im Bahnhof bestehen aus Schlafsälen nur für Männer mit Betten für jeweils 10 Rs und sehr komfortablen Doppelzimmern für 100 Rs.

Stadtmitte: Ein gutes Ziel auf der Suche nach einem preisgünstigen Quartier ist die Main Street unweit vom Poorna-Markt. Dort findet man in einer Seitengasse der Main Road das Hotel Poorna (Tel. 6 23 44), in dem die Preise für ein Zimmer mit Bad 40 bzw. 60 Rs betragen. Sehr ähnlich ist das Hotel Prasanth gegenüber (Tel. 6 52 82) mit Einzelzimmern für 59 Rs und Doppelzimmern für 100 Rs. Das nahegelegene Restaurant Swagath an der Main Road zeichnet sich durch einen kleinen Dachgarten sowie preisgünstige vegetarische Gerichte und Imbisse aus.

Im Hotel Daspalla mit drei Sternen (Tel. 56 48 25) werden Einzelzimmer für 250 Rs und Doppelzimmer für 280 Rs vermietet. Mit Klimaanlage muß man für ein Einzelzimmer 325 Rs und für ein Doppelzimmer 360 Rs bezahlen. In diesem Hotel gibt es auch eine ganze Reihe von Restaurants mit chinesischen und westlichen Speisen sowie Mughlai- und Tandoori-Gerichten, aber auch mit *dakshin*, der gut gewürzten einheimischen nichtvegetarischen Küche. In einer Preisklasse höher angesiedelt ist das zentral gelegene Hotel Dolphin (Tel. 56 70 00), ein Vier-Sterne-Haus mit einem Swimming Pool und einem Restaurant. In diesem Haus werden Einzelzimmer für 495 bis 1195 Rs und Doppelzimmer für 695 bis 1305 Rs angeboten. In den Preisen von über 695 Rs für ein Einzelzimmer und von über 895 Rs für ein Doppelzimmer ist auch Frühstück enthalten.

Strandgegend: Das Hotel Palm Beach am Nordende der Beach Road (Tel. 55 40 26) ist ein schon altes und abgewohntes Haus, aber dennoch in Ordnung, wenn man gern in der Nähe vom Strand übernachten möchte. Hier muß man für ein Einzelzimmer 200 Rs und für ein Doppelzimmer 250 Rs (mit Klimaanlage 250 bzw. 300 Rs) bezahlen.

Nebenan liegt das Hotel Park (Tel. 55 44 88, Fax 55 41 81), das von außen zwar alt und häßlich aussieht, innen aber vor kurzem renoviert wurde. Hier kann man mit Klimaanlage und Blick auf das Meer allein für 1150 Rs und zu zweit für 1950 Rs übernachten. Zu den Einrichtungen dieses Hotels gehören ein Swimming Pool, eine Buchhandlung und drei Restaurants. Im übrigen ist die Leitung des Hauses sehr freundlich.

Das beste Hotel in Vizag ist das noch relativ neue Taj Residency (Tel. 6 43 71), ein luxuriöses, aufragendes Haus von der Beach Road den Berg hinauf. Hier beginnen die Preise für Einzelzimmer bei 45 US $ und für Doppelzimmer bei 70 US $. Geboten werden den Gästen auch ein Schwimmbecken und ein Restaurant.

AN- UND WEITERREISE

Der Flugplatz von Vizag liegt 13 km westlich der Stadt und ist mit einer Auto-Riksha für 26 Rs zu erreichen. Indian Airlines (Tel. 4 65 03) fliegt von dort dreimal wöchentlich nach Kalkutta (81 US $) und Madras (70 US $). East West Airlines unterhält täglich Flugverbindungen über Hyderabad (58 US $) nach Bombay (132 US $). Mit NEPC Airlines (Tel. 57 41 51) kommt man dienstags, donnerstags und samstags über Vijayawada (70 US $) nach Madras (105 US $).

Der Bahnhof Visakhapatnam liegt an der Hauptstrecke der Eisenbahn zwischen Kalkutta und Madras. Der beste Zug nach Kalkutta ist der Nachtzug *Coromandel Express* (2. Klasse 192 Rs und 1. Klasse 569 Rs, 15 Stunden, 879 km). In Richtung Süden fährt der gleiche Zug nach Vijayawada (5½ Stunden, 352 km) und Madras Central (2. Klasse 179 Rs und 11. Klasse 541 Rs, 17 Stunden, 784 km).

Vom gut organisierten Busbahnhof unterhält die APSRTC (Tel. 6 50 38) Busverbindungen nach Puri (Orissa) und Zielen im Bundesstaat Andhra Pradesh.

DIE UMGEBUNG VON VISAKHAPATNAM

Etwa 25 km nordöstlich von Vizag liegt Bheemunipatnam, einer der sichersten Strände an diesem Teil der Küste. Hier kann man sich auch die Ruinen der ältesten dänischen Siedlung an der Ostküste aus dem 17. Jahrhundert ansehen. Ein Stück landeinwärts kommt man zum Hollanders Green, dem Friedhof der Holländer.

Rund 90 km von Vizag entfernt sind die Kalksteinhöhlen von Borra zu sehen, angefüllt mit faszinierenden Stalagmiten und Stalaktiten.

VIJAYAWADA

Telefonvorwahl: 0866

Vijayawada, gelegen an den Ufern des mächtigen Krishna, ist ein bedeutender Knotenpunkt der Eisenbahn an der Linie entlang der Ostküste von Kalkutta nach Madras. Die Stadt liegt ca. 265 östlich von Hyderabad, ist ein wichtiges Industriezentrum und ziemlich hektisch. Nur wenige Touristen machen hier Halt, aber sie ist gleichwohl der beste Ausgangspunkt für einen Besuch in Amaravathi, dem Sanchi von Andhra Pradesh.

In Vijayawada selbst kann man sich eine Reihe bedeutender hinduistischer Tempel ansehen, darunter den Kanaka-Durga-Tempel auf dem Indrakila Hill, aber auch zwei 1000 Jahre alte Jain-Tempel. Rund 8 km von Vijayawada entfernt, aber auf der anderen Seite des Flusses, liegen die alten hinduistischen Höhlentempel von Undavalil.

Einen Stand des Fremdenverkehrsamtes kann man im Bahnhof in Anspruch nehmen.

UNTERKUNFT UND ESSEN

In den Ruheräumen der Eisenbahn im Bahnhof muß man für ein Einzelzimmer 50 Rs und für ein Doppelzimmer 80 Rs bezahlen. Darin ist es aber ganz schön laut.

Nahe beim Bahnhof kommt man an der Besant Road zum Modern Café Lodging mit Zimmern ab 40 Rs und Gemeinschaftstoiletten, in denen es ziemlich stark stinkt. Wenn man hier übernachten möchte, kann es sein, daß der Geschäftsführer sich weigert, Frauen aufzunehmen. Als Begründung dafür gibt er an, „none have ever done so".

Das Hanuman Dormitory am neuen Busbahnhof sieht eher wie die geschlossene Abteilung eines Krankenhauses und kaum wie etwas aus, wo man freiwillig eine Nacht verbringen mag. Dafür kommt man dort aber mit 12 Rs für 24 Stunden auch sehr günstig unter. Im ersten Stock gibt es auch eine „Deluxe Lounge", einen großen Raum mit Reihen von Plastiksesseln, auf denen man für 2 Rs pro Stunde ein Nickerchen machen kann.

Die beste Wahl bei den preisgünstigen Quartieren ist das Hotel Swapna Lodge in der Durgaiah Street, unweit vom Navrang-Theater (Tel. 6 53 86). Das ist ca. 2 km vom Bahnhof entfernt. Das Haus liegt in einer ruhigen Nebenstraße und vermittelt einen freundlichen sowie saubereren Eindruck. Es bietet Einzelzimmer für 50 Rs und Doppelzimmer für 70 Rs. Zimmer mit Klimaanlage sind jedoch teurer. Das Sree Lakshmi Vilas Modern

Café in der Besant Road in Governopet (Tel. 6 25 25) liegt in einem geschäftigen Einkaufsviertel etwa 1½ km vom Bahnhof entfernt. In diesem Haus werden mit Badbenutzung Einzelzimmer für 53 Rs und Doppelzimmer für 60 Rs vermietet, mit eigenem Bad für 60 bzw. 100 Rs. Vorhanden ist in diesem Hotel auch ein gutes vegetarisches Restaurant. Ähnlich ist das Hotel Manorama an der M G Road (Tel. 7 72 21), etwa 500 m vom neuen Busbahnhof entfernt. Dort kommt man in Zimmern mit eigenem Bad allein für 200 Rs und zu zweit für 260 Rs unter, in einem Zimmer mit Klimaanlage für 250 bzw. 350 Rs.

Eines der besten Hotels in der Stadt ist das noch relativ neue Hotel Ilapuram in der Besant Road (Tel. 6 12 82), in dem Einzelzimmer 250 Rs und Doppelzimmer 300 Rs (mit Klimaanlage 350 bzw. 400 Rs) kosten. Außerdem werden noch teurere Suiten angeboten. Dieses Hotel hat sowohl ein vegetarisches als auch ein nichtvegetarisches Restaurant zu bieten.

Im Hotel Nandini unweit vom Busbahnhof erhält man vegetarisches Essen. Für einen Imbiß eignet sich zudem die Modern Bakery & Ice Cream Parlour an der Besant Road.

AN- UND WEITERREISE

Flug: Der Flugplatz liegt ca. 20 km von der Stadt entfernt. Von dort bestehen Flugverbindungen von NEPC Airlines (Tel. 47 64 93) dienstags, donnerstags und samstags nach Madras (70 US \$) und Visakhapatnam (70 US \$).

Bus: Der riesige neue Busbahnhof an der Bandar Road unweit vom Fluß ist etwa 1½ km vom Bahnhof entfernt. Er ist gut organisiert und hat gute Einrichtungen wie Schlafsäle, Warteräume und ein Restaurant zu bieten. Von hier fahren Busse in alle Teile von Andhra Pradesh, beispielsweise alle 30 Minuten nach Hyderabad (83 Rs, 6 Stunden, 260 km), achtmal täglich nach Warangal (60 Rs, 6 Stunden) und siebenmal täglich nach Visakhapatnam (100 Rs, 10 Stunden, 365 km), aber auch zweimal täglich nach Madras (120 Rs, 10 Stunden).

Zug: Vijayawada liegt zudem an den Hauptstrecken der Eisenbahn von Madras nach Kalkutta und von Madras nach Delhi. Hier halten alle Schnellzüge. Die schnellste Verbindung von Vijayawada nach Madras besteht mit dem *Coromandel Express*, der zwischen Kalkutta und Madras verkehrt (2. Klasse 118 Rs und 1.

Klasse 352 Rs, 7 Stunden, 432 km). In Gegenrichtung bringt dieser Zug Fahrgäste in 20 Stunden bis in das 1236 km entfernte Kalkutta (2. Klasse 237 Rs und 1. Klasse 737 Rs).

Daneben verkehren auch noch etliche Züge über Warangal nach Hyderabad (2. Klasse 82 Rs und 1. Klasse 303 Rs, 6¹/₂ Stunden, 361 km). Einer der schnellsten auf dieser Strecke ist der *Godavari Express*. Für eine Fahrt im *Tamil Nadu Express* nach Neu-Delhi (27 Stunden, 1762 km) muß man in der 2. Klasse 279 Rs und in der 1. Klasse 945 Rs bezahlen.

Nach Tirupathi (290 km) ist täglich der *Howrah-Tirupathi Express* unterwegs, der dafür neun Stunden braucht und mit dem eine Fahrt in der 2. Klasse 83 Rs und in der 1. Klasse 245 Rs kostet. Auf dem Weg in Richtung Norden nach Puri in Orissa nimmt man am besten den *Howrah-Tirupathi Express* bis Khurda Road und steigt dort für die letzten 44 km in einen Personenzug oder Bus um. Einmal wöchentlich bestehen auch Direktverbindungen mit Zügen nach Kanyakumari und Bangalore, viermal wöchentlich nach Varanasi und täglich nach Thiruvananthapuram (Trivandrum).

DIE UMGEBUNG VON VIJAYAWADA

AMARAVATHI

Etwa 30 km grob westlich von Vijayawada kann man sich unweit vom Ufer des Krishna die Überreste des alten buddhistischen Amaravathi ansehen, der früheren Hauptstadt der Satvahana. Das waren die Nachfolger der Maurya in diesem Teil Indiens. Zu sehen sind noch ein 2000 Jahre alter Stupa mit seinen fein verzierten Säulen und der mit Marmor bedeckten Kuppel, die gleichermaßen fein verziert ist. Die Verzierungen berichten aus dem Leben von Buddha, aber auch vom damaligen Alltagsleben. Der Stupa ist nicht so groß wie der von Sanchi in Madhya Pradesh, aber dennoch einen Besuch wert, wenn man sich für buddhistische Überbleibsel aus der Hinayana-Zeit interessiert. Auf dem

Gelände befindet sich auch ein Museum, in dem Ausstellungsstücke aus der Gegend zu sehen sind.

Direktbusse von Vijayawada nach Amaravath fahren nur selten. Das liegt wohl auch daran, daß keine durchgehende Straßenverbindung besteht. Besser nimmt man daher einen der stündlich in Richtung Süden nach Guntur verkehrenden Busse und steigt dort um. Insgesamt dauert dann die 65 km lange Fahrt zwei bis drei Stunden und kostet etwa 18 Rs. Die APTTDC veranstaltet dorthin für 45 Rs auch Ausflugsfahrten sowie für 50 Rs hin und zurück Bootsfahrten. Danach kann man sich am Stand der APTTDC im Bahnhof von Vijayawada oder am Schalter der APTTDC im Hotel Krishnaveni in Sitanagara erkundigen (Tel. 7 53 82), ebenfalls in Vijayawada.

TIRUPATHI UND TIRUMALA

Telefonvorwahl: 08574

Der „heilige Hügel" Tirumala, 20 km von Tirupathi entfernt und im äußersten Süden von Andhra Pradesh gelegen, ist wegen des alten Vishnuviten-Tempels zu Ehren von Venkateswara einer der wichtigsten Pilgerorte von ganz Indien. Das ist der Gott, dessen Bild die meisten Eingänge von Lodges und Restaurants in Südindien schmückt. Er ist leicht daran zu erkennen, daß seine Augen bedeckt sind, da sein Blick die Welt vertrocknen lassen würde. Die Bilder sind meist über und über mit Blumen geschmückt, so daß häufig nur noch die Füße zu sehen sind.

Tirumala ist eine spannende Anlage, in der man leicht einen ganzen Tag damit verbringen kann, nur herumzuspazieren. Es ist aber auch einer der wenigen Tempel in Indien, in denen Nicht-Hindus bis in das Allerheiligste dürfen. Trotzdem kommen nur wenige Ausländer hierher.

Um mit den vielen Pilgern aus allen Teilens Indien fertig zu werden, ist in Tirupathi und Tirumala alles bestens durchorganisiert, und zwar zu dem ständigen Bemühen, den Betrieb am Laufen zu halten, die Menschen zu beköstigen und ihnen Unterkunft zu gewähren. Die meisten werden in Tirupathi und Tirumala in besonderen Herbergen für Pilger (*choultries*) untergebracht. Viele der privaten Hotels und Lodges befinden sich jedoch in Tirupathi, so daß eine ganze Busflotte von vor Sonnenaufgang bis weit nach Sonnenuntergang ständig die Pilger zwischen Tirupathi und Tirumala hin und her transportiert.

SEHENSWÜRDIGKEITEN

Venkateshwara-Tempel: Zu den guten Eigenschaften von Venkatehswara gehört nach dem Glauben seiner Anhänger unter anderem, daß jeder Wunsch, der vor seinem Abbild in Tirumala geäußert wird, auch in

ANDHRA PRADESH

Erfüllung geht. Dies spricht sich natürlich unter den Gläubigen überall herum. Daher trifft man zu jedem Zeitpunkt mindestens 5000 Pilger aus allen Teilen Indiens an dieser Stätte, an einem ganzen Tag nicht selten bis zu 100 000, auch wenn es im Durchschnitt nur 30 000 sind. Allein die Mitarbeiter im Tempel machen fast 6000 aus.

Die vielen Pilger sorgen auch dafür, daß dieser Tempel zu den reichsten von ganz Indien gehört. Die Einnahmen betragen pro Jahr etwa fünf Milliarden Rupien, die von einem Treuhandrat verwaltet werden. Gerechterweise muß aber auch gesagt werden, daß ein großer Teil des gespendeten Geldes wieder an die Armen zurückfließt und für Hunderte von Unterkünften (*choultries*) ausgegeben wird, in denen die Pilger übernachten können.

Da ein geschorener Kopf bei einem Besuch des Tempels Glück verheißt, wird man in Südindien viele Kahlköpfe zu sehen bekommen. Daran ist zu erkennen, daß der Glatzkopf gerade von einer Pilgerfahrt nach Tirupathi zurückgekehrt ist. Dies gilt aber nicht nur für die Herren der Schöpfung, sondern in Tirumala lassen sich auch Frauen und Kinder die Haare schneiden.

Wenn man vor dem Eingang zum Tempel steht, ist am oberen Ende der Stufen links ein kleines Museum zu sehen. Zu den Ausstellungsgegenständen dort gehört unter anderem eine gute Sammlung von Musikinstrumenten, auch eine Trommel in der Art einer Tabla, die *ubangam* genannt wird. Besichtigen läßt sich das Museum von 8.00 bis 20.00 Uhr (Eintritt eine Rupie).

AUSFLUGSFAHRTEN

Die APTTDC veranstaltet an den Wochenenden Fahrten von Hyderabad nach Tirumala. Sie beginnen freitags um 16.00 Uhr, enden montags um 7.00 Uhr, schließen Unterkunft ein und kosten einschließlich „Special Darshan" 480 Rs. Es ist auch möglich, nur mit dem Bus mitzufahren. Dann muß man für eine einfache Fahrt 120 Rs bezahlen.

Angeboten werden auch Tagesausflüge von Madras nach Tirumala. Einzelheiten über diese Fahrten können Sie dem Abschnitt über Madras entnehmen.

UNTERKUNFT

Tirupathi: Tirupathi ist am Ort am Fuß des Hügels und der Verkehrsknotenpunkt. Es gibt hier so viele Hotels und Lodges, daß keine Probleme auftreten werden, ein Zimmer zu finden.

Eine ganze Gruppe von Hotels hat sich um den Busbahnhof herum angesiedelt. Das ist 500 m vom Zentrum entfernt. Außerdem kann man in den Ruheräumen im Bahnhof (Railway Retiring Rooms) übernachten.

In der freundlichen Vasantha Vihar Lodge in der G Car Street (Tel. 2 04 60), etwa eine Minute Fußweg vom Bahnhof entfernt, werden 17 kleine Einzel- und Doppelzimmer mit Ventilator und Dusche an Alleinreisende für 40 Rs und an Paare für 60 Rs vermietet.

Einen Block entfernt liegt das beliebte Hotel Bhimas in der G Car Street 42 (Tel. 2 57 44), in dem die Preise für Einzelzimmer in Ordnung, für Doppelzimmer aber zu hoch sind. Hier muß man allein 58 Rs und zu zweit 180 Rs bezahlen, für ein Doppelzimmer mit Klimaanlage sogar 375 Rs.

Gegenüber kommt man in der G Car Street 34-38 zum Hotel Bhimas Deluxe (Tel. 2 55 21), einem Haus mit zwei Sternen. Hier kann man ganz gut in einem Einzelzimmer für 175 Rs und in einem Doppelzimmer für 200 Rs übernachten (mit Klimaanlage für 365 bzw. 390 Rs). Alle Zimmer sind mit Bad ausgestattet, die klimatisierten Zimmer auch mit einem Fernsehgerät.

Teurer ist es im Hotel Mayura in der T P Aerea 209 (Tel. 2 59 25, Fax 2 59 11), einem Haus mit drei Sternen nahe beim Hauptbusbahnhof, in dem Zimmer für 300 Rs (mit Bad) vermietet werden. Für ein Zimmer mit Klimaanlage muß man allein 450 Rs und zu zweit 500 Rs bezahlen. Ein Restaurant, in dem indische Gerichte und Mughlai-Speisen serviert werden, ist ebenfalls vorhanden.

Tirumala: Die meisten Pilger schlafen in riesigen Schlafsälen, die in großer Zahl rings um den Tempel anzutreffen sind. Sie werden kostenlos zur Verfügung gestellt und sind offen für jedermann. Wenn man in einem dieser Schlafsäle übernachten will, dann muß man sich bei der Accomodation Reception anmelden

---

„Special Darshan" in Tirumala

Nachdem man 30 Rs für einen „Special Darshan" bezahlt hat, darf man den Venkateshwara-Tempel in Tirumala betreten. Mit dieser Sondererlaubnis erhält man zugleich ein wichtiges Vorrecht: Man darf dann nämlich ohne Wartezeit an der langen Schlange derer, die für ihren normalen *darshan* (Anblick eines Gottes) nichts bezahlt haben, vorbei direkt zum Eingang gehen. Das ist ein echter Vorteil, denn die anderen Besucher müssen häufig 12 Stunden und länger in Drahtkäfigen an der äußeren Mauer auf Einlaß warten.

Mit dem „Special Darshan" kommt man zwar meistens innerhalb von zwei Stunden an den Anfang der Warteschlange. An Wochenenden mit Hochbetrieb kann es aber trotzdem bis zu fünf Stunden dauern. Dann muß man ebenfalls durch die Drahtkäfige. An einem Hinweisschild am Eingang kann man ablesen, wie lange es dauern wird. Um das Ende der Schlang der Wartenden zu finden, muß man dem Hinweisschild mit der Aufschrift „Sarvadarshanam" herum um die linke Seite des Tempeleingangs folgen.

Wenn man erst einmal nach drinnen gelangt ist, muß man sich mit allen anderen vorwärts bewegen und hat, bevor man sich versieht, auf Venkateshwara geblickt und ist auch schon wieder draußen.

und sich ein Bett oder ein Zimmer zuteilen lassen. Die Wochenenden meidet man allerdings besser, denn dann ist alles hoffnungslos überfüllt.

ESSEN

Tirupathi: Das Lakshmi Narayana Bhavan ist ein gutes vegetarisches Restaurant gegenüber vom Hauptbusbahnhof. Auch zum Hotel Bhimas gehört ein gutes vegetarisches Restaurant mit einem klimatisierten Speiseraum. Bis spät am Abend werden zudem im Restaurant im Untergeschoß des Hotels Bhimas Deluxe nord- und südindische Gerichte serviert. Eine Besonderheit in der Gegend ist in diesem Lokal das *naan* aus Kaschmir.

Tirumala: In riesigen Speisesälen werden täglich Tausende von kostenlosen Essen an die Pilger ausgegeben. Daneben gibt es noch einige einfache Lokale ohne Schnickschnack, in denen man „Meals" auf Bananenblättern serviert erhalten kann.

AN- UND WEITERREISE

Flug: Wegen Ausbesserungsarbeiten war der Flugplatz bei den Recherchen zu diesem Buch gerade geschlossen, aber in der Zwischenzeit sollten die Flugverbindungen nach Madras, Hyderabad und Bombay bereits wieder aufgenommen worden sein. Danach kann man sich im Büro von Indian Airlines (Tel. 2 23 69) erkundigen, das sich in dem Komplex mit dem Hotel Vishnupriya, gegenüber vom Hauptbusbahnhof in Tirupathi, befindet.

Bus: Es ist möglich, Tirumala von Madras aus an einem einzigen, wenn auch sehr langen Tag besuchen. Mit einer Übernachtung ist es jedoch weit weniger anstrengend. Die staatliche Busgesellschaft von Tamil Nadu setzt Schnellbusse (Linie 802) ein, die um 8.15, 15.30 und 20.30 Uhr vom Busbahnhof dieses Unternehmens in Madras abfahren. Daneben verkehren auch viele normale Busse, die allerdings erheblich langsamer sind. Die Schnellbusse sind auf der 150 km langen Strecke vier Stunden unterwegs (31 Rs). Für Fahrten mit ihnen kann man in Madras im voraus Reservierungen vornehmen. Von Tirupathi fahren die Schnellbusse nach Madras um 9.45, 11.15, 12.15, 14.45, 15.10 und 20.30 Uhr ab. Die meisten Busse nach Hyderabad beginnen ihre Fahrten am späten Nachmittag (171 Rs, 12 Stunden). Außerdem verkehren stündlich Busse nach Vijayawada (124 Rs) sowie etliche nach Vellore im benachbarten Tamil Nadu (19 Rs, 2¹/₂ Stunden).

Zug: Weil Tirupathi ein beliebter Wallfahrtsort ist, halten hier zahlreiche Schnellzüge. Die 147 km nach Madras legen die vier täglichen Züge in 3¹/₂ Stunden zurück. Diese Fahrt kostet in der 2. Klasse 38 Rs und in der 1. Klasse 149 Rs.

Hyderabad und Tirupathi werden durch den täglich verkehrenden *Venkatadri* miteinander verbunden (17¹/₂ Stunden, 741 km). Drei Schnellzüge täglich verkehren nach Vijayawada (2. Klasse 105 Rs und 1. Klasse 320 Rs, 9 Stunden, 389 km). Außerdem wird ein Schnellzug täglich zur Fahrt über Vellore, Chidambaram und Tiruchirappalli nach Madurai eingesetzt (18 Stunden, 663 km).

NAHVERKEHR

Bus: Gleich von zwei Haltestellen in Tirupathi fahren die Busse der Tirumala Link: vom Hauptbusbahnhof, etwa 500 m von der Ortsmitte entfernt, und von der Bushaltestelle Tirumala unweit des Bahnhofs. Die 20 km lange Fahrt dauert 45 Minuten und kostet in einem normalen Bus 8 Rs (einfach) bzw. 16 Rs (hin und zurück), in sogenannten Schnellbussen 10 bzw. 20 Rs. Um in Tirupathi oder Tirumala in einen Bus zu gelangen, muß man zunächst durch eine Reihe von Drahtkäfigen, was ganz sicher nichts für Leute mit Platzangst ist. Zu bestimmten Zeiten (an Wochenenden und bei Feierlichkeiten) kann es bis zu zwei Stunden dauern, bis man durch die Käfige bis in einen Bus kommt. Wenn man in Tirupathi übernachtet, lohnt es sich, eine Fahrkarte für die Hin- und Rückfahrt zu kaufen. Das erspart einige Zeit des Schlangestehens in den Käfigen auf der Spitze des Hügels. Das Warten in den Drahtkäfigen kann man umgehen, wenn man am Hauptbusbahnhof von Tirupathi einen Bus besteigt. Dort gibt es solche Käfige nicht. Wenn man sich jedoch dazu entschließt, an der Bushaltestelle Tirulama unweit des Bahnhofs abzufahren, kommt man um die Drahtkäfige nicht herum.

Das Finden der Schlange für die Busse in Tirupathi kann eine schwierige Aufgabe sein. Um zu den Käfigen und zum Fahrkartenschalter zu gelangen, muß man durch eine Pilgerherberge (*choultry*) gehen, die etwa 200 m vom Eingang zum Bahnhof Tirupathi am Fuß der Fußgängerbrücke über die Eisenbahnschienen liegt. Dorthin muß man sich beim Verlassen des Bahnhofs nach rechts wenden.

Die Einbahnstraße nach Tirumala windet sich bedenklich aufwärts, wobei die Busfahrer die Kunst des verrückten Fahrens bis zur Perfektion fortentwickelt haben. Auf dem Weg hinunter fahren sie über die alte, sehr schmale und kurvenreiche Straße. Sie enthält 57 Haarnadelkurven, was bei den Fahrgästen zu 57 Adrenalinstößen führt, wenn der Bus auf dieser Strecke verkehrt - der totale Wahnsinn.

Taxi: Wenn man in Eile ist oder die Käfige nicht mag, kann man jederzeit auch mit einem der Sammeltaxis fahren. Ein Platz in ihnen kostet je nach Nachfrage etwa 35 Rs. Für eine Taxifahrt allein muß man pro Strecke ca. 225 Rs bezahlen.

PUTTAPARTHI

In Puttaparthi befindet sich der bedeutendste Ashram von Sri Sathya Sai Baba: Prasanthi Nilayam. Seine Anhänger rekrutiert er überwiegend aus Indern (darunter der frühere Premierminister Narasimha Rao), kann sich aber auch über Zulauf aus dem Westen nicht beklagen. Als er im November 1995 seinen 70. Geburtstag beging, strömten rund 400 000 Menschen in diesen Ashram.

Bekannt als „Himmel des höchsten Friedens", ist der Ashram sehr weitläufig und schön angelegt. Sehr gut sind auch die Unterkünfte und das Essen. Dies gilt insbesondere dann, wenn der Ashram nicht gerade voll belegt ist. Im allgemeinen verbringt Sai Baba die Zeit von August bis Februar in diesem Ashram und begibt sich in der heißen Jahreszeit in seinen Ashram in Whitefields unweit von Bangalore im benachbarten Karnataka.

AN- UND WEITERREISE

Puttaparthi liegt zwar in der südwestlichen Ecke von Andhra Pradesh, aber am leichtesten erreicht man den Ort von Bangalore (vgl. Abschnitt über diese Stadt im Kapitel über Karnataka).

KERALA

BRD 80/350, km²
≈ 230

Kerala, das Land des grünen Zaubers, ist ein schmaler, fruchtbarer Küstenstreifen im Südwesten von Indien, eingezwängt zwischen dem Indischen Ozean und den Westlichen Ghats. Die Landschaft wird bestimmt durch Reisfelder, Bäume mit Mangos und Cashew-Nüssen sowie Kokosnußpalmen. Die Westlichen Ghats mit ihren dichten Tropenwäldern, wolkenverhangenen Gipfeln, ausgedehnten Bergkämmen und Schluchten waren es auch, die Kerala vor Invasoren vom Festland schützten und die Einwohner ermunterten, mit Seefahrern aus anderen Teilen der Welt Kontakt aufzunehmen. Noch immer lebt in Kochi (Cochin) eine kleine Gruppe von Nachfahren jüdischer Siedler, die bereits vor 2000 Jahren aus Palästina geflohen waren. Kerala ist auch schon so lange die Heimat einiger Christen, wie es diese in Europa gibt. Die Portugiesen staunten nicht schlecht, als sie bei ihrer Ankunft in diesem Teil Indiens vor 500 Jahren entlang der Malabar-Küste Christen vorfanden. Ihre Entrüstung wuchs um so mehr, als sie erfahren mußten, daß die hier lebenden Christen noch nie etwas vom Papst gehört hatten.

Menschen aus weit entfernten Ländern kommen nach Kerala bereits seit 2000 Jahren und tauchten zuerst auf der Suche nach Gewürzen, Sandelholz und Elfenbein auf. Lange bevor Vasco da Gama die Portugiesen nach Indien führte, war diese Küste bereits den Phöniziern, dann den Römern und später den Arabern sowie den Chinesen bekannt. Es waren die Araber, die ursprünglich den Transport von Gewürzen nach Europa kontrollierten und die im Gegenzug die Portugiesen veranlaßten, einen Seeweg nach Indien zu finden und dadurch das Monopol der Araber zu brechen. Aber Kerala war in jenen Tagen nicht nur als Produzent von Gewürzen bekannt, es war auch Umschlagplatz für Gewürze von den Molukken. Über Kerala fanden zudem chinesische Waren und Ideen ihren Weg in den Westen. Die Fischer von Kerala benutzen heute noch chinesische Fischernetze.

Solch lange Kontakte mit Ausländern haben zu einer Mischung von verschiedenen Kulturen und bei den heutigen Einwohnern dieses Bundesstaates zu einem kosmopolitischen Aussehen geführt. Anders als die Gujarati und die Tamilen, die ihr Glück im britischen Weltreich suchten und in Gegenden wie Ostafrika, Südafrika, Malaysia, Fidschi oder Guyana auswanderten, war es in Kerala Tradition, das Glück auf eigene Faust entweder im Rest der Welt oder irgendwo anders in Indien zu suchen. Im allgemeinen sind Inder aus

Einwohner: 29 Millionen
Gesamtfläche: 38 864 km²
Hauptstadt: Thiruvananthapuram (Trivandrum)
Einwohner pro Quadratkilometer: 747
Wichtigste Sprache: Malayalam
Alphabetisierungsrate: 91 %
Beste Reisezeit: nach dem Monsun und vor Beginn der heißen Jahreszeit, grob von Oktober bis Februar/März

Kerala heute in jedem Winkel der Welt zu finden und bilden bis zu 60 % der ausländischen Arbeitskräfte auf den Ölfeldern am Arabischen Golf.

Der heutige Staat Kerala wurde im Jahre 1956 aus Travancore, Kochi und Malabar gebildet. Malabar war früher ein Teil des Staates Madras gewesen, während Travancore und Cochin Prinzenstaaten waren, in denen Maharadschas herrschten. Anders als einige andere Maharadschas in Indien, die ihre Untertanen ausgebeutet und sich einen verschwenderischen sowie häufig frivolen Lebensstil angewöhnt hatten, kümmerten sich die Maharadschas von Travancore und Cochin in nicht unerheblichem Umfang um die Grundbedürfnisse und die Ausbildung ihrer Untertanen. Es war dieses frühe Eintreten für soziale Dinge, das den Bewohnern von Kerala den Start erleichterte und dafür sorgte, daß dieser Bundesstaat seit Beginn der Unabhängigkeit der fortschrittlichste, der mit den meisten des Schreibens und Lesens kundigen Bewohnern und der mit dem besten Bildungssystem von allen in ganz Indien ist.

KERALA

Eine der übrigen Besonderheiten in Kerala ist, daß in diesem Staat als erstem in der ganzen Welt bei freien Wahlen eine kommunistische Regierung gewählt wurde (1957). Die Kommunisten sind seither immer mal wieder Wahlsieger und Wahlverlierer gewesen und haben ohne jeden Zweifel dafür gesorgt, daß Kerala heute der Staat in Indien ist, in dem der Landbesitz wesentlich gerechter verteilt ist als in all den anderen Bundesstaaten. Daraus resultierten auch eine ungewöhnlich intensive Landwirtschaft und eine bessere Einkommensverteilung. Diese weitaus bessere Verteilung des Wohlstandes hat ferner eine bessere Erziehung und Schulbildung zur Folge, und in bezug auf die Gesundheit schneidet Kerala ebenfalls besser ab. Ähnlich verhält es sich auch mit der Säuglingssterblichkeit, die von allen indischen Bundesstaaten in Kerala am niedrigsten ist. Auf der anderen Seite ist die Alphabetisierungsrate hier besonders hoch, von der behauptet wird, sie liege bei 100 %, auch wenn es letztlich doch nur rund 91 % sind. Das ist immer noch fast doppelt so viel wie im indischen Durchschnitt. Diese Erfolge erzielte man aber ohne höhere Ausgaben für Ausbildung und Gesundheitswesen als in anderen Staaten dieses Subkontinents. Kerala ist auch der einzige Bundesstaat Indiens, in dem mehr Frauen als Männer leben, auch wenn der wichtigste Grund dafür der Trend von den Männern ist, Arbeit auf den Ölfeldern am Golf zu suchen, bevor sie nach Hause zurückkehren, um sich in Kerala auf Dauer niederzulassen.

Für Besucher hält Kerala eine recht seltene Mischung unterschiedlicher Kulturen sowie einige recht ungewöhnliche Reisemöglichkeiten bereit. Hier gilt noch mehr als in anderen Gegenden, daß bereits die Anreise die Hälfte der Freude ausmacht, die eine Reise ohnehin bereitet. Dies trifft besonders für Fahrten durch die Backwaters entlang der küstennahen Lagunen zu. Kerala hat aber auch einige der besten und landschaftlich schönsten Strände in ganz Indien zu bieten, von denen der in Kovalam, ein kleines Stück südlich von Thiruvananthapuram (Trivandrum), bei ausländischen Besuchern einer der beliebtesten ist. Vor allem aber bietet Kerala eine unbeschwerte, heitere Atmosphäre - im Gegensatz zu dem sonst üblichen indischen Gewühl und Gewirr. Sogar die Hauptstadt Thiruvananthapuram strahlt eher die Atmosphäre eines kleinen Ortes auf dem Lande aus.

RELIGION

Die Bevölkerung von Kerala besteht etwa zu 60 % aus Hindus, zu 20 % aus Moslems und zu 20 % aus Christen. Das Christentum ist in Kerala viel länger verwurzelt als sonst irgendwo in der Welt. Man glaubt, daß der Apostel Thomas, der ungläubige Thomas, bereits 52 n. Chr. bei Cranganore (heute Kodungallur) an der Malabar-Küste landete, wo eine Kirche mit Säulen steht, die im hinduistischen Stil gearbeitet sind. Sie soll aus dem 4. Jahrhundert n. Chr. stammen.

Der Teil von Kerala mit den meisten Christen liegt in der Mitte des Bundesstaates, und zwar um Kochi und Kottayam. Syrische Christen sollen in Kerala bereits seit 190 n. Chr. beheimatet sein. Man fand nämlich Aufzeichnungen eines Reisenden aus jener Zeit, denen zufolge er dort eine hebräische Kopie des Matthäus-Evangeliums aufgetrieben hat. Eine syrische Kirche aus dem 16. Jahrhundert steht in Kottayam.

Hindus sind überwiegend im Süden in der Umgebung von Thiruvananthapuram beheimatet. Die Moslems sind aber ebenfalls ein bestimmender und sich lautstark äußernder Bevölkerungsteil. Die meisten von ihnen leben im Norden dieses Bundesstaates, insbesondere um Kozhikode (Calicut).

Eintritt verboten

Trotz des hohen Bildungsstandes und der Vielfalt der Religionen in Kerala sieht man an fast jedem hinduistischen Tempel ein Schild mit der Aufschrift „No Entry" (Eintritt verboten), das Nicht-Hindus gilt. Fühlen Sie sich deshalb nicht ausgestoßen, denn in zumindest einem Tempel in diesem Bundesstaat ist der Zutritt für bestimmte Hindus ebenfalls untersagt. Frauen im Alter zwischen 10 und 50 Jahren, seien es Hindus oder nicht, dürfen nämlich den Sabarimala-Tempel in der Mitte von Kerala nicht betreten. Warum? Weil Frauen im Alter mit Menstruationen den Tempel „beschmutzen" könnten.

Ende 1994 sahen sich die Verwalter dieses Tempels und die Regierung des Bundesstaates in einer verzwickten Lage, als nach Beschwerden von Pilgern am Sabarimala-Tempel eine Untersuchung über den Standard der für sie bestimmten Einrichtungen eingeleitet wurde. Daraufhin man man den Verwaltungsbeamten des Bezirks Pathanamthitta angewiesen, den Tempel zu besuchen und den Beschwerdegrund zu untersuchen, bis den Vorgesetzten die fürchterliche Tatsache dämmerte, daß der Verwaltungsbeamte dieses Bezirks eine Frau im Alter von 42 Jahren ist. Der Oberste Gerichtshof des Bundesstaates, der 1990 entschieden hatte, daß es zulässig sei, das Betreten des Tempels durch Frauen im Alter mit Menstruationen zu untersagen, kam in einem neuen Urteil schnell zu dem Ergebnis, daß die Frau den Tempel dennoch betreten dürfe, aber nur in Wahrnehmung ihrer amtlichen Aufgaben. Das Beten im Tempel sei ihr weiterhin streng untersagt! Obwohl der Fall als klares Beispiel für Diskriminierung in einem Bundesstaat Aufmerksamkeit erregt hat, in dem man Gleichberechtigung vermutete hatte, gilt das Verbot noch heute. Den männlichen und weiblichen Angehörigen von niedrigen Kasten war das Betreten von Tempeln bis vor noch gar nicht so vielen Jahren ebenfalls verboten.

Auch wenn die jüdische Gemeinde in Kerala heute immer kleiner wird, so gehen ihre Anfänge doch weit in die frühe Geschichte des Subkontinents zurück. Die „schwarzen Juden" sollen schon 587 v. Chr. hierher geflüchtet sein, als Nebukadnezar Jerusalem besetzte.

Die Nachfahren dieser Juden haben sich aber im Laufe der Jahre mit einheimischen Hinduisten vermischt. Es gibt in Kochi auch noch eine sehr kleine Gruppe von „weißen Juden", von deren Vorfahren die ersten später ankamen.

ASARAGOD BEKAL UND KASARAGOD

Bekal im äußersten Norden des Bundesstaates kann mit langen, von Palmen gesäumten Stränden und einer felsigen Landspitze aufwarten, auf der eine riesige, zwischen 1645 und 1660 erbaute Festung steht. Es bestehen zwar nur langsam vorankommende Pläne, hier eine große Ferienanlage zu errichten, aber bisher ist kaum ein Tourist zu sehen. Die begrenzten touristischen Einrichtungen und die Sitte in indischen Fischerdörfern, Strände als zweimal täglich überspülte öffentliche Toiletten anzusehen, mögen die Gründe für die Abschreckung sein. Auf der anderen Seite kann man innerhalb der Mauern der Festung im sehr einfachen Tourist Bungalow mit nur zwei Zimmern übernachten, in denen man allein für 25 Rs und mit bis zu drei Personen für 50 Rs unterkommt. Im Dorf Palakunnu, 3 km nördlich der Festung, kommt man zur Eeyem Lodge (Tel. Udma 343) mit Zimmern zu Preisen zwischen 55 und 70 Rs.

Der nächste Ort von einiger Größe ist Kasaragod. Er liegt 20 km nördlich von Bekal und 47 km südlich von Mangalore in Karnataka. An der M G Road in Kasaragod, unweit der Kreuzung der NH 17, besteht die Möglichkeit, in einer Reihe von Hotels ein Zimmer zu mieten. Den Bahnhof findet man einige Kilometer südlich der Ortsmitte. In Unterkünften wie dem Enay Tourist Home (Tel. 52 11 64), dem Ceeye Tourist

Home (Tel. 52 11 77) und der Aliya Lodge hinter dem Postamt (Tel. 52 28 97) lassen sich Einzelzimmern für rund 30 Rs und Doppelzimmer für etwa 60 Rs mieten. Ein Orientierungspunkt ist das grün-gelbe Hotel City Tower am Ende der M G Road mit der Bushaltestelle, in

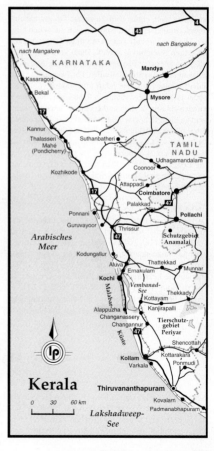

Namensänderungen

Eine ganze Reihe von Orten und Bezirken hat sich ihrer Bezeichnungen in der englischen Fassung entledigt und sich Namen in Malayalam zugelegt. Die größeren davon sind:

Alter Name	Neuer Name
Alleppey	Alappuzha
Calicut	Kozhikode
Cannanore	Kannur
Changanacherry	Changanassery
Cochin	Kochi
Palghat	Palakkad
Quilon	Kollam
Sultan's Battery	Suthanbatheri
Tellicherry	Thalasseri
Trichur	Thrissur
Trivandrum	Thiruvananthapuram

dem Einzelzimmer 100 Rs, Doppelzimmer 170 Rs und klimatisierte Räume 290 Rs kosten.

Schnellzüge halten in Bekal, das je nach Art und Strecke eine Busfahrt zum Preis von 3 bis 5,50 Rs von Kasaragod entfernt ist, nicht. Mit einem Schnellzug ist man zwischen Kasaragod und Mangalore nur 1½ Stunden unterwegs (17 Rs), mit einem der häufigen Schnellbusse (10 Rs) ebenfalls nicht länger.

THALASSERI (TELLICHERRY)

Telefonvorwahl: 04984

Thalasseri ist ein typisches Fischerdorf in Kerala unweit der üblichen Route der Touristen, und das riecht man auch. Am bekanntesten ist der Ort dadurch geworden, daß von hier viele Zirkusartisten stammen.

Extra einen Abstecher dorthin zu unternehmen ist Thalasseri nicht wert, aber wenn man ohnehin entlang der Küste reist, eignet sich der ruhige Ort gut für eine Übernachtung. Touristen verirren sich nur selten hierher. Die Fischerboote kehren mit ihren Fängen täglich am späten Nachmittag zurück. Dann verwandelt sich der Strand in einen Fischmarkt, auf dem die Einheimischen um die Ausbeute feilschen. Die Festung der East India Company aus dem Jahre 1708 unweit vom Wasser ist zwar nicht gerade gut in Schuß, aber mit einem wunderschönen Zugang und einem modernen Leuchtturm an einer Ecke doch relativ intakt. Sie liegt unmittelbar hinter der Feuerwache. Offensichtlich scheinen die Fahrer der Taxis und Auto-Rikschas im Ort sie dennoch nicht zu kennen.

Die Longan's Road verläuft von Narangapuram, unweit vom Busbahnhof und Bahnhof, bis zum Hauptplatz in der Ortsmitte.

UNTERKUNFT

Zu den preisgünstigsten Unterkünften gehören das Brothers Tourist Home (Tel. 2 15 58) und das Impala Tourist Home (Tel. 2 04 84), beide am Ende der Longan's Road in Narangapuram. Weiter entlang dieser Straße kommt man zum Minerva Tourist Home (Tel. 2 17 31) und, um die Ecke der Convent Road, zum Chattanchal Tourist Home in der Convent Road (Tel. 2 29 67).

Um das bessere Hotel Pranam in Narangapuram (Tel. 22 06 34) zu erreichen, muß man am Bahnhof nach links in die Longan's Road abbiegen. Dort kosten Einzelzimmer 60 bis 130 Rs und Doppelzimmer 80 bis 150 Rs (mit Klimaanlage 250 bzw. 275 Rs). Zu diesem Haus gehört auch ein Restaurant.

Nahe beim Ende der Longan's Road steht das schicke, neue Hotel Paris Presidency (Tel. 2 06 66), in dem Einzelzimmer für 120 Rs und Doppelzimmer mit Klimaanlage für 270 Rs angeboten werden. Daneben kommt man zum preisgünstigeren Paris Lodging House (Tel. 2 06 66) mit Einzelzimmern für 50 Rs und Doppelzimmern für 70 Rs (mit Klimaanlage bis zu 250 Rs) und zum Hotel Residency (Tel. 2 44 09), in dem für ein Einzelzimmer 60 Rs und für ein Doppelzimmer 90 Rs berechnet werden.

ESSEN

Im Hotel New West End am geschäftigen Einkaufsplatz werden gute nichtvegetarische Gerichte angeboten. Ausgezeichnet schmeckt hier der Fisch-Curry. Ein paar Türen weiter gelangt man zum Restaurant New Surya, in dem man hervorragende Chilli-Hähnchen erhält. Am gleichen Platz kann man in mehreren Eissalons auch Eis essen und in etliche „cool shops" etwas Kaltes trinken. Süßigkeiten sind im Kwality Sweets erhältlich. Hinter dem Brothers Tourist Home gibt es zudem ein Indian Coffee House und im Hotel Paris Presidency ein Restaurant mit Klimaanlage. Das Restaurant Parkview liegt in der Nähe der Eisenbahnkreuzung.

AN- UND WEITERREISE

Etliche Züge und Busse fahren die Küste hinauf nach Mangalore sowie nach Süden in Richtung Kozhikode und Kochi. Für eine Fahrt mit einer Auto-Rikscha zu einem der Hotels muß man mit 5 Rs rechnen.

MAHÉ

Telefonvorwahl: 04983

Auch Mahé, 60 km nördlich von Kozhikode (Calicut), war früher eine kleine französische Siedlung wie Pondicherry und wurde zur gleichen Zeit wie Pondicherry an Indien übergeben. Es gehört immer noch zum Unionsterritorium Pondicherry. Wie in Karaikal und Yanam an der Ostküste Indiens ist vom französischen Einfluß wenig übriggeblieben. Die heutige Bedeutung beschränkt sich darauf, die Fernfahrer mit billigem Pondicherry-Bier zu versorgen.

Das erste englische Unternehmen, das sich 1683 an der Malabar-Küste niederließ, war mit dem Handel von Pfeffer und Kardamom befaßt. 1708 folgte dann die East India Company mit einem eigenen Fort in dieser Gegend.

UNTERKUNFT UND ESSEN

Es ist weit angenehmer, in Thalasseri, 8 km weiter nördlich, zu übernachten. Wenn man dennoch in Mahé bleiben will, steht für Übernachtungen das Government Tourist Home unweit der Flußmündung und etwa einen Kilometer von der Bushaltestelle entfernt mit Einzelzimmern für nur 12 Rs und Doppelzimmern für nur 20 Rs als eines der billigsten Quartiere zur Verfügung. Es ist allerdings häufig voll belegt. Im nahegelegenen Hotel Arena in der Maidan Road (Tel. 33 24 21) werden Doppelzimmer für 100 Rs und Doppelzimmer mit Klimaanlage für 220 Rs angeboten. Zu diesem Haus gehört auch ein Restaurant. Ebenfalls nicht weit entfernt ist das Premier Tourist Home neben dem Fußballplatz. Im ziemlich primitiven Shamnas Tourist Home neben dem Fluß und neben der Bushaltestelle kommt man in Zimmern für 60 Rs unter. Von den ruhigeren Zimmern aus blickt man statt auf die Straße auf den Fluß. Das Essen im angeschlossenen Restaurant ist ganz ordentlich.

AN- UND WEITERREISE

Mahé ist für einen eigenen Busbahnhof zu klein. Deshalb halten alle Busse an der Nordseite der Brücke. Regelmäßige Busverbindungen bestehen nach Mangalore und Kozhikode.

KOZHIKODE (CALICUT)

Einwohner: 801 000
Telefonvorwahl: 0495

Als erster Europäer landete Vasco da Gama 1498 an der indischen Küste bei Calicut. Mit dieser Fahrt um die Südspitze Afrikas eroberte er zugleich die Vormachtstellung der Portugiesen in Indien. Calicut erlebte allerdings danach unruhige und wechselvolle Zeiten. Die Portugiesen versuchten zunächst einmal, die Stadt zu erobern. Die war damals das Zentrum von Malabar und wurde von den Zamorin („Beherrscher der See") regiert. Aber die Angriffe der Portugiesen in den Jahren 1509 und 1510 brachten nicht den gewünschten Erfolg. Allerdings hatte der letzte Angriff der Portugiesen die völlige Zerstörung der Stadt zur Folge. Sultan Tipu setzte dann allem noch die Krone auf. Er legte 1789 nahezu die gesamte Region in Schutt und Asche. Dies wollten die Briten nicht länger mit anschauen. Sie eroberten das Gebiet 1792 endgültig.

Abgesehen von der recht bunten Geschichte hat die Stadt nicht viel zu bieten, auch wenn es im zentralgelegenen Ansari-Park „Musikbrunnen" und 2 km von der Stadt entfernt einen nicht gerade ansprechenden Strand gibt.

Rund 5 km von der Stadt entfernt kann man sich in East Hill das Pazhassirajah-Museum ansehen, ein archäologisches Museum mit Kopien von alten Wandgemälden, Bronzefiguren und Münzen sowie Modellen von Tempeln und megalithischen Monumenten. Nebenan kommt man zum staubigen und muffigen Krishnamenon-Museum, in dem Gegenstände zur Erinnerung an einen früheren indischen Präsidenten ausgestellt sind, während man sich in der Kunstgalerie Gemälde von Raja Ravi Varma und Raja Raja Varma ansehen kann. Alle drei Ziele sind dienstags bis sonntags zwischen 10.00 und 17.00 Uhr geöffnet (das Krishnamenon-Museum und die Kunstgalerie mittwochs erst ab mittags).

PRAKTISCHE HINWEISE

Reiseschecks werden in den beiden Banken in der Stadt nicht eingelöst. Dafür muß man zu PL Wordways im Lakhotia Computer Centre an der Kreuzung der Mavoor Road und der Bank Road (auch bekannt als Indira Gandhi Road) gehen.

UNTERKUNFT

Einfache Unterkünfte: Im Metro Tourist Home an der Kreuzung der Mavoor Road und der Bank Road (Tel. 5 00 29) werden Einzelzimmer für 65 Rs und Doppelzimmer für 100 Rs (mit Klimaanlage für 250 Rs) angeboten. Im Hotel Sajina in der Mavoor Road (Tel. 7 61 46) kosten ein Einzelzimmer 60 Rs und ein Doppelzimmer 86 Rs. Ähnlich ist mit Einzelzimmern für 45 Rs und Doppelzimmern für 75 Rs das Lakshmi Bhavan Tourist Home in der G H Road (Tel. 6 39 27). Beide Hotels haben auch Zimmer mit Klimaanlage und ein angeschlossenes Restaurant zu bieten.

Etwas ungünstig, aber ruhig, liegt das Hotel Maharani in der Taluk Road (Tel. 7 61 61) mit Einzelzimmern für 60 Rs und Doppelzimmern für 100 Rs (mit Klimaanlage für 300 Rs). Hier findet man auch eine Bar und eine Gartenanlage vor. Im Hotel Malabar Mansion der KTDC am Manachira-Platz (Tel. 7 60 14) kommt man in einem Einzelzimmer für 125 bis 175 Rs, in einem Doppelzimmer für 175 bis 225 Rs und in einem größeren Doppelzimmer mit Klimaanlage für 300 Rs unter.

Diesem Haus sind ein ziemlich einfaches Restaurant und eine genauso einfache Bar angeschlossen.

Mittelklasse- und Luxushotels: Das Kalpana Tourist Home in der Town Hall Road (Tel. 7 61 71) ist in dieser Preisklasse eine gute Wahl. Hier kann man in einem Doppelzimmer für 190 Rs und in einem klimatisierten Zimmer allein für 300 Rs sowie zu zweit für 375 Rs übernachten. Angeschlossen ist ein Restaurant mit südindischen Speisen. Ebenfalls an der Town Hall Road liegt das mehrstöckige Hotel Paramount Tower (Tel. 6 27 31) mit Einzelzimmern für 135 Rs und Doppelzimmern für 240 Rs (mit Klimaanlage für 250 bzw. 375 Rs).

Am Wasser liegt das Hotel Seaqueen in der Beach Road (Tel. 36 66 04), aber der Strand von Kozhikode ist nichts, worüber man in Verzückung geraten könnte. Hier muß man für ein Einzelzimmer 235 Rs und für ein Doppelzimmer 295 Rs bezahlen (mit Klimaanlage 320 bzw. 380 Rs). Eine Bar ist ebenfalls vorhanden, aber die ist reichlich düster.

Das beste Haus in der ganzen Stadt ist das neue, zentral klimatisierte Hotel Malabar Palace in der G H Road (Tel. 7 60 71), in dem für ein Einzelzimmer 595 Rs und für ein Doppelzimmer 745 Rs berechnet werden.

ESSEN

Eine Filiale des Indian Coffee House findet man ein kleines Stück abseits der Mavoor Road. Vegetarisch essen läßt sich im schicken Restaurant Woodlands in dem leicht zu erkennenden White Lines Building an der G H Road. Herrliche Ausblicke bieten sich vom Grillrestaurant Sunset Point im Paramount Tower, wo man, wenn man diskret fragt, auch ein Bier erhalten kann. Indisch ist die Küche im klimatisierten Restaurant im Hotel Malabar Palace. Außerdem ist im Garten dieses Hotels mit den vielen Ratten im Eissalon Tom 'n Jerry ganz gutes Eis zu haben. Fisch läßt sich gut im Restaurant des Hotels Sea Queen essen.

AN- UND WEITERREISE

Flug: Das Büro von Indian Airlines (Tel. 6 54 82) findet man im Eroth Centre an der Bank Road, unweit der Mavoor Road. Mit Indian Airlines kommt man nach Bangalore (1157 Rs), Bombay (2721 Rs) und Madras (1582 Rs).

Jet Airways (Tel. 35 60 52) und East West Airlines (Tel. 6 48 83) fliegen ebenfalls nach Bombay.

Bus: Der Busbahnhof der KSRTC liegt an der Mavoor Road, nur wenige Minuten zu Fuß von der Bank Road entfernt. Daneben gibt es aber auch noch den neuen

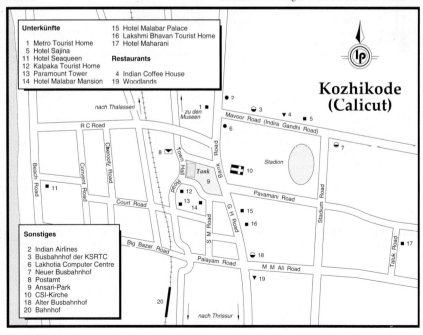

Kozhikode (Calicut)

Unterkünfte

1 Metro Tourist Home
5 Hotel Sajina
11 Hotel Seaqueen
12 Kalpaka Tourist Home
13 Paramount Tower
14 Hotel Malabar Mansion
15 Hotel Malabar Palace
16 Lakshmi Bhavan Tourist Home
17 Hotel Maharani

Restaurants

4 Indian Coffee House
19 Woodlands

Sonstiges

2 Indian Airlines
3 Busbahnhof der KSRTC
6 Lakhotia Computer Centre
7 Neuer Busbahnhof
8 Postamt
9 Ansari-Park
10 CSI-Kirche
18 Alter Busbahnhof
20 Bahnhof

Busbahnhof (New Bus Stand) weiter östlich entlang der Mavoor Road und den alten Busbahnhof (Old Bus Stand) an der Kreuzung der G H Road und der M. M. Ali Road. Regelmäßige Busverbindungen bestehen nach Bangalore, Mangalore, Mysore, Ooty, Madurai, Coimbatore, Pondicherry, Thiruvananthapuram, Alappuzha (Alleppey), Kochi und Kottayam.
Die Busfahrt nach Ooty oder Mysore (5¹/₂ Stunden) führt auf und über die Westlichen Ghats. Um die besten Ausblicke auf die spektakuläre Landschaft werfen zu können, sitzt man am besten an der linken Seite.

Zug: Der Bahnhof liegt südlich vom Ansari-Park, etwa 2 km vom New Bus Stand an der Mavoor Road entfernt. Von dort sind es in Richtung Norden nach Mangalore 242 km (4¹/₂-5¹/₂ Stunden, 2. Klasse 57 Rs und 1. Klasse 208 Rs) und in Richtung Süden nach Ernakulam 190 km (5 Stunden, 2. Klasse 48 Rs und 1. Klasse 178 Rs) sowie 414 km nach Thiruvananthapuram (9¹/₂-11 Stunden, 2. Klasse 89 Rs und 1. Klasse 335 Rs). In Richtung Südosten verkehren Züge über Palakkad (Palghat) nach Coimbatore, Bangalore, Madras und Delhi.

NAHVERKEHR
Auto-Rikschas sind in Kozhikode nicht knapp. Es ist auch nicht schwer, die Fahrer dazu zu bewegen, die Taxameter anzustellen. Eine Fahrt vom Bahnhof zum Busbahnhof oder zu den meisten Hotels sollte etwa 5 Rs kosten.

THRISSUR (TRICHUR)

Einwohner: 75 000
Telefonvorwahl: 0487
Diese Stadt ist berühmt wegen ihrer Wandgemälde und anderer Kunstwerke sowie des nur für Hindus zugänglichen Vadakkunathan Kshetram auf einem Hügel in der Mitte von Thrissur. Ansehen kann man sich ferner zwei beeindruckende große Kirchen: die Kathedrale Unserer Lieben Frau von Lourdes und die Puttanpalli-Kirche. Den Zoo erspart man sich jedoch besser, denn der ist eine der typischen Horrorgeschichten in der Dritten Welt. Auch das erstaunlich staubige und verfallene Staatsmuseum auf dem Gelände des Zoos ist einen Besuch nicht wert. Anders ist das mit dem Archäologischen Museum weiter entlang der Museum Road, wo man sich Modelle des Tempels, Steinreliefs, Stücke aus Gandharan und Nachbildungen von einigen der Mattancherry-Waldgemälde ansehen kann. Der Zoo und die Museen sind montags geschlossen.
Das alljährlich im April oder Mai hier gefeierte Pooram-Fest ist eines der größten Feste im Süden Indiens und wird mit Feuerwerk, farbenprächtigen Prozessionen

1	Yatri Nivas	12	Hotel Elite
2	Ramanilayam Government Guest House	13	Hotel Bharath International
3	Staatliches Museum	14	Pathan's
4	Archäologisches Museum	15	Indian Coffee House
5	Rathaus	16	Telegraphenamt
6	Busstation Priyadarshini	17	Puttanpalli-Kirche
7	Fremdenverkehrsbüro	18	Chandy's Tourist Home
8	Vadakkunathan-Kshetram-Tempel	19	Indian Coffee House
9	Hotel Luciya Palace	20	Busbahnhof der KSRTC
10	Jaya Lodge	21	Bahnhof
11	Indian Coffee House	22	Hotel Casino
		23	Busbahnhof Sakthan Tampuran

Thrissur

und prunkvollen Elefanten begangen. Die Idee dazu hatte Sakthan Thampuram, der Maharadscha des früheren Staates Kochi.

Der Sri Krishna-Tempel in Guruvayoor, der nur von Hindus betreten werden darf und 33 km nördlich von Thrissur steht, ist einer der berühmtesten in ganz Kerala. Die mehr als 40 zum Tempel gehörenden Elefanten sind im nahegelegenen Punnathur Kota untergebracht.

PRAKTISCHE HINWEISE

In Thrissur dreht sich alles um den Vadakkunathan Kshetram. Die Straßen um das Bauwerk herum sind Round North, Round East, Round South und Round West benannt. Im Fremdenverkehrsbüro gegenüber vom Rathaus sind nur wenige Informationen erhältlich.

UNTERKUNFT

Wenn man darin ein Zimmer erhalten kann, ist das staatliche Ramanilayam Guest House (Tel. 33 20 16) mit Doppelzimmern für 45 Rs ein wunderschönes Quartier. Es liegt an der Kreuzung der Palace Road und der Museum Road. In der Nähe kommt man an der Stadium Road zum Yatri Nivas der KTDC (Tel. 22 23 33), in dem Einzelzimmer für 80 Rs und Doppelzimmer für 100 Rs (mit Klimaanlage für 200 bzw. 250 Rs) vermietet werden.

In der Nähe des Busbahnhofs und des Bahnhofs liegt das Chandy's Tourist Home in der Station Road (Tel. 2 11 67), in dem man allein für 50 Rs und zu zweit für 90 Rs unterkommt. Gleich um die Ecke, in der Kuruppam Road, stößt man auf die wenig aufregende Jaya Lodge (Tel. 2 32 58) mit Einzelzimmern für 35 Rs und Doppelzimmern für 60 Rs sowie Doppelzimmern mit eigenem Bad für 70 Rs.

Im großen und einfachen Pathan's, nur ein kleines Stück abseits der Round South in der Chembottil Lane (Tel. 2 56 23), kosten Einzelzimmer 70 Rs und Doppelzimmer 140 Rs. Gegenüber auf der anderen Straßenseite steht das schon bessere Hotel Elite International (Tel. 2 10 33), wo Einzelzimmer für 140 Rs und Doppelzim-

mer für 180 Rs (mit Klimaanlage für 350 bzw. 390 Rs) zur Verfügung stehen. Zu diesem Haus gehören auch eine Bar und ein Restaurant mit Klimaanlage.

Renoviert wurde bei den Recherchen zu diesem Buch gerade das Hotel Luciya Palace an der Marar Road (Tel. 2 47 31). Dort kann man Einzelzimmer für 100 Rs und Doppelzimmer für 170 Rs (mit Klimaanlage für 250 bzw. 325 Rs) mieten. Das schon reichlich abgewohnte Hotel Casino an der T B Road (Tel. 2 46 99), nahe beim Bahnhof und beim Busbahnhof, gehört sicher nicht zur Kette der besseren Casino-Hotels. Hier muß man für ein Einzelzimmer 325 Rs und für ein Doppelzimmer 350 Rs bezahlen (mit Klimaanlage 475 bzw. 500 Rs). Der Swimming Pool, mit dem für dieses Haus geworben wird, existiert gar nicht. Auch das Restaurant ist scheußlich.

ESSEN

Filialen vom Indian Coffee House gibt es in der Stadt im Überfluß. Man findet sie an der Round South, an der PO Road unweit der Railway Station Road und oben im President Bazaar an der Kuruppam Road. Oben im Pathan's an der Kreuzung der Chembottil Lane und der Round South gibt es ein ganz gutes, wenn auch einfaches vegetarisches Restaurant, von dem ein Teil klimatisiert ist. Ein Stock darüber liegt das China-Restaurant Ming Palace. Geht man entlang dieser Straße weiter, stößt man auf das Hotel Bharat, ein ganz ordentliches und sauberes vegetarisches Restaurant. Zum Luciya Palace gehört im übrigen ein Barbereich unter freiem Himmel.

AN- UND WEITERREISE

Züge nach Ernakulam, 74 km weiter südlich, brauchen bis zum Ziel 1½ Stunden, Züge nach Kozhikode, 118 km weiter nördlich, 3 Stunden. Der Bahnhof und der Busbahnhof der KSRTC liegen südwestlich der Stadtmitte, während der große private Busbahnhof Sakthan Tampuran südlich vom Zentrum zu finden ist. Der kleinere, ebenfalls private Busbahnhof Priyadarshini liegt im Norden.

KOCHI (COCHIN) UND ERNAKULAM

Einwohner in Kochi: 582 000
Einwohner in Ernakulam: 200 000
Telefonvorwahl: 0484
Wegen der starken Bezüge zu ihrer ausgeprägten und bewegten Geschichte und der ausgesprochen reizvollen Lage auf vielen kleinen Inseln und schmalen Halbinseln gehört Kochi zu den schönsten Städten Indiens. Hier stellt sich die ganze Vielfalt Keralas dar. Ferner steht in

Kochi Indiens älteste Kirche. Die engen, winkeligen Straßen üben eine Faszination auf alle Besucher aus, und die Häuser der Portugiesen, mehr als 500 Jahre alt, runden das Bild ab.

Dies ist noch längst nicht alles, denn zu der bunten Mischung gehören auch die chinesischen Auslegernetze der Fischer, eine kleine jüdische Gemeinde, die ihre Anfänge bis in die Zeit der Diaspora zurückverfolgen kann, eine Synagoge aus dem 16. Jahrhundert und ein portugiesischer Palast, der irgendwann dem Raja von Cochin übereignet und später dann von den Holländern renoviert wurde und vielleicht die schönsten Wandmalereien Indiens enthält. Schließlich sind die weltbekannten Kathakali-Tanzdramen zu erwähnen, die man nicht verpassen darf.

Diese so unterschiedliche Mischung mittelalterlicher portugiesischer, holländischer und englischer Landstädte übertrug sich auch auf die tropische Malabar-Küste. Klar erkennbar ist dies in Teilen von Fort Cochin und von Mattancherry. Sie stehen in krassem Kontrast zu den blinkenden Neonleuchten der Reklameschilder und den großen Hotels auf dem Festland von Ernakulam. Die dicht an dicht stehenden Reklametafeln in leuchtenden Farben, auf denen angekündigt wird, daß wie-

der einmal ein luxuriöses Apartmenthaus erbaut wird (einige davon mit Swimming Pool!) zeigen deutlich, wie diese Stadt blüht.

Kochi ist auch eine der größten Hafenstädte Indiens und ein wichtiger Stützpunkt der indischen Marine. Hier liegen im Dunst vor Fort Cochin immer Handelsschiffe auf Reede und warten auf einen Platz im Hafen von Ernakulam oder Willingdon. Diese künstliche Insel wurde mit dem Schlamm geschaffen, den man beim Ausbau des Hafens von Ernakulam gewann. Auch der Flughafen fand zum Teil seinen Platz auf dieser Insel.

Den ganzen Tag über pendeln Fähren zwischen den verschiedenen Teilen von Kochi hin und her. Wenn man damit fährt, kann man vielleicht auch die Delphine sehen, die im Hafen leben.

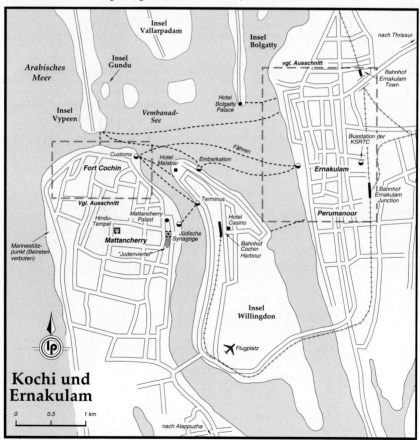

Kochi und Ernakulam

KERALA

ORIENTIERUNG

Kochi setzt sich aus Ernakulam auf dem Festland, den Inseln Willingdon, Bolgatty und Gundu im Hafen, dem Fort Cochin und Mattancherry auf der südlichen Halbinsel sowie der Insel Vypeen, nördlich von Fort Cochin, zusammen. Die Verbindung zwischen diesen Stadtteilen wird durch Fähren aufrechterhalten. Zusätzlich gibt es Brücken zwischen Ernakulam sowie der Insel Willingdon und der Halbinsel Fort Cochin und Mattancherry. Die meisten Hotels und Restaurants findet man in Ernakulam, wo auch der bedeutendste Bahnhof, der Busbahnhof und das Fremdenverkehrsamt (Tourist Reception Centre) liegen.

Fast alle historischen Bauten stehen in Fort Cochin oder Mattancherry, aber dort sind die Hotel- und Restaurantkapazitäten sehr begrenzt. Den Flughafen und zwei der besten Hotels findet man auf Willingdon Island.

PRAKTISCHE HINWEISE

Informationen: Im Fremdenverkehrsamt (Tourist Reception Centre) der Kerala Tourist Development Corporation in der Shanmugham Road in Ernakulam (Tel. 35 32 34) steht an Informationsmaterial nicht allzu viel zur Verfügung. Dort ist man Besuchern aber beim Buchen eines Zimmers im Hotel Bolgatty Palace und bei der Vermittlung von Hafenrundfahrten behilflich. Geöffnet ist täglich von 8.00 bis 19.00 Uhr. Daneben unterhält die private Organisation Tourist Desk einen Schalter mit kostenlosen Informationen an der wichtigsten Anlegestelle für Fähren in Ernakulam, der täglich von 9.00 bis 17.00 Uhr geöffnet ist. Von dieser Organisation werden ein guter Stadtplan und eine Reihe von Informationsschriften für Touristen veröffentlicht. Ein handliches, alle zwei Monate erscheinendes Büchlein mit Reiseinformationen, auch Fahrplänen, ist *Hello Cochin*, erhältlich in den Buchhandlungen.

Das staatliche indische Fremdenverkehrsamt ist neben dem Hotel Malabar auf der Insel Willingdon untergebracht (Tel. 66 83 52). Hier sind die Mitarbeiter nicht nur freundlich und hilfsbereit, sondern halten auch eine Menge Informationsmaterial bereit. Informationen sind beim Abflug und bei den Ankunft von Flugzeugen auch an einem Schalter des Fremdenverkehrsamtes von Kerala im Flughafengebäude zu haben.

Post und Telefon: Das Hauptpostamt mit dem Schalter für die Ausgabe postlagernder Sendungen befindet sich in Fort Cochin. Wenn es in der Anschrift ausdrücklich angegeben ist, kann man sich postlagernde Sendungen aber auch zum Hauptpostamt in der Hospital Road in Ernakulam schicken lassen.

Telefongespräche lassen sich von zahlreichen STD/ISD-Anschlüssen überall in der Stadt führen.

Visaverlängerungen: Anträge auf Verlängerung des Visums kann man bei der Ausländerbehörde (Commissioner of Police) am nördlichen Ende der Shanmugham Road stellen. Die Bearbeitung dauert jedoch bis zu 10 Tage, in denen man seinen Reisepaß dort zurücklassen muß.

Buchhandlungen: Eine ganz gute Buchhandlung ist Bhavi Books in der Convent Road in Ernakulam. Eine ganze Reihe weiterer Buchhandlungen hat sich entlang der Press Club Road angesiedelt, wenn auch vorwiegend mit Büchern in Malayalam. Nach Büchern in englischer Sprache kann man bei Cosmo Books und Current Books fragen. Die Buchhandlung Higginbothams liegt an der Chittor Road, und zwar in Höhe der Hospital Road.

Weitere Geschäfte: Entlang der M G Road, unmittelbar südlich der Durbar Hall Road, stößt man auf eine Reihe von Läden mit Kunsthandwerk. An der M G Road gibt es aber auch etliche Fotolabore, in denen hochwertige Abzüge von Filmen schnell und preisgünstig hergestellt werden. Die meisten davon liegen nördlich der Convent Road.

SEHENSWÜRDIGKEITEN IN FORT COCHIN

Franziskanerkirche: Die Franziskanerkirche (St. Francis) ist das älteste Gotteshaus auf indischem Boden, das von Europäern errichtet wurde. Mit dem Bau der Kirche begannen portugiesische Franziskaner 1503. Die Portugiesen gehörten zum Gefolge einer Expedition, die unter der Führung von Pedro Alvarez Cabral stand. Ursprünglich diente Holz als Baumaterial, aber Mitte des 16. Jahrhunderts erneuerte man die Kirche und nahm nun Steine zum Bau. Die älteste portugiesische Inschrift, die man in dieser Kirche sehen kann, stammt aus dem Jahre 1562. Als Kochi 1663 den protestantischen Holländern in die Hände fiel, ging auch die Kirche in deren Besitz über. Sie wurde später, ebenfalls von den Holländern, renoviert (1779). Die wechselvolle Vergangenheit dieser Kirche war damit aber noch nicht beendet. 1795 besetzten nämlich die Briten Kochi, und so wurde aus der protestantischen Kirche ein anglikanisches Gotteshaus. Derzeit wird sie von der südindischen Kirche genutzt.

Hier wurde 1524 auch Vasco da Gama, der erste Europäer, der um das afrikanische Kap der guten Hoffnung gesegelt war und Indien erreichte, für 14 Jahre beigesetzt, bis seine sterblichen Überreste nach Lissabon überführt wurden. Sein Grabstein ist in der Kirche aber noch zu sehen.

Santa-Cruz-Basilia: Einen Besuch wert ist in Fort Cochin auch die Santa-Cruz-Basilia. Diese große, eindrucksvolle Kirche stammt aus dem Jahre 1902 und

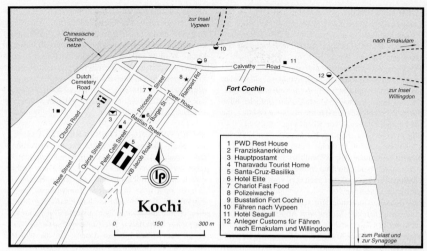

1 PWD Rest House
2 Franziskanerkirche
3 Hauptpostamt
4 Tharavadu Tourist Home
5 Santa-Cruz-Basilika
6 Hotel Elite
7 Chariot Fast Food
8 Polizeiwache
9 Busstation Fort Cochin
10 Fähren nach Vypeen
11 Hotel Seagull
12 Anleger Customs für Fähren nach Ernakulam und Willingdon

zeichnet sich durch ein phantastisches Inneres in Pastellfarben aus.

Chinesische Fischernetze: An der Spitze von Fort Cochin, gegenüber der Insel Vypeen, hat man Gelegenheit, chinesische Auslegernetze zu sehen. Sie wurden durch Händler vom Hofe des Kublai Khan eingeführt. Auch in den Gewässern zwischen Kochi und Kottayam sowie zwischen Alappuzha und Kollam (Quilon) sieht man diese Art von Netzen. Sie werden vorwiegend bei Hochwasser benutzt, wenn das System der Steine zum Balancieren ganz interessant anzusehen ist.

SEHENSWÜRDIGKEITEN IN MATTANCHERRY

Palast von Mattancherry: Der Palast von Mattancherry wurde 1557 von den Portugiesen erbaut und dem Raja von Cochin als Geschenk übergeben. Der damalige Raja war Veera Kerala Varma (1537-61). Er bekam dieses großzügige Geschenk jedoch nicht ohne Hintergedanken. Man wollte sich damit seine Gunst erkaufen und Privilegien für den Handel in Kerala sichern. Der zweite Name („Holländischer Palast") stammt von umfangreichen Renovierungsarbeiten, die die Holländer nach 1663 vornahmen. Das doppelstöckige, vierekkige Gebäude umschließt einen Innenhof mit einem hinduistischen Tempel. Die mittlere Halle im ersten Stock war die Krönungshalle der Rajas. Darin sind heute ihre Gewänder, Turbane und Sänften ausgestellt. Die größte Anziehungskraft aber geht von den erstaunlichen Wandmalereien aus. Sie stellen Szenen aus dem *Ramayana*, dem *Mahabharata* sowie den *Puranic-Legenden* dar und stehen im Zusammenhang mit Shiva, Vishnu, Krishna, Kumara sowie Durga. Diese wunder-

schönen und vielfältigen Gemälde scheinen anderswo nur selten erwähnt zu werden, gehören aber mit zu den bedeutendsten Sehenswürdigkeiten von Indien. Ähnliche Malereien sind auch in dem Shiva-Tempel von Ettumanur, ein paar Kilometer nördlich von Kottayam, zu sehen.

Die Galerie der Merkwürdigkeiten halten die Mitarbeiter jedoch lieber verborgen. Dazu gehört das Frauenschlafzimmer unten, für das man heimlich einen kleinen Betrag bezahlen muß, wenn man es sich ansehen will. Sehenswert ist dieses Schlafzimmer deshalb, weil dort ein fröhlicher Krishna zu sehen ist, der seine sechs Hände und zwei Füße dafür benutzt, um sich mit acht glücklichen Milchmädchen zu vergnügen.

Der Palast ist außer an Freitagen täglich zwischen 10.00 und 17.00 Uhr geöffnet. Der Eintritt ist frei, aber das Fotografieren nicht gestattet. Man kann auch keine Postkarten von den Malereien kaufen. Schwarz-weiße Bilder der Wandgemälde sind allerdings im Buch *Monuments of Kerala* von H. Sarkar enthalten. Es ist 1978 vom Archäologischen Dienst Indiens herausgegeben worden. Enthalten sind sie auch in den Büchern *Cochin Murals* von V. R. Chitra und T. N. Srinivasan (Cochin, 1940) und *South Indian Paintings* von C. Sivaramamurti (Neu-Delhi, 1968).

Jüdische Synagoge: Im gesamten Commonwealth gibt es keine ältere Synagoge als die in Kochi aus dem Jahre 1568. Während eines portugiesischen Überfalles fiel die Synagoge 1662 zwar einem Artilleriefeuer zum Opfer, wurde aber zwei Jahre danach wieder aufgebaut, als die Holländer die Kontrolle über die Stadt ausübten. Dieser Bau enthält einige interessante Details. Zu ihnen gehört der Fußboden aus Kacheln mit chinesischen Landschaften. Diese Kacheln brachte in der Mitte des 18. Jahrhunderts ein gewisser Ezekial Rahabi von Kanton nach Kochi (Cochin). Auch die Errichtung des Uhrturms war sein Werk.

Die Synagoge von Kochangadi, die man bereits 1344 baute, wäre zwar älter als diese Synagoge, sie ist aber inzwischen verschwunden. Lediglich ein einziger Quader mit einer Inschrift in hebräischer Sprache blieb übrig. Zu sehen ist er an der Innenseite der Mauer, die die heutige Synagoge von Kochi umgibt.

Die Synagoge ist sonntags bis freitags von 10.00 bis 12.00 Uhr und von 15.00 bis 17.00 Uhr geöffnet. Der Eintritt beträgt eine Rupie. Der Pförtner ist sehr freundlich und stets bereit, die Geschichte dieses Bauwerks zu erzählen. Aber er berichtet auch gern vom Leben in der jüdischen Gemeinde.

Die jüdische Gemeinde lebt sehr abgeschieden. Ihre Anfänge gehen auf die Zeit von Apostel Thomas zurück, der 52 v. Chr. nach Indien kam. Die erste jüdische Siedlung bestand in Kodungallur (Cranganore), nördlich von Kochi. Wie die syrisch-orthodoxen Christen waren die indischen Juden im Handel und in der Wirtschaft der Malabar-Küste tätig. Eine Kupferplatte in der Synagoge ist nicht nur ein Relikt aus dieser Zeit, sondern sie berichtet auch davon, daß König Bhaskara Ravi Varman I. (962-1020) den Juden damals die Stadt Anjuvannam (bei Kodungallur) sowie das Steueraufkommen des jüdischen Kaufmannes Joseph Rabban überließ. Diese Platten kann man sich vom Pförtner der Synagoge zeigen lassen.

Die Zugeständnisse von Ravi Varman I. gestatteten Rabban sogar die Benutzung einer Sänfte und einiger Sonnenschirme. Das war damals eigentlich den Herrschern vorbehalten. Damit sanktionierte er ein kleines jüdisches Königreich. Nach Rabbans Tod gerieten sich seine Söhne um die Nachfolge in die Haare. Das führte schließlich dazu, daß alles zusammenbrach und man nach Mattancherry übersiedelte.

Die jüdische Gemeinde war haufig Gegenstand von Forschungsprojekten. Interessant ist die Studie eines amerikanischen Professors für ethnologische Musikforschung. Er fand heraus, daß die Musik der Juden in Cochin starke babylonische Züge trägt und daß der Wortlaut der Zehn Gebote fast identisch mit der kurdischen Version der Gebote ist, die in den Archiven des Berliner Museums aufbewahrt wird. Natürlich fanden auch indische Einflüsse ihren Niederschlag, so daß viele Hymnen den Ragas gleichen.

Die Gegend um die Synagoge nennt sich Jewtown und ist zugleich eines der Zentren des Gewürzhandels von Kochi. In den vielen kleinen Häusern ließen sich Firmen nieder, und in der Luft hängt der Duft der unterschiedlichsten Gewürze von Ingwer über Zimt, Kümmel und Gelbwurz bis hin zu den Nelken. Noch immer

deuten jüdische Namen auf den Firmenschildern und an den Häusern auf die hier lebenden Juden hin. Allerdings ging die Zahl der Juden in der Zeit seit der Unabhängigkeit zurück. Es leben derzeit nur noch etwa 20 Juden in Kochi. Weil es seit Menschengedenken auch keinen Rabbi mehr gibt, werden die religiösen Zeremonien und Trauungen von den älteren Gemeindemitgliedern vorgenommen. Sehenswert sind ferner die Antiquitätenläden in der Straße zur Synagoge, wo sich sicher ein schönes Souvenir finden läßt.

SEHENSWÜRDIGKEITEN IN ERNAKULM

Kathakali-Tänze: Auf eine Aufführung des berühmten Kathakali-Tanzdramas darf eigentlich kein Indienreisender verzichten. Die Ursprünge des Tanzes gehen 400-500 Jahre zurück, als man unter freiem Himmel in Tempelhöfen oder in Dörfern Tanzveranstaltungen durchführte. Es gibt mehr als hundert Arrangements, die sich alle auf Erzählungen aus dem *Ramayana* und *Mahabharata* beziehen. Die Tänze sind so lang, daß sie bis in den frühen Morgen dauern. Da die meisten Besucher jedoch nicht gewillt sind, die ganze Nacht aufzubleiben, veranstalten die Tanzschulen in Ernakulam Aufführungen mit verkürzten Versionen, die nur etwa 1 1/2 Stunden dauern.

Kathakali ist aber nicht nur eine besondere Tanzform, sie ist weitaus mehr. Zu ihr gehören Elemente von Yoga und ayurvedischer Medizin, eine in Indien verbreitete

Kathakali-Tänzer

Art der Medizin. Sämtliche Requisiten werden aus natürlichem Material gefertigt. Auch das Make-up wird aus Pflanzenpulver und dem Saft bestimmter Bäume hergestellt. Die Perücken entstehen aus der Rinde besonderer Baumarten, gefärbt mit Früchten und Gewürzen, und zum Mischen der Farben benutzt man Kokosnußöl. Verbranntes Kokosnußöl dient zum Schminken der Augen, und Blütenblätter der Auberginen legt man unter die Augenlider, um das Weiße der Augäpfel dunkelrot zu färben. Das Schminken vor der Aufführung ist schon ein Erlebnis für sich. Begleitet werden die Tänzer normalerweise von Trommlern und einem weiteren Musikanten, der ein Harmonium spielt.

Kathakali-Tänze kann man als ausländischer Besucher ebenfalls lernen. Das dafür nötige Wissen vermittelt im Norden von Kerala unweit von Palakkad eine staatliche Schule.

Die abendlichen Vorstellungen beginnen mit einer Erklärung der getanzten Symbole (Mimik, Handhaltung und rituelle Gesten). Daran schließt sich die eigentliche Aufführung an, die etwa eine Stunde dauert. In allen drei Einrichtungen, in denen Kathakali-Tänze gezeigt werden, beginnt das Schminken um 18 Uhr und die eigentliche Vorführung gegen 19 Uhr. Der Eintritt kostet 50 Rs.

Kathakali-Tänze kann man sich im Indian Performing Arts Centre im GCDA-Einkaufszentrum am Wasser ansehen (Tel. 36 62 38). Das ist ein glanzloses Gebäude, aber die Vorführungen können sich durchaus sehen lassen. Weil Hinweisschilder auf den Eingang fehlen, muß man jemanden fragen, wo der ist.

Kathakali kann man sich auch im Cochin Cultural Centre im Souhardham in der Manikath Road südlich des Zentrums (Tel. 36 78 66) ansehen. Hier werden die Tänze in einem extra dafür konstruierten Theater gezeigt, das an den Innenhof eines Tempels erinnert und klimatisiert ist.

Im Devan Gurukalum in der Kalathiparambil Lane, unweit der Piazza Lodge, werden von der See India Foundation ebenfalls Kathakali-Tänze gezeigt (Tel. 36 94 71). Hier ist die Vorführung auf dem Dach unter freiem Himmel eine außergewöhnliche Präsentation von Mr. Devan, der vor der Vorführung über die Geschichte der Tänze plaudert und eine vereinfachte Einführung in den Hinduismus gibt.

Parishath-Thampuram-Museum: Das Parishath-Thampuram-Museum enthält eine Sammlung von Ölgemälden aus dem 19. Jahrhundert, Münzen, Skulpturen und Mogulmalereien, hat aber außer einigen interessanten Modellen von Tempeln kaum etwas Besonderes zu bieten.

Untergebracht ist es in einem riesigen Gebäude im typischen Stil von Kerala (einer früheren Durbar-Halle) an der Durbar Road und dienstags bis sonntags von 10.00 bis 12.30 Uhr und von 14.00 bis 16.30 Uhr geöffnet. Der Eintritt ist frei.

SEHENSWÜRDIGKEITEN AUF VYPEEN UND GUNDU

Über die schmale Wasserstraße von Fort Cochin nach Vypeen verkehren Fähren hin und her. Die Insel rühmt sich eines Leuchtturms in Ochanthuruth (zugänglich täglich von 15.00 bis 17.00 Uhr), guter Strände und der Festung Palliport aus dem frühen 16. Jahrhundert, die man sich donnerstags ansehen kann. Gundu, die kleinste Insel im Hafen von Kochi, liegt nicht weit von Vypeen entfernt. Auf ihr steht eine Kokosfaserfabrik, in der aus Kokosfasern wunderschönen Matten hergestellt werden. Nach Gundu kann man sich von Vypeen von Fischern hinüberbringen lassen.

WEITERE SEHENSWÜRDIGKEITEN

Das Hill Palace Museum kann man sich in Tripunithura, 12 km südlich von Ernakulam auf dem Weg nach Chotannikkara, ansehen. In diesem Museum auf einem Berg sind Sammlungen von Ausstellungsstücken der königlichen Familien von Cochin und Travancore zu besichtigen. Geöffnet ist es dienstags bis sonntags von 9.00 bis 12.30 Uhr und von 14.00 bis 16.30 Uhr. Dorthin gelangt man mit Bussen der Linien 51 oder 58.

In Edapally, 10 km nordöstlich von Ernakulam auf dem Weg nach Aluva (Alwaye), liegt das Museum für die Geschichte von Kerala, zugänglich dienstags bis sonntags von 10.00 bis 12.00 Uhr und von 14.00 bis 16.00 Uhr (Eintritt 2 Rs). Zu erreichen ist es mit Bussen der Linie 22.

AUSFLUGSFAHRTEN

Das Fremdenverkehrsamt von Kerala (KTDC) veranstaltet täglich Hafenrundfahrten mit Besuchen von Willingdon, des Palastes von Mattancherry, der jüdischen Synagoge, des Forts Cochin mit der Franziskanerkirche, der chinesischen Fischernetze und Bolgatty. Die Fahrten beginnen am Anleger Sealord, unmittelbar nördlich vom Tourist Reception Centre, dauern von 9.00 bis 12.30 Uhr und kosten 40 Rs.

Außerdem soll für 25 Rs täglich eine Fahrt bei Sonnenuntergang von 17.30 bis 19.00 Uhr stattfinden, aber die wird häufig abgesagt, so daß man sich bei Interesse am gleichen Tag erkundigen muß, ob sie veranstaltet wird, um Enttäuschungen zu vermeiden. Fahrkarten sind im Tourist Reception Centre erhältlich. Zusteigen läßt sich am Anleger Sealord oder 20 Minuten später am Anleger des Hotels Malabar und des Fremdenverkehrsamtes auf der Insel Willingdon.

Die Organisation Tourist Desk am Anleger in Ernakulam bietet ausgezeichnete dreistündige Fahrten zu Dörfern in den Backwaters an, die mit einer Busfahrt von 45 Minuten Dauer vom Parkplatz am Anleger bis zum

Ausgangspunkt beginnen. Abfahrt ist um 9.00 und 14.00 Uhr. Diese Fahrten kosten 200 Rs. Dabei werden Dörfer besucht, in denen Kokosfasern gewonnen werden, aber auch Kokosnußplantagen. Außerdem erhält man reichlich Gelegenheit, das Leben entlang der schmalen Kanäle kennenzulernen. Ähnliche Fahrten der KTDC beginnen um 8.30 und 14.30 Uhr zum Preis von 300 Rs.

UNTERKUNFT

In Ernakulam gibt es Unterkünfte in allen Preisklassen, während man in Fort Cochin eine Handvoll preisgünstiger Quartiere und ein Mittelklassehotel vorfindet. Auf der Insel Bolgatty kommt man in einem einzigartigen Mittelklassehotel unter und auf der Insel Willingdon in zwei Luxushotels.

Einfache Unterkünfte: Auch wenn Unterkünfte in Fort Cochin knapp sind, ist dieser Stadtteil zum Übernachten ganz sicher der romantischste. Dort ist das friedliche Tharavadu Tourist Home in der Quiros Street (Tel. 22 68 97) ein luftiges und geräumiges Hotel in einem traditionellen Haus, wo man vom Dach aus gute Ausblicke auf die Straßen in der Umgebung hat. Doppelzimmer mit Bad kosten 130 Rs. Das ausgezeichnete Zimmer oben ist für 100 Rs zu haben, auch wenn man sich dort das Bad mit anderen Gästen teilen muß. Hübsch am Wasser liegt das früher schäbige PWD Rest House, in dem Berichten zufolge die Leitung ausgewechselt wurde und das seitdem besser geführt wird, aber immer noch sehr günstig ist.

In Ernakulam ist die Basoto Lodge in der Press Club Road (Tel. 35 21 40) ein kleines, einfaches und freundliches Haus, das bei Globetrottern sehr beliebt ist, so daß es sich empfiehlt, früh genug hier anzukommen. Ein Zimmer mit Badbenutzung kann man hier allein für 30 Rs und zu zweit für 35 Rs sowie ein Doppelzimmer mit eigenem Bad für 75 Rs mieten (einschließlich Moskitonetz). Geht man um die Ecke in die Market Road, stößt man auf die Deepak Lodge (Tel. 35 38 82), die ebenfalls eine gute Wahl ist. Die Räume sind zwar in einem häßlichen Grün gestrichen, sonst jedoch groß und ruhig. Für ein Einzelzimmer mit Badbenutzung werden hier 25 Rs sowie für ein Einzel- oder Doppelzimmer mit eigenem Bad 35 bzw. 70 Rs pro Tag berechnet.

Weiter nördlich in der Market Road liegt das Modern Guest House (Tel. 35 21 30). Hier kann man gut in einem Einzelzimmer für 60 Rs und in einem Doppelzimmer für 103 Rs übernachten (mit Bad). Zum oberen Ende der preiswerten Quartiere gehört das Hotel Blue Diamond auf der anderen Straßenseite (Tel. 35 32 21) mit Einzelzimmern für 80 Rs und Doppelzimmern für 150 Rs (ebenfalls mit Bad).

Das Hotel Hakoba (Tel. 35 39 33) ist günstig an der lauten Shanmugham Road am Wasser gelegen. Man wohnt in dem nicht zu großen Hotel recht gut, auch wenn der Blick durch Neubauten versperrt wurde. Für ein Einzel- oder Doppelzimmer mit Bad werden 65 bzw. 108 verlangt. Daneben gibt es noch einige teurere klimatisierte Räume. Im Hotel befinden sich zudem ein Restaurant und sogar ein (allerdings nicht sehr zuverlässiger) Aufzug.

An der Canon Shed Road, unweit vom Anleger für die Fähren, liegt das Maple Tourist Home (Tel. 35 51 56), das mit normalen Einzel- und Doppelzimmern für 75 bzw. 155 Rs und Luxuszimmern für 120 bzw. 161 Rs sowie Zimmern mit Klimaanlage für 230 Rs eine gute Wahl ist. Vom Dachgarten aus läßt sich auf den Anleger blicken. Im freundlichen Bijus Tourist Home an der Ecke der Cannon Shed Road und der Market Road (Tel. 36 98 81) muß man mit Bad für ein Einzelzimmer 90 Rs und für ein Doppelzimmer 160 Rs bezahlen. Man kann hier auch in einem Doppelzimmer mit Klimaanlage übernachten, und zwar für 300 Rs. In diesem ausgezeichneten Haus fließt in den Bädern sowohl kaltes als auch warmes Wasser.

Eine ganze Gruppe von Mittelklassehotels liegt gegenüber vom Bahnhof Ernakulam Junction, aber auch das preisgünstigere Premier Tourist Home (Tel. 36 81 25) mit Einzelzimmern für nur 54 Rs und Doppelzimmern für nur 86 Rs (mit Bad). Nebenan kommt man zum großen Hotel KK International (Tel. 36 60 10), einem Haus, in dem für ein Einzel- oder Doppelzimmer 100 bzw. 160 Rs pro Tag berechnet werden. Wer ein Zimmer mit Klimaanlage möchte, muß dafür 180 bzw. 250 Rs ausgeben. Die Geetha Lodge an der M G Road (Tel. 35 21 36) hat Einzelzimmer für 100 Rs und Doppelzimmer für 120 Rs zu bieten, während man im Anantha Bhavan (Tel. 36 76 41) in Einzelzimmern für 52 bis 120 Rs und in Doppelzimmern für 100 bis 170 Rs sowie in Doppelzimmern mit Klimaanlage für 290 Rs unterkommt.

Das einzige preiswerte Hotel in der Nähe des ungünstig gelegenen Busbahnhofs der KSRTC ist die scheußliche Ninans Tourist Lodge (Tel. 35 12 35), in der für ein Einzelzimmer 40 Rs und für ein Doppelzimmer 60 Rs berechnet werden. Nicht weit entfernt liegt das Hotel Luciya (Tel. 35 44 33), das mit Einzelzimmern für 56 Rs und Doppelzimmern für 102 Rs sowie klimatisierten Zimmern für 125 bzw. 220 Rs für das Geld viel mehr zu bieten hat. Zu diesem Hotel gehören auch eine Bar, ein Restaurant, ein Fernsehraum und ein Wäschereidienst.

Mittelklassehotels: In Fort Cochin ist das einzige Mittelklassehotel das Hotel Seagull in der Calvathy Road (Tel. 22 81 28). Es liegt unmittelbar am Wasser, ermöglicht einen Blick über das Wasser und entstand durch den Umbau einer Reihe alter Wohn- und Lagerhäuser. Für ein Doppelzimmer zahlt man hier unten 165 Rs und oben 220 Rs, mit Klimaanlage 330 Rs. Im Haus befinden sich auch eine Bar und ein Restaurant, in denen man den ein- und auslaufenden Schiffen zusehen kann.

Obwohl es bereits ein wenig vom Zahn der Zeit gezeichnet ist, hat sich das große Hotel Bolgatty Palace (Tel. 35 50 03) auf der Insel Bolgatty noch immer seinen Charakter bewahrt. Der Bau wurde 1744 von den Niederländern als Palast errichtet und diente später als Residenz der Briten. Heute wird das Hotel von der Kerala Tourist Development Corporation geführt. Es ist inmitten von sechs Hektar saftig grüner Rasen gelegen, auf denen ein Golfplatz angelegt wurde, und bietet eine Bar sowie ein Restaurant, in dem die Mitarbeiter zwar mit Begeisterung bei der Arbeit sind, die Bedienung aber fürchterlich langsam ist.

Alle elf Zimmer sind unterschiedlich. Sie kosten als Einzelzimmer ab 300 Rs, als Doppelzimmer ab 400 Rs und als Suite mit Klimaanlage 500 bzw. 625 Rs. Für das „Flitterwochen-Cottage" unmittelbar am Wasser muß man 750 Rs bezahlen. Bedenkt man die Lage am Wasser und die hübschen Gartenanlagen, ist es ein Jammer, daß einige Zimmer nicht über Fenster verfügen. Wenn man in diesem Haus übernachten will, dann ruft man am besten zunächst im Tourist Reception Centre in der Shanmugham Road an, denn anderenfalls verschwendet man, falls sich erst an Ort und Stelle herausstellt, daß das Haus voll belegt ist, eine Menge Zeit. Eine Fähre dorthin (0,40 Rs) legt zwischen 6.00 und 22.00 Uhr alle 20 Minuten am Anleger High Court ab. Wer zu einer anderen Zeit übersetzen möchte, hat dazu mit privaten Booten die Möglichkeit.

Eine ganze Reihe von Mittelklassehotels findet man gegenüber vom Bahnhof Ernakulam Junction, darunter das schicke neue Hotel Metropolitan (Tel. 36 99 31), das zentral klimatisiert ist und Einzelzimmer für 400 Rs sowie Doppelzimmer für 550 Rs zu bieten hat. In der Nähe kommt man zum Hotel Paulson Park in der Form eines Atriums (Tel. 35 40 02), in dem die Einzelzimmer für 110 Rs und die Doppelzimmer für 190 Rs (mit Klimaanlage für 240 bzw. 370 Rs) ihr Geld durchaus wert sind. Das Hotel Sangeetha liegt einen Block weiter westlich an der Chittoor Road (Tel. 36 87 36) und wartet mit Einzelzimmern für 105 bis 135 Rs sowie mit Doppelzimmern für 170 bis 200 Rs auf (mit Klimaanlage für 365 Rs). In diesen Preisen ist auch Frühstück im vegetarischen Restaurant des Hauses enthalten. Das gut eingerichtete Hotel Joyland in der Nähe in der Durbar Hall Road (Tel. 36 77 64) zeichnet sich durch ein Dachrestaurant aus und hat Einzelzimmer für 300 Rs sowie Doppelzimmer für 450 Rs zu vermieten (mit Klimaanlage für 375 bzw. 525 Rs).

An der M G Road stehen ebenfalls einige ganz gute Hotels, darunter das schon lange bestehende Hotel Woodlands ein Stück nördlich der Jos Junction (Tel. 35 13 72) mit Einzelzimmern für 175 Rs und Doppel-

zimmern für 250 Rs, mit Klimaanlage für 300 bzw. 400 Rs, alle mit Fernsehgerät und heißem Wasser. Zu diesem Hotel gehören ferner ein vegetarisches Restaurant und ein Dachgarten. Im Hotel Excellency mit drei Sternen in der Nettipadam Road (Tel. 36 45 20), nicht weit von der Jos Junction entfernt, kommt man in Einzelzimmern für 175 bis 225 Rs und in Doppelzimmern für 225 bis 250 Rs unter (mit Klimaanlage für 350 bzw. 400 Rs). Geboten werden zudem gute Einrichtungen für die Gäste, ein Restaurant und Tee am Bett.

An der Durbar Hall Road, in der Nähe des Büros von Indian Airlines, liegt das Bharat Tourist Home (Tel. 35 35 01) mit Einzelzimmern für 180 bis 250 Rs und Doppelzimmern für 300 bis 450 Rs sowie Zimmern mit Klimaanlage für 450 bzw. 500 Rs. Geboten werden den Gästen in diesem Haus ferner ein vegetarisches Restaurant und ein Restaurant mit nichtvegetarischen Speisen aus Nordindien sowie ein Coffee Shop.

Luxushotels: Das sehr gut geführte Hotel Taj Malabar (Tel. 66 68 11) liegt wunderschön an der Spitze der Insel Willingdon mit Blick über den Hafen. Es bietet alle Annehmlichkeiten, die man in dieser Preisklasse erwartet, darunter auch einen Swimming Pool. Hier muß man für ein normales Zimmer allein ab 70 US $ und zu zweit ab 80 US $ bezahlen, für ein besseres Zimmer mit Blick auf das Wasser ab 80 bzw. 90 US $. Von den Eckzimmern für 105 US $ kann man einen Panoramablick über den gesamten Hafen genießen.

Auch das Hotel Casino (Tel. 66 68 21) hat eine Reihe ausgezeichneter Einrichtungen wie einen Swimming Pool zu bieten. Mit Preisen von 35 US $ für ein Einzelzimmer und 60 US $ für ein Doppelzimmer ist es viel billiger, kann aber das Hotel Taj Malabar mit seiner Lage nicht schlagen.

In Ernakulam ist eine ausgezeichnete Wahl in dieser Preisklasse das zentral klimatisierte Hotel Sealord in der Shanmugham Road (Tel. 35 26 82), auch wenn die Blicke auf den Hafen, die man früher von hier aus genießen konnte, nun durch ein Einkaufszentrum auf der anderen Straßenseite versperrt worden sind. Die Zimmer sind ganz ansprechend möbliert. Hier muß man für ein normales Einzel- oder Doppelzimmer 350 bzw. 450 Rs bezahlen, während die Luxuszimmer für 500 bzw. 700 Rs vermietet werden. Außer dem Dachrestaurant (mit immer noch guten Ausblicken) gibt es in diesem Hotel auch noch eine Bar und ein weiteres Restaurant, in dem eine einheimische Band aufspielt.

Das elegante und sehr geräumige Grand Hotel in der M G Road (Tel. 35 32 11) hat eine ähnliche Reihe von Einrichtungen zu bieten, darunter auch etwas, was als „vollständig beleuchtete Rasenfläche mit frischer Luft" beschrieben wird. Hier werden für normale Einzel- und Doppelzimmer im alten Flügel 250 bzw. 300 Rs berechnet und im neuen Flügel 350 bzw. 400 Rs. Eben-

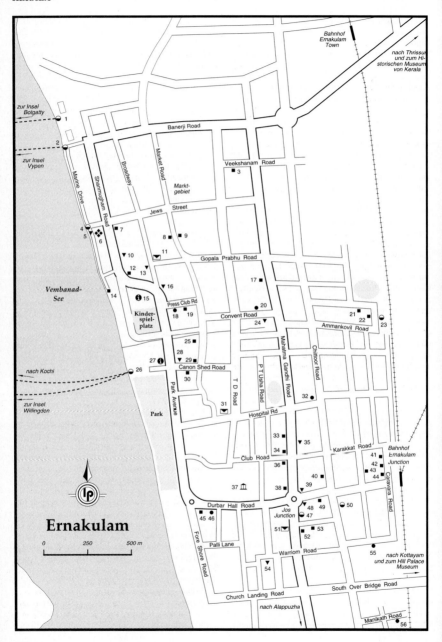

Bahnhof Ernakulam Town

nach Thrissur und zum Historischen Museum von Kerala

zur Insel Bolgatty 1

zur Insel Vypen 2

Banerji Road

Veekshanam Road 3

Marine Drive

Shanmugham Road

Broadway

Market Road

Marktgebiet

Jews Street

7

8 9

10 11

12 13

16

Gopala Prabhu Road

17

Vembanad-See

14

15 Kinderspielplatz

Press Club Rd
18 19

20

Convent Road
24

21 22

Ämmankovil Road

23

25
28 29
27

nach Kochi 26

Canon Shed Road
30

Park Avenue

Park

zur Insel Willingdon

31

Hospital Rd

Mahatma Gandhi Road

Chittoor Road

32

T D Road

P T Usha Road

33 34

35

Karakkat Road

Bahnhof Ernakulam Junction

Club Road
36

40 39

41 42 43 44

Caravara Road

37

38

50

Durbar Hall Road

Jos Junction
48 49
47

45 46

51
52 53

Fore Shore Road

Palli Lane

Warriom Road

55

nach Kottayam und zum Hill Palace Museum

54

Church Landing Road

South Over Bridge Road

nach Alappuzha

Manikath Road
56

Ernakulam

0   250   500 m

Unterkünfte		
3 Hotel International	45 Bharat Tourist Home	6 Einkaufszentrum GCDA
7 Hotel Sealord	49 Hotel Joyland	(Indian Performing Arts
8 Hotel Blue Diamond	52 Hotel Avenue Regent	Centre)
9 Modern Guest House	53 Hotel Excellency	11 Postamt
12 Hotel Hakoba		15 Fremdenverkehrsamt der
14 Taj Residency	**Restaurants**	KTDC
17 Hotel Abad Plaza	5 Ancient Mariner	18 Cosmo Books und Current
19 Basoto Lodge	10 Athul Jyoti	Books
21 Hotel Luciya	13 Bharath Coffee House	20 Bhavi Books
22 Ninans Tourist Lodge	16 Caravan Ice Cream	23 Busbahnhof der KSRTC
25 Deepak Lodge	24 Restaurant Chariot	26 Hauptanleger
29 Bijus Tourist Home	28 Indian Coffee House	27 Tourist Desk
30 Maple Tourist Home	35 Restaurant Pandhal	31 Hauptpostamt
33 Grand Hotel	39 Indian Coffee House	32 Higginbothams
34 Woodlands	48 Bimbi's und Restaurant	37 Parishath-Thampuram-
36 Geetha Lodge	Khyber	Museum
38 Anantha Bhavan	54 China-Restaurant Garden	46 Indian Airlines
40 Hotel Sangeetha		47 Busse nach Fort Cochin
41 Metropolitan	**Sonstiges**	50 Bushaltestelle Ernakulam
42 Hotel KK International	1 Anleger High Court und Fähre	South Stand
43 Hotel Paulson Park	nach Bolgatty	51 Postamt
44 Premier Tourist Home	2 Anleger der Fähre nach Vypeen	55 See India Foundation
	4 Anleger Sealord	56 Cochin Cultural Centre

falls zentral klimatisiert ist das schicke neue Hotel Avenue Regent in der M G Road (Tel. 37 26 60), in dem für Einzelzimmer 32 bis 37 US $ und für Doppelzimmer 40 bis 47 US $ verlangt werden.

Das Hotel Abad Plaza (Tel. 36 16 36), gelegen weiter nördlich an der M G Road, ist ein modernes, ebenfalls zentral klimatisiertes Haus, in dem Einzelzimmer 500 bis 600 Rs und Doppelzimmer 650 bis 750 Rs kosten. Hier können die Gäste von Restaurants, einem Coffee Shop und (wenn er in Betrieb ist) auf dem Dach von einem Swimming Pool Gebrauch machen. Das ebenfalls zentral klimatisierte Hotel International (Tel. 35 39 11), gelegen nur ein kleines Stück abseits der M G Road mit immer viel Betrieb, ist vor kurzem renoviert worden und hat jetzt Einzelzimmer für 490 bis 650 Rs sowie Doppelzimmer für 690 bis 850 Rs zu bieten. Außerdem sind in diesem Haus Restaurants, eine Bar und ein Dachgarten vorhanden.

Schließlich ist noch die mehr auf Geschäftsleute eingestellte Schwester des Taj Malabar auf der Insel Willingdon zu erwähnen. Das ist das Taj Residency am Wasser am Marine Drive (Tel. 37 14 71), das alle Annehmlichkeiten bietet (außer einem Swimming Pool), sich seiner Ausblicke auf den Hafen rühmt und in dem für ein Einzelzimmer 38 US $ und für ein Doppelzimmer 65 US $ berechnet werden.

ESSEN

Fort Cochin: Die Auswahl an Restaurants in Fort Cochin ist wirklich sehr begrenzt. Ziemlich einfach sind die Speisen im Restaurant des Hotels Elite in der Princess Street, in dem auch Fisch-Curry für ca. 20 Rs angeboten wird. In der gleichen Straße erhält man im Chariot Fast Food wenig beeindruckende indische und westliche Imbisse, aber das Lokal ist ein gutes Ziel, um an einem kühlen Drink zu nippen und die Welt an sich vorbeiziehen zu sehen. Ein durchaus annehmbares Restaurant und eine Bar hat auch das Hotel Seagull in der Calvetty Road zu bieten.

Willingdon: Im gut geführten Café Waterfront des Hotels Taj Malabar kann man sich mittags für 170 Rs (zuzüglich Steuern) an einem Buffet bedienen. Ausgezeichnete Fischgerichte werden im Jade Pavilion und im noblen Restaurant Rice Boats angeboten. Ein Buffet wird auch im düsteren Restaurant des Hotels Casino aufgebaut. Heller ist es im Freiluftrestaurant mit Fischgerichten draußen am Swimming Pool.

Ernakulam: In zwei Filialen der Kette Indian Coffee House mit den Kellnern in Kummerbünden und schäbigen weißen Uniformen werden gute Imbisse und gutes Frühstück angeboten. Eine davon liegt an der Durbar Hall Road nicht weit von der Jos Junction entfernt, die andere an der Ecke der Canon Shed Road und der Park Avenue, und zwar gegenüber vom Hauptanleger. Beide Lokale sind auch bei Einheimischen beliebt und immer gut besetzt.

Gegenüber vom Indian Coffee House an der Jos Junction liegt das Bimbi's, ein modernes Selbstbedienungsrestaurant mit immer viel Betrieb, in dem man sowohl indische als auch westliche Gerichte erhält. Dort kostet ein ausgezeichnetes Masala Dosa 9 Rs. Vorn befindet sich ein riesiger Süßigkeitenladen, während im Obergeschoß das teurere und klimatisierte Restaurant Khyber eingerichtet wurde. Im Lotus Cascades/Café Jaya des Hotels Woodlands an der M G Road erhält man ausgezeichnete vegetarische Thalis für 24 Rs.

Hinter der dunklen Glasfassade des relativ teuren Restaurants Pandhal an der M G Road ist etwas versteckt, was leicht ein Lokal einer westlichen Restaurantkette sein könnte. Dort werden ausgezeichnete nordindische Gerichte sowie sehr gute Pizza und Hamburger serviert. Wenn man hier ißt, darf man nicht vergessen, aus der Karte für Nachspeisen die „Sleeping Beauty" zu probieren. Ähnlich sind die Preise im China-Restaurant Garden ganz an der Warriom Road, nur ein kleines Stück abseits der M G Road. Die Bedienung ist hier sehr aufmerksam und das Essen gut. Essen kann man auch auf in einem schwimmenden Restaurant mit dem Namen Ancient Mariner, und zwar am Marine Drive. Gutes Eis erhält man unweit vom Tourist Reception Centre im Caravan Ice Cream.

Auch in Ernakulam gibt es die übliche Ansammlung von Lokalen mit „Meals". Eines davon ist das Athul Jyoti an der Shanmugham Road, ein recht einfaches Lokal mit ebenso einfachen vegetarischen Speisen für 11 Rs. Ähnlich ist das Angebot im Bharath Coffee House an Broadway. Das Restaurant Chariot mit Eingängen an der Convent Road und der Narakathara Road wartet mit der gleichen Speisekarte wie die Filiale mit dem gleichen Namen in Fort Cochin auf.

Auch in mehreren Hotels gibt es ganz gute Restaurants wie das Restaurant Rooftop im 8. Stock des Hotels Sealord an der Shanmugham Road. Es hat sich auf Meeresfrüchte spezialisiert, die man abends zu den Klängen einer Band mit westlicher Musik verzehren kann. Im geradezu klassischen, aber von den Preisen her durchaus annehmbaren Restaurant Residency im Hotel Abad Plaza an der M G Road werden gute indische, chinesische und westliche Gerichte angeboten. Im zentralen Atriumbereich des Hotels Paulson Park unweit vom Bahnhof Ernakulam Junction findet man das Restaurant Moghul Hut. Mit einem ebenfalls geradezu klassischen Restaurant namens Coq d'Or wartet das Hotel International an der M G Road auf.

AN- UND WEITERREISE

Hello Cochin und *Jaico Time Table* nennen sich zwei handliche kleine Büchlein mit den Fahr- und Flugplänen sowie den Preisen von Flügen, Busfahrten und Zugfahrten. Erhältlich sind sie in Buchhandlungen und an Zeitungsständen.

Flug: Das Büro von Indian Airlines befindet sich in der Durbar Hall Road (Tel. 37 02 42), und zwar neben dem Bharat Tourist Home. Air India (Tel. 35 32 76) ist in der M G Road vertreten. East West Airlines (Tel. 36 35 42), Jet Airways (Tel. 36 94 23), ModiLuft (Tel. 37 00 15) und NEPC Airlines (Tel. 36 77 20) fliegen Kochi ebenfalls an.

Flugzeuge von Indian Airlines verkehren zwischen Kochi und Bangalore (1306 Rs), Bombay (2985 Rs), Delhi (5694 Rs), Goa (2019 Rs), Madras (1973 Rs) und Thiruvananthapuram (829 Rs). Jet und ModiLuft fliegen ebenfalls nach Bombay, ferner East West Airlines direkt und über Coimbatore sowie NEPC Airlines nach Agatti auf den Lakshadweep-Inseln, Bangalore und über Coimbatore nach Madras.

Bus: Der Busbahnhof der KSRTC liegt ganz in der Nähe der Schienen in Ernakulam zwischen den Bahnhöfen. Da Ernakulam praktisch die Mitte von Kerala bildet, führen die Wege vieler Busse, die weiter nördlich oder südlich beginnen, durch Ernakulam. Häufig ist es möglich, einen dieser Busse zu benutzen, aber dafür können keine Reservierungen im voraus vorgenommen werden. Man kann lediglich zusteigen, wenn der Bus hält. Für Busse, die in Ernakulam eingesetzt werden, lassen sich Platzreservierungen bis zu fünf Tage vorher vornehmen. Der Fahrplan ist in Englisch und Malayalam gehalten und das Personal am Busbahnhof im allgemeinen recht hilfsbereit. Daneben gibt es aber auch noch Haltestellen der privaten Busse: die Haltestelle Kaloor nordöstlich des Bahnhofs Ernakulam Town und die Haltestelle Ernakulam South Stand unweit vom Bahnhof Ernakulam Junction.

Die Fahrpreise und die Fahrzeiten für die im folgenden aufgeführten Verbindungen beziehen sich, soweit nicht anders angegeben, auf Superschnellbusse.

Nach Thiruvananthapuram (221 km) gibt es zwei verschiedene Routen, eine über Alappuzha sowie Kollam und die andere über Kottayam. Etwa 60 Busse der KSRTC nehmen täglich den Weg über Alappuzha. Mit einem Superschnellbus ist man für 65 Rs in 4¹/₂ Stunden in Thiruvananthapuram, während man in einem normalen Schnellbus für die Fahrt 54 Rs und in einem Fast Passenger 49 Rs bezahlen muß. Auf dieser Strecke muß man für eine Fahrt in einem Superschnellbus nach Alappuzha (62 km, 1¹/₂ Stunden) 20 Rs, nach Kollam (150 km, 3 Stunden) 45 Rs und nach Kottayam (76 km, 1¹/₂ Stunden) 25 Rs entrichten. Zumindest zwei Busse täglich fahren auch nach Kanyakumari (302 km, 8³/₄ Stunden, 85 Rs).

Wenn man aus Richtung Alappuzha kommt und statt nach Ernakulam nach Fort Cochin will, kann man kurz vor der Brücke, die Kochi mit der Insel Willingdon verbindet, aussteigen. Von dort kommt man mit einem Nahverkehrsbus oder einer Auto-Rikscha entweder nach Mattancherry oder nach Fort Cochin. Das hilft, sich eine Menge Schwierigkeiten bei dem Durcheinander mit den Fähren ersparen, die man über sich ergehen lassen muß, wenn man in Ernakulam ankommt. Mindestens vier Busse täglich legen die Strecke nach Madurai zurück (324 km, 9¼ Stunden, 85 Rs). Für Leute mit einer geradezu unendlichen Ausdauer fahren auch Direktbusse nach Madras (690 km, 16½ Stunden, 157 Rs).

Die Busse nach Madurai kommen durch Kumily unweit vom Tierschutzgebiet Periyar an der Grenze zwischen Kerala und Tamil Nadu. Daneben verkehren aber auch drei Busse direkt nach Kumily und Thekkady in der Mitte des Schutzgebietes (192 km, 6 Stunden, im Fast Passenger 46 Rs).

In Richtung Norden kann man alle halbe Stunde nach Thrissur/Trichur (81 km, 2 Stunden, 25 Rs) und Kozhikode (219 km, 5 Stunden, 50 Rs) aufbrechen. Ein paar Busse täglich verkehren auch über Kozhikode hinaus nach Kannur (Cannanore), Kasaragod und über die Grenze von Karnataka hinweg bis Mangalore.

Mit einem halben Dutzend Schnellbussen täglich kommt man nach Bangalore (565 km, 15 Stunden, 166 Rs). Diese Busse fahren über Kozhikode, Suthanbatheri (Sultan's Battery) und Mysore.

Neben den Bussen der KSRTC gibt es auch eine ganze Zahl von Bussen privater Unternehmen, die täglich Superluxusbusse mit Videorekordern nach Bangalore, Bombay und Coimbatore einsetzen. Wenn man damit fahren will, dann erkundigt man sich am besten bei Princy Tours im GCDA-Komplex in der Shanmugham Road, gegenüber vom Hotel Sealord (Tel. 35 47 12). Weitere private Busgesellschaften sind Indira Travels (Tel. 36 06 93) und Conti Travels (Tel. 35 30 80) an der Jos Junction der M G Road sowie Silcon A/C Coach an der Banerji Road (Tel. 36 95 96).

Zug: In Ernakulam gibt es zwei Bahnhöfe, nämlich Ernakulam Junction und Ernakulam Town. Wahrscheinlich wird man eher Ernakulam Junction benutzen, denn dieser Bahnhof liegt in der Stadtmitte. Im Reservierungsbüro am Bahnhof Ernakulam Junction ist im allgemeinen immer viel Betrieb. Wissen muß man im übrigen noch, daß keiner der Züge auf den Hauptstrecken bis zum Bahnhof Cochin Harbour auf der Insel Willingdon fährt.

Entlang der Küste von Thiruvananthapuram über Kollam und Kottayam nach Ernakulam verkehren relativ häufig Züge. Weniger oft werden Züge auf der Strecke nach Thrissur, Kozhikode, Thalasseri und Kasaragod eingesetzt. Außerdem verkehren zwei Züge täglich ganz bis Mangalore in Karnataka. Der *Vanchinad Express* fährt täglich zwischen Thiruvananthapuram und Ernakulam in nur etwas mehr als vier Stunden, während andere Züge weit langsamer sind. Mit diesem Zug ergeben sich folgende Ziele, Entfernungen, Fahrzeiten und Fahrpreise (2. und 1. Klasse):

Fahrziel	Entfernung	Fahrzeit	Fahrpreis
Thiruvanan-thapuram	224 km	4¼ Stunden	56/205 Rs
Kottayam	63 km	1½ Stunden	21/ 81 Rs
Thrissur	72 km	1¾ Stunden	23/ 95 Rs
Kozhikode	190 km	4-5 Stunden	48/178 Rs
Mangalore	411 km	11 Stunden	88/330 Rs

NAHVERKEHR

Flughafentransfer: Eine Fahrt mit einem Bus zum Flughafen kostet 1,50 Rs. Für eine Taxifahrt von Ernakulam dorthin muß man mit rund 50 bis 60 Rs und für eine Fahrt in einer Auto-Rikscha mit etwa der Hälfte davon rechnen.

Auto-Riksha, Bus und Taxi: Zwischen Fort Cochin und dem Palast von Mattancherry sowie der jüdischen

Wichtige Züge von Ernakulam					
Fahrziel	**Zugnummer und Name**	**Abfahrtszeit***	**Entfernung (km)**	**Fahrzeit (Stunden)**	**Fahrpreis (Rs) (2./1. Klasse)**
Bangalore	6525 *Bangalore Express*	15.50 ET	637	12.45	155/ 464
Bombay VT	1082 *Kanyakumari Express*	12.55 EJ	1840	40	284/ 982
Delhi	2431 *Rajdhani Express***	12.05 ET Sa	2833	40.30	
	2625 *Kerala Express*	14.40 EJ		48	363/1386
Kozhikode	6349 *Parsuram Express*	11.00 ET	190	4.30	48/ 178
Madras	6320 *Madras Mail*	18.30 ET	697	13	163/ 492
Mangalore	6029 *Malabar Express*	23.05 ET	414	10.30	113/ 338
	6349 *Parsuram Express*	11.00 ET		10	
Thiruvanan-thapuram	6303 *Vanchinad Express*	6.00 ET	224	4.15	56/ 205

* Abkürzungen für die Bahnhöfe:
  ET = Ernakulam Town, EJ = Ernakulam Junction
** nur Wagen mit Klimaanlage; im Fahrpreis sind Verpflegung und Getränke enthalten

Synagoge bestehen keine günstigen Busverbindungen, aber es ist ein schöner halbstündiger Spaziergang durch das geschäftige Lagerhausviertel. Auto-Rikschas verkehren hier ebenfalls, jedoch müssen die Fahrer erst dazu überredet werden, den Taxameter einzuschalten. Diese Gegend ist Touristengebiet!

In Ernakulam sind Auto-Rikschas die günstigsten Verkehrsmittel. Eine Fahrt vom Busbahnhof oder Bahnhof zum Fremdenverkehrsbüro in der Shanmugham Road sollte ca. 10 Rs kosten, mit eingeschaltetem Taxameter etwas weniger. Die Grundgebühr beträgt 4 Rs, zu der für jeden Kilometer 2,60 Rs hinzukommen.

Die Nahverkehrsbusse sind relativ gut und preiswert. Wer nach Fort Cochin möchte, wenn die Fähren den Verkehr bereits eingestellt haben, kann in Ernakulam in der M G Road, gleich südlich der Durbar Hall Road, einen Bus besteigen. Der Fahrpreis beträgt 2,80 Rs. Die Fahrer der Auto-Rikschas verlangen, wenn die Fähren nicht mehr verkehren, sogar mindestens 50 Rs.

Die Taxifahrer berechnen den Preis immer für die Fahrt zu einer der Inseln und wieder zurück, selbst wenn man nur in einer Richtung mit dem Taxi fährt. Für die Strecke von Ernakulam zur Insel Willingdon könnte es spät am Abend glatt 100 Rs kosten.

Fähre: Fähren sind die wichtigsten Verkehrsmittel zwischen den verschiedenen Teilen von Kochi. Fast alle Anleger der Fähren tragen einen Namen, was nützlich ist, wenn man den Fahrplan am Hauptanleger in Ernakulam liest. Der Anleger an der Ostseite von Willingdon heißt Embarkation, der an der Westseite, gegenüber von Mattancherry, Terminus. Der wichtigste Anleger in Fort Cochin ist Customs, während ein weiterer Anleger (für die Insel Vypeen) keinen Namen trägt.

Will man in Ernakulam eine Fähre besteigen, kann es manchmal notwendig sein, zunächst über mehrere andere zu klettern, um zu der zu gelangen, mit der man fahren möchte. Wenn das erforderlich ist, dann muß man darauf achten, daß man letztlich auf der landet, die zum gewünschten Ziel fährt, denn sonst gelangt man beispielsweise nach Vypeen und nicht nach Fort Cochin.

Die Route von Ernakulam über Willingdon (Terminus) und Fort Cochin (Customs) nach Mattancherry ist die nützlichste Fährverbindung. Das Schiff verkehrt zwischen 6.30 und 22.00 Uhr ca. 40 mal täglich. Nach Willingdon kostet eine Fahrt eine Rupie. Sowohl nach Fort Cochin als auch nach Mattancherry zahlt man für eine Fahrt 1,30 Rs.

Von Ernakulam über Willingdon (Embarkation) nach Vypeen fährt zwischen 6.00 und 22.00 Uhr ebenfalls rund 40 mal ein Schiff. Die Fahrkarte nach Vypeen kostet eine Rupie. Es gibt zudem eine Fährverbindung vom Anleger High Court in der Shanmugham Road nach Vypeen (manchmal über Bolgatty).

Von Fort Cochin (Customs) zur Insel Willingdon mit dem Hotel Malabar und dem Fremdenverkehrsamt legt außer sonntags ungefähr 30 mal täglich eine Fähre ab (Fahrpreis eine Rupie).

Von Fort Cochin nach Vypeen setzen zwischen 6.00 und 22.00 Uhr praktisch ununterbrochen Fähren über (Fahrpreis 0,25 Rs). Etwa alle halbe Stunde kann man eine Autofähre benutzen.

Motorboot: Im kleinen Dock neben dem Hauptanleger in Ernakulam und am Anleger Sealord liegt auch eine ganze Reihe von kleinen Motorbooten in unterschiedlichen Größen, die man mieten kann. Diese Motorboote bieten eine hervorragende Möglichkeit, den Hafen von Kochi gemütlich und ohne Gedränge in einer Zeit nach Wunsch zu erkunden. Den Preis muß man aushandeln. Er beginnt bei ca. 300 Rs pro Stunde. Ferner kann man sich mit Ruderbooten zwischen der Insel Willingdon sowie Fort Cochin und Mattancherry für etwa 40 Rs übersetzen lassen.

KOTTAYAM

Einwohner: 166 000
Telefonvorwahl: 0481

Kottayam war einst der Mittelpunkt der syrischen Christen von Kerala. Heute spielt die Stadt eine wichtige Rolle auf dem Gebiet der Herstellung von Gummi. Da von Kottayam direkte Busverbindungen zum Tierschutzgebiet Periyar wie auch Fährverbindungen nach Alappuzha (Alleppey) bestehen, fährt man möglicherweise durch diese Stadt.

Eine gute Alternative zur Fahrt von Alappuzha nach Kollam ist die Fahrt durch die Backwaters nach Alappuzha.

PRAKTISCHE HINWEISE

Mitten in der Stadt gibt es zwar eine Haltestelle für private Busse, während der Bahnhof (2 km von der Stadtmitte), der Anleger für die Fähren und die Bushaltestelle der KSRTC davon ein ganzes Stück weiter weg liegen. Ein Fremdenverkehrsamt ist in der Stadt zwar vorhanden, aber Informationen darf man dort nicht erwarten.

SEHENSWÜRDIGKEITEN

Tempel und Kirchen: Der Thirunakkara-Siva-Tempel im Zentrum ist nur für Hindus zugänglich. Etwa 3 km nordwestlich des Zentrums kann man sich aber zwei interessante syrisch-christliche Kirchen ansehen. Die Cheriapally, die orthodoxe Marienkirche (auch Kleine Kirche genannt), zeichnet sich durch eine elegante Fassade mit Vorbauten für die Eingänge aus. Das Innere ist wegen ihrer 400 Jahre alten Wand- und Deckengemälde bemerkenswert.

Nur 100 m weiter steht die Valiyapally, die Marienkirche (auch Große Kirche genannt), obwohl sie eigentlich kleiner als die Nachbarkirche ist. Diese Kirche wurde 1550 errichtet und ist gekennzeichnet von steinernen Kreuzen neben dem Altar mit persischen Pahlavi-Inschriften. Vom Kreuz an der linken Seite nimmt man an, daß es noch das echte ist, während das Kreuz rechts unzweifelhaft eine Kopie ist. Das Gästebuch dieser Kirche wird bereits seit 1899 geführt und enthält eine Bemerkung aus der Zeit, in der man sich Sorgen darüber machte, daß die „vielen" Besucher die Kirche überstrapazieren könnten. Damals bedeuteten „viele" etwa ein halbes Dutzend pro Jahr. Heute kommen alle paar Tage Besucher zu dieser Kirche. Auch Haile Selassie von Äthiopien stattete ihr einen Besuch ab, und zwar im Jahre 1956.

UNTERKUNFT

Die Kaycees Lodge (Tel. 56 36 91) liegt günstig an der YMCA Road und hat gute Einzel- und Doppelzimmer mit Bad für 60 bzw. 99 Rs zu bieten. Das Hotel Aiswarya der KTDC (Tel. 6 12 50) liegt ebenfalls in der Nähe des Zentrums, und zwar nur ein kleines Stück abseits der Temple Road. Dort muß man für ein Einzelzimmer 100 oder 150 Rs und für ein Doppelzimmer 150 oder 200 Rs bezahlen. Für ein Zimmer mit Klimaanlage sind allein 300 Rs und zu zweit 350 Rs zu entrichten. Dieses Haus leidet unter den in Indien üblichen beschädigten Armaturen und fehlenden Glühbirnen, aber dafür ist der angrenzende Tempel überraschend wenig störend.

Das Hotel Ambassador liegt weniger günstig in der K K Road (Tel. 56 32 93). Wenn man dort übernachten möchte, muß man bei der Suche genau aufpassen, denn es liegt etwas von der Straße zurück und ist leicht zu übersehen. Hier werden Einzel- und Doppelzimmer für 75 bzw. 125 Rs vermietet, während man für ein klimatisiertes Doppelzimmer 150 Rs bezahlen muß. Entlang der KK Road weiter nach Osten kommt man zum ganz hübschen Hotel Homestead (Tel. 56 04 67), in dem Einzelzimmer für 80 Rs und Doppelzimmer für 125 Rs angeboten werden (Doppelzimmer mit Klimaanlage für 300 Rs).

Im Hotel Nisha Continental in der Shastri Road (Tel. 56 39 84) und im ähnlichen Hotel Aida in der M C Road (Tel. 56 83 91) werden Einzelzimmern ab 150 Rs und Doppelzimmern ab 250 Rs vermietet. Geht man vom

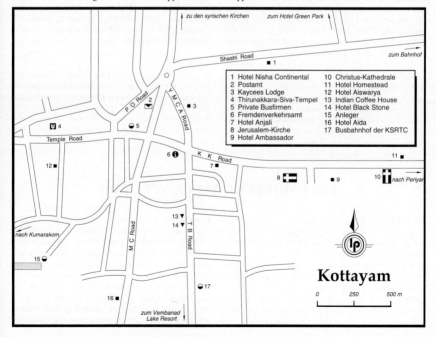

zu den syrischen Kirchen   zum Hotel Green Park

Shastri Road   zum Bahnhof

P O Road

Y M C A Road

Temple Road

M C Road

T B Road

K K Road

nach Kumarakom

nach Periyar

nach Vembanad Lake Resort

1 Hotel Nisha Continental	10 Christus-Kathedrale
2 Postamt	11 Hotel Homestead
3 Kaycees Lodge	12 Hotel Aiswarya
4 Thirunakkara-Siva-Tempel	13 Indian Coffee House
5 Private Busfirmen	14 Hotel Black Stone
6 Fremdenverkehrsamt	15 Anleger
7 Hotel Anjali	16 Hotel Aida
8 Jerusalem-Kirche	17 Busbahnhof der KSRTC
9 Hotel Ambassador	

Kottayam

0   250   500 m

Hotel Nisha Continental weiter in Richtung Bahnhof, gelangt man zum gut gepflegten Hotel Green Park an der Kurian Uthup Road (Tel. 56 33 1), das mit einer Bar und mehreren Restaurants, davon eines draußen auf dem Rasen, aufwarten kann. In diesem Haus werden Einzelzimmer für 200 Rs und Doppelzimmer für 250 Rs angeboten (mit Klimaanlage für 300 bzw. 350 Rs). Das beste Haus ist das zentral klimatisierte Hotel Anjali (Tel. 56 36 61), das zur Kette der Casino-Hotels gehört und unweit der Stadtmitte in der K K Road liegt. Hier muß man für ein Einzelzimmer zwischen 340 und 570 Rs und für ein Doppelzimmer zwischen 570 und 690 Rs ausgeben. Diesem Hotel sind ebenfalls eine Bar und mehrere Restaurants angeschlossen, aber auch ein Coffee Shop. Das Vembanad Lake Resort (Tel. 56 48 66), gelegen 2 km südlich der Stadtmitte, hat Cottages in einer hübschen Lage an See für 250 Rs (mit Klimaanlage für 375 Rs) zu bieten

ESSEN

In einem Indian Coffee House an der T B Road werden die üblichen Imbisse und Frühstück serviert, während man im nahegelegenen Hotel Black Stone gutes vegetarisches Essen erhält. Zum Hotel Homestead an der K K Road gehört das teilweise klimatisierte Restaurant Thali, in der man für 20 Rs gut ein Thali verspeisen kann.

Zu den diversen Restaurants im Hotel Anjali gehört auch die Kaffeebar Main Street, in der man sehr gut bedient wird und hervorragend essen kann. Das ist ein angenehm ruhiges und klimatisiertes Lokal, in das man einmal vor dem täglichen Leben in Indien flüchten kann. Einen Ausflug wert, um dort einmal zu essen, ist das Vembanad Lake Resort, wo abends gegrillt wird oder man sein Abendessen in einem schwimmenden Restaurant auf einem umgebauten *kettuvalam* (einem traditionellen Boot) zu sich nehmen kann. Um anschließend zurück in die Stadt zu gelangen, findet man leicht eine Auto-Rikscha (15 Rs).

AN- UND WEITERREISE

Bus: Die Haltestelle für die privaten Busse liegt mitten in der Stadt, während die Busse der KSRTC südlich vom Zentrum an der T B Road halten. Die meisten Busse kommen bereits aus einer anderen Stadt, so daß man seine Ellbogen benutzen muß, um darin noch einen Platz zu erwischen. Über Kollam nach Thiruvananthapuram und nach Kochi fahren täglich viele Busse, aber auch zum Tierschutzgebiet Periyar (4 Stunden, 22,50 Rs). Sieben davon sind Schnellbusse, die bereits von Ernakulam kommen und die ihre Fahrten entweder in Thekkady im Tierschutzgebiet beenden oder nach Madurai weiterfahren (weitere 3 Stunden).

Zug: Kottayam wird häufig von Schnellzügen bedient, die zwischen Thiruvananthapuram und Ernakulam verkehren. Damit kommt man nach Kollam (100 km, 2. Klasse 27 Rs und 1. Klasse 124 Rs), Thiruvananthapuram (165 km, 2. Klasse 43 Rs und 1. Klasse 159 Rs) und Ernakulam (65 km, 2. Klasse 21 Rs und 1. Klasse 81 Rs).

Schiff: Der Anleger für die Fähren ist rund 2 km vom Bahnhof und liegt an einem der Kanäle, die mit Unkraut fast zugewachsen sind. Von dort fahren acht Schiffe täglich für ca. 10 Rs in 2½ Stunden nach Alappuzha. Diese interessante Fahrt eignet sich gut, wenn die Zeit oder die Neigung für die längere Schiffsreise zwischen Kollam und Alappuzha fehlt. Man kann für 400 bis 500 Rs auch selbst ein ganzes Boot mieten, leichter ist das allerdings in Alappuzha.

NAHVERKEHR

Die Stadtmitte, der Bahnhof, der Busbahnhof der KSRTC und der Fähranleger sind weit voneinander entfernt, so daß sich eine Fahrt mit einer Auto-Rikscha empfiehlt. Für die Fahrt mit einer Auto-Rikscha vom Bahnhof zum Anleger (fragen Sie nach der Jetty) muß man mit 8 bis 10 Rs rechnen, für die Fahrt vom Bahnhof oder Busbahnhof zur Stadtmitte mit ca. 5 Rs.

DIE UMGEBUNG VON KOTTAYAM

KUMARAKOM

Am Vembanad-See, 16 km westlich von Kottayam, wurde auf einer früheren Plantage mit Gummibäumen ein Vogelschutzgebiet eingerichtet.

Sehen kann man in diesem Gebiet einheimische Vögel wie Wasserhühner im Überfluß, aber auch sibirische Störche, die jedes Jahr als Zugvögel in diese Gegend kommen. Vor kurzem sind in Kumarakom im übrigen zwei luxuriöse Ferienanlagen eröffnet worden.

Unterkunft: Im Kumarakom Tourist Village der KTDC (Tel. 9 25 58) kann man auf Hausbooten für 995 bis 1495 Rs übernachten. Zum Übernachten stehen aber auch Bungalows des Coconut Lagoon Resort der Casino-Kette (Tel. 9 24 91) zur Verfügung, in denen man allein für 60 US $ und zu zweit für 65 US $ unterkommt (in herrschaftlichen Zimmern für 70 bzw. 75 US $). Die Lage dieser Anlage ist wunderschön. Zur Verfügung steht für die Gäste auch ein Swimming Pool. Ähnlich sind die Preise im kleinen, aber luxuriösen Taj Garden

Retreat (Tel. 9 23 77). Nach Kumarakom verkehren von Kottayam regelmäßig Busse. Das Coconut Lagoon Resort ist aber von Thanneermukkom in der Nähe von Kottayam (50 km von Kochi entfernt) sowie ganz von Alappuzha her mit Booten zu erreichen.

ETTUMANUR

Der Shiva-Tempel in Ettumanur, 12 km nördlich von Kottayam, ist bekannt für seine herrlichen Holzschnitzereien und Wandgemälde. Vom Stil her sind die Wandmalereien ähnlich wie die im Palast von Mattancherry in Kochi.

VEDISCHES ZENTRUM VIJNANA KALA

Im Vedischen Zentrum Vijnana Kala in Aranmula, einem Dorf 12 km von Changanassery (Changanacherry) entfernt, werden unter der Anleitung von Fachleuten wie in einem Dorf Kurse in indischer Kunst angeboten. Dabei handelt es sich vorwiegend um die Kathakali-, Mohiniattam- und Bharata-Natyam-Tänze, karnatischen Gesang, Musik mit Schlaginstrumenten, Holzschnitzerei, Herstellen von Wandgemälden, Kochkunst aus Kerala, Sprachunterricht (Hindi, Malayalam und Sanskrit), Anfertigung von *kaulams* (glückverheißende Dekorationen), Kalaripayat (Kriegskunst aus Kerala), ayurvedische Medizin, Mythologie, Astrologie und Religion.

Wenn man interessiert ist, kann man sich sein Kursprogramm selbst zusammenstellen und so lange bleiben, wie man möchte. Vorgezogen werden allerdings Teilnehmer, die mindestens einen Monat bleiben wollen. Die Gebühren einschließlich Vollpension und Unterkunft sowie zwei Kursen beginnen bei etwa 200 US $ pro Woche und werden bei längeren Aufenthalten im Verhältnis preisgünstiger. Weitere Einzelheiten kann man beim Direktor Louba Schild, Vijnana Kala Vedi Centre, Tarayil Mukku Junction, Aranmula 689533, Kerala, erfragen. Changanassery liegt gleich südlich von Kottayam und ist auf einer interessanten Fahrt durch die Backwaters von Alappuzha zu erreichen.

TIERSCHUTZGEBIET PERIYAR

Telefonvorwahl: 04869

Wenn man in der Erwartung nach Periyar fährt, dort Tiger zu Gesicht zu bekommen, wird man so gut wie sicher enttäuscht werden. Diese Großkatzen brauchen nämlich einen riesigen Lebensraum, in dem sie als Einzelgänger beheimatet sind, so daß man davon ausgeht, daß in dem 777 Quadratkilometer großen Tierschutzgebiet nur etwa 35 Tiger und Leoparden leben. Wenn man aber auf der anderen Seite Periyar als Ziel für eine angenehme Abwechslung von den Strapazen des Reisens in Indien, als hübsches Gebiet, um auf dem See herumzufahren, und als Gegend ansieht, in der man etwas von der Tierwelt zu sehen bekommt und Spaziergänge im Dschungel genießen kann, dann wird man anschließend den Eindruck gewinnen, daß sich ein Besuch gelohnt hat. Der Park wurde um einen künstlichen See herum angelegt, den die Briten 1895 haben schaffen lassen, um die Wasserversorgung von Madurai sicherzustellen, und erstreckt sich bis Tamil Nadu hinein. Er ist die Heimat von Bisons, Antilopen, Sambar-Wild, Wildschweinen, Affen, Languren, einer Vielfalt an Vögeln und etwa 750 Elefanten.

ORIENTIERUNG UND PRAKTISCHE HINWEISE

Kumily ist der Ort mit einer Straßenkreuzung an der Grenze zwischen Kerala und Tamil Nadu und liegt gleich nördlich der Grenze vom Park. Das ist ein geschäftiger Ort voller Läden mit Gewürzen, der ca. 4 km von Thekkady entfernt ist. Thekkady ist der Mittelpunkt im Park mit den Hotels der KTDC und dem Bootsanleger. Wenn Inder von diesem Tierschutzgebiet sprechen, dann verwenden sie die Begriffe Kumily, Thekkady und Periyar gleichbedeutend, was leicht zur Verwirrung führen kann. In diesem Buch ist mit der Bezeichnung Periyar der gesamte Park gemeint.

Ein kleines Fremdenverkehrsbüro findet man in Kumily, während ein Informationszentrum über die Tierwelt unweit vom Bootsanleger in Thekkady errichtet wurde. Wenn man das Schutzgebiet besuchen will, ist es ratsam, warme und wasserdichte Kleidung mitzubringen. Ausländer müssen für das Betreten 50 Rs bezahlen und dürfen dafür fünf Tage im Park bleiben.

SEHENSWÜRDIGKEITEN

Besuch im Park: Der übliche Weg, den Park kennenzulernen, besteht aus Bootsfahrten auf dem See. Wenn man allerdings nur einen Tag in Periyar verbringt und dann auch noch mittags an einer Bootsfahrt teilnimmt, wird man so gut wie nichts zu sehen bekommen. Ein Besucher berichtete über seine Erlebnisse dabei folgendes: „Sobald eines der scheuen Tiere seinen Kopf hob, fingen an Bord alle laut zu rufen und zu kreischen an, was zur Folge hatte, daß es sofort wieder verschwand." Die übliche Standardtour mit einem Boot von zwei Stunden Dauer kostet 10 Rs. Die besten Aussichten, Tiere zu erblicken, hat man auf der ersten (7.00 Uhr) und letzten (16.00 Uhr) Fahrt. Noch besser aber ist, eine kleine Gruppe zusammenzubringen (je kleiner, desto besser) und selbst ein ganzes Boot zu mieten. Die sind in verschiedenen Größen ab 200 Rs mit Platz für 12 Personen zu haben.

Wanderungen im Dschungel können ebenfalls ganz interessant sein. Aufbruch zu einer dreistündigen Wanderung ist früh an jedem Morgen (pro Person 10 Rs). Für Wanderungen weiter in den Park hinein kann man im Informationszentrum über die Tierwelt einen Führer anheuern. Merkwürdigerweise wird für diese Möglichkeit nicht geworben, so daß man danach bei Interesse nachdrücklich fragen muß. Wissen muß man in diesem Zusammenhang, daß Besucher ohne Führer nicht allein im Park herumlaufen dürfen. Einige der Führer kennen sich ganz gut aus und sind in Gegenden, in denen sich Tiere aufhalten könnten, sehr vorsichtig. Das ist nicht unwichtig, denn es ist sicher keine erfreuliche Vorstellung, irgendwo ohne Sichtmöglichkeit abzubiegen und dann einem wilden Elefanten vor die Füße zu laufen.

Die dritte Möglichkeit, etwas von der Tierwelt zu sehen, besteht darin, eine Nacht auf einem der Beobachtungstürme zu verbringen. Die sind jedoch wenigstens schon Wochen im voraus vergeben. Wenn man einen besteigen kann, dann kostet das 50 Rs pro Nacht zuzüglich der Gebühr für den Bootstransfer. Außerdem muß man dann selbst für Verpflegung sorgen. Ferner kann man zum Vergnügen Ausritte auf Elefanten unternehmen (zwei Personen für 30 Minuten 30 Rs). Zum richtigen Beobachten der Tierwelt eignen sich solche Ausritte aber nicht.

Die beste Zeit für einen Besuch des Schutzgebietes ist zwischen September und Mai. In der heißen Jahreszeit (von Februar bis Mai) ist ein Besuch sicher weniger angenehm, aber dann hat man bessere Aussichten, Tiere zu Gesicht zu bekommen, weil dann andere Wasserquellen austrocknen und die Tiere gezwungen sind, an den See zu kommen. Zu jeder Jahreszeit meidet man die Wochenenden wegen der lauten Tagesbesucher jedoch besser. Was man von der Tierwelt zu sehen bekommt, ist eigentlich Glückssache, aber selbst die so scheuen Tiger lassen sich gelegentlich sehen. Ein Führer berichtete kürzlich, daß er in drei Jahren seiner Tätigkeit im Park Tiger nur zweimal gesehen habe, davon einmal schwimmend im See in der Nähe des Hotels Lake Palace.

Mangaladevi-Tempel: Dieser Tempel, 13 km von Kumily entfernt, besteht zwar nur noch aus einigen Ruinen, dafür ist aber die Aussicht um so schöner. Derzeit ist die Straße zum Tempel allerdings gesperrt. Wenn sie wieder geöffnet werden sollte, besteht die Möglichkeit, auf ihr mit einem gemieteten Jeep oder einem Fahrrad zum Tempel zu gelangen, auch wenn es dorthin ständig bergauf geht. Mit einem Jeep von Kumily muß man einschließlich einer Mittagspause für die Fahrt zum Tempel und zurück mit drei bis vier Stunden rechnen.

UNTERKUNFT UND ESSEN

Außerhalb des Parks: Kumily ist ein Ort mit nur einer Straße, aber Unterkünften von ganz einfach und billig bis luxuriös. Auch wenn er 4 km vom See entfernt liegt, kommt man dorthin mit einigermaßen regelmäßig verkehrenden Bussen, mit einem gemieteten Fahrrad oder zu Fuß. Zu Fuß ist es ein angenehmer Spaziergang in den Park im Schatten.

Nahe bei der Bushaltestelle liegt das Mukumkal Tourist Home (Tel. 2 20 70). Dort muß man aber die Zimmer nach hinten meiden, weil es darin ganz schön laut werden kann, wenn der Generator des Hauses angestellt wird. In diesem Quartier muß man für ein Einzelzimmer 55 Rs und für ein Doppelzimmer 110 Rs bezahlen, für ein Doppelzimmer mit Klimaanlage 350 Rs. Ein durchaus annehmbares Ziel für ein Essen ist das Restaurant Little Chef in diesem Haus.

Das große Lake Queen Tourist Home an der Kreuzung der Straße nach Kottayam (Tel. 2 20 86) hat 54 Zimmer zu bieten, in denen man allein für 49 bis 59 Rs und zu zweit für 97 Rs unterkommt. Unten in diesem Haus kann man im Restaurant Lakeview auch essen. An der Straße zum Park liegt die Rolex Lodge (Tel. 2 20 81) mit einfachen Doppelzimmern für 100 Rs (mit Bad). Das Hotel Woodlands in der Nähe ist zwar etwas düster, aber dafür mit 50 Rs für ein Doppelzimmer auch recht preisgünstig. Weiter in Richtung Park kommt man zum Karthika Tourist Home (Tel. 2 21 46), das Doppelzimmer mit Bad für 100 Rs und ein vegetarisches Restaurant zu bieten hat.

Das nächste Quartier an der Straße ist das schon bessere Spice Village (Tel. 2 23 15), das zur Gruppe der Casino-Hotels gehört. Diese gut geplante neue Ferienanlage wartet mit ansprechenden Cottages in einem recht hübschen Garten mit Schwimmbecken auf, in denen man allein für 60 US $ und zu zweit für 65 US $ übernachten kann. Das Hotel Ambadi (Tel. 2 21 92) hat Cottages für

---

Tiger und Lastwagen

Das weithin zustimmend aufgenommene „Projekt Tiger" hat das Ziel, den Lebensraum für diese vom Aussterben bedrohte Großkatzen dadurch zu schützen, daß innerhalb von Tierschutzreservaten bestimmte Kerngebiete geschaffen werden, in denen das Eingreifen von Menschen auf ein Minimum begrenzt ist. Wie ernst dieser Anspruch genommen wird, war 1994 zu erkennen, als die Abteilung für Forsten und die Tierwelt entschied, daß Lastwagen für den Abtransport von Holzstämmen eine Abkürzung durch das Kerngebiet für Tiger im Tierschutzgebiet Periyar nehmen dürfen.

250 Rs und 300 Rs sowie Zimmer für 500 Rs zu bieten. Zu diesem Haus gehört auch noch ein ganz gutes Restaurant. Als letzte Übernachtungsmöglichkeit außerhalb des Parks bleibt das Leelapankaj (Tel. 2 22 99) zu erwähnen, das unmittelbar am Eingang zum Park liegt, aber mit 500 Rs für ein Doppelzimmer zu teuer ist.

Gleich vor dem Park kommt man ferner zum Freiluftrestaurant Coffee Inn mit ganz interessanter Musik und guten Speisen für Globetrotter, darunter braunem Brot nach Hausmacherart. Wie in anderen Globetrotter-Restaurants in Indien dauert es aber auch hier eine ganze Zeit, bis das bestellte Essen serviert wird.

Im Park: Die KTDC betreibt im Park drei Hotels. Wer darin übernachten möchte, insbesondere an einem Wochenende, sollte ein Zimmer in einem von ihnen im voraus reservieren. Das ist in allen Fremdenverkehrsämtern und Hotels der KTDC möglich. Im beliebten Periyar House (Tel. 2 20 26) wohnt man am preiswertesten. Ein Einzel- oder Doppelzimmer kostet hier 300 bzw. 350 Rs. Außerdem besteht die Möglichkeit, in einem preisgünstigeren Zimmer allein für 75 Rs und zu zweit für 135 Rs zu übernachten, aber das wird nicht gern verraten. Im Restaurant kann man sowohl gut vegetarisch als auch nichtvegetarisch zu Preisen essen, die durchaus vernünftig sind.

Das Aranya Nivas (Tel. 2 20 23) hat ganz hübsche Einzel- und Doppelzimmer für 895 bzw. 995 Rs sowie Suiten mit Klimaanlage für 1075 bzw. 1995 Rs zu bieten. Diese Preise werden in der Nebensaison gesenkt. Zum Haus gehören auch eine Bar, ein Gartenbereich, ein Fernsehraum, eine Poststelle, eine Bank sowie ein kleiner Kunstgewerbeladen. In diesem Hotel kann man auch ausgezeichnet essen, abends meistens für 150 Rs von einem Buffet. Ferner dürfen die Gäste dieses Hauses morgens oder nachmittags ohne Zusatzkosten an einer Bootsfahrt teilnehmen.

Weit entfernt vom Krach der Tagesbesucher liegt das Lake Palace (Tel. 2 20 23). Die Gäste werden mit einem Boot zum Hotel gebracht und sollten sich daher in Thekkady spätestens um 16.00 Uhr zur letzten Fahrt des Tages einfinden. Die Zimmer in diesem Palast, früher die Jagdhütte eines Maharadschas, kosten mit Vollpension als Einzelzimmer 1425 Rs und als Doppelzimmer 2875 Rs. Wenn man es sich leisten kann, ist dieses Haus ein erfreuliches Quartier, wo man manchmal bereits aus seinem Zimmer Tiere sehen kann. Mit einem Führer ist es auch möglich, vom Bootsanleger zum Hotel in einer Stunde zu Fuß zu gehen.

Außerdem befinden sich im Park in Manakavala (8 km von Kumily entfernt), in Mullakkuddy (39 km von Kumily entfernt) und in Edappalayam (5 km von Kumily entfernt) Rasthäuser. Nicht alle sind für die Öffentlichkeit bestimmt, aber ob sie belegt werden können und

1 Bushaltestelle
2 Postamt
3 Mukumkal Tourist Home
4 Moschee
5 Lake Queen Tourist Home
6 Touristenbüro der KTDC
7 Kirche
8 Rolex Lodge
9 Hotel Woodlands
10 Krankenhaus
11 Karthika Tourist Home
12 Spice Village
13 Kontrollstelle
14 Hotel Ambadi
15 Coffee Inn
16 Leelapankaj
17 Postamt
18 Parkeingang
19 Periyar House
20 Hotel Aranya Nivas
21 Informationszentrum
22 Imbißstube
23 Bootsanleger

nach Kottayam

TAMIL NADU

nach Madurai

Kumily

Tierschutzgebiet Periyar

zum Mangaladevi-Tempel (12 km) und zum Mullakuddy Rest House

0   250   500 m

3 km

Thekkady

Periyar-See

zum Lake Palace

ggf. welche, kann man im Informationszentrum über die Tierwelt erfahren. Sie werden an Alleinreisende für 200 Rs und an Paare für 300 Rs vermietet. In diesen Preisen ist eine Haushaltshilfe zum Kochen enthalten, allerdings muß man sich Verpflegung für die Zubereitung selbst mitbringen. Auch auf den Beobachtungstürmen kann man für 50 Rs eine Nacht verbringen. Danach kann man sich im Informationszentrum ebenfalls erkundigen. Auch wenn sie primitiv sind und man sich dort mit Verpflegung und Bettzeug selbst versorgen muß, sind die Aussichten, Tiere zu erblicken, auf ihnen am besten. Einer dieser Beobachtungstürme steht nur einen kurzen Spaziergang vom Hotel Lake Palace entfernt.

Verpflegen kann man sich auch an einem Imbißstand unweit des Bootsanlegers in Thekkady, wo einfache Gerichte, Imbisse und Erfrischungsgetränke angeboten werden.

AN- UND WEITERREISE

Bus: Die Bushaltestelle in Kumily besteht nur aus einem unbebauten Stück Grund und Boden am östlichen Ende des Ortes, und zwar unweit der Grenze des Bundesstaates. Hier geht es, wenn mehr als drei Busse gleichzeitig angekommen sind, ziemlich chaotisch zu.

Alle Busse, die in Periyar eingesetzt werden oder dort ihre Endhaltestelle haben, fahren vom oder bis zum Aranya Nivas in Thekkady, halten aber auch an der Bushaltestelle in Kumily.

Busverbindungen bestehen zwischen Ernakulam, Kottayam, Kumily und Madurai. Zwischen Ernakulam und Kumily sind täglich vier Schnellbusse im Einsatz, von denen drei nach Madurai weiterfahren. Busse nach Ernakulam brauchen sechs Stunden und können für 46 Rs benutzt werden. Für die 110 km lange Strecke von Kottayam muß man mit einer Fahrzeit von rund vier Stunden und einem Fahrpreis von 22,50 Rs rechnen. Auf dieser Strecke verkehren Busse alle halbe Stunde. Unterwegs kommt man an Plantagen mit Gummibäumen vorbei und durch Dörfer mit Kirchen in Pastellfarben sowie Schreinen in der Form von Raketen. Danach steigt die Straße ständig an und führt durch viele Tee-, Kaffee- und Kardamonplantagen.

Mindestens zwei Busse täglich unternehmen die achtstündige Fahrt nach Thiruvananthapuram. Ein weiterer fährt nach Kovalam (9 Stunden) und ein anderer nach Kodaikanal (6½ Stunden).

NAHVERKEHR

Zwischen Kumily und Thekkady fährt alle 15 Minuten ein Bus (2 Rs) oder soll zumindest fahren. Mit einer Auto-Riksha läßt sich diese Strecke für 25 Rs zurücklegen. Ferner kann man im Periyar House und im Aranya Nivas Fahrräder mieten, für die man pro halbem Tag 25 Rs bezahlen muß. Einmal haben wir erlebt, daß alle 10 Fahrräder im Aranya Nivas außer Betrieb waren und nach Auskunft eines Mitarbeiters „auf einen Mann aus Kumily warteten, um die Schläuche aufzupumpen"!

WEITERE SCHUTZGEBIETE

VOGELSCHUTZGEBIET THATTEKKAD

An der Straße zwischen Ernakulam und Munnar liegt, 20 km entfernt von Kothamangalam, das Vogelschutzgebiet Thattekkad. Es ist die Heimat von Grauen Malabar-Nashornvögeln, von Spechten, von Sittichen und selteneren Arten wie den ceylonesischen Froschmäulern und den rosafarbenen Racken. Bootsfahrten nach Thattekkad kann man von Boothathankettu aus unternehmen. Die beste Zeit für einen Besuch ist morgens von 5.00 bis 6.00 Uhr. Übernachten kann man in einem Inspection Bungalow in Boothathankettu und in ein paar Mittelklassehotels in Kothamangalam.

TIERSCHUTZGEBIET PARAMBIKULAM

Das Tierschutzgebiet Parambikulam, 48 km südlich von Palakkad (Palghat), erstreckt sich rings um den Parambikulam-, den Thunakadavu- sowie den Peruvaripallam-Damm und macht eine Fläche von 285 Quadrat-

kilometern unweit des Tierschutzgebietes Anamalai in Tamil Nadu aus. Hier leben Elefanten, Bisons, Gaur, Bären, Wildschweine, Sambare und Chital. Gelegentlich sind auch Tiger und Panther zu sehen. Zugänglich ist dieses Schutzgebiet das ganze Jahr über, aber von Juni bis August sollte man es wegen des Monsuns besser meiden.

Die Verwaltung des Schutzgebietes hat ihren Sitz in Thunakadavu, wo das Forstamt einen Inspection Bungalow und drei Baumhütten betreibt (Buchungen über den Range Officer). Daneben gibt es in Parambikulam ein PWD Rest House und einen Inspection Bungalow des Staates Tamil Nadu, in dem man sich ein Zimmer beim Junior Engeneer, Tamil Nadu PWD, Parambikulam, reservieren lassen kann.

Außerdem sind zwei Beobachtungstürme vorhanden, einer davon in Anappadi (8 km von Thunakadavu entfernt) und der andere in Zungam (5 km von Thunakadavu entfernt).

Am besten erreicht man das Schutzgebiet von Pollachi (80 km von Coimbatore und 49 km von Palakkad entfernt). Zwischen Pollachi und Parambikulam verkehren in jeder Richtung täglich vier Busse. Eine

Fahrt dauert zwei Stunden. Außerdem kann man von Parambikulam aus Bootsfahrten unternehmen. Ruderboote für Ausflüge auf dem Wasser lassen sich in Thunakadavu mieten.

ALAPPUZHA (ALLEPPEY)

Einwohner: 265 000
Telefonvorwahl: 0477
Wie Kollam ist Alappuzha eine ansprechende und beschauliche Handelsstadt, umgeben von Kokospalmenplantagen und durchzogen von Kanälen, die die Verbindungen zwischen den Kokosfaserbetrieben herstellen. Eigentlich gibt es nicht viel zu sehen, aber ein Ereignis sollte man auf keinen Fall verpassen, wenn man sich am zweiten Samstag im August gerade in der Gegend aufhält. Dann findet hier nämlich das Schlangenbootrennen um den Nehru Cup statt. Der einzige Grund, auch in der restlichen Jahreszeit hierherzukommen,

ist eine Fahrt durch die Backwaters von oder nach Kollam.

ORIENTIERUNG UND
PRAKTISCHE HINWEISE

Busbahnhof und Anleger liegen nahe beieinander und in Fußwegentfernung von vielen Hotels. Alappuzha ist

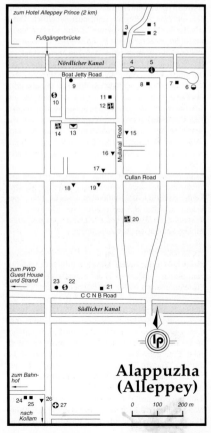

Unterkünfte
 1 Sheeba Lodge
 2 Hotel Komala
 3 Karthika Tourist Home
 7 Kuttanad Tourist Home
 8 Sree Krishna Bhavan Lodge
11 Kadambari Tourist Home
21 St George's Lodging
24 Hotel Raiban
25 Hotel Annapoorna

Restaurants
15 Hotel Aryas
16 Indian Coffee House
17 Hotel Rajas
18 Kream Korner
19 Restaurant Sree Durga Bhavan
26 Indian Coffee House

Sonstiges
 4 Bootsanleger
 5 Tourist Information Centre
 6 Busbahnhof
 9 Penguin Tourist Boat Service
10 State Bank of India
12 Tempel
13 Postamt
14 Tempel
20 Tempel
22 Indian Overseas Bank
23 Telegraphenamt
27 Krankenhaus

Alappuzha
(Alleppey)

übrigens berüchtigt wegen des unsauberen Trinkwassers. Selbst wenn Sie in anderen Orten Indiens Wasser aus der Leitung trinken, sollten Sie das in Alappuzha besser unterlassen.

SEHENSWÜRDIGKEITEN

Schlangenbootrennen um den Nehru Cup: Diese berühmte Regatta findet in jedem Jahr am zweiten Samstag im August auf dem See im Osten der Stadt statt. Unzählige lange, ausgehöhlte Boote mit reichlich verzierten Hecks und mit bis zu 100 Ruderern fahren dann im Schatten von strahlenden Sonnenschirmen aus Seide um die Wette. Das Rennen wird von Tausenden von Zuschauern am Ufer verfolgt. Mit dieser Veranstaltung wird an die Seefahrer- und Soldatentradition im alten Kerala erinnert.

Eintrittskarten zum Beobachten des Ereignisses sind an diesem Tag an zahlreichen Ständen auf dem Weg zum See, auf dem die Regatta stattfindet, erhältlich. Dafür erhält man das Recht, auf einer Tribüne aus Bambus zu sitzen, die extra für dieses Ereignis errichtet worden ist und von der aus man einen ausgezeichneten Blick auf den See hat. Der einzige Nachteil ist, daß kurz nach Beginn der Regatta unzählige junge Einheimische (ohne Eintrittskarte) auf die Tribüne drängen, um ebenfalls eine gute Sicht zu erhalten. Bisher ist diese Tribüne dabei nicht zusammengebrochen, aber das kann eines Tages durchaus geschehen! Wenn Sie nicht genug Mut haben, das Schicksal herauszufordern, können Sie auch eine teurere Eintrittskarte kaufen, mit der Sie im Rose-Pavillon Platz nehmen dürfen, einem Bauwerk mitten im See.

Es ist ratsam, zu dieser Veranstaltung Essen und Getränke mitzunehmen, weil davon am Ufer des Sees nur wenig erhältlich ist. Außerdem braucht man einen Schirm, weil das Rennen während des Monsuns stattfindet und das Wetter zwischen Dauerregen und strahlendem Sonnenschein wechseln kann.

UNTERKUNFT

Einfache Unterkünfte: Gleich nördlich des nördlichen Kanal werden im Hotel Komala (Tel. 36 31) Einzelzimmer ab 65 Rs und Doppelzimmer ab 92 Rs (mit Klimaanlage für 330 bzw. 385 Rs) vermietet. Zu diesem Hotel gehört auch ein gutes Restaurant. In der angrenzenden Sheeba Lodge (Tel. 44 60) kommt man in preiswerten und ganz wohnlichen Einzelzimmern für 30 Rs und ebensolchen Doppelzimmer für 50 Rs unter. Eine gute Wahl in der gleichen Gegend ist das Karthika Tourist Home (Tel. 55 24), in dem für ein Einzelzimmer 40 Rs und für ein Doppelzimmer 60 Rs verlangt werden.

Südlich vom nördlichen Kanal und nahe bei der Bushaltestelle liegt das Kuttanad Tourist Home (Tel. 6 13 54). Hier kann man in Standardzimmern allein für 40 Rs und zu zweit für 70 Rs, aber auch in teureren Zimmern mit Klimaanlage übernachten. Angeschlossen sind diesem Haus eine Bar und ein Restaurant. Direkt gegenüber vom Anleger für die Boote kann man in der Sree Krishna Bhavan Lodge (Tel. 6 04 53) in kleinen, einfachen Zimmern um einen Innenhof herum übernachten. Sie sind für eine Nacht ganz in Ordnung und kosten 30 bzw. 50 Rs.

Das einfache Kadambari Tourist Home um die Ecke an der Mullakal Road (Tel. 6 12 10) hat Einzelzimmer für 40 Rs und Doppelzimmer für 80 Rs zu bieten. Geht man die Mullakal Road weiter hinunter, gelangt man zum St. George's Lodging (Tel. 6 16 20) in der C C N B Road am südlichen Kanal. Hier ist der Standard in den letzten Jahren gefallen, aber dafür muß man für ein Einzelzimmer auch nur 34 Rs und für ein Doppelzimmer nur 57 Rs bezahlen. Das Motel Aram der KTDC (Tel. 44 60) liegt ein Stück nördlich der Stadtmitte und hat Zimmer für 85 Rs (mit Klimaanlage für 220 Rs) zu bieten. Es grenzt an das bessere Hotel Alappuzha Prince.

Mittelklasse- und Luxushotels: Südlich vom südlichen Kanal liegt das Hotel Raiban (Tel. 6 29 30), und zwar auf dem Weg zum Bahnhof. In diesem Haus kostet ein Einzelzimmer 80 Rs und ein Doppelzimmer 125 Rs (mit Klimaanlage 275 Rs). Das beste Quartier in Alappuzha ist das Hotel Alleppey Prince in der A S Road (Tel. 37 52), gelegen etwa 2 km nördlich der Stadtmitte mit einer Bar, einem ausgezeichneten Restaurant sowie einem sehr einladenden Swimming Pool. In diesem recht hübschen Hotel kosten ein Einzelzimmer 400 Rs und ein Doppelzimmer 500 Rs. Da das Haus recht beliebt ist, empfiehlt sich eine Voranmeldung. Mit einer Auto-Rikscha kommt man vom Anleger oder von der Stadtmitte für 12-15 Rs und mit einem Taxi für 50 Rs dorthin.

ESSEN

Ein Indian Coffee House findet man an der Mullakal Road in der Stadtmitte und ein weiteres, nicht so gut in Schuß, südlich vom südlichen Kanal gegenüber vom Krankenhaus. Im Hotel Aryas an der Mullakal Road werden gute vegetarische Gerichte für 10 Rs serviert. Essen kann man aber auch in der Restaurants der Hotels Komala, Raiban und Annapoorna.

Ein nichtvegetarisches Restaurant mit annehmbaren Preisen ist das Hotel Rajas an der Cullan Road. Gegenüber stößt man auf das Sree Durga Bhavan und das Kream Korner, zwei einfache Lokale, die eigentlich aus nicht mehr als aus Löchern in der Wand bestehen. Im besten Hotel der Stadt findet man auch das beste Restaurant. Das ist das Restaurant Vembanad. Es ist hell, erfreulich und klimatisiert und ein gutes Ziel für ein ausgezeichnetes Essen.

AN- UND WEITERREISE

Bus: Auf der Strecke zwischen Thiruvananthapuram, Kollam, Alappuzha und Ernakulam verkehren häufig Busse. In einem Superschnellbus ist man von Thiruvananthapuram nach ca. 3³/4 Stunden in Alappuzha (45 Rs). Um von Alappuzha nach Ernakulam zu gelangen, braucht am 1³/4 Stunden (20 Rs).

Zug: Der Bahnhof liegt etwa 4 km südlich der Stadtmitte nahe am Meer. Auf einer neuen Eisenbahnstrecke mit Breitspur kann man von dort die Küste hinauf nach Ernakulam fahren. Die 57 km lange Fahrt dauert eine Stunde und kostet in der 2. Klasse 20 Rs sowie in der 1. Klasse 81 Rs. Außerdem verkehren etliche Züge nach Kayankulam (2. Klasse 16 Rs und 1. Klasse 68 Rs).

Schiff: Näheres über die faszinierenden Fahrten in den Backwaters finden Sie im Abschnitt über diese Region. Alappuzha ist der beste Ausgangspunkt für eine Erkundung dieses Gebietes, für die sich mehrere Möglichkeiten von preiswerten öffentlichen Fähren über schon nicht mehr ganz so preisgünstige Boote für Touristen bis hin zu gemieteten teuren Booten anbieten.

Auch wenn der Fährverkehr zwischen Alappuzha und Kollam wegen einer Sperre am Ende bei Kollam bereits seit einiger Zeit eingestellt ist, bestehen immer noch regelmäßig Verbindungen nach Kottayam (etwa siebenmal täglich, 2°-3 Stunden, 5 Rs) und Changanassery (fünfmal täglich, 3 Stunden, 5,50 Rs). Changanassery liegt an der Straßen- und Eisenbahnverbindung, und zwar 18 km südlich von Kottayam und 78 km nördlich von Kollam. Einzelheiten über die Touristenboote der ATDC und der DTPC lassen sich dem Abschnitt über die Backwaters entnehmen. Das Büro der ATDC befindet sich im Karthika Tourist Home (Tel. 34 62) und das Büro der DTPC im Fremdenverkehrsamt.

Für kürzere oder längere Fahrten lassen sich von Privatpersonen ferner Boote verschiedener Größen mieten. Die hellblauen Touristenboote machen vom Bootsanleger aus auf der anderen Seite des nördlichen Kanals fest. Wenn man sich nicht mit einem Kundenschlepper einlassen möchte, geht man am besten direkt zu den Booten und verhandelt dort über den Preis. Für eine einfache Fahrt nach Kottayam wird man dann mit rund 450 Rs rechnen müssen. Statt dessen kann man sich aber auch an Bootsbesitzer wie Penguin Tourist Boat Service an der Boat Jetty Road (Tel. 6 15 22) wenden. Dort kann man aus einer langen Liste von Vorschlägen für Fahrten in den Backwaters von Alappuzha aus wählen. Boote vermieten aber auch Vembanad Tourist Services (Tel. 6 03 95) und der District Tourist Promotional Council (Tel. 6 23 08).

DIE BACKWATERS

Von der Küste von Kerala an weit landeinwärts erstreckt sich ein komplexes Netzwerk von Lagunen, Seen, Flüssen und Kanälen, bekannt als Backwaters. Diese Backwaters sind sowohl die Grundlage für eine ganz bestimmte Lebensweise als auch faszinierende Verkehrswege. Eine Fahrt durch die Backwaters gehört zu den Höhepunkten eines Aufenthaltes in Kerala. Dabei fährt man über flache, von Palmen gesäumte Seen, in deren Wasser die Fischer ihre chinesischen Auslegernetze tauchen, und durch enge Kanäle, die wegen der Kokospalmen an beiden Seiten sehr schattig sind. In ihnen werden Kokosfasern und Kopra (getrocknetes Fleisch des Kokosnuß) sowie Cashew-Nüsse auf Boote verladen.

Unterwegs wird in vielen kleinen Ansiedlungen gehalten, in denen viele Menschen auf ganz winzigen Fleckchen festen Landes leben. Manchmal ist dieses Land nur wenige Meter breit. Und obwohl sie überall von Wasser umgeben sind, teilen sie das Land noch mit Kühen, Schweinen, Hühnern sowie Enten und halten sich sogar kleine Gemüsegärten. Auf den etwas breiteren Kanälen kann man traditionelle Boote mit riesigen Segeln sehen, bei denen der Bug in Form großer Drachen geschnitzt ist. Wer es einmal erlebte, daß drei oder vier dieser märchenhaften Boote in der Abendsonne entgegenkamen, wird diesen Anblick nie vergessen.

Die beliebteste Backwaters-Fahrt ist der achtstündige Trip zwischen Kollam und Alappuzha. Zwar ist die regelmäßige Fährverbindung seit einiger Zeit unterbrochen, weil ein Kanal am Ende bei Kollam blockiert ist, aber schon haben schnellere und preisgünstigere Busse einen Teil des Verkehrs auf dieser Route übernommen. Die Touristenboote sind nun beliebter denn je. Damit bestehen tägliche Verbindungen, und zwar von der privaten Alleppey Tourism Development Co-op (ATDC) und vom staatlichen District Tourism Promotion Council (DTPC). In vielen der Hotels in Kollam und Alappuzha werden Anmeldungen zu den Fahrten des einen oder anderen Veranstalters entgegengenommen. Die Fahrten kosten 100 Rs, beginnen an jedem Ende um 10.00 Uhr und enden am anderen Ende um 18.30 Uhr. Im Preis ist eine Busfahrt von 30 Minuten Dauer zwischen Kollam und dem Ausgangspunkt in Panmana, hinter der blockierten Stelle, enthalten.

Unterwegs wird zweimal angehalten, und zwar zum Mittagessen und nachmittags noch einmal für eine kurze Teepause. Beliebt zum Anlegen unterwegs sind Ayiramthengu und das Dorf Thrikkunappuha, wo Kokosnußfasern gewonnen werden. Die Besatzungen der Boote haben immer Kühltruhen mit Obst, Erfrischungsgetränken und Bier zum Verkauf bei sich, aber man kann auch selbst Verpflegung und Getränke mitnehmen. Wichtig ist, daß man einen Sonnenschutz und eine Kopfbedeckung bei sich hat, denn das Sitzen auf dem Dach ist zwar ganz angenehm, aber die Sonne brennt dort unerbittlich.

Die Boote legen auch an der Mata Amritanandamayi Mission in Amritapuri (Tel. Vallickavu 78) an und lassen die Besucher dort auf Wunsch aussteigen. Das ist die Residenz und der Sitz der Verwaltung von Sri Sri Mata Amritanandamayi Devi, eines der ganz wenigen (und in diesem Fall hochverehrten) weiblichen Gurus. Dafür muß man zurückhaltend angezogen sein und sich strengen Verhaltensregeln anpassen. Dort kann man auch essen und übernachten, aber dann darf man nicht vergessen, dafür eine Spende zu geben. Die Fahrt führt außerdem am Kumarakody-Tempel vorbei, wo der bekannte Malayalam-Dichter Kumaran Asan ertrunken ist. Nahe bei Alappuzha kann man auch noch einen Blick auf die Buddha-Figur des Karumadi-Kuttan aus dem 11. Jahrhundert nahe am Ufer des Kanals werfen.

Die meisten Fahrgäste auf der achtstündigen Fahrt von Kollam nach Alappuzha sind Besucher aus dem Westen. Wenn man lieber mit Einheimischen zusammen sein oder lieber nur eine kürzere Fahrt unternehmen will, dann kann man die Boote von State Water Transport benutzen, die von Alappuzha nach Kottayam und Changanassery unterwegs sind. Während der zweistündigen Fahrt nach Kottayam überquert man den Vembanad-See und fährt durch einen faszinierenden Kanal, was ein interessanter Kontrast zu der längeren Fahrt ist. Weitere Einzelheiten über die öffentlichen Fähren lassen sich den Abschnitten über Alappuzha und Kottayam entnehmen.

Eine Alternative, wenn auch teurer, ist das Mieten eines ganzen Bootes. Das ist am leichtesten in Alappuzha, wo dafür eine große Anzahl an Booten zur Verfügung steht. Wenn man sich den Preis dafür in einer Gruppe aufteilen kann, kann das recht günstig werden und hat zudem den Vorteil, daß man Fahrtunterbrechungen einlegen kann, wo man will, und sich seine eigene Fahrtroute aussuchen kann, was mit den öffentlichen Booten und den Touristenbooten nicht möglich ist.

Obwohl die Backwaters eine bedeutende Touristenattraktion geworden sind, leiden sie auch unter dem bedrohlichen Bevölkerungswachstum sowie der industriellen und landwirtschaftlichen Erschließung. In Kerala gehören zu den Backwaters 29 größere Seen, die zum Meer hin abfließen. Man schätzt, daß die Fläche dieser Seen sich von 440 Quadratkilometern im Jahre 1968 durch legale und illegale Landgewinnungsprojekte

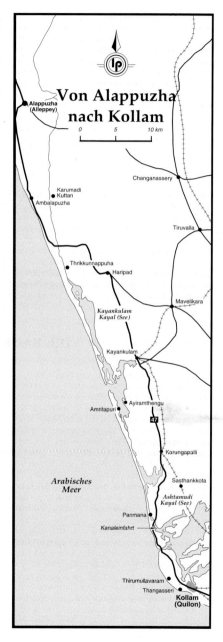

Von Alappuzha nach Kollam

und Bebauungsmaßnahmen auf weniger als 350 Quadratkilometer verkleinert hat. Allein der riesige Vembanad-See ist von 230 Quadratkilometern auf 179 Quadratkilometer geschrumpft. Die heutigen Backwaters machen nur noch ein Drittel ihres Umfangs Mitte des 19. Jahrhunderts aus. Zudem haben ökologische Schäden zu Verschmutzung, zur Ausrottung der Mangroven, der Krokodile und der Wanderfische sowie zur Vernichtung der Austernbänke geführt. Viele Zugvögel kommen ebenfalls nicht mehr in die Backwaters. Großen Schaden hat auch der vernichtende Fischfang mit Dynamit, Gift und sehr engmaschigen Netzen angerichtet. Für das ungeübte Auge ist die größte Gefahr die unbehinderte Ausbreitung der Wasserhyazinthen, die bereits viele Kanäle verstopft und den Bootsbesitzern große Schwierigkeiten bereitet.

KOLLAM (QUILON)

Einwohner: 362 000
Telefonvorwahl: 0474
Wer eine typische Stadt von Kerala sehen möchte, der schaue sich Kollam an. Es erwartet Sie eine kleine Handelsstadt, umgeben von Kokospalmen sowie Cashewbaum-Plantagen und mit alten Holzhäusern mit roten Ziegeldächern, verwinkelten Straßen, alles sehr dekorativ am Rand des Ashtamudi-See gelegen. Die Stadt ist aber auch das südliche Tor zu den Backwaters. Die Malayalam-Zeit wird gerechnet von der Gründung von Kollam im 9. Jahrhundert an. Die spätere Geschichte der Stadt ist eng verwoben mit Auseinandersetzungen zwischen Portugiesen, Holländern und Engländern. Sie alle waren an diesem Gebiet interessiert, nicht nur, weil allerhand seltene Gewächse hier gediehen, sondern auch, weil es als Stützpunkt für Handelswege über den Indischen Ozean diente.

PRAKTISCHE HINWEISE
Kollam wird häufig auch noch als Quilon bezeichnet, was man wie „Kai-lon" ausspricht. Informationsstände des Fremdenverkehrsamtes gibt es in der Bahnhofshalle sowie am Busbahnhof der KSRTC, die montags bis samstags von 9.00 bis 17.30 Uhr besetzt sind. Die Buchhandlung Chani Books findet man im Einkaufszentrum Bishop Jerome Nagar.

SEHENSWÜRDIGKEITEN
Außer dem außergewöhnlichen Schrein unserer Lieben Frau von Velamkanni unweit der Bushaltestelle der KSRTC und den chinesischen Fischernetzen am Ashtamudi-See hat Kollam „Sehenswürdigkeiten" nicht zu bieten. Allenfalls die stark verfallene alte portugiesisch-holländische Festung und einige Kirchen aus dem 18. Jahrhundert in Thangasseri, 3 km von der Stadtmitte entfernt, kann man sich noch ansehen.
Ansonsten ist Kollam nur der Ausgangs- oder Endpunkt für eine Fahrt durch die Backwaters, also für die meisten Besucher eine Stadt für eine Übernachtung. Aber auch die läßt sich vermeiden, wenn man statt dessen im aufstrebenden Strandferienort Varkala, nur 45 Minuten Fahrt weiter südlich, absteigt.

UNTERKUNFT
Einfache Unterkünfte: Am interessantesten ist eine Übernachtung im Tourist Bungalow, einer geräumigen ehemaligen britischen Residenz in einem farbenfreudigen Garten am Rand des Wassers, etwa 3 km von der Stadtmitte entfernt. Trotz der stolzen Werbung für dieses Haus, in dem einmal Lord Curzon übernachtet haben soll, ist es total heruntergekommen und vernachlässigt, aber dafür kann man in diesem Haus in einem Einzelzimmer auch für nur 44 Rs und in einem Doppelzimmer für nur 55 Rs übernachten. Der größte Nachteil ist, daß es schwer werden kann, für eine Fahrt in die Stadtmitte eine Auto-Rikscha zu finden.
Im Zentrum von Kollam ist eines der beliebtesten Quartiere das Hotel Karthika (Tel. 7 62 40). Das ist ein relativ großes Haus, errichtet um einen Innenhof herum. Auch wenn im Innenhof einige scheußliche Figuren stehen, sind die Zimmer gar nicht so schlecht. Für normale Einzel- und Doppelzimmer mit Bad muß man für 68 bzw. 111 Rs bezahlen, für klimatisierte Doppelzimmer etwas mehr. In der nahegelegenen Iswarya Lodge in der Main Street (Tel. 7 53 84) wohnt man mit 54 Rs für ein Einzelzimmer und 86 Rs für ein Doppelzimmer etwas billiger.
Die preiswerte, aber auch recht einfache Mahalakshmi Lodge (Tel. 7 94 40) liegt direkt gegenüber vom Busbahnhof der KSRTC und bietet Zimmer mit Gemeinschaftsbad für 30 bzw. 50 Rs. Aber mehr, als wofür man bezahlt hat, erhält man auch nicht. Gegenüber vom Bahnhof liegt das Hotel Rail View (Tel. 7 53 61). Hier werden Einzelzimmer für 40 Rs und Doppelzimmer für 75 Rs angeboten. Außerdem gibt es im Haus eine Bar und ein Restaurant.

Mittelklassehotels: Auf den ersten Blick ist das Hotel Shah International an der Straße zum Tourist Bungalow (Tel. 7 53 62) ein modernes Hotel von morgen, aber in Wirklichkeit ist es so heruntergekommen und ver-

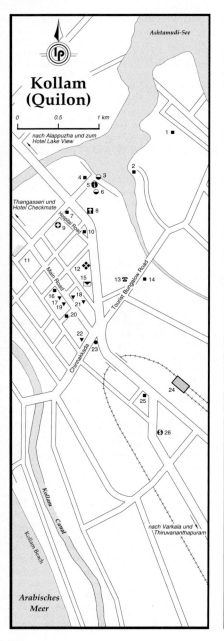

Kollam (Quilon)

nach Alappuzha und zum Hotel Lake View

Thangasseri und Hotel Checkmate

Arabisches Meer

nachlässigt, wie es nur ein indisches Hotel sein kann. Hier muß man für ein Einzelzimmer ab 100 Rs und für ein Doppelzimmer ab 150 Rs (mit Klimaanlage 240 bzw. 290 Rs) bezahlen. Eher das Geld wert ist das Hotel Sudarsan (Tel. 7 53 22) mit Einzelzimmern für 130 Rs und Doppelzimmern für 160 Rs (mit Klimaanlage für 255 bzw. 305 Rs). Allerdings kann es in den Zimmern vorn wegen des Verkehrslärms auf der Straße recht laut sein. In diesem Haus sind alle Zimmer auch mit Fernsehgerät ausgestattet. Ein Restaurant und eine Bar sind in diesem Hotel ebenfalls vorhanden.

Das nichtssagende Hotel Sea Bee liegt in der Hospital Road (Tel. 7 53 71). Hier kosten normale Einzel- und Doppelzimmer 130 bzw. 172 Rs und klimatisierte Doppelzimmer 270 Rs.

Mehrere weitere Mittelklassehotels liegen außerhalb der Stadt. Vom Bootsanleger gleich gegenüber vom Meeresarm kommt man zum Yatri Nivas der KTDC (Tel. 7 86 38), einem großen und verloren wirkenden Haus, das aber durch die Renovierung gewinnen mag. Hier werden für ein Einzelzimmer 80 bis 125 Rs und für ein Doppelzimmer 120 bis 180 Rs berechnet, für ein Doppelzimmer mit Klimaanlage 180 Rs. Die Lage am

Unterkünfte
1 Tourist Bungalow
2 Yatri Nivas
4 Mahalakashmi Lodge
7 Hotel Sea Bee
10 Hotel Sudarsan
14 Hotel Shah International
16 Iswarya Lodge
20 Hotel Karthika
25 Hotel Rail View

Restaurants
17 Hotel Guru Prasad
18 Indian Coffee House
19 Hotel Azad
21 Supreme Bakers
22 Restaurant Sree Suprabatham

Sonstiges
3 Bootsanleger
5 Fremdenverkehrsamt
6 Busbahnhof der KSRTC
8 Schrein Unserer Lieben Frau von Velamkanni
9 Krankenhaus
11 Obst- und Gemüsemarkt
12 Einkaufszentrum Bishop Jerome Nagar
13 Telegraphenamt
15 Postamt
23 Uhrturm
24 Bahnhof
26 State Bank of India

Fluß ist hervorragend, zumal zur Anlage auch eine Rasenfläche am Wasser gehört und man, wenn man höflich fragt, von einem Mitarbeiter mit dem Schnellboot des Hotels über den Fluß zum Bootsanleger gebracht wird.

Das Hotel Lake View (Tel. 20 46 69) liegt ein paar Kilometer außerhalb der Stadt in Thoppikadavu. Dort kommt man in ganz hübschen Einzel- und Doppelzimmern für 60 bzw. 100 Rs unter (mit Klimaanlage für 250 Rs). Die Lage am Rand eines Sees ist recht ansprechend. Noch ein Stück weiter außerhalb der Stadt liegt in Thirumullavaran, noch hinter der Festung Thangasseri, am Meer das Hotel Checkmate (Tel. 20 47 31) mit Einzelzimmern ab 200 Rs und Doppelzimmern ab 300 Rs. Im Gegensatz zur Behauptung in der Werbebroschüre dieses Hotels ist der Strand an dieser Anlage ganz sicher keiner „der schönsten in ganz Indien". Auch den Swimming Pool, mit dem geworben wird, gibt es nicht.

ESSEN

Das Hotel Guru Prasad ist ein ziemlich einfaches vegetarisches Lokal, in dem ein „Meal" nur 7 Rs kostet. An der gleichen Straßenseite liegt auch das hellere vegetarische und nichtvegetarische Hotel Zad. An der Main Road kann man ferner in einer Filiale des Indian Coffee House essen. Ein typisch südindisches vegetarisches Restaurant mit „Meals" ist ferner das Sree Suprabatham, versteckt gelegen in einem Innenhof unmittelbar gegenüber vom Uhrturm.

Gut vegetarisch essen kann man auch in den Restaurants der Iswarya Lodge und der Mahalashkmi Lodge. Außerdem hat das Hotel Sudarsan ein vegetarisches Restaurant mit „Meals" und ein teureres nichtvegetarisches Restaurant mit Klimaanlage und einem Fernsehgerät zu bieten, durch das offensichtlich die Mitarbeiter immer von ihren eigentlichen Aufgaben abgelenkt werden. Dieses Lokal ist ein gutes Ziel für ein Frühstück vor einer Fahrt durch die Backwaters. Ein durchaus annehmbares Restaurant findet man auch im Shah International, während das Restaurant im Sea Bee mit nichts aufwarten kann, worüber es nach Hause zu schreiben lohnt.

Ein schickes kleines Lokal ist das Chef King im Einkaufszentrum Bishop Jerome Nagar, das mit „fast food und outdoor catering" wirbt. Im gleichen Komplex liegen auch die beiden Eissalons Snow Field Ice Cream und Arum Ice Cream. Die Bäckerei Supreme Bakers hat sich gegenüber vom Postamt angesiedelt.

Im Erdgeschoß der Iswarya Lodge befindet sich ein Restaurant mit guter vegetarischer Küche. Ausgezeichnetes vegetarisches Essen kann man auch im Hotel Guru Prasad in der Main Street bestellen. Hier erhält man zudem leckere Bananen-Shakes für 4 Rs. Eine gute Wahl ist, wie üblich, auch das Indian Coffee House an

der Main Street. Gegenüber werden im Hotel Azad gute vegetarische Gerichte serviert.

Kollam ist übrigens der Mittelpunkt eines Anbaugebietes von Cashew-Nüssen. Die erhält man in vielen Geschäften und Hotels.

AN- UND WEITERREISE

Bus: Viele Busse, die in Kollam abfahren, beginnen ihre Fahrt nicht hier, sondern kommen bereits aus einer anderen Stadt und halten in Kollam nur. Daher kommt es bei der Ankunft eines Busses zum üblichen Gedränge. Das gilt allerdings nicht für die Schnellbusse, für die Plätze im voraus reserviert werden können. Das erspart viel Kraft und Komfortverzicht. Kollam liegt an der von Bussen häufig befahrenen Strecke von Thiruvananthapuram über Kollam und Alappuzha nach Ernakulam. Superschnellbusse brauchen für die Fahrt nach Thiruvananthapuram $1^1/_2$ Stunden (25 Rs), nach Alappuzha $1^3/_4$ Stunden (25 Rs) und nach Ernakulam $3^1/_2$ Stunden (45 Rs).

Zug: Kollam liegt 159 km südlich von Ernakulam. Ein Zug benötigt für diese Strecke drei oder vier Stunden (2. Klasse 45 Rs und 1. Klasse 152 Rs). Durch Kollam fährt auch der *Trivandrum Mail* von Madras, ebenso der Schnellzug von Bombay nach Kanyakumari und der Zug von Mangalore nach Thiruvananthapuram.

Der *Quilon Mail* legt die 760 km lange Strecke zwischen Kollam und Madras Egmore über Madurai in 20 Stunden zurück (2. Klasse 141 Rs und 1. Klasse 530 Rs). Die Reise führt über die Westlichen Ghats und ist ein reines Vergnügen.

Schiff: Einzelheiten über die beliebten Fahrten durch die Backwaters nach Alappuzha lassen sich dem Abschnitt über die Backwaters weiter oben entnehmen. Auch wenn die öffentlichen Fähren derzeit nicht verkehren, weil ein Stück der Kanäle blockiert ist, bestehen Bootsverbindungen über den Ashtamudi-See nach Guhanadapuram (eine Stunde) und Muthiraparam ($2^1/_2$ Stunden). Zu den täglichen Fahrten mit den Touristenbooten der ATDC und der DTPC kann man sich in etlichen Hotels überall in der Stadt anmelden. Die Touren beginnen mit einer Busfahrt von der Haltestelle der KSRTC.

NAHVERKEHR

Die Bushaltestelle der KSRTC und der Bootsanleger liegen nebeneinander, während der Bahnhof auf der anderen Seite der Stadt zu finden ist. Fahrer von Auto-Rikschas in der Stadt sind meistens bereit, die Zähluhr anzustellen. Im übrigen läßt sich das Schnellboot vom Hotel Yatri Nivas für 30 Rs pro Stunde für Erkundungen der Wasserwege um Kollam mieten.

VARKALA

Varkala ist ein Badeort am Meer im Geburtsstadium, in dem die Verantwortlichen für den Tourismus in Kerala offensichtlich aus den Fehlern in Kovalam nichts gelernt haben, denn dort hat man zugelassen, daß entlang des Strandes so etwas wie ein Schlachtfeld entstand. Auch in Varkala beginnen sich die Abfälle schon aufzutürmen.

Der Ort und der Bahnhof liegen 2 km vom Strand mit steil aufragenden Klippen und einer Mineralquelle entfernt. Den Janardhana-Tempel kann man sich an der Kreuzung der Beach Road ansehen. Im nahegelegenen Anjengo hat 1684 die britische East India Company eine ihrer ersten Niederlassungen gegründet.

UNTERKUNFT
Das nette und ganz ordentliche Anandan Tourist Home gegenüber vom Bahnhof (Tel. 21 35) hat Einzelzimmer für 40 Rs und Doppelzimmer für 70 Rs (mit Klimaanlage für 235 Rs) zu bieten. Die meisten Unterkünfte liegen jedoch am Strand, entweder beim Tempel an der Kreuzung der Beach Road oder einen halben Kilometer nach Norden oben entlang der Klippen. Wie in Kovalam sind die Preise je nach Saison sehr unterschiedlich.

In der Nähe des Tempels liegt das J A Tourist Home (Tel. 24 53). Entlang der Beach Road kommt man zum Akshay Beach Resort (Tel. 26 68), in dem Zimmer für 150 Rs angeboten werden. Im Grunde genommen ist es ganz in Ordnung, aber es wäre noch viel besser, wenn etwas Kraft für die Sauberkeit und Unterhaltung aufgewendet würde. Geht man entlang der Beach Road weiter, gelangt man zum Mamma Home und - mit Blick auf den Strand - zum Varkala Marine Palace mit Zimmern für 100 Rs. Das Beach Palace mit Blick über die Reisfelder (Tel. 24 53) ist ziemlich primitiv, dafür mit 45 Rs für ein Einzelzimmer und 75 Rs für ein Doppelzimmer auch sehr preisgünstig.

Auf den Klippen, 10 Minuten zu Fuß in Richtung Norden, werden für 40 oder 50 Rs viele Unterkünfte in

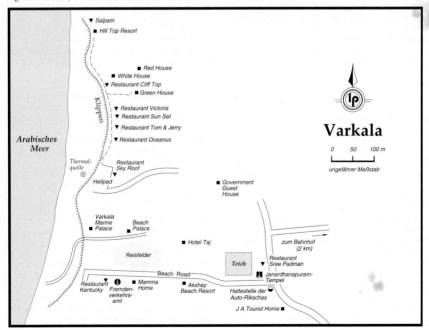

Privathäusern von Einheimischen angeboten. Einige dieser Quartiere haben noch nicht einmal Namen, so daß man nur nach dem White House, dem Green House und dem Red House Ausschau halten kann, in denen man in der Saison für 100 bis 150 Rs unterkommt. Das Red House ist ganz pfiffig konstruiert, so daß man dort selbst in der größten Hitze angenehm kühl wohnt. Im Hill Top Resort werden nicht besonders bemerkenswerte Zimmer mit Bad für 125 bis 150 Rs angeboten. Zwischen den beiden Enklaven am Strand von Varkala liegt ungünstig das staatliche Guest House. Bei den Recherchen zu diesem Buch war ferner ein schickes neues Hotel der Taj-Gruppe am Südende des Strandes mit Blick auf die Reisfelder in Bau.

ESSEN

Im Anandan Tourist Home gegenüber vom Bahnhof ist unten auch ein Restaurant untergebracht. Das beliebte Restaurant Sree Padman liegt eingezwängt am Rand des Teiches an der Kreuzung beim Tempel. Abgesehen vom Restaurant Kentucky an der Beach Road findet man die meisten anderen Restaurants oben entlang der Klippen am nördlichen Teil des Strandes von Varkala. Dort haben das Sky Roof, das Oceanus, das Tom &

Jerry, das Restaurant Sun Set, das Restaurant Victoria, das Restaurant Cliff Toop und das Saipem alle den gleichen Standard (wackelige Tische und eine Sammlung von klapperigen Sesseln), ähnliche Gerichte (frischen Fisch, den man sich abends vor dem jeweiligen Restaurant ansehen kann) und eine ähnliche Bedienung (normalerweise unglaublich langsam) zu bieten.

AN- UND WEITERREISE

Varkala liegt 41 km nördlich von Thiruvananthapuram (mit einem Zug 55 Minuten Fahrzeit, 2. Klasse 16 Rs und 1. Klasse 68 Rs) sowie 24 km südlich von Kollam (45 Minuten Fahrzeit, 2. Klasse 13 Rs und 1. Klasse 41 Rs). Von Varkala aus ist es leicht, morgens nach Kollam zu gelangen, um rechtzeitig das Boot für die Fahrt durch die Backwaters nach Alappuzha zu erreichen. Für eine Taxifahrt von Thiruvananthapuram nach Varkala wird man rund 300 Rs bezahlen müssen.

NAHVERKEHR

Zwischen dem Bahnhof und der Kreuzung mit dem Tempel pendeln Auto-Rikschas hin und her (10-12 Rs). Eine Taxifahrt zum Strand kostet ca. 35 Rs.

THIRUVANANTHAPURAM (TRIVANDRUM)

Einwohner: 826 000
Telefonvorwahl: 0471

Wenn man durch diese so friedliche und gemütliche Stadt bummelt, die auf sieben bewaldeten Hügeln erbaut ist, dann fällt es schwer, sich vorzustellen, daß es sich um eine Provinzhauptstadt handelt. Die „Stadt der heiligen Schlange" hat es geschafft, sich das zauberhafte Ambiente einer typischen Stadt in Kerala zu erhalten, in der die Dächer mit roten Ziegeln gedeckt sind und schmale Straßen, intime Straßencafés, uralte Stadtbusse und das alltägliche Geschäftsleben die Eindrücke prägen. Sie verstand es, eine freundliche Atmosphäre zu vermitteln. Und doch klappt alles, denn es wird auch gearbeitet.

Daß alles in Thiruvananthapuram einen solchen ruhigen Gang geht, mag unter anderem daran liegen, daß die politische Auseinandersetzung nie so hart war, daß sie auf den Straßen ausgetragen wurde. Und wenn dies doch einmal der Fall ist, dann bekommt man dies als Außenstehender gar nicht mit. Die Straßen sind voll von Spruchbändern und Fahnen, vorwiegend von der kommunistischen und der moslemischen Partei. Sie bestimmen das Bild in den Städten Keralas. Glücklicherweise werden selbst dann, wenn es einmal zu Gewalt kommt, Touristen nur selten davon betroffen.

Da der berühmte Sri-Padmanabhaswamy-Tempel nur für Hindus zugänglich ist, kommen die meisten Besucher durch Thiruvananthapuram, weil sie nach Kovalam, 16 km weiter südlich, wollen. Thiruvananthapuram eignet sich aber auch zum Übernachten, wenn man am nächsten Tag nach Sri Lanka, auf die Malediven oder an den Persischen Golf fliegen will.

ORIENTIERUNG

Die Stadt erstreckt sich über ein sehr großes Gebiet, aber die wichtigsten Einrichtungen siedelten sich doch mehr oder weniger in oder in der Nähe der Mahatma Gandhi Road (M G Road) an. Das ist die Hauptstraße, die vom Museum und Zoo durch die Stadt bis zum Sri-Padmanabhaswamy-Tempel verläuft.

Der Busbahnhof für die Überlandbusse, der Bahnhof, das Fremdenverkehrsamt (Tourist Reception Centre) und viele preisgünstige Hotels liegen nur wenige Meter auseinander. Der Busbahnhof für die Stadtbusse ist 10 Minuten zu Fuß vom Bahnhof in Richtung Süden entfernt und befindet sich gegenüber vom Sri-Padmanabhaswamy-Tempel. Von der südlichen Gruppe von Unterkünften und Einrichtungen für Verkehrsverbindungen sind es drei oder vier Kilometer zur Museum Road am nördlichen Ende der M G Road. Ein guter

Orientierungspunkt auf dem Weg dorthin ist das große Verwaltungsgebäude auf halber Strecke.

PRAKTISCHE HINWEISE

Informationen: Ein Fremdenverkehrsamt (Tel. 33 00 31) findet man vor dem Hotel Chaithram. Das ist unweit vom Bahnhof und vom Busbahnhof für Langstreckenbusse. Eigentlich ist es offensichtlich dafür vorgesehen, vor allem für die Ausflugsfahrten der KTDC zu werben. Außerdem gibt es noch ein Büro der KTDC am Hotel Mascot. Gänzlich nutzlos ist das Tourist Information Centre an der Museum Road (Tel. 6 11 32), das seinen Sitz gegenüber vom Museum und Zoo hat.

Post und Telefon: Das Hauptpostamt ist in einer kleinen Nebenstraße der M G Road versteckt, etwa 10 Minuten zu Fuß von der Gegend der Station Road. Dort sind die meisten Schalter, auch der für die Abholung postlagernder Sendungen, montags bis samstags von 8.00 bis 20.00 Uhr geöffnet.

Das Telegraphenamt findet man in der Mitte der M G Road, auf halbem Wege zwischen der Station Road und dem Museum, von beiden 20 Minuten Fußweg entfernt. Es ist Tag und Nacht geöffnet. Man kann Telefongespräche aber auch von zahlreichen STD/ISD-Anschlüssen an Schaltern und Ständen überall in der Stadt führen.

Visaverlängerungen: Visaverlängerungen muß man in der Ausländerbehörde (Office of the Commissioner of Police) in der Residency Road (Tel. 6 05 55) beantragen. Die Bearbeitung dauert zwischen vier Tagen und einer Woche, wofür man seinen Reisepaß jedoch nicht abgeben muß. Es beschleunigt die Bearbeitung, wenn man als Adresse ein Hotel in Thiruvananthapuram angeben kann und nicht ein Quartier in Kovalam. Geöffnet ist die Ausländerbehörde montags bis samstags von 10.00 bis 17.00 Uhr.

Buchhandlungen und Bibliotheken: Die British Library (Tel. 6 87 16) findet man auf dem Gelände des YMCA unweit vom Verwaltungsgebäude, ist aber offiziell nur für Mitglieder zugänglich. Dennoch scheint man dort auch Besucher hineinzulassen. Hier stehen drei Tage alte englische Zeitungen und Magazine zum Lesen zur Verfügung.

Vertiefen kann man sich darin dienstags bis samstags von 11.00 bis 19.00 Uhr. Bücher lassen sich in einer Zweigstelle der Buchhandlung Higginbothams in der M G Road und bei der Continental Book Company in der Nähe kaufen.

SEHENSWÜRDIGKEITEN

Museum, Kunstgalerie und Zoo: Der Zoo und eine Reihe von Museen sind in einem Park am Nordende der

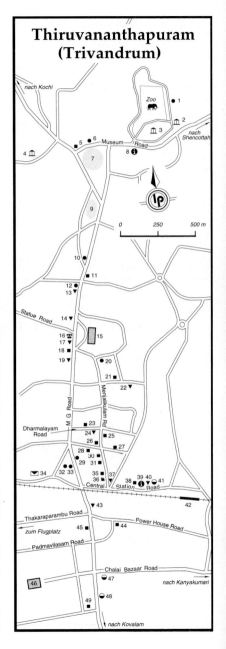

Unterkünfte
5 Hotel Mascot
11 South Park
18 Hotel Pankaj
21 Hotel Residency Tower
23 Bhaskara Bhavan Tourist Paradise
25 Sundar Tourist Home
26 Sivada Tourist Home
27 Hotel Regency
28 Vijai Tourist Home
30 Pravin Tourist Home
31 Manacaud Tourist Paradise
35 Hotel Highland
36 Hotel Ammu
38 Hotel Chaithram
44 Hotel Fort Manor
45 Nalanda Tourist Home
49 Hotel Continental Luciya

Restaurants
13 Indian Coffee House
14 Ananda Bhavan
17 Athul Jyoti
19 Sri Ram Sweet Stall
22 Eissalon Snoozzer
24 Vegetarisches Restaurant Vinayak
37 Café Ambika
40 Indian Coffee House
43 Rangoli

Sonstiges
1 Kunstgalerie Sri Chitra
2 Museum für Naturgeschichte
3 Napier-Museum
4 Museum für Wissenschaft und Industrie
6 Indian Airlines
7 Sda•ion
8 Fremdenverkehrsamt (Tourist Information Centre)
9 Stadion
10 Victoria Jubilee Town Hall
12 Air Maldives
15 Sekretariat
16 Zentrales Telegraphenamt
20 British Library
29 Higginbothams
32 Buchhandlung Continental
33 East West Airlines
34 Hauptpostamt
39 Fremdenverkehrsamt (Tourist Reception Centre)
41 Busbahnhof für Langstreckenbusse
42 Bahnhof
46 Sri-Padmanabhaswamy-Tempel
47 Busbahnhof für Nahverkehrsbusse
48 Busse und Taxis nach Kovalam

Stadt untergebracht. Die Museen kann man dienstags bis sonntags von 10.00 bis 16.45 Uhr (mittwochs ab 13.00 Uhr) besichtigen. Die Eintrittskarte für 5 Rs berechtigt zum Besuch aller Museen und ist im Museum für Naturgeschichte erhältlich.

Das Napier-Museum, untergebracht in einem bizarren, leider verfallenden Gebäude im indo-sarazenischen Stil aus dem Jahre 1880, enthält eine ganz gute Sammlung von Bronzefiguren sowie historischer und zeitgenössischer Kunst, Tempelwagen, Elfenbeinschnitzereien und lebensgroße Figuren von Kathakali-Tänzern in vollem Ornat.

In der Sri-Chitra-Kunstgalerie sind Gemälde der Rajputen sowie der Mughal- und Tanjore-Schulen und Arbeiten aus China, Tibet, Japan und Bali ausgestellt. Auch moderne indische Malerei ist vertreten, z. B. durch Werke von Ravi Varma sowie Svetoslav und Nicholas Roerich.

Auch wenn der Zoo zu den am besten angelegten Tierparks von ganz Asien gehört, gelegen mitten in einer Waldlandschaft mit Seen und äußerst gepflegten Rasenflächen, sind einige der Gehege für die Tiere schlichtweg miserabel. Ansehen kann man sich den Zoo dienstags bis samstags von 9.00 bis 17.15 Uhr (Eintritt 4 Rs).

Nicht so interessant ist das Museum für Wissenschaft und Industrie, es sei denn, man ist Schüler in der Oberstufe eines Gymnasiums und interessiert sich für Naturwissenschaften.

Sri-Padmanabhaswamy-Tempel: Dieser Tempel ist Vishnu geweiht und wurde 1733 im drawidischen Stil vom Maharadscha von Travancore erbaut. Er darf nur von Hindus betreten werden. Und sogar die müssen einen besonderen *dhoti* tragen. Den Gläubigen steht ein Wasserbecken für ein heiliges, reinigendes Bad zur Verfügung.

Internationales Zentrum für kulturelle Entwicklung: Das etwas großspurig benannte Internationale Zentrum für kulturelle Entwicklung (International Centre for Cultural Development - ICCD) gibt bis zu acht Künstlern auf Besuch die Gelegenheit, sich mit der südindischen Kultur zu beschäftigen. Die können auf Wunsch auch Verpflegung und Unterkunft erhalten. Weitere Informationen darüber sind beim ICCD, TC 31/1719 Pareeksha Bhavan, Anayara PO, Trivandrum 695029, Fax 471/44 68 90, erhältlich. Man kann mit dem ICCD aber auch in den Niederlanden Kontakt aufnehmen (Tel. 0031/30-9316 63, Fax 0031/30 31 13 37).

AUSFLUGSFAHRTEN
Die KTDC veranstaltet eine ganze Reihe von Stadtrundfahrten und Ausflügen zu weiter entfernten Zie-

len. Sie alle beginnen am Tourist Reception Centre gegenüber vom Bahnhof.

Die tägliche Stadtrundfahrt beginnt um 8.00 Uhr, endet um 19.00 Uhr und kostet pro Person 60 Rs. Besucht werden dabei der Sri-Padmanabhaswamy-Tempel, das Museum, die Kunstgalerie, der Zoo, die Veli-Lagune und Kovalam. Für ausländische Besucher ist diese Fahrt wenig interessant, denn der Tempel ist nicht zugänglich, und wer möchte schon während der Stadtrundfahrt in Kovalam anderen Ausländern beim Sonnenbaden zusehen?

Täglich um 7.30 Uhr beginnt auch eine Fahrt nach Kanyakumari (Kap Comorin). Rückkehr ist um 21.00 Uhr. Für diese Fahrt muß man 150 Rs bezahlen. Dabei werden der Padmanabhapurnam-Palast (außer montags) und Kanyakumari besucht. Dieser Ausflug ist gar nicht so schlecht, wenn man sich das Fahren mit öffentlichen Bussen und das übliche Gedränge darin ersparen möchte und nicht daran interessiert ist, in Kanyakumari zu übernachten. Auch zum Bergerholungsort Ponmudi wird täglich eine Fahrt unternommen, die um 7.45 Uhr beginnt, um 19.00 Uhr endet und 100 Rs kostet.

Jeden Samstag fährt ein Bus um 6.30 Uhr zum Tierschutzgebiet Periyar. Rückkehr ist sonntags um 21.00 Uhr. Die Fahrt kostet 250 Rs, Übernachtung und Verpflegung nicht eingeschlossen. Diese Fahrt ist eine der uninteressantesten Touren von ganz Indien, weil man überhaupt keine Zeit hat, Tiere zu sehen. Aber selbst wenn die zur Verfügung stünde, was hätte man davon in Begleitung einer ganzen Busladung von geschwätzigen Paaren in den Flitterwochen?

Angeboten werden auch Fahrten zu weiter entfernten Zielen, aber die sind wohl für die meisten ausländischen Besucher kaum interessant.

UNTERKUNFT

Einfache Unterkünfte: In der und in der Nähe der Central Station Road, unweit vom Bahnhof und vom Busbahnhof für Langstreckenbusse, gibt es gleich mehrere preiswerte Unterkünfte. Die meisten sind recht einfach und liegen zudem zur sehr lauten und viel befahrenen Straße hin. Dabei ist der Strand von Kovalam so nahe, wo man viel angenehmer übernachten kann. Aber vielleicht haben Sie ja in Thiruvananthapuram etwas zu erledigen und müssen deshalb eine Nacht in der Stadt verbringen. Wenn das der Fall sein sollte, empfiehlt es sich, mit der Suche nach einem annehmbaren preiswerten Quartier in der Manjalikulam Road zu beginnen, einer kleinen Straße, die von der Station Road nach Norden abzweigt. An dieser Straße stehen alle Arten von Unterkünften vom einfachen Häusern über Mittelklassehotels bis zu Spitzenhotels, so daß man auf etwa einem Kilometer gute Aussichten hat, etwas zu finden, das dem Geldbeutel und den Komfortansprüchen gerecht wird. Die Straße ist zudem

ruhig und genauso günstig gelegen wie die Station Road.

Zum unteren Ende dieser Kategorie gehört das freundlichen Pravin Tourist Home (Tel. 33 04 43), in dem man in großen Zimmern allein für 55 Rs und zu zweit für 100 Rs übernachten kann. In der Dharmalayam Road, einer Seitenstraße der Manjalikulam Road, liegt das Bhaskara Bhavan Tourist Paradise (Tel. 7 96 62), das zwar ein wenig düster, davon abgesehen jedoch akzeptabel ist. Die Zimmerpreise sind hier mit 35 bzw. 70 Rs noch etwas niedriger. Ähnlich ist das Vijai Tourist Home (Tel. 7 97 27) mit Doppelzimmern für 70 Rs, das aber keinen besonders einladenden Eindruck vermittelt. Ganz am untersten Ende der Skala ist das extrem einfache Sundar Tourist Home (Tel. 33 05 32) mit Einzelzimmern für 25 bis 30 Rs und Doppelzimmern für 60 Rs anzusiedeln.

Ein Stück weiter oben in der Preisskala einsortieren läßt sich das saubere und gut gepflegte Sivada Tourist Home (Tel. 33 13 22). Hier werden die Zimmer, die um einem schönen Hof herum liegen, für 60 bzw. 100 Rs vermietet (als Doppelzimmer mit Klimaanlage für 210 Rs). Nicht weit von der Central Station Road entfernt liegt das Manacaud Tourist Paradise (Tel. 69 50 01) mit großen und sauberen Zimmern für 55 bzw. 100 Rs (mit Bad), sowie das Hotel Ammu (Tel. 33 19 37) mit Einzelzimmern für 100 Rs und Doppelzimmern für 125 Rs (mit Klimaanlage für 250 bzw. 275 Rs).

Südlich der Schienen wohnt man im Nalanda Tourist Home (Tel. 7 18 64) in der verkehrsreichen M G Road. Die Zimmer sind hier zwar nicht zu laut und mit Preisen von 54 bzw. 79 billig. In den Ruheräumen im Bahnhof (Retiring Rooms) kann man ebenfalls übernachten, auch in einem Schlafsaal.

Mittelklassehotels: Das Hotel Chaithram der KTDC in der Central Station Road (Tel. 33 09 77) ist ein beliebtes, modern aussehendes Atriumhotel, das nur selten voll belegt ist. Hier kosten ein Einzelzimmer 250 Rs und ein Doppelzimmer 350 Rs, klimatisiert 550 bzw. 750 Rs. An Einrichtungen sind in diesem Haus eine Buchhandlung, ein Coffee Shop, eine helle Bar sowie ein nur durchschnittliches Restaurant mit Essen ohne richtigem Geschmack und einer langsamen Bedienung vorhanden.

Wiederum an der Manjalikulam Road sieht man schon von weitem das Hotel Highland (Tel. 6 82 00), eines der höchsten Gebäude in diesem Stadtteil, das schon von der Central Station Road gut zu erkennen ist. Die Mitarbeiter in diesem Haus sind freundlich und vermieten ein ganzes Spektrum von Unterkünften als Einzelzimmer ab 120 Rs sowie als Doppelzimmer ab 160 Rs. Für ein Zimmer mit Klimaanlage muß man hier allein 220 Rs und zu zweit 335 Rs bezahlen. In der Nähe kommt man in der Manjalikulam Cross Road zum

Hotel Regency (Tel. 33 03 77), in dem man in einem Einzelzimmer für 150 Rs und in einem Doppelzimmer für 250 Rs übernachten kann (mit Klimaanlage für 275 bzw. 375 Rs). Zu diesem Hotel gehören gleich zwei Restaurants, davon eines auf dem Dach. Im Hotel Residency Tower an der Press Road (Tel. 33 16 61), etwas abseits der Manjalikulam Road, kommt man in einem Einzelzimmer für 250 Rs und in einem Doppelzimmer für 350 Rs unter (mit Klimaanlage für 450 bzw. 600 Rs). Gegenüber vom Verwaltungsgebäude liegt das Hotel Pankaj (Tel. 7 66 67) mit Einzelzimmern für 360 Rs und Doppelzimmern für 500 Rs (mit Klimaanlage für 600 bzw. 850 Rs). Zu diesem Haus gehören auch eine Bar und zwei Restaurants, eines davon im obersten Stockwerk mit herrlichen Ausblicken.

Luxushotels: Wenn man im Süden der Stadt beginnt und sich in Richtung Norden bewegt, kommt man zunächst zum Hotel Continental Luciya (Tel. 46 34 43), einem Haus in East Fort, nahe beim Sri-Padmanabhaswamy-Tempel. Die Einzel- und Doppelzimmer dieses zentral klimatisierten Hauses werden für 895 bzw. 1095 Rs vermietet. Auch dieses Hotel wartet mit einer Bar, einem Restaurant und einer Buchhandlung auf. Im Hotel Fort Manor an der Power House Junction (Tel. 46 22 22), gleich südlich der Eisenbahn, kann man in einem klimatisierten Zimmer allein für 750 Rs und zu zweit für 950 Rs übernachten. Geboten werden den Gästen auch etliche Restaurants, eines davon auf dem Dach.

Weiter nördlich an der M G Road liegt das neue, zentral klimatisierte South Park (Tel. 6 56 66) mit Einzelzimmern ab 29 US $ und Doppelzimmern ab 36 US $. Schließlich ist noch das Hotel Mascot der KTDC in der Museum Road (Tel. 43 89 90) zu erwähnen, gelegen nördlich vom Zentrum. Das ist ein ganz hübsches Haus mit einer schicken Einrichtung. Alle Zimmer sind klimatisiert und werden als Einzelzimmer ab 695 Rs und als Doppelzimmer ab 995 Rs angeboten. Dieses Hotel ist das einzige in der Stadt mit einem Swimming Pool.

ESSEN

Ein bizarres, rundes Indian Coffee House mit einem spiralförmigen Innern findet man neben dem Busbahnhof für Langstreckenbusse. Wenn sich die Kellner nur auf Roller Skates fortbewegen würden! Ein ausgezeichnetes Lokal für ein preiswertes Frühstück ist das winzige Café Ambika an der Kreuzung der Central Station Road und der Manjalikulam Road.
Eine ganze Reihe von guten und preiswerten vegetarischen Lokalen findet man gegenüber vom Verwaltungsgebäude an der M G Road. Dort erhält man im Athul Jyoti gute Thalis mit verschiedenen Gemüsesorten, *dhal* und Quark. Trotz des Namens handelt es sich beim Sri Rum Sweet Stall neben dem Hotel Pankaj

um ein sehr gutes vegetarisches Restaurant. Geht man weiter nach Norden, stößt man auf das Ananda Bhavan, ein Restaurant mit einfachen vegetarischen Gerichten aus Südindien. Noch ein Stück weiter nördlich liegt eine weitere Filiale des Indian Coffee House.
In der Central Station Road gibt es zudem einige vegetarische Restaurants, in denen die üblichen „Meals" zu bekommen sind. In der Dharmalayam Road, nur ein kleines Stück abseits der Manjalikulam Road, liegt das vegetarische Restaurant Vinayak, wo in einem ansprechenden alten Haus hervorragende Gerichte zubereitet werden. Südlich der Eisenbahnschienen, an der M G Road, gelangt man zum Rangoli. Dort führt ein kleiner Eingang zum recht ansprechenden und winzigen „Familienrestaurant" mit Klimaanlage oben.
Restaurants gibt es auch in vielen Hotels. Im Restaurant City Queen des Hotels Highlands an der Manjalikulam Road erhält man gute chinesische Gerichte, aber auch indische und westliche Speisen. Beliebt sind ferner die Buffets mittags im Hotel Mascot, im Hotel Pankaj und insbesondere im South Park.
Verbreitet in Trivandrum sind auch Dachrestaurants, in denen man aus einiger Höhe feststellen kann, wie grün und parkähnlich die Stadt ist. Besonders schöne Ausblicke hat man vom Restaurant Sandhya im 5. Stock des Hotels Pankaj. Aber auch im Fort Manor und im Regency kann man die Stadt aus Restaurants von oben betrachten. In den beiden KTDC-Hotels Mascot und Chaithram findet man auch Eissalons im Freien. Einen Versuch wert ist zudem das Snoozzer an der Press Road.

AN- UND WEITERREISE

Flug: Indian Airlines (Tel. 43 68 70) ist in der Museum Road neben dem Hotel Mascot vertreten, während man die Büros von Air Maldives (Tel. 46 13 13) und East West (Tel. 7 17 57) an der M G Road findet. Außerdem kann man sich bei Bedarf an Air India (Tel. 43 48 37), Air Lanka (Tel. 6 44 95), Gulf Air (Tel. 6 75 14) und Oman Air (Tel. 6 22 48) wenden.
Indian Airlines unterhält Direktverbindungen nach Bangalore (1841 Rs), Bombay (3440 Rs), Kochi (829 Rs) und Madras (1922 Rs). East West fliegt von hier direkt und über Madurai nach Bombay.
Daneben besteht eine ganze Reihe von Flugverbindungen zum Arabischen Golf, und zwar mit Air India, Gulf Air und Oman Air. Air India fliegt ferner nach Singapur.
Thiruvananthapuram ist zudem ein beliebter Ausgangspunkt für Flüge nach Colombo (Sri Lanka) und Male (Malediven). Für einen Flug nach Colombo hat man die Wahl zwischen Air Lanka und Indian Airlines, die an den meisten Wochentagen zwei oder mehr Flugverbindungen dorthin anbieten (einfacher Flug 1285 Rs). Von und nach Male kommt man mit Air Maldives und Indian Airlines. Der Flugpreis für einen einfachen Flug beträgt 1845 Rs.

Bus: Auf dem Busbahnhof für Langstreckenbusse gegenüber vom Bahnhof herrscht immer das totale Chaos. Auch wenn eine Fahrplanübersicht auf Englisch existiert, handelt es sich doch überwiegend um eine Fiktion. Weil feste Haltestellen fehlen, ist man gezwungen, sich jedesmal, wenn ein Bus ankommt, in die Menge zu stürzen, bis man den richtigen erwischt hat. Hier tritt jedesmal das Gesetz des Dschungels in Kraft, wenn die alten Fahrzeuge mit quietschenden Bremsen in einer Staubwolke halten.

Regelmäßig verkehren Busse entlang der Küste nach Norden. Dorthin kommt man mit Superschnellbussen nach Kollam (1¹/₂ Stunden, 25 Rs), Alappuzha (3¹/₄ Stunden, 45 Rs), Ernakulam (5 Stunden, 65 Rs) und Thrissur (6³/₄ Stunden, 85 Rs). Stündlich setzen sich ferner Busse für die zweistündige Fahrt nach Kanyakumari in Bewegung. Außerdem verkehren dreimal täglich Busse nach Thekkady (Tierschutzgebiet Periyar) und sind nach acht Stunden am Ziel.

Die meisten Busse nach Zielen in Tamil Nadu werden von Thiruvalluvar, dem staatlichen Busunternehmen dieses Bundesstaates, eingesetzt, das mit einem Büro am östlichen Ende des Busbahnhofs für Langstreckenbusse vertreten ist. Damit bestehen Verbindungen nach Madras (viermal täglich, 17 Stunden), nach Madurai (zehnmal täglich, 7 Stunden), nach Pondicherry (einmal täglich, 16 Stunden) und nach Coimbatore (einmal täglich), aber auch nach Nagercoil und Erode. Langstreckenbusse sind auch nach Bangalore im Einsatz, aber wenn man so weit reisen will, nimmt man besser einen Zug.

Zug: Auch wenn die Busse sehr viel schneller sind, machen die Fahrzeuge der Kerala State Road Transport, wie die meisten Busse in Südindien, keinerlei Zugeständnisse an den Komfort. Hinzu kommt, daß die Fahrer ziemlich rücksichtslos fahren. Wer seinen Adrenalinspiegel nicht allzu sehr erhöhen möchte, findet in einer Zugfahrt eine angenehme Alternative.

Das Reservierungsbüro im ersten Stock des Bahnhofsgebäudes arbeitet zuverlässig und ist mit Computern ausgerüstet. Auf der anderen Seite muß man Plätze in Zügen so lange im voraus wie möglich reservieren lassen, weil Plätze in allen Zügen, die in Thiruvananthapuram abfahren, stark gefragt sind. Das bedeutet aber nicht zwangsläufig, daß man kurzfristig keine Möglichkeit hat, mitfahren zu können, aber dann muß man sich zunächst in die Warteliste aufnehmen lassen. Das Büro ist montags bis samstags zwischen 8.00 und 14.00 Uhr sowie zwischen 14.15 und 20.00 Uhr und sonntags von 8.00 bis 14.00 Uhr geöffnet.

Wenn man die Küste hinauf von Ort zu Ort mit einem Zug fahren will, braucht man allerdings keine Platzreservierungen vorzunehmen.

Zahlreiche Züge fahren die Küste hinauf über Kollam und Ernakulam nach Thrissur. Einige davon biegen in Kollam in den Norden und Nordosten ab und fahren dann in Richtung Shencottah. Noch weiter nördlich, hinter Thrissur (Trichur), biegen viele weitere nach Osten ab und fahren über Palakkad nach Tamil Nadu. Zu den Zügen, die die ganze Küste hoch bis Mangalore in Karnataka fahren, gehören der täglich verkehrende *Parasuram Express* und der *Malabar Express*, der ebenfalls täglich eingesetzt wird.

Außerdem gibt es noch den *Vanchichad Express*, der täglich nach Ernakulam fährt, und den *Cannanore Express* mit dem Ziel Kannur. Von Thiruvananthapuram nach Kollam sind es 65 km (1¹/₂ Stunden, 2. Klasse 21 Rs und 1. Klasse 81 Rs), nach Ernakulam 224 km (5 Stunden, 2. Klasse 56 Rs und 1. Klasse 200 Rs) und nach Kozhikode 414 km (10 Stunden, 2. Klasse 89 Rs und 1. Klasse 335 Rs).

Von Thiruvananthapuram in Richtung Süden ist man nach 87 km in Kanyakumari (2. Klasse 25 Rs und 1. Klasse 104 Rs) und nach 427 km in Coimbatore (9 Stunden, 2. Klasse 91 Rs und 1. Klasse 345 Rs). In Coimbatore besteht Anschluß nach Mettupalayam und Ooty. Wenn man eine ganz lange Strecke zurücklegen will, kann man freitags mit dem *Himsagar Express* über Delhi nach Jammu Tawi fahren.

Einzelheiten über die Zugverbindungen von Thiruvananthapuram lassen sich der Übersicht entnehmen.

Wichtige Züge von Thiruvananthapuram

Fahrziel	Zugnummer und Name	Abfahrtszeit	Entfernung (km)	Fahrzeit (Stunden)	Fahrpreis (Rs) (2./1. Klasse)
Bangalore	6525 *Bangalore Express*	10.20	851	18	189/ 553
Bombay	1082 *Kanyakumari Express*	7.30	2062	45	302/1068
Coimbatore	2625 *Kerala Express*	9.45	385	9.15	105/ 320
Delhi	2625 *Kerala Express*	9.45	3033	54	377/1465
Ernakulam	2625 *Kerala Express*	9.45	224	4.35	56/ 205
Kalkutta	6321 *Guwahati Express*	12.50 Do	2583	45	340/1282
Madras	6320 *Madras Mail*	13.30	925	18	200/ 588
Mangalore	6349 *Parsuram Express*	6.05	635	16	155/ 464
	6029 *Malabar Express*	17.40			

NAHVERKEHR

Flughafentransfer: Der kleine, moderne und beschauliche Flughafen liegt 6 km von der Innenstadt und 15 km von Kovalam entfernt. Dorthin kommt man mit einem Stadtbus der Linie 14 für etwa eine Rupie. Für eine Fahrt mit einem Taxi in die Stadt muß man bei Vorauszahlung 40 bis 60 Rs und nach Kovalam 125 Rs ausgeben.

Stadtbus, Auto-Rikscha und Taxi: Für Fahrten innerhalb der Stadt gibt es städtische Busse (sehr voll!),

Auto-Rikschas und Taxis. Am besten fährt man dabei mit einer der Auto-Rikschas. Die Fahrer sind im großen und ganzen bereit, ihre Taxameter einzuschalten.

Die Grundgebühr beträgt 4 Rs. Für eine Fahrt vom Bahnhof bis zum Museum muß man mit ca. 10 Rs rechnen.

Einzelheiten über die Verkehrsverbindungen zum Strand von Kovalam lassen sich dem Abschnitt über diesen Ort weiter unten entnehmen.

DIE UMGEBUNG VON THIRUVANANTHAPURAM

PADMANABHAPURAM-PALAST

Obwohl dieser Palast eigentlich in Tamil Nadu liegt, kann er von Thiruvananthapuram oder Kanyakumari aus bequem besucht werden. Er war früher der Sitz der Herrscher von Travancore, eines Prinzenstaates, der über 400 Jahre lang Bestand hatte und zu dem ein großer Teil des heutigen Kerala und das westliche Küstengebiet von Tamil Nadu gehörten. Der Palast ist wunderschön aus einheimischem Teakholz sowie Granit erbaut worden und steht innerhalb einer massiven steinernen Stadtmauer, die im 18. Jahrhundert dafür sorgte, daß Sultan Tipu draußen bleiben mußte. Die Architektur ist wirklich auserlesen und besteht aus Decken mit Blumenmustern, Fenstern mit Einlegearbeiten aus Glimmer, feine Juwelen schimmert, sowie Fußböden, die so lange mit zerkleinerten Muscheln, Kokosnußschalen, Eiweiß und dem Saft einheimischer Pflanzen bearbeitet wurden, daß sie den Glanz ange-

nommen haben, den man noch heute bewundern kann. Auch die Wandgemälde aus dem 18. Jahrhundert im *Puja*-Zimmer im oberen Stockwerk sind in einem guten Erhaltungszustand und übertreffen sogar die im Palast von Mattancherry in Kochi. Wenn Sie sich das gern ansehen wollen, dann fragen Sie im Büro des Kurators nach einer Erlaubnis.

Mit seinen Bankettsälen, der Audienzkammer, dem Quartier für die Frauen, dem Innenhof und den Galerien sollte der Palast ein Ziel aller Besucher dieses Teils des Landes sein.

Padmanabhapuram liegt 65 km südöstlich von Thiruvananthapuram. Um zum Palast zu gelangen, kann man einen Nahverkehrsbus von Thiruvananthapuram (oder Kovalam) benutzen oder an der Ausflugsfahrt nach Kanyakumari teilnehmen, die von der KTDC veranstaltet wird. Montags ist der Palast jedoch geschlossen.

KOVALAM

Telefonvorwahl: 0471

Kovalam, 16 km südlich von Thiruvananthapuram, ist der beliebteste Badeort im Süden Indiens. Der Hauptstrand besteht aus zwei ziemlich kleinen, von Palmen gesäumten Buchten, die an beiden Seiten durch felsige Landspitzen von weiteren Stränden getrennt sind. Auf der südlichen Landspitze steht ein schon von weitem deutlich zu erkennender Leuchtturm, während auf der nördlichen Landspitze das luxuriöse Ashok Beach Hotel errichtet wurde. An den meisten Tagen herrscht ein ganz guter Wellengang, allerdings muß man sich vor Strömungen hüten, die ganz schön stark werden können. Aber die beiden bedeutendsten Buchten werden tagsüber von Lebensrettungsstationen aus bewacht, an denen auch Flaggen anzeigen, ob das Schwimmen

gefahrlos möglich ist. An Unterkünften herrscht kein Mangel. Die Bandbreite reicht von billigen, einfachen Boxen aus Beton über Mittelklassehotels bis zu luxuriösen Ferienanlagen. Genauso groß ist die Auswahl bei den Restaurants, von denen sich viele auf den Geschmack von Besuchern aus dem Westen eingestellt haben.

Trotz der Beliebtheit bei Besuchern aus dem Westen ist die Atmosphäre in Kovalam noch recht locker. Nur wenige Meter von den Stränden entfernt geht der Alltag der Bevölkerung weiter wie eh und je. Man kümmert sich um die Felder, und noch immer rudern die Fischer ihre kleinen Boote weit hinaus auf das Meer und ziehen die Netze mit der Hand wieder ein, auch wenn heutzutage am Heck normalerweise schon der unvermeidliche Außenbordmotor angebracht ist.

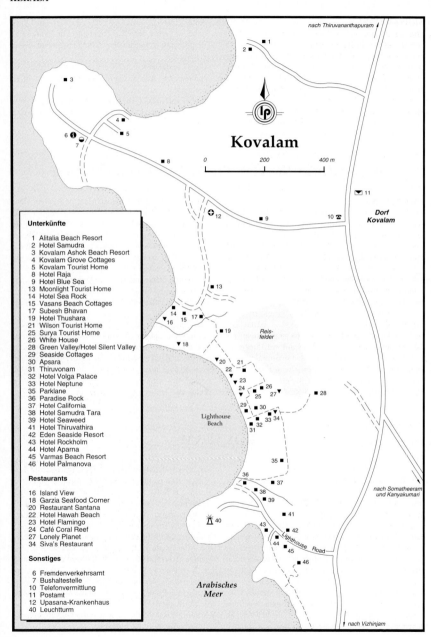

Kovalam

Unterkünfte

1 Alitalia Beach Resort
2 Hotel Samudra
3 Kovalam Ashok Beach Resort
4 Kovalam Grove Cottages
5 Kovalam Tourist Home
8 Hotel Raja
9 Hotel Blue Sea
13 Moonlight Tourist Home
14 Hotel Sea Rock
15 Vasans Beach Cottages
17 Subesh Bhavan
19 Hotel Thushara
21 Wilson Tourist Home
25 Surya Tourist Home
26 White House
28 Green Valley/Hotel Silent Valley
29 Seaside Cottages
30 Apsara
31 Thiruvonam
32 Hotel Volga Palace
33 Hotel Neptune
35 Parklane
36 Paradise Rock
37 Hotel California
38 Hotel Samudra Tara
39 Hotel Seaweed
41 Hotel Thiruvathira
42 Eden Seaside Resort
43 Hotel Rockholm
44 Hotel Aparna
45 Varmas Beach Resort
46 Hotel Palmanova

Restaurants

16 Island View
18 Garzia Seafood Corner
20 Restaurant Santana
22 Hotel Hawah Beach
23 Hotel Flamingo
24 Café Coral Reef
27 Lonely Planet
34 Siva's Restaurant

Sonstiges

6 Fremdenverkehrsamt
7 Bushaltestelle
10 Telefonvermittlung
11 Postamt
12 Upasana-Krankenhaus
40 Leuchtturm

nach Thiruvananthapuram

Dorf Kovalam

Reisfelder

Lighthouse Beach

Lighthouse Road

nach Somatheeram und Kanyakumari

Arabisches Meer

nach Vizhinjam

Auf der anderen Seite hat die Beliebtheit des Strandes auch zu Veränderungen geführt. In der Hochsaison (von November bis Februar) ist der Strand überfüllt von gebräunten Anbetern von Sonne, Sand und Meer aus der ganzen Welt, von denen an den Wochenenden unzählige indische Touristen angezogen werden, die nur deshalb nach Kovalam gekommen sind, um sich einmal nacktes Fleisch anzusehen, das gleichmäßig über den ganzen Strand verteilt ist. Trotz dieses Voyeurismus sollte man als westlicher Besucher nicht vergessen, daß in Kerala der Hinduismus die bestimmende Religion ist und die Zurschaustellung von nacktem Fleisch als anstößig angesehen wird. Respektieren Sie daher die Empfindungen der Einheimischen.

Trotz der Beliebtheit des Ortes ist in Kovalam bei weitem nicht alles in bester Ordnung. Die Erschließung ist weitgehend ohne Planung vor sich gegangen, was zur Folge hatte, daß viele der nur schlecht unterhaltenen Hotels und Restaurants schon häßlich waren, bevor sie zu verfallen begannen. Auch die Abfallmengen, die aufgetürmt liegen, sobald man einen Schritt zurück vom Strand vor den anderen setzt, sind eine richtige Schande. Wenn man dann noch die Belästigungen durch die Andenkenverkäufer und die unaufhörliche Parade von Schaulustigen bedenkt, dann ist Kovalam weit davon entfernt, ein Paradies zu sein.

ORIENTIERUNG
Von der Bushaltestelle am Ashok Beach Resort sind es 15 Minuten zu Fuß bis zum Ende der Bucht mit dem Leuchtturm, wo die meisten Unterkünfte und Restaurants liegen. Im übrigen muß man berücksichtigen, daß die Pfade unter den Kokospalmen und um die Reisfelder herum abends ohne Vollmond nur schwer zu finden sind.

PRAKTISCHE HINWEISE
Informationen: Ein Fremdenverkehrsamt findet man gleich hinter dem Eingang zum Ashok Beach Resort.

Geld: In dieser Ferienanlage kann man auch von einem Schalter der Central Bank of India Gebrauch machen, wo sich schnell und ohne große Formalitäten Reiseschecks einlösen lassen. Besetzt ist er montags bis freitags von 10.30 bis 14.00 Uhr und samstags von 10.30 bis 12.00 Uhr. Ferner gibt es im Wilson Tourist Home eine offizielle Wechselstube, in der genau die gleichen Wechselkurse zugrundegelegt werden und die länger geöffnet ist. Natürlich stößt man außerdem überall auf der Straße auf Leute, die Geld wechseln wollen.

Post und Telefon: Das nächste Postamt und eine Telefonvermittlung befinden sich im Ort Kovalam und sind von 9.00 bis 17.00 Uhr geöffnet.

Läden: In Kovalam gibt es auch unzählige Kunstgewerbe- und Teppichgeschäfte (meistens mit Waren von Tibetern, Kaschmiri und Rajasthani), Bekleidungsläden (von der Stange oder nach Maß), Buchhandlungen, Gemischtwarenläden, in denen von Toilettenpapier bis Sonnencreme so gut wie alles verkauft wird, Reisebüros, Yoga-Schulen und sogar Massage-Salons. Und - nur für den Fall, daß Sie geglaubt haben, alles zu Haus zurückgelassen zu haben, um in eine fremde Kultur einzutauchen - sogar Videokassetten mit Filmen aus dem Westen haben inzwischen in Kovalam Einzug gehalten und werden in Restaurants abends zweimal gezeigt. Außerdem laufen am Strand Leute herum, die Batik-*Lungis*, Strandmatten und Miniaturmalereien auf Blättern verkaufen.

Warnung: Trinken Sie in Kovalam kein Quellwasser. Es gibt hier so viele Trockenklos fast unmittelbar neben den Quellen, daß man mit Sicherheit erkrankt, wenn man sich an diesen Rat nicht hält. Verwenden Sie als Trinkwasser lieber ausschließlich Mineralwasser in Flaschen.

UNTERKUNFT
Bei den einfachen Unterkünften gibt es in Kovalam keine Engpässe. Die Kokospalmenhaine hinter dem

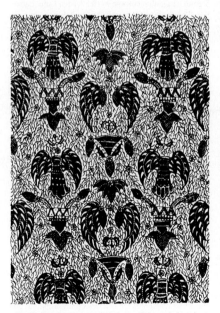

Das Batiken ist erst vor relativ kurzer Zeit von Indonesien nach Indien gebracht worden, aber schon weit verbreitet

Strand sind dicht belegt mit kleinen Lodges, Häuschen oder ganzen Blocks mit kürzlich erbauten Schlafräumen. Lassen Sie sich nicht mit den Schleppern ein, die bei der Ankunft von Bussen aus Thiruvananthapuram warten. Wenn Sie sich von solchen Leuten zu einem Quartier führen lassen, werden Sie für ein Zimmer ganz sicher mehr als nötig bezahlen müssen. Sehen Sie sich lieber zunächst nach einem Quartier um, denn meistens bekommt man in den Unterkünften das, wofür man bezahlt hat.

Je näher am Strand man übernachtet, desto teurer wird es. Für nur ein paar Minuten mehr Fußweg kann man deutlich günstiger übernachten oder erhält zum gleichen Preis wie in der Nähe des Strandes ein deutlich besseres Quartier. Noch krasser sind die Unterschiede je nach Saisonzeit. Hochsaison ist hier von November bis Februar, wobei man berücksichtigen muß, daß in einigen Unterkünften die Preise für die Zeit von Weihnachten bis Neujahr noch einmal erhöht werden.

Einfache Unterkünfte: Um in dieser Preisklasse in der Hochsaison ein gutes Zimmer zu erhalten, muß man sich zunächst umsehen, und das am besten ohne Gepäck. Wenn offensichtlich ist, daß man gerade erst angekommen ist, muß man das bezahlen, von dem der Vermieter glaubt, daß man es sich leisten kann. Lassen Sie daher nach der Ankunft Ihr Gepäck irgendwo zurück und gehen Sie dann los auf Zimmersuche. Dabei muß man auch berücksichtigen, daß man in vielen Unterkünften eine deutliche Ermäßigung erhält, wenn man länger als nur ein paar Tage bleiben will.

Die meisten der billigen Quartiere, wenn auch nicht alle, liegen am Strand oder gleich dahinter. Es gibt aber auch welche an der Straße von Thiruvananthapuram und entlang der Straße zum Leuchtturm. In vielen Strandrestaurants werden ebenfalls einige einfache Zimmer mit Gemeinschaftsdusche und Toilette vermietet. Um in der Hochsaison hier unterzukommen, muß man häufig eine Kaution hinterlegen und dann ein paar Tage warten, bis jemand ausgezogen ist.

Gegenüber vom Varmas Beach Resort liegt das einfache Eden Seaside Resort, in dem aber alle Zimmer mit eigenem Bad ausgestattet sind und in dem man für eine Übernachtung 150 Rs bezahlen muß (in der Nebensaison nur die Hälfte davon). Fast nebenan befindet sich das Hotel Thiruvathira (Tel. 48 07 87), in dem man unten in einem Doppelzimmer für 250 Rs und oben in einem Doppelzimmer mit Balkon und Blick auf die Bucht für 400 Rs übernachten kann. In der Nebensaison werden in diesem Haus die Preise auf 150 bzw. 300 Rs gesenkt. Unweit vom Strand liegt das Paradise Rock (Tel. 48 06 58), in dem in der absoluten Hochsaison um Weihnachten die Übernachtungspreise auf 600 Rs steigen und sonst 200 bis 400 Rs betragen, in der Monsunzeit sogar nur 100 Rs.

Hinter den Reisfeldern liegt das Hotel Green Valley/ Silent Valley (Tel. 48 06 36). Es ist sauber, recht beliebt und hat in der Hochsaison Zimmer mit Bad für 200 Rs zu bieten (in der Nebensaison für 100 Rs). Ein ganzes Stück vom Strand weiter weg liegt das Kovalam Tourist Home mit ganz ansprechenden Zimmern (Tel. 48 04 41), alle mit Bad, in denen man in der Hochsaison für 200 Rs und in der Nebensaison für 150 Rs übernachten kann. Das freundliche Surya Tourist Home, nur ein kleines Stück zurück vom Strand, ist eine Unterkunft ohne viel Schnickschnack mit Zimmern in der Hochsaison für 100, 150 und 175 Rs. Nebenan gelangt man zum White House mit ähnlichen Preisen. In der Nähe gibt es noch viele weitere Unterkünfte, beispielsweise die Seaside Cottages zum Strand hin und das ganz hübsche Apsara dahinter. Im Thiruvonam, ebenfalls am Strand, kommt man in recht ansprechenden Zimmern in der Hochsaison für 300 bis 350 Rs unter. Etwas abseits der Straße zum Sea Rock werden im Subesh Bhavan einfache Unterkünfte in der Nebensaison für nicht mehr als 50 Rs angeboten.

Natürlich ist man auch im Hotel California willkommen, wie ein großes Hinweisschild entlang der Mauer verkündet. Außerdem wird vom Parklane vorgeschlagen, dort zu „parken" und „Erfahrungen in der Kunst des Übernachtens zu sammeln".

Mittelklassehotels: Ein Mittelklassehotel sucht man am besten in der Straße zum Leuchtturm. Dort ist das Hotel Seaweed (Tel. 48 03 91) eine ausgezeichnete Unterkunft, sehr freundlich, sicher sowie mit einer Brise vom Meer und Aussicht auf die See. Es hat Zimmer für jeden Geldbeutel sowie jeden Geschmack zu Preisen von 300 bis 700 Rs zu bieten. In der Nebensaison werden die Preise um 25 bis 30 % gesenkt. Unmittelbar unterhalb vom Hotel Seaweed liegt das Hotel Samudra Tara (Tel. 5 46 53), das ebenfalls ganz ansprechend ist. Hier muß man für ein Zimmer mit Bad und Balkon allein 500 Rs sowie zu zweit 700 Rs bezahlen. In der Nebensaison fallen diese Preise um die Hälfte. Dieses Haus darf man nicht verwechseln mit dem Hotel Samudra der KTDC, das viel weiter weg hinter dem Ashok Beach Resort liegt.

Eine weitere gute Wahl die Straße zum Leuchtturm weiter hinauf ist das Hotel Rockholm (Tel. 48 03 06) mit herrlichen Blicken über die kleine Bucht hinter dem Leuchtturm. In der Hochsaison werden für ein Einzelzimmer 750 Rs und für ein Doppelzimmer 800 Rs berechnet, während man in der Nebensaison 25 % Ermäßigung erhält. Wenn man hier übernachtet, sollte man die Zimmer unter dem Dach meiden, denn darin ist es tagsüber wahrscheinlich sehr heiß.

Das nächste ist das mehrstöckige Aparna (Tel. 48 09 50) mit Zimmern in der Hochsaison für 800 Rs, für die die Preise in der Nebensaison auf 400 Rs gesenkt werden.

Nebenan kommt man zum Varmas Beach Resort (Tel. 5 44 78), ausgestattet mit Balkons, von denen aus man über die kleine Bucht blicken kann. In diesem Haus kostet in der Hochsaison ein Einzelzimmer 850 Rs und ein Doppelzimmer 950 Rs, während man dafür in der Nebensaison 750 bzw. 850 Rs bezahlen muß. Auf der anderen Straßenseite liegt noch ein kleines Nebengebäude mit Zimmern in der Hochsaison für 400 Rs. Dieses Haus ist übrigens eines der wenigen Mittelklassehotels ohne eigenes Restaurant.

Das letzte weiter oben an dieser Straße ist das Hotel Palmanova (Tel. 5 44 94). Es liegt nahe bei einer sandigen Bucht südlich der Landspitze mit dem Leuchtturm. Da dieser Strand weniger Gaffer und Verkäufer von allen möglichen Dingen anzieht, kann man sich dorthin gut vor dem vielen Betrieb am Hauptstrand zurückziehen. Die Zimmer sind ganz hübsch geplant und alle mit Bad sowie Balkon zum Meer hin ausgestattet. Dafür muß man in der Hochsaison als Doppelzimmer 1240 Rs (mit Klimaanlage 1540 Rs) bezahlen. In der Nebensaison sinken die Preise auf 620 bzw. 770 Rs.

Zurück vom Strand am Leuchtturm liegt das Hotel Neptune (Tel. 48 02 22), in dem in der Zeit von Weihnachten bis Neujahr Standardzimmer für 400 Rs, Zimmer mit Balkon für 480 Rs und Zimmer mit Klimaanlage für 780 Rs vermietet werden. In der Nebensaison sind diese Preise etwa 200 Rs niedriger. Ähnlich wie das Neptune ist das Hotel Volga Palace, gelegen ein paar Schritte näher zum Strand.

Unmittelbar am Strand in der nächsten Bucht liegt das Hotel Sea Rock (Tel. 48 04 22), das seit Jahren recht beliebt ist. Hier stehen nur Doppelzimmer zur Verfügung, alle mit Bad, die mit Blick auf das Meer 750 Rs und nach hinten 350 Rs kosten. In der Nebensaison braucht man dafür nur noch 350 bzw. 250 Rs zu bezahlen. Ein wenig in die Kokospalmen hinein wurde das kleine Hotel Thushara errichtet (Tel. 6 92). Hier kann man in wunderschön erbauten und wunderschön eingerichteten Cottages zur Selbstversorgung für 400 Rs übernachten (in der Nebensaison für 200 Rs). Zur Anlage gehört ferner ein preisgünstiger Teil mit einer Lodge.

Unmittelbar hinter dem Sea Rock stößt man auf die Vasans Beach Cottages, eine kleine Gruppe von Hütten zur Selbstversorgung, die sehr sauber sind und in der Hochsaison 300 bis 500 Rs kosten. Weiter oben liegt das beliebte und makellos saubere Moonlight Tourist Home (Tel. 48 03 75), in dem geräumige Zimmer mit breiten Betten und Moskitonetzen angeboten werden. Zu einigen Zimmern gehört auch ein kleiner Balkon. Für ein Doppelzimmer muß man in der Hochsaison 500 bis 600 Rs bezahlen, mit Klimaanlage 750 Rs. Die Preise für die nicht klimatisierten Zimmer werden in der Nebensaison um 30 bis 50 % gesenkt.

Mehrere Unterkünfte findet man auch an der Straße in das Dorf Kovalam, aber die scheinen nicht viele Besucher anzuziehen, vielleicht wegen der Entfernung vom und zum Strand. Auf dem Hügel oberhalb der Straße liegt das Hotel Raja (Tel. 48 03 55 und 4 55), in dem man in einem Zimmer mit Bad und Blick auf das Meer für 430 Rs unterkommt. Dieser Preis fällt in der Nebensaison auf 250 Rs. Vorhanden sind daneben ein Restaurant und eine Bar. Eine weitere Unterkünfte entlang dieser Straße ist das ganz hübsche Hotel Blue Sea (Tel. 5 44 01), das auch einen großen Garten und einen Swimming Pool zu bieten hat.

Schließlich ist noch das Hotel Samudra der KTDC (Tel. 48 00 89) zu erwähnen, aber es liegt ziemlich ungünstig etwa 2 km nordwestlich der beiden bedeutendsten Buchten. Dafür werden den Gästen dort eine eigene Bar und ein eigenes Restaurant geboten. Hier muß man in der Hochsaison für ein Doppelzimmer 720 bis 960 Rs und für ein Zimmer mit Klimaanlage 1700 Rs bezahlen, in der Nebensaison aber nur 400 Rs (mit Klimaanlage 750 Rs). Nicht weit entfernt liegt das Alitalia Beach Resort.

Luxushotels: Das Kovalam Ashok Beach Resort (Tel. 48 01 01) ist hervorragend auf der Landspitze am nördlichen Ende der zweiten Bucht gelegen. Es ist zentral klimatisiert und hat alle Einrichtungen zu bieten, die man von einem solchen Haus erwartet, darunter eine Bar, Restaurants, einen Swimming Pool, Sporteinrichtungen, eine Bank und eine Buchhandlung. Von Mitte Dezember bis Mitte Februar muß man hier für ein Einzelzimmer 2600 Rs und für ein Doppelzimmer 2800 Rs bezahlen, in den anderen zehn Monaten des Jahres 2400 bzw. 2600 Rs. Die Kovalam Grove Cottages nebenan sind 200 Rs billiger.

ESSEN

Am Strand beim Leuchtturm stehen die Restaurants vom einen Ende bis zum anderen im wahrsten Sinne des Wortes Wand an Wand. Daneben gibt es aber auch noch viele andere unter den Kokospalmen weiter zurück sowie in etlichen Hotels. Fast alle Lokale orientieren sich an der internationalen Küche mit Frühstück im westlichen Stil (Porridge, Müsli, Eier, Toast, Marmelade, Pfannkuchen) und Meeresfrüchten (Fisch mit Pommes Frites und Salat). Abends läßt sich am Strand sogar bei Kerzenlicht essen und sich in der Auslage ein Fisch aussuchen, der dann wie gewünscht zubereitet wird. Nach indischen Maßstäben sind die Preise hier hoch, aber dennoch annehmbar. Für Fisch und Chips muß man normalerweise zwischen 70 und 100 Rs und für Tigergarnelen etwas über 200 Rs bezahlen.

Viele dieser Restaurants warten, damit sich ihre Anziehungskraft erhöht, auch mit Musik und Videofilmen auf. Aber fast ausnahmslos überall muß man sich darauf einstellen, lange warten zu müssen, bis das bestellte Essen serviert wird. Die Zeit, die es dauert, bis ein Fisch gegrillt ist, erscheint manchmal erstaunlich lang. Dabei ist die Zubereitung durchaus nur mittelmäßig.

Wenn man sein Glück einmal in den Lokalen zum Strand beim Leuchtturm hin versuchen will, dann bieten sich dafür das Café Coral Reef, das Restaurant Flamingo, das Restaurant Hawah Beach, das Restaurant Santana und das Restaurant Garzia Seafood Corner an. Eine ganze Reihe weiterer Restaurants findet man weiter zurück vom Strand, auch wenn dort Meeresfrüchte nicht mehr ganz oben auf der Speisekarte stehen. Ganz hübsch in den Reisfeldern liegt das vegetarische Restaurant Lonely Planet, in dem man erstaunlich gut essen kann, das aber mit dem Verlag der englischsprachigen Ausgabe dieses Buches überhaupt nichts zu tun hat. Der Verlag Lonely Planet plant auch nicht, überall auf der Welt Lizenzen für die Eröffnung von Restaurants mit diesem Namen zu vergeben!

Ist man vom ermüdenden Warten auf sein Essen in den Strandrestaurants müde, lohnt es durchaus, in Erwägung zu ziehen, auch einmal im Restaurant eines Mittelklassehotels weiter zurück vom Strand zu essen. Wenn man sich dazu entschließt, besteht eine gute Aussicht, daß dort mit einer ordentlichen Kücheneinrichtung und ausreichend ausgebildeten Mitarbeitern ein ganz leckeres Gericht ansprechend serviert wird. Im Hotel Seaweed wird das beliebte Dachrestaurant Lucky Coral geführt. Nicht schlecht ist auch das Restaurant im Hotel Rockholm, zu dem eine Gartenanlage mit Blick auf das Meer gehört. Und im Palmanova kann man entweder drinnen oder draußen auf dem offenen Balkon speisen. Auch im Sea Rock eignet sich ein Balkon mit Blick auf den Strand für ein Essen.

Am Strand bietet eine Reihe von einheimischen Frauen den Sonnenanbetern Obst feil. Das „Hello, baba. Mango? Papaya? Banana? Coconut? Pinapple?" wird bald ein vertrauter Teil Ihrer Tage werden. Die Früchte werden zu dem Preis verkauft, den die Kunden zu zahlen gewillt sind. Aus diesem Grund sollten man bei den ersten Zusammentreffen sagen, was man für einen fairen Preis hält. Man wird sich später an das Gesicht erinnern und nicht mit der ganzen Vorstellung von vorn beginnen. Nur selten haben die Frauen Wechselgeld bei sich, sind jedoch zuverlässig, wenn es darum geht, es später vorbeizubringen. *Toddy* (Kokosnuß-

bier) und *feni* (ein Schnaps, der durch die Destillierung von gegärten Mus aus Kokosnüssen oder Cashew-Kernen gewonnen wird) sind in einigen Geschäften im Ort Kovalam erhältlich.

AN- UND WEITERREISE

Bus: Nahverkehrsbusse der Linie 111 fahren zwischen 6.00 und 22.00 Uhr alle 15 Minuten nach Thiruvananthapuram. Der Fahrpreis beträgt 3,50 Rs. In Thiruvananthapuram beginnen diese Busse ihre Fahrten am Bussteig 19 der Haltestelle in der M G Road, 100 m südlich des Busbahnhofs für die Nahverkehrsbusse, und zwar gegenüber vom Hotel Luciya Continental. Alle Busse fahren unglaublich überfüllt ab, leeren sich dann aber bald. In Kovalam beginnen und beenden die Busse ihre Fahrten am Ashok Beach Resort.

Direktverbindungen bestehen von Kovalam auch nach Ernakulam und Kanyakumari (Kap Comorin), was das Gedränge bei den Bussen in Thiruvananthapuram erspart. Das Kap Comorin ist zwei Stunden Busfahrt entfernt und wird viermal täglich angefahren. Ein weiterer Bus verläßt Kovalam täglich am Morgen in Richtung Thekkady im Tierschutzgebiet Periyar. Ferner bestehen Direktverbindungen nach Kollam, die sich anbieten, wenn man eine Bootsfahrt auf den Backwaters unternehmen will.

Taxi und Auto-Rikscha: Für eine Taxifahrt zwischen Thiruvananthapuram und Kovalam muß man ca. 150 Rs einkalkulieren. Der genaue Preis hängt davon ab, wo man ein- oder aussteigen will, denn von der oder zur Museum Road am nördlichen Ende von Thiruvananthapuram ist es teurer als vom Bahnhof und Busbahnhof am südlichen Ende der Stadt. Das gilt auch für Kovalam, denn bis zur Straße zum Leuchtturm wird man mehr ausgeben müssen als bis zum Ashok Beach Resort am nördlichen Ende. Für eine Fahrt mit einer Auto-Rikscha muß man mit 50 bis 60 Rs rechnen. Wenn man von Thiruvananthapuram nach Kovalam gekommen ist, ist es am besten, sich bis zum Ende des Strandes beim Leuchtturm (Vizhinjam) fahren zu lassen, weil das viel näher bei den Hotels ist und sich dort viel weniger Schlepper aufhalten. Leicht ist es auch, ein Taxi für eine Fahrt vom Flughafen von Thiruvananthapuram zum Strand von Kovalam zu finden.

DIE UMGEBUNG VON KOVALAM

VIZHINJAM

Vizhinjam liegt einen Kilometer südlich des Strandes von Kovalam und zeichnet sich durch einen großen künstlichen Hafen aus, der an der Nordseite von einer scharlachrot sowie grün gestrichenen Moschee und an

der Südseite von einer riesigen katholischen Kirche dominiert wird. Noch in Kovalam kann man die von Lautsprechern übertragenen Rufe zum Gebet und das Glockenläuten zur Messe hören. Der Strand im Ort ist voller Boote, die bei Sonnenuntergang zum Fischfang auslaufen. Abends und nachts kann man vom Strand aus ihre Lichter wie eine Halskette am Horizont schimmern sehen.

Vizhinjam (Vilinjam) war vom 7. bis zum 11. Jahrhundert die Hauptstadt des Ay-Königreiches. Daher ist es sicher nicht erstaunlich, daß um das Dorf herum eine Reihe von aus den Felsen gehauenen Tempeln entdeckt wurden. Das sind Überbleibsel aus der Zeit, als das Königreich unter tamilischen Einfluß geraten war.

PULINKUDI UND SOMATHEERAM

In Pulinkudi, 8 km südlich von Kovalam, gibt es zwei Alternativen zu den Unterkünften an den überfüllten Stränden von Kovalam. Dort liegt das Surya Samudra Beach Garden (Tel. 48 04 13), eine kleine und sehr auserlesene Ferienanlage mit einzelnen Cottages, viele davon erbaut wie traditionelle Häuser aus Kerala. Den Gästen werden dort eigene Strände, ein phantastischer natürlicher Swimming Pool in einem Felsen sowie abends Musik und Vorführungen von Kriegskunst und Tänzen geboten. Auch die Verpflegung ist hervorragend und kostet als Frühstück 120 Rs, als Mittagessen 240 Rs und als Abendessen 360 Rs. Von Dezember bis Februar muß man für die meisten Unterkünfte allein 2900 bis 3300 Rs und zu zweit 3200 bis 3600 Rs bezahlen. Ausgehend von diesen Hochsaisonpreisen sind die Quartiere zu anderen Jahreszeiten je nach Saison günstiger.

Ein bißchen weiter südlich gelangt man zum Strand von Somatheeram, wo man im Somatheeram Ayurvedic Beach Resort (Tel. 48 06 00) Strandleben mit einer Behandlung nach der ayurvedischen Medizin miteinander verbinden kann. In der Hochsaison werden in dieser Anlage die meisten Zimmer für 900 bis 1500 Rs vermietet. Daneben kann man sich auf unterschiedliche Weise ayurvedisch behandeln lassen.

POZHIKKARA

Das Lagoon Beach Resort im Dorf Pachaloor (Tel. 44 37 38), 5 km nördlich von Kovalam, ist eine kleine, einfache Unterkunft mit Zimmern zu Preisen zwischen 150 und 250 Rs. Von dort pendelt eine kleine Fähre von Einheimischen über die Lagune zu einem Strand. Außerdem werden täglich um 8.00 und 16.00 Uhr Ausflüge durch die Backwaters veranstaltet.

LAKSHADWEEP-INSELN

Einwohner: 51 000

Der Lakshadweep-Archipel besteht aus 36 Inseln etwa 200 bis 300 km vor der Küste von Kerala. Die Inseln sind die nördliche Verlängerung der Malediven-Kette. Zehn dieser Inseln sind bewohnt. Das sind Andrott, Amini, Agatti, Bitra, Chetlat, Kadmat, Kalpeni, Kavaratti (mit dem Sitz der Verwaltung), Kiltan und Minicoy. Die Inseln bilden das kleinste Unionsterritorium von Indien und sind die einzigen Koralleneilande des ganzen Landes. Von der Bevölkerung sind 93 % Moslems und gehören dem Shafi-Zweig der Sunniten an. Außer auf Minicoy, wo Mahl üblich ist, eine Sprache, der man sich auch auf den Malediven bedient, wird auf allen Inseln Mayalalam gesprochen. Die wichtigsten Tätigkeiten der Insulaner sind der Fischfang sowie die Herstellung von Kopra und Seilen. Auch der Tourismus ist ein sich langsam entwickelnder Wirtschaftszweig.

Der Legende nach waren die ersten Leute, die sich auf den Inseln niederließen, Seeleute aus Kodungallur (Cranganore), die Schiffbruch erlitten hatten, nachdem sie ihren König Cheraman Perumal gesucht hatten. Der war heimlich zu einer Pilgerfahrt nach Mekka aufgebrochen. Der erste historische Nachweis stammt jedoch aus dem 7. Jahrhundert, als ein *marabout* (moslemischer Heiliger) Schiffbruch erlitt und sich auf die Insel Amini retten konnte. Trotz anfänglicher Widerstände der Einheimischen gegen seine Versuche, sie zum Islam zu bekehren, war er schließlich doch erfolgreich und wurde nach seinem Tod auf Andrott beigesetzt. Sein Grab wird bis zum heutigen Tage als heilige Stätte verehrt.

Selbst nach dem Übertritt der gesamten Bevölkerung zum Islam blieb die Herrschaft über die Inseln zunächst in den Händen des hinduistischen Raja von Chirakkal. Im 16. Jahrhundert jedoch ging sie auf die moslemischen Herrscher von Kannur und im Jahre 1783 auf Sultan Tipu über. Nach dem Sieg der Briten über Sultan Tipu in der Schlacht von Srirangapatnam im Jahre 1799 wurden die Inseln von der East Asia Company besetzt und werden seit 1956 als Unionsterritorium verwaltet.

Die von Palmen bewachsenen Koralleninseln mit ihren wunderschönen Lagunen sind mit jedem Fleckchen Erde so einladend wie die der Malediven, blieben aber bis vor kurzem so gut wie unerreichbar. Nun werden für Inder regelmäßig Kreuzfahrten um die und Ausflüge auf die Inseln veranstaltet. Die Ferienanlage auf der ansonsten unbewohnten Insel Bangaram ist auch für Ausländer zugänglich. Bangaram liegt mit den drei anderen Inseln Thinnakara, Parali 1 und Parali 2 in einer 6 km langen und 10 km breiten Lagune.

PRAKTISCHE HINWEISE

Die Verwaltung der Lakshadweep-Inseln unterhält Büros in Kochi und Neu-Delhi. Ausländische Touristen dürfen nur die Insel Bangaram betreten und dort nur im Bangaram Island Resort übernachten, das von der Gruppe der Casino-Hotels geführt wird. Die für einen Aufenthalt erforderliche Sondergenehmigung wird in einem Tag oder in zwei Tagen vom Hotel Casino auf der Insel Willingdon in Kochi (Tel. 0484/66 68 21) besorgt.

UNTERKUNFT UND ESSEN

Indische Touristen auf den Kreizfahrtschiffen, die zu den Inseln fahren, bleiben normalerweise zum Übernachten an Bord. Die einzige Übernachtungsmöglichkeit für Ausländer stellt das Bangaram Island Resort mit 30 Zimmern dar. In der Hochsaison von Mitte Dezember bis Mitte Januar muß man dort für eine Übernachtung mit Vollpension allein 220 US $ und zu zweit 230 US $ bezahlen. Im größten Teil vom Rest des Jahres sinken die Preise auf 130 bzw. 180 US $ und in der Nebensaison sogar auf 80 bzw. 130 US $.

Gesondert zu bezahlen sind Tauchgänge, Fahrten zum Hochseeangeln und Bootsausflüge, während die Benutzung von Kajaks, Katamaranen und Segelbooten im Preis bereits enthalten ist. Reservierungen nimmt der Manager vom Bangaram Island Resort im Hotel Casino, Willingdon, Kochi 682003, entgegen (Tel. 0484/ 66 68 21).

AN- UND WEITERREISE

Flug: NEPC fliegt Agatti von Kochi/Cochin zweimal wöchentlich an (hin und zurück 300 US $). Der Transfer nach Bangaram wird mit einem Boot (30 US $) oder mit einem Hubschrauber (80 US $) vorgenommen.

Schiff: Pauschalreisen mit einem Schiff werden von SPORTS (Lakshadweep Office, Indira Gandhi Road, Willingdon, Kochi 682003) veranstaltet.
Derzeit dürfen an diesen Fahrten aber nur Inder teilnehmen. Die vier- oder fünftägigen Fahrten werden mit der *Tipu Sultan* und der *Bharat Seema* unternommen.

MADRAS

Madras, Indiens viertgrößte Stadt, ist die Hauptstadt von Tamil Nadu. Es ist ein erfreuliches Reiseziel, denn Madras leidet viel weniger unter der Übervölkerung als andere indische Großstädte, ändert sich aber schnell. Es wird nicht mehr lange dauern, bis Madras es mit den anderen an Gewühl, Krach, Qualm und dem Gestank aufnehmen kann, der von herumliegenden Abfällen ausgeht. Sehen Sie sich die Stadt daher an, solange sie noch einigermaßen hübsch ist!

Die Einwohner von Madras sind eifrig darauf bedacht, sich die Kultur der Tamilen zu erhalten. Sie halten ihr Kulturgut für überlegen und für weitaus besser als die vielfältigen Kulturen weiter nördlich. Sie gehörten beispielsweise zu den lautstärksten Gegnern der Absicht, Hindi zur Landessprache zu erklären. Es besteht ferner eine große Sympathie für die Seperatistenbewegung der Tamilen im Nachbarland Sri Lanka, auch wenn man nur wenig Zustimmung zur Ermordung von Rajiv Gandhi durch die Hände von tamilischen Extremisten vernehmen konnte.

Madras ist zudem die Hochburg für die Herstellung von Filmen in Tamil. Selbst der Ministerpräsident dieses Bundesstaates, Jayalalitha Jayaram, war früher ein Filmstar.

Die Stadt kann ferner mit bemerkenswert gut funktionierenden öffentlichen Dienstleistungen aufwarten. Hier ist es möglich, außer in der Hauptverkehrszeit ganz ohne Gedränge und Hast gelassen in einen städtischen Bus einzusteigen. Auch die Vorortzüge kann man ohne Angstgefühle benutzen. Natürlich gibt es in Madras auch Slums und Bettler wie in anderen indischen Städten, aber sie sind weniger aufdringlich und seltener als in übrigen Metropolen des Landes. Allerdings leidet Madras in den Sommermonaten unter einem akuten Wassermangel, insbesondere dann, wenn der letzte Monsun nicht viel Regen gebracht hat.

Als Touristenattraktion kommt Madras im Vergleich zu dem, was dieser Staat sonst zu bieten hat, schlecht weg. Die wichtigsten Gründe dafür, daß überhaupt Touristen in diese Stadt kommen, dürften die Erledigung bestimmter Dinge sowie der Antritt oder die Beendigung einer Langstreckenfahrt sein.

GESCHICHTE

Madras war die erste wichtige Siedlung der britischen East India Company und wurde in Jahre 1639 gegründet. Das Land wurde der Gesellschaft damals vom Raja von Chandragiri zur Verfügung gestellt. Er war der

Einwohner: 5,7 Millionen
Wichtigste Sprache: Tamil
Telefonvorwahl: 044
Beste Reisezeit: Januar bis September

letzte Repräsentant der Vijayanagar-Herrscher von Hampi. Die Briten bauten 1644 in einem Fischerdorf zunächst ein kleines Fort, aber später wuchs die Siedlung. Daraus wurde die Stadt George Town., die in der Gegend des Forts St. George aufblühte. 1683 wurde diese Siedlung unabhängig von Java und erhielt 1688 von James II. ihre erste städtische Verfassung. Damit besitzt die Stadt die älteste Verfassung Indiens, eine Tatsache, auf die die Kommunalpolitiker bei jeder sich bietenden Gelegenheit nur allzu gern hinweisen. Während des 18. und zu Beginn des 19. Jahrhunderts litt Madras unter der Rivalität zwischen den Briten und Franzosen um die Vormachtstellung in Indien. Die Stadt erlebte damals Höhepunkte und Niederlagen. Sie war sogar für kurze Zeit von den Franzosen besetzt. Im 19. Jahrhundert machte sich Clive von Madras auf den Weg, um seine militärischen Expeditionen durchzuführen. Zu dieser Zeit war Madras Sitz der Madras Presidency, einer der vier Abteilungen des britischen Imperialreiches in Indien.

ORIENTIERUNG

Madras ist im Grunde genommen ein Konglomerat von ursprünglich vier Dörfern. Um sich die Orientierung ein wenig zu erleichtern, läßt sich die Stadt jedoch gut in zwei Gebiete unterteilen. Der ältere Stadtteil, George Town, liegt in der Nähe der Docks und nordöstlich der Periyar E V R High Road (früher Poonamallee High Road genannt). In den engen, winkeligen Gassen dieses Stadtteils findet man die Büros der Schiffsmakler und Spediteure, einige preiswerte Hotels und Restaurants, große Bürogebäude, Basare und das Hauptpostamt (GPO). Dreh- und Angelpunkt der Altstadt ist Parry's Corner, die Kreuzung der Prakasam Road (bekannter unter der Bezeichnung Popham's Broadway) und der N. S. C. Bose Road. Hier halten viele Stadtbusse. Ganz in der Nähe, in der Esplanade Road, findet man auch zwei Busbahnhöfe für Fernbusse (Tamil Nadu State Bus Stand und Thiruvalluvar Bus Stand).

Der andere Stadtteil liegt südlich der Periyar E V R High Road. Durch ihn verläuft die Hauptstraße von Madras, die Anna Salai, die auch unter der Bezeichnung Mount Road bekannt ist. An dieser Straße liegen viele Büros von Fluggesellschaften, Theater, Banken, Buchhandlungen, Kunstgewerbezentren, Konsulate, Fremdenverkehrsämter sowie Luxushotels und Restaurants.

Die beiden Bahnhöfe von Madras, Egmore und Central, sind unweit der Periyar E V R High Road. Egmore ist der Bahnhof für die meisten Züge nach Zielen in Tamil Nadu und Kerala. Wenn man in einen anderen Bundesstaat reisen möchte, fährt man meistens auf dem Bahnhof Madras Central ab.

PRAKTISCHE HINWEISE

Informationen: Das staatliche indische Fremdenverkehrsamt (Government of India Tourist Office) in der Anna Salai 154 ist montags bis freitags von 9.15 bis 17.45 Uhr sowie samstags und an Feiertagen von 9.00 bis 14.00 Uhr geöffnet (Tel. 8 52 42 95, Fax 8 52 21 93). Im Vergleich zu manchen anderen indischen Fremdenverkehrsämtern schneidet dieses in der Anna Salai ganz gut ab, denn die Mitarbeiter kennen sich aus, sind hilfsbereit sowie freundlich und händigen Besuchern auf Wunsch ganze Berge von kostenlosem Informationsmaterial aus, darunter auch die monatlich erscheinende Broschüre *Hallo! Madras*, in der alle Dienstleistungen beschrieben sind. Diese Broschüre ist ansonsten für

5 Rs an Buchständen überall in der Stadt erhältlich. Anmeldungen zu Fahrten der India Tourism Development Corporation (ITDC) werden ebenfalls entgegengenommen.

Zu erreichen ist dieses Fremdenverkehrsamt mit Bussen der Linien 11 oder 18 von Parry's Corner oder vom Bahnhof Central.

Auch in den Flughafengebäuden für Inlandsflüge (Tel. 2 34 03 86) und Auslandsflüge (Tel. 2 34 58 01) wurden Auskunftsschalter des staatlichen indischen Fremdenverkehrsamtes eingerichtet, aber dort erhält man nur begrenzt Informationen.

Die ITDC ist in der Victoria Crescent 29, an der Ecke der Commander-in-Chief Road (C-in-C Road), vertreten (Tel. 8 27 88 84). Diese Organisation ist montags bis samstags von 6.00 bis 18.00 Uhr und sonntags von 6.00 bis 13.00 Uhr zu erreichen. Das ist zwar kein Fremdenverkehrsamt, in dem man Informationsmaterial und touristische Auskünfte erhalten kann, aber hier kann man sich zu Ausflugsfahrten anmelden. Die beginnen auch hier.

Das Fremdenverkehrsamt von Tamil Nadu (Tamil Nadu Government Tourist Office) findet man in der Anna Salai 143 (Tel. 84 07 52, Fax 83 03 80) und ist montags bis freitags von 10.00 bis 17.00 Uhr geöffnet. Hier kann man sich auch für Ausflugsfahrten mit einem Bus der Tamil Nadu Tourism Development Corporation (TTDC) anmelden. Informationsstellen unterhält das Fremdenverkehrsamt von Tamil Nadu ferner am Bahnhof Central (Tel. 56 33 51) und am Busbahnhof der Thiruvalluvar Transport Corporation (TTC).

Auch der Automobilclub von Südindien (Automobile Association of South India) hat ein Büro in der Anna Salai 187 (Tel. 8 52 40 61). Das ist im Verwaltungsgebäude von American Express im 4. Stock. Dort kann man einen Autoatlas für ganz Indien sowie Taschenreiseführer für Bangalore, Mysore, Hyderabad und Madras kaufen.

Geld: Sowohl bei American Express als auch bei Thomas Cook erhält man für Bargeld und Reisechecks ganz gute Wechselkurse. American Express findet

Straßennamen in Madras	
Viele Straßen in Madras sind vor kurzem offiziell umbenannt worden, so daß bei den Bezeichnungen in der Umgangssprache ein verwirrendes Durcheinander herrscht.	
Alte Straßenbezeichnung	**Neue Straßenbezeichnung**
Mount Road	Anna Salai
Poonamallee High Road	Periyar E V R Road
Popham's Broadway	Prakasam Road
North Beach Road	Rajaji Salai
South Beach Road	Kamarajar Salai
Pycoft's Road	Bharathi Salai
Adam's Road	Swami Sivananda Salai
Mowbray's Road	T T K Road

man in der Spencer Plaza G-17 an der Anna Salai (Tel. 8 52 36 38), geöffnet täglich von 9.30 bis 19.30 Uhr.
Bei Thomas Cook muß man für das Einlösen von anderen als den eigenen Reiseschecks eine Gebühr von 20 Rs entrichten. Diese Organisation unterhält folgende Filialen:

Egmore
Ceebros Centre 45, Montieth Road, geöffnet montags bis samstags von 9.30 bis 18.00 Uhr (Tel. 8 25 84 17)

George Town
Rajaji Salai 20, ähnliche Öffnungszeiten (Tel. 5 34 09 94)

Nungambakkam
Eldorado Building, Nungambakkam High Road, geöffnet montags bis freitags von 9.30 bis 13.00 Uhr und von 14.00 bis 16.00 Uhr sowie samstags von 9.30 bis 12.00 Uhr (Tel. 8 27 49 41).

Die Hauptstelle der State Bank of India befindet sich an der Rajaji Salai in George Town. Zweigstellen findet man an der Anna Salai sowie in den Flughafengebäuden für internationale Flüge (geöffnet rund um die Uhr) und für Inlandsflüge (geöffnet von 5.00 bis 12.00 Uhr und von 13.00 bis 20.00 Uhr).

Post und Telefon: Das Hauptpostamt befindet sich in der Rajaji Salai. Wenn man jedoch um den Bahnhof Egmore oder die Anna Salai wohnt (wie es heutzutage vorwiegend zu sein scheint), ist es bequemer, postlagernde Sendungen im Postamt Anna Salai abzuholen. Die offizielle Anschrift dafür lautet: Anna Salai (Mount Road) Post Office, Anna Salai, Madras 600002. Dort kann man postlagernde Sendungen montags bis samstags zwischen 10.00 und 18.00 Uhr erhalten. Ansonsten läßt sich dieses Postamt montags bis samstags von 8.00 bis 20.30 Uhr und sonntags von 10.00 bis 17.00 Uhr in Anspruch nehmen. Das Postamt in der Anna Salai eignet sich auch am besten, um Päckchen sowie Pakete aufzugeben, denn es ist weit weniger überfüllt als das Hauptpostamt. Verpacken lassen kann man seine Sendungen schnell und billig vor dem Gebäude. In beiden Postämtern kann man Tag und Nacht auch Telefongespräche führen. Das geht aber auch von den vielen Stellen in der Stadt mit STD/ISD-Anschlüssen. R-Gespräche lassen sich im Videsh Sanchar Bhavan in der Swami Sivananda Salai 5 (Tel. 56 60 73, Fax 94 44 44) anmelden. Dort kann man aber auch Faxmitteilungen aufgeben. Geöffnet ist dieses Telekommunikationszentrum täglich von 7.00 bis 19.00 Uhr.

Konsulate: In Madras sind u. a. folgende Länder mit einem Konsulat vertreten:
Deutschland
Commander-in-Chief Road 22 (Tel. 48 27 17 47)
Malaysia

Sri Ram Nagar 6, Alwarpet (Tel. 4 34 30 48)
Singapur
Apex Plaza, Nungambakkam High Road 3 (Tel. 8 27 37 95)
Sri Lanka
Nawab Habibullah Road 9-D, eine Seitenstraße der Anderson Road (Tel. 8 27 22 70)

Visaverlängerungen und Sondergenehmigungen: Die Ausländerbehörde (Foreigners' Registration Office) ist im Anbau des Shastri Bhavan in der Haddows Road 26, und zwar im hinteren Gebäude im Erdgeschoß, untergebracht (Tel. 8 27 82 10). Die Bearbeitung von Anträgen auf Verlängerung eines Visums (bis zu sechs Monate) dauert hier etwa einen Tag und kostet 790 Rs. Dafür muß man auch vier identische Paßbilder abgeben. Dienststunden sind montags bis freitags von 9.30 bis 13.30 Uhr und von 14.00 bis 18.00 Uhr. An dieser Behörde kommen Busse der Linien 27J und 27 RR vorbei, die gegenüber vom Hotel Connemara abfahren. Wenn man beabsichtigt, die Andamanen mit einem Schiff zu besuchen, muß man sich dafür eine Sondergenehmigung besorgen, bevor man die Fahrkarte für die Schiffspassage kaufen kann. Besucher, die mit einem Flugzeug auf die Andamanen reisen, erhalten die Genehmigung bei der Ankunft in Port Blair. Um diese Sondergenehmigung zu bekommen, muß man sich beim Directorate of Shipping Services in der Rajaji Salai 6 in George Town (Tel. 5 22 68 73) das dafür erforderliche Formular besorgen und es ausgefüllt mit zwei Paßbildern in der Ausländerbehörde (Foreigners' Registration Office) abgeben. Wenn man das morgens macht, sollte es möglich sein, die Sondergenehmigung am gleichen Tag zwischen 16 und 17 Uhr abzuholen.

Steuerbescheinigungen: Einkommensteuerbescheinigungen werden, soweit erforderlich, in der Auslandsabteilung des Finanzamtes (Foreign Section, Office of the Collector of Taxes) in der Nungambakkam High Road 121 (Tel. 8 27 20 11, App. 40 04) ausgestellt. Dafür muß man das Formular 31 ausfüllen und mit einer Kopie seines Reisepasses abgeben. Dann dauert die Prozedur des Ausstellens der Bescheinigung etwa 30 Minuten.

Bibliotheken und Kulturinstitute: Deutsche Zeitungen und Bücher kann man im Goethe-Institut (Max Mueller Bhavan) in der Khader Nawaz Khan Road 13, einer Seitenstraße der Nungambakkam Road, lesen (Tel. 86 13 14 und 86 23 43).
Die Bibliothek des British Council findet man in der Anna Salai 737, und zwar am Ende einer schmalen Gasse neben einem Gebäude mit einem großen Zeichen von Philips auf dem Dach. Gelegenheitsbesucher werden zwar nicht gerade ermutigt, aber wenn man einige Zeit in

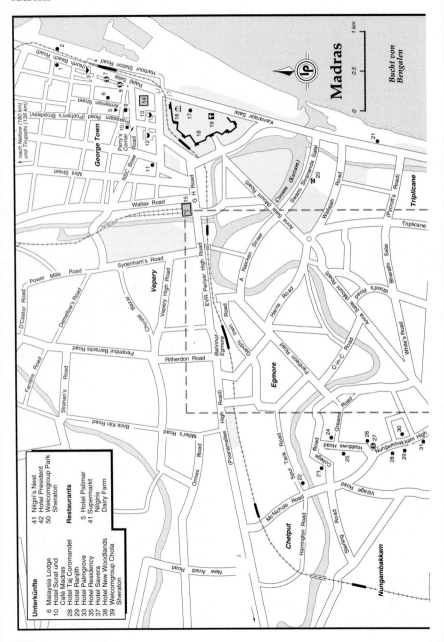

Madras

Bucht von Bengalen

George Town

Vepery

Egmore

Chetput

Nungambakkam

Triplicane

Unterkünfte

6 Malaysia Lodge
10 Hotel Surat und
   Café Madras
28 Hotel Taj Coromandel
29 Hotel Ranjith
33 Hotel Palmgrove
35 Hotel Residency
37 Hotel Savera
38 Hotel New Woodlands
39 Welcomgroup Chola
   Sheraton
41 Nilgiri's Nest
42 Hotel President
50 Welcomgroup Park
   Sheraton

Restaurants

5 Hotel Palimar
41 Supermarkt
   Nilgiris
   Dairy Farm

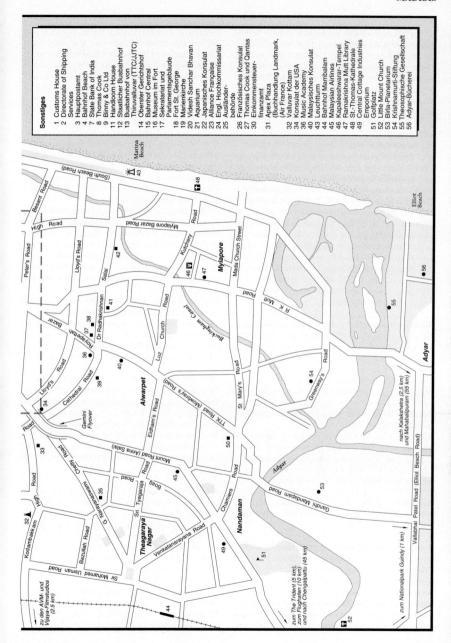

Sonstiges

1 Customs House
2 Directorate of Shipping Services
3 Hauptpostamt
4 Bahnhof Beach
7 State Bank of India
8 Thomas Cook
9 Binny & Co Ltd
11 Handloom House
12 Staatlicher Busbahnhof
13 Busbahnhof von Thiruvalluvar (TTC/JJTC)
14 Oberster Gerichtshof
15 Bahnhof Central
16 Museum im Fort
17 Sekratariat und Parlamentsgebäude
18 Fort St. George
19 Marienkirche
20 Videsh Sanchar Bhavan
21 Aquarium
22 Japanisches Konsulat
23 Alliance Française
24 Engl. Hochkommissariat
25 Ausländer-behörde
26 Französisches Konsulat
27 Thomas Cook und Qantas
30 Einkommensteuer-finanzant
31 Apex Plaza (Buchhandlung Landmark, Air France)
32 Valluvar Kottam
34 Konsulat der USA
36 Music Academy
40 Malaysisches Konsulat
43 Leuchtturm
44 Bahnhof Mambalam
45 Malaysian Airlines
46 Kapaleeshwarar-Tempel
47 Ramakrishna Mutt Library
48 St.-Thomas-Kathedrale
49 Central Cottage Industries Emporium
51 Golfplatz
52 Little Mount Church
53 Birla-Planetarium
54 Krishnamurti-Stiftung
55 Theosophische Gesellschaft
56 Adyar-Bücherei

Madras bleibt, kann man für 60 Rs pro Monat vorübergehend Mitglied werden. Zugänglich ist diese Bibliothek dienstags bis samstags von 11.00 bis 19.00 Uhr. Dem Konsulat der USA ist die Bibliothek des American Center angeschlossen (Tel. 8 27 30 40). Sie ist montags bis samstags von 9.30 bis 18.00 Uhr geöffnet. Die Alliance Française findet man in der College Road 40 in Nungambakkam (Tel. 8 27 14 77) und kann montags bis freitags von 9.00 bis 13.00 Uhr und von 15.30 bis 18.30 Uhr sowie samstags von 9.00 bis 13.00 Uhr aufgesucht werden.

Die Ramakrishna Mutt Library in der Ramakrishna Mutt Road 16 in Mylapore, unweit vom Kapaleeshwarar-Tempel, hat sich auf Philosophie, Mythologie und das klassische Indien spezialisiert. Weiter südlich, in der Greenways Road 64, hat sich die Krishnamurty-Stiftung angesiedelt (Tel. 4 93 78 03). Auf der anderen Seite des Flusses, in Adyar, findet man die Adyar-Bücherei (Tel. 41 35 28). Sie ist der Theosophischen Gesellschaft angegliedert. Das ist eine riesige und umfangreiche Sammlung von Büchern zu allen Aspekten der Religion, der Philosophie und der Mystik. Zugänglich ist sie dienstags bis freitags von 8.00 bis 11.00 Uhr und von 13.30 bis 17.00 Uhr. Zu allen drei Bibliotheken kommt man mit Bussen der Linien 5 und 19M, die entlang der Anna Salai fahren.

Buchhandlungen: Eine der besten Buchhandlungen in ganz Südindien ist Landmark Books im Untergeschoß der Apex Plaza an der Nungambakkam High Road 3. Ganz gut sortiert sind auch Higginbothams in der Anna Salai 814 und, wenn auch in einem geringeren Ausmaß, The Bookshop in der Spencer Plaza. Dort kann man aus einer durchaus annehmbaren Auswahl an Romanen und Bildbänden wählen. Higginbothams unterhält auch Stände im Bahnhof Central und im Flughafengebäude für Inlandsflüge.

Bücherwürmer, die sich gern durch ganze Berge von Büchern auf engstem Raum wühlen mögen, sind im Giggles Book Shop im Hotel Connemara (Tel. 8 52 01 23, Fax 8 52 33 61) richtig. Der geradezu geniale Besitzer betreibt auch einen verläßlichen Versandbuchhandel.

Reisebüros: Zuverlässig ist der Travel Service von American Express in der Spencer Plaza an der Anna Salai (Tel. 8 52 36 28).

Ärztliche Behandlung: Ein Notdienst rund um die Uhr ist im Apollo-Krankenhaus in der Greams Lane 21 (Tel. 8 27 74 47) eingerichtet worden.

SEHENSWÜRDIGKEITEN

Fort St. George und Marienkirche: Das Fort ist seit 1653 von der britischen East India Company erbaut, später allerdings durch Umbauten stark verändert wor-

den. Heute sind darin das Sekretariat und das Parlament (Legislative Assembly) untergebracht. Die 46 m hohe Fahnenstange davor war früher der Mast eines Segelschiffes, das im 17. Jahrhundert Schiffbruch erlitt. Das Museum im Fort (Tel. 56 11 27) hat eine faszinierende Sammlung von Ausstellungsstücken zur Erinnerung an die Tage der East India Company und der britischen Kolonialherren zu bieten. Der Eintritt zu dem außer freitags täglich von 9.00 bis 17.00 Uhr geöffneten Museum ist frei. Oben ist die Banqueting Hall, erbaut 1802, mit Porträts von Gouverneuren des Forts St. George und anderer hoher Beamten aus der britischen Zeit. Unmittelbar südlich des Museums kann man sich das Pay Accounts Office ansehen. Das war früher das Haus von Robert Clive, in dem ein Zimmer, allgemein bekannt als Clive's Corner, für die Öffentlichkeit zugänglich ist.

Die Marienkirche stammt aus den Jahren 1678-80, war die erste englische Kirche in Madras und ist heute die älteste britische Kirche in ganz Indien. In ihr gibt es Relikte, die an Clive erinnern. Er wurde in dieser Kirche 1753 getraut. Auch an Elihu Yale, einen der ersten Gouverneure von Madras, der später die berühmte Universität gleichen Namens in den USA gründete, wird erinnert.

Nördlich des Forts steht auf dem Gelände des Obersten Gerichtshofs ein Leuchtturm aus dem Jahre 1844, der 1971 durch einen häßlichen, modernen Leuchtturm am Bootshafen ersetzt wurde.

Wenn man zum Fort St. George mit einer Auto-Riksha fahren will, sollte man als Ziel „Secretariat" angeben.

Oberster Gerichtshof: Das rote indo-sarazenische Monstrum des Obersten Gerichtshofes (High Court) an Parry's Corner ist der wichtigste Orientierungspunkt von George Town. Erbaut 1892, soll es nach dem in London das zweitgrößte Gerichtsgebäude der Welt sein. Man kann in dem Gebäude herumspazieren und an einer Verhandlung teilnehmen. Die beste Einrichtung und Dekoration kann man sich im Gerichtssaal Nr. 13 ansehen.

Staatliches Museum: Das Museum des Bundesstaates steht in der Pantheon Road, und zwar zwischen dem Bahnhof Egmore und der Anna Salai. Das Gebäude gehörte ursprünglich einer Gruppe von wichtigen britischen Persönlichkeiten, bekannt als Pantheon-Komitee, die für die Verbesserung des gesellschaftlichen Lebens der Briten in Madras zuständig war.

Im Hauptgebäude kann man sich eine ausgezeichnete archäologische Abteilung mit Ausstellungsstücken aus allen bedeutenden Epochen in Südindien, darunter die der Chola, der Vijayanagar, der Hoysala und der Chalukya, ansehen. In diesem Gebäude ist auch eine gute ethnologische Sammlung untergebracht.

Zur Bronzegalerie im Gebäude nebenan gehören einige sehr schöne Beispiele für Bronzearbeiten der Chola. Nebenan liegt die schlecht beleuchtete und wenig beeindruckende Kunstgalerie. Der Museumskomplex ist täglich außer freitags und an gesetzlichen Feiertagen von 9.00 bis 17.00 Uhr geöffnet. Der Eintritt kostet 3 Rs (zuzüglich einer Gebühr von 10 Rs für das Mitbringen einer Kamera) und berechtigt auch zur Besichtigung der Bronzegalerie, die bei den Stadtrundfahrten mit Bussen ausgelassen wird..

Kapaleeshwarar-Tempel: Dieser alte Shiva-Tempel unweit der Kutchery Road in Mylapore ist im reinen drawidischen Stil erbaut worden und läßt die gleichen Stilelemente (*gopurams, mandapams*, einen Teich usw.) erkennen wie die berühmteren Tempelstädte in Tamil Nadu. Wie in den meisten noch genutzten Tempeln in diesem Bundesstaat dürfen Nicht-Hindus nur bis in den Vorhof gehen. Zugänglich für eine *puja* ist der Tempel von 4.00 bis 12.00 Uhr und von 16.00 bis 20.00 Uhr. Wenn man fotografieren möchte, ist dafür eine Gebühr von 10 Rs zu entrichten. Zu erreichen ist der Tempel mit Bussen der Linie 21 von der Anna Salai und vom Obersten Gerichtshof.

St.-Thomas-Kathedrale: In dieser erstmals 1504 erbauten und dann im Jahre 1893 im neogotischen Stil erneuerten römisch-katholischen Kirche sollen die Gebeine des Apostels St. Thomas begraben sein. Sie steht in der Nähe des Kapaleeshwarar-Tempels am südlichen Ende des Kamarajar Salai, und zwar nicht weit vom Wasser entfernt.

Sri-Parthasarathy-Tempel: Dieser Tempel in der Triplicane High Road ist Krishna geweiht. Er stammt aus dem 8. Jahrhundert und damit aus der Zeit der Pallava. Später (im 16. Jahrhundert) ließen ihn die Vijayanagar-Könige restaurieren.

Marina und Aquarium: Das sandige Stück Strand von Madras, auch Marina genannt, erstreckt sich über 13 km. Die Fremdenführer bei den Stadtrundfahrten behaupten, dies sei der längste Strand der Welt.
Das Aquarium steht am Ufer, und zwar unweit der Kreuzung der Bharathi Salai und der Kamarajar Salai. Es ist täglich zwischen 14.00 und 20.00 Uhr geöffnet, sonntags jedoch bereits ab 8.00 Uhr. Der Eintritt kostet nur 0,50 Rs. Das Aquarium ist allerdings in einem fürchterlich schlechten Zustand und es wert, ausgelassen zu werden, damit es möglichst bald geschlossen wird. Südlich vom Aquarium befindet sich das „Eishaus", ein Überbleibsel aus der Zeit der Engländer, als man es als Lagerraum für riesige Eisblöcke nutzte, die von den nordamerikanischen Großen Seen stammten. Die wurden damals für Kühlzwecke nach Indien geschafft.

Nationalpark Guindy: Dieser Park am südlichen Stadtrand von Madras (Tel. 41 39 47) ist so groß, daß ein Beobachten der Tierwelt schwer werden kann. Er ist allerdings die einzige Stelle in der Welt, wo es noch möglich ist, Herden der schnell schwindenden Tierart der indischen Antilopen (Black Buck) zu sehen. Außerdem leben dort kleine Zahlen von geflecktem Wild, Wildkatzen, Schakale, Mungos und viele Affenarten. Getrennt vom Nationalpark ist auch wenig beeindruckender Schlangenpark zu besichtigen.
Beide Parks sind zwischen 8.30 und 17.00 Uhr zugänglich (der Nationalpark außer dienstags). Als Eintrittsgebühr ist eine Rupie zu entrichten. Wahrscheinlich der beste Weg, um nach Guindy zu gelangen, ist eine Fahrt mit einem Vorortzug. Es gibt aber auch regelmäßig Busverbindungen (wie mit Bussen der Linien Nr. 21E, 23C und 18B von Parry's Corner und mit Bussen der Linien Nr. 5 und 5 A von der Anna Salai, gegenüber vom Postamt Anna Salai).

Filmstudios: Die großen Filmstudios von Madras wie Vijaya und AVM liegen im westlichen Vorort Kodambakkam. Vermutlich ist es möglich, sie zu besichtigen, aber dafür braucht man eine Genehmigung des jeweiligen Geschäftsführers, die keineswegs routinemäßig erteilt wird.
Es besteht aber auch die Möglichkeit, in einem Film als Komparse mitzuwirken. Dafür erhält man üblicherweise ca. 250 Rs pro Tag. Eine Stelle, wo manchmal Komparsen gesucht werden, ist das Restaurant The Maharaja in der Triplicane High Road.

AUSFLUGSFAHRTEN

Die India Tourism Development Corporation (ITDC) und die Tamil Nadu Tourism Development Corporation (TTDC) bieten täglich Stadtrundfahrten und Fahrten zu den nahegelegenen Tempelstädten an. Einzelheiten darüber, wo man sich dazu anmelden kann, sind weiter oben im Abschnitt mit den praktischen Hinweisen enthalten. Zu Fahrten der TTDC kann man sich zwischen 6.00 und 21.00 Uhr an der Haltestelle dieses Unternehmens an der Esplanade Road (Tel. 5 34 19 82) und im Bahnhof Central (Tel. 56 33 51) anmelden.
Daneben veranstalten etliche private Reisebüros um den Bahnhof Egmore herum ähnliche Fahrten zu den gleichen Preisen.
Die Stadtrundfahrt führt zum Fort St. George, zum Museum des Bundesstaates, nach Valluvar Kottam, zum Schlangenpark, zum Kapaleeshwarar-Tempel und zur Marina Beach. Diese Fahrt ist gar nicht schlecht, wenn auch, wie üblich, zeitlich etwas knapp. Die Fahrt morgens dauert von 7.30 bis 13.30 Uhr, die nachmittags von 13.30 bis 18.00 Uhr. Beide kosten jeweils 60 Rs. Die Erläuterungen bei den Fahrten der TTDC sind ein Kauderwelsch aus Englisch und anderen Spra-

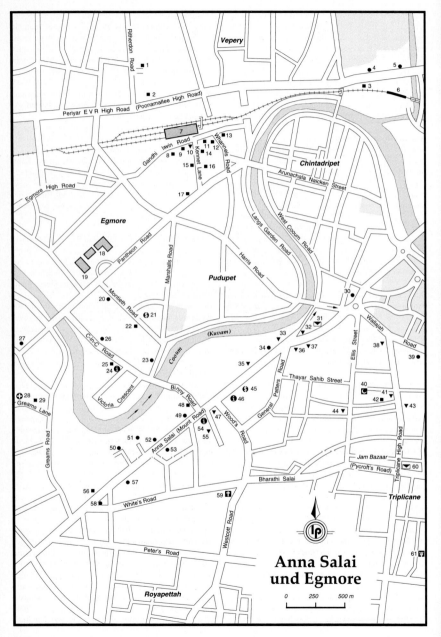

Vepery

Ritherdon Road

Periyar E V R High Road (Poonamallee High Road)

Gandhi Irwin Road

Chintadripet

Arunachala Naicken Street

Egmore High Road

Egmore

Pantheon Road

Marshalls Road

Kennet Lane

Whannels Road

Pudupet

Langs Garden Road

West Cooum Road

Harris Road

Montieth Road

C-in-C Road

Greams Road

Greams Lane

Victoria Crescent

Cooum (Kuvam)

Binny Road

Anna Salai (Mount Road)

Wood's Road

General Patters Road

Thayar Sahib Street

Ellis Street

Wallajah Road

Jam Bazaar (Pycroft's Road)

Bharathi Salai

White's Road

Westcott Road

Peter's Road

Royapettah

Triplicane High Road

Triplicane

Anna Salai und Egmore

0   250   500 m

Unterkünfte	11 Rajabhavan, Vasanta Bhavan	Corporation
1 Gästehaus der Heilsarmee	und Omar Khayyam	26 Deutsches Konsulat
(Salvation Army Red Shield	16 Restaurant Shaanti	27 Hochkommissariat von
Guest House)	32 Restaurant Mathura	Sri Lanka
2 YWCA International Guest	33 Manasa	28 Apollo-Krankenhaus
House	35 Restaurant Dasaprakash	30 India Silk House
3 Jugendherberge der TTDC	36 Restaurant Buharis	31 Postamt Anna Salai
8 Hotel Ramprasad und Tourist	37 Chungking	34 Higginbothams
Home	38 Hotel Tirumulai	39 NEPC Airlines
9 Alarmel Lodge und Hotel	41 Restaurant Maharaja	40 Große Moschee
Impala Continental	43 Hotel Ganga	45 State Bank of India
11 Hotel Chandra Towers und	44 Hotel Srinivasa	46 Fremdenverkehrsamt von
Hotel Imperial	47 Milchbar Aavin	Tamil Nadu
12 People's Lodge	48 Restaurant Raintree	48 Buchhandlung Giggles
13 Hotel Vaigai	55 Tom's Place	49 Spencer Plaza (American
14 Hotel New Victoria	56 Restaurant Yamuna	Express, The Bookshop,
15 Lakshmi Lodge		Cathay Pacific)
16 Hotel Sri Durga Prasad und	**Sonstiges**	50 Bibliothek des British Council
Hotel Pandian	4 U-Rent (Hotel Picnic)	51 Air Lanka
17 Dayal-De Lodge	5 Reservierungsbüro der	52 Victoria Technical Institute
22 Hotel Ambassador Pallava	Eisenbahn	53 Lufthansa und
25 Hotel Kanchi	6 Bahnhof Park	Singapore Airlines
29 Hotel Sindoori	7 Bahnhof Egmore	54 Staatliches indisches
42 Broadlands	11 Sherry's Bar	Fremdenverkehrsamt
48 Hotel Connemara und	18 Staatliches Museum	57 Automobilclub von Südindien
Chola Bar	19 Kunstgalerie	58 Swissair
56 Hotel Madras International	20 British Airways	59 Wesley-Kirche
	21 Thomas Cook	60 Postamt Triplicane
Restaurants	23 Indian Airlines und Air India	61 Sri-Parthasarathy-Tempel
10 Café Bhoopathy	24 India Tourism Development	

chen, aber gleichwohl sind die Fremdenführer hilfsbereit.

Außerdem wird eine Fahrt nach Kanchipuram und Mahabalipuram angeboten. Dabei werden drei von vier alten Tempeln in Kanchipuram und die Überbleibsel der Pallava aus dem 7. Jahrhundert in Mahabalipuram besichtigt. Außerdem wird am VGP Golden Beach Resort und an der Krokodilfarm unweit von Mahabalipuram gehalten. Die Fahrt beginnt täglich um 6.30 Uhr und endet um 19.00 Uhr. Sie kostet einschließlich Frühstück und Mittagessen in einem normalen Bus 135 Rs und in einem klimatisierten Bus 220 Rs. Wenn die Zeit knapp ist, eignet sich eine solche Fahrt ganz gut. Ansonsten wird, wie üblich, in zu kurzer Zeit zu viel besichtigt.

Eine Tagesfahrt zu dem berühmten Venkateshwara-Tempel in Tirumala im Süden von Andhra Pradesh ist eine gute Sache für die, die keine Lust haben, diesen Ausflug auf eigene Faust zu unternehmen. Es ist allerdings ein langer Tag, an dem mindestens 12 Stunden im Bus verbracht werden. Im Preis ist auch die „Special-Darshan-Gebühr" in Tirumala enthalten (vgl. Exkurs im Abschnitt über Tirupathi im Kapitel über Andhra Pradesh), wo den Teilnehmern zwei Stunden Zeit ge-

lassen wird. Das mag an Werktagen ausreichen, aber an Wochenenden und Feiertagen wird man bis zu fünf Stunden oder noch mehr brauchen, um bis zum Tempel vorzudringen. Dann kommt man nach Madras erst gegen Mitternacht zurück. Die Fahrt soll normalerweise von 6.00 bis 22.00 Uhr dauern. Sie kostet mit einem normalen Bus 240 Rs und mit einem klimatisierten Bus 325 Rs. Im Preis sind ein Frühstück, ein Mittagessen und die „Special-Darshan-Gebühr" von 30 Rs enthalten.

FESTE
Von Ende Dezember bis zur zweiten Januarwoche jedes Jahres ist Madras Gastgeber für ein Fest mit klassischen Tänzen und klassischer Musik. Die Vorstellungen mit hohem Ansehen finden in verschiedenen Musikakademien statt. Einzelheiten dazu kann man im staatlichen indischen Fremdenverkehrsamt erfahren.

UNTERKUNFT
In Madras gibt es Hotels in vier verschiedenen Bezirken. Die billigen Unterkünfte befinden sich vorwiegend in George Town, und zwar zwischen der Mint Street, der N. S. C. Bose Road und der Rajaji Salai. Dreh- und Angelpunkt der Hotels und der Verkehrs-

verbindungen in Madras ist Egmore, aber dort kann der Kampf um ein Zimmer auch hart werden. Viele der Unterkünfte in dieser Gegend scheinen ständig voll belegt zu sein, so daß man hartnäckig sein muß, wenn man nachmittags oder abends noch ein Zimmer in einem einfachen Quartier oder einem Mittelklassehotel auftreiben will. In Triplicane, einem Vorort südöstlich der Anna Salai, geht es weniger chaotisch als in Egmore zu, so daß diese Gegend von vielen Rucksackreisenden bevorzugt wird. Die teuren Hotels liegen meistens an der Anna Salai und in den Nebenstraßen zu dieser Hauptverkehrsstraße.

Wenn man bei Privatleuten übernachten möchte, sollte man sich an das staatliche indische Fremdenverkehrsamt wenden, die über eine Liste mit den Adressen von Familien in Tamil Nadu (und den Nachbarstaaten) verfügt, bei denen man als zahlender Gast aufgenommen wird. Einige der Häuser in Tamil Nadu, in denen Gäste willkommen sind, liegen sogar inmitten grüner Teeplantagen. In den meisten Privathäusern muß man für eine Übernachtung pro Person 80 bis 300 Rs bezahlen.

Einfache Unterkünfte: Wenn man sich im Gedränge und in der Geschäftigkeit der Stadtmitte wohlfühlt, dann ist man in George Town richtig. Dort war in den siebziger Jahren bei vielen Travellern mit wenig Geld die Malaysia Lodge in der Armenian Street 104 (Tel. 5 22 70 53) fast schon eine Legende. Sie liegt in einer Seitenstraße der Prakasam Road. Viele Besucher wohnen dort allerdings nicht mehr. Auf der anderen Seite ist dieses Quartier immer noch sehr günstig, aber auch sehr einfach. Wissen muß man ferner, daß die dunklen Zimmer alles andere als makellos sauber sind. Mit Badbenutzung kommt man hier allein für 47 Rs und zu zweit für 70 Rs unter, mit eigenem Bad für 60 bzw. 80 Rs. Nicht ganz so einfach ist das Hotel Surat in der Prakasam Road 138 über dem Café Madras (Tel. 58 92 36). Mit Einzelzimmern für 126 Rs und Doppelzimmern für 175 Rs (mit Bad) ist es eigentlich gar keine schlechte Wahl, allerdings ist es in den Zimmern nach vorn unglaublich laut.

In Egmore übernachtet man am billigsten im Gästehaus der Heilsarmee (Salvation Army Red Shield Guest House) in der Ritherdon Road 15, 20 Minuten zu Fuß vom Bahnhof Egmore entfernt (Tel. 5 22 18 21). Hier werden sowohl Frauen als auch Männer aufgenommen. Es handelt sich um ein sauberes und ruhiges Haus in einer grünen Umgebung. Für ein Bett im Schlafsaal muß man hier 25 Rs, für ein Doppelzimmer 90 Rs und für ein Dreibettzimmer 150 Rs bezahlen. Dafür erhält man auch saubere Bettwäsche und einen Ventilator im Zimmer. Die Badezimmer muß man sich allerdings mit anderen Gästen teilen. Am Abreisetag muß das Zimmer bis 9 Uhr geräumt sein.

Nur ein paar Minuten zu Fuß vom Bahnhof Central entfernt entlang einer unglaublich verkehrsreichen Straße gelegen ist die Jugendherberge der TTDC in der Periyar E V R High Road (Tel. 58 91 32). Im Schlafsaal leidet man zwar nicht so sehr unter dem Straßenlärm, wohl aber in den Doppelzimmern. Für ein Bett im Schlafsaal werden hier 40 Rs verlangt, für ein schlecht gepflegtes Doppelzimmer mit Bad 175 Rs. Wer nur für eine Nacht in Madras bleibt, trifft mit dieser Jugendherberge keine schlechte Wahl.

Gleich eine ganze Reihe von Hotels findet man entlang der Gandhi Irwin Road, und zwar gegenüber vom Eingang zum Bahnhof Egmore. Das preisgünstigste davon ist die Alarmel Lodge mit der Hausnummer 17-18 (Tel. 8 25 12 48), in der mit Badbenutzung Einzelzimmer für 50 Rs und Doppelzimmer für 75 Rs vermietet werden. Viel teurer übernachtet man im Hotel Ramprasad mit der Hausnummer 22 (Tel. 8 25 48 75) und im Tourist Home mit der Hausnummer 21 (Tel. 825 00 79), die normalerweise auch immer voll belegt sind. Dort sind die Zimmer mit Bad, als Einzelzimmer ab 150 Rs und als Doppelzimmer ab 225 Rs (mit Klimaanlage für 175 bzw. 275 Rs), auch noch viel zu teuer.

Die Lakshmi Lodge in der nahegelegenen Kennet Lane ist ein riesiges Haus, sauber und ruhig, in dem mit Bad ein Doppelzimmer 143 Rs kostet (einschließlich Steuern). Ähnlich ist auch das Hotel Sri Durga Prasad in der Kennet Lane 10 (Tel. 8 25 38 81), in dem man in einem Einzelzimmer für 80 Rs und einem Doppelzimmer für 130 Rs übernachten kann. Auch diese beiden Unterkünfte sind oft voll belegt. Mit Einzelzimmern für 99 Rs und Doppelzimmern für 186 Rs (mit Bad und ständig verfügbarem heißem Wasser) ist die ruhige Dayal-De Lodge am südlichen Ende der Kennet Lane in der Pantheon Road 486 (Tel. 8 25 11 59) ihr Geld durchaus wert. Vielleicht trägt die Tatsache, daß hier die Betten ziemlich massiv sind, dazu bei, daß dieses Haus nur selten ausgebucht ist.

Die People's Lodge, östlich vom Bahnhof Egmore in der Whannels Road (Tel. 83 59 38), ist ebenfalls schon seit Jahren beliebt. In diesem Haus werden Doppelzimmer mit Bad für 150 Rs angeboten (einschl. Steuern), aber auch die sind nicht selten voll belegt.

In den Bahnhöfen Central und Egmore gibt es zudem Ruheräume (Retiring Rooms), in denen man ebenfalls übernachten kann.

In Triplicane liegt in der Vallabaha Agraharam Street 16, die von der Triplicane High Road abzweigt, und damit fast direkt gegenüber vom Star Cinema das sehr beliebte Broadlands (Tel. 84 81 31 und 84 55 73). Es handelt sich um ein beeindruckendes altes Haus in Pastelltönen, in dem die Zimmer um drei miteinander verbundenen grünen Innenhöfen angelegt wurden. Die einfachen Zimmer sind makellos sauber und mit einem Stuhl, zwei Korbsesseln, einem Kaffeetisch und einem

Ventilator ausgestattet. Im Haus gibt es auch ein gutes Schwarzes Brett sowie die Möglichkeit, Fahrräder zu mieten und gegen eine Gebühr von 30 Rs R-Gespräche zu führen. Kein anderes preisgünstiges Hotel in Madras ist mit dem Broadlands vergleichbar, jedenfalls dann nicht, wenn man sich damit abfinden kann, daß nur Weiße aufgenommen werden und kein Inder einen Schritt durch die Tür setzen darf. Wenn Sie in diesem Haus wohnen, dann bringen Sie einmal einen Inder mit und warten Sie dann, was geschieht! Übernachten kann man hier in einem Schlafsaal für 45 Rs pro Bett, in einem kleinen Einzelzimmer mit Badbenutzung für 90 Rs sowie mit eigenem Bad in einem Einzelzimmer für 99 Rs und in einem Doppelzimmer für 190 Rs (einschließlich Steuern). Als Daumenregel gilt in diesem Haus, daß die Zimmer immer besser werden, je höher ihre Nummer ist (die besten sind die Zimmer 43 und 44). Zu erreichen ist das Hotel mit einer Auto-Riksha (die meisten Fahrer kennen es) oder mit einem Bus der Linien Nr. 30, 31 oder 32 von der Esplanade Road, und zwar vor dem Bushalteplatz der TTC in George Town. Vom Bahnhof Egmore kann man auch Busse der Linien Nr. 29D, 22 oder 27B nehmen. Vom staatlichen indischen Fremdenverkehrsamt ist man in ca. 20 Minuten zu Fuß am Broadlands.

Mittelklassehotels: Die meisten Mittelklassehotels haben sich in der Gegend von Egmore angesiedelt. Wenn man jedoch bereit ist, etwas mehr Geld auszugeben oder andere Gegenden kennenzulernen, findet man viele gute Quartiere dieser Preisklasse auch in anderen Stadtteilen.

Eine gute Wahl in dieser Preisklasse das Hotel Impala Continental in der Gandhi Irwin Road 12 (Tel. 8 25 04 84), gelegen direkt gegenüber vom Bahnhof Egmore. Erbaut um einen ruhigen Innenhof herum, hat es eine ganze Bandbreite von Zimmern zu bieten, die von Einzelzimmern für 120 Rs und Doppelzimmern für 170 Rs über Luxusdoppelzimmern für 224 Rs bis zu klimatisierten Doppelzimmern für 324 Rs und Dreibettzimmern für 360 Rs reicht. Zu allen Zimmern gehört ein Bad, in dem heißes Wasser rund um die Uhr vorhanden ist. Ein Fernsehgerät kann man für 35 Rs pro Tag mieten. Kreditkarten werden in diesem Haus nicht anerkannt. Ganz in der Nähe liegt im Haus mit der Nummer 6 das Hotel Imperial (Tel. 8 25 03 76, Fax 8 25 20 30). Es wäre, wenn nicht in den älteren Zimmern das Problem mit den Moskitos wäre, gar keine schlechte Wahl. Es ist, wie das Impala, um einen Innenhof herum mit Läden, Massage-Salons, einem Zeitschriftenstand und Reisebüros angelegt. Normale Einzel- und Doppelzimmer werden für 125 bzw. 250 Rs vermietet, Zimmer mit Klimaanlage für 350 bzw. 375 Rs. Außerdem kann man in einer klimatisierten Suite allein für 450 Rs und zu zweit für 500 Rs übernachten. Zum Hotel gehören auch

zwei Restaurants (eines davon im Freien), ein Nachtclub und eine beliebte Bar.

Das Hotel Vaigai in der Gandhi Irwin Road 3 (Tel. 83 49 59) ist ein Haus ohne Gesicht, in dem Doppelzimmer für 195 bis 250 Rs und Doppelzimmer mit Klimaanlage für 395 bis 425 Rs vermietet werden. Im Hotel kann man auch vegetarisch und nichtvegetarisch essen und von einer Bar Gebrauch machen.

Etwas teurer ist das beliebte Hotel Pandian in der Kennet Lane 9 (Tel. 8 25 29 01, Fax 8 25 84 59). Hier muß man für ein normales Einzelzimmer 300 Rs und für ein normales Doppelzimmer 350 Rs bezahlen. Mit Klimaanlage werden für ein Einzelzimmer ab 400 Rs und für ein Doppelzimmer ab 450 Rs berechnet. Auch diesem Hotel sind ein Restaurant mit vegetarischen und nichtvegetarischen Gerichten sowie eine Bar angeschlossen. Das teuerste der Mittelklassehotels in dieser Gegend ist das aufpolierte Hotel Chandra Towers in der Gandhi Irwin Road 9 (Tel. 8 25 81 71). Hier kann man ein modernes, wenn auch etwas beengtes normales Einzel- oder Doppelzimmer für 600 bzw. 700 Rs oder ein besseres Einzel- oder Doppelzimmer für 700 bzw. 800 Rs mieten. Zu bieten hat dieses Haus auch einen beeindruckenden „Permit Room" (vgl. Exkurs). Zu erwähnen ist ferner, daß die Mitarbeiter alle Gäste herzlich willkommen heißen. Im Hotel New Victoria in der Kennet Lane 3 (Tel. 8 25 36 38) muß man ähnliche Preise bezahlen, aber die sind für das Gebotene zu hoch.

Etwas weiter entfernt, auf der anderen Seite der Eisenbahnschienen, kommt man zum YWCA International Guest House in der Periyar E V R High Road 1086 (Tel. 5 32 42 34). Hier muß man für saubere und geräumige Einzel- und Doppelzimmer 300 bzw. 350 Rs, für Doppelzimmer mit Klimaanlage 450 Rs und für Dreibettzimmer 500 Rs ausgeben. Hinzu kommt eine Gebühr von 10 Rs für eine vorübergehende Mitgliedschaft von einem Monat. Übernachten dürfen in diesem Haus sowohl Frauen als auch Männer. Im Restaurant werden indische und westliche Gerichte serviert.

Einen Versuch wert weiter weg vom Stadtteil Egmore ist auch das Hotel Kanchi in der C-in-C Road 28 (Tel. 8 27 11 00), das teuer aussieht, aber das Gebotene mit geräumigen Einzelzimmern für 275 Rs und Doppelzimmern für 295 Rs (mit Klimaanlage 365 bzw. 395 Rs) eine gute Wahl ist. Außerdem werden noch teurere Suiten vermietet. Zu diesem Haus gehören auch ein Dachrestaurant, ein preisgünstigerer Speiseraum im Erdgeschoß und eine Bar.

Ein paar Mittelklassehotels liegen südlich der Stadtmitte in Mylapore, die ein ausgezeichnetes Preis-/Leistungsverhältnis bieten. Eines davon ist das Hotel New Woodlands in der Dr. Radhakrishnan Salai 72/75 (Tel. 8 27 31 11) mit vorwiegend klimatisierten Einzel- und Doppelzimmern für 250 bzw. 400 Rs. Dieses Hotel wartet auch mit einem Billardraum für die Gäste und daneben mit zwei Restaurants auf. An der gleichen Straße mit der Hausnummer 58 liegt auch das neuere Nilgiri's Nest (Tel. 8 27 52 22, Fax 826 01 14), in dem helle und moderne Einzel- und Doppelzimmer 375 bzw. 525 Rs sowie Zimmer mit Klimaanlage 575 bzw. 725 Rs kosten. Auch hier ist ein Restaurant vorhanden. Man kann aber Verpflegung auch gut im Supermarkt nebenan einkaufen.

In Nungambakkam liegen zwei Hotels günstig zu den Konsulaten, zu den Büros der Fluggesellschaften sowie zur Ausländerbehörde. Dazu gehört das unpersönliche Hotel Ranjith in der Nungambakkam High Road 9 (Tel. 8 27 05 21) mit Einzelzimmern für 400 Rs und Doppelzimmern für 500 Rs, mit Klimaanlage für 500 bzw. 600 Rs. Preiswerter übernachtet man im Hotel Palmgrove in der Kodambakkam High Road 5 (Tel. 8 27 18 81), in dem für ein Einzelzimmer 250 Rs und für ein Doppelzimmer 275 Rs berechnet werden (mit Klimaanlage 350 bzw. 480 Rs). Auch hier gibt es eine Bar und Restaurants, aber keinen Swimming Pool.

Luxushotels: Viele Luxushotels liegen an einem Bogen, der sich von der Nungambakkam High Road, südwestlich der Anna Salai, zur Dr. Radhakrishnan Road erstreckt. Ein paar davon findet man aber auch unmittelbar an der Anna Salai. Soweit nicht ausdrücklich anders angegeben, haben alle der folgenden Hotels zentrale Klimatisierung, einen Swimming Pool, Restaurants mit Gerichten aus vielen Teilen der Welt und eine Bar zu bieten.

Nur ein kleines Stück abseits der Anna Salai liegt das in Madras wahrscheinlich bekannteste Hotel, das altmodische, aber elegante Hotel Connemara in der Binny Road (Tel. 52 01 23, Fax 8 25 73 61), das zur Kette der Taj-Hotels gehört. Hier muß man für ein Standardzimmer allein 75 US $ und zu zweit 85 US $ bezahlen, für ein Luxuszimmer 95 bzw. 105 US $. In der gleichen Gegend liegt auch das preisgünstigere und modernere Hotel Ambassador Pallava in der Montieth Road 53 (Tel. 8 26 85 84, Fax 8 26 87 57). Hier kosten ansprechende Einzelzimmer ab 1435 Rs und Doppelzimmer ab 1860 Rs.

An der Anna Salai selbst liegt mit der Hausnummer 693 das Hotel Madras International (Tel. 8 52 41 11, Fax 86 15 20) und ist mit Einzelzimmern für 800 Rs und Doppelzimmern für 950 Rs preiswerter. In Richtung Südwesten gelangt man in der G. N. Chetty Road 49 in Theagaraya Nagar zum Hotel Residency (Tel. 8 25 34 34, Fax 8 25 00 85). Das ist eines der preisgünstigsten Häuser dieser Preisklasse. beliebt bei indischen Familien der Mittelklasse. Hier beginnen die Preise für Einzelzimmer bei 650 Rs und für Doppelzimmer bei 800 Rs. Keines der beiden Hotels verfügt allerdings über ein Schwimmbecken.

In Mylapore ist die Dr. Radhakrishnan Road auch ein gutes Ziel für ein Zimmer in einem Luxushotel. Dort kommt man bei der Hausnummer 69 zum Hotel Savera (Tel. 8 27 40 00), in dem gut eingerichtete Einzelzimmer für 950 Rs und ebensolche Doppelzimmer für 1200 Rs vermietet werden. Im Hotel President mit der Hausnummer 16 (Tel. 83 22 11, Fax 83 22 99) kann man in einem Einzelzimmer ab 590 Rs sowie in einem Doppelzimmer ab 790 Rs übernachten. Das ist ein großes Haus mit geräumigen Zimmern, in dem aber keine Atmosphäre zu spüren ist.

In Madras herrscht auch kein Mangel an Fünf-Sterne-Hotels, in denen man sich ein Einzelzimmer ab 90 US $ und ein Doppelzimmer ab 100 US $ gönnen kann. Dazu gehören das Hotel Taj Coromandel in der Nugambakkan High Road 17 (Tel. 8 27 28 27, Fax 8 25 71 04), so luxuriös wie alle Hotels der Taj-Kette, das Trident in der G S T Road 1/24 (Tel. 2 34 47 47, Fax 2 34 66 99), das dem Flughafen nächstgelegene Luxushotel, das aber von der Stadtmitte einen langen Weg entfernt ist, das Welcomgroup Chola Sheraton in der Cathedral Road 10 (Tel. 6 28 01 01, Fax 8 27 87 79), das in der Verlängerung der Dr. Radhakrishnan Salai näher zum Zentrum hin liegt und preisgünstiger als das Park Sheraton ist, sowie das Welcomgroup Park Sheraton in der T T K Road in Alwarpet (Tel. 4 99 41 01) mit allen nur denkbaren Annehmlichkeiten.

ESSEN

Es gibt in Madras Tausende von vegetarischen Restaurants, bei denen die Bandbreite von einfachen Lokalen mit „Meals", in denen mittags (manchmal abends) ein Thali auf einem Bananenblatt serviert bereits für 15 Rs zu haben ist, bis zu den Restaurants in den besseren Hotels reicht, wo man leicht auch für den zehnfachen Betrag essen kann. Ein Frühstück in einem der einfachen Lokale, die gleich nach Sonnenaufgang geöffnet werden, besteht aus nichts anderem als Masala Dosa, Idli und Curd oder ähnlichem, dem ein Kaffee folgt. Nichtvegetarische Restaurants sind schon deutlich dünner gesät. Außerhalb der Mittelklasse- und Luxushotels ein Frühstück im westlichen Stil zu sich nehmen zu wollen ist so gut wie unmöglich. Wenn Sie nicht ohnehin Vegetarier sind oder mal etwas anderes als die südindischen Gerichte essen wollen, ist es wahrscheinlich am besten, zum Mittag- oder Abendessen einmal in das Restaurant eines Hotels zu gehen, die sich auf Tandoori- und Mughlai-Speisen oder chinesische und westliche Gerichte spezialisiert haben. Offensichtlich unterscheiden sich die Preise für solche Speisen deutlich, aber ein Fleisch- oder Fischgericht in einem Mittelklassehotel sollte dennoch nicht mehr als 30 bis 60 Rs kosten.

Egmore: In dieser Gegend findet man die meisten Restaurants entlang der Gandhi Irwin Road, vor dem Bahnhof Egmore. Darunter sind auch das vegetarische Rajabhavan am Eingang zum Hotel Imperial und das saubere, sehr zu empfehlende Café Bhoopathi direkt gegenüber vom Bahnhof. Im vor kurzem renovierten Vasanta Bhavan an der Ecke der Gandhi Irin Road und der Kennet Lane treten sich die vielen Kellner gegenseitig fast auf die Füße. Dort kann man oben in einem Speiseraum essen und dabei das Geschehen unten auf der Straße beobachten. An dem Stand vorn werden Süßigkeiten aus Milch verkauft.

Nichtvegetarische Gerichte schmecken gut im Restaurant Omar Khayyum des Hotels Imperial und im Restaurant des Hotels New Victoria. Gemütlich und ruhig geht es im Restaurant Shaanti des Hotels Pandian zu, in dem südindische Gerichte, Tandoori-Speisen und Gerichte der chinesischen sowie europäischen Küche serviert werden. Hier muß man für ein Gericht 30 bis 50 Rs einkalkulieren.

Triplicane: Mehrere Lokale für ein preisgünstiges Essen findet man auch entlang der Triplicane High Road. Die meisten Rucksackreisenden scheinen zumindest einmal im Restaurant Maharaja, vom Broadlands um die Ecke, zu landen. Die abwechslungsreiche Speisekarte dieses Restaurants mit vegetarischen Gerichten enthält auch Sandwiches mit Toast, Lassis, Thalis als Mittagessen und Imbisse bis Mitternacht. Ganz in der Nähe serviert man im kleinen Restaurant Ganga des Hotels Annapurna gute vegetarische Imbisse. Weiter nördlich ist im Hotel Tirumalai köstliche Thalis auf Bananenblättern (15 Rs) und die größten Dosas erhältlich, die man wahrscheinlich irgendwo zu Gesicht bekommt. Dort sollte man einmal die „Spezial-Dosa Tirumalai" für 12 Rs bestellen.

Ein weiteres anspruchsloses Ziel auch der Einheimischen ist das Hotel Srinivasa an der Ellis Street. Dieses Lokal ist bekannt wegen der hervorragenden Saucen, von denen Korma geradezu göttlich schmeckt. Unterteilt ist das Restaurant in einen Bereich für Frauen und einen für Paare.

Wenn man auf der Suche nach Obst, Gemüse oder Gewürzen ist, dann begibt man sich am besten entlang der Ellis Street nach Süden zur Kreuzung der Bharathi Salai, wo man auf den farbenfreudigen Jam-Basar stößt.

Gegend der Anna Salai: In der Anna Salai findet man mit dem Restaurant Mathura im 1. Stock des Tarapore Tower ein anspruchsvolleres vegetarisches Eßlokal. Die Thalis hier sind gut und mit 40 Rs eine gute Wahl. Das „Business Lunch" werktags in der Zeit von 11 bis 15 Uhr ist mit 20 Rs ebenfalls nicht teuer.

Auf der anderen Straßenseite werden im Restaurant Buharis ausgezeichnete Tandoori-Gerichte zubereitet. Hier hat man die Wahl zwischen einem klimatisierten Speiseraum und einer Terrasse im Obergeschoß, auf der man abends ganz gut sitzen kann. Das benachbarte Restaurant Chungking ist ein ausgezeichnetes und beliebtes China-Restaurant (donnerstags geschlossen). Für

ein Essen in diesem Restaurant sollte man ca. 50 bis 70 Rs pro Person einkalkulieren.

Empfohlen worden ist ferner das Restaurant Manasa neben Higginbothams an der Anna Salai. Das Restaurant Dasaprakash (auch bekannt als AVM Dasa) ist ein besseres Restaurant im Stil eines Cafés in der Anna Salai 806, in dem vegetarische Speisen angeboten werden, darunter auch frische Salate (75 Rs). Das Eis schmeckt hier ebenfalls sehr gut.

Nur einige Häuser neben dem staatlichen indischen Fremdenverkehrsamt in der Anna Salai bekommt man in der Milchbar Aavin Lassis, Eis und ausgezeichnete Milch mit und ohne Aroma. Um die Ecke stößt man auf das Tom's Place, ein kleines chinesisches Restaurant mit Klimaanlage, das sich insbesondere auf Geschäftsleute eingestellt hat und in dem man gut einen Imbiß zu sich nehmen kann.

Das Hotel Connemara beherbergt u. a. eine wunderbare Konditorei, wer jedoch ein Fest begehen will, der sollte sich für das Buffet als Mittagessen im Connemara entscheiden (190 Rs). Es erfreut sich schon seit langer Zeit großer Beliebtheit, denn das Essen ist phantastisch, und auch der Mann am Klavier kennt einige schöne Stücke. Ebenfalls im Connemara befindet sich das Restaurant Raintree. Es ist nur abends geöffnet, aber man sitzt dort draußen wunderschön. Die Bedienung ist aufmerksam, und zudem werden klassische Tänze und Musik live geboten. Es ist aber auch nicht schwer, in diesem Restaurant für ein Essen zu zweit 250 Rs auszugeben. Samstags und sonntags am Abend wird hier ebenfalls ein Buffet aufgebaut (190 Rs).

Weiter südwestlich in der Anna Salai wird im klimatisierten Restaurant Yamuna des Hotels Madras International ausgezeichnetes Lassi serviert. Auch die Masala Dosas und Dahi Vada lohnen es, probiert zu werden. Sehr gelobt wird immer das Essen im Hotel New Woodlands in der Dr. Radhakrishnan Salai, weil man dort hervorragende knackige Dosas, leckere Tandoori-Gerichte und herrliche Milch-*Burfis* erhält.

Selbstversorgung: Ein gutes Ziel, um Milcherzeugnisse, abgepackten Tee und andere Lebensmittel einzukaufen, ist der Supermarkt Nilgiri Dairy Farm neben dem Nilgiri's Nest an der Dr. Radhakrishnan Salai (dienstags geschlossen).

UNTERHALTUNG

Außer in den Luxushotels ist das Nachleben in Madras ausgesprochen zahm. Wenn man nicht eine Bar aufsucht (und warum sollte man in Tamil Nadu eine Bar besuchen?), geht man in Madras früh ins Bett und steht morgens mit den Hühnern wieder auf.

Bars und Diskotheken: Eine der Bars (Entschuldigung, „Permit Rooms"!), die nicht an das Fegefeuer

MADRAS

erinnern, ist das Sherry's im Hotel Imperial. Das ist ein beliebtes Lokal und zieht viele sehr lebendige Einheimische an, die sich Tag und Nacht Witze und Geschichten erzählen.

Wenn man auf der Suche nach einem der besseren „Permit Rooms" in der Stadt ist, dann begibt man sich am besten in die Chola Bar im Hotel Connemara. Dort wird Bier (70 Rs) in glänzenden Krügen zusammen mit einer Platte voller Imbisse serviert, die einem das Wasser im Mund zusammenlaufen lassen. Wenn man die alle aufgegessen hat, braucht man sich um das Abendessen keine Sorgen mehr zu machen.

Ein Nachtclub, in der auch Tanz-Shows gezeigt werden, ist das Maxim's im Hotel Imperial, das aber bereits gegen 23 Uhr geschlossen wird.

Möchte man gern mal in eine Diskothek, hat man samstags am Abend die Wahl zwischen dem Gatsby im Hotel Park Sheraton, dem Cyclone im Hotel President und dem Sindoori's Hotel. Um eingelassen zu werden, muß man pro Paar mit ca. 100 Rs Eintritt rechnen.

Kino: Irgendwo in der Stadt werden immer auch ein paar Filme in englischer Sprache gezeigt, auch wenn sonst Macho-Filme mit viel Action vorherrschen. Einzelheiten lassen sich den Tageszeitungen entnehmen.

Klassische Musik und Tanz: Das beliebteste Ziel für den Besuch einer Vorführung von klassischer Musik und von Bharat-Natyam-Tänzen ist in Madras die Music Academy an der Ecke der T T K Road und der Dr. Radhakrishnan Salai (Tel. 8 27 56 19). Dort finden aber nicht täglich Aufführungen statt, so daß man sich am

besten zunächst im Fremdenverkehrsamt erkundigt oder in der *Daily Hindu* nachschlägt, wann etwas auf dem Programm steht. Für einen guten Platz dort muß man mit etwa 150 Rs rechnen.

Ein weiterer Konzertsaal ist das Kalalshetra, auch Temple of Art genannt, gegründet 1936 und heute dazu bestimmt, die klassische Musik und den klassischen Tanz wiederzubeleben, und das in Verbindung mit traditionellen Mustern auf Textilien sowie traditionellen Webarbeiten. Gelegen auf einem riesigen Grundstück im südlichen Vorort Tiruvanmiyur, eröffnet dieses Institut der Studenten die Möglichkeit, bei einem Guru die indische Tradition des *gurukalam* zu lernen, nach der Bildung untrennbar mit anderen Erfahrungen im Leben verbunden ist.

EINKÄUFE

Die üblichen Souvenirs lassen sich in einer ganzen Reihe von Kunstgewerbeläden und staatlichen Verkaufsstellen entlang der Anna Salai kaufen. In den staatlichen Verkaufsstellen gelten, wie auch anderswo in Indien, mehr oder weniger Festpreise.

Ebenfalls an der Anna Salai liegt das Victoria Technical Institute, ein weitläufiges altes Gebäude, in dem traditionelles Kunsthandwerk, handgefertigte Kleidung, Glückwunschkarten und andere Sachen zugunsten von Gruppen verkauft werden, die sich für Entwicklungshilfe einsetzen.

Das beste Ziel für hochwertige Kunst- und Kunstgewerbegegenstände ist das nagelneue Central Cottages Industries Emporium in den Temple Towers in der Anna Salai 476 in Nandanam. Diese Geschäft ist ein

---

Permit Rooms

Bis Anfang der neunziger Jahre war Tamil Nadu ein „trockener" Bundesstaat und Madras, die Hauptstadt, keine Ausnahme. Bis dahin mußten sich Leute, die ein alkoholisches Getränk zu sich nehmen wollten, im Fremdenverkehrsamt zuerst eine Genehmigung besorgen, bevor sie in einer Bar („Permit Room") ein Bier bestellten konnten. Das war schon immer eine Farce, weil man bei so viel Alkohol, wie man mit einer Erlaubnis bestellen konnte, ganz sicher eine Leberzirrhose erhalten hätte.

Das Alkoholverbot ist inzwischen aufgehoben worden, aber die Bezeichnung „Permit Room" hat überlebt. Dennoch kann beim Genuß von Alkohol in einer Bar in Tamil Nadu leicht der Eindruck entstehen, daß so etwas kaum geduldet wird. Das wird immer dann sofort offensichtlich, wenn man ein Hotel betritt (in denen außer in den Hinterzimmern von Läden mit alkoholischen Getränke die meisten „Permit Rooms" eingerichtet wurden) und nach der Bar fragt. Außer in einem Fünf-Sterne-Hotel wird dann der Mann am Empfang nach unten zeigen, hinunter in das Untergeschoß, wo Tageslicht nie lästig wird und die künstliche Beleuchtung so spärlich ist, daß man das Gefühl bekommt, der Genuß von Alkohol sei ungesund.

Glücklicherweise sehen aber nicht alle „Permit Rooms" so aus. Im Hotel Tamil Nadu in Rameswaram beispielsweise liegt der „Permit Room" im Erdgeschoß, von wo aus man durch die vergitterten Fenster sogar einen Blick auf das Meer werfen kann.

Auch wenn in Tamil Nadu nun pro Kopf der Bevölkerung die meisten alkoholischen Getränke im ganzen Land konsumiert werden, ist die Lobby für ein erneutes Verbot des Alkoholgenusses stärker als jemals zuvor. Aus diesem Grund sind auf allen Etiketten von Bierflaschen Warnungen vor dem Konsum von Alkohol aufgedruckt und erneut „trockene" Tage (wie der Geburtstag von Gandhi) sowie drakonische Steuern auf alkoholische Getränke eingeführt worden, die dazu geführt haben, daß die Preise für Bier in Tamil Nadu zu den höchsten in ganz Indien gehören (derzeit für eine Flasche umgerechnet etwas mehr als ein US-Dollar).

erfreulicher Anblick, weil dort alles hervorragend präsentiert wird und Sachen aus allen Teilen Indiens angeboten werden. Aus Bussen der Linie 18 entlang der Anna Salai kann man sich dort absetzen lassen.

Um Seiden- und Baumwollstoffe in Spitzenqualität zu kaufen, begibt man sich am besten zum staatlich finanziell unterstützten Handloom House am Rattan Baazar 7 in George Town oder zum noch teureren India Silk House an der Anna Salai.

Die Stände, die sich an den Fußgängerwegen in der Anna Salai und um Parry's Corner am Bahnhof Egmore scharen, eignen sich ausgezeichnet, um preiswerte „Export-Ausschußware" zu kaufen. Man muß zwar sorgfältig auswählen, aber es ist nicht schwer, dort ein gutes Hemd für 30 Rs zu finden. Mit den meisten Motiven wird man beim Tragen wohl in Verlegenheit gebracht, aber mit einigen kann man sich durchaus auch in anderen Teilen der Welt sehen lassen. Außerdem gibt es eine Reihe von Ständen, an denen Uhren sowie elektronische Geräte verkauft werden und an denen man sich versorgen kann, wenn man den zollfreien Einkauf auf dem Weg nach Indien verpaßt hat.

Auf der Suche nach einem Musikinstrument lohnt es, sich einmal bei A. R. Dawood & Sons in der Triplicane High Road 286, nicht weit vom Hotels Broadlands entfernt, umzusehen.

AN- UND WEITERREISE

Flug: Der Flughafen von Madras ist das Ziel vieler internationaler Flüge und außerdem ein wichtiger Inlandsflughafen. Das Flughafengebäude für internationale Flüge (Anna International Airport) ist gut organisiert und wird nicht zu oft benutzt, so daß sich Madras gut zur Einreise oder Ausreise mit einem Flugzeug eignet. Hier steht selten mehr als ein Flugzeug am Boden.

Gleich nebenan kommt man zum Flughafengebäude für Inlandsflüge (Kamarajar Domestic Airport).

Bei der Ausreise aus Indien mit einem Flugzeug nach Sri Lanka oder auf die Malediven muß man eine Flughafengebühr von 150 Rs bezahlen, nach allen anderen Zielen von 300 Rs.

In Madras sind mit Stadtbüros folgende Inlandsfluggesellschaften vertreten:

Damania Airways
    K. N. Khan Road 17 (Tel. 8 28 06 10)
East West Airlines
    Kodambakkam High Road 9 (Tel. 8 27 70 07)
Indian Airlines
    Marshalls Road 19 in Egmore, geöffnet montags bis samstags von 8.00 bis 20.00 Uhr (Tel. 8 25 16 77, Fax 8 27 76 75)
Jet Airways
    K. N. Khan Road 14 (Tel. 8 25 79 14)

	Flüge mit Indian Airlines und privaten Fluggesellschaften von Madras				
Flugziel	**Flugzeit** (Stunden)	**Zahl der Flugverbindungen und Fluggesellschaften*** (t = täglich, w = wöchentlich)			
		IC	Flugpreis (US $)	D5	Flugpreis (US $)
Ahmedabad	3.35	4w	143		
Bangalore	0.45	5t	37	6w	40
Bhubaneswar	4.20			3w	155
Bombay	1.45	2t	110	3w	210
Coimbatore	2.00	4w	53	1-2t	55
Delhi	2.45	2t	162		
Goa	2.30	3w	100	3w	100
Hubli	2.30			3w	100
Hyderabad	1.00	2t	57		
Kalkutta	2.10	2t	137		
Kochi (Cochin)	1.35	3w	70	1t	70
Kozhikode (Calicut)	3.10			3w	75
Madurai	1.15	3w	50	1-2t	55
Mangalore	2.00	3w	52	5w	80
Port Blair	2.00	3w	136		
Pune	3.00	3w	102	3w	105
Trichy	0.45	3w	34	1t	45
Thiruvananthapuram (Trivandrum)	1.45	1t	65	3w	70
Vijayawada	1.20			3w	70
Visakhapatnam	2.40	3w	105	3w	105

* Abkürzungen für die Fluggesellschaften:
IC = Indian Airlines   D5 = NEPC Airlines

ModiLuft
  Prestige Point, Haddows Road 16 (Tel. 8 26 00 48)
NEPC Airlines
  GR Complex, Anna Salai 407/408 (Tel. 4 34 42 59, Fax 4 34 43 70)
Außer auf den Strecken in der Übersicht fliegen von Madras East West Airlines täglich nach Bombay und Delhi, ModiLuft täglich nach Bombay und sechsmal wöchentlich nach Hyderabad, Damania Airways täglich nach Bombay und Kalkutta sowie Jet Airways zweimal täglich nach Bombay.

Folgende Fluggesellschaften mit internationalen Flügen von und nach Madras unterhalten ebenfalls Stadtbüros:
Air India
  Marshalls Road 19 in Egmore, geöffnet täglich von 9.30 bis 13.00 Uhr und von 13.45 bis 17.30 Uhr (Tel. 8 27 44 77)
Air Lanka
  Mount Chambers, Anna Salai 758 (Tel. 8 52 23 01 und 8 52 42 32)
British Airways
  Khaleedi Centre, Montieth Road in Egmore (Tel. 8 27 42 72)
Lufthansa
  Anna Salai 167 (Tel. 8 52 50 95)
Malaysia Airlines
  Karumuttu Centre, Anna Salai 498 (Tel. 45 66 51)
Maldives Airways
  Crossworld Tours, Rosy Towers, Nungambakkam High Road 7 (Tel. 47 14 97)
Singapore Airlines
  Anna Salai 167 (Tel. 8 52 18 72)
Internationale Flugverbindungen bestehen von und nach Colombo (Air Lanka und Indian Airlines), Dubai (Air India), Frankfurt (Air India und Lufthansa), Jakarta (Air India), Kuala Lumpur (Air India, Indian Airlines und Malaysia Airlines), Male (Indian Airlines), London (British Airways), Penang (Malaysia Airlines), Riad (Saudia) und Singapur (Singapore Airlines, Air India und Indian Airlines).

Bus: Die staatliche Busgesellschaft von Tamil Nadu heißt Thiruvalluvar Transport Corporation (TTC). Ihr Busbahnhof liegt an der Esplanade in George Town, und zwar an der Rückseite vom Obersten Gerichtshof (High Court). Er wird auch Express Bus Stand genannt, denn hier fahren auch alle Busse der Tochtergesellschaft Jayalalitha Jayaram Transport Corporation (JJTC) nach Zielen in anderen indischen Bundesstaaten ab.

Das Reservierungsbüro der TTC und der JJTC oben (Tel. 5 34 18 35 und 534 14 08) ist mit Computern ausgestattet und täglich von 7.00 bis 21.00 Uhr geöffnet. Für Reservierungen wird eine Gebühr von 2 Rs verlangt, für den Vordruck aber noch einmal eine weitere von 0,25 Rs.

Einzelheiten über die Ziele, die von der TTC und der JJTC angefahren werden, können Sie der Übersicht entnehmen.

Die staatliche Bushaltestelle von Tamil Nadu (Tamil Nadu State Bus Stand) befindet sich auf der anderen Seite der Prakasam Road. Hier geht es ziemlich chaotisch zu. Außerdem ist dort nichts in Englisch veröffentlicht. Das ist aber nicht weiter schlimm. Betritt nämlich ein Fremder das Depot, dann ist sofort einer der vielen Jungen da und bringt die Ausländer für etwa eine Rupie zum richtigen Bus.

Der wichtigste Grund, diesen Busbahnhof zu benutzen, ist es, eine Fahrt nach Mahabalipuram anzutreten. Dorthin bestehen etliche Verbindungen, die schnellsten mit den Linien 188, 188A, 188B, 188D und 188K. Die Fahrt

Busverbindungen von Madras					
	Strecke Nr.	Zahl der Verbindungen täglich	Entfernung (km)	Fahrzeit	Fahrpreis
Bangalore	831, 828	20	351	8 Stunden	75 Rs
Chidambaram	300	3	233	7 Stunden	37 Rs
Hyderabad		1	717	14 Stunden	201 Rs
Kanyakumari	282	6	700	16 Stunden	122 Rs
Kodaikanal	461	2	511	12 Stunden	79 Rs
Madurai	135, 137	30	447	10 Stunden	88 Rs
Mysore	863	2	497	11 Stunden	100 Rs
Ooty	468, 860	2	565	15 Stunden	108 Rs
Rameswaram	166	1	570	13 Stunden	85 Rs
Thanjavur	323	15	321	18 Stunden	50 Rs
Tirupathi	802	3	150	4 Stunden	31 Rs
Trichy	123, 124	35	319	8 Stunden	50 Rs
Thiruvanan-thapuram	894	3	752	17 Stunden	145 Rs

dauert zwei Stunden und kostet 9,40 Rs. Auf diesen Linien werden täglich 20 Busse eingesetzt. Außerdem fahren Busse der Linien 19A, 19C, 119 A (über Covelong, 21 mal täglich) und 108 B (über den Flughafen Madras und Chengalpattu, neunmal täglich) nach Mahabalipuram. Neben den staatlichen Bussen werden auch noch etliche private Busse eingesetzt. Die privaten Busunternehmen sind mit Büros vorwiegend im Gebiet von Egmore vertreten. Sie alle lassen täglich Superluxusbusse mit Videorekordern zu anderen Großstädten wie Bangalore, Coimbatore, Madurai und Trichy verkehren.

Viele Unterschiede im Preis zwischen den privaten und den staatlichen Bussen gibt es nicht, allerdings sind die privaten Busse häufig bequemer.

Zug: Das Reservierungsbüro vom Bahnhof Madras Central befindet sich im 2. Stock des Gebäudes neben dem eigentlichen Bahnhof (zu erreichen über den stinkenden Abwasserkanal dazwischen). In diesem Büro kann man auch Reservierungen von Plätzen in Zügen vornehmen, die in Bombay, Ahmedabad, Pune, Kalkutta, Patna, Delhi, Jaipur, Lucknow und vielen anderen Städten des Landes abfahren.

In dieser Vorverkaufsstelle gibt es auch eine „Touristenzelle", in der man sich mit den Indrail-Pässen und den Kontingenten für Touristen befaßt. Diese „Zelle" ist unendlich nützlich für ausländische Touristen, die mit dem System der indischen Eisenbahn nicht vertraut sind.

Das Reservierungsbüro ist montags bis samstags von 8.00 bis 14.00 Uhr sowie von 14.15 bis 20.00 Uhr und sonntags von 8.00 bis 14.00 Uhr geöffnet (Tel. 135, 825 1564 und 825 15 55). In Egmore befindet sich das Reservierungsbüro im eigentlichen Bahnhofsgebäude und ist zu den gleichen Zeiten wie am Bahnhof Central geöffnet.

Einzelheiten über wichtige Zugverbindungen von Madras aus lassen sich der Übersicht entnehmen.

Schiff: Die Fahrpläne für die Schiffsverbindungen zu den Andamanen und den Nikobaren sind anfällig für Änderungen. Bei Interesse ist es daher empfehlenswert, sich nach dem neuesten Stand zu erkundigen. Derzeit ist ein Schiff, die Nancowry, im Einsatz, die von Madras etwa alle 10 Tage nach Port Blair auf Süd-Andaman fährt. Eine solche Fahrt dauert 52 Stunden. Einmal im Monat führt die Route über Car Nicobar, wofür zwei zusätzliche Tage gebraucht werden. Ausländer dürfen dort jedoch nicht an Land gehen.

Die Passagen kosten in einer Kabine mit zwei Kojen 2000 Rs, mit vier Kojen 1650 Rs und mit sechs Kojen 1300 Rs. Mitfahren kann man aber auch in der „Bunkerklasse" (die auch als „Massenquartier" beschrieben worden ist), wofür pro Person 550 Rs berechnet werden. Für die Verpflegung an Bord muß man pro Tag bei Unterbringung in einer Kabine ca. 160 Rs

Wichtige Züge von Madras					
Fahrziel	Zugnummer und Name	Abfahrtszeit*	Entfernung (km)	Fahrzeit (Stunden)	Fahrpreis (Rs) (2./1. Klasse)
Bangalore	2007 *Shatabdi Express***	6.00 MC	356	5.00	310/ 620
	6007 *Bangalore Mail*	22.00 MC		7.00	99/ 296
Bombay	6064 *Chennai Express*	7.00 MC	1279	24.00	239/ 757
	7010 *Bombay Mail*	22.20 MC		30.30	
Delhi	2621 *Tamil Nadu Express*	21.00 MC	2194	34.00	308/1122
Hyderabad	6059 *Charminar Express*	18.10 MC	794	14.20	180/ 552
Kalkutta	2842 *Coromandel Express*	8.10 MC	1669	28.00	273/ 904
	6004 *Howrah Mail*	22.30 MC		32.20	
Kochi (Cochin)	6041 *Alleppey Express*	19.35 MC	700	14.30	163/ 492
Madurai	6717 *Pandian Express*	19.10 ME	556	11.00	139/ 415
Mettupalayam	6005 *Nilgiri Express*	21.05 MC	630	10.00	155/ 464
Mysore	2007 *Shatabdi Express***	6.00 MC	500	7.15	380/ 760
Rameswaram	6113 *Sethu Express*	18.05 ME	656	14.30	158/ 473
Thanjavur	6153 *Cholan Express*	9.45 ME	351	9.30	79/ 296
Tirupathi	6057 *Saptagiri Express*	6.20 MC	147	2.45	38/ 149
Trichy	2637 *Vaigai Express*	6.00 ME	337	5.50	76/ 282
Trivandrum	6319 *Trivandrum Mail*	18.55 MC	921	16.45	200/ 588
Varanasi	6039 *Ganga Kaveri Express*	17.30 MC	2144	39.00	305/1101

* Abkürzungen für die Bahnhöfe: MC = Madras Central, ME = Madras Egmore
** nur Wagen mit Klimaanlage; im Fahrpreis sind Verpflegung und Getränke enthalten

und bei Unterbringung im Schlafsaal rund 100 Rs bezahlen.

Die Fahrkarten für Überfahrten nach Port Blair werden im Directorate of Shipping Services in der Rajaji Salai 6 (Tel. 5 22 68 73) verkauft. Das ist gegenüber vom Zollamt in George Town. Bevor Ausländer Fahrkarten erhalten können, müssen sie sich eine Sondergenehmigung für den Besuch der Andamanen besorgen (vgl. praktische Hinweise weiter oben).

Sollte man eine Schiffahrtsagentur in Anspruch nehmen wollen, kann man sich an Binny & Co Ltd. in der Armenian Street 65 in George Town (Tel. 58 68 94) wenden.

NAHVERKEHR

Flughafentransfer: Die Flughafengebäude für internationale Flüge und für Inlandsflüge liegen nebeneinander 16 km von der Innenstadt entfernt. Am billigsten kommt man dorthin mit einem Vorortzug vom Bahnhof Egmore nach Tirusulam, gleich auf der anderen Straßenseite der beiden Flughafengebäude. Die Züge fahren von 4.15 Uhr morgens bis 23.45 Uhr und brauchen für eine Fahrt ca. 30 Minuten. Der Fahrpreis beträgt in der 2. Klasse 4 Rs und in der 1. Klasse 40 Rs. Außer in der Hauptverkehrszeit sind die Züge auf dieser Strecke nicht sonderlich überfüllt.

Öffentliche Busse fahren von der Anna Salai am Eingang zum Flughafen vorbei, aber der Versuch, einen dieser Busse mit einem Rucksack zu besteigen, kann ein zweifelhaftes Vergnügen werden, insbesondere in der Hauptverkehrszeit. Benutzen kann man Busse der Linien 18J, 52, 52A, 52B, 52C, 52D und 55A. Alle diese Busse fahren an Parry's Corner ab und kommen dort auch wieder an und verkehren entlang der Anna Salai.

Man kann zwischen dem Flughafen und den größeren Hotels (auch von und zum Broadlands) auch mit einem Minibus fahren. Allerdings ist das wegen der vielen Stops unterwegs eine sehr langsame Fahrt bis in das Zentrum. Fahrkarten kann man am Flughafengebäude für internationale Flüge an einem Schalter neben dem Taxischalter kaufen.

Für eine Fahrt in einer Auto-Riksha zum Flughafen mit Abrechnung nach dem Taxameter muß man 55 Rs bezahlen, aber weil alle Fahrer von Auto-Rikshas sich weigern, für solche Fahrten die Zähluhr anzustellen, wird man hart zu verhandeln haben, um nicht weit mehr ausgeben zu müssen. Tagsüber sind 70 Rs und nachts 100 Rs die üblichen Preise. In einem der gelb-schwarzen Taxis kommt man für 150 Rs vom oder zum Flughafen. Am Flughafen kann man an einem Schalter im Flughafengebäude eine Fahrkarte für eine Taxifahrt in das Zentrum zum Festpreis kaufen. Dann hat man für

eine Fahrt zur Anna Salai 125 Rs, nach Egmore 140 Rs und nach George Town 160 Rs zu entrichten.

Zug: Für eine Fahrt mit einem der Vorortzüge von Egmore zum Strand muß man 2 Rs und nach Guindy 4 Rs ausgeben. Dabei ist nicht unwichtig, daß in den Zügen relativ wenig überfüllte Abteile für Damen eingerichtet worden sind, die sich (natürlich nur für Damen!) auf dem Weg vom oder zum Flughafen als Segen erweisen können.

Bus: Die Busse in Madras sind im allgemeinen weniger überfüllt als in anderen indischen Großstädten und lassen sich leicht benutzen. Dennoch sollte man Busfahrten in der Hauptverkehrszeit meiden. Die Sitze an der linken Seite und die Rücksitze sind übrigens im allgemeinen für Damen reserviert.

Die wichtigsten Linien sind

23C, 29, 29A, 16 und 27 C - Vom Bahnhof Egmore (gegenüber der People's Lodge) zur Anna Salai

31, 32 und 32A - Von der Triplicane High Road (Broadlands) zum Bahnhof Central und zu Parry's Corner, von wo Busse der Linie 31 weiter zur Rajaji Salai fahren, so daß man damit das Hauptpostamt und das Directorate of Shipping Services erreichen kann,

9, 10 und 17D - Von Parry's Corner zu den Bahnhöfen Central und Egmore

11, 11A, 11B, 11D, 17A, 18 und 18J - Von Parry's Corner zur Anna Salai

Taxi: Die Taxifahrer nehmen bis zu fünf Fahrgäste mit und berechnen für die ersten 1,5 km 10 Rs sowie für jeden weiteren Kilometer 2,50 Rs. Die meisten Fahrer versuchen, mit den Fahrgästen einen Festpreis für die Fahrt zum gewünschten Ziel zu vereinbaren und sich so um das Einschalten des Taxameters zu drücken. Also wird man den Fahrpreis aushandeln müssen.

Auto-Riksha: Fahrten mit den kleinen gelben Monstern kosten für die ersten 1,5 km 5 Rs und für jeden folgenden Kilometer 2,50 Rs. Auch bei den Fahrern der Auto-Rikshas bedarf es großer Überredungskunst, um sie zum Einschalten der Zähluhr zu veranlassen.

Moped: Wenn man sich tapfer fühlt (und einen internationalen Motorradführerschein besitzen), kann man sich ein Moped oder einen Motorroller mieten. Das kostet (einschließlich einer Art Helm) für einen Motorroller vom Typ Kinetic Honda pro Tag 100 Rs und für ein Moped vom Typ TVS 60 Rs. Für die Versicherung muß man ein paar Rupien zusätzlich bezahlen. Vermietet werden die Motorroller und Mopeds von U-Rent im Hotel Picnic in der Peryar E V R Road 1132 (Tel. 58 88 28).

TAMIL NADU

Der südliche Staat Tamil Nadu ist viel „indischer" als die anderen Bundesstaaten. Weil die Arier ihren Einfluß und ihre Gewohnheit, Fleisch zu essen, nicht so weit nach Süden brachten, wurde dieser südlichste Teil Indiens die wahre Heimat des Vegetariertums. Die frühen moslemischen Invasoren und später auch die Moguln drangen immer nur für einen kurzen Zeitraum in diese Region ein. Dadurch gelangte die hinduistische Architektur zur schönsten Blüte, während eine Moslem-Architektur dagegen praktisch nicht existiert. Bedeutungslos blieb auch der Einfluß der Briten, obwohl Madras ihr erster richtiger Standort auf dem Subkontinent war.

Im Süden gab es einige drawidische Königreiche. Die ältesten waren die der Pallava mit ihrer Hauptstadt Kanchipuram. Sie wurden von den Chola entmachtet, die sich um Thanjavur (Tanjore) angesiedelt hatten. Weiter südlich regierten von Madurai aus die Pandya, während im Nachbarstaat Karnataka die Chalukya die Mächtigen waren.

Tamil Nadu ist die Heimat drawidischer Kunst und Kultur, die am ehesten in den sagenhaft fein ausgeschmückten Tempeln mit den hohen Türmen (*gopurams*) sichtbar wird. Eine Reise durch Tamil Nadu ist denn auch eher eine Reise von Tempel zu Tempel als eine Reise durch einen Bundesstaat. Sie wird durch Städte wie Kanchipuram, Chidambaram, Tiruchirappalli, Thanjavur, Madurai und Rameswaram führen. Es gibt aber auch sehr alte Tempel in Tamil Nadu, besonders die alten Heiligtümer von Mahabalipuram.

Einwohner: 61,5 Millionen
Gesamtfläche: 130 069 km²
Hauptstadt: Madras
Einwohner pro Quadratkilometer: 472
Wichtigste Sprache: Tamil
Alphabetisierungsrate: 64 %
Beste Reisezeit: Januar bis September

Irgendwann in der Zukunft, so ist geplant, soll zwischen vielen dieser Tempelstädte ein besonderer Touristenzug, ähnlich wie der „Palast auf Rädern" in Rajasthan, verkehren.

Drawidische Tempel

Die drawidischen Tempel, wie man sie im Süden vorfindet, vor allem in Tamil Nadu, unterscheiden sich grundsätzlich von den klassischen Tempelformen des Nordens. Das zentrale Heiligtum eines drawidischen Tempels ist stets mit einem Turm in Pyramidenform überbaut. Dieser hat mehrere Stockwerke, die *vimana*. Zum Schrein führen ein oder mehrere Eingangstore, die *mandapams*. Rings um den Schrein in der Mitte findet man eine Anzahl von Höfen, Einfriedungen und sogar Wasserbecken. Viele der größeren Tempel haben auch eine „Halle der tausend Säulen". Das muß jedoch nicht wörtlich genommen werden, denn 1000 Säulen hat kaum eine Halle. Der Tempel von Madurai hat 997 Säulen, der Sri Ranganathaswamy-Tempel in Tiruchirappalli (Trichy) 940, und in Tiruvarur sind es nur 807.

Den gesamten Tempelkomplex umgibt eine hohe Mauer, über deren Eingangstore sich *gopurams* erheben. Diese rechteckigen, pyramidenförmigen Türme sind das bestimmende Element der drawidischen Tempel. Häufig sind sie 50 m hoch. Aber nicht die Höhe macht sie so interessant. Sie sind meist über und über mit Skulpturen von Göttern, Dämonen, Sterblichen und Tieren verziert. Sie sprühen förmlich von Ausgelassenheit und scheinen fast so lebendig wie manche indische Straße. Das aber nicht nur allein: Manchmal sind sie in so bunten Farben bemalt, daß man sich fast wie in einem Disneyland der Hindus vorkommt. Dies ist aber beileibe keine Erscheinung der Gegenwart, denn wie früher die Tempel im alten Griechenland auch, waren sie zu jeder Zeit mit grellen Farben bemalt.

LEANNE LOGAN

LEANNE LOGAN

LEANNE LOGAN

Madras
Oben: Das Herz von Madras
Mitte: Verkäufer von Tika-Puder im Jam-Basar
Unten: Madras im Monsun

LEANNE LOGAN

LEANNE LOGAN

Tamil Nadu
Oben: Krishna Mandapam in Mahabalipuram
Unten: Einzelheit an Arjunas Buße in Mahabalipuram

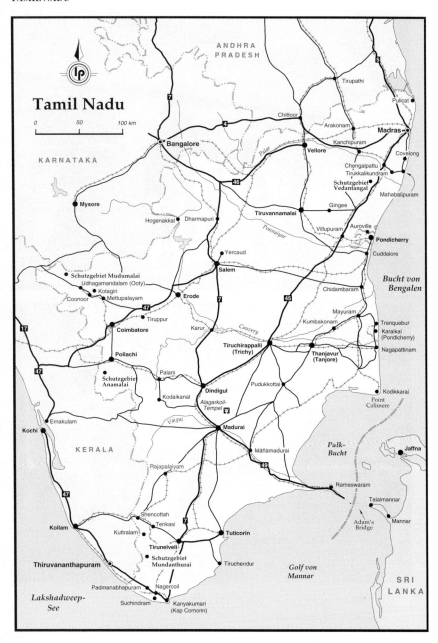

Und nicht zuletzt verfügt Tamil Nadu über einige wichtige Tierschutzgebiete, schöne Strände und eine ganze Reihe herrlicher Bergerholungsorte, z. B. Udhagamandalam (Ooty).

Die einheimischen Menschen, die Tamilen, sind mit ihren vertrauten Gesichtern nicht nur hier in Tamil Nadu bekannt, sondern sie wanderten auch nach Singapur, Malaysia und Sri Lanka aus. Eigentlich paßt zu ihrer Eigenschaft, besonders harte Arbeiter zu sein, gar nicht die Tatsache, daß Tamil Nadu ein Staat mit einer sehr heiteren, gelassenen Lebensart ist.

Reisenden hat Tamil Nadu viel zu bieten. Auch das Reisen an sich ist angenehm, vor allem aber sind es die Quartiere. Die Preise liegen meistens unter denen, die man vom Norden her gewohnt ist, und die Qualität der Unterkünfte ist dennoch meist besser.

Hinzu kommt, daß das Fremdenverkehrsamt dieses Bundesstaates eine Kette von Hotels erbaut hat, die an den interessantesten Reisezielen allemal annehmbare Übernachtungsmöglichkeiten in der Kategorie der Mittelklassehotels bieten. Wenn man es statt dessen vorzieht, bei einheimischen Familien zu wohnen, kann man sich an das staatliche indische Fremdenverkehrsamt wenden, das eine Liste mit den Anschriften von Familien in Tamil Nadu (und den angrenzen Bundesstaaten) führt, die bereit sind, gegen Bezahlung Gäste aufzunehmen. Einige dieser Privatquartiere liegen inmitten grüner Teeplantagen. In den meisten dieser Häuser muß man für eine Übernachtung pro Person zwischen 80 und 300 Rs bezahlen.

Unter kulinarischen Gesichtspunkten ist Tamil Nadu der vegetarische Bundesstaat Indiens par excellence. Hier kann man von den Thalis ohne Ende geradezu übersättigt werden (was man Einheimischen besser nicht sagt, weil die ihre Thalis als Akte der Genußsucht zu verschlingen scheinen), aber das Essen ist gut und im allgemeinen sein Geld durchaus wert. Leider hat man nur selten das gleiche Vergnügen beim Trinken von Bier (warum das so ist, kann man dem Exkurs im Kapitel über Madras entnehmen). Wenn man sein Essen mit einem Bier hinunterspülen möchte, muß man daran denken, daß in den meisten nichtvegetarischen Restaurants auch Alkohol ausgeschenkt wird, in den ausschließlich vegetarischen Lokalen aber nicht.

DER NORDEN VON TAMIL NADU

VELLORE

Einwohner: 323 000
Telefonvorwahl: 0416
Vellore, 145 km von Madras entfernt, ist eine noch halbwegs ländliche Stadt. Bemerkenswert ist Vellore allein wegen des aus dem 16. Jahrhundert stammenden Vijayanagar-Forts und des Tempels, die in ei-

---

Tierschutzgebiete

In Tamil Nadu gibt es insgesamt sechs Tierschutzgebiete, davon drei nahe der Ostküste und die anderen in den dicht bewaldeten Bergregionen an der Grenze zu Kerala und Karnataka. Der kleinste der sechs Tierschutzgebiete ist der Nationalpark Guindy, der noch innerhalb der Stadtgrenzen von Madras liegt.

In allen Tierschutzgebieten, außer in Guindy, bestehen Übernachtungsmöglichkeiten in ziemlich einfachen Forest Rest Houses, in Mudumalai aber auch in komfortableren Lodges. Theoretisch bekommt man auch ohne Reservierung ein Zimmer, jedoch ist eine Voranmeldung nützlich. Der Grund für diese Vorsichtsmaßnahme liegt darin, daß man bereits reservierte Zimmer erst nachmittags an Besucher ohne Voranmeldung vergibt, wenn keine Möglichkeit mehr besteht, daß noch jemand ankommt, der ein Zimmer bestellt hat.

Insgesamt gesehen sind die Transportmöglichkeiten in den Tierschutzgebieten begrenzt. In einigen Parks steht noch nicht einmal ein einziges Fahrzeug für das Beobachten der Tierwelt zur Verfügung. Das bedeutet, daß man Ausflüge in abgelegenere Teile der Schutzgebiete, wo die Aussichten, Tiere zu Gesicht zu bekommen, größer sind, nahezu unmöglich werden, es sei denn, man ist selbst mit einem Fahrzeug unterwegs. Aber auch mit einem eigenen Fahrzeug kommt man in einige Tierschutzgebiete (beispielsweise in Mudumalai) nicht hinein, weil das Herumfahren mit Privatfahrzeugen verboten ist. In einigen Parks werden jedoch Ausflüge auf Elefanten durch die Wälder angeboten. Dazu sollte man sich aber frühzeitig anmelden, weil man dann nicht Gefahr läuft, stundenlang Schlange stehen zu müssen, bis man den Rücken eines Elefanten besteigen darf. Trotz dieser offensichtlichen Nachteile kann der Besuch in einem der Tierschutzgebiete von Tamil Nadu dennoch zu einem unvergeßlichen Erlebnis werden.

---

nem ausgezeichneten Zustand und einen Besuch wert sind.

In der Stadt steht auf einem alten britischen Friedhof eine moderne Kirche. Auf dem Friedhof ist auch das Grab eines Obristen zu sehen, der 1799 wegen „andauernder Überanstrengung während der glorreichen Kampagne" starb, „die mit der Niederschlagung von Sultan Tipu endete". Dort steht ferner ein Denkmal zu Ehren der Opfer der kaum bekannten „Meuterei von Vellore" im Jahre 1806. Die Meuterei war vom damals in der Festung eingekerkerten zweiten Sohn von Sultan Tipu angezettelt und von aus Arcot herbeibeorderten Einsatzkräften niedergeschlagen worden.

Erstaunlicherweise befindet sich in Vellore eines der besten Krankenhäuser Indiens. Das ist der Grund, warum sich in dieser ansonsten bescheidenen Stadt Men-

schen aus ganz Indien medizinisch behandeln lassen und der Stadt ein kosmopolitisches Flair geben.

SEHENSWÜRDIGKEITEN

Fort: Das aus Granitsteinen erbaute Fort ist von einem Wassergraben umgeben. Dieser wird durch ein unterirdisches Kanalsystem gespeist, in das das Wasser aus einem Wasserbecken läuft. Diese Anlage wurde von einem Untertanen der Könige von Vijayanagar, Sinna Bommi Nayak, im 16. Jahrhundert erbaut. Das fiel in die Regentschaft der Könige Sada Sivaraja und Sriranga Maharaja. Später war dieses Fort die Festung von Mortaza Ali, dem Schwager von Chanda Sahib, der den Arcot-Thron für sich beanspruchte. Er wurde durch die Adil-Shahi-Sultane der Marathen im Jahre 1676 besiegt. Für kurze Zeit waren dann die Marathen Besitzer

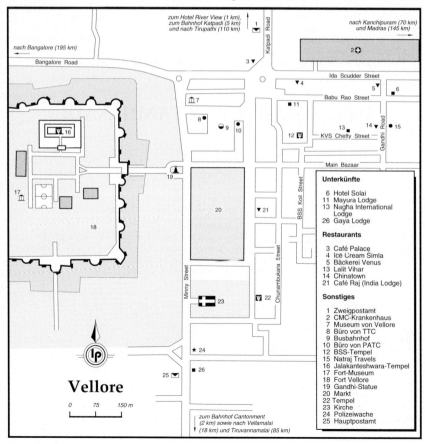

zum Hotel River View (1 km),
zum Bahnhof Katpadi (5 km)
und nach Tirupathi (110 km)

nach Kanchipuram (70 km)
und Madras (145 km)

nach Bangalore (195 km)

Bangalore Road

Katpadi Road

Ida Scudder Street

Babu Rao Street

KVS Chetty Street

Gandhi Road

Main Bazaar

BSS Koil Street

Minny Street

Chunambukara Street

Unterkünfte

6 Hotel Solai
11 Mayura Lodge
13 Nagha International Lodge
26 Gaya Lodge

Restaurants

3 Café Palace
4 Ice Cream Simla
5 Bäckerei Venus
13 Lalit Vihar
14 Chinatown
21 Café Raj (India Lodge)

Sonstiges

1 Zweigpostamt
2 CMC-Krankenhaus
7 Museum von Vellore
8 Büro von TTC
9 Busbahnhof
10 Büro von PATC
12 BSS-Tempel
15 Natraj Travels
16 Jalakanteshwara-Tempel
17 Fort-Museum
18 Fort Vellore
19 Gandhi-Statue
20 Markt
22 Tempel
23 Kirche
24 Polizeiwache
25 Hauptpostamt

Vellore

0   75   150 m

zum Bahnhof Cantonment
(2 km) sowie nach Vellamalai
(18 km) und Tiruvannamalai (85 km)

dieses Forts, bis sie 1708 durch Nabob Daud Khan von Delhi wieder vertrieben wurden. Als Srirangapatnam gefallen und Sultan Tipu gestorben war, kamen die Briten als neue Machthaber. Heute wird das Fort für Behörden und private Büros genutzt. Geöffnet ist es täglich.

Das kleine Museum im Fort enthält Skulpturen aus der Zeit bis zurück zu den Pallava und Chola. Bevor man sich die ansehen darf, muß man seine Schuhe ausziehen.

Jalakanteshwara-Tempel: Dieser Tempel wurde etwa zur gleichen Zeit wie das Fort gebaut (um 1566). Auch wenn er sich nicht mit den Tempeln von Hampi messen kann, stellt er dennoch ein Juwel der späten Vijayanagar-Architektur dar und kann im *mandapam* mit einigen atemberaubenden Schnitzereien aufwarten. Während der Invasionen durch die Adil Shahis von Bijapur, die Marathen und die Nabobs aus Karnataka diente er als Garnison und wurde entweiht. Danach wurde er nicht mehr als Tempel genutzt.

UNTERKUNFT

Die preiswerten Hotels in Vellore haben sich vorwiegend entlang oder in der Nähe der Babu Rao Street unweit der Bushaltestelle und des Krankenhauses angesiedelt. Eines der besten ist die neue Nagha International Lodge in der K V S Chetty Street 13 (Tel. 2 67 31). In diesem modernen, fünfstöckigen Hotel stehen 60 Einzel- und Doppelzimmer zur Verfügung, die, wenn auch nicht so großartig, wie die Eingangshalle vermuten läßt, mit 46 Rs für ein Einzelzimmer und mit 77 Rs für ein Doppelzimmer doch eine gute Wahl sind.

Preisgünstiger ist die einfache Mayura Lodge in der Babu Rao Street 85 (Tel. 2 54 88). Dieses Haus ist bei Besuchern schon lange ein Lieblingsquartier, in dem die Zimmer sauber und luftig und mit Preisen von 35 bzw. 55 Rs für ein Einzel- bzw. Doppelzimmer günstig sind. In der gleichen Straße findet man auch das Hotel Solai (Tel. 2 29 96), das mit Einzelzimmern für 49 Rs und Doppelzimmern für 80 Rs teurer ist und in dem in den Zimmern auch keine Fenster vorhanden sind.

Wenn man etwas besser übernachten möchte, sollte man sich einen Kilometer nördlich von Vellore, an der Straße nach Katpadi, einmal das Hotel River View ansehen (Tel. 2 55 68). Auch wenn es modern und sauber ist, trägt dieses Haus ganz sicher einen falschen Namen, denn es liegt mindestens 500 m vom Fluß entfernt und bietet Ausblicke auf nichts Exotisches als auf einen stinkenden Abwasserkanal. Hier kosten mit Bad Einzelzimmer 210 Rs und Doppelzimmer 250 Rs, mit Klimaanlage 320 bzw. 390 Rs. Zu diesem Hotel gehören gleich drei Restaurants, eine Bar und eine Gartenanlage.

ESSEN

Die Ida Scudder Street ist geradezu übersät von Restaurants mit „Meals". Eines der besten davon ist das merkwürdig benannte Simla Ice Cream Bar mit der Hausnummer 88. Schon seit Jahren werden in diesem winzigen Lokal die besten nordindischen Gerichte von ganz Vellore serviert, auch wenn Eis weit und breit nicht zu sehen ist. Das von dem jovialen Inder Pal Singh geführte Restaurant verfügt auch über einen kleinen Tandoori-Ofen, aus dem die heißen *naans* kommen.

Im geräumigen Café Palace unweit des Kreisverkehrs erhält man für 10 Rs ausgezeichnete Thalis. In diesem Lokal ist immer viel Betrieb, so daß man unabhängig davon, ob man unten oder oben ißt, immer das Gefühl hat, sich inmitten aller Dinge aufzuhalten.

Pseudo-chinesische Speisen werden im Chinatown, gegenüber von Natraj Travels in der Gandhi Road, angeboten. Dort kann man Hühnchen mit Reis für 25 Rs essen.

Im Lalit Vihar an der K V S Chetty Street stehen Gerichte aus Gujarat für 16 Rs zur Wahl, und zwar einschließlich so vieler *chapatis*, wie man mag. Außerdem werden im Café Raj in der India Lodge gegenüber vom Basar vegetarische Gerichte aufgetischt.

Ausgezeichnetes frisches Gebäck und Brot kann man in der Bäckerei Venus gegenüber vom CMC-Krankenhaus kaufen.

AN- UND WEITERREISE

Bus: Wie überall in Tamil Nadu wird auch diese Gegend von regionalen Busunternehmen (hier von PATC) und von der im ganzen Bundesstaat vertretenen Gesellschaft Thiruvalluvar Transport Corporation (TTC) bedient. Der staubige Busbahnhof von Vellore ist richtig chaotisch und enthält keine Informationen in Englisch. Busse der TTC fahren von hier nach Tiruchirappalli (Linie 104, 47 Rs), Madras (Linien 139 und 280) und Madurai (Linien 168, 866 und 983, 63 Rs). Alle diese Busse werden in Vellore eingesetzt, so daß man Plätze in ihnen im voraus reservieren kann. Weitere, die bereits von einer anderen Stadt kommen und bei der Ankunft schon voll besetzt sein können, fahren über Vellore weiter nach Madras, Bangalore, Tirupathi (2¹/₂ Stunden, 19 Rs), Thanjavur sowie Ooty.

PATC setzt täglich 26 Busse für die Fahrt nach Kanchipuram ein, von denen der erste bereits um 5.00 Uhr abfährt (2¹/₂ Stunden, 10 Rs). Busse von PATC fahren auch nach Madras (30 mal täglich, 20 Rs), Bangalore (14 mal täglich, 34 Rs) und Tiruchirappalli (35 Rs).

Zug: Der bedeutendste Bahnhof von Vellore liegt 5 km nördlich der Stadt in Katpadi an der Kreuzung der Breitspurstrecke zwischen Bangalore und Madras sowie der Schmalspurstrecke zwischen Tirupathi und

Madurai (die über Tiruvannamalai, Villupuram, Chidambaram, Thanjavur und Tiruchirappalli führt). Der kleinere Bahnhof Cantonment liegt nur an der Schmalspurstrecke.

Eine Fahrt von Katpadi nach Bangalore (228 km) dauert 4¹/₂ Stunden und kostet in der 2. Klasse 56 Rs sowie in der 1. Klasse 205 Rs. Von Katpadi nach Madras sind es 130 km (2 Stunden, 2. Klasse 34 Rs und 1. Klasse 131 Rs). Der täglich einmal verkehrende Zug nach Madurai (15 Stunden) beginnt seine Fahrt um 18.50 Uhr. Nach Tiru-pathi fährt ein Zug zu unchristlicher Zeit um 1.50 Uhr ab. Vor dem Bahnhof in Katpadi warten Busse auf die Ankunft von Zügen und bringen Fahrgäste dann in 10 bis 30 Minuten nach Vellore (1,30 Rs).

DIE UMGEBUNG VON VELLORE

VELLAMALAI

Der Tempel von Vellamalai liegt 18 km von Vellore entfernt und ist Shivas Sohn Kartikaya (in Tamil Murga) geweiht. Ein Tempel steht zwar am Fuße des Hügels, der Haupttempel aber, aus massivem Stein gefertigt, erhebt sich auf der Spitze des Hügels. Die Schuhe muß man bereits am Fuße des Hügels ausziehen. Von oben hat man einen guten Ausblick in die Umgebung von Vellamalai. Der Boden ist steinig und von Steinbrocken übersät. An den Bäumen werden Sie Stoffteile sehen. Sie wurden von Gläubigen festgeknüpft, die auf Erfüllung ihrer Wünsche hoffen. Für die einstündige Fahrt von Vellore nach Vellamalai mit einem Bus der Linie 20 (stündlich) muß man 4 Rs bezahlen.

KANCHIPURAM

Einwohner: 180 000

Telefonvorwahl: 04112

Diese Stadt ist vielen auch unter der Bezeichnung Siva Vishnu Kanchi bekannt. Sie ist eine der sieben heiligen Städte Indiens. Nacheinander war sie die Hauptstadt der Pallava, der Chola und der Raja von Vijayanagar. Während der Herrschaft der Pallava besetzten für kurze Zeit die Chalukya von Badami sowie die Rashtrakuten die Stadt. Sie nutzten geschickt eine Schwächeperiode der Pallava aus und besiegten sie.

Kanchipuram ist Indiens ungewöhnlichste Tempelstadt, deren viele *gopurams* bereits von weither zu sehen sind. Von den ursprünglich 1000 Tempeln stehen über die ganze Stadt verstreut noch etwa 125, Viele der Tempel stammen aus der Zeit der Chola (ausgehende Periode) und der Vijayanagar-Könige. Weil Kanchipuram eine berühmte Tempelstadt ist, wird sie von vielen Pilgern und Touristen besucht. Geschickt nutzen einige Männer diese Situation und bieten sich jedem Fremden als „Führer" an.

Für die Tempelbesuche muß man genügend Kleingeld bereithalten. Damit lassen sich die vielen „Tempelwachen", Schuhbewacher, Führer oder Priester gut beruhigen. Wissen muß man auch, daß alle Tempel von 12.00 bis 15.00 oder 15.30 Uhr geschlossen werden.

Kanchi erwarb sich aber auch einen guten Ruf durch seine handgewebten Seidenstoffe. Dieser Wirtschaftszweig geht bis in die Zeiten der Pallava zurück. Damals beschäftigte man die Weber mit der Herstellung von teuren Stoffen für die Könige. Die Läden, in denen Seidenstoffe verkauft werden (wie die entlang der Straße zum Devarajaswami-Tempel), sind das Ziel von ganzen Busladungen indischer Touristen, was zur Folge hat, daß es hier deutlich teurer als in Madras ist. Wenn man dennoch günstig etwas kaufen will, muß man die Qualität genau kennen und sich über die Preise bereits in Madras informiert haben.

Sieht man von den Tempeln ab, ist Kanchipuram eine staubige und ansonsten uninteressante Stadt, in der man außer in der Zeit, in der das Fest mit den Tempelwagen stattfindet, kaum noch etwas sehen und unternehmen kann.

SEHENSWÜRDIGKEITEN

Kailasanatha-Tempel: Dies ist einer der ältesten Tempel, der Shiva geweiht ist. Gebaut wurde er von dem Pallava-König Rayasimha gegen Ende des 7. Jahrhunderts. Die Frontseite fügte später sein Sohn, König Mahendra Varman III., hinzu. Es ist aber auch der einzige Tempel, der nach seiner Fertigstellung von den Chola- und Vijayanagar-Herrschern baulich nicht mehr verändert wurde. So behielt er die Schlichtheit und Ursprünglichkeit früher drawidischer Tempelarchitektur.

Noch immer sind Reste der Wandmalereien an den Alkoven aus dem 8. Jahrhundert sichtbar. Aufgrund dieser Malereien kann man sich gut vorstellen, wie farbenprächtig dieser Tempel einmal gewesen sein muß.

Der Tempel wird vom Archäologischen Dienst betreut und ist sehr interessant. Ungewöhnlich ist, daß in diesem Tempel auch Nicht-Hindus das innerste Heiligtum betreten dürfen.

Vaikuntha-Perumal-Tempel: Dieser Tempel wurde in den Jahren 674-800 n. Chr. kurz nach dem Kailasanatha-Tempel von Parameshwara und Nandi Varman II. gebaut. Er ist Shiva geweiht. Die gedeckten Säulengänge an der Innenseite der Außenmauer aus Säulen mit Löwen stellen den ersten Schritt einer Entwicklung hin zu den 1000-Säulen-Hallen dar, die man in den jüngeren Tempeln antrifft.

Sri-Ekambaranathar-Tempel: Von allen Tempeln in Kanchipuram gehört dieser Shiva-Tempel zu den größten. Er bedeckt 9 Hektar Land. Sein *gopuram*, 59 m hoch, und eine massive Außenmauer aus Stein wurden von Krishna Devaraja des Vijayanagar-Reiches im Jahre 1509 geschaffen. Mit der Konstruktion begannen bereits die Pallava, später führten die Chola das Werk fort. Im Tempel findet man fünf separate Einfriedungen und eine 1000-Säulen-Halle (die in Wirklichkeit „nur" aus 540 unterschiedlich geschmückten Säulen besteht).

Der Name des Tempels soll von der Bezeichnung Eka Amra Nathar herrühren, was soviel heißt wie „Herr des Mangobaumes". Tatsächlich steht in einer der Einfriedungen ein Mangobaum mit vier Zweigen, die die vier *Veden* darstellen. Die Früchte dieser vier Zweige sollen jeweils einen anderen Geschmack haben. Auf einer Tafel ist zu lesen, daß der Baum 3500 Jahre alt sein soll. Jedem Gläubigen sei es gegönnt, hieran zu glauben, ist dieser Baum doch eine Manifestierung des Gottes. Der Baum darf als einziges Heiligtum auch von Nicht-Hindus umschritten werden. Besucher dürfen ebenfalls an den Zeremonien teilnehmen (kleine Gaben werden gern entgegengenommen!). In das Allerheiligste dürfen Nicht-Hindus jedoch nicht. Mit Genehmigung eines der Tempelpriester ist es aber möglich, auf die Spitze eines der *gopurams* hinaufzuklettern.

Für das Mitbringen einer Kamera muß man 3 Rs bezahlen. Die Einnahmen durch diese Gebühr werden für die Erhaltung des Tempels verwendet. Ein Besuch kann Sie jedoch leicht mehr kosten, denn dieser Tempel ist berüchtigt wegen der vielen kleinen Gauner, die sich hier aufhalten.

Kamakshi-Amman-Tempel: Dieser Tempel ist der Göttin Parvati geweiht. Er ist Schauplatz des alljährlich stattfindenden Wagenfestes am 9. Mondtag im Februar

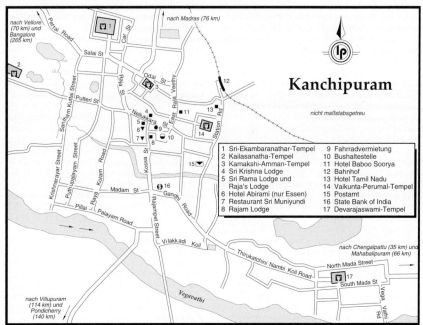

nach Vellore (70 km) und Bangalore (265 km)

nach Madras (76 km)

Kanchipuram

nicht maßstabsgetreu

1 Sri-Ekambaranathar-Tempel	9 Fahrradvermietung
2 Kailasanatha-Tempel	10 Bushaltestelle
3 Kamakshi-Amman-Tempel	11 Hotel Baboo Soorya
4 Sri Krishna Lodge	12 Bahnhof
5 Sri Rama Lodge und	13 Hotel Tamil Nadu
Raja's Lodge	14 Vaikunta-Perumal-Tempel
6 Hotel Abirami (nur Essen)	15 Postamt
7 Restaurant Sri Muniyundi	16 State Bank of India
8 Rajam Lodge	17 Devarajaswami-Tempel

nach Chengalpattu (35 km) und Mahabalipuram (66 km)

North Mada Street

South Mada St.

nach Villupuram (114 km) und Pondicherry (140 km)

Thirukatchini Nambi Koil Road

Vegavathi

oder März. In der Zeit, in der der Wagen nicht gebraucht wird, steht das Wunderwerk der Schnitzkunst in der Gandhi Road, aber halb in Wellblech verpackt. Im Zentrum des Tempels findet sich ein goldener *gopuram* (Eingangsturm).

Devarajaswami-Tempel: Wie der Sri-Ekambaranathar-Tempel ist dies eine monumentale Tempelanlage mit massiven Außenmauern und einer wunderschönen 1000-Säulen-Halle (mit in Wirklichkeit nur 96 Säulen). Das Meisterstück in diesem Tempel ist die Kette, die aus einem einzigen Steinblock gehauen wurde. Der Tempel ist Vishnu geweiht und wurde von den Vijayanagar-Königen erbaut. Als Eintritt verlangt man eine Rupie, für eine Kamera zusätzlich 5 Rs.

UNTERKUNFT
Die meisten einfachen (und lauten) Unterkünfte findet man in der Stadtmitte, nur wenige Minuten zu Fuß vom Busbahnhof entfernt. Am nächsten zum Busbahnhof liegt die freundliche Rajam Lodge in der Kamarajar Street 9 (Tel. 2 25 19), in der man für ein Einzelzimmer 40 Rs, für ein Doppelzimmer 65 Rs und für ein Dreibettzimmer 100 Rs bezahlen muß (mit Bad).
Die Sri Rama Lodge in der Nellukkara Street 20 (Tel. 2 24 35) wirbt damit, daß sie „ein angenehmes Leben ermögliche", ist aber nur einfach. Hier beginnen die Preise für Einzelzimmer bei 80 Rs und für Doppelzimmer bei 90 Rs, während man für ein Zimmer mit Klimaanlage allein 250 Rs und zu zweit 300 Rs bezahlen muß. Alle Zimmer sind mit Bad ausgestattet, in dem heißes und kaltes Wasser zur Verfügung steht. Auch ein gutes vegetarisches Restaurant ist vorhanden. Nebenan kommt man zur Raja's Lodge (Tel. 2 26 02), die einfacher, aber auch oft voll belegt ist. Hier werden mit Badbenutzung für ein Einzelzimmer 45 Rs und für ein Doppelzimmer 65 Rs verlangt.
Gegenüber der Sri Rama Lodge, in der Nellukkara Street 68 a, liegt die Sri Krishna Lodge (Tel. 2 28 31). Sie ist in Ausstattung und Preis weitgehend vergleichbar.
Das Hotel Tamil Nadu (Tel. 2 25 61) findet man in der Station Road, einer ruhigen Nebenstraße unweit vom Bahnhof mit viel Grün. Für ein normales Zimmer muß man in diesem Haus 150 Rs und für ein klimatisiertes Doppelzimmer 275 bis 350 Rs bezahlen (mit Bad, in dem auch heißes Wasser fließt). Eine Bar und ein einfaches Restaurant mit einer begrenzten Auswahl an Speisen sind ebenfalls vorhanden.
Das schickste Haus in der Stadt ist ohne jeden Zweifel das Hotel Baboo Soorya in der East Raja Veethy 85 (Tel. 2 25 55). Das ist unweit des Vaikunta-Perumal-Tempels. Hier muß man für gut eingerichtete Einzel- und Doppelzimmer 225 bzw. 275 Rs bezahlen (mit einer gut funktionierenden Klimaanlage 300 bzw. 350

Rs). Zu diesem Hotel gehört auch ein vegetarisches Restaurant, aber keine Bar (Bier wird auf Wunsch gleichwohl besorgt).

ESSEN
In der Umgebung des Busbahnhofes findet man mehrere kleine vegetarische Lokale, in denen man für rund 10 Rs ein Tellergericht bekommt. Wenn man keine Thalis mehr mag, dann sollte man einmal das Essen im Hotel Abirami in der Kamarajar Street ausprobieren. Viel mehr Auswahl besteht in Kanchipuram nicht. Allenfalls im nichtvegetarischen Restaurant Sri Muniyundi, ebenfalls in der Kararajar Street, kann man daneben noch essen (kein Hinweisschild in englischer Sprache). Wenn man einmal etwas besser speisen möchte, dann setzt man sich am besten in das Restaurant des Hotels Baboo Soorya. Dort muß man sich aber vergewissern, ob der angebotene Joghurt frisch ist.

AN- UND WEITERREISE
Bus: Wie überall in Tamil Nadu sind die Fahrpläne auch hier nur in Tamil veröffentlicht. Dennoch dürften keine Schwierigkeiten auftreten, den richtigen Bus herauszufinden. Nach Mahabalipuram verkehren fünf Direktbusse täglich, der letzte um 19.00 Uhr (Linie 212 A, rund 2 Stunden, 10 Rs). Es besteht aber auch die Möglichkeit, häufiger mit einem Bus nach Chengalpattu und von dort mit einem anderen Bus weiter nach Mahabalipuram zu fahren.
Direktverbindungen mit Bussen der TTC bestehen nach Tiruchirappalli (Linie 122), Madras (Linie 828, 76 km, 2 Stunden) und Bangalore (Linie 828).
Außerdem fahren etliche Busse von PATC nach Madras, Vellore und Tiruvannamalai sowie Busse privater Unternehmen nach Pondicherry.

Zug: Vom Bahnhof Egmore in Madras bestehen Bahnverbindungen über Chengalpattu nach Kanchipuram (3 Stunden, 14 Rs) um 8.20, 17.45 und 19.50 Uhr, in Gegenrichtung um 7.00, 8.30 und 18.00 Uhr. Es ist auch möglich, mit einem Zug über Arakkonam an der Hauptstrecke mit Breitspur zwischen Madras Central und Bangalore nach Kanchipuram zu fahren, aber es bestehen in Arakkonam nach Kanchipuram nur zweimal täglich Anschlüsse, nämlich um 7.50 und 17.20 Uhr und in Gegenrichtung um 9.25 und 18.45 Uhr.

NAHVERKEHR
In einem kleinen, nicht ausgeschilderten Laden neben der Tankstelle von Indian Oil unweit der Bushaltestelle lassen sich für 2 Rs pro Stunde Fahrräder mieten. Für eine Fahrt zu den Tempeln mit einer Fahrrad-Riksha muß man rund 50 Rs bezahlen, aber darüber läßt sich durchaus verhandeln. Auto-Rikschas sind ebenfalls im Einsatz.

COVELONG

Telefonvorwahl: 041 28
Covelong, geschrieben in verschiedenen Varianten, ist ein Fischerort an einem herrlichen Strand und liegt ca. 20 km nördlich von Mahabalipuram. Dort sind die Überbleibsel einer Festung in das teure Fisherman's Cove Resort der TTDC (Tel. 23 04) mit Zimmern für 1700 bis 3000 Rs und ein ausgezeichnetes Restaurant umgewandelt worden.

MAHABALIPURAM

Einwohner: 13 000
Telefonvorwahl: 04113
Mahabalipuram, weltberühmt wegen seiner Strandtempel, war unter den Pallava-Königen von Kanchipuram die zweite Hauptstadt und ein Seehafen. Diese Dynastie der Tamilen war diejenige, die nach dem Verfall des Gupta-Reiches einen festen Platz in der Geschichte bekam.

Die Anfänge dieser aufstrebenden Dynastie verlieren sich im Nebel der Geschichte. Auf der Höhe ihrer politischen Macht und künstlerischen Blüte standen sie zwischen dem 5. und 8. Jahrhundert n. Chr. Während dieser Zeit erwarben sie sich den Ruf, Gründer und Förderer der frühen Tamil-Kultur zu sein. Die meisten Tempel und Felsarbeiten entstanden während der Herrschaft von Narasimha Varman I. (630-668 n. Chr.) und Narasimha Varman II. (700-728 n. Chr.). Sie bestechen durch ihre Urtümlichkeit sowie Schlichtheit und stehen völlig im Gegensatz zu den Monumentalbauten bedeutenderer Reiche, wie zum Beispiel der Chola, die ihre Nachfolger waren. Die Strandtempel sind es auch, die den Besuch dieser Stadt zu einer Reise in die Romantik werden lassen. Sie sind einer der fotografischen Höhepunkte eines Indienbesuches.

Diese Tempel und alle anderen Sehenswürdigkeiten von einiger Bedeutung sind abends von Flutlicht angestrahlt.

Den Wohlstand verdankten die Pallava-Königreiche der Förderung der Landwirtschaft. Die so erzielten Steuern und Produktionsüberschüsse erlaubten die kostspieligen Bauten. Ihre ersten Könige waren Anhänger des Jainismus. Das endete jedoch mit Mahendra Varman I. (600- 630 n. Chr.). Er wandte sich unter dem Einfluß des Heiligen Appar dem Shivaismus zu. Seine Konvertierung hatte verheerende Folgen für den Jainismus in Tamil Nadu und erklärt auch, warum die meisten Tempel in Mahabalipuram (und Kanchipuram) entweder Shiva oder Vishnu geweiht sind.

Von besonderem Interesse sind die Skulpturen. Sie zeigen Szenen aus dem Alltag: Frauen melken Büffel, Stadthonoratioren stellen sich in machtvoller Positur dar, herausgeputzte junge Mädchen posieren an Straßenecken und schwingen verführerisch ihre Hüften. Die Reliefs in anderen Orten von Tamil Nadu stellen

Naga, die Schlangengottheit mit den Kobraköpfen

dagegen Götter und Göttinnen dar. Alltagsszenen wie hier sind dort überhaupt nicht vorhanden und denkbar. Die Bildhauerei ist in Mahabalipuram bis auf den heutigen Tag lebendig, wie die vielen Werkstätten im Ort und um den Ort herum beweisen.

Gelegen am Fuße eines nicht allzu hohen Hügels, an dem man auch die meisten Tempel und Felsreliefs findet, ist Mahabalipuram ein ganz hübscher kleiner Ort und das Ziel vieler ausländischer Besucher. Hier findet man eine ausgezeichnete Kombination aus preiswerten Unterkünften, ansprechenden Restaurants mit Gerichten für den westlichen Geschmack (insbesondere bei den Meeresfrüchten), einem guten Strand, Kunsthandwerk und den faszinierenden Überbleibseln eines alten indischen Königreiches.

ORIENTIERUNG UND PRAKTISCHE HINWEISE

Im Fremdenverkehrsamt (Tel. 22 32) sind hilfsbereite und begeisterte Mitarbeiter tätig. Sie verfügen über eine ganze Reihe von Broschüren sowie eine Aufstellung mit den Busverbindungen und können auch den Weg zur Agentur erklären, in der man Reservierungen von Plätzen in Zügen vornehmen kann, die in Madras abfahren. Geöffnet ist täglich von 9.00 bis 17.45 Uhr. Die meisten Arten von Reiseschecks lassen sich in der Indian Overseas Bank wechseln, die montags bis freitags von 10.00 bis 14.00 Uhr und samstags von 10.00 bis 12.00 Uhr zugänglich ist.

Orientieren kann man sich gut vom Leuchtturm aus, von dem aus sich ein schöner Blick über den ganzen Ort bietet. Besteigen läßt er sich in der Zeit von 14.00 bis 16.00 Uhr für eine Rupie. Aus „Sicherheitsgründen" ist das Fotografieren von dort jedoch nicht gestattet. Ein paar Kilometer weiter südlich fällt nämlich an der Küste ein Kernkraftwerk ins Auge.

SEHENSWÜRDIGKEITEN

Arjunas Buße: Dies ist zweifellos eine der interessantesten Sehenswürdigkeiten von Mahabalipuram. Auf einem riesigen Felsen wird in Reliefs die geheimnisvolle Geschichte des Ganges dargestellt, die mit der Quelle hoch in den Bergen des Himalaja beginnt. Im Paneel (27 m lang und 9 m breit) sieht man Darstellungen von Tieren, Göttern und anderen Kreaturen, Fabeln aus der *Panchatantra* sowie Arjuna beim Büßen, um den Segen Shivas zu bekommen. Diese Felsarbeiten gehören sicher zu den schönsten und anspruchsvollsten Reliefs in ganz Indien.

Mandapams: Alles in allem gibt es in Mahabalipuram acht *mandapams*; das sind flache, in den Fels gehauene Räume. Sie liegen verteilt im Hügel und sind wegen ihrer Skulpturen im Innern sehenswert. Zwei *mandapams* sind unvollendet geblieben.

Krishna Mandapam: Das ist einer der frühen Felstempel in Indien mit Reliefs, die Hirtenszenen darstellen. In ihnen wird Lord Krishna gezeigt, wie er den Berg Govardhana anhebt, um seine Sippe vor Varuna, dem Regengott, zu schützen.

Rathas: Diese Bauten sind die architektonischen Prototypen aller drawidischen Tempel. Sie bestehen aus imponierenden *gopurams* und *vimanas*, enthalten Säulenhallen und mit Skulpturen verzierte Wände. Die Landschaft von Tamil Nadu wird durch diese Bauten eindeutig geprägt.

Die *rathas*, eigentlich Triumphwagen der Tempel, bekamen ihren Namen nach den Pandavas, den Helden des *Mahabharata*-Epos. Sie stellen die verschiedenen Tempeltypen dar, die im 7. Jahrhundert n. Chr. den drawidischen Erbauern bekannt waren. Mit einer Ausnahme erinnern sie alle an die frühe Architektur der buddhistischen Tempel und Klöster. Obwohl man im allgemeinen von den „fünf *rathas*" spricht, gibt es tatsächlich acht *rathas*.

Strandtempel: Dieser wunderschöne romantische und von der See zerzauste Tempel gehört zu den einprägsamsten Sehenswürdigkeiten in Indien und wurde im 7. Jahrhundert als Beispiel für die Endphase der Pallava-Kunst während der Herrschaft von Rajasimha erbaut. Die beiden Türme dieses Bauwerks enthalten jeweils einen Schrein für Vishnu und Shiva. Als Vorbild diente Dharmaraja Ratha, allerdings mit einigen Abwandlungen. Wegen seiner Bedeutung wurde der Strandtempel übrigens in die Liste der wichtigsten Denkmäler der Welt aufgenommen. Um dem gerecht zu werden, hat man an der Seite zum Meer hin eine riesige Felsenmauer erbaut, um der weiteren Erosion vorzubeugen. Das ist ganz sicher kein sehr schönes Bauwerk, aber es sorgt dafür, beim Tempel die Gefahr zu bannen, daß er im Meer versinkt.

Zu diesem Tempel wird man durch gepflasterte Vorhöfe geführt, umgeben von verwitterten Mauern. Gestützt sind diese Mauern durch lange Reihen von Bullen. Die Eingänge schützte man durch Darstellungen mythischer Gottheiten. Ein Großteil dieser Reliefs zerfiel natürlich im Laufe der Jahrhunderte, aber es ist erstaunlich, daß überhaupt noch einige erhalten blieben. Dies gilt besonders für das Innere des Tempels.

Samstags werden am Strandtempel manchmal Tänze aufgeführt, die man sich kostenlos ansehen darf. Einzelheiten dazu sind im Fremdenverkehrsamt zu erfahren.

Strand: Das Dorf selbst liegt nur einige hundert Meter vom breiten Strand nördlich des Strandtempels. Dort ziehen die Fischer ihre Boote an Land. Die örtliche Toilette befindet sich ebenfalls hier, so daß ein Spazier-

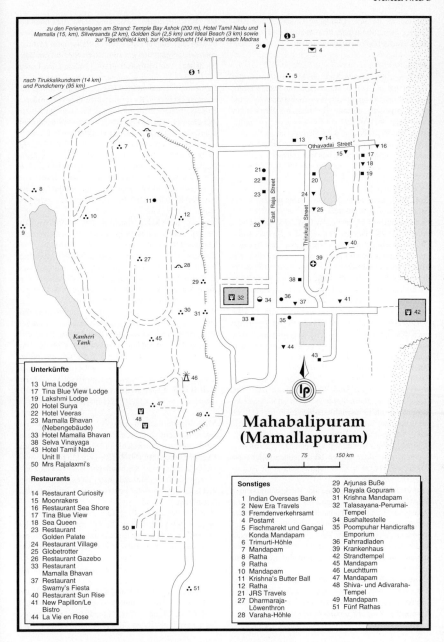

zu den Ferienanlagen am Strand: Temple Bay Ashok (200 m), Hotel Tamil Nadu und Mamalla (15, km), Silversands (2 km), Golden Sun (2,5 km) und Ideal Beach (3 km) sowie zur Tigerhöhle(4 km), zur Krokodilzucht (14 km) und nach Madras

nach Tirukkalikundram (14 km) und Pondicherry (95 km)

Kanheri Tank

Othavadai Street

East Raja Street

Thirukula Street

Mahabalipuram (Mamallapuram)

0   75   150 km

Unterkünfte

13 Uma Lodge
17 Tina Blue View Lodge
19 Lakshmi Lodge
20 Hotel Surya
22 Hotel Veeras
23 Mamalla Bhavan (Nebengebäude)
33 Hotel Mamalla Bhavan
38 Selva Vinayaga
43 Hotel Tamil Nadu Unit II
50 Mrs Rajalaxmi's

Restaurants

14 Restaurant Curiosity
15 Moonrakers
16 Restaurant Sea Shore
17 Tina Blue View
18 Sea Queen
23 Restaurant Golden Palate
24 Restaurant Village
25 Globetrotter
26 Restaurant Gazebo
33 Restaurant Mamalla Bhavan
37 Restaurant Swamy's Fiesta
40 Restaurant Sun Rise
41 New Papillon/Le Bistro
44 La Vie en Rose

Sonstiges

1 Indian Overseas Bank
2 New Era Travels
3 Fremdenverkehrsamt
4 Postamt
5 Fischmarekt und Gangai Konda Mandapam
6 Trimurti-Höhle
7 Mandapam
8 Ratha
9 Ratha
10 Mandapam
11 Krishna's Butter Ball
12 Ratha
21 JRS Travels
27 Dharmaraja-Löwenthron
28 Varaha-Höhle
29 Arjunas Buße
30 Rayala Gopuram
31 Krishna Mandapam
32 Talasayana-Perumai-Tempel
34 Bushaltestelle
35 Poompuhar Handicrafts Emporium
36 Fahrradladen
39 Krankenhaus
42 Strandtempel
45 Mandapam
46 Leuchtturm
47 Mandapam
48 Shiva- und Adivaraha-Tempel
49 Mandapam
51 Fünf Rathas

gang am Strand einer Übung im Umgehen von Kothaufen gleicht. Südlich der Strandtempel und ca. 500 m weiter nördlich wird es schon sauberer.

FESTE

Von Januar bis Februar findet in Mahabalipuram das einen Monat andauernde Mamallapuram-Tanzfest statt. Während dieser Veranstaltung werden Tänze aus ganz Indien aufgeführt, darunter der Bharatha Natyam aus Tamil Nadu, der Kathakali aus Kerala und der Kuchipudi aus Andhra Pradesh, aber auch Stammestänze, Puppenspiele sowie klassische und traditionelle Musikstücke. Eine Aufstellung mit den einzelnen Darbietungen man sich im Fremdenverkehrsamt in Madras besorgen.

UNTERKUNFT

Einfache Unterkünfte: Wem es nichts ausmacht, ein wenig rustikal zu wohnen, der kann bei verschiedenen Familien in der Umgebung der fünf *rathas* übernachten, ca. 15 Minuten zu Fuß von der Bushaltestelle entfernt. Bei den Zimmern handelt es sich im allgemeinen um nichts anderes als um strohgedeckte Hütten mit Strom und - wenn man Glück hat - Ventilator sowie einer simplen Waschgelegenheit. Kundenschlepper, die am Busbahnhof warten, besorgen ankommenden Besuchern eine Unterkunft im Dorf, aber natürlich zahlen die mehr, wenn sie ihre Hilfe annehmen. Der übliche Preis liegt bei ca. 200 Rs pro Woche (mehr, wenn man einen Kundenschlepper in Anspruch nimmt). Bleibt man nicht länger als eine Woche, muß man pro Übernachtung mit 40 bis 50 Rs rechnen.

Der Konkurrenzkampf der Einheimischen bei diesen Arten von Unterkünften ist hart, aber dennoch ist das Mrs Rajalaxmi's die beste Unterkunft im Dorf. Die neun Zimmer sind mit Strom und Ventilator ausgestattet, und eine Gemeinschaftstoilette sowie eine Dusche mit Wasser aus Eimern stehen ebenfalls zur Verfügung. Nach Voranmeldung kann im Haus auch gegessen werden. Frau Rajalaxmi fertigt jeden Morgen *rangolis* (weiße Kreidebilder auf den Türschwellen vieler Häuser) an und freut sich, wenn sie Besuchern die Bedeutung erklären kann.

Unweit vom Strand liegt die bei Rucksackreisenden sehr beliebte Lakshmi Lodge (Tel. 24 63), früher ein „Liebeshotel" und jetzt eine Unterkunft mit hellen, luftigen Zimmern zu Preisen von 125 bis 200 Rs. Auf „privaten Terrassen" kann man hier auch indisch oder westlich essen und abends auf dem Dach unter den Sternen und dem kreisenden Licht des Leuchtturms speisen.

Ein paar Türen weiter hinunter kommt man zur Tina Blue View Lodge mit Restaurant (Tel. 23 19), geführt von dem freundlichen Xavier, der für eine familiäre Atmosphäre sorgt. Hier muß man mit eigenem Bad für ein Einzelzimmer 60 Rs und für ein Doppelzimmer 100

bis 150 Rs bezahlen. Neuerdings wird auch noch ein Cottage mit vier Betten vermietet. Das Restaurant oben, in dem auch immer etwas von der Brise vom Meer zu spüren ist, eignet sich gut zum Essen oder auf ein Bier. Nicht sehr weit entfernt liegt die größere Uma Lodge (Tel. 23 22), in der saubere Doppelzimmer mit Gemeinschaftsbädern für 60 Rs und Doppelzimmer mit eigenem Bad für 70 Rs vermietet werden. Die größeren Doppelzimmer oben mit westlicher Toilette kosten zwischen 90 und 120 Rs. Angeboten wird auch noch ein riesiges Vierbettzimmer für 200 Rs.

Eine preiswerte Unterkunft direkt an der Bushaltestelle ist das Mamalla Bhavan (Tel. 22 50), in dem man für ein sauberes Doppelzimmer mit Bad 45 Rs bezahlen muß. Einzelzimmer gibt es hier nicht. Dieses Haus wird abends um 23.30 Uhr abgeschlossen, so daß man bei späterer Rückkehr den Nachtwächter herausklingeln muß.

Das nagelneue Selva Vinayaga (Tel. 24 45), das man sowohl von der East Raja Road als auch von der Thirukula Road her betreten kann, wartet mit vier hübschen Cottages auf (alles Doppelzimmer), errichtet in einem weitläufigen Garten. Mit quadratischen Cottages für 125 Rs und runden Cottages für 150 Rs ist diese Anlage eine ausgezeichnete Wahl. Alle Cottages sind mit Moskitonetzen und Bad ausgestattet.

Weiter entlang der Thirukula Road gelangt man zum Hotel Surya (Tel. 22 92), gelegen in einer schattigen Umgebung mit Blick auf eine kleine Lagune. Hier wird eine Reihe von kahlen Zimmern und Cottages mit Klimaanlage und Bad angeboten. Sie sind allerdings etwas zu teuer und nicht gerade sehr luftig. Sein Zelt kann man am Hotel Surya oder am Hotel Tamil Nadu Unit II (vgl. weiter unten) für 25 Rs pro Person aufschlagen.

Mittelklasse- und Luxushotels: Im Dorf selbst kann man im makellos sauberen Mamalla Bhavan Annexe an der Hauptstraße übernachten (Tel. 22 60). Das ist mit Doppelzimmern für 150 Rs (einschließlich Bad) sowie Doppelzimmern mit Klimaanlage für 250 Rs eine hervorragende Wahl. Einzelzimmer gibt es hier allerdings nicht. Zu diesem Hotel gehört auch ein vegetarisches Restaurant.

Nebenan liegt in der East Raja Street 116 das nagelneue Hotel Veeras (Tel. 22 88) mit komfortablen Doppelzimmern (keine Einzelzimmer) für 200 Rs, mit Klimaanlage für 350 Rs. Ein vegetarisches und ein nichtvegetarisches Restaurant sind ebenfalls vorhanden. Wenn Sie diese Zeilen lesen, sollte auch die Bar bereits in Betrieb sein.

Das bereits erwähnte Hotel Tamil Nadu Unit II der TTDC (Tel. 22 87) ist auf einem schattigen Grundstück an der Straße hinunter zum Strandtempel gelegen und hat langweilige Hütten für jeweils zwei Gäste je nach

Größe und Annehmlichkeiten zu Preisen von 150 bis 220 Rs zu bieten. Die Hütten sind mit einem Bad sowie einem Ventilator, aber keinen Moskitonetzen ausgestattet. An Einrichtungen für die Gäste sind auch eine Bar und ein Restaurant vorhanden.

Die übrigen Mittelklasse- und Luxushotels sind über mehrere Kilometer entlang der Straße nördlich von Madras verstreut, und zwar alle auf einem schmalen Streifen Land etwa 300 m von der Straße entfernt so nahe wie möglich am Strand. Alle dieser sogenannten Ferienanlagen verfügen über eine Reihe von Einrichtungen, zu denen normalerweise ein Swimming Pool, eine Bar sowie ein oder mehrere Restaurants mit Gerichten für den indischen und westlichen Geschmack gehören. In den meisten werden zum Bezahlen auch Kreditkarten angenommen. Sie sind in Preis, Komfort, Lage der Zimmer und Annehmlichkeiten sehr unterschiedlich, aber einige davon sind angesichts des geforderten Preises eine ausgezeichnete Wahl.

Anders als in den Unterkünften im Dorf, in denen die Zimmer normalerweise jeweils für 24 Stunden vermietet werden, muß man in den Ferienanlagen am Strand am Abreisetag sein Zimmer bis 12 Uhr geräumt haben. Die erste und zugleich teuerste Ferienanlage ist das Temple Bay Ashok Beach Resort (Tel. 22 51, Fax 22 57), gelegen 200 m hinter dem Ortsrand. Für ein klimatisiertes Luxuszimmer, und zwar entweder im Hauptgebäude oder in einem der Cottages, zahlt man hier allein 1190 Rs und zu zweit 1500 Rs.

Etwa 1¹/₂ km vom Ort entfernt kommt man zum Hotel Tamil Nadu Beach Resort der TTDC (Tel. 22 35, Fax 22 68). Diese Anlage sieht von allen am schönsten aus und wurde in einem Garten mit Bäumen, an denen Eichhörnchen herumturnen, und einem Swimming Pool errichtet. Die Zimmer liegen in Gruppen von zweistöckigen Wohneinheiten mit Blick auf das Meer, alle mit Bad und Balkon. Für ein Doppelzimmer werden hier 300 Rs und für ein Doppelzimmer mit Klimaanlage 400 Rs pro Tag berechnet.

Ein Stück weiter nördlich, aber nicht so nahe am Meer, liegen die Mamalla Beach Cottages (Tel. 23 75), in denen man für ein Standarddoppelzimmer unten ab 200 Rs und für ein Doppelzimmer mit Klimaanlage oben 300 Rs bezahlen muß. Alle Zimmer sind mit eigenem Bad ausgestattet. Frühstück kann man in dieser Anlage ebenfalls erhalten. Weitere Einrichtungen sind derzeit noch nicht vorhanden, aber ein Restaurant ist bereits im Bau.

Die nächste Anlage ist das Silversands (Tel. 22 28, Fax 22 80). Hierbei handelt es sich um die größte mit einer Vielzahl von unterschiedlichen Zimmern und Cottages. Allerdings liegen nur die teuren Suiten und kleinen Villen mit vier Betten (2000 Rs) zum Meer hin. Für das, was hier geboten wird, ist alles zu teuer. Die Preise schwanken je nach Saison und reichen für ein normales Einzelzimmer von 200 bis 360 Rs, für ein normales Doppelzimmer von 300 bis 460 Rs und für Zimmer mit Klimaanlage von 400 bis 500 Rs bzw. 500 bis 600 Rs. Im Restaurant dieser Anlage wird zudem für 100 Rs ein ganz ordentliches Buffet angeboten.

Weiter nördlich liegt das freundliche Golden Sun Beach Resort (Tel. 22 45). Hier muß man für ein Einzel- oder Doppelzimmer ohne Klimaanlage ab 250 bzw. 275 Rs, für ein klimatisiertes Einzel- oder Doppelzimmer ab 300 bzw. 350 Rs und für ein Luxuszimmer mit Klimaanlage und Blick auf das Meer ab 450 bzw. 550 Rs ausgeben. An den Wochenenden ist diese Anlage häufig ausgebucht.

Als letztes kommt man 3 km vom Ort entfernt zum Ideal Beach Resort (Tel. 22 40, Fax 22 43). Es ist klein genug, um die warme und persönliche Atmosphäre zu bewahren, die der Besitzer so gewollt hat, und ist daher bei in Indien lebenden Ausländern und Besuchern aus dem Ausland sehr beliebt. Die Einzel- und Doppelzimmer kosten in dieser Ferienanlage pro Tag 375 bzw. 475 Rs, mit Klimaanlage 425 bzw. 525 Rs. Alle Zimmer sind mit Moskitonetzen ausgestattet und zudem gut eingerichtet.

ESSEN

Wenn sich Globetrotter in größerer Zahl an einem Strand einfinden, kann man schon beinahe mit Sicherheit davon ausgehen, daß früher oder später gute Fischrestaurants eröffnet werden. Mahabalipuram bildet da keine Ausnahme, so daß man im Ort eine Reihe von Lokalen finden kann, in denen ansprechend angerichteter Fisch in einer gemütlichen Umgebung serviert wird. In den meisten davon werden den Gästen der frische Fisch, die Garnelen, die Krebse und die Tintenfische zunächst gezeigt, damit sie sich daraus etwas aussuchen können. Dennoch muß man auch nach dem Preis fragen, bevor man etwas zubereiten läßt, denn einige Gerichte, zum Beispiel Königsgarnelen, können ganz schön teuer werden. Das Vorziehen eines bestimmten Restaurants gegenüber den anderen ist eigentlich nur eine Frage des persönlichen Geschmacks. Sie alle sind es wert, einmal ausprobiert zu werden.

Das einzige Lokal, in dem man am Strand essen kann, ist das Restaurant Sea Shore mit einer Freiluftterrasse, von der aus man auf den Strandtempel (und seine häßliche Schutzmauer) blicken kann. Insbesondere abends, wenn der Tempel angestrahlt wird, ist das ein romantisches Ziel für ein Essen.

Das nahegelegene Restaurant Tina Blue View im Nordteil des Ortes eignet sich besonders für einen Besuch in der heißen Tageszeit, wenn der schattige Bereich oben auch die kleinste Brise auffängt. Die Bedienung ist zwar langsam, aber die angenehme Atmosphäre gleicht das wieder aus. Auch hier kann man ein kaltes Bier trinken. Gleich daneben befindet sich das Restaurant Sea Queen, in dem man gut Fisch essen kann.

Das neueste Restaurant im Ort ist das Moonrakers an der Othavadai Street, das ausländische Besucher mit seiner hellen und sauberen Einrichtung sowie der gar nicht so kleinen Sammlung von Kassetten mit westlicher Musik wie Motten das Licht anzieht.

Wenn man die rückwärtige Straße nach Süden geht, kommt man zum Globetrotter und zum Restaurant Village. Davon ist das Village das beliebtere und eines der ältesten Lokale im Ort. Es wartet mit einem Bereich innen und einer gemütlichen Gartenterrasse auf, auf der man unter Kokospalmen mit Blick über eine kleine Lagune zu Abend speisen kann. Bier ist hier ebenfalls erhältlich.

Ein alter Favorit und immer noch in Ordnung ist das New Papillon/Le Bistro an der Straße zum Strandtempel. Dieses winzige Lokal wird von Leuten geführt, die mit Begeisterung bei der Arbeit sind. Hier kann man auch kaltes Bier erhalten. Größer ist das Restaurant Swamy's Fiesta in der gleichen Straße, wo die Tische und Stühle um einen grünen Innenhof herum stehen. Hinter dem New Papillon, auf der anderen Seite des Spielplatzes und nahe am Meer, liegt das Restaurant Sun Rise. Weitere Lokale, die einen Versuch lohnen, sind das Restaurant Curiosity unweit der Uma Lodge und das Restaurant Gazebo an der Hauptstraße.

Gute Gerichte der französischen Küche erhält man im La Vie en Rose im 1. Stock des Gebäudes am südlichen Ende der East Raja Street. In diesem hübschen kleinen Lokal wird jeden Tag ein anderes nichtvegetarisches Gericht angeboten. Daneben sind hier Hauptgerichte für ca. 70 Rs zu haben. Von einigen der Tische aus kann man unbehindert die Bildhauer bei der Arbeit auf der anderen Seite beobachten.

Vegetarische Gerichte aus Südindien schmecken am besten im Mamalla Bhavan gegenüber der Bushaltestelle. Hier kann man sowohl gut als auch zu den üblichen Preisen ein „Meal" essen. Wenn man um die Rückseite des Hauptrestaurants geht, gelangt man zur speziellen Thali-Abteilung, wo man täglich verschiedene Thalis für 17 Rs erhält. Sie sind ganz sicher überdurchschnittlich gut, werden jedoch nur zur Mittagszeit angeboten. Im vorderen Speiseraum sind die üblichen Thalis (die immer noch lecker sind) sowie andere verbreitete indische Imbisse erhältlich.

Für ein vegetarisches Festessen geht man am besten in das Restaurant Golden Palate im Mamalla Bhavan Annexe.

EINKÄUFE

Spätestens am ersten Morgen eines Aufenthaltes in Mahabalipuram ahnt man, worauf sich dieser Ort spezialisiert hat und damit eine alte Tradition wieder hat aufleben lassen: Die typischen Geräusche von Hammer und Meißel auf hartem Granit werden Sie wecken. Die Bildhauerei gehört heute zum Stadtbild. In den Werkstätten werden Skulpturen von Gottheiten und Nachbildungen zur Restaurierung der vielen Tempel überall in Indien und Sri Lanka hergestellt. In einigen davon wird sogar für den europäischen Markt gearbeitet. Steinbildhauereien kann man im Poompuhar Handicrafts Emporium (zu festen Preisen - theoretisch) und in den Kunstgewerbeläden an der Straße hinunter zu den Strandtempeln sowie zu den fünf *rathas* kaufen. Dort kann man um die Preise auch feilschen.

In diesen Läden erhält man auch ausgezeichnete Abbildungen von hinduistischen Göttern aus Speckstein, Holzschnitzereien, Schmuck und Armreifen aus Muscheln sowie ähnliche Erzeugnisse.

Wenn man bereits gelesene Bücher antiquarisch kaufen will, geht man am besten zu Himalaya Handicrafts an der Hauptstraße.

AN- UND WEITERREISE

Von und nach Madras (58 km, 2 Stunden, 10 Rs) kommt man am schnellsten mit Bussen der Linien 188, 188A, 188B, 188D und 188K, von denen täglich 17 verkehren. Busse der Linien 19C und 119A fahren 21 mal über Covelong von und nach Madras. Wenn man zum Flughafen von Madras will, muß man einen Bus der Linie 108 B benutzen, der neunmal täglich fährt.

Nach Pondicherry (95 km, 3 1/2 Stunden, 14 Rs) sind achtmal täglich Direktbusse der Linien 188 und 188A unterwegs. Wer Wert auf einen Sitzplatz legt, sollte rechtzeitig am Busbahnhof sein. Außerdem verkehren 11 Busse der Linien 157A, 157M, 212A und 212H täglich nach Kanchipuram (65 km, 2 Stunden, 10 Rs). Sie fahren über Tirukkalikundram und Chengalpattu (Chingleput). Man kann aber auch zunächst einen Bus nach Chengalpattu benutzen und von dort mit einem anderen Bus (oder einem Zug) nach Kanchipuram weiterfahren.

Taxis halten an der Bushaltestelle, aber wenn man damit eine längere Fahrt unternehmen will, muß man lange handeln, bis der Preis einigermaßen annehmbar ist.

NAHVERKEHR

Im Ort kann man Fahrräder für den Fall mieten, daß man einige interessante Ziele in der Umgebung von Mahabalipuram besuchen will. Die übliche Leihgebühr beträgt 15 Rs pro Tag. Motorroller sind für 100 Rs pro Tag (zuzüglich Kosten für Treibstoff) in der Lakshmi Lodge zu haben. Eine Fahrradvermietung befindet sich neben der Merina Lodge gegenüber der Bushaltestelle. Dort wird eine Kaution nicht gefordert. Aufgeschrieben werden lediglich der Name und die Paßnummer.

Auto-Rikschas stehen für Fahrten ebenfalls zur Verfügung. Weil der Ort aber von vielen Touristen aufgesucht wird, weigern sich die Fahrer, die Zähluhr anzustellen, so daß man den Fahrpreis aushandeln muß.

DIE UMGEBUNG VON MAHABALIPURAM

TIGERHÖHLE

Diese schattige und friedliche Gruppe von *rathas* liegt 4 km nördlich von Mahabalipuram und ist an der rechten Seite der Straße ausgeschildert. Eigentlich ist das eher eine Ansammlung von Gesteinsbrocken als eine Höhle. Der Name stammt von dem Schrein am Eingang (Durga gewidmet), an dem eine Krone aus Tigerköpfen zu erkennen ist. Die Anlage ist an Wochenenden ein beliebtes Ziel für einen Ausflug zum Picknicken.

TIRUKKALIKUNDRAM

Dieses Pilgerziel liegt 14 km von Mahabalipuram entfernt und ist auch als Tirukazhukundram bekannt, was übersetzt so etwa Hügel der heiligen Adler bedeutet. Der Tempel hoch oben auf dem Hügel ist berühmt dafür, daß angeblich täglich kurz vor Mittag zwei Adler hierherkommen und sich von einem Priester füttern lassen. Der Legende nach sollen diese Tiere vom fernen Varanasi (Benares) kommen und auf dem Weg nach Rameswaram sein. In Wirklichkeit lassen sie sie jedoch nicht häufig blicken. Zur Hügelspitze hinauf führen 500 sehr steile Treppenstufen. Einige weniger durchtrainierte Besucher lassen sich in einer Sänfte hochtragen. Das Dorf mit dem gleichen Namen liegt am Fuß des Hügels um einen erstaunlichen Tempelkomplex mit riesigen *gopurams* herum. Von Mahabalipuram ist dieser Tempel entweder mit einem Bus oder mit einem Fahrrad zu erreichen.

KROKODILFARM

In dieser Farm beschäftigt man sich erfolgreich mit der Aufzucht von Krokodilen, um die Anzahl dieser Tiere in den Tierschutzgebieten zu erhalten. Besucher sind herzlich willkommen und können dort Krokodile in allen Größen sehen (insgesamt etwa 5000 davon). Die Krokodilfarm liegt an der Straße nach Madras, 15 km von Mahabalipuram entfernt, und ist ausgeschildert. Man kann dorthin mit einem Fahrrad, aber von Mahabalipuram auch mit jedem Bus in Richtung Madras fahren. Geöffnet ist die Anlage täglich von 8.30 bis 17.30 Uhr.

VOGELSCHUTZGEBIET VEDANTHANGAL

Dieser Park liegt ca. 35 km südlich von Chengalpattu und ist einer der größten Brutplätze von Wasservögeln in ganz Indien. Sechs Monate im Jahr, je nach Monsun von Oktober oder November bis März, finden sich hier Kormorane, Silberreiher, andere Reiher, Störche, Ibisse, Löffelreiher, Taucher und Pelikane, um zu brüten und zu nisten. Spitzenzeit ist von Dezember bis Januar. Zu dieser Zeit kann man möglicherweise bis zu 30 000 Vögel gleichzeitig sehen. Auch viele Zugvögel besuchen auf der Durchreise dieses Schutzgebiet. Die günstigste Tageszeit für dieses Spektakel ist entweder der frühe Morgen oder der späte Nachmittag. Die einzige Unterkunft ist das Forest Department Rest House im Dorf Vedantangal mit drei Zimmern. Die Reservierung eines Zimmers in diesem Haus muß man im voraus beim Wildlife Warden in der 4th Main Road 50 in Adyar, Madras, Tel. 044/41 39 47, vornehmen. Nach Vedantangal zu gelangen ist keineswegs einfach. Gelegentlich fahren dorthin von Chengalpattu Busse. Eine Alternative dazu ist ein Bus nach Madurantakam, dem nächstgelegenen Ort von einiger Größe, und dann das Mieten eines Verkehrsmittels für die letzten 8 km.

TIRUVANNAMALAI

Telefonvorwahl: 04175
Die Tempelstadt Tiruvannamalai, 85 km südlich von Vellore, ist ein bedeutender shivaitischer Ort. Von den mehr als 100 Tempeln ist der herausragendste der zu Ehren von Shiva und Parvati in Arunachaleswar, von dem gesagt wird, er sei der größte in ganz Indien. Einer seiner *gopurams* ist 66 m hoch und besteht aus 13 Etagen. Außerdem gibt es eine 1000-Säulen-Halle.

UNTERKUNFT

In Tiruvannamalai kann man in der Udipi Brindavan Lodge in der Anna Salai (Tel. 2 26 93) in einfachen Zimmern für 50 Rs und in zwei Zimmern mit Klimaanlage für 200 Rs übernachten. Preiswert kommt man auch in der Park Lodge mit sauberen Einzel- und Doppelzimmern für 30 bzw. 50 Rs unter. Im freundlichen Hotel Trishul in der Kanakaraya Mudali Street 6 (Tel. 2 22 19) werden Einzel- und Doppelzimmer für 250 bzw. 300 Rs vermietet, mit Klimaanlage für 450 bzw. 500 Rs. Dieses Haus liegt drei Minuten Fußweg vom Tempel entfernt.

GINGEE (SENJI)

Gingee (ausgesprochen „Schingi") liegt 37 km östlich von Tiruvannamalai. Dort gibt es einen interessanten Komplex mit einigen Forts zu sehen, zum größten Teil im 16. Jahrhundert zur Zeit des Vijayanagar-Reiches erbaut, auch wenn einige Bauwerke aus der Zeit bis in das Jahr 1200 zurück stammen. Das Fort liegt auf drei Hügeln und wird von einer 3 km langen befestigten Mauer umgeben. Die Gebäude (Kornspeicher, Audienzhalle, Shiva-Tempel, eine Moschee zu Ehren eines berühmten Generals) sind eigentlich gar nichts Besonderes; es ist eher die Art, wie diese Gebäude in die Landschaft gesetzt wurden, die besticht. Die Hügel sind bedeckt mit riesigen Felsen.

In Gingee laufen keine lästigen Postkartenverkäufer und ähnliche Händler herum; die Stadt ist fast unberührt. Einen Tag kann man leicht hier in dieser Gegend verbringen. So führt eine recht unebene Treppe hoch auf den Krishnagiri Hill. Noch schwerer ist der Weg zum Fort Rajagiri zu finden. Nehmen Sie sich für diesen Ausflug eine Rikscha, deren Fahrer während der Besichtigungen auf Sie wartet, um Sie wieder zurück in die Stadt zu fahren. Das kostet etwa 20 Rs.

PONDICHERRY

Einwohner: 580 000
Telefonvorwahl: 0413

Pondicherry war früher eine französische Kolonie, die Anfang des 18. Jahrhunderts gegründet worden war, und wurde erst Anfang der fünfziger Jahre ein Teil der Indischen Union, nachdem sich die Franzosen freiwillig zurückgezogen hatten. Zusammen mit einigen anderen früheren französischen Enklaven in Indien, z. B. Karaikal (ebenfalls in Tamil Nadu), Mahé (Kerala) und Yanam (Andhra Pradesh), bildet diese Stadt heute das Unionsterritorium Pondicherry.

Jahrelang wurde für Pondicherry als eine noch immer fortbestehende Miniausgabe französischer Kultur auf dem indischen Subkontinent geworben. Bis vor einigen Jahren war dieses Bild falsch, denn die einzigen Überbleibsel aus der französischen Vergangenheit waren das französische Generalkonsulat, das Rathaus und die roten kepis sowie Gürtel, die die Polizisten in dieser Stadt trugen. Heute sind solche Behauptungen wegen der Restaurierungsarbeiten, die vom Sri Aurobindo Ashram, vom französischen Kulturinstitut und von anderen Körperschaften vorgenommen werden, schon realistischer. Die Wohnhäuser und Gebäude von Institutionen in den Straßen zwischen dem alten Kanal und dem Ufer sind nun recht hübsch und zeugen von Wohlstand, was an den Gärten mit blühenden Bäumen und Bougainvilleas sowie an den Eingangstüren zu erkennen ist, die mit glänzenden Messingplatten geschmückt sind. Es sind zwar auch noch gelegentlich heruntergekommene Gebäude zu sehen, aber im größten Teil herrscht der Eindruck von strahlend weiß gekalkten Residenzen und einem Eintreten für einen Grad an Instandhaltungsarbeiten, dem man anderswo in Indien nur selten begegnet.

Jenseits des Kanals zeigt sich auch Pondicherry so indisch wie andere Städte auf dem Subkontinent. Allerdings ist alles ein bißchen besser in Ordnung; die Straßen sind gepflastert und besser angelegt. Außerdem sind hier alle Hinweisschilder nur in Englisch oder Tamil beschriftet, nicht aber in Französisch.

Die wichtigsten Gründe, warum Besucher aus dem Ausland nach Pondicherry kommen, sind der Ashram von Sri Aurobindo und der Ableger Auroville, 10 km außerhalb der Stadt.

ORIENTIERUNG

Die Stadt ist wie ein Gitternetz angelegt, umgeben von einem mehr oder weniger kreisförmigen Boulevard. Zwischen dem östlichen und dem größeren westlichen Teil verläuft von Norden nach Süden ein Kanal. Während der Kolonialzeit war dieser (inzwischen überbaute) Kanal zugleich auch die Trennungslinie zwischen dem europäischen und dem indischen Teil der Stadt. Das Wohnviertel der Franzosen befand sich ungefähr dort, wo heute der Hafen liegt.

Der Aurobindo-Ashram, seine Büros sowie die dem Ashram angeschlossenen Schulen und Guest Houses, aber auch die französischen Institutionen und viele Restaurants, liegen auf der Ostseite, während die meisten, wenn auch nicht alle Hotels sich westlich des Kanals angesiedelt haben. Der Bahnhof befindet sich am südlichen Stadtrand, während man die Bushaltestellen nach einem Kilometer entlang der Hauptstraße, der Lal Bahabhur Street, nach Westen erreicht.

PRAKTISCHE HINWEISE

Das Fremdenverkehrsamt (Tourist Office) an der Goubert Avenue ist täglich von 8.00 bis 13.00 Uhr und von 14.00 bis 18.00 Uhr zu erreichen. Dort erhält man einen kostenlosen Stadtplan, aber kaum mehr.

In der Indian Overseas Bank im Innenhof des Rathauses kann man zwar die meisten Reiseschecks einlösen, aber keine von Thomas Cook in US-Dollar. Geld wechseln läßt sich ferner in der Canara Bank in der Nehru Street. Beide Banken sind montags bis freitags von 10.00 bis 14.00 Uhr und samstags von 10.00 bis 12.00 Uhr geöffnet.

Das Hauptpostamt (GPO) in der Rangapillai Street ist montags bis samstags von 10.00 bis 19.30 Uhr zugänglich. Nebenan liegt das Telegraphenamt (geöffnet rund um die Uhr).

Die Buchhandlung Vak in der Nehru Street 15 hat sich auf Literatur über die Religion und Philosophie spezialisiert. Gleich gut sortiert mit Literatur in französischer Sprache sind der Kailash French Bookshop in der Lal Bahabhur Street und der French Bookshop in der Suffren Street (neben dem französischen Kulturinstitut). Eine Zweigstelle der Buchhandelskette Higginbothams findet man in der Gingy Street.

SEHENSWÜRDIGKEITEN

Sri Aurobindo Ashram: Der Ashram wurde 1926 von Sri Aurobindo gegründet und erfreut sich unter westlichen Besuchern größter Beliebtheit. Er ist auch einer der wohlhabendsten. Die geistigen Grundsätze basieren auf einer Synthese zwischen Yoga und moderner Wissenschaft. Nach Aurobindos Tod ging die geistige Führung auf eine seiner Anhängerinnen, eine Französin, über, die einfach nur „Mutter" hieß und 1973 im Alter von 97 Jahren starb. Heute werden im Ashram in Pondicherry viele kulturelle und erzieherische Aktivitäten betrieben. Die Einheimischen sind dennoch nicht gerade gut auf diese Einrichtung zu sprechen, und zwar deshalb nicht, weil dem Ashram im Unionsterritorium praktisch alles, was bedeutend ist, gehört. Ein Mitspracherecht wird den Einheimischen aber verwehrt.

Das Hauptgebäude dieses Ashrams steht in der Marine Street. Ringsherum sind in weiteren Gebäuden Institute und Kulturzentren untergebracht. Programme für diese wissenschaftlichen und kulturellen Aktivitäten stellt die Auroville Society zusammen. Der Ashram ist täglich von 8.00 bis 18.00 Uhr geöffnet und kann auf Anfrage besichtigt werden. Das mit Blumen geschmückte *samadhi* (Grab) von Aurobindo und der „Mutter" befindet sich unter einem Frangipani-Baum im Innenhof in der Mitte.

Das Zimmer, in dem Aurobindo meditierte, kann man sich täglich um 9.30 Uhr ansehen. Da es immer nur für kurze Zeit geöffnet wird und man zum Betreten eine besondere Genehmigung benötigt, trifft man dafür am besten bereits um 9 Uhr ein. Das Meditationszimmer der „Mutter" ist für die Öffentlichkeit nur an ihrem Geburtstag (21. Februar) und an ihrem Todestag (17. November) zugänglich.

Gegenüber vom Hauptgebäude ist das Unterrichtszentrum. Dort werden Filme sowie Dias gezeigt und Vorträge gehalten. Was gerade auf dem Programm steht, kann man der Anschlagtafel im Ashram entnehmen. Eintritt wird meist nicht erhoben, dafür bittet man aber manchmal um eine Spende.

Museum von Pondicherry: Das Museum bietet eine eindrucksvolle Auswahl an Ausstellungsstücken, die von französischen Möbeln bis zur Geschichte der Perlenherstellung reichen. Es befindet sich in der Romain Roland Street 1 und ist dienstags bis sonntags zwischen 10.00 und 17.00 Uhr geöffnet. Der Eintritt ist frei.

Französisches Kulturinstitut (Alliance Française): Das Französische Kulturinstitut in der Suffren Street 38 (Tel. 3 81 46) veranstaltet Sprachkurse in Französisch, Englisch und Tamil, verfügt aber auch über eine Bibliothek, ein Computerzentrum und in der Nähe über ein kleines Restaurant mit französischer Küche. Einzelheiten über bevorstehende Kurse und Veranstaltungen werden in einer kleinen Monatszeitschrift, dem *Le Petit Journal*, veröffentlicht. Die Bibliothek (Tel. 3 43 51) läßt sich von 9.00 bis 12.00 Uhr und von 16.00 bis 19.00 Uhr aufsuchen. Dafür muß man vorübergehend Mitglied werden, was für zwei Tage nichts kostet.

UNTERKUNFT

Einfache Unterkünfte: Am preiswertesten wohnt man in Pondicherry in den typischen indischen Hotels westlich des Kanals. Sowohl in der Amala Lodge in der Rangapillai Street 36 (Tel. 3 35 89) als auch im Hotel Raj Lodge gegenüber in der Rangapillai Street 57 (Tel. 3 73 46) werden Einzel- und Doppelzimmer ohne viel Schnickschnack mit Dusche und Toilette für 45 bzw. 75 Rs angeboten.

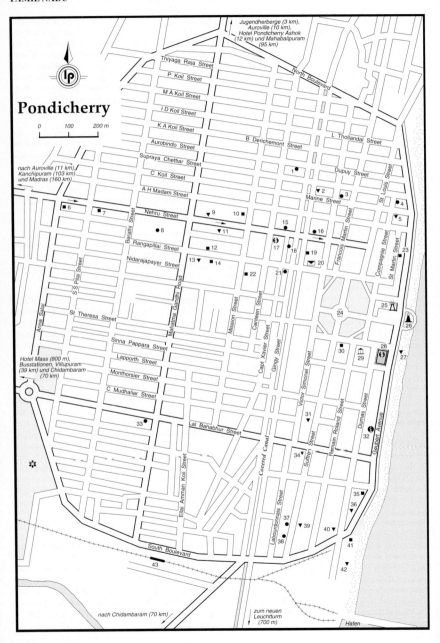

Pondicherry

0   100   200 m

Thiyaga Raja Street
P Koil Street
M A Koil Street
I D Koil Street
K A Koil Street
Aurobindo Street
Supraya Chettiar Street
C Koil Street
A H Madam Street
Nehru Street
Rangapillai Street
Nidarajapayer Street

Jugendherberge (3 km),
Auroville (10 km),
Hotel Pondicherry Ashok
(12 km) und Mahabalipuram
(95 km)

North Boulevard

L Thollandal Street
B Derichemont Street
Dupuy Street
Marine Street
St Louis Street

nach Auroville (11 km),
Kanchipuram (103 km)
und Madras (160 km)

Barathi Street
S S Pilai Street
Anna Salai
St Theresa Street

Sinna Pappara Street
Lapporth Street
Monthorsier Street
C Mudhaliar Street

Hotel Mass (800 m),
Busstationen, Villupuram
(39 km) und Chidambaram
(70 km)

Mahatma Gandhi Road
Mission Street
Canteen Street
Capn Xavier Street
Gingy Street
Victor Simonel Street
Romain Roland Street
Dumas Street
Geubert Avenue
Francois Martin Street
Compagnie Street
St Martin Street

Lal Bahabhur Street
Covered Canal
Suffren Street
Ellai Amman Koil Street

South Boulevard

nach Chidambaram (70 km)

zum neuen
Leuchtturm
(700 m)

Hafen

Labourdonnais Street

1 •
2 ▼
3 •
4 •
5 ▼
6 ■
7 ■
8 •
9 ▼
10 ■
11 ▼
12 ■
13 ▼ 14 ■
15 •
16 •
17 ⊗
18 •
19 •
20 ▼
21 •
22 ■
23 ■
24
25 ⯅
26
27 ▼
28 ⊗
29
30 ■
31 ▼
32
33 •
34 ▼
35 ■
36 ▼
37 •
38 •
39 ▼
40 ▼
41 ■
42 ▼
43

Unterkünfte	27 Le Café, (am Meer)	17 Canara Bank
6 G K Lodge	30 Hotel Bar Qualithé	18 Higginbothams
7 Victoria Lodge	31 Hotel Samboorna	20 Hauptpostamt und
10 Aristo Guest House	34 Rendez-vous	Telegraphenamt
12 Amala Lodge	35 Restaurant und Bar Ajantha	21 Cottage Industries
14 Hotel Raj Lodge	36 China-Restaurant Blue Dragon	24 Government Square
19 International Guest House	39 Restaurant China Town	25 Alter Leuchtturm
22 Hotel Kanchi	40 Französisches Restaurant	26 Gandhi-Platz
23 Sea Side Guest House	Le Club	28 Indian Overseas Bank und
30 Hotel Bar Qualithé	42 Restaurant Seagulls	Hôtel de Ville (Rathaus)
35 Ajantha Beach Guest House		29 Museum von Pondicherry
41 Park Guest House	**Sonstiges**	32 Fremdenverkehrsamt
	1 Motorradvermietung	33 Französische Buchhandlung
Restaurants	Vijay Arya	Kailash
2 Restaurant Bliss	3 Sri Aurobindo Ashram	37 Französische Buchhandlung
5 Le Café	4 Französisches Konsulat	und Bibliothek der Alliance
9 Hotel Aristo	8 Markt	Française
11 India Coffee House	15 La Boutique d'Auroville	38 Alliance Française
13 Hotel Dhanalakshmi	16 Buchhandlung Vak	43 Bahnhof

Eine ausgezeichnete Wahl in dieser Preisklasse ist das Aristo Guest House in der Mission Street 50 a (Tel. 2 67 28). Es ist sehr sauber sowie freundlich und bietet Einzelzimmer für 7 Rs, Doppelzimmer für 90 Rs und auch ein paar klimatisierte Doppelzimmer für 300 Rs (alle mit Bad).

Ähnlich im Preis ist die Victoria Lodge in der Nehru Street 79 (Tel. 3 63 66), die bereits etwas abgewohnt, aber immer noch sauber ist und in der mit Bad Einzelzimmer für 60 Rs sowie Doppelzimmer für 90 Rs vermietet werden. Außerdem gibt es in der sehr lauten und verstopften Anna Salai (der Ringstraße von Pondicherry) die G K Lodge (Tel. 3 35 55). Hier muß man für ein Zimmer zur Selbstversorgung allein 60 Rs und zu zweit 100 Rs bezahlen.

Am oberen Ende dieser Preisklasse liegt das Hotel Kanchi in der Mission Road (Tel. 3 55 40), dessen Fassade die Vermutung nahelegt, es handele sich um ein Mittelklassehotel, in dem innen die Einrichtungen aber nicht mithalten können. Es ist jedoch sauber und ruhig gelegen. Außerdem gehören zu einigen der gekachelten Zimmer auch Balkons. Hier beginnen die Preise für Einzelzimmer bei 65 Rs und für Doppelzimmer bei 90 Rs.

Die Atmosphäre der Alten Welt spürt man im Hotel Bar Qualithé in der Labourdonnais Street (Tel. 3 43 25). Das ist in der Nähe des Government Square. Dieses Haus ist in erster Linie eine Kneipe, verfügt aber auch über sechs Zimmer entlang der Veranda im 1. Stock. Sie alle sind vor kurzem renoviert worden, aber mit 100 Rs für ein Einzelzimmer und 200 Rs für ein Doppelzimmer dennoch zu teuer.

In den muffigen Ruheräumen im Bahnhof kommt man allein für 30 Rs und zu zweit für 60 Rs unter. Ruhig ist es hier allerdings, denn das Einzige, was in der Umgebung passiert, ist das Grasen von Kühen auf dem Gras,

das inzwischen aus den meisten Gleisen herauswächst.

Am Strand, 3 km nördlich der Stadt, befindet sich eine Jugendherberge, bei der die ungünstige Lage jedoch nicht durch finanzielle Vorteile wettgemacht werden kann. Der Übernachtungspreis beträgt zwar nur 25 Rs, aber es gibt keine Möglichkeit, in der Nähe etwas zu essen. Um zur Jugendherberge zu gelangen, muß man der M G Road nach Norden folgen und dann auf die schwarz-gelben Schilder achten, die den Weg zur Herberge weisen, auch wenn sie nicht immer auf den ersten Blick zu erkennen sind.

Mittelklassehotels: Die besten Unterkünfte in Pondicherry sind die Gästehäuser, die vom Aurobindo Ashram geführt werden. Sie sind fleckenlos sauber unterhalten, liegen im attraktivsten Teil der Stadt und, obwohl als Mittelklassehotels eingestuft, bieten teilweise Übernachtungsmöglichkeiten zu niedrigeren Preisen als in den bereits genannten einfachen Unterkünften. Der einzige Nachteil bei den Quartieren vom Ashram ist die Sperrstunde um 22.30 Uhr. Normalerweise kann man aber mit dem Nachtwächter eine Vereinbarung treffen, um auch noch danach eingelassen zu werden. Das Rauchen und der Genuß von Alkohol sind in allen Gästehäusern des Ashram untersagt.

Das große Park Guest House an der Goubert Avenue (Tel. 3 44 12) ist das beste dieser Gästehäuser, in dem alle Zimmer nach vorn zum Meer hin liegen und über einen Balkon verfügen. Allerdings ziehen die Besitzer anders als die der übrigen Gästehäuser Anhänger von Aurobindo den Touristen auf der Durchreise vor. Gleichwohl wird man, wenn das Haus nicht gerade voll belegt ist, wohl kaum wieder weggeschickt, muß sich dann aber auf einen kühlen Empfang einstellen. Für ein Zimmer hat man hier allein 150 bis 250 Rs und zu zweit

200 bis 300 Rs zu bezahlen. Zu diesem Haus gehört auch ein eigenes vegetarisches Restaurant.

Wenn das Park Guest House voll belegt ist, was selten vorkommt, dann kann man sein Glück im International Guest House in der Gingy Street (Tel. 3 66 99) versuchen. In den preiswertesten Zimmern im alten Flügel kann man allein ab 50 Rs und zu zweit ab 70 Rs unterkommen. Für ein Doppelzimmer im neuen Flügel muß man 100 Rs bezahlen (mit Klimaanlage 250 Rs). Zu allen Zimmern gehört ein eigenes Bad mit heißem Wasser auf Anforderung.

Anheimelnder wohnt man im Sea Side Guest House in der Goubert Avenue 10 (Tel. 2 64 94). In diesem alten Haus stehen acht Zimmer zur Verfügung, alle recht geräumig und mit heißem Wasser in den Duschen. Für ein Doppelzimmer muß man hier je nach Größe 120 bis 250 Rs bezahlen (mit Klimaanlage 220 bis 350 Rs). Frühstück ist ohne Voranmeldung erhältlich, während andere Gerichte im voraus bestellt werden müssen.

Außer den Gästehäusern des Ashram gibt es noch das schäbige Ajantha Beach Guest House in der Goubert Avenue (Tel. 3 88 98). Es gehört zu dem Komplex mit dem Restaurant und der Bar Ajantha. Die Zimmer befinden sich alle im Erdgeschoß, so daß Ausblicke auf das Meer nicht möglich sind. Für ein Zimmer muß man zu zweit 150 Rs sowie für ein Doppelzimmer mit Klimaanlage 250 Rs bezahlen. Einzelzimmer gibt es hier nicht.

An der Spitze in dieser Preisklasse liegt das Hotel Mass in der Maraimalai Adigal Salai, der Verlängerung der Lal Bahabhur Street (Tel. 3 72 21, Fax 3 36 54). Das ist zwischen dem staatlichen Busbahnhof und dem der TTC und damit für den Rest der Stadt ungünstig gelegen. Hier kann man in einem normalen Zimmer allein für 360 Rs und zu zweit für 450 Rs sowie in einem Luxuszimmer für 430 bzw. 490 Rs übernachten. Alle Zimmer sind mit Klimaanlage, Farbfernsehgerät und einem Bad ausgestattet, in dem Tag und Nacht auch heißes Wasser zur Verfügung steht. Vorhanden sind ferner vegetarische und nichtvegetarische Restaurants. Bezahlen kann man auch mit einer Kreditkarte.

Noch besser ist das neue Hotel Pondicherry Ashok (Tel. 87/24 04 68), ein Hotel im Stil einer portugiesischen Villa, das 12 km nördlich der Stadt an der Küstenstraße liegt. Hier beginnen die Preise für Einzelzimmer bei 900 Rs und für Doppelzimmer bei 1100 Rs.

ESSEN

In Pondicherry gibt es einige ausgezeichnete Restaurants mit indischer, chinesischer und sogar französischer Küche.

Westseite: Im gut besuchten Restaurant auf der Dachterrasse vom Hotel Aristo ißt man am besten indisch. Die Speisekarte umfaßt 198 Gerichte, die alle auf Bestellung zubereitet werden, so daß man mit mindestens 20 Minuten Wartezeit rechnen sollte. Sowohl für die Zubereitung als auch für die Art und Weise, wie die Gerichte für das Auge angerichtet werden, wird viel Sorgfalt verwandt. Allerdings sind die Mitarbeiter so hektisch, daß die Bedienung schon etwas unpersönlich wirkt. Preiswerter ist das Essen im Restaurant im Erdgeschoß, in dem auch schneller serviert wird (freitags geschlossen). Das Dachrestaurant besitzt keine Lizenz für den Ausschank von Bier (und anderen alkoholischen Getränken), aber das kann man umgehen, indem man seinen Topf „special tea" bestellt.

Im Indian Coffee House in der Nehru Street werden preiswerte indische Imbisse und Frühstück angeboten. Etwas teurer ist es im Hotel Dhanalakshmi in der Rangapillai Street 39, in dem man indische, chinesische und westliche Gerichte essen kann. Dieses Lokal ist zwar ziemlich dunkel, aber das kann man täglich von 10.00 bis 23.00 Uhr geöffnet. Bier kann man hier ebenfalls erhalten.

Ostseite: Nahe beim Aurobindo Ashram liegt das winzige Restaurant Bliss, in dem man für ein einfaches Thali 10 Rs bezahlen muß. Dieses Restaurant ist jedoch sonntags geschlossen. Ebenfalls unweit vom Ashram stößt man in der Marine Street auf das Le Café, ein Imbißlokal in einer früheren, jetzt umgebauten Werkstatt, in dem man guten Tee und Dosas serviert bekommt. Man darf es nicht mit dem Le Café in der Goubert Avenue am Wasser verwechseln, einem bröckelnden alten Lokal, das die Einheimischen gern nach ihrem abendlichen Spaziergang auf der Promenade aufsuchen. Dort erhält man einfaches südindisches Essen und kann es verspeisen, während sich unter einem die Wellen brechen.

In der Nähe, an der Labourdonnais Street mit Blick über den Government Square, liegt das Hotel Bar Qualithé, ein altes, inzwischen aufpoliertes Lokal mit viel Atmosphäre. Es ist in erster Linie eine Bar, aber darin kann man auch sehr schmackhafte Speisen wie Fleisch- und Fischgerichte und Frühstück mit Schinken und Würstchen zu durchaus annehmbaren Preisen (nichts über 30 Rs) erhalten. Nur ein kleines Stück die Straße weiter hinunter gelangt man in der Suffren Street 6 zum ebenfalls recht preisgünstigen Hotel Samboorna.

Ein wunderschönes kleines Lokal mit einer Einrichtung wie im ländlichen Frankreich (Rohrsessel, karierte Tischdecken und Fensterläden) ist das Rendez-vous in der Suffren Street 30. Geöffnet ist es nur zum Abendessen (außer dienstags), wo man dann die Wahl zwischen Pasta-Gerichten ab 45 Rs, Quiché für 50 Rs und Meeresfrüchten für 70 Rs hat.

Ein weiteres sehr beliebtes Lokal mit moderaten Preisen und einem großen Balkon oben, von dem aus man auf das Meer blicken kann, ist das Restaurant Seagulls in der Dumas Street 19. Die Gerichte (westlich, chinesisch und indisch) schmecken lecker und sind reichhaltig. Hier kann man auch alkoholische Getränke erhalten. In der Suffren Street 33 ißt man im China-Restaurant Blue Dragon gut chinesisch. Das gilt auch für das China-Restaurant China Town, ebenfalls in der Suffren Street. Sehr beliebt war früher ferner das Dachterrassenrestaurant Ajantha in der Goubert Avenue, aber mit diesem Lokal ist es in den letzten Jahren bergab gegangen. Dort hat man zwar von einigen Tischen einen Ausblick auf das Meer, aber Bier erhält man nur in der düsteren Bar unten.

Für ein Festessen bietet sich das Le Club in der Dumas Street 33 an, dessen Gerichte in der Stadt nicht übertroffen werden. Die Küche hier ist französisch, die Einrichtung prächtig und die Bedienung makellos. Erhältlich sind auch Wein und Bier, und außerdem kann man in Englisch und Französisch bestellen. Geöffnet ist für ein Frühstück von 7.30 bis 9.30 Uhr, zum Mittagessen von 12.00 bis 14.00 Uhr und zum Abendessen von 19.00 bis 22.00 Uhr (montags geschlossen). Wenn man hier ißt, muß man für eine Vorspeise mit 40 bis 60 Rs, für ein Hauptgericht mit 110 bis 145 Rs und für eine Nachspeise mit ca. 50 Rs rechnen. Die Kosten für Getränke sind dann natürlich noch gesondert zu bezahlen und können sich für einen Cognac auf nicht weniger als 850 Rs belaufen.

UNTERHALTUNG

Außer in einem Restaurant abends etwas zu essen und entlang der Promenade zu spazieren läßt sich in Pondicherry nicht viel unternehmen. Biertrinker jedoch werden sich nach den hohen Preisen in Tamil Nadu wie im Paradies vorkommen. Eine Flasche des einheimischen Haywards kostet hier nur 20 Rs, eine Flasche Kingfisher nur 21 Rs und eine Flasche Kalyani Black Label nur 24 Rs. Davon kann man sich in dem bereits erwähnten Hotel Bar Qualithé oder in der Bar Ajantha selbst überzeugen. Beide sind abends bis 22.30 Uhr geöffnet.

EINKÄUFE

Tonwaren, Kleidungsstücke, Schuhe und eine ganze Reihe anderer Sachen aus Auroville findet man in der La Boutique d'Auroville in der Nehru Street. Weihrauchstäbchen und andere handgefertigte Gegenstände werden auch bei Cottage Industries an der Rangapillai Street verkauft.

AN- UND WEITERREISE

Bus: Auf dem Busbahnhof der TTC an der Straße nach Villupuram, westlich der Stadtmitte, geht es ruhig und gut organisiert zu, ganz im Gegenteil zum staatlichen Busbahnhof 500 m weiter westlich.

Busse der TTC verkehren nach Madras mindestens in stündlichem Abstand, außerdem zweimal täglich nach Bangalore, Madurai und Tirupathi sowie dreimal täglich nach Coimbatore und Ooty. Für alle diese Busverbindungen können Plätze mit Hilfe von Computern im voraus reserviert werden.

Vom chaotischen staatlichen Busbahnhof fahren regelmäßig Busse nach Bangalore (zweimal täglich), Chidambaram, Kanchipuram (viermal täglich), Karaikal (halbstündlich), Kumbakonam (fünfmal täglich), Madras (zehnmal täglich), Mahabalipuram (viermal täglich), Nagapattinam (dreimal täglich), Tiruchirappalli (fünfmal täglich, 5 Stunden, 35 Rs), Tiruvannamalai (neunmal täglich), Vellore (fünfmal täglich) und Villupuram.

Zug: Der Bahnhof in Pondicherry ist nicht gerade der größte. Die meisten Leute fahren nämlich mit einem Bus.

Täglich fahren von hier vier Personenzüge nach Villupuram an der Hauptstrecke von Madras nach Madurai (38 km, eine Stunde, 7 Rs). Sie beginnen ihre Fahrten um 8.40, 10.00, 17.00 und 21.00 Uhr. Von Villupuram aus verkehren viele Schnellzüge in beide Richtungen.

NAHVERKEHR

Die einzigen öffentlichen Verkehrsmittel in Pondicherry sind Dreiräder, die anscheinend jedes denkbare Ziel ansteuern. Da an ihnen kein Schild das jeweilige Ziel anzeigt, sind sie nicht sehr nützlich.

Es ist aber interessant, ihnen in der Gingy Street zuzusehen, denn sie sind häufig so überfüllt, daß der Fahrer mehr draußen als drinnen sitzt und sich das Lenkrad unmittelbar vor den Passagieren befindet. Vielleicht ist es deshalb auch gut, daß es so kompliziert ist, sie zu benutzen.

Außerdem verkehren unzählige Motorrad- und Auto-Rikschas. Aber die meisten Besucher mieten sich für die Dauer ihres Aufenthaltes ein Fahrrad. Das ist eine gute Idee, wenn man sich Auroville ansehen will. Bei vielen Fahrradvermietern in der M G Road und der Mission Street werden 300 Rs oder der Reisepaß als Sicherheit gefordert. Die einzige Möglichkeit, das zu umgehen, besteht darin, einen Nachweis vorzulegen, aus dem hervorgeht, in welchem Hotel man übernachtet. Das wird manchmal überprüft. Der normale Mietpreis für ein Fahrrad beträgt 15 Rs pro Tag.

Außerdem kann man Motorroller und Motorräder vom Typ Honda Kinetic mieten. Das ist bei Vijay Arya in der Aurobindo Street 9 (Tel. 3 61 79) möglich. Der Preis beträgt pro Tag 50 bzw. 80 Rs. Als Sicherheit muß man seinen Reisepaß hinterlegen. Ferner ist für das Mieten eines solchen Fahrzeuges ein Internationaler Führerschein erforderlich.

AUROVILLE

Telefonvorwahl: 041386

Erdacht von der „Mutter" und entworfen von dem französischen Architekten Roger Anger, sollte Auroville, gelegen gleich hinter der Grenze in Tamil Nadu, ein „Experiment internationalen Zusammenlebens sein, in dem Männer und Frauen in Frieden und dauernder Harmonie untereinander ohne Rücksicht auf Konfession, Politik und Nationalität zusammenleben" sollten. Der Grundstein wurde im Rahmen einer demonstrativen Zeremonie am 28. Februar 1968 gelegt. Damals füllten der indische Präsident und Vertreter aus 121 verschiedenen Ländern Erde ihrer Heimat in eine Urne, um damit universelle Einigkeit zu symbolisieren.

Wenn auch die meisten Besucher den Versuch unternehmen, Auroville in einem Tag zu „besichtigen", wird man kein Gefühl für das Projekt bekommen, wenn man hier nicht wenigstens ein paar Tage verbringt. Daher werden Tagesausflügler und Gelegenheitstouristen auch nicht gerade zu Besuchen ermuntert, selbst wenn Leu-

ten mit einem echten Interesse an Auroville nicht der Eindruck vermittelt wird, sie seien unwillkommen. Die Bewohner von Auroville fassen das wie folgt zusammen: „Auroville ist weitgehend ein Experiment, und das erst in den Anfängen, aber unter keinem Gesichtspunkt eine touristische Sehenswürdigkeit."

PRAKTISCHE HINWEISE

In Pondicherry kann man Informationen über die Gemeinschaft von Auroville in der La Boutique d'Auroville (Tel. 2 72 64) erhalten. In Auroville selbst wurde unweit des Bharat Nivas ein Besucherzentrum errichtet (von Pondicherry Tel. 22 39 und 86 22 39). In diesem Besucherzentrum ist eine Dauerausstellung über die Aktivitäten der Gemeinschaft zu sehen. Außerdem beantworten dort Mitarbeiter geduldig alle möglichen Fragen. Geöffnet ist das Besucherzentrum täglich von 9.30 bis 17.30 Uhr. Nebenan kommt man zum Kunstgewerbeladen von Auroville.

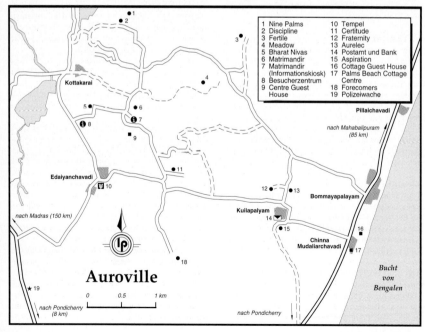

1 Nine Palms	10 Tempel
2 Discipline	11 Certitude
3 Fertile	12 Fraternity
4 Meadow	13 Aurelec
5 Bharat Nivas	14 Postamt und Bank
6 Matrimandir	15 Aspiration
7 Matrimandir	16 Cottage Guest House
(Informationskiosk)	17 Palms Beach Cottage
8 Besucherzentrum	Centre
9 Centre Guest	18 Forecomers
House	19 Polizeiwache

Kottakarai

Pillaichavadi

nach Mahabalipuram
(85 km)

Edaiyanchavadi

Bommayapalayam

Kuilapalyam

nach Madras (150 km)

Chinna
Mudaliarchavadi

Auroville

Bucht
von
Bengalen

0   0.5   1 km

nach Pondicherry
(8 km)

nach Pondicherry

Der Kampf um Auroville

Nach der Eröffnung im Jahre 1968 waren einige Jahre von anhaltender Euphorie geprägt. Das Projekt zog viele Fremde an, vor allem aus Frankreich, Deutschland, England, Holland und Mexiko. Man begann mit dem Bau von Wohnvierteln, Schulen, einer großen Meditationshalle (bekannt als Matrimandir), Staudämmen, Wiederaufforstungszentren, Obstgärten und anderen landwirtschaftlichen Projekten. Der enorme Aufwand an Energie und Idealismus, mit dem man damals an die Arbeit ging und der noch andauert, sollte für jedermann sofort offensichtlich sein. Der Idealismus, mit dem hier begonnen wurde, ist heute noch überall zu spüren.

Unglücklicherweise starb 1973 die „Mutter". Sie war ohne jeden Zweifel das geistige Oberhaupt der Sri Aurobindo Society und von Auroville. Mit ihrem Tod begann ein Kampf um die Nachfolge. Wer sollte Auroville nun führen? Die Gesellschaft machte deutlich, daß es der erklärte Wille der „Mutter" gewesen sei, das gesamte Eigentum der Sri Aurobindo Society zukommen zu lassen. Die Bewohner von Auroville widersprachen und erklärten, daß die „Mutter" ja auch etwas anderes gesagt habe, nämlich, daß Auroville niemandem persönlich gehören solle; alles solle der Gemeinschaft der hier lebenden Menschen zukommen.

Die edlen und uneigennützigen Gründungsgedanken waren schnell allzu menschlichen Schwächen gewichen. Schärfe und Bitterkeit auf beiden Seiten wuchsen, und Beschuldigungen waren an der Tagesordnung. Da beschuldigten die Bewohner von Auroville die Gesellschaft, vorhandene Gelder zu mißbrauchen und bei der Verlängerung der Visa von Ausländern unnötige Hindernisse in den Weg zu legen. Die Society ihrerseits warf den Einwohnern von Auroville vor, das Konzept der „Mutter" zu korrumpieren, indem man mit Sex und Drogen freizügig umgehe. Zweimal führte dieser kalte Krieg zwischen den beiden Parteien zu Gewalttätigkeiten, im August 1977 und April 1978. Diese Kontroversen waren so schlimm, daß die Polizei eingreifen mußte.

Noch immer erfreuten sich aber die Bewohner von Auroville der Gunst der Verwaltungsbehörden von Pondicherry. Dennoch flossen aber die Gelder von nun an der Gesellschaft zu, die das Projekt stoppte.

Die Gesellschaft stand zudem in der Gunst einflußreicher Freunde in der indischen Regierung. Dazu gehörten auch drei frühere Kabinettsmitglieder, die nach wie vor auf der Seite des Ashram standen. Um ihre Macht zu unterstreichen, behielt die Gesellschaft die Gelder ein und zahlte nur noch zögernd für die im Bau befindlichen Projekte. Ein großer Teil der Bautätigkeit mußte daraufhin eingestellt werden, insbesondere am Matrimandir. Die Bewohner von Auroville begegneten diesen Maßnahmen der mächtigen Gesellschaft mit bewundernswerter Energie. Sie machten sich selbständig und versuchten, die Versorgung mit Nahrungsmitteln und Geld aus eigener Kraft zu sichern. Sie gründeten „Auromitra", eine Organisation der Freunde von Auroville, die Geld sammeln sollte. Zu Beginn des Jahres 1976 nahm das Elend aber doch solche Formen an, daß die Botschafter von Frankreich, Deutschland und der USA sich gezwungen sahen, Mittel ihrer Länder zur Verfügung zu stellen, um die Bewohner dieser exotischen Stadt vor dem Hungertod zu bewahren.

Schließlich empfahl eine Kommission der indischen Regierung, die Macht der Aurobindo Society auf ein Komitee zu übertragen, das sich aus Vertretern der verschiedenen Interessengruppen zusammensetzen sollte, darunter auch aus den Einwohnern von Auroville sowie aus den Einheimischen. 1980 wurde die Neuigkeit, daß die Zentralregierung das Projekt übernehmen wolle, von den Einwohnern von Auroville mit vorsichtigem Optimismus aufgenommen. Trotz dieser Entscheidung blieb Auroville sowohl von der Regierung als auch vom Aurobindo Ashram unabhängig. Im Jahre 1988 wurde die Verwaltung durch den Auroville Foundation Act von einer Körperschaft aus neun angesehenen Persönlichkeiten übernommen, die als Vermittler zwischen der Zentralregierung und den Bürgern von Auroville dienen soll. Die Regierung ist nun sogar so weit gegangen, Auroville zu verstaatlichen, aber die langfristige Zukunft des Ortes scheint noch immer unklar zu sein.

SEHENSWÜRDIGKEITEN

Matrimandir: Das Matrimandir ist als spirituelles und physisches Zentrum von Auroville erbaut worden. Die Bauarbeiten sind sehr häufig unterbrochen worden, da der Fluß der finanziellen Mittel nicht immer stetig war. Jedoch sind der Meditationsraum und das Hauptgebäude nun so gut wie fertig. Nur noch geringe Restarbeiten müssen vorgenommen werden, darunter eine Verkleidung der Außenhaut mit Metallplatten. Gleichzeitig wird die Landschaft mit Hilfe einer kleinen Armee von einheimischen Arbeitern gestaltet. Der Meditationsraum ist gesäumt von weißem Marmor und enthält eine riesige Glaskugel. Auf diese Kugel werden Sonnen-

strahlen von Spiegeln auf dem Dach reflektiert. An bewölkten Tagen werden dafür Lampen eingesetzt.

Obwohl das Matrimandir unzweifelhaft ein bemerkenswertes Bauwerk und ganz sicher der Mittelpunkt in der Gemeinschaft ist, stimmen ganz sicher nicht alle in Auroville Lebenden der Ansicht zu, daß es weise war, von den vorhandenen Mitteln eine so große Summe für den Bau des Matrimandir auszugeben. Viele der pragmatischeren unter ihnen hätten es vorgezogen, wenn das Geld für die Infrastruktur der Gemeinschaft und bodenständigere Projekte ausgegeben worden wäre. Andere vertreten die Auffassung, daß ohne eine solche sichtbare Manifestation der geistigen Ideale von Auroville (und damit der „Mutter") die Gemeinschaft möglicherweise schon vor langer Zeit zersplittert wäre, insbesondere im Hinblick auf die finanziellen und physischen Schwierigkeiten, die manche der weniger einflußreichen Mitglieder ertragen haben.

Wenn man dieses Bauwerk betreten oder in den Gartenanlagen in der Umgebung spazierengehen möchte, muß man sich dafür zuvor an dem kleinen Informationskiosk am Eingang eine (kostenlose) Genehmigung erteilen lassen. In die Meditationshalle dürfen nämlich täglich nur 100 Leute. Geöffnet ist sie täglich von 16.00 bis 17.00 Uhr (Fotografieren nicht erlaubt). Um hineingelassen zu werden, meldet man sich am besten 24 Stunden vorher an. Wenn das Kontingent noch nicht ausgeschöpft ist, wird man auch ohne Voranmeldung hineingelassen.

UNTERKUNFT UND ESSEN

An der Straße von Pondicherry nach Norden in Richtung Auroville liegt im Dorf Chinna Mudaliarchavadi das Palms Beach Cottage Centre. Das ist ein ansprechendes kleines Quartier und besteht aus drei runden, strohgedeckten Hütten sowie einer ganzen Reihe von kleineren Zimmern in einem Betonbau. Die sauberen Toiletten und die Duschen teilen sich die Gäste, die auch von einem Gebäude Gebrauch machen können, um zu essen und sich zu entspannen. Hier kann man auch Mahlzeiten erhalten, wobei das Essen gut ist. Für ein Einzelzimmer muß man in dieser Anlage 45 Rs und für ein Doppelzimmer 75 Rs bezahlen.

Ein kleines Stück weiter, an der Gasse gegenüber vom Hinweisschild in Richtung Auroville, liegt das Cottage Guest House. Es bietet einfache Unterkünfte mit Moskitonetzen in einem teilweise aus Beton errichteten Gebäude mit Strohdach in Einzelzimmern für 40 Rs und in Doppelzimmern für 75 Rs (mit Badbenutzung). Doppelzimmer mit eigenem Bad im neuen Block kosten 125 Rs. Vorhanden ist auch ein Speiseraum, in dem man morgens, mittags und abends essen kann.

In Auroville selbst kann man im Centre Guest House (Tel. 21 55), gelegen sehr nahe zum Informationszentrum am Matrimandir, übernachten. Es wir von Mitgliedern der Gemeinschaft geführt und hat eine Reihe von Cottages zu bieten, in denen man pro Person einschließlich Vollpension und Fahrradbenutzung für 140 bis 250 Rs pro Tag wohnen kann.

Man kann aber auch bei fast allen der 33 Gruppen in der Gemeinschaft übernachten. Vorgezogen werden Gäste, die mindestens eine Woche bleiben wollen und bereit sind, sich an den Arbeiten zu beteiligen, auch wenn das nicht Voraussetzung für die Aufnahme ist. Man lernt beim Mitmachen aber Leute kennen, die sich für Auroville einsetzen. Wissen muß man allerdings, daß die Gruppen Gäste auch dann nicht kostenlos aufnehmen, wenn die sich an der Arbeit beteiligen, denn bei den meisten ist das Geld knapp. Die Gegebenheiten, die Einrichtungen und die Übernachtungspreise sind sehr unterschiedlich. Bei einigen Gruppen sind die Unterkünfte geradezu primitiv und die Einrichtungen für Gäste minimal, während das bei anders Gruppen sehr unterschiedlich sein kann. Die Preise reichen von 35 bis 300 Rs, liegen aber meistens zwischen 80 und 100 Rs. Die einzige weitere Stelle, an der Gelegenheitsbesucher ein Essen erhalten, und zwar ein ganz gutes Essen, ist die hell geschmückte Cafeteria neben dem Besucherzentrum. Zum Mittagessen (18 Rs für ein gesundes Tagesgericht) ist sie täglich geöffnet, samstags aber auch für ein Abendessen. Leckere Imbisse, Kuchen, Tee und Kaffee werden ebenfalls verkauft.

AN- UND WEITERREISE

Die beste Möglichkeit, nach Auroville zu gelangen, besteht von der Küstenstraße beim Dorf Chinna Mudaliarchavadi aus. Dort muß man nach der richtigen Richtung fragen, denn der Weg ist nicht gut ausgeschildert. Es ist auch möglich, über die Hauptstraße von Madras nach Pondicherry in Promesse nach Auroville zu gelangen. Dort steht an der Abzweigung, einen Kilometer hinter der Polizeiwache, ein Hinweisschild. Wenn man erst einmal in Auroville angekommen ist, braucht man neben seinen Füßen noch ein Verkehrsmittel, denn alles hier ist sehr weitläufig. Mit einem Fahrrad oder Motorroller von und bis Pondicherry muß man mit mindestens 30 km rechnen. Einige Streckenabschnitte sind geteert, andere aber auch nicht, sondern ganz gute Schotterstraßen. Die meisten Zentren der Gemeinschaft (z. B. Matrimandir, Bharat Nivas usw.) sind ausgeschildert, die meisten Siedlungen der einzelnen Gruppen jedoch nicht.

HOGENAKKAL

Telefonvorwahl: 043425

Dieses ruhige Dorf, versteckt in den bewaldeten Melagiri Hills und gelegen 170 km südlich von Bangalore, findet man am Zusammenfluß des Chinnar und des Cauvery (Kaveri). Von hier ergießt sich der Cauvery über eine Reihe von beeindruckenden Wasserfällen in die Ebene. Diese Wasserfälle sind in der letzten Zeit zu einigem Ruhm gekommen, und zwar als Hintergrund bei tragischen Liebesszenen in mehreren indischen Filmen. Leider haben die Fälle in den letzten paar

Jahren auch etliche richtige Liebespaare angezogen, die sich vor Kummer in den Tod gestürzt haben.

Dennoch ist Hogenakkal auch ein beliebtes Ziel für einen Tagesausflug von Bangalore und eignet sich für eine ruhige Pause für Besucher, die einmal etwas Abstand vom Reisen von einer Tempelstadt in Tamil Nadu zur anderen gewinnen möchten. Am beeindruckendsten sind die Wasserfälle im Juli und August, wenn der Wasserstand am höchsten ist. Kein Besuch in Hogenakkal ist vollständig ohne Fahrt in einem *coracle*. Da sind kleine Boote, die bei Einheimischen *parisals* heißen und dadurch wasserdicht gemacht werden, daß man den Rumpf mit einem Weidengeflecht überzieht. Damit werden Besucher zu den Wasserfällen gebracht, wobei sie durch das schäumende Wasser fahren und dabei den Eindruck entstehen lassen, sie würden jeden Augenblick die Fälle hinabstürzen. Wenn man mit einem solchen Boot fahren möchte, muß man pro Stunde und Person mit 15 Rs rechnen. Für einen ganzen Tag kann man es für etwa 250 Rs mieten und muß dann aber Mittagessen abgepackt bei sich haben. Eine weitere Spezialität in Hogenakkal sind Ölmassagen. Dafür bieten sich mehr als 100 Masseure an, so daß man bei Interesse wohl kaum Schlange stehen muß.

UNTERKUNFT UND ESSEN
Im Hotel Tamil Nadu (Tel. 4 47) werden Doppelzimmer für 200 Rs, klimatisiert für 360 Rs, vermietet (einschließlich Steuern). Zu den großen, luftigen Zimmern gehören auch affensichere Balkone, aber die Zimmer sind kaum so „wunderschön möbliert", wie in der Werbung behauptet wird. Für ein Bett in der angeschlossenen Jugendherberge (nur Männer) muß man 30 Rs bezahlen. Zum Hotel gehört auch ein wenig ansprechendes Restaurant, in dem man ein Thali für 13 Rs erhalten kann. Nichtvegetarische Gerichte müssen mehrere Stunden vorher bestellt werden.

Die einzigen weiteren Quartiere sind das große Tourist Rest House und das Tourist Home neben der Bushaltestelle. In beiden Unterkünften muß man für ein sehr einfaches Zimmer zwischen 60 und 80 Rs bezahlen. Statt dessen kann man aber auch in mehreren Privatquartieren unweit der Polizeiwache (gleich rechts, wenn man in den Ort kommt) übernachten.

Leckerer frischer Fisch wird an den Ständen bei der Bushaltestelle angeboten.

AN- UND WEITERREISE
Hogenakkal zieht sich an der Grenze zwischen Tamil Nadu und Karnataka entlang, ist aber nur von Tamil Nadu aus zu erreichen.

Der nächste größere Ort ist Dharampuri, 45 km östlich an der Straße von Salem nach Bangalore. Von dort fahren mehrere Busse täglich nach Hogenakkal (1¼ Stunden, 80 Rs).

YERCAUD

Telefonvorwahl: 04281
Dieser ruhige Bergerholungsort (Höhe: 1500 m) liegt von Salem aus 33 km bergauf. Der besondere Reiz dieses Ortes liegt in seinen vielen Kaffeeplantagen ringsherum in den Servaroyan Hills.
Von Yercaud aus kann man gute Trekking-Touren und Bootsfahrten auf dem künstlichen See unternehmen.

UNTERKUNFT
Im Hotel Tamil Nadu in der Yercaud Ghat Road unweit vom See (Tel. 22 73) gibt es Zimmer für 180 Rs, klimatisiert für 225 Rs, sowie Betten in einem Schlafsaal für 25 Rs. In der Hochsaison steigen diese Preise deutlich. Statt dessen kann man auch versuchen, im Hotel Shevarys (Tel. 22 88) oder im Township Resthouse (Tel. 22 33) unterzukommen.

DIE MITTE VON TAMIL NADU

THANJAVUR (TANJORE)

Einwohner: 212 000
Telefonvorwahl: 04362
Thanjavur war früher die Hauptstadt der Chola-Könige. Deren Anfänge gehen bis in die Frühzeit des Christentums zurück. Diese gemeinsame Vergangenheit teilen sie mit den Pallava, Pandya und Chera, mit denen sie sich den Südzipfel von Indien teilten. Streitereien untereinander waren an der Tagesordnung, wobei immer mal

die eine oder andere Dynastie für einige Zeit die Vormachtstellung genoß. Den Chola winkte dieses Glück in der Zeit von 850 bis 1270 n. Chr. In der Blütezeit ihres Reiches beherrschten sie den größten Teil des indischen Subkontinents, und zwar südlich einer Linie etwa zwischen Bombay und Puri, sowie Teile von Sri Lanka und - für kurze Zeit - das Königreich Srivijaya auf der malaiischen Halbinsel und Sumatra.

Herausragende Persönlichkeiten der Chola-Könige waren Raja Raja (985-1014 n. Chr.) und sein Sohn Rajendra I. (1012-1044 n. Chr.). Raja war verantwortlich für die Errichtung des Brihadishwara-Tempels von Thanjavur, heute die bedeutendste Sehenswürdigkeit dieser Stadt. Rajendra dagegen kämpfte gegen die Araber um die Vorherrschaft bei den Handelswegen über den Indischen Ozean und unterwarf das Königreich Srivijaya.

Die Großzügigkeit der Chola-Könige war aber längst nicht auf Thanjavur begrenzt. Auch in der Umgebung gibt es unendlich viele Tempel, alle von Thanjavur aus leicht erreichbar. Dazu gehören die Tempel von Thiruvaiyyaru, Dharasuram unweit von Kumbakonam und Gangakondacholapuram (vgl. Abschnitte über die Umgebung von Thanjavur und über die Umgebung von Kumbakonam). Die Chola waren aber auch beim Bau des großen Tempelkomplexes bei Srirangam in der Nähe von Tiruchirappalli beteiligt. Das ist vielleicht Indiens größte Tempelanlage.

ORIENTIERUNG

Wahrzeichen von Thanjavur sind die beiden riesigen *gopurams* des Brihadishwara-Tempels. Der Tempel selbst liegt zwischen dem Grand Anicut Canal sowie

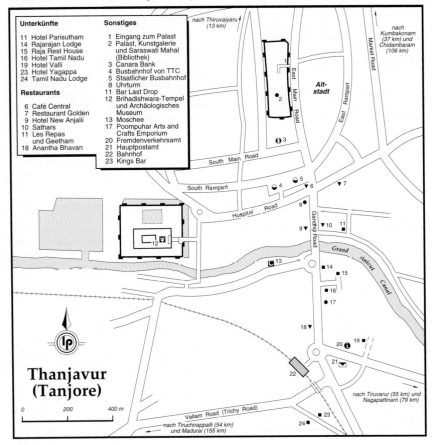

Unterkünfte

11 Hotel Parisutham
14 Rajarajan Lodge
15 Raja Rest House
16 Hotel Tamil Nadu
19 Hotel Valli
23 Hotel Yagappa
24 Tamil Nadu Lodge

Restaurants

6 Café Central
7 Restaurant Golden
9 Hotel New Anjalii
10 Sathars
11 Les Repas
   und Geetham
18 Anantha Bhavan

Sonstiges

1 Eingang zum Palast
2 Palast, Kunstgalerie
   und Saraswati Mahal
   (Bibliothek)
3 Canara Bank
4 Busbahnhof von TTC
5 Staatlicher Busbahnhof
8 Uhrturm
11 Bar Last Drop
12 Brihadishwara-Tempel
   und Archäologisches
   Museum
13 Moschee
17 Poompuhar Arts and
   Crafts Emporium
20 Fremdenverkehrsamt
21 Hauptpostamt
22 Bahnhof
23 Kings Bar

nach Thiruvaiyaru (13 km)

nach Kumbakonam (37 km) und Chidambaram (106 km)

Market Road

East Main Road

East Rampart

Altstadt

South Main Road

South Rampart

Hospital Road

Gandhiji Road

Grand Anicut Canal

Thanjavur (Tanjore)

0   200   400 m

Vallam Road (Trichy Road)

nach Tiruchirappalli (54 km) und Madurai (155 km)

nach Tiruvarur (55 km) und Nagapattinam (79 km)

der Altstadt und ist von einer befestigten Mauer sowie einem Schutzgraben umgeben. Die Altstadt war früher ebenfalls auf ähnliche Weise befestigt, aber die meisten der Mauern davon sind inzwischen verschwunden. Der Rest besteht aus einem Gewirr verwinkelter Gassen sowie Alleen und enthält auch die weitläufigen Ruinen des Palastes der Nayak von Madurai.

Zwischen dem Bahnhof und dem Busbahnhof am Rande der Altstadt verläuft die Gandhiji Road. An ihr liegen die meisten Hotels, viele Restaurants und das Poompuhar Arts and Crafts Emporium.

PRAKTISCHE HINWEISE

Das Fremdenverkehrsamt (Tourist Office) findet man im Jawans Bhavan gegenüber vom Hauptpostamt und ist von 10.00 bis 17.45 Uhr geöffnet. Hier kann man einen Stadtplan (3 Rs) und sonst nichts erhalten.

Reiseschecks lassen sich in der Canara Bank in der South Main Street einlösen. Möglich ist das auch im Hotel Parisutham, aber dort nur zu einem ungünstigen Kurs.

Das Hauptpostamt in der Nähe des Bahnhofs kann man täglich von 10.00 (sonntags von 12.00) bis 16.00 Uhr in Anspruch nehmen. Das Fernmeldeamt nebenan ist sogar rund um die Uhr geöffnet.

SEHENSWÜRDIGKEITEN

Brihadishwara-Tempel und Fort: Die Krönung der Tempelarchitektur der Chola ist dieser unter Raja Raja erbaute Tempel. Er ist so ausgefallen und einmalig, daß man leicht einige Tage darin verbringen kann und immer noch das Gefühl hat, noch längst nicht alles gesehen zu haben. Die Kuppel des 63 m hohen Tempels ist aus einem einzigen Granitblock geschaffen. Ihr Gewicht schätzt man auf 81 Tonnen. Im Heiligtum des Tempels steht ein großer Shiva-*Lingam* (Zutritt nur für Hindus). Geschaffen aus einem einzigen Stück Granit mit einem Gewicht von schätzungsweise 81 Tonnen, baute man, um die Kuppel an Ort und Stelle zu bekommen, eine 6 km lange Rampe und zog sie hinauf. Man bediente sich also derselben Technik, die man den Ägyptern beim Bau der Pyramiden zuschreibt. Gebetet wird im Tempel nunmehr bereits ununterbrochen über 1000 Jahren.

Der Eingang zum inneren Hof wird von einem Elefanten und einem der größten Nandis in ganz Indien (6 m lang und 3 m hoch) bewacht. Auch er wurde aus einem einzigen Felsblock gehauen. In den Skulpturen des Tempels, den *gopurams* und den angrenzenden Gebäuden ist nicht nur shivaistischer und vishnuvitischer Einfluß erkennbar, sondern sind auch buddhistische Motive vertreten. Alles in allem stehen in den Schreinen entlang der äußeren Mauern rund 250 *lingams*. Die Fresken an Wänden und Decken der Innenhöfe sollen in der Chola-Zeit entstanden sein. Untersuchungen ergaben, daß sich die Chola der gleichen Technik zur

Herstellung von Fresken bedienten wie die Künstler der Fresken in Europa.

Im Innenhof findet man ein archäologisches Museum mit sehr interessanten Ausstellungsstücken sowie Karten und Plänen, die sich mit der Geschichte des Chola-Reiches befassen. Ein Besuch ist durchaus lohnend. Das Museum ist täglich von 9.30 bis 13.00 Uhr und von 15.00 bis 17.30 Uhr geöffnet. Für 10 Rs kann man dort das kleine englischsprachige Büchlein von C. Sivaramamurti mit dem Titel *Chola Temples* kaufen (auch im Museum des Forts St. George in Madras erhältlich), in dem die drei Tempel in Thanjavur, Dharasuram und Gangakondacholapuram beschrieben sind. Angeboten wird am Eingang für 4 Rs ferner ein Heft mit dem Titel *Thanjavur & Big Temple*.

Der Tempel ist jeden Tag von 6.00 bis 13.00 Uhr und von 15.00 bis 20.00 Uhr geöffnet. Eintritt wird nicht erhoben. Da der Tempel aber immer noch benutzt wird, werden Nicht-Hindus nicht bis zum Allerheiligsten vorgelassen.

Palast von Thanjavur: Dieses weitläufige Gebäude mit den großen Korridoren, geräumigen Hallen, Beobachtungstürmen und schattigen Innenhöfen inmitten der Altstadt wurde im ersten Bauabschnitt von den Nayak von Madurai erbaut (1550) und später von den Marathen vollendet.

Nach vielen Jahren der Vernachlässigung liegen jedoch viele Teile in Ruinen. Erst 1994 ist der Archäologische Dienst Indiens mit dem Schutz und Wiederaufbauarbeiten betraut worden. Leider wird es schwer werden, die geschätzten 69 *lakh* Rupien aufzutreiben, die für die Instandsetzung der Gebäude benötigt werden.

Der schlecht gekennzeichnete Eingang besteht aus einer Unterbrechung der östlichen Mauer, von wo aus man zu einem Kreisverkehr mit einem großen Baum und einer Polizeiwache gelangt. Der Eingang zum Palast geht dann nach links durch einen gewölbten Tunnel ab. Eine Kunstgalerie wurde in der Nayak-Durbar-Halle eingerichtet, einer von zwei solchen Hallen im Palast, in denen Audienzen mit dem König abgehalten wurden. Die Kunsthalle enthält eine hervorragende Sammlung von Bronzestatuen der Chola aus dem 9. bis 12. Jahrhundert. Wenn der Turm am hinteren Ende des Hofs nach den Renovierungsarbeiten wieder zugänglich ist, lohnt es, ihn zu besteigen, denn von dort bieten sich herrliche Ausblicke. Die Kunstgalerie ist von 9.00 bis 13.00 Uhr und von 15.00 bis 18.00 Uhr geöffnet (Eintritt 2 Rs).

Nebenan kommt man zur Saraswati-Mahal-Bücherei aus dem Jahre 1700. Diese Bibliothek besteht aus über 30 000 Manuskripten auf Palmblättern und Papier in indischen und europäischen Sprachen. An den Wänden hängen Drucke mit Motiven von chinesischen Folter methoden. Die Bibliothek ist nicht zugänglich, aber dafür kann man sich ein winziges Museum ansehen, das außer mittwochs täglich von 10.00 bis 13.00 Uhr und von 13.30 bis 17.30 Uhr geöffnet ist.

Im Königlichen Museum, das sich durch einen Torweg links von der Bibliothek betreten läßt, ist eine kleine Sammlung von Gebrauchsgegenständen aus der Zeit Anfang des 19. Jahrhunderts (Bekleidung, Kopfbedeckungen, Jagdgeräte) untergebracht, in der Serfoji II. herrschte. Besichtigen läßt sich das Museum täglich von 9.00 bis 18.00 Uhr (Eintritt eine Rupie).

UNTERKUNFT

Einfache Unterkünfte: Die beste Wahl ist das ruhige Raja Rest House (Tel. 2 05 15), gelegen nur ein kleines Stück abseits der Gandhiji Road. Die großen Zimmer mit Bad sind an drei Seiten um einen riesigen Hof herum angeordnet und werden mit Bad sowie Ventilator für 35 bzw. 60 Rs vermietet. Die Mitarbeiter sind recht freundlich. In der nahegelegenen Rajarajan Lodge (Tel. 2 17 30) sind die Preise zwar ähnlich, aber dort ist es lauter.

Hinter dem Bahnhof, nur ein kleines Stück abseits der Trichy Road, liegt die Tamil Nadu Lodge (Tel. 2 23 32) mit Einzelzimmern für 60 Rs und Doppelzimmern für 90 Rs (mit Bad). Allerdings bekommt man dort in den zellenartigen Zimmern das Gefühl, in einem Knast einzusitzen. Fast gegenüber liegt das renovierte Hotel Yagappa (Tel. 2 24 21), in dem Doppelzimmer für jeweils 140 Rs angeboten werden. Zu diesem Haus gehört auch die Kings Bar, ein ungewöhnlich moderner und ansprechender „Permit Room".

Übernachten kann man auch in den Ruheräumen im Bahnhof (Retiring Rooms).

Mittelklassehotels: In dieser Preisklasse ist das Hotel Tamil Nadu der TTDC in der Gandhiji Road eine gute Wahl (Tel. 2 14 21). Das Haus hat geräumige Zimmer, ist blitzsauber, ansprechend eingerichtet, und vor den Fenstern hängen sogar Gardinen. In den Zimmern gibt es Ventilatoren, Tische, eine Garderobe, bequeme Betten mit sauberer Wäsche sowie Decken, und in den Bädern läuft morgens sogar warmes Wasser. Die Zimmer sind um einen ruhigen Innenhof herum angelegt. Zudem sind die Mitarbeiter recht hilfsbereit. All das kostet als Einzelzimmer nur 125 Rs und als Doppelzimmer nur 150 Rs. Einige Doppelzimmer sind mit einer Klimaanlage ausgestattet und werden für 380 Rs vermietet. Zum Haus gehört auch ein Restaurant. Außerdem kann man in der Bar ein kaltes Bier trinken. Wenn man im Restaurant essen möchte, muß man die Gerichte vorbestellen.

Im Hotel Valli in der M K Road (Tel. 2 15 84) werden Einzelzimmer für 90 Rs und Doppelzimmer für 110 Rs angeboten (ohne Fernsehgerät), während man für ein Zimmer mit Fernsehgerät 130 Rs bezahlen muß (einschließlich Steuern). Doppelzimmer mit Klimaanlage für 250 Rs sind ebenfalls vorhanden. Außerdem stehen Drei- und Vierbettzimmer sowie ein Restaurant zur Verfügung.

Luxushotels: Sehr gut eingerichtet und ausgestattet mit allen Einrichtungen, die man in dieser Preisklasse erwartet, darunter einer Bar, zwei Restaurants, gepflegten Rasenanlagen und einem Swimming Pool, ist das Hotel Parisutham am Kanal in der Grand Anicut Canal Road 55 (Tel. 2 14 66, Fax 2 23 18). Hier muß man einschließlich Frühstück für ein Einzelzimmer 1078 Rs und für ein Doppelzimmer 1478 Rs bezahlen. Daneben kann man auch in teureren Luxuszimmern und Suiten übernachten.

ESSEN

Unweit vom Busbahnhof und am Anfang der Gandhiji Road findet man viele einfache vegetarische Restaurants, in denen „Blätter-Meals" (Thalis auf einem Bananenblatt) für 10 Rs angeboten werden. Zu empfehlen davon ist das Anantha Bhavan. Für einen Imbiß eignet sich gut das Café Saraswati an der Ecke der Hospital Road und der Gandhiji Road.

Im Restaurant Golden in der Hospital Road erhält man unten leckere vegetarische Gerichte. Der klimatisierte Speiseraum oben und die Dachterrasse wurden bei unserem Besuch gerade renoviert, aber wenn man gern kühl oder im Freien essen mag, kann man ja klären, ob dort inzwischen wieder geöffnet ist.

Ein gutes nichtvegetarisches Restaurant mit einer langen Speisekarte ist das Sathars, das zudem bis Mitternacht geöffnet ist. Gegenüber liegt das nagelneue Hotel New Anajalii, in dem in hell beleuchteter und moderner Umgebung gute nichtvegetarische Speisen angeboten werden. Die Auswahl ist zwar nicht so groß wie im Sathars, aber die Preise sind allemal annehmbar.

Die besten Restaurants findet man im Hotel Parisutham. Dort werden im nichtvegetarischen Restaurant Les Repas indische sowie chinesische Gerichte und im Geetham vegetarische Speisen serviert. Dort gibt es im Untergeschoß auch einen „Permit Room", in dem man sogar spät am Abend noch ein Bier trinken kann und man dazu auch noch Erdnüsse zum Knabbern erhält. Das Restaurant im Hotel Tamil Nadu eignet sich gut für ein Frühstück, aber auch für wenig mehr, denn auf der Speisekarte steht kaum einmal etwas anderes als ein Gericht.

AN- UND WEITERREISE

Bus: Der Busbahnhof der TTC ist ganz gut organisiert. Aber wie üblich, sind auch hier keine Fahrpläne in Englisch ausgehängt. Das mit Computern ausgestattete Reservierungsbüro ist von 9.00 bis 22.00 Uhr geöffnet.

Busse, für die Plätze im voraus reserviert werden können, fahren nach Madras (Linie 323, 8 Stunden, 50 Rs), Pondicherry (Linie 928, zweimal täglich, 177 km) und Tirupathi (Linie 851, einmal täglich). Es fährt auch noch eine ganze Reihe von Bussen auf dem Weg nach Tiruchirappalli und Madurai durch Thanjavur.

Der staatliche Busbahnhof ist, wie üblich, chaotisch und enthält überhaupt keine Fahrpläne, in welcher Sprache auch immer. Hier fahren unweit des Eingangs Busse nach Tiruchirappalli (54 km, 1½ Stunden, 9 Rs) ab. Busse nach Kumbakonam (37 km, eine Stunde) verkehren von den Haltestellen 7 und 8. Sie fahren zu beiden Zielen etwa alle 15 Minuten.

Zug: Für die Fahrt nach Madras (351 km) braucht der Nachtzug *Rameswaram Express* neun Stunden (2. Klasse 79 Rs und 1. Klasse 296 Rs). Statt dessen kann man aber auch mit dem *Cholan Express* fahren, der acht Stunden benötigt und tagsüber unterwegs ist.

Nach Villupuram (in Richtung Pondicherry) braucht man für die 192 km lange Strecke sechs Stunden und muß dann in der 2. Klasse 48 Rs und in der 1. Klasse 179 Rs bezahlen. Nach Tiruchirappalli (50 km, eine Stunde) kostet eine Fahrt in der 2. Klasse 17 Rs und in der 1. Klasse 75 Rs. Nach Kumbakonam ist ein Zug eine Stunde und nach Chidambaram 2½ Stunden unterwegs.

DIE UMGEBUNG VON THANJAVUR

Viele der kleineren Orte um Thanjavur sind sehr bekannt wegen ihrer beeindruckenden Chola-Tempel. Die jeweilige Entfernung von Thanjavur ist in Klammern angegeben.

THIRUKANDIYUR (10 km)
Der Brahma-Sirakandeshwara- sowie der Harsaba-Vimochana-Perumal-Tempel bestechen durch ihre äußerst feinen Skulpturen.

THIRUVAIYARU (13 km)
Der berühmte Shiva-Tempel in diesem Ort ist auch bekannt unter der Bezeichnung Panchanatheshwara.

Im Januar eines jeden Jahres wird hier ein achttägiges Musikfest zu Ehren des Heiligen Thiagaraja veranstaltet.

Während dieser Zeit sind alle Unterkünfte ausgebucht.

TIRUVARUR (55 km)
Der Shiva-Tempel von Tiruvarur, einer Stadt zwischen Thanjavur und Nagapattinam, wurde nach und nach im Verlaufe vieler Jahre immer weiter ausgebaut. Die 1000-Säulen-Halle dieses Tempels besteht aber nur aus 807 Säulen. Zu sehen ist ferner ein riesiger Tempelwgen.

KUMBAKONAM

Telefonvorwahl: 0435

Diese geschäftige südindische Stadt, die sich 37 km nordöstlich von Thanjavur entlang des Cauvery erstreckt, ist bekannt für ihre vielen Tempel mit den farbenprächtigen halbwegs erotischen Skulpturen. Die wichtigsten davon sind der Sarangapani, der Kumbeshwara und der Nageshwara. Der größte dieser Tempel wird nur noch vom Meenakshi-Tempel in Madurai übertroffen.

Alle Tempel in Kumbakonam sind übrigens von 12.00 bis 16.30 Uhr geschlossen.

Kumbakonam eignet sich auch gut als Ausgangspunkt für Besichtigungen der sehr interessanten und nahegelegenen Tempelstädte Dharasuram sowie Gangakondacholapuram.

UNTERKUNFT
In der New Diamond Lodge in der Ayikulam Road 93 (Tel. 2 08 70) kommt man in sehr sauberen Einzel- und Doppelzimmern mit Bad für 35 bzw. 49 Rs unter. Von den Zimmern nach hinten hinaus hat man einen herrlichen Blick auf den Nageshwara-Tempel. An der gleichen Straße liegt auch die nagelneue Chellam Lodge mit einem ähnlichen Standard (Tel. 2 38 96), in der Einzelzimmer für 40 Rs und Doppelzimmer für 75 Rs angeboten werden. Wenn diese beiden Unterkünfte voll belegt sein sollten, kann man sein Glück im Hotel Pandiyan in der Sarangapani East Street 52 (Tel. 2 03 97) und in der PRV Lodge in der Head Post Office Road 32 versuchen.

Im Preis schon etwas teuer ist das Hotel Siva/VPR Lodge in der T S R Big Street 104-105 (Tel. 2 40 13). Das ist im Basargebiet. Eigentlich sind das zwei verschiedene Hotels, die sich eine Rezeption teilen. Das bessere davon ist das Hotel Siva, in dem riesige und

Das Fest am Wasserbecken

Alle 12 Jahre findet am Mahamaham-Wasserbecken ein Fest statt. Dann strömen Tausende von Gläubigen hierher, weil man glaubt, daß zu dieser Zeit das Wasser des heiligen Ganges durch das Wasserbecken fließe. Nach einer Legende wurde hier nach einer großen Flut ein *kumbh* (Krug) angespült, den Shiva anschließend mit einem Pfeil zerstört haben soll. Der Inhalt soll sich dann über ein Gebiet verteilt haben, das heute vom heiligen Mahamaham-Becken bedeckt wird.

Das letzte derartige Fest fand in Anwesenheit von Jayalalitha, dem Ministerpräsidenten von Tamil Nadu, Anfang 1992 statt. Leider ging an einer Stelle vieles vollständig schief, was zur einer Panik führte, bei der eine Reihe von Leuten zu Tode getrampelt und viele weitere ernsthaft verletzt wurden. Unklar ist, wie das passieren konnte. Einige machen die Polizei dafür verantwortlich, weil die die Menge angeblich nicht sorgfältig genug überwacht habe, während andere glauben, die Panik sei durch das Auftreten von Jayalalitha ausgelöst worden.

saubere Doppelzimmer mit Bad und heißem Wasser von 5 bis 9 Uhr für 138 Rs (mit Klimaanlage für 240 Rs) vermietet werden.

Geringfügig teurer sind die Zimmer im Hotel ARR in der T S R Big Street 21 (Tel. 2 12 34). Zu diesem Haus gehört auch eine Bar.

Im Hotel Raya's in der Head Post Office Road 28-29 (Tel. 2 13 62) kann man in gut eingerichteten Doppel- und Dreibettzimmern ab 250 bzw. 325 Rs übernachten (mit Klimaanlage für 350 bzw. 450 Rs). Geboten werden den Gästen zudem getrennte vegetarische und nichtvegetarische Restaurants sowie ein schwarzes Loch, das als Royal Bar bekannt ist. Das neue, ansprechende Hotel Athiya in der Ayikulam Road sollte, wenn Sie diese Zeilen lesen, bereits eröffnet worden sein und Übernachtungsmöglichkeiten der Mittelklasse zu bieten haben.

Die Ruheräume am Bahnhof eignen sich ebenfalls für eine Übernachtung, aber der Bahnhof liegt nicht gerade mitten in der Stadt.

ESSEN

Zur PRV Lodge gehört ein gutes vegetarisches Restaurant. Dort ist es aber schwer, einen englischsprechenden Kellner aufzutreiben, der die in Tamil geschriebene Speisekarte übersetzen kann. Sehr gut schmeckt hier das *naan* aus Kaschmir. Die nichtvegetarischen Restaurants im Hotel ARR und im Hotel Pandiyan sind zwei der wenigen Lokale in der Stadt, in denen Fleischesser mal wieder schwelgen können. Ganz gut ist ferner das Restaurant Arul gegenüber vom Hotel Pandiyan.

AN- UND WEITERREISE

Den Busbahnhof und den nahegelegenen Bahnhof findet man etwa 2 km östlich der Stadtmitte. Dorthin oder von dort kommt man mit einer Fahrrad-Rikscha für 10 Rs.

Busse der TTC fahren viermal täglich nach Madras (Linie 303, 7 Stunden, 41 Rs) und häufig auch über Dharasuram nach Thanjavur und nach Gangakondacholam. Weitere halten hier auf dem Weg von anderen

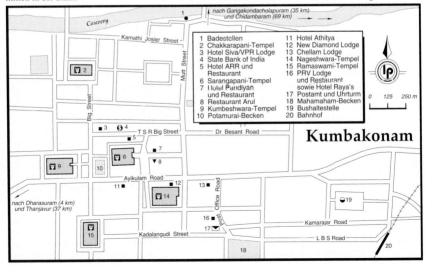

1 Badestellen
2 Chakkarapani-Tempel
3 Hotel Siva/VPR Lodge
4 State Bank of India
5 Hotel ARR und Restaurant
6 Sarangapani-Tempel und Restaurant
7 Hotel Pandiyan und Restaurant
8 Restaurant Arul
9 Kumbeshwara-Tempel
10 Potamurai-Becken
11 Hotel Athitya
12 New Diamond Lodge
13 Chellam Lodge
14 Nageshwara-Tempel
15 Ramaswami-Tempel
16 PRV Lodge und Restaurant sowie Hotel Raya's
17 Postamt und Uhrturm
18 Mahamaham-Becken
19 Bushaltestelle
20 Bahnhof

Kumbakonam

Städten und fahren dann nach Madurai, Coimbatore, Bangalore, Tiruvannamalai, Pondicherry und Chidambaram. Außerdem ist Kumbakonam durch Busse der Linie 459 mit Karaikal verbunden.

Zugverbindungen bestehen von Kumbakonam mindestens viermal täglich mit Schnellzügen über Chidambaram nach Madras. Dreimal täglich fahren zudem Züge nach Thanjavur und Tiruchirappalli.

DIE UMGEBUNG VON KUMBAKONAM

Wenn man die folgenden Ziele besuchen will, mag sich das Büchlein mit dem Titel *Chola Tempels* als nützlich erweisen (vgl. Abschnitt über Thanjavur).

DHARASURAM
Nur 4 km westlich von Kumbakonam liegt dieser kleine Ort. Der Dharasuram- oder Airatesvara-Tempel ist ein gutes Beispiel für die Chola-Architektur des 12. Jahrhunderts. Gebaut wurde er unter Raja Raja II. (1146-1163). Er liegt etwas außerhalb der Stadt und ist in einem ausgezeichneten Zustand. An seiner Vorderseite stehen Säulen mit einzigartigen Miniaturskulpturen. Im 14. Jahrhundert ersetzte man die Reihe der größeren Statuen rings um den Tempel durch Stein- und Betonsäulen, ähnlich denen beim Tempel von Thanjavur. Viele dieser Säulen hatte man eine Zeit lang in die Kunstgalerie im Raja-Palast von Thanjavur gebracht. Sie wurden jedoch wieder nach Dharasuram zurückgebracht. Die Darstellung von Shiva als Kankala-murti (Bettelmönch) mit einer Gruppe von Frauen um sich herum, die von seiner Schönheit verwirrt sind, fällt besonders ins Auge. Hier sind vom Archäologischen Dienst Indiens einige Restaurierungsarbeiten vorgenommen worden.

Der Tempel wird derzeit zwar kaum benutzt, dennoch läuft ein hilfsbereiter Priester dort herum. Er spricht auch ausgezeichnet Englisch, so daß er sich als Führer eignet. Er steht gegen ein kleines Entgelt täglich von 8.00 bis 20.00 Uhr zur Verfügung.

GANGAKONDACHOLAPURAM
Die *gopurams* über dem Eingang dieses enormen Shiva-Tempels, gelegen 35 km nördlich von Kumbakonam, sind bereits von weit her sichtbar. Der Tempel wurde von Rajendra I. (1012-1044) erbaut und ist eine Nachbildung des Brihadishwara-Tempels von Thanjavur, den sein Vater, der Herrscher der Chola, hatte errichten lassen. Neben den wunderschönen Skulpturen dieses Tempels sieht man ein großes Wasserbecken. Das Wasser darin ist dem heiligen Fluß Ganges entnommen. Vasallen am Hofe der Chola-Herrscher brachten das Wasser mit Schiffen hierher und entleerten es in diesem Wasserbecken.

Sehr viele Besucher verirren sich nicht zu diesem Tempel. Der wird auch von Hindus für Gebete nicht mehr aufgesucht. Dieses Schicksal teilt der Tempel mit dem in Dharasuram.

CHIDAMBARAM

Telefonvorwahl: 04144
Südlich von Pondicherry, in Richtung Thanjavur, steht ein weiteres Juwel drawidischer Architektur von Tamil Nadu: der Tempelkomplex von Chidambaram mit dem großen Nataraja-Tempel, dem Tempel des tanzenden Shiva.

PRAKTISCHE HINWEISE
Hilfsbereite Mitarbeiter sind im Fremdenverkehrsamt im Hotel Tamil Nadu im Einsatz (Tel. 2 27 39). Reiseschecks lassen sich in der Indian Bank einlösen. Bargeld kann man dort jedoch nicht wechseln.

SEHENSWÜRDIGKEITEN
Nataraja-Tempel: In der Zeit, in der Chidambaram von 907 bis 1310 eine Hauptstadt der Chola war, wurde

während der Herrschaft von Vira Chola Raja (927-997) der Nataraja-Tempel errichtet. Dieser Tempelkomplex soll der älteste in Südindien sein. Seine Fläche umfaßt 13 Hektar. Zu sehen sind vier *gopurams*, von denen die beiden im Norden und Süden 49 m hoch sind. Zwei dieser Türme sind mit 108 Figuren des Nataraja geschmückt; das ist Shiva als Welttänzer.

Zum Tempel gehören ebenfalls eine 1000-Säulen-Halle, der Nritta-Sabha-Hof, der wie ein gigantischer Triumphwagen gearbeitet ist, und im Allerheiligsten die Darstellung des Nataraja selbst. Im Tempelkomplex stehen noch weitere Tempel, von denen einige den Gottheiten Parvati, Subrahmanya und Ganesh geweiht sind. Auch einen neueren Vishnu-Tempel kann man sich ansehen. Die Anlage wurde während der Regentschaft des Chola-Herrschers gebaut.

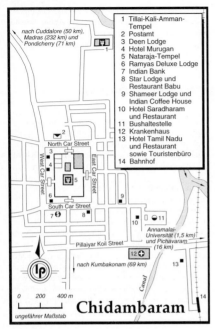

1	Tillai-Kali-Amman-Tempel
2	Postamt
3	Deen Lodge
4	Hotel Murugan
5	Nataraja-Tempel
6	Ramyas Deluxe Lodge
7	Indian Bank
8	Star Lodge und Restaurant Babu
9	Shameer Lodge und Indian Coffee House
10	Hotel Saradharam und Restaurant
11	Bushaltestelle
12	Krankenhaus
13	Hotel Tamil Nadu und Restaurant sowie Touristenbüro
14	Bahnhof

nach Cuddalore (50 km), Madras (232 km) und Pondicherry (71 km)

North Car Street

West Car Street

East Car Street

South Car Street

Pillaiyar Koil Street

Annamalai-Universität (1,5 km) und Pichavaram (16 km)

nach Kumbakonam (69 km)

Canal

0 200 400 m

ungefährer Maßstab

Chidambaram

Der Hof des Nataraja-Tempels mit seinen vielen Schreinen ist von 4.00 bis 12.00 Uhr und von 16.30 bis 21.00 Uhr geöffnet. Ein besonderes Erlebnis ist sicher die besondere *Puja*-Zeremonie mit ihren Feuerritualen und dem Schlagen von Glocken und Trommeln, die jeden Freitag um 18.00 Uhr stattfindet. Jeden zweiten Abend finden zur gleichen Zeit weniger aufwendige *Puja*-Zeremonien statt.

Auch wenn Andersgläubige das Allerheiligste nicht betreten dürfen, findet sich immer ein Priester, der Besucher herumführt - gegen eine Gebühr natürlich.

UNTERKUNFT

Das beste von den preiswerten Quartieren ist die Ramyas Deluxe Lodge in der South Car Street 46 (Tel. 2 30 11), die sich durch in hellen Farben frisch gestrichene Zimmer mit modernen sanitären Anlagen auszeichnet. Hier muß man mit Bad für ein Einzelzimmer 30 Rs und für ein Doppelzimmer 65 Rs bezahlen, für ein Luxusdoppelzimmer mit Klimaanlage 150 Rs. In der schon älteren Star Lodge in der South Car Street kommt man in sauberen und bewohnbaren Zimmern allein für 35 Rs und zu zweit für 45 Rs unter. Auch wenn vor den Fenstern Gitter angebracht sind, muß man in diesem Quartier auf Glas in den Fenstern verzichten.

Mit Einzelzimmern für 35 Rs und Doppelzimmern für 49 Rs (mit sauberer Bettwäsche und Bad) ist die Shameer Lodge über dem Indian Coffee House an der Venugopal Pillai Street (Tel. 2 29 83) ebenfalls keine schlechte Wahl. Wenn alle bereits genannten Unterkünfte voll belegt sein sollten, kann man versuchen, in der freundlichen Deen Lodge (Tel. 2 26 02) oder im Hotel Murugan (Tel. 2 04 19), beide an der West Car Street, ein Zimmer zu erhalten.

Das Hotel Saradharam in der V G P Street 19 (Tel. 2 29 66), unweit vom Busbahnhof, hat annehmbare Einzel- und Doppelzimmer für 125 bzw. 150 Rs (klimatisierte Doppelzimmer für 225 Rs) zu bieten. Hier gibt es im Untergeschoß auch eine Bar und überdies zwei Restaurants.

Das Hotel Tamil Nadu (Tel. 2 23 23) könnte ein ganz gutes Quartier sein, wenn die Bettwäsche öfter gewaschen würde. Aber dazu kann man sich offensichtlich nicht durchringen. Auch ansonsten scheinen die Mitarbeiter recht apathisch zu sein. In diesem Haus kosten Einzelzimmer 90 Rs und Doppelzimmer 145 Rs, die Doppelzimmer mit Klimaanlage 265 Rs. Gelegentlich

Ganesh, der beliebte Gott mit dem Elefantenkopf

werden auch Betten in einem Schlafsaal für 30 Rs vermietet.

ESSEN

Die Auswahl unter den Restaurants ist äußerst begrenzt. Im Restaurant Babu im Erdgeschoß der Star Lodge werden jedoch ganz gute vegetarische Gerichte im typisch südindischen Stil angeboten - auf Bananenblättern mit Saucen in Töpfen und zu extrem niedrigen Preisen. Dosas und ähnliche Sachen kann man im Indian Coffee House an der Venugopal Pillai Street ausprobieren.

Eines der beliebtesten Restaurants ist das im Hotel Saradharam, wo Vegetarier vorn und Nichtvegetarier (mit Klimaanlage) hinten speisen können. Die Preise hier sind annehmbar, aber mittags und abends muß man früh ankommen, denn dann häufig ist alles voll besetzt.

Unterschiedlich sind die Berichte über das Essen im Hotel Tamil Nadu. Einige Leute behaupten, die Verpflegung sei nur mittelmäßig, während andere von der Qualität und Größe der Portionen ganz angetan waren.

AN- UND WEITERREISE

Der Bahnhof liegt 20 Minuten Fußweg südlich vom Nataraja-Tempel. Dorthin kommt man auch mit einer Motorrad-Riksha für 10 Rs. Vom Bahnhof fahren Schnell- und Personenzüge nach Madras, Kumbakonam, Thanjavur (zweimal täglich), Tiruchirappalli und Madurai. Zentraler liegt der Busbahnhof, der sowohl von der TTC als auch von regionalen Busunternehmen benutzt wird. Busse der TTC nach Pondicherry und Madras (Linien 300, 324 und 326, 7 Stunden, 37 Rs) sowie Madurai (Linie 521, 8 Stunden, 45 Rs) fahren fast jede Stunde.

DIE UMGEBUNG VON CHIDAMBARAM

PICHAVARAM

Der Strandferienort Pichavaram mit seinen Backwaters und dem einzigartigen Mangrovenwald liegt 15 km östlich von Chidambaram. Im nahen Porto Novo wurde ein Meeresforschungsinstitut (Marine Research Institute) eingerichtet.

Dieser Ort war früher ein portugiesischer und holländischer Hafen.

Unterkunft: Im Aringar Anna Tourist Complex der TTDC (Tel. Killai 32) muß man für ein Bett im Schlafsaal 30 Rs und für ein Cottage 90 Rs bezahlen.

KARAIKAL

Telefonvorwahl: 04368
Die frühere französische Enklave Karaikal gehört heute zum Unionsterritorium Pondicherry. Allerdings werden Besucher, die noch etwas vom französischen Einfluß spüren möchten, enttäuscht sein. Karaikal ist aber mit seinem Shiva-Tempel (Darbaranyeswar-Tempel) und dem Ammaiyar-Tempel, der Punithavathi, einer shivaitischen Heiligen, die später einer Göttin gleichgestellt wurde, geweiht worden ist, ein bedeutender hinduistischer Pilgerort.

Wenn man nicht gerade eine Pilgerung zu diesen Wallfahrtsstätten unternimmt, ist in Karaikal nicht viel Anziehendes zu sehen. Es gibt jedoch einen ausgezeichneten und kaum überlaufenen, wenn auch windigen Strand 1 1/2 km vom Ort entfernt, an dem man Bootsfahrten entlang einer Flußmündung unternehmen kann.

ORIENTIERUNG UND PRAKTISCHE HINWEISE

Hauptstraße des Ortes ist die Bharathiar Road. An ihr

findet man das Fremdenverkehrsamt (Tel. 25 96) und 1 1/4 km weiter die Bushaltestelle. Ebenfalls an dieser Straße liegt eine Reihe von immer überfüllten, aber kaum wahrnehmbaren Bars, denn die wurden in Hinterzimmern von Alkoholläden eingerichtet.

UNTERKUNFT UND ESSEN

Die Übernachtungsmöglichkeiten sind sehr knapp. Im Hotel City Plaza (Tel. 27 30) und im staatlichen Tourist Motel (Tel. 26 21), beide an der Bharathiar Road, werden Einzelzimmer für 35 Rs und Doppelzimmer für 70 Rs angeboten. Besser ist da schon die Presidency Lodge neben dem Hotel City Plaza (Tel. 27 33), in dem man in einem Doppelzimmer für 75 Rs (mit Klimaanlage für 300 Rs) übernachten kann.

Essen läßt sich in ein paar Restaurants entlang der Hauptstraße, in denen südindische Gerichte serviert werden. Das beste davon ist das Hotel Nala neben dem Hotel City Plaza. Im nichtvegetarischen Hotel Nalapreya in der Bharathiar Road 124, und zwar gegenüber vom

Fremdenverkehrsamt, kann man aus einer relativ großen Reihe von chinesischen Gerichten und Tandoori-
Speisen wählen. Am Anfang der Straße, die an der
Flußmündung entlang hinunter zum Strand führt, betreibt das Fremdenverkehrsamt das Restaurant Seagulls.
In diesem von 10.00 bis 22.00 Uhr geöffneten Lokal
werden nichtvegetarische Gerichte, aber auch Bier serviert.

DIE UMGEBUNG VON KARAIKAL

POOMPUHAR
Poompuhar, heute nur noch ein kleines Dorf an der
Mündung des Cauvery, war früher unter den Chola-
Herrschern eine bedeutende Hafenstadt. Von hier aus
wurde damals mit so weit entfernten Städten wie Rom
und Zentren weiter im Osten Handel getrieben. Dieser
Hafen der Chola hat seinen Namen auch für die Kette
von Geschäften mit Kunsthandwerk hergegeben, die
von der TTDC betrieben wird. Geboten werden Besuchern hier ein wunderschöner Strand und ein Rest
House (Tel. Seerkashi 39) mit Cottages für 100 Rs und
südindischen Speisen.

TRANQUEBAR (THARANGAMBADI)
Tranquebar, 14 km nördlich von Karaikal gelegen, war
im 17. und 18. Jahrhundert ein dänischer Handelsposten. In dieser Zeit wurde von Lutheranern die Kirche
erbaut. Später geriet der Ort unter britische Herrschaft.
Noch immer aber schaut das Fort Danesborg trutzig
hinaus auf die See - beeindruckend, wenngleich verfal-
lend (aber jetzt mit Renovierungsarbeiten). Sehr schön
sind auch noch immer einige alte Häuser aus der
Kolonialzeit.
Das Dorf ist ausgewählt worden, zu einem Ferienort
ausgebaut zu werden. Auch wenn in diesem Zusammenhang der Bau eines Hotels mit dem Namen
Tranquebar Sands bereits angekündigt worden ist, hat
man viel davon bisher in die Tat nicht umgesetzt.

NAGORE (NAGUR)
In Nagore, 12 km südlich von Karaikal, ist das Andavar
Dargah ein wichtiges moslemisches Pilgerziel.

VELANGANNI
In Velanganni, 35 km südlich von Karaikal unweit des
Ortes Nagapattinam, steht eine berühmte römisch-
katholische Kirche. Anhänger aller Religionen pilgern
zu dieser Kirche, um Nachbildungen der Körperteile zu
spenden, die geheilt wurden - aus Gold und Silber
versteht sich. Am 8. September jedes Jahres findet hier
ein großes Fest statt.

TIERSCHUTZGEBIET CALIMERE

Dieses Schutzgebiet an der Küste, auch bekannt als
Kodikkari, liegt 90 km südöstlich von Thanjavur in
einem Feuchtgebiet, die sich in die Palk-Straße schiebt.
Diese Wasserstraße trennt Indien und Sri Lanka voneinander. Das Tierschutzgebiet ist bekannt für seine riesigen Schwärme von Wasservögeln, insbesondere
Flamingos, die sich hier jeden Winter einfinden. Die
beste Zeit für einen Besuch ist zwischen November und
Januar, wenn sich die Ebenen in Sumpfland verwandeln, wo sich dann Krickenten, Löffelenten, Brachvögel,
Möwen, Seeschwalben, Regenpfeifer, Flußuferläufer
und Reiher in Massen niederlassen und man bis zu 3000
Flamingos auf einmal sehen kann. Im Frühjahr wechselt
die Einwohnerschaft dieses Gebietes. Dann werden
nämlich beerenfressende Vögel durch die entsprechende Vegetation im Park angelockt. Schwarzwild, Dam-
wild und Wildschweine finden sich in dieser Gegend
ebenfalls immer wieder ein. In der Zeit von April bis
Juni ist jedoch kaum etwas Bedeutendes zu sehen.
Hauptregenzeit sind die Monate Oktober bis Dezember.
Am einfachsten ist Calimere mit einem Bus von Veda-
ranyan zu erreichen, dem nächstgelegenen Ort, der
durch häufige Busverbindungen mit Nagapattinam und
Thanjavur verbunden ist. Im Park steht ein Forest Department Rest House mit preiswerten, einfachen, aber
annehmbaren Zimmern. Verpflegung muß man allerdings durch die Mitarbeiter zubereiten lassen.

TIRUCHIRAPPALLI (TRICHY, TIRUCHY)

Einwohner: 754 000

Telefonvorwahl: 0431

Das berühmteste Wahrzeichen dieser geschäftigen Stadt ist der Rock-Fort-Tempel, ein einzigartiges Monument, eingezwängt auf einem massiven Felshügel, der sich sehr abrupt aus der Ebene erhebt und die Altstadt überragt. Zu erreichen ist der Tempel über eine endlos erscheinende Treppe, die in den Felsen geschlagen wurde. Die Mühen des Aufstiegs werden durch einen einmaligen Blick belohnt, der sich vom Gipfel aus bietet. Dabei ist auch das zweite Wahrzeichen der Stadt, der Sri-Ranganathaswamy-Tempel (Srirangam-Tempel) zu sehen. Verschleiert von einem Meer von Kokospalmen, ist der Sri Ranganathaswamy-Tempel einer der größten und interessantesten Tempelkomplexe Indiens, steht auf einer Insel im Cauvery und umfaßt eine Fläche von nicht weniger als 2¹/₂ Quadratkilometern. Und als ob dies noch nicht genug Superlative wären, steht ein weiterer großer Tempelkomplex nicht weit entfernt - der Sri-Jambukeshwara-Tempel.

Trichy blickt auf eine lange Geschichte zurück, und zwar bis in die Zeit, bevor der christliche Einfluß begann und es noch eine Zitadelle der Chola war. Im ersten Jahrtausend nach Christi waren in dauerndem Wechsel entweder die Pallava oder die Pandya die Herren dieser Stadt. Im 10. Jahrhundert wurden die Chola die neuen Machthaber. Als auch ihr Reich zerfiel, ging die Stadt in die Hände der Vijayanagar-Könige von Hampi über. Sie hielten sich so lange, bis 1565 die Streitkräfte der Dekkan-Sultane aufkreuzten. Stadt und Fort in der heutigen Form stammen aus der Zeit der Nayak aus Madurai. Die Stadt spielte bei den Auseinandersetzungen zwischen den Briten und Franzosen im 18. Jahrhundert eine bedeutende Rolle.

Abgesehen von den Bauwerken hat die Stadt auch ein großes Angebot an Hotels und ein ausgezeichnetes Netz von Stadtbussen zu bieten, das so gut organisiert ist, daß man es auch als Fremder benutzen kann, ohne die Kraft eines Ochsen und die Haut eines Elefanten besitzen zu müssen.

ORIENTIERUNG

Die Stadt Trichy erstreckt sich über eine riesige Fläche, so daß man ein Verkehrsmittel benötigt, um von einem Teil in den anderen zu gelangen. Gut ist aber, daß sich die meisten Hotels und Restaurants sowie die Bushaltestelle und der Bahnhof, das Fremdenverkehrsamt, die Büros der Fluggesellschaften und das Hauptpostamt alle wenige Minuten Fußwegentfernung voneinander in einer Gegend befinden, die als Junction oder Cantonment bekannt ist.

Der Rock-Fort-Tempel steht ca. 2¹/₂ km nördlich dieses Stadtbezirks, unweit des Ufers vom Cauvery.

PRAKTISCHE HINWEISE

Das Fremdenverkehrsamt (Tourist Office) in der Williams Road 1 (Tel. 4 01 36) ist täglich außer an Sonntagen und gesetzlichen Feiertagen von 10.00 bis 17.30 Uhr geöffnet. Hier kann man für 3 Rs einen Stadtplan von Trichy kaufen und kostenlos einige Broschüren über die Region erhalten. Zweigstellen findet man im Bahnhof (geöffnet täglich von 7.00 bis 21.00 Uhr) und im Flughafengebäude, aber dort werden die Stadtpläne nicht verkauft.

Vom Hauptpostamt in der Dindigul Road läßt sich montags bis samstags von 8.00 bis 19.00 Uhr Gebrauch machen. Der Schalter für die Ausgabe postlagernder Sendungen ist jedoch nur von 10.00 bis 17.30 Uhr besetzt.

SEHENSWÜRDIGKEITEN

Rock-Fort-Tempel: Unübersehbar steht der 83 m hohe Felsen mit diesem Tempel in der Landschaft. Das weiche Gestein dieses Felsens wurde zuerst von den Pallawa behauen, die in die Südseite kleine Höhlentempel schlugen, aber es waren erst die Nayak, die sich die durch die Natur vor Feinden geschützte Lage zunutze machten. Den Gipfel erreicht man über 437 steile Treppenstufen, die zur Spitze hinauf in den Fels gehauen wurden. Aber wegen der Ausblicke von oben lohnen sich die Mühen des Aufstiegs. Nicht-Hindus dürfen zwar den Vinayaka-Tempel auf dem Gipfel betreten (Opfergaben werden dankbar entgegengenommen), ihnen ist der Zutritt zum größeren Sri-Thayumanaswamy-Tempel (ein Shiva-Tempel) allerdings verwehrt.

Die Anlage ist täglich von 6.00 bis 20.00 Uhr zugänglich (Eintritt 0,50 Rs zuzüglich 10 Rs für das Mitbringen einer Kamera). Die Schuhe müssen am Eingang unweit des jungen Tempelelefanten zurückgelassen werden. Der verbringt jeden Tag damit, daß er die Gläubigen segnet, wenn er dafür Geld erhält.

Sri-Ranganathaswamy-Tempel (Srirangam-Tempel): Diese herrliche Tempelanlage in Srirangam, etwa 3 km vom Rock-Fort-Tempel entfernt, ist von sieben konzentrischen Mauern mit 21 *gopurams* umgeben und möglicherweise die größte in ganz Indien. Der

Tamil Nadu
Oben: Kokosnußverkäufer in Kanchipuram
Unten links: Grüße von einem tamilischen Fahrrad-Wallah
Unten rechts: Begrüßung des neuen Tages mit frisch gezeichneten *rangolis*

LEANNE LOGAN

Einzelheiten der farbenfreudigen Skulpturen an einem hinduistischen Tempel in Madurai

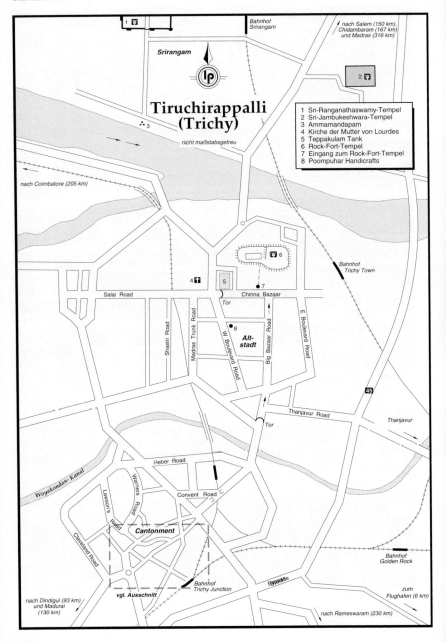

Bahnhof
Srirangam

nach Salem (150 km),
Chidambaram (167 km)
und Madras (316 km)

Srirangam

Tiruchirappalli
(Trichy)

3

nicht maßstabsgetreu

nach Coimbatore (205 km)

1 Sri-Ranganathaswamy-Tempel
2 Sri-Jambukeshwara-Tempel
3 Ammamandapam
4 Kirche der Mutter von Lourdes
5 Teppakulam Tank
6 Rock-Fort-Tempel
7 Eingang zum Rock-Fort-Tempel
8 Poompuhar Handicrafts

Bahnhof
Trichy Town

Salai Road

Chinna Bazaar

Tor

Shastri Road

Madras Trunk Road

W. Boulevard Road

Big Bazaar Road

E. Boulevard Road

Alt-
stadt

8

Thanjavur Road

Thanjavur

Tor

Heber Road

Woyakondan-Kanal

Lawson's Road

Warners Road

Convent Road

Cantonment

Cleveland Road

Bahnhof
Golden Rock

vgl. Ausschnitt

Bahnhof
Trichy Junction

nach Dindigul (93 km)
und Madurai
(130 km)

zum
Flughafen (6 km)

nach Rameswaram (230 km)

größte Teil davon stammt aus dem 14. bis 17. Jahrhundert. An dieser Tempelanlage wirkten viele Herrscher mit, unter anderen die der Chera, Pandya, Chola und Hoysala sowie Vijayanagar-Könige. Der größte *gopuram* in der ersten Mauer an der Südseite (dem Haupteingang) wurde jedoch erst im Jahre 1987 fertiggestellt und mißt nun erstaunliche 73 m.

Die Tempelanlage ist in einem sehr gut erhaltenen Zustand und mit sehr feinen Steinmetzarbeiten an den einzelnen Schreinen der unterschiedlichsten Götter verziert. Der Haupttempel ist Vishnu geweiht. Man sagt, daß in diesen Tempeln sogar die Moslems gebetet haben, als das Vijayanagar-Reich zerfallen war. Nicht-Hindus dürfen das Allerheiligste jedoch nicht betreten. Das ist aber kein großer Nachteil, denn die ganze Anlage ist faszinierend, und zudem dürfen Andersgläubige zumindest bis zur sechsten Mauer gehen. Der Raum zwischen den äußeren vier Mauern wird von Basaren und Häusern von Brahmanen ausgefüllt. Die Schuhe auszuziehen und das Fahrrad abzustellen braucht man aber erst nach der vierten Mauer (0,50 Rs). Hat man eine Kamera bei sich, muß man an dieser Stelle auch die Gebühr von 10 Rs bezahlen.

Gleich gegenüber der Stelle, an der die Schuhe aufbewahrt werden, befindet sich ein Informationszentrum, in der man für 2 Rs eine Karte zum Aufstieg auf die Mauer kaufen kann. Von dieser Mauer aus gewinnt man einen guten Überblick über den gesamten Tempelkomplex. Begleitet wird man von einem Führer, der die Tore aufschließt und erzählt, was alles zu sehen ist. Es lohnt sich übrigens, einen der Priester des Tempels als Führer anzuheuern (Preis Verhandlungssache), denn es gibt so viel zu sehen, auch wenn man leicht einen ganzen Tag damit verbringen kann, in dieser Anlage herumzuspazieren. Der Teil innerhalb der vierten Mauer ist täglich von 10.00 bis 18.15 Uhr geschlossen.

Alljährlich findet im Januar in diesem Tempel ein Wagenfest statt, bei dem ein geschmückter hölzerner Wagen an den vielen Mauern vorbei durch die Straßen gezogen wird. Mitte Dezember wird zudem das Vaikunta Ekadasi (Paradiesfest) begangen. In dieser Zeit wird das Nordtor geöffnet, durch das dann für einen Tag Pilger aus allen Teilen Indiens in der Hoffnung strömen, daß sie sich dadurch glückverheißende Verdienste erwerben.

Sri-Jambukeshwara-Tempel: Der Sri-Jambukeshwara-Tempel in der Nähe ist Shiva geweiht und zeichnet sich durch fünf konzentrischen Mauern sowie sieben *gopurams* aus. Als Heiligtum gilt ein Shiva-*Lingam*, der unter das Wasser einer Quelle im Allerheiligsten getaucht ist. Nicht-Hindus ist der Zutritt zu diesem Teil des Tempels verwehrt. Der Tempel entstand etwa zur gleichen Zeit wie der Sri Ranganathaswamy-Tempel.

Er ist täglich von 6.00 bis 13.00 Uhr und von 16.00 bis 21.30 Uhr geöffnet. Auch hier muß man für das Mitbringen einer Kamera eine Gebühr von 10 Rs bezahlen.

Johanneskirche (St. John's Church): In Trichy gibt es aber auch Denkmäler aus der Zeit der Engländer. Dazu gehört diese Kirche, die 1812 gebaut wurde. Sie hat schräggestellte Seitentüren, die, wenn sie völlig geöffnet sind, die Kirche zu einem luftigen Pavillon werden lassen. Der Bau ist schön in einer reizvollen Umgebung errichtet worden. Auch die Architektur ist interessant, und der umliegende Friedhof ist ebenfalls sehenswert. Um in die Kirche zu gelangen, muß man den Küster bemühen.

UNTERKUNFT

Einfache Unterkünfte: Das beste der preiswertesten Hotels ist das Hotel Aristo in der Dindigul Road 2 (Tel. 4 18 8), das von einer gemütliche Atmosphäre und einem ruhigen Garten mit viel Grün gekennzeichnet ist. Hier kosten Einzelzimmer 61 Rs, Doppelzimmer 83 Rs, Vierbettzimmer 140 Rs und Cottages mit Klimaanlage 350 Rs. Alle Zimmer sind auch mit einem Bad ausgestattet. Die meisten Zimmer liegen zu einer großen, schattigen Terrasse hin.

Genauso gut ist, wenn man die bröckelnde Atmosphäre der Alten Welt mag, das Hotel Ashby in der Junction Road 17 A (Tel. 4 06 52), in dem man für eines der geräumigen Einzel- und Doppelzimmer mit Bad 80 bzw. 110 Rs bezahlen muß (mit Klimaanlage 200 bzw. 230 Rs). Zu diesem Haus gehören auch eine Bar und ein Restaurant mit einem Teil im Freien und einem klimatisierten Teil drinnen. Serviert wird hier südindische, chinesische und europäische Küche.

Unweit vom Busbahnhof liegen die Vijay Lodge in der Royal Road 13 B (Tel. 4 05 11) und das Hotel Guru in der Royal Road 13 A (Tel. 4 18 81). Beide sind typische indische Unterkünfte, aber sauber und ansprechend genug. In diesen Unterkünften kann man mit Bad allein für 60 Rs und zu zweit für 100 Rs übernachten. Das Hotel Guru hat ferner Luxuszimmer für 120 Rs und eine helle Bar zu bieten, in der man kaltes Bier und dazu kostenlose kleine Imbisse erhält.

Im Hotel Ajanta in der Junction Road (Tel. 4 05 01) kommt man in einem Einzelzimmern für 90 Rs und in ebenso guten Doppelzimmern für 130 Rs unter (mit Klimaanlage für 175 bzw. 250 Rs). Zu diesem Quartier gehört ebenfalls ein ganz ordentliches Restaurant. Ähnlich bei den Preisen und Einrichtungen ist das Hotel Arun in der Dindigul Road 24 (Tel. 4 14 21).

Das Hotel Aanand in der Racquet Court Lane 1 (Tel. 4 05 45) ist von den preiswerteren Häusern eines der besten, wenn auch ein wenig schmuddelig. Die Einzelzimmer kosten hier 90 Rs, die Doppelzimmer 120 Rs und die Zimmer mit Klimaanlage 250 bzw. 300 Rs. Alle Zimmer haben auch ein eigenes Bad. Zum Hotel gehört ferner ein ganz gutes Gartenrestaurant.

Ferner gibt es am Bahnhof Ruheräume der Eisenbahn (Retiring Rooms), in denen man in einem Schlafsaal für 30 Rs, in einem Doppelzimmer für 100 Rs und in einem Doppelzimmer mit Klimaanlage für 150 Rs übernachten kann.

Am Sri-Ranganathaswamy-Tempel ist an der vierten Mauer ein neues *choultry* mit 10 Zimmern eröffnet worden, in dem man in einem Zimmer mit zwei Betten für 24 Stunden zum Preis von 35 Rs bleiben kann. Dieses Haus ist aber vorwiegend für Pilger gedacht und häufig voll belegt.

Mittelklassehotels: Unmittelbar vor dem staatlichen Busbahnhof gibt es eine ganze Gruppe von relativ neuen Mittelklassehotels. Zum unteren Ende dieser Preisklasse gehört das Hotel Tamil Nadu in der McDonald's Road (Tel. 25 33 83), das ganz ansprechend ist. Die Zimmer kosten 90 bzw. 160 Rs, mit Klimaanlage 190 bzw. 290 Rs. In den Zimmern sind auch Handtücher und Toilettenpapier vorhanden. In diesem Haus befinden sich auch eine Bar und ein gutes nichtvegetarisches Restaurant, in dem man für ein europäisches Frühstück 30 Rs bezahlen muß.

Von den modernen Hotels ist das Hotel Ramyas in der Williams Road 13 (Tel. 4 11 28) mit seinen makellos sauberen Zimmern, zu denen teilweises ein Balkon gehören, eine ausgezeichnete Wahl. Hier muß man für eine Übernachtung allein 125 Rs und zu zweit 160 Rs bezahlen (mit Klimaanlage und Farbfernsehgerät 290 bzw. 350 Rs). Auch der Zimmerservice ist ganz ordentlich. Zum Bezahlen werden zudem die meisten Kreditkarten anerkannt. Die Bar unten im Haus ist bis 23 Uhr geöffnet.

Ähnlich wie das Ramyas sind das Hotel Mathura (Tel. 4 37 37) und das Hotel Mega (Tel. 4 30 92), beide an der Rockins Road gelegen. In diesen Häusern kosten ein Einzelzimmer 125 Rs und ein Doppelzimmer 160 Rs (mit Klimaanlage 240 bzw. 300 Rs). Zu beiden Hotels gehört jeweils ein vegetarisches Restaurant, zum Hotel Mathura auch eine Bar.

Im genauso modernen Hotel Gajapriya in der Royal Road 2 (Tel. 4 14 44) werden Einzelzimmer für 150 Rs und Doppelzimmer für 225 Rs angeboten (mit Klimaanlage für 375 Rs). Vorhanden sind auch eine Bar und ein Restaurant mit vegetarischen sowie nichtvegetarischen Gerichten.

Dem oberen Ende dieser Preisklasse ist das Hotel Femina in der Williams Road 14 c (Tel. 4 15 51) zuzuordnen, ein riesiges Hotel, in dem man allein für 190 Rs und zu

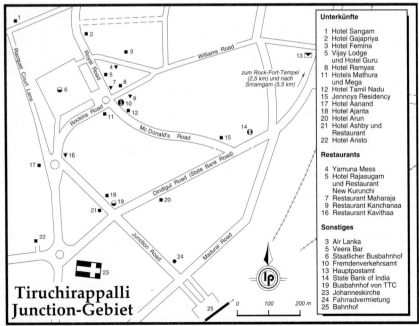

Unterkünfte

1 Hotel Sangam
2 Hotel Gajapriya
3 Hotel Femina
5 Vijay Lodge
  und Hotel Guru
8 Hotel Ramyas
11 Hotels Mathura
  und Mega
12 Hotel Tamil Nadu
15 Jenneys Residency
17 Hotel Aanand
18 Hotel Ajanta
20 Hotel Arun
21 Hotel Ashby und
  Restaurant
22 Hotel Aristo

Restaurants

4 Yamuna Mess
5 Hotel Rajasugam
  und Restaurant
  New Kurunchi
7 Restaurant Maharaja
9 Restaurant Kanchanaa
16 Restaurant Kavithaa

Sonstiges

3 Air Lanka
5 Veera Bar
6 Staatlicher Busbahnhof
10 Fremdenverkehrsamt
13 Hauptpostamt
14 State Bank of India
19 Busbahnhof von TTC
23 Johanneskirche
24 Fahrradvermietung
25 Bahnhof

zum Rock-Fort-Tempel
(2,5 km) und nach
Sriramgam (5,5 km)

Racquet Court Lane
Royal Road
Williams Road
Rockins Road
Mc Donald's Road
Dindigul Road (State Bank Road)
Junction Road
Madurai Road

**Tiruchirappalli
Junction-Gebiet**

0   100   200 m

zweit für 270 Rs unterkommen kann, in einem Zimmer mit Klimaanlage für 350 bzw. 475 Rs. Daneben werden auch noch teurere Luxuszimmer und Suiten vermietet.

Geboten wird zudem eine ganze Reihe von Einrichtungen, darunter ein Restaurant mit süd- und nordindischen, westlichen sowie chinesischen Gerichten, allerdings keine Bar.

Luxushotels: Von keinem der Spitzenhotels in Trichy ist viel Lobenswertes zu berichten. Das Hotel Sangam in der Collector's Office Road (Tel. 4 47 00) ist weder gut eingerichtet noch gut unterhalten und daher mit Einzelzimmern für 864 Rs und Doppelzimmern für 1111 Rs eine relativ schlechte Wahl.

Das Jenneys Residency in der McDonald's Road 3/14 (Tel. 4 13 01) ist ein schon ziemlich altes Haus und wird gerade erweitert. Hier muß man in den bereits älteren Stockwerken für ein ziemlich abgewohntes Zimmer allein ab 550 Rs und zu zweit ab 700 Rs bezahlen. Der neuere Teil im 4. und 5. Stock sollte eigentlich beim Lesen dieser Zeilen bereits fertiggestellt sein und wird dann hoffentlich bessere Übernachtungsmöglichkeiten bieten. Die Einrichtungen dieses Hauses sind ganz in Ordnung und bestehen aus einem Restaurant, einer Bar und dem einzigen Swimming Pool in der Stadt.

ESSEN

Bei der Verpflegung hat man außer in den Restaurants der Hotels nicht viel Auswahl. Ein hervorragendes Ziel für ein preisgünstiges Essen ist das Yamuna Mess, ein „Freiluftlokal" auf dem Schotterparkplatz hinter dem Hotel Guru. Dort wird nur abends eine begrenzte Anzahl von vegetarischen und nichtvegetarischen Gerichten in einer zwanglosen Umgebung angeboten. Dazu wird gemütliche Musik gespielt und freundlich bedient. Wenn man zurückhaltend ist, läßt der Besitzer die Gäste zum Essen auch ein Bier trinken.

Essen kann man auch im Restaurant New Kurunchi des Hotels Guru. Im Hotel Rajasugam nebenan kann man in einem vegetarischen Restaurant mit einem Teil im Freien speisen, der sich immer bis spät am Abend großer Beliebtheit erfreut. Statt dessen besteht aber auch die Möglichkeit, in der Gruppe von Geschäften zwischen dem Hotel Guru und der Ecke im winzigen Restaurant Maharaja etwas zu sich zu nehmen. Dort werden nichtvegetarische Speisen angeboten. Allerdings ist die Auswahl nicht sehr groß.

Das Restaurant Kanchanaa in der Williams Road, vom Fremdenverkehrsamt nur ein kleines Stück weiter, ist ein beliebtes vegetarisches und nichtvegetarisches Lokal, zu dem früher auch ein Teil im Freien gehörte. Vielleicht lohnt es, sich danach zu erkundigen, ob er bereits wieder zugänglich ist. Beliebt ist ferner das vegetarische Restaurant Kavithaa, in dem ausgezeich-

nete Thalis für 12 Rs angeboten werden (nur mittags). Hier gibt es auch einen klimatisierten Speiseraum.

Schließlich soll nicht verschwiegen werden, daß in der Nähe des Hauptpostamtes einer der wenigen Stände mit Kokosnüssen aufgebaut wird.

AN- UND WEITERREISE

Flug: Das Büro von Indian Airlines befindet sich im Railway Co-operative Mansion in der Dindigul Road 4 A (Tel. 4 22 33). Von Trichy bestehen dreimal wöchentlich Verbindungen mit Indian Airlines über Madurai (16 US $) nach Madras (34 US $).

Außerdem setzt Air Lanka dienstags und sonntags Flugzeuge für Flüge nach Colombo ein. Das Büro dieser Fluggesellschaft befindet sich im Hotel Femina (Tel. 4 68 44).

Bus: Der staatliche Busbahnhof und der der Gesellschaft TTC liegen nur ein paar Minuten Fußweg auseinander.

Wie üblich, ist der Fahrplan am staatlichen Busbahnhof nur in Tamil veröffentlicht. Schnellbusse sind gegenüber den normalen Bussen manchmal an dem Wort „Superfast" oder „FAST" zu erkennen (in englischer Sprache). Diesen Hinweis findet man auf dem Schild mit dem Zielort vorn am Bus. Die Verbindungen zu den meisten Zielen sind gut. Fahrscheine verkauft der Schaffner sofort nach Ankunft des Busses. Busverbindungen bestehen nach Thanjavur (alle 15 Minuten, 54 km, $1^{1}/_{2}$ Stunden, 9 Rs) und nach Madurai (alle halbe Stunde, 128 km, 4 Stunden, 20 Rs).

Für Busse der TTC lassen sich mit Hilfe von Computern Reservierungen im voraus vornehmen. Einige TTC-Busse fahren allerdings am staatlichen Busbahnhof ab, so daß man sich nach der Abfahrtsstelle erkundigen muß, wenn man seine Fahrkarte kauft. Verbindungen mit Bussen der TTC bestehen nach Bangalore (dreimal täglich, 70 Rs), Coimbatore (zweimal täglich, 31 Rs), Madras (23 Abfahrten täglich, 319 km, 8 Stunden, 57 Rs), Madurai (achtmal täglich, 20 Rs) und Tirupathi über Vellore (zweimal täglich, $9^{1}/_{2}$ Stunden).

Daneben werden private Superluxusbusse für Fahrten nach Madras eingesetzt, darunter von Jenny Travels gegenüber vom Hotel Tamil Nadu und von KPN/RR Travels vor dem Hotel Mathura. In ihnen kostet eine Tagesfahrt 75 Rs und eine Nachtfahrt 85 Rs.

Zug: Trichy liegt an den Hauptstrecke von Madras nach Madurai und von Madras nach Rameswaram. Einige der Züge verkehren nach Madras direkt, andere über Chidambaram und Thanjavur. Die schnellsten Züge nach Madras (337 km, $5^{1}/_{4}$ Stunden) sind der *Vaigai Express* und der *Pallavan Express*, in denen eine Fahrt in der 2. Klasse 74 Rs sowie in der 1. Klasse 282 Rs kostet. Die schnellste Verbindung nach Madurai (155 km) stellt der *Vaigai Express* dar, der um 11.56 und 17.45 Uhr abfährt und bis zum Ziel 2¹/₄ Stunden braucht (2. Klasse 41 Rs und 1. Klasse 151 Rs). Für eine Fahrt nach Rameswaram (265 km, 7 Stunden) muß man in der 2. Klasse 62 Rs und in der 1. Klasse 233 Rs bezahlen.

NAHVERKEHR

Bus: Die Stadt besitzt ein ausgezeichnetes Busnetz. Vom und zum Flughafen fahren Busse der Linien 7, 59, 58 und 63 (7 km, 30 Minuten). Busse der Linie 1 verkehren vom staatlichen Busbahnhof zum Bahnhof, zum Hauptpostamt, zum Rock-Fort-Tempel, zum Haupteingang des Sri-Ranganathaswamy-Tempels und in die Nähe des Sri-Jambukeshwara-Tempels.

Fahrrad: Die Stadt eignet sich gut zum Radfahren, denn sie ist weitgehend flach. Mieten kann man ein Fahrrad bei einigen Stellen in der Junction Road. Das kostet pro Tag 15 Rs. Dabei muß man berücksichtigen, daß die unglaublich verkehrsreiche Big Bazaar Road eine Einbahnstraße in Richtung Norden ist.

DER SÜDEN VON TAMIL NADU

MADURAI

Einwohner: 1,2 Millionen
Telefonvorwahl: 0452

Madurai ist eine lebendige Stadt mit Pilgern, Bettlern, Geschäftsleuten, Ochsenkarren und ganzen Legionen unterbeschäftigter Rikscha-Wallahs. Madurai ist eine der ältesten Städte Südindiens und seit Jahrhunderten Zentrum des Lernens sowie des Studierens und ein Wallfahrtsort. Die bedeutendste Sehenswürdigkeit ist der Shree-Meenakshi-Tempel im Herzen der Altstadt, ein fast barockes Beispiel drawidischer Architektur. Seine *gopurams* sind von oben bis unten mit einer atemberaubenden Fülle verschiedenfarbiger Abbildungen von Göttern, Göttinnen, Tieren und mythischen Figuren bedeckt. Im Tempel herrscht von Sonnenaufgang bis Sonnenuntergang geschäftiges Treiben. Die vielen Heiligtümer locken Pilger aus allen Teilen Indiens und Touristen aus aller Welt an. Schätzungen zufolge sollen hier täglich bis zu 10 000 Menschen gezählt werden können.

Die Stadt ist ein einziger quirliger Basar mit unzähligen Läden, Straßenmärkten, Tempeln, Pilgerherbergen (*choultries*), Restaurants und einer Kleinindustrie. Madurai gehört zu den geschäftstüchtigsten Städten des Südens, ist aber doch noch nicht so groß, daß sie einen erdrückt.

GESCHICHTE

Die Geschichte von Madurai läßt sich grob in vier Abschnitte gliedern. Vor mehr als 2000 Jahren war sie die Hauptstadt der Pandya-Könige. Den Griechen war sie schon im 4. Jahrhundert v. Chr. durch Megasthenes bekannt; er war der griechische Botschafter am Hof von Chandragupta Maurya. Im 10. Jahrhundert n. Chr. nahmen die Chola die Stadt ein. Sie behielten sie, bis im 12. Jahrhundert die Pandya für kurze Zeit ihre Unabhängigkeit erreichten. Das dauerte nicht allzu lange, denn im 14. Jahrhundert fielen die Moslems unter ihrem Anführer Malik Kafur ein. Er stand im Dienste des Sultanats von Delhi. Malik Kafur gründete in Madurai seine eigene Dynastie, die aber durch die hinduistischen Vijayanagar-Könige von Hampi überrollt und entmachtet wurde. Als schließlich auch Vijayanagar fiel (1565), ging Madurai in die Hände der Nayak über. Die regierten von 1559 bis 1781. Während der Herrschaft von Tirumalai Nayak (1623-55) entstand der größte Teil des Meenakshi-Tempels.

Nach den Karnataka-Kriegen (1781) nahmen sich die Briten dieser Stadt an. Dabei spielte auch die East India Company eine Rolle. 1840 machten Helfershelfer der East India Company das Fort, das früher einmal die Stadt umgab, dem Erdboden gleich und füllten die Gräben mit Erdreich auf. Vier breite Straßen, die Veli Streets, sind auf diesen aufgeschütteten Gräben angelegt worden. Sie lassen somit heute noch die ehemaligen Stadtgrenzen erkennen.

ORIENTIERUNG

In der Altstadt am Südufer des Vaigai findet man das meiste Wichtige und Sehenswerte, einige Verkehrsmittel, Hotels der Mittel- und Billigklasse, Restaurants, das Fremdenverkehrsamt und das Hauptpostamt.

Am Nordufer des Vaigai im Gebiet von Cantonment liegen mehrere Luxushotels, das Gandhi-Museum und einer der Busbahnhöfe. Tempel und Wasserbekken des Mariamman Teppakkulam findet man am Südufer des Flusses, mehrere Kilometer von der Altstadt entfernt.

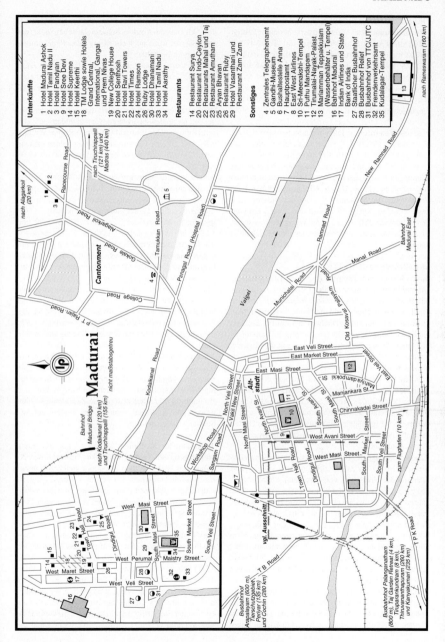

TAMIL NADU

PRAKTISCHE HINWEISE

Informationen: Das Fremdenverkehrsamt (Tourist Office) liegt in der West Veli Street 180 (Tel. 3 47 57) und ist montags bis freitags von 10.00 bis 17.30 Uhr geöffnet. Die Mitarbeiter dort sind einfallsreich sowie hilfsbereit und händigen Besuchern kostenlos Stadtpläne von Madurai aus. Zweigstellen des Fremdenverkehrsamtes wurden am Bahnhof Madurai und am Flughafen eingerichtet.

Post und Telefon: Das Hauptpostamt befindet sich am Nordende der West Veli Street und kann montags bis samstags von 7.00 bis 19.30 Uhr sowie sonntags von 10.00 bis 17.00 Uhr aufgesucht werden. Postlagernde Sendungen lassen sich am Schalter 8 aber nur täglich von 10.00 bis 17.00 Uhr in Empfang nehmen. Das Telegraphenamt hat seinen Sitz auf der anderen Seite des Flusses im Norden der Stadt und etwa 2 km vom Sri-Meenakshi-Tempel entfernt. Wenn man es sucht, ist es ratsam, nach dem Fernmeldemast Ausschau zu halten.

SEHENSWÜRDIGKEITEN

Shree-Meenakshi-Tempel: Aus allen Teilen Indiens strömen täglich mehrere tausend Pilger zu diesem Tempel. Seine mächtigen *gopurams*, übersät mit farbigen Statuen, beherrschen schon von weitem das Bild. Man sieht sie auch von vielen Dächern in Madurai. Benannt ist dieser Tempel nach der Tochter eines Pandya-Königs, die - so berichtet die Legende - mit drei Brüsten geboren worden sein soll. Dem König wurde bei der Geburt dieser Tochter gesagt, daß der dritte Busen verschwinden würde, wenn die Tochter dem Mann begegnen würde, den sie heiraten soll. Dies geschah dann auch tatsächlich, als sie Shiva auf dem Mt. Kailas traf. Shiva befahl ihr daraufhin, nach Madurai zurückzukehren. 8 Tage später kam Shiva selbst in der Gestalt des Lord Sundareshwara nach Madurai und heiratete dieses Mädchen.

In seiner heutigen Form wurde der Tempel von Vishwanatha Nayak im Jahre 1560 entworfen und später während der Herrschaft von Tirumalai Nayak (1623-55) gebaut. Seine Geschichte reicht aber mehr als 2000 Jahre zurück. Damals war Madurai die Hauptstadt der Pandya-Könige. Zum Tempel, der ein Gebiet von sechs Hektar umfaßt, führen vier Eingänge. Zur Anlage gehören 12 Türme mit einer Höhe zwischen 45 und 50 m sowie vier weitere neunstöckige Türme weiter am Rand, von denen der höchste der südliche mit 50 m ist. Allerdings enthält die Halle der 1000 Säulen genau „nur" 985 Säulen!

Je nach Tageszeit kann man in den Basaren zwischen den äußeren und inneren Mauern gut um Souvenirs handeln. Dort gibt es Armreifen, Saris oder Gewürze zu kaufen. Außerdem können Sie den Pilgern bei ihrem Bad im Wasserbecken zusehen, der Tempelmusik vor dem Meenakshi-Amman-Schrein lauschen oder das interessante, wenn auch ein wenig heruntergekommene Museum besuchen.

Das Museum, bekannt als Temple Art Museum, ist in der 1000-Säulen-Halle untergebracht und enthält einige sehr schöne Metall- und Steinfiguren, alte südindische Schriften, Friese sowie viele Versuche, den Hindu-Pantheon und die vielen damit zusammenhängenden Legenden zu erklären. Leider fehlen viele Beschriftungen. Der Eintritt kostet eine Rupie. Weitere 5 Rs sind für eine Kamera zu bezahlen, wenn man sie benutzen will. Öffnungszeiten sind von 7.00 bis 19.00 Uhr.

An den meisten Abenden wird um 21.00 Uhr vor dem Meenakshi-Amman-Schrein Tempelmusik gespielt. Dabei werden als Musikinstrumente Mantras, Fiedeln, Ziehharmonikas, Tablas und Glocken benutzt.

Im allgemeinen ist der Tempel zwischen 5.00 und 12.30 Uhr sowie zwischen 16.00 und 21.30 Uhr geöffnet. Das Fotografieren ist im Tempelinnern jedoch nur gegen eine Gebühr von 25 Rs gestattet. Seine Schuhe kann man an jedem der vier Eingänge gegen eine kleine Gebühr in Verwahrung geben.

Die meisten Priester des Tempels sind außerordentlich freundlich und nehmen es gern auf sich, Besucher ein wenig herumzuführen und ihnen zu erklären, welche Zeremonien gerade stattfinden. Lizensierte Führer nehmen für ihre Dienste eine Gebühr, die man aushandeln muß.

Allabendlich findet übrigens um 21.30 Uhr eine Abschlußzeremonie statt. In einer Prozession trägt man dann eine Abbildung der Gottheit Shiva zum Schlafgemach von Meenakshi. Am nächsten Morgen holt man sie um 6.00 Uhr wieder ab. Diese Zeremonie beginnt unweit vom östlichen *gopuram* im Tempel am Sri-Sundareshwara-Schrein.

Tirumalai-Nayak-Palast: In etwa 1½ km Entfernung vom Meenakshi-Tempel steht der Tirumalai-Nayak-Palast, der 1636 von dem Herrscher gleichen Namens im indo-sarazenischen Stil erbaut wurde. Leider ist mittlerweile viel verfallen; auch die wunderschönen Gärten und die Befestigungsmauer verschwanden. Lord Napier, der Gouverneur von Madras, ließ jedoch einige Teile des Palastes in den Jahren 1866-1872 restaurieren. Weitere Erneuerungsarbeiten wurden vor mehreren Jahren vorgenommen. Geöffnet ist der Palast täglich zwischen 9.00 und 13.00 Uhr sowie zwischen 14.00 und 17.00 Uhr. Der Eintritt kostet eine Rupie.

Täglich um 18.45 ist eine Ton- und Lichtschau in englischer Sprache zu hören und zu sehen, bei der unter dem Einsatz von Geräuschen und mit Beleuchtung bestimmter Einzelheiten am Tempel über die Geschichte von Madurai berichtet wird. Die Vertonung und die

Beleuchtung dabei sind ganz gut gemacht. Eintrittskarten zu dieser Veranstaltung kosten zwei bis fünf Rupien. Zum Palast kommt man mit den Buslinien 11, 11 A und 17 vom staatlichen Busbahnhof oder vom Meenakshi-Tempel durch ein interessantes Basargebiet in 20 Minuten zu Fuß.

Gandhi-Museum: Das Museum ist in dem alten Palast der Rani Mangammal untergebracht. Die Ausstellungsstücke berühren jeden Besucher auf eine ganz seltsame Weise, obwohl sie eigentlich gar nicht viel über das Leben von Mahatma aussagen. Das einzige bedeutende Ausstellungsstück ist der blutgetränkte *dhoti*, den Gandhi während des Mordanschlages trug. Er ist hinter einer Panzerglasscheibe ausgestellt. Im Museum kann man sich auch eine Ausstellung mit schönen alten Fotografien zur Geschichte Indiens ansehen.

Das staatliche Museum auf dem Gelände enthält auch eine kleine Buchhandlung, die mit reichlich Literatur über Gandhi aufwarten kann.

Zum Museum kommt man, wenn man mit einem Bus der Linien 1 oder 2 vom staatlichen Busbahnhof bis zum Telegraphenamt fährt, das am Fernmeldeturm zu erkennen ist. Von dort sind es nur noch 500 m zu Fuß entlang einer schattigen Allee bis zum Museum. Geöffnet ist das Museum täglich von 10.00 bis 13.00 Uhr und von 14.00 bis 17.30 Uhr. Der Eintritt ist frei, allerdings muß man für das Mitbringen einer Kamera eine Gebühr von 5 Rs entrichten.

Mariamman Teppakkulam: Dieses künstlich angelegte Wasserbecken, 5 km östlich der Altstadt, ist fast so groß wie die Fläche des Meenakshi-Tempels. Auf dem Gelände findet das beliebte Teppam Festival statt (vgl. folgenden Absatz). Die meiste übrige Zeit ist es leer und wird von Kindern zum Spielen von Kricket genutzt. Das Becken wurde 1646 von Tirumalai Nayak angelegt

und ist durch unterirdische Tunnel mit dem Vaigai verbunden.

An diesem Wasserbecken halten Busse der Linie 4 vom staatlichen Busbahnhof.

Weitere Sehenswürdigkeiten: Ein paar Tempel außerhalb von Madurai sind vielleicht ebenfalls einen Besuch wert. Der aus einem Felsen geschlagene Tiruparankundram-Tempel, 8 km südlich der Stadt, ist einer der Wohnsitze von Sundareshwara und mit Bussen der Linien 4A, 5 und 32 zu erreichen, die am staatlichen Busbahnhof abfahren. Der Alagarkoil-Tempel (auch bekannt als Azhagar Koil) liegt 21 km nördlich von Madurai und ist ein Vishnuvaiten-Tempel auf der Spitze eines Berges. Während des Chithirai-Festes wird eine goldene Ikone in einer Prozession von diesem Tempel nach Madurai getragen. Zu diesem Tempel gelangt man mit Bussen der Linie 44, ebenfalls vom staatlichen Busbahnhof.

FESTE

In Madurai werden jährlich elf große Tempelfeste begangen, bei denen nur der Monsunmonat, in Tamil Ani genannt, ausgelassen wird. Die genauen Daten lassen sich im Fremdenverkehrsamt in Erfahrung bringen. Das bedeutendste Fest ist das Chithirai-Fest (Ende April oder Anfang Mai), bei dem man am 10. Tag der Hochzeit von Shree Meenakshi und Sundareshwara (Shiva) gedenkt. Am nächsten Morgen werden die Figuren der Gottheiten dann auf riesigen Tempelwagen durch die Straßen gerollt, gefolgt von Tausenden von Gläubigen. Ein weiteres Fest, das Pilger aus ganz Indien anzieht, ist das zwölftägige Teppam-Fest, das im Januar oder Anfang Februar abgehalten wird. Bei den Feierlichkeiten werden Figuren von Shree Meenakshi und Sundareshwara auf Flöße getragen, festgebunden und zum Wasserbecken Mariamman Teppakkulam gebracht.

Mahalakshmi, der Tempelelefant

Es war am späten Nachmittag, als ich auf Mahalakshmi, einen der vielen indischen Tempelelefanten, stieß, der vor dem Tempel gerade Wasser aus einem Metalleimer soff. Er hatte gerade eine halbstündige Pause von seiner Arbeit als Inkarnation des elefantenköpfigen Gottes Ganesh, der beliebtesten der vielen hinduistischen Gottheiten.

Täglich 12 Stunden steht Mahalakshmi hinter den dicken Betonmauern des Kudalagar-Tempels, eines der weniger bekannten Gotteshäuser in der berühmten Tempelstadt Madurai. Gleich hinter dem Haupteingang muß sich Mahalakshmi in dem kümmerlichen Licht tagein und tagaus vom frühen Morgen bis zum späten Abend aufhalten. Obwohl nicht angekettet, bewegt das Tier sich nur selten von dem kleinen Gebiet, in dem es seine Arbeit verrichtet, fort. Seine Aufgabe ist, Geld als Spenden von den ankommenden Gläubigen entgegenzunehmen und sie dafür durch eine Berührung des bedeckten Kopfes zu „segnen". Zwischen den einzelnen „Segnungen" tritt Mahalakshmit langsam von einem Bein auf das andere, als wenn sie sich Erleichterung von den langen, langen Stunden der Arbeit und der damit verbundenen Langeweile verschaffen wollte. Das, wofür es eingesetzt wird, verrichtet das Tier bereits seit 26 Jahren. Die Tempelaufseher hoffen, daß dies noch mindestens weitere 26 Jahre geschehen kann.

Leanne Logan

Dort zieht man die Flöße mit den Figuren der Gottheiten mehrere Tage lang auf dem Wasser zum Inseltempel in der Mitte des Wasserbeckens und wieder zurück, bevor sie zurück nach Madurai geschafft werden.

UNTERKUNFT

In einer Pilgerstadt von einer solchen Größe und Bedeutung wie Madurai stehen einfache Unterkünfte reichlich zur Verfügung. Einige dieser Häuser sind allerdings an der Grenze des Zumutbaren, denn man sieht in den Zimmern und Betten oft Spuren der Vorgänger. Sie sind dann nicht mehr als ein Notquartier für eine Nacht. Auf der anderen Seite gibt es nur wenige, die sauber und ihr Geld wert sind. Die findet man vorwiegend in der Town Hall Road und in der Dindigul Road.

Einfache Unterkünfte: Das New College House in der Town Hall Road 2 (Tel. 2 43 11) ist ein riesiges Hotel, in dem man zu fast jeder Tages- und Nachtzeit ein Zimmer bekommt. Die sind einigermaßen sauber und werden als Einzelzimmer für 70 Rs und als Doppelzimmer für 138 Rs vermietet. Daneben gibt es aber auch noch teurere Luxuszimmer und Zimmer mit Klimaanlage.

Ganz in der Nähe, in der Town Hall Road 7, liegt das Hotel Senthosh (Tel. 2 66 92) mit einfachen Zimmern, in denen man allein für 40 Rs und zu zweit für 65 Rs übernachten kann (mit Bad). Für ein Luxusdoppelzimmer werden 80 Rs berechnet. Nebenan liegt mit der Hausnummer 9 das Hotel Ravi Towers (Tel. 3 63 45), das nagelneu und sehr sauber ist, über das sich ansonsten aber nichts Außergewöhnliches berichten läßt. Hier werden für ein Einzelzimmer 90 Rs und für ein Doppelzimmer 125 Rs berechnet (mit Klimaanlage 150 bzw. 225 Rs).

Das Hotel Times in der Town Hall Road 15-16 (Tel. 3 65 51) hat normale Doppelzimmer für 180 Rs und klimatisierte Luxusdoppelzimmer mit Fernsehgerät für 320 Rs zu bieten (keine Einzelzimmer). Die Zimmer sind zwar ganz gemütlich, aber dunkel und eigentlich etwas zu teuer. Wenn man in der Nähe eine kleine Seitenstraße hinuntergeht, kommt man zum Hotel Ramson (Tel. 3 34 07), das zwar teuer aussieht, es mit Einzelzimmern für 40 Rs und Doppelzimmern für 55 Rs (mit Bad) aber nicht ist. Allerdings ist dieses Haus häufig voll belegt.

Wenn man Wert darauf legt, auf den Tempel blicken zu können, dann ist das freundliche Hotel Sree Devi in der West Avani Street 20 (Tel. 3 63 88) nicht zu schlagen. Der Blick vom Dach auf den Tempel ist der beste in der ganzen Stadt, was natürlich auch die Besitzer wissen, die für das neue Doppelzimmer mit Klimaanlage ganz oben deshalb nicht weniger als 500 Rs verlangen. Die anderen Zimmer sind ebenfalls ganz in Ordnung und kosten als Doppelzimmer mit Bad ab 120 Rs und mit Klimaanlage ab 300 Rs. Einzelzimmer stehen nicht zur Verfügung.

Eine ganze Zahl von einfachen Unterkünften und Mittelklassehotels gibt es auch an der West Perumal Maistry Street. Eines der preisgünstigsten Quartiere ist die Ruby Lodge mit der Hausnummer 92 (Tel. 3 36 33), in dem Doppelzimmer mit Bad (Wasser nur aus Eimern) für 50 Rs vermietet werden. Zu diesem Hotel gehört auch ein ganz ansprechendes Restaurant im Freien.

Die gleichen Straße hinauf befindet sich eine weitere Gruppe von Hotels, die nach ihrem äußeren Erscheinungsbild der Mittelklasse zuzurechnen wären, aber ihr nicht angehören. Im Haus mit der Nummer 47-48 findet man das Hotel Grand Central (Tel. 3 63 11) mit recht großen normalen Einzel- und Doppelzimmern für 75 bzw. 110 Rs sowie klimatisierten Doppelzimmern für 250 Rs. Weiter hinauf kommt man zum Hotel Gangai (Tel. 3 62 11), das kleine Einzelzimmer für 50 Rs und nicht viel größere Doppelzimmer für 90 Rs zu bieten hat.

Ein nagelneues Hotel mit einem guten Preis-/Leistungsverhältnis ist das Hotel Dhanamani in der Sunnambukara Street 20 (Tel. 2 48 17), in dem für ein Einzel- oder Doppelzimmer mit Dusche (Wasser aus Eimern) 80 bzw. 120 Rs und für ein Doppelzimmer mit Dusche und fließendem Wasser 150 Rs verlangt werden. Die Preise für Zimmer mit Klimaanlage beginnen in diesem Haus bei 240 Rs.

Die Ruheräume (Retiring Rooms) im Bahnhof sind laut und werden als Einzel- sowie Doppelzimmer für 100 Rs vermietet. Für ein Bett im Schlafsaal muß man hier 30 Rs bezahlen.

Mittelklassehotels: Sehr beliebt in dieser Preisklasse ist das Hotel Aarathy in der Perumalkoil West Mada Street 9 (Tel. 3 15 71). Es ist nur ein paar Minuten Fußweg von den Busbahnhofen entfernt. Alle Zimmer sind mit Bad und (nicht immer fließendem) heißem Wasser ausgestattet und kosten 110 bzw. 195 Rs, mit Klimaanlage 195 bzw. 300 Rs. Das Haus ist ganz komfortabel und zudem sicher. Hier findet man in seinem Zimmer auch Handtücher, Seife sowie Toilettenpapier und in den meisten Zimmern zudem einen Balkon mit Blick über die Tempel in der Nachbarschaft vor. Hier sollte man sich einmal bei Sonnenaufgang aus dem Bett quälen, denn dann ist der Ausblick herrlich. Außerdem hat dieses Hotel im Innenhof ein vegetarisches Restaurant im Freien zu bieten, das täglich um 6 und um 16 Uhr auch von Mahalakshmi, dem Tempelelefanten von nebenan, aufgesucht wird.

Das Hotel Tamil Nadu der TTDC in der West Veli Street (Tel. 4 24 61) hat Einzelzimmer für 100 Rs und Doppelzimmer für 170 Rs (mit Klimaanlage für 175 bzw. 280 Rs) zu bieten. Es wird ganz gut geführt und kann auch mit einem Restaurant und einer der wenigen Bars in der Stadt aufwarten. Die TTDC betreibt noch ein weiteres Hotel Tamil Nadu in Madurai, und zwar das Hotel Tamil Nadu II auf der anderen Seite des Flusses in der Alagarkoil Road (Tel. 4 54 62). Es ist teurer, aber weniger gut in Schuß. Dort muß man für normale Einzel- und Doppelzimmer 175 bzw. 210 Rs und für klimatisierte Zimmern 200 bzw. 280 Rs bezahlen. Dafür fließt in den Bädern auch kaltes und heißes Wasser. Außerdem können die Gäste von einem Restaurant und einer Bar Gebrauch machen.

Zurück in der Innenstadt liegt das Hotel Prem Nivas in der West Perumal Maistry Street 102 (Tel. 3 75 31), das bei Geschäftsleuten beliebt ist und in dem für ein Einzelzimmer 100 Rs sowie für ein Doppelzimmer 260 Rs (für ein Doppelzimmer mit Klimaanlage 260 Rs) berechnet werden. Hier sind die Einrichtungen ausgezeichnet, wozu auch ein vegetarisches Restaurant mit Klimaanlage gehört. An der gleichen Straße liegt mit der Hausnummer 40 auch das Hotel Keerthi (Tel. 3 15 01) mit liebenswürdigen Mitarbeitern, laufend verfügbarem heißem Wasser und frischen Handtüchern in den Zimmern sowie Einzelzimmern ab 95 Rs und Doppelzimmern für 225 Rs. Für ein Doppelzimmer mit Fernsehgerät und Klimaanlage muß man hier mit 225 Rs rechnen. Das meiste von einer Brise spürt man in den obersten Stockwerken. In der Nähe liegt die nicht ganz so willkommenheißende TM Lodge mit der Hausnummer 50 (Tel. 3 74 81), in der man ein Einzelzimmer für 90 Rs und ein Doppelzimmer für 155 Rs (mit Klimaanlage und Fernsehgerät für 240 bzw. 250 Rs) mieten kann. Heller und luftiger sind die Zimmer oben.

In der West Perumal Maistry Street 110 liegt das Hotel Supreme (Tel. 3 63 31) mit Doppelzimmern für 225 Rs sowie klimatisierten Doppelzimmern für 355 Rs und noch teureren Suiten. Auch wenn die Zimmer als recht dunkel bezeichnet werden müssen, sind die Einrichtungen ausgezeichnet und umfassen auch ein ausgezeichnetes Dachrestaurant.

Luxushotels: Die drei besten Hotels von Madurai liegen ein ganzes Stück vom Zentrum entfernt. Das Hotel Madurai Ashok (Tel. 6 25 31) und das Hotel Pandyan (Tel. 4 24 70, Fax 4 20 20) haben sich beide an der Alagarkoil Road nach Norden hin angesiedelt. Beide sind voll klimatisiert und enthalten Kunstgewerbeläden, Restaurants mit indischen, chinesischen und europäischen Gerichten sowie eine Bar, aber über einen Swimming Pool verfügt nur das Ashok. Beide Häuser sind auch ziemlich abgewohnt und haben Zimmer zu bieten, die ein Gast als „dunkle, feuchte Zellen" beschrieb. Im Pandyan muß man für ein Einzelzimmer ab 900 Rs und für ein Doppelzimmer ab 1000 Rs bezahlen.

Im Hotel Ashok nimmt man für ein Einzelzimmer ab 800 Rs und für ein Doppelzimmer ab 1000 Rs. Eine Fahrt mit einer Auto-Rikscha vom Zentrum zu einem dieser Hotels sollte eigentlich nicht mehr als 20 Rs kosten, aber denn die Fahrer hören, wohin mal will, fordern sie glatt den doppelten Preis. Mit Stadtbussen der Linien 2, 16 und 20 sowie anderen kommt man aber für eine Rupie ebenfalls dorthin.

Als bestes Haus gilt das Taj Garden Retreat (Tel. 8 82 56), gelegen 4 km von der Stadt entfernt am Pasumalai Hill. Zimmer werden hier in drei verschiedenen Arten vermietet: als Standardzimmer (renovierte Autogaragen) für 60 bzw. 70 US $, als Unterkünfte der Alten Welt (Teil der echten alten Villa aus der Kolonialzeit) für 70 bzw. 80 US $ und als Luxuszimmer (neue Cottages mit eigener Terrasse und ausgezeichneten Ausblicken) für 85 bzw. 95 US $. Zu den Einrichtungen dieser Anlage gehört ein Restaurant mit Gerichten aus aller Herren Länder, ein Swimming Pool (nur für Hausgäste), ein etwas heruntergekommener Tennisplatz, gepflegte Gartenanlagen und eine Bar. Vor dem Haupttor halten die Busse der Linie 5D, die in Madurai an der Haltestelle Relief abfahren. Von dort sind es noch einmal 1 1/2 km bis zum Hotel. Wenn man die zu Fuß zurücklegen will, kann man eine Abkürzung benutzen, die nach einem Drittel des Weges links abzweigt. Für eine Fahrt mit einer Auto-Rikscha von der Stadt bis zum Hotel muß man 40 Rs und für das Haupttor 15 Rs einkalkulieren.

ESSEN

Rund um den Meenakshi-Tempel sowie entlang der Town Hall Road, der Dindigul Road und der West Masi Road finden sich viele kleine Restaurants, in denen südindische vegetarische Gerichte serviert werden. Eine gute Wahl ist der beliebte Speiseraum im New College House, in dem die Thalis ausgezeichnet schmecken. Die größten Dosas, die man jemals zu Gesicht bekommen wird, gibt es im Aryan Bhavan an der Ecke der West Masi Street und der Dindigul Street.

Nicht schlecht für ein Frühstück ist das nichtvegetarische Restaurant Taj in der Town Hall Road. Noch besser ist das Restaurant im Erdgeschoß des Hotels Supreme, wo ein rein vegetarisches indisches Frühstück mit *idli*, *vadai*, *dosa*, zwei *puris* und Kaffee für 24 Rs angeboten wird.

Zurück in der Town Hall Road stößt man auf mehrere Lokale mit ganz ordentlichem nichtvegetarischem Essen. Dort kann man durchaus mal das Restaurant Indo-Ceylon mit der Hausnummer 6, das bei Rucksackreisenden beliebte Mahal und das Restaurant Amutham unweit der Ecke der West Masi Street ausprobieren.

Noch besser als die ist das Restaurant Ruby neben der Ruby Lodge an der West Perumal Maistry Street. Dort werden leckere nichtvegetarische Gerichte im Freien in einem Garten mit einer leichten Brise serviert. Wenn man zurückhaltend ist, erhält man dort auch Bier (serviert in Metallkrügen). Zu zweit muß man in diesem Lokal (ohne Bier) mit 80 Rs rechnen. Das Lokal ist bis 1 Uhr geöffnet und bei Einheimischen wie Besuchern gleichermaßen beliebt.

Ein gutes Ziel für ein preisgünstiges Thali oder einen Imbiß ist das Hotel Vasanthani in der West Perumal Maistry Street. In dem Teil oben läßt sich zudem gut das geschäftige Treiben auf der Straße unten beobachten. Das Zam Zam an der nahegelegenen Ecke ist ein beliebter Laden für Süßigkeiten und leckere Imbisse.

Nur ein paar Türen weiter kommt man zum klimatisierten Restaurant Mahal, das bei Travellern sehr beliebt ist. Es ist zwar etwas teurer, aber das Essen ist lecker und das Personal freundlich. Hier erhält man vegetarische und nichtvegetarische Gerichte.

Wenn man einmal etwas besser essen will, muß man in eines der Mittelklassehotels an der West Perumal Maistry Street gehen. Man kann aber auch das herrliche Buffet für 140 Rs ausprobieren, das samstags und sonntags am Abend auf dem Rasen des Taj Garden Retreat aufgebaut wird. Im Restaurant Surya unter dem Dach des Hotels Supreme mit herrlichen Ausblicken und immer einer leichten Brise kann man abends von 19 Uhr bis Mitternacht indisch, chinesisch sowie westlich essen. Lecker sind in diesem Lokal beispielsweise *raita* mit Gurken und *naan* mit Knoblauch. Die Preise hier sind annehmbar, und die Bedienung ist freundlich und tüchtig. Wenn man ganz leise danach fragt, besorgt sie auch ein Bier.

EINKÄUFE

Madurai ist schon lange ein Zentrum des Textilgewerbes. Daher erstaunt es sicher nicht, daß die Straßen um den Tempel geradezu überquellen von Ständen mit Bekleidung und Schneidereien. Ein hervorragendes Ziel, um in der Stadt hergestellte Baumwollsachen, aber auch die von vielen ausländischen Besuchern so geliebten Seidenstoffe zu kaufen, ist die Puthu Mandapam, eine alte Halle mit Steinsäulen nur ein kleines Stück vom östlichen Eingang zum Meenakshi-Tempel entfernt. Dort findet man lange Reihen von Ständen mit Stoffen gegenüber von Schneiderstuben, alle mit Nähmaschinen, die noch mit Fußantrieb funktionieren, und alle in der Lage, in einer Stunde oder zwei Stunden eine gute Kopie von dem anzufertigen, was man gerade trägt.

Wenn man Stoff kaufen will, um daraus ein Kleidungsstück herstellen zu lassen, ist es ratsam, genau zu wissen, wieviel Stoff man braucht, weil einige Verkäufer einen dazu überreden wollen, mehr Stoff als nötig zu kaufen, weil sie Vereinbarungen mit den Schneidern getroffen haben und von denen den nicht benötigten

Rest zurückkaufen. Der Besitzer des Krishnamoorthy-Ladens (Stand Nr. 108) ist aber ehrlich und berechnet für seine Sachen faire Preise. Außerdem weigert er sich, Kundenschleppern Provisionen zu bezahlen, die von den vielen verlangt werden, die auf der Straße auf mögliche Kunden lauern und anbieten, Besucher zum „Geschäft des Bruders" in die Puthu Mandapam zu führen.

AN- UND WEITERREISE

Flug: Das Büro von Indian Airlines befindet sich an der West Veli Street (Tel. 3 72 34). Flugverbindungen mit Indian Airlines bestehen dreimal wöchentlich von und nach Madras (50 US $) und Bombay (115 US $). NEPC Airlines unterhält ein Büro im Hotel Supreme (Tel. 2 45 20) und fliegt ein- oder zweimal täglich nach Madras (55 US $), wo Anschluß nach Bangalore, Bombay, Kochi, Goa, Hubli, Pune und zu den Lakshadweep-Inseln besteht. Mit East West Airlines (West Perumal Maistry Street 119, Tel. 2 49 95) kommt man über Trivandrum (29 US $) ebenfalls nach Bombay.

Bus: In Madurai gibt es mindestens fünf Bushaltestellen, von denen drei mehrere Kilometer von der Stadtmitte entfernt liegen. Um zu diesen Haltestellen zu gelangen, muß man einen Stadtbus oder eine Rikscha benutzen.

Der staatliche Busbahnhof liegt verkehrsgünstig in der West Veli Street und ist vorwiegend die Haltestelle für die Stadtbusse und die Busse in die nähere Umgebung. Es gibt aber auch noch eine „Entlastungshaltestelle" für einige der Nahverkehrsverbindungen auf der anderen Straßenseite

Die Haltestelle der TTC und der JJTC liegt ebenfalls an der West Veli Street und wird nur von Fernbussen angefahren. Plätze in Bussen, die in Madurai eingesetzt werden (vgl. Übersicht), kann man in der Vorverkaufsstelle reservieren lassen , die von 7.00 bis 22.30 Uhr geöffnet ist und in der auch ein englischsprachiger Fahrplan vorhanden ist. Viele weitere Busse der TTC und der JJTC kommen ebenfalls durch Madurai, aber dafür kann man im voraus keine Plätze reservieren lassen. Es ist jedoch normalerweise kein Problem, eine Platzreservierung vorzunehmen. Busse der TTC fahren allerdings nicht nach Kodaikanal. Wenn man dorthin will, muß man sich zur Bushaltestelle Arapalayam begeben.

Von der Bushaltestelle Anna auf der anderen Seite des Flusses werden Ziele im Nordosten wie Thanjavur und Trichy bedient, aber auch Rameswaram. Wenn man dort ankommt, kann man zum staatlichen Busbahnhof in der Innenstadt einen Bus der Linie 3 benutzen oder sich für 10 Rs mit einer Motorrad-Rikscha fahren lassen.

	Linie Nr.	Busverbindungen mit TTC und JJTC von Madurai			
		Abfahrten pro Tag	Entfernung (km)	Fahrzeit	Fahrpreis
Bangalore	846	14	550	15 Stunden	70 Rs
Coimbatore	600	2	227	6 Stunden	29 Rs
Ernakulam	826	2	324	10 Stunden	80 Rs
Kanyakumari	566	3	253	6 Stunden	34 Rs
Madras	137, 491	50	447	10 Stunden	65-77 Rs
Pondicherry	847	2	329	8 Stunden	50 Rs
Thiruvananthapuram	865	2	305	7 Stunden	50 Rs
Tirupathi	-	4	595	16 Stunden	85 Rs

Die staubige Bushaltestelle Arapalayam (von der „Entlastungshaltestelle" mit Bussen der Linien 7A und JJ zu erreichen) ist der Ausgangspunkt für Ziele im Nordwesten, darunter Coimbatore, Kodaikanal und Bangalore. Nach Kodaikanal fahren dort etwa achtmal täglich Busse ab, in denen man für die vierstündige Fahrt für 18 Rs mitgenommen wird. Bei starkem Monsunregen werden Teile der Straße nach Kodaikanal manchmal weggespült. Dann müssen die Busse über Palani fahren, was zwei Stunden länger dauert.

Von der Bushaltestelle Palanganatham im Südwesten der Stadt kommt man mit Bussen in Richtung Süden nach Kanyakumari und Zielen im südlichen Kerala. Zu erreichen ist sie mit Stadtbussen der Linien 7, 7J und JJ7 von der „Entlastungshaltestelle".

Daneben fahren auch noch Busse privater Gesellschaften, mit denen man in „Superluxus-Video-Bussen" Städte wie Madras und Bangalore erreichen kann. Fahrkarten für diese Busse erhält man in Agenturen in der Umgebung des staatlichen Busbahnhofs.

Hüten Sie sich jedoch davor, eine Fahrkarte für eine Fahrt zu einem anderen Ziel zu kaufen, denn die werden zwar für jedes nur denkbare Ziel angeboten (z. B. nach Kodaikanal und Rameswaram), aber dann landet man trotz des Versprechens, man fahre mit einem „Superluxusbus", letztlich doch nur in einem staatlichen Bus.

Zug: Der Bahnhof liegt an der West Veli Street und nur ein paar Minuten zu Fuß von den meisten Hotels entfernt.

Wenn man in Richtung Kollam (Quilon) in Kerala will, überquert man die Westlichen Ghats und fährt durch einige sehr schöne Gebirgsgegenden. Während der Fahrt kann man in Sriviliputur (zwischen Sivaksi und Rajapalaiyam) und Sankarayinarkovil auch einige herrliche *gopurams* sehen.

NAHVERKEHR

Flughafentransfer: Der Flughafen liegt 11 km südlich der Stadt. Wenn man dorthin oder von dort mit einer Auto-Rikscha fahren will, muß man wie verrückt verhandeln, um einen einigermaßen akzeptablen Fahrpreis zu erzielen. Rechnen Sie mit rund 50 Rs.

Außerdem setzt Indian Airlines etwa eine Stunde vor jedem Flug vom Büro der Fluggesellschaft einen Flughafenbus ein (20 Rs). Ferner verkehren zum Flughafen Busse der Linie 10A, aber bei denen darf man sich nicht darauf verlassen, daß sie nach dem Fahrplan fahren.

Bus: Recht nützliche Buslinien innerhalb der Stadt sind die Nr. 3 zur Bushaltestelle Anna, Nr. 1 und 2 zum Gandhi-Museum sowie Nr. 4 und Nr. 4A zum Mariamman Teppakkulam. Alle diese Busse fahren vom staatlichen Busbahnhof ab.

Auto-Rikscha: Die Fahrer der Auto-Rikschas sind außerordentlich zurückhaltend, wenn es um das Anstellen des Taxameters geht, und fordern gern einen Preis, von dem sie annehmen, er werde akzeptiert. Wenn man dann nicht zustimmt, wird meistens nicht gefahren.

Wichtige Züge von Madurai					
Fahrziel	Zugnummer und Name	Abfahrtszeit	Entfernung (km)	Fahrzeit (Stunden)	Fahrpreis (Rs) (2./1. Klasse)
Coimbatore	6116 *Coimbatore Express*	21.45	229	6.15	56/ 205
Madras	6718 *Pandian Express*	19.35	556	11.10	139/ 415
	2636 *Vaigai Express*	6.45		7.35	111/ 415
Quilon	6161 *Quilon Express*	19.20	268	9.40	78/ 233
Rameswaram	6115 *Rameswaram Express*	5.20	164	5.10	24/ 159

RAMESWARAM

Einwohner: 35 000

Telefonvorwahl: 04573

Rameswaram, bekannt als „Varanasi des Südens", ist gleich für die Anhänger von zwei Glaubensgemeinschaften ein bedeutender Wallfahrtsort: für die Shivaiten und für die Vishnuviten. Denn es war hier, wo Rama (eine Inkarnation von Vishnu in dem indischen Epos *Ramayana*) Shiva danksagte. Aus diesem Grunde wurde im Herzen von Rameswaram der Ramanathaswamy-Tempel errichtet, der zu den bedeutendsten Tempeln Südindiens gehört.

Rameswaram liegt auf einer Insel im Golf von Mannar und ist mit dem Festland bei Mandapam durch eine Eisenbahnstrecke sowie durch eines der Wunder indischer Ingenieurkunst, die Indira Gandhi Bridge, verbunden. Es dauerte geschlagene 14 Jahre, um die Brücke zu bauen, bis sie schließlich Ende 1988 von Rajiv Gandhi ihrer Bestimmung übergeben wurde.

Die Stadt liegt an der Ostseite der Insel und war früher auch Ausgangspunkt für die Fähren nach Talaimannar in Sri Lanka, bis der Passagierverkehr vor nun schon mehr als einem Jahrzehnt eingestellt wurde. Das Ergebnis ist, daß nun nur noch wenige ausländische Besucher nach Rameswaram kommen.

ORIENTIERUNG UND PRAKTISCHE HINWEISE

Die meisten Hotels und Restaurants dieser kleinen und staubigen Stadt liegen in der näheren Umgebung des Ramanathaswamy-Tempels. Der Busbahnhof, 2 km westlich der Stadtmitte, ist mit häufig verkehrenden Pendelbussen mit dem Zentrum verbunden.

Ein Fremdenverkehrsamt findet man im Bahnhof, gelegen südwestlich des Tempels, das aber nur bei der Ankunft eines Zuges geöffnet ist. Ein weiteres Fremdenverkehrsbüro wurde in der Stadt in der East Car Street eingerichtet, in dem man einen einfachen Stadtplan und sonst gar nichts erhalten kann.

SEHENSWÜRDIGKEITEN

Ramanathaswamy-Tempel: Das hervorstechendste Merkmal dieses Tempels, eines Prunkstücks drawidischer Architektur, sind die herrlichen Korridore mit den massiven Säulen, die feine Skulpturen tragen. Diese Skulpturen sind es, die das Augenmerk eines jeden Besuchers auf sich ziehen. Die Legende weiß zu berichten, daß Rama diese Stelle segnete, indem er Shiva nach dem Krieg um Sri Lanka verehrte. Der Tempel, so wie er heute steht, wurde im 12. Jahrhundert begonnen. Später fügte dann fast jeder Herrscher einen weiteren Teil hinzu. Der Turm über dem Eingangstor (*gopuram*) ist 53,6 m hoch. Das innere Heiligtum dürfen nur Hindus betreten.

Die anderen Teile sind für Besucher von 5.00 bis 12.00 Uhr und von 15.00 bis 21.00 Uhr zugänglich.

Wie in Kanyakumari ist auch hier bei Feierlichkeiten von 4.30 Uhr morgens überlaute und verzerrte Tempelmusik zu hören. Diesen Hinweis geben wir nur für den Fall, daß Sie dann noch weiter schlafen wollen.

Kothandaraswamy-Tempel: Etwa 12 km von der Stadt entfernt steht dieser weitere berühmte Tempel. Er überstand als einziger Bau den verheerenden Taifun im Jahre 1964, bei dem alle anderen Gebäude der Ortschaft dem Erdboden gleichgemacht wurden. Die Legende weiß auch über diesen Tempel eine Geschichte zu erzählen: Hier betete Vibishana, der Bruder von Ravana und Kidnapper von Sita, zu Rama. Zu diesem Tempel gelangt man von der Haltestelle für Nahverkehrsbusse gegenüber vom Fremdenverkehrsamt an der East Car Street.

Adam-Brücke: Adam-Brücke wird eine Kette von Riffen, Sandbänken und Inselchen genannt, die Sri Lanka fast mit Indien verbindet. Nach einer Legende ist das die Serie von Steinen, die Hanuman benutzte, um bei seinem Versuch, Sita zu retten, Ravana zu folgen.

Weitere Sehenswürdigkeiten: Der Gandamandana Parvatham auf einem Hügel 3 km nordwestlich der Stadt ist ein Schrein, der Fußabdrücke von Rama enthalten soll. Gläubige kommen im allgemeinen für ein Gebet bei Sonnenaufgang und bei Sonnenuntergang hierher (geschlossen von 11.30 bis 15.30 Uhr).

Bei Dhanushkodi, am äußersten Ende der Insel und 18 km von der Stadt entfernt, gibt es eine wunderschöne Stelle zum Baden. Sie ist allerdings schwer zu erreichen. Die Busse aus Rameswaram halten 2 km östlich von Kothandaraswamy, so daß man die restlichen 4 km zu Fuß gehen muß. Man kann aber auch versuchen, einen der Kleintransporter anzuhalten, mit denen den Dorfbewohnern Versorgungsgüter gebracht werden. Wenn man einen guten Strand näher zur Stadt hin sucht, dann kann man den vor dem Hotel Tamil Nadu ausprobieren. Die meiste Zeit wird man ihn für sich allein haben, denn die Pilger ziehen es vor, das

glückverheißende Waten im Wasser in Agni Theer-
tham, der Küste in der Nähe des Tempels, vorzunehmen.

UNTERKUNFT

In der Zeit mit Feierlichkeiten sind Unterkünfte in
Rameswaram schwer zu erhalten, insbesondere dann,
wenn man erst spät am Tag in der Stadt ankommt.

Die besten der preisgünstigen Unterkünfte sind die
Santhiya Lodge und das Alankar Tourist Home (Tel. 2
12 16), beide an der West Car Street, und die Santhana
Lodge an der South Car Street. In all diesen Quartieren
muß man mit Badbenutzung allein etwa 25 Rs und zu
zweit ca. 35 Rs sowie mit eigenem Bad rund 30 bzw. 50
Rs bezahlen. Von Ausnahmen abgesehen, wird man in
Unterkünften dieser Art immer erst nach sauberer Bettwäsche fragen müssen.

Viel besser ist da schon das Swami Ramanatha Tourist
Home (Tel. 2 12 17), in dem man in saubereren Doppel-
zimmern mit Dusche für 50 Rs übernachten kann.
Außerdem gibt es im Bahnhof einige recht preiswerte
Ruheräume, darunter auch einen Schlafsaal.

Wenn man im Preis etwas hinaufgeht, ist das beste
Quartier das Hotel Maharaja's in der Middle Street 7
(Tel. 2 12 71). Dieses Haus hat saubere, ganz anspre-
chende Doppel- und Dreibettzimmer mit Bad und Bal-

kon für 60 bzw. 99 Rs zu bieten, aber auch klimatisierte
Doppelzimmer mit Fernsehgerät für 220 Rs.

Nicht ganz so gut ist das Hotel Venkatesh in der South
Car Street (Tel. 2 12 96), in dem man in einem Doppel-
oder Dreibettzimmer mit Bad für 90 bzw. 130 Rs und in
einem Vierbettzimmer für 175 Rs übernachten kann.
Außerdem gibt es hier ein paar Doppelzimmer mit
Klimaanlage für 199 Rs.

Schließlich ist das Hotel Tamil Nadu der TTDC (Tel.
2 12 77) zu erwähnen, das im Nordosten der Stadt
zum Meer hin liegt. Hier werden Betten in einem
Schlafsaal für jeweils 25 Rs, normale Doppelzimmer
für 125 Rs und Luxusdoppelzimmer für 150 Rs angeboten. Daneben kann man in Doppelzimmern mit Klimaanlage und Fernsehgerät für 275 Rs übernachten.
Das Haus ist bereits etwas abgewohnt, aber ansonsten
ganz in Ordnung, zumal alle Zimmer zum Meer hin
liegen.

Zu diesem Hotel gehören auch ein vegetarisches und
ein nichtvegetarisches Restaurant, über das aber viel
Lobenswertes nicht gerade zu berichten ist. Ein Lob ist
allerdings der „Permit Room" wert, weil der nicht, wie
sonst üblich, eines der schwarzen Löcher darstellt. Statt
dessen kann man hier auf Korbsesseln sitzen und durch
die (vergitterten) Fenster auf Palmen und türkisfarbe-
nes Wasser sehen.

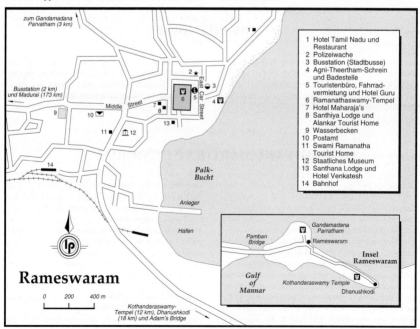

zum Gandamadana
Parvatham (3 km)

Busstation (2 km)
und Madurai (173 km)

Middle Street

Palk-
Bucht

Anleger

Hafen

Rameswaram

0   200   400 m

Kothandaraswamy-
Tempel (12 km), Dhanushkodi
(18 km) und Adam's Bridge

East Car Street

1   Hotel Tamil Nadu und
    Restaurant
2   Polizeiwache
3   Busstation (Stadtbusse)
4   Agni-Theertham-Schrein
    und Badestelle
5   Touristenbüro, Fahrrad-
    vermietung und Hotel Guru
6   Ramanathaswamy-Tempel
7   Hotel Maharaja's
8   Santhiya Lodge und
    Alankar Tourist Home
9   Wasserbecken
10 Postamt
11 Swami Ramanatha
    Tourist Home
12 Staatliches Museum
13 Santhana Lodge und
    Hotel Venkatesh
14 Bahnhof

Gandamadana
Parratham
Rameswaram

Pamban
Bridge

Insel
Rameswaram

Gulf
of
Mannar

Kothandaraswamy Temple

Dhanushkodi

ESSEN

In der West Car Street gibt es eine Reihe von Restaurants, in denen man die für Südindien typischen Thalis essen kann. Von der Qualität her sind sie ziemlich gleich. Das beste Ziel für ein Thali ist allerdings das Hotel Guru neben dem Fremdenverkehrsamt an der East Car Road. Das einzige „richtige" Restaurant in der Stadt ist dem Hotel Tamil Nadu angeschlossen.

AN- UND WEITERREISE

Bus: Busse der TTC fahren viermal täglich nach Madurai (173 km, 4 Stunden, 25 Rs) und nach Kanyakumari sowie zweimal täglich nach Trichy (273 km) und Madras. Nahverkehrsbusse nach Madurai verkehren häufiger, brauchen dafür allerdings etwas länger, sind dafür aber auch etwas billiger. Außerdem kommt man mit Bussen nach Pondicherry und Thanjavur (über Madurai).

Zug: Täglich fahren zwei Schnellzüge von und nach Madras, nämlich der *Sethu Express* und der *Rameswaram Express*. Die 666 km lange Fahrt dauert 15 Stunden und kostet in der 2. Klasse 59 Rs sowie in der 1. Klasse 481 Rs. Keiner dieser beiden Züge fährt über Madurai, denn sie nehmen die direkte Strecke über Manammadurai und Trichy.

Die einzigen Möglichkeiten, mit einem Zug von Rameswaram nach Madurai oder umgekehrt zu kommen, bestehen mit den drei täglich verkehrenden Personenzügen, die um 7.35, 16.20 und 21.00 Uhr abfahren. Sie legen die 164 km in 5^1/$_2$ Stunden zurück. Eine solche Fahrt kostet in der 2. Klasse 24 Rs.

NAHVERKEHR

Bus: Stadtbusse verkehren zwischen der Bushaltestelle und dem Tempel vom frühen Morgen bis spät am Abend (Fahrpreis 0,60 Rs). In der Stadt halten diese Busse am westlichen *gopuram* und gegenüber vom Fremdenverkehrsamt an der East Car Street.

Auto-Rikscha und Fahrrad-Rikscha: In allen Straßen kann man zu jeder Zeit auch Auto-Rikschas ohne Zähluhr und Fahrrad-Rikschas sehen. Wenn man damit vom oder zum Busbahnhof fahren will, muß man um den Preis hart verhandeln.

Fahrrad: Das Fahrradfahren bietet eine gute Möglichkeit, sich in Rameswaram oder hinaus nach Dhanushkodi fortzubewegen. Mieten kann man sich ein Fahrrad in dem Laden neben dem Fremdenverkehrsamt an der East Car Street für 2 Rs pro Stunde.

TIRUCHENDUR

Ein sehr beeindruckender Tempel steht in Tiruchendur, südlich von Tuticorin an der Küste. Er wird als einer der sechs Wohnsitze von Lord Murugan angesehen und ist bei Pilgern sehr beliebt. Manchmal ist es Besuchern gestattet, in das Innere des Tempels vorzudringen, um die Vorgänge dort zu beobachten. Dabei muß man jedoch auf der Hut sein, wenn heiliges Wasser angeboten wird. Wenn man dieses Wasser über die Hände schüttet und die Hände dann reibt, reicht das aus, denn das Trinken ist gefährlich.

KANYAKUMARI (KAP COMORIN)

Einwohner: 18 500

Telefonvorwahl: 04653

Kanyakumari (Kap Comorin) liegt an der Spitze des indischen Subkontinents ganz im Süden, wo die Bucht von Bengalen und die Indische Ozean sowie das Arabische Meer aufeinandertreffen und man am Chaitrapurnima (in Tamil dem Vollmondtag, der im allgemeinen in den April fällt) an dieser Stelle das einmalige Erlebnis hat, einen Sonnenuntergang und einen Mondaufgang über dem Ozean gleichzeitig miterleben zu können. Für Hindus ist Kanyakumari auch ein beliebter Pilgerort und von großer geistlicher Bedeutung, denn man verehrt hier die Göttin Devi Kanya, die jugendliche Jungfrau, eine Inkarnation von Parvati, Shivas Gefährtin. Die Pilger, die aus allen Teilen des Landes hierherkommen, repräsentieren einen guten Querschnitt aus der Bevölkerung Indiens.

Ansonsten ist dieser Ort mit seinen Ständen mit übermäßig teuren Souvenirs, einem häßlichen Strand und entsetzlich lauten Megaphonen am Ende jeder Straße, aus denen bei Feierlichkeiten zwischen 4 und 22 Uhr eine Dauerberieselung ertönt, stark überbewertet.

ORIENTIERUNG UND PRAKTISCHE HINWEISE

Den Bahnhof findet man fast einen Kilometer vom

Zentrum entfernt im Norden und den Busbahnhof 500 m westlich der Stadtmitte. Das Fremdenverkehrsamt ist montags bis freitags von 10.00 bis 17.45 Uhr geöffnet.

SEHENSWÜRDIGKEITEN

Kumari-Amman-Tempel: Der Tempel ist sehr malerisch an der Küste gelegen. Pilger aus ganz Indien strömen hierher, um zu beten und um am nahegelegenen *ghat* zu baden. Die Legende berichtet, daß Parvati, in einer Inkarnation als Devi Kanya, Buße tat, um sich Shivas Segen für ihre Heirat zu erbitten. Dies führte aber zu keinem Erfolg. Sie entschied sich deshalb dafür, Jungfrau (*kanya*) zu bleiben. Der Tempel ist täglich von 4.30 bis 11.45 Uhr und von 17.30 bis 20.45 Uhr geöffnet. Nicht-Hindus dürfen das Allerheiligste des Tempels nicht betreten. Männer müssen beim Be-

treten der Anlage ihr Hemd ausziehen, Frauen und Männer ihre Schuhe.

Gandhi-Denkmal: In diesem beeindruckenden Denkmal neben dem Kumari-Amman-Tempel ist die Asche des verstorbenen Mahatma Gandhi aufbewahrt worden, bevor sie auf dem Meer verstreut wurde. Es erinnert an einen Tempel in Orissa und wurde so konstruiert, daß am Geburtstag von Gandhi (2. Oktober) die Sonnenstrahlen auf die Stelle scheinen, an der seine Asche verwahrt wurde. Geöffnet ist die Anlage täglich von 8.30 bis 12.30 Uhr und von 15.00 bis 18.00 Uhr.

Vivekananda-Denkmal: Diese Gedenkstätte steht auf zwei Felseninseln vor der Küste, die sich ungefähr 400 m hoch aus dem Meer erheben. Der indische Philosoph

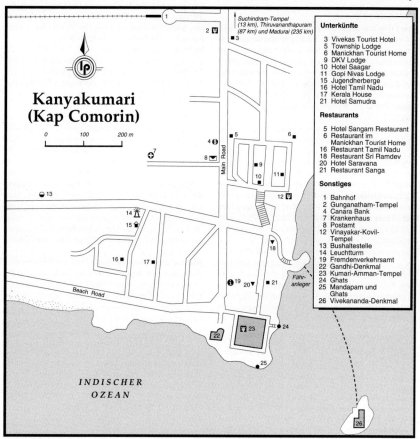

Kanyakumari
(Kap Comorin)

0   100   200 m

Suchindram-Tempel
(13 km), Thiruvananthapuram
(87 km) und Madurai (235 km)

Unterkünfte

3 Vivekas Tourist Hotel
5 Township Lodge
6 Manickhan Tourist Home
9 DKV Lodge
10 Hotel Saagar
11 Gopi Nivas Lodge
15 Jugendherberge
16 Hotel Tamil Nadu
17 Kerala House
21 Hotel Samudra

Restaurants

5 Hotel Sangam Restaurant
6 Restaurant im
   Manickhan Tourist Home
16 Restaurant Tamil Nadu
18 Restaurant Sri Ramdev
20 Hotel Saravana
21 Restaurant Sanga

Sonstiges

1 Bahnhof
2 Gunganatham-Tempel
4 Canara Bank
7 Krankenhaus
8 Postamt
12 Vinayakar-Kovil-
   Tempel
13 Bushaltestelle
14 Leuchtturm
19 Fremdenverkehrsamt
22 Gandhi-Denkmal
23 Kumari-Amman-Tempel
24 Ghats
25 Mandapam und
   Ghats
26 Vivekananda-Denkmal

Main Road

Beach Road

Fähr-
anleger

*INDISCHER
OZEAN*

Swami Vivekananda kam 1892 hierher und meditierte auf diesen Felsen, bevor er einer der bedeutendsten Religionsführer Indiens wurde. Der Säulenpavillon (*mandapam*) auf der Insel wurde zu seinem Gedächtnis erbaut (1970). Er enthält architektonische Stilrichtungen aus allen Teilen Indiens. Zu diesen Inseln fährt alle halbe Stunde eine Fähre (Fahrpreis 5 Rs). Daneben muß man 3 Rs Eintritt für die Gedenkstätte bezahlen. Die beiden Inseln sind Besuchern in der Zeit von 7.00 bis 11.00 Uhr und von 14.00 bis 17.00 Uhr zugänglich.

Suchindram-Tempel: Dieser Tempel, ca. 13 km nordwestlich von Kanyakumari in Suchindram gelegen, ist bekannt für seine „musikalischen" Säulen und seine unglaublich hohe Statue von Hanuman, dem Affengott.

UNTERKUNFT

Obwohl in Kanyakumari immer mehr Hotels wie Pilze aus dem Boden schießen, bleibt die Nachfrage nach Unterkünften groß, so daß an Wochenenden und bei Festen häufig alles voll belegt ist. Da in einigen Hotels je nach Saison unterschiedliche Preise verlangt werden, kann es passieren, daß man in ihnen im April und Mai sowie von Oktober bis Dezember bis zu 100 % höhere Preise als im folgenden angegeben bezahlen muß.

Zu den einfachsten Quartieren gehören die Gopi Nivas Lodge mit simplen Einzel- und Doppelzimmern für 60 bzw. 80 Rs sowie die von der Preisen her ähnliche Township Lodge in der Main Road, in der jedoch keine Einzelzimmer angeboten werden.

Besser als diese beiden ist die komfortable DKV Lodge mit Doppelzimmern für 80 Rs (mit Bad). Auch hier stehen Einzelzimmer nicht zur Verfügung. Im neuen und sauberen Hotel Saagar in der South Car Street (Tel. 7 13 25) muß man für ein Doppelzimmer 80 oder 100 Rs bezahlen (ebenfalls keine Einzelzimmer).

Wenn man preisgünstig in einem Schlafsaal übernachten möchte, kann man sein Glück in der meistens menschenleeren Jugendherberge am nördlichen Eingang zum Hotel Tamil Nadu und im nur für Männer bestimmten Schlafsaal in der Lodge an der Bushaltestelle versuchen. In dieser Lodge kommt man auch in für das Geld ganz guten Doppelzimmern für 138 Rs unter.

In den Ruheräumen der Eisenbahn (Railway Retiring Rooms) werden ebenfalls Betten in einem Schlafsaal sowie Einzel- und Doppelzimmer angeboten.

Geht man mit den Preisen etwas hinauf, bietet sich das neue Vivekas Tourist Hotel (Tel. 7 11 92) mit farbenprächtigen und sauberen Zimmern, alle mit Bad und Dusche, an, in denen man zu zweit für 100 Rs und zu dritt für 150 Rs übernachten kann. Das Manickhan Tourist Home (Tel. 7 13 87) hat Doppelzimmer ohne

Meerblick für 120 Rs und mit Meerblick für 160 Rs zu bieten. Gut ist auch das Restaurant in diesem Haus mit ausgezeichneten Dosas.

Im Hotel Samudra unweit vom Tempel (Tel. 7 11 62) werden Einzelzimmer für 250 Rs und Doppelzimmer für 300 Rs vermietet. Außerdem läßt sich auch hier in einem ganz ordentlichen Restaurant essen.

Auf einem Hügel gleich westlich des Tempels liegt das große, in Senffarbe gestrichene Kerala House (Tel. 7 12 29), das den Ruf genießt, das südlichste Haus auf dem gesamten Subkontinent zu sein. Geführt wird es von der Kerala Tourism Development Corporation und ist bereits 1956 eröffnet worden. Seitdem hat es viele prominente Gäste beherbergt, darunter den Dalai Lama. Heutzutage zeichnet es sich nach der zutreffenden Beschreibung in einem vor kurzem erschienenen Zeitschriftenartikel durch „eine geringfügig baufällige Luft, die die meisten staatlichen Bauwerke kennzeichnet," aus. Außerdem scheint es ausschließlich für Beamte des Bundesstaates Kerala bestimmt zu sein.

Im Hotel Tamil Nadu nebenan (Tel. 7 12 57) kann man in einem Doppelzimmer für 250 Rs, klimatisiert für 380 Rs, übernachten. Zu allen Zimmern gehört ein eigener Balkon, von dem aus herrliche Ausblicke auf das Gandhi-Denkmal möglich sind.

ESSEN

Im Hotel Saravana unweit des Tempels wird den Gästen immer eine lange Speisekarte vorgelegt, aber viele der darin aufgeführten Gerichte sind nie erhältlich. Dennoch werden dort südindische und (eine Art) chinesische Gerichte serviert. Es ist eines der beliebtesten Lokale in der ganzen Stadt. Im Restaurant Sri Ramdev, nur ein kleines Stück weiter die Straße hinauf, kann man aus einer Reihe vegetarischer Gerichte aus Nordindien wählen und die dann auf der winzigen Terrasse im Freien verzehren. Das schon bessere Restaurant Sanga im Hotel Samudra ist Vegetariern ebenfalls zu empfehlen.

Nichtvegetarisches Essen zu finden ist schon schwerer. Die besten nichtvegetarischen Gerichte hat möglicherweise das Restaurant im Manickham Tourist Home zu bieten. Einen Versuch wert sind aber auch die Restaurants im Hotel Sangam und im Hotel Tamil Nadu, das daneben mit einem „Permit Room" aufwarten kann.

AN- UND WEITERREISE

Bus: Der riesige, noch relativ neue Busbahnhof liegt staubige fünf Minuten Fußweg vom Zentrum entfernt. Dort ist mit Fahrplänen in Englisch, Restaurants und Warteräumen alles hervorragend organisiert. Das Reservierungsbüro ist von 7.00 bis 21.00 Uhr geöffnet. Busse der TTC fahren von Kanyakumari häufig nach Madurai (253 km, 6 Stunden, 34 Rs) und Madras (679 km, 16 Stunden, 122 Rs), aber auch dreimal täglich nach Thiruvananthapuram/Trivandrum (87 km, 3 Stunden) und viermal täglich nach Rameswaram (302 km, 9 Stunden).

Außerdem kommt man mit Nahverkehrsbussen nach Nagercoil, Padmanabhapuram (in Richtung Palast der früheren Herrscher von Travancore; vgl. Abschnitt über die Umgebung von Thiruvananthapuram im Kapitel über Kerala), Thiruvananthapuram, Kovalam und anderen Zielen.

Zug: Der einzige Personenzug nach Thiruvananthapuram fährt in Kayakumari um 17.40 Uhr ab und legt die 87 km in nicht weniger als zwei Stunden zurück (2. Klasse 14 Rs).

Nach Bombay kommt man in etwas weniger als 48 Stunden täglich mit dem *Kanyakumari Express*, der um 5.00 Uhr abfährt. Die 2155 km lange Fahrt kostet in der 2. Klasse 308 Rs und in der 1. Klasse 1107 Rs. Mit diesem Zug kann man auch nach Thiruvananthapuram (2¹/₄ Stunden, 2. Klasse 25 Rs und 1. Klasse 105 Rs) und nach Ernakulam (8 Stunden, 2. Klasse 72 Rs und 1. Klasse 262 Rs) fahren.

Für Freunde von langen Eisenbahnfahrten empfiehlt sich der wöchentlich einmal eingesetzte *Himsagar Express*, der bis Jammu Tawi (im Bundesstaat Jammu und Kaschmir) eine Entfernung von 3676 km zurücklegt und dafür 74 Stunden benötigt. Das ist die längste Eisenbahnverbindung in ganz Indien. Der Zug fährt in Kanyakumari freitags um 11.45 Uhr und in Jammu Tawi montags um 22.45 Uhr ab. Auf dem Weg von Kanyakumari fährt er auch über Coimbatore (12 Stunden), Vijayawada (29 Stunden) und Delhi (60 Stunden).

TIGERSCHUTZGEBIET MUNDANTHURAI

Mundanthurai liegt in den Bergen unweit der Grenze nach Kerala. Die nächste Bahnstation ist in Amabasamudram, ca. 25 km weiter nordöstlich. Von dort bestehen regelmäßig Busverbindungen nach Papanasam, dem nächstgelegenen Dorf, von wo aus man mit einem weiteren Bus bis zum Forest Department Rest House kommt.

Wie der Name vermuten läßt, gilt dieses Schutzgebiet vorwiegend den Tigern. Er ist aber auch bekannt für seine Chital, Sambare und die seltenen Makaken mit den Löwenschwänzen. Die beste Jahreszeit für einen Besuch ist zwischen Januar und März, aber der Park ist das ganze Jahr über geöffnet. Hauptregenzeit ist zwischen Oktober und Dezember. Die Tiger lassen sich allerdings nur sehr selten blicken. Außerdem ist das vorhandene Forest Rest House schlecht unterhalten und das Personal alles andere als hilfsbereit. Essen ist ebenfalls nicht erhältlich.

KUTTRALAM (COUTTALLAM)

Das Dorf Kuttralam, gelegen rund 135 km nordwestlich von Kanyakumari am Fuß der Westlichen Ghats, ist bei indischen Familien ein beliebter Kurort, die in den Ort kommen und sich dort unter Wasserfälle stellen, von denen man glaubt, daß sie reich an Mineralien seien und alle möglichen Krankheiten heilen könnten.

Von den neun Wasserfällen in der Gegend liegt nur ein einziger direkt im Dorf, nämlich der 60 m hohe Main Falls, fünf Minuten Fußweg von der Bushaltestelle entfernt. Die steile Felswand an diesem Wasserfall enthält alte hinduistische Inschriften, die allerdings nur in den trockenen Monaten Januar und Februar zu sehen sind. Weitere Wasserfälle, vorwiegend mit Pendelbussen zu erreichen, sind die malerischen Five Falls (5 km vom Ort entfernt) und die Old Falls (8 km entfernt).

Der nächste größere Ort ist Tenkasi, 5 m weiter nördlich, der mit Kuttralam durch häufig verkehrende Minibusse verbunden ist.

UNTERKUNFT UND ESSEN

In Kuttralam kann man nur in sehr einfachen Unterkünften übernachten, die in der „Saison" (Juni bis August) meistens alle voll belegt sind. Einen Versuch wert sind die Parani Lodge an der Gasse zu den Main Falls (Tel. 2 25 29) und die bessere Pandian Lodge in der Lakshmipuram Street 39 A (Tel. 2 21 39), nur ein paar Minuten Fußweg von den Fällen entfernt, in der man in einem Einzelzimmer für 40 Rs und in einem Doppelzimmer für 75 Rs übernachten sowie in einem Restaurant essen kann. Um in einem nicht ganz so einfachen Quartier unterzukommen, muß man sich nach Tenkasi begeben. Dort hat das Krishna Tourist Home neben der Bushaltestelle (Tel. 2 31 25) Doppelzimmer für 150 Rs (mit Klimaanlage für 300 Rs) sowie ganz ordentliche nichtvegetarische Gerichte zu bieten. Noch besser ist das Hotel Anandha Classic, 700 m von der Bushaltestelle entfernt an der Straße nach Kuttralam.

AN- UND WEITERREISE
Der Kuttralam nächstgelegene Bahnhof befindet sich in Tenkasi. Züge, die auf der Hauptstrecke zwischen Kollam und Madurai verkehren, halten allerdings 6 km weiter östlich in Shencottah (Sengottai), von wo aus täglich ein Schnellzug in jeder Richtung verkehrt. Schneller und häufiger sind auf dieser Strecke Busse unterwegs.

WESTLICHE GHATS

KODAIKANAL

Einwohner: 30 500
Telefonvorwahl: 04542

Von den drei wichtigsten Bergerholungsorten im Süden Indiens - Udhagamandalam (Ootacamund oder Ooty), Kodaikanal und Yercaud - ist Kodaikanal ohne Zweifel der schönste. Er hat gegenüber Ooty zudem noch den Vorteil, daß die Temperaturen auch im Winter nie so tief sinken, daß man einen Pullover benötigt. Die Stadt liegt am südlichen Rand der Palani Hills, ungefähr 120 km nordwestlich von Madurai auf einer Höhe von 2100 m. Kodaikanal, besser bekannt als Kodai, ist eingebettet in dicht bewaldete Hügel, Wasserfälle und steil abfallende Felsen. Die Fahrten hinauf und hinab sind geradezu atemberaubend, auch wenn man dabei auf eine Spielzeugeisenbahn verzichten und statt dessen einen Bus oder ein Auto benutzen muß. Einige Ausblicke in Richtung Süden sind wunderschön und die Aussichtspunkte von der Ortsmitte zu Fuß leicht zu erreichen.

Kodai hat zudem den Ruf, der einzige Bergerholungsort in Indien zu sein, der in der Zeit der Briten von Amerikanern gegründet wurde, auch wenn es nicht lange dauerte, bis sich zu den Amerikanern auch Briten gesellten. Hier richteten Mitte der vierziger Jahre des vorigen Jahrhundert amerikanische Missionare eine Schule für europäische Kinder ein, dessen Erbe die Kodaikanal International School ist, eine der prestigeträchtigsten Schulen im ganzen Land.

Kodaikanal ist aber nicht nur ein Ort, den man auf der Flucht vor der Hitze in der Ebene aufsucht. Hier erholt man sich, legt die Füße hoch und rafft sich ab und zu einmal zu einem Spaziergang in den stillen *sholas* (Wäldern) auf. An den Bergen der Umgebung stößt man auf Plantagen mit den australischen blauen Gummibäumen, die die Grundlage für das Eukalyptusöl bilden, das an vielen Ständen in den Straßen von Kodaikanal verkauft wird. Hier sieht man aber auch das Kurinji, einen Strauch mit hellen purpurblauen Blüten, die nur alle 12 Jahr einmal aufblühen (das nächste Mal im Jahre 2004), auch wenn bei einigen dieser Pflanzen die natürlichen Uhren nicht im Takt sind und man sie auch zu anderen Zeiten blühen sehen kann.

Die besten Zeiten für einen Besuch in Kodaikanal sind von April bis Juni sowie von August bis Oktober. Hauptsaison ist von April bis Juni, während es hier am feuchtesten von November bis Dezember ist. Die Temperaturen in der Gegend sind mild und betragen im Sommer zwischen 11 Grad und 20 Grad sowie im Winter zwischen 8 Grad und 17 Grad.

Wie in Ooty gibt es in Kodaikanal einen künstlichen See. Dort werden, wie in solchen Erholungsorten üblich, Boote vermietet. Aber dieser Ort ist anders als Ooty noch nicht von Touristen überlaufen, die aus dem Preis für ihren hart verdienten Urlaub jede Rupie herauspressen wollen.

Neben den beiden Restaurants in der Hospital Road gibt es in der ganzen Stadt keine Ziele, an denen man sich abends zu einem Gespräch trifft. Deshalb läuft es meistens darauf hinaus, daß man sich in sein Zimmer zurückzieht und früh schlafen geht.

ORIENTIERUNG

Für einen Bergort ist Kodaikanal bemerkenswert kompakt angelegt. Hauptstraße ist die Bazaar Road (Anna Salai). Hier haben sich auch die ganz billigen Hotels, die Restaurants und die Bushaltestelle angesiedelt. Die meisten, wenn auch nicht alle besseren Hotels findet man in einiger Entfernung vom Basar, aber üblicherweise nicht weiter als 15 Minuten zu Fuß entfernt.

PRAKTISCHE HINWEISE

Im Fremdenverkehrsamt in der Nähe des Busbahnhofes erhält man kaum Informationsmaterial. Geöffnet ist es montags bis samstags von 10.00 bis 13.30 Uhr und von 14.00 bis 17.45 Uhr. Wenn Sie Literatur über Kodaikanal suchen, dann gehen Sie besser in die Buchhandlung CLS, die mehr oder weniger genau gegenüber liegt. In den Banken in der Stadt werden Reiseschecks einiger Organisationen eingelöst, aber Devisen in bar nicht angefaßt.

SEHENSWÜRDIGKEITEN

Astrophysikalisches Observatorium: Das astrophysikalische Observatorium wurde 1889 auf der höchsten

Erhebung der ganzen Gegend erbaut, und zwar 3 km bergauf vom See. Es enthält ein kleines Museum, das allerdings nur freitags von 10.00 bis 12.00 Uhr und von 15.00 bis 17.00 Uhr geöffnet ist. Die Gebäude mit den Instrumenten sind leider nicht zugänglich. Bergauf ist es eine anstrengende, 45 Minuten dauernde Wanderung, bei der man sein Fahrrad schieben muß, aber bergab braucht man dafür nur 5 Minuten. Wenn man mit einem Fahrrad unterwegs ist, dann muß man sich vergewissern, daß die Bremsen in Ordnung sind.

Flora- und Fauna-Museum: Ebenfalls einen Besuch wert ist das Flora- und Fauna-Museum im Sacred Heart College in Shembaganur. Dorthin kommt man nach einem 6 km langen Wanderweg, der zurück immer bergauf führt. Das Museum ist täglich außer sonntags von 10.00 bis 12.00 Uhr und von 15.00 bis 17.00 Uhr geöffnet (Eintritt eine Rupie).

Parks und Wasserfälle: Unweit vom Anfang des Coaker's Walk liegt der Bryant-Park, geplant, angelegt und bepflanzt von einem britischen Offizier, dessen Namen der Park jetzt trägt. Im Chettiar-Park, ca. 3 km von der Stadt bergauf unweit des Kurinji-Andavar-Tempels, kann es gelingen, einige Kurinji-Blumen blühen zu sehen.
Es gibt in der Umgebung dieser Stadt auch viele Wasserfälle. Am bedeutendsten kommt man schon bei der Fahrt nach Kodaikanal vorbei; das ist der Silver Cascade.

FREIZEITBESCHÄFTIGUNGEN

Wanderungen: Die Ausblicke vom Coaker's Walk, bekannt wegen seines Observatoriums mit Teleskop (Eintritt 0,50 Rs, Mitbringen einer Kamera 1 Rs), und von den Pillar Rocks, eine Wanderung von 7 km pro Strecke, sind ein einmaliges Erlebnis. So etwas wie man anderswo in Südindien kaum noch einmal sehen. Wenn man richtige Trekking-Touren unternehmen will, wendet man sich am besten an das Büro des Forstbeamten des Bezirks (District Forest Officer) an der kurvenreichen Straße hinunter (nach Norden) in Richtung Hotel Tamil Nadu. Dort kann man eine Broschüre mit dem Titel *Kodaikanal Beauty in Wilderness* kaufen, in der 17 Wanderungen in der Gegend von Spaziergängen über 8 km bis zu 27 km langen Wanderungen beschrieben sind. Sie kostet 10 Rs und enthält auch eine Kartenskizze sowie Angaben über die Zeit, die man für die einzelnen Strecken braucht, und über den jeweiligen Schwierigkeitsgrad. Geöffnet ist das Forstamt montags bis freitags von 10.00 bis 13.00 Uhr und von 14.00 bis 18.00 Uhr.

Bootsfahrten und Ausritte: Der See in Kodaikanal fügt sich harmonisch in die Landschaft ein. Man kann sich an ihm Boote mieten und auf ihm herumrudern.

Das kostet für eine habe Stunde in einem Ruderboot mit vier Plätzen 20 Rs und in einem Ruderboot mit sechs Plätzen 30 Rs. Außerdem muß man eine rückzahlbare Sicherheit in gleicher Höhe hinterlegen. Erhältlich sind auch Tretboote für 10 bis 20 Rs pro halbe Stunde. Das Bootshaus liegt unterhalb vom Hotel Carlton. Am Bootshaus wird man häufig von Leuten angesprochen, die Pferde vermieten. Das ist nicht gerade ein billiges Vergnügen, denn die Preise richten sich sowieso danach, wie man eingeschätzt wird und was man bereit zu sein scheint zu zahlen. 75 Rs sind der übliche Betrag für einen einstündigen Ausritt. Dann kann man allein ausreiten oder einen Führer mitnehmen. Die Sättel lassen allerdings zu wünschen übrig, insbesondere dann, wenn man an einen eigenen gewöhnt ist.

Roller Skating: Zur Jugendherberge MYH gehört auch eine kleine Anlage für Roller Skater, die man mit einer dort gemieteten Ausrüstung für 20 Rs pro Stunde in Anspruch nehmen darf. Wahrscheinlich ist man aber bereits nach zwei Runden schwindelig geworden.

AUSFLUGSFAHRTEN

Vom Hotel Tamil Nadu aus werden von 8.00 bis 12.00 Uhr und von 14.00 bis 18.00 Uhr Ausflugsfahrten für 65 Rs pro Person angeboten. Daneben veranstalten private Unternehmen mit Büro unweit der Bushaltestelle ganztägige Ausflüge zu 12 bis 16 Sehenswürdigkeiten in der Gegend für 65 bis 75 Rs pro Person.

UNTERKUNFT

Wie in den anderen Bergerholungsorten springen auch hier in der Hochsaison (1. April bis 30. Juni) die Preise auf 300 % dessen in die Höhe, was im Rest des Jahres verlangt wird. In einigen Fällen ist das glatter Betrug, insbesondere am unteren Ende des Marktes. In der Hochsaison lohnt es, in Erwägung zu ziehen, in einem Mittelklassehotel zu übernachten, weil in ihnen die Preise selten um mehr als 100 % steigen, in einigen sogar um deutlich weniger.
Außerdem muß man im Hinterkopf behalten, daß in den meisten Hotels keine Einzelzimmer vermietet werden und in der Hochsaison eine Diskussion um eine Ermäßigung bei Alleinbelegung eines Doppelzimmers kaum erfolgreich ist.
In der Hochsaison muß man sein Zimmer am Abreisetag meistens bis 9 oder 10 Uhr geräumt haben. Lassen Sie es nicht darauf ankommen, für eine weitere Übernachtung bezahlen zu müssen, nur weil Sie erst später am Tag ihr Zimmer verlassen. Im Rest des Jahres werden die Zimmer meistens, aber nicht überall, für jeweils 24 Stunden vermietet.

Einfache Unterkünfte: Viele der ganz preiswerten Hotels findet man an der steilen Bazaar Road. Etliche davon (wie die Guru Lodge) sind ziemlich einfach und bieten nur wenige Annehmlichkeiten. Dort muß man darauf achten, daß genug Decken zur Verfügung gestellt werden, denn nachts wird es ganz schön kühl. Um in diesen Unterkünften morgens Eimer mit heißem Wasser zu erhalten, muß man nach dem „Eimerservice" fragen. Das beste von allen Quartieren in dieser Gegend ist das International Guest House, etwa auf halbem Weg die Bazaar Road hinauf. Hier muß man für ein Doppelzimmer mit Bad 100 Rs bezahlen.

Besser ist da schon das liebenswürdige Hotel Sunrise (Tel. 4 03 58), ein paar Minuten Fußweg von der Bushaltestelle entfernt, in dem man ein Doppelzimmer mit Bad für 100 Rs erhalten kann (keine Einzelzimmer). Die Ausblicke von vorn sind ausgezeichnet, und außerdem stehen in den Zimmern Heißwasserbe-

reiter zur Verfügung, die von 6 bis 18 Uhr in Betrieb sind.

Weiter bergauf, ein kurzes Stück abseits der Club Road, ist die freundliche Taj Villa (Tel. 4 09 40), eine Gruppe von alten Steinhäusern mit einem ruhigen Garten und hervorragenden Ausblicken, eine ausgezeichnete Wahl. Hier muß man für ein Doppelzimmer in der Nebensaison 150 bis 300 Rs und in der Hochsaison 400 bis 600 Rs bezahlen (keine Einzelzimmer). Zu den meistens Zimmern gehören auch ein eigenes Bad und in drei Zimmern im älteren Haus auch Feuerstellen. Für zusätzliche Decken werden jeweils 10 Rs berechnet. Heißes Wasser steht in dieser Unterkunft morgens und abends jeweils für zwei Stunden zur Verfügung.

In der Nähe liegt die Zum Zum Lodge, eine Absteige, die schon eine weit schlechtere Wahl und mit Doppel-

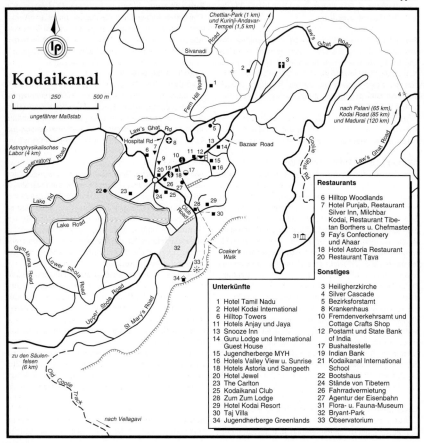

Kodaikanal

0   250   500 m

ungefährer Maßstab

Chettiar-Park (1 km) und Kurinji-Andavar-Tempel (1,5 km)

Sivanadi

Law's Ghat Road

nach Palani (65 km), Kodai Road (85 km) und Madurai (120 km)

Astrophysikalisches Labor (4 km)

Law's Ghat Rd

Hospital Rd

Bazaar Road

Observatory Rd

Coolie Ghat Road

Lake Rd

Lake Road

Gymkhana Road

Lower Shola Road

Upper Shola Road

St Mary's Road

zu den Säulenfelsen (6 km)

Old Coolie Track

nach Vellagavi

Coaker's Walk

Fern Hill Road

Restaurants

6 Hilltop Woodlands
7 Hotel Punjab, Restaurant Silver Inn, Milchbar Kodai, Restaurant Tibetan Borthers u. Chefmaster
9 Fay's Confectionery und Ahaar
18 Hotel Astoria Restaurant
20 Restaurant Tava

Sonstiges

3 Heiligherzkirche
4 Silver Cascade
5 Bezirksforstamt
8 Krankenhaus
10 Fremdenverkehrsamt und Cottage Crafts Shop
12 Postamt und State Bank of India
17 Bushaltestelle
19 Indian Bank
21 Kodaikanal International School
22 Bootshaus
24 Stände von Tibetern
26 Fahrradvermietung
27 Agentur der Eisenbahn
31 Flora- u. Fauna-Museum
32 Bryant-Park
33 Observatorium

Unterkünfte

1 Hotel Tamil Nadu
2 Hotel Kodai International
6 Hilltop Towers
11 Hotels Anjay und Jaya
13 Snooze Inn
14 Guru Lodge und International Guest House
15 Jugendherberge MYH
16 Hotels Valley View u. Sunrise
18 Hotels Astoria und Sangeeth
20 Hotel Jewel
23 The Carlton
25 Kodaikanal Club
28 Zum Zum Lodge
29 Hotel Kodai Resort
30 Taj Villa
34 Jugendherberge Greenlands

zimmern in der Hochsaison für 900 Rs (in der Neben-saison für 150 Rs) auch viel zu teuer ist. Allerdings sind auch hier in einigen Zimmern offene Feuerstellen vor-handen.

Wenn man die Club Road weiter hinaufgeht, liegt am Ende des Coaker's Walk die Jugendherberge Greenlands (Tel. 4 10 99). In diesem langen Cottages aus Stein hat man die besten Ausblicke im ganzen Ort, und hier trifft man auch die meisten Traveller mit wenig Geld. Daher kann es in diesem Haus in der Hochsaison beklemmend voll werden, während es in den kühleren Monaten etwas ungeheuer werden kann. Für ein Bett im Schlaf-saal (6-15 Betten) muß man in der Nebensaison 30 Rs und in der Hochsaison 40 Rs und für eines der acht Doppelzimmer mit Bad in der Nebensaison 80 bis 100 Rs und in der Hochsaison 130 bis 150 Rs bezahlen. In vier dieser Doppelzimmer sind auch Kamine vorhan-den, für die man zum Preis von 25 Rs Holz kaufen kann, das einen Abend lang reichen dürfte. Frühstücken läßt sich hier ebenfalls, und zwar entweder indisch oder mit Toast und Marmelade. Außerdem werden auch Imbisse verkauft.

Eine Jugendherberge gibt es auch im Hotel Tamil Nadu. Ferner kann man in der Jugendherberge MYH an der Post Office Road übernachten.

Mittelklassehotels: Am unteren Ende dieser Preisklas-se ist das Hotel Anjay in der Bazaar Road (Tel. 4 10 89) keine schlechte Wahl, allerdings häufig voll belegt. Doppelzimmer mit Bad (heißes und kaltes Wasser) kosten in der Hochsaison ab 350 Rs und in der Neben-saison ab 250 Rs. Das Hotel Jaya unmittelbar dahinter (Tel. 4 10 62) ist geringfügig preisgünstiger und hat auch Einzelzimmer zu vermieten. Nur ein Stück die Straße weiter hinunter gelangt man zum neuen Snooze Inn (Tel. 4 08 37) mit sauberen Zimmern, die auch mit Fernsehgerät ausgestattet sind und in denen fließendes heißes Wasser zur Verfügung steht. Hier muß man für ein Doppelzimmer in der Nebensaison 245 Rs und in der Hochsaison 450 Rs bezahlen. Einzelzimmer wer-den nicht angeboten.

In der Nähe liegt das Hotel Sangeeth (Tel. 4 04 56), in dem man in einem Doppelzimmer in der Hochsaison für 250 Rs und in der Nebensaison für 170 Rs ganz gut wohnt. Auch hier verfügen alle Zimmer über ein Bad mit heißem und kaltem Wasser. Nebenan liegt das Hotel Astoria (Tel. 4 05 24) mit normalen Doppelzim-mern für 275 Rs in der Nebensaison und 475 Rs in der Hochsaison und Luxusdoppelzimmern für 300 bzw. 500 Rs. Im Restaurant dieses Hauses werden nord- und südindische Gerichte serviert.

Eines der besten Quartiere in dieser Preisklasse ist das Hotel Kodai Resort an der Noyce Road (Tel. 4 18 01), das unweit vom Anfang des Coaker's Walk liegt. Es wird hauptsächlich von Reisegruppen in Anspruch ge-

nommen. Die Cottages, alle mit Wohnzimmer, Schlaf-zimmer und Bad (ständig auch heißes Wasser), sind gut gebaut sowie komfortabel und kosten in der Neben-saison ab 290 Rs sowie in der Hochsaison 590 Rs. Zu dieser Anlage gehören auch ein eigenes Restaurant, in dem indische, chinesische und westliche Gerichte ser-viert werden, und sogar ein beaufsichtigter Kinder-spielplatz.

An der Spitze der Hospital Road liegt das Hotel Jewel (Tel. 4 10 29), das mit normalen Doppelzimmern für 500 Rs und Luxusdoppelzimmern für 550 Rs (Hochsai-son) und 250 bzw. 275 Rs (Nebensaison) eine ausge-zeichnete Wahl ist. Alle Zimmer sind gut möbliert sowie mit Teppichen von Wand zu Wand und Farbfern-sehgerät ausgestattet.

Das schon ältere Hotel Tamil Nadu an der Fern Hill Road (Tel. 4 13 36, Fax 4 13 40) liegt einen langen Weg von der Stadtmitte entfernt und ist schon etwas abge-wohnt. Hier werden für ein Doppelzimmer in der Neben-saison 250 Rs und in der Hochsaison 400 Rs sowie für ein Cottage 300 bzw. 500 Rs in Rechnung gestellt. Dieses Haus hat ebenfalls ein Restaurant zu bieten, aber auch eine der wenigen Bars in Kodai.

Wenn man einmal einen Eindruck von einem exklusi-ven alten Club gewinnen möchte, kommt man am Kodaikanal Club (Tel. 4 13 41), gelegen auf einem gepflegten Grundstück nahe am See in der Club Road, nicht vorbei. Gegründet 1887, kann sich dieses Club-haus im Kolonialstil einer Bibliothek, eines Video-zimmers sowie eines Badmintonplatzes und mehrerer Billardtische rühmen, verfügt aber auch über vier (mat-schige) Tennisplätze, eine Bar (mit preisgünstigem Bier) und einen Speiseraum. Vermietet werden hier 16 große Doppelzimmer, für die man in der Nebensaison 410 Rs und in der Hochsaison 600 Rs bezahlen muß. Im Übernachtungspreis sind auch die obligatorische vor-übergehende Clubmitgliedschaft (40 Rs pro Tag, die zur Benutzung aller Einrichtungen berechtigt) sowie Frühstück (indisch oder westlich) und „Tee am Bett" (serviert zwischen 6 und 7 Uhr) enthalten. Alle Zimmer sind anheimelnd und verfügen auch über einen angren-zenden Wohnbereich, ein Bad, ein Fernsehgerät, Korb-sessel und heißes Wasser rund um die Uhr. In diesem Haus darf man nicht damit rechnen, in der Hochsaison kurzfristig unterzukommen, denn für diese Zeit sind alle Zimmer monatelang im voraus reserviert.

Luxushotels: Das beste Quartier am unteren Ende dieser Kategorie ist das Hilltop Towers an der Club Road (Tel. 4 04 13, und zwar gegenüber der Kodaikanal International School. Die Mitarbeiter sind eifrig sowie freundlich und vermieten Doppelzimmer in der Neben-saison für 300 Rs und in der Hochsaison für 575 Rs sowie Suiten, die in der Nebensaison 400 Rs und in der Hochsaison 700 Rs kosten.

Ebenfalls sehr gut ist das nagelneue Hotel Valley View an der Post Office Road (Tel. 4 01 81). Hier sind alle Zimmer gut eingerichtet und bieten nach vorn hin auch herrliche Ausblicke in das Tal. In diesem Haus werden in der Nebensaison Einzelzimmer für 500 Rs und Doppelzimmer für 600 Rs angeboten, in der Hochsaison für 850 bzw. 1100 Rs. In diesen Preisen ist jedoch Vollpension enthalten. Im Restaurant werden Gerichte der Gujarat-, Punjab-, Tandori- und China-Küche angeboten. Inzwischen sollte auch der „Permit Room" voll in Betrieb sein.

Wenn man davon ausgeht, wie für das Hotel Kodai International (Tel. 406 49, Fax 4 07 53) auf dem ganzen Weg von der Ebene hinauf nach Kodaikanal geworben wird, müßte man glauben, es sei das beste Hotel im Ort. Das stimmt aber nicht. Es ist sogar eines der am ungünstigsten gelegenen, auch wenn die Zimmer komfortabel sind und alle Annehmlichkeiten enthalten, die man erwartet. Hier muß man für ein Doppelzimmer in der Nebensaison 575 Rs und in der Hochsaison 995 Rs sowie für eine Suite 800 bzw. 1395 Rs bezahlen. Das Essen im Restaurant ist allenfalls durchschnittlich. Eine Bar ist ebenfalls vorhanden.

Das angesehenste Hotel der Stadt ist das Carlton in der Lake Road (Tel. 4 00 71). Es ermöglicht einen Blick auf den See und war früher ein Holzgebäude im Kolonialstil, wurde aber vor kurzem total umgebaut und ist nun geradezu prächtig. Hier muß man mit Vollpension für ein Einzelzimmer in der Nebensaison 1400 Rs und in der Hochsaison 1640 Rs und für ein Doppelzimmer 2150 bzw. 2650 Rs bezahlen. Angeboten werden aber auch noch teurere Suiten und Cottages. Bezahlen kann man auch mit einer Kreditkarte. Zum Hotel gehören ferner eine Bar und ein Restaurant.

ESSEN

Um nach einem preisgünstigen Lokal Ausschau zu halten, eignet sich die Hospital Road. Hier finden sich die meisten Traveller, aber auch die Schüler der Kodaikanal International School ein. Angeboten wird eine ganze Bandbreite von Gerichten. Für welches Lokal man sich letztlich entscheidet, ist eine Frage des persönlichen Geschmacks und davon abhängig, mit wem man zusammen ist. Sie alle sind eigentlich ganz gut.

An der Spitze der Straße liegt unterhalb vom Hotel Jewel das Restaurant Tava, in dem man vegetarische Gerichte aus Indien essen kann.

Wenn man die Straße weiter hinuntergeht, kommt man der Reihe nach zum Hotel Punjab (ausgezeichnete Tandoori-Spezialitäten), zum winzigen Ahaar (vegetarische Speisen), zum Restaurant Silver Inn (westliche Gerichte und sehr beliebt), zur alten Kodai Milk Bar, zum Restaurant Tibetan Brothers (westlich angehauchte tibetische Gerichte) und zum Chefmaster (west-

liche und chinesische Gerichte sowie Speisen aus Kerala).

Ebenfalls an der Hospital Road liegt das Fay's Confectionary, eine kleine Imbißstube mit dem besten Gebäck und dem besten Kuchen nach Hausmacherart, in dem einige Sachen geradezu göttlich munden. Geöffnet ist es außer dienstags von 11.00 bis 20.00 Uhr. Zu empfehlen ist aber auch das Eco Nut, ebenfalls an der Hospital Road.

Auf der Suche nach einem preiswerten vegetarischen Essen aus Indien empfiehlt sich das Restaurant im Hotel Astoria.

Ein fast schon klassisches indisches Restaurant mit „Meals" ist das Hilltop Woodlands neben dem Hotel Hilltop Towers. Dieses Lokal ist insbesondere mittags unendlich beliebt.

Wenn man sich einmal ein Festessen gönnen will, dann geht man in eines der Mittelklassehotels oder am besten zum ausgezeichneten Buffet von 19.30 bis 22.00 Uhr im Hotel Carlton, für das man 175 Rs bezahlen muß, das dieses Geld aber durchaus wert ist. Nach dem Essen kann man sich in der Bar erholen, auch wenn die Getränke dort im Vergleich zu anderswo ganz schön teuer sind.

EINKÄUFE

Im Cottage Crafts Shop in der Hauptstraße werden einige ausgezeichnete Sachen verkauft. Das Geschäft wird vom Coordinating Council for Social Concerns in Kodai (CORSOCK) betrieben. Diese Organisation, die von ehrenamtlichen Mitarbeitern geleitet wird, verkauft Kunsthandwerk im Auftrag von Entwicklungsgruppen und verwendet die Provision, um Bedürftigen zu helfen.

Der CORSOCK unterhält auch das Goodwill Centre an der Hospital Road. Dort werden Bekleidungsstücke verkauft und Bücher ausgeliehen. Auch die Gewinne dieser Institution kommen Bedürftigen zugute.

Die Straße hinunter zum See (entlang vom Kodaikanal Club) ist gesäumt von Ständen, an denen Tibeter warme Kleidungsstücke, Schals und Stoffe verkaufen. Die Preise dafür sind durchaus annehmbar.

Kodai liegt auch in einer Gegend mit fruchtbaren Obstgärten, so daß man im Ort je nach Saison die verschiedensten Früchte kaufen kann, darunter Birnen, Avocados, Guaven, Durians und Pampelmusen. All das ist an Ständen um die Bushaltestelle herum zu haben.

AN- UND WEITERREISE

Bus: Die Bushaltestelle in Kodaikanal ist im Grunde genommen nichts anderes als ein Schotterplatz gegenüber vom Hotel Astoria. Fahrpläne, wenn überhaupt vorhanden, gibt es nur in Tamil. Auch die jeweiligen Zielorte an den meisten Bussen sind nur in Tamil angegeben. Täglich fahren mindestens acht staatliche

Busse nach Madurai (121 km, 3¹/₂ Stunden, 18 Rs), je einer nach Tiruchirappalli (197 km) und nach Kanyakumari (356 km) sowie je zwei nach Coimbatore (244 km) und Madras (513 km). Nach Palani (65 km, 3 Stunden, 20 Rs), Dindigul und Kodai Road (zum Bahnhof) verkehren häufiger Busse. Außerdem verkehrt täglich ein Semi-Luxusbus der KSRTC nach Bangalore (90 Rs), der den Ort um 18.00 Uhr verläßt und bis zum Ziel 12 Stunden braucht (480 km).

In der Hochsaison werden zudem zwischen Kodaikanal und Udhagamandalam (Ooty) Luxusminibusse eingesetzt. In der Monsunzeit verkehren sie allerdings nicht. Mit ihnen kostet eine Fahrt rund 130 Rs. Man braucht in ihnen bis zum Ziel (332 km) einen ganzen Tag. Nach der Abfahrtszeit kann man sich in den Mittelklassehotels erkundigen.

Zug: Die nächsten Bahnhöfe sind in Palani im Norden (an der Strecke zwischen Coimbatore, Madurai und Rameswaram) und in Kodaikanal Road im Osten (an der Strecke zwischen Madurai, Trichy und Madras). Beide Bahnhöfe sind jeweils drei Stunden Busfahrt entfernt.

In Kodaikanal gibt es von der Bushaltestelle hinauf ein Reservierungsbüro der Eisenbahn, in dem man Plätze für die Schnellzüge nach Madras buchen kann. Platzreservierungen für andere Züge muß man in Madurai vornehmen.

NAHVERKEHR

Am Stand vor dem Hotel Carlton kann man Fahrräder für 5 Rs pro Stunde und 40 Rs pro Tag sowie kleine Motorräder vom Typ Kinetic Honda für 100 Rs pro Stunde (einschließlich Treibstoff) und für 300 Rs pro Tag (ohne Treibstoff) mieten. Am Stand unweit der Ecke der Bazaar Road und der Club Road kann man sich ein normales Fahrrad für 15 Rs pro Tag (Verhandlungssache) besorgen. Die Hügel können sich für Fahrradfahrten als ganz schön problematisch erweisen, aber wenn man sein Fahrrad erst einmal hinaufgeschoben hat, kann man von oben wieder hinunterrasen.

Taxifahrten sind in Kodaikanal vergleichsweise teuer, auch wenn die Hälfte der Taxis den ganzen Tag über an der Taxihaltestelle herumsteht. Rikschas irgendeiner Art sieht man in Kodaikanal nicht.

DIE UMGEBUNG VON KODAIKANAL

PALANI

Wenn man mit einem Bus von Kodaikanal nach Palani fährt, kann man herrliche Ausblicke auf die Ebene genießen, in der verstreut Felsbrocken herumliegen. Der Malaikovil-Tempel auf dem Hügel des Ortes ist Lord Maruga geweiht. Hier lassen sich Pilger mit einer elektrischen Winde bis zum Gipfel ziehen. Im Januar jedes Jahres versammeln sich anläßlich des Thai-Pusam-Festes etwa 20 000 Pilger an diesem Tempel. Einzelheiten über die Verkehrsverbindungen nach Palani lassen sich dem Abschnitt über Kodaikanal weiter oben entnehmen.

TIERSCHUTZGEBIET ANAMALAI

Anamalai ist eines von drei Tierschutzgebieten an den Hängen der Westlichen Ghats entlang der Grenze zwischen Tamil Nadu und Kerala. Obwohl es vor kurzem in Tierschutzgebiet Indira Gandhi umbenannt wurde, bezeichnen es die meisten Leute immer noch mit seinem ursprünglichen Namen. Das Schutzgebiet umfaßt eine Fläche von nahezu 1000 Quadratkilometern und ist die Heimat von Elefanten, Gaur (indischen Büffeln), Tigern, Panthern, geflecktem Wild, Wildschweinen, Bären, Stachelschweine und Zibetkatzen. Auch der Nilgiri-Thar, den man bei uns eher unter der Bezeichnung Steinbock kennt, sowie viele Vogelarten sind vertreten. Im Herzen dieser wunderschön bewaldeten Region liegt der Parambikulam-Stausee, eine riesige Wasserfläche,

die bis nach Kerala hineinreicht. Die Rechte an dem Wasser in diesem Stausee, das vorwiegend für Bewässerung und Stromerzeugung in Tamil Nadu benutzt wird, haben in der Gegend schon zu harten Auseinandersetzungen geführt.

PRAKTISCHE HINWEISE

Das Empfangsbüro (Reception Centre) und die meisten Lodges befinden sich in Topslip, ca. 35 km südwestlich von Pollachi. Alle Unterkünfte müssen allerdings im Büro des Wildlife Warden in Pollachi an der Meenkarai Road (Tel. 43 45) reserviert werden. In Topslip wird eine Gebühr für das Betreten des Schutzgebietes nicht erhoben, aber wenn man nach Parambikulam an der

Seite des Parks fährt, die in Kerala liegt, muß man als Eintritt 25 Rs bezahlen.

Besuchen kann man das Schutzgebiet das ganze Jahr über (am besten von Februar bis Juni), aber ohne eigenes Verkehrsmittel wird man wahrscheinlich nicht viel sehen. Rundfahrten werden nur selten veranstaltet, weil das einzige Fahrzeug des Forstamtes für die Beobachtung der Tierwelt ständig reparaturbedürftig ist und der Bus, der täglich zwischen Pollachi und Parambikulam verkehrt, bis auf Affen alle Tiere verscheucht.

UNTERKUNFT UND ESSEN

Zum Übernachten werden drei Möglichkeiten angeboten. In Topslip stehen ein Schlafsaal und drei Lodges zur Verfügung, von denen das Ambuli Illam, 3 km vom Empfangsgebäude entfernt, die beste ist. Wissen muß man in diesem Zusammenhang, daß es in Torslip auf 740 m Höhe im Winter ganz schön kalt werden kann. Etwa 24 km östlich von Topslip liegt unweit des Varagaliar, eines Flusses, und eines abgelegenen Elefantenlagers das Varagaliar Rest House. Es ist nur in Wagen mit Allradantrieb zu erreichen und zum Übernachten nur dann geeignet, wenn man sich selbst versorgt. Daneben gibt es in Parambikulam noch ein sehr einfaches Rest House ohne Kochmöglichkeit, dafür in der Nähe aber einige schmuddelige Lokale mit „Meals". In der Kantine in Topslip erhält man einfache Speisen (Dosas und Chapatis). Das ist die einzige Stelle im Park, an der man zumindest halbwegs ordentlich essen kann.

AN- UND WEITERREISE

Anamalai liegt zwischen Palani und Coimbatore und ist von beiden Städten mit regelmäßig verkehrenden Bussen zu erreichen, die in Pollachi, dem nächstgelegenen größeren Ort, halten. Dieser Ort liegt auch an der Eisenbahnstrecke von Coimbatore nach Dindigul. Von Pollachi sind zweimal täglich Busse über die Ortschaft Anamali zum Schutzgebiet unterwegs. Für eine Taxifahrt zwischen Pollachi und dem Schutzgebiet muß man pro Strecke mit 300 Rs rechnen.

COIMBATORE

Einwohner: 1,2 Millionen
Telefonvorwahl: 0422
Coimbatore ist eine große Industriestadt, bekannt für die Herstellung von Textilien sowie für die Maschinenbauerzeugnisse, und ist voll von Läden mit Hemden und anderen Kleidungsstücken. Die Stadt eignet sich gut für eine bequeme Übernachtung auf dem Weg nach Ootacamund (Ooty) und anderen Bergorten in den Nilgiri-Bergen.

ORIENTIERUNG UND
PRAKTISCHE HINWEISE

Die beiden Busbahnhöfe liegen etwa 2 km vom Bahnhof entfernt. Busse aus Kerala und dem südlichen Tamil Nadu kommen an einem dritten Busbahnhof mit dem Namen Ukkadam südlich vom Bahnhof an. Von dort sind häufig Stadtbusse in Richtung Zentrum unterwegs.

Im Bahnhof gibt es zwar ein Fremdenverkehrsamt, aber man muß schon lange nachdenken, wenn man einen Grund finden will, um dorthin zu gehen. Postlagernde Sendungen lassen sich im Hauptpostamt montags bis samstags zwischen 10.00 und 15.00 Uhr abholen.

UNTERKUNFT

Einfache Unterkünfte: In der Nähe des Busbahnhofs liegt in der Sastri Road 11/148 das Hotel Sree Shakti (Tel. 23 42 25), ein großes Haus mit freundlichen Mitarbeitern. Die Zimmer sind mit Ventilator sowie Bad ausgestattet und kosten als Einzelzimmer 75 Rs sowie als Doppelzimmer 120 Rs. Ebenfalls an der Sastri Road liegt das einfachere Hotel Zakin mit Einzelzimmern für 50 Rs und Doppelzimmern für 80 Rs.

Eine gute Wahl an der Nehru Road ist das Hotel Blue Star (Tel. 23 06 35) mit Zimmern mit Bad (heißes Wasser von 7 bis 9 Uhr) für 90 bzw. 150 Rs. In den Zimmern nach hinten hat man Ruhe vor dem Krach vor den ausgelassenen Leuten, die auf Einlaß in das Kino warten. Dieses Hotel hat im Untergeschoß auch eine Bar und daneben ein vegetarisches und nicht-vegetarisches Restaurant zu bieten.

Gegenüber vom Bahnhof findet man in der kleinen Davey & Co Lane eine weitere Reihe von relativ ruhig gelegenen Hotels. Dort sind sowohl das Hotel Anand Vihar (Tel. 21 25 80) als auch das nahegelegene Hotel Sivakami (Tel. 21 02 71) freundlich und von hilfsbereiten Mitarbeitern geführt. In beiden muß man für ein Einzelzimmer 55 Rs und für ein Doppelzimmer 100 Rs entrichten (mit Bad).

Die lauten Ruheräume im Bahnhof (Railway Retiring Rooms) kosten jeweils 120 Rs (mit Klimaanlage 175 Rs). Für ein Bett im Schlafsaal (nur Männer) muß man 35 Rs ausgeben.

Mittelklassehotels: Im Hotel Tamil Nadu in der Dr. Nanjappa Road (Tel. 23 63 11) kann man ein ganz ordentliches Zimmer allein für 150 Rs und zu zweit für

190 Rs bewohnen, klimatisiert für 250 bzw. 300 Rs. Vermietet werden ferner Luxusdoppelzimmer für 400 Rs.

Das Hotel City Tower (Tel. 23 06 81, Fax 23 01 03) wartet gleich mit einer ganzen Reihe von Einrichtungen für die Gäste auf, darunter zwei Restaurants (vegetarisch und nichtvegetarisch). Verglichen mit Hotels anderswo wohnt man hier in einem Einzelzimmer für 310 Rs oder in einem Doppelzimmer für 400 Rs (mit Klimaanlage für 450 bzw. 600 Rs) ausgezeichnet. Die Mitarbeiter akzeptieren zum Bezahlen auch Kreditkarten.

Im Spitzenhotel Surya International in der Racecourse Road 105 (Tel. 21 77 51, Fax 21 61 10) kommt man in luxuriösen Zimmern allein für 550 Rs und zu zweit für 700 Rs unter.

ESSEN

Ein recht großes Lokal ist das Restaurant Royal Hindu ein wenig nördlich vom Bahnhof. Hier erhält man gute vegetarische Gerichte. Leckeres nichtvegetarisches Essen zu annehmbaren Preisen wird im Hotel Top Form an der Nehru Road angeboten. Für ein Festessen eignen sich die beiden Restaurants im Hotel City Tower. An Bars besteht in Coimbatore kein Mangel. Außerdem werden sie hier auch anders als sonst in Tamil Nadu

nicht mit dem Begriff „Permit Room" schlecht gemacht.

AN- UND WEITERREISE

Flug: Büros von Indian Airlines (Tel. 21 27 43) und Air India (Tel. 21 39 33) findet man an der Trichy Road, und zwar etwa einen Kilometer vom Bahnhof entfernt. Flugverbindungen mit Indian Airlines bestehen von Coimbatore nach Bangalore (viermal wöchentlich, 32 US $), nach Bombay (fünfmal wöchentlich, 94 US $), über Bangalore (32 US $) nach Madras (viermal wöchentlich, 53 US $) und nach Madurai (dreimal wöchentlich, 26 US $).

Daneben fliegen East West Airlines (Tel. 21 02 85), Damania Airways (Tel. 57 68 98) und Jet Airways (Tel. 21 20 36) täglich nach Bombay (94 US $), während man mit NEPC Airlines (Tel. 21 67 41) mindestens einmal täglich nach Madras (55 US $) und dreimal wöchentlich nach Mangalore (110 US $) kommt.

Bus: Coimbatore verfügt über einen großen und gut funktionierenden staatlichen Busbahnhof. Die Fahrpläne sind auch hier nur in Tamil ausgehängt, ausgenommen für die Busse nach Bangalore und Mysore. Vorhanden sind vier Bussteige. Fahrkarten für die Busse nach Bangalore (zweimal täglich, 312 km, 9 Stun-

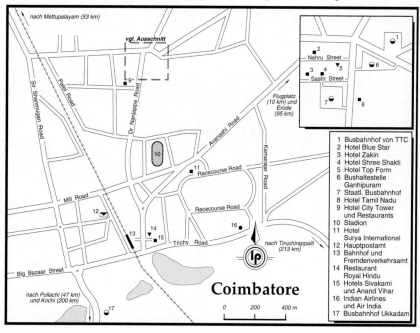

Coimbatore

0   200   400 m

1 Busbahnhof von TTC
2 Hotel Blue Star
3 Hotel Zakin
4 Hotel Shree Shakti
5 Hotel Top Form
6 Bushaltestelle Ganhipuram
7 Staatl. Busbahnhof
8 Hotel Tamil Nadu
9 Hotel City Tower und Restaurants
10 Stadion
11 Hotel Surya International
12 Hauptpostamt
13 Bahnhof und Fremdenverkehrsamt
14 Restaurant Royal Hindu
15 Hotels Sivakami und Anand Vihar
16 Indian Airlines und Air India
17 Busbahnhof Ukkadam

den, 68 Rs) und Mysore (dreimal täglich, 205 km, 40 Rs) können im voraus im Reservierungsbüro am Bussteig 1 zwischen 9.00 und 12.00 Uhr sowie zwischen 13.00 und 21.30 Uhr gekauft werden. Die normalen Busse nach Ooty (90 km, 3 Stunden, 14 Rs) fahren gegenüber der Vorverkaufsstelle tagsüber alle halbe Stunde ab.

Der Busbahnhof der TTC und der JJTC befindet sich in der Cross Cut Road, 5 Minuten zu Fuß vom staatlichen Busbahnhof entfernt. Hier ist die Vorverkaufsstelle (Tel. 4 49 69) täglich von 7.00 bis 21.00 Uhr geöffnet. Busverbindungen bestehen über Ooty nach Mysore (zwischen 4 und 24 Uhr 20 mal), Madras (Linie 460, fünfmal täglich, 11½ Stunden), Madurai (Linien 600 und 626, 227 km, 6 Stunden) und Trichy (Linie 700, 15 Busse täglich, 5¼ Stunden).

Zug: Coimbatore ist ein wichtiger Eisenbahnknotenpunkt. Von hier bestehen Verbindungen nach allen größeren Städten. Wenn man nach Ooty will, kann man mit dem *Nilgiri Express* um 6.20 Uhr fahren. Er bietet in Mettupalayam Anschluß an die Kleinbahn. Die gesamte Fahrt nach Ooty dauert 4½ Stunden und kostet in der 2. Klasse 28 Rs sowie in der 1. Klasse 166 Rs.

Außerdem verkehren täglich zahlreiche Züge zwischen Coimbatore und dem Bahnhof Central in Madras (494 km), von denen mit 7½ Stunden Fahrzeit der schnellste der *Kovai Express* mit Abfahrt um 14.20 Uhr ist. Der Fahrpreis beträgt in der 2. Klasse 102 Rs und in der 1. Klasse 382 Rs. Andere Züge brauchen bis zu neun Stunden.

Der täglich verkehrende *Rameswaram Express* fährt um 22.45 Uhr über Madurai (229 km, 6 Stunden, 2. Klasse 56 Rs und 1. Klasse 205 Rs) nach Rameswaram

(393 km, 13 Stunden, 2. Klasse 107 Rs und 1. Klasse 326 Rs). Nach Bangalore kommt man täglich mit dem *Kanyakumari-Bangalore Express* (424 km, 9 Stunden, 2. Klasse 114 Rs und 1. Klasse 347 Rs). In Gegenrichtung fährt dieser Zug nach Kanyakumari (510 km, 13½ Stunden, 2. Klasse 130 Rs und 1. Klasse 387 Rs).

Wenn man zur Küste von Kerala will, kann man den täglichen *West Coast Express* benutzen, der von Madras Central kommt und dann nach Kozhikode/Calicut (185 km, 4½ Stunden) und weiter nach Bangalore (504 km, 9 Stunden) fährt.

NAHVERKEHR

Flughafentransfer: Der Flughafen liegt 10 km östlich der Stadt und ist mit Bussen der Linie 20 vom staatlichen Busbahnhof sowie mit Bussen der Linien 10 und 16 vom Bahnhof zu erreichen. Außerdem wird ein Flughafenbus eingesetzt, der am Hotel City Tower abfährt und außer zu denen von NEPC Airlines Anschluß zu allen Flügen bietet (25 Rs). Für eine Fahrt mit einer Auto-Rikscha muß man mit 80 Rs rechnen.

Bus: Zwischen dem Bahnhof und dem Busbahnhof in der Stadt (auch bekannt als Gandhipuram) pendeln ständig viele Busse, unter anderem der Linien JJ, 24, 55 und 57. Für eine Fahrt von Gandhipuram zum Hauptpostamt benutzt man am besten einen Bus der Linien 3, 5 oder 15.

Auto-Rikscha: Die Fahrer der Auto-Rikschas in Coimbatore müssen im allgemeinen erst davon überzeugt werden, daß es besser ist, ihren Taxameter anzustellen. Mit ihnen kostet eine Fahrt vom Bahnhof zu einem der Busbahnhöfe etwa 10 Rs.

· COONOOR

Einwohner: 46 000
Telefonvorwahl: 04264

Coonoor auf einer Höhe von 1850 m ist der erste der drei Bergerholungsorte in den Nilgiri-Bergen, in den man gelangt, wenn man die südlichen Ebenen hinter sich läßt. Die anderen beiden sind Udhagamandalam (Ooty) und Kotagiri. Wie Ooty liegt Coonoor an der Strecke der Spielzeugeisenbahn von Mettupalayam.

Während in Kotagiri die Kota und in Ooty die Toda lebten, war Coonoor die Heimat der Coon, eines Bergstammes (die Nachsilbe *oor* bedeutet Dorf). Der heute ziemlich geschäftige Ort erscheint zwischen den Bergen reichlich eingezwängt, so daß man erst nach einem Aufstieg vom Marktgebiet mit dem Busbahnhof und dem Bahnhof sowie immer viel Betrieb einen Eindruck

davon gewinnt, was Bergerholungsorte früher darstellten. Nicht zuletzt aus diesem Grund liegen die meisten besseren Hotels in Ober-Coonoor.

UNTERKUNFT UND ESSEN

Die beste preisgünstige Unterkunft ist das Gästehaus der YWCA in Ober-Coonoor (Tel. 2 03 26). Offen für Frauen und Männer, ist das ein gemütliches altes Haus aus der Kolonialzeit mit zwei hölzernen Terrassen und Ausblicken über ganz Coonoor. Hier muß man für ein Einzelzimmer 100 Rs und für ein Doppelzimmer 250 Rs bezahlen (mit Bad). Man kann aber auch für 60 Rs in einem Schlafsaal übernachten. Heißes Wasser steht im Haus ebenso zur Verfügung wie einfaches Essen. Zu erreichen ist das Haus mit einem Bus bis „Bedford", von wo es nur noch fünf Minuten zu Fuß bis zum Ziel sind. Einen Versuch wert ist auch das nahegelegene Vivek Tourist Home (Tel. 2 06 58), in dem man in der Nebensaison in einem Einzelzimmer für 70 Rs und ein einem Doppelzimmer für 100 Rs sowie in der Hochsaison für 150 bzw. 200 Rs etwas preisgünstiger unterkommt. Viel besser sind die Übernachtungsmöglichkeiten im Taj Garden Retreat auf der Spitze eines Berges in Ober-Coonoor (Tel. 2 00 21). Hier werden für ein Standardeinzelzimmer 38 US $ und für ein Standarddoppelzimmer 60 US $ verlangt, während man für ein Luxuszimmer allein 39 US $ und zu zweit 75 US $ bezahlen muß. Diese Preise werden in der Hochsaison sogar noch um 50 % heraufgesetzt. Dafür kann man sich im Restaurant des Hauses aber auch an einem ausgiebigen Buffet bedienen.

Im Restaurant Sankar neben dem Vivek Tourist Home erhält man einfache, aber gute nichtvegetarische Gerichte und preiswertes indisches Frühstück. Will man etwas besser essen, begibt man sich am besten in das nichtvegetarische Restaurant Blue Hill an der Mount Road.

AN- UND WEITERREISE

Coonoor liegt an der Strecke der Spielzeugeisenbahn zwischen Mettupalayam (28 km) und Ooty (18 km). Einzelheiten dazu finden Sie im Abschnitt über Ooty weiter unten. Busse nach Kotagiri fahren alle 15 Minuten (5 Rs).

KOTAGIRI

Einwohner: 25 000
Telefonvorwahl: 042 66
Kotagiri (Reihe von Häusern der Kota) ist ein kleiner, ruhiger Ort und liegt auf einer Höhe von 1950 m 28 km östlich von Ooty. Obwohl er der älteste der drei Bergerholungsorte in den Nilgiri-Bergen ist, in dem die Briten bereits 1819 mit dem Bau von Häusern begannen, ist er weniger touristisch als Ooty und ruhiger als Coonoor.
Heutzutage dreht sich das Leben hier um den Anbau von Tee. Die Straße nach Ooty windet sich entlang der Berge und läßt Platz für die hellgrünen Teeplantagen, zwischen denen man verstreut Siedlungen der Kota sehen kann.
Kotagiri ist ein guter Ausgangspunkt für Ausflüge zu den Catherine Falls (8 km), gelegen in der Nähe der Straße nach Mettupalayam, aber auf den letzten drei Kilometern nur zu Fuß zu erreichen, den Elk Falls (6 km) sowie zum Aussichtspunkt Kodanad (22 km), von wo aus man eine gute Sicht über die Ebene von Coimbatore, das Plateau von Mysore und die östlichen Hänge der Nilgiris hat.
Im Ort kann man unweit vom Ramchand-Platz einen Laden der Frauengenossenschaft aufsuchen, in dem Kunsthandwerk aus der Gegend verkauft wird.

UNTERKUNFT UND ESSEN

In Kotagiri gibt es einige sehr einfache Unterkünfte, z. B. die Majestic Lodge, das Blue Star und das Hotel Ramesh Vihar. In allen beginnen die Preise für ein Doppelzimmer mit Bad bei ca. 75 Rs.
Verlockend wegen seiner anheimelnden und wunderschönen Lage ist das Queenshill Christian Guest House, gelegen einen Kilometer bergauf hinter der Bushaltestelle und am Laden der Frauengenossenschaft vorbei. Ruth Rose, die freundliche und gemütliche Frau, die dieses Quartier führt, hat wunderschön möblierte Zimmer für 85 Rs pro Person einschließlich Frühstück zu bieten (mit Vollpension für 200 Rs). Wenn möglich, wird das Essen mit allen Gästen zusammen serviert. Abends kann man sich hier vor dem Feuer in einem offenen Kamin mit einem Buch aus dem Regal niederlassen.
Die üblichen Speisen erhält man im Restaurant Kasturi Paradise gegenüber vom Haus der Frauengenossenschaft.

AN- UND WEITERREISE

Nach Ooty verkehren regelmäßig Busse (5 Rs), die auf ihren Fahrten einen der höchsten Pässe in ganz Tamil Nadu überqueren. Busse nach Mettupalayam beginnen ihre Fahrten alle 30 Minuten (5,50 Rs), Busse nach Coonoor alle 15 Minuten (5 Rs).

UDHAGAMANDALAM (OOTACAMUND, OOTY)

Einwohner: 87 000
Telefonvorwahl: 0423
Dieser berühmte Bergerholungsort in der Nähe der Stelle, an der die drei Bundesstaaten Tamil Nadu, Kerala und Karnataka zusammentreffen, liegt in den Nilgiri-Bergen und wurde zu Beginn des 19. Jahrhunderts von Briten als Sommerresidenz der Regierung in Madras gegründet. Vorher lebten in dieser Gegend die Toda,

ein Stamm, von dem nur noch 3000 Angehörige übriggeblieben sind. Die Toda kannten die Vielweiberei und verehrten Büffel. Ihre animistischen Schreine kann man noch vielerorts sehen.

Bis vor zwei Jahrzehnten wirkte die Stadt auf einer Höhe von 2240 m mit ihren einstöckigen Steinhäusern, umgeben von eingezäunten Blumengärten sowie gelegen in gewundenen kleinen Straßen, und großen, alles überragenden Eukalyptusbäumen auf den sonst so kahlen Hügeln wie eine Mischung aus Südengland und Australien. Nachdem man diese Bäume im 19. Jahrhundert hierhergebracht hatte, entstand ein kleiner Wirtschaftszweig mit Eukalyptusöl. Flaschen mit diesem Erzeugnis werden in vielen Läden angeboten.

Weitere Überbleibsel aus der britischen Zeit sind die Kirchen aus Stein, private Schulen, der Ooty Club, mehrere Sommerpaläste von Maharadschas und der in Terrassen angelegte Botanische Garten, in dem das Regierungsgebäude (Government House) immer noch steht.

In Teilen von Ooty ist die dahinwelkende Atmosphäre von Privilegien ohne Hast, grüner Abgeschiedenheit und Nostalgie nach „green, green grass of home" immer noch zu spüren, insbesondere an den westlichen und südlichen Ausläufern des Sees. Anderswo jedoch haben Hoteliers, Grundstücksmakler und der Einfluß von vielen Touristen mit ihren Gewohnheiten, Ansprüchen und Erwartungen wie in großen Städten den Ort total verändert.

Heutzutage ist der Ort, zumindest in der Hochsaison, mit seinen Yuppies in den Ferien und Tagesausflüglern, die sich mit ihren Radiorekordern in Überlautstärke die neuesten Hits anhören, sich ihren Weg durch Drükken und Schieben bahnen, überall Abfälle wegwerfen und sich auch sonst wie eine Herde von Schweinen benehmen, fürchterlich. Das Abwassersystem ist offensichtlich ebenfalls überfordert, wie an der Kloake in der Ortsmitte sofort zu erkennen ist. Daher ist es gut, sich bei Fahrten mit einem Boot auf dem See daran zu erinnern, daß alle Abwässer ungeklärt hineinfließen.

Alles in allem meidet man Ooty heutzutage besser, es sei denn, man kann es sich leisten, in einem der früheren Paläste abzusteigen. Eigentlich sind nur noch die Fahrt hinauf mit einem Spielzeugzug und die Tatsache reizvoll, daß es in Ooty angenehm kühl ist, wenn es in der Ebene unten bereits unerträglich heiß ist. Im Winter und in der Monsunzeit braucht man hier durchaus warme Kleidung, denn dann kann die Temperatur nachts gelegentlich bis unter den Gefrierpunkt fallen.

ORIENTIERUNG

Ooty erstreckt sich über viele sanfte Hügel und Täler. Der Bahnhof und der Busbahnhof liegen zwischen dem See und der Rennbahn. Von beiden sind es 10 Minuten zu Fuß zum Basargebiet und 20 Minuten zu Fuß bis zum richtigen Zentrum von Ooty, dem sogenannten Charing Cross (Kreuzung von Coonoor Road, Kelos Road und Commercial Road).

PRAKTISCHE HINWEISE

Informationen: Das Fremdenverkehrsamt (Tourist Office) in der Commercial Road ist montags bis freitags von 10.00 bis 13.00 Uhr und von 14.00 bis 17.45 Uhr geöffnet. Die einzige verfügbare Information dort ist ein schlechter Stadtplan von Ooty. Ansonsten sind die Mitarbeiter damit beschäftigt, Anmeldungen von Besuchern zu Ausflugsfahrten entgegenzunehmen.

Geld: Die State Bank of India am Town West Circle ist montags bis freitags von 10.00 bis 14.00 Uhr und samstags bis 12.00 Uhr für den Publikumsverkehr zugänglich.

Post und Telefon: Das Hauptpostamt oberhalb vom Town West Circle kann man montags bis samstags von 9.00 bis 17.00 Uhr aufsuchen. Hier liegt auch das Telegraphenamt, in dem sich rund um die Uhr Telefongespräche führen lassen.

Buchhandlungen: Die Buchhandlung Higginbothams neben dem Fremdenverkehrsamt führt eine ganz ordentliche Reihe von Büchern, darunter möglicherweise auch das Buch *An Encyclopaedic Tourist Guide to Ooty* (30 Rs), das anderenfalls auch in einigen Lodges erhältlich ist.

Verwaltung des Tierschutzgebiets Mudumalai: Wenn man beabsichtigt, Mudumalai zu besuchen, ist es ratsam, dort vorher eine Unterkunft reservieren und einen Ausritt auf einem Elefanten vorbereiten zu lassen. Anmeldungen werden im Büro des Wildlife Warden im Mahalingam Building in der Coonoor Road montags bis freitags von 10.00 bis 13.00 Uhr und von 14.00 bis 17.30 Uhr entgegengenommen (Tel. 40 98).

SEHENSWÜRDIGKEITEN UND FREIZEITBESCHÄFTIGUNGEN

Ooty ist ein Ort, in dem man sich ganz auf Aktivitäten in der Natur einstellt und in dem in alle Himmelsrichtungen lange Wanderwege mit Ausblicken über Ooty und die Nilgiri-Berge zur Verfügung stehen. Ein ausgezeichneter Ausgangspunkt für Wanderungen über einen Bergrücken oder entlang eines bewaldeten Bergrückens mit herrlichen Ausblicken auf die nördlichen Hänge der Nilgiri-Berge ist der Kotagiri-Paß. Etwa 3 km östlich dieses Passes erhebt sich der Doddabetta, mit 2623 m höchste Berg in Tamil Nadu, von dem aus Coonoor, Wellington, Coimbatore, Mettupalayam und - an klaren Tagen - sogar Mysore zu erkennen sind. Von Ooty ist der Doddabetta 10 km entfernt.

TAMIL NADU

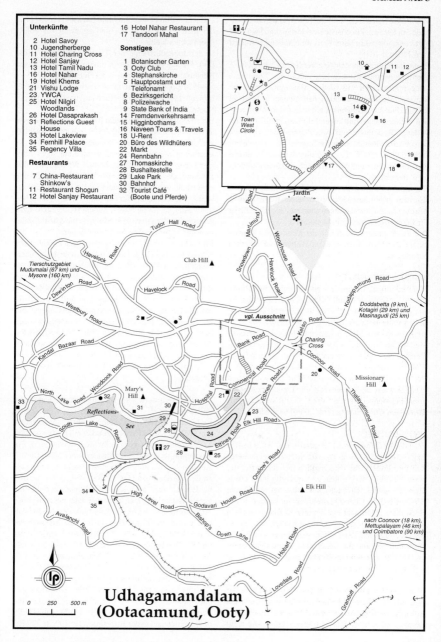

Unterkünfte

2 Hotel Savoy
10 Jugendherberge
11 Hotel Charing Cross
12 Hotel Sanjay
13 Hotel Tamil Nadu
16 Hotel Nahar
19 Hotel Khems
21 Vishu Lodge
23 YWCA
25 Hotel Nilgiri
Woodlands
26 Hotel Dasaprakash
31 Reflections Guest
House
33 Hotel Lakeview
34 Fernhill Palace
35 Regency Villa

Restaurants

7 China-Restaurant
Shinkow's
11 Restaurant Shogun
12 Hotel Sanjay Restaurant
16 Hotel Nahar Restaurant
17 Tandoori Mahal

Sonstiges

1 Botanischer Garten
3 Ooty Club
4 Stephanskirche
5 Hauptpostamt und
Telefonamt
6 Bezirksgericht
8 Polizeiwache
9 State Bank of India
14 Fremdenverkehrsamt
15 Higginbothams
16 Naveen Tours & Travels
18 U-Rent
20 Büro des Wildhüters
22 Markt
24 Rennbahn
27 Thomaskirche
28 Bushaltestelle
29 Lake Park
30 Bahnhof
32 Tourist Café
(Boote und Pferde)

Udhagamandalam
(Ootacamund, Ooty)

1087

Wer lieber reitet, kann sich im Tourist Café am Nordende des Sees ein Pferd ausleihen. Dabei muß man aber hart verhandeln. Ein fairer Preis für eine Stunde Ausritt sind 75 Rs.

Boote für Fahrten auf dem See werden am Tourist Café ebenfalls vermietet, aber hier erlebt der Tourismus seine schlimmsten Auswüchse. Man muß sogar eine Rupie für das Recht bezahlen, den Anleger betreten zu dürfen. Für das Mitnehmen eines Fotoapparates werden weitere 3 Rs und einer Filmkamera 100 Rs (!) verlangt. Ruderboote mit zwei Plätzen kosten je nach Saison 15-22 Rs für eine halbe Stunde, Motorboote mit acht Plätzen 65-75 Rs pro halbe Stunde. In einem Ruderboot kann man für 5 Rs auch jemanden mitnehmen, der rudert.

Ein ideales Ziel für Masochisten ist der „Lake Park", den man gegen eine Gebühr von einer Rupie Eintritt betreten darf. Hinzu kommen aber auch hier Zuschläge für Fotoapparate und Filmkameras.

Auf der Rennbahn werden in der Monsunzeit Rennen veranstaltet. Dort geht es beim Wetten aber ziemlich harmlos zu.

AUSFLUGSFAHRTEN

Mehrere private Unternehmen veranstalten Stadtrundfahrten, aber auch Rundfahrten zu den benachbarten Bergerholungsorten zu Preisen zwischen 50 und 80 Rs. In den Preisen für die Fahrten ist normalerweise auch ein vegetarisches Mittagessen enthalten. Die Fahrt nach Mudumalai ist jedoch reine Zeitverschwendung, weil die Chancen, dabei exotische Tiere als einen zahmen Elefanten zu sehen, so gut wie aussichtslos sind.

Bei Interesse an einer Ausflugsfahrt kann man sich beispielsweise an Naveen Tours & Travels gegenüber vom Fremdenverkehrsamt (Tel. 37 47) oder an Hill Travels im Hotel Sanjay (Tel. 20 90) wenden..

UNTERKUNFT

Weil die Nachfrage in der Hochsaison (1. April bis 15. Juni) sehr groß ist, verdoppeln viele Hoteliers in dieser Zeit ihre Preise. Das ist eigentlich fast schon Betrug, denn die Preise sagen nicht zwangsläufig auch etwas über das jeweils Gebotene aus. Man hat aber kaum Alternativen. Es kann sogar sehr schwer werden, in der Hochsaison überhaupt ein Zimmer zu finden. Achten muß man aber sorgfältig auf die jeweilige Zeit, bis zu der am Abreisetag das Zimmer geräumt zu sein hat. In Ooty muß man am Abreisetag nicht wie normalerweise bis 12 Uhr aus seinem Zimmer, sondern manchmal schon bis 9 Uhr ausgezogen sein.

Einfache Unterkünfte: Einfache Unterkünfte in der Gegend des Basars sind eine schlechte Wahl und ganz sicher nur etwas für eine ausweglose Situation. Eines davon ist allerdings doch passabel, nämlich die recht einfache Vishnu Lodge am Main Bazaar (Tel. 29 71), in der man allein für 40 Rs und zu zweit für 60 Rs übernachten kann.

In der Jugendherberge der TTDC in Charing Cross (Tel. 36 65) kommt man in einem Schlafsaal in der Nebensaison für 25 Rs und in der Hochsaison für 45 Rs sowie in Doppelzimmern für 200 bzw. 350 Rs unter. In diesem Haus gibt es auch einen langweiligen „Permit Room".

Ein erfreuliches Quartier ist das Reflections Guest House an der North Lake Road (Tel. 38 34) mit guten Ausblikken auf den See, in dem Doppelzimmer für 150 Rs angeboten werden. Vermietet werden nur sechs Zimmer, aber das Haus bietet heißes Wasser und eine anheimelnde Atmosphäre. Ein gutes Frühstück und eine Reihe von Imbissen kann man sich entweder auf sein Zimmer bringen oder auf einer Terrasse, umgeben von Rasen, servieren lassen. Zudem ist die anglo-indische Geschäftsführerin, Frau Dique, eine gute Informationsquelle für die Geschichte der Gegend.

Eine sehr gute Wahl ist auch das Haus der YWCA in der Ettines Road (Tel. 22 18). Weil man hier billig übernachten kann, ist das Haus jedoch häufig voll belegt. Ein Bett im Schlafsaal kostet nur 25 Rs, während man für ein Doppelzimmer mit Bad in der Nebensaison 90 bis 175 Rs und in der Hochsaison 180 bis 250 Rs bezahlen muß. Vermietet werden auch Cottages für zwei Personen zum Preis von 175 Rs (Nebensaison) bzw. 200 Rs (Hochsaison) und für 300 bzw. 400 Rs. Allein kann man darin für 100 bzw. 150 Rs wohnen. Essen kann man hier ebenfalls (50 Rs). Außerdem gibt es für die Wintermonate eine Lounge mit einem Kaminfeuer.

Mittelklassehotels: Ein ganz gutes Quartier in dieser Preisklasse ist das große, ansprechende Hotel Tamil Nadu auf dem Hügel oberhalb vom Fremdenverkehrsamt (Tel. 43 70). Ein Doppelzimmer mit Bad kostet hier 215 Rs (Nebensaison) bzw. 390 Rs (Hochsaison). Ein Restaurant ist ebenfalls vorhanden, aber keine Bar.

Ähnlich sind die Preise im neuen Hotel Charing Cross an der Garden Road (Tel. 23 87). Angesichts der 105 modernen, wenn auch kleinen Zimmern besteht eine gute Aussicht, daß man hier auch dann noch ein Zimmer bekommt, wenn alle anderen Quartiere bereits voll belegt sind. Nicht weit entfernt liegt das ziemlich beliebte Hotel Sanjay an der Kreuzung der Coonoor Road und der Commercial Road (Tel. 31 60). Hier muß man in der Nebensaison für ein Doppelzimmer mit Bad ab 125 Rs und in der Hochsaison 200 Rs bezahlen.

Im Standard etwas besser ist das riesige Hotel Nahar in Charing Cross (Tel. 21 73, Fax 24 05). Hier kann man ganz ordentlich in einem Doppelzimmer mit Bad und Fernsehgerät in der Nebensaison für 200 bis 400 Rs übernachten und in der Hochsaison für 400 bis 700 Rs.

Vorhanden sind auch zwei Restaurants und ein Imbißlokal.

Das noch relativ neue und hervorragend eingerichtete Hotel Khems in der Shoreham Palace Road (Tel. 41 88) hat Preislisten drucken lassen, auf denen steht: „Nobody gives you Ooty like we do". Das ist ganz sicher keines der durchschnittlichen Mittelklassehotels, aber selbst wenn das so wäre, sind die Preise durchaus annehmbar und betragen in der Nebensaison für ein Standarddoppelzimmer 275 Rs und für ein Luxusdoppelzimmer 475 Rs sowie in der Hochsaison 450 bzw. 650 Rs. Auch zu diesem Hotel gehört ein eigenes Restaurant.

Das ruhig gelegene und ganz ansprechende Hotel Nilgiri Woodlands in der Ettines Road (Tel. 25 51, Fax 25 30) ist ein Haus im traditionellen Stil und stammt aus den Tagen der Kolonialzeit. Es besteht aus Zimmern im Hauptgebäude und gesonderten Cottages. In der Nebensaison werden hier für ein Doppelzimmer mit Bad 200 Rs, für ein Cottages 400 Rs und für eine Suite 500 Rs berechnet. In der Hochsaison steigen diese Preise um rund 75 %.

Am westlichen Ende des Sees liegt das Hotel Lakeview (Tel. 39 04), das bei wohlhabenden Indern recht beliebt ist. Der Name paßt jedoch nicht gerade, denn von den meisten Cottages blickt man auf nichts anderes als auf die Rückseite eines anderen Cottages. Dafür muß man in der Nebensaison 190 bis 400 Rs und in der Hochsaison 350 bis 550 Rs ausgeben. Geboten werden den Gästen auch ein Restaurant mit Gerichten aus vielen Ländern sowie eine Bar.

Das Hotel Dasaprakash (Tel. 24 34) ist ein ebenfalls schon lange bestehendes Haus. Es bietet nichts Besonderes und ist dennoch häufig voll belegt. Hier werden in der Nebensaison für ein Doppelzimmer 160 bis 300 Rs und in der Hochsaison das Doppelte davon verlangt. Auch zu diesem Hotel gehört ein vegetarisches Restaurant, aber keine Bar.

Luxushotels: Mit seinem Hauch von Glanz aus der Zeit der Engländer ist das Fernhill Palace (Tel. 39 10) nicht zu schlagen. Erbaut in einer Zeit, als Geld bei den Bauherren keine Rolle spielte und Meisterkünstler sich noch nicht zierten, wird dieser frühere Palast des Maharadscha von Mysore heute gern von Filmstars aus Bombay und betuchten Besuchern aus dem Ausland aufgesucht. Es liegt ruhig in einem Wald und hat eine ganze Reihe von Doppelzimmern zu bieten, in denen man in der Nebensaison für 30 bis 35 US $ und in der Hochsaison für 45 bis 50 US $ absteigen kann. Gegessen wird im früheren Ballsaal.

Neben dem Fernhill Palace liegt die Regency Villa, im Besitz der gleichen Leute. Sie ist etwas rustikaler (auf dem Rasen grasen Kühe), aber genauso ruhig, und zudem wohnt man hier noch etwas billiger als im Palast. Die besten Zimmer sind recht geräumig und verfügen über große Fenster sowie gekachelte Badezimmer im viktorianischen Stil (mit heißem Wasser) und Wohnbereiche mit einem offenen Kaminfeuer. Die Mitarbeiter sind liebenswürdig und bereiten auf Voranmeldung auch einfache Gerichte zu. Hier kommt man in einem der normalen Doppelzimmer für 300 Rs und in einem Luxusdoppelzimmer für 400 Rs unter. In der riesigen Suite für drei Personen läßt sich zum Preis von 500 Rs wohnen.

Wenn man mehr auf modernen Luxus Wert legen, bietet sich das Hotel Savoy in der Sylks Road 77 (Tel. 41 42, Fax 33 18) an. In diesem Haus der Taj-Gruppe werden in der Nebensaison für ein Einzelzimmer 37 US $ und für ein Doppelzimmer 75 US $ in Rechnung gestellt, in der Hochsaison 53 bzw. 105 US $. In der Hochsaison sind in den Preisen Vollpension enthalten. Geboten werden den Gästen in diesem Haus gepflegte Rasenflächen, gestutzte Hecken, Zimmer mit Badewannen in den Bädern, Einrichtungen aus Holz und Kamine, in denen auch wirklich ein offenes Feuer brennt. Außerdem kann man in diesem Haus eine Tag und Nacht geöffnete Bar und einen Speiseraum mit Gerichten aus vielen Ländern in Anspruch nehmen.

ESSEN

Für eines der üblichen südindischen Gerichte eignen sich die Restaurants in den Hotels Nahar und Sanjay, in denen man relativ preiswert essen kann. Das Restaurant im Hotel Sanjay ist ein großes Lokal mit immer viel Betrieb, in dem in großen Portionen sowohl vegetarischer als auch nichtvegetarische Gerichte serviert werden. Viele Lokale mit einfachen vegetarischen „Meals" haben sich weiter entlang der Commercial Road und Main Bazaar angesiedelt. Außerdem gibt es in der Umgebung der Bushaltestelle eine ganze Reihe von Ständen an den Straßen, an denen Imbisse und Tee zu haben sind. Wenn man dort etwas essen will, sollte man vor der Bestellung einen Blick auf den offenen Abwasserkanal zwischen ihnen und auf die Fliegen werfen, die ständig zwischen dem Abwasserkanal und den Ständen an den Straßen unterwegs sind.

Zurück an der Commercial Road erhält man im Tandoori Mahal leckeres Essen für ca. 50 Rs, wobei die Bedienung ganz gut ist.

Weiter oben, am Town West Circle, hat das China-Restaurant Shinkow's an der Commissioner's Road 30 (auch bekannt als Zodiac Room) einige wirklich gute Speisen zu bieten. Es wird von einer chinesischen Familie geführt, so daß die Gerichte (ca. 40 Rs) einigermaßen echt sind. Klassische chinesische Küche kann man im Restaurant Shogun des Hotels Charing Cross ausprobieren.

UNTERHALTUNG

Abends ist Ooty so gut wie tot. Von den wenigen Bars in der Stadt ist die im Fernhill Palace am verlockendsten, weil man sich auch alte Jagdszenen und weitere Überbleibsel aus früheren Tagen ansehen kann. Die Bar ist für jedermann zugänglich und gar nicht so teuer (Bier 60 Rs).

AN- UND WEITERREISE

Bus: Nach Kotagiri fahren Nahverkehrsbusse alle 20 Minuten (eine Stunde, 5 Rs) und nach Coonoor stündlich (eine Stunde, 3 Rs).

Außerdem unterhält C & B Transport Corp, ein regionales Busunternehmen, an der Bushaltestelle eine Vorverkaufsstelle, die von 9.00 bis 13.00 Uhr und von 13.30 bis 17.30 Uhr geöffnet ist. Mit Bussen dieses Unternehmens kommt man alle 30 Minuten nach Coimbatore (90 km, 3 Stunden, 14 Rs) und über Mysore nach Bangalore (siebenmal täglich, 8 Stunden, 76 Rs). Nach Mysore fahren täglich noch zwei weitere Busse (160 km, 5 Stunden, 43 Rs).

Wenn man zum Tierschutzgebiet Mudumalai will (67 km, 2¹/₂ Stunden, 12 Rs), nimmt man entweder einen Bus in Richtung Mysore oder einen der kleinen Busse, die über die schmale und kurvenreiche Straße nach Sighur Ghat fahren. Die meisten dieser rollenden Wracks fahren nur bis Masinagudi, aber dort besteht fünfmal täglich Anschluß nach Theppakadu.

Die Vorverkaufsstelle der TTC und der JJTC ist von 9.00 bis 17.00 Uhr geöffnet. Diese Unternehmen setzen viermal täglich Busse zur Fahrt über Mysore nach Bangalore (56 Rs) und dreimal täglich über Erode sowie Salem nach Madras ein (565 km, 15 Stunden, 108 Rs). Täglich verkehren ferner Busse nach Kanyakumari (557 km, 14 Stunden, 88 Rs), Thanjavur (10 Stunden, 57 Rs) und Tirupathi (14 Stunden, 100 Rs).

KSRTC, die staatliche Busgesellschaft von Karnataka, betreibt mindestens zweimal täglich Busverbindungen nach Bangalore, Mysore und Hassan (63 Rs).

Daneben gibt es auch noch eine Reihe von privaten Firmen, die Busse zur Fahrt nach Bangalore, Kodaikanal (200 Rs) und Mysore (65 Rs) einsetzen. Alle sind Superluxusbusse, häufig mit Videorekorder. Zudem kann man Plätze im voraus reservieren lassen (keine Stehplätze) und hat keine Schwierigkeiten mit Gepäck (Rucksäcke werden auf dem Dach verstaut). Die meisten dieser privaten Busunternehmen haben sich um Charing Cross herum angesiedelt. Die Fahrten sind etwas teurer als mit staatlichen Bussen, aber die Mehrkosten wert.

Zug: Wie Darjeeling und Matheran ist auch Ooty durch eine Kleinbahn mit dem Flachland verbunden. Die Züge mit ihrer lustigen blau-gelben Bemalung sind zwar nicht ganz so klein wie in Darjeeling, aber dennoch winzig. Ein besonderes Merkmal dieser Bahn ist das Zahnrad in der Mitte, mit dessen Hilfe sich der Zug die steileren Hänge hinaufquält. Ungewöhnlich ist ferner, daß die kleine Lokomotive am Ende des Zuges angekoppelt ist und mehr schiebt als zieht. In jedem der drei oder vier Waggons fährt zudem ein Bremser mit, der auf einem kleinen Podest sitzt und je nach Notwendigkeit eine rote oder grüne Fahne schwingt.

Die Fahrt beginnt in Mettupalayam, nördlich von Coimbatore, und führt dann über Coonoor nach Ooty. Sie bietet einige spektakuläre Blicke auf die steil abfallenden Hänge der von Regenwald bedeckten Nilgiris. Die besten Blicke hat man auf dem Weg nach oben an der linken Seite und auf dem Weg hinunter an der rechten Seite.

Die Abfahrten und Ankünfte in Mettupalayam sind auf die Ankunfts- und Abfahrtszeiten des *Nilgiri Express* abgestimmt, der Mettupalayam mit Madras verbindet. In Madras fährt der *Nilgiri Express* um 21.00 Uhr ab und kommt in Mettupalayam um 7.15 Uhr an. Die Rückfahrt beginnt in Mettupalayam um 19.30 Uhr. Fahrten mit diesem Zug kosten in der 2. Klasse 155 Rs und in der 1. Klasse 464 Rs. Man kann in diesem Zug auch um 6.20 Uhr in Coimbatore zusteigen.

In Mettupalayam fährt der Miniaturzug nach Ooty um 7.30 Uhr ab und kommt in Ooty um 12.00 Uhr an (46 km, 2. Klasse 19 Rs und 1. Klasse 136 Rs). Um 14.50 Uhr verläßt der Zug Ooty wieder und braucht hinunter ca. 3¹/₂ Stunden.

In der Hochsaison verkehrt täglich ein weiterer Zug, der in Mettupalayam um 9.10 Uhr und in Ooty um 14.00 Uhr abfährt. Außerdem fahren zusätzliche Züge zweimal täglich auf der Teilstrecke zwischen Ooty und Coonoor (2. Klasse 9 Rs und 1. Klasse 68 Rs). In Ooty beginnen die ihre Fahrten um 9.15 Uhr und 18.00 Uhr.

NAHVERKEHR

In Ooty verkehren viele Auto-Rikschas ohne Taxameter, die ihren Standplatz vor der Bushaltestelle haben. In der Hochsaison verlangen die Fahrer extrem hohe Preise sogar für eine Fahrt zwischen der Bushaltestelle und Charing Cross. Beim Handeln kann man den Preis etwa um 20 % gegenüber dem zunächst verlangten Betrag senken, aber auch nicht weiter. Dagegen kann man in der Nebensaison schon besser über die Preise verhandeln, so daß sie eher annehmbar werden. Normale Taxis stehen ebenfalls zur Verfügung, allerdings zu noch höheren Preisen.

Das Mieten eines Fahrrades ist am Markt möglich. Jedoch sind viele Straßen steil, so daß man bergauf häufig schieben muß, dafür es aber bergab auch viel leichter hat. Bei U-Rent in der Shoreham Palace Road (Tel. 21 28) kann man auch Motorroller mieten. Die kosten für die erste Stunde 50 Rs und für jede weitere Stunde 30 Rs.

TIERSCHUTZGEBIET MUDUMALAI

Telefonvorwahl: 0423

Dieser in den üppig bewaldeten Vorgebirgsgegenden der Nilgiri-Berge gelegene Park mit einer Fläche von 321 Quadratkilometern ist ein Teil eines viel größeren Tierschutzgebietes (3000 Quadratkilometer), zu dem auch die Schutzgebiete Bandipur und Wynad in den Nachbarstaaten Karnataka und Kerala gehören. Der Name Mudumalai bedeutet in Tamil soviel wie Alter Berg. Obwohl das Reservat vor kurzem in Tierschutzgebiet und Nationalpark Jayalalitha umbenannt worden ist, wird er vielfach noch mit seinem alten Namen bezeichnet.

Im größeren Teil des Schutzgebietes reicht die Vegetation von halbwegs immergrünen Wäldern mit zu Sümpfen und Grasflächen. In Mudumalai leben im vorwiegend dichten Wald vor allem folgende Tiere: Chital (geflecktes Wild), Gaur (indische Bisons), Tiger, Panther, Wildschweine und Faultiere, im Moyar River aber auch Ottern und Krokodile. Die Population der wilden Elefanten im Reservat, eine der größten im ganzen Land, besteht wahrscheinlich aus rund 600 dieser Tiere. Wahrscheinlicher wird man aber eher ihre gezähmten Verwandten beim Abtransport von Holzstämmen oder bei der Vorführung der absurden neuen Puja-Zeremonie (vgl. Exkurs) zu Gesicht bekommen.

Die beste Zeit für einen Besuch von Mudumalai ist zwischen Februar und Juni. In den beiden Monaten Oktober und November sind heftige Regenfälle hier nicht selten. Andererseits kann es durchaus vorkommen, daß das Schutzgebiet in der Trockenzeit von Februar bis März geschlossen wird.

ORIENTIERUNG UND PRAKTISCHE HINWEISE

Versorgungszentrum für dieses Tierschutzgebiet ist der Ort Theppakadu an der Hauptstraße zwischen Udhagamandalam (Ooty) und Mysore. Dort befinden sich auch das Empfangsbüro (Wildlife Sanctuary Reception Centre, Tel. 235), geöffnet täglich von 6.30 bis 18.00 Uhr. Im Ort gibt es auch einige Übernachtungsmöglichkeiten und ein Elefantenlager. Selbst um Theppakadu herum kann man manchmal geflecktes Wild, Elefanten und Wildschweine sehen. Ferner besteht die Möglichkeit, in privaten Lodges in Masinagudi und Bokkapuram, beides Orte östlich von Theppakadu, zu übernachten. Wenn man nicht selbst motorisiert ist, sind sie jedoch nur relativ schlecht zu erreichen.

Es ist ratsam, eine Unterkunft innerhalb des Parks vorher zu reservieren. Das ist im Büro des Wildlife Warden in der Coonoor Road in Ooty (Tel. 40 98) möglich. Als Eintrittsgebühr sind für Erwachsene 5 Rs und für Kinder 2 Rs zu bezahlen, für das Mitbringen eines Fotoapparates weitere 5 Rs und für das Mitbringen einer Film- oder Videokamera weitere 50 Rs.

AUSFLÜGE ZUM BEOBACHTEN DER TIERWELT

Ausflüge in das Schutzgebiet lassen sich nur mit Minibussen, einem Jeep und mit Elefanten der Verwaltung unternehmen. Die einstündigen Fahrten mit einem Minibus morgens und nachmittags kosten pro Person 25 Rs. Im Jeep der Verwaltung kann man für 350 Rs an einer Nachtfahrt teilnehmen. Zu einstündigen Ausritten auf Elefanten muß man sich vorher im Büro des Wildlife Warden in Ooty oder im Empfangsgebäude in Theppakadu anmelden. So etwas kostet für vier Personen 120 Rs und ist sehr beliebt, allerdings muß man dabei schon Glück haben, etwas anders als geflecktes Wild, Wildschweine, Gaur und Affen zu Gesicht zu bekommen, denn die Elefanten trampeln krachend durch den Busch.

UNTERKUNFT UND ESSEN

Das Forstamt unterhält Schlafsäle (pro Bett 5 Rs), fünf Lodges (als Einzelzimmer 30 Rs und als Doppelzimmer 40 Rs) sowie Beobachtungstürme über das ganze Schutzgebiet verstreut (für zwei Personen 40 Rs). In den Schlafsälen und Lodges stehen auch Köche, zugleich Haushaltshilfen, zur Verfügung, während auf den Beobachtungstürmen weder Strom noch Wasser noch Verpflegung vorhanden sind.

Theppakadu: Die beste Unterkunft ist das neue Log House des Forstamtes am Fluß, etwa fünf Minuten Fußweg vom Empfangsgebäude entfernt. Die drei Doppelzimmer in diesem Quartier sind mit polierten Holzmöbeln eingerichtet und verfügen auch über Veranden, auf denen man sitzen und den einen oder anderen Tag vertrödeln kann. Leider sind die Mitarbeiter im Schutzgebiet nicht besonders daran interessiert, dieses Quartier zu vergeben und behaupten manchmal, es sei voll belegt, wenn das gar nicht stimmt. Wenn man sich vor solchen falschen Behauptungen hütet, kann es durchaus sein, daß man in dieser wunderschönen und preisgünstigen Lodge eine Nacht verbringen kann.

Gleich nebenan liegt als zweitbeste Unterkunft die Sylvan Lodge. Von dort hat man ebenfalls Ausblick auf den Fluß, aber dieses Quartier ist schon älter und nicht ganz so ansprechend. Außerdem kommt man im Empfangsgebäude in einem Schlafsaal unter.

Die Jugendherberge der TTDC nahe der Sylvan Lodge (Tel. 2 49) hat Betten in Schlafsälen für jeweils 25 Rs zu bieten, aber dort sind die Zimmer muffig. Außerdem werden dort häufig große Gruppen untergebracht, deren Angehörige nicht selten bis weit in die Nacht hinein lautstark noch Feste feiern. Einfache Verpflegung ist dort ebenfalls erhältlich.

Masinagudi: Masinagudi ist ein kleines Dorf und liegt 8 km von Theppakadu entfernt. Hier sind die Übernachtungsmöglichkeiten im eigentlichen Dorf ziemlich

ärmlich. Beispielsweise das Belleview Resort (Tel. 3 51), gelegen einen Kilometer von der Bushaltestelle entfernt, ist ein altes Haus ohne jede Atmosphäre, in dem man in einem Einzelzimmer für 100 Rs, in einem Doppelzimmer für 250 Rs und in einem Schlafsaal für 25 Rs pro Bett übernachten kann. Unmittelbar gegenüber der Polizeiwache liegt der einfache Travellers Bungalow, während man weiter entlang der Straße in Richtung Theppakadu auf die teurere Mountania Lodge (Tel. 2 37) stößt.

Südöstlich von Masinagudi gibt es mehrere bessere Übernachtungsmöglichkeiten. Die erste ist das Bamboo Banks (Tel. 2 22), 1½ km von Masinagudi entfernt an einer ausgeschilderten Seitenstraße rechts. Das ist eine der ältesten privaten Lodges in der Region, die sehr familiär geführt wird. Zwei der sechs Zimmer liegen

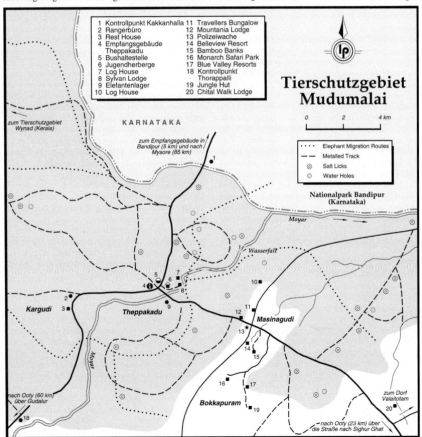

1 Kontrollpunkt Kakkanhalla
2 Rangerbüro
3 Rest House
4 Empfangsgebäude Theppakadu
5 Bushaltestelle
6 Jugendherberge
7 Log House
8 Sylvan Lodge
9 Elefantenlager
10 Log House
11 Travellers Bungalow
12 Mountania Lodge
13 Polizeiwache
14 Belleview Resort
15 Bamboo Banks
16 Monarch Safari Park
17 Blue Valley Resorts
18 Kontrollpunkt Thorappalli
19 Jungle Hut
20 Chital Walk Lodge

Tierschutzgebiet Mudumalai

0   2   4 km

· · · · Elephant Migration Routes
— — Metalled Track
◎ Salt Licks
○ Water Holes

Nationalpark Bandipur (Karnataka)

zum Tierschutzgebiet Wynad (Kerala)

KARNATAKA

zum Empfangsgebäude in Bandipur (5 km) und nach Mysore (85 km)

Moyar

Wasserfall

Kargudi

Theppakadu

Masinagudi

nach Ooty (60 km) über Gudalur

Moyar

Bokkapuram

zum Dorf Valaitotam

nach Ooty (23 km) über die Straße nach Sighur Ghat

Puja oder Buße in Mudumalai?

Es war 17 Uhr und damit Zeit für den Beginn der neuesten Attraktion in Mudumalai, die *Puja*-Zeremonie der Elefanten. Die Zuschauer, von denen jeder 20 Rs Eintritt bezahlt hatten, waren bereits auf einer Grasfläche auf der anderen Seite des Flusses zusammengekommen, um sich das Spektakel anzusehen. Es lag etwas Aufgeregtheit in der Luft, als die Matriarchin, eine große, alte Elefantenkuh, deren Haut schon reichlich schlaff war, eine Gruppe von 12 vorwiegend jungen Elefanten in die Freiluftarena führte. Auf jedem dieser Elefanten, farbenprächtig geschmückt und bunt bemalt, saß ein *mahout* mit einem Turban, der sein Tier so dirigierte, daß sich schließlich alle Tiere in einer Reihe mit Blick zu den anwesenden Zuschauern aufstellten.

Auf ein Stichwort hin ergriff der kleine Elefant mit seinem Rüssel eine kleine Bronzeglocke und schüttelte sie langsam hin und her. Das Glockenspiel hörte auf, als der Elefant mit seinen beiden Vorderbeinen vor einer winzigen Figur von Ganesh, dem Gott mit dem Elefantenkopf, niederkniete, die auf dem Gras aufgestellt worden war. Bevor sich der Elefant nach ein paar Sekunden wieder erhob, wurde das Ende der *Puja*-Zeremonie angekündigt und anschließend mit widerwärtigen Kunststückchen begonnen - Balancieren, Gehen auf Bohlen usw., die den Großteil der sogenannten Zeremonie ausmachten. Wir fragten uns, ob wir in einem Zirkus oder in einem Tierschutzgebiet gelandet waren, und versuchten uns mit der Tatsache zu versöhnen, daß sich die Verantwortlichen für einen Nationalpark dadurch der Lächerlichkeit preisgegeben haben. Wir raten daher allen Besuchern, diese wenig einfühlsame Vorführung zu boykottieren, und zwar allein deshalb, damit nicht durch die Anwesenheit vieler weiterer Besucher auch noch zu ihrer Fortführung ermuntert wird.

Leanne Logan und Geert Cole

denn auch in dem Haus, in dem die Familie selbst lebt. Hier werden für ein Einzelzimmer 600 Rs und für ein Doppelzimmer 840 Rs (einschließlich Steuern) sowie für ein Buffet mittags 160 Rs und abends 200 Rs in Rechnung gestellt.

Bokkapuram: Es folgen noch drei neuere Anlagen in den Vorbergen der Nilgiris in einer Gegend, die als Bokkapuram bekannt ist und 5 km von Masinagudi entfernt ist. Das Land in dieser Gegend ist früher von Stammesgruppen bestellt worden und in kürzerer Vergangenheit von den jeweiligen Besitzern kahlgeschlagen worden, so daß anders als in Theppakadu dichter Wald nicht mehr zu sehen ist.

Das Blue Valley Resort in Bokkapuram (Tel. 2 44) gehört einem Konsortium von Eigentümern und besteht derzeit aus acht gut eingerichteten Cottages (sieben mehr sind geplant). Hier muß man für ein normales Cottage 475 Rs und ein luxuriöseres Cottage 625 Rs ausgeben. Zu allen gehört eine kleine Terrasse mit Blick auf die Berge. Im Restaurant der Anlage kann man nach der Speisekarte indisch oder westlich essen. Etwa 500 m weiter die gleiche Schotterstraße hinunter gelangt man zum Jungle Hut (Tel. 2 40, in Bangalore Tel. 56 38 48). In dieser von einer Familie geführten Unterkunft kommt man in 12 Zimmern verteilt auf drei Bungalows unter und muß dann für ein Einzelzimmer 480 Rs und für ein Doppelzimmer 600 Rs bezahlen (einschließlich Steuern). Wenn man auch verpflegt werden möchte, sind außer dem Frühstück alle Gerichte vorzubestellen.

Von hier über den Hügel kommt man zum Monarch Safari Park (Tel. 2 43). Diese einem Filmstar aus Bengalen gehörende Anlage besteht aus Cottages auf Pfählen, errichtet auf einem kleinen Hügel, und strahlt eine erfindungsreiche Atmosphäre aus. Hier werden für ein Einzelzimmer 350 Rs und für ein Doppelzimmer 500 Rs verlangt. Essen läßt sich in der Anlage à la carte.

Schließlich bleibt die Chital Walk Lodge (Jungle Trails Lodge) zu erwähnen, gelegen 8 km östlich von Masinagudi (Tel. 2 56). Sie ist gut eignet, wenn man großen Wert auf das Beobachten der Tierwelt legt. Hier werden Doppelzimmer für 300 Rs und gutes Essen angeboten. Um dorthin zu gelangen, kann man mit den Bussen, die zwischen Sighur Ghat und Ooty verkehren, bis zur Abzweigung nach Valaitotam fahren. Von dort sind es nur noch ein paar hundert Meter Fußweg.

AN- UND WEITERREISE

Die Busse, die zwischen Ooty und Mysore, Bangalore sowie Hassan verkehren, halten auch in Theppakadu. Es ist nicht schwer, sie dort zum Halten zu bringen (Einzelheiten vgl. Abschnitt über Ooty).

Eine interessantere Route von oder nach Ooty (36 km, 1½ Stunden) führt mit einem der kleinen staatlichen Busse, die über die strapaziöse Strecke hinauf und hinunter nach Sighur Ghat fahren. Dort sind die Kurven sind so eng und ist das Gefälle so steil, daß größere Busse auf dieser Strecke nicht eingesetzt werden können. Deshalb steht an der Straße aus Masinagudi heraus auch ein Schild, auf dem darauf hingewiesen wird, daß man sein Fahrzeug stark beanspruchen muß, um Ooty zu erreichen. Aus diesem Grunde verkehren die meisten Busse auf der längeren Strecke über Gudalur, die zwar genauso interessant, aber nicht so steil ist (67 km, 2½ Stunden).

Man kann das Schutzgebiet auch als Teilnehmer an einer Ausflugsfahrt von Ooty aus besuchen, aber dann wird man wahrscheinlich nichts anderes als zahme Elefanten sehen.

NAHVERKEHR

Zwischen Theppakadu und Masinagudi verkehren täglich fünf Nahverkehrsbusse. Für die gleiche Strecke muß man in einem Jeep als Taxi 40 Rs und für die Strecke von Masinagudi nach Bokkapuram nicht weniger als 60 Rs bezahlen.

Weil eine Busverbindung nach Bokkapuram nicht besteht, werden die Gäste des Blue Valley, des Jungle Hut und des Monarch Safari Park normalerweise ohne Zusatzkosten in Masinagudi abgeholt. Damit das geschieht, muß man aber vorher anrufen und um Abholung bitten.

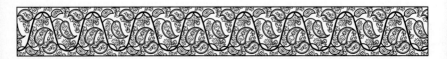

ANDAMANEN UND NIKOBAREN

Mitten im Golf von Bengalen zwischen Indien und Myanmar (Burma) liegt eine Kette von mehr als 300 dicht bewaldeten tropischen Inseln, die fast bis zur Spitze von Sumatra reichen. Ethnologisch gehören diese Inseln nicht zu Indien. Sie waren noch bis vor kurzem ausschließlich von unterschiedlichen Stämmen bewohnt.

Die meisten Inseln der Andamanen und Nikobaren sind immer noch unbewohnt und umgeben von Korallenriffen, weißen Sandstränden sowie unglaublich klarem Wasser - ein geradezu perfektes tropisches Paradies. Sie sind ein ausgezeichnetes Ziel zum Schnorcheln und Tauchen, was auch der Grund dafür ist, daß man hier neuerdings in einer Tauchschule richtig das Tauchen lernen kann.

So etwa muß es auch auf den Malediven ausgesehen haben, bevor diese Inselgruppe „entdeckt" und erschlossen wurde. Ohne Zweifel ist es auch auf den Andamanen nur noch eine Frage der Zeit, bis hier Ähnliches geschieht. Dabei ist die Verlängerung der Start- und Landebahn des Flughafens von Port Blair bereits beschlossene Sache und wird 1998 abgeschlossen sein. Zumindest bis dahin wird das Gebiet aber vor Massentourismus geschützt bleiben.

Während indische Touristen sich frei bewegen dürfen, werden ausländische Besucher durch längstens 30 Tage geltende Sondergenehmigungen gezwungen, ihren Bewegungsspielraum zu begrenzen. Das Fremdenverkehrsamt begründet diese Reisebeschränkungen damit, sie seien zum Schutz der Besucher erlassen worden („Einige Stammesangehörige sind sehr aggressiv"), aber möglicherweise haben die mehr mit dem vorhandenen Marinestützpunkt zu tun. Jedenfalls versucht die Regierung ganz sicher, für die Andamanen als Ziel für den Tourismus zu werben. Es lohnt, sich zu erkundigen, ob die Bestimmungen für die Sondergenehmigungen inzwischen gelockert worden sind. Es wird sogar schon davon gesprochen, eine neue Flugverbindung zwischen den Andamanen und Bangkok (nur 350 km von Port Blair entfernt) zu eröffnen, aber ob das wirklich geschieht, muß wohl erst der Ausbau des Flughafens beendet sein.

GESCHICHTE

Über die Frühgeschichte der Andamanen und Nikobaren ist nur sehr wenig bekannt. Einer der ersten Besucher aus dem Westen war Marco Polo. Zu Beginn des 18. Jahrhunderts waren diese Inseln für den Marathen-

Einwohner: 328 000
Gesamtfläche: 8249 km^2 auf 319 Inseln
Hauptstadt: Port Blair
Wichtigste Sprachen: Hindi, Bengali, Tamil und verschiedene Stammessprachen
Beste Reisezeit: Mitte November bis April

Admiral Kanjoji Angre Ausgangspunkt für Überfälle auf britische, holländische und portugiesische Handelsschiffe, die er häufig kaperte. Er schaffte es sogar, die Jacht des britischen Gouverneurs von Bombay zu kapern (1713), und gab sie erst frei, als er ein Lösegeld in Form von Pulver und Kugeln erhalten hatte. Angre blieb bis zu seinem Tod unbesiegt, obwohl zuerst die Briten allein und später sogar die Briten und Portugiesen gemeinsam ihn mehrfach angriffen. Er starb 1729. Endgültig annektiert wurden die Inseln durch die Engländer im 19. Jahrhundert. Man benutzte sie damals als Strafkolonie für indische Freiheitskämpfer. Mit dem Bau des berüchtigten „Zellengefängnisses" von Port Blair wurde im letzten Jahrzehnt des vergangenen Jahrhunderts begonnen und im Jahre 1908 aufgehört. Viele der darin Gefangenen wurden hingerichtet, heimlich oder öffentlich. Im Zweiten Weltkrieg besetzten die Japaner eine Zeit lang diese Inseln, aber als große Befreier wurden sie von den Insulanern nicht betrachtet. Die begannen damit, eine Guerillatruppe aufzubauen und sich gegen die neuen Herren zu wehren. Als Indien unabhängig wurde, gliederte man die Inseln in die Indische Union ein.

ANDAMANEN UND NIKOBAREN

Die indische Regierung liebt es, ihre Bemühungen zu preisen, diesen Inseln die „Zivilisation" zu bringen. Wenn man jedoch zwischen den Zeilen liest, stellt man fest, daß sie die einheimischen Stammesgruppen als „rückständig" ansieht und sich ihnen gegenüber herablassend verhält. In dem Bemühen, die Inseln wirtschaftlich zu erschließen, hat die Regierung die Bedürfnisse und die Landrechte der Stämme mißachtet und im großen Stil zu einer Umsiedlung vom Festland ermuntert, insbesondere die Tamilen, die aus Sri Lanka ausgewiesen wurden. Dadurch ist die Bevölkerungszahl innerhalb von nur 20 Jahren von 50 000 auf über 300 000 mit der Folge gestiegen, daß die Kultur der Einheimischen weggeschwemmt worden ist. Aber nicht nur die Urein-

---

Stammesgruppen

Die hier beheimateten Stammesgruppen sind die Opfer einer andauernden Politik der Kolonisierung und Erschließung durch die indische Regierung. Die Ureinwohner machen nur noch weniger als 10 % der Bevölkerung aus. Bei den meisten Stämmen ist die Zahl der Angehörigen weiter fallend. Die Stämme lassen sich in zwei Hauptgruppen unterteilen. Die erste ist negroid und umfaßt die Onge, die Sentinelesen, die Andamanesen und die Jarawa, die alle auf den Andamanen leben. Die zweite Gruppe ist mongolischer Abstammung und besteht aus den Shompen sowie den Nikobaresen.

Onge: Eine anthropologische Studie aus den siebziger Jahren ist zu dem Ergebnis gekommen, daß die Onge durch den Verlust von Land ernsthaft demoralisiert worden sind und ihre Zahl deshalb weiter abnimmt. Zwei Drittel der Insel Little Andaman, der Heimat der Onge, ist von der Forstverwaltung übernommen und „besiedelt" worden. Die rund 100 überlebenden Onge sind nun in einem 100 Quadratkilometer großen Reservat an Dugang Creek eingesperrt. Trotz der Studie erlaubt die Regierung die weitere Erschließung, darunter den Bau von Straßen, von Bootsanlegern und einer Streichholzfabrik. Sie hat sogar zugelassen, daß eine ganze Reihe von Blechhütten in einem Gebiet errichtet werden durfte, in dem diese nomadischen Jäger und Sammler leben.

Sentinelesen: Die Sentinelesen haben anders als die Angehörigen der übrigen Stämme auf diesen Inseln ständig gegen alle Versuche von Außenstehenden Widerstand geleistet, mit ihnen freundlich Kontakt aufzunehmen. Alle paar Jahre gehen Gruppen von Leuten an den Stränden von North Sentinel zur Kontaktaufnahme mit Geschenken wie Kokosnüssen, Bananen, Schweinen sowie roten Plastiktaschen an Land und werden doch nur mit Pfeilen überhäuft. Etwa 120 Sentinelesen sind übriggeblieben und leben ausschließlich auf der Insel North Sentinel.

Andamanesen: Mit nur noch rund 30 Angehörigen scheint es unmöglich, die Andamanesen vor dem Aussterben zu bewahren. Als die Briten hier Mitte des 19. Jahrhunderts auftauchten, lebten von den Andamanesen noch fast 5000. Ihre Freundlichkeit den Kolonisatoren gegenüber war ihr Ruin, denn schon gegen Ende des Jahrhunderts war der größte Teil dieser Bevölkerungsgruppe von Epidemien wie Masern, Syphilis und Grippe dahingerafft worden. Die Abnahme der Zahl von Angehörigen dieses Stammes dauert an, auch wenn sie auf der winzigen Insel Strait neu angesiedelt worden sind.

Jarawa: Die letzten 250 Jarawa sind in einem 750 Quadratkilometer großen Reservat auf den Inseln South Andaman und Middle Andaman untergebracht worden. Um sie herum dauert der Holzschlag in erschreckend großem Ausmaß an. Zudem verläuft die neue Andaman Trunk Road teilweise durch ihr Gebiet. Die Jarawa leiden unter einem ähnlichen Verlust von Lebensraum, kämpfen aber um deren Erhaltung, indem sie jährlich einen oder zwei indische Siedler töten. Alle Busse werden nun durch bewaffnete Wachen begleitet, aber dennoch kommt es gelegentlich weiterhin vor, daß Fenster solcher Busse durch Pfeile von Jarawa zerbersten.

Shompen: Von den in den Wäldern auf Great Nicobar lebenden Shompen sind nur noch etwa 200 übriggeblieben. Sie sind Jäger und Sammler, haben einer Integration bisher widerstanden und ziehen sich aus Gebieten zurück, die von Auswanderern vom indischen Festland besiedelt werden.

Nikobaresen: Die 29 500 Nikobaresen gehören zur einzigen hier beheimateten Stammesgruppe, deren Zahl nicht abnimmt. Sie sind ziemlich hellhäutige Gärtner, die sich teilweise der heutigen indischen Gesellschaft angenähert haben, leben in von einem Dorfältesten geführten Dörfern und bauen Kokosnüsse, Yams sowie Bananen an und halten Schweine.

Die Nikobaresen sind auf einer Reihe von Inseln der Nikobaren, insbesondere Car Nicobar, beheimatet und meistens Christen.

wohner haben auf dem Weg zu einer „Entwicklung" gelitten. In den sechziger und siebziger Jahren sind auch große Waldgebiete abgeholzt worden. Ein Teil davon ist mit „wirtschaftlichen" Bäumen wie Teak wieder aufgeforstet worden, aber auf den meisten Flächen hat man Gummiplantagen angelegt.

KLIMA

Das Klima bringt kaum große Abwechslung. Dauernde Seebrisen halten die Temperatur konstant bei 23 bis 31 Grad. Die Luftfeuchtigkeit hält sich ganzjährig bei 80 %. Der Südwest-Monsun erreicht die Inseln zwischen Mitte Mai und Oktober, der Nordost-Monsun zwischen Mitte November und Mitte Mai. Die beste Zeit für einen Besuch ist von Mitte November bis April. Die Hochsaison dauert von Anfang Dezember bis in den Januar hinein.

UMWELT UND TOURISMUS

Die schlimme Politik der indischen Regierung beim Umgang mit der Urbevölkerung und der einzigartigen Ökologie der Andamanen sowie der Nikobaren dauert an.

Die größten Probleme, die gelöst werden müssen, sind die Rechte der Ureinwohner und der Holzschlag, bei dem eine Kontrolle eingeführt werden muß, damit der Kahlschlag ohne Rücksicht auf Verluste nicht fortgesetzt wird.

Der Tourismus mag dabei eine wichtige Rolle spielen. Es gibt nämlich in dieser Gegend über 250 unbewohnte Inseln, die meisten davon mit hervorragenden Stränden und Korallenriffen, die sich ausgezeichnet zum Tauchen eignen. Mit Blick auf die Malediven, wo ein paar unbewohnte Inseln ausschließlich für den Tourismus erschlossen wurden, erwägt die indische Regierung nun, diesem Beispiel zu folgen. Das könnte den Verlust von Einnahmen durch einen Rückgang beim Holzschlag ausgleichen und ein Signal für den Schutz der Umwelt sein. So etwas wäre dem Kahlschlag von ganzen Wäldern sowie der Vernichtung von Stammesgebieten und von Stämmen selbst, wie es jetzt geschieht, vorzuziehen.

SONDERGENEHMIGUNGEN

Um die Andamanen besuchen zu können, brauchen Ausländer eine Sondergenehmigung, während andere als indische Touristen die Nikobaren überhaupt nicht betreten dürfen. Die Sondergenehmigungen berechtigen nur zum Besuch des Gebietes von Port Blair auf der Insel South Andaman, der Dörfer Rangat und Mayabunder auf der Insel Middle Andaman sowie von Diglipur auf der Insel North Andaman. Außerdem darf man auf den Inseln Neil, Havelock und Long übernachten. Tagesausflüge sind zum Mt. Harriet, zum Elefantenausbildungslager in Madhuban, nach Chirya Tapu und

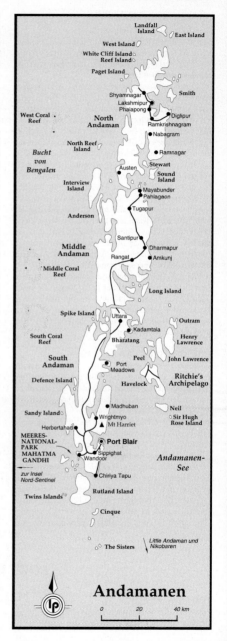

Andamanen

0   20   40 km

nach Wandoor sowie zu den Inseln Ross, Viper, Red Skin, Jolly Buoy und Cinque erlaubt.

Eine Sondergenehmigung wird im allgemeinen nur für bis zu 30 Tage ausgestellt und allenfalls um zwei oder drei Tage verlängert, wenn man dafür eine gute Begründung angeben kann.

Wenn man mit einem Flugzeug anreist, wird die Sondergenehmigung bei der Ankunft in Port Blair erteilt. Kann man dann keinen bestätigten Rückflug vorweisen, werden im allgemeinen zunächst nur 10 bis 15 Tage bewilligt, aber die lassen sich später noch auf 30 Tage verlängern. Ausländer, die die Andamanen mit einem Schiff besuchen wollen, müssen sich die Sondergenehmigung vorher besorgen (erhältlich innerhalb weniger Stunden bei den Ausländerbehörden in Madras und Kalkutta sowie bei den indischen Botschaften und Konsulaten im Ausland). Die Shipping Corporation of India stellt keine Fahrkarten für eine Reise zu den Andamanen aus, wenn man nicht die Sondergenehmigung vorlegen kann. Unmittelbar nach der Ankunft mit einem Schiff muß man zum Deputy Superintendent of Police (unweit vom Café Annapurna in Aberdeen Bazaar) gehen und sich anmelden. Andernfalls bekommt man bei der Rückreise Schwierigkeiten, weil dann nicht festgestellt werden kann, ob man die zulässigen 30 Tage überschritten hat. Bei der Abreise wird die Sondergenehmigung erneut abgestempelt, allein um zu bekräftigen, daß die indische Bürokratie lebt, auch auf den Andamanen!

SCHNORCHELN UND TAUCHEN

Schnorchel lassen sich bei Veranstaltern von Ausflügen mieten, aber dort sind sie teuer (ca. 50 Rs pro Tag) und häufig in keinen guten Zustand. Wenn man um die Andamanen herum schnorcheln will, bringt man sich die Ausrüstung dafür am besten mit.

Die Andaman & Nicobar Diving Society hat sich einen Kilometer westlich vom Anleger in Wandoor, 29 km südwestlich von Port Blair, angesiedelt (Fax 03192/ 2 13 89). Dort werden fünftägige Tauchkurse veranstaltet, die mit der Erteilung des PADI-Zertifikates für die Berechtigung zum Tauchen im offenen Wasser abschließen (6500 Rs). Darin ist die gesamte Ausrüstung enthalten. Die Atmosphäre bei den Kursen, die sehr zu empfehlen sind, ist gemütlich. Begleitete Tauchgänge von Leuten, die diese Berechtigung besitzen, kosten ab

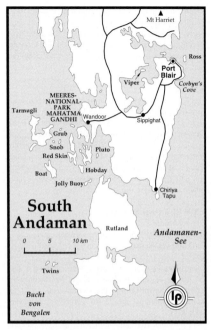

50 US $. PADI-Kurse im Rettungstauchen und Kurse für Fortgeschrittene werden ebenfalls angeboten. Zum Bezahlen werden Kreditkarten allerdings nicht angenommen. Außerdem muß man sich zu allen Kursen vorher anmelden, und zwar entweder per Fax oder durch eine Mitteilung über das Hotel Bay Island in Port Blair.

WARNUNG

Man mag glauben, daß Korallen wie ein ganz hübsches Stück altes Gestein aussehen, aber in Wirklichkeit sind das lebende Kreaturen, die leicht zerstört werden können. Daher muß man sich bemühen, sie nicht zu berühren, darf von ihnen nichts abbrechen und darf auf ihnen auch nicht zu gehen versuchen, selbst wenn sie bei Ebbe freigelegt sind. Einige der Korallen vor dem Strand von Wandoor sind von unvorsichtigen Touristen bereits beschädigt worden.

PORT BLAIR

Telefonvorwahl: 03192

Port Blair, die Verwaltungshauptstadt, ist der einzige Ort von einer gewissen Größe auf den Inseln, besitzt

das lebendige Flair, das allen indischen Marktstädten zu eigen ist und ist an einem wichtigen Hafen an der Ostküste von South Andaman gelegen. Es ist eine ziemlich hügelige Stadt und bietet von verschiedenen Aussichtspunkten herrliche Blicke.

Auch wenn die Andamanen recht nahe beim Festland von Burma liegen, gilt hier noch die indische Zeit. Das bedeutet, daß es gegen 18 Uhr bereits dunkel wird und gegen 4 Uhr morgens schon wieder hell ist.

ORIENTIERUNG
Die Stadt erstreckt sich über eine Reihe von Bergen, aber die meisten Hotels, wie auch die Bushaltestelle, der Anleger für die Passagierschiffe und das Büro der Shipping Corporation of India, befinden sich im Basarviertel, das den Namen Aberdeen Bazaar trägt. Der Flughafen liegt einige Kilometer südlich der Stadt. Der nächste Strand ist in Corbyn's Cove, 10 km südlich von Aberdeen Bazaar.

PRAKTISCHE HINWEISE
Informationen: Um aktuelle Informationen darüber zu erhalten, welche Gebiete der Andamanen für Ausländer zugänglich sind, begibt man sich am besten in das hilfreiche staatliche indische Fremdenverkehrsamt (Tel. 2 10 06). Es liegt oberhalb vom Super Shoppe, nur ein kleines Stück vom Zentrum der Stadt entfernt, und ist eine nützliche Quelle für Informationen über die Inseln und andere Teile Indiens.

Im Gegensatz dazu ist das Fremdenverkehrsamt der Andamanen und der Nikobaren (Tel. 2 09 33), das eigentlich die bedeutendste Informationsquelle über die Inseln sein sollte, hoffnungslos unnütz. Weil nur wenige der Mitarbeiter anderswo als in Port Blair gewesen sind, darf man sich auf ihre Auskünfte nicht verlassen. Das Büro liegt unweit vom Tor zum Sekretariat, das auf der Spitze des Hügels mit Blick über die Stadt errichtet wurde. Beide Fremdenverkehrsämter unterhalten auch Informationsschalter im Flughafengebäude.

Die Bibliothek unweit vom Hauptpostamt verfügt über eine kleine Sammlung von Literatur über die Geschichte, Geographie, Flora, Fauna und Stammesgruppen der Inseln. Die Sachbuchabteilung befindet sich im ersten Stock.

Geld: Reiseschecks und Bargeld lassen sich (sehr langsam) in der State Bank of India wechseln. Sie wird eine Stunde früher als auf dem Festland üblich geöffnet und geschlossen (Öffnungszeiten montags bis freitags von 9.00 bis 13.00 Uhr und samstags von 9.00 bis 11.00 Uhr). Die meisten Besucher machen beim Geldwechseln vom tüchtigen Service bei Island Travels in der Nähe der Sampat Lodge Gebrauch. Dort läßt sich Geld täglich außer sonntags zwischen 11.00 und 17.30 Uhr wechseln. In den größeren Hotels bestehen ebenfalls Möglichkeiten zum Geldwechseln.

Post und Telefon: Das Hauptpostamt liegt 750 m südlich von Aberdeen Bazaar. Die preisgünstigste Stelle, um Faxmitteilungen zu versenden und in Empfang zu nehmen, ist das Telegraphenamt nebenan (Fax 2 13 18), geöffnet montags bis samstags von 10.00 bis 17.00 Uhr. Auslandsgespräche kann man dort ebenfalls führen, aber auch von einer ganzen Reihe von Stellen in Aberdeen Bazaar.

SEHENSWÜRDIGKEITEN
Zellengefängnis: Die wichtigste Sehenswürdigkeit ist heute das riesige Zellengefängnis (Cellular Jail), das Ende des vorigen und Anfang dieses Jahrhunderts von den Briten erbaut wurde und nun ein Denkmal zur Erinnerung an Indiens Freiheitskämpfer ist. Es bestand ursprünglich aus sieben Flügeln, die von einem zentralen Turm sternförmig ausgingen. Nur drei der Flügel stehen noch. Trotz allem erhält man einen recht guten Eindruck von den entsetzlichen Bedingungen, unter denen die Gefangenen hier inhaftiert waren. Geöffnet ist es täglich von 9.00 bis 12.00 Uhr und von 14.00 bis 17.00 Uhr (Eintritt frei).

Verpassen Sie nicht die ausgezeichnete Ton- und Lichtschau. In englischer Sprache findet sie mittwochs, samstags und sonntags um 19.15 Uhr statt (Eintritt 6 Rs).

Samudrika-Meeresmuseum: Dieses interessante Museum, geleitet von der indischen Marine, ist unterteilt in fünf Bereiche, die sich mit der Geschichte und der Geographie der Inseln sowie mit ihren Bewohnern, dem Meeresleben und der Meeresgeschichte befassen. Ausgestellt sind auch Muscheln und Korallen, wobei der Umwelt in der Art, wie die Korallen präsentiert werden, kein Gefallen erwiesen wird. Das Museum wäre gut beraten, wenn ein paar Hinweise darüber zu sehen wären, wie langsam Korallen wachsen und wie leicht sie zerstört werden können. Ansehen kann man sich die Ausstellung montags bis samstags von 9.00 bis 17.30 Uhr und muß dafür 3 Rs Eintritt bezahlen.

Fischereimuseum: In diesem Museum sind einige der 350 Fischarten ausgestellt, die im Meer um die Inseln vorkommen. Davon leben einige in Wasserbecken, während andere in Glasbehältern verwahrt werden. Ein Aufkleber am Behälter mit einer gefleckten Seeschlange besagt, daß sie „dreadly poisonous" sei. In der Tat ist sie um ein Vielfaches giftiger als eine Kobra, aber weil ihre Giftzähne tief im Maul verborgen sind, wäre es für eine solche Schlange sehr schwer, sich einen Menschen als Opfer zu holen. Zugänglich ist dieses Museum täglich von 8.30 bis 12.30 Uhr und von 13.30 bis 17.00 Uhr. Als Eintrittsgebühr sind 2 Rs zu entrichten.

Anthropologisches Museum: In diesem kleinen Museum sind Werkzeuge, Kleidungsstücke und Fotos aus dem Leben der einheimischen Stämme ausgestellt. Die Beschreibungen bei einigen der Fotos sind recht pathe-

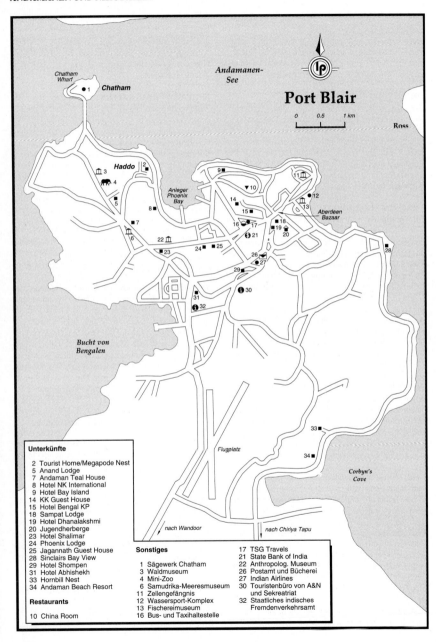

Chatham Wharf

Chatham

Andamanen-See

Port Blair

0   0.5   1 km

Ross

Haddo

Anleger Phoenix Bay

Aberdeen Bazaar

Bucht von Bengalen

Flugplatz

Corbyn's Cove

nach Wandoor

nach Chiriya Tapu

Unterkünfte

2 Tourist Home/Megapode Nest
5 Anand Lodge
7 Andaman Teal House
8 Hotel NK International
9 Hotel Bay Island
14 KK Guest House
15 Hotel Bengal KP
18 Sampat Lodge
19 Hotel Dhanalakshmi
20 Jugendherberge
23 Hotel Shalimar
24 Phoenix Lodge
25 Jagannath Guest House
28 Sinclairs Bay View
29 Hotel Shompen
31 Hotel Abhishekh
33 Hornbill Nest
34 Andaman Beach Resort

Restaurants

10 China Room

Sonstiges

1 Sägewerk Chatham
3 Waldmuseum
4 Mini-Zoo
6 Samudrika-Meeresmuseum
11 Zellengefängnis
12 Wassersport-Komplex
13 Fischereimuseum
16 Bus- und Taxihaltestelle

17 TSG Travels
21 State Bank of India
22 Anthropolog. Museum
26 Postamt und Bücherei
27 Indian Airlines
30 Touristenbüro von A&N und Sekreatriat
32 Staatliches indisches Fremdenverkehrsamt

tisch, aber auch bezeichnend. Eine davon unter einem Bild mit einigen Sentinelesen lautet: „Why don't you leave us alone?". Geöffnet ist täglich außer sonntags von 9.00 bis 12.00 Uhr und von 13.00 bis 16.00 Uhr. Der Eintritt ist frei.

Mini-Zoo und Waldmuseum: Über 200 Tierarten kommen nur auf den Andamanen sowie Nikobaren und nirgendwo sonst vor. Einige davon sind im kleinen Zoo zu sehen, darunter die Taube von den Nikobaren und das Schwein der Andamanen. Die Zucht von Salzwasserkrokodilen in diesem Zoo ist sehr erfolgreich. Viele dieser Krokodile sind in die Freiheit entlassen worden. Glücklicherweise sind ihr natürlicher Lebensraum die Mangrovensümpfe, so daß bisher über Angriffe von Krokodilen auf Schwimmer bisher nicht berichtet werden mußte. Der Zoo ist bis auf montags von 8.00 bis 17.00 Uhr geöffnet (Eintritt 0,50 Rs).

In der Nähe befindet sich ein kleines Waldmuseum mit einer Ausstellung von verschiedenen Holzarten, die hier vorkommen, darunter Padauk, ein Baum mit sowohl hellen als auch dunklen Teilen von Holz. In einigen Holzfällerlagern werden auch noch Elefanten eingesetzt. Dieses Museum kann man sich außer sonntags von 8.00 bis 12.00 Uhr und von 14.30 bis 17.00 Uhr ansehen (Eintritt frei).

Sägewerk Chatham: Dieses Sägewerk in einer der größten asiatischen Verarbeitungsfabriken für die Herstellung von Bauholz und Holz für Möbel kann besichtigt werden. Es liegt auf der Insel Chatham, 5 km nordwestlich von Aberdeen Bazaar. Wie in der Literatur des staatlichen Fremdenverkehrsamtes nachzulesen ist, sieht man hier „einige der seltenen Arten von tropischem Holz wie Padauk". Wenn das als selten erkannt worden ist, fragt man sich, warum man es sich in einem Sägewerk ansehen soll. Das ist täglich außer sonntags von 6.30 bis 14.30 Uhr möglich.

Wassersportkomplex: Im Wassersportkomplex neben dem Fischereimuseum lassen sich Ruderboote, Ausrüstungen zum Windsurfen und kleine Segelboote mieten. Auch das Wasserskilaufen (15 Minuten für 50 Rs) und das Para Sailing für 30 Rs pro Tour sind hier möglich. Schnorchel kann man hier für 15 Rs ebenfalls ausleihen, darf sie aber anderswo hin nicht mitnehmen.

AUSFLUGSFAHRTEN

Das Fremdenverkehrsamt der Andamanen und Nikobaren, Shompen Travels im Hotel Shompen (Tel. 2 04 25), Island Travels in Aberdeen Bazaar (Tel. 2 13 58) und die größeren Hotels veranstalten eine Reihe von Ausflugsfahrten. Abgesehen von Besuchen auf den Inseln Jolly Buoy, Redskin und Cinque sind Besichtigungen der Sehenswürdigkeiten auf eigene Faust aber ebenfalls leicht möglich.

Jeden Nachmittag um 15.00 Uhr legt vom Anleger Phoenix Bay ein Boot zu einer 1¹/₂stündigen Hafenrundfahrt ab. Die Fahrt, bei der die „wichtigste Sehenswürdigkeit" das riesige schwimmende Trockendock ist, kostet 20 Rs. Unterwegs wird für kurze Zeit auch an der winzigen Insel Viper angelegt, auf der noch die Ruinen eines von den Briten erbauten Galgenturms zu sehen sind.

UNTERKUNFT

Die Unterkünfte sind in erster Linie auf Touristen ausgerichtet, aber selbst in der Hochsaison ist es möglich, über die geforderten Preise noch ein wenig zu verhandeln. Weil alle Quartiere weit verstreut liegen, lohnt es, sich ein Fahrrad oder Moped zu mieten, um damit leichter herumkommen zu können.

Einfache Unterkünfte: Die preisgünstigste Unterkunft mit Betten in einem Schlafsaal für 10 Rs (für Nichtmitglieder 20 Rs) und ein paar Doppelzimmern ist die Jugendherberge. Vorhanden ist in ihr auch ein gutes Restaurant mit einer langen Speisekarten, auf der vegetarische und nichtvegetarische Gerichte angeboten werden. Die Sampat Lodge in Aberdeen Bazaar ist einfach, aber ganz freundlich. Hier kann man in einem Einzelzimmer für 35 Rs und in einem Doppelzimmer für 70 Rs übernachten. Das KK Guest House ist schon ganz schön heruntergekommen und hat winzige Zimmer für 25 bzw. 50 Rs zu bieten. Besser ist das Hotel Bengal KP mit sauberen Einzel- und Doppelzimmern für 60 bzw. 100 Rs (mit Bad).

Das beste einfache Quartier ist das ausgezeichnete Jagannath Guest House (Tel. 2 01 48), in dem man in makellos sauberen Einzel-, Doppel- und Dreibettzimmern mit Bad für 75, 100 bzw. 150 Rs übernachten kann. Es wird von einem sehr freundlichen Geschäftsführer geleitet und liegt günstig sowohl zur Bushaltestelle als auch zum Anleger Phoenix Bay. Ein Stück weiter nach Westen entlang der gleichen Straße kommt man zur schmuddeligen Phoenix Lodge, in der man mit Badbenutzung ein Doppelzimmer für 60 Rs und mit eigenem Bad für 80 Rs mieten kann. In Haddo hat die Anand Lodge mit Badbenutzung Einzelzimmer für 40 Rs und Doppelzimmer für 60 Rs zu bieten, aber auch teurere Zimmer mit eigenem Bad.

Eine Lodge aus Holz mit einer Veranda ist die Central Lodge unweit vom Hotel Shompen in Middle Point. Dort werden von der freundlichen Geschäftsführung Einzelzimmer ab 35 Rs und Doppelzimmer ab 70 Rs angeboten.

Mittelklassehotels: Eine ganz gute Wahl ist das Hotel Abhishekh (Tel. 2 15 65) mit sauberen Einzelzimmern für 160 Rs, Doppelzimmern für 190 Rs und Dreibettzimmern für 230 Rs, alle mit Bad (mit Klimaanlage mehr). Das Haus wird von einem freundlichen Geschäftsführer geleitet und verfügt auch über ein eigenes Restaurant. Gleich gut ist das Hotel Shalimar an der Straße nach Haddo (Tel. 2 19 63). Mit Bad muß man hier für ein Einzelzimmer 150 Rs, für ein Doppelzimmer 190 Rs, für ein Dreibettzimmer 250 Rs und für ein Doppelzimmer mit Klimaanlage 300 Rs bezahlen.

Im freundlichen Hotel Dhanalakshmi in Aberdeen Bazaar (Tel. 2 19 53) werden gute Zimmer mit Bad für 160 bzw. 300 Rs vermietet, mit Klimaanlage für 240 bzw. 300 Rs, ebenfalls alle mit Bad. Hier sind die Zimmer nach hinten am ruhigsten. Auch zu diesem Hotel gehört ein Restaurant.

Zu teuer sind die Doppelzimmer im Hotel Shompen (Tel. 2 03 60), für die 350 Rs und mit Klimaanlage 750 Rs verlangt werden. Einzelzimmer werden nicht angeboten. Außerhalb der Saison sollte es jedoch möglich sein, eine deutliche Ermäßigung zu erhalten. Im Haus gibt es zudem ein Restaurant und ein Reisebüro, das Fahrten zu einigen Inseln organisiert.

Unweit vom Anleger Phoenix Bay gibt es ferner das Hotel NK International (Tel. 2 01 13), eine weitere freundliche Unterkunft, in der Einzelzimmer 150 Rs und Doppelzimmer 200 Rs kosten (mit Klimaanlage 250 bzw. 300 Rs). Manchmal wird den Gästen auch hier eine Ermäßigung eingeräumt.

Etwa einen Kilometer nördlich von Corbyn's Cove liegt das Hornbill Nest Yatri Nivas des Fremdenverkehrsamtes des Andamanen und Nikobaren, von dem man auf das Meer blicken kann. Es liegt ausgezeichnet, wird aber schlecht geführt. Die Entscheidung des Fremdenverkehrsamtes, von Ausländern doppelt so hohe Preise zu verlangen wie von Indern, führt dazu, daß es für das Gebotene zu teuer ist. Ausländer müssen hier für ein Zimmer mit zwei Betten 400 Rs, mit vier Betten 500 Rs und mit sechs Betten 600 Rs bezahlen (jeweils mit Bad). Ein durchaus annehmbares Restaurant ist ebenfalls vorhanden, aber wenn man darin essen möchte, muß man sein Gericht vorbestellen.

Das Andaman Teal House, ebenfalls geführt vom Fremdenverkehrsamt, hat absolut nichts zu bieten, was für es spricht. Es liegt ungünstig (an der Straße nach Haddo), ist ebenfalls schlecht geführt und zudem (für Ausländer) überteuert. Hier muß man für ein Doppelzimmer mit Bad 400 Rs (mit Klimaanlage 600 Rs) ausgeben.

Das Tourist Home/Megapode Nest in Haddo (Tel. 2 02 07), gelegen auf dem Hügel oberhalb der Bucht, ist mit großen Doppelzimmern mit Bad, Klimaanlage und Fernsehgerät für 400 Rs eine viel bessere Wahl. Wenn man Wert auf eine bessere Unterkunft mit Klimaanlage legt, sind die Nicobari Cottages mit 700 Rs für ein Doppelzimmer mit Badewanne im angeschlossenen Bad zu empfehlen. Ein gutes Restaurant mit herrlichen

Ausblicken auf den Hafen befindet sich hier ebenfalls. Leider kann die Bedienung darin aber sehr langsam vonstatten gehen.

Luxushotels: An der Straße nach Corbyn's Cove liegt das Sinclairs Bay View (Tel. 2 1159). Es wird derzeit renoviert und nach der Wiedereröffnung wahrscheinlich Doppelzimmer mit eigenem Bad für 700 bis 900 Rs zu bieten haben. Von dieser Anlage hat man gute Ausblicke auf das Meer, aber auf einen Strand muß man verzichten. Ein Restaurant und eine Bar in einem alten japanischen Bunker neben dem Hotel sind ebenfalls vorhanden. Ferner lassen sich in diesem Hotel Ausflüge organisieren.

In Corbyn's Cove liegt das Andaman Beach Resort (Tel. 2 14 62, Fax 2 14 63) in einer sehr ruhigen und schönen Gegend der Insel, und zwar vom Strand aus gleich auf der anderen Straßenseite. Für ein Zimmer im Hauptgebäude muß man hier allein 1100 Rs und zu zweit 1500 Rs bezahlen, während man in einem sehr ansprechenden Cottage mit Klimaanlage allein für 1300 Rs und zu zweit für 1800 Rs übernachten kann. In der Nebensaison läßt sich eine Ermäßigung heraushandeln. Außerdem gibt es in dieser Anlage eine Bar, ein Restaurant, eine Wechselstube und eine Bootsvermietung.

Mit Blick über das Meer ist das Hotel Welcomgroup Bay Island (Tel. 2 08 81, Fax 2 13 89) in Port Blair das beste Haus. Wunderschön nach Plänen des bekannten indischen Architekten Charles Correa erbaut, besteht es teilweise aus hier heimischem Holz. Die Mitarbeiter sind sehr freundlich, die Zimmer aber mit 3500 Rs ganz schön teuer, auch wenn darin Vollpension enthalten ist. Das Hotel bietet zudem ein Restaurant und eine Bar unter freiem Himmel, in der man gut in Ruhe ein Bier trinken kann.

Dieses Hotel ist zu empfehlen, weil hier der Versuch unternommen wird, sich dem Ökotourismus zu nähern. Denn der Swimming Pool ist mit Meerwasser gefüllt, und zudem werden die Gäste darauf hingewiesen, in den Bädern kein Wasser zu verschwenden und beim Baden keine Korallen zu beschädigen. Ferner erstreckt sich unterhalb des Hügels in die Bucht hinein ein Pier mit einem „menschlichen Aquarium". Dort kann man in eine Kammer mit Glasfenstern klettern und sich die vielfarbigen Fische ansehen, die sich an dieser Stelle gern zur Fütterung einfinden.

ESSEN

In den meisten Hotels gibt es auch jeweils ein Restaurant, in dem man essen kann. Wenn man allerdings Appetit Meeresfrüchte hat, muß man das Gericht vorbestellen.

Eine ganze Reihe von preiswerten Lokalen findet man zudem in Aberdeen Bazaar. Empfohlen worden wegen der vegetarischen und nichtvegetarischen Gerichte ist das Café Annapurna gleich südlich vom Hotel Dhanalakshmi. Es ist besser, als es aussieht, und ein gutes Ziel für Lassi, südindische Speisen sowie Hähnchengerichte. Das Restaurant im Hotel Dhanalakshmi bleibt abends immer lange geöffnet und hat Hauptgerichte für ca. 35 Rs und vegetarische Thalis für 16 Rs zu bieten. In der Nähe kommt man zum winzigen Hotel Kattappamman, wo man Masala Dosa und Thalis auf Bananenblättern erhalten kann. Für Fleisch muß man gesondert bezahlen. Außerdem wird erwartet, daß man sein Bananenblatt selbst beseitigt.

Die Cafeteria Delhi unweit vom Hotel Shompen ist ein einfaches Lokal, in dem gute Tandoori-Gerichte und ausgezeichnetes *naan* angeboten werden.

Mehrere preisgünstige Restaurants findet man auch am Fuß des Hügels in Basar, nicht weit von der Bushaltestelle entfernt. Ein gutes Ziel für ein Frühstück ist das Hotel Ashoka. Gut für einen Imbiß eignen sich das Café Manila und die Anand Lodge. Unweit vom Zellengefängnis liegt das Islet, ein neues Restaurant mit vegetarischen und nichtvegetarischen Gerichten, von dem aus sich gute Ausblicke auf die Bucht bieten.

In Corbyn's Cove ist das The Waves ein gutes Ziel für einen Drink oder ein Essen. Dort stehen die Tische unter Kokospalmen. Ausgezeichnet schmeckt das Hähnchen mit Knoblauch, aber angeboten werden auch gute vegetarische Speisen. Geführt wird dieses Lokal von der Polizei, was auch der Grund dafür sein mag, warum hier so viel Bier zu haben ist (55 Rs).

Ein ausgezeichnetes Restaurant ist der China Room (Tel. 3 07 59), geführt von einem entzückenden burmesischen Paar. Es besteht eigentlich nur aus einem kleinen Bereich im Freien und dem Vorderzimmer ihres Hauses, aber die Qualität der Fischgerichte, die sie servieren, ist hervorragend. Die Preise reichen von 25 Rs für einfache Gerichte wie eine Nudelsuppe bis 150 Rs für einen Hummer im Stil von Szechuan oder für eine Pekingente. So etwas muß man aber mindestens 24 Stunden vorher bestellen. Auch die Garnelen mit Knoblauch (80 Rs) sind ausgezeichnet, so daß es sich lohnt, zunächst einmal zum Mittagessen hinzugehen und sich dabei zu überlegen, welchen Gaumenschmaus man sich hier am Abend des folgenden Tages gönnen will. Ein weiteres Lokal für einen Gaumenschmaus ist das an den Seiten offene Restaurant Mandalay im Hotel Bay Island. Dort muß man für ein Hauptgericht mit ca. 80 Rs rechnen.

AN- UND WEITERREISE

Flug: Indian Airlines (Tel. 2 11 08) fliegt mittwochs, freitags und sonntags von Kalkutta nach Port Blair (134 US $) und setzt diese Flüge nach Madras fort. Dienstags, donnerstags und samstags bestehen Flugverbindungen von Madras nach Port Blair (136 US $) und weiter nach Kalkutta. Auf die Flugpreise erhalten Ju-

gendliche eine Ermäßigung von 25 %. Die Flüge können auch in das Rundreiseticket für 500 US $ eingebaut werden, mit dem man drei Wochen lang unbeschränkt mit Indian Airlines fliegen darf. Die Flüge dauern zwei Stunden und beginnen auf dem Festland am frühen Morgen.

Das Büro von Indian Airlines liegt vom Postamt aus um die Ecke. Die Mitarbeiter dort sind freundlich und zudem mit Computern ausgestattet. Die Flüge sind stark gefragt, so daß man eine bestätigte Reservierung haben muß, um mitzukommen. Passagiere auf der Warteliste bleiben normalerweise zurück. Das Büro ist täglich außer sonntags von 9.00 bis 13.00 Uhr und von 14.00 bis 16.00 Uhr geöffnet.

Zug: Eine Vorverkaufsstelle der Eisenbahn befindet sich im Sekretariat.

Schiff: Verbindungen mit Schiffen der Shipping Corporation of India (SCI) bestehen zwischen Port Blair sowie Madras oder Kalkutta normalerweise zweimal monatlich. Gelegentlich verkehrt sogar auch noch ein Schiff zwischen Visakhapatnam in Andhra Pradesh und Port Blair. Nach dem neuesten Stand des sich ständig ändernden Fahrplans kann man sich bei der SCI erkundigen. Fahrkarten für Abfahrten von Port Blair besorgt man sich angesichts der unregelmäßigen Abfahrten (wenn möglich) besser schon in Kalkutta oder Madras.

Eine Überfahrt dauert auf der Strecke von Madras drei bis vier Tage und auf der Strecke von Kalkutta manchmal einen Tag länger. Ausländer müssen normalerweise in der 2. Klasse (4-6 Kojen), der 1. Klasse (2-4 Kojen) oder der Luxusklasse (2 Kojen) reisen. Die Fahrkarten dafür kosten pro Koje 1300, 1650 bzw. 2000 Rs. Wenn es dennoch gelingen sollte, bei Unterbringung in einem Schlafsaal mitzukommen, dann muß man 550 Rs bezahlen. Diese Preise gelten sowohl für die Route von und nach Kalkutta als auch von und nach Madras. Das Essen an Bord kostet 240 Rs pro Tag (bei Unterbringung im Schlafsaal 150 Rs) und besteht im allgemeinen aus Thalis zum Frühstück, Mittagessen und Abendessen, so daß man selbst noch etwas mitnehmen sollte (insbesondere Obst), um diese doch ziemlich eintönige Kost aufzulockern.

Es kann sein, daß man bei der SCI darauf besteht, sich zunächst die Sondergenehmigung für den Besuch der Andamanen zu besorgen, bevor eine Fahrkarte gekauft werden kann. Wenn nicht, kann man die auch noch nach der Ankunft in Port Blair erhalten. Auch wenn man sich die Sondergenehmigung vor der Reise nach Port Blair besorgt hat, muß man sich nach der Ankunft im Büro des Deputy Superintendent of Police melden. Das SCI-Büro in Port Blair für die Schiffe nach Kalkutta befindet sich in Aberdeen Bazaar (Tel. 2 13 47).

Wenn man mit einem Schiff nach Madras fahren will, muß man sich in das Büro an der Phoenix Bay begeben. Buchungen für die Verbindungen nach Kalkutta werden immer erst ein paar Tage vor dem Ablegen entgegengenommen. Zu Fahrten nach Madras kann man sich aber auch schon früher anmelden.
In Kalkutta ist das Büro der SCI im 1. Stock des Hauses in der Strand Road 13 (Tel. 28 44 56) und in Madras im Jawahar Building in der Rajaji Salai (Tel. 5 22 68 73) untergebracht. In Visakhapatnam kann man sich danach, ob Schiffe nach Port Blair verkehren, bei A. V. Bhanoji (Tel. 5 62 66), gegenüber vom Haupttor zum Hafen, erkundigen. Für die Buchung sind zwei Paßbilder mitzubringen und eine ganze Reihe von Formularen auszufüllen. Anmeldeschluß ist vier Tage vor Abfahrt.

NAHVERKEHR

In Port Blair verkehren weder Fahrrad-Rikschas noch Auto-Rikschas, sondern nur Taxis. Sie sind mit Taxametern ausgestattet (und Umrechnungstabellen, weil die Angaben der Zähluhren nicht mehr aktuell sind), allerdings braucht man ein wenig Überredungskunst, um die Fahrer zu veranlassen, sie anzustellen. Vom Flughafen bis Aberdeen Bazaar sollte der Preis für eine Taxifahrt 30 bis 40 Rs und bis Corbyn's Cove etwas

weniger betragen. Für eine Taxifahrt zwischen Corbyn's Cove und Aberdeen Bazaar liegt der Preis bei rund 40 Rs. Außerdem verkehren zwischen dem Flughafen und mehreren Hotels kostenlose Pendelbusse, die man benutzen darf, wenn man im jeweiligen Hotel wohnt. Außerdem kommt man mit dem Flughafenbus des Fremdenverkehrsamtes zu jedem gewünschten Hotel in Port Blair für 15 Rs.
Von der Bushaltestelle in Port Blair gelangt man zudem regelmäßig nach Wandoor (4,75 Rs, 1 1/2 Stunden). Einzelheiten über weitere Busverbindungen finden Sie weiter unten.
Am besten ist es jedoch, für Erkundungen von Teilen der Insel ein eigenes Fahrzeug zur Verfügung zu haben. Fahrräder kann man in Aberdeen Bazaar für 20 Rs pro Tag mieten. Noch besser kommt man mit einem Moped oder Motorrad voran, zumal die Straßen nicht schlecht sind und der Verkehr gering ist. Bei TSG Travels (Tel. 2 08 94) lassen sich Motorräder (Suzuki mit 100 ccm Hubraum) und Motorroller für 120 Rs und Mopeds für 90 Rs pro Tag mieten. Dann muß man allerdings eine Kaution von 500 Rs hinterlegen.
Boote lassen sich bei den Reiseveranstaltern mieten, aber die Kosten dafür sind hoch und betragen etwa 10 000 Rs pro Tag.

DIE UMGEBUNG VON PORT BLAIR

MT. HARRIET UND MADHUBAN

Der Mt. Harriet (365 m) erhebt sich nördlich von Port Blair auf der anderen Seite des Meeresarmes. Dort führt ein Naturwanderweg auf den Gipfel. Wenn die Sonderbestimmungen gelockert werden, ist es vielleicht möglich, im komfortablen Gästehaus des Forstamtes zu übernachten. Um zum Mt. Harriet zu gelangen, muß man ein Fahrzeug oder die Personenfähre vom Anleger Chatham bis Bamboo Flat benutzen (eine Rupie, 10 Minuten). Von dort verläuft eine Straße 7 km entlang der Küste und hinauf auf den Berg.
Nördlich davon liegen der Nationalpark Mt. Harriet und Madhuban, wo Elefanten für den Einsatz in Holzfällerlagern dressiert werden. Zu erreichen ist Madhuban nur mit Booten. Dorthin veranstalten das Fremdenverkehrsamt und Reisebüros gelegentlich Ausflüge.

ROSS

Ein paar Kilometer östlich von Port Blair liegt die Insel Ross, von den Briten ausgewählt als Sitz ihrer Hauptverwaltung. Anfang dieses Jahrhunderts sind dort sicher gepflegte Rasenflächen, Ballräume und Sonnenschirme um einen Swimming Pool herum vorhanden

gewesen sowie täglich Gottesdienste abgehalten worden. Aber von den Engländern während des Zweiten Weltkrieges verlassen, hat der Dschungel nun wieder alles zurückerobert. Außerdem sieht man zwischen den Ruinen der Gebäude Pfauen und geflecktes Wild herumziehen. Auf der Spitze des Hügels stehen auch noch die Überbleibsel der Kirche, deren Turm inzwischen von Reben und wildem Wein überwuchert ist.
Die Insel Ross ist eine ausgesprochen unheimliche und ziemlich traurig stimmende Gegend, aber einen Besuch durchaus wert. Fähren fahren dorthin vom Anleger Phoenix Bay täglich außer mittwochs um 8.30, 10.30, 12.30 und 14.00 Uhr. Auf der Insel sind die Abfahrten um 9.00, 11.00, 13.00 und 16.00 Uhr. Eine Überfahrt dauert 20 Minuten und kostet hin und zurück 13 Rs. Bei der Ankunft auf Ross muß man sich anmelden, denn die Insel ist im Besitz der Marine. Bevor man mit der Erkundung der Insel beginnt, lohnt ein Besuch im neuen Museum unweit vom Anleger (Eintritt 2 Rs).

CORBYN'S COVE

Corbyn's Cove ist der von Port Blair nächstgelegene Strand und erstreckt sich 10 km südlich der Stadt sowie 4 km östlich vom Flughafen. In Corbyn's Cove gibt es einige Unterkünfte und am Strand auch ein Imbißlokal.

Die nahegelegene Schlangeninsel (Snake Island) ist von einem Korallenriff umgeben. Manchmal kann man mit einem Fischerboot hinüber zu dieser Insel fahren. Dorthin zu schwimmen ist wegen der starken Strömungen nicht ratsam.

Von Port Blair bis Corbyn's Cove es ein langer, aber ganz hübscher Spaziergang oben auf Klippen. Mit einem Taxi zahlt man für eine einfache Fahrt ca. 40 Rs.

SIPPIGHAT

An der Straße nach Wandoor, 15 km von Port Blair entfernt, liegt eine staatliche Versuchsfarm, an der Reisegruppen häufig halten. Hier werden neue Arten von Gewürzen wie Zimt, Pfeffer, Muskatnuß und Nelken gezüchtet und ausprobiert.

WANDOOR

Der Meeresnationalpark Mahatma Gandhi in Wandoor umfaßt eine Fläche von 280 Quadratkilometern und besteht aus 15 Inseln mit einer abwechslungsreichen Landschaft, darunter Teiche mit Mangroven, tropische Regenwälder und Riffe mit 50 Korallenarten. Vom Dorf Wandoor, 29 km südwestlich von Port Blair, fahren dorthin täglich außer montags um 10.00 Uhr Boote zum Besuch der Inseln Jolly Buoy oder Red Skin ab. Obwohl sich die Fahrt lohnt, um die Korallen zu sehen (normalerweise stehen auch ein paar Schnorchel zur Vermietung zur Verfügung), werden nur etwa zwei Stunden auf den Inseln verbracht. Es ist frustrierend, ein so schönes Ziel zu besuchen, nur um es schon bald wieder verlassen zu müssen.

Eine solche Fahrt kostet 75 Rs (in der Nebensaison, wenn die Boote nur nach Red Skin fahren, 50 Rs). Außerdem muß man am Kiosk neben dem Anleger für 2 Rs eine Karte zum Betreten des Parks kaufen. Einen Kilometer westlich des Anlegers hat sich die Andaman & Nicobar Diving Society angesiedelt (Einzelheiten vgl. Anfang des Kapitels über die Andamanen und Nikobaren).

Wandoor ist mit einem Bus von Port Blair aus zu erreichen (4,75 Rs, 1½ Stunden). Man kann sich aber auch einer Ausflugsfahrt dorthin anschließen. Es gibt in Wandoor zudem eine Reihe von ganz guten Sandstränden, aber dort sollte man bei Ebbe nicht die dann freiliegenden Korallen betreten. Ein Teil dieses Riffes ist bereits beschädigt worden.

CHIRIYA TAPU

Chiriya Tapu, 30 km südlich von Port Blair, ist ein kleines Fischerdorf mit Stränden und Mangroven. Von hier aus lassen sich Bootsausflüge zur Insel Cinque organisieren. Ein paar Kilometer südlich von Chiriya Tapu gelangt man zu einem Strand, wo das Wasser davor zu den besten Schnorchelgebieten weit und breit gehört. Von Port Blair fährt alle zwei Stunden ein Bus in dieses Dorf (4,75 Rs, 1½ Stunden).

WEITERE INSELN

Das Fremdenverkehrsamt der Andamanen und Nikobaren hat ein halbes Dutzend Strände ausgesucht, die für eine Erschließung vorgesehen sind, aber derzeit ist an ihnen die touristische Infrastruktur noch minimal, so daß man dort nicht zu viel erwarten sollte. Bis die geplanten Ferienanlagen für Touristen errichtet sind, bestehen die einzigen Übernachtungsmöglichkeiten in PWD Guest Houses und Forest Rest Houses (üblicherweise 60 Rs pro Bett in einem Doppelzimmer). Wenn man in einem solchen Quartier übernachten möchte, muß man es im voraus in Port Blair reservieren lassen, entweder im PWD Department (unweit vom Hotel Shompen) oder im Forest Department in Haddo.

Es gibt aber auch Besucher, die sich ein Zelt mitbringen und es draußen an einem der Strände aufschlagen.

In Port Blair lassen sich Zelte für zwei Personen zum Preis von 40 Rs pro Tag im Andaman Teal House mieten. Wenn man zeltet, sollte es selbstverständlich sein, daß man seinen Abfall verbrennt oder vergräbt.

HAVELOCK

Havelock ist 100 Quadratkilometer groß, liegt 54 km nordöstlich von Port Blair und ist von Siedlern aus Bengalen bewohnt. Hier gibt es Strände wie auf Postkarten mit türkisfarbenem Wasser, in dem sich gut schnorcheln läßt. Obwohl sich ein Korallenriff gebildet hat, sind auch Meereslebewesen wie Delphine, Schildkröten und sehr große Fische zu sehen. All das macht die Insel zu einem interessanten Ziel.

Besiedelt ist nur das nördliche Drittel der Insel, in dem jedes Dorf mit einer Nummer bezeichnet ist. Die Boote machen am Anleger in der Siedlung 1 fest, während der Hauptbasar ein paar Kilometer weiter südlich in der Siedlung 3 liegt. Nützlich ist, wenn man selbst über ein Verkehrsmittel verfügt. Möglich ist beispielsweise, ein Fahrrad von Port Blair mitzubringen oder eines in Dorf 3 für 30 Rs pro Tag oder im *Paan*-Laden vor dem Eingang zum Dolphin Yatri Niwas für 40 Rs zu mieten. Im Einsatz ist auch ein Bus, der die einzelnen Dörfer im Abstand von jeweils einer Stunde miteinander verbin-

ANDAMANEN UND NIKOBAREN

det, derzeit aber den Strand bei der Siedlung 7 nicht anzufahren scheint. Der erstreckt sich eine Stunde Fußweg nach Westen über einen Berg vom Dorf 6 entfernt. Für eine Busfahrt werden aber unverschämt hohe 10 Rs verlangt.

Unterkunft und Essen: Der Dolphin Yatri Niwas Complex hat recht ansprechende Übernachtungsmöglichkeiten in Cottages neben einen abgeschiedenen Strand zu bieten. Schnorcheln läßt sich an ihm jedoch nicht. Ausländer müssen in der Anlage für ein normales Doppelzimmer 300 Rs, für ein Luxuszimmer 400 Rs und für ein Doppelzimmer mit Klimaanlage 800 Rs bezahlen (alle mit eigenem Bad). Von indischen Gäste wird nur die Hälfte davon verlangt. Wenn man in diesem Quartier wohnen will, muß man vorher im Fremdenverkehrsamt der Andamanen und Nikobaren in Port Blair eine Reservierung vornehmen lassen. Von den freundlichen Mitarbeitern des zugehörigen Restaurants werden auch gute, wenngleich einfache Mahlzeiten zubereitet.

Das Tent Resort des Fremdenverkehrsamtes der Andamanen und Nikobaren neben dem Strand beim Dorf 7 hat acht geräumige Zelte (jeweils mit Doppelbett) zu bieten, die unter Bäumen errichtet worden sind. Die kann man zu zweit für jeweils 100 Rs bewohnen und lassen sich ebenfalls im Fremdenverkehrsamt in Port Blair reservieren. Zwar sind bei den Zelten auch einige Toiletten vorhanden, aber Waschmöglichkeiten außer an einem Brunnen nicht. Außerdem kann man einfache Fisch-Thalis erhalten (25 Rs), andere Getränke als Tee jedoch nicht. Einige Leute bringen sich hierher ein eigenes Zelt sowie Töpfe und Pfannen mit, um über einem Feuer am Strand selbst zu kochen. Dann braucht man aber für die Wasseraufbereitung Jod oder ein anderes Entkeimungsmittel. An diesem idyllischen Strand, der sich über mehrere Kilometer hinzieht, bestehen auch gute Schnorchelmöglichkeiten. Der einzige Nachteil sind die Sandfliegen, die ein Sonnenbaden unmöglich machen.

Außer in diesen beiden Unterkünften kann man auch noch im MS Guest House unterkommen. Es liegt einen halben Kilometer westlich des Anlegers und verfügt über einfache Zimmer mit Bad, die jeweils für 100 Rs angeboten werden. Die Gauranga Lodge in dem grünen Holzgebäude ohne Hinweisschild zwischen den Dörfern 1 und 3 hat Doppelzimmer für 35 Rs zu bieten. Dort findet man im Badezimmer ein *mandi* wie in Indonesien.

An- und Weiterreise: Fähren nach Havelock legen zur vierstündigen Fahrt dienstags, mittwochs, freitags und samstags früh am Morgen am Anleger Phoenix Bay in Port Blair ab. Für eine Mitfahrt auf dem Unterdeck muß man 7 Rs und auf dem Oberdeck 13 Rs bezahlen. Die Rückfahrten von Havelock nach Port Blair finden jeweils einen Tag später statt.

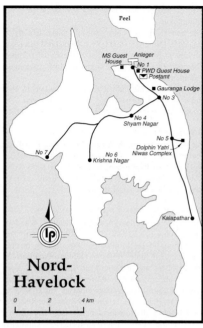

NEIL

Neil, 40 km nordöstlich von Port Blair, ist ebenfalls von Bengalen besiedelt worden. Mittwochs und freitags legt die Fähre von Port Blair nach Havelock auch an dieser Insel an. Bis das geplante Yatri Niwas fertiggestellt ist, bestehen die einzigen Übernachtungsmöglichkeiten im PWD Rest House mit zwei Zimmern. Wenn man ein Zelt bei sich hat, kann man aber auch das aufschlagen.

LONG

Auf dieser kleinen Insel vor der Südostküste von Middle Andaman gibt es ein Dorf und mehrere Sandstrände, die sich ausgezeichnet zum Zelten eignen. Die einzige feste Übernachtungsmöglichkeit stellt derzeit das Forest Rest House dar. Der Bau eines Yatri Niwas an der Lalaji-Bucht ist aber bereits geplant.

Mittwochs und samstags macht die Fähre von Port Blair nach Havelock auf Long fest, bevor sie nach Rangat weiterfährt. Die bedeutendsten Verkehrsmittel auf der Insel sind Fahrräder.

MIDDLE ANDAMAN

Die Andaman Trunk Road führt von Port Blair nach Norden zur Insel Bharatang und nach Middle Andaman, das mit häufig verkehrenden Fähren zu erreichen ist.

Weil die Straßen an den Westküsten von South Andaman und Middle Andaman entlang von Reservaten für die Jarawa verläuft, fahren in Bussen bewaffnete Wachen mit. Seitdem sie an indische Siedler Land verloren haben, zeigen sich die Jarawa Außenstehenden gegenüber feindlich, so daß das Reisen auf eigene Faust hier nicht ratsam ist. Wenn man versucht, mit einem Motorrad bis hierher vorzudringen, wird man wahrscheinlich an einer Kontrollstelle 40 km außerhalb von Port Blair angehalten. Ausländer dürfen nur in Rangat und Mayabunder übernachten.

Nach Rangat gelangt man mit einer Fähre über Havelock oder Neil und Long oder mit einem Bus (33 Rs, 5¹/₂ Stunden). Einfache Übernachtungsmöglichkeiten stehen in der Hare Krishna Lodge und im PWD Guest House zur Verfügung. Der Bau eines Yatri Niwas an der Catbird-Bucht, 25 km östlich von Rangat, ist geplant.

Mayabunder, 71 km nördlich von Rangat, ist durch einen täglich verkehrenden Bus mit Port Blair verbunden, aber auch durch gelegentlich eingesetzte Fähren. Dort kommt man im PWD Guest House mit 18 Betten unter. Im Bau ist bereits ein Yatri Niwas an der Karmatang-Bucht, 10 km nordöstlich von Mayabunder.

NORTH ANDAMAN

Diglipur auf North Andaman wird wöchentlich einmal von einer Fähre aus Port Blair und täglich von einer Fähre aus Mayabunder bedient. Als Übernachtungsmöglichkeit bietet sich ein PWD Guest House mit 12 Betten an.

Auch auf dieser Insel ist bereits ein Yatri Niwas geplant, und zwar am Strand von Kalipur, 20 km von Diglipur entfernt.

CINQUE

North und South Cinque gehören zum Nationalpark südlich von Wandoor. Umgeben von noch unberührten Korallenriffen, gehören sie mit zu den schönsten Inseln der Andamanen.

Leider sind dorthin nur Tagesausflüge erlaubt. Wenn man nicht an einer der Ausflugsfahrten für 800 Rs teilnimmt, die gelegentlich von Reisebüros veranstaltet werden, braucht man für ein Tagesausflug nach Cinque eine besondere Genehmigung des Forstamtes. Die Insel liegt zwei Stunden Fahrt mit einem Boot von Chiriya Tapu und drei Stunden Fahrt vom Anleger Phoenix Bay entfernt.

GLOSSAR

Nachfolgend werden einige Begriffe erläutert, auf die Sie während einer Indienreise im Alltag stoßen werden. Weitere Begriffe und ihre Bedeutungen sind in den Kapiteln über das Essen und über die Religion enthalten.

abbi - Wasserfall

Abhimani - ältester Sohn von Brahma

Abhimanyu - Sohn von Arjuna

acha - o.k., in Ordnung

acharya - angesehener Lehrer, ursprünglich ein geistiger Führer

adivasi - Stammesangehöriger

agarbathi - Weihrauch

Agasti - legendärer Weiser, im Süden hoch verehrt, weil er für die Einführung des Hinduismus und das Entstehen der tamilischen Sprache gesorgt hat

Agni - Feuer, eine bedeutende Gottheit in den *Veden* sowie Vermittler zwischen der Menschheit und den Göttern

ahimsa - Gewaltlosigkeit

AIR - Abkürzung für All India Radio, den nationalen Rundfunksender

Amir - moslemischer Adliger

amrita - Unsterblichkeit

ananda - Glück, Glückseligkeit und Name der ersten Nichte von Buddha, seine bevorzugte Anhängerin

Andhaka - Dämon mit tausend Köpfen, von Shiva getötet

angrezi - Ausländer

anikut - Staudamm

anna - alte Münze (sechzehnter Teil einer Rupie), heute aber abgeschafft; dennoch bei Verhandlungen auf Märkten noch gebräuchlich (8 *annas* entsprechen 0,50 Rs)

Annapurna - andere Form von Durga, verehrt wegen ihrer Macht, für Verpflegung zu sorgen

apsaras - himmlische Nymphen, die die Weisen unterhielten

APSRTC - Abkürzung für Andhra Pradesh State Road Transport Corporation (Staatliches Busunternehmen von Andhra Pradesh)

Arrak - alkoholisches Getränk aus dem Saft von Kokosnüssen, aus Kartoffeln oder aus Reis

Aranyani - Waldgöttin

Ardhanari - Shiva in der Erscheinungsform halb weiblich und halb männlich

Arier - Sanskrit-Wort für „edel" sowie „erlaucht" und verwendet, um die Leute zu bezeichnen, die sich von Persien kommend im nördlichen Indien ansiedelten

Arishta - ein *daitya* (Riese), der die Gestalt eines Bullen angenommen hatte, Krishna angriff und von diesem getötet wurde

Arjuna - Held im *Mahabharata* und Militärführer, der Krishnas Schwester Subhadra heiratete, zu den Waffen griff und alle Arten von Dämonen überwand, von Krishna mit dem *Bhagavad Gita* in Verbindung gebracht wurde, die Beisetzungsfeierlichkeiten für Krishna in Dwarka anführte und sich schließlich in den Himalaja zurückzog

ashram - Zentrum der Übung geistiger Konzentration

Astrologie - mehr als nur reine Unterhaltung, werden astrologische Übersichten üblicherweise vor bedeutenden Ereignissen wie Hochzeiten, Wahlen, wichtigen Geschäftsreisen usw. benutzt

attar - Öl, das aus Blumen gewonnen und als Grundlage für Parfüm verwendet wird

Auto-Rikscha - kleines, lautes und motorisiertes Gefährt mit drei Rädern, das auf kurzen Entfernungen für den Personentransport eingesetzt wird, überall im Lande anzutreffen und preisgünstiger als ein Taxi ist

Avalokitesvara - einer der bedeutendsten Schüler Buddhas

avataar - Inkarnation einer Gottheit, normalerweise von Vishnu

ayah - Kinderschwester, Amme

Ayurvedik - indische Kräutermedizin

azan - moslemischer Ruf zum Gebet

baba - respektvoller Begriff für einen religiösen Lehrer

babu - abfällige Bezeichnung für einen Büroangestellten, der einfache Arbeiten verrichtet

bagh - Garten

bahadur - ehrenwerter, heldenhafter, ritterlicher Titel

Bakschisch - Trinkgeld, Schmiergeld oder Gabe für einen Bettler

Balarama - Krishnas Bruder und von einigen Leuten als siebente Inkarnation (*avataar*) von Vishnu angesehen

bandar - Affe

bandh - Generalstreik

banian - T-Shirt oder Unterhemd

baniya - Geldverleiher

Banyan - indischer Feigenbaum

baoli - Brunnen, insbesondere Stufenbrunnen mit Treppenabsätzen und Galerien, anzutreffen in Rajasthan und Gujarat

GLOSSAR

baradari - Sommerhaus

barra - groß, bedeutend

Basar - Marktgebiet, auch Marktort

basti - Jain-Tempel

begum - moslemische Frau von hohem gesellschaftlichen Rang

Betel - Nuß des Betelbaumes, die als mildes Rauschmittel gekaut wird

Bhadrakali - anderer Name für Durga

Bhagavad Gita - Krishnas Lehre für Arjuna, Teil des *Mahabharata*

Bhairava - Der Fürchterliche; bezieht sich auf die acht Inkarnationen Shivas in seiner dämonischen Form

bhakti - sich den Göttern ausliefern

bhang - getrocknete Blätter und Blütenteile der Marihuanapflanze

bhang lassi - Mischung aus *lassi* und Haschisch

Bharat - Indien auf Hindi

Bharata - Ramas Halbbruder, der für Rama regierte, als der im Exil war

bhavan - Haus, Gebäude

Bhima - weiterer Held im *Mahabharata*, Bruder von Hanuman und bekannt für seine große Stärke

bhisti (bheesti) - Wasserträger

bhojnalya - einfaches Restaurant

bidi (beedee) - kleine, handgerollte Zigarette, die eigentlich nur aus einem einzigen zusammengerollten Tabakblatt besteht

bindi - Stirnmal

Bo-Baum - Baum, unter dem Buddha seine Erleuchtung erlebte

Bodhisattva - jemand, der das Nirwana fast schon erreicht hat, sich aber entsagt, um anderen zu helfen, es ebenfalls zu erreichen (wörtlich: jemand, dessen Kern von perfekter Weisheit gekennzeichnet ist)

Brahma - Quelle allen Lebens und angebetet in der hinduistischen Dreieinigkeit als der Erschaffer. Brahma wird üblicherweise mit vier Köpfen dargestellt (ein fünfter Kopf ist von Shivas „mittlerem Auge" verbrannt worden, als sich Brahma respektlos äußerte). Sein Fahrzeug ist ein Schwan oder eine Gans, seine Begleiterin Saraswati.

Brahmanismus - frühe Form des Hinduismus, die sich aus dem Vedismus entwickelt hat und die nach den Brahmanen sowie Brahma benannt wurde

Brahmane - Angehöriger der Priesterkaste, der höchsten hinduistischen Kaste

Buddha - „Der Erleuchtete", Gründer des Buddhismus, der im 5. Jahrhundert n. Chr. lebte und der von den Hinduisten als neunte Inkarnation von Vishnu angesehen wird

bugyal - Wiese, Alm

bund - Uferbefestigung oder Deich

burkha - Kleidungsstück moslemischer Frauen, das aus einem Stück Stoff besteht und benutzt wird, um sich von Kopf bis zu den Füßen zu bedecken

bustee - Elendsgebiet

Cantonment - Verwaltungs- oder Militärbezirk einer Stadt aus der britischen Kolonialzeit

chai - Tee

chaitya - buddhistischer Tempel, auch Gebetsraum und Versammlungshalle

chakra - Mittelpunkt geistiger Macht und scheibenartiges Rüstungsteil Vishnus

chalo, chalo, chalo - „Auf geht's!"

Chamunda - Erscheinungsform der Göttin Durga, in der sie bewaffnet mit Krummsäbel, Schlinge sowie Knüppel und bekleidet mit Elefantenhaut auftritt und die Aufgabe zu erfüllen hat, die Dämonen Chanda sowie Munda zu töten (wovon der Name abgeleitet ist)

chance list - Warteliste bei Flügen von Indian Airlines

Chanda - eine weitere Manifestation der Göttin Durga

Chandra - Mond oder Mond als Gottheit

Chandragupta - bedeutende Herrscherdynastie in Indien im 3. Jahrhundert v. Chr.

chhang - tibetisches Reisbier

chapati - ungesäuertes indisches Fladenbrot

chappals - Sandalen

charas - Ganja oder Haschisch

charbagh - formal angelegter persischer Garten, unterteilt in vier Viertel (wörtlich: vier Gärten)

charpoy - indisches Bett (aus Seilen)

chat - allgemeine Bezeichnung für einen kleinen Imbiß

chauri - Fliegenwedel

chedi - siehe Pagode

chela - Schüler oder Anhänger, so wie es George Harrison bei Ravi Shankar war

Chhatri - kleines Bauwerk aus der Zeit der Moguln mit einer Kuppel (wörtlich: Schirm)

chikan - besticktes Kleidungsstück

chillum - Pfeife der *hookah*; wird üblicherweise als Beschreibung für eine kleine Pfeife benutzt, die zum Ganja-Rauchen verwendet wird.

chinkara - Gazelle

chittal - geflecktes Wild

choli - Bluse zu einem Sari

chorten - tibetisches Wort für Stupa

chota - kleines Hohlmaß für alkoholische Getränke

choultry - Pilgerherberge im südlichen Indien (*dharamsala*)

chowk - Hof oder Markt

chowkidar - Nachtwächter

Cong(I) - Abkürzung für Congress Party of India

CPI - Abkürzung für Communist Party of India

CPI(M) - Abkürzung für Communist Party of India (Marxist)

crore - Zahlwort für 10 Millionen

curd - Milch, versetzt mit einem bestimmten Geschmack oder hinzugefügtem Lab, um sie zu verfestigen

cutcherry (kachairri) - Büro- oder Behördengebäude

dacoit - Räuber, Dieb, insbesondere ein bewaffneter Angreifer

dahin - Joghurt

dagoba - siehe Pagode

daityas - Dämonen und Riesen, die gegen die Götter kämpften

dak - Zwischenstation

dalit - vorzugsweise verwendeter Begriff für die kastenlosen Inder (vgl. Unberührbare)

Damodara - anderer Name für Krishna

dargah - Schrein oder Ort der Beisetzung eines moslemischen Heiligen

darshan - Opfer oder Gebet, meist mit einem Guru, Anblick einer Gottheit

darwaza - Tor oder Tür

Dasaratha - Vater von Rama im *Ramayana*

Dattatreya - Brahmanen-Heiliger, in dem die hinduistische Dreieinigkeit vereinigt war

devadasi - Tempeltänzer

Devi - Shivas Ehefrau, die auch in vielen anderen Erscheinungsformen auftritt

dhaba - kleines Restaurant, Imbißstand, woher verpackte Mittagessen für Büroangestellte stammen

dhal - Linsensuppe; Hauptnahrungsmittel vieler Inder

dharma - hinduistischer und buddhistischer Verhaltenskodex

dharna - gewaltloser Widerstand

dhobi - Wäscher von Kleidung

dhobi ghat - Platz, an dem ein *dhobi* Wäsche wäscht

dholi - Sänfte oder Tragbahre, in der sich gelegentlich ältere Touristen herumtragen lassen

dhoti - ähnliches Kleidungsstück wie *lungi*, wird aber noch zwischen den Beinen durchgezogen und häufig von hinduistischen Männern getragen

dhurrie - kleiner Teppich, Vorleger

digambara - luftbekleidet und Jain-Sekte, deren Angehörige weltliche Güter verachten, deshalb auch Kleidung ablehnen und nackt leben

diwan - höchster Beamter in Prinzenstaaten, königlicher Ratgeber

Diwan-i-Am - Halle der öffentlichen Audienzen

Diwan-i-Khas - Halle der privaten Audienzen

dosa - papierdünne Pfannkuchen aus Linsenmehl (die mit darin eingewickelten gewürzten Gemüsesorten *masala dosa* ergeben)

dowry - Mitgift von den Eltern einer Braut für die Familie des Schwiegersohns; zwar illegal, aber keine arrangierte Hochzeit (die meisten sind auch heute noch arrangiert) kommt ohne Mitgift zustande

Draupadi - Ehefrau der fünf Pandava-Prinzen im *Mahabharata*

Drawiden - Angehörige der Ureinwohner Indiens, die von den Indo-Europäern nach Süden verdrängt wurden

und sich dann mit ihnen vermischten. Zu den drawidischen Sprachen gehören Tamil, Malayalam, Telugu und Kannada.

dun - Tal

dupatta - von den Frauen im Punjab getragenes Tuch

durbar - königlicher Hof; wird auch benutzt, um eine Regierung zu beschreiben

Durga - Die Unzugängliche, eine Erscheinungsform von Shivas Ehefrau Devi in der Gestalt einer schönen, aber grimmigen Frau, die auf einem Tiger reitet, und eine bedeutende Gottheit des Sakti-Kultes

dwarpal - Türwächter; Skulptur neben hinduistischen und buddhistischen Schreinen

elatalam - kleine, in der Hand gehaltene Zimbeln

Export-Gurus - Gurus, deren Anhänger vorwiegend Leute aus dem Westen sind

Fakir - ursprünglich ein Moslem, der das Armutsgelübde ablegte, wird aber auch auf Sadhus und andere hinduistische Asketen angewandt

feni - alkoholisches Getränk aus Kokosnußmilch oder Cashew-Nüssen, das in Goa hergestellt wird

filmee - Musik oder ein anderer Bestandteil indischer Filme

firman - königliches Gebot oder Gewährung einer Bitte

Freaks - junge Leute aus dem Westen, die durch Indien ziehen

gaddi - Thron eines hinduistischen Prinzen

Ganesh - Gott der Gelehrsamkeit und des Wohlstands, elefantenköpfiger Sohn von Shiva und Parvati sowie vielleicht der beliebteste aller Gottheiten im hinduistischen Pantheon, auch bekannt als Ganspati. Sein Fahrzeug ist eine Ratte. Abgebildet wird er mit vier Händen und hält in einer davon eine Wasserlilie, in einer anderen eine Keule, in der dritten eine Muschel und in der vierten einen Diskus.

Ganga - der Fluß Ganges, vom dem gesagt wird, er fließe aus einer Zehe Vishnus; zudem eine Göttin, die den heiligen Fluß Ganges verkörpert

ganj - Markt

ganja - Haschisch

gaon - Dorf

garh - Festung

gari - Fahrzeug. Ein *motor gari* ist ein Auto und ein *rail gari* ein Zug

Garuda - Göttervogel, Gefährt von Vishnu

gaur - indischer Bison

Gayatri - heilige Verse aus dem *Rig-Veda*, die von Brahmanen innerlich zweimal täglich wiederholt werden

ghat - Treppenanlage oder Anleger an einem Fluß, Bergkette und Bergstraße

GLOSSAR

ghazal - Urdu-Gesänge, traurige Liebeslieder

ghee - Butterfett

gherao - Aktion in der Wirtschaft, bei der die Arbeitnehmer ihre Arbeitgeber einschließen

giri - Hügel

Gita Govinda - erotisches Gedicht von Jayadeva, das sich auf Krishnas frühes Leben als Govinda, der Hirtenjunge, bezieht

godown - Lagerhaus

gompa - tibetisches Kloster (buddhistisch)

Gond - indische Ureinwohner, vornehmlich in den Dschungeln von Zentralindien lebend

goondas - Raufbold, Schläger; nicht selten haben politische Parteien Banden von *goondas*

gopis - Milchmädchen, für die Krishna eine besondere Vorliebe hatte

gopuram - hochaufstrebender, pyramidenförmiger Turm mit Götterfiguren über dem Tor zu einem drawidischen Tempel in Südindien

Govinda - Kuhhirte

GPO - Abkürzung für General Post Office (Hauptpostamt)

gram - Hülsenfrüchte

gumbad - Kuppel über einem Grab oder über einer Moschee

gurdwara - Sikh-Tempel

Guru - religiöser Lehrer oder Heiliger

Haji - ein Moslem, der eine Pilgerreise (*haj*) nach Mekka unternahm

hammam - türkisches Bad

Hanuman - Affengott, eine bedeutende Figur im *Ramayana* und ein Anhänger von Rama

Hara - einer von Shivas Namen

haram - Gebetsraum in einer Moschee

Hari - anderer Name für Vishnu

harijan - Bezeichnung, die Gandhi den Unberührbaren in Indien gab, die jedoch nicht mehr als akzeptabel angesehen wird (vgl. *dalit* und Unberührbare)

hartaal - Streik

hathi - Elefant

haveli - traditionelles Herrenhaus mit Innenhöfen, insbesondere in Rajasthan und Gujarat

havildar - Offizier der Armee

hijra - Eunuch

Hinayana - Buddhismus des „Kleinen Fahrzeugs"

hindola - Schaukel

Hiranyakasipu - Dämonenkönig (*daitya*), der von Vishnu in seiner Inkarnation als Mensch und Löwe (Narasimha) getötet wurde

hookah - Wasserpfeife

howdah - Sitz, um Menschen auf dem Rücken von Elefanten zu transportieren

HPTDC - Abkürzung für Himachal Pradesh Tourism Development Corporation

Hypothecated - indische Bezeichnung für Verleihen, Ausleihen; manchmal sind an Taxen oder Auto-Rikschas kleine Hinweisschilder mit diesem Begriff zu sehen, die darauf hinweisen, daß das Fahrzeug an eine Bank oder ähnliches vermietet ist.

idgah - offene Einfriedigung im Westen einer Stadt; dort kommt man während des moslemischen Festes Idul-Zuhara zum Beten zusammen

idli - südindischer Reiskloß

iam - moslemischer Religionsführer

iambara - Grab eines schiitischen Moslemheiligen

IMFL - Abkürzung für India Made Foreign Liquor (Alkoholika, die in Indien hergestellt wurden)

Indo-sarazenischer Stil - Stilrichtung in der Kolonialarchitektur, bei der westliche Elemente mit moslemischen, hinduistischen und jainistischen verbunden wurden

Indra - der wichtigste und der angesehenste der vedischen Götter in Indien; Gott des Regens, des Donners und des Blitzes, dessen Waffen *vajra* (Donnerkeil), Bogen, Netz und *anka* (Haken) sind

Ishwara - Der Herr, Bezeichnung für Shiva

ITDC - Abkürzung für Indian Tourism Development Corporation

Jagadhatri - Mutter der Welt, andere Bezeichnung für Shivas Ehefrau

Jagganath - Herr der Welt, eine Erscheinungsform Krishnas, vorwiegend in Puri (Orissa) angebetet

jaggery - harter, brauner Süßstoff aus dem Saft der Kitul-Palme

Jalasayin - wörtlich: schlafend auf den Wassern, im übertragenen Sinn eine Bezeichnung für Vishnu, wenn er im Monsun auf seinem Sofa über dem Wasser schläft

jali - durchbrochenes Marmorsteinwerk

Janaka - Vater von Sita (der Ehefrau von Rama im *Ramayana*)

janata - wörtlich: Volk; daher ist die Janata Party die Volkspartei

Jatakas - Geschichten über die verschiedenen Leben Buddhas

jauhar - ritueller Massenselbstmord durch Opferung, der traditionsgemäß von den Frauen der Rajputen bei militärischen Niederlagen vollzogen wurde. Damit wollten sie verhindern, von den Siegern geschändet und entehrt zu werden

jawan - Polizist oder Soldat

jheel - Sumpf

jhuggi - Elendsquartier (vgl. *bustee*)

ji - ehrenhafter Titel, der fast an jeden Namen gehängt werden kann, z. B. Baba-ji und Gandhiji

juggernauts - große, reich geschmückte Tempelwagen, die während hinduistischer Feste durch die Straßen gezogen werden

jumkahs - Ohrringe

jyoti lingam - die bedeutendsten Shiva-Schreine in Indien, von denen es 12 gibt

kachairri - siehe *cutcherry*

kachauri - indisches Frühstück mit *puris* und Gemüse

Kailasa - Berg im Himalaja, die Heimat von Shiva

Kali - Die Schwarze, eine fürchterliche Erscheinungsform von Shivas Ehefrau Devi, die mit schwarzer Haut, triefend von Blut, umgeben von Schlangen und mit einer Halskette aus Schädeln dargestellt wird

Kalki - das Weiße Pferd und zukünftige (zehnte) Inkarnation von Vishnu, die in Erscheinung treten wird, wenn die Geschichte der Welt endet (vergleichbar mit *maitreya* in der buddhistischen Kosmologie)

Kama - Liebesgott

kameez - Hemd der Frauen

Kanishka - bedeutender König im Kushana-Reich, der am Anfang der christlichen Ära regierte

Kanyakumari - Jungfrau, ein anderer Name für Durga

karma - Prinzip der vergeltenden Justiz für Taten in der Vergangenheit

karmachario - Arbeiter

Kartikiya - Kriegsgott, Shivas Sohn

Kaste - vererbliche Station im Leben

kata - tibetischer Gebetsschal, den man traditionsgemäß einem Lama überreicht, wenn man ihm vorgestellt wird

Kedernath - ein Name für Shiva und einer der 12 bedeutenden *lingams*

khadi - selbstgewebte Stoffe; Mahatma Gandhi ermunterte die Inder, selbst *Khadi*-Stoffe zu weben, anstatt englische Stoffe zu kaufen

Khalistan - Bezeichnung von Separatisten der Sikhs für einen unabhängigen Punjab

khan - moslemischer Ehrentitel

kibla - Richtung, in die Moslems sich beim Gebet wenden, oft gekennzeichnet durch eine Nische in einer Wand der Moschee

koil - hinduistischer Tempel

kompu - gebogene Metalltrompete

kot - Festung

kothi - Residenz, Herrenhaus

kotwali - Polizeiwache

Krishna - Vishnus achte Inkarnation, häufig in Blau gekleidet und eine beliebte indische Gottheit, die Arjuna das *Bhagavad Gita* offenbarte

KSRTC - Abkürzung für Karnataka State Road Transport Corporation

KTDC - Abkürzung für Kerala Tourist Development Corporation

kulfi - Süßigkeit mit Pistaziengeschmack, ähnlich wie Eis

khumb - Krug

kund - See

kurta - Hemd

Kusa - einer von Ramas Zwillingssöhnen

lakh - Zahlwort für 100 000 (vgl. *crore*)

Lakshmana - Halbbruder und Helfer von Rama im *Ramayana*

Lakshmi (Laxmi) - Vishnus Gefährtin, Göttin des Wohlstands und des Glücks, die aus dem Meer sprang und dabei eine Lotusblüte hielt, eine Blume, mit der sie oft in Verbindung gebracht wird und weshalb sie oft auch Padma (Lotus) genannt wird

lama - tibetisch-buddhistischer Priester oder Mönch

lassi - erfrischendes Getränk aus Joghurt und Eiswasser

lathi - große Bambusstange, mit der Polizisten auf ihre Opfer einschlagen

lenga - langes Hemd mit einer Schnur um die Taille

lingam - Phallussymbol, insbesondere für Shiva

lok - Volk

loka - Reich, insbesondere Königreich

Lok Dal - politische Partei, Teil der Janata-Partei

Lok Sabha - Unterhaus des indischen Parlaments, vergleichbar mit dem House of Commons, dem House of Representatives und dem Bundestag

lungi - Lendentuch, das wie ein Sarong um die Hüfte gewickelt wird

madrasa - islamisches Bildungsinstitut

Mahabharata - bedeutendes vedisches Epos der Bharata-Dynastie und ein episches Gedicht mit rund 10 000 Versen, in dem der Kampf zwischen den Pandavas und den Kauravas beschrieben wird

Mahabodhi-Gesellschaft - eine 1891 gegründete Organisation mit dem Ziel, in Indien und im Ausland das Studium des Buddhismus zu fördern

Mahadeva - Großer Gott, ein Name für Shiva

Mahadevi - Große Göttin, ein Name für Devi, Shivas Ehefrau

Mahakala - Große Zeit, ein Name für Shiva, den Zerstörer, und einer von 12 heiligen *lingams* (in Ujjain in Madhya Pradesh)

mahal - Haus oder Palast

Maharadscha, Maharana, Maharao - König

Maharani - Ehefrau eines Königs oder selbst Königin

Mahatma - indischer Vorname; wörtlich: „große Seele"

Mahavir - der letzte *tirthankar* (Jain-Gelehrter)

Mahayana - Buddhismus des „Großen Fahrzeugs"

Mahayogi - Großer Asket, ein weiterer Name für Shiva

Maheshwara - Großer Herr, wieder eine Bezeichnung für Shiva

mahout - Elefantenreiter

maidan - offener, grasbewachsener Platz in einer Stadt

Makara - mystische Kreatur aus dem Meer und das Fahrzeug von Varuna, auch Krokodil

mali - Gärtner

mandala - Kreis, ein Symbol in der hinduistischen und buddhistischen Kunst, um das Universum zu bezeichnen

GLOSSAR

mandapam - mit Säulen oder Pfeilern versehener Pavillon vor einem Tempel

mandi - Markt

mandir - Hindu- oder Jain-Tempel

Mani-Stein - Stein mit einer Eingravierung des tibetisch-buddhistischen Gesanges „Om Mani Padme Hum" („Heil dem Juwel im Lotus")

mantra - Gebetsformel der Buddhisten und Hinduisten, um die Konzentration zu unterstützen, auch Teil der *Veden* mit Lobeshymnen

Mara - buddhistischer Gott des Todes mit drei Augen, der das Rad des Lebens hält

Marathen (Mahratten) - kriegerischer Stamm in Zentralindien, der weite Teile Indiens kontrollierte und gegen die Moguln kämpften

marg - Hauptstraße

Maruten - Windgötter

masjid - Moschee; Jama Masjid ist die Freitagsmoschee oder Hauptmoschee

mata - Mutter

math - Kloster

maund - heute weitgehend überholte Gewichtseinheit (ca. 20 kg)

mela - Ausstellung, Messe

memsahib - verheiratete Frau aus Europa, abgeleitet von „Madam-Sahib"; wird heute noch häufiger verwendet, als man glaubt

mendi - *henna*, verzierte Muster, die den Frauen auf Hände und Füße gemalt werden, wenn besondere Feste anstehen, vornehmlich in Rajasthan, vorgenommen in Schönheitssalons und an Basarständen

Meru - mystischer Berg in der Mitte der Erde, auf dem sich Swarga, der Himmel von Indra, befindet

mihrab - siehe *kibla*

mithuna - Paare von Männern und Frauen, häufig bei Skulpturen an Tempeln zu sehen

Mogul - Herrscher einer moslemischen Dynastie in Indien von Babur bis Aurangzeb

Mohini - Vishnu in seiner weiblichen Inkarnation

moksha - Befreiung, Erlösung

Monsun - Regenzeit in Indien zwischen Juni und Oktober

morcha - Protestmarsch

mudra - rituelle Handbewegung bei religiösen Tänzen der Hinduisten

MTDC - Abkürzung für Maharashtra Tourist Development Council

Muezzin - Person, die moslemische Gläubige vom Minarett einer Moschee zum Gebet ruft

mullah - moslemischer Gelehrter, Lehrer oder Religionsführer

mund - Dorf (z. B. Ootacamund)

munshi - Schreiber, Sekretär oder Sprachlehrer

Nabob - moslemischer Prinzregent oder mächtiger Landeigentümer

nadi - Fluß

Naga - mystische Schlange mit einem menschlichen Gesicht, Mensch aus Nagaland

namaz - moslemische Gebete

namkin - abgepacktes, gut gewürztes Knabberzeug

Nanda - Kuhherde, die Krishna aufzog

Nandi - Bulle, Gefährt von Shiva und meist in Shiva-Tempeln zu finden

Narasimha (Narsingh) - Inkarnation von Vishnu in Gestalt einer Kreatur, die zur Hälfte aus einem Mann und zur Hälfte aus einem Löwen besteht

Narayan - eine Inkarnation von Vishnu als Schöpfer

Nataraja - Shiva als kosmischer Tänzer

Nautch Girls - Tanzmädchen (*nautch* ist ein Tanz)

Naxaliten - ultralinke politische Bewegung, die im Dorf Naxal in West-Bengalen entstand, damals als Aufstand der Bauern gegen die Landbesitzer, und die sich negativ durch extreme Gewalttätigkeit auszeichnet. In West-Bengalen heute kaum noch vertreten, dafür aber immer noch in Uttar Pradesh, Bihar und Andhra Pradesh.

Nilakantha - Darstellung von Shiva mit einem blauen Hals, hervorgerufen durch das Gift, das er schluckt. Dieses Gift hätte sonst die Welt vernichtet

nilgai - Antilope

Nirwana - höchstes Ziel des buddhistischen Lebens und endgültige Befreiung vom Zyklus der Wiedergeburten

niwas - Haus, Gebäude

nizam - vererblicher Titel der Herrscher von Hyderabad

noth - Der Herr (jainistisch)

nullah - Bach oder kleiner Fluß

numda - kleiner Teppich oder Vorleger aus Rajasthan

pacha - grün, rein

padma - Lotus

padyatra - Fußwanderung, die häufig von Politikern unternommen wird, um in den Dörfern auf Stimmenfang zu gehen

Pagode - buddhistisches religiöses Bauwerk, das Relikte Buddhas enthält; auch bekannt als *dagoba*, *stupa* oder *chedi*

pakoras - bissengroße Gemüsestücke, eingetaucht in Butter mit Kichererbsengeschmack und durchgebraten

Palanquin - Sänfte, die auf den Schultern von vier Männern getragen wird. In der Sänfte ist Platz für einen oder mehrere Menschen

Pali - Originalsprache der buddhistischen Schriften. Noch heute beziehen sich Studenten des Buddhismus auf den ursprünglichen Pali-Text

palia - Gedenkstein

palli - Dorf

pan - Betelnuß mit Geschmackszutaten zum Kauen wie Kalk

pandit - Gelehrter oder weiser Mann, manchmal auch die Bezeichnung für einen Bücherwurm

Parasurama - Rama mit der Axt, die sechste Inkarnation von Vishnu

Parsen - Anhänger des zoroastrischen Glaubens

Parvati - die Bergsteigerin, eine weitere Erscheinungsform von Shivas Ehefrau

peepul - Feigenbaum, insbesondere der Bo-Baum

peon - unterste Stufe in der Hierarchie der kirchlichen Arbeiter

pice - alte Münze (Viertel einer *anna*)

pinjrapol - Tierkrankenhaus, das von den Jains unterhalten wird

POK - Abkürzung für Pakistan Occupied Kashmir

pradesh - Staat, Bundesstaat

pranayama - Studium der Atemkontrolle

prasad - Lebensmittelopfer

puja - Opfergabe oder Gebet

pukkah - richtig, passend; wird häufig in bezug auf die Zeit der Briten angewandt

punkah - Textilgewebe, das durch eine Kordel in Schwung gehalten wird und wie ein Ventilator wirkt

Puranas - Sammlung von 18 enzyklopädischen Sanskrit-Geschichten, geschrieben in Versen, in Verbindung gebracht mit den drei Göttern und entstanden in der Zeit der Gupta (5. Jahrhundert n. Chr.)

purdah - Brauch bei einigen Moslems, ihre Frauen versteckt zu halten

puri - flache Teigstücke, die aufplatzen, wenn sie tief gebraten werden

qila - Fort, Festung

Radha - die Geliebte, die Krishna vorzog, als er in der Gestalt von Govinda (Gopala) wie ein Kuhhirte lebte

raga - eine von mehreren konventionellen Strukturen von Melodie und Rhythmus, die die Grundlage für eine frei interpretierte Komposition bildet

railhead - Bahnhof oder Stadt am Ende einer Bahnlinie, Endstation

raj - Herrschaft oder Souverän, vorwiegend in der Zeit der britischen Herrschaft in Indien

raja - König

Rajputen - hinduistische Kriegerkaste, königliche Herrscher im mittleren Indien

rakhi - Amulett

Rama - siebente Inkarnation von Vishnu, in der sein Leben das zentrale Thema im *Ramayana* ist

Ramayana - Heldenepos um die Geschichte von Rama und Sita und ihren Konflikt mit Ravana sowie eine der bekanntesten Legenden in Indien, die fast überall in Südostasien in unterschiedlichen Varianten und Sprachen nacherzählt wird

rangoli - Muster (aus Kreide)

rani- Ehefrau eines Königs

ras gullas - süße kleine Bälle aus Rahmkäse, abgeschmeckt mit Rosenwasser

rasta roko - Straßenblockade aus Protestgründen

rath - Tempelwagen, der bei religiösen Festen benutzt wird

rathas - drawidische Felsentempel in Mahabalipuram

Ravana - Dämonenkönig aus Lanka (dem heutigen Sri Lanka), der Sita gewaltsam entführte; über den Kampf zwischen ihm und Rama wird im *Ramayana* berichtet

rawal - Adeliger

Rig-Veda - die ursprüngliche und älteste der vier wichtigsten *Veden*, der heiligen Sanskrit-Schriften

Rikscha - kleines, zweirädriges Fahrzeug für den Personentransport. Die von Männern gezogenen Rikschas gibt es nur noch in Kalkutta sowie in ein oder zwei Bergorten und sind in anderen Orten durch Fahrrad-Rikschas ersetzt worden.

rishi - ursprünglich ein Weiser, dem die Hymnen der *Veden* offenbart worden waren, heute jeder Dichter, Philosoph oder Weiser

road - Ort an einem Bahnhof der Eisenbahn, der als Verbindung zu einer größeren Stadt abseits der Bahnlinie dient, z. B. Mt. Abu und Abu Road sowie Kodaikanal und Kodai Road

Rukmini - Ehefrau von Krishna, die bei seiner Einäscherung starb

sabzi - Gemüse-Curry

sadar - wichtig

Sadhu - asketische heilige Person, die versucht, die Erleuchtung zu erreichen, und normalerweise mit „Swamiji" oder „Babaji" angesprochen

sagar - See, Wasserbecken

sahib - Herr; Anrede für höher gestellte Männer, meistens Europäer

Saivaiten (Shivaiten) - Anhänger von Lord Shiva

Saivismus - Anbetung von Shiva

salai - Straße

salwar - Hose, die von den Frauen im Punjab getragen wird

samadhi - ekstatisches Stadium, Trance, Übereinstimmung mit Gott; auch ein Platz, auf dem ein heiliger Mann verbrannt wurde

sambar - Wild

sangam - Zusammenfluß von zwei Flüssen

Sankara - Shiva als Schöpfer

sanyasin - etwa ein Sadhu

Saraswati - Ehefrau von Brahma sowie Göttin der Gelehrsamkeit, dargestellt normalerweise auf einem Schwan sitzend und eine *vina* (ein Saiteninstrument) haltend

Sati - Ehefrau von Shiva, die eine *sati* (ehrenwerte Frau) wurde, als sie sich selbst durch Feuer zerstörte. Heute ein Begriff für alle Frauen, die sich bei lebendigem Leib verbrennen lassen. Obwohl bereits seit rund einem

Jahrhundert verboten, kommt *sati* hin und wieder trotzdem noch vor.

satsang - Lehrstunde bei einem Swami oder Guru

satyagraha - gewaltloser Protest, der von Gandhi vorgelebt wurde; wörtlich in Sanskrit: „Bestehen auf der Wahrheit"

sepoy - früher ein indischer Soldat im Dienst der britischen Armee

serai - Unterkunft für Reisende; insbesondere Karawanserai, in der früher die Angehörigen von Karawanen übernachteten

shakti - geistige Energie, Lebenskraft, wahrgenommen von weiblichen Gottheiten; Shaktismus ist ein Kult, der mit dieser Vorstellung verbunden ist

shikar - Jagdexpedition

shikara - Boot auf dem Dal-See von Srinagar in Kaschmir, das einer Gondel ähnelt

shirting - Stoff, aus dem Hemden hergestellt werden

shola - unberührter Wald

sikhara - Spitze eines hinduistischen Tempels oder Tempel

singh - wörtlich: Löwe, im übertragenen Sinn Bezeichnung für die Rajputen und heute von den Sikhs als Vorname angenommen

sirdar (sardar) - Führer oder Befehlshaber

Sita - in den *Veden* Göttin der Landwirtschaft, aber häufiger mit dem *Ramayana* in Verbindung gebracht, dem zufolge sie als Ehefrau von Rama durch Ravana mit Gewalt entführt und nach Lanka gebracht worden ist

Shiva - der Zerstörer, aber auch der Schöpfer, der in dieser Erscheinungsform an einem *lingam* (einer Art Phallussymbol) angebetet wird

sitar - indisches Saiteninstrument

Skanda - ein anderer Name für Kartikiya, den Kriegsgott

sonf - Anissamen, der nach einer Mahlzeit zusammen mit der Rechnung gereicht wird und verdauungsfördernd wirkt

sonam - ein *karma*, das durch Wiedergeburten aufgebaut wird

sri (sree, shri, shree) - ehrende Vorsilbe, aber heutzutage das indische Gegenstück zu „Herr ..." oder „Frau ..."

stupa - siehe Pagode

Subhadra - Schwester von Krishna, die eine Inzestbeziehung mit ihm hatte

Subramanya - ein anderer Name für Kartikiya, den Kriegsgott

sudra - untere hinduistische Kaste

sufi - asketische Mystik der Moslems

suiting - Material, aus dem Kleider hergestellt werden

Surya - bedeutende Gottheit in den *Veden*

sutra - Kette, eine Reihe von Regeln, die in Versen ausgedrückt sind. Davon existieren noch viele, von denen die berühmtesten die *Kama Sutra* sind

swami - Titel für geweihte Mönche; bedeutet wörtlich „Herr des Selbst" und ist eine respektvolle Anrede

swaraj - Unabhängigkeit

sweeper - Diener aus der untersten Kaste, der die einfachsten Arbeiten verrichtet

syce - Stallknecht

tabla - Paar von kleinen Schlaginstrumenten

taluk - Bezirk, Landkreis

tank - künstlich angelegter See, Wasserbehälter

Tantrischer Buddhismus - tibetischer Buddhismus mit starken sexuellen und okkulten Elementen

tatty - aus Gras geflochtene Matte, die feucht in ein Fenster gehängt wird, um während der heißen Jahreszeit Kühlung zu bringen

tempo - geräuschvolles, dreirädriges Fahrzeug, das als öffentliches Verkehrsmittel eingesetzt wird und größer als eine Auto-Rikscha ist

thakur - hinduistische Kaste

Thali - traditionelle vegetarische Speise aus Südindien und Gujarat, von der man so viel essen kann, wie man mag

thanka - rechteckige tibetische Textilmalerei

Theravada - Buddhismus des „Kleinen Fahrzeugs"

thiru - heilig

thug - Angehöriger der Thuggee, einer Gruppe von Ritualmördern im letzten Jahrhundert, insbesondere in Madhya Pradesh

thukpar - tibetische Suppe

tiffin - kleiner Imbiß, vorwiegend in der Mittagszeit

tikal - Stirnmal zischen Hindus aus *Tika*-Puder

tirthankars - die 24 bedeutenden Jain-Lehrer

TNTDC - Abkürzung für Tamil Nadu Tourism Development Corporation

toddy - mildes alkoholisches Getränk aus dem Saft der Palme

tola - Gewicht (11,6 Gramm)

tonga - zweirädriger Pferde- oder Ponywagen

tope - Baumgruppe, meist Palmenhain

topi - Tropenhelm, vornehmlich von den Briten während der Kolonialzeit getragen

torana - Bogen über einem Tempeleingang

Trimurti - dreifache Form, die hinduistische Dreieinigkeit mit Brahma, Shiva und Vishnu

Tripitaka - klassische buddhistische Theravada-Schriften, gegliedert in drei Teile, daher auch der Name („Drei Körbe"). Die Anhänger des Mahayana-Buddhismus kennen noch zusätzliche Schriften

tripolia - dreifacher Torrahmen

Uma - das Licht, Shivas Begleiter

Unberührbare - Angehörige der untersten Kaste oder Kastenlose, die die niedrigsten Arbeiten verrichten. Die Bezeichnung stammt daher, daß die Angehörigen einer höheren Kaste glaubten, sich zu beschmutzen, sobald sie diese Menschen berührten. Früher als *harijan* und heutzutage als *dalit* bekannt.

Upanischaden - esoterische Lehre und alte Schriften, die einen Teil der *Veden* bilden (auch wenn die erst später entstanden sind) und sich mit so wichtigen Dingen wie der Natur des Universums und der Seele beschäftigen

Valmiki - Autor des *Ramayana*

Vamana - fünfte Inkarnation (*avataar*) von Vishnu als Zwerg

varna - Konzept mit den Kasten

Varuna - oberster vedischer Gott

Veden - heilige Schriften der Hindus, eine Sammlung von Lobliedern, die im präklassischen Sanskrit im zweiten Jahrtausend v. Chr. gedichtet wurden und in vier Bücher unterteilt sind: *Rig-Veda, Yajur-Veda, Sama-Veda* und *Atharva-Veda*

vihara - Teil eines Klosters, Platz zum Ausruhen, Garten, Höhle mit Zellen

vimana - Hauptteil eines hinduistischen Tempels

Vishnu - der dritte in der Dreieinigkeit der hinduistischen Götter neben Brahma und Shiva, der Bewahrer und Zerstörer mit bisher neun Inkarnationen (*avataars*) als Fisch Matsya, Schildkröte Kurma, Eber Naraha, Mannlöwe Narasimha, Zwerg Vamana, Brahmine Parashu-Rama, Rama (berühmt aus dem *Ramayana*), Krishna und Buddha

wallah - Person, die mit einer bestimmten Beschäftigung befaßt ist; kann erweitert werden und ergibt dann eine Berufsbezeichnung, beispielsweise *Dhobi-Wallah* (Kleiderwäscher), *Taxi-Wallah* (Taxifahrer) usw.

wazir - Premierminister

yagna - religiöser Selbstmord

yakshi - Mädchen

yantra - geometrischer Plan, von dem man glaubt, daß er für Kraft sorge

yatra - Pilgerung

yatri - Tourist

YMCA - Abkürzung für Young Men Christian Association (Christlicher Verein junger Männer)

yoni - Vagina, weibliches Fruchtbarkeitssymbol

YWCA - Abkürzung für Young Women Christian Association (Christlicher Verein junger Frauen)

zamindar - Landbesitzer

zenana - Teil des Hauses eines bessergestellten Moslems, in dem die Frauen leben

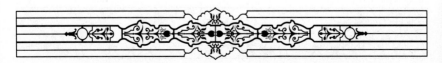

GLOSSAR

REGISTER

REGISTER

INSTITUT FÜR SPORT- UND PRÄVENTIVMEDIZIN
der Sporthilfe Württemberg e. V.

Impf- und reisemedizinische Ambulanz
individuelle Reisegesundheitsberatung - Impfsprechstunde - Länderinformationen - Broschüren

Reisegesundheitsberatung

„Damit Sie Ihren Urlaub genießen können - ob pauschal oder auf eigene Faust organisiert !"

Anfrage impf- und reisemedizinische Beratung

Wenn Sie eine individuelle Reisegesundheitsberatung wünschen, können Sie uns entweder anrufen oder dieses Formular ausfüllen und an uns per Fax oder Brief senden. Selbstverständlich dürfen Sie auch gerne persönlich bei uns vorbeikommen. Je besser Sie die Fragen beantworten und Ihre Reisepläne schildern, desto genauer können wir Sie auch beraten. Bitte benutzen Sie nur dieses Original, da wir Ihnen sonst keinen Sonderpreis gewähren können (keine Kopie).

Bitte vergessen Sie nicht, die Einzugsermächtigung auszufüllen, da wir Ihre Anfrage sonst nicht bearbeiten können. Durch eine entsprechende Faltung kann dieses Blatt in einem Fensterumschlag verschickt werden.

Institut für Sport- und Präventivmedizin
Martin-Luther-Str. 3
70372 Stuttgart (Bad Cannstatt)

Tel.: 0711/55 35 177
Fax: 0711/55 35 181

[RK1]

┌─────────────────────┐
│ Tragen Sie hier bitte │
│ Ihre Anschrift ein ! │
└─────────────────────┘

Bitte alle folgenden Rubriken vollständig ausfüllen. Zutreffendes unterstreichen !

Reisebeginn: Reisedauer: Reiseroute: (bitte geben Sie auch die

Regionen in einem Land in richtiger Reihenfolge, jeweils einschließ-

lich ungefährer Aufenthaltsdauer, an): ....

....

Institut für Sport- und Präventivmedizin - Martin-Luther-Str. 3 - 70184 Stuttgart

(Vorname, Name)

(Straße, Hausnummer)

(PLZ, Ort)

Dieses Formular können Sie uns faxen oder per Post schicken (Anschrift/Fax-Nummer siehe oben)

Einzugsermächtigung: Ich ermächtige hiermit die Sporthilfe Württemberg e. V., DM 17,- für eine Impfberatung durch das Institut für Sport- und Präventivmedizin von meinem Konto einzuziehen. Kreditinstitut: _____

BLZ: _____ Kontonummer: _____ Datum: _____ Unterschrift: _____

_____

Fortsetzung Reiseroute:

....

Persönliche Bedingungen: Anzahl Personen: Alter: Geschlecht: Wichtige Termine vor Abreise:

(bitte berücksichtigen Sie jeden Mitreisenden!) ....

Sport: ja/nein; wenn ja, Stunden ....pro .... Schwangerschaft/Stillzeit: ja / geplant oder nicht ausgeschlossen / nein
   (z. B. pro Woche oder Monat)

Sind Ihnen (chronische) Grunderkrankungen bekannt ? ja / nein; wenn ja, welche: ....

Nehmen Sie regelmäßig Medikamente ein ? ja / nein; wenn ja, welche: ....

Sind Ihnen Medikamentenunverträglichkeiten bekannt ? ja / nein; wenn ja, wogegen: ....

Reisebedingungen: ❏ organisiert ❏ individuell ❏ beruflich ❏ Hotel ❏ Campen ❏ einfache Unterkünfte
   ❏ Stadt ❏ Rundreise ❏ ländliche Gebiete (Aufenthaltsdauer und Region):...................................

Geplante Reiseaktivitäten: ❏ Sport ❏ Trekking ❏ Strand ❏ Bergsteigen/-wandern ❏ Flaschentauchen